世界经济文化年鉴

Yearbook of World Economic Cultures

2000～2001

中国社会科学出版社

图书在版编目（CIP）数据

世界经济文化年鉴 2000～2001/《世界经济文化年鉴》编委会编
－北京：中国社会科学出版社，2002.10
ISBN 7-5004-3439-1

Ⅰ.世…
Ⅱ.世…
Ⅲ.世界经济－2000～2001－年鉴
Ⅳ.F11-54

中国版本图书馆 CIP 数据核字（2002）第 074058 号

责任编辑：喻锫丹　周兴泉　桂中华
装帧设计：赵　静
版式设计：魏艳慧
责任校对：桂中华

出版发行：中国社会科学出版社
社　　址：北京鼓楼西大街甲 158 号　　邮　编：100720
电　　话：010-84029453　　传　真：010-64030272
网　　址：http://www.csspw.com
经　　销：新华书店
印刷装订：北京京海印刷厂
版　　次：2002 年 10 月第 1 版　　印　次：2002 年 10 月第 1 次印刷
开　　本：787 × 1092 毫米 1/16
印　　张：67.5　　插　页：64
字　　数：1802 千字　　印　数：1-1600 册
定　　价：286.00 元

“21世纪论坛—绿色与环保”2001年会议

2001年9月4日，“21世纪论坛——绿色与环保”2001年会议在北京开幕。会议旨在探讨人类共同关心的生态建设与环境保护领域中的重大现实问题，来自有关国际组织和世界各地的500多名中外知名人士和环保专家学者出席了开幕式。

新华社记者　高学余 摄

2001年亚太经合组织工商领导人峰会

2001年 10月20日，澳大利亚总理约翰·霍华德在上海举行的2001年亚太经合组织工商领导人峰会上发表演讲。

新华社记者　任 珑 摄

中国加入世界贸易组织

CHAIRPERSON

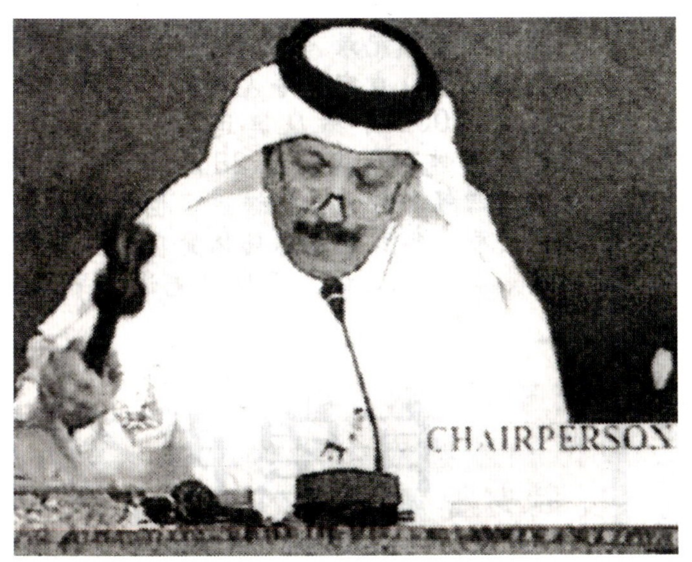

多哈会议一槌定音，通过中国入世。

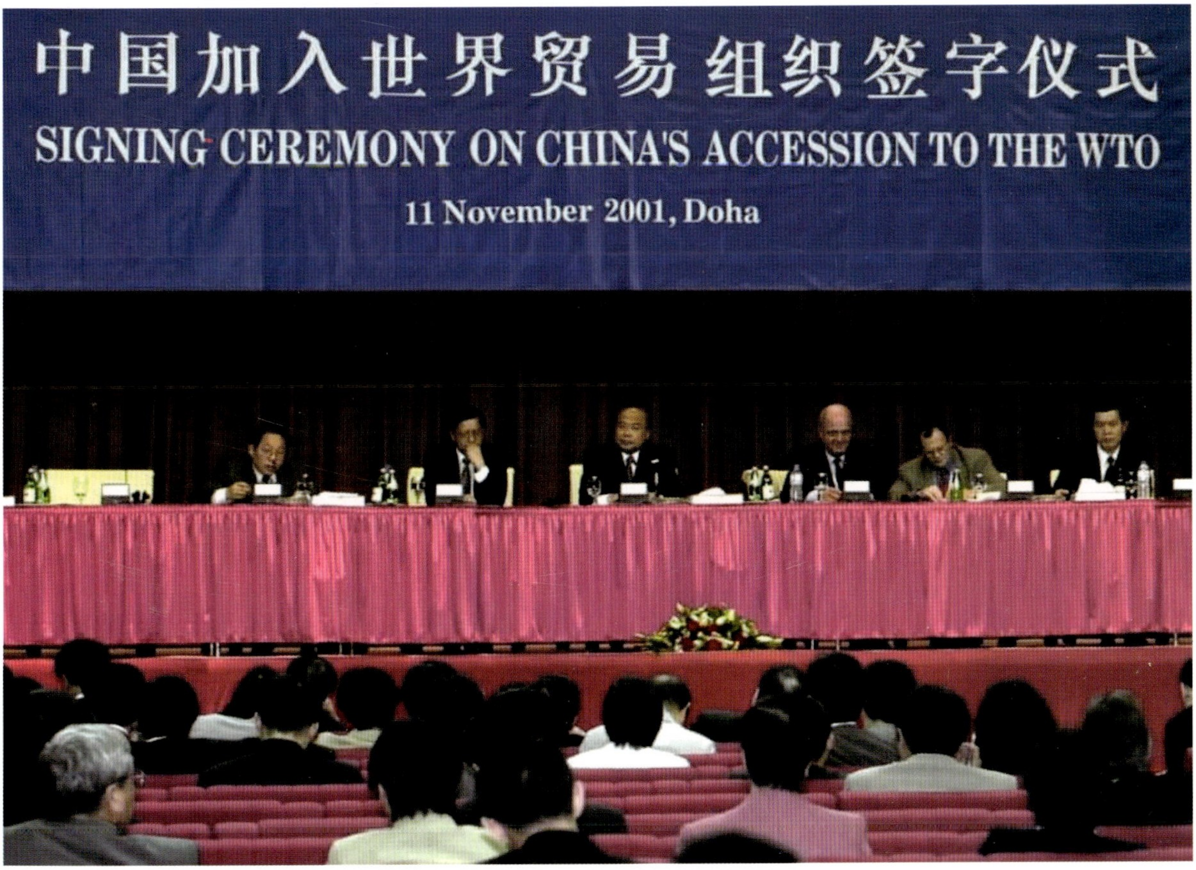

中国加入世界贸易组织签字仪式
SIGNING CEREMONY ON CHINA'S ACCESSION TO THE WTO
11 November 2001, Doha

2001年11月11日，在卡塔尔首都多哈举行了中国加入世贸组织议定书签字仪式。这是中国外经贸部部长石广生在签字仪式后举行新闻发布会。

新华社记者　王建华 摄

2001年9月11日美国遭受严重恐怖袭击

2001年10月，人们从四面八方赶来，聚集在世贸中心的“9.11”灾难现场举行默哀仪式，其中包括许多小孩。

北京申办2008年奥运会成功

2001年7月12日，大阪、巴黎、多伦多、北京、伊斯坦布尔五个2008年奥运会申办城市的奥申委在莫斯科斯拉夫饭店的新闻中心分别举行新闻发布会。这是北京奥申委秘书长屠铭德（中）、秘书长王伟（左二）、体育主任楼大鹏（右一）、特别环境顾问廖秀文（左一）、运动员代表邓亚萍(右二)在新闻发布会上。

新华社记者　　赵迎新 摄

为成功申办2008年奥运会纵情欢呼

第 24 届国际数学家大会

2002 年 8 月 20 日，第 24 届国际数学家大会在北京人民大会堂开幕。

新华社记者　刘 宇 摄

江泽民主席与美国总统布什举行会晤

2002年10月25日，江泽民主席与美国总统布什举行会晤。一致表示中美双方愿共同努力，加强在各领域、各层次的交流与合作，推动中美建设性合作关系继续向前发展。

新华社记者　李学仁 摄

北京现代化建设进

天坛

国贸东瞰

轻轨铁路

电教台

入新阶段

力争用10年左右的时间，把中关村科技园区建设成世界一流的科技园区。上图为清华大学核能技术设计研究院研制的低温供热堆。

恒基中心

街景

菜户营桥

东方广场

1969年4月毛泽东主席和周恩来总理在人民大会堂亲切接见"铁人"王进喜。

大庆油田 建设辉

1961年7月23日、1964年7月17日、1978年9月14日、邓小平同志先后三次视察大庆油田。

2000年8月，江泽民总书记第二次视察大庆。图为苏树林做汇报。

1996年7月，国务院总理李鹏视察大庆油田。

1994年4月，朱镕基同志视察大庆油田。

煌成就

1998年夏，大庆油田遭遇百年不遇特大洪水。国家副主席胡锦涛代表党中央、国务院来油田看望并视察。

大庆油田丛式采油井

大庆油田有限责任公司

中国石油天然气集团公司副总经理、党组成员
中国石油天然气集团股份有限公司副总裁　苏树林
大庆油田有限责任公司董事长、总经理

大庆油田有限责任公司是中国石油天然气股份有限公司的全资子公司，于2000年1月1日正式注册成立，注册资本475亿元，资产总额855亿元。公司共有员工90436人，由勘探开发、科研设计、技术服务、产品销售等21家所属企业组成，是一个以油气开发为主的特大型工业企业。所开发的大庆油田是我国目前最大的油田，世界上为数不多的特大型砂岩油田之一，油田南北长138公里，东西宽73公里，含油面积4100平方公里，勘探区域面积72万平方公里。公司成立以来，按照“高水平、高效益，可持续发展”的战略方针，积极适应新形势，建立新体制，树立新形象，谋求新发展。2000年，生产原油5300万吨，保持了大庆油田年产原油5000万吨以上第25年高产稳产，实现总收入925亿元，利税总额778亿元。

大庆油田有限责任公司办公大楼

2001年“七一”前夕，大庆油田有限责任公司隆重召开庆祝建党80周年暨劳模表彰大会，并举办了《高擎旗帜向未来》大型歌舞演唱会。

大庆油田有限责任公司党委书记　孙淑光

第一采油厂中十六联合站

大庆 建设辉煌成就

大庆油田坚持抓关键技术，从根本上解决制约企业可持续发展的技术“瓶颈”问题。

大庆采油现场一景

大庆油田有限责任公司副董事长、常务副总经理　王玉普

“铁人广场”是油田新建的文化广场

美丽的油城小区，是黑土地上一颗耀眼的明珠

苏树林董事长深入基层，了解生产情况

着力建设“数字油田”，油田实行微机化管理。

大庆油田有限责任公司在做好油田生产服务的同时，不断扩大外部市场份额。图为油田员工在冀东油田组织生产。

“铁人”王进喜同志在指挥1205钻井队职工人拉肩扛，安装钻机设备。

不畏严寒的油田作业人

严格执行质量标准，确保外输油气质量。

大庆油田聚合物驱油技术处于世界领先地位

大庆油田十分重视人才培养和科学技术水平的提高

严谨认真的一线采油员工

中国电子进出口总公司

CHINA NATIONAL ELECTRONICS IMP. & EXP. CORP.

中国电子进出口总公司是中国电子行业最大的进出口企业，是以电子技术及产品的进出口为主兼营其它的综合型外贸企业。公司成立于1980年4月15日，目前拥有境内外56个全资和绝对控股子公司，5个驻外办事处，200多个独资、合资、内联、参股企业。2001年年底资产达81.28亿元，实现销售收入88.28亿元。

公司坚持为我国电子工业和国民经济发展服务；坚持改革，坚持贸工结合、贸技结合、进出结合；坚持以进出口业务为主，开展多种经营、全面发展；坚持两个文明一起抓，加强经营管理，业务不断发展，规模不断扩大。从1980～2001年，公司进出口总额达262亿美元，其中进口126亿美元，出口136亿美元。1999年、2000年进出口总额在全国500家最大进出口企业中分别名列第七位和第十位，2001年，荣获了中国企业联合会、中国企业家协会联合颁发的中国企业新纪录证牌。

总裁 钱本源

CEIEC

冯学昌副总裁陪同外国政府代表团参观广交会电子馆

钱本源总裁会见外商

公司展台

谨以此书

献给为实现经济与社会可持续发展而奋力推进现代经济文化建设的人们！

TO

Those who strive to promote the construction of the modern economic cultures for the economic and social sustainable development!

当今世界正酝酿着一场新的科技和产业革命。世界将因科技进步和经济全球化而加快发展速度。文化、教育和科技进步对经济增长的作用日益显著。科技教育、人才培育等因素，在综合国力的发展中日益重要，甚至成为决定的因素。经济活动中文化力的地位与作用，日益强烈地表现出来。经济文化一体化发展，已成为现代化建设进程中的历史性潮流。与此同时，人口增长、生态环境、资源利用等问题引起国际社会的重视，可持续发展成为众多国家追求的发展模式。经济与文化的协调演进对于实现可持续发展具有重要的意义。

现代经济文化是一个新的研究课题，主要研究经济活动中文化的作用与功能，研究经济与文化一体化发展的规律，研究经济发展中人们的思想文化价值观念的变化与发展趋势。在现代经济文化研究的基础上，编辑出版的《世界经济文化年鉴》着重反映世界人口、资源、环境、经济、文化、科技、教育的发展状况，以及这些因素在国家和地区发展中的地位与相互作用，以益于从综合的、整体的角度，正确认识世界的发展趋势。

《世界经济文化年鉴》编辑委员会

孙文年　中国船舶工业集团公司总经理助理
孙光成　《世界研究与发展》杂志副主编
华丽麒　中国统计信息咨询中心副主任
华晓红　对外经济贸易大学国际贸易研究所所长
宋希友　首都绿化委员会办公室主任、北京市林业局局长
李有荣　国家经贸委办公厅信息处副处长
李艳秋　国家计生委药具发展中心副主任
李跃进　中国国家图书馆馆员
李雅清　中共北京市西城区委副书记
李　武　中国统计信息咨询中心发展部经理
李　丰　安徽省亳州市人民政府秘书长
李泽佑　中国铁路工程总公司副总经理
邵克文　甘肃省发展计划委员会主任
陆万福　甘肃省电信公司兰州市分公司总经理
陈　平　《管理学家》杂志编辑部主任
陈乃芳　北京外语学院院长、教授
陈建章　中国城市经济期刊研究会副会长、研究员
陈吉元　中国社会科学院农村发展研究所研究员
陈绪华　北京亚太经济文化研究中心办公室主任
陈光辉　北京亚太经济文化研究中心研究员
吴燕生　中国运载火箭技术研究院院长
吴清辉　香港浸会大学校长
吴　茵　中外经济文化研究委员会编辑部主任
吴敬华　天津市发展战略研究领导小组办公室主任
沈宝昌　北京市发展计划委员会主任
张汉湘　国家计划生育委员会计财司司长
张　炜　西南财经大学西部开发研究中心副主任、教授
张斗文　中外经济文化研究委员会秘书长、研究员
张正常　中国交通安全协会理事长
张伯山　南开大学旅游系资料室主任

张国芳　中国平安保险公司石家庄分公司总经理、高级经济师
张少杰　佳木斯大学党委书记、校长
张光兴　中国船舶重工集团办公厅主任
张杰辉　辽宁省鞍山市市长
张际华　辽宁省鞍山市人民政府副秘书长
张　和　河北省唐山市市长
张晓兰　北京中智文化交流中心研究员
陆学艺　中国社会科学院社会学所研究员
周忠厚　中国人民大学教授
周浩然　北京亚太经济文化研究中心主任、编审
周良洛　北京市海淀区区长
周满生　国家教育发展研究中心比较教育研究室主任
周致廷　四川现代经济文化研究所副所长
周永学　中共中央党校管理科学研究中心研究员、兴华智源管理科学研究院常务副院长
林川真纪　联合国教科文组织驻中国、蒙古、朝鲜代表处教育项目官员
郑文林　中国社会科学出版社编审
郑晓沙　中国航空工业第一集团公司办公厅主任
罗治英　甘肃省政协常委、教授
杨　坚　农业部渔业局局长
林振淦　中国社会科学院世界经济与政治研究所编审
宗锦跃　农业部乡镇企业局副局长
荣德邻　中国管理科学院哲学所研究员、高级经济师
胡仲元　北京市邮政管理局副局长
赵建华　江苏省连云港市副市长
赵廷瑶　北京中智文化交流中心副主任
封希德　西南财经大学副校长
姜绍俊　国家电力公司战略研究与规划部部长
顾仲潮　中国航空工业第一集团公司发展计划部部长
郭钟义　《世界经济文化年鉴》编辑部编审

郭　钊　北京亚太经济文化研究中心研究员
徐立宏　北京中智文化交流中心外联部主任
秦家鸣　中国铁路工程总公司总经理
曹伯赞　丹麦王国驻华大使馆商务及经济事务参赞
钱来忠　四川省文联党委书记、教授
钱本源　中国电子进出口总公司总裁
唐　龙　北京市人民政府副秘书长、政研室主任
梁传运　中国商标事务所副所长、高级经济师
唐　骅　北京科技美学协会副秘书长
葛　兰　北京华人经济研究所所长
彭开宙　铁道部副部长
曾　毅　北京大学人口研究所教授
曾呈奎　中国科学院院士、教授
曾省三《管理学家》杂志主任编辑
喻锫丹　中国社会科学出版社编审
董维英　辽宁省鞍山市统计局局长
傅　华　北京市房山区副区长
管华诗　中国工程学院院士、教授
蔡　拓　南开大学教授
熊　焰　江西财经大学教授
潘宗光　香港理工大学校长

总 编 辑　周浩然　喻锫丹
副总编辑　吴　茵　郭钟义　张　炜
编　　辑　顾　莹　刘文勇　邹佩芸　黄兴国　张应国
　　　　　高　星　张德全　周庭益

地址：中国·北京市复兴路 83 号　　邮编：100856
电话：(010)68218129　66706792　　传真：(010)68274496

编写说明

一、《世界经济文化年鉴》是一部全面汇集世界经济文化研究成果，反映世界人口、资源、环境、经济、文化、科技、教育发展动态的综合性年鉴。

二、本《年鉴》主要内容有：(1)世界经济文化发展综述；(2)国家与地区经济文化概况；(3)世界人口发展与环境保护；(4)现代教育与世界科技；(5)国际投资与财政金融文化；(6)世界贸易与跨国营销文化；(7)世界社会消费与消费文化；(8)世界旅游经济文化；(9)世界经济文化活动；(10)中国经济文化专题介绍；(11)智力资源开发与中外著名企业经营管理；(12)统计资料。

三、本《年鉴》资料来源系各国年鉴、各国政府报告、联合国教科文组织及官方统计资料、世界银行及有关机构出版物。

四、本《年鉴》由中国科学院、中国社会科学院、北京大学、南开大学、对外经济贸易大学、中央财经大学、西南财经大学、江西财经大学、中国国家图书馆、国家经贸委经济研究中心、北京亚太经济文化研究中心、中外经济文化研究委员会、国际炎黄文化研究会、国家统计局信息咨询中心、北京中智文化交流中心、中国对外翻译出版公司、中国现代国际关系研究所、中国人口信息研究中心、《消费经济》杂志社、《管理学家》杂志编辑部、国家有关部委的负责人、专家学者、研究人员供稿和参加编撰。

五、本《年鉴》由新华书店经销；中国国际书店、中国出版对外贸易总公司办理国外订购。

六、本《年鉴》涉及内容广泛，加之编写时间短促，疏漏与不当之处，敬请广大读者指正。

EDITOR'S NOTES

Ⅰ. The Yearbook of World Economic Cultures is an annual publication, which comprehensively collects worldwide research achievements concerning economic culture, and reports developmental status and trends of world population, resources, environment, economy, culture, science – technology and education.

Ⅱ. The main contents of this Yearbook include: (1) Review on the Development of the world economic culture, (2) General Survey of Economic Culture in terms of countries and areas; (3) World population growth and environmental protection; (4) Modern education and world science – technology; (5) International investment and financial culture; (6) World trade and transnational marketing culture; (7) World social consumption and consumptive culture; (8) World tourist economic culture; (9) Worldwide economic culture activities; (10) Special introduction to economic culture in China; (11) Development of intellectual resources and business management of renowned enterprises in China and abroad; (12) Statistical data.

Ⅲ. The data sources of this publication are various countries' Yearbooks and governmental reports, statistical data from UNESCO and official sources as well as publications of the World Bank and some organizations concerned.

Ⅳ. The book was written and researchers by experts, scholars and researchers from the Chinese Academy of Sciences, the Chinese Academy of Social Sciences, Beijing University, Nankai University, the University of International Business and Economics, Central Finance and Economic University, Southwest Finance and Economic University, Jiangxi Finance and Economic University, the National library of China, Economic Research Centre of the National Economy and Trade Commission, Beijing Asia – pacific Economic Cultural Research Center, the Chinese and Foreign Economic Cultural Research Commission, the International Academic Society of Yan and Huang Culture, the Information Consultant Centre of State Statistical Bureau, Beijing Zhongzhi Cultural Exchange Centre, China Translation and Publishing Corporation, China Institute of Contemporary International Relations, China Population Information and Research Centre, the Consumptive Economics Journal, the Editorial Department of the Management Expert, and some Ministries concerned.

Ⅴ. This book is available at Xinhua Bookstore across the country, China International Bookstore and China Overseas Trade Publishing Company.

Ⅵ. This Yearbook is a comprehensive volume with substantial contents, and due to the pressing time, some mistakes and drawbacks are unavoidable. Thus, readers are welcome to make criticisms and comments.

前言

世界经济文化即现代经济文化作为一门新的学科，主要研究经济活动中文化的作用与功能，研究经济发展中人们的思想文化价值观念的变化与发展趋势，研究经济文化一体化发展的规律。

现代经济文化理论的探索和实践的发展有深刻的历史原因与现实的基础。由于现代科学技术的发展，人类社会已经步入信息时代，信息化时代将使传统社会向现代社会发展过程的快慢同一个国家以智力为核心的现代科技教育水平高低成正比。文化教育和科技进步对经济增长的作用日益显著。人们逐渐认识到，在市场经济条件下，经济活动的主体如果没有行为约束和道德约束，必然陷入无序和混乱。随着经济的发展，商品生产的科技含量和文化附加值正在增长。重视社会消费对商品中文化含量的需求和跨国营销中文化背景的研究，对于参与国际市场竞争已具有重要意义。经济活动中文化力的地位与作用，日益强烈地表现出来。经济文化的内在的客观统一性逐渐被人们所认识。经济文化的协调发展，正在成为现代化建设进程中的历史性潮流。经济文化相互融合已日益表现为新的历史条件下，人们在改造自然、社会的活动中的新的思维方式、活动方式、价值取向以及实践成果的理论总结。目前，经济文化理论的研究和实践探索已经引起了我国学术界的重视，成为我国现代化进程中一项具有挑战性的现实课题。不少学者认为，经济文化的协调发展是社会全面进步的重要标志。在市场经济发展中，必须发挥文化的先导作用，构建起与社会主义市场经济相适应的价值体系、知识体系、生活方式，使经济的发展植根于经济文化一体化发展的深厚基础之上。

几年来，随着改革向社会各领域、各层面纵深拓展，现代经济文化研究取得了新的发展，企业文化、金融文化等的建设取得了新的成果，并且这些成果正不断丰富着我国现代经济文化的本质内涵，显现出具有中国特色的市场经济发展模式所特有的文化价值背景和文化力量的底蕴。

如果从更广阔的视野来分析，我们可以发现，现代经济文化研究不仅植根于中国经济文化建设的实际，而且与人类社会的发展和人类文明的进步有着广泛的联系。

首先，知识经济的兴起进一步证明了现代经济文化研究的学术价值和现实意义。从对历史发展长河根本性作用的意义上来说，当代最重要、最伟大的变革，莫过于席卷全球的高新技术浪潮和科学文化的兴起与发展。自80年代以来，以微电子与信息技术为代表的当代科学技术发展日新月异,科学技术已成为人类文明的基石和动力,深刻地改变着人们的生产方式、生活方式和思维方式,改变着人类社会的面貌。当代经济与社会的发展越来越依赖知识创新。21世纪将是人类全球化知识经济的世纪。知识经济的兴起,是当代新科技革命直接推动的结果。邓小平关于"科学技术是第一生产力"的著名论断,集中地概括了科技革命的本质和知识经济的时代特征。在这个意义上可以说,基于知识和信息的生产、传播和应用基础上的经济,即知识经济,就是科学技术已成为第一生产力的经济。科学生产力是体现了物质力与精神力、经济力与文化力的有机统一。因此,对知识经济的认识和研究,在注重从科学技术是第一生产力所蕴含的物质力、经济力发展方向进行考察外,还需要重视科技生产力的文化内涵,需要从经济与文化的有机统一方向寻找其轨迹。作为推动科技生产发展的精神力量,即科技文化内禀的理性、创新、规范、求真、献身、公平、宽容、效率、协作等科学精神,不仅为科学技术的发展提供了思想理论基础,而且是促进世界各国知识经济时代社会和经济发展的强大精神动力。知识经济创造着新的思维方式,而这种新思维方式又将成为推动新时代发展的巨大的精神动力。可以预见,知识经济将使人类面临着一场伟大的思想解放。因此,有的学者认为,知识经济亦可称作智力经济。因为后者更偏重于对知识的运用与创新、人的潜能的开发、人的精神的复兴和人的素质的提高,从而达到一种文化的自觉,推动科学技术向着有益于为人类服务的方向发展。

其次,我国学术界在企业文化、金融文化、消费文化等现代经济文化的研究取得显著成果的同时,开展了文化力和文化国力的研究,这一研究进一步对现代经济文化一体化发展的趋势作了具体的阐发。从目前已发表的学术著作来看,文化力主要包括以下构成部分:(1)以科技教育和人才培训为基础的智力因素;(2)以社会文化价值观念(包括思想、道德)为主体的精神力量;(3)以信息技术的智能化、国际化、现代化为载体的文化网络;(4)以直接或间接的形式融入市场经济与现代化进程中的传统文化与传统美德。文化国力是指综合国力中的文化力,它是与综合国力系统中的经济力、政治力等因素相对而言,是综合国力的重要组成部分。它体现着一个国家或地区文化发展状况和建设成果,蕴含着推动经济与社会全面发展的精神力量和智力因素。文化国力的基础是科技教育,核心是国民整体素质的提高和人的创造能力的充分发挥。从系统的观点来说,一切现实的系统,不可能脱离环境而独立存在,因而必须是开放性的系统。系统内部以各种要素相互作用,推动着系统的发展变化。文化国力是综合国力系统中的一个子系统,但同时,它又是一个综合性的系统,包含着各种要素,正是这些因素形成一种动态的活力,在经济与社会发展中发挥重大作用。文化国力论的提出建立在现代经济文化一体化发展的基础上,植根于社会主义市场经济的现实，立足于经济、政治、文化的协调发展。离开了以经济建设为中心，离开了以市场经济为取向的经济改革和现代科技与教育的发展，抽象地谈论文化的作用，常常会陷入一些于事无补的争论，并且会重蹈“文化决定论”的覆辙。因此，研究文化国力不能脱离经济、科技等多种因素和它们之间的有机统一。文化国力的研究是现代经济文化理论的运用与拓展。

此外，可持续发展拓展了现代经济文化研究的范围。20世纪，科学技术与社会文明取得巨大的进步。但是，人口、资源、环境问题日益严重；发生在20世纪的两次大战，以及绵延不断的局部战争、种族冲突、政治歧视、恐怖主义、军备竞赛等给人类带来了巨大灾难。随着科学技术与现代文明的高度发展，人类开始重新审视与自然的关系，由征服自然转变为与自然和谐相处，逐步进入人与自然关系的第四个发展阶段即和谐阶段。人与自然的关系从无知、对立、掠夺又走向新的和谐，即从古代朴素的“天人统一观”到现代科学的“人天统一观”，这一巨大的进步必然带来人类哲学观念的划时代的转变，引起科学理论、经济决策及经济、文化、科技、政治的相互关系以及一系列社会思想、学术观点的深刻变化，引起人们社会关系的重大调整。人们在领略现代文明愉悦的同时，拖曳着沉重的忧患，进入新世纪的征程。在这种历史的转型时期，可持续发展逐渐成为人类的共识，成为人类社会发展的历史性抉择。有的学者认为：可持续发展是人类文明的新觉醒，是一种新的文明观。这种文明观的思想立足于经济、社会、生态、文化有机统一，寻求人与自然的和谐发展，坚持科技理性与人文理性并存，实现社会伦理与环境伦理的统一；顺应和平与发展的时代主流，寻求对话、合作的方式，协调各国、各民族、各集团和组织之间的关系。可持续发展的核心问题是经济与文化的有机统一，是生态文明、物质文明与精神文明的协调发展。可持续发展观的确立，是20世纪人类文明发展的重大成果。可持续发展观或文明观要求人类以最高的智力水准与相应的责任感规范自己的行为，因而，文化是可持续发展的灵魂，要实现可持续发展，首先必须推动社会文化的发展，弘扬实现可持续发展的人文理性精神，制定生态经济文化发展战略。

同时，随着自然科学向社会科学的加紧渗透，在自然科学中富有跨学科性的成果也在自然科学与社会科学之间向更深层次发展，引起人们思想文化观念的深刻变化，推动着人类认识世界的思维水平达到一个新高度。原有的人文科学、自然科学、社会科学的领域不断地被突破，形成了许多边缘性学科和跨学科领域。科学正在走向一种新的综合。着重对现实世界中一系列具有相互联系的众多层次加以综合研究的综合科学认为，跨学科研究与专门科学结合能更全面反映世界的情景。自然界、人类社会、人脑的思维实际上是一个广泛而又普遍联系的连续体，因而对这个连续体进行探索的科学认识，也应该是连续的。这些整体发展观逐渐引起人们的重视，成为思想文化领域里的发展潮流。人们已不再停留于仅用原有的知识和狭窄的视角来认识世界，不再以某些学科的结论、某种单方面发展的传统思维来分析世界，更加重视以整体发展的方法来认识世界。人们越来越认识到，经济文化的融合化、国际化，科学的综合化，人与环境的协调化，逐步实现经济—文化、社会—科技、人类—环境的相互促进、协调发展，已成为不可逆转的大势。鉴于这种发展的协同性，人们已形成一种共识：对于社会发展的战略问题和发展趋势的研究与解决，需要跨越不同的学科领域，需要集体协作、共同参与才能得到较好的解决，从而推动了人类社会经济文化的全面发展和经济文化理论研究的不断深化。

随着经济全球化的发展和中国加入 WTO，现代经济文化研究正在向着新的层面推进。其一是关于文化发展的普遍性和特殊性问题。即人类文化与民族文化的关系问题。人类文化是指人类共同的价值观与规范，这是为人类经济社会发展的共同规律所决定的。这些文化的兴起，从发生的先后来看，有的发生在东方，有的发生在西方，但不能简单地把它们看作西方文化或东方文化。譬如关于开拓创新、求真务实、公正、宽容、效率、协作等科学文化精神则是属于人类文化的范围，是人类共同的精神财富和人类达成共识的思想基础。科学文化是人类文化的核心，但不是人类文化的全部内容。譬如联合国签署的多种世界公约，世贸组织的规则以及这些规则所蕴含的文化内涵、奥运精神、市场经济中的平等、竞争、协作等文化价值观念，和平、民主、自由、互爱等人文精神均属于人类文化的范围，是人类共同的价值观念。所以，我们不应把这类共同价值观先发生在何方就定论为何方文化。民族文化来自于人类总体在特定历史时期的社会发展状况和特殊环境、习俗、更迭方式，是社会历史存在的重要表现，也是国家和民族的宝贵精神财富。而且民族文化还体现了人类文化的多样性，是文化的特殊性的表现，势必长期存在。但任何民族文化的发展都不能脱离人类社会发展的规律。我们不能在强调文化是多元的和文化的民族特殊性时，否认人类文化的普遍性，拒斥先进的世界文化，甚至把人类经过上百年、几百年、上千年实践证明是正确的东西，看作是异己力量加以排斥，把自己已被长期实践证明是错误的东西，以民族特性为借口加以坚持。我们只有在承认文化的普遍性和特殊性相互关系的基本原理的前提下，才能适应世界文化的发展潮流，引进世界先进文化的成果，激扬起生气勃勃的民族文化精神。区分和对待共性与个性，是现代经济文化的重要理论环节，它能澄清长期以来诸多文化“体用”方面的紊乱。应该指出的是，正是由于忽略人类文化发展的普遍规律和文化发展的经济基础，在一部分经济学者否认文化在经济中的作用的同时，另一部分文化研究者则否认文化受社会经济发展的制约，因而将文化的地方性、民族性、国度性绝对化。个别西方学者的“文明冲突论”，部分东方学者的“新儒教”理论均是这种文化史观的表现。上述两种观念,严重地影响了我们的思想解放和我国的现代化建设,因而受到不少理论工作者的批评。江泽民总书记在党的十五大报告中科学地论述了经济、政治、文化的有机统一和协调发展,对推进我国的经济体制和政治体制的改革以及文化建设具有重要的指导意义。目前,旧的体制已严重地制约了我国先进生产力和先进文化的发展,影响了民族凝聚力的加强和民族文化精神的重振。文化的制度层面的问题亟待解决,体制的改革和管理的创新势在必行。20世纪90年代以来,作为研究管理中客观规律的管理学日益成为一门显学。管理是生产力中的软件,只有通过管理才能将劳动者、劳动资料和劳动对象三个要素合理地组织起来,才能加速生产力的发展。管理学作为一门实践性很强的科学,最容易引起重视的是其功利性和工具理性特征,而极容易被忽视的是管理科学本身的学科建设和其深厚的文化内涵。这些文化内涵包括管理者的价值取向、道德规范与行为准则。美国管理学家丹尼尔·A·雷恩指出,管理人员是在特定的文化价值准则和在特定的管理组织中做出决定的。管理思想是不能在没有文化的真空中发展起来的。任何一种文化都是由经济、社会和政治等各方面相互影响形成的,因而任何一种先进的管理思想和管理方法,都必须与我国经济、社会、政治的实际状况相结合才能产生效力。深化改革,创造有利现代管理运作的社会环境是管理科学发展的必要前提。在区域经济和城市化发展中以及其他政府部门的管理活动中,政府的管理职能在很大程度上在于协调各个阶层与群体的利益,形成强大的合力以推进社会有序地发展。因此,对于相当部分公务员来说,管理活动是最基本的工作,其管理水平、价值观念、伦理道德规范是应该具备的最基本素质。缺乏这种素质,无论其他方面的条件如何,都不能跻身于管理者的行列。一些政治素质较好或科技专业水平较高的人员,常常因为不能卓有成效地实施管理,给城市和地区经济发展造成了重大的损失,这方面已经有很多惨痛的教训。这里既存在职务、职能的定性上的问题,也表现了对管理科学的轻视,认为管理仅是经验的积累和短期培训就能掌握的技巧,忽略了管理本身的科学属性和文化特征。一个优秀的管理人员不但需要丰富的管理知识和相当的经验,而且要具备坚实的职业道德观念、较高的文化修养和特有的心理素质。此外,企业管理是管理科学研究的主要对象。但这项研究同时也应该注意到,如现代企业制度并不完善或者还没建立,那么现代企业的管理很难发挥作用。这正是“管理热”虽一度兴起,耗费巨资培养了那样多管理人才,而整体的管理水平却未见有显著提高的原因之一。发展管理科学和培育一大批优秀的管理人员并逐渐形成一个相对独立的管理阶层,是振兴中华民族的重要途径,是我国现代化建设的需要,具有深刻的历史意义。然而这又是一个渐进性的社会系统工程,需要做出长期而又艰苦的努力,需在经济、社会、文化等领域里作出相应的调整,其中体制的改革和文化价值观念的更新至关重要。因此，研究与管理直接有关的文化现象，已成为现代经济文化理论研究中一个重要的课题。

当前，世界正在酝酿着一场新的科技和产业革命。近两年来，基础研究有所突破，生命科学领域成果辉煌，光电子信息技术领域阔步前进，人类探索或开发太空有了新的创举，航天、航空事业在合作与竞争中发展，新能源、新材料研究成果显著，考古学及地球科学考察有新见解。随着知识经济的来临，科学技术向生产力转化的速度越来越快。科学研究的方向不仅更加微观深入，而且更加宏观系统。科学技术发展的规模更加社会化、国际化。与此同时，世界经济将因科技进步和经济全球化而加快增长速度。随着世界经济的发展，世界各国更加重视文化、教育与科技进步对经济增长的作用。在20世纪初，一些发达国家的经济增长额中，科技进步的贡献仅占10%～15%左右，而到70年代，则已上升到60%以上。近几年来，面对科学技术的迅猛发展和激烈的市场竞争，世界主要发达国家在观念上对研究与发展工作采取了更为现实主义的态度，企业尤其是国际性大企业加大了对研究与开发的投资并走上了联合研究开发的道路。合作成为各国科技政策组成部分与国际竞争的必要手段。各国科技投入明显增加。在全球范围内，传统的人事管理已成为过去，一场以人力资源开发为主调的人事革命正在到来。世界银行的研究资料表明，劳动者受教育的平均时间增加1年，其国内生产总值可以增加9%。教育在社会发展与全球竞争中的作用日益突出。教育改革的浪潮风起云涌，此起彼伏。教育的终身化、全球化已成为全球性教育改革的热门话题。高等教育规模迅速扩大，教育资源需求总量不断上升。全球高校学生注册人数从70年代初的2 800万人增加到目前的6 000万人。为了适应时代变化的挑战，世界各国对人才培养模式进行深刻变革。各国的培养目标在强调打好科技文化基础的同时，都特别重视创造能力、思考能力和综合能力的培养，重视科学知识的实际运用。几年来，各国政府更加重视教育、发展教育。在西方，"教育平等与教育民主化"是各国政治家喊得最响的口号。面对知识经济的挑战，日本政府调整国策，提出"科技创新立国"，内阁总理亲自抓《科学技术基本计划》的制定工作。日本"科学技术会议"发表的咨文指出：(1)构筑一个能亲自感受到科学技术的社会环境；(2)研究开发出能发挥创造性的环境；(3)促进各种人才参加科学技术活动。日本制定了新一轮的教育改革纲要。其核心内容包括：进行制度创新，建立能"伸展个性，提供多样性选择的学校制度"，推进大学改革，振兴大学科研、加强"心的教育"等等。英国政府1998年12月发表《我们竞争的未来：建设知识经济》的白皮书。白皮书指出："在世界市场上，要使英国占据竞争优势地位，最需要的是知识、技能和创造能力。这些都是知识经济最本质的特征。"① 它指出，加强科学

① 教育部教育管理信息中心，《我们竞争的未来：建设知识经济白皮书》世界教育信息，1995年第5期，P13。

技术基础、提高劳动大军的教育程度和技术水平是建设知识经济的关键问题,也是政府决策的重心。只有依靠更加强大的创新能力和创造能力,才能取得知识经济建设的成功。加拿大总理克雷蒂安多年来就发展科技和教育问题反复发表讲话,强调发展教育科技的意义。他指出,一支受过高等教育、掌握先进技术的劳动大军是加拿大在下世纪保持繁荣的唯一可靠保证。为此,加拿大政府必须从战略高度出发,制定长期规划,采取多种形式加大投资,加快发展高等教育,并推动其科技发展及产学研合作水平。美国年教育和培训开支已达5 000亿美元。美国2001年的财政预算又大幅度增加了对教育的投入。美国工商界对职业培训极为重视,在美国6 000万就业人员中,有25%左右正在接受职业教育。许多国家加强了教育、培训与就业部门的密切协调与合作,如澳大利亚制定了《通向未来的桥梁——澳大利亚1998~2003年的国家职业教育和培训战略》。这个战略的着眼点在于加强教育界和企业界的合作伙伴关系,努力创造一种适应学生和就业者需求和为终身技能培训打基础的职业教育和培训体制。

在世界各国之间,以经济、科技、文化为主要内容的综合国力的竞争愈演愈烈的同时,各国的经济发展中经济文化领域里相互融合、一体化发展的潮流正以空前的规模出现。无论是发达国家,还是发展中国家,一种与经济发展和科技进步相适应的文化价值观念的重建与社会道德的进步已受到普遍的重视。诚信成为市场经济条件下共同遵守的经济伦理与道德规范。早在70年代,日本就提出了促进经济发展的民族文化精神战略的设想。指出高速增长既是经济发展的成功,同时也是文化精神进步的标志。经济发展与民族文化进步,互相促进,共同发展。在1984年《日本经济白皮书》里,进一步强调了社会道德和文化教育在经济发展中极其重要的作用。美国的有关权威人士指出,如果美国人仅仅满足丰富的物质生活,缺乏高品位的文化价值追求,那么,美国要保持世界的领先地位是非常困难的。震惊世界的亚洲金融危机再次证明了经济文化的内在关联,证明了现代化是一个漫长而艰难的历史进程。这一历史的进程,需要生机勃勃的创造力和稳健持久的建设心理,需要责任感、信心、理智、耐性和毅力,需要推动社会道德进步,激扬民族创新精神。总之,任何国家或地区要想取得经济与社会的持续稳定发展,必须坚持社会改革,构建与市场经济相统一的社会结构和价值观念,重视经济、政治、文化的协调发展和民族文化精神的重建。

中国实行改革开放政策以来,经济建设取得辉煌成就,综合国力显著提高,人民生活得到明显改善。随着社会主义市场经济体制的确立,社会发展产生了根本的变革。中国各地在加速经济建设的同时,更加重视科技文化的投入和经济文化协调发展战略的制定、组织与实施。全国各地区在经济文化建设中,物质文明与精神文明均取得了新的成果。现代经济文化一体化的发展趋势和综合效应,日益显示出蓬勃的生命力和广阔的发展前景。21世纪的中国必将以富强、民主、文明的社会主义国家的崭新形象屹立于世界民族之林。但是,中国的人均资源贫乏,能源利用率极低,人力资源的开发相对落后,教育的状况仍需大力改善,科技研究与开发(R&D)经费投入强度过低,产业结构不合理,各种领域中普遍存在的信用危机后果令人堪忧。与现代化建设相适应的社会文化价值观念亟待重建,作为社会主义现代化建设的重要目标之一的"政治文明"建设还任重道远。对此不能不引起充分的重视。

《世界经济文化年鉴》是在中国学术界关于现代经济文化研究的基础上编辑、出版的一部全面汇集世界经济文化研究成果,反映世界人口、资源、环境、经济、文化、科技、教育发展动态的综合性年鉴。本《年鉴》自1995年创办以来,受到社会各界的重视。专家学者认为,《世界经济文化年鉴》填补了目前出版的专业性年鉴的一项空白,反映了世界经济文化协调发展的新潮流新成果,是对中国经济文化研究成果的总结,同时也是对中国经济文化研究的一个重要的贡献和有力的推动,其创新价值受到关注。《年鉴》的出版对于正确认识世界的发展状况和发展趋势、实现中国经济文化协调发展具有参考意义。本卷在历卷的基础之上更加突出环境保护、科技、文化、教育在国家与地区经济社会发展中的地位与作用,着重反映科教兴国战略与可持续发展战略对现代化建设的重要意义。

需要指出的是,世界各国的经济文化发展是一个非常复杂的过程。各国经济文化的发展与其历史传统、社会环境等密切相关。在总结现代经济文化发展的共同规律的同时,还应该看到,经济文化的发展在各国也存在不同的发展规律,在发展体制、运行机制和运作方式上表现出自己的特色,出现不同的发展模式。因此,我们在编写本《年鉴》时,尽量保持客观性,力求把各国现代经济文化建设的现实客观地反映出来。此外,本《年鉴》在介绍世界经济文化发展状况的同时,对现代经济文化发展中产生的一些新的领域,诸如智力资源的开发与企业文化建设、金融文化等经济文化活动和学术成果作了专题介绍。我们认为,这些资料对于了解现代经济文化的发展规律,推动中国经济文化全面发展战略的实施和现代企业制度的建立,会有一定的作用。

《世界经济文化年鉴》涉及的内容极为广泛,组织众多作者编撰这本年鉴,确非易事。本《年鉴》的编撰过程,同时也是我们继续探索和学习的过程。书中错漏之处,在所难免,敬请读者批评指正。

本《年鉴》的编辑出版,得到了有关方面的协助与支持,特此表示深深的感谢。

《世界经济文化年鉴》编辑委员会

2002年10月

目　录

第一篇　世界经济文化发展综述

第二篇　国家与地区经济文化概况

第三篇　世界人口发展与环境保护

第四篇　现代教育与世界科技

第五篇　国际投资与财政金融文化

第六篇　世界贸易与跨国营销文化

第七篇　世界社会消费与消费文化

第八篇　世界旅游经济文化

第九篇　世界经济文化活动

第十篇　中国经济文化专题介绍

中国部分地区与城市经济文化建设

中国部分高等院校和科研机构

第十一篇　智力资源开发与中外企业(公司)经营管理

智力资源开发与企业经营管理评述

中外部分著名企业公司经营管理

第十二篇　世界经济文化统计资料

CONTENTS

CHAPTER 1: REVIEW ON THE DEVELOPMENT OF THE WORLD ECONOMIC CULTURE

CHAPTER 2: ECONOMIC CULTURE OF COUNTRIES AND AREAS

Asia:

CHPTER 3: WORLD POPULATION GROWTH AND ENVIRONMENT PROTECTION

Population:

Environment:

CHAPTER 4: MODERN EDUCATION AND WORLD SCIENCE – TECHNOLOGY

Education

Science and Technology

CHAPTER 5: INTERNATIONAL INVESTMENT AND FINANCIAL CULTURE

CHAPTER 6: WORLD TRADE AND MULTINATIONAL MARKETING CULTURE

CHAPTER 7: WORLD SOCIAL CONSUMPTION AND CONSUMPTIVE CULTURE

CHAPTER 8: WORLD TOURIST ECONOMIC CULTURE

CHAPTER 9: WORLDWIDE ECONOMIC CULTURE ACTIVITIES

CHAPTER10: SPECIAL INTRODUCTION TO ECONOMIC CULTURE IN CHINA

The Development Status of the Economic Culture in China

Some Regional and cities' Economic Cultures Construction in China

CHAPTER11: DEVELOPMENT OF INTELLECTUAL RESOURCES AND ENTERPRISES MANAGEMENT IN CHINA AND ABROAD

CHAPTER 12: STATISTICAL DATA OF THE WORLD ECONOMIC CULTURES

第　一　篇

世界经济文化发展综述

21世纪的科学技术发展趋势与知识创新工程

路甬祥

我们正在进入全球化知识经济新时代。这个时代的主要特征，是科学技术迅猛发展，并成为经济竞争和社会发展的决定性因素。我国的工业界无论是在创新能力，还是在生产方式、组织结构和管理机制等方面，都必须抓住历史机遇，勇敢地迎接知识经济时代的挑战。

人类文明史特别是近现代科学技术史表明，科学技术愈来愈深刻而广泛地影响着人类社会的发展。18世纪一些重要的技术发明，如导致人类从农业和手工业时代进入以大机器生产为特征的工业时代的蒸汽机的诞生与早期发展，还更多地是来自于经验的积累，到19世纪，产业技术开始更多地来自于实验室，来源于基础科学原理。诞生于19世纪的力学作为蒸汽机的理论原理，不仅为蒸汽机的改进提供了指导，而且促进了汽轮机(1884年)和内燃机(1882年)的发明和实用化，在此基础上发展起来的汽车制造业和飞机制造业等动力制造业成为20世纪上半叶乃至今天工业经济的重要支柱产业。19世纪最重大的产业革命是电能的开发和广泛应用，它开创了一个影响深远的电力时代，完全是由诞生于电磁学实验基础上的电磁场理论所导致的。同样，在原子—分子学说的指导下，化学在19世纪的全面发展，促进了合成化学工业的崛起。在19世纪，科学技术作为重要生产力和推动社会进步的巨大作用日趋明显。许多伟大的思想家都迅速深刻地认识到这一点，马克思把科学首先看成是历史的有力杠杆，看成是最高意义上的革命力量。

20世纪初，以物理学革命为代表的科学革命，不仅使科学获得了更加突飞猛进的发展，而且使20世纪成为科学革命不断带动技术革命，技术革命不断带动产业革命的世纪，在世纪末，更进一步将人类社会推进到知识经济的新时代。当时世纪之交的X光、电子和天然放射性的发现，使科学界到处回响着激动人心的“向原子内部进军”的号角。有赖于20世纪初物理学革命的发展，人类对物质结构的认识进一步深化，以微电子、半导体技术等为核心的信息技术异军突起，带动了科学技术的整体发展。人类在物质、生命等几大方面的研究中，不断取得突破性进展，物质结构的规范模型、宇宙演化的大爆炸模型、地壳运动的板块模型、核酸结构的双螺旋模型和图灵计算模型等的建立，为喷气发动机、核反应堆、高分子合成、半导体集成电路、电子计算机、激光器和基因重组等具有划时代意义的技术发明奠定了理论基础，开创了信息技术、生物技术、纳米技术、先进制造技术、材料技术、能源技术、海洋技术和空间技术等等一系列高技术领域，引起生产力革命性的变革，为人类文明的新飞跃奠定了雄厚的科学技术基础。以信息科技为主导的科技革命再次将人类社会推进到一个新的阶段，开始了波澜壮阔的由工业社会向信息社会发展的历史性变化。20世纪100年科学技术创造的巨大生产力，以及由此引发的全球性政治、军事、经济和文化的巨大变革，我们每一个人都有深切的感受。

在21世纪开始的时候，人类对自然现象的认识能力已较100年前有了极大的提高，这预示着人类在21世纪将会在科学技术的推动下，走向新的文明。今天我们不仅登陆上了月球，我们的航天器登陆了火星，而且，我们探索宇宙的目光已经深入到120亿光年。最近天文学家们公布了一个令人非常振奋的研究结果，认为可能看到了宇宙诞生经过混沌期后发出的第一缕“曙光”，这些研究不仅有助于进一步探讨宇宙的本质和基本组成，甚至为人类在太空开拓新的生存空间打下坚实基础。在物质本质和基本结构的认识方面，我们已经深入到组成分子的原子核内部基本粒子的世界，在这样的基础上，我们不仅可以通过裂变利用核能，而且还将研究采用聚变开发核能的技术。由于数学方法、计算机及物质科学本身取得的成就，使得我们的实验、测试、分析手段进入到纳米、飞秒级的空间与时间尺度，我们的加工制造尺寸已经开始向纳米级进军，我们开始进入分子、原子组装与控制的时代。美、英、法、德、中国等国科学家联合完成的人类基因组计划，提示了人类基因中存在着错综复杂的层次，并将由此进一步揭示更多人类自身的奥秘，为人类健康和生活质量的提高，开辟了新的前景。愈来愈多的科学家相信，21世纪人类将在脑与认知科学方面取得本质性突破，随着脑的结构功能与神经发育的机理方面的认识的深化，不仅会引起脑神经医学方面的进步，引起计算机结构包括硬件结构和软件结构的重大的变革，甚至可能会对人类学习和教育带来新的革命。

21世纪科学技术的一个重要趋势是，人类在不断深刻地认识和了解自然奥秘的同时，更加注意面向社会需求的应用研究，侧重于人类的健康、生活质量、生态环境，以及文化伦理等涉及人类生存与发展的重大问题。信息产业的迅猛发展成为未来信息科技发展的主要动力。为人口健康问题和农业发展的需求而发展的生命科学必将进一步推进生物技术和产业的发展。20世纪人类形成的可持续发展共同理念，将会对地球科学、生态科学、环境科学等带来十分深刻的影响。

面对21世纪科学技术发展的新特点，我国必须抓住时机，努力提高科学技术创新能力，同时也必须进行必要的体制创新，增加科学投入，切实有效地利用宝贵的科技资源。正是基于这个理念，中国科学院在研究分析了世界发达国家关于国家创新体系的讨论，分析了我国21世纪战略需求的基础上，于1987年底向中央提交了《迎接知识经济时代，建设国家创新体系》的基础报告，并得到了中央的高度重视和支持。在新的时代，创新能力，特别是知识创新和技术创新能力已成为一个国家在国际竞争和世界格局中决定其地位的关键因素。从科学发现，技术革命向产业革命的转移周期，以及技术与产品的市场生命周期，都在缩短，发展中国家通过学习、引进别国技术和经验赶上发达国家的困难将会增加。如无自主创新能力，“后发优势”的作用将逐渐减弱。一个缺乏知识储备、不能敏锐而且正确地识别国际知识创新前沿动态、产生积极主动响应能力和创造能力的国家，不仅将失去国际市场竞争力和国内市场竞争的优势，还将失去知识经济时代带来的机遇，并将失去与国际平等交流合作的机会。

国家创新体系主要分为知识创新系统、技术创新系统、知识传播系统和知识应用系统。知识创新是技术创新的基础和源泉，技术创新是企业发展的根本，知识传播系统培养和输送高素质人才，知识应用促进科学知识和技术知识转变成现实生产力。

根据中央的部署，中国科学院率先启动“知识创新工程”试点工作。中国科学院是国家自然科学和高技术研究与发展的综合研究中心，拥有一批在自然科学和高技术领域我国最优秀的研究所，拥有代表一大批我国最高学术水平的科学院院士。在新中国50年的发展历史进程中，为我国的科技事业，以及国民经济、国家安全和社会发展都曾做出了重要贡献。支持中国科学院进行知识创新工程试点，是中央从21世纪我国战略发展需求出发做出的战略决策。几年来，我们本着面向国家战略需求，面向世界科技前沿，加强原始性科学创新，加强战略性技术创新，为我国经济建设、国家安全和社会进步不断做出基础性、战略性和前瞻性创新贡献的指导思想，从凝聚和提升科技目标入手，进行了建院以来规模最大的科学布局调整，同时坚持以体制创新促进科技创新，在人事制度、评价制度、资源管理制度等方面进行了深层次改革，并按照以人为本的理念，重点加强创新队伍建设，凝聚和培养一批优秀的青年科技将帅人才。推动创新文化与园区建设，努力创造有利于科技创新的文化氛围和工作环境。

值得特别指出的是，中国科学院在调整科技布局，提高创新能力和深化体制改革的同时，一直高度重视促进我国高技术产业化的工作，我们创办并发展出了以联想集团为代表的一批充满发展活力的高技术企业，在创新工作推动下，我院创办和参股的高技术企业产值、利税等大幅度增长，截至2000年底，我院高新技术企业营业年收入达368亿人民币，年利税总额35亿。在今后的发展中，我们将以十五大精神为指导，进一步解放思想，在产权结构、企业管理制度等方面进一步深化改革，切实加强与社会各界特别是产业界的合作。中国科学院是国家的科学院,也是全国人民的科学院,我们的创新成果应该成为国家和人民的共同财富,成为推动我国经济发展的新的动力。基于这样的理念,我们真诚地希望与我国工业界精诚合作,共同为我国工业特别是高技术产业的发展做出贡献。

(本文系作者2001年10月7日在北京人民大会堂的报告)

进入新世纪的世界经济

中国社会科学院 林振淦

人类终于迎来了21世纪。在刚刚过去的100年里,人类在社会经济发展方面取得的成就是前所未有的。世纪之交,世界经济给人们展现一幅新的图景。

世界经济国际化向全球化的发展

世界经济走向世界市场化。资本主义国家步入市场经济已有数百年的历史;二次大战后世界上60多个发展中国家选择了市场经济体制。然而,上个世纪市场经济在全世界的发展因计划经济的出现和扩大,在许多地区曾一度中断;但至这个世纪晚期,又发生了转折性的变化。80年代苏联经济从停滞走向危机,国力日衰,社会动荡,到80年代末先是东欧国家相继易帜,接着苏联解体。苏东剧变后,中欧、东欧国家纷纷从计划经济转向市场经济体制。经过十余年来痛苦的转轨过程,这个地区国家的经济终于在市场经济的轨道上得到恢复和发展。与此同时,中国实行改革开放,逐步以稳健的步伐迈入市场经济。许多发展中国家也纷纷进行改革,发展市场经济面向世界市场。过去世界市场那种分割的状况已基本消除,形成了统一的世界市场。各国经济是市场经济,世界经济也是市场经济,基本实现了世界经济的市场化。

国际贸易以前所未有的规模蓬蓬勃勃地发展起来　国际贸易额到1996年达到6.69万亿美元,是1980年的2.8倍,其增长速度远高于同期世界国内生产总值的增长速度;特别是服务贸易异军突起,1998年世界服务贸易增至1.32万亿美元,其发展速度远远超过商品贸易。1998年商品贸易和服务贸易占该年世界国内生产总值28.86万亿美元的23.4%,这意味着世界各国每年平均有近1/4的国内生产总值是经过国际贸易实现的。1996年~2000年是上个世纪80年代以来全球货物和服务贸易量增长最快的5年,年均增长速度达7.2%。

国际资本流动不断加强　特别是上世纪80年代后期开始,国际资本流动规模获得前所未有的发展,国际资本市场的筹资总额由1988年的3 694亿美元增加到1995年的8 322亿美元,增长了一倍以上;到1998年达12 247亿美元,比两年前又增长了50%。2000年全球外国直接投资流入总量达到1.118万亿美元,比1999年的9 820亿美元增长了13.85%。全球外国直接投资流动集中在发达国家;1997年发展中国家在全球外国直接投资流入量中所占比重达到37%的历史高点,此后连续3年下滑,2000年流入发展中国家的外国直接投资额为1 900亿美元。

与国际直接投资相联系的跨国公司迅速发展　据联合国1999年世界投资报告,1998年全球跨国公司共有6万余家,在全球分支机构约有50万家,自1993年以后6年中分别增长了约两倍。这年跨国公司的证券投资达3.5万亿美元,总资产达13万亿美元,全年销售额达11万亿美元,生产总额占世界的1/4,出口占世界的1/3。有越来越多的跨国公司从发展中国家崛起。据美国《商业周刊》和英国《金融时报》的资料,全球市值最大的25家跨国公司中,1995年其总市值为1.64万亿美元,而2000年初则达到6.41万亿美元,增长了近3倍。跨国公司推进了生产、销售的国际化发展.各个国家和地区大大地突破资源优势的地区界限,在全球范围内充分开发和利用各地的资源优势,合理、有效地组织生产和经营,向全世界提供物美价廉的商品服务,享受不同国家或地区的资源优势所提供的利益。

随着国际贸易、资本市场和跨国经营的发展,国际金融大为扩张,在全球银行、证券公司、投资公司等金融机构的发展中,金融业务大为扩大。20年前每天的世界外汇交易大概是100亿美元,现在每天达到1.5万亿美元,增长150倍,每年已在500万亿美元以上,大约是每年国际商品贸易额的100倍。金融业用于成千上万的各种货币、有价证券以及利率、汇率、股价等组成的金融网络,把世界各地的经济活动交织在一起。

世界经济的市场化,世界市场上商品流动规模的扩大,跨国公司的极大发展和金融业的扩张,使全球范围的生产社会化和经济国际化推进到经济全球化的新阶段。当代生产力的发展,当代科学技术的进步,把世界经济推进到信息化的时代,应是推动世界经济国际化向全球化发展的一个基本因素。80年代中期以后,个人电脑大普及,90年代初因特网开始建设,并迅速铺向世界各地,通讯卫星覆盖全球。目前联入因特网的国家和地区已超过250个,因特网用户增加到2000年3月的3.04亿个,他们可以访问10多亿个网页,每天增加的新网页约有300万,网络在经济活动中扮演的角色越来越重要。信息化通过电脑网络与通讯网络把全世界紧密地联系在一起。当代以电子通讯技术为代表的高科技的发展,使全球经济的发展开始突破地缘政治的某些范畴,超越国界,形成全球范围的商品网络、货币网络、资本网络、金融网络,开始把全球各国的经济越来越紧密地捆绑和结合在一起。

经济全球化是生产社会化在当今世界范围的新体现,从根本上说它是生产力发展到今天这样空前高水平的结果;反过来它又可能促进生产力的进一步发展。但经济市场化和全球化,必然也要加剧竞争,也加强了地区和全球范围内金融波动、经济周期等因素的相互波及和震动。因此,应该加强地区内及国际间的合作与协调,这才有利于各国经济和世界经济的顺利发展。

世界经济一体化步入新的阶段

经济全球化要求世界各国有统一的经济运行机制,有共同遵守的经济规则、制度和秩序,也就是要求有世界经济的一体化与之相适应,世界经济一体化寻求统一的规则、制度和秩序,或多或少都会要求民族国家在主权上做出一定的让渡,各国在参加经济一体化时必然要衡量各种利弊得失,这就决定了经济一体化的形成和发展过程总会遇到困难和阻碍。但经济一体化又结合着人们的共同利益,所以总是不断地向前发展的。

世界经济中的一体化基本上有两种形式,一是世界范围的经济一体化,再一是地区性的经济一体化。世界经济市场化的发展,使世界各国的经济运行机制逐步趋向统一,从而为世界范围的经济一体化获得了新的有利的发展条件。世界贸易组织、国际货币基金组织、世界银行等国际经济组织及其为世界经济正常运行制定的各种规章和制度,及其进一步得到加强、改进和逐步趋于完善,推动着世界范围的经济一体化的步伐。贸易自由化几乎成为所有国家为之努力的行为规则,上个世纪80年代以来,关税及贸易总协定在推动贸易自由化方面功不可没;1995年世贸组织(WTO)正式成立,标志着以贸易自由化为中心囊括当今世界各领域的多边贸易体制建立起来。中国为加入世界贸易组织,进行了多年的努力。1999后11月15日,中国和美国就有关中国加入世界贸易组织的双边谈判达成双赢协议,为中国加入世界贸易组织扫清了最大障碍。2001年11月在卡塔尔首都多哈举行世界贸易组织第四届部长级会议,大会审议批准了中国加入世贸组织。世贸组织成员国一致欢迎中国加入世贸,期望中国进一步开放其巨大的市场,并为全球贸易做出积极的贡献。12月11日中国正式成为世贸组织成员。中国作为拥有近13亿人口的东方大国加入世贸组织,必将大大地促进世界经济的融合,无疑是世界经济一体化进程中的一件大事。多哈会议的另一项议程,与会的142个成员部长们就药品专利、农业补贴、反倾销规则和其他商业冲突问题做出一系列让步,并达成启动新一轮多边贸易谈判的协议。

由于地域相邻,经济发展水平相近,地区的经济迅速发展,达到了一定经济一体化水平,为满足许多国家进一步发展相互之间经济关系的要求,加之其他一些政治和经济因素的作用,地区性的经济一体化组织便相继出现和发展起来。在地区性经济组织中,最引人注目的是欧洲联盟、北美自由贸易区和亚太经济合作组织。

地区性一体化经济组织中最重要的当数欧洲联盟,其包括的国家之多,一体化的水平之高,都处于领先的地位。进入21世纪之后欧盟成员国将扩展到20个以上,覆盖大半个欧洲。现在欧洲国家对外贸易的近80%是在欧盟内部进行的;由于欧洲统一市场的不断发展,在一定程度上减少了国际经济周期所带来的影响。目前欧盟不仅已经在成员国的范围内建立起统一大市场,而且还建立了统一的中央银行,并开始实行欧盟国家统一货币。经过3年的过渡期,欧元终于2002年1月1日在欧洲12国正式流通。欧元区目前12个成员国拥有3.03亿人口,2000年其国内生产总值占世界比重的16%。英国加入欧元区也已势在必行,势将带动丹麦和瑞典而使欧元国实力得以扩充。欧元流通标志着欧洲统一进程不断深化,欧洲综合实力进一步提升,欧洲的国际竞争地位得到加强。欧洲联盟除了在经济一体化方面有了高度的发展,现在在政治上已经建立了欧洲议会,在军事上正在逐步建立共同的防务,法国还提出要制订一部欧洲宪法。看来欧盟很可能朝着准国家的方向发展。

北美自由贸易区现在虽只有美国、加拿大和墨西哥3个国家参加,却包含了发达国家和发展中国家两种不同类型的国家。它还有着发展成世界上地域最广、国家最多的一个地区性经济组织的潜力和前景,不仅美国已经就此发出了倡议,而且众多美洲国家也已表达了这种愿望。人们要把北美自由贸易区发展成囊括全部南北美洲的地区性经济组织,而且还拟定了初步的发展日程。2001年4月22日,第三届美洲国家首脑会议在加拿大的魁北克举行,与会的34国领导人在会议结束时通过宣言,确定2005年12月正式启动美洲自由贸易区。当然,这里既有发达国家,也有大批发展中国家,它们在经济发展水平上并不是处在同一个档次上,再加上国家和民族间的种种因素,其发展过程中的困难和矛盾未免居多。但专家认为,21世纪在世界上出现一个包括整个美洲在内的地区性经济组织并不是不可思议的。

亚太经济合作组织(APEC)自1989年在澳大利亚首都召开由这个地区的12个国家的外交部长和经济部长参加的第一届部长级会议以来,至2001年已有12个年头。从1995年11月在日本大阪召开的第七次部长级会议到1999年9月在新西兰奥克兰举行的第十一次部长级会议,亚太经济合作组织进入了推进贸易投资自由化和经济合作的阶段。2001年6月6~7日亚太经济合作组织贸易部长会议在中国上海国际会议中心举行,这次会议主要解决的问题和审议的主要议题,是要加强APEC成员国之间的合作共同应付可能出现的经济衰退,重树发展经济的信心;继续推进APEC贸易投资自由化和便利化进程,推动世界贸易组织尽早启动新一轮谈判。自1991年汉城部长级会议中国成为APEC成员国,现在亚太经济合作组织已有21个成员国,是目前拥有成员国最多、涉及地域最广的一个地区性经济组织。正因于此,其参加者在经济发展水平上差异很大,而且社会政治经济制度也不一样。因此在经济一体化的水平和层次上,都处于较低的状态,它在承认多样性原则的基础上,更多采用的是自愿参加、协商一致的办法,而不特别强调法律化和机制化,其协商的成果也往往不具有约束力。它是从亚太地区现实的情况出发采取的符合世界经济一体化发展方向的一种形式。2001年10月20~21日,在中国上海召开了新世纪的第一次亚太经济合作组织首脑会晤,这在全世界产生了广泛的积极影响。

进入新世纪以来,其他的地区经济一体化的势头也在发展。2001年1月15日,由坦桑尼亚、肯尼亚和乌干达组成的新的东非共同体建立。6月15日上海合作组织(原名"上海五国")元首会议召开,接纳乌兹别克斯坦为新成员,并签署《上海合作组织成立宣言》。7月11日,第37届非洲统一组织首脑会议通过了关于启动非洲联盟的一年过渡期,确定非盟的主要机构及其预算。越来越多的国家认识到,在全球化时代,各国必须依靠共同的努力,挖掘本地区内部的潜力,才可能应对新的矛盾和问题,以求共同的发展。

2000/2001年世界经济走势

2000年是十多年来世界经济增长强劲的一年。根据国际货币基金组织数字库的资料,2000年全世界的经济增长率为4.7%,大大超过1999年的2.8%。发达国家和地区为4.2%,发展中国家和地区为5.6%;按地区分组亚洲为6.7%,非洲为3.4%,中东和欧洲为4.7%,拉丁美洲为4.3%。同时,世界贸易增长速度达到12.5%,创下20年来的最高纪录;与上年相比,资本流动量约增加24%。总的说来,2000年世界经济增长具有普遍性特点。美国经济打破人们的最乐观预测，创造了5%的经济增长速度；日本经济出现明显好转，增长速度为1.4%；欧盟经济增长率达4.2%，曾长期负增长的俄罗斯经济增长率达到7.0%；中国经济增长率由上年的7.1%上升到8.0%。2001年世界经济走向疲软。美国经济增长速度减缓以至于衰退，日本经济处于低迷，并严重影响了亚洲经济的发展。欧盟经济步履蹒跚，阿根廷经济危机升级。但俄罗斯和中国保持良好的增长势头。

2000年美国投资需求增长出现加速趋势，为减少因经济增长而增加的通货膨胀的压力，近两年联邦储备委员会多次提高联邦基金利息率。但于第四季度工业生产出现下滑，美全国经济研究局宣布美国经济从2001年3月开始进入衰退。这是从1991年3月开始的美国经济扩张在延续了整整10年之后的结束。随后出现不少回升迹象。9月11日发生恐怖主义飞机撞毁纽约世界贸易大楼的严重事件，使美国经济遭到巨大打击，本可在年底回升的乐观前景被彻底粉碎。美国联邦储备委员会12月14日公布的统计显示，11月份美国的工业生产比上月又下降了0.3%，比上年同期下降5.9%，为连续4个月下降，也是过去14个月中的第13次下降。12月7日美国劳工部公布11月份美国的失业率达到5.7%，为过去6年多来的最高纪录；自3月以来美国就业岗位减少了120万个，失业率上升了1.4%。为了使美国经济摆脱困境，美国联邦储备局先后11次降低利率，将银行利率从年初的6.5%降至2%以下。

2000年日本经济继上年继续好转，第四季度转向不安。从2001年年初开始，日本经济状况更是日益严峻。根据日本内阁府公布的有关统计数据，第二季度的国内生产总值比一季度下降0.8%，核算成年率为负增长3.2%，是上年第三季度以来出现的第三次负增长。第三季度国内生产总值又比第二季度萎缩了0.5%，出现2.2%的负增长。国内生产总值连续两个季度下降，形成了10年来的第三次经济衰退。到8月末，日本失业率已达5%，为近50年来的最高水平，完全失业人数达到360万人；9月份和10月份的失业率攀至5.3%和5.4%。日本政府在12月初发表的一年一度的经济白皮书中认为，1999～2000年日本经济一度出现的景气，是战后日本最短暂的经济景气；由于日本经济过度依赖出口和“偏重”信息产业，使日本经济增长机制变得非常脆弱。为阻止经济衰势，在零利率、财政紧急救助均未奏效的情况下，纵容货币贬值扩大出口被日本国内看作是刺激经济的强心剂。

欧盟国家在2000年经济增长强劲。2001年初受美国经济增长急剧减速的影响，由于国际市场需求减退，欧洲国家出口大幅下降，企业投资停滞不前。美国发生9·11恐怖事件后，欧洲的航空业、保险业和旅游业也受到最直接的影响。欧洲经济又受到疯牛病和口蹄疫的双重打击。英国爆发大规模的猪牛羊口蹄疫，并传到德国、法国、比利时和爱尔兰等国。欧洲国家消费猪牛羊肉数量大减，加上欧盟国家销毁染病牲畜的费用和补贴，及出口牛羊肉制品受到限制，使欧盟国家经济损失巨大。国际市场石油价格昂贵，使欧盟国家能源费用激增，仅法国进口石油费用就比上年增加一倍。欧盟企业破产和兼并加剧，失业率上升，消费者信心下降；特别是素有欧盟经济火车头之称的德国经济严重下滑，使欧美经济受到拖累。为防止欧洲经济由增长减缓而进入衰退，欧元国家已经拟定了减税措施。

2001年拉丁美洲经济在经历了2000年较平稳的增长后，出现逆转。美、日、欧等世界主要经济体经济困难，国际消费市场乏力和阿根廷金融形势持续动荡，显然是最主要的因素。根据拉美经济委员会公布的数字，2001年拉美国家的商品和服务贸易总额为8 051亿美元，比上年减少了2.39%。由于出口收入明显减少，全年国际支付赤字超过530亿美元。拉美国家吸收的外国直接投资由上年的648亿美元降至583亿美元。拉美各国普遍的内需不旺以及沉重的外债负担严重地制约着地区经济的发展。2001年阿根廷一直是拉美经济的焦点所在，阿根廷已经连续4年遭受经济危机，年初开始金融市场动荡不已，股市持续走低，政府财政形势恶化，外债负担加重。12月爆发了大规模的骚乱，政局不安。国际社会对阿根廷因经济危机引发政局动荡表示广泛关注。

在过去数年中，俄罗斯的结构改革取得一定成效，这种改革也对经济增长从供给和需求两个方面发挥了促进作用。1999年俄罗斯经济开始走出长期衰退的阴影并出现正增长。2000年俄罗斯经济进一步好转。俄罗斯2001年的经济形势良好，根据联邦委员会的统计，国内生产总值和工业总产值均增长

5.5%，农业总产值可增长5.0%，粮食总产量达8 310万吨，外贸额可比上年增长8.1%，基本建设投资预计增长8.2%，商业零售额将增长10.4%，外汇储备比上年增加103亿美元达到了383亿美元，居民生活水平稳步提高，在消费品价格增长15.2%的情况下人均收入增长46.2%，俄经济在全球经济不景气的条件下，成为世人共同瞩目的一个亮点。

1997年亚洲金融危机后，亚洲许多国家和地区的经济依靠强劲的出口增长及发达国家“新经济”的带动，逐步走出困境，开始复苏。自2000年下半年起，随着以美国为首的世界经济增速减缓和全球股市大幅度下挫，以及世界电子产品市场出现周期性萎缩，使过度依赖出口、特别是电子产品出口的亚洲国家经济面临严重的挑战。2001年前三个季度，韩国、印尼、菲律宾、马来西亚和泰国等国的国内生产总值平均增长率仅为2.5%，而中国台湾与新加坡则陷入衰退。在亚洲，中国与印度的经济增长势头良好。中国国家统计局年终发表的数字表明，2001年中国国内生产总值增长率达到7.3%，增速高于年初确定的7%的预期目标，增幅在世界主要国家和地区中排在首位。

国际货币基金组织2001年12月18日发表的《世界经济展望》，认为世界经济面临的一个突出问题是，几乎所有地区的经济出现了20年来最严重的同步下滑的情况。根据基金组织最新预测，2001年美国经济增长率为1%，下年将下降到0.2%；同期欧盟经济增长率为1.7%和1.3%，日本经济增长率为0.4%和0.6%。发展中国家2001年和2002年经济增长率分别为4%和4.4%，亚洲经济增长率两年均为5.6%，同期非洲经济增长率两年均为3.5%，拉丁美洲经济增长率分别为1%和1.7%。基金组织对中国经济依然持乐观态度，预计2002年仍可达6.8%。国际货币基金组织预计，2001年和2002年世界经济增长率均为2.4%。2001年世界贸易的增长速度下降到1%，到2002年将仅回升到4%。几乎所有重要国际组织和私人研究机构的报告都显示，自2000年后期以来，世界经济可能已告别90年代以来的高速增长，而进入所谓增长衰退期，即世界经济只能维持2.5%以下增长速度的时期。有关国际经济组织呼吁国际社会采取协调的政策行动，特别是作为世界经济增长主要发动机的工业发达国家，必须采取刺激需求的经济政策。

中国企业发展战略的文化思考

成思危

西方有些人有一种文化优越感，认为他们的文化和价值观念就应该是全世界的标准，所以他们要通过经济全球化来输出他们的文化和价值观念，进而达到政治全球化的目的。在这样一个前提下，包括企业文化建设在内的中国文化建设问题就应该放在重要的战略高度来认识；企业战略目标在20世纪80年代以前，最重要的是经济增长和利润提高，就是企业本身利益的最大化。进入21世纪企业本身利益最大化已从短期经济增长和利润提高变成永久广泛的价值追求；范仲淹的《岳阳楼记》中讲的“先天下之忧而忧，后天下之乐而乐”、“不以物喜，不以己悲”等，这些观点在企业文化建设中很重要。我们的企业文化建设不与传统文化相结合，就形不成具有中华气派风格的企业文化。

我当年之所以放弃熟悉的化工专业，到美国学习管理科学，是因为我意识到，中国的科技要发展，而管理更需要发展。联想集团总裁柳传志说得好：即使每个人都是珍珠，如果没有一条线把它们串起来，就不能成为一个项链，这条线也许不值多少钱，但若没有这条线，所有的珍珠就是一盘散沙，这条线就是管理。

企业文化是一种应新时代管理需要而产生的管理理论、管理思想和管理方式。

推进企业文化建设的现实意义

推进企业文化建设是面临经济全球化挑战的需要 中国即将加入WTO,这既是挑战也是机遇。这个挑战具有深刻的含义,经济全球化有利于中国引进资金、引进技术、引进国外先进管理,但从另一方面来讲,游戏规则都是由发达国家制定的,在一定程度上对中国的经济安全、甚至国家主权都会造成一定威胁。从更深的层次来讲,西方国家也希望通过经济全球化输出它的文化和价值观念,通过经济全球化,来实现文化全球化,进而实现政治全球化。西方有些人有一种文化优越感,认为他们的文化和价值观念就应该是全世界的标准,所以他们要通过经济全球化来输出他们的文化和价值观,进而达到政治全球化的。

在这样一个前提下,包括企业文化建设在内的中国文化建设问题就应该放在重要的战略高度来认识。21世纪,随着经济全球化的发展,文化交往的内容会越来越多,范围也会越来越广。对于西方的文化,中国要有选择地吸收。面对经济全球化的挑战,无论从国家发展角度考虑,还是从加强企业管理角度考虑,企业文化建设都具有十分重要的现实意义。

推进企业文化建设是知识经济发展的需要 知识经济的发展,一是表现为知识工作者价值的提高。作为生产第三要素的"劳动者"的情况在当前不断变化,蓝领和白领,脑力劳动和体力劳动之间的差距越来越小,知识工作者越来越多,每一个层次的劳动者不可能像20世纪初福特公司那样,一个汽车生产流水线7 882个工序,每个工人只操作一个工序就可以了,而必须要使每个知识工作者本身有一定决策能力,必须要发挥每个人的积极性。这样的话,如果没有强有力的高度认同的企业文化,就不能使他们每一个决策都服从于整个企业的目标。二是知识经济的发展缩短了时空的距离。一个跨国公司会在世界许多地方建立企业,这种时空的距离会通过网络和通讯而缩短。在这样的情况下,若再因袭传统管理方式是根本不利于企业发展的。那么靠什么来管理呢?要靠统一的价值观、统一的精神来实现跨时空的管理。所以在知识经济时代,企业文化是企业管理非常重要的方式。我们必须适应从传统管理到科学管理、再到文化管理的新形势。

推进企业文化建设是当前国企改革的需要 当前,国企改革问题的关键决定于四个层次:第一层次是国有经济的战略调整,即有所为有所不为,有进有退;第二层次是企业产权结构的调整,即股权多元化;第三层次是建立现代企业制度;第四层次是加强企业内部管理。

从管理角度来讲,国企改革在当前很重要的问题就是提高企业的竞争力。企业没有竞争力,就无法生存下去。

那么,如何提高竞争力?

第一点,企业内部要有凝聚力 而企业内部凝聚力靠什么?靠文化!以前中国许多企业忽视这个因素,过分依赖政府,所以被称作"干部能上不能下,职工能进不能出,工资能升不能降,福利能增不能减,企业能生不能死",致使国有企业没有凝聚力,没有活力。要提高凝聚力实际上就是要把企业所有者、经营者、专业人员、职工的目标通过价值观念通过企业文化联系起来。

第二点,提高企业的竞争力要靠品牌 当前国内对品牌有个肤浅的认识,似乎品牌就是商标。决定品牌价值的绝不仅仅是商标,而是商标后面支撑这个品牌的企业核心能力和企业文化。没有企业的核心能力企业文化,这个品牌只是虚的。如麦当劳这个品牌,后面就有强大的文化支撑。麦当劳的食品和环境设计,就具有文化匠心。中国都是独生子女,小孩爱吃麦当劳,即使父母不愿去,也要带子女去,等小孩子长大后,已形成对麦当劳的兴趣,所以又会带他的下一代去吃麦当劳。可见,麦当劳公司是有其深刻的文化支撑的。我们中国许多名牌之所以树不起来,就是对文化支撑重视不够。最近一个材料显示,世界上60个名牌中,中国一个也没有,这是非常值得我们重视的问题。

21世纪企业文化的发展趋向

21世纪企业战略被提到重要地位,企业

战略目标设计也在发生变化 企业战略目标在20世纪80年以前,最重要的是经济增长和利润提高,就是企业本身利益的最大化。80年代以后,由企业短期利益的最大化变成企业长期利益的最大化,就是企业价值的最大化。比如,以前投资者对美国的网络企业很感兴趣,虽然当时它是亏本的,但投资者看中网络企业的将来,看中企业的长远价值,而不是企业短期的利润。所以,企业本身利益最大化已从经济增长和利润提高变成永久广泛的价值追求。由此看来,企业本身的目标设计也在发生变化。

仅仅顾及企业利益的最大化,在21世纪也是不够的,还要考虑顾客利益的最大化和社会利益的最大化。顾客利益在当前非常重要,因为随着人民生活水平的提高,人的人性化需要,对产品个性化的要求越来越高,你不考虑顾客的态度,像Yahuo网站之所以这么快获得成功,当然从技术上,从搜索引擎来说,有其领先的因素,但更重要的是其开始就树立一个理念:上Yahuo不收费,提供的服务都是免费,于是大家都愿意上Yahuo网站,上网人多了,广告商也就看好它,它的主要收入都来源于广告。后来有的网站效仿这种方法,但在当初,这个观念是很有特点的。

进一步说,企业如果想得到更大发展,就要考虑企业社会利益的最大化。若一个企业不关心环境,不关心周围的社区,这个企业的发展也会受影响。比如微软,现在市值很高,达到5 000亿美元,相当于中国GDP的一半,但其名声并不是很好。因为它的Windows操作系统搞垄断,它的原代码保密,这是它赚钱的命根子,若软件有毛病,也只能由它自己来改善,别人改善不了。但芬兰人的Liuex则推出一个全新的理念,它的原代码全部在网上公布,并不保密,欢迎大家来改进,这种全开放式的做法,吸引了全世界的程序员帮助它改进,最后慢慢形成了一个固定的标准和格式。当然Liuex现在与Windows竞争,也可能还需要一段时间,但从其发展趋势来看,它是有竞争力的。企业与社会关系的发展趋势是双赢互助,良性循环。

因此,由于企业目标设计的趋势发生变化,一个企业若只考虑本身利益最大化,而不考虑顾客利益和社会利益,这个企业从长远来看,是没有前途的。这就要求企业树立创新文化理念。

以人为本 21世纪的管理核心是发挥人的积极性和主动性。随着知识经济的到来,组织形式日益朝着扁平式的灵活方向发展,也要成为学习型组织。在这种情况下,人的作用越来越重要。泰罗的理论认为人是经济人,行为科学认为人是社会人,现在的人对企业来说,则是决策人。每个人都要有一定决策机会和能力水平,因而发挥人的积极性就非常重要。

管理既是科学又是艺术。随着科学技术的发展,科技部分的问题应该说越来越少,艺术部分的问题则显得越来越重要。所以如何提高管理艺术、调动人的积极性,成为非常重要的课题。

创新亦是如此。根据现在的观念,创新不单单是个别人的聪明才智所能奏效的,而是在一个组织内的群体相互作用,相互启发,到一定程度产生一个突变,才能产生较理想的创新效果。其实,创新过程所需要的许多技术都是成熟的,但通过相互作用把它们组合起来就成为一个新课题。从这个角度讲,以人为本非常重要。

企业内部要讲和谐、合作、进行和谐管理

前几年,中国有个权威机构做了一个调查:企业内最大的问题是什么?结论是领导班子不团结。由此看来,和谐管理非常重要,而和谐管理又是靠企业的文化来引领,才能做到。现在国外许多新的创业公司,不是老板炒雇员,而是雇员炒老板,这是文化不认同的结果。

要把企业文化的三个层次紧密结合起来,即把精神层次、制度层次、物质层次结合起来

其中,精神层次是最重要的,没有精神不行,但精神要变成制度才能巩固,而制度要通过物质形式才能实现,所以,三个层次要紧密结合。

如何进一步推进中国企业文化建设

提高认识是关键 当前,企业老总真正把企业文化放在思想第一位的为数不多,大都关心市场如何,利润如何。我一直认为企业一把手最重要的工作不是管今天的事,而要是管明天的事。如果企业一把手整天管今天的事,忙于应付,就像救火队一样,这个企业搞不好。企业一把手应该是日常工作做好分工安排,而他自己主要考虑明天,考虑企业发展战略。

但是，现在企业一把手真正在考虑明天，考虑企业文化建设的太少，因而要提高认识。

政府官员也要提高认识。政府官员到企业了解情况，所关心的也主要是产值、利润、销售额、下岗职工情况等，很少有人去过问企业的文化，不提高认识，企业文化建设就搞不上去。

发扬中华文化的优良传统 我们建设中国的企业文化，不发扬中华文化的优良传统，只用舶来品，是不会适应中国国情的。

中国传统文化有许多精华。如《隆中对》总共才290多字，却有着极有价值的战略思想，包括三分天下的战略思想，联吴抗曹的战略思想等；范仲淹的《岳阳楼记》中讲的“先天下之忧而忧，后天下之乐而乐”，“不以物喜，不以己悲”等，这些观点在企业文化建设中非常重要。我们的企业文化建设不与传统文化相结合，就成了无源之水，就形不成具有中华气派与风格的企业文化。

当然，中国也要虚心学习发达国家的东西，他们在管理科学上确实比我们走前了一步，我们曾丧失过两个历史机遇：一是1642年闭关锁国至鸦片战争，西方此时正是文艺复兴和产业革命的时候，而中国拒绝对国外的交流与开放；另一个是在20世纪60年代，发达国家此时致力于战后复兴、发展经济、发展管理，而中国在搞“文化大革命”。这两个历史机遇的丧失给中国造成很大损害，所以中国在21世纪不能再丧失机遇，对于西方的东西，要认真地去分析、学习，学会扬弃的方法。最近我在主编《世界500强企业丛书》，提出必须要研究世界500强。它们之所以会成为500强，固然有客观环境因素，而管理的主观因素——管理文化的进步也不可忽视。

中国的企业文化要形成自己的特色，要形成每一个企业自己的特点 企业文化的一个本质特征就在于个性化。当前许多企业的企业文化建设多数停留在企业口号上，而企业口号又都趋于一般化，毫无个性，大多是“开拓、进取、创新、求实、团结、奋进”等千企一面的模式，很难反映企业文化个性，文化有个性有特色，企业才能健康成长，才有竞争力。

（作者系全国人大常委会副委员长、著名管理学家）

在全球化知识化两大潮流冲击下的文化选择

朱厚泽

全球化与知识化的趋势

当代全球趋势，如果要用比较简化的方法来加以概括，应当说有三条：全球化，知识化，民主化。民主化问题，我们到另外的场合再讨论。今天，我想讲两条：一条叫全球化，一条叫知识化。全球化和知识化能够形成全球大趋势、大潮流，它的动因、它得以形成的条件，又可以概括为三个“化”：第一是科学技术方面的信息化，它是以数字化和网络化为特征的；第二是制度条件方面的，或者叫组织制度方面的市场化，它是与社会化和民营化相伴而行的；第三是文化精神方面的多元化，以人为本，人与人、人与社会、人与自然开放、共容、和谐、共存的多元文化精神。

全球化，可不可以这样概括，它是指当今人类活动，首先是经济活动，已经或正在迅速地、大规模地超越民族国家权威隶属的行政疆界和自然地理的区域界线，从经济、文化、社会、政治各个方面日益密切地相互交往、相互交流、相互联系、相互依存、相互求索、相互满足、相互利用、相互制约，你中有我、我中有你，越来越难舍难分的那么一种发展趋势、运行状态和演化过程。

人类的相互交往，不是什么新鲜现象，古已有之。生物和矿产资源在海洋和大陆上的富集，人文资源在地表上的分布，都是不平衡的。资源分布的不平衡性，导致、形成了开放和交往的绝对性。古代不同地区的不同民族就有相互交往,这里边不仅有物质的动因,而且有文化的动因。唐僧到印度取经去干什么?不是买什么东西来赚钱,当时大概没有这个因素。日本派大批的留学生到长安来,不是来做生意,而主要因为那里有独特的文化吸引他。他要去了解,要去吸纳,要把它借鉴过来。

近代的大规模全球交往,是以现代工业革命在西欧的发展为动力扩展开来的。马克思、恩格斯150年前在《共产党宣言》中明确地讲过这件事。在这里就不展开了。

当代的全球化,主要是指"二战"以后,特别是最近20到30年来,由于科学技术的发展,由于市场经济制度的全球贯穿,也由于多元文化精神在人类进一步形成共识而推动起来的。当代的全球化有许多新的特点,从它的进程来讲,在资源、商品贸易、资本的投资和金融贸易、知识和技术贸易、信息和服务贸易以及建立跨国的全球性的生产网络体系和高知识、高技术的服务网络体系等方面,已经进入一个新的发展阶段。近30年来国际经济生活中的一个突出的表现,就是国际贸易的增长大大超过了各国国内生产总值的增长,超过物质生产的增长。我们过去的传统观念中,把贸易、流通看成是生产的延续,有多少生产就有多少流通。但最近二三十年流通的增长大大超过了生产的增长。这就导致远洋运输的大发展,发展成为大规模的海运产业、空运产业,陆路运输中高速公路、集装箱运输大发展,形成大规模的海港建设、空港建设,发展出大规模的国际物流产业。这又引起金融业的大变化,资金不分日夜在全球流动,发展出包括货币、贵金属、证券、债券、期货、期权等等在内的庞大的金融产业,全球的金融互相咬在一起。同时全球互联的高知识、高技术的服务网络体系越来越突出,这个服务体系可不简单。我们过去理解的服务业就是吃喝玩乐,讲资本主义国家第三产业大发展了,就有人认为它生产都不搞了,只知道吃喝玩乐,是资本主义的腐朽性。实际上现在的服务业,大量的是高知识、高技术的。信息服务、咨询服务、法律顾问、市场调查、医疗保健,数不清。

推动全球化的主要力量,表现为众多超级跨国公司的兴起和它们在全球的大规模组织经营活动。据联合国的有关材料,跨国公司掌握了世界生产的40%,国际贸易的60%,国际投资的90%,国际技术贸易的60%,国际技术转让的80%,世界科研开发的90%。这些跨国公司在它们的经济活动中把资源配置空间扩大到全球范围,从不断地优化资源配置当中突破民族、国家的主权限制,超越民族、国家的空间范围,不断地改变着各国的产业结构、整体的经济结构和布局。"二战"以来,这个结构变迁和布局转移,已经经历了几个大浪潮:第一个是劳动密集型产业的转移,第二个是资源、能源密集型产业的转移。最近这几年又出现了新的情况,就是高知识、高技术,技术密集型产业中的非核心技术部分也在转让。在全球活动的跨国公司为了求得最高的经济效益,它属下分布在各国各地的子公司、分支机构、加工或营销企业,就要搞"本土化"。不但人员本土化,产品设计、技术功能、企业文化和经营也要本土化。在本土化过程中越来越得到发展,人们越来越觉察出其利益格局、公司的性质都在发生着身不由己的变化。"无国籍公司"的出现,正是这种变化的证明。各个民族国家的政府,也在从这个全球化中去追求自身的发展,求得自身的利益。

知识化是当今世界发展的又一新趋势,也是个大趋势。经济和社会的知识化,它是在四五十年代从美国出现的。首先是作为知识创造与传承的主体的教育发生了巨大变化。教育经费大幅度上升,从历史上占国民生产总值的3%多一些,提升到国民生产总值的7%多一些。这反映了一个变化,就是在整个经济社会运行中把教育作为一个特殊产业来看待,这个产业的投资上升了一倍多。广泛地讲,教育产业就是知识创造的产业、知识传承的产业。人类创造的知识通过教育传承给下一代,使没有知识的人变成有知识的人,原来知识老化的人变成接受了新知识的人。同时大学又是专家学者集中的地方,许多新学说、新原理、新思想都是从大学里萌发出来的。教育和传播知识有关的产业的变化,包括科研与开发、信息装置制造、信息传输服务、各种传播媒体等五大产业的大发展,反映了"二战"以后,整个经济社会运行中一个重要的特征,就是知识在社会经济发展中的地位和作用变得越来越重要,变得越来越不可缺少。知识化就是指20世纪下半叶以来人类的创造精神不断得到弘扬、创造能力不断得到发挥,通过科学研究和各种探索活动突破传统的、宏观微观的若干极限的限制,正在创造越来越多的科学技术和知识成果。人类历史上从来没有过的科学研究和技术创造高潮已经形成,一个全球性的知识爆炸的局面已经形成,并且极其迅猛地向前扩展。科学、越来越密集的知识,经过技术和工程,转化为人们需要的产品,转化为人们需要的服务,从而发明出新产品,创建出新企业,发展出新行业,从无到有地形成全新的产业部门等等,这一趋势正在越来越突出,这个过程正在越来越直接,这个周期正在越来越缩短。

有人问:讲"知识经济",哪个"经济"没有"知识"呢?这个话也不是没有一点道理,但道理也不完全。因为古代人类生产活动中的知识是比较简单的,大体上属于经验性的。现在讲的知识经济里的"经济"要靠"知识",首先是科技知识,从原理性科学知识到技术工程性知识,再进一步建立企业、做出产品、发挥经济效益,这个过程与过去不同,是"倒着来"的。没有现代物理学上科学原理性的研究与突破,没有原子核可以打破这样的知识创新,怎么会想出原子弹,会设想设计出制造原子弹的"曼哈顿工程"?做原子弹是没有感性经验的,轰击、分裂原子核这个知识不是从人们日常实践经验中总结出来的。现在的经济发展是倒过来的,先有科学理论上的突破,然后把理论知识、原理性知识通过工程和技术化为工程技术,然后设计出产品,设计出生产产品的生产线,建立新的企业,形成新的行业,发展成巨大新型产业。这是古代不能比拟的。我们现在几乎每家都有个 VCD 播放机,买个光盘来就可以看电影。那张盘的造价只有几毛钱、块把钱,但你买它要用几元甚至几十、几百元,你需要的、消费的是盘里录制的东西,既看不到又摸不到,但确确实实存在,可能是小孩听的音乐、看的电影,或者人们在工厂里面操作的整个工业设计、工艺流程的软件。厂家生产的,你买来直接消耗的,就是那个知识。知识本身就是产品,既可以是消费品,又可以是生产资料,直接运用知识,直接消费知识。

我们正在进入一个以知识作为生产的主要要素、作为消费的主要对象,不断推进经济发展的时代。我们正在从使用传统工业机器,替代人的体力劳动,制造物质产品,进入使用知识工具和智能化装置,替代人的部分脑力劳动,创造知识产品的知识经济时代。知识社会的前景已经可以看见了。这就是当今的知识化趋势,也就是人们所说的当代知识革命。

全球趋势,我就简单说这么一点。

"全球化,知识化,与我何干?"

可否这么看:一个是从空间上影响我们。全球化把全世界各国连接在一起,压缩在一起,形成"地球村"。国与国之间、地区与地区之间的距离缩短了,被压缩在一起了,相互影响、相互索求、相互满足、相互联系,不能分开。一个从时间上影响我们。知识化借全球化向全世界扩展。我们原来处于衰退中的农业经济社会,经过 20 世纪 100 年,前 50 年打仗,后 50 年不打仗,先在"阶级斗争"中建设,后在"吵吵闹闹"中建设,所以小平同志叫"不争论",真正集中力量建设,实际上还不到 20 年。工业化成就巨大,但农业现代化差得远,农村工业化、城市化差得更远。广大西部地区就不用说了。全国还有 8 亿人没有进入现代工业文明社会,还有 5000 万人生活不得温饱。现代知识经济从发达国家产生,随即涌动起全球的知识化浪潮,向全球扩展,于是,传统农业经济、近代工业经济、现代知识经济,随着全球化汇聚到一起进来了。这就是当今中国面临的现实,讲"国情",我看这就是我们面临的国情。面对全球化、知识化两大潮流的冲击,在时空双重挤压下,我们要从农业经济跨入工业经济,在工业经济还没有完全实现时,又面临知识经济的压力,不能不迎接知识经济的挑战。要从农业经济、工业经济、到现在的高技术、高知识的经济,既循序,又跨越,不断向前推进、发展。

在时空双重挤压下的中国小企业

弄明白这么一个大背景,我们再来观察当今中国的小企业,在时空双重挤压下确实表现出一种独特的、异彩纷呈的景观。

按照上述简单的三个梯次划分,我们可以随便列举一些例子来看一看。

第一,在传统农村最普遍、最大量存在的种植业农户中,因为地少人多,家庭中总会有部分的、常年或季节性劳动力剩余。除传统的家庭饲养,人们大都会从事某些非农经济活动。老头用柳条编制小篮子、小箩筐,老太太、大媳妇纺线、织土布等。这是中国农民家庭中很传统的手工小经济,属于非农的家庭副业性质,确切些说,还不能叫企业。

第二,在人口比较密集、农业经济比较发达的地区,比上述情况前进一步,从传统农业中就分化出独立的小手工业,小饮食业,小运输业或其他出卖劳力的“棒棒军”之类小范围的服务型的夫妻店、个体户、个体劳动者。其中许多已经构成初步独立形态的农村非农经济,我们一般统称之为个体户。在城乡分割、封闭的体制环境下,由当地农民或远近农村、集镇的需求导致分工的发展,还出现了小型采矿业、小型农产、矿产品加工业、小的农具、匠作工具生产等等独立经营的小企业。有的也请帮手、甚至雇多名工人,习惯上仍属农村个体企业或私营经济,都是农村小企业。

第三,在城市创建大工业,实施工业化进程中,由于大企业建设,大城市发展的需要,诱发出来的各种地方建筑建材、搬运运输、铸造锻造、简单零部件加工、初级工业配套协作、分装包装等等小规模的生产配套企业,建设服务企业,或者生活服务企业。它是适应建设大工业,建设城市而发展出来的小企业,是与工业经济发展密切相关联的。

第四,特别需要强调,在工业化、城市化逐步发达,人口高度密集,经济高度聚集的过程中,一些原属于个人、家庭、工厂、企业、机关自己“内部”的事情,由于大量聚集而游离出来,形成越来越巨大的、多种多样的、公共的、社会性需求。这种巨大的“商机”就导致社会分工的日益深化和城市经济结构的提升,从而在传统的“七十二行”之外,发育出越来越多的、十分独特的、高度专业化的、效率极高的生产型或服务型的小企业出来。

第五,在全球化条件下,适应或纳入跨国公司的国际生产网络体系,成为分布在全球各地的各种研究开发、生产加工、组合装配等等生产性配套,或提供专业性服务的高度专业化的小企业。产品不一定很大、也不一定就那么“高、精、尖”,总规模可大可小,但它已经进入全球市场或区域性国际市场,已经进入跨国公司的全球购销体系或全球制造体系,成为其全球网络的一个组成部分。东南沿海量大面广的“三来一补”小企业,为外企“外包”加工的小企业等等,多得很。

第六,在全球知识化、信息化革命浪潮中,新涌现出来的、高度专业化的、创新型的高技术研究开发企业,就是搞发明、搞创造,专门研制开发新产品、新技术的小企业;为已有科研开发成果、发明创造专利转向生产的商品化、市场化、产业化的小企业;以及专门提供各种各样全新的科学、技术、经营、管理、金融、市场、信息、法律、环境等等高技术、高知识的咨询、顾问、调查、设计、规划的高度专业化的服务性小公司小企业。这些高知识、高技术小企业的产品,有硬件,有软件;有的有形,有的无形;其销售,有的通过市场,许多是“产需直接见面”、“对口挂钩”、“按需研制”、“委托加工”的,其中好多“策划”、“方案”等知识产品,根本就“无影无踪”,直接通过电子网络传输,服务已经到“家”、“买卖”已经完成。

我们大体依照人类社会一般的经济发展顺序,按农业经济、工业经济、知识经济这么三个层次,随便列举了六种类型的相关小企业。从中不难看出,在全球化、知识化两大潮流的冲击下,在时间空间双重挤压下的中国小企业,确实呈现出一幅东方独特的、异彩纷呈、五光十色的场景。当今中国的“民营经济”、中国的“小企业”,这个概念所包含的内容是极其广泛、非常庞杂的,各种各样的形式、各不相同的内容、各有各的功能、各有各的作用,它的出现、它得以产生的条件和动因,也是很不相同,甚至是大异其趣的。而它们却在20世纪末这个世纪之交的独特历史时期,在世界的东方、华夏大地这块独特的地方,千载难逢地凑在一起了。这对从事中国经济社会发展研究的学者、研究人员,对从事中国经济社会改革的机关干部和领导人员,对中国新一代的企业家们,这是多么难得的机遇,多么可贵的经济瞭望哨、社会观察站,多么独特难寻的“社会实验室”啊!

我国还处在尚未完成工业化的时期。有人说处于工业化中期阶段,有人估计还达不到,只相当于工业化前期。这在城、乡、工、农、内、外各方面都充分地表现出来,是不争的事实。我们的工业化是在“国难当头”的情况下被迫而为的,选择了一条军工第一、重工业优先发展的路子,国有制和计划经济的体制,长期实行的是一种很压抑的“赶超战略”。其特征,我曾经把它戏称为“三低三高、双向对立”。低农产品价格、低职工工资、低企业留利,高积累、高速度、高度集权。其长期的影响和后果,则表现为:工农对立、城乡对立、中外对立、政府与民间对立、国家与社会对立、积累与消费对立、速度与效益对立、短期辉煌与长远的持续发展相对立,如此等等。相同或类似的体制选择和战略抉择,其负面影响、长期后果,已为20世纪后半叶的中外多个国家历史演变所验证。

农村这么多人口,挤压在人均几分耕地上,其中许多还是梯田或坡耕地,如何摆脱贫困?无可避免的选择,就是想方设法把过多的人口从农业和农村中转移出来,转向非农产业。顺应其自发的演进方向,就是放手鼓励、支持农民发展符合当今市场需求的第一、二类小经济、小企业。并且坚决打破城乡分割封锁,让农民进入城镇和城市,参与发展第三、四类小企业。或者放手依靠农民自身建设城镇和城市,在"农民变市民"人口规模聚集的基础上,促进分工分业的演变,独立创立中型甚至大型制造业、营销业,举办和发展第三、四类企业。有条件的地区,首先是沿海、沿边地区,还应当鼓励农民创办和发展第五类小企业,力争挤进国际制造网络、营销网络中去。我国的劳动力价格还是有长期优势的,完全有可能在国际市场中占一席之地。这不仅在劳动密集型产业中,甚至知识技术密集型产业中的非核心技术产品,以及市场销区的若干高技术产品的装配企业,都是可以进去的。不要看不起"三来一补",既减轻农村人口压力,解决千万农民的就业,又使我国封闭的传统经济,通过这种开放的方式,延伸入国际市场中去,何乐而不为?

至于为推动农业专业化、产业化、现代化,要多方面、大量发展为延伸农业产业链、增加农业附加值、为农业生产和农产品加工、营销服务的各种专业化小企业,那就更不用说了。这中间,有的适宜建设集中的大企业,如石油天然气化工厂联产化肥之类,有许多则很适宜小企业,是农民大有用武之地的。

"这都是老生常谈,何烦多言!"

我是有鉴于近年的事态,不得不言。"一遇困难就想拿农民来垫背",这是城里人很容易染上的一种恶习。近年来,市场疲软,营销困难,于是停小厂、关小矿,砍杀小企业之风再次掀起。再一个就是借口城市下岗人员多,限制农民进城,赶走农民工。道理当然是很多的,反污染呀,反落后呀,保护资源呀,保卫国家利益呀,维护城市稳定呀,如此等等。问题在于,那么多从单一角度看去似乎很有道理的禁令集中到一起,"条条鞭子打在农民身上",将产生怎么样的经济后果,引发出什么样的"社会综合症"?搞不好,会不会"搬起石头砸自己的脚"呀?

另一方面,好几年来就有些讨人喜欢的高调,例如,向特区献计献策,建"环境最佳、技术最高"的城市,拒绝接受低档加工企业,已有的"三来一补"企业要"排挤出境"等等。当然,有的地方有所醒悟,但有的地方至今人气不旺、鬼气森森。不把城市经济结构的优化视为一个动态过程,自以为凭借政府的行政权威即可一步到位,恐怕很难称为"英明决策"。我曾向一些开放地区和滨海城市谈起:可否反其意而用之,来个"眼高手低"?要有长远规划、整体布局,但不要一下子把"门坎"定得太高了。先要把人口放进来、经济兴旺起来,发挥聚集效应,才会有各种各样有规模的社会化需求,从而促进城市分工的深化,促进城市经济结构的整体优化和提升。深圳的振华路、八挂岭,原来都是规划的工业区,建的是标准厂房,现在随着经济总量整体的扩展,一些厂房不是逐渐变为三产聚集,正在向商业服务区转化吗!

在推动城市和大工业的改革发展中,破除"大而全、小而全"的封闭体系,发展大量的为大企业协作配套服务的各种小而专、小而精的小企业,形成开放的、社会化的生产体系,这是城市大工业改革、改组、改造中的一个重要内容和重要方面。只有向这个方向发展,走专业化、协作化、社会化之路,呼唤了多年的"两个转变"才能实现,原来国有的那些准军事化的、独立的、也是比较孤立的大工业才有出路。从国际经验看,传统产业正在被现代信息技术和种种新知识所改造,技术创新层出不穷,周期越来越短。要不断地适应市场需求的频繁变化和技术自身的发展变化,只有依托大量专业化小企业组成的"联军",大公司才能屹立于世界市场之林。许多大公司抢收、抢购有突出创新成果,甚至只有突出创新思路的小公司,就是这个道理。现代国外公司的产品,小到"随身听"、"随身看",大到飞机、导弹,不都是"万国牌"的吗!发展第三、第四类小公司、小企业,对我们这个处于转型期的发展中大国,确是城市大工业改革的当务之急。

城市生活服务的社会化,是提高生活质量的重要一环,也离不开专业化小企业的发展。这个领域可真是"商机无限"。送工作餐的配餐公司,送洗净菜的配菜公司,清洗下水道的通管公司,搬家公司、洗衣公司,甚至"洗头中心"、"洗脚城",不可胜数。把需求看准,服务到家,树立信誉,门路多的是。其前提是人口的规模聚集和经济的规模聚集,因此,不要老是受一些传统观念的束缚,限制城市的发展。我国的城市化已经远远落后于工业化进程,迫切需要积极推进。

把发展小而专、小而精的小企业,同进入国际市场,同挤进跨国公司及其全球销售网络、全球制造网络中去,联系起来。这在全球化、知识化时代的经济发展中,可能是一条必由之路。曾经流行过这样的话:“船大好出海,船小好掉头”。于是,不惜“拉郎配”,拼命拼凑“大集团”,以为冠以“集团”之名,就成为“航空母舰”,可以出海了。现在看来,短期内创造“全球500家”之类的巨型企业,谈何容易。发展中国家比较现实的选择,可能是借助跨国公司的网络,以专业化小企业的形式,挤进去。在经济全球化中有一种趋势,就是大公司把产品分解,择优选购零件、部件,即“外购”;甚至把制造过程分解,分别转包给技术很专很精,或者成本很低的小公司去加工,即“外包”。后发国家企业主动与“外购、外包”对接,可能节约独立进行技术和产品开发的高额费用,避开缺乏国际市场网络的致命弱点。而跨国公司则更加集中精力于技术开发、产品设计,发挥其全球网络的优势。顺此潮流,有的跨国公司甚至只搞开发和营销,全部加工制造都“外包”,在向我们说的“超级皮包公司”转变。

至于迎应知识经济的挑战,推动技术创新的发展,更有赖于支持专、精、特、新小企业大量萌发与成长,这是美、欧发达国家近几十年的经验已经证明了的。居于计算机操作系统霸主地位的“微软”公司,是没有毕业的大学生合伙创办的小公司,十几年就变成世界首富了。首创开发网络浏览器的“网景”公司,一下子把全球网络浏览器这个市场占领,很快变成了亿万美元资产的企业,原来也是小公司。研究开发计算机新语言的“太阳”微级研究员,也包括一些很有头脑的大学生、研究生,在学校或大企业里受到各种限制,自己觉得有力量发挥不出来,就出去,创办新公司,小公司。只要有创新的思想、意向、新的技术思路,风险投资就会找上门来,加上自己选的合伙人互相配合默契,搞几年就发了。小企业,小公司,是很有生命力的。美国近十年的经济高增长,5 000家中小型高技术企业起了大作用。许多最新的技术创新常常是从小企业中先搞出来的。鼓励创办科研开发型的小企业,放手让有创新精神和能力的科技人员自由流动、自愿联合、自主创业、自求发展,这是我们的必然选择。

当然要有跨国、跨洲际的大企业,要建设国家级的科学试验装置和基地,要有国家层次的大科研项目,例如核试验、宇航发射之类;甚至要有全球科学界的分工大联合,例如全球人类基因组计划等,但那只能是很尖端、很少量的。

发展第四、第五类小企业,确是当今经济社会发展战略选择的重要一着,是我国经济结构提升和优化的希望所在,是社会稳定和文明进步不可逾越的阶梯。

在全球化和知识化两大潮流的冲击下,在时间和空间的双重挤压下,对中国的小企业,要有一个新的理解、新的关注,要从新的视角对它的产生、成长、性质、功能、地位、作用作出新的判断。在此基础上,从人类文明进程的历史高度,从全球整体发展的宽阔视野,制定发展小企业的方针,采取比较富于远见的政策。大思路想通了,实际问题才好办。

小企业有它许多独特的优势:规模较小,办起来比较容易;灵活性大,能够容纳高中低不同水平的技术和生产力;产权关系比较明晰,制度性的内部摩擦比较少;遇到困难比较易于重组转移,办好了也能快速扩大,“低成本扩张”;对内可以适应区域性需求,对外可以“傍大款”,挤进全球体系,走向国际市场,如此等等,确有条件比较好发展。

小企业也面临许多现实的困难:待遇不平等,融资渠道窄,谈判地位低,抗风险能力弱;历史造成的“戴错帽子”,产权混乱;传统形成的家长制、家族制等等。创办国际化、全球化的小企业、科研开发型的高新技术小企业,已有一些成功事例,从整体上看,尚处于探索中,社会氛围、法制环境、风险融资、产权保护,各方面都有待改革与创新,因而现实条件还比较困难。

出路何在?

出路何在?方向只能是:在全方位深化改革中,从国家回归社会,从政府转向民间;从以官为主,转向以民为本;从国家主义,回归社会主义。

中国当代遍布城乡的小企业,绝大多数是民营经济。它们不是国家办的,讲产权制度,本来就属于老百姓。问题出在建国后的几十年里,国家把社会“吃掉”了,政权从中央一直延伸到村,“政社合一”,政府包办一切,“共产风”、“割尾巴”,实际上是无偿剥夺劳动者的财产。在此情况下,投奔单位找“挂靠”,戴上“红帽子”求生存等等,各种扭曲现象就出来了。对这类问题怎么办?我看,了解来龙去脉,承认事实,回归民间,了事。有些地方还借口什么“单位挂名”、“政府担保”、“知青补助”、“就业优惠”、“税收减免”等等，总想找个理由搜刮一番，有的人是“为国为民”，许多则是想留给自己的部门、单位，我看是不对的。

小企业、民营企业，采取什么产权制度形式好？近代工业化是从西欧发展起来的，现代企业制度是从外国引进的，包括股份制，是历经实践检验过的有效制度。不搞现代企业制度，就无法与国际接轨。但搞现代企业制度，确有一个发育过程，确要有现代市场经济的制度文化条件。民营小企业的企业制度只能灵活多样，而且必将经历自身的发展演化过程。现在城乡小企业，许多还是家长制、家族制，有的是合伙制。我看依靠传统的血缘关系、亲缘关系、地缘关系，只要能搞好，就可以。至于将来，开放的市场环境和逐步完善的法律制度，会诱导其适应与转变，能发展成什么样子就是什么样子，不要限定框框，强求一律。

原来的小企业，后来搞大了，产权制度怎么改？各地都有案例。最新的一个是北京中关村的“四通”，存量不动，从增量中去分割，明晰产权。这也算一种尝试。

大企业走正规的股份制上市之路，民营小企业一律堵死，行吗？产权流通、社会融资，总要网开一面，找到一种形式。柜台交易，二板市场，似乎少不了。

防范金融风险、整顿金融纪律十分必要，但没有民间金融这条腿，特别是对于中国这样地域辽阔、发展极不平衡、巨型现代企业与亿万微型农户并存、广泛的全球交易与内部地区封闭同在的大国，恐怕不行。

发展高科研开发型小企业，需要风险投资支撑，但主要得靠从民间发育，或国外引进。

更大的问题是政府的改革。在市场经济条件下，既当裁判长，又任运动员，怎么能行呢！不仅军队、公安、武警不能经商，首先是政府不要“经商”。政府经商，凭借行政权力，与民争利，市场的公平、公正、公开谁来维护与保证？在国内市场中，政府的主要职能是着力于制定规则，维护市场秩序，同时向社会提供公共产品、公共服务。这可能是转轨国家久拖不决，而最终仍旧不得不走之路。

一个具有深层次、高难度的问题

民营经济、中小企业的发展问题已成为我们全国上下关注的热点。为什么现在要在发展战略的思路上给中小企业定位，为什么把发展民营经济、中小企业提高到发展战略的高度上来，这是值得我们思考的问题。如果用比较简单的语言来回答这个问题，我认为原因就在于：中国当前的发展正面临着三种经济、两大转型的叠加，正是这三种经济同时并存、两大转型和一系列转变叠加在一起，造成中国当前极其独特的经济社会景观，提出了世纪之交中国发展中一些深层次、高难度的问题。

人类进入文明社会，如果以确立农业经济为标志，大约有1万年的时间。这1万年中的9 000多年，人们都生活在农业经济的条件下，无论在东方、在西方都创造过灿烂的古代文明。大约在500年前，短一点讲在300年前，在西欧发生了一场工业革命，这场工业革命改变了人类的整个经济社会生活。人类在长时期里过着以人畜为动力，依靠简单的手工工具，依托在生物再生产的基础上去取得食物的农牧业生活。工业革命则开辟了人类利用矿物能源，使用工业革命中发明的各种机器、装置来作为人的手的延伸，去开发各种自然资源，生产各种物质产品的新时代。人的力量因使用矿物能源和种种机器而大大增强，包括农业在内的传统产业大发展，产量大增长，以制造业为代表的新产业不断扩张，新产品不断涌现，市场大扩展，经济大繁荣，社会大进步……这一场革命在西方发生以后，逐步波及到全球。人类进入新的工业文明时代。

我们这个曾经在农业文明时期创造过灿烂文明的东方民族，在近代人类文明发展转换的这段重要历史时期掉队了。我们在比较长的时间里不知道西欧发生了工业革命这件事，不理解它的含义，没有觉醒过来。正是这个原因，使我们民族在最近300年处在一种非常被动、非常艰难的境地。

50年前，经过了长期的内外战争，我们刚刚取得发展工业的国内条件，刚刚取得从农业文明向工业文明发展、转换的国内经济社会条件。但就在这个时候，在西方，在那个工业文明高度发达的地区，又开始酝酿着一场新的技术革命和产业革命，发展出一种新的经济，发育出一种新的文明。这种新的经济叫什么经济？这个新文明叫什么文明？学术界有不同的看法，有人叫它信息经济或信息文明，有人叫它知识经济或知识文明。再说不清楚了，就直接叫它工业后文明或后工业文明。这一个文明与原来的文明不同，在于它的特点，是运用信息工具和智能化装置，去替代人的一部分脑力劳动，开发信息资源和知识资源，着力去不断地创造新的科学、技术和各种知识，并且通过这样的知识的创新去应对各种物质生产和全部的经济社会生活。从这一基本点上看，它是从质上与工业经济和工业文明不同的。正是信息革命和知识经济的出现和经过半个世纪的酝酿、发育、推动，以数字化、网络化为特征，以互联网为载体的新技术、新经济蓬勃发展，迅速地向全球各个方向扩展。

就在我们取得农业文明向工业文明发展条件的时候，新的经济又出现了。这样，我们这个古老的民族，就面临着三种经济、两大转换叠加在一起。三种经济就是：传统农业经济、近代工业经济、当代知识经济。两大转换就是：从传统农业文明向近代工业文明转换，从近代工业文明向当代知识文明转换。从时间和空间上来讲，三种经济和文明本来是前后相继，顺序发展，不在同一时空碰头的。但在当今的中国，确被压缩、叠加在一起了。突出表现在我们国内的结构上，就是大约有6亿的人或更多一点，直到现在还没有进入近代工业文明社会，从事非农的工商业经济活动，没有享有近代工业社会的文明的生活。没有经过工业化和城市化的6亿以上人口，面对全球化推动下，一个工业化和信息化同时到来的这样一个大变革局面，这就是当今我们国家面临各种问题的一个重要根源。

正是在这样一个局面下，经济学界和社会学界都提出来，要大力发展民营经济、发展小企业。

第一，大量农民要从种植业、畜牧业转移出来，转到副业上来，用工副业形式转移劳动力，然后从家庭副业的形式转移到独立的个体工业、商业和其它的非农产业上来，实现从传统农业社会向近代工业社会的过渡。半个世纪的经验证明，光靠大工业来吸引亿万农民转移是不够的，必须大力发展各种小企业。这是涉及传统社会向现代转型的根本。

第二，围绕城市大工业发展加工、配套、协作的专业化小企业，使大而全的工业企业体系能够获得一个社会化的支撑。这是当前改组、改革城市工业的一个非常重要的方面。否则大工业提高经济效益、加速技术进步与创新，都是办不到的。同时要在城市化人口大量聚集的基础上，把个人、家庭、机关、企业内部的需求“游离”出来，变为社会化的公共需求，从而发展出各种专业化的城市的服务业来与之配套，提高我们的生活质量，提高城市运行的效能。这是与工业化、城市化密切联系、不可分割的大事。这就要发展数量巨大、种类繁多的专业化小企业。

第三，我们面对着全球化的经济交流与渗透，我们需要借助于全球化的营销网络体系和制造网络体系，用小而专、小而精、小而新、小而廉、小而灵巧、灵活的小企业形式，与国际营销网络，全球制造网络和国际跨国公司联系在一起，“挤进去”，走向全球。同时也要用这样一种小型企业独特的形式来创造新型的高科技企业。这是与全球化、信息化、知识化紧密相关的，这也涉及大力发展小企业问题。

所以，当今中国的小企业问题，不是一个简单的高科技企业的代名词，也不是一般传统工业企业规模小一点的意思，而是联系着、代表着三个不同层次的经济，三种不同梯度的文明，与中国民族面临的两大转型同时叠加在一起的，一种非常复杂、种类多样、涉及面广，独特重要的经济社会事业和景观。

文明的落差与文化的选择

在全人类历史发展的不同时期，文明的发展都是不平衡的。可能这个民族成为当时那个时代的文明中心，而其他一些民族则居于中间或边陲的地位。有的民族和国家走到了发展的高端，而有些民族和国家则处在发展的中间或低端，处在这么一种不平衡的状态之下。从全人类历史来看，这个发展的不平衡是一个共同性的问题，是绝对的。那么，这种中心与边陲，高端与低端的不平衡，就形成了“文明的落差”。这与水坝上流水的落差是一样的，它必然会从高端向低端流动，从中心向边沿扩散。这就出现了文明的传播和转移。

前两年，我们讨论全球化问题，国际上也在讨论全球化问题。有人讲：“全球化”不就是北美那个国家在那里的“化”吗，把全世界都“化”成它那个样子吗。国外有若干持这种论调的文章，在不发达世界中这样的文章不少，发达国家也有这样的文章。去年，我在广州就问一个这样提问题的同志：你说当今全球化表现为“美国化”，这也不是没有一点根据。从当今的高新科技技术到“好莱坞”、“麦当劳”，都是在向四面八方扩散。但我们不能不问：为什么20世纪的全球化突出表现为“美国化”呢？要回答这个问题，就要先回答另一个问题：为什么18、19世纪当时的全球交往，也可以称为“全球化”吧，主要表现为“英国化”？再要回答一个问题：为什么在8、9、10世纪的时候，在世界的东方，那个时代的地区文明交流中，东方表现为“中国化”，或者叫“唐化”？以致在国外，至今仍把华人居住的地方统称为“唐人街”？

只有回答了这些问题，讨论才有出路。其实道理很简单，不同时期，文明都有中心和边陲，都有高端、低端。处于低端和边陲的国家、地区，总是希望从高端拿到新的文明成果来丰富自己、提升自己，来充实和发展自己。而居于高端和中心的国家和地区总有一种向四周扩散的趋势，这是不可避免的。而在这样一个扩散和转移的过程中，我们要看到它的二重性。一方面是处于高端的先进的文明向低端和边沿扩散。另一方面，它这个文明又是从处于高端的那个民族和国家中孕育出来的，必然带有那个民族和国家的特点或叫特征。这里讲“带有那个民族和地区的特点”，既有好特点也有坏特点，这是价值判断的问题。但总带有它的特点，这就使这种文明在它向外传播中与其他民族的文化会产生磨擦，文明传播中的文化磨擦就会出现，这是第一。第二，从一定民族国家中孕育出来的文明，它在向外扩散、传播过程中，必然会带有那个国家的利益，这就会与其他的民族和国家发生利益的碰撞。因此，这个文明扩散的过程，吸纳和传播的过程，不要幻想成牧歌般的、演奏着奏鸣曲、迈着轻松舞步的过程。它是会有磨擦，会有冲撞，会有矛盾，甚至会有冲突的。

对于这样的历史过程，我们怎么来处理呢？对于二重性的事，我们应该有坚定的二重性方针。第一，判断清楚，对于先进的文明，我们就要把它拿来，学到手。正如毛泽东、邓小平所讲的一样，拿过来唯我所用，丰富自己，发展自己。也正如鲁迅所说的一样，要拿过来，吃进肚子里面去，让它变成我们自己的血和肉。第二，对于传播中的文化磨擦，对于传播中的利益冲撞，我们应该通过谈判、对话、协商，用订立契约、合同和协议的办法，用订立双边或多边协议、条约的办法，用订立国际间共同遵守的国际规章的办法，来界定相互之间的利益，以便双方都能在“双赢”的条件下实现文明的吸纳和传播。如果不能做到“双赢”，也要做到在双方都能接受的条件下来实现这样一个过程，力争使这一过程能轻磨擦、低震荡、不冲突。

谈到文化选择，顺便谈一下特区的文化功能。因为这两个问题有着深刻的联系。不久前，我在天津参加讨论天津开发区的问题。天津开发区在全国是比较有成就的，他们已经做了15年了。我问，开发区是什么？开放区是什么？特区又是什么？有几位同志向我解释：开发区是一块地，有几平方公里，里面有很好的设施和密集的企业，实行一些优惠的政策。我说这是对的，从空间上可以这样理解。如果从人类文明的传播、转移、吸纳、扩散的角度来看，什么是特区，什么是开放区、开发区？

是否可以这样来理解：开发区是为远渡重洋来到的一种新的文明提供一个停泊的港湾，为远渡重洋来到的文明提供一个登陆的码头；为一种新的文明的种子提供发芽的苗床，为新的文明的幼苗、植株提供生根、定植、壮大的园圃；为新的文明、新的生命的那个“蛋”，提供孵化的舒适、温暖的“窝”，让它能破壳而出，茁壮成长。因此，特区就是大开放区，开放区就是小特区。

从这个角度来理解，前两年我们争论的一些问题也就可以解决了。不是有些同志、学者写文章说：特区的特殊政策已经没有了，特区已经到了“寿终正寝”的时候了。不是提到：率先实行特殊政策的“珠江三角”、“闽南三角”等地区，应该结束这个阶段了，已经没有什么特殊的了。如果从文明传播和接纳这个角度来理解，特区、开放区，究竟还需要不需要呢？是不是不仅需要，而且仍将长期存在呢？

去年，我到南方一个城市去看了一下，这是最早开放的十四个城市之一，开发区距老城较远，汽车开了好一阵才到。为什么开发区这样选择？是不是怕苍蝇飞过来呀，隔离带宽一点，苍蝇飞不过来吧。如果我们从文明扩散、接纳的角度来观察，是靠近一点好还是远一点好呢？是孤立地看开发区本身的发展，还是从它怎样实现新的外来文明的吸纳和扩散、发挥影响和带动作用来看它的功能呢？

对于当今中国民营经济、小企业发展中的障碍，除了我们已经提到的实际工作中各种具体政策、障碍以外，是否有个文化障碍问题？或者反过来讲，为了进一步推动当今中国民营经济、小企业的发展，是不是应该既扎扎实实、认认真真解决各种经济政策、法律制度方面的问题，同时又要跳出这一点，从思想文化的角度作一些观察，为它的发展扫清思想、文化障碍，提供一个更好的、观察这个问题的历史视角。

(本文系根据作者1999年和2000年在两次有关中小型企业发展研讨会上的讲话录音整理)

全球化时代的先进文化

美国卡尔敦大学　赵启光

当今世界正处在一个经济全球化的时代。以好莱坞电影为代表的西方文化商品对世界其他国家的传统文化造成了很大冲击，有人因此而否定全球化的意义，抗拒全球化的浪潮。

其实，全球化对各国文化发展是否有益，主要应视“全球化”的定义：如果“全球化”是让西方文化来主宰整个世界的文化发展，那么从文化的角度上来说，这种“全球化”是不能接受的。

在一个经济全球化的时代，文化同样面临着全球范围的竞争，只有先进文化才有可能在这场竞争中生存、发展、繁荣。那么，什么样的文化才是先进文化呢？先进文化应当具备以下五种特征：

第一，先进文化应当是兼容并蓄的文化

先进文化有着对其他文化慷慨吸收、鉴别采纳的特点。这种文化的宽容特征在历史上曾多次出现。中国唐代的文化、古希腊罗马的文化都具有这种特征，因而是当时历史条件下的先进文化。在全球化时代，先进文化更应具有“海纳百川”的胸怀。

兼容并蓄的文化除了提高人民生活质量外也带来了国家的强大，所以兼容的文化是强盛的文化。古罗马文明源于欧洲、北非及小亚细亚文化，后来向世界敞开大门，以至罗马人后来强大到把地中海称为“我们的海”。中国唐朝时代具备对域外文化取舍由之的从容，使得长安城成了世界文化博物馆，造就了人类历史上光辉的一页。反之，中国清初皇帝一句“片帆不得下海”铸成国人400年遗憾。日本明治维新以文化开放为先导，放弃闭关锁国，到甲午战争打败清朝不过区区30年。而中国改革开放不过20多年，成绩之大，世人皆见。可见敞开文化大门并非权宜之计，而是民富国强的根本。

第二，先进文化应当保持本文化的优良传统

每种文化都有自己的优良传统，而人之所以成为人，区别于其他动物，就是因为人能够吸取前辈的文明，通过语言文字或者其他形式传递下去并且加以发展。同样，一个国家如果摒弃了优良的文化传统，就谈不上发展先进文化，也必然妨碍经济发展。

民族的复兴，首先是文化的复兴。现代化不应以抛弃传统为代价，建新楼不一定拆老屋，谱新章未必不能弹旧曲。中国传统文化在信息时代、在全球化时代表现出了独特的生命力，是凝聚全世界华人的精神财富，也是维护国家统一的牢固壁垒。应该珍惜、继承和发展中国传统文化。

上述第一点的对外开放和第二点的保持传统是相辅相成的，缺一不可。十多年前，有些国家不顾本国文化传统，断然走上“全盘西化”之路，结果却让国民迷失了方向，最后还是要重新肯定传统，强调民族特性。

有人担心，全球化会对中国的“弱势文化”不利。其实，中华文化博大精深，何弱之有？先进文化是在竞争中产生的，各国都应当勇敢地参与到世界文化的竞争中去。随着中国经济力量的壮大，完全可以在世界文化大竞争中站稳脚跟，而竞争正可以使中华文化不断创新繁衍、日新月异。文化本无主人，凡懂者、爱者皆可仰伏取之，不必拘泥其“产地”。所以，中国不但要输入文化而且要输出文化。中国现在在外贸上有了顺差，在文化交流上则是“逆差”，中国人了解西方超过西方人了解中国。北京申奥成功和中国加入WTO，正是中华文化扭转“逆差”，让世界了解中国的大好机会。

第三，先进文化是有着灿烂未来的进步文化

先进文化不应当受固有的文化糟粕和外来消极因素的影响，它在发展的过程中不断地修正自己，不断更新和完善自身，以宏大的气魄，把人们引向光辉灿烂的未来。

先进文化是现代文化，不是古代文化和外来文化的简单重复，而是现代人集古今中外之大成并且面向未来的创造。先进文化的现代性与传统性并不矛盾，而是现代与传统磨合的产物。这种文化接受传统、检验传统，也能在传统的基础上不断创新。

在先进文化的发展上，国家一方面要尊重历史的选择，顺应历史发展的潮流，另一方面必须加以支持和引导，如果不进行正确的引导，那么优秀的文化因素很可能会被商业浪潮所吞没。国家有责任在政策中反映先进文化，既推动文化创新又保护传统文化，协调不同的文化层面，督促发展面向未来的、创造性的进步文化。

第四，先进文化必然要和先进生产力及人民群众的根本利益相联系 文化属于上层建筑，它会推动生产力向前发展。先进文化与先进科技有着密不可分的关系。就目前而言，不与先进信息技术相结合的文化就不可能是先进文化。信息革命目前暂时处于休整阶段，在不久的将来必然与其他科技领域结合，创造出新的奇迹，没有人能预料今后20年科技将有何等突变。中国错过了工业革命，结果遗憾百年，现在决不可错过已经开始的信息革命。与工业革命不同，这次信息革命在一定程度上也是文化领域的革命。先进文化恰恰就是这场革命的先导，先进文化也在参与、反映并利用这场革命。

先进文化与广大人民群众利益紧密联系。广大群众的文化素质是其他领域进步的基础，也是国家未来发展的保证。所以，先进文化是民主的文化，保障人民群众利益的文化。

第五，先进文化是保证人民身心健康的文化 古罗马有一句名言："健康的思想基于健康的身体。"先进文化必然要对人民的身心健康负责，必然引导人民走向健康与安宁。

与第四点相关联，先进的文化保证群众的利益，包括全民健康。奥林匹克运动会就是群众文化的集中体现之一，其本质是发展群众性的业余体育运动，而不是把宝贵的资源全部集中到竞技体育方面。现在中国参加体育锻炼的人口比例还比较低，2008年奥运会成功的标志应该是中国有多少人经常参加业余文化体育活动，有多少人有机会、有时间、有心情参加健康多样的文体活动，离开酒杯、烟缸、牌桌到海滨游泳、球场驰骋、林间散步、山中远足。

在整个世界上，没有一个国家的执政党把代表先进文化的前进方向作为自身的立党之本，中国共产党是第一个，这一点非常令人钦佩。作为一个政党，应当在自身的纲领、政策中宣讲先进文化，在政策和执行中推动和保护先进文化。中国历史上一向重视人文建设，追求壮阔与通达的理想情操，豪放与婉约的诗情画意。中国广大民众也有尊重知识、崇尚教育、热衷养生养心、热爱大自然和文学艺术的传统。中国完全有可能在全球化时代赢得文化超级大国的桂冠。

先进文化是推动社会创新发展的精神动力

中国发展战略学研究会 王玉民

作为社会发展精神产物的文化，具有一定的历史继承性和特殊的模式演化性，对社会发展具有能动的反作用性。在实践中，文化的演化与社会的发展并非完全一致，其反作用性也表现为多样性。所谓先进文化就是从引导社会发展效能的角度对文化分类的一种表述。文化的功能取决于文化内在结构性与外在关联性。本文从文化体系结构性的角度，对先进文化作一些分析。

文化体系结构与文化模式

文化的内容体系

所谓文化是指一定的社会群体在实践中所习得的思想、感情与活动方式，包括了一切意识形态在内的精神产品。① 其本质是社会群体的精神体系。

作为社会群体精神体系，文化具有多层次、多系列、纵横交错的复杂体系②，它的内容或构成形态包括了社会主体的世界观、人生观、价值观、思维方式、团体精神、意志作风、道德观念、制度规范等内容，并表现为生活方式、生产方式、艺术、宗教等庞杂的有形形式之中。对文化内容因研究角度的差异、取舍重点的不同而存在文化内容分类的多样性。

如果从文化要素的作用机制分类，可将表征社会群体利益的政治思想、价值标准类因素归为价值观念因素；将哲学理念、认识手段、思维方式类因素统称认识能力因素；将人类认知最高形式的社会科学、自然科学、思维科学及其软硬技术体系简称为科技知识因素；将道德规范、法律法规以及社会制度等内容称为制度规范因素；将社会群体的意志、毅力、精神风貌、态度作风等内容归并为精神作风因素；将包含在社会群体外在形象、生活方式、生产方式以及艺术形态中的精神因素简称为外在形式因素。当然，宗教也是文化的重要表现形式，它是文化演化历史一定阶段所表现的具体形式，在此不予涉及。如此，可以将文化简要地区分为六要素。

文化的结构模式

文化所包含的六类因素，各自发挥不同的作用，具有相应的特点，显示出文化内涵的内在相互制约关系。这种相互制约关系将文化各类因素耦合形成文化的整体结构，决定文化所特有的整体动态规律性。就此可以定义：对文化的构成要素及其相互制约关系在形式上的概括称之为文化模式。显然，文化模式是对文化体系结构的描述。不同的文化模式具有不同的体系结构，蕴涵了不同的潜在功能。

就其文化构成要素的哲学思想而言，东西方区分为两大文化模式；就其文化模式的主导因素而言，可区分为思想主导性、价值主导性、制度主导性、多因素协调性等不同文化模式类型。具有特定结构的文化一经形成就具有其特殊的运行规律，显示相对于社会存在的相对独立性，对社会发展具有强有力的反作用性。不同的文化模式则影响了不同的社会发展形态和不同的历史发展过程。

文化的基本特征

从文化的内涵、本质与文化模式的概念，可以引申出文化的基本特征：其一，文化的社会主体性——区域性、民族性、阶级性；其二，文化的社会实践性与相对独立性；其三，文化的传播性与融合性——多元文化矛盾性；其四，文化的后天习得、继承、创新演变性；其五，文化表现形式的内隐模式与外显模式相制约、外在条件与内在结构相制衡而显示的整体性——系统性；其六，文化组合模式多样性——功能差异性；其七，文化模式动态演变性——调控性；其八，文化模式演变的渐进性与飞跃发展性——文化的时代性。

文化模式类型的内在矛盾决定性

文化模式的动态演化源自于内在矛盾性，表现为外在功能性。

文化要素的作用性

在文化体系中，各构成因素所发挥的作用不同。在社会群体实践过程中，价值观念因素在确定的发展阶段内发挥动因性、标准性、根据性、前提性的作用；制度规范类因素发挥规范性、约束性、整体性的作用，表现为一定历史阶段内为维护价值目标的实现所必须遵循的群体规范；精神作风因素表现无形性的精神内化而发挥自我调控、自主升华、群体激励的作用；外在形式因素属于文化发展的一种具体表现形式，是内在精神的外化，具有对内在精神发展的能动的反作用性；科技知识因素发挥认识、确定与升华价值观念的作用，进而决定制度规范变革、外在形式演化方向；而认识能力因素则影响科技发展、制约认识水平，进而对价值观念、制度规范的认识与变革发挥思想基础性的作用。

文化要素的动态特征

在文化演化的动态过程中，各类文化要素具有不同的动态特点：价值观念因素具有强烈的时代性即在

---

① 《中国大百科全书》(社会学)1991 年 12 月第 1 版，第 409 页。

② 王玉民：《文化模式与文化创新》，载中国科学院《科技与文化创新论坛文集》，2000 年 10 月，第 1 页。

一定历史阶段内具有相对稳定性和历史阶段转换过程中的升华演变性；制度规范类因素、外在形式类因素具有对价值观念的依附性和社会演变的因变性和相对滞后性；精神作风类因素常表现为社会群体的精神激发与震荡性，显示对价值导向作用波动性与功能性质的两向性；科技知识因素是在社会需求的外在拉动力与科技发展规律的内在推动力双重作用下逐步演化的，表现为认识水平演化根源的因动与自发两重性、演化形式的连续与飞跃的多样性。

文化要素的制约关系

从文化要素的作用特点与动态特征可以分析制约关系：其一，社会实践中的前提性制约关系：价值观念是社会所发生的认识过程、采取的制度规范、形成的外在形式以及精神作风的前提，是一切社会实践行为的根据；相反，制度规范、外在形式、精神作风、认识过程均应以价值观念的实现为前提而显示必要的作用。这是文化模式制约关系的核心内容，是文化内涵的关键问题。这一关系的破坏将从根本上颠倒文化的功能内涵。其二，社会认识过程中的先导性制约关系：价值观念的形成以及价值目标的实现，取决于认识能力与科技知识水平；而认识能力与科技知识水平演化动因两重性、演化形式多样性是与价值观念的一定阶段内的相对稳定性不尽一致的，存在着一定发展阶段内的相互矛盾性或者说适应性问题。超越于认识能力与水平的价值观念具有幻想的意味，是无法实现的；而落后于认识水平的价值观念则是守旧、僵化的理念。由于科技进步所推动的社会知识水平的不断提升，预示了价值观念的升华、历史时代的演化，显示了科技知识水平与认识能力对于文化演变与社会发展的先导性作用。社会知识水平与价值观念所发生的适应性问题是不断发生的常见现象。对此，凡积极引导科技发展、全面提高社会知识水平以至自觉适应知识水平而升华价值观念、进而变革制度规范与外在形式的，是社会创新发展模式；相反，不顾科技发展趋势、压抑社会认识能力的演变、固化社会的认识水平和社会运行体制，则将出现社会的衰落性演变模式。其三，认识能力与科技知识的指导性互动关系：所谓认识能力其核心是世界观与方法论，即科学的哲学观。一切社会实践和科技创新活动无不接受哲学的指导和影响，而科技知识的发展不断为哲学提供新的思想，使哲学唯物主义不断采取新的形式。哲学思想的创新发展是科技创新的基础，是以创新引导文化升华的基础，对文化演变具有基础性的作用。

文化模式的结构性分类

文化因素的制约关系的差异决定了文化模式的类型。凡符合价值观念前提性条件的，称为价值协调型文化模式；反之称为形式前提型文化模式。后者即为以机制规范或外在形式为前提的僵化落后的文化模式，这是背离文化本质而发生扭曲的文化模式。凡符合科技知识先导性制约关系的，将以科技创新推动价值观念的升华，进而引导体制规范的变革，可称之为体系创新型文化模式；反之称为形式固守型文化模式。对于符合指导性互动关系的文化模式，因其具有发展的哲学基础与涵养创新能力的根基，必将推动科技创新，引领时代潮流快速发展，可称为时代前导型文化模式。反之称为时代跟踪型文化模式。

创新型文化模式只能存在于价值协调型文化模式之中。对于符合创新性的价值协调型文化模式，可称为价值创新型文化模式；不符合科技创新先导性制约关系的价值协调型文化模式，因其科技知识创新乏力，价值观念落后于时代演变，必然陷入时代性迟滞的发展格局，称为价值跟踪型文化模式，也就是固守型文化模式。时代前导型文化模式基于科技创新和创新能力的涵养，只能存在于创新型文化模式之中，因而也只能存在于价值协调型模式之中。时代前导型文化模式必然是创新型文化模式，也必然是价值协调型模式。

先进文化是引领社会创新性发展的文化

文化的社会价值性

包括文化在内的人类一切行为，无不是在于确保社会主体自身价值的实现和根本利益的满足。所谓先进文化主要不是探讨文化要素、文化结构与静态特征本身，而是关于文化动态演化所表现的社会功能性问题，即文化的价值性问题。社会主体的价值利益是判断文化功能优劣的标准，是分析文化功能的出发点。

文化属于人类意识范畴。“意识的能动作用是通过认识对实践的指导而实现的”①。一般而言,文化对个人,发挥塑造性格、实现人的社会化功能;对社会团体,通过团体目标、规范、思想发挥团体行为整合的功能;对社会整体,发挥着社会的整合、导向作用。文化功能的实现形式包括:发挥认识潜能对社会发展进行态势判断与趋势分析,明晰自身的地位与环境;提高人才所蕴涵的认识与认识能力,作为生产力基本要素决定社会发展的总体水平;对社会发展方向、目标与战略措施进行科学决策,明晰自身的发展方略;完善机制规范对社会体系进行思想与组织的整合,形成整体实力与优势;发挥价值导向与机制规范作用,对社会体系实践进行协调与引导,提高实践的有效性。通过科学实践,在改造客观世界的同时改造主观世界,以实践成果满足社会主体的根本需求。

文化价值的两向性

在文化获取社会主体需求的社会实践中,文化功能因其结构模式的不同而其功能有较大差异。这不仅仅表现为文化各类因素所独自显示的作用,还取决于基于文化要素基本功能基础上各要素相互关联所显示的总体功能。其总体功能凡是有利于价值准则实现的作用称为文化正向功能,反之称为文化的负向功能。前者对应的文化也称为正向文化,后者则属于负向文化。在历史实践的长河中,以文化主体价值利益实现为标准分析,确实存在无数文化功能多向性的典型案例。

发生负功能作用的文化有两类:其一,文化主体对应的社会体系具有多层次性,存在多价值主体矛盾性并产生对应多价值主体的种种所谓亚文化。在社会文化整体内所包含的各类亚文化中出现违反社会规范、有逆社会公德的诸如腐败、黑社会、伪科学、敌对势力等所滋生的亚文化即为负文化;其二,在文化模式体系中,价值理念、社会规范以及生活方式相对于科技发展演化具有相对稳定性,常常发生相应的滞后现象,出现文化模式的失协,形成文化体系总合功能的负向化。对此可称为文化滞后②。形式前提型、形式固守型文化模式就属于文化滞后的类型,价值跟踪型、时代跟踪型文化模式也具有较大的文化滞后作用性。

所谓文化滞后的表现形式可以归纳为:一、文化价值主体的错位或价值利益主体的异化,如文化主体中的局部利益、少数利益、外部利益强行替代文化整体利益,显现出御用性的文化模式;二、文化价值利益的模糊性或不科学性,表现为价值方向导向错误性的文化模式;三、社会机制规范性因素滞后于价值导向的升华与变革,甚至于产生机制规范因素取代价值观念因素成为文化的前提性决定因素,形成了形式前提型文化模式,这是僵化守旧式的文化模式;四、相对于科技迅速发展、生产力水平急速提升、孕育社会发展时代变革的新趋势,价值观念却僵化陈旧,约束了认识的飞跃与机制的变革,以至文化模式整体滞后,其社会发展则表现为时代性的衰落。五、缺乏哲学思想创新和创新能力的培育,科技创新为功利主义思想所主导,科技创新缺乏后劲等。

相反,整体结构合理、要素功能准确、内在作用机制协调的文化模式是发挥正向功能的有效的文化模式。在有效的文化模式中,属于以认识能力飞跃为基础、以科技创新发展为先导、以适应时代发展的价值观念为前提,从整体上促进社会适应时代演变趋势快速变革发展的文化模式,则可以称之为先进文化。时代前导型文化模式就是先进文化的典型模式。

先进文化的基本特征

就先进文化的意义与价值性而言,不是指发达国家的文化,不是指文化的要素的现实发展水平,更不是指文学艺术等文化具体实现形式的现代化基础,而是指文化的整体价值性特征:一、具有时代前导型的文化结构模式及其所蕴涵的社会功能,即文化模式的科学性。二、相应于科技进步、生产力发展的方向,实现认识与认识能力的飞跃,产生具有时代精神的思想与理念,即思想理念的先导性,如“三项标准”、“三个代表”的思想。三、适应时代精神与社会发展规律,形成可代表社会主体长远、根本利益的高尚价值观,即价值观念的时代性。如邓小平提出的“下世纪中叶达到世界中等发达国家平均水平”的战略目标和江泽民提出的大力发展知识经济的目标内涵。四、体制规范与社会生活方式、生产方式以适应价值准则为前提,

---

① 韩树英:《马克思主义哲学纲要》,人民出版社1990年5月第5次印刷,第221页。

② 《中国大百科全书》(社会学),1991年12月第1版,第412页。

相应加速变革,发挥推动科技进步与生产力发展的能动的反作用,即社会体制的创新性。五、在思想观念、社会体系变革创新中引导社会适应社会发展的潮流快速发展。实际上,邓小平所说的“三项标准”的内容,江泽民所提倡的“三个代表”重要思想,体现了先进文化的基本内涵。

总之,所谓先进文化,是思想理念先导性的文化;是价值观念符合时代趋势,代表社会根本利益的价值前提型文化;是推动社会体系创新发展的文化;是引导社会立于时代发展潮流前列的时代前导型文化;是促进社会高速改革发展的文化;是具有协调性的内容结构、创新演化的内在动力、不断自我完善的文化。

如果文化先进性逐步丧失,即使是发达国家也不可避免地步入逐步衰落的前景,而尽快培育先进文化的发展中国家,也可能实现跨世纪的历史性飞跃的愿望。在近代世界发展格局的演变和我国社会发展的历史中,都积累了正反两面的历史经验。我国已经进入跨世纪发展的历史轨道,深入学习、全面贯彻“三个代表”重要思想,加速我国文化建设,已经成为实现我国新世纪发展目标的战略性措施。

科学文化时代的产业革命与对策思考

国家经贸委经研中心　宋　毅
中国社会科学出版社　张　红

科学文化的充分发展正以极大的力量改变着人们的思维方式、生产方式和生活方式。仅以日常生活而言,与20世纪初相比,人们就似乎已生活在另外一个世界之上了,21世纪的变化将会使人难以想象。在众多变化之中,应以文化与产业结构的变化最具有根本性的决定意义。人类社会未来生活的面貌即将从这些根本的变化中产生出来。

文化的概念、结构与应有含义

文化,应当是人类进化发展史中最为宽广的范畴,它表现于人们活动的一切领域和一切过程之中。从头脑深处的思维萌动,到政治舞台上的叱咤风云,无时无处不可找到每个人的文化素质,没有任何事情不可以追溯其文化渊源。事实上也正是由于文化的这种普遍性和特殊性的浑然一体,尽管几千年来人们无时无刻都在追求她的真谛,但至今几乎还是众说纷纭。历史往往如此,越是司空见惯的事情,越是人人都以为先天既成的东西,就越是难以概括、难以透析。大自然从不掩饰她的容貌,生活就在我们之中,然而认识大自然,理解生活的无限丰富性,又谈何容易!

大科学时代的到来,将人们透析、把握大自然和生活的能力提到了极大的高度,当我们以大科学的名义来窥视文化大系统之时,不能不由此引出种种联想和界定。将这些联想和界定汇聚成一句话,就是透析全部人类发生发展历史的文化范畴,即我们所推崇的大科学的文化观念。

(一)文化概念的历史透析

“文化”一词渊源　从辞源上看,“文化”一词的出现至少可以追溯到我国的汉朝。汉刘向在《说苑·指武》中写道:“凡武之兴,为不服也,文化不改,然后加诛。”在《文选,晋束广微(皙)补之诗由仪》中有“文化内辑,武功外悠”等等。可见,“文化”一词虽早已有它治国安民的深刻内涵,但作为一种概念还远没有成熟,没有从一般用语中脱胎出来,以致于几乎泯没于语言词汇演变的汪洋大海之中。只是到了近代,才从日本“引渡”回来,从此“文化”一词就成了沟通东西方文化的桥梁之一,人类的共同属性在文化的汇流融合过程中演变发展。

而真正将文化一词作为科学术语,并将其定义的学者,大概应首推英国的人类学者泰勒。他在《原始文化》一书中认为:“文化或文明,从较广的民族意志上看,乃是一个复杂的整体,包括知识、信仰、艺术、道德、法律、风俗,以及作为社会成员的一分子所获得的任何技巧与习惯。”显见,这里泰勒是把文化等同于文明的涵义。可是,由于历史的发展,现代文化的概念与文明的概念已有很大差别,而且早已成为两个独立的用语了。文化的概念要比文明的概念更广阔、更深邃、更具生命力。当然,事实上泰勒的这一定义已被西方许多学者所接受,至少泰勒许多有关文化研究的思想,已成为西方许多学者涉足文化研究的一个出发点。

文化概念剖析 “文化”,可以说是当代包涵内容最丰富的泛概念之一,也是目前歧义最多的概念之一。

可能是因为文化这一概念本身具有极大的丰富性、复杂性和无可估量的生命力,现代对它的研究风起云涌,对它的定义也就迅猛增多。美国有一位叫卢伯的学者,曾不厌其烦地列举过160多位社会学家对文化所下的不同定义,并且进而将这些定义大体上划分为6类:描述性的,历史性的,规范性的,心理性的,结构性的,遗传性的。仅有此一斑便足以可知,当代对文化概念的研究规范五花八门、各有千秋。

现代大多数学者认为,文化有广义与狭义之分:广义的文化又可分为物质和精神的两个方面,泛指人类社会生活的一切内容和形式,而狭义的文化则往往仅指精神方面的各种表现形态。

我国1980年出版的《辞海》关于“文化”的条目有如下注释:“从广义来说,指人类社会历史实践过程中创造的物质财富和精神财富的总和。从狭义来说,指社会的意识形态,以及与之相适应的制度和组织机构。”

我们撇开狭义的文化概念不谈,下面试深入考察一下这个有关广义文化概念的定义:

首先,这是一个以划定外延的描述性为主,又试图点出本质内涵的定义。但是将文化归结为“财富”的“总和”,令人不尽其义,难以揭示出文化概念应有的丰富内涵。

在经济学中,“财富”原本专指“物质财富”而言,或“国民财富”、“社会财富”的简称。从本质上说,财富是指由使用价值构成的物质实体。当然,人类长期以来积累的经验、知识和技能等也往往被称为社会的精神财富,但这大多是在比喻意义上使用的,由此也表达了财富概念泛化的趋势。但无论如何,将文化归结为“财富”总是太牵强,可能作者也觉得不够理想,于是又引出了“总和”之说。

而“总和”一词则更为模糊。若按泰勒定义中“整体”来理解,那么至少这里的“总和”不是“物质财富”与“精神财富”的堆砌,而应当是众多表现形态相互影响、相互促进、相互制约的复杂组织体,或简称为文化大系统。众所周知,系统论中有一著名的论断,即整体不等于各部分之和。仅由此定义推演,我们也可以说“文化”不等于财富的“总和”,文化是高于财富的范畴。

如果认为这里的“总和”是一种历史性策略用语,即仅仅表明我们对文化概念的一种历史性认识水平,主要是为表达对文化概念研究的一种基本指向,还是很有启发力的。

其次,从现实发展来看,当代人类的联系方式和联系水平正在发生质的变革,文化研究、文化比较、文化透射性传播等,都正在将人类多样化的文化形态融为一个动态复杂的大系统。文化研究也应当重视当代大科学的发展对人类文化已经产生并正在深化的影响。仅以电视为例,便足以见到当代人类文化可能孕育的变革。

以往,饱览名川大山谈何容易,力行者只在少数。而今天,人们借助于电视坐在家里饭后茶余,便可浏览世界任何一个人烟罕见的地方的景色奇观。而且在高速摄影等技术的帮助下,连少年儿童也可以看清楚那些在大自然中转瞬即逝的过程。这种现代化的综合通信和知识传播方式对人们视野的扩展,使得几千里、几万里外的风土人情,甚至几十万公里以外月球上人的生活也近在眼前。西方青年人的迪斯克舞姿、爱斯基摩人的狩猎生活、热带人赤身露体的祈祷,几乎随时随地都可能活生生地展示出来。可想而知,这种史无前例的电视文化将造就成一代知识广博、多样文化素质的人。

以往,倾听名师讲课、名家表演是多么难得。历史上为拜师学艺而千山万水跋涉者不乏其人。而今天,在电视屏幕上展现的几乎都是人类的精英,华罗庚深入浅出的讲演、聂卫平等人在围棋“沙场”上的拼搏、世界一流芭蕾舞团的演出等等,任何一个人都有机会“去”向一流人物学习,接受一流文化形态的熏陶。可以想象,这种以最高水平文化形态普及于全体人民的过程,将会引起人类文化如何的变化。

当然,人们并没有满足这种电波式的联系,而总是以亲临现场为快。当代旅游风气的盛起、回归大自然风潮的拓广,以及对太空生活和海底定居的憧憬等等,都将导引出人类文化一系列深刻的变革。

最后,文化作为一种历史功能也绝不是什么财富可以取代的,它是一种潜移默化的魔力,既难以捉摸又难以阻挡。尽管这一定义有很大的不足,但应当肯定它至少给了我们一个继续研究的方向,它启发我们从文化的历史发展中,从物质和精神形态两个方面及其相互作用中,去考察文化的本质,去探索文化的奥秘。

文化内涵的历史功能 从文化发展所表现出的总的历史功能来看,它从深刻的社会内涵中保证了人类的生存、繁衍、延续和发展,而且其演化趋势也给了每一时代人们追求奋斗的目标。翻开现有的许多历史记载文献,我们都可见到任何一部不朽的作品、任何一个流芳百世、为人敬仰的伟大人物,无不是得中了当时人类文化的精华,无不是代表了人类文化的发展方向。实际上,正是由于历代人们为追求这些文化发展的目标,从而不断创造出新的文化内容,推动着社会历史发展的车轮。

文化作为人类长期以来经验、观念、知识的积累,它在一定的历史条件下告知人们应当干什么,不应当干什么,以及什么是真、善、美,什么是假、恶、丑,等等。从这些作用上来讲,文化有着一种行为规范、思维准则的社会功能,在很大程度上决定着人们的生活方式、道德标准和性格特色等人类社会生活的基本方面。当然,这种积累虽有它很大的稳固性,但又不能不随着人们社会生活的一切变化而变化,各种文化形态从来就是一种潜在的思维方式和不可违背的习惯传统,代代交替深入到一切生活细节之中、溶化于人们的血液之中。用现代系统科学的语言来讲,文化的这种方法论的社会功能是人们社会活动规范的有序性的一种历史表征。

人类的个体有着短暂的生、老、病、死的周期,而人类社会的文化发生发展的时间却要长得多。从生理上看,人类的存在和发展之所以能代代相传、生生不息,是靠着遗传基因延续的链条来维系的,遗传物质保留了人类几百万年进化史,甚至更长时间中的一切有效信息。而从更高的层次来说,从大自然的发生发展史上或从人类社会的发生发展史高度来说,人类发生发展的长河之所以会连绵不断、后浪推前浪、盘旋推进,应当说这是靠文化的链条维系、传递、激励和发展的结果。

每一个人,不但出生和发育成长在自身不能或难以选择的特定的自然环境和文化环境之中,如在地球上所处的区域、你的家庭和血统直至生活的方式和水平等,都是至今为止人们在成年以前难以改变的既成事实。实际上,我们每个人幼年、少年时期所受到的文化熏陶和道德规范教育,往往在很大程度上影响整个一生的思想观念和行为模式。而事实上,只要用心观察一下我们的周围:儿童戏耍的模式、来自五湖四海同事们的口音、衣着和谈吐习惯等,只要我们用心反思一下自己人生旅途中沉积下来的爱好和观念等等,都会认识到是文化在联系着上下无数代人的观念、心理、形态和思维方式,是文化在我们各代人生老病死的交替之中保持了人类的社会属性,并且发生发展于人类的社会活动之中。因此可以说,文化是人类在时间序列上保持连绵不断、盘旋上升趋势的有序性的动态表征,是人类社会的遗传基因。

(二)文化大系统的层次结构模式

无论是回顾人类社会文化发展的历史,还是纵观现代人类社会极为丰富多彩的文化生活模式,都可以看出文化层次结构的基本特征。从总体上看,当代人类文化大系统可以划分为自然文化、民族文化和科学文化三个层次,主导地位的变化决定出不同时代文化的主要特征。

自然文化与自然文化时代 自然文化是人类进入社会性生活过程中所创造的第一文化,以此表明人类从动物界中脱胎出来。当然,这种脱离的过程是十分漫长的,还在不同程度上留有动物界的遗迹。在文化发生发展的初期,人们还没有自己建造房屋的能力,大多以自然的山洞或稍加掩饰的树架为休养生息的场所,或采集、或狩猎,当然也逐步发展了一些种植业、畜牧业,以及制造和使用工具的能力,这时的工具还是十分粗劣的,大多是在自然形态上作些简单的加工。尽管如此,人类在适应大自然各种变化的艰辛苦斗过程中,为了生存,在无数次的偶然机会中,终于发现了火的有用性,从此开始有了熟食的文化史;终于在千万次偶发使用石头和经受鱼刺刺痛的体会中，发明了原始的石器和骨器等工具，从此开始有了人类能动性改造世界的文化史；终于在难以估量的动物性性生活后果惩罚的苦楚中，悟出了近亲不能婚配、乱伦要受制约的道理，从此开始有了最初的婚姻形式和原始的配偶家庭的观念；同时，也在长期群居的生活中尝到了整体力量的甜头，在智力发达、信仰形成的历程中出现原始的社会组织形态，等等，一部人类的文化史从地球生态的演化的沃土中，长出了它富有走向新质水平生机活力的肢体。

据现有考古资料表明，世界上各地区各民族追溯远古，无不有几乎雷同的演变史，如原始的生活方式、石器和原始的生产方式、对大自然的崇拜等等，这种原始文化上的一致性充分表达了文化渊源与本质的同一性。为了明确这一时期文化的基本特征，我们称其为自然文化；而与自然文化占主导地位相对应的时代则称其为自然文化时代。当然这还仅仅是相当接近动物界的文化，大多还不能不处于与自然的混沌暧昧关系之中。自然文化时代是人类发生发展进程中的哺乳期的文化，但它却几乎占据了人类全部历史时期，其他文化时期与其相比只是短短的一瞬间。

所谓自然文化，主要是指人类文化渊源于大自然，人类文化的本质类同于大自然发展变化的本质，人类文化从不违背大自然演变的一般规律，人类文化的发展变化规律应当是整个物质世界发展变化规律中一个不可分割的组成部分。自然文化不但是自然文化时代占主导地位的文化形态，也是人类全部文化历史发生发展中占基础地位的文化形态。自然文化既决定了原始人的发展态势(当然它也恰是原始人创造的结果)，也将成为人类文化大系统中永具生命力的组成部分，只是随着历史的进步将要更新自己容涵的内容和表现的形式。如果说在自然文化时代存在有相当多的差异的话，大多则应归结为生活资料自然资源的不同。事实上，人类文化形态的不同，及其多样性的发展不是在自然文化时代，而是在其基础上发生发展起来的民族文化时代。

民族文化与民族文化时代 当人们的生活内容和方式占主导地位，不再完全是与大自然先天赋予的各种具体条件相联系，而是更多地取决于各自生存群落(氏族、部族)的人与人之间的联系之时，特有的生活方式、习俗、观念、信仰及社会性的组织和制度等便应时应势而生。与此相伴随的是，逐步形成和完善了特定的语言和文字、特定的生活区域、特定的道德规范，等等，极为多样化的内容和形式都在文化的历史演变过程中现实地表现出来。这就是众所周知的民族文化的诸多表现形态。

事实上，在自然文化发展的进程中，由于地理、气候、资源、人种、心理素质等多方面因素的综合影响，文化形态的发展在无数多次的涨落中开始了分支分叉地发展。散布在地球上的各个人类共同体，从较不稳定、较不强大的群体、氏族、部族转向了较稳定、较强大的民族，以此足以延续发展于特定的自然环境之中，以此足以自立于错综复杂的人类社会自身的矛盾运动之中。应当承认，只有到了民族文化充分展开之时，人类才算在总体水平上展示出了自己特有的丰富性；在民族文化占主导地位的历史时期便构成了民族文化时代。这一时代与自然文化时代所占据的时间比较起来尽管很短暂，大体上说只有几千年时间，至多也不会超过一万年，但它却不能不成为人类全部文化发展史中最具特色、最富魅力的时代。民族文化时代，是人类全部进化史中文化的分蘖阶段，舍此不足以构成今天万紫千红的大千世界。仅从流传至今的手工技艺、歌舞、图画、雕塑、文学作品、民间传说、宗教、伦理和道德观念等众多珍品，便可表明民族文化对人类生活具有何等的重要性。如果说，许多民族文化可以同化，任何一个具体的民族文化形态都有其发生、发展和消亡的历史的话，而民族文化所创造的多样性则永远不会湮没，民族文化的多样性和丰富性将永远是人类文化发展的基本内容。古希腊、古埃及、古印度、古中国，还有古代的犹太和波斯等，这些兴旺一时的文明都一个个地衰落下去，但它们却留下了丰富的文化遗产，许多新兴起的文明都是吸收和发展了这些文化遗产的结果。古代是如此，近代和现代也是如此。

科学文化与科学文化时代 自近代以来，人类在西欧爆发出一场划时代的革命运动，它的形成和扩展改变了人类延续几千年民族文化的历史进程。许多人称之为伟大的文艺复兴时代。实质上它是人类文化系统的大变革时代，它开创了人类社会文化发展的一个新的时代。从那时起人类以孕育已久的力量，展开了一场现代科学发展的历史性突破运动。从那时起,一种为人类所普遍接受的科学文化便迅猛地发展起来,并以其不可阻挡的潜力洒向地球的每个角落。

许多科学思想和科学文化,在民族文化时代就有所滋生和积累,甚至在自然文化时代就有了它们的萌芽。但是,只有到了近代和现代,人类文化大系统经过几千年、几万年、几十万年,甚至几百万年的累积和扬弃后,智力和知识才获得了极大的发展,以日渐深刻的理性为主要特征的科学文化的形式和内容目不暇接地扑面而来,人类文化发展史上最波澜壮阔的文化时代——以科学文化为主导的历史时期已经覆盖了全部文明发展的领域,大科学的形成和发展有力地表达了科学文化强大的生命力。

当代,不分国家、不分民族、不分阶级,几乎都在竭力发展着从本质上是同一的科学文化,现代科学技术的长足发展正在以强有力的手段和方式改变着几代人的生活方式、思想和观念,科学文化正主导着人类文化向着新质水平发展。事实上,也只有借助于现代科学技术的手段、以科学文化的表现方式,才可能达到今天高度社会化发展的程度,它超过了以往一切社会化生活的规模和质量。如果我们称传统的人与人面对面交往的社会化活动方式为物质性社会形态的话,那么,我们也可以将人们借助于现代通信信息网的信息交流的社会化活动方式,称为精神性的社会形态;从当前科学文化发展的态势来看,精神性的社会形态不但具有迅速普及化、广泛化的趋势,而且借助于现代社会一切正处于高速发展中的传输手段,日益处于主导地位。实际上,这种态势的出现和迅猛扩展并不出自偶然,人类自有交往以来莫不是以信息交流为主导,尽管人们的思想交流发自于物质生活的沃土之中,但就人们社会联系的一般形式来说,思想交流一旦产生就不能不处于主导地位。而且人类的社会联系方式从来就是以信息形式存在于观念的发展变化之中。以商品的交换价值为例,就足可证明人类社会联系的信息性和观念性。

众所周知,商品的出现是人类社会生产充分发展的结果,是人们交往高度社会化的明证。马克思认为,商品的价值是人类劳动积累的结晶,它在人们交往中产生、形成和发展,体现着商品生产者之间的社会联系。但是,这种价值只是观念地存在着,至今为止没有任何一个自然科学家曾发现或找到过价值的物质实体,当然也永远不可能找到,因为这是人们社会联系信息性和观念性的一种具体体现。科学文化是人类的大同文化。展望未来,人类社会生活将会逐步紧密地融合于科学文化的充分发展进程当中。

社会文化的三层次结构 在理论抽象中,我们虽然可以将当代文化大系统划分为三个组成层次,但实际上这几个层次浑然一体,是文化大系统不可分割的组成部分。人类的生活总是多色彩、多方位、多方面、多领域、多层次、多种属性的。总而言之,在人类历史发展的长河中,自然文化、民族文化和科学文化虽依次以完整形态出现,从而各自呈现有占主导地位的时代,由此确定出不同文化时代的主要特征。但是,从总体来看,至今它们已经形成一高度发达、高度有序的文化大系统。

图1中实线部分给出了3条"S型"曲线,它从总体态势上描绘了不同文化时代,即自然文化、民族文化与科学文化3个时代的兴起,及其饱和的模式;所说的各个文化时代恰指每条"S型"曲线的陡峭部分,即"指数型"发展区。在此也扩展了指数增长律的适用范围。此外,此图还有以下两方面的涵义:

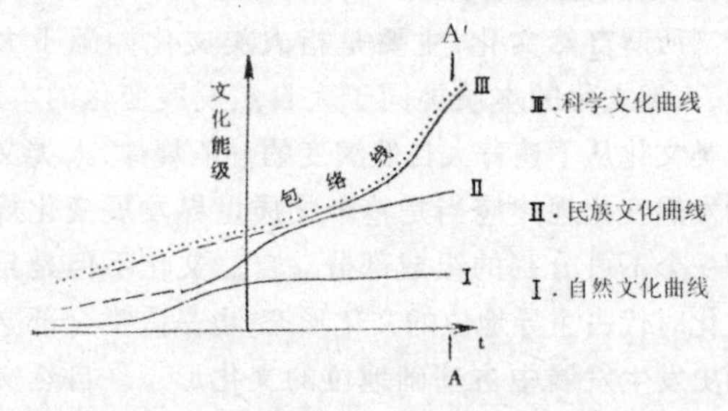

图1 文化历史发展的时空结构模式

首先,各"S型"曲线在左边延长出的虚线部分,意味着各个文化时代都有一个相当长的孕育期,或早在自然文化的初期及自然文化兴旺发达的时代,便孕育发展着众多民族文化和科学文化的萌芽,只是显露程度或成熟的水平不同而已。

其次,每一指定时代,尤其是现代的高度社会化发达的文化大系统中都蕴涵有3种文化的内容,它们相辅相成,浑然一体,或说成自然文化、民族文化和科学文化是整个文化大系统中不可分割的几个构成部分，它们在每一历史时期都不能不以特有的内容和面貌呈现在人们面前。换句话说，人类社会生活的文化大系统是以其文化发展包络线（图中以点线示出）为总体发展态势来表征的，深层的不同“S型”曲线只是在透析意义上表明了文化发展中的丰富内容和可能有的层次结构。

如任取一时代的剖面（如科学文化时代的剖面A—A′）来看，我们又能扩展出如下形式的文化结构示意图（见图2）。

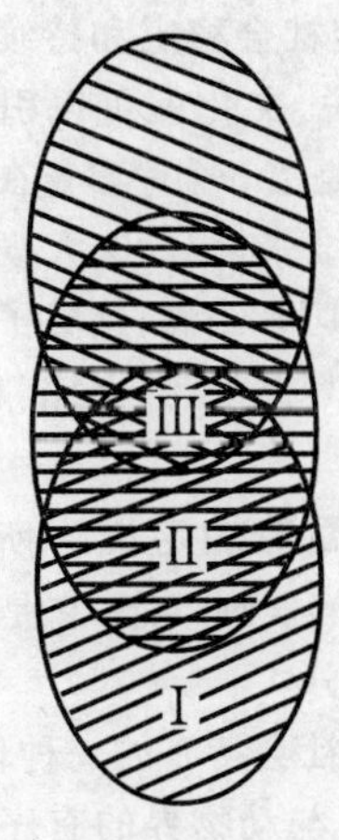

图2 现代文化大系统的横向结构模式

实际上，这种交叉不可能是界限分明的，而只是一种互为制约的粘连结构模式。在现实生活中，这3种文化因素不能不在人们的行为活动中融为一体。例如，人人都要穿衣服，它既是满足生理上保暖护身体和表达一种已开化的羞耻感的需要，同时，今天的服装已不是孙悟空式的虎皮裙，除西服、旗袍、马褂等各具强烈的民族特色外，而且在设计、使用和保管过程中正日益渗进科学文化的内容。可见，3种文化因素在人们衣着打扮上高度地协调统一起来。当你从电视服装表演中欣赏新款式、新色调之时，竟有意无意之中发展和融合了各个文化时代积累的内容。

（三）文化本质初探

对以上讨论的总结和引申 从文化的历史渊源、功能及其特有的时空结构模式等几个方面内容来看，都在不同程度上触及到了文化的本质属性。于是我们似乎可以得出这样一种结论：文化是一种人类社会特有的系统特性，正是由于有了这样一种特性，才使得人类远远超出世界上任何一切看上去无论是多么值得赞赏的晶体、有机物的花样，及一切具有特异功能的动物和社会性的动物群体。因此，有的人类学学者建议把文化作为人与动物最本质的区别。这在一定程度上道出了文化的本质属性的重要意义所在。

从宏观上总览宇宙万物可以看到，文化系统是一个最复杂、最高级的自组织、自发展的大系统，它远远超出了那些物理形态、化学形态或生物形态的自组织体系。无数的历史事实证明，文化大系统不仅连绵不断地保持自身的有序形态、排斥各种危及文化发展方向的内外扰动因素和影响，而且还能充分吸收环境和充分激发内部滋生的有利因素，从而为自身的合理发展创造条件、激发活力、开拓道路。纵观世界历史上众多民族文化的兴盛、衰亡、汇流交融，以及近代以来东西方文化的冲击波和随之而来的浪潮，已经有力地表明了文化大系统的自组织、自发展特性。

文化与大自然本质的同一性 自从盘古开天地以来，便开始了宇宙万物的一个新的时代。传说，盘古氏生于天地混沌之中，后来开天辟地，天日高一丈，地日厚一丈，每日长一丈，如此1.8万岁，天就极高，地就极低，所有日月、星辰、风云、山川、田地、草本、金石都是他死后由身体各部分变成的。这当然是三国时代人们对大自然如此神奇演变的一种冥想。尽管其思路只是扩展到了1.8万岁，但他们从混沌到有序澄清的思想却给我们以启迪：文化与自然的演化在本质上是同一的，文化表明了大自然演化的进步。

据最新资料的考察证明，人类的存在已有几百万年的历史。在这段时间当中，人类大部分时间，或者说几乎全部时间都处于与大自然混沌一体的状态。人类脱离动物界，有文字记载的历史只占人类历史长河相当短促的“一瞬间”。有人曾作过一个有趣的比喻，若把地球形成与演化的历史凝缩成一个星期的话，那么，头五天都是毫无生气的天地混沌的分化时期，只是到了第六天才有了水中的生命和陆上植物，到了第七天的夜间11点多钟才有了人，近代和现代社会几乎只占短短的“几秒钟”时间。尽管这是一个很粗略的比喻，但它却形象地表明了人类的社会文化是如何渊源于大自然发生发展的演变进程的事实。

从文化的历史渊源来看,原始人类最初的形成和发展,是由于他们逐步强大的社会性生活才得以展开的。但是,正如婴儿必须有母亲的哺乳一样,原始人也不能不接受大自然的哺乳,不能不与动物界保持有千丝万缕的联系,而且是经过了一个相当漫长的哺乳期,几乎占据了全部人类历史进化和发展的时间。当然,大自然对人类的哺乳方式并不像母亲对婴儿那样温柔,而是以"恩威"并行方式将人类推向日益分化、不断跃迁、开辟新天地的发展道路。似乎只有这样,大自然由此才可能充分展示出她内涵的丰富性和广延的无限性。

可见,人类社会的系统特性并不是脱离大自然的系统性而生成和发展的,恰恰相反,人类社会的系统特性或称为文化,与大自然是无时无刻不处于普遍的、日益发展的联系之中。实际上,人类社会的系统特性与一般自然系统的结构属性、与物理和化学的自组织系统、与生物体的组织体系,等等,从存在到发展都有着深刻的内在联系,现代系统科学的发展已经开始揭开了这种联系的神秘面纱。从系统的开放性、非平衡的有序性,到系统的协同性、突变性,以及总体态势指向性与宏—微涨落放大机制等等,都为我们深化对文化本质属性的认识开辟了广阔的前景。

为此,我们可以引用系统科学中日渐普遍使用的一个概念来描绘、概括这种同一的本质,那就是"序"。也就是说,有序化运动是大自然与文化共通的本质属性,文化是大自然的有序性从低级向高级不断进化和发展的结果,人类社会的系统性恰是物质世界有序性的进化与发展的最高表现。

多样性的同一观 现代系统科学的有序性观念不同于简单同一的机械有序观,它是以多样性、多种不同因素、不同形态的协同为前提的。实际上,系统有序的多样性不仅决定了自然界诸如山川河流、百万种生物形态及其竞争与和谐的统一,而且也决定了人类文化形态的丰富性和复杂的多变性。

在一定意义上讲,每一时代的主要特征文化都指示着人类社会总的有序水平,一部文化发展的历史,就是人类社会不断从较低水平的有序向较高水平有序演化发展的历史。所以,文化的有序性应当被视为对人类社会历史分期进行研究的一种指标和方法,文化有序度的高低可构成对人类社会发展的重要指示器之一。当然,上面所提到的自然文化、民族文化和科学文化时代的划分,还仅仅是从纵向来展示人类文化发展的阶段性与连续性的,而从横向来看,文化还可以细分为诸如科学、技术、经济、信仰、观念、道德、文艺、政治制度等方面,它们都是构成文化大系统的基本要素,这些要素的存在和发展决定了整个文化大系统的发展变化的基本态势。引用系统科学的概念,可称这些基本要素为文化大系统形成有序结构的"序参量",如此一组序参量是决定社会稳定和持续发展的基本因素。在这种意义上说,文化就可以引用张量① 的概念来描述:文化张量是由n个序参量在大自然有序进化空间中构成的"n维张量"。这大概就是《辞海》中定义的"总和"的含义吧!当然,这除了为定量描述文化的有序度提供一种思路外,并不比"总和"之说好理解。

关于文化概念的一个简洁的定义 所谓文化,是指人类社会生活有序化的表现形态,它是大自然有序化过程中的一个组成部分。

这里首先限定文化是人类社会特有的一种现象。如此就与无机界、生物界,甚至与动物界的有序性划清了界限。

本定义的核心在于,以有序性、有序化的进程揭示文化的本质属性及发展变化的本性。而且又着重指出人类社会的文化是生气勃勃大自然中的一个组成部分,暗示着人类社会生活应与自然界和谐发展的思想。

当然自有人类社会的有序化发展以来,或简称为自有文化以来,大自然的有序性便进入了一个高级的发展阶段。展望未来,人们对文化本质的反思不但有助于对自身的理解,而且也有助于对加深物质世界统一性的理解。

具有划时代作用的产业革命浪潮

当代,人类社会正处于一系列深刻变革进程当中。其中,以人类社会生产和经济生活的基本骨架体

① 张量是矢量概念的一种推广,它在近代数学和物理学中有广泛应用。

系——产业结构的变革最具有决定性作用。在“知识经济”时代正在向我们走来之际,深入探讨产业革命的历史和当代变革态势,更具有十分重要的战略意义。

产业的历史发展与产业革命 所谓产业,应当是指存在并发展于人类社会生产及社会经济活动过程中的技术、物质和资金等要素,相互作用构成的组织结构体系。这是人类社会生产与经济活动得以正常进行的基本结构体系。产业革命,就是指这一基本结构体系发生根本性变革的历史进程。

在远古时代末期,人类历史上产生出了原始畜牧业与原始农业分离的第一次社会大分工,由此也导发了以部落为单位的交换活动;人类社会生产中的许多联系内容,也在这种大分工和交换活动过程中萌发出了其最初的产业化发展形态。

手工业的专业化发展,产生出了人类历史上第二次大分工的历程。由于手工业生产的独立,又进一步产生出了人类历史上最早的以交换为目的商品生产;商人的出现和发展,引发了人类社会第三次大分工的历史进程。到此,由生产的社会联系才算真正地产生出了最初的经济形态,价值形态的联系已日渐走向社会生产的各个领域并逐步取得主导地位。这样,以农业为主体、畜牧业并存、手工业和商业为新兴力量的主要孕育母体,人类历史上第一个具有系统结构形态的产业体系便逐步发展起来。

从18世纪中叶起,在欧美一些主要资本主义国家,先后发生了以机器生产代替手工生产、以机器大工业取代工场手工业的变革过程。这就是人类历史上有名的产业革命历程。这一次产业革命,首先发生于最早确立资本主义生产方式的英国。产业革命的胜利,使英国成了当时世界上最强大、最先进的资本主义工业化国家。由此,以工业化为主调的产业革命浪潮此起彼伏,在世界范围掀起了一场旷日持久的工业化变革运动。

20世纪,人类社会几乎是以飞跃方式跨入了新的历史时期,科学的革命、技术的创新、生产方式的变革、经济风云的突变与动荡,再加上社会革命、政治变故事件层出不穷,当代世界正孕育着人类社会生产和社会生活方式划时代的变革力量,一个以崭新面目问世的产业大系统正处于形成进程当中。

马克思的两部类划分思想与启迪 马克思认为,“社会的总产品,从而社会的总生产,分成两大部类”,“这两个部类中,每一部类拥有的所有不同生产部门,总合起来都形成一个单一的大的生产部门:一个是生产资料的生产部门,另一个是消费资料的生产部门。”① 这一结论不但为剖析资本主义社会生产和再生产过程理出了头绪,而且实际上也成为后来谋划和实施社会主义社会生产和再生产过程的理论基础。

以马克思所提出来的生产资料生产部门,及其在社会化大生产总过程中起决定性作用的思想为指导,联系百余年来尤其是近几十年来社会生产力的巨大变革历程,起码还可以得出以下三方面的启发内容:

第一,社会的物质生产除了人们生产出消费资料以外,还要不断地为自身的正常运行和发展生产出日益增多、逐步高级化的生产资料,尤其在技术革命连锁产业革命的历史时期,后者更占据重要的地位;

第二,生产资料是一种历史性的范畴,在社会发展的不同阶段包涵有不同的内容。在社会发展的初期还谈不上有生产资料生产的存在,当然也不可能有什么生产资料生产部门。那时,劳动资料的自然富源还很少得到开发和利用,大多还只是以原始自然形态存在着。只是到了社会发展的一定阶段,生产资料伴随着生产社会化的发展才逐步发展起来。当代生产资料概念的涵义正在向深度和广度两个方向立体式扩展,许多以知识形态存在的技术内容正在显示出生产资料的功能;

第三,随着科学的普及及其与生产结合滚动式的加速发展,尤其是科学化技术占据主导地位,科学社会化进程取得长足发展之后,生产资料生产部门正在发生质的跃变,整个物质生产部门都在生产技术的社会进步浪潮中,与科学研究活动、科学化的技术创新、开发和推广活动日益紧密地结合起来,技术创新产业化发展已成为一种必然的走势,创新再生产正在发展成为当代社会经济发展中的主导力量。

三环节结构的当代产业大系统 新技术革命连锁新产业革命的浪潮正在席卷全球,一场以技术

---

① 《资本论》第2卷,第438、439页,人民出版社,1975年。

创新竞赛为焦点,世界范围经济竞争大战的态势迫在眉睫,甚至高技术战略制高点争夺的触角已伸向宇宙空间。席卷全球的变革浪潮,已经并正在日益深刻地向人们发出了挑战。作为一种继承和发展,我们沿着马克思《资本论》中两部类划分思想的指向,透视时代浪潮深处的变革,至少有以下几方面的发展应当引起我们的特别关注:

第一,传统的工业、农业等物质生产过程,已被历史发展明确为全部社会生产劳动中的一个环节,即规范化的社会生产劳动环节。与此同时,许多高技术产业的规范化生产也正在迈出坚实的步伐。规范化生产环节,日渐加厚着人类社会经济生活中的基础。在一定意义上可以说,人类社会劳动的全部历史都是从非规范到规范化发展的历史,规范化的社会生产劳动将永远成为人类社会生活中不可缺少的内容。然而,任何规范不会在某一天早上达到尽善尽美的境地,发展的自身总会破坏原有的规范,总会展示出建立新规范的无限可能性。实际上,这种突破和可能不但是一切发展的起端,也是我们实施改革的根据所在。当代,不断创新中的规范,已将改革发展成为增强发展能力不可缺少的过程。

第二,以往,生产能力的创新大多是分散在社会生活的各个领域、各个角落,而生产技术的开拓和变革往往又作为传统物质生产扩大再生产过程中的附属部分,这无疑是适应了人类社会劳动方式的一定历史发展水平。那时,从科学到技术、从发明到生产的转化进程还比较长、还很偶然,规范化的物质生产和技术革新都还处于比较直观的水平。虽然,从总体上说技术科学化的历程从 19 世纪中叶就已展开,但是从个别科学化技术的突破到科学化技术体系的形成,从极少数天才人物创办的技术发明研究机构,到规模庞大的、国家倾力支持的科研型战略工程和技术创新及开发体系的出现,几乎经历了整整一个世纪。如今时代不同了,大科学时代的到来使得科学化技术的创造和发展,已经成为生产和经营方式变革的主要动因,科学化技术的问世及其商业化目标的实现,已经成为当代社会经济发展中的核心因素。当代技术的研究和物化、生产能力的创造,正在从科学倾斜于社会经济发展过程中分化发育出一个具有独立存在形态的产业体系。尤其是迅猛崛起的高新技术产业领域,技术创新早已处于最为重要、最为关键的地位。传统产业脱胎换骨的变革,也不能不以该产业发展的能力为转移。这种产业群落的问世,正在引发出人类社会生产劳动组织体系又一次大变革的波澜。目前,在世界范围内正在形成一牵动全局、带动全部社会生产方式变革的技术创新产业群落,“硅谷”、“科学工业园区”、“教育—科研—生产联合体”、技术创新工程以及各种各样的技术开发机构、工业设计院所、试验—试制中心或基地,等等,都是这种新兴技术创新产业问世的初始表现形态。当代社会再生产内容丰富多彩,更新改造、开拓创新已发展成为其主要特征;创新再生产在当代经济运行中居于主导地位,社会生产方式的变革正在左右着整个人类社会经济生活的走势。

第三,当代以现代信息技术为先导,以电子计算机为中心的通信信息网络的实用化和普及,正逐步地把整个世界紧密地联系成一个“地球村”式的实时影响系统。卫星通讯的实用化,使得人们之间的空间距离似乎变短了,光导纤维的广泛应用为传递大容量信息提供了几乎是无限的可能性,信息高速公路的建立正把全球范围实时联系变成现实;日新月异的运输业、金融业和社会服务业等,均已在广泛发展中成为当代社会经济活动的强力支撑体系和重要组成环节。可以说,在世界范围内已经出现了一个将社会各个领域、各个地区联成一体的“流通—服务”产业体系,它的粘接威力与迅猛发展的态势,标志着一个具有自组织、自发展特性的当代产业大系统正处于形成和发育过程当中。

从世界范围来看,正处于形成和发育之中的产业大系统,在总体上可划分为技术创新产业、流通—服务产业和规范化生产产业三大环节,它们日益紧密地联系在一起协同构成现代产业大系统。所谓产业结构升级,这才是最高层次的内容。可以预见,这恰是 21 世纪人类社会生产与社会经济活动中的基本结构框架。当代社会生产与再生产过程,已经发展成为一个具有自组织和自发展活力的创新生产系统,人类社会经济生活也正在由此跃入一个新的水平。

中国发展战略和体制改革的基本依据与重要指向 从历史上来看,中国社会生产组织体系现有的结构模式,在认识上是根源于传统两部类和农、轻、重产业划分的思想和原则,它已不适应当代社会生产与社会经济活动组织体系发展中的变革态势。

为此,研究制定发展战略、谋划实施体制改革、转变经济增长方式、调整传统产业结构、创建新型产业体系,等等,都已成为中国在21世纪必须考虑的重要课题。对于中国这样一个正在努力推进“两个根本性转变”的发展中国家,要求理论研究者给出更为深刻的解释和回答。为适应改革开放形势的要求,一、二、三次产业划分的思想与方法已经得到了广泛的引进和应用。然而,据笔者研究,一、二、三次产业划分思想虽然有它一定的合理性,但用于发展战略和产业政策的研究与制定、指导体制改革的谋划与实施,仍显得有根本性的不足。好比研究人身体的结构和发育却停留在四肢和躯干长度比例的议论上一样,难以揭示出发育的机制,更谈不上医治疾病、适应环境等难题了。对于中国这样一个正在努力推进“两个根本性转变”的发展中国家,这种认识更加显得软弱无力。

从目前中国推动社会生产力发展的宏观决策层次来说,困难的问题在于弄清楚当代产业结构到底发生了哪些变化?这些变化的基本原因和趋势又是什么?不弄清楚这些问题,就很难拿出有力的对策。时代要求我们要有更为深刻、更为透彻的理论。要以科学方式促进人身体的发育和发展,就要科学地认识和把握消化系统、循环系统、内分泌系统等生理系统以及它们之间的相互影响和联系,甚至还要深入到组织水平、细胞水平和基因层次。同样,为有力地促进社会生产能力的发展,也不能不透彻地认识和把握社会生产大系统的自组织、自发展的结构、机制和动因。在这种意义上说,当代产业大系统的结构及其自组织、自发展机制,不但应当成为我们研究制定发展战略的认识基础,也应当成为我们谋划和实施体制改革的基本依据之一。包含技术创新产业、流通—服务产业和规范化生产产业三环节的当代产业大系统的形成和发展,实质上是人类认识世界、改造世界的一场划时代变革。在这场以社会劳动方式变革为主线的人类文化大发展当中,对于任何国家、任何民族,都既是一次挑战,也是一次振兴崛起的重大历史性转机;领先者昌盛,落伍者或屈居于人或消亡于文化的交融之中。

占世界人口之首的中华民族,有条件、有能力抓住这次产业革命的重大历史性转机,在21世纪成为人类社会生产能力发展的主要支柱和现代文明的主要发源地之一。中国许多企业、尤其是国有企业,之所以发展能力不足,原因固然是多方面的,但产业结构缺环、技术创新产业与流通—服务产业缺少应有的发展,从而规范化生产也大多处于较低水平,不能不是其最基本原因之一。在转变经济增长方式中,将创新再生产置于关键地位应当成为我们改革与发展政策的重要指向。在新的形势下采取有力措施,谋划创建适合我国国情的技术创新产业,推动流通—服务产业的应有发展,从而将产业结构升级推向一个新的水平,已经成为促进社会生产力加速发展、有力推动社会经济持续健康发展的重大战略举措之一。

产业革命是本时代最具有决定性意义的变革,对其进行较为深入的研究关系十分重大。可是,至今为止还没有引起人们足够的重视。我们国家应当发挥出特有的制度优势,组织力量、集思广益、加大投入力度,深入系统地开展产业革命动向与对策研究。由此,我们完全可能在对当代产业革命与对策研究上走到世界的前列。这是一个重大的历史机遇。当世界众多国家还没有真正认识到这一深层变革走势之时,只要我们抓得紧、抓得住、抓出成果,并用于指导我们的改革与发展事业,跻身于世界先进民族之林的战略目标就可望提前实现。

抓住技术创新产业化发展的历史性转机

越来越多的事实表明,技术创新已经成为当代世界经济发展中的首要推动力量,技术创新产业化发展正在突出为当代社会经济结构性变革中的脊梁。在跨世纪竞相寻求新的发展方向之际,推动技术创新产业化发展具有十分重要的战略意义。

技术创新产业化的基本含义及其发展的历史进程 技术创新产业化,从本质上讲,是指在市场经济条件下,技术创新活动向具有独立结构形态的社会生产部门发展的进程;商业化目标、以企业为主体的多层次创新活动、相互竞争与协作、多层次的社会网络体系等,为其主要的特征。

技术创新产业化发展,孕育于19世纪技术创新事件频频发生并由此而引起的产业结构变革升级的浪潮之中。从历史发展的实际情况来看,在19世纪越来越多发生的技术创新活动,不但为社会经济的发展作出了卓越的贡献,而且也在众多方面为自己的可持续实现形式开辟着道路。

19世纪技术创新的最大成就,是电能的开发和广泛应用。1831年法拉第发现了电磁感应定律,由他演示的发电电动机模型所引发的技术创新波澜,改变了人类社会生活的面貌。电气电力技术的问世,早已成为改变近代人类社会生活面貌的基本标志。1833年,德国数学家高斯和物理学家韦伯合作发明了电磁指针式电报机,并安设了2.7公里的电报线,虽然由于技术问题并没有得到推广应用,但其对科学化技术的发展、技术创新社会化网络的形成,却具有特殊的历史意义。实际上,直到1837年由美国画家莫尔斯发明的电报机与电码,才达到了实用化水平。1844年,世界上第一条商用电报线在美国投入使用。1858年,铺设了世界上第一条横跨大西洋海底的电缆线。由于技术上的原因,仅仅使用了一个月。直到1866年,按照英国物理学家威廉·汤姆逊的设计,才成功地铺设出了大西洋电缆,科学化的技术创新跨国合作已显露出端倪。至19世纪下半叶,技术创新活动的组织化、持续化、不同方面人士的合作与创业等,已成为一种较普遍发生的现象。

当然,仅仅有电报的应用还不足以引发电气电力技术的全面萌动,电镀和照明对大电流的需求,才真正将发电机的构思与研制提到议事日程上来。实际上,在19世纪40年代就出现了具有实用价值的发电机,但多因采用永久磁铁产生磁场、发电能力有限、缺乏广泛应用的条件而不能普及。1866年,德国工程师维也纳·西门子发明了自激发动机,为电力时代的出现创造出了一代技术基础。1878年,美国的爱迪生发明了白炽灯泡,并于1882年在纽约建立了第一座商业发电站,自此电的光明及其变化万千的能力,便与人们的日常生活结下了不解之缘。更具有历史意义的是,爱迪生还于1881年建立了世界上专司技术发明、推广和商业化生产的研究机构。这是萌发技术创新产业化发展动向的一个重要历史性标志。

19世纪,另一项影响深远的重大技术创新成就,是有机合成化学工业的兴起。18世纪70年代以后,冶金工业获得了长足的发展,焦炭的需求量猛增。炼焦的一个副产品煤焦油却找不到适当的用途,怎么处理这种具有难闻气味的废物逐渐成了一个令人头痛的难题,环境保护的问题也由此提到改善人类社会居住环境的正式议程上来。为此,厂家寻求科学家的帮助。19世纪初,一些化学家就已从煤焦油中分离出苯、萘和苯胺等芳香族化合物,但用途不广,难以消化掉这种越堆越多污染环境的物质。由环保问题而引发的技术攻关还没有找到可观的市场需求和实际可行的技术创新路线。19世纪中叶,应邀在英国工作20年的德国化学家霍夫曼,曾提出用煤焦油的衍生物制造有广阔商业前景奎宁药物的设想。但由于种种历史性限制原因,他并没有亲自试验寻求。1856年,他的学生珀金据此进行试验,结果没有制造出奎宁,却意外地得到了染料苯胺紫。那时所用的染料是从植物中提取的。由于资源限制,从天然植物中提取的染料价格很高。珀金意识到这种人造染料的重大经济价值,就到德国筹建工厂,于1857年开始大量生产这种人工合成染料。由科学试验意外的发现,竟引发出一场新兴的现代化学工业革命,该历史经验值得我们借鉴与总结。不久,霍夫曼在伦敦也先后合成了红色染料碱性品红和蓝色染料苯胺蓝。到了60年代,由于有机结构理论的建立,特别是1865年凯库勒发现苯的环状结构以后,染料合成有了明晰的理论指导。以科学理论为指导的物质生产方式也由此迈出了坚实的步伐,深度科学化技术的进步照亮了人们探索有机物质结构的道路。1869年,德国化学家格雷贝和利贝曼阐明了绦红色染料茜素的化学结构,并人工合成了这种染料,两年后投入生产。自此,有机合成化学工业迈上快速发展的轨道。

化学工业是一个相当古老的产业,人类祖先在其产生之初就有了化学生产的萌芽。可是,一直到近代化学试验取得突破性进展以前,大都还处于以经验悟通为主的原始萌发形态之中。化学是一门试验科学,其许多试验方法都可以经过一定的改造直接用于工业化生产,近代现代化学工业从一开始就具有自己特有的技术来源渠道,科学试验为现代化学工业的发展不断开创出新的局面。到了19世纪下半叶,许多化学工业公司都自觉不自觉地确立了自己的试验试生产机构,依靠在实验室里的研究成果不断更新工艺、不断地更新产品,已经成了近代现代化学工业发展的基本特征。化学工业早已成为技术深度科学化、技术创新产业化早期发展的温床。

19世纪中叶以后,以企业为主体,或是借助于社会上研究力量、或是自己设立研究试验机构、或是自己创业,已经发展成为一种相当普遍的现象;诸如电话、汽车、发动机和机械制造、交通运输和石油的开采与炼制等不断更新的面目，都是这种创新发展的结果。总而言之，技术创新产业化发展在上一个世纪就已萌发了许多具有划时代意义的动向。尽管这些自发的动向还没有得到人们应有的关注，但其潜在的生命力却在新世纪产业革命洪流中显示出了无可取代的作用。

技术创新产业化正处于蓬勃发展态势之中 以往，技术的发明及其向商品生产能力转化，大都是偶然发生的过程。为了增强其可持续发展能力，技术创新活动还有待在日渐增多的偶然发生过程中为自己的必然实现形式创造条件。当代，技术创新活动还不能不具有很大的不确定性，但其社会建制所达到的规模、支撑体系所波及到的范围、多层次创新活动所表现出的变革力量等，都已达到了自立于社会经济诸领域之林的水平。20世纪，尤其是50年代之后，技术创新活动在多方面力量的推动之下很快走上了组织系统化、机构建制化、重大项目工程化、支撑举措制度化的轨道，技术创新产业化发展已全面展开。

建立起以企业为主体的社会建制体系，是技术创新产业化发展的基本标志。从世界范围看，大中型企业已普遍建立起了自己独具特长的试验研究和技术开发机构。尤其在已成为世界经济主导力量的跨国公司中，设立相当规模的实验研究机构、拥有必要的技术创新能力，已经成为其控制局面的核心力量之一。当代企业兼并浪潮迭起，增强技术创新能力恰是其主要的动因之一。在与企业技术创新能力成长的同时，技术科学和工程科学及其相应的社会建制体系也得到了极大的发展，许多独立的科研院所、科研型战略工程、产学研合作网络等，早已遍布世界各地。再加上各种形式的技术开发中心、现代科学技术园区和技术创新孵化器等，当代技术创新产业化正呈现出一派蓬勃发展之势。

商业化目标、商品化生产，是当代技术创新产业化发展的重要属性。二次大战后，一方面专利技术、专有技术与技术贸易迅猛增长，一方面推动其转化成商品生产能力的力量也得到了长足的发展，不断开拓原有市场、不断创造新的需求、不断推动产业结构升级等，已成为这种力量增长的基本取向。在现代市场经济条件下，商业化目标的实现，是技术创新产业化良性发展的基本保证。在市场经济中，技术创新只有借助于价值实现的力量，才可能保持其持续发展的活力。回顾历史可知，技术创新兴起于技术发明商品化生产浪潮之中，而在当代逐步兴起更高水平的技术创新活动当中，也不能不为自己的可持续发展创造出更加有效的实现形式。在市场竞争中寻求把握自己的发展方向，应为技术创新产业化发展的基本途径。

形成一个庞大的专业队伍，是技术创新产业化发展的根本力量所在。自19世纪以来，一方面由于社会经济不断更新发展的拉动和支撑，一方面由于科学教育的巨大发展和普及，早已为社会造就了一大批受过系统科学教育的工程技术人员。随着技术进步深度科学化的发展，受过系统科学教育的工程技术人员已经成为当代技术创新的主导力量。在当代社会经济不断创新发展形势下，越来越多的科研人员、工程技术人士投身到技术创新活动中来，以创新为职业正在发展成为一种新的社会风尚。可以预见，新世纪新的社会结构模式必将在这种风尚的空前发扬中生长出来。所谓知识经济、智力劳动左右资本的聚集与指向，其本质内容也正在于此。

国家力量的投入、适时调整战略和政策、创造最适宜的环境和条件，已经成为决定当代技术创新产业化发展水平最关键的因素。技术创新产业化已不同于传统的物质生产部门，它是高度社会化发展的过程与结果，其开放性的结构与广泛的联系合作方式，都要求国家力量的投入与介入。事实上，当代技术创新产业化的蓬勃发展态势，在很大程度上就起源于国家出面组织实施的科研型战略工程。二次世界大战之后，冷战时期军备竞赛进入高潮，许多拥有一定经济实力的国家都投入大量的人力、物力和财力研制新型的武器和新型的防御手段。由于这些武器和手段的性能要求比已有生产技术水平高出许多，组织实施一系列科研型战略工程就成为一种必然的选择。在美国，就提出了生产企业要与大学结合的要求，从而为技术创新产业化发展创造出了一次难得的历史机遇。在这样一种政策推动之下，许多企业纷纷到大学买地创办科学工业园区，创新再生产在产学研合作中形成了一股浪潮。虽然在70年代曾一度跌入低谷，但80年代以后其孕育的潜能终于迸发出来。当代世界，由国家政策倾斜创建科学工业园区，并推动对传统产业的技术改造等，已经成为推动其产业结构升级的重要途径。与此同时,国家在宏观上种种有利于技术创新的政策和举措、国家创办多种形式的科研和技术服务机构等方面的作用也日渐发挥出来,国家创新体系建设正在成为世界上重要的话题。

对国家创新体系建设问题的再认识

1987年,英国经济学家弗里曼对日本进行研究后发现,二战以后日本以技术创新为主导,不断地调整战略与政策,只用了几十年的时间,便使经济出现了强劲的发展势头,一跃成为工业化强国。由此,他提出了国家创新体系的概念。弗里曼认为,国家创新体系是由公共部门和私营部门中各种机构组成的网络,这些机构的活动与相互影响促进了新技术的开发、引进、改进和扩散;在一国的经济发展和追赶跨越过程中,仅靠自由竞争的市场经济的力量是不够的,需要政府提供一些公共商品,需要从一个长远的、动态的视野出发,寻求资源优化配置机遇,以推动产业结构的升级和企业的技术创新能力。

由此引发,国家创新体系概念受到许多学者的特别关注。在此基础上,经济合作与发展组织也开展了对国家创新体系的研究活动,在其1997年《国家创新体系》的报告中指出:"创新是不同主体和机构间复杂的相互作用的结果。技术变革并不以一个完美的线性方式出现,而是系统内部各要素之间相互作用和反馈的结果。这一系统的核心是企业,是企业组织生产和创新、获取外部知识的方式。外部知识的主要来源则是别的企业、公共或私有的研究机构、大学和中介组织。"经济合作与发展组织在该报告中还指出,研究国家创新体系的政策含义是纠正技术创新中的系统失效和市场失灵;通过创新的产学研合作计划、网络计划、建立创新中介机构,加强整个创新系统内的相互作用与联系。具体内容主要包括以下几个方面:(1)企业与企业间的创新合作联系,企业与科研机构和大学的创新合作联系;(2)中介机构在各创新主体间的重要桥梁作用;(3)政府在创新中的产业发展战略与政策引导作用,以及政府各部门在工作职能上的协调一致和集成。

首先应当指出的是,这些研究是对当代技术创新广泛发展态势的一种重要总结,其对国家创新体系建设的推动作用无可取代。同时,也应当看到这些研究主要是在市场经济条件下探索解决系统失效和市场失灵问题的途径,主要是为了探索在市场经济环境中政府应起的作用与有效干预的方式。二次大战之后,世界上一个重要动向是国家对技术创新的介入与支持都得到加强,试图从重大技术创新项目上突破、获得垄断利益,已经成为许多国家战略中的核心内容。美国几届政府都在科研型战略工程选择上,支持大学与企业合作上投以重力,由此获得到的突破与不断更新的运行方式,不但使美国保持了战略制高点的地位,而且为美国90年代经济持续繁荣创造了不可缺少的条件。日本更为典型,抓住二战后难得的历史机遇,政府出面组织、并以产业政策进行系统的支持和调整,推动技术引进、综合、创新工程,其成功的经验为世人所瞩目。尽管目前日本经济正处于疲软状态,但战后一跃成为工业化强国的经验仍具有重要的借鉴意义。实际上,弗里曼就是对这种发展模式的一种分析和总结,着重强调了政府干预作用的内容。

进一步分析可知,国家创新体系概念,恰是对技术创新产业化发展态势一种特定角度的认识成果。无论是弗里曼的网络说,还是经济合作与发展组织的系统说,都是在技术创新高度社会化发展层面上描述了技术创新活动特有的社会建制机构及其之间相互联系形成的网络体系的内容,加上相应市场经济的发展基础,不能不认为就是对技术创新产业化发展的一种描述。尤其是在经济合作与发展组织报告中已明确指出,国家创新体系的核心是企业、研究国家创新体系的政策含义是纠正技术创新中的系统失效和市场失灵问题,技术创新产业化发展的概念已隐含之中。

当然,高度社会化发展只是技术创新活动巨大发展的一种突出特征,还没有揭示出技术创新产业化发展的本质属性。对国家创新体系的认识还有待深化,从更深层次认识和把握技术创新能力发展的奥秘已成为时代的要求。如果认为在市场经济国家、在技术创新市场经济组织已经取得长足发展的国家,主要关注的是国家干预、是发展高度社会化网络的话,那么,在我们这样一个还缺乏充分的市场经济基础的国家、特别是还十分缺乏适应市场经济组织与活动方式的国家,揭示出技术创新产业化发展的走势,更加具有重要的战略意义。我们国家社会经济的改革与发展呼唤更加深刻的理论,从深层次揭示出历史发展本质内容的重任,应当由我们自己承担起来。

大力推动技术创新产业化发展应当成为国

家创新体系建设的主要内容 当代,技术创新体系的形成及其产业化发展态势,不但早已在国家创新体系形成过程中居于主导地位,而且正在成为当代社会生产方式变革,从而也是整个产业骨架体系变革的主要突破力量。从一定意义上可以说,在国家创新体系中以技术创新为主体,是贯彻技术进步以企业为主体战略方针的必然结论。大力推动技术创新产业化发展,应是我们适应当代产业革命浪潮的主要对策之一。

20世纪初,美籍奥地利经济学家熊彼特以其对时代变革动向特有的洞察力,提出了技术创新的思想。1912年,熊彼特的《经济发展理论》正式出版发行。在他的创新理论中,将创新定义为建立一种新的生产函数或供应函数,即把一种从来没有的生产要素和生产条件的"新组合"引入现有生产体系,从而使该生产体系及相应的经济联系发生相应的变化与发展。具体地说:熊彼特所提出的"创新"的概念主要包括如下五个方面的内容:(1)产品创新,即引入新的产品或提供产品新的性能;(2)工艺创新,即采用新的生产技术方法;(3)开拓新的市场或称为市场创新;(4)获得新的供给来源或称为资源开发利用的创新;(5)管理制度的创新,实行新的组织运行模式。应当承认,这是一种很深刻的思想,尽管一直到50年代以后才引起人们的广泛关注,可至今对我们还具有十分重要的启迪作用。

然而,时代毕竟不同了,当代技术创新不但令人惊叹的成果层出不穷,而且技术创新活动自身形成的庞大社会建制体系已经成为、并且日渐深刻地成为改变世界经济生活面目的重要因素。从实际情况看,技术创新成果的效益往往会引起人们的格外瞩目。可是,从对人类社会发展影响深刻程度上看,新的运行规则与新型社会建制体系的问世及其对原有规则与建制体系的改变,更具有决定性意义。熊彼特在他的创新理论中不但从产品、工艺、市场、资源、管理和制度等多个方面阐述了创新概念的应有含义,实际上也从微观层次上描述出了由某技术革新而引发的某一经济形态连锁变化的进程。当这种变化扩大到一定规模之时,整个社会生产方式、经济组织结构和运行模式就会发生根本性的变革。当代,这种变革波澜已经席卷全球。

在世界范围产业革命浪潮逐步深入的形势中,我们国家又面临着体制转轨、经济增长方式转型的双重难题。下大气力从根本上解决科技与经济脱节问题,已经成为我们胜利渡过这次产业革命、真正实现"两个根本转变"的迫切任务。技术创新产业化发展是现代化市场经济充分发展的产物,也是我们国家在社会主义市场经济条件下解决科技与经济脱节问题的必经之路。从当代世界产业革命的经验来看,国家不失时机地组织实施关系重大的技术创新工程,在技术创新产业化发展进程中推动国家创新体系的形成,早已成为许多国家吸引和推动科学技术研究与社会经济发展紧密结合的成功之路。我们国家应当抓住这场产业革命所展示出的重大历史性转机,以推动技术创新产业化发展为主线组织创建适应新时代要求的国家创新体系。

经济全球化与横向联合发展新理念

中国发展战略学研究会横向联合发展部

无论人们怎样看待经济全球化问题,但一个不可否认的事实是,经济全球化是人类文明历史发展的一个不可避免的过程,已经成为不可逆转的趋势。因此,我们必须以积极的心态迎接经济全球化的挑战,必须站在历史发展的高度,去深入研究经济全球化的问题,达到既能抓住经济全球化带来的机遇,又能避免经济全球化带来的某些负面效应。在这个问题上,我们既要有敢于正视现实的无畏精神与客观的态度,又要发挥我们主观能动的创造性力量,去顺应经济全球化的历史性潮流,实现民族的伟大复兴。

目前，在我国现代经济文化的发展中，在理论界和企业界悄然兴起的“横向联合发展新理念”，引起了人们的关注。这种理念立足于市场经济的现实，面对经济全球化的冲击，坚持冷静的判断，倡导“平等、合作、共享、双赢”的准则，张扬坚韧的、富有建设性的奋斗精神，去努力探索振兴民族经济文化的现实途径。

笔者以“横向联合发展”来定义这一新的理念，在于这六个字能包含当今这一新理念的深度、广度和实际进程中的直观特点，亦即以平等对称的位向，进行联赢互补共享的合作，取得共同发展。首先，这一定义不同于我国改革开放初期流行的“横向经济联合”概念，那是在计划经济为主的情况下，地方政府所主持的一种经济协作的方式和概念。自然可以视为这一理念的一个特例，但二者有着很大的区别。其次，也是最为重要的，这一定义能确定地排除自有横向合作以来所出现过的不平等性、弱肉强食性或尔虞我诈的两败俱伤性等等；而直观地强调了合作双方的平等地位和共同目的与目标。因此，这一定义充分体现了新的历史条件下横向合作的鲜明理念和特征。

在笔者看来，横向联合发展新理念首先强调的是理性地看待经济全球化趋势的历史进步性。经济全球化凭借信息和现代运输工具，使人类社会的生产、交换、消费和分配等各种经济活动在全球范围内发生了深刻的变化，改变了传统的时空概念，使文明真正成为世界性的潮流。科技发明创造，可以在世界范围内迅速推广，使各国的科技生产力快速发展。世界经济文化的强大潮流，日愈冲破国家与地区的封锁，成为推动人类社会进步和文明发展的巨大力量。同时，国际交往日益加强；国际经济组织、政治组织、环境保护组织等日益增多；联合国的作用愈来愈大；国际法的制约愈来愈明显；全球的空间日愈变小，人类的共同利益越来越多，人类的共同价值观念，如保护地球生态环境、和平与发展越来越凸现出来。人类所共同创造的精神财富——科学文化已渗入到世界各民族文化之中，成为民族文化的重要组成部分和人类达成共识的思想基础。

同时，作为 20 世纪人类文明的重大成果——可持续发展已得到世界各国的认同。“共享、双赢”已成为人们认同的经济伦理。这种伦理观的最大特征是，从人类的共同利益和长远利益来看，损害对方，最终也损害自己，单赢的结果是使自己丧失一切。必须看到，任何合作关系的特点都跟时代特点相适应，直接反映了人类文明的发展程度。在以往的时代中，人们可以盲目掠夺自然的同时，把不平等的单赢合作作为实现资本人格化的主要手段，以此实现资本的积累和扩张。但是，历史发展到今天，资本的增值途径已把全社会以至全球的经济单位不同程度地作为自己的实现条件，甚至“你活我才活，你死我亦死”的时代经济特点无法人为地抗拒，因而信誉与谋求共同利益是生存与发展的基本前提！与此同时，维护和平、保护地球生态环境、减小南北差异与贫富差异，已成为不仅是发展中国家，同时也是关系发达国家生存发展的重大历史性课题。因此，虽然经济全球化在一定时期对发达国家受益最大，冲击最小，发展中国家受益大，冲击也大，在某种程度上也会进一步加剧世界经济发展的不平衡、贫富差异进一步拉大，发展中国家的经济主权受到冲击与削弱，但是通过全球化的冲击可以激发发展中国家改革的动力，在一定程度上也可叫做“以开放倒推改革”，实现科学技术与社会文明的跨越式发展。从动态的发展的角度来看，这种不平等的受益率将向着平等受益率发展，得失之比将逐步走向趋同。全球化给发展中国家带来的机遇多于发达国家，发展中国家最终之所得不会低于发达国家。因而，在经济全球化中应坚持的基本准则是“平等交流”，所达到的最终效应是利益互补。

横向联合发展新理念所强调的正是上述这种横向的即平等交流的合作意识。在经济全球化的冲击下，企业的自主性大大加强，遵守国际惯例与法规成为企业必须遵循的准则；政府对企业的控制与制约大大减弱，地方保护主义及各种人为的壁垒也必然失去存在的基础。阻碍人的自由流动和资源优化配置的各种体制障碍、思想障碍也必将从根本上消除。企业平等竞争的条件逐步完善，企业活力与科技创新能力大为增强。但这并不意味着主权的削弱，而只是政府与企业纵向关系的调整和政府行为的改变，是企业横向意识即平等自主意识的加强和生存环境的改善。

需要指出的是，各国经济文化发展的不平衡，决定了某些历史时期，必然有一些国家和地区在科学技术水平、科技创新能力以及科学文化的整体素质上处于较先进的地位，它们在全球化的浪潮中必然对发展中国家形成一定的冲击力，在全球化的潮流中处于领先地位，作为发展中国家则常常是输入超过输出，被动大于主动。这种纵向的落差会导致出现一些非横向的交流的不平等状况(这种状况在国内企业与企业的竞争与合作中也常常会出现)。在这种情况下,或是抱残守阙,反对全球化;或是持“乌托邦”式的幻想,等待天赐厚福,忘记了奋发有为,加快改革的步伐,去缩小差异。两种态度都是不可取的。我们需要的是面对现实,承认差距,自强不息,虚心学习,扩大改革开放,努力全面适应经济全球化的发展,以我们的实力、活力,自立于世界民族之林,确保平等的地位。同时,由于发展程度的差异,必然会出现经济文化方面的矛盾,必然会出现各种误解、利益冲突,某些时候甚至会出现僵局,这就需要通过对话、协商,加强理解,消除误解,在思想行为和法制建设上与世界接轨,利用国际准则和国际法规维护自己的合法权益。

关于全球化的利弊之争,福祸之辩,情理所致,本属应当,认识全球化双重性质,亦非多虑。但无论是利是弊,是福是祸,经济全球化的趋势无法回避。值得回顾的历史是:当我国农村改革、企业改革、特区建设、市场经济发轫之初,即我国改革开放向前发展的每一关键时刻,啧啧之声,怨怨之气,岂可言少哉,耸言天将即塌者岂少哉!然而一步跨出了,天既未塌,地也未陷,反而民族之气渐振,综合国力日升。“进一步自然天地宽”,这似乎已成改革开放以来的一条定律。问题的关键是我们应以动态的发展的眼光去看待世界和我们自己,了解什么是势之必致,什么是理之必然。因而,我们认为在经济全球化的背景下,树立横向联合发展新理念,有利于调整我们的心态,使各界人士特别是企业家能以积极的姿态去迎接全球化带来的挑战,捕捉历史的机遇,推动我国经济文化的发展。同时,横向联合发展新理念对于我国国内地区与地区、企业与企业之间的合作与交流,也同样具有参考价值。

(本文基本理念由喻锫丹、周浩然同志共同讨论确立,由周浩然执笔)

经济全球化中的文化趋同性与文化多样性

温州大学　胡振华
江西财经大学　熊　焰

经济全球化,又称全球经济一体化,是指在国际分工和国际交换大大深化的基础上,世界各国已成为统一的经济体中的一部分,并通过国际市场相互紧密地联系起来。

经济全球化始于工业革命,它是市场经济发展的产物,它的出现使一切国家的生产和消费都成为世界性的,并受到市场经济体制的推动与制约;同时它又是现代科学技术的普及和广泛应用的结果,特别是互联网的出现,彻底改变了人类的传播方式,使世界各国间的距离缩小,全球性的经济交往变得异乎寻常地便捷。

经济全球化是一个不断扩大与深化的过程,是一种日益加强的全球性的经济发展趋势。“全球化”是用来表明正在加速进行着的过程,而不是表示这个过程的终结,是表明全球经济间相互制约的急剧加强,而不是表示现今世界经济已经完全化成了一体。在这一过程中,经济全球化确实给人类带来了前所未有的物质文明和精神文明的巨大效应。丰盈的物质财富,强大的科技力量,有力地推动了全球文化的发展,以至每一项有益于人类的新文化成果可以瞬间传遍全世界,推动着世界各国的体制创新和社会进步。另一方面,经济发展的不平衡,世界经济的两极分化,经济全球化下的文化冲撞,仍然是目前世界上存在的突出问题。

经济全球化中的文化发展趋势

在人类文明发展的进程中,经济和文化总是密不可分。全球化经济的发展,对全球文化产生了深刻的影响。这主要表现在,西方发达国家凭借强势经济的有利地位，通过经济信息、科技信息的传播，对世界各国造成其意识形态、价值观念和宗教信仰等文化的“整体移入”。

这种强大的“文化攻势”虽然未必全部奏效，但也要看到，它的确发生了相当大的影响，已经和正在改变传统文化中的价值观念。具体说来是：

个人本位取向取代团体本位取向 经济全球化遵循的市场规则，向传统价值观念的主干团体本位提出了挑战。特别在年轻人中间，以金钱为指向的伦理观和个人主义倾向得到了很大程度上的认可。物质和感官的享受不再视为“资产阶级生活方式”而加以排斥。同时，人们的理想设定也带有个人色彩，更注重个人利益的满足和个人欲望的实现。人的主动性、创造性得到充分的肯定。

多元取向取代单一取向 在经济全球化过程中，传统社会的权威的绝对性和普遍合理性受到西方思潮和市场经济体制的强力冲击。更为适应社会经济发展和人的个性发展的新的价值规范，处在形成和整合过程中。传统的和现代的价值观念同时并存，民族的和外来的观念兼取并蓄，官方倡导的正统观念和随市场经济确立的民间观念同时存在，出现了价值取向的多元化。

世俗性的价值目标取代理想主义的价值目标 市场经济追求当下效益的方式，使得人们逐渐疏远了纯精神性的终极价值目标。人们消费观念、审美观念中的“大型”、“高级”观念逐渐变为“轻、薄、短、小”的微型轻便产品观念，这在轿车、建筑、家具以及家用电器方面表现得格外明显。

与价值观念趋同相应的是，人们的生活方式也出现了趋同的倾向。随着世界经济的繁荣、全球电子通讯事业的发达，以及国际间旅游业的迅速拓展，当今世界的人们不再固守传统的生活方式，乐意接受外来的影响，尝试和使用别的民族的生活方式。当代人在自己的国度里，就可以穿到皮尔·卡丹的时装、阿迪达斯运动服、耐克运动鞋等名牌服饰，吃到汉堡包、比萨饼、麦克唐纳快餐、肯德基炸鸡、日本料理和高丽烧烤，喝到雀巢咖啡、可口可乐、蓝带或贝克啤酒以及从轩尼诗到威士忌等各式“洋酒”，听到或看到美国最新好莱坞影片、英国摇滚乐唱片、维也纳新年音乐会、迪斯科或霹雳舞比赛。新的航空技术使90年代的旅游人数成倍激增，如今在国际航线上往来的乘客每年有10多亿人，平均每天有300万人从地球的一处飞往另一处。

此外，人类从对“全球化”带来的负面效应的审视中，形成了一种文化认同，这就是可持续发展战略的推崇和人文理性精神的张扬。实现可持续发展战略，需要实行两个转变：一是由传统工业文明发展观转变为现代生态文明发展观，一是由物质主义价值观转变为人文主义价值观。要承认、尊重自然界的生存权、发展权，张扬人类的道义感和责任感；要关注人生的精神价值和人性尊严，总之，承认人是自然的一员而不是自然的主宰。这样，就可以由人与人、人与社会、人与自然相互疏离和相互对立的存在方式转变为人与人、人与社会、人与自然相互圆融、和谐统一的存在方式，人类不仅弘扬了人文理性精神，而且努力从根本上摆脱生存危机的阴霾。需要加以说明的是，以上谈到的三个方面的文化趋同，目前看来虽然还不是整体性的，有的还带有探索性或设定性，尽管如此，但它毕竟是经济全球化的内在要求，代表了文化发展的指向。

在全球化的冲击下，文化的普通性与特殊性、趋同性与多样性将会长期共存。在全球化过程中，即便是处于强势位的西方文化，由于自身存在的局限性，也无法扩张成为全球的共同文化。例如，二战以来，环境、生态、人口、能源、资源等全球问题日趋尖锐化，就日益暴露出以工具理性为基础的西方科学主义的局限性和片面性。因为决定人的精神和实践的，不仅有理性主义的因素，而且还有非理性主义的因素。只有科学主义文化取向，失去人文主义文化取向，是造成全球问题的根本原因。同理，别种文化，譬如“东亚文化”、儒家文化，也是不可能扩展成为全球文化的。

我们不能不注意到，“全球化”造成的事实上的不平等给予不同民族文化发展所带来的影响。当今，“全球化”一方面是正在扩展资本主义市场体制和秩序，另一方面，通过对西方国家经济行为的大规模模仿，“全球化”中的弱势国家不仅迅速出让着自己的市场，同时也正在失去对自身文化结构调整的自主权。摆在经济上处于不发达境地的弱势国家面前的问题是：如何在不回避全球性经济结构调整的统一趋势、注重资本市场重新配置的合法性与合理性过程中，继续有效地保持自己文化上的独特性和社会价值选择权利,实现经济增长与文化连续性的同步发展。为此,发展中国家必须强调当今时代文化民主的必要性,捍卫自己的特殊价值观和文化选择权利。文化民主从根本上来说,对弱势国家是自我保护,对强势国家是文化传统回归。只有坚持文化民主,才能赢得在总体上仍然是民族国家的观念和意识支配人们的行为模式,才能维护多元文化发展的合法权利,从根本上维护多元文化的承续与发展,进而有利于世界文化的繁荣。

但是需要指出的是,我们在强调文化的特殊性的同时,必然同时重视文化发展规律的普遍性。并且看到,在接受发展规律的普遍性上,存在着一个认识上的误区,这就是东西方文化的问题,并且常常在东方文化与西方文化的讨论中,忽视了文化的普遍性原则,忽视了确实存在"人类文化"的客观事实,因而自觉不自觉地对世界先进文化即人类文化的精华加以拒斥,重蹈文化孤立主义的覆辙。

一般说来,文化是一个民族或一个群体共同具有的符号意义体系、价值观念及其规范,同时包括这三个方面的物质形式。若按人群大小范围来划分,文化起码有三个层次,即人类文化、民族文化与地方文化。

人类文化是指整个人类共同具有的符号、价值观念或规范。比如,君主文化,在历史上无论是中国的"真龙天子",还是西方的"君权神授",就其性质而言都是人类共同具有的"君本位"文化,绝非只有东方才有至尊无上的君主文化。文艺复兴以来,人类文化发生了伟大的转折,从"君本位"到"人本位"也同样是人类共同具有的文化,而非西方文化的专利。再如自由、民主、平等、正义,保护环境、热爱和平,追求真、善、美,坚持科学精神等也同样是人类文化。联合国签署的各种公约,体现了人类共同的规范。此外各种符号,如五弦谱,科学的公式与原理,信息化革命中的0与1,都是人类共有的,表现了人类文化的共同性。在人类文化中,从发展的先后来看,有的先发生在东方,有的先发生在西方。但不能仅以发生的先后判定其是"东方文化"或"西方文化",从性质上来说,无论先发生在何处,均属于人类文化,是人类社会进步与发展的强大动力和人类达成共识的基本准则。从文化的特性来说,确实存在西方文化与东方文化之别,但我们要注意的是把属于人类文化范畴内的东西,简单地划归于"西方文化",因而妨碍了我们对经过人类几十年甚至几百年的历史所证实的客观真理的尊重和先进文化的吸纳。同时,我们应该坚持历史唯物主义的观念,坚信先进生产力和先进文化是人类发展的强大动力,不要把文明的落差视为文化的冲突,把落后的东西当作民族文化的特性,把非理性的民族主义情绪视为崇高的民族文化精神,从而阻碍思想的解放和社会的进步。

总之,文化的多元化发展与趋同性是并存的,长期的。每个国家都有自己的实际国情,有自己的民族文化传统,在世界科学文化的冲击下,有些东西会消失,出现很大的变化,但从根本上来说,正是由于这种冲击,反而给了各具特色的民族文化以新的活力。在经济、科技全球化的新形势下,在可以预见到的将来,全球文化应当是多元交融、多元并存的发展格局。

关于东亚金融危机的文化反思

东亚文化不能成为全球文化的主导 二战以后,东亚经济创造了令人瞩目的奇迹,在大约20年的时间里,东亚的日本及"四小龙"曾经达到两位数的经济增长速度,实现了经济起飞和快速现代化。东亚经济在快速发展期之后,又曾在世界经济较不景气的十余年内仍然表现出较强劲的态势。一些人为此而相当乐观地预言东亚未来的经济有可能在不太长的时间里,超越以美国为代表的西方发达资本主义经济,亚洲在21世纪将执世界经济之牛耳,从而使亚洲文化成为新的主导文化。这些乐观的看法却遭遇到1997年突然出现的东亚金融危机的打击,那些忽视了东亚文化弱点的人们不得不重新审视自己过于乐观的估量,反省东亚模式不适应经济深入发展的一面。

团体导向的泡沫经济和政治腐败是东亚金融危机的真正原因 危机的表面原因是国际金融投机,但其真正根源是东亚的文化传统在现代化过程中所形成的特殊政治经济一体化的体制。而且在某些方面还利用了传统文化中团体导向的优点,这些东亚国家和地区在相当一些方面不是依靠市场本身的投入规律,而是保留了强大的政府随意干预的权力。与此直接有关的是所谓泡沫经济和官员腐败,这是导致金融危机的两大毒瘤。

泡沫经济、政治腐败构成了东亚金融危机的真正根源，而其更深层的因素则是东亚文化的某些落后的传统。团体导向是把双刃剑。一方面，它曾经帮助东亚国家和地区借助团体的力量、政府与企业相结合的方式实现了经济现代化，以数十年时间完成了西方资本主义国家一二百年内才实现的经济腾飞。如日本和韩国的大企业与政府之间特殊的关系使得它们在短时间内集中资金，将新式产品打入国际市场，在与西方企业的竞争中实际上获得了份外的支持力量。东亚社会比较强调团队精神和人际关系，个人依附并效忠于家庭、家族和机构，这也曾经促使其企业强化人际合作，具有较强的凝聚力，企业实际上的雇拥制也曾有利于雇员的技术培训和对企业的忠诚。加上许多企业本身皆由家族经营或控制，因而东亚企业文化在相当程度上是东亚团体导向文化的一个缩影。

然而，这些文化因素在东亚经济发展到一定阶段，现代化初期的潜力已经挖掘得差不多了，需要以更大的策略和效率来实现新突破时，却表现出了明显的负面效应。一般而言，团体导向的文化不大强调个人权利，不大重视个人的创造性、选择自由和政治民主权利，在社会政治文化和法制环境方面也缺乏公正性和透明度，因而容易在团体价值的掩盖下滋长官员权力的膨胀和政治腐败。

实行人治而不是法治，严重的官本位意识妨碍了真正市民社会的形成，使人们几乎在生产、消费、安全保障和经济活动的所有方面都有依赖于政府，难以养成自由进出市场和公平竞争的权利意识，甚至年轻人和新人的首创性也不同程度地受到压抑。这些都不利于真正社会公正和政治民主的实现，从而构成并滋长了东亚金融危机的内在根源。缺乏恰当制约的权力必然加速腐败。东亚文化中的团体导向发展成为裙带关系资本主义，这是一个普遍存在的事实。因此，东亚金融危机也正是裙带关系资本主义危机的一个明显信号。

东亚文化重建的任务 东亚文化重建的首要任务是进行中间层次即制度的履行，以形成公正透明的社会环境、发展市民社会为主要任务。其目标是限制和规范政府行为，使之主要充当社会经济活动的“守夜人”即秩序维护者，而不是主观随意的干预者和掠夺者。这就要求东亚社会借鉴、吸收西方科学文化，继续深入进行政治民主化和法制现代化的改革，克服各种人治和非理性主观随意统治的旧习，包括真正实行政治权力的牵制平衡，确立廉明清正的政府形象。政府官员必须杜绝对民间金融活动的随意干涉，也不应当成为大企业或财团的附庸。

制度改造必然要求部分改造传统价值观，全然不触动基本价值观内核的文化改造是很难成功的。但这并不意味着彻底抛弃传统价值观，而是对其导向作适当限制。团体导向即使在危机时期也不是一无是处，例如韩国政府号召国民献出黄金，用于克服金融危机，此举受到了国民热烈响应，有助于缓解危机。可见需要限制的是团体导向的负面效应，即任人唯亲、裙带关系、对团体的盲目依附。公共行为非人情化，遵守共同规则，采取回避制度，摆脱人情世故的影响，应当成为东亚社会今后努力的方向。无论是企业还是官僚，应当有意识地打破既成的亲朋关系网络。作为限制团体导向的一个补充，有必要适当强化个人权利意识，唤起人们的良知和正义感，而不是对权威和团体的无条件服从。东亚社会几乎全部加入国际人权公约，但各地在保障公民基本人权方面还存在相当大的差别，尤其是公民权利意识还比较淡薄，这需要东亚社会继续进行广泛的人权普及工作，使人们都知道运用法律的武器捍卫自己的尊严和权利。

香港人保留了传统家庭伦理，但却实现了政府比较廉洁，较少干预经济活动，法治秩序良好。这也是香港受金融危机打击较小，又最有希望从萧条中复苏的原因。相比较而言，台湾所受的打击也比东南亚地区为小，但其法治秩序和政企分离这些方面远不如香港做得好，其裙带关系资本主义的病症表现得更突出一些。可见传统伦理并不必然阻碍现代制度的建立，重要的是使经济和政治行为摆脱人情关系的影响，使之规范化、制度化、法律化。

可持续发展是世纪末人们面临的共同主题，也是人类文化的一个重要表现。为了达到可持续发展，在文化上有必要重新确立以人为本的理念。东亚文化存在人本主义的优秀传统，只是在封建专制主义的长期压抑下，原本朴素的人本主义演变成了团体导向掩盖下的权力本位，人性和人的价值遭到了扭曲。文化重建很重要的一项任务便是恢复和扩大以人为本的观念。

无论如何，经济的发展和物质的丰富都是为了提高人的生活质量。人本主义中的“人”，指的是具体的人,而不是抽象的人或人群,因为人群和团体最终是由具体的个人所组成,以抽象的一般的人代替具体的活生生的个人,便可能导致以人格化的权力为中心的异化现象。

经济全球化大潮中的中国文化

从文化的民族性来讲,世界各民族文化异彩纷呈,东西方文化各具优势。从整体上说,中国文化具有强调和谐统一的特点,通过引导人们内心反省、自我修养,调节整个社会达到平衡和稳定。然而,西方文化从古希腊时代开始,就具有强烈的突出个人、鼓励竞争、探究宇宙本性的色彩。即使在中世纪漫长的盲目信仰时代,也充满了人——国家——神的冲突和斗争。文艺复兴后,对人性、人的价值、人的尊严、人的地位的研究成为西方文化的中心议题,强调个人的价值和作用成为西方主流文化。中西文化是两种不同的文化框架,许多观念和思想都呈现出明显的差异性。两种文化各有各的优势。在世纪之交,著名社会学家费孝通先生提出的"名美其美,美人之美;美美与共,世界大同"的观点,是很有见地的。在经济全球化的进程中,各种文化相互冲撞、融合,将逐步形成优势互补和新的富有活力的多元文化格局。

中华文化博大精深、源远流长。它借助"天人合一"观念所倡导的人与自然和谐统一思想,借助"反躬自省"观念推崇的人性宽容精神和修养方法,对于解决世界经济发展中的难题以及发达国家中出现的社会问题,都有着重要的启迪作用。开发利用这些文化资源,一方面是对世界文化事业的贡献,另一方面也是对中国作为文化大国的重新认定。然而有一点必须认识清楚,文化资源同自然资源一样,不是不可穷尽的。

首先,经济全球化带动着知识经济的发展,使经济资源概念的外延不断扩大,不仅自然财富是经济资源,精神财富同样也是带动国家经济发展的资源,而且是越来越重要的资源。中国作为具有5 000年光辉灿烂文化的文明古国,文化资源丰富多彩,以至西方国家的娱乐业也开始窥视、争夺中国的文化资源。1998年夏季,美国迪斯尼公司推出的影片《花木兰》,就借用中国的传说故事表现美国的文化理念。在美国各地的百货公司、玩具店、书店,木兰纪念品占有显著的地位,光是根据这部动画片所出的书、画册、练习本就有十多种。如果从知识产权的角度说,迪斯尼制作的动画片,产权当然属于美国。但是,国人谁不知道,《花木兰》是中国历史上的一段感人的故事!我们必须接受的事实是,中国文化财富已经成为美国文化增值的手段。倘若人们不重视中国文化知识产权的保护,不进一步深入挖掘和保护中国的文化遗产和资源,任凭他人随意掠夺,早晚中国的文化资源会被挖空。

其次,由于作为中国文化主体之一的儒家文化在近百年来不断遭受重创,特别是"文化大革命"中,儒家文化几乎遭到毁灭性的打击,使传统文化在现代人意识中的地位日趋下降,传统文化的欣赏和延续成了书斋者的专利;大众文化则呈现出浮浅的倾向。浮躁、投机、冷漠已经成为一种常态。不难想象,在不远的将来,还会有多少人能耐下心来体验先哲圣人的精神境界?中华文化宝藏自生自灭、任人劫掠已不是危言耸听。

世界发展的历史证明,具有强大文化能量的民族是征不服、打不倒的,就像犹太民族。事实证明,作为民族文化核心的民族精神是国家和民族的宝贵财富。发达国家在现代化的进程中,无不重视发展自己的民族文化和弘扬自己的民族精神。美国的"美利坚精神",法国的"法兰西精神",在这些国家的现代化进程中,不断地融汇了科学与教育的新质内涵,吸收了世界和中国的文明成果,促进了民族意识与现代意识的统一,从而使民族凝聚力和创造力空前发挥。我国民簇精神中的自强不息、革新进取、求真务实、豁达乐观、宽容大度、生态平衡、天人协调、重视尊严、强调自律等精神要素一旦以直接与间接的形式融入现代化建设的进程,与现代科学文化与管理文化相结合,就会产生出推动社会进步的强大的精神力量。因此,我们应该认识到,文化是一个国家的国民自信心的源泉,是社会进步发展的精神动力。如何弘扬我国的民族文化精神和保护与开发民族文化资源,发展具有中国特色的文化产业已成为十分重大的历史性课题。①

① 参见周浩然《论文化国力》,《新华文摘》1999年第4期。

多年以来，我们常听到“文化搭台，经济唱戏”的说法，似乎文化的作用只在于搭台，而无戏可唱。其实，在经济全球化的条件下，知识经济已经成为新型的经济发展方式，文化产品不再是单纯具有精神价值的产品，它还是具有重要的经济价值的产品，文化产业是未来社会中最受青睐、最有发展前途的产业。

当今世界，美国不仅靠着丰富的物质资源、庞大的经济规模和高精尖的科学优势雄霸世界，而且还利用强大的文化或知识财产的优势向世界输出文化和知识产品，它们不但附加值高，而且很难被取代。在科学文化方面，美国的哈佛大学、麻省理工学院等著名学府，不断在出版物上贡献新概念与新知识；在娱乐业，虽然任何国家都有电影公司，会拍电影，但美国好莱坞的影片却能行销全球，大赚钱财，其他国家很难望其项背。仅1997年一部《泰坦尼克号》电影赢利就达十多亿美元；美国的电视节目、录像带、光盘、流行音乐、书籍、报纸、杂志等等随处可见；迪斯尼、可口可乐、百事可乐、麦当劳、肯德鸡、耐克等公司也挟着文化的优势，在全球授权生产其产品，以文化为产品价值。由此可见，文化与经济的融合发展已经成为经济发展的潮流和趋势。如果我们不注意传统文化的开发和利用，长此以往，所丧失的就不仅是物质产品的市场份额，还包括潜在的文化市场份额；丢掉的不仅是市场，还包括作为民族、国家存在的精神财富。因此，在经济全球化过程中，任何国家发展的首要任务就是最大限度地保留和发扬民族文化产业，大力宣传和继承民族的传统优秀文化，努力增强文化国力，这是占据有利经济形势的重要条件。

中国文化与科学

杨振宁

50年以前，钱穆先生创建了新亚书院，这是香港文化界一件非常重要、有深远影响的事情。我今天有机会参与他创建的新亚书院50周年金禧纪念，感到非常荣幸。

梁院长给我指定了一个题目，叫做《中国文化与科学》，这是一个非常大的题目，不可能在一个小时内讲得很清楚，所以我只能就我觉得特别值得讨论的几点，提出来跟大家讨论。

中国传统人本文化是“内学”，以身心为主

我这个题目基本上是分成九条，第一项是“中国传统人本文化是内学，以身心为主”，这个说法不是我创出来的，是很多人都讲过的。比如说，梁启超在有名的《劝学篇》里面讲道：“中学为内学，西学为外学；中学致身心，西学应世事。”那么如果中学是内学，可是也必须要处理外学，因为外学是人的身体以外的自然的一切，怎么处理法呢？所以我们就要问一个很简单的问题，就是传统中国文化怎样处理外学？如果查中国的古文献，对此有很多的讨论。那么，总结起来呢，我想梁启超的下面这几句话也许可以概括多半的观念，他曾经说：“夫万事万物之理，不外乎吾心”，他又说：“心明便是天理”，又说：“万物一体”，这些说法，都代表了中国传统文化对于外界事物需要了解的总的态度。

传统中国文化如何处理“外学” 我们还可以看到非常有名的一句话：“天人合一”。“天人合一”不是从王阳明开始的，董仲舒就说过了：“天人之际合而为一”；朱熹说：“天人一物，内外一理”、“天人无二理”，什么叫做“天人一物，内外一理”呢？就是说有一个“理”，这个“理”对于我们自己的思想跟外界的一切，是一回事情，这个整个的观念，是中国传统文化的一个基本的精神。当然，这并不能解释清楚他们所讲的这个“理”到底是什么，要想了解一国的传统文化，我想必须对这点有一些了解，就是这个“理”到底是什么。我认为，这个“理”是一个精神，或者说是王国维所讲的“境界”。或者我们用另外一个方法，不问“理”是什么，而问“理”不是什么。那么我们就得到结论，

“理”不是近代科学所讲的规则、规律,或者是定律。这些观念、规则、规律跟定律,是近代科学追求的重要精神,而这个精神跟中国传统文化所要追求的“理”是不一样的。它们的方向是一样的,可是具体内容是不一样的。传统的中国文化里,没有这个定律,没有这个规律,没有这个规则的观念。

我想,要对中国传统文化的精神有一个直观的了解,不妨来看一幅宋朝的画,一幅北宋郭熙所画的大的山水画,有五尺多高。这样的画,今天国际上研究艺术的人,把它叫 mulnumentory landscape。你站在这个 mulnumentory landscape 前面,问你自己:这个画家的心境是什么?这画家所要表现出来的精神是什么?以及这个画家对于他所画的东西的了解是什么?我想,你问了这些问题以后,就比较容易了解到传统中国文化、传统中国哲学主要的精神是什么。

传统中国文化如何求“理” 在宋朝稍为晚一点的时候,有一位作家叫做韩拙,他写了一本书,叫《山水纯全集》。这《山水纯全集》有一个后序,是由一个有名的学者张怀写的,其中说:“人为万物之最灵者也,故合于画,造乎理者,能画物之妙。昧于理者,则失物之真;为画造其理者,能因性之自然,究物之微妙。心会神融,默契动静于一毫,投乎万象,则形质动荡,气韵飘然焉。故昧于理者,心为绪使、性为物迁,密于层丰,老于利欲,徒为笔墨所使哉,安足以与天地之争哉?”他这么讲,相对于“昧于理者”,是要“造其理者”。换句话说,他认为,对于这个画,你如果不懂得这个“理”,你就不能够画出真正的精神来。如果你懂得这个“理”的话,你才能够懂得物之为妙,然后你才能够真正地达到一个超然的境界。所以,几千年中国的传统文化,所要达到的境界,是这几个字,在各个地方,在不同的哲学家的言论里,你都可以看到:“理一分殊,义以盖全,内外一体”,什么叫做“理一分殊”呢?就是说“理”是一个,只有一个“理”;“分殊”是什么意思呢?就是说它用在不同的情形之下,有不同的结果。那么,我们要问:既然说中国的传统文化里最重要的一点,是要追求一个“理”,用什么方法来追求这个“理”呢?传统中国文化如何来求“理”?如果仔细分析,我想会得到一个结论:这个方法就是归纳法,即把许多分处的一些现象,或者一些状态,归纳成一个最终的“理”。这是一个精简化、抽象化、浓缩化、符号化的过程。通过这一类思维方法,传统的中国文化想要达到一个了解世界一切之一切的境地。

近代科学如何求自然规律 如果刚才我所讲的这些我们可以接受,那么,近代科学跟中国传统文化精神、方法有什么不一样呢?我想,首先可以肯定:近代科学也是在追求一个东西,这个东西就是传统中国文化所讲的“理”,可是呢,换了一个名词,换了一个观念,这就是“自然规律”,所以,近代科学里头的“自然规律”,可以说就是中国传统文化的“理”,那么,当然我们就要问了,说:“好,那么近代的科学怎么来追求这个自然规律呢?”其精神和方法之一,跟传统中国文化一样,是用归纳法求得这些规律。不过,近代科学跟传统中国文化一个主要的分别,是前者还有另外一个方法,另外有一套思维的方式,这第二个方式是从上到下的,是推演,是用逻辑的方法来推演,而这是中国传统文化里头所没有的。

推演的方法需要逻辑,逻辑是希腊人为研究几何学所发展出来的思维方法。大家如果记得在初中念的几何学,就会了解到这个方法的主要精神。我们必须注意,在近代科学以前,也可以说是到牛顿的工作以前,西方的思维方法,也往往不引用逻辑。从牛顿开始,西方的学者才真正地了解到了这个逻辑推演方法的重要性,而把这个重要性加到所谓 Natural philosophy(自然哲学)里头,由此产生了近代的科学。可以说,这是近代科学精神诞生的一个重要标志。中国古时候没有发展出这个逻辑系统,第一次对于这个逻辑系统有一点涉猎的,是 1607 年徐光启跟利玛窦翻译了《几何原本》的前六卷,可惜影响不大。1607 年,可比牛顿 Principia(《原理》)的出版还早了 80 年,但是他们这次翻译,对于逻辑的精神在中国传统文化里的影响,没有起很大的作用,虽然我们今天在几何学里头所用的很多的名词,都是源于徐光启跟利玛窦的这一个最早的翻译本。

逻辑的重要性 徐光启对于逻辑的重要性,有很深入的了解,可从他对《几何原本》的序所讲的一些话,以及他一些别的文章中看出来。我现在只举两个例子,一个是,他说这《几何原本》里所讲的推理方法,是一步一步的,“于前后更置之不可得”,这是什么意思呢?就是说,这一步一步的,就是从 1 到 2,从 2 到 3,从 3 到 4,你不能颠倒过来,这当然是逻辑里头的一个基本的精神，而这个精神，在中国传统文化里头是没有的。所以中国传统文化里头，是要用一种抽象的分类、归纳的想法，来达到“理”，这个跟西方的一部分精神是一样的。可是这个推演的精神、逻辑的精神，在中国传统里头没有。另外一个很有意思的是，他有个叫做“三似三实”的说法：“四至晦，十至明，四至繁、十至简，四至难，十至易”，任何一个对于初中几何学有些了解的人，都懂得这几句话的意思。看上去是非常复杂的，是非常隐晦的，是非常难的，可是你如果懂了这个逻辑的精神以后，就完全不是这回事，其实是很简单、明了、容易的。比起用一个归纳法，用一个没有逻辑顺序的思维方式要来得容易，因为它是一步一步的。可惜他们所做的这项工作，后来没有能够发展下去。

唯象理论 我刚才说，近代科学的精神，是要把归纳法跟推演法结合起来，那么我现在就举一个特别简单的例子，就是今天物理学的结构。今天物理学的结构，可以说是分成四层，从一到二到三到四。首先是最基本的现象，为研究这些基本的现象，你需要做一些实验。那么从这些现象，从这些实验，一个很广但不一定很深的领域提炼出一些东西来，这就叫做“唯象理论”。“唯象”的意思，就是你只是从这些现象来着眼，把这些现象归纳出一些规律，那么“唯象”理论跟这些现象之间的关系，又是归纳的，又是推演的。我可以画两种箭头，向上的一个是“推演”；“归纳”的箭头呢，我是把它变成虚线的。这个“唯象理论”，到这个现象、这个推演的过程呢，我用实线。我一个用虚线，一个用实线，也有它的象征性的道理。因为实线所做的事情，是比较不容置疑、不易引起争辩的，而这个虚线的“归纳”呢，是容易引起争辩的，因为每一个人的着重点不一样，看法不一样，所以思维的方式不一样。那么，近代科学重要的一点是把这两者结合起来，所以可以从一变成二。那么二跟三的关系呢，是要变成一个更深的理论结构。最后从三到四，则是把这些理论结构变成一个数学的语言。可以说，以上所表示的，正是近代物理学的精神。

力学是怎么开始的 为了更清楚地说明这一点，我们举个例子。比如说，力学是怎么开始的？它是经过了哪四步？第一步，是 Tycho Brahe(布拉赫，丹麦天文学家)。他是16世纪的人，对于行星在天上的位置，做了以前所没有过的、当时最精确的天文观测。过了一些年，来了 Kepler(开普勒)，Kepler 是一个理论天文学家，他仔细研究了 Tycho Brahe 的这些数据，然后归纳出来了三个定律。这三个定律，用我刚才的话说，是“唯象理论”。这三个定律，第一次提出来行星的轨道。“Tycho Brahe 跟 Kepler 都已相信 Copernicus (哥白尼)的“日心”理论，而 Kepler 更第一次提出：太阳在中间，地球绕着太阳转，行星绕着地球转，都是一些椭圆，而不是圆，也不是圆上加圆的那种从希腊传下来的想法。Kepler 的“唯象理论”有关键性的作用，为什么？因为又过了几十年，牛顿出现了。

(此文原载《光明日报》，原系作者于 1999 年 12 月在香港中文大学“新亚书院”举行的“金禧讲座”上发表的演讲摘要)

社会科学的力量

卢继传

众所周知，对社会科学在经济发展中作用等问题的研究，我国广大公众参与较少，讨论也不够，与时代的要求，同国家的发展，极不适应。大量事实雄辩地证明，社会科学也只有为广大的干部群众所掌握，并成为其认识世界、改造世界的思想武器，它的功能才能得到充分的发挥，成为推动我国经济发展的强大杠杆。为此，笔者从历史与现实考察的角度，就如何比较全面地理解知识，新的知识观，自然科学与社会科学这两大门知识在经济发展中的作用，如何理解社会科学的力量以及社科人才建设等问题，谈一些见解。

交叉学科的兴起

科学的本质是一个统一整体，人们将科学划分为不同的领域，这与其说是由事物本身的性质规定的，还不如说是由于便于研究或人类认识能力的局限性造成的。仅从物理学、化学、生物学到社会科学而言，这中间存在着连续不断的环节。这些环节既不连续又连续，形成统一的有机整体。所以，科学是随着人类认识水平的提高而向前发展的，即沿着综合→分化→综合的规律发展的。16世纪以前是综合科学的时代，从16世纪到19世纪末是科学分化的时代，从19世纪末至20世纪以来是科学综合发展的时代。20世纪以来，自然科学与社会科学这两大门学科和知识相互融合，相互渗透，不少现代科学技术已不再是单纯的自然科学范畴，已出现了一些自然科学与社会科学相互渗透的交叉学科。随着人类认识的不断深化，人们对各种物质运动形态之间的相互联系的认识必然会越来越丰富，从而出现学科间的交叉融合，产生出一个又一个新的学科。这反映了人的认识更加符合于外部世界的物质运动形式既是多样的又是统一的实际情况，因而交叉科学的发展异常迅速，且形式多种多样。比方，以生命科学而言，人们对化学运动与生命运动之间联系规律的发现，产生了生物化学等；人们用物理学等方法去研究生物运动，产生了生物物理学、量子生物学、分子生物学、电生理学、生物能力学等；人们用生物学方法研究社会现象，产生了社会生物学等，所谓社会达尔文主义、“强人哲学”（尼采的观点）就是属于这种情况。这是用一门科学的理论和方法去研究另一门学科，从而诞生了交叉学科，称之为边缘学科。

上述学科、知识的交叉属于比较简单的情况。当某种自然对象是多种运动形式的综合时，人们研究这些对象就需要应用多种学科的知识，予以观察、探索、研究，从而产生了像生物工程、海洋工程、空间科学、环境科学等新型学科。尤其许多工程项目的调研、论证与设计也往往涉及到多种学科的交叉，如航天工程、环保工程、海洋工程、城市规划与建设等。其中每一项工程都要综合地应用多门自然科学、技术与工程科学、社会科学、人文科学及其相关知识等。这是运用多学科的理论和方法去研究客观世界的某一领域，产生的交叉学科，称之为综合科学。此外，人们在研究各种自然对象的运动形式时，产生一些带有普遍性的理论和方法，如系统论、控制论、信息论、协同学、非线性理论、耗散结构理论等，这类交叉科学一般称为横断科学或横向科学。现代科学逐步向综合化的趋势发展，这要求人们把自然科学、技术与工程科学和社会科学看成一个互相作用、互相联系的整体。这就是现代科学的“大科学”与“整体化”的本质所在。

当今时代，社会科学也在交叉和融合中发展。政治学和人类学、生物学、社会学等互相渗透，产生了政治人类学、政治生物学、政治社会学等。就以经济学来说，随着科技革命的蓬勃发展，有力地推动了生产力的发展，经济学成为社会科学中突出的学科。

还有更复杂的情况是，人们在社会生活中所遇到的任何实际问题，往往是复杂的，涉及到各个方面。如果我们把复杂的问题作为一个对象进行研究，或作为一项任务来加以解决的话，往往要同时涉及到问题的自然方面、社会方面、技术方面、人文方面和思维方面。因而对复杂问题的解决，要同时考虑到它的科学可行性、生态可行性、财政可行性、技术可行性、经济可行性、政治可行性、军事可行性等。简言之，任何重大发展战略的决策，如国民经济计划的制定、社会经济发展预测与分析、科技发展规划和政策制定等，都需要多学科的综合研究，都要求自然科学、技术与工程科学和社会科学各方面的广泛合作，综合运用多学科的成果、知识和方法。像为领导决策提供科学、思想指导的软科学，就涉及自然科学和社会科学的诸多领域，是一种多学科、跨部门的综合性研究。在软科学兴起的背景下，与其相关的管理科学、战略学、策划学、领导学、科学学、人才学、预测学、潜科学等新兴学科也纷纷成长起来。实际上，这些新学科又都是交叉科学。如此说来，没有高度发达的哲学社会科学和人文科学，要实现决策的民主化、科学化是不可能的。

由于当今科学和知识迅速增长，大量新的学科不断涌现，社会科学、自然科学这两大门学科和知识相互渗透和紧密联系；科学与技术、科学与经济、科学与政治、科学与文化、科学与军事、科学与社会相互交叉和融合。随着交叉学科在社会实践中的广泛应用，自然科学与社会科学之间的鸿沟将日渐填平。这就是自然—科技—经济—社会—人类的协调发展，正在成为现代社会前进的趋势，科学技术与生产力、生产关系、政治制度、军事力量、意识形态、伦理道德等都将发生着广泛的联系和相互作用。人们预计,在新世纪中交叉科学将更加迅速地发展,成为交叉科学的时代。

新的知识观

上述列举的交叉学科,更多是把知识看作对客观事物认识与反映的深化。但是,随着信息技术的发展与应用,发生了知识革命。1997年1月,由美国国家知识评估委员会、国家研究委员会和国际事务办公室联合推出的《美国国家知识评估大纲》这样描述知识革命:"近几年来,由于科学技术的发展,世界运行方式发生了根本变化。长途电信价格下降、计算机的普及、全球网络的出现,以及生物技术、材料科学和电子工程等领域的发展,创造出10年前根本不可想像的新产品、新服务系统、新兴行业和新的就业机会,这就是当今人们称为的知识革命。"① 所谓新产品、新服务系统、新兴行业主要就是软件产品等新兴产品,信息网络等新兴服务系统,信息技术、微电子技术、生物工程和虚拟技术等新兴行业。这些新兴的产业都是高新技术产业。它们提供了大量的就业岗位。这就是说,知识革命是知识成为一种经济资源,并纳入生产函数,进入生产领域或经济领域过程,使新产品、新产业纷纷登台,又是智力密集型的产品、产业,因而以强有力的竞争姿态进入市场。更具体地说,70年代掀起的第三次世界新的技术革命,引发了一场知识领域的革命。在这场新的技术革命中,当代信息技术快速地全面地渗入知识活动的全过程,触发知识的生产、流通和使用的各个重要环节的深刻变化,知识作为经济发展的推动力非常突出地表现出来,影响与推动了产业结构优化升级,由此催化产业领域的革命,一系列新兴的智力密集型产业悄然兴起。这表明,当代的科技革命与产业革命相互作用,相互促进,在这种积极的互动过程中,知识领域出现了深刻的变革,知识革命又推动了技术革命、产业革命。

知识结构在这场知识革命中发生了深刻的变化。经济合作与发展组织(OECD)在《以知识为基础的经济》一书中把知识分为四大类:(1)知道是什么的知识(know-what),指关于事实方面的知识。在知识经济时代,许多领域尤其高新技术产业,人们需要具备各种有关事实方面的知识,才能完成所担负的工作。(2)知道为什么的知识(know-why),指自然原理和规律方面的科学理论。此类知识在产业中支撑着技术发展及产品、工艺的进步。所以,在知识经济时代,企业必须不断地对职工进行培训,而获得新的知识,才可能开展技术创新,生产新产品。(3)知道怎样做的知识(know-how),指做某些事情的技艺和能力,这通常是各个企业、商家发展和保存于其范围内的一类专门技术或诀窍。如一个企业家判断一个新产品市场前景,必须具备预测市场的能力与高人一筹的经验、手段。(4)知道是谁的知识(know-who),此类知识涉及谁知道和谁知道如何做某些事的信息。这就指认识有关的专家、学者并有效利用他们的知识。这是一种无形资产,因而对个人、单位或对企业的经济发展具有重要意义。

知识经济时代,人们赖以工作的本领,既依靠所掌握的编码化的知识,又依靠隐含经验类知识和技能。经济合作与发展组织在《以知识为基础的经济》一书中强调:知识经济时代,由于获取信息比较容易和费用少,选择和有效利用信息的技艺和能力变得起决定性作用。编码化知识可以认为是需转化的原材料,而隐含经验类知识特别是Know how类知识,可以认为是处理这种原材料的工具。这就是说,选择相关信息,忽略不相关的信息,识别信息的形式,理解和释读信息以及学习新的忘掉旧的技艺,所有这些能力日益显得更加重要。又如进行决策,需要根据可靠的信息,这是决策科学化的基础。但对信息的分析、综合,能否做出正确的判断,与人的经验、思维方法等方面的知识有重要关系。由此可见,在科研或生产过程中,甚至进行领导决策,当今隐含经验类知识比以往更为重要。无论是学科性知识,还是经验类知识既包含了自然科学、技术与工程科学的知识,也包含了社会科学的知识。这进一步表明,知识是一个有机的整体。

简言之,新的知识结构,也就是新的知识观。知识革命表明,人们对知识本质的认识发生了根本的飞跃,这就是已不再单纯地把知识看作对客观事物的认识与反映,而是把它看成一种力量,能够产生巨大的经济效益。但是,仅仅书本上的知识是不可能成为力量的。它还需要通过人的智力的开发,即表现为有效地利用信息、知识的能力、技能,对知识加以分析、综合,进行

① 1997年8月4日《中国科学报》。

知识创新，并运用于生产领域和科研领域，成为一种武器、手段，实现知识增量，从而有所发现，有所创造。这正是当今教育改革，从应试教育转变为素质教育的一个重要的理论依据。我国现代化进程在很大程度上取决于国民素质的提高，而市场经济中的市场机制和市场竞争要求人必须具备综合素质和实践创新能力，仅仅有书本知识是不够的。我国传统教育模式是实行“应试教育”或“知识教育”，它过于注重对知识的灌输而忽视人的素质的提高和创新能力的培养，难于适应现代化建设及市场经济发展对人素质和能力的要求。因此，我国的教育应在教会学生在适应现代化建设及市场经济发展上下功夫，应从单纯注重知识转向素质教育和能力教育，尤其要注重把知识转化为素质和能力。

知识经济要靠两轮驱动

知识经济并非突变而来的，而是经过了一个渐变的过程，它是在知识革命的基础上产生的新的经济形态。在知识经济领域中，对知识内涵要给予完整的界定。也就是说，知识经济中的知识概念是新的知识观，知识内容包括自然科学与社会科学两大门类，哲学是二者的概括。从直接意义看，知识经济是知识学与经济学的交叉，它把知识纳入生产函数之内的要素，来看经济的增长，着眼于揭示知识在经济发展中所起的动力作用。然而，凡是能够推动经济发展的知识和学科，都与知识经济紧密相关，这包括哲学、自然科学、技术与工程科学、思维学、经济学、市场学、社会学、心理学、伦理学、法学、教育学、管理学、人才学、领导学、知识论、价值论等等。这就应从更大的范围来看知识经济的学科知识体系，即它是自然科学与社会科学这两大门知识的综合性大交叉，还与哲学以及管理科学、思维科学等交叉科学交叉，构成学科与知识交叉体系(如图示)。因此，从学科角度来讲，知识经济学是一门新兴的庞大的综合科学。

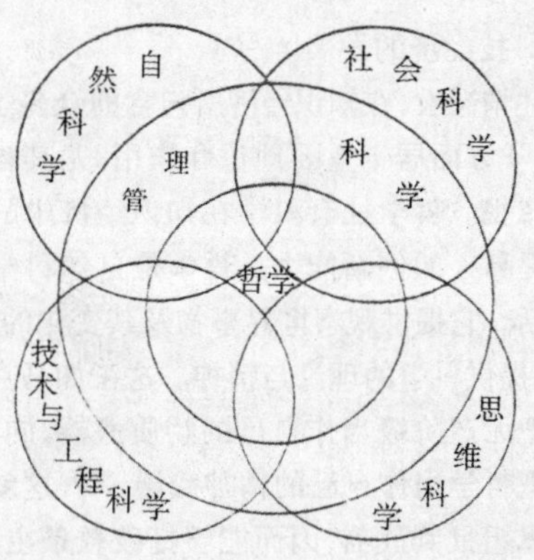

图示　知识经济的学科与知识交叉体系

应当指出，知识经济是以高科技或高新技术为核心的新的生产力系统，但不能以此认为，知识经济是高科技或高新技术经济。为何如此而言呢？众所周知，19世纪史称“科学的世纪”，当时马克思和恩格斯总结了近代以来科学与社会的相互作用，指出“科学是一种在历史上起推动作用的、革命的力量”①。但是，科学的作用、力量不是自发产生的。单纯的自然科学和技术与工程科学成果不可能转变为生产力。因此，科学技术优势并不一定能成为一个国家的经济优势，它还决定于是否能够利用先进的管理方式把科学技术转变为生产力的程度，科学技术与经济结合成一体，因而科学技术优势才可能成为一个国家的经济优势。同时，经济的发展还决定于市场发展趋势的预测是否准确。这里需要指出的是，人们总是强调科技优势。其实，在一定意义上讲，市场创新比科技优势还更重要。有些产品在市场上占有率已不单单是科技优势问题，而是市场问题。符合市场的需求，产品具有强大的竞争力，科技就得到承认，不符合市场的需求，产品没有人光顾，再高的高技术也会失去价值。这关键要把市场创新放在重要地位上，即把对市场和用户需求的执着追求放在第一位，高度重视市场预测，根据市场及用户的需求，来决定技术创新，生产新的产品。这样，科技优势才可能变成经济优势。这就需要能够把握市场的企业家来管理企业。此外，还决定于领导思维、决策思想及经济发展战略的制订是否正确，同时也决定于经济、技术基础与条件、社会环境、文化氛围、人的思想观念、精神状态、敬业精神和世界经济发展状况及其环境等是

① 《马克思恩格斯选集》第3卷第575页。

否有利于科技经济的发展。

从上述情况看，在知识经济所包含的众多学科知识中，社会科学方面居于重要地位和作用，尤其哲学的作用更不能忽视。哲学社会科学在知识经济中的主要作用是：一、提高人的创新能力。哲学是自然科学和社会科学的概括。它提供观察世界事物及其变化的立场、方法和观点，提供科学的理论与精神。这正如马克思所讲的："哲学把无产阶级当作自己的物质武器，同样地，无产阶级也把哲学当作自己的精神武器。"[①] 这就是哲学成为人的思想批判武器，因而能够打破教条主义、经验的束缚，开拓创新。知识经济既是一种新的经济形态，又是一种新的理念。只有用哲学武装人的头脑，解放思想，摆脱传统观念和僵化思想的束缚，才可能面对知识经济，产生创造的动力和能力，进行创造性的工作。二、提高人的组织协调能力。知识经济的一个重要特征是经济全球化。这要求人们学习和运用社会科学特别现代管理科学的理论与方法，有效地提高组织协调能力，对人才、物力、财力进行最佳配置，并善于把握时机，动态调适，才可能适应日益激烈和复杂的世界竞争态势。三、提高人的思维能力。针对今后国内外经济发展形势的复杂性，以及市场竞争走向的多样性、激烈性，要求每一个决策者学习和运用哲学社会科学所提供的理论、方法和基础知识，指导调研，有效地提高分析和判断能力，从而提高实践活动的自觉性、预见性，使任何重大的决策都建立在科学研究、充分论证的基础之上，真正做到了决策的民主化、科学化。应当清醒地认识到，知识经济时代的竞争，首先将是思想、知识、创新的竞争，谁的知识领先、思路开拓、勇于创新，谁就能够抓住机遇，争得主动，走在世界的前头。这就是说，在一定意义上讲，发展知识经济，需要理性思考，靠理论、思想制胜，因而必须更要强化哲学社会科学的作用与影响。由此说来，知识经济的发展必须依靠社会科学和自然科学的互相促进，共同推动。

'99国际大专辩论赛第八回合辩论以"知识经济两轮驱动，自然、社科谁更有功"为主题。辩论双方都认为，相对于社会经济来讲，自然科学有勇，但没有社会科学的正确指导作用，只能莽撞从事；社会科学能起指导作用，但没有自然科学的支持，便会成为无源之水。两个轮子驱动，缺了谁，社会也难以向前发展。

但是，对于谁更重要，辩论出现分岐。正方：南洋理工大学队认为，发展知识经济，自然科学比社会科学更重要；反方：西安交通大学队认为，发展知识经济，社会科学比自然科学更重要。交锋中，双方展开了辩论。南洋理工大学队认为，发展自然科学，是各国都在争上的一班车，在激烈的竞争中，不是这班赶不上再搭下一班的问题，而是如何挤上这班车。西安交大队则反击：上车当然重要，但上了车，还要注意交通规则，社会科学的发展就是要为自然科学引导方向。没有社会科学的规范，一味发展自然科学，是不是人们要克隆多少人就克隆多少人呢？

这时，正方问题：关于克隆早有法律规定，难道你要改变法律不成。反方回答：这正是在自然科学与社会科学发生矛盾时，谁在规范谁了。

担任这场辩论赛点评嘉宾的是，北京天则经济研究所所长、经济学家茅于轼教授。他做了总结：社会科学和自然科学在知识经济的发展中谁的作用更大，要视不同的国家、不同的发展阶段而定，如果某一阶段社会科学发达，自然科学落后，自然科学就更重要；如果某一阶段自然科学走在社会科学前面，社会科学就更重要。然后，他肯定地说："对目前的中国而言，发展社会科学更重要一些。首先是我们在社会科学上欠缺太多，也说明在我国社会科学是欠缺的。其次，对我国目前发展而说，花巨额资金引进的技术设备，如果没有合理的使用和管理，就要被浪费掉。"[②] 笔者认为，这位经济学家的看法是中肯的。

实施科教兴国战略已成为全民族的广泛共识。就全国而言，邓小平关于科学技术是第一生产力的论断已日趋为愈来愈多的人所共识，有关自然科学、技术与工程科学方面的问题，已经受到有关方面的高度重视，科学技术与经济建设结合等问题正在一个个地得到解决，尤其高科技或高新技术及其产业的发展势头很好。但是，社会科学是否第一生产力并未成为共识，因而至今社会科学仍未引起社会各界广泛的重视，各级领导不善于发挥社会科学工作者在改革和现代化建设中的作用。同时，社会科学在经济发展中的作用往往表现

① 《马克思格恩斯选集》第1卷第15页。

② 1999年9月1日《中国青年报》。

为“无形资源”或“无实体经济”,没有定量表现,所以,在农业、工业经济社会,社会科学的作用常常被人所忽视,在统计国民经济增长率中,社会科学的贡献也被忽略不计。这样,长期存在着一头热一头冷的现象。邓小平同志早在1979年就曾指出:我国社会科学落后(就可比方面说)的状况,还未根本改变。① 从目前的中国社会科学受重视的程度以及发展状况来看,发展社会科学更为重要、更为紧迫。我们应当倡导大力加强社会科学的研究。对此,首先对科学要有一个全面的认识,并从体制上解决好自然科学和社会科学的正确关系。邓小平指出,我们的国家要赶上世界先进水平,首先要从科学和教育着手,这个“科学当然包括社会科学”。② 这反映了邓小平的马克思主义科学观,是对社会科学的准确定位。由此可见,发展科学事业,当然应该包括社会科学,应当把社会科学工作纳入国家科技领导小组的工作范围。在人才培养、设施建设、经常性投入、工作部署上,社会科学和自然科学、技术与工程科学应统筹安排。我们迎接知识经济时代,发展知识经济,创建知识经济学,有待于自然科学与社会科学协调发展,有待于我国社会科学的更大发展,社会科学的积极参与。时代呼吁我国社会科学的繁荣与发展。

理解社会科学的力量

世界的经济与社会的发展,都包融着自然科学与社会科学这两大门学科的贡献。社会作为一个整体,全面进步和可持续发展离不开自然科学与社会科学的协力配合。当代各国综合国力的竞争集中体现在科技实力的较量上,在很大程度上,自然科学、技术与工程科学的发展水平代表着一个国家的基本实力;社会科学则反映出一个民族理性思维的发展路径,孕育、陶冶、训练着人们的思维素质,成为衡量一个民族理论思维水平和文化素质高低的重要尺度。所以,社会科学的发展水平和繁荣程度,是一个民族的综合素质和文化力量的重要体现和重要标志。没有高度发达的社会科学,全民族科学文化综合素质的提高是不可企及的。正如恩格斯所说的:“一个民族想要站在科学的最高峰,就一刻也不能没有理论思维。”③ 这一点尤其是在当代更为突出。当今全球的经济问题、社会问题、人口问题、环境问题日趋尖锐化,对此复杂问题的解决,世界各国社会科学工作者以其广泛的参与已显示出巨大的社会功效。诸如以自然科学和社会科学互融而派生的决策科学,由于直接运用于参与国家和地区发展方向、发展重点的选择,进而影响着一个国家和一个地区发展进程。经济全球化、区域化,社会化大生产,社会活动复杂化,社会各个子系统联系的日益紧密,决策的多目标,使社会科学日益担当着“智囊团”、“思想库”的功能。事实证明,没有社会科学的配合,自然科学的发展将受到限制,经济社会的进步也将受到影响。

我国是一个历史悠久、具有丰富文化底蕴的国家。我国的哲学思想和灿烂文化对中华民族和世界文明的发展作出过重大贡献。新中国成立50年来,已形成社会科学院系统、高等院校系统、党政部门系统、党校系统和军队系统等五个方面军,共有2 000多个研究机构、3万多名专职研究人员,从事教学并参与研究工作的人员20多万人。④ 我国已基本建成比较完整的社会科学学科体系。在中国共产党的领导下,全国的哲学社会科学事业走上了以马克思主义为指导的发展道路,在社会主义现代化建设中发挥了十分重要的作用。特别是党的十一届三中全会以来,我国社会科学进入了新的发展时期,出现了新的繁荣局面。广大社会科学工作者坚持以马克思列宁主义、毛泽东思想和邓小平理论为指导,坚持了为建设有中国特色社会主义事业服务、为党和政府决策服务的方向,努力研究改革开放和社会主义现代化建设提出的理论和实践问题,在社会主义初级阶段理论、社会主义改革开放理论、社会主义市场经济理论、社会主义民主法制建设理论和社会主义精神文明建设理论等的确立和发展,在新时期党的基本路线和各项重大方针政策的形成和宣传等方面,都作出了重要的贡献,有力地推动着我国改革开放和社会主义建设的进程。

我国社会主义建设的进程表明,伴随改革和发展

① 1999年3月13日《光明日报》:《重视人文社会科学发展》。
② 1999年11月27日《人民日报》学术动态版。
③ 《马克思恩格斯选集》第3卷第467页。
④ 据1999年9月25日《人民日报》。

的进一步深化，就一刻也不能没有理论思维，因而也就更需要社会科学理论的支持。在科学理论、思想的指导下，改革开放与现代化建设就取得胜利，反之，就会出现起伏、挫折。这样的事例，在我国社会主义建设过程中处处可见。比方，我们在贯彻党的基本路线的过程中，在一些地方和部门领导工作中，就存在着形而上学思想的倾向。形而上学把世界一切的事物看成彼此孤立和不变的。按其思想实质而言，这种思想属于唯心主义的宇宙观。其表现在思想理论领域是教条主义，因循守旧；表现在思想方法上是主观主义，片面、武断；表现在工作中是形式主义，不实事求是，弄虚作假等。如党中央提出以经济建设为中心进行社会主义建设，但一些地方和部门领导存在"一手比较硬、一手比较软"的问题，忽视精神文明建设，不理解两个文明建设互为条件、互为促进的辩证关系。在新的历史条件下，形而上学的思维方式除了对中央大政方针认识有片面性之外，还表现在经济、思想、文化等诸多方面。在市场经济条件下，有的人私欲膨胀，走上极端，诸如表现为地方保护主义、官僚主义，不顾全国大局，只顾眼前利益，不顾长远利益，甚至贪污腐化，败坏社会风气等。这从思想认识根源上讲，是由于不能正确理解与认识个人与国家、集体的利益关系，不能正确理解与认识权力与为人民服务宗旨的关系，也就是不能坚持辩证法，走上形而上学的思维方式。人类社会发展史表明，各种形式的形而上学的思维方式始终随着科学的进步、社会的发展，不断地改变形式而顽固地表现出来。形而上学思维方式严重地影响我国改革开放和社会主义建设的发展。在新的历史时期，留心了解形而上学的表现形式，有助于我们认识其危害性，认识到把思想方法搞对头的重要意义。

为什么形而上学的思维方式在我国新的历史时期顽固地表现出来，并仍有市场呢？其主要原因是，一方面相当一部分人不重视理论学习，缺乏马克思主义哲学修养，不能全面地认识事物的本质，因而把握不了辩证唯物主义，为形而上学思维方式提供了阵地；另一方面，旧的经济体制、管理体制的影响还没有完全消除，致使形而上学的思维方式有滋生的社会条件与思想基础。正是这种情况，使我国改革开放与社会主义现代化建设出现过起伏、挫折。所以，建国50年以来，我国在建设有中国特色社会主义的过程中，之所以取得辉煌的经济成就，都伴之以排除形而上学为内容的思想解放与观念更新的思想教育运动，都伴之以科学理论的继承、创新与发展。我国的历史经验表明，当前我们要实现跨世纪的宏伟目标，把一个经济持续发展、社会全面进步、充满生机和希望的中国带入21世纪，建设成一个富强、民主、文明的社会主义强国，首先必须把思想方法搞对头，也就是坚持辩证唯物主义的思维方式，排除形而上学思维方式的错误倾向。实践证明，只有用科学的、先进的哲学武装人的头脑，才能引导我们掌握科学的精神和方法，防止唯心主义、形而上学和主观主义的泛滥，使各项事业沿着正确的方向发展。因此，全党全民应当认真学习、掌握和运用马克思主义唯物辩证的思想方法，树立起科学的态度，科学的方法，科学的精神，并运用于指导社会主义现代化建设。

国内外的历史经验都表明，某项科学的经济、社会理论、思想、观念的创立，某项正确的经济、社会改革方案的制订和实施，可以使整个经济社会受益，有的甚至几代人受益，其价值不是能用具体数字来衡量的。当前，我国不少国有企业围绕"创新"做文章，在生产经营管理等方面采取"新战略"、"新思路"、"新措施"，迅速摆脱困境，扭亏增盈。这是一个有力的证明。不难想见，从当代社会科学功能的意义上讲，社会科学也是第一生产力。

在新的世纪，中国社会科学面临诸多机遇和挑战。21世纪的世界形势将更加复杂，世界格局多极化，科学技术大发展，知识经济大发展，经济全球化，社会主义和资本主义两种社会制度之间的经济、科学技术等多方面的合作与竞争等等，都是我国社会科学研究工作者面临的重大研究课题。社会科学工作者要以强烈的历史责任感和紧迫感，高度重视当代社会科学功能的研究，坚持以邓小平理论为指导，观察世界发展的趋势，对世界未来科技和经济发展趋势做出估量和预测，从时代特点和当代中国的实际出发，深入探讨、准确把握和正确回答我国及世界发展所面临的重大问题。尤其值得注意的是，70年代以来，随着世界新的第三次技术革命风起云涌，人类正经历着一场全球性的科学技术革命。它的突出表现是，高新技术发展迅猛，并迅速向现实生产力转化；经济与科技的结合日益紧密。当今经济发展不仅取决于资源、资本的总量和增量，而且更加直接依赖于知识和科学技术以及有效信息的积累和应用。当前，我国经济发展和社会进步正处于重要的转折时期。一方面，在全球经济一体化的趋势下，我们将面临着越来越严峻的国际竞争和知识经济的压力;另一方面,我国粗放型、外延型经济增长方式日益暴露出缺陷。我们必须改变依靠资源发展经济的模式,要从传统增长方式转变到依靠结构优化升级、提高经济质量和效益上来,转变到依靠科技进步和提高劳动者素质上来。所有这一切,都在很大程度上有赖于知识和科学技术的不断创新,科技成果的转化和高新技术及其产业的发展。这需要全党全社会都要高度重视知识和科学技术创新、人才开发对经济发展和社会进步的重要作用,使科教兴国真正成为全民族的广泛共识和实际行动。对此,社会科学工作者有大量的工作可做,诸如予以理论、思想的支持与推动,进一步促进领导决策的民主化和科学化。

同时,目前我国国有企业改革、科教体制改革、社会保障制度改革等,都处于攻坚阶段,社会科学要为改革和发展提供理论依据,更好地为推动我国的改革开放和社会主义现代化建设的进程,提供有效信息和理论参考。

创建社会科学人才创新体系工程

社会科学要为我国的社会主义现代化建设作出更大的贡献,关键在于人,其选题、研究、实施,最终要靠人实现。尤其在世界经济科技大变革的时代,要求社会科学必须有更大更快的发展和社科知识的大普及,造就最优秀的社会科学家与造就最优秀的自然科学家和工程师同样重要。

新中国成立50年来,我们已建立了一支社会科学队伍,整体素质是好的。特别在改革开放20年中发挥了很好的作用,基础研究、应用研究、对策研究都有新的重大进展,产生了一批具有时代特点、颇有影响的优秀成果,涌现出了一批基础扎实、富有创新精神的学科带头人,壮大了哲学社会科学工作者队伍。不过,对于我们这样一个泱泱大国来说,要建设社会主义的伟大事业,这支队伍无论在数量上还是在质量上,都还是不够的,还需要有一个大的发展。为此,一方面,我们每当实施制定的新时期社会科学发展规划时,就应围绕国家在改革、发展、稳定诸方面需要解决的重大课题,组织社会科学工作者联合攻关,锻炼提高这支队伍,多出精品,多出人才。另一方面,要在大学和科研院所扩大社会科学学科的招生名额,着力培养后备队伍,使社会科学后继有人、人才辈出。

现代社会对社会科学人才提出了新的更高的要求,即要求现代社科人才学识渊博,知识结构复合型。这至少包括既要具备马克思主义和哲学知识,还应当具备政治学、经济学、市场学、法学、管理科学、社会学和自然科学等有关的学科知识和专门知识。在这种形势下,社会科学必须加速科研管理、人才管理体制的改革,创建知识、人才创新体系工程。当今社会政治、经济、社会、军事问题交织在一起,信息快速增长,要求我们打破学科界限,抛弃门户之见,进行多学科、跨领域的协同作战,发挥社会科学的整体优势,集中优势学科、优秀人才,进行重大课题的联合攻关,锻炼社会科学队伍,培养人才。同时,自然科学需要有社会科学的加盟,社会科学同样也有赖于自然科学的支持。自然科学不仅为社会科学的进步提供科学实证和研究工具,而且,自然科学与社会科学相辅相成。这就要改革自然科学与社会科学长期分离的不合理体制。还有,社会的进步已经把我们带入了信息化时代,信息的采集与处理,对科研人员研究手段的更新提出了新的要求,而新知识、新手段、新信息的注入才可能有效地激发科研人员新的学术创见。显然,新的世纪,将是社会科学繁荣的世纪,也将是社会科学人才辈出的世纪。我国社会科学应抓住新千年新世纪的历史机遇,大力发展社会科学。

不久前,加拿大一项重要研究报告为笔者上述论述提供了佐证。该报告发现,在科技迅速转变的“新经济”时代,人文科系的毕业生就业前途仍大为看好。加拿大社会科学与人文研究议会公布的研究报告说,科技日新月异的时代,“能够管理知识”的人的分量愈来愈重,结论是:光是科技教育不能保证加拿大能够提升生产力及持续繁荣。这份由卑诗大学经济系教授艾伦撰写的报告说,高科技教育固然重要,理工科毕业学生的就业市场确实也很大,可是“科技主义要让加拿大在新世纪里出人头地,显然太狭隘了。”正在哈佛大学当访问学者的艾伦教授说,加拿大各界为了适应“新经济”的就业市场,纷纷把教育资源投到科技人才上,可是,“经验证据显示,社会和人文科系毕业生的需求量正迅速增加,他们的薪水很高,教育他们的投资报酬率跟理工科学生一样高。”①

在15世纪之前,欧洲处于宗教统治的时代,宗教有绝对的权威,史称为黑暗的“中世纪”。15世纪下半叶开始,欧洲发生了一场以推翻宗教统治为中心的思想意识形态的革命,称之为文艺复兴运动。在这场运动中,涌现出一批杰出的人才。恩格斯在《自然辩证法》导言中谈到文艺复兴运动时,有一段生动的概述:这是一次人类从来没有经历过的最伟大的、进步的变革,是一个需要巨人而且产生了巨人——在思维能力、热情和性格方面,在多才多艺和学识渊博方面的巨人的时代。给现代资产阶级统治打下基础的人物,决不是受资产阶级局限。相反地,成为时代特征的冒险精神,或多或少地推动了这些人物。那时,差不多没有一个著名人物不曾作过长途的旅行,不会说四五种语言,不在几个专业上放射出光芒。列奥纳多·达·芬奇不仅是大画家,而且也是大数学家、力学家和工程师,他在物理学的各种不同部门中都有重要的发现。阿尔勃莱希特·丢勒是画家、铜板雕刻家、雕刻家、建筑师,此外还发明了一种筑城学体系,这种筑城学体系,已经包含了一些在很久以后被蒙塔郎贝尔和近代德国筑城学重又采用的观念。马基雅弗利是政治家、历史家、诗人,同时又是第一个值得一提的近代军事著作家。路德不但扫清了教会这个奥吉亚斯的牛圈,而且也扫清了德国语言这个奥吉亚斯的牛圈,创造了现代德国散文,并且创作了成为16世纪《马赛曲》的充满信心的赞美诗的词和曲。

今天,人类正在大踏步地迈向崭新的知识经济时代的时候,知识的创新显示出越来越巨大的威力,拥有创新知识的人才将成为时代的佼佼者。在知识经济的时代较之文艺复兴的时代更加需要富有知识的人才,尤其是具有广博学识的创新人才。不言而喻,知识经济时代的到来之时,必然把具有知识创新能力的优秀人才推上人类历史的舞台,因而在中华大地上必将有一个个多才多艺和学识渊博的巨人脱颖而出。

① 1999年12月22日《人民日报》海外版。

第　二　篇

国家与地区经济文化概况

中国经济文化概况

现代经济文化愈益成为人们关注的对象。经济文化并非经济及文化,但却以经济活动与文化活动为基础,所以在了解经济文化的时候也应该了解经济及文化活动。现代经济文化主要指经济与文化一体化的发展,以及直接推动经济发展的那种文化现象。因此,1999~2000年中国经济文化概况的体例,对往年体例作一些调整,试图概括分为经济、文化与社会发展和经济文化一体化与经济文化活动,这样两个大部分。

经济、文化与社会发展

(一)经济

1999年中国大陆面对复杂的国外政治经济环境,采取以扩大内需为主的一系列方针政策,国民经济保持平稳增长,全年经济和社会发展的预期目标如期实现。全年国内生产总值为82 054亿元,按可比价格计算,比上年增长7.1%。市场物价持续下降,全年居民消费价格比上年下降1.4%,社会商品零售价格下降3%。2000年是中国国民经济和社会发展第九个五年计划(1996~2000)的结束之年,这年国内生产总值达到8.94万亿元,增长8%,按现行汇率折算,突破1万亿美元。"九五"计划期间,国内生产总值年平均实际增长8.3%,在国际上名列前茅,高于同期世界经济年平均增长3.8%、发达国家年平均约2%和发展中国家年平均约5%的增长速度,超额完成"九五"计划年平均增长8%的预期目标。价格总水平止跌回稳,居民消费价格上涨0.4%。

工业 1999年工业增加值增长8.5%,工业内部结构调整取得明显进展,电子信息等高技术产业发展加快。移动通讯设备、电子计算机和大规模集成电路产量分别增长43.5%、196.4%和149%。工业产品销售率达97.16%,提高0.56个百分点。全年工业企业经济效益综合指数99.3,提高8.4个百分点。国有及国有控股工业企业盈亏相抵,实现利润967亿元,增长77.7%。重工业对经济增长的带动作用有所增强,全年重工业完成增加值11 617亿元,同比增长9.3%,比轻工业快1个百分点。企业效益扭转了前几年大幅度下滑的态势,明显趋于好转。2000年工业增加值达到39 570亿元,比1995年增加14 852亿元,按可比价格计算增长62.6%,平均每年增长10.2%。发电量达1.36万亿千瓦小时,原油1.63亿吨、钢1.27亿吨、化肥3 186万吨、汽车207万辆,分别比1995年增长31.6%、8.6%、5.3%、25%和42.8%。国有企业改革和脱困3年目标基本实现。

农业 1999年粮食总产量为50 839万吨,比上年减产391万吨,为历史上第二个高产年。棉花种植面积比上年压缩16.4%,产量为383万吨,比上年下降14.9%;油料种植面积比上年增加7.6%,产量2 601万吨,增长12.4%,油菜籽、花生全面增产。糖料种植面积比上年压缩18%,产量8 334万吨,下降14.9%;畜牧业、渔业稳定增长。水产品产量4 122万吨,增长5.5%。2000年的粮食产量受严重旱灾和结构调整因素的影响减产9%,但仍达到46 218万吨。油料达到2 955万吨,水产品产量达4 278万吨,分别比1995年增长31.3%和70%。

2000年农业、林业、牧业、渔业在农业总产值中的比率分别为55.7%、3.7%、29.7%、10.9%,与1996年相比,农业所占比率下降了4.9个百分点,牧业、渔业则上升了4.7个百分点。从各业内部看,种植业中大宗农作物调整力度较大,优质农产品发展迅速,名特优新水果、蔬菜、茶、桑、烟、花、药成为农民增收的新亮点。

国内商业 1999年国内消费品市场商品销售呈现稳中趋活的运行态势,上半年各月有一定幅度的波动,进入下半年后,国家采取了一系列扩大内需、启动消费的政策措施,社会消费品零售总额增长幅度出现了逐月回升态势,全年社会消费品零售总额

31 134.7亿元，比上年增长6.8%，考虑价格下降因素，实际增长10.1%，高于上年实际增长幅度。随着人们生活的改善，对精神文化和信息商品需求增加，电子、电讯商品销售较旺，从限额以上批发零售贸易企业商品销售情况看，通讯器材和电子出版物销售分别比上年增长28.3%和11.6%，其中普通电话机销售增长58.7%，移动电话机增长84%。中西药品销售增长14.6%，由于住房条件的改善和家用电器的降价销售，刺激了家用电器和家具商品的销售，全年销售额均增长11.1%，其中电视机销售增长24.35%。2000年全国批发零售贸易业商品销售总额达到65 422.2亿元，比1995年增长61.4%。

1999年适逢建国50周年大庆和千禧年来临，国家延长公共假日，居民举家外出旅游和用餐次数明显增多，形成了全国范围的假日消费热潮，促进了批发零售贸易额和餐饮业零售额的增长。2000年"十一黄金周"期间，21个旅游中心城市重点商业和餐饮业企业销售收入达到2位数的增幅，其中商业企业零售额增长28.7%，餐饮业销售收入增长19.3%。

对外经济 坚持实施以质取胜和市场多元化战略，运用增加出口信贷，提高出口商品综合退税率和扩大生产企业自营出口权等多种手段，努力扩大出口，1999年下半年外贸出口转降为升，增长速度加快，全年进出口总额3 607亿美元，比上年增长11.3%，其中出口1 949亿美元，增长6.1%；进口1 658亿美元，增长18.2%。出口商品结构不断优化。机电产品出口增长14.7%，净增99亿美元，占全部出口净增总额的88%。1999年11月15日，中国和美国就有关中国加入世界贸易组织的双边谈判达成了双赢协议，为中国加入世界贸易组织扫清了最大障碍。2000年中国进出口总额提前1个月实现了"九五"计划确定的4 000亿美元的目标，达到4 743.1亿美元，比1995年增长68.9%，年均增长11%。其中出口2 492.1亿美元，进口2 251亿美元，分别增长67.5%和70.4%，年均增长率分别为10.9%和11.3%。

1999年实际利用外资563亿美元，比上年减少3.9%，全年吸引外商投资454亿美元，其中外商直接投资404亿美元，仍居发展中国家首位。国家鼓励的资金和技术密集型投资项目明显增加，单项规模扩大，到中国内地投资设厂的跨国公司增多。至2000年"九五"期间累计吸收外商投资2 134.8亿美元，比"八五"增长87%。2000年外商投资企业工业增加值增长速度14.6%，高于全国平均水平；外商投资企业进出口在全国进出口总额中的比重达到49.9%。这年对外承包工程、劳务合作、设计咨询完成营业额113.3亿美元，比上年增长1%；年末在外人数42.6万人。

财政和金融 1999年财政收入稳定增长，全国财政收入突破万亿元，为11 377.24亿元，完成预算的105.3%，比预算超收567.84亿元，比上年增加1 501.29亿元，增长15.2%。其中中央财政本级收入为5 797.70亿元，完成预算的109.6%；地方财政本级收入为5 579.54亿元，完成预算的101%。财政收入占国内生产总值比重由1997年的11.6%、1998年的12.4%上升到13.9%。全年财政支出为13 136.6亿元，比上年增长21.7%，增加额与增长幅度都是近年最高的1年，体现了实施积极财政政策的力度进一步加大。全年全国财政支出大于收入1 759.36亿元，其中中央财政赤字1 797.18亿元，地方财政结余37.83亿元。金融业积极推进改革，改善金融服务，合理增加贷款，竭力扩大内需，加强金融监管，稳妥剥离和处置不良资产，实施债转股，促进了经济发展。年末广义货币供应量(M2)增长14.7%，狭义货币供应量(M1)增长17.7%，市场现金流通量(M0)增长20.1%。M1和M0增速加快表明货币流通性增强。年末全部金融机构各项贷款余额为93 734亿元，增长12.5%，新增各项贷款10 846亿元，比上年少增645亿元。全部金融机构各项存款余额为108 779亿元，增长13.7%。其中居民储蓄存款增速放慢，是降息、征收利息税等措施综合作用的结果，对资本市场发展及消费需求的回升发挥了积极作用。

2000年财政收入大幅度增长，金融运行保持平稳。全年财政收入13 380亿元，比上年增长16.9%；支出15 879亿元，增长20.4%。支出大于收入2 499亿元，其中财政赤字2 598亿元，地方财政节余99亿元。年末货币供应量M2和M1分别增长12.3%和16.0%，全年现金净投放控制在1 500亿元以内，各项贷款余额9.9万亿元，当年增加1.3万亿元。实行了个人存款实名制。年末国家外汇储备达到1 656亿美元，增加109亿美元。

人民生活 1999年国家较大幅度地提高了国有企业下岗职工基本生活保障制度、失业保险制度和城镇居民最低生活保障制度“3条保障线”水平，以及离、退休人员待遇，适当增加了机关事业单位职工收入，促进了城镇居民收入的较快增长。全年城镇居民人均可支配收入为5 854元，增长7.9%，考虑价格下降因素，实际增长9.4%。受农产品供求关系变化、价格下降，以及乡镇企业生产经营不尽景气等因素的影响，农民收入增长比较缓慢。全年农民人均纯收入为2 210元，增长2.2%，考虑价格下降因素，实际增长3.8%，低于上年实际增长4.4%的水平。城镇人均居住面积9.6平方米，比上年增加0.6平方米。扶贫工作取得新进展，又解决800万户左右贫困人口的温饱问题。由于有效需求不足，一些因素制约着居民消费的增加，影响了消费领域的扩大。就业压力加大。人民生活总体上达到小康水平。2000年农村居民和城镇居民平均纯收入分别达到2 253元和6 280元，“九五”期间平均每年实际增长4.7%和5.7%。1995～2000年，农村居民人均消费支出由1 310元提高到1 670元，增长了27.5%，扣除物价因素实际增长18.3%，年均实际增长3.4%。2000年城镇居民人均消费支出4 998元，比1995年增长41.3%，扣除物价因素实际增长27.3%，平均每年实际递增5.0%。

(二)科学与技术

国家进一步加大科教兴国方针的实施力度，科技事业继续保持稳定发展。

科技投入 1999年全国全年科技活动费支出总额达1 250.3亿元，比上年增加121.8亿元，增长10.8%，涨幅高于经济的增长幅度。按从事科技活动人员计算的人均经费使用额为4.6万元，比上年增加了0.6万元。全年社会投入的科学研究与实验发展(R&D)经费593.2亿元，比上年增长7.6%，相当于国内生产总值的0.72%，比上年有所提高。2000年科技经费投入1 416.6亿元，比1995年增长67.3%，平均每年增长10.8%。“九五”累计科技经费投入5 828.3亿元，是“八五”累计1.9倍，其中企业累计投入2 712.4亿，占总量的47.6%，提高了5.6个百分点。

全国科技人力资源继续保持增长趋势。1999年全国有科技活动人员271万人，其中有科学家和工程师150万人。到2000年，全社会从事科技活动人员总量已达281.4万人，其中科学家和工程师156.4万人，从事研究与发展活动人员折合全时83.8万人年；企业的科技人员148.5万人，占全社会科技人员的52.8%，比1995年提高了5.8个百分点。

基础研究 国家用于基础研究投入稳步增长，1999年达31.4亿元。这年国家自然科学基金总经费达10.4亿元，比上年增加1.8亿元；获得资助的项目有34 362项，总经费4.7亿元；“国家重点基础研究发展规划”工作进展顺利，第二批选出的45个项目中已有42个项目首批启动，到年底国家基础科学人才培养基金资助的基地建设总额达2.3亿元。基础科学研究不断取得成果。如转基因山羊体细胞克隆羊诞生，首例转基因试管牛问世；储氢纳米碳管研究取得新进展；新核素合成和研究取得新的重要突破。许多具有创新性重大成果的取得，标志着中国基础研究在一些领域的研究水平已跻身先进国家行列。

高新技术 国家高技术研究发展计划(“863”计划)不断对高科技的发展起到了重要的推动作用。旨在引导和推动高技术成果商品化、产业化和国际化的“火炬计划”顺利实施并取得了较好的经济效益。据对5 697项国家级、地方级火炬计划项目的统计，1999年实现产值1 370亿元，项目产品销售收入1 240亿元，利税250亿元，出口创汇17亿美元。高新技术产业开发区发展，区内高新技术企业不断增加，经济呈持续快速增长的势头。全年国家高新技术区实现技工贸收入6 560亿元，较上年增长35.7%；实现总产值5 660亿元，较上年增长30.6%，提前1年实现了“九五”计划的预期目标。

国家技术创新工作步伐加快。1999年国家组织了663项重点技术创新的项目和1 329项重点新产品的试产，完成26项重大技术装备的研制及鉴定验收，一批国家重点技术创新项目已经取得了明显的经济效益。

科技成果 1999年中国4次成功发射卫星(含飞船和卫星)，其中神州号载人航天实验飞船的成功发射与返回，标志着航天技术有了重大突破，使中国成为继美国、俄罗斯之后世界上第三个掌握这一技术的国家。这年全国共取得省部级以上重大科技成果3万项，获国家奖励的科技成果602项。2000年"风云二号"气象卫星发射成功，超级杂交水稻研究取得重大成果，大规模并行计算机系统"神威Ⅰ"主要技术指标和性能达到国际水平，国内独立研制的第一台类人型机器人问世。"九五"期间，全国共受理专利申请64.4万件，授权36.8万件，分别是"八五"累计的1.81倍和1.78倍，年平均增长达到15.5%和18.5%。

(三)教育与文化

1999年召开了第三次全国教育工作会议，颁发了《中共中央国务院关于深化教育改革全面推进素质教育的决定》，教育部制定《面向21世纪教育振兴行动计划》。两年来，围绕实施素质教育的教育教学改革全面展开，高等教育管理体制改革迈出关键步伐，高校后勤社会化改革进一步深化，高考制度改革胜利展开，新一轮高校内部管理体制改革向纵深发展。教育经费总量有所上升，社会各方面参与办学的积极性空前高涨。各级文化主管部门积极推进文化体制改革，各项文化事业得到全面的发展。

经费投入 国家又出台了教育经费投入的新举措，即中央本级财政支出教育经费所占比例每年增加1个百分点，仅此项措施的落实为1999年的教育经费增加了28亿元。这年高等学校扩大招生，财政部和国家计委为此安排了14.7亿元的国债资金，各地各高校也配套资金37亿元。全年国家教育经费实际支出127亿元，如果考虑中央部分高校下划地方等因素，按同口径比较，比上年增长23%。这年文化事业部收入92.39亿元，比上年增长6.6%，其中财政补助收入55.61亿元，比前年增加16.8亿元，增长43.4%；全国文化(物)系统固定资产投资项目，全年总数为1 083个，比上年增加135个，计划总投资达202.24亿元，本年完成投资额为35.01亿元，比上年增长24.4%。2000年全国文化事业财政补助收入63.16亿元，比1995年增加29.77亿元，增长89.2%；其中地方财政共对文化投入57.61亿元，比1995年增长26.32亿元，增长84.1%。

高等学校 1999年全国高等教育共招本专科学生275.45万人，其中普通高等教育招生159.68万人，成人高等教育招生115.77万人，分别比上年增加了51.32万人和15.63万人；普通高等学校招生规模比上年扩大47.4%，增幅之大是多年来没有的。高等学校和研究机构共招收研究生9.22万人，比上年增长27.21%。全国共有高等学校1 942所，本专科在校生达718.91万人。其中普通高校1 071所，比上年增加49所，本专科在校生达413.42万人，比上年增长21.28%。校均规模由上年的3 335人增加到3 815人，其中本科院校为5 275人。全国共有研究生培养单位775个，比上年增加39个，在学研究生23.36万人，比上年增长17.45%。全国共有成人高校871所，本专科在校生305.49万人。普通高校校舍建筑总面积为17 525万平方米，成人高校校舍建筑总面积3529万平方米，分别比上年增长12.1%和7.3%。

2000年全国高等教育共招本专科学生376.76万人，其中普通高等教育招生220.61万人，分别比1995年增加192.77万人和128万人，后者增长138%。招收研究生12.85万人，比1995年增长150%。这年全国共有高等学校1813所，本专科在校生909.73万人；普通高等学校1041所，在校生556.09万人。

艺术事业 全国文化艺术队伍紧紧围绕50周年国庆、迎接澳门回归祖国和新世纪的来临，积极推动繁荣文艺创作，艺术事业呈现蓬勃发展局面。全国有134台优秀剧目参加北京举办的国庆献礼展演，历时3个月，题材广阔，内涵丰富，风格流派多样，弘扬了时代精神，唱响了主旋律。文化部举办的《祖国颂》、新春新年音乐会、庆祝澳门回归演出、中国京剧节、《黄河大合唱》、金狮奖第三届全国小品比赛等大型文艺活动，使全国文艺舞台丰富多彩，并产生轰动效应。艺术歌曲的创作演唱和唐宋诗歌名篇朗诵音乐会，弘扬了中华传统优秀文化。第九届全国美展入选作品达3 249件，有588件获奖作品。这一切反映和体现了当前文艺队伍创作演出的高水平。

1999年全国文化部门共有艺术表演场所1 911个，全年共演出170.6万场，比上年减少37.9万场，下降18.2%；其中艺术演出6.5万场，比上年增加0.9万场，增长16.1%。国内观众1.18亿人次，其中观看艺术演出的人数3 534万人次，比上年增加220万人次,增长6.6%。2000年全国共有艺术表演团体2 630个,从业人员14.1万人;共有各类的艺术表演场所1 912个,从业人员4.22万人。艺术表演全年演出138.2万场,观众1.32亿人次。

对外文化交流 1999年全年对外交流有影响的交流项目很多。中国艺术团参加了朝鲜"四月之春"友谊艺术节,获团体奖40个。延边歌舞团参加泰国第13届国家艺术节。在东京举行了"99东瀛行"大型系列文化展演活动,共有200多名中国艺术家参加。由中国政府和联合国教科文组织共同主办了"99巴黎中国文化周",在法国和欧洲引起了巨大反响。中央民族乐团赴奥地利、德国和丹麦巡回演出,在3国8城市举办了8场演出音乐会,观众达上万人次。美国国家交响乐团在京沪港3地演出了《幻想交响乐》等曲目,日本宝京剧团来华参加了"民族歌舞年"和上海艺术节。成功举办了"中国国际民族歌舞年"活动。亚洲、非洲、欧洲、美洲和大洋洲数十个国家和地区以及国内各地上百个民族民间歌舞团体和众多国内外著名艺术家参加。全年共派出31个团体191人次参加国际比赛,获金奖1个、银奖5个,铜奖1个,其它奖项4个。全年对港澳文化交流项目637项,9 752人次。两岸文化交流346项,3 311人次。

2000年中国在国内外成功举办大型活动,提高了声望和国际形象。其中"2000相约北京——五月大联欢"、"2000年中华文化美国行"、"2000年法国中国文化季"等活动规模之大、内容之丰富,参加文艺团体之多,参与人数之众,影响所及之广是前所未有的。这年通过高层互访、举办研讨会、艺术团访演、经济援助等形式,进一步扩大了与发展中国家的交流。

(四)环境保护

全国主要污染物排放总量得到有效控制,工业污染源达标率不断提高。据不完全统计,1999年否决了133项不符合产业政策或选址、布局不当的在建项目,现场检查了1万多个在建项目,对1 034个项目提出整改意见,保证了新建项目实现达标排放;结合经济结构调整,淘汰、压缩过剩生产能力,促进了工业污染源达标;认真执行积极的财政政策,环保重点城市和模范城市加快了污水和垃圾集中处理设施建设。截至11月底,全国112项污染物排放总量均低于规定指标,全国工业污染企业达标率达74%,重点企业达标率为56%。

重点城市、流域、区域、海域的污染防治取得阶段性成果。1999年北京全面落实大气污染控制措施,全年空气质量三级和好于三级的天数达到70%以上,实现了10月1日前环境质量有所改善的目标,为建国50周年庆典做出贡献。全国城市环境综合整治继续加强。到2000年,对海河、辽河、淮河、太湖、巢湖和滇池的治理,使中国的水污染状况得到有效遏制,"三河三湖"流域5 188家重点污染企业中,95%实现了污染物达标排放。

1999年以编制生态环境保护纲要为重点,确定了推进治理的战略。为实施对生态环境脆弱、亟待恢复和重点保护地区的抢救性保护,启动了长江、黄河、黑河源头和阴山北麓特殊生态功能保护区建设试点。甘肃、内蒙、青海分别制定了特殊生态功能区保护纲要或规划,到2000年,全国生态示范区建设试点单位总数已达213个,全国自然保护区达到1 227个,其中国家级自然保护区155个,自然保护区总面积9 820.8万公顷,占国土面积的9.85%。

经济文化一体化与经济文化活动

(一)宏观经济文化

社会经济思想或经济思潮对社会经济产生重要的影响,经济思潮推动经济立法,则是文化力的一种表现。营造有利于经济发展的社会与人文环境,应属宏观经济文化。

中国私营经济的发展越来越得到具体法规的支持。浙江省首个私营企业权益保护条例的地方性法规,即宁波市私营企业权益保护条例,于1999年8月3日开始实施。条例也给浙江众多的私营企业带来了信心。条例中就私营企业财产的保护、经营性质的保护、经营权的保护及公平竞争和制止乱收费、乱摊派等方面都作了明确的规定。与此同时,江苏省工商行政管理局颁布关于改进企业登记注册工作,大力支持企业改革的若干意见,以改进企业登记注册的方式,向鼓励及保护个人投资倾斜;允许不具备法人资格的独资企业、合伙企业作为股东投资公司,放宽对私营企业登记注册“集团公司”的最低准入线。非公有经济发展中资金少、贷款难，宁夏回族自治区政府决定每年安排1 000万元专项资金和2 000万元高新技术风险投资基金，重点扶持非公有制经济中的优势骨干企业，确立城市商业银行、农村信用社、信托投资公司主要为非公有制经济发展服务的经济原则，允许非公有制企业上市发行企业债券。

中国根据发展市场经济的要求，不断对企业组织制度进行改革，即由过去的主要按所有制与行业等属性转变为主要按企业的投资方式与责任形式划分与登记企业。公司与合伙企业已制定了专门的法律。2000年1月1日《个人独资企业法》正式实施。

中国改革开放以来，东部地区发展迅速，出现了一大批“中等强市”，分析这些城市崛起的成功因素，“名牌兴市”是原因之一。西部要想赶超东部，必须以大量的名牌企业和名牌商品作为依托，出现大批的中等强市。而要达到这一目标，需要整体的改造和策划。中国社会科学院经过调查研究，成功推出了知识工程。1999年初，这项工程首先在革命老区山西长治市全面启动。知识工程是以地方商界和政府为服务对象，以知识传播、知识应用、知识创新为宗旨，以调查研究、综合分析、人员培训、政策咨询、形象设计为主要手段，直接介入地区经济发展和企业的创业过程，为科学发展和技术创新创造良好的社会与人事环境。

(二)经济文化一体化行业

旅游业 1999年是全国各地认真贯彻中央经济工作会议精神，大力培育和发展旅游业这个新的经济增长点的第一年。中国旅游业持续、快速、健康发展，已成为中国国民经济中发展最快，最具活力和总体运行质量较好的一项新兴产业。国际旅游业走出亚洲金融危机的阴影，入境旅游人数和外国旅游人数均提前一月完成了全年计划指标。全国入境旅游人数达7 279.56万人，比上年增长7.9%；外国旅游者人数达8 432.3万人次，增长18.6%，比历史最高年份1997年还高出13.5个百分点；国际旅游收入141亿美元，比上年增长11.9%，提前一年实现“九五”计划指标。国内旅游成为居民消费的新“亮点”，显示出新增长点的旺盛活力，全年国内旅游总人数为7.19亿人次，国内旅游收入283.92亿元人民币，分别比上年增长3.6%和18.4%，发挥了刺激内需、活跃市场、拉动经济的作用。全年旅游总收入超过4 000亿元，达到4 002.14亿元人民币，比上年增长16.4%。

国务院出台了延长节假日的规定后，旅游业在扩大开放、拉动内需、推动社会发展、提高生活质量等方面愈来愈显著，以旅游为主体的消费机制已经启动。1999年春节期间国内旅游形成了“南来北往”，“进城下乡”的出游高峰，全国出门旅游过年的人次约1 800万，旅游花费约为140亿元，合家出门、旅游过年成为一种时兴的节假日生活方式。“五一”期间国内旅游又出现一轮高潮，城市周边的短线游、郊区游、农家游、生态游等需求旺盛。暑期全国国内旅游人数约1.29亿人次，旅游花费约445亿元。国庆期间国内旅游再次火爆，神州大地旅游热潮持续高涨，市场新品层出，一片蓬勃兴旺的景象。在这4个黄金周形成的国内旅游高峰，促进了“假日经济”的发育和发展。中国公民出境旅游已经形成一定的规模。全年中国公民出境总人数达923.24万人次，同比增长9.6%，其中因私出境人数为426.61万人次，同比增长三成多。出境旅游的目的地主要有香港、澳门地区和泰国、日本、俄罗斯、美国、韩国、新加坡、朝鲜、澳大利亚等国家。’99昆明世界园艺博览会的成功举办，对生态环境游影响深远，而且成为西南各省旅游业发展的助推器。

2000年中国大陆接待入境旅游者突破8 000万人次，达到8 344.4万人次，比上年增长14.6%，其中过夜旅游者3 122.9万人次，增长15.5%，居世界第5位；外国旅游者首次突破1 000万人次大关，达到1 016万人次，增长20.5%；国际旅游收入162.2亿美元，增长15.1%，居世界第7位；国内旅游人数达7.4亿人次，增长3.5%，旅游消费进一步成为假日经济的热点。国内旅游收入3 175.5亿元人民币，增长12.1%；旅游业总收入4 518.9亿元人民币，增长12.9%。

广告业 户外广告在中国迅猛发展，1990～1999年每年平均增长30%，上海曾经作为远东第一大城市，户外广告有过相当大的规模，鳞次栉比的霓虹灯和气势宏大的店招牌曾经是这个商业都市的一大景观。改革开放后，申城户外广告恢复发展，近年在上海已形成一个较为稳定的产业，每年户外广告的直接收入超过4亿元，带来灯箱制作、印刷、电器等相关产业收入9亿多元。1999年中，上海经营户外广告的企业600多家，户外广告的总发布数为4.5万件。全年上海全部广告经营额达到106.7亿元，比上年增长12.3%，广告经营额占全市国内生产总值的2.64%，占全市第三产业总值的5.33%。广告业对上海经济增长的贡献率为2.66%，成为上海都市经济发展的一大支柱。

多种广告形式成为企业竞争的重要工具。1999年浙江千岛湖养生堂饮用水有限公司进行自然泉水与纯净水的对比，引发了水战的对比广告波澜。专家评论认为，对比广告以简单明了的方法向消费者告知产品的优势，不失为挑战性企业争取市场份额的良策。但在运用对比广告时要注意不能违反国家法律，而且陈述的事实必须要有科学依据，广告内容不能含虚假成分，不能使用诋毁、批判性质的语言，不能针对特定的竞争者。在广告的表达技巧上，也应注意方法，讲求技巧，农夫山泉在这点上可以说做得很成功。备受各方瞩目的2000年第一天著名报纸广告发布权专卖拍卖会在北京昆仑饭店举行，参加拍卖的9家海内外报纸共拍出505.3万人民币的广告价。中华工商时报元旦头版广告被内蒙古伊利实业集团公司以50万元人民币买断。

据AC尼尔森国际媒介研究总部发布的数据，2000年中国工商企业广告费支出激增至800亿元人民币，较上年增加57%，如果扣除AC尼尔森扩大监测范围获得的数据，则实际增长为36%。投入大笔广告费的前10位商品都是中国国产商品品牌。保健医药行业是最大的广告主，仅保健品与维生素一个种类将近90亿元的广告花费，相当于整个中国广告市场的12.5%。网络公司是这些广告花费增长最快的一个行业，它们在电视和报刊广告上投入了5.162亿元，比上年增长6倍。

文化产业　这里所说的文化产业首指全国文化娱乐业及全国文化市场的其他经营，后者包括文化艺术经纪代理业、音像制品批发零售业、录像放映业、录像带出租、画店画廊、美术公司、艺术品拍卖公司、图书批发等机构。1999年全国文化娱乐业（含歌舞厅、舞厅、卡拉OK厅、电子游戏、台球厅、保龄球、旱冰场、综合娱乐场所等）共有机构17.47万个，90.3万人；全国文化市场其他经营单位共有9.7万个，23万人。上述全国文化市场产业单位已达27万余家，年实现利润22.3亿元，创增加值124.51亿元。

全国艺术表演团体、图书馆和群众文化业的收入，仍主要依靠财政补助。1999年底全国艺术表演团体2 632个，14.5万人，艺术表演场所19 911个，4.4万人。其中剧场影剧院1 893个，4.4万人，全年艺术表演团体总收入24.3亿元，比上年增加2.4亿元，增长10.96%；其中财政补助收入为15.6亿元，比上年增加1.6亿元，增长11.2%，占总收入的比重为64.1%。全国共有公共图书馆2 767个，4.9万人，图书馆总收入13.7亿元，比上年增加8 348万元，增长6.5%；其中财政补助收入为11.58亿元，比上年增加8 309万元，增长7.7%，占总收入的比重为84.3%。全国共有群众艺术馆389个，1.2万人，文化馆2 905个，4.4万人；文化站42 543个，7.2万人。群众文化总收入17.7亿元，比上年减少912万元，下降0.5%；其中财政补助收入为10.87亿元，占总收入的比重为61.3%。

广义的文化产业，包括我们前述的旅游业、广告业和后面述及的咨询业，还应包括图书报刊出版发行业、影视业及体育经济收入。

上世纪70年代，日本学者日下公人的著作《新文化产业论》问世，提出文化产业化的概念。作者在这部著作中指出，日本“有必要从现在起就采用新的产业结构发展模式，即以最终需要产业（消费资料）为全面发展的新模式”，而“文化产业是最终需要产业中最有发展前途的产业之一”，“文化（包括文字符号）可以产生高利润”，“文化必将成为经济进步的新形象”。日下公人的主张得到前日本首相竹下登的支持，以后的日本经济中强调了“文化经济”的思路。美国学者J·K路易斯在其著作《经济学的历史——一种新思想》中预言，“日本的经济思想将使世界发生一次变革”。从80年代开始，中国随着改革开放、经济的迅速增长和消费水平的提高，文化对于促进经济发展的作用日益被人们所认识，学者们从文化作用于经济及经济与文化一体化发展的角度，提出“经济文化”的概念。1995年《世界经济文化年鉴》问世，标志着这一领域的研究与实际发展，正在步入进一步发展的阶段。这本年鉴“国家与地区经济文化概况”一篇将旅游业、广告业、娱乐业等列入经济文化一体化产业。90年代下半期,北京市圈定“文化消费”概念和“文化产业”范围。

根据首都文化发展研究中心的资料,文化消费是人们在生存需求得到基本满足以后,为满足发展需求、享受需求而进行的消费,包括人们为获得信息、知识及各种审美感受,以求得素质的提高、精神的愉悦、身心的健康而进行的各类消费。由于这一概念提出较晚,目前尚缺完善的统计指标;但根据北京的消费情况,初步圈定有8大类35项消费进入文化消费范围。到1998年底,全市拥有文化产业单位2 859个(指注册资金在50万元以上的独立核算的法人单位),比1996年增加1 330个,增长46.5%,占全市第三产业单位总数的4%。其中中央属单位占26.2%,市属单位占14.7%,区、县属单位占59.1%;数量最多的印刷业有935家占32.7%,广告业559家占19.6%,出版业434家占15.2%。文化产业的从业人员18.4万人,比1996年增加4.6万人,增长33.3%,占全市第三产业从业人员总数的6%,印刷业最多为67 704人占36.8%,出版业38 303人占20.1%,娱乐业12 075人占6.6%。这年全市文化产业创造增加值合计74.7亿元,占全市第三产业创造增加值总数的7.7%,占全市GDP的3.8%。

2000年全国文化产业单位新创增加值203.08亿元,比1995年增长38.3%。其中艺术业(含表演团体和艺术表演场所)增加值为18.42亿元,比1995年增长44%,年平均增长7.6%;公共图书馆增加值为7.59亿元,增长114.4%,年平均增长16.5%;群众文化业增加值为10.86亿元,增长145.7%,年平均增长19.7%;文化娱乐业增加值为103.36亿元,比1995年下降15.8%,年平均递减3.5%。

咨询业 前述名牌兴市知识工程实际上是在宏观范围进行的咨询行为。企业企划是近年发展起来的咨询业务。专家认为,企划是咨询服务中的一个过程,一个环节。咨询业可分为3个类型,一为信息类,在改革开放之初70年代末80年代初的时候,就出现了以信息服务为主的信息公司;第二是专业技术类,就是以行业协会、学会、研究会为主体产业的一些专业技术方面的咨询机构;第三类是为决策质量服务的咨询业,企划就归属这一类。企划是为决策按效益化原则设计的方案,它是为决策服务的。

企划这个服务概念一进入市场很快就被人们接受了,并形成了企划市场。在计划经济时代,企业或各种负有盈利职责的社会组织,很少需要对经营的结果真正负责,所以那时没有企划,只有计划。进入到市场经济,人们对行为的结果负责了,经营者的决策水平、操作水准直接影响到企业的发展,于是产生了一种需求,希望有一种力量来帮助降低决策的风险,增加成功的把握。有些企业家面对错综复杂的市场环境,也总希望找个捷径解决令人头疼的管理、产品、销售和人才资源方面的问题。企划服务正好能满足这些需求。企划热逐步兴起,到1999年,“企划正热”。媒体关注对企划的报道,以至于相当关注;出版界出了不少国内外有关企划的书;各类机构寻求与职业企划人或企划机构合作并为之付费,形成企划市场;企划从业人员增多,企划课程纷纷出现甚至办了专门学院;企划专题的讲学、报告活动也四处火热。

企划中引入寻求与塑造企业良好外在形象的CI理论。有专家评论说,10年过去了,中国的CI依然还在摸索阶段,因为很少有CI从业人员或从业机构对于CI的本土化理论进行研究和改造,对CI的理论也缺乏完整性。CI在欧美国家被认为是“企业身份”战略,即企业要靠自已的哲学思想、价值观、伦理观、企业资产形式、企业领导人格特征、独特经营项目、企业雇员层次、组织模式、结构等人文价值设计特征来形成自己的可被人识别的独特地位。但是对于这种战略举措,现在国内往往只被定位在徽标、礼品包装、广告之类的层次上,许多企业在为提高企业形象识别的征求企业标志设计中缺少对企业个性化的要求,企业形象的媒体忽视本企业员工的参与等等。

(三)企业文化

外国企业文化理论自20世纪80年代中期传入中国后,很快引起了一批企业家和学者的极大关注,进行了大胆的实践和深入的探索,2000年《中华企业文化大辞典》问世,成为中国企业文化发展史上填白之作,承秉了中国传统文化遗风,博采外国企业文化精华。

人们惊觉:企业走入文化时代。企业的管理和行为必须同时满足物质与精神文化两方面的要求。职工、顾客、消费者的物质与精神文化需求都在不断提高,这就要求企业生产与营销的各个环节都必须有文化特色和文化品位。

管理理念 当代企业文化要求企业的厂长、经理,要从过去的管理者、控制者、监工、法官的角色地位,转向循循善诱的老师、优秀的教导员、伯乐、热心的朋友等角色地位,从管理向引导过渡。这一方面是因为现代职工的文化教育水平普遍提高,另一方面由于职工对自尊、他尊、荣誉感、地位感的需求。

许多企业推崇以人为本的现代人力资源管理。人力资源管理已经成为企业经理人员一个非常热门的话题,许多企业中的高层人士都在想方设法借助于人力资源管理来提高本企业的经营绩效。人力资源管理作为企业管理一个重要组成部分,它和人的因素结合在一起,企业高层的管理观念在这种管理中有重要的作用。专家认为,过去的人事管理强调的是如何使员工为企业的目标服务,却极少关心员工的身心需要;而人力资源管理在强调员工服务于企业目标的同时,也同样关注员工方面的反应,保障员工身心的健康发展,让他们在服务企业贡献社会的同时也有机会实现自己的事业理想;努力消除员工阶层与管理阶层合作的障碍,提高普通员工的工作生活质量。

企业家素质 随着企业文化与企业管理日益受到重视,市场竞争趋热,企业家的素质问题的讨论也就十分热烈。

有专家认为企业家的素质是指一个企业家必须具备的条件在质量上的综合。它是在先天心理生理的基础上,通过后天的学习、教育和锻炼而逐渐形成的、在其领导工作中经常起作用的那些内在要素,是政治、思想、道德、品格、个性、气质、知识、情操、能力、体质等诸要素的综合体现。研究评价和培育企业家的素质必须首先要认识和建立企业家应具备的素质结构与内容体系。无论欧美式的企业家素质,还是日本式的企业家素质,都值得学习和借鉴。结合中国的国情,中国式企业家应具备以下若干方面的素质:(1)政治思想素质。表现为政治上要坚定,认真贯彻党的路线、方针和政策,维护国家的利益,有良好的思想作风和工作作风,不以权谋私,品德高尚。(2)道德情操素质。优秀的职业道德和工作风格是企业家发挥知识才能作用的主要保证。(3)个性、气质修养。具有远大的志向,坚定的信念,强烈的事业心和责任感,果断的作风,诚实、公正、以身作则的品格等等。其中又以志气、毅力与事业心最为重要。(4)知识素质。企业家应具备较高的现代化的经济、技术知识,眼光开阔,思路敏捷,敢于吸收国内外先进技术和成功的管理经验。(5)竞争素质。企业家的竞争素质是企业家的创造能力的体现。(6)能力素质。要掌握管理企业的多方面能力和技能,如决策能力,思维能力,分析能力,组织指挥能力,协调能力,用人能力及自制能力等;文字技能、语言技能、外语技能和计算机操作等方面的技能。(7)心理素质。表现为兴趣、情趣、意志、风度、决断、魄力、性格、作风等因素,坚韧不拔、富于创新、敢于承担风险。在任何困境中,勇于开拓进取是企业家应具有的普遍心理素质。(8)身体素质。良好的身体素质是企业家成长和发展的物质基础,是企业家做好领导工作的最基本的条件。(9)社会活动素质。具有高超的社会活动与交往的素质,特别是精通与灵活应用公关、人际交往、礼仪等方面的技巧和方法。(10)善于利用外脑,重用专家的素质。具备以上现代企业家的素质,能使企业家成为事业的探险家、经营的战略家,脚踏实地的实干家,管理的艺术家、学术渊博的科学家、颇有风度的外交家。

民企管理 人们注意到中国民营企业在其发展的初级阶段,表现出个人专权和家族控制的特色,董事长兼总经理是普遍的老板身份,大部分企业投资者与经营者一体化。这种权力集中的家族式企业有利于在短时间内有效地完成原始积累的过程,但在资产达到一定规模后,如何避免家族化,进行二次创业,引进人才,管理革新,就成为影响和决定企业成败的重要问题。随着企业规模的扩大、技术的更新,产品的升级,尤其是随着市场竞争的日益激烈,许多民营企业开始有意识地强化生产过程管理、质量管理和人才管理。一些民营企业迅速崛起、迅速发展而又快速死亡的现象,引起关注。民营企业必须从家庭式的管理移向现代企业管理。

民营企业一定要根据自己的实际情况来制定制度,可以借鉴国外目前流行的管理方法和管理制度,也可以借鉴国企的一些切实可行、行之有效的管理制度。企业规模扩大后,人员整体素质跟不上,经营管理人员和科技人员的素质开始制约企业的进一步发展。企业家谈到,人才问题的根本,一是企业如何凝聚人才,二是企业凝聚什么样的人才。

与建立和完善企业管理制度、凝聚人才联系在一起的是企业的产权制度。诞生于温州市的正泰集团原名乐清求精开关厂,创办之初几位主要的投资者都是亲戚和朋友;1991 年开始大胆推行公司制,与美商合资成立正泰电器有限公司,同时兼并、组合一些企业于 1994 年成立企业集团,1995 年成立全国性无区域集团,1996 年开始建立较大规模的股份制公司。形成了三会(董事会、监事会、股东会)制衡、三权(所有权、经营权、监督权)分立的法人治理机制;选贤任能,将一大批非家族、非股东人员推上企业各级领导岗位;建立各种规章制度,并出台了激励科技进步的 16 条措施,重奖科技人员,吸纳有突出贡献的外来员工为股东。民营企业打破家族式的管理体制,改革企业产权制度,让外来人才参与经营管理,适度分离经营权与所有权,使原属家族的企业逐渐变成公众的、社会的企业,成为投资者、经营者和全体员工的"利益共同体",以求随着企业规模的扩大与市场竞争的加剧而永葆活力,长盛不衰。

2000 年 9 月,全国工商联发出通知,要求各省、自治区、直辖市工商联积极推动民营企业文化建设,并开展民营企业文化建设经验交流活动。

研讨活动 一个备受瞩目的全国企业文化建设高层研讨会,于 1999 年 7 月中旬在山东烟台举行,来自香港、浙江、广西等省区 40 余家企业代表聚集一堂,研讨知识经济浪潮及企业文化的重塑与创新等问题。山东省企业文化先进单位张裕公司作为业界典型,结合自身做法作了重点发言。酒业张裕逾百年历史而历久不衰,与充分重视企业文化建设不无关系。近年该公司一手抓产品与市场,一手着力抓企业文化建设,两手并重,推动了企业全面发展。加大企业文化建设力度,不但激发了员工的积极性与创造力,增强了企业的凝聚力,而且借助百年积淀的原有文化,通过形式各样的文化宣传塑造了企业良好的形象,提高了产品的市场竞争力,从而使这个百年老牌在知识经济的新形势下仍能阔步前进。

北京途锦企业管理研究所于 9 月中旬在京举办'99培训研讨会。出席研讨会的有国家经贸委培训中心、北京大学、清华大学、中国人民大学经济学院、管理学院的领导与教授,企业、科研单位的专家学者。会议就工商管理培训的市场需求、组织师资、课程与教学方式等诸多方面的问题交换了意见,交流了经验。北京途锦企业管理研究所是致力于企业管理理论研究和为企业家提供培训的高层次专业机构,与多家高等院校及研究机构合作,有 3 500 家左右的跨国公司、三资企业、国有企业、集体及民营等大中型企业的领导人参加过这个研究所举办的培训班学习。

由中国企业联合会与世界经济论坛共同举办的 2000 年中国企业高峰会,于这年 4 月在北京举行。这次会议的主题为"中国日益显著的全球角色:影响力、机遇和挑战"。300 多位跨国公司领导人、国际财团及其他机构代表与中国具有代表性的企业家,讨论全球化与 WTO 对中国经济、企业及西部大开发的影响、信息产业如何改变中国、怎样运用 IT 改善企业的运作、资本市场在变化中的形式和作用等问题。同时就中国企业的国际合作与海外拓展、兼收并购与国企改革、电子商务以及互联网、保险和养老市场等一系列与会者比较关注的问题进行探讨。

(四)商标与品牌

商标是商品或服务的标志,好商标往往能带来好运气。人们注意到商标名称与企业名称的一致,如"太阳神"、"娃哈哈"、"科龙"、"长虹"等。商标名与企业名一致,有利于更好打出名气来,因为这样一来人们可以听到或看到商标就联想到企业,一谈起企业就会想到其商标。卷烟市场上有个响当当的名牌"红塔山",但它是哪个厂生产的,就未必有同样多的人知道;最近 3 年,为突出企业形象,组建了"云南玉溪红塔烟草(集团)有限公司",有评议说,改成"云南红塔山烟草(集团)有限公司",与"红塔山"牌一致,岂不更好。品牌是有市场销路,被消费者认可,业内人士看好、有市场竞争能力的商品。备受中国企业界关注的中国最有价值品牌 99 年度报告在青岛发布。这项研究是《中国质量万里行》杂志社和北京名牌资产评估事务所借鉴世界通行的品牌价值评价方式、结合中国市场竞争实际而进行的。这是 1995 年以来的第五个年度报告。红塔山以 423 亿元的品牌价值仍名列榜首;品牌价值 265 亿元的海尔首次在整体排名中升至第2位,在家电行业中列第一。长虹以260亿元居第三,五粮液、一汽和康佳分别以86亿元、79.08亿元和78.87亿元随其后。中国市场品牌格局已初步形成。

'99 中国最有价值品牌

(单位:亿元)

品牌	企业名称	品牌价值
红塔山	玉溪红塔烟草(集团)有限责任公司	423.00
海尔	海尔集团公司	265.00
长虹	四川长虹电子集团公司	260.00
五粮液	四川省宜宾五粮液酒厂	86.00
一汽	中国第一汽车集团公司	79.08
KONKA	康佳集团股份有限公司	78.87
联想	联想集团公司	76.82
TCL	TCL集团有限公司	75.56
科龙	广东科龙(容声)集团有限公司	59.16
999	三九企业集团	49.18
青岛	青岛啤酒股份有限公司	46.83
美的	广东美的集团股份有限公司	46.68
美菱	合肥美菱集团控股有限公司	41.16
小天鹅	无锡小天鹅股份有限公司	38.52
红旗	一汽轿车股份有限公司	35.01
燕京	北京燕京啤酒集团公司	31.86
古井贡	安徽古井贡酒股份有限公司	31.33
森达	江苏森达集团公司	28.42
鄂尔多斯	内蒙古鄂尔多斯羊绒制品股份有限公司	27.55
双汇	河南省漯河市双汇实业集团有限责任公司	25.18

说明:该成果是北京名牌资产评估事务所根据世界最有价值品牌评价所进行的一项品牌比较价值研究,不同于商标评估,不具备产权变动的法律效力。

1995年首次评价研究80个品牌,经过5年市场的优胜劣汰,市场迅速向最有价值品牌集中。这次评价的30个品牌,1994年平均销售收入24.36亿元,1998年达到52.62亿元,新创造的收入比1994年80个品牌还多60多亿元,平均每年增长29%。从销售收入净增加值看,近5年发展最快的品牌,依次是海尔、联想、TCL、长虹、康佳,主要集中在家电领域;从增长率这一相对指标看,则依次是森达、TCL、海尔、燕京、联想,包括家电、皮鞋、电脑、啤酒等更广泛的生活领域。围绕生活质量的提高,在更广泛的生活消费品领域名牌将有新的增长空间。'99品牌研究共涉及10大行业领域、26种门类产品,基本集中了各行业的排头。研究认为,90年代初人们所熟悉的大都是外国品牌,在相当领域是外国品牌主领风骚,主要原因是那时国产品牌还没有形成规模,对市场的影响力还很有限;但今天在众多的消费品领域里,国产品牌已经占据了相当优势。以洗衣机、家用空调和电冰箱为例,国产品牌前3位的市场份额均达到了80%以上。研究报告得出一个结论:在中国以规模扩张为特征的品牌竞争已告一段落,下一步企业规模扩张的速度可能放慢,新一轮竞争的侧重点将出现争取规模与效益的协调发展。

2000年3月,国家工商局商标局公布了《维护商标专用权企业联系点制度》。商标局将每年召开1~2次全国维护商标专用权企业联系工作会议,沟通商标执法情况及有关信息,加强对企业维护商标专用权的指导。并确定了北京红星酿酒集团公司("红星"白酒)、上海三枪集团有限公司("三枪"内衣)、广东健力宝集团有限公司("健力宝"饮料)、柳州两面针服务有限公司("两面针"牙膏)等20家企业作为商标执法工作联系单位,以便及时准确深入地了解企业保护商标专用权的情况,加强指导,促进商标行政执法工作。

(中国社会科学院　林振淦)

香港特区经济文化概况

面积:1 075 平方公里;人口:700 万;国民生产总值:1 617 亿美元,人均国民生产总值:23 520 美元(1999 年)①;货币汇率:1 美元=7.735 港元。

人文地理

香港包括香港岛、九龙及新界地区,位于中国大陆南部、珠江口以东,西与澳门遥遥相望,北与深圳经济特区比邻,距广州市 200 公里。

香港岛于 1842 年被英国占领,全岛面积 75.62 平方公里,是香港商业活动中心和行政公署所在地。港岛地势陡峻,向南倾斜,太平山高 551 米,是全岛最高峰。北岸与九龙半岛相对,维多利亚港在港岛与九龙市区之间,面积 6 000 公顷,海港阔度 1.6～9.6 公里,吃水 12 米,远洋船舶可自由进出,同时停泊 150 艘巨轮,是世界最优良港口之一,也是最繁忙最高效的海港。

港岛对岸的九龙,在界限街以南大陆部分,是南九龙半岛,连同西面的小岛,面积 10.62 平方公里,这块地方于 1860 年 10 月被英国占领。九龙的尖沙咀、油麻地和旺角是香港工商活动另一中心。港岛与九龙之间,过去依靠轮渡沟通,海底隧道与地铁通车后,两地已连成一体。

九龙界限街以北到深圳河以南称北九龙,英租借后称为新界,是香港地区面积最大的部分,连同附近的 235 个小岛屿,总面积达 959.3 平方公里,约占香港总面积的 92%。新界是 1898 年 6 月被英国强租去的,租期 99 年。新界丘陵起伏,是全区地势最高的地方。新界居民过去以农业为主,随着经济发展,出现了许多新市镇。

香港虽处热带,但又与热带地区不同,一年四季分明,雨量充沛,四季花香,春湿多雾、夏热多雨、秋日晴和、冬微干冷。香港地区的大部是山区,丘陵起伏,大多是从东北向南延伸。这里没有大的河流和湖泊,加上地下水源有限,随着经济发展,人口增多,饮水是个长期不易解决的难题,直到 1960 年,突破以往筑塘蓄水办法,从深圳引东江水供港,才使淡水供应有了可靠保证。

香港从 100 多年前一个仅有数千渔民的渔港小村,发展为今天拥有 700 万人口的现代化都市,其人口多数是不同时期以不同条件与方式由内地迁入,因而这里的居民语言文化和社会习俗与内地一脉相传。目前这里是世界人口最稠密的地区之一,占全港面积 16.5%的港九市区,每平方公里人口密度达 2.6 万人。近年来人口分布状况变化较大,1962～1992 年,30 年间新界人口已由 50 万上升为 257 万。香港人口年龄结构较轻,但近年已出现微弱老化趋势。1971～1981 年间,大量移民入境,劳动人口年增率达 4.5%,但近 10 年间,移民入境相对减少,加上出生率下降,劳动人口增势趋缓,随着经济发展,劳动力短缺现象日益严重。

经济发展简况

第二次世界大战后,香港经济取得举世瞩目的成就。1950～1991 年间,本地产值由 31.5 亿港元增加为 6 330 亿港元,41 年增长了 200 倍,年递增率达 13.8%。同一期间,对外贸易总额由 75 亿港元增加到15 448亿港元,增长了 205 倍,年递增率达 13.9%。40 多年来,香港经济发展经历了经济恢复时期(1947～1952 年)、工业化时期(1952～1970 年)、经济多元化时期(1970～1982 年)和经济稳定增长时期(1982 年至今)等阶段。

进入 80 年代,受 80 年代初西方经济衰退的打击,步入相对低速结构调整期,但在内地经济迅速增

① 世界银行《2000/2001 年世界发展报告》。

长的带动下，仍有多年达到双位数增长纪录。1979～1996年间，香港本地生产总值由1 118亿港元上升为11 999亿港元，增长9倍多；对外贸易总值由1 168亿港元上升为29 339亿港元，增长近25倍。① 经过20世纪末二三十年发展，香港经济转型已大致底定，已由轻工业向以服务业为主城市过渡，"无烟工业"成为经济主要支柱。到2000年底，香港外汇储备已突破1 000亿美元，超过台湾仅次于日本和中国内地，跃居世界第三。

国际贸易与金融中心的形成与确立

从70年代开始，香港在制造业结构变动与升级的同时，贸易、金融及其他服务业发展迅速，其经济多元化步伐大大加快，日益成长为亚太地区及国际贸易与金融中心。截至2000年末在港注册的海外公司地区总部(办事处)已逾3 000家，较上年增幅达20%以上②，显示国际资本看好香港经济前景。

国际贸易中心的形成 优越的地理位置，自由港的体制，加之近10多年来中国对外开放与东亚周边国家地区的经济振兴，促使着香港在转口贸易基础上迅速成长为亚太乃至世界重要贸易中心。

香港成长为国际贸易中心是与其对外贸易迅速扩大同步进行的，60年代转向加工贸易后，对外贸易发展迅速，年增长率从50年代的5%上升为13%。70年代高达19.3%，80年代更高达21.5%。1973年对外贸易额为100亿美元，而到2000年则高达4 142亿美元，在世界贸易中的地位从1959年的27位上升为1998年的第9位，按人平均计算其出口水平已高于美国、日本、西欧等发达国家和地区。

香港成长为国际贸易中心经历了转口贸易型向加工贸易型转变的过程。早在战前香港就是东方一大转口贸易港。1959年开始，香港以转口贸易为主的海岛型经济逐渐转向转口贸易与加工贸易并举，并以加工贸易为主的新兴工业出口地区，在长达20年时间里本地加工出口值一直占总出口的七成以上。然而80年代以后，随着产业升级与调整，大量出口加工业转移内地，在大陆对外开放的推动下，转口贸易发展迅速，1981～1995年间转口贸易在总出口中的比重由34.1%上升为83%。值得引起人们关注的是，近年来随着香港制造业向祖国大陆转移和大陆港口设施的完善，转口贸易增速趋缓，而港商将大陆或第三地产品付运到海外市场(即香港接单、第三地出口，包括经香港转运或直接付运)的离岸贸易增长迅速，1991～1997年间，离岸贸易与转口贸易之比，已由50%上升为85%。③

国际金融中心的形成 香港作为亚太地区主要国际金融中心的崛起，是伴随着70年代制造业的起飞和80年代经济转型发展的必然结果。基于经济结构调整及现代工业和经济发展的需要，香港当局于1978年开始，宣布中止不再增发银行牌照的禁令，积极推动香港作为地区性金融中心的扩展。以在香港安排组合的贷款额，外资和金融机构的规模考察，香港是仅次于伦敦和纽约的世界第三大国际金融中心，同时从集境内和离岸金融业务于牙台，香港和伦敦同是集成性的金融中心，即从处理国际金融业务层面考察，这里是实质的"功能中心"，而不是提供注册和记帐，以达到逃避税收的场所。其从事的国际金融业务，除传统的存贷、汇兑和财务咨询等一般银行业务外，众多的金融中介机构还积极参与各种类型的银行金融活动。总之，从各个层面看，这里作为国际金融中心的规模虽不及纽约、伦敦，但其功能齐备、服务多样。这里金融机构功能的发挥，境内境外不受任何限制，其金融业务从一开始就属于地区性、国际性的。作为地区和国际金融中心，主要表现在如下一些方面：

这里聚集了大批国际银行及其他金融机构，80年代以来的香港一直是除伦敦、纽约外，外国银行最多，世界第三银行中心。目前世界最大的100家银行中有82家在香港设有分行。

香港黄金市场久已蜚声世界，80年代以来，一直同伦敦、纽约及苏黎世并列世界四大黄金市场。

金融危机前，香港外汇交易量居世界第5位，

① 《人民日报》2001年1月19日第2版。
② 台湾《经济日报》1999年9月5日。
③ 台湾《经济日报》1999年9月5日。

1995年4月外汇日均交易量达910亿美元,每天有100多家国际性机构参与投资和投机,与东京、新加坡同为亚洲最大外汇市场。受金融危机影响,据国际清算银行调查,1998年香港外汇日平均交易量降为824亿美元,世界排名降至第7位。

香港证券市场居世界第6位。从70年代开始,特别是1986年4家证券交易所合并以来,发展迅速,目前香港共有上市公司622家,上市证券1 485种。1998年股票交易额达17 011亿港元,年末上市公司股票总市值达26 617亿港元,折合3 412亿美元,居世界第8位,亚洲第2位。

2000年香港经济强烈反弹

2000年香港经济呈现"外热内凉"特征:即,一方面,在外贸迅速扩张的带动下,经济创下多年未见的双位数高增长纪录;另一方面,内部需求依然不足,通货继续紧缩。

经济强烈反弹 2000年香港经济远超预料,一季增幅高达14.2%,二三季仍保持双位数增长,全年增幅高达10.5%,创13年来最高纪录,亦居东亚"四小"之首。究其缘由,主要得益于周边地区经济复苏和美国经济依然看好,外部需求强劲是香港经济高增长的重要支撑力量;同时,内部需求亦有所恢复,旅游收入增加,消费和投资亦有增长;大陆内地经济看好,也是重要的利好因素。

出口迅速扩张 出口迅速扩张是2000年香港经济强劲反弹的主因。2000年香港进出口额均超过2 000亿美元,进出口增幅分别为15.8%和18.3%,经济成长的动力主要来自出口需求、投资和私人消费的增长。

旅游蓬勃发展 2000年香港旅游业保持较高增速,全年游客突破1 300万人次,增幅达15%,超过历史最高年(1996)水平,其中韩国、新加坡和印度游客增幅最大。空运客货量亦大幅增长,旅客量达3 340万人次,货运量达224多万吨,增幅分别为9.8%和13.3%。[①] 游客增加带动了酒店入住率提高和收入增加,调查显示,1~8月酒店入住率高达82%,上半年旅游收入增幅达双位数。

楼市物业低迷 2000年香港楼市物业仍未走出低谷,是1997年来连续4年下跌。总体而言,楼市跌幅虽有所缩小,曾一度出现上涨行情,但楼宇及建设地产和发展商的毛利、土地及楼宇的转让费用均呈不稳定状态。特区政府预测,2000年楼宇及建设投资下降8.2%,地产发展商的毛利下降15%。专业机构估计,全年物业市场将下跌3~5%。

通货紧缩持续 2000年特区政府预测的全年本地生产总值平均物价指数和综合消费物价指数4次向下修正,实际情况是,通货紧缩持续,但幅度缩小。一季综合消费物价指数下跌5.2%,二季下跌4.5%,三季下跌2.8%。到年底,香港通货紧缩已持续25个月。主要源于房地产泡沫破灭、结构调整和内需不足所致。

"数码港"计划的实施

经过金融危机的洗礼,人们痛感到,香港作为一个国际金融中心和经济上相对独立的特别行政区,不能没有自己的制造业基础,不能没有一个实在的、工业的和高增值的制造业。世纪之交,香港开始启动第3次经济转型,拓展走向创新科技的新征程。香港制造业原先多属劳动密集型,近年来正逐渐向高增值的制造业和服务业转型,面对激烈的市场竞争,昔日以成本生产作竞争筹码的优势逐渐式微,必须增强以科技为基础的高增值产业的开发力度。香港特首董建华在1998年施政报告中,提出了加强香港资讯科技的发展,使"香港跻身于资讯科技发展的前列",成为"世界一流的电讯中心"等一系列目标。

在1999~2000年新的财政预算案中,财政司宣布了发展数码港的计划,将拨款50亿港元,成立科技发展基金,协助发展科技产业。数码港将成为香港推动科技产业发展的中心点,未来将以数码港为中心点,将科技创新扩散到一般产业。1999年3月,香港资讯科技基地——"数码港"的构想付诸实施,处于调整中的传统产业日感新科技浪潮的压力,纷纷推出有关投资计划,采取合资、合作、独资、收购重组等不同

① 《人民日报》2001年1月19日第2版。

策略，介入电讯互联网、电子商务等资讯科技领域。目下全球20多家资讯科技公司已同意租用数码港发展业务。以此为始点，不少世界著名的电脑资讯公司纷纷派员到港考察，科技股乘势而起。蓬勃的投资活动刺激着香港资讯科技产业的发展，有力地推动着香港经济转型和产业结构的调整，其中传统产业的科技创新及带来的经营和管理方式的转换，则成为香港新经济崛起进程中的新景观。

迪士尼乐园的兴建

1999年底特区政府与华特迪士尼公司达成协议，在香港大屿山竹篙湾新建全球第5个迪士尼乐园。该项世界级的旅游设施，将成为香港旅游业和社会的重要资产，巩固香港作为亚洲顶级国际都会的形象和地位，并为香港旅游业和整体经济的发展增添新的动力。迪士尼乐园协议的达成将给港府、迪士尼及香港各业界带来三赢的局面。乐园给香港带来的有形与无形收益具体突出反映在如下一些方面：

为香港旅游业的发展增添新的动力 迪士尼乐园的兴建是新世纪香港旅游业进一步发展的重大基础设施建设，为旅游业的发展注入新的强心剂。乐园的兴建将使新世纪香港以崭新的面貌吸引更多的外来游客，粗略估计，2005年开幕当年，乐园将吸引170万本地游客、220万原有游客和110万额外游客。预计2005年乐园开放后，每年来港游客将从目前的1 000万人次，增加到1 300万～1 400万人次，每年可望为香港带来100亿港元旅游收入。

为香港经济振兴带来新的商机 可以预期，迪士尼乐园重大基础设施建设的开展，将带动建筑业及相关产业的扩张；建成后旅游业的振兴，则将引发商业餐饮乃至金融服务业的关联效应，从而带来无限的商机，创造大量的就业机会。乐园协议的达成是海外商界对香港前景的信心体现，并将进一步刺激香港本地及外商的信心，有助于巩固香港的国际金融、航运、贸易、资讯和旅游中心的地位。同时，香港背靠大陆，乐园的兴建预计每年将吸引近百万的内地游客，有助于进一步加强香港与内地的经贸文化交流合作，推进粤港澳经济一体化的进程。

无形收益难以估量 所谓无形收益即乐园建设带来的无可量化的收益，诸如：*形象*，即，有助于加强香港作为充满活力的动感大都会的国际形象，尤其是有助于巩固香港作为亚洲及全球旅游中心的形象；*创新科技*，迪士尼公司创新科技享誉甚隆，它将在景点及表演节目方面，展现出最新最佳的科技成果；*生活质素*，它将为香港和游人提供优质的娱乐节目和休闲康乐设施，香港人的生活将变得更加多姿多彩；*质量与环保意识*，迪士尼以意念创新、营运卓越及令顾客宾至如归著称，其运作无疑将为香港服务业带来全新的标准，其所倡导的废物再造、能源节约等环保运作方式，以及废物和用水管理程序，亦为香港注入更多的全新环境理念。

教育事业

香港教育水准同工业发达国家相比并不算高，但是70年代以来，为适应经济发展和国际市场竞争角逐中的领先地位，教育日益成为推动经济发展的重要因素，教育事业日趋现代化与多样化。进入80年代，一个以9年义务教育为基础，大力推广工业教育、职业教育和发展高等教育的全面教育体系，逐渐取代过去旨在培养少数为殖民统治服务的精英教育。

从整体智力教育结构看，香港教育大致由公共教育、工业教育与训练及大专教育三个系统组成，教育的重点逐步从数量增长转向质量提高。进入90年代，为进一步发展大专教育，形成了以香港大学、香港中文大学、香港理工学院和香港科技大学为主导，其他大专学校为辅的高等教育体系，一个教育普及、机会均等的“学历社会”已逐步形成。

1978年9月开始，香港实施9年免费强迫普及教育，规定从1980年9月开始，年龄在6岁以上，15岁以下或未完成中三课程的学童，均须接受全日制初中教育，1981年全港中小学生占同龄儿童的87.496%，基本普及了小学及初中3年义务教育，在此基础上进一步加强工业教育与训练，培养具有大专程度的专业人才。

工业教育与职业训练在香港也有很大发展，而且有不断加强的趋势。香港的中小学及大专学校分别由教育署、大学及理工教育资助委员会负责财政拨款，但有关各项教育事宜由教育统筹委员会统一策划。香港的工业教育则在该教委的指导下，由官方资助的职工训练局具体策划及管理，目前该局属下的工业学院（相当内地的高级技术专科学校),为青年人提供政府资助的工业教育,对象为中学5年毕业学生,分技工和技术员课程,其特点是理论学习与实际操作并重。

另外,政府还开设学徒训练计划,凡是14~18岁的学徒,如在42个指定行业中任职而又接受过完整学徒训练者,均需订学徒合约,并需参加3~4年学徒训练,这种多层次、多种形式的工业教育与职工训练体制,无疑对促进人力资源的开发,提供了必要条件。

社会文化及设施

香港在社会生活方式、思想文化、伦理道德以及经济价值观念诸方面,都具有东西方融合的特征。不过,从社会学角度考察,由于年龄层次、职业、阶层、教育及个人所得方面的差异,人们的文化倾向则不尽相同。

香港虽然在历史上曾经蒙受了100多年殖民统治,长期与祖国大陆社会生活脱节,西方资本主义及随之而来的西方物质文明填补了这一段文化历史真空。然而,这里毕竟是个华人社会,加上地域相邻,使得港人的文化根茎依然是在内地。这样,就使得香港人的一般文化观念形态,一方面在社会和物质观念上接近西方开放社会;而在伦理道德、文化观念、社会习俗等方面,则更与内地,特别是粤闽地区一脉相承。

随着经济发展,香港的传播媒介与文化艺术事业发展较快,而且日益具有国际化的特征。目前在香港注册登记的报纸有60多种,期刊杂志100多种,其中每周印行6天的英文报纸2家,5天的3家,中英对照的1家;每天出版的综合性中文报纸26家。此外还有晚报、影视报和日文报等数十家。

香港电视分别由享有专利权的香港电视广播有限公司及亚洲电视有限公司经营,这两家公司各自拥有中英文电视台两个,电视已成为香港市民主要传播娱乐工具之一。由于香港电讯事业发达、位置适中,近年来,不少国际电台、电视台、报刊、杂志及通讯社都以香港作为东南亚业务基地,合众社、美联社、法新社、路透社等120多家外国传媒机构都在这里设立总部或分社,使其成为亚太地区重要新闻集散中心。

市政局在现行政制体制下,既是政制的一个组成部分,又充当行政管理角色,除了负责为数万市民提供各种康乐文体活动设施外,还负责管理全港公共图书馆、博物馆、科学馆、艺术馆和文化中心。位于尖沙咀的香港文化中心,于1989年11月开幕,这里除建筑风格别致、地处海边、风景优美外,室内设有2 100个座位的音乐厅,两个分别有1 700个座位和500个座位的剧场。

医疗卫生与社会福利

原港英当局为配合社会经济发展,缓和舆论压力,重视改善居民的医疗卫生服务,积极扩充各种类型医疗保健机构的数量和注意提高医疗质量,增添设备,发展医学教育事业,使香港医疗卫生事业逐步走向现代化。目前香港的各种现代化医疗设备、住院病床、医生配备及基层卫生保健服务的医疗技术水平和各种工业职业病、精神病防治等,在亚洲各地中均属水平较高的地区之一。

香港医院分官办、官方补助和私人开办三种。1987年政府决定将官方医院及补助医院实行一体化管理,统一由法定的医院管理局管辖,1991年12月1日起正式接管所有公立医院。据1991年统计,香港规模较大、设备先进的官办医院和官方补助医院35家,政府属下诊所66家,连同私人医院共有病床2 500多张,平均10万居民有6.6个诊所,每1 000居民有病床4.4张,较美、日、西欧水平低,但高于马来西亚和新加坡。目前香港医生主要来自香港大学和香港中文大学医学院的毕业生,以西医为主,中医、中药事业较发达,是东南亚地区中药材重要集散地。

香港社会福利主要包括两大部分,一是由公共财政支持的福利开支,二是在政府鼓励支持下,私人机构开展的多种公益金筹款举办的社会福利事业。由政府公共开支支持的"社会保障制度",70年代初开始逐步推行,主要分公共援助制、社会保险制和企业劳资强行储蓄制。目前由社会福利署提供的社会保障计划,主要有公共援助计划、特别需要津贴计划、暴力及执法伤亡赔偿计划、交通意外伤亡援助计划及紧急救济计划。除了实施政府公布的"社会保障计划"外,还有300多家民间慈善福利团体也积极参与各项社会福利事业,资金主要来自各种大型筹款的积累。1990~1991年度的公益金超过1亿港元,主要是固定或临时用于医疗老人、服务伤残病人士、戒毒及防治艾滋病等特别资助。

(中国社科院亚太所 魏燕慎)

澳门特区经济文化概况

1999年12月20日澳门回归祖国,作为中国澳门特别行政区。

澳门位于东经113°31'～113°36'北纬22°06'～22°14'之间,地处中国东南部沿海珠江三角洲西岸。北与广东省珠海市拱北接壤,南接中国南海,西与珠海市湾仔隔海相望。澳门与中国内地、香港、台湾交通非常便利,其独特的地理位置,优越的区域环境,为经济发展和文化繁荣提供了良好的条件。

澳门从开埠至今约有460多年。1840年鸦片战争前,澳门是远东重要的经济贸易中心,16世纪80年代至17世纪三四十年代,澳门早期转口贸易型经济出现一个发展高峰,成为远东最重要的国际贸易港口。鸦片战争后,香港凭借天然绿水良港和自由港政策日渐崛起,替代了澳门国际商港的地位。1847年澳葡政府立法允许赌博合法化,博彩业发展成为澳门的主要行业,使澳门从一个国际商埠转变成娱乐博彩城市。澳门经济从20世纪60年代开始振兴,80年代经济起飞,90年代经济进入调整期。2000年"澳人治澳"顺利实施,社会治安已显著改善,澳门整体经济开始复苏,初步呈现稳定发展的势头。1999年底澳门居住人口总数约为43.8万人,国内生产总值492.1亿澳元;2000年经济增长率达到4%,扭转了4年的负增长局面。

澳门第一产业只有有限的渔业;第二产业主要是出口加工制造业,其中大多数是劳动密集型、规模小;第三产业是澳门的龙头产业,其中的旅游博彩业、金融服务业等占有重要地位,信息、科技、教育薄弱。进出口贸易和建筑业比较发达。

加工制造业 澳门在300多年前铜炮制造业和帆船制造业颇具盛名,近100多年间神香、炮竹、火柴等手工业因地制宜发展起来,产品远销东南亚及欧美各国。20世纪30年代,开始出现织造工业。60年代开始,大批港商到澳门投资,带动澳门成衣、纺织业的迅速发展,澳门产品的出口市场亦向欧洲和北美拓展。随着吸引港商和外商到澳门投资,澳门工业在70年代出现飞跃,制衣业和毛针织业迅速壮大,塑胶、电子、玩具、人造花、建筑材料等新工业兴起。80年代中期,澳门工业达到鼎盛,共有工厂2 700家,就业人员8万人,产值占全澳总产值的37%,成为澳门经济的第一大产业,是澳门外汇收入的主要来源,80年代末,随着内外经济环境的变化,澳门的工业竞争力下降,出口加工业增长停滞。进入90年代后,由于澳门旅游业和地产业的快速发展,澳门工业的增长速度逐渐下降,工业在澳门的国内生产总值中,约占20%左右。1998年,工厂总数下降到1 385家,就业人员4.16万人。2000年澳门制造业的就业人数约为3.9万人。近年澳门企业将部分工序及有关的生产转移到中国内地,而在本地发展技术含量高,产值高的高新技术和高产值的工业。

旅游博彩业 长期以来,澳门凭借着优越的地理位置、秀丽的自然风光、舒适宜人的气候和独特的中西结合与华洋杂处的文化史迹及市井风情,种类齐全、内容丰富的博彩旅游,人员和货币出入自由、方便快捷的管理制度,吸引着众多的海内外游客前来游览、观光、娱乐。从1992年起,旅游业的收入超过出口产值,就业人员也超过其他各行业。

受亚洲金融危机影响,1997年和1998年访澳游客连续两年下降,1999年有所恢复,但尚未达到1996年的水平。2000年来澳门的游客人数达到916万人次,创历史纪录,比上年增长23%。这年来澳旅客主要来自中国香港、中国内地和中国台湾省,分别占总数的54.1%、24.8%和14.3%,三地来澳人数分别为423万、165万和98万人,分别比上年增长17.1%、38.3%和33.1%。全年酒店住客数目比上年增长18.9%,房间入住率提高3.8个百分点。

博彩业是吸引大批游客到澳门的重要原因。博彩业在澳门已有150多年历史。19世纪中叶澳门赌博业合法化,但当时尚未有专营的赌场。20世纪30

年代以后,澳门的博采业改由政府与娱乐公司签定合约,实行专利经营,经营者向政府缴纳博彩税。1961年2月,葡萄牙海外部根据澳门当局的建议,批准在澳门正式开设博彩旅游业。1962年由香港何鸿燊、叶汉合组的何氏澳门旅游娱乐公司竞标成功,获得赌业管理权。此后30多年,澳门的博彩业一直由该公司实行高度垄断经营。澳门是世界著名赌城,号称"东方蒙地卡罗",博彩旅游与观光旅游的比例为7:3,目前澳门旅游博彩业已成为以博彩业为中心,包括浏览观光业、酒店业、饮食业、娱乐业以及旅运业、珠宝首饰业、古玩业等多元化的行业结构。

近年来,旅游博彩业在澳门本地生产总值中的比重逐年上升,到1997年已达45%,成为澳门经济的半壁河山。旅游博彩业还是澳门政府财政收入的主要来源,据统计,1993~1997年博彩税在直接税中所占比重一直高达75%以上,同期博彩税在政府一般收入中所占比重从45.1%上升到60.7%。2000年政府批给赌博专营权的直接税为54.678亿澳门元,占政府财政收入的60.2%。

进出口贸易 澳门是有名的自由港,只对少数消费品征收消费税,税率低于香港,商品出口免税,只对受巨额限制的部分商品征收1.2%的离岸手续费。转口贸易在对外贸易中占很大份额,工业制品95%以上外销。1999年澳门商品出口(包括转口)额175.8亿澳门元,商品进口额163亿澳门元,分别比上年增加了2.9%和4.5%,出口市场主要是美国及欧盟等发达国家,合计占出口总额的77.1%。向中国内地和香港出口分别占9%和6.8%。与1998年相比,向美国出口增加7.3%,向中国内地出口增幅达39.7%。进口商品主要来自中国内地、香港和欧盟,1999年所占份额分别为35.6%、18.1%和12.9%。

2000年澳门进出口贸易有较大的增长,进出口总额达到385亿澳门元,比上年增长13.6%,其中出口额达到204亿澳门元,比上年增长15.9%,进口额达到181亿澳门元,比上年增长11%,贸易盈余23亿澳门元,比上年增长78.4%。这年纺织品及成衣类的出口为168亿澳门元,比上年增长14.1%,占澳门出口总额的82.5%;非纺织品类的出口为35.8亿澳门元,比上年增长25.4%,仅占澳门出口总额的17.5%,其中占比重较大的是机器设备、零件类及鞋类,分别为8.9亿澳门元和6.4亿澳门元,各占出口总额的4.4%及3.1%。进口商品燃料及润滑油、消费品与原料、半成品分别比上年增长35.1%、22.5%和7.4%。

货币与金融业 澳门的货币、财务、保险及金融市场由澳门金融管理局负责监管,类似中央银行,致力于稳定澳门的金融体系,维持现行澳门元与港币挂钩的制度。目前,澳门没有黄金和外汇管制,资金自由出入。澳门元在1977年4月前与葡萄牙埃斯库多挂钩,之后与港元挂钩。澳门元与港币的兑换价是1.03澳门元兑1港币,汇率参考了美元兑港币的联系汇率。中国银行与大西洋银行共同发行货币,后者在1905~1995年期间是澳门唯一的发钞银行。澳门元的发行必须由百分之百的黄金、白银、外币等有价品作保证。澳门只有信用市场,黄金、外汇、股票、基金投资等业务大部通过香港市场操作。

2000年11月末澳门广义货币供量为893.86亿澳门元,比1999年同期减少0.5%。其中流通货币为16.87亿澳门元,增长3.2%;活期及储蓄存款190.68亿澳门元,减少0.1%;预先通知及定期存款686.31亿澳门元,减少0.6%。在货币币种方面,澳门元在货币供应量中所占的份额为26.7%,港元在货币供应量中仍占主导地位,占53.2%。外汇储备为262.5亿澳门元,折合32.7亿美元,比上年同期增长14.1%,除金融管理局外的其他金融机构对外净资产增长21.3%。

银行业和保险业在过去数量中保持平稳发展。目前澳门银行22家,其中9家为本地银行,其余为外来资本银行设在澳门的分行。澳门共有21家保险公司,其中3家为澳门公司,其余则来自8个国家及香港地区。澳门金融业的市场结构相对单一,没有包括同业折息的资金市场、外汇市场、黄金市场、证券市场等资本市场,仅有单一的信用市场,主要进行中短期资金存贷业务,整个金融业基本上是银行的一统天下,同时金融资产占本地生产总值的比率不高,人均存款率较低。澳门金融业在信贷资产投向上偏重于房地产业。

地产建筑业 澳门人口密度达到每平方公里5万多人,高居世界第一位。人多地少,使土地成为澳门十分紧缺而又宝贵的资源。从1987年起,澳门政府每年以公开拍卖的形式批出30多公倾土地,每次均以高出底价款数倍的价钱卖出。1993年后,澳门半岛基本上已无现成的土地供应,新的土地来源只能依靠填海造地和收购旧住宅区进行重建。

70年代后期,中国内地实行改革开放政策,内地人口及资金也慢慢流入澳门市场,随着外来人口不断增加,地产建筑业迅速崛起,一跃成为澳门经济的四大支柱之一。如今街头鳞次栉比的高楼大厦和风格多样的建筑就是澳门房地产业一度辉煌的标志。

80年代初,受西方国家经济增长缓慢,银行利息提高、香港房地产不景气的影响,澳门房地产业开始从高峰跌落,1984年进入低潮。80年代末90年代初,澳门地产建筑业再度兴旺,大量外资和内地资金涌入澳门,居民收入提高和希望置业保值,住宅需求大增,活跃了地产市场。最近七八年澳门经济放慢了脚步,加上东南亚金融危机影响,地产建筑业受冲击最大。

1999年澳门私人工程新建和扩建楼房面积继续下降,比上年减少31%,水泥消耗量下降18.4%,但进口的建筑材料除钢材和铝材、洁具外均大幅增加。2000年地产建筑业仍处于低潮,新建成楼宇总面积为370万平方米,比上年下跌44.6%。其中用于住宅楼宇面积为23万平方米,下跌25.2%;用于商业的楼宇面积为5万平方米,下跌57.4%。在不动产交易方面,在全年所订立的不动产买卖,及按揭贷款契约共134万宗,比上年增加3.1%;而所订立的契约余额共计72.9亿澳门元,较上年减少43.2%。

澳门楼宇空置的问题没有得到缓解。但地少人多的情况是决定澳门房地产市场的主要因素,当市场供求大致平衡时,房地产市场又会向新的高度发展。

文化教育和社会保障 澳门是一个具有悠久历史的自由港,独立的关税区,也是亚洲地区唯一具有400余年东西方文化交汇历史的城市,与欧盟及其他葡语、拉丁语国家之间有着广泛的传统联系。

澳门与中国内地的经济与文化紧密相联。1996~2000年,港澳地区与中国内地的文化交流项目共计2 503起,31 970人次。澳门回归祖国后,同内地的多领域合作进一步加强,优势互补、共同发展。澳门同胞积极支持北京申办奥运会,呼吁和推动海峡两岸按照"一国两制"方式实现统一。

1990年澳门有学前教育学生2.08万人,小学生3.49万人,中学生1.76万人,高等教育学生0.74万人。据1999年的临时性资料,上述各类学生人数分别为1.60万人、4.69万人、3.47万人、0.87万人。澳门的教育事业,特别是中等教育迅速发展。

据临时性资料,2000年澳门社会保障的供款单位有0.84万个,总发放援助次数为16.33万,总发放金额达2亿澳门元。

(中国社会科学院 林振淦)

台湾地区经济文化概况

面积:约36 000余平方公里;人口:约2 203.4万(2000年);国内生产总值:3 144亿美元(2000年),人均国内生产总值:14 216美元(2000年);"货币":新台币,汇率:1美元=32.992新台币(2000年)。

人文地理

台湾省位于中国大陆架东南缘的海洋上,由台湾本岛、澎湖群岛及其他大小附属86个岛屿组成。台湾省地形结构属山地型,海拔500米以上的高地占陆地面积的45%,大体分台东山地、台中丘陵、台西平原三部分,属热带亚热带气候,年平均气温摄氏22度,年降雨量在2 000毫米以上。

台湾省岛内物产资源比较优越,农林资源丰富,森林占全岛面积1/2,是世界樟脑主要产地。这里由于气候适中、雨量充沛,盛产稻米、甘蔗、茶叶和热带亚热带水果及鱼类。但矿产资源有限,特别是现代工业所需金属矿产与油气等十分贫乏。

全岛人口中汉族占绝大多数,高山族仅占百分之几,80年代以来,人口增长大大趋缓。

经济概述

60年代以前，台湾经济以农业为主。进入60年代后，随着出口加工业的发展，生产力布局发生了较大变化，形成如下几大工业区块：

以台北市为中心的北部工业区 包括台北县和基隆、桃园，是台湾最大的工业区，有工商企业10多万家，约占全岛工商企业总数的1/3，职工人数的一半，资产总值的3/4以上，以纺织、电子和机械工业为主。

以高雄市为中心的南北工业区 包括高雄县、台南县、台南市、屏东县及澎湖县等。该区工商企业为全岛的1/4和职工总数的1/5，及资产总值的1/10以上，以大型钢铁、造船和石油化工为主，是台湾主要重工业基地。

中部工业区 以台中市为中心，包括台中县、澎化县、南投县。工商企业约为全岛1/5，职工总数16%，资产总值1/10。

战后，台湾经济经历了恢复时期（1946～1952年）、稳定发展时期（1953～1960年）、经济"起飞"时期（1961～1973年）、经济调整时期（1974～1982年）和经济增长时期（1983年至今）五个阶段。经过40多年发展，经济取得长足进展，1952～1991年间，国民生产总值从16.79亿美元上升为1802.68亿美元，人均国民生产总值从137美元上升为8 815美元，年经济增长率为8.8%。人均收入与美国的差距由1951年的29倍，缩小为1990年的2.6倍。

目前，台湾省的国民经济结构已得到较大程度的改善，形成了以重工业为龙头，轻工业及其配套工业为主体的工业生产体系。1953～1996年间农业比重由38.3%降为5.5%，工业比重由17.7%上升为43.1%，服务业比重由44%上升为61.1%。制造业内部比例亦在优化，1952～1996年间，轻重工业的比例由75.2%与24.8%调整为32.3%与67.7%；① 若按技术密集程度划分，1986～1998年间，传统工业由40.4%降为22.5%，技术密集工业由24%上升为42.8%。②

进入90年代，受各种因素作用的影响，经济增长有所放缓，但基本保持6%上下的速率增长。1997年金融危机的影响未显现，经济增长率高达6.8%。1998年，在危机影响发展、外需不振的冲击下，增长率仅达4.57%，较上年滑落两个多百分点。1999年，在美国经济增长强劲和东亚周边复苏加快的带动下，台湾经济增幅亦开始加速，达5.67%。③ 1998年后，台湾经济进入新的转型期，在亚洲金融危机的猛烈冲击下，1998年经济增长率由上年的6.68%下滑至4.57%，1999和2000年分别反弹为5.67%和5.98%。

"外热内冷"依然是2000年台湾经济发展的主要特征。即：一方面，在两岸经贸关系快速发展的带动下，台湾对外出口呈现高速增长；另一方面，则由于岛内政局动荡、投资环境恶化，导致股市跌跌不休、民间投资不振、消费低迷，使在西方经济表现强劲、周边经济稳步回升的外部环境中逆势下滑。主要表现是：

下半年经济走低，形成强烈反差 2000年上半年在全球经济稳健、世界贸易扩张的背景下，台湾经济开始摆脱上年"9.21"地震的阴影，呈现较强发展势头，出口及民间投资和消费好于预期，第二季经济仍持续增长，但从第三季开始，景气急转直下，股市大幅下挫，投资及民间消费意愿转为低落，各有关机构纷纷调低全年增长预测。

外贸增长迅速，但呈下滑趋势 2000年，在两岸经贸关系快速发展的带动下，台湾对外出口呈现高速增长，使全年对外贸易有较好表现。其中出口和进口分别比上年增长22.0%及26.5%，为1989年以来最高增幅。但是，由于岛内政局动荡、投资环境恶化，对外出口增长率持续下降，至12月份出口和进口增长率仅分别为7.5%和2%，全年外贸顺差较上年减少25.4亿美元。

股市跌跌不休，银行坏帐增加 2000年12月20日台北股市加权指数第三度跌破5 000点，即从

① 台湾《经济日报》1997年3月16日。

② "中央社"台北1999年9月5日电。

③ 台湾《经济日报》2000年5月28日。

年初的10 000多点的高度下落一半，市值减少4.7万亿台币。导致民众财富大幅缩水，银行呆帐直线上升。台湾企业贷款大部以股票和房地产抵押，由于债务人无法偿债，抵押品价值又因股市跌落而缩水，造成的双重结果是企业因资金短缺无力还息而被银行断头，银行呆帐、坏帐则因此而大幅增加。

企业投资刹车，高新产业外移 据台湾“经济部”统计，1～10月新增民间投资较上年同期上升14%，而其中大部是在5月以前进行的，5月后情况逆转，企业投资明显刹车。与此同时，民间投资积极规划出走海外，1～9月对外投资增幅达22%。英业达、亿光电子、华昕电子、国基电子和威盛电子等知名企业纷纷增加对大陆的投资。

民间被迫“自救”，两岸经贸迅速升温 陈水扁上台后，坚持“戒急用忍”，对直接“三通”口是心非，致使民间企业被迫“自力救济”，台商大大加快投资大陆的步伐，到2000年底台湾八大电脑厂商均已在大陆设立生产据点。2000年两岸贸易总额达305.31亿美元，较上年增长30.1%；台商对大陆的协议投资金额为39.9亿美元，较上年增长16.5%，是近20年来又一次投资大陆高潮。

对外经济关系

对外贸易的扩展 对外贸易是台湾经济的重要组成部分。1949年，国民党当局败退台湾后，外贸成为台湾当局巩固统治台湾地区的重要经济手段。近50年来，台湾的外贸经过“停滞发展期”、“进口替代”、“出口扩张”、“第二次进口替代”及“自由贸易”等几个阶段，已基本形成了“进口——加工——出口”的运行模式，对外贸易在台经济中的地位与作用迅速上升，并成为带动整个经济增长的“火车头”，被视为台湾经济的“生命线”。但由于岛内经济内需市场狭小，自然资源较少，使得台湾经济对海外市场和技术的依赖程度较高。

台湾60年代初开始实行出口导向战略以来，对外贸易发展迅速。到70年代中期，对外贸易依存度已上升到GNP的70%以上。1976年开始，对外贸易一直保持顺差，并呈扩大趋势，1986～1990年间，连续五年出超处于120亿美元水平以上，1987年曾一度高达187亿美元。1981年进出口贸易额达440亿美元，开始跻身于世界20大贸易地的行列。1991年达1 390亿美元，升居第13位。1998年达2 154亿美元，较上年下降8.9%，是44年来最大跌幅，退居第14位。[①] 1999年对外贸易强劲反弹，全年出进口增幅分别达10%和5.8%，外贸出超突破百亿美元。

2000年，在上半年两岸经贸关系快速发展的带动下，台湾对外出口呈现高速增长，使全年对外贸易有较好表现。全年贸易额达到2 883.8亿美元，其中出口值1 483.7亿美元，进口值1 400.1亿美元，分别比上年大幅增长22.0%及26.5%，为1989年以来最高增幅。但是，由于岛内政局动荡、投资环境恶化、股汇市冲击及国际不利因素的影响，对外出口增长率持续下降，至12月份出口和进口增长率仅分别为7.5%和2%。受其影响，全年外贸顺差额下降为83.6亿美元，较上年减少25.4亿美元。

外贸地区结构 台湾地区的贸易伙伴虽很多，但贸易市场相对集中，20世纪80年代中期以前美国和日本一直是台最主要的贸易对象，特别是在90年代以前，对美日贸易约占台对外贸易的50%以上。80年代中期以后，受对美贸易的限制与改变外贸地区过于集中这一弊端的考虑，台开始开拓和分散对外贸易市场，因而对亚洲地区特别是香港的贸易明显增加。目前，台湾的170多个贸易伙伴中，主要集中于18个国家地区，其中又高度集中于美国、香港、日本三地，形成对少数国家地区的高度依赖。

2000年，台湾对外贸易地区结构是：(1)美国和香港仍为台湾的两大出口市场，也是出超的主要来源，对港出超高达300亿美元，远超过对美出超96.9亿美元。(2)欧盟国家跃居台湾第二大贸易伙伴和第二大进口地区。(3)对日本的出口表现最好，增长率高达39.6%，出口总额比重升至11.2%，首次超过东盟5国。然而由于从日进口基数高，对日入超仍创新高，贸易失衡加深。(4)对亚洲地区出口比重达51.7%，恢复到金融危机前的水平。

外贸商品结构

① 台湾《经济日报》1999年1月8日。

出口商品结构　台湾将出口商品划分为农产品、农产加工品(含渔畜产品)和工业品三大类。50年来，台湾出口商品结构出现了两次根本的转变。20世纪50年代，台湾在推行出口外向发展战略以前，农产品及农产加工品出口占出口总额中的比重几乎都在85%左右。60年代以后，工业产品出口迅速增加，在出口中所占的比重也逐渐增加。进入20世纪90年代，台湾出口产品已几乎完全以工业品为主。

台湾出口商品结构的另一次重大转变是在20世纪80年代中期。20世纪80年代中期后，由于台湾当局鼓励和扶植资本、技术密集型产业的发展，电子、电器产品取代了纺织品成为出口额最大的产品，重化工业产品在出口中所占的比重也开始迅速提升。台湾出口商品结构出现了由传统的劳动密集型产品向资本、技术含量较高的产品的质变。2000年，出口额最大的三类产品依次为电子业、资讯和通信业产品，重化工业产品占出口总额比重提高至71%。

进口商品结构　台湾资源匮乏，用于工业生产的绝大部分原材料、能源都需进口。台湾进口商品大致分为农工原料、资本设备和消费品三大类。近50年来，台湾的进口商品结构的变化呈现为如下几个特点：第一，农工原料在进口额中始终占据较大比重，农工原料在进口总额中所占比重大致为65%～75%之间；第二，资本设备进口呈现出由低到高、再由高到低的变化过程。第三，消费品在进口总额中所占比重长期在5%～8%的较低水准上，20世纪90年代以来因欲加入WTO，消费品进口有了较快的增长。

在对外贸易的商品构成方面，随着经济发展，发生了重大变化。60年代中期以前，农产品及农产加工品在出口中占绝大比重；随后，工业品的比重迅速上升，1952～1970年间，由8.1%上升为78.6%，1990年达95.5%。随着产业升级，在工业品的出口中，资本技术密集产品的比重迅速上升，其中高科技产品比重增长得更快，1990～1999年间由50.5%上升为53.8%。①

利用外资与对外投资

侨外资引进　60年代后，随着出口导向策略的推进及引进外资政策的制定，进入台湾的侨外资有较大增长。1970～1980年间，引进外资额由1.63亿美元上升为4.66亿美元，1989年达24.18亿美元高峰。80年代末以来，随着岛内投资环境恶化，外资引进处于不稳定增长期，1993年降至12.1亿美元低点。1994年，随着欧美景气回升，入岛外资出现1990年以来首次增长，较上年增34%，达16.3亿美元。1995年持续增长，达29.2亿美元。1996年略为下降②。1952～1997年间核准外资290亿美元，1997年引进外资43亿美元，较上年增长73%。1998年引进外资较上年下降近20%。

2000年核准的侨外资创历年新高，达76.8亿美元，较上年增79.8%。就地区而言，主要集中于中美洲的英国属地，占30.23%，其次是美国、新加坡、日本及英国，五地合占侨外资总额的83.4%。就业别看，以金融保险为主，占28.7%，其次是电信、电子制造、服务业及批发零售，合占侨外资总额的86%③。侨外资主要集中于股市、金融保险业、电信业、电子电器制造业等领域，尤其对岛内股市的投资，使台湾股市受国际影响程度加深。

对外投资　台湾对外投资是伴随着岛内经济的发展而出现、扩大，并逐渐成为对外经济关系中的重要方面，目前台已发展成为世界上重要的资本输出地区之一。

与吸引外资相较，台湾对外投资起步晚、规模小。进入80年代，随着外汇存底的增加与岛内投资环境的恶化，对外投资增长较快，1980年为3.03亿美元。1990～1995年间在15亿美元水平上下波动(不含对大陆投资部分)，1996年超过20亿美元。1998年达32.96亿美元，其中，受危机影响对东南亚的投资减少一半以上④。据台湾投审处统计，截至1999年6月，累计对亚洲地区投资为204.38亿美元，占累计对外

① 台湾《卓越》2000年8月号："大家来关心台湾产业走向"。
② 台湾《经济日报》1997年11月28日。
③ 台湾《经济日报》2001年1月31日。
④ 台湾《经济日报》1999年1月10日。

投资总数的60.19%[①]。2000年,由于岛内投资环境恶化,企业纷纷出走,岛内资金加速外流,对外投资总额达76亿美元(包括对祖国大陆投资)[②]。

从投资产业的种类上看,对外投资以制造业为主,80年代末以来,台海外投资金融保险业和服务业的金额及案件均迅速增加。从对外投资的地区来看,台对外投资主要集中在亚洲、美洲和欧洲。最多的是亚洲,其次是美洲,再次是欧洲,而对非洲、大洋洲的投资则十分有限。在对外投资的国家上,美国是台对外投资额最多的国家,其次是马来西亚、泰国。近年来,在台当局的大力推动下,台对欧洲的投资有了较快的发展,特别是金融保险业、服务业和贸易业的投资尤为突出。

科研开发

发展科学技术是台湾当局进行经济开发政策的重要组成部分,20世纪50年代以来台湾科技发展大体经历了以下三个发展阶段。

奠基期(1959~1968年) 20世纪50年代,台湾当局在经历了恶性通货膨胀后,稳定经济成为主要目标,无暇顾及科技的发展,科技水平基本处于"自然成长阶段"。

初步发展时期(1969~1980年) 20世纪60年代末至70年代,台湾工业的发展重点由轻工业转向重化工业,提高了对产业技术的要求。为此,1968年台湾当局颁布"十二年国家科学长期发展计划",在扩大研究基础、改进科学教育的同时,明确提出以开发实用型应用技术为科技发展的目标,进一步加强应用科学的研究,先后成立了工业技术研究院和"行政院"应用技术研究发展小组,并注重促进企业投资科技研究工作。

全面推动科技发展期(1980年至今) 20世纪80年代中期以后,台湾经济进入转型期,科技水平较低已成为推动产业升级和社会发展的主要障碍之一,台湾当局开始加大科技经费和人员的投入,制定一系列相应计划和发展政策,以实现将台湾建成"科技岛"的长期目标。台湾当局还从1986年起先后制定了"科技发展十年计划"、"科技发展四年计划"和"重点方案",确定科技发展的主攻目标是"兼顾短程的需要和制度的改进"。

面向新世纪,为迎接知识经济的挑战,台湾主要从以下一些方面着手,使台湾的科研开发进入全面发展与重点突破的新时期。

加大科技投入,为科技创新创造有利条件

据瑞士国际管理发展研究院资料,1992年台湾研究开发经费为30亿美元,落在日本和韩国之后,与发达国家相较仍有相当差距,80年代末,发达国家研发经费占GDP的比率在1.7~2.9%之间,而台湾仅为1.38%。1995年台湾达1.81%,而韩国和日本分别为1.83%和2.01%。为改变这一状况,台湾当局决定增加科技投入,计划2000年科研经费占GDP比率达2.5%,为2002年前达2.8%奠定基础。

积极培养与引进科技人才,构建支持科技发展的知识群体 1995年台湾的科学家和工程师达6.3万余人,仅及韩国的一半,其间世界级的著名科学家更是寥寥无几。面对科技人才严重短缺的窘境,台湾除从岛内加强人才培养与提高培养质量入手外,则面向海外广招贤士。重视推动国际科技交流,重视科技人才培养、延揽与奖励,包括遴选科技人员研究进修,加强专题科技教学,并设立研究奖励制度,鼓励科技人员进取。计划到2002年每万人口中科研人员数由1992年的23.3人提高到35人。

建立科学工业园区,推进科技创新和高新技术产业的发展 划定特定区域,建立科学工业园区,是70年代以来世界各地发展高新技术产业的重要举措。1980年12月15日,台湾第一座科学园区——新竹科学园区成立。新竹科学园区占地480公顷,另有100公顷待开发。新竹科技园自1980年成立以来,已进行了两次扩建,1983~2000年间,产值已由3亿新台币猛增为9 000亿新台币(约达250亿美元),目前正进行第三阶段开发,2003年以前进行第四阶段开发,未来10年计划园区整体产值将有新的飚升,计划在世界科技社群中占一席之地。目前入区公

① 台湾《经济日报》1999年12月26日。

② 台湾《经济日报》2001年1月31日。

司已由7家增至221家,从业员工达6.04万人[①],其中集成电路和电脑两大产业产值约占园区总产值90%,成为园区科技开发的主体,目前园区生产的鼠标和影像扫描器的产量居世界第一,网络卡和终端机产量居世界第二,个人电脑居世界第三,集成电路居世界第五。

为尽快发展高科技产业,第二个科学工业园区——台南科学工业园区也于1996年1月破土动工,占地680公顷。1997年7月8日正式挂牌。为配合进驻厂商的水、电、道路等基础设施需求,将原定两期共15年的计划一并开发,到2010年进驻厂商可达200多家,年产值可达9 000亿新台币。目前申请进驻的台商达40多家,美、日、英等海外厂商也有浓厚兴趣。

突出重点,大力推进四大尖端科技产业化

信息技术　1994年夏,台湾正式确立了"资讯基础建设计划"(NII),预定6年内完成。1994年8月15日,"NII计划专案推动小组"正式成立。近年,政府每年拨款200亿新台币推动信息高速公路建设,民间厂商也迅速行动,斥巨资掀起"全民上网运动"。

电子技术　电子技术是台湾"经济科技的生命力",1996年台湾的资讯工业产值为275亿美元,其中资讯硬件产值达242亿美元(不含海外),仅次于美、日居世界第三位。预计1999年资讯工业产值将达465亿美元。

生物技术　1995年9月,成立由产、学、研、官跨"部会"组成的"生物技术产业指导小组"。1994年2月,在花莲县兴建的第一座生物技术专业区,于1997年底竣工。1997年8月,提出《2005年生物技术工业产值概要》规划,按此计划2005年生物技术产值,将从1995年的130亿新台币提高到800亿新台币。

航天技术　台湾认为航天技术是集政治、经济和科技"强权的产业"。1991年10月,制定了《太空科技发展长程计划》,1997年10月进行了修订,确定了第二阶段航天技术的发展目标:建立自主的太空科技能力,持续推动太空科学研究,促进太空产业发展;参与国际合作,提高国际竞争力。由美国TRW公司研制的台湾"中华一号"科学实验卫星,经一年多组装整合和测试于1999年上半年发射升空。

加强国际合作,积极引进海外先进科技成果　为加强国际合作,引进海外先进科技成果。台湾主要通过在科技发达的国家和地区设立常驻机构,签订双边协定,与海外科技机构联合和合作,以及直接参与一些国家和地区的某项高科技开发计划等。如1984年,台湾"国科会"在美国的硅谷设立了代表处;1998年3月31日,台湾宣布决定参加日本的"Spring－8"同步辐射加速器研制计划,5年内兴建3条台湾专属的光速线。

人力资源开发利用与企业文化

台湾现行教育制度分为正规教育和技术职业教育两大体系,其中正规教育分为"国民教育"、高级中等教育和高等教育三个阶段,技术职业教育包括初等技术职业教育和高等技术职业教育两个阶段。在正规教育之外,还包括幼稚教育和社会教育。总的说来,台湾教育事业发展较快。1950年共有各级各类学校3 132所,在校学生103万。到1996年底,各级各类学校总数已达7 357所,6～12岁学龄儿童就学率达99.9%,初等教育的净在学率达99.31%,中等教育的净在学率达84.61%,高等教育的净在学率达25.61%,基本做到了普及初等、中等教育。教育事业的发展,推动了人口文化素质的大幅度提高。据1996年统计,在6岁以上的人口中,中小学学历者占58.86%,高中高职学历者占15.18%,专科以上学历者占15.32%,位居世界该项人口统计指标的前列。

近二三十年,台湾经济发展迅速,除其他有关因素外,主要得益于人力资源结构与素质的完善,适应着国民经济调整与升级的需要。具体而言,进入80年代,随着人口自然增长率的下降,体力好、经验丰富的30～49年龄段的青壮年比重上升,预计1981～1996年间将从39%上升为52.2%。并且随着教育发展与普及,90年代人口教育体系将进一步改善,高职及大专以上文化占15岁以上人口的比率提高较快,由1981年的23.8%上升为1990年的35.3%和1996年的41.3%,即接近15岁以上人口的半数。上述人口结构的变化,对增加专业技术与管理人才,促进经

① 《日本工业新闻》1997年11月7日～12日:"台湾的硅谷——新竹科学工业园区"。

济结构重组与升级起着积极作用。

在与人力资源开发相关的企业文化研究方面，台湾的管理学界和企业界把企业文化的研究归结为寻求中国式的管理模式，认为“即使在现代世界中，中国社会与中国人仍有着与众不同的特点，而这些特点则是传统旧文化与外来新文化相互调节与整合的结果”。因此，其研究的宗旨是创造与实行崭新的中国式管理。台湾交通大学教授曾化强的观点比较有代表性，他认为，中国式的管理“即中国精神的企业文化”，具有以下特征，即，中国式的管理是：中国式的现代化的、行之有效的管理，不断创造的管理，仁爱的管理，修己安人的管理，发展经营理念的管理。他指出，要达到管理的中国化，就必须使中国化与现代化相结合，一方面吸收外国的优点，另一方面使传统文化适合现代化。中国化的管理是“现行管理制度的自我创新”，对原有制度通过质与量的改进与创新，建立中国式的管理风格。近几年来，台湾企业文化的研究与开发取得了较大进展，但也表现出一些缺陷与不足。即，在企业文化的内容上，他们主张以儒家思想为中心，比较重视学习西方管理方法，而轻视其管理理论；在企业文化的研究上，尚停留在个案研究、典籍研究方面，创造性的研究较少。

医疗卫生与社会保障制度

40多年来，台当局致力于健全医疗服务体制，逐步形成了一套完善的医疗网，医疗卫生事业有了较快的发展。目前，台湾医疗卫生机构体系由“中央”、“省”（市）、“县”（市区）及“乡镇”等四级卫生单位组成。其中，“行政院卫生署”为最高卫生行政机关，负责指导、监督、协调台湾各级卫生机构的行政业务。此外还设有台湾“省政府”卫生处，台北市和高雄市卫生局，台湾省21个县市也分别设有卫生局。

到1997年底，台湾地区医疗院所及病床数分别为17 388家和119 447床，其中医院750家，计有106 510张病床，平均每一病床服务之人口数为182人，且每万人拥有病床张数54.94张。各种执业医事人员144 709人，平均每万人拥有执业医事人员66.55人。

除积极发展医疗设备、培养医疗人才、设立高水准的公立医院外，台湾还大力普及基层医疗保健机构，在乡镇普遍设置卫生所、保健站等，基本形成了一个健全的乡镇医疗网。同时，还大力发展医疗保险制度。1995年台实施“全民健康保险法”，将医疗保险的对象扩大至所有民众。到1997年底，台湾总计纳保人数达2 049万人，纳保率已达96.27%，六成以上为老年和儿童。全民健保除提供原公、劳保给付项目外，并开办了预防保健服务，扩大了重大伤病及慢性病的给付。目前使用重大伤病证明卡的民众约有36万余人，其中癌症患者最多。

与医疗事业的发展相适应，台在社会福利保障方面也有了一定的发展。目前，台湾正在进行中的主要社会保障制度包括失业救济与保险制度、老人年金制度、职工退休保障制度等等。

两岸经贸关系的发展

1978年以前，海峡两岸即或是通过第三地的间接经贸往来亦十分有限，1970～1978年间，经香港转口的累计贸易额仅1亿多美元，1978年后发展迅速，大致分三个阶段：

·试探性阶段（1979～1987年）。这一阶段经贸交流以贸易为主，台商到大陆投资人数少、规模小，一般属回收期短的行业。

·全面启动阶段（1988～1991年）。双方政策的调整，促使两岸经贸交流全面启动，两岸贸易大幅增长的同时（从27.2亿美元上升为57.9亿美元），出现台商投资大陆第一次高潮。

·加速发展阶段（1992年至今）。小平南巡讲话后，祖国大陆改革开放步伐加快。这一阶段两岸经贸交流出现以台商单向投资为主导特征，台商大企业成为进军大陆的主体，投资目的由转移生产基地变为占领消费市场，内销企业上升为42.7%，全部外销企业仅占14.6%。投资领域从制造业向农业、金融流通、高科技和基础设施扩展。两岸间的贸易亦稳定增长。从1992年的74.07亿美元，上升为2000年的305.31亿美元。

（一）两岸经贸关系发展特点

两岸间接贸易增长迅速，但仍有不少潜力

1979～1998年间，两岸贸易额由7000多万美元上升为225亿美元，基本呈逐年增长趋势；1979～1986年间，除1985年外每年都在10亿美元以下；1987～

1994年间，上升为两位数，从15亿美元上升为98亿美元；1995～1999年间，上升到三位数水平，由114亿美元上升为305.31亿美元。两岸贸易虽已达到相当规模，但依然只占双方贸易总额中的较小部分，即1/10以下，仍有不少发展余地。

两岸贸易顺差增长迅速 两岸间的贸易顺差，由1980～1986年的一位数，上升为1987～1995年的两位数，和1996～2000年的三位数，对台湾经济的发展起着重要的支撑作用。

台商对大陆的投资起步晚，但增长迅速 1988～2000年间，协议投资额由6亿美元上升为460亿美元，累计实际投资由0.22亿美元上升为400亿美元以上。[①]

依然处于台商单向投资的不平衡状态 目下台商对大陆的协议投资额，已占台湾对外投资总额的40%，为台湾产业转移与升级创造有利条件；而在大陆引进的外来投资中，台资虽已占一定份额，但比例依然有限。

2000年，在两岸各自总体外贸扩张和台商对祖国大陆投资大幅增长带动下，海峡两岸贸易出现高速增长。依据祖国大陆外经贸部统计，2000年祖国大陆对台出口金额为50.37亿美元，从台进口金额为254.94亿美元，分别较上年增长22.7%与30.6%；两岸贸易总额达305.31亿美元，较上年增长30.1%。到2000年底，两岸贸易总额累计达1 909亿美元。

与此同时，随着祖国大陆加入WTO、西部开发战略的提出以及岛内政局、经济投资环境的变化，台商不顾台当局的政策限制，纷纷西进祖国大陆，再度出现台商赴祖国大陆投资的新高潮。依据祖国大陆统计，2000年台商投资项目与协议台资金额分别为3 082个与39.9亿美元，分别较上年增长22.2%与16.5%，累计实际投资达400亿美元以上。另外，台商投资规模也相应扩大，千万美元以上的项目普遍化，上亿或10亿美元以上的投资项目明显增多。同年度，高科技产业成为台商对祖国大陆投资的主体。前10个月，以高科技产业为主体的电子电器类产业投资额占台商对祖国大陆投资总额的55%。

此外，台商融资与两岸金融保险业合作出现了新进展。在祖国大陆银行资金宽松与地方积极吸引和支持台商投资的情况下，台商在大陆融资贷款情况得到明显改善，并出现了一些新的融资方式。

(二)两岸通邮、通航

1978年底，中国共产党和中国政府确立以和平的方式实现两岸统一的大政方针时，即提出在祖国和平统一之前，先实现两岸通邮、通航、通商的政策，实现两岸“直接三通”是中国共产党和中国政府一以贯之的政策。但是台湾当局一直拒绝两岸直接“三通”。然而，“三通”得到了两岸同胞的拥护与支持。近20多年来，两岸在“三通”方面仍取得了局部的进展。

两岸通邮、通电 1979年2月，祖国大陆邮电部门率先经第三地向台湾开办了邮政和电信业务。1988年3月，台湾当局宣布台湾民众可以经过台湾红十字会组织向大陆寄送信件。1993年4月，海峡两岸关系协会与台海峡两岸交流基金会签署了《两岸挂号函件查询、补偿事宜协议》。1996年，两岸电信部门还就建立直达电路问题达成共识，并完成了卫星电路的测试工作。1998年8月，台与新加坡合作的“中新一号”通信卫星发射成功，台有关部门认定“中新一号”为两岸以外的地区，并开放中华电信公司通过该卫星经营两岸卫星通信直播业务，为两岸邮电业进入实质直通阶段创造了条件。

两岸海上通航 1979年8月，大陆各大港口便开始接待台湾船舶，并为台湾渔民提供便利条件。1996年8月20日，祖国大陆交通部公布了《台湾海峡两岸间航运管理办法》；次日，外经贸部公布了《关于台湾海峡两岸间货物运输代理业管理办法》。这两部法规体现了大陆方面促进两岸直接“三通”的诚意以及“一个中国、双向直航、互惠互利”的原则，受到台工商界的普遍欢迎。1997年初，两岸有关团体又就两岸试点海上直航进行商谈并达成共识，同年4月开始两岸顺利实现了福州港、厦门港与台湾高雄港间的局部试点直航。1998年2月，两岸航运部门就两岸航运与交流合作达成“双向同步、互动互惠”的共识；3月8日，台湾方面核准的祖国大陆上海锦江航运公司的“通顺轮”经石垣岛抵达基隆，实现了两岸班轮经第三地湾靠即可原船载货往返台湾和祖国大陆港口的航

① 台湾《经济日报》2001年6月25日。

行。2000年,在岛内各界压力下,台当局通过自2001年开始实施金门—厦门、马祖—福州的客货直航和开放两地间的货物贸易等措施,即所谓"小三通"。

两岸航空运输 1981年10月,中国民航总局作出了两岸空中通航的决定,并采取措施积极推动早日实现两岸空中直航。1990年两岸航空业者开始接触与交往。1995年8月,两岸航空公司作出了台湾旅客赴大陆时仍在第三地经转、但行李直挂和一票到底的安排,并建立了票务结算关系。同月,澳门航空公司与台湾有关方面达成通航协议,台方同意澳航班机经澳门换航班号、不换班机、一机到底的方式飞行两岸。1996年8月起,港龙航空公司飞行两岸也可采取此办法。1998年,海峡两岸经香港与澳门的"行李直挂,一机两岸,一票到底"的空运方式有了进一步的发展。年内,由澳门航空公司负责经营的由台北经澳门到郑州、宁波、三亚与海口等"一机两岸,一票到底"的航线先后开通,到年底前已有北京、厦门、南京、重庆、郑州、上海、福州、宁波、武汉、三亚与海口等11个城市实现了台湾—澳门—祖国大陆的空中"准直航"。

(中国社科院亚太所 魏燕慎)

韩国经济文化概况

经济概况及其特点

韩国幅员狭小,自然资源贫乏,但由于政府对经济发展实行强有力的指导,在过去30多年里,确立并不断发展以"政府主导"和"出口导向"为核心的"韩国模式",使韩国经济取得了为世人瞩目的好成绩,创造出"汉江奇迹",跻身亚洲"四小龙"之列。

1962～1986年,韩国执行了5个经济开发五年计划,其间,除1980年出现经济负增长外,一直保持了较高的经济增长速度。在1987～1991年的第6个经济开发五年计划期间,经济仍取得了年均9.74%的高速增长。第7个经济开发五年计划(1992～1996年)经济年均增长率有所下降,但1996年增长率仍高达7.7%。1997年在亚洲金融风暴冲击下,经济增长有所减退,为4.9%,1998年经济出现负增长,为-6.2%。韩国的国民生产总值由1961年的21亿美元增加到1996年的4 870亿美元,人均达10 763美元。韩国拥有良好的经济基础,有开放的贸易及投资体系,较高的教育水平,良好的基础设施。但自1997年8月开始,金融危机席卷了整个韩国,韩元大幅贬值,股指深幅下跌,致使韩国经济一片混乱。曾经创造出经济奇迹的"韩国模式"也在金融危机中暴露出固有的弊病,主要是政府的垄断性和企业的依赖性。受金融危机影响,韩国经济各项指标都有所缩减。1997年GNP为9 511美元,1998年为6 321美元,比1997年下降33.5%。韩国在全球国际竞争力排行榜中,1997年排行第35位,1998年下降到第38位。韩国的投资率1996年为38.2%,1997年为35%。韩国一直是个高储蓄率国家,1994～1997年分别为35.3%、36%、34.2%和34%。韩国的消费率1994～1997年分别为64.7%、64%、65.8%和66%。1998年韩国的私人消费开支下降了9.6%。

1999年以来,韩国经济形势开始好转,第1季度经济增长率达3.1%,成为亚洲金融危机后该地区率先走出经济谷底的国家。据2000年韩国中央银行报告的最新统计,1999年韩国GDP的增长率为10.7%。1999年韩国工业增长率由1998年的-8.6%转为9.7%;通货膨胀率较1998年有大幅下降,达到金融危机爆发前的1996年的水平;失业率也由1999年初的6.8%降到年末的5.9%。外贸和外资也出现良好局面。1999年出口大幅增长9%以上,外贸出现盈余。截至1999年12月,净外资流入达到152亿美元,同比增长8.5%。外汇储备由1998年末的485.1亿美元迅速增加到1999年12月的740.5亿美元,创下历史新高。2000年上半年韩国经济增长了11.1%;经过季节性调整的失业率由6月份的3.8%下降至7月份的3.7%,为1997年12月以来的最低数字。

2000年4月韩国出口较上年同期增长了18.2%,达到135.9亿美元;进口猛增46.6%,达133.4亿美元。但韩国对外投资金额增幅不大,主要是由于韩国大企业集团尚处于结构调整过程中,没有力量对海外进行新的投资,目前对外投资的主体是中小企业。据韩国央行统计,至2000年3月15日,韩国的外汇储备额已达811.8亿美元,比2月份增长了14.5亿美元,比1999年末的740.5亿美元有较大增长。在韩国的宏观经济充满活力的同时,微观经济却十分脆弱,这表明韩国并未彻底摆脱危机。为了克服经济复苏中出现的困难,韩国先后两次清理不良企业。第一次是在1998年6月,韩政府以企业负债比例为主要标准,强令55家企业退出市场。第二次是在2000年11月3日,韩政府和债权银行清理了52家资不抵债、扭亏无望的企业,勒令其或关闭、或接受法庭管理、或出售、或被兼并。清理不良企业的措施是韩国继续推进经济改革的重要一环。

在亚洲"四小龙"中,韩国的产业结构是比较完善的。韩国仅用25年的时间,就实现了从农业国向工业国的转变。70年代韩国侧重于发展资本密集型工业,如重化工业、汽车工业等。韩国已建立起多元化的产业结构,既有劳动密集型的纺织、制鞋等轻工业,也有技术密集型的汽车、造船、电子等产业。韩国的主要支柱产业包括钢铁、机械、造船、纤维、电子、汽车等。韩国还十分重视发展高科技产业,制定并公布了"发展尖端产业五年计划"(1990～1994年),精选出微电子、电子机械、新材料、精密化学、仿生学、光学和航空等7种有发展前途的工业项目,给予优惠政策,多方支持,大力促进其优先发展。自80年代起,韩国政府在大幅增加科技投入的同时,采取有效措施鼓励并支持企业进行技术开发。金融危机爆发后,韩国政府加速进行产业结构调整,制定了《面向21世纪的产业政策方向及知识基础新产业发展方案》,加快发展计算机、半导体、生物技术、新材料、新能源、精细化工、航空航天等高新技术产业。

韩国工业较发达,但因资源贫乏,所以其市场对外依赖程度较高,主要进口原材料和机械设备,用以大力发展重化工业和出口。韩国市场以往对美国和日本的依赖很大,近年韩国正努力改变这种局面。据韩国方面的统计,韩国的进口来源正加快转向发展中国家。1993年,韩国从发展中国家进口的比重上升了33.7%。从韩国的进口商品变化趋势来看,成衣、鞋类、纺织品、钢铁等消费品和原料的来源地已从美国、日本、欧洲联盟等国转为中国和东南亚国家等。由于中国和东南亚国家的工业快速发展,其产品价格也具有竞争力,使得韩国从上述国家的进口迅速扩大。非耐用性消费品、谷物和原料从发展中国家进口的比重大幅上升。

对外贸易

规模 由于韩国资源贫乏,国内市场狭小,对外依赖程度较大,决定了对外贸易在韩国经济发展中的重要地位和作用。60年代以来,韩国在"贸易立国"方针的指引下,对外贸易取得了惊人的成绩,特别是商品贸易额急剧增长。进出口总额已由1962年的4.76亿美元猛增到1993年的1662亿美元,增长了349倍。其中出口额由5 480万美元增至1993年的824.51亿美元,增长1 504.6倍;进口额由4.212亿美元增至1993年的837.48亿美元,增长199倍。1997年韩国出口额1 362亿美元,比1996年增长5%,占世界出口额的2.5%,列世界出口贸易的第12位;1997年进口额1 446亿美元,比1996年下降4%,占世界进口额的2.6%,列世界进口贸易的第11位。1998年韩国进出口贸易总值居世界第13位。在金融危机前,韩国的进出口贸易均呈稳步增长态势。(见表1)

表1 韩国进出口贸易

(单位:亿美元)

年 份	1994年	1995年	1996年	1997年	1998年	1999年
出口额	960.13	1 250.58	1 297.15	1 361.67	1 323.13	1 447.45
进口额	1 023.48	1 351.19	1 503.39	1 446.16	932.82	1 197.50
进出口总额	1 983.61	2 601.77	2 800.54	2 807.83	2 255.95	2 644.95

资料来源:《国际金融统计》2000年7月。

1998年韩国出口出现自1958年韩国开始实现国家统计以来的首次下降，降至1 323亿美元，比上年减少了2.2%。尽管出口下降，但1998年韩国外贸顺差仍达创纪录的390亿美元，原因在于韩国国内需求疲软，进口锐减了35.4%，降至933亿美元。1999年韩国对外贸易大幅增加，出口为1447.45亿美元，较上年增长9.4%；进口为1197.50亿美元，较上年猛增28.37%。2000年上半年韩国外贸继续大幅增长，出口828.4亿美元，与1999年同比增长25.5%；进口785.94亿美元，同比增长44.7%。

进出口商品结构 韩国的出口商品中工业品占90%以上，其中电子和重化工业品占一半以上。该类产品在工业品出口中所占的比重自1982年首次超过轻纺工业品占50.8%，1988年占到54.2%，90年代以来继续保持所占比重的优势。随着韩国工业化程度的不断加强，农产品和石油矿产品在其出口中所占比重由1965年的35.6%下降至1995年的5.2%；而制成品出口在其出口中的份额由1965年的占59.4%上升至1995年的占93.4%。制成品出口中劳动密集型产品的比重由1975年的49.2%降至1995年的22.3%，并且这种下降趋势还在继续。目前，韩国的主要出口商品有：电子电器产品、纤维制品、钢铁制品、船舶、鞋类、汽车、计算机、化工产品、一般机械、水产品和塑料制品。1998年因金融危机的影响进一步扩散，世界市场普遍不振，致使韩国出口下降，出口商品中半导体、计算机和汽车的出口负增长尤其显著。但2000年韩国电子元件出口在国际市场需求旺盛的带动下增势强劲，至2000年8月末出口额已达168.7亿美元，占总出口额的15%。

韩国的进口商品中原材料和机器设备占90%左右，原材料居第1位；机械设备居第2位；其他依次为原油、消费品等。消费品主要是农产品和食品，只占8.5%左右。主要进口商品包括：机械和运输设备、矿物燃料(原油、煤炭及焦煤)、废钢铁、石油制品、木材、原棉、原毛、天然橡胶、电子零部件、金属矿砂、纸浆、粮食和糖等。

对外贸易地理分布 韩国几乎同世界上所有的国家和地区都有贸易关系，其中主要贸易伙伴是美国和日本。对美、日的贸易额一直占韩国进出口贸易的一半左右。中韩建交以来，双边贸易额迅速增长，目前中国已成为韩国第3大贸易伙伴。其他重要贸易对象还有香港地区、德国、英国、加拿大、澳大利亚、沙特阿拉伯、新加坡、印度尼西亚、中国台湾省、泰国等国家和地区。韩国的出口市场第一位是美国，第二位是日本。韩国从1987年开始推行市场多元化政策，将其出口市场逐渐移向西太平洋地区，扩大了对西欧、中东、东南亚等地区的出口，并积极开辟前苏联、东欧国家和中国市场。从占韩国总出口的份额来看，亚太市场比欧洲和拉美市场要重要得多。1995年韩国出口到亚太地区的份额占67.5%，而出口到欧共体(现欧盟)的份额则为12.3%。韩国进口商品的来源地第一位是日本，第二位是美国。韩国银行发表的报告指出，韩国自1989年起从发展中国家进口的比重大幅度上升，1986～1988年平均增长25.9%，1993年增幅达33.7%。

对外贸易政策与措施 韩国的外贸政策主要是鼓励出口，放宽进口。在鼓励出口方面，主要是国家为企业提供一切优惠条件扩大出口。包括：在金融税收等方面的全力支援扶植政策；建立出口工业基地和出口加工区；不断完善外贸管理制度和法律；不断调整出口产品结构；采取灵活政策开辟海外市场；在扩大进口的同时注意保护本国工业及其产品等。在放宽进口方面，主要实行进口自由化政策。为此而采取的措施是：放宽进口限制，简化进口手续和降低关税等。1980年以来，韩国一直为放宽进口限制做出不懈的努力，自动特许核准系统准予进口的商品项目大幅度增加，实际上现在所有的工业制品(99.5%)均可通过自动核准进口，1992年整个自由化的比率已高达98.1%，接近许多发达国家的水平。到目前为止，韩国进口自由化的比率已提高到98%以上，其余进口受限品也仅剩150种。韩国对外贸易遵循的法规依据于韩国《对外贸易法》。主要制度有贸易许可证、进出口代理商的注册、进出口批准程序及进出口公告等。

韩国的进口关税包括一般税率、临时税率和关贸总协定税率，也有优惠关税税率。韩国政府通过实施阶段关税减免，将关税从1988年的18%降至1993年的7%左右。涉及与外国投资项目有关的资本货物和原材料的进口不付进口关税。用于出口产品生产的原材料的进口也经常免除关税。用于计划工业项目中的某些机械、材料和零部件可以免除或减少关税。此外，对于不同的进口货物,有的要征收附加税或非直接税。

在非关税管制方面,韩国正努力放宽进口限制,逐步以进口登记制度代替进口许可证制度,即允许进口商在进口之后简单地登记货物。船运进口的药品、医疗仪器、卫生材料和化妆品等,必须有出口国的有关检验证明。进口家禽、猫、狗和其他宠物,要有出口国有关部门出具的检疫证明。所有植物和蔬菜产品的船运,要有健康和卫生证明。根据韩国船运法的规定,自1979年起,进出韩国的货船必须悬挂韩国国旗。

对外投资及吸收外资情况

韩国的资本流动量较大。韩国对外投资一方面是投向发展中国家,为了降低生产成本,以利于占领国际市场。另一方面是投向发达国家,为了获取先进技术。1996年韩国对外直接投资41.88亿美元,比1995年增长19%,占全球对外直接投资总流量的1.2%,居全球对外直接投资的第7位。2000年1～2月韩国对外投资呈现活跃态势,对外投资236项,金额为4.02亿美元,同比增长73.5%和1.8%。其中对亚洲的投资额占总额的68.4%,增幅较大。2000年下半年由于韩国国内经济形势不稳定,国内工业对海外直接投资的必要储备减少以及公司重组持续太久等因素的影响,2000年全年韩国对外直接投资为33.5亿美元,比1999年下降27.5%。2000年韩国在海外直接投资的项目为2 028个,比1999年增长64.7%。对海外直接投资的项目大幅增长的主要原因是韩国中小企业对海外投资有较大增长。

韩国在60年代转向实施外向型经济发展战略后,借助外资保持了高投资率,从而使经济得到高速增长。韩国在1962～1982年间经济平均增长率为8.2%,其中3.3%是靠外资实现的。但韩国长期以来为保护和发展民族工业,对外国直接投资基本上采取拒绝和排斥的政策,引进的主要是国外短期资金,导致外债高企,尤其巨额短期债务的积累,在金融风波中出现了国际债务偿还危机。韩国在金融危机发生后,对吸引海外直接投资采取了积极的政策。1998年韩国的外来直接投资为89亿美元,创历年来最高水平,占1962～1997年间全部外来直接投资(246亿美元)的36%。据韩国财政经济部统计,1999年外商对韩国直接投资共计2086项,外资金额155.4亿美元,分别比1998年增长49.0%和75.6%。1999年韩国吸收外商直接投资保持了月平均75%的高增长。2000年上半年韩国的外来直接投资增长强劲,成为促使韩国经济复苏的重要因素之一。2000年全年韩国吸收外商直接投资156.9亿美元,同比增长0.97%;外商在韩国新设立企业4 140家,同比增长98.46%。韩国的外商直接投资主要来源于欧盟、美国和日本。

与中国的贸易经济合作

中韩贸易自1979年通过间接贸易开始,到了80年代后半期,随着中国改革开放步伐的加快,中韩经贸往来开始频繁起来,韩国民间企业在中国建立和发展分公司,扩大了直接贸易。1992年8月,两国建交后,中韩贸易走上了健康发展的轨道,双边贸易发展迅猛,贸易额剧增。据中国海关统计,1993年中韩贸易总额88.2亿美元,至1996年已近200亿美元,达到199.9亿美元。1997年双边贸易大幅增长,总额达240.5亿美元。1998年受金融危机影响,双边贸易出现自两国建交以来的首次下降,总额为212.6亿美元,降幅达11.6%。其中中国对韩国出口62.7亿美元,从韩国进口为149.9亿美元。1999年随着中韩两国各自经济结构调整初见成效,经济均出现持续增长,带动双边贸易的扩大,两国贸易总额达250.4亿美元,比1998年增加17.7%,创两国贸易往来的最好水平。其中,中国对韩出口78.1亿美元,比上年增长24.9%;中国从韩进口172.3亿美元,同比增长14.7%(见表2)。2000年中韩贸易又创新高,贸易总额达345亿美元,比1999年增长37.8%。其中,中国对韩出口112.9亿美元,比上年增长44.6%;中国从韩进口232.1亿美元,同比增长34.7%。

表2 1995～1999年中韩贸易

年份	1995	1996	1997	1998	1999
进出口总值	169.8	199.9	240.5	212.6	250.4
对韩出口	66.9	75.1	91.2	62.7	78.1
由韩进口	102.9	124.8	149.3	149.9	172.3
中方逆差	36.0	49.7	58.1	87.2	94.2

资料来源:中国海关统计。

中韩贸易中,中方多年来处于贸易逆差状态。其主要原因在于:中国向韩国出口以初级产品或低技术含量、低附加值的劳动密集型工业制成品为主,如原材料、农矿产品、纺织服装、皮革等,即使中国向韩国出口一些电子产品,也多以零部件为主;而韩国向中国出口则以技术密集型和资金密集型工业制成品为主,如化工产品、电子通讯设备、机电产品等。目前双方进出口贸易主要集中在纺织原料及制品、机电音像设备及部件、贱金属及制品、矿产品和化工品这五大类商品上。

中韩建交以后,韩国在中国投资急速增长。韩国在华投资的项目数和协议投资金额由1992年的650个和4.2亿美元分别增至1996年的1 896个和43.55亿美元,分别增长了2.9倍和10.4倍。至1998年底,中国官方已批准韩国来华投资11 179项,协议金额148.37亿美元,实际使用75.62亿美元,居外商对华投资的第六位(按实际使用外资金额排序)。中国已成为韩国第一大投资对象国。1997年以前,韩国对华投资的整体规模每年都有所扩大。但1998年韩国企业对华直接投资项目仅为1 309项,实际投入资金为18.03亿美元,分别比上年减少25.3%和15.9%。据外经贸部统计,1999年韩国对华直接投资项目1 648项,比上年增加26.09%;合同外资金额15.37亿美元,实际投入外资金额14.49亿美元,与上年相比均有所下降。2000年韩国对华直接投资继续增长。据对外贸易经济部统计,2000年韩国企业对华投资新设立企业2 570家,比1999年增长55.95%;合同韩资金额23.7亿美元,同比增长54.3%;实际投入韩资金额15.1亿美元,同比增长3.98%。韩资企业在华主要投资于轻纺工业和食品工业,而且投资规模较小。

从长远看,中韩经贸合作前景广阔。中韩双方产品结构具有互补性,贸易发展有着坚实的基础。韩国资源贫乏,需要从中国进口大量农产品、煤炭和原材料,以解决韩国粮食、原材料等短缺问题;由于韩国工业化水平高,加工能力强,可向中国出口钢材、机械设备、电子、化工产品等。据分析预测,中国将成为韩国农产品的主要供应国。主要原因在于,中国农产品价格低廉,而且中国的大米与韩国米口味相似,在运输方面也具有省时等优势。目前,中国已取代美国而成为韩国玉米、芝麻的主要供货国,与美国、泰国的大米相竞争。韩国于1995年起开发14种基础农产品市场,其中有7种产品韩国的价格分别相当于中国产品价格的2~25倍,这为中国农产品进入韩国提供了更多的机遇。在消费品方面,由于中国许多生产企业引进外资和先进的生产技术,对产品的质量和外观有所改善,同时价格仍具有竞争力,因而有望进入韩国市场。据市场预测,中国的合资企业生产的自行车将进入韩国市场。韩国在中国投资的企业的产品对韩国的返销也将有所增加,如纺织品、电子产品和食品等。由于地理位置邻近,中韩各自可以发挥在资源、资金、技术、加工、管理等方面的优势,并可在科技等更为广泛的领域里建立面向未来的互补性的合作关系。中韩两国元首于1998年宣布建立面向21世纪的中韩合作伙伴关系,今后两国经贸合作的领域更加宽广。中国西部大开发为中韩经贸合作开辟了新天地。中国应吸引韩国企业增加对华高新技术产业、能源、交通、农业开发等领域的投资;随着新经济的迅猛发展,两国应加强技术领域的合作,大力发展技术贸易。

(对外经贸大学国际贸易研究所 高巍)

新加坡经济文化概况

经济

新加坡位于马来半岛,面积639平方公里,由新加坡岛和临近的54个海岛组成。新加 坡虽然国土面积小,自然资源匮乏,但因其地理位置得天独厚,所以自19世纪以来新加坡便逐步发展成东南亚地区的商业中心。新加坡约有300万人口,其中78%为华人,15%为马来人,7%为其他民族。

新加坡是亚洲"四小龙"之一,经济比较发达。60~70年代,新加坡经济年均增长率达9%。70~80年代仍保持同样高的增长率。1996、1997年经济增长率分别为7.5%和8%。新加坡经济在高速增长的同时,也保持了较低的通货膨胀率(见表1)。据新加坡贸工部发表的1998经济运行结果显示,受亚洲金融危机影响,1998年新加坡经济增长1.5%,大大低于1997年的8%的增长率。1998年国内生产总值1 412.16亿新元(约830.68亿美元),人均GDP 36 532新元(见表2)。与亚洲地区其他经济体相比,新加坡受亚洲金融危机冲击的程度相对要小。如:新加坡股票价格的下跌幅度较小。此外,资产价格虽大幅度下跌,但实际上早在亚洲金融危机爆发前,其大部分地产的价格就已经开始下跌,这表明新加坡政府已经采取了措施以缓和市场过热。由于新加坡政府长期以来一直采取谨慎的宏观经济政策和市场导向型的结构改革,制定了稳妥的经济发展基本原则,从而加强了本国承受金融危机冲击的能力。此外,新加坡还采取了一系列及时、灵活、定位准确的政策措施以应对亚洲金融危机。这些因素都有利于新加坡缓冲亚洲金融危机的恶性影响,并有助于新加坡较快实现经济复苏。由于新加坡积极制定鼓励投资的政策,并且成效显著,带动了新加坡经济的增长,1999年新加坡经济增长率达5.4%。亚洲开发银行2000年4月26日发表的最新年度报告指出,新加坡强健的机构体系和灵活的宏观经济管理帮助其迅速摆脱了亚洲金融危机的影响,但其社会及生产结构必须进一步改善,以保持其竞争力。2000年第一季度新加坡经济取得了9.2%的巨幅增长。2000年新加坡GDP增长达5.9%。

表1 新加坡经济增长与通货膨胀率

	1960～1970	1970～1980	1980～1990	1990～1998
经济增长	9.2	9.0	7.3	7.8
通货膨胀	1.2	6.5	2.2	2.0

资料来源:新加坡统计局。

表2 新加坡国内生产指数

	1996	1997	1998
国内生产总值(按当前市场价格)(亿新元)	1 289.735	1 412.619	1 412.162
人均国内生产总值(新元)	35 707	37 804	36 532

注:1998年数字为初步统计。

资料来源:新加坡统计局。

新加坡虽然缺少资源,但利用自身的地理位置和港口优势以及邻国廉价的资源,发展交通运输、电讯、炼油、金融、旅游等多元化经济,并较早地走上了发展高附加值、高科技产业的道路,在努力生产高档次的石化产品的同时,大力发展电子工业和微电子工业,很快成为电子计算机工业的先进国家。从1992年开始,新加坡又着手进行第4次经济结构转变,其经济策略是"经济区域化",在邻国的繁荣中发展本国经济,继续保持其经济竞争力的领先地位。1997年和1998年新加坡连续稳居全球国际竞争力排行榜的第2位。新加坡的金融和商业性服务部门的产值大约占其国内生产总值的31%,反映出该国长期促进经济发展的政策。亚洲金融危机爆发后,新加坡政府开始制定多种调整性改革和激励措施以促进投资基金管理业和债券市场的发展。

新加坡人均国民生产总值2.8万美元,在亚太地区仅次于日本居第2位。该国就业率较高,人民生活水平高,购买力强。由于新加坡地理位置特殊,处于东南亚海上交通十字路口,港口繁忙,加之花园式的岛国风光,吸引了世界各地的商旅客人,使得新加坡市场上不仅商品丰富,货源充足,而且购物的客源不断,促进了新加坡的市场繁荣。新加坡是高度文明的国家,消费水准也接近发达国家,因而对进口消费品和资本设备等商品的品质要求很严。另外,新加坡的华侨较多,偏好红、绿、蓝等色彩,禁忌黑、白、黄色。新加坡反对在商品上使用如来佛的形象,也禁止在商用标志上使用宗教词句或象征性标志。

科技教育

新加坡早在1990年就确立了科技立国的跨世纪发展战略。新加坡规划:到21世纪初期,每个新加坡公民都能熟练地掌握电脑基本知识,并能有效地利用多媒体技术与世界各国进行沟通和联系。同时,新加坡还将增加科技投入,使其交通运输、通讯等产业实现科技化。新加坡还具体制定了在商业领域、服务业、交通通讯、制造业、贸易和市民生活等方面实现电子信息化的目标,并为此启动了一项庞大的信息产业工程——国家信息基础设施工程(NII),计划于2005年之前建成全国性的光纤网络系统。此外,作为高科技事业直接管理者的新加坡科技局还努力推动科技研究与开发利用,积极支持分子与细胞生物、系统科技与信息产业研究等。新加坡在电脑软件方面的研究也保持了世界领先水平。

新加坡文化教育水平一直较高。据1990年的统计材料,新加坡10岁以上的人口中,识字率达90%,基本上达到了发达国家的水平。新加坡是个尊师重教的国度。新加坡政府不断增加教育投入,教育经费占历年财政支出的第一位,并以每年30%的速度增长。1991年教育经费占预算总开支的16.2%,高于美国和日本。新加坡重视基础教育,将基础教育由8年延长到10年。在基础教育中,不仅使学生打好文化基础,还注意培养他们的创造力和实际工作能力。新加坡在中小学电脑普及方面成绩突出。所有的中小学都已拥有电脑设备和师资。除正规的学校教育外,新加坡还有各类专业技术培训学校,在全国形成了多层次、多渠道的成人教育网络。新加坡对人才资源的投资和开发产生了巨大的经济效益,成为"人才立国"的成功楷模。

新加坡的语言主要有马来语、华语、泰米尔语和英语。英语是商业与政务用语。新加坡采用"双语教学",以英语作为第一语言,华语等其他母语作为第二语言。李光耀在担任新加坡总理期间曾倡导讲华语运动,希望通过少用英语来减少西方化的影响,以免使年轻一代丧失"亚洲人的基本价值观"。

新加坡还十分重视对国民基本文明素质的培养,在全社会倡导文明礼貌,并通过严格的法规约束不符合文明的行为,如对随地吐痰、随地吐口香糖等行为给予高额罚款。多年来,良好的教育和严格的制度使新加坡成为举世闻名的"花园城市"。

对外贸易

规模 新加坡是一个以贸易立国的国家,对外贸易是其经济的重要支柱之一。1992年新加坡出口贸易在国内生产总值中占174%,这一比重不仅高于亚洲另一个自由贸易港——香港(同期比重为144%),而且也居于世界各国之首。目前新加坡出口占国内生产总值的比重仍在150%以上。1997年新加坡出口总额1 250亿美元,进口总额1 324亿美元,在全球出口和进口的排名中均居第13位。1998年新加坡对外贸易萎缩了7.5%,转口贸易和进口锐减,主要是由于国内外市场不振,来新加坡旅游的人数减少,国内居民消费更加谨慎,给对外贸易造成负面影响。1999年新加坡在国内生产和投资增长的带动下,进出口贸易均出现大幅增长,尤其进口贸易比上年增长30.5%(见表3)。

表3 新加坡进出口贸易

(单位:亿美元)

	1995年	1996年	1997年	1998年	1999年
出口	1 253.79	1 255.87	1 305.90	1 067.93	1 224.52
进口	1 332.28	1 309.67	1 397.59	941.68	1 228.80
进出口总值	2 586.07	2 565.54	2 703.49	2 009.61	2 453.32

资料来源:《国际金融统计》2000年7月。

进出口商品结构 新加坡政府十分重视发展制造业。随着工业化程度的不断加深,新加坡制成品出口占其总出口的份额稳步上升,由1965年的34.2%上升至1980年的53.9%,1995年又上升至86.1%。经过20余年的发展,新加坡政府又适时调整了出口策略,鼓励制造业加速向资本技术密集型产品转移。在出口制成品中,劳动密集型产品所占份额由1980年的8.2%下降到1995年的不足5%;而同期资本技术密集型产品所占份额则由36.6%上升至78.3%。新加坡主要出口石化产品、电子电器、纺织品等。目前,新加坡已成为电子产品加工基地,电子业产品出口占新加坡制成品出口的77%。以2000年7月份新加坡出口商品为例,制造业出口猛增了15.2%,超过预期4个百分点,电子产品的出口增长了8.9%。

新加坡进口商品主要有原油、机械和运输设备、工业原料和食品等。新加坡的粮食全部靠进口,蔬菜、水果也有95%依赖进口。粮食和食品今后仍主要依靠进口,只是对进口该类产品中的农药、添加剂的含量等有严格要求。今后新加坡较大的进口市场仍是石油等资源性产品、工业原料和农副产品等初级产品。

对外贸易地理分布 新加坡的贸易伙伴主要有美国、日本、马来西亚、泰国、香港地区、中国台湾省、韩国、德国、英国、沙特阿拉伯等国家和地区。新加坡的出口市场中美国、东盟、欧盟居重要地位。1997年新加坡出口市场居前5位的分别是:美国(341亿美元)、马来西亚(324亿美元)、欧盟(286亿美元)、香港(178亿美元)和日本(131亿美元)。新加坡进口市场的主要货源地有日本、马来西亚、泰国等国家和地区。根据新加坡的“经济区域化”的新的经济策略,新加坡今后将侧重于发展与东盟国家和亚太地区国家的经贸往来,中国、东盟等发展中国家将有较多进入新加坡市场的机遇。

对外贸易特点 新加坡由于地理位置和经济结构特殊,因而转口贸易是其对外贸易中一个相当重要的部分。建国初期以转口贸易为主,1960年转口额占其出口额的93.8%。从1960年开始经历了五个阶段:出口替代式、出口导向型、技术密集型、高科技型和建立大都市运营中心。虽然新加坡希望通过发展制造业(主要是高科技的电子产品)成为一个高附加值的出口主导经济国家,但转口贸易所占比重仍然很大,1996年转口贸易占其总出口的41.2%,1997年为42.1%,1998年约为43%。转口贸易的主要商品有橡胶、木材、石油钻探设备等。

新加坡对外贸易长期处于逆差状态,而且逆差不断扩大。据新加坡方面统计,1960年贸易逆差为6亿新元、1970年为27.8亿新元、1980年为98.9亿新元、1990年为146亿新元。而1998年因新加坡国内市场需求不振,进口锐减,所以1998年对外贸易顺差达139亿新元。

对外贸易政策与措施 新加坡是自由贸易港,政府对贸易保持最低限度的管制。其进出口管制措施有:(1)税则。新加坡采用的是国际上通用的“协调商品分类和编码系统”作为本国的税则目录。税率有从价税、从量税、选择税和混合税四种。新加坡关税为二栏税率。对大多数国家产品按安全税率栏征收关税,对东盟成员国的产品按优惠税率征收。(2)减免税。货物税款不足20美元可免予征收,除此之外不得减免关税。(3)进出口非关税管理措施。新加坡政府执行巴黎统筹委员会的决定,对进出新加坡的战略物资实行许可证管理。有少数商品受到健康、安全和治安等原因的限制,需要获得特别许可证才能进入新加坡。大米进口需特别许可证。此外,大多数商品可获得一般许可证,自由进出新加坡。进口许可证一般有效期为6个月,经批准后可延期。进口由新加坡贸工部的贸易发展局管理。进口支付没有外汇管制。动植物进口要有出口国的检验证明。食品、药物应根据1986年食物规定(修正案),实行标记规定。电缆只允许使用国际颜色惯例。电器设备必须带有相应标签。玩具应符合《新加坡规格标准223/1979》和《玩具安全法规》。新加坡是“便利商业用样品与广告材料入境国际公约”的缔约国,相关的专业设备、商业样品等可带入新加坡,并在限定期内出境。广告材料中,只对酒精饮料和烟草征税。对烟草的广告有许多规定。自1994年4月起,销往新加坡的蔬菜、水果,一律必须加贴标签。2000年初,新加坡贸发局颁布“贸易21”计划,制定多项促进措施,将大力扶持对外贸易及相关的服务领域,并将加快本地企业国际化进程,为新加坡对外贸易发展提供了有力的政策支持和保障。

对外投资及吸收外资情况 新加坡积极发展在海外的投资,鼓励本国公民或企业到海外投资设厂,贸发局专为其海外市场考察、参加海外贸易展览会和贸易考察团、国际投标等海外市场的开发活动提供50%的财政补贴。截至1993年,对外投资总额达190亿美元,其中54%集中在亚洲。1995年新加坡对外直接投资居前5位的国家和地区是:马来西亚(73.05亿新元)、香港(50.89亿新元)、印度尼西亚(34.48亿新元)、中国(24.45亿新元)和英国(24.35亿新元)。新加坡对外投资的领域主要是金融业、制造业、贸易、房地产和商业服务等方面。

新加坡长期致力于吸引外资,并且少借外债,鼓励外商直接投资,为的是避免以贷款形式引进外资而背上沉重的外债包袱。通过外商直接投资的形式,还可以把先进的技术设备和好的管理经验带进新加坡,生产出具有国际竞争力的产品。1993～1995年,外国在新加坡的投资总额分别达732.85亿新元、868.12亿新元和992.16亿新元,其中外国直接投资分别为627.67亿新元、746.05亿新元和842.67亿新元。外商投资主要投在制造业、金融服务业和贸易等领域。制造业中的外资又主要投向了电子、化工等部门。据瑞士商业环境风险评估公司的报告显示,在1999年全球“投资环境风险安全评比”中,新加坡名列第二位,属于低风险的安全投资区。另据英国《经济学家》2000年发表的年度报告显示,在全球新兴市场经济体投资风险排行榜上,新加坡位居榜首,投资风险最低。

新加坡与中国的贸易经济合作

中国与新加坡在建交以前就一直保持着民间贸

易往来。80年代后期,中新贸易有了较快发展。1990年10月3日新加坡与中国正式建立了外交关系,从此中新贸易取得了长足发展。建交以来双边贸易额在中国与东盟贸易额中持续保持第一的位置,双边贸易占中国与东盟贸易额的1/3,双方互为第七大贸易伙伴。1990～1999年,双边贸易额由28.3亿美元增加到85.6亿美元,增长了3.04倍。1997年中新贸易创历史最好水平,贸易总额达87.8亿美元。即使在亚洲金融危机笼罩下的1998年,双边贸易额仍达81.5亿美元。根据中国海关统计,1999年中新贸易总值达85.6亿美元,较上年增长4.7%。其中中国对新加坡出口45亿美元,同比增长14.2%;中国从新加坡进口40.6亿美元,同比下降4.1%。2000年中新贸易总值达108.2亿美元,较上年增长26.4%。其中中国对新加坡出口57.6亿美元,同比增长28.0%;中国从新加坡进口50.6亿美元,同比增长24.6%。近年来中新双边进出口商品结构不断优化。以往,新加坡是中国出口轻纺、粮油食品、土特产和石化产品的传统市场,初加工产品和劳动密集型商品占很大比重。近年来中国对新加坡出口商品中,高技术含量、高附加值的商品逐渐增多。目前,中国对新加坡出口的主要商品包括:自动数据处理设备零件附件、磁盘驱动器、广播电视发送设备零件、混合集成电路、印刷电路板、微电机以及航空燃油等。中国从新加坡进口的商品有机电仪器、化工产品、橡胶、动植物油等。中国对集成电路和微电子组件等产品需求不断上升,中国有望从新加坡进口更多的该类产品。

新加坡对华投资时间不长,但发展较快。至1991年底,新加坡在中国投资项目为669项,协议金额为9.65亿美元。到1998年,新加坡在中国投资项目累计7 997项,协议金额为310.91亿美元,实际投资121.77亿美元,居外商对华投资的第5位。1999年,新加坡对华实际投资26.25亿美元,列当年外商对华投资的第4位(按实际使用外资金额排序)。截至1999年底,新加坡累计在华投资额占中国实际利用外资总额的5.54%。新加坡已成为中国重要的外资来源国。2000年头4个月,新加坡在华投资新增项目186个,合同金额达7亿美元,同比增长32.7%,到位金额5.2亿美元。新加坡对华投资的领域逐渐多元化,从早期的房地产开发、餐饮、饭店、加工业向金融、保险、基础设施、机械制造、海运、旅游、电信、电子商务以及生物科技等行业延伸。新加坡对华投资的单项项目规模较大,截至1999年底,其在华投资平均单项合同外资金额为391.23万美元,远远高于中国国内平均单项合同外资额176.36万美元的水平。新加坡迄今在华投资兴建了多个大型工业园区,主要有:苏州工业园、宁波工业园、上海嘉定工业园、北海工业园、昆山工业园、无锡工业园和福建的福清工业园。其中尤其引人注目的是中新两国政府间最大的合作项目－苏州工业园。该园区开发建设6年来,已从一片农田变成现代化的工业城镇,成为中国发展最快、最具竞争力的开发区之一。至2000年初,苏州工业园区已建立了189个外商投资项目,合同引进外资70.4亿美元。平均每个项目超过3 000万美元,居全国开发区之首。为了扩大对华投资,新加坡贸发局开始协调新加坡商家把投资地区从中国沿海省份逐渐向中西部地区扩展,并在中西部部分省区选定了基础设施建设、旅游业、制造业、外贸和服务业作为主要投资领域。新加坡贸发局官员表示,新加坡未来在华投资的趋势和重点将是服务业,包括金融、保险、法律、咨询、外贸等诸多行业。2000年适逢中新两国建交10周年。10年来,中新两国政府间相继签订了关于促进投资保护协定,关于旅游、民航及展览合作的协定和关于避免双重征税及防止偷漏协定,为两国间的经济合作提供了法律保障。在中新建交10周年之际,中新两国政府发表了关于双边合作的联合声明,以进一步加强和深化双边关系。联合声明中说:“在经济方面,在现有良好合作的基础上,双方将在贸易、投资和人力资源开发方面寻求新的合作领域和方式。两国政府将鼓励双方企业直接合作,并探讨在各自国内市场以外进行合作。中方欢迎新加坡企业来华投资参与西部地区开发,在基础设施建设、通信等领域探讨合作。”“在环境方面,双方将通过包括信息交换以及环境技术转让等继续加深在环境管理和可持续发展领域的合作。”“在交通与信息通信领域,双方将在海运与航空、信息通信产业等方面寻求合作,以利用全球市场带来的发展机遇。”由此可见,中新两国经贸发展前景广阔。

(对外经贸大学国际贸易研究所　高　巍)

日本经济文化概况

概况

日本位于亚洲东部,是一个由4个大岛及3 900多个小岛组成的群岛国家。总面积约377 380平方公里。日本人口约1.3亿,占世界总人口的2.5%,居第7位。

日本除水资源、森林资源以外,矿产能源资源较为贫乏。日本的海岸线蜿蜒曲折,全长为3.4万公里,是世界上单位面积海岸线最长的国家之一,且多海湾、良港,为日本获取资源、能源及从事海运、对外贸易提供了有利条件。日本最重要的工业区也大都集中在沿海地区,尤其是太平洋沿岸。第二次世界大战后日本经济经过10年恢复时期。进入80年代,日本经济实力越来越雄厚,已成为仅次于美国的世界超级经济大国。然而,由于日本企业把扩大出口作为克服内需不足的主要手段,使日本的对外贸易出现了严重的不平衡,进一步加剧了与美欧发达国家的贸易磨擦。从80年代中期起,以克服对外贸易不平衡为主要目的的结构调整,成为日本经济的重要课题。由于1985年"广场合议"后,日元大幅升值,加上原油价格下跌,利率水平下降,使日本经济在80年代后半期实现了"内需主导型"的经济增长。进入90年代后,由于生产设备过剩,民间投资不振,个人消费疲软,金融系统实力下降等原因,日本经济出现滑坡现象。90年代后期,日本经济更是雪上加霜,企业、银行出现倒闭,消费极度不振,1997和1998两个年度连续出现经济负增长,出现了自战后以来最严重的经济衰退。1998年日本经济增长率为-2.8%,是战后日本经济增长的最低点。为此,小渊内阁推行了积极的经济政策。先是为求稳定经济,推出60万亿日元的金融再生法案,后又投入7.5万亿日元以解决大银行的呆帐、坏帐,缓解银行与企业间的借贷矛盾。为恢复经济,小渊内阁先后于1998年底和1999年底分别推出规模达17万亿日元的"紧急经济对策"和18万亿日元的"经济新生对策",对中小企业实施特别保证制度,对公共事业投资实施"零利率"政策给予支持,以鼓励其发展。这些政策措施扭转了日本经济连续两年负增长的形势,1999年日本经济实际增长0.3%。其中,民间需求比上年下降0.2%,公共需求比上年增长4.3%。由此可见,1999年日本经济的增长主要靠公共投资等政策效果的带动。2000年日本的经济状况好于上年,实际GDP增长达到1.5~2%左右。日本国内需求对日本经济恢复增长有较好的促进作用。2000年对日本国内需求增长贡献较大的是民间设备投资。与上年同期相比,2000年前三季设备投资的增长率分别是2.1%、18.3%和29.5%。

科技教育

第二次世界大战后初期至70年代,日本采取以引进外国技术为主、开发"自主技术"为辅的科技政策,对促进经济发展起到了重大作用。据日本经济企划厅测算,1980~1989年日本的技术进步对其经济增长的贡献率达40.5%,远高于同期美国的29%。1980~1990年日本在世界高技术产品市场所占的份额由18.4%猛增至29.2%。自80年代起,日本的科技研究经费增长迅速。1980~1992年度科技研究费总额由52 462亿日元上升到139 095亿日元,增长1.7倍,年均增长速度达9%。1992年日本政府决定大量增加政府的研究开发预算。

80年代初,日本政府就开始明确提出"技术立国"的设想,强调重视振兴基础科技,加强"自主技术"开发和培养"创造型"人才。据日本科学技术厅统计,1980年日本的科研人员数量为36.3万人,1994年增加到64.1万人,15年间增长了76.6%。

进入90年代,日本政府加大了开发本国独创技术的力度。在20世纪末,日本启动了以发展信息技术、生命科学和生物技术以及环境保护技术为三大重点的"新纪元工程",以此推动12个项目的研究开发。2000年9月,日本政府公布了新的国家信息技术发展战略，计划用5年时间赶超美国，并建成世界最先进的高速因特网。

第二次世界大战后，日本政府视教育为“立国之本”，大力兴办教育事业。日本政府的主要做法包括：不断扩大教育投资、不断进行教育改革、积极发展社会教育和职业教育。从60年代到80年代初，政府开支的教育费占国民收入的比重增长了54%，仅次于法国和英国居第三位。80年代日本曾经有过几次教育改革，要改变应试教育，培养信息时代所需要的人才。日本政府把加强中小学生的计算机教育作为其文化战略的一部分。日本在70年代后提出“终身教育”的设想。1988年文部省将“社会教育局”改为“终身学习局”，主要负责制定有助于发展社会教育的政策并付诸实施。此外，日本企业也对职工实行与终身雇佣制相适应的终身职业教育，从而不断培养造就精通业务的经营管理人员和具有较高素质的劳动力。

对外贸易

规模 战后，日本从本国的实际条件出发，实行“加工贸易”型经济发展战略，对外贸易的发展十分引人注目。1950～1993年间，日本的进出口总额增长195倍，年均增长率达13.3%，其中出口平均增长率为15.5%，进口为11.5%。特别是在1955～1973年的“高速增长”时期，日本的出口额年均增长率高达17.5%，相当于同期世界出口总额增速的1.65倍。1950年，日本的出口额在世界总出口额中的比重仅为1.4%，80年代中期以后则升为10%以上。在汽车、钢铁和家电等领域，日本的出口居世界领先地位。1997年，日本的出口、进口额分别达4 290亿美元和3 387亿美元。日本的进、出口额在1998、1999年均连续下降(见表1)。2000年日本出口贸易有较大幅度增长。2000年日本外贸大幅增长，日本出口额为4 807.34亿美元，比上年同期增长15.2%；进口为3 808.92亿美元，同比增长23%；实现贸易顺差998.41亿美元，比上年减少7.3%。

表1 日本商品进出口总额

(单位:亿日元)

年份项目	出口总额	进口总额
1995	415 309	315 488
1996	447 313	379 934
1997	509 380	409 562
1998	506 450	366 536
1999	475 476	352 680

资料来源：日本《东洋经济》2000年版《经济统计年鉴》。

进出口商品结构 日本是一个资源贫乏的国家，所需工业原料及相当数量的粮食(包括饲料)，必须依赖进口。为此，日本的进口商品结构以初级产品比重高为主要特点。但是不同时期的初级产品进口构成也有变化。60年代，纺织原料所占比重明显下降。石油等矿物燃料一直是日本的主要进口商品。制成品进口在日本进口总额中所占比重长期处于低水平，但以数量来看，自第一次石油冲击以来，一直保持增加的趋势，在日元大幅升值时期，制成品所占比重便有明显提高。近两年，日本的制成品进口比率已超过60%(见表2)。2000年日本进口增长最高的商品是原油。2000年日本进口成品增长20.4%，达2 727.64亿美元，占进口总额的61.1%。

表2 日本主要进口商品结构表 (单位:亿日元)

年 份		1995	1996	1997	1998	1999
项目	食品	47 838	55 234	55 789	54 112	50 401
	原料	30 843	33 037	35 572	28 681	25 508
	燃料	50 229	65 877	75 425	56 232	56 463
	化学制品	23 092	25 356	28 409	27 262	26 369
	纤维制品	23 128	27 885	27 084	24 766	23 672
	机械	79 970	104 610	114 763	111 719	110 454
	精密仪器	6 601	9 135	10 567	10 479	10 280
	制成品进口额	186 577	225 786	242 777	227 512	220 309
	制成品进口比率(%)	59.1	59.4	59.3	62.1	62.5

资料来源：日本《东洋经济》2000年版《经济统计年鉴》。

战后日本出口商品结构变化的总趋势是,由劳动密集型产品向资本密集型产品、进而向技术和知识密集型产品发展。50年代,日本的出口产品主要为劳动密集型的轻纺工业品,1955年,上述产品在日本出口总额中占一半以上,重化学工业品只占38%。自60年代中期以后,资本密集型的重化学工业品所占比重急剧提高,1970年为72.4%,1980年升到84.4%,1992年达90%以上。第一次石油冲击促进了日本出口商品结构的变化,即在重化学工业产品内部,知识技术密集型的机械产品所占比重提高,而附加值相对较低的钢铁和化工产品所占比重趋于下降,1973~1992年间,日本的机械产品出口猛增10.6倍,在出口总额中所占比重由1973年的55.1%猛升至1992年的71.5%。1995~1999年,日本出口商品中居前三位的始终是机械、电子、汽车(见表3)。2000年日本出口增量最大的商品是半导体等电子零部件,比上年增长30.0%;其次是科学仪器,增长24.1%。

表3 日本主要出口商品结构表

(单位:亿日元)

年份		1995	1996	1997	1998	1999
项目	纤维及其制品	8 361	9 302	10 028	9 567	9 005
	化学制品	28 293	31 386	36 232	35 562	35 029
	金属及其制品	26 991	27 789	32 465	32 094	27 109
	机械	310 256	331 619	375 667	372 568	349 126
	电子制品	106 466	108 795	120 406	117 492	115 644
	汽车	84 277	91 379	109 692	117 580	107 931
	精密仪器	19 416	20 946	24 269	23 464	24 040

资料来源:日本《东洋经济》2000年版《经济统计年鉴》。

对外贸易地理分布 日本进口商品的地区结构最大特点是偏重于各种资源的供应国。为此,作为不同资源主要出口国的美国、加拿大、澳大利亚、中东以及东南亚,一直是日本进口贸易的主要伙伴。战后初期,日本的进口对美国的依赖程度很高。其后东南亚、中东等地区的比重提高。第一次石油冲击后,由于石油价格猛涨,中东在日本进口地区构成中的比重急剧扩大。80年代以后,特别是日元大幅升值以后,随着日本制成品进口的增加和石油进口额的相对减少,日本的进口地区构成又出现了新的变化,即亚洲新兴工业国、东盟及东南亚国家和地区所占比重提高,而中东产油国所占比重下降。与其他发达国家相比,日本从发展中国家和地区进口所占比重较高。

日本出口地区结构的特点是,偏重于北美和东南亚。由于历史和地理上的原因,东南亚一直是日本的重要出口市场。50年代中期,东南亚在日本的出口地区构成中曾约占一半。后来由于日本推进出口市场多元化,东南亚所占比重有所下降,1980年降至占23.8%。80年代后半期以来,随着日本从东南亚地区工业制成品进口的增加,东南亚的上述比重又有所提高。90年代初占30%左右。1997年达到40%左右。从战后初期起,日本就严重依赖北美市场,对北美的出口曾占日本出口总额的1/3。1988年上述比重降至25.14%,但后来又有上升,1992年升至30.27%,1997年为29%。除东南亚与北美以外,西欧国家也越来越成为日本的重要出口市场,1992年西欧国家在日本出口地区构成中占21.2%。2000年日本对亚洲的出口显著上升。2000年1~7月,日本对亚洲的出口额为118 852亿日元,比上年同期的98 438亿日元增加了20.74%,远远高于同期日本对美国的出口增长幅度(2.73%)。

对外贸易政策及措施 为提高出口企业与产品的国际竞争力,日本政府综合运用金融、税收、保险等多种经济手段,大力扶植出口产业和出口产品。

第一,实行出口优惠金融制度。对出口企业在信贷、担保票据贴现等方面提供最为优惠的政策;第二,实行减息出口税制。据统计,截至1997年,日本企业享受免税待遇的各种基金共26种,日本企业靠减免出口税而增加的收入相当于全日本公司所得税总额的17%,优惠的减免税制度使日本的出口产品更富有竞争力;第三,实行出口特别折旧制度;第四,实行出口保险制度。

此外,日本政府通过成立一系列相互配套的扶植出口产业的机构,积极参加国际经贸组织,积极开展海外市场调查研究等方法,直接为出口产业提供便利和服务,以此来推动产品出口。

战后日本在进口政策方面主要采取了进口限额制(进口配额制)、保护关税制、海关估价制及苛刻的技术标准、卫生检疫、包装和标签的规定等非关税壁垒措施。近年来随着贸易磨擦加剧,日本政府开始把降低外贸顺差占国民生产总值的比率,作为贸易政策的目标,采取了确定自由进口商品制度、调整汇率及要求国内公司尽量扩大进口,增加国内机电产品中的零部件、中间产品等的海外采购量等措施。

据中国驻大阪总领馆经商室消息,日本政府基于当今世界电脑的普及及其市场的不断扩大,决定放宽计算机出口限制,从2000年5月份开始,高性能电脑及内存4000~6500兆的服务器均可自由出口到任何国家和地区。

对外投资及其吸收外资情况 据统计,1951~1997年度,日本海外投资总额为896 444亿日元,投资项目为85 360项。从年均对外直接投资额看,60年代不足10亿美元,70年代约30亿美元,80年代近100亿美元。据日本大藏省公布的数据,日本1999/2000财政年度(1999年4月~2000年3月),日本对外直接投资总额为691.42亿美元,比上年增长43%,成为世界第三大对外投资国。从资本流向的地区分布看,重点集中在北美、亚洲、欧洲、大洋洲四个区域。1999/2000财政年度日本对美国、加拿大和欧洲的直接投资有大幅增加,对拉丁美洲的直接投资比上年略有增加,但对亚洲其他国家的直接投资则同比下降4%。日本对外直接投资的特点是,由资源开发业向制造业转移;由劳动密集型的低技术产业向资本密集型的高技术产业转移;由有形产业向金融、保险等服务行业转移;中小企业对外投资的比例逐年上升;投资流向有所变化,即一是对发达国家投资增加,对发展中国家投资下降,二是虽然对发展中国家投资减少,但投在亚洲国家的比重相应有所增加。

由于日本逐渐放宽了吸收外资的政策,外国对日投资活动日趋活跃。90年代前半期,日本吸收外资每年约为30~40亿美元,1996年度增至68亿美元,1998年度首次突破100亿美元。从外资投向看,1997年度以前投向非制造业的金额约占整体的60%,1998年度增至76.7%,对金融、服务以及贸易的投资增幅尤为显著,分别占外来投资总额的34.1%、23.7%和13.1%。据日本大藏省公布的数据,日本1999/2000财政年度(1999年4月~2000年3月),日本吸收外国直接投资223亿美元,比上年激增79%,创历史新高。外国对日直接投资激增的主要原因是,在经济危机中,日本地价下跌、股市低迷,外国公司乘机大举进军日本股市获取利益;此外,日本的金融改革吸引了许多欧美金融机构打入其市场,兼并其经营不振的企业。其中,欧洲对日投资是促成日本1999/2000财政年度外国直接投资激增的主要动力。1999/2000财政年度,欧洲对日直接投资总额达131.40亿美元,比上年的28.10亿美元翻了两番多;美国和加拿大对日直接投资为38.79亿美元,同比下降48%。以往,拉丁美洲和亚洲其他国家对日直接投资基数较小,1999/2000财政年度,拉丁美洲对日直接投资为26.91亿美元,同比增长744%;亚洲其他国家对日直接投资为10.22亿美元,同比增长421%。

与中国的经贸关系

中日两国互为重要贸易伙伴。自1972年中日关系正常化以来,特别是1979年中国实行改革开放以来,中日贸易获得迅速发展。据统计,1972年中日贸易额为10.39亿美元,1981年达99.78亿美元,1994年达478.93亿美元,1998年达579亿美元,是1972年的55倍多。自1993年以来,日本连续7年为中国最大的贸易伙伴,中国则是日本第二大贸易伙伴。除1998年受亚洲金融危机及日本经济低迷的影响,中日贸易出现8年来的首次负增长外,中日贸易多年来基本上处于上升态势。1999年随着日本经济开始复苏及日元升值,中日贸易总额达661.67亿美元(中国海关统计),比1998年增长14.2%。其中,中国对日本出口323.99亿美元,同比增长9.2%;中国自日本进口337.68亿美元,同比增长19.4%。另据日本大藏省统计,1999年度(1999年4月～2000年3月)日本从中国进口的贸易规模首次超过欧盟,货值达50 975亿日元,比上一年度增加7.4%,使得中国成为继美国之后的日本第二大进口贸易伙伴。中日之间的重要贸易伙伴关系又向前发展了一步。进入2000年以来,中日贸易持续上升。据中国海关统计,2000年1月中日贸易总额54.76亿美元,同比增长47.1%。其中,中国对日本出口25.26亿美元,增长42.3%;中国进口29.49亿美元,增长51.6%。2000年1～3月中日贸易总额174.2亿美元,同比增长31.6%。其中,中国对日本出口85.85亿美元,增长30.4%;中国从日本进口88.35亿美元,增长32.8%。

中日双方的贸易互补性强,其商品结构以垂直分工为基本特征。中国向日本出口的商品以初级产品或低技术含量、低附加值的劳动密集型工业制成品为主,而日本则向中国出口技术密集型和资金密集型工业制成品。从近两年中日贸易的商品结构看,中国对日本出口的商品居前列的主要是纺织服装,机电、音像设备及其零附件,贱金属及其制品,粮油食品,矿产品等。在对日出口商品中,低价位的服装产品、自动化办公设备及电子零部件和食品的增长最为明显。1999年度以服装为主的纺织品对日出口占最大比例,为30.6%。这主要是由于日本生产服装类产品的企业为降低生产成本、加强竞争,将生产基地转移至中国,并且随着信息产业的急剧发展,对自动化办公设备及电子零部件的需求剧增所带动的。中国从日本进口的商品居前列的主要有机电、车辆及光学仪器类;贱金属(钢铁等)及其制品类;纺织原料及制品类;化学工业及其相关工业的产品;塑料、橡胶及其制品等。

目前日资在华企业支撑了中日贸易的半壁江山,中国对日出口贸易中60%以上是三资企业的商品,今后在继续发展三资企业对日贸易的同时,拓展中国企业本身的商品对日出口至关重要。此外,中日可通过促进双方合作方式多样化和当地生产化的结合,开发新的商品和高附加值产品。如在农产品贸易方面,1999年中日实现了花卉、稻草等新商品贸易,随着中国西部大开发,中日双方可在扩大农牧畜业重点商品及加工食品贸易方面加强合作。此外,从中日双方经济发展的互补性来看,日本对中国高技术出口以及中日发展技术贸易有着十分可观的潜在市场。

在对华投资方面,1992年日本对中国投资剧增84.7%,达到10.7亿美元。到1995年则达到43.19亿美元,虽然1996、1997年有所下降,但仍维持在30亿美元左右。由于受中日两国经济和有关政策因素的影响,1998、1999年日本对华投资继续下滑。1999年日本对华投资项目1 167项,合同金额25.9亿美元,实际投入金额29.7亿美元,分别比上年减少1.2%、6.2%和14.5%。但自1999年11月15日中美达成关于中国加入WTO的协议以及中国出口形势好转后,日本企业重新调整了对华投资战略,东芝、松下和三菱等公司均有在中国进一步扩大生产的计划。根据日本综合研究所的看法,目前日本企业为加强竞争力,再次掀起向以中国为首的亚洲地区转移生产基地的浪潮,中国已作为“商品供给基地”参与到日本的产业结构调整之中,日本企业增加了从中国进口价低质优的产品和零部件,从而使中日投资合作带动两国贸易依存度进一步加强。据对外贸易经济合作部统计,2000年1～6月,日本对华直接投资项目为652件,合同金额15.77亿美元,与上年同比分别增长24.67%和42.81%;对华实际投资金额为14.85亿美元,同比下降12.95%。从整体看,日本对华投资具有资金到位快、成功率高、项目平均规模趋向扩大等特点。而且,越来越多的日本企业有向中国中西部地区投资的意向,中日投资合作呈现良好的发展前景。

(对外经贸大学国际贸易研究所 高巍 郑建成)

蒙古经济文化概况

概况

蒙古国(The State of Mongolia),面积:1 566 500平方公里,人口:256.2万人(1996年)。首都:乌兰巴托,货币:图格里克。国际电话码:976。主要城市:乌兰巴托、达尔汉、额尔登特。主要节日:新年1月1日;宪法日1月13日;阴历新年2月1~2日;国庆节7月11~13日;共和国日11月26日。

语言 喀尔喀蒙古语、突厥语、俄语。

民族 蒙古族占90%,哈萨克族占4%,华人占2%,俄罗斯人占2%,其他民族占2%。

宗教 《国家与寺庙关系法》规定喇嘛教为国教,居民多信奉喇嘛教,穆斯林只占人口的4%。

简史 原称“外蒙古”或“喀尔喀蒙古”,于1921年7月11日宣布独立,成为一个君主立宪制国家。1924年11月26日,在苏联支持下,蒙古人民共和国宣告成立。1946年中国国民党政府予以承认。1950年2月14日,中华人民共和国政府和苏联政府签订《中苏友好同盟互助条约》,保证蒙古人民共和国的独立。1960年7月颁布新宪法。蒙古国于1961年10月被接纳为联合国成员国,1962年6月成为经济互助委员会成员国。1992年1月修订新宪法,提出了“建立人道的公民民主社会”的目标。1992年1月15日,蒙古总统彭·奥其尔巴特正式签署并颁布了新宪法(为近70年来的第4部宪法)。1992年2月12日《蒙古国宪法》生效,国家名称由“蒙古人民共和国”改为“蒙古国”,同时使用新的国徽和国旗。宪法规定总统任期四年,可连任一届。现任总统那·巴嘎班迪,1997年6月就职。蒙古国实行议会制,本届议会于1996年6月选出,任期四年。现有76个议席,拉.贡春格道尔吉任国家大呼拉尔主席。执政党是民族民主党和社会民主党组成的“联盟”。

地理位置 蒙古是位于亚洲中部的内陆国家,北与俄罗斯联邦为邻,东、南、西三面与中国交界。地处高原,全境平均海拔1 580米,地势自西向东逐渐降低。北部、西部和中部多山,东部为丘陵平原,南部是占全国总面积1/3的戈壁地区,其中沙漠面积占3%左右。气候属典型的大陆性气候,冬季长,夏季短,干旱少雨。冬季最低气温可达-40℃,夏季最高气温35℃。年平均降水量200~250毫米。

自然资源 蒙古国地下资源丰富。现已探明的有煤、铜、钨、萤石、金、银、钼、铝、锡、铁、铅、锌、铀、锰、磷、盐、石油等80多种矿产的500多个矿,其中250个为煤矿,蕴藏量约500~1 000亿吨。萤石蕴藏量约800万吨、铁20亿吨、磷2亿吨、金3 000吨、银7 000吨、铀140万吨、石油30~60亿桶。森林资源较丰富,木材蓄积量为12亿立方米。

经济

1921年前,蒙古处于极端贫穷和落后的状态,畜牧业是国民经济的唯一部门。主要农牧业土地属封建主和寺院主所有,49.5%的牲畜也掌握在他们手中。自1948年起执行第一个五年计划至今,已经历了8个五年计划,1991年是“九五”计划的第一年。由于受1989年年末开始的东欧和苏联政治形势急剧变化的影响,蒙古原有的计划经济体制开始瓦解,近年来,由于新的经济体制尚未形成,国内经济难以正常运行,经济增长率下降。1990年社会总产值为177.5亿图格里克,比1989年减少了11.3亿图格里克,同期国民收入为14.3亿图格里克。

蒙古经济经过几十年的发展,其结构已从单一的畜牧业经济转向包括农牧业、工业、建筑业、运输邮电业等多门类的经济体系,但工业基础薄弱和单一计划调节的模式在一定程度上阻碍了经济的发展。1990年10月初,新组成的蒙古政府提出了对内实行国家调节的市场经济、对外实行开放的经济政策,采取了一系列的改革措施；积极开辟证券市场、外汇交易市场以及建立股份银行等；1991年1月起，将约60%的商品价格放开，同年9月1日起开始实行"关于转入自由价格体制的补充措施"，把由国家定价的71种商品减为28种，使放开价格的商品总数达到76%；根据1991年5月底通过的"国有财产私有化法"，开始实施国有财产私有化计划，1991年已基本完成商业网点和小型工厂的私有化，大中型工厂企业的私有化也将在近两年内完成，为加快私有化步伐，政府还决定，凡1991年5月31日前出生的公民，每人可无偿获得一份价值约1万图格里克的一次性投资证券，凭此券可购买工厂企业的财产。

蒙古是以畜牧业为主的国家，长期实行计划经济。1990年以后开始向市场经济过渡，实行国有资产私有化。随着财产私有化、物价放开、外贸开放、改革银行体制等重大措施的实施，旧的经济体制完全解体，同时也导致了生产的大幅下降。从1990～1993年，蒙古的国民经济连续三年出现负增长。1991～1998年国内生产总值的年增长率分别为－2.5%、－9.5%、－3.0%、2.3%、6.3%、2.4%、3.3%和3.5%。1998年蒙古人均国内生产总值按美元计算相当于433美元，比1990年下降了20%。1999年，蒙国内生产总值为10亿美元，比1998年增长了3.5%。2000年的国内生产总值增长4%。近几年，随着宏观经济政策调整的实施，蒙古成功地控制了通货膨胀的发展，其通胀率已从1992年的325.5%下降为1999年的10.0%。

截至1999年8月，向企业、机关和个人发放的贷款余额达1 028亿图格里克，其中400亿为坏帐。1999年融资增长了18.2%，约达1 972亿图格里克，其中流通领域的现金达到847亿图格里克。由于经济不稳定，近几年蒙币图格里克与外币的汇率不断下跌。1996年秋1美元能兑换450～460图格里克，而到1999年10月，1美元可以兑换1 060图格里克。

外国对蒙古的投资顺利发展。从1990年到1999年期间，共有60多个国家和地区的1200家合资或独资企业在蒙古注册开展业务，注册资金达2.6亿美元。

截至2000年4月底，蒙古国的外汇储备约为1.823亿美元。自1990年以来，蒙年均接受西方国家的援助达2亿多美元，其中日本是蒙古最大的援助国。蒙古政府在1999年曾经批准了2000～2001年利用日本政府无偿援助实施项目的方案，并提交日方。根据这一方案，2000～2001年，蒙古将利用日本政府普通无偿援款182亿日圆，实施如下项目：牧区县柴油发电机更新项目3期工程；对牧区小学校舍进行维修，改进教学设备；改善乌兰巴托的公路路况；实施气象预报设备改造项目二期工程；改造蒙古铁路企业；增加蔬菜生产；改造蒙古广播电视设备；建设蒙古古代动植物博物馆；提供消防器材等。另外，德国也是蒙古主要的援助国之一。据蒙古《政府消息报》1998年8月10日的报道，自1991年以来，德国政府已向蒙古政府提供了总额为9 800万马克的优惠贷款和用于技术合作的7 800万马克的无偿援助。为了进一步加强两国间的财政合作，德国还将于1998～1999年再向蒙古政府提供2 500万马克的财政贷款援助，其中2 200万马克为优惠贷款（期限为40年，年息为0.75%），300万美元为无偿援助。

需要指出的是，在蒙古经济形势趋于好转的同时，蒙古的某些经济指标仍不理想。据不完全统计，蒙古目前的外债总额已超过133亿美元，其中欠俄罗斯的贷款和援助达110亿美元。蒙财政收支多年赤字，1999年达850亿图格里克（约合7 683万美元），约占当年国内生产总值的1.6%。由于蒙古经济不景气，所以蒙古的社会问题比较严重。1997年在全国范围内有58.73万人的生活处在贫困状态，27.71万人几乎赤贫，总共有86.44万人的生活困难，占总人口的35.6%。1998年底在劳动力市场登记的失业人口达到4.98万人，占劳动年龄人口的4%。劳动年龄人口的71.7%在就业，11.1%在校学习，6.9%从事非正式工作，4.5%从事家政。据中经网2000年8月17日消息，蒙古政府采取措施，将工人的最低工资标准从原来的每小时71图格里克增加到每小时146.45图格里克，约合14.6美分，这是自1997年以来蒙古首次提高最低工资标准，但尽管实行新标准后蒙古工人的月最低工资水平从过去的1.7万图格里克增长到2.5万图格里克，其水平之低还是显而易见的。

工业 蒙古国的工业以轻工、食品、采矿和燃料动力工业为主。1996年工业产值为2 393亿图格里克（按当年价格），比上年下降2.5%，占国内生产总值的32.1%。采矿业是蒙古国主要的经济部门，煤、铁、铜、金和有色金属的储量很丰富。蒙年产铜精矿粉40万吨,上缴利税曾占蒙财政收入的40%。蒙1999年的黄金产量为10.9万吨,是该国的一项重要财政收入。近年,蒙利用外国风险投资开始勘探石油,结果尚不尽人意。

畜牧业 畜牧业是蒙古国的传统经济部门,国民经济的基础。1996年底蒙古国的牲畜存栏数约为2 930万头(只),到1999年底已增加到3 350万头(只),人均约为14头(只)。每年出口约300万张皮张、1 500多吨原绒和少量的牛、马和羊肉。2000年春天,蒙古遭受特大雪灾,全国共有171个县不同程度地受到雪灾影响。据蒙通社报道,由于1999年没有大量储备饲草,救灾饲草严重不足,导致灾区大批牲畜死亡,牧民损失惨重。许多牧民成了无畜户,生活困难。雪灾使蒙古损失牲畜178.77万头,造成数千亿图格里克(1 095图格里克兑换1美元)的重大损失,雪灾将对今后几年蒙畜牧业的发展造成不利影响。

服务业 从1991年起蒙古在服务行业实行私有化。目前,私有化的程度已近乎百分之百。公用事业收入1994年为67.698亿图格里克,1995年为94.421亿图格里克,1996年为104.923亿图格里克。

对外贸易

蒙1999年的外贸总额为7.61亿美元,比上年下降10.3%。其中出口3.36亿美元,下降2.8%;进口4.25亿美元,下降15.4%。贸易逆差9 020万美元。1999年,蒙同60多个国家有贸易关系,主要国家是中国、俄罗斯、日本、韩国、美国和瑞士等。

蒙主要的出口商品是:铜精粉、山羊绒、牛皮、绵羊皮和木材;进口的主要商品是:燃料、动力、机械设备、食品和日用品等。

吸引外资 蒙政府于1990年首次颁布了《外国投资法》,并于1993年予以修改。此后陆续修订了税法和矿产资源法等,为外商投资提供了法律保障和一系列优惠条件。1990年以来,蒙将外国援助和外国贷款的70%用于基础设施建设,使原来比较落后的交通、通讯条件和能源动力供应有了一定程度的改善。蒙联盟政府1996年上台后,重视吸收外资,将引资视作振兴经济发展的战略任务,并为此于1997年举办了石油和地矿领域国际投资洽谈会。为进一步拓宽投资领域,蒙联盟政府还于1998年第二次召开了农牧业、旅游业招商引资国际会议。外商投资领域已由1990年的两个领域增加到目前的20多个领域。

蒙1993年投资法规定,构成合资企业注册资本,并已进入蒙境内的机械设备可免交关税和销售税。火力发电厂及电网、公路、铁路、空运货物及工程建筑项目和基础通信部门10年内免交企业所得税,后5年减税50%。矿产资源的开采和加工(贵金属除外),原油及煤矿、冶金、化工生产、机械及电子行业部门5年内免交企业所得税,后5年减税50%。在上述部门之外的其他部门建立外资企业,其产品出口占产品总值50%以上的,3年内免交企业所得税,后3年减税50%。外商投资企业可自由汇出所得合法利润。关于外国投资比率,投资法无具体限制,但实际审批时,合资公司双方投资比率为49%:51%。投资法规定,外商投入比例不少于合资企业注册总资本的20%。

据统计,1990～1999年底,已有70多个国家和地区对蒙投资,在蒙注册的"三资"企业有1 252家,注册投资额约为3.5亿美元。外商投资的主要领域是:地矿(占21%)、轻工、纺织、服装(占12%)、畜产加工(占11%)、建筑、贸易、旅游(占10%)。对蒙投资前十位的国家依次为:中国、俄罗斯、日本、美国、韩国、英国、德国、保加利亚、加拿大、荷兰。

货币和汇率 蒙古货币为图格里克。1991年2月14日,蒙古人民共和国成为国际货币基金组织的成员国。从1990年7月起,图格里克"钉住"美元。"基础汇率"根据1988年以国内批发价格计算的一组半成品、制造业出口产品价值,与以国外合同价格计算的这些产品价值之间的比率确定。

外汇管理机构 外汇管理制度正在发生变化。至1990年9月,仍然是大乌拉尔人民议会负责管理外汇和批准作为年度综合计划的一部分外汇预算。财政部根据预算,制定出具体部门的外汇分配计划,国家银行确保分配的顺利完成。

蒙古目前有逾期未偿还的外债,但具体数字不详。

对外结算货币 至1990年底,蒙古与前经互会成员国的收付通过国际经济合作银行办理清算。

1991年初,与前经互会成员国间的贸易基本上以可兑换货币为基础的国际价格处理。与前经互会成员国(不包括前苏联)贸易的基础是1991年前缔结的双边协议。1991年7月,蒙古与前苏联缔结了一个双边贸易协定。蒙古与阿富汗、中国、朝鲜、老挝及南斯拉夫保持有双边清算协定。

帐户管理 居民个人和企业可在指定银行开立外汇帐户。出口收入和从国外转入的外汇可以存入帐户,对帐户中的资金使用没有限制。

贸易外汇管理 与可兑换货币地区的进出口贸易主要由蒙古出口公司管理。经互会贸易协定解除后,与这些地区的贸易主要由四个外贸公司管理,它们是:(1)蒙古出口公司,控制所有出口;(2)泰克尼克进口公司,负责进口机械设备;(3)拉斯诺进口公司,负责进口消费品;(4)奥图尼夫特进口公司,进口汽车和石油产品。

1991年蒙古通过了公司法和私营法,解除了对民间贸易活动的全部限制。

非贸易外汇管理 外汇预算也适用于与可兑换货币区域的非贸易收支。学生和游人为旅游和商务目的,可按官价限量购买外汇。用于国外医疗的外汇必须逐项审核。目前不允许将外汇用在与商品贸易无关的非贸易支付方面。

进口许可证 进口时必须要具备进口许可证。同西方国家的贸易由乌兰巴托蒙古外贸部主管。对于没有进口许可证的法人单位一般在合约缔结前由蒙外贸部补发进口许可证。

该国加入的国际组织 蒙古国加入的国际组织有:联合国贸易和发展会议(UNCTAD)、联合国开发计划署(UNDP)、联合国工业发展组织(UNIDO)、联合国粮食及农业组织(FAO)、国际货币基金组织(IMF)、国际开发协会(IDA)、世界知识产权组织(WIPO)、国际贸易与金融组织和亚洲开发银行(ADB)。

中蒙经贸关系

1991年1月,中蒙两国签订现汇贸易协定,结束了持续40年的政府记帐贸易。1998年和1999年,中蒙两国的贸易额分别为2.43亿美元和2.63亿美元。2000年的中蒙贸易额达到3.23亿美元,比上年增长22.6%,其中出口1.11亿美元,进口2.12亿美元,相继比上年增长60.6%和9.2%,中方逆差1.01亿美元。中国是蒙古国的第一大贸易伙伴。

截止到1999年底,中蒙累计签订的承包劳务合同有523项,合同总额26 462万美元,完成营业额10 609万美元。

截止到1998年底,经我外经贸部批准或备案的在蒙中资企业为28家,协议总投资额648.39万美元,中方投资额303.33万美元。

教育

1990～1991年期间,蒙古共有665家中小学,职业和师范学校44所,高等学院8所,共有教师约24 565人,学生502 330人。

最年几年来,由于蒙古在向市场经济转轨过程中遇到了严重困难,其教育事业,特别是普通教育陷入了困境。从某种意义上说,教育事业是蒙古在向市场经济转轨中的"重灾区"之一。主要问题是:学生失学和老师外流现象严重;教学条件差、教育质量下降;教学内容和课程设置脱离生产实际。

同普通教育相比,高等教育无论是学校的数量还是学生总数都比1990年有所增加。1990年蒙古的高等院校仅为9所,在校生1.73万人。而目前,蒙古的公立和私立高等院校达55所,在校生约2.63万人。单从学校数量和学生人数来看,比1990年确实有很大发展。但是,教学质量低是一个普遍存在的问题。

近几年,对蒙古教育事业影响较为严重的还在于"读书无用论"在一些家长和青少年中间的滋长蔓延。目前蒙古有1.8万名学龄儿童从未进过校门,成了新一代文盲。

(对外经济贸易大学 韩立华)

老挝经济文化概况

概况

地理 老挝人民民主共和国(The Lao people's Democratic Republic)位于中南半岛西北部,系内陆国,北邻中国,东界越南,南接柬埔寨,西与泰国交界,西北与缅甸接壤。总面积236 800平方公里,水域6 000平方公里。属热带季风气候,全年分为雨季(5～11月)和旱季(12～4月)。年均气温20～30℃,雨季平均降水2 000～3 000毫米。境内80%是山地和高原,有"中南半岛屋脊"之称,境内山脉是中国青藏高原横断山脉的余脉。发源于我国澜沧江的湄公河沿西部老、泰边界向南流淌,湄公河全长4 300公里,流经老挝1 860公里,湄公河盆地的约25%位于老挝境内,它覆盖了老挝国土面积的90%。老挝的地形由东逐渐向西倾斜,境内最高点比亚山主峰海拔2 820米。老挝物产丰富,自然资源包括:木材、水力、石膏、锡、黄金、宝石。

人民 2000年年中人口为545万,人口增长率为2.8%,出生率为39.93‰,死亡率为12.56‰,婴儿死亡率为82‰,出生时预期寿命为54.21岁,妇女总生育率为4.5胎。老挝是多民族国家,有60多个部族,统划成三大民族,即老龙族(河谷低地)占68%,老听族(山地丛林地带)占22%,老松族(高山地带),包括苗、瑶族人,占9%,少数族裔越南人/华人占1%。老挝佛教徒占60%,原始拜物教徒及其他占40%。老挝语为官方语言,其他语言包括法语、英语和各种民族语言。老挝成人识字率为46.1%。1998年实际人均GDP为1 734美元(购买力平价),人类发展指数在174国中居第140位,属低度人类发展国家,被联合国和世界银行列为最不发达国家。

政府 首都:万象。行政区划:全国分为16个省,1个直辖市和1个特区。独立日:1949年7月19日(脱离法国)。国庆节:12月2日(1975年宣布成立老挝人民民主共和国)。宪法:1991年8月14日颁布。

行政机构:国家元首:主席坎代·西潘敦(自1998年2月26日就任);副主席乌东·卡提雅。政府首脑:总理西沙瓦·乔本潘(自1998年2月26日就任)。内阁:部长会议经主席任命,由国民议会通过。

选举:主席由国民议会选举,任期5年;上届选举在1997年12月21日(下届将于2002年举行);总理由主席提名,经国民议会通过,任期5年。

司法机构:最高人民法院,院长由国民议会根据其常设委员会的推荐由国民议会选举产生,副院长和法官由国民议会常设委员会任命。

政党:老挝人民革命党,主席坎代·西潘敦。

经济

自1986年以来,老挝政府一直在下放管理权限,鼓励发展私营企业,尽管改革的起点低下,但效果非常明显,1988～1996年平均增长率为7%。由于老挝严重依赖与泰国的贸易,它成了1997年开始的本地区的金融危机的受害国,国内货币贬值,通胀率翻了一番,货币供应增加,商品出现短缺,不利的天气导致了稻米减产。

外国直接投资实际上是老挝私人资本投资的唯一来源,1996和1997年外资额下降了91%,从12.926亿美元降至1.138亿美元,1998年进一步降至0.43亿美元,1999年有所好转,为0.79亿美元。木材和水力发电是受影响最大的部门,它们的发展与农业一起占到国家经济活动的一半以上。其结果是1998年GDP增长率仅为4%,而1997年为6.5%。1998年货币大幅度贬值后,通胀率猛升至142%。

老挝是一个仅拥有简单基础设施的内陆国,没有铁路,缺乏起码的道路系统,电讯设施匮乏,只有少数城市地区有电力供应。但水力资源丰富,老挝是1957年成立的湄公河委员会的创始国。1995年4月湄公河下游沿岸国家就湄公河盆地开发的所有方面(航运、灌溉、发电、治洪、渔业、木材漂流、娱乐与旅游)签署了一项协定。老挝拥有巨大的水利开发潜力,据最新的估计,仅湄公河支流就可发电 18 000 兆瓦。最大的南岸河水力发电厂位于万象北部,总装机容量为 150 兆瓦,蓄水量为 7.01 立方公里。南部的其他两个水坝(Xeset 和 Selabam)总蓄水量为 0.3 立方公里,可发电 50 兆瓦。目前在建水力项目有 20 多个。

老挝的农业占 GDP 的一半,提供总就业的 80%,主要作物是糯米。在非干旱年,粮食能够自给,但每年水灾、虫害和干旱引起全国各地粮食的短缺。2000 年在稻米生产方面做到了自给自足,甚至还有多余供出口,这是历史上第一次。在这一时期里,老挝人民坚持爱国主义精神、自给自足和加强国力,并吸引了国际社会的援助与合作。

在可预见的将来,经济将继续依赖国际货币基金和其他国际资源的援助,日本是目前最大的双边援助捐助国,来自前苏联/东欧的援助已大幅削减。像许多发展中国家一样,森林的消失和土壤侵蚀将抑制恢复经济高增长的努力。

国内生产总值(GDP):16.14 亿美元(2000 年),年增长率:6.5%(2000 年),人均 GDP:301 美元(2000 年)。GDP 部门构成:农业占 53%,工业占 22%,服务业占 25%(1999 年)。

通胀率:15%(2000 年)。

劳动力:100～150 万;失业率:5.7%(1997 年)。

预算:收入 2.302 亿美元;支出 3.659 亿美元,包括资本开支 3.17 亿美元(1996 年)。

工业 锡和石膏矿业、木材、水力发电、农业加工、建筑、服装。工业生产增长率:8.9%(1998 年)。发电量:20.8 亿千瓦小时(1998 年),火力发电占 0.04%,水力发电占 99.96%(1998 年)。电力消费:2.87 亿千瓦时;出口:6.4 亿千瓦时;进口:2 700 万千瓦时(1996 年)。

农产品 白薯、蔬菜、玉米、咖啡、甘蔗、烟草、棉花、水牛、猪、牛、家禽。

出口 3.4 亿美元(2000 年,离岸价格)。出口商品(及所占比例):林产品(29.5%),服装(15.1%),旅游(12.9%),电力(6.9%),咖啡(6%)和锡等(1997)。出口伙伴:越南、泰国、德国、法国。首位服务出口为旅游(占服务出口的 54%),1997 年货物与服务出口占 GDP 的 23.9%,经常帐户余额占 GDP 的 -12.8%。

进口 5.21 亿美元(2000,到岸价格)。进口商品:机械和设备、车辆、燃料。进口伙伴:泰国、日本、越南、中国、新加坡。

外债 25.27 亿美元(1999 年)。

经济援助接受额:2.94 亿美元(1999 年),净援助流入占 GDP 的 23%,人均 57 美元。

兑换率:1 美元=8218 基普(2000 年),7 600 基普(1999 年)。

财政年度:10 月 1 日～9 月 30 日。

运输 公路 21 716 公里,铺面公路 9 673.5 公里,未铺面公路 12 042.5 公里(1998 年),公路货运为 400 万吨。

水路:约 4 587 公里,主要是湄公河及其支流,另外 2 897 公里可供吃水 0.5 米深的小船部分地通航。年内陆水运量为 110 万吨,客运 72.8 万人次。

管道:石油产品 136 公里。

商船:1 艘货船(千吨级),总注册量 2 370 吨/载重 3 000 吨(1998 年)。

机场:52 个(1998 年),年空运货物 50 万吨 。

教育

老挝实行小学 5 年,初、高中各 3 年学制,成人文盲人口为 117 万(1995 年),文盲率为 43.4%(男性为 30.6%,女性为 55.6%)。

学前教育 儿童接受学前教育的年龄为 3～5 岁。1996/1997 年度全国学前教育机构 695 所,有教师 2 173 人,全部为女性;有注册儿童 37 851 人,女童占 51%,私立机构注册儿童占 15%。学前教育总入学率为 8%。老挝人的预期受教育年数为 6.9 年。

初等教育 小学为义务教育阶段。1996/1997 学年,全国有小学 7 896 所,有教师 25 831 人,女性占 42%;有注册生 386 335 人,女生占 44%,师生比为 1:30。小学总入学率为 112%,净入学率(6～10 岁)为 72%(1999 年达到 77%),小学复读生比例为 23%,小学生中能够升入 2 年级的占 73%,能够升入 5 年级的占 53%(1995 年)。

中等教育 1996/1997 学年全国有中学生 187 600人,女生占 39%。普通中学教师 110 717 人,有学生 180 160 人,女生占 40%;师范中学有教师 197 人,女性占 22%,有学生 1 740 人,女生占 45%。中学总入学率为 28%,净入学率(11~16 岁)为 22%,中学教育的落后,特别是师范教育的不足对教育的改善及国家发展的制约是很明显的。

高等教育 1996/1997 学年全国高校有教师 1 369人,女性占 29%,有注册生 12 732 人,女生占 30%。综合性大学有教师 456 人,学生 5 273 人。平均每 10 万人口有大学生 134 人,大学总入学率为 3%。按照国际标准教育分类,接受第 5 层次教育的学生占 58.6%,接受第 6 层次教育的学生占 41.4%。1995 年按学科分布的在校和毕业生百分比为:教育 23(28%),人文 11(7%),法律和社会科学 8(13%),自然科学、工程学与农学 45(38%),医学 13(11%)。1996/1997 学年,老挝高校有外国留学生 56 人,占在校生的 0.4%,全部来自亚洲国家。

教育开支 1997 年公共教育开支总额占 GNP 的 2.1%,占政府开支总额的 8.7%。经常性教育开支占 GNP 的 1.8%,占经常性政府开支的 16%,经常性开支占总开支的 85.8%。经常性教育开支在各级教育中的分配为:学前教育占 3.5%,小学占44.8%,中学占 30.7%,大学占 7.4%,未分配部分占 13.7%。经常性开支中,教师薪金占 67.1%,非教学人员薪金占 10.6%,教学用具开支占 4%。学生人均教育开支占人均 GNP 的比例为:大学 55%,中学 25%,学前与小学为 5%。

文化

老挝是一个文化上以信奉佛教为主,经济上以生存农业为主,至今受外部影响较小,依然保留了主要传统文化的民族。在老挝乡村,寺庙在很大程度上是社会生活和文化教育的中心。在佛寺设学校,比丘是老师,儿童在这里学习文字和最通行的的佛经等。每个男人一生中都要过一段寺庙生活。塔銮节是仅次于阴历新年(宋干节)的重大节日,在每年佛历 12 月的节日期间,全国各地佛教徒都前往塔銮寺朝拜。塔銮寺建于 1000 多年前,气势壮观,它是"澜沧王国"古代文明的象征,也是今天万象的标志。

老挝有许多自然与文化景观,1998 年国际旅游收入达到 8 000 万美元,接待外国游客 20 万人,尤其是各亚洲公路沿线的景观已得到了充分开发。例如,11 号公路距巴色区 161 公里的 Khone phapheng 是东南亚最大最美丽的瀑布,过去它曾是抵御外来入侵的一个伟大的天然屏障。位于 12 号公路沿线的琅勃拉邦因其具有历史意义的寺庙以及四面环山的景致而成为旅游热点。古塔、大自然、国家博物馆、手工艺品、节日、民俗以及风景是主要的景观。首都万象的主要景点有历史性纪念碑和古塔及购物、特别活动和手工艺品市场。游客还可以乘车到万荣去领略自然美景、山洞和少数民族风情。

老挝的现代文化生活发展缓慢,1980~1996 年日报数一直维持在 3 种,发行量在 1995 年以前为 1.4 万份,1995 年为 1.8 万份,平均每千人拥有 3.7 份。1998 年估计全国有电话机 2.8 万部,预计 2001 年4.8 万部;1999 午每千人中仅有 7 部电话,政府靠无线电话网与边远地区沟通。全国有广播电台 18 个,其中中波台 9 个,调频台 5 个,短波台 4 个。全国有在用收音机 73 万台,千人拥用率为 143(1999 年)。全国有电视台 4 个,电视机 5.2 万台,千人拥有率为 10(1999 年)。1999 年个人电脑千人拥有量为 2.3 台,全国上网人数为 2 000 人。90 年代初全国有影院 31 座,座位容量 6 600 人,年观众量为 100 万人次,年人均观影 0.2次。电影靠进口,1993 年进口了 36 部故事片,其中香港片占 27.8%,其他占 72.2%。

环境保护

土地利用:可耕地占 3%,牧场占 3%,森林和林地占 54%,其他占 40%(1993 年)。水浇地 1 250 平方公里(1993 年)。雨季水浇地 1 269 平方公里,旱季 750 平方公里(1998 年)。

自然灾害:洪水、干旱和虫害。

当前环境问题:未爆炸的军用器材,森林消失、土壤侵蚀,多数人口无法获得适于饮用的水。

国际环境协定:老挝是下列协定的缔约方:生物多样性,气候变化 ,防止荒漠化,环境改变,海洋法,禁止核试验,臭氧层保护。

(中国国家图书馆 李跃进)

印度尼西亚经济文化概况

概况

地理 印度尼西亚共和国(The Republic of Indonesia)位于东南亚,北面是亚洲大陆,南面是澳洲大陆,其领土从东延伸到西是5 000多公里,从北到南是1 750公里。印度尼西亚地跨赤道南北,是世界上最大的群岛,南临印度洋,北接中国南海。印尼群岛由大小17 508个岛屿组成,其中有人居住的6 000个。除了沿岸各国公认的马六甲海峡外,还有地处印度海域内的巽他海峡和龙目岛等。这些海峡和岛屿无论在贸易上和战略上都很重要,特别是马六甲海峡,来自中东90%的油轮通过这里,龙目海峡也有大型油轮通过。印度尼西亚面积为1 904 569平方公里,海岸线长54 716公里,陆界长2 602公里,专属经济区200海里,领海12海里。各岛均中部多山,沿海多平原,火山山脉贯穿于苏门答腊、爪哇、努沙登加拉群岛和马鲁古群岛,形成一条火山带,是世界火山活动最多的地区。境内最高点为查亚峰,高5 030米。印尼地跨赤道,属热带雨林气候,年均气温为25℃~27℃,年均降水在2 000mm~3 000mm之间。自然资源丰富,主要有:石油、锡、天然气、镍、木材、铝丸土、铜、肥沃的土壤、煤、金、银。

人民 2000年人口为2.25亿,人口增长率为1.63%,出生率为22.6‰,死亡率为6.31‰,出生时预期寿命为67.96岁,妇女总生育率为2.57胎。印尼由多种族、多文化、多语言和多宗教的人组成,爪哇人占45%,苏丹人占14%,马都拉人占7.5%,沿海马来人占7.5%,其他占26%。从宗教上看,穆斯林占88%,新教徒占5%,天主教占3%,印度教占2%,佛教徒占1%,其他占1%(1998)。尽管印尼有250个不同的各族语言,印尼语是全国普遍使用的国语。根据联合国开发计划署的统计,1998年印尼成人识字率为85.7%,第一、二、三级教育合并入学率为65%,实际人均GDP为2 651美元(购买力平价),其人类发展指数在174个国家/地区中居第109位,属中等人类发展国家。

政府 政府类型为共和国,首都雅加达。全国分为23个省,3个特区。印尼独立以来实行过3部宪法,1945年8月独立时颁布了第一部宪法,后被1949年联邦宪法和1950年的临时宪法代替,1959年7月5日得到恢复。

内阁是总统行使政府权力最高也是最重要的机构,印尼实行总统内阁制,总统既是国家元首,也是政府首脑并兼武装部队最高统帅,总统和副总统通过人民协商会议协商产生,任期5年。国会也称人民代表会议(DPR),是国家立法机构,共500名议员,其中400名由普选产生,其余100名由武装部队任命。人民协商会议(MPR)是印尼国家的最高权力机构,由700名议员组成,每5年召开一次会议,其任务是制定和修改宪法,决定国家的大政方针和选举正副总统。印尼最高法院的法官由总统任命。

经济

印尼实行以私营部门为主体的自由市场经济,然而政府通过国有公司和在一些行业中实施的价格管理机制在经济中仍发挥着重要作用。目前有4个主要部门组成了印尼的主导经济:农业、制造业、旅游业、服务部门。

印尼是受1997年东亚金融危机打击最重的国家,1998年经济衰退了13.2%,1999年以来本地区出现了引人注目的复苏,从放宽紧缩的货币与财政政策开始,进而得到了出口增长的支持,出口的复苏终结了严重压缩进口和减少库存的过程。1999年东盟四国(印尼、马来西亚、菲律宾、泰国)平均经济增长为3.25%,2000年为4.5%,但与其他三国相比,印尼在稳定与增长的道路上明显滞后,GDP增长率1999年仅为0.2%,预计2000年和2001年分别为3%和3.5%。造成这种巨大反差的主要原因是:自1999年以来,各省暴乱频繁,社会不稳,治安混乱,严重影响了社会生产。由于局势动荡不安,外资和外撤的华人资金仍不敢进入印尼市场。直到2000年人协会议之后,经济才开始好转。

根据世界银行的报告,1999年印尼经济实力列世界第32位,人均GNP为580美元,① 列第150位,按购买力平价衡量的人均GNP为2 439美元,列第143位,属低收入国家。1999年国内生产总值(GDP)达1 425.11亿美元,2000年为1 479.26亿美元,人均657.5美元。GDP部门构成如下:农业占20%;工业占45%(其中制造业占25%);服务业占35%。1999年通胀率(消费者价格)为20.5%。1999年全国有劳动力9 900万,其中农业占45%,贸易、餐饮和旅馆占19%,制造业占11%,建筑占4%,运输和通信占5%,运输和通讯5.5%(1998),失业率为5.5%(1998)。1999年政府财政达到平衡,收支均为254亿美元(其中60亿美元的税收来自国际金融机构)。兑换率:1美元=7 085卢比(1999年)、9 595卢比(2000年)。

工业 石油和天然气、纺织、服装和鞋类、采矿、水泥、化肥、胶合板、橡胶、食品、旅游。1999年石油产量为6 624万吨,天然气3 368.5(10^{15}焦耳),水泥产量为2 416.58万吨,电力产量731亿千瓦小时(1998年)。工业生产增长率为1.5%(1999年估)。工业生产指数(1990=100),1999年12月采矿业为117,1999年9月制造业为250.2。

主要农产品 1999年产量如下:水稻4 953.4万吨、木薯1 542.2万吨、花生99.0万吨、天然橡胶1 56.4万吨、可可豆35.0万吨、生咖啡45.5万吨、棕榈油620.0万吨。其他包括椰干、家禽、牛肉、猪肉、蛋。

2000年商品出口为383亿美元,占世界出口的0.64%,比1999年减少了21%。1999年主要出口商品为:服装(7.9%)、纺织品(7.3%)、天然气(6.4%)、电器(5.9%)、纸浆和纸(5.3%)、石油(4.7%)、胶合板(4.7%)。主要出口伙伴为:美国(16.3%)、日本(20.2%)、英国(2.7%)、中国(4.7%)、韩国(4.9%)、新加坡(11.5%)。2000年商品进口额为265亿美元,占世界进口的0.42%,比上年度增加了10%。1999年主要进口商品为:制成品(75.3%)、原料(9%)、食品(7.8%)、燃料(7.7%)。主要进口伙伴为:美国(7.1%)、日本(18%)、德国(4%)、中国(5.9%)、韩国(6.5%)、新加坡(14.5%)。

运输 印尼铁路长度为6 458公里,1998年按PPP② 衡量的每百万美元GDP客运量为29 795人公里,货运量为9 125吨公里,现有内燃机车占83%。公路总长为342 700公里,1998年铺敷道路占46.3%,货运量为1 800万吨公里。全国水路长度共计21 579公里。管道:原油2 505公里;石油产品456公里,天然气1 703公里(1989年)。主要港口包括:芝拉扎、井里汶、雅加达、古邦、巨港、三宝垄、泗水、乌戎潘当。全国有千吨级以上商船587艘,总注册重量2 707 004吨/载重3 701 001吨。1998年全国有机场443个,离港飞机数为19.7万架,运载旅客数为1 261.4万人,航空货运量为69 600万吨公里。

科学技术

印尼的国家研究与技术部是负责制定科技政策,协调科技活动的政府机构,在工作实施中,它还得到国家研究与技术重要规划评价与制定委员会(PEPUNAS)的支持。

目前,印尼的科研仍处于落后状态。根据联合国教科文组织1999年版《统计年鉴》,印尼每百万人口中有研究人员181人(1998年),国内研发总开支(GERD)占GDP的比例从1991年的0.2%升至1995年的0.3%,但远落后于韩国的2.4%和新加坡的1.2%。

在印尼,低技术密集和小规模生产主宰着经济的发展,制造业中3/4的产出为低技术密集产品,往往小企业和非正规部门成为受资助的优先对象。另一方面,印尼将航天、造船、电信、能源和电子列为国家战略工业,这些产业内的研发受到大力支持。1998年高技术出口占制成品出口的10%。

① 按《世界银行图表集》方法计算。

② PPP为购买力平价。

目前,印尼的科技政策决策者面临着两大关键性问题,其一是人才短缺,企业研发投资偏低。印尼的科学家与工程师严重不足。在为数不多的几个国有大企业和实验室中,高级人才短缺现象尤为突出。

对科学事业和科学家缺乏应有的重视是导致人才短缺的原因之一。在印尼,就职于政府部门的科学家的收入低于小学教师或公司秘书。此外,印尼的研究生教育落后。1991年全国1.9亿人口中仅有12.5万人拥有学士学位,相当于受雇劳动力的1.6‰。拥有理科硕士或博士学位的科学家不足5%,并且还有3/4的高理科学位是在海外获得的,尽管有很大比例的毕业生选择回国发展。在印尼,拥有研究生学位的教职工人数不足17%,并且在就读于高等院校的150万学生中,只有20%接受理科培训。政府接纳了毕业生的75%,工业部门雇用了14%,公共大学吸收了8%。

在印尼,政府是研发的主要资助方,按资金来源划分,1994年GERD比例分配如下:政府占65.8%,工业占32.5%,国外占1.6%,其他国内来源占0.1%,这种模式与发达国家科研主要由工业部门资助正好相反。在印尼,受雇于政府的科学家和工程师占了绝大多数。即使在制造业和建筑业的关键领域,受雇于国企的工程师也只占到全国的一半。大学部门从事的研究仅占5%,大学总入学率的快速增长(1995年招收了230万学生),是朝正确方向迈出的一步。为加快科技能力建设,在国际援助下,印尼制定了科技发展方案(STAID),并将国家"六五"计划期间(1993/1994~1998/1999)确定为工业起飞阶段。

此外,在产业部门建立研发能力以及促进科技成果的转换已成为决策者关注的问题。印尼的长期方针是将私人研发开支从30%提高到70%。

教育

在印尼,教育是由多个机构提供与管理的,其中最大的机构是教育与文化部(MOEC),它管理正规的公共与私立学校、大学,以及非正规教育方式。小学教育以及越来越多的初中教育的管理是与内务部(MOHA)共同分担的。MOEC负责教育的内容,而MOHA则负责提供人力和用具。

宗教机构,多数为伊斯兰教,以及一些天主教是提供教育的第二大机构。这些学校主要为私立,接受宗教事务部的管辖。宗教学校可将40%的学时用于宗教教学。除上述三个部外,其他政府部机关也为普通大众和公务员提供高中和大学教育。

印尼对6~12岁儿童实行9年义务教育。学制为小学6年(7~12岁),初中3年(13~15岁),高中3年(16~18岁),大学5年。儿童7岁进入小学,但现在入学年龄已出现超前的趋势。

较高收入家庭的孩子进入学前园所的比例很高,学前教育始于4岁,由于不属于义务教育,因此,主要由私立志愿机构管理。1996/1997年度,全国有学前教育机构40 125所,注册儿童达到1 624 961人,总注册率为19%。同年,全国有小学173 893所,有教师1 327 178人,有学生29 236 283人,师生比为1:22,小学总入学率为113%,净入学率为95%,小学复读率占6%。私立小学占17%的份额。

1996/1997年,全国有中学教师986 896人,有学生14 209 974人,中学总入学率为56%。中学生中,选择普通教育的人数占87.6%,选择职业教育的占12.4%。

高等教育是由多个系统的52所公共院校和超过1 200所的私立院校提供的。高等教育提供各种学历,从1~4年的非学位课程或至少4年的大学课程到硕士、博士课程。其他还有职业专家课程。1995/1996年,高校有教师157 695人,有学生2 303 469人,女生占35%。大学生专业选择情况为,教育学占17.2%,人文科学占6.4%,社会科学占46.3%,自然科学占28.2%,医学占1.9%。大学总入学率为11%。

与正规系统并列的是广泛的非正规教育系统,包括成人识字方案(Paket A),校外小学同等方案(Paket A Sctara),以及校外初中方案(paket B)和遥授初中学习方案(SMP Terbuka),在第三级教育中,开放大学(Universitas Terbuka)招收了15万名学生,使它成为世界十大开放大学之一。

1996年印尼公共教育开支总额占GNP的1.4%,占政府开支总额的7.9%;经常性教育开支占GNP的0.6%,占经常性政府开支的5.8%,占教育开支总额的46%。经常性开支在各级教育中的分配如下:学前与中小学占73.5%,大学占24.4%,其他占2.1%。

尽管近几十年里,印尼小学教育成就显著,但与周边国家相比,无论是教育开支占 GDP 的比例,还是初中入学率均较落后。印尼的教育体制还存在着一些长期的弊端,比如,质量问题,穷人普及教育问题,机构安排和优惠措施的不当利用,基础教育体制不能适应飞速变化的需求以及政府资金的使用效率问题。经济危机使得这些问题的解决变得更加困难。相反,国家不得不采取守势,以保护其过去的成就。印尼的近期总目标是维持基础教育投资,保护穷人免受经济下降的不利影响,其中期目标是到 2010 年达到人人享有 9 年基础教育。

文化

印尼群岛有人类居住的历史已有几千年,由于其特有的中心地理位置,印度曾对早期的印尼产生过巨大影响。如今,印度教仍是巴厘岛上的重要宗教。而爪哇岛上的当地语言就是用印度梵文天城书字母的变体字形书写表达的。公元 10～16 世纪间,马加帕希特帝国以爪哇岛向外扩展到现代印尼的大部分地区。人们认为马加帕希特帝国的历史是现代印尼统一的文化遗产。人们用其国王的名字为街道命名,以示纪念。

印尼民族众多,每个民族都有其特有的传统文化。这些群体包括了伊里安查亚省森林中与世隔绝的仍处于石器时代的部落和雅加达来自世界各地的外国居民。

据联合国教科文组织的统计,目前印尼共有报刊杂志数百种,其中日报 69 种(1996 年),发行量为 466.5 万份,千人拥有量为 23 份;有非日报 94 种,年发行量为 469.4 万份,千人拥有 23 份。

此外,1999 年下列信息工具千人拥有量分别为:移动电话 11 部,传真机 0.9 台,个人电脑 9.1 台,电话直线 29 条。2000 年 1 月因特网宿主机每万人拥有数为 1.15 台。

1996 年印尼出版图书 4 018 种,810.3 万册,发行量居前 5 位的依次是:社会科学(18.9%),文学(16.9%),应用科学(15.7),纯科学(12.5%),宗教(11.2%)。1996 年出版教科书 731 种,229.6 万册。

文化贸易以进口为主,1997 年图书进口额高达 2 745.7万美元,出口额仅为450.5万美元,逆差额达 2 295.2万美元。同年报刊进口额为1 110.3万美元,出口只有 25 万美元,逆差达1 085.3万美元。

目前,印尼的电影业已步入低谷,受电视普及和国外影片的冲击,国产故事片的数量从 80 年代至 90 年代初期年产百部左右减至不足 30 部。

印尼的广播覆盖了 67% 的国土面积和 80% 的人口,1998 年全国有无线电广播电台中波 678 个,调频 43 个,短波 82 个。1997 年在用收音机达 3 150 万台,千人拥有量为 155 台。印尼有电视台 41 个,其中 18 个为政府拥有,23 个为商业电视台,广播可覆盖全国大部分地区。1997 年全国在用电视机达 1 375 万台,千人拥有量 1999 年为 143 台,1999 年全国有互联网服务商(ISP_S)24 个。

截止到 1997 年,印尼共有 5 处所有地被列入世界遗产目录,其中文化遗产 3 处,自然遗产 2 处。另有 17 处被列入世界遗产所有地临时目录。1996 年被世界遗址基金认定有 1 处濒危遗产地。

2000 年的主要问题与对策

目前印尼正处于从军人专制向民主法制国家过渡的政治转型期,改革派同保守派及各种利益集团间的斗争异常激烈,对苏哈托家族贪污案的审判屡受重挫,民族宗教冲突此起彼伏,人民生活步履维艰。

由于现行内阁容纳了各主要政党和政治力量的代表,为保住各自集团派系的利益,他们在一些问题上各自为政,各行其事,政府国内政策不统一,步调不一致,甚至公开对立。由于复杂的人事关系和不同的政治利益,改革派与保守派、总统与国会间的矛盾很难真正化解。

苏哈托自 1998 年 5 月下台以来,其家族腐败案历尽波折,久拖不决,其原因在于执政 32 年的前总统苏哈托在印尼政界、军界、财界以及社会上早已结下了错综复杂的关系网。苏氏家族几乎垄断了印尼所有的重要行业,聚敛了高达 400 多亿美元的财富,仅苏哈托就占有 140 亿美元。苏哈托执政期间,大搞朋党主义,垄断,暗箱决策,贪污腐败,任人唯亲和裙带关系,由于党羽众多,利益相互牵扯,他们利用手中的权力和影响,阻碍改革的深入。朋党资本主义的盛行加剧社会的两级分化,,扭曲社会价值观。

旧政权的残余势力为了维护既得利益仍以各种

手段与新政府对抗，如煽动宗教和种族矛盾，挑起流血冲突。自 1999 年 12 月东帝汶脱离印尼以后，亚齐、伊里安省掀起了独立风潮，紧接着马鲁古省宗教冲突又起并且蔓延到了其他省份，严重威胁着国家的统一和民族的团结。

旧政权的腐败以及社会骚乱的破坏使印尼经济陷入崩溃的边缘。加之印尼多达 1 400 亿美元的巨额外债，银行资金短缺，企业经营困难，高通胀，庞大的失业大军，占总人口的 1/3 的贫困人口，混乱的金融体制，大量的呆账坏账，严重制约了经济的复苏。

为了走出困境，印尼新政府逐步削弱了军方保守势力的权力和影响，对分离主义势力和宗教冲突采取打压与安抚双管齐下，亲近华人，实行民族和解政策，反对一切形式的种族、宗教和文化歧视。在外交上，频频出访周边国家，得到美国、东盟等国的支持，由于在经济上采取了较为适当的政策并与国际货币基金就经济改革措施达成一致协议，据信 2000 年之后，印尼的局势将有所好转。

（中国国家图书馆　李跃进）

印度经济文化概况

概况

地理　印度共和国(The Republic of India)位于北纬 8.4 度至 36.6 度，东经 68.7 度至 97.25 度之间。北邻中国、尼泊尔和不丹，西北部是巴基斯坦，东北部和东部同缅甸、孟加拉国接壤，南濒印度洋，西部和东部分别临阿拉伯海和孟加拉湾，总面积 3 287 590 平方公里，陆地面积 2 937 190 平方公里，水域 314 400 平方公里，是南亚第一、世界第七大国。海岸线长 7 000公里，毗邻区 24 海里，大陆架 200 海里，专属经济区 200 海里，领海 12 海里。气候从北到南兼有寒、温、热三种特征，但大部分地区为亚热带气候，地势复杂，南部为高地平原(德干高原)，恒河流域为平原区，西部为沙漠，北部是喜马拉雅山。

自然资源包括：煤(储量居世界第四)、铁矿、锰、云母、铝矾土、钛矿、铬铁矿、天然气、钻石、石油、石灰石。

人民　1999 年 5 月 11 日人口达到 10 亿，目前的人口结构表现出青年人居多(15～64 岁占 61%)，人口增长率为 1.68%，出生率为 25.39‰，死亡率为 8.5‰，男女出生时性别比为 1.05:1，婴儿死亡率为 60.81‰，出生时预期寿命为 63.4 岁，妇女总生育率为 3.18 胎。从民族构成上看，印度—亚利安族占 72%，德拉维族占 25%，蒙古族及其他占 3%。印度是佛教和印度教的发源地，印度教民占人口的 80%，穆斯林占 14%，基督教占 2.4%，锡克教占 2%，佛教占 0.7%，耆那教占 0.5%，其他占 0.4%。百万以上人讲的语言有 24 种，在中央和邦政府中，英语和印地语为官方语言，15 种语言为联邦正式用语。印度成人识字率为 55.7%，第一、二、三级教育合并入学率为 54%，实际人均 GDP 为 2077 美元(1998 年购买力平价)，人类发展指数在 174 国中居 128 位，属下中等人类发展国家。(注：参见联合国开发计划署《人类发展报告》2000 年版)

政府　印度是多党联邦共和国，首都新德里，全国由 25 个邦和 7 个中央直辖区组成。印度于 1947 年 8 月 15 日摆脱英国统治获得独立，国庆节为 1 月 26 日(1950 年，宣布成立印度共和国)。印度宪法 1950 年 1 月 26 日生效，它是印度的基本法。邦的所有机关均依宪法成立，并由宪法赋予权力，而且在宪法框架内履行其责任。宪法制定管理结构和制度，就公民及其他人的基本权力做出详细规定以制定某些总的指导原则，以用于指导邦的各种机构，立法、行政及司法部门。其设想的政府是具有一定单一国特点的联邦结构。

行政机构：国家元首：总统纳拉亚南(自 1997 年 7 月 25 日)；政府首脑：总理瓦杰帕伊(自 1998 年 3 月 19 日)；内阁：部长会议由总统根据总理提名任命。选举：总统由议会两院和各邦立法议会议员选出的“选举团”选出,任期5年,上届选举在1997年7月14日(下届在2002年7月5日);总理由立法选举后产生的多数党的议员中选出,本届政府于1999年10月第13届印度人民院选举后产生。

立法机构:由联邦院(上院)和人民院(下院)组成。联邦院有250名议员,12名由总统任命,余者由各邦立法议会选举产生,任期6年;人民院共有545席,除两名议员由总统指定外,其余由选民直选产生,议员任期5年。1999年4月17日,以印人党为首的瓦杰帕伊多党联合政府在人民院的信任投票中以一票之差失去执政资格。在国大党组阁受挫后,总统宣布解散人民院,举行大选。在10月大选中,印人民党东山再起,连续第三次成为议会第一大党,受命组阁。

司法机构:最高法院法官由总统任命,任职至65岁。

经济

印度的经济包括传统的乡村农业、现代农业、手工业、广泛的现代工业以及大批的支助性服务业。农业是重要的经济部门,占劳动力的67%,占国内生产总值的1/4。1991年发生国际收支危机后,印度开始调整其宏观经济框架的进程,实施新的经济政策包括吸引外资,大幅度降低关税和其他贸易壁垒,改革金融部门,使外汇制度自由化,大力调整政府货币和财政政策。改革给印度商人和据估计的3亿中产阶级消费者提供了新的机会。改革以来,印度避免了债务重组,吸引外资1997年达到36亿美元,恢复了对经济前景的信心;外汇储备到2000年底增加到372.64亿美元;通货膨胀得到了控制;粮食产量1997年达到2.25942亿吨的最高水平;许多基本经济因素,包括储蓄率(占GDP的26%)和国际储备(现为379.02亿美元,不含黄金)良好。改革使近几年印度经济持续增长,综合国力有所上升,作为一个拥有10亿人口的南亚大国,印度正在形成一个巨大的市场。实际GDP增长在连续3年达到平均7%后,1997年因受亚洲危机的影响降至5.8%。1998年因核试验后受到美国和其他国家制裁的不利影响,经济增长降至4.7%。由于1999年开始的工业生产加速有助于抵消年中农业产出的下降,增长加速至6.5%,2000年增长率继续攀升至6.7%。出口也已经加强,预计中期内持续旺盛的出口增长有助于将经常帐户赤字控制在GDP的2%以下。政府稳定物价的措施颇见成效,通货膨胀率降到了近20年来的最低水平。与此同时,能源、电信和运输瓶颈继续制约增长,改革也使国家面临巨大的挑战,特别是对于易受伤害的群体,诸如穷苦的妇女,市场很少体现她们的利益。此外,代表不同利益集团,由24个党派组成的全国民主联盟,能否摆脱不稳定的阴影,继续推进改革进程目前也难以定论。

GDP:4 772.61亿美元,人均477美元(2000年)。GDP部门构成如下:农业占28%,工业占26%,服务业占46%(1999年);通胀率(消费价格):5.0%(1999年);劳动力:4.31亿(1998年),其中农业占67%,服务业占18%,工业占15%(1995年);预算:收入421.2亿美元,支出637.9亿美元,包括资本开支138亿美元(1998/1999财年预算)。

工业 纺织、化工、食品加工、钢铁、运输机械、水泥、采矿、石油、机械。工业生产增长率为5.5%(1997年)。

发电 4 771.92亿千瓦小时(1999年),火力发电占80.35%,水电占17.8%,核电占1.83%,其他占0.02%(19996年)。

农产品 水稻、小麦、油菜籽、棉花、黄麻、茶、甘蔗、马铃薯、牛、水牛、绵羊、山羊、家禽、鱼。

对外贸易 出口:410亿美元(2000年),占世界出口额的0.69%,年增长率为12.8%。主要出口商品为:纺织品、宝石和珠宝、工程产品、化工、皮革制品。出口伙伴中美国占21%,日本占5.1%,德国占5.8%,英国占5.7%,香港占4.6%。

进口:498亿美元(2000年),占世界进口额的0.7%,年增长率为11%。主要进口商品为:原油和石油产品、机械、宝石、肥料、化学品。主要进口伙伴中美国占9.1%,日本占6.1%,比利时占6.5%,德国占5.6%,新加坡占5.8%,沙特阿拉伯占5.9%

外债 944亿美元(1999年);经济援助接受额:14.84亿美元(1999年);兑换率:1美元=43.49卢比(1999年),46.75(2000年)。

运输 铁路:62 915公里(1998年);公路3 319 644公里(1996年);水路:16 180公里。管道:原油3 005公里;石油产品2 687公里;天然气1 700公里。

主要港口:加尔各答、马德拉斯、科钦、坎德拉、孟买、维沙卡帕特南。

商船:311 艘(千吨级),共计总注册吨位6 627 497 吨/载重 11 038 723 吨。

机场:341 个(1998 年),其中直升机机场 17 个(1998 年)。

科学技术

印度政府始终把发展科技置于优先地位,从中央到地方,它有一套完善的科技管理机构,近年来科技投资力度不断加大,科研与生产的结合日趋紧密,重视对引进技术的消化与吸收,长期的能力建设使它拥有了一大批高水平的科技人才,极大地推动了科学技术的发展。目前它在天体物理、空间技术、遥感卫星、核能应用、电脑软件、分子生物等领域的研究成果已达到世界先进水平。近几年来,印度的信息产业搞得红红火火,已成为经济增长的龙头;在军事上,印度经过几次核试验后,一只脚已跨入“核俱乐部”;在航天领域,印度正积极发展太空科技,计划发射无人驾驶太空船前往月球,希望实现太空大国梦。科学技术的大发展提升了印度的综合国力,其潜力不可等闲视之。

据联合国教科文组织统计,1994 年印度拥有全日制研发人员 336 589 人(不含高等教育部门的技术员),其中研究人员 136 503 人,技术员 98 769 人,其他支助人员 101 317 人。平均每百万人口有研究人员 149 人,技术员 108 人,每名研究人员拥有技术员 0.7 人。

1995/1996 年度国家研发开支估计为 775.39 亿卢比(约合 23.92 亿美元),占 GDP 的比例从 1994/1995 年的 0.8%增至 1995/1996 年的 0.84%。1994 年人均研发开支为 2.39 美元,与巴基斯坦 1990 年的数字相当(2.35 美元),但不足埃及 1991 年数字(5.55 美元)的一半。1995 年中央政府提供了研发开支的 75%,邦政府提供了 8.6%,私营部门提供了 16.4%。

在国家政府的非工业部门开支方面,1995 年应用研究(38.8%)与试验开发(31.2%)分配比较均衡,此外,邦和中央政府将 18.1%的研发开支投入基础研究,其余部分用于支助性活动。在邦政府一级,55%用于应用研究,29%用于试验开发,15~16%用于基础研究。在第八个五年计划(1992~1997 年)中,大约 67.6%的科技开支拨给了科学机构,1995 年国防研发组织和航天部获得了总拨款的半数。

在印度,支助研发项目的方式有两种,机构内部方式,即国家实验室、大学、公共和私营行业及其他研究组织利用年度赠款搞项目;另一种是机构外部方式。机构外部项目旨在建立综合研究能力,鼓励科学家从事研究事业,1985~1995 年间,它以每年 8.95%的比率增加,科技部、生物技术部和印度农研会占机构外部研发支助额的 2/3。

由于印度经济仍然以农业为基础,因此,农业计划预算的 13%注入到农业研发和教育。1994/1995 年,邦研发总开支的 88.8%被用于农业科学,用于工程技术(4.6%),自然科学(3.6 %)和医学(3%)的投入非常少。

教育

由于认识到教育是人力资源开发和扩大人在生活中的选择权的最重要手段,印度宪法对直至 14 岁的儿童的免费义务教育列为邦政策的指导原则。1992 年修订的《全国教育政策》和《行动纲领》体现了对普及小学教育、全面扫盲和结束性别差异的无保留的重视。然而,承诺与期望之间的差距仍很大,而且性别悬殊的基本现实以任何标准衡量都不容乐观。

学前教育 印度早期儿童教育的主要手段是儿童发展综合服务方案。在 1998/1999 年度该方案得到普及,在该方案的 5 614 个项目累积将覆盖 4 370 万儿童,预计其中 2 910 万儿童属于 3~6 岁年龄组,这可能占学龄前总人口的 35~40%。该方案目前覆盖的 1 050 万学龄前儿童中,女童占 49%。

初等教育 1996/1997 年印度有小学 598 354 所,有教师 1 789 733 人(含学前机构,但不含中学附属的小学班教师),女性占 33%;有注册生110 390 406 人,女生占 43%。小学总入学率为 100%。印度是世界上妇女文盲最多的国家,在农村,每 100 名进入一年级的女生中,进入五年级的不足 40 名,缩减率达 60%。

中等教育 1996/1997 年度,普通中学有教师(含中学附属的小学班)2 738 205 人,女性占 35%,有注册生 68 101 705 人,女生占 38%;职业教育注册生为 770 688 人,女生占 15%,中学总入学率为 49%。女童接受中学教育的情况极差,按一年级招收学生的百分比计算,中学女生的辍学率为74.5%,而男生是68.41%。

高等教育 1995/1996年度印度有204所大学,8 613所学院,高校注册生人数1996/1997年达到6 060 418人,女生占36%,大学总入学率为7%。

教育开支 1995年公共教育开支占GNP的3.3%(1996年占3.2%),占政府开支总额的11.6%;经常性教育开支占总开支的99%。经常性开支在各级教育中的分配为:学前和初等教育占29%,中等教育占33.9%,高等教育占22.9%,其他类型占3.5%,未分配部分占10.6%。1996年教职工开支占经常性开支的71.8%,教学用具占1.1%。

文化

印度是世界著名的四大文明古国之一,它有着悠久的历史,复杂的人种与民族,繁多的宗教,传世的文学,魅力无穷的音乐,多姿多彩的舞蹈,蜚声世界的电影,形形色色的戏剧以及丰富的自然与文化遗产。

历史上印度次大陆还遭受到众多入侵者的瓜分,公元前1500年左右来自中亚、高加索地区的白皮肤的亚利安人征服了土著的黑皮肤的达罗毗茶人之后,印度逐步实行了种姓制度,它是印度社会独有的、古老而残酷的社会等级体系,其三大特征是世袭、内婚制与等级制。尽管以种姓等级为基础的歧视在法律上已被印度政府规定为非法,但种姓制度仍在当代印度的政治、经济、文化中起着重要作用。传统上,印度只有4个种姓,如今它们已分化成数以千计的次种姓等级,种姓从一种身份和等级集团,又延伸为一种利益集团,成为目前印度政治体制的基础,种姓暴力已成为印度社会的痼疾。

当今印度的文化与通讯事业相当发达。全国有报刊3.3万多种,并且几乎每家报刊杂志都有了网页。在不到4年的时间里,印度有130多万用户上网,上网人数年增275%,估计到2001年将有600万人使用互联网。全国有电话机1 200万(1996年);广播电台:中波153个,调频91个,短波62个(1998年);收音机:1.16亿台(1997年);电视机:6 300万台(1997年)。

印度电影久负盛名,它已成为向世人展现印度文化风情,将世界与印度联系在一起,为世界带来欢乐的载体。电影业在印度已形成了一个年营业额约500亿卢比(12亿美元),拥有近200万工作人员,年产1 200部影片的庞大行业。这1 200部影片中,800部为故事片,400部是电视片、商业广告片和译制片,这个数字相当于好莱坞电影年产量的3倍。1999年印度电影业巨人宝莱坞的电影出口创汇1亿多美元,预计2000年将超过2.5亿美元,为印度电影赢得了巨大的声誉。

环境保护

土地利用:印度可耕地占总面积的56%,多年生作物用地占1%,多年生草场占4%,森林和林地占23%,其他占16%(1993年)。1999年国家保护区面积为14.29万平方公里,占陆地面积的4.8%。

自然灾害:干旱、暴洪、频繁的严重雷暴、地震。

当前环境问题:森林消失;土壤侵蚀;过度放牧;荒漠化;工业排放以及车辆尾气导致的空气污染;污水及农药径流导致的水体污染;自来水不适合饮用;庞大且快速增长的人口使自然资源不堪重负。

从1999学年度开始,印度把环保作为一门课程列入了中小学和大学的教学大纲,印度环境部长称,引进这一课程的积极意义将在5~7年后反映出来,届时印度的年轻人将更具有环保意识。

环境国际协定:印度是下列协定的缔约方:南极环境协定书,南级条约,生物多样性,气候变化,荒漠化,濒危物种,环境改变,有害废料,海洋法,禁止核试验,臭氧层保护,船舶污染,热带木材83,热带木材94,湿地,捕鲸。

经济文化一体化

印度是个非常重视集体主义文化的社会,在这样的社会里,个人的决定必须与家庭、群体和社会结构相吻合,个人的地位取决于年龄、学位、种姓等级和职业之类的因素。就职业而言,在政府部门任职远比在私人企业工作更受人尊敬,然而,现在受过良好教育的印度人更愿意在软件公司工作,他们为印度信息业的飞速发展而自豪。

近年来,印度信息业以惊人的速度腾飞,一跃成为世界软件大国，年增长率一直保持在50%以上，而世界软件年均增长率是20%。1999～2000年度，印度信息业的总产值达到59亿美元。现在，在全球软件开发市场中，印度占据了16.7%的份额。在信息产业最发达的美国，印度占据其软件销售市场份额的60%以上。2008年软件业的年收入预计达到850亿美元。1999年信息专业人员达到28万人，预计2008年达到220万。目前，印度已建立了7个国家级、两个邦级的软件科技园区，有320万人服务于近千家公司。仅在海外工作的印度软件工程师就有10万多人。调查显示，印度软件科技人才正以每年6万人的速度急剧增长。

印度信息业的成功得益于：教育体系、政府的支持、高质量的产品和服务。印度有着仅次于美国的第二大英语科技人才储备库，这是印度特有的一种人力优势，此外，它建立了先进完备的高等教育体制。为了促进软件出口，印度在高科技园实施零税收政策，产品100%出口的软件公司可免缴所得税；如果进口的硬件，软件用于软件开发可享受零关税。允许通过互联网进口软件。国家银行以低利率向软件业提供贷款，诱人的政策倾斜已使印度在最近4年获得了大量的国际投资。除了出口软件产品外，印度还向全球信息产业中80%的企业输出软件服务。在印度的软件公司里，每一个单独的项目都有专门的管理者负责与顾客沟通，确保了服务的质量和软件业的可持续发展。

目前，印度政府正在着力于产业结构的调整，软件业突飞猛进的发展为印度经济和科技的崛起打下了良好基础，也带动了通讯、互联网等其他产业的发展。

（中国国家图书馆　李跃进）

沙特阿拉伯经济文化概况

概况

地理　沙特阿拉伯王国（The Kingdom of Saudi Arabia）总面积约为215万平方公里，是阿拉伯半岛最大的国家。北与约旦、伊拉克和科威特为界，东与波斯湾相汇，海岸线长480公里，东南和南部与卡塔尔、阿联酋、阿曼和也门相邻，西濒红海，海岸线长1 750公里，全国分为4种主要地形，即西部山区，中部丘陵地带，沙漠地区和海岸地区。首都利雅得，其他主要城市有吉达、麦加、达曼等。沙特内陆干旱、酷热，中部夏季（5～10月）最高温度超过50℃，冬季干燥、凉爽，夜间温度接近零度，山区可发生严重霜冻，甚至数周降雪。东、西部地区夏季湿热，最高温度为42℃，冬季温暖。全国年均降水59毫米。

人民　2000年7月估计人口为2 202万（包括536万非国民），年增长率为3.28%。伊斯兰教为国教，居民中伊斯兰教徒占98.8%，基督教徒占0.8%，其他占0.4%，官方语言为阿拉伯语。根据联合国开发计划署2000年版《人类发展报告》，1998年人口出生时预期寿命为71.7岁，成人识字率为75.2%，第一、二、三级教育合并总入学率为57%，实际人均GDP为10 158美元（购买力平价），人类发展指数在174个国家/地区中列第75位，属中等人类发展国家。

政府　沙特是拥有大臣会议（Council of Ministers）和协商会议（Consultative Council）的君主制国家。国王是最高统治者，是全国的宗教领袖和酋长领袖。国王既是国家元首（君主），又是政府首脑（大臣会议主席）。由国王任命和领导的大臣会议（内阁）是王室的立法和执行事务的权力机构，协商会议是1993年9月成立的咨询机构，司法机构为伊斯兰第一诉讼和上诉法院。

经济

沙特拥有丰富的石油财富，其储量居世界首位，到1999年1月1日已探明储量为2 615亿桶，约占世界储量的1/4，尚可开采85.75年。同时它是世界最大的石油生产与出口国。石油部门占财政收入的75%,占GDP的40%以及出口收益的90%。全部沙特石油中95%以上是以沙特政府的名义,由沙特ARAMCD公司生产的,1993年6月该公司吸收了国有销售与冶炼公司(SAMAREC),成为世界最大的一体化石油公司。由于石油美元的滚滚流入,沙特常年享有与其他国家的贸易盈余,进口迅速增长,大量政府岁收被用于发展、国防和对其他阿拉伯和伊斯兰国家的援助上。但由于海湾战争时沙特阿拉伯是最大的军费分摊国,一笔耗尽700亿美元外汇存底以及此后数百亿美元的军备采购,使其国力已显窘境。为了扭转局面,第六个发展计划(1995～2000年)强调,在不做削减的情况下,降低政府服务成本,扩大教育培训方案。该计划号召通过使经济活动多样化和私有化降低王国对石油部门的依赖。

根据西亚经社会的报告,2000年沙特取得了显著的经济增长,GDP增幅从1999年的0.4%上升至5.1%,达到1 440.79亿美元,人均6 668美元。与多数海合会国家一样,石油部门成为经济增长的火车头,2000年沙特将石油日均产量提高到了830万桶,比1999年增产8.6%,产量和价格的巨增使经济出现了多年未见的繁荣。非石油部门业绩也不错,初步估计2000年增长率为3.8%,银行、贸易部门和石化业带动了这种增长。2000年全国劳动力总量达720万,其中400万外籍工人受雇于石油和服务部门,劳工本土化已被列为国家第七个发展计划(2000～2005年)的头等事项。

工业和电力 原油生产、炼油、基础石化、水泥、两个小型轧钢厂、建筑、肥料、塑料。工业生产增长率为1%(1997年估)。1999年电力净装机容量为2 292万千瓦,发电1 146.24亿千瓦小时,全部为火力发电,可自给自足。

农业 农业是沙特着重发展的另一部门,1996年全国可耕地和多年生作物用地为3 830千公顷,水浇地1 480千公顷,分别占国土面积的1.78%和0.688%。主要农牧产品为:小麦、大麦、马铃薯、甜瓜、椰枣、柑橘、羊肉、鸡、蛋、奶。1998年谷物产量9.3万吨,蔬菜产量126万吨,水果产量128万吨。1998年全国拥有农用拖拉机5 610台,收割一脱粒机134台。

运输 全国铁路总长1 394公里(1998年);公路14.5万公里(1998年估计)。管道:原油6 400公里;石油产品150公里;天然气2 200公里(包括液化天然气1 600公里)。全国有11个主要港口。有千吨级海运商船73艘,总注册吨位1 124 110吨/载重1 467 121吨。全国有机场205个(1999年估计),有直升机机场4个(1999年估计)。

金融 1999年政府岁收为1 475亿里亚尔,其中石油岁收为1 045亿里亚尔,其他岁收430亿里亚尔,同年支出为1 650亿里亚尔。1999年货币流通量为1 568.2亿里亚尔,储备量为575.3亿里亚尔(1998年)。1999年外汇储备为155.9亿美元。1999年银行对经济部门的贷款总额为1 663.23亿里亚尔,其中大部分流入了商业(23.4%)、制造业(14.3%)和建筑业(11.6%)。

出口 2000年出口为622.50亿美元,出口商品为:石油和石油制品(90%)。出口伙伴中美国占18.2%,日本占17.5%,印度占5.3%,韩国占8.9%,新加坡占6.8%(1999年)。

进口 2000年进口为297.54亿美元,进口商品为:机械设备,食品,化工,汽车,纺织品。进口伙伴中美国占24.6%,日本占9.9%,德国占7.1%,意大利占4.8%,英国占7.3%(1999年)。

科学技术

阿卜杜勒·阿齐兹国王科学城(KACST)以及法赫德国王石油和矿产大学(KFUPM)研究所是沙特两个主要研发机构,除管理自身的一揽子研发方案外,上述研究所还支助、协调沙特各大学的研发活动。KACST是根据1976年皇室命令建立的,其使命是应国家发展要求,支持并鼓励应用型科学研究,协调沙特研究所的应用研究活动,同时负责确定国家优先项目,与其他相关机构合作制定不同领域的科研政策。皇室命令称KACST的作用是在沙特建立一座科学基地,促进全国科学人才的开发,并强调有必要召集合格的科学家、技术人才在KACST内进行现代技术的开发与应用工作。KACST的工作由一名主任和两名副主任负责,同时授权一个监督委员会“管理并处置其事务”,该委员会由总理任主席,其成员包括8位部长及KACST主任。

根据西亚经社会的报告，1996年沙特共有49个研究机构，主要归政府和大学所有，当年研发开支为1.96094亿美元，其中政府资助占96.2%。私立部门资源占3.8%。1996年国内研发开支占GDP的0.15%，在西亚居中等水平，1992年以来年均增长12.4%，1996年人均研发开支为10.6美元，在有统计的18个阿拉伯国家中居第二；全日制研究员年人均研发开支为23.18万美元，支助人员开支为1 900美元，居阿拉伯国家之首。

1996年全国每千名劳动力中有全日制研究员0.16人，在阿拉伯国家居中，与1992年(0.18人)相比有所下降；每千名劳动力中有研发人员0.45人，不足阿拉伯国家(1.01人)的半数。1996年全国有全日制研究员846人，自治机构与部委占36.4%，大学占63.6%。研究员大多分布在农业(20.1%)，基础科学(18.4%)，教育(12.8%)，工程学(10.5%)等领域，工业部门占8.6%，石油部门仅占6.5%。

教育

沙特阿拉伯实行宗教与教育相结合的教育方针，力求通过教育使个人了解真主和宗教，使其行为符合宗教的教诲，满足社会的需求，实现国家目标，即以宗教促进政治稳定，以保持文化传统为主线，以加强世俗化为发展方向。

根据教科文组织的统计，1998/1999年度，沙特阿拉伯有幼儿园962所，有教师7 511人，全部为女性；有注册儿童93 942人，女童占46%，私立机构注册人数占75%，学前机构总注册率(4～5岁)为8%。全国有小学12 234所，有教师178 146人，女性占52%；有学生2 259 849人，女生占48%，师生比为1∶13，小学总入学率(6～11岁)为76%，净入学率为61%。全国有中学9 214所，有教师135 688人，女性占50%；有学生1 769 384人，女生占46%，中学总入学率(12～17岁)为61%，净入学率为42%。中学生在不同类型学校的分布为：普通教育占96.3%，师范占1.3%，职业教育占2.4%。全国有大学7所，其中3所为传统大学，以宗教、语言专业为主，在其余的世俗大学中，有3所综合性大学，1所理工大学，沙特的高等教育还包括77所学院。1998/1999年度全国有大学教师18 925人，女性占30%；有学生371 522人，女生占47%，大学总入学率(18～22岁)为16%。大学在校生(毕业生)学科百分比分布如下(注：在校生数据为1995/96学年，毕业生为1996年数据)：教育占35.9%(38.8%)，人文占19.4%(19.0%)，社会科学占22.7%(17.4%)，自然科学占17.6%(21.4%)，医学占3.4%(3.0%)，其他占1.1%(0.3%)。

文化

沙特阿拉伯以伊斯兰教的发源地著称，公元632年先知穆罕默德去世后，伊斯兰教便在地中海地区传播开来，伊斯兰教规定所有穆斯林一生中至少要去麦加朝圣一次。麦加是伊斯兰教先知穆罕默德的诞生地，每年前来朝觐的穆斯林可达二三百万之众。麦加大清真寺的规模和富丽堪称世界之最，总面积18万平方米，可同时容纳50万人礼拜。位于麦加以北400公里处的麦地那是穆斯林的第二圣地，这里有先知穆罕默德的陵墓，“先知寺”和“古巴寺”等遗迹。

沙特的文化氛围非常保守，国家严格遵守伊斯兰教法“沙里亚法”的诠释，思想观念必须与限定的道德规范相一致，男女不能一起出席公共活动，工作场所实行男女分隔。

宗教与石油是沙特在国际上处于重要地位的两个主要因素，石油大规模开发前，沙特人崇尚俭朴，无拘无束，鄙视劳动，家族与部落观念浓重，认为一切都是命中注定，同时慷慨好客，勇敢无畏和血亲复仇也是沙特人价值体系的一部分。但滚滚的石油财富使沙特人从精神到物质都有了根本的变化。首先，石油工业的发展使得交通、通讯、道路等基础设施如雨后春笋般涌现出来，一大批城市拔地而起，游牧民和外来劳工的大量涌入加速了城市化步伐，城市人口从1950年的15.9%已发展到1998年的85%，文化教育的长足发展以及异域文化的冲击，使得人们对精神产品的需求大增，1999年每千人信息工具拥有量分别为：报纸57份(1996年)，收音机321台(1999年)，电视机263台，移动电话31部，个人电脑57.4台，2000年7月每万人拥有互联网主机1.53台，全国有互联网服务商6个。录像机、空调器等耐用消费品迅速普及，出国旅行日益普及，人们花在教育、娱乐上的钱越来越多，享乐主义的观念冲击着传统的禁欲主义。

1996年国内销售的录制音乐中,国内流行乐占59%,国际流行乐占41%。1995年盗版录制音乐占43%,每百户居民拥有录像机17台。1996年外国游客到达量占国内居民的18%,国民海外游人数占4.7%,主要目的地是约旦和埃及。随着生活的富足,沙特人民的文化生活也更加丰富多彩,除传统的赛骆驼和赛马外,文物展,画展,戏剧表演,歌咏竞赛,诵经竞赛等活动蓬勃开展,在全球化浪潮中,异域文化正在与传统文明发生着撞击。

环境保护

沙特阿拉伯是世界上缺水最严重的国家之一,即使在整个阿拉伯国家,其缺水量和用水量也是惊人的。1998年人均可更新水资源为119立方米/年,1987～1995年年均淡水抽取量占水资源总量的709.1%(世界平均为7.3%),人均为1 003立方米(世界平均为626立方米)。1994年时全国有林地180万公顷,1990～1995年年均森林消失率为0.8%,频繁的沙尘暴已成为首要的自然灾害。1996年每千人新闻纸及其它印刷与书写纸张消耗量为3 956公斤,同年二氧化碳排放总量为2.683亿立方吨,占世界排放量的1.1%,人均排放14.2立方吨。沙特阿拉伯将于2001年起生产无铅汽油。沙特是下列国际环境协定的缔约方:气候变化,荒漠化,濒危物种,有害废料,海洋法,臭氧层保护。

经济文化一体化

随着经济的发展,沙特的经济文化呈现出交融的趋势,家庭经济与现代经济共荣,东方管理与西方管理共存并逐步走上一体化发展之路。

由于沙特是一个以家族名称命名的国家,家庭在经济、社会、文化诸方面扮演着重要角色,一个人的地位与家族的命运息息相关,在沙特历史上,皇室权力始终在家族内传递,国家的荣辱与家族兴衰相伴。沙特家族的亲王们大都子承父业,有的从政,有的从军,有的经商。年轻一代的亲王们在经商和经营企业方面享受国家的各种优惠和照顾,如提供无息贷款、获得赠款以及免税等。亲王商人们凭借商人的精明和政府作后台,在商场中如鱼得水,同时在他们的周围也集中了一批留学欧美的精英,他们将诚实、慷慨、勤奋、礼貌,对宗教虔诚等传统价值观与现代化的经济管理模式相结合,大的公司在决策上实行总裁负责制,但并不是靠严格的规章制度,而是靠对雇员的关心和照顾,靠人格魅力和公关手腕来协调公司的人事关系,靠一种强大的渗透力和感染力的传统习俗,努力营造一种以忠诚为核心的内部管理环境,使员工免除后顾之忧,全身心地投入到工作之中。

传统的阿拉伯人由于受游牧作风的影响,生性懒散,缺乏时间观念。如今许多工作在不同生产、管理岗位上的人已完全适应了现代化工作节奏,由跨国公司培训的沙特管理人员已开始将同样的模式应用于本国的劳动力,生活方式、消费方式及工作方式的改变使得人们的思维方式也发生了改变,如今在沙特政府和企业家中宿命论的观点逐渐让位于提倡在现世努力,改善自身的经济与道德水准的"意志自由论"。石油作为一种战略资源,它影响着中东和世界,也使沙特王国的社会经济文化发生着变化。

(中国国家图书馆　李跃进)

科威特经济文化概况

概况

科威特国(The State of Kuwait)位于波斯湾西北岸,北部和西北部与伊拉克接壤,西南和西部与沙特阿拉伯相邻,东滨波斯湾,面积17 818平方公里。总的说来,土地平坦,略有起伏的沙漠缓缓地向东北延伸,达到海拔300米的高度,境内除少数绿洲外,大部分为沙漠。2000年人口为197.4万,1995～2000年年均增长率为3%,城市人口180万,占97%,

然而由于大规模的外籍劳工存在,官方很难提供准确的人口数。据估计,2000年非科威特居民占总人口的58.8%,全国平均人口密度为每平方公里87人。人口中穆斯林占85%,基督教、印度教和其他宗教信仰者占15%。官方语言为阿拉伯语,英语也广泛使用。首都为科威特城,主要城市有艾哈迈德港、杰赫拉、哈瓦利、萨利米耶。

科威性属沙漠气候,夏季漫长、干燥、酷热,气温高达45℃以上并频繁伴有沙暴,冬季凉爽,有时温度可降至4℃以下。10~5月为雨季,年均降水176毫米,近年来减至106~134毫米。

科威特为君主立宪制国家,国庆日为2月25日(1950年),宪法于1962年11月11日颁布。国家元首是埃米尔,通过大臣会议行使行政权力,埃米尔可任命首相,并在首相的推荐下任命和罢免大臣,埃米尔还可制定法律。科威特实行单一议会(国民议会)制,有议员50名,任期4年。政府(大臣会议)首脑是首相,首相在内阁协助下行使权力。科威特司法机构包括:裁决制法院、初审法院、高等上诉法院、最高上诉法院、立法法院和税务法院。

科威特是高收入石油生产国,根据联合国开发计划署2000年《人类发展报告》,1998年科威特成人识字率为80.9%,第一、二、三级教育合并总入学率为58%,人均实际GDP为25 314美元(购买力平价,1998)。其人类发展指数在174个国家/地区中居36位,属高度人类发展国家。

经济

科威特是资源富国型小国,到1999年1月1日已探明石油储量为965亿桶,占西亚10个产油国总储量(5 874.43亿桶)的16.4%,占世界总储量(10 346.69亿桶)的9.3%,1998年日产原油207万桶,尚可持续开采127.7年。石油几乎占到GDP的一半,占出口收益的90%,占政府收入的75%。虽然,近年来科威特一直在努力实施产业多样化,减少对石油的依赖,并已取得了明显效果,比如在GDP构成中,采掘业所占的比重已从1975年的70.52%降至1998年的38.09%,同期制造业从5.6%升至13.87%,服务业从23.63%升至47.63%,但石油部门在相当长的一个时期内将继续成为影响经济增长的重要因素,油价和收入的变化极大地影响到政府的收入、开支、预算赤字、经济增长、就业机会、区域间援助和贸易。1998年石油输出国组织(OPEC)的平均原油价格降至过去21年最低价格每桶12.3美元,这是由于伊拉克和中亚产量提高,东亚和东南亚经济体,特别是日本石油需求减少所致。为了使油价走出低迷,1999年3月世界主要产油国签署了为时3年的限产保价协定,此时适逢世界经济复苏,主要国家对石油的需求上升,世界库存不断减少,OPEC协定发挥了作用,1999年油价逐渐攀升,年均价格达到17.47美元/桶,2000年达到27.94美元。随着油价的攀升,GDP增长率也从1999年的0.5%升至3.6%,2000年GDP达到307.89亿美元,人均15 597美元,实际GDP的增长几乎全部来源于石油部门。2000年石油产量增加了10.2%,日均产量达到209万桶,石油收入比1999年增加了76.16%。而非石油部门的增长则因外籍劳工的净离境而受到钳制,1999年7月至2000年6月外劳就业减少了5.1万人,到2000年年中全国劳动力总量为120万,比1年前减少了1.6%。

工业 包括石油、石化、海水淡化、食品加工、建材、盐、建筑。1997年工业生产增长率为1%。1998年发电量为300亿千瓦小时。

农业 科威特缺少水并且几乎没有可耕地,因此限制了农业的发展,除鱼类外,几乎全部食物靠进口。

政府财政 科威特是个典型的福利国家,依靠滚滚而来的石油美元,政府对其国民实行各种名目繁多的优厚补贴,并且每年从预算收入中拿出10%划入后代储备基金,以备石油枯竭后之需。长期的福利政策使得海湾战争后政府财政连年出现赤字,直到1996年才出现盈余,但1998年石油收入的下降使得财政重陷赤字(-4.56亿第纳尔)。1999年石油价格的上升使得财政走出了窘境,到财政年度末(2000年6月30日)总税收已达到170亿美元,并获得39亿美元的盈余,相当于GDP的7.1%。

出口 1 151.4亿美元(2000年),出口商品为石油和提炼产品、肥料。出口伙伴中日本占24%,印度占16%,美国占13%,韩国占11%,新加坡占8%(1997)。

进口 74.64亿美元(2000),进口商品为:食品、建材、车辆及配件、服装。进口伙伴中美国占22%,日本占15%,英国占13%,德国占8%,意大利占6%(1997)。

运输和旅游 1999年公路总长为4 450公里,全国每2人有一辆轿车,投入使用的机动车辆为835 257辆,其中客车701 172辆,卡车和小货车121 763辆,公共汽车12 322辆。管道:原油877公里;石油产品40公里;天然气165公里。全国有千吨级海运商船48艘,总注册吨位2 506 448吨/载重吨位4 040 921吨(1999年估)。全国有机场7个,直升机机场2个(1999年估)。1998年全国有旅馆21家,床位3 287个,游客人数7.7万,国际旅游收入2.07亿美元(1998)。

科学技术

科威特绝大多数研发活动是由科威特科学研究所(KISR)和科威特大学来实施的。科威特科学促进基金会(KFAS)在资助研发活动以及培育科学意识方面发挥重要作用。

KISR创建于1967年,它是一个支持国家全面发展的多学科科技中心,指导研发活动是其主要任务,它强调旨在促进经济综合发展特别是工业发展的应用研究和开发活动;环境、农业和自然资源也是其特别关注的领域。

KFAS创建于1976年,它是一个由国内众多公司支持的非盈利组织,其活动由科威特埃米尔领导的一个监督理事会管理。该理事会有6名成员,由总干事主持基金会的运作并对理事会负责,总干事的工作得到部门主任以及各类专家、顾问的帮助。

据西亚经社统计,1996年科威特有研发机构15个,其中政府部门11个,私立部门4个。全年研发总开支为6 711.3万美元。从资金分布来看,政府部委占70.1%,大学占19.4%,其他占7.6%,私立机构占2.8%。自1992年以来,研发开支年均增长10.5%。在西亚经社所统计的18个阿拉伯国家中,其研发开支仅次于埃及(2.275亿美元)和沙特(1.9609亿美元)居第三位,占GDP的0.24%,相当于阿拉伯国家平均水平的1.6倍,研发人员年人均开支为5.94万美元,在阿拉伯国家中居首位。1996年每千名劳动力中有研发人员2.14人,其中有研究员0.81人,此两项指标在阿拉伯国家中均列居前列。1996年全国有全日制研究员440人,其中政府部委占75.9%,大学占18.9%,私立部门占5.2%;按研究领域分,农业占23.2%,资源管理占17%,能源占15.7%,其余领域研究员比例不足10%。

教育

科威特政府相信教育是国家复兴和进步的坚实基础,因此每年都把巨额资金投入教育事业。科威特儿童从上幼儿园到大学毕业全部实行免费教育,目前,全国已经普及了高中教育,高中毕业生可直接升入大学。科威特对6～14岁儿童实行8年义务教育,学前教育始于4岁,小学4年,中学分为两个阶段,各4年。

学前教育 1997/1998年度,全国有学前教育机构215所,有教师3 525人,全部为女性;有儿童54 572人,女童占49%,私立机构注册人数占23%。学前教育总注册率(4～5岁)为63%。

小学教育 1997/1998年度全国有小学286所,教师10 798人,女性占59%;有注册生142 308人,女生占49%,师生比为1:13。小学总入学率为77%,净入学率(6～9岁)为62%。小学复读生比例为3%。小学生预期受教育年限为9.2年。

中学教育 1997/1998年度全国有中学教师21 187人,女性占56%;有注册生224 293人,男女生各占一半。中学生中99%接受普通教育,职业教育微不足道,全国有职教教师320人,女性占28%,有学生2 214人,女生占36%。1997年中学生(6～17岁)总入学率为65%。

大学教育 科威特大学是国内惟一一所大学,它拥有多所学院,如宗教学院、工业学院、教育学院等。1996/1997年度,科威特高校有教师1 691人,有学生29 509人,女生占62%。注册生中,接受大专教育者占27.5%,接受本科教育者占70.8%,接受研究生以上学位教育者占1.7%(1995/1996)。从学科分布来看,主修教育的学生占30.5%,主修人文的占7.7%,主修社会科学的占34.1%,三项合并占

72.3%，相比之下，主修自然科学的仅为23.3%，主修医学的占4.4%(1995/1996)。

教育开支　1997年公共教育开支占GNP的5%，占政府开支总额的14%。资金分配比例为：学前教育、小学和中学占69.8%，大学占30.2%。

文化

物质生活的极大充裕使得精神生活也丰富多彩起来，不但政府每年拨出专款修建与维护清真寺，不遗余力地支持伊斯兰教宣教，以保护伊斯兰信仰，而且民间还成立了拯救伊斯兰遗产协会，以各种方式弘扬伊斯兰文化。自1981年协会成立以来，它已用募集到的资金在科威特和伊斯兰世界各国修建了许多清真寺和伊斯兰中心，并实施了在伊斯兰世界建立100个图书馆的计划，印刷了一大批古兰经学、圣训学和教律方面的重要参考资料。此外，根据埃米尔“把科威特建成文化城”的旨意，政府定期颁发国家文化鼓励奖，以表彰优秀文学家、思想家和艺术家。

科威特的新闻事业发达，全国有8种日报，其中两家报纸是用英语、乌尔都语和印度马拉雅兰语出版的。1996年日报发行量达63.5万份，平均每千人拥有量为377份，相当于发达国家的1.67倍，发展中国家的6.3倍和阿拉伯国家的10.5倍。此外还有非日报78种，以及各领域和非政府部门出版的100种专刊。科威特有61家印刷厂，每年出版5 700万份印刷品。科威特通讯社与地区和世界多家新闻社有交换，除记者外，它有16个办事处，每天向国内发稿16小时，向外界发稿10小时。3个中波广播电台每天用4种语言播放。全国有13个电视台，此外还有几个卫星频道。1999年科威特每千人拥有下列信息工具的数量分别为：收音机632台，电视机480台，移动电话158部，传真机31.6部，个人电脑121.3台。2000年7月每万人拥有互联网主机23.15台，有互联网服务商(ISP)2个。

环境保护

尽管科威特油气储量得天独厚，但它缺乏两种其他关键的自然资源——多产的土地和可利用的再生水源。在过去几十年里，经济增长与发展和城市化加速了对其有限的自然资源造成的巨大压力，并对环境产生压力。由于缺乏国家综合保护战略，土壤和水滥用导致土壤退化，不可再生的淡水储存损失和水质恶化。

在全部土地面积中，1997年可耕地占0.3%，多年生作物用地占0.1%，人均耕地仅为0.003公顷，为西亚地区的最低水平，土地退化严重，几乎全部土地都已受到沙漠荒化的影响。

科威特境内没有常流河，生产与生活用水靠沙漠深层蓄水和海水淡化，年淡水汲取量为5亿立方米，占水资源总量的2700%，属严重超负荷透支用水。近年有机污染物排放量为每天8 761吨，每个工人日均排放0.15公斤。

1997年商业能源产量为11 608.7万吨油当量，消费1 616.5万吨油当量，1980～1997年年均增长率为1.5%，人均商业能源使用量为8 936公斤油当量，年均增长1.2%。90年代初人均年废气排放如下：二氧化碳3.54吨，氟氯化烃0.59公斤，二氧化硫222.5公斤(相当于日本的24.2倍，美国的2.63倍)，二氧化氮96.6公斤(相当于日本的6.15倍和美国的1.2倍)。

科威特于1999年制定了国家环境战略，1992年发表了环境状况报告，1997年制定了生物多样性战略。科威特已经加入了下列环境条约：气候变化框架公约(1992年)，生物多样性公约(1992年)，防止荒漠化公约(1994年)，消耗臭氧层物质的蒙特利尔议定书(1981年)，关于有害废料的管理和处置的巴塞尔公约(1992年)以及科威特行动计划(1978年)。

经济文化一体化

科威特在海湾国家中是一个现代化程度很高的国家，妇女可享受到较多的自由，受教育程度也很高。劳动参与率从统计结果上看在西亚国家中相对也较高，达42%，妇女参与率为23%，但实际参与率并非如此。在全国100万劳动力中，外籍劳工占到83%(1997)。科威特国民中专业技术人员缺乏，因此，它需要外籍劳工从事本国人不愿干或没有能力干的脑力或专业性工作，而国内劳动力多从事行政、管理或办公室工作，1993年这类岗位的就业占国民劳动力的

93%,劳动力市场的这种现象是由过去25年里下列三种因素造成的:(1)福利政策;(2)国民劳动力的社会经济特征;(3)国民偏爱于行政管理岗位而不喜欢技术性工作的传统。目前,在实行就业本地化方面,像其他海湾国家一样,科威特遭到了挫折,因为多数外籍工从事着对本人来说没有吸引力的非熟练、低收入工作,而另一些人则填补了本地人无法胜任的专业性很强的工作。政府在70～80年代所实施的福利政策导致多数本地人集中于缺乏效率的公共部门,实际上这种现象反映了让国民享有石油矿区使用费的国家分配政策,根据这种政策,91%的国民受雇于公共部门,他们获得的工资是市场工资的2～3倍。长此以往便导致了公共部门人满为患,新员工失业以及表面失业率的增加。另一方面,优厚的福利待遇使许多无法在政府部门找到理想工作的人自愿放弃工作;由于退休午龄提前,一些人"冠冕堂皇"地离开了工作。妇女普遍早婚、生育率高和家庭责任以及社会文化限制,无形中影响着她们的就业。此外,学校教育重理论轻技能导致毕业生不适应劳动市场需求,使得科威特人实际就业参与率很难提高。

宗教习俗在妇女就业方面的影响根深蒂固。根据1995年的一项统计,妇女从事行政/教员者占56%,从事办公室服务工作者占41%,生产和运输行业占1%,它反映了职业在社会和文化上的可接受程度。

作为高收入石油出口国,科威特的统治者提出了"真主保护科威特及其人民免受一切苦难"的口号,考虑到百年以后石油将枯竭,科威特将财政储备的一半用于各项目的投资(1998年海外直接投资为18.67亿美元),并将石油收入的10%划入后代基金。多年来科威特实施的经济多样化和财政投资多样化使每年在世界各地取得的丰厚收益已超过石油收入,并确保其能够摆脱一次次油价波动和地区危机。

(杨桂君)

黎巴嫩经济文化概况

概况

黎巴嫩共和国(Lebanese Republic)位于亚洲西南部的地中海东岸,东部和北部与叙利亚接壤,南部与以色列为邻,面积10 400平方公里,海岸线长225公里,陆界长531公里。从地形上说,全国自西至东分为四个平行部分:平坦、狭窄的海岸地带;黎巴嫩山脉,最高峰3 000米;深度约900米的贝卡谷地;位于东部海拔2 800米的对跖黎巴嫩山脉。黎巴嫩为典型的地中海型气候,冬季(1～5月)雨量充沛,其余月份干旱少雨,海岸年均气温为20℃,贝卡谷地为16℃,山区不足10℃,全国年均降水823毫米。

黎巴嫩素有"中东瑞士"的美称,首都贝鲁特被誉为"东方巴黎",是中东地区金融、贸易、旅游、新闻和交通的五大中心。主要城市有:贝鲁特、特里波利、赛达、苏尔、奈巴迪亚、扎勒、朱尼那。2000年人口为358万,年增长率为1.38%。官方语言为阿拉伯语和法语,教育机构和贸易中心广泛使用法语,其次是英语。全国伊斯兰教和基督教两大宗教中有十几个教派,政治生活建立在教义及其思潮的基础上。

总统为国家元首,由国民议会选出,任期6年,根据1943年黎巴嫩各教派协议,总统由基督教马龙派人士担任,总理由穆斯林逊尼派人士担任,议长由穆斯林什叶派人士担任,部长和议员根据教派人数按比例分配。国民议会拥有99名议员,任期4年,基督教和穆斯林的席位比例为6:5。司法系统由最高法院、上诉法院、行政法院、司法法院组成,此外还有不同的宗教法院。

美丽富饶的黎巴嫩长期以来,内忧外患不断,1975～1990年黎巴嫩基督教和伊斯兰两大教派之间爆发大规模内战。而在对外关系中,黎以冲突可谓阿以冲突的缩影。1978年2月以色列以保卫北部边界为由占领黎南部部分领土,1982年6月再次大举入侵黎,并在1985年撤出时在黎南部建立850平方公里的"安全区",由以军和亲以的南黎巴嫩军维持秩序,而黎巴嫩真主党民兵武装一直试图解放被占领土,因此双方边境地区一直战火不熄,始终未能跳出“袭击—报复—反报复”的怪圈。据以色列方面宣布,以驻黎南部的部队已于当地时间2000年5月24日清晨全部撤离黎南部“安全区”,从而结束了以色列对黎南部长达22年的占领。

经济

1975~1991年的内战严重地破坏了黎巴嫩的经济基础设施,国家物质资本储备损失了一半,人力资本也遭受了同样严重的损失,人均收入降至战前峰值的1/3,几乎使黎丧失了中东地区物资集散地和金融中心的地位。和平的实现使得中央政府恢复了对贝鲁特的管理,开始收税,收回了主要港口和政府设施。经济的复苏得益于财政上完善的银行系统和迅速恢复的中小型企业和家庭海外侨汇,银行服务,制成品和农产品出口,以及作为主要外汇来源的国际援助。1993年开始实施,1995年得到修正的长期投资计划——“地平线2000”是黎经济整体复苏的转折点,该计划拟定的1995~2007年间公共投资总额以1995年价格衡量为177亿美元(按时价估计为222亿美元),按部门划分,计划中的投资包括:物质基础设施(电力、电信、道路)占37%;社会基础设施(中小学和职业技术教育、文化、卫生、社会事务、住房与重新安置)占25%;公共服务(水、垃圾、公共运输、铁路)占22%;生产性部门(农业和灌溉、工业和石油、机场、港口、自由区、旅游、私营部门服务)占8%;国家机构(政府大楼、保安部队、公共信息、公共行政管理的恢复)占8%。

地平线2000计划含有大量的私人投资成分,1995~2007年其投资接近420亿美元,超过公共规模的两倍。在此13年间,GDP年均增长预计将达到8%,到计划末期,足以使人均GDP翻番。计划中的公共财政方案以一项财政调整过程为依据,预计1999年可产生经常项目的平衡,以后将出现盈余,到2007年盈余可升至GDP的8%,2100年后这些累计的预算盈余将成为支持公共投资和债务还本付息的主要来源。总预算将在2004年达到平衡并将在2006年产生足以取得财政自足的结余。预计在此期间总债务将维持在平均GDP的70%以下,1999年达到91%的峰值。根据公共财政方案,在整个期限内,债务本息支持总额将保持在GDP的10%以上,2002年将开始出现下降趋势。

黎政府的重建战略虽然面临着国内政治不明朗,地区形势复杂多变以及外部援助有限等诸多不利因素,但在几个方面还是取得了成功。首先是经济增长率有了提高,1991~1997年间GDP年均增长率达到9.7%;年通货膨胀率从1992年的100%降至5%;外汇储备从14亿美元升至65亿美元(1999年底达到77亿美元)。大量的资本流入产生了对外支付盈余,黎镑保持着相当的稳定,结果在全部清偿手段中,用美元结算的比例下降,而对黎镑的需求上升。但1997年以来经济增长开始放缓,1999年已衰退到1%,2000年无任何增长,国内失业增加,建设活动萎缩,贷款需求下降,资本流入减少,货币周转放慢,公共债务增加,长期外汇债务的信用等级下降,黎镑面临大幅度贬值的风险。同时,私营部门也面临着高利率,激烈的国外竞争,严重的官僚作风,以及劳动力、原材料和土地的高成本等不利条件。预计,随着私有化进程的加快,2001年经济将恢复增长,达到2.5%的水平。

2000年GDP为172.29亿美元,年增长率为0,人均GDP为4 813美元。从产出结构上看,不同产业附加值占GDP的比例依次为:农业占12%,工业占27%(制造业占17%),服务业占61%。劳动力130万,其中一半为外籍工人(1999年估),失业率为18%(1997估)。1998年政府财政收入为44 409亿黎镑,支出83 855亿黎镑,财政赤字为39 446亿黎镑,占GDP的15.3%,2000年进一步升至16.5%,1998年内债216 857亿黎镑,外债62 826亿黎镑。兑换率为:1美元=1 508镑(1998年),1 507.5镑(1999年,2000年)。

工业门类包括:银行业、食品加工、珠宝、水泥、纺织、矿物和化学产品、木制品与家俱、炼油、金属产品。

农业产品包括:柑橘、葡萄、蕃茄、苹果、蔬菜、马铃薯、橄榄、烟草、山羊、绵羊。

出口:7.17亿美元(2000年)。出口商品中食品和烟草占20%,纺织品占12%,化学品占11%,金属和金属制品占11%,电子设备和产品占10%,纸和纸制品占8%(1997年)。出口伙伴中沙特占14%,阿联酋占9%,法国占7%,叙利亚占6%,美国占6%,科威特、约旦和土耳其各占4%(1997年)。

进口:62.53亿美元(2000年),进口商品中食品占29%，机械运输设备占28%，消费品占18%，化学品占9%，纺织品占5%，金属占5%，燃料占3%，农业食品占3%(1997年)。出口伙伴中意大利占13%，美国占9%，法国占9%，德国占8%，瑞士占7%，日本、英国和叙利亚各占4%(1997年)。

科学技术

国家科学研究委员会(NCSR)是黎巴嫩的科学技术决策机构，它负责与促进和协调科学研究相关的所有事务，它成立于1962年9月，负有以下两种责任：其一是咨询责任，包括建立国家科学政策的大原则；与相关机构合作，制定实施国家研究政策的方案；提出分配研究预算的建议以及确保公共科学机构完成科研任务的措施。其二是执行责任，包括在考虑政府所批准的科学政策大原则的前提下，促进并鼓励应用与基础科学领域的科学研究；确定研究方向，以及在工作方案内调整并组织研究。

为履行咨询授权，NCSR于1966年拟定了第一个黎巴嫩科学技术大纲，该草案于1967年获得部长理事会批准。1993年该理事会为了加大科技政策的效果，草拟了科学政策项目文件，它包括以下内容：总目标；黎巴嫩科学政策的构成；黎巴嫩科学政策落实计划；黎政府的任务；综合与财政考察；研究员及其培训；研究氛围；研究领域的投资；研究项目计划；政策实施手段。

1994年理事会批准了第一个科学政策项目文件草案。

据西亚经社会的统计，1996年黎巴嫩有11家研发机构，研究开支为745.3万美元，除少量外部支持(18.78%)，绝大部分为政府资源。研发开支占GDP的0.06%，不足阿拉伯国家平均水平(0.15%)的一半，仅为本国1992年平均水平的1/3强。但由于同期GDP增长了135%，因此研发开支仍以年均7.1%的比率增长。1996年人均研发开支为2.4美元，全日制研究员人均开支为3.64万美元，均低于阿拉伯国家相应的平均水平(3.0美元和4.10万美元)。

1996年全国有全日制研究员205人，其中博士93人，硕士112人。近年来，研究人员呈减少的趋势，1996年每千名劳动力中有全日制研究员0.21人，1992年为0.23人，5年中年均减少2.2%，同期每千名劳动力中的研发人员数也从0.5人降至0.44人，年均减少3%。

教育

黎巴嫩对7～15岁儿童实行9年制义务教育，学制为小学5年，初中4年，高中3年。

1996/1997年度全国有学前教育机构1 938所，注册儿童(3～5岁)164 397人，女童占48%，私立机构注册人数占83%。1997/1998年度全国有小学2 171所，注册生为397 340人，女生占48%，小学总入学率(6～10岁)为111%。

1996/1997年度全国中学生注册人数为347 850人(1997/1998年度为33 290人)，女生占52%，其中普通中学有学生292 002人，女生占53%；职业教育有教师7 745人，女性占37%，注册生55 848人，女生占45%，中学总入学率为81%。

黎巴嫩有6所大学，7所高等学院。1997/1998年度高校有大学教师8 818人，女性占33%；注册生87 330人，女生占49%，大学总入学率(18～22岁)为27%，注册生中大专生占1.4%，本科以上学生占98.6%。大学生中主修自然科学的比例过低，仅占16.7%，多数学生选修社会科学(51.8%)和人文(26.3%)，选修医学和教育学的更低，分别为0.6%和3.4%。

1995/1996年度，黎有外国留学生18 253人，占大学生总数的22.4%，其中非洲学生占21.2%，亚洲学生占78.8%。

1996年公共教育开支占GNP的2.5%，占政府开支总额的8.2%。在经常性教育开支中，学前机构和中小学占68.9%，大学占16.2%，其他类型教育占14.9%。

文化

黎巴嫩的历史源远流长，在时间上和形式上与两河流域、沙姆地区、尼罗河谷地的历史渊源相一致。公元前2000年为腓尼基人的居住地，以后相继受埃及、波斯、罗马统治。16世纪成为奥斯曼帝国的一部分。第一次世界大战后于1920年沦为法国委任统治地。1941年11月26日宣布独立，1943年成立黎巴嫩共和国。

黎巴嫩因黎巴嫩山而得名，国旗的中央挺立着一棵举世闻名的黎巴嫩雪松，其塔形的树冠蓊郁峭拔，粗大的树干高高矗立，象征着黎巴嫩人民坚强不屈的民族精神。黎巴嫩的国果为橄榄，遍布全国，它不仅有着滋润心目，令人心醉的美味和可观的经济价值，而且也体现了黎巴嫩人民热爱和平的愿望。如今黎人民在发展与重建道路上不但取得了辉煌的经济成就，而且在文化上也显出了勃勃生机。

黎巴嫩有 72 座大学图书馆，馆藏图书 207.5 万册，有中小学图书馆 227 座，藏书 81.5 万册。黎巴嫩文化纸张消费量较大，1997 年人均消费 3.44 公斤，大大高于阿拉伯国家平均水平(1 公斤)，是发展中国家平均水平的 1.8 倍。其他印刷书写纸张人均消费 14.8 公斤，分别为阿拉伯国家和发展中国家平均水平的 7.05 倍和 3.61 倍。根据 90 年代初的统计，首都贝鲁特作为新闻中心，它所发行的政治性刊物达 100 余种。其中阿拉伯文日报 30 种，亚美尼亚文日报 4 种，英文日报 1 种，以及阿、法、英文周刊或月刊 60 余种。黎巴嫩广播电台有中波 5 个，调频 3 个，短波 1 个(1992 年)，全国有电视台 28 个(1997 年)，其中有黎巴嫩广播公司和未来电视台。它们均通过 6 个中东、欧洲、非洲和美洲的卫星系统扩大卫星广播范围。黎巴嫩有 79 座电影院，1993 年生产了 5 部故事片，进口了 277 部，其中 83% 来自美国，年人均观影 35.3 次。黎巴嫩每千人拥有日报 107 份(1996 年)，收音机 908 台(1999 年)，电话直线 201 条(1999 年)。1999 年每千人拥有电视机 351 台，移动电话 157 部，个人电脑 46.4 台。2000 年 7 月每万人拥有互联网主机 11.89 台，全国有互联网服务商 19 个。目前在黎巴嫩，特别是在贝鲁特，因特网用户已有 3 万左右，一旦因特网的使用更加普及，黎巴嫩将能很快融入国际社会的文化环境。

黎巴嫩具有深深扎根于历史的悠久文化，在5 000 年里，它一直是一个又一个文明的发祥地，黎巴嫩对这些文明产生过影响，也受到它们的影响。黎巴嫩有 5 座博物馆，有 4 处文化遗址被列入世界遗产目录，它们是：安贯尔，巴勒贝克，比布鲁斯和提尔。古老的历史，绚丽的风光，宜人的气候，以及五彩斑斓的风俗，使它成为中东地区文化旅游胜地。主要景点内，旅馆、夜总会、酒吧和游乐场不计其数。1998 年国际旅游人境人数达 63.1 万人，出境人数 165 万人，旅游收入为 12.85 亿美元，占出口额的 70.7%，占 GDP 的 8.3%。

环境保护

黎巴嫩高度重视环境问题，并专门为这一目的建立了一个部。

根据世界银行的统计，2000 年黎巴嫩森林面积为 358 平方公里，占国土面积的 3.5%，1990～1995 年年均森林消失面积增加 7.8%。1996 年全国有哺乳动物 54 种，濒危 5 种；有鸟类 154 种，濒危 7 种(2000 年)；有高等植物① 3 000 种，濒危 5 种(1997 年)。1998 年人均淡水资源为 1 140 立方米，年淡水抽取量为 13 亿立方米，占水资源总量的 26.9%，其中农业用水占 68%，工业用水占 4%，家庭用水占 28%。1997 年商业能源使用量为 524.4 万吨石油当量，1980～1997 年年均增长 4.2%；年人均消耗量为 1 265 公斤，1980～1997 年年均增长 2.2%。1997 年能源净进口量占商业性能源使用量的 96%，1996 年二氧化碳排放量为 1 420 万吨，人均排放 3.5 吨。

尘暴和沙暴是黎巴嫩的主要自然灾害，这与森林消失，荒漠化，土壤侵蚀有关。当前它所面临的其他环境问题包括车辆流量大，以及焚烧工业垃圾导致的贝鲁特空气污染；污水以及石油泄漏导致海岸水体污染。

黎巴嫩是下列国际环境协定的缔约方：生物多样性，气候变化，荒漠化，有害废料，海洋法，禁止核试验，臭氧层保护，船舶污染。

经济文化一体化

自独立以来，黎巴嫩在政治体制上采取依靠自由和国民公约模式；在经济上采取依靠个人和资本主义原则。

黎巴嫩是个工商社会，商业文化甚浓，由于地处欧、亚两洲交界，地理位置独特，早在公元 6 世纪初就成为兴旺的丝绸贸易的主要中转地。二次大战后，首都贝鲁特逐渐发展为金融中心、贸易中心、航空与航运中心，无论在平时还是在战时，黎巴嫩始终保持着商业繁荣，尽管政府财政连年出现赤字，但内战以来

① 只包括开花植物。

中央银行的922万盎司的黄金储备至今丝毫未动,外汇储备在内战前8年不降反升,最高曾达到25.99亿美元(1982年),最低也有3.36亿美元(1987年),但次年以后马上又升至9.47亿美元,到1999年已高达77.27亿美元。黎巴嫩人手中还握有数百亿美元的海外存款。在黎国民中,直接或间接经商的约占1/3,在国外的600万侨民亦基本上是经商的,他们信息灵,不少商人会说英、法两种语言,许多商人还专门学过心理学。由于连年战乱,黎巴嫩人对战争的适应能力、对破坏的恢复力都很强,并且具有在炮火中建设的能力,这反映了黎巴嫩人民的钢毅的雪松精神。在民族价值方面,黎巴嫩人的权位之差不大,提倡分权制,男子气概突出,不惧竞争,适应力强,但战争年代许多商人处于迁徙状态或干脆定居国外,这种个人主义倾向使传统的大家庭生活方式濒于解体,在这个经济日益繁荣的国度里,家庭成员的代际联系在减少,孤独和贫穷不堪的老人数量与日俱增。

(中国国家图书馆 姚锦礼)

伊拉克经济文化概况

概况

地理 伊拉克共和国(The Republic of Iraq)位于亚洲西南部,面积435 052平方公里,其中包括924平方公里内陆水域。伊拉克虽地处海湾,但仅在东南部与波斯湾交汇,且其海岸线不足50公里,陆地部分被六国所围,东邻伊朗,北部与土耳其相连,西部与叙利亚和约旦接壤,南与沙特阿拉伯和科威特交界。从地质学上说,伊拉克形似盆地,盆底由底格里斯河和幼发拉底河冲击形成的美索不达米亚平原构成(美索不达米尔字面意思为两河之间的土地)。该平原东部及北部被海拔约为3 550米的山地环绕,南部和西部为占土地面积40%以上的沙漠地带,沙漠与平原的交界处有石灰岩峭壁,这些峭壁与平原形成明显对照。"伊拉克"在阿拉伯语中的含义——河岸、低地或陡崖,贴切地反映了其地貌特征。同时,"伊拉克"在阿语中也有"血管"的意思,因为两河流域的水网被认为像人体的血管一样。伊拉克全国分为18个行政辖区,其中3个为自治区。

人民 2000年估计人口为2 311.5万人,其中阿拉伯人占75~80%(什叶派穆斯林占55%,逊尼派穆斯林占45%),库尔德人占20~25%。估计2000年人口增长率为2.86%,城市人口占75.5%,平均人口密度为每平方公里47人,但地域差距很大,从西部沙漠地带安瓦尔省的5人到中部巴比伦省的170人不等。妇女总生育率为4.87胎,出生时预期寿命66.53岁。成人识字率为53.7%,第一、二、三级教育合并入学率为50%。实际人均GDP3 197美元(购买力平价,1998年),人类发展指数在174个国家/地区中居第126位,属下中等人类发展中国家。

气候 主要为大陆性亚热带半干旱型,北部和东北部山区为地中海气候。降雨集中在12~2月,即从凉爽到寒冷的冬季(山区在11~4月间),年均降雨为154毫米。平常气温从白天的16℃可降至夜间2℃,夏季干燥、酷热,7、8月份白天温度超过43℃,夜间降至26℃。

政府 伊拉克在政体上实行总统制,总统是国家元首,政府首脑,武装部队总司令和革命委员会主席。总统和副总统由革命指挥委员会的2/3多数选出,对该委员会负责。副总统及各内阁部长均由总统任命,并对总统负责。伊拉克实行高度集权统治,现任总统萨达姆·侯赛因,于1979年7月16日当选,集军政大权于一身,其家族在政治中也具有决定性影响,63岁的萨达姆已将次子库赛指定为他的接班人。国家最高权力机构是革命指挥委员会,它负责颁布法律,由2/3多数行使其权力。根据1980年3月16日通过的一项法律,伊拉克建立了由250名议员组成的国民议会和由50名议员组成的库尔德立法议会,并建立了相对独立的司法机构,如最高法院和上诉法院等。政府行政机构为部长会议(内阁),由总理和各部部长组成。

经济

石油是伊拉克最重要的出口资源和政府收入的主要来源,截至1999年1月1日已探明石油储量为1 125亿桶,占世界总储量的10%,仅次于沙特阿拉伯,居世界第二位,1998年日产石油211万桶,可持续开采146.31年。

作为世界重要的产油国,1990年其石油产量曾达1.00638亿立方吨,但一场海湾战争使伊拉克的经济、社会、文化出现了历史性的倒退,它的运输、发电和通讯基础设施在战争中被毁,估计重建费用在1 000亿美元以上,其工业部门满目疮痍,农业生产严重受损,石油生产1996年仅为3 626.4万立方吨,GDP也从1990年的116.49亿美元降至1997年的20.79亿美元,陷入20世纪最后十年的谷底。

海湾战争后,联合国安理会于1990年8月6日通过第661(1990)号决议对伊实行全面、多边经济制裁。在这项制裁下,一切对伊拉克的进口、由伊拉克的出口都被禁止,除了纯属医疗目的的用品或在某些情况下提供的食物被允许入境。硬通货的短缺,严重地限制了伊进口食品、零配件、机械、化肥和其他农业投入的能力。食物进口的减少及农业生产障碍使得国内食品消费的数量和质量都在下降,1990年9月伊拉克政府建立了粮食定量制度,1994年时定量仅能满足人均能量需求的1/3。伊拉克第纳尔的迅速贬值使这种情况更加严重,导致了高通胀率并使食品价格开出了天价,例如,每公斤小麦价格从1990年7月的0.06第纳尔升至1995年8月的700第纳尔,同期每公斤婴儿奶粉从1.6第纳尔增至8 900第纳尔。

1996年5月20日,伊拉克同联合国秘书处达成谅解备忘录,伊拉克被允许在所谓"石油换食品方案"框架内每6个月出口价值20亿美元的石油,所获款项的大约一半用于在联合国监督下购买食品、药品等人道主义物资,其余大部分款项用于赔偿和行政开支。① 但这一方案执行得并不顺利,美、英在安理会661号决议所设委员会的代表以种种理由搁置由伊拉克编制并经秘书处核可的"类别清单"内的许多合同,截至1999年12月21日的合同状况显示,第三至第六阶段有813份合同被搁置,总价值为11.8亿美元。1998年2月底第1 153号决议同意将伊石油销售的最高限额提高一倍以上,即允许其在六个月内销售52.6亿美元的原油,而且最后,1999年12月第1 284(1999)号决议把上限完全取消。伊拉克也被允许用更多的钱去修理曾经受到重创的石油工业。虽然恢复石油生产使1998年的GDP增长了15%,1999年增长了7.99%,2000年增长了11%,达到了46.696亿美元(西亚经社会按加权美元汇率估计),但正如联合国秘书长于2000年3月所说,"即使[石油换食品方案]毫无阻碍地彻底得到执行,我们所做的努力仍然不足以满足人民的需要。"

根据西亚经社委员会的评估,1999年伊拉克不同经济部门对GDP的贡献如下:农业占31.4%,比1990年提高了6.8个百分点,但同期采掘业却从17.8%降至0.8%,制造业也从11%降至7.8%,服务业则从75.4%降至60%。在所评估的七个服务行业中,有三个行业的产出与1990年相比出现了增长,它们是:批发和零售业,旅馆和餐馆,其占GDP的份额从18.4%增至22.45%;运输、仓储和通讯变化最大,从11%增至17.8%;金融与保险从9.3%增至9.8%。

工业和电力 工业门类包括石油、化工、纺织、建材、食品加工。1999年石油日产为265万桶,1999年发电量为260亿千瓦小时,火力发电占97.89%,水力发电占2.11%。

运输 铁路总长2 032公里;公路47 400公里(1996年估);水路1 015公里。管道:原油4 350公里;石油产品725公里;天然气1 360公里。拥有海运商船32艘(千吨级)总注册吨位606 227吨/载重1 067 770吨(1999年估)。全国有机场113个,直升机机场5个(1999年估)。

农产品 小麦、大麦、水稻、蔬菜、椰枣、棉花;牛、山羊。1999年谷物产量为164万吨。

外贸 出口6.64亿美元(2000年),出口商品为原油,出口伙伴包括俄罗斯、法国、中国、土耳其。进口6.10亿美元(2000年),进口商品为:食品、药品、制成品。进口伙伴为俄罗斯、法国、约旦、澳大利亚、中国。

① 参见安理会第986(1995)号决议。

科学与技术

伊拉克的研究与开发系统由高等教育与科学研究部负责。该部不参与各部委下属科研机构进行的规划、资助和评估,但在研发领域起协调作用。1992 年在高等教育与科学研究部研发小组的协调下,通过研究人员与客户间签定详尽的合同方案,大学和部委的研发活动有了较大发展。研发合同刺激了研发活动,但由于所掌握的资金极少,因此,财政管理手段很弱。

根据西亚经社会的统计,1996 年伊拉克有 15 个研发组织,其中农业生产领域 4 个,其余分布在 11 个不同领域。伊拉克研发开支全部来自于政府,1996 年总开支为 2 757.3 万美元,其中自治机构与部委获得 77.7%,大学获得 19.2%,其他机构获得 3.1%。与 1992 年研发开支(3 313 万美元)相比,1996 年减少了 16.8%,人均开支为 1.4 美元,不足西亚平均水平(3 美元)的一半。1996 年有全日制研究员 1 391 人,其中博士 555 人,占 39.9%,硕士 836 人,占 60.1%。研究员主要分布在自治团体和部委(52.4%)以及大学(47.6%),其分布领域为:农业占 52.1%,卫生占 10.8%,能源占 1.8%,工程占 8.2%,工业占 2.9%,石油占 5.2%,基础研究占 4.2%,经济占 2.5%,教育占 12.4%。除研究员外,1996 年伊有研发支持人员1 449 人,因此研发人员总数达到 2 840 人,人均研发经费为 9 700 美元,低于西亚平均水平(1.22 万美元)。

卫生与教育

对伊拉克的制裁已造成一场人道主义灾难,一般估计直接死于制裁的人从 50 万到 150 万不等,而其中大多数是儿童。1999 年联合国儿童基金会对伊拉克母婴儿死亡率的调查显示了令人震惊的保健危机:在人口稠密的南部和中部地方,5 岁以下儿童死亡率高于 10 年前两倍以上,死亡率增加的基本原因是饮水受污染、食物质量不良、母亲没奶喂婴儿、断奶过早、保健制度药品供应不足等等。制裁造成缺粮,使人均吸收的卡路里与海湾战争前相比下降了 32%。根据伊拉克政府的统计,到 1997 年,全国处理饮水的能力只有一半能使用。由于缺乏医疗供应,1997 年估计,医院里有 30%的病床不能接受病人,有 75%的设备不能使用,伊拉克的 1 305 个保健站中有 25%被关闭。联合国安理会最近的调查也表明,伊拉克当前的婴亡率已变为世界最高之一,新生婴儿 23%体重特轻,5 岁以下儿童 1/4 长期营养不良,只有 41%的人口能得到干净的饮水,今日伊拉克的保健制度已成为一个烂摊子。

伊拉克人民的经济、社会和文化权利及他们发展的权利和受教育的权利通通受到践踏,过去在教育和识字率方面取得的进展在十年的制裁中已被完全扭转,全国 83%的学校需要大幅度的修整。据联合国教科文组织的统计,1997/1998 年度,伊拉克有幼儿园 566 座,注册儿童 70 595 人,注册率为 7%(1990 年为 8%),幼儿教师为 4 692 人,全部为女性。同年全国有小学 8 333 所,注册学生 3 029 386 人,女生占 44.8%,总入学率为 85%(1995)(而 1990 年为 111%);小学有教师 141 935 人,女性占 71%。根据《义务教育法》(118/1976),伊拉克对 6~10 岁儿童实行义务免费教育,直至小学毕业。伊拉克有普通中学 2 822 所,1996/1997 年度注册生为 1 020 823 人,女生占 39%,教师人数达 54 864 人,女性占 58%;有职业中学 249 所,注册生 71 437 人,女生占 10%,比 1994/1995 年度(占 23%)有明显下降,职校有教师 7 392 人,女性占 50%;有职业师范 54 所,注册生 30 567 人,女生占 59%,有教师 1 446 人,女性占 57%。中学总入学率为 42%(1990 年为 47%)。禁运严重影响了人民的生活标准和社会条件,结果许多女生被迫退学,中断教育。1996/1997 年度,伊拉克有 11 所公立大学,有 9 所非公立院校,高校共有学生 236 320 人,女生占 34.6%;有教师 11 744 人,女性占 27%。

文化

伊拉克被视为人类文明的摇篮,美索不达米亚的人类活动可追溯到公元前 6~10 万年左右。这种古代文明给伊拉克留下了众多古代文物。在首都,除古代清真寺、教堂、市场和纪念碑外,还仍然可见到考古遗址,如巴格达古墙、Murjaniya 学校等。伊拉克有 24 个博物馆,展示着远古文物,传统民俗和现代艺术。然而由于盟国的轰炸和接踵而来的动乱,许多展品遭毁或遭窃。其他文化、新闻、艺术和社会方面的中心和机构也受到巨大损害。

伊拉克有中波广播电台19座(其中5座暂停使用),调频台51座,短波台4座(1998年);有电视台13座(官办,1997年),除用阿语播放外,还用库尔德语和土库曼语向少数民族播送节目。此外,1999年全国有互联网服务商1个。由于经济禁运,大多数公司停止提供电视节目和连续广播节目,也不可能进口维修收发器材的材料和零件。禁运阻碍了伊艺术家出国参加国际艺术节和聚会。绘画、雕塑、制陶和其他艺术作品必需的原材料稀缺,也阻碍了艺术的发展。

环境保护

自海湾战争以来,伊拉克受到联合国制裁和英美战机投掷的贫铀弹的打击,生产与生活环境恶劣,加之气候干旱,砍伐森林,放牧过度和将谷物作物种植扩大到牧场导致天然植被覆盖恶化和荒漠化加剧。1997年多年生作物用地比1980年增加了一倍,占国土面积的0.8%,这其中有一部分是开垦牧场的结果。1995~1997年人均拥有可耕地0.24公顷,在西亚国家中仅次于叙利亚,居第二位,水浇地占农地的63.6%。过度放牧和收集薪柴使得20万公顷的牧场已成不毛之地,风蚀影响到大面积土地,水蚀影响到总土地面积的21%。1998年为改造大片盐碱地,进而增加粮食种植面积,改善国内极度缺粮的状况,伊拉克在极其困难的情况下,开通了全长565公里中东最大的灌溉工程——萨达姆河,在一定程度上改变了水资源受制于上游国家的局面。

1998年伊人均拥有淡水资源3 451m^3,为世界平均水平的41%,但却是中东、北非平均水平的3.3倍。年淡水汲取量为428亿m^3,占水资源总量的56.8%。近年来,由于工业生产的停滞,1997年有机水污染物的排放比1980年减少了40%以上。

1998年商业能源产量为1.10824亿吨油当量,仅相当于1980年的81%,但使用量增加了2.49倍,达2.9972亿吨。1997年CO_2排放量为9 230万吨,为1980年的2.47倍,年人均排放4.2吨。

(李博谦)

哈萨克斯坦经济文化概况

概况

哈萨克斯坦共和国(The Republic of Kazakhstan),面积:271万平方公里,首都:阿斯塔纳(Astana),货币:坚戈(Tenge)。1美元=140坚戈。

简史 公元前3世纪至公元前1世纪哈萨克境内出现阶级社会。6世纪起建立了封建国家,后建立喀喇汗王朝,12~13世纪先后为契丹人、蒙古人所征服。15世纪末成立哈萨克汗国,分为大、中、小三帐(三玉兹)。18世纪30~40年代小帐和中帐并入俄罗斯帝国,至19世纪60年代哈被沙俄统治。

1917年11月至1918年2月建立苏维埃政权。1925年4月19日成立哈萨克苏维埃社会主义自治共和国,隶属俄罗斯联邦。1936年12月5日成为苏联加盟共和国之一。1990年10月25日共和国通过"主权宣言"。1991年12月16日哈萨克斯坦共和国宣布独立,同年12月21日哈以创始国身份加入独联体。

哈实行总统、议会、法院三权分立政体。现任总统努尔苏丹·阿比什维奇·纳扎尔巴耶夫,1991年12月当选,在1999年1月10日举行的哈总统大选中再次获胜,任期7年。议会是立法机构,分为参议院(上院)和马日利斯(下院)。实行多党制。现任总理托卡耶夫。

人口 到1999年底,哈国的人口总数为1 489.61万人,比1998年底的1 495.78万人减少0.41 %。其中,城市人口为832.22万人,比1998年的836.88万人减少0.56 %;农村人口657.39万人,比1998年的658.9万人减少0.23%。

民族 60%是哈萨克族,28.1%是俄罗斯族,4.4%是乌克兰族,1.7%是鞑靼族,1.1%是日耳曼族,其他少数民族共有100多个。

宗教 主要为穆斯林教,占70%。

语言 官方语言为哈萨克语,65%的人讲哈语,2/3的人讲俄语,俄语为日常商务用语,根据宪法享有同等地位。

自然资源 哈萨克斯坦矿产资源十分丰富,矿种多、储量大、品位高。重晶石、铅、钨及铀的储量居世界第一,铬铁矿、银及锌的储量居世界第二,锰的储量居世界第三位,并且铜、金及铁矿的储量十分丰富。哈萨克斯坦的石油储量为350亿桶(是北海储量的2倍),预计石油储量到2015年将达到1 000~1 100亿桶(将居世界第三位);目前的天然气储量为67亿立方英尺,预计天然气储量到2015年将达到177万亿立方英尺。

经济

哈独立后,由于与原苏联其他国家的经济联系被打破,国内经济陷入严重危机,经济转轨步履艰难,生产连年下滑,1995年国内生产总值仅相当于1990年的46.5%。1996年,政府在恢复经济方面取得了一定成绩,经济已开始停止下降,国内生产总值208亿美元,比上年增长1.1%。1997年哈经济形势进一步好转,某些领域的经济指标均出现不同程度的增长。1998年受俄罗斯金融危机的影响,哈国的GDP下降2.5%。1999年哈GDP为141.2亿美元,比1998年增长1%,人均GDP 944.3美元,只相当于1990年的46%,年通货膨胀率15%。至1999年底,哈黄金外汇储备为20亿美元,吸引外资87亿美元,81%的外国直接投资主要投向石油天然气工业。外债总额75亿美元。

2000年,哈国经济在上年的基础上继续向好的方向发展。1~9月份,哈国内生产总值比上年同期增长10.5%。11月份的通货膨胀率为1.5%,比10月份增长0.3个百分点,但低于去年同期0.2个百分点。通胀有所增加的原因主要是季节性食品价格上涨和工业品生产企业的价格上涨(1~10月上涨了5.3%),食品价格上涨了2.1%,非食品为1%,居民的有偿服务税为0.5%。

1~10月,哈国的工业生产规模扩大了14.9%,其中加工工业为16.6%,矿山采掘为21.1%,电力、天然气和水的生产及分配为5.3%。在2000年的前11个月中,哈所有地区的生产规模均比上年同期有所扩大。

1~11月,农业总产值为3 749亿坚戈,比去年同期下降5%。

基本建设投资增加29%,各种形式的货物运输量增加15.2%。

1~10月,哈预算收入达4 853亿坚戈,其中税收4 281亿坚戈,非税收进款346亿坚戈,资本项下的收入为129亿坚戈,包括贷款在内的各项预算支出为4 397亿坚戈,预算盈余为国内生产总值的2.1%。2000年11月30日,哈国家银行的国际储备和货币总量按现行价格计算相应为22.266亿美元和1 313亿坚戈,按固定价格计算相应为22.704亿美元和1 382亿坚戈。美元与坚戈的兑换汇率为1美元=144.1坚戈。

由于企业和居民货币向银行的大量流入,哈银行的资金基础得到了极大的巩固。到10月末,侨民的存款总额达到2 822亿坚戈(约合20亿美元)。由于许多银行的资金实力急剧增强,其放贷的积极性一直很高,仅在10月份银行对经济领域放出的贷款就增加了6.6%,达2 332亿坚戈(超过16亿美元)。其中本币贷款增加4.3%,达1 085亿坚戈,外币贷款增加8.7%,达1 247亿坚戈(合8.744亿美元),向工业(占所有贷款的30%)、农业(9.7%)和贸易领域(34.7%)贷款的增速超过向其他经济部门放贷的速度。10月份最大的一笔贷款是发放给一家小企业的140亿坚戈,在向经济部门放贷的总规模中,发放给中小企业的贷款从22.8%增加到23.7%。整体说来,从2000年初开始到10月末,银行的对外贷款一共增加了56.7%。

1999~2000年上半年,哈企业破产重组现象十分突出。为顺利实施经济私有化进程,哈政府成立了企业清查改组局,负责对原先的国有企业和在向市场经济过渡时期新建的不同所有制企业进行改组、改制和实施破产等。截止到2000年7月1日,该局管理的企业共有7 213家,占哈企业总数的5.79%,比1999年同期的5 694家增加了1 519家,增幅达26.68%,其中2 587家企业有国有股份。上述7 213家企业中有4 304家已被宣布破产。

工业 哈工业的主要支柱是能源、电力产业及农产品加工业。哈在地质勘探、采掘、冶炼等方面技术设备较先进,加工工业和机械制造业均不发达,轻工业基础薄弱。1999年哈工业产值83.7亿美元,比上年增长2.2%,占国内总产值的60%。其中石油天然气开采、有色金属和加工业、轻工业、食品工业、木材加工和纸浆工业均出现增长,但电力工业、黑色金属工业、化学和石油化学工业、建材工业、粮食加工和饮料工业生产仍在继续下降。按实物分类表示的工农业产品产量为:煤5 819.9万吨,比上年的6 977.3万吨减少16.59%;石油(包括凝析汽油)2 999.3万吨,比上年的2 594.5万吨增加15.6%;天然气98.55亿万立方米,比上年的79.47亿吨增加24%;铁矿石960.72万吨,比上年的933.58万吨增加2.91%;铜矿石2 877.3万吨,比上年的3 104.4万吨减少7.32%;钢409.91万吨,比上年的311.65万吨增加31.53%。1999年哈国的工业企业共有1 460万家,比1998年的1367.6万家增长6.76%;工业生产领域的职工人数1999年为62.19万人,比1998年的75.63万人减少17.77%。

农业 1999年,哈农业产值24.8亿美元,比上年增长28.9%,占国内生产总值的10.2%,其中,种植业产值28亿美元,增长12%,占农业生产总值的61%,畜牧业产值为17.9亿美元,下降16.4%,占农业生产总值的39%。1999年,哈国牲畜及禽类的肉及其副产品的产量为1.58万吨,比上年的1.04万吨增加51.92%;牛奶为2.75万吨,比上年的11.1万吨减少75.23%;面粉为87.98万吨,比上年的154.61万吨减少43.1%;麦类为2.19万吨,比上年的7.87万吨减少72.17%;通心粉为2.62万吨,比上年的6.33万吨减少58.61%。

零售和批发商品贸易的总规模 1999年,哈国的零售商品贸易额为4 788亿坚戈,比上年的4 243亿坚戈增长12.8%;批发商品贸易额为5 644亿坚戈,比上年的1 984亿坚戈增长184.4%。

居民生活水平的主要社会经济指标 1999年,哈国的月平均工资为10 984坚戈,比上年的9 683坚戈增长13.44%;月均最低生活费3 394坚戈,比上年的3 716坚戈下降8.67%;年人均收入40 986坚戈,比上年的36 241坚戈上升了13.09%;劳动收入在居民货币收入中的比重为73%,比上年的74%下降1%。73%居民的货币收入主要是劳动所得。

家庭消费支出的构成及其比重 以1999年的消费支出为100计算,其中食品类商品占52%,非食品类商品占23%,服务支出占25%。同1998年的有关数据相比,上述各项相应下降2%和1%,服务支出上升3%。

对外经贸关系

对外贸易在哈国民经济中占有重要地位,近几年贸易额连年增长。

1999年,哈国的外贸总额为92.75亿美元,比上年的97.85亿美元下降5.22%。其中,出口55.92亿美元,比上年的54.35亿美元增长2.88%;进口36.83亿美元(不包括非组织贸易),比上年的43.5亿美元下降15.33%。哈主要的贸易伙伴国有俄罗斯、英国、德国、意大利、中国、乌克兰和土耳其等。哈与世界上100多个国家有贸易关系,并同许多国家签有贸易协定。1995年1月哈同欧盟签订了“伙伴关系和合作协定”,享受欧盟的最惠国待遇。

1999年,哈与独联体国家的贸易额为30.56亿美元,比上年的42.29亿美元下降27.74%;与非独联体国家的贸易额为62.19亿美元,比上年的55.56亿美元增长11.93%。独联体国家占哈对外贸易总额的32.9%,非独联体国家占67.0%。其中,中国在哈外贸总额中的比重为12.2%,金额是11.38亿美元。在出口中,独联体国家占哈出口总额的26.1%,为14.61亿美元,比上年的21.7亿美元下降32.64%;非独联体国家占73.8%,为41.31亿美元,比上年的32.66亿美元增长26.47%。在进口中,独联体国家占哈进口总额的43.2%,金额为15.94亿美元,比上年的20.6亿美元下降22.59%;非独联体国家占56.7%,金额为20.88亿美元,比上年的22.9亿美元下降8.8%。

2000年,哈国的对外贸易形势喜人,前10个月的外贸额达到了110亿美元之多,比上年同期增加57%,其中出口增长47%,进口增长67%,外贸顺差达32亿美元。

哈国出口的商品主要有:石油、有色金属、钢材和粮食等原材料性产品;进口商品主要有:机械及交通工具、天然气、化工产品和药品。

对外经贸管理体制 经济和贸易部是对外贸易和经济合作的主管部门，1997年3月政府在原经济部、工业贸易部、建设部等基础上建立了能源、工业和贸易部。

哈政府把外贸经营权放开，所有自然人和法人均可依法从事对外经济贸易活动；禁止易货贸易；规定粮食、棉花、黑色金属的出口只有在商品交易所进行，须对出口合同进行登记。海关和银行共同对出口外汇收入进行监督。除危及国家安全、居民身体健康的武器、弹药、药品等商品的进出口外，其他商品进出口均不需配额和许可证。

海关制度及税率 关税是政府对进出口贸易进行调控的主要手段。进口平均关税13%；出口关税已逐步取消。

哈对中国提供普惠制，企业在出具A式原产地证书后，可享受关税减半的优惠。

原产地规则 哈政府规定：加工产品附加值占30%以上即可获得哈原产地证明。

技术卫生安全标准 哈仍沿用原苏联国家标准，所有食品进口均需提供卫生证书；税号为9501－9508的玩具，需提供卫生安全证书。

外汇管制 哈国民银行和证券委员会为哈外汇管理部门。有关外汇管理条例规定：凡在哈持有有效证件者均可按哈国民银行确定的汇率买卖外汇，但必须在授权从事此业务的银行或兑换点进行；可根据需要在银行开立外汇帐户和在帐户内进行各种外币间或外币同哈货币间的相互兑换；外汇可无任何限制地通过银行按规定的程序自由汇进和汇出；随身带入超过相当于1万美元的外币必须申报，带出超过1万美元的外汇，其数额必须与带入时申报单中的数量相符，如超过，必须出示银行开具的证明外币合法来源的文件。自然人兑换时须交纳1%的手续费。

知识产权的保护 哈经济和贸易部专利署负责商标与专利注册。该署指定专门代理人受理商标与专利事宜。

外资及税收政策 外资政策 1997年2月28日，哈公布了《关于国家支持直接投资法》(简称“新投资法”)，规定哈国家投资委员会为惟一授权对在哈直接投资进行国家支持的国家机构。其主要职能是：审核投资者的申请并与之签订投资合同，有权监督合同实施情况和解除合同，具体制定向投资者提供优惠和特惠的范围和程度等。

“新投资法”规定：(1)国家支持在经济优先领域进行投资，投资者只有对经济优先领域投资，并与国家投资委员会签定合同的项目才能享受国家优惠和特惠政策。国家投资委员会鉴定和准备投资合同的时间不超过60天，特殊情况下可延长，但延长期不得超过60天。(2)投资额在1 000万美元以下的项目可获得所得税、土地税、财产税减免优惠。(3)投资额在1 000万美元以上的项目，经评审后可获得下列优惠：国家100%实物赠与；前5年所得税、土地税和财产税全免、后5年减半；实施投资项目所必需的设备、原料和材料全部或部分免征进口关税。

税收政策 哈对合资企业(优先领域除外)主要有以下税费：(1)法人所得税：年度总收入的30%；(2)财产税1%；(3)增值税20%；(4)消费税：对部分商品征收，缴纳数额不等；(5)道路税：年收入的0.2%；(6)社会税：工资额的21%；(7)社会保障费：工资额的1.5%；(8)职工社会义务保障税：工资额的3%；(9)红利税：所得红利的15%；(10)利息税：所得利息的15%。

引进外资情况 在哈国的对外经济活动中，吸引外资和兴办合资企业是最重要的内容之一。哈自独立后一直在下大力气开展这项工作，并把这项工作的成果看作是衡量驻外机构工作好坏的标准之一。1999年哈在外交部下设立了专门的引资工作小组，意在大量和合理地引进外资，使引进的外资更好地发挥作用。

吸引外资数量 1994～1999年第一季度，哈国所吸引的外资数量相应为15.83亿美元、21.5亿美元、25.34亿美元、28.99亿美元、14.29亿美元和1.69亿美元，其中1994～1997年外国对哈国的直接投资相应为6.84亿美元、8.99亿美元、14.34亿美元和14.96亿美元。

提供资金的主要国别 对哈投资的国家较多，其中居前5位的国家是美国、韩国、德国、土耳其和英国。据报道，美国是对哈第一大投资国，到1999年美国对哈的总投资额已达25亿美元。韩国次之，同期韩国对哈的投资额达到15亿美元。德国与土耳其分别居第3位和第4位。中国对哈国的投资不多。据哈方资料，1994～1996年的数字因中国对哈没有投资或投资数量太少而没被列入统计。1997年中国对哈投资为1 700万美元，仅占哈当年引进外资的1.1%；1998年为2 560万美元，占哈当年引进外资的2%。但据中国有关方面的统计，到1999年底中国已向哈国投资4.3亿美元，并不像哈方统计的那样少。1997年9月，中国与哈国签订了开发阿克纠宾斯克油田和乌津油田以及修建从上述油田通向中哈边境阿拉山口输油管道协议，仅协议金额就达95亿美元，使中国成为在哈投资的主要国家之一。

外资投向　哈国引进的外资投向比较集中，主要集中在石油天然气工业、有色和黑色冶金工业，其次还有电力工业、农业和农产品加工、邮电等部门。

存在的问题　1999年哈国经济中存在的主要问题是：

外贸形势相当严重　1999年与上年相比，外贸额下降5.22%，其中出口仅比上年增长2.88%，进口却下降15.33%。特别是与独联体国家的外贸额下降幅度更大，达27.74%，出口下降32.64%，进口下降22.59%。

财政困难　1～9月份，哈财政收入只完成计划的51.9%。由于财政紧张，造成工资和养老金拖欠，仅欠国家预算部门就高达240亿坚戈(1美元=140坚戈)，从而使国家政府部门，特别是文化、科学、教育部门经费异常紧张。

通货膨胀加剧　1998年哈为支持坚戈不贬值，动用国家外汇储备奋力支撑。该国还运用行政手段阻止周边国家因货币贬值而使价格下降的商品进入。可是，哈毕竟国力有限，加之因国家干预引起国家间矛盾，哈政府不得不于1999年4月3日起实行坚戈浮动汇率制。坚戈很快贬值。3月29日，1美元兑换87.29坚戈，4月6日1美元兑换125坚戈。此后，坚戈缓慢贬值，到11月初1美元可兑换141坚戈。1～9月的月通货膨胀率为13.3%。

引进外资减少　1999年第一季度哈引进外资只有1.69亿美元。

结构性危机继续存在　尽管工业产值没有下降，但一些重要的工业生产部门如采煤工业、石油冶炼部门、机器制造部门的生产仍在下降，采煤工业下降27.1%，铁矿业开采下降27.4%，机器制造业下降15.1%，电力生产下降2.1%，食品工业下降8.7%，非金属矿产开采下降5.3%，石油冶炼部门下降32.1%。农业虽然获得丰收，但所欠债务严重，超过880亿坚戈。

经济下降的原因　哈权威学者认为，除外部因素外，哈经济下降也有其内部原因，它们是：

所有制改革了，生产资料实现了私有化，但缺乏与之相适应的市场经营机制；缺乏制度保证的投资者体制；消费品依赖进口，农产品加工和工业制成品生产落后；国家参与分配过程不够，特别是对社会领域关注不够；机械地对待国际货币基金组织的建议，对哈国情考虑不够。

同中国的经贸关系

中哈于1992年1月3日正式建交。双方签订的政府间经贸文件有：

《经贸合作协定》、《投资保护协定》、《成立经贸科技混委会协定》、《商检协定》、《银行合作协定》、《在哈开办中国商品商店协定》、《汽车运输协定》、《过境运输协定》、《利用连云港港口协定》、《石油领域合作协定》以及《我向哈提供商品贷款》、《政府优惠贷款协定》等。

据中国海关统计，1999年双边贸易额为11.38亿美元，比上年增长79.2%。其中我出口4.94亿美元，增长141.5%，进口6.44亿美元，增长49.6%。2000年，双边贸易额为15.57亿美元，比去年同期增长36.81%。其中，我出口5.99亿美元，增长21.26%，进口9.58亿美元，增长48.76%。

我向哈主要出口鞋、服装、机电产品、纺织品和塑料制品等；自哈主要进口钢材、废铜、废钢、未锻造的铝及铝材、未锻造的铜及铜材、原油等。

中国是哈第二大贸易伙伴(仅次于俄罗斯)和第五大投资伙伴(次于美国、韩国、英国和土耳其)，哈是我在独联体内的第二大贸易伙伴。

中国在哈注册的企业有300多家，总投资约4.3亿美元，实际运作的企业约60家。主要投资领域是石油、农副产品加工、皮革加工、轻纺产品生产、劳务输出及提供餐饮服务等，生产性的合资企业不多。目前中国在哈较有影响的经贸合作项目有：中油集团经营阿克纠宾斯克油田项目、一汽集团在哈组装卡车项目和中国亚联商贸城项目等。中国在哈乌津油田恢复生产项目以及修建石油管道项目正处于可行性研究阶段。

截止到1999年底，哈在华投资项目39个，合同投资金额4 369万美元，实际投资金额248万美元。哈在中国新疆开办企业15家，位居外商在新疆投资企业数的第四位，合作领域涉及皮革、建材、食品和汽车维修等。

在承包劳务合作方面，1999年，中国与哈共签订承包劳务合同12份，合同额8 970万美元，营业额933万美元。

教育

哈在教育领域提倡用国语即哈萨克语教学，但允许使用其他语言教学的学校存在。国家允许多种形式办学和不同所有制教育机构存在。取消了大学和中专毕业生由国家负责分配的做法，毕业生一律自主择业并可到国外留学。

哈现行教育体系由学龄前教育、普通教育、职业教育、中等专业教育和高等教育组成。普通教育分为三级：初级学校（1～4年级）、普通中学（5～9年级）和完全中学（10～11年级）。9年制普通中学毕业生可以升入完全中学、初级职业技术学校和中等专业学校。11年制完全中学毕业生可以升入高等学校或某些中等专业学校。高等学校学制为3～5年。3～4年制毕业生被授予学士学位。5年制学校毕业生被授予硕士学位。某些大学可以授予博士学位。最近几年该国开设了不少专长学校，可直接学到11年毕业。为在职人员提高或更新技能服务，该国还开办了继续教育学院。国家设有公派出国留学基金，每年向国外派遣一定数量的留学生。

据哈国家统计署公布的数据，到1999学年，该国共有全日制普通教育学校8 300所，在校学生311.8万人；中学178所，学生10.89万人；贵族学校142所，学生5.53万人；中等专业学校274所，学生14.2万人；大学163所，学生36.54万人。每万居民中在普通教育学校读书的学生有2 085人，中等专业学校为95人，大学为245人。

哈国的著名大学主要有：哈萨克斯坦大学、哈萨克斯坦工业大学、阿拉木图大学、卡拉干达大学、哈土雅萨维大学等。

90年代，受哈国内经济危机的影响，哈学龄前教育机构数量锐减，公立学校的招生人数下降。由于经济困难的原因，一些家庭的子弟不得不辍学。1996年该国6～13岁儿童辍学率达到14%。

文化

受经济危机影响，哈国文化设施减少，从业人员流失严重。1996年12月24日哈国颁布了《文化法》，对文化事业的发展从法律上加以保证。政府通过增加国家投入和一些改革措施的实施，力图使其文化事业在市场经济的条件下得以生存和发展。哈国的《文化法》允许私人开办文化设施。近几年，一批私人影院、画廊和文化院校等相继问世。

1998年，哈共有40个专业剧院，用5种语言演出，观众达137.98万人次。其中最著名的是成立于1934年的哈歌剧芭蕾舞剧院。此外，还有哈萨克斯坦话剧院、俄罗斯话剧院、国家青少年剧院、维吾尔歌舞剧院、木偶剧院等。该国还拥有国家民族交响乐团、民歌合唱团、国家古典舞歌舞团、民族乐团等大型文艺团体。

1998年，哈共拥有电影院628所，观众50万人次。有各类图书馆3 033个，总藏书量达7 146.94万册。有博物馆88个，观众达172万人次，其中中央国家博物馆是最大和最古老的博物馆，现拥有各类展品达20多万件。

卫生

哈从1995年起开始对医疗卫生工作进行改革。首先，对医疗机构的所有制关系进行改革，将过去一律由国家管理的医药商店实行私有化，由过去国家独立办医改为多种形式办医。1996年向224家非国营医疗机构发放了经营许可证，将过去由国家向居民提供的免费医疗改为国家、个人共同承担。特别是1995年4月开始推行“强制医疗保险制度”，拓宽了医疗费用的资金来源渠道；改变了医疗经费管理办法，允许对某些特殊医疗实行有偿服务；采用经济手段管理医疗机构，提高医务人员的劳动报酬，刺激其劳动积极性。

近年来,哈由于经济危机和财政困难,减少了对医疗机构的拨款,使医疗卫生工作陷入困难局面。其突出表现是医疗机构和医务人员数量减少,医疗卫生形势恶化,人口出生率下降,死亡率上升,一些社会性疾病如性病、肺结核等呈上升趋势。到1998年底,该国拥有各种专业的医生5.43万人,平均每万居民拥有医生36.3人;病床12.3万张,每万居民拥有82.6张;医疗诊所的接待能力(每一班接待病人数)27.1万人,每万居民拥有诊所181座。上述指标均低于1990年的水平。

(对外经济贸易大学 韩立华)

乌兹别克斯坦经济文化概况

概况

乌兹别克斯坦共和国(The Republic of Uzbekistan),面积44.78万平方公里,人口2 400万(1999年底),首都塔什干(Tashkent)。货币苏姆,官方汇率1美元=139苏姆(黑市为1美元=900苏姆)。

主要民族为乌兹别克族(73%)、俄罗斯族(8%)、塔吉克族(5%)、哈萨克族(4%)、鞑靼族(3%)、卡拉卡尔帕克族(2%),其他民族还有吉尔吉斯、土库曼等。

居民大多信奉伊斯兰教,属逊尼派。

官方语言为乌兹别克语(属阿尔泰语系突厥语族),通行俄语。独立前以俄语为主要交流语言。独立后,特别是加强与土耳其、伊朗等穆斯林国家交往后,乌兹别克斯坦的语言文化表现出日趋明显的伊斯兰化。

乌兹别克民族形成于公元9~11世纪,13世纪被蒙古人征服。14~15世纪建立浩罕国。19世纪60~70年代,乌部分领土(现撒马尔罕州和费尔干纳州等)并入俄罗斯。1917年乌兹别克人民参加了十月社会主义革命,并于1917年11月至1918年3月建立苏维埃政权,其大部分领土并入当时的土耳其斯坦苏维埃社会主义共和国。1924年10月27日成立乌兹别克苏维埃社会主义共和国,并加入苏联。1991年8月31日,乌最高苏维埃通过国家独立法,宣布独立,并把9月1日定为独立日。

1992年12月8日,乌兹别克斯坦共和国第12届最高苏维埃第11次会议通过了独立后的第一部宪法,规定国家的性质为主权的民主共和国,实行立法、行政、司法三权分立原则,共和国议会是国家立法机构,总统、内阁和地方政权机关组成国家行政体系,共和国法院系统实施司法权。现任总统卡里莫夫,1990年3月当选,1995年全民公决使其第一届总统任期延至2000年,2000年1月,卡在大选中高票连任。总理是苏尔丹诺夫。目前国内政局比较稳定。

乌有丰富的石油、天然气、煤炭、有色金属等资源,黄金产量约占原苏联的1/3,锌、铜、钨砂、铝、镍、钡等产量均占原苏联的40%以上。现已探明的石油储量为3亿吨,黄金储量超过4 000吨。

经济

天然气、有色冶金、机械制造和化学工业比较发达。有一个大型飞机制造厂及五个大型化工厂。多年来,在棉花、生丝、洋麻、羔皮的加工以及棉田用的各种机械设备的生产方面占原苏联的第一位。苏联解体后,乌兹别克成为世界第四大产棉国,仅次于中国和美国。现在每年平均产籽棉400万吨左右,皮棉出口量居美国之后占世界第二位,素有“白金王国”之称。乌是世界上惟一盛产棉花而无现代化纺织工业的国家,由于加工能力有限,乌每年只能加工皮棉产量的10~15%,80%以上的棉花都需外销。乌虽是农业大国,但人口密度大,耕种面积小,粮食不能自给。75%以上的谷物、50%的土豆、20%的肉均需进口。

独立后,生产连年下降,1996年国内生产总值首次出现增长。1999年乌国内生产总值为97.5亿美元,比上年增长4.4%,工业产值增长6.1%、农业产值增长 5.9%，此外，零售、服务等领域也有不同程度增长。粮食产量为 460 万吨，但棉花减产，产量约 300 万吨。年通货膨胀率为 22.8%，人均月工资 7 509 苏姆(约合 61 美元)，失业率 0.4%。2000 年上半年，乌国内生产总值较上年同期增长 3.8%，月均通货膨胀率为 1.5%，同比下降 0.4 个百分点。在金融管理上向浮动汇率制度迈出了重要的步子，于 7 月初取消了官定汇率。

工业 能源工业 包括天然气、石油和石油加工、煤炭以及电力等部门。

据统计，石油储量 44 亿吨，已探明 5.84 亿吨，天然气储量约达 5.429 万亿立方米，已探明 2.055 万亿立方米。乌煤炭储量较丰富，最具代表性煤炭工业企业为安格炼煤厂，该厂从事露天开采。乌电力较丰富，它的电网是中亚最大的电网之一，有 37 座大电站，全国年发电量约 500 亿千瓦小时。能源燃料工业在乌工业中占有十分重要的地位。

冶金工业 乌冶金工业在中亚地区最发达。乌有三大生产黄金和其它稀有金属的企业：纳瓦伊冶金联合体、阿尔马雷克冶金联合体和黄金生产联合公司。乌年产黄金约 80 吨，占世界第七位；年产钢大约 46 万吨，年产铀约 3 000 公斤，铜、铅、锌、钨、钼以及硬合金等稀有金属的产量在乌也占一定比例。此外新开发产品有新型硬合金、小型钻头、钨丝、铜合金和铝材等。

石化工业 乌主要化工企业有 43 家：电化厂、化肥厂、漆厂、颜料厂、轮胎修理厂、日用化工厂等。面向农业的化工产品比重大约占 2/3，对农业发展具有重要意义。在独联体中乌是生产硝酸铵、氨水和硫磺的主要国家之一。

机械制造业 乌有 300 多家机械制造企业，其中 94 家为大型机械厂。在该行业的从业人员占全国工业就业总人数的 25%左右。主要机械产品有：电力设备、飞机、电子机械、重型机械、大和中型马力拖拉机、棉花加工设备、蔬菜加工设备和水果加工设备。新兴部门有汽车制造、无线电通信、电器产品。

轻工业 乌轻工业有 600 余家大中型企业，其中较重要的产品有：长绒皮棉、棉纱、棉布、毛料布、丝绸、针织品、地毯及地毯制品、服装、瓷器和皮毛加工及其制品等。另外制作各种金属制品的加工企业约 220 家。

食品工业 食品加工行业有 300 余家大中型企业，主要产品有：面包、面包制品、通心粉、糖果、植物油、动物油、蔬菜和水果罐头、葡萄酒、白酒、肉及肉制品、奶及奶制品、鱼及其产品和烟草制品。

建材业 乌国内各种建材原料较丰富，有多种工业废料、冶金矿渣、热电站灰渣等均可用来作建材原料。乌主要建材产品：水泥、钢筋混凝土构件、地板革、石棉水泥板(瓦)、建筑玻璃、大理石、软质铺料等。

近三年来，乌工业总产值基本保持在 5% 左右的增长速度。

旅游业 乌有丰富的旅游资源，如撒马尔罕、布哈拉、希瓦、沙赫里沙布兹和铁尔梅兹等城市闻名于世。乌共有 400 余处名胜古迹，像希瓦市，整个城市被联合国列为世界文化遗产。为振兴古"丝绸之路"这条重要的国际旅游线、吸引外国旅客，乌在撒马尔罕、布哈拉、希瓦和塔什干等市组建了国际旅游区，在国内建设了许多为旅客提供服务的宾馆、饭店、娱乐和疗养场所。

农业 1991 年乌独立后，在农村实行了私有化或非国有化改革，将国有农业企业改革为集体企业、股份制公司，土地实行家庭联产承包责任制。现有农场约为2.9万个，其中2.24万家从事种植业，1 500 家从事水果蔬菜种植业，其就业人数 10 余万。约有 100 家租赁企业，还有许多副业和服务性的小型私人企业。非国有经济几乎占了农业产值的 100%，如 1997、1998 年国有农业年产值分别为 1.4%、1.3%，而非国有农业年产值分别为 98.6%、98.7%；1999 年乌农场仅出口水果蔬菜就达 16.7 万吨。农村个体劳动和副业经济在保障居民食品供应方面发挥了重要作用，提供了约 70% 的土豆、87% 的肉、90% 的牛奶、45% 的干鲜水果，随着市场经济的进一步改革，这一比例还将继续扩大。

乌全国共有 450 万公顷左右的耕地，其中约 150 万公顷种植棉花，约 150 万公顷种植粮食，另外约 150 万公顷种植蔬菜和水果。近几年来粮、棉产量基本保持在 370 万吨左右，瓜果年产 5 000 万吨左右，蚕茧约 2 万吨；乌养殖羊总头数约 800 万只，粗羊毛产量 1.8 万吨左右，近三年来，乌农业总产值基本保持在 5.5% 左右的增长速度。

对外经贸关系

1999年乌外贸额为63亿美元,同比下降10%,进、出口基本平衡。2000年上半年,乌外贸实现顺差1.6亿美元。乌出口的主要商品是棉花、服务、能源、钢材、机械设备、食品、化工及塑料产品;进口的主要商品是机械设备、食品、化工及塑料产品、钢材、服务、能源等。目前乌与世界上140多个国家和地区有贸易往来,其最大贸易伙伴是俄罗斯、韩国、英国、瑞士、德国、美国和哈萨克等,与独联体国家的贸易额占其总贸易额的26.9%。

外资 截至目前,乌共吸引外资60多亿美元,外商直接投资占基本投资总额的18.8%。在1999年上半年的总投资额中外国投资占26.2%,几乎所有的国民经济领域都有外国投资企业。到目前为止,在乌注册的合资企业约有3 651家,投资者来自80多个国家,其中最主要的是俄罗斯(378家)、土耳其(243家)、美国(168家)和巴基斯坦(106家)。由于利润返还方面的困难,1999年正常运转的外资企业只有1 746家,比1998年减少了105家,约占全部外企的48%。投资最多的国家依次为美国、土耳其、英国、韩国、巴基斯坦和中国;乌在独联体国家中最大投资伙伴为俄罗斯。投资领域主要在贸易及食品行业,其次是工业、服务业及建筑业。韩国投资企业的产值在外资企业的总产值中占比重最大,近40%。美国投资企业占28.3%。1994年外国投资企业产值在乌国内生产总值中占2.6%,到1998年这一比重上升为13%。外资企业在乌出口总额中的比重由1994年的0.6%增加到1999年上半年的9.7%。

乌在引进外资过程中存在不少问题,首先是国内的投资环境不理想,基础设施不完善,法规不健全;其次是一些官员和执法人员刁难外国投资者,从中牟利;再次,外国投资中政府和银行的贷款以及商品贷款占相当大的比重,许多企业只从事贸易活动。

对外经贸管理体制 主管部门:乌对外经济贸易管理机构是对外经济联络部(简称外经部)。管理手段基本上是通过配额、许可证及税收等手段对外经贸活动进行调控管理的,关税是主要调控手段,对部分商品实行许可证管理。1996年以来,乌政府对外贸进出口业务实行归口管理,许可证及配额的发放,均在中央主管行业的部委办理,而后在外经部及银行办理合同登记手续,即可执行。如化肥由化工部,棉花由农业部,有色、黑色金属由冶金部负责管理,最后由外经部审查并批准合同价格及合同条件。合资企业的进出口由对外经济联络部管理。

为鼓励出口,乌政府在税收政策上给予出口商一定优惠,乌产品出口到独联体国家时只征收增值税,不征收出口关税,而当出口至非独联体国家时,不征增值税,只征收海关关税。为鼓励出口,乌政府还根据出口量的大小,给予企业不同比例的利润税优惠。当出口量为生产总量的5~10%时,利润税降低20%;当出口量为生产总量的10~20%时,利润税降低30%;当出口额为生产总额的20~30%时,利润税降低40%;当出口额为生产总额的30%以上时,利润税降低50%。

海关制度及关税税率 乌兹别克海关直属于乌国家税务委员会,负责管理进出口货物通关。

进口关税 乌对果菜、饮料、皮革服装、化妆品、汽车、电视机、摄影器材、娱乐用品等52种商品征收平均税率为20%的进口关税,其余商品进口关税一般为合同价值的1%。部分商品还征收消费税。乌在对外贸易中,将商品出口国分成3类,分别给予不同的进口税率待遇,对来自俄罗斯、乌克兰、白俄罗斯、哈萨克、吉尔吉斯、土库曼、格鲁吉亚和摩尔多瓦等国家的货物免征进口关税。上述国家与乌签有建立自由经济区的协定,相互免征进口税。如果商品产地为上述国家,但经下列与乌签有相互给予最惠国待遇协定的国家进入乌兹别克时,须照现行进口税率表交纳进口关税,它们是:奥地利、比利时、英国、匈牙利、越南、德国、希腊、丹麦、印度、爱尔兰、西班牙、意大利、韩国、中国、拉脱维亚、立陶宛、卢森堡、荷兰、葡萄牙、巴基斯坦、波兰、罗马尼亚、斯洛伐克、美国、土耳其、芬兰、法国、捷克、瑞士、瑞典、爱沙尼亚和日本。对从上面未列出的其他国家进口的货物,即使商品的原产地为上述国家,但只要是通过其他国家转运到乌的,皆征收双倍进口关税。

出口关税 1996年乌颁布了《关于完善外贸调节机制的决议》及《关于放宽出口政策补充规定》,放宽了出口限制,大幅调低出口关税:自1996年7月1日起,取消动物肠衣、动物骨角棒、鲜花及蓓蕾、花生、芝麻籽、三叶草及其他植物、矿泉水及甜汽水、食盐、大理石锯材、花岗岩锯材、石油废料、洗发剂、肥皂、石油树脂、聚合物制管及软管、塑料建筑零件等17类商品的出口关税;调低主要出口商品的出口税率:棉短绒出口税率为30%、化肥5%、铜10%,皮棉5%、再生铝合金10%、各种玻璃器皿5%;自1996年7月1日起,不再禁止糖、酒精、金属矿及精选矿、蛇毒的出口。

技术卫生安全标准 乌仍延用原苏联的国家标准。

商品原产地规则 1995年7月乌颁布商品原产地规则,主要规定有:某个国家成为某种商品的原产地时,此种商品必须完全在该国家生产或经过相当程度的加工。

符合下列原则的商品可被认为是在某个国家完全生产:

·在该国境内、领海、大陆架、海底开采的自然资源,条件是这个国家必须有权开采这些资源。

·在该国境内栽培或采集的植物。

·在该国境内饲养的活畜。

·在该国生产的畜产品。

·在该国得到的狩猎品、捕捞品及海产品。

·由该国船只或租赁船只在国际公海捕捞或生产的海产品。

·该国生产或其他经营所产生的再生原料。

·由该国的或租赁的宇宙飞船在太空所获取的高科技产品。

·在该国符合1~8条的原则生产的商品。

下列商品被认为符合"相当程度的加工"原则,符合原产地规则:

·加工后商品编号得到改变。

·进行足够的生产性及工艺性加工,使该产品被认为是原来国家产品的商品价值得到改变。

中乌经贸关系

中乌两国是近邻,中国是最早同乌兹别克建交的国家之一,江泽民主席,李鹏总理等国家领导人先后访乌,乌总统卡里莫夫两次访华,访问期间签署了一系列政府间协定,为两国经贸关系的发展奠定了法律基础。两国间经贸方面的协定主要有:《经贸合作协定》、《建立政府间经贸合作委员会的协定》、《相互鼓励和保护投资协定》、《避免双重征税协定》、《中国向乌提供1亿元人民币政府优惠贷款协定》等。

中乌直接经贸合作始于乌独立后,贸易额曾连年增长,并于1997年达到2.03亿美元。从1998年起因双方市场需求变化及受俄罗斯金融危机影响,双边贸易额急剧下降。1999年贸易额仅4 034万美元,同比下降54.8%,其中中国出口2 739万美元,进口1 295万美元,分别下降52.9%和60.0%。2000年,中乌贸易额为5 146.5万美元,同比增长27.58%。其中,中国出口3 943.2万美元,同比增长43.97%,我进口1 203.3万美元,同比下降7.1%。

中国向乌主要出口包括机械设备、运输工具、计算机与通讯技术在内的机电产品,茶叶、纺织品和服装等;自乌进口原棉、棉纱线、棉机织物和皮革等。

近年来,中乌经济技术合作有所发展。目前在乌注册中资企业106家,中方投资总额在600万美元左右。大部分为贸易公司,生产型企业主要涉及轻工、电子、农业种植等方面。由于乌政策多变,实行严格的外汇管制,使投资者利润返还较难,中资企业中除哈尔滨现代集团在塔什干设立的天然气表、水表公司等少数几家尚能正常运作外,大部分中资企业步履维艰,生产难以为继。

1999年,中国与乌新签劳务合同3项,合同额1 000万美元,实现营业额496万美元,在乌劳务58人。

乌在华投资刚刚起步,在新疆开设了一家食品公司,经营糕点,投资额为12.5万美元。最近在上海浦东注册了合资企业(乌方占股51%)"乌兹别克展览会",并在北京开设了"乌兹别克展销中心"。

教育

乌兹别克实行10年制教育制度,包括学前教育,普通初级、中等和高等教育。学前教育有幼儿园、幼托所和托儿所。初、中等教育包括中小学、职业技校和中等专业学校。中小学分小学、8年制学校和10年制学校。职业技校分为普通职业技校、中等职业技校和技校。普通职业技校招收八年制学校毕业生,培养普通熟练工人,学制1~3年;中等职业技校招收8年制学校毕业生，接受职业教育和普通中等教育，学制3～4年；技校招收10年制学校毕业生，学习职业技能，学制1～2年。中等专业学校分全日制、夜校与函授3种，学制为5～6年，有脱产与不脱产两种形式。夜校与函授的学制比全日制多一年，其招生对象是八年制和十年制学校的毕业生，其中八年制学校学生在中等专业学校的毕业期限为3～5年，十年制学校学生为2～3年。高等院校分为综合大学、多学科工学院、专科学校及其他院校，学制为4～5年。一些高等院校设有研究生部，本科生毕业之后可通过考试继续学习副博士课程。高等院校毕业生学业结束时要通过各学科考试和论文答辩，由高教部国家考试委员会进行国家考试，全部通过后校方发给毕业证书。

1999学年，乌兹别克共有全日制普及教育学校9 700所，学生578.5万人；中学167所，学生9.55万人；贵族学校301所，学生8.28万人；中等专业学校224所，学生24.91万人(1998年数字)；高等院校61所，学生16.65万人。每1万居民中在全日制普及教育学校读书的学生有2 354人，中等专业学校有103人(1998年数字)，大学有68人。乌高等院校还招收外国留学生和进修生，学生来自亚、非、拉丁美洲和欧洲等地。乌国著名的高等学府主要有国立塔什干兀鲁伯大学、塔什干工学院、撒马尔干大学、乌兹别克对外经济贸易大学和国立花拉子模师范学院等。

文化

乌具有悠久的历史和丰富的文化。该地区历史上曾先后属于阿拉伯帝国、马其顿帝国、蒙古帝国，中国的汉朝和唐朝的势力也曾达到这个地区。东西方对中亚的争夺使其商贸得到发展，文化也得到交流，科学和思想成果融合了东西方知识宝库的精华。乌兹别克人民勤劳智慧，出现了一大批杰出人物，有文学家，天文学家，数学家，思想家和医学家等等。

乌文学深受伊斯兰教和伊斯兰文化的影响。文学的形式主要有两种类型，即宗教文学与世俗文学。戏剧同样带有伊斯兰教色彩。现在乌有纳沃伊剧院、哈姆扎剧院、高尔基剧院、穆克米音乐话剧院、赫达亚塔夫话剧院、喀哈尔讽刺剧剧院以及各州的剧院。90年代，随着乌社会政治变化和国家的独立，乌电影事业发生了根本变化。首先乌国成立了国家电影委员会，接着组建了人类电影厂、星星电影厂、信仰电影厂、祖国电影厂和第五电影厂等5家具有独立创作摄制能力的电影制片厂。一批电影院校的毕业生充实了导演和演员队伍。乌国从80年代开始便在其首都塔什干举行“塔什干国际电影节”，至1997年已举行了12届国际电影节。

卫生

乌兹别克独立后，成立了卫生部并对其卫生机构进行了改革；发展药品和医疗器械生产企业，进一步改善了医疗条件；改变医疗机构的所有制形式，逐步实行医疗保险制；医疗经费从1994年的4.1%增加到2000年的6.5～7%。1997年，全国共有各种专业的医生8.16万人，每万居民拥有34.3人；病床15.2万张，每万人拥有64张；医疗诊所的接待能力(每一班接待病人数)35.8万人，每万人拥有诊所150个。

(对外经济贸易大学　韩立华)

肯尼亚经济文化概况

概况

地理　肯尼亚共和国(The Republic of Kenya)位于非洲东部，东邻索马里，南与坦桑尼亚交界，西连乌干达，北与埃塞俄比亚和苏丹接壤，东南濒印度洋，总面积582 650平方公里，陆地面积569 250平方公里，水域13 400平方公里，海岸线长536公里，大陆架200米深或开发深度，专属经济区200海里，领海12海里。气候多样，南部、西部和中部为热带气候，北部和东北部为干旱、半干旱气候。肯尼亚从印度洋的低海岸平原上升为广阔的山脉和高原,到中部已达到3 000米以上,其中肯尼亚山主峰巴迪安峰海拔5 199米,是非洲第二高峰,虽然赤道横贯中部,但由于有赤道雪峰奇观,因此气候温和。位于中部的东非大裂谷纵切南北,将肯尼亚高地分成东、西两部分,地势南高北低,高地在下降为西部肥沃的维多利亚湖滨之前,山地平原覆盖了南部,北部为广阔的旱地平原。

肯尼亚的自然资源包括:黄金、石灰石、纯碱、重晶石、红宝石、荧石、石榴石、野生动物。

人民 2000年年中人口估计为3 002万,高度集中于中西部地区,其中半数以上不足15岁。人口增长率为1.59%,出生率为30.8‰,死亡率为14.58‰,婴亡率为59.07‰,出生时预期寿命为47.02岁,妇女总生育率为3.88胎。从民族构成上看,吉库尤族占22%,卢希亚族占14%,卢奥族占13%,卡伦金族占12%,康巴族占11%,基希族占6%,梅鲁族占6%,其他非洲人占1.5%,非非洲人占1%。居民中新教徒占38%,罗马天主教占28%,原始宗教占26%,穆斯林占7%,其他占1%。英语和斯瓦希里语为官方语言。1998年成人识字率为80.5%,第一、二、三级教育合并入学率为50%,实际人均GDP为980美元(购买力平价),人类发展指数在174个国家/地区中列第138位,属下中等人类发展国家。

政府 首都为内罗毕,全国分为7个省和1个地区。肯尼亚于1963年12月12日摆脱英国统治,宣告独立,并成立共和国。1964年制定共和国宪法,后经7次修改。

行政机构:总统丹尼尔·阿拉普·莫伊(自1978年10月14日就任),总统既是国家元首,也是政府首脑。政府实行总统内阁制,内阁由总统、副总统、各部部长和总检察长组成,内阁由总统任命。总统从国民议会议员中经普选产生,任期5年。上届选举在1997年12月29日(下届将于2003年初举行),副总统由总统任命。

立法机构:一院制国民议会(222席,12名由总统任命,210名经普选产生,任期5年。上届选举在1997年12月29日,下届将于2002年12月1日至2003年4月30日期间举行)。

司法机构:上诉法院,首席法官由总统任命;高等法院。

执政党为肯尼亚非洲民族联盟,总裁莫伊。

经济

90年代初,为了调整宏观经济的失衡,肯尼亚政府开始实施一项经济改革和自由化的重大方案,并得到了世界银行和国际货币基金的援助。作为方案的一部分,政府取消了价格管制、外汇管制和进口许可证,将一批公共拥有的企业私有化,削减了公务员人数,引进了保守的财政与货币政策。改革取得了一定成效,1994～1996年GDP实际增长率已从1993年的0.2%增至4%以上的平均水平,通胀率从1993年的近46%降至1998年的5.8%,财政赤字从占GDP的5%已经扭亏为盈,但私有化领域的改革仍然滞后。1997～1998年增长放缓,政治暴力破坏了旅游业,因政府无法推进改革以及制止公共部门的腐败,国际货币基金组织终止了与肯尼亚达成的促进结构调整的融资安排。此外,厄尔尼诺雨水冲毁了农作物,并且破坏了已经很薄弱的基础设施。投资者信心下降,投资额锐减,1995～1999年外国直接投资从3 250万减至1 400万美元,全国43%人口生活在赤贫状态,经济萧条、不利的天气条件、人口迅速增长等使经济环境不断恶化,1997、1998年经济增长率均只有2.1%,1999年进一步降至1.3%,2000年转为负增长。

肯尼亚发展的长期障碍包括电力短缺,政府继续无效率地控制着关键部门,腐败盛行以及高人口增长率。为了扭转不利的经济形势,政府将继续深化改革,并于1997年制定了分两步走的工业化战略,第一阶段截止到2006年底,旨在进一步增加初级产品出口的附加值;第二阶段截止到2020年,旨在促进资本密集化更高的工业,并跨入新兴工业化国家的行列。

主要经济指标 2000年GDP为106.17亿美元,实际增长率为-0.2%,人均GDP为354美元。GDP部门构成如下:农业占23%,工业占16%,服务业占61%(1997年)。贫困线以下人口占42%(1992年)。通胀率(消费品价格)为2.5%(1998年)。全国有劳动力1 500万(1999年),农业劳力占75～80%,非农劳力占20～25%,失业率为50%。1997年预算收入26亿美元,支出为27亿美元。1999年外债达

65.62亿美元,接受经援3.08亿美元(1999年)。兑换率:1美元=72.931肯尼亚先令(1999年),78.036肯尼亚先令(2000年)。

工业 主要为小规模消费品(塑料、家具、电池、纺织品、肥皂、香烟、面粉)、农产品加工、炼油、水泥、旅游。1998年制造业对GDP的贡献仅为13.3%,低于1993年的13.8%,制造业增长率为1.2%,该部门因生产成本过高而无力与本地市场上低价位的进口货竞争。制成品出口主要面对东南非共同市场,该市场对肯尼亚产品持续需求以及在东非共同体内开放贸易将导致该部门的强力复苏。

1997年发电量为43.68亿千瓦小时,其中80%以上为水力发电。国内电力供应不足,需部分进口。

农业 农业仍然是肯尼亚经济中继服务业之后最大的部门,农业部门占实际GDP的27%,占商品出口总额约60%,以农业为生的人口达到近80%。肯尼亚种植多种作物,包括玉米、水稻、小麦、茶(主要出口作物,占农业出口额的1/3)、咖啡、园艺产品、甘蔗和纤维。肯尼亚是世界茶、除虫菊和胭脂木主要供应国。肯尼亚还拥有多样化的畜牧业,渔业活动主要在维多利亚湖进行。

在截止到1999年8月的12个月里,农业增长率为1.4%,1998年农业总产出为81.543亿肯镑,由于主要品种价格较好,因此销售收入有所增加。

对外贸易 近年来,肯尼亚经济越来越依赖外贸,商品贸易占GDP的比例已从1992年的37.4%升至50%以上。2000年出口额为17.95亿美元。出口商品为:茶(18%),咖啡(15%),园艺产品(14%)(1995)。出口伙伴中乌干达占15.4%,坦桑尼亚占12.2%,英国占13.3%,荷兰占6.3%。2000年进口额为30.96亿美元。进口商品中机械式运输设备占31%,消费品占13%,石油产品占12%(1995年)。进口伙伴中英国占10.1%,阿联酋占10.9%,沙特阿拉伯占7.9%,中国大陆占3.7%(2000年)。

运输 铁路:2 652公里;公路:63 800公里(1996年);水路为肯尼亚境内的部分维多利亚湖系统;管道:石油产品483公里。

主要港口:蒙巴萨、基办木、拉穆。

商船:千吨级2艘,共计总注册吨位4 833吨/6 255吨(1998年)。

机场:232个(1998年)。

科学技术

肯尼亚科学技术法规定设立全国科学技术理事会;咨询研究委员会;研究所。1995年肯尼亚有国家研究中心29个,其中农业领域14个,卫生和营养4个,制造业4个,环境2个,社会与人文科学3个,基础科学及多学科各1个。国家研究中心1995年有研发人员5 832人,其中研究人员797人,支助性专业人员692人,技术员656人,辅助人员3 223人,其他人员464人。

1987～1997年,理工科学生占大学生总数的19%;1995年在科技刊物上发表的论文为253件;1998年高技术出口创汇2 000万美元,占制成品出口的4%,专利转让及特许使用费收入为200万美元,支出为4 000万美元;1997年专利申请量中居民为25件,非居民为49 935件。

近年来,肯尼亚经济不景气,但政府十分重视电信业的发展,1997年对电信业的投资增加了65%,信息技术市场扩大了75%。目前电脑已经在肯尼亚政府部门、银行等金融保险机构、新闻机构、企业和学校广泛使用,就连咖啡拍卖也实现了电脑化,信息高速公路已具有一定规模。

教育

肯尼亚政府正在努力争取使人人都有公平的受教育机会,途径是提供免费初等教育和培养技术人才,以满足国家不断发展的需要。政府还鼓励成人教育,以此大力扫除文盲,提供更有意义地参与社会生活所需的知识和技能。

肯尼亚实行小学8年,中学4年制教育。

学前教育 始于3岁,1994年全国有学前教育机构19 083所,教师27 829人,招收儿童951 997人,师生比为1:34,总注册率为35%。

小学 1995年全国有小学1.6万所,有教师181 975人,女性占40%,有注册生5 544 998人,到1998年注册生已增至5 919 700人,师生比为1:30,小学总入学率为85%。一年级新生能够升入2年级的占87%,能够升到5年级的占68%。

中学 1995年全国有普通中学教师41 484人,女性占33%;有学生632 388人,1998年达到700 538人,女生占46%,师生比为1∶16,中学总入学率为24%。1991年全国接受中等和职业教育的学生共计54.72万,平均每万名人口有224名,1988～1991年,中等技术学校注册生占中学生总数的1.6%。

大学 1991年全国有大学生8.82万,每万名人口中有大学生36人,大学生中主修自然与应用科学的占22%(1992年),在海外学习的大学生占国内大学生总数的20.3%(1985～1992年)。90年代5所公立大学入学人数基本保持稳定,1998年为40 523人,但女生比例却从1991年的22.6%增至30.5%。

肯尼亚教育需求很高,设施和人员都很紧张,经费严重不足,需父母以及教育和培训的受益者承担相关费用。1996年公共教育开支占GNP的6.5%,占政府开支总额的16.7%;经常性教育开支占GNP的6.1%,占总开支的93.4%。1993年经常性教育开支在各级教育中的分配为:学前占0.1%,小学占58.9%,中学占19.6%,大学占15.8%,其他类型教育占0.7%,未分配部分占4.9%。

文化

肯尼亚是古人类发源地之一,那里有世界地理奇观——东非大裂谷,有非洲第二高山——肯尼亚山,有世界第二大湖——维多利亚湖;那里有宜人的气候,优美的风光和丰富的野生动物资源;那里有悠久的历史,古老的文化和多姿的艺术,有众多珍贵的文化遗产,这一切使它无愧于"举世闻名的非洲新兴旅游国家"的称号。

肯尼亚政府已采取措施加强民族文化的保护和发展,途径是下列方案:(1)文化中心,特别是在农村地区,发挥文化表现中心点的作用;(2)促进和发展国语——斯瓦希里语;(3)保护长者在土地、婚姻关系和大家庭关系事务的公共决策中的作用;(4)通过教育了解其他文化;(5)通过歌曲、舞蹈、模拟剧、口头和书面传统文学促进民族文化;(6)在每一省府设保护遗迹和有文化意义的机构,并扩建博物馆;(7)促进肯尼亚人著书立说等等。

肯尼亚人用以了解和认识世界的文化与通讯手段包括:4种日报和7种非日报(1996年),42座影院(1993年)。全国有电话383 676部(1997年),蜂窝电话用户3 077户(1998年),全国有33座广播电台,8座电视台,在用收音机307万台,电视机73万台。1999年下列信息工具的千人拥有量为:电话10部,收音机104台,电视机22台,个人电脑4.2台,2000年7月每万人拥有互联网主机0.32台。

环境保护

在肯尼亚5 691.4万公顷土地面积中,可耕地占7%,多年生作物用地占1%,多年生草场占37%,森林和林地占30%,其他用地占25%(1993年),国家保护区面积为3.5万平方公里,占总面积的6.1%(1990年)。自然灾害包括:北部和东部为干旱多发区;雨季时许多地区易遭洪灾。当前环境问题包括城市和工业垃圾导致的水污染;农药和化肥的用量增加导致水质退化;土壤侵蚀;荒漠化;偷猎。

肯尼亚是下列国际环境协定的缔约方:生物多样性,气候变化,防止荒漠化,濒危物种,海洋法,海洋倾倒,海洋生物养护,禁止核试验,臭氧层保护,船舶污染,湿地,禁止捕鲸。

经济文化一体化

1992年肯尼亚发生了历史性的事件,急剧的政治变革和导致经济全面进一步自由化的经济改革,使得肯尼亚的文化和社会变化迅速,人们开始接受现代生活标准,通过多种媒体以及旅游业和技术革新等与外界来往,虽然导致了文化遗产的某些层面的消失,政治、经济的不确定以及社会紊乱,例如个人主义和以自我为中心的态度的加剧,但改革的长期好处已被多数人所认同,改革使肯尼亚彻底摆脱了内向型经济的束缚,它已融入到区域发展的总体框架之中。肯尼亚、乌干达以及坦桑尼亚已决定签署合作条约,成立东部非洲共同体,将一个有自然、历史、社会和文化关系的近9 000万人口的东非共同体建成一个投资目的地,一个单一市场,一个货物、服务和人员自由流通的共同对外关税区。条约的基础是3个国家近年为加强一体化进程在协调财政、货币和其他经济政策以及制定各种政治、法律和行政制度方面取得的巨大进步。以区域为基础的发展基础设施(铁路、公路和港口)、电信和能源方面的合作在三国间协议的议事日程中占有较高的地位。作为一个经济集团,它正在重新恢复古老的合作关系,由于集中资金,它将更好地利用地区经济潜力,更容易地处理与高昂运输费用、市场规模小、资源基地分散、基础设施不足以及人力资源有关的困难。东非共同体将促进三国经济文化的一体化发展。

(中国国家图书馆 李跃进)

赞比亚经济文化概况

概况

地理 赞比亚共和国(The Republic of Zambia)是非洲中南部内陆国家,它与8个国家接壤:东北面是坦桑尼亚,东面是马拉维,东南面是莫桑比克,南面是津巴布韦,西南面是博茨瓦纳和纳米比亚,西面是安哥拉,北面是刚果民主共和国。总面积752 610平方公里,陆地面积740 720平方公里,水域11 890平方公里,陆地边界长5 664公里。赞比亚是非洲高原国家,全国绝大多数地区的海拔在1 000～1 500米之间;它属热带草原气候,年均温度在摄氏18～20度之间,有3个明显的季节:从4月至8月中旬是凉爽干旱的季节。8月中旬至11月初是炎热干旱的季节,其余几个月是炎热潮湿的季节。年均降雨量1 100毫米,一般说来,这个国家的北部降雨量最大。境内河流纵横交错,湖泊星罗棋布,非洲第四大河赞比西河流经赞比亚南部地区,河上有著名的“维多利亚大瀑布”。刚果河上游卢阿普拉河发源于赞比亚境内,北部有班韦乌卢湖,与刚果(金)交界处有姆韦鲁湖,同坦桑尼亚交界处有坦噶尼喀湖。境内最低点为赞比西河,329米,最高点为马芬加山,2 301米。

赞比亚自然资源丰富,包括:铜、钴、锌、铅、煤、祖母绿、黄金、铀、水力。

人民 2000年年中估计人口为1 072万人,人口增长率为3%,出生率为44.51‰,死亡率为22.56‰,婴儿死亡率为91.85‰,出生时预期寿命为36.96岁,而1980年时为54岁,成人人口中20%的艾滋病毒呈阳性是造成寿命下降的主因。据估计,到2005年至少110万赞比亚人将死于与艾滋病有关的疾病。妇女总生育率为6.35胎,为非洲之冠。人口中非洲人占98.7%,欧洲人占1.1%,其他占0.2%。从宗教信仰来看,基督教占50～75%,穆斯林和印度教占24～49%,土著原始宗教占1%。官方语言为英语,部族语言有70余种。1998年成人识字率为76.3%,第一、二、三级教育合并入学率为49%,实际人均GDP为719美元(购买力平价),人类发展指数在174个国家/地区中列第153位,属低度人类发展国家,是世界最不发达国家之一。

政府 首都为卢萨卡,全国在行政上划分为9个省和72个县。政府包括中央政府和地方政府,后者由县政务委员会管理。赞比亚于1964年10月24日摆脱英国统治,获得政治独立。现行宪法于1991年8月2日颁布,赞比亚有一个多元法律制度,基于英国普通法的一般法律即成文法同习惯法和人民惯例一起实施。宪法是国家最高法律。

行政机构:国家元首为弗雷德里克·奇卢巴(自1991年10月31日就任);副总统克里斯顿·坦博(自1997年12月就任)。总统既是国家元首,也是政府首脑。内阁由总统从国民议会议员中任命。总统由普选产生,任期5年,上届选举为1996年11月18日(下届将于2001年10月举行);副总统由总统任命。

立法机构:一院制国民议会(由150名选举产生的议员和不超过8名任命的议员组成,任期5年)。

司法机构:最高法院,法官由总统任命。

经济

赞比亚由于铜的蕴藏量丰富,在1964年独立时被认为是撒哈拉以南地区最富有和最有希望的国家之一。然而由于世界铜价长期下跌加上阻碍增长的经济政策，这种情况发生了重大变化。1993年人均GDP为290美元，是世界上最低的国家之一。GDP增长率从独立后的10年中的2.4%下降到1982～1991年的0.2%，以及1992～1999年的-4.5%（其中1994年为-13.3%）。

这个国家的经济向来是畸形的，在极大程度上依赖铜，铜占出口收益的95%。自从铜价暴跌以来，外汇短缺一直制约着经济发展。此外，在70和80年代，政府对铜价问题作出的反应是大量借债，结果债台高筑，还本付息费用可观。生活必需品以及诸如保健和教育之类的服务供应不足，在1990年和1991年，通货膨胀率达到前所未有的100%以上，货币猛跌。由于实际收入和就业的猛降导致人们要求举行选举，选举结果是现政府接管权力和认真执行经济政策。争取多党民主运动的政府在振兴经济的努力中，在世界银行和国际货币基金的援助下，开始实施一项结构调整方案，这项方案包括贸易自由化、放宽利率、放开价格、放宽外汇管制、采取紧缩的财政和货币措施、采用公务员制和实施半国营改革。如今，开放经济的努力继续取得进步，货币克瓦查已实行浮动，利率由市场决定。除了单一的关税结构外，许多进口限制已经取消，1995～1996年的贸易改革，使赞比亚的贸易制度成为东南非共同市场最开放的制度之一。由于实行现金预算制，预算赤字正逐步缩减。自1995年引入增值税以来，税务管理和征缴已得到改善。但结构调整在许多方面并未取得预期的效果，贫困及与之相关的社会弊病仍很突出：长期营养不良，恶劣的生存环境，病态的健康状况影响到70%的人口。平均家庭（8口人）的食物篮子成本每月为22.8万克瓦查，但多数家庭的收入不足7.6万克瓦查。此外，高利率、高通胀和高失业阻碍着经济的复苏。铜价长期低迷使外汇收入锐减，作为内陆国，一切外贸需借道第三国港口，造成运输成本高昂，赞比亚缺乏能源，近年石油价格暴涨，使进口费用不断增加。外债沉重，官方发展援助和外国直接投资的减少已使经济改革变得困难，邻国安哥拉和民主刚果的内部冲突严重阻碍了区域经济的发展。

为了扭转各种不利的局面，对内1999年预算出台了一系列针对性措施，其中包括许诺社会开支增加45%，政府希望将贫困人口从目前的70%降至2004年的50%；对外奇卢巴总统积极参与了周边国家内部冲突的调解。此外，1999年欧盟发放了3 000万美元用于对收支差额的支持；世界银行提供了1.7亿美元；1999年5月财长与巴黎俱乐部就免除赞比亚10亿美元债务进行了谈判。为了摆脱单一经济的束缚，近年来，赞比亚大力发展花卉、园艺、旅游等非传统出口，1998年玫瑰、咖啡、鲜菜、草药、香料和香精油对经济的贡献已从初期的1亿美元增长到3.13亿美元，占当年外汇收入的33.2%，过去7年里年增长达到18%，预计2000年收益可达4亿美元。旅游业也在开发之中。

主要经济指标 2000年GDP总额为32.76亿美元，人均306美元，GDP实际增长率为4%。GDP部门构成如下：农业占25%，工业占24%，服务业占51%（1999年）。失业率为25%（1998年5月），劳动力406万，农业占85%，矿业、制造业和建筑业占6%，运输和服务业占9%。预算收入为8.88亿美元，支出8.35亿美元，包括资本开支1.1亿美元（1995年）。外债为58.53亿美元（1999年），1999年接受经济援助6.23亿美元。兑换率为：1美元＝2 633.19克瓦查（1999年），4 157.83克瓦查（2000年）。

工业 包括铜矿及其加工、建筑、食品、饮料、化工、纺织、肥料。1996年工业生产增长率为3.5%。1996年发电量为78.4亿千瓦小时，其中99.49%为水力发电。电力消费63.93亿千瓦小时，出口14.7亿千瓦小时，进口2 300万千瓦小时。

农产品 玉米、高粱、水稻、花生、葵花籽、烟草、棉花、甘蔗、木薯、牛、山羊、猪、牛肉、猪肉、禽肉、奶、蛋、兽皮。

出口 7.592亿美元（2000年），出口商品：铜、钴、锌、铅、烟草。出口伙伴中日本占11.9%，南非占5.9%，沙特阿拉伯占6.3%，印度占7.9%，泰国占3.6%，荷兰占6.3%，英国占8.7%。

进口 9.318亿美元（2000年），进口商品为：机械运输设备、食品、燃料、石油产品、电力、肥料。进口伙伴中英国占5.5%，南非占50.5%，津巴布韦占9.4%，印度占3.0%。

运输 全国有铁路2 164公里（1995年）；公路39 700公里；水路2 250公里；管道：石油1 724公里。全国有机场112个（1998年）。

科学技术

赞比亚科技非常落后，根据联合国教科文组织的统计，全国有中等和职业教育学生16.95万，有大学生6 200人，每万人中有中等和职教学生202人，有大学生7人(1991年)。中等技术学校学生占中学注册生总数的2.8%(1988～1991年)，大学生中主修理工科的占16%(1995年)，海外留学生占国内大学生的9.5%(1985～1992年)。制造业附加值占GDP的23%(1994年)。

1995年赞比亚有国家研究中心21个，有研究开发人员1 861人，其中研究人员315人，支持人员186人，技术员470人，辅助人员853人，未分类人员37人。科技的落后严重阻碍了生产的发展，近年来，高技术已经使铜的生产成本大幅度下降，但赞比亚仍然是生产成本最高的国家之一，因为它还在使用着已淘汰过时的技术，铜矿产出呈下降趋势。

教育

赞比亚的教育分为三个阶段：小学，1～7年级；中学，8～12年级；然后是第三阶段，大学和其他教育机构。对学前教育也做了规定。理论上，所有儿童都应接受9年学校教育，教育部设想到2001年实现全民教育。

小学 据教科文组织统计，1995年全国有小学3 883所，有教师38 528人，女性占43%，有学生1 506 349人，女生占48%，师生比为1:39。小学总入学率为89%(赞教育部统计为83%)，净入学率为75%，小学复读生占3%，目前没有足够的学校满足小学教育需要。教育系统存在着性别失衡现象，1994年估计有50%以上的学龄女童失学，女童读完小学的可能性一直比男童少。缺乏合格的教师使教学质量无法保证。目前，15%的小学教师和25%的农村地区的教师没有受过培训。

由于政府无力满足教育领域的所有期望，私立和社区学校在正规系统之外提供基础教育已经出现，目前大约有3 000名儿童在22所社区学校上学。约有65%的学生是女孩。这些学校大多由非政府组织和宗教组织开办，由志愿人员开展工作，学校得到了联合国儿童基金会的支持。

中学 1995年全国有26万多名中学生，总入学率为28%，注册生中，普通中学学生占95.4%，师范生占2.2%，职业生占2.4%(1994年)，私立和宗教学校大约占中学生的1/3。

大学 赞比亚全国有大学生19 475人，平均每10万人中有大学生241人，大学总入学率为2.5%(1995年)。

1995年赞比亚公共教育开支占GNP的2.2%，占政府开支总额的7.1%；经常性教育开支占GNP的2%，占总开支的92.6%。经常性开支中，学前与小学教育占41.5%，中学占18.4%，大学占23.2%，其他类型占0.9%，未分配部分占16.1%。

文化

赞比亚社会的特征是多种族，有73个以上部族。然而，几乎不存在什么文化差异。确实存在的差异在家族制度或社会组织形式方面，例如母系家族制或父系家族制。大多数部族是母系家庭。东方省的恩戈尼人和通布卡人和北方省的曼布韦人是父系家庭。西方省的洛齐族是兼有两种家族制的某些方面的一种家族制。英语是官方语言。然而，一些部族讲若干个不同的语言，其中7种主要语言是：本巴语、卡翁德语、洛齐语、隆达语、卢瓦勒语、尼杨贾语和通加语。

尽管种族多样，但是妇女的地位在赞比亚所有文化群落中仍然低下。甚至在母系社会中，也委任叔伯或兄弟作决定。这种社会化过程产生了妇女是顺从的下等人的形象，并导致妇女缺乏自信和在社会上居二等地位。

发源于赞比亚西北部高地的赞比西河是中南部非洲民族文化的摇篮，大约1万年前一直到公元1～5世纪，赞比西河中游两岸地段的居民就已开始从事农牧生活，公元9世纪赞比亚境内先后建立过卢巴、隆达、卡洛洛和巴罗兹等部族王国，留有许多文化遗产。境内有世界著名的维多利亚瀑布和19个国家野生动物园。赞比亚是铜的王国，其经济文化发展处处显示出铜的重要性，居民的日常生活用具均为铜器，铜还被做成精美的工艺品和珍贵的礼品，美化着社会生活并起着联络感情，增进友谊的作用。

赞比亚每千人中有电话直线9部(1999年),有移动电话3部(1998年),是撒南非洲电话系统最好的国家;有日报12份;传真机0.1台(1999年);每万人有互联网主机0.86台(2000年7月)。全国有广播电台:中波11个,调频5个,有在用收音机103万台,平均千人拥有160台(1999年);有电视台9个,电视机千人拥有量为145台。

环境

在赞比亚国土面积中,可耕地占7%,多年生草场占40%,森林和林地占39%,其他占14%(1993年)。每年11月至4月的热带风暴是主要的自然灾害。

当前主要环境问题是:矿区的空气污染及其导致的酸雨;;大肆偷猎威胁犀牛和大象种群的数量;森林消失;土壤侵蚀;荒漠化;缺乏足够的水威胁到人类健康。

赞比亚是下列国际环境协定的缔约方:生物多样性;濒危物种;有害废料;海洋法;禁止核试验;臭氧层保护;湿地。已签署但尚未批准的协定包括环境变化京都议定书。

(中国国家图书馆 李跃进)

突尼斯经济文化概况

概况

地理 突尼斯共和国(Republic of Tunisia)地处北非,总面积为163 610平方公里,其中11 160平方公里(近7%)为湖泊与盐碱洼地。北部及东北部濒临地中海,东南与利比亚为邻,南部和西部与阿尔及利亚接壤。全国分为四个自然区:西部山区;南部山区;沿海平原和沙漠平原。西部的杰贝勒为最高点,海拔1 544米,沙漠洼地的最低点盖尔萨盐湖在海拔以下17米。

人民 2000年总人口为959万,年增长率约为1.17%,90%以上为阿拉伯人,其余为柏柏尔人和犹太人。阿拉伯语为国语,通用法语。伊斯兰教为国教,主要是逊尼派,少数人信奉天主教。根据联合国开发计划署2000年版《人类发展报告》,1998年突尼斯人出生时预期寿命为69.8岁。成人识字率为68.7%,三级教育合并总入学率为72%。实际人均GDP(购买力平价)为5 404美元。人类发展指数值为0.703,属中等人类发展国家。

政府 1959年6月1日,制宪会议通过了共和国第一部宪法,规定国家政体为共和制。总统为国家元首兼武装部队总司令,有权立法(在议会休会期间)和任命文武官员。立法机构为国民议会。司法机构包括一个最高法院(下设19个分庭)、13个初级法院、51个区级法院以及财政法庭和行政法庭。80年代后期以来,突尼斯已在不同的领域内进行了重大改革,修订了《宪法》,建立了政治多元化和多党制度,取消了特殊法院。突尼斯现有7个正式的政党,执政党是阿比丁·本·阿里先生主持的宪政民主党。1999年突尼斯进行了多元的总统和议会选举。

经济

突尼斯实行外向型发展战略,近年来,它一方面进行经济结构改革,另一方面进行深入的社会调整,同时考虑到时代因素和思想变化,利用突尼斯文化所特有的开放和适中态度。尽管国内自然条件较差,国际经济形势困难,突尼斯还是取得了令人鼓舞的成果,非农业原料出口增长率每年超过10%,就业潜力得到改善,同时保持了全国的财政平衡,并使外债得到了控制。目前突尼斯正在实施第九个经济和社会发展计划(1997~2001年),其主题是升级改善并制定一项系统方案以促使企业提高效率,保证它们的持久发展和盈利能力,确保其产出质量,并促进就业。这种升级改善关系到人力资源、教育部门、职业培训和再培训以及政府部门。突尼斯与欧盟的协作协定已于1998年3月1日生效,根据该协定,突尼斯将在未来十年逐步取消与欧盟的贸易壁垒,扩大私有化,放宽投资限制,提高政府效率,以应对未来的挑战。

2000年突尼斯国内生产总值(GDP)达194.35亿美元,年均增长率为5%,人均GDP为2 027美元。经济高度依赖于外贸,贸易的扩大带动了近年来经济的快速发展,1999年货物与服务出口增长率达到5.1%,进口增长率达到6.9%。1999年私人消费达133.48亿美元,占GDP的63%,1990~1998年年均增长率为3.9%;1999年国内投资总额占GDP的24%,1990~1999年年均增长率为3.4%。

工业 突尼斯的主要资源包括:磷酸盐、石油、天然气、铁、铅、锌。石油、纺织和化工是工业的支柱产业。1999年工业附加值占GDP的28%,比1980年下降了3个百分点,这是采矿业地位下降所致。1999年石油产量为3 936千吨,磷酸盐795.1万吨(1998年),铁矿石21.6万吨,锌矿石4.344万吨。根据联合国工业发展的统计,1998年全国有制造业企业11 847家,有雇员292 078人,按生产者价格,产出达17 912百万第纳尔,创附加值5 667.4百万第纳尔,固定资本构成总额达1 012.1百万第纳尔。在总的制造业附加值中,1990~1998年间,食品、饮料和烟草的比重从19%升至21%;化工从4%升至8%;纺织业从20%增至26%;机械运输设备从5%增至6%;其他制造业从52%降至39%。1990~1998年,制造业平均增长率为5.4%,而整个工业的增长率为4.4%。

农业 1998年土地面积为1 553.6万公顷,农地面积为490万公顷,约占土地面积的31.5%,其中包括耕地290万公顷,多年生作物用地200万公顷,其它土地面积约为1 063.6万公顷,主要是占总面积2/3以上的山地和沙漠。突尼斯境内没有大河且地下水资源匮乏,全国水浇地仅为38万公顷,占农地的7.76%。1999年农业占GDP的比重为13%,1990~1999年年均增长率为2.1%,1999年农业劳动力为93.5万,占全部经济活动人口的25%。1999年主要作物产量如下:小麦140万吨;大麦41万吨;橄榄95万吨,占非洲产量的45.3%,占世界产量的7.1%;橄榄油产量为18万吨,占非洲的55.7%,占世界的7.9%。

服务业 服务业在GDP中的比重已从1980年的55%升至1999年的59%,1990~1999年年均增长率为5.3%。1998年服务业收入为27.57亿美元,支出为12.56亿美元,获顺差15.01亿美元。旅游是服务业中的主要产业,是重要的外汇来源,1998年入境游客为471.8万,国际旅游收入为15.57亿美元,占出口的18.4%;国民出境游人数为152.6万,国际旅游支出为1.68亿美元,占进口额的1.8%。若把国际与国内旅游都考虑在内,则旅游净收入为14.24亿美元,占GDP的7.14%。

运输 公路总长为2.31万公里,1998年铺敷道路占78.9%;铁路长度为2 168公里,按购买力平价计算,每百万美元GDP所创造的运力为:客运20 214人公里,货运42 976吨公里。1998年离港飞机数为2万架次,运载旅客量为185.9万人次,航空货运量为2000万吨公里。1998年运输服务收入为6.34亿美元,支付5.91亿美元,净收入0.43亿美元。

中央政府财政 1998年中央政府财政的主要项目占GDP的比例如下:经常性税收收入占24.8%,经常性非税收收入占4.8%;经常性支出占25.9%,资本性支出占6.7%,总赤字占3.1%。在总支出中,商品和服务支出占37.9%,社会服务支出占46.6%。

对外贸易 突尼斯一直过度地依赖外贸和投资,其国内市场相对狭小。地处北非,其邻近的主要市场和资本供应地是欧盟,由于所具的比较优势,在贸易上与邻国有很大的互补性,但由于贸易模式缺乏多样性,增加了突尼斯经济对外部因素影响的脆弱性。

2000年商品出口额为58.46亿美元,进口额为88.09亿美元。从贸易结构上看,不同类别商品的出口与进口比重为:制成品约占80%;食品占11%和8%;农业原料占1%和3%;燃料约占7%;矿物与金属占1%和2%。

科学技术

在突尼斯,科学技术和研究开发的决策由国家教育与科学部负责。为了突出对技术研发的重视,1991年2月10日在总理主持下设立了科学研究国务秘书处,后于1992年5月更名为科学研究和技术国务秘书处,负责发展、规划、协调、资助、监督和评估研究工作。

1996年全国有官办研发机构16个,研发开支达

2 890.1 万美元,其中政府资源为 2 053.1 万美元(部委 1 429.8 万美元,大学 623.3 万美元);研发开支占 GDP 的 0.14%,人均研发开支为 3.2 美元,略高于阿拉伯国家平均水平(3 美元);全日制研究员年人均开支为 5.96 万美元,为阿拉伯国家平均水平的 1.45 倍,全部研发人员年均开支为 255 万美元。

1996 年全国有劳动力 308.1 万,每千名劳动力中有研究员 0.16 人,有研发人员 0.37 人,分别为阿拉伯国家平均水平的 53.3%和 36.6%。全国有研究员 485 人,其中部委占 55.1%,大学占 44.9%;有研发辅助人员 372 人,共有研发人员 1 132 人。全日制研究员在各领域中的分布为:农业占 44.3%,卫生占 13.4%,工程占 11.3%,工业占 1.6%,石油占 4.3%,基础科学占 5.4%,经济占 10.3%,教育占 9.3%。

教育

根据 1991 年 7 月 29 日第 91－65 号法令,突尼斯教育制度的目的是:“从幼年开始便向青少年传授所需要的知识,加深他们对突尼斯民族特性的认识,发展他们的公民意识和对民族、马格里布、阿拉伯和伊斯兰文明的归属感,向他们灌输一种面向现代世界和人类文明的态度;教育青年一代忠实和忠诚于突尼斯;使学生能够掌握国语——阿拉伯语和一门外语,帮助他们发展个性和发挥潜力,鼓励他们形成批评的世界观和坚强的意志,逐渐能够做出理性的判断,取得自信心、主动精神和工作中的创造性;培养学生的公民意识和社会精神,培养学生面向未来,将来对社会做出积极的贡献。”

突尼斯教育制度对 6～16 岁青少年提供 9 年基础教育,分为 1～6 年级和 7～9 年级两个阶段,第二阶段结束时须通过全国统考才能进高中(中等教育)。中等教育 4 年,分两个阶段,前两年为普通教育,11 年级末开始进行科目选择。除大学教育外,中小学实行免费教育(中学仅在开学时象征性地收少量费用)。

学前教育 3～5 岁为学前教育阶段,1995/1996 年度,全国有学前教育机构 1 115 所,注册儿童 68 108 人,女童占 48%,学前教育注册率仅为 11%。

小学 1997/1998 学年全国有公立小学 4 417 所,教师 59 708 人,女性占 49%;有注册生 1 440 479 人,女生占 47%,师生比为 1:24。小学入学率为 118%,复读率仍然较高,1996 年为 16%。

中学 1997/1998 学年普通公立中学有教师 36 528人,女性占 44%,有注册生 418 409 人,男女生各半。职业教育(不含职业学校)有教师 1 944 人,女性占 34%;有注册生 15 186 人,女生占 39%。中学教育总入学率为 89%。

大学 1996/1997 学年全国高校有教师 6 641 人,女性占 27%,有注册生 121 787 人,其中综合性大学注册生为 115 485 人,女生占 45%。大学入学率为 14%。

按照国际标准教育分类,高校学生中,大专生占 9.1%,本科生占 84.6%,研究生以上占 6.3%。1996 年高校毕业生人数为 14 565 人(不含研究生以上毕业生),按学科分布的注册生与毕业生比例分布为:教育学占 1.3%和 9.6%,人文占 41.1%和 17.5%,社会科学占 38.6%和 34.9%,自然科学占 11.2%和 22.8%,医学占 6.7% 和 10.2%,其他占 1.1% 和 5.0%。1996/1997 学年高校有外国留学生 2 861 人,占在校生的 2.3%。

教育开支 尽管财政资源有限,突尼斯十分重视人力资源,1997 年公共教育开支总额占 GNP 的 7.7%,为 70 年代以来的最高比例,占政府开支的 19.9%。经常性开支占 GNP 的 6.6%,占经常性政府开支的 30.4%。占教育开支总额的 86.3%。1996 年经常性教育开支在各级教育中的分配如下:学前与小学教育占 42.5%,中学占 37.2%,大学占 18.5%,其他类型教育占 0.7%,未分配部分占 1.1%。

国家对实施义务教育有着严格的规定和优惠措施,如儿童年满 6 岁不送去上学或不到 16 岁就退学,家长要被起诉。现已采取措施鼓励家长履行这一义务,其中包括国家和非政府组织提供免费课本,练习本和校服等援助,此外还可到学校食堂就餐。国家补贴教科书和练习本费用的 80%,教育部所属人员享受各种特定福利(教学津贴,培训津贴,农村地区教学津贴等)。教师收入明显高于其他同等资历的公职人员。

文化

突尼斯是一个有数千年历史的文明古国,在特性方面具有深厚的、同一的参照体系。保护和巩固这一体系是其文化政策的优先战略重点之一。

政府通过预算为国家的文化生活的发展划拨资金,资助文化创作活动,保护和开发知识遗产、艺术遗产和考古遗产;扩大参加文化生活的社会基础,同时推动私营部门参与文化生活的发展;根据新的投资法,私营部门在文化领域投资可享受许多财税和资金上的好处(免税、赠款、银行信贷等)。

突尼斯注重文化普及机构的建设,在全国各地建立了450所"文化之家",负责推广、促进和开展各种文化活动并作了相应配置。

全国有250余家公共图书馆,340个服务点,其中有23个是大客车改装的流动图书馆,这项服务的覆盖面达到平均每3人可得到其提供的一本书。

突尼斯以文化节繁多而著称,除大型国际性的专题文化节(迦太基影剧节等)之外,几乎各乡各镇每年在各个季节都要举办一次或多次文化节。共有217个节庆活动划在文化节之类。

在突尼斯,新闻和传媒对支持文化生活发挥着重要作用。1996年全国有8种日报,发行量为28万份,千人拥有量为31份;有非日报25种,发行量为90万份,千人拥有量为99份。到1999年底,全国有180种阿拉伯文和法文,或阿、法双语期刊和8种专业政治出版物。文化部发行一份阿语期刊《文化生活》。日报和期刊定期出文化专版和副刊。公共广播、电视机构在高峰时段用相当多的时间报道最新文化活动。突尼斯现有的广播电台包括中波7个,调频20个,短波2个(1998年),电视台有19个(外加一些低功率台)。突尼斯广播电台和电视台是根据1990年5月7日的一项法案组建的。1992年私营的"地平线频道"与法国的"额外频道"台联营进入了该领域。另外还有两家以青年人为主要收视对象的私营台"频道21"(电视)和"青年起步"(广播)也投入运作。同时还有5家地方台也开播。1999年每千人拥有收音机158台,电视机190台。

自1998年规定安装碟式卫视接收器为合法以来,安装数量迅速增加。1996年建立了突尼斯互联网管理机构,自1997年以来,新入网率的增加率提高了3倍。1999年每千人拥有个人计算机15.3台,2000年7月每万人互联网主机数为0.1台,全国有互联网服务商(ISP)4个。

为了保护文化遗产,弘扬传统文化,1993年颁布了《传统遗产法》,扩大了全国传统遗产学会的职能与权利;设置了国家传统遗产管理局,建立了阿拉伯和地中海地区音乐中心(1991年)、全国陶瓷工艺中心(1993年)、国家舞蹈中心等。

突尼斯有多个文化与自然遗产被列入《世界遗产目录》,其中包括突尼斯的阿拉伯人集中区,迦太基遗址,杰姆的圆形竞技场,伊什库尔国家公园,克科瓦尼的迦太基古城及其基地。

经济文化一体化

突尼斯自然资源相对有限,因此经济需保持对外部市场的开放,并要应付新的竞争形势,在这样的形势下,质量和价格方面的竞争力就成为在国内外市场上生存的条件之一。因此,突尼斯必须做出重大努力,为保障产品质量制订标准。在这方面,对质量的理解要广于仅仅符合规范或标准,是指要满足用户在产品设计、包装、交货时间、价格、销售渠道、售后服务等方面的需要和希望,以及消费者所要求的其他服务的质量。标准化就是制定标准,通过妥善合理的集体选择确定共同接受的标准,据此就解决常见的问题形成理解。标准化是技术进步的真正的支持因素,实行标准化可以在不同行业和部门间进行交流,有利于创新,有利于选择投资方向并提高生产力,在研究开发和工业生产部门之间形成新的联系。一项标准即代表用户要求与工人要求之间的平衡,也代表这两个群体在技术和社会方面的可能性与政府必须保障的公共利益之间的平衡。

在世界经济中,标准的作用越来越大。标准是工业管理的工具之一,对于一国的经济进步是必要的,甚至是决定性的。标准可帮助"体现"产品的"差异"。在贸易中,标准发挥着直接作用,因此,标准对就业保障有积极作用。标准还有助于保护工人,因为实行标准就要推行安全和质量管理政策,以人、社会和经济三个角度来看都会起到作用。标准也有助于消费者在购买时了解情况。由于注重制订标准,突尼斯的竞争力在非洲列居第二。

(国家图书馆 李跃进)

尼日尔经济文化概况

概况

地理 尼日尔共和国(The Republic of Niger)是西非内陆国,北与阿尔及利亚和利比亚接壤,南与尼日利亚和贝宁相邻,西与马里和布基纳法索相连,东与乍得毗连,总面积126.7万平方公里,陆地面积126.67万平方公里,水域300平方公里,陆地边界长5 697公里。北部属热带沙漠气候,南部属热带草原气候,年平均温度30℃,6~9月为雨季,10月至次年5月为旱季,是世界上最热的国家之一。地势以沙漠、平原和丘陵为主,北高南低,北部有艾尔高原,西南部向尼日尔河中游低地倾斜,东南部向乍得湖盆地倾斜。南部平原为农业区,中部为游牧区,北部为沙漠地区。非洲第三长河尼日尔河流经西北地区,境内尼日尔河长达600公里,可以通航。全国最低点为尼日尔河,低于海平面200米,最高点为格雷邦山1 944米。

人民 2000年7月人口估计为1 007.5万人,人口增长率为2.75%,出生率为51.45‰,死亡率为23.17‰,婴亡率为124.9‰,出生时预期寿命为48.9岁,妇女总生育率为7.16胎。从民族构成上看,56%为豪萨族,22%为哲尔马族,富拉尼族占8.5%,图阿雷格族占8%,卡努里族占4.3%,阿拉伯人、图布族和古尔马族占1.2%,约有1 200名法国移民。居民中穆斯林占80%,非洲原始宗教和基督教占20%。法语为官方语言,通用豪萨语和哲尔马语。成人识字率为14.7%,第一、二、三级教育合并入学率为15%,1998年人均GDP 739美元(购买力平价),人类发展指数(0.293)在174个国家/地区中居倒数第二[①],是人类发展指数最低的国家。

政府 尼日尔政体为共和制,首都尼亚美。全国划分为7个省和一个首都区。尼日尔于1960年8月3日脱离法国获得独立,12月18日的共和国日(1958)为全国性节日,在1999年7月18日的公民投票中,尼日尔人民通过了第五共和国宪法,该宪法将导致建立持久的民主机制。立法系统以法国民法系统和习惯法为依据,不接受强制性的国际法院裁决。

行政机构:总统易卜拉欣·贝尔·迈纳萨拉(1996年1月28日~1999年4月9日),总统既是国家元首,也是政府首脑。易卜拉欣·阿萨内·马亚基(自1997年11月27日)被任命为总理,但不行使任何行政权,只负责落实总统方案。1999年4月9日上午总统迈纳萨拉遇刺身亡,4月11日武装力量总参谋部宣布成立国家最高权力机构"民族和解委员会",由总统卫队长旺凯主持工作,11月24日举行大选,尼日尔新任民选总统坦贾·马马杜于12月22日正式宣誓就职。

立法机构:两院制国民议会,一院有83个议席(议员由普选产生,任期5年);第二个议院未建立选举程序。上届选举为1996年11月23日,下届为2001年。

司法机构:国家法院;上诉法院。执政党为全国发展社会运动——纳萨拉,1991年3月成立,主席坦贾·马马杜,他曾是最高军事委员会的重要成员,并两次担任部长职务,当选新总统后,他表示将积极倡导廉政建设,向腐败宣战。

经济

尼日尔是负债沉重的内陆国,其经济以生存农业、牧业和转口贸易为中心,并且逐渐减少了对1970年以来的主要出口产品铀的依赖。差不多40年来,尼日尔遭受了长期体制不稳定之苦,这种情况严重地损害了国内人民旨在建立可行的政治、经济和社会环

① 参见联合国开发计划署《1999年人类发展报告》。

境的努力，贫困影响到全国63%的人口，其中34%生活在赤贫线以下。虽然1994年50%的西非法郎贬值促进了牲畜、藜豆、洋葱以及小型棉花工业产品的出口，但尼日尔遇到的经济和金融危机使其大幅度减少了公共投资，特别减少了社会部门的投资，从而使80%的农村人口未达到足够的生活标准。政府依赖双边和多边援助以维持业务开支和公共投资。在国际货币基金和世界银行的援助下，尼日尔发起了一个巨大的经济复兴计划，以矫正这个局面。除其他事项外，该方案包括一系列经济、金融改革和框架方案，以及恢复宏观平衡，减少贫困和刺激经济增长。目前正在执行的方案是联合国开发计划署理事会1999年1月通过的第一个国别合作框架的优先方案之一。短期前景在很大程度上仍依赖免除债务的谈判和扩大援助。新政府已将一项优先谋求经济与农牧业环境协调发展的除贫战略确定为未来2000～2004年经济与社会发展计划的支柱。

主要经济指标 1999年GDP为20.18亿美元，人均194亿美元，GDP实际增长率1998年为8.3%，1999年为2.3%。1999年产业增加值占GDP的比例为：农业占41%，工业占17%（制造业占6%），服务业占42%。1999年通胀率为4.8%，带薪劳动力为500～700万，其中农业部门占90%，工商业占6%，政府占4%。1999年预算收入为3.77亿美元（包括1.46亿美元来自国外资助），支出3.77亿美元，包括1.05亿资本开支（估计数）。1999年外债16.21亿美元，接受官方发展援助及官方援助净额为1.87亿美元，人均受援18美元，外援占资本构成总额的90.7%，占货物与服务进口额的41.3%。兑换率为：1美元=562.21非洲法郎（1998年），652.95非洲法郎（1999年），704.95非洲法郎（2000年）。

工业 包括水泥、砖、纺织品、食品加工、化工、屠宰场以及少数其他轻工业；铀矿。1997年制造业占GDP的7%，年增长率为4.7%。制造业增加值（MVA）按1990年不变美元计算，已从1991年的36亿美元降至1995年的13亿美元和1997年的27亿美元，7年间下降了25%；MVA年增长率1980～1990年为6.5%，1990～1997年为1.4%，1999年MVA占GDP的6%。

1998年发电1.8亿千瓦小时，全部为火力发电，电力消费为3.63亿千瓦小时，进口1.96亿千瓦小时。

农业 花生、棉花、藜豆、小米、高粱、木薯、水稻、耕牛、绵羊、山羊、骆驼、马、禽类。农业生产仍处于靠天吃饭的水平，年均增长率1995年为-11.5%，1996年为13.1%，1997年为-2.9%。1995～1997年每个农业工人创造的农业附加值为190美元。

出口 2.91亿美元（2000年），出口商品：铀矿占50%，畜产品占20%，藜豆，洋葱（1996年），出口伙伴中美国占4.7%，法国占42%，尼日利亚占3%，韩国占39%（1999年）。

进口 3.85亿美元（2000年），进口商品：消费品、初级原料、机械、车辆及零件、石油、谷物。进口伙伴中，科特迪瓦占9%，美国占3%，比利时占4.3%，法国占13%，德国占2.7%，中国占2.5%（1999年）。

运输 境内无铁路，公路总长10 100公里，其中铺面路798公里；水路：每年12月中旬到次年3月尼日尔河从尼亚美到贝宁边境的加雅可通航，里程为300公里。全境有机场27个（1999年）。

科学技术

根据《1998年世界科学报告》，尼日尔有中等和职业学生7.67万人，有大学生4 500人，每万人口中有中等和职业学生96人，有大学生6人（1991年），中等技校注册生占中学生总数的1.1%（1988～1991年），大学理科学生占大学生总数的21%（1992年）。

尼日尔有国家研究中心4个，农业、环境、社会与人文科学、多学科各1个（1995年），国家研究中心有研发人员741人，其中研究人员90人，支持性专业人员5人，技术员234人，辅助人员412人（1995年）。海外大学生占国内大学生的27%（1985～1992年）。

教育

由于国家极端贫穷，尼日尔处于人力发展表的末端，教育指数（1为最高）为0.14，不足最不发达国家水平的1/3，成人文盲率男子为78%，女子为93%，全国每千名非农劳力中有教师35人，教育标准处于最低的行列。

尼日尔实行小学6年，初中4年，高中3年制教育,国家对7~15岁儿童实行8年义务教育。

学前教育始于4岁,1997/1998年度全国有学前教育机构123所,有教师494人,99%为女性,有注册儿童11 764人,男女童各半,私立机构招收儿童数占21%,总注册率为1%,师生比为1:22。

同年全国有小学3 175所,有教师11 545人,女性占32%,有学生482 065人,女生占39%,师生比为1:42,小学总入学率为23%。复读生比例占13%(1996年),一年级新生中能够升入五年级的占77%。

1996/1997年度,全国有中学教师3 579人,女性占21%,有学生97 675人,女生占35%。中学总入学率为7%,中学生分布情况为:普通中学占97.8%,师范学校占1.37%,职业教育占0.824%。

1991/1992年度全国有大学教师232人,女性占11%,有大学生4 513人,平均每10万人口有大学生56人。

1997年公共教育开支(不包括大学开支)占GNP的2.3%,占政府开支总额的12.8%。经常教育开支(不包括大学开支,包括资本开支)中学前和小学教育占59.7%,中学占32.3%。,未分配部分占7.9%。经常性开支中教职工薪金占77.6%,教学用具占4.7%(1991年)。

文化

尼日尔是萨哈拉以南一个年轻的国家,但又具有悠久的历史。其历史是尼日尔河流域文化的一部分,但由于古时西非地区气候潮湿,多昆虫,以及后来的沙漠化,尼日尔的古代文献未能保存下来,因此古代历史基本上是靠口头传说,口头历史作为一种艺术,其水平已达到惊人的高度。尼日尔19世纪开始沦为法国殖民地,1960年独立后,政府吸收了外来文化中有用的东西,恢复并继承了民族文化传统,兴建了国家博物馆,成立了文化部,每年在各省举办青年艺术和文化活动,通过媒体宣传民族文化。政府通过伊斯兰教把各部族人民凝聚在了一起,每年10月20日的宰羊节是伊斯兰教最重要的节日,届时国家元首和政府部长们都亲临参加,与民同庆。

由于生产方式的落后,其文化活动也较少。目前,全国有电话1.4万部(1995年),平均每千人拥有2部(1999年)。全国有广播电台:中波5个,调频5个,短波4个(1998年);有电视台10个,1999年每千人拥有收音机66台,电视机27台,个人电脑0.4台。每10万人口有邮局0.5个(1997),每万人有互联网主机数0.12台(2000年7月),全国有互联网服务商1个(1999年)。

环境保护

尼日尔大部分地区生存环境非常恶劣,北部3/4面积主要是沙漠,中部地带人烟稀少,自然植被为少量的热带草原林地,牧人逐水草迁移,南部降水在350~800毫米,是农业区,自然草原林地植被面积虽仅占全国的12%,却集中了全国90%的人口。

尼日尔稀少的生物量蕴藏早就引起了人们对该国主要能源——薪柴供应前景的关注,因为受气候条件的限制,境内没有森林,其大多数自然林地为散布在坚硬、不可渗透的岩石裸露的土地上的条块状植被,从空中看这些支离破碎灌木丛就像虎皮上的斑块,因此,它又被称为“虎林”。尼日尔的环境状况变得越来越脆弱:为了生存,大面积的自然林地被清理为农田,为向城市地区供应薪柴,林木遭到砍伐。世界银行1984年的调查显示,每年运进尼亚美的薪柴约为11万吨,由于缺乏替代燃料,这种消费将以年均6%的比率与该市人口同步增长。在尼亚美周围,从天空看,城市最大的林区的林木覆盖已减少到不足直径30~40公里。为了避免薪柴危机和环境的进一步恶化,尼日尔于1970年代开始发展种植园,种植一些引进的速生林。经过近十年的营造,结果发现人工林成活率极低,其收获尚不足被砍伐后长起来的天然林地,但人工林的木柴成本却比天然林地木柴高十倍,于是人们的注意力开始转向对天然林地的优化管理。

世界银行从1978年开始实施尼日尔家庭能源项目,至今已持续了20余年,成效是明显的。首先,世行集团及其他援助方帮助尼日尔采取了一系列林地恢复措施,包括建立大型集水池和小的拦截坝以增加雨水在虎林岩石区的渗透,随后由当地人在林业服务队的指导下管理林地,作为回报,他们被允许出售薪柴和饲料。同时为了阻止城里薪柴商对天然林地的无偿攫取,世行与尼日尔政府配合,从1992年起建立了乡村薪柴市场。政府修订了林业法,当地社区被赋予正式管理他们所拥有的天然林地的权力，以及对其薪柴产品的专属权并可通过当地市场进行销售。作为回报，社区签署相关的协定，确保以可续方式管理林地。薪柴许可证和税收制度也得到了修订。对乡村薪柴市场所征的税仅为非控天然林薪柴税的一半，乡村市场可按规定留一部分税收款作为自己的基金，其余上交国家。到1995年底，全国已建立了85个向大城市供应薪柴的市场，通过这些市场出售的薪柴达2.5万吨，约占城市供应量的16%。1995年市场收益为1.03亿非洲法郎(约20万美元)，其中8 300万法郎直接归属乡村伐木者，有1 200万法郎划归乡村基金。这些基金为乡村人民生活的改善及可持续发展做出了重大贡献：它们被用于修理水井和水泵，在收获之后，粮价低时购买紧急储备粮，支付免疫服务，改善和修理清真寺，为伐木人购买驴车提供贷款，建立有价值树种的小型苗圃。这种改变也导致了社会自治和精神风貌的改善，村庄代表政府收取薪柴税标志着他们的地位和作用有了提高。这个项目还导致了社会和等级制度的改变，能够利用村庄基金修井意味着村民无需再依赖于某个富有的个人供资，并为此让出一部分水源控制权。对基金的管理也造就了一种责任感和主动精神，例如，某个乡村市场的经理走出了封闭的社区，到尼亚美签署了薪柴供应合同。

(中国国家图书馆 金 月)

白俄罗斯经济文化概况

概况

白俄罗斯共和国 (The Republic of Belarus)，面积20.76万平方公里。人口1 015万(2000年初)。首都明斯克市(Minsk)，人口约170万。货币白俄卢布(Belarusian rubles)，汇率：1美元=25.6万白俄卢布。77.9%为白俄罗斯族，此外还有俄罗斯族(占13.2%)、波兰族(占4.1%)、乌克兰族(占2.9%)和犹太人(占1.1%)。居民多数信仰东正教，西北部一些地区信奉天主教及东正教与天主教的合并教。官方语言为白俄罗斯语和俄语。白俄罗斯主要矿产资源有泥炭(占原苏联总储量的36%)、钾盐(开采量居欧洲第二)、岩盐、花岗岩、煤炭、磷灰石等；木材储量为10.93亿立方米，每年出口各种木材约500万吨。

白俄罗斯与俄罗斯、乌克兰同为起源于东斯拉夫人的三大民族。公元9～12世纪，属于基辅罗斯大公国管辖。从14世纪起，并入立陶宛大公国，自1569年起又归属波兰立陶宛王国。18世纪末并入俄国。1919年1月1日成立白俄罗斯苏维埃社会主义共和国，1922年加入苏联。1945年联合国创立时，白俄罗斯成为苏联参加联合国组织的三个成员国之一。1991年8月25日通过了《国家独立法》，9月19日改国名为”白俄罗斯共和国”。同年12月8日，白、俄、乌(克兰)三国领导人在明斯克郊区的别洛韦日签署成立独联体协议，12月25日苏联正式解体。

目前，白俄罗斯与101个国家建立了外交关系。1995年5月当选为1996～1998年度联合国人权委员会成员。白俄罗斯为总统制共和国，总统既是国家元首，同时也是行政首脑。内阁隶属于总统，由总理负责日常工作。现任总统：亚·格·卢卡申科。

白俄罗斯独立以来国内局势基本稳定，但经济上基本沿袭了旧的管理体制，经济改革未触及体制结构。生产虽连年增长，但产品积压严重，效益低下。私有化进程缓慢，且缺乏对已完成私有化企业的扶持和保障措施。

经济形势

前苏联解体后，白俄罗斯经济曾一度下滑。但由于政府采取了一系列反危机措施，近年经济形势出现好转。特别是1999年下半年，由于俄罗斯的经济形势趋于好转并开始摆脱经济危机阴影，走出“衰退泥潭”，给与俄结盟和与俄关系密切的白俄罗斯经济带来了积极影响。同时,白俄罗斯政府在经济上所采取的一些措施也对其经济的增长起了积极的推动作用。这些措施是:(1)总统鲁卡申科于1999年年初发布命令,建立稳定金融形势和消费市场工作正常化指挥部,由指挥部负责协调各机关行动。总统要求财政部压缩国家开支,强调严禁国家行政部门购买新车,严禁拨款新建行政大楼,以节约开支。(2)为实施稳定外汇市场和白卢布汇率的紧急措施纲领,总统签署出售股份公司股票以换取外汇的命令。(3)为增加财政收入和稳定金融,白俄罗斯政府宣布,从1999年3月2日起提高税率,如国家银行对再筹资税率从60%提高到94%,等等。上述措施的实施,使白俄罗斯1999年的经济保持了自1996年以来的连续第4年增长,但增速因受农业收成差和俄经济危机冲击余波等内外因素的影响比1998年有所放慢。据财政部介绍,为发展经济,近7年来共引进外资13亿美元,其中53%是政府获得的贷款。到1999年1月,外债已超过10亿美元,约占其国内生产总值的7.2%。1999年共吸收外国直接投资2.25亿美元。在白俄罗斯投资最多的国家是荷兰、德国、美国、波兰、奥地利、英国和意大利。1999年白俄罗斯预算资金用于支付外债的款项为1.92亿美元。

1999年,白俄罗斯农业因天公不作美而成为自1991年以来收成"最差的一年",全年粮食产量仅为380万吨,比上年减少103万吨,减幅高达21.3%(1998年粮食产量为483万吨),为弥补粮食因减产而造成的严重不足,白俄罗斯需从国外进口150万吨粮食。由于内受农业欠收、外受俄金融危机冲击余波等多种因素影响,白俄罗斯1999年的经济发展远不如1997和1998年。尽管1999年的经济仍呈增长态势,但增幅低于1998年,属于恢复性增长。

据白俄罗斯统计部的统计:1999年按现行价格计算的国内生产总值为2 890.3万亿白卢布(按1999年底的汇率1:25.6万卢布折算合109亿美元),比上年增长3.28%,按可比价格计算下降4.61%;人均国内总产值28 806万白卢布(合1 125.23美元),比上年增长237%;按现行价格计算的工业总产值为3 330.98万亿白卢布,比上年增加241%,按可比价格计算,比上年下降1.87%;按现行价格计算的农业总产值为924.51万亿白卢布,比上年增长214%,按可比价格计算下降8.3%;按现行价格计算的基建投资额为623.88万亿卢布,比上年增长193.5%,其中生产性投资增长162.3%,非生产性投资增长243.8%;按现行价格计算的零售贸易额为1 502.03万亿卢布,比上年增加216%,按可比价格计算比上年减少11.9%;人均零售贸易额1.5亿卢布,比上年增长224%;消费物价指数为351.2%,比1998年增长24.67%;月通货膨胀率11%。

1999年,各种形式的货物运输量为39 774万吨公里(内河运输除外),比上年下降0.73%,其中铁路运输30 529万吨公里,比上年增长0.52%,公路运输9 232万吨公里,比上年下降4.69%,空运13万吨公里,比上年增长8.33%。

1999年,经济上有收入的人数为454.2万,比1998年的452.78万增长了0.31 %,其中男性216.32万,比上年减少0.65%,女性237.88万,比上年的234.39万增加1.49%。

登记的失业人数1999年为9.54万人,比1995年的13.1万人下降27.18%,其中,男性失业人数比1995年减少26.77%,女性相应减少27.4%。正式登记的失业人口与经济上有收入人口的比例(失业率)是2.1%,比1995年的2.9%下降27.59%。

到1999年底,白常住人口为1 001.9万人,比1998年的1 004.5万人下降1.89%,其中男性减少1.78%,女性减少1.99%。1999年的自然死亡人数为4.9万人,比1998年的4.47万人增加0.43万人。在全部居民中,未达到具有劳动能力年龄的人为206.5万,有劳动能力的人为580.9万,超过有劳动能力年龄的人为214.5万。1998年的上述指标相应为213.2万,575.2万和216万。

1999年,居民可支配的现实收入是1998年的98%,现实工资是上年的107.3 %。

2000年,经济在1999年的基础上又有所发展,各项指标均较上年有所提高。1999年底白政府制定了2000年国家社会经济发展预测和国家预算方案,提出了该年度白国内生产总值将增加1~2%,工业产值增加2~3%,农业产值增加5~6%。在2000年,向教育、科学、文化、卫生、居民社会保险以及有关消除切尔诺贝利灾难后果的措施等方面拨款将是国家预算税收政策优先考虑的内容。据统计,2000年1~10月,白国内生产总值的估计数字为6 930.7万亿白卢布,比上年同期增长5%;工业总产值6 127.7万亿白卢布，增长 8.6%；消费品生产 2 979.6 万亿白卢布，增长 3.9%；基本建设投资 1 098.7 万亿白卢布，增长 0.1%；住宅建设 2 681 万平方米，增长 22.6%；农业产值(估计)3 265.2 万亿白卢布，增长 5.4%；零售贸易额 3 182.4 万亿白卢布，增长 5.3%；外贸额(1～9月)117.88 亿美元，比上年 1～10 月份增长 33.1%，其中出口增长 29.4%，进口增长 36.5%；居民的现实货币收入增长 16%，每个工作人员的现实月平均加算工资收入增长 223.3%；居民有偿服务下降了 3%，为 4 720亿白卢布；消费品物价指数比上年 12 月份上涨了87.3%，工业品生产者的物价指数比上年 12 月份上涨了 140.2%。在就业中心正式注册的失业人数为 9.75 万人，是经济自立人口的 2.2%。

另外从 2000 年 1 月 1 日起，白国内实行货币改值，将面额为 1 000 卢布的旧币改值为 1 卢布。

对外经贸关系

1999 年白俄罗斯对外贸易总额 125.83 亿美元，比 1998 年的 156.19 亿美元下降 19.44%。其中出口 59.09 亿美元，比上年下降 6.42%；进口 66.74 亿美元，比上年下降 21.93。逆差 7.65 亿美元。同独联体国家的贸易额为 79.11 亿美元，比上年的 107.14 亿美元减少 26.16%。其中出口 36.22 亿美元，比上年的 51.60 亿减少 29.8%；进口 42.89 亿美元，比上年的 55.54 亿美元减少 22.78%，逆差 6.67 亿美元。同非独联体国家贸易额为 46.72 亿美元，比上年的 49.05亿下降 4.75%；其中出口 22.87 亿美元，比上年的 19.10 亿美元增加 19.74%；进口 23.85 亿美元，比上年的 29.95 亿美元下降 20.37%。逆差 98 亿美元。

白俄罗斯的主要贸易伙伴为俄罗斯(占外贸总额 55.6%)，其他依次为德国、乌克兰、波兰、立陶宛。

目前，白俄罗斯出口的主要商品为钾肥、化纤产品、拖拉机、载重汽车、金属加工机床，进口主要是矿产品、能源、机器设备、化工产品、食品及其他消费品。

根据 1995 年 1 月白、俄签署的关税同盟条约(同年 5 月生效)，白、俄两国间商品已自由流通，并建立统一关境，实行统一的进口关税税率。

截止到 1999 年底，对外国债权人(俄罗斯除外)债务为 5.7 亿美元，各经营实体在政府担保下所获贷款为 4.388 亿美元。上述债务占白国内生产总值的 7.2%，占外贸出口的 12.6%。此外，白还欠俄罗斯能源债务约 4 亿美元。

对外经贸管理体制　从 1995 年 1 月 1 日起，白俄罗斯对外贸易按市场原则实行竞争和投标制度，对进出口主要通过关税调节。进口方面：除对一般性商品进口征收关税、增值税及其他税费外，对烟、酒、毛皮、石油及其制品、水晶制品等具有高价垄断和稳定需求的商品征收 10～75%的消费税。对社会急需的药品、儿童用品、粮食、食糖、植物油等商品采取鼓励进口的措施。对价值超过 10 万美元(含 10 万美元)的进口预付必须出具卖方银行担保。出口方面：对一般商品的出口取消了限额、许可证和出口关税，出口商品免缴消费税和增值税。对易货贸易政府采取整顿易货秩序，进一步减少易货数量和期限的措施。在金融方面，规定白俄中央银行采取经济措施稳定白俄卢布的汇率。

海关管理及税率　《白俄罗斯共和国海关法》和《白俄罗斯共和国海关税法则》是白俄罗斯海关管理的基础法。国家海关委员会是白俄罗斯共和国的海关中央机构，全国共有 19 个海关。

原产地标准　白俄罗斯与欧盟、美国、加拿大、日本、墨西哥分别签订了有关协议，规定了向这些国家出口产品的原产地标准。欧盟是白俄罗斯的重要出口市场，在与白签订的协议中非常详细地按商品税则编号对第一类商品制定了不同的标准，对有些产品要求所用的原材料必须为白俄罗斯产；某些产品原材料不能超过制成品批发价格的 20～70%(不同商品比例不同)。而与美国协议中规定加工产品的增加值不能低于 35%。

除与签订协议国家有特殊标准规定外，在与其他国家(包括与独联体国家)贸易中实行统一标准：即加工前后产品税则编号的前四位数字发生变化，就可以发放原产地证书。

白俄罗斯国家标准化委员会负责商品原产地证书的审批和发放工作。

外汇管理　实行售汇制，即出口收汇进帐后五天内必须将其 50%在外汇交易所出售。

根据白有关法律规定，外国投资者可以不受限制地将其投资所得以自由货币形式汇往国外。外国公民可自由带出 500 美元或等值的其他外汇，超过 500

美元的外汇须出示允许带出的文件。这些文件包括海关出具的带入等额外汇的证明和白境内银行开出的外汇携带证。

投资环境 白政局稳定，有丰富的劳动力资源，居民受教育程度较高。为吸引外资，白政府制定了一系列政策法规，但政策变化快，缺乏连续性。

投资政策 《白俄罗斯外国投资法》协调外资企业在白俄罗斯的一切经济活动。按其规定，外资不仅可以参股创办合资企业、购买已有企业、房产、股票、有价证券，还可以创办独资企业、开办外国法人的分支机构、购买土地和自然资源使用权以及购买其他产权。

外国投资者可以投资合资银行、保险公司、合伙公司和白俄罗斯境内的其他金融信贷机构，还可以开办独资银行、金融信贷机构及分支机构和代表处。保险公司法定基金中外资的比例不得高于49%。

外国资本可以参与白俄罗斯企业的非国有化和私有化，但只有在劳动集体或其他白俄罗斯企业不购买实施私有化企业的情况下外国投资者才有权购买这些企业。

对外国投资提供非歧视政策的保证、法律不变的保证、不被国有化和征用的保证、赔偿因国家机关违法行为造成损失的保证。

白俄罗斯优先吸引、鼓励外国投资的领域有：食品加工、基础设施建设、能源、科技开发、改善生态环境、军转民和重要进口产品的替代工业。

经济特区 白共设有明斯克、布列斯特和戈梅列—拉顿三大自由经济区。到2000年初，在三大经济区内注册的企业共117家，主要投资国来自波兰、德国、英国、捷克、美国和意大利。

根据规定，区内进出口商品免征关税，自由经济区内的外资最低投资额5万美元，企业利润税和增值税减半征收(分别为15%和10%)；对投资在100万美元以上、且占企业注册资金30%以上的外资企业，如70%以上自产产品出口，5年内免征利润税，后5年减半征收利润税；对过境自由经济区的货物不征收过境税。

外资企业税收 根据白有关法律规定，外资企业与白本国企业所交税种相同，只是在利润税方面(按规定，白俄罗斯法人应缴纳30%的利润税)享有一定优惠，即：外资占30%以上的合资企业以及独资企业自获利之时起三年免征利润税(贸易型外资企业除外)，如该企业生产的产品极为重要，则在上述三年优惠期后再减半征收利润税三年。如果外资企业在注册之日起第一年内法定资金到位50%，第二年100%到位，就可以获得利润税优惠权，如未达到上述要求，则利润税全额缴纳，不享受优惠且以后也不享受。

在其他税种上外资企业与白本国企业均按同等税率上缴税金。这些税种有：增值税(20%)、消费税(10～75%不等)、不动产税(1%)、生态税(税率由政府个案确定)、特别税(用于消除切尔诺贝利核电站事故后果，税率为工资基金的12%)、居民社会保护基金(工资基金的35%)、发展卫生保健基金(工资基金的3.6%)、扩大就业基金(工资基金的1%)和维持学龄前儿童机构基金(工资基金的5%)。

中白经贸关系

中白两国自建交以来，双边经贸关系发展顺利，两国政府间签订了一系列法律文件，为发展双边合作奠定了良好的基础。目前双方已签的政府经贸文件有：经贸合作协定、投资保护协定、避免双重征税协定、进出口商品质量保证协定等。

据中国海关统计，1999年中白贸易额为2 602万美元，比1998年增长50%，其中中国出口533万美元(下降17.5%)，进口2 069美元(增长90%)。2000年，双边贸易额为1.14亿美元，同比增长336.68%。其中中国出口为4 111.7万美元，进口为7 250.7万美元，分别增长671.43%和250.45%。

中国向白俄罗斯出口的商品主要是轻纺产品、日用消费品、化工品和部分机电产品等，自白进口的商品主要是化肥和机械产品等。

目前，在白俄罗斯境内共有21家中资企业，其中合资企业10家，独资企业11家，均主要从事进出口贸易。白俄罗斯在华投资项目共12个。

教育、医疗

1999/2000学年，白有普及教育学校4 830所，学生159.59万人，比1998/1999学年的学生人数减少1.78%。中等专业学校共有157所，与上年度持平，学生14.43万人，比上年度的13.84万人增长4.26%，平均每万居民中的学生数为144人，比上一年度的135人增长了6.67%。大学共有57所,比上年度的58所减少一所,学生26.21万人,比上个学年的24.4万人增加了1.81万人,增幅为7.42%,每万居民中的大学生人数为262个,比前一学年的239人增长了9.62%。

1998年,白俄共拥有各种专业的医生4.71万人,平均每万居民拥有46.3人;病床12.7万张,每万居民拥有124张;医疗诊所的接待能力(每一班接待病人数)22.5万人,每万居民拥有诊所221个。到1999年,白俄所拥有的各种专业的医生人数为4.59万人,比1998下降了2.6%,平均每万居民拥有医生45.8个,比1998年的46.3个减少了1.1%。中级医务人员有12.23万人,比1995年的11.76万人增加4%;每万居民拥有中级医务人员122.1个,比1995年的114.6个增加了6.54%。

(对外经济贸易大学　韩立华)

乌克兰经济文化概况

概况

乌克兰(Ukraine),面积:60.37万平方公里,人口:4 971万(2000年初),首都:基辅(Kyiv),货币:格里夫尼亚(Grivna),汇率:1美元=5.4格里夫尼亚。

简史　乌克兰属斯拉夫民族,与俄罗斯和白俄罗斯一起共同组成东斯拉夫。乌克兰是东斯拉夫第一个国家的发源地。

在公元9世纪时形成了以基辅为中心、包含三个民族在内的古罗斯国,即"基辅罗斯"。后出现各地诸侯割据的局面,基辅罗斯逐渐瓦解,莫斯科大公国在东斯拉夫地区取得了领导地位。乌克兰民族在历史上多灾多难,曾先后遭受蒙古、立陶宛、波兰、德国、土耳其和俄罗斯等国的入侵和占领。1654年,乌克兰并入俄罗斯。十月革命后,乌克兰成立了苏维埃政权,1922年加入苏联。1945年成为联合国成员国。

1991年8月,乌克兰宣布独立。同年12月,乌克兰与俄罗斯、白俄罗斯三国领导人签署了关于成立"独立国家联合体"的协议,是独联体的创始国之一。

1996年6月28日,乌克兰通过独立后第一部宪法,确定乌克兰为行政、立法、司法三权分立的总统制共和国。总统是国家元首兼武装力量总司令,根据1996年通过的新宪法规定乌总统任期为5年。最高苏维埃是国家最高权力机关,行使立法和监督权。政府原称部长会议,现改称内阁,为国家最高行政首脑机关。法院是司法执行机关,国家安全委员会是直属总统的国家执法机构中的协商机构。现任总统库奇马,政府总理尤先柯,经济部长为瓦西里·罗戈沃伊。

民族　主要民族有乌克兰族(73.6%),俄罗斯族(21%),其他还有犹太族、白俄罗斯族、摩尔多瓦族、波兰族和保加利亚族等。

宗教　居民大多数信奉东正教,西部部分地区居民信仰天主教。

语言　官方语言为乌克兰语,通行俄语。

自然资源　乌克兰有多种资源,主要有锰(占原苏联的80%)、铁(占原苏联的30%)、煤、矿物化学原料、建筑材料等。第聂伯彼得罗夫斯克和顿巴斯是原苏联著名的"钢都"和"煤海";但乌绝大部分的石油、天然气等能源依赖进口,目前乌核电站的全部燃料、90%的石油、60%的天然气、70%的机械配件、80%的纸浆从俄罗斯及独联体其他国家进口。

经济

苏联解体后乌克兰与原苏联各加盟共和国之间传统的经济联系遭到破坏,国民经济发展受到严重影响。

1999年乌克兰经济形势的主要特点是国民经济继续向好的方面转化。虽然生产仍在下降,但下降速度趋缓。国内生产总值为370.6亿美元,与1998年相比下降了0.4%，其中工业生产增长4.3%，农业生产下降5.7%，通货膨胀率为19.2%，失业率为6.6%。1999年头10个月，乌宏观经济基本上完成了政府和国家银行的预定计划。10月份乌国内生产总值与1998年同期相比增长2.8%，这是乌克兰独立以来出现的首次增长。

工农业生产有喜有忧 1999年工业下降的局面得到了初步控制，16个地区实现了工业产值的增长。黑色冶金业、电力工业、食品工业下降的势头得以遏制，航空业、造船业等部门发展势头良好，煤炭工业超额完成了任务，头10个月的采煤量比1998年同期增产1.3%。轻工业生产部门仍处于不景气之中，其产值在工业部门中的比重仍居末尾。

农工综合体是乌克兰优先发展的部门之一。1999年国家对该部门拨款47亿格里夫尼亚。政府认为对该部门的投资已初见成效，因为这一年的畜产品生产呈增长趋势。头10个月肉产品加工业比上年同期增产15%，但1999年乌克兰的粮食产量比上年略有下降。据估计，该年的粮食产量为2 600万吨，而1998年为2 650万吨。1999年榨糖用甜菜从1998年的1 550万吨下降到1999年的1 500万吨，其中1 340万吨系国有企业生产，160万吨由私人企业生产。

通货膨胀基本得以控制，公共财政依然面临压力，外债负担沉重，金融体系脆弱 1999年头7个月，乌克兰的预算赤字为5.09亿格里夫尼亚，比1998年同期减少2/3。预算赤字占国内生产总值的0.8%(1998年同期为3.1%)。调整预算收入为168亿格里夫尼亚，比1998年增加约22亿格里夫尼亚(约增长14.7%)，但是考虑到通货膨胀因素，调整预算收入实际上不仅没有增加，反而下降了7.7%。头7个月调整预算支出达174亿格里夫尼亚，比1998年同期增加了10.4亿格里夫尼亚，剔除通胀因素，预算支出实际下降了15%。

1999年国家和企业的支付危机仍在加剧。至1999年9月1日，乌克兰企业的应收应付欠款比年初分别增加了49.6%和38.8%，达到了1 614亿格里夫尼亚和2 131亿格里夫尼亚。乌克兰本国企业间的相互欠款分别占应收应付欠款总额的95.6%和88.2%，乌企业与前苏联地区其他国家企业的欠款分别占1.8%和5.2%，与其他国家企业的欠款分别占2.6%和6.6%。企业缺乏支付能力是乌克兰生产下降的一个直接原因。近年来，乌亏损企业越来越多，工业亏损企业由1994年的11.4%增加到1998年的53.9%。

1999年欠发工资问题仍未得到根本解决。最近3年，乌克兰欠发工资额增加了29倍。1994年底，乌欠发工资额只占年度工资基金的1%，而到1999年7月已占25%。尽管乌总统在竞选中许诺将在半年内解决欠发工资和退休金，但面对捉襟见肘的财政窘境，兑现这一诺言并非易事。1999年头10个月，政府发放的工资总额为189亿格里夫尼亚，比1998年同期增加了19亿格里夫尼亚。但事实上乌政府已陷入了一种进退两难境地。继续拖欠工资和社会福利开支会进一步降低人民生活水平，而支付这一笔巨资则会对政府缩小财政赤字的初衷带来沉重的冲击。

至1999年7月1日，乌国债总额达644亿格里夫尼亚，其中内债155亿格里夫尼亚。到1999年7月1日，国债占上年国内生产总值的62%。1999年上半年用于偿还国债的支出为38亿格里夫尼亚，占同期国家预算总收入的45.5%。至2000年1月1日，乌外债总额达126亿美元。

投资积极性继续疲软，投资环境仍无明显改善 独立以来，乌克兰的投资积极性持续下降。1991年基建投资额比1990年下降7.1%，到1998年已下降到79.2%。投资减少导致亏损企业日趋增加。1996年工业部门中亏损企业达30%，到1998年已达55%；农业部门中的亏损企业相应为66%和90%。1999年末乌政府加大了基建投资力度。目前，对国民经济基础部门进行扶持的国家纲要已初见成效。例如，煤炭部门从国际预算中获得16.075亿格里夫尼亚，头10个月，该部门提前完成了任务。对农工综合体的投资也开始见效。但就整体而言，乌克兰的投资力度仍很有限。

经济形势持续恶化对吸引外资产生了消极影响。据乌经济部统计，乌克兰需要外资400亿美元，有的资料则认为是500亿美元。但由于乌国内投资环境没有明显改善，1999年乌克兰吸引的外资有所减少。到1999年底，乌共吸引外国直接投资32.5亿美元。到1999年10月1日，乌克兰吸引的外国贷款总额为

25亿美元,其中23亿美元已被利用。

2000年上半年,乌克兰的经济形势继续好转,国内生产总值实现独立9年来的首次增长。据乌官方统计,1~6月,乌国内生产总值达713.37亿格里夫尼亚(约合132.1亿美元),同比增长5%。其中工业产值121.2亿美元,同比增长10.8%;商品零售额增长8.7%;基建投资增长21.2%;吸引外资增长150%(3.78亿美元)。1~5月,乌外贸额为111.54亿美元,同比增长24.7%。上半年乌国家预算实现结余8.7亿格里夫尼亚(约合1.6亿美元)。但农业生产下降4.6%。

2000年下半年,乌经济持续增长仍面临着诸多阻力:能源供应紧张,乌仅欠俄罗斯的天然气债务就达14亿美元;企业间三角债数字庞大,相当于乌国内生产总值的3.5倍;政府拖欠工人工资和退休金约达14.4亿美元;外资流入速度缓慢,乌独立9年来共吸引外国直接投资33.75亿美元,人均投资65美元,属较低水平;通胀压力仍然较大,乌2000年全年的通胀率超过25%。

对外经贸关系趋于正常化,对外贸易额虽然仍在下降,但贸易逆差缩小 1999年,乌克兰的对外贸易总额为280.5亿美元,比上年下降14%,其中出口151.9亿美元,进口128.6亿美元,分别下降7.7%和20%。

目前,乌克兰与世界上近180个国家和地区有经贸往来,主要贸易伙伴是:俄罗斯、土库曼斯坦、德国、美国、白俄罗斯和中国等,其中中国是乌克兰在亚太地区最大的贸易伙伴。乌克兰的主要出口商品是钢材(占全部出口额的30%)、化肥等。主要进口商品是石油和天然气(进口量占进口总额的40%以上)。

近年来,乌对外贸易逐步向符合国际贸易惯例的规范化方向发展,易货贸易在乌外贸中的比重有所下降。

对外贸易

对外经贸管理体制 乌实行贸易自由化,自1993年起在乌克兰进行合法注册的企业均可从事对外经贸活动。国家对外贸的管理更多地利用关税调节,非关税调节的措施逐步减少。到目前为止,受配额和许可证管理的商品只剩下15种左右,进口商品中只有保护植物的化学制剂、药品、兽医用药品等,出口商品中只有贵重金属、矿石、矿砂、宝石等。

主要外贸管理机构有:乌克兰经济部、特种商品出口委员会、跨部门进口协调委员会、跨部门出口协调委员会、国家海关委员会、工商会等。

乌对易货贸易实行控制,出口商需向乌有关授权银行预先缴纳合同金额50%的出口收入抵押金;如易货进口乌急需商品,出口畅销商品,则上述抵押金为合同金额的10%。为保证及时回货,还规定了易货回货时间不得超过出口商品办理海关手续后90天,出超则要承担罚金。

海关制度及税率 乌克兰利用关税调节外贸的总的原则是:对于乌不生产、必须依赖进口的商品实行“零税率”;对于乌正在兴起的产业的产品(产量不大,需要进口)征收2~5%;对于乌产量较大、基本可满足需要的商品,征收10%以上的关税;产量越高的商品征收的关税越高,如食用油的进口关税分别为:优惠关税40%,全税80%。目前,乌大部分商品的进口税率在20~30%。按世贸组织的要求,乌将逐渐降低进口关税,调整后的平均关税不超过14%。

1996年开始,乌逐渐采取国际上通行的做法确定关税,实行从价税和从量税,并规定了缴税的最低限额。

出口方面,经几次调整,目前除牲畜及毛皮制品、有色金属、废旧金属、黑色和有色金属下脚料、武器等和受配额许可证管理的商品需征收出口关税外,其他商品出口均免税。

商品检验 乌克兰主管商品检验的机构是乌克兰国家标准计量认证委员会。对进口实行认证制度,即进口商品必须获得乌认证机构的认证才能在乌市场上进行销售。乌国家标准计量认证委员会和各州的25个标准认证中心负责产品的检验和认证工作,中心备有齐备的实验器材和设备,并与各工业职能部委的研究院加强合作,对技术设备产品进行单独认证。按认证的方法可大致分为:样品认证和抽样认证。

样品认证,即进口商品的样品需预先送实验室检验认证,确认符合乌现行产品标准后,发给合格证书,允许在乌境内销售；抽样认证，即对需认证的产品从批量中抽样进行检验，符合乌现行商品质量标准或与抽样检查的合格证书标准一致的，则被视为合格产品，可在乌境内使用或销售。

中国与乌克兰于1997年4月签署了《中华人民共和国政府与乌克兰政府进出口商品合格评定合作协定》。凡列入清单的商品，一方认证后，另一方则必须予以承认。

此外，乌克兰还积极加入国际化质量认证体系，如国际ISO质量认证体系，ISO9000标准也开始在乌应用并得以承认。乌还积极与欧洲质量标准体系寻求合作，正与其进行谈判，努力加入统一的欧洲质量标准体系。

技术和知识产权的保护 乌克兰独立后不久便成立了"乌克兰知识产权国家委员会"，负责对申请专利许可的各项发明、工业样品、著作等技术及知识产权进行认证、鉴定及专利许可证的发放；负责对商标进行审查、鉴定、注册并对商标权进行保护。

目前，在乌克兰已有数家专门从事有关技术、知识产权保护方面的咨询信息服务公司。他们应客户要求解释有关法律，或帮助客户到乌克兰知识产权问题国家委员会办理申请专利许可证等业务。

1993年底乌克兰议会先后通过了《关于发明权保护法》、《关于工业样品权保护法》、《关于商标权保护法》及《关于著作权保护法》，以法律的形式对于乌克兰专利发明权、工业样品专利权、著作权等的发放范围、条件、专利保护以及有关申请手续等作了明确和详尽的规定。

原产地证书标准 乌克兰原产地证遵循的标准有两个：商品在乌生产的附加值达到50%以上；产品在乌克兰生产后，其在国际商品海关税则中的编号发生了变化。凡符合以上条件的商品均可获得乌原产地证书。根据乌与其他国际组织（如欧盟）及不同国家签署的协议，这些组织和国家对乌原产地的要求各有差异。乌原产地证书的发证机构是乌克兰工商会及各地区的工商分会。

乌克兰企业及外国在乌注册的企业均可获得乌克兰原产地证书。获得原产地证书所需的文件有：产品生产或买卖合同，生产企业证明，商品发运单，支付凭证，产品质量证书，技术设备产品的使用说明。

根据1997年4月3日乌总统签署的对《乌统一关税法》修改规定，与乌克兰签有自由贸易协议、贸易互惠协议的国家，其所产商品进入乌克兰境内享受减免进口关税的最惠国待遇，不同商品优惠幅度各异，最高不超过50%。中国也被列入享受最惠国待遇国家之列，中国商品只要具备以下条件即可享受优惠关税：商品直接从中国进口；生产者为在中国的企业；出具FORM"A"原产地证书。

外汇管理 乌克兰属外汇管制国家，乌境内禁止外汇作为支付手段流通，乌货币格里芙那为其境内惟一支付手段。企业进口所需外汇通过有外汇经营权的商业银行在乌银行间外汇交易所购买。商业银行向私人兑换外币的汇率在交易所公布汇率的基础上浮动5%。目前乌克兰有228家商业银行，其中115家有外汇经营权。

许多商业银行与西方银行建立了代理关系。乌克兰现有外国投资银行13家，其中独资3家，合资10家。

根据乌克兰对外经济活动法规定，乌企业出口（含易货）均应在90天内在乌境内银行结汇（或回货），无特殊理由逾期者需每日交纳合同金额0.3%的罚金。

1997年6月3日乌克兰议会通过决议，取消出口企业外汇收入50%必须在乌银行间外汇交易市场出售的规定。

乌克兰法律规定外国投资者在照章缴纳税款和其他必要费用之后，可将收入、利润和其他合法所得的货币汇出境外，但需缴纳15%的税款；也可进行再投资，或存入银行；如果将所得利润在乌内部市场上换取商品并运出境外时无需办理许可证；外商有权用在乌通行的外汇购买乌境内企业的股票、股份和其他证券。

另外，乌外汇管理规定，旅客出境只能带出1 000美元外汇。外国人入境时携带外汇需向海关申报，出境时带出外汇需出示入境申报单，超出申报额的需出示银行出具的携带外汇证明。

投资环境 乌克兰自独立后，经济停滞，外资引进乏力。截至1999年底，乌共吸引外国直接投资32.5亿美元。

乌克兰吸引外国直接投资的状况远不如周边的波兰和匈牙利等国家。其主要原因在于，国内经济政策多变，企业税赋负担太重，居民购买力较弱，邮资安全性较差,市场游戏规则不够健全等等。因此,乌克兰要想迅速吸引外资,必须推出让外商看得见的新政策和新措施。

乌政府鼓励外商投资的主要领域有:轻工、食品、冶金、化工、通讯、交通、机械制造、金属加工等。

对乌克兰的主要投资国是:美国、德国、英国和俄罗斯。

乌外资法规定,对在其境内的外国投资和外国法人的经济活动提供国民待遇。但对向乌国民经济优先发展领域投资提供较多优惠。这些优先发展的领域是机械制造、医药、冶金、燃料动力综合体、运输业、通讯、石化、农产品加工、轻纺工业等。凡向上述领域投资,可视具体情况报乌内阁个案审批,对其投资和经营活动在税收、海关、贷款和获得投资风险保障方面提供优惠待遇,如:外资企业机器设备加速折旧;对外资企业前三年应缴纳的税,可由国家财政的专项预算基金提供优惠的税收贷款。此项仅限于生产广播电视器材、家用电器和农产品加工的外资企业。

外资企业成立后5年内,对企业进口与生产有关的商品退还50%的关税,对进口生产必需的配件和设备,退还100%的关税。

另外,乌《外资法》还允许外商参加乌国有企业私有化进程,取得股份、股票及其他有价证券,并可购买动产和不动产,可享有购买土地使用权及允许在乌领土上利用其自然资源的权力;外国投资者完税后可将合法利润、收入和其他资金汇到国外;外资企业的产品出口,可不受配额许可证的限制;经济区内外资所享受的待遇不得低于《外资法》的相应待遇。

经济特区 乌共设有10个经济特区,在特区内开办企业享受一定税收优惠政策。

企业经营中所需缴纳的税收 乌克兰政府规定在商品生产和流通中无论何种所有制企业必须缴纳的税种税率主要有:增值税20%;消费税根据不同消费品的出厂价确定;企业利润税为30%基本税,中介及拍卖业务为45%,彩券及娱乐业60%;土地税按具体年度税率确定;交通工具税按具体年度税率及汽车发动机容量单位确定;进口关税按统一进口关税税率表计证;社会保险及退休基金为劳动支付基金的37%;消除切尔诺贝利核事故后果及社会保障基金为劳动支付基金的12%;协助居民就业基金为消费基金的20%;道路建设维修税占产品销售总额的1.2%;劳动支付基金为产品销售总额的1%;地方税由地方自治机构确定税率;所得税根据工资额确定税率。

中乌经贸关系

中乌建交以来,两国经贸关系发展较快。

双方在经贸合作领域签署的政府间文件有:《经贸合作协定》、《投资保护协定》、《建立经贸合作委员会协定》、《避免双重征税协定》、《进出口商品合格评定合作协定》等。

据中国海关统计,1999年中乌贸易额为4.213亿美元,增长53.2%。其中中国出口为8 100万美元,下降10.1%,进口为3.40亿美元,增长84%。2000年的双边贸易额为5.91亿美元,同比增长40.3%,其中中方出口为1.36亿美元,同比增长67.9%,进口为4.55亿美元,同比增长33.8%。

中方向乌出口的主要商品是机电产品和轻纺产品及食品;中方自乌进口的商品主要是钢材、化肥(以氮肥为主)、化工品和部分机械产品。

截至2000年6月底,中方在乌注册的合资、独资及公司代表处近60家,注册资金共1 000多万美元。中资企业在乌主要从事服装加工、建筑、电视机和收录机组装、餐饮和进出口贸易等。

教育、卫生

到1999学年,乌克兰有全日制普及教育学校2.22万所,在校生674.3万人;中学256所,学生14.73万人;贵族学校258所,学生8.66万人;中等专业学校658所,学生50.37万人;高等院校313所,学生128.54万人。每万居民中在全日制普及教育学校读书的学生有1357人,在中等专业学校有101人,在高等院校有259人。

到1998年底,乌克兰共拥有各种专业的医生22.7万人,每万居民中拥有医生45.5人;病床48.3万张,每万居民拥有97张;医疗诊所的接待能力(每一班接待病人数)96.6万人,每万居民拥有诊所194个。

(对外经济贸易大学 韩立华)

南斯拉夫经济文化概况

概况

南斯拉夫联盟共和国(The Federal Republic of Jugoslavia),面积10.2万平方公里,人口1 040万(1999年)。首都:贝尔格莱德(Belgrade),货币:第纳尔(Dinar)。1美元=18第纳尔(2000年7月)

简史 7世纪初,部分斯拉夫人迁居巴尔干。9世纪开始形成塞尔维亚、杜克里亚等国家。14世纪塞尔维亚曾是巴尔干最强盛的国家。15世纪起,奥斯曼帝国占领该地区长达500年。1882年和1910年,塞尔维亚、黑山分别建立王国。1918年,南部斯拉夫民族联合成立塞尔维亚—克罗地亚—斯洛文尼亚王国,1929年改称南斯拉夫公国,塞尔维亚、黑山为其中的一部分。第二次世界大战后,1945年,塞尔维亚、黑山两个共和国成为南斯拉夫社会主义联邦共和国的组成部分。1991年,原南斯拉夫联邦的四个共和国相继宣布独立。1992年4月27日,塞尔维亚共和国和黑山共和国组成南斯拉夫联盟共和国。

1992年5月,联合国对南斯拉夫实行了除药品和人道主义食品供应之外的全面强制性经济制裁,内容包括贸易禁运、资产冻结、中断航空往来、中止科技文化及体育交流等;1995年11月联合国中止了对南制裁,1996年10月解除了对南制裁。

南联盟共和国实行多党议会制。南联盟总统通过联盟议会选举产生,任期4年,1997年7月,原塞尔维亚共和国总统斯洛博丹·米洛舍维奇当选联盟总统。2000年,科什图尼察当选南联盟总统。

民族 塞尔维亚族占62.6%、黑山族占5%、阿尔巴尼亚族占16.5%、穆斯林占3.5%、匈牙利族占3.3%。

宗教 主要为东正教。

语言 官方语言为塞尔维亚语。

自然地理 南斯拉夫地处巴尔干半岛的中南部,同匈牙利、罗马尼亚、保加利亚、阿尔巴尼亚和克罗地亚、波斯尼亚—黑塞哥维那、马其顿接壤。山地和高原占国土面积的2/3以上。西南部濒临亚得里亚海,海岸线长约200公里,北部平原地区,土地肥沃,是欧洲著名的粮仓。

南斯拉夫境内河流纵横交错,总长度3 180公里,其中1 395公里可通航。最著名的河为多瑙河和萨瓦河。

自然资源 南斯拉夫除有色金属和煤有一定的储量外,还有一些铁、锰、铝、锌、铝矾土等,矿产和能源较少,石油、天然气储量也很少,森林资源较丰富,森林面积为285.8万公顷,森林覆盖率为28%,其中可采伐木材3.069亿立方米。

经济

南联盟经济在原南斯拉夫属中等水平。1990年国民生产总值曾达到300亿美元,受前南解体和西方经济制裁的影响,南国民生产总值到1993年降到95亿美元。自1994年起南经济开始回升,1994～1996年的经济年均增长率超过6%。1999年受北约轰炸的影响,南交通、能源、电力等基础设施受到严重破坏,机械、化工、汽车、冶金、烟草等行业的一些骨干企业,或完全或部分被炸毁,经济严重滑坡。如果按1994年的不变价格计算,南1998年的GDP为100的话,南1999年的GDP仅为1998年的82.3%,达148.48亿美元,外债达120亿美元,失业率和通胀率分别高达30.6%和42.4%,人民生活水平大幅下降,居民的人均收入只有33美元。虽然南政府在北约停止轰炸后采取了一些新的经济政策,南经济恢复也取得了一定成就,但受国际社会全面制裁和国内政局不稳等因素的影响,南经济在短期内很难恢复。2000年南GDP较1999年有所增加,为1998年的88.1%。零售贸易额也较1999年有所增加,以1998年为100计算,1999年的零售贸易额是1998年的84.9%,2000年是1998年的91.4%。南就业状况不容乐观,以1998年为100计算,1999年的就业率为1998年的96.9%,2000年为1998年的92.9%。

工业 南主要工业部门有冶金、汽车制造、纺织、仪器加工等。1998年的工业产值比1997年增长3.8%。1999年的工业产值为1998年的76.9%,2000年为1998年的86.4%。工业生产正在逐步恢复之中。

农业 南农业较为发达,农业面积为627.4万公顷,占国土面积的61.4%,耕地面积374.6万公顷,占国土面积的37%,占农业面积的60%,人均耕地面积0.36公顷。北部伏伊伏丁那地区土地肥沃,是著名的"粮仓"。粮食自给有余,制裁前每年有30%的粮食出口。南农业基础研究力量很强,特别是在玉米和向日葵种子的研究和培育方面技术水平很高,在国际上有一定的知名度。南主要农作物有玉米、小麦、向日葵、甜菜、大豆等粮食作物和各种蔬菜、水果,畜牧养殖业较为发达。

南2000年的农业产值下降明显。如果1998年的农业产值为100,则1999年是1998年的99%,2000年仅为1998年的79.4%。

财政金融 截至2000年12月31日,南联盟的外汇储备为5.24亿美元,比1999年增加76%。

基础设施 南斯拉夫的基础设施较好,交通运输便利。南有公路2.8万公里,其中有400多公里的高速公路。铁路全长3 960公里,其中1 341公里为电气化铁路。南斯拉夫共有5个机场和37架飞机,最大的机场为贝尔格莱德机场。南海运和内河航运也较发达,有30条海运货轮(总吨位136.9万吨),534条河运货船(总吨位57.1万吨)。

南斯拉夫最大的港口是巴尔港,巴尔港位于黑山共和国的亚得里亚海滨,有铁路和公路直通首都贝尔格莱德,交通便利。巴尔港是个深水不冻港,水深4~14米,可停泊万吨级大型轮船,年吞吐量为450万吨。巴尔港现拥有3 342米码头可供运输作业,港口内的铁路线长2.2万米,车皮和轮船之间能进行货物的装卸。港口拥有室内仓库12万平方米,露天仓库51万平方米,粮仓可装卸和储存粮食3万吨。巴尔港还有集装箱码头,吊车可装卸40吨重的集装箱。

对外经贸关系

外贸在南斯拉夫国民经济中占重要的地位。随着制裁的解除,南斯拉夫的外贸正得到逐步的恢复和发展。1999年南外贸总额为47.94亿美元,比上年下降36.6%,其中出口14.98亿美元,进口32.96亿美元,分别下降46.9%和30.4%,外贸逆差18亿美元,下降10%。虽然逆差比上年有所下降,但其外贸逆差比当年进口额还多3亿美元。出口补偿进口能力由1998年的58.9%下降到1999年的45.5%。在南对外贸易总额中一般进出口贸易为35.05亿美元,补偿贸易为5.05亿美元,加工贸易为4.52亿美元。主要的出口商品是有色金属、纺织品、水果蔬菜、木材、钢铁和医药,主要的进口商品是石油制品、纺织品、特殊机械、工业机械、天然气和汽车。

南对外贸易主要集中在欧盟和邻国,其主要贸易伙伴为德国、意大利、波黑塞族共和国、俄罗斯、马其顿及希腊、瑞士、奥地利、匈牙利和法国。

对外经贸管理体制 南斯拉夫管理对外经济关系的部门是南斯拉夫外贸部,南外贸部负责管理商品的进出口配额和许可证的签发、外资企业的管理等;南斯拉夫人民银行负责"第纳尔"汇率、信贷方面政策的制定、执行监督和控制。

南经济和外贸活动中一个重要的机构是南斯拉夫经济联合会,即南斯拉夫商会,也称经联,是独立的专业商会组织,具有广泛的代表性,实行强制会员制,即所有在南注册的企业,不管其规模大小和所有制性质,都必须加入经联。经联在南政府制订国内经济发展计划和对外经贸关系政策方面起很大的作用。南经联具有对南经济和外贸进行管理、协调、咨询等职能,如签发有关文件并予以公证、参与制订和分配进出口商品配额、为国内外客户介绍合作项目、接待外国经济团组、组织南经济界赴国外考察等。

南斯拉夫进出口商品分为自由进出口、受配额管理和许可证管理三大类,其中绝大多数商品为自由进出口商品,只有5%的出口商品和15%的进口商品受配额和许可证限制。实行配额管理的商品主要是南有一定生产能力、对本国生产需要保护的商品;实行许可证管理的商品主要是按国际公约规定限制的商品,如武器、贵金属、文物和艺术作品。

除一般进出口贸易外,南斯拉夫允许开展其他形式的国际贸易活动。但对其他高级形式的经贸合作,如长期生产技术合作、补偿贸易、从事外贸经济活动、外国商品通过保税库在南销售和代理等业务的合同均需事先获得南联盟外贸部的批准。外商在南开展承包工程必须参加公开招标,在工程建设中必须采取南斯拉夫标准、技术准则和质量要求,如果对某种产品、生产、劳务和工程尚未制订有关标准,可以采用国际上通用的或外国标准。外商在南承包工程必须聘用当地人员,工程负责人员和专家可以为外国人。

外商在南参加博览会,可在所支出的参展费用、关税和进口附加税的金额范围内,在博览会上出售商品。

海关制度及关税税率 南斯拉夫海关使用《国际商品统一编号》规则对商品实行编号。

南海关法接近欧盟的海关法规。1997 年 8 月 1 日,南斯拉夫实施海关新税则。新税则共有 8 400 个税目,其中包括世界贸易组织规定的 65 种免税商品(猴、鸡、香蕉、米、花生、可可豆、龙虾、虾、青蛙、牡蛎、刺猬、茶、麻棉、鱼油、花生油、可可油、棕榈、竹器、铁矿、铝矾土、炼焦煤、焦炭等)。根据新海关法的规定,海关关税为 1～40%,平均关税为 20%左右。按商品种类分,南进口关税水平如下:

南本国自己不能生产的原材料为 1～5%;南不能足量生产的原材料、半成品和零备件为 5～12%;南本国生产可满足需要的零配件为 13～21%;机械设备为 1～15%;日用消费品为 20～40%。

2000 年 5 月 20 日,南重新调整海关关税汇率,进口商品汇率的折算 1 马克兑换 19 第纳尔,1 美元兑换 41 第纳尔。

为适应北约停止对南轰炸后经济重建形势的需要,1999 年 8 月 20 日南议会通过了对现有海关税则的补充和修改。新税则降低了进口商品最高税率和最低税率之间的税率差,较前税率差减少了 10%,但总体平均进口税率提高了 1.65%。

多年来南对进口商品实行配额制。从 1999 年 4 月起改配额制为限额制,但其规定的数量和金额不变,超过限额部分,可以自由进口,但需缴纳限额内关税标准的 2.5 倍。

自由区 1994 年 11 月南联盟颁布了自由区法,根据自由区法规定,可以设立自由区的是南和外国的法人和自然人(以下简称自由区设立者),自由区设立者以及其他南和外国法人和自然人可以设立自由区管理企业,自由区的使用者是在区内从事活动的南和外国法人和自然人。

自由区内不得从事威胁生态环境、人的健康、物质财富和国家安全的活动。

自由区设立者、自由区管理企业和自由区使用者的权利由自由区法规定,其他法律、法规不得削减自由区法规定的权利。

自由区可设立在:有海港、空港或对国际交通开放的内河港口的地区内,或并入欧洲公路网的干线(E 号公路)地区内。

建立自由区需提供以下文件:设立者的名称,自由区名称和自由区地点,建立自由区管理企业需南联盟财政部提出申请,并提交下列有关文件:设立自由区的文件;设立自由区的可行性研究报告;建立自由区管理企业的可行性研究报告和自由区所在地段使用权的证明;自由区场地条件、建筑条件、能源条件、组织条件、技术条件、生态和环境保护条件的证明;设立自由区管理企业的文件。

自由区管理企业中的外国资本不得超过 49%。

自由区内商品自由进出口。在自由区生产的商品,如果使用的南斯拉夫原料、其他再生产物资、劳动力和其他生产费用的比重占其价值的 51%,南海关可出具南产地证。

在自由区可从事以下经营活动:商品生产、服务业、劳务、外贸、商品批发与零售、银行及其他金融机构、财产及人寿保险、旅游等。

在自由区从事活动和生产所需的商品,免交进口关税和进口附加税,只交纳 0.5%的海关登记费。自由区内生产的商品如在南市场销售,需向海关申报,并交纳关税和进口附加税。

自由区内可自由投资、利润自由汇出。自由区使用者和自由区管理企业可把在自由区经营所得的外汇存入自由区内的授权商业银行或其他授权商业银行的外汇帐户,并自由支取。

外资政策 南斯拉夫鼓励外商赴南投资,在外资政策上逐步放宽对外资的限制。南斯拉夫负责外资管理的部门是联盟外贸部，所有外商在南的投资均需首先获得该部的批准。南外贸部将根据所建立企业的性质、种类和投资额，以及对等原则来决定是否颁发注册许可。

投资领域 根据南斯拉夫法律规定，在下列领域里不允许外国人建立独资企业，外资不得超过50%：武器和军事装备的生产和销售、能源、铁路交通、邮电通信、林业、社会传播媒体、市政公用事业（供水和供暖）。在其他领域里可以自由投资。

投资方式和形式 南斯拉夫对外商投资方式没有限制。外国投资者可用有形资产（现金、机械设备等实物、有价证券）和无形资产（技术、服务、知识产权、商标专利等）作为投资。外商以实物投资时，如投资金额高出公司注册资金，需由专门机构进行评估。

南斯拉夫允许外国投资者向南现有企业投资建立合资企业或在南建立独资企业，也允许外国投资者获得使用某些资源和财富的特许租让权（租期最长30年），同样允许外国投资者以建造、经营和转让方式（BOT方式）进行投资，但在BOT方式下的投资期限被严格限制在30年以内。

对外资的优惠政策 南斯拉夫对外资优惠政策主要为：作为投资的设备、材料等物资不受南进口管制的限制，可以自由进口；作为投资购买的新设备在进口时免交关税和其他进口税，此项鼓励性措施不包括小汽车和赌博性游戏机的进口；对生产性企业，如外资所占比例高于10%，可在五六年内享受免除外资所占部分的企业所得税，但如企业停止运转或外资在5年内撤资，则该企业不再享受此项优惠；外商独资企业自批准之日起6年内免征企业所得税；对贸易和服务性企业，可在两年内享受免除外资所占部分的企业所得税；在塞尔维亚经济落后地区投资的外商独资企业，免征企业所得税的优惠期还可再延长6年；在黑山共和国的自由贸易区内投资的外商独资企业，自批准之日起10年免征企业所得税；在合资企业和外国公司分代表处工作的第三国人员可享受减征个人所得税一半的优惠。

此外，南斯拉夫对外资企业的利润在南进行再投资，且再投资期在5年以上，也制订了相应减免企业所得税的优惠措施。

外商在南注册公司的有关规定 在南斯拉夫建立外国企业和公司，首先要到南联盟外贸部申请注册许可。审批时间为提交所有必需材料后的30天以内，如果30天内外贸部未批复，即可视为同意设立企业。在得到注册许可之后，到相应的法院办理企业注册手续。如果公司创办人是外国法人，在注册公司时应提供经过公证并译成塞尔维亚文的母公司所在国法院注册和营业执照的副本、公司经理人员的授权书和护照。

企业经营中所需交纳的税收 南斯拉夫企业在经营中主要有三种税种：企业所得税（利润税），税率20～30%；个人所得税，税率20～40%；流通税，其中商品流通税税率为10～20%（食品、设备、机器、农用机械、能源、卫生材料、服装、鞋的税率为10%，其他产品为20%），服务的流通税为10%。此外，还有捐赠税、财产税和国际交通所得税。南斯拉夫目前尚未实施增值税。

签证和居留 外国人持有效签证可在南斯拉夫逗留90天。为从事商务活动，受到商务或工作邀请的外国人可持南公司邀请函，到所在地内务局办理居留，申请延长。居留期为1年，到期可延长。

对于有意到南斯拉夫投资、合资、开展科学技术和生产合作的商务人员可给予多次往返签证，并根据商务合作情况给予为期5年的工作居留。

对于不符合获得商务签证的商务人员，可给予3～6个月的多次往返旅行签证。

根据中国与南斯拉夫联盟有关签证的协议，两国持外交、公务和因公普通护照者互免签证。

中南经贸关系

中南有着传统的友好合作关系。早在1956年中国与原南斯拉夫就签订了第一个政府贸易协定，1969年两国又将政府间记帐贸易改为现汇贸易。80年代，两国在经济领域的合作非常成功，两国双边最高贸易额曾达到2.5亿美元。中国从南斯拉夫引进了皮革揉革生产线、葡萄酒生产线、养鸡场、冷库等一大批项目，两国还在小麦、育种等农业方面开展了技术合作。

在1992年5月～1995年11月南受制裁期间，中南经贸合作受到严重影响，其后逐步恢复和发展。

1995年11月联合国中止对南制裁后,两国在各个领域的合作逐步恢复和发展。1995年9月外经贸部石广生副部长访问了南斯拉夫,签署了《中华人民共和国政府和南斯拉夫联盟共和国联盟政府经济贸易协定》,规定相互给予最惠国待遇,根据协定,成立了两国政府级经济贸易合作委员会(简称"混委会")。1995年12月南联盟总统利利奇访华期间签署了《中华人民共和国政府和南斯拉夫联盟共和国联盟政府关于鼓励和相互保护投资协定》,召开了中南混委会第一次会议。

1997年3月外经贸部陈新华副部长率团访南,召开了中南混委会第二次会议,签署了《中华人民共和国政府和南斯拉夫联盟共和国联盟政府关于对所得和财产避免双重征税协定》,为两国经贸合作的全面发展奠定了法律基础。

自1993年开始,中国同南联盟的进出口实行单独统计。据中国海关统计,1994年贸易额仅为900万美元(中国出口400万美元,进口500万美元),1995年为980万美元(中国出口955万美元,进口25万美元),1999年为3 733万美元,比上年的3 333万美元增长了12.2%,其中我出口3 055万美元,进口678万美元。2000年两国的双边贸易额为6 849.8万美元,同比增长83.49 %,其中我出口6 095.7万美元,进口754.1万美元,分别增长99.53 %和11.22%。中国向南出口的主要商品为服装、纺织品、鞋类、办公用品、焦炭、药品和日用消费品等,从南进口的主要商品有药品、聚乙烯和机械产品等。此外,两国在原油转口贸易上也有较好的合作。

中南两国有着传统的友好关系,1999年北约轰炸南联盟后,中国进出口银行向南提供了3亿美元贷款用于南战后重建。

中南双边贸易中存在的主要问题是:(1)受西方国家全面制裁的影响,南企业普遍支付能力差,一般商品贸易风险大;(2)双边贸易缺乏后劲,贸易额总在5000万美元以下徘徊;(3)双边贸易中中国进口量很小,贸易顺差突出;(4)除中国企业利用我向南提供的2亿美元贷款参与南战后重建的项目外,其它合资合作项目很少。

文化教育、卫生

南斯拉夫的教育体系分为三级:初等教育、中等教育和高等教育。南教育经费不占国家预算,主要从职工的毛收入中提取,并在自治利益共同体内协商使用。实行八年义务教育。南斯拉夫的学校教育因1999年发生的科索沃冲突和难民大批外逃而遭到彻底破坏,教育体系处在危机之中,只有少数富有的人能够到国外读书。目前初等教育适龄儿童的入学率为71%,中等教育率64%,高等教育率23%。全国共有6所大学,它们是:贝尔格莱德大学、诺维萨德大学、尼什大学、克拉古耶瓦茨大学、波德戈里察大学和普里什蒂那大学,截至2000年底在校就读的大学生共有172 313人。科索沃的识字率较低,甚至在冲突爆发前就低于前南的平均水平,其少数族裔阿尔巴尼亚人学校在1990年被关闭。

截至1997年,南斯拉夫全国共有医生21 697名,病床58 257张。

(对外经济贸易大学 韩立华)

瑞士经济文化概况

概况

地理 瑞士联邦(Swiss Confederation)是欧洲中部的内陆国家,位于法国以东,意大利以北,其他邻国包括德国、意大利、列支敦士登,面积41 290平方公里。国境四周的山脉、河流和湖泊形成自然边界,瑞士控制着几条通往阿尔卑斯山外连结南北欧的主要通道。全境分三个主要地区:位于西北部的汝拉(占全国领土的12%),南部的阿尔卑斯山区(40%),以及两者之间的米特兰高原。

瑞士气候温和，随着纬度的变化而呈现多样性，年均降水为1 456毫米。南部阿尔卑斯地区海拔3 600米，北部3 000米为常年雪线。

瑞士水资源丰富，河流有40多条，湖泊有50多个。莱茵河及其支流阿勒河携带着全国66%的水量注入北海，罗纳河及其瑞士的支流，波河和阿迪杰河携带约30%的水量流入地中海，因河经多瑙河进入黑海。瑞士与法国分享日内瓦湖，与奥地利和德国分享康斯坦茨湖，瑞士的其他大湖也位于米特兰高原。除蕴藏有丰富的地下水外，瑞士大约有3 000平方公里冰川和冰原。主要资源为水力、木材和盐，但矿物原料和能源匮乏。

人民 2000年7月估计人口为7 262 372人，人口密度平均为每平方公里171人，2/3人口居住在城市地区，近1/3居住在五个主要城市(苏黎世、巴塞尔，日内瓦，伯尔尼和洛桑)。人口增长率为0.3%，出生率为10.4‰，死亡率为8.75‰，出生时预期寿命为79.6岁，妇女总生育率为1.47胎。从民族构成上看，日耳曼人占65%，法兰西人占18%，意大利人占10%，罗曼什人占1%，其他占6%。按信仰划分，天主教占46.1%，新教占40%，其他占5%，无宗教信仰者占8.9%(1990年)。瑞士使用四种官方语言：德语(64%人口语言)、法语(19%)、意大利语(8%)、罗曼什语(0.6%)。1998年成人识字率为99%，第一、二、三级教育合并入学率为80%，实际人均GDP 25 512美元(购买力平价)，人类发展指数在174个国家/地区中居第13位，属高度人类发展国家。

政府 政体为联邦共和国，首都伯尔尼，全国有26个州和半州。瑞士于1291年8月1日获得独立，成立瑞士联邦，这一天为国庆节。1874年5月29日颁布宪法。

行政机构：国家元首露特·德莱富斯主席，女，基督教民主人民党(自1999年1月)；副主席阿道夫·奥吉，瑞士人民党(自1999年1月)；主席既是国家元首，也是政府首脑。内阁为联邦委员会，由7名委员组成，委员由联邦议会两院联席会议选举产生，任期4年。主席和副主席由联邦议会从联邦委员会成员中选举产生，任期1年。

立法机构：两院制联邦议会，由联邦院和国民院组成。联邦院代表各州，有议员46名，国民院有议员200名，按比例代表制普选产生，任期4年。

司法机构：联邦最高法院，法官由联邦议会选出，任期六年。

经济

瑞士是一个繁荣、稳定的现代化国家，其人均GDP比大西欧经济体高15～20%。1998年出口带动了整个经济的增长，然而全球经济的下滑对1999年瑞士出口部门的繁荣起到了降温作用，金融服务，生物技术，制药和特种机械的出口受到影响。由于消费和资本开支增加，瑞士经济避免了大的下滑。从1999年下半年起，随着市场好转，出口再现繁荣，公司利得的改善，进口投资物品的低资本成本和不断下降的价格使得机械设备投资稳定增加；1999～2000年私人建筑活动萧条和基础设施开支的上升使得建筑投资继续小幅上升；同时由于劳工收入提高，就业市场好转，私人消费继续拉动国内需求。1999年总的形势是经济增长放慢，代理与产品市场的不景气仍很明显，尽管1999年初增值税上调，但通货膨胀仍保持低水平。

主要经济指标 2000年GDP为2 488.8亿美元，实际增长率为3%，人均GDP为34 808美元。从产出结构上看，在GDP构成中，工业占33.5%，服务业占63.5%，包括农业在内的初级活动占3%(1996年)。通胀率(消费品价格为1%〈1999年〉)。劳动力397.4万(外籍工人86.31万)，其中农业部门占4.6%，工业和建筑占26.3%，其他活动占69.1%，失业率为2.8%(1999年)。预算收入326.6亿美元，支出348.9亿美元，包括资本开支23亿美元(1998年估)。兑换率为：1美元＝1.3765瑞郎(1998年)、1.5996(1999年)、1.6365瑞郎(2000年)。

工业 机械、化工、手表、纺织、精密仪器，工业生产增长率为3.5%(1999)。年发电666.96亿千瓦小时(1999年)，火力发电占3.99%；水电占52.73%，核电占43.27%，其他占0.01%(1996年)。

农业 粮食、水果、蔬菜、肉、蛋。

出口 748.97亿美元(2000年)，占世界出口的1.26%，年变化率为0%(1998年为4%)。出口商品为：机械(29%)、化工(28%)、金属、手表、农产品(1997年)。出口伙伴中工业化国家占79.7%，其中美国占11.9%,日本占3.9%,奥地利占3.2%,德国占21.9%,意大利占7.9%,英国占6.3%。对亚洲出口中,香港占2.3%,新加坡占1.4%。

进口 761.35亿美元(2000年),占世界进口的1.2%,年增长率为3%。进口商品为机械(22%)、化工(16%)、车辆、金属、农产品、纺织品(1997年)。进口伙伴中工业化国家占88.6%,其中美国占10%,日本占2.8%,奥地利占3.9%,法国占11.7%,德国占30.3%,意大利占9.5%,荷兰占4.7%,瑞典占5.5%,其他国家中中国占1.4%,俄罗斯占2%(1999年)。

运输 铁路总长4 479公里,公路71 048公里,水路65公里莱茵河河段;12个可通航湖泊。管道:原油314公里;天然气1 506公里。巴塞尔为主要港口。拥有海运商船20艘(千吨级),共计412 459,总注册吨位/724 995载重吨位(1998年),全国有机场67个(1998年)。

科学技术

瑞士是一个资源匮乏,除了木材、水能外,几乎所有原材料都需要进口的中欧小国,然而它却能生产出从精确到以1/100万毫米计算的精密仪表到数万马力的柴油机引擎,从细小的钟表零件到直径10余米的发电机涡轮,且质量世界一流,"瑞士造"已成为精、尖、特产品的代名词。可以说,科技创新意识已植根到瑞士人的文化之中,瑞士几乎所有企业都有科研机构和信息中心,大企业还设有文化、艺术基金为社会提供服务。在这个人口只有700多万的国度里,已有16人获得诺贝尔奖,其中化学奖4人,物理奖2人,医学奖5人,另外5人为文学奖与和平奖。此外,瑞士的大公司和企业还经常开展横向交流,派懂业务的专家到国外考察,举办短期培训,不惜高薪广集世界各地人才,利用世界各国的智慧为本国服务。

根据经合组织的统计,1996年瑞士国内研发总开支(GERD)为99.9亿瑞郎,折合48.73亿美元(购买力平价),人均研发开支为685.9美元(购买力平价),仅次于美国,是经合组织平均水平的1.6倍。GERD占GDP的2.74%。从经费来源上看,大部分来自企业,占67.5%,政府占26.9%,其他国内资源占2.5%,海外资助占361%。GERD在不同科研部门的比例分配为:企业占70.7%,高等教育部门占24.3%,政府部门占2.5%,私人非盈利机构占2.5%。全国有研发人员50 265人,年均增加1.2%,平均每千名劳动力中有研发人员12.7人;全国有研究人员21 635人,年均增加5.1%,平均每千名劳动力中有研究人员5.5人。

企业研发 1996年商业企业研发开支(BERD)为70.6亿瑞郎,相当于34.44亿美元(购买力平价),年均增长1.1%,BERD占国内工业产值的2.32%,占GDP的1.94%。企业有研发人员34 450人,占全国的68.5%,有研究人员1.25万人,占全国的57.8%。从资金来源上看,BERD构成如下:工业部门占92.5%(相当于国内工业产值的2.15%);政府支助占2.4%;其他国内资源占0.7%;海外资助占4.4%。BERD的80%被用于制造业的创新活动,用于非制造业的资金占19.8%。

高等教育研发 1996年高教研发开支(HERD)为24.3亿瑞郎,相当于11.85亿美元(购买力平价),占GDP的0.67%。高教部门有研发人员14 430人,有研究人员8 580人,占全国总数的39.7%。

政府研发 1996年政府内部研发开支(GOVERD)为2.5亿瑞郎,相当于1.22亿美元(购买力平价),占GDP的0.07%。政府拥有研发人员1 385人,其中研究人员555人,占全国的2.6%。

政府科研预算 1996年政府研发预算拨款或支出(GBAORD)为29.3亿瑞郎,折合14.29亿美元(购买力平价),其中国防研发预算占1.9%,民用占98.1%。在民用预算中,经济发展方案占2.8%,健康与环境方案占3.3%。

1996年国家专利申请达60 808件,其中居民申请量为2 704件,非居民申请58 104件。居民在国外的专利申请量为73 415件。1997年技术贸易收入40.22亿瑞郎,支出18.32亿瑞郎。

教育

在瑞士,教育是各州的责任,全国26个州,教育体制各不相同,但各州必须依宪法保证正常教育。瑞士实行9年义务教育,学制为小学6年,初中3年,高中4年,学生预期受教育年限为13.5年。教育体制非常"个人化",学校只负责教学,检查学生应该掌握的知识。学生自我寻找学习方法,由他们自己为未来做准备,学校除教基础知识课程外,还有"艺术创造"课,每周一至两次,学习音乐、体育、绘画,还有诸如手工、摄影等选修课。此外,性教育和预防疾病讲座也很重要。瑞士人一生中受到良好教育,拿到初中文凭后,可读高中,也可选择上职业学校,高中毕业后即可上大学,但升学容易,毕业难,只有通过严格的考试,才能拿到毕业文凭。

学前与初等教育 1995/1996年度,学前教育招收儿童160 987人,女童占48%,私立机构注册人数占7%,学前教育(5~6岁)注册率为95%,师生比为1:21,同年小学招收人数为477 643人,女生占49%,小学净入学率为100%,师生比为1:12,小学复读生比例为2%(1997年)。

中等教育 1995/1996年度,全国有中学生559 924人,女生占47%,学生在不同类型学校的分布为:普通学校占67.6%,师范教育占1.7%,职业教育占30.8%。中学总入学率为91%。

高等教育 1995/1996年度,全国高校有大学生148 024人,女生占38%。每10万人口中有大学生2 085人,大学总入学率(20~24岁)为33%,注册生中,大专生占42.4%,本科生占48.4%,攻读研究生以上学位者占9.3%。在校生的学科分布如下:教育学占5.1%,人文占14.2%,社会科学占41.3%,自然科学占31.3%,医学占8.1%,其他占0.1%。1995年瑞士高校中有外国留学生24 093人,占在校生的16.3%。

教育开支 1996年瑞士公共教育开支占GNP的5.4%,占政府开支总额的15.4%;经常性教育开支占GNP的4.9%,占总开支的90.5%。经常性开支在各级教育中的分配为:学前占4.1%,小学占26.5%,中学占48.1%,大学占19.3%,未分配部分占2%。经常性开支中教职工薪金占84.1%,教学用具占3%左右。

文化

瑞士是乡土观念非常强的联邦制国家,民族和文化的多元性是瑞士建国兴邦的基础,瑞士的文化属于各州,保护文化和语言是联邦赋予各州的责任。瑞士人看重祖籍的历史渊源,独特的风俗习惯和语言特性,每个州都建有反映本民族历史文化的博物馆,瑞士全国共有博物馆和画廊600余座,它既是了解本族历史的"圣地",也是不同民族接触沟通的纽带。

瑞士人有阅读的好传统,全国公共图书馆藏书达到2 797.1万册,平均每人拥有3.93册,此外其他机构藏书中,国家图书馆为298.1万册,高校图书馆为1 841.5万册,中小学图书馆为200余万册。在信息时代,瑞士每千人拥有电话699部(1999年),全国有广播电台:中波4个,调频113个,短波2个(1998年);有电视台108个(1997年)。1999年每千人中拥有日报337份(1996年),收音机1 000台,电视机518台,有线电视用户为357.1,移动电话235部,传真机29.2部,个人电脑461.9台,2000年7月每万人有互联网主机582.23台,全国有互联网服务商(ISP)115个。

瑞士人不但有着阿尔卑斯山一样朴实与坚韧的性格,而且时刻具有的危机感,使瑞士人具有了一种敢于竞争,勇为人先的创新精神,瑞士人有责任感和自豪感,也很个性化。

瑞士的日内瓦、苏黎士和伯尔尼是国际性城市,以日内瓦为例,它有200多个国际组织和非政府组织,每年有近万次国际会议和许多重大庆祝活动在此举行,是名副其实的国际会议城,它造就了日内瓦人开放的国际性自由思想。瑞士是一个荟萃了世界主要文化的国家,在全部劳动力中,外籍工人占到22.4%(1998年),如今瑞士的社会生活和文化生活越来越欧洲化、国际化。1995年7月1日瑞士加入了世贸组织,随着世界经济的进一步融合,相信终有一天瑞士将突破传统的桎梏,与世界更紧密地结合在一起。

环境保护

瑞士的环境正处于来自工业、农业、运输和旅游的巨大压力之下(污染,自然资源的利用,空间调整)。这些压力是极高的人口密度和活动以及所处欧洲中心位置的反映。然而,瑞士仍是一个满目苍翠,绿草成荫的绿色国度,具有奇异的自然风光和野生物种保护区。

70年代和80年代期间,各州及市政当局落实了联邦所倡导的雄心勃勃的环境政策,这些政策的基础是法律手段，巨额的政府投资以及公众所表现出的高涨的环保意识，结果环保取得了明显的效果。空气污染释放率居经合组织国家最低之列，废水处理设施以及垃圾管理设备的普及率极高。

90年代初以来，环境政策集中于预防对环境的破坏，污染者付费原则的运用以及与商界的协作。联邦院最近进一步确定它打算在所有部门性政策中考虑可持续发展的要求，特别是在能源、运输和农业政策方面。

在瑞士，环境政策的制定分属于一套联邦和州法律及立法的复杂机构，法规在出台前要在各界间进行广泛深入地征求意见。公众参与性很高，市民可以介入立法的筹备过程，提出供公决的问题，对主要政策问题进行直接投票，公决的票数对加强环境行动至关重要。非政府组织也起到重要作用。

环保开支占GDP的1.7%，其中1/3由联邦、洲和市政当局出资，余者由企业和家庭分担。尽管环保投资在经合组织国家中居最高之列，但仍有大量工作有待去做，比如在解决“灰色”环境问题上，有必要满足有关氮氧化物、挥发性有机化学物和臭氧的空气管理目标，维修和更新废水基础设施，增加城市和工业垃圾管理设施，清除污染地，治理非点源污染，管理遗传工程等等。关于“绿色”环境问题，尽管森林面积已经稳定下来，在国土面积中，1997年可耕地与多年生作物用地占11.8%，多年生草场占28.2%，森林和林地占31.6%，其他用地占28.4%，但有关自然，风景和生物多样性的保护措施不足以抵消人类活动的压力，因此，这些措施有必要重新加强，特别是在州一级。

（中国国家图书馆　祖悠恩）

希腊经济文化概况

概况

地理　希腊共和国(The Republic of Greece)位于南欧巴尔干半岛南端，三面临海，东濒爱琴海，西濒爱奥尼亚海，南隔地中海与非洲相望。北部陆界与阿尔巴尼亚，前南马其顿共和国，保加利亚接壤，东北部与土耳其为邻。面积13.194万平方公里，陆地面积13.08万平方公里，水域1 140平方公里。海岸线长13 676公里，大陆架200米深或开发深度，领海6海里。希腊岛屿面积占总面积的1/5，境内多山，最高点为奥林匹斯山，2 917米，地势起伏不平，各地相互隔绝，多深水港湾，海岸线长而曲折，宜于航行。气候温和，属地中海气候。自然资源包括：铝土矿、褐煤、菱镁矿、石油、大理石。

人民　2000年人口为10 602万，人口增长率为0.21%，出生率为9.82‰，死亡率为9.64%，出生时预期寿命为78.44岁，妇女总生育率为1.33胎。从民族与宗教上看，希腊人占98%，信奉东正教，其他民族占2%，信奉伊斯兰教者占1.3%，其他占0.7%。希腊语为官方语言，它由希腊字母表组成，该字母表大约在公元前1000年形成。英语和法语的使用也较普遍。1998年居民成人识字率为96.6%，第一、二、三级教育合并入学率为81%，实际人均GDP为13 943美元(购买力平价)，其人类发展指数在174个国家/地区中居第25位，属高度人类发展国家。

政府　希腊为议会制共和国，1974年12月8日全民公决后君主制被废黜，次日新生的希腊共和国宣告诞生。首都为雅典，全国分为51个州和1个自治区。1821年3月希腊爆发反对奥斯曼帝国统治的战争，并取得胜利。1829年，土耳其人承认希腊为自治公国，次年希腊宣布独立，成立希腊王国。1821年3月25日为独立日。现行宪法于1975年6月11日正式生效。立法制度以编纂的罗马法律为基础；司法分为民事、刑事和行政法院。居民18岁起拥有普选权。

行政机构：国家元首：斯特凡诺普洛斯(自1995年3月)，政府首脑：康斯坦丁·西米蒂斯总理(自1996年1月)，内阁根据总理的推荐由总统任命。总统由议会选举产生，任期5年；总理由总统任命。

立法机构：一院制议会(300席，议员由直接普选产生,任期4年)。

司法机构:最高司法法院及特别最高法庭的法官均为终身制,经与司法委员会协商后均由总统任命。

经济

希腊实行混合式资本主义经济,尽管政府计划将一些主要的国有企业私有化,但公共部门仍占GDP的一半。旅游是重要的产业,提供GDP和外汇收益的大部分。希腊是欧盟援助的主要受益方,援额约占GDP的4%,过去几年里,为使希腊达到于2001年加入欧盟单一货币(欧元)的资格,政府加快了目标政策的实施,到1999年底,希腊满足了经济与货币联盟所有的共同标准。1999年希腊经济增长了3.5%,连续4年快于欧盟平均水平,2000年增长率为4.1%,GDP达到1 290.63亿美元,人均1 217美元。GDP部门构成如下:农业占7%,工业占20%,服务业占72%(1999年)。预计2001~2002年GDP增长率将分别达到4.1%和4.3%。

受经济活动增长的刺激,过去几年里劳动力供应大幅度增加,就业也出现上升,但步伐较慢,1999年就业仅增长了1.2%,相比之下,1998年为3.4%,欧盟平均值为1.4%。1999年就业率略有下降,为55.3%,大大低于欧盟61%的平均值。1998年失业率增至10.7%,高于欧盟平均值,失业上升主要归因于女性失业率超过男性的两倍,移民工人的增加,以及农业就业的下降。

1999年劳动生产率上升了2.2%,与1998年0.3%的增长相比有了大幅度提高,并且大大高于欧盟0.9%的平均值。部分地由于劳动生产率增加,1999年实际单位劳动成本下降了0.4%,扭转了1997和1998年上升的局面。1999年第三季度以前,单位劳动成本和国际商品价格的有利变化使得消费价格通胀呈现下降趋势,此后受油价持续走高的影响,形势有所逆转。GDP缩减指数从1998年的4.9%降至1999年的2.9%,同时平均通胀(调合消费价格指数)从4.5%降至2.1%。自1994年以来,公共财政出现持续改善,由于打击偷漏税的成效进一步扩大,国内需求得到加强,预算收入增幅较大,因此,预计2000年和2001年总的政府赤字将分别占GDP的1.3%和0.6%,2002年政府预算将出现小幅盈余。政府债务总额占GDP的比例将从1999年的104.4%降至2000年的103.7%和2001年的99.7%;政府投资开支(政府固定资本构成总额)从1998年的3.7%增至1999年的4.2%和2000年的4.3%,1999年政府财政赤字从预算确定的占GDP的1.9%下降到1.6%。

工业 旅游,食品和烟草加工,纺织,化工,金属产品,采矿,石油。工业生产增长率为1%(1999年估),制造业生产指数以1995年为100,1999年达到105.5。1999年发电量为44 724百万千瓦小时。政府对经济活动的补贴和其他经常性转移占总开支的22%。1999年股票市值达2 042.13亿美元,国内上市公司281家,银行部门提供的信贷占GDP的65.4%。

农产品 小麦、玉米、大麦、甜菜、橄榄、马铃薯、葡萄酒、烟草、蕃茄、牛肉、乳制品。1998年经济活动人口中务农人数已从1990年的23%减至17.9%,粮食不能自给。

2000年商品出口为105.01亿美元,出口商品为制成品、食品、燃料。出口伙伴中德国占16.6%,意大利占14.1%,美国占5.6%,法国占4.8%(1999年)。同年商品进口额为265.57亿美元,进口商品为制成品,食品,燃料,化工产品。进口伙伴中意大利占15.9%,德国占14.6%,法国占9.7%,荷兰占5.9%,英国占5.7%(1999年)。

交通运输 对内以公路为主,对外主要靠海运,全国铁路总长2 548公里,公路11.7万公里(1996年),水路80公里。原油管道长度为26公里,石油产品管道长547公里。

主要港口 亚历山德鲁波利斯、埃莱夫西斯、卡瓦拉、克基拉、哈尔基斯、拉夫里翁、帕特雷、比雷埃夫斯、塞萨洛尼基、沃洛斯。

全国有机场78个(1998年估)。

科学与技术

希腊的科学技术无论从人员、开支上说,还是从发表的论文和注册的专利数来说,与经合组织(OECD)成员相比均不占优势,根据目前OECD发表的统计,1993年希腊国内研发总开支(GERD)为100.460亿德拉克马,相当于5.46亿美元(购买力平价),年均增长率为

13.3%，人均GERD为52.6美元，仅相当于OECD平均数的13%。GERD占GDP的0.48%（OECD为2.25%），民用GERD占GDP的0.5%。根据不同来源，GERD比例构成如下：工业资助占20.2%，政府资助占46.9%，其他国内来源占2.6%，海外资助占30.3%。GERD在不同科研部门的比例分配如下：商业企业部门占26.8%，高等教育部门占40.7%，政府部门占32%，私人非盈利机构占0.6%。

1993年全国共有全日制研发人员14 549人，年增加14.7%；有全日制研究人员8 031人，年均增加13.5%。每千名劳动力中研发人员3.5人，研究人员2人。

1993年商业企业研发开支（BERD）为269.24亿德拉克马，折合1.463亿美元（购买力平价），年增14.8%，BERD占工业总产值的0.21%，占GDP的0.13%。从资金来源上看，工业资助占67.9%，年增长率为10.1%，占工业产值的0.14%；政府资助部分占4.6%；海外资助占27.4%。按实施研发的行业划分，BERD比例分配如下：航天工业占0.1%，电子工业占20.7%，办公机械和计算机业占2%，制药业占0.9%，所有其他制造业占37.6%，非制造业占38.7%。商业企业有全日制研发人员2 880人，年增加13.3%，占全国研发总人数的19.8%；有全日制研究人员1 319人，年均增长12.5%，占全国研究人员总数的16.4%。

1995年高等教育研发开支（HERD）为586.65亿德拉克马，折合2.876亿美元（购买力平价），年增长率为8.5%，占GDP的0.22%。高等教育有全日制研发人员9 415人，年增18%；有研究人员6 068人，年增12.8%，高校研究人员占全国全数的59.4%（1993）。

1995年政府内部研发开支（GOVERD）为337.49亿德拉克马，折合1.654亿美元（购买力平价），年变化率为-7.2%，GOVERD占GDP的0.13%。政府共有全日制研发人员4 908人，年增0.8%；有研究人员2 012人，年增2.8%，政府研究人员占全国总数的23.7%（1993年）。

1996年政府研发预算拨款或支出（GBAORD）为917.12亿德拉克马，折合4.286亿美（购买力平价），其中国防研发预算占1.2%，民用研发预算占98.8%。政府研发预算民用拨款分配如下：经济发展方案占28%，卫生与环境方案占18.1%，太空方案占0.6%，非定向研究方案占9.8%，综合性大学基金占43.4%。

1997年全国专利申请量居民为53件，非居民申请8.239万件。1998年高技术出口额为4.22亿美元，占制成品出口的7%，专利与特许权使用费收入为0，支付为5 800万美元。

教育

学前教育虽不属于义务教育，但就地区而言，它已越来越具有义务的性质，并形成了相当的规模。学前教育为两年，接纳4~6岁儿童，学前教育受教育与宗教事务部的监督。同时，卫生与福利部所属的儿童中心也具有一定的学前教育职能。1996/1997年度，希腊有学前教育机构5 542所，有教师8 789名，全部为女性，注册儿童人数为132 746名，女童占49%，私立机构注册人数占3%，学前教育总注册率为64%。

小学为义务教育的第一阶段，共延续6年。到注册年12月底年满6岁的儿童进入1年级，除规模最小的学校外，学生按年龄分班。1996/1997年度，全国有小学6 651所，教师46 785人，女性占57%；注册生人数为652 040人，女生占48%，师生比为1:14。小学总入学率为93%，学生预期受教育长度为13.7年。

完成6年小学学业的学生进入初中，初中共3年，至此便完成了9年制义务教育。在高中阶段，学生可继续在中学学习，他们既可选择3年的日间课程，也可选择4年的晚间课程。学生无需考试便可进入下列几种类型的中学：普通中学，综合中学，技术职业中心，技术职业学校（两年日间课程或3年晚间课程），以及其他类型学园，即：经典、宗教（4年课程）、音乐学园或学园体育部。1996/1997年度，全国有中学教师70 682人，女性占56%，有学生817 566人，女生占49%。中学生中有83.4%的学生上普通中学，其余16.6%的学生选择职业教育。中学总入学率为95%。

获得高中学生证书后，希望进入高校的学生需参加他们希望选修的大学科目的相应的全国入学考试。后中学职业教育由职业培训学院提供，学业长度对普通中学毕业生而言为4个学期，对职业技术中学毕业生而言为两个学期。高等教育由大学，提供非大学高等教育的技术教育学院或高等宗教研究学院提供。学习长度在技术教育学院开办的专业贸易系为3年半至4年,可获得文凭的大学学习通常为4年,工艺学院(5年)和医学院例外。研究生学习课程由大学提供,长度不少于一个日历年度。大学的研究生专业文凭由本机构认证,此后便可要求进行博士课程的注册。然而大学中有些系(工艺专业)无需先获得研究生学位,即有可能获得博士学位。1996/1997年度,全国高校有教师16 057人,女性占33%,有大学生36.315万人,女生占48%,全国每10万人口中有大学生3 418人,大学总入学率为47%。

学年一般始于9月初,止于8月31日,小学9月11日开学,止于6月15日,中学课程从9月15日到6月30日,学年通常包括175个工作日。

大学学年始于9月,止于次年8月31日,它分为两个学期,每学期至少包括13周(大学)或14周(技术教育学院)课程和2周考试。第一学期始于9月下半月,第二学期止于6月上半月。

1996年希腊公共教育开支总额占GNP的3.1%。经常性教育开支在各级教育中的分配如下:学前和小学占35.3%,中学占38%,大学占25%,未分配部分占1.7%。

文化

西方有句谚语称"希腊是西洋文化之母",以爱琴海为中心的希腊爱琴文化又称多岛海文化,主要有克里特文化(公元前20世纪~公元前12世纪),迈锡尼文化(公元前15世纪~公元前12世纪),它们在接受了古代东方文化的影响之后成为欧洲文化的发源地。

希腊文学有持续近3 000年的悠久传统,古希腊不仅留下了许多杰作,而且也为后世开创了几乎所有的文体,并成为西方文化的基础。

古希腊神话主要包括神的故事和英雄传说两大类,希腊人信奉以宙斯为首的12位主神,它们中每位都有一段生动的故事,希腊神话是西方文学的源泉。

荷马史诗是以说唱形式流传下来的希腊远古时代关于人与神的传说,它分为《伊利亚特》和《奥德赛》两部史诗,每部都长达万行以上,是保留至今的古希腊公元前11~前9世纪的重要文化遗产,也是欧洲文化史上最早的重要作品。古希腊文学的最高成就是悲剧,它反映了雅典奴隶主民主政治发展的历程。"悲剧之父"埃斯库罗斯(约公元前525~前456年)创作的《普罗米修斯》被马克思评价为"哲学的日历中最高尚的圣者和殉道者"。

在西方文学史上有很高地位并在日本、印度、中国广为流传的《伊索寓言》,通过动物故事反映人间的善恶,具有深刻的思想性。

古希腊是西方哲学的故乡,它造就了西方唯物论的代表德克利特和唯心论的代表柏拉图等大批思想家。古希腊的哲学与科学紧密交织在一起,许多哲学家同时也是自然科学家。德谟克利特的原子论、毕达哥拉斯的数的审美学说、亚里士多德的逻辑方法成为以后西方近代科学产生的三个重要的思想前提。

希腊这块古老而神奇的土地,在人类文明发展史上具有重要的地位,众多的哲学家、思想家群星璀璨,被誉为世界奇迹的雅典卫城中的巴特农神庙历经沧桑仍然巍然耸立。

希腊具有民主的传统,希腊人民崇尚真理,酷爱和平,意志坚定,追求幸福,希腊人民深刻认识到数千年的历史遗产所赋予的重大责任,近年来,希腊为尽早加入欧洲经贸联盟,在政治、经济、文化建设方面取得了卓越的成效。根据联合国系统的统计,1997年希腊国家图书馆的藏书达240.7万册;全国672座公共图书馆藏书为908.8万册,平均每千人拥有866册;全国40座高校图书馆馆藏量为666.4万册;978个中小学图书馆服务点共有图书946.1万册。1996年全国共出版图书4 225种。

1999年每千名希腊人下列通讯信息工具的拥有量分别为:日报153份(1996),收音机478台,电视机480台,有线电视用户1.2户,电话直线528条,移动电话367部,传真机3.8台,个人电脑60.2台。2000年7月每万人拥有互联网主机100.38台,1999年全国有互联网服务商23个。

环境保护

1997年在总土地面积中,可耕地和多年生作物用地占30.4%,多年生草场占40.5%,森林和林地占22.8%。国家保护区面积为3 100平方公里,占总土地面积的2.4%。1997年商业能源消耗为2 697.6万吨(油当量),人均2 565公斤,1980~1998年均增加2.6%,每公斤能耗的GDP产出为5.7美元。1997年CO_2释放总量为8 720万吨,人均释放8.3吨。1997

年有机水污染物排放量为58 134公斤/日,每个工人的日排放量为0.20公斤。空气和水污染已成为当前主要的环境问题。1996年希腊公共环保研发开支为1 270万美元(1991年市价,购买力平价),占研发预算拨款总额的3.9%。

希腊是下列国际环境协定的缔约方:远距离越境空气污染公约、空气污染—氮氧化物、空气污染—硫磺排放94、南极环境议定书、南极条约、生物多样性、气候变化、荒漠化、濒危物种、环境改变、有害废料、海洋法、海洋倾倒、禁止核试验、臭氧层保护、船舶污染、热带木材83、热带木材94、湿地。已签署但尚未批准的包括:空气污染—持续有机污染物,空、气污染—挥发性有机化合物、气候变化京都议定书。

(杨桂君)

德国经济文化概况

概况

德意志联邦共和国简称德国,位于欧洲大陆中部。其东边与波兰、捷克相邻,南边与奥地利和瑞士接壤,西邻荷兰、比利时、卢森堡和法国,北边与丹麦相连,濒临北海和波罗的海与北欧国家隔海相望。德国全国总面积约356 900平方公里,边境线全长约3 750公里。其地理位置十分优越,因地处欧洲中心,便成为东、西欧之间和斯堪的纳维亚与地中海地区之间的水陆路空中交通枢纽,被称为“欧洲的走廊”。

德国地形复杂多样,山川、丘陵、平原高低起伏,河流湖泊纵横交错,景色秀丽迷人,蕴藏着丰富的水资源和森林资源。

德国是一个自然资源贫乏的国家,原料和能源在很大程度上需要进口。但褐煤、硬煤和钾盐的储量较为丰富。主要煤田在萨克森—安哈特、下萨克森、北莱茵—威斯特法伦和萨尔等地区。钾盐主要分布在哈茨山和图林根一带。德国除煤和钾盐外,还有少量的石油、天然气、铁矿和铀矿。

德国现有人口8 200万,其中730余万是外国人(约占总人口的9%):土耳其人、南斯拉夫人、意大利人、希腊人、波兰人和波斯尼亚人等。

经济

1999年初,由于国际经济环境的直接影响,德国商界遭受严重挫伤,投资者信心不足,导致其经济疲软。德国经济增长率继1998年滑坡后持续下降。1999年4月份经济增长下降到年初以后的最低点。鉴此,施罗德政府顶着压力加大改革力度,将工商所得税上限进一步下调至35%以刺激投资,并大幅度削减公共开支,力争实现收支平衡,从4月份起德国工业部门的订单逐步增加。1999年下半年,德国经济开始走出低谷,2000年进一步增长。据中国外经贸部统计,德国2000年全年实际国内生产总值(以1995年价格计)为38 464亿马克,比上年同期增长3.1%;工矿业生产指数2000年(1995年=100)为113.3,比上年同期增长5.7%;经常收支2000年为负572.78亿马克,比上年同期增长75.3%;批发物价指数2000年(1995年 = 100)为103.8,比上年同期增长5.3%;消费物价指数(1995年 = 100)为106.9,比上年同期增长1.9%。

德国总理格哈得·施罗德上任后,最重要的挑战是创造工作岗位。要想实现这个目标,就必须从2000年开始降低劳动力的价格和降低雇员和雇主共同分担的社会福利保险费用。计划到2003年,社会福利保险的比重将从雇员收入的20.3%(1998年)降至19%。德国失业人数1998年上半年为453万人;1999年6月份为394万人,同比降了一个百分点以上。东部失业人数比例为16.8%,比西部要多1倍。1999年11月份国际劳工组织发表研究报告指出,如按平均每日生活开支不足14.4美元的标准,德国的贫穷人口占工业化国家的比例为12%,高于加拿大(6%)、瑞典(5%)、芬兰

(4%)、日本(4%)和挪威(3%);与法国相同(12%);而低于英国(13%)和美国(14%)。劳动部长瓦尔特·里斯特在2000年6月份工作小结中谈到,原计划为年轻人提供10万个工作岗位,现增加为10.75万个。7月份召开的"劳动联盟"第三次最高层会谈时允诺将来要向每一个愿意接受培训的年轻人提供1个培训岗位。德国老龄人口呈上升趋势,65岁以上的老人将超过15岁以下的人。因其经济高度发达,人们的生育意愿非但不增高反而降低,因而青少年人口逐渐减少,随着医疗技术水平的提高,期望寿命不断延长,老龄人口的相对数和绝对数自然得以上升。

论德国经济,须将东部和西部区别开来。德国东部经济建设步伐较缓慢,结构方面的改革任务还很艰巨,各个党派人士对税收改革、社会福利改革、医疗改革、养老制度改革、教育改革和联邦国防军改革等议题争论不休,未有结果,大大影响了经济进展。德国东部经济的总额在今后10年内未必能达到西部水平,因建设有效率的经济需要时间。越来越多的人由东向西迁移,据统计,2000年有1.4万名东部青年去西部学徒。不过,东部个别地区,经济部门和企业在生产能力和工作效率上已与西部势均力敌,有时候甚至更胜一筹。现在的关键是,这些企业应将其市场成就变为长久的成果。例如德累斯顿、菠茨坦、哈勒/莱比锡和埃尔富特周围地区都具有特殊的活力,它们是增长极点。当然,地区和部门的发展主要靠成功的企业家,即人才。德国经济,论其就业状况,则有待于改善,因工业中的就业位子呈下降趋势。德国的目标是,21世纪在国际服务业方面应居领先地位,如规划和咨询公司、联网企业和工程师办公室等。

德国是个社会福利国家,其经济的良好运行和民主社会的凝聚都是不可缺少的。为了使它经受得起未来的考验,德国正在明智地进行这方面的改革,而非盲目地削弱它。德国经济从2000年伊始出现强劲发展势头。据德国联邦统计局2000年5月30日发表报告称,2000年第一季度,其国内生产总值达9 254亿马克,比上年同期增长3.3%;设备投资额达737亿马克,比上年同期增长8.3%;金融业迅猛发展,股民人数剧增,据官方统计,1999年股民人数比1998年增加了13%,占德国总人口的10%;2000年一季度私人消费增长率为0.9%;失业率开始下降,据联邦统计局2000年6月8日公布的最新统计,5月份,德国失业人数降到了378.83万人,比4月份减少19.8万人,与1999年同期相比减少20.98万人,失业率为9.3%。据德国联邦统计局2001年3月份的统计数字表明,德国2000年全年经济增长率达到3.0%,是其1991年以来最强劲的增长。

科技

德国除了积极参与欧盟三大科技发展计划(第四个科技发展和研究框架计划、尤里卡计划和欧洲科技合作计划)外,还以此为参照调整自己的科技政策,以促进本国的科技产业化进程,增强自己的综合国力。首先,加强宏观调控,围绕科技产业化确定其科研发展重点,制定中长期发展战略;合理分配基础研究,应用研究和技术开发的人力与资金投入,保证科技的可持续发展。第二,以市场为导向制定向科技产业化倾斜的政策;改革科研体制,创造有利于科技走向市场的大环境;同时打破政府、企业和学术界之间的壁垒,加强三者的合作。第三,积极推广科研成果。第四,加强人才培训工作,促进人才的合理流动;加强科技交流与合作,尤其是加强国际间科技交流与合作;鼓励中小企业的技术创新。

德国科教部早于1996年就对德国研究协会、马克斯·普郎克协会、布劳恩·科斯特研究会、费劳恩霍夫协会、赫姆霍尔兹研究中心和德国宇航院6大科研机构进行了适当的政策调整和结构调整,即在资金和项目上重点抓两头:一头是德国研究会和马普协会的基础研究,另一头则是承担尖端技术研究的赫姆霍尔兹研究中心和宇航院。与此同时,推动承担应用技术研究的布劳恩·科斯特研究会和费劳恩霍夫协会进一步走向市场,与工业界合作,自负盈亏。此外,科教部还将宇航局和宇航院合并,精简行政人员,扩大研究的自主权。

德国为实现经济复苏,最重要的步骤是加大科研资金的投入。据德国官方统计,从1995年至1998年,德国企业用于国内研发的支出累计增加8.2%,同期用于境外的研发费用累计增加了近60%。例如西门子跨国集团在过去5年内用于境外的研发和购买境外合作伙伴知识产权的费用高达15.5亿欧元。德国的中小企业也不甘落后,纷纷涉足研制高新技术。1998年,德国政府向中小企业提供的生产、科研贷款高达120亿马克，是1991年的4.5倍。德国企业2000年在研发新产品方面的投资为811亿马克，比1999年增加约40亿马克。开发重点是汽车、化学和电子技术工业。近几年，德国的信息技术产业高速向前发展。据德国官方估计，1999年以计算机、信息及通信技术与服务等行业为主体的信息产业的销售额首次超过传统的王牌工业——汽车制造业，跃为推动德国经济发展的龙头产业。整个信息产业的从业人员已达200万，居各行业之首。尤其因特网发展强劲。在德国8 200万人口中，现已有2 500多万台个人电脑，约820多万人为因特网用户，其比例之高在世界上屈指可数。电子商务在国内外贸易中发挥着重要作用。1998年，德国通过电子商务实现销售额达16.5亿马克，是1997年的2.5倍。预计，2003年德国电子商务规模可望达500亿马克。德国近几年信息产业的发展已超过了美国和其他工业化国家。例如移动通讯数字化率德国已达76%，而美国尚不及50%。1999年11月，西门子公司和NEC集团联合成立第三代移动通信合资公司，即西门子—NEC股份有限公司。该通用移动电信系统的销售额将于2001年可望达到15亿欧元，力争占有全球20%的市场份额。该公司拟今后10年中总共投资10亿欧元用于开发研制工作。德国的科研预算把研究和教育放在了重要位置，德国政府除高度重视教育外，还十分注重科学研究，由此被称之为"科学之国"。在德国，不仅从事研究的人员多达50万人，而且投入的科研经费在90年代初就已占其国民生产总值的2.5%，仅次于日本和美国。德国的科研工作主要由高等院校、社会上的科研机构和工业部门的研究单位承担。著名科研机构有：杜塞尔多夫、格廷根、海德堡、莱比锡、美因兹、慕尼黑和柏林等7所科学院，和德国研究协会、马克斯·普朗克协会、费劳恩霍夫协会以及费里茨—帝森基金会、大众汽车厂基金会和德国科学捐助者联合会等。例如，1999年科研预算金额达150亿马克，比上年增加6.4%，其中2亿马克用于高校的建设，2.2亿马克用于科研机构的结构性改革。给马普协会，德国研究联合会和费劳恩霍夫协会的的资助提高了5%。马普协会打算把新增的科研经费用于扩建德国东部的研究机构，而德国研究联合会则决定把此经费用于支持高等学校的科研工作。德国经济技术部两年前制定了一个为期四年的Prolnno计划，通过签订研究合同，交换研究人员等方式加强中小企业和国家研究机构的合作，以促进中小企业研发工作的开展。德国1999年在信息，通信和多媒体研究领域投入9.85亿马克（其中多媒体研究达1.81亿马克），增长率为9.4%，仅次于英国，居欧洲第二。德国1999年信息产业销售额达1007亿马克，占世界份额的6%，居世界第三位。

德国近期的科技重要成果有：(1)慕尼黑路德维希大学的科学家们首次在世界上研制出束状连续产生的原子激光，这一成果将使未来的计算机芯片电路只有现在的1%大小。(2)德慕尼黑技术大学的研究人员研制成功可存储和读写的光存储器，体积仅2mm×0.004mm，速度可达每秒千兆比特。(3)亚琛工业大学的科学家发明了一种纳米半导体微细加工的新方法，这是一项革命性发明，具有多方面的应用价值。(4)西蒙电子仪器公司研制出一种电子自动输液器。(5)达姆施诺特夫朗霍夫图像数据处理研究所的科学家们发明了"数字水印"以防止在因特网中窃取图片或录像。

环保

德国政府非常重视环境保护，为此制定了一系列保护自然资源和生态环境的法律和政策，把"永远保持工商业发展与自然环境的平衡"写进《联邦规划法》中，另制定了专门的《环境保护法》，优化环境方面的措施十分完善。德国人民也非常注意生活空间的净化、绿化与美化，使日常生活、艺术设计和美化环境结合在一起，形成了一种现代文化氛围。只要你一跨进德国的国土，主体雕塑艺术、都市空间艺术、街头艺术、商店橱窗艺术和大自然的秀丽风光随处可见。绝大多数德国人都能自觉地为减少垃圾、保护环境而行事。在德国，无论是在影剧院、游乐场、餐馆、车站和停车场等公共场所，还是在高楼大厦和私人宅第、庭院旁，都能看到摆放整齐的、干净的各色垃圾桶，分别用于收集纸制品垃圾；塑料、金属制品垃圾；树枝、杂草等植物类垃圾；厨房及生活垃圾；灯泡、电池等特殊垃圾。废旧玻璃制品也要按白、绿、褐色分别装桶。人们这样分门别类地投放垃圾主要为环保部门对垃圾实行资源化利用提供了很大方便，从而保护了环境。德国也是有效的持续的空气质量保护的先行者。

1998年工业、家庭及交通排放的二氧化碳已下降13%。与1990年相比，二氧化碳的排放量到2005年时将减少25%。

文教卫生体育宗教

德国绝大多数人信仰基督教，即福音新教和罗马天主教。从地理分布来看，北方人多信新教，而南方人多信天主教。德国教堂几乎遍布每个角落，然而教徒中老人居多，年轻人则很少去教堂做礼拜，而喜爱出远门度假旅游。德国政府高度重视全民教育的发展，其特点是教育主权下放至各个联邦州。联邦政府只负责制定教育总指导方针，对各州教育委员会进行协调。为大力发展教育，联邦政府各州政府及企业界每年投入的经费合计占国民生产总值的4.3%。青少年教育、职业教育、专业技能培训、成人教育及老龄教育等应有尽有。发达的教育不仅提高了国民的整体素质，而且不断培养出一批又一批的高水平科技人才。德国经济和科技的高度发达首先得益于高度发达的教育。在德国，教师为人们所崇尚的职业，就连中小学教师都必须接受高等教育并通过资格考试，才能受聘。教师的工资待遇因而较高，一般说来要比同龄的其他工作人员的工资高出一半到一倍。

德国是一个有着悠久文化传统的国家，且是闻名欧洲的文化中心。在现今的德国，无论大城市还是中小城市均建有图书馆、博物馆、影剧院、音乐厅和广播电视台等各具特色的文化设施。勤奋努力的德国人在工作之余总不愁没有娱乐休闲之处。德国人酷爱体育，国家领导人带头。德国是仅次于美国和前苏联的体育强国之一，它曾多次在奥运会上荣获奖牌，如1972年第20届，1976年第21届，1980年，1984年，1988年和1992年各届。德国有几万个体育俱乐部，遍布全国城乡各地，最大程度地方便、组织和指导群众，广泛持久地开展各种各样的体育活动。德国在体育方面的强项有足球、网球、手球、马术、赛艇和赛车等。足球巨星，又称“足球皇帝”的贝肯鲍尔曾于1974年和1990年两次为德国赢得世界足球锦标赛冠军。德国人另一奇特爱好就是汽车。在德国，差不多每两个人就有一辆汽车。德国一些汽车俱乐部成员佩戴的徽章上写着“宁要汽车，不要美人”，可见德国男士们对汽车是多么地钟情，这也称得上是一种汽车文化吧。德国人外出时，宁愿甘受塞车之苦，也不愿放弃驾车奔驰的快感，难怪德国的名牌车之一称作“奔驰”(实际取自人名)。德国人不单单对汽车情有独钟，更可贵的是他们在汽车领域里锲而不舍地追求完美，制造汽车时，不仅要有漂亮的外型，还要有高超的质量(包括安全性能和环保)和令人满意的售后服务(仅奔驰公司设在世界各地的维修网点就多达4 700多家)，正因为如此，德国人才创立了世界上一系列品牌车，如奔驰、宝马和大众等。

外贸形势

德国是世界上第二贸易大国，仅次于美国。德国经济对外依赖极甚，尤其在原料和能源方面在很大程度上依赖进口。天然气有2/3需进口，用于核电站运转的浓缩铀需从外国进口。德国人口中几乎有30%的人是为外贸出口工作。据中国外经贸部统计，德国2000年全年进出口贸易额为11 380.97亿欧元，其中进口5 411.78亿欧元，比上年同期增长21.7%；出口5 969.19亿欧元，比上年同期增长17%。随着高科技产品不断增长，德国1999年1～9月电子工业得到的国外订单同比增长7.5%，为2000年高科技产品出口再创记录奠定了良好基础。2000年第一季度，德国出口额达3003.1亿马克，为历史第二高季度记录，比1999年同期增长15.3%。预计2000年全年出口比上年至少增长10%。

中德经贸关系

中德自1972年10月建交以来一直致力于双方在政治、经济、科技和文化方面的长期发展。从1992年起每年双方都要举行一次外长级的磋商，共同探讨双边政治等关系的发展。90年代以来，中德双边贸易与经济合作发展迅速。据中国海关统计，2000年1～12月双边贸易总额为196.87亿美元，比上年同期增长22.2%；中国对德国出口额92.78亿美元，比上年同期增长19.3%；中国自德国进口额104.09亿美元，比上年同期增长24.9%。德国仍是中国在欧盟的最大贸易伙伴。

对华投资方面，据中国外经贸部统计，2000年1～12月，德国对华直接投资项目为293个，合同外资金额29.01亿美元,实际使用外资金额10.42亿美元,居欧盟对华投资第二位,次于荷兰。德国在华合资的大企业有早已建成的上海大众汽车合资企业(市场价值约为15亿美元),正在兴建的克虏伯—帝森特种钢厂(德方投资将近15亿美元),正在南京由巴斯夫和中石化公司合资扩建的石化综合企业(约耗资50亿美元)。全球500强之一的德国曼内斯曼公司1999年7月宣布在华投资1亿美元。此外,德国中小企业也在拓展中国市场,如科默林集团,皮尔玛森斯公司和天津一家机器制造厂合作建成一家生产窗架的合资企业;中型企业福威尔克公司(生产手提式吸尘器)正在上海建厂。据不完全统计,德国在华合资或股份企业约有1 000多家。德国中小企业能在中国获得成功,其因首先是它们的产品质量上等;其次是职工具有强列的进取心和责任感;第三是它们占有市场知识和生产的专门技能;第四是它们选准了中国的合作伙伴并建立起良性运行的销售网络;第五是它们本国总部的大力支持;第六是它们实行恰当的价格战略;最后,它们拥有好后勤,佳仓储和得力的运输工具。中德在环保方面的合作2000年大有进展。是年12月13日中德环境合作大会在北京圆满落幕,双方发表了环境保护联合声明,合作重点领域有:大幅度提高能源效率,加强新能源和再生能源的开发和利用;保护土地和水资源,保护生物多样性和生物安全,建设和保护生态环境;建立环境友好型城市交通体系;加强城市环境基础设施建设和环境管理,降低水污染、大气污染和固体废弃物污染。

德国对中国的发展援助居世界第二位,次于日本。据德方统计,自1985年以来德国给予中国的发展援助约达50多亿马克。援助项目有广州和上海的地铁工程、云南地震受灾、职业教育、环境保护、扶贫、基础设施和支持中国经济改革政策的法律及结构咨询。在科技文教方面,中德科学中心于1999年1月在北京落成(1995年DFG和"中国科学基金会"签定的条约中规定的项目);1999年5月,为加强两国的技术转让,德国夫郎霍夫学会在北京设立了办事处。为加强中德文化交流,1998年1月在德国成立了汉诺威中国中心,与早在1988年11月就成立的北京歌德学院遥相呼应。1998年,德国与法国合作在上海新建了一所德国学校,这是由在上海的德国企业界倡导建立的一所私立学校。不时有中国教员组成的代表团去该校听课取经;该校的教员们也到中国学校去听课,互相探讨教学方法。除此之外,中德双方的影视界,文艺团体和体育健儿也经常组团互访,共同切磋技艺。

总之,中德双方在经贸科技、文化、教育、环保和法制对话等方面的合作从总体上看是在高水平上全面、快速、健康地向前发展。

(对外经济贸易大学　马国芝)

英国经济文化概况

概况

英国全称是大不列颠及北爱尔兰联合王国,简称联合王国。它位于欧洲西部,曾是大西洋中一个岛国,而今已于1990年10月30日英法海峡隧道打通后可以不再称为岛国。它东邻北海与挪威、瑞典和丹麦隔海相望;东南与荷兰、比利时相望;南面与法国由英吉利海峡隧道相通;西邻爱尔兰;北与冰岛隔洋相望。英国本土由英格兰、苏格兰、威尔士和北爱尔兰四部分组成,总面积为24.4万平方公里。因受大西洋墨西哥暖流的影响,英国气候较温和湿润,夏无酷暑,冬无严寒,年平均气温10℃左右。

英国总人口约5 900万,主要由英格兰人、苏格兰人、威尔士人和爱尔兰人组成。英格兰人占绝大多数,约为83%,其余三种人约占17%。除此之外,也有一部分法国诺曼人,还有数百万来自印度、巴基斯坦、孟加拉人和数十万华人。

英国人大多数信奉基督教(新教),其余有信奉长老教、罗马天主教、伊斯兰教、犹太教、印度教和佛教的。

英国的矿产资源以能源最为丰富,主要有石油、天然气和煤等。其次铁矿储量也较丰富,森林覆盖面积为200多万公顷,水资源也较充足。因四面环洋靠海,英国的渔业资源极其丰富,北海海域是英国的渔场——欧洲最大的渔场,鱼获量占世界的5%。能源及非燃料矿产资源在英国经济中起着重要作用。能源工业产值约占其国内生产总值的1/20。英国是世界上第10大石油生产国,是欧盟最大的能源生产国。英国也是世界上主要天然气和原煤生产国。

经济

英国首相托尼·布莱尔早在上任前就提出构筑新英国的四大基石,对改变英国原有面貌起了决定性作用。其四大基石是:

第一,通过投资于基础设施和工业科研的经济战略,来改善所有英国家庭的生活水平。政府不经营企业,但履行自己的战略责任。在全球的经济竞争中,国家需要公共和私营部门之间的合作,利用市场的力量服务于公共利益。

第二,在英国建立一种新的社会秩序,即一种真正属于这个时代的文明社会秩序。政府有责任让每个公民在社会中享有权益。

第三,寻求将英国政治机构的权力下放并使之负起责任。开放政治、还政于民是工党政府的宗旨。

第四,英国国内的状况同其在国外的影响力密切相关。必须保证英国家庭、街道和工作单位的安全,否则英国在外交上会缺乏信心和领导力。英国应在国际上多做贡献,尤其是在与别国的合作方面。英国在欧洲是一个重要国家,应领导欧洲的改革,而不是跟在别国之后。

由于政府采取谨慎而有效的宏观管理,英国经济从1998年的滑坡状态转为1999~2000年的良好发展态势。据中国外经贸部统计,英国2000年全年实际国内生产总值(以1995年价格计)为8 197.03亿英镑,比上年同期增长3.1 %;工矿业生产指数2000年全年(1995年 = 100)为105,比上年同期增长1.5%;经常收支2000年为负161.71亿英镑,比上年同期增长63.6%;批发物价指数1999年(1995年 = 100)为105.4,比上年同期增长1.2%;消费物价指数2000年(1987年1月13日 = 100)为170.9,比上年同期增长3.3%。据英国国家统计局,截止到1999年7月,英国就业人数达2741万人,创历史最高记录,登记失业率仅为4.2%,为80年代以来的最低点,大大低于欧元区一些国家的水平;通货膨胀率也较低,为2.2%。1998/1999财政年度政府净借贷额减少了52亿英镑,1999/2000财政年度的头两个月净借贷额为46亿英镑,与上年度同期持平。英国经济增长和就业形势1999年处于良好状态,其因是服务业发展迅速,尤其是高技术服务快速增长、国内消费支出的迅速增长和庞大的海外投资的拉动作用。据英国投资局统计,1998/1999年度英国共获得652个外国新投资项目,创历史最高纪录,投资增长率为15%,增加118 753个就业机会。据英国机床工业协会公布,1999年英国机床产值5.74亿英镑,世界排名第九,占全球总产值的2.8%,而1998年该产值为6.78亿英镑,世界排名第七。1999年机床产值之所以下降,乃因国内市场需求衰退,生产成本高和英镑对欧元的比价持续走强。据欧洲专利局统计,英国1999年电脑软件专利申请数为172个,次于美、日、德、法,居世界第五位。

2000年第一季度英国加大了商业领域的投资力度,比1999年同期增长了1.9%,服务产业的投资比生产制造业高出4倍。目前英国商业领域的投资率高于GDP的增长率。

美国《财富》杂志2000年7月24日一期公布的全球500强排名前30名中,英国仅占2名,且位于第11和第17名;而日本有12名,其中有3个位于第6、7、8名;美国有10名,其中有4个位于第1、2、3、4;德国有4名,其中1个位于第5名。

英国的金融保险业位于世界前列。其首都伦敦是世界上最大的国际金融中心之一(与日本东京和美国纽约齐名)。伦敦的外汇市场堪称世界第一,其外汇交易量占世界外汇交易总量的30%,高于纽约和东京之和。伦敦黄金市场是全球黄金期货交易与融资中心。伦敦股市是仅次于纽约、东京的世界第三大股市,比德国法兰克福大3倍。伦敦保险市场位于世界第一。劳埃德保险公司已有300多年历史,目前是世界上最具实力、无所不保的保险公司,它的经营范围是:船舶、飞机、汽车、土木工程、石油钻探台、炼油厂、火灾、个人意外、家庭财产、生命保险以及各行各业的风险保险等。伦敦证券交易所具有市场流通性大、股资汇集率高、交易公平且效率高等特点,吸引了世界各地500多家公司,在世界各大交易所中,其挂牌上市的外国公司最多。伦敦在金融期货及期权方面排名世界第二,仅次于美国。金融业是英国国民经济的支柱。伦敦金融城每年为英国获利360亿美元。

英国的软件业发展迅速,是英国经济增长最快的行业之一。据不完全统计,全英已成立软件公司超过4 100家;约30多万人从事软件工作,主要是数据库程序包、虚拟现实、多媒体应用、适时及安全临界软件开发生产。地理分布多集中在苏格兰、英格兰东部的剑桥和伦敦西部的泰晤士河谷地区。近期数字表明,仅占世界人口1/100的英国却完成了全球软件开发研究工作的4.6%。英国的软件业还吸引了大量外资,截止到1999年3月,共吸引了652项新投资,其因是英国有大量灵巧熟练的劳动大军、欧洲最自由化的高度复杂的金融市场和先进的电信基础设施、完备的公共交通网以及遍及全国的政府办公网络和IT系统,特别是电信系统的进一步发展等优越环境。

英国的通讯业也很发达。在欧洲通讯市场上,英国的电话公司与德国、法国同样占着主导地位,并置身民营化的前列,而且在国外建立了不同形式的跨国合作。英国劳动成本快速上涨。据最新调查,服务业劳动成本上涨速度是近4年来最快的,因而造成了价格上扬,其中上扬幅度最大的是交通和通讯部门,房屋装修劳动成本略有提高,房地产价格涨势略有收敛,零售业市场的潜在增长比较稳定。

科技

知识经济浪潮的到来使英国获得了扭转衰落局面的机遇。1998年底,英政府发布了题为《我们有竞争力的未来:创建知识经济》的白皮书。这标志着促进知识经济发展已成为英国制定科技和工业政策的新的基石。英国是仅次于美国的世界第二科技强国。面向21世纪,英政府制定了科技创新战略。首先明确提出:"科学和创新是知识经济的核心。将科技发现转化为商品化产品和制造工艺的能力,是发展知识经济的关键。"第二,强调产学研结合是创新战略的核心,并高度重视人才转移在推动技术创新中的作用。第三,从1999年起,英政府在3年内将追加14.03亿英镑投资于科研基础设施并加大力度培养科技骨干人才。具体科技政策措施是:将生物工程、新材料和光学技术列为高技术产业规划的重点;加强分子和生物科研实力;发展信息与通信技术,计划在1999～2001年间投资110亿英镑,为英国1 000多所学校和25所医院配备计算机设备;布莱尔首相2000年作出承诺,要让英国在五年内人人都用上国际互联网。巩固传统科研领域的领先地位,提高物理和工程科学实力;大力发展风险资本市场,密切科研界与企业界的关系。英国在科技方面1999～2000年度的政府预算为13.38亿英镑,除支持各研究会、皇家学会和皇家工程院外,还资助搞技术创新的基础科研。其中1亿英镑用于支持高等院校的科学实验室、增添设备和维持运转。政府另拨款1 200万英镑用于增加博士生的津贴和6 500万英镑用于大学科研的鼓励基金。英国在生物医药、生物材料、基因技术以及复合半导体设计和空间科学等方面处于世界领先地位。

英国最新重大科技成果有:(1)格利德计算机公司研制成了一种新型气体等离子显示器,其特点是清晰度高、视域宽和耗电省。(2)早于1990年被剑桥学生发现的能发光的塑料现已促使飞利浦公司和爱普生公司于2000年赶制出第一台应用新科技的显示屏。(3)敦提大学分子肿瘤学研究负责人、药品研制机构Cyclacel公司的技术总监莱恩发现了P53基因——一种可以提高人体自身抵御能力的抗癌药物。英国科学家正在启动一项新的与癌症有关的基因组研究计划,旨在识别所有与该症有关的基因。英政府还决定拨款350万英镑研究转基因油料作物和玉米对环境的影响。(4)英国拉卡尔(Racal)电话公司设计出一种别致精巧的免提公用电话,其性能可靠,亦不怕被人破坏或拆走。(5)英国可生产一种ZIKE的小轮电动自行车,体积小、重量轻、充电方便;如电力耗尽也可以脚踏骑行。骑行者还可以根据自身身材调节座位高低。(6)英国在信息技术方面拥有跨大西洋的通信能力,其传输容量1998年底达1514兆比特/秒,相当于瑞典、荷兰和法国的总和。(7)在英国南部约克郡的地球中心兴建了欧洲最大的太阳能电池遮阳蓬。(8)英政府1999年开始实施一项耗资17亿英镑的计划,建立全国计算机网络。

文教卫生体育

英国政府非常重视教育,不仅重视青少年的普及教育,而且注重继续教育、成人教育和终身教育。教学手段灵活多样，教学方式有在校就读、长短期培训班、函授、广播电视讲座和远程网络教学等等。英国的各类学校，如高等院校、社区大学和技工学校等都能为成年人提供安排灵活、符合实际需要的、有针对性的职业专业技术培训。英政府的教育政策是：全面提高受教育者的文化素质、道德教养、判断分析能力及潜力的发挥；保证受教育者有较多的职业选择；使更多的人能有机会接受高等教育；使教育能服务于国民经济建设和使教育投资能获得较佳的经济效益。英国政府于 2001 年初决心对中小学进行改革，其措施包括小学生目标、增加音乐芭蕾课、中学标准、创立天才学院、争取私有部门赞助、半数中学将实现专业化和招聘留住教师等。为使英国成为 21 世纪的经济强国之一，政府已通过一项决议：建立一种有效的进修机制，即开辟 16 岁以上青年的教育和培训市场，其目的是资助进修者，以面对未来的挑战。

现代足球、网球、高尔夫球、台球、板球和拳击等体育项目均发源于英国。英国运动员曾在 100 多个体育项目中保持世界纪录，获得的国际比赛奖牌为数不少。英国民众十分喜爱竞走、游泳、斯诺克台球、健美体操、瑜伽功、自行车、桥牌和国际象棋等运动。英国政府非常重视体育。文化大臣史密斯 2000 年 7 月 25 日称，政府将在今后三年里加倍对体育进行拨款，以使英国的体育恢复往日雄风。当日，首相布莱尔在唐宁街宣布成立一个足球基金会，准备投入巨资从基层入手，从娃娃抓起以促进英国的足球水平。计划第一年投资 2 400 万英镑（3 600 万美元）；2000～2002 年增加投资约 6 000 万英镑（9 000 万美元）。此举是效仿法国的做法。

英国的卫生保健业十分发达。仅该行业的医疗器械制造，产值就达 30 亿英镑，从业人员 5 万多人。英国医疗制造系统大约有 1 600 多家企业，产品范围广泛，包括诊断设备、麻醉器械、光学器械、外科手术器械、牙科设备、活性可移植物、被动可移植物、病床和外科手术台等。英国医疗制造产品有一半供出口。体外诊断器械和医院设备约占出口总量的 50%；其他出口产品有影像设备、吸氧器、一次性注射器和电子设备。英国政府不仅大力发展卫生保健业，且为全体公民（包括外来移民）建立卫生健康福利机构，以提供全方位的健康、医疗服务。

对外贸易

受自然地理环境和资源条件的限制，英国国民经济的发展离不开对外贸易，尤其是海上贸易。其对外贸易政策是致力于开放多边贸易制度和世界贸易自由化，该政策的实施与欧洲联盟保持一致。因有雄厚的工业基础和强大的经济实力，加之世界一流的金融、保险和运输等服务作为保障，英国是世界上贸易大国之一。据中国外经贸部统计，2000 年英国进出口贸易额为 5 225.53 亿英镑，其中出口 2 520.03 亿英镑，比上年同期增长 9.1%；进口 2 705.50 亿英镑，比上年同期增长 10%。据 OECD 统计，服务出口总比例上升至 7.4%，达到 10 年内最高水平。其中出口最多的是商业服务，包括法律咨询和会计工作，获利 162 亿英镑，比上年增加了 13 个百分点，出口增长最快的是计算机和信息服务行业，增长了 26 个百分点，达 16 亿英镑。香烟出口额也超过 10 亿英镑，进口仅约 4 亿英镑。机床出口额为 5.1 亿英镑。英国 1999 年官方发展援助额为 32.79 亿美元，占其国民生产总值的 0.23%。

中英关系

中英关系自 1997 年香港回归中国和 1998 年《中英联合声明》发表以来发展态势越来越好。

1999 年 10 月江泽民主席对英国进行了国事访问，表明中国对持续发展与英国良好政治关系的浓厚兴趣。英国政府也高度重视与中国发展牢固的新型关系，1998 年 10 月英首相布莱尔访华证明了“英国的中国年”活动达到了高潮。中英交流不仅限于政府和官方之间，还有民间的商务、文化、科技、学术和个人之间的联系。在政治关系改善的前提下，中英经贸合作关系进入了一个新阶段。据中国海关统计，2000 年 1～12 月中英进出口总额为 99.03 亿美元，比上年同期增长 25.8%；其中出口额 63.10 亿美元，比上年同期增长 29.3%；进口 35.93 亿美元，比上年同期增长 20%。在欧盟国家中，英国是中国第二大贸易伙伴。英国农业较发达，在欧盟国家中属佼佼者之一。农业年产值约为 10.7 亿英镑（合人民币 230 亿元），但农业雇员只占劳动力总数的 2.3%。1999 年中国对英国农产品出口达 8 920 万英镑(合人民币12亿元),主要产品是蔬菜、茶叶、油菜籽和水产品;而中国从英国进口农产品仅4570万英镑,主要产品有农业机械和谷物。据外经贸部外资统计,2000年1～12月,英国在华直接投资项目261个,合同外资金额8.37亿美元,实际使用外资金额11.64亿美元。在欧盟国家中,英国居对华投资第三位,次于荷兰和德国。1999年10月中旬,中国外经贸部部长石广生以及由20多位企业家组成的中国企业家代表团访问了英国。在英国贸工部、英中贸易协会和中国驻英使馆商务处的大力支持下,代表团同英国的金融界、工商企业界和地区贸易投资主管部门进行了广泛和富有成效的交流,为此后中英经贸、科技和金融等方面的进一步合作打下了良好的基础。自1999年以来,中英合作项目不断传来喜讯。1999年9月,英中贸易协会CBBC广州办事处新址落成;1999年11月,英中贸易协会(CBBC)成都办事处新址揭幕;1999年12月,中国石油天然气总公司和壳牌勘探中国有限公司签署了一项有关共同开发位于陕西和内蒙古的主要天然气油田的合同。英国最大的保险集团——商联保险公司1999年10月20日与英联邦开发公司签署了一项关于合资组建中国投资公司的谅解备忘录。两公司共同出资1亿美元用于在中国直接投资。商联公司并在北京、上海和广州的金融学院分别出资设立了学习中心以及在成都的西南财经大学设立了保险财会硕士研究生班。中英相关部门还正在探讨可再生能源方面的合作。1999年10月24～30日由英国文化委员会和中国教育国际交流协会共同在北京举办了"终身教育节",其目的是为了加强现有的并力图建立新的中英双方以终身教育发展为主导的个人和机构之间的合作。双方将在在职人员教育、远程教育及与参与继续教育的雇主相互合作等领域互通信息、交流经验。2000年6月,英中开始共同实施一项耗资1.95亿元人民币的计划,帮助控制在中国传播的爱滋病。

英国Law-Denis工程公司获得了向中国出口的许可证,从而使得该公司可以履行其1999年签署的向湖北天门石油天然气运输公司提供油菜籽干燥器的合同,价值20万英镑。作为1999年中英两国一系列政治经济交往的重要活动之一,英中贸易协会,英国水行业协会和英国环境、交通及地区事务部、英国国际贸易署在11月份共同组织英国水行业代表团访问中国。其间,中英双方就"私企合作及法规"、"管网滴漏问题的评估与控制"和"水质监测"等问题进行了商讨。英国维珍(Virgin)航空于1999年5月开通了上海和伦敦之间的第一条商业服务航线。英国Atlas Ward在过去的5年里在中国完成了近30多个整体化的工业厂房、仓库及办公楼等建筑项目。近期签订的合同包括上海庄臣(Johnson)、阿尔斯通(Alstom)及宝洁(Procter & Gamble)的扩展工程,并正在就Glaxo公司在苏州的一个大型建筑群项目做完工及移交业主的程序。英国商务、管理与工程咨询公司High-Point Rendel最近签署了一项中国小浪底多用途水坝工程合同,价值30亿美元。此项目的准备工作始于1991年9月,河水分流已于1997年10月完成,水力发电于2000年初开始,此项工程预期目标已由建设转为运转阶段。(同时参与此项工程建设的还有德国、意大利、法国和中国的数个承包商)。ERM集团和中国环境科学研究院合资成立环境资源管理集团(中国)公司。该中国公司的质量管理体系已通过英国标准局(BSI)的ISO9001认证。中英两国高级政府官员及环境专家于2000年10月17日在北京参加以"可持续能源应用"为主题的研讨会。2000年10月28日,英国壳牌化工总裁和中国海洋石油总公司总经理在北京签署了40亿美元的南海项目合营合同,这是当时最大的中外合资项目。2000年11月28日,英国劳埃德保险公司在北京正式设立了代表处,成为进一步了解中国保险市场的窗口,也是加强中国保险市场与劳埃德保险公司及伦敦保险市场密切联系的桥梁。2000年,英国在北京中关村科技园区就投资了9家企业,注册资本约3400万美元,投资领域主要在互联网、软件和通信业。

总之,中英双方在经贸、科技、水电、建筑工程、石油化工、金融保险、农业、航空和教育等各个领域展开了广泛的合作并获取成就。由此可见,中英两国之间的联系正在得到巩固,同时又在不断深化并日趋成熟,尤其是双方经贸合作的强劲势头更是令人欣喜。展望未来,中英关系会向更高层次、更广范围一步一步健康地向前发展。

(对外经济贸易大学 马国芝)

法国经济文化概况

概况

地理 法兰西共和国(French Republic)位于欧洲西部,北部与比利时接壤,东部与卢森堡、德国、瑞士、意大利、摩纳哥为邻,南部与西班牙、安道尔相接,并临地中海,西临比斯凯湾,西北隔英吉利海峡和多佛尔海峡与英国相望。面积551 500平方公里,陆地边界长2 892.4公里,海岸线长3 427公里,邻接区24海里,大陆架200米深或开发深度,专属经济区200海里(不适用于地中海),领海12海里。

法国大部分地区属海洋性温带阔叶林气候,夏季温和,冬季凉爽,但南部属热带地中海气候,夏季炎热,冬季温和,有时沿岸刮强劲干旱寒冷的北风。西部和北部绝大部分地区为平原或略有起伏的丘陵,其余地区为山区,尤其是南部为比利牛斯山脉,东部为阿尔卑斯山脉。境内最高点为白朗峰,4 807米,最低点为隆河三角洲,海平面以下2米。

自然资源包括:煤、铁矿、铝土矿、渔、木材、锌、钾碱。

人民 2000年人口为59 519 700人,人口增长率为0.41%,出生率为13.1‰,死亡率为9.0‰,预期寿命为78.63岁,妇女总生育率为1.61胎。大多数居民为凯尔特和拉丁血统,少数带有北欧、斯拉夫、北非、印度支那及巴斯克血统。从宗教信仰来看,罗马天主教占90%,新教占2%,犹太教占1%,穆斯林(北非工人)占1%,其他占6%。法语为官方语言。法国的成人识字率为99%,根据《1999年人类发展报告》,其人类发展指数在174国中居第12位,属高度人类发展国家。

政府 法国是一个多党制共和国,首都巴黎。全国分为22个大区,下设96个省。此外,还有4个海外省,5个海外领地,以及2个特殊地位领地。

国庆日:7月14日(1789年,法国大革命攻克巴士底狱)。

宪法:1958年9月28日通过,1962年做出有关总统选举的修订;1992年为与马约规则相一致做出修订;1993年为严肃移民法做出修订。

法律体系:法国拥有民法(罗马法)法系,而非美国的普通法法系。

选举权:公民18岁起拥有普选权。

行政机构:国家元首:雅克·希拉克(自1995年5月17日),总统有权解散议会,组织大选,以及在国家非常时期采取必要措施的全权等;总统有权任命总理和批准由总理提名的内阁。

政府首脑:总理若斯潘(自1997年6月3日),总理负责国家的防务和保证法律的实施。

选举:总统由普选产生,任期7年,上届选举在1995年4月23~5月7日(下届将于2002年5月举行);总理由国民议会多数提名并经总统任命。

立法机构:由两院制议会,即国民议会和参议院组成。参议院共321席,其中法国本土296席,海外省和领地13席,侨居国外的法国人12席。参议院由选举团间接选举产生,任期9年,每3年改选1/3。国民议会共577席,议员由多数票选举产生,任期5年。

司法机构:最高上诉法院,法官由总统从高等司法委员会的提名中任命;宪法委员会(宪法法律),3人由总统任命,3人由国民议会议长任命,3人由参议院议长任命;行政法庭。

经济

法国是西欧4个经济产值超万亿美元的国家之一,它拥有丰富的农业资源,多样化的工业基础,高素质的劳动力队伍以及与之匹配的不断增长的服务业。工业创造了GDP的1/4及出口收益的80%以上。

政府的经济政策旨在稳定的财政和货币政策下促进投资和国内增长,创造就业,减少失业率是最为优先的议题。1999年1月1日法国与其他10个欧盟国家一道批准将欧元作为其自身货币,因此,货币政策将由设在法兰克福的欧洲中央银行制定。

尽管过去15年里进行了重大改革和私有化,政府继续控制着很大比例的经济活动:1998年政府支出占GDP的54.2%,是经济7强中最高的。劳工与产品市场的立法遍布各地。政府对每个行业的关键部门持有重大影响,对铁路、电力、飞机和电信公司拥有绝大多数的所有权。自90年代初以来,政府已逐步放松对这些部门的控制,并且正在缓慢地出售法国电信、法航以及保险、银行和国防工业的股份。同时,广阔肥沃的土地,现代技术的应用加上补贴已使法国成为西欧主要的农业生产国、小麦和乳品的主要出口国。2000年法国的GDP为14 781.57亿美元,由于进出口在1998年7%和5%的高增长基础上明显倒退,分别出现1%和2%的负增长,国内需求和私人消费增长减弱,GDP增长率已从1998年的3.1%降至1999年的2.9%,但2000年由于受到设备投资旺盛的影响,经济增长已加速至3.2%。GDP构成如下:农业占3%,工业占23%(制造业占19%),服务业占74%(1999年)。

通胀率(消费价格):1.7%(2000年)。

劳动力:2 540万,职业构成如下:服务业占69%,工业占26%,农业占5%(1995年)。就业增长率:1.5%(1999年),失业率:11%(1999年)。

预算:收入为2 220亿美元,支出为2 650亿美元(1998年估计)。

外债:1 176美元(1996年估)。

经济援助—捐助:官方发展援助84亿美元(1995年)。

货币:法国法郎,兑换率:1美元=5.62法郎(1998年)。

1美元=1.00欧元(1999年)。

1美元=1.07欧元(2000年)。

工业 钢铁、机械、化工、汽车、冶金、飞机、电子、采矿、纺织、食品加工、旅游。法国在新兴的电信、航天和武器行业非常成功,1999年工业产出增长率为2.2%(1998年为4.6%)。1997年制造业创造的附加值为2 689.30亿美元,其中食品、饮料和烟草业占13%,纺织和服装占12%,机械运输设备占23%,化工占7%,其他制造业占45%。由于法国国内没有石油,因此,它严重依赖核能的发展。1999年法国的发电量为5006亿千瓦小时,其中78.25%来源于核能,火力和水力发电分别占8.72%和12.92%,其他占0.11%。

农业 法国是世界第二大农业生产国,仅次于美国,其农地面积约占欧盟的1/3。法国北部以种植小麦为主,那里集中了许多大型农场;乳制品、猪、家禽和苹果的生产则集中在西部;牛肉生产位于中部;而水果、蔬菜和葡萄酒的生产则分布在从中部到南部的广大地区。共同农业政策(CAP)和关贸总协定乌拉圭回合的实施已导致了农业部门的改革。

对外贸易 法国是仅次于德国的西欧第二大贸易国,其商品贸易额自1992年以来一直呈现顺差,1999年达129亿美元。

出口额为2 977亿美元(2000年),出口商品为:机械运输设备、化工、食品、农产品、钢铁产品、纺织和服装。出口伙伴中德国占15.2%,英国占11.1%,意大利占9.8%,西班牙占9.9%,比利时占7.5%,美国占9.4%,荷兰占4.5%,日本占1.7%,中国占1.0%。

进口额为3 044亿美元(2000年),进口商品为:原油、机械设备、农产品、化工、钢铁产品。进口伙伴中德国占16.9%,意大利占8.6%,美国占7.4%,比利时占9.6%,英国占8.0%,西班牙占6.6%,荷兰占7.1%,日本占2.4%,中国占2.3%。

运输 铁路:32 027公里(31 940公里由法国国家铁路公司管理);公路:892 900公里;水路:14 932公里;管道:原油3 059公里,石油产品4 487公里,天然气24 746公里。

主要港口:马赛、勒阿弗尔、南特、波尔多、鲁昂、布洛涅、瑟堡、第戎、敦克尔克、拉帕利斯、里昂、米卢兹、巴黎、圣纳泽尔、圣马洛、斯特拉斯堡。

远洋商船:64艘(千吨级),共计总注册吨位1 826 364吨/载重吨位2 962 338吨。

机场:474个(1998年),直升机机场:3个(1998年)。

科学技术

法国是世界第四大科研大国,1997年国内研发总开支(GERD)为1 817.53亿法郎(相当于278.762亿美元,购买力平价),人均科研经费为475.7美元(购买力平价),GERD占GDP的2.23%,低于美国(2.71%)、日本(2.92%)和德国(2.31%),但略高于经合组织平均水平(2.21%)。民用GERD占GDP的2%。

从GERD的供资来源上看,工业占48.5%(经合组织为61.4%),政府占41.5%(经合组织为32.3%),其他国内来源占1.6%,海外资助占8.3%。1997年GERD在不同科研部门的分配如下:企业占61.5%,高教部门占17.2%,政府部门占19.9%,私人非盈利部门占1.3%。

1996年全国有全日制研发人员320 805人,有全日制研究人员(或大学毕业生)154 839人,平均每千名劳动人口中有研发人员12.5人,有研究人员6.1人。

企业科研 1997的企业研发开支(BERD)为1 118.19亿法郎(相当于171.502亿美元,购买力平价),BERD占国内工业产值的1.84%,占GDP的1.37%,企业有全日制研发人员162 590人,研究人员68 499人,分别占全国相应人数的50.7%和44.2%。BERD的来源如下:工业占75.6%,工业资助占工业产值的1.45%;政府资助占13.1%,海外资助占11.4%。BERD在不同行业的比例分配为:航天工业占13.7%,电子工业占14.9%,办公机械及计算机业占2.6%,制药业占12.3%,其他制造业占44.2%,非制造业占12.3%。

高教科研 1997年高等教育研发开支(HERD)达313.11亿法郎(相当于48.023亿美元,购买力平价),HERD占GDP的0.38%。高等教育有全日制研发人员81 538人,有全日制研究人员54 592人,分别占全国相应人数的25.4%和35.3%。

政府科研 1997年政府内部研发开支(GOVERD)达361.75亿法郎(相当于55.483亿美元,购买力平价),占GDP的0.44%。政府拥有全日制研发人员69 184人,研究人员27 803人,分别占全国相应总数的21.6%和18%(1996年)。

政府研发预算 1997的政府研发预算拨款(GBADRD)为852.57亿法郎(相当于130.762亿美元,购买力平价),其中国防研发预算占28%,民用研发预算占72%。在民用部分中,经济发展方案占18.8%,健康与环境方案占12.6%,航天方案占15.6%,非定向研究方案占26.8%,综合性大学基金占22.9%。

专利 1996年全国专利申请量为94 528件,其中居民申请13 110件,非居民申请81 418件。居民的国外专利申请为120 043件。根据欧盟统计,1998年法国在欧洲专利局的专利申请量为6 227件,占欧盟申请量的15.6%,仅次于德国(占42.7%)居第二位,每百万劳动力专利申请量为246件,在欧盟居第8位。

技术贸易 1996年收入为122.46亿法郎,支出为162.22亿法郎。

创新企业 根据欧盟1997/1998年创新调查,法国创新企业在制造业中占43%,在服务业中占31%。创新企业收益占制造业收益的3.9%,占服务业收益的1.3%。制造业中新产品和改进产品收益占总收益的21%。

教育

在法国,从2岁开始教育是免费的,6~16岁为义务教育阶段,小学5年,初中4年,高中3年。公共教育系统权力相当集中,私立学校95%是天主教学校,除了传授文化知识外还进行价值观教育,但只有18%的学生上私立学校。

学前教育 法国有学前教育机构近1.9万所,1996/1997年有教师106 581人,女性占81%,招收2~5岁儿童2 451 210人,私立机构注册儿童占12%,总注册率为83%。

初等教育 全国有小学4.1万所(1995/1996年),1996/1997学年有教师211 192人,女性占79%;有学生4 004 704人,师生比为1:19,总入学率为105%,净入学率(6~10岁)为100%。为了使当年由朱尔·费里倡导的免费义务教育的学校实现现代化,同时使学校的教学能力进一步提高,自1998年底,法国开始对初等教育进行大规模的改革。根据《建立21世纪学校宪章》,改革将使学校的教学大纲、课程、学校教育的节奏、教师的工作等发生巨大变化。改革的试点工作首先集中于对课堂全天的教学活动进行组织,要实现的目标包括:首先,要使学校成为一个"自助办学"的学校,它应该能够对那些有困难的学生提供帮助。其次,它应该提供一切可能使所有学生都能接受体育、艺术、音乐、新技术课程的教育,并使学生认识到这些是必学课程,因此必须在教师的监督下进行。

中等教育 由于法国教育系统实行的是开放式自由教育,学生的选择余地非常宽泛,中学生除走上大学这条路外,还可以上培养不同行业所需人才的各种中学,能力不够或无心上大学的学生可以分流到普通中学以外的专科学校去。1996/1997 学年,全国中学有教师 483 493 人,女性占 59%,有注册生 5 979 690人,其中 72.5%的学生接受普通教育,其余 27.5%接受职业教育。中学总入学率为 111%,净入学率(11～17 岁)为 95%。

高等教育 法国的高等教育始于 1150 年巴黎大学的创立,如今它有大学和专科学校 69 所,包括专业学院、技术学院和职业培训学院。1996/1997 年度,高校有学生 226 458 人,女生占 53%,女大学生中有 30%选修理科,大学入学率为 51%。

教育开支 1996 年公共教育开支占 GNP 的 6%,占政府开支总额的 10.9%;经常性教育开支占 GNP 的 5.6%,占教育开支总额的 92.3%。经常性开支在各级教育中的分配如下:学前教育占 11.6%,小学占 19.8%,中学占 49.5%,大学占 17.9%,未分配部分占 1.2%。

文化

法国人的文化起源可以追溯到讲凯尔特语的高卢人,悠久的历史为后人留下了数不清的遗迹,巴黎圣母院、卢浮宫、凯旋门、埃菲尔铁塔与现代化的国立图书馆、巴黎歌剧院、遍布各地的文化艺术中心、影院与公园相得益彰,使法国成为充满文化氛围的国度。保存民族文化和民族个性,捍卫法语的纯洁性已成为法国政府和人民的使命。

语言 法语源于高卢的罗马人所讲的本地拉丁语,尽管它包括了许多凯尔特语和日尔曼语的词汇。几个世纪以来法语已成为一种国际语言,它是全世界第二种共同语言,是联合国 5 种工作语言之一。在许多非洲、加勒比、太平洋国家以及西印度群岛,法语是一种统一的交际工具,尤其在那些土著语言和方言纷繁的国家,它已成为唯一的共同语言。尽管法国以多种方式竭力维系法语的地位,宣传法国的文化,但在互联网时代,法语与英语的差距已越拉越大。

历史遗产 翻开世界遗产目录,上面记载着圣米歇尔山及凹地、沙特尔大教堂、凡尔赛宫及庭园、枫丹白露宫及庭园、奥朗日古罗马剧场及凯旋门等 20 余处文化与自然景观。法国人珍爱它们的文化,因此在文物修复方面热情高涨,并且涉及面极广,从历史久远的史前洞穴、考古遗址,中世纪教堂,各朝各代的古堡,到目前作商业、文化或工业用途的近代精美建筑物以及具有历史意义的街道公园,都在修复的范围之内。这中间规模最大的当属巴黎圣母院的修复工作。然而经过 5 年多的整修,巴黎圣母院刚刚拆去脚手架,以崭新的面目与游人见面,罕见的世纪飓风于 1999 年 12 月 26 日袭击了法国,风灾所过之地屋毁人亡,古迹遭劫,巴黎圣母院在风中颤抖,先贤祠也遭到了破坏,世界闻名的凡尔赛宫皇家花园也没有逃过劫难,法国人民又投入到大规模的修复之中。

人物 法国是一个文化名人辈出的国度,法国教科文组织全国委员会秘书长 Jean－pierre Boyer 先生 1999 年 3 月 30 日致函联合国教科文组织总干事,要求该组织参加下列纪念活动:

2000 年 6 月 29 日安托万·德圣—埃克索贝利(1900～1944)诞辰 100 周年,它是一位人道主义者和社会活动家,尤其已译成 115 种以上语言的书《小王子》,探讨了人的活动的道德和精神意义。

2000 年 11 月 3 日作家和文化名人安德烈·马尔罗(1901～1976)诞辰 100 周年,他积极参与了保护努比亚的教堂。他还是《人的地位》、《沉默的人》和《虚构的世界雕塑博物馆》的作者。

2000 年 9 月 9 日纪念图卢兹—洛特雷克(1864～1901)逝世 100 周年,他是素描画家、油画家和广告画家。他的 19 世纪末布律昂歌曲插图和蒙马特插图为在全世界宣传巴黎的非常受欢迎的形象做出了贡献。

2000 年纪念安德烈·勒诺特(1613～1700 年)逝世 300 周年,他是法式公园的创造者,他使其达到了最完美的形式,并被整个欧洲认可。他的代表作是

1979年与凡尔赛宫一起被列入联合国教科文组织世界遗产目录的凡尔赛花园。在他领导下完成的其他主要作品位于枫丹白露(1660年)、索市(1673年)和默东(1679年)。

环境保护

法国的土地面积为550 100平方公里,其中耕地和多年生作物用地占34.6%,多年生草场占22.3%,森林和林地占31.4%,其他用地占11.7%(1997年)。1996年主要保护区达132处,总面积6.4万平方公里,占领土的12%,平均每千人拥有1.1平方公里的保护区。

目前主要环境问题是:森林受到酸雨的破坏,1990~1995年每年减少1%的面积,濒危物种数目上升,其中濒危哺乳动物占8%,鸟类占15%,鱼类占6%,爬行类占17%,两栖类占36%,导管植物占8%。此外,城市废物、农业径流导致的水污染也是主要的环境问题。

90年代中期,法国的污染减轻与治理开支占GDP的1.4%(公共部门占0.9%,商业部门占0.5%),人均开支为281美元。1998年公共环保研发开支(1991年市场,购买力平价)为2.557亿美元,占研发预算拨款总额的2.2%。

法国是生物多样性,气候变化,防止荒漠化,濒危物种等21个国际环境协定的缔约方。现已签署但尚未批准的两项环境文书是:空气污染——持久性有机污染物议定书和气候变化——京都议定书。

经济文化一体化

在全球化迅猛发展的今天,法国把人才的培养看作国力强盛的关键。在正规教育支出中,公立和私立开支占GDP的6.7%,公立资源占5.6%;学生年人均教育经费占人均GDP的比例:小学为17%,中学为30%,大学为31%;研发开支(包括第三级教育)占GDP的2.4%(1994年)。5岁儿童接受正规教育的年数为16.3年,17岁青年平均接受高等教育年数为2.5年(1995年)。在职成人(25~64岁)接受职业培训长度达到12个月以上的占40%(1994年调查)。30~44岁在职妇女大学文化程度者占79%(高等教育非大学程度者占84%)。为了增强自身的信息技术实力,1998年7月法国政府给1 000多名外来的专业技术人员发放了居留证。同时,法国3个大专院校也开始大量扩招外国学生。据统计,法国电脑行业1999年提供的就业机会已达4.4万个,2000年这个领域招聘高级技术人员的数目将会远远超过其他行业,其中相当一部分来自国外。但由于移民条款限制过多,个人发展机会过少,法国人种族歧视的观念越来越令人担忧,这些都为法国在人才争夺战中设下了障碍。

法国是将经济文化紧密结合到一起并产生最佳效益的国家。靠近卢浮宫的圣奥诺赫大街最能体现法国的时尚精神,这里从18世纪起就是时装、香水、珠宝大师们展现才华的场所。今天法国许多著名时装、香水、珠宝设计师仍在这条大街上设店。他们不断创新,在世界时尚潮流中始终保持着领先地位,他们的公司和产品已遍布世界。

法国每年都要举办数以千计的艺术节,除了像戛纳电影节、阿维尼翁戏剧节等国际著名的大型艺术节外,还有许多有特色的地区性艺术节,如尼斯狂欢节,梅斯热气球艺术节,莫里亚克爵士乐节,南锡大合唱音乐节等。这些艺术节促进了文化交流,给城市带来了活力和生机,带来了欢庆气氛,发掘了本地文化、历史遗产,推进了旅游活动,同时也创造了新的就业和可观的经济收入。以拥有50多年历史的阿维尼翁戏剧节为例,该节每年夏天举办1次,历时3周,可吸引大约10万观众。1997年该艺术节的预算是4 650万法郎,其中30%开支被当地企业"消化"掉,艺术节还创造了1 000个就业岗位。而观众在阿维尼翁的消费达4 240万法郎。如果将各方面的效益用数字表示,那么一场艺术节可获得1.25亿法郎的收益。

此外,像环法自行车赛等许多文体盛事也成为巨大的商业市场,主办单位、媒体、赞助商均可从中获得优厚的回报。

(中国国家图书馆 李跃进)

西班牙经济文化概况

概况

地理 西班牙王国(The Kingdom of Spain)位于欧洲西南部伊比利亚半岛。北濒比斯开湾,东北与法国、安道尔接壤,西临大西洋和葡萄牙,东南临地中海,南部的直布罗陀海峡扼地中海与大西洋航路的咽喉,是连接欧洲、非洲和美洲的纽带。面积504 750平方公里,陆地面积499 400平方公里,水域5 350平方公里。陆界长1 919.1公里,海岸线长4 964公里,专属经济区200海里(仅适用于大西洋),领海12海里。内地为大陆性气候,干燥,夏热冬寒,北部和西北部沿海地带为温带气候,南部和东南沿海为地中海型气候。境内大部分地区为广阔平坦的高原和切割台地,四周被崎岖的山地所环绕,北部为比利牛斯山脉,西班牙58%的国土海拔高度超过6 000米,是继瑞士之后欧洲最高的国家。

国内自然资源包括:煤、褐煤、铁矿、铀、汞、黄铁矿、荧石、石膏、锌、铅、钨、铜、瓷土、钾碱、水力。

人民 2000年年中人口为39 996 671人,人口增长率为0.11%,出生率为9.22‰,死亡率为9.03‰,出生时预期寿命为78.79岁,妇女总生育率为1.15胎。境内主要是西班牙人,少数民族有加泰罗尼亚人,加里西亚人和巴斯克人。天主教为国教。官方语言为西班牙语(占74%),东北部普遍说加泰罗尼亚语(17%),西北部说加利西亚语(7%),北部说巴斯克语(2%)。根据联合国开发计划署的报告,1998年西班牙成人识字率为97.4%,第一、二、三级教育合并总入学率为94%,实际人均GDP(购买力平价)为16 212美元,其人类发展指数在174个国家/地区中居第21位,属高度人类发展国家。

政府 西班牙政体为君主立宪制,首都马德里,全国分为17个自治州。西班牙于1492年获得独立(赶走了入侵的摩尔人,统一了全境,建立了封建王朝),国庆节为10月12日。现行宪法于1978年12月6日通过,12月29日生效。

行政机构:国家元首为胡安·卡洛斯一世(自1975年11月22日就任),王位继承人为费利佩太子,生于1968年1月30日。政府首脑为首相何塞·玛丽亚·阿斯纳尔(自1996年5月就任),内阁为大臣会议,由首相任命。同时还有一个国务委员会,为政府最高咨询机构。国王为世袭制,首相经国民议会选举产生,由国王任命,副首相由国王根据首相的推荐任命。

立法机构:国民议会包括众议院和参议院,众议院共350席,由各区按比例代表制选举产生,任期4年。参议院共256席,其中208席由直选产生,其他48名由地方立法机关任命,任期4年。

司法机构为最高法院。

经济

西班牙混合的资本主义经济支撑着GDP的增长,1999年其经济实力居世界第10位,在人均基础上,其规模已达到4个主要西欧经济体人均GDP的3/4。西班牙中右政府成功地使西班牙成为1999年1月1日启动的欧元区的首批国家之一。1999年政府总的赤字与GDP的比率为1.1%,债务与GDP的比率为63.5%,通胀率为2.2%,均呈下降趋势。阿斯纳尔政府继续倡导私有化、自由化和经济权力下放,并且为此目的实施了税务改革。尽管如此,其15.8%的失业率仍然是欧盟最高的。政府出于政治目的,在修改劳动法、改革养老金计划方面进展缓慢,而这些对国内经济发展及其在单一货币区的竞争力的可持续性至关重要。在未来几年内,一体化欧洲的货币和其他经济政策的调整将对西班牙构成严重的挑战。

1999年GDP增长率达3.7%,2000年为4.1%,这已是1997年以来连续第4年GDP增幅超过3.5%。尽管外贸出现逆差,但国内需求拉动了GDP的上升。大量新的就业机会的产生以及1999年1月实施的个人收入税改革增加了家庭的可支配收入，从而激发了私人的消费活力。投资的强势部分地源于利率达到历史上有记录以来的最低点，以及私人消费的加速。在这一方面，值得注意的是设备和住房投资恰恰是国内需求最旺的部分。至于对外部门的逆差则与国内需求旺盛导致的进口高增长，以及1998年下半年不利的国际调整导致西班牙出口急剧减速有关，这种局面使得经常帐户逆差扩大到GDP的1.8%。

1999年就业上升了3.4%，预计2000年仍将保持强势，但速度将减至2.8%。1999年尽管出现了适度的工资增长并且核心通胀保持稳定，但由于受能源等一些易变因素的影响，价格的变化比下半年的预计更加不利。在可预测的期限内，经常帐户赤字将逐渐扩大，这部分地是由于2000年贸易条件趋于恶化，以及预计中的服务贸易盈余无法抵销扩大的贸易逆差。

1999年总的政府赤字出现了大幅度下降，这与经常开支得到有效控制有关。此外，社会保障部门出现了占GDP0.2%的盈余，预计2000年政府赤字总额占GDP的比率将从1.1%减至0.7%。

2000年GDP为5 852.97亿美元，人均14 634美元。GDP部门构成如下：农业占4%，工业占28%，服务业占69%(1999年)

2000年政府财政收入为1 186.93亿欧元，支出1 211.24亿欧元，赤字20.72亿欧元。1欧元＝166.386比塞塔(1998年)，1美元＝0.9954欧元(1999年)。

工业 纺织品和服装(包括鞋类)、食品与饮料、金属与金属制造、化工、造船、汽车、机床、旅游。1998年工业生产增长率为5.8%，年发电量为1 744.32亿千瓦小时(1999)。

农产品 粮食、蔬菜、橄榄、葡萄、甜菜、柑橘、牛肉、猪肉、禽类、奶制品、鱼。

出口 1 100亿美元(2000年)，占世界出口的1.8%，年增长率1999年为0.67%，2000年为4.2%。

进口 1 528亿美元(2000年)，占世界进口的2.4%，年增长率为5.77%。贸易伙伴主要为欧盟，美国和日本。

科学技术

1998年西班牙研发开支总额(GERD)为7 262.64亿比塞塔，折合57.64亿美元(购买力平价)，年均增长率为5.3%，人均为137.8美元(1997年)，GERD占GDP的0.88%，在经合组织成员国中处于较低水平。根据不同来源，GERD比例构成如下：工业资助占44.7%，政府资助占43.6%，国内其他资助占4.9%，海外资助占6.7%。GERD在科研部门的比例分配为：企业占49.1%，高教部门占32.4%，政府部门占17.3%，私人非盈利机构占1.1%。

1997年全国有全日制研发人员87 150人，研究人员53 883人，平均每千名劳动力中分别拥有研发人员和研究人员5.3人和3.3人。

企业研发 1998年企业研发开支(BERD)为3 568.12亿比塞塔，折合28.318亿美元(购买力平价)，年均增长率为6%，BERD占工业生产总值的0.53%(1997年)，占GDP的0.43%。1997年企业有研发人员30 023人，有研究人员12 009人，分别占全国相应数的34.4%和22.3%。从资金构成上看，1997年BERD的84.9%来自工业，这部分占工业产值的0.45%；政府资助部分占8.7%；其他国内资源占0.1%；海外资助占6.3%。1996年BERD在不同行业的比例分配为：航天工业占8.5%，电子工业占16.1%，办工机械和计算机业占1.9%，制药业占11.9%，其他制造业占44%，非制造业占17.6%。

高等教育研发 1998年高等教育研发开支(HERD)为2 355.90亿比塞塔，折合18.698亿美元(购买力平价)，占GDP的0.28%。1997年高校有研发人员36 843人，有全日制研究人员30 649人，占全国的56.9%。

政府内部研发 1998年政府内部研发开支为1 258.65亿比塞塔，折合9.989亿美元(购买力平价)，占GDP的0.15%。政府部门有全日制研发人员19 189人，有研究人员10 490人，政府研究人员占全国总数的19.5%。

1999年政府研发预算拨款或支出(GBAORD)为5 819.51亿比塞塔，折合45.643亿美元(购买力平价)，其中国防研发预算占24.2%，民用研发预算占75.8%。政府研发预算的民用拨款分配如下：经济发展计划占48.2%，卫生与环境占10.5%，太空计划占5.9%，非定向研究计划占6.4%，综合性大学基金占27.7%。1998年高技术出口创汇56.35亿美元，占制成品出口的7%;特许权和许可证使用费:收入为2.43亿美元,支付18.66亿美元。1997年专利申请量:居民为2 856件,非居民为110 911件。

教育

随着1990年"教育制度综合组织法"的逐步落实,目前西班牙教育体制正处于全面改革之中。虽然以前的制度仍然有效,新制度已在非大学一级超过75%的年级得到贯彻,因此,首先有必要对依据新法所建立的教育体制的结构作出具体的说明,第二,依据1970年综合教育法建立的体制仍然适用。

根据新法制定的教育制度,学前教育接纳的儿童最高年龄至6岁,它不是义务性的,分为两个3年周期。小学为义务教育的第一阶段,接纳6～12岁儿童,它由3个各为两学年的周期组成。中学教育包括:针对12～16岁年龄组的第二阶段义务教育(4年计划);两年的学士学位计划(高级中学教育);以及中级职业训练。大学按照特定目标周期和自主学术鉴定进行组织,它包括高级职业训练和大学教育。第一周期以职业为特征,完成3年学业后可获得文凭(初级毕业生,技术工程师,技术设计师)。学士、设计师和工程师学位需要4～5年的学习。第三周期学习(两年课程)旨在培养大学毕业生,工程师和设计师。

1970年的综合教育法建立了4级教育制:学前教育;EGB,针对6～14岁学生的义务教育;统一的工艺学士学位,3年课程;以及大学定向课程。职业训练虽然严格说来不能归入某一教育等级,但仍构成教育制度的一个主要成分。实际上工艺学士和职业训练分别是中等教育中普通和职业教育形式。新的小学教育计划是在1990～1995/1996年实施的,它取代了EGB的前6个年级。1996/1997学年,中等义务教育开始普及,1998/1999学年学士学位计划生效,预计中等职业训练计划于1999/2000年生效。根据该方案,新的教育制度的实施将于2002年完成。

学年长度依教育等级各异,它取决于每一教育主管部门的决定。学前和小学教育的学年通常始于9月中,止于6月的最后一周。中学和职业训练的学年始于9月下半月,止于6月的最后一周。在大学一级,学年从10月初至7月1日。在所有级别,圣诞节有两周假期,复活节有一周的假期。

根据西班牙国家统计研究所的调查,1997年第四季度,全国16岁以上人口为32 420 100人,文盲率:男子占2.12%,妇女占5.05%;未上学者:男子占11.62%,妇女占14.79%;教育水平为小学的男子占30.37%,妇女占31.18%;中学:男子占39.52%,妇女占35.18%;高等职业技校:男子占5.44%,妇女占3.47%;第一周期大学:男子占4.82%,妇女占5.92%;第二周期大学:男子占5.38%,妇女占4.24%;第三周期大学(博士):男子占0.21%,妇女占0.07%;其他:男子占0.13%,妇女占0.10%。

西班牙人受教育水平非常高,1996年各级教育总入学率依次为:学前为74%,小学为109%,中学为120%,大学为51%。1996年公共教育开支总额占GNP的5%,占政府开支总额的11%;经常性教育开支占GNP的4.6%,占教育开支总额的91.9%。经常性开支中,学前教育占7.3%,小学占26.1%,中学占47.9%,大学占16.6%,未分配部分占2.1%。

文化

西班牙是个历史悠久的国家,其文化起源可以上溯到旧石器时代,举世闻名的阿尔塔米拉洞窟保存了原始人活动的遗迹。中世纪时期,它曾经是文化最发达的欧洲国家,是欧洲和非洲文化的天然纽带。8世纪后,西班牙与属于闪族文化的阿拉伯人进行了将近8个世纪的跨文化交流。自15世纪末以来,西班牙人又与美洲土著印第安人开始了大规模和特殊形式的跨文化交流,并与欧洲和其他地区居民,特别是意大利人和法国人进行频繁的接触和交往。此外,西班牙人还与亚、非一些国家的人民进行了长期的跨文化交流。西班牙的民族、文化和语言集多种文明于一身,不同的民族在伊比利亚岛经历了漫长而又复杂的融合,逐步形成了今天以独立性著称的西班牙民族。

西班牙的文学与艺术对世界产生过巨大的影响,它经历过辉煌的文学"黄金时代",孕育了伟大的文学巨匠塞万提斯,他所创作的《堂吉诃德》堪称人类文明最伟大的著作之一。西班牙绘画、建筑、雕刻等领域群星荟萃,杰出的艺术大师巴勃罗·毕加索以他奇特的立体主义手法震惊世界。

西班牙传统节日特别多,每年各地要欢度280多个的大小节日，堪称“节日之邦”，并且许多节假日及宗教仪式都与天主教有关。复活节前一周内有一个大型的庆祝活动，即著名的圣地亚哥朝圣。此外还有圣诞节、圣体节、万圣节和万灵节。地方性的节日包括：展示艺术家们制作的姿态万千的模拟像的巴伦西亚篝火节；通过壮观的奔牛场面展现男子汉气概的潘普洛纳的圣费尔明节；集交易、马术、歌舞、斗牛表演于一体的塞维利亚集市周。众多的节日，丰富的自然与文化遗产，波光粼粼的大海和一尘不染的海滩迎接着无数来此观光的客人，西班牙已成为世界上数一数二的旅游接待大国。

西班牙人生性活泼，乐观大方，直率，喜动，热烈奔放，具有典型的南欧性格。斗牛在西班牙人民的生活中占有相当重要的地位，它是人与动物之间力与勇的生死搏斗，是勇敢的象征。

西班牙人能歌善舞，民间舞蹈多姿多彩，乐曲节奏强烈，旋律流畅奔放，具有浓郁的民族特色，大多数以吉他，铃鼓和响板伴奏。西班牙人十分喜爱各种文娱活动，戏剧、电影、音乐会很受欢迎。

西班牙大众传播发达，全国有广播电台：中波 208 个，调频 715 个，短波 1 个(1998 年)；全国有电视台 228 个(另有 2 112 个转发器)，主要信息产品千人拥有量分别为：日报 100 份(1996 年)，收音机 333 台(1999 年)，电视机 547 台，有线电视订户 13.3 户，移动电话 306 部，传真机 17.8 台，个人电脑 119.4 台(1999 年)，2000 年 7 月每万人拥有互联网主机 136.51 台，全国有互联网服务商(ISP)49 个(1999 年)。

环境保护

20 世纪 60 年代和 70 年代，西班牙经济的扩充普遍导致了污染的大幅度增加，同时，大片的森林消失和荒漠化也唤醒了人们的忧患意识。一些环境立法得到了实施，但抵御环境恶化的全盘政策并未随着快速的经济发展而出台。

1978 年颁布的新宪法详细地提到了环境与自然资源的问题，并将许多行政与立法权力下放到自治区一级，此后开始对环境政策进行大的修正和扩充。例如，1985 年新的水法替代了 1879 年的水法。1986 年加入欧共体是促使西班牙加大环境立法的另一个重大推动力，立法得到了进一步加强并与共同体环境法保持一致。这一时期制定的法案涉及有毒有害废物，环境影响评估，沿岸，自然区养护以及环境信息的获得。西班牙在环保方面做出了巨大的努力，制定并实施了连贯性的环境政策，通过了关于废水和有害废料的国家计划和国家能源计划等特别环境计划。为贯彻国家立法，自治区也采取了相应措施，有些区还制定了高于国家规定的标准。在地方一级也实施了特别环境计划，包括马德里自治区可持续发展战略和加泰兰政府垃圾管理计划。在加入欧盟 10 年以后，西班牙于 1996 年创建了环境部，该部对内陆和沿海的水、空气、垃圾和自然养护等所有环境问题负有全面的国家责任。

西班牙当前主要的环境问题是：来自近海油气生产的污水和排放物对地中海的污染；全国范围资源质量和数量问题；空气污染；森林消失，荒漠化。周期性的干旱已成为国家主要的自然灾害。以上问题以及生物多样性保护是西政府优先关注的方面。在地方一级，由于环境压力不同，物质、人力和经济状况各异，政府做出的反应也不同。例如，在安达卢西亚，优先项目是水资源管理和自然保护。在加泰罗尼亚和巴斯克郡，工业、城市化和旅游的影响是主要问题。

80 年代西班牙公共环境开支的增长超过了 GDP 的增长，但 90 年代污染减轻与控制开支仅相当于 GDP 的 0.8%，大大低于多数欧盟国家。西班牙出台了几项支持环境政策的经济手段，然而这些手段仅被用于有限的范围。为确保市政当局收取和支付所有环境费用，有些问题仍有待于克服。

(中国国家图书馆　李跃进)

荷兰经济文化概况

概况

地理 荷兰王国(The Kingdom of the Netherlands)位于欧洲西部,东部与德国为邻,南部与比利时接壤,西北濒临北海。总面积 41 532 平方公里,陆地面积 33 889 平方公里,水面 7 643 平方公里,海岸线长1 075公里,陆界长1 027公里,专属渔业区 200 海里,领海 12 海里。属海洋性温带阔叶林气候,夏季凉爽,冬季温和。荷兰工国地处莱茵河、马斯河和斯赫尔德河的三角湾,全国均为低洼平原,大约 30%的面积低于海平面,1/3 的面积仅高出海平面 1 米,西北部以沙丘和堤防为屏障阻止海水的侵蚀。东南部地势较高,其最高点是位于南部的瓦尔瑟伯格山,高度为海拔 321 米,北部有一系列岛屿环绕着瓦登浅海。

人民 2000 年人口为1 589.2万人,人口密度为每平方公里 407 人,是欧洲平均密度的 4 倍。人口增长率为 0.57%,出生率为 12.12‰,死亡率为 8.72‰,出生时预期寿命为 78.28 岁,妇女总生育率为 1.64 胎。人口中 90%以上为荷兰族,此外还有弗里斯族。官方语言为荷兰语,弗里斯兰省讲弗里斯语。居民中 36%信奉天主教,26%信奉基督教新教(包括各革新教派)。1998 年时成人识字率为 99%,第一、二、三级教育合并入学率为 99%,实际人均 GDP 为 22 176 美元(购买力平价),其人类发展指数在 174 个国家/地区中居第 8 位,属高度人类发展国家。

政府 荷兰为君主立宪王国,首都阿姆斯特丹,海牙为政府所在地。全国分为 12 个省,除本土外,荷兰王国还包括位于加勒比地区的荷属安第列斯群岛和阿鲁巴。1579 年荷兰摆脱西班牙的统治获得独立,4 月 30 日的女王日为全民节日。1814 年 3 月 29 日颁布宪法,以后经过多次修改,最近一次修改是在 1983 年 2 月 17 日。

行政机构:国家元首:贝娅特丽克丝女王(自 1980 年 4 月 30 日就任),政府首脑:威廉姆柯克首相(自 1994 年 8 月 22 日就任)。内阁由国王任命,王位为世袭制,议会第二院选举后,国王任命多数党领袖或多数联盟党领袖为首相,副首相由国王任命。国王具有豁免权,实行大臣负责制。

立法权属国王和议会,议会由两院组成,即第一院和第二院。第一院有议员 75 名,由省议会间接选举产生,第二院有议员 150 名,直选产生,任期 4 年。

司法机构:最高法院,法官由女王任命,终身制。

经济

繁荣开放的荷兰经济以私人企业为基础,但政府在其中的存在却反映在经济的诸多方面。工业活动主要为食品加工,石油冶炼和金属制造。虽然高度机械化农业部门仅雇用了 4%的劳力,却为出口和国内食品加工提供了大量剩余产品,使得荷兰在世界农业出口额排序中成为仅次于美国和法国的第三大国。80 年代以来,补贴和社会保障开支的大幅度削减使荷兰取得了持久的经济增长,失业率不断下降,有适度的通货膨胀,目前尚没有经济萎缩的迹象。2000 年 GDP 为 4020.80 亿美元,人均 25 301 美元,实际增长率为 4.5%。GDP 部门构成如下:农业占 3.0%,工业占 24%,服务业占 74%(1999 年)。与前几年一样,有力的经济活动主要受到动态的国内需求的驱动,虽然出口从 1998 年的 6.4%降至 4.7%,但私人消费继续保持旺盛。受近年来实施的创造就业、减税、加薪以及股票交易的火爆、住房价格不断上涨的刺激,私人消费上升了 4.1%。投资者扭转了 1998 年后几个月至 1999 年初信心下降的局面,投资增幅从 1998 年的 5.2%以上调至 5.7%,政府投资相当活跃,从总量上看上升了 10%,私人投资也比预期的要好。

由于外贸的加速以及国内需求依旧旺盛,2000 年实际 GDP 增长将达到 4%。投资将与活跃的需求以及不断增加的劳力短缺相适应,此外作为广泛财政改革的一部分,2001年起增值税率将从17.5%上调至19%,预计消费将会把耐用品的购买提前到2000年下半年,因此,销售将继续保持旺盛。

荷兰有700万劳动力(1998年估计),其中服务业占73%,制造业和建筑业占23%,农业占4%。强有力的GDP增长导致就业快速增加:1999年就业上升了2.5%(欧盟为1.4%),失业率保持快速下降势头,即从1998年的4%降至3.3%(欧盟为9.2%),预计2000年就业率再提高一个百分点,达到2.6,失业率的下降趋势将不会改变,2000年和2001年将分别为2.4%和2.0%。

近年来就业增长与失业下降呈现积极的势态,但劳动力市场日益突显的紧张将成为对荷兰经济的主要挑战:随着工资增幅从1996年的1.4%上升到1999年的3.7%,以及单位劳动成本增长从0.9%升至2.7%,长期维持的工资低增长的局面已渐渐消失。如果这种发展继续下去将对荷兰经济的竞争力,甚至对80年代初期以来积累的重要竞争优势产生负面影响。近年来劳动生产率的增幅已从1996年的0.5%上升到1998年的1%,达到了欧盟平均水平,1999年为0.9%。

尽管工资增长加速,但至今物价通胀仍保持在相当低的水平,消费物价协调指数(HICP)从1998年的1.8%升至1999年的2.1%,高于欧盟平均水平,但经过6年快速增长后,这个水平按历史标准衡量并不算高。尽管如此,由于2000年进口价格持续走高以及2001年间接税上调,预计消费物价指数的通涨将超过3%。

1999年经济的增长也带动了税收的增加,其结果是政府收支扭亏为盈,即从1998年占GDP的-0.8%调整为1999年占GDP的0.5%,公共债务占GDP的比例继续下降,从1998年的67%降至63.6%,并将继续降至2000年的58.7%和2001年的54.4%,而政府盈余在2000年达到GDP的1%之后,受税务改革影响将降至0.4%。1999年据估计预算收入为1 630亿美元,开支1 700亿美元。

工业 主要为农产品加工、金属和工程产品、电子机械设备、化工、石油、建筑、微电子、捕鱼。1997年全国有制造业企业6 350家,雇员66.6万,产值(生产者价格)为3 334.45亿荷盾,创附加值975.74亿荷盾,固定资本构成总额为177.49亿荷盾。1998年工业生产增长率为2.4%。

农产品 主要包括:粮食、马铃薯、甜菜、水果、蔬菜、牲畜。

对外贸易 2000年商品出口额为1 996亿美元,占世界出口的3.35%,出口比1999年减少了0.33%,出口商品为:机械设备、化工、燃料、食品和烟草。出口伙伴:法国占10.7%,德国占26.1%,英国占10.4%,比利时占6.5%,意大利占6%(1999年)。2000年进口额为1 895亿美元,占世界进口的3%,年增长率为零。进口商品为:机械运输设备、化工、食品、燃料、消费品。进口伙伴:美国占10%,德国占17.8%,英国占9.5%(1999年)。

运输 公路总长度为125 575公里(1998年)。其中铺敷道路占90%,1998年货运量为450亿吨/公里。铁路长度为2 739公里(1998年),用PPP衡量每百万美无GDP客运量为42 090人/公里,货运量为9 938吨/公里,现有内燃机车占88%;全国有机场28个(1998年估计),1998年离港飞机数为188万架,运载旅客数为1 867.6万人,航空货运量为38.33亿吨/公里。水路长度为5 046公里。管道长度:原油418公里,石油产品965公里,天然气10 230公里。主要港口有10余个,包括阿姆斯特丹、哈勒姆、鹿特丹。有千吨级以上商船510艘,总注册量为3 632 477吨,总载重量4 097 328吨。

科学与技术

根据经合组织(OECD)的统计,1996年荷兰国内研发开支总额(GERD)为139.81亿荷盾,折合68.534亿美无(PPP),增长率为4.1%,人均GERD为441.5美元,GERD占GDP的2.09%,根据不同来源,GERD比例构成如下:工业资助占48.5%,政府资助占41.5%,其他国内资源占2.4%,海外资助占7.6%。GERD在不同科研部门的比例分配为:工商企业占52.7%,高等教育部门占28.6%,政府部门占17.7%,私人非盈利机构占1%。

1996年全国有全日制研发人员80 789人,年增1.9%,有全日制研究人员34 482人,年增1.3%,每千名劳动力中有研发人员 10.7 人,有研究人员 4.6 人。

1997 年工商企业研发开支(BERD)为 81.20 亿荷盾,折合 39.61 亿美元(PPP),年增长率为 7.9%,BERD 占工业总产值的 1.42%,占 GDP 的 1.15%。从资金来源上看,工业资助占 84.5%,年增11.1%,工业增长部分占工业产值的 1.15%;政府资助部分占 5.6%;其他国内资源占 0.1%;海外资助占 9.8%.按实施研发的行业划分,BERD 比例分配如下:航天工业占 1.8%,电子工业占 26.7%,办公机械和计算机业占 4.2%,制药业占 9.2%,其余制造业占 37.3%,非制造业占 20.8%。

1996 年高等教育研发开支(HERD)为 40.02 亿荷盾,折合 19.618 亿美元(PPP),年增 3.4%,HERD 占 GDP 的 0.6%。高等教育有全日制研发人员 24 398人;研究人员 12 375 人,占全国总数的 35.9%。

1996 年政府内部研发开支(GOVERD)为 24.80 亿荷盾,折合 12.157 亿美元(PPP),年增 2%,GOVERD 占 GDP 的 0.37%.政府共有全日制研发人员 16 030 人,年增0.1%;有全日制研究人员7 840人,年增 0.1%,政府研究人员占全国总数的22.7%。

1999 年政府研发预算拨款或支出为 64.15 亿荷盾,折合 30.729 亿美元(PPP),其中国防研发预算占 3.1%,民用研发预算占 96.9%。政府研发预算民用拨款分配如下:经济发展方案占 24.4%,卫生与环境方案占 11.5%,太空方案占 3%,非定向研究方案 11.3%,综合性大学基金占 45.6%。

1997 年全国专利申请量中居民为 5 227 件,非居民为 85 402 件。1998 年版税与许可费收入为 24.32 亿美元,支付 29.64 亿美元。1998 年高技术出口创汇 353.77 亿美元,占制成品出口的 30%。1990～1995 年发表的科技论文数居世界第 10 位,占世界科技论文发表总量的 2.4%。

教育

自 1985 年以来,初级教育法案不再适用于分离的学前与小学教育学校,而适用于 4～12 岁儿童的学校。

初等教育 接纳 4～(最大)12 岁儿童,原则上教育包括 8 个连续年。儿童从 5 岁开始接受义务教育,直至 18 岁结束。1996/1997 年度,全国有小学 7 287所(不包括公立乡村学校),有全日制教师 84 900 人(包括学前教育),女性占 60%;有学生 1 230 987 人,女生占 48%。总入学率为 108%,净入学率为 100%。

中等教育 中等学校接纳 12～(最大)18 岁学生,包括以下几种类型:(1)针对 12～16 岁学生(4 年课程)的职业前教育;(2)针对 12～16 岁学生(4 年课程)的初级普通中学教育;(3)面向 12～17 岁学生(5 年课程)的高级普通中学教育;(4)面向 12～18 岁(6 年课程)的大学前教育。职业前教育,初中,普通高中的前三年以及大学前教育属于中等教育的第一阶段;普通高中第 4、第 5 年以及大学前教育的第 4～6 年为第二阶段。1996/1997 年度,全国有全日制中学教师 69 000 人,女性占 29%;有注册生 1 415 712 人,女生占 48%。中学生中,选择普通教育的占 59%,选择职业教育的占 41%。中学总入学率为 132%,净入学率为 90%。

高等教育 包括:高等专业教育;大学教育和高等函授教育。高等专业教育和大学的最初学位计划通常要求修完 168 个学分,大学教育提供若干种法定常规学习计划,通常为 5～6 年。

完成 4 年制技术或农业学科计划的毕业生可获得工程师(工程)职称。其他学科分支的毕业生获得学士学位。

大学教育涵盖广泛的学科,校方为学生提供一揽子学习计划,使他们能够将选修课与专业课结合在一起。最初学位计划包括几种持续 4 年以上的学习计划,这些包括医学培训(博士,药剂师,兽医和牙医),以及某些技术与农业大学学习计划。一级教师培训也是一种最初的学位计划,大学也提供博士后专业学习计划。1996/1997 年度,全国有大学生 468 970 人,女生占 48%,大学总入学率为 47%,全国每 10 万人口中有大学生 3 020。

1996 年公共教育开支总额占 GNP 的 5.1%,占政府开支总额的 9.8%;经常性教育开支占 GNP 的 4.9%,占教育开支总额的 96%。经常性开支在各级教育中的比例分配如下:学前和小学教育占 30.9%,中学占 39.8%,大学占 29.3%。

文化

图书馆 1997年荷兰国家图书馆有藏书250.5万册,年增10万册;全国有公共图书馆579座,服务点1 130个,馆藏图书4 148.9万册,年增260.8万册,人均拥有公共图书馆图书2.66册。有高校图书馆469座,服务点856个,馆藏图书2 506.8万册。有中小学图书服务点1 499个,馆藏图书1 450.1万册。

图书 1990年以前图书发行种类在1.2~1.4万种之间,1991和1992年年均达到1.6万种,1993年增加了1倍以上,为3.4万种。同年教科书发行种类比上年度增加了4倍,达到11 002种。国际图书贸易在1995年以前基本上保持顺差,但1996年以后连续出现大幅逆差。1997年出口为1.84亿美元,进口2.09亿美元,逆差为2 490万美元。

报刊 1996年全国有日报38种,发行量475.3万份,千人拥有量为306分,是世界平均水平的3.198倍;全国有地区/地方性非日报63种,发行量59万份。千人拥有量为38份。1997年报刊出口创汇1.25亿美元。进口9 509.9万美元。

文化纸张 荷兰新闻纸消费量很大,年进口量超过产量。1997年产量为373 000吨,进口394 500吨,出口296 200吨,消费471 300吨。人均消费30.2公斤,是欧洲平均水平的2.3倍,是世界的4.9倍;其他印刷书写纸张产量为878 000吨,进口1 128 000吨,出口1 017 400吨,消费988 600吨,人均消费63.3公斤,是欧洲平均水平的1.7倍,世界的4.2倍。

电影和电影院 电影主要靠从美国、法国和英国进口,1991年进口了173部。国产片很少,1994年拍摄了16部,其中合作拍摄4部。同年全国有电影院423座,座位容量为9.06万个,年观众量为1 600万人次,千人座位拥有量为5.9个,年人均观影1次,票房收入为1.88亿荷盾。

广播与通讯 全国有广播电台中波4个,调频台58个,短波3个(1998年)。1997年在用收音机为1 530万台,千人拥有量为980台。全国有电视台15个(此外有5个低功率转发器)。1997年在用电视机达810万台,千人拥有量为519台。1999年全国有互联网服务商(ISPs)70个。

1999年全国每千人拥有移动电话436部、传真机38.5台、个人电脑359.9台。到2000年7月每万人拥有互联网主机679.75台。

环境保护

在荷兰,环境政策的制定与落实是在国家一级(政府和议会)以及省、市、水力局一级同时展开的。国家环境问题由几个部共同分担。

自1971年以来,荷中央政府就设立了专司环境的部门。现行的住房、空间规划与环境部(VROM)成立于1982年,在此机构内,环境保护总干事手下有1 200名职员。VROM负责总的环境政策以及与其他部环境政策的协调,它直接负责空气、土壤、水、噪音、特种物质、辐射、环境影响的评估和环境管理法涉及的其他相关立法。环境监察司在中央和9个地方监察部门拥有300名职员,它拥有一个负责执行环境法律法规的地方与省官员的扩充网络。此外,运输、农业和经济事务等部级机构也负有相关的环境责任。

咨询与研究机构包括中央环境保护理事会,负责向环境部提供咨询;独立的环境影响评估委员会,国家公共卫生与环境保护所(RIVM),它拥有450名员工,从事许多支持环境政策的科学研究。

当前的主要环境问题包括:重金属、有机物和含有硝酸盐与磷酸盐的富营养物导致的水污染;来自车辆和冶炼活动的空气污染;酸雨。荷兰制定了严厉的环保政策,企业在小规模空气净化、废水净化、家庭垃圾处理和土壤净化以及地下水净化等领域所设计和制造的尖端设备享有盛名。荷兰的水利工程业扬名天下,密集的固堰和堤坝保护着近1/3的国土面积使之免遭水患。荷兰污染减轻与控制开支1995年占GDP的1.8%,人均环保开支为372美元,在OECD内,仅次于美国(422美元)和瑞士(378美元)。1998年公共环保研发开支为1.001亿美元(1991年价格水平和PPP),占研发预算拨款总额的4%。在荷兰,环保科技已成为具有国际意义的重要行业。

荷兰是生物多样性,气候变化,荒漠化,濒危物种等23个国际环境协定的缔约方。

经济文化一体化

荷兰经济非常开放,与主要的贸易伙伴,尤其是德国有着密切的联系，其经济活动密度非常高，每平方公里GDP几乎比OECD欧洲国家高5倍，比OECD高13倍。

由于荷兰濒临北海，是欧洲物资集散地，有着极具重要的战略性地理位置，加上荷兰有几个重要的港口和机场，因此运输非常发达，鹿特丹是世界最大的港口，大约1/3欧盟船舶装卸的货物需经过荷兰的港口。在欧盟内，荷兰的集装箱约占国际航运的一半，至少占公路运输的1/3。荷兰公路车辆的登记密度及公路密度均超过OECD欧洲国家的4倍和整个OECD的10倍。由于自然资源贫乏，荷兰对外依赖性较大，商品与服务出口约占GNP的55%。电子、化工、水利、造船以及食品加工等方面技术先进，金融服务和保险业发达；陆、海、空交通运输便利，是欧洲大陆重要的交通枢纽，农业以高度集约化高产著称，农产品出口额居世界前列。荷兰工业品的出口占总产量的70%。工业的两个支柱产业是石油化工和食品制造业。这两个行业中的一些公司，例如化工业中的壳牌(shell)公司(是世界上最大的公司之一)、阿克苏公司(AKZO Nobel)和OSM公司，食品制造业中的尤泥莱佛公司(Unilever)等都属于世界性大公司。菲利浦公司是荷兰电子行业的骄子，也是世界最著名的公司之一。荷兰人非常清楚自己对其他国家的依赖性。频繁的经济文化交往使荷兰人成为欧洲最有造诣的语言学家，在荷兰，掌握一种外语的人占73%，二种外语的占44%，三种外语以上的占12%。

荷兰人具有节俭、诚实和谦虚的品质，凡事做计划为荷兰人的一种生活方式，由于牢固的内部结构和约束，荷 兰人很少表露个人情感，但荷兰人对用科学方法解决人类问题的作用却深信不疑。荷兰工业成功的重要原因之一是不断开发和使用新技术。生物工艺学、信息技术以及新材料等领域里的革新成果层出不穷。

荷兰是继美国和法国之后世界农产品和食品的第三大出口国。荷兰每年生产100亿公斤牛奶，是世界最大的奶制品生产国。在全世界花卉交易总额中，荷兰占60%以上。荷兰的经济已融入到全球化浪潮之中，荷兰对外投资总量排名在世界第五位，1999年达到427.08亿美元。与此同时，世界上最大的300家公司中有150家在荷兰设立了分支机构，荷兰以其高质量的工业基础和通讯系统，高度发展的服务业，有利的商业条件和训练有素的高质量劳动力资源吸引了大批的投资者，1999年外国在荷兰的直接投资达到320.60亿美元。

(中国国家图书馆 李跃进)

奥地利经济文化概况

概况

地理 奥地利共和国(The Republic of Austria)为中欧内陆国，东与匈牙利相连，南与意大利和斯洛文尼亚接壤，西与瑞士和列支敦士登毗邻，北与德国、捷克、斯洛伐克相接，总面积83 858平方公里，土地面积82 738平方公里，水域面积1 120平方公里。

属温带大陆性气候：冬季寒冷，低地降雨、山区降雪频繁；夏季凉爽，常伴有阵雨。地势分为：西部和南部的阿尔卑斯山区(64%)；形成部分波希米亚丘陵的北部高地(10%)；延至东部的低地(26%)。

自然资源有：铁矿，石油，木材，锰，铅，煤，铜，水力资源。

人民 2000年人口为811.6万，人口增长率为0.017%，出生率为9.7‰，死亡率为9.5‰，出生时预期寿命为77.48岁，妇女总生育率为1.37胎。居民中奥地利人占99.4%，克罗地亚人占0.3%，斯洛文尼亚人占0.2%，其他占0.1%。居民中78%信奉天主教，新教徒占5%，其他占17%。官方语言为德语，成人识字率为99%，实际人均GDP达23 166美元(购买力平价，1998年)，人类发展指数在174国中居第

16位[①],属高度人类发展国家。

政府 奥地利为联邦共和国,首都维也纳,全国分为9个州。

1156年奥地利从巴奔家族的领地升格为独立的公国,奥政府将通过永久中立法的10月26日(1955年)定为国庆日。

现行宪法于1920年11月10日生效,修订于1929年,1934年宪法被废除,1945年5月1日重新恢复。

行政机构:国家元首为克莱斯蒂总统(自1992年7月8日就职),政府首脑为人民党主席沃尔夫冈·许塞尔总理(1999年2月4日),副总理为来自自由党的苏珊娜·里斯—帕瑟。内阁为部长理事会,由总统根据总理的建议推选。总统任期6年,由普选产生,上次总统选举在1998年4月19日(下次将于2004年春季进行),总理由总统任命国民议会最主要的政党领袖担任,总统选定的内阁对国民议会负责。

立法机构:两院制议会,分为国民议会和联邦议会。国民议会议员按比例代表制选举产生,任期4年。联邦议会议员由各州议会派出代表组成,任期随各州议会任期而定。

司法机构由最高法院;行政法院和宪法法院组成。

奥地利的主要政党包括:社民党,人民党,自由党,共产党,绿党,自由论坛。自1947年以来,一直由人民党、社民党或单独或联合执政。但近年来新纳粹的右翼自由党的崛起改变了奥地利平静的政局,1999年10月3日议会大选后,由于第一大党社民党两次组阁失败,人民党和自由党于2000年2月4日组成联合政府。极右翼政党自由党入阁在国际社会和奥国内引起了强烈反应。欧盟14国当即采取了"政治制裁"措施。以色列和美国也以不同的方式表达强烈的不满,奥地利在外交上陷入了全面孤立,国内抗议活动接连不断,奥地利政治危机成为世纪之交的重大国际焦点。

经济

奥地利是一个人民生活水准很高,市场经济十分发达的国家。奥地利积极推动引进欧元并全力支持欧盟东扩。奥地利的地理位置使其从东扩中获得巨大的经济利益。其向中东欧的出口增长了4倍,并创造了成千上万个就业机会。作为欧洲货币联盟的一员,奥地利的经济紧密地与欧盟成员国,特别是德国结合在了一起。奥地利在欧盟中的成员国地位吸引了看好欧洲统一大市场的外国投资商的进入。通过实施私有化,预算调整计划和紧缩措施,1997年奥地利使其总的公共部门赤字降到了GDP的2.5%,公共债务:1997年为GDP的66%,接近于欧盟马斯特里赫特标准所要求的占GDP 60%的水平,这些削减主要影响到公务员和奥地利慷慨的社会福利制度,这正是导致政府赤字的两个主要原因。未来几年政府所面临的最大挑战将是保持经济的正增长,并使预算赤字不超过GDP的3%。为了迎接来自欧盟及中欧国家的竞争,奥地利将加强以知识为基础的经济部门,并放松对服务业尤其是电信和能源部门的管制。

与欧盟国家的贸易占奥地利进出口的60%以上,对中东欧新兴市场不断扩大的贸易和投资是奥地利经济活动的一部分,奥地利公司在这一地区有大量投资,并将继续把劳动密集型低技术生产转移到这些国家。尽管大规模的投资繁荣已经减弱,但奥地利仍有投资这一市场的潜力。由于受到总的国际经济形势和德国低增长的影响,1999年经济增长率已从上年度的3.3%降至2.8%,2000年增至3.2%,预计2001年将回落至2.5%。

据统计,2000年奥地利GDP为2 148.35亿美元,人均26 470美元。GDP部门构成如下:农业占2%,工业占29%,服务业占69%(1999年)。通胀率为0.5%(1999年)。全国有劳动力370万(1998年),按职业分,服务业占67.7%,工业和手工艺占29%,农业和林业占0.7%(1997年工资就业),失业率为4.3%(1999年欧洲统计定义)。

预算收入为504亿美元,支出559亿美元(1998年)。

工业 包括建筑、机械、汽车及配件、食品、化工、木材和木材加工、纸和纸板、通讯设备、旅游产品。

① 参见联合国开发计划署《1999年人类发展报告》。

1998年工业生产增长率为4%。年发电量为603.5亿千瓦小时(1999年),火电占34.4%,水电占45.6%(1997年),电力消费561亿千瓦小时,出口98亿千瓦小时,进口90亿千瓦小时。

农产品 包括粮食,马铃薯、甜菜,葡萄酒,水果,乳制品,牛,猪,家禽,木材。

对外贸易 其在经济中的重要性逐年上升,1999年货物与劳务的出口和进口分别占GDP的45.8%和46.5%。2000年商品出口总额为649亿美元,占世界商品出口的1.0%,比1999年增长了1%。出口商品包括:汽车、机械设备、纺织品、医疗与医药产品。出口伙伴中欧盟占69.2%,德国占36.4%,意大利占8.8%,中东欧占13.5%(匈牙利占5%),日本占0.9%,美国占4.1%(1998年)。2000年进口额为688亿美元,占世界商品进口的1.0%,进口商品包括:汽车、机械设备、服装、金属制品、石油及石油产品、办公及数据加工机械、医疗与医药产品、电信设备、纺织品。进口伙伴中欧盟占72.3%(德国占42.5%,意大利占8.3%),匈牙利占3.3%,日本占2.4%,美国占5.3%(1998年)。

1997年外债总额为243.3亿美元,同年提供官方发展援助5.13亿美元,其中双边援助2.98亿美元,多边援助2.15亿美元。货币名称为奥地利先令(AS),兑换率为:1美元=11.86(1999年1月)、12.379(1998)、12.204奥先令(1997),1美元=0.9954欧元(1999年),1.0747欧元(2000年)。

运输 铁路长度为5 849公里,公路129 061公里,水路358公里。管道长度:原油777公里;天然气840公里。

主要港口包括:林茨、维也纳、思斯、克雷姆斯。

全国有商船(总注册吨位1 000吨以上)22艘,共计总注册吨位67 066吨/总载重95 693吨。

全国有铺面机场22个,未铺面机场33个,直升机机场1个。

科学技术

据联合国教科文组织统计,1997年奥地利研发开支占GNP的1.53%,人均科研经费为4 732先令,1998年为4 985先令。

1993年全国从事研发的人员累计达到24 458人,其中研究人员12 821人,技术员及同等资历者6 397人,其他支助人员5 240人。同年国内研发总开支为316.94亿先令,按资金来源划分,企业占49%,政府占47.9%,高校和私立非盈利机构占0.4%,海外资助占2.6%。

1998年高技术出口额达58.77亿美元,占制成品出口的12%,专利转让和特许使用费收入为9 900万美元,支出为8.11亿美元,1997年专利申请量居民为2 681件,非居民为108 543件。

教育

在奥地利,儿童从6岁开始接受9年制义务教育。在4年基础教育(初级小学)之后,教育系统分为:高级小学,学制4年,在此之后经过1年的综合技能学习开始实际专业学习;中等教育学制8年,最后通过考试获得一般教育证书,然后可进入大学或高等学校学习。

在和教育有关的问题方面,立法和执法权利属于联邦。在国立义务教育的组织方面,联邦制定有关原则问题的法律。关于适用的立法属于9个州的范围。在义务性一般和职业培训学校方面,各州负责学校的建立和装备。在中等学校和师范院校方面,这一任务由联邦负责。

学前教育 1996/1997年度,全国有学前教育机构4 467所,有教师13 429人,女性占98%;有注册儿童225 034人,其中私立机构注册人数占25%,总注册率为80%。

初等教育 1996/1997年度,全国有小学3 703所,有教师31 251人,女性占84%;有学生381 927人,师生比为1:12,小学总入学率为100%,净入学率为87%。

中等教育 奥地利有232所一般初级和高级中学提供免费初、高中教育(长课程),其中16所是现代高级中学,学制8年,有81所附有传统和现代预备学校的高级现代中学,以及许多其他类型的中等教育机构。

1996/1997年度,中等教育机构教师79 806人,女性占56%,有学生793 485人,其中普通中学学生占60.6%,师范生占1.5%,职业教育生占37.9%。中等教育总入学率为103%,净入学率为88%。

高等教育 1996/1997年度,全国各类高校有教师26 356人,女性占27%;有学生240 632人,女生占49%,高等教育总入学率为48%。

教育开支 1996年公共教育开支总额占GNP的5.4%,占政府开支总额的10.4%;经常性教育开支占GNP的5%,占教育开支总额的91.2%。经常性开支在各级教育中的分配如下:学前教育占7.4%,初级教育占20.7%,中等教育占49%,高等教育占21.2%,未分配部分占1.8%。

文化

奥地利《联邦宪法》并没有明确规定文化目标,不过,国家在文化政策领域持大力支持态度。各州自行组织文化管理机构,将国家的文化活动原则和目标纳入其各自的宪法,例如:布尔根兰州宪法规定,州有责任"在一个公平的社会中保护其公民,使其得到发展"。蒂罗尔州的宪法序言部分规定:"最高义务是保障和维护对上帝的忠诚,全州的历史遗产以及精神和文化统一,个人的自由和尊严以及家庭这一作为人民和国家的基本单元的组织结构。"该州还承诺促进"文化和教育","科学、艺术,并维持宗教特性",提倡获取知识,促进文化生活的多样性,并尊重其自由。

促进艺术和文化活动的各种法律规定了联邦和各州,并在必要时各市必须在预算草案中拨出款项使其能够从事预算草案所列的活动。文化活动的资金还来自附加的广播许可费(约占主要广播许可费的15%),对演出售票所征的税收和所谓的"文化先令"。

奥地利是位于欧洲中心地带的一个山川秀美,景色迷人的国度,素有"绿色之国,欧洲明珠"之美称;奥地利是一个多元文化荟萃的国度,与其他国家相比,奥地利的人口更具国际性:奥地利所有公民当中几乎有10%在国外出生,在奥地利生活和工作的还有许多外国人。另外,维也纳是大约50个国际组织总部的所在地,其中包括国际原子能机构,联合国工发组织和石油输出国组织。随着维也纳国际中心的开设,外籍官员及其家属的人数几乎达到3万名,来自60多个国家,此外还有许多外籍工人流入。奥地利学校原则上向包括作为其他国家公民子女的所有儿童免费开放。在奥地利很多地方,整个学年都有专为外籍人组织的课程和研讨会。在夏季举办许多国际性课程,其中最为人熟知的是蒂罗尔州的阿尔帕克欧洲论坛,探讨当前的政治、经济和文化问题,以及萨尔斯堡的国际暑期学院。

奥地利是举世闻名的音乐的故乡。这里曾经涌现出交响曲之父海顿,音乐巨星莫扎特,登峰造极的指挥家卡拉扬,开创圆舞曲王朝的斯特劳斯父子。在这里,人们还可以寻觅到贝多芬和舒伯特的遗踪。

今日的奥地利剧院众多,除联邦剧院(Burgtheater, Adademietheater, Staatsoper, Volksoper),还有8家市和地区剧院以及大量私营剧院和众多的自治团体,仅维也纳就有130家。

在传统音乐方面,奥地利拥有大量管弦乐队、唱诗班和室内乐团。维也纳本身就有6个以上大型专业管弦乐队,包括维也纳爱乐乐团、维也纳交响乐团以及ORF交响乐团或下奥乐团,各乐队都有近百名专业音乐家。格拉茨、萨尔茨堡和林茨等州政府所在地还有专业乐队。如果将大学管弦乐队算在内,一共有30多个。还有30多个室内管弦乐队和40多个室内乐团,是音乐生活所不可缺少的部分。

奥地利经常举办各种艺术节、文化周和文化节,促进文化和旅游业的发展。

奥地利有1 000多家博物馆:向公众开放的私人收藏馆,包括专区和地区博物馆、市和州博物馆以及联邦博物馆,它们富有传统特色。奥地利联邦和州制定了许多保护古迹的条例,设立了1个咨询委员会,向保护遗迹办公室提供技术和客观支持。

环境保护

奥地利可耕地占17%,多年生作物用地占1%,牧场占23%,森林和林地占39%,其他土地占20%(1996年),水浇地40平方公里(1993年)。

当前主要环境问题包括:空气和土壤污染导致一些森林退化;农用化肥的使用导致土壤污染;燃煤、燃油电厂以及卡车排放导致的空气污染。

奥地利是1979年远距离越境空气污染、气候变化京都议定书等20个国际环境协定的缔约方。

(中国国家图书馆 李跃进)

芬兰经济文化概况

概况

地理 芬兰共和国(The Republic of Finland)位于欧洲北部,北面与挪威接壤,西北与瑞典为邻,东面是俄罗斯,西部和南部濒临波的尼亚湾、芬兰湾和波罗的海。面积 338 150 平方公里,陆地边界长 2 628 公里,海岸线长 1 126 公里(不包括岛屿和海岸线凹入处),专属渔业区 12 海里,领海 12 海里(芬兰湾为 3 海里)。虽地处寒带,接近北极,但因受北大西洋潮流、波罗的海和 6 万个以上湖泊的影响,气侯相对温和。地势多为低洼、平坦和起伏的平原,其间分布着众多的湖泊和低矮的山丘。全国最高点为哈尔蒂山,1 328 米。自然资源包括:木材、铜、锌、铁矿和银。

人民 2000 年人口为 5 181 300 人,年增长率为 0.15%,出生率为 10.77‰,死亡率为 9.67‰,出生时预期寿命为 77.32 岁,每名妇女的总生育率为 1.68 胎。

人口中芬兰人占 93%,瑞典人占 6%,拉普人占 0.11%,吉普赛人占 0.12%,鞑靼人占 0.02%。宗教信仰以福音派路德教为主,占 89%,希腊正教占 1%,无宗教信仰者占 9%,其他占 1%。芬兰语(93.5%)和瑞典语(6.3%)为官方语言,少数人讲拉普语和俄语。成人识字率为 99%,人类发展指数在 174 国中居第 11 位①,属高度人类发展国家。

政府 国体为共和制,首都赫尔辛基,全国分为 6 个省。芬兰于 1917 年 12 月 6 日摆脱俄国,宣布独立,宪法于 1919 年 7 月 17 日生效。根据宪法,总统为国家元首,由选举产生,任期 6 年。现任总统塔里娅·哈洛宁于 2000 年 3 月 1 日宣誓就职,成为芬兰历史上首位女总统。议会为最高立法机构,由拥有 200 个席位的一院制机构组成。司法机构独立于政府,最高法院法官由总统任命。主要政党有:社民党、民族联合党、左翼联盟、瑞典族人民党、绿党等。

经济

芬兰是高度工业化国家,在很大程度上实行自由市场经济,人均产出与英、法、德、意大致相同。其关键经济部门是制造业,主要是木材,金属,工程制品,电讯和电子工业。芬兰是世界第二大纸张、纸板出口国,第四大纸浆出口国,新闻纸占世界总产量的 6%。贸易具有重要性,货物出口占 GDP 的 30%。除木材和几种矿物外,芬兰的原料、能源和一些制成品所需的配件依赖进口。由于天气原因,农业发展仅限于维持基本产品的自给。森林是重要的出口创汇部门,为乡村人口提供第二大职业。经济已经走出了 1990~1992 年的衰退,这种衰退是由经济过热,国外市场低迷,与前苏联的易货贸易解体所致。芬兰是 1999 年 1 月 1 日加入欧元货币体系(EMU)的 11 国之一,与西欧一体化的迅猛发展将主宰未来几年的经济形势。1999 年经济增长率为 4.2%,比 1998 年低 1.1 个百分点,政府大幅度降低失业的努力受挫。2000 年增长率回升至 5.7%。

根据联合国系统对 2000 年所做的统计,当年 GDP 为 1 370.52 亿美元,人均 26 451 美元。1999 年 GDP 部门构成如下:农业占 3%,工业占 28%,服务业占 68%。通胀率为 1.5%。1998 年全国有劳动力 2.533 百万,其部门构成如下:公共服务占 30.4%,工业占 20.9%,商业占 15%,金融、保险和商业服务占 10.2%,农业和林业占 8.6%,运输和通讯占 7.7%,建筑占 7.2%。失业率为 11.4%(1999 年为 10.2%)。

1998 年预算收入为 330 亿美元,支出为 400 亿美元(估计数)。

工业 主要包括金属制品、造船、纸和纸浆、炼

① 参见联合国开发计划署《1999 年人类发展报告》。

铜、食品、化工、纺织、服装。工业生产增长率为7.4%(1995年)。发电量为670.92亿千瓦小时,其中火电占54.73%,水电占17.35%,核电占27.9%,其他占0.02%(1996年)。电力消费为711.69亿千瓦小时,缺口由进口弥补。

农产品 主要包括谷物、甜菜、马铃薯、奶牛、鱼。

对外贸易 2000年出口额达433.75亿美元,出口商品包括机械设备、化工、金属、纸和纸浆。出口伙伴中德国占12.6%,瑞典占9.3%,英国占9.1%,俄罗斯占4.9%,中国大陆占2.9%。2000年进口额为315.56亿美元,进口商品包括食品、石油及石油产品、化工、运输设备、钢铁、机械、纺纱和机织织物、饲料粮。进口伙伴中德国占15.0%,瑞典占13.6%,美国占4.8%,英国占6.2%,俄罗斯占9.3%,中国大陆占2.5%。

芬兰的外债为300亿美元(1993年12月),1995年提供官方发展援助3.88亿美元。货币为芬兰马克,兑换率为1美元=5.12芬兰马克(1999年1月)。1999年1月1日欧盟推出了共同货币,目前在一些成员国的金融机构内使用,汇率为:1美元=0.8597欧元,固定汇率为1欧元=5.93 472芬兰马克;2002年时欧元将在相关国家中取代本国货币。

运输 芬兰铁路长度为5 859公里;公路长度为77 796公里;水路6 675公里;天然气管道长580公里。主要港口包括:哈米纳、赫尔辛基、科科拉、科特卡、洛维萨、奥卢、波里、劳马、图尔库、乌西考蓬基、瓦尔考斯。

芬兰共有商船(总注册吨位在1 000吨以上)101艘,共计总注册吨位1 192 559吨/载重吨位1 161 594吨。此外,全国有机场157个(1998年估计)。

科学技术

1998年芬兰国内研发总开支(GERD)为196.77亿芬马克,占GDP的2.92%。1997年全国有全日制研发人员41 256人,年增长率为10.8%,平均每千名劳动力中有研发人员16.1人。全国有全日制研究人员21 149人,每千名劳动力中有研究人员8.3人。GERD在不同部门间的比例分配如下:企业占67.8%,高教部门占19.2%,政府部门占13%。

1998年企业研发开支为133.41亿芬马克,占国内工业产值的2.7%(1997年),占GDP的1.98%,企业研发人员占全国总数的54.1%。高等教育研发开支为37.7亿芬马克,占GDP的0.56%,全日制研发人员占全国总数的28.7%。政府内部研发开支为25.59亿芬马克,占GDP的0.38%,全日制研发人员占全国总数的16.5%。

据经合组织报告,1999年芬兰政府研发预算拨款为75.98亿芬兰马克,其中国防研发预算占1.4%,民用研发预算占98.6%。政府研发预算的民用支出分配如下:经济发展方案占43.9%,健康与环境方案占15.8%,航天方案占2.1%,非定向研究方案占12.6%,综合性大学基金占25.6%。

1996年专利申请量为63 768件,其中居民申请量为2 212件,非居民61 556件。同年技术贸易收入为3.04亿芬兰马克,支出21.35亿芬兰马克。

教育

芬兰教育事业发达,学制为6—3—3制,小学6年,初、高中各3年,学生从小学到大学全部享受免费教育。

学前教育 学前教育始于3岁,1996/1997年度,全国有学前教育机构2 505所,教师9 807人,女性占96%;注册儿童114 696人,女童占49%,私立机构的注册儿童占6%,学前教育总注册率为45%。

初等教育 7~12岁儿童为接受小学教育阶段,1996/1997年度全国有小学3 766所,有教师21 459人,女性占69%;有学生380 932人,女生占49%,师生比为1:18,小学总入学率为99%,净入学率为98%。学生预期受教育年限为16年。

中等教育 13~18岁青少年为接受中等教育阶段,1996/1997年度全国普通中学有教师26 457人,女性占67%;有注册生329 301人,女生占52%。16岁以上者可选择上3年高中或2~5年职业学校,全国接受职业教育的学生为140 632人,女生占51%。中学总入学率为118%,净入学率为93%。

高等教育 全国有20所大学和学院,31所工艺专科学校。1996/1997年高校学生人数为226 458

人，女生占53%，大学总入学率为74%，大学在校生占人口的4.4%。大学在校生(毕业生)专业分布如下：主修教育的在校生占9.1%(毕业生10.5%)，人文在校生占13.5%(毕业生8.3%)，社会科学在校生占23.8%(毕业生19.5%)，自然科学在校生占37%(毕业生33.7%)，医学在校生占16.2%(毕业生27.6%)，其他在校生占0.4%(毕业生0.5%)。

1996/1997年度，高校有外国留学生3 829人，占在校生的1.7%。

教育开支 1996年公共教育开支总额占GNP的7.5%，占政府开支总额的12.2%；经常性教育开支占GNP的7%，占总开支的93.4%。

文化

国家文化研究机构和委员会的工作接受教育部的领导。国家以法定补贴和酌定补贴两种形式支持有关文化、图书馆、博物馆、戏剧、艺术和管弦乐队的市政活动，及文化领域的建设项目。通过向艺术家颁发奖状和奖金以促进艺术和文化的发展，并支持国际文化交流。

芬兰有国家图书馆1座，1997年有藏书209.4万册，有缩微制品52.4万件，声像文献10.1万件，年读者量为50.1万人次，年增图书3.5万册，年外借8 000册(件)，年经常性开支为6 661万芬兰马克，员工开支占45%，员工人数为192人。

此外，芬兰有公共图书馆436座，服务点1 202个，藏书3 683万册；有大学图书馆19座，服务点304个，藏书1 383册；中小学图书馆服务点达5 461个，拥有图书馆776.7万册。

芬兰有一个运作良好的图书馆网，博物馆和图书馆的收藏品和藏书已经数字化，到1998年底已有90%的图书馆有因特网设施。从国际标准看，芬兰图书馆的外借率非常高：每年每位公民借书20次，芬兰儿童和青少年被国际教育成就评价协会誉为“全世界最优秀的读者”。

在芬兰，对青少年进行文化艺术教育已成为一种法定作法。1995～1997年间教育部开展了一个叫作“凯皮”(Keppi)的以文化和创造性为重点的特殊项目，活动包括媒体讲习班、文化爱好者因特网数据库、手工艺班、文化遗产和博物馆活动、音乐和观赏艺术活动及影坛教育、戏剧活动、学校文化活动和虚拟图书馆服务等。

1996年，全国总共售出了260万张戏剧艺术表演票和120万张音乐会票；1996年有390万人次参观了博物馆。

环境

芬兰耕地面积占土地面积的8%，森林和林地占76%，其他土地占16%(1993年)。到1997年森林面积为20万平方公里，占土地面积的66%。1990～1995年间年均森林减少0.1%，年人均CO_2排放量为11.5吨。当前环境问题包括：源于制造业和电厂的空气污染导致的酸雨；工业废物，农业化肥导致水污染；生态环境丧失，威胁野生动物数量。

芬兰是生物多样性，气候变化，荒漠化，濒危物种等23个国际环境协定的缔约方。

经济文化一体化

芬兰是一个资源贫乏单一、人口稀少、市场狭小的国家，经济曾长期依赖于主要资源——木材，后来实行了多种经营。芬兰经济经历了多次产业结构调整的阵痛，但每次都达到了与世界经济的同步发展。尤其是1991年前苏联解体后，以往依赖性极强的对苏出口急剧萎缩，芬兰经济出现大的衰退，于是他们开始寻找新的经济增长点，在“以狭小领域的高新技术产品占领广阔国际市场”的战略指导下，芬兰企业积极参与适用新技术研究的投资，研发开支在GNP中的比例逐年提高。经过不懈的努力，经济中的知识技术含量不断上升，芬兰工业界机器人使用率之高在全世界名列第五，信息化综合指数仅次于美国，著名的诺基亚公司成了带动经济腾飞的“龙头”企业。在高科技产业的推动下，芬兰这个仅有500万人口的小国很快实现了经济的显著好转，如今，其经济增长率已经位居欧盟成员国第二位，仅次于爱尔兰，主要经济指标令欧元区其他国家羡慕不已。

为了推动知识与技术的结合，芬兰建立了多层次的技术开发资金保障机制：传统机制中科研经费统一归口在科学院，但最近20年中另外两个资助机构在推动研发方面发挥了重要作用。一是直属议会的“芬兰独立庆典基金”,旨在保障事关独立与重大课题研究经费。二是“芬兰技术开发中心”,通过发放贷款方式,以国家参股形式支持高新技术和新产品的研发。

芬兰企业界有句名言“教育是芬兰的国际竞争力”,诺基亚等一批现代企业从腾飞起就一直把向职工提供良好的知识更新机会的培训纳入了企业经营战略。(中国国家图书馆 李跃进)

比利时经济文化概况

概况

地理 比利时王国(The kingdom of Belgium)位于欧洲西北部,北与荷兰为邻,东与德国接壤,东南与卢森堡毗连,南与法国交界,西北部濒临北海。总面积 30 510 平方公里,陆地面积 30 230 平方公里,水域面积 280 平方公里,陆地边界 1 385 公里,海岸线 64 公里。大陆架及专属渔业区与邻国以中线为界(从海岸扩展约 68 公里),领海 12 海里。

气候适中;冬季温和,夏季凉爽;多雨,湿润,多云。地势多样,西北部为沿海平原,中部为起伏的山丘,东南部为崎岖的亚尔丁高原林区。

人民 2000 年人口为 10 266 500 人,人口增长率为 0.06%,出生率为 9.98 ‰,死亡率为 10.43‰,出生时预期寿命为 77.53 岁。人口中佛兰芒族占 55%,瓦隆族占 33%,混血人及其他占 12%。宗教以罗马天主教为主,占 75%,新教或其他占 25%。官方语言为荷兰语和法语。人口识字率为 99%,人类发展指数在 174 国中名列第 7,① 属高度人类发展国家。

政府 在立宪君主制下实行联邦议会民主,首都为布鲁塞尔,全国分为 10 个省。

比利时于 1830 年脱离荷兰宣布独立,1831 年 2 月 7 日宪法生效,最近一次修宪是在 1993 年 7 月 14 日,议会通过了建立联邦国家的新宪法。

国王为国家元首,首相是政府首脑,内阁为部长理事会,由国王任命并由议会批准,君主为世袭。实行联邦制后,现拥有责任分划复杂的三级政府(联邦、地区和语言区),产生了各自拥有立法大会的 6 个政府。

经济

比利时是高度发达的市场经济国家,位于世界工业化程度最高的西欧,它是经合组织成员国,是欧盟创始国之一,是欧洲货币联盟的首批成员。由于出口相当于国内生产总值的 2/3,比利时过度依赖于世界贸易,其人均出口是德国的 2 倍,是日本的 5 倍。其贸易优势源于其中心地理位置和高技能、多语种、高生产力的劳动力队伍。为了发展外向型经济,比利时建造了优良的港口、运河、铁路和公路运输设施,使其经济与邻国紧密相连。近年来,为了减少对欧盟成员国的贸易依赖,比利时寻求贸易多样化,并扩充与非传统贸易伙伴例如中国和中东及中、东欧国家的贸易。外资自 60 年代以来是经济增长的重要因素,1999 年外国直接投资达到 383.91 亿美元。

工业主要集中在北部佛兰芒地区,尽管政府鼓励在南部瓦龙地区进行再投资。由于缺乏自然资源,比利时必须进口大量的原料,同时出口大量的制成品。比利时的公共债务从 1996 年占 GDP 的 127% 下降到 1998 年的占 GDP 的 122%,政府正努力控制其开支,使之接近于工业化国家的水平。

1999 年国内生产总值为 2 581 亿美元,实际增长率为 3.9%,人均国内生产总值 25 139 美元。国内生产总值部门构成如下:农业占 1%,工业占 25%,服务业占 73%(1999 年)。通胀率(消费价格)为 1%(1998

① 参见联合国开发计划署《1999 年人类发展报告》。

年)。

劳动力为400万(1999年),劳动力职业构成为:服务业占69.7%,工业占27.7%,农业占2.6%(1992年),失业率11.7%(1999年)。

工业 包括工程和金属制品、汽车装配、加工食品和饮料、化工、基本金属、纺织、玻璃、石油、煤。工业增长率为9.7%(1995年)。

发电量为844.92亿千瓦小时(1999年),其中核电占57.93%,火电占41.73%,其他占0.34%。电力消费752.66亿千瓦小时,出口54亿千瓦小时,进口96亿千瓦小时(1996年)。

农业 主要产品包括甜菜、新鲜蔬菜、水果、粮食、烟草、牛肉、小牛肉、猪肉、牛奶。

对外贸易 在经济中具有举足轻重的作用。2000年出口额为1 801.02亿美元,出口商品包括钢铁、运输设备、拖拉机、钻石、石油产品。出口伙伴中欧盟占76.7%(德国占18.7%),美国占5.1%。

进口额为1 664.52亿美元,进口商品包括:燃料、粮食、化工、食品。进口伙伴中欧盟占72.4%(德国占17.9%),美国占7.7%。

外债为223亿美元(1998年)。1995年提供官方发展援助10亿美元。

汇率:1美元=34.77(1999年1月)、36.229比利时法郎(1998年)。

运输 运输基础设施发达。铁路长度为3 380公里;公路143 175公里;水路2 043公里(1 528公里为常规商业利用);管道:原油161公里;石油产品1 167公里;天然气3 300公里。

主要港口包括:安特卫普(世界最繁忙的港口之一),布鲁日、根特、哈塞尔特、列日、布鲁塞尔、蒙斯、那慕尔、奥斯坦德、泽布吕赫。

比利时有商船(总注册吨位在1 000吨以上)23艘,共计总注册吨位35 668吨/载重吨位56 412吨。

全国有机场42个(1998年估计数),直升机机场1个。

科学技术

科学及政策研究分别由国家当局(联邦政府)、各社区和地区(基础研究涉及各大学,并与经济政策相联系)担负。国家当局主管执行国际和超越国家的协定以及其他文书,建立和组织国家或国际科学机构之间以及空间研究方面的数据交换网络。在某些条件下,比利时政府可向各社区和地区提出有关研究活动的建议。

国家促进研究方案旨在鼓励研究活动致力于公共利益和公共用途,致力于提高生活水准和经济的普遍竞争力这一目标。

根据经合组织的统计,1995年比利时国内研发总开支(GERD)为34.614亿美元(购买力平价),年增长率为3.6%,人均研发开支为341.5美元(购买力平价),GERD占国内生产总值的1.58%。

全国有全日制研发人员38 449人,平均每千名劳动力中有研发人员8.9人;全国有研究人员(或大学毕业生)22 918人,平均每千名劳动力有研究人员5.3人。GERD在不同部门之间的比例分配如下:企业占67.4%,高等教育部门占27.3%,政府部门占3.8%,私人非盈利部门占1.5%。

1995年,企业研发开支为861.39亿比利时法朗,占国内工业产值的1.35%,占GDP的1.07%。企业全日制研发人员占全国的59.8%;高等教育研发开支为348.14亿比利时法朗,占GDP的0.43%,全日制研发人员占全国的33.9%;政府研发开支为48.21亿比利时法朗,占GDP的0.06%,全日制研发人员占全国的6.3%。

据经合组织报告,1998年政府用于研发的预算拨款为593.22亿比利时法朗,其中国防部分占0.4%,民用部分占99.6%。在政府民用研发预算中,经济发展方案占26.1%,卫生与环境方案占7.7%,航天方案占11.3%,非定向研究方案占21.1%,综合性大学基金占29.8%。

1996年专利申请量为59 991件,其中居民申请量为892件,非居民为59 099件。1997年技术贸易收人为1 556.11亿比利时法朗,支出为322.86亿比利时法朗。

教育

从1989年1月1日起,教学责任从联邦转移到社区,至此,联邦政府不再组织或补助教育,而由3个社区——佛兰芒语、法语和德语社区各自负责,宪法127

条明文规定的情况除外:即制定教育的开始和终结时间、颁发学校证书的最低条件和养老金制度。

1983年6月29日的法令规定6~18岁儿童接受12年义务教育。全日制义务教育至15岁,包括最多为7年的中等教育。全日制义务教育后是半日制义务教育或得到承认的培训。

学前教育 (3~5岁)十分普遍,1995~1996年度,学前教育的注册人数达208 239人,其中私立机构注册儿童占57%,总注册率为118%。

初等教育(6~11岁)持续6年(3个两年周期)。主要的教学科目是母语和数学。1995~1996年度,注册生达742 796人,总入学率为103%,净入学率为98%。小学生预期受教育年限为16.8年。

中等教育 (12~17岁)分为3个阶段,每个阶段两年:观察阶段、指导阶段和巩固阶段。1995~1996年度中学注册人数达1 058 998人,其中普通教育占46.3%,职业教育占53.7%。中学教育总入学率为146%,净入学率为88%。

高等教育 包括大学教育,其目标是"保持、传播和开发知识",在这一目标中,教育和研究密切地结合在一起。非院校高等教育是为了传播科学知识及在各生活领域的应用。1995~1996年度,全国高校注册人数达358 214人,大学总入学率为56%。1994~1995年度高校有外国留学生34 966人,占在校生的9.9%。

教育开支 1996年公共教育开支总额占GNP的3.1%,占政府开支总额的6%;经常性教育开支中GNP的3%,占教育开支总额的97.9%。经常性开支在各级教育中的比例分配如下:学前教育占8.6%,小学占21.3%,中学占45.5%,大学占21.5%,未分配部分占3.1%。

文化

文化政策是各社区的专属管辖范围,各社区设法促进文化民主,使尽可能多的人在国家和社会中享受并参加各方面的文化生活。公共当局在这方面仅起辅助作用,要求文化界代表人士言论完全自由,具有创新技能和创造力。私人赞助和政府补助金支持了文化创作。

下放权利和普及文化活动是法语区文化政策的主题之一,目的是确保文化活动振奋当地社区尽可能多的人的精神。法语区力求支持公营、私营、当地和社区电视台以及广播的多样化共存。鼓励制作影视剧,特别是鼓励在法语区播放的外国私营频道这样做。

佛兰芒社区事务部文化司在下列领域有职权:美术、博物馆、文学、音乐、表演艺术、群众教育、公共图书馆和青年事务。

佛兰芒当局提供必要的基础设施,鼓励尽可能多的人参与文化生活。作为一个多元文化社会,比利时有着多种享有国际盛名的表达手段。歌剧仍然是文化生活的一个主要特征,摩耐剧院这样的国家剧院表现出生气勃勃的活力,它的影响扩大到瓦隆皇家歌剧院和佛兰芒歌剧院。在舞蹈方面,比利时的国际声望主要来自莫里斯·贝雅的贡献和他的20世纪芭蕾舞。比利时拥有众多文化设施,在美术方面有弗兰斯·马塞雷尔图像艺术中心,皇家美术博物馆和安特卫普现代艺术博物馆和加斯贝克城堡;在文学方面有根特荷兰语与文学皇家研究院。

通过众多的现代基础设施,也由于比利时在声像领域是世界上安装有线电视数量最多的国家,在比利时整个领土接收大众媒介的节目十分容易,观众大多数是外国人,可观看到约30个电视频道。

比利时通信事业发达,全国电话直线数量达到569.1万(1992年),蜂窝电话用户达170万(1998年)。全国有广播电台83个,中波5个,调频77个,短波1个。在用收音机达807.5万台(1997年)。全国有24家电视台(1997年),在用电视机达472万台。1999年下列信息工具的千人拥有量为:电话502部,移动电话314部,收音机792台,电视机523台,有线电视用户369.6个,个人电脑315.2台,2000年7月每万人拥有互联网主机352.15台,上网人数达140万人。

环境保护

比利时可耕地面积占24%,多年生作物用地占1%,草场占20%,森林和林地占21%,其他土地占34%。

洪水对已开垦的沿海地区构成威胁,环境受到下列人类活动的巨大压力：城市化、密集的运输网络、工业、扩大的动物饲养业和作物种植业、空气和水污染、联邦和地区责任不明确(现已解决)，阻碍了处理环境问题的进程。

比利时是下列国际环境协定的缔约方：1979年远距离越境空气污染公约，1985年减少硫磺排放量或其越境流量议定书，南极环境议定书，南极条约，生物多样性，气候变化，荒漠化，濒危物种，环境改变，有害废物，海洋法，海洋生命养护，禁止核试验，臭氧层保护，船舶污染，1983年和1994年国际热带木材协定，湿地。

已签署但尚未批准的协定包括：空气污染——氧化氮议定书，空气污染——持久性有机污染物议定书，关于进一步减少硫排放量议定书(1994年)，控制挥发性有机化合物排放议定书，气候变化——京都议定书。

(中国国家图书馆　李跃进)

加拿大经济文化概况

概况

加拿大位于北美洲，东、西介于北大西洋和北太平洋之间，北临北冰洋，西北部与美国的阿拉斯加相邻，隔巴芬岛湾与格林兰岛相望，南部与美国本土有着6 416公里不设防的边界。加拿大土地广袤，物产丰富，总面积9 976 140平方公里，土地面积9 220 970平方公里，水域755 170平方公里，是世界第二大国。与美国边境线长8 893公里(包括2 477公里与阿拉斯加接壤)，海岸线长243 791公里，毗连区24海里，大陆架200海里，专属经济区200海里，领海12海里。气候从南部的温带到北部的亚极带和极带，呈多样性。洛根山为境内最高山，高5 959米。自然资源包括：铁矿、镍、锌、铜、金、铅、钼、钾碱、银、渔、木材、野生动物、煤、石油、天然气、水力。

2000年年中人口为31 281 092人，其中英裔居民占28%、法裔居民占23%，其他欧洲人占15%，亚洲、阿拉伯、非洲人占6%，土著印第安人和爱斯基摩人占2%，混血人占26%。居民中42%信奉天主教，40%信奉新教，其他占18%。英语和法语为官方语言，全国59.3%的人讲英语、23.2%的人讲法语。

政府类型为议会民主制联邦，全国分为10个省和3个领地。加拿大于1867年7月1日获得独立，1982年4月17日产生了宪法法案。

国家元首为伊丽莎白二世女王(自1952年2月6日)，由总督阿德里安娜·克拉克森代表(自1999年10月7日)；政府首脑为总理让·克雷蒂安(自1993年11月4日)。

立法机构为两院制议会(众议院301席，参议院105席)。司法机构为最高法院。

经济

作为一个富足的高技术社会，今日的加拿大在市场经济体系、生产方式以及生活水平方面酷似美国。二战以来，其令人印象深刻的制造业、矿业和服务部门的增长使该国从普遍的乡村经济转变为以工业化和城市化为主的经济上来。1993年以来实际增长率平均已接近3%，失业率逐步下降，政府预算盈余不时被用于减少巨额公共债务。1989年美加自由贸易协定(FTA)和1994年北美自由贸易协定(NATA)开创了对美贸易的飞速增长和经济一体化进程。由于拥有大量的自然资源，熟练的劳动力和现代资本工厂，加拿大具备了经济平稳增长的前景。但它仍然面临着两个阴影，首先是英法两个语言区之间持续的立宪僵局使联邦分裂的可能性加大；另一个长期关注问题是专业人员受到高收入、低税收以及庞大的高技术基础设施的吸引流入美国。

进入2000年后，加拿大经济在产出和就业方面正处在一个不间断的逐月增长的长波上，上述增长受到了人们对信息通信技术需求激增的支撑，随着千年庆典的临近,用于此种需求的支出达到了顶点,这种势头是在通胀、利率和失业处于一代人期间内最低,公共和对外财政大幅度改革的有利经济环境下产生的。

尽管2000年经济仍以稳健的步伐继续增长,但却显示出懈怠的迹象,产出和就业在分别经历了连续18个月和29个月的顺境之后,开始偶有下降。住房市场降温,不断攀升的汽油价格使汽车部门在年底受到重挫,连续14个季度出口增长局面出现逆转。最后,对信息和通讯技术(ICT)的商业需求年底也开始放缓,股市两年的牛市正步入尽头,商业周期的现实把人们带入了新的世纪。

与西方6大国相比,加拿大总的绩效令人印象深刻,2000年经济增长率仅次于美国(5%),为4.1%,国内生产总值(GDP)为6 995.25亿美元,人均22 363美元。GDP构成如下:农业占3%、工业占31%、服务占66%(1998年),通胀率(消费价格)1999年为1.7%,2000年为2.7%。劳动力2000年为1 600万,其中农业占2.3%,制造业占14.3%、建筑业占5.1%、服务业占69%,其他占9.3%。

工业 加工和未加工矿物、食品、木材和纸制品、运输设备、化工、鱼制品、石油和天然气。1998年制造业创附加值1 010.04亿美元,其中食品、饮料和烟草业占14%;纺织与制衣业占5%;机械运输设备占32%;化工占9%;其他占40%。1999年工业生产增长率为4.3%。2000年新车产量为266.6万辆,比1999年减少2.5%;发电544 936百万千瓦小时;原油产量为12 801.6万立方米,天然气3 596.4万吨;煤炭3 651.6万吨,石膏852.7万吨,水泥1 275.3万吨;盐和盐溶液12 209吨;铁矿3 524.7万吨;锌93.2万吨;铜62.2万吨。

农业 在加拿大广阔的土地中,可耕地和多年生作物土地占4.5%,永久性草场占2.9%,森林和林地占45.3%(1997年),1999年全国农业经济人口为40.5万,占劳动力的2.4%,主要产品产量为:小麦2 685万吨,大麦1 319.6万吨,油菜籽879.8万吨,烟草7.5万吨,水果67.7万吨,蔬菜和瓜类2 331万吨,奶总计834万吨。1998年内陆水域渔获量为40 940吨,海洋鱼获量954 071吨。

对外贸易 2000年商品出口额达2 812.52亿美元,比1999年增长15.8%,主要出口商品为:汽车及零配件、新闻纸、纸浆、木材、原油、机械、天然气、铝、电信设备、电力。出口伙伴中美国占86.1%,英国占1.5%,其他欧盟国家占3.5%,日本占2.4%,其他经合组织国家占2.0%,其他国家占4.5%。2000年进口额达2 445.55亿美元,比1999年增长了11.1%,主要进口商品为:机械设备、原油、化工产品、汽车及零部件、耐用消费品、电力。进口伙伴中美国占73.7%、英国占3.4%,其他欧盟国家占5.8%、日本占3.2%,其他经合组织国家占5.2%,其他国家占8.6%。

外债:2 530亿美元(1996年)。提供官方发展援助21亿美元(1997年)。兑换率:1美元=1.4 433加元(1999年),1.5 002加元(2000年)。

运输 全国铁路长36 114公里(1998年);公路长901 902公里(1999年估);水路3 000公里,包括圣劳伦斯海路;管道、原油和精炼石油23.564公里;天然气74 980公里。

主要港口有邱吉尔、哈利法克斯、汉米敦、蒙特利尔、新威斯特敏斯特、鲁泊特王子港、魁北克、圣约翰、七岛港、悉尼、三河城、桑德贝、多伦多、温哥华、温莎。

全国有千吨级以上海运商船114艘,总注册量1 602 275吨,载重量2 371 146吨(1999年估)。全国有机场1 411个(1999年估),有直升机机场15个(1999年估)。

科学技术

作为高收入国家,加拿大在科学与技术的多项指标方面,与高收入国家的平均水平(参见下文括号中数据)尚有一定差距。根据世界银行的统计,1987~1997年,加拿大每百万人口中有从事研发的科学家和工程师2 719人(高收入国家为3 166人),有从事研发的技术员1 070人。同期,理工科大学生占大学生总人数的16%(25%)。1997年发表于科技刊物的论文为19 910篇;1987~1997年,研发经费占GDP的1.66%(2.36%)。1999年高技术出口达239.35亿美元,占制成品出口的15%(22%);版税与许可证费收入为11.78亿美元,支付额为26.02亿美元;1998年专利申请文件数居民为4 841件,非居民为60 841件。科技的差距是人才的问题,如今,人才已成为发展的最宝贵的资源,加拿大在吸引人才、留住人才方面有得有失。

90年代,加拿大人才流动出现了两种截然不同的趋势,一方面进入美国的高技能工人的损失不断加剧,另一方面从世界其他地区流入加拿大的高技术工人不断增加。这种情况在高技术产业尤为明显,因为流入移民工人数远远大于流出到美国的人数。90年代高技术工人移民占据了这些产业就业扩充的重要部分,由于这一阶段加拿大经济对技能和知识的需求迅速增长,事实上所有新创造的就业都发生在以知识为基础的职业——具有专业性、管理性和技术性特点。1989～1998年间,以知识为基础的职业新增了78万个岗位,而其他领域的就业大多出现下降,高科技界零失业现象体现了社会对人才的迫切需求。

由于教育上处于领先地位,与其他先进国家相比,加拿大在人才总量上占有优势,并且到1997年技术移民总人数包括计算机科学家、工程师和自然科学家在内已超过2万人。但在计算机程序等特定产业和职业中人才供求仍明显失衡,为了吸引急需人才,加拿大移民政策已开始向受教育程度高、官方语言能力强的专业人才倾斜。

教育

近年来,部分地为适应劳动力市场对高素质人才的需求,加拿大储备了大量人才,入学率和受教育年数的增加使之成为世界上人民受教育程度最高的国度,与被称为富国俱乐部的经合组织成员国平均值(参见下文括号中数据)相比,1998年其成人(25～64岁)教育成就百分比分布为:初中20.3(19.4);高中27.9(24.1);后中等非高等教育12.9(5.4);大专20.2(9.4);大本及高级研究方案18.6(13.6)。成人中、后中等教育水平以上人员的比例达到51.7%,比经合组织平均值高出23.3个百分点。

人才战略的成功得益于巨额的投入,1997年公共和私立教育开支占GDP的6.5%,公共开支占5.4%,私立开支占1.1%,公共教育开支占公共开支总额的13%,其中中小学和中学后非高等教育占8.6%,高等教育占4%。公共和私立按美元购买力平价计算的学生年人均开支(以及占人均GDP的比例):学前3 947美元(17%);后中等非高等教育4 862美元(20%);全部大学生14 809美元(62%)。

学前教育 学前方案或幼儿园旨在为5岁儿童提供入学前一年的非义务性教育,它由各省和领地教育主管部门管理,爱德华王子岛例外,该地学前教育为初等教育的基本部分,属义务性。1992/1993年度91%的5岁儿童被纳入了学前方案,若把2～5岁整体非义务教育服务考虑在内,1995年全国学前机构有教师12 880人,有注册儿童509 589人,总注册率为64%,师生比为1:16.2。

初等教育 多数省份,初等教育包括义务教育的前6～8年。根据联合国教科文组织统计,1995/1996年度全国共有初级学校(包括初级前教育机构)12 685所,有教师148 565人,女性占67%;有学生2 448 144人,女性占48%。小学总入学率为102%,净入学率为95%,师生比为1:21,小学生预期受教育年数为16.8年。

中等教育 完成了6～8年的初等教育以后,学生进入中学阶段。第一年主要为必修课,另有一些选修课,以后必修课减少,学生可以根据自身需要选择职业性课程或为满足上大学要求而选一些专门课程,凡通过必修课与选修课的学生可获得中学文凭。1995/1996年度,全国有中学教师133 275人,女性占67%;有注册生2 469 552人,女生占49%,中学师生比为1:22.1,总入学率为105%,净入学率为91%。据报道,加拿大初中学生使用计算机的情况在13个接受调查的经合组织国家中情况最好,一所典型学校每8个学生有一台计算机,而法国为21,日本为19。加拿大90%的学校的学生与计算机的比例为15:1,而法国为40:1,日本为37:1。1998～1999年度,因教学目的在校发电子邮件/上互联网学生比例小学为88%,初中为98%,高中为97%。

高等教育 一般说来,加拿大的学院提供文凭或证书,大学授予学位。1994/1995年度,全国有高校教师176 783人,女性占34%;学生数为1 783 716人,1995/1996年度为1 763 105人,女生占53%。注册生中大专生占44.4%,本科生占49%,研究生以上占6.7%。1998年大学本科生的专业选择情况为:选修教育学学生占14.7%;人文和艺术占14.7;社科、商业和法律占36.7%;服务占2.5%;工程、制造和建筑占8%;农学占1.2%;健康与福利占8%;生命科学占5.7%；物理学占2.2%；数学和统计学占1.6%；计算机占2.3%；未列明专业占2.4%。

文化

文化部门的经济方面 过去10年里，文化产业已成为国家经济发展战略的一环，文化货品和服务以及与之相联系的产业，从生产、批发、零售再到国内外对它们的需求构成了一个完整的经济链，如今，它已成为加拿大收入和就业的一项重要来源。艺术创造性表达和遗产保护作为经济链中的基础，1996/1997年度其经济影响超过180亿加元，其中创造性活动(包括自谋职业的著作者、作家和记者以及音乐家、视觉艺术家和生产领域未报道的设计师的贡献)为16.90亿加元，生产为135.89亿加元，保护24.38亿加元，政府支助性活动4.23亿加元。这些严格意义上的文化部门的直接就业超过了80.5万人。而广义上经济链条的所有方面所创产值1996/1997年度达到225亿加元，占GDP的3.1%，直接就业超过64万个岗位，相当于全国总就业的4.8%。

加拿大政府文化政策旨在开创一种使创作者和民众的艺术创新潜力得以充分发挥的环境，政府通过众多文化机构支持文化目标的实现，其中包括直接拥有权，作为档案、图书馆、电影设施及服务、遗产和表演艺术机构设施与服务的所有人；对艺术和遗产组织，艺术家及文化产业进行奖励；制定相关立法管理加拿大广电和电信委员会，版权，文化财产出口审查局；制定省级指南规范教科书采购和电影发行；对文化产业实行税务管理；对巡回艺术演出，加拿大博物馆保护机构，促进国际交流进行奖励等特种服务。

1990/1991年度～1997/1998年度，由于预算限制，政府文化开支在联邦和省/领地一级分别减少了7.8%和2.9%，而另一方面市府文化开支则增加了19.6%，1997年联邦文化开支为26.68亿加元，在省和领地一级为171.16亿加元，市府文化开支为14.80亿加元，各级政府文化开支共计55.61亿加元(1997/1998年度，比上年度减少2%，比1992/1993年度最高开支159亿加元减少了5%)，比该10年初期减少了0.3%。

1996/1997年度，个人为表演艺术的集资和捐款收入为8 480万加元，比1994/1995年度增加了17%。同样1997/1998年度机构和私人对遗产机构的捐助达1.13亿加元，比该10年初增加了23%。

文化部门的国际贸易地位 文化贸易包括文化商品、服务和知识产权的进出口三部分。尽管出口和国内销售的年增长大于通胀率，并且进口额的增长也不算快，但加拿大在文化商品和服务方面仍面临巨额贸易赤字，1998年该项赤字超过21亿加元，并且1996～1998年间大体在20亿加元上下波动。但文化部门进口/出口比率却得到了改善，从1996年的1.68:1变为1998年的1.56:1。

加拿大文化贸易几乎涉及文化产业的所有部门，1996～1998年间文化商品出口上升了25%，1998年接近达到17亿加元，同期出口额增长较高的部门包括图书和印刷服务，增长了46.7%，达39.7亿加元；其他图片材料增长了58%，达2.5亿加元；广告材料增长了50.6%，出口额接近7 000万加元。1998年出口到美国的文化商品占全部出口的93%。

1996～1998年间，文化商品进口增加了17.7%，1998年达到35.31亿加元，其中书报刊的进口高达25亿美元。1998年文化商品进口不足加拿大全部商品进口的2%，美国是文化商品进口的主要来源，1998年占84%(29亿加元)。

文化服务包括印刷媒介服务，电影/广播服务，音乐产业服务，表演艺术和其他服务，广告机构及外国游客在加拿大的文化支出 。1996～1998年间，文化服务和知识产权出口增长了31%，1998年超过21亿加元。同期文化服务和知识产权的进口增长了22.3%，达到24.61亿加元。美国市场对加的开放以及共同的英语环境是构成这种贸易的基石，尤其是在电影/广播及印刷媒介服务领域。

文化部门的社会方面 1997年加拿大就业人员为1 390万，其中36.34万(约占2.6%)为文化工作者。1987～1997年间，文化工作者的就业增长率(18%)大于全部的就业增长率(12%)。10年间兼职文化工作者增加了34%，文化自谋职业者增加了78%，全日制文化工作者增加了13%，1997年略超过27.4万。

近年来，志愿者活动和慈善捐款在文化界发

挥着重要作用，根据1997～1998年度遗产机构调查在博物馆里，艺术馆、遗址等机构职员中66%为志愿者，而且许多文化机构越来越依赖私营部门和个人的捐助。

1997年大约有750万加拿大人在各团体组织中做志愿服务工作，其中在文化组织中服务的志愿者达到45.2万，占15岁以上人口的1.8%，累积工作时间达5 290万小时，约合27 550个全日制岗位的工作量，所创价值超过8.7亿加元。同一年2.4%的加拿大人(约56万人)对文化组织进行了捐助，捐款总额接近3 500万加元。

1986～1996年间，加拿大家庭的文化开支增加了58%，而家庭总开支的增幅不足34%。扣除通胀影响之后的实际文化开支增长为3%，而家庭消费与服务开支则实际下降1.5%。文化消费与经济周期，家庭收入，年龄因素密切相关。1996年的一项调查表明，收入最高的1/5家庭的娱乐服务开支占该消费市场的33%，年均家庭消费为872加元，处于中间收入的3/5家庭构成了该消费市场的58%，而处于收入最底层的20%家庭仅占该市场的10%。

根据家庭开支调查，1996年加拿人平均家庭文化开支为1 121加元，占家庭总开支的2.9%，其中书报刊等印刷品，有线电视，电影和录像以及音乐制品的开支比例较高。

尽管统计表明，目前观看表演艺术的观众量出现下降，阅读各种印刷图书的读者人数减少，人们观看电视的热情不如从前，但1998年经常读报的人数仍高达82%(1992年为92%)，经常看杂志的人为71%(1992年为80%)，经常读书的人为61%(1992年为66%)。

随着影院中屏幕的增加，音响的改善，看电影再次成为受欢迎的文化活动，1997/1998年度，影剧院和汽车影院的观众量达到17年以来的最高水平，观众量达到9 990万人次。1992～1998年间基本有线电视订数增加了11%，任选服务(付费电视)的订户增加了46%。

1986～1996年间，录像带的租售再掀高潮，每户租费从52加元升至92加元，增加了77%；购买数从19加元升至39加元，增加了105%。1997年85%的家庭有录像机。

技术进步正在改变人们的消费模式，根据1998年综合社会调查，这一年为娱乐目的至少上过一次互联网的700万人中，约30%上网是为了阅读书报刊，17%的人上网看电影、录像或听音乐，14%以上看艺术作品，另有14%的人上网为制做网页或其他图形产品。21世纪直接面对家庭的拥有300～500个频道的卫星广播将使人们的视听选择更广泛。

(中国国家图书馆　李跃进)

美国经济文化概况

经济

美国拥有全球技术上最强大、最具多样性、最先进且规模最为庞大的经济，美国的国内生产总值(GDP)已接近10万亿美元，占全球GDP的1/3，美国的金融市场包含了世界上的2/3的投资，美元是世界上第一硬通货，美国经济对世界经济有着重要影响。在以市场为导向的经济运作中，绝大部分决策由私营个体及商务公司制定，政府所需的物品及服务也主要在私有市场购买。美国商务公司在决定扩大资本计划，解雇冗员以及开发新产品方面比西欧和日本的同行享有相当大的灵活性。同时，美国人认为，他们在进入竞争对手的国内市场时所遇到的壁垒比外国公司进入美国市场所遇到的壁垒更大，美国公司在技术优势上处于或接近领先地位，尤其是在计算机、医学、航天和军工设备方面，尽管自二战结束以来，其优势已经缩小。技术的冲击逐渐形成了劳动力市场两个层次，底层是受教育水平低下，没有机会提高收入，无法纳入健康保险，享受不到其他福利的劳动者；上层则是拥有职业技术技能的劳动者。

自1975年以来，实际上所有新增家庭收入都流入了占人口的20%的高收入家庭。1994～2000年美国经历了实际产出稳步增长，低通胀率，失业率降至5%以下的繁荣，正如克林顿在2001年1月18日告别讲话中所总结的那样：美国的经济正在打破纪录，增加了2 200万个新岗位，创下30年里失业最低，有史以来拥有自住房人数最高，增长期历史最长。美国的家庭和社区更强大，3 500万美国人已经享受了法定家庭休假，800万人已经摆脱了靠福利生活，犯罪达到25年里最低，1 000多万美国人获得了更多的大学援助，上大学的人比以往更多。现在300多万儿童拥有了健康保险，700多万美国人摆脱了贫穷，收入逐步上升，美国的空气和水更加清洁，食物与饮用水更加安全，有更多的稀有土地已经得到百年以来最好的保护。

然而，2000年也是美国股市最为震荡，美国经济逐步放缓的一年。在美国经济持续近10年的繁荣期中，道－琼斯指数上涨了3.5倍，众多老百姓将金钱投入牛气十足的股票或基金，到1999年底，美国人手中的股票市值达5.5万亿美元，创下华尔街积累财富的最高纪录。股市多年过分狂热，已经形成了极大泡沫，投资者对高科技股寄予了过高的期望，以至于大肆炒作没有落地产品的概念股，使得股市超值35%至45%。2000年1月14日道指在创下11 722.98点的最高记录后，开始一路下跌，2月25日道指跌破万点大关，降至9 862点，4月3日，微软在与司法部的反托拉斯官司中被判有罪成为高科技股调整的导火索，微软股价当天下跌14%，次日美国两大股市下滑超过500点。

进入2000年以来，由于石油价格攀升带动了美国交通、服务业成本的全面提高，美国经济中的通胀隐忧已开始出现，另一方面股市上扬产生的财富效应又使得需求逐渐超出社会供给，美国经济因此面临过热和供求失衡的危险。以高科技为标志的知识经济在为美国的经济增长注入了巨大活力的同时也吹灭了股市泡沫，2000年冬至2001年春以来，美国股市的总市值已蒸发掉5.2万亿美元，光微软一家公司员工手中的股票值就缩水20亿美元。股市泡沫的破灭导致消费者信心下滑，投资萎缩，家庭财富缩水，房地产贬值，服务业不景气，失业率攀升，海外经济也陷于疲软。

2000年以来美国经济出现放缓的迹象，但并未出现真正的衰退。目前美国经济存在着一些隐患，其中包括经济基础设施投资不足，经常项目赤字居高不下以及低经济组别家庭收入的停滞，老龄人医疗费快速增长，个人储蓄再创新低，劳动力市场过分紧缺以及持续攀升的债务。美国《经济学家》杂志于2000年11月载文指出，严重的金融失衡和高额债务问题将超过通货膨胀和股市崩盘成为美国经济景气的最大威胁。

主要经济指标 2000年美国GDP总量为99 657亿美元，GDP增长率为5%，人均GDP为36 165美元。GDP构成如下：农业占2%，工业占18%，服务业占80%（1999年）。通胀率（消费品价格）为2.2%（1999年），劳动力1.394亿（包括失业者，1999年），劳动力职业构成如下：管理与专业人员占30.3%；技术、销售和行政支持人员占29.2%；服务占13.4%；制造业、矿业、运输和手工业占24.5%，林业渔业占2.6%（1999年）。失业率为4%（2000年）。

政府财政 2000年政府财政盈余为2 544亿美元，收入为20 427亿美元，扣除偿还后的支出和借贷为17 883亿美元。

工业 世界领先工业强国，主要产品包括：石油、钢铁、汽车、飞机、电信、化工、电子、食品加工、消费品、木材、矿产。

工业生产增长率为2.4%（1999年估）。1997年制造业创造内产总值为81 109亿美元，1996年制造业有生产性工人1 216.8万人，所创附加值为17 496.62亿美元，平均每名生产性工人创附加值143.792美元。

农业 1999年农村人口占总人口的23%，1998年乡村人口密度为每平方公里可耕地36人，土地面积为915.9万平方公里，其中可耕地占19.3%，多年生作物用地占0.2%，其他土地占80.5%。1996～1998年人均拥有可耕地0.65公顷，水浇地占作物面积的12%，1998～2000年用于谷物生产的土地为5 995.3万公顷，1996～1998年化肥消费为每公顷可耕地113.5千克，每千名农业工人拥有的拖拉机数为1 515台，每千公顷可耕地拥有的拖拉机数为271台。1998～2000年每公顷谷物产量为5 794公斤。

1999年主要作物产量如下：谷物33 602.8万吨，小麦6 266.2万吨，玉米23 971.9万吨，水果2 840万吨，蔬菜和瓜类3 515万吨。牛肉1 205万吨，猪肉

中国航空技术进出口总公司

中国航空技术进出口总公司总经理　杨春澍

中国航空技术进出口总公司(简称中航技公司，英文缩写CATIC)成立于1979年，是集技、工、贸于一体的综合性跨国集团公司。由中航第一集团公司和中航第二集团公司各持股50%。公司以进出口贸易为主，主要经营航空产品、非航空机电产品、技术、劳务、设备、材料的进出口业务。此外，公司还涉足工业、房地产、工程承包、融资、租赁、商贸、酒店、服务等多种行业。

中航技公司成立20多年来，作为中国航空工业走向世界的主渠道、主窗口，以实力雄厚的中国航空工业为后盾，在航空和非航空机电产品进出口、航空零部件转包生产、国际合作和技术引进等方面取得了长足发展。截止1999年底，累计进出口总额144亿美元，在全国进出口额最大的500家企业中始终位居前20名。

中航技公司在国内有10家地区子公司，7家专业公司，在30个国家和地区设有60多个子公司和代表处，与世界上100多个国家和地区建立了贸易与合作关系。公司资产规模达194亿元人民币。1995年5月，经国家外汇管理局批准，中航技总公司获得对外融资权。1996年6月，中航技公司作为工贸企业的唯一代表，进入全国300家重点国有企业行列。

中航技公司愿在平等互利的基础上与国内外客户进行各种形式的经济技术合作与贸易往来。

CATIC

中国航空工业第一集团公司

CHINA AVIATION INDUSTRY CORPORATION I

刘高倬　总经理

President Liu Gaozhuo

中国航空工业第一集团公司（简称“中航一集团”，AVIC 1）作为国家授权投资的机构，由中央管理。拥有大中型工业企业54家，科研院所30个，从事航空外贸、科技开发、物资供销等直属专业公司20个，现有从业人员共24万人，资产总额349亿元。

中国航空工业第一集团公司主要承担军、民用飞机和相关的发动机、机载设备、武器火控系统以及各种民用产品的开发、生产、销售和售后服务。航空产品包括歼击机、歼击轰炸机、空中加油机、运输机、教练机、侦察机等。歼击机有正在成批生产的歼7、歼8及其改进改型飞机；歼击轰炸机有FBC-1（飞豹）；轰炸机形成了轰5、轰6系列；教练机有歼教6、歼教7、轰教5。航空发动机形成了涡喷6、涡喷7、涡喷13、斯贝等系列；空空导弹形成了霹雳5、霹雳8等系列；机载设备基本满足生产需要。民用飞机有中短程运输机新舟60、运7及其改进型，与国外合作生产了大型干线飞机。另外，新的涡扇支线客机也已投入开发和研制。非航空产品已形成工业燃气轮机、汽车、摩托车、制冷与环保设备等7大类共1000多种。集团公司还经营飞机租赁、通用航空、工程勘察设计与承包建设、房地产开发等业务。

中国航空工业第一集团公司内设有中国航空研究院，多年来取得大批航空科技成果，并且经国家授权管理国家级飞行器试飞、试验中心，具有雄厚的科技力量与专业齐全、水平较高的航空科研试验设施。

中国航空工业第一集团公司坚持“航空报国、追求第一”的集团理念，以发展科技、振兴航空、加强国防、壮大经济为己任，充分发挥集团整体优势，以平等互利、履约守信、用户至上为根本宗旨，进一步加强与海内外各界特别是航空界同行们的真诚合作与交流，努力为中国航空工业在新世纪的发展中创造无愧于时代的业绩而奋斗。

主要产品展示
Mostly production Exhibition

中国船舶

江泽民总书记视察集团公司下属企业

卫星发射塔架

6RTA52型低速柴油机

神州第一舰——新型导弹驱逐舰

30万吨级造船坞

重工集团公司

第五代BG9000型出口半潜式钻井平台

总经理　黄平涛

中国船舶重工集团公司是在原中国船舶工业总公司所属部分企事业单位基础上组建的特大型国有企业，是目前中国最大的军民用船舶、海洋工程及船用设备的设计、制造和销售集团，现已形成船舶、海洋工程、柴油机、蓄电池、大型钢结构、港口机械、增压器、烟草机械、煤气表、自动化物流系统十大主营产品，产品出口到50多个国家和地区。

自动化物流系统

15万吨好望角型散货船

中国运载火箭

吴燕生　院长

中国运载火箭技术研究院隶属中国航天科技集团公司，下属12个究所、4家企业及中国远望集团公等3个实业公司，在美国、德国、罗斯、香港、澳门和新加坡等国家地区分布有经营网点，并控股火箭份1家上市公司。

经过近45年的发展，研究院已成为中国最大的运载火箭及载人航飞行器研究、设计、生产基地，使国的运载火箭技术跻身世界先进列。改革开放以来，研究院开始进国民经济主战场，积极参与国际争。国际贸易、高科技产品开发和本经营等已经成为研究院新的经济长点。

研究院坚持以人为本原则，始把人力资源开发放在战略高度。在得长征火箭进入国际市场等辉煌成的同时，造就出十余位两院院士，十几位型号总设计师，数十位国家和省部级专家，以及一大批国家级省部级跨世纪学术和技术带头人；养出副部级以上领导干部数十名，级以上领导干部几百名；近600人受政府特殊津贴。

技术研究院

中国铁路

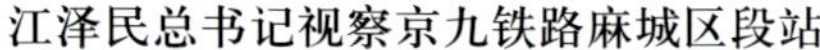

江泽民总书记视察京九铁路麻城区段站

朱镕基总理视察京九铁路

中国铁路工程总公司在中国铁路建设史上创造了辉煌的业绩，先后成功地修建了宝成、兰新、成昆、焦柳、湘黔、京秦、新菏、大秦等铁路干线34条，改建了京广、津浦、陇海、淮南等铁路干线25条，完成了宝成、襄渝、阳安、石太、太焦、京包、京秦、大秦、北同蒲等14条电气化铁路施工任务，共新建、改建、扩建铁路干线4万多公里，电气化铁路1万多公里。

近几年来，总公司积极投入国家“八五”铁路重点工程建设，相继承担了京九、南昆、宝中、候月、兰新复线等工程的勘测设计和施工。其中由总公司实行施工总承包的京九铁路阜（阳）九（江）段（544公里）以一流的速度、一流的质量创出九十年代铁路建设的新水平。

南昆铁路全长898公里，总公司承担全部勘测设计、电气化和线下493.8公里施工任务

工程总公司

秦家铭总经理(前排左一)国务委员吴仪(前排左二)阿联酋保税区主席(前排左三)李泽佑副总经理(前排左四)讨论棕榈岛工程情况

CHINA RAILWAY ENGINEERING CORPORATION

郑州枢纽

北京西客站

CHINA RAILWAY ENGINEERING CORPORATION

总经理 秦家铭

敦煌莫高窟外部修葺

东莞银城酒店

尼泊尔国际会议中心

上海莘松高速公路

中国铁路工程总公司

党委书记　石大华

深圳海王大厦

具有国际先进水平的400米大跨预应力混凝土斜拉桥——武汉长江大桥

合肥五里墩立交桥

铁科工程有限责任公司

TIE KE GONG CHENG YOU XIAN ZE REN GONG SI

① 邯长铁路浊漳河预应力混凝土刚构桥，获国家优质工程银奖和铁道部甲级优质工程奖

② 京九铁路溢流洼特大桥，获中国铁路工程总公司优质工程奖

③ 广州丫髻沙大桥工程施工监理与监测

④ 铁科工程有限责任公司董事长王巍

⑤ 上海地铁一号线徐家汇车站

⑥ 侯月铁路海子沟大桥，获铁道部优质工程二等奖

⑦ 尼日利亚铁路

铁科工程有限责任公司是由铁三局集团有限公司、铁道部第一勘测设计院、铁道部科学研究院、铁道部第三工程局第一工程处职工持股协会和兰州铁一院工程经济咨询公司共同出资组建的，以建筑工程施工为主，同时兼有勘测设计、科学研究、工程监理、技术咨询等功能的国家一级施工企业。

主要经营范围包括：铁路、公路、市政、工业和民用建筑，以及水利、机场、港口、城市轨道交通、地基处理、结构加固等工程的施工、设计与监理；混凝土和土石方等工程新材料及其质检设备的研究、生产与销售；新型轨道结构及道桥相关技术项目的试验与研究；各类建设工程的技术咨询与服务。

⑧ 青藏铁路沱沱河试验段旋挖钻机钻孔施工

⑨ 铁道部副部长孙永福视察铁科公司承建的青藏铁路沱沱河试验段

⑩ 上海内环高架桥 2.10 标，获铁道部优质工程二等奖

⑪ 青银高速公路

⑫ 重庆轻轨（效果图）

⑬ 上海南浦东主引桥，获上海市“白玉兰杯”奖

中铁三局集团线桥工程处

中铁三局集团线桥工程处基地位于河北省三河市燕郊镇，是国家铁路施工资质一级企业，省级先进企业、国家二级企业，2000年11月通过了ISO9002标准质量体系认证，ISO9002国际标准质量体系认证。线桥工程处是一支以新线铁路铺轨架桥为主的专业施工队伍，具有三条铁路线同时铺架的施工能力，年产值可达5亿元以上。在市场经济竞争中，能独立承建铁路综合性工程及工业民用建筑，公路、机场、港口、市政等大中型建设，生产实力较强，全员劳动生产率达到35万元以上。线桥人为共和国的大动脉建设做出了卓越的贡献，先后参加过宝成、兰青、长林、邯长、新菏、京秦、大秦、哈尔滨枢纽、商阜、济南北环、集通、北京枢纽、侯月、神朔、京九、新长、邯济等20多条国家重点铁路和石洞口电厂、上海南浦大桥、琴岛海尔厂房、上海地铁、青岛港口、晏高公路等国家重点工程建设以及援建国际工程。共荣获省部级和国家级优质工程奖11项。线桥人遵循“立足国内、面向社会、用户至上、质量第一、科学管理、降低造价、信守合同、确保工期”的服务宗旨，愿与国内外各界朋友进行真诚的合作，共创美好的未来。

中铁三局集团线桥工程处处长 韩志强

上海杨浦公路大桥夜景

京秦铁路获部优质工程甲级

从德国引进的福格勒摊铺机正在晏高公路施工

上海地铁施工

亚洲第一、世界第二的邯长铁路浊漳河斜腿刚构桥、获部优甲级、国家银质奖。

中国印钞造币(集团)总公司

中国印钞造币总公司总裁刘世安会见德国G+D公司董事会主席

正面

背面

世界最大最重金币——千年纪念币

中国印钞造币总公司是直属中国人民银行总行领导的法定货币生产企业集团，下辖18家大中型企业和1个国家级技术中心，从事印钞、造币、钞票纸、银行信用卡的研制生产、印钞造币专用机械和银行机具制造、高纯度金银精练和印制增值税专用发票、有价证券、银行专用票据、高级防伪证书等安全印务方面的生产经营活动。集团员工近3万人，净资产总额达百余亿元，年销售收入六十多亿元。

历经半个世纪的不懈努力，中国印钞造币总公司已发展成为印制实力雄厚、门类配套齐全、装备水平先进、工艺技术独特的现代化大型企业集团，研制出众多具有精美印制质量、高防伪性能、融民族优秀传统技术和当代高科技成果于一体的新产品，其生产规模和专业门类雄居世界同行业之首。

面向新世纪，未来的中国印钞造币总公司将是技术现代化、管理科学化、经营国际化的一流企业集团。公司将一如既往内强素质，外塑形象，积极拓展国内外市场、加强与世界各国同行的合作与发展，为中国乃至世界的货币印制和钱币文化发展做出新的贡献。

总公司办公大楼

总公司标徽及理念

878.5万吨,鸡肉1 360万吨,奶总计7 348.2万吨。工业原木产量为42 905.6万立方米,锯材产量11 969.2万立方米。1998年内陆水域鱼获量为36 129吨,海洋鱼获量为4 672 851吨。

外贸 2000年商品出额为7 670.19亿美元,主要出口商品包括:资本货物、汽车、工业物资和原料、消费品、农产品。出口伙伴中加拿大占23%,墨西哥占12%,日本占8%,英国占6%,德国占4%,法国占3%,荷兰占3%(1998年)。

2000年进口为12 445.39亿美元,进口商品包括:原油和精炼石油产品、机械、汽车、消费品、工业原材料、食品和饮料。进口伙伴中加拿大占19%,日本占13%,墨西哥占10%,中国占8%,德国占5%,英国占4%,中国台湾占4%(1998年)。

债务 1999年国内债务高达24 428亿美元,外债达12 688亿美元。

1998年提供官方发展援助87.86亿美元。

科学技术

20世纪最后十年,美国经济经历了历史上最长的繁荣期,科学技术对经济实力的加强起到了助推的作用。克林顿在两届任期内制定并实施了"信息高速公路计划和目标",使美国率先从工业经济迈向了知识经济。十年中美国科技实力显著加强,研发投资急剧增加,加大了对信息产业的投资力度,教育投资大幅度增加,从世界各地引进了大批优秀人才。这些措施加快了以信息产业为主导的高技术产业的发展,使信息业产值占美国GDP的比重从1994年的6.3%提高到2000年的8.3%,而信息产业对美国实际经济增长的贡献率已达35%,成为美国经济的第一推动力。

小布什在促进科技发展方面也不含糊,他提出三大重点:第一,确保美国劳动力能够充分利用高技术带来的机会,努力推行教育改革,扩大教育投资,让学校灵活运用联邦教育技术基金。第二,鼓励研发方面的大幅度投资,在今后5年内对国防研发增加投资200亿美元,加强联邦政府在全面促进前沿科学研究中的作用,对国家卫生研究院的研究预算增加一倍。第三,保护美国人的创意和知识产权,促成电子商务国际标准的建立。

根据美国官方统计,1998年美国研发开支为2 206.17亿美元,从资金来源上看,联邦政府为666.36亿美元,产业为1 437.14亿美元,大学/学院为49.74亿美元,非盈利机构为34.49亿美元,非联邦政府给大学和学院科研人员的研发经费为18.45亿美元;从经费使用目的上看,与国防有关的开支占16%,与太空有关的开支占4%,其他占80%;从工作特征来看,基础研究开支为344.26亿美元,应用研究为497.53亿美元,开发为1 364.38亿美元。

1998年国内研发总开支(GERD)占GDP的2.79%,高于德国的2.33%,英国的1.87%(1997年)和意大利的1.11%。民用GERD占GDP的2.3%,低于日本的2.92%(1997年)和法国的2.92%。1996年受雇于民用部门的科学家、工程师和技术员总数为48 855万人,其中科学家66.57万人,计算机系统分析员、工程师和科学家93.28万人,工程师(包括各种未分别列出的工程师和技术员)138.24万人,理工类技术员123.58万人,勘测员10.07万人,计算机程序员56.8万人。上述人员行业分布为:制造业139.45万人,服务业179.22万人,政府部门69.42万人,运输20.89万人,贸易2.365万人,自谋职业者23.59万人,金融、保险和房地产业19.21万人,建筑业6.72万人,矿业5.46万人。1997年博士授予学院有理工科研究生42.46万人。1995年和1996年美国学士学位获得者为70.89万人,硕士学位获得者为14.95万人,博士学位授予数为42 705人。

另据经合组织统计,1998年美国工商企业研发开支(BERD)为1 712.95亿美元,占工业产值的2.24%(1997年),占GDP的2.09%。1997年企业有全日制研究员(或大学毕业生)91.86万人。按资金来源划分,1998年BERD构成如下:工业资助占85.6%,占工业产值的1.9%(1997年);政府资助占14.4%。按实施研发的行业划分,BERD比例分配如下:航天工业占11.2%,发电工业占15.6%,办公机械与计算机业占8.8%,制药业占6.8%,其余制造业占38.2%,非制造业占19.5%。

1998年高等教育研发开支(HERD)为318.60亿美元,占GDP的0.39%。高校有全日制研发人员13.43万人(1995年)。

1998年政府内部研发开支(GOVERD)为179.49亿美元,占GDP的0.22%。

1999年政府研发预算或支出(GBAORD)为752.29亿美元,其中国防预算研发占52.8%,民用占47.2%。政府研发预算的民用拨款分配如下:经济发展方案占16.1%,健康与环境方案占48.2%,航天方案占22.6%,非定向研究方案占13.1%。

1995年发表于科技刊物的论文达142 792件,占世界总数的32.7%。1998年美国高技术出口额达1 706.81亿美元,占制成品出口的33%;版税与许可证费收入额为368.08亿美元,支付额为112.92亿美元;专利申请文件数居民为125 808件,非居民为110 884件。

教育

美国人整体受教育水平相当高,根据联合国开发计划署《1999年人类发展报告》,其成人识字率高达99%,三级教育合并入学率为94%,教育指数为0.97。1998年美国人教育成就比例分配为:中学未毕业者占17.2%,中学毕业占33.8%,曾就读于某些学院,但无学位者占17.2%,大学肄业占7.5%,学士学位占16.4%,高级学位占7.9%。美国对青少年实行普及教育,学制为12年,中小学的数学和科学成绩在发达国家中较为落后,但大学教育非常先进,美国两党对教育都很重视,近年来辍学率下降,考试成绩和毕业率上升,青年人上大学的比例空前地高。

美国2001年的财政预算大幅度增加了对教育的投入,其中包括划拨12亿美元更新全国数千个学区的教室,预算对Head start方案的资助超过历史上任何时期,对覆盖1 600万儿童的课后方案的资助几乎翻了一番,该方案可使学习成绩上升,青少年犯罪率下降,吸毒问题减少。为减少低年级班级规模,增加25%补助金以满足雇用10万名新的高水平教师的目标。预算大幅度扩充了为年轻人上大学做准备的GEAR UP和TRIO方案,将佩尔补助金的上限增至3 750美元的空前高度,并且预算增加了对师资培训和扭转后进校的资助,新预算对教育部的资助比1993年增加了76%。

小布什政府强调,美国教育要为所有学生创立一种努力取得成功的文化环境,必须加强数学和科学课程,鼓励更多的学生选修挑战性的课程。他建议建立一项10亿美元的"数学与科学伙伴基金"用以加强各州与高等教育机构间的协作。要设立一项10亿美元的奖学金,激励中学上大上学后选修数学和科学专业。

学前教育 1997年美国学前教育机构有3~5岁儿童786.1万人,其中托儿所443.8万人,幼儿园342.2万人,私立机构注册儿童占36%,总注册率为64.8%。

初、中等教育 1998年美国有初等学校61 805所,公共初等教育(幼儿园到6年级)有注册生2 924.1万人,有全日制教师160.8万人,师生比为1:18.9,小学总入学率为102%,净入学率为95%(1995年)。全国有中学21 307所,有中等教育教师109.7万人,有注册生1 668.2万人,师生比为1:14.7,中学总入学率为97%,净入学率为90%。

高等教育 美国大学分州(政府)立和私立两种,私立大学属于非盈利型组织,享受一定的免税待遇,但也和盈利性企业一样完全独立于政府。1995年美国有各级各种高校3 706所,其中四年制2 244所,二年制1 462所,1996年在校生达1 430万人,教学人员达89万人。18~21岁适龄青年入学率高达80%以上,堪称世界高等教育超级大国。美国的高等教育分为五个层次,第一层次是两年制的社区和初级技术学院,颁授"准学士"学位,这类学校占高校的60%。第二个层次是普通四年制文理学院,学生毕业后颁发文学学士和理学学士学位。第三个层次是四年制综合性大学,能授予硕士学位。第四个层次是能授予博士学位的综合性大学。高等教育的最高层次是研究型大学,如哈佛、耶鲁、麻省理工学院等,代表着美国高等教育的最高水平。

教育开支 美国的教育经费主要源于县一级地方政府的房屋和财产税,州政府酌情从州税中拨款支持。1997年美国用于教育的公共支出占GNP的5.4%,用于每个学生的支出占人均GNP的比例小学为18.5%,中学为23.8%,大学为24.6%。

文化

美国是一个信息与传播文化异常发达的国度,是一个新文化层出不穷、不断创新的国度。1998年每千人拥有日报201份,1999年在用电话直线达1.78亿条,移动电话用户达5 531.2万人,1994～1996年每10万人图书出版量为25种(1980年为34种),文学与艺术类占26%,1997年人均文化纸张消费为146公斤,是工业化国家的1.87倍。1998年全国有广播电台中波约5 000个,调频约5 000个,短波18个;全国有电视台超过1 500个(包括附属于5个主要网络NBC、ABC、CBS、FOX和PBS的1 000个台),此外,约有9 000个有线电视系统(1997年)。

1998年美国有9 344家影院,平均每10万人有3.5家;有银幕34 186个,每10万人有12.8个,每家影院有3.7个银幕。年放映509部电影,首轮新片490部,国产片占85.5%。1994～1998年年均生产故事片661部,进口故事片477部,年人均观影5.4次,是工业化国家的2.35倍。

1998年人均录制音乐消费为48.2美元,从音乐类型上看,国内流行乐占91%,国际流行乐占5%,古典音乐占4%,激光唱机家庭拥有量为73%。

1997年文化贸易额为1 774.74亿美元,占GNP的2.2%,文化出口占文化贸易总量的41%,按商品类别划分,文化贸易的比例分布如下:图书和小册子占1.6%,报刊和新闻纸占4%,打字机、文字和数字处理机占70.6%,与音乐有关的商品占4.3%,电影和摄影占6%,收音机、电视机和录像机占2.4%,可视艺术和古玩占3.6%,体育用品占7.5%。

1998年入境旅游人数达4 639.5万人,外国游客占入境人数的17%;出境旅游人数达5 273.5万人,国民海外游人数占出境人数的24%。1998年旅游收入为742.4亿美元,每位游客的支出为1 600美元;1997年旅游支出为512.2亿美元,每位国民海外游支出为788美元。

1999年下列信息通信用品的千人拥有量分别为:收音机2 146台,电视机844台,有线电视用户达246.3个,传真机78.4台,个人电脑510.5台。载止到2000年7月每万人拥有互联网主机2 419.86台,1999年互联网用户达7 410万,全国有互联网服务商(ISP) 7 600个,信息与通信技术开支占GDP的8.87%。

目前,美国信息技术的应用比其他国家广泛得多,计算机的使用在工作场所很普遍,1997年10月一半以上的在岗工人使用计算机,比4年前增加了5%。在公共学校,每台计算机负担的学生数在不到15年的时间里已经缩小了10倍,即在1984～1997年间从63.5人减至6.3人。1994年美国只有14%的学校和3%的教室能够上网,到2000年10月,95%的学校和65%的教室可以上网。如今互联网在家庭已经完全普及,网上购物、网上银行、网上看病、网上娱乐、网上阅读,网上交流已成为生活中不可缺少的一部分。

信息技术的广泛应用不但造就了一批像盖茨那样通过自己奋斗跻身世界巨富之列的首席执行官,而且正在催生某种新的文化,可以说鼓励竞争,鼓励创造,正是美国文化的核心。

环境

1999年美国土地面积为915.9万平方公里,人口密度为每平方公里29人,国家保护区占总土地面积的13.4%,2000年森林面积为226万平方公里,占总土地面积的24.7%,1990－2000年年均森林减少面积为－3 880平方公里,百分比变化为－0.2。美国有哺乳动物428种,濒危37种;有鸟类650种,濒危55种;有高等植物(仅指开花植物)19 473种,濒危4 669种。

1999年淡水资源为人均8 906立方米,年度淡水使用量为4 477亿立方米,占水资源总量的18.1%,其中农业用水占27%,工业用水占65%,生活用水占8%。

1998年有机水体污染物排放量为2 577 002千克/日,每个工人日排放量为0.15千克。有机水体污染物行业排放比例如下:冶金占8.5%,造纸占32.4%,化工占10.7%,食品和饮料占28.1%,建材占0.2%,纺织占6.3%,木材占2.8%,其他占11.6%。

1999年美国私人消费达到58 368亿美元,占全世界的32.1%,美国人每年产生的垃圾达数十亿磅,目前回收率为28%。克林顿在2000年11月15日纪念"回收日"的广播讲话中号召人民回收垃圾,购买用回收材料制成的产品,因为这是最简单有效地保护资源,创造洁净环境的措施,并且可以创造就业机会。目前在全国范围,回收和再制造提供100万个新就业和1 000亿美元的税收。联邦政府每年购买3.5亿美元再循环产品,并且从10年前开始,每年增加1.1亿,增加30%。

美国是能源使用大国,1998年商业能源产量为169 543万吨油当量,相当于世界总产量的17.4%;商业能源使用量为218 180万吨油当量，占世界能耗总量的23.35%；人均能耗为7 937公斤油当量，占世界平均数的4.8倍。同时，美国也是世界上二氧化碳排放量最大的国家，1997年排放总量为54.671亿吨，占全球的23%；年人均排放为20.1吨，是世界的4.9倍。美国目前是世界上最大的燃煤国，煤电厂排放物是二氧化碳排放增长的主要原因，也是影响全球气候变化的重要原因。

根据《联合国气候变化框架公约》缔约方大会1997年通过的《京都议定书》，在2008年至2012年期间，发达国家的温室气体排放量要在1990年的基础上平均削减5.2%，其中美国削减7%，欧盟8%，日本6%，但布什上台后，以限制对二氧化碳排放将导致能源使用从煤转向天然气，能源价格因此抬高为由，否定了美政府对《京都议定书》的承诺。他以加州能源危机为由，允许石油公司去阿拉斯加沿海野生环保地带开采石油；他放宽了对饮用水中砷含量严格限制的要求；他还决定放弃对数百万公顷的国家森林的保护，让大财团去采油、采气、采金、采矿等。引起了国内外环保人士的忧虑。

经济文化一体化

90年代初，经济由衰退转入复苏，美国人凭借自己善于创新的看家本领，抓住机遇进行了一场信息革命，用信息技术武装了传统产业，用信息化改革了企业管理，使美国经济和企业面貌发生了一场大变革。技术革新的步伐，特别是在信息技术方面，是美国经济扩张和经济周期特征发生变化的主要因素。信息技术的迅猛发展改善了现行服务的质量；创造了新的服务；提高了劳动生产率；增加了资本密度；提高了规模经济；创造了新的经济结构。由此带来的劳动生产率增加也就提高了商品和服务的国际竞争力。从信息革命中涌现出来的新型经济，即以信息为基础的经济，它融汇了三种同时发生的现象——计算机和通讯行业的飞速技术进步、美国经济的国际化以及金融环境的变化。这种新的经济环境鼓励经济行为主体投资于新技术，并使其有能力这样做，使新技术得以迅速传播。

从1979年至2000年期间，美国风险资本业务从由25个基金经管的10亿美元活动（6亿投资于300家公司）发展为由1 000个以上风险基金经管的1 200亿美元企业（1 100亿美元投资于7 000家公司）。特别是连年轻的先驱公司也能够以极低的成本筹措风险资本，并发行初始股。此外，有利的前景已吸引大量外国直接投资进入美国。由于投资总额大幅增加，90年代后半期生产率增长比前20年平均数高出一倍以上。

信息技术促进了资源的有效管理，减少了分配费用，淘汰掉效率不佳的供应商和中间人，使市场更加透明，价格得以降低。

由于通讯改善，运输成本下降，贸易自由化以及全球金融一体化，美国及多数国家经济正在国际化。国际化刺激了各种经济活动，并改变了许多行业的国际分工，国际化加剧了竞争，使物价上涨和出现通胀压力的可能性降低。

美国是经济全球化进程加快的最大受益者，因为它拥有的跨国公司数最多。全球化也使美国渗透、影响其他国家的能力大大增强，美国文化和西方思想也随着全球化进程涌进了海外市场，使那里的传统文化受到冲击。全球化进程使公司化得到空前的发展，公司化的两个特征是跨国公司规模越来越大，分公司越来越多和产、供、销标准，环境标准，劳工标准的一致化，这些将对发展中国家的经济、社会、文化产生冲击。全球化使美国人的“责任感”与“使命感”空前地加强，美政府把自己看成维护人类和平与繁荣，自由与安全的力量。为了在全球化进程中确保美国的安全与繁荣，为了捍卫西方的价值，美国人不惜一切代价，领导“自由与和平的力量”在科索沃和波斯尼亚取得了既定目标。民族优越感和强烈的使命感使美国政府俨然把自己看成了全球经济文化的先进代表和人类的救星，霸气十足。正如克林顿在告别讲话中所说：“我们必须勇敢地、果断地承担起领导责任——与我们的盟国站在一起，使人类面对全球经济，以扩大所有国家、所有人民的贸易利益，提高全世界人民的生活和希望。”

（中国国家图书馆　李跃进）

巴拿马经济文化概况

概况

地理 巴拿马共和国(The Republic of Panama)位于巴拿马地峡的东南端,是连接南北美洲的陆桥,巴拿马运河从国土中部贯穿南北,成为沟通太平洋与大西洋的通洋水道。巴拿马北濒加勒比海,南临北太平洋,西与哥斯达黎加有着330公里的共同边界,东与哥伦比亚为邻,边界线长225公里。总面积75 520平方公里,陆地面积74 430平方公里,海岸线长2 490公里,领海200海里。巴拿马属热带海洋性气候,5月至次年1月为持续雨季,冬季日均降水28毫米,1～5月为短暂的干燥期。境内多陡峭崎岖的高山和分割的高地平原,最高点奇里基火山海拔3 475米,沿海为大片的平原和起伏的山丘。国内资源以铜、红木森林、褐虾为主。

人民 2000年7月估计人口数为2 808 268人,人口增长率为1.34%。根据联合国开发计划署《1999年人类发展报告》,巴拿马人出生时预期寿命为73.8岁,成人识字率为91.4%,第一、二、三级教育合并总入学率为73%,1998年实际人均GDP按购买力平价为5 249美元,人类发展指数值为0.776,人类发展指数在174个国家/地区中排列第59位,处于上中等人类发展水平。

在民族构成中,混血种人占70%,余为黑人、白人和印第安人。人口中罗马天主教徒占85%,新教徒占15%。官方语言为西班牙语,另有14%的人以英语作为母语,许多巴拿马人能操双语,另有一些人讲各种印第安语。

政府 巴拿马为立宪共和国,全国分为9个省和2个特区。1821年摆脱西班牙殖民统治,成为大哥伦比亚共和国的一部分,1903年11月3日脱离哥伦比亚独立,成立巴拿马共和国。

1972年10月11日现行宪法生效,1983年4月进行了重大宪法改革。

国家实行三权分治,总统既是国家元首,也是政府首脑,内阁由总统任命,总统和副总统由民选产生,任期五年,现任总统为1999年5月2日选举产生的米雷娅·莫斯科索夫人。立法机构为一院制立法议会(72席,议员由普选产生,任期五年)。司法机构由最高法院(有9名法官,每届任期10年)、5个高等法院、3个上诉法院组成。

经济

由于其关键的地理位置,巴拿马经济以服务业为基础,尤其偏重于银行业、商业和旅游。佩雷斯·巴利亚达雷斯总统任职期间(1994年5月～1999年5月)实行旨在使贸易制度自由化,吸引外资,实行国企私有化,机构财政改革,鼓励通过劳动法改革开创就业等一揽子经济改革计划。本届政府于1997年对它所拥有的两个沿运河的剩余港口实行了私有化,并于1998年初出售铁路。同时,它还计划出售电子公司等其他资产。巴拿马加入了世贸组织,并承诺将平均关税率减到拉美最低水平。1998年初立法机关通过了银行改革法。驱动增长的最重要部门一直是巴拿马运河和其他航运及港口活动。此外,保险、政府服务、跨地峡石油管道、科隆自由贸易区也是巴拿马经济不可或缺的部分。1999年新一届政府执政以来,除了继续原有的经济改革政策,政府将基本的关切事项与提高最贫困者的生活质量联系在一起,努力消除饥饿、贫困和匮乏,为达此目标,努力为国内产品开辟新的市场,吸引更多的私人投资并扩大与发达国家的合作。同时根除腐化,制止使用和贩卖毒品以及这种现象产生的洗钱行为也是现政府希望达到的目标。

根据世界银行的统计,2000年巴拿马国内生产总值(GDP)为97.77亿美元,实际增长率为2.3%,人均

GDP为3 481美元。GDP部门构成如下:农业占7%,工业占17%,服务业占76%。1999年通胀率为1.5%。

1999年全国有劳动力100万,技术劳工短缺,但非技术劳动力过剩。劳动力部门构成如下:政府和社区服务占31.8%,农业占26.8%,商业、餐饮和旅馆占16.4%,制造业与采矿占9.8%,建筑占3.2%,运输与通信占6.2%,金融、保险和房地产占4.3%。失业率为13.4%。

工业 主要有建筑、炼油、酿造、水泥和其他建材、制糖等。受1998年初关税水平大幅度削减的影响,1998年制造业产出增加了3.1%,增加值达到7.54亿美元,其中食品、饮料和烟草占54%,纺织和服装占7%,化工占7%,其他制造业占32%。1999年工业增加值占GDP的17%,制造业增加值占GDP的8%。

农业 1999年全国有农业人口66.3万,其中农业经济活动人口24.5万,占全部经济活动人口的20.8%。1995~1997年人均耕地为0.19公顷,每千名农业劳动者拥有拖拉机20台,1996~1998年每个农业工人创造的农业附加值为2 512美元(1995年)。1999年农业增加值占GDP的17%。1999年主要作物产量为:香蕉65万吨,稻谷23.2万吨,玉米9万吨,生咖啡1万吨,甘蔗205万吨,蔬菜和瓜类11.6万吨。

外贸 2000年出口额为8.33亿美元,出口商品中香蕉占33%,虾占11%,糖占4%,咖啡占2%,服装占5%。主要出口市场:美国占40%,其他包括瑞典、哥斯达黎加、西班牙、比荷卢、洪都拉斯(1998年)。

2000年进口额为35.03亿美元,进口商品中资本货物占21%,原油占11%,食品占9%,其他消费品和中间货物占57%。主要供应国——美国占40%,其他供应国包括中美洲和加勒比,日本(1998年)。

政府财政 1998年收入为23.312亿巴波亚,收到赠款0.723亿巴波亚;支出为26.068亿巴波亚,扣除偿还之后的借贷为1.391亿巴波亚,政府财政赤字为0.642亿巴波亚。

1999年国内债务为21.088亿巴波亚,外债为54.576亿巴波亚。兑换率:1美元=1巴波亚。

运输 1999年全国铁路长度为355公里,公路长度为11 258公里,水路800公里,可通行吃水浅的船舶;巴拿马运河82公里,输油管长130公里。主要港口有:巴尔沃亚港、克里斯托瓦尔、科科索洛、曼萨尼略、瓦尔蒙特港。巴拿马共有千吨级商船4 732艘,共计总注册吨位106 054 086吨/载重159 304 019吨。1998年有71个国家和地区的船舶在巴拿马进行方便旗帜注册,其中日本1 262艘,希腊378艘,香港244艘,韩国259艘,台湾229艘,中国大陆193艘,新加坡103艘,美国116艘,瑞士78艘,印尼53艘。

1999年巴拿马有机场105个。

教育

巴拿马在学制上实行6-3-3制,即小学6年,初高中各3年。国家对6~15岁儿童实行免费义务教育。

学前教育 学前教育始于5岁,为期1年,1996年有学前教育机构1 086所,有教师2 031人,注册儿童46 245人,私立机构注册人数占26%,总注册率为76%。

初等教育 1999年全国有小学近3 000所,有教师18 388人,有学生383 891人,小学总入学率为105%。

中等教育 1999年全国有中学教师12 865人,有学生231 852人,中学入学率为70%左右。免费和多样性中等教育是1904年开始推行的,为了加强学生的专业化培训,并解决国家每一时期的需求,建国之初,巴拿马就设立了中等职业技术学校,并设置了业士学位和若干中级技术课程。

高等教育 提供大学教育的有4所公立院校:巴拿马大学、巴拿马技术大学、奇里基省自治大学和巴拿马航运学院。还有7所私立院校。巴拿马高等教育的入学人数增加迅猛,高校入学人数占适龄青年的1/3,1999年全国有高校教师5万余人,有学生109 424人。

教育经费 1997年公共教育经费占GNP的5.1%,占政府开支总额的16.3%;经常性教育开支占GNP的4.8%,占经常性政府开支的17.2%,经常性教育开支占总教育开支的92.2%。经常性开支在各级教育中的分配如下:学前与小学占31.1%,中学占19.8%,大学和其他类型占26.1%,未分配部分占23.1%。

巴拿马目前正在实施十年(1997年至2006年)现

代化教育战略,该战略包括:为最贫困社区的儿童提供普通基本教育助学金;为普通基本教育体制内的所有儿童提供补充食品(牛奶和强化奶制品);扩大学前(75%)、小学(99%)和中学预科教育(90%)儿童的覆盖率;向全国各所学校提供计算机设备;为普通基本教育学校配置图书馆、教室和学生中心等。

文化

巴拿马人的文化、风俗和语言以加勒比西班牙风格为主。巴拿马民俗和大众传统丰富多彩,民间节日及狂欢节期间,人们所穿的民族服装色彩斑斓,尤其是 tanborito之类的民间舞蹈所配的服装更是艳丽无比,欢快的萨尔萨(salsa)——拉美流行乐,节拍与布鲁斯、爵士和摇滚的混合形式,是巴拿马人所特有的。印第安人的影响主要反映在手工技艺中,例如著名的kuna纺织品 molas,通常描绘当地的野生动物及相关主题。艺术家罗伯托·莱维斯创作的总统宫壁画及其所做的修复工作,以及为国家大剧院天花板所做的设计闻名于世,令人赞叹。

目前促进文化发展和民众参与文化生活的惟一资金来源是全国文化协会(文协)的预算。该预算像投资预算一样运作,1996 年的预算额达 704.6 万美元,1997 年约占国家总预算的 15%。1998 年预计为 1 067.577万美元。

文协是根据 1974 年 6 月 6 日的第 63 号法案建立的,其主要目标是指导、促进、协调和管理全国的文化活动。

根据世界银行的资料,在当今这个信息时代里,1999 年巴拿马每千人拥有的文化信息产品数量为:日报 62 份(1996 年),收音机 300 台,电视机 192 台,电话直线 151 条,移动电话 29 部,个人电脑 32 台。2000 年 7 月每万人互联网主机数为 10.21 台,1999 年全国有互联网服务商(ISP)3 个。

经济文化一体化

巴拿马的历史记录了世界经济的演变并留有强国政治的印记。1501 年罗德里戈为寻找黄金从委内瑞拉向西航行,成为探险巴拿马地峡的第一位欧洲人。一年后,哥伦布来到地峡,并在达里安建起了临时住所。1513 年巴斯科·努涅斯·德巴尔博亚从大西洋到太平洋的艰难拔涉证明了地峡的确是一条通洋道路,于是巴拿马很快成为西班牙帝国在新世界的枢纽和市场。装载南美金银的轮船在此靠岸,跨越地峡之后,装船驶往西班牙,这条路成了著名的“皇家之路”。

巴拿马曾作为西班牙帝国的一部分近 300 年之久(1538~1821 年),从一开始,巴拿马人的特性就以其地理位置的敏感为基础,巴拿马人的命运随地峡的地缘重要性而起伏,殖民主义的经历同时也造就了巴拿马人的民族主义和反帝情绪的高涨。

从西班牙殖民开始修建跨地峡运河就成为一个梦想,1880~1900 年法国人试图修筑运河,但没有成功。1903 年 11 月,当哥伦比亚拒绝了允许美国修建运河的条约之后,在美国支持下,巴拿马摆脱哥伦比亚独立。同年,美、巴签署了海比诺—瓦里亚条约,授权美国修建一条 10 英里宽的运河,并获得管理、设防及捍卫运河的永久权。1914 年美国完成了 83 公里(52 英里)的运河工程,随即开始通航。为摆脱 1903 年签署的最早的《运河条约》强加给巴拿马的负担,巴人民开始了一场不间断的民族主义斗争,在重新就运河进行谈判的压力下,1977 年 9 月巴美签署了《新运河条约》(又称《托里霍斯—卡特条约》),并于 1979 年 10 月 1 日生效。这项协定记载了美国关于在 1999 年 12 月 31 日把这条通洋水道的管理权和全部控制权交给巴拿马的承诺。根据新条约,在此之前,运河的管理由巴美共同组成的运河管理委员会负责,美军继续对运河的中立负责。

1999 年 12 月 14 日,美国和巴拿马在巴拿马城就巴拿马运河回归举行交接仪式,1999 年 12 月 31 日巴拿马政府于当地时间中午 12 时在巴拿马运河管理大楼前举行升国旗仪式,正式收回对巴拿马运河的主权,从而结束了美国对这条黄金水道长达 85 年的殖民统治,巴拿马实现了几代人为领土完整而斗争的目标,成为国家资源、运河及其邻近地区的主人。

自运河于 1914 年开通以来,它就一直是巴民族的重要象征,是巴人民作为一个民族实现发展的希望的中心。使巴拿马成为世界桥梁和成为全球中心的运河在过去 85 年中,促进了国际社会的经济进步,在新世纪里,巴拿马人民开始全面参与通洋水道的管理,巴拿马确认运河问题是国家的问题,并商定必须把运河营运置于政治分歧之上，这项共识已写入了1994年宪法，如今，运河已纳入了国家的发展进程。

巴拿马运河是全世界性的企业。每年通过运河的船只的总货运量达到2.28亿吨，可为巴拿马带来5亿美元的收入。在运河服务的巴拿马男女工人在管理和经营民族这一主要财富方面起着领导作用，目前在运河工作的9 400名员工中有97%是巴拿马人，在这些宝贵的人力资源的参与下，近年来，运河极其谨慎且高效地运作，其航运及货运量空前，目前正在考虑通过与航空公司和海港建立互利联盟，将这条运河纳入世界运输网络的一部分，最大限度地提高年收入。为了保证运河今后的运作，巴拿马目前正在执行一项大规模的投资方案，大约耗资10亿巴波亚，以使这条通洋水道现代化和得到改进，并确保它能够应付需要和保持服务质量，巴希望该方案将把运河的能力扩大20%。巴还计划在2010年之前开始修建第三套船闸，以便让一些超大吨位的船只也能通过巴拿马运河。由于该项工程规模巨大，1997年9月举行的巴拿马运河世界大会呼吁那些将巴拿马运河列入运输和外贸基础设施的所有国家都须做出努力。作为具有过境通道的特殊作用的国家，一个全心全意服务于大洋运输的国家，巴拿马地峡作为各民族和文化汇聚的大熔炉已完全融入到全球经济文化一体化的进程之中。

（中国国家图书馆 李跃进）

古巴经济文化概况

概况

地理 古巴共和国（The Republic of Cuba）位于加勒比海与北大西洋之间，由古巴岛和青年岛（原松树岛）两个主岛及周围1 600多个岛屿组成，北距美国海岸90海里，其他邻国包括巴拿马、墨西哥、牙买加和海地。面积110 860平方公里，海岸线长3 735公里，专属经济区200海里。全境大部分地区属热带雨林气候，西南部信风带为热带草原气候，11～4月为旱季，5～10月为雨季。地势大多平坦，西南为崎岖的丘陵与山地，境内最高点为图基诺峰，高2 005米。主要资源有：钴、镍、铁矿、铜、锰、盐、木材、硅石、石油。

人民 2000年人口为1 120.1万，1999年人口增长率为0.4%，出生率为12.9‰，死亡率为7.38‰，出生时预期寿命为75.78岁，妇女总生育率为1.58胎。全部人口都能得到免费的医疗保健和教育，儿童100%都得到保护，免受11种可预防的疾病侵扰，而且每169个居民有一名医生。每5个人中有1名学生，全国有60多万大学毕业生。1998年，古巴预算的41%用于社会服务，成人识字率高达96.4%，其人类发展指数在174个国家中居第56位[①]，属上中等人类发展水平。

从民族构成上看，黑白混血种人占51%，白人占37%，黑人占11%，华人占1%，官方语言为西班牙语，主要宗教为天主教。

政府 首都为哈瓦那，全国设14个省和1个特别区。

1902年5月20日获得独立，曾先后于1898年和1902年摆脱西班牙和美国的统治。国家节日包括（1953年）7月26日起义日；（1959年）1月1日自由日。

现行宪法于1976年2月24日通过，立法制度以西班牙和美国法律为基础，但在很大程度上融入了社会主义法制理论。国民16岁起拥有普选权。国务委员会和部长会议主席菲德尔·卡斯特罗·鲁斯为国家元首和政府首脑（1959年2月～1976年2月为总理，自1976年12月2日至今年为主席），内阁为部长会议，其成员由国务委员会主席提议，由国民大会任命；国务委员会成员由国民大会选举产生。立法机构为一院制全国人民政权代表大会（601席，由特别侯选人

① 联合国开发计划署《人类发展报告》，2000年版。

资格委员会审核通过的侯选人名单中直接选举产生;议员任期5年),上届选举于1998年1月11日举行(下届为2003年),古巴共产党占94.39%。最高人民法院为国家最高司法机构,院长、副院长和其他法官由国民大会选举。古巴共产党为古巴唯一合法政党,菲德尔·卡斯特罗为第一书记。

经济

在经济活动中,国家起着主要作用并控制着几乎全部的外贸。近年来,为了抑制过多的负债,增加对工人的奖励,减少食品、消费品和服务的严重短缺,政府实施了一系列的改革,1994年10月推出了农业市场自由化措施;减少了对亏损企业的补贴并压缩了货币供应,使得古巴比索的半官方兑换率从1994年夏季的120比索兑1美元降至1998年底的21比索兑1美元。1995年新的外资法的颁布吸引了资本向岛内的流动。到1998年,已建立了345家合资企业,这些企业在旅游、石油钻探、镍开采和电信方面起到了决定性作用,1990～1998年间总投资估计达25亿美元。古巴最主要的合资伙伴为西班牙(70家),加拿大(66家)和意大利(52家)。1999年第一季度又新增了18家合资企业;至今为止,古巴与37个国家签署了相互保护投资双边条约。

1999年,大约100家政府机构开始实施一项新的商业培训方案,其基本目的旨在提高资源使用效率,鼓励自我管理,以及向多数生产工人提供奖励。该计划通过给经济实体更大的授权,将中央计划决定与企业管理上的权力下放相结合。

据拉加经委会报告,1998年是古巴经济缓慢复苏的第二年,由于甘蔗收成下降,该年的GDP增长仅为1.5%,非金融公共部门赤字略有上升,达到GDP的2.4%,负债虽有增加,但未影响到本国货币的购买力,通胀率保持在2.7%的低水平。由于货物与劳务贸易差额增加,经常帐户赤字扩大;由于国际石油和进口食品价格下降速度快于糖和镍的下降,贸易条件有所改善。在对外部门中,国际旅游,海外家庭的侨汇以及外资的不断涌入令人鼓舞。

1998年间,由于东部省份干旱,乔治飓风引起的破坏性天气因素,古巴遭遇了极大的困难。此外,古巴还必须应付美国对其实施的长达40年的经济、商业和金融封锁产生的不利影响,这种影响给古巴造成了600多亿美元的经济损失。

根据拉加经委会的初步估计,由于食糖部门的复苏,海外家庭侨汇及国际旅游和外资的流入不断增加,1999年经济增长率将增至6%,糖产量将达到360万吨的最高纪录;旅游服务增长20%,达到2000年200万来访者的目标;采矿部门镍和原油产量分别增长12%和25%。

根据目前可获得的统计,1998年GDP总量为173亿美元(购买力平价),年增长率为1.5%;人均GDP为1 560美元(购买力平价)。GDP部门构成如下:农业占7.4%,工业占36.5%,服务业占56.1%(1997年估计)。1998年经济活动人口为540.4万,劳动力的职业分布为:服务业和政府占30%,工业占22%,农业占20%,商业占11%,建筑业占10%,运输与通信占7%(1990年6月),失业率为6.8%(1997年估计)。

1998年预算收入为123亿美元,支出130亿美元(包括资本开支)。

工业 包括蔗糖、石油、食品、烟草、纺织品、化学品、纸和木材产品、金属(尤其是镍)、水泥、化肥、消费品、农业机械。工业生产增长率为6%(1995年估计数)。

1997年发电量为141亿千瓦小时,其中火电占98.96%,水电占1.04%。

农产品 主要有:甘蔗、烟草、柑橘、咖啡、水稻、马铃薯、豆类、家畜。

对外贸易 2000年出口额为24.20亿美元,出口商品包括:糖、镍、烟草、甲壳类动物、药品、柑橘、咖啡。主要出口伙伴为:俄罗斯占17.3%,加拿大占17.1%,荷兰占18.2%,西班牙占7.3%,中国大陆占2.8%。2000年进口额为42.10亿美元,进口商品包括:石油、食品、化学品,进口伙伴为:西班牙占16.9%,法国占7.2%,加拿大占6.3%,意大利占7.6%,中国大陆占8.6%。

到1998年6月外债总额达100.14亿美元(可兑换货币);另外欠俄罗斯200亿美元。1997年收到经济援助4 600万美元。1995年起实行固定汇率制,1比索=1美元(官方汇率,不可换)。

运输 铁路长度为4 807公里;公路长60 856公里;水路长240公里。主要港口包括:西恩富戈斯、哈瓦那、曼萨尼略、马坦萨斯、努埃维塔斯、圣地亚哥、马里埃尔。

古巴共有商船(总注册吨位在1 000吨以上)18艘,共计注册吨位89 091吨/载重吨位125 463吨。全国有机场170个。

科学技术

古巴具有科学研究的传统,尤其是在农业和医学的一些领域,所取得的成就已达到世界水平。2000年3月8日,联合国教科文组织参与了纪念古巴开设农艺学研究100周年的活动,这是国际学术界的一项重大活动。18世纪建立的古巴大学是美洲大陆首批开展农艺学研究,在该地区和国际上都有影响的大学之一。其在真菌方面的研究表明,古巴在这方面是世界上最先进的国家之一。拉丁美洲和全世界的许多农艺学家都在这个单一农业占主导地位的国家的示范中心接受过培训。

根据教科文组织的统计,1995年古巴每百万人口中有研究人员1 612人,有技术人员1 121人,平均每名研究员拥有0.7个技术员,理工科学生占大学生总数的16%。年人均研究与开发(R&D)开支为18比索,每名研究员年人均开支为10 683比索。

1995年,古巴从事研发的人员达44 119人,其中研究员17 667人,技术员及同等资历职员12 288人,其他支助人员14 164人。研发开支全部由政府提供,1995年国内研发总开支为1.88731亿比索,占GNP的0.84%。

1997年居民专利申请量为109件,非居民为23 162件。

教育

古巴教育模式的特点为:系统、男女同校、面向大众和免费教育。学校教育、社区教育和家庭教育均以不分性别、种族、信仰、年龄的平等参与为原则。目前,成人的平均教育程度为9年级。古巴实行9年制免费义务教育。

学前教育 学前教育始于5岁,为时1年。1996/1997年度,学前教育机构教师有6 970人,全部为女性,有注册儿童154 520人,女童占48%,总注册率为88%。

初等教育 6~11岁为小学受教育阶段,1996/1997年度,古巴有小学9 926所,1998年有教师77 735人,女性占81%,注册生人数达1 015 897人,女生占48%,师生比为1:13,总入学率为106%,净入学率为100%,复读率为3%,小学升初中的比例为94%。

中等教育 12~18岁为中学受教育阶段,1998年,全国有中学教师70 476人,女性占57%,有学生811 265人,女生占52%,总入学率为87%。中等教育中约70%的学生接受普通教育,近30%接受职业教育,接受师范教育的学生占0.07%。

高等教育 古巴有479所技术学院、16所师范学院、15所大学。1996/1997年度高校有教师22 574人,女性占45%,有学生111 587人,女生占60%。大学生在各专业中的分布为:教育学占34.2%,人文占2.3%,社会科学占8.5%,自然科学占20.9%,医学占26.3%,其他占7.8%。在非传统专业中,女生大约占建筑工程学、工业机械、电子化学、通讯等专业注册生总数的43%。

教育经费 1996年公共教育经费占GNP的6.7%,占政府开支总额的12.6%。经常性开支在各级教育中的分配如下:学前占7.6%,小学占24.3%,中学占33%,大学占14.9%,其他占20.3%。

古巴保证所有公民都能接受教育,助学金制度包括中学、高级中学、综合技术学校和大学4个等级。此外,古巴在全国设立了2 000所寄宿和半寄宿学校,确保学生得到全面培养,确保他们把学到的知识付诸实践。尽管美国对古巴的封锁使其无法改善教育的物质条件,入学率仍继续提高,社会教育和家庭教育不断发展,学校是古巴社会中最重要,最有责任心的文化机构。

文化

古巴有国家图书馆1座,1995年藏书244.6万册,缩微制品1 995件,声像制品4 990件,其他图书馆文献214件。全国主要大学有图书馆86座,藏书252.5万册,年读者量为27.1万人次。此外,在中小学中还分布着 3 800 个图书馆服务点(1993 年)。

1996 年全国有 17 种日报,年发行量 130 万份,千人拥有量为 118 份;有非日报 24 种,年发行量 45.6 万份,千人拥有量为 41 份。古巴的新闻纸靠进口,1997 年进口量为 5 500 吨,千人消费量为 497 公斤;其他印刷书写纸张年产量为 14 000 吨,进口 11 000 吨,千人消费量为 2 259 公斤。

1993 年古巴生产了 6 部故事片,其中 3 部为合作拍摄,同年进口了 22 部影片。1993 年全国有影院 903 座,座位容量为 18.79 万个,年观众量为 2 380 万,年人均观影 2.2 次,票房收入 640 万比索。

古巴有 156 座广播电台,其中中波 150 座,调频台 5 座,短波台 1 座。1997 年收音机总数为 390 万台,千人拥有量为 355 台(1999 年);全国有电视台 58 座,电视机 264 万台,千人拥有量为 246 台(1999 年)。电话系统不甚发达,1998 年全国有电话机 22.9 万台。1999 年每千人拥有个人电脑 9.9 台,2000 年 7 月每万人拥有互联网主机 0.33 台。

古巴广泛开展了群众性文化活动,在社区中建立了体育综合活动中心,社会文化设施,而且还实施了其他以参与性、全民性为特色的社会文化方案。通过各种活动使人们深刻地认识到他们的文化身份,便于群众与专业人员、艺术家、知识分子之间的交流。通过大众传媒手段,通过信息、教育和文化节目努力将文化传达到全国每一个角落。各级教育规划中都包括体育和艺术方案,一旦显露出才华,国家就为他们创造免费学习的条件,使其可以分别或同时学其感兴趣的体育项目和艺术科目。

环境

古巴是加勒比海上一个孤立的岛国,1998 年可耕地面积占 33.1%,多年生作物用地占 7.6%,森林占 21.4%,1999 年国家保护区面积为 1.91 万平方公里,占土地面积的 17.4%。

每年 8~10 月易遭飓风袭击(一般说来,该国每隔 1 年来 1 次飓风);干旱发生频繁。目前的环境问题主要有:哈瓦那湾的污染;过度狩猎危及野生动物种群的生存,森林消失。

古巴是下列国际环境条约的缔约方:南极条约,生物多样性,气候变化,防止荒漠化,濒危物种,禁用环境改变技术,有害废料,海洋法,海洋倾倒,臭氧层保护,船舶污染。已签定但尚未批准的协定包括:南极环境议定书,海洋生命养护。

经济文化一体化

古巴是一个意志坚强的国家,一个文化与经济紧密结合的国家,一个男女真正平等的国家,一个一方面抵制经济全球化的负面影响,一方面希望纳入世界经济体系的国家。

众所周知,自古巴人民 1959 年在卡斯特罗的领导下,推翻巴蒂斯塔独裁政权,建立社会主义之后,美国出于意识形态原因,对古巴发动了步步升级的经济战。但不论是在断绝外交关系,取消蔗糖配额,进而实行全面的经济封锁的时候,还是在古巴历史上最关键最困难的时期——当时古巴的主要援助方和贸易伙伴苏联和社会主义集团解体,古巴人民都没有向邪恶和困难低头,这使得美国将封锁强化到了极点。所谓的 1992 年《托里切利法》除了那些严重影响古巴和世界其他地区之间的食物和其他商品海上运输的限制性措施以外,禁止美国设在第三国的子公司与古巴进行贸易。这种政策在《赫—伯法》出笼时达到了顶点,它以法律确定了以往所有的行政性限制措施,并使其永久化。面对强权政治,古巴人民不屈不挠,在逆境中生存,并且经济上逐步走出了低谷,这体现了一个民族的英雄主义气概。

由于食糖等农业部门在经济中占有重要地位,许多国家机构设立了自己的培训学校、再教育学校和高级技术学校,如农业部在全国各地都开办了学校,其中大部分集中在农村地区;食糖工业部在 7 个省建有学校。其他培训中心和提高中心都兼有调查机构的职能,如园艺研究学院、柠檬研究学院、甘蔗研究学院、咖啡研究学院、大米研究学院等等。这些机构研究的对象都是当地的主要农作物,其目的是向农业工人提供培训。此外,最近几年,共有 37 335 名学生由农牧业综合学校毕业,他们是农村地区科学技术的源泉。在山区,国家开办了 3 所夜大学,以便培养本地的专门人才。全国小农协会在西部农业区设有 1 个国家培训中心,其目的是培训协会的基层干部和向农民传授新的科技知识。

古巴妇女与男子平等地参与社会、经济、文化活动,1999年妇女占劳动力总数的43.9%,占国家高级技术人员总数的66.6%,教育工作者的72%,卫生保健人员的67%和食糖员工的21%。担任各级领导职务的妇女比例为31.1%,古巴女检察官占61%,女审判员占49%,最高人民法院女法官占47%。在全国人民政权代表大会和国务委员会中女代表分别占27.6%和16%。

古巴政府在一切国际场合抨击经济全球化的负面影响——第三世界和工业化国家之间,高收入和贫困群体之间的不公正和差距扩大,它认为新自由主义推崇的全球化不但没有带来预期的进步和福利,而且正在造成新的不公正和社会的边际化。它主张摧毁目前每天进行着3万亿美元投机性交易,靠买卖并不存在的东西维持的混乱的金融体系,并在它的废墟上建立一个促进生产的体系,新的体系应考虑到各国之间的差异。在呼吁改变现行国际政治经济秩序的同时,古巴于90年代前半期开始实施生存、抵制和发展战略,1994年以来出台了15项重大经济举措,部分开放了这个岛屿,实行了一些谨慎的市场经济式改革,1998年1月教皇对古巴进行了历史性访问,此后,改革的步伐不断加大,古巴比以前更强大。

(中国国家图书馆 李跃进)

阿根廷经济文化概况

概况

阿根廷共和国(Republic of Argentina)位于南美洲南部,东濒大西洋,西同智利以安第斯山脉为界,北部和东部分别与玻利维亚和巴拉圭、巴西和乌拉圭接壤,海岸线长2 600余公里。国土南北向十分狭长,形状不对称,生态系统各异,气候多样,但以温和为主,地形起伏较大,既有贯穿海岸地区的安第斯山,又有南美大草原,陆地面积278万平方公里。2000年全国总人口为3 703万,人口密度为每平方公里12人,总人口的70%集中在占国土面积不足1/3的地方,即布宜诺斯艾利斯、科尔多瓦、圣非和门多萨4省。其余人口分布在广阔的领土中,集中在干旱地区的绿洲地带。人口中欧洲人占97%,多属西班牙和意大利血统。教徒中信奉罗马天主教者占92%,新教占2%,犹太教占2%,其他占4%,西班牙语为官方语言。

阿根廷于1816年7月9日独立,1853年5月1日颁布第一部宪法。1994年8月22日实施新宪法,新宪法规定阿根廷为联邦共和国,实行代议制。在行政部门设立内阁首脑,并向总统报告,负责国家的全面管理。总统为国家元首和政府首脑,总统有权任免内阁部长,总统任期6年,不能连任。立法权在两院制基础上行使(参议院72席,众议院257席)。司法机构由最高法院、联邦上诉法院和省级法院组成。主要政党:正义党、激进公民联盟、广泛阵线、国家独立与尊严运动等。

根据联合国开发计划署《1999年人类发展报告》,1998年阿根廷人出生时预期寿命为73.1岁,成人识字率为96.7%,第一、二、三级教育合并总入学率为80%,按购买力平价,人均GDP为12 013美元,人类发展指数值为0.837,在174个国家/地区中,其人类发展指数列居第35位,属高度人类发展国家。

经济

阿根廷得益于丰富的自然资源(肥沃的南美大草原、铅、锌、铜、锡、铁矿、锰、石油和铀),文化素质较高的人口,以出口为导向的农业部门以及多样化的工业基础。尽管如此,当卡洛斯·梅内姆总统于1989年就任时,国家积累了大量外债,通胀率达每月200%,产出急剧下降。为对付经济危机,政府开始实施贸易自由化,放松管制和私有化。1991年实施激进的货币改革,稳住比索兑美元的汇率,通过法律将以货币为基础的增长限定为储备的增长,在随后的几年里通胀率大幅下降。1995年墨西哥比索危机导致了资本战,在经历了银行系统储蓄的丧失以及严重而短命的衰退之后,阿根廷开始了旨在加强国内银行系统的一系列改革。1997年实际GDP增长率强力复苏达到8%。1998年投资者对其最大贸易伙伴巴西的忧虑,导致了三年以上投资的国内最高利率,尽管增长处于相对高水平,但两位数的失业率一直保持至今。1997年下半年的亚洲危机,1998年俄罗斯金融危机以及1999年巴西货币贬值,使阿根廷从1998年末就开始了一次经久难愈的衰退。由于贸易比价持续下降,主要贸易伙伴巴西的进口需求下降,政府无力偿还1 400亿美元的债务,国际信贷严重不足,金融成本昂贵,国内消费萎缩,国内的罢工和游行抗议使得经济进一步下滑。

2000年阿根廷GDP为2 831.66亿美元,年增长率为0(1998年3.8%,1999年为-3.4%),人均GDP为7 620美元。1999年不同产业对GDP的贡献分别为:农业占5%,工业占28%,服务业占67%。通胀率(消费价格)为-2%。劳动力:1 500万,其中农业占12%,工业占31%,服务业占57%。

预算收入:440亿美元,支出:480亿美元(2000年估计数)。

工业 食品加工、汽车、耐用消费品、纺织品、化工、石化、印刷、冶炼、钢铁。1999年在GDP构成中,工业增加值占28%,制造业增加值占18%。工业生产增长率为-7%,制造业增长率为-7.7%,制造业产值为448.12亿美元(1995年不变价格)。1998年发电量为752.37亿千瓦小时。

农业 1999年全国有农业经济活动人口146.6万人,占全部经济活动人口的10%。1998年土地面积为2 737千平方公里,其中可耕地占9.1%,多年生作物用地占0.8%,人均拥有可耕地0.7公顷,每公顷可耕地化肥消费量为33千克,每千名农业工人拥有拖拉机190台,每百公顷可耕地拥有的拖拉机数量为112台,单位劳动力的农业增加值为9 983美元(1995年美元价格)。1999年农业增长率为1.6%,农业增加值占GDP的5%,粮食生产增长率为0.6%,农业出口占商品出口额的46.8%。主要农产品为:葵花籽,瓜,大豆,葡萄,烟草,花生,茶,小麦,家畜。

外贸 2000年出口额为254.28亿美元,出口商品包括:谷物、饲料、汽车、原油、钢铁产品。1999年出口市场主要是巴西(24%)、美国(11%)和欧盟(21%),制成品出口占商品出口的32%。

2000年进口额为270亿美元,进口商品包括:汽车、汽车零件、有机化学品、电信设备、塑料制品。1999年进口供应国主要是巴西(21%)、美国(22%)、欧盟(28%)。

外债:1999年达到1 490亿美元,同年接受官方发展援助9 100万美元。阿根廷实行与美元等值的固定汇率制。

运输 铁路总长3.783万公里,公路20.835万公里,其中铺敷路4.755万公里(包括567公里高速路),未铺敷路16.08万公里(1998年估计数)。水路通航里程1.1万公里。按用途划分的管道长度为:石油4 090公里;石油产品2 900公里,天然气9 918公里。

主要港口:布兰卡港,布宜诺斯艾利斯,里瓦达维亚海军准将城,乌拉圭河畔康塞普西翁,拉普拉塔,马德普拉塔,里奥加列戈斯,罗萨里奥,圣菲·乌斯怀亚。

海运商船:有千吨级海运轮船26艘,共计注册吨位218 540吨/载重333 413吨。按船型分:货轮9艘,集装箱轮1艘,油轮11艘,单节机动有轨车运载船1艘,冷冻货船2艘,滚装货船1艘,短途海上客船2艘(1998年估计数)。

机场:1359个(1999年)。

科学与技术

1995年全国有研发人员32 510人,其中研究员22 927人,技术员及同等资历者5 092人,其他辅助人员4 491人。每百万人口中有从事研发的研究员660人,技术员147人,每名研究员拥有技术员0.2人。理工科大学生占大学生总数的28%,1995年在专业刊物上发表专业论文1 581篇。1995年研发总开支为1 029 748千比索,占GNP的0.38%,人均开支为30比索,每位研究员年均开支为44 915比索。从资金的来源看,企业占11.3%,政府占84.7%,高校和私立非盈利机构占0.6%,海外基金占3.4%。

1998年高技术出口创汇4.91亿美元,占制成品出口的5%;专利转让与特许费收入为800万美元,支出为4.22亿美元。1997年注册专利申请数居民为824件,非居民为5 035件。

教育

阿根廷《宪法》和立法保证在整个教育制度提供义务和免费教育。现行教育制度包括:学前教育包括3~5岁儿童的幼儿园,其最后一年为义务教育;一般基础教育从6岁开始延续9年;在完成一般基础教育之后,专门机构提供多式教育,它以一般核心课程为基础,与实际工作相结合,期限至少3年;技术和专业课程;以及高等教育(非大学、大学和研究所)。

学前教育 1996年全国有学前教育机构1.38万个,有教师76 163人,注册儿童1 116 951人,1998年注册儿童达1 178 281人,私立机构注册人数占29%。学前教育总入学率为56%。

初等教育 1997年全国有小学22 437所,有教师309 081人,注册生5 153 256人,女生占49%。小学师生比为1:17,复读率为6%,入学率为113%。

中等教育 1996年中学有教师125 218人,注册生2 594 329人,女生占52%,中学入学率为81%。

高等教育 完成中等或多式教育,并符合高校入学要求者可接受高等教育。根据1997年国立大学系统的数据(共29所国立大学),57%为女性,43%为男性。1994年全国有大学79所,非大学高等教育机构1 674所。综合性大学有注册生740 545人,学生的学科分布为:教育占1.6%,人文占11.4%,社会科学占42.2%,自然科学占29.7%,医学占13.7%,其他占1.4%。1994年公立大学中有外国留学生12 678人,按生源分,南美占75%,欧洲占4.4%,其他地区占20.7%。

教育开支 1996年公共教育开支占GNP的3.5%,占政府开支总额的12.6%。经常性教育开支占GNP的3.2%,占教育开支总额的91.8%,经常性开支在各级教育中的分配如下:学前和小学占45.7%,中学占34.8%,大学占19.5%。1995年大学生人均开支为1 789.46比索。

文化

图书馆 1995年全国有公共图书馆1 545个,服务点2 700个,收藏图书1 349.6万册,缩微制品1 885 591件,声像制品4.7万件。

图书 1996年共发行图书9 850种,39 663册,发行量居前三位的是:文学(24.1%),社会科学(21.4%)和哲学(7.9%)。1996年共发行教科书412种,3 126万册。1997年图书贸易呈逆差,出口4 763.4万美元,进口9 185.7万美元。

报纸 1996年有日报181种,发行量为432万份,千人拥有量为123份。1997年报刊出口额为3 404.2万美元,进口额为2 830万美元,获顺差574.2万美元。

文化纸张 1997年新闻纸产量为16.6万吨,进口13.84万吨,出口0.02万吨,消费30.42万吨,千人消费量为8 528公斤;其他印刷书写纸张产量为22.8万吨,进口7.12万吨,出口3.65万吨,消费26.27万吨,千人消费量为7 365公斤。

电影 1991年生产故事片21部,其中6部作为合作生产,1992年有影院280座,年观众量为780万人次,年人均观影0.2次。

信息 1999年千人电话主线拥有量为201条,移动电话121部,全国有1.2万部公共电话。全国的广播电台数包括:中波260个(包括10个后备台),调频台不详(可能超过1 000个,多数没有注册),短波6个,收音机千人拥有量为681台。全国有电视台42个(此外,还有444个转发器)。1999年电视机千人拥有量为293台,每千人有线电视订户为163.2个。其他信息产品的千人拥有量分别为:传真机2.4台,个人计算机49.2台,2000年7月每万人拥有互联网主机47.34台,1999年互联网用户为90万,全国有互联网服务商47个。信息与通信技术开支占GDP的3.41%。

环境

阿根廷许多地区易受自然灾害的袭击,安第斯山脉的圣米格尔德图库曼和门多萨地区为地震多发区,强劲的滂沛罗风暴自安第斯山脉横扫南美大草原,此外还有洪水的泛滥。

最近的环境问题包括:对防洪工作疏于管理导致的土壤侵蚀和不适当的土地利用;水浇地土质的退化,荒漠化;布宜诺斯艾利斯和其他主要城市的空气污染;城市地区的水污染;由于农药和化肥用量的增加,河流正在受到污染。

根据世界银行的资料,1998 年人均淡水资源 27 865立方米,年度淡水抽取量 286 亿立方米,占水资源总量的 2.8%,农业用水占 75%,工业用水占 9%,生活用水占 16%。近年来有机水污染物年排放量为 186 844 公斤,每个工人日均排放 0.21 公斤。

1997 年商业能源使用量为 61 710 千吨石油当量,人均使用量为 1 730 公斤石油当量。1990~1997 年均增长率为 3.7%。1998 年每千克石油当量能源使用所创造的 GDP 为 3.8 美元,能源净进口量占商业性能源使用量的 -30%。1997 年 CO_2 总排放量为 1.406 亿吨,人均排放量为 3.7 吨,每个 PPP 美元 GDP 的排放量为 0.3%公斤。

2000 年森林面积为 346 千平方公里,占总土地面积的 12.7%,1990~2000 年年均森林面积减少 0.8%。1999 年国家保护区为 466 千平方公里,占土地总面积的 1.7%。1996 年全国有哺乳动物 320 种,2000 年濒危 32 种;1996 年有鸟类 897 种,濒危 39 种;1997 年有高等植物 9 372 种,濒危 247 种。

阿根廷已成为下列国际环境条约的缔约方:南极环境议定书、南极条约、生物多样性、气候变化、防止荒漠化、濒危物种、环境改变、有害废料、海洋法、海洋倾倒、禁止核试验、臭氧层保护、船舶污染、湿地、捕鲸。已签署但尚未批准的条约包括:气候变化京都议定书、渔业和深海生物资源养护公约。

经济文化一体化

1989 年梅内姆政权上台时,阿根廷经历了 15 年的经济衰退,通胀率创下世界纪录。在长达 10 年的任期内,梅内姆政府开展了以反通胀为中心的深刻改革,使阿根廷获得了与世界市场一体化所必需的效率和竞争力。

梅内姆上台不久开始实施一项议会法令通过的可兑换计划,该计划在仅仅几年的时间里使通胀几乎下降到零。改革导致了大多数国营公司的私有化,国家雇员人数骤减,晋升制度掩盖的补贴消失了。卫生、教育服务及社会福利方案移交给各省,重组了税收制度。经济走上了良性增长的轨道。

国家制度框架改变的重点被置于维护和提供社会的根本利益(如安全、正义、稳定和平等机会)和基本准则方面,而非国家直接参与商品生产和过度干预市场。国家的改革,税制改革,解除管制和对外开放贸易降低了通货膨胀的不确定性,为私营企业的可持续发展以及通过采用新技术和经济结构的现代化,大幅度提高劳动生产率创造了条件。

改革使国民经济的面貌发生了重大变化,加速了融入世界经济的进程,在此背景下,优先实施了提高就业水平的政策:降低社会保障税,从 1996 年起雇主缴款从占工薪的 33%降至 21.3%,使雇佣合同更灵活,便利定期和非全日制雇佣;通过促进分权和鼓励在公司一级达成协议,使集体谈判现代化;通过进一步制定就业和培训方案,以及援助失业人员,更多地创造就业机会。在这一方案下,每月受益人数从 1993 年的 5 万人上升到 1996 年的 38 万人。为促进就业和工作培训而拨出的总资金从 1992 年占 GDP 的 0.01%上升到 1996 年的 1.46%。

在社会保障领域,政府建立了退休和养恤金制度,包括国家赞助和个人出资,由私人基金管理机构对基金进行管理和运作。社保制度平均资产从 1993 年到 1995 年增加了 8.4%,社保开支近年来占到 GDP 的 7%左右。

为了使工人不断更新知识和技能,进而促进竞争和就业,1996 年在劳动和社会保障部的权限内设立了岗位再培训基金,政府先后设立了国家职业训练和发展理事会,就业和职业训练秘书处,针对特定对象开展了弱势群体方案、青年方案和妇女方案。政府通过对企业的税收鼓励(对雇主的贡献免税)来对劳动力需求施加影响,同时,鼓励自谋职业及个人创办微型企业。经过努力,尽管失业率仍在两位数,但失业人数已大为减少。

从 1999 年初开始,经济政策的重点转向整顿财政和调整财政体制上,以德拉鲁阿为总统的新政府规定公共财政赤字不得超过当年 GDP 的 1.5%。

(中国国家图书馆　李跃进)

秘鲁经济文化概况

概况

地理 秘鲁共和国(The Republic of Peru)位于西南美洲,北与厄瓜多尔和哥伦比亚接壤,东与巴西和玻利维亚毗邻,南与智利交界,西濒南太平洋。总面积为128.522万平方公里,陆地面积128万平方公里,水面积5 220平方公里。陆地边境长6 940公里,海岸线长2 414公里,拥有200海里大陆架和200海里领海。气候各异,从东部的热带气候到西部的干燥沙漠气候不等。秘鲁按地形分为三个区:西部沿海平原(哥斯达)为濒临太平洋的类似沙漠的不毛之地;中部是由三条山脉形成的高山纵横的高原(塞拉),这里峰高气寒,积雪覆盖,其居民保持了原始封闭的生产条件;东部是亚热带森林构成的低地(塞尔瓦),这里居住着社会、经济发展状况和生活方式与其他地区迥异的部族。秘鲁境内最高点为瓦斯卡兰山,海拔6 768米,由秘鲁与玻利维亚共同管理的的的喀喀湖是世界最高的通航湖泊。

人民 秘鲁人口为27 012 899人(2000年7月估计数),其中美洲印第安人占45%,印欧混血种占37%,白人占15%,黑人、日本人、华人和其他民族占3%。居民中90%以上信奉罗马天主教,西班牙语和克丘亚语为官方语言,一些地区使用阿伊马拉语和其他多种的印第安语。

根据联合国开发计划署2000年版《人类发展报告》,1998年秘鲁人出生时预期寿命为68.6岁,成人识字率为89.2%,第一、二、三级教育合并总入学率为79%,实际人均GDP为4 282 PPP美元,人类发展指数值为0.737,在174个国家/地区中居第80位,属中等人类发展国家。

政府 秘鲁于1821年获得独立,为立宪共和国,现行宪法于1993年12月31日生效。总统既是国家元首,也是政府首脑,总统和两名副总统共同执掌行政权,总统有权任命部长会议各部部长。民主制宪会议为一院制,由120名议员组成,每届任期五年。最高法院的法官由国家司法委员会任命。

经济

在90年代,秘鲁实施了一项有效的经济纲领,使该国成为拉丁美洲发展强势的国家之一,秘鲁成功地实现了经济稳定及与邻近国家和睦相处,这对使秘鲁纳入到世界经济一体化之中是十分重要的。在1993年至1998年期间,秘鲁的年增长率达到6.2%,结束了80年代的高通货膨胀率,并增加了其外汇储备。在同一时期,外国直接投资上升到130多亿美元,其中的37%来自国营企业的私营化计划。1998年由于厄尔尼诺天气现象导致渔业出口大幅度下降,打乱了农业生产,毁坏了基础设施,主要出口商品如矿物、渔粉和咖啡价格的低迷,以及亚洲、俄罗斯和巴西的金融动荡严重削弱了经济增长,产出急转直下,为-0.4%。但凭借经济改革和增长的积累以及国际经济形势的好转,秘鲁很快度过了困难阶段,1999年增长率达到1.4%,2000年又升至4%。这一成功不仅应归功于国家坚持不懈的努力,而且也得益于采纳了新的经济文化思想,即主要基于私人投资的市场经济文化。据美洲开发银行认为,秘鲁是第一个实行了结构改革的拉美国家;它的经济获得了持续的增长,其出口增长高于本地区其他国家的平均增长率。另外,它也是美洲大陆上所欠公共债务最少的国家之一。秘鲁确定了十分明确的目标:经济稳定和持续的增长。为此,它与国际货币基金签署了第三个为期三年的《扩充结构调整专用资金》的协定,如改善次区域、地区和世界一级的贸易、服务和投资所做的努力以及秘鲁最近加入了亚太经济合作理事会,都表明了秘鲁希望融入全球经济的意愿。2001年7月28日就职的新总统阿莱杭德罗·托莱多将施政方针定为:振兴经济,鼓励消费,消除贫困,打击腐败。

秘鲁矿产资源丰富,主要有:铜、银、金、石油、木材、鱼类、铁矿、煤、磷酸盐和钾盐。其中铜、铁矿发展水平高,开采规模大,是拉美主要矿产品生产与出口国之一。渔业部门是秘鲁重要的经济部门,鱼粉是仅次于铜的第二大出口创汇产品。渔业部门估计为5～6万人提供直接就业,其中3/4在捕捞部门工作,1/4在加工部门工作。秘鲁的太平洋水域是世界上最富饶的渔场之一,渔获量居世界第二位,鱼油和鱼粉工业的加工量占上岸量的90%。

主要经济指标 2000年GDP为540.1亿美元,人均4 253美元。1999年GDP部门构成如下:农业占7%,工业占38%,服务业占55%。全国49%的人口生活在贫困线以下。1999年通胀率(消费价格)为5.5%。1998年全国有劳动力900万,失业率为7.7%(1997年),同时有大量人口就业不足。

政府财政 1998年收入为296.37亿新索尔,支出301.30亿新索尔,扣除偿还之后的借贷为2.17亿新索尔,财政赤字为2.76亿新索尔。

工业 包括金融、采油、捕鱼、纺织、制衣、食品加工、水泥、汽车装配、钢铁、金属制品。1999年工业增加值占GDP的38%,制造业增加值占GDP的24%,1998年制造业年增长率为-3.6%,1999年为0.3%。1999年主要矿产品产量为:铜53.63万吨,铁200万吨,原油6146.3千立方米。2000年发电量为19 920百万千瓦小时。

农业 秘鲁的沿海有若干山谷,享受着沿安第斯山坡顺流入海的山川河流的灌溉之便,适于农业耕作。在高原地区的一些山谷也有农业耕作。自从印加帝国时代从事耕作活动便一直受到大力鼓励,人们开垦梯田,利用雨水灌溉作物,梯田制收到了现代化也难以达到的良好效果。主要农产品有咖啡、棉花、甘蔗、大米、小麦、马铃薯、大蕉、古柯、家禽、牛肉、乳制品、牛毛、鱼。1998年全国有农地42 240平方公里,占土地面积的3.3%。1996～1998年每千名农业工人拖拉机拥有数为3台,每百公顷可耕地拖拉机拥有数为25台,1997～1999年每名工人创造的农业增加值为1 569美元(1995年价格)。1999年农业增加值占GDP的7%,主要产品产量如下:咖啡14.5万吨,籽棉4.3万吨,玉米105.8万吨,马铃薯305万吨,绵羊存栏数为1 370万头。

对外贸易 2000年出口额为70.02亿美元,出口商品为:铜、锌、鱼粉、原油及副产品、锌、精炼锌、咖啡、棉花。主要市场:美国(29%)、英国(10%)、瑞士(9%)、日本(4%)、德国(4%)(1999年)。2000年进口额为87.97亿美元,主要进口商品为:机械运输设备、食品、石油、钢铁、化工产品、药品。主要供应方:美国(28%),安第斯条约国(14%),阿根廷(4%),欧盟(16%),日本(6%)。

资本流动 1999年外债总额为322.84亿美元,占GNP的63%,占货物和服务出口的32.7%,1999年还本付息占GNI的5.8%。1999年外国直接投资达19.69亿美元,占资本构成总额的17.3%,净官方发展援助为4.52亿美元,占GNI的0.9%,占资本构成总额的4%。

运输 全国铁路营运里程为1 988公里,公路营运里程为7.29万公里,其中铺敷路7 353公里(1998年估计数)。水路包括亚马逊河系统可通航支流8 600公里,的的喀喀湖通航里程208公里。全国有原油管道800公里;天然气和液化天然气管道64公里。主要港口包括:卡亚俄、钦博特、马塔拉尼、派塔、马尔多纳多港、萨拉韦里、圣马丁、塔拉拉、伊基托斯、普卡尔帕等。1999年全国有千吨级海运商船7艘,共计65 193吨总注册吨位/100 584吨载重吨位。按船型分为货船6艘,油轮1艘。

1999年全国有机场234个,仅44个有铺敷跑道。

科学技术

根据世界银行的统计,1987～1997年间,秘鲁每百万人口中有从事研发活动的科学家和工程师233人,有技术员10人,同期理工科大学生占在校大学生的34%。

1999年高技术出口额为4 600万美元,占制成品出口的5%。1999年专利转让与特许费收入为400万美元,支付为6 000万美元。1998年注册专利申请量居民为48件,非居民为756件。

教育

秘鲁在学制上实行6-2-3制,小学6年,初中2年,高中3年。根据1993年宪法,小学为免费义务教育,教育系统权力高度集中,所有公共学校教师由教育部任命,在所有等级的教育中,84%的秘鲁学生上公共学校。

近年来,由于政府扩展教育的努力以及学龄人口的增加,学校入学人数已大幅度上升。文盲率在农村地区为8%(女子为16.9%),在城市地区估计为3.5%。

学前教育 学前教育始于3岁,1997年学前机构有教师30 736人,有注册儿童688 425人,私立机构注册生占22%,学前教育总入学率为40%。

初等教育 1999年全国有小学3.4万余所,有教师203 937人,有注册生4 301 934人,师生比为1:21。总入学率为126%,学生预期受教育年限为12.4年。

中等教育 1999年全国有中学教师123 732人,有注册生2 248 809人,中学总入学率为82%,师生比为1:18。全国中小学入学人数已超过613万。

高等教育 1997年秘鲁有65所大学,分为公立和私立学校。高等教育系统有教师45 443人,注册生657 586人(1999年达到682566人),其中大学有教师25 795人,注册生352 909人。高校总入学率为26%。

教育开支 1996年公共教育开支总额占GNP的2.9%,占政府开支总额的19.2%;经常性教育开支占GNP的2.6%,占经常性政府开支的26.9%,经常性教育开支占教育开支总额的88.4%。经常性开支在各级教育中的分配如下:学前占4.9%,小学占30.3%,中学占21.2%,大学占16%,其他类型占1.2%,未分配部分占26.3%。按资金用途划分,教职员薪金占47.3%,教学用具占8.6%。

文化

西班牙与印第安文化之间的关系决定着秘鲁文化现象的主流,在前哥伦布时代,秘鲁是美洲艺术表现的主要中心之一。前印加文化,例如查文、帕拉卡斯半岛、纳斯卡、奇穆以及蒂亚瓦纳科造就了高质量的诗歌、纺织和雕刻。由于吸收了早期文化,印加人持久地保持了这些技艺并在建筑领域取得了更高的造诣,印加帝国遗址马丘比丘以及高原古城库斯科市的建筑正是印加建筑设计的杰出典范。

秘鲁经历了多种智慧时期——从殖民者的西班牙文化到独立后的欧洲浪漫主义,20世纪初曾兴起了以唤醒新的印第安文化意识为宗旨的"本土主义"思潮。二战以来,秘鲁作家,艺术家和知识分子参与了世界范围的知识与艺术运动,尤其拉近了与欧美趋势的距离。

殖民统治时期,西班牙巴罗克风格与丰富的印加传统融合产生了混血人文化,秘鲁人(库斯科)学校承传着西班牙巴罗克传统,而这些传统同时也受到了意大利、佛兰德和法国学校的影响。画家弗朗西斯科·菲耶罗对19世纪中叶秘鲁的典型事件、风土人情的描绘做出了突出贡献。弗兰德斯科·拉索,土著人画家学校的先驱也像其他人那样因其人物肖像而享誉天下。秘鲁20世纪艺术因其非凡多样的风格和独创性而闻名于世。

在1932年以后的十年中,以何塞·萨沃加尔为首的绘画"土著人学校"主宰着秘鲁的文化氛围,然而在秘鲁艺术家中发起的全面反击导致了现代秘鲁绘画的开始,1943年同时发生了两个有影响的事件——作为国家艺术学校主任的萨沃加尔的辞职,以及几位秘鲁画家自欧洲返国,他们在秘鲁复兴"宇宙"和国际绘画风格。60年代,费尔南多·德希兹罗,国际驰名的秘鲁艺术家成为抽象绘画的主要倡导者并将秘鲁的艺术推向了现代化。秘鲁仍然是艺术创作的中心,拥有一批知名画家,如赫拉尔多·查韦斯、阿尔韦托·金塔尼利亚、何塞·卡洛斯·拉莫斯以及世界知名的雕刻家维克托·德尔芬。秘鲁社会的种族关系颇为融洽,人的性格也有些南欧式的开朗豁达。如今,秘鲁经济的发展为促进艺术发展和年轻艺术家的脱颖而出创造了条件。

在今日的秘鲁,人们既可看到像马丘比丘遗址那样辉煌厚重的历史,也可以看到民风古朴身着传统服装的印第安人以及混血人与白人等多元文化的印记,但作为中等人类发展国家,其信息文化的普及尚处于较低水平,1999年主要信息通信工具的千人拥有量分别为:电话直线67条,移动电话40部,收音机273台,电视机147台,有线电视用户14.1户,个人电脑35.7台,2000年7月每万人互联网主机数为3.88台,略高于低中收入国家水平的一半,为世界平均水平的2.5%。1999年全国共有互联网服务商15个。

环境

秘鲁的土地面积为128万平方公里,1998年可耕地占2.9%,多年生作物用地占0.8%,森林占50.9%(2000年),为65.2万平方公里,1990～2000年年均减少0.4%。1999年国家保护区面积为3.46万平方公里,占土地面积的2.7%。全国有哺乳动物344种,2000年濒危47种;有鸟类1 538种,濒危73种;有高等植物18 245种,濒危906种。

常发自然灾害包括地震、海啸、洪水、山体滑坡、中度火山活动。

目前环境问题包括森林消失,哥斯达和塞尔瓦坡地的过度放牧导致土壤侵蚀、荒漠化,利马的空气污染,河流及沿海水域受到都市和矿山废水的污染。

1999年淡水资源总量为17 460亿立方米,人均总资源量为69 203立方米,年淡水汲取量为190亿立方米,占可再生水资源总量的1.1%。农业用水占86%,工业和生活用水各占7%。2000年87%的城市人口和51%的乡村人口可获得安全用水。1998年有机水污染物日排放量为51 828公斤,每个工人日排放0.21公斤。

1998年商业能源使用量为1 440万吨石油当量,1980～1998年年均增长1.1%;人均能耗为581公斤,1980～1998年年均减少0.9%,净能源进口占总消耗的17%。每公斤能耗创造的GDP为7.8美元,传统燃料使用占总能耗的24.6%。1997年二氧化碳排放总量为3 010万吨,人均排放1.2吨,每1美元GDP的排放量为0.3公斤。

秘鲁是下列国际环境条约的缔约方:南极环境议定书、南极条约、生物多样性、气候变化、防止荒漠化、濒危物种保护、有害废料、禁止核试验、臭氧层保护、船舶污染、热带木材83、热带木材94、湿地、捕鲸。已签署但尚未批准的条约有气候变化京都议定书。

(中国国家图书馆　李跃进)

新西兰经济文化概况

概况

地理　新西兰(New Zealand)位于大洋洲,澳大利亚的东南,其主体由3个岛屿组成。北岛拥有肥沃的耕地和森林,也是乳品生产区和火山高原区,岛内多温泉,全国约75%的人口居住在北岛。南岛包括含有冰川的山区地带,周围环绕着平原、峡湾、茂密的森林带和海滩。南阿尔卑斯山脉沿南岛的西部纵贯南北,占南岛面积的1/2,最高峰科克山3 764米。南北岛被库克海峡分隔开来。斯图尔特岛是位于南部的小岛,岛上居民稀少。其他岛屿面积更小,几乎无人居住。北岛属于亚热带气候,南岛属于温带气候。新西兰像一块碧绿的翡翠镶嵌在南太平洋上,集海岛、平原、高山、原始丛林、湖泊、海滩、冰川、瀑布、地穴、悬崖与峡湾于一身,有“白云的故乡”、“世外桃源”、“南半球的瑞士”、“海角一乐园”等美称。

新西兰面积268 680平方公里,与英国或意大利的大小相当。海岸线长15 134公里,大陆架200海里,专属经济区200海里,领海12海里。自然资源包括:天然气、铁矿、沙、煤、木材、水力、黄金、石灰石。

人民　2000年人口为382万,人口增长率为1.17%,出生率为14.28‰,死亡率为7.57‰,出生时预期寿命为77.82岁,妇女总生育率为1.8胎。从民族构成上看,新西兰欧洲人占74.5%,毛利人占9.7%,其他欧洲人占4.6%,太平洋岛民占3.8%,亚裔和其他占7.4%。居民中信英国国教(圣公会)者占24%,长老会教占18%,罗马天主教占15%,卫理公会教占5%,浸礼教占2%,新教占3%,非特定或无宗教信仰者占33%(1986年)。通用英语,毛利人也用本民族语言。1997年新西兰成人识字率为99%,第一、二、三级教育合并总入学率为95%,实际人均GDP为17 410美元(购买力平价),其人类发展指数在174个国家/地区中居第18位,属高度人类发展国家。

政府 政府类型为议会民主制。首都:惠灵顿。全国分为93个郡,9个省区和3个镇区。另外,库克群岛、托克劳群岛和纽埃为其属地。1907年9月26日新西兰摆脱英国统治获得独立,2月6日为国庆节,即1840年怀唐伊条约签订日,该条约是新西兰的立国文件。新西兰没有正式、成文的宪法,宪法由多个文件组成,包括一些英国和新西兰议会法案;1986年的宪法法案原定于1987年1月1日生效,但并未执行。新西兰的立法制度以英国法律为基础,毛利人拥有土地立法和土地法院;接受国际法院的司法裁决,但有保留。居民满18岁有普选权。

行政机构:国家元首为英国女王伊丽莎白二世(自1952年2月6日就任),由英王任命的总督迈克尔·哈迪·博伊勋爵作为其代表行使权力(自1996年3月21日就任),政府首脑为享利·希普利总理(自1997年12月8日就任),副总理为怀亚特·克里奇(自1998年8月就任)。内阁为行政会议,由总督根据总理的推荐任命。君主为世袭;总督由君主任命;立法选举后,总督任命多数党领袖或多数联盟领袖为总理,任期3年,副总理由总督任命。

立法机构:一院制众议院,通称议会(120席),按每选区一人的名额由普选产生,任期3年。

司法机构:高等法院,上诉法院和地区法院。

经济

凭借高效农业系统的出口,新西兰享有高度的繁荣,主要农业出口包括肉,林产品,水果和蔬菜,鱼,羊毛和乳制品。新西兰拥有丰富的水力资源和可观的天然气储量。主要制造业部门为食品加工,金属制造以及木材和纸制品。新西兰是按照乌拉圭回合所完成的多项改革的直接受益方,其农业,尤其是乳品业享有许多新的贸易机会。1984年以来,政府完成了主要的经济调整,从依赖特许进入英国市场的农业经济转向在全球具有竞争力的工业化程度较高的自由市场经济,动态增长促进了实际收入,扩大和加深了工业部门的技术能力,遏制了通胀压力,通胀在工业化国家中保持在最低水平,人均GDP已升至大洋洲经济体的水平。由于过分依赖于贸易,其经济增长前景较亚洲、欧洲和美国为脆弱。新西兰欢迎和鼓励没有歧视的外国投资。海外投资委员会(OIC)的批准条件是要求外资在640万美元以上,而在两个特定部门——商业捕鱼和乡村土地,规模不限。

1999年新西兰经济从1998年上半年的衰退中继续复苏,工业和服务业出现强劲增长,但由于农业、渔业和能源生产受到不利的气候条件的影响导致初级产出下降,增幅已被部分地抵消。这些部门与干旱相关的低迷削弱了不久前刚刚走出衰退的出口能力。相比之下,作为对低利率和信心日增的反应,住房投资反弹使得国内需求蓄势勃发。由于耐用品消费开支和机械设备商业投资得到加强,进口增长也已大大加速,这导致外贸逆差进一步恶化:截至1999年,经常帐户逆差超过GDP的7%,而一年前为5%。产出的增长扭转了失业率上升的局面,尽管失业率从1998年的7.5%降至1999年的6.9%,但仍大大高于估计的结构水平,因此,工资增幅仍然很低。通货膨胀继续保持在略高于1%的低水平。

由于澳大利亚经济保持旺盛增长,包括日本在内的亚洲经济出现复苏,外部环境变得有利。由于较低的兑现率和实际价格稳定,目前新西兰处于有利的竞争地位,出口商将充分利用这种变化。在国内方面,需求将受到历史上低利率的支持。

主要经济指标:2000年GDP为557.67亿美元,实际增长率为4%,人均GDP为14 599美元。GDP部门构成如下:农业占8%,工业占23%,服务业占69%(1998年)。劳动力186万(1998年),其中服务业占65.1%,工业占25.1%,农业占9.8%(1995年),失业率为7%(1999年)。政府财政收入为178.23亿美元,支出为173.90亿美元,盈余4.33亿美元。

工业 主要包括:食品加工、木材和纸制品、纺织品、机械运输设备、银行和保险、旅游、采矿。1999年12月总的工业生产指数(1990年=100)为125,采矿业为115.7,制造业为129.5,水、电、气为103.1,建筑业为99.9。1999年发电量为340.2亿千瓦小时,水力发电占75.67%,火电占18.72%,其他占5.61%(1996年)。

农业 主要产品为:小麦、大麦、马铃薯、豆类、水果、蔬菜、羊毛、牛肉、乳品、鱼。

外贸 2000年进口为254.28亿美元,出口为270.74亿美元,顺差16.45亿美元。

运输 铁路长度为 3 973 公里，公路 92 200 公里，水路 1 609 公里。管道：石油产品 160 公里，天然气 1 000 公里，液化石油气 150 公里。主要港口：奥克兰、克赖斯特彻奇、达尼丁、陶兰加、惠灵顿。全国有千吨级海运商船 14 艘，总注册量为 138 687 吨/载重 183 372 吨(1998 年)。全国有机场 111 个(1999 年)。

科学技术

1995 年新西兰研发总开支(GERD)为 8.89 亿新元，折合 6.05 亿美元(购买力平价)，年均增长率为 2%，人均研发开支为 165.5 美元，仅为经合组织(OECD)平均水平的 41%。根据不同的来源，GERD 比例构成如下：工业资助占 33.7%，政府占 52.3%，其他国内资源占 10.1%，海外资助占 3.9%。GERD 在不同科研部门的比例分配如下：商业企业占 27%，高等教育部门占 30.7%，政府部门占 42.2%。新西兰有全日制研发人员 10 547 人，年增长率为 0.3%，有研究人员 6 104 人，年增长率为 -0.8%，每千名劳动力中分别拥有研发人员和研究员 6.1 人和 3.5 人。

企业研发 1995 年商业企业研发开支(BERD)为 2.40 亿新元，折合 1.635 亿美元(购买力平价)，占工业总产值的 0.32%，占 GDP 的 0.26%。商业企业有全日制研发人员 2 828 人，年增长率为 0.8%，占全国总数的 26.8%；有研究人员 1 580 人，年增长 2.4%，占全国总数的 25.9%。按不同来源划分，BERD 构成如下：工业资助占 86.4%，占工业总产值的 0.28%；政府资助占 6.9%；其他国内资源占 1%；海外资助占 5.7%。按实施研发的行业划分，BERD 比例分配如下：电子工业科研经费占 BERD 的 15%，办公机械和计算机业占 0.5%，制药业占 1.3%，非制造业占 31.6%。

高教研发 高等教育研发开支(HERD)为 2.73 亿新元，折合 1.86 亿美元(购买力平价)，年增长率为 6.3%。高等教育共有全日制研发人员 3 735 人；有研究人员 3 026 人，占全国总数的 49.6%。

政府内部研发 1995 年政府内部研发开支(GOVERD)为 3.76 亿新元，折合 2.993 亿美元(购买力平价)，年均增长率为 2.7%，占 GDP 的 0.41%。政府部门有全日制研发人员 3 984 人；有研究人员 1 498 人，占全国总数的 24.5%。

1995 年政府研发预算拨款或支出(GBAORD)为 4.51 亿新元，折合 3.066 亿美元(购买力平价)，其中国防研发预算占 GBAORD 的 1.2%，民用研发预算占 98.8%。在民用部分中，经济发展方案占 50.9%，卫生与环境方案占 25.7%，非定向研究方案占 1.8%，综合性大学基金占 21.6%。1997 年国家专利申请量为 35 137 件，其中居民申请 1 735 件，非居民 33 402 件。1995 年发表科技论文 1 830 篇。1998 年高技术出口额 4.71 亿美元，特许权转让和许可证费用收入为 0.44 亿美元，支付 2.67 亿美元。

教育

小学是义务教育的第一级，接纳 5 岁(0 学年)至第 6 学年末的儿童(标准Ⅳ)。小学教育从 6 岁开始是义务性的，尽管多数儿童从 5 岁就开始接受正规教育。在 7 月(学校开始注册时)至 12 月 31 日的学年里，首次进入小学的 5～6 岁儿童被划入 0 年类别。在 1 月 1 日至 7 月注册前这段时间上学的儿童被归入第Ⅰ学年类别，以后每一学年开始时年数增加一年。学年数在第 7 学年(学生升入中间等级时)或第 9 年(中学)开始时重新调整，以便他们的学级能够正确地予以确定。处于第 7、8 学年的儿童(1 年级和 2 年级)既可能在分隔的中间学校，或小学的一部分中学，也可能在合成/地区学校。

中学通常接纳第 9 学年(3 年级)至第 13 学年(7 年级)的学生。地区或合成学校一般在乡村地区，为在同一地点完成的连贯制义务教育。

第三级教育和培训由国家第三级教育系统提供，包括综合大学、工艺学校、教育学院和 wananga(专为毛利人开办的高等学习机构)。后义务教育，后学校教育，职业教育和培训，继续教育，高等教育和第三级教育有时应加以区分。它们都是由新西兰第三级教育系统提供的。

后义务教育紧跟在截止于 16 岁的义务教育之后，对多数学生而言始于高中。离校后进行的后学校教育包括职业教育和培训，继续教育和高等教育。第三级教育一般是指中学以后的一个学习等级，它比传统上与大学相联系的高等教育更宽泛。新西兰大学和工艺学校的差别正在缩小。

在现行体制下，中级和高等中级学校的学生可参加下列国家考试：学校证书，第6年级证书；高级学校证书；以及大学入学和奖学金考试。多数学生在3年中学的末期参加学校证书考试（第11学年或5年级，年龄约在15岁）。第6年级证书于第12学年（6年级）末期进行内部评价，以单一科目为基础，颁给顺利完成一科或多科1年课程的学生。高等学校证书颁给顺利完成始于3年级的5年制全时中学教育的学生。大学入学、奖学金是最后的学校资格，通常在第13学年（7年级）进行。

所有大学均提供学士、硕士和博士学位。多数学士学位课程要求3年，但有些可延至6年。在有些系，大学毕业后再追加1年学习便可获得学术荣誉学位。研究生文凭通常在学士学位的基础上经过1年的学习，而硕士学位通常要求获学士学位后具备2年的工作经历或获荣誉学位后1年。硕士学位的获得传统上要求根据最初的研究成果撰写论文，但现在越来越倾向于通过论文或论文加研究来获得。博士头衔一般需要3年的全时学习和研究，学位的获得以论文为基础，要求最初的研究和口试。在特殊情况下，主考人也可能要求考生参加笔试。

工艺学校提供从国家证书到学位等级在内的多种范围的学术、职业和专业课程。

由教育学院提供的主要资格包括一种3年的教育文凭和3～4年的学士教育学位，与地方大学联合颁发或由学院自己颁发。在中等师资培训方面，颁发1年的研究生文凭。实习教师可获得高级教学文凭和高等教学文凭。

环境

新西兰环境部成立于1986年，是一个大约拥有100名雇员的政策咨询机构，它负责就环境问题向政府提供指导，特别是有关完成1986年环境法目标以及其他法案的贯彻。它接管了前工作与发展部（1988年撤消）的一些责任，掌管与规划水和土壤保护有关的法律以及河流管理。环境部就环境事务提供政策咨询并促进自然与物质资源的可持续利用。作为同一意义上的环保倡导者，它与保护部不同，它没有直接的立法责任，只能通过环境法来管理，人们期望它收集和传播环境信息。

保护部系根据保护法于1987年创建的，它就资源保护政策提供咨询并管理皇室所拥有的保护地。与环境部不同，保护部在促进保护方面有倡导作用，能够对其他部管辖范围的环境活动构成挑战。同是在1987年，新西兰还成立了林业部，提供与商业林有关的政策指导、培训和立法，并成立林业公司以管理政府拥有的人工林。这3个机构取代了自1914年以来存在的新西兰林业服务。1990年新西兰保护管理局和17个地方保护局宣告成立，就紧迫问题向部长提供监督与咨询。

此外还有一些其他机构在执行环境政策时发挥作用。商业部提供能源、旅游和工业一揽子服务，所有这些都与环境部有着紧密联系。农业部提供政策咨询并管理农业领域国家比较优势，确保它们的可续利用。渔业部提供政策咨询并厉行管理制度以确保渔业资源的可续利用。毛利人发展部帮助土著社区最大限度地恢复他们的资源。根据1996年“有害物质和新有机物法案”成立的环境风险管理局强调与有害材料和遗传工程有关的问题。

议会环境专员办公室是根据环境法案于1987年1月成立的，它是一个不足20人的环境监督机构，负责对各级政府活动的环境影响进行评估和报告，调查公共资源管理系统和环境规划的效果，对拟议中的可能造成重大环境伤害的活动展开调查，以及应众议院议员的要求进行调查。专员判定潜在的破坏活动的准则以环境法案为依据，包括生态系统的恢复和维持，危机地区的保护，污染预防以及保护土著人遗产。

1995年9月，环境部颁布了2010年环境战略，它植根于基本的价值观，例如，经济与环境一体化以及毛利人参与原则的应用。作为该战略的后续行动，1996年5月新西兰政府决定为落实15年战略的前三年目标，追加1.1亿新元以强调11项环境和养护问题，这项行动被称为“绿色一揽子方案”。

根据经合组织统计，1997年新西兰有可耕地和多年生作物用地4 100平方公里，占国土面积的1.5%，有多年生草场131 700平方公里，占49.3%，有森林和林地78 900平方公里，占29.5%，其他用地52 320平方公里，占19.6%。

当前主要环境问题包括：森林消失，土壤侵蚀，土生土长的动植物受到外部引进物种的威胁。

新西兰是下列国际环境协定的缔约方：南极环境

议定书,南极条约,生物多样性,气候变化,濒危物种,臭氧层保护,湿地,环境改变,有害废料,海洋法,海洋倾倒,禁止核试验,热带木材83,热带木材94,捕鲸。已签署但尚未批准的协定包括:气候变化京都议定书,海洋生命养护。

(中国国家图书馆　祖悠恩)

斐济经济文化概况

概况

地理　斐济共和国(the Republic of Fiji)位于大洋洲,由南太平洋中的332个岛屿组成,其中110个有人居住,总面积18 333平方公里,首都苏瓦。主要岛屿包括:维提岛(10 430平方公里)和瓦努瓦岛(5 550平方公里),海岸线长1 129公里,专属经济区200海里,领海12海里。斐济属热带海洋性气候,仅略有季节性温差变化,境内多火山,最高点为托马尼维山,海拔1 324米。自然资源包括:木材、鱼类、金、铜、近海石油。

人民　全国有人口832 494人(2000年7月估计),人口增长率为1.41%,出生率为23.48‰,死亡率为5.78‰,出生时预期寿命为72.9岁。人口中土著人占51%,印度族占44%,欧洲人、其他太平洋岛屿人、华人及其他民族占5%。人口中58%信奉基督教,33%信印度教,7%信仰伊斯兰教和0.4%的锡克教徒。全国60%以上人口居住在乡村地区,城镇人口主要集中在苏瓦和劳托卡。官方语言为英语,斐济语和印地语被广泛使用。1998年成人识字率为92.2%,三级教育合并总入学率为81%,人均GDP按购买力平价为4 231美元,人类发展指数值为0.769,在174国家/地区统计中列第66位,属中等人类发展国家。

政府　斐济于1970年10月10日独立,1987年废除宪法,退出英联邦,成为共和国。新宪法于1990年7月25日颁布,1997年7月25日修正,允许斐济族大酋长在政府中有发言权并授权多党政府管理,1998年7月28日生效。

司法制度以英国制度为基础,年满21岁公民拥有普选权。总统为国家元首,由大酋长委员会选定,任期5年,总统任命总理,总理为政府首脑,有权组成内阁,内阁对议会负责。斐济总统卡米塞塞·马拉于1994年1月就任,总理乔杜里是1999年5月当选的首位共和国印度族总理。2000年5月19日商人乔治·斯佩特发动政变,推翻民选政府。随后拉图·约瑟法·伊卢伊洛被任命为共和国总统,并由卡拉斯总理领导的临时行政当局代理国务。

立法机构由参议院和众议院组成。根据宪法,立法机构组成如下:参议院32席(14席由大酋长委员会任命,9席由总理任命,8席由反对派领导人任命,1席由图罗巴人委员会任命);众议院71席(其中特别保留席位包括:斐济族23席,印度族19席,其他族群3席,图罗巴人1席,另外25席为开放席位)。主要政党包括:斐济劳工党,斐济政治党,国家联盟党,普通选民党。

经济

斐济拥有森林、矿产和鱼类资源,是发达的太平洋岛屿经济体之一。糖业出口和旅游业是主要的外汇来源,食糖加工构成工业活动的1/3。一个世纪以来,制糖业一直是农业部门之本,它占到国家出口收入的40%,为4万人提供就业机会,其对GDP的贡献达到11%。制糖业基本上是由2.25万个小的糖农组成,每个糖农平均耕种4.6公顷,1998～1999年平均产量约为45万吨。出口甘蔗的种植面积约为7.3万公顷,大约原糖的90%用于出口,其中半数以上的销售是按照洛美协定和南太平洋地区贸易与经合条约的优惠条件进行的。每年大约有30万游客到访。政局不稳和干旱导致旅游和制糖业收入大幅度波动以及熟练工人外迁。此外,国内还有较大规模的成衣制造业,相当大的收入源自海港。服装是制成品出口中的首要产品(30%),1986～1995年间产量上升了5倍。1999年在斐济群岛的历史上,该产业的收入(2.178亿美元)首次超过了食糖。1999年是旅游业第八个增长年,游客到达人数超过37万人,外汇收入创下新高。1999年斐济摆脱了自1997年以来世界食糖价格偏低以及1998年干旱造成的不利影响,经济强劲复苏,增长率达到6.6%,但2000年由于族裔关系紧张,国内发生政变,经济形势急转直下。

在斐济,商业部门基本上由印裔家族控制,而政府各部和军队则掌握在斐济族手中。多年来,印度族斐济人与土著人(包括斐济族人和图罗马人)之间的种族关系一直比较紧张。1999年乔杜里政府上台后推行一系列不符合某些土著斐济人利益的政策,激化了国内民族矛盾。乔杜里上台后,劝说斐济的土地拥有者与印度族农民续签即将到期的土地租赁合同,以保护这些农民的利益,土地拥有者则极力反对这一政策。与此同时,政府还推行以市场为导向的宏观经济政策,对商品销售和银行系统实行新的管理条例。这些措施客观上会引起财富的重新分配,因此引起了上层土著斐济人的不满,这是导致斐济发生政变的缘由。

基本经济指标 2000年GDP为14.3356亿美元,比1999年下降了12.5%,人均GDP为1 722美元。预计2001年GDP将恢复增长,达到1.5%,2002年可达到4%。斐济的GDP部门构成如下:农业占16.5%,工业占25.5%,服务业占58%(1998年估计数)。全国有劳动力23.5万,1998年农业经济人口占41%,失业率为6%(1997年)。1997年预算收入为5.4065亿美元,支出7.4265亿美元。1997年外债总额为2.13亿美元。1美元=1.97斐济元(1999年),1美元=2.19斐济元(2000年)。

工业 包括糖,旅游,椰干,金、银,服装,木材,小家庭工业,1995年工业生产增长率为2.9%。1999年发电量为6.84亿千瓦时,其中水利发电占80%,火力发电占20%。

农业 1999年主要农产品产量为:甘蔗439.8万吨,椰子20.9万吨,木薯5万吨,大米1.7万吨,红薯2.7万吨,香蕉6 000吨,马4.4万头,山羊23.5万头,牛34.5万头,猪11.2万头。

对外贸易 2000年出口额为4.47亿美元,出口商品包括:食糖、服装、黄金、加工鱼、木材。出口伙伴中澳大利亚占25.3%,英国占14.2%,日本占5.1%,新西兰占3.7%,美国占21.2%。2000年进口额为7.37亿美元,进口商品包括:机械运输设备、石油产品、食品、化工产品。进口伙伴中澳大利亚占45.7%,新西兰占13.2%,日本占4.6%,新加坡占6.5%。

运输 1995年铁路长度为597公里,属官办的斐济糖业公司所有。1996年公路长度为3 440公里,其中铺敷道路1 692公里,未铺敷道路1 748公里。水路长203公里,其中122公里可航行机动船舶和200吨驳船,港口包括拉巴萨、劳托卡、列武卡、萨武萨武、苏瓦。1999年有千吨级轮船6艘,总注册吨位11 870吨,载重吨位14 781吨。按类型分为:化学品罐装船2艘,客转1艘,滚装货转1艘,特种罐装船1艘。1999年全国有机场25个。

教育

1996年斐济15岁以上人口中从未上过学的占3.1%,教育程度为小学的占17.4%,中学占69.6%,中学后占9.9%。

1994年斐济有学前教育机构366所,有教师422人,有3～5岁注册儿童8 209人,学前教育注册率为15%。

全国有小学700余所,1998年有教师5 054人,女性占59%;有注册生143 863人,女生占42.4%,师生比为1:31。

全国有中学147所,1998年有教 师3 519人,女性占46.6%;有注册生72 281人,女生占51%,总入学率为68%。学生中90%接受普通教育,10%接受职业教育。

斐济有8所高校,包括南太平洋大学,斐济医学院,斐济理工学院,斐济高等教育学院,斐济农学院,圣体节师范学院,斐济纺织品、服装和鞋类学校,劳托卡师范学院。1991年高校有教师277人,女性占33%;有注册生7 908人。其中有大学教师213人,大学生3 621人。

1992年公共教育开支占GNP的5.4%,占政府开支总额的18.6%;经常性教育开支占GNP的5.2%,占教育开支总额的96.9%。经常性开支在各级教育中的比例分配为:学前与小学教育占50.5%,

中学占37%，大学占9%，其他类型占1.6%，未分配部分占1.9%。教育开支中，薪金部分占73.5%。

文化

1996年全国有日报1种，发行量4万份，千人拥有量为51份。书报刊的流通主要靠进口，1994年图书进口额为332.1万美元，出口13.4万美元，贸易逆差达318.7万美元。报刊进口额达9.3万美元，出口3万美元，逆差达6.3万美元。

文化纸张消费全部靠进口，1997年消费量为2 200吨，人均消费2.8公斤；其他印刷书写纸张的消费量为1 300吨，人均1.65公斤。

1996年每千人拥有电话直线88条，电话94部，传真机3.8台。1998年全国有广播电台中波13个，调频40个，在用收音机50万台(1997年)。国内没有电视台，有电视机2.1万台(1997年)。1999年全国有互联网服务商(ISP_S)2个。

环境

每年11月到次年1月为旋风风暴多发期，目前主要环境问题为森林砍伐和土壤侵蚀。斐济是下列国际环境条约的缔约方：生物多样性，气候变化，气候变化京都议定书，荒漠化，濒危物种，海洋法，海洋生命养护，禁止核试验，臭氧层保护，热带木材83，热带木材94。

经济文化一体化

斐济是全世界每天最早沐浴阳光的部分，全国由844个岛屿和环礁构成。美拉尼西亚人住在该群岛的历史已超过3 000年之久，但是"斐济"则是由传教士和欧洲定居者命名的，土著民习惯于称之维提。尽管他们以凶悍的勇士著称，但还是被殖民者所征服。1643年荷兰航海者阿贝尔·塔斯曼最先"发现"了斐济，1 774年英国人库克探险至此，1874年10月10日斐济沦为英国的领地。19世纪，斐济是南太平洋的贸易中心，英国人从印度引进了劳工，在甘蔗种植园工作。印度人签署了契约，虽然合同期满后他们可以回国，但多数怀着对未来美好生活的憧憬，选择留了下来。1879～1916年间，大量的印度移民涌入斐济，今天他们的后代构成了第四代印度族斐济人。

华人也是斐济历史的一个完整部分，但由于人数有限，很少被提及，目前在斐济的华人约有4 000人左右，多为广东移民。斐济的移民工人以华人和菲律宾人为主，尤其是在成衣制作行业中，这类移民工人的人数日益增加。据估计目前在苏瓦的这类移民工人人数达2 000人。此次斐济政变主要是印度族与土著族之间的冲突，华人未受影响。

在1987年以前构成斐济人的两大主要民族中，印度族斐济人曾占到总人口的48.6%，土著人占46.2%，但印度族人未能享有同等的政治代表权和土地拥有权。不过，斐济与种族隔离时代的南非不同，虽然不同种族是分开居住的，但他们却能平安地相处，只有当政治风云变化的时候，种族问题才变得严重起来。事实上印度族斐济人与土著美拉尼西亚族斐济人间的对立存在了数十年，并曾导致1959年在这个通常平静的国家爆发了种族骚乱。1987年兰布卡中校发动军事政变以后，推翻了民选印裔总理巴万德拉，致使印度族人开始离开斐济，印度族人口下降到只占全部人口的43%，沦为少数。这种趋势直到1998年种族平等的新宪法生效以及次年印度族人乔杜里当选总理才有所缓解，但乔杜里的施政方针，特别是推行敏感的土地改革，对在续租土地争执中失去土地经营权的印度农民给予赔偿等触动了拥有全国83%土地的斐济族人的利益，结果，在示威与政变中，民选政府被推翻，民族平等宪法被废除，印度族人权力受到限制，国家重新回到1987～1997年兰布卡统治时代种族不平等状态，印度族人再度踏上外迁之路。

斐济群岛的总面积为182.7万公顷，土著人占有151.9万多公顷，斐济族人为拥有土地——他们单一的最宝贵的资产而骄傲，并将管理权交给土著人土地管理局，由它负责签定土地租约。在土地使用方面，有43万多公顷土地出租作为农用，斐济的65%的土地为森林和林地，而耕地和多年生作物用地仅占16%，分散于沿海平原和谷地，有五种主要出租类型，包括农业、住宅、商业、工业和特种类型。政府控制着10%的土地，用于租给工业部门，租期99年。其余土地归私人所有。斐济的农民多数为印度族斐济人，他们面临着不确定的未来。根据农业土地所有者与佃户法案所规定的期限，他们的租约于1997年开始到期，由于政变等因素,土地自动续签的可能性已大为减少。

斐济无疑是太平洋岛屿中最发达的国家。尽管大量的援助流入该国,但经济增长率相对来说较低(1990~1996年年均为2.8%),短期内受到糖产量和旅游收入波动的影响。长期内,该国的经济增长受制于狭小分散的国内市场、有限的资源和生产基地,后者又远离出口市场,且自然灾害经常困扰着经济发展。国内的种族问题以及投资者对政局稳定性丧失信心已对斐济的发展产生了负面影响,军方取消种族平等宪法已使国内的社会经济出现了大倒退,尽管2000年5月19日发生政变后,以民族和解与团结部长卡拉斯为首的临时行政当局许诺在两年内恢复立宪民主,稳定国家经济。

作为洛美协定的签字国,斐济享有欧盟提供的多项贸易优惠,并在地缘上与澳大利亚、新西兰有着密切的联系,此次政变导致的种族矛盾的加剧、外资流入、国际游客、国际贸易以及国际交流的锐减必将制约斐济经济文化的一体化发展。

(中国国家图书馆 李跃进)

萨摩亚经济文化概况

概况

地理 萨摩亚独立国(The lndependent state of Samoa)位于大洋洲,由萨瓦伊和乌波卢两个大岛和另外7个小岛组成,是波利尼西亚群岛中的一个岛群,它的东侧是美属萨摩亚。面积2 840平方公里,海岸线长403公里,专属经济区200海里,领海12海里。萨摩亚靠近赤道,境内大部分地区为丛林所覆盖,属典型的热带气候,每年10月至次年3月为雨季,5~10月为旱季。沿海为狭长的平原,内陆有火山和多岩石的崎岖山地。最高点为毛加西利山,1 857米。自然资源为硬木森林和渔。

人民 据联合国估计人口为18万(2000年中)。其中0~14岁占39%,15~64岁占57%,65岁以上占4%。1999年人口增长率为2.3%,生育率为28.81‰,死亡率为5.4‰,出生时预期寿命为69.82岁,妇女总生育率为3.61胎。居民中萨摩亚人占92.6%,欧洲—波利尼西亚混血人种占7%,欧洲人占0.4%。从宗教方面来说,99.7%居民为基督徒(大约半数人口与伦敦传教学会有联系,包括公理会教,罗马天主教,卫理公会教,现代圣徒,第七日耶稣再生论者)。语言为萨摩亚语和英语。成人识字率为97%。

政府 萨摩亚独立国惯用简称为萨摩亚,前称西萨摩亚。

政府类型为土著大酋长统治下的立宪君主制。首都为阿皮亚,全国分为11个行政区。1962年1月1日脱离新西兰管理下的联合国托管,获得独立,国庆日为6月1日(1962年),宪法于1962年1月1日生效。公民21岁起开始有选举权。

行政机构:国家元首为大酋长马列托亚·塔努马菲利第二(自1962年1月1日起与图普阿·塔马塞塞·米阿利联合担任国家元首,直至1963年4月5日成为唯一元首)。政府首脑为图伊拉埃帕·萨伊莱莱总理(他曾自1992年起就任副总理,后于1998年11月24日接替因健康原因辞职的前总理托菲劳·埃蒂·阿莱萨纳)。内阁包括12名成员,经总理提名,由国家元首任命。国家元首由立法议会选举产生,任期5年;总理由国家元首任命,并由议会通过。

立法机构:一院制立法议会(49席:47席由萨摩亚人选举产生,2席由非萨摩亚人选举产生,只有族长[马他伊]才有选举权和被选举权,议员任期5年)。上届选举是在1996年4月26日(下届将于2001年4月举行)。

司法机构:由最高法院,上诉法院构成。

经济

萨摩亚经济传统上依赖发展援助、私人家庭海外侨汇和农业出口。农业雇用了2/3的劳动力,提供90%的出口,主要为椰脂、椰油和椰干。制造业部门主要是农产品加工,旅游业是一个不断扩充的部门,1996年70多万游客访问了萨摩亚。萨摩亚政府已经呼吁放松对金融部门的管制,鼓励投资,继续严肃财经纪律。

国内生产总值(GDP):2.15亿美元(1999年),实际增长率为5.3%,2000年为3.5%,人均1 270美元(1999年),GDP部门构成如下:农业占40%,工业占25%,服务业占35%(1996年)。

通胀率(消费价格):0.3%(1999年),2%(2000年)。

劳动力:82 500人(1991年),劳动力职业分布为:农业占65%,服务业占30%,工业占5%(1995年)。

预算:收入5 200万美元,支出9 900万美元,包括资本开支3 700万美元(1996/1997财政年度)。

工业 木材、旅游产品、食品加工、渔业。工业生产增长率为14%(1996年)。

发电量:8 200万千瓦小时(1997年),其中火电占61.54%,水电占38.46%(1996年)。

农产品 椰子、香蕉、木瓜、面包果。1999年椰子产量为13万吨,椰干1.1万吨,香蕉1万吨,伐木13.1万立方米,渔获量4 590吨(1997年)。若农业生产指数以1989~1991年为100,则1998年所有商品为94.2,粮食为93.8。

对外贸易 2000年商品出口为0.15亿美元,出口商品为椰油和椰脂、椰干、鱼、啤酒。出口伙伴中澳大利亚占53.5%,美国占29%,新西兰占3%,美属萨摩亚占1.9%(1998年)。进口商品额为1.06亿美元,主要进口中间产品、食品、资本产品,进口伙伴中新西兰占22.4%,斐济占17.4%,澳大利亚占16.3%,捷克占11.5%,日本占11.4%,美国占7.3%(1998年)。

外债:1.33亿美元(1999年),占GDP的62%,债务还本付息占政府岁收(经常性)的6.2%,占出口(货物与服务)的4.8%,占健康开支的42.3%,占教育开支的32.8%。近年来所获经济援助逐年下降,1999年收到官方发展援助0.233亿美元,占GDP的9.8%,占岁收总额的36.8%,占经常性开支的41.5%,占发展开支的83.5%,人均受援额为137.2美元。1998年国际储备为0.6046亿美元。兑换率为:1美元=3.02塔拉(1999年),3.34塔拉(2000年)。

运输 萨摩亚有公路790公里,其中铺面公路332公里,未铺面公路458公里(1996年)。

主要港口:阿皮亚、阿索、穆利法努瓦、萨利洛洛加。

全国有机场3个(1998年)。

教育与文化

萨摩亚的教育制度采取小学8年制和中学5年制(初中3年,高中2年)的模式。小学为义务教育阶段。1999年,全国有168所公立学校,35所宗教学校和3所私立学校。1995~1999年间学校入学人数每年增加5万人。

学前教育 是私立机构的责任,1992年时有教师91人,注册儿童(3~4岁)1 188人,到1996年时注册儿童达3 143人。

小学 全国有小学155所,1996年有教师1 479人,有学生35 378人(1997年为35 649人)。小学总入学率为100%,净入学率为96%。

中学 1996年萨摩亚有中学教师665人,有学生12 672人,中学总入学率(13~17岁)为62%。

大学 1981年全国有高等学校6所,教师79人(大学22人);学生644人(大学295人)。

教育开支 1990年公共教育开支占GNP的4.2%,占政府开支总额的10.7%;经常性教育开支占GNP的4%,占经常性政府开支的15.8%。经常性教育开支的比例分配为:学前和小学教育占52.7%,中学占25.2%,未分配部分占22.1%。经常性开支中教师薪金占84.3%,教学用具占0.7%。教育部门吸纳了大量捐助资金,1990年5月的一项政府报告表明,42%的澳大利亚援助,68%的新西兰海外发展援助和58%的欧盟微型项目援助流向了教育。日本政府对国立萨摩亚大学新校园进行了资助。

文化 基本文化用品依靠进口,1990年图书与小册子进口额为28.5万美元,报刊进口额为2.1万美元。1997年进口新闻纸100吨,人均消费0.58公斤。

1997年全国有电视机1.1万台,千人拥有量为61台,有收音机17.8万台,千人拥有量为1 035台。全国有广播电台1个(中波),电视台6个(1997年)。

环境保护

1997 年萨摩亚的耕地及多年生作物用地占 43%，草场和牧场占 0.35%，森林和林地占 47.3%，其他占 9.35%。

频繁的台风和火山爆发是该岛群所面临的主要自然灾害，土壤侵蚀是萨摩亚当前的主要环境问题。

作为小岛屿发展中国家，海洋从传统和文化上对萨摩亚具有根本性的影响。亘古以来，萨摩亚人民一直依靠海洋及其资源维持生命和生计。海洋资源对维持其脆弱经济的重要性，对许多社区来说已经是具有实际意义的问题，而且对更多岛屿社区来说，则具有最大的长期潜力。考虑到小岛屿国家生态系统的脆弱性，为了可持续利用和发展这些非常重要的资源，保持它们之间的平衡，包括萨摩亚在内的 13 个南太平洋小岛屿发展中国家从全球环境基金获得了资金，并已制定了一项战略行动方案。此外，为实施该方案，上述国家还进一步获取了大约 2 000 万美元，其中全球环境基金提供了 1 200 万美元。全球环境基金方案的长期目标，是在南太平洋区域以可持续的方式保护和管理沿海和海洋资源。战略行动方案是在使用国家工作队的情况下制定的，而后者又有区域工作队的配合。

萨摩亚是下列国际环境条约的缔约方：1992 年生物多样性公约，1992 年联合国气候变化框架公约；1994 年联合国关于在发生严重干旱或荒漠化的国家，特别是在非洲防止荒漠化的公约；1982 年联合国海洋法公约；1996 年全面禁止核试验条约；1985 年保护臭氧层维也纳公约。已签署但尚未批准的协定包括：1997 年 12 月 11 日通过的《联合国气候变化框架公约》京都议定书。 （中国国家图书馆 李跃进）

世界部分国家开发落后地区的情况及经验教训

郭钟义 编撰

中国正在实施西部大开发战略，世界不少发达国家和新兴国家，在经济发展的进程中，也曾面临如何开发落后地区的问题，他们解决此问题的思路颇多差异，其实践也异彩纷呈，既有经验也有教训。为了借鉴“他山之石”，《人民日报》、《光明日报》、《半月谈》等国内外报刊 2000 年春先后发表了一批专文。我们认为这些文章对正在实施的中国西部大开发确有借鉴作用。为便于大家学习研究，我们根据这些文章所提供的资料作了综合整理，以供参阅。

意大利开发南方
统 筹 规 划　分 步 实 施

意大利南方是指从亚平宁半岛西海岸以南 30 公里处至东海岸佩斯卡拉市的连线以南的地区，包括西西里岛和撒丁岛。这一地区远离欧洲大陆市场，平原面积仅占总面积的 12.3%，为全国平均水平的一半，水力、矿产等自然资源相对贫乏,一直是该国的欠发达地区。

南方开发计划是意大利二战后实施的一项规模最大、期限最长的局部性经济计划,同时也是一项关系到意社会发展全局的战略性计划。该计划的突出特点是:由政府整体规划,分段实施,并在实施过程中不断调整开发重点,逐段提高开发目标。南方开发计划大致经历了4个阶段,时至今日,仍是政府经济计划中的重要部分。

农业先行　基金局投资到位

第一阶段从1950～1957年,重点是发展农业和基础设施,为工业化做准备。这一阶段的发展政策主要有3个内容:土地改革、成立南方基金局和鼓励私人为工业化投资,其南方基金局的成立在整个开发计划中发挥了重要作用。

1950年通过的第646号法律,提出了开发南方的全面方案。政府成立了南方基金局(又称南方开发银行),期限为15年。后来这一期限一再被延长,一直到1984年南方基金局才宣告完成使命。南方基金局当时的任务是改良农业,并为建设工业基础性工程提供融资服务,它有权与外国公司签定贷款合同,负责为工业发展提供财政援助。

在整个第一阶段中,南方基金局的50%的投资用在了垦荒和水利上,18%用在了居民饮用水和生活排水改造上,18%用在了公路建设上,其余的则用在了铁路建设和旅游开发上。到1957年第一阶段结束时,意整个南方已被批准的工程项目价值达8 840亿里拉,其中70%都已完成。应该说,这一阶段的开发为南方的工业化创造了基础条件。

点面结合　工业化明显加快

第二阶段是从1958～1975年,开发重点从农业和基础设施建设转向了工业。在这一阶段内,南方基金局在工业开发布局上采用了"面"与"点"相结合的方法。"面"就是某个地区,这一地区必须有20万以上的人口,并且已有一定的工业基础、金融服务和市场潜力。选定了这样的地区,由地方当局组成一个开发财团(南方基金局提供其中85%的资金),开发该地区交通运输、动力等工业配套资源。"点",即在已选定的地区内的核心企业或企业群。这些企业必须利用当地原料,其产品要有明确而稳定的市场。在南方基金局的扶持下,地方开发财团的开发计划包括了16个工业发展区和20个核心企业或企业群,新建了2 882个工厂,扩建和改建了2 499个工厂。

第二阶段的南方开发计划是意南方工业化的关键时期,南方工业化的速度明显加快。在1963～1966年和1970～1973年两个时期内,南方的工业发展速度甚至超过了意全国平均水平。

重视中小企业发展

第三阶段是1976～1984年,当时正值西方因石油危机而导致两次经济衰退的时期,意南方经济也未能幸免。为缓解失业压力,南方开发计划改变了只注意发展资本密集型大企业的倾向,开始重视发展中小企业。

在这一阶段,政府通过优惠贷款、减免税收、技术支持等政策大力扶持中小企业的发展。1976年,意政府决定拨款18.2万亿里拉用于发展中小企业。1977年,意大利又颁布第675号法律规定,对于更新设备和进行工业结合调整的企业给予投资总额的70%的优惠贷款。70年代中期,意大利还成立了南方金融租赁公司,专门向南方中小企业优惠出租先进技术设备。

这期间,不少南方中小企业因此得以更新了生产设备,提高了生产率。从1985年起,南方开发计划进入了第四阶段。1986年3月,意大利颁布了第64号法律,结束了南方基金局的使命,代之以直接隶属总理府的南方局,下设南方发展促进公司等执行机构,意政府将这一阶段的政策重点放在了促进落后地区经济、社会的平衡发展上,南方开发计划从此进入了综合性和高层次发展阶段。

意大利的南方开发计划在50年的时间里共完成了1万多个项目,虽然没有彻底消除意大利的南北差距,但却极大地改变了南方的落后面貌。

巨额财政支持与援助　资金的市场化配置

为时50年的意大利南方开发计划实施时间之长、规模之大是罕见的。这一庞大计划之所以能够比较顺利地运作,主要得益于政府的资金支持和鼓励企业参与的政策。

到1982年,政府实际用于南方特别干预的经费达94万多亿里拉。

在管理政府援助资金方面,南方基金局并不是将钱一分了之，而是采用市场方法对资金进行分配管理。根据1966年经济规划部际委员会制定的贷款标准，贷款企业必须符合下列条件之一：一、使用南方地区的原料和半成品进行生产，或生产南方企业所需的产品；二、生产与生产力发展有关的资本货物、设备及其零配件；三、改善、强化和合理利用当地资源，如矿产和能源等；四、所生产的产品能争取国际市场，可以增加出口；五、有利于当地和国家生产部门的现代化，尤其要有利于降低成本，提高技术，改进销售；六、引进新的生产工序和产品。符合条件的企业均可以获得低息贷款、原料储备补贴和相当于其固定资产投资40%的赠款。

北方企业的广泛参与

在国家直接资金扶持的同时，意大利政府还特别重视鼓励北方企业参与南方的开发。

国家参与制企业在意大利经济生活中占有重要的地位，有关南方开发计划的法律规定，国家参与制企业如伊利公司、埃尼公司等必须将其工业投资总额的40%和新建企业投资的60%投向南方。1971年的第853号法律又将国家参与制企业对南方投资的比率进一步提高，规定其新建工程投资的80%和工业投资总额的60%必须投向南方。1958～1973年间，国家参与制企业总投资的50%以上投向了南方，这些企业在南方的雇员人数从2.7万人上升到16.3万人。1971年，在南方的工业投资总额中，国家参与制企业占了45%，在钢铁、石油化工、建材等领域内的南方重要大型企业几乎都是国家参与制企业。

与此同时，优惠的税收政策和金融政策也吸引了大批私营企业参与南方开发。1950年的第646号法律规定，在南方新开工厂，政府将提供70%以上的优惠贷款，并将在10年内免征其利润税，厂房建设经费补贴25%，购置机器设备补贴10%，如果从南方工业部门购置设备，补贴率则为20%。而且，政府还承诺为私营企业在南方新增投资提供必要的基础设施。在这些优惠政策的吸引下，菲亚特集团、蒙特爱迪生集团、皮雷利公司、好利获得公司等大型私人企业纷纷落户南方。这些大企业本身雄厚的财力和先进的技术给南方经济的发展带来了新的动力。

美国开发犹他州

以信息产业为先导实现跨越式发展

犹他州位于美国中西部，面积22万平方公里，地理状况类似中国西北省区，多山脉，35%的土地系沙漠和干旱地带，气候跟中国西藏的拉萨相近。犹他州人口200万，其中的77%生活在首府盐湖城及其周围山区地带。在历史上，犹他州工业不发达，属于传统的农业和矿业区，90年代以前经济发展缓慢，在美国各州中相对落后，属于小州、穷州。但到了1990年以后，犹他州迅速崛起，成为全美最大的软件业基地，在这期间，犹他州所走的道路是：

盯住“一线” 变“三线”为“一线”

从战略意义上讲，犹他州地处美国的“三线”。过去，犹他州的四大产业为农业、采矿、军工和旅游。由于结构单一，全州经济常会因其中一个行业不景气而受到影响。苏联解体后，军品订货一度减少，使犹他州经济面临很大困难。所幸犹他州政府在80年代末、90年代初就看到了高科技这一新的经济增长点，较早开始调整经济结构，制定了相应的经济发展新战略，发展多元经济，以高科技带动经济发展，因而在冷战结束后，能较快走出低谷。从中可以看出，犹他州把高科技领域当作发展战略的“一线”，盯住一线，变“三线”为“一线”。

自1991年以来，犹他州的经济增长率一直保持在7%左右，远高于全国平均增长率。到1997年底，犹他州已拥有各类高科技公司2 600家，仅盐湖城地区南北160公里的狭长地带就有各类高科技公司2 120家，包括世界著名的诺威尔(Novell)、埃文斯萨瑟兰(Evans & Southerland)等公司。犹他州及时调整经济结构，使经济连续10年以较高速度发展，一条重要经验是未雨绸缪，按经济发展趋势及时调整经济结构，实现跨越式发展。

扬人才之长 避资源之短

犹他州的另一条重要经验是发挥本地优势,改善软硬件环境,筑巢引凤。作为"三线"的犹他州,地理位置和交通条件相对来说较差,自然资源也不丰富,但在经济转型中,犹他州看到了自己拥有的人才资源。

犹他州地处"三线",在冷战时期是国防工业的重要基地,拥有一批高新技术人才,高科技行业有一定的基础。80年代末、90年代初,州政府为吸引更多高科技厂商前来投资,加大了基础设施建设的投入,改善硬件环境。他们加快发展信息高速公路,支持盐湖城一带的高科技工业区;改建国际机场,使其运营能力跻身世界大型机场之列;不断完善高速公路网;电力供应充足而且价格持续下降;供水充足而且水质好;办公和居住用房价格也低于全国平均水平。

犹他州历来重视教育,人口素质较高,人才资源丰富。盐湖城地区居住着大量摩门教徒,他们有重视子女教育的传统。犹他州政府预算的60%以上用于教育(美国的州政府管事范围比中国的省政府少得多,因此教育经费所占比例很高),犹他州25岁人口中有90.2%完成了高中学业,18~64岁的人口中,文盲率仅为6%,为全美最低。全州9所公立大学,4所私立大学,为犹他州培养了大批人才。全美最大的私立杨伯翰大学有3万名在校学生。这种人才资源和文化优势是吸引高科技公司前来投资的重要资源。

犹他州还十分重视营造有吸引力的生活环境。盐湖城一带的自然环境好,犯罪率低,医疗条件好,教育发达,特别是幼儿园和小学的设施和校风普遍好于其他州,很多有子女的父母乐意来犹他州工作。

中小企业——"一线"生力军

此外,政府还很注重其服务功能,从申办执照到资金支持等多方面为企业开办和运营提供便利,并在新办企业使用土地、用房及开展市场调查、推销产品方面给予协助和优惠。州政府还利用互联网为企业提供服务,在州政府和地方政府的网上主页可以看到各种招商材料以及优惠措施,开办企业的有关手续也可以在网上办理。

犹他州视中小企业为发展的生力军,鼓励中小型特别是小型高技术企业的发展。犹他州很多高技术企业只有一个车间、一个实验室,十几名员工,但工作效率很高,创新技术的经济价值很大。不少小企业仅靠一项高技术起家就创造了巨大的经济效益。针对信息产业尤其是软件产业的创业阶段风险较高,银行不愿提供贷款和担保的情况,州政府实施了提供优惠贷款,减免税收等多方面的措施,吸引了众多公司来落户,奠定了从盐湖城到普罗沃之间的绵延60余公里,美国最大的"软件硅谷"的基础。

俄罗斯开发西伯利亚

一座科学城 带来百业兴

俄国对西伯利亚的开发是边疆开发的一个相当典型的例子。

俄国的地区差别十分明显:作为其发源地的欧洲部分,在1917年十月革命前至少已有1 000多年的发展,而且有白海、波罗的海和黑海作出海口;而它的边疆,即拥有1 200万平方公里土地的西伯利亚,却基本上是浩瀚无际的"处女地",生活在那里的大约100万土著人尚处于部族状态。俄国对西伯利亚的征服完成于1582~1689年,并从1648年起开始向那里移民,但在其早期开发阶段(1648~1860年)280年间移民仅四五十万,且主要成分是被放逐的罪犯,1820~1890年,平民在移民中也只占1/4。1861年废除农奴制,1900年取消流放制,特别是俄国在1904年日俄战争中的失败,使俄国感到了西伯利亚和远东在其战略上的重要性,始逐步加快其对西伯利亚的开发,举措之一是修建西伯利亚大铁路,1906~1910年前往那里的移民平均每年猛增至44万。但到十月革命前,整个西伯利亚人口不过800万,农场数200万,耕地2 100万英亩,牲畜3 700万头,以农业为主,工业较少。

1917年十月革命后，国家百废待兴，又面临西方的威胁，苏联政府决定实行工业东移政策：一面将一些工业从欧洲迁往东部，如卫国战争期间迁入亚洲部分的工厂达450个；同时有计划有步骤地加快西伯利亚的开发。从第二个五年计划(1933～1937年)起，国家投资使用方向就开始向西伯利亚倾斜，其中用于西伯利亚的费用：煤炭占49%，钢铁占40%，重工业占37%，非金属工业占70%，机器制造占27%，化学工业占34%。此后历次五年计划都有大量投入。

苏联时期对西伯利亚的开发，既有别于沙俄时代，又有别于美国模式，它以重点工程项目如乌拉尔—库兹涅克煤炭冶金基地、安加拉—叶尼塞河水利资源、木材加工、有色金属、化学合成生产基地以及贝阿铁路建设为中心进行组织和大规模投资，采用优惠政策吸引知识和劳动力，每隔5年、10年都要上一个新台阶。此间的开发规模不亚于美国对其西部的开发。

到1942年，西伯利亚生产的钢材已占全国的1/4，生铁已占1/3，煤炭已占1/2。50年代以后，西伯利亚不仅成为苏联工业的重要基地，也是各种高科技研究和产业的重要基地，著名的新西伯利亚就是其中之一。

西伯利亚的开发经验很丰富，但其中最重要最关键的决策是在西伯利亚建立“科学城”，“科学城”即1957年，苏联政府在新西伯利亚市郊建立苏联科学院西伯利亚分院，这是开发西伯利亚的一项重大举措。如今，“科学城”已拥有60多个研究所和设计院，1.5万名科技人员在此工作，其中有60名科学院院士、70名通讯院院士以及数以百计的博士和副博士。科学城不仅培养造就了一批人，而且培养造就了几代人；不仅宣传和推广了实用技术，解决了一系列重大科技实际问题，还促进了相关科学的发展。

从总体规划到具体工程

“科学城”的基础科学研究包括自然和社会科学的多种学科。该城科技人员的科研工作，始终坚持为西伯利亚建设服务的方针，摸索出一套以科研带动开发，科研为建设提供多层次、多方位服务的有效办法。

“科学城”成立时，正值西伯利亚大规模开发和建设的初期，科学工作者们积极参加制订国家开发和建设西伯利亚的总体规划以及各部门的计划。他们对西伯利亚的水文、地质、气候和资源等情况进行实地勘查，根据国家对开发建设的总体设想开展专项研究，提交了《西伯利亚到1990年的生产力发展问题》、《西伯利亚能源动力发展综合设想》、《西伯利亚生物和资源保护》等一系列科研报告。

除此之外“科学城”还为国民经济重大建设项目提供科学论证。

从能源基地东移到生态保护

原苏联欧洲部分的石油资源严重不足，“科学城”向国家提供了《关于西伯利亚地区地质储油构造》等科研报告，为能源基地东移提供了重要依据。

在开发西伯利亚的同时，“科学城”非常重视生态和环境保护。国家在西伯利亚建水电站的数量、位置、规模及其对周围环境的影响等问题，“科学城”都要仔细论证，统筹规划。世界上最深的贝加尔湖里有2 000多种世界上独一无二的生物，它们不仅是国家的财富，也是世界的财富，必须加以保护；西伯利亚的森林不能滥伐，否则可能对世界气候造成不良影响，开采石油和天然气资源，应有先后次序，长远规划……这些都是“科学城”对西伯利亚开发所作出的科学论断。

“科学城”还在西伯利亚和远东地区设立了自己的研究所，起到了科技辐射作用。例如，贝加尔生物研究所就建立在贝加尔湖畔，石油和天然气研究所建立在秋明，冻土带研究所设立在雅库茨克。这些研究所的科研工作紧密结合当地地理、经济和生产等特点，利用得天独厚的优势，在解决当地生产问题过程中发挥了重要作用。目前，“科学城”正规划在新西伯利亚建立一个工业园，以便进一步发挥其科技潜力。

既是科研人员又是教学专家

“科学城”的1万多名科技工作者不仅是出类拔萃的科研人才，而且是优秀的教学专家。著名的新西伯利亚大学的教师中70%来自“科学城”，在物理系和数学系，兼职教师的比例更高达90%。他们结合自己的实践经验和研究课题进行教学，给学生们带来了各学科的最新动态信息，解决了学校教学中长期存在的知识陈旧、课本过时等问题。“科学城”各研究所还与大学签订长期合作协议，为大学生提供实验室和研究设备。这些不仅使新西伯利亚大学的教学质量全面提高，也为当地的开发培养了大量人才。

“科学城”与世界各国的科技界建立了密切的联

系与合作。"科学城"内设有一个国际科研中心,来自各国的科研人员以各种形式参加这里的研究,有的提供资金,有的提供科研设备,有的进行联合研究,有的交换访问学者。这些联系与合作使"科学城"得以始终站在世界科技的前沿。

新西伯利亚"科学城"的实践证明,在欠发达地区建设知识创新工程基地对于推动这些地区的发展具有重大意义。世界欠发达地区崛起的一个共同点是:依靠科学技术,加快知识创新。欠发达地区的开发必须广泛应用现有的科学技术,这样才有可能尽快缩短与发达地区的差距。

德国开发巴伐利亚州
打教育基础 抓发展机遇

1949年联邦德国成立时,面积7万平方公里、人口约1 000万的巴伐利亚是最大的一个州。当时的巴伐利亚是典型的"农业州",资源贫乏,工业落后,就业人口中近一半是农民。然而在过去的50年里,巴伐利亚州经济飞速发展,取得了令人瞩目的成就,现已成为联邦德国经济实力最强的一个州。

巴伐利亚州作为德国最大的粮食生产州,农业仅占全州国民经济比重的1%,工业占35%,而州国民生产总值的60%以上是高新科技含量越来越大的服务性行业创造的。巴伐利亚州摘掉农业州的帽子,成为名副其实的"高新技术州"。

开发离不开发展教育,基于这种认识,巴伐利亚州政府重视学校教育,建立了独具特色的职业教育体系,培养了一批高水平的科研人才和应用型人才,为加快经济发展提供了基础保障 前州长施特劳斯在总结过去数十年巴伐利亚州社会和经济发展的诸多经验时,将"富有成效的学校教育"列在了首位。在战后恶劣的条件下,巴伐利亚州作为一个农业州,坚持把学校教育和职业教育、特别是农村的学校教育,放在优先发展的地位。巴伐利亚又率先颁布法律,规定所有儿童都有义务就读国民学校和职业学校,公立学校一律免收学费和各种学杂费。在巴伐利亚州的财政支出中,教育经费的增长比例一直高于其他经费的增长,教育及文化经费由1955年州财政总支出的17.4%增加到1982年的30.9%。1972年,巴伐利亚州颁布了《职业教育法》,对其传统的职业教育体制进行了彻底的改革,将绝大部分的地区性职业学校收归州统一管理,使其课程设置和教学内容以及办学形式更适应社会经济发展对专业人才的需求,促进了职业学校的统一发展。全州职业学校的在校生人数,从1972年的22.75万人增长到1982年的37.92万人。

20世纪50年代末,原联邦德国鲁尔地区传统工业第一次萎缩,一度出现工厂停工的现象。巴伐利亚州政府抓住机遇,跨越"夕阳工业",把建设重点投入以石油化工为龙头的合成材料、轻金属、电子、核能、汽车制造等技术密集型的行业。为改善投资环境,巴伐利亚加快了交通、能源等基础设施建设。到目前为止,该州已修建公路13.7万多公里,其中2 100多公里是高速公路,可以通往地中海的出海口。巴州境内的铁路长6 400公里,占全德铁路总长的1/6。源于地中海的石油天然气输送管道与巴伐利亚最现代化的炼油厂相连,巴州新建的核能发电厂,为经济的发展提供了更廉价的能源。

巴伐利亚州具有前瞻性的产业政策、优良的基础设施和人文条件,这构成了该州最具吸引力的投资环境 一大批技术密集型企业和科研单位以及第三产业的金融、保险、咨询、信息、大众传播媒介等机构纷纷在此落户。西门子公司将其总部和部分工厂从柏林迁往慕尼黑,宝马、大众等著名汽车厂家也纷纷在巴伐利亚投资设厂,欧洲宇航局、欧洲专利局、欧洲最大的联合保险公司、世界最大的再保险公司等均将总部设在了慕尼黑。

进入90年代,西方国家经济发展普遍停滞,德国的经济出现结构性的危机。巴伐利亚州政府又一次积极地迎接挑战,果断地从一些州所有、州参股或州控股的企业中撤股或减股,将所得的54亿马克全部投入"巴伐利亚进军未来"计划,其投资的重点是高新技术、生物基因工程技术和生态环境保护技术,同时在全州各地新建专科大学和资助跨企业职业教育和科技中心。为增强巴州在欧洲及世界未来市场上的竞争力，巴伐利亚州政府还成立了"研究基金会"、"巴伐利亚创新公司"、"巴伐利亚金融公司"和"巴伐利亚国际经济关系公司"，完善了科学技术研究成果转化为生产力的运作机制，为新成立的高新技术企业提供创业风险资金，支持中小企业走向欧洲及海外市场。"进军未来计划"目前已见成效，1998年，巴伐利亚州的经济增长率继续超出2%，高于德国的平均增长率；失业率为6.4%，低于全德10.2%的失业率，年轻人的失业率为5.9%，为全欧洲之最低。

德国巴伐利亚州从一个资源贫乏、工业落后的"农业州"发展成名副其实的"高新技术州"，其发展的历程再次证明了国家强盛，人才为本，经济发展，科技为本的规律。

法国开发落后地区

建造新的"火车头"　培育新的"辐射中心"

二战后至今的几十年里，法国在开发相对落后地区、保证全国平衡发展的过程中，积累了一些经验。法国国土整治与地区行动署署长顾问奥利维尔·穆兰先生说，开发欠发达地区是法国国土整治计划的一部分。"国土整治"一词在法国正式出现于50年代，主要是指全国自然条件和经济发展水平不同的地区的平衡发展，同时也包括山地与河流的治理、海岸线的整治、生态保护等。近半个世纪来，国土整治工作为法国经济和社会平衡发展提供了重要保障。

建造新的支柱产业

二战后法国的田地整治工作经历了三个阶段，第一阶段是从1955～1975年，主要工作是指导各老工业基地完成产业转型、确立新的支柱产业。

洛林地区是法国传统的煤炭、钢铁等重工业基地。然而，进入60年代以后，由于国内外经济形势的变化，煤炭、钢铁等行业逐渐走入低谷，洛林地区面临严峻考验。

法国国土整治与地区行动署联合洛林地区的官员和专家对形势进行了分析后得出了三个结论：首先，传统工业可以继续发展，但已经不可能成为当地经济的龙头，新工业、新技术和新发明的推广应用才是洛林地区经济复兴的关键，因此必须尽快发现和建造能够带动整个地区经济的新"火车头"；第二，洛林地区经过多年建设，基础设施好，与国内外联系广泛，作为法国工业基地的名声较大，科研力量较强，完全具备支柱产业转型的基本条件；第三，目前环境工业及与人类健康有关产业正方兴未艾，而作为这些产业基础的化学工业在洛林地区又有突出的优势，也就成为洛林经济发展的新的增长点。

经过充分研究论证，洛林地区决定发挥利用本地传统的制造业优势，发展家电制造等轻工业，并将其作为新的经济"火车头"。这一选择使这个老工业基地重新焕发了青春。40年过去了，今天洛林地区经济的发展，使我们不能不佩服当时决策者们的远见卓识。

培育新的"辐射中心"

国土整治的第二阶段是从70年代中期至80年代末，主要是针对法国的资本、技术和人才过分集中于大巴黎地区等弊病，实行"非大城市化"，使全国经济发展趋于平衡。

开发落后地区，必须要有足够的人才资源。70年代末，法国约70%的科研人员和40%的大学毕业生集中在巴黎，对各地经济的均衡发展非常不利，穆兰先生说，要想鼓励人们离开繁华舒适的城市，去一个陌生落后的地区创业，对任何一个政府来说都是非常困难的。

法国的经验是首先吸引企业和团体到落后地区去，对那些到欠发达地区创业的企业和团体提供优惠条件，如：税收减免、更加宽松的资金政策等等。这样企业和团体有了新的机遇，就会愿意到落后地区发展。而有了企业和团体的合作，就不怕没有合适的人才。

其次,一定要"教育与培训先行"。欠发达地区有了教育培训机构,可以提供更多进修和发展机会,对外来人才会更具吸引力,当地居民也不会舍近求远去大城市读书,然后留在大城市。

另外,最重要的是让一个地区有其发展特色,确立其在个别领域内的权威地位。例如,经过多年努力,里昂—马赛地区已成为法国生命科学和美容工业中心;图卢兹—波尔多地区则成为法国航空航天工业的中心,它们已在欧洲乃至全世界享有盛誉,并因其在领域内的权威地位,吸引了大批相关专业的人才。

现在,巴黎所拥有的科研人员和大学毕业生比例已分别降到了45%和23%,而其他城市所拥有的科研人员和大学毕业人数大幅增加。同时,法国各地区形成10个大的"核心城市":里尔、斯特拉斯堡、南锡—梅兹、里昂、马赛、图卢兹、波尔多、南特、格勒诺布尔和巴黎。这些"核心城市"成为法国国土上的"辐射中心",经济发达,生活方便,带动了周围地区的发展。

目前,法国的国土整治工作正处于第三阶段,即:"大欧洲"时代。法国加强了与欧洲国家的合作,把欧洲作为一个整体,统筹安排国土整治。

英国开发苏格兰

抓重点工程 促经济发展

苏格兰地区的经济状况与英格兰比起来相对滞后,由于传统工业的衰落,历史上曾辉煌一时的西部老牌工业城市格拉斯哥如今成了"英国经济的病城",而苏格兰东部的文化古城爱丁堡也同样缺乏新的经济增长点。苏格兰政府和有关专家经过长期论证后,决定上马几项重点工程,以全方位地启动该地区的经济发展。其中之一就是在爱丁堡和格拉斯哥两市间兴建一条长约110公里的大运河。这项宏伟的运河工程将把文化旅游城市爱丁堡和工业城市格拉斯哥连接起来,并沟通爱丁堡东部的北海和格拉斯哥西部的大西洋,所以又称"海对海运河工程"。据有关专家介绍,运河工程是一项启动经济发展的系统工程,竣工后的大运河沿线将实现运输、交通、水利、观光、环保等多功能综合开发。从布局上看,运河沿线将修建两个渡漕、三个旋转船闸、一条隧道和一座铁路桥,形成一个立体式的水路、公路、铁路、海运大通道。世界上最先进的"旋转金属船闸"技术将应用于大运河,巨型旋转船闸高约35米,有12层,上有观景平台;船闸每15分钟可通过8条600吨级的船舶。竣工后的巨型旋转船闸和蜿蜒一线的河水交相辉映,将构成一幅雄伟、独特的运河立体风景画。整个运河将全部实现水路运输的立体化和自动化。专家预计,这条运河不仅将在运输、交通、水利等方面产生巨大的经济效益,还将成为英国新的旅游景点和苏格兰新标志,每年将吸引20~30万世界各国游客前来参观游览。届时,运河区将形成许多新的商业中心、贸易中心以及休闲场所,给运河两岸带来4 000多个就业机会。运河区将形成一条新的经济廊,由此带动苏格兰地区经济的全面发展。

此项工程虽尚未成为现实,但对于开发落后地区,确有启发。

巴西开发亚马逊河流域

科学论证输入专业人才在先 开工实施移民工程在后

巴西东南部以圣保罗、里约热内卢和贝洛奥里藏特为支点的经济三角区是该国经济最发达的地区,而中西部、东北部和地域广大的亚马逊河流域经济相对落后,甚至处于低度开发状态。巴西国内经济发展的不平衡，造成了所谓“两个巴西”的说法。巴西政府非常重视地区发展不平衡现象，认为它事关国家的经济与社会发展甚至国防安全。因此，巴西很早即提出实现“国家一体化”，从疆域治理和社会、经济发展方面使国家成为不可分割的统一体。

“向西进军”与移民教训

1940年，巴西前总统瓦加斯就提出了“向西进军”计划，通过国家经济重点西移和唤起国民情感的方式，开发西部落后地区，全面建设国家。巴西最终以首都的内迁实现了该计划的重要一步，新首都巴西利亚于1960年建成之后，以其为中心的公路网建设也相继完成。内陆边远落后地区对国家的向心力得到增强，开发进程得以加快。

从70年代起，政府又开始了更大规模的公路建设，先后兴建了跨亚马逊公路及其他国道干线，把落后地区同国家政治、经济、文化中心联系起来。在近年来所提出的全国发展计划里，公路与水运开发计划一直占有重要地位。

大规模的公路建设带动了沿线新兴城镇的发展，地区经济得以繁荣。

但巴西的开发计划也出现了一些问题。梅迪西政府“冲击计划”的重要项目——跨亚马逊公路于1970年开始建设，这条原计划纵向贯穿全国的公路现在只有个别路段能够在旱季通车，整条公路因路面质量低劣而在热带雨林气候条件下根本无法使用。此外，向公路沿线移民的计划也告失败。其中重要原因之一是移民与土著印弟安人和占地农民频繁发生土地权益争执，而且移民的基本生活条件也不具备，他们相继返回东北和南部的原居住地区。另外，由于该项开发计划事先未经充分论证，盲目实施，造成了公路沿线生态环境被公路建设、农牧业和矿业企业所破坏的不良后果。

城市经济圈与“发展极”

巴西政府按地区经济特点划分开发范围，先后建立了东北部开发管理局、中西部开发管理局等多个地区开发机构。1966年建立的亚马逊地区开发管理局，管辖与开发范围达540万平方公里，占全国领土面积一半以上。政府在这一地区实行“财政刺激”政策，规定企业可免交部分所得税以用于在该地区进行投资，但投资方向需符合管理局的计划要求。

地区开发的另一个重要途径是依托当地资源，建立“发展极”。70年代，仅在亚马逊地区，巴西联邦政府就确立了15个“发展极”，各个“发展极”根据各自的资源特征，确立经济增长点。目前，巴西内地已形成以城镇或“发展极”为单位的经济发展态势。

最典型的例子是“马瑙斯发展极”，即马瑙斯自由贸易区的建立。它是一个集商业、工业与农牧业为一体的经济中心，利用亚马逊州首府——马瑙斯便利的交通为周边地区的发展创造条件。此外，“阿克里发展极”是以发展橡胶生产为主，“阿马巴发展极”则重点发展木材加工、锰矿生产及农牧业等。

近年来，以经济对外开放为契机，巴西落后地区开发得到了新的推动。1990巴西实行经济对外开放政策，外国产品与资金开始涌入巴西市场，本国企业因此被置于激烈的国际竞争环境之中。东南发达地区的企业纷纷迁往具备一定基础条件的落后地区落户，利用当地廉价的劳动力和丰富资源提高产品的国际竞争力。同时，一些落后地区的地方政府也相继出台优惠政策，吸引包括外资在内的企业来本地投资设厂，带动了地区经济的发展。

巴西在开发欠发达地区过程中，采用了包括迁都、移民、发展交通运输、建立“发展极”在内的多种措施，很多经验和教训值得其他国家总结借鉴，主要有以下几点：首先，欠发达地区开发要注重规划和科学论证，在开发自然资源、加强基础设施建设的同时，必须注意生态保护；其次，向欠发达地区大批移民，不如向这些地区输入一些专业技术人才；第三，要为欠发达地区引进投资提供切实的优惠政策，使之能吸引发达地区的资金；第四，要注意发展公路、铁路和油气管道沿线经济和中心城市经济圈，并根据各自的资源特点，创建不同的专业生产基地，全面带动欠发达地区经济的发展。

日本开发北海道

培育地方产业群　建立“主导型”产业基地

地处日本最北端的北海道，面积仅占日本总面积的5%。北海道拥有丰富的自然资源，但严寒多雪的气候，使人们的生活和生产活动受到很大制约。为合理配置资源和人口，保持国土均衡发展，日本从100多年前就开始了对北海道的开发。

从1952年到1997年，北海道开发厅连续实施了5期综合开发计划，分别投入资金133万亿日元。这期间，北海道人口增加了140万，并发展成为日本重要的食品供应和加工基地，还为日本经济的发展提供了部分能源保证，但随着日本经济形势的不断变化，北海道开发计划也面临调整压力。

培育地区产业群

前5期综合开发计划取得了一定成果，但北海道的产业结构并未发生根本性的变化，以供应原材料为主的第一产业仍占很大比重，而以加工业为主的第二产业只占25%，社会资本和技术积累进展不大，产品附加值低于全国平均水平，北海道与日本其他地区的发展差距进一步拉大。近年来，随着经济全球化的进展和市场竞争的激化，作为北海道基础产业的农林水产业和钢铁、造船业开始衰退。

1998年4月，北海道开发厅制定了第6期综合开发计划。新的综合开发计划强调，要重新认识地方自治体和民间企业的作用，走内涵发展之路，让地方自治体和民间企业充当地区开发的主体，自主选择发展方向和采取相应的措施。中央政府在继续实施基础性项目的同时，通过推进“产—学—官”（产业界、大学、政府研究机构）联合，对富有创造力的地方自治体、民间企业和个人的开发热情予以支持，并通过促进同一地区内不同开发主体之间以及地区与地区之间的竞争，使开发方向及措施更趋合理。

基于这一认识，北海道从1999年起开始实施“培育地区产业群工程”。目前，北海道道南、道中、道北、鄂霍次克、十胜、钏路和根室等地区都开始集中发展与本地区基础产业相关的行业，力求形成产业群，以改善地区产业结构，谋求经济发展。有关部门还设立了“北海道地区技术振兴中心”，支持风险企业和个人的创业活动，为“培育产业群工程”创造环境。

建立“主导型”产业基地

为突破产业基础薄弱，基础产业落后等不利因素的制约，北海道近年来采取的另一重要措施是，将有限的资金、人力和研究开发力量集中投入具有优势的产业部门，对有可能在21世纪起主导作用的产业进行重点培育，以增强经济发展的后劲。

为推动北海道开发，日本于1971年制定了“苫小牧东部地区大型工业基地开发计划”，但由于20世纪70年代两次石油危机、80年代日元急剧升值和90年代泡沫经济崩溃的影响，这一开发计划始终进展不顺。1995年，日本还制定了“苫小牧东部开发新计划”对原来的以基础工业和资源型工业为中心的开发方针进行了调整，确立将苫小牧东部作为推动北海道产业发展基地的方针，推行包括生产功能、研究开发功能和居住生活功能在内的一体化综合开发。

目前，火力发电厂、石油储备基地、煤炭中心已经建成，五十铃等汽车企业以及机械、金属、医药、玻璃等制造业和流通领域的企业也先后进入基地，其中有34家企业已开始运行。为基地内企业提供服务的技术中心也已建成开放。通过今后10年的继续开发，这一地区有望形成以新材料和信息产业等为中心的大型工业基地，从而把北海道开发推向新的层次。

欠发达地区的开发是一个长期过程，需要制定统一规划并有计划分步实施。必须注意的是，开发规划不是一成不变的，它应该是一个动态规划，可根据具体情况予以调整，并在实施过程中加以完善。

日本北海道开发就是一个很好的实例。所以，统筹规划、全民行动、因地制宜、重点突破、以点带面，是值得借鉴的良好经验。

澳大利亚开发沙漠地区

实施“沙漠知识经济”和“旅游发展”战略

澳大利亚是全球最干旱的大陆，在土著人聚居的内陆地区，横亘着坦尼等大沙漠。澳北方地区与东南沿海地区相比经济较落后，却是澳地域最大的地区，土著居民占总人口的28%。从90年代开始，澳北方地区政府推出了“沙漠知识经济”和“旅游发展”战略，使地区经济取得了蓬勃发展，国民生产总值翻了一番。

“沙漠知识经济”战略

所谓“沙漠知识经济”，就是在沙漠地区及周围运用传统或现代治理的知识取得社会和经济效益。现代沙漠知识包括生物学、生态学、科学用水、建筑设计、农业和园艺生产系统、道路建设和保养、矿业、边远地区卫生教育服务、太阳能和其他新能源系统等。传统沙漠知识是在沙漠地区进行土地和牧场管理、旅游经营、人烟稀少地区社会行政管理等。地区政府派出专家到小企业和当地土著人社会推广和传授沙漠知识。

治沙治荒，保护环境是推广沙漠知识经济的中心环节　澳国土有75%是贫瘠或半贫瘠的土地，澳北方地区政府制定了免税、发放补贴和长期无息贷款等优惠政策，鼓励公民尤其是土著人在沙漠地区开办私人农场。农场的经营方向必须是生态农业，把治沙固沙与发财致富结合起来。虽是个体经营，但治沙固沙的柳条树、灌木和草籽都是由北方地区研究和开发咨询委员会下属的研究所统一发放，按规划和标准的种植方法栽种，因此成活率高，效果明显。在称之为“红心脏”的北方地区驱车，沿途的沙地上都披上了绿色植被，甚至还有较大面积的沙漠绿洲。

沙漠知识经济注重因地制宜，充分利用当地资源，可持续性发展　澳的支柱产业是畜牧业，但是在沙漠地区并不适用。北方地区确定利用日光多、温差大等气候特点，大力发展园艺和水果业。如今，北方地区已成为澳热带和亚热带水果的主要生产基地，沙漠农场里瓜果飘香，由研究所推广种植的芒果、香蕉、椰枣和葡萄等时鲜水果出现在悉尼等大城市的超市里。他们还利用澳地处南半球的独特地理位置，生产反季节农产品，远销日韩和东南亚市场。

沙漠知识经济成功的关键在于知识的传播　为了让地处沙漠地区的居民接受新的知识，北方地区政府通过“沙漠知识工程”建成了沙漠电视广播网，利用现代通讯工具提供远程教育，提高他们的文化水平，定期传授最新沙漠知识。当地居民可通过双向电视或电话进行交流和咨询，也可通过因特网查阅沙漠知识信息库，获取有关知识。政府设立的前沿技术科学应用研究所，定期推广和示范沙漠知识的最新研究成果。建立广泛的国内和国际联系，确保运用沙漠知识的居民获得最佳的经济效益。

“旅游发展”战略

土著人是澳大陆的原住民，有自己独特的文化和传统，加上土著人居住区的独特自然环境，其旅游资源非常丰富。为了缩小地区差距，澳政府选择以旅游业作为提高土著人居住地区经济发展水平的突破口，并于1997年推出了“土著人旅游业发展战略”。

首先，澳政府在规划上给予了土著地区大力支持，要求各地方政府在制定当地旅游发展规划时，必须统一考虑土著人旅游发展计划，把土著旅游列入当地、州和全国旅游计划的一部分　在政府统一规划下，澳沿海发达地区在资金、技术和服务等方面使土著人的旅游点与发达地区连接起来，把游客的旅游线延长到土著人地区，编入全国、州和当地的旅游网。凯恩斯大礁是游客必去之地，现在60公里外的土著地区，新开辟了热带雨林游和土著古镇游，旅游线路延长后，新老旅游景点相得益彰，游客在凯恩斯的平均停留时间从3天延长到了4天。

资金是困扰土著人发展旅游业的一大难题。在强调土著人自力更生的同时，澳联邦和州政府也根据不同情况给予补助，联邦银行还提供优惠政策，向土著人发放低息和无息贷款　土著人大多以社区团体为单位,用矿山收入、地租、补偿金和银行贷款作投资资金,共同开发和经营旅游业。如位于维多利亚州南部山区的布加拉土著文化中心,共有300多土著人经营,在他们60万澳元投资中,联邦政府出10万、州政府出20万、土著人自筹10万,其他由银行贷款。当地土著满意地说,不求发财,但起码使我们经济上自立了。另外,澳政府也投入巨资改善土著地区的旅游基础设施,例如:在凯恩斯投资900万澳元兴建了一座土著文化公园,并在北部热带雨林区修建了世界上最长的空中缆车。

澳政府强调,土著人办旅游,要突出土著文化特色,有些特色文化项目还可进行深度开发 澳北方吉伯拉地区有绘画和制衣传统,旅游部门帮助他们建起了土著服装制作厂,短短几年内,他们生产的土著服装就畅销各地,还打进了日本市场。体验流传了上万年的十著饮食文化,受到游客们的交口称赞。

澳政府非常注重把开发旅游与保护文化遗产结合起来 近年来,澳政府拨出大量资金,用于修缮和保护土著人的原居住地和文化遗产。澳旅游部门还对土著人展开教育,要搞土著旅游,首先是要保护好土著文化旅游资源,规定搞土著旅游,得拿出一定比例的收入作为再投资,用于文化设施的维护。

旅游业不以牺牲生态环境为代价,相反强调文化旅游必须与自然生态旅游同步进行 澳政府率先制定了生态旅游业的国家鉴定标准。位于澳中部沙漠地区的艾尔斯巨石,长3000米,高348米,被土著人视为圣石,政府出巨资,将其列为国家重点文物加以保护,并申报为世界文化遗产。现该地已发展成为澳的主要旅游景区之一,年接待游客20万人。此外,澳还建造了一批与自然环境相配套的旅馆。

土著地区的旅游业是澳全国旅游业的一部分,澳政府除了在上述方面给予支持外,还专门在国外市场斥巨资进行大力宣传,把该国最具特色的旅游资源推向世界,以吸引外国游客 专门负责海外市场推销的"澳大利亚旅游委员会"发起了澳大利亚名景宣传活动,起用大牌名星拍摄旅游广告片,在国外电视台播出。在多样化的宣传中,澳政府把土著地区的宣传重点放在了独特的沙漠风光和当地土著文化方面。

1999年,澳大利亚共接待海外游客450万人次,全澳旅游业年收入达160亿澳元,甚至高于澳主要产业羊毛业。全澳游客中的7%到土著地区旅游,总收入近10亿澳元(约合6亿美元),远远高于原先从事林业、渔业等的收入。旅游业还带动了交通、服务、餐饮等行业的蓬勃发展,使得土著人地区经济发展水平显著提高。土著人的就业率上升了5%,生活水平有了较大的提高。

以色列开发内格夫沙漠
两个并举　一个结合

以色列国土面积狭小、土地贫瘠、水资源缺乏,沙漠占国土总面积的60%以上。以色列开国总理古里安在建国后豪迈地预言:以色列的未来在南方。

南方是内格夫沙漠,对以色列人来说,如同中国的大西北,以色列人正是在这片土地上,靠治理荒漠创造了举世瞩目的奇迹。

今天的内格夫沙漠生机勃勃,现代化城镇、农庄和工厂掩映在沙漠森林、果园、温室和农田之中,沙漠开发和现代农业,使以色列可耕地面积由立国之初的10万公顷增加到44万公顷,灌溉面积从3万公顷扩大到26万公顷,农业产值增长了16倍。以色列开发沙漠地区的经验主要有:

国家制订科学的法规,开发与生态保护并举,注重可持续发展和长远规划 以色列建国后,陆续出台了自然资源保护、规划建筑、水源、水井控制等方面的法规,对珍贵的水资源实行严格的配额和奖惩制度,在保护生态的前提下开发沙漠。以政府在保护植被的同时,植树、种草以防止土地沙漠化。如今,在年降雨量仅100毫米、蒸发量却高达3 000毫米的沙漠区,以色列建造了3个森林区,绿化面积达1.2万公顷,大大改善了当地的气候和生态环境。

以色列1986年制订了全面绿化沙漠规划,继续探索在保护生态前提下,根据降雨、地表水、地下水与动植物的生态联系建设绿洲。现在,内格夫沙漠开发区已营造出新的生态系统,在尽量保持地貌的前提下,因地制宜实现沙漠绿化。

开发沙漠现代农业技术,科研和生产密切结合 以政府建立了很多沙漠研究所,开发出高精尖的沙漠农业技术。以色列淡水资源仅16亿立方米,人均270立方米,是世界平均水平的1/33,中国的1/7。政府1953开始,用11年时间建造了145公里长的“北水南调”输水管线。但是,沙漠改造和现代农业真正腾飞是在60年代中期发明滴灌以后。当时,国家大力支持滴灌技术的推广,形成电脑化的全国灌溉网,取代了沟渠漫灌。封闭输配水灌溉系统极大减少渗漏和蒸发,水、肥的利用率高达80~90%,节省用水1/3。以色列还因地制宜开发地下盐碱水灌溉、沙漠温室大棚、沙漠养鱼、地表水泾流利用、花卉及废水灌溉技术。农民甚至更喜爱沙漠种植,因为沙漠地区气温高、蒸腾强,沙土通气、不板结、容易控制水肥。

政策倾斜和市场机制并举 为了缓解沿海城市人口压力,政府把沙漠地区列为最优惠开发区,把内格夫沙漠作为未来农业和社会发展的重点。国家除扶持出口型农产品企业外,还鼓励工业项目发展,采取了对企业实行10年免税等优惠措施。

土地沙漠化是人类面临的严重问题,预计今后50年内全球将有近2亿人因沙漠化而被迫迁徙。以色列开发沙漠的经验,特别是他们在开发南部地区时很多成功的做法,对中国今天的西部开发乃至荒漠化严重的其他国家的沙化治理,无疑具有重要的借鉴意义。

泰国开发贫困落后农村

企业扶贫挑大梁 “农花模式”获推广

20多年来,泰国最大的农工牧联合企业“正大集团”利用自身在财力、人力、营销和研发方面的优势,积极参与开发落后农村地区的工作,取得显著成效。正大集团的扶贫之路,对中国大企业参与开发中西部地区具有一定的借鉴作用。

正大集团的扶贫办法,简单而言就是,在国家政策指导下,企业唱主角,协助农民大搞多种经营,促进落后地区脱贫致富和社会全面进步。泰国东部北柳府的“农花村”便是正大集团扶贫中成效最突出的典型。

农花村是20多年前由正大集团组织北柳府50户无地农民组成的,正大集团首先为这些农民提供金融担保,使每户农民从银行得到用于购置土地的贷款。建村之初,正大集团便保证以担保价格收购农花村农民生产出来的农副产品,从而使这些农户免除了对农产品销路的后顾之忧。与此同时,正大集团并不干涉农民的产品销售,农民也可将产品卖给其他客户。在政府部门和金融机构的配合下,正大集团还向农花村提供了产、供、销及人力和技术方面的全面援助,包括提供资金、设备、种子、家禽、肥料、农药、疫苗、技术以及人员培训和营销指导。

正大集团最初的目标是使该村农民的收入提高100倍,即由原来每个无地农民家庭的每月收入100铢(2.8美元)提高到1万铢(280美元)。而实践证明,正大集团的方案非常成功,效果大大超过最初目标。经过20多年的发展,农花村发生了翻天覆地的变化。如今农花村的居民每月收入高达3万铢(840美元),年收入达36万铢(10 080美元),即使以每个农户7口人计算,也高于全国平均收入水平,目前泰国人均年收入约为1 300美元。

农花村的脱贫致富主要得益于正大集团提供的多种经营生产方案。正大集团制定的生产方案按产品种类分为大米种植、大米加工、蔬菜种植、水果种植、饲养业、养鱼业、手工业7大类,目的是使农民选择其中适合的某几个类别进行组合生产,通过多种经营提高收入。正大集团在向农民提供上述技术和资金支持的过程中,常常采取与农民合作的办法,比如先与农民合股开办大米加工厂,而后逐步由农民自己的基金会收回正大集团所占有的股份、设备,完全独立经营。

目前,正大集团已将“农花模式”向泰国其他贫困地区推广。该集团从1987年开始成立“农村生活发展基金会”,主要致力于以下3个方面的工作。一是向受援助地区提供职业培训,重点是为落后地区培养有知识、有能力的脱贫带头人,每年每个科目有学员25人,总计培训125人。二是发展农村社区。其主要目的是提高农民的生活质量,如帮助社区建立储蓄会、社区商店、社区银行、社区福利基金会等。三是在贫困地区加强环境和自然资源的保护。在泰国一些贫困地区,不少农民为谋生而不断砍伐森林,致使一些地方环境资源的破坏情况日益严重。为此,基金会每年从贫困地区召集60～100名青年人组成环保夏令营,并与联合国计划发展署联合在落后地区组织相关活动。

也许有人要问,大企业如此不遗余力地参与开发落后地区,其自身利益体现在哪里呢?正大集团的负责人告诉记者,正大集团开发落后地区是一项长期战略,在帮助落后地区摆脱贫困的过程中,企业自身的社会形象得到提高,同时企业也在无形中开拓了市场,培养出未来的合作伙伴。

印度开发东北边境地区

基础设施建设加快发展　高新技术领域“一步登天”

印度东北边疆地区,山峦叠嶂,湍流遍布,仅有少量平原,与阔野千里的印度次大陆腹地形成鲜明对比。这里的绝大多数居民是少数民族,其中不少民族还过着部落生活。

印度独立50年来,东北地区的7个邦无一例外都是以农业经济为主,工业设施几乎空白,交通、电力、农田水利等基础设施极为落后。这与印度近年来连续保持7%左右的经济增长速度很不协调。因此,历届印度政府都有开发东北边疆地区的雄心大志和施政纲领。但是真正意义上的东北部开发一直到1996年才开始,目前已经形成一定规模的势头。

为扶持和开发东北边疆地区,印度政府主要采取了以下措施:

加快基础设施建设,使之尽快赶上甚至超过国内平均水平　基础设施建设又以公路、铁路、机场、能源、电力、灌溉和电信设施为重点。目前,一大批公路、铁路、小型灌溉设施和水电站的建设项目已经开工,其中仅公路建设资金就达35亿多卢比(43卢比合1美元);政府还准备开发特种型号的小飞机,专供东北部各邦用于空中交通运输,以降低成本,促进空运的发展。

尽快将信息技术和信息产业介绍到东北地区　印度近年来在电脑软件领域异军突起,信息技术是它的强项。但是,在东北地区,人们却连基本的“上网”条件都没有。为此,印度政府早些时候宣布,从2000年4月开始,准备耗资20亿卢比(4 650万美元),在两年内为东北各邦建立400多个计算机信息中心。中心将提供先进的电脑设备和上网条件,供东北地区居民接受电脑培训和进行上网实践。这项计划显示,印度政府打算让落后的东北地区在高新技术领域迎头赶上,而不是采取“爬行政策”。

加强东北部教育和劳动力培训,促进就业　从2000年起的两年内,政府出资在东北各邦新建约50个产业技能培训学院,还将在米佐拉姆邦建一所国家级大学,改变东北地区无国家高等院校的现状。

利用现代科技提高农业生产效率和土地利用率,鼓励因地制宜发展园艺业和经济作物种植　将以家庭为单位,推广在山区培育种植园艺作物的技术和经验,同时也向当地居民灌输保护生态环境和生物多样性的观念。

实行新工业政策　通过贷款鼓励东北地区小型工业企业的发展,特别是电子工业,如电视机、收音机组装等。

发展边境贸易和旅游业　政府已经批准在东北边境线上的4个城镇放开管理,促进东北地区与缅甸、孟加拉国的边贸往来。

不过,印度开发东北地区的决心虽然很大,相对来说投入也很多,但是据国外舆论反映,这个落后地区在开发中存在一些难以克服的问题和障碍。

例如,印东北地区多少年来叛乱武装活动猖獗,暗杀、爆炸甚至血腥屠杀等恐怖事件不断发生，搞得当地人心惶惶，无心建设。一些国内外投资者本来受印度政策的鼓舞，有意到东北地区开拓事业，但是看到这里的危险性仅次于印巴争端地区克什米尔，也就裹足不前了。印度总理瓦杰帕伊 2000 年初痛切陈词，指责叛乱分子拖了东北部发展的后腿。

再如，政府“禁入令”导致部分东北地区继续处于半封闭状态，严重影响了旅游业的发展。目前，东北边疆地区的那加兰邦属于“限制进入区”，曼尼普尔邦属于“受保护区”，政府对这两个地区实行“禁入令”，要进入这两个邦的印度公民需要从邦政府驻首都新德里的办事处申请进入许可，外国人则必须向印度外交部或内政部申请。繁琐苛刻的审批手续使不少人望而却步。

本篇主要资料来源：

[1]联合国《统计月报》，2001 年 4 月。

[2]联合国《世界经济与社会概览》，2000 年。

[3]联合国开发计划署《1999 年人类发展报告》，2000 年。

[4]联合国工发组织《国际工业统计年鉴》，2001 年。

[5]联合国《2000 年亚太统计年鉴》，2001 年。

[6]联合国《2000 年拉美加勒比统计年鉴》，2001 年。

[7]世界银行《世界发展指标》，2001 年。

[8]世界银行《世界发展报告》，2001 年。

[9]国际货币基金组织《金融统计月报》，2001 年 3 月、4 月。

[10]国际货币基金组织《贸易方向统计》，2001 年 6 月。

[11]国际货币基金组织《世界经济展望》，2000 年 5 月。

[12]联合国教科文组织《统计年鉴》，1999 年。

[13]联合国教科文组织《世界教育资料》，2000 年。

[14]联合国教科文组织《世界科学报告》，1999 年。

[15]联合国教科文组织《世界文化报告》，2000 年。

[16]联合国粮农组织《生产年鉴》，1999 年，2000 年，2001 年。

[17]世界贸易组织《2000 年世贸组织年报》，2001 年。

[18]经合组织《信息技术展望》，2000 年。

[19]经合组织《主要科技指标》，1999 年第 1 期。

[20]经合组织《环境数据》，1999 年。

[21]欧盟《成员国联合就业报告》，2000 年。

第　三　篇

世界人口发展与环境保护

世界经济文化与人口发展概况

中国人口信息研究中心　娄彬彬

世界的两极

战后的世界各国经过近60年的发展，其总的趋势表现出社会经济文化水平提高很快，人口增长速度加快。人口增长速度加快突出表现在世界人口总量的倍增时间越来越缩短。目前世界人口发展明显分为两极：一极是以欧洲为主要代表的发达地区国家人口出生率很低，老龄化严重，老年人口死亡率增高，人口出现负增长，某些国家人口已在逐渐减少，然而这部分极少的人口却拥有世界最大的财富，消费最多的资源；另一极是广大的发展中国家，人口增长过快，人口数量太多，以致人口增长成为经济发展的主要障碍，并且人口最多的地区却只占有世界上极少的财富，消费不足。两极的贫富差距与人口发展差异，在短期内无法根本扭转。

按联合国的划分方法，发达国家包括欧洲和北美的所有国家，加上澳大利亚、日本和新西兰。所有其它地区和国家都归入不发达国家。

此外，按照世界银行1998/1999年报告的划分标准，用以对国家进行分类及广义地区分经济发展不同阶段的主要标准是人均收入即人均GNP。各组别国家按收入不同划分为3类。按人均GNP划分的等级是，低收入国家：1997年为785美元及其以下；中等收入国家：786～9655美元；高收入国家(地区)：9 656美元及其以上。人均GNP3 125美元是下中等收入国家和上中等收入国家的分界线。

上述2种划分标准在现今已不矛盾，世界高收入国家绝大部分集中在欧洲、北美洲发达地区。此外，亚洲只有一个日本，大洋洲有澳大利亚和新西兰。低收入国家主要分布在南亚和撒哈拉以南除南非外的非洲地区。中等收入国家分布在南欧、东亚和太平洋地区、拉丁美洲、以及中东与北非地区的石油输出国。低收入和中等收入国家也称为发展中国家。

世界人口概况

世界人口总量、人口分布现状及未来趋势

根据美国人口咨询局编的2000年数据表，2000年中，全世界人口总量为60.67亿，和1980年相比，人口总量增加了16.4亿，比1997年的58.29亿增加了2.38亿。全球年平均新增人口约8 000万左右。人口倍增时间缩短为51年。与20年前相比，世界人口分布的格局没有发生根本性的变化，发达地区和发展中国家地区的人口总量分别占世界人口总量的比例差距仍很大。80.48%的人口分布在不发达地区，达48.83亿。发达国家和地区总人口为11.84亿，仅占世界总人口的19.52%，比中国所占世界人口的比例还少1.32个百分点。

世界人口最密集的地区，第一为亚洲，人口总量为36.84亿，占世界总人口的60.72%。东亚总人口为14.93亿，中南亚为14.74亿，东南亚人口为5.28亿，西亚人口最少，为1.89亿。其中东亚的中国为12.64亿，中南亚的印度为10.02亿，分别占世界人口总量中的20.85%和16.52%；分别占亚洲总人口的34.32%和27.20%。

非洲是第二个人口大洲，总人口为8亿，占世界总人口的13.19%。非洲人口分布最密集地区在最贫困的南撒哈拉地区，总人口为6.57亿。南部、中部非洲人口最少，分别为0.5亿、0.96亿；西部和东部非洲人口较集中，分别为2.34亿和2.46亿。

发达地区人口分布最密集地区在欧洲，为7.28亿，位居世界第三，占世界总人口的12%。其中东欧人口为3.04亿，西欧为1.83亿，南欧为1.45，北欧为0.96亿。北美洲总人口为3.06亿，占世界的5%。其

中美国为 2.756 亿,加拿大为 0.308 亿。

拉丁美洲和加勒比海地区占世界第四位,总人口为 5.18 亿,其中人口最密集地区在南美洲,为 3.45 亿;其次在中美洲,为 1.36 亿;加勒比地区为 0.36 亿。

大洋洲是世界人口最少的地区,仅 0.31 亿,只占世界总人口的 0.0051%多,其中澳大利亚人口较多,为 0.19 亿。

2000 年中,世界人口绝对数最多的前 10 位国家排名依次为:中国 12.64 亿,印度 10.02 亿,美国 2.76 亿,印度尼西亚 2.12 亿,巴基斯坦 1.51 亿,俄罗斯 1.45亿,孟加拉 1.28 亿,日本 1.27 亿,尼日利亚 1.23 亿,墨西哥 0.996 亿。

表 1 世界主要地区人口分布概况及预测

(单位:100 万)

地 区	2000 年中人口数	2025 年人口	2050 年人口	人口倍增时间(年)	地 区	2000 年中人口数	2025 年人口	2050 年人口	人口倍增时间(年)
世界	6 067	7 810	9 039	51	亚洲	3 684	4 723	5 267	48
不发达地区	4 883	6 575	7 808	42	西亚	189	300	396	33
非洲	800	1 258	1 804	29	中南亚	1 475	2 037	2 451	37
南撒哈拉地区	657	1 053	1 556	27	东南亚	528	717	836	41
北非	173	251	306	34	东亚	1 493	1 669	1585	85
西非	234	390	567	25	发达地区	1 184	1 236	1 232	809
东非	246	390	584	29	欧洲	728	714	658	653
中非	96	185	303	23	北欧	96	101	100	472
南部非洲	50	43	43	52	西欧	183	188	181	612
拉丁美洲和加勒比地区	518	703	823	39	东欧	304	287	258	
中美洲	136	192	232	33	南欧	145	137	118	2 121
加勒比地区	36	46	51	52	北美洲	306	374	444	
南美洲	345	465	540	42	大洋洲	31	39	44	65

资料来源:美国人口咨询局编《2000 年世界人口数据表》。

表 1 显示未来 21 世纪世界人口增长量仍然主要来自发展中国家,其中亚洲的印度是世界人口绝对量增长最多的国家,其人口总量将超过中国成为世界第一人口大国。发达国家人口倍增时间平均拉长到 809 年,发展中国家缩短为 42 年。其中南欧人口倍增时间长达 2121 年,西班牙最长,为 6931 年。非洲地区人口倍增时间平均仅只 29 年,拉丁美洲为 36 年,亚洲为 48 年。下一世纪发达国家主要地区人口明显减少。2025 年欧洲人口总量将降为 7.14 亿,2050 年进一步下降为 6.58 亿。2025 年亚洲人口总量增长到 47.23 亿,2050 年增长为 52.67 亿,但东亚地区在 2050 年将因中国、日本、韩国等国家地区人口的减少而明显下降,由 2025 年的 14.31 亿降为 2 050 年的 13.69 亿。非洲和拉丁美洲的人口总量在下一世纪,似乎没有明显减少的征兆。

世界人口增长速度及其生育水平 世界人口总量仍在不断增长,但人口增长速度逐渐减缓并呈极不平衡的特点。突出表现在人口年均增长率、年自然增长率和人口倍增时间以及总和生育率等人口学指标差异较大。

2000 年世界人口出生率为 22‰,死亡率为 9‰,年自然增长率为 1.44%,婴儿死亡率为 57‰,总和生育率为 2.9。发达国家地区平均人口出生率为 11‰,只相当于世界平均水平的一半,但因老龄化程度较高,故人口死亡率上升为 10‰,年人口自然增长率仅为 0.1%,婴儿死亡率仅 8‰,总和生育率仅 1.5。欧洲的年自然增长率出现了负增长为 -0.1%。发展中国家人口出生率为 25‰,死亡率为 9‰,年自然增长率为 1.7%,总和生育率为 3.2,高出发达国家 1 倍多。

世界人口年均增长率自 1980 以来,下降了较多。

特别是发展中国家和地区下降较快。1980～1990 年间,全世界人口年均增长率为 1.7%,1990～1997 年间降至 1.5%。发展中国家 1980～1990 年间,人口年均增长率为 2.0%,1990～1997 降至 1.6%,而同期的发达国家都是 0.7%。值得注意的是,发展中国家的情况极不平衡,人口增长率差距较大。总的来看,可分为 3 个层次:

第一层次,经济发展较快,人口增长率下降也很快的发展中国家和地区,如中国、韩国、新加坡、泰国、香港、台湾。1980～1990 年间,中国年均增长率为 1.5%,1990～1997 年间下降为 1.1%;同期,韩国分别为 1.2%,1.0%;新加坡分别为 1.7%,1.9%;泰国分别为 1.7%,1.2%。虽然新加坡在后几年上升了 0.2 个百分点,但不是人口自然增长率的提高,它的自然增长率仅为 0.8%,也就是说,新加坡的人口增长率升高可能与近些年来国际间人口迁移强度加大有关。这些发展较快的国家和地区,总和生育率都降到更替水平以下。2000 年中国总和生育率为 1.8,韩国为 1.5,新加坡为 1.5,泰国为 1.9,香港为 1.0,台湾为 1.5。

第二层次,中等、上中等收入国家及高收入的石油输出国,其生育水平也高。如西亚、北非和拉丁美洲的一些国家。特别是西亚、北非地区的石油输出国,这些国家基本属于伊斯兰教地区,如科威特 2000 年总和生育率为 3.2,阿曼高达 7.1,沙特阿拉伯为 6.4,阿拉伯联合酋长国为 4.9。此外,拉美国家人均收入也较高,生育率下降也较快,但和第一层次的生育水平相比,仍然偏高。如秘鲁的总和生育率为 3.4,巴拉圭为 4.3,巴西为 2.4,阿根廷为 2.6,墨西哥为 2.7。

第三层次,最贫穷的低收入国家,2000 年人均 GNP 只有 100～350 美元,人口增长速度快,生育水平高。如中南亚的巴基斯坦人口出生率为 39‰,总和生育率为 5.6;西亚的也门人口出生率 39‰,总和生育率为 6.5;东南亚的老挝人口出生率为 41‰,总和生育率为 5.6;非洲南撒哈拉地区的埃塞俄比亚 2000 年人均 GNP 仅 100 美元,人口出生率为 45‰,总和生育率为 6.7;乌干达人口出生率为 48‰,总和生育率为 6.9。

表 2　2000 年世界主要地区部分人口数据

（比例:%）

地区	出生率	死亡率	年增长率	总和生育率	地区	出生率	死亡率	年增长率	总和生育率
世界	22	9	1.4	2.9	南美	23	6	1.7	2.7
较发达地区	11	10	0.1	1.5	亚洲	22	8	1.4	2.8
不发达地区	25	9	1.9	3.7	西亚	28	7	2.1	4.0
非洲	38	14	2.4	5.3	中南亚	28	9	1.9	3.6
南撒哈拉	41	16	2.5	5.8	东南亚	24	7	1.7	3.0
北非	27	7	2.0	3.6	东亚	15	7	0.8	1.8
西非	42	14	2.8	5.9	欧洲	10	11	−0.1	1.4
东非	42	18	2.4	6.0	北欧	12	11	0.1	1.7
中非	46	16	3.0	6.6	西欧	11	10	0.1	1.5
南非	26	13	1.3	3.1	东欧	9	13	−0.5	1.2
拉丁美洲	4	6	1.8	2.8	南欧	10	10	0.0	1.3
中美	26	5	2.1	3.1	大洋洲	18	7	1.1	2.4
加勒比	22	8	1.3	2.6	北美	14	9	0.6	2.0

数据来源:美国人口咨询局编《2000 年世界人口数据表》

世界人口老龄化与城市化差异　世界人口老龄化的趋势逐步加快,2000 年中,65 岁以上人口占总人口比例已上升为 7%,0～14 岁少儿人口比重为 31%。根据世界银行 1998/1999 年报告,1980 年世界 10～14 岁儿童占总人口比重为 20%,1997 年降为 13%。15～64 岁人口占总人口比重 1980 年为

58.62%，达25.95亿；1997年上升为62.52%，达36.44亿。

发达地区老龄化程度比发展中国家严重。2000年中发达地区65岁以上人口比重高达14%，其中欧洲老龄化程度最严重，65岁以上人口比重平均为14%，高于14%的国家就多达20个，老年人口比重在10～14%的国家也有21个。

发展中国家65岁以上人口比重为5%，低于前者9个百分点。15岁以下人口比重发达国家仅19%，发展中国家高出前者15个百分点，为34%。但发展中国家的人口老龄化情况很不平衡，在人口生育率下降较快的国家和地区，老龄化程度较高。如香港、台湾地区65岁以上人口比重已分别为11%和8%；中国、韩国和新加坡都达到了7%。

世界上人口老龄化程度高达15%以上的18个国家，除了亚洲的日本高达17%，其他都分布在欧洲：摩纳哥为世界老龄化之最，65岁以上老年人口高达22%；其次意大利、希腊、比利时、瑞典老龄化程度都高达17%；再次西班牙、圣马力诺、保加利亚、德国、法国、英国都达16%；丹麦、芬兰、挪威、奥地利、瑞士、匈牙利、葡萄牙都已达15%。

随着世界经济、人口的增长，世界人口城市化步伐越来越加快。下一世纪世界人口超千万新兴大都市几乎集中在发展中国家和地区。2000年世界城市化平均水平为45%，仍是发达国家城市化水平最高，平均达到75%，发展中国家和地区仅为38%，但各发展中国家的城市化水平存在较大差异，见表3。如拉丁美洲的城市化平均水平为74%，仅比北美洲低1个百分点；亚洲的新加坡为100%，韩国为79%。非洲地区的城市化水平最低，仅33%，亚洲次之，为35%。城市化水平最低的国家是世界低收入国家，也是人口增长较快的国家。最贫困的南撒哈拉地区中，埃塞俄比亚、乌干达城市化水平仅15%。

城市化水平高达85%以上的国家多分布在发达地区：比利时为世界之最，达97%、意大利90%，德国86%，澳大利亚和新西兰都是85%。不可小觑的是拉丁美洲和加勒比地区的城市化速度。该地区的经济与人口发展类型属“三快”地区，即经济收入、人口增长和城市化都发展很快。乌拉圭城市人口高达92%，阿根廷城市人口达90%。委内瑞拉为86%，智利为85%。人口经济学家认为，降低生育率的有效办法之一就是加快人口城市化速度。但拉丁美洲的实践表明，如果社会的生育文化发展滞后，人口的整体文化素质，特别是妇女的整体文化素质和社会地位不提高，社会不能为育龄妇女提供安全有效的计划生育技术服务；那么经济收入水平的提高和人口的高速城市化反而成为促进人口生育水平提高和人口增长的有利条件。

表3　2000年世界主要地区人口老龄化、城市化水平

（比例：%）

地　区	65岁以上人口占总人口比例	城市人口占总人口比例	地　区	65岁以上人口占总人口比例	城市人口占总人口比例
世界	7	45	拉丁美洲和加勒比地区	5	74
发达地区	14	75	欧洲	14	73
不发达地区	4	38	北美洲	13	75
亚洲	6	35	大洋洲	10	70
非洲	3	33	南撒哈拉地区	3	29

数据来源：美国人口咨询局编《2000年世界数据表》

世界经济发展特点

贫富差距巨大　从世界经济发展的部分指标来看，世界的贫富差距之大令人堪忧。50年代以来，世界发达地区和发展中国家人口增长率的差距使得人均收入的国际性差距更持久化了。1982年，世界高收入国家地区与现今的发达国家和地区却不完全等同。1982年低收入国家人均280美元，中等收入国家为11 520美元，高收入国家为14 820美元。排名在世界前4位的高收入国家有3个集中在石油输出国：阿拉伯联合酋长国23 770美元、科威特19 870美元、沙特阿拉伯16 000美元。现今发达国家中瑞士排第3位为17 010美元。挪威第5位14 280美元，瑞典第6位14 040美元，美国第7位13 160美元。

1998年世界人均GNP为4 890美元，发达地区为19 480美元，不发达地区为1 260美元。发达地区的人均GNP是不发达地区的15.5倍，人均国民收入相差近4倍。1982年美国的人均GNP是印度260美元的50多倍，1997年印度上升为390美元，美国上升为28 740美元，居世界第一，二者差距扩大到73.7倍。世界最贫穷的南撒哈拉地区国家之一的埃塞俄比亚，1982年人均GNP为140美元，1997下降为110美元，2000年下降为仅100美元。1998年挪威人均GNP为世界第一，34 310美元，其次丹麦为33 040美元，日本第三为32 350美元，亚洲的新加坡一跃为第四为30 170美元，美国退居第五为29 240美元。

表4　1997年世界主要地区及部分国家人均GNP比较

地区、国家	人均GNP（美元）	排名	1996～1997年均增长率（%）	地区、国家	人均GNP（美元）	排名	1996～1997年均增长率（%）
全世界	5 130		1.8	中、低等收入国家	1 250		3.3
低收入国家	350		2.8	东亚和太平洋	970		5.6
中等收入国家	1 890		3.8	欧洲和中亚	2 320		
下中等收入国家	1 230			拉美和加勒比	3 880		2.7
上中等收入国家	4 520		3.2	中东和北非	2 060		
高收入国家	25 700		2.2	南亚	390		2.9
瑞士	44 320	1		撒哈拉以南非洲	500		1.2
日本	37 850	2	0.2	埃塞俄比亚	110	132	2.0
挪威	36 090	3	3.5	坦桑尼亚	210	127	
新加坡	32 940	4	7.2	尼日利亚	260	119	1.2
丹麦	32 500	5	3.1	乌干达	320	113	2.3
美国	28 740	6	2.9	肯尼亚	330	109	−0.1
德国	28 260	7		孟加拉	270	116	3.7
奥地利	27 980	8	1.9	印度	390	102	3.2
比利时	26 420	9		巴基斯坦	490	97	0.0
瑞典	26 220	10	1.7	中国	860	81	7.8
阿拉伯酋长国	177 360	20		泰国	2 800	50	−1.3
沙特阿拉伯	6 790	29		墨西哥	3 680	42	6.2
巴西	4 720	34	1.1	韩国	10 550	25	3.6

数据来源：世界银行《1998/1999年世界发展报告》。

注：表内空格表示缺乏数据。

区域经济增长格局略有变动　过去的10年世界经济增长的天平一直倾斜于美国，尤其近3年增长率超过4%。虽然美联储采取了6次升息措施，经济开始降温，但因新经济发展带来的高劳动生产率，仍吸引国际资本的流入，故美国的经济增长率仍可维持在3.8%左右。欧盟经济正处于25年来最佳时期，年均增长率达3.4%左右。日本经济经历了长达12年的衰退，可望在21世纪初真正复苏。在经历了金融风暴之后，亚洲国家普遍进行了金融体制的改革，国际资本逐步回流。韩国、中国、香港特区和新加坡复苏势头比较稳健。印度经济在软件等新型产业带动下，年增长率达6～7%；俄罗斯等转轨国家也将进入平稳复苏阶段。

全球经济，特别是区域经济一体化加速　由于信息经济、网络技术的发展，生产要素，主要是生产资料和劳动力在全球范围内加速自由流动和优化配置，跨国并购继续扩大，因而各国的相互联系和依赖进一步加强，从而大大推动世界经济的一体化进程。同时少数世界级的企业对全球经济的影响越来越大。根据美国2000年7期《财富》杂志1999年世界500强中前100家企业排行，前10名企业中美国占据了5名，前4名全部为美国企业，美国的通用汽车排名第一位；日本占据4名，德国有1名。500强企业经营规模1999年达12.7万亿，相当于全球国内生产总值的40%左右，是世界全部中低收入国家GDP总和的2倍。欧美发达国家除了占据世界资本优势，还占据了发展脑力产业的智力优势。电脑、电信手段使得欧美国家具有掌握技术和拥有人材方面的真正优势。微电子、生物科技、电信、电脑加软件、民用航空等都是未来关键产业，这些都是脑力产业。发展中国家与发达国家在脑力产业方面的差距也是无法在短期内所能扭转的。

表5 世界主要地区及部分国家生活质量/成人文盲率部分数据比较

地区、国家	人均消费增长%①	儿童营养不良状况%②	出生时预期寿命③(岁)		成人文盲率%④		国家	人均消费增长%①	儿童营养不良状况%②	出生时预期寿命③(岁)		成人文盲率%④	
			男	女	男	女				男	女	男	女
全世界	2.9		65	69	21	38	埃塞俄比亚	−1.7	48	48	51	55	75
低收入国家	0.9		58	60	35	59	尼日利亚	−3.0	35	51	55	33	53
中等收入国家	4.6		66	71	12	25	乌干达	1.7	26	43	43	26	50
下中等收入国	5.8		66	71	12	27	坦桑尼亚		29	49	52	21	43
上中等收入国	0.1		66	73	12	17	肯尼亚	0.9	23	57	60	14	30
中低等收入国	3.0		63	67	21	39	安哥拉	−7.4	35	45	48		
高收入国家	2.4		74	81			阿尔及利亚	−1.9	10	68	72	26	51
东亚和太平洋	6.8		67	70	9	24	布基纳法索	0.0	33	45	47	71	91
欧洲和中亚			64	73			巴基斯坦	1.5	40	62	65	50	76
拉美和加勒比	0.1		66	73	12	15	孟加拉	0.0	68	57	59	51	74
中东和北非	0.6		66	68	28	50	印度	2.3	66	62	63	35	62
南亚	2.1		61	63	38	64	中国	7.7	16	68	71	10	27
撒哈拉以南	−1.8		51	54	34	53	印度尼西亚	4.3	40	63	67	10	22
瑞士	0.6		75	82			马来西亚	3.3	23	70	74	11	22
日本	2.9	3	77	83			泰国	5.6	13	67	72	4	8
挪威	1.5		75	81			韩国	7.1		69	76	1	3
新加坡	4.9	14	74	79	4	14	阿拉伯酋长	−0.5	7	69	71	29	50
意大利	2.2		75	81			沙特阿拉伯			69	71	29	50
美国	1.8		74	80			巴西	0.0	7	63	71	17	17
比利时	1.7		73	80			墨西哥	−0.3	14	69	75	8	13
奥地利	2.0						俄罗斯联邦		3	60	73		
澳大利亚	1.6		75	81			波兰	0.6	0.4	68	77		

数据来源：世界银行《1998/1999年世界发展报告》。

①指1980～1999年间人均私人消费年均增长率；②1990～1996年儿童营养不良状况占5岁以下儿童的比重；③1996年出生预期寿命；④1995年15岁以上人口中文盲所占比重。

世界文化发展特点

宗教文化与文化结构层次 20世纪80～90年代国际人口流动强度加大，特别是由于电脑加软件和电信技术的高速发展，促进了国际间的经济文化的合作交流，因此世界文化也呈现出趋于全球化的的特点。即使在亚洲、中东等宗教文化占主流的地区，也出现了“文化松动”。世界文化的发展，在某种程度上，是宗教文化的发展或延伸。宗教文化属于深层次的文化要素，在世界上具有强大势力。宗教直接影响社会人群的价值观念、人生态度、审美情趣、生活习惯以及婚育行为,人们的生育意愿和生育行为在较大程度上受本民族、本地区文化的制约。

目前世界三大宗教的分布格局基本没有多大改变:基督教在北欧、北美和澳大利亚;天主教在西欧和南美;伊斯兰教在中东与北非;佛教主要在东南亚、东亚以及南亚。但三大宗教目前逐步在世界各地区相互渗透、传播,形成"你中有我,我中有你"的现象。

需要强调的是,在社会经济文化发展与人口发展理论框架中的文化结构层次不应忽视。文化不是通常所指的狭义的而是广义的文化。文化的结构层次主要包括物质层和精神层两个层次。文化的物质层是人类的各种社会文化物质实体建设及其产品,包括各类文化教育、文化艺术、文化传媒、网络和基础建设、产品以及科技设施、科技成果等。精神价值层主要是作为社会精神活动主体的人的观念、价值取向、审美意识、思想方式、思维模式、社会群体的心理结构、政治制度、政策法律法规以及民族习俗、宗教信仰、道德规范等。因此,人的文化素质不仅仅指文化教育程度,应包括科技文化素质、思想文化素质、美学文化素质以及社会文化心理素质等。

世界文化类型 世界文化类型可分为六大区:东亚文化区、东南亚文化区、南亚文化区、伊斯兰文化区、非洲文化区和西方文化区。

东亚文化区 属伦理型文化,受佛教、儒家思想影响最大,主要有中国、朝鲜、韩国、日本、蒙古等。特点是有强烈的家庭观念和宗族观念,讲求忠诚和孝道,追求家庭和睦、亲人团聚、儿女双全,有早婚早育多育习俗。但近20多年来,日本、中国、韩国的生育率下降很快,国民文化素质有很大提高。日本1995年大学入学率45.2%,文盲率仅0.1%,高中入学率达96.7%,是世界上义务教育最普及的国家之一;2000年总和生育率为1.3,年自然增长率为0.2%,人口倍增时拉长到462年。韩国1993年大学入学率为48.2%,1992年成人识字率为97.4%,总和生育率为1.5,年自然增长率为0.9%,人口倍增时间为82年。

东南亚文化区 属多种宗教并存型文化。宗教、文化呈多样性,民族、宗教、语言复杂,佛教、伊斯兰教、基督教和印度教并存。包括新加坡、马来西亚、印度尼西亚、菲律宾、泰国,文莱、缅甸、越南、老挝、柬埔寨等国。虽然同属发展中国家,但各国发展层次不同,如新加坡1998年人均GNP高达30 170美元,位居世界第四;1995年成人文盲率仅9%,女性为14%,男性为4%。而越南、老挝、柬埔寨等国都是低收入国家,成人文盲率较高。如柬埔寨1998年人均GNP仅260美元,1995年成人文盲率男性为20%,女性为47%。

南亚文化区 属宗教型文化。虽是佛教发源地,但印度教占统治地位,这是世界古老宗教之一,实行严格的等级制度。印度教既是一种宗教信仰,又是一种生活方式。主要有印度、斯里兰卡、孟加拉等国。印度是实行典型的等级制国家,少数贵族享有较高的文化教育,而贱民却普遍得不到初级义务教育。有童婚习俗,重男轻女,早婚、早育、多育较普遍。一方面具有人数达350万人以上的综合大学,居世界第三位;另一方面,国民整体素质较低,1995年成人文盲率达48%,其中女性高达62%,男性为35%;2000年总和生育率为3.3,年自然增长率为1.8%。

伊斯兰文化区 属宗教型文化。伊斯兰教是主要的精神支柱,包括从北非的摩洛哥到亚洲的土耳其各阿拉伯国家:伊朗、巴基斯坦、东南亚的马来西亚、文莱、东非、西非等。伊斯兰教既是一种文化又是一种生活方式,日常生活及道德准则明显表现出伊斯兰的特点。《古兰经》是伊斯兰教的经典,穆斯林决不能做《古兰经》所不允许的事情。该文化区的妇女地位较男人低下,妇女自主权很有限。某些阿拉伯国家流行一夫多妻制。妇女受教育水平较低,文盲率较高。埃及1995年成人文盲率为49%,其中女性高达61%,男性为36%;2000年总和生育率为3.3,年自然增长率为2.0%,人口倍增时间仅35年。沙特阿拉伯1995年成人文盲率为37%,女性为50%,男性为29%;2000年总和生育率为6.4,年自然增长率高达3.0%,人口倍增时间仅为23年。

非洲文化区 属民俗型文化。主要分布在撒哈拉以南的非洲地区,经济不发达,文化相对落后,具有较强的民族色彩。婚育文化具有早婚早育,多生多育特点。加蓬,1995年成人文盲率为37%,女性为47%,男性26%;2000年总和生育率高达5.4,年自然增长率为2.2%,人口倍增时间仅32年。赞比亚,1995年成人文盲率为22%,女性为29%,男性为14%;2000年总和生育率高达6.1,年自然增长率为2.0%,人口倍增时间仅35年。

西方文化区　属思想型文化。分布广，主要分布在欧洲及欧洲移民区。特点是各民族并存，竞争意识强，文化多样性，文化艺术发达，思想观念前卫，追求自我的发展、自我价值的实现，实行晚婚晚育。国民整体文化素质较高，受教育程度高。如英国25岁以上受高等教育者占11%，1992年成人识字率为99%；总和生育率仅1.7，年自然增长率仅0.1%，人口倍增时间长达546年。法国1993年大学入学率为49.5%，1992年成人识字率99%；总和生育率为1.8，年自然增长率为0.3%，人口倍增时间204年。美国1992年成人识字率99%，2000年年自然增长率为0.6%，总和生育率为2.1，人口倍增时间为120年。澳大利亚1992年成人识字率99%，2000年总和生育率为1.7，年自然增长率为0.6%，人口倍增时间为110年。西方文化区又可分为西北欧、中欧、地中海和前苏联四个亚文化区。

世界人口发展的趋势与挑战

中国人口信息研究中心　林晓红

世界人口发展的历史就是世界人口数量从少到多逐渐增加的历史，也是世界人口增长速度由低到高逐渐上升的历史，20世纪下半叶终于攀上了有史以来的峰巅。全球人口的日益增长，意味着对土地、粮食、住房、就业等方面产生更多的需求和压力。当人口发展与生态环境和资源利用失去平衡时，就会使国家在满足人们对衣、食、住、行和提供其他社会服务等方面产生沉重的负担。

世界人口发展趋势

人口数量激增　20世纪是人类最富于变革的时代，科技发明和创新层出不穷，生产力不断提高，社会经济迅速发展，但只有人口问题能对地球产生深远的影响。目前，世界人口的增加速度日益加快。1804年世界人口达到10亿，123年后即1927年达到20亿，33年后即1960年达到30亿，14年后即1974年达到40亿，而13年后即1987年就上升到50亿，1999年10月12日“60亿人口日”的到来，显示世界人口增加10亿的时间已缩短到12年。

由于庞大的人口基数以及人口增长的惯性作用，在未来的100多年内世界人口仍将继续增长。联合国人口司根据不同的假设生育率水平，对世界人口发展趋势进行了预测，其预测结果分为中、高、中高、中低、低5种方案，同时还有2个展示性方案：一是保持目前的生育率不变，二是生育率立刻降到更替水平，这可以显示出人口的惯性增长(见表1)。

表1　1950～2150年世界人口发展趋势

(单位：亿人)

年 份	中方案	高方案	中高方案	中低方案	低方案	生育率不变	生育率立刻降到更替水平以下
1950	25.24	25.24	25.24	25.24	25.24	25.24	25.24
1995	56.87	56.87	56.87	56.87	56.87	56.87	56.87
2050	93.67	111.56	108.16	79.69	76.62	149.41	83.96
2100	104.14	174.97	145.87	72.28	55.83	571.82	90.41
2150	108.06	269.79	182.94	64.00	35.50	2 963.33	94.57

资料来源：联合国《2150年世界人口预测》，1998年。

从表1中预测的数据可以看出，根据中方案预测的结果，2050、2100、2150年世界人口将分别增加到94亿、104亿、108亿，并将在2200年稳定在略低于110亿的水平；虽然高方案和低方案的生育率之间只相差1个孩子，分别高于和低于更替水平0.5个孩子，但导致未来世界人口规模的差别极大：高方案预测的结果是世界人口将增至2050年的112亿、2100年的175亿及2150年的270亿；低方案的预测结果则是增至2050年的77亿后，则将开始逐步下降到2100年的56亿以及2150年的36亿；如果在未来的155年中，生育率一直维持在1990～1995年的水平，到2150年世界人口将增加到2960亿；如果从1995年开始生育率达到更替水平，则目前的年龄结构所产生的人口惯性仍将使世界人口增加67%，到2150年达到95亿。

与此同时，人口规模超过1亿的国家迅速增加，由1950年的4个增加到1998年的10个。据中方案的预测结果表明，到2050年18个国家的人口将超过1亿，印度的人口总量将超过中国，成为世界第一人口大国，届时将达15.29亿，而中国将位居第二，总人口为14.78亿（见表2）。

表2　1950年、1998年和2050年1亿以上人口国家排序

（单位：亿人）

排序	国家	人口	排序	国家	人口
	1950			2050	
1	中国	5.55	1	印度	15.29
2	印度	3.58	2	中国	14.78
3	美国	1.58	3	美国	3.49
4	俄罗斯	1.02	4	巴基斯坦	3.45
	1998		5	印度尼西亚	3.12
1	中国	12.56	6	尼日尔	2.44
2	印度	9.82	7	巴西	2.44
3	美国	2.74	8	孟加拉国	2.12
4	印度尼西亚	2.06	9	埃塞俄比亚	1.69
5	巴西	1.66	10	刚果民主共和国	1.60
6	巴基斯坦	1.48	11	墨西哥	1.47
7	俄罗斯	1.47	12	菲律宾	1.31
8	日本	1.28	13	越南	1.27
9	孟加拉国	1.25	14	俄罗斯	1.21
10	尼日尔	1.06	15	伊朗	1.15
			16	埃及	1.15
			17	日本	1.05
			18	土耳其	1.01

资料来源：联合国《人口增长、结构与分布》，1999年。

生育水平差异显著　世界人口的生育率水平从总体上看呈下降趋势，生育率下降主要有以下三种模式：一是靠发展推进的“自发型”模式，二是靠各种控制机制推进的“约束型”模式，三是靠发展和各种控制机制合力推进的“混合型”模式。较发达国家属于前一种模式，后两种模式主要发生在发展中国家。目前，发达地区已进入低出生、低死亡和低增长的人口再生产阶段，而不发达地区的人口在未来的一段时间内仍将保持高速增长的势头。

在过去的30多年中，总和生育率从1970～1975

年的4.5下降到目前的2.7,下降了40%。其中,不发达地区的总和生育率从1970~1975年的5.4下降到1995~2000年的3.0,下降了44%;发达地区的总和生育率则从1970~1975年的2.1下降到1995~2000年的1.6,下降了24%。

1970~1975年,在184个国家中,79个国家的总和生育率在6.0及以上,其中非洲有44个国家,亚洲有22个,拉丁美洲和加勒比地区有9个,大洋洲有4个;30个国家的总和生育率在3.0~3.9之间,其中欧洲和北美洲有21个,亚洲有5个,大洋洲、拉丁美洲和加勒比地区分别只有2个;总和生育率低于2.1的国家有16个,均在欧洲和北美洲(见表3)。

表3 1970~1975年总和生育率水平的国家分布

(单位:个)

总和生育率	非洲	亚洲	拉丁美洲和加勒比地区	大洋洲	欧洲和北美洲	合计
6.0及以上	44	22	9	4	0	79
5.0~5.9	5	13	6	1	0	25
4.0~4.9	2	6	7	3	1	19
3.0~3.9	2	4	7	0	2	15
2.1~2.9	0	5	2	2	21	30
2.1以下	0	0	0	0	16	16
合计	53	50	31	10	40	184

资料来源:联合国《人口增长、结构与分布》,1999年。

1995~2000年,在184个国家中,总和生育率在6.0及以上的国家降低到20个,其中非洲有17个,亚洲有3个;总和生育率低于2.1的国家增加到58个,其中非洲有1个,亚洲有12个,拉丁美洲和加勒比地区有5个,大洋洲有2个,欧洲和北美洲高达38个国家(见表4)。

表4 1995~2000年总和生育率的国家分布

(单位:个)

总和生育率	非洲	亚洲	拉丁美洲和加勒比地区	大洋洲	欧洲和北美洲	合计
6.0及以上	17	3	0	0	0	20
5.0~5.9	17	7	0	0	0	24
4.0~4.9	9	6	6	4	0	25
3.0~3.9	7	9	5	1	0	22
2.1~2.9	2	13	15	3	2	35
2.1以下	1	12	5	2	38	58
合计	53	50	31	10	40	184

资料来源:联合国《人口增长、结构与分布》,1999年。

根据联合国对2000~2050年世界主要地区总和生育率的预测表明,中方案的预测结果是:世界总和生育率将由2000~2005年的2.57逐步下降到2045~2050年的2.03;较发达地区总和生育率则将由2000~2005年的1.56提高到2040~2045年的1.82,2045~2050年将继续稳定在这一水平,欧洲将由1.42增加到1.78;欠发达地区将由2.79下降到2.06,最不发达地区的下降幅度最大,将由4.67下降到2.10,非洲也将由4.62下降到2.10,亚洲、大洋洲、拉丁美洲和加勒比地区也将有不同幅度的下降(见表5)。

表 5　2000～2050 年世界总和生育率水平预测

地　区	2000～2005	2005～2010	2010～2015	2015～2020	2020～2025	2025～2030	2030～2035	2035～2040	2040～2045	2045～2050
世　界	2.57	2.44	2.35	2.29	2.23	2.17	2.10	2.05	2.03	2.03
较发达地区	1.56	1.59	1.65	1.71	1.75	1.78	1.80	1.81	1.82	1.82
欠发达地区	2.79	2.61	2.48	2.39	2.31	2.22	2.15	2.08	2.06	2.06
最不发达地区	4.67	4.29	3.92	3.56	3.21	2.86	2.51	2.22	2.10	2.10
非 洲	4.62	4.19	3.80	3.44	3.10	2.76	2.43	2.19	2.10	2.10
亚 洲	2.43	2.28	2.18	2.14	2.10	2.06	2.05	2.04	2.03	2.03
欧 洲	1.42	1.47	1.54	1.61	1.67	1.72	1.75	1.76	1.77	1.78
大洋洲	2.30	2.28	2.25	2.18	2.08	2.01	2.00	2.00	1.99	1.99
拉丁美洲和加勒比地区	2.50	2.37	2.28	2.21	2.16	2.13	2.11	2.10	2.09	2.09

资料来源:联合国《世界人口展望》,1999 年。

地区分布不平衡　在未来的 150 年内,世界各主要地区的人口增长差别很大,从而将导致世界人口的地区分布发生重大的改变,各个地区之间的人口分布十分不平衡。

2000～2005 年,世界人口增长速度为 1.20%,到 2045～2050 年将下降到 0.34%。其中,发达地区的人口增长速度将由 2000～2005 年的0.20%下降到 -0.29%,欠发达地区的人口增长速度将由 1.44%下降到 0.44%,最不发达地区的下降幅度最大,将由 2.36%下降到 1.00%,欧洲的下降幅度最小,即由 -0.44%下降到 -0.56%(见表 6)。

表 6　2000～2050 年世界人口增长速度的地区分布

(单位:%)

地　区	2000～2005	2005～2010	2010～2015	2015～2020	2020～2025	2025～2030	2030～2035	2035～2040	2040～2045	2045～2050
世　界	1.20	1.11	1.03	0.95	0.84	0.72	0.61	0.50	0.42	0.34
较发达地区	0.20	0.14	0.10	0.04	-0.03	-0.09	-0.15	-0.21	-0.26	-0.29
欠发达地区	1.44	1.32	1.23	1.13	1.00	0.87	0.74	0.62	0.53	0.44
最不发达地区	2.36	2.22	2.13	2.00	1.83	1.63	1.40	1.18	1.06	1.00
非 洲	2.20	2.11	2.04	1.94	1.79	1.59	1.36	1.16	1.06	0.99
亚 洲	1.22	1.10	0.99	0.89	0.77	0.64	0.53	0.44	0.34	0.24
欧 洲	-0.44	-0.09	-0.14	-0.21	-0.27	-0.33	-0.39	-0.45	-0.52	-0.56
大洋洲	1.20	1.14	1.09	1.00	0.88	0.76	0.68	0.60	0.54	0.47
拉丁美洲和加勒比地区	1.43	1.30	1.18	1.05	0.93	0.81	0.69	0.59	0.49	0.41

资料来源:联合国《世界人口展望》,1999 年。

虽然人口增长根据联合国中方案预测结果,到 2150 年,非洲人口将增加 3 倍达到 27.70 亿;亚洲人口将增加到 60.59 亿,其中中国和印度将分别增加到 15.96 亿、16.69 亿;而欧洲人口则将减少 18%,整个发达地区人口所占的比重则将由 1995 年的 19%下降到 2150 年的 10%;拉丁美洲和加勒比地区、北美洲、大洋洲将增加到 9.16 亿、4.14 亿、0.51 亿(见表 7)。

表 7 1950～2150 年世界人口发展规模的地区分布

(单位:亿人)

年份	非洲	亚洲	中国	印度	欧洲	北美洲	大洋洲	拉丁美洲和加勒比地区
1950	2.24	14.02	5.55	3.58	5.47	1.72	0.13	1.66
1995	7.19	34.38	12.20	9.29	7.28	2.97	0.28	4.77
2050	20.46	54.43	15.17	15.33	6.38	3.84	0.46	8.10
2100	26.46	58.51	15.35	16.17	5.79	4.01	0.49	8.89
2150	27.70	60.59	15.96	16.69	5.95	4.14	0.51	9.16

资料来源:联合国《世界人口展望》,1999 年。

从表 7 中的数据可以计算出以下结果:到 2050 年,在世界人口的地区分布中,亚洲人口规模最大,将高达 56.1%,其中印度人口将占 15.4%,中国人口将占 14.8%;其次是非洲人口,届时将达 25.6%,拉丁美洲和加勒比地区将达 8.5%;大洋洲人口最少,只有 0.5%,其次是北美洲和欧洲,将分别只占 3.8%和5.5%。

城市化速度加剧

随着现代化工业和市场经济的飞速发展,全球人口城市化速度日益加剧。在过去的 40 多年中,尤其是在欠发达地区,人们向城市迁移速度加快,全球居住在城市的人口比例从 1960 年的 1/3 增加到 1999 年的 47%。目前,世界城市人口每年增长 6 000 万,约是农村人口增长的 3 倍。到 2030 年,全球城市人口比重将达 61.1%,其中发达国家将达 83.7%,欠发达地区将达 57.3%,最不发达地区也将达到 44.0%(见表 8)。

表 8 2000～2030 年世界城市人口比重

(单位:%)

地区	2000	2005	2010	2015	2020	2025	2030
世界	47.4	49.7	52.0	54.4	56.7	58.9	61.1
较发达地区	76.1	77.4	78.7	80.0	81.3	82.6	83.7
欠发达地区	40.5	43.5	46.4	49.3	52.0	54.7	57.3
最不发达地区	25.4	28.3	31.4	34.5	37.7	40.9	44.0
欧洲	74.9	76.3	77.7	79.0	80.4	81.7	82.9
亚洲	37.6	40.6	43.6	46.6	49.6	52.4	55.2
非洲	37.8	40.7	43.6	46.4	49.1	51.7	54.3
拉丁美洲和加勒比地区	75.4	77.1	78.6	79.9	81.0	82.1	83.2

资料来源:联合国《世界都市化展望》,1998 年。

目前,全球 1/3 的城市人口居住在总人数超过 100 万的大城市中。1950 年,世界 10 个特大城市就有 7 个在发达国家,而且总人口均超过 1 500 万。到 90 年代末,8 个特大城市将在发展中国家,而且其总人口均将超过 1 500 万。非洲总人口超过 100 万的大城市,由 1950 年的 2 个发展到目前的 37 个。

据预测,到 2000 年,在发展中国家中,总人口超过 100 万的城市将由 125 个增加到 300 个左右。与此同时,在世界总人口的年增长数量开始下降以后,城市人口仍将继续增长,在 2020～2025 年每年增长的人口数量将达9 550万。

人口老龄化趋势 从本世纪老年类型国家的发展来看,1950年已属老年类型的国家达15个,1960年为20个,1965年为30个,1981年达38个,1995年则增加到64个。在45年的时间内,增加了4倍多。

目前,全世界每年新增老龄人口约900万,77%来自来自发展中国家。据预测,到2015年时,新增老龄人口80%以上将来自发展中国家。到2045～2050年时,虽然世界总人口每年只增加不到5 000万,但老龄人口每年约将增加2100万,97%将来自发展中国家,而其中1/4又将来自印度。

从历史上看,80岁以上老年人在总人口中的比例一直较低,在发达国家这一比例由1950年的1.1%提高到1995年的3%,1998年全球80岁以上老人6 600万,到2050年这一人数将增加5倍,其比例将增加到8%,这是老龄人口中增长最快的部分。

目前,65岁以上人口超过22%的国家有摩洛哥,65岁以上人口超过17%的国家有意大利和瑞典,65岁以上人口超过16%的国家包括保加利亚、德国、挪威、英国、比利时、法国、希腊、西班牙、日本,65岁以上人口超过15%的国家有瑞士、奥地利、匈牙利、芬兰、葡萄牙、圣马力诺、丹麦。

根据联合国对未来150年老年人口比重的预测结果(中方案)表明,60岁及以上人口比重将由2000年的9.9%提高到2150年的30.5%,65岁及以上人口比重将由6.8%提高到24.9%,80岁及以上人口比重将由1.1%提高到9.8%(见表9)。

表9　2000～2150年世界老年人口比重

(单位:%)

年 份	60岁及以上人口	65岁及以上人口	80岁及以上人口
2000	9.9	6.8	1.1
2025	14.6	10.0	1.7
2050	20.7	15.1	3.4
2075	24.8	19.1	5.3
2100	27.7	22.0	7.1
2125	29.2	23.6	8.6
2150	30.5	24.9	9.8

资料来源:联合国《2150年世界人口预测》,1998年。

与此同时,女性的平均预期寿命比男性长,这一趋势在21世纪还将继续发展下去。1998年,在80～89岁年龄组中,女性与男性的比例是181∶100;在90～99岁年龄组中,女性与男性的比例为287∶100;在百岁以上老人中,这一差距更为显著,女性与男性的比例为386∶100。据预测,到2150年世界男性平均预期寿命为83.4岁,女性为88.2岁。其中,欧洲、北美洲和大洋洲男性平均预期寿命为86岁,女性为91.8岁。

1996年中国60岁以上老龄人口达到1.2亿,并以年均3.2%的速度递增,大大高于人口增长速度。75岁的老年人口有2000万,80岁以上老年人有800万并以5.4%的速度增长。据预测,到2000年,中国60岁以上人口将达1.3亿,超过总人口的10%;到2050年这一比例将超过25%,达到4亿。

世界人口面临的挑战

人均自然资源日趋减少 由于世界人口数量迅猛增长,为了满足人类自身发展的需要,不断发展经济和提高生产力水平,从而导致自然资源日趋减少。目前,世界人均森林面积仅为0.7公顷,人均林木蓄积量为58立方米,人均草原面积为0.6公顷,人均耕地面积为0.28公顷。

目前淡水资源的消耗速度为每20年翻一番,比人口增长速度快两倍,年耗水量已达70万亿立方米。世界上已有80个国家约15亿人口面临淡水资源不足的局面,其中26个国家的3亿多人口完全生活在缺水状态中。据预测,在2025年以前因为水的问题而成为难民者将达1亿多人;到2025年,非洲大陆将有一半以上的人口严重缺水;到2030年,46～50个国家将面临缺水问题。在未来25年内,将可能围绕水资源爆发战争,这些地区主要是多国共享的湖泊或河流流域,如印度河、尼罗河、底格里斯和幼发拉底河等。

由于滥砍滥伐,毁林开荒,很多地区大片森林已不再存在,尤其是大多数发展中国家的树木砍伐超过了自然增长速度。自1960年以来,发展中国家的木材开发增加了50%,每年多达15亿立方米。目前能够逃脱人类骚扰的森林不到40%,热带森林的破坏每年多达13万平方米,30%的江河流域丧失了3/4的原植被,造成了水土流失,55%的草地和草原正面临着荒漠化的危险,9%的森林和原始森林树种正在灭绝。如果不采取有效的保护措施,在未来的几年内,树种将会减少4%~8%。

生态环境日益恶化 随着人口总量的不断增长及工农业生产的高速发展,污染、有毒物质、温室效应等不断破坏地球的环境,人类如不设法采取补救措施,21世纪可能要面临一场由环境恶化而造成的生态大灾难。

由于毁林开荒、气候变化、人口急剧增长以及过度耕作和放牧,在很大程度上造成了每年有150万平方公里土地变成荒漠。目前,世界上约有40%的土地已受到荒漠化的影响,由于荒漠化给各国造成的经济损失达40多亿美元,受其影响的人口已超过10亿人。如果不采取有效的措施而任其发展,21世纪荒漠化将以每年5~7万平方公里的速度继续扩展。

近年来,中国土地的沙化速度不断上升,从70年代年均1 500平方公里扩展到90年代年均2 460平方公里的速度,目前沙化和沙漠已占国土面积的17.6%,每年因风沙危害造成的直接经济损失高达540亿元。自90年代以来,沙尘暴平均每年发生一次,近年来发生频率逐年上升,范围已由北京扩展到长江流域。2000年人春以来,在华北和西北已连续发生了12次沙尘暴,仅内蒙古造成的直接经济损失就已超过3 000万元。

随着经济的发展和人口的增加,全球的水质普遍下降,受污染最严重的是淡水,大部分地下水系都发生了藻类,而这些水系的粪便污染仍是发展中国家导致人畜死亡的主要原因之一。目前,环境污染已使伏尔加河成为世界上最脏的河流,环境破坏正威胁着尼罗河三角洲古迹。

自80年代中后期以来,全球就已有13亿人生活在未达到世界卫生组织规定的大气悬浮颗粒物标准的城市地区,他们面临着呼吸紊乱和癌症的严重威胁。同时,约有4~7亿人正饱尝着严重的室内空气污染之苦。目前全世界每年向大气中排放的二氧化碳高达230亿吨,工业发达国家的排放量占75%。随着发展中国家和地区工业步伐的加快,到2100年,全球的能源消耗将成倍增长,空气中的二氧化碳含量也将增加1倍,大气污染程度将进一步加剧。进入21世纪,在大气污染不断加剧的同时,全球酸雨发生的范围将不断扩大,酸雨发生的频率将加快。目前,中国的华南——西南酸雨区与欧洲、北美并列为世界三大酸雨区。

臭氧层破坏是当代另一个重大的环境污染问题,臭氧减少将成为21世纪的环境灾难。近5年来,南极臭氧洞曾一度短暂地伸展到南美洲最南端。即使人类从现在停止向大气排放破坏臭氧层的污染物,在未来几十年甚至100年间,南极臭氧洞仍将继续存在,其强度则随着大气环境的变化而发生波动。

伴随着发展中国家温室气体排放量呈现增加的趋势同时,不仅将导致全球气候变暖,而且将导致南极冰雪融化,海平面升高,直接威胁到沿海国家及30多个海岛国家的生存和发展。在本世纪内海平面已升高了10~25厘米,预测到2100年将继续上升15~95厘米,70%的海岸线将可能被淹没。此外,全球变暖将改变气流的循环,导致气候变化加剧,发生“厄尔尼诺”和“拉尼娜”现象,引发热浪、飓风、洪涝、干旱等,对人类造成极大的危害。

贫困人口问题突出 在世界60亿人口中,每5人就有1人生活在极端贫困中,12亿人依靠每天不足1美元艰难地维持生机,约30亿人每天的生活开支还不到2美元,全球露宿街头的流浪儿达1.5亿人。在城市化速度加速发展的同时,也由此导致了城市贫困人口问题。据统计,在发展中国家的一些城市中,贫民的孩子在5岁以前,每4人中就有1人死于严重营养不良,每2人中就有1人患有蛔虫病或严重的呼吸道传染病。到2000年,生活在贫困状态中的城市人口将从1975年的3 350万人增加到7 430万人。在拉丁美洲和加勒比地区,90%的赤贫人口将生活在城市;而在亚洲和非洲,45%和40%的赤贫人口也将生活在城市。

目前,欧洲5 700万人生活在贫困线下,在美国18个州和首都华盛顿特区至少还有10%的家庭经常处于饥饿或营养不良状态,在墨西哥城生活在赤贫和中等贫困条件下的居民达600万,中国贫困人口为4 200万人。

由于在减少贫困现象方面取得的进步不大,自90

年代初以来,处于半饥饿状态的世界人口数量有所增加。据估计,1990～1992年发展中国家长期处于半饥饿状态的人口总数为8.22亿人,1994～1996年这一人数增长到8.28亿人。在东亚和东南亚,2.2亿人忍受饥饿。在南亚,1990～1992年2.37亿人处于半饥饿状态,1994～1996年这一人数增加到2.54亿人。在撒哈拉以南非洲地区,饥饿人口数量以从1990～1992年的1.96亿人增加到1994～1996年的2.1亿人。目前,每10个非洲人中就有6人遭受饥饿的煎熬,25%的人每天得不到足够的蛋白质和热量,每年有几百万儿童因饥饿而死亡。进入21世纪,由于受到金融危机、气候、环境等因素的影响,面临粮食危机的国家将受到严峻的挑战,饥饿人口数量将可能继续增加。

人口老龄化问题 随着生育率的不断下降以及老年人口数量的增加,人口老龄化将成为21世纪世界人口面临的主要难题之一。人口结构老化是长期持续低生育率导致的直接人口学后果,由此将引起一系列的社会经济问题。由于较发达国家的生育率一直较低,人口老化过程相对而言比较缓慢,而发展中国家生育率的迅速下降也加速了人口老化过程,在社会经济尚欠发达的前提下,相应的老年社会保障和养老问题将成为严峻的社会问题。

在总抚养比不断下降的同时,少儿抚养比将不断下降,而老年抚养比则将不断上升。1990～1995年,世界人口总抚养比为60.7,0～14岁少儿抚养比为50.2,65岁及以上老年抚养比为10.5,到2045～2050年,世界人口总抚养比和0～14岁少儿抚养比将分别下降为54.8、31.0,65岁及以上老年抚养比则将上升到23.8。

人口年龄结构老化的另一后果是适龄劳动力短缺和老化。2000年在世界人口年龄构成中,15～24岁人口比重占17.6%,到2050年这一比重将下降到13.2%。在较发达地区这一比重将由2000年的13.6%下降到2050年的10.8%,欠发达地区和最不发达地区将分别由18.5%和20.4%下降到13.6%和16.6%。此外,由于人口老龄化问题,还将引起老年人的再就业和再婚等一系列社会问题。中国城市地区除面临人口老化和劳动力短缺问题外,还存在着独生子女问题。

全球八亿人的饥饿状况与粮食生产

中国人口信息研究中心 郭维明

过去30年中,全球农业在扩大世界粮食供应方面取得了显著的进展。虽然在这一时期世界人口增长了1倍,但粮食生产增长更快,使当今世界的农田和草原能养活增加了的15亿人。发展中国家的成就尤其突出。这些国家的人均食物供应从1962年的每天不到2 000卡路里增加到1995年的2 500卡路里以上。这一进展是由众所周知的"绿色革命"——优良的种子、灌溉面积扩大以及更多地使用化肥和杀虫剂所推动的。同时,这一进步也是受从世界其他地方粮食进口的迅速增长所推动的。然而,饥饿和贫困仍然困扰着全球的数亿人口。

全球范围内的饥饿状况与趋势

在过去的半个世纪里,世界粮食产量增长速度快于以往任何时候。从1950年到1995年,世界粮食总产量增加了2.26倍,年平均增长率为2.58%,其中增长最快的是1975～1985年(年均增长近3%);同期人口只增加了1.31倍,年均增长速度为1.88%。粮食产量增长速度快于人口的增长速度。

然而,世界粮食总产量的提高,并不意味着所有国家粮食供给水平都提高了。各个国家粮食生产的增长,尤其是人均占有量的增长很不平衡。如果以发达国家和发展中国家作为整体来比较的话,那么在过去的几十年里,尽管发展中国家粮食总产量增长速度快于发达国家,但由于人口增长过快,目前发展中国家人均粮食占有量(约为260公斤)仍然远远低于发达国家水平(760公斤)。许多穷国的粮食状况不但没有改善,反而进一步恶化。目前美国的人均粮食占有量超过了1 300公斤,加拿大超过了1 700公斤,澳大利亚超过了1 800公斤,而撒哈拉以南非洲国家尚不足100公斤。许多发展中国家人均粮食占有量很低,又没有足够的国际支付能力来大量进口,从而造成了普遍的贫穷和饥饿。当历史的车轮进入21世纪的时候,全球范围内还有8亿人,其中2亿是儿童在忍饥挨饿,一直受着长期营养不良的煎熬,还有十几亿人的温饱问题要让年景来决定。

在南亚的大部分地区,人口密度已经很大且人口仍将迅速增加,营养不良的状况已很普遍,土壤退化及水资源污染的问题也十分严重。

在非洲,由于气候条件严酷,自然资源贫乏,农业科研与基础设施的公共投资不足,政治腐败与政局动荡,加之广大农村的贫困和性别歧视的存在,所有这些因素的共同作用,使得粮食生产年增长率仅2%,低于人口增长率。每年青黄不接的时候,营养不良的人高达40%。

为了养活本国的人民,阿拉伯国家每天进口粮食价值4 000万美元,占其所需粮食的74%。其中所需小麦的65%和植物油的62%需要进口来补足,中东成为最大的食物匮乏区。埃及贸易部长艾哈迈德·古维里说,“阿拉伯人正面临许多挑战,其中最严重的莫过于人口的增长”。1996年,阿拉伯国家的人口为2.52亿,到2000年,增长为2.9亿,目前的人口增长率高达2.5%,这样的人口增长率将使中东地区的粮食问题进一步恶化。

1996年,俄罗斯官方统计产粮6 930万吨,1997年产粮7 000万吨,1995~1996年度需进口各类粮食600万吨,1996~1997年度约为400万吨。俄罗斯在前苏联时代就曾是世界粮食市场上最大的买主之一,目前进口量有所减少,固然与其粮食收成有所改善有关,外汇不足也是一个重要原因。

1996年,朝鲜的库存粮食为24.6万吨,而朝鲜全年的粮食需求量则为482万吨。2000年朝鲜的粮食产量仅为250.2万吨,缺口是相当大的。

不少发展中国家由于财政困难,技术落后,在农业的投入方面既没有能力也缺乏兴趣,导致这些国家的农业基本上是靠天吃饭,抵御自然灾害的能力很差。而在这些国家,往往天灾不断,导致农业出现极大困难,随后继之以人祸,导致国家财政更加困难。这在不少发展中国家几乎成了定式,而以部分非洲国家最为典型。80年代,粮食生产的增长跟不上人口增长的国家,在非洲占2/3,在拉美和近东占1/2,在远东占1/3。由于人口剧增,世界人均粮食占有量自80年代以来,不仅没有增加,反而有所下降,一旦年景有差,饿死人的事时有发生。世界人均粮食产量在300公斤左右。在过去的20年里,世界上最不发达的贫困国家,已经从27个增加到48个。这些不发达的国家大部分分布在非洲,例如莫桑比克、索马里、埃塞俄比亚等国人民极为贫困,国内政治局面也还有待改善。而利比里亚、卢旺达、扎伊尔等国的经济状况一度出现过曙光,在90年代却程度不等地出现了国内动荡,使国家振兴的希望又被迫推迟了。在最近的5年里,全世界最贫困的人口从10亿增加到13亿,目前还在以每年2500万人的速度增加,这主要是发生在发展中国家。在这些国家,每年有1 000万人以上的人口死于饥饿和营养不良。1960~1995年,粮食生产总量和人均生产均有显著的增长,但按地区划分就比较复杂。在亚洲和拉丁美洲,总产和人均都有显著的提高。同时,在非洲,粮食需求要比总产增长还要快,所以人均粮食产量下滑。随着1991年苏联解体而开始的前苏联地区和东欧严重经济滑坡也反映到粮食总产和人均生产量的显著下降。

根据世界卫生组织的报告,全世界近1/3的发展中国家儿童营养不良。另外,发展中国家5岁以下儿童的死亡有一半以上是与营养不良有关的。儿童的营养不良一般是由其体重来衡量的,即体重明显比正常体重轻的5岁以下儿童的比例。出生体重不足婴儿是出生时体重不足2 500克的孩子。他们的体重轻一般是由于其母亲营养不良造成的。出生时低体重的儿童易于感染疾病、发育迟缓且寿命短。

联合国粮农组织于1996年组织了世界粮食首脑会议,目标是在2015年之前将现有的营养不良的人数削减一半。虽然各国政府未作财政上的承诺,首脑会议策划者们还是收集了大量有关粮食和其供应情况的数据,但这些数据很少让人感到鼓舞。根据粮农组织预测,世界人口中长期营养不良的人口比例,在今后的10年左右的时间可能会从现有水平下降10%以上。然而,到2010年仍然有约6.8亿人没有足够的粮食。南撒哈拉非洲尤其困难,有2.6亿多人——约占人口的1/3缺乏足够的粮食。

大家公认的营养不良的原因是贫困——缺钱买粮或缺乏种植粮食的手段、土地、资源和知识。然而,也有其他因素在起作用,包括环境和社会的因素。缺乏饮用水或农业用水——全球1/4以上的人们都感受到的缺水,可能反映到贫困儿童和成年人的健康中。地方缺水比缺少食物更具破坏性,因为地区之间进行水贸易比进行农产品贸易更困难、更昂贵。

整个大陆范围的干旱造成的饥荒是地球自然灾害循环中不可避免的。干旱轮回仍在继续,但它的影响近几年通过良好的规划和预警系统降低了。这些预警系统是由国际、国家和区域援助机构以及联合的非政府援助机构建立的。然而饥荒所造成的破坏还没有消除。过去的"自然"饥荒已被地方战争和由此产生的移民带来的饥荒而取代。那些发动战争的人常常有意将饥饿作为武器,甚至那些并没有发生冲突的国家也受到动荡的邻国的影响,饥饿的难民很快成为整个地区的问题。难民尤其受到严重的影响,因为他们通常没有获得土地或其他资源的权利,常常集中在那些只有贫瘠的土地和缺少水资源的地方。

结束全球饥饿的前景并不令人鼓舞,同样,结束常常造成饥饿和营养不良的战争的前景暗淡。更加麻烦的是,发达国家对向不发达国家提供任何援助(除了军事援助以外)的兴趣越来越小。经合发组织的数据表明,富国向发展中国家提供的公共援助持续下降,1995~1996年已下降了4%。虽然联合国早在1966年就通过了一个文件,宣布了普遍的"拥有足够粮食的权利",但全球饥饿非常明显的情况使联合国的宣布空洞无力。

今后30年要向增加的30亿人提供粮食,这将是一个更大的挑战。从短期来说,专家们预言,全球将有足够的粮食供应,但分配上的问题将导致千百万人的营养不良。从更长期来看,还有一些问题引起人们的关注。

世界粮食生产增长率已开始放慢。另外,在收割、储存和分配中造成的粮食浪费仍持续存在,无形中提高了生产要求。水土流失和其他形式的土壤退化继续使数百万公顷土地不能再生产粮食。

然而,这些障碍并不是不可逾越,在各条战线上的进步将达到既扩大生产,同时又减少环境成本的目标,并保证全世界人民能够更平等分享到粮食。

世界粮食供求现状和前景

要向预测的未来不断增长的世界人口提供粮食,就要求有一个与人口增加同步增长的农业系统。实现这样一个系统亦不是一件容易的事情。事实上,虽然全球范围内总产量仍继续增长,但是在产量增长率上有一个令人担忧的下降。如果这种下降持续下去,生产水平可能就不会按照今后几十年所需求的那样增长。

专家预计,在今后的25年中全球粮食平均产量要由目前的每公顷近3吨上升到4吨才能满足需求。世界粮食理事会曾有过统计,第三世界的69个低收入国家中粮食生产一直在持续下降。在发展中国家的20亿公顷可耕地中,已耕种的有6.7亿公顷,要养活这些国家的占世界总人口80%的人,到2000年还得增加1.5亿公顷耕地。但潜在的新耕地的分布是不均匀的,同时扩大耕地面积会改变环境生态的结构。另一方面,根据联合国粮农组织提供的资料,全世界用来种植粮食的土壤每年要流失249亿吨,相当于澳大利亚小麦种植地的表土数量。

人们所说的"产量高原"或"产量停滞"已在世界许多主要作物中出现,特别是人们获取其食物能量最多的谷物类作物。小麦的产量增长率从1961年至1979年期间的每年2.92%下降到1980——1997年期间的1.78%。玉米的增长率在同一时期从2.88%下降到1.29%。水稻产量增长率一直保持在1.95%。然而,可能在今后的20年,对各种谷物的需求预计会有大幅度的增长。

引人注目的是,80年代中期以来,世界粮食生产出现停滞,总产一直徘徊在20亿~21亿吨之间。与此同时,世界粮食储备也大幅度下降。1986~1995年间,世界粮食储备下降了26%,粮食安全系数则下降了近10个百分点。到1996年,世界粮食库存下降到2.65亿吨,粮食安全系数只有14~15%,这是70年代初全球粮食危机以来,世界粮食储备首次降到17~

18%的警戒线以下。造成世界粮食产量徘徊和库存下降的主要原因,是70年代以来粮食产量的大幅度增长,极大地改善了世界粮食供求状况,世界粮食市场出现供大于求的格局,粮价持续低迷。在这种情况下,美国、欧盟、加拿大、澳大利亚等主要粮食出口国(地区)出于削减财政补贴和提高农业效率的考虑,开始调整各自的农业政策,鼓励休耕,减少储备,控制粮食生产和库存规模。80年代初期以来,上述国家(地区)粮食播种面积由1.5亿公顷,下降到1994年的1.22亿公顷,粮食总产量由9.73亿吨下降到8.73亿吨,粮食库存由2.6亿吨下降到目前的1.07亿吨。此外,原苏联及东欧国家由于制度变更导致的粮食产量锐减,也对世界粮食供给产生了不可忽视的影响。

纵观历史,当人们需要更多的粮食时,人们总是简单地再开垦更多的土地来种植更多的庄稼。然而,大多数高质量的农用土地已在生产,将剩下的森林、草原和湿地改造成农田所带来的环境成本是大家都知道的。即使这些土地被改造成农业用途,这些土地大部分是生产力低下和脆弱的,因此它们对今后世界粮食生产的贡献将可能是有限的。改造这些新土地的边际效应增加了继续提高作物产量的重要性,以使现有的农业土地会生产更多的粮食。而在非洲,大量耕地和牧地的减少是由于土壤退化。撒哈拉沙漠以南,曾有一片约25万平方英里(相当于索马里面积)的丰产地,50年来已变成沙漠。由于在现有耕地上单产没有增加,非洲农民已被迫通过砍伐森林或开发其他更易遭受环境破坏的土地来扩大生产。非洲平均每年丧失约1 200万英亩的森林,其中大部分是由于农业生产的扩张。牺牲农业环境并不会带来经济增长,也不会减少贫困现象。贫困的非洲要依靠外国援助来筹资进口粮食,在以后将会更加困难。如果非洲仍保持现有粮食生产2%的年增长率,从90年代到2020年,其粮食供需缺口将增加7倍,即达到7 400万吨。

目前,大多数农业研究都着重于达到抗旱和抗病虫害这类目标而增加产量。更重要的是,近几年世界谷物价格下降,因此,那些考虑到需额外增加投入(如化肥和水)才能提高产量的粮农们,已从谷物种植转移到其他更赚钱的庄稼上去了。

作物种植强度加大也可能是产量停滞的一个主要原因,特别是水稻。当今,农场主在过去只种一季或两季庄稼的地方生产两季甚至三季庄稼是件常见的事情。这是可能的,因为一些新的水稻品种比那些传统的品种成熟要快得多,同时每株植物谷物产量要高。然而,这些新品种可以增加种植的额外一季庄稼对土壤有很大的压力,尤其那些用于水稻生产的土壤,那里生长介质在水下要有很长时间,但从长期看,这种压力会在何种程度上影响产量尚不清楚。通常在发达国家之外,种植的其他大宗作物的产量也已下降。高粱和小米产量在世界谷物生产中分别占第五位和第七位。它们和其他一些作物在许多地区,特别是非洲和亚洲,是非常重要的主食。这两个地区经常发生干旱和拥有世界上最穷的人口。

近年来,世界高粱和小米生产增加,但只是因为种植面积增加了。即使这样,每公顷产量在那些生产已扩展到更加边缘地区的地方仍保持不变或已下降。已有改良的高粱和小米品种,总的来说,小规模经营的贫穷农场主通常只能实现高粱和小米基因潜能的1/5,因为他们无力支持化肥、除草剂、适时播种以及这些作物所要求的其他管理技术。今后产量还要进一步下滑,因为许多小规模的高粱和小米生产者一直在缩短其土地的休耕时间以期增加生产水平。这种策略可能最终导致土地肥力下降。

对于其他作物,在农场可以实现的实际产量和理论上可能的产量之间存在着很大的差别。例如,小麦的全球平均单产为每公顷不到2吨。最高的单产据说是每公顷14吨,但理论上最高可达到21吨,而且国与国之间单产的差别也很大。

生物技术和传统的植物育种技术都为增产提供了希望。国际水稻研究所的科学家们正在利用这两种战略,通过使他们适应当地特定的环境来改良老的水稻品种。他们还在研究全新的“超级水稻”,在试验阶段,其产量已达到比目前品种高25%的水平。但是,这一新的品种可能还要等5年左右才能正式引种。

对这种改良的需求是迫切的。一些预测表明,在今后的25年里稻米消费者将增加50%以上,这就要求水稻生产要有大的增长。而这种增长则必须要以少用土地、水和劳动力来实现。

人类生存质量日益成为人们关注的焦点

中国人口信息研究中心 刘鸿雁

在20世纪末的后20年,整个世界的人口仍然呈持续的升高趋势,在不断的升高过程中,整个世界对人口发展的关注点发生了根本性的变化。其着眼点逐渐由关注降低出生率、减缓人口的快速增长转向了关注人的全面发展、以人的需求为中心,也就是说由关注人口数量的控制转向了关注人口素质的提高。特别是1994年在开罗召开的世界人口发展大会上,强调了人的基本权利,强调要赋权予妇女,并将计划生育工作纳入更为广阔的生殖健康框架,这次会议在世界人口与发展方面起到了里程碑的作用。

与此同时,世界人口的发展达到了一个前所未有的高峰——1999年10月12日世界人口达到了60亿,而且在未来的50年间,世界人口仍然保持一定的增长幅度。这个数字说明了什么?一方面,世界人口的不断增长,说明世界性的医疗保健工作、妇幼保健工作取得了重大的胜利;另一方面,说明世界范围内的人口问题仍很严峻。尽管世界范围内的人口增长速度已开始减慢,但世界人口的发展趋势仍呈增加状态。也就是说,在很长的一段时间内,人类仍将面临许多困境,如人口发展对生态环境、社会经济发展的巨大压力,人口迁移对城市、农村的巨大影响,长寿对未来保险、社会福利、医疗卫生的要求等等。

图1 不同地区1950~2050年人口发展状况

单位:亿人

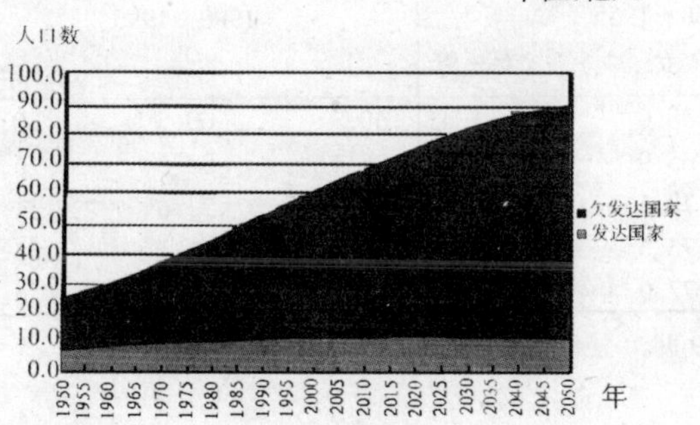

资料来源:《世界人口展望1998年第一卷:综合表》第8~17页。

我们从图1可以看出,1950年到2050年间人口的快速增长主要受欠发达国家的影响。欠发达国家的人口增长速度及数量是惊人的,明显高于发达国家。

1750~2000年人口发展概述

1750~1900年的人口变化 在1750年,世界总的人口数大约仅为7.9亿,到1800年世界人口增长到10亿,50年间仅增长了2亿多。1750年到1850年百年间人口的涨幅比前一个50年的涨幅略高,也就是说,在19世纪,人口的增长尚很缓慢,进入20世纪后,人口的增长速度陡然加快。

19世纪人口增长的主要区域为发达国家,1900年的欧洲人口几乎是1800年欧洲人口的二倍,而北美由于大量的人口从非洲和欧洲迁入,其1900年的人口几乎是1800年的12倍。在1800年,世界上大约有1/4的人口生活在目前较为发达的地区(包括欧洲、俄罗斯、日本和北美),到1900年该数字急遽上升为1/3。

在1750年到1900年间,同发达国家相比,欠发达国家的人口增长相对较缓慢。尽管如此,该区域仍然居住着比发达国家人口多得多的居民。在1800年,中国所在的亚洲占据着世界62%的人口,而非洲占据11%,拉丁美洲和加勒比海地区合计占2%。同北美相似,拉丁美洲的人口在20世纪增长迅速。

众所周知,在19世纪和20世纪早期,整个欧洲、北美以及许多其它地区国家均发生了人口转变现象:生育率、死亡率由高降低,这是人口学的主导模式。由于长期的死亡率降低,死亡率维持在较低水平,最初的高出生率、高死亡率模式中断，尔后，出生率的持续降低开始，由于出生率与死亡率均维持在一定的低水平，人口的增长速度趋缓。

1900～1950年间的人口变化 在20世纪初，大多数发达国家进入了人口转变的新阶段。在1900年，美国的平均预期寿命只有47岁，欧洲、日本和澳大利亚的平均期望寿命在45～50岁之间。同19世纪的40岁相比，平均期望寿命增长缓慢。由于该期卫生领域革命的开始，平均期望寿命在20世纪中叶达到了以往难以想像的高度。卫生领域的革命包括：消毒灭菌技术、保持个人和公共卫生、提供安全的饮用水，这些措施使得由传染病造成的死亡早在疫苗发现之前就开始降低了。

在发达国家，1800年的婴儿死亡率为200‰，20世纪初，其降低到100‰，而到了1950年，该值已经低于50‰了。尽管19世纪末出生率已经降得很低，但20世纪初大多数家庭的孩子数仍然较多，在美国每个家庭大约有4～5个孩子，在欧洲略少。1900年以后，生育率降低，在30年代经济萧条期每个家庭平均生育2个左右的孩子。由于30年代末的二次世界大战，每个家庭平均生育的孩子数在50年代增加到2.8个。

在相同的期间内，大多数欠发达国家的人口转变模式仍处于高生育、高死亡的前人口转变时期。

1950～2000年间的人口变化状况 20世纪下半叶，人口转变模式又有了新的变化。发达国家的人口转变基本完成，由高生育、高死亡转变为低生育、低死亡。这些国家的人口增长减缓，甚至一些国家开始出现负增长。大多数发达国家经历了婴儿出生热潮、卫生危机、人口迁移和难民的影响；欠发达国家在20世纪下半叶经历了人口快速增长、人口从农村向城市迁移的时期。不同的国家进入了人口转变的不同阶段。

欧洲的人口快速增长发生在二次世界大战之后。死亡率迅速降低，特别是婴幼儿的死亡率降低迅速。1975年日本的婴儿死亡率为10‰，美国为16‰，大多数欧洲国家为15‰。20世纪上半叶，美国的平均期望寿命增加了20岁，下半叶增加了约10岁(从68岁到76岁)。1950年以来，由于女性怀孕较少，降低了由怀孕和生育所带来的风险，因而女性平均期望寿命大大增加。在大多数发达国家，女性的平均期望寿命由1950年的69岁上升到1995年的78岁，同期男性的平均期望寿命由64岁上升到70岁。与此同时应该注意的是，大多数发达国家男性的平均期望寿命在1970年即开始停滞不前了。20世纪男女平均期望寿命间的差距不断扩大，1900年女性仅比男性高2～3岁，除年轻组妇女承担较高的怀孕生育风险，妇女的死亡率高于男性外，其它各年龄组女性的死亡率均低于男性。到20世纪下半叶，男性罹患癌症和心血管疾病的风险明显高于女性，而女性的怀孕生育风险已经大大降低，因而男女间平均期望寿命的差距加大。

50年代以后，东欧国家，特别是俄罗斯，其平均期望寿命发生了重大变化。60年代以来，俄罗斯男性的平均期望寿命开始滑落，在80年代初戈尔巴乔夫短暂的“禁酒运动”之后，80年代末到90年代初的俄罗斯男性的平均期望寿命甚至快速地下降了。1991年苏联解体后，其卫生状况每况愈下。1991年到1994年间，男性的平均期望寿命降低了6岁，已经不到58岁，女性的平均期望寿命降低了3岁多，在71岁左右。直到90年代末期，俄罗斯的平均期望寿命才开始回升。

表1 部分国家1900，1950和1990年的平均期望寿命

国家	1900～1910			1950～1955			1990～1995		
	男	女	女－男	男	女	女－男	男	女	女－男
印度	22.6	23.3	0.7	39.4	38.0	−1.4	60.3	60.5	0.2
日本	42.4	43.7	1.3	62.1	65.9	3.8	76.4	82.5	6.1
俄罗斯	30.9	33.0	2.1	62.5	70.5	8.0	61.7	73.6	11.9
瑞典	56.6	59.5	2.9	70.4	73.3	2.9	75.4	81.1	5.7
美国	45.6	48.3	2.7	66.2	72.0	5.8	72.5	79.3	6.8

资料来源：《世界人口展望1998年第一卷，综合表》第552～579页。

尽管二次世界大战以后的欧洲国家均出现过“婴儿热潮”现象，但到了70年代中期，大多数欧洲国家的生育率降低到更替水平以下。80年代降低到最低纪录水平，并有继续下滑的趋势，到了90年代，一些国家的总和生育率已经降低到1.2甚至更低。生育率的降低主要从西欧开始，主要的原因是婚龄推迟、离婚率高、通货膨胀率高、妇女上学或工作增加等。东欧和前苏联国家也出现了同样的情况。在大多数情况下，大量的人口流入弥补了人口数量的减少。估计到20世纪末，没有一个工业化国家的生育率会在更替水平以上。1950年欧洲的人口占世界人口的22%，而在1990年其仅占世界人口数的12%，这个比例将会继续降低。估计主要依赖人口流入的少有的几个发达国家还会保持人口增长的趋势外，其他发达国家的人口数将无一例外的保持减少的趋势。

欠发达国家的情形与发达国家截然不同。50年代以后欠发达国家的平均期望寿命开始快速增长，由1950年的41岁迅速升高到1995年的62岁，同期婴儿死亡率由178‰降低到68‰。在90年代末，大多数发达国家的人口转变已经完成，但相当一部分欠发达国家的人口尚处于转变的初期。但是，在欠发达国家地区的发展水平也不尽相同，东亚和拉美的情况略好，中南亚和撒哈拉非洲地区的状况较差。到1990年，撒哈拉非洲地区的婴儿死亡率仍在100‰左右，中亚在80‰左右。另外，由于艾滋病毒携带者和艾滋病人的迅速扩散，撒哈拉非洲和中亚的局势更加危急。中国、韩国等国的生育水平迅速降低，1998年这些国家的生育率已经在更替水平之下。如果不算占世界人口总数1/4的中国的话，亚洲的总和生育率就会从2.8上升到3.3。

人口迁移状况

20世纪的人口迁移包括地区内迁移和国际迁移两大部分，其中既有主动，又有被动的成分。主动迁移是指那些为了改变生存状况、提高生存质量、增加各种机会等原因主动由一地迁移到另一地的现象，这些人主要是劳动力迁移者；而被动迁移则是指那些由于战争、饥饿等原因，被迫由一地迁到另一地的现象，被动迁移者大多为难民。

国际人口迁移主要受政治、经济、人口等因素的影响。每年大约有1.2亿国际人口的迁移，尽管迁移的数量较大，但其仅占世界总人口的2%，而且仅影响到少数几个国家的人口增长。1900～1930年间，1970～1997年间，分别有1800万的人口迁移到美国。

大约有一半的国际人口迁移发生在欠发达国家之间。如，部分人口迁移发生在位于中东地区的波斯湾石油生产国：大量的劳动力从埃及、韩国、菲律宾、泰国以及巴基斯坦等国涌入，外国人构成了波斯湾国家的主要劳动力。在东南亚，大量人口从柬埔寨、印尼、缅甸进入新加坡、泰国、韩国等国寻找工作；大约一半的人口迁移发生在欠发达国家与发达国家之间，主要由中美、南美向北美迁移，由北部非洲和中东向欧洲迁移，由东欧、南欧向西欧迁移，从亚洲向北美迁移。美国每年接受大约100万的合法和非法迁移者。在美国，大约42%的移民来自拉美和加勒比海地区，33%来自亚洲。德国是第二大人口输入国，主要人口来自前苏联、东欧和土耳其。

劳动力迁移者每年将大量的美元寄回家乡。一些劳动力输出国，如埃及等，海外汇款成为国民收入的主要部分。很多不打算在国外定居的劳动力迁移者一旦在国外获得就业机会，就会发现他们很难回到家乡那种飘摇不定的经济状况中，因而往往带动家庭的其他成员来到流入国，这样就不断地扩大了外来者社区。经济和政治原因常常引致人们的迁移活动。在1990～1991年的海湾战争期间，成千上万的外国人离开了科威特以及其它阿拉伯国家，但很多人在战后又重新返回。

战争和国内的不稳定是迫使人们迁移的一个重要因素。1992年，1 760万居住在他国的难民和寻求避难者构成了被动迁移的高峰。1998年该数字为1 360万，其中570万居住在中东，290万居住在非洲，200万在欧洲。通常战争或不稳定因素消除后，难民会回到家乡，但这一般需要相当长的时间。尽管大多数国家能够按照国际法接纳他们，并能提供一些安全的避难所，但难民往往是不受欢迎的人，一些国家嫌弃他们，而且往往不能提供相应的保护。

无论何种类型的移民均能不同程度地引起移入国居民强烈的反感情绪，移民很难融入移入国的本土文化。移民来自于不同的种族、会讲不同的语言、信仰不同的宗教、来自不同的文化。移民往往彼此依赖，他们通常居住在附近并从事相同的职业。本土居民通常将移民看成是他们职业和伦理道德的威胁者。商业界可以依赖外国人生产食品、提供服务。当试图稳定与输入国的关系时,政治家就在公众利益和商业利益之间徘徊,利益间的竞争往往改变了移民政策。

城市化

绝大多数的迁移者并未超过国界进行流动,他们往往在本国内从农村流到城市。当19世纪末人与人之间的沟通加速并变得容易时,欧洲和北美开始了工业化过程,这时大量的农村人口开始向城市流动。城市能够提供较好的就业机会、舒适的生活环境和公共服务,因而其变得更有吸引力。1850年大约有11%的发达国家的居民生活在大城市,1900年,该比例上升到26%,1950年,一半以上的人口(55%)生活在城市,1990年,生活在农村的人口仅有25%了。

在大多数亚洲、非洲和拉美等欠发达国家,大多数人口仍然生活在农村。20世纪初,欠发达国家的大城市如布宜诺斯艾利斯、上海、孟买、开罗,大约只有7%的人口生活在那里。当欠发达国家开始发展工业时,像75年前的欧洲和美国一样,大量的农村人口开始向城市流动,以寻找更好的生活出路。开始时流动人口较少,但很快便形成了较大的人口流动潮,他们促进了公共交通以及其他服务设施的改善。1950～1975年间,欠发达国家的人口流动以每年4%的速度增长,城市人口增长到27%,大约60%的城市人口来自于自然增长,40%来自于人口迁移。1975年后城市人口的增长速度开始减缓,但城市人口仍然持续增长,预期在2000年可达到41%。

自1975年以来,少于100万人口的城市不断增长,而多于100万人口的城市增长缓慢。农村人口迁移到城市,引起了城市人口的变化。城市居民往往受教育程度较高、生育率较低、收入较高、健康状况较好并且较为长寿。城市化加快了人口向低生育率、低死亡率的转变。但是,在过去的50年中,欠发达国家城市人口过度膨胀,促进了城市地区新的贫民群体的产生,这些城市贫民很难获得最基本的服务。

人口年龄结构的变化

生育率、死亡率和迁移影响到世界各国人口的年龄、性别结构。欠发达国家历年来的高出生率使得年轻组人口不断增加,婴儿死亡率的降低同样增加了年轻组人口数。1998年,15岁以下年龄组的人口数占欠发达国家总人口的1/3,某些地区甚至更高,如撒哈拉非洲地区15岁以下年龄组的人口数几乎占总人口的一半。相比之下,65岁及以上老龄人口仅占欠发达国家人口的5%,在撒哈拉地区仅占3%。

由于生育率的下降,80年代初欠发达国家人口年龄金字塔的基底部开始变窄,年轻组人口就是未来育龄组人口,而目前的生育率已明显低于以往,因而在未来的人口年龄结构中,年轻组的人口数将越来越少。目前欠发达国家的人口年龄结构与世纪初发达国家的年龄结构非常相似。90年代末,发达国家老年人口的比重与年轻组人口的比重非常接近,65岁及以上人口的比重为14%,15岁以下人口的比重为19%。

1998年撒哈拉地区的人口负担系数为93%(100名16～64岁的劳动人口所负担的15岁以下和65岁以上的人口数),由于生育率的下降,劳动年龄组的人口比重相对升高,负担系数也随之下降。东亚的生育率下降迅速且稳定,其负担系数为47%,在人口转变的末期,人口负担系数会因为老年人口比重的增加而增加。西欧的人口负担系数与东亚的相似(49%),但是在西欧所负担的人口结构中,退休年龄人口的比重较大,而在东亚所负担的人口结构中,年轻组人口的比重较大。

老年人口卫生保健制度的完善延长了65岁及以上老年人口的寿命,并增加了80岁及以上老年人口的比重。1996年,美国65岁的男性老人平均预期余命为16年,65岁女性老人的平均预期余命为19年,也就是说,无论男女,美国65岁老人平均预期活到80岁以上。由于女性的寿命比男性长,女性将是老年人口的主体,而且随着年龄的增长,女性老年人口的比重加大。1998年,在发达国家中每100名65～69岁的老年女性仅对应有81名同年龄的男性,而在80～84岁组,女性是男性的2倍,100岁以上年龄组,女性是男性的5倍。

教育

教育影响到人们生活的方方面面。尽管研究者很难解释所有的原因,但教育总是与低生育率、低死亡率以及高迁移率相关。正规教育可以促进价值观念和行为的改变。教育可以促进人们接受新事物,如采取计划生育措施、敢于冒险、迁移到新的社区以及在家乡外谋求职业等。另外,受教育程度往往与妇女地位密切相关。在同一社区,受教育较多的妇女更易采取避孕节育措施,拥有较小的家庭并且孩子更健康。受教育程度越高,越容易推迟结婚,一般在高中或大学毕业后结婚。即使是在受教育水平较低的社区中,受过教育的姑娘一般也比未接受过教育的姑娘结婚较晚。1996年,坦桑尼亚20～49岁接受过初等教育的女性初婚年龄中位数为19.5岁,而未受过教育的女性的初婚年龄中位数为17.1岁。

受教育程度高通常增加就业机会,受教育妇女可以推迟结婚和生育以增加收入机会。学校可以向年轻女性灌输新的思想和价值观,这可以影响她们期望的孩子数和是否使用避孕方法。受教育妇女的子女通常比未受过教育妇女的孩子更为健康。受教育妇女更容易选择较好的生存环境,更容易同家庭成员、卫生保健机构沟通,在怀孕期间更容易接受保健服务,给孩子打预防针,在孩子生病时更能采取恰当的措施,更能避免危险因素。受教育程度推迟了结婚和生育的年龄,因而降低了青少年母亲生育的危险。

几乎所有发达国家的男孩和女孩均能完成中学教育,但在欠发达地区该情况差别较大。在欠发达国家,尽管总的来说,学校入学率在升高,但女孩在小学、中学的辍学率高于男孩。1980年,在欠发达国家,42%的适龄男孩和28%的适龄女孩进入了中学,1996年,该比例分别为55%和45%。但在撒哈拉非洲地区,女孩的中学入学率仍然较低。

经济发展与环境

在探讨人口增长与经济发展之间的关系问题时,一直存在有两个阵营:一个是“悲观论”,另一个是“乐观论”。最早的悲观论代表就是著名的马尔萨斯。马尔萨斯认为,人口的潜在发展受制于食物增长的限制。如果人口无限制地增长的话,人口的发展将会超过食物的供应能力,因而将引致食物的匮乏和死亡,从而使得人口数降低到食物能够供应的水平。人口、经济发展与资源关系的新马尔萨斯观点,人口与经济均迅速发展于1940～1960年间获得了确凿的证据,安斯利·科尔和埃德格·豪尔认为,人口增长可以减缓经济的发展,并降低人均收入。另外一些研究者认为,自然资源是有限的、固定的,人口的快速增长必将破坏资源的利用,人类活动可引致自然环境的破坏(如由于工厂和汽车导致的空气污染、水污染和土壤的退化)。人口的持续增长强化了环境的压力,从而导致一些不可恢复的自然资源系统的破坏。在这方面,最有代表性的著作为保尔的《人口爆炸》和多恩·麦多斯和他的同事们的《增长的极限》。

另外一些研究者认为人口的增长对经济的发展起到了正面效应。他们认为,人的聪明才智将会发明一系列的新技术,这些技术可以改善环境对发展的束缚。乐观论的理论基础是伊斯特在60～70年代所撰写的《富饶论》。伊斯特认为,人类对食物需求的增加,是同人的智慧增长及人口密度增加并驾齐驱的,它可以刺激农业技术的开发,促进农产品的生产。经济学家朱利安·西蒙在1977年撰写的《终极资源》中反驳了人口增长是环境发展、人类福祉的威胁说,他认为,尽管人口增长可能在短期内有副作用,但从长远看是有利的。根据美国国家研究理事会1986年的研究报告,80年代关于人口规模和人口增长对经济发展的影响尚缺乏足够的科学依据,在90年代后期,一些新的研究提供了在国家层次上人口与发展之间比较清晰的关系以及在家庭层次上贫困与人口因素之间的联系。在韩国以及东南亚其它国家发生的生育率由高向低的快速转变对经济的发展是一个奇迹,这种快速的转变增加了劳动力人口的比重,这被称之为人口的“额外红利”。劳动年龄人口对经济的贡献远大于他们的消费,这种状况要持续数十年,直到这批人达到退休年龄并且负担系数再次升高时。研究显示,国家可以通过教育增加劳动力的价格(特别是进入劳动力年龄的年轻人的价格),通过国际贸易和工业化使得国家获得最大的利益。尽管东亚的经验并不一定适用于非洲,但是它提供了一个人口改变与政府决策如何同经济发展相关联的范例。

人口与贫困

在家庭层次上,贫困与人口增长、环境问题之间的联系非常明显,当然三者也同教育水平、妇女地位和就业机会关系密切。贫困通常与文盲、营养不良、卫生状况不佳、妇女地位较低和环境污染相伴随。贫困和缺乏经济发展机会常常引致人们过度开发边缘资源，如过度开垦、过度放牧等，从而形成了贫困与环境退化间的恶性循环。贫困家庭通常生活在资源缺乏的环境下，缺乏基本的卫生条件、不安全的饮用水、环境污染、拥挤等。这种生活环境通常导致腹泻、肺炎急性感染疾病等，而这通常是威胁欠发达国家儿童生命的主要原因。疾病和营养不良通常使得儿童更易感染其它疾病。在欠发达国家，贫穷往往散布于主要依靠农业收入的农业人口中。缺乏良好交通的欠发达国家，使得人们难以获得较好的保健服务、上学和就业机会，这使得贫困家庭更难以摆脱贫困状况。贫困成为人们从农村向城市流动的“推力”。但是，尽管城市有较多的收入机会，但当农村人口来到城市后，他们很难找到相应的职业和住所，他们往往在缺乏公共服务的城市贫民区找到临时住所。1996 年国际人口安居大会强调，贫困是世界城市所面临的最大压力。联合国人口安居中心估计，大约有 6 亿欠发达国家的城市贫民生活在生活和健康状况受到威胁的环境中。

90 年代末期大多数国家的经济发展速度放慢，这为满足城市人口的需要设置了障碍。尽管新世纪可能会带来新的繁荣，但是世界范围内贫富差距的拉大将是未来重要的不稳定因素。

2000～2050 年的人口展望

在上一世纪，世界人口经历了人口总数和不同地区人口分布的双重迅疾改变，下一世纪我们将看到人口转变的第二阶段：低生育率、人口在发达国家和欠发达国家之间富有戏剧性的再分配，几乎所有的未来人口增长发生在欠发达国家。地球将在短期内创建一个新的人口模式。由于死亡率将处于很低的水平，未来的人口规模将主要取决于生育率水平和发展趋势。总的来说，一个国家的出生率越高，他们国家人口下降的余地就更大，因而他们未来人口的不确定性越大。根据联合国人口司的预测，2050 年的世界总人口将在 73 亿和 107 亿之间。根据高预测方案，世界总人口在 2050 年后将继续增长，根据低方案预测，世界总人口在 2050 年已开始稳定的降低。有三个理由使我们相信，在未来的 25 年中，世界总人口将至少增加 13 亿：其一是欠发达国家的生育率是发达国家的二倍；其二是，在欠发达国家，年轻组人口构成了人口的主要部分，这将在未来的年代中保持持续的人口增长；其三是持续的死亡率降低将使得人口额外增加。

图 2　联合国人口预测方案

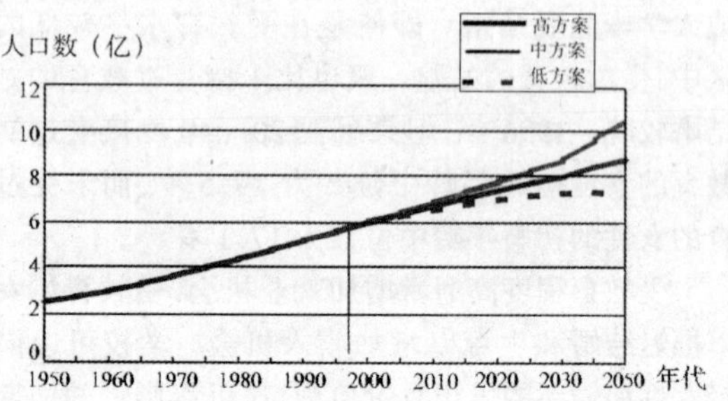

资料来源：《世界人口展望 1998 年第一卷：综合表》第 8～17 页。

未来的人口规模不取决于生育率是否下降，而取决于生育率下降的速度和水平。

人口变化是 20 世纪最为明显的特征。自从 1900 年以来，世界人口的规模、平均期望寿命均发生了巨大的变化，增长幅度达 2/3；生育率的降低、人口结构的改变要比历史上的任何时期都要剧烈。在世界人口发生重大变化的同时，科学技术、信息技术、教育以及农业技术均发生了深刻的变更。在世界迅速发展的同时，我们还应注意到，世界上尚有 1/5 的人口生活在极度贫困当中，他们每天的生活费用不足 1 美元；艾滋病毒携带者和艾滋病人威胁着世界上许多人的健康与幸福。

我们可以看到的是，21 世纪的人口将保持持续增长的势头，至少在下一世纪初的数十年内，世界人口数仍将继续增长。这是因为在大多数欠发达国家的人口结构中，其年轻组人口数的比重尚较高，因而世界人口生育率将在更替水平以上。尽管不是所有国家的人口将继续增长，但每个国家都会不同程度地受到该增长的影响。20 世纪最伟大的事情就是由于对计划生育、卫生保健、教育、社会经济发展的巨大投入，特别是对妇女地位的关注，导致了生育率的迅速降低。在未来的年代中，人类的生存质量将成为人们关注的焦点。

全球贫困人口与部分国家的扶贫政策

中国人口信息研究中心　汤梦君

贫困与贫困人口

贫困是当今世界存在的一个重大问题。一方面，作为人类社会发展的一种经济和社会现象，目前世界各国都不同程度地存在着贫困现象；另一方面，在不同国家，特别是在发达国家与发展中国家中，贫困的性质及其严重程度又有很大差别。

要科学地具体分析全球的贫困问题，首先要了解什么是贫困，什么是衡量贫困的标准。贫困不仅指物质上缺少满足基本需求的能力，具体地说，这些基本需求包括食品、医疗、卫生、住房和教育等等，还包括政治上缺乏实现这些基本需求的权力，即这些社会阶层没有有保障的生存权、就业权、教育权与选举权等。不过，本文仅限于讨论物质或经济意义上的贫困。根据世界银行的定义，贫困是“缺少达到最低生活水准的能力”。

贫困又可分为“绝对贫困”与“相对贫困”。绝对贫困是指收入难以维持最低生活水平的状况，或称“生存贫困”。而相对贫困则指低收入者与高收入者的差距，或指低收入者在整个国民收入中所占比重。各国根据各自的国情，划定了各自的贫困线，收入在贫困线以下的人口即为贫困人口。测度一国贫困程度，通常用两个指标，一为贫困发生率，即收入低于贫困线的人口占全国总人口的比例；一为贫困缺口率，即贫困线以下人口的纯收入与达到贫困线所需收入的差距。

世界贫困人口现状

要想对世界上现有的贫困人口作一数量和程度的估计是很困难的。不同的国家经济发展水平不同，所划定的贫困线也不同，发达国家的贫困线要远高于发展中国家，因此，各国贫困发生率也没有统一的比较口径。另外，贫困人口的资料多来自于各国的社会福利调查，而各国所采用的调查方法与指标也大相径庭。尽管如此，一些国际组织如世界银行，还是致力于贫困问题的探索，并作出了一定的贡献。

据联合国统计，美国和欧洲等发达国家有将近15%的人生活在国家规定的贫困线以下。美国的国家贫困线是收入中1/3或以上用于食物支出，与大多数发展中国家相比，事实上，美国公布的已不是“贫困线”，而是“小康线”了。世界的贫困问题，主要是发展中国家的问题。第二次世界大战以来的几十年里，发达国家与发展中国家的贫富差距日益悬殊。世界银行1980年《世界发展报告》中，对发展中国家的贫困规模作了第一次比较完整的估计。报告根据印度等国对贫困问题的研究，首先确定人均年收入75美元为国际贫困线(以1970年不变价格)。在此基础上，报告估计当时发展中国家生活在绝对贫困线以下的人数约为7.8亿人。(如包括中国和越南等发展中社会主义国家约近10亿人)。其中南亚地区(主要是印度和孟加拉国)约占1/2；西亚和东南亚地区约占1/6；撒哈拉以南非洲约占据1/6；其余1亿人在拉丁美洲、北非和中东。这些穷人除拉丁美洲外，绝大多数生活在农村，其中多数为无地农民。报告指出，60年代和70年代发展中国家的人均收入和医疗卫生、健康教育状况有了一定的改善，贫困状况有所缓和。但这一情况在各地区发展很不平衡，不少国家出现经济与社会贫富分化加剧的逆反情况。

世界银行1990年的《世界发展报告》，是以贫困问题为主题的报告。报告认为，80年代大多数发展中国家经历了一场灾难深重的发展危机。从人均收入看，拉丁美洲倒退了10年，撒哈拉以南非洲地区倒退了20年。报告根据一些低收入国家和下中等收入国家的情况，确定了两条国际贫困线：以人均年收入370美元(1985年购买力平价不变价格计算)为贫困线，人均年收入275美元为赤贫线。根据第一条贫困线，1985年，发展中国家处于贫困状况的人口约为11.15亿人，占发展中国家总人口的1/3。根据第二条贫困线计算，发展中国家处于赤贫状态的人口约为6.3亿，占发展中国家人口总数的18%。按1985年国际价格并使用购买力平价调整为当地货币计算，确定每人每天收入1美元以下即为贫困，并以此作为国际比较的依据。1992年《世界发展报告》指出，除东亚地区外，80年代后5年的贫困情况已恶化。

1987年以来，许多国家都采取措施来减少贫困的发生，但生活在1美元标准以下的人口持续增长，从1987年的12.3亿到1993年的13.1亿。90年代初，一些地区的扶贫政策取得了成效，如东亚、南亚、北非的贫困发生率在下降。1975～1995年期间，东亚的贫困减少了2/3(以人口指数为基础，根据1985年购买力平价计算的贫困线为每天1美元)。1975年，10个东亚人中有6个生活在贫困中，1995年减少为2个。这一成就归功于中国与印度尼西亚贫困人口的大幅度减少，在1975年，中国与印度尼西亚的穷人占东亚的92%。但90年代上半期东欧的贫困发生率却在上升，这与东欧这一期间的体制转轨、经济滑坡不无关系。

1998年，全世界经济增长大幅度下降，从1997年的3.2%和1991～1997年的2.3%降到了1.9%。发展中国家的增长率下降了一半，从1997年的4.8%和1991～1997年的3.1%下降到1998年的1.9%。亚太地区发展中国家(不包括中国)人均收入自1970年以来第一次下降了。曾经迅速减少贫困的东亚地区，受经济危机的影响，反贫困工作出现了大幅度的倒退。收入分配不公的加剧进一步阻碍了反贫困的进程。在经济危机爆发前，东亚经济快速增长的原因之一就被认为是收入分配不公。近些年，这种收入不公呈上升趋势。这种正在扩大的不平等削弱了减少贫困的贡献。

不公平与经济增长的停滞不前也对拉丁美洲造成了不良的影响。80年代的债务危机扼杀了拉丁美洲的经济增长，由于收入分配不公，穷人的境况更加悲惨。巴西、秘鲁、委内瑞拉以及大多数中美洲国家自80年代，就出现了贫困恶化的局面。据联合国拉美经委会在2000年8月公布的《1999至2000年拉美社会概况》中指出，拉美和加勒比地区大约有2.2亿人生活在贫困之中，其中1.77亿是儿童或不满20岁的年轻人。而1990年至1997年，拉美贫困人口的数量一直都比较稳定，保持在大约2亿人。

东欧的转轨国家也出现这种情况，这些国家的生产持续下降，同时伴随着收入分配的恶化和贫困人口的增加。1989年，转轨国家中约有1 400万人生活在每天4美元的贫困线以下(按1990年购买力平价和汇率计算)。而90年代中期，穷人的数量约为1.47亿，即每3人中有1人。尽管贫困人数众多，但只要经济增长率达到4～5%，而且不出现新的分配不公，这一趋势就能被扭转，然而波兰等国的情况表明，经济增长速度得以恢复，仅仅能使现有的贫困人数不继续增加。如不改变收入分配不公的事实，还是无济于减少贫困。

表1 部分国家的贫困人口状况

(单位:%)

国家(地区)	调查年份	每天生活在不足1美元的人口	每天贫困缺口为1美元	每天生活在不足2美元的人口	每天贫困缺口为2美元
巴西	1995	23.6	10.7	43.5	22.4
中国	1995	22.2	6.9	57.8	24.1
印度	1992	52.5	15.6	88.8	45.8
印度尼西亚	1995	11.8	1.8	58.7	19.3
墨西哥	1992	14.9	3.8	40.0	15.9
菲律宾	1991	28.6	7.7	64.5	28.2
波兰	1993	6.8	4.7	15.1	7.7
赞比亚	1993	84.6	53.8	98.1	73.4
斯里兰卡	1990	4.0	0.7	41.2	11.0

资料来源：世界银行《1998/1999年世界发展报告》

在减少贫困上，几乎所有的发展中国家已失去了势头。在1991～1997年，只有两个亚洲地区的增长速度足以使其达到在2015年将贫困减少一半的目标。目前对1998～2001年的预测表明，只有南亚与中国才能获得足够的增长，因此，发展中国家要减少贫困，还任重而道远。

部分国家的扶贫政策

贫困往往源于经济发展不平衡，因此贫困的持续会激化社会矛盾，不利于形成和保持有利于经济发展的社会政治环境。正因为如此，各国政府都充当了缓解贫困的组织者与政策实施者。由于各国贫困发生机制与贫困类型不同，各个国家并没有统一的模式，而且，一国在不同地区、不同时期可能存在不同的贫困类型，因此一个国家的扶贫政策也是动态变化的。研究、比较各个国家缓解贫困的政策选择，政策实施背景以及政策效果，对提高一个国家扶贫政策的针对性，减少政策失误，具有重大借鉴意义。鉴于发达国家与发展中国家贫困问题的巨大差异，这里分别介绍两类国家的扶贫政策。

(一)发达国家的扶贫政策

发达国家的扶贫政策一般由三大部分组成：一为福利制度，二为针对特定贫困群体的反贫困计划，三为区域开发政策。

福利制度

福利制度是发达国家最习惯、最经常并有一套完整的办法规范地处理贫困问题的基本手段，主要包括社会救助制度、社会福利制度。其中社会救助制度作为最低层次的社会保障，只保障最低生活水平，现今发达国家基本上消灭了绝对贫困现象，因此社会救助的目标主要针对相对贫困者。如美国规定，举凡支出中有1/3和1/3以上用于购买食物的，便被列为贫穷家庭和贫民，而给予相应的救助。社会福利制度则主要用于改善生活福利，当代典型的社会福利制度，应属英国以及瑞典等国家推出的福利措施体系，把福利扩展到儿童抚养、免费义务教育、卫生健康保健、失业补贴、住房补贴、食品补贴等各个方面。

反贫困计划

福利制度只是防止穷人更穷困，而反贫困计划则是为了消灭贫困。美国在1964年开始了“经济机会行动”，目标就是通过给穷人提供各种职业、受教育与脱离所家庭背景的机会来改善穷人的生活状况。计划的中心点是“经济机会”，10个具体计划组成的计划群围绕这个中心点进行设计和运行。而每个计划又都互相联系，各个计划努力的结果，都包含在其它反贫困计划的因素之中。为支持这个行动，联邦政府提供其社会福利开支的10%，这是世界上费用最高的反贫困行动。从实施反贫困计划以来，美国的贫困发生率一直呈稳定的下降趋势，从1960年占美国人口的22.2%下跌到1978年的11.4%的最低点。继美国以后，一些发达国家都根据本国贫困的分布情况，先后制定了一些以消灭某一特定贫困群体为目的的反贫困计划。

区域开发政策

发达国家的贫困人口分布一般具有阶层和区域两大特征。贫困人口主要聚居在衰退工业区或欠发达地区，因此，发达国家都将解决区域性贫困人口问题作为扶贫的重点。英国的区域政策始终把“失业率”作为整个目标的出发点，受援区的标准也是以高于全国平均失业率水平划线。工业开发证书、多种形式的补贴、奖励，以及对营业费用的捐助是政府促进区域经济发展的3大手段，也构成了英国区域政策的主要内容。政府的一切政策一直以激励企业的迁入为基础，并根据失业率的高低确定激励程度的轻重缓急。

意大利的南北经济发展十分不平衡，南部比北方落后。二战结束后，意大利政府就决定对南方经济发展施行大规模的特别干预。首要手段是以强大的资金力量引导南方的经济开发建设，并且在南方开发的立法、行政干预、资金管理投放，人才培训等方面都建立了相应的机构。在欧洲共同体发展规划和国家、地方发展规划的指导下，依靠法律和国有资金，有目标地引导商品生产的发展。国家提供大量无偿补贴和优惠贷款，制定优惠政策，以吸引北方工业南迁。在南方开发的过程中，通过建立加工、销售农业生产合作社，使南方农业实现商品化并成功进入市场。同时还十分重视基础设施的建设。

(二)发展中国家的扶贫政策

全球贫困人口主要集中在发展中国家，第二次世界大战后发展中国家在实现经济增长和减轻贫困方面,作了积极的努力,取得了不同的进展。这里要着重介绍几个亚洲国家的经验。印度尼西亚、马来西亚与泰国三个国家历史上曾受西方殖民者一个多世纪残酷的掠夺和压迫,经济畸形发展并且十分落后。独立后,它们也曾致力于发展民族经济,但由于追随西方国家的发展模式,片面追求经济的高速增长,使贫困、失业和分配不均状况改变不大。从20世纪70年代起,这三国先后开始推行具有脱贫效应的发展战略。20世纪70年代初马来西亚实行的"新经济政策",印度尼西亚推行的"持续脱贫的发展战略",以及泰国实施的第三个五年计划(1972年~1976年),都包含有解决地区发展不平衡、农业缓慢、贫富不均以及失业和贫困等问题。这三国反贫困战略有一些共同点:

第一,承认穷人有先天的自助能力,同时,政府通过贷款,增加穷人的生产手段,并配之以提供的社会服务,如教育、医疗、清洁用水和卫生保健等,以增强穷人的生产能力。

第二,积极扶植穷人集中的产业,如农业、劳动密集型产业和服务业,以增加穷人就业,帮助穷人提高收入水平和总体利益。

第三,制订和实施使穷人得以生存和发展的扶贫项目。由于穷人的需求结构、所在地区和社会地位不同,因此,项目的设计、执行和管理,尽量符合特定对象的特点。

第四,政府机构、非政府组织和社区为基础的组织,各施其能,并在承担的扶贫项目上协调合作,使扶贫项目的综合影响达到最佳效果。

印度尼西亚

第二个五年计划的重点之一,就是运用印度尼西亚丰富的劳动力和巨额石油收入,资助各省、地区和乡村的基础设施及教育、保健设施;同时,政府还直接举办小型设施项目,对农村地区的一般劳力提供就业机会。1983年以后,印度尼西亚调整了发展战略,注重在几个方面继续扶贫工作:(1)运用汇率调整、价格倾斜和减少税收等政策,解决农业增产不增收的问题,以保护农民收入;(2)放松工业管制,继续吸收劳动力就业;(3)在减少公共开支的情况下,对农业、人力资源和落后地区开发等方面的支出给予保护;(4)从1985年起,积极鼓励和组织贫困人口,从人口密集区向人口稀少、土地较多的外岛移民。政府不仅提供第一年的生活费用,还提供资金和技术帮助他们修建灌溉和地下设施,获得市场信息等。这些政策,既促使经济很快转入复苏和增长,同时,又增加了就业和收入,使贫困发生率大幅度下降。从1970年到1987年的17年里,印度尼西亚贫困发生率从58%降至17.4%。

马来西亚

马来西亚与印度尼西亚的反贫困计划略有不同,它在很大程度上是和提高马来人的地位联系在一起的。据1970年的政府普查,在西马来西亚160.6万家庭中,每月收入不足180马元的贫困户占49.3%,其中农村贫困户占58.7%。马来人虽然在国家政治上处主导地位,但下层群众一般从事农业,处境比较困难。1969年马来西亚爆发了严重的种族骚乱,导致政府改组。1970年新政府提出了治理马来西亚经济的新经济政策,其基本点是,"以工业化为中心,实现经济均衡发展,相对缩小贫困阶层。"具体内容是,到1990年的20年内,实现以下目标:

第一,重组社会经济结构。它包括:一方面,使农业国变为工业国,实现地区均衡;另一方面,使工、农、商企业中的马来人的股份资本拥有权由1970年的2.4%增至1990年的30%,以实现种族经济平衡。

第二,在发展生产基础上,逐步提高人民生活水平,根除贫困,建立一个公平社会。

为此,马来西亚政府加强了对社会经济生活的干预。和扶贫有关的内容包括:(1)增加农业投资,改善生产条件,实现农业多元化,发展农工商一体化。(2)鼓励西部地区贫苦农民向东部地区迁移,同时给小农提供生产性贷款、价格补贴,帮助农民增产增收。(3)政府建立一些独立公司,兴建一批农民项目,以增加贫困阶层人民的就业与收入。(4)为帮助原住民企业,国家提供资金和技术支持,促进在职培训。同时,国家通过购买盈利性公司股票,并将其转让给较穷的原住民。(5)实施就业计划,诱导马来人就业于工商部门。由于这些政策都带有浓厚的种族色彩,对经济发展有一定消极影响,因而1990年对政策进行了重新调整。但是,这一政策对缓解贫困的作用不可低估。从1970年至1989年,马来西亚的贫困发生率,从49.3%下降到了15.5%。

泰国

从第三个五年计划起，泰国就提出加强人力投资、增加就业和注意社会发展。但明确提出实施反贫困战略，是80年代后随着经济调整才开始的。战后几十年里，泰国的工业化取得一定成效，但同时，也暴露出一些严重的经济和社会问题。比较突出的是，工农业之间发展不平衡，地区发展不平衡和城乡发展不平衡；同时，贫富之间差距进一步扩大，农村贫困问题日益突出。在此情况下，政府从第五个五年计划(1982～1986年)起，开始有组织的扶贫工作，提出把实现“国家经济和社会发展利益均衡分配”和“消除落后的农村地区贫困”列为计划的重点。在1987年开始的第六个五年计划中，又把“扩大就业和改善收入分配”、“解决农村贫困问题”和“保持国家的经济均衡问题”列为发展目标。为此，泰国政府采取了以下措施：

1. 从“五五”计划起，利用内外资本，加强农村开发，特别是优先照顾占全国贫困农村人口75%的没有自助能力的落后农村地区，对它们在资金、技术、销售、医疗、教育等方面予以支持和援助。在“六五”期间，政府对于底层的贫困农民，又专门制订和实施了“小农发展项目”和“乡村就业计划”。对于较先进的农村地区，政府主要在销售、价格和信贷方面提供支持，并鼓励民间资本到这些地区投资。

2. 加快边远地区和落后地区开发，缩小地区差别。在这方面，政府采取积极调整工业布局，发展中小工业和乡村工业，并确定一些重点府，使其成为带动周围地区经济活动和经济增长的中心。

韩国

韩国是比较注意国民收入相对公平分配的国家。随着经济的高速增长，对贫困问题的重视与日俱增。80年代，在国民经济的发展计划中，已把解决贫困问题放在评价经济发展的优先地位。

韩国明确提出反贫困纲领是在第四个五年计划(1977年～1981年)。该计划提出一系列缓解贫困的计划要点，如通过提供就业机会公平分配经济发展成果，缩小城乡之间的社会与经济差异，改善住房、供水、公共卫生系统以提高生活质量，发起“新村运动”，以解决农村普遍存在的贫困问题。在这些计划中，最具特色和影响力最大的是“新村运动”。

“新村运动”是一个试图解决农业部门落后问题的综合性农村发展规划。这个运动的目标是：(1)树立勤勉、自主与合作精神，改变农民的价值观念；(2)通过一些简单易行的计划，如农地扩展，调整种植结构等，提高农业产出；(3)改进农村居住环境，改善住房和卫生条件，支持公共卫生中心系统；(4)农业生产的技术创新。

根据以上目标，新村运动的实施可以分为三类：(1)加快发展农业生产的计划；(2)收入增长计划，分为两部分，一是不断增加农民在农业生产中的收入水平；二是积极推动季节性的非农业活动；(3)社会福利计划，主要是在农村全面推进政府的全国生活援助计划。

为了达到新村运动的目标，政府采取了3种政策推动新村运动的进展：(1)任命和训练新村运动的领导者，这些村级干部都要接受各种正式训练；(2)提供有力的财政和技术支持。“新村运动”的资金主要靠政府的财政拨款，此外，国家颁布一系列有关农业技术推广的法律；(3)为贫困线以下的村民免费提供义务教育，主要是在农村建立各种农村职业培训中心，大规模开展技能培训。

韩国的新村运动，反映了政府以一个崭新的姿态从整体上改造农村落后状态的决心，其中最值得称道的是对社区领导人的培训，以及利用现有企业对贫困者技能的培养，这对提高贫困者的就业能力，建立一支有技术的工业后备力量，增加人力资本存量，都有重要作用。

当然，以上这些国家的扶贫政策，多多少少还存在一些不足。如由于社会经济和政治结构的制约，政府的扶贫项目中，社会底层的穷人得益不多；在扶植中专项多，综合治理少；“输血”多，“造血”不足；城市人口急剧膨胀，使老的贫困户未解决，新的贫困户又不断涌现。

总之，减少和消除全球贫困，是人类的长期挑战。为了全球的繁荣与稳定，各个国家，无论是发达国家还是发展中国家，都需要利用一切有利条件，保持经济与社会的协调发展，坚持不懈地为减轻全球贫困而奋斗。

1999～2000 年世界环境问题的新形势

中国环境科学研究院　杨新兴　王文兴

联合国秘书长安南就 6 月 5 日世界环境日发表公告称,2000 年世界环境日的主题是“环境千年,行动起来”,再次提醒人们不要忘记人类在保护生态环境方面的责任和作用。保护生态环境应该成为人类生存和发展过程中不可缺少的内容。在过去 1 000 年里,特别是最近一个世纪,人类活动对地球生态环境造成了巨大的破坏。在最近几十年里,尽管人们对环境与发展关系问题的认识,已经取得了显著的进步,但人类在追求经济发展的过程中还在继续破坏环境,环境恶化的趋势至今没有被遏止。目前,人们最关注的环境问题,仍然是大气污染,水污染,酸雨,全球气候变暖,土地荒漠化,生态环境破坏,洪涝旱灾,臭氧层破坏等问题。1998 年夏季中国长江特大洪水的爆发,以及 2000 年春季在中国北方地区频频发生的沙尘暴天气,特别激起了人们对土地荒漠化和生态环境破坏问题的关注。酸雨,水污染和土地荒漠化等问题,在本篇其它文中有专门的论述,本文将主要介绍气候变暖、物种灭绝、臭氧层破坏等问题的最新研究成果,以及湿地、赤潮等环境问题。

在 21 世纪里,人类应该把社会经济发展与改善环境,置于同等重要的地位,世界各个国家需要在环境保护方面进一步加强合作,特别是经济发达国家应该在技术和资金方面积极帮助贫穷国家,使它们在发展本国经济的同时,有能力保护好生态环境,保护好自已生存的家园。

地球气候变暖问题

气候平衡模式预测表明,在 20 世纪里,全球气候在变暖,平均气温在升高;并且有人断言,气候变暖将会给全球带来毁灭性的灾难。

最新的海气耦合模型和实验观测数据都表明,气候变暖的幅度比早期气候平衡模式预测的变化幅度要小,变暖的速度也比早期所预测的缓慢。平均气温升高的幅度已经由原来预测的每 10 年升高 0.5℃,降至 0.2℃。海平面的升高幅度也由原来预测的 1 米,降为 0.5 米。这些数据的改变是重新评估气候变暖影响问题的重要依据。

过去人们过分关注气候变化所带来的负面影响以及它们将可能给人类带来的灾难,而在新的评估结论里,增加了气候变暖将给环境和人类带来正面影响的研究成果。新的评估结论,除了在科学上具有比较重要的学术价值之外,在消除因气候变暖问题在公众心理上造成的恐惧和疑虑方面,也具有十分重要的意义。

气候变暖对于人类和自然环境造成的负面影响,已经有过很多的表述,但是对气候变暖带来的正面影响的评估资料却很少。目前,关于气候变暖正面影响的研究成果主要包括,对农业的影响,对林业的影响,对能源系统的影响,以及对人类活动的影响。

根据可以用来计算光合作用效率和生物质净生产力的生物物理模型和生物地理模型的模拟预测,生态系统的净生产力将随着气候变暖而增高;热带和温带生态系统将向高纬度延伸,可能把北半球的森林地带推进到冻土地带,与此同时,动物区系也将发生迁移。因此可以预料,在更暖、更潮湿、二氧化碳浓度更高的自然环境里,将会出现一个植被更加繁茂的绿色世界。

气温升高对于不同地区农作物产量的直接影响主要表现在:温带地区有较轻微的损失,热带地区的损失较大。但这种损失将被二氧化碳浓度升高所带来的产量增加所补偿。在高浓度二氧化碳条件下,农作物的产量将提高 30%。因此,从全球总的效应来看,气候变暖将不会对农业产生显著的危害。

在林业方面,森林动态模式的模拟结果表明,全球的木材行业将会从因气候变暖增加的生物物质产量中获取更多的利益。

对因气候变暖而导致的海平面上升所造成的经济损失程度的预测,也有重大的改变。虽然由于气候变暖引起的海平面上升,仍将是一个严重的问题,但是新的模式预测,海平面将至多上升 0.5 米,而不是以前所预测的上升 1 米。如果经济损失与海平面上升幅度的平方成正比,那么过去对经济损失的估计,也将相应降低到原来所估计的损失量的 1/4。

过去的研究结果认为,气候变暖将会使世界各地普遍遭受损失,而新的研究结果表明,气候变暖造成的影响将随地理位置的改变而有所不同,处于高纬度地区的国家,如北美、欧洲以及独联体各国将从中受益最多,而地处热带、亚热带地区的国家,如非洲、南美以及亚洲许多国家,将蒙受巨大损失。

气候变暖产生的正面和负面影响的净效应,目前并不十分明确。过去的研究认为,如果在 21 世纪末气温平均升高 2℃,全球的经济损失估计为 GDP 的 1～2%;而最新的研究结果预测表明,全球经济损失将仅占 GDP 的 0.1%,而且还将获益 0.1%GDP。显然,新的预测结果,比过去的预测结果,已经小了一个数量级。

气候变暖对于能源行业的影响,过去的研究重点在于因制冷电耗数量的增加,导致能源需求的增加问题。最新的研究结果表明,由于气候变暖,寒冷地区取暖所消耗的能源将会减少。考虑到取暖和制冷降温两个方面对能源需求数量的变化,新的预测认为气候变暖对能源需求的影响应该不会很大,至少要比过去人们所预测的结果要小一些。

生物物种灭绝和保护问题

生物物种变化状况

地球上的生物曾经达到 300 万种以上,但目前仅仅剩下 150 万种。在地球形成以后的 46 亿年时间里,从出现生物的时候起,地球上就不断地出现新物种,同时还不断地有旧的物种灭绝(speceisextinction)。但是,在自然条件下,物种灭绝的速度相当缓慢,例如,在漫长的地质时代里,约 300 年有一种鸟类灭绝,而哺乳动物约 8 000 年灭绝一种。到了近代,由于人类活动的加剧,尽管可以通过人工手段,使遗传物质发生突变获得新物种,但是自然界中物种灭绝的速度却大大加速了。从 1800 年到 1950 年的 150 年时间里,鸟类灭绝了 78 种。而现在每三年就有两种鸟类灭绝。50 年以前,自然界的老虎有 10 万只,目前已经只剩下不到 5 000 只。野生的中国东北虎在多年以前就已经灭绝,华南虎仅存几十只。

根据估计,目前在世界上每天至少有 1～3 个物种灭绝。在中国,有 398 种脊椎动物濒临灭绝,占全国物种总数的 7%左右;有 4～5 万种高等植物已经面临濒危,占全国高等植物种总数的 15～20%。如果人类不采取有效的保护措施和行动,在今后 20～30 年里,将可能有 1/4 的现存物种难逃灭绝的灾难。

人类活动及其造成的环境污染,对生态系统的严重破坏,在世界许多地方都已经出现。特别是在一些地区,生物群落结构已经发生改变,一些物种开始消失,甚至灭绝。目前,中国滇池水体环境状况是现代人类活动对生态环境影响和破坏的一个典型案例。滇池又名昆明湖,位于昆明市区南郊。昔日的滇池地区湖光山色秀丽壮观,气候温和宜人,人文历史悠久,名胜古迹景点星罗棋布,是人们的旅游胜地。此外,滇池素以“高原明珠”而闻名于世,是中国第 6 个大淡水湖,属国家重点保护水域。草海是滇池的一个重要组成部分。最近,对草海水体环境状况进行的评估结果证明,由于人类活动的影响和破坏,目前的草海已经是一个浅水型、高度富营养化的水体区域。在 50～60 年代,草海大型水生植物的四种生态类型,即挺水植物、浮游植物、漂浮植物和沉水植物都存在,曾经有 15 个生物群落。海菜花群落是草海中占据优势的生物群落。70 年以后,由于围湖造田,使草海水面急剧缩小;工业废水和生活污水大量排入湖中,致使水体污染加剧,水质逐年恶化,特别是水体富营养化的加重使得草海生态环境急剧改变,大型水生植物群落结构遭受严重破坏,对水体污染敏感的物种逐渐消失。20 世纪 70 年代,海菜花群落就已经消失了。此后,轮藻群落、金鱼藻群落、浮游植物荇菜群落、芦苇群落、茭草群落、水葱群落、菖蒲群落、雀稗群落等也先后消失。20 世纪 80 年代,苦草群落、马来眼紫菜群落、微齿眼紫菜群落、菹草群落也相继消失。到了 20 世纪 90 年代,只剩下耐污力强的凤眼莲群落、蓖齿眼紫菜群落、浮萍群落、满江红群落和喜旱莲子草群落等(见表 1)。

表 1 草海水生植物群落变化状况(20 世纪 50~90 年代)

序号	群落类别	群落名称	50 年代	60 年代	70 年代	80 年代	90 年代
1	挺水植物群落	芦苇群落	有	有	消失	消失	消失
2		茭草群落	有	有	消失	消失	消失
3		水葱群落	有	有	消失	消失	消失
4		菖蒲群落	有	有	消失	消失	消失
5		雀稗群落	有	有	消失	消失	消失
6	漂浮植物荇菜群落	浮萍群落	有	有	消失	消失	消失
7		满江红群落	有	有	有	有	有
8		凤眼莲群落	有	有	有	有	有
9	浮游植物荇菜群落	荇菜群落	有	有	消失	消失	消失
10	沉水植物群落	海菜花群落	有	有	消失	消失	消失
11		苦草群落	有	有	有	消失	消失
12		轮藻群落	有	有	消失	消失	消失
13		金鱼藻群落	有	有	消失	消失	消失
14		聚草群落	有	有	有	有	消失
15		马来眼紫菜群落	有	有	有	消失	消失
16		微齿眼紫菜群落	有	有	有	消失	消失
17		蓖齿眼紫菜群落	有	有	有	有	有
18		菹草群落	有	有	有	消失	消失
19		喜旱莲子草群落	有	有	有	有	有

资料来源:《草海污染底泥疏挖工程对水体环境影响研究报告》,中国环境科学研究院,2000 年 3 月,北京。

生物物种灭绝的后果

生物物种是构成生态系统的物质基础。对人类来说,它具有无可估量的价值。所谓"生物多样性(bio－diversity)"消失,实际上主要指人类活动导致的生物物种灭绝(species extinction)问题。如果某一个物种灭绝,就有很大可能导致几个甚至几十个物种的相继消失。生物物种的灭绝,将会影响或者破坏一个种群、一个群落甚至破坏整个生态系统。这种结果,将意味着地球上的整个生物圈的破坏,人类最终也将难逃自身毁灭的后果。

地球上的生态系统,都是由生物体(包括动物、植物等)及其周围的环境要素组成的物质体系。所谓生态环境,主要是指生物体赖以生存和繁衍的周围自然环境。构成生态环境的要素主要包括水、土壤、空气、阳光、温度等。在热带雨林地区,野生动物栖息地丧失了65%,其中孟加拉国丧失了94%。在非洲,野生动物的栖息地已经丧失了65%,其中赞比亚的野生动物栖息地已经丧失了85%。

生物物种灭绝的原因

在漫长的地质年代里,造成生物物种灭绝的原因主要是自然因素。但是,到了近代,人类活动便成了物种加速灭绝的主要因素。贪得无厌的人们对野生动物的肆意捕杀,对热带雨林的疯狂砍伐,是生物物种灭绝加速的直接原因。造成生物物种灭绝的另一个重要原因,是由于人类活动范围和强度的加大,使野生动植物繁衍生息的自然环境遭到污染和破坏。特别由于原始生态环境的破坏,导致生态系统多样性的丧失,造成越来越多的生物失去了适合自己生存的空间。

人类活动排放的各种污染物进入生态系统以后,将会导致生态系统中的物种种类和数量的改变。一般能够适应新环境,对毒物和污染物不敏感的物种将会生存和发展下去,对毒物和污染物敏感、易受损伤的物种,将会减少甚至消失。物种灭绝将引起生态系统的物质和能量循环、个体数、种数、群落数发生改变。

在过去,中国滇池的草海水,是沿岸居民的饮用水源。时至今日,由于经济的高速发展以及人口的迅猛膨胀,导致草海的污染状况日益恶化。尽管已经对污染开始进行治理，但是治理的速度，却远远落后于污染扩大的速度。因而，昔日草海湖光山色的风貌已经荡然无存，取而代之的是污泥浊水，水体变黑、发臭，透明度大大降低。沉水植物迅速消失；水葫芦疯长，大片水上几个人都不会沉下去。随着旅游业及养殖业（网箱养鱼）的发展，进一步增加了草海污染物的负荷量。1993年调查时，草海网箱养鱼已达3 412箱，占据水面6 100亩，相当于草海水面的1/2。残留的饵料及鱼类的排泄物，是草海水体富营养化的一个重要因素。1994年调查，在草海营运的快速游艇已经达到40多只，另外还有30多艘大型机动游轮，日夜穿梭于草海水面，大量的污水、污物直接倾倒湖中，加之各类船只的油污跑、冒、滴、漏，水面上的油膜随处可见，湖底污泥也受到油的污染。水体氧环境破坏，湖泊沼泽化进程加速，水生生物物种的迅速灭绝在所难免。

南极洲的资源与环境保护问题

南极洲是地球上最后一块原生土地。地球上90%以上的冰和75%以上的淡水都储存在这里。南极洲的陆地几乎全部被冰雪覆盖，具有地势最高峻、气候最寒冷、风暴最强烈、景色最单调的自然地理特征。

南极洲的海洋生物资源十分丰富，包括世界上最大的蓝鲸、鳍鲸、驼背鲸、小温鲸、虎鲸等。此外，这里的鱼类、磷虾、鸟类等物种也很丰富。然而，由于人们对于南极鱼类资源的肆意滥捕，南极生物资源也面临枯竭的厄运，一些物种的数量已经急剧减少，甚至开始灭绝。鳍鱼是南极鱼类资源中数量较多的一种，在1970年人们的捕捞量是40万吨，1980年以后每年只能捕捞到10万吨。目前这种鱼，已经面临绝种。南极地区捕鲸业始于1904年。随着捕鲸技术和工具的不断改进，捕捞量的增加，目前的鲸资源已经受到严重破坏。鲸的数量已经屈指可数。蓝鲸数量已不足滥捕之前的1%，驼背鲸不足滥捕前的3%。然而，就是在这样一种严酷事实面前，仍然有一些国家反对签署禁止商业性过度捕鲸的国际公约，特别是日本等国家仍然以各种借口继续在南极海域捕鲸。除此之外，其它海洋动物也正在遭遇滥捕滥杀的厄运，例如，海狗、海象、海豹等，其中海狗几乎已经被捕杀殆尽。

人类在南极洲十分有限的活动，却已经构成对南极洲生态系统和自然环境的威胁和破坏。如果对南极洲的资源的开发和利用，缺乏有效的国际制约，人类将失去地球上最后一块的原生土地。

大气臭氧层问题的现状

根据对欧洲遥感卫星ERS－2DE的观测数据的分析，有人认为，2000年春天以来，北半球欧洲地区上空大气平流层臭氧层（ozone layer）的厚度已经恢复到4.5毫米，比1996年同期（3.2毫米）增加1.3毫米。北半球其它地区的臭氧层厚度也有类似的恢复现象；有些地区的臭氧厚度甚至接近于20世纪80年代初期的水平。

德国航天航空中心的专家们说，他们在1999年就已经发现了大气臭氧层有明显恢复的迹象，但是他们对恢复的机理并不清楚。汉堡马克斯－普朗克气象研究所的人认为，臭氧层的恢复，是与近两年以来，北半球气候异常变暖，北极地区气流运动状况的改变有密切关系。

但是德国航天航空中心和汉堡马克斯－普朗克气象研究所的专家们都认为，这种臭氧层的恢复，还不能抵消北极上空臭氧空洞所损失的臭氧。另外，这种恢复也只是一种暂时现象，而臭氧层的臭氧损失的趋势，在相当一段时期里还会继续下去，特别是最近10～20年内人类活动排放的耗损臭氧物质对平流层臭氧的影响，要在很长时间以后，才能表现出来。

另外，“第三次欧洲臭氧平流层试验”研究发表的公报称，2000年1～3月，北极上空18公里处的平流层里，臭氧含量累计减少了60%以上。并认为这是近10年里臭氧损失最严重的一次。

中国科学家于2000年6月5日在珠穆朗玛峰北坡，首次放飞臭氧探测气球，探测青藏高原上空的“臭氧低谷”。青藏高原上空在夏季出现的“臭氧低谷”，即在每年夏季6月到9月之间，在青藏高原地区上空出现臭氧总量异常低值，其臭氧含量比周围区域低10%左右。臭氧低谷的出现，导致紫外线大量入侵，使当地居民白内障等疾病的发病率增加，动植物变异，冰川消融，生态环境受到威胁。在全球范围内，许多类似的高原、山地的上空，也出现了不同程度的臭氧亏损。

臭氧层破坏是关系到整个人类生存环境安全的

全球性问题。经过国际社会的共同努力,保护臭氧层的国际合作取得了积极进展。1987年国际社会制定了《关于消耗臭氧层物质的蒙特利尔议定书》。按照《议定书》第五条第一款的要求,缔约国已经把主要氟氯化碳物质的产量和消费数量分别控制在1995年和1997年三年的平均水平上,发展中国家实现了第一阶段的控制目标。1999年11月29日至12月3日,在北京召开了《议定书》缔约方第十一次大会,共同商讨全球21世纪大气臭氧层的保护问题。

湿地和湿地生态系统的保护

湿地的概念 湿地(wetland),顾名思义,就是潮湿的土地。湿地一般既不完全是土地,也不完全是水。有的湿地可能常年被水覆盖或者浸泡,有的一年当中可能有数星期,甚至数月干涸。地球上典型的湿地就是沼泽。广义上的湿地还包括江河湖海岸边潮湿的土地,有人甚至把湖泊也列入湿地范畴。

湿地的破坏和保护问题,是目前国际上十分关注的热点问题和前沿性研究领域。对湿地的保护和管理,已经被许多国家的政府提到重要的议事日程。中国于1992年加入国际湿地公约,并将湿地保护和合理利用问题列入《中国21世纪议程》的优先项目,制定了保护湿地的相应行动计划。中国的自然湿地分布广、类型多,面积达2 500万公顷,居世界第三位,仅次于加拿大和俄罗斯。黑龙江和新疆的湿地面积分别达580万公顷和480万公顷。

湿地的功能 湿地是处于水陆过度地带的特殊自然环境体系。湿地的功能多种多样。湿地是地球上的一个富饶的生态系统,具有巨大的资源潜力。湿地是许多鱼类和野生动物的栖息地。在中国已经记录到的湿地植物有2 760种,其中高等植物156科,473属,1 380余种;湿地动物约1 500种,其中水禽类约250种,鱼类1 040种。

湿地可以调节地球上的水循环。湿地具有补充地下水、削减洪峰、控制洪水、调节径流的功能。湿地可以阻留沉积物、污染物以及各种杂物,改善水资源的质量。湿地的存在,还可以阻止土地沙漠化。

湿地的破坏与保护 人类活动对湿地环境的影响,湿地的保护以及湿地资源的合理开发和利用,是当前湿地研究的重要内容。在世界上的一些国家和地区,由于人口的急剧膨胀、经济的过快增长,湿地的围垦造田、淤积、退化现象十分严重。中国因围垦湖泊失去的湿地调洪库容达325亿立方米。

地球上的湿地是全人类共同的生态资源。任何一块湿地的破坏,都有可能导致全球生态系统的反应,危及地球全部湿地生物物种的稳定。例如,有一些水禽随季节的变化,迁徙于不同的湿地之间。仅在亚洲及太平洋地区,就有243种水禽一年一度沿着一条比较固定的路线进行迁徙,沿途经过57个国家和地区,行程上万公里。这些水禽在迁徙途中停歇、补充食物的地方,就是分布在它们经过的路途中的众多湿地系统。

沼泽是最重要、最典型的湿地。中国环境科学研究院、长春地理研究所等单位的科学家们已经对中国沼泽湿地进行过系统的综合考察。查明了中国沼泽资源的类型、分布、成因和特征,建立了中国沼泽数据库。

赤潮现象及其防治

赤潮的概念 赤潮又称红潮(red tide),它是由海洋浮游生物(主要是浮游植物和原生动物),在短时间内爆发性繁殖,或者大量集聚,从而导致水体颜色异常的一种生态现象。这种现象通常发生在大陆近海水域内,水体颜色多呈现红色,所以常常把它称为赤潮。人们把江河、湖泊中出现的类似现象,称之为"水花",或"水华"。古人曾经有过关于赤潮现象的记载。在《旧约·出埃及记》中曾经有过这样的描述:"河水呈血色,河水臭,河鱼死。"

在过去半个世纪里,由于人类活动的扩大,导致赤潮发生的频率、规模和危害程度急剧增加。例如,日本濑户内海水域在1955年之前的数十年间,先后出现过5次赤潮;1965年一年之内,出现过44次;1970年出现过79次;1976年326次;1979年300次。20世纪80年代以后,赤潮现象波及世界几乎所有沿海国家的水域,特别是中国、东南亚和南美洲等地区的沿海水域,赤潮状况特别严重。1989年,中国渤海海域发生赤潮,导致对虾、贝类等大量死亡,造成经济损失达几亿元。1998年3～4月,在中国广东珠江口以及香港海域发生赤潮,持续30多天,导致大量鱼类、贝类死亡,直接经济损失1亿元以上。1999年7月26日,渤海西部水域发生赤潮,面积达1 500平方公里;10天以后,赤潮范围达6 300平方公里。造成的危害和损失,可想而知。

2000年6月,意大利东北部和斯洛文尼亚西部的亚得里亚海海域,出现了大面积赤潮。海水中的褐色海藻呈丝状,互相缠绕,覆盖水面。在威尼斯附近海域,赤潮最为严重,赤潮生物积聚深度可达5~6米,绵延十几海里。

赤潮产生的原因 海洋受到污染后,海水中的氮、磷、碳等物质大量积聚,形成所谓水体富营养化,为海洋生物的繁殖和生息,提供了良好的营养条件,此外,在受污染的海水中,由于铁、锰等金属元素以及维生素、四氮杂茚、间二氮杂苯等有机氮化物浓度的增加,特别有利于赤潮生物在短期内迅速地大量繁殖。实验证明,当海水的铁、锰的含量比对照水域中的含量增加10~20倍时,赤潮生物的繁殖速度可以增加10倍以上。另外,赤潮的发生还与海域的气象、水文等条件有密切关系。在通常条件下,如果太阳光照射强烈,水温很高,水面平静,海域上空气流稳定,这些自然条件将有利于赤潮生物的大量积聚,因此,它们也是赤潮形成的一个重要因素。有的学者还提出,深水层的无氧或低氧水团的上升,也是促成赤潮生物加速繁殖的一个因素。由此可见,赤潮形成的因素很多。目前对赤潮形成机理也还不完全清楚,需要对赤潮生物繁殖的生理特性和海洋环境因素的变迁等进行深入的观察和研究。

赤潮生物的种类及其分布 我们现在已经知道的能够形成赤潮现象的海洋生物种类很多。已经查明的微藻类生物有200多种,其中约有1/3能够产生各种生物毒素,比较常见的有:腰鞭毛虫(Dinoflagellata),裸甲藻(Gymnodinium aeruginosum),短裸甲藻(Gymnodinium breve),棱角藻(Ceratium fusus),原甲藻(Prorocentrum micans),中肋骨条硅藻(Skeletonema costatum),角刺藻(Chaetoce ros),卵形隐藻(Cryptomonas ovata),无纹多沟藻,夜光藻等。

在发生赤潮现象的水域,赤潮生物一般主要分布在水面以下几十厘米到一米左右的水层里。赤潮生物种类不同,聚集密度会有很大差异。夜光藻引发的赤潮,一般每毫升海水中有夜光藻1 000个以上;而绿色鞭毛藻引发的赤潮,每毫升海水中有绿色鞭毛藻高达几十万个。

赤潮的危害 在发生赤潮现象的水域,固有生态系统的生物物种群落和结构会发生显著改变,甚至遭到严重破坏。赤潮现象的出现。可以对生态系统造成下述严重危害:(1)由于赤潮生物的大量聚集,海水水面被覆盖,使海水中的鱼类呼吸困难;(2)赤潮生物机体在其代谢过程里以及在它们的死亡遗体分解过程中,都将消耗水中的氧;(3)有些赤潮生物体内及其代谢产物含有生物毒素。上述因素都会危及水中鱼类、虾类和贝类等生物的正常生存。由于毒素在海洋动物体内的累积,食用海洋动物的人常常中毒,甚至导致死亡。此外,赤潮的出现,将会使海滨游客减少,渔民难于出海捕鱼。

赤潮的防治 治理和预防赤潮现象发生和发展的根本途径,在于加大对江河流域以及沿海地区的工业、农业和生活废水排放的治理力度,切实有效地控制和减少污水排放数量,消除导致海水富营养化的根源,从而才能够有效控制和预防沿海水域赤潮现象的发生和蔓延。

全球土地荒漠化现状、发展趋势和防治行动

中国环境科学研究院　张文娟　王文兴

土地荒漠化是当今世界上最为严重的十大生态环境问题之一。荒漠化(Desertification)的概念最早是由法国学者奥布列维尔(A. Aubre ville)在1949年提出的。他对非洲热带雨林地区的生态问题进行研究

时,将该区域森林植被遭到破坏后,生态景观由森林景观演变为草原景观,而后又进一步演变为类似荒漠景观的环境变化过程称之为"荒漠化"。此后,人们对荒漠化曾经有过多种定义。1992年12月,经《联合国关于在发生严重干旱和/或荒漠化国家特别是非洲防治荒漠化的公约》(以下简称《国际防治荒漠化公约》)政府间谈判委员会(INCD)的多次讨论,将荒漠化最终定义为:"荒漠化是指包括气候变异和人类活动在内的各种因素造成的干旱、半干旱和亚湿润干旱地区的土地退化";同时还"包括湿润、半湿润地区,由于人为活动引起向着类似荒漠景观发展的环境变化过程"。

荒漠化有多种分类方式。例如,根据其成因可分为水蚀荒漠化、风蚀荒漠化、盐渍荒漠化、水渍荒漠化及人类经营活动引起的土地退化(工程荒漠化)、气候干旱引起的植被退化等类型;根据土壤质地可分为沙质荒漠化、土质荒漠化、砾质荒漠化等;根据土地利用类型可分为耕地退化、林地退化和草地退化等。据报道,全球水蚀荒漠化类型占全球土地退化总面积的45.1%,沙质荒漠化面积占全球土地退化总面的41.7%,二者合计占土地退化总面积的86.8%。由此可见,全球土地荒漠化的主要类型是水蚀荒漠化和沙质荒漠化。

全球土地荒漠化的现状及其发展趋势

(一)全球土地荒漠化的分布现状及其特点

根据联合国环境规划署(UNEP)1991年向联合国总部提交的"关于防治荒漠化工作计划"中提供的资料,全球干旱区土地荒漠化分布现状如表1所示。全球干旱区土地总面积为51.6866亿公顷,土地退化总面积为35.6217亿公顷。其中非洲干旱区面积最大,其次是亚洲。各洲发生土地退化的面积也各不相同,其中北美洲土地退化面积占干旱区总面积的比例最大,为76%;非洲、南美洲和亚洲次之,分别是73%、73%和70%。全球干旱区土地面积最大的几个国家分别是澳大利亚,前苏联,中国,美国和沙特阿拉伯。

表1 全球干旱土地荒漠化面积统计

(单位:亿公顷)

国家或地区	干旱区面积	土地退化面积	土地退化面积占干旱区总面积的比例(%)
非洲	14.3259	10.4584	73
亚洲	18.8143	13.1170	70
澳大利亚及新西兰	7.0121	3.7592	54
欧洲	1.4558	0.9428	65
北美洲	5.8718	4.2862	76
南美洲	4.2067	3.0581	73
合计	51.6866	35.6217	69

注:干旱地区土地包括干旱、半干旱及半湿润区,不包括极端干旱区;

资料来源:王礼先,《全球防治荒漠化进程及其发展走向》,1994。

另据UNEP对全球土地荒漠化进行的最新评估,全球土地荒漠化分布具有如下特点;(1)全球因荒漠化影响的土地面积为35.92亿公顷(不包括全系自然因素所形成的沙质荒漠、砾质荒漠及石质荒漠,如鲁布哈利、内夫得、撒哈拉、纳米比亚和塔克拉玛干沙漠等)。其中,退化的灌溉土地面积为4 300万公顷,旱作农地面积为216万公顷,退化草场面积为7.57亿公顷(土壤和植被均发生退化),退化的牧地面积为257.6万公顷。其中分布在发达国家的荒漠化土地面积占退化土地总面积的25.7%,分布在发展中国家的荒漠化土地面积占退化土地总面积的74.3%;(2)按其发生的过程来说,由于风蚀(包括流沙堆积)和水蚀所造成的荒漠化面积占退化土地总面积的86.8%。此外,由于化学作用所造成的退化土地总面积的9.7%,物理作用所造成的退化土地面积占退化土地总面积的3.5%;(3)按地区分布来说,风蚀(包括流沙堆积)荒漠化土地主要分布在非洲,占全球风蚀退化土地总面积的36.9%;其次为亚洲,占35.4%;欧洲为第三位,占8.9%。水蚀荒漠化主要分布在亚洲,占水蚀退化土地总面积的33.6%;其次为非洲,占25.4%;再其次是大洋洲,占14.8%。化学作用所造成的土地退化主要分布在亚洲,占化学退化土地总面积的49.9%;其次为非洲,占27.6%;欧洲第三,占

24.7%。在全球荒漠化土地中,水蚀所造成的退化土地占首位,风蚀占第二位;(4)从荒漠化分布地区的土地利用情况来看,由于人为因素所造成的退化土地总面积达1.01亿公顷。其中,灌溉土地退化(盐渍化及水渍化)占4.23%,旱作农地退化占21.3%,牧地退化占74.46%。

(二)全球土地荒漠化的危害和经济损失

作为世界十大生态环境问题之一,土地荒漠化对社会经济发展有着深刻的影响力。据统计,目前全球受荒漠化影响的国家有110多个,受其影响的人口已达10亿多。其主要危害是导致土地生产能力下降;破坏可利用的自然资源;导致生态环境日益恶化;加剧生态灾难,包括洪灾、泥石流、干旱、霜冻和沙尘暴等;导致渠、库、河流泥沙淤积;阻碍水陆交通等。同时由于土地荒漠化,迫使人民背井离乡,成为"生态难民"。这不仅给当地造成严重的贫困、落后和社会的不稳定,也给周边国家和地区,甚至给全球带来了一定的生态环境、经济和社会问题,成为人类共同的灾难。

据统计(1991),全球每年因土地退化造成的经济损失总计约423亿美元,其中灌溉农地经济损失达107.85亿美元,旱作农地81.89亿美元,草地经济损失为233.34亿美元(见表2)。

表2 全球土地退化经济损失状况

(单位:亿美元)

国家或地区	灌溉农地	旱作农地	草地	合计
非洲	4.75	18.55	69.66	92.96
亚洲	79.53	46.47	83.13	209.13
澳大利亚	0.63	5.44	25.29	31.36
欧洲	4.74	4.5	5.64	14.88
北美洲	14.65	4.41	28.78	47.84
南美洲	3.55	2.52	20.84	26.91
全球	107.85	81.89	233.34	423.08

资料来源:王礼先,《全球防治荒漠化进程及其未来走向》

(三)中国荒漠化土地的分布现状、特点和经济损失

根据国家林业局发布的一项最新调查表明,中国已经成为受荒漠化危害最为严重的国家之一。调查结果显示,中国荒漠化潜在发生区域总面积为3.317亿公顷,占国土面积的34.6%。其中荒漠化土地,包括风蚀荒漠化土地,水蚀荒漠化土地,盐渍荒漠化土地和冻融荒漠化土地在内,总面积为2.62亿公顷,占国土面积的27.3%。在荒漠化土地中,风蚀荒漠化土地分布范围最广,面积最大,为1.607亿公顷,占中国荒漠化土地总面积的61.3%。水蚀荒漠化土地主要分布在黄土高原北部黄河中上游地区。盐渍荒漠化土地主要分布在西北华北的重要粮食产区,而冻融荒漠化土地则主要分布在青藏高原。此外,根据综合评估的结果,中国轻度荒漠化土地面积为0.951亿公顷,中度荒漠化土地面积为0.641公顷,重度荒漠化土地面积为1.03亿公顷。

土地荒漠化给中国也带来了严重的经济损失。根据国家林业局的最新调查结果,中国每年因荒漠化造成的直接经济损失达540亿元。

(四)全球土地荒漠化的发展趋势

在气候因素和人类活动的双重作用下,目前全球荒漠化的土地面积还在以每年500~700万公顷的速度扩大,全球已经有1/3的陆地、1/5的人口受到荒漠化的影响,每年因荒漠化而造成的经济损失约有423亿美元。从中国土地荒漠化的发展趋势来看,20世纪50~70年代,中国荒漠化土地面积平均每年扩大15.6万公顷;进入20世纪80年代,平均每年扩大21万公顷,平均每天有560公顷的土地荒漠化。总体趋势是,全球荒漠化土地正在继续扩大,但局部地区有所逆转。

全球土地荒漠化防治现状、成就和进展

(一)全球土地荒漠化防治现状

全球防治行动概况 由于土地荒漠化对生态环境和人类社会所造成的严重影响,荒漠化及其防治问题日益得到世界各国和国际组织的重视。1977年在肯尼亚首都内罗毕召开了"联合国荒漠化会议(UNCOD)",首次正式提出了土地荒漠化的问题,并

提请各国重视土地荒漠化导致的严重的生态环境问题。1992年在发展中国家的呼吁和各国的共同努力下，联合国环境与发展大会首次把荒漠化防治列为全球环境治理优先考虑的领域，并将其列入《21世纪议程》。1992年12月，联合国大会通过了47/188号决议，决定成立《国际防治荒漠化公约》政府间谈判委员会(INCD)。1994年10月，100多个国家和欧盟的代表共同签署了该公约。这是环发大会后签署的第一个关于环境与发展的国际公约，标志着国际社会已经充分认识到防治荒漠化和缓解干旱影响在实施可持续发展战略中的重要地位。1997年联合国在罗马召开了《国际防治荒漠化公约》第一届缔约方大会。1998年11月，UNEP在塞内加尔首都达喀尔举行了《国际防治荒漠化公约》第二届缔约方大会，会议主要审议了秘书处中期战略、1999年预算方案、全球机制和公约履行情况。中国在会上介绍了即将在中国启动的第一网络——亚洲地区荒漠化监测与评价网络概况。1999年11月，《国际防治荒漠化公约》第三届缔约方大会在巴西的累西腓(Recife)召开。这些重要的国际会议和活动的开展说明，全球土地荒漠化的防治已经迫在眉睫。

目前，全球已经成立的防治荒漠化的主要组织和机构有：

《国际防治荒漠化公约》秘书处，成立于1993年，设在日内瓦。

联合国环境开发计划署(UNDP)防治荒漠化办公室。

联合国环境规划署(UNDP)干旱土地生态系统及荒漠化防治中心。

联合国粮农组织(FAO)林业处荒漠化小组。

国际沙漠开发委员会，设在埃及开罗。

亚太地区防治荒漠化地区培训中心，设在伊朗的德黑兰。

(二)土地荒漠化综合防治技术

自1997年的"联合国荒漠化会议"至今，土地荒漠化的严重性引起了世界各国和国际组织的普遍重视，部分国家对土地荒漠化的治理已经初见成效。在长期的治理实践中，积累了一些经验，同时也形成了一些成熟的治理技术。

土地水蚀荒漠化的综合防治技术 在一些国家，土地水蚀荒漠化主要集中在山区及丘陵地区的耕地、荒山荒坡和沟谷地。从目前国内外水土保持的技术和措施来看，防治坡耕地土地水蚀荒漠化的技术主要有三大类：工程治理技术(坡改梯技术)，生物治理技术(造林种草生物技术)和农业耕作技术(水土保持农业耕作技术)。其它还有一些工程治坡技术，主要是与生物治理措施相配套的坡面整地工程技术，如水平阶整地、反坡梯田整地、水平沟整地和鱼鳞坑整地等技术。

由于自然条件的限制和人类活动的影响，荒山荒坡的土地退化日益加剧。目前治理荒山荒坡的措施主要有：禁止陡坡开垦和破坏植被、封山封坡保护自然植被、人工种草造林提高植被覆盖度等几类。

沟谷地是水蚀荒漠化地区水力侵蚀和重力侵蚀最为严重的地段，因而沟谷地的治理是水蚀荒漠化地区综合治理中难度最大而又最为重要的部分。目前对沟谷地的治理技术主要有工程技术和生物技术两大类。在实践中人们发现，只有采取上截、下堵、内外绿化、层层设防的综合治理模式，才能达到逐步控制和改造利用沟谷地的目的。

土地沙质荒漠化的综合防治技术 在不同的自然条件下，沙质荒漠化土地的发生区域、类型和特点都各不相同，因而对具有不同特点的沙质荒漠化土地的治理技术和措施也略有不同，其综合防治技术如图1所示。

图1 沙质荒漠土地综合防止技术

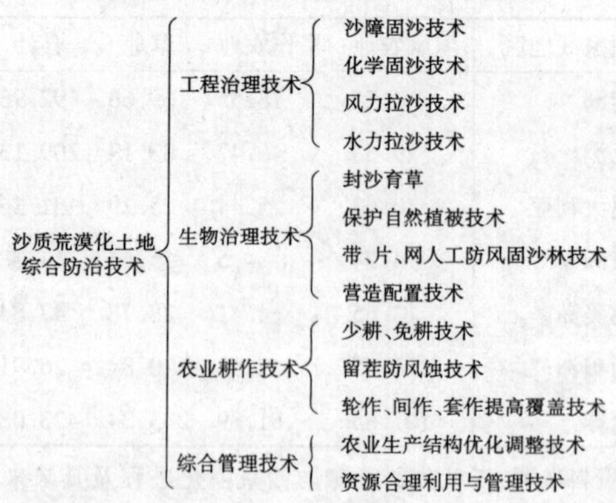

工程治理技术是指利用一些无生命的物质，如水、粘土、柴草、卵石、板条和高分子化学制剂等材料，

对沙化土地加以阻固输导搬运，以改变其地形条件或水土条件的技术。主要是针对已经发生了严重和强度沙漠化、地表多为流沙所覆盖或已经形成风沙地貌的沙土地。根据采用的材料和实施目的的不同，可以分为机械沙障固沙、化学固沙、风力拉沙、水力拉沙或压沙等四种。其中以机械沙障技术使用最为普及，且方便、快捷。化学治沙成本较高，使用范围有限。风力治沙一般仅限于特殊地段或局部治沙。水力拉沙或压沙必须是在水源充足的地区才可以实施。

沙质荒漠化土地生物治理技术是以栽植各类保护性植物为主要手段，并配合对治理区原有植被的保护和促进措施，使治理区林草植被覆盖率迅速提高，以达到削弱地表风速、防治土地风蚀、阻止固定流沙、促进土地生产力恢复和提高的治理目的。它是一种能从根本上改良和防御土地沙质荒漠化的重要技术，具有投资小、建设范围广、适应性强、长效稳定等特点。但不同气候区域，适宜栽植的植物种类和栽培技术又有所不同。

图2　盐渍荒漠化土地综合防治技术

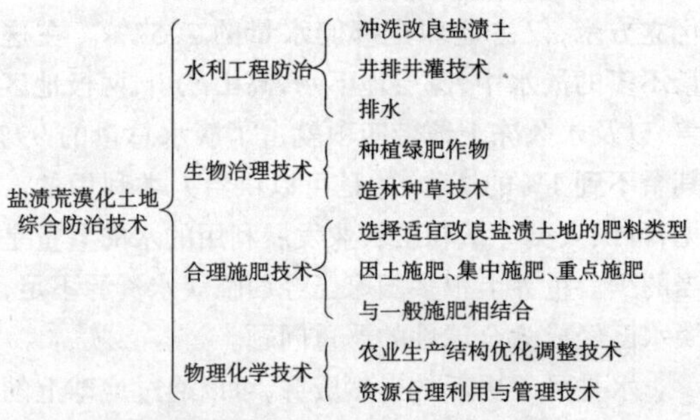

土地盐渍荒漠化的综合防治技术　盐渍荒漠化土地的综合防治技术见图2所示。其中，水利工程防治技术主要是指利用水利工程设施来改善用水、管水方法，以淋洗排除盐分，调控地下水位，达到改良盐渍土的技术措施。物理措施中又包括两种技术：覆盖和电流改良技术。化学方法改良是在盐渍土上通过施用化学改良剂以降低土壤碱性，减轻或消除对植物产生的危害，调节和改善土壤结构、透水性、透气性和养分状况，从而达到改良目的。常用的化学改良有石膏、黑矾（硫酸亚铁）、磷石膏、粗硫酸、硫磺粉、硫酸铵、黄铁矿、腐植酸肥料、磷肥和酸性肥料。

（三）全球土地荒漠化防治活动的进展和成就

1977年召开的首次“联合国荒漠化会议”，第一次对全球的荒漠化问题进行了广泛的讨论，并制定了《防治荒漠化行动计划》，旨在帮助受荒漠化影响的国家拟订计划解决荒漠化问题，并促进和协调国际社会提供一定的援助。20多年过去了，行动计划的执行并不顺利，其主要原因是防治荒漠化的工作耗资巨大，但资金的筹措却困难重重。目前，只有部分国家取得了较大的成就，如美国、中国、以色列和前苏联等国。伊朗在20世纪70年代也取得了一些成就，利比亚和一些北非国家正在开展沙丘固定和植树造林的工作。

目前，中国防治荒漠化的工作已经取得了显著的成绩，荒漠化的防治工作已经从过去单纯治理、防治，发展为全面治理和开发利用荒漠化资源的综合性工程。1991年启动的全国防沙治沙工程综合治理开发面积已达到224万公顷，每年增产粮食2.5亿公斤；陕西榆林地区治理流沙58万公顷，1994年沙区社会总产值高达12亿元；甘肃张掖地区发挥荒漠化地区的光热资源优势，利用塑料大棚和节水技术，已经发展为全国最大西菜东运基地；安徽省70多万公顷的荒漠化土地中已有10万公顷的土地得到有效的治理；辽宁省治理荒漠化取得经济效益超过61亿元；中国荒漠化面积最大，分布最广，危害最为严重的新疆维吾尔自治区防治土地荒漠化的工作也取得了显著的成效，目前新疆人工防风固沙林保存面积已达80余万公顷，基本实现了农田林网化。

从全球防治荒漠化已经取得的进展和成就可以看出，虽然防治荒漠化的工作还存在着种种的困难，但只要全球重视荒漠化问题，采取因地制宜的防治措施，人类最终还是有能力征服荒漠化这个环境恶魔的。

世界水资源的新形势

中国环境科学研究院 杨新兴 王文兴

1972年在斯德哥尔摩召开的联合国第一次人类环境大会以及1980年联合国水事会议,曾经先后发出警告:在不久之后,水将会成为一场严重的社会危机。但是,人们对此却普遍不以为然。水资源浪费,水体污染,破坏水环境的现象在世界各地频频出现。在过去20年里,尽管国际社会有关组织做了各种努力,由于人为活动导致的水危机,不但没有缓解,而且有越来越严重的发展趋势。目前全球约有14亿人口缺少清洁的饮用水;到2025年,估计有30亿人缺少清洁饮用水。主要缺水地区和国家将包括非洲和中东地区,以及印度、秘鲁、英国、波兰以及中国的部分地区。

目前,我们所面临的水危机,主要包括以下5个方面的问题:(1)水资源的过量开采,使水资源面临枯竭;(2)水资源的利用效率很低,过度浪费水资源;(3)自然水体的污染和破坏,使可利用的水资源减少;(4)水利工程开发对水环境的破坏和影响;(5)国际河流水资源引起的冲突加剧。

地球上的水资源状况

水是地球上分布最广的自然资源。水促成了生命物质的出现,孕育着生命的繁衍生息。由于水资源的珍贵和它的不可替代性,所以自古以来人们常常依水而居,趋水而生。水是地球生态系统中最重要的一个组成部分,它既是人和其它一切生物体维持生命存在的最重要的物质基础,又与天气和气候的变化有着十分密切的关系。

早在46亿年前,地球形成之初,地球上就有了水。地球上存在的水,包括海洋、湖泊、河流、冰川、地下水、大气水、生物水在内,总水量约为138.60亿亿立方米。其中,(1)海水133.8亿亿立方米,占总量的96.54%;(2)冰雪和永久冰盖水为2.40 641亿亿立方米,占总量的1.74%;(3)地下水2.34亿亿立方米,占总量的1.69%(地下淡水为1.053亿亿立方米,占总水量的0.74%;地下咸水为1.287亿亿立方米,占总水量的0.94%);(4)冻土水300万亿立方米,占总量的0.022%;(5)湖泊水176.4万亿立方米,占总量的0.013%;(6)土壤水16.5万亿立方米,占总量的0.001%;(7)大气水12.9万亿立方米,占总量的0.00 093%;(8)沼泽水11.47万亿立方米,占总量的0.00 083%;(9)江河水2.12万亿立方米,占总量的0.00 015%;(10)生物水1.12万亿立方米,占总量的0.000 080%。

在地球上整个水圈里,淡水总储量约为3.51亿亿立方米,仅占地球全部储水量的2.57%。在这数量不多的淡水中,深层地下水,高山冰川,两极地区冰盖,以及永久冻土地带四项就占了淡水总量的99%,其余不到1%的淡水,才是可以供给人类利用的。可见,可供人类生活和工农业发展利用的水的数量是相当的少。世界上很多国家已经面临淡水资源不足,缺淡水已经成为全球性的严重问题。

水是可以更新的自然资源,可以通过地球上的水循环得到补充,维持水资源的稳定和平衡,供给人类持续利用。地球上降水量虽然在年际之间有差别,但是多年的平均数量,为一个常数。地球上的水,咸水多,淡水少。水体蒸发量大,径流量少。

自然界淡水的来源主要是大气降水。全球每年降水量约为119万亿立方米,其中约有30%成为地下水,70%通过地表进入江河、湖泊和海洋。

中国属于淡水资源短缺的国家,陆地年降水量为6.188万亿立方米,其中3.387万亿立方米消耗在陆地生物圈里,2.81万亿立方米转化为地表径流和地下水,成为可以利用的淡水资源。中国的淡水资源总量居世界第六位。中国的水资源密度为28.64万立方米/平方公里。由于人口过多,人均水资源不足2 200

立方米，只相当于世界人均值的1/4，人均占有量居世界第88位。中国是一个干旱缺水的国家，是世界上最缺乏淡水资源的13个国家中的一个。中国年平均降水量为628毫米，低于世界陆地年均降水量834毫米，也低于亚洲的降水平均值740毫米。中国西部内陆地区降水量更少，年均不足140毫米，尤其是塔里木盆地、柴达木盆地、河西走廊、阿拉善高原等地区年均降水量不足100毫米。

根据对世界上98个国家的统计资料分析，全球的贫水国、半贫水国约占60%以上，富水国不到30%。与人类生存和发展有着不解之缘的地球水资源的数量是十分有限的。随着开采、利用和消费数量的急剧增加，如果不采取有效的控制措施，人类将面临严重水荒，甚至水资源枯竭的局面。

水资源的消费概况

人可一日无三餐，但不可一日无水。人体内，水几乎占了体重的76%。水是人类生活和工业农业生产活动中不可缺少的物质资源。自古以来，随着人口数量的增加以及生活水平的提高，水的消费数量一直在不断地增加。在公元前，一个人一天消耗12公升水；到了中世纪，增加到20～40升/天。根据联合国统计，自20世纪初以来，全球淡水消耗量已经增加了6～7倍，而同期人口则增加了2倍。

1995年联合国粮农组织调查结果表明：全世界每年淡水耗费数量为4.13万亿立方米；人均年消费量为723立方米，人均日消费量1.98立方米。根据估计，20世纪末达到7万亿立方米，人均年消费量为1 167立方米，人均日消费量3.19立方米。由于人口数量继续增加，淡水资源数量有限，人均淡水资源拥有量将会逐渐减少，人均供淡水数量也将下降。

农业灌溉和工业用水，是水消费的大户。农作物每亩平均用水量分别是：小麦用水426吨，棉花用水367吨，甜菜用水533吨。在工业生产中，生产1吨钢平均需要用水30吨；生产1吨纸平均需要用水350吨；生产1吨氮肥需要用水550吨；生产1吨人造纤维平均需要用水1 450吨；生产1吨合成橡胶需要用水2 750吨。此外，全世界每天约有200万吨生活垃圾需要用水冲走。

随着人类对水的消费数量的增加，水的消费结构也在不断地发生变化。1990年，农业用水占90%，工业用水占6%，其它方面用水占4%；根据估计，到2000年，农业用水占62%，工业用水增加到24%，其它用水占14%。

人类面临的水荒及“水战”

水资源过量开采，淡水水资源面临枯竭

淡水资源短缺问题，几乎遍布世界各个地区。由于对水资源的过量开采，全世界60%的地区面临严重缺水问题，特别是一些重要大城市，更是面临严重的水荒。例如，北京、休斯敦，雅加达、洛山矶、开罗、内罗毕、达卡、上海和墨西哥城等都是严重缺水的城市。

对水资源的开发利用不当，常常导致生态环境的严重破坏。最典型的例子是前苏联境内的咸海（Aral Sea）这个内陆海原有面积64 500平方公里，但是由于过量抽水灌溉，目前它的面积已经减少了45%，容量减少了66%。水体已经被农业活动排放的废水所污染，其中主要是化学肥料和杀虫剂的污染。由于水体的污染，各种鱼类已经不能生存。

由于全世界淡水资源的短缺，即使在降水量适中，甚至降水量很高的地区，也出现了淡水供应不足的问题。在美国，约有25%的农田靠过量抽取地下水进行灌溉，地下水位平均每年下降15～120厘米。即使在水资源比较充足的英国，由于对水资源的过量开采，湿地开始消失，淡水资源供应也面临严重的威胁。

在世界上许多地区，由于过量开采地下水，造成地面下沉。由于抽取地下水，墨西哥城的部分地区已经下沉了10.7米。

由于世界人口的过快增长，发达国家在经济上的畸形发展，导致对淡水水资源的过量开采和浪费，淡水水资源面临枯竭。目前，一些国家的河流已经干涸，农作物由于得不到灌溉而枯死，人畜饮用水十分缺乏。因此世界性的水荒问题正在威胁着许多国家的经济和社会的健康发展。

1995年中国620个城市中，有一半处于缺水状态，其中严重缺水的城市有110个，日缺水量达1 600万立方米，年缺水量近60亿立方米。农村有5 600万

人口的饮水问题没有解决。3 000 万头牲口饮水困难。8.3 亿亩耕地没有灌溉设施。14 亿亩草原严重缺水。由于气候干旱,降水量少,以及掠夺式地抽取河水,绵延 5 464 公里的滔滔黄河水于 1972 年出现断流。截至 1997 年 8 月,在 26 年时间里共有 20 次出现断流。进入 20 世纪 80 年代,几乎连年出现断流。累计断流时间 823 天,平均每年断流 31.7 天。其中年最长断流时间为 142 天,断流最长距离为 683 公里。年最早断流日期为 2 月 7 日。1999 年最早断流日期为 3 月 13 日,2000 年的断流日期是 3 月 7 日。京杭运河是中国东部地区连接北方和南方的重要水道。由于降水量减少,2000 年 3 月 17 日京杭大运河徐州段,水位下降到 3 米(适航水深为 4 米),千余艘航船如长龙一般堵在一起,进退不得。

水资源利用效率很低,水资源浪费严重

在人们的传统观念里,水是“取之不尽,用之不竭”的自然资源,对水的利用和消耗没有任何限制,缺乏节水意识,浪费水的现象十分严重。在世界上许多国家,农业灌溉的水的利用效率只有 20～30%,工业用水的循环重复利用率也很低。在中国北方,大部分灌区为疏松土质结构,抗渗透性很差,水的利用系数很低,水资源浪费十分严重。在城市工业用水中,水的重复利用率只有 50%,几乎有一半的水资源被白白浪费掉了。

此外,由于许多城市的供水管道系统设备陈旧,滴漏跑冒水显象严重,有很大一部分水被白白流失,而且常常被人们忽略。

自然水体污染,水生态环境恶化,严重危害人体健康

目前全世界每年约有 18 500 亿立方米污水排入江河湖海,使淡水资源遭受严重污染。被污染的水体,大多靠近水资源短缺的城市地区。中国每年排放的污水量约达 360 亿吨以上,其中 80% 的污水未经过处理直接排入江河湖海,造成水体环境的严重污染。

根据世界卫生组织报告,世界上约有 1/4 的人口缺乏清洁的饮用水。由于人类活动的污染,南半球的多数居民的饮用水,处于严重超标状态。由于饮用水体污染,婴幼儿的死亡率显著上升,88% 的疾病发生率都与人们饮用被污染的水有关系。全球每年至少有 1 500 万人死于因饮用被污染的水而引起的疾病。

水体污染,对农业生产、工业生产以及人体健康,都会产生巨大影响。大多数发展中国家的水质检测计划起步较晚,因此在目前获得全球水体污染资料还很困难。

水体环境的改变,将使得环境的蓄水能力、水渗透能力及水体的自净能力大大降低。城市化和工业用地数量的增加,导致土地渗透性改变,洪水期洪峰高,间隙短。

由于很多化学物质都能溶解于水,所以水被称为最普遍的溶剂。正是由于水的这一特征,也才使得它极易遭受污染。地球上的水,通过蒸发、凝结,被净化以后,降落到地面,于是再次开始容纳可溶性的气体和物质微粒。水污染物可分为四大类,即(1)生物制剂;(2)可溶性化学物质;(3)非可溶性化学物质;(4)热污染。

源于水环境的人类疾病,例如霍乱、伤寒等,曾经遍布世界各地。在大多数情况下,水污染主要是指人类活动产生的致病生物(0athogens)对饮用水的污染。人类活动产生的废水中的其它各种微生物也是水的重要污染因子。

水体生态系统中的富营养化(eutrophication)问题,主要是由于过多的非有机营养物质(inorganic nutrients)积累,导致藻类大量积聚。这些藻类不仅消耗了水中大量的氧,还阻挡了其它水生植物生长所需要的光。有些海藻对鱼类和其它脊椎动物还可能有很强的毒性。导致富营养化的关键性营养成分是磷酸盐和硝酸盐。这些成分可能以含磷和含氮的有机化合物形式进入水生态环境,或者以污染物的形式直接进入水环境。很多洗涤剂都含有三多磷酸盐(tripolyphosphate),而农业上用的氮肥和磷肥,25% 以上都可以通过径流,进入江河湖海的水环境,促进水体的富营养化。磷酸盐污染物是一个很特殊问题,因为在水环境里,磷(phosphorus)的增加会促进植物的生长。有机物的继续分解,将导致水中的耗氧量增加。

水中有机污染物的大量增加,为嗜氧生物提供了充足的能源和营养物质。描述耗氧量的一个指标,叫做生物化学需氧量(Biochemical Oxygen Demand, DOD),通常称为生物需氧量。此外,水中有机物还要参与化学氧化过程,它也是一个消耗氧的过程,其所

消耗氧的数量称为化学需氧量(Chemical Oxygen Demand,COD)。由于水中氧的耗尽,鱼类和其它需氧生物将无法生存。能够存活下来的只有厌氧生物(anaerobes)。对于正常水环境来说,水中的溶解氧浓度不应当低于3PPM(Part Per Million),即3/100万。一般在白天应当高于5PPM,即5/100万。鲑鱼(trout)生存需要5PPM;鲤鱼(carp)只要有1PPM就能存活。

排放到水中的其它很多化学物质也都是有毒的。在水中发现的毒性无机物有砷(arsenic,即砒霜,来自杀虫剂),镉(cadmium,来自工业电镀过程),氰化物(cyanide),汞(mercury,水银)。这些金属,进入人体或者生物体内,能够干扰或者破坏酶的活性。有一类污染水体的有机物,叫多氯化二苯(Poly Chlorinated Biphenyls,PCBs),毒性很强,它们主要来自一些工业生产过程排放的废水。人类食用鱼类中的PCB的允许浓度不得高于2PPM(Part Per Million),即2/100万。非可溶性的固体污染物,影响水体的物理性质,它们使水体浑浊,降低水体质量,阻塞水陆交通。这些固体物质还影响水中生物的呼吸。水中的悬浮固体污染物,还能吸附金属和其它毒性物质。

水是热容量很高的一种物质,因此许多工厂都建立在河边,利用水来吸收生产过程排出的热量,造成水体的热污染。遭受热污染的水体,不适合生物的生长。因为水温能改变生物的生长发育周期。例如,鲑鱼籽在10℃水中,孵化期为165天,而在12℃水中孵化期仅为一个月。如果水温达到15℃,它们将完全不能孵化。因此,水温的改变,将会导致物种结构的变化。

热污染可以改变非生物环境中的物质组成和化学性质。水温增高可以使某些化学物质的溶解能力增加;气体的溶解力一般是随水温升高而降低的。因此,在高温情况下,水中的溶解氧是减少的。此外,水温升高一般会使生物的代谢活动增强,物质分解加快,氧消耗量也加大。

水利工程开发对水环境的破坏和影响

在世界上的某些地区,由于修建水库和江河大坝,不仅改变了地区的人文地理环境和生态系统的固有结构,还给下游地区的居民生活和经济发展造成不利影响。例如,土耳其利用阿塔图克大坝控制了幼发拉底河的源头,垄断了河水资源,引发了叙利亚和以色列人的强烈不满。

国际河流水资源引起的冲突加剧

全球有214条河流(或湖泊流域)跨越一条或者两条以上的国界,表1中仅列出全球各大洲主要国际河流的数据资料,表中的河流名称以地区(大洲)为依据分组,然后各组内以河流长短排序;没有长度数据的河流名称排在后面。生活在跨国流域的人口占世界总人口的40%。在社会经济高速发展的今天,水资源的严重短缺,国家之间分享共同水资源(国际河流),以及一国行为波及它国(如跨国界的水体污染)问题,将成为引发地区矛盾和全球冲突的潜在因素,甚至成为爆发战争的导火线。其中最有可能引发冲突或者导致战争的国际河流,是以色列和阿伯国家共享的约旦河,以及流经埃塞俄比亚、苏丹、埃及等国的尼罗河,由土耳其、叙利亚、伊拉克分享的幼发拉底河以及底格里斯河;流经印度和巴基斯坦的印度河等。

现在,在世界上许多地区,先后出现了国与国之间的水事矛盾。中东地区干旱缺水,可以预料,中东地区的下一场战争,将是一场为争夺水资源而爆发的战争。目前中东地区的水事争端已经接连不断。例如,以色列与阿拉伯邻国约旦的河水之争;巴勒斯坦指责以色列把约旦的地下水抽走了40%,从而威胁到巴勒斯坦人的生存。约旦人认为,叙利亚和以色列从耶尔穆克河和约旦河抽走了大量的水,造成约旦人用水困难。

土耳其为了控制水源,在其水利工程系统配备了地对空导弹等现代化武器。阿拉伯人认为,以色列占领戈兰高地的目的之一,就是要获取那里的水资源。

目前国际上,在水资源分配和污染物排放问题上已经引发了一些争端。例如,美国和加拿大的哥伦比亚河水争端,印度与巴基斯坦的印度河水争端,以及跨越欧洲八国的多瑙河自由航道网争端,东南亚地区(含泰国、缅甸、柬埔寨、越南和中国)的湄公河地区河水争端。

由于人口数量急剧增加,经济畸形发展,水资源的消耗过多,浪费太大,如果缺少有效的控制措施,目前已经存在的水荒,还会越来越严重;未来的战争也将为争夺水资源而发生。

为了解决水事引起的国际争端,一些国家开始关注水资源的利用和保护的国际合作问题。例如,1983年加拿大与丹麦签署了海洋环境保护合作协议,1972年美国和加拿大签署了五大湖区水质保护协定。美国和加拿大还共同制定了一项海洋污染应急计划。

表 1 世界主要国际性河流概况(以大洲分组,各组内以河流长度排序,无长度数据者排在最后)

编号	河流名称	Name	长度公里	洲名	河流流域涉及的国家
1	多瑙河	Danube	2858	欧洲	乌克兰,罗马尼亚,保加利亚,匈牙利,斯洛伐克,奥地利,德国,南斯拉夫,波斯尼亚,克罗地亚,斯洛文尼亚,瑞士,意大利
2	莱茵河	Rhine	1 320	欧洲	荷兰,德国,法国,瑞士,奥地利,列支敦士登
3	易北河	Elbe	1 165	欧洲	德国,捷克
4	维斯瓦河	Wista	1 086	欧洲	波兰,白俄罗斯,斯洛伐克
5	特茹河	Tero	1 007	欧洲	西班牙,葡萄牙
6	蒂萨河	Tisza	966	欧洲	匈牙利,捷克,南斯拉夫
7	马斯河	Maas	933	欧洲	荷兰,比利时,法国,德国
8	奥德河	Ordra	912	欧洲	德国,波兰,捷克
9	厄布罗河	Ebro	909	欧洲	西班牙,安道尔
10	西布格河		774	欧洲	乌克兰,白俄罗斯,波兰
11	杜罗河	Dour	770	欧洲	西班牙,葡萄牙
12	加龙河	Garonne	575	欧洲	法国,西班牙,安道尔
13	帕斯维克河		暂缺	欧洲	俄罗斯,芬兰,挪威
14	梅里奇河		暂缺	欧洲	保加利亚,土耳其,希腊
15	湄公河	Mekong	4 500	亚洲	中国,老挝,缅甸,泰国,柬埔寨,越南
16	黑龙江		4 370	亚洲	俄罗斯,中国,蒙古
17	布拉马普特拉河	Brahmaputra	2 900	亚洲	中国,印度,孟加拉
18	印度河	Indus	2 880	亚洲	中国,印度,巴基斯坦,阿富汗,克什米尔
19	萨尔温江	Salween	2 820	亚洲	中国,泰国,缅甸
20	额尔齐斯河		2 669	亚洲	中国,哈萨克斯坦,俄罗斯
21	恒河	Ganges	2 511	亚洲	印度,中国,尼泊尔,孟加拉,不丹,锡金
22	幼发拉底河	Euphrates	2 430	亚洲	伊拉克,土耳其,叙利亚
23	伊洛瓦底江	Irrawaddy	2 150	亚洲	中国,缅甸,印度
24	底格里斯河	Tigris	1 850	亚洲	伊拉克,伊朗,土耳其,叙利亚
25	伊犁河		1 500	亚洲	中国,哈萨克斯坦
26	红河(元江)	Hong He	1 280	亚洲	中国,越南
27	赫尔曼德河	Helmand	1 110	亚洲	伊朗,阿富汗
28	色楞格河	Selenge	1 020	亚洲	蒙古,俄罗斯
29	乌苏里江		890	亚洲	中国,俄罗斯
30	鸭绿江		795	亚洲	中国,朝鲜
31	图们江	Tum an gang	520	亚洲	中国,朝鲜,俄罗斯
32	约旦河	Jordan	322	亚洲	约旦,叙利亚,巴勒斯坦,黎巴嫩
33	阿西河		暂缺	亚洲	黎巴嫩,叙利亚,土耳其
34	尼罗河	Nile	6 671	非洲	埃及,苏丹,埃塞俄比亚,乌干达,肯尼亚,坦桑尼亚,卢旺达,布隆迪,扎伊尔
35	刚果河	Congo	4 374	非洲	扎伊尔,中非,安哥拉,刚果,赞比亚,坦桑尼亚,喀麦隆,布隆迪,卢旺达
36	尼日尔河	Niger	4 184	非洲	马里,尼日利亚,尼日尔,阿尔及利亚,几内亚,喀麦隆,上沃尔特,贝宁,象牙海岸,乍得

续表

编号	河流名称	Name	长度 公里	洲名	河流流域涉及的国家
37	赞比西河	Zambexi	3 540	非洲	赞比亚，安哥拉，津巴布韦，莫桑比克
38	乌班吉河	Oubangui	2 250	非洲	扎伊尔，中非，刚果
39	奥伦治河	Orange	2 092	非洲	南非，纳米比亚，博茨瓦纳，莱索托
40	开赛河	Kasai	1 940	非洲	安哥拉，扎伊尔
41	沃尔特河	Volta	1 800	非洲	上沃尔特，加纳，多哥，象牙海岸，贝宁，马里
42	奥卡万戈河	Okovanggo	1 610	非洲	纳米比亚，博茨瓦纳，安哥拉，津巴布韦
43	林波波河	Linpopo	1 600	非洲	南非，博茨瓦纳，莫桑比克，津巴布韦
44	朱巴河	Juuba	1 500	非洲	埃塞俄比亚，索马里
45	塞内加尔河	Senegal	1 430	非洲	马里，毛里塔尼亚，塞内加尔，几内亚
46	沙里河	Chari	1 400	非洲	中非，乍得
47	欧戈韦河	Ogooue	1 210	非洲	加蓬，刚果，喀麦隆，赤道几内亚
48	赞比亚河	Zambe	1 130	非洲	赞比亚，安哥拉，津巴布韦，莫桑比克，马拉维，坦桑尼亚，纳米比亚
49	冈比亚河	Gambia	1 127	非洲	塞内加尔，几内亚，冈比亚
50	鲁伍马河	Ruuma	1 100	非洲	莫桑比克，坦桑尼亚，马拉维
51	圣劳伦斯河(入湖)	St. Lawrence	4 023	北美洲	美国，加拿大
52	育空河	Yukon	3185	北美洲	美国，加拿大
53	里奥格兰得河	Rio Grande	3 034	北美洲	美国，墨西哥
54	哥伦比亚河	Columbia	2 000	北美洲	美国，加拿大
55	圣劳伦斯河	St. John	1 287	北美洲	美国，加拿大
56	雷德河		877	北美洲	美国，加拿大
57	圣约翰河	St. John	673	北美洲	美国，加拿大
58	亚马孙河	Amazonas	6 437	南美洲	巴西，秘鲁，玻利维亚，哥伦比亚，厄瓜多尔，委内瑞拉，圭亚那
59	普拉塔巴拉那河	Plata－para－na	4 264	南美洲	巴西，阿根廷，巴拉圭，玻利维亚，乌拉圭
60	普鲁斯河		3 380	南美洲	秘鲁，巴西
61	马代拉河	Madeira	3 240	南美洲	秘鲁，巴西，玻利维亚
62	奥里诺科河	Orinoco	2 575	南美洲	委内瑞拉，哥伦比亚
63	巴拉圭河	Paraguay	2 549	南美洲	巴西，巴拉圭
64	内格罗河	Negro	2 253	南美洲	委内瑞拉，哥伦比亚，巴西
65	乌拉圭河	Uruguay	1 609	南美洲	巴西，乌拉圭
66	皮斯马约河		1 609	南美洲	玻利维亚，巴拉圭，阿根廷

资料来源：(1)世界地图集，北京：中国地图出版社，第二版(1999年3月)。(2)世界自然地理手册，北京：知识出版社，第一版(1981年)。(3)自然地理统计资料(新编第二版)，北京：商务印书馆，1984年。

水资源的保护与人类的生存和发展

20世纪70年代初期，美国的工业产出，比二战前增加了4倍，工业用水也增加了4倍多。20世纪70年代后期，美国的工农业用水、生活用水以及水的总消费量逐年减少，工业产出虽然持续增长，由于工农业用水量大幅度下降，在20世纪80年代以后，实现了工农业用水、生活用水以及水的总消费量的零增长，甚至呈现负增长状态。

在农业用水方面，以色列人为全世界做出了典范。20世纪80年代以后，他们通过严格的法律，采用先进的管道输水、滴灌和喷灌技术，使得农业灌溉的水资源利用系数达到0.95，将农业用水量减少了30%。他们还利用系统工程的理论去进一步提高水资源的利用效率。21世纪,以色列的节水方向是:增大工业废水用于农业灌溉的比例。预计2010年,农业用水的50%将取自经过处理的工业废水和其它劣质水。同时,还要通过生物工程和转基因技术,提高农作物的水资源利用效率和耐旱性能。

中国农业用水数量占全国水资源消费总量的80%。水资源利用系数不足0.30。农业用水不仅节水潜力巨大,而且也是制约农业现代化的一个关键因素。

中国的水资源开发利用程度只占水资源总量的16.7%,具有较大的开发潜力。如果开发程度能够达到水资源总量的30%,则全国可供利用的水量将达到8 238亿立方米,这个数字是中国水资源消耗数量的上限。到那时,中国也将会实现水资源消耗数量的零增长。

为了对付水荒,专家们建议采取以下具体措施:(1)加强对水资源的立法和管理。1997年联合国大会通过的《国际水域非航海使用法条款》,可以作为有效管理水资源、处理国际水事争端的依据。1998年的国际水事会议,建议各国建立淡水资源管理部门,建立跨国界淡水资源管理机构。把国际水系纳入有序管理和使用的轨道。(2)大力提倡节约用水。农业灌溉技术的改进,可以使水的利用效率由过去的30%提高到60～70%。以色列采用滴灌技术使农业灌溉用水的利用率从过去的20%,提高到现在的95%以上。(3)循环利用处理废水。美国钢铁工业采用循环用水,使每吨钢所需要的280吨水中,有276吨来自循环水,只有4吨是补充注入的新水。由于采用循环水利用技术,在过去20年里,德国和日本的工业用水总量并没有增加。(4)广泛开发水资源。储存雨水,海水淡化,都是扩大淡水资源的途径和方法。沙特阿拉伯把海水淡化列为保证饮水资源供应的战略工程,在过去五年里,曾经耗资50亿美元,建立了1 280个水利工程项目。日本在十几年以前,就已开展雨水综合利用工作,并建立了专门的雨水储存水库,为居民和工农业提供更多的淡水。

国际水资源协会、国际供水协会以及世界银行和世界野生生物基金会等组织共同倡议,从1991年起,每年在斯德哥尔摩召开一次国际水会议,专门讨论21世纪的全球范围内的水问题。为了唤起人们的水环境意识,引起人们对全球普遍存在的水资源短缺、水体污染问题的警觉,1993年1月18日,第47届联合国大会,把每年的3月22日,定为"世界水日"。

21世纪水资源的管理目标应该是确保全球淡水资源的持续供应能力,维持淡水资源的消耗数量与自然再生数量的平衡,确保淡水资源质量和数量的稳定。

世界能源危机与发展前景展望

中国环境科学研究院 张文娟 王文兴

能源是国民经济和社会发展的物质基础,也是人民生活的必需品。国际上往往以能源人均占有量、能源构成、能源使用效率和对环境的影响来衡量一个国家的现代化程度。然而,纵观人类发现和利用能源的历史,尤其是20世纪60年代以后,人类大量消耗不可再生的能源来发展现代人类文明。有数据表明,1770～1900年全球工业化初期阶段,世界人口增长了2倍,能源消费总量增长了6倍。在1950～1988年间,世界人口增长了1倍,能源消费总量增长了2倍。人类可持续性的生存和发展面临着能源危机的严重影响。同时,能源的大量开采和使用也带来一系列环境问题,如化石燃料的燃烧产生的温室气体排放,酸雨问题等等。因此,在节约能源,优化能源结构,提高能源效率的基础上,开发和利用新能源和可再生能源成为人们关注的焦点。

世界能源资源概况

据统计,1995年末世界煤炭探明可采储量为10 316.1亿吨,储产比228年,其中美国的探明可采储量最多,为2 405.58亿吨,占世界总储量的23.3%;中国探明的可采储量1 145亿吨,占世界总储量的11.1%,居世界第二位,但人均可采储量只有94.5吨,低于世界人均可采储量180.5吨。

1995年末世界石油探明储量1 383亿吨,储产比

42.8年,其中石油输出国组织(OPEC)探明储量1 058亿吨,占世界总储量的76.5%,储产比79.5年,比世界平均储产比长36.7年。沙特阿拉伯已探明的可采储量最多,为357亿吨,占世界总储量的34.5%。中国已探明的石油可采储量为33亿吨,占世界总储量的2.4%,居世界第11位,人均可采储量为2.7吨,远低于世界人均可采储量23.9吨。

1995年末世界天然气探明储量139.7万亿立方米,储产比为64.7年,其中探明储量最多的国家是俄罗斯,为48.1万亿平方米,占世界总储量的34.5%。中国的探明储量为1.7万亿立方米,占世界总储量的1.4%,居世界第16位,人均可采储量为0.14万立方米,远低于世界人均可采储量2.08万立方米。

核能是一种十分重要的清洁能源。利用核能发电是替代煤和石油等化石燃料的一个重要途径。世界上的核能资源是比较丰富的。根据1987～1989年间统计,市场经济国家铀资源探明储量235.6万吨,储产比64年;中央计划经济国家铀资源探明储量为333～837万吨。由于核能发电的成本较高,以及核设施的安全性问题,目前大多数国家对核能的利用持十分谨慎的态度。全球核电装机容量至迟在2002年开始持续减少,美国能源部预测,全球核电装机容量在今后20年内,将减少一半。

地球上的水力资源也是比较丰富的。目前,全世界已经查明的可开发水资源共计9.8万亿千瓦时/年,1988年统计已开发利用了21.3%。中国探明的可开发水能资源为1.92万亿千瓦时/年,居世界首位。但人均只有1 704千瓦时/年,低于世界人均拥有量1 888千瓦时/年。而且,中国水能资源开发利用的程度很低,1990年仅6.6%,比世界水能资源总的开发程度21.3%还低不少。

此外,世界上存在的其它可再生能源和新能源,包括生物质能、风能、太阳能、地热能和海洋能等,据估计可能开发量相当于100多亿吨标准煤,比目前全世界各种能源的总产量还要多。因此可以预见,依靠先进的科学技术,可再生能源和新能源开发将有可能满足人类可持续发展战略的要求。

世界能源生产和消费

(一)世界能源生产

根据联合国能源统计年鉴(1996,1992,1982)报告的资料,1950～1996年世界一次商品能源生产总量及中国的一次商品能源生产量如表1所示。

表1 世界和中国能源生产量

(单位:千吨标准煤)

国家或地区	年份	生产总量	生产构成			
			固体燃料	液体燃料	气体燃料	电力
世界合计	1950	2 542 317	1 465 393	789 460	245 446	42 018
	1960	4 200 118	1 931 556	1 586 476	597 828	84 257
	1970	7 045 329	2 148 412	3 432 839	1 310 513	153 564
	1980	9 257 183	2 618 819	4 499 522	1 837 500	301 341
	1990	11 433 646	3 260 904	4 561 124	2 562 244	1 049 374
	1993	11 561 893	3 127 422	4 604 726	2 684 349	1 145 397
	1994	11 944 057	3 348 574	4 681 387	2 750 515	1 163 582
	1995	12 329 424	3 459 627	4 727 955	2 934 282	1 207 560
	1996	12 598 081	3 515 890	4 782 762	3 059 976	1 239 453
中国	1950	31 058	30 657	294	9	98
	1960	293 424	283 571	7 561	1 382	910
	1970	303 762	252 857	44 565	3 818	2 521
	1980	615 204	434 954	154 051	19 030	7 159
	1990	1 004 010	770 574	197 547	20 324	15 566
	1993	1 070 115	820 425	207 544	22 545	19 601
	1994	1 142 765	884 759	208 751	23 354	25 902
	1995	1 237 461	970 978	214 413	23 855	28 215
	1996	1 276 595	996 859	224 830	26 719	28 186

资料来源:1982、1992和1996年《联合国能源统计年鉴》。

1995年世界一次商品能源生产总量为1 232 942.4万吨标准煤,比1990年增加了约8%。在所有的一次商品能源中,天然气的生产量显示了显著的增长趋势,1990～1995年天然气生产量增长了17%。1995年,美国、前苏联和中国的一次商品能源的生产量占世界的前三位,分别占世界一次商品能源生产总量的21%、12%和10%。1995年全球发电量为130 970亿千瓦时,其中有63%来自化石燃料,19%来自水力发电,17%来自核能发电。核电生产量居世界前三位的国家分别是美国、法国和日本,三国核电生产量占世界核电生产总量的60%。

1996年世界一次商品能源生产总量为1 259 808.1万吨标准煤,比1995年增加了2.2%,比1990年增加了10.2%,比1980年增加36.1%,1950～1990年平均每年增长了4.7%,其中,固体燃料产量351 589万吨标准煤,比1995年增加了1.6%,比1990年增加了7.8%;液体燃料产量478 276.2万吨标准煤,比1995年增加了1.2%,比1990年增加4.9%;气体燃料产量305 997.6万吨标准煤,比1995年增加了4.3%,比1990年增加了19.4%;电力产量123 945.3万吨标准煤,比1995年增加了2.6%,比1990年增加了18.1%。

一次能源生产结构变化不大,1990年固体燃料占28.5%,液体燃料占39.9%,气体燃料占22.4%,电力占9.2%;1996年固体燃料占27.9%,液体燃料占38.0%,气体燃料占24.3%,电力占9.8%。可见一次能源生产结构中,以液体燃料占的比重最大,其次为固体燃料。气体燃料所占的比重虽只列第三位,但产量增加速度最快。

目前,中国拥有世界第三大能源系统,一次能源总产量仅次于美国和俄罗斯。1994年人均拥有一次商品能源仅0.95吨标准煤,其中煤炭1.04吨,原油仅122.6公斤,发电量778.7千瓦时。1996年生产的一次能源,包括原煤、原油、天然气、水电,不包括农家用的薪柴、沼气、风力等能源,折合标准煤约为12.8亿吨,居世界前列。但是,中国人口众多,人均拥有的一次商品能源折合标准煤为1.04吨,仍低于世界平均水平。原煤产量虽居世界第一位,但人均拥有量仍然很低。此外,中国的能源使用还存在许多浪费现象,能源使用效率较低。

(二)能源消费

1950～1996年世界能源消费总量如表2所示。

表2　世界和中国能源消费量

(单位:千吨标准煤,公斤/人)

国家或地区	年份	人均消费量	消费总量	消费构成			
				固体燃料	液体燃料	气体燃料	电力
世界合计	1950	955	2391939	1456700	650047	243148	42044
	1960	1 302	3 924 203	1 940 487	1 305 999	593 463	84 255
	1970	1 748	6 439 557	2 158 893	2 835 170	1 291 838	153 656
	1980	1 914	8 523 907	2 624 763	3 767 099	1 830 740	301 305
	1990	2 004	10 826 456	3 238 410	4 000 365	2 538 900	1 048 782
	1993	2 015	11 071 736	3 205 924	4 046 205	2 673 842	1 145 764
	1994	2 029	11 313 890	3 363 377	4 054 438	2 732 519	1 163 555
	1995	2 068	11 691 007	3 460 289	4 085 116	2 937 934	1 207 669
	1996	2 091	11 992 076	3 533 710	4 168 171	3 051 668	1 238 527
中国	1950	54	29 362	29 254	0	9	98
	1960	449	295 037	282 076	10 670	1 382	910
	1970	354	288 417	250 995	31 082	3 818	2 521
	1980	570	561 778	432 396	103 146	19 039	7 196
	1990	788	893 437	727 642	129 679	20 324	15 792
	1993	861	1 011 495	801 994	166 715	22 545	20 241
	1994	920	1 092 576	875 124	168 448	23 354	25 650
	1995	977	1 171 353	938 161	181 393	23 855	27 944
	1996	1 012	1 225 474	978 896	191 968	26 717	27 891

资料来源:1982,1992和1996年《联合国能源统计年鉴》

1995年世界能源消费总量为11 691 007.7万吨标准煤，比1990年增加了约9%。1995年世界原油消费量比生产量超出了400万吨标准煤。在所有的一次商品能源中，天然气的消费量有显著的增长趋势，1990～1995年天然气的消费量增加了18%。1995年中国的发电量为10070亿千瓦时，比1990年增加了60%多。

1996年，世界能源消费总量达1 199 207.6万吨标准煤，比上年增加了1.1%，比1990年增加了4.3%，比1980年增加了9.2%，一次能源消费结构无大变化，液体燃料所占比重最大，从1994年的35.8%降至1996年的34.8%；固体燃料从29.7%下降至29.5%；气体燃料从24.2%上升至25.4%；电力消费变化不大，约为10.3%。1996年，世界人均能源消费量为2 091公斤/人，中国只有1 012公斤/人，低于世界平均水平。

世界能源供求和开发利用前景

(一)世界能源供求趋势

根据国际能源机构(IEA)的预测，世界能源(包括石油、固体燃料、天然气、核能、水力和可再生能源)的总供给量将从1995年的84.5亿吨油当量逐步增加到2020年的128.8亿吨油当量。而能源的总需求量则从1995年的118亿吨油当量增加到2020年的199亿吨油当量。可见，未来20年内，世界能源的供需存在着较大的缺口。

由于化石燃料便宜、使用方便、有效，今天人类仍继续依靠化石燃料。另外，石油仍将占世界能源消费的主导地位，天然气的消费量将上升到接近煤的消费水平，水力发电和可再生能源将逐步增加，但仍处于较低的水平。核动力发电将基本保持现在的水平。

目前，全世界64%的电力来自化石燃料(主要是煤)，18%来自水电，17%来自核能，其余不到1%来自其它能源，包括生物质、太阳能、风能和地热等。根据IEA的展望，今后20年发电能力的增加主要依靠化石燃料；核能的使用将有所下降，并且要由化石燃料来弥补；水电和其它可再生能源将有少量的增长。相对于化石燃料来说，对太阳能、风能、生物质和地热能等无污染或污染少的可再生能源，目前其使用还仅限于特定的情况下，原因是这些能源的价格相对较高，在经济上不具有竞争力。

(二)可再生能源的开发和利用前景

尽管目前可再生能源的使用还存在很大的局限性，但是由于常规能源资源的有限性和环境压力的增加，寻求新的、清洁的、可再生的能源来代替它，已成为人类急待研究的课题。

生物质能　生物质能是人类赖以生存的重要能源之一，在世界能源消耗中，生物质能占总能耗的14%，在发展中国家占40%以上。全球的生物质像薪柴、稻壳、秸秆、柴草、木屑、树叶等资源相当丰富，据估计，全世界陆地上生物质产量约为1 000～10 000亿吨，相当于现在所耗能量的数倍。中国的生物质能源相当丰富，仅各类农业废弃物(如秸秆等)的资源量每年就有3.08亿吨标准煤，薪柴资源为1.3亿吨标准煤，加上粪便、城市垃圾等，资源总量估计可达6.5亿吨标准煤，约相当于1996年全国能源消费总量的一半之多。

生物质不但资源丰富、可再生，且含硫量和灰分都比煤低，含氢量较高，比煤清洁。若把它转变为液体燃料，使用起来更清洁、方便，80年代这一技术已在美国、巴西实现。此外，生物质是低碳燃料，且于其生产过程中吸收CO_2而成为温室气体的汇。早在50年代，美国、英国、德国、法国、日本和前苏联等国就利用厌氧消化技术处理城市和工厂污水，既治理了污染，又获得了能源。利用稻壳、蔗渣等农林废弃物直接发电或通过热解气化供热发电，已在北美、西欧、日本和巴西得到应用。因此大力开发生物质能源资源，对于改善全球以化石燃料为主的能源结构，对实现可持续发展战略，具有十分重要的意义。

风能　风能是一种廉价而没有污染的自然能源。人类利用风能的历史很长，但现代对它的作用不同于古代，主要是利用风力发电。风力资源的潜力很大，据估计，全球每年可发电65亿度。世界上的许多国家都在筹划利用地形，在沿海、草原和山峦建立风力电站。面对气候变化的威胁，许多国家都制定了风能开发计划。目前，风力发电正以每年两位百分数的速率高速增长。据统计，1990年世界风力发电总装机容量为1 950兆瓦。

1992年底,世界风力发电容量已达2 700兆瓦,发电47亿千瓦时。1994年世界新增风力发电装机容量660兆瓦,世界风力发电总装机容量增加到3 790兆瓦,比1990年增长了90%。1995年末,全球风力发电装机容量增加到4 880兆瓦,比1990年增长了150%。1998年全球风力发电装机容量增长了2 100兆瓦。与占世界总发电量1/5的水电相比,虽然风力发电仍不到世界总发电量的1%,但他是增长速度最快的能源,具有巨大的发展潜力。

水能 水能利用主要是利用水流落差发电。有数据表明,世界可开发水能资源共计9.8万亿千瓦时/年,人均拥有量1 888千瓦时/年。中国水能资源丰富,理论蕴藏量总计达6.76亿千瓦,约占全世界的1/6。已探明的可开发水能资源为1.92万亿千瓦时/年,居世界首位。可开发的水电装机总容量为3.79亿千瓦,也居世界首位。1995年水电装机已达到4 000万千瓦,居世界第四位。但人均可开发水能资源只有1 704千瓦时/年,低于世界平均水平。此外中国水能资源开发利用的程度很低,1990年仅6.6%,比世界水能资源总的开发程度21.3%还低不少。可见,如果继续提高水能资源的开发程度,在未来几十年中,水能的利用将会有较大的发展。

太阳能 太阳能能量巨大,据估计,地球每年从太阳获得的总能量可达60亿亿度,比目前全世界各种能源产生的能量总和还要大2万倍。但由于地面上的太阳能比较分散,到达量又很不稳定,易受地理条件、环境、季节和昼夜变化等因素的影响,加之大规模的太阳能收集、转换和储存的技术问题尚未解决,给太阳能的利用带来不少困难。当前,太阳能的应用主要是供热和发电。太阳能技术可分为太阳能光电系统,太阳能发电系统和太阳能供热系统。太阳光电系统总容量已超过15万千瓦,其中有1.6万千瓦并入电网运行。太阳能供电系统,总容量已超过66.4万千瓦。到目前为止,世界太阳能电池年销售量已超过60兆瓦,电池转换效率提高到15%以上。在太阳热利用方面,技术日趋成熟,应用规模越来越大,美国太阳能热水器年销售额逾10亿美元。太阳能热发电技术也有所突破,目前已有20余座大型太阳能发电站正在运行或建设。利用太阳能发电,并向大规模的方向发展,是当前研究的主要趋势。目前正在研究的空间太阳能发电则是为人类提供能源服务的另一途径。

氢能 氢能是一种解决全球环境污染问题的清洁新能源,但至今并未达到实用的水平,其主要原因是常规制氢的成本高、产量小。目前正在研究的煤炭地下气化技术可弥补这一缺憾。据专家估计,如果使水煤气实现稳定生产,并从这种水煤气中提取氢,1吨煤可生产1 300~1 500立方米的氢。在中国,按目前的市场价出售,每吨煤的价值可由200元增到3 000~4 000元。其经济效益和环境效益是巨大的,具有不可估量的发展潜力。氢能作为一种无污染的清洁能源及能源载体,近年来在工业化国家得到了高度重视,曾多次召开国际氢能会议。日本制定的1993~2020年新"阳光计划"中有3.5亿元将用于氢能研究。美国利用太阳能制氢,设想到2020年建成供30万辆燃料电池汽车使用的城市供氢系统。加拿大利用丰富的水力资源开发电解制氢技术,欧洲则研究利用核能发展氢能技术,氢能可望在21世纪得到大规模的应用。

地热能 地球本身蕴藏着的地热能,相当于地球上所有煤炭能量总和的1.7亿倍。地热是由形成地壳岩石中的放射性元素衰变而产生的。地热随地下的深度而异。地热能的利用主要有两大类:直接利用和地热发电。地热能的直接利用损耗小,但有局限性,主要是受载热介质、热水输送距离的限制。利用地下喷出的高温高压蒸气和热力驱动汽轮机发电,称为地热发电。地热发电的单位投资高,但发电成本低,设备利用率高,且便于综合利用。到1990年底,世界地热发电能力约为583.8万千瓦;当年地热发电量为377亿千瓦时。世界上一些国家已经在利用温泉;有的国家利用钻井,把地热引到地面采暖供热,进行发电。我国在西藏北部地区,已建成一座地热蒸气试验电站。随着科学技术的提高,地热能的开发和利用具有一定的发展前景。

海洋能 海洋能是一种可以再生的能源。同时它也是清洁、无污染的能源。海洋中能量的蕴藏量是极其丰富的。按其在形式上的差别可分为海水的动能,海洋的热能,海水的化学能和海水的生物能四类。目前最常提到的海洋能是潮汐能,主要是利用潮汐能发电。据估计,世界上潮汐能源总蕴藏量可达27亿千瓦。我国潮汐能约为1.1亿千瓦,可利用的装机容量约为3 500万千瓦,每年约可发电900亿度。其缺点是安装成本较高,投资额为910～4 000美元/千瓦。由于其资源丰富、清洁和可再生等特点,海洋能的深入开发和利用势在必行。

能源作物 这是一种没有污染的新能源。其原理是从能源作物中提炼生物柴油以取代石油。能源作物的使用有几个明显的优点:一是它是一种可再生能源,可提供无限的能源开发前景,解决能源需求的危机;二是能源作物从种籽生长到制成生物柴油,整个过程中产生的污染量与废弃物极少;三是通过种植能源作物,阻止土壤流失,帮助建立新的土壤层,从而改善了土壤的状况。但是由于目前对能源作物的认识还比较少,所以还没有得到真正的应用,只有在政府的支持和市场需求的推动下才可以得到真正的开发和利用。

未来学家指出,在2010～2020年间,全球的能源使用模式可能会发生快速转变,清洁的可再生能源将会取代化石能源。但要推动清洁可再生能源的使用,还需要继续研究使之商业化、低成本,使其具有更高的经济效益。

世界各国面临的挑战与对策

从世界能源供求前景中可以看到,如果世界各国继续使用现有的能源政策,1995～2020年,世界能源的需求量将增长86.8%,其中有2/3的能源需求的增加集中在发展中国家。这种需求趋势将造成能源危机的进一步加剧,此外还会造成温室气体排放量增加约70%,全球将面临着能源危机和温室效应的进一步挑战。

中国作为世界能源生产和消费大国,能源生产总量虽已名列世界前列,但人均占有能源消费量只有发达国家的5～10%;另一方面,每万美元国民生产总值能耗为世界各国之首,为印度的2.2倍,为发达国家的4～6倍;使用能源的设备效率偏低,能源浪费严重。此外,由于中国能源生产与消费以煤及石油为主,造成严重的环境污染。目前每年总耗煤量约12亿吨,年排放烟尘约2 100万吨,$SO_2$2300万吨,CO_2及NOx1500万吨,CO_2的排放量已居世界第二位。石油年产约1.5亿吨,是内燃机及汽车的燃料,燃油的排放物是城市污染的主要来源。

基于这种挑战,世界各国必须采取改变其现有能源供求与节能政策,研究和开发替代燃料,同时采取各种措施来解决全球能源需求的危机,减少温室气体效应,减少环境污染,保护环境。

具体政策措施包括:(1)调整经济增长模式,厉行节约,反对浪费,最大可能地提高能源利用效率,大力发展节能型产品。(2)因地、因时制宜,开发利用多种能源,大力优化能源结构。(3)依靠科技进步,研究和开发应用太阳能、氢能、风能、地热能、潮汐等新能源和可再生能源,控制环境污染。

具体技术措施包括:(1)研究提高石油利用效率。石油主要用户是内燃机,应该研究提高热效率和降低污染物排放的新技术,主要研究内容包括直接喷射分层稀燃技术,共轨式电控高压燃油喷射技术,多气门技术,废气再循环技术,二甲基醚新燃料和三元催化剂的研制。(2)研究提高煤炭利用效率。工业锅炉要大型化、机械化、自动化,采取集中供热、热电联产降低煤耗;火电站应采取超高参数以提高热效率;提高城市煤气化及工业炉高效化程度;研究洁净煤技术,包括高效低污染燃烧新技术、烟气脱硫新技术以及煤炭气化与液化新技术。(3)研究新能源开发技术。研究开发快中子增殖反应堆及高温气冷堆,研究开发受控热核聚变堆。研究开发超超临界压力火电机组,研究开发蒸汽——燃气联合循环新技术,包括增压硫化床蒸汽燃气联合循环机组和整体煤气化联合循环机组。研究太阳能利用新技术,研究先进燃料电池技术,研究氢能的开发利用,包括制氢技术和储氢材料的研制和开发。(4)研究能源开发利用和节能技术中的基础理论问题,包括多相流及其传热传质过程的研究,气动热力学的研究,高效低污染燃烧理论的研究以及能源系统优化的研究。

古代“天人合一”思想与现代环境科学理论

中国环境科学研究院　杨新兴　王文兴

人类环境观念、环境意识的产生及其发展

人类的环境观念，主要是指自然环境的质量变化状况在人们头脑里产生的形象。环境意识是指人类对自然环境质量状况变化的觉察能力和认识程度。自从地球上出现了人类，也就开始了人与自然环境关系的发展过程。在原始社会时期，人类在一定程度上与其它动物一样，没有改造和控制自然的能力，基本上是完全受自然环境制约和限制、以自然形式存在的生物体。自然环境则是一种完全异己的、神秘的和不可抗拒的力量，以一种与人类对立的状态存在和变化着。人与自然的关系基本上是单向的、被动的关系。人类通过生存活动和自身的生理代谢过程，与自然环境进行物质和能量的交换，人类几乎完全听命于自然界的控制和支配。

在农业社会的早期，人类以农耕畜牧活动取代了原始的渔猎、采集生活。人类逐渐地从被动地依赖自然界发展到主动地改造自然界的阶段。由于人口数量不多，生产力水平很低，对资源的消耗数量也不多，人类活动对自然环境造成的影响和破坏规模不大。在环境本身的自动调节作用下，人类活动造成的影响和破坏，能够以自然的形式，恢复到原来的平衡状态。环境问题，对人类的生存和发展不构成威胁。

在进入农业社会的中期以后，由于农业的发展，人口逐渐增加，人类活动范围越来越大。人类在其所到之处，砍伐森林，毁坏草原，种植作物。人类活动开始改变地球的自然面貌。人对自然界的改造，尽管促进了生产的发展和生活的改善，但同时人类也开始遭遇自然界的报复。在农业社会的后期，人们终于认识到周围的自然环境，与自己的生存和发展有着十分重要的关系。人与自然环境的固有关系的改变，迫使人们开始注意自己周围自然环境所发生的不利变化，对自己的生存所带来的影响。为此，人们在对自然资源的采伐和利用方面，开始提出和实施一些具有环境保护意义的主张和措施。

但是，当人类进入工业文明时期以后，人类改造自然的能力有了很大的提高，随着科学技术的进步和工业的迅速发展，人类已经能够进入太空、海洋和地壳深处，去探索、开发和改造自然。由于人们对物质利益的贪得无厌，疯狂地开发和利用自然资源，导致人类与自然界固有的和谐统一关系发生了急剧的变化。人类开始遭遇自然界空前未有的报复：环境质量恶化，物种灭绝，生态平衡破坏，资源枯竭。人类在痛定思痛之后，才逐渐认识到环境问题已经成为制约和阻碍经济和社会发展的一个十分重要的因素。

20世纪60年代，在一些工业发达国家里，由于严重的环境污染事件频频发生，于是出现了环境保护运动，人们要求政府采取有效措施解决环境问题。进入20世纪70年代以后，一些国家和国际社会开始关注环境问题。1972年6月5日联合国在瑞典斯德哥尔摩召开了第一次人类环境会议，通过了《斯德哥尔摩人类环境宣言》，呼吁世界各国政府和社会公众，共同努力维护和改善人类的生存环境。在同年举行的联合国大会上通过决议，把6月5日定为《世界环境日》。1974年在罗马尼亚布加勒斯特先后召开了世界人口会议和世界粮食会议。1977年在马德普拉塔召开了世界气候会议，在斯德哥尔摩召开了资源、环境、人口与发展问题学术讨论会。1980年3月5日，国际自然资源保护联合会公布了《世界自然资源保护大纲》，呼吁世界各国保护生物资源。1985年一些国家在维也纳签署了《保护地球臭氧层公约》。

1992年6月3日至12日联合国在巴西里约热内

卢召开了规模巨大的环境与发展大会。会议通过了《里约热内卢宣言》和《21世纪议程》两个纲领性文件，签署了防止全球气候变暖以及保护生物多样性的两个国际公约。此外还拟定了一个《森林公约》，但没有获得通过，仅仅发表了一个关于森林问题的声明。大会确认人类应当享有过健康而富足生活的权利，同时也应该承担与自然环境和谐相处的责任和义务。人们不应该凭借先进的科学和技术，采取耗竭资源、污染环境、破坏生态平衡的方式，去无限的扩大自己的上述权利，更不应该毁灭子孙后代的生存和发展所必须的物质条件和自然环境。

这些十分重要的会议和活动，说明环境问题已经成为与社会、经济和技术密切相关的全球性问题。强化环境观念，提高环境意识，保护自然环境，维持生态平衡，实现经济与环境协调发展，应该成为当今文明人类的共识。

古代"天人合一"观念的产生及其意义

中国古代关于"天人合一"观念的表述 中国古代的思想家们，在人与大自然的关系问题上曾经进行过深入的思考和论述，提出了"天人合一"的概念，并成为中国古代哲学中的一个重要观点。春秋战国时期的老子(生卒年不详)，庄子(约公元前369～公元前286)，荀子(公元前313～公元前230)和孟子(约公元前372～公元前289)，西汉时期的董仲舒(公元前179年～公元前104年)，宋代张载(1020～1077)、程颢(1032～1085)、朱熹(1130～1200)等人，对此都有过表述。

"天人合一"的观点起源于春秋时期，成熟于宋代理学。最早见于《国语》和《春秋》。伶州鸠关于音乐的论述中有"德音不愆，以合神人，神是以宁，民是以听"(《国语·周语下》)。《尚书·舜典》中说："八音克谐，天相夺论，神人以和"。

老子说："人法地，地法天，天法道，道法自然"(《道德经·二十五章》)。

庄子说，"天地与我并生，而万物与我为一。"

荀子说："天行有常，不为尧存，不为桀亡，应之以治则吉，应之以乱则凶"(《天论》)。

孟子说："尽其心者，知其性也。知其性，则知天矣。存其心，养其性，所以事天也。夭寿不贰，修身以俟之，所以立命也"(《孟子·尽心》)。

《中庸》中说："天命之谓性，率性之谓道，修道之谓教。""能尽物之性，则可以赞天地之化育。可以赞天地之化育，则可以与天地参矣。"

董仲舒说："天地之物，有不常之变者，谓之异，小者谓之灾。灾常先至，而异乃随之。灾者，天之谴也；异者，天之威也。谴之而不知，乃畏之以威。……凡灾异之本，尽生于国家之失。国家之失乃始萌芽，而天出灾异以谴告之，谴告之而不知变，乃见怪异以惊骇之，惊骇之尚不知畏恐，其殃咎乃至"(《春秋繁露·必仁且知》)。"人生有喜怒哀乐，春秋冬夏之类也。喜，春之答也；怒，秋之答也；乐，夏之答也，哀，冬之答也。天之副在乎人，人之性情有由天者矣"。"天人相类"，"天亦有喜怒之气，哀乐之心，与人相副。此类合之，天人一也"(《春秋繁露·为人者天》)。"天人之际，合而为一"(《春秋繁露·深察名号》)。

张载说："性与天道不见乎小大之别也"。"天良能本吾良也"(《正蒙·诚明》)。"民吾同胞，物吾与也"《西铭》。

程颢说："天地人只一道也，才通其一，则余皆通。""人与天地一物也。""天人本无二，不必言合"(《语录》)。"仁者以天地万物为一体，莫非己也"；"天地万物之用皆我之用"(《遗书》)。

朱熹说："天人一物，内外一理"(《朱子语类》)。

古代"天人合一"思想的现代解析 中国古代关于天的概念，相当于现代的"宇宙大自然"。古人认为，天主宰人间万物。人必须按照天预示的征兆进行活动。否则，将会遭遇挫折和不幸，甚至有灭顶之灾。

"天人合一"是中国古代人论述"天道"和"人道"相互关系问题中的一个重要命题。中国现代学者张岱年先生指出："中国哲学之天人关系论中所谓天人合一，有两种意义：一是天人相通，二是天人相类。"其中，所谓"天人相通"，是历代儒家思想的主流，"天人相类"主要是汉代思想家董仲舒的观点。

关于"天道"和"人道"的关系问题，是中国古代自然哲学的重要研究课题。所谓"天道"，一般是指宇宙、天地和自然的起源和运行法则，而"人道"则是关于人类社会和人类自身的行为规范和道理。古代关于"天道"和"人道"相互关系的探讨和论述，实际上就是人们对人与自然之间的关系的深层思考和认识。

在春秋战国时期，关于“天道”和“人道”关系的问题探讨，就已经形成了一些浅近的理论。在这一方面做出首要贡献的当推老子。老子姓李，名耳，春秋末期人，曾任东周王室藏书管理史官。他博览群书，在“人道”和“天道”关系方面，老子主张人与自然万物是连续一体的，自然界存在内在的规律和价值，人类应当尊崇自然，顺从自然，与自然和谐共处。

庄子继承和发展了老子的“道法自然”的观点，强调事物的自生自化，否认有神的主宰。庄子认为，人与天本来是合为一体的，只是人的主观上的区分，才破坏了它们的统一。

荀子认为自然有常(法则)，不受人的意愿支配。如果顺应自然法则，人将能够从自然界获得自身需要的东西；如果人们违反了自然的法则，必然受到它的惩罚。荀子的观点具有朴素的自然唯物论的思想。

西汉时期思想家董仲舒强调天与人“以类相符”，“天人之际，合二而一”，“人副天数”，更为具体地把人描画为自然的一部分，人同自然存在着类似和相通的东西。董仲舒指出人类和自然界是一个整体，其间存在相互作用和相互制约的关系。还指出朝政决策的失误，是造成自然灾害发生和扩大的因素之一；指出违背自然规律，必然会招致自然的报复。但是，董仲舒认为天与人都是有生命的，都有喜怒哀乐，同属一类；天、人之间存在着一种神秘的关系，天主宰人事，人的行为能够感动上天。天有意志和情感，并且能赏善罚恶。这些观点，都是对天人合一思想的神化，具有浓厚的唯心主义色彩。

宋代张载提出，人与人是同胞关系，而人与物则是伴侣关系。

程颢认为天地间万物都是一个整体，与人类并无异己之分；天地间万物的基本运动规律，也都是一样的。他的观点充分表达了天人合一的哲学思想。

古人“天人合一”思想的重要意义及其局限性 古人的“天人合一”观的出发点及其根本目的，实际上并非是为了研究人与自然环境的关系，而是为了给人的道德的存在及其标准，确定客观的标准。但是，古代思想家把“天”与“人”视为息息相通的和谐整体，对于人类最终认识人与自然环境之间的关系，具有十分重要的启迪意义。

为了促进自己的生存和发展，我们的祖先曾经不懈地努力追求人与自然的和谐统一，特别是儒家提出的“赞天地之化育”的思想，可以启迪人们在顺应自然规律的基础上，积极参与保护自然环境，促进自然环境和人类能够共同健康持续地向前发展。古人所阐述的“天人合一”思想，在这一方面无疑对我们现代人类，也具有十分深刻的影响。

中国古代关于“天人合一”的各种学说，都是在积极探求天人的相通之处，以说明天人的统一、和谐和一致，告戒人们要顺从自然规律，按照自然规律行事。但是，在严格的意义上说，古人的“天人合一”观，并不具有现代人所界定的“人与自然环境相统一”的意义，如果仅仅依靠“天人合一”观所阐述的思想，去遏制现代人类的疯狂活动及其对生态环境所造成的破坏，当然是不够的。此外，古人的“天人合一”思想中的唯心主义和鬼神论，更是历史残留的一种思想糟粕。

数千年来，尽管大大小小自然灾害不曾间断过。但是，古代的人们在同自然长期斗争的过程里，积累了许多与自然环境和谐相处的经验和知识。古代的“天人合一”思想，正是这种经验和知识的总结和结晶。地球上的早期人类能够生存延续下来，不能不说不与“天人合一”思想的贡献有着密切关系。

“天人合一”观与现代环境科学

现代人对于人与自然环境的和谐和统一问题的认识，固然是古人“天人合一”思想的延续，但它已经被赋予了全新的观点和内容，它是在现代科学基础上的研究新成果，具有比较完整的理论体系和研究方法。实际上这个理论体系，就是现代环境科学。根据现代环境科学的理论原则，现代人类与自然界的和谐和统一，应该体现在下述诸多方面：

人类社会经济的发展与自然资源供给能力的和谐 地球上的自然资源可以分为可再生资源和不可再生资源。对于人类来说，煤炭、石油、天然气以及其它诸多矿产属于不可再生资源，而各种动物、森林、草原和其它植被属于可再生资源。由于近代科学技术的迅速发展，人类征服自然的能力越来越大。人类利用自己的力量向自然的索取也越来越多。因此，地球上的不可再生资源，已经越来越少。对有限的不可再生资源，如果开采量过大，开采速度过快，那么不可再生资源的枯竭，将是不可避免的。可再生资源虽然可以不断更新、再生，但是它们再生能力是有限度的。如果人类对可再生资源的消耗量，超过它们的自然再生数量，那么即使具有再生能力的资源，也会越来越少，最后，也同样会面临资源枯竭。为了维持自身的发展，人类必须合理地开发、利用和节约有限的自然资源，维持可再生资源的再生能力，实现人类的社会经济发展与自然资源再生能力的和谐。

人类社会的基础设施建设与自然环境的和谐 人类为了改善和提高自己的生存环境，不断地进行各种基础设施的建设，例如修房屋、盖高楼、修铁路、建飞机场、建大水坝，修电站等。人类的这一切活动都将会改变自然环境的原来面貌。但是，为了人类的生存，自然环境中的许许多多要素是不应当改变的，例如，森林、草原、湿地、海洋、水资源等。这些要素都具有各自独特的功能，它们的存在对人类的生存和发展有着至关重要的作用。如果这些要素一旦遭到破坏，人类将失去生存和发展所依赖的重要物质基础。因此，人类在进行基础设施建设的同时，必须懂得基础设施建设与自然环境的和谐和一致，否则将危及自身的存在和发展。

人类社会经济的发展与生态系统的和谐 人类在发展经济的同时，形成了多种经济系统，例如，森林工业系统，海洋捕捞业系统等等。这些经济系统的形成，都与自然资源的支持密不可分。这种经济系统的发展，不能无限制地膨胀，否则，将会使相应的生态系统中的物种数量减少，甚至灭绝，从而导致生态系统的破坏。人类作为生产系统中的一个重要的因素，在自身的发展同时，必须注意维护生态系统内部各个要素之间的平衡与稳定。

人类社会经济的发展与自然环境承载能力的和谐 人们在开发利用自然界资源的同时，又把大量的废弃物排放到自然界里。现代人类活动，消耗了过多的自然资源，排放了过多的污染物和废物，人类不仅面临资源减少甚至枯竭的压力，同时还在经受环境污染的威胁和折磨。当代人类的活动，向自然界排放的污染物和废弃物的数量，已经超过了自然环境承载能力，环境污染已经成为威胁人类生存的严重灾难。目前，世界上少数国家花费巨额资金治理环境，使得环境污染状况有所缓和。但是，在全球范围内，环境污染和破坏给人类造成的威胁却越来越严重。环境保护所取得的成果，远远不能确保人类生存所必须的环境质量。人类应该清醒地认识到，在发展经济的同时，必须考虑自然环境的承载能力，保持经济发展与自然环境的承载能力的和谐。

人口增长与自然资源供给能力的和谐 近几十年来，世界上的人口数量急剧增长。人口数量的增长给地球带来的压力，不仅仅是拥挤，更大的压力则是对于自然资源的消耗。人口数量的过快增加，将会促使不可再生的自然资源很快地被消耗殆尽，而可再生资源也将因为过量的消耗，面临枯竭。人类不能无视地球上资源的有限数量，盲目地纵容自身数量的扩大。地球上的人口数量，绝对不应该超过自然资源的供应能力，否则，人类将会因为生活资料的短缺和枯竭而灭亡。

现代人类所面临的人与环境之间的矛盾和冲突，迫使经济学家们开始对固有的经济发展模式进行深刻的反思。某些经济学家在对现代环境问题的严重状况和产生原因进行系统研究之后提出，在过去近百年来，以燃烧矿物燃料为主要动力，以无节制地开发和消耗自然资源为代价的固有经济发展模式，是造成环境灾难的根本原因。为了当代人类以及子孙后代的生存和发展，各个国家必须抛弃现在普遍采用的那种以污染环境和无节制开发自然资源为代价的固有经济发展模式，必须采取以清洁能源为其动力，合理开发、利用和节约自然资源、维持生态平衡和保护环境为其战略思想的新的经济发展模式。

现代人类关于人与环境关系的理论，不仅已经被经济学家们纳入现代经济学研究的范畴，同时也已经成为世界上许多国家制定经济和社会发展计划的重要科学依据和技术支持力量。

为了自身的存在和发展，我们这一代人必须努力恢复和改善自古以来人与自然环境之间，已经建立起来的和谐、统一的关系。为了恢复和重建被破坏的生态平衡，为了节省有限的自然资源，世界各个国家必须改变旧有的经济发展模式，必须改变以高消费为特征的生活模式，特别是必须抛弃和抵制那种以追求豪华、阔气为特征的奢侈生活方式。为了当代人和子孙后代的生存和发展，我们这代人在人与自然环境的关系问题上，必须付出必要的代价，做出必要的牺牲。

2000年中国北方的沙尘暴与土地荒漠化治理前景展望

国防大学 郭钟义

2000年入春以后,中国北方连续发生12起较大强度的沙尘暴和扬沙、浮尘天气。对此,引起了人们的广泛关注,于是不免发出惊问:沙尘暴为什么会频袭北方,其深层次的原因是什么,今后会怎样发展,国家准备对此采取什么对策?围绕这些问题,国家最高领导层,国家有关部门和科研机构、新闻媒体等展开了广泛的讨论,提供了许多珍贵的资料与建议。本文根据有关报道,作了汇集整理,以供参阅。

2000年的沙尘暴为历史所罕见

2000年的北京及北京广大地区的人们几乎没有享受到春天的快乐,几乎天天有风,处处见沙。人们不会忘记,3月8日、18日、22日到23日、27日、4月3日……来自内蒙古阿拉善地区的沙尘暴频袭北京及其周围地区,最大风力达8~9级,广告牌被刮倒,汽车被砸,3人死亡,多人受伤,沙尘暴不仅对北京、天津等大城市,特别是周围地区造成危害,还影响涉及全国15个省(市、自治区)。2000年的沙尘暴与往年相比,其来临时间之早,次数之多,强度之大,波及之广,危害之烈,是历史上罕见的。根据报道,从公元前3世纪至19世纪末的2100年间,我国的沙尘暴共发生了70余次,平均每30年一次,而20世纪50年代至60年代平均每两年一次,90年代每年都有。新中国成立之后,按次数/年代统计,50年代发生过5次沙尘暴,60年代发生过8次,70年代发生过13次,80年代发生过14次,90年代发生过23次,而2000年的一个春季就发生了12次之多。沙尘暴呈逐年增多之势十分明显。

80年代以后较大规模的沙尘暴记载有:

1983年,新疆石河子垦区遭受沙尘暴袭击,25万亩农作物受灾,直接经济损失达300多万元。

1993年5月,西北地区的一场沙尘暴,造成12万头(只)牲畜死亡和丢失,505万亩农作物受灾,380人死亡,直接经济损失5.4亿元。

1995年5月15日,甘肃省的一场特大沙尘暴,降尘量高达1 243.1万吨,相当于一座特大型水泥厂15年的产量。

1996年5月29~30日,强沙尘暴袭掠河西走廊,黑风骤起,沙尘弥漫,遭受破坏最严重的酒泉地区直接经济损失达2亿多元。

1998年4月5日,内蒙古的中西部、宁夏的西南部、甘肃的河西走廊一带12个地区(州)遭受沙尘暴袭击,这场沙尘暴波及到北京、济南、南京、杭州等地,使46.1万亩农作物受灾,11.09万头(只)牲畜死亡,156万人受灾,直接经济损失8亿元。

1998年4月19日,新疆北部和东部吐鄯托盆地遭瞬间风力达12级的大风袭击,部分地区伴有沙尘。

1998年5月19日凌晨,新疆北部地区突遭狂风袭击,阿拉山口、塔城等地风口地区风力达9~10级,瞬时风力达每秒32米,其他地区风力普遍达到6~7级。

1999年4月3~4日,呼和浩特地区接连两天发生持续大风及沙尘暴天气。沙尘暴发生时,遮天蔽日,能见度极低,空气中充满了微细的沙粒。从内蒙古自治区的西部一直到东部的通辽市南部,瞬时风力为每秒16米。伊克昭盟达拉特旗风力高达10级。

沙尘暴是陆地的"杀手"。它是发生在干旱、植被稀疏地区的一种风与沙相互作用的天气现象。沙尘暴在中国多发生在每年的4~5月,形成风暴的风力一般在8级以上,风速约每秒25米。此外,还需要有充足的沙源、沙尘、沙米粒能被风吹离地面的条件。

在自然状态下，沙尘暴一般规模小，但人类开矿、滥垦滥牧等掠夺性的破坏行为，形成裸露的地面，加大了沙尘暴发生的频度和强度。20世纪30年代，美国开发西部大平原，大量伐木毁草，致使大片草地沦为荒漠，导致了三次著名的"黑风暴"的发生。

沙尘暴的危害有很多方面：人畜死亡、建筑物倒塌、农业减产。沙尘暴的危害绝不亚于台风和龙卷风。近5年我国西北部地区累积遭受到的沙尘暴袭击有20多次，造成经济损失12亿多元，死亡失踪人数超过200多人。沙尘暴降尘中有30多种化学元素，增大了大气颗粒污染物的浓度，农作物赖以生存的微薄的表土被刮走，造成土地的贫瘠。

沙尘暴是土地荒漠化的警报，荒漠化已成为中华民族生存和发展的心腹大患

据国家有关气象和环境问题的专家分析，造成2000年我国北方地区沙尘暴天气频繁发生的原因，主要有：一是1999年底和2000年春北部地区普遍降水量很少，尤其是北京及其上游地区均未出现降水；二是北京市及其周边地区处于西伯利亚冷空气南下的通道，再加上2000年特殊的大气环流，大风次数明显增加，大约是以往同期的两倍；三是北京市基础建设施工工地多，当时大约有5 000多个正在施工的工地，裸露的地面和沙石等加重了沙尘天气的形成。但是这些均不是主要的。更重要更直接的原因则是北京周边部分地区的生态环境恶化和中国日益恶化的土地沙化。2000年的几次大的沙尘暴天气都是因为受到内蒙古大面积沙尘暴的影响，这些地区的沙尘暴又是因为土地沙漠化、盐碱化严重。新中国成立之后，我国防沙治沙工作虽取得了一定的成绩，积累了些成功的经验，在局部地区实现了人进沙退。但是从整体上治理速度赶不上沙化速度，边治理边破坏问题严重，沙进人退的局面尚未得到根本遏制。"局部治理，整体恶化"的趋势还在延续，危害在加重，治理难度越来越大。目前中国土地沙化正以平均每年2 460平方公里的速度扩展，相当于一年损失一个中等县的土地面积。据有关资料报道，中国现有沙漠及沙化土地面积已达168.9万平方公里，占国土陆地面积的17.6%，主要分布在北纬35度至50度之间的内陆盆地、高原，形成了一条西起塔里木盆地，东至松嫩平原西部，东西长4 500公里，南北宽约600公里的沙漠带。扩展中的沙地首先导致如果出现大风天气形成沙尘暴等恶劣天气的机率增多。而土地沙化的迅速扩展更导致了生态环境的恶化，威胁着人们的生存和发展的空间。其中比较大的沙漠有8块，它们分别是塔克拉玛干沙漠，位于新疆，是我国最大的沙漠，也是世界第二大流动沙漠，面积33.76万平方公里；古尔班通古特沙漠，位于新疆准葛尔盆地中部，面积4.88万平方公里；库姆达格沙漠，位于新疆南部东端，1.95万平方公里；柴达木沙漠，位于青海柴达木盆地，3.43万平方公里；巴丹吉林沙漠，位于内蒙古高原西南，4.43万平方公里；腾格里沙漠，位于内蒙古，4.27万平方公里；乌兰布和沙漠，位于河套平原西南，1.15万平方公里；库布齐沙漠，位于内蒙古鄂尔多斯高原北部，1.86万平方公里。中国的4大沙地分别是位于内蒙古锡林郭勒草原的浑善达克沙地，面积2.38万平方公里；位于西辽河中下游的科尔沁沙地，面积5.06万平方公里；位于内蒙古鄂尔多斯高原东南部的毛乌素沙地，面积3.21万平方公里；位于内蒙古呼伦贝尔高原的呼伦贝尔沙地，面积近1万平方公里。

日益扩大的大面积的沙漠和沙地给国家和人民的生命财产造成了重大损失，是目前中国头号环境问题，严重地威胁着中华民族的生存和发展。

荒漠化缩小了中华民族宝贵的生存和发展空间 中国现在荒漠化土地已占国土陆地面积的27.3%，相当于14个广东省的面积。50年来全国已有1 000万亩耕地、3 525万亩草地和9 585万亩林地变成流沙。风沙步步紧逼，使成千上万的农牧民被迫迁往他乡，成为"生存难民"。据调查全国有5万多个村庄和城镇经常受到荒漠化的危害。内蒙古鄂托克旗30年间流沙压埋房屋2 200多间，迫使700多户村民迁移他乡；甘肃民勤县中渠乡由于沙化和碱化，全乡66.6余平方公里土地撂荒，全乡1.4万人中，最近5年间，就迁走了3 000多人；地处塔克拉玛干沙漠幽静的皮山、民丰两县，因风沙危害，县城两次搬家，策勒县城则搬了三次。荒漠化对一些大中城市、工矿企业及国防设施造成严重威胁，使数十座大中城市长期受到沙尘危害，成为这些城市大气环境的重要污染源。

荒漠化造成土地质量下降,生产能力严重衰退 据中国科学院兰州沙漠所测算,荒漠化使该地区每年损失土壤有机质及氮、磷、钾等达5 590万吨,折合化肥2.7亿吨,相当于1996年全国农用化肥产量的9.5倍。因荒漠化危害全国草场退化达20.7亿亩,每年因此少养羊5 000多万只。退化耕地7.7万平方公里,占耕地总面积的45.5%;荒漠化严重的地方,粮食亩产才几十斤,被群众称为"种一坡、拉一车、打一箩、煮一锅"。荒漠化造成粮食每年减产30多亿公斤。

荒漠化造成了严重的经济损失 近几年,中国每年因荒漠化造成的直接经济损失达540亿元,相当于西北五省区1996年的财政收入的3倍。2000年4月6日,北京首都机场因沙尘暴延误300多个航班。按平均1个航班10万元计,共约损失3 000万元。

荒漠化加剧了全国生态环境的恶化 每年仅输入黄河的16亿吨泥沙中,就有12亿吨来自荒漠化地区。沙尘暴越来越频繁,越来越大,2000年春的沙尘暴不仅涉及大半个中国,而且还影响到了韩国和日本,为了防止来自中国的沙尘污染,他们主动提出协助中国治理荒漠化。

不合理的人为活动是荒漠化的主要原因

沙尘暴来自土地荒漠化,可以说沙尘暴是果,荒漠化是因。没有荒漠化就不会有沙尘暴,沙尘暴又促进了荒漠化的发展。那么荒漠化又是谁造成的呢?既有人为因素也有自然因素,自然因素主要有气候的干旱化以及这些地区自然环境极为脆弱,一旦破坏又极难自然恢复。但人为因素是造成荒漠化的主要原因。所谓人为因素,即是人们的不合理的活动。没有不合理的人为活动就不会有荒漠化。这些不合理的人为活动包括诸多方面。全国政协副主席赵南起同志把它归纳为"五滥":滥垦、滥牧、滥伐、滥采、滥用水资源。具体表现为:

毁草毁林垦荒 由于人口增加和人们的短期利益的驱动,许多地方无计划、无节制地进行开垦,导致土地荒漠化。据卫星遥感调查,黑龙江、甘肃、新疆、内蒙古4省区,1986～1996年毁草垦荒1.17万平方公里,而其中一半在开垦12年后就撂荒,成为新的荒漠化土地。群众痛心地说:"一年开草场,二年打点粮,三年五年变沙梁"。1958～1973年内蒙古曾出现两次开荒热,最终造成2000多万亩土地荒漠化。河北坝上地区,50年代后期至70年代末,共进行了三次大规模的垦草种粮浪潮,草场面积由原来的7 330平方公里下降到2 260平方公里,耕地由原来的4 250平方公里增加到8 710平方公里。由于违背自然规律的滥垦,使原本就十分脆弱的生态环境失去了植被的保护,在大旱、大风等自然条件的影响下,土地因风蚀严重沙化,仅张家口地区坝上4县就有6 670平方公里的草场和农田变成了沙化土地,占坝上总面积的57.2%。乱砍乱伐林木,过度樵采致使大量宝贵的荒漠植被遭到破坏。土地失去了保护屏障。青海柴达木盆地,原有固沙植被3 000多万亩,到80年代中期因樵采过度,已有1/3以上的土地沙化。内蒙古吉兰泰镇20年来乱砍乱伐,镇周围40公里范围内的梭梭林统统被砍光,致使吉兰泰盐场5.6万亩盐矿床有一多半被流沙埋没。最新资料表明,近几年来全国每年发生各类破坏森林资源的案件达50万起左右,使中国的森林资源和生态环境遭受巨大损失,林地被改变用途或征占现象依然严重,每年平均有216.3万公顷的林地转为非林业用地。

过度放牧 在导致荒漠化的诸多因素中,因过度放牧引起的比例最大。例如内蒙古自治区80年代中期草地的理论载畜量为4 215万个单位,而实际超载率为33%,特别是干旱年份,草场生产力急剧下降,而牲畜数量却得不到及时调整。草场超载过牧,导致大面积土地沙化。目前中国大部草场大大超过承载能力,有些地区甚至超载率为50～120%,还有的地区甚至高达300%。

乱采乱挖 荒漠化地区的植被多是重要的薪柴和药材资源。受经济利益的驱动,滥采中药材,搂发菜,使大量的植被遭到破坏,直接导致荒漠化。据报道,每挖0.5公斤甘草可使10亩草原变成沙丘,每搂0.5公斤发菜起码要破坏20亩草原。近几年内蒙古阿拉善旗因搂发菜破坏草原面积达1.95亿亩,其中6 000多万亩已经沙化。另据报道,近几年每年到内蒙古苏尼特旗和四子旗两地搂发菜的人不下10万人次。最多每天可达数千人,这支大军每人1张大铁耙,被搂的土地因植被遭到破坏很快便沙化。0.5公斤发菜收获量造成20亩土地沙化,代价太高了。因此宁夏等地已下令禁止搂发菜并取消发菜市场。1994年一年甘肃因挖甘草破坏草场100万亩以上。宁夏盐池县由于乱挖甘草破坏草原达2 000多万亩,直接损失达3 487万元,陕西省榆林地区因乱开煤田,使26万亩植被被毁,30万亩土地荒漠化。至于屡禁不止,遍地开花的小煤窑,小金矿等造成的植被破坏,更是难以估算。

不合理地使用水资源 荒漠化与气候干旱关系很大,而恢复植被必不可少的条件即是水。但是由于一些地区水资源的不合理利用导致了大面积的土地荒漠化。目前我国大部分地区仍然采用落后的大水漫灌式的方法,既浪费了水资源,又造成了土地盐碱化。据甘肃、宁夏、青海、新疆四省(区)统计,此种灌溉方法,已经造成了2.36亿亩土地盐渍化,而盐渍化也是荒漠化的一种表现形式。水调配不当,也会造成荒漠化。新疆塔里木河流域几十年来由于上游不断超量用水,使下游270公里的河道常年断流,造成530万亩胡杨林枯死,100万亩草场退化,25万亩农田弃耕。

中国人能够制服荒漠化

荒漠化步步紧逼的形势,给中国人提出了一个十分严峻的问题,我们怎么办?是"沙进人退",还是"人进沙退",人进沙能退吗?结论只能是后者,因为为了中华民族的生存和发展,悲观没有用,后退没有出路,只能奋起自存,改变环境。而且科学和实践告诉我们,荒漠是可怕的,但荒漠又是可以治服的,荒漠既然是不合理的人为活动造成的,那么,合理的人为活动也可以恢复生态,使荒漠重新变成秀美山川。

中国人已经取得了防沙治沙的局部胜利

中国人民已经建起了世界瞩目的三北防护林,长江中上游防护林,沿海防护林等十大生态工程体系。全国已经治沙造田1 067万公顷,1991年启动的全国防沙治沙工程综合治理开发面积已达224万公顷。在河西走廊、内蒙古赤峰、陕西榆林、新疆和田等地进行的大范围的治理已经使数以万亩、几十万亩的浩瀚沙漠变成了生机昂然、林茂草丰、产业兴旺的生态园区,仅陕西榆林地区就已改造流沙58万公顷(870万亩),1994年一年的社会总产值即达12亿元。由于坚决退耕还林还草和输水,干涸了28年的新疆塔里木河下游已开始复苏,并逐渐恢复生机。这些还仅是由国家或地区政府组织实施的大规模治理的典型,另外还有众多个人、家庭或企业、团体防治沙漠的成功典型。他们均取得了巨大成功,其社会经济效益十分可观。宁夏盐池县农民向春兰带领88户农民到毛乌素沙漠南缘沙边子村防沙治沙,已成功治理7万多亩,人均纯收入2 500元,还创造了"吨粮田"的奇迹。在素有"八百里瀚海"之称的科尔沁沙地南缘——辽西彰武县四河乡下河村农民杨海青,1984年春天,响应乡政府"承包荒山沙丘植树造林"的号召,承包了村后1 000亩沙坨,贷款2 000元,买了10多万株苗木,苦战一个春天,全部栽到沙丘。第二年又种活了8万株彰子松,第三年又种活了4万株。16年过去了,昔日白茫茫的千亩沙丘,如今变成了郁郁葱葱的林海。在他的带领下,下河村先后又有33户农民承包了4 500亩沙丘。全乡造林面积达3万多亩,森林覆盖率由80年代的10%增加到现在的52%,降雨量由过去的年均420毫米提高到现在的500毫米。全乡人均收入增加了10倍。

宁夏广夏公司总裁陈川斥资与宁夏水科所合作开发治理银川市西南12公里的8万亩西沙窝沙漠,先后投入工程治沙技术15项,生物治沙技术11项,植树200万株,人工种植麻黄草2万亩,使沙漠变成绿洲,1999年仅收割麻黄草一项销售收入即达2 000万元,项目利润可达2.7亿元。目前已有27家企业投入治理沙漠和产业化开发,均获得显著经济效益。被治理的西沙窝,林草覆盖率已达到86%,森林覆盖率大于11%,被国家命名为"全国生态示范区",江泽民总书记2000年6月14日亲往视察给予极高评价,说他们创造了沙漠治理的奇迹。

日本94岁高龄的老人远山正英与东胜羊绒衫实业有限公司副总裁王明海合作开发内蒙古库布齐沙漠恩格贝开发区。几年来他们在这里栽活了200万株树,绿化了10万亩土地,放养着4 000只优质山羊,繁育了200只鸵鸟……在远山正英的影响下,日本社会各界,组成了一个个绿色协力队奔赴中国,到1995年,从日本到中国的绿色协力队已有24支。

防沙治沙在国外也取得了巨大成功,澳大利亚的大片沙漠化土地,经过十多年治理已出现片片绿洲。

以色列的沙化土地占国土面积的60%,经过50年的治理,现已全部改变成生机勃勃的良田和林果基地。使以色列的可耕地面积由原来的10万公顷增加到44万公顷,灌溉面积由3万公顷增加到26万公顷,农业产值增长16倍。

以上国内外防沙治沙的成就说明,沙漠化土地不仅可以治理好,而且还有巨大的开发价值。

经过多年的研究探索和实践,已经取得了一整套防治荒漠化的经验和技术 这些经验和技术完全可以满足防治荒漠化工程建设的需要,并且从整体上还处于国际先进水平。这些科学技术和经验是无价之宝,是完全可以信任和用得着的第一手经验,完全经得起实践的检验,并且符合国情和各地地情。现在许多地区正在结合各地的具体条件,对这些技术进行集成、组装、配套,使之成为成功的治理与开发模式,为我国荒漠化防治工程提供有力的保障。我国有关专家对这些经验和技术成果进行了充分论证,一致充分肯定了这些经验和技术:

一是处理好保护生态与发展经济的关系 在发展经济中要坚决贯彻执行《森林法》、《草原法》等现行法规,采取一切措施保护植被,坚决禁止五滥。杜绝以牺牲环境为代价的破坏性的经济发展。

二是处理好防沙与治沙的关系,以预防为主,积极防治 转变重治理轻预防的观念。在沙漠前沿,要尽快树立起以灌木为主的防风阻沙生物隔离带,宜乔则乔,宜灌则灌,宜草则草,遏止沙漠扩张,保卫人类生存空间。

三是处理好生物措施与工程措施的关系,以生物为主,综合治理 当前要努力推广行之有效的植物和化学固定流沙技术、干旱绿洲防护技术、流动沙地飞播造林种草技术、治理草原退化技术、铁路公路防沙治沙技术等。在降雨较少的干旱地区,要营造以灌木为主的林草植被,发挥灌木根系大耐旱性强的优势。要因地制宜,立草为业,像种庄稼一样种草,像保护森林一样保护草原。

四是处理好畜牧业发展与草场保护的关系,以保护促发展 要制止过度放牧,实行轮封放牧,提倡种草植草。变放牧为舍饲等保护措施,恢复退化草地的综合功能。在一些地区可以发展拧条灌木林,除发挥防风固沙作用外,还可成为牲畜饲料。

五是处理好沙漠化治理与农村发展经济的关系,治沙和致富相结合,形成沙漠化防治的生态经济模式 其中包括种树种草与提高农田产量同步进行;推广农业产业化,千方百计引导农牧民提高收入;调整农业结构推广发展粮食——饲料——经济作物三元结构种植模式,形成稳定的生态农业系统等。从而走出“越穷越滥采滥挖,越滥采滥挖越穷”的恶性循环。

六是处理好生产用水与生态用水的关系,注意节约用水 在沙漠地区要合理分配生产、生活用水,在保证生产、生活用水的同时,注意解决生态用水问题。在沙区造林,要注意选择耐旱树种,采取科学的节水措施,减少水资源的消耗。

七是处理好重点治理与全面治理的关系,统一规划,突出重点 专家们指出防沙治沙要统筹规划,先急后缓,先易后难,突出重点。目前,全国最突出的是对北京影响严重的内蒙的浑善达克沙地、乌盟后山、河北坝上、山西北部等沙化土地的紧急处理,改善首都生态,维护国家形象。

八是处理好国家治理和群众治理的关系,以国家投入为主,同时调动群众的积极性 国家要加强投入,对有些地区如不及时加大投入,荒漠治理难以取得成效。要改革防沙治沙的经营机制,坚持物质利益原则,实行责任利益到户,所有权属集体,使用权归个人,长期不变。坚持谁治理,谁使用,谁投资,谁受益原则,同时积极向社会引资,支持大企业参与和承包治沙工程,争取国际组织和外资参与,对他们要实行优惠政策,大幅度降低税费。

九是处理好土法治理与高科技治理的关系,提高荒漠化防治的科教支撑能力 为提高荒漠化治理的质量,必须依靠科技和教育。必须加大教育的投入,培养更多的高、中级专门人才。采取优惠政策,积极引进中、东部人才,鼓励他们到西部工作或兼职、合作、开展技术交流;同时要稳定当地基层技术力量,确保他们从事科技推广工作;大力推广开发实用技术,提高科技进步贡献率。

十是处理好依法治理和提高全民生态观念的关系 要加快立法进度,形成配套的防治荒漠化的法规体系,严格执法,加大执法力度。同时要加强生态文化的宣传教育,提高全民生态文化素质,从根本上提高保护

环境的观念和意识，自觉建设和维护生态环境。

党和国家对防沙治沙工作高度重视，人民群众防沙治沙的积极性日趋高涨 以江泽民为核心的党的第三代领导集体把防沙治沙作为关系中华民族生存和发展的长远大计来抓。早在1997年江泽民同志就发出了“再造一个山川秀美的西北地区”的伟大号召。2000年春，朱镕基总理受江泽民主席之托，专程赴内蒙和河北北部地区进行荒漠化考察，而后作出明确指示：“我国土地沙化形势十分严峻，必须把防治沙化，加强环境建设作为一项重大而紧迫的任务。”还指出“沙化严重地区的最大基础设施建设就是治沙、造林、固土”。

从20世纪80年代至今，国家已经出台了一系列有利于防沙治沙保护环境的法规，如《环境保护法》、《水土保持法》、《草原法》、《矿产资源法》、《农业法》等，《防沙治沙法》不久也会出台。

国家防治荒漠化的方针和战略部署已经确立。防治荒漠化的方针是“保护优先、防治结合、统筹规划、综合治理、突出重点、分步实施”。根据这个24字的方针，国家计划采取的战略部署是：一是要采取坚决有效措施，全面保护好现有的林草植被，制止一切形式的“五滥”；二是要在荒漠化、戈壁以及活化沙丘的边缘尽快建立起以灌木为主的防风阻沙生物隔离带，形成生物屏障，遏制沙化扩展；三是对沙区原本是林地、草地，现已开垦为农田且成为严重沙尘源地区，坚决实行退耕还林还草，重建绿色植被；四是要对草场沙化、退化地区，通过“以草定畜”实现草畜平衡，恢复草场生产力，避免新的草场沙化退化；五是要对已形成的沙漠绿洲，建立以农田防护林网为中心，乔灌草相结合，持续高效的绿洲防护体系；六是近期要优先解决风沙对首都周围地区的危害；七是实行分工负责、分兵把守，林业、水利和农牧业措施有机结合，多管齐下，综合治理。

据悉，国家防沙治沙监测体系正在加快建立，北京地区防治沙漠化规划已经出台，国家已决定从2000年到2010年投入60多亿元用于北京风沙源的治理，这个风沙源所涉及的范围包括京、津、冀、晋、蒙五个省、区、市的84个县(旗、市)，东西横跨700公里，南北纵跨约600公里，按照规划，在10年内，完成退耕还林还草1 400多万亩、宜林荒山荒地荒沙造林9 000多万亩，治理草地面积7 400多万亩，建立水源工程6万多处、节水灌溉工程约5万处，治理小流域2万多平方公里。根据国务院的部署，科技部会同农业部、国家林业局、中国科学院等7部门联合组成“首都圈防沙治沙紧急行动领导小组”，组织专家制定了“首都圈防沙治沙紧急科技行动方案”，其中十项防沙治沙项目实行了面向全社会的公开招标，并已全部中标。11月27日在人民大会堂发布了中标单位名单，并授予中标单位合同证书。这意味着首都圈的防沙治沙项目正式启动。全国各地防治荒漠化的行动已经全面展开，如退耕还湖、还草、还林。禁止砍伐森林，大批牲畜迁移，使不堪负重的草场得以休养生息。明令禁止乱采乱挖甘草、发菜、冬虫夏草、麻黄草，取缔发菜市场等。

《全国生态环境规划》已经公布，按照这个规划所确定的目标，到21世纪中叶，将可治理的15亿亩荒漠化土地基本治理，使荒漠化地区的生态环境和经济发展形成良性循环，环境保护和资源开发协调发展。具体步骤是到2010年基本遏制荒漠化扩展趋势，完成治理面积3.7亿亩；到2030年，形成初具规模的生态体系；到2050年，建立起比较完善的生态体系，科学合理开发利用沙区资源，使荒漠化地区生态和经济协调发展。2000年10月24日，国务院批准了天然林资源保护工程实施方案，这标志着工程试点阶段已经结束，进入了全面启动的新阶段。

工程实施的具体任务是：自2000年至2010年，工程实施后年木材产量减少1991万立方米，完成人工造林2 891万亩，飞播造林1.07亿亩，封山育林5 508万亩，工程区14亿亩森林得到切实保护，分流安置富余职工74.1万人，企业养老保险统筹、教育、医疗、公检法等政社性支出基本得到解决，相应地从2000年至2010年，总共投入工程资金962亿元。

治理荒漠化是一项长期艰巨的任务，需要经过几代人数十年的艰苦奋斗。但是我们完全有信心，暴虐的沙龙定会被中国人民制服，一个完全山川秀美的神洲大地一定会重新出现在世界的东方。社会主义的中国将为世界防治荒漠化作出重大贡献。

人口自然增长率

单位:‰

	1980 年	1990 年	1995 年	1997 年	1998 年	1999 年
世　界	**16.8**	**16.1**	**14.2**	**13.5**	**13.2**	**12.7**
中　国	11.9	14.4	10.6	10.1	9.5	8.8
中国香港	12.0	7.3	6.2	4.3	3.1	2.6
中国澳门	15.2	14.3	10.5	8.9	7.2	6.4
孟加拉国	26.0	20.3	18.5	18.3	23.0	18.9
印　度	21.5	20.5	19.3	18.3	17.4	16.7
伊　朗	32.3	23.6	17.7	16.5	16.5	14.6
以色列	17.6	15.4	14.8	15.3	15.7	15.3
日　本	7.4	3.3	2.1	2.2	2.1	1.7
韩　国	16.0	10.0	9.9	9.2	8.7	8.2
蒙　古	27.7	22.8	16.5	14.1	13.9	14.6
新加坡	11.9	13.6	10.9	8.6	8.6	8.3
泰　国	20.2	14.9	11.7	9.7	10.2	9.8
越　南	27.7	21.5	17.1	14.6	14.0	14.3
加拿大	8.3	7.7	5.5	4.3	3.9	4.0
美　国	7.1	8.1	6.0	5.9	6.0	6.1
保加利亚	3.4	−0.3	−5.0	−6.9	−6.4	−6.3
捷克共和国	2.7	0.2	−2.1	−2.1	−1.8	−2.0
法　国	4.7	4.1	3.4	3.3	3.5	3.5
德　国	−1.1	−0.1	−1.4	−0.8	−0.7	−0.9
意大利	1.5	0.6	−0.5	−0.6	−0.7	−0.6
英　国	1.7	2.8	1.5	1.6	1.3	0.9
澳大利亚	8.0	8.4	7.2	6.7	6.5	6.2
新西兰	7.7	9.3	8.7	8.0	8.2	7.8

资料来源:世界银行《世界发展指标》2001 年。

第　四　篇

现代教育与世界科技

国际教育改革与发展的若干特点和规律

国家教育发展研究中心 周满生

1991年东西方冷战结束后，国际竞争重点转向经济科技领域，世界各国加强了以提高综合国力为重要目标的角逐，力求在21世纪抢占竞争的制高点。90年代以来，随着经济全球化的推进，尤其是以信息技术、生物技术、新材料和新能源为主要内容的技术革命的发展及新技术成果的开发应用，世界经济进入了一个新的发展阶段。如果说在90年代初，人们只是依稀看到信息技术革命将引起新的经济增长，那么十年后，许多发达国家的发展表明，这场新的科技革命更深刻的意义在于引发了知识经济的崛起，知识经济开始逐步替代工业经济。一些新兴的发展中国家也在拼命追赶，尽快缩小与发达国家的各方面差距。显然，依靠科技进步和人才的竞争来提高竞争力已成为各国在全球经济舞台角逐制胜的关键。那么，作为科技进步和人才培养基础的教育，在20世纪90年代的改革和发展有哪些显著特点，教育在适应社会经济发展和人才培养需求的内在规律是如何体现的？又面临着那些危机和挑战？21世纪国际教育宏观的走势又将如何？本文将做如下介绍和分析？

90年代国际教育改革与发展的一些新特点

（一）各国政府调整科技教育政策，强化教育在国家创新体系中的作用

90年代以来，国际关系中经济与科技、教育因素的影响与作用迅速上升。科技与教育的进步不仅使各国经济增长由数量速度型向质量效益型、即由粗放型向集约型的方向转变成为可能，而且事实上，它还是经济增长的主动力。随着科技革命的迅速推进，技术的不断创新及其成果的广泛应用，以及扎实的高素质人才基础，科教进步对经济增长的贡献率日益迅速地提升。目前，美、英、日、德、法国等发达国家的科技进步对经济增长的贡献率已经达到60～80%，亚洲四小龙分别为40～55%不等，中国为30%左右。依靠科教进步来提高国际竞争力已成为许多国家的当务之急。

1992年，美国生产的竞争力在全球的排名曾经由80年代初的世界首位后移至第5位，在11个高科技产业中几乎全部丧失优势。但是在克林顿执政的8年期间，通过调整科技教育政策，增加科研与开发和教育投资，重点倾向知识产业，重新夺回了优势。2000年瑞士洛桑国际管理发展学院发表年度世界竞争力调查报告，根据劳动成本、研究投资，教育及社会价值等项目，排定国家及地区竞争力名次，美国蝉联第一名。从综合实力来看，美国已重新成为世界上最具竞争力的国家，在许多高科技领域中保持着对欧洲和日本的领先地位。美国能在如此短的时间内恢复其竞争力，并连续保持108个月的持续增长，应该说一个极其重要的因素是靠科技教育政策的调整。

在科技方面，克林顿政府上台伊始，1993年2月，发表“新技术主导一揽子方案”，提出把政府研究开发的方向从以军事需要为主转向以民用研究为主，由过去侧重基础研究转向重视应用开发研究或者使基础研究更好地与应用研究相结合，由一般制造技术的研究开发向国家级的关键技术研究开发转变。通过政府与产业和学术界的密切结合，制定具有前瞻性、实用性的具有较大市场潜力和能充分推动产业升级的一系列关键技术计划。

在教育方面，1993年克林顿上台后，将布什政府制定的《美国2000年教育战略》中的6项全国教育改革目标增加到8项，于1994年获得国会通过，成为《美国2000年教育目标法》。围绕着8项教育目标，

美国政府制定了一系列方针措施力图提高教育质量。克林顿1997年连任后，在首次国情咨文中提出“本届政府首要任务，要使全体美国人受到世界上最好的教育。”为此，他对全美教育提出了三大任务：(1)要使全美8岁儿童学会读写，12岁少年联机上网受到多媒体网络化教育；(2)使全美18岁青年能上大学，普及大学二年教育；(3)促使美国每个公民能够学习，受到终身教育。为了实现三大任务，联邦政府连续几个财政年度增拨教育经费，并要求各州各地政府也要增拨教育费用。他还对全美教育发展和改革提出了10点行动计划和落实措施。其中主要措施包括建立全国中小学教师教学质量审查和认定制度、普及大学前两年教育、改革公立学校教育，增强竞争力、建立全国教育质量标准和相应的考试制度、改善教学条件、加强学生的品德教育、减少青少年的犯罪现象等等。2001年，美国新任总统乔治.W.布什1月23日向国会提交了题为《绝不让一个孩子落伍》的教育改革计划，这是布什就任后的第一份立法动议。报告呼吁民主党和共和党一同工作来加强美国的中小学校。报告提出要通过高标准建立责任制来促进平等，要加强数学和科学教学，为学生和家长提供更多的择校机会，建立更为安全的21世纪学校等方案。

从以上科技教育政策的调整和实施可以看出，面对科技革命和知识经济的挑战，联邦政府在战略规划、布局、资金投入和政策制定与实施中发挥了强有力的作用。以往联邦政府只是在民间部门无法担负的基础科学研究和国防、保健、宇航、能源等领域采取直接积极介入的态度，如今则直接出面规划科技教育发展战略，制定政府法规和科技教育政策。在信息高速公路建设方面，联邦政府一杆子管到底，由前任副总统戈尔专门负责，全盘推进这一工程。克林顿也在各州不遗余力地宣称2000年每所中小学的每间教室都要连通因特网。政府抓科技，抓教育，二者并重，而且保持了一贯性和联系性。民主党和共和党在对内对外政策许多方面存在歧见，然而，两党在对美国教育危机的认识和进行教育改革的迫切性、必要性上，却有着高度的共识。而且两党都背离了美国1791年《宪法修正案》规定的“凡宪法不曾赋予联邦而又未曾限制规划各州的权利，都属于各州或人民的权利”的传统，将教育视为联邦政府不容忽视的重要职责。自从1983年4月，里根政府发表了《国家在危险中——迫切需要教育改革》的国家报告以来，激发了美国盛况空前的一波又一波的教育改革浪潮，并且一直延续至今。全美教育委员会是一个跨党派的、非赢利性的、全国范围的州际协作组织，主要职责是帮助各州领导人确定、发展和实施相应的公共教育政策，每年发表教育改革报告，得到朝野的高度重视。1999年11月，全美教育委员会发表报告《管理美国的学校：改变规章》中开篇难得地肯定了美国数届政府推行教育改革取得的成绩，指出：“近20年来，范围广阔的改革和革新从根本上改变了美国公立教育的状况，大多数州和学区已确立了标准，为采用新的方式测量和评估学生、教师和学校成绩提供了基础。联邦和各州新提出的大量旨在提高教师质量的议案已在实施。特许学校、课堂技术、综合中学改革和其他革新逐步改变着公立教育的形象和看法，为家长和学生提供了更大范围的选择机会。”①

强调“技术立国”的日本，十余年来，经济增长明显减缓。据日本科学技术厅1995年发表的《日本科技白皮书》称，“日本已经在技术领域赶上了其他先进国家，如今不再有可供仿效的模式，现在必须创造本国的新知识、新技术”。面对知识经济的挑战，日本政府调整国策，提出“科技创新立国”。内阁总理亲自抓《科学技术基本计划》的制定工作，在1996年7月通过的该计划中，提出加大科技预算，强化人才培训和加强独创性基础研究等新措施。日本“科学技术会议”发表的咨文指出：(1)构筑一个能亲自感受到科学技术的社会环境；(2)研究开发出能发挥创造性的环境：(3)促进各种人才参加科学技术活动。1997年，日本制定了新一轮的教育改革纲要。其核心内容包括：进行制度创新，建立能“伸展个性，提供多样性选择的学校制度”，推进大学改革，振兴大学科研、加强“心的教育”等等。

英国政府1998年12月发表《我们竞争的未来：建设知识经济》的白皮书。白皮书指出：“在世界市场

① 全美教育委员会《管理美国的学校：改变规章》——全美教育委员会关于管理美国学校的报告，1999年11月出版，第4页。

上，要使英国占据竞争优势地位，最需要的是知识、技能和创造能力。这些都是知识经济最本质的特征。”①它指出，加强科学技术基础、提高劳动大军的教育程度和技术水平是建设知识经济的关键问题，也是政府决策的重心。只有依靠更加强大的创新能力和创造能力，才能取得知识经济建设的成功。白皮书将高等教育在知识经济中的作用放在突出位置，认为世界每个发达经济的后面都有强大的大学在支撑着。要使科学走向高层，实现科研和产业的融通和互动共进，大学要发挥其不可替代的作用。白皮书宣布政府拨出大量款项推动大学和产业界的合作，促进知识转化，开展创业能力和职业技能。白皮书也着重指出，改变旧的观念和树立新的思维方式不是短时间能够完成的，创新型人才的培养要从中小学抓起。政府拨款1 500万英镑，支持和加强中小学和产业界的联系，使学生了解社会的基本运作，为培养其创新意识和创新精神打基础。

欧盟委员会在1997年7月发表《2000年议程》，提出将“知识化放在最优先地位”，同年底发表《走向知识化欧洲》的报告，强调加强科技、教育工作。法国1999年初通过了“革新与研究法案”。② 法国国民教育、研究和开发部长阿莱格尔指出：“当今时代，创造性智慧已处于经济的中心位置，面对新世纪的竞争，公共教育、研究机构和经济部门应当有创新意识，应克服文化和体制上的障碍，加强彼此的联系和沟通”。与其他工业国相比，法国在新的研究成果与工业活动结合的环节上明显滞后，高质量的科研成果向产业的转化率很低，高等教育、科研机构与企业人员相互脱节严重，制定此法的目的就是为了推动教育科技界与企业界的密切联系，通过国家赞助激励“有头脑的人”投身于创新企业的孵化和启动。德国1998年8月提出了《全球竞争能力——教育、科学和经济前景》的报告。该报告指出：“德国拥有良好的先决条件，其特点是拥有高效率的教育、科学和研究体系，有革新能力的企业和工作人员以及国际相比突出的技术能力。为了将在全球竞争中也占据领先地位，必须确保和进一步扩大现有的长处和能力。报告提出：在各个教育领域，应特别促进那些在全球竞争范围具有重要意义的个人能力。在全球竞争中，终身学习的能力、关键性能力——如小组工作能力和融为一体的能力、媒体能力、创造力——以及外语能力和外国文化知识尤为重要。”

过去一直被视为“欧洲农村”的爱尔兰超前意识到科教兴国的重要性，大力投资科技与教育。爱尔兰公共教育开支在整个国民收入中所占的比例，在发达国家中高居第二位。在过去10年中，教育支出一直维持在国民收入的19%左右。爱尔兰特别重视培养适应未来发展需要的信息技术人才，该国优秀的人才资源不仅吸引了大量的著名跨国公司，而且为本国高科技产业的发展奠定了良好基础，以软件业为龙头带动了整个经济的快速发展。2000年，爱尔兰人均国民收入已超过老牌帝国——英国，经济竞争力也由1996年的第22名跃居至第5名。爱尔兰目前是世界第一大软件及相关产品出口国，出口额达260亿美元以上，超过了美国和印度，享有“欧洲的硅谷——世界软件王国”之美誉。

加拿大总理克雷蒂安多年来反复就发展科技和教育问题发表讲话，强调发展教育科技的意义。他指出，一支受过高等教育、掌握先进技术的劳动大军是加拿大在下世纪保持繁荣的唯一可靠保证。为此，加拿大政府必须从战略高度出发，制定长期规划，采取多种形式加大投资，加快发展高等教育，并推动其科技发展及产学研合作水平。加拿大的公共教育经费占国民生产总值的百分比是7.3%，是世界上最高的。加拿大高等教育的毛入学率（按照教科文组织的统计，占102.9%）和每10万人口中的大学生人数也是世界上最高的。

韩国政府是一个重视科教兴国最典型的新兴工业化国家。它同时提出“科技立国”和“教育立国”的发展战略，使二者成为韩国经济腾飞的双翼。90年代的金泳三和金大中都把发展科技教育立为兴国之本。韩国从1990年到1996年实施了《尖端技术开发基本计划》，在7年期间投资45.7亿美元，大力扶持发展信息产业、生命科学、材料技术、航空航天技术、海洋开发技术等十大尖端技术产业。金泳三政府成立了

① 教育部教育管理信息中心，《我们竞争的未来：建设知识经济白皮书》世界教育信息，1995年第5期，P13。
② 教育部教育管理信息中心，《法国政府通过革新与研究法案》，世界教育信息，1999年第6期。

总统教育咨询机构,1994年9月到1996年2月先后三次发表了研究报告书《创造新韩国教育改革的方向和课题》、《主导世界化、信息化时代的新教育体制改革方案》、《促进教育改革的具体实施方案》。在这三个报告书中,韩国制定的教育发展战略是:21世纪初,韩国经济要进入发达国家行列,它的教育也应达到发达国家的水平。通过实行新教育体制,培养"21世纪新韩国人形象"要具备四项基本素质(1)具有很高的道德意识和集体意识的"与众共同生存的人";(2)能够创造新的知识和信息以及技术的"智慧的人";(3)能够主导国际化、开放化、信息化时代的"开明的人";(4)充分认识劳动价值和意义的勤奋的"生产劳动的人"。教育改革的主要目标是:初等、中等学校不仅仍然是人的教育场所,而且也是尊重学习者的多样化的个性,并最大限度地发挥个人素质及创造性的场所;大学应当成为进行国际水准的学术研究和培养适应社会各领域要求的高质量人才的产地。

1997年爆发的亚洲金融危机也促使亚洲各国领导人思考在教育和科技方面应吸取的教训。金大中政府提出要在经济困难期中实现"第二次建国"。要划时代地提高左右民族命运的信息和科技水平以增强国家的竞争能力。从"科技立国"变为"尖端科技立国",采取一系列措施,发展高科技,建立国家创新体制。新加坡总理吴作栋十分清楚地意识到这种挑战,他提出一个口号是"勤于思考的学校,善于学习的国家",并以此作为一个准则,以确保新加坡在21世纪仍然位居最富有竞争力国家的前列。1997年,新加坡中小学开展了一项"思考计划",旨在培养学生独立思考、创造思维和创新发明能力,现已在全国范围内推广。几十年来,亚洲人一直以自己的学生刻苦学习知识、遵守纪律、尊重权威而自豪,认为这是亚洲价值观中的美德,在国际数理化竞赛中屡屡频获高分更加深了这种看法。亚洲经济危机动摇了这些国家政治领导人的信念,他们纷纷强调要继续成功,就必须彻底改革教育,加强培养学生的科学素质,创造性和主动性。如何提高年轻一代人思考问题的能力,使他们更适合信息时代的要求,正在成为这一地区政府和教育界关心的焦点。

总之,90年代,工业化国家新一轮国际竞争的焦点正在转向知识经济。知识经济以高技术产业为支柱,以智力资源为主要依托,以教育为基础。因此科学和教育兴国不是任何一个国家的专利,而是所有发达和新兴工业化国家的基本国策。为了在国家综合国力竞争中不致落伍,政府在科技与教育战略和政策的制定、规划、组织与协调上发挥着极为有力的作用。高技术时代建立国家知识创新体系与过去年代条件不同,它要求有大量的资金投入,有中长期的规划和扎实的组织实施,这样的任务民间、企业和地方政府难以胜任。需要国家制定符合市场需要和人才培养规律的科技教育政策。政府在加快技术转化过程中,注意全面规划,重视协调大学与企业界的关系,促进高新技术产业化,把科研经费集中在一流高校和大型公司,利用他们的科研优势及有效的转化能力,使技术开发与转化有机地结合在一起。同时,政府着力抓高素质人才培养,利用大学多学科和科学前沿的优势,促使年轻的大学生、研究生努力成为思想更活跃、更开放、更富有创造性思维的群体。中小学基础教育的改革,尤其如何抓好综合素质和创新精神的培养也是各国政府列在关系全民族利益的关键领域,由此构成国家知识创新体系的核心框架。

(二)信息技术日新月异的迅猛发展开辟了教育的新纪元

90年代,对教育影响最大的因素是信息技术的迅猛发展,教育信息化迅速走入生活中的现实。世界从未象现在这样瞬息万变,知识更新速度之快也超过任何历史年代。信息技术的迅猛发展促进了知识经济的崛起,从而推进了教育信息化的进程。所谓"教育信息化是一项极其复杂的社会系统工程,包括了从宏观教育规划、战略、管理信息化,到微观学习环境、学习模式、课程、教学、评价模式的信息化等教育系统的所有环节"。(桑新民 信息化:教育梦想成真的捷径《中国教育报》2001年2月2日。)目前,信息技术已达到网络化和数字化阶段,在发达国家,第二代因特网和信息高速公路正在修建,信息技术已成为全球化的重要源泉与动力。它对教育的冲击和随之引起的变革难以预测。2000年4月,在新加坡召开了第二届APEC教育部长会议,23个国家签署发表的《教育为在21世纪创建学习化社会而努力》的部长联合声明指出"部长们认识到信息技术在学习化社会中的重要性,他们认识到信息技术在更好地培养学生适应未来需要,以及在为成年人提供继续教育学习的机会两方面都拥有巨大的潜力。信息技术为各层次的教育提供新的和有创意的学习方式。信息技术也为远距离学习提供了方便,在教育中运用信息技术将是适应以知识为基础的经济所需要的一个关键战略。”这段话高度概况了信息技术对于教育各个领域的深刻影响及其作用。由于信息技术的日新月异,教育软件越来越丰富,人们对现代化的视听设备,通讯工具、计算机等的拥有率高速增长,尤其近年来网络学习与教学实践、网上虚拟教育的迅猛发展,促进了教学形式产生根本性变革。学习者可以超越时空限制,自行安排学习计划、学习时间、学习内容,在主动的、开放的、交互式的学习环境中学习。这种学习方式,是一种以学习者为中心的个别化现代学习方式,也符合终身学习的需求。

90年代一个标志性的变化就是信息技术的学习和应用迅速进入各国大中小学课堂内外,成为学生知识传授、能力和创新精神培养的一个必不可缺的重要领域。

克林顿在竞选时就提出,把信息和技术革新带入美国的每一间教室,应是政府首当其冲的一项任务。8年期间,联邦政府推广这项任务不遗余力。到1996年,美国有2/3的学校加入了因特网。1997年政府提出了《为美国教育行动起来》的基础教育改革计划,强调要让12岁的少年都能联机上网,接受多媒体网络化教育。该年度美国政府决定在5年内拨款20亿美元,资助所有的公立学校联网。当前,信息技术课已在美国中学普遍开设。主要内容包括:运用模拟、实验进行高层次知识技能的教学;通过人工智能进行训练与教学;建立信息数据库并应用它处理各种信息;通过计算机程序的编写与设计增强学生解决问题的能力与技巧;运用计算机加强个别化教学等等。

1995年,英国修改国家中小学课程,将“信息技术”课列为11门国家统一课程之一并制订各年级的标准,目的在于培养学生的信息技术能力,使学生有效、自主地运用各种信息技术工具和对信息资源进行系统的分析、获取和处理以及对外部事件进行模拟与控制等。1998年4月,英国政府发表了《我们的信息时代》的报告。申明政府的作用是:改革教育,在教育中利用新技术;使人们获得信息时代必须的知识与技能;扩大信息收益面等。该报告提出:1998年底,将联结因特网的中小学数量增加一倍,开通全国学习网;2002年,所有中小学全部进入学习网;对全国的中小学教师进行培训,使他们掌握使用因特网的技能,使每一个师生都能掌握必要的电脑和网络通信技术。

1998年,法国提出“将法国社会带入21世纪”的信息技术教学发展计划,要求从幼儿园到大学生每个学生都要学习信息技术。这项计划的目标是使法国所有学校全部实行电脑化,计划中央政府投资30亿法朗,地方政府筹资120亿法朗。该计划把教师培训作为当务之急,特别强调要使教师掌握软件程序编制。

新加坡政府1997年拨款20亿新元(12.9亿美元)在全国365所中小学推行“能手计划”(Masterplan),普及信息技术教育。计划用6年时间(1997~2002)为每所小学平均6个学生配置一台计算机,中学的相应比例为5比1,社区学院的比例为2比1,为50%的教师配置笔记本电脑,对全国所有教师进行信息技术教育培训,所有的学校连网。现在“能手计划”已实施将近4年,进展和效果如何?新加坡官方报告和学者研究都认为这一项目进展非常顺利。他们指出:信息技术在教育中的应用涉及到硬件、软件、人件(human - ware)等关键因素,它们是相互关联的。在信息技术的使用中,教师态度的转变是最有深远意义,最有影响的因素。经过培训,教师从对信息技术缺乏了解转变为有了主人翁感和成就感,对使用信息技术有了极大的积极性,他们把综合性的课件和互联网络引进课程,用多媒体设计报告,指导学生合作设计项目,发电子邮件给家长,为家长组织培训等等,发挥了很高的想象力和创造性。

如果说90年代信息技术在中小学教学领域的应用里主要是培养学生信息技术的观念、能力,逐步连通因特网和建立多媒体网络化教育系统的话,在高等教育领域,信息技术已使远程教育发生了根本性的变革。远程教育的普遍概念是指在校园之外,远距离传送的培训和课程。美国联邦教育部教育研究与发展局援引美国学者谢容和博切尔的研究,将远程教育及其技术手段的发展分为四个阶段。

表1 远程教育技术的四个发展阶段

	第一代	第二代	第三代	第四代
基本特点	一般采用单种技术	除电脑之外的多种技术	包括电脑和网络在内的多种技术	包括宽带网在内的多重电脑技术
年限	1850～1960	1960～1985	1985～1995	1995～
运用媒体	1.印刷品 2.无线电 3.电视	1.录音机 2.电视 3.录像机 4.电传 5.印刷品	1.电子邮件、网上公告、网上交谈 2.程序化的软盘、CD以及网上资源 3.电话会议 4.通过卫星、电缆、电话等技术进行集中式的视听讨论会 5.电传 6.印刷品	1.电子邮件、网上公告、网上交谈，宽带网提供个性化、定制的交互学习资料 2.程序化的软盘、CD以及网上资源 3.电话会议 4.通过卫星、电缆、电话等技术进行分散式的视听讨论会 5.电传 6.印刷品
通讯特点	1.单向 2.师生之间通过电话或电报交流 3.偶而辅之以面授、解疑	1.单向 2.师生之间通过电话、电报或电传交流 3.偶而辅之以面授、解疑	1.通过印刷品、电脑程序以及可视会议等广泛的通信手段，传送教学内容 2.双向交互式手段，实现师生、学生之间的事先、即时、或事后的交流 3.因特网技术提供课文、可视图像等	1.双向的实时视听交互式教学 2.双向交互式手段，实现师生、学生之间的事先、即时、或事后的交流 3.通过因特网以每秒30速率传送教学内容 4.根据要求传送长时间的数字化教学程序

资料来源：美国联邦教育部教育研究与发展局，1999年12月资料。

从上表可以看明，80～90年代，由于电脑和网络的出现，远程教育有了本质性的改变。尤其在90年代中期，实现了第三代到第四代的转换。信息交流的手段由单向变成多向，师生之间的交流真正成为了互动，传送信息的形式由窄频道变成宽频道，更便于接受声音、视象、数据，信息传送的速度更快，成本也更便宜。

1995年和1998年，美国联邦教育部国家统计中心先后对全美高等教育机构远程教育进行了两次调查。1995年秋季，有33%的2年制和4年制高等院校提供远程教育课程，到1998年，这一比例上升到44%。其中2年制的公立院校提供远程教育的比例，从58%提高到72%，4年制的公立院校相应比例提高到79%。4年制私立院校提供远程教育的比例从12%上升到22%。全美参加远程高等教育课程学习的学生从75万人增加到163万人，其中134万名学生参加的是本科或授予学分的课程学习。在1994～1995学年，在院校使用的远程教育手段中，双向交互式视象方法和预制录像方法最为常见。到了1997～1998学年，使用最多的是非实时的、基于因特网的电脑教学技术，其机构从22%上升到60%，其次是交互式双向视象技术（从57%略降为56%），再次是预制和录像技术（从52%降为48%），而实时的、基于因特网的电脑技术机构的比例从14%上升到19%。（教育部教育管理信息中心，《美国远程教育发展概况》，教育参考资料，2001年第4期，P30）。可见，因特网技术的出现和发展，改变了远程教育的特点，也代表了未来远程教育的发展方向。世界贸易组织的报告《教育服务》指出："大家公认互联网为高等教育的最新变革作出了重要贡献。它不但改善了第三级教育现有的形式和结构，例如通过建设校园信息设施，而且还引起高等教育和组织过程的变革。"

加拿大西蒙弗雷泽大学传播学院教授琳达·哈雷森是国际上最早从事网上教学与研究的专家。她认为计算机网络革命既形成了教育革新，教育革新也影响着计算机网络革命。计算机网络在全球范围在各级教育跨学科地产生新的学习模式。网上教育成为无所不在的教育。传统教育无法替代网上教育，网上教育却可以提高和改进传统教育。哈雷森从80年代初起，开始研究网上教育。她搜集了439门虚拟大学的课程资料,参加这些课程的教师200人,学生15 000人。她的研究提供了一份经典式的论证报告。她阐述了虚拟大学实地研究的结果,揭示了网上教育领域研究者和实践者所关心的一系列问题。包括(1)教师的新角色。参加测试的教师报告了从面对面教学到网上教学的重大变化。教师和学生的互动作用加强,因此,教师必须学会如何使教学更便利,而不应是仅一个内容提供商,同时学生为信息输入、提供参考资料、分析和提供案例担负起更大的责任。(2)教学效果。教师报告开始阶段感到工作负担重,随着对工作的熟悉,负担逐渐减轻。新的教学角色的变化是采用合作性学习,对所有100门虚拟大学的课程的研究都发现采用了某种形式的合作教学。许多教师认为网上教学改进了面对面的授课方式,激发了教学的积极性。(3)学生的效果。学生提出遇到的主要问题是"交流焦虑",既有技术方面的,也有社交礼仪方面的。但是85%的学生认为网上学习的经历比课堂教学的经历更积极。(4)新的学习模式和结果。数据显示,网上教学,学生空前的积极参与与合作,师生交流也相对均衡地分布。例如对13门网上课程的研究显示:77%的学生每周至少作业10次,85%的学生每周至少作业3次,70%的学生每周至少传送3次信息。90%的学生全部完成了网上虚拟课程。

美国著名教育技术专家阿兰·诺万伯认为:技术带给社会真正的革命已经远远超出如何使用计算机或者扫除计算机文盲,也超出在课程中引入计算机或学习多媒体,甚至使用互联网。更深的影响是信息交流技术正在彻底地重组人们何地、何时、与何人以至为什么工作。许多人们目前工作方式的要领将要终结。30年前,当学校简单地在课程中引入新技术被看作是偷懒,而现在技术、信息和传播带来的是无穷尽的机会。

以印度为例,长期饱受贫困之苦的印度,在信息时代大潮中找到了大施拳脚的用武之地。印度拥有发展中国家规模最为庞大的工程技术队伍,在这些人才中绝大多数又能流利地讲国际通用语言英语,国家采取了大力发展软件产业的方针。"因特网变革的动力"成为印度政府推动国民参与信息革命的号召令。印度政府出台了一系列优惠政策,如所有生产软件的企业,不论外资、内资、合资企业十年内一律免税,出口的软件产品也全部免税,大量吸引在美国的技术人才回国投资等等,来发展信息产业。印度政府力图通过10年的努力,将印度建成"世界信息产业超级大国"。该国计划近期内使信息技术产品的出口占到印度出口总额的1/3,并把印度的经济增长率拉到两位数。

90年代,电脑网络和因特网技术的发展,促使教育机构在更广泛的地域和教学领域寻求市场机会。1999年4月出版的《美国高等教育年鉴》中提到,"仅仅经过3年时间,远程教育就以一种产业的形象蓬勃发展。"网络学习的出现,加速了高等教育的国际化,使大学在网络经济与文化发展中的地位变得越来越突出,同时也使学校与社会的联系更加密切。例如美国的加利福尼亚大学洛杉矶分校推广的学校与"家庭教育网络",通过国际互联网开设了50门课程,美国44个州和另外8个国家的学生共同学习这些课程。再如美国杜克大学商学院开设的全球执行工商管理硕士课程,目标是培养国际组织管理人员,在欧洲、亚洲、南美洲和美国四个地区分段授课,配之以交互式远距离学习技术。整个课程为68周的远距离教育,虽然学员们主要在工作场所学习,但可以从网上和其他途径学到MBA规定的全部内容。它帮助管理人员懂得如何在全球性合作管理中成功地运用信息技术,同时也掌握了使用信息技术。网络化学习的一个近期走向是把教育广泛构建在因特网上,通过因特网把政府教育部门、高等学校和研究机构联结起来,将教育的终端接口连接到每一所学校和教室、每一个家庭计算机和个人的笔记本电脑上,以形成广泛的互动协作式学习和资源共享。

(三)教育的国际化趋势

在经济全球化、贸易全球化的背景下,加强国际间文化与教育相互理解、交流与合作成为一种必然趋势。教育国际化近年来在理论探讨和实践实施中进展非常快。北美、西欧、澳洲、日本等发达地区与国家率先开展了高教国际化的研究。1995年11月,OECD召开的高等教育国际化学术讨论会的文件认为,高教国际化已从边缘逐渐变成了高等学校管理规划、培养目标和课程的一个中心因素。归结起来看,高教国际化包括国际化的教育观念、培养目标、课程、留学生与教师和科研人员的国际交流、开展合作研究、教育资源的国际共享等要素。

1998年10月,日本大学审议会通过的《21世纪的日本大学与今后的改革政策》提出,21世纪是“追求全球规模的协调,共生与强化国际竞争力的时代”,“在高等教育领域,多媒体的进一步发展促进了大学之间教育研究信息的交换和教员、学生的交流,并且这种交流是既不限于国内、也不伴随地理位移的跨国度的交流。各大学所拥有的知识资源也正在朝着共有化方向发展。由此,国际间的相互依存关系以世界共同标准为依据,达到全球规模的协调与共生的必要性将会进一步增强。另一方面,全球规模的竞争也会更加激烈,增强国际竞争力将成为一个重要课题。”

联合国教科文组织1996年发表的重要报告《教育财富蕴藏其中》也把开展国际合作与培养人才、从事研究和提供终身教育并列为大学被赋予的四种基本职能。教育国际化的实践在欧盟很早就在推动。一个典型范例是欧共体1987年发起的欧共体大学生流动行动计划。该计划的目的是促进大学生和教师的流动,拟定不同成员国之间的共同课程计划,学位与职业合格证书相互认可和流通。自1987年至1995年间,约40万名大学生有机会在欧共体的另一所学校里完成一个被承认的学习阶段。5万名教师到其他大学授课,1 800所大学参加了这一活动。再如,1998年3月,来自欧盟15国、东盟7国以及中国、日本、韩国的代表参加了在马来西亚吉隆坡召开的“亚欧高校交流论坛”和“亚欧官员对话”,同意成立“亚欧大学中心”,该中心的主要任务是加强亚欧大学生和教师的交流,对跨国的课程、学分、学位进行认可,设立信息库,在国家间传播和分享知识,促进国际合作。现在高等教育国际化的发展非常迅速。仅就留学生流动一项,“90年代早期,在国外留学的第三级教育学生超过150万。在美国1989~1993年期间,高等院校的外国留学生以每年3~6%的速度增长;在1996~1997年期间,在高等院校的外国留学生达到457 984人,超过了前一年的453 787人。1995年,国际高等教育的全球市场预计为270亿美元。”教育国际化的驱动因素既有文化交流与教育本身发展的要求,“高等教育机构拥有利用国际化来填补知识空白和丰富各国人民之间和各种文化之间对话的很大优势”,也包括政治和经济利益方面的因素。正如经济全球化是在旧的不公平不合理的国际经济秩序下建立起来的,对广大发展中国家是一把“双刃剑”一样,教育国际化更是一把“双刃剑”,西方发达国家在教育交流与合作中处于主体和支配的地位,占有明显的科技、资金和信息优势,占据着极其有利的位置。据美国的统计,仅吸收外国留学生一项,每年即可给美国带来33.5亿美元的财富。每年有大量的留学生学成后留在美国工作,既掠夺了大量发展中国家的人才,也节省了大批培养费。

下面我们从另一个视角WTO教育服务贸易的视野来探讨教育的国际化问题。

1995年1月1日,世界贸易组织(WTO)正式成立,它是一个具有法律地位的国际组织,服务贸易总协定(GATS)是WTO体系的一个核心组成部分。服务贸易(TRADE IN SERVICES)是近30年发展起来的新生事物。1970年全球服务贸易出口额仅710亿美元,而到1997年已达13 200亿美元。服务业是市场经济的基础产业,服务业是否发达是判别一个国家现代化发展水平的一个重要标志,例如当前美国服务业的产值占GDP的比重达75%,提供的就业岗位占总数的80%。发达国家在金融、航运、教育、卫生保健、科学技术、贸易、旅游等方面都有很强的实力,一些西方国家就是依据服务业的强大优势,如资金、人才、技术、资源、知识、信息来称霸或控制世界的。人们在进行综合国力的国际比较时,给服务业确定了相当大的权重,一个国家综合国力的强大不但要靠发达的物质生产,还要靠强大的服务业,发达国家与发展中国家的经济差距与服务业的发展水平有很大关系。在国际贸易中,长期以来以商品贸易为主,服务贸易为辅,不久要迈入二者并重的阶段,将来的趋势要达到以服务贸易为主,商品贸易为辅的阶段。以美国为首的发达国家在服务业上具有相当大的比较优势,它们的国内服务业市场已实现了对外开放,因此强烈要求其他国家也开放自己的国内市场。从1986年9月开始的以服务贸易作为主要谈判议题的“乌拉圭回合”谈判时,大多数发展中国家都坚决反对进行服务贸易谈判。理由是:服务业中的许多部门,如银行、通讯、信息、法律事务等都属于资本知识-密集型行业,发展中国家都较为脆弱,不成熟,或者过于垄断封闭,过早地实行服务贸易自由化经不起发达国家激烈竞争的冲击,而且有些服务行业还涉及国家主权和安全,不宜贸然大幅度开放服务贸易市场。随着双方不断地斗争、协调、磨合,愈来愈多地发展中国家加入了包括教育服务贸易在内的谈判。

根据日内瓦 WTO 统计和信息系统局按服务的部门(行业)划分,把全世界的服务分为 12 大类 143 个服务项目。这 12 类服务贸易是商业服务、通讯服务、建筑及有关工程服务、销售服务、教育服务、环境服务、金融服务、健康与社会服务、与旅游有关的服务、娱乐、文化与体育服务、运输服务及其他服务。教育服务属于 12 类服务贸易中的第五类,在项目上又分为初等教育服务、中等教育服务、高等教育服务、成人教育服务及其他教育服务五类。据 WTO 服务贸易总协定第 13 条规定,除了由各国政府彻底资助的教学活动之外,凡收取学费、带有商业性质的教学活动均属于教育贸易服务范畴。"服务贸易"主要有如下四种提供方式:

跨境交付(Cross-border Supply) 从一成员境内向任何其他成员提供服务(这种服务不构成人员、物质或资金的流动,而是通过电讯、邮电、计算机网络实现的服务,如视听、金融信息等)。对教育来说,主要是提供远程教育课程与服务。

境外消费(Consumptin Abroad) 在一成员境内向任何其他成员的服务消费者提供服务(如接待外国游客,提供旅游服务,为国外病人提供医疗服务,接受外国留学生等)。在教育方面,主要指一方国家公民到另一国去留学,进修。

商业存在(Commercial Presence) 一成员的服务者在任何其他成员境内通过商业存在提供服务(指允许一国的企业和经济实体到另一国开业,提供服务,包括投资设立合资、合作和独资企业。如外国公司到中国来开办银行、商店,设立会计、律师事务所等。这是服务贸易的最主要形式)。对教育来说,主要指一方国家的教育机构到另一国去开设学校,从事教学、科研与文化交流活动。

自然人流动(Presence of Natural Persons) 一成员的服务提供者在任何其他成员境内通过自然人存在提供服务(如一国的医生、教授、艺术家到另一国从事个体服务,有别于移民)。对教育而言,主要指一国公民到另一国从事专业教学工作。

服务贸易总协定规定,各国在市场准入和国民待遇方面,要按照不同的服务行业分门别类地作出具体承诺,并列入各国的减让表;同时允许各国依据国内立法对有关服务的开放作出限制和保留。所谓"市场准入"(Market Access),是指在服务贸易的四种方式下,缔约方开放市场给予其他缔约国不低于按照减让表中同意并明确规定的条款、条件或限制所提供的优惠待遇,不采取任何其他限制措施防碍市场进入。所谓国民待遇(National Treatment),是指在已承诺的部门、已承诺的条件和资格下,缔约一方给予缔约另一方不低于本国同类服务或服务提供者所得到的优惠待遇。服务贸易承诺减让表是一个国家用以表明它将履行服务贸易总协定的市场准入和国民待遇义务以及它希望继续免除这些义务的服务部门的文件。它所作出的承诺和限制被按照定义的四种方式(跨境交付、境外消费、商业存在和自然人存在)填入该表中。当一个政府作出一项承诺时,它就从法律意义上规定了一览表中所标明的市场准入和国民待遇水平,并将不再出台可能会限制市场准入和国民待遇的新措施。如果一个成员被认为没有履行它在服务贸易总协定中的具体承诺,将适用的争端解决与执行条款解决。

目前在已加入 WTO 的 137 个成员国中,有 39 个国家签定了教育服务贸易减让表。在这些国家中,对"商业存在"在市场准入方面无限制的国家有 21 个,不做承诺的国家 2 个,其余 16 个国家做了部分限制。对"商业存在"在国民待遇方面无限制的国家有 28 个,不做承诺的国家 4 个,其余 7 个国家做了部分限制。大多数发达国家,包括美国、欧盟 12 国、澳大利亚、新西兰等承诺开放力度很大。这些国家是制定服务贸易规则的主导国家,通过 WTO 规则,鼓励成员国开放教育市场,到海外办学;允许外国教育机构在所在国颁发学位证书或资证;鼓励成员国之间学历相互承认;支持专业人才流动,减少移民限制;取消政府对教育市场的垄断,减少对本国教育机构的财政补贴等等。大多数发展中国家没有参加教育服务贸易的谈判或承担对教育服务贸易的承诺。因教育关系到维护国家主权、民族文化继承、培养人才等重大问题,许多国家政府在开放其教育市场时,态度相当慎重。

从发展趋势上看,随着全球经济的一体化,知识经济的崛起以及信息技术的迅猛发展,教育服务贸易必然会大幅度地扩展,国际间的教育互动与合作也必将日益加强。任何一个国家不可能关起门来孤立封闭地发展教育,每一个国家都需理解和学会如何利用他国的教育资源来弥补本国的不足。通过合理地引进国外优质的教育资源，如品牌、课程体系、教师、教学方法、教育手段、管理模式、评估体系等教育经验，加速为本国培养紧缺人才，促进国家教育体制的革新和发展。根据对关贸总协定/世界贸易组织发展历史的分析，没有发现任何一个国家因加入GATT/WHO造成其经济贸易崩溃或发展严重滞后的，相反，许多国家因积极参与多边贸易体制获得了较快的发展。而且，教育服务贸易的运行是基于规则而非强权，权利与义务的平衡是其中一个重要特点。WTO主张每个成员根据自身的发展状况及竞争力，实行逐步自由化，它也允许一国在加入服务贸易总协定时，依据自身情况提出开发市场的承诺。当然，由于发达国家在教育服务贸易中占主导地位，最大受益者必然是发达国家成员。一旦大幅度开放教育市场，有可能加剧西方的价值观念与发展中国家的意识形态和民族文化传统的冲突；必然会对发展中国家的教学质量和教育管理提出新的挑战；有可能遭致发展中国家的文凭贬值，更有可能加剧发展中国家的外汇和优秀人才的流失。这些都要求发展中国家要学会掌握运用好国际游戏规则，争取制定全球公正、公平、无歧视的规则，同时要健全自身的法律法规，保持应有的独立，趋利避害，采取积极有效的对策来迎接挑战。

（四）建立终身教育体系

终身教育作为一种教育思潮溯源于60年代的欧洲，联合国教科文组织30余年来始终不渝地发展、宣传、推广这一教育思想。笔者认为，终身教育从简单的概念发展为成熟、系统、全面地理论阐述并在世界范围内得到广泛地重视并以各种形式付诸实践，是联合国教科文组织对人类教育宝库最卓越的贡献之一。

在联合国教科文组织国际教育发展委员会1972年发表的报告《学会生存教育——世界的今天和明天》中，对终身教育的发展过程已经开始了系统的论述。报告指出，“最初，终身教育只不过是应用于一种较旧的教育实践即成人教育（并不是指夜校）的一个新术语，后来逐步地把这种教育思想应用于职业教育，随后又涉及到在整个教育活动范围内发展个性的各个方面，即智力的、情绪的、美感的和政治的修养。最后，到现在终身教育这个概念，从个人和社会的观点来看，已经包括整个教育过程了。它首先关心儿童教育，帮助儿童过着他应有的生活。同时它的主要使命是培养未来的成人，使他准备去从事各种形式的自治和自学。后一种学习要求为成人发展了许多范围广阔的教育结构和社会活动……因此，终身教育就变成了由一切形式、一切表达方式和一切阶段的教学行动，构成一个循环往复的关系时所使用的工具和表现方法。”

笔者曾在《80年代发达国家教育改革的重要措施》一文中指出，终身教育在80年代发展的表现形式主要体现在：(1)成为一些国家教育改革的重要指导方针并以立法形式加以明确；(2)以成人教育为终身教育主要突破口的教育实践蓬勃发展，形式多样化；(3)受教育人数有了大幅度的增长。那么，终身教育在90年代又有哪些新突破呢？

终身教育理论在90年代重大的突破性的进展体现在由前欧洲委员会主席雅克·德洛尔任主席的国际21世纪教育委员会1996年向联合国教科文组织提交的报告《学习内在的财富》中。该报告将终身教育定义为“把与生命有共同外延并已扩展到社会各个方面的这种连续性教育称之为“终身教育。”终身教育直接导致“学习化社会”的概念，要“把终身教育放在社会的中心位置上”。“终身教育是不断造就人、不断扩展其知识和才能以及不断培养其判断能力和行动能力的过程。”终身教育要求“重新考虑并沟通教育的各个阶段”，“终身教育有助于安排教育的各个阶段、规划各阶段之间的过渡、使途径多样化，同时提高每种途径的价值。”该报告的突出贡献在于提出人的可持续的发展的观念并从“可持续的人的发展”的角度来阐述与终身教育的密切关系。“可持续发展”缘起于环境保护问题，但80年代末期以来已演变成为有关社会经济发展的全面性战略。可持续发展观与传统的发展观念的根本区别在于：从以单纯经济增长为目标的发展，转向经济、社会生态环境的综合发展，从注重眼前利益的发展转向长期持续性发展，从重视物质资源转向非物质资源（科学、技术与知识）的发展，尤其强调人的发展。报告指出：“可持续性的概念进一步补充了人的发展的概念，强调的重点是发展过程的长期持续性，提高未来一代人的生活水平，尊重所有生命赖以存在的自然环境。”报告指出“尤其应该从终身教育的角度，为每个人提供自由塑造自己的生活和参与社会发展的手段。”“特别是，尽管终身培训确实仍是21世纪末的一个重要思想，但是重要的是应使其超越纯粹适应就业的范围,而将其列入作为人的持续协调发展条件加以设计的终身教育这一含义更广的概念之中。"这些思想揭示了人的发展与社会发展和自然环境发展的相互依存关系,终身教育则是实现人的可持续发展的最基本的先决条件。

90年代对终身教育的论述更多的是和学习化社会结合起来。在学习化社会中,学习和教育是贯穿一生持续不断的过程;各种形式的学习和教育必须相互沟通,以满足不同年龄阶段人员的需要;学习化社会尊重个人发展和人们不同的思维方式。

愈来愈多的发达国家和新兴工业化国家通过立法推动终身学习。日本政府在80年代后期公布的几次临时教育审议会咨询报告和"教育改革推进大纲"中,逐步明晰和制定了向终身学习体系过渡的战略。1990年6月26日,日本国会通过了《终身学习振兴法》,这是日本第一部有关终身学习的法律。这项法律主要规定振兴终身学习是地方政府的事业;提出振兴地区终身学习的基本设想;在各级政府设立终身学习审议会等。这项法律公布后,在全国兴起了终身学习的热潮。截止到1995年,日本47个都道府县中已有33个设立了学习审议会,42个提出了终身学习振兴计划和设想。文部省更从1998年起,每年的11月同地方政府共办"终身学习节"。文部省的主要作用体现在:倡导并在政策上支持学校为社会服务;奖励和资助大学和高中举行开放讲座和学校设施向社会开放;扶持广播电视大学、学分制高中、专修学校等非传统学校的发展。韩国国会1999年8月通过了《韩国终身教育法》。该法规定了实施终身教育的几条原则,包括:全体国民均享有接受终身教育的权利;终身教育以个人自觉、自愿学习为基础;对于已完成一定学业者,应给予其相应的社会待遇。为此,韩国设立了世界独有的"终身教育士"的学位。该法第17条规定:在大学里,修满终身教育课程规定的学分者以及在本法第18条(即教育部长官有权根据总统令指定培养终身教育士的机关或团体)中完成了规定的课程者,教育部长官将向其授予终身教育士资格。①

90年代信息技术的迅猛发展为实施终身教育提供了良好的机遇与环境。学习者可以超越时空限制,自行安排学习计划、学习时间、学习内容,在主动的、开放的、交互式的学习环境中学习。这种学习方式,是一种以学习者为中心的个别化现代学习方式,也符合终身学习的需求。

而各国实施终身教育的方式和措施也更加灵活多样。加拿大政府在2001年发表的施政报告中提出,建立"个人培训注册帐户"即政府允许每个人在银行和其他金融机构设立一个帐户,个人存入这一帐户的钱若用于接受再培训,可免交一部分收入税。加拿大政府希望通过此项措施,鼓励人们边工作边进行再培训,以适应不断变化的就业市场对更新知识的需求。

(五)全民教育10年历程喜忧参半

90年代,世界教育发展史上一个重大事件就是全民教育思想的提出以及在各国政府的推动下,在全球范围内开展的全民教育运动。可以这么讲,在90年代开展终身学习,建立学习化社会的实践活动还仍主要局限在发达国家的范围,而全民教育实施的主流主要在发展中国家。

1990年3月,由联合国教科文组织、儿童基金会、开发计划署和世界银行联合发起和赞助召开的"世界全民教育大会"在泰国宗滴恩举行。来自世界150多个国家和地区以及各国际组织、非政府组织的1 500名代表出席了会议。会议讨论通过了《世界全民教育宣言》和《满足基本学习需要的行动纲领实施全民教育宣言的指导方针》两个历史性文件。这两份纲领性文件提出了消除性别、民族和地区差别,普及儿童基础教育、成人扫盲教育的目标、措施及具体计划,指出国际社会有义务消除防碍一些国家实现全民教育目标的障碍,并采取措施来解除最贫穷国家的债务负担。

《世界全民教育宣言》提出了2000年前要实现的6项中期目标,包括扩大幼儿的看护和发展活动,尤其针对贫困儿童、处境不利儿童和残疾儿童的看护发展活动;到2000年普及并完成初等教育;提高学习成绩;降低成人文盲率;加强新闻宣传等等。该《宣言》确认的最终目标是"要满足全体儿童、青年和成人的基本学习需要"。基本学习需要系指"包括基本的学习手段(如读、写、口头表达、演算和问题解决)和基本的学习内容(如知识、技能、价值观念和态度)。这些

① 教育部教育信息管理中心,《韩国终身教育法与英才教育振兴法》,教育参考资料,2001年第2期,P4。

内容和手段是人们为能生存下去,充分发展自己的能力,有尊严地生活和工作,充分参与发展,改善自己的生活质量,作出有见识的决策并能继续学习所需要的。"①

《宣言》把政府的作用放在首要位置,要求各国政府把开展全民教育作为国家一级的优先行动,每个国家都要制定或更新综合的长期行动计划,要给予必要的资源保证。政府要创造良好的政策环境,通过采取立法及其他措施以推动并促进各有关部门之间的合作。《宣言》对各国政府提出实施全民教育的四项建议:(1)开展国家级和次国家级活动以对全民教育目标作出广泛的公众承诺;(2)减少公共部门的低效工作,并消除私营部门只图私利的做法;(3)改进政府管理人员的培训并提供奖励,以使合格的男女人员继续任职于公共服务部门;(4)规定措施——鼓励人们更广泛地参与基础教育计划的设计和实施。政府要提高管理、分析和技术能力,和非政府组织及各种社会力量建立伙伴关系。它特别呼吁政府要加强对全民教育的投入,指出"一些国家对教育的财政总投入很低,它们必须探索将用于其它一些目的的部分公共经费重新分配给基础教育的可能性。"①

继世界全民教育大会后,各国政府先后召开国家级的大会,庄严宣布实施全民教育的政治承诺以及通过立法和各种政策来推进全民教育的实施。90年代的10年中,世界范围的全民教育的重大活动包括:(1)1993年12月,世界9个人口大国的政府首脑在印度签署了《德里宣言》,再次表达对实现全民教育的承诺、决心和信心。9个人口大国的人口总和在1993年为29.68亿,占世界总人口的一半以上;9国的成人文盲人数占世界成人文盲总人数的70%以上;9国未入小学的儿童人数在7 000万左右,其辍学人数也占到世界辍学总人数的一半以上。联合国前任教科文总干事马约尔曾撰文指出"除非这些国家取得进步,否则整个世界的教育不会有实质性的进步。可以说,这些国家是解决文盲和缺少教育问题的关键所在。"(2)1994年9月在埃及首都开罗召开的国际人口与发展大会,183个国家政府的高级官员出席,通过了《国际人口与发展大会行动纲领——人口、发展和教育》。该《纲领》指出:教育是可持续发展的一个关键因素。它警告说:教育是改善生活质量必不可少的工具,然而在人口迅速增长的时候,教育的需要就很难得到满足。它呼吁改进课程内容,以便使人们更多地意识到人口与可持续发展之间的相互关系、包括生育保健在内的健康问题以及性别平等,并对此负起更大的责任。这次会议已表示了对实现2000年全民教育目标的疑虑,提出"所有国家应该巩固90年代在普及初等教育方面所取得的进展,所有国家应进一步努力确保,无论如何在2015年前,尽快地使所有男女儿童接受初等教育或同等程度的教育。"(3)1995年7月,世界9个人口大国在印度尼西亚巴厘召开9个人口大国全民教育中期评价会议。(4)1996年6月在约旦首都安曼举行了世界性的国际全民教育磋商会,会议将改进教学过程、提高学习质量列为实施全民教育的核心任务。(5)2000年4月,由联合国教科文组织、儿童基金会、开发计划署和世界银行在塞内加尔首都达喀尔联合主办世界全民教育论坛。为筹备此次会议的召开,1998年下半年,上述4个国际组织通过了2个重要文件:"2000年全民教育评估大纲"和"2000年全民教育评估技术指南"。2000年教育评估是一项重要的全球性的活动,它的目的是使各国对1990年宗滴恩会议以来,为实现全民教育目标取得的进展做综合分析,修订国家行动方案,加速满足基本学习需要的进程。这两个文件制定了测算和评价全民教育的18项核心指标,如毛入学率、净入学率、生师比、各年级复读率、小学五年保留率等等。国际组织希望各成员国参照此标准,采取积极、统一的行动来评价全民教育的进程,并鼓励各国根据这些指标进行测算,采集标准化数据,作为向各国际组织提供年度统计问卷和报告的基础。自1998年下半年至2000年4月达喀尔会议前,世界上180多个国家的数以千计的教育研究人员和统计人员参加了2000年全民教育评估活动,建立了一个世界范围的全民教育网络。

达喀尔会议总结了1990年世界全民教育会议以来的进展,结论可谓喜忧参半。10年过后,世界范围内小学在校生已由6亿增加到6.8亿,入学率由80%提高到84%;90年代期间,小学在校生总数每年平均增加1千万,为80年代平均增量的两倍,而未入学儿

① 赵中建编《教育的使命——面向21世纪的教育宣言和行动纲领》教育科学出版社,1996年,P15。

童则由1.27亿减至1.13亿。成绩是显著的。然而，会议同时认为，1990年确定的全民教育目标远没有得到实现，发展中国家在实现全民教育方面还面临着严峻的挑战。至今世界成人文盲还存在着8.8亿人，其中妇女占将近2/3。教育投入显著不足。此外，会议对于信息技术的发展有可能扩大发展中国家与发达国家的差距表示明显担忧。

达喀尔会议通过了新的《全民教育行动纲领》。该《纲领》提出的具体目标是：全面提高和改善幼儿教育；确保在2015年以前使所有儿童特别是女童都能完成高质量的初等教育；促进成人扫盲教育，到2015年使文盲人数减少50%；在2005年以前消除小学和中学的性别差异问题；全面提高基础教育和成人教育水平。为了确保如上目标的实现，会议决定建立国家和地区协调机制，并要求各国成立国家全民教育论坛，由国家的领导人担任论坛的负责人。

由上可见，全民教育观念的提出和全面实施，开创了教育发展观、价值观、学习观、质量标准观的新视野。其核心内容即基础教育必须以满足全民的基本学习需求为手段，以提高大众的生存质量、促进人和社会可持续发展为根本宗旨的思想符合当代社会的发展观和教育的内在规律。满足基本学习需要，不仅仅被视为一项基本人权，它也被看作传承人类优秀文化遗产，提高人的素质和能力的社会发展手段。全民教育的思想一经提出，立即得到广大发展中国家的支持和回应。然而，10年历程步履艰辛，目标一再修订，说明全民教育目标的实现绝非一蹴而就之事。原因涉及到政治、经济、文化传统乃至宗教信仰等多方面的因素。但贫穷和众多的人口呈几何级数增长是阻碍、延缓中期目标和最终目标实现的最基本的因素，令人瞩目的是，中国全民教育的进展和成就是9个世界人口大国中最突出的，中国实施科教兴国，大力提高全民族科学文化素质的基本国策以及中国政府以务实的精神，扎实推进“两基”的经验在国际教育界广为人们称道。

（六）发达国家提高教育质量的一些共同性措施

为了应对知识经济的全面挑战和综合国力的激烈竞争，90年代各发达国家都在进行以提高教育质量为核心的教育变革，采取了一些共同措施：

适应时代要求，进行课程和教材改革 在美国总统、国会、政府和社会各界的支持下，由美国促进科学协会主持的《2061计划》，在美国正在产生着越来越深远的影响。除了1989年发表的《面向全体美国人的科学——2061计划》之外，又陆续出版了一系列重要文献，包括《科学知识的标准》(1993)、《科学知识的来源：专业发展》(1997年)、《改革的蓝图》(1997)等。这一系列重要著作总结了战后科学、数学和技术领域的深刻变化和未来发展趋势，提出了美国90年代至21世纪中叶基础教育改革的总体构想和发展思路。《2061计划》以大力提升全体美国青少年的科学、数学与技术素养为宗旨，力图建立、实施一种与现行课程和教育不同的课程模式与教学。它将科学分为新的5类学科，生物、数学、自然科学、信息科学和技术，并以此为架构，将学科内容又细分成科学的性质、数学的性质、技术的性质、数学世界、生存环境、人类肌体、人类社会、历史观点、通用概念等。这些新的学科内容构成了从幼儿园到2年级应逐步学习和掌握的科学知识、技能以及处世态度等的新内容和新框架。《2061计划》制定了基本的标准，要求学生掌握关键性的科学概念与原理；熟悉自然界，认识其多样性和统一性；在解决个人和社会问题时，能运用科学知识和科学思维方法。它强调亲身体验的学习原则，强调因材施教。《2061计划》所设计的课程和教材已在美国的一些州和学区进行教育改革实验，受到全国范围的普遍关注。日本文部省1999年初公布了计划从2003年开始实施的新的《高中学习指导要点方案》。该《方案》规定学校有权设置不超过20个学分的本校课程，即“学校设定课程”。新方案还规定“综合学习课”为必修课。它包括语文综合、理科综合A、理科综合B和家庭综合四门。其目的是以跨学科的综合学习和学生感兴趣、关注的问题为基础，开展富有创造性的建设活动。《方案》中还增加了培养学生交际能力的课程即语文表达课和英语交际课，并首次对英国近几年开展的国家课程改革计划提出广博性、平衡性、适切性、差异性四项指导思想。英国历来强调精英教育，忽视大众教育，导致基础教育质量两极分化。统计资料表明：1996年，只有60%的11岁学生在数学和英语国家考试中达到预期的水平，1/3以上的14岁学生在英语、数学和科学考试中没有达到预期的水平,2/3以上的16岁学生在GCSE考试中数学和英语不及格。工党政府在再次执政之后颁布的第一份白皮书中提出了6项基本原则:(1)教育将成为政府工作的核心事物;(2)教育政策的制定必须考虑多数人的利益,而不是少数人的利益;(3)提高教育水平优于教育结构改造;(4)扩大学校自主权,不干涉学校内部事务;(5)绝不容忍低水平教育;(6)加强伙伴关系,提高教育水准。政府采取的主要措施包括:拨巨资将5~7岁学生的班级规模缩小到30人以内;从国家彩票基金中抽资培训教师,提高教育水平;对特殊需要儿童,处境不利儿童,少数民族儿童给予更多关注,在高中阶段把计算机教学指定为必修课。

重视道德教育 60、70年代美国强调个性解放,自我完善和自我实现,但是由于社会的危机加剧,也伴随着学校暴力、吸毒、道德败坏等违法和不良行为的迅速增长,引起社会的广泛关注。美国著名教育家福兰克·纽曼指出:"如果说今天美国在教育上有一个危机,较少地是测验分数已经下降,而是我们在提供公民教育方面失败了,公民教育仍旧是国家学校和学院的最重要的责任。"① 80~90年代,重新强调了在学校中要强化传统的价值观念,培养美国公民所应具有的共同品德,如诚实、勇敢、正直、慷慨、忠诚、善良、遵纪守法、爱国、勤奋、公正和自我修养等,并且要求教师注意教学方法,不生硬灌输,将道德教育溶于教学中去。日本中小学道德教育的目标是将尊重人的精神贯穿到家庭、学校和具体的社会生活中去,并强调提高学生的道德实践能力。道德教育贯穿于各科教学以及课外活动之中。

改进教师选任标准,提高教师质量 各国都认识到提高教育质量成败的关键在于教师。我国学者陈永明认为"工业先进国家的师资队伍建设有三个值得关注的发展趋势:一是以不同教育形式使师资培养更为多样化、灵活化和科学化;二是师资培养趋向于综合大学化;三是有系统地统合教师教育和在职进修,从培养、任用、进修各个阶段有效地提高教师队伍的素质能力。"② 近年来,逐步提高教师选任标准或建立更严格的教师从业标准,强化教师在职培训,提高教师待遇,缩小教师收入同社会其他行业收入的差距成为各国的一些共同措施。美国全美教育委员会对全美教师的现状进行了分析,认为教师存在的主要问题是:(1)有太多的不合格教师在任教;(2)有太多的教师缺乏足够的学科知识,并缺乏能力因材施教。问题产生的原因:(1)传统的教师培训系统不够充分;(2)各州的证书制度不够完善;(3)吸引好教师的努力不够,需要更多措施吸引最好的和最聪明的申请者加入教师队伍,需要更多的少数民族教师和能在差校任教的教师;(4)好教师难于继续留下任教;(5)太多的教师被派去教不能胜任的学科;(6)学区为解决教师短缺的问题,往往雇用在学科知识和教育学知识两方面都缺乏足够培训的人去当教师;(7)专业培训不够充分。针对上述问题及原因,专家们提出的解决方案是:(1)传授更多的学科知识;(2)通过严格的考试保证教师具有雄厚的学科知识;(3)为在差校工作或在短缺学科任教的教师提供金钱激励;为杰出教师增加工资或给予其他奖励;(4)奖励杰出教师;(5)用优惠的工资待遇吸引教师任教于急需教师的学科和领域;保证教师有严格的学科准备;为在职教师提供高质量、可选择的进修课程;(6)为新的毕业生、中途变换职业者和教学辅助人员提供高质量的进修途径;(7)增加州对高质量专业发展的支持;把专业发展纳入教师的日常工作中。美国克林顿政府改革法案中提出建立全国中小学教师教学质量审查和认定制度。1998年教育拨款法案同意在这一年度拨出1 850万美元给全国教学质量标准委员会,进行教学质量认定。1998年已有500多名教师被认可为"骨干教师",计划在10年内,实现认定的"骨干教师"达到10万名。日本除实施新任教师进修制度外,还改革教师许可证制度,促进在职教师进修,鼓励社会上有识之士从事教育职业。

加强对教育质量的评估 80年代起,教育评价的重点从对财力物力的投入同毕业生数量的比值做评价,转向对教育过程和反映学生考试成绩,学习态度等教育质量的评价,即将经济投入与学生实际学到什么联系起来并评价其潜在效益。克林顿政府在

① Frand Newman,《高等教育和美国的复活》,卡内基教学促进基金会,1985,P31。
② 陈永明《现代教师论》,P490。上海教育出版社,1999年7月。

改革方案中提出建立全国教育质量标准和相应的考试制度。质量标准主要针对一些基础、核心的课程和学科,并能在全国范围内进行检测和评估。为检验学生是否达标,政府提出建立新的全国考试机制并已开始在1999年春天举办全国性的四年级学生阅读考试和八年级学生的数学考试。英国近几年对普通教育加强了以下几方面的评价:(1)培养目标;(2)学校的课程设置和教学工作;(3)品德教育;(4)教师的业务提高;(5)资源和校舍;(6)学校的管理、决策和信息交流;(7)学校与所在社区和学生的联系。它通过学校自我评价,家长与社会评价及教育行政部门通过督导对学校进行评价等多种途径,鉴定学校的优缺点,督促学校改进工作,提高教师的责任心,激励学生进步。

加强个别化教育和方向指导 法国针对中小学日益严重的学业失败现象,规定所有小学必须对在法语和数学两门课程学习上遇到困难的学生进行补课或个别辅导。所有初中必须在对法语、数学和外语三门课程上学习遇到困难的学生进行补课或个别辅导。为了确实落实这项制度,政府通过拨专款的方式予以支持,主要用于支付辅导教师的报酬。日本在历次改革报告中,都把适应个性原则作为根本性原则。方向指导主要实行于高中和大学第一阶段以减少淘汰率。

重视开发学生的智力,培养学生的创造性

这是国际教育界共同关注的问题。美国耶鲁大学著名教育与心理学家罗伯特·斯坦伯格长期进行培养学生创造思维能力的研究和试验。他认为学校对某些学生反复发出"灿烂照明"的作用,而另一些学生永远也得不到照耀。受奖励的学生往往是那些记忆能力强和解析能力强的学生,因此在常规能力成绩测验中总能获取高分。然而,创造性和实践能力在日常生活和职业生涯中是最重要的。具有讽刺意味的是,最有潜力获得成功的学生可能是在学校里受奖励最少的学生,而且很可能在释放其潜力,为社会作出贡献前被封杀。他认为传统的智力概念是不完整和不适当的。他根据个人的社会经济背景以及对环境的适应性和可塑性来设定对个人的评估标准。学校和社会可以通过这个标准来改进学校的成效,发挥所有学生的潜能。斯坦伯格教授指出各种研究显示学生的智商水平一直在上升,但他认为学生的智慧水平却一直在下降。学校教给学生知识,但却没有恰当地教给他们如何聪明地运用知识。他提出了一种智慧平衡理论。他提出为智慧而教是学校的根本任务,要教会学生如何聪明地思考。斯坦伯格的理论在国际教育界被高度地重视并在许多国家应用来进行培养想象力、创造力的实践。

危机与挑战

南北的差距在进一步扩大 本文第一部分讲到,世界经济在高新科技的推动下,从整体上看呈加快发展之势。但人们也忧虑地看到,一方面发达国家,尤其是美国经济持续快速发展,另一方面,许多发展中国家经济发展缓慢,有的国家经济停滞不前甚至出现倒退。南北之间的差距进一步在扩大,绝对贫困在加深。2000年,联合国开发计划署发表的1999年度《人类发展报告》显示,占世界人口20%的发达国家所拥有的世界总产值为86%,而占世界人口80%的发展中国家仅占14%。二者之间人均国内生产总值之间的差距已由1983年的43倍扩大到1999年的60多倍。世界最不发达国家的数目也从1989年的36个增长到48个。

南北差距扩大的原因究竟在哪里?回顾二战结束以来的历史,不难看出,目前的世界经济秩序主要是发达国家主导建立的,反映的是他们的利益。发达国家利用有利于他们的国际经济规则,极力向世界扩张以寻求更多的资源和市场,从而建立了强大的经济优势,大多数发展中国家的正当利益和合理要求无法得到体现,只能被动地就范于不公正、不合理的经济秩序,其发展权受到严重制约。当然发展中国家本身也存在着一系列问题。在文化教育领域,发达国家也居于世界的"知识中心"地带,发展中国家长期居于边缘状况。由于生产力落后,儿童尤其女童受教育的权利难于得到保障。固然,据2000年人类发展报告载,"成人文盲率在过去30年中降低了将近一半,而初等和中等教育入学率加起来翻了一倍多",但据教科文组织的估算,2000年全世界8.69亿文盲,其中8.61亿在发展中国家。教育的低质量、教育机会不平等、教育经费占国民生产总值的比例较低也都普遍存在。人口也是制约发展中国家教育发展的一个关键因素。

在发展中国家,农村人口占总人口数的2/3,最不发达国家占80%以上。越不发达国家,人口增长率越高,越造成该地区的贫困,由此给该地区的教育普及和扫盲带来更沉重的负担。农村人口向城市的大量流动,如果教育问题解决不好,既可能造成大量新文盲的产生,也同时为城市的教育增加了巨大的压力。

从发展中国家社会生产力发展进程来看,广大发展中国家处于农业社会向工业化社会的过渡阶段,而农业社会与工业社会的生产方式有着本质的不同。社会的主导产业由农业和手工业转变为制造业和服务业,两种社会的政治结构、主导思想和教育特征也有着根本性的区别。我国教育学者顾明远、薛理银在《比较教育导论教育与国家发展》一书中将农业社会、工业社会和信息社会的教育特征进行了概括。文章认为,工业社会的整个教育制度都出现了国家化、集中化和规范化的趋势。国家化就是国家开始大量干预教育,即为教育提供条件,又对教育提出要求;集中化是教育国家化的直接结果,即教育的管理权集中于政府,教育的实施反映工业生产的集中方式;规范化就是教育的管理参照工业企业的管理方式,像规范生产过程和产品那样,规范教育的年限、规模、运作方式和人才规格等。① 由于许多发展中国家的教育发展进程处于农业社会向工业社会的过渡阶段,因此,这些国家的教育制度、教育结构体系、课程体系、教师构成、教育条件和教学手段就可能发展非常不平衡,可能存在着各种不科学、不合理、不规范的状况。义务教育得不到普及,教师资格达不到要求,教育经费得不到基本的保障,教育基础设施简陋,教育结构体系单一,教育思想呆板,忽视学生个性的发展等教育、教学的落后状态都普遍存在。而发达国家处于后工业化社会向信息化社会的过渡或进入信息社会以知识经济为主导的社会形态。信息社会中智力工业成为经济活动的重要资源,高等教育实现了普及化,国家经费大量投向教育和科技领域,高科技产品大量进入教学领域,教育结构体系多样化,终身教育制度受到广泛重视,向学习化社会过渡。发展中国家在教育现代化进程中明显滞后,因此同发达国家社会经济、教育发展差距的拉大也是在所必然的事情。

国际劳工组织2001年元月份发表的一份就业报告中指出,目前全世界有超过1/3的人口处在“完全与新兴技术隔绝”的状态。这份报告还指出“数字鸿沟”不仅在发达国家与发展中国家存在,即使在发达国家,由于使用新兴技术工具的人群主要集中于那些生活在城市、受过良好教育且收入较高的年轻男性,因而不同人群之间也存在着“数字鸿沟”。值得关注的是,尽管许多有识人士提出要减少发达国家与发展中国家之间所存在的“数字鸿沟”,但很少有真正可行的措施付诸实施。一些工业化国家在各种国际论坛上说的是一套,做起来是完全另外一套。发展援助数量在下降,据世界银行《1999年发展资金》报告显示,发达国家流入发展中国家的官方资本的数量从1990年的600亿美元降至1999年的不足450亿美元。发展援助也往往是根据政治需要提供附加条件。那些挂在嘴边的政策和责任则被抛在九霄云外。而发展中国家对外援的管理不善,政局动荡,腐败丛生,也遭致发展援助效率低下。

发展中国家与发达国家在资源投入上的差距在进一步拉大。2000年2月,世界银行和联合国教科文专家组发表报告《发展中国家的高等教育:危机与希望》中指出发展中国家高等教育主要面对四大障碍:(1)缺乏远见。(2)缺乏政治和财政的支持。(3)起点薄弱。(4)在全球化竞争中处于不利地位。该报告认为发展中国家的高等教育处于非常紧张运行的状态。周期性地资金不足,需求却不断攀升(世界上近半数的高等教育在校生在发展中国家)。教师常常不合格,缺乏工作动机,工资收入较低。学生受教育少,课程陈旧落后。与此同时,发达国家却不断提高财政资助。简言之,许多发展中国家需要经过艰苦的努力,急起直追,才能不致落伍。而目前从发展中国家整体来看,高等教育促进发展的潜力仅仅在最低限度地实现。由此看来,发展中国家谋求经济与教育发展,缩小与发达国家的差距,消除内部贫富不均,除了争取国际社会的援助之外,从本质上说,要依靠发展中国家自身的努力,没有健全、明智的政府政策是很难有大幅度的发展。

国际高层次人才争夺激烈　在知识经济时代,一方面使传统产业的劳动力过剩,另一方面,又使

① 顾明远,薛理银著《比较教育导论——教育与国家发展》,人民教育出版社,1996年2月,P216。

高技术人才严重短缺。据美国信息技术协会2000年的一项调查指出,作为知识经济发源地之一的硅谷出现高新技术特别是网络技术人才短缺,比例高达10%,估计有36.4万个职位空缺。美国劳工部门称,美国2000年将有100万个新岗位需要软件技能,今后10年内每年需增加近10万名电脑专家,而美国大学所能提供的毕业生人数只有1/3左右。日本称今后10年科技人才将短缺160万到445万,其中最为紧缺的是信息技术人才。在欧洲,到2002年仅网络人才就将短缺60万人。新加坡人力部长李文献称,到2010年,新加坡需要25万名信息技术产业人才和管理人员,必须通过内部培养和外部引进结合来解决,以免失去抢先发展信息产业的良机。该国总理吴作栋在2000年8月20日国庆演讲时称,能否成功引进人才对每一个新加坡人都有直接或间接的影响,因为吸收外来人才是一项确保新加坡具有活力、竞争力和繁荣的长期策略,而不是单纯解决新加坡劳工不足的捷径。

世界范围的人才争夺战愈演愈烈。美国每年引进有专业特长外国人的H-1B签证的限额数由1990年的6.5万人增加到1998年的11.5万人,2000年又取消人员配额,改为按需引进。芬兰掌握先进技术的高收入外国人最高税率已减至当地人的58%。德国计划从欧盟以外国家引进2万名高科技人员。日本则计划采取各种措施,使外籍科研人员占科研人员总数比例在今后几年达到30%。而发展中国家一方面是人才大量外流,另一方面在全球性的人才竞争中明显处于劣势。国际研究数据表明,发展中国家在经济起飞阶段,留学生毕业后回归率都要远远低于滞留率,有时二者比例高达1:5。

21世纪国际教育宏观走势分析

从以上90年代国际教育改革发展的特点来看,国际教育进入了一个新的发展时期。知识经济的崛起和科技进步促使发达国家的教育进一步向着重质量、重效益的方向发展。可以预见的是,未来一、二十年,国际教育发展的走向将由现今各国教育政策所左右,在一定程度上,也将是现今各国教育政策实施的结果与延续。

国际间在人才与技术的竞争将更加激烈,政府在教育政策制定与实施中的作用将更加积极有力 政府更加重视教育战略的规划、布局;重视不同党派、组织机构的协调、沟通,保持教育政策的延续性,像布什2001年1月23日上台后提交给国会的第一项议案《绝不让一个孩子落伍》中,大力呼吁"两党合作的教育改革将成为我在任职期间的基石"。通过各种方式,如增加教育专项拨款、加大教育财政转移支付力度、减免各种税费等措施来增加对教育的投入。

政府要着力于建立能够研制出世界级研究成果,培养出世界级优秀人才的体制,特别要为年轻研究人员在竞争性的研究开发环境中发挥能力提供更多的机会。政府将进一步努力促进产业界和教育部门、学术界的密切结合,加快技术转换过程,指导产业部门有计划有重点地及时转化产业技术成果,提供用人信息,为培养具有综合素质、创新精神和能够驾驭日新月异的新技术的人才提供实习场地和研究基地。像日本2001年第一季度开始的第二期科学技术基本计划就提出,要通过推进关于科学技术的教育改革,培养和确保优秀的人才。在今后50年内培养出30名诺贝尔奖获得者。决定把科技开发的重点放在生命科学、信息通讯、环境和纳米技术等四个领域,为此政府在2001年投入24万亿日元的科研经费。

教育的多样化必定是未来教育社会发展的主导方式 笔者认为,多样化的概念涵盖于除了基础教育阶段之外各层次各领域的教育。基础教育是为了满足人的基本学习需要。它要提供一种适合于所有人的教育,既能使人们为今后的学习打下坚实的基础,也能使人们获得积极参加社会生活的基本能力。因此它强调要有一致性的规格要求和评估标准。除此之外,社会对各种人才的需求必然是多样化多层次的,教育多样化是社会发展多样化的必然要求。因此,每个国家教育的体制与模式也要灵活多样。多样化既包括教育结构、办学模式的多样化,也包括课程结构、教学内容、教学期限、教学手段等的多样化。教育的提供者也从以前单一的学校,尤其高等学校走向多样化,利用信息技术快捷、高效、便利的优势,各种全球大学、虚拟大学对传统大学构成竞争和挑战,以网络为主要载体的各种媒体、图书馆、博物馆等也更多地担负起教育提供者的作用。

21世纪的社会必定要成为学习化的社会，必定要建成开放的、各级各类结构合理、相互衔接和沟通的终身教育体系，政府和社会要满足人生各阶段的教育需求，教育在时空方面不断拓展，在教学内容和教育手段方面不断丰富，人民本身也要把自觉不断的接受教育和培训作为生活中一种不可缺少的需求。随着教育提供者的增多，个人学习化的趋势加强，学生需求的多样化，社会更多看重的是学习者的能力智慧，人们注重的不仅是学位的本身，而且更多的是教育成效，标明在高校一定时间学习的学位的功效将逐渐淡化。

在多样化的教育体制下，必然要求各种社会力量更多地参与办学 认为最好的学校、最好的课程只能由国家来开设的看法是不合理的，世界上许多国家声誉最高、办学质量最好，培养人才最有特色的学校往往不是政府出资办的学校。多样化途径办学是解决教育资金投入不足，调动非政府资源的有力途径。许多国家的经验表明，私立学校的教学、管理和运行机制提供了与公立学校不同的模式，它既可以促进学校之间的竞争，激发公立学校的改革，同时也可为公众提供多样化的选择机会。OECD的报告指出："在绝大多数国家内，公立学校在同教育服务的私人承办者竞争。私立学校的参与率从爱尔兰、俄罗斯联邦和土耳其的占所有学生的1%左右，到比利时、韩国和英国的35%及以上，以及荷兰的约75%不等。"① 私立教育在政府办学占绝对优势的情况下能否得到发展，关键在于政府对发展民营教育的决心和信心到底有多大。在法律的范畴上，国家权利和民权并非对立，政府并不排斥公民具有办学的权利。问题在于政府能否在政策和资金上给予支持。各国发展民营教育的起点和环境不同，美国的私立大学早于公立大学，像哈佛大学、斯坦福大学等资金极其雄厚，而包括中国在内的许多市场转型国家的民办学校是在很少国家资金投入的情况下，从无到有，从小到大的坎坷发展。民营学校的资金积累不能只依赖投资者的投入，政府要给予不同形式的扶持和补贴。在OECD所有国家，私立学校都要靠政府提供不同程度的资金。OECD报告指出："在比利时和荷兰，大多数学生在依赖政府资助的私立教育机构中注册（即它们的经费有50%或更多来自公共资源）。在英国，第三级教育均由依赖资助的私立教育机构提供，只是在韩国、葡萄牙和美国，独立的私立机构才是举足轻重的提供者（即不足50%的经费来自公共资源）。"② 从大多数国家的做法来看，政府给予私立教育更宽松、更有利的生存和发展环境，同时加强监管和质量监控，为社会成员提供更多的选择机会。

经济全球化和教育国际化已成为一种不可逆转的客观趋势和无可回避的现实 发展中国家要摆脱贫困，加速经济和教育发展，就需要以积极的更加开放的态势参与国际化进程，互盈互利，趋利避害，否则就会有进一步被"边缘化"的危险。从整体上看，教育国际化给发展中国家带来了进一步的发展机遇，带来吸引外资，引进先进的教材、课程、教学手段、教学管理经验和信息的条件和机会，可以广泛促进教师、学生、科研人员的交流。那些为国际学生提供高质量的教育，对教育市场反映敏锐的学校更富有竞争力。那些资金匮乏，拘泥于传统的教育教学的学校的生存就可能受到更大威胁。换言之，发展中国家如果能及时把握住信息技术革命的机遇，就有可能把工业化和信息化进程结合起来，使社会生产力和教育发展实现历史性的跨越。教育国际化也必将加速对发展中国家民族文化教育传统的压力和冲击，他可能带来发展中国家精英人才的大量流失，也可能加深"教育殖民化"的风险。发展中国家对发达国家的依存、合作和开放有个适度的问题，教育国际化不应以牺牲发展中国家的教育资源和教育主权为代价，也不应以制造更深的教育数字鸿沟为后果。人类需要世界各国"共赢"的教育国际化，需要各国平等和共同发展的教育国际化。

从近期走向看，教育国际化可能较多地体现为区域间的教育合作，即教育区域化（Educational regionalization），如欧盟、东盟国家之间的教育合作，东盟与中、日、韩之间的教育合作等等。因为区域内国家有更密切的经济联系，有比较相近的文化传统，在一定

① 《经济与合作发展组织教育要揽》1997，P14，人民教育出版社，2000年8月。
② 同上，P106。

程度上制约、缓冲教育国际化的负面影响。

21世纪已经来临。江泽民同志指出:“现在,我们正面临着世界经济和科技前所未有的大发展,也面对着前所未有的激烈的国际竞争。这是一场全球范围的大竞争,任何国家、任何民族都回避不了。在这场竞争中,就如同逆水行舟,不进则退。”① 比较是认识自己、了解别人的重要手段,有比较才能知长短、见优劣、辨方向。在经济全球化、教育国际化的浪潮下,必须充分认识到,当代所有的竞争归根结底还是人才的竞争,只有加快培养造就大批优秀具有创新精神的人才,增强本国自身的综合实力,发展中国家才能实现经济、科技、教育发展的新跨越。

全球教育改革与人的全面发展

北京师范大学 郑 华

对处于世界经济领先位置的国家而言,知识与资源之间的对比关系已经发生了变化,在决定生活水平的诸多因素中,教育可能已成为最重要的因素。对于发展中国家提高其利用教育的手段的必要性来说,怎么强调也不过分。一些发展中国家正在理解和制定国家的教育战略,并在追赶发达国家。但是大多数发展中国家需要更迅速地做更多的事情,以增加其知识基础,投资于全民教育,并利用新技术以获取知识及传播知识。事实上,当代世界正处在和平与发展的阶段,在新经济浪潮的冲击下,现代教育也正在发生巨大的历史性变化,正在使现代教育的思想和理论日益从理想和概念逐渐转变为现实,使现代教育的内涵更加丰富,使现代教育更能够适应经济和社会发展的要求,这些变化正在发展成一些重要的大趋势并对人的全面发展发挥更大的作用。

面向21世纪的教育改革浪潮

20世纪的七八十年代,世界经济经历了重大变革。该变革影响了国家经济长期增长的可能性,以及各国在世界经济中所起的现实的和潜在的作用,同时它也影响了各国政府为确保增长而制定的战略。由于信息的使用和生产对于这些变化如此之重要,教育也深受其影响。发达国家和新兴工业化的国家的经验表明:作为增长源泉的教育的重要性正在日益提高。这就促使各国政府对本国的教育进行改革,以适应新的环境要求。目前,一场历史上影响最广泛、最深刻的世界性教育改革运动正在步步深化,到21世纪将可能把现代教育推进到又一个新的阶段。这场空前的教育改革运动,其改革的方向和实质正在逐渐明朗,从总体上讲,就是要建立适应21世纪国际竞争和本国经济及社会发展的新教育体系。

面向21世纪的历史性教育改革 展望21世纪,世界将发生历史性巨变,这场巨变在20世纪80年代已初露端倪,正在极大地影响各国发展和改革的方向,它呈现出两个重要特点:一个是世界经济和社会发展的新特点。新技术革命已成为引导世界经济和社会发展方向的主导力量,正在从根本上深刻改变各国经济和社会的结构,到21世纪,世界各国经济和社会发展的新特征主要是:科技与教育占据社会的中心地位;高技术产业占据了经济主导地位;产业结构和职业结构以智能型为主;人类活动越来越国际化;人类文化正向多元化发展;等等。第二个重要特点是,激烈的国际竞争以及新的信息技术的发展使得劳动力的国际分工发生了变化,其结果大大加剧了高度工业化国家之间围绕生产尖端技术产品的竞争,而把加工工业转移到亚洲一些新兴的发展中国家。近些年,亚洲一些经济飞速发展的国家与工业化程度较高

① 引自李瑞环2001年3月12日在全国政协九届四次会议闭幕式会议上的讲话。

的国家进行竞争的能力大大加强了，而教育投资的迅速增加以及各国宏观经济“指导”政策为此做出了重大贡献。由于教育对科技和经济发展的重要作用，激烈的国际经济竞争和国际科技竞争同时也促使国际教育竞争日益激烈化。因此国际经济竞争、国际科技竞争以及国际教育竞争将成为21世纪国际竞争的基本特点，并将成为影响未来各国不断进行教育改革的重要因素。

适应本国经济和社会发展 当今和未来教育改革的主要目的是使教育能促进本国经济和社会发展，本国经济和社会发展是各国教育改革和发展的首要目标，只有提高本国经济和社会发展水平，才能有效和积极地参与到21世纪的国际竞争中去。所谓适应本国经济和社会发展，主要是适应本国经济和社会发展的需要。由于各国发展不平衡，发达国家和发展中国家的各自目标并不一样。从大的方面分析，发达国家已实现或基本实现了现代化，其主要发展方向将集中在迎接21世纪的技术革命的严峻挑战；而发展中国家尚未完全实现现代化，因而，继续完成现代化建设仍是他们的重要任务。两者的重点不同。所谓适应本国经济和社会发展，就是在他们实现各自目标的过程中，按照本国的具体情况进行。教育改革不可能脱离本国所能提供的条件，(主要包括经济条件和政治条件等)，在条件尚不成熟的情况下，仅根据经济和社会发展的需要提出的教育改革方案，可能是合理的，但不一定是可行的，很可能会失败。各国教育改革的实践表明：一些雄心勃勃的脱离本国条件的教育改革往往失败，或者从一开始就因得不到广泛支持而流产。因此，教育改革要适应本国经济和社会发展所能提供的条件，才可能取得较大成功，才能真正起到适应本国经济和社会发展的目的。

建立新的教育体系或教育体制 21世纪的历史巨变，将从经济、科技、政治、文化等各方面对人的发展和教育提出全方位的新要求，现存教育体系和制度已远不能适应这些新要求，只有对教育作全面性改革，建立一套新的教育体系，才能适应21世纪的发展。日本是较早明确这一教育改革方向和实质的国家之一，由日本首相直接领导的1984～1987年日本“临时教育审议会”，为日本面向21世纪教育改革所作的四次报告，一再强调了这一方向和实质、指出80年代以来进行的“日本教育改革是日本历史上第三次历史性的教育改革运动，其基本方向和实质是：面向21世纪，使教育适应日本社会变化和文化发展，建立新的终身教育的体系，指出新教育体系要强调个性化、自由化、多元化、全球化、信息化、向终身教育体系过渡等特征。中国也是较早明确这一教育改革方向和实质的国家之一，80年代以来的中国教育改革，正在逐渐演变为以农村和城市综合教育改革为中心的全方位、全社会参与的广泛深入影响的教育改革运动，其目标是建立适应21世纪中国经济和社会发展的新的教育体系和教育体制。

教育政策与改革的特征 新条件下成功的教育政策关键在于关联性、连贯性和参与性。在新的基于信息的国际分工中，一国经济发展的可能性越来越依赖于人们适应快速变化的环境的能力(灵活性、掌握新工作的能力和应用信息的能力)，同时也越来越依赖于信息的创新性质，以及信息同国民经济发展计划的融合。在那些最有效地适应了新国际分工的国家，教育体制都被始终如一地利用起来为这些目标服务。

这场教育改革运动与以往的教育改革相比，出现以下一些新的特征：

政府直接组织和领导教育改革，将其作为发展的重大战略之一 例如：美国教育改革的热潮可以从80年代以来所出现的报告书略见梗概。1982年美国出版《派代雅报告书：教育宣言》(The Paideia Proposal: An Educational Manifesto. Adler 1982)。其后有《高中：美国中等教育报告书》(High School: A Report on Secondary Education in America. Boyer 1983)；《大学学术准备：学生应该知道什么与能做什么》(Academic Preparation for College: What Students Need to Know and Be Able to Do. the college Board 1983)，以及《一个名为学校的地方：展望未来》(A Place Called School: Prospects for the Future. Goodlad 1983)等多个报告书问世。而1983年出版的《国家在危机中》(A Nation at Risk: The Imperative of Education Reform. National Commission on Excellence in Education 1983)更是引起美国各界的注目。

1983年4月30日里根总统通过全国广播向美国民众指出美国教育制度出现危机，弊端丛生，若教育制度长久如此,则国家将陷于危机之中,失去国际竞争力。从此,教育改革便成为全美社会各界关注的焦点。

1989年年底,美国总统布什与全美50个州州长集会,举行教育高峰会议。与会人员达成多项共识,并于会后发表联合声明。1990年美国政府正式公布六项全国教育目标,作为教育改革的方向。1991年4月布什总统于白宫发表《全国教育策略》,阐述其实现全国教育目标的策略。

美国前总统克林顿在1993年4月22日向国会咨送《2000年目标:教育美国法案》(Goal 2000:Educate America Act),作为联邦政府公共教育改革建议书。1994年正式签署生效。

又如日本,1983年,日本首相就下决心把教育改革列为日本当前和21世纪的三大任务之一,1984年,在首相提议下成立了由他本人直接领导的"临时教育审议会",对日本教育的方针政策和实践进行全面研究,提出了关于面向21世纪教育改革的重要报告,教育改革直接由首相领导而不是由文部省负责,这是日本现行作法的一个重要变化。

再如中国,中央最高领导层领导了80年代以来的教育改革运动,党和国家领导人曾多次就教育改革作重要讲话,党中央多次就教育改革专门发出文件,尤其是1985年党中央作出的《关于教育体制改革的决定》和1993年由党中央和国务院印发的《中国教育改革和发展纲要》对领导和推动中国的教育改革运动起着重大作用。

全方位、大动作 全方位:改革涉及到教育领域所有各个方面和与教育有关的其他各方面,现代教育面临着需要全面更新的问题。

大动作:不是对现存教育体制进行小修小改,而是进行重大的改革,如:日本目前的第三次历史性教育改革运动,旨在对现行教育体制做大动作的改革;中国目前的农村和城市综合教育改革运动,也是在探索突破原体制的限制,建立更有活力、效率、灵活多样的教育体制所作的努力。

改革需要更全面更充分的条件 这场教育改革运动是历史上规模最大、历时最长的大改革,需要全社会各方面创造许多有力条件才能成功。

全面组织和领导这场改革,需要有力的中央管理体制的支持和各级实施机构的有效贯彻执行。现行各国教育的领导管理体制主要有两种类型:中央集权制和地方分权制。二者比较起来,前者更有利于对这场教育改革运动的领导,后者对于领导一场全国性的全面的教育改革运动有较多的困难。

与广泛的社会各界和教育基层取得共识。一些国家在改革之初就发动社会各界和教育基层对教育改革展开大讨论,时间达数年之久或更长,通过大讨论,可以使社会各界和教育基层对现行教育体制的利弊有较全面正确的认识,对改革的方向、性质、内容、背景、目的、前景有明了的认识,这对于改革的顺利进行是重要的基础。

足够的教育经费是改革落实和成功的保证。任何改革都需要足够经费的支持,一方面,要疏通各种经费渠道,尽可能争取较充足的经费,另一方面,改革方案要充分估计经费的限制,方案要建立在现实的基础上,而不是完全建立在理想的基础上。

人的全面发展的丰富化和现实化

到21世纪,人类将面临种种更加严峻的挑战,各国之间的竞争将更加激烈,比以往任何时期都需要更多的更全面发展的人,对人的素质提出更新更高的要求,这使得人的全面发展的内涵更加丰富;同时,实现人的全面发展的客观条件也日益丰富和成熟,教育正日益加强实现人的全面发展的目标,将对人的全面发展发挥更大的作用。

人的全面发展内涵的丰富化

关于能够适应未来的全面发展的人的素质越来越被强调,这就是:更富创造性、更加成熟化、更有适应性、更具个性化。

更富创造性

学校教育的重点应该从掌握或复制事实向解决问题和培养创造性思维能力方面转变。创造本来是人类的本性,人类发展到今天,是人类自身创造的结果。人类创造自身的巨大成果,使当代人越来越相信:"未来不是我们要去的地方,而是我们要创造的地方,通向未来之路不是找到的,而是走出来的。"强调人的创造性,努力发展自己的创造能力,充分挖掘自己的创造潜力,将成为现代人未来发展的主要方向。尤其在当前,国际综合国力竞争正日益剧烈,各国发展将可能打破历史的排序，先进国家将可能因被后来者赶上而需要重新唤起全民的创造性去夺回过去的优势；后来居上的国家在超过先进国家后会发现自己开始失去了赶超和模仿的目标，因而昔日模仿性的民族性应该抛弃，强调以创造性刷新自己的民族性，以使自己保持领先地位；落后国家也会发现，在新的历史转折时期和在国际和平竞争的环境下，自己有了更多的机遇，利用国民的巨大创造性，可能比单纯模仿能更快接近先进国家和尽快摆脱落后状况。因此，人的创造性将成为未来各国参与国际竞争的极重要的条件。未来所强调的创造性品质，突出的表现如下：

创新意向　所谓创新意向是指人经常处于打破旧事物、创立新事物的欲望之中，常常追求用更合理的新事物取代不合理的旧事物。当代和未来处在特别需要创新的时期，一方面，学校的教育方法应该从严格服从向学生参与转变，而参与的一部分意义就是创新精神和创造力；另一方面，变化的节奏加快，新事物自身的存在周期也在缩短。这些就使人们提出了人人创新、不断创新的要求。

冒险精神　创新是对未知的探索，已知的对象其成败得失利害一目了然，而未知的对象则意味着较大的风险、代价和牺牲，因此，创新活动是以敢冒风险、肯付出代价、甚至将生命置之度外的冒险精神相伴随。在变化和发展极缓慢的社会，创新和冒险不具有普遍性，在保守的社会，冒险不但不是美德，“冒险家”还是被贬得很低的名称；而在竞争日益剧烈，创新活动成为普遍性的未来，冒险将成为被充分肯定的品质，冒险精神也从过去只体现在极少数创造奇迹者身上逐渐成为人人应具备的普遍性品质。因为，没有冒险就没有创新，冒险精神的缺乏意味着创新活动的中断或停止，一个国家和民族的人民缺乏冒险精神，则意味着它只有很少的创新活动，也意味着较小的进步和发展。

开拓能力　创新意味着对一块处女地的开垦，对一片废墟的挖掘，意味着从无到有，从有到多，从简单到丰富……这就需要开拓能力，随着创新活动走向普遍性，开拓能力也成为未来人普遍具有的品质，而不是特指少数所谓开拓型人才的特有才能。

批判精神　批判是对旧事物的否定，也是对新事物的深化和完善。没有对旧事物的否定，新事物的生长将可能受阻；没有对新事物的深化和完善，新事物就可能不长久或不具普遍性。旧事物的否定和新事物的长久和普遍性，只靠极少数人的批判精神难以达到。必须是多数人甚至全体人的批判精神才行。因此，批判精神在未来也将成为普遍性的品质。

更加成熟化

现代社会正越来越告别简单和幼稚的时代，朝着更成熟化、复杂化的阶段发展。现代人在创造客观世界的同时，也创造着自身，随着社会的成熟化，现代人自身也正在从简单、幼稚走向成熟。

更加开放化　在思维方式方面，不只是专注于问题本身，而是更注意把问题放到广阔丰富的时空背景上去思考；在性格特征方面，更趋向于外向，更开朗、善交际、交往频繁，更渴求了解和关心别人；在生活方式方面，不固守传统或原来的生活方式，更注意从外部吸收新的、自己喜爱的生活方式，以此丰富和更新自己的生活；在知识和职业方面，不仅仅局限于掌握本专业或职业范围的知识，越来越渴求了解和掌握本专业或职业之外的知识。

更有相容性　在思维方式方面，从坚持一种意见观点和方案 转向善于吸取各种不同的意见观点和方案，甚至可以容纳完全对立的观点和意见；在人际关系方面，从严格区分对手和朋友到有时可能是朋友有时可能是对手；在性格和才能方面，可以将似乎不相容的性格和才能集于一身；不把本国与外国文化、东方与西方文化、传统与现代文化完全对立，而是善于吸取各种文化的优秀之处。

更了解和认识自己　人类最困难的是认识自己，但随着人的成熟化，现代人会更多地了解自己；随着人类对人的研究加深，个体也会随之对自己有越来越深入的认识；随着教育的普及和提高，每个人都能更多了解和认识自己；复杂多变的未来，要求现代人不断重新认识自己身体、生理、心理、性格、情感、思维、能力等各方面的优缺点、特点和潜力，从而可以正确做出判断和调整，才能适应未来的剧烈竞争，求得生存。

更有适应性

现代社会正朝着变化更剧烈、更快速的方向发展，现代人只有发展得素质更高、更全面，才能更有适应性。

更强健的体质　由于竞争日益激烈、工作和生活节奏日益加快,现代人越来越需要更强健的体质才能适应;未来激烈竞争中强健体质的重要性,将从根本上改变人们的体育运动观,体育运动将从过去以少数运动员竞争夺标为主要目的,逐渐转向以广大人民群众健康身体为主要目的,学校体育也将在学校教育中具有更突出的地位,随着人们文化知识水平的提高,卫生保健知识也将从专业化走向大众化、普及化;现代人将具有对疾病更强的抵抗力、良好的卫生保健和锻炼习惯。

主动适应变化的品质 肯定变化的态度:由于人们过去长期生活在变化缓慢的年代,养成肯定稳定、害怕和反对变化的态度,随着社会的不断变化和进步,人们将会逐渐转变这种态度,转向对变化持肯定态度。快速处理信息的能力:变化的加速,意味着信息量的增大和信息的多样化,要对变化的方向、性质、程度等作出迅速而又准确的判断,必须具备快速处理信息的能力。预测能力:为了适应变化,必须了解变化的趋势、性质、方向,因此,要提高预测能力,包括对社会未来发展方向的了解,对职业变化的了解,对本专业知识发展方向的了解,对预测方法的掌握,等等。

更全面的知识和能力 扎实宽厚的基础知识和基本技能:基础知识和基本技能相对较稳定,适应性较强。合理的知识结构:由于自然科学与社会科学相互渗透,科学与技术日益密切结合,知识日趋综合化,更求人们的知识结构应以本专业为中心,兼通文理,科学与技术相结合,理论与应用相结合。多样的能力:随着变化的加快,职业的变换,跨专业领域的活动日益频繁,国际化趋势增强等等,单一的专业或职业能力已不能适应,自学能力、职业能力、创造能力、人际交往和合作能力、国际交往能力等各种能力,必须集于一身、才能适应未来。

更健全的心理 更能控制自己的情绪:由于社会变幻莫测,往往使人由于突然陷入不熟悉情境而产生焦虑、忧郁的情绪,这种情绪的蔓延和持续使人产生挫折感,变得反应迟钝、精神萎缩,身体虚弱无力,失去自信,甚至完全放弃对适应变化的努力。现代人需要学会在突然到来的变化面前如何控制情绪,减轻和消除焦虑和挫折感,逐渐做到可以在变化到来之际表现得镇定自若,应付自如。更广泛的兴趣:现代人将有更广泛的爱好和兴趣,这不仅因为广泛的爱好可以增加对各种机会的选择,还因为通过广泛的兴趣可以使情绪愉快,以利于使快节奏的工作和生活带来的紧张得到一定的松弛和缓解,也可以使个人生活更丰富,摆脱紧张工作带来的单调感。更坚韧的意志:在竞争激烈和需要不断创新、冒险、开拓的未来,失败和挫折将可能更频繁,事业的成功需要更艰苦的努力,需要坚韧不拔的意志。更乐观进取自信的人生态度:面对未来日益频繁的各种挑战,现代人将取更加积极的人生态度,悲观、保守、自卑的消极人生态度将被越来越多的人所抛弃,更多的人采取的是乐观、进取、自信,勇敢地迎接挑战,战胜挑战的积极的人生态度。

更具个性化

社会的高度发展和多样化正式推动人的个性化,个性化的人反过来也推动社会进一步的发展和多样化。随着社会发展水平的提高,整个社会的服务业正朝着越来越满足个性化的方向发展。社会物质产品日益丰富,人民收入的日益提高,为人的个性化创造了条件,个人越来越得到较多方面和较高程度的尊重和满足,生活方式、工作方式和消费方式等个性化趋势正在增强,人正在走向更鲜明和更全面的个性化。反过来,个性化的人也将有更大的创造性、积极性和主动性,将更大限度地创造未来美好的世界。

教育将使人的全面发展的理想进一步现实化

随着社会对全面发展的人的需要越来越迫切,要求教育为人的全面发展起更大的责任的呼声也日益高涨。要为一个新世界培养全面的人才,要把一个人在体力、智力、情绪、伦理各方面的因素综合起来,使他成为一个完善的人。加强全面发展的人的培养正在成为各国教育改革的共同目标,其中创造性和个性素质的培养又得到特别的强调。日本关于面向 21 世纪教育改革的八条基本指导思想中,第一条就是重视个性的原则,第三条是培养创造性思考能力和表达能力,而第一条“重视个性的原则,又被认为是这次教育改革中最主要的,也是贯穿在其他各条的基本原则。为了促使人的全面发展和创造性、个性培养的现实化,各国教育改革都采取了相应的改革措施,如建立终身教育体系,教育内容的进一步充实和多样化,教育方法的多样化和个性化,高等教育的进一步多样化,使教育与社会和生产更加紧密联系等等。总之,教育改革正在推动整个教育体系越来越有利于人的全面发展的方向前进,而通过教育,也正在使人的全面发展的理想逐步走向现实。

提高教育质量成为重点

在数量与质量之间,未来更注重教育质量。在对21世纪的预测中,一些专家注意到这样一个趋势:质的问题比量的问题日益引人注目,从关心数量到关心质量反映了科学技术方面从能源到信息的重点转移。关心质量将成为21世纪生活的主要特征之一,在整个社会领域,包括科技、环境、市场、管理、生产、政治、教育等等,质量无不成为关注的中心。20世纪,教育数量的增长被放到了突出的位置,义务教育的普及化,中等及中等以上教育的大众化,成为20世纪教育的突出任务。20世纪80年代以来,随着新技术革命的迅猛发展和以综合国力为主的国际竞争日益激烈,教育质量越来越成为突出的问题,各国教育正在将提高教育质量放到十分突出的位置。美国的教育在量的方面一直处于国际领先地位,80年代以来,越来越突出地感受到提高教育质量方面的巨大压力,其80年代以来的一系列教育改革,均以提高教育质量为中心。1983年,美国高质量教育委员会报告《国家处在危险之中,教育改革势在必行》中强调指出,教育改革的中心任务是探索从根本上改变美国教育制度,把全国各地的大中小学办成高质量的学校;1984年,美国高质量高等教育研究小组的报告《投身学习,发挥美国高等教育的潜力》中也指出,本报告旨在使高等学校全力以赴地提高教育质量;1986年,卡内基基金会的报告《国家为培养21世纪的教师作准备》中甚至提出,美国的成功取决于更高的教育质量。前苏联,1987年发布的《关于高等和中等专业教育改革的基本方针》强调,提高专业人才培养质量是高等学校的主要任务;1984年通过的《苏联普通学校和职业学校改革的基本方针》指出,普通学校和职业学校的改革的基本任务中,要求把提高教养和教育质量排在第一位。日本,1984~1987年的关于面向21世纪的教育改革的四次报告中,均强调了提高教育质量的重要性。

随着教育质量问题的突出,新教育质量观也被提出。美国的波依尔博士关于教育思想必须实行五个转变的提法,在一定程度上反映了向新质量观转变的趋势:从强调教育的统一性转变为强调创造性和革新精神;从重点培养竞争到重点培养合作;从强调民族的狭隘的观点和忠诚转变为强调全球的观点和忠诚;从把知识分割过细、缺乏联系转变为强调知识的整体性和综合运用知识解决实际问题的能力;从强调为个人私利而学转变为强调为公众利益而学,并强调个人发展,培养自知、自尊和自信。新教育质量观比较突出强调的有如下几个方面:

强调全面质量 认为好的教育质量不仅仅指好的考试成绩,或是牢固掌握所学的知识,而是注重包括知识、能力、品德、身体、技能、情感、审美、社交等等各方面质量的全面提高。

强调基础和提出新基础观 许多专家认为,所谓知识加速增长和知识陈旧率加快,主要是指专业知识,而基础知识具有较大的稳定性,其更新率或陈旧率要慢得多,而且基础知识有利于人们今后的继续学习和专业上的转向,因此,基础知识的教育和学习应该得到重视和强调。但是,随着时代的进步,旧的基础观已不能适应,需要提出新的基础观,新基础观主要有三种:新的三基观,认为随着信息社会的到来,旧的读写算三基已不像过去那样重要了,而新的电声技能、电视技能和计算机技能用途日益广泛,很快将取代读写算,成为信息传递的基本工具,因此,未来的公民如果缺乏这三种新技能则可能成为新文盲。六基观,认为读写算这传统的三基尽管还很需要,不可抛弃,但仅有这三基远远不能适应未来的社会,还应包括新的三基:通信技术、高超的解决问题的技能和科技素养,二者合为六基。全面基础观,认为不能仅仅强调知识和技能的基础,还要强调品德和身体的基础,而后二者在复杂多变和竞争激烈的未来不仅是重要的,而且可能是比前者更重要的基础。

强调能力和提出新能力观 随着社会变化的加快和知识陈旧率的加快,能力越来越受到重视,受联合国教科文组织委托编写的一份报告对传统的教育目标与新的教育目标作了对比,传统的教育目标是按以下顺序排列的:第一:知识,第二:实用技能,第三:态度和能力。新的教育目标则将上述顺序完全颠倒过来,第一:态度和能力,第二:实用技能,第三:知识。也就是说,知识、技能和能力之间,能力正在被放到第一位加以强调。当代日益受到重视的能力有许多种,如自学能力、创造能力、预测能力、职业能力、交往能力,等等。而近来关于"第三张能力通行证"的提法,正在引起广泛的关注和重视,被写进1989年联合国教科文组织召开的关于2000年教育的会议报告中。柯林·博尔在向经济合作与发展组织教育研究与革新中心提交的一篇论文中指出,一个人要想在20世纪90年代获得成功,必须掌握三张能力通行证:一张是学术能力通行证,另一张是职业能力通行证,第三张是事业心和开拓能力通行证。前两张通行证在过去已被强调,但第三张通行证会显得越来越重要,所谓事业心和开拓能力并不是指某一种能力,而是指在快速变化的世界中开拓事业和取得成功的一组能力和品质,包括:创造性思想、冒险和探索精神、意志坚定、勇于负责、善于交流谈判规划和组织、有信心和主见等等。实际上,所谓第三张能力通行证是对未来适应性强、成功率高的新人的能力和品质的概括和描述,提出了一种新的能力观。

新教育质量观将引起一系列教育改革。新教育质量观对教育提出了一系列问题,如课程设置如何突出基础和能力的培养?现行的教育组织形式是否有利于能力的培养?能力是可教的吗?通过何种途径培养能力是最佳的?旧三基是否过时?新三基是人人必备的吗?等等。几乎所有人都认为现行课程存在较大问题需要作较大改革,但是,课程改革是项复杂和艰巨的工程,而课程中如何突出能力的培养,更是一大难题。一些专家还认为,学校教育对一些能力和品质的培养存在很大局限性,仅靠学校教育过程不能够培养出我们所期望的有能力的人,诸如上述所谓事业心和开拓能力的培养,不是由学校可以解决的问题,这类能力更多的是要人通过社会实践活动去获得,不是通过听讲课来学,而是通过实践去学。一些国家还对中小学进行跨学科课程改革,旨在培养综合性解决问题的人,其基本点是,既不排除各门学科本身内容的特殊性,又要设法架起各门学科之间联系的桥梁,将各门学科有机地结合或整合起来,这方面的改革尽管还存在许多困难,但可能代表21世纪教育改革的方向。

教育全球化势头日益强劲

新的经济是全球化的经济。资本、生产、管理、市场、劳动力、信息和技术都是跨越国界组织的。各国的经济战略所涉及的框架已不再局限于本国经济。然而,随着经济变得越来越复杂,各国政府正在探讨通过教育改革和投资的战略来影响国家的未来发展。经济和科技的全球化极大地促进了其它领域的全球化进程,教育全球化的势头也越来越迅猛,成为教育未来发展的一个重要特征。

促进全球教育的双边——多边合作

学生和教师的国际交流越来越频繁 许多国家拨出大量资金鼓励和支持学生和教师的国际交流。学生和教师的国际交流可以突破一国教育的局限,通过国际交流,了解、学习和研究别国和国际的学术、社会和文化,促进各国之间的教育和学术交流,帮助落后国家的人才培养。

国际教育学术会议的举行日益频繁 联合国教科文组织等国际性教育组织、各学科的国际性学术组织、各国教育部门和学校都在大力支持国际性教育学术会议的举办,以增进各国教育和学术的交流,促进各国教育和学术的发展。

国际间学校之间的合作与交流更加频繁 许多国家有大量大中小学与别国的学校直接进行交流和合作,有的通过结为兄弟学校、姐妹学校的形式,有的通过协议书形式,有的学校同时与国外数十所学校有协议合作关系,这些大大促进了学校的国际化。

国际教育援助活动更加强 通过国际途径和力量对落后国家的教育援助正在加强。联合国教科文组织、世界银行等与教育有关的国际性组织大力倡导对发展中国家的教育援助,他们通过贷款、拨款等形式,帮助和推动了许多发展中国家的人才培养、普及义务教育、扶持贫困地区教育、了解和学习先进国家的科学文化教育等方面做出了贡献。

国际教育竞争正在激烈化

随着国际经济竞争和国际科技竞争的激烈化,国际教育竞争也正在展开,并日益激烈化。例如,美国越来越感到其经济和科技国际地位的下降,重要原因之一是其教育的国际竞争能力正在减弱。1991年,美国制定了《2000年的教育战略》,主要目的之一就是要加强美国的国际教育竞争能力,认为"我们的大多数国际竞争对手及贸易伙伴,正在严肃认真地花大力气来改进教育事业,"但在国际比赛中,美国学生的成绩不是倒数第一,就是最后几名"。在美国2000年的六大教育目标中,第4项“美国学生在数学和科学成就方面将是全球第一”是被特别强调的三项目标之一;在美国2000年的教育战略中,第一项战略的第一项措施,就是制定“五门核心课程的新世界标准,以便确保美国学生在数学和科学成就方面达到世界第一”这一目标的实现。这些都明显地表现出美国正在加入国际教育竞争,并下大决心要在国际教育竞争中占上风,反映出国际教育竞争正在激烈化。

各大学之间的竞争也在激烈化。世界各大学每年在国际重要学术杂志上发表论文数量的排序,成为各大学之间竞争的焦点之一,不断提前本大学的国际排序名次成为许多大学的重要目标;以增强国际竞争能力或成为世界一流大学为目标的大学之间的竞争也越来越激烈。

培养国际人成为各国教育的重要目标

随着国际合作和国际竞争的势头越来越强劲,国际人培养的需求也越来越大和显得越来越重要,正在成为各国教育的重要目标。如,在日本教育史上有划时代意义的所谓面向21世纪的教育改革报告中,其面向21世纪的三大教育目标之一就是:培养在国际事务中能干的日本人。认为要在和平、国际协调这种相互依存的关系中生存下去,培养深刻理解多元文化,具有国际性人际交流能力,能充分沟通彼此思想的能力的国际型人才是非常重要的。美国2000年的六大教育目标之一就是使每个成年美国人掌握在全球经济中进行竞争所需的知识和技术。

更关注全球命运和未来发展

长期以来,教育主要关注的是个人需要、国家发展需要、民族的利益和命运以及当前的问题。随着全球问题的日益严重性和未来发展方向对当前问题越来越有重大影响,教育也对全球问题和未来发展更加关注,越来越多的国家开始重视和开展全球教育和未来教育,全球教育和未来教育正在成为各国教育中的重要内容。

全球教育

所谓全球问题是指人口爆炸、粮食短缺、战争、自然资源和能源的缺乏和生态环境破坏等问题正在全球范围内日益恶化,不仅严重破坏当代人的生产和生活,而且可能对未来人类的生存产生极大威胁。一份有关报告指出,全球问题具有五大特征:普遍性,世界任何一个地区都不可避免出现,也不可能单独解决,诸如环境污染等全球问题;整体性,危机涉及到人类生活各个方面;复杂性,全球问题的各方面紧密相联,并互相渗透,任何一个问题都不可能在不涉及和考虑其他问题得到解决;深刻性,任何一般性措施已解决不了全球问题;严重性,全球问题已严重威胁到人类生存。

鉴于此,联合国通过各种宣言、报告、公约,一再敦促和呼吁各国为缓解全球问题而努力。70年代以来,联合国教科文组织通过一系列报告和会议提出和研究了全球教育问题。1982年,发表了关于《学校中的世界性问题》的报告,提出了一系列全球问题,力图引起学生讨论和关注,使他们认识到全球问题的严重性,引导他们树立正确的观念和态度。1975年,与联合国环境规划署共同提出了国际环境教育协调计划。1975年,通过了关于世界性环境教育的《贝尔格莱德宪章》。1977年,在第比利斯召开了关于环境教育的部长级国际会议。1983年,举行关于第比利斯会议以来环境教育进展和趋势的国际专家会议。同时,联合国教科文组织在倡导人口教育方面也进行了许多努力。

在联合国教科文组织的宣传和倡导下,全球教育问题已引起各国重视,正在纳入各国教育计划。许多国家为大中小学生开设了环境教育课和人口教育课。有的国家提出了全球教育计划。

全球教育内容核心是树立人们关心全球问题,关心人类的共同命运,从全球人类的利益和命运出发考虑自己的行为,为缓解和解决全球问题而奋斗的观念。联合国教科文组织于1989年在北京召开的面向21世纪教育国际研讨会的主题就定为“学会关心”,就是面对全球问题的严重化,呼吁世界各国要重视全球教育,教育人们要跳出关心个人的小圈子,要关心全球命运,关心地球上的生存条件,树立关心全球的责任感和伦理观,强调全球合作精神,希望全球所有人共同携手为解决日益严重的全球问题而努力。

未来教育

国际上许多未来研究专家认为,为了使人们能适应未来的变化,教育要面向未来,其中之一是要进行有关未来的教育。在他们的倡导下，许多国家正在开展未来教育。

所谓未来教育，是对学生讲授有关社会发展前景、科技发展趋势、未来研究的理论、科学预测的方法等知识，提高他们预测和设想未来以及对付未来变化的能力等等。未来教育的形式很多，如开设未来课程，利用广播、电影、电视、出版物、讲座、座谈讨论等形式，其中开设未来课程是主要的、基本的形式。

在美国，未来教育已进行多年，正在成为教育的一个不可缺少的组成部分。小学未来教育，以激发学生对未来的想象力为主，如有的学校进行每周一次的"设想未来"的教育活动，内容涉及航空、宇宙、通讯、国际关系、能源、社会问题、多民族文化等等各个方面的未来。中学未来教育，有的学校开设未来课程或引导学生进行未来研究实践；有的学校向学生传授未来研究的基本方法，或请校外的政府官员、公司经理、未来研究专家讲授有关未来的知识；有的设置跨学科的未来课程，教育学生如何使用各种研究方法考察诸如土地的利用、生态环境、人口增长、城市的未来、全球的未来等问题等等。高等学校的未来教育，这是未来教育的主要组成部分，涉及许多学科和领域。一种是专设的未来课程，一种是在原课程内容的基础上加上关于该领域未来前景的部分。高校未来课程目的性明确，要求学生掌握未来研究的基本原则和预测方法，未来研究的价值和标准，并具有构思可供选择的未来可能性的能力，成为既有未来研究理论基础，又能熟练运用预测手段，从事实际未来研究工作的人员。未来教育的出现和发展，丰富了教育内容，开辟了新的教育领域，使教育从面向过去和现在转向越来越注重未来；提供了一种面向未来的教育方法，启发学生充分发挥对未来的想象力，确立面向未来的观念；形成创造未来的欲望，建立关心未来的习惯，激励探索未来的兴趣；由于未来教育本身具有综合性特点，因此，也鼓励和推动了跨学科的综合教育。

公共教育支出（1980～1997 年）

	美元(10 亿)					占国民生产总值(%)				
	1980	1985	1990	1995	1997	1980	1985	1990	1995	1997
世界总额	567.6	606.7	1 004.6	1 342.8	1 386.8	4.9	4.8	4.7	4.7	4.8
发达地区	407.8	444.4	816.5	1 101.9	1 098.4	5.1	4.9	5.0	5.0	5.1
其中：										
北　美	155.1	221.6	330.2	406.8	452.8	5.2	5.0	5.4	5.3	5.4
亚太地区	63.3	67.5	133.3	225.4	193.5	5.0	4.3	4.0	4.0	4.0
欧　洲	189.5	155.4	352.9	469.7	452.2	5.2	5.2	5.1	5.3	5.3
过渡期国家	61.3	62.3	49.6	36.5	45.5	6.4	6.3	4.3	4.6	4.8
欠发达地区	98.5	99.9	138.5	204.3	242.9	3.8	3.9	3.8	3.8	3.9
其中：										
次撒哈拉非洲	16.2	11.7	15.2	19.0	22.7	5.0	4.5	4.6	5.1	5.1
阿拉伯国家	18.2	23.8	24.5	28.1	34.3	4.1	5.8	4.9	5.0	5.4
拉美/加勒比	33.7	27.9	44.5	76.5	92.6	3.9	4.0	4.0	4.5	4.6
东亚/太平洋	16.2	20.1	31.8	58.6	67.3	2.8	3.1	3.0	2.9	2.9
其中：										
中　国	7.6	7.7	9.1	15.6	20.7	2.5	2.5	2.3	2.3	2.3
南　亚	13.0	15.4	18.6	17.7	21.1	4.1	3.4	3.7	3.2	3.3
其中：										
印　度	5.2	7.4	11.9	11.3	12.9	3.0	3.5	3.9	3.3	3.3
不发达国家	3.8	3.5	4.6	5.3	6.4	2.8	2.7	2.3	2.1	2.0

资料来源：联合国教科文组织 1998 年《世界教育报告》

国际私有教育改革的趋势及对中国民办高等教育发展的思考

国家教育发展研究中心　王晓辉

本文着重探讨国际私有教育改革的基本趋势，以求对我国勃然兴起的民办教育发展有所借鉴。

改革的背景

本来，教育，特别是义务教育，被认为是一项公益事业，因此各国教育的公共部分基本上都占主导地位。一般来说，教育的公益性，有利于保证社会教育的公平，保证不利人群接受教育的需求，缩小市场对教育的负面影响。但是，长期以来教育按照公共事业模式运行的结果，往往是教育资源的浪费，教育管理效益的低下。特别是由于各国经济困难造成公共经费短缺，社会对教育需求猛增和就业市场的变化，促使各国政府自80年代以来开始尝试教育的私有改革。

教育需求旺盛　近十几年来，西方国家普遍经受了经济危机的打击，一方面劳动力就业市场萎缩，另一方面文凭和职业资格又在贬值。虽然人们对这一现实十分不满，但又无可奈何，同失业作斗争，文凭仍是最好的武器。正是就业困难的加剧，青年们越来越多希望获得更高层次的教育，特别是接受高等教育更是青年们追求的目标。这种现象既符合青年争取就业成功的切身利益，也适应工业社会发展的需要，因为科学技术的进步总要求社会人口素质的提高。

在发展中国家，人们为了摆脱贫困，也把希望寄托在教育上。但是，公立教育的数量和质量经常不能满足不断增长的教育需求，于是私立教育便迅速发展起来。

在一些国家，即使私立教育发展较快，仍存在供不应求的现象。例如在肯尼亚，申请进入私立学校学生的数量经常超过学校的接收能力，有的学校的申请者都高于在校学生的几倍，因此要经过一定的等待时间，才有可能入学。

表1　肯尼亚私立学校的入学申请状况

普通学校	申请入学人数	占在校人数比例%	技术学校	申请入学人数	占在校人数比例%	职业学校	申请入学人数	占在校人数比例%
阿亚女子中学	30	35	沃特学院	0	0	内罗毕职业学校	20	7
布鲁克学校	0	0	技术学院	50	13	南库尔商业学校	0	0
卡维纳学校	50	70	肯尼亚外运学院	103	65	肯尼亚培训中心	0	0
克央达学校	420	74	奥斯瓦尔学院	–	–	天路旅游学院	–	–
罗莱多中学	25	16	肯尼亚外贸学院	–	–	女子技术中心	200	222
玛拉路中学	40	42	肯尼亚职业学校	100	8	克朋迪学院	350	219
马特里女子中心学校	600	313				里维艺术学院	100	116
普米拉学园	180	113				瓦雷文秘学院	12	8
圣路希女子学校	50	25				维尔金纳学院	14	54

国家经费不足　80年代以来，各国政府，特别是发展中国家和经济转型国家普遍遇到公共经费短缺的困难，财政赤字和外债的压力迫使这些国家压缩公共教育经费，不仅使本国教育危机重重，也加剧了国

际教育发展的不平衡。

例如西非冈比亚、塞内加尔、毛里塔尼亚、科特迪瓦等四国政府对教育的投入都超过了政府开支的20%,其中科特迪瓦甚至达到了35%,但是教育的普及程度仍然很低。冈比亚和科特迪瓦初等教育入学率刚刚达到70%,塞内加尔才69%,均低于联合国教科文组织1998年统计的撒哈拉以南非洲的78%的平均水平,毛里塔尼亚虽然达到82%,但也仅略高于这一平均水平。而这些国家的人口增长率在1997年仍在2.5～4%,政府再加大教育投入也难以改善教育普及程度,也许只能借助私立教育来提高教育发展水平。

表2 西非四国教育的基本状况

(单位:%)

	冈比亚	塞内加尔	毛里塔尼亚	科特迪瓦
学生数	172 000	1 256 000	400 000[a]	2 200 000[c]
初等教育入学率	70	69	82	70[c]
初等教育男生入学率	79	79	88	76
初等教育女生入学率	61	62	76	58
中等教育入学率	20	11[b]	15	25[b]
文盲率	63	67	62	57
教育经费占政府支出比例	21	27	26	35
复读比例(初等教育)	14	16	16	25

注:a.为1996/97年数据;b.为1993年数据;c.为1995/96年数据。

资料来源:世界银行

国际教育发展的不平衡在高等教育的表现尤为明显。发达工业国家同发展中国家之间在进入高等教育的机遇上,在科研水平上,在高等教育资源配置的差距越来越大。在美国,每10万人的大学生数为5 000多人,而在非洲最落后国家不足100人。非洲青年上大学机会为发达国家的1/17。另外,女大学生的比例在世界范围内有大幅度增长,由1960年的34%增长到1980年的43%和1991年的45%。但非洲更低,为27%。同时学科分配状况也值得注意,女大学生往往集中于文学、医护和教学领域,在科技领域较低。

为了促进教育发展,各国政府不得不把希望寄托于私人投资上,将本来限制比较严格的教育领域,不同程度地向私人教育开放。

人力资本的高回报 60年代以来,国际对人力资本投资极为关注。人们发现,经济和社会的发展不仅仅是物质资本的投资可以实现的,或者说只有当物质资本投资伴随着人力资本投资,物质资本投资才能获得更大的效益,社会才能较好地实现可持续发展。因为教育可以使人获得知识和各种能力,这种获得有助于提高劳动效率,有助于保护资源与环境。人力资本投资,不仅有益于社会,而且也使个人得到可测的回报。

即使人力资本投资的回报率尚未得到十分科学的论证,至少是给人们提供了可以信赖的大概尺度。

图1 不同经济收入水平国家的教育投资回报率

(%)

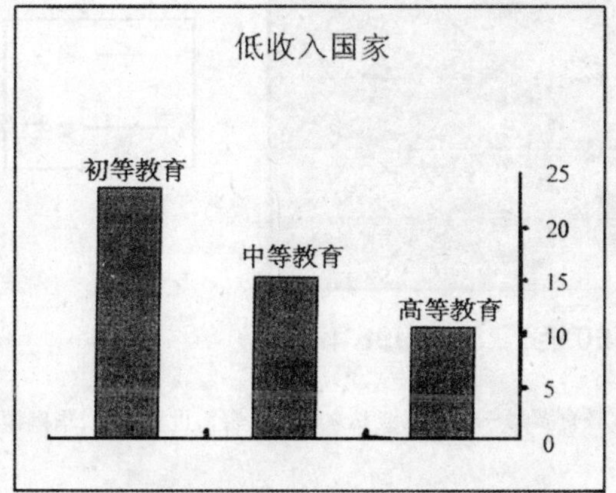

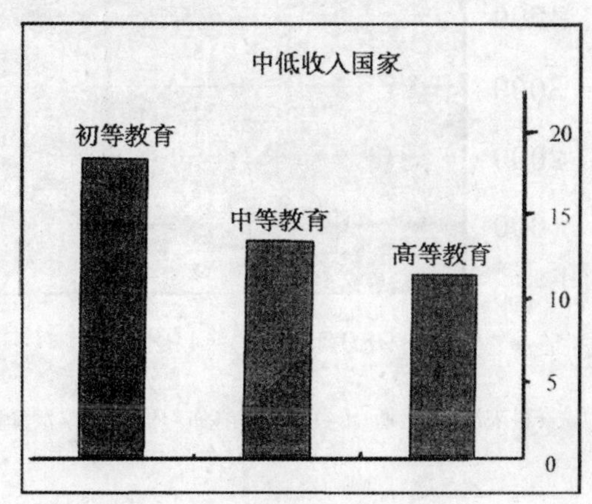

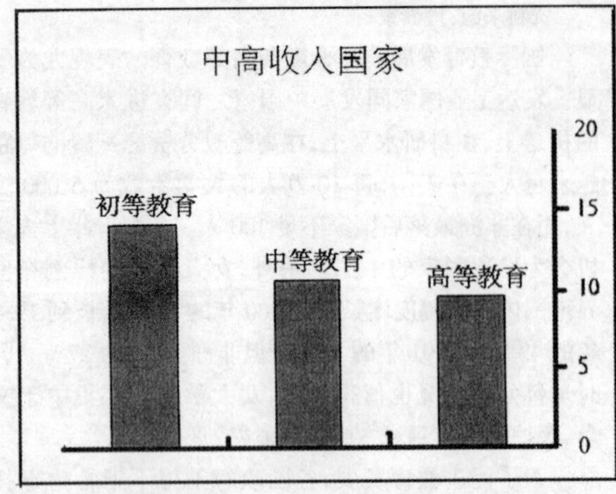

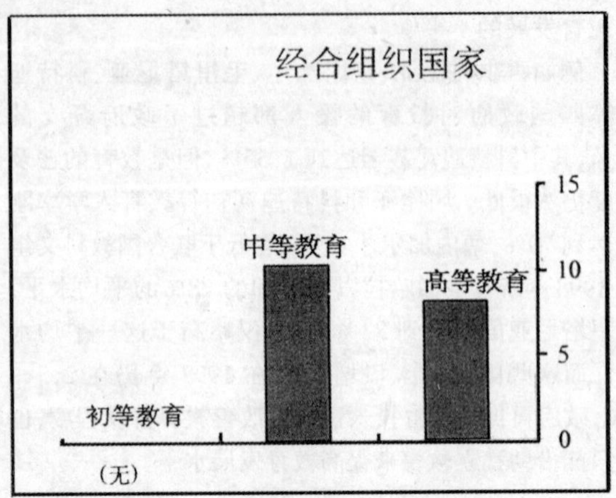

资料来源:哈瑞·安托尼·帕特诺斯,《教育市场能力》,世界银行。

从上图中,我们可以粗略看到教育的回报率通常高于10%,初等教育效益还高于其它层次的教育,并且发展中国家的教育效益平均高于发达国家的教育效益。因此教育投资的高回报率,是人们热衷于教育的恒久动力。

基本趋势

私立教育的发展主要体现在发展中国家,无论是私立学校的数量还是接受私立教育的学生人数都有了明显增长,并且提高了它们与公立教育的比例。

私立教育的增长幅度较大的国家可以以肯尼亚为例,1980～1996年间,肯尼亚私立学校女生入学人数增长了4.76倍,男生入学人数增长了8.19倍。(见图2)

图2 1980～1996年肯尼亚私立教育学生数量增长

(单位:人)

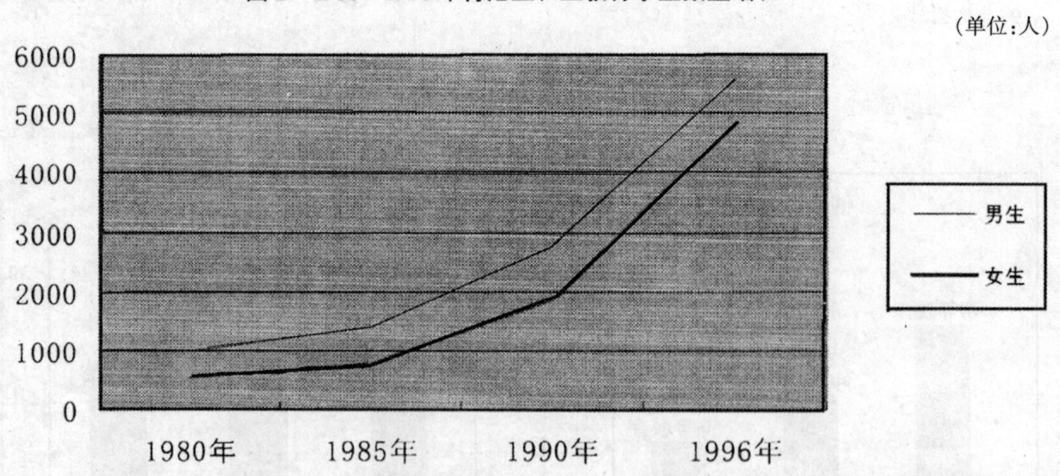

资料来源:亚尼斯·卡莫里和雅各布·凡·吕桑布尔·玛斯,《教育贸易——肯尼亚私立教育一瞥》,世界银行,华盛顿。

在冈比亚、塞内加尔、毛里塔尼亚和科特迪瓦等西非四国,私立教育在90年代得到了长足发展。冈比亚的初中阶段教育私立学校入学人数增长了一倍,塞内加尔、毛里塔尼亚和科特迪瓦各个阶段教育私立学校入学人数均增长了15%以上。

表3 西非四国私立教育的增长幅度

(单位:%)

	冈比亚(1993~1996年)	塞内加尔(1987/88~1997/98年)	科特迪瓦(1991/92~1995/96年)
初等教育	40	123	6
初中教育	123	32	
高中教育	20	72	
高等教育			66

表4 西非四国私立教育的基本状况

	冈比亚(1996/97年)	塞内加尔(1997/98年)	毛里塔尼亚(1997/98年)	科特迪瓦(1995/96年)
学生数	35 000	192 000	15 000	408 000
所占比例%	21	15	4	19
学校数	230	837	80	702
学校类型	受资助学校	非宗教学校	普通学校	非宗教学校
	完全私立学校	天主教学校	职业学校	教会学校
发展	90年代明显	明显	自80年代增长	90年代明显

资料来源:世界银行

高等教育私有改革比较突出的典型是智利。智利的改革始于1981年,目标是将高等教育与市场和私人投资联系起来。

表5 智利高等教育公共经费支出

年份	直接财政支出	间接财政支出	发展与研究基金	大学生借贷计划	其它财政资助	全部财政资助	学生总数	生均财政支出
	(百万美元,1995年价格)						(千人)	(美元)
1981	329.8	–	–	24.0	–	353.9	125.3	2 824.3
1982	283.8	36.2	–	48.4	–	368.4	156.4	2 355.4
1983	197.8	36.8	–	63.5	–	298.0	175.3	1 700.1
1984	192.5	31.3	–	71.6	–	295.4	189.6	1 558.3
1985	174.4	28.0	–	64.4	–	266.7	201.1	1 326.2
1986	163.1	26.7	–	61.0	–	250.7	214.4	1 169.2
1987	153.1	25.1	–	56.8	–	235.0	224.3	1 047.7
1988	143.1	26.9	13.1	53.4	–	236.5	233.2	1 014.4
1989	125.1	36.8	18.2	38.1	–	218.2	229.8	949.5
1990	112.8	35.3	19.3	30.7	–	198.1	249.5	793.9
1991	128.4	36.4	27.3	26.3	–	218.4	250.1	873.1
1992	141.3	36.4	35.2	21.8	7.2	242.0	285.4	847.9
1993	142.9	36.0	49.8	16.8	11.9	257.4	315.7	815.4
1994	147.5	35.6	53.1	11.5	9.7	257.3	327.1	786.7
1995	154.2	35.5	65.2	7.0	5.8	267.7	344.9	776.3

资料来源:智利教育部高等教育司

改革之前的智利高等教育规模较小、形式单一,经费来源全部由政府提供。整个高等教育系统实际上只有8所大学构成,其中两个国家大学,容纳了63%的大学生。招生录取的主要依据是国家考试和高中成绩,大学的管理受到国家的严格控制。

改革包含相当广泛的领域,主要目标是:允许私人投资进入高等教育,促进高等教育体制的多元化,将国家投资变为学生自己投资,提高高等教育的效益和质量。

改革的主要特点是:

改变单一公共经费的投资体制,鼓励私人投资,减少国家投资在高等教育经费中的份额。1994年,国家只为23所国家大学提供经费,而其它私立高等学校的经费来源基本是靠学费和其它私人投资。

在全部高等学校中征收学费。1995年学费的收入占全部高等教育经费的1/3。

对无力支付学费的大学生由国家提供补贴。

放开高等学校招生限制。只有23所国家大学继续按照国家考试标准招生,其它国家大学和私立大学均可根据学校自身能力自行招生。

高等教育结构多样化。既有研究生的长期阶段教育,又有4年制的本科教育,还有2年制的短期高等职业教育。

根据市场需求,建立国家与学校的调节机制。

这些措施使智利高等教育在体制与办学改革方面取得了重大突破。最突出的成果表现在教育投资结构上,充分调动了非政府资金用于高等教育。1990年,智利高等教育经费为46 500万美元,国家投资为30%,学费收入为36%,其余34%来自于公共与私人的混合投资。

智利高等教育私有改革另一突出成果是迅速扩大的高等教育规模,其1994年在校生数量为1980年的3倍。主要原因是私立高等教育机构招收了54%的学生。使智利的大学毛入学率由1980年的10.8%增长到1995年的17.2%,而全部高等教育毛入学率在同期则达到26.2%。

表6 智利高等教育机构与在校生状况

	教育机构数				学生数			
年份	1980	1985	1990	1994	1980	1985	1990	1994
大学:	8	21	60	68	116 962	118 079	131 702	211 564
有公共经费	8	18	20	23	116 962	113 128	112 193	151 570
新的私立学校,无公共经费	…	3	40	45	…	4 951	19 509	59 994
职业学院:	…	25	82	73	…	32 636	40 006	38 262
有公共经费	…	6	2	…	…	18 071	6 472	…
新的私立学校,无公共经费	…	19	80	73	…	14 565	33 534	38 262
教师培训学院:	…	102	168	127	…	50 425	77 774	77 258
有公共经费	…	…	…	…	…	…	…	…
新的私立学校,无公共经费	…	102	168	127	…	50 425	77 774	77 258
合计	8	148	310	270	116 962	201 140	249 482	327 084

资料来源:杰文·托雷、萨里塔·马沙,《第三次私有化浪潮》,世界银行,华盛顿。

注:"…"表示无确切数字。

在许多发展中国家和经济转型国家,原来的教育基本上是国家举办的公立教育。经过20余年的教育私有改革,一些国家的私立教育占据了整个教育系统一定的比例。例如巴西私立中小学的在校生数量已占全部中小学在校生总数的40%,印度尼西亚私立大学学生占高等学校学生人数的比例则高达94%。

在世界教育私有改革中,一些国家比较注重在市场经济和国际竞争中发挥作用。

在菲律宾,私立教育在整个教育系统中发挥着重大作用。如果说在初等教育中,私立学校所占比例尚不够大,仅为7.34%,在中等教育中,私立学校所占的比例就比较可观,达到了26.32%。而在高等教育中,私立教育则占据了主导地位,高达75.01%。

菲律宾私立高等教育的发展不仅体现在数量上,更重要的是它能够瞄准国际先进水平,为国家提供了优质人力资源。许多私立高等学校都努力按照国际标准的课程与教材进行教学,进行师资培训,为进入国际市场奠定基础。在航海专业,菲律宾目前已有4所私立高等学校通过国际标准认证。在土木工程专业,74.04%的毕业生毕业于私立学校,在化学工程专业,私立学校的毕业生达到87.79%。这些毕业生不仅服务于国家发展,还向海外输出了大量劳动力。大约300万菲律宾劳工在美国、澳大利亚等国,每年可获外汇收入约50亿美元。仅航海专业毕业的劳工每年赚回的外汇便超过10亿美元。

表7 部分国家私立教育发展概况

(单位:%)

	1995年总人口(百万)	人口年增长率	成人文盲率	小学入学率	中学入学率	高校入学率	私立中小学学生比例	私立大学学生比例
阿根廷	35	1.3	96	107	73	32	30	17
巴西	159	1.5	83	99	34	12	19[a]	58
哥伦比亚	37	1.8	91	119	63	10	40	60
科特迪瓦	14	3.1	40	69	25	n/a	27	n/a
印度	929	1.8	52	102	n/a	n/a	42[b]	59
印度尼西亚	193	1.6	84	114	43	10	54	94
秘鲁	4	5.7	87	95	53	19	7	30
罗马尼亚	23	-0.4	n/a	86	82	12	0	n/a
俄罗斯	148	0.0	n/a	107	88	45	<1	n/a
南非	42	2.2	82	110	78	13	2	n/a
泰国	58	0.9	84	97	37	19	10	18
土耳其	61	1.7	82	103	61	16	3	n/a

资料来源:哈瑞·安托尼·帕特诺斯,《教育市场能力》,世界银行。

改革的主要方式

尽管各国教育改革的政策与措施有极大差异,在国际教育私有改革的过程中,我们可以看到这样四种方式:

公立学校转制 所谓公立学校转制,就是将国家或政府所有的公立学校,转变为私人所有的学校。比较典型的国家当属新加坡。新加坡于1987年制定了"独立学校体制",1993年实施了"自治学校计划",将一些国家投资兴办的学校转变为私立学校。这些私立学校可以征收学费,只是不能超过国家规定的最高限。学校在课程设置、教师聘任和学生录取方面均有较大自主权。

增设私立学校 在一些国家,私立教育领域几乎是一片空白。为了促进教育的更快发展,国家实施鼓励私人办教育的政策,做到公立教育和私立教育在整个教育体系中相对平衡。例如,坦桑尼亚在实施鼓励私立教育发展的政策之后,私立中学增长迅速。1972年,私立中学便达到了40所,当然公立中学也在继续发展,数量为76所,但这时私立中学数量占全部中学数量的比例有了较大改变,达到34.5%。至1993年,私立中学的数量更超过了公立中学的数量,前者为260所,后者为177所,私立中学数量占全部中学数量的比例也出现了根本变化,达到59.5%。

政府扶持私校 也有一些国家,通过对私立学校的补贴,促进私立教育的发展。当然,也有的国家在对私立学校补贴的同时,加强了对私立学校的控制。

至于补贴的方式,除了政府直接资助私立学校之外,教育券可视为独具一格。美国也许是首创教育券的国家,政府给予低收入家庭每年大约1 500美元的资助,使他们自由选择进入公立学校或私立学校。威斯康星州的密尔沃基自1990年便实行这种制度,目前有约8 000学生接受此项资助,平均每个学生每年可以获得4 900美元。而在俄亥俄州的克利夫兰,能够获得教育券的学生则要凭抽签选择的运气。如果说在以上两个州的教育券制度不涉及学校的教学质量如何,在杰博·布什任州长的佛罗里达州却要执行比较严格的制度:公立学校在连续二年表现不佳(F级)时,学生家长才有权获得资助转向私立学校。在智利,也实行这种教育券制度。每个学龄儿童都可以从政府那里领到一份规定价值的教育券,学生家长根据自己意愿,可以凭此券到公立学校或非营利的私立学校注册学习。在荷兰,实行与教育券类似的制度。学生家长可以送子女到公立学校,也可以到私立学校,而两类学校都是根据实际注册学生数,从政府获得经费。

菲律宾在中等教育中实行一种“服务合同制”(Service Contracting Scheme),允许学生到私立中学读书,而由政府支付学费。因为在这种制度下,政府所付出的费用低于公立学校的个人教育成本。目前有20万中学生享受此项待遇。

增加私人投资 在经合组织的统计①中,我们可以看到私人对教育的投入占有一定的比重,并且有继续增大的趋势。不过,私人的教育投资在各国的差异较大。私人投入占教育经费的3%以下的国家有意大利、荷兰和瑞典,超过18%的国家有德国和澳大利亚。在一些国家,如澳大利亚、加拿大、爱尔兰、意大利和荷兰,首先是国家给予私人领域较大幅度的津贴,然后个人和企业再投资于教育,这种转移支付介于2.4~7.3%。

从私人对教育的投入范围看,更多在高等教育。这种投入主要体现于学习的直接成本上,即支付大学生的学费。特别是由于近些年大学学费普遍提高和学生人数增长较快,私人的教育投入增长十分明显。在半数经合组织国家中,私人投入占高等教育经费已达到20%以上。此外,大学生及其家庭对高等教育的间接投入,如学生的生活费用、书籍和学习材料的费用也随之增加。相反,用于改善学校条件的私人费用投入较少。

教育私有改革的这四种形式,在各个国家具体表现可能有很大差异。有的可能是以其中一种为基本形式和主要形式,也有的可能是几种形式并存。总之,教育私有改革为各国教育发展注入了活力,成为当前教育改革的重要倾向。

突出成就

教育私有改革经过10~20年的探索,其重要作用和成就在国际得到了普遍认可。如果说私立教育缓解公共教育经费不足的困难,扩大人民大众,特别是社会处境不利人群接受教育的机会,是不争的事实,我们还可以更加有效地利用教育资源,提高教育的效益,促进教育创新,提供多样性教学等方面认识私立教育对教育发展的意义。

显示了更高效率 有一种理论,或者一种思潮,即对国家介入商品生产和服务领域的作用表示怀疑。这种思潮进一步扩展到教育领域,并尝试在教育私有改革过程中,探讨和解决效率问题。

表8 私立学校和公立学校的比较研究

(单位:%)

	学校成功的标志(教学领域)	私立学校与公立学校的教育成本上的相关性	私立学校的相对优势[a]	成本与效益的相关性
哥伦比亚	数学与口语表达	0.69	1.13	0.61
多米尼加	数学(0类[b])	0.65	1.31	0.0
	(数学F类[b])	1.46	1.47	0.99
菲律宾	数学	0.83	1.00	0.83
	英语	0.83	1.18	0.70
	菲律宾语	0.83	1.16	0.59
坦桑尼亚	数学与口语表达	0.69	1.16	0.59
泰国	数学	0.39	2.63	0.17

注:a.假设一个公立学校的中等水平的学生,不是在公立学校而是在私立学校,其学习成绩会得到相对提高。

b.F类学校允许参加教育部的考试,而0类学校未获准许。

资料来源:罗凯德、古姆奈,《发展中国家的公立与私立教育》,世界银行,华盛顿。

一般来说,私人教育机构都会努力降低教育成本,最大地发挥教学场地、教学设备和教师等各种教

① 经和组织,《教育概览——1998年教育指标》。

育资源的使用效率。例如印度的私立学校——全国信息学院,主要专业为计算机技术,其教室和设备从早7时一直开放到晚10时,并创立了教室、思考室和机房三种不同类型的教学空间,仅仅30台计算机,便可保证每天1 260个学生的上机需求。

在厄瓜多尔、南非、津巴布韦、巴西等国家合理安排教室的使用时间,经常把上午用来进行中学教学,下午进行高等教育。

人们还试图通过调查、考试,确认私立教育比公立教育有着更高的效率。

吉姆奈(Jimenez)及其同事在哥伦比亚、多米尼加、菲律宾、泰国和坦桑尼亚就教育效率问题进行了私立学校公立学校的比较研究。他们首先选择了中学的某些基本学科,又考虑到学生的家庭背景,对私立学校和公立学校中相似的学生成绩进行比较。他们认为,私立学校可以用较小的经费获得比公立学校更好的结果,换句话说,私立学校比公立学校更有效益。这种效益可以通过表8体现出来。

他们指出,私立学校的效益来自于灵活的管理。通常,私立学校的校长在教学管理上具有比较自由的管理权,例如教师的选聘、课程的设置、教材的选择等。为了掌握私立学校和公立学校的效益状况,他们在每个研究对象国,分别调查了不同类型的两所优秀学校和两所普通学校。虽然在资源和设备占有上未能发现重大差异,但私立学校对这些资源与设备的使用上,显示出更大效益。

重视教育创新 为了以常新的面貌吸引学生和家长,占据更大的教育市场,许多私立学校都十分重视教育创新。

巴西的一所商业学校,每年都重新编写教学大纲,补充新的教学资料,采用新型的多媒体教学设备。参加专职教材开发和教学技术更新的教师和专家达50余人。

秘鲁的高等技术学校,坚持每年修订教学大纲,并且每隔3~5年便将大纲进行基本更新。课程与教材的修订工作不仅依赖于教育专家,还紧密与工商企业界的代表联系,共同探讨经济界对新技术的需求和教育如何适应市场的问题。这所学校还开发了卫星远程课程,拓展首都利马周边的教育市场。这种远程教育,只是利用了现有的师资和设备,却获得了更大的效益,实际上也有效地降低了教育成本。

提供了多样性教学 私立教育的发展更重要原因也在于为家长和学生更加便利的教育环境,课程设置更为灵活,小额的班级人数更容易因材施教,密切与地方经济的联系也为学生就业提供了更多机遇。

法国的私立学校起源于教会学校。但是现在家长把子女送到私立学校的主要目的已经不是接受宗教教育,而是把私立学校作为争取更好发展机遇的场所,因为私立学校的教学方法更为灵活。甚至公立学校的许多学生家长都表示,如果自己孩子学习出现困难,会乐于把他们转送到私立学校。

在塞内加尔,家长送子女去私立学校的一个重要原因是公立学校的教师动辄罢工,影响学生的课程。在毛里塔尼亚,家长选择私立学校的是因为那里可以提供法语和阿拉伯语的双语教学,而公立学校只有阿拉伯语教学。在科特迪瓦,教会私立学校具有更好的社会声誉并且收费能够使人接受。在冈比亚,公立学校有学习成绩的限定,被淘汰者就只有进私立学校,然而私立学校的教学水平并非总是比公立学校差。

发展中的问题

尽管私立教育改革在世界范围内取得了重大成功,但是由于各国社会政治与文化背景的差异,改革的成果也不平衡,甚至也存在一些问题与争议。

私立学校效益的不确定性 如果说,私立学校的办学效益一定就比公立学校高,恐怕许多学者也会提出不同看法。里德尔(Riddell)便指出,在成本与效益的关系上,还得不到私立学校高于公立学校的任何确定结论①。

有人分析了私立学校在一定条件下效益较高的原因。例如在日本,私立学校聘任了大量公立学校退休的教师,聘任了一些未能在大型企业和公共部门任职的妇女,聘任了一些部分时间制的教师等等。②

如果私立教育存在的条件发生变化,比如聘不到

① 里德尔,《发展中国家的公立与私立教育贸易分割证明》,国际教育发展日报,1993年第4号第13册。

② 詹姆斯、本杰明《日本的公立与私立教育》,纽约,马克米兰出版社,1988年。

公立学校的退休教师，公立学校的管理模式的改革，都可能使私立教育的优势丧失。

美国的教育券制度也遭到了猛烈的批评，因为不仅这一制度的效果尚未得到证实，其弊端却已显露出来。全美教育协会主席鲍伯·查斯指出，教育券只能使私立学校得利，其结果是让公立学校的学生走光。美国一些主张政教分离的人认为，教育券制度无异于把公立学校的经费转向宗教性的私立学校，是要在学校恢复宗教祈祷。对于西方基本实行政教分离政策的国家来说，如果允许学校开设宗教课，也只能是历史的倒退。

多样性并非私立学校所独有　实际上，许多国家的公立学校也都提倡以学生为本，围绕学生身心发展的需求，开展各种教学活动。只是公立学校管理通常比较严格，有时也可以说死板。一旦公立学校管理模式得以改变，其教学活动也会呈现出丰富多彩的多样性。

教育不平等依然存在　教育的一个重要作用是减少贫困，促进社会团结与公正。但是作为培养优秀学生的私立学校都要收取极高的学费，贫困家庭的子女决不敢问津。在发展中国家，社会的贫困问题并没有得到根本解决，虽然大量的贫困家庭希望子女能够获得更好的教育，但是不够进入公立学校所要求的学习成绩标准，也无力支付私立学校的高额学费。而那些平民性的私立学校，虽能够使一些原来无条件进入公立学校的学生接受教育，但这些学生永远不会借助教育的力量达到社会的上层。

另外，私立学校的分布很不平衡，一般集中于城市，农村则很少。私立教育往往可以满足城市中不太贫困人口中接受一般教育的需要，但是难以解决根本无力交学费的极端贫穷人口的教育问题。

私人投资非私立学校的专门特征　通常认为，私立学校的投资基本上来源于私人领域。实际上，区分公立学校与私立学校的基本界限是主办者，而不在于投资者，或投资的比例。

法国的私立教育起源于教会学校，已有几百年历史。1959年法国教育实行了重大改革，迫使95%的私立学校均与国家签订契约。国家为私立学校基本支付了教师工资和教学所需的基本费用，同时获得了私立学校实施国民教育的承诺，从而实现了国家与私立教育的妥协，即国家教育目标与私人办学自由的妥协。实际上，这是国家通过契约形式，对私立学校进行一种“赎买”。法国政府承担了私立学校的大部分，甚至绝大部分的经费，仅从经费这个角度看，法国已经基本不存在严格意义上的私立学校。

1982年法国政府曾试图将全部私立学校融入公立学校，引发了关于私立学校地位的全国大辩论。主张公共经费的公共性的人指出，“公立学校，公共经费；私立学校，私人经费”。而支持私立学校的人则针锋相对地回击，“私立学校，公共服务；公共服务，公共经费”。另外，法国公众对国家是否应当资助私立学校几十年来发生了重大变化。据调查，1946年只有23%的法国人赞成国家资助私立学校，1951年这一数字达到46%，1974年便达到77%。就是说，不到30年，原来少数人赞成变成了少数人反对。到了90年代，赞成国家资助私立学校的法国人已经成为绝大多数。

至于营利，通常被看作是私立学校的又一基本特征。肯定地说，公立学校一般是不以营利为目的的。实际上，以营利为目的的私立学校也不是私立学校的主体。即使像美国这样市场经济极其发展的国家，绝大多数高等院校都不是以营利为目的的，而是非营利性机构。无论是公立学校还是私立学校，学费只占平均教育成本的很小部分，学校的主要经费来源于政府拨款和私人捐赠。

私立教育管理的滞后　由于私立教育的发展相对过快，国家对其管理可能出现空白，或相对滞后。如果比较西非四国的私立教育管理模式，我们便可发现，尽管这些国家的教育部都是私立教育机构的主管部门，但非都设置专门管理职能部门，对于学费收取、税收减免和课程设置等方面的管理都有很大差异。

冈比亚政府大力支持私立教育的发展，允许私立学校免费使用土地，同时拨出一定资金帮助私立学校，但形成了两类私立教育机构，一类是“资助学校”，另一类是“纯私立学校”。出现了同是私立学校，却是两种待遇的现象。政府对它们也实行两种不同的管理模式。比如收取学费，对资助学校有所限制，而对纯私立学校则不加限制。

塞内加尔对私立教育的管理相对规范。1994年专门制定了有关私立教育的法律，规定私立教育机构必须合乎“公共秩序、良好道德和卫生条件”，还要求盈利性私立学校必须支付所得税和社会保险税。但对学费的征收标准无限制。

在毛里塔尼亚,政府的管理比较薄弱。私立学校的审批实际上要经过内政部、教育部和各级地方政府的诸多部门,批准时间需要三个月至一年。虽然在学费收取上没有限制,但课程和教学时间都要执行中央的规定。在税收方面,免征社会保险税,但收工资所得税。

科特迪瓦关于私立教育的管理机制比较复杂。开办私立学校须经教育部和建设部共同批准,而教育部可以以种种理由准许或关闭一所小学或中学。私立学校又划分为"批准学校"和"特许/合约学校"。只有后者被允许接收公立学校的学生,而一般批准学校要成为特许/合约学校须经2～3年的办学经历,并取得良好成绩。至于能否得到政府资助,则取决于学校的不同类型:初等学校可以获得资助,而中等学校只能通过接收持有教育券的公立学校转来的学生得到经费补充。另外,私立学校可以自行决定收费标准,但要经过商业部门认可。盈利性私立学校要像企业那样支付所得税,税率为35%,增值税率为25%。

表9　西非四国的私立教育管理模式比较

	冈比亚	塞内加尔	毛里塔尼亚	科特迪瓦
管理机构	教育部;无私立教育管理部门	教育部;设私立教育管理部门	教育部;设私立教育咨询部门	教育部;设私立教育管理部门
入学/毕业规定	限制	相对自由;无等待期;授权或认证学校	程序复杂;协议限制;	根据现有学校数量;批准需要时间
学费	全私立学校无限制;受政府资助学校有限制	无限制	无限制	财政部批准
直接资助	全私立学校无资助;受政府资助学校有资助	认证学校有资助	无	资助初等学校;私立学校的学生有公共保障
土地与校舍资助	有	无	不定	无
免税:				
收入	是	仅非营利学校	仅非营利学校	非营利学校
销售	是	不	仅免增值税	非营利学校
税	是	不	不	非营利学校
其它	免培训税	不	免社会保险税	非营利学校
课程	自由	中央规定,但可调整	中央制定	中央制定
学时	自由	自由	自由	自由
学年	自由	自由	中央制定	中央根据协商制定

资料来源:世界银行

在一些国家,对私立教育的管理尚处于无奈的境地。例如罗马尼亚的一所商业学校,按照英国开放大学的商业学校模式建立,是一所营利性学校。在罗马尼亚,营利性学校属于非法,但这所学校仍在运行。

同样,印度也不允许营利性教育存在,但营利型的全国信息技术学校却获得了极大发展,自1979年建立以来学校建立了400余个中心,遍及印度18个邦,甚至延伸到美国。

私立教育的利润,已经引起发达国家的学者的高度注意,一些国际组织也参与其中,甚至世界贸易组织把教育列入服务贸易的12个项目之中,对国际教育市场进行了高度商业化的规范。

但世界私立教育的现状是,发展中国家私立学校的比例大大高于发达国家。其基本原因是发展中国家公共教育未能充分发展,或国家没有足够的资源发展公共教育。而公共教育发展不足,就必然留下拓展私立教育的空间。因为有利可图,便会有国内外的投资者涉足;如果不允许营利,那么也就无人问津。营利与不准营利,是私立教育发展不能回避的问题,也许要长期争论下去。

关于中国民办高等教育发展的思考

在国际教育私有改革的潮流中,中国也步入其中,主要表现为民办高等教育的迅速兴起与大规模发展。据不完全统计,到1986年,民办高校有370所,1991年450所,1994年880所。1995年是发展高峰时期,达1 209所,1996年下降为1 109所。1997年为1 095所。2000年已达到1 282所,在校大学生数接近百万。民办高等教育对中国教育发展的贡献是不容质疑的。首先,扩大了教育机会,使更多的青年能够实现接受高等教育的理想。第二,在一定程度上缓解了我国高等教育资源短缺的矛盾。第三,有效地降低了高等教育的成本,并在提高教育效益上进行了有益的尝试。第四,通过人才培养,参与了提高民族素质的伟大工程,也为教育的民主和平等作出了贡献。

当然中国民办高等教育仍然处于起步阶段,高等民办教育法规,办学体制和管理体制都很不完善。正因为如此,就要以更加积极的态度促进民办高等教育的发展。从长远看,中国民办高等教育在整个高等教育系统中至少应当承担以下四个方面的历史使命:

补充普通高校容量不足 目前发达国家的高等教育已经由大众教育阶段进入普及教育阶段。1995年,发达国家的高等学校毛入学率便突破50%,达到59.8%,而美国在1985年就达到60.2%,1995年则高达80.1%。中国的高等学校毛入学率刚刚达到10%,而要在2010年实现15%的目标,非依靠民办高等教育的较快发展不可。即使实现这一目标,距离发达国家的高等教育发展水平还有极大距离。可以说,未来几十年,高等教育资源都可能处于相当短缺状态,因此,发展民办高等教育将是今后长期的任务。

进行高等教育改革创新 一般来说,普通高等学校要接受主管行政部门的领导,经费来源以政府拨款为主并且十分有限,特别是受习惯势力的制约,改革的难度比较大。而民办高等学校的管理体制比较灵活,对人才市场的反应更为敏感,可以及时增设新型专业,调整课程设置,因此,发展民办高等教育将是今后长期的任务。

面对21世纪新经济的挑战,中国高等教育管理体制必将会发生重大变革,而如何构建高等教育管理的新模式,应当对民办高等教育寄予极大希望。

探索提高高等教育效益 有人说,高等教育的效益太低;也有人说,高等教育成本太高。而谁也说不清楚目前中国高等教育的成本与效益的确切数据。就是因为中国高等教育长期在计划经济的管理模式下,忽视了教育效益,把高等学校办成了“小社会”,人浮于事,铺张浪费成为普遍现象。尽管普通高等学校正在进行内部管理改革,大大提高了教育效益,但总不像民办高校那样精打细算。一般来说,民办高校总要尽可能地节省开支,尽可能减少行政管理人员的数量,以发挥教育资源的最大效益。列宁曾经指出“泰罗制”具有科学性,我们能否以科学的态度,剔除高等教育、教学过程中的非科学因素和非必要环节,从而精确计算培养大学生的成本。可能这项工作十分复杂,甚至难以实现。至少,我们通过民办高校的实践,可以同普通高校进行横向的比较。如果毕业生的质量大体相当,而培养的费用相差悬殊,那么普通高校就没有理由在低效益下运行,换句话说,国家也不应支持那些效益低下的普通高校。

构建新的高等教育体系 长期以来,中国只存在普通高等教育系统,后来又有了成人高等教育系统,而后者基本是普通高等教育的模仿。尽管普通高等教育在历史上发挥了重大作用,为国家培养了大批人才。但是,随着市场经济的深化,和未来世纪范围新经济的挑战,单一的普通高等教育难以独自满足市场千变万化的人才需求,特别是一些适用范围较窄、需求量不大的专业人才的培养,不得不依靠民办高等教育来完成。

从发展角度来看,民办高等学校更可能办出特色,也可能成为教学和研究水平极高的名牌学校。民办高等学校应当更加努力适应知识经济,适应劳动市场,培养具有创新能力的新型人才。通过社会信誉的逐渐提高,达到独立办学,自主招生,自发文凭。

如果民办高等学校在国家基本不投资或较少投资的情况下发展起来,同普通高等教育相互补充,相得益彰,中国将会出现一个崭新的高等教育体系。

实施科教兴国的社会文化环境

清华大学人文学院 曹南燕

科教兴国战略要求科学、技术、教育和经济、社会相互促进共同发展。教育不仅为社会培养各种人才，而且要重视科研、面向经济建设。科技成果只有转化为生产力才能对社会经济发生作用。促进科技成果转化不仅要求有良好的市场环境，而且要有与之相适应的文化价值观。

崇尚理性、尊重事实、开放进取、对效率的追求是科技发展的基本条件

现代科技的发展要求社会崇尚理性、尊重事实、开放进取、公平宽容、对效率的追求、对知识和人才的尊重以及给科技工作者合理的报酬和必要的工作条件。一个社会要接纳科学并发挥其社会功能，就不得不调整某些社会规范以营造适合科学发展的社会条件，协调科学规范和社会规范。

中国的科技事业从无到有、从小到大，经过几十年奋斗，在一些重要领域达到或接近世界先进水平。然而，中国在发展科学技术方面仍然存在种种问题。例如，科学文化知识的普及不够，伪科学和封建迷信活动仍有广阔市场。缺乏求真求实的科学精神。

科学需要怀疑一切既定权威的创新精神，要求对理性真诚的信仰、对可操作程序的执着；科学求真求实、反对任何弄虚作假，科学遵循公正和普遍准则，在真理面前人人平等。

中国的传统思维具有整体性、模糊性和直观性的特点，因此，人们在表述思想时往往“大而化之”、模棱两可，缺乏科学思维所必需的可分析性、严谨和明晰。这固然是先天不足。然而，目前中国科学精神沉沦最严重的表现是缺乏实事求是的精神，弄虚作假、欺上瞒下成风。造假是任何社会都有的弊病，但造假的人这么理直气壮、这么无所顾忌、明目张胆，确实令人担忧。当然，这不仅是缺乏科学精神的问题，而且是社会道德失范的问题。

科学需要不断创新，大量研究表明，社会文化环境对个性的形成和创造能力的培养及施展起非常重要的作用。鼓励冒险与试验的文化和家庭环境会刺激开拓锐志和创新精神。这要求在学习中鼓励人们表达自己的思想感情，又使他们心理上感到安全；既不是被以导师、权威自居的人垄断，又不是完全放任的无组织状态；允许思想行动的自由，同时强调尽职、义务和效率；宽容和鼓励文化多样性，对创新的思想和行为表扬、接受和理解。相反，如果一个人的学习和生活在思想僵化、因循守旧、独断专行、苛刻拘束的环境下，创造性和锐气会受挫伤和压抑。一个社会如果只允许歌颂现实，不允许揭露生活中存在的矛盾和问题，反映事实、讲真话会受到严酷惩罚，说假话、唱高调、溜须拍马的人却能青云直上，那么人们就只愿喊同样的口号，按规定的模式行事，不敢，从而也就不会去交流真实思想，更难以进行独立思考。

人的全面发展是教育的宗旨，为科技发展与社会发展服务是教育的根本目的

“发展科学技术，不抓教育不行”。但我国的教育事业仍存在大量问题。例如，投资不足，而且在投资时“重硬轻软”，较重视校舍设备而忽视师资的培养和提高；人才培养中片面强调应试教育，近年来虽然人们对素质教育开始重视，又出现素质教育的变质，走形式，搞“花架子”；在教育与科技、经济相结合方面往往轻视经济活动，脱离实际、脱离生产。在对教育事业的认识上，虽然在理论上教育常被捧为兴国之本，但在实际上教育往往被认为是“远水解不了近渴”，因此“说起来重要，做起来次要，关键时刻可要可不要”。长期以来我国把科技、教育事业视作消费事业，出现这些问题与我们对教育的认识有关，也和我们的教育不适应现代科技发展有关。

教育目标方面，我国“读书做官”、“学而优则仕”

影响极深。50年代受苏联教育模式的影响，中国教育实际上有"重理轻文"和"过度专业化"的倾向。这导致教育体制和教育方法方面的种种问题。

在教育体制方面"脑体分家"、"工匠传统与学者传统的分离"、"知识分子自视清高"影响着我国的科技和经济的发展，而这又是旧的教育体制的结果。在教育方法上，片面强调智育、追求升学率，使学生不得不围绕书本，穷于应付考试，失去主动性和独立性。近年来人们普遍意识到应试教育的弊端，提倡素质教育。教育不仅要提高科技知识、科学方法、科学精神在内的科技素质，而且要提高包括爱国主义、人格、理想、品德、事业心、择业观、职业道德等的人文素质。

商品意识、市场道德、经济伦理观是科技成果转化的保证

在我国，长期以自然经济为基础的农业社会使中国人的小农意识根深蒂固。在经济政策上一直推行"重农抑商"、"重本抑末"。这些做法抑制了市场经济的发展，限制了发展生产技术的资金和原动力。

"重农抑商"、"重本抑末"的理论依据是"重义轻利"的义利观。孔孟之道认为"君子喻以义，小人喻以利"，"为富不仁"。在这种价值观的影响下，人们或者不敢追求财利、安贫乐道、保守知足，或者打着道德的旗号背地里巧取豪夺，形成德与财、义与利的截然对立，造就畸形人格的人。

商品经济公开承认个人利益、个人权利和个人价值，而且需要发展工具理性，追求效率、功利和成功，充分发挥每个人的个人能力和创造性，实现个人的人生价值。事业上的永不满足，生活上的争取美满、追求丰富多彩，是社会进步的动力之一。近代以来，西方文化中的赤裸裸的拜金主义、享乐主义、利己主义传到中国，原来被掩盖的对财利的追求就会找到合理的外衣。一旦社会有所变动，原来的道德旗号变得不那么必要时，原来的种种限制消除，新的适应市场经济的道德和法律还没有健全时，被压抑已久的对金钱、对财富的欲望就会急剧地膨胀。改革开放以后，"全民经商热"、"金钱潮"就是在这种背景下出现的。然而，由于市场发育的不完善，与市场经济相应的法制和伦理道德观念的缺陷，这种"金钱潮"对中国的经济构成许多隐患。

中国文化素来以道德为本被称为"礼义之邦"，为什么现在却出现普遍的道德失范。不仅在经济生活中贪污腐化、化公为私、假冒伪劣猖獗，政治生活中"假、大、空"盛行，在日常生活中社会公德遭到践踏。遵守公共秩序、维护公共卫生、爱护公共财物被视作这是小学生的事，被看作"小节"，违犯公德引不起人们的内疚。虽然现在"奉献"、"承诺"满天飞，但我们在接受服务时几乎天天痛感职业道德和敬业精神的失落。甚至中国人最讲究、最重视的家庭伦理也出现种种危机。

其实，中国传统的道德主要是指以家庭血缘关系为基础的人伦关系。"仁、义、礼、智"，"三纲五常"都离不开维护宗法等级关系。它与现代社会相适应的"公民意识"、"职业道德"、"社会公德"等并非一回事。近代中国，尤其是"五四"以来，传统道德受到怀疑、否定和批判，表层的道德秩序、道德规范发生了变化，但深层的"道德无意识"却在相当长时期内还在起作用，新的、与市场经济相适应的道德还没有深入人心。当今社会上重视血缘关系和地域关系、以邻为壑的地方主义、凡事都想走"关系"、所谓的"经营市场不如经营领导"等等都是传统道德的遗毒。

科技成果转化要求有正常的市场秩序、健全的法制和与之相应的伦理道德。中国目前市场经济发育不完善，在人们利用手中的权力、地位可以轻而易举地捞钱，运用不甚高明的骗术或其它不正当手段发财时，其"投入产出"远比通过科学技术获得效益高、风险小，那么科教兴国就不太容易成为人们的自觉行动。科技成果的转化在很重要的意义上是一种经济活动，例如，中国的软件人才很多流入美国，而国内软件业却不景气，这和盗版泛滥、人们的知识产权意识薄弱有直接的关系。

建设社会主义现代文化

为加速科教兴国战略的实施，必须营造有利于发展科技教育、能促进经济社会发展的社会文化环境。为此，我们首先要清理现实环境中的问题，建立社会主义现代文化。建设社会主义现代文化是一项艰巨而又复杂的任务，需要用文化、经济、政治、法律等多种手段。

运用各种文化手段　例如学校、传媒、博物馆、图书馆以至企业的文化活动等普及科学知识，推广科学方法，倡导科学精神，进行文学艺术的感化熏陶，在全

社会树立尊重知识、尊重人才的价值观念。尤为重要的是提高各级党政领导干部的科技文化素质。

加强政策导向和改革的力度,增加科技和教育的投入,改革科技和教育的体制 如果只有宣传而没有相应的政策、措施,那么一切都只会流于形式。然而体制改革是多方位的,科技、教育体制的改革要和经济、政治体制的改革同步进行。

改变生产方式、发展市场经济 人的"思想、观念、意识的生产最初是直接与人们的物质活动,与人们的物质交往,与现实生活的语言交织在一起的"。传统文化中的价值观念,例如中庸保守、平均主义、重农轻商、安贫乐道等都是封闭的以自然经济为基础的农业社会的产物。只有彻底改变旧的生产方式和生产关系,才能真正转变人们的价值观念。其实,随着中国的工业化以及近年来社会主义市场经济的发展,许多人的价值观念已发生了重大变化。

完善法制,利用法律来保证政策的落实和改革的推行 一个国家的宪法、法律、法令、行政法规、条例、规章等都是用以保证实施代表国家利益和意志的行为规范的。中国社会历来重道德、轻法律,重人治、轻法治,在规范人的行为时主观随意性大,常常因人而异、因时而异。要贯彻落实科教兴国战略,必须制定一整套与之相适应的法律、法规和制度,更重要的是要加强执法的力度,做到有法可依、违法必纠、司法独立。我国目前经济、政治和其它领域存在的道德失范,如果只靠教育宣传,不靠法治是不能解决的。

"科教兴国"首先要"国兴科教"。全国上下要改变观念,采用经济、文化、政治法律等多种手段,重视并支持发展科技和教育事业,把经济建设转移到依靠科技进步和提高劳动者素质的轨道上来。只有这样才能保证"科教兴国"战略的实施。

现代世界科技发展综述

孙光成

现代科学技术对推动人类文明发展的新贡献

人类已经历了400万年的前石器时代,4万年的石器时代,4 000年的铁器时代,400年的机器时代和40年的电器时代,而今又进入电脑和网络时代(又称信息化和数字化时代)。这种时代的变迁是人类文明创造的奇迹,而创造这一奇迹的神奇力量是科学技术。

20世纪科学技术的发展及其对人类社会的贡献

20世纪是人类历史上科学技术发展最快,科学知识增长最快的年代。据统计,19世纪人类的科学知识量是约50年翻一番,20世纪初是约30年翻一番,20世纪中期是约10年翻一番,20世纪末则是5年翻一番。学者们把这种科学知识快速增长及其社会经济效应称为科学知识革命。科学知识革命促进人类社会的进步随处可见。

在科学的先导下,20世纪最重大的成就是发展了五大尖端技术:核技术、航天技术、电子计算机技术、激光技术和基因重组技术。

人类社会的发展史是一部生产力的进化史、是科学技术的进化史

生产力的每一次划时代的进步,都是人类知识、特别是科学技术的重大飞跃。人类社会从石器时代发展到现在,发生了三次大的科学技术革命和产业革命。每次革命都表现为智力的伟大飞跃,都是科学技术知识和智力向生产工具或产品中进一步凝结。当今,科学技术和智力的作用已成为人类社会发展的根本推动力量。在社会的世界格局中,政治和军事的力量取决于经济、产业的发展,而经济产业的发展,又取决于科技的进步和突破。"知识就是力量",并且是可以创造和改变历史的巨大力量。在人类历史发展的转折阶段上,谁先掌握了先进的科学技术,谁就在历史进程中掌握了优先权、主动权和决定权。

科学技术改变了世界，并成为人类进一步生存和发展的基本前提

在20世纪，人类利用高科技创造了一个又一个奇迹：空间站、地球村、机器人……人类本身的平均寿命也不断延长，这些都是科学技术改变人类和历史的最直接和无可辩驳的例证。现在人类面临的是越来越多的人工世界——一个用现代科技元器件组装的世界。不论是人工合成材料、转基因物种，还是网络媒体中的各种虚拟现实，它们已成为人类新的工作环境、劳动对象、生产基础、操作工具及生活伴侣。历史表明，人类只有不断努力学习、掌握现代科学技术才能认识和适应这个不断变化的世界，才能影响和改造这个世界。

科学技术为生产和经济发展不断注入活力

纵观当今世界的产品市场，智能的物化产品如软件产品，在经济发展的平台上作用越来越大，软件产业也已成为现今最为夺目的朝阳产业，其他智能商品和智能服务也大放异彩。产品、产业结构的智能化、高级化成为社会生产和经济发展的大趋势。在生产和经营中市场竞争已从产品竞争延伸到工作间的创意及实验室的"研究与开发"的竞争，这是真正科学技术的较量。所以，当今世界，具有更多知识的企业将是胜者，具有更多、更先进科学技术的国家将拥有较高的生产率和发展水平。

科技知识能创造新的产业主体

随着知识经济的来临，知识型劳动者成为决定生产和管理运作的主体，人力资本或知识积累已成为改变经济系统产出的显著变量。这表现在：(1)白领人员数量已超过兰领人员数，并且在白领阶层内也在产生复杂的分工；(2)产业主体的素质要求越来越高，个人的知识水平、组织结构和知识积累决定着就业方向和工作成就；(3)高附加值向高新技术产业或智力密集型产业转移。所以，科学技术知识不仅是可兑现的资本，更是创造新财富的源泉。

总之，在人类社会文明发展中，科学技术起着真正的核心和关键作用，科学技术是社会进步的基础，是物质文明和精神文明发展的基础。

科学思想、科学理论对人类进步的作用

20世纪又是科学思想、科学理论大发展的世纪。无数科学家前赴后继、创立了许多新的科学思想、科学理论。在这些科学思想、科学理论的引导下，带来了20世纪的技术大发展，不断促进着人类社会文明的发展。

量子理论和相对论的创立和发展，是本世纪最伟大的科学革命

从本世纪初的1900年开始，经过科学家普朗克(M·Planck，1858～1947)、爱因斯坦(A·Einstein，1879～1955)、玻尔(N·Bohr，1885～1962)、德布罗意(L·de Broglie，1892～1987)、康普顿(A·H·Compton，1892～1962)、海森堡(W·K·Heisenberg，1901～1976)、薛定谔(E·Schringer，1892～1961)、玻恩(M·Born，1882～1970)、狄拉克(P·A·M·Dirac，1902～1984)等的不断努力，建立了量子理论和量子力学。1916年，爱因斯坦在总结了其他科学家的理论基础上，又创立了相对论，实现了继牛顿以来人类时空观和物质与能量统一性认识的革命。

量子理论和相对论，不仅成为近代原子、分子物理和天体物理的基础，成为物理与化学及生物学交叉的重要理论基础，也为现代核技术、航天技术、半导体技术、微电子与光电子技术、合成化工技术等的发展提供了科学基础。

生命科学中DNA双螺旋结构模型的建立，是人类揭示生命遗传奥秘方面的里程碑

1953年，美国生物学家沃森(J·D·Watson，1928～)和英国物理学家克里克(F·H·Crick，1916～)提出了DNA双螺旋结构分子模型。DNA双螺旋结构的发现，标志着现代分子遗传学的诞生，揭示了世界上千差万别的生命种群和个体在分子结构和遗传机制上的统一性，并为后来以DNA重组为主要手段的基因工程奠定了基础，对农业和医学的发展也产生了极其深远的影响。

大陆漂移学说和地球板块构造理论是20世纪地球科学中最伟大的成就

1912年，德国科学家魏格纳(Alfred Wegner，1880～1930)提出了大陆漂移学说；1967年法国科学家勒皮雄(X·Le Pichon，1927～)、美国科学家摩根(W·J·Mogan，1935～)和英国科学家麦肯齐(D·P·Mckenzie，1942～)等建立了地球板块构造模型。

大陆漂移学说与地球板块构造学说不仅可解释地球大陆的变迁史，而且可预测其未来的发展，是人类对固体地球运动模式整体性及其运动学和动力学认识的深化，是现代地质学的重大发现。它对地震学、矿产学、古生物地质学、古气象学都具有重要指导作用。

宇宙大爆炸理论是20世纪宇宙科学的里程碑

1948年，俄裔美国物理学家伽莫夫(H·G·Gamov,1904～1968)提出了宇宙大爆炸理论，认为宇宙开始是个高温高密的火球，物质以基本粒子和辐射形式存在，因为发生剧烈的核聚变反应，火球爆炸向各方迅速膨胀，随着密度和温度的降低，逐渐形成今天宇宙中的各种天体。1964年，美国贝尔实验室科学家发现了来自太空温度3K的微波辐射与伽莫夫预言的宇宙大爆炸后遗下的背景辐射相符。

宇宙学理论为人们勾绘了一幅从相互作用的起源、基本粒子和化学元素的产生、分子的形成和生命的出现，直到行星、恒星，星系以至整个宇宙起源和演化的图景。新的宇宙演化观念是建立20世纪宇宙科学的里程碑。

信息理论为发展20世纪的通信技术、计算机技术等方面准备了理论基础

1948年，美国贝尔实验室的数学家申农(C·E·Shannon,1916～　　)发表了"通信的数学理论"，提出了著名的信息编码定理与编码冗余度和消除传递过程中噪声干扰的理论，奠定了现代信息论的理论基础。此后，美国科学家又创造了《控制论》、《系统工程学》等，为系统科学与工程奠定了数学方法的基础。1969年人类第一次踏上月球的美国阿波罗登月计划就是系统工程实践的成功范例。

随着计算机技术、信息技术的发展和普及，信息网络时代即将到来，这将为整个人类社会向更高级的社会组织形态迈进创造必要的条件。21世纪的信息技术革命就在我们身边，它将把人类文明推向一个更高的层次，为人们带来无比光明和灿烂的新生活。

世界科技创新的十大趋势

20世纪最后20年，世界科技创新空前活跃，21世纪头10年，信息技术将渗透到经济社会生活的各个领域。从全球视野综合观察，当代科技创新呈现出十大趋势：

科技创新成为世界规模的强大潮流 在全球范围内，科学科技在各领域中的巨大作用已被证实，科技创新成为一切文明、进步的源泉，人类为了更好的生存和发展，在现存的知识资源和物质资源基础上，大力推进科技创新已形成世界性潮流。

知识资源成为科技创新的第一要素 知识经济正在兴起，知识的创新和发展大大降低了人类社会对自然资源的依附，传统的生产要素(劳力、土地、资本)已逐渐失去主导地位，知识资源成为科技创新的战略性首要因素。

前沿科技成为创新竞争的主要焦点 高新技术群中，微电子、光电子、生物电子；细胞工程、基因技术、生命科学；核能、氢能、太阳能；高磁材料、超导材料、纳米材料；空间提纯、微重力成形、太空基站；海水淡化、海洋油汽开发、深海采掘等前沿领域，是世界瞩目的制高点，攻占这些科技高地的竞争已成为创新的主要焦点。

科技集成成为创新的常用形式 现有的科技成果和技术体系已相当丰富，当前面临的许多科技难题在很大程度上可以采用集成现在的技术加以解决。创新特点鲜明的计算机网络是当代计算机技术、微电子技术和通信技术的集成，困扰全球的Y2K(2000年)问题，可通过现有的硬件技术和软件技术的创造性系统集成加以克服。

"研究—发展—生产"成为完整的创新链的必要环节 长期以来，R&D(研究与发展)活动被公认为创新，其后的P(prodaction,生产)即产业化过程往往被忽视。在日益讲求创新绩效的今天，创新的终端目标是市场回报，若不通过生产环节就无法实现全部创新目标，因此，完整的创新过程应包括研究、发展和生产三大环节，创新的完整表述是R&D&P。

技术创新成为重大创新的必要前提 具有规模性应用的重大科技创新项目，在开发前期必须对技术体制、技术标准和规范进行广泛协调，避免形成多种形式、多种标准、多种规范之间的壁垒，防止因缺乏协调使创新开发和成果应用的成本大为增高。如全球运行的Internet通信协议，在技术协调上堪称范例。

可持续发展成为创新的基本使命 全球的人口剧增和自然资源枯竭，强制新的创新活动及其成果应用，必须以不损害人类和自然的可持续发展为原则。切实保证地球文明的高度发展和人类的可持续美好未来已成为一切科技创新的基本使命。

公司并购成为重组创新能力的有效途径 近几年中，产生世界影响的"超级并购"频频发生，公司并购已成为在一国范围内或国际范围内重组创新能力的有效途径。

风险资金成为支撑创新的金融支柱 在当代科技创新活动中，风险资金已成为不可或缺的因素，它支撑创新活动并通过风险资金管理和监控改善创新过程。

创新战略成为引导国家发展的重要指针 注视全球科技进程，研究制定创新战略、策略是不容忽视的大事，许多国家都在不断制定和完善国家创新战略，以创新战略作为引导国家发展的重要指针。

美日欧科技发展方向及战略

21世纪，包括信息电子、新材料、生命科学在内的9大产业领域将对未来全球工业和经济产生重要影响。对美欧日在这9大领域的研究开发比较表明，日本在信息电子领域略微领先，而美国在其他8个领域拔得头筹。尤其是在新材料和运输领域，日本不仅落后于美国，而且欧洲也跑在了日本的前头。

日本在钢铁、化工和机器等某些工业品领域仍居世界顶尖地位，但在很多尖端技术领域，美国走在了前面。

按技术和产品对9大领域进一步细分，得出16项主要的大规模市场领域。到2010年，日本将在其中8个领域领先，而美国则在另外8个领域领先，两国将打成平局。这一结果反映了日本技术开发能力的水平很高。然而，日本仅在太位光通信设备、太字节光文件存储装置、新型玻璃、超高速货船(TSL)和直喷式发动机汽车等5个领域具有明显优势；在第二代移动电话、高清淅度电视和地下配送网络三个领域，如果日本掉以轻心，就极可能丧失其领先地位。

在16个领域中，到2010年市场份额最大的预计将是电动汽车。就电动汽车开发而言，目前美国的福特和通用汽车公司走在前头，其次是日本的丰田和本田。到2010年，丰田和本田显然会缩小与美国的差距，但美国不会丧失其领先地位。

燃料充电的电动汽车(FCEV)很可能是未来的主流汽车。不过，由于成本和对基础设施的需要，最早要到2010年才会进入实用开发。目前看来，混合式汽车似乎将填补这一空白。在燃料电池领域，加拿大的百拉德动力装置公司立志要成为"汽车工业的英特尔"，且在技术上进展迅速。但这方面，美国仍是最强者。

直喷式发动机汽车油耗小，马力大，因此能降低二氧化碳排放量、保护环境。到2010年，日本可能仍旧保持这方面的领先地位。

在数字移动电话领域，最初是美国和欧洲领先，但鉴于日本电报电话公司DoCoMo将在2001年开始商业服务而会成为世界先锋。美欧日在该领域的竞争到2010年可能仍将继续下去，日本将有可能略微领先。

太位光通信设备、太字节光文件存储器和新型玻璃(这指的是非线性光学玻璃)是日本大大胜出美国的三个领域，且垄断了世界市场的极大份额。日本在与"光"有关的领域颇具实力，这种领先地位到2010年可能仍不会改变。

在超级平行计算机领域，美国执世界之牛耳，NCR、IBM和英特尔等美国公司有很强的实力，但日本公司正在逐渐缩小与美国的差距。

在超高速货船方面，日本天下无敌。这种货船载重量达1 000吨，最高时速达93公里，遇有4～6米的风浪也通行无阻。

在高视觉(高质量电视)开发方面，日本NHK站在了世界技术的前沿。然而，全球下一代电视将是以数字传输为主流方向。

在超大型喷气客机方面，日本远远落后。美国波音和欧洲空中客车工业公司目前控制着这一市场，并将持续下去。

在半导体领域，美国亦处于领先地位，在超智能芯片、半导体超晶格元件的研制方面，到2010年，美国将继续领先。

在地下配送网络、二氧化碳(引起全球变暖)催化剂固定技术等方面，日本将得到快速发展。

垃圾问题日益严重,废物处理与转换技术直接关系到垃圾问题的解决,这一市场可能会扩大,大大高于预期。美国的孟山都和嘉吉公司在该领域领先,其次是欧洲,日本的昭和高分子公司和三井化学工业公司也有很好的表现,但是2010年前它们或许不能够缩小其差距。

世界部分国家科技发展成果、趋势与措施

孙光成

美 国

面向21世纪的美国科技发展战略目标

面向21世纪的美国科技发展战略目标包括以下6个方面:

促进科学研究 科学是不尽的资源,科学为经济、健康和国家安全奠定基础。

投资技术创新 技术是经济增长和繁荣的活力,投资于技术就是投资于美国的未来。

保障国家安全 科技投入及国际合作在外交、经济和军事三个国家安全要素中都起着关键的作用。

保护环境 为了可持续的未来发展环境科技。

改善健康 为了人类健康研究更好的医疗保健和安全的食品。

培养人才 人力资源开发的关键是要提高教育的质量和数量。

重要领域科技进展

信息技术进展

网络技术是技术开发的焦点。1999年11月,贝尔实验室用显微镜片开发出全光路由器,这种路由器用一系列的显微镜片把光信号从一束光纤直接转入另一束光纤,而不象现在先把光信号转换为电信号。该技术将节省25%的成本,并提高16倍的速度,将为网络通讯开创新的时代。

从服务器到家庭用户是网络传输研究的另一个焦点,DSL技术可以把电话线Internet上网速度提高比典型ISDN高12倍,比2.8Kbps高50倍速度,其高可靠性、相对低成本使DSL在1999年发展迅速。

非PC上网设备倍受瞩目。由于寻呼机、手机、顶置盒、掌中电脑等将成为互联网有关设备发展的未来热点,英特尔正在研制在低端运行CE操作系统的芯片。Navio Communications在开发Navio NC Netvigator浏览器,使非PC设备能保持同样的浏览效果。

计算机安全技术。桑地亚实验室开发了一套加密技术标准集成电路,芯片拥有16组每组1.6万个晶体管,可以保护美国能源部和其他联邦机构的超级计算机之间的数据传输安全。数据传输速率为6.7千兆位/秒,比过去增加10倍。这项技术使DOE可将加密数据通过Internet进行传送,在手机通讯、金融和信用卡交易上也有很大应用前景。

半导体和芯片技术。贝尔实验室开发出了世界上最小的50纳米晶体管。这一工艺将继续成倍增加半导体集成度和运算速度。

计算机Y2K问题基本解决。为解决政府内部信息系统Y2K问题,1996~1999年联邦政府大约花费了83.4亿美元资金。“2000年问题总统理事会”下设信息协调中心(ICC)专职收集、分析和总结1999~2000年期间各部门及其他重要国家各领域信息系统运行的情况,供决策者和公众在需要时制定应急措施。

私营部门的进展迅速,如民航系统到1999年7月解决了95%的问题。为避免其他国家影响美国,1999年美国同日本发表了Y2K合作声明,和加拿大、墨西哥举行了三边Y2K协调会。

生物技术的进展

生物技术产业和R&D。目前美国共有1300家生物技术企业,年销售总额达134亿美元,市场总资本额达970亿美元。

克隆技术取得新发展。1999年美国研究人员将成年人骨髓的间充质干细胞在体外成功培养分化为软骨、脂肪和骨骼细胞。采用该技术开发再生药物,可治疗软骨损伤、骨折愈合不良、心脏病、癌症和衰老引起的退化症等疾病。

血管发生(Angiogenesis)。发明了用于治疗癌症的血管发生抑制因子新方法。此法还可用于防治冠状动脉疾病引起的动脉阻塞。

药物基因组学(Pharmacogenomics)。药物基因组学利用基因组学和生物信息学,针对某种疾病的特定人群设计开发药物和诊断方法,使治疗更有效、安全,功效和适应症明确,副作用较小,减少临床试验费用并缩短周期。

艾滋病疫苗的研究重新引起重视。1999年6月美国国立卫生研究院新成立了一个疫苗研究中心,以研制艾滋病疫苗为主要任务之一。

人类基因组计划继续取得进展。

生物技术新领域不断出现。生物技术已扩展到所有利用生物分子、细胞和遗传学过程生产药物和动植物变种的技术。

农业转基因技术发展和社会挑战。农业生物技术近几年发展很快,许多转基因作物已进入商品化大田生产。

空间技术发展

美国航空航天局(NASA)的空间技术发展仍然坚持是"更快、更好、造价更低"的基本方针,火星探测和国际空间站是公众关注的主要大事。

国际空间站。1999年5月27日,美国把国际空间站的第二个模块通过US Orbiter STS-96发射上天,这也是建立国际空间站第三次发射任务。

导弹拦截技术首次试验成功。1999年10月2日晚7时美从加州发射一枚作为标靶的洲际弹道导弹,21分种后又从2880公里以外的马绍尔群岛发射了另一枚导弹对它拦截。16分钟后在太平洋上空224公里处,未装爆炸物的拦截导弹成功将来袭导弹击毁。

基础研究

纳米科学是基础研究的热点,在近年得到快速发展,有可能对医药、能源、材料产生革命性的影响。美国密执安大学教授Veltman和荷兰的Hooft(同获得1999年物理学诺贝尔奖)。使用Yang-Mills理论在更大范围内对电磁和弱相互作用的量子结构做出清楚解释。因在10^{-15}秒时间尺度上对化学反应进行研究且创建了毫微微秒光谱学,加州理工学院教授Zewail获得1999年度的诺贝尔化学奖。纽约洛克菲勒大学的Gunter Blobel发现蛋白质自身带有原生信号控制自己的运输和在细胞中的同化获得1999年诺贝尔医学奖。

科技政策和经济技术发展趋势

美国产业界1999年研发(R&D)投入大幅增长

1999年产业界在R&D上投资增长12%,达到1693亿美元。美全社会包括政府、产业界和大学1999年对R&D实际投入总额比1998年增长8.8%,达到2470亿美元,R&D占美国国内生产总值(GDP)的2.79%。

联邦政府持续增加科技R&D预算

科学技术R&D在2000年财政预算高达833亿美元拨款,比1999年增加5%,增加了近40亿美元。

基础研究仍然是联邦R&D的资助优先领域,获得显著增加,2000年基础研究总预算达191亿美元,增加10.6%约18亿美元。基础研究资金增长主要集中在资助生命科学和医学研究;国防R&D拨款有较大增长;对R&D的减税计划继续延长5年。

反托拉斯法和技术创新政策

联邦政府认为打击垄断,刺激竞争是其技术创新政策主要支柱。1999年美国联邦政府反托拉斯行动的重要内容是对世界上市值最大的微软公司的诉讼,这场诉讼触及了信息产业的一些重要法律问题,其最终判决将构成美国技术政策架构的一个重要部分,使未来的软件和互联网技术开发和商业行为将依照判例设下的规则发展。

新兴数字经济迅速发展

电子商务和信息技术工业的高速发展和变化,正在从根本上改变着美国人制造、消费、交流和娱乐的方法。学者们认为一个新经济的雏形已经出现,其核心信息技术和计算机网络在经济的每一个领域中广泛应用,并改造着传统的产业和人们生产生活方式,美国商务部为其取名为新兴数字经济。

现在,在美国每100人中有37人可以在家或办公室上网。《新兴数字经济Ⅱ》报告预计2002年公司与公司之间的电子商务将达到1.3万亿美元。

高速增长的风险投资促进高新技术产业化

1999年第三季度的风险投资达到129.8亿美元,打破了美国风险投资的历史纪录。而且每个公司平均接受的资助从1998年的700万美元增长到1 500万美元。大量活跃的风险投资成了美国高新技术产业化保持高速发展的主要动力,风险资金扮演着催化剂和运载工具的重要作用。

华盛顿高技术区的出现

1999年华盛顿是美国新兴高技术区中最受瞩目的地区,运营着9 000多家技术公司。到1999年10月,华盛顿地区高技术公司雇用的科学家、工程师等各种技术人员总数超过了硅谷和波士顿的128号高技术走廊各自雇用的技术人员总数。华盛顿地区成人上网率高达60%,在美国排名最高。美国同其他国家的Internet网络通讯一半以上是通过华盛顿地区。

人力资源政策

美国政府认为其国家前途取决于如何为劳动者提供终生教育机会,以使其持续地适应技术迅速进步的步伐,以上目标有赖于丰富的教育资源和高效、灵活的教育体制,使任何人在任何时间、地点有获得教育或培训的机会。政府的教育目标是:(1)所有学生3年级时有独立阅读能力;在8年级时掌握代数和几何;(2)所有年满18岁的孩子做好上大学的准备,而且有能力支付大学教育经费;(3)所有的教室到2000年时应该通互联网,所有的学生扫除技术文盲。这些目标着眼于全民素质的提高,是美国国家竞争力的基础。

加　拿　大

1999年,加拿大的经济发展势头强劲,国内生产总值(GDB)增长达3.6%,名列西方国家前茅。联邦政府1998～1999财政年度的科技投入为55亿加元,比上一个财政年度增加0.5%,其中33亿加元投入到科技的研究与开发(R&D)上。

联邦政府1998～1999财政年度的科技投入中的59%,用于联邦政府的科技机构的科研活动,这与上一年大体持平。

1999年科技重大事件

召开了加拿大创新会议　1999年11月30日至12月2日,在渥太华召开了首届加拿大创新会议,会议讨论了加拿大一些最新科技发展及其对社会的影响,同时还针对一些主要问题,如怎样从政府和民间机构争取科研经费、加拿大如何从投资科研中取得回报及加拿大各部门如何合作以便在全球知识经济的竞争中取得胜利等展开了专题讨论。会议也针对当前最前沿的课题,如体外培育人体器官、因特网上的多语言通讯、可携带计算机等展开交流。

加拿大创新基金提出3.4亿加元的研究设施建设计划　建立于1997年的加拿大创新基金是联邦政府为加强加拿大的研究能力,由联邦政府在5年内每年出资1.8亿加元所组建的独立的公司。1999年10月5日,加拿大创新基金总裁宣布一个3.5亿加元的建设计划,计划面向建设那些能支持创新研究和发展新思路的研究设施。通过该计划的实施,将吸引约5.4亿加元的资金参与投资,这将为加拿大的研究设施建设带来9亿加元的资金。

加拿大联邦政府推出100万加元的研究奖金　1999年11月25日,加拿大负责科学、研究和发展的国务部长宣布建设以已故诺贝尔化学奖加拿大得主吉哈德·赫兹博格命名的100万加元的科学与工程研究奖。该奖金用以庆祝加拿大的伟大研究成果,并给最优秀的加拿大研究人员提供新水平上的研究支持,并激励所有加拿大人,特别是年轻人对科学的兴趣。

加拿大科学家创造人工角膜　1999年12月8日,渥太华医院的研究人员研究成功人工角膜,人工角膜的诞生,使得那些因受外伤、化学灼伤以及因退化疾病导致角膜受损的人们,有可能利用人工角膜得到治疗。

加拿大信息技术产业及应用持续发展　加政府表示要在2000年把加拿大建设成世界上网络最发达的国家。加拿大正在致力于建立连接政府各部门网络、他们的合作伙伴和客户,形成一个通用的和私用

的电子网络，并安全地通过该网络为国民和企业服务。由于信息技术的迅速发展，预计到 2005 年全球电子商务的市场将达 5.5 万亿加元。加政府目前正拟定政策，争取国际智力流入，采取措施包括引进信息技术和信息管理人员，加强人员的流动，提供具有竞争力的薪水和待遇。

加拿大的国家创新战略

通过创新迎接未来挑战　为迎接知识经济社会提出的严峻挑战，1997 年提出建立国家创新体制，具体落实国家科技发展战略。1998 年推出《创造发展动力》施政报告，强调对知识和创新增加投入，并明确了创新目标。1999 年的财政预算，政府增加了 18 亿加元科技投入，用于实施国家创新工程。

政府积极通过落实各项计划和项目实施国家创新战略，自 1996 年实施科技发展战略和创新战略以来，加拿大建立了国家信息网络，使加拿大成为世界上为数不多的网络国家。在政府、企业和教学科研单位普遍联网的基础上，1998 年联邦预算新增为期三年 2.05 亿加元，用于支持“学校网络”和“居民区联网计划”，在城乡结合部增开 5 000 个国际互联网点，与在农村现有的 5 000 个网点相呼应，形成了全国联网的格局。除此之外，联邦政府还将投资 CANARIE，用以进一步开发高速网络系统。

政府加强了知识转变为就业、商品和服务的工作，积极促进科技成果的转化。几年来，大学科研成果的商品化工作一直是政府的优先工作之一。

联邦政府倡导全社会共同参与创新，并努力协调各部局的工作，把发展部门间的协作也作为重要创新之一，以实现国家、社会健康和环境目标，实现可持续发展。提倡政府部门共同签署协调行动的“谅解备忘录”，一种非常有效的科技发展、管理和协调策略，可以使科技投入在国家可持续发展战略中获得最佳效果。鼓励全社会、全民创新，形成全国、全民、全面创新的局面。

联邦政府重视向人的投资，重视知识资源的积累。为培养跨世纪人才，加拿大政府投入 25 亿加元，启动“千年学者基金”，加强大学教育、加强继续教育，提高劳动者素质，并把任务当作联邦 1996 年实施科技发展战略以来的头等大事。采取大量具体措施为优秀人才创造良好的生活、配偶就业、科研条件，以培养、吸引、留住优秀人才。

联邦政府的地位和作用　政府在创新活动中充当创新工程的资金赞助人、实施国家战略的组织者、创新活动的领导者和推动者的作用，同时政府应该成为创新的领头羊，以创新精神将知识应用于政府和管理制度的制定和运用上，提高决策水平，依靠科学、规范和创新性的管理体制，提升加拿大的创新能力，提高产品的国际竞争力和建立较高的国际信誉。

发挥主要信息源和情报资料源的作用。政府积极寻求充当主要信息源和情报资料源的角色。加拿大知识产权办公室最近将大量的专利数据上网，包括过去 80 年来 130 万项专利的详细信息和图表。1996 年工业部开设的“战略”网络，迅速成为世界上同类站点中最成功、规模最大的商业信息资料库。“战略”网络站提供了 1.5 万个加拿大研究人员的入口。帮助加拿大公司采用最先进的研究技术去促进创新性的增长和创收。“战略”网站也提供了机遇匹配服务，将科技信息与公司的发展相联系，支持中小企业成果的商品化。

重视政府各部门的协调与合作，充当创新工程的协调者。另外，联邦 S&T 的活动还为全国范围内的科技活动提供桥梁纽带作用，在一些关键领域，联邦政府要对国家自然资源的管理负起责任。

重视公务员自身的创新，提高公务员队伍创新意识。早在 1973 年联邦政府就颁布了“公务员发明创造法”，来规范、鼓励公务人员的发明创造活动。

通过创新改善生活质量　加拿大是联合国连续多年评定为世界上最适宜人类居住的国家。加政府把环境指标的改善作为生活质量改善的重要指标，重视保护环境。联邦政府通过开展创新活动，解决工业发展面临的环境污染问题，帮助企业界最大限度地回报国民，来改善国民生活质量。在政府、大学和私营企业科研力量的共同参与下，确保采用最好和最新开发的技术用于保护环境。

鼓励在服务领域的创新，以改进环境质量和提高人民生活质量。如加拿大实施的“清洁空气计划”对大气质量进行预测，可以使民众了解大气质量对人体健康和环境的影响，以便更好地计划每日的活动。

通过创新促进知识进步　联邦政府的各部局实施的各项科技活动和各种创新计划对促进加拿大经济和社会知识进步发挥了重要作用。例如，通过实施优秀网络中心计划，组织全国各地的大学与工业界对关系到加拿大国计民生的重要领域进行研究。政府在其中鼓励各部门共享科研设施、设备，共用实验室，并鼓励合作研究，以最有效地利用政府的投入。

积极参与全球科技活动和国际大财团科技活动，利用各国及大财团拥有的知识资源，推动本国知识进步。

重视计划创新，积极推动联邦部局间各项计划的创新性安排，使一些重要的关键问题得到妥善解决，避免出现失误。

重视培养、吸引跨世纪人才 联邦政府重视向人的投资。为培养跨世纪人才，加拿大政府投入25亿加元，启动“千年学者基金”计划，加强大学教育、加强继续教育，提高劳动者素质。政府同时推出“科技人力资源管理框架”，以解决人力资源问题。

重视培养青年科技人才，解决科研人员年龄老化问题。联邦正谋求采取一定措施，确保国家科技设施保持竞争力，以吸引和留住最优秀和最有前途的人才。通过改善科研设施、装备和条件，吸引世界优秀人才。重视解决不断增长的对高技术工人的需求。另外，为了迎接全球性挑战，必须优先解决消除技术短缺，吸引留住国外技术工人，吸引专门领域人才，推进技术进步等问题。为此，联邦修改了加拿大移民法、改进技术移民配偶就业等措施吸引海外技术人才。

加拿大的电子商务战略

加拿大电子商务的战略目标是：到2000年要使加国成为全球电子商务的领袖，要在已取得的技术优势和优秀基础设施支撑下，通过电子商务来获得更大的市场份额和经济利益。要实现这一目标，其基本做法是：加国企业公司和消费者应是推动并参与电子商务发展的主体，政府将在基础设施，规范电子商务市场规则方面发挥主导作用，并通过政府上网服务计划，树立政府在电子商务中的示范作用。

该战略的国内政策框架是：加速互联网的应用；针对电子商务的特点，加速建立和完善有关网络安全、保护知识产权、个人隐私和消费者权益，以及完善税收法规等，进一步推动电子商务的发展；加速与市场的联系和信息集成，重点开发市场和用户战略。该战略的国际政策框架是：加强与各国政府，特别是国际组织的合作，加速制定国际电子商务的政策框架，重点是消除贸易壁垒，使电子商务能为各方取得最大的社会效益和经济利益。

根据上述战略目标和政策框架，加政府确定了四个领域的优先行动计划：建立一个安全可信任的电子商务市场；明确并完善电子商务市场的运行规则；进一步加强网络基础建设；加强电子商务技能普及教育和政府示范作用。

英　国

重要科技成果

英国科学家首次发现白血病具有遗传性 英国伯明翰大学泰勒教授及其同事的一项新研究发现，人体内一种名为ATM的基因变异后可能导致慢性淋巴细胞白血病。这一发现首次表明白血病具有一定遗传性。这将有助于科学家们研究修复缺损基因的新方法，以及寻找预防慢性淋巴细胞白血病的新途径。

英国首次分离出植物矮化基因 约翰·莫尼斯研究中心的科学家首次发现，在小麦的矮化过程中一种特殊的基因起到关键的作用。科学家们发现该基因可使多种作物矮化，具有广泛的适用性。他们的新发现意味着可借助基因工程手段培育出多种矮化高度的谷物和非谷物新产品。

英国电信公司大力推行远程办公 自1999年年初，英国电信公司(BT)开始逐步推行一项大规模试验，目标是到2000年初使10万英国职员中至少1/10成为在家工作的远程办公族。

英国研究用短波传输图像新技术 一种借助于大气电离层的“反射”效应来传输图像的新技术，正在进行研究试验。由于新技术不需卫星或电话线等设备，因此可为在野外或偏远地区传送图像提供新的选择，在远距离医疗、野外勘探考察等领域都有潜在用途。

研制出工业用磁共振成像装置 英国萨里大学牵头组成的研究小组，已研制出工业用磁共振成像新装置，可广泛应用于对食品、建筑、化学和汽车制造等很多行业使用的聚合物材料中的分子动态过程进行分析，具有很强的科研价值。

克隆技术的新发现 英国科学家利用细胞工程移值技术培育出的绵羊“多利”,其染色体端粒长度比同年龄普通绵羊要短,这意味着克隆羊可能会比普通绵羊更快地走向衰老和死亡,表现了现有克隆技术的局限性。科学家推测,造成克隆羊染色体端粒短于普通绵羊可能的原因是,培育它们的体细胞或胚胎细胞已经过不同程度的分裂,这就造成克隆羊们继承下的遗传物质中染色体端粒天生就短。科学家的新研究表示,细胞核移植操作并不能起到恢复克隆动物所继承的染色体端粒长度的作用。他们认为在克隆动物发育早期是否还存在其他可增加端粒长度的机制,尚有待进一步研究。

研制出复合材料加工新方法 英国沃里克大学科学家1999年研制出一种新方法,能将玻璃纤维增强型复合材料加工成常规手段难以制造的各种复杂形状。新方法主要通过两方面的改进显著提高了玻璃纤维增强型复合材料的加工成形性。一是在复合材料干固过程中利用紫外线光照加热代替直接加热。二是采用了由计算机控制的工业机器人,来控制紫外线加热过程,以提高复合材料的性能。科学家指出,将来有可能利用太阳辐射中的紫外线,在太空中加工复合材料。

科学家识别出新的癌症基因 英国癌症研究所科学家在1999年,新识别出一种在50%以上癌症形成中起关键作用的基因(BI10)。这是近几年来癌症基因研究领域一项重大突破,将有助于研究新型抗癌药物。如果能找到防止缺损BI10基因起作用的方法,将为癌症的防治提供新的手段。

重大科技举措

首次明确提出发展知识经济、提高竞争力 英国政府正在积极采取对策,努力向知识经济转型。把促进知识经济的发展作为英国制订工业、科技和贸易政策的基石。为促进知识和科研成果的转移及与生产结合提供新的动力,英国在1999年,出台了一系列促进知识转移的新方案,1999年3月宣布将为15所大学分配总额为4500万英镑的“大学挑战基金”。9月英政府还推出一项“科学企业挑战基金”,投资2500万英镑在剑桥大学等8所高校中建立起新型企业中心。此外英国还计划实施新型高校“拓展基金”项目,将通过采用奖励方式,为促进高校与企业界的合作提供一种新的机制。英国认为在知识经济时代,建立和强化高新技术园区也是推动知识转化和促进企业间在竞争基础上的合作的一个关键步骤。

注重实力建设,加强对科技研究、开发和教育培训的投入 英国政府为鼓励知识创新、开发知识和实力建设,决定在1999年开始的3年内新增14亿英镑的科研投入,使科技投入平均每年增加15%。在今后3年(1999~2001年)的财政计划中,英国科学、工程和技术的总投入将超过200亿英镑,将达到10年来科技投入的最高水平,3年内英国贸工部(DTI)的创新预算将增加20%。同时今后3年内将增加教育的投入,承诺将提高教育标准。计划至2000年使英国所有的中小学校全部联入互联网络。政府计划拿出2000万英镑与“微软”等大公司共同研究建立一个慈善基金,为英国中小学添置计算机等设备。

提高信息产业的地位,鼓励采用信息技术 英国政府决心要在21世纪建成世界最先进的电子商务,到2002年,使英国家庭使用电子商务的比例在西方7国中达到最高,在今后3年内英国的电子商务交易量将增加10倍。为此,1999年7月出台了酝酿已久的电子商务法律草案。布莱尔政府强调,在当前全球经济情况下,通信、多媒体、电子商务和互联网以及基因科学对人们的生活将产生重要影响。英国政府也相当重视电视传播手段的革命,1999年9月英国文化大臣宣布,英国由模拟电视向数字电视全面过渡可能从2006年开始,这一进程将于2010前结束。这将是一场“数字化革命”,它不仅给工业界提供巨大市场,而且将为广大消费者提供更大的便利。

保持优势,继续加强生物技术产业的研究 目前英国的生物技术产业规模在欧洲首屈一指,仅次于美国。为确保英国在生物技术领域已有的优势,1999年4月英国政府成立了一个由学术界和企业界专家组成的研究小组,专门研究在新的形势下英国应采取什么相应的对策。英国政府表示将采取进一步措施推广成功的生物技术园区机制。

德 国

德国技术创新战略

争当21世纪的世界“智能工厂” 1999年10月大选后，执政两党提出了要将德国变成世界“智能工厂”的口号，即技术创新新思维、新思想、新技术和新产品的创新基地。为实现这一战略目标，联邦政府从发展高等教育、基础研究和工业研究入手，采取了一系列有力措施，积极推动科学研究与技术创新活动蓬勃发展。

加大政府对技术创新投入力度 德国政府1999年财政预算加大了对科学研究与技术创新的资金投入力度，经费预算从1998年的140.97亿马克提高到150.01亿马克，增长幅度为6.7%。与1998年相比，用于资助技术创新项目的经费增加了1.2亿马克，达30亿马克，资助重点是生物基因技术、信息技术、生态研究、交通机动性研究、健康研究、就业岗位创新性研究以及技术结构研究与开发。

确保信息通讯技术创新水平位居欧洲第一 1999年9月下旬，德国联邦议会批准了联邦政府的《21世纪信息社会创新和就业行动计划》。实施该行动计划的主要目的是，确保21世纪德国的信息通讯技术创新水平居欧洲第一，通过信息通讯技术的推广应用不断创新新的就业机会。此外，该行动计划还为今后5年德国信息通讯技术的发展确定了具体指标。

作为实施《21世纪信息社会创新和就业行动计划》的第一步，德国16大研究中心之一的数学与数据处理有限公司(GMD)将与德国弗朗霍夫学会合并，这是近年来德国多元化科研体制的一次重大调整，标志着继经济全球化条件下企业兼并浪潮之后，新一轮科研机构兼并浪潮的开始。合并后的新机构成了欧洲信息通讯技术领域的最大研究机构。

深化政府科研机构体制改革 联邦政府提出，进一步深化政府科研机构改革，扫除科学、研究与技术创新资助项目管理体制中的文牍作风，进一步完善具有多种结构组织形态的德国科研体制，改革以岗用人的陈旧模式，实行以项目用人的运行机制。

“主导项目”成为政府推动技术创新的重要形式 1999年以来，联邦教研部在继续推动业已启动的7个“主导项目”的同时，又陆续出台了8个对社会经济发展具有重要指导意义的“主导项目”。

加强技术创新发展趋势预测 1999年6月联邦政府正式启动Futur4技术创新发展趋势中短期预测项目，主要目的是对未来5～10年间社会经济发展对科学技术的需求、技术创新发展趋势及其为德国经济发展可能带来的机遇和风险作出较为准确的预测，为政府根据未来社会和经济发展需要，及时作出重大决策提供可靠依据。

继续支持中小企业技术创新活动 新一届联邦政府继续对中小企业的研究、开发与技术创新活动给予政策倾斜，鼓励创建高新技术创新企业。其总体目标是，增强中小企业自身研发能力，应用高新技术对企业进行技术更新，将德国变成一个主要依靠技术出口而较少依靠产品出口的“白领”工业化国家。

迅速提高东部企业技术创新能力 联邦教研部1999年推出了“东部创新区”的“主导项目”。目前，“东部创新区”项目管理单位已收到400余份项目资助申请，研究内容包括从信息技术、职业培训项目到特种旅游、计划等各个领域。1999～2005年底，联邦教研部将为入选项目提供5亿马克资金。

技术创新的关键：一流人才的培养

21世纪人才标准 1999年7月，联邦教研部提出：21世纪人才应集多种优秀品质和才干于一身，而最重要的是应具有硬、软两种技能。硬技能是指深厚的跨学科专业技术知识、正确解决问题的方法论以及系统化、面向问题的思维方式。而软技能则是指善于沟通、协调的团队工作能力、完美的领导艺术、对国外各种民族文化背景的理解能力、勇于终生学习的充分心理准备。

高教体制改革是培养一流人才的前提 1999年，联邦教研部提出了高教体制改革若干建议。其主要内容包括：扩大高校经费使用、专业课程设置、科研项目立项主权；改革高校人员结构和人事制度，逐步取消高校教师的国家公务员身份，建立起适合高校教

师、科研人员和管理人员的劳资协议制度。增加教学和科研人员教学、科研业绩的透明度和可比性,实行按绩取酬等。

培养适应技术创新发展趋势的人才 如何根据未来技术创新发展趋势培养人才成为联邦政府解决人才短缺、发展高新产业、增加就业机会的紧迫问题。联邦教研部在1999年呼吁大学新生在选择学习专业时,除考虑学习兴趣、个人天资和自我取向外,还应着重考虑产业发展趋势和未来就业机会,以便能够适应未来经济发展需要,拥有可靠的就业前景。

培养掌握先进信息技术的人才 为从小培养21世纪人才,前科尔政府于1996年推出了"中小学上网"资助项目,计划在3年内实现1万所中小学连接上因特网,联邦教研部和德国电讯公司分别出资2 300万和3 600万马克为上网学校配置相应设备,1999年,分别又追加4 000万和6 000万马克资金,继续推动这一项目的实施。

培养掌握金融知识和具有创业精神的人才 联邦教研部提出,未来人才不仅具有创新技术和创新产品等技术素质,而且还善于筹措资金和运用资金。

培养了解各国多元文化的人才 经济活动的日益全球化,要求了解异国民族文化背景、熟悉国外市场需求、善于语言交流沟通。联邦教研部提出青年学生在学习期间应该有计划地在国外游学一段时间的要求。为进一步推动青年学生的海外交流活动,联邦教研部1999年将用于学生海外交流项目的经费增加了20%,达1 300万马克。

法　国

主要科技成果

1999年1月,国家科研中心和原子能总署的研究人员研制出晶格与金刚石类似的碳化物,可耐受1 200℃高温,利用这种材料和工艺可制造大尺寸的晶体。

1999年1月,新型核动力航空母舰戴高乐号在大西洋进行首次深海试航。它是目前欧洲最大、设备最先进的航空母舰。

1999年6月,一座与外界完全隔离的病毒实验室在里昂市建成,成为世界上第五个被称作P4级无泄漏病毒实验室(此前美国有2个,南非和俄罗斯各有1个)。该实验室的主要任务是对世界上出现的最新的、而且毒性最大的病毒进行研究,开发有效的、价格便宜的疫苗。

1999年7月12日,巴黎比吉艾-萨尔贝利埃医院实施了全世界首例不打开患者胸腔的心脏手术并取得了成功。手术由录影控制,联接了一个电视屏幕的摄影机来指引。

1999年9月,在法国大型重离子加速器上工作的一个国际小组发现新核素-镍48,它的发现对了解亚原子世界具有重要意义。

1999年9月,国家科研中心与蒙彼利埃大学等单位合作的实验室发明饮用水脱除硝酸盐的新方法。该工艺采用电解提取硝酸盐并用生物膜反应器消除硝酸盐的办法,处理后的饮用水每立升的硝酸盐含量低于20毫克。

1999年12月3日,由法、意、西联合研制的"太阳神-1B"军事观测卫星从法属圭亚那库鲁发射场顺利升空,可为法、意、西三国军事部门提供分辨率为1米的卫星照片。

优先研究领域和协调行动计划

1999~2000年科研优先领域

生命科学。重点支持基因组和后基因组、神经科学、发育生物学等研究。

信息与通信技术。研究重点有:网络和系统;软件工程和算符运算;人机交互作用、图像和数据;复杂系统的模拟和优化。同时,促进纳米技术研究和应用软件产品的开发,加强密码学研究和大型数据库的建设。

人文科学和社会科学。优先课题包括:城市、就业、学校、工艺与技术和认知科学。

能源和交通。加强对"清洁型核反应堆"及可再生能源的研究,将"燃料电池"的研究与开发作为重中之重。把研制新一代欧洲超音速运输机作为优先科学科研课题。

协调行动计划

信息与通信技术协调行动计划。该计划的目的是发展国家通信研究网络,建立新的技术研究网络,引导公共科研机构转向优先研究领域。

“认知科学”协调行动计划。此项计划为期4年,1999年的重点是:空间认知(人对空间的反应)能力,根据年龄、教育、文化和生活方式的不同差异,对不同的参数进行研究,有助于建立引导辅助系统,以及城市规划和建筑设计,研究认知功能的破坏与恢复。

激励青年科研人员和新颖课题协调计划。目的是支持青年科研人员和教学人员的科研工作。每个项目可持续2~3年,每年的最高资助额可达60万法郎。重点支持交叉学科和欠发展学科的课题。

实施技术创新法,加速科研成果转化 法政府于1999年6月1日正式颁布了《技术创新与研究法》,主要内容如下:

建立技术转移机制,促进科技界与企业界的合作;

鼓励科研人员“下海”,加速科研成果转化;

提供优惠政策,扶持创新企业;

设立孵化器和启动基金,激励创新行动;

改革科研税收信贷政策,支持企业科研。

集中力量建立高技术产业化基地 法国政府认识到生物技术和光电子技术将是占领国际市场的关键技术,因此在1999年下大力气调整科研力量,拨出专款组建生物技术和光电子技术产业化基地。

加强国内外合作 随着欧洲大市场的逐步建立,1999年法国的科研机构、高等院校和高技术企业之间不断加强合作,而且跨出国门,在欧洲和世界范围内开展国际合作。

企业科研进一步加强 近年来,法国企业的科研投入有较大幅度的增长。法国前25名大型企业,1998年的科研投入达1 000亿法郎,比1997年增长了12.2%,而且明显朝国际化趋势发展。企业研究的特点:研发工作仍然高度集中在占企业总数18%的企业中进行,集团化趋势在发展,研发经费来源中企业自筹和国外经费大幅上升,中小企业在研发工作中崭露头角。

高度重视农业问题 法国是世界上仅次于美国的第二大农业和农业食品出口国,小麦出口为世界第二,玉米出口为世界第三,家禽和牛肉出口同为世界第三。为保持这方面的优势,法国一方面加强科技投入,开发新产品,另方面着手调整产业结构,以适应社会发展和消费者的需求。

与他国联合建造大型科研装置 国家科研中心和原子能总署,于1999年6月决定与英国合作建造新一代同步辐射装置,以实施几年前就提出的建造第三代同步辐射装置“太阳号”计划。

波　兰

发展高技术产业的政策措施

引进外国资本和技术,促进高新技术产业的发展 1998年以来,波兰共利用外资306亿美元,其中来自欧盟国家的有212亿美元。近10年来,波兰共引进了近400个重要投资项目,主要集中在电视机、食品、化工以及木材加工等行业。投资者主要来自美国、德国等西方发达国家。在所引进的项目中,有相当部分工业投资项目涉及高新技术领域。

建立企业“孵化器”和科技园区,开发高新技术产业 近几年波兰共建立了64个企业“孵化器”和科技园区,分布在全国各地。

建立高新技术产业的优先发展领域 波兰高技术的发展战略是:首先发展已有一定基础且国家经济实力允许的行业,再开发一些波兰还是空白的新行业,暂时不发展那些波兰难以赶上的尖端技术行业。在波兰国家科技政策纲要中,确定了今后应优先发展的高新技术领域:(1)工业自动化产业,包括自动化调控测试仪表、工业机器人和机械手;(2)电气工业设备,特别是高压开关及其保护设备;(3)微电子工业,包括专用集成电路和小(微)型计算机系统;(4)激光技术产业,包括激光医疗设备和器械及其它激光设备;(5)生物技术产业,尤其是生物制药和农业生物技术;(6)光纤技术产业,包括光纤材料和设备;(7)某些新的化工行业,如催化剂、电子工业用化学试剂等;(8)新材料技术行业,包括超导材料和特殊陶瓷材料。

保护本国高新技术科研成果　波兰对国内高新技术科研成果采取明确的保护政策,防止流失。

利用政策杠杆,促进科研单位与高技术产业相结合　波兰以税收优惠政策鼓励研究开发的单位为高技术产业提供服务。

广泛开展国际合作,借鉴外国高新技术发展经验　波兰参加了多个国际(欧洲)性的大型研究项目,如“尤里卡计划”、欧洲宇航局的研究项目、欧洲核研究机构的项目、北大西洋公约组织的科研项目以及欧盟第五个科技发展框架计划等,从而促进了波兰高新技术的研究和发展。

俄　罗　斯

重大科技成果

1999年10月,俄罗斯同步加速器研究中心设计和安装了2台大型同步加速器,成为目前世界上最大的同步加速器辐射中心之一。项目总投入为7 600万美元。同步加速器辐射是用来开展现代基础研究和应用研究的大功率和多用途的物理实验装置。

俄罗斯高能物理研究所正在建设将成为21世纪初世界最大的质子加速器工程,已完成大半。俄罗斯已为该项目投入10亿美元,还需再投1.5亿美元才能完成这项工程。该加速器的环型轨道将达21公里。

1999年11月5日俄罗斯跨部门超级计算机中心在俄罗斯科学院主楼开业,这台超级计算机运算速度达到了2 300亿次/秒,将广泛用于现代科学所有学科的研究,这标志着俄罗斯在超级计算机研究方面走在世界前列。

1999年俄罗斯科学家发现第114号化学元素。这号元素排在门捷列夫化学周期表的最后,属于超重元素,质量为289。这是具有世界意义的重大发现。

科技政策与改革措施

俄罗斯制定科技政策和对科研机构进行改革的目标是:确保基础研究工作的预算拨款和对科研单位提供足以维护其有效活动所必需的经济支持;提高广大科技工作者的劳动报酬;保证国家预算中科学拨款占国内生产总值的比重不低于2.5%;为确保广大科学家为祖国而开展卓有成效的工作和防止“智力流失”创造一切必要条件;科研单位在更新科研实验设备和仪器时,可享受税收方面的优惠。

科技改革构想

重组科研机构网络　联邦执行机构依据评审结果决定科研机构的去留及其在国有经济成分中所占的位置,将一部分隶属联邦的机构划归各联邦主体所有。划归联邦主体的科研机构应加强与金融工业集团联手。

干部保障和社会政策　积极推进高等院校同科学院及应用研究单位的一体化进程,实施科学博士科学研究总统奖。科学学派应具有独立的干部政策,以保证科学事业世代相传和传统、准则、无形知识等科学潜力重要因素的发展。从青年专家开始实行合同制。针对具体的科研工作择定最佳人选并增加科技干部的流动性。

改善财经状况,合理利用资源　完善科学拨款制度,提高预算资金的使用效果,将其集中到优先方向上。用立法的方式解决从预算中拨款,用于完成具有商业意义的高效应用研究和开发的费用。

巩固地区科技潜力　促进地区科技潜力的巩固,是国家科技政策不可分割的部分,将制定联邦和联邦主体的国家权力机关相互协作的明确机制,以便协调全国和地区在科技发展方面的利益。在地区创建科技园区和技术创新中心,随后再把它们合成一个确保在俄罗斯全境展开创新活动的网络,奠定发展创新基础设施的基础。

提高创新积极性　为了使创新活动活跃起来,建立地方的创新基础设施和中小创新公司网。发展创新经理的专家培训系统,在高校、技术园区、商务孵化器的基础上建立专门的教学中心。协调支持地区创新小企业活动的联邦行政机关和单位,包括外国伙伴的活动。

发展信息保障 采取措施使科技图书馆恢复引进国内外出版物,支持俄罗斯主要学术杂志,并增加这些杂志在国际科技信息量中的份额。在实施国家科学信息政策时,着重点应放在建立交换信息的远程通信基础设施上,支持现有的信息网络及其与全球网络的兼容性,保障俄罗斯学者能获取世界科学知识的财富。

国际科技合作 在扩大与主要发达国家和国际组织科技合作的同时,应加快与新兴工业国家的合作进度,特别是应组织好在高技术领域的科技交流与合作。国际科技合作方面的改革,应促进俄罗斯向世界科技领域劳动分工体系的进一步集成并在其中发挥更大的作用。

完善科学的法规基础 对科学的法规基础进行修改和完善,确保科学适应蓬勃发展的市场关系空间。法规基础应该有助于创造科学存在和发展的必要条件,其中包括把科学变成有吸引力的投资对象。

军工高技术产业化

俄罗斯工业潜力和高技术70%~90%集中在军工部门。1999年9月7日俄联邦通过了《关于国家对俄军工综合体结构调整进行协调》的法律草案,目的是通过调整产业结构,巩固和发展军工综合体的科研生产潜力,扩大对高精尖武器的生产,完成对10~15年前所研制军工技术的现代化改造。在上述法律草案中提出了国家支持军工综合体军转民发展的具体措施,其中包括刺激对军转民产品的消费,创建支持军工企业改造和军转民发展的国家基金。

国际科技合作

积极参与国际大科学合作项目 俄联邦政府十分关注大科学领域的国际合作,俄罗斯以其雄厚的科学实力积极参与了诸如“阿尔法”国际空间站建设、海上发射卫星、火星-6多学科考察计划、国际热核聚变实验堆、人类基因组、欧洲大型强子对撞机、巨型客机、巨型射电望远镜等大科学国际科技合作项目。

扩大双边科技合作 俄美就“进一步迈向市场”开展科技合作,该题目是俄联邦科技部与美国民间研究与发展基金会共同拟定的一个科技合作大纲。俄方希望通过实施该纲要获得美国提供的资金支持,实现其新技术产业化;而美方的意图在于通过投入资金和派出科研人员参与研究工作掌握俄方的新技术。1998年12月俄罗斯与芬兰共同制定了创建科技型中小企业孵化器的合作计划。俄罗斯和德国双边科技合作委员会每年召开一次例会,双方确定在海洋和极地研究、激光和自然保护等领域开展深入合作。鼓励两国的年轻学者参与到生物工程及其他技术创新领域的合作研究中,依靠先进的信息和通讯技术解决若干重大问题。俄中加强高新技术领域的合作,从1998年底,俄中两国政府开始启动烟台高新技术产业合作示范基地的创建工作。该示范基地涉及的重点领域是信息技术、新材料、生物工程和精细化工。

乌 克 兰

优先发展方向

科学领域 具有国际先进水平和意义的民族基础科学研究;科技人才培养和职业继续教育;有关在乌克兰建立和完善市场机制的基础理论研究;生态安全和公民保健;保障科学发展的信息及其它物质基础条件。

技术领域 先进医疗保健技术、医疗设备和药品开发和应用;高效节能技术;电力能源现代化工程技术和工艺。

生产领域 高科技含量的生产技术和工艺;基础经济领域技术和设备的革新;有市场竞争力的生产加工工艺;推广高利润、快回报的创新投资项目。

完善国家科学和创新机制的措施

提高科学拨款在政府预算中的比重;加强基础研究,特别是能促进国家经济发展和生产创新的基础性研究;优化科研、生产单位组织结构;完善企业中介组织从事科技创新活动的法律机制,激发其参与创新活动的积极性,有效沟通科研单位和企业之间的联系;

完善创新组织机构,促进新技术、新工艺在生产中的应用;完善乌克兰与国际间汇兑机制,营造引资和出口创汇有利经济环境。

转变科学创新组织机构功能的措施

逐步建立系统型和任务型有机结合的科研体制;分离商业性质和非商业性质二类科学研究活动;建立各领域、各系统的主导型研究所网络,使其具有合作协调功能、创新活动监督功能、技术水平鉴定功能和科技信息传播功能;在原有研究所基础上建立国家科学中心,并保证其经费的3/4由国家预算拨款;对军工科研单位也可授予国家科学中心地位;从事民品研究的研究所,如在该领域国家缺少相应的科技潜力,则这种单位也要授予科学中心地位;对非国有的、私人的科学创新活动提供优惠的发展条件和环境,支持有限责任公司、私营研究所和实验室从事科技创新活动;为了有效地保障私营体系的科技创新活动,要在中央设立专门办事机构,为私营研究所、实验室和发明家的工作,提供有关生产和市场商业方面的咨询,知识产权保护和其他信息服务。

改革科技创新的管理体制

国家科学和知识产权委员会、经济部、财政部和其他部委、科学院都必须保障国家科技拨款如数到位。国家经济部、科学和知识产权委员会、其他部委、国家创新基金会都必须承担和完成国家社会经济发展纲要中的科学部分、国家科学纲要、其他重大科技项目和创新计划。乌克兰总统科技政策委员会应全力支持国家科技发展政策的实施。

中央国家各部委之间的协调由乌总理办公室科技委员会负责。

意　大　利

重要高技术领域的发展和成果

信息通信技术　政府支持信息通信系统的集成,发展远程教育,开发高速网络,实现数字签名和智能卡计划,设立ICT科研基金,促进新一代因特网的试验工作,开发在线服务业,发展多媒体产业,支持开发网络内容的业务活动,鼓励采用电子贸易方式,支持远程工作,加速广播电视系统从模拟方式向数字方式的转变,加快研发第三代移动电话(UMTS)的步伐。

生物和制药技术　1999年意大利米兰MAGGIORE医院的研究人员与美、法的科研人员合作开发了一种以TAT蛋白为基础的预防艾滋病的疫苗。1999年11月位于意大利米兰的欧洲肿瘤研究所在研究肿瘤的生长过程时发现了被称为“p66shc”的衰老基因,试验表明去除了衰老基因的试验鼠的寿命比正常试验鼠延长了35%。国际生物和生物物理学研究所研究发现了一种新的羟胺衍化物BIMOCLOMOL,这种无毒药物已经在糖尿病人中完成了第Ⅱ期临床试验。对其他疾病的治疗,尤其在热应力、局部出血、伤口愈合及防止糖尿病人肾脏退化等方面也有显著的细胞保护作用。

能源技术　燃烧过程研究项目主要研究预混合燃烧、无焰燃烧、新型透平、燃烧器、测控系统、图形与数据分析系统、专家系统、优化系统、计算机仿真系统。主要成果有燃烧过程物理化学模型与计算机仿真软件、优化设计模型、新型燃烧过程设备与系统、高压硫化床技术等。

在核聚变方面,主要研究开发工作有磁约束核物理研究。在惯性约束方面有高能激光目标引爆的内爆理论与试验研究,目标物的流体动力学稳定性研究,物质的能量输送研究,高时空分辨率的诊断装置试验研究,高能激光研究,物质与光的相互作用研究,重离子加速器的驱动研究,能源脉冲喷射点火研究。在核裂变方面开始了加速器支持的亚临界系统研究项目,目前主要是进行加速器驱动系统(ADS)的开发。

在能源工程技术方面,主要开发智能能源传输与分配系统,能源网络系统管理与优化,电力、煤气、供热及制冷集成系统的综合优化,能源储存系统的开发,以及计算机仿真系统开发。

先进材料技术　意大利国家研究委员会(CNR)推出了“第Ⅱ期先进技术材料(MSTAⅡ)”研究计划,其显著特点是向产业化迈进。

CNR的“超导材料与低温物理技术”攻关项目已

经取得多项成果，设备样机已经试制成功，未来将实现大规模应用。在超导磁铁子项目中，开展了将超导磁铁用于碳的磁流体动力转换，从而实现直接将热能转换为电能的研究，项目制成的超导磁铁长度达8米。另一子项目涉及高温超导方面，研究了高温超导材料的光、电、热特性，制备了晶体和薄膜，开发了高临界电流密度材料。

光机电一体化技术　CNR的研究人员相继完成了攻关项目“机器人和信息通信技术在生物医学和手术中的应用”和战略项目“手术用机器人”。在CNR的攻关计划“第二期运输项目”的支持下开发的ERGO轿车、TRUST轿车、DYSTACO轿车中广泛采用了微电子技术，还开发了车用激光传感器和雷达微波装置、集成电子控制自动刹车系统以及轮胎气压电子监控装置。

意大利新技术能源与环境委员会(ENEA)的研究人员已将软计算机技术用于人工视觉三维影物识别系统、金属板材表面缺陷识别系统以及城市大气污染预测等系统中。

由ENEA、意大利空间局(ASI)等单位参加的南级地面机器人开发项目主要研究内容和成果有：高灵敏度“触觉装置”的性能试验，基于虚拟现实技术的复杂机器人控制的用户界面及其应用，运行规划与操作仿真器的开发，在大滞后和不稳定情况下机器人的预报控制和算法，采用了多媒体技术的MASCOTS控制器的开发与应用等。

空间技术　意大利历来对航天技术的发展较为重视，每5年制订一个国家空间发展计划，基本上由政府拨款，意大利空间局负责实施。1998～2002年，意国家空间计划经费预算为7.58万亿里拉，将在空间基础研究、国际和平空间站利用、通信、对地观测、技术开发、地面数据处理、培训等方面开展研发活动。

意大利的科技政策特点

重视科技计划体制改革，不断发展完善科技计划体系　意大利政府对其科技计划体制进行了大规模改革，主要表现是：

建立“科学技术大会”及其“国家科学理事会”，由大学科研部领导，吸收科学界、公共管理部门、企业界、服务界等各方面专家参加，负责制订国家科技规划和科技计划。

组建“研究政策委员会”和“国家研究评价委员会”，作为国家高级科技咨询机构，直接对总理和政府负责，提供科技方面的咨询报告。

实施“科研项目匿名评审制度”。

科技体制改革的最终目标是建立“国家科研与创新体系”。此外，意大利政府还计划建立“国家综合干预基金”，作为规划和协调的基本手段，对重大科研领域进行干预，对不同政府部门进行协调。

加强科技决策体制建设，强化政府主管部门的协调职能　在科技体制改革过程中，意政府不断加强科技决策体系的建设，并赋予了大学科研部较强的管理、协调职能。在科技发展战略决策方面，意政府组建了“国家研究与创新政策部长委员会”、“研究政策委员会”和“国家研究评价委员会”等机构，加强了国家宏观决策能力。

加强科技计划立法工作，确保科技计划的顺利实施　意大利很重视科技计划的立法工作，几乎对所有的国家科技计划和科技基金都有立法，并配备一定的资金给予支持。这就为科技计划的顺利实施提供了可靠保障。

制订科技计划与产业背景相结合，促进高新技术的发展　面对日趋激烈的国际竞争形势，政府结合产业结构调整目标，采取倾斜政策，制定了一系列相配套的科技发展计划，大力推动高新技术和科技园区的发展，取得了明显成效。

重视基础研究，积极参与国际科技合作计划　意大利在基础研究领域有人才、知识和装备的优势。意政府在政策和资金上对基础研究一向提供稳定的支持。意大利政府一直十分重视国际科技合作与交流，国际合作的国别政策为：第一，重点合作对象首先是欧盟成员国，这既有政治和地缘方面的原因，也有经济方面的考虑。第二，注意加强与发达国家的合作，特别是与美国的科技合作。第三，加强与中国、俄罗斯及东欧国家的合作。

日　本

重要科技成果

1999年,最重要的成果是日美科学家联合首次完全读解人体第22对染色体遗传密码序列成功。

日本学者实验发现:"温度愈低,化学反应愈活跃"。这一发现与迄今为止的常识相悖,令学术界哗然。日本山梨大学教授平冈贤三等研究小组在真空条件下,将乙炔分子吹入绝对温度为-273.15℃的硅板上制成薄膜,然后以每平方厘米每秒10万亿个氢原子的速度撞击薄膜,观察氢和乙炔反应生成乙烷的量和温度的关系。结果发现,在-233℃时乙烷生成量为零,随着温度的降低,乙烷的生成量逐渐增加,当硅板温度达到-263℃时,乙炔的25%已经变成了乙烷。这项实验应用于乙烯也获得了相同的结论(当温度达到-263℃时,乙烯的40%已经变成了乙烷)。日本学者认为这是量子力学的"隧道效应"所致。这二项重要科技成果,堪称世界领先。另外还成功掌握了体细胞移植技术的克隆(牛)技术;成功地开发研制了超过100K的Tc的超导材料;成功研制了用于核融合等离子体加热的"100万伏高压的大型负离子束静电加速装置",使日本首次达到国际热核融合实验堆(ITER)要求的电子能量要求,成为继美国、欧盟、俄罗斯之后的又一个能自行开发ITER用等离子体加热装置的国家;开发研制出了世界上最高存储密度的硬盘装置HDD,据称其存储密度每平方英寸可达20GM,是目前最高纪录装置的3倍;开发研制了脉冲频率达257GHz(世界最高)的超高速脉冲信号发生器,同时巧妙地利用半导体激光技术和波长变换技术,开发了波长为202纳米的世界最短波长连续光谐振装置;成功开发了世界上首例"二脚式车轮移动系统",从而使"自适应动力学自律机器人"的研究向前推进了一大步;混合燃料车已批量生产,磁悬浮列车实验研究也已进入了新的阶段。

科技政策

在1998~1999年度,日本加强了有关"科技"与"创新"的法规和政策建设,出台了鼓励技术创新的《新事业创新促进法》、《产业活力再生产特别措施法》、"产业再生计划",以及瞄准大科学和高技术前沿的"宇宙开发计划"、"深海地球钻探计划"、海洋开发推进计划"和"信息通讯政策大纲"、"创造生物技术产业基本方针"、"核燃料循环开发机构的长期事业计划"等。这些法规和政策的要点是:近期,确立了15个优先发展的新技术领域。在远期目标方面,为了继续保持21世纪日本的经济和科技强国地位,要继续高举"科技立国"大旗,加强对宇航、地球、海洋等大科学和信息、生物等高技术的研究和跟踪。

发展趋势

加强生物、信息、材料技术的研究攻关及其产业发展;继续保持稳定的资金投入,增加"竞争性资金"的分配比例;重视研究开发的基础设施建设,筹建跨省厅的研究信息网络;加强"尖子"人才和创造性人才的培养;产学官联合携手推进科技发展和国际科技合作的倾向愈来愈明显;国立研究机构"改制"势在必行,但面临的阻力不容忽视;确立了即将付诸实施的几项重要计划。进入2000年,日本将执行的几项重要计划项目是:

开发研制世界最高速计算机　科技厅决定启动用于分析遗传基因的超高速计算机计划,这是"千年纪计划"的一环,据说是为了抗衡美国的"IT2计划"而设置的。

实施面向21世纪的"新纪元"高技术开发计划　领域包括信息通信、生物技术和环境保护等3个。

"世界材料中心"(WMC)　日本通产省工业技术院、精细陶瓷中心(JFCC)、名古屋大学以及有关企业等拟合作在2005年以前建立"世界材料中心",主要开展无机材料特别是陶瓷材料技术的研究和开发。

环境生化检测技术　日本通产省已经制订了"5年计划",计划从2000年开始,开发研制能够检测出环境中1/10亿的污染物质或有害化学物质的生物传感器。

数字通信的光纤技术　夏普和索尼将联合开发面向数字家电和数字通讯的光纤技术,该技术的开发成功将结束数字家电和数字通讯以铜线相连的历史。

韩　国

科研成果

生物工程　1999年2月和4月，汉城大学分别克隆奶牛和黄牛成功，继英、美、日、新之后成为世界上第五个成功克隆动物的国家。1999年6月，韩卡托利大学培育出可在鼠尿中分泌造血增长因子(hGMCSF)的转基因鼠。

新药开发　1999年11月，韩国农村振兴厅蚕丝昆虫部从J300冬虫夏草中，提纯出2种可抗AIDS病毒的有机化合物，注入这种化合物可明显提高感染AIDS病毒的免疫细胞的存活率。

半导体基础研究　延世大学开发出极微细半导体技术，即对Si+O再加其他氧原子，成为SiO_2。汉城大学研究出用于FRAM的核心物质—强流电体材料BLT，可替代目前制造FRAM时通常使用的PZT和SBT，并可解决PZT和SBT半导体在生产和使用过程中存在的缺陷。BLT的研究成功有可能使韩国在不远的将来在FRAM领域领先于美国和日本。

半导体产业技术　三星电子于1999年初世界首家批量生产256MDRAM；6月，采用0.13微米技术开发成功速度为350MH_z的1G DDR DRAM商用产品，比其他公司正在开发的同类产品小30～40%；10月，采用0.15微米技术开发出具有大容量存储功能的1G Flash Memory半导体，这项技术可广泛用于MP3Player、数字相机，可存储高解相度照片560张，或高清晰度音乐32曲。三星电子还可生产出速度为150MH_z的超高速网络用16M SRAM。

影像技术　1999年11月，三星综合技术院采用碳素毫微管(nato tube)技术开发出新一代平面显示器(CNT-FED)，该显示器像素为242×576线，比阴极射线管不仅清晰度高、亮度高，在强光线条件下也可正常观看，而且厚度薄，制作工艺简单，成本低(只有液晶显示器的1/3)。

信息通信　LG情报通信实现数字式电视信号发射设备国产化，已开发出同步式IMT-2000，可实现与现在的IS-95方式的CDMA进行互换。韩国通信2月开通了新一代交换机TDX-100的实验运行。

航天技术　1999年5月26日，韩国自行研制的小型科学卫星“我们之星”3号在印度发射成功，运行轨道距地球724～732公里，装有可识别地面15米物体的CCD摄像机，卫星设计寿命为3年。

科技政策

1999年，韩提出了四个政策的转变：一是科技开发战略由以往的跟踪模仿向创造性的一流科学技术转变；二是国家研究开发管理体制由过去部门分散型向综合调整型转变；三是科研开发由强调增加投入和扩张研究领域向提高研究质量和强化科研成果产业化转变；四是国家科研开发体制通过引入竞争机制，由政府资助研究机构为主体向产学研均衡发展转变。

国家科研开发的重点方向

短期开发目标　首先要以改善贸易收支、开发在国际市场上有竞争力和高附加值的实用技术和商品，投入353亿韩元，重点开发替代进口技术和战略出口产品技术。

中长期开发目标　计划投入1 208亿韩元，实施“重点国家研究开发计划”，重点开发可提高国家竞争力的核心产业技术和提高生活质量的社会公益技术，其中包括数字广播技术、自动化技术、钢铁材料、机器人技术等32个领域。韩已开始着手制定、实施《21世纪未来研究计划》，该计划将着眼于2010年以后的技术发展，选择20个技术课题进行重点开发，以确保韩国10年后能在这些领域达到世界领先水平。1999年投入试运作的2个开发课题为智能型微技术和通过基因分析开发新的遗传基因。该计划预计总投入4万亿韩元，政府和民间各出一半。

国家还计划投入781亿韩元，重点开发涉及国家安全和民族生存繁荣的技术，主要包括军民两用技术、航天技术、防灾及环境技术、基本建设技术等。

知识经济产业发展政策

1999年韩政府提出了“以知识为基础促进产业结构向高附加值型的调整，为企业创造恢复产业活力，提高竞争力的政策氛围”的知识经济产业政策，采取的措施主要有：提高现在骨干产业的附加值，增强企业的国际竞争力;培植发展零部件和生产资料产业;发展新的知识产业。作为新的知识产业,政府已确定27个产业为21世纪韩国重点发展产业,其中,知识制造业有14个,知识服务业13个。此外,政府还制定了一个《未来有望核心技术开发5年计划》,该计划包括7个领域,共103个研究课题。其中:信息通信19个,生物工程22个,新材料和精密化学16个,影像4个,传统产业23个,机械工业国产化19个。今后5年中将对该计划的实施投入1万亿韩元,其中政府投入40%。

产业技术开发支援政策

提出了以强化技术创新、提高产品附加值、刺激出口、增加就业为重点的产业技术支援政策,支援重点向中小企业和风险企业倾斜,以促进技术集约型产业和中小企业的发展。韩产业技术开发支援政策基本可分为三个方面:强化技术开发税收支援政策;实施低利率政策,扩大技术开发资金支援;强化产学研合作研究,促进技术创新;多渠道多方面开展对企业技术开发的支援。

以色列

鼓励投资工业R&D的措施

颁布《工业R&D鼓励法》 以色列政府颁布实施的《工业R&D鼓励法》的核心内容是政府通过向企业的工业R&D项目提供一定比例的无息贷款而使政府和企业共同承担工业R&D项目的投资风险,以此刺激、鼓励企业投资进行高技术及产品的研究与开发,推动高技术产业的发展。《工业R&D鼓励法》同时还规定公司、企业在R&D项目获得成功、产品进入市场并盈利后,按其年营业额的3~5%归还无息贷款。若R&D项目失败,则不必归还贷款。

鼓励企业投资工业R&D的税收政策 税务部门在计算企业税收计税额时将企业对工业R&D项目的投资视为支出,这样可使企业的税收计税额减少,企业便可少纳税。

鼓励在高技术领域投资的措施

实施《投资鼓励法》 《投资鼓励法》的核心是政府通过对满足一定条件的在工业、旅游业、房地产及农业领域的投资项目给予一定比例的投资补贴和减免税等优惠条件来吸引投资。

实施提前确定税率政策 为吸引境内外各种基金投资于高技术产业,以政府实施了"提前确定税率"的投资优惠政策。在投资前即可与税收部门就投资项目产生效益后的纳税率进行协商,享受优惠税率,可从规定税率36%降到20%或15%。此外,对西方一些国家的免税养老基金投资于以色列的高技术公司,也可享受免税待遇。

大力发展风险投资 为了发展风险投资业,以色列政府采取了"舍弃利益,共担风险"的对策,与国内外的投资者合作建立风险投资基金。政策与投资者共同承担投资风险,但不分享投资所得利益。在基金运营6年后,若获得成功,则政府将基金中的股份原价出让给其它基金投资者,撤出投资,基金运营所得盈利归其它投资者所有。这种基金营运得非常成功,目前,以色列的风险投资基金已超过100个,运营资金高达35亿美元,以色列人均高技术风险投资资金的占有量为世界首位。风险投资业的快速发展,极大地促进了以色列高技术产业的发展。以色列现有3 000家高技术公司,其中约有500家是依靠风险投资发展起来的。

鼓励出口的措施

提供低息贷款 出口企业可从商业银行获得低息贷款用于产品的生产和出口。

提供外贸风险保险 以色列政府采取了为出口商提供商业险、政治险的风险担保措施,以降低出口商的风险,促进出口。

实行零增值税 为了鼓励出口,以色列政府对出口产品实行零增值税。

建立"海外销售促进基金" 政府建立"海外销售促进基金",专门用于资助公司企业的市场营销活动。

采取降低进口关税,避免双重税收、取消进口非关税贸易壁垒等措施来开放其容量有限的国内市场,并以此为筹码通过谈判加入了主要国际组织,同时还与很多国家签订了双边贸易协议。

印 度

实施科技创业人才开发计划

为培养既懂科技又懂经营的两用人才，印度科技部的“国家科技企业人才开发委员会”实施了长期的科技创业人才开发计划。这一计划实施的具体项目包括：

“科技创业营”活动　为提高在校大学生创业意识，一些科研机构组织了旨在提高在校大学生创业意识的“科技创业营”活动，为大学生提供与各类企业家、银行家以及技术研究开发机构的专家接触与交流的机会，使他们接受创业意识的熏陶，在其学习期间播下创业的种子。

培养科技创业辅导员项目　实施培养科技创业辅导员项目，旨在培养一支专业的科技创业师资力量，指导和鼓励青年科技人员选择科技创业这个职业。

科技创业人才培训项目　该项目由印科技部与全印金融组织联合实施，按专业类型分期分批对科技人员进行为期6周的培训，内容侧重于小企业的创业和管理。

科技创业人才公开培训项目　项目由印度创业人才开发研究所实施，旨在通过远距离教学方式在科技人员中培养创业人才。目前印科技部正准备把该培训计划扩展到各个邦。

特殊科技创业人才开发项目　借助研究开发机构和国家研究开发实验室完备的技术和设施，使学员既能得到实践的机会，也能得到室内培训。另外，通过这种特殊的培训还能让学员充分了解和掌握由研究机构和实验室开发的具有商业化价值的新技术和新工艺，与这些机构建立起密切的联系，并在今后的创业过程中，进一步发展成为有利于技术创新的合作关系。

科技创新中心　印科技部成立了创新中心，主要目标是建立国家级“商业化创新机遇数据库”，通过提供有用的技术信息，促进和加强科学技术对企业发展的驱动作用，促进研究开发机构科研成果的商业化。

国际商业信息研究中心　主要任务是搜集国际商贸信息并向科技创业人员传播，使科技创业人员在充分掌握国际商贸形势的基础上，选择优势领域和技术，开展具有国际竞争力的科技创业活动。

科技创业园　科技创业园的任务是：一方面致力于促进以科技为依托的创业，另一方面还向中小企业提供相关的服务和设施。

促进企业内部研究与开发的政策

企业内部研究开发机构认证制　企业内部研究开发机构获得认证的基本条件是：必须从事与企业业务相关的研究与开发；研究开发活动不能只是原来水平的重复，要有创新；要具备一定数量的专门从事研究开发的技术人员和全脱产的直接对企业主管或董事会负责的研究开发领导人。要获得认证，须经科学与工业研究部严格审查。认证资格有效期为1～3年。

对获得认证的企业内部研究开发机构的优惠政策　获得认证的企业内部研究开发机构可享受政府的优惠政策：减免有关税赋，对采用自身技术进行大批量生产的药品，取消价格控制；国家对企业实施的重要研究开发项目给予资金支持；对有突出成就的和对国家研究开发机构的科学成果商业化做出突出贡献的，政府给予国家级的奖励。

企业内部研究开发机构的投入　在政府激励政策的驱动下，印企业内部研究开发机构的资金投入呈逐年上升趋势。1998年已获得认证的1 222个企业内部研究开发机构的总投入已达到180亿卢比(约合4.5亿美元)，是1986年的3倍多。

企业内部研究开发机构的成就　印度企业内部研究开发机构已成为一支重要的以企业为主体的技术创新力量。它们完全根据企业和市场的需求，确定自己研究与开发的重点和方向，减少了企业依靠外来技术进行创新的中间环节和由此带来的各方面的不便利因素。1998年印度企业内部开发机构就取得了75项重大科研成果。

高校服务于创新的新模式

为加强与企业的联系，印度理工学院成立了“创新与技术转让基金会”，创造了高校服务创新的新模式。该基金会广泛吸收企业、学术和科研机构、工业协会组织以及金融机构为会员，向会员单位提供技术和信息服务，并帮助从事学术和研究开发的会员单位与企业会员建立合作关系。

该基金会提供的服务主要有：发布技术开发方面的信息；信息服务；按照用户要求开设人力资源开发教程；承担技术评估项目，举办未来技术发展趋势研讨会；工业会诊；专家服务；专家互访；向会员单位定期提供印度理工学院举办的各种研讨会、学术讨论会、继续教育计划、特别讲座等方面的信息和有关资料。

澳大利亚

澳信息经济发展战略

1999年澳联邦发布了“信息经济战略框架”，包括：鼓励澳公民人人参与、人人受益于信息经济的发展；为公民提供教育机会、培养信息技术技能；促进建立世界一流的信息基础设施；促进企业使用电子商务；建立有利于电子商务发展的法规管理体系；促进具有澳特色和文化的信息产业发展；建立澳大利亚自己的信息工业；发掘信息技术在卫生、保健领域的潜在应用；积极参与涉及电子商务国际法规的讨论；建立世界一流的政府机构服务网络化模式。

澳大利亚科技改革特点与趋势

加强联邦政府对全国科技创新工作的领导，建立国家创新体系　1998年底，联邦政府将国家最高科技咨询决策机构——总理科学技术理事会改组为科学、工程和创新理事会，突出了创新的重要性，加强了对全国科技创新工作的领导。

不断增加对企业研究开发的投入，提高传统产业和高新技术产业的国际竞争力　当前澳大利亚政府对公立研究开发机构包括大学的投入占GDP的比例已居世界第三位，澳政府1999年对企业研究开发的经费增幅达7%。

联邦政府考虑到至2010年工业发展的长远目标，正在制订医药行业、生物技术工业、信息技术行业和汽车工业等近10个行业的行动计划，拟匹配投资，并尽量按私人公司方式运作：在农业研究开发方面，每年从农业销售收入中抽取0.5%的农业科研税，政府按1:1的比例与其匹配投资；在“大学－工业战略伙伴研究培训计划(SPIRT)”中，工业界按1:1的比例与政府投资匹配；在实施“创业投资基金计划”时，政府与企业(包括民间投资)按2:1的比例共同融资，并委托私人基金管理公司负责实际投资运作。目前这三方面都获得了较大的成功。

改革企业税制，为高技术产业的发展扫清障碍　澳大利亚政府目前正在计划大幅度削减公司税，在今后两年内将公司税从36%降至30%，将企业的资本收益税从现行的46%削减至15～20%。这一税制的重大改革受到企业界的普遍欢迎，对改善企业的研究开发工作必将产生积极的影响。

增加对产学研结合部的投入，促进科技成果商品化　联邦政府对合作研究中心计划、大学－工业战略伙伴研究培训计划、研究中心计划和兴建科技园区都保持着较高的资助水平，并决定在今后若干年内，以各种形式对产学研结合部进行重点投资和培育。

促使公立研究机构包括大学和合作研究中心增加自筹经费的比例，减少政府投入的比例　澳大利亚联邦政府研究机构提出了实现自筹经费占总预算30%的目标。还对大学采用了“使用者付费”原则，减少了大学的事业费，其中包括部分研究经费，同时鼓励大学与企业开展创新合作研究。联邦政府计划在今后7年内让大部分的合作中心实现经费自理，全部经费来自与企业签订的研究开发合同。

大量增加技术移民　澳在利亚从技术移民方面受益很大。通过技术移民，澳大利亚在过去9年中引进科技人才3.07万人，其中工程师2.2万人。

新 加 坡

近年来，新加坡的科技发展表现出如下特点：

保持R&D经费和科研人数的持续高增长 新加坡1997年R&D总支出比1996年增加了17%，达到210亿新元，占国内生产总值比例(GERD/GDP)达到1.47%的较高比例。在人力方资源方面，从事R&D活动的科学家工程师(RSE)数量比1996年增加11.3%，达到11 302人。这也使新加坡每万名劳动人口中RES数量达到60.2人，接近韩国1996年(62.31人)水平，高于德国58.3人(1995年)、英国56.14人(1995年)和瑞士51.64人(1996年)水平。

R&D活动反映了产业结构特点和需求重点 新加坡R&D经费和科研人力资源主要集中于制造业领域。在高等教育、公共研究机构和政府部门方面，研究支出的主要部门也是集中在工程和计算机及其相关领域。这是新加坡科技政策着重于应用研究和开发、并鼓励科研为产业服务的基本背景。

私营部门中跨国企业的R&D活动仍然起主导作用 在私营部门R&D活动中，是以外国(跨国)企业为主体，如在R&D活动最集中的电子、化工领域，外国企业R&D活动支出数额分别为4.24亿和1.68亿新元，是相同领域内本国企业支出额的2倍和5倍。

大学、研究院和企业对R&D活动各有侧重 新加坡在基础、应用和实验发展方面的费用支出分别是12.9%，43.8%和43.3%。高等教育机构用于开发基础研究活动的经费比重最高；政府和公共研究机构则以应用研究为主；而它们用于实验发展的费用均比较少。在私营部门方面，用于实验开发活动的经费支出超过其总支出的50%，而用于基础研究的不足5%。

R&D经费构成方面以人员开支比重最大

新加坡的R&D经费通常用于人员开支、资产设备和运行费开支三个主要方面。就总体上看，研究费支出在人员开支方面最高，达到42.7%。

当前热门技术

网络技术

因特网发展迅猛 近几年来，因特网在全球范围内以其不可阻挡势头迅猛发展，其表现在：

因特网规模空前 1994年，因特网只是美国极少数科研人员的“专利”，如今已经拥有1亿多用户。

因特网向空中发展 因特网的发展逐渐超越地球，把信息高速公路延伸到外层空间。低地轨道通信发展势头强劲。由美国摩托罗拉公司牵头，耗资50亿美元的铱星系统1998年11月投入使用，这标志着一场无线通信革命的开始，这个由6个不同轨道平面上的66颗低地轨道卫星形成了一张覆盖全球的精密网络，从此任何人可以越过高山大海，在任何时候、任何地点均可用电话或者寻呼机联系。与此同时，人们还在探索建立同温层电信网。美国至少有4家公司正在研制由同温层飞机或巨型气球取代超低空卫星。

加快建设海底因特网 近3年来，海底光缆通信工程加快了建设步伐。1998年开通的横跨“大西洋一号”，东起德国北部叙尔特岛，经英国、荷兰，最后到达纽约，全长1.4万公里，是迄今世界上容量最大、联通欧美的海底光缆工程。另一条横跨大西洋、穿越地中海，途经红海、印度洋、由马六甲海峡进入太平洋的“氧气工程”也在加紧铺设之中。这个耗资140亿美元，连结175个国家和地区、全长近32万公里的工程是本世纪通信领域最宏伟的壮举。

因特网应用不断扩大 *网络成为政治生活的另一个舞台* 1998年因特网涉足政治已屡见不鲜，各国政治家竞相利用因特网竞选、发布法令。

因特网成为经济增长的牵引机 据权威的国际数据公司1998年8月底公布的调查报告，美国公司1998年投入因特网经济的资金达1 240亿美元，预计

到2000年即可得到回报。到2002年,美国企业之间的因特网交易额将超过3 270亿美元。西欧国家的因特网投资达440亿美元,亚洲因特网商务的年收入也将从现在的15亿美元上升到2001年的300亿美元。由此可见,网络经济的前景十分诱人。

电子商务备受瞩目　自1997年美国政府在因特网上推出全球电子商务发展文件以来,电子商务便在全球迅速发展。据调查,1997年前,全球的1 000家企业中只有4%实现了电子商务,而到1998年6月底就上升到9%,预计到2000年全球电子商务总贸易额将达1 000多亿美元。

因特网成为崛起的新闻媒体　因特网在1998年6月法国世界杯赛期间大显身手,组织利用因特网发布赛场内外的有关消息,迷倒了亿万观众。因特网又一次显示其大众媒体作用的是克林顿—莱温斯基绯闻案。因特网以其特有的"交互性"首次压倒报刊、广播、电视等传统媒体的魅力,确立了作为第四媒体的地位。

因特网更新换代计划　因特网用户目前以每年15%以上的速度增加,网上信息交流以每年40%的速度激增。提速、更新换代已成为当务之急。

美国政府决心改变"环球网"成为"全球网",率先提出兴建下一代因特网。由美国联邦研究机构、工业界和大学参加的关于下一代因特网的计划已经开始实施。1998年4月18日,由美国副总统戈尔揭幕的因特网Ⅱ,由美国117所大学组成的高级因特网大学团体负责实施,其目标是提高现有的因特网的速度和可用性,以满足高级用户研究和高等教育之需。预计它的广泛应用需要4年,但在2000年将可使美国学生全部上网。

下一代因特网和因特网Ⅱ是美国同时实施的两项因特网更新换代工作。下一代因特网由联邦政府出资、多部门进行合作研究。为此1998年拨款8 500万美元。因特网Ⅱ则由会员大学领导开发,它是对下一代因特网的补充和增强,二者相互协作,共同运行。

网络的未来发展趋势　实现"三网合一"　目前,通信网的重要组成部分是电视网、有线电视网和计算机数据网。如何把这3个并行不悖的网合并在一起,而且不减少不改变原来的功能,这是网络专家和企业界的共识,也是未来网络发展的大趋势。

构筑新一代智能网络　未来世界是一个网络世界,网络正在把越来越多的人紧紧地连接在一起。因此,兴建新一代智能化网络是网络发展的方向。这种更高一级的网络将把人们编织的梦想变成现实,才能把我们带入网络的社会。

随着网络时代的即将来临,网上争夺也日趋激烈　谁控制了因特网软件,谁就控制了网络的未来,谁就能获得巨大的经济利益。1998年11月,为了同强大无比的微软公司相抗衡,世界最大的因特网服务商美国有线服务公司公布了购并网景公司并与太阳微系统公司结盟的计划,这一兼并极大冲击了因特网市场格局。由此可见网络争夺今后将更趋白热化。

能源

新能源的迅速发展　为了迎接能源的挑战,人们应用现代高新技术对新能源进行开发利用已取得重要成果,有的还获得了突破,使新能源的研究开发进入了一个新阶段。能源领域的研究热点是:清洁能源、新能源和可再生能源。

核能

目前,世界上几十个国家已建成和正在建设的核电站约500座,核电可满足世界电力需求的20%左右。核能开发利用已成为世界各国21世纪能源战略的发展重点。

快中子增殖反应堆作为第二代核电站的主要堆型,现在已成为各国建造电站优先选用的先进技术反应堆。

人们渴望实现的可控核聚变已显露出希望的曙光。1993年12月10日,普林斯顿大学等离子体物理实验室继1991年欧洲联合聚变实验室首次可控核试验之后再次成功地进行试验,试验产生了相当于5.6兆瓦的聚变能量,人类实现解决能源问题的理想又向前迈出了一大步。

太阳能

广泛使用太阳能的关键,在于提高太阳能的转换效率和降低成本。美国波音公司已研制出高性能的串联型太阳能电池,其光电转换效率高达30%左右。澳大利亚利用激光技术制成的太阳能电池,在不聚焦时光电转换效率达24.2%,其成本降低到与柴油发电相当。美国研制成的新型太阳能接收器,其热能转换率达90%。美国还在莫哈韦沙漠建造世界上设备最先进的太阳能电站，其发电能力达10兆千瓦。

海洋能

海洋中蕴藏着极为丰富的可再生能源，永不停息的海浪、潮汐和海流，以及海水温差能和海水压力能等，都能向人类贡献出巨大的能量。据计算，全世界海洋潮汐能的总储量为27亿千瓦，海流的动能储量约为50亿千瓦，海浪能为25亿千瓦，而海水温差能为20亿千瓦。目前，世界上最大的潮汐电站是法国的朗斯潮汐电站，其装机总容量为24万千瓦。

地热能

地热作为一种新能源，以其干净、无污染和成本低等优点受到人们的重视。美国于20世纪70年代建成了世界上第一个人造热泉，每小时可回收149～156℃的热水20吨。法国已开凿了6个人造热泉，其中1个井深6 000米，每小时可获得200℃的热水100吨。另外，美国还在建造发电能力为5万千瓦的人造热泉热电厂。

地热能的储量非常丰富。据计算，如果按照目前世界动力消耗的速度只消耗地热能，那么即使用4 100万年后，地球的温度也只降低1℃。

利用地热发电，是地热能利用的最重要和最有发展前途的方面。美国加州的盖瑟斯地热电站，装机容量达50万千瓦以上，是目前世界上最大的地热电站。

地热能除了用来发电外，近年来已扩大到工业上的加热、干燥、制冷、脱水加工、提取化学元素、海水淡化，以及农业生产上的温室育苗、栽培作业、养殖禽畜和鱼类等，有着广阔的发展前景。

燃料电池

燃料电池是一种直接利用氢和氧进行电化学反应的直接发电方式，其发电效率高达40～60%，预计将来可达70～80%。美国和日本研制的第一代磷酸燃料电池已进入实用阶段，其输出功率为11 000千瓦。第二代、第三代燃料电池也已研制成功，其中第三代的固体电解质型燃料电池，功率达25千瓦。

20世纪90年代，燃料电池汽车已在美国华盛顿、洛杉矶和加拿大温哥华等城市出现。这种燃料电池汽车比内燃机汽车可节省50%的燃料。

风能

风能在新能源中占有重要地位。据计算，地球上的风能约相当于10 800亿吨媒所具有的能量。这一数值约为目前全世界一年消耗能量的100倍。目前，世界上最大的风力发电机安装在丹麦日德兰半岛，其发电能力达2 000千瓦。俄罗斯还在研究试验一种由气球运载的利用10千米高空风力发电的发电站，发电容量为2 000千瓦。

氢能

氢能以其重量轻、热值高、无污染、来源丰富和应用面广等优点，被人们称为21世纪的理想能源。美国已研制成功世界上第一辆以氢为燃料的汽车，可将60～80%的氢能转换成动能，其能量转换率比普通内燃机高1倍以上。在21世纪初，氢燃料汽车将会获得迅速的发展，并会成为汽车家庭中的佼佼者。

能源的未来发展趋势 目前，世界各国所消耗的能源中常规能源占绝大多数，尤其是石油和天燃气的消耗量已占全世界能源消耗量的70%左右。然而，这些矿物燃料既储量有限，又污染环境，没有发展前途。在这种情况下，人们把对新世纪能源的希望寄托于清洁可再生能源等新能源上。

再生能源是指它不会随本身的能量转化或者利用而减少，它们具有天然的自我恢复能力，像风能、太阳能、水力能、地热能和海洋能等。这些能源的特点是：干净无污染，来源丰富，而且可以源源不断地从自然界得到补充。

据估计这些再生能源在2050年时能提供世界能源需求的20%以上。但是，到2050年地球人口预计将从目前的60亿增加到100亿，能源消费如果不增加两倍，至少也要增加一倍。因此，再生能源也必须达到世界能源需求的50%。

如果世界各国还采用像现在以非再生能源和再生能源混合构成方式来满足未来能源的需要，那么在21世纪下半叶地球将急剧变暖，给人类带来巨大的灾难。因此，在21世纪之初就应大力开发使用不排放二氧化碳的可再生能源，这样才有可能在2020至2040年之间使二氧化碳的排放量达到一个转折点。

除了再生能源外，在新世纪人们还对核能和氢能寄予希望。例如，可以仿照太阳，运用核聚变开发一种同环境兼容、持久、不含二氧化碳的能源形式。氢在大自然中分布很广，水就是氢的大“仓库”，约含有11%的氢；泥土里含有约1.5%的氢；天然气、石油、动植物体内都含有氢。氢的发热量高，而燃烧后的唯一产物是水。如果能用适当的方法从水中制取氢，那么氢将是一种取用不尽的理想能源。

基因科学

人类基因组排序工程取得重大突破 由世界各国科学家联合参与、旨在破译人体细胞全部遗传密码的“人类基因组计划”取得第一次堪称里程碑的重大突破。英国剑桥桑格中心的伊恩·邓纳姆(Ian Dunham)及其同事在1999年12月2日的《自然》杂志上发表了22号染色体的基因序列。22号染色体是人类23对染色体(位于细胞核内分离的DNA分子)中次小的一对。上面共有大约6000万个碱基对。据认为,第22对染色体上存在有与神经纤维肉瘤等遗传性疾病有关的基因,破译出它的遗传密码,将有助于找到一些遗传性疾病的治疗方法。

2000年已完成草图的整个人类组基因组序列含有人体各基因及由其所指导合成的蛋白质的全部信息。目前看来,它有可能在生物学和医学方面发挥重要的促进作用并将有助于研究人员彻底揭开人类生老病死之谜。

基因研究将带来医学和生物技术方面的革命 据估计,到2003年,科学家们将完全揭开人体的基因组,并完成人类基因卡的研究。2007年,人类可以用基因疗法治愈进行性肌萎缩和高血压等疾病,并找到治疗艾滋病的方法。2010年,预防乙型肝炎疾病和老性痴呆等疾病也将成为可能。2015年,随着有效注射液的出现,大多数癌症都将被攻克。2019年,通过遗传工程技术,4000种遗传病中有1000多种能治愈。同时,基因工程还能在心脏中培育新的血管,阻塞肿瘤血管的生长,利用干细胞创造新的器官,甚至可能调整使细胞老化的原始基因代码,从而延缓人的衰老过程,延长人的自然寿命。

基因技术在农业扩大运用 基因农业已成为许多大型生物技术公司经营的重点,Monsanto公司的转基因种子具有明显的抗药能力,国际先锋公司的转基因大豆与转基因玉米不但抗病虫害能力增强,产量提高,而且作为饲料可使牲畜容易吸收磷质,降低肉质的脂肪含量。1998年美国已有20多种转基因种子获准种植,种植面积大幅增加,转基因玉米已占总面积的35%,转基因大豆占总面积的30%。

科学家认为,由于基因技术在农业上的运用,将有助于解决未来世纪100亿人口的粮食问题,促进低污染、可持续发展的高产农业,还可促进持续发展的工业。

人类基因组计划1999～2003年新目标 人类基因组计划已成功完成了其5年计划(1993年～1998年)的全部主要目标。1999～2003年的新计划的主要目标包括:人类DNA的排序;排序技术的开发;研究人类基因组序列的变异;用于功能性基因组学技术的开发;完成果蝇等的定序并开始家鼠的基因组的研究;研究基因组研究工作的论理、法律以及社会方面的含义;开展生物信息学和计算研究;培训基因组科学家。

生命科学技术

生命科学的定义 生命科学是试图将细分的各种生物学知识概括起来,以揭示生命的本质。其研究成果是以医疗、环境、农林水产业等领域广泛应用为目的。生命科学研究活动的三个目标是:通过对疾病机理的阐明来战胜疾病,创建安全、健康生活的社会;实现人类、地球和自然的可持续发展;基于对DNA(基因组、遗传因子)和蛋白质的理解,创建新型制药和食品产业。通过扩大经济新领域和创建产业,实现人类、自然和地球的协调发展。特别强调的是,生命科学是有关生物领域的科学技术,和其他科学领域相比,具有直接增进人类幸福的可能性。从这种意义上来说,生命科学是为了造福人类的有关生命的科学技术。

生命科学的研究开发态势 *生命科学研究开发的主要趋势* 生命现象具有从分子到细胞、组织、器官、个体、群体等各个水平上在相互影响中发展的特点。为了阐明生命科学中的各种问题,需要各种手段的综合研究。因此跨学科领域进行研究的倾向越来越显著,研究领域的各种界限正在逐渐消失。随着研究手段不断向多样化、尖端化发展,对技术的依赖程度不断提高,而且常常可以看到在基础研究中所开发的技术,又诱发了基础科学的新发展。除高度的分离、分析技术外,近年来重组核糖核酸技术及单克隆抗体技术等生物技术也取得了令人瞩目的发展。这些技术被广泛地应用于基础研究和应用方面。

近年来开发的划时代的生物技术中,有遗传因子操作技术(重组核糖核酸技术、细胞融合技术)、细胞培养技术、固化技术(酶、细胞)等等。在这些技术中,对很多方面都产生了很大影响的是重组核糖核酸技术。它不仅为生命科学带来了新的希望,而且作为一项尖端技术也广泛地被产业界所采用。

生命科学研究开发的国际竞争日趋激烈 由于运用新的研究方法和技术,加快了生命科学领域取得新发现的步伐。过去生物领域科学与应用方面的联系较少,但最近生命科学的研究开发对医学、农学、工程学等应用领域的影响越来越大。由此,人们更清楚地看到了生命科学开发的重要性。生命科学领域展现的广阔发展前景,受到了世界各国进一步的重视,尤其是加深了对科学技术的新成果能创建新产业,开创新领域的认识。因此在生命基本分子DNA、蛋白质及有关技术专利、知识产权方面的国际竞争更趋激烈。

生命科学研究开发活动规模不断扩大 以往的生命科学研究,通常是在较小和个别研究领域进行的。近年来各国科学家加强了对癌症和脑的研究,从构筑新一代医疗、产业基础的观点出发,大规模地集结和联合研究机构与研究人员开展生命科学研究开发活动。

在生命科学的研究开发中,各国科学家,除以人类共同知识资源的科学发展、以基础科学产业、粮食供给等国家重要基础为原动力,还积极推进国际合作,并取得了瞩目的成果。

克隆技术

治疗性克隆技术成果显著 1999年,克隆技术研究得到快速发展,克隆动物频频出现,使一些濒临灭绝的珍稀动物得以保存,克隆技术的实用化时代已经到来。继科学家们分离并培养出一些人体胚胎干细胞之后,可控制的和程序化的细胞的培养,为克隆技术开辟了新天地:有可能进行所谓"治疗性质"的克隆,即以病人为根据克隆一种胚胎,以便获得用于替换的细胞,甚至在实验里得到同病人的免疫系统完全一致的器官。

1999年5月24日,美国华盛顿大学宣布,他们将动用50名科学家、14个实验室,耗资1 000万美元,历时10年,完成在实验室培植人类心脏的计划。培植人类心脏的材料取自病人的细胞。这个被称为"小阿波罗计划"的计划完成后,全世界每年会有成百万心脏病患者获得重生,人类的平均寿命会大幅度延长。

全世界很多实验室都在开展克隆人体器官的研究,目前正在实验室中培植的人体器官包括心脏、肝脏、胰腺、乳房、皮肤、骨骼等。其中,由实验室培育的克隆胸骨、克隆血管、克隆皮肤和克隆胎儿的神经组织正在进行人体实验。1998年,世界第一例克隆胸骨移植到人体取得成功。随后,美国、瑞士等国家已攻克克隆皮肤的难题,并应用到临床上取得了成功。

用人的细胞培育备用器官,是一项难度很大的高新技术,科学家们为此设计了多种克隆器官的技术体系。一种是直接取出病人的身体细胞,利用克隆技术在实验室里用培养皿培养,此为试管器官;另一种方法是培养无头克隆人,这种设想是英国巴思大学教授、生物学家乔纳森提出的,基于他成功的无头青蛙试验。

美国卡罗莱纳医学中心的生物工程师哈伯斯塔特设计和培育了人体乳房组织,以取代现有的人造假乳房移植术,这无疑是那些因患乳癌而割掉乳房的妇女的福音。美国杜克大学的尼克拉森正在攻克培育人体动脉的尖端。美国麻省理工学院的格理芬在电脑上设计了人体肝脏的三维立体"骨架"蓝图雏形。他与哈佛大学医学院的瓦坎蒂医生正按设计图付诸实施。美国密执安大学的休姆斯正在开发生物工程人造肾脏。哈佛大学的阿特拉已开发出了人造膀胱,正在狗身上做应用实验。加拿大拉瓦大学的两位科学家用取自人眼角膜的细胞培育出了人造角膜……

这一切说明,器官库的设想不是梦。科学家们推测,在未来10年至20年内,克隆人体器官将成为产业。医院将根据病人的需要,到器官库去取病人定制存放在那里的器官。到那时,人的器官坏了,无论是心、肝、肺、乳房、皮肤,还是呼吸系统、泌尿生殖系统的任何器官,有了严重的毛病,换一个新器官就行。这在人类的文明历史上,会成为一个里程碑式的事件。

克隆技术的新突破 1999年美国研究人员将成年人骨髓的间充质干细胞在体外成功培养分化为软骨、脂肪和骨骼细胞。采用该技术开发再生药物,可治疗软骨损伤、骨折愈合不良、心脏病、癌症和衰老引起的退化症等疾病。

关于"克隆人"的争议 随着克隆技术的发

展,克隆人的问题在世界范围内引起了激烈的争议。多数西方国家政府、首脑及宗教界纷纷声明反对克隆人,也有不少国家制定了反对克隆人的法律。

在科学界关于"克隆人"的争论,持肯定意见的人认为,克隆人的技术不是人为可以阻挡的,克隆人的探索进程业已开始。科学作为一种巨大的独力力量一直在依据自身的发展规律开拓着无穷的发展空间,克隆人的时代必定要到来。这是人类对自身的史无前例的深刻挑战,既是对人类的价值、伦理和道德等观念的巨大冲击,同时还是对克隆技术本身的挑战,科学的发展必将导致人的伦理观念、生活方式的改变。自然科学和社会科学应联合起来,化解、协调冲突,促进科技发展。

一些科学家对"克隆人"持谨慎态度。他们强调,一方面伦理学的基本原则不应改变,另一方面,科学自由的原则也要坚持,但科学自由的原则不能损害人,要使科学的发展为人类服务,这个原则应与伦理原则一致。现在设置的是伦理的禁区而不是科学的禁区。在科学成为强势文化,科学带来负面效应的情况下,应加强对伦理的思考;科学应尊重伦理,特别是伦理的基本原则。现在应制定规范和调节机制来引导克隆技术,尽可能使科学为人类带来利益,减少伤害。科学本身及其带来的异化是由于人们对科学认识的不全面。人自己要管理自己的行为,不管怎样都要维护人的利益,克隆人应谨慎。

空间技术

世界空间技术发展趋势 由于发展空间技术在经济、军事、科学、政治上具有重要意义,未来30年航天大国的投资将主要集中在下列几方面:

航天运输系统 降低航天器发射价格是主要努力方向,新运输系统大致有三类,即垂直起飞、垂直降落;垂直起飞、水平降落;水平起飞、水平降落。而高能无污染、大推力、低成本运载火箭仍为当前研究开发重点。

人造卫星 应用卫星将更多地进入商业化,其研究正在从局部地域向全球发展;外层空间的地位导致新的空间军事竞赛。

大型载人空间站 当今世界载人航天计划的核心是建立长寿命大型空间站以及研究发展空间机器人和虚拟现实技术。

深空探测 主要是两大方面:一是太阳系行星探测,二是天文观察。21世纪初探测重点是月球与火星,并将建立多座轨道天文台。

空间关键技术 航空航天实际上是一个综合性极强的高技术领域,它的发展与其它高技术领域的尖端技术发展密不可分,因此在某种程度上体现了高技术的整体实力。下一世纪空间关键技术是:高宽带数据率星际通信技术;精密控制的空间结构(包括传感器的开发);空间用微机电系统;抗辐射存储器和电子装置;开采和利用地外资源;材料处理、材料加工等技术。

高技术新材料

材料研究的热点领域

信息功能材料 电子材料:砷化镓(光电二极管);光子材料:光控测器、激光器。

纳米功能材料 碳纳米管;人造原子电子态和激子态;组装体系研究。

新型陶瓷材料

低维材料 一维:纤维,如碳纤维、光导纤维、碳化硅纤维、高性能聚合物纤维;零维:超细粉(超微粒)材料。

高分子材料 第四代高分子材料(Dendrimers)。

复合材料 碳纤维复合材料;陶瓷基复合材料;碳化硅纤维复合材料。

能源材料 超导材料:超导材料属节能材料,特别是高温超导材料的研究是能源材料的热点;燃料电池。

生物材料 组织工程(致力于组织和器官的形成和再生)。

高技术材料的发展方向

高技术新材料总的发展方向可概括为10个方面:高性能化;高功能化;仿生化;智能化;轻量化;复合化;低维化;极限化;设计化;综合化。

暗物质

大量的天文观测数据显示,在宇宙总质量中,恒星只占很小一部份,组成宇宙的大多数物质,诸如暗星和黑洞等是不可见的,它们被称为暗物质。现代宇宙学理论认为,暗物质的多少将决定宇宙的命运,即我们的宇宙最终将要收缩还是永远膨胀下去。

对暗物质的形态,科学家们提出了不同的理论模型,其中被普遍接受的是 MDM 模型。它认为,宇宙是由冷暗物质和热暗物质的混合体构成的,其中大部分为冷暗物质,占暗物质总量的3/4,热暗物质占1/4。目前,科学家们已经研究出了一些组成暗物质的可能粒子。

重子　根据大爆炸核合成理论和目前观测到的元素丰度数据可知,尽管宇宙中的重子密度小于宇宙物质密度,但却远大于发光物质密度。这表明,尽管暗物质不能完全由重子组成,但重子物质及其组成的暗天体应是暗物质的组成部分之一。最近,科学家通过引力透镜现象发现了一种由重子物质组成的可能天体"褐矮星"(也被称为"重质量致密晕体 MACHO)。

中微子　根据宇宙大爆炸理论,大爆炸残骸中,除了质子、中子和电子外,最主要的粒子是中微子。中微子稳定,不与光子发生相互作用,它们是暗物质的一部份。

科学家们利用宇宙标准模型计算出了目前中微子的数量是每立方分米约存在 10 亿个中微子。但由于中微子质量非常小(目前测量为电子质量的1/3 万),所以它们作为暗物质对宇宙密度的贡献可能很小。

轴子(Axions)　轴子是科学家为解决强电荷——宇称(CP)问题引进的一种假想的玻色子。一些高能物理实验已显示它的质量也很小,对暗物质的贡献也可能很小。

弱相互作用重粒子(WIMP)　目前,科学家们认为,最有希望的暗物质候选者是弱相互作用重粒子(WIMP),它最稳定,中性、质量最重。因此,寻找 WIMP 已成为当代实验物理学中一个十分重要的问题。近年来,世界各国的科学家一直都在努力寻找 WIMP 的踪影。最近,意大利的罗马大学、中国科学院高能物理所共同组成的一个实验小组已经获得 WIMP 存在的证据,并估计它的质量至少是质子质量的 50 倍。一旦 WIMP 的存在得到最终证实,将不仅为宇宙大爆炸理论和超对称粒子物理模型提供新的实验支持,同时也将为宇宙的未来命运提供一个满意的答案。

世界科学大会的新成就

世界科学大会于 1999 年 6 月 26 日至 7 月 1 日在匈牙利布达佩斯召开。这次 20 年来首次举行的全球性科学大会,总结了本世纪科学成果和不足,展望了 21 世纪发展的方向,并通过了《科学和利用科学知识宣言》和《科学议程——行动框架》两个重要文件。

这次大会的根本目的在于"更好地利用科学知识"。在 6 天的会议期间,2 000 多名科学家、决策者和来自联合国各成员国政府和非政府组织以及社会团体的代表着重讨论了 25 个有关科学与社会的课题。这些课题主要涉及科学的实现、不足和挑战;社会中的科学以及科学的新承诺等三个方面。代表们更多地讨论了与科学进步相关的社会话题:人类如何一致努力确保科学的健康发展,让其更多地造福社会;建立一个什么样的科学伦理标准,防止滥用科学以及由此引发的社会负效应;如何缩短科学发展中的南北差距等。

这次大会最关注的是如何以科学促进世界的和平与发展,其意义远远超出了科学。20 世纪的科学进步及其引发的技术革新让人类社会受益匪浅,但科学带来的益处却并不均衡。发达国家和发展中国家的差距正在拉大,环境恶化、技术灾难、各种新老疾病、军备竞赛等仍然是社会进步的不和谐音。20 世纪的科学发展并不是一幅完美的图景,如何在 21 世纪消除这些弊端,成了各国代表广泛讨论的议题。

面对新世纪可以预见的科学大发展,世界科学大会确定了"为了 21 世纪——新的承诺"这一主题。"承诺"的含义主要包括:各国政府,应更重视科学,给科学的发展以更强有力的政策引导;科学界,应更自觉地将科学成果应用于人类福利与社会和平发展,抵制滥用科学;教育界,应把科学教育作为人类发展和人类素质中最重要的内容予以重视;经济界,应更多地支持科学;新闻媒介,应把向社会传播科学文化作为义务。

与会者强调,为了推动科学的健康成长,有必要让社会各界形成一个“大联盟”,它的实质是要在科学与社会之间、科学家与社会其他各界之间建立一种新的良性循环机制。这些思想已成为大会的共识。

科学伦理是这次世界科学大会的主要议题之一,就此达成的共识也是大会取得的最大成果。诺贝尔和平奖得主、英国著名物理学家罗特布拉特在会上提出,当今世界科学的迅速发展和应用,使得科学家不能无视他们所承担的道德责任。在此情况下,仅仅依靠科学家的自律是远远不够的,社会和公众还应该加强指导监督。以罗特布拉特为代表的一批科学家建议,像2 500年前希腊医生从业前要宣誓遵守“希波克拉底誓言”那样,现在的科学家从业前应宣誓对社会负责。大会代表经过讨论后,在以下几个伦理问题上达成了一致:人类的和平事业高于一切,科学必须完全为和平服务;尊重人的尊严和权利,遵守《人类基因组和人权宣言》;尊重并保护地球其他生命形式和生态系统;科学知识应该被公民合理地分享和传播。

同时,科学大会的主要文件《关于科学与科学知识应用的宣言》和《科学纲领——行动框架》明确提出:

科学家要作出承诺,通过自身行动,体现高标准的道德。

国际科技界要制定科学职业道德规约,特别要促进制定与环境有关的科学道德准则。科研机构和学术团体要有组织地进行本学科领域道德标准的研究和制定,要尊重科学家在科学道德问题上表述自己意见的自由,支持他们谴责那种利用科学成就损害公众利益的行为。

科学家要承诺对社会应尽的责任:保证高标准的科学公正性及科学产物的质量;与社会分享知识,与公众交流,并教育年轻一代。

科学的责任与道德应是所有科技工作者所接受的整体教育中不可缺少的组成部分。科学课程中应包含科学道德的内容,以及历史、哲学,和科学对文化产生的影响。要鼓励年轻的科学工作者尊重并坚持科学中的基本道德准则。

UNESCO的成员国要加强对国际生物道德委员会和COMEST的积极参与。政府要鼓励、支持建立必要的机构处理科学知识应用中有关道德的问题。非政府组织和学术团体应开展道德问题的讨论并建立自己学科领域中的道德问题委员会。

大会要求对科学新发现和技术新突破进行充分讨论,各国政府应成立专门机构负责科学伦理议题,对未来科学家的教育应包括伦理课程。大会通过的文件中也要求采取措施,鼓励青年科学家遵守基本的科学伦理准则。

科学发展上的南北差距也是大会的热点议题。20世纪,发达国家和发展中国家在科学知识上的差距越来越大,这已经引起广大发展中国家的忧虑。目前世界被划分成科学的生产者和消费者两大阵营,不能允许这种状况在21世纪继续存在。最不发达国家的代表除表示应努力探索一条自助道路外,还强烈要求公平分享科学知识,从而缩小南北差距,并要求发达国家从他们减免的债务中抽出部分资金,建立跨国基金,推动科学事业在最不发达国家的发展。大会最终在《宣言》中部分采纳了“免债发展科学”的倡议。

与会者一致认为,如何贯彻大会《宣言》和《议程》的精神,实现大会制订的目标,是目前最重要的课题。现在真正的任务是把大会接受的原则变成有效的政策,这是各国政府和地区组织的使命。

2000年世界科技新进展

中科院文献情报中心 高 陆

处于世纪之交的2000年,人们称之为“科技之年”、“高技术承前启后的一年”。全世界的科学家和科技工作者们用大量的科技成果迎来了21世纪的曙光。

基础研究有新发展

2000 年,在基本粒子的研究方面取得显著成果。2 月份,在欧洲核子研究中心参加该中心“重离子”计划的科学家通力合作,首获夸克－胶子等离子体,这项重大突破性成果证明了宇宙诞生之后的瞬间确实存在过这种物质形态,从而使得科学家们能够验证宇宙“大爆作”数微秒后的宇宙景象,拓展了物理学的研究领域,对考察宇宙的起源、物质的本性以及对验证现有的粒子物理标准模型都有重要意义。

3 月份,德国马克斯－普朗克量子光学研究所的科学家利用激光首次成功地捕捉并观察到原子。该成果在理论上有了一种全新的显微检测方法,可以跟踪一个孤立原子的运动;在实践上可用于未来量子信息的加工,有望用于制造量子计算机。

中微子的研究取得重要进展。中微子是否有质量是个长期争论的问题。6 月份,日美两国专家组成的科研小组称,他们已确认太阳中微子有质量。而太阳中微子是 3 种中微子中最轻的,因此可推断中微子是有质量的。到 7 月份,日美韩三国专家组成的科研小组发表实验结果,确认中微子有质量的概率达到 95%。科学家认为,尚须 3 年实验才能真正对中微子有质量下结论。也在 7 月份,美国芝加哥费米加速器国家实验室的国际小组的科学家经过 20 年的搜寻,取得突破性进展,发现 τ 子中微子存在的直接证据。至此,粒子物理学标准模型中的 12 个基本粒子自 1897 年电子被发现以来,科学家经过百余年的奋斗,终将它们全部发现。据 9 月份英国《自然》杂志报道,德国和美国科学家首次制造出由 20 个碳原子组成的空心笼状分子,这是“富勒式结构”中最小的一种。科学家们以十二面烷为基础,将其中的氢原子置换成与碳原子结合力较弱的溴原子,然后经过气相脱溴作用,制造出纯的 C20 笼状分子。还用相同方法制出碗状的 C20 异构体。

9 月,据参与欧洲核子研究中心大型正负电子对撞机(LEP)研究项目的科学家透露,发现希格斯玻色子存在的迹象,如果将该结果用实验进一步证实,将是粒子物理学领域的又一重大发现。

法国科学家对生命分子手征性不对称给出了新解释。他们发现,静态磁场与偏振光的相互作用会影响光化学反应过程,使有机分子的某种对应体形成得多一些,另一种形成得少一些。由于地球上以偏振光为主,因此,这一现象特别明显,使地球生物体主要分子都是左旋氨基酸和右旋糖。

为了更深入地开展微观世界研究,科学家们在不断地创造新的实验手段和研究方法,在某些方面已获得重要成果。如欧洲粒子物理实验室,在 8 月份建立了世界首个[反物质工厂],它可使反质子放慢速度并将其俘获,直至最终静止,反物质都到哪儿去了？这个谜也许很快被解开。又如英国牛津大学的科学家使用一种扫描隧道显微镜,在室温下操纵单个溴原子在铜表面上移动,使纳米机械制造技术向前迈进了一步。再如美国阿贡国家实验室发明一种称为“原子陷阱追踪分析的新技术”,利用该技术,科学家能够准确地探测到样品中的单个同位素原子。预计该技术可用于太阳中微子研究、地表水分析和地球环境监测等方面。

在超导体研究方面,德国科学家使用钇钡铜氧化物材料,用液氮将其冷却到零下 196 摄氏度,研制出临界电流可高达几十万安培的超导体,可望大大降低用超导线路传输电力的成本。

计算机信息技术阔步前进

2000 年,各国科学家研制出几种新型且具不同功能的芯片。如美国《生物医学微型装置》杂志介绍了一种仿生芯片:科学家把工程引入了生物领域,他们把人体细胞和电路安装在一起制成芯片,用计算机控制这种芯片,同时就可以控制细胞的活动,将有望大量生产这种芯片,并将其移入人体,可代替或修复病变组织。法国影像技术研究公司研制出一种新型视觉芯片,这种模仿人眼功能的“会看的芯片”是一个单块芯片,模仿人脑的视觉处理功能,通过一个运动的视频信号来探测物体,其潜在应用范围广泛。美国硅谷的新秀川斯美塔公司开发出两种新型芯片,均能在低功率(1 瓦左右)条件下工作,一种可做便携式计算机芯片,另一种可装备浏览因特网信息的超小型设备。英国开发出一种新型计算机磁芯片,它以磁场方式显示和处理信息,效率比目前电子芯片高 4 万倍,有可能引发芯片制造的革命。英国利兹大学的科研人员与法国、荷兰等国科学家合作正在研究一种制造三维电脑芯片的新技术,该技术能使导电分子自行"生长"为细导线,以突破芯片微型化发展的障碍,大幅度提高芯片运算能力。

存储芯片出现越来越小的趋势 日本索尼公司研制出如同口香糖一半大小的微型芯片,用于摄影机、个人计算机、随身听等;德国科学家研制出可用于制造70纳米微细结构的芯片;以色列科学家从材料的原子和分子结构入手,开发出全新的"结构刻痕"技术。将化学惰性状态的单分子膜覆盖在光滑的硅片表面,成功激活经选择的膜层分子,用作最小信息载体,为制造超强存储能力的纳米器件打下基础;德国埃森大学科学家用一种特殊涂层材料作衬垫,通过控制金原子团的二维有序结构,制成目前世界上最小的微电子芯片控制元件,该技术能大大提高芯片集成度,降低芯片能耗。

计算机有超微化趋势 美国贝尔实验室与英国牛津大学的科学家组成的国际小组利用DNA自我组合原理进行设计,研制出世界第一台DNA"发动机",用于制造分子大小的电子电路,有望取代目前的硅芯片电路,使计算机微型化,但运算速度更快。日本科学家让不同的DNA在试管中进行化学反应,用于数学运算,结果成功地演算了复杂的数学难题,使生物计算机研究向前迈进了一步。

光计算机研究也在向前发展 加拿大多伦多大学科学家称,已研制出一种光晶片,为产生采用光来处理和存储信息的计算机芯片迈出重要一步。美国航天局和英国威尔士大学的科学家用现代量子物理原理,实现"缠绕"光子技术,可实现不改变现有激光源的条件下制造更小和更快的计算机芯片。科学家们认为,光学计算技术是大势所趋。

量子计算机成为未来计算机研究热点 德国慕尼黑技术大学和美国哈佛大学等机构的科学家宣布,研制出了五量子位的核磁共振量子计算机,并成功地通过了试验计算。美国IBM公司、斯坦福大学等科学家合作,使用5个原子作为处理器和内存,研制出当前最先进的量子计算机,运算速度明显加快。

在计算机技术研究方面还有其他成果:日本科学家把33台个人电脑连接起来,构成运算能力可与超级计算机相比的超级并行计算机,但价格远远低于现有的超级计算机。德国埃森大学和汉诺威大学联合研制出锗晶体管,运算速度超过硅晶体管23倍,可能成为未来计算机的核心部件。

在光通信、微电子元件研究等方面的成果还有:日本NEC公司宣布超光速光脉冲实验取得成功,对未来实现更快的信息通信有重要意义。美国科学家筛选培育出能与特定半导体材料结合的缩氨酸分子,用其可望制造出体积更小、功能更强的电子设备。加拿大北电网络公司开发出因特网用高速激光器,可借助于一根头发丝细的光纤,仅需用3秒钟便可将美国国会图书馆馆藏文献传到北美各地。英国剑桥显示技术公司与日科学家合作开发出制造廉价彩色显示屏新技术,可广泛用于移动电话和掌上电脑等设备。日本大阪大学科学家利用商业因特网成功地进行了世界首次超高精细图像的远距离传输实验,为建设下一代高速因特网打下基础。以色列科学家称,实现了有机分子对半导体器件特性的控制,有望用于新型计算机芯片等新一代半导体器件的设计。

生物医学领域战绩辉煌

生物医学是世界人民最为关注的学科领域,也是进展最快,成果最多的领域之一。

人类基因组代码草图绘制完毕,寻找新基因速度正在加快

6月26日,美、日、德、法、英、中6国科学家同时宣布,人类基因组工作草图绘制完毕,使人类第一次掌握了构成人类生命的绝大部分遗传信息,这是人类历史上的一个重大进步,是人类科学史上具有里程碑意义的重大成就。为人类认识自身、解读生命奥秘走出重要一步。

目前,科学家已绘制出人类基因组97%的基因图谱,其中85%的遗传密码实现了准确测序,24%达到了最终完成的标准。据科学家推测,争取在3年内完成准确、完整的人类基因图谱。

随着人类基因图谱几乎全部绘制完成,寻找致病基因工作将紧锣密鼓展开。科学家们将致力于寻找人类个体之间存在差异的基因结构片断,以便将来用于诊断出众多疑难病症和设计出针对每个人的新药,这将对人类医学的发展产生革命性影响。

尽管人类基因图谱草图已完成，但科学家还不知道基因到底有多少，所有这些基因到底处在什么位置。因此，科学家希望找到基因与人类更接近的动物。美国塞莱拉基因组公司选定老鼠为人类基因研究新目标，因为他们发现，在人类基因组中发现的每样东西在老鼠身上都能找到。美国科学家找到了培育一种体内携带可开关基因的老鼠的办法，该成果可能会促进有关基因及其对疾病影响的实验室研究。美国科学家还培育出一种具有较强学习能力的转基因鼠，通过对这种鼠的培育，科学家将能认识神经生长在促进大脑功能方面的作用。

因为迄今人类只确认了 9 000 个基因，一般认为人类基因数量约为 1.4 万个，所以起码有 1/3 以上基因尚待确认。留美中国学者经过样本分析，找到了新基因发现速度缓慢的根本原因，并通过对现有方法的改进，发明了一种大大加快人类基因确认速度的新方法，可提高确认基因工作的进程。

随着基因组科学研究的快速发展，展现了广阔的应用前景，据美国有关专家介绍，基因组研究可广泛应用于分子医学、微生物基因组学、生物考古学、人类学、进化和人类的迁移、法医学以及农业、畜牧、养殖和生物处理等领域。

2000 年，法国专家用基因疗法挽救了两名患有罕见的免疫系统遗传疾病的男孩的生命，成为基因疗法有效性的第一个证据。

克隆技术研究

2000 年在克隆技术研究方面主要进展可归纳为以下几方面：

关于“克隆人”研究 英国为人类胚胎细胞克隆研究开绿灯，但仅限于医学研究的范畴，允许对人类胚胎细胞进行克隆，以便找到新的治疗方法对付一些无法治疗的疾病。美国批准进行人体胚胎干细胞研究，并首次公布研究准则。这个问题至今在世界科技界还有争议。

“治疗性克隆”技术取得一定进展 英国科学家开始研究用胚胎干细胞取代卵细胞，不经过胚胎阶段，直接培育所需细胞和组织。

克隆羊技术有新突破 英国 PPL 公司首次成功 克隆出基因经过选择性修改的克隆羊。专家认为“这一技术的重要意义在于，它不仅可使人们确切地选择加入基因的地点，而且还可准确地破坏一个现存的基因。这样，理论上可以消除产生疯牛病和痒病的基因；另一重要作用是培育供研究新疗法用的可模拟人类疾病的实验动物。”日科学家应用转基因技术和克隆技术使一只雌性山羊妊娠成功。科学家们希望用这种培育袖珍山羊的技术培育出能生产治病药物或能提供移植用内脏器官的山羊。

日本培育出世界第一头第二代克隆牛

这是世界上第一例大型哺乳动物的二次克隆成功。目前，原牛、第一代及第二代克隆牛三代共存，专家认为，这三代遗传因子完全相同的克隆牛必然对克隆技术及优良品种繁殖技术的研究起重要作用。几个月后，日本一头体细胞克隆牛产仔，证明体细胞克隆牛具有正常生育能力。日本克隆牛技术正向实用化方向发展。

科学家们推测，克隆技术也许能防治老化

美国科学家对采用胚胎克隆出的六头小母牛进行研究后发现，这些牛没有出现过早衰老的问题，其细胞年龄显得“年轻”而有活力。

英、日先后克隆出器官移植用猪 美国科学家用猪细胞恢复了瘫痪老鼠神经冲动，这是猪有望成为异体移植供体的证据。但是由于潜伏在猪体内病毒能在异种物种间感染，美国已终止克隆猪的研究，而日本的研究工作仍在继续。

为征服严重威胁人类生命安全的几大疑难病症做出新贡献

癌症的防治研究 2000 年，在癌症机理研究方面有突破。如哥仑比亚科学家在大肠癌内质网结构及其合成的某些蛋白质特性的研究方面有突破，首创用光学显微镜和电镜观察内质网新技术，给大肠癌的病理诊断研究提供了新的形态学依据。加拿大多伦多大学科学家发现了一种可阻止结肠和直肠癌细胞生长的蛋白质，专家认为，这一研究有可能开发出全新药物，而且在治疗过程中不需放疗和外科手术。加拿大科学家发现人体中的硝酸戊四醇酯(PTEN)是抑制癌细胞的基因，它对一种 ILK 增长素起调节作用，若 PTEN 发生变异，ILK 便会摆脱控制，癌细胞将快速增生和转移。其他研究还有：英国约克大学成功地确定一种蛋白质结构与宫颈癌有关，有助于对癌症的认识和开发抗宫颈癌新药。我国哈尔滨医科大学学者找到原发性实体瘤的元凶,即染色体某些部位的缺失可导致原发性实体肿瘤的发生,对肿瘤细胞遗传学发展具有重要理论价值。

在癌症早期诊断和预防方面有进展:英国剑桥大学科学家通过检测人的唾液或尿样可发现细胞癌变的迹象,有助于及早发现癌症。美国麻省理工学院发现一种新方法,能够在肿瘤的萌芽状态检测出细胞核的变化,可用此方法进行癌症的早期诊断。巴西FK生物技术公司研制成功一种利用患者自身癌细胞培育抗癌疫苗的新技术,该技术尚需进一步试验研究。北欧科学家指出,后天因素在许多癌症的发病过程中具有重要作用,不良的环境和不健康的生活方式是造成癌症发病的原因。

在癌症治疗方面各国加紧研究并取得进展。英国科学家研究开发出基因疗法使癌细胞自杀,这种"自杀基因"遇到癌细胞能产生特定的酶,将一些无害化学物质转变为毒素,使癌细胞死亡,而不伤害健康细胞,但此法有待进一步验证。日本科学家合成一种能抑制癌细胞生长的新型人工微脂粒,其与癌细胞膜融合,致使癌细胞自杀。美、英科学家在《自然医学》杂志发表研究结果,利用一种能够跟踪和摧毁癌细胞的基因工程病毒与常规化疗相结合,获得明显疗效。日本庆应大学利用转基因技术和疱疹病毒,用以毒攻毒方法成功地开发出治疗脑瘤的方法;日科学家用叶绿素开发出"光动力疗法"药物ME2906(NPe6),用其治疗癌症引起广泛关注。德国科学家采用分子医学纳米技术改进普通磁疗法,当肿瘤部位温度达到47摄氏度时,慢慢杀死癌细胞,而临近的健康细胞不受损伤。乌克兰科学家发明用低温快速冷冻方法治疗肿瘤的新方法,引起国际同行的关注。罗马尼亚、匈牙利科学家利用轻水治疗恶性肿瘤,取得明显疗效。美国科学家在《新英格兰医学杂志》上报道,利用亲属血液细胞移植疗法,使部分肾癌病人的肿瘤萎缩或完全消失。美国研制出癌症智能手术刀,运用激光技术,可免于手术中正常细胞被切除。

艾滋病治疗 全球50个国家5 000多名科学家联名签署宣言重申,艾滋病是由HIV病毒引起,即艾滋病起因已成定论。以色列科学家首次将免疫学理论用于艾滋病治疗,即"T细胞疫苗治疗方案"取得良好效果。美国费城科学家用基因疗法对付艾滋病毒,有望为艾滋病治疗开辟新径。意大利科学家发现人类免疫细胞壁上的艾滋病病毒抗体,专家认为,这一发现对人类制服艾滋病有重大意义。奥地利科学家研究利用补体系统摧毁艾滋病毒的新方法,通过破坏艾滋病毒的保护机制,使其无法对抗人体内产生的防御,研究已取得进展。

心脑血管疾病 俄国科学家透露,他们正在进行一种全新的研究,用基因技术治疗心脏病,利用遗传学原理可把身体里的无效细胞变为心肌细胞,一旦成功,将给心脏病治疗带来革命。加拿大专家发现一种可使心肌细胞再生的方法,已成功地用22只老鼠做了实验,即用骨髓干细胞注射入老鼠心脏内,有20只老鼠的成熟干细胞变成有效的心肌细胞。法国医生使用导管插入术,首次不用开刀给心脏病人更换了心脏瓣膜。

人工器官的研究 以色列首次对病人进行永久性人工心脏植入手术;俄罗斯研制能在人体内工作10年以上的人造心脏(这种人造心脏还可作为心脏移植供体),待患者心脏得到治疗恢复后,可停止这种人工心脏的工作并取出来;英国专家首次将一个电子心脏泵植入患者体内,这种心脏泵只有拇指大小,每分钟可输送10升血液,可减轻心肌负担,有利于心脏恢复功能。

关于其他人工器官的培养研究也有进展。日本学者在世界医学界首次用人体骨髓细胞成功进行皮肤再生;乌克兰科学家研制出具有人体肝脏功能的"人造肝脏",在临床上应用取得良好效果,使肝病患者的自体肝脏完全恢复了原有的功能。荷兰、新加坡等国将工业样本制作技术引入医学领域,预制"骨骼"用于外科矫形手术。美国科学家在培养皿中用老鼠细胞培育出了几颗老鼠牙齿,可望用此技术培植人类牙齿用于再植。日本科学家成功 研制出埋入型钮扣式人造胰脏,目前正进行动物实验。美国科学家将与一台安装在眼镜上的微型电视摄像机相连的电极植入盲人大脑中,使盲人能辨别出物体轮廓、识别清晰背景上的大号字母和数字等;日本学者将青蛙胚中未分化细胞成功培育成眼球,使两栖动物似乎有了光感;美国科学家首次成功地将微型硅芯片视网膜植入病人眼睛中,此项研究希望使视力严重受损者复明。

脑部功能及其疾患的防治研究

对大脑功能的研究　俄罗斯科学家经多年研究揭示了人类形成思维表达的各种阶段与大脑左右半球的各个部分的关系。美国科学家通过对实验鼠大脑皮层深处干细胞的研究，在科学界首次发现哺乳动物的脑细胞可自我修复。该成果被认为是神经细胞生物学研究中的一个新突破。

脑部疾患的研究　美国、瑞士等国科学家组成的科学家小组对染有绵羊疯痒病的实验鼠研究发现，一种肽类物质可延缓鼠海绵状脑病的发病过程，为治疗海绵状脑病开辟了新途径。美国加利福尼亚大学旧金山分校的科学家首次证实毒蛋白可自行复制，并可自行导致海绵状脑病。日本大阪大学和美国康奈尔大学的科学家在世界上首次把神经干细胞从人脑组织中分离出来。科学家通过研究认为，只要具备条件，成人脑内神经干细胞会成长起来，为治疗痴呆症等疾病带来希望。加拿大科学家发现了一种与阿氏症的发生有关的蛋白质，这种蛋白质过量产生或未得到有效清除可能是导致所有类型的阿氏症的原因。这种蛋白质与β淀粉状多肽有联系，为此可制造能阻止多肽产生的药物。以色列科学家运用X射线三维图像技术，显示了植物提取物雪花胺锁定可引起阿氏病的主要脑酶——乙酰胆碱酯的过程，进一步研究有望产生治疗老年痴呆症新药。

诊断技术与设备　乌克兰国家医科大学通过对患者呼出的气体进行化验和分析，研制出一种诊断肺病的新方法——由简单采集仪采集患者呼出的热气，经冷却、加热等处理得到色谱图，以此诊断患者疾病，仅需10～15分钟。英国科学家开发出新型医用摄像机，像胶囊大小的外壳里装有微型视频摄像装置、光源和信号发射器，病人将其吞入腹中，利用系在腰上的接收器可接收到内脏器官发出的无线电图像信号。用此法检查内脏方便、无痛感。法国科学家对一位瘫痪了10年的病人体内植入一种微芯片，以恢复其肌肉的神经功能，使患者站立起来。这给那些神经受损但肌肉保持活性的截瘫患者带来了福音。美国加利福尼亚大学科学家宣布，他们找到了一种利用仿生芯片控制人体细胞活动的方法。研究人员称，通过计算机控制微型装置中的芯片，可以达到控制健康细胞活动的目的。这将有助于医疗和遗传工程学研究。

材料科学领域成果显著

世界科学家逐渐认识到，纳米技术是最可能在未来取得突破的科学和工程领域。这项技术可能改变未来材料和装置的生产方式，并且给人类带来巨大的经济益处。因而，在纳米技术领域各国科学家展开了激烈竞争。在2000年各国竞争更加激烈，当然，成果也更显著。

美国伊利诺伊大学的科学家通过简便的方法，由附在带电油脂膜上的肌动蛋白制成带状纳米级细管，用它向人体内释放药物；康纳尔大学的研究人员制成了400架“纳米直升机”，它有一个用金属镍制成的螺旋桨、生物分子部件和镍柱体，三者组装一起就可将人体内的一种名叫ATP的物质转换成能量，利用这个能量可以在人体细胞内“飞翔”和“着陆”，这个成就有望帮助医生清除细胞的缺陷和释放药物；西北大学科学家取得纳米技术的重大突破性成果，研制成功纳米光刻机，可刻绘出15纳米线宽的图形，此种光刻机能成功地用于化学和生物实验的其他分子，以便开辟出新的前沿技术，如能快速测试化学反应，鉴别引发疾病的各种病毒，试验其对药物的灵敏性等。

英国利物浦大学的科学家成功地将纳米级的金粒子通过有机分子形成的细微导线与金电极相连，组装成了能承载电流的纳米电路，这种电路有望用于制造纳米计算机中的超大容量的存储元件。苏塞克斯大学的科学家开发出一系列新型纳米级空心管和实心线等新型亚微观结构材料，可用于制造纳米技术研究用的亚微观器件。

德国马克斯－玻恩研究所研制成功直径1纳米的碳纳米管，创造出世界薄壁纳米管的新纪录，此种纳米管可望用于未来电子工业制造电子部件或超薄导线，可使电子芯片集成度更高，体积更小；德国电子同步加速器研究中心的国际研究小组利用自由电子激光束，在世界上首次产生了波长只有109纳米的紫外激光，有望用于对原子结构进行深入分析。

日本科学家宣布极薄的金膜放入一超高真空的装置中，用电子束照射，把金原子一个个剥离，用金原子制成几种粗细不同的细管，最细的达到0.6纳米，此种金纳米管有望用作微电子电路材料。

中国在纳米材料研究中有不凡表现。吉林大学教授在有机纳米功能材料研究方面,成功地获得长度为20纳米以内的电活性有机分子和直径平均为16～50纳米的纤维、孔径为1～2纳米的刚性环状分子。这一成果被美藉华裔科学家危岩称为"在有机纳米功能材料方面的研究取得了非常新颖和重要的结果;诺贝尔奖金获得者麦克德尔米德盛赞"将我们领入真正的纳米纤维世界"。在纳米复合粉体应用技术方面,制出三防(防静电、眩光与辐射)效果好、成本低、适应性强的复合纳米粒子涂料,打破了国外纯平显像管三防纳米材料的垄断局面。

在其他新材料的研究方面,开发出一些实用性的新材料。英国爱丁堡大学开发出一种新型强力胶,可将金属汽车组件粘接起来,可用于汽车制造,并可大大降低生产成本。,德国不莱梅的PSP公司用废报纸和面粉制出泡沫纸包装材料,工艺简单,成本低廉,又可有效减少环境污染,应用前景广阔;德国一家农场用玉米开发出生物包装材料,可取代塑料包装,有益于环保。以色列工程技术学院的科学家开发出一种由光纤粘结而成,硬度为钢的10倍的具有独特电特性的新型复合材料3DPE,这种材料在高频通信电路板、人体植入关节以及防弹汽车的制造方面有广泛应用前景。

乌克兰基辅大学科学家研制出4 000瓦特的高压电磁装置,利用电磁场的作用,用电磁冲击法处理汽车废旧轮胎成功,使废旧轮胎的金属与橡胶分开并保持原有特性和功能,可再制轮胎。匈牙利科学家研究出将化工塑料垃圾转化为工业原料并可再利用的新技术,不但有利于环保,还可节约能源。

能源领域有新突破

开发新能源是各国的共同愿望,在太阳能、风能、潮汐发电等方面都有进展。日本学者的研究在几个领域都很有特色。日本三洋电机公司使用了等离子体化学气相生成法,在单晶硅基板上拼接非晶质硅薄膜,开发出的太阳光电池,光电转换效率达20.1%,比此前性能最好的电池高出3个百分点。日本长崎综合科学大学的教授与三菱重工的科研人员,发明了用植物生物材料制取甲醇燃料的新技术,该技术资源丰富,稻草、稻谷壳、作物茎叶、木材下脚料、甘蔗渣、杂草等均可作为原料,生产的甲醇作为燃料前景光明,不仅可防止温室效应,还将废物变成了新能源。日本通产省正在研制"燃料电池用的燃料煤气"新技术,从煤中剔除杂质,提取高纯度的氢,发电功率在1～10万千瓦的大型固体电解质燃料电池正处在试验研究阶段,到2005年可望实现实用化和商品化。日本东北大学科研人员研制实验太阳能、风能等天然能源为动力的空气动力汽车取得了成功。在节能方面,日本开发出新型节能微处理器,其能耗仅为1瓦,相当于美国同类产品20%的能耗。日本东芝公司推出太阳能电池电解质固化技术,使太阳能电池有望实现更简单的低成本生产。

苏格兰艾莱岛西部建起一座具有开创性的潮汐发电站并已向英国国家电网供电,这是潮汐发电首次得到商业应用,它的成功也是一次重要的突破。

美科学家研制出"百夫长"太阳能遥控飞艇,并已成功试飞,携带有效荷载与普通卫星相同,可作为远程通信太空卫星的取代品。美科学家还发现海藻产生的氢可作为汽车能源,一个小池塘中生长的海藻提供的燃料足够12辆汽车运行一周。宾夕法尼亚大学的科学家设计出以甲烷等碳氢化合物为燃料的新型电池,其成本大大低于以氢为燃料的燃料电池。

在风力发电方面,日本、欧美国家都在积极研制并重新制定能源政策,以便更好利用风能。为更合理地利用能源,法国将与其他地中海沿岸国家采用地中海地区盛产的各类常年生的有刺茎的菊科植物,积极发展植物发电,为电力工业提供廉价清洁的能源。

考古学及地球科学考察有新见解

对生命、人类起源及相关问题研究的新发现　关于陆地生命起源时间,研究人员对南非土壤研究结果揭示,陆地生命脱离海洋的时间要比早先认为的提前14亿年多。加拿大科学家对加北部陨石碎片研究后认为,这些碎片是迄今收到的最原始的太阳系物质,可能从化学角度揭示太阳系的起源乃至地球生命的来源是本身还是外来。法国和肯尼亚考古学家发现迄今最早的并已石化的人类祖先遗骸,其年代比以前发现的人类化石早150万年。美国考古队在土耳其北部黑海滨海城市沿海水下约100米处发现一座被泥沙淹埋的古人类遗址,遗址上有多座由木材和石头等材料建造的房屋,考古队专家断定曾有人在那里居住。一国际科学家小组研究结果表明,所有男性最近的祖先是一名生活距今5.9万年的非洲男子,证实了人类起源于非洲的学说。

日本考古学家在日北部挖掘出迄今发现的最古老的人类住所之一,大约在60万年前,比现在已知的最古老的人类住所遗迹早约10万年。美国和澳大利亚的两个独立的研究小组分别通过对果蝇和大马哈鱼的研究,发现物种进化速度比原先估计的要快,不同的生活环境对物种的进化可能会有影响。

对地球、地球气候的研究有新说法 美国科学家利用精确的重力计算方法,重新计算了地球重量,所得结果比原估测的要轻,应为5.972×10^{21}吨(原为5.978×10^{21}吨)。

为什么在含有丰富蛋白石沉积矿床的南极洋面上,很少产生硅藻类(外壳由蛋白石组成的浮游藻类)是困扰科学界50多年的难题,法国科学家解开了这个谜。实际上是原来低估了南极洋面硅藻类的产量,而又高估了蛋白石在海底的沉积量。此项研究对重新进行地球气候研究将产生重大影响。

全球气候变暖仍是科学家关注的课题,一国际科研小组分析了历史上的北美、芬兰、瑞士、俄罗斯、日本境内26个湖泊和河流每年结冰和融化记录,发现结冰时间晚了而融化时间早了,据此计算出地球平均气温上升了1.8℃。为全球变暖提供了新证据。

南极臭氧空洞是世界人民共同关心的问题,2000年9月,美国航天局的卫星在南极上空探测到迄今为止最大的臭氧洞,其面积达到美国领土的3倍。这个结果提醒世界各国必须爱护地球环境,减少有害气体的排放,才能保护人类的健康。到底什么原因造成大气臭氧层的破坏?最近俄国"北海之路"科考队经过历时近2个月的考察,科学家得出初步结论,认为北极永冻土是破坏大气臭氧层的元凶。这是由于北极永冻土带融化及遭海浪破坏,使其内部蕴藏3千万年的温室气体甲烷释放出来,进入了极地上空大气层,破坏了臭氧层。科学家希望世界人民对此要高度重视。

湖水、蓄水坝水质酸化是许多国家面临的严重问题。德国科学家发明了一种简便的加碱中和法,可迅速有效治理湖水酸化。此法已通过多次试验,结果显示这是一个生态环境保护的好方法。

天文学研究结硕果

随着观测设备功能和精度的不断提高,以及航天事业的发展,近几年每年在天文学观测与研究方面都有很丰硕的成果,2000年的主要成果分述如下:

太阳系的观测

地球　为庆祝世界地球日30周年,美国NASA科学家利用3个地球观测卫星收集的资料,合成了新的地球照片,旨在唤醒人们保护地球环境。

土星　加拿大、法国和美国天文学家发现了土星的另外4颗卫星,使土星卫星达到22个。成为卫星最多的行星。这一发现有助于了解45亿年前太阳系形成时的动态时期。

木星　美国天文学家发现木星可能有第17颗卫星,若得到确认,这将是人类迄今发现的太阳系中最小的卫星,直径才5公里;美国航天局一个多国科学家小组发现木星上巨型风暴相撞;美国《科学》杂志报道,美国伽利略号探测器发现的新证据,增强了木星的卫星木卫二表层下有液态水的推断。

火星　据英国《自然》杂志报道,圣选戈加利福尼亚大学科学家对12颗来自火星的陨石的研究表明,火星上又厚又干的含硫土壤可能是由火山活动生成的,而不是细菌的作用,火星上存在生命可能性不大。美国专家研究,环火星勘探者发回地球的数据显示,推测火星表面有水,尚须得到其他研究证实。这一发现对科学家是莫大的鼓舞,美、欧分别公布了火星探测计划,科学家们将要沿着水的痕迹继续在火星上找寻生命。

冥王星　法国巴黎天文台借助欧洲ISO红外线航天观测卫星测得:冥王星表面温度变化大约在零下210摄氏度至零下240摄氏度之间。2000年2月,美国航空航天局宣布,在太空运行4年的NEAR航天器成功地进入环绕小行星厄洛斯运行的轨道,开始为期一年的观测小行星的计划,将测量小行星厄洛斯的质量、密度、形状、磁场、引力场等,还将对小行星的表面特性、元素组成和矿物成分进行深入研究,获取的数据将加深对地球诞生的认识。

太阳系外观测 美国科学家利用安装在夏威夷的天文望远镜,在天文史上首次发现了太阳系外迄今观测到的最小的两颗行星，其大小和特性与土星相似。该发现表明，太空中还存在很多小行星，对寻找太阳系外有生命的行星有很重要的科学意义。

英国天文学家新发现10颗太阳系外行星，太阳系外已发现行星数达50多颗。有证据表明，有的恒星包含不只一颗行星，这些恒星系的存在大大增加了太阳系外生命存在的可能性。

美国科学家在《科学》杂志上报道，发现离地球约1 200光年的一恒星区内有18个行星状物体，这是迄今发现的最大的独立的、自由漂移的行星状物体群。这个发现非常重要，有可能改变行星形成的理论。

英国和美国科学家宣布，使用射电望远镜拍到了1 000光年外一颗恒星向外喷发气体的图像，这是迄今拍到的最精细的太阳系外恒星活动图像，有助于了解恒星衰亡及预测太阳的命运。

英国皇家天文学会宣布，天文学家在电磁波的亚毫米波段观测，推算出恒星诞生速度，有助于研究恒星形成过程。

据天文学家预测，以现在发现太阳系外行星的速度，到2010年可发现500颗系外行星。

新仪器、新发现、新理论

新研制的仪器 美国天文学家研制出一种观测能力极强的X射线望远镜，其观测能力是目前天文观测卫星的100万倍。为探索宇宙起源的奥秘，美国和墨西哥正在联合修建50米高的大型射电天文望远镜，预计2001年完工。

新发现 美国戈达德航天飞行中心通过分析研究康普顿伽马射线探测器所得数据，发现宇宙伽马射线来源，其中一半与银河系内神秘天体有关；哈勃望远镜发现一个距地球260亿光年的超远天体，对现有解释宇宙的理论提出挑战；哈勃望远镜发现天文学家一直在寻找的宇宙大爆炸中产生的氢位于星系间的黑暗空间中；美国天文学家已经找到使日冕温度比太阳的可见表层高出1 000倍的神秘热源的位置，这个发现有助于解开日冕温度之谜；美国科学家在M82星系里发现一个质量相当于500个太阳的中等质量的黑洞，弥补了中等质量黑洞一直是“缺失的一环”。

新理论 2000年以色列科学家在《自然》杂志公布了他们对宇宙伽马射线成因提出的新的理论模型，与大爆炸粒子理论相符，有望用于解开长期困扰天体物理学家的“物质丢失”之谜。

空间科学领域的壮举

2000年航空航天领域发生了两件大事：其一是围绕着俄国和平号的去留问题所做的一系列工作；其二是国际空间站建造进入实质阶段。

俄和平站在人类航天史上被誉为“人造天宫”，它于1986年升空，是苏联时期发射的第三代载人空间站。由主体舱、过渡舱和公务舱组成，有六个对接口，其中两个主对接口位于轴线两端，用来与载人飞船和货物飞船对接。其原设计使用寿命5年，到2000年已飞行了14年。在1997年发生的一次空中撞车事故使和平站遭重创出现裂缝。到1999年8月28日，和平站因资金问题被迫进入无人驾驶飞行状态；2000年2月，“进步M1－1”货物飞船给和平号送去必要的燃料、空气和水等物品，为恢复载人飞行做好准备。4月4日俄第28长期宇航考察组乘“联盟TM－30”载人飞船顺利升空，两天后两位宇航员顺利进入和平站，恢复了载人飞行。4月28日，“进步M1－2”号飞船又与和平站顺利对接，送去宇航员必须物品，两名宇航员圆满完成和平站的维修和科学考察任务后，于6月16日安全返回地面，和平站再次进入无人驾驶状态飞行。后来，为制止和平站失控坠落，俄发射“进步M－43”飞船进行抢修。“进步M－43”带去的储备燃料留做沉降和平号时使用。

对和平站的去留问题，俄、美两国意见分歧很大，俄航天界为和平站为人类所做出的贡献倍感骄傲和自豪，要竭力支撑它飞下去。而俄国又承担国际空间站合作项目的曙光号多功能主体舱和公务舱的任务，随着阿尔法国际空间站组建日期的日益逼近，因资金不到位问题，上述两舱的建造出现问题。因此，美国敦促俄考虑和平站退役问题。

国际空间站计划由美、加拿大、日、俄等16个国家参加。最终建成时其长度将达到100米，重量达470吨，由36个组件构成，设计寿命为15年，可容纳15人同时在上面工作。主体舱曙光号及其后将要陆续发射的共9个舱由俄罗斯建造。在2000年初，西方媒体就对俄建造的曙光号主体舱出现的空气外泄和噪音问题进行了报道，俄方对此极为反感，为实现国际空间站载人飞行，俄从1999年7月2日开始进行地面模拟航天飞行实验，并于2000年4月14日完成半年多的地模训练。5月21日美国发射的阿特兰蒂斯号航天飞机与国际空间站顺利对接，宇航员完成太空行走和空间站外部设施检修任务后，进入空间站内部进行设备维修。7月12日，俄罗斯制造的星辰号太空舱发射成功，它载有使全体宇航员在空间站生活和工作数月的起居设施和飞行控制设备，以保证其后到2005年前每年美国航天飞机68次的太空飞行。7月26日“星辰”号与立体舱“曙光”号顺利对接，国际空间站建造进入实质性阶段。9月10日，美国航天飞机亚特兰蒂斯号与空间站顺利对接，美、俄各1名宇航员太空行走6小时，为空间站迎接第一批宇航员进驻安装电缆、导航设备并拆除有故障的设备。随后航天飞机上7名宇航员进入空间站内部进行了为期5天的设备安装工作。10月11日，美国发现号航天飞机载着一名日本宇航员和一名美国宇航员抵达空间站，再次为空间站首批常驻人员做准备。10月30日，俄国联盟号TM宇宙飞船载着空间站第一批长驻3名宇航员升空，于11月2日与空间站对接成功，顺利进入空间站，3名宇航员的主要任务是启动国际空间站设备，并使其进入正常工作状态。

国际空间站被誉为人类最伟大的工程学壮举之一，成为夜空中最亮的物体，同时也是唯一一个可以用肉眼看到的人造天体。第一个长期科学考察组进驻空间站，将预示着人类探索太空的历史又进入了一个新纪元。

除了人们密切关注的和平站和国际空间站的活动之外，2000年航天事业还有些重要事件：首先是航天事业与人类活动的结合，如2月份，加拿大发射载有专用仪表的火箭，拍摄到了精细的北极光内部能流图，其目的是对磁暴对电力线和输油管线可能造成的破坏时间作出预测；又如欧空局发射星团2号卫星，用于监测地球磁层和太阳表面活动。7月份，俄罗斯和乌克兰联合制造的运载火箭“天顶——3SL”从太平洋海上发射平台将美国通讯卫星PAS——9送入轨道，完成国际海上发射平台第二次商业发射。俄国火箭成功地发射德国科学卫星，表明德国在卫星研制领域进入世界领先行列。美国国家航空航天局的科学家研制出一种类似于人手的机器手，将把它安装在美国最新一代的航天器上，替代宇航员们在恶劣的太空环境中工作。

中国谱写世界科技新篇章

2000年，中国科技成果捷报频传，除前面文中谈到的成果外，其他重要成果简列如下：

在生物领域，特别是农作物方面，首屈一指的是中国超级稻研究获重大突破，处世界领先地位。中国超级稻研究专家袁隆平院士认为，中国超级稻研究走在世界前列，主要得益于正确的技术路线：一是形态改良；二是杂交优势利用，如品种间杂交(三系法)、亚种间杂交(两系法)和远缘杂交(一系法)。利用育种技术，包括基因工程在内的分子育种技术，落实到形态改良和杂种优势上，采用一条亚种间杂交与形态改良相结合的技术路线，收到最佳效果。在转基因三系杂交棉研究方面，在世界上首次成功育成了一个对不育系有强恢复力的恢复系“浙大强恢”，并初步筛选出“浙杂166”，标志着中国在转基因“三系”杂交棉研究方面首次获重大突破。在植物抗逆化学诱导研究方面也获重大突破。张军博士研究的“移栽灵”是用植物本身的抗体去抵御病虫害和环境灾害，该法已累计推广2000万亩，增产粮食8.4亿斤。

在生物医学研究方面成绩也极为突出。首先在干细胞研究方面获重大成果，利用原位干细胞实现人类皮肤再生修复，使人类细胞组织工程研究进入崭新阶段。这一里程碑式的成果使人类利用干细胞培殖组织器官的研究实现了由体外移植向原位培养的大步跨越。

中国功能基因组学专家从造血干细胞/祖细胞中克隆了300条新基因的全长cDNA，并综合运用基因芯片技术进行表达谱分析，运用生物信息学进行结构功能预测，并就生物进化中的保守性及其意义进行了深入分析。这项成果标志着中国功能基因组学研究进入国际先进行列。

中国湖南科学家应用细胞工程与有性杂交相结合的综合技术，成功培育了世界首例遗传性状稳定并能自然繁殖的开源四倍体鲫、鲤鱼，标志着中国在鱼类多倍体育种的理论和应用方面均取得创造性的突破，并居国际领先水平。

生物芯片技术是生命科学领域的一项革命性新技术，也是各国科学家竞相研究的一个重要课题，在国际上已研制出被动式生物芯片、电场式主动生物芯片的情况下，中国科学家另辟蹊经，在世界上独创性地利用电磁方法，研制出具有自主知识产权的电磁式生物芯片，在这一领域走在了国际前列。

在基础科学方面，中国地质科学院的专家经过多年研究和数次实验改写了硫原子量（由 32.066 改为 32.065），该成果已被国际原子量和同位素丰度委员会认可。

在超导研究方面，北京有色金属研究总院研制成功第一根百米长高温超导带材，表明中国超导材料研究开始从实验室研究迈向应用阶段，达到国际先进水平。

9月1日，中国自行研制的“长征四号乙”型运载火箭在太原卫星发射中心点火升空，成功地将“中国资源二号”卫星送入预定轨道。这次成功发射标志着中国航天遥感技术又上了一个新的台阶。

6月25日，在中国西昌卫星发射中心，用长征三号运载火箭成功发射了“风云二号”气象卫星，该卫星发射成功将加速中国气象现代化的进程，对中长期天气和自然灾害预报、生态环境监测，具有十分重要的作用。

中国科大极地研究小组通过对南极湖泥样本的研究，独创一种新奇的生物地球化学方法“企鹅考古”法。英国《自然》杂志在首次发表中国极地研究成果时，认为，这种研究将来很可能形成某种研究活动的方向。

物理的挑战

李政道

我一生是从事物理的研究，我觉得生命的活力，就是来自“物理的挑战”。今天有机会在这儿跟大家讲，也使我想起我的启蒙老师。一位是大学一年级时在浙大的教授，另一位是大学二年级时在西南联大的教授。今天的报告，也是我向他们两位教授的敬礼。1946 年，我从中国到美国入芝加哥大学物理系的研究院，我的博士论文的导师，是费米教授。费米教授跟爱因斯坦，他们跟 20 世纪科学的发展是分不开的。费米教授是 1901 年出生的，今年是费米教授诞生 100 周年。我想值得我们纪念。

费米教授在 1938 年 12 月得诺贝尔奖，因为意大利法西斯的统治，使他得了奖之后就移居美国。他把一个东西打到铀里面去，铀比较重一点，他从那个反应里面得出来一个规律。

费米是 1939 年 1 月 2 日到美国的。到美国三个星期以后，他做了第一个核裂变的实验。1939 年 8 月 20 日，这一天才开始把它叫做曼哈顿工程，就是核反应堆，后来叫做原子弹的。

三年以后，在 1942 年 12 月 2 日，费米带领着队伍在芝加哥完成了人类的第一个核反应堆。费米到美国的时候，美国没参加世界大战。可是，在费米做出实验的时候，意大利跟美国已经是敌对的地位了。费米在美国是敌对外国人，虽然很重要的研究是他在带队的。我们想到那个时候情况是很紧张的，因为第一个发现核裂变的可能是德国人，1939 年 8 月 2 日，已经揭开了核裂变的可能性非常大。看爱因斯坦信上当时怎能么说：1939 年 8 月 2 日，德国已经停止出售捷克斯洛伐克的铀。所以德国也在核反应堆和核武器方面做研究。就在 1942 年初，作为量子力学的创始人，哈斯姆斯专门到丹麦去拜访波尔教授，探听美国是否做成。作为敌对外国人，费米重起了一个名字叫农夫，他已经做成了，但不能直接告诉罗斯福总统，是由芝加哥大学一个叫康普顿的教授转告的，他也得了诺贝尔奖金。当天，12 月 2 日，第一次核反应堆实验成功以后，康普顿立刻就打了电话，这话也是事先准备好的，他说：意大利航海家发现了新世界。罗斯福就说本地人的反应如何，康普顿回答非常的友善。因为他如果说费米的话，德国就知道，美国在做反应堆和核武器，德国知道美国能做成了，它也会做成的，所以这个是非常保密的。

假如这个消息罗斯福总统不知道，很可能第二次世界大战的结果跟现在不一样。

火的应用和发现，开始了人类的文化。火的来源是太阳，它本身是一个很大很大的氢核反应堆。1942年12月2日，费米带领着科学家队伍第一次展示了人类可以控制的核能，不是通过太阳。有反应堆以前，我们所有能量的来源，直接的间接的从太阳处来。这是第一次人类可以不通过太阳储存能量，所以这是有历史性的重要性的。我相信这个核反应堆对将来人的影响，是可以和火相比的。火的危险，火的能量，需要人类控制，同样的，核的能量也需要人类控制。科学的发展跟社会文化的进步是分不开的。爱因斯坦和费米是20世纪两位杰出的科学家。可是20世纪的所有的科学贡献除了他们之外还有很多人。我想跟各位谈一下，20世纪的物理，人才的培养，讲一下中国古代的物理，对称与不对称，然后从过去再展望到将来。

20世纪的物理

19世纪末20世纪初物理学的两大谜

1. Michelson－Morley实验(1887)

——狭义相对论(1905)

2. Planck方程式(1900)

——量子力学(1925)

19世纪末20世初，物理学有两个大的改变。

一个重要的是在19世纪，1887年，美国的两位科学家迈克逊和莫雷，他们做了一个实验。他们那个实验就是量光的速度，顺着地球走有多快，背着地球走有多快。简单的想，当然顺着地球走快，背着地球走的速度就慢一些。他们的实验结果表明两者完全一样。这个实验当时觉得有点稀奇，但又觉得跟我们的生活没什么关系。

在1900年，汤姆，德国的理论物理学家，想出了一个普朗克方程式。我们知道不论什么东西它都会发光，温度不固定。光的颜色是不完全一样的。就是温度固定，能量也分布的不一样。怎么分布呢？这是经典物理不能解决的。普朗克就大胆地做了个光量子假设，这是1900年。光的能量是怎么按温度分布的。1905年，爱因斯坦根据迈克逊—莫雷实验产生了狭义相对论；因为有了普朗克方程式的量子假设，到1925年就产生了量子力学。

从那时，狭义相对论和量子力学诞生了。而原子结构，分子物理，核能，半导体，超导体，超计算机，几乎20世纪绝大部分的科技文明，都是从狭义相对论、量子力学来的，都是从研究光和地球转动之间的关系、地球热的发光能力而来的。没有狭义相对论量子力学，就没有这些东西。

19世纪的人很难想象，我们现在用的激光、半导体、超导体、超计算机。但没有这些基础科学，也不会有20世纪这样的科技成果。

同样我们要了解，现在的物理学、现在的21世纪将会发生什么？现在和将来的发展也可能也许是上个世纪的人类想不出来的。为什么这些看起来跟我们没有太大关系的发现，会对我们的生活产生这么大的影响呢？这样的研究叫基础研究，这样的发展叫科技应用，然后是市场的开发。基础跟开发的关系，是水跟鱼，鱼跟鱼市场的关系。没有水，就没有鱼，也就没有鱼的市场。没有基础科学，就没有人类的应用科学，也就没有相应的开发研究，这个规律不会变。

怎样才能产生划时代的基础科学成果，爱因斯坦和费米是两位大师。让我们看他们及其他杰出科学家在什么年代、什么年纪做了什么事情。

1905年，爱因斯坦提出狭义相对论时，才25岁。1912年，玻尔从量子解释的普朗克公式，变成量子论，那时候，他才27岁。1925年到1926年，量子力学、量子统计学发展，薛定鄂37岁，海森堡24岁，费米25岁，泡利25岁。1927年，狄拉克25岁，完成了相对论性量子力学。1935年汤川秀树28岁创立了介子理论，建立了核力基础理论，1946年，费米做成了第一个核反应堆。

第二次世界大战以后，新一代的年轻科学家向量子电动力学挑战。1945年许温格费曼29岁，朝永振一郎39岁，完成了电动力学的理论基础。一代新人才，一片新开始。

人才的培养

如何培养人才

认识方向、制造环境、紧抓时间和机遇，需要上一

代科学家和政府政策的支持

新人才是必要条件,并不是青年人就是人才。我想归纳一下科学成功的必要条件,不光是青年,还有怎么培养人才,怎么认清方向,怎么制造环境,怎么抓紧时间。

不能只依靠课堂教育,不能只依靠高科技的教育工具,现在这个世界是信息世界、情报世界,靠很多的计算机、网络就可以。高科技的工具可以很快地传达信息,可是信息并不是理解。这点很重要。你的仪器很新,信息都有了,一点就出来了,可理解它有个过程,这个过程就是怎么样培养。创新的科学人才,需要很好的导师,需要很密切的老师跟学生共同研究的过程。基础科学很深的研究方法是一对一的,不能就买个机器,不能就看个屏幕。他们是人跟人,一天两天,一星期两星期,一年两年累计起来。我在这里讲一下我自己的经历。

上个世纪40年代,我还是研究生,费米那个时候在研究电子和中子,他的学生是非常非常少的,那时就我一个。他每个星期要花半天儿的时间跟我讨论,是一对一的在讲,在讨论。他第一要训练让学生对一切物理问题都要自己独立思考,找到答案。这就是他的训练方法。那时,我在研究粒子问题。费米每半天的讨论,就问问题,让我回答。他有一天问起我太阳中心的温度,我说大概是1 000万度绝对温度。他说你怎么知道的,我说从文献上看来的。他说,你自己有没有演算过,我说没有,因为这个计算比较复杂,文献讲他们算出是1 000万度,我觉得很合理。他说不行,你一定要通过自己的思考和估计,才能接受别人的结论。

为了做成这个演算,要根据两个公式,但过程非常复杂。费米就说,我们要想一个办法,做一个大的计算尺。

一个小时运作以后,就很简单地算出太阳的温度差不多是1 000万度。费米请我做这个,合作全世界唯一的专门的大计算尺,花了两天。他自己在做的实验跟这个工作一点没有关系,是在做电子和中子很重要的实验;我自己也不是研究这个。他要达到这个目的:你不能接受别人的计算结果,而且你必须想新的方法。他给我脚踏实地、克服困难的办法,也启发了我对研究解决问题的兴趣。这使我一生受益非常深,后来我自己带学生也是这样,也是每星期花半天儿跟他们聊,跟他们讨论,什么问题都可以讨论。培养创新的科学人才,必须要有好的导师跟密切的师生共同研究过程,这个省不了,不能用网络、程序代替的。人是人,还是跟学徒、老师这个关系,是需要一年,两年,那么这个人就可以一生独立思考。所以我想讲一下,如何培育人才。

光培养人才还是不够的,还要认识方向,制造研究的环境,抓紧时间跟机遇,这是需要上一代的科学家跟政府政策的支持。我很简单地讲了,20世纪的科学猛进,是因为把基础科学的重要性抓住,同时他们也在贝尔研究室,在丹麦玻尔研究室,在芝加哥大学普林斯顿大学研究所就这样一对一训练出来。所以这一大批科学家实际上都有一定的规律,而且有认识方向、制造环境、紧抓时间跟机遇的能力,这也很重要。

中国古代的物理

我们知道科技在中国古代很发达,物理的记录也相当早。公元758年,杜甫曾写道:“细推物理须行乐,何用浮名绊此身。”我们来看:细,什么细,仔细观察;什么推,精密推理。“细”讲怎么做实验,“推”讲怎么做理论,怎么研究科学、实验跟理论。“须行乐”,人要高兴。“何用浮名绊此身”,不要想能不能得诺贝尔奖,你做物理,不要想得奖,你必须本身要有一种乐趣。你成绩好,可能你能得到很多。我们中国古代,科学跟艺术是很联合的,要不杜甫怎么了解物理呢?

太阳是一个庞大的氢的核反应堆。瞬间在周边发生爆炸的星,我们叫新星。它亮度比太阳要大几万倍。

如果太阳到最后氢都烧完了,太阳会面临死亡。死亡到一个阶段会发生爆发,产生相当大的亮度,那叫超新星,亮度一下子比太阳亮100万倍。新星的寿命一般一个星期两个星期,超新星的寿命差不多两年。全世界最早关于新星的记录是商朝,这是在一篇甲骨文中记录的。这个甲骨文存在台湾中央研究院,记录了公元前1 300年,就是3 000多年前的一个新的大星。也是全世界最早第一个完备记录,是在3 000年以前。

超新星,全世界最早的记录也是中国,是在北宋的宋仁宗期间,即1054年8月27日发现的。它的记录一直记到1056年7月。这是到目前为止全世界对超新星最长时间的记录,差不多记录了两年内它的变化,记录了它的寿命。所以新星跟超新星的最早最完整记录,都是我们老祖宗做的。

我们老祖宗一向尊崇天圆地圆,黄道赤道。我们知道公元前5世纪,应该是2 500年,屈原有17个文卷现在留下来了,里面有一卷是天文,天文里边他说天是圆的,地也是圆的。我想解释一下屈原的说法,他说“九天之际,安放安属,其修孰多,谁知其数”。我解释一下,这个九天是坐标,九天就是昊天、阳天、赤天、朱天、成天、幽天、玄天、鸾天、钧天,它的坐标就是天,是圆的。屈原是大诗人,想象力丰富;天是圆的,地假如是平的话,就会相交,相交显然不合理;既然天是圆的,地一定也是圆的;所以中国是黄道、赤道,是两个转儿。

它底下再问:天地都是圆的,还是椭圆的?他说“南北顺椭,其衍几何”。他说东西是经度,南北是纬度,他这样,一下子变成这样的圆了,这样子长一点,还是纬度这边长一点儿。我们赤道是6 378公里,南北是6 356公里,相差22公里,所以屈原没有求出来。不过你想,这个充分解释的能力跟天圆地圆有关联,这在公元前5世纪,真是了不起,同时屈原文章也写得好。

《周礼》说,以苍璧礼天,以黄琮礼地。为什么以苍璧礼天呢,为什么以黄琮礼地呢。这一直从周,从殷商开始,商周一直是这样。

璧,它的外面是圆的,中间有洞,这个洞影响了中国的钱,一直所有的钱都是洞,到民国才学外国把这个洞没有了,这个定型就是璧定出来的,它是代表天。

琮是更奇怪了,琮外面是方的,高是47厘米,也不太高,中间也是一个洞穿过去。那么方的一个一个是为什么?这是代表天,这是代表地。

另外还有一个叫璇玑,璇玑的造型很像璧。璇,美玉也;玑为转远,径八尺,圆周二丈五尺强。玉者,天文之器。

我们想象,我们老祖宗在商朝以前,晚上天儿好的话,能看见天上的星,要是用照相机对着天,放三个小时左右,你就会发现每颗恒星和行星,都要转两圈,都沿着一个圆在走,有一点是不动的,就是地球的轴。我们老祖宗那时候看天比较方便,没有污染,所以比较清楚一点。

北斗,是紫薇星座的中间,旁边有三颗星,北斗星座。这个想法是对的,就表示说在公元前2 700年,我们老祖宗已经有天文仪器把星定位到点上,而且这颗星的名字就是紫薇星座的幕府,有三颗星摇光、北斗、上浮。紫薇星座跟我们自古以来,跟帝王非常有关系。我们老祖宗在差不多5 000年以前天文已经非常发达,星座位置计算可以非常精确。为什么其他国家如埃及、希腊的古老文化都没有了。现代的埃及人人形就跟当初埃及古代文化人形不一样,现在在希腊住的人就跟希腊雕像的脸型就不一样,古代文化都没有了。

我们很骄傲地说,我们炎黄文化一直传到了现在,为什么黄土文化能够不断创新、富有生命。我觉得很可能黄土文化跟其他文化不同的地方,它是发展在黄土高原而不在沿海,这很重要。其它古代文化都在沿海发展,埃及文化为什么在沿海发展,因为尼罗河每年泛滥,给了他一个季节的掌握,所以他才能耕种。我们在5 000年前已经有很好的天文仪器了,而仪器做起来不太复杂,一下子可以传出去。我们中原文化的发展,农作物也好,有精密的天文仪器定位,广泛应用,操作农耕,炎黄文化是科学为主,无宗教控制,科学早就发达了,所以能够延伸到现在继续发展。

现在基本上是科学为主,民主为本的,有一个代表是大汶口,日月山石雕。公元前3 500年,上面是太阳、月亮,这是山。这是5 500年以前的,它整个造型把日月跟山,自然与人整个连接起来,这是中国炎黄文化的,因为它把自然跟人连接起来了,所以能够延长发扬到现在技术的生命。这个是从古至今都是一样的。

当然,中国的古代文化是极为悠久的,可近代科学是在西方萌芽的,为什么?我想其中一个道理,很可能是没有太注意基础科学。

对称与不对称

在近代基础科学里面,有很重要的一个观念,是对称不对称,它跟我们生活有什么关系?我认为它跟我们21世纪的发展有着极为密切的作用。

1974年5月3日,我们住北京饭店,早晨六点钟电话响了,我很惊讶,有人说毛主席要在一个小时之内接见我。我就赶快准备,到中南海里面去。更惊讶的是我一见到毛主席,他第一句就问为什么对称重要。没想到他会问这个问题,我愣住了。他说对称是平衡,平衡是静止的。他的一生最重要的是动,不是静止的。他不感觉自然界跟人类有太大的区别,人类的重要性是动,自然界也是动的,静止、对称有什么重要性?我想,这怎么解释呢?毛主席有一个本子,我拿了一个本子,然后拿了一支笔,把笔放本上,使本子向毛主席那边斜,本子一动笔就掉下来,他弄了三次。最后我说:毛主席,我看你刚才这个动作,没有一个是静止的,可是对称的,对称的翻译是平衡,但对称是用在静止对动,是整个宇宙的规律,有极重要性。毛主席觉得挺有道理。谈完以后,毛主席最后说,他很可惜,在年轻的时候有其他事情,为科学花的时间不多,不过他念过四本汤普森写的《科学大纲》,那里面化学、物理、天文都有。

过了几年,我跟夫人回美国去。在上飞机前,他们说有个包是毛主席送的,我就打开了,是四本英文的《科学大纲》。所以对称是重要的。对称是静止,和动都是重要的。有多少种对称?有17种,这个问题是在1924年,由帕迪埃把它证明的。

世界上最全的是西班牙的阿尔汉布拉宫,那里面所有的PC17种早就有了。所以就是说有些数学的定理虽然证明比较难,但是做的时候,做这个窗框的人,建造王宫的人,他们了解,他们是实验过的,结果也是都达到的。

另外,还有一个非常重要的对称是标度对称。现在所有的地图,气候水利的分类,都和它有密切的关系。这最早是巴斯汤姆发现的。螺丝的半径,跟它旋转的角度有很密切的关系。它旋转的角度(假如你用对数来做,这是支撑的角度,这是对数半径的对数),是很准很准的直线。你知道它一部分的样子,你就会可以推断它全部的样子。这种对称叫标度对称。像飓风,这个能量分布是波长的3的5次方,也是标度对称的:长的波多,它能量大;短的波少,它能量小。近代的物理有三个比较重要的对称:一个是左右对称,就是守恒;一个是正反粒子对称,正粒子变成反粒子;一个是时间反射,过去与将来的对称。这三个是跟自然界、整个宇宙的演变有着极为密切的关系,跟我们的存在有极为密切的关系。

大家都知道,左和右当然不一样,可左、右是不是一样,这句话是什么意思。你看左右不一样,它的字现在就不一样,“左”是这样写的,“右”是这样写的。在几年以前,我去西安博物馆,看到竹简文,它的右不是像我们现在这样写的,他是左反过来为“式”。我看完了很有启发,就写了诗句:“汉代式系镜中左,近日反而写为右,左右两字不对称,宇称守恒也不准。”

左右不一样,其他的也不一样,这个很重要,所以左右不对称,(而且我们可以算出来哪儿不一样)。不光是左右不一样,正粒子跟反粒子也是不对称的。第三个是时间,将来跟过去的样子。最重要的实验是1964年做的,他们实验结果电子的电荷是负的。后来我们发现并不是这样,正、负和左、右有绝对意义。正电子与电子,它们也是不对称的,这个是非常重要的实验。

在宇宙里面的90%的物质,不是我们通常含义下的物质。我们宇宙里有类星体,它瞬间释放的能量,远远超过了太阳释放的能。这些都是与宇宙的发展有关系的。这些都是跟P不对称,C不对称,CP不对称,跟T不对称,而跟CPT有着密切关系。什么样的关系,我们现在还不了解,这是现在研究的一个很大的课题。有三个基本的对称理论是很重要的。一个叫P,就是宇称,是左右。一个叫C,就是把正离子变成反离子,它不对称,不对称意思也是一样的。

一个叫T,把时间颠倒,将来跟过去联系,当然不一样了。可能假如你把左变右,右变左,正粒子变成反粒子,将来变成过去,过去变成将来,其一致的准确是相当惊人的。我们先要介绍一个观念,就是我们的年纪越来越大了,可是时间不能倒退了,这个并不表示时间倒退是不对称的。我再重复,时间倒退可能是很对称的,可是我们的年纪会一年一年大下去的,这个道理是一定的。

所以我们应该集中的,把整个的宇宙从它的开始到现在,它的发展到未来跟过去,左右,正负、正粒子,反粒子都是混在一块讨论的。

举个例子,我手里这个图,每个圆圈是一个飞机场,北京飞机场,我是假定承德在这里,这是莫斯科飞机场,香港飞机场,东京飞机场。这个箭头是航班,从北京到莫斯科有一个航班,莫斯科到北京也有一个航班,北京到东京一个航班,东京到北京也有一个航班。东京到香港有一个航班,香港到东京也有一个航班。承德是我们假设的一个飞机场,它只有航班到北京,要么飞北京,可以由北京回来。所以假如有一个旅客,他从承德开始,他飞到北京去。到北京玩了几天,上了北京机场,飞到东京。到了东京,又过了几天,飞到纽约,然后飞到巴黎,由巴黎飞回纽约,纽约飞回东京,东京到北京,北京回到承德,飞机是这样回来的。我要假定飞机的对称,跟微观的可逆性是有联系的,宏观是人,它是在旅行的。所以这个就是飞机可逆,从承德到北京有一班,从北京到承德有一班,北京到香港有一班,香港到北京有一班。香港到东京有一班,宏观一个人走,可以走过去,也可以走回来。

假如后来航班还是固定的,可是什么时候飞,哪个能去,这些信息不告诉任何的乘客。那么我就想象他会怎样,看下一个图,它没有符号,但是我们知道这是北京的飞机场,这是承德,这是东京,这个是香港。可是航班还是在这里,北京到东京有一班,东京到北京有一班,北京到香港有一班,香港到北京有一班。但是踏上承德飞机场就可以去北京了,再到北京玩几天,再到北京飞机场,看到飞机起飞,可没人告诉他往哪儿去,他愿意去东京,可能就到纽约去了,再到纽约玩几天,再到香港,他可能一坐坐到巴黎玩几天,宏观他能够回到承德的可能性就非常少,假如说航班还维持,没有机场没有信息,宏观就很难回来。我们的一生有10的29次方、30次方的原子、分子在里面,完全没有标记。虽然在微观可能是可逆的,可是在宏观里面就不可逆,所以我们的年纪在长大,我们年纪长大并不表示我们微观分子原子核子粒子的作用是不可逆的。这个是很重要的一个事情。微观的可逆性就是与CP对称性联系。CP破坏表明时间反演的不对称性。

在宇宙开始大爆炸的时候,CP是对称的。但我们现在宇宙是不对称的;我们的宇宙几乎、绝大部分是正物质核子跟电子等做成的,所以我们的宇宙是不对称的,把粒子变成反粒子是不对称的,把左和右也是不对称的,这就是我们为什么存在的必要条件。

假如我放开风筝的绳子,它必然会随着风飘去,一走一夜,当我找出它,无论在哪里,我就会知道,风已经到过那个地方,然后我就可以告诉别人,风去了哪里,可是风从何处来,还是没有人知道。如果时间反映是对的,也许有人会知道,可是这个命题是错的,可能永远没人知道。然后我就讲以下几点,过去与将来,一直到现在。

从过去展望将来

我们整个自然界有很复杂的概念,它是由一组基础原理操纵的,我们的工作,像我从事物理,就要找这个总机关,我把这总机关找着了,其它就跟着走。这个规律对宇宙重要。我们粗看觉得跟我们没关系,那是因为你没掌握住,但你掌握住了,一切跟着走,这是20世纪文化发明的秘诀,就是基础。这个规律是整个宇宙都照这样做,显然有重要性。

20世纪的物理发展是简化归纳。什么叫简化归纳,我们是大的,是由小的做的。我把最小的找着,我们就了解了最大的,所以这个很简单。这个方向在19世纪以后,汤姆逊发现电子,罗斯福发现核子,这个里面是一个大发展。一直到现在我们有很精密的仪器——科学设备,有精密的理论——相对、量子力学,这就是创造了整个20世纪物理发展,就是越小越好,大的由小的做的,你把小的找着了,就整个解决了。

在20世纪中叶已经讲生物,生物是宏观的,克里克是念物理的,他说我们要把生物也同样做,结果他就发现DNA或者就是基因,也就是越小越好,就是现在的生物大成功,也是简化归纳。可是这个方向在21世纪,是另外一个方向。20世纪的,可以说一个经典的方向,不过这个方向非常成功。科学研究要知道一点,他跟浪头一样,一个浪一个浪出去,你不能看人家浪在哪最高,然后你跑过去,跟着人家是另外一个浪头过去了。

这是20世纪,可能20世纪很成功,建立相对论跟量子力学,紧跟着就是20世纪科技文化,原子构造,核能,激光、半导体、超导体,超计算机,然后我们找到所有的核子,介子,它实际上我们知道的物质只有12种基本粒子构成,这12种叫夸克和轻子两种。每个6样,夸克分上、下、奇、桀、顶、底,核子也是它做的,中子也是它做的,铀也是它做的,碳也是,这6个是基本。还有6个轻子:电子、μ介子、τ介子、电子中微子、μ中微子、τ中微子,这个时候就组成所有我们了解的粒子,这在20世纪是一个极大极大的贡献。

我认为21世纪有4个大问题,这4个大问题是什么?4个大问题是我们这个三大作用理论的对称问题。刚才讲了很多不对称,理论对称,可是实验结果不对称，显然这个回答可以很简单，把理论物理学都赶掉就完了。显然不这样做不合理。理论对称实验不对称，有密切关系，这是大问题。90%以上的宇宙物质，不是我们的物质，而是不能“发光”的暗物质。在宇宙中我们是少数。现在至少有100万多个，每一个新星的能量，是太阳能量的10的15次方到16次方，一个太阳能量核能跟每个行星差几万倍到10万倍左右。10的15次方，远远超过了太阳能，不是我们知道的能量。

为什么理论对称，实验不对称，为什么一般基本粒子我们单独看不见，为什么绝大部分物质是暗物质，这个我只能告诉诸位，现在还没解出来。

理论对称实验不对称的，它就跟宇宙的开始大爆炸是对称，我们现在宇宙不对称有密切关系，这是第一。基本粒子一般看不见的道理，是我们真空在变，真空把夸克禁闭起来，所以我们要改造真空。暗物质怎么来，我们不知道，我们知道在宇宙大爆炸刚开始时，我们好像很了解它，我们通过重离子对撞制造近宇宙开始大爆炸的情况，看到底什么出来，也看看到底类星体怎么出来。我们基本的方法，就是说在实验室要制造宇宙大爆炸很近的情况，然后看它怎么发展。我先讲一下，对称跟不对称的关系，夸克为什么看不见，基本粒子看不见，然后讲暗物质证明什么，然后类星体的证明是什么，然后再讲我们有什么方法。这是21世纪的发展。我觉得很可能跟20世纪同样有很大的发展，怎么发展？我不知道。我觉得做这个研究很有意思。

现在就开始讲对称跟不对称，为什么要相信对称？我们生活的世界充满着不对称。这个道理我觉得是最高的对称性就是最多的不对称可能性。这是第一。我现在举个例子，叫弯曲，怎么弯曲？一根杆子，假如加力在上面，就缩下去，可是力加得突然很快，它就弯了。这个问题早在200多年前就解了，是奥勒解的。他说F等于力，假如F大于一个值的时候，转动惯性与杆的长度有关系的公式，它就弯了。我们不必要证明奥勒的定理，我们看一下，你把这个杆子拿来，只要你看到前面，它前面可能是圆的，也可能是长方的，圆的非常对称，各个方向都一样，长方形它只有两个方向，没有对称性。我们当初宇宙开始大爆炸时绝对对称。因为它绝对对称，所以我们现在说它很不对称。这是第一点。

原子理论是具有最高的对称性的，最高对称性，它比不对称可能性有很多，最高的对称性跟最多的不对称可能性是相联的，长方形没有这么多大的对称性，它的不对称性有两个方向，对称跟不对称在他的应用时表达出来。第二，假如说我们开始绝对对称，现在不对称，怎么能知道本来的情况是对称？这个就比较困难，本来是对称，圆节点，现在不对称，你怎么知道，你切一刀，你怎么切，你怎么能推出来。他是这样的，假如说原来是圆的，它可以这样弯，也可以这样弯，弯度一样的，能量是一样的，是对称的，所以这个位置扳道性是动力点，不需要有什么激发能量，它能动，接受这个观点比较因难一点，这就是我们介绍的周期。

这是一个很重要的观念。通过不同、不对称弯曲的方向，使转动连起来，不需要能量激发，这个叫GO STORE。这个弯曲的概念就是物质的真空，在宇宙开始大爆炸时是对称的，我们认为因为物理真空在变，所以现在的生态对CP也好，对C也好，是不对称的，这个不对称的真空也可以把夸克禁固起来，所以我们进一步要把真空改变。我们是由电子和核子构成的，现在的宇宙是CP不对称，因为这个不对称，我们才存在。只要对称我们就不会存在。假如对称的话，我们是负电子，就是说假如另外一个是反物质，那么这个物质跟反物质消灭掉变成什么样，我们就不可能存在，所以我们说没有反物质在我们旁边，假如有，也在我们实验室很少数的，有控制。我们现在知道在整个宇宙里面，反物质实际上很少很少，丁肇中一直在找，但却没找到。

我们宇宙显然是不对称的，不然我们就不存在，美国的人造卫星，它专门观测大爆炸以后剩下的是什么？这要在宇宙的边境去找，大爆炸剩下的光我们叫黑体放射。很符合普朗克方程式。符合到10的负5次方二位确度。它的温度相当于普朗克方程式是2.725度。这里面黑的是负的10的负4次方绝对温度，黄的是正的10的负4次方绝对温度。所以宇宙的爆炸，本来没有物质，它爆炸变大，波也变长，所以这个温度就降低，到现在就2.725度。抽象地它是均匀地，均向地向各个地方传播。它没有正负物质，是对称的，所以我们认为在宇宙开始时，实际上有能量放大，到我们现在真空不一样，那么真空怎么能变？什么是真空，真空是没有物质的态。

真空是没有物质的态,可是力可以穿过真空。地球跟太阳之间肯定真空,地心吸力显然可以过去,要不地球不会绕着太阳转,星云跟星云之间更是真空,星云之间我们算了,力可以走得过,引力走得过,电弱作用走得过,它不是液态,它是符合相对论性的。真空会因为它有很复杂的构造,有力走得过,虽然没有物质,它可以相变,可以禁闭夸克,可以把 CP 不守恒。

我们现在研究很大的目标就是要改造真空,在这之前我要介绍一下,除了对称不对称是一个谜,夸克禁闭是一个谜,我再介绍暗物质跟类星体。暗物质证明在哪?星云你看得见,用眼睛看,光也可以见,它的辐射也可以是γ光、X 光。星云都有一个范围的,相当于1 000 光年左右。这个星云有引力在吸,假如它外围在转,转的速度跟吸力是有关的。速度的平方就是吸力,一个星云外面的灰尘也好,一个星也好,它的转动速度,你可以量出它受地心的引力。从测量星系外围的星体转速,我们可以清楚地看到,星体受到的引力比星系可见物质提供的引力大,这表明在星系中有暗物质提供更大的引力。这是暗物质存在的证据。我们不知道暗物质是什么,我现在说有 90%以上的物质,有人说 99%。我们是绝对少数,我们当然了解它,科学理论更了解你自己的银河星系,大部分物质在哪呢?我们研究问题的一个方法就是把大爆炸很近的情况制造出来,看到底怎么回事,这是当代一个大问题。

另外一个问题是类星体与所有星云都一样,其中一个例子是剑桥 273。在 1961 年最早发现了两个类星体。这是其中之一,剑桥 273,它的能量相当于太阳能的 10 的 16 次方。

我们可以定下它的大小,在地球跟太阳之间,所以很小。它比整个星云里面 10 的 12 次方个恒星释放的能量还大了 1 万多倍。在 1982 年 2 月,就是在这一天体能量增加一倍。这是绝对惊人的,你可能觉得不大讲理,突然间增加一倍,折合成太阳能的 10 的 16 次方。

另外一个类星体,我们叫爱因斯坦十字架。这个类星体是离我们 80 亿光年。在我们近十倍的距离,是另外一个类星体,比中间的星云距离多了 10 倍,它的光走过中间的星云变弯曲了,所以中间就等于像一个照相机一样。使一个类星体有四个像,这四个像是一个体,爱因斯坦广义相对论,光的吸引力是弯的。那么你从这个问题看出,这个箭头距卫星的距离差 10 倍,这个光一定会差,这整个星云,这个类星体,我们求得它的大小是比地球到太阳距离几倍,知道它的能量,它这样小的一个类星体,它的能量可以比整个星云小。我们的宇宙是充满了挑战性的陷阱。21 世纪的物理发展,是整体统一,把微观的基本粒子跟宏观的真空态一块研究。我们的研究早在 21 世纪初开始,结果到 21 世纪中间可能完全变了,我感觉,这个问题存在的,这个问题是基本的,是重要的,是绝对性的。而且假如我们能解,可以把 21 世纪科学开发整个改变,可能比 20 世纪 19 世纪更严,你看这个问题大小就知道,从整个宇宙能量、物质,对称性,基本性。

这里面我们第一步是要发展一些工具,这个工具在物理里面,在 20 世纪简化归纳,我们一套理论的进步跟精确的实验,这套工具后来影响到生物,所以我觉得在 21 世纪里面的工具也会影响其它科学。基因是很重要的,DNA 很重要的,可生命是宏观的,不能光研究微观,要微观宏观一块研究。这是 21 世纪,所以整体统一。我觉得 21 世纪的发展,物理跟生物,跟其他科学要平行发展。为什么呢?因为精密计算、精密测量这套手段跟生物发展不完全一样,它当初的发展就跟物理的简化归纳出来,集中也是要平衡发展的。我们有两套,一套手段就是要高能加速器制造类似大爆炸的宇宙问题。

利用高能加速器,1988 年建成正负电子对撞机,也是面向制造和接近大爆炸的环境。第二步我们要改造真空,怎么样可以改造真空,我们用的方法是相对论性的重离子对撞机。全世界有一个加速器叫 RHIC,这个对撞机把重核力加速到 1 000 亿电子伏特,这样高的能量对撞。根据 1974 年我跟威克的一个理论,这个装置把两个重核撞到一起,中间很短的时期内真空不一样,接近我们进入宇宙开始大爆炸比较对称的真空,我们要把它抓住,研究它,很快研究它性格怎么样。相对来说,美国花 10 亿美元刚刚装完了它,去年有资料说明是这样的。

在 6 月 12 号开始对撞。每一天有 100 万次对撞发生,每次对撞有几万个粒子出现。紧紧抓住它们,我们正在研究。要做出一个新的物质态,这个物质态是怎样的?我们正在开始研究。这是现在物理发展的一个重点,现在的 RHIC 是已建造成同类型加速器最大一个。

有人讲科学与艺术有什么关系,我觉得很有关系。自然界就是一种艺术,天地的艺术就是物质的道，艺术不管是诗歌、绘画、音乐，是我们用新的办法反映人的炽烈情感。情感越珍贵，唤起越强烈，反响越普遍，优秀的艺术，是跨社会背景、国界和时间的。科学不管天文、物理、生物、化学，它对自然界的现象进行新的准确的抽象，科学家抽象的阐述越简单，应用越广泛，科学创造就越深刻。科学与艺术的共同基础是人类的创造力，它们追求的目标就是真理的普遍性，它们像一枚硬币的两面，是不可分割的。所有的科学艺术之间的关系都是这样的。

这是庄子对宇宙的看法，"北冥有鱼，其名为鲲，化而为鸟，其名为鹏。鹏之大，不知其几千里也，其翼若垂天之云，背负青天，莫之夭阏。"这里鹏的飞就是宇宙开始的大爆炸。象征炎黄文化的过去跟将来。炎黄文化有悠久的历史，就像宇宙开始大爆炸一样，它会永远扩大，发展，永无止境。

（择自2001年11月1日《科技日报》）

20世纪工程技术巡礼

宋 健

20世纪的科学技术以怒涛澎湃之势突飞猛进。人类80%的科学发现、技术发明和工程建设是20世纪的科学家和工程师们创造的。在社会的每一个角落留下深远印记。依傍新知识、工程师们创建了人类历史上从未有过的工程和机械，普惠天下，成就所及，超过19世纪人们最大胆的想象。

20世纪以来，现代科学技术全面进军农业　大规模的水利工程建设增强了农业抗干旱、水灾的能力。19世纪发现了植物生长需要养分(1840)，大规模工业生产化肥(1909～1919)、杀虫剂(1938 ～1942)、除草剂(1944)等均是20世纪工程技术的创造。作物选育工程优化了品种(1930)。根据植物杂交优势的原理(1866)，开始了小麦(1900)、玉米(1917)、高粱(1950)、水稻(1960)等作物的杂交研究，提高了抗病性能和产量。工程师们为农业设计制造了千百种机动农牧业机械、拖拉机(1907)、联合收割机(1915)、打谷机(1943)、打捆机(1940)、转动浇水机(1948)、机械摘棉机(1949)、挤奶机(1940)和各种畜牧机械、加工设备，成10倍地提高了农牧业劳动生产率。世界人口从16亿增长到60亿，农业保障了世界食品安全，这主要是工程技术的功劳。

石油化工的兴起是20世纪化学工程技术的杰出贡献　由于物理学和有机化学的进步，工程师们发明了人造丝(1903)、人造棉(1912)、掌握了蒸馏和裂解石油技术(1913～1936)，制造塑料(1909～1918)、化学纤维(1912)、尼龙(1940)和人造橡胶(1930)。现在塑料和人造纤维成为人类衣、食、住、行须臾不能离开的材料。

电力网的设计和建设是20世纪的伟大工程创举　电力照亮了城市和乡村，为社会工业化、电气化提供了灵活方便的强大动力。无线电报(1901)、广播电台(1920)、电视(1926)、雷达(1935)、半导体(1915)、晶体管(1948)、电子计算机(1946)、录像机(1956)、集成电路(1959)、激光器(1960)、计算机辅助成像(1972)、个人计算机(1975)、互联网络(1969)等都是工程技术在电动力学(1733～1865)和量子力学(1889～1929)指导下的发明创造，引发了新的技术革命，把人类社会送进了崭新的智能信息时代。

汽车的工业化生产(1908)，高速公路的建设(1940)，铁路成网，列车高速(1960)等，扩大了人们生产、生活的空间和商品流通范围　20世纪初汽车、火车尚未普及，绝大多数人一生的活动范围只有数百公里，禁锢在出生地，使"原籍"二字至今不得摆脱。工程师们发明了飞机(1903)、直升机(1939)、超音速客机(1947)，开通了洲际航线(1939)，大批量生产大型客机(1950～1960)，使航线遍布全球，一天之内你可到达地球上任何城市。

医药卫生的重大突破主要发生在20世纪　抗生素(1928)、磺胺(1932)、胰岛素(1921)、维生素(1928)、脊髓灰质炎疫苗(1952～1957)、青蒿素(1970)等新药的发现和批量生产拯救了千百万人的生命，70年代消灭了天花，这都是化学家和医药工程师的功德。心电图(1903)、脑电图(1929)、人工肺(1927,1953)、人工肾(1945)、人工心脏瓣膜(1950)、肾移值(1954)、心脏起搏器(1957)、断层造影(1973)、人工心脏(1982)、隐形眼镜(1985)等的设计制造和运行,为诊断、治疗和提高病人生活质量提供了日益可靠的工程技术保障。人均期望寿命已从20世纪初的30~40岁提高到70岁以上。

发现应用核能和空间技术是20世纪人类最辉煌的成就 原子弹(1945)、氢弹(1952)、核反应堆(1942)、核动力潜艇(1954)、原子能发电(1951~1957)、火箭(1915~1942)、卫星(1957)、人进入太空(1961)、宇航员登月(1969)、航天飞机升空(1981)、飞船落金星(1982)、机器人登火星(1997),都是科学和工程技术最高意义上的丰功伟绩。

20世纪中国的工程科技人员为自己的祖国作出了历史性的贡献 中国得以建成独立完整的工业体系,凝聚了数代科学家和工程师的心血和智慧。

新世纪伊始,中国工程院组织了“二十世纪中国重大工程技术成就”的推选活动 经过推荐、筛选和评选委员会民主评选,选出了“两弹一星”等25个项目,作为20世纪中国重大工程技术成就的代表,临鉴日月天地,告慰于先驱故人,也为提高社会公众对工程技术重要性认知提供了一份比较准确的文件。

“两弹一星”排在第一位 在科技落后、工业体系尚未建立、人才缺乏的建国之初,中国的科学家和工程师们用了仅15年的时间完成了导弹(1964)、原子弹(1964)、氢弹(1967)、卫星(1970)、核动力潜艇(1971)的研制任务。“两弹一星”的制造和试验成功,扫除了中国有些人在列强面前畏葸怯懦的心态,结束了100多年来关于中国能否自力更生发展现代工业和科学技术的争论。

排在第二、十二、十五和十六项的是汉字处理与印刷革命、电信工程、广播与电视、计算机 汉字激光照排系统使新闻出版业告别了铅与火的时代。已经成熟的汉字信息处理系统使汉语文化进入新的辉煌时代。光缆、数字程控交换机、移动电话等现代通讯设备全部能生产。从1957年生产第一台黑白电视机以后,1999年生产了3 900万台彩电。中国已成为电视机和视盘播放机生产和出口第一大国。计算机设计制造和应用已接近世界先进水平,年产微型计算机860万台(2000),成为能批量生产运算速度每秒4 000亿次以上的巨型计算机和高档服务器(1999)的少数国家之一。

石油、无机化工、稀有金属和先进材料列为第三、二十、二十二项 20世纪下半叶,中国石化工业从零开始,逐步研究开发和建成各类大型工程,使人造纤维年产达到694万吨(2000),合成塑料折合乙烯470万吨(2000),合成橡胶年产73.28万吨(1999)。石化技术和产品已大量出口。无机化工从弱到强,2000年化肥年产3 186亿吨,纯碱834万吨,硫酸2 365万吨,水泥6万吨,都是世界第一。稀土元素和稀有金属的性能丰富多彩,能制成光、电、磁、催化剂等具有多种特性的功能材料,中国的科学家、工程师们研究开发了全新的冶炼、分离、提纯、加工技术,建立了自己的产业工程,产量和技术在世界上都处于主导地位。

第四、十四、二十四项是农作物增产技术、畜禽水产养殖技术、轻工纺织 从1949~1958年,中国农业科技工作者为41种大田作物育成5 600多个新品系,1 000多个果蔬新品种。主要农作物已普遍更换了4~6次。新化肥、农药年年足供,耕作、栽培技术岁岁进步。单产普遍提高3~5倍。人均粮食产量从280公斤(1952)提高到406公斤(1999)。1999年人均占有肉50公斤、蛋18公斤、水产33公斤、水果50公斤,比1978年增长了5~15倍。轻纺工业日新月异。纺织品产量居世界之首。化纤年产量占世界总产量的24%。中国已成为食品、服装生产世界第一大国。斯情此景,千年所未有。

第五、十一、二十一项是传染病防治、计划生育、外科诊疗 医学科学和医疗技术的飞速进步使中国人的平均期望寿命从34岁(1928~1933)提高到70岁(1997)。近20年计划生育工作成绩斐然,每位妇女平均生育子女数(总和生育率)已由2.86(1982)降到1.8(1999),小于临界生育率(2.1)。中国人口预计2040年左右达到16亿以后将停止增长。这对中华民族的未来和后代人的福祉是一个历史的贡献。

第六项是电气化 中国第一个发电厂建在上海(1882),到1949年全国发电装机容量仅180万千瓦,人均用电8千瓦时。到2000年,装机容量达到3.2亿千瓦,年发电13 685亿千瓦时,人均1 094千瓦时。全国已形成12个区域电网,乡村农户通电率达98%以上。正在建设的100万千瓦以上的水力、火力和核电站有81座。世界上最大的三峡水利工程将于2003

年开始发电,建成后将新增装机容量1 820万千瓦,年平均发电847亿千瓦时。全国电气化的时代正在到来。

大江大河治理、地质勘探和资源开发、城市化、采煤分别列于第七、十三、二十三、二十五项 20世纪中国培养了一支强大的、世界第一流的地质科学家和工程师队伍。经过100年的奋斗,把中国提升为仅次于美国的第二矿产大国。新发现了171种矿产,建立矿山26万多座。掌握了世界上最先进的探矿、采矿技术。预测出全国煤炭资源总量45 000亿吨(1992),保有探明可采储量6 000亿吨(1996),年产煤12亿吨(1999)。20世纪60年代中国甩掉了“贫油国”的帽子,原油年产量从12万吨(1949)增加到1.63亿吨(2000)。地质矿产资源的勘探和开采保证了经济建设和社会生活的需求。

排在第八位的是铁路建设,公路建设排在第十七位 19世纪末到20世纪初,交通运输靠的是南船北马。从北京到武汉要走27天,到广州56天,到云南59天,到新疆要3个多月。20世纪下半叶,中国建成公路140万公里,其中高速公路超过2万公里。仅次于美国,居世界第二。铁路干线建设始于19世纪末,高潮是20世纪。到2000年铁道营业里程6.8万公里,干线不断提速,年运旅客10.2亿人,货物16.6亿吨。机车、车辆、钢轨及通信等装备全部自己制造并开始出口。

船舶设计制造排在第九项 1949年以前,中国河海航运主要靠买船。在以后的50年内,工程师设计制造了客货轮(1954),15万吨以下的油船(1992～1996),炮艇(1957),护卫舰(1957),潜艇(1965),驱逐舰(1971)和核动力潜艇(1974)等各种船舶。

从张之洞建立中原第一个汉阳铁厂(1890)始,到1949年,铁最高年产量增达到178万吨,钢92万吨(1942～1943)。共和国成立后,50年中建立了年产钢100万吨以上的大型钢厂36家,年总产量1.27亿吨(2000)。中国已成为世界第一号钢铁大国。这是第十项。

排在第十八项的是机械制造业 20世纪下半叶,建成了比较完备的机械装备制造业体系。万吨以上的各种压力机(1962～1971),钢铁厂全套装备(1974),水轮机(1981～1999),30万～60万千瓦发电机(1981～1988),核电设备(1991),矿山设备,石化成套装备等,我们都已具备设计制造能力。

航空工业列为第十九项 20世纪上半叶中国航空工业还是空白。新中国形成了自己的航空工业设计、制造能力,批量生产歼击机(1956)、轰炸机(1968)、运输机(1974)、直升机(1985)、加油机(1998)和大型客机(1980)。

站在新世纪的起点,回溯以往,我们有理由为祖国20世纪取得的成就自豪。瞻望21世纪的宏伟目标,又觉得那好像是一个序幕,伟大的工业化、现代化建设的高潮还在后面。21世纪,我们需要造就更强大的工程技术队伍,培育出胜于前代的工程师和各类工程技术人员,才能实现中国人民的夙愿,建成一个现代化的,强大和幸福文明的国家。

科学文化是推动历史前进的重要力量

任仲平

(一)江泽民同志在中央思想政治工作会议上强调,加强和改进党的思想政治工作,必须全面贯彻落实“三个代表”的要求,必须从国际和国内、历史和现实的角度,深刻分析新形势下影响广大干部群众思想活动的客观环境和重大理论与实践问题,为我们进行新时期的思想政治工作,提供一个重要的符合实际的基础。

“三个代表”中,有一个是代表“中国先进文化的前进方向”;影响人们思想活动的客观环境和重大理论与实践问题中,有一个是人类知识总量迅猛翻番、现代科技突飞猛进、世界范围的“知识经济”已见端倪的现实背景。这都涉及科学文化知识问题。由此可见，坚定不移地始终代表先进文化的前进方向，在全党全社会大力加强科学知识、科学思想、科学方法、科学精神的宣传教育，努力提高全民族科学文化素质，这对于不断运用发展着的科学文化力量去解决科学文化迅猛发展带来的问题，促进党的思想政治工作和党的建设，推进社会主义物质文明和精神文明建设，具有极其重要的意义。

科学文化力量，越来越是改造世界推动历史前进的重要力量

(二)科学文化的力量，越来越深刻地影响着人类生活，全方位地提高着人的素质和能力，成为改造世界、推动历史前进的重要力量。国与国之间的竞争，越来越多地表现在是否拥有科学文化力量，以及多大程度上拥有科学文化力量。

早在1986年，邓小平同志就指出，中国的发展离不开科学，实现人类希望离不开科学，第三世界摆脱贫困离不开科学，维护世界和平离不开科学。

江泽民同志在为美国《科学》杂志撰写的社论中说，中国正处在发展的关键时期，面临着优化经济结构、合理利用资源、保护生态环境、促进地区协调发展、提高人口素质、彻底消灭贫困等一系列重大任务。完成这些任务，都离不开科学的发展和进步。

两位领导人对于科学文化的期待，几乎涵盖了我们要解决的所有重大问题。

(三)这个道理并不难理解：人类历史是科学不断进步的历史，人类智力所达到的高度，从来都是那个时代科学文化所达到的高度。人类历史的难题从来都是那个时代的人民在前人的基础上通过科学创造解决的。

当前我们所面临的形势是，现代科技的迅猛发展，空前地加大了科学知识转化为生产力的力度和速度。高科技领域的一个突破就可以带动一批产业的发展。高科技及其产业已经成为推动经济和社会发展的主导力量，成为综合国力的核心和国际竞争的焦点。谁占有高科技，谁就占有经济社会发展的主动权。而我们现在的状况是，农业就业劳动力仍占全部就业劳动力的近50%，比发达国家高出10～20倍；就业人员中受过大专以上教育的只占2.8%；文化程度在初中以下的人口比例高达86%。如果我们不能赶上潮流，拥有现代科学文化力量，尽快地“从一匹马跳到另一匹马上”；即从农民的庄稼汉的、穷苦的马上，跳到大机器工业、电力化的马上(列宁语)；从工业化的马上跳到高科技的马上，在未来的竞争中，我们就会在很多方面受制于人。

(四)科学的发展和运用也存在两重性。现代科技的迅速发展，正以其神奇的力量影响着我们生活的这个世界，创造着前所未有的生产能力，同时也带来了能源危机、环境污染、网络混乱、世界范围的两极分化等一系列严重问题，甚至为人类准备了可以将自己毁灭多次的“核威胁”。

人类的前途在于，更有成效地综合运用科学的整体力量，维持科技、经济发展与生态环境、社会发展的和谐，确保科学造福人类。

我们的基点在于，努力提高全民族的科学文化素质，科教兴国，科教富民，使我们的国家更加强盛，使我们的人民更加富裕，为人类和世界的进步作出更大贡献。

普及科学知识，是百年大计，也是当务之急

(五)在我国，普及科学知识，是百年大计，也是当务之急，原因有三：科学知识是人类进步的阶梯，国家发展的重要资源；人类知识总量迅速翻番，我们民族科学文化比较落后，亟须科学知识；国际竞争给我们提出了尖锐的挑战。

(六)科学知识是人类对于客观规律的认识和总结，是人类心智征服物质世界发现客观真理的记录。科学知识不仅能够帮助人们形成智力、能力、生产力，同时也形成新的思想道德和精神品格，促进人的全面发展。正是不断积累的科学文化知识，帮助人类从大自然中站立起来与动物分开，走向文明，走向未来。自从地球上第一次出现生命物质以来，亿万物种活跃其间，只有人类有能力摆脱环境的绝对支配，相对自主地决定自身的命运。所有这些，靠的就是人有知识的思维，有在知识的积累上形成的高超智慧和认识世界改造世界的卓越能力。培根说，知识就是力量。这是一幅生动写照。

人类知识总量在迅速翻番。据统计,人类科学知识总量在19世纪,50年增加1倍;20世纪初期,30年增加1倍;50年代,10年;70年代,5年;80年代,3年;90年代更快。与此相联系,知识更新不断加快,18世纪为80~90年;19世纪末20世纪初为30年;近半个多世纪以来为5~10年。

重要的是,科学技术转化为生产力的速度越来越快,本世纪初,需要20~30年,六七十年代激光与半导体从发现到应用只不过用了2~3年,而现在信息产品的更新换代只有十几个月。

科学知识越来越成为国家发展的重要资源。就像农业时代追求土地,工业时代追求资本一样,"知识经济时代"追求知识,追求拥有创新能力的人才。应当看到,我们国家科学文化比较落后,知识创新和技术创新能力不足,科学知识和科技力量储备不够。由于缺少必要的科学文化知识,封建愚昧思想还在困扰我们的一些干部群众,甚至出现"法轮功"邪教组织一度在部分地区泛滥肆虐的情况。我们必须有危机感,尽快改变这种知识贫乏和后劲不足的状况。

这种现象深刻表明,实现现代化,不仅要脱贫,而且要脱愚。在愚昧的基础上无法摆脱贫困,只有整个民族摆脱愚昧,才能真正脱贫。而脱愚、脱贫,都必须大力普及科学文化知识,在全社会形成崇尚科学的良好氛围。

(七)因为知识具有层次性、连贯性、时代性,普及科学知识,既要有所侧重,又不能有所偏废。

知识是一座高山,是分层次的。任何层次和环节留下空白,都会使知识断裂,甚至会从空白处走向歧途。要重视现代知识的学习和知识更新,也要重视基础知识的学习和启蒙教育。

知识是一条河流,是不同历史时期、不同阶级阶层的人民,长期积累,世代相传的共同财富。要善于吸收人类文明的成果,师人之长,补己不足。

知识是一片汪洋,是分部类的。具体分类,多达几千学科,波澜壮阔。人的精力有限,不可能学得所有知识。但要取得高深造诣,就应知识广博。培养队伍,建设国家,更需要多种知识,多种人才。这不仅因为,不同学科之间相互影响和渗透,还因为,只有各部类科学文化知识综合运用,立体作战,才能形成强势,攻克难关。

科学思想是人类智力的集结、智慧的结晶,是认识和改造世界的锐利武器

(八)知识,只有集结为思想,才可能形成力量。没有条理化、系统化、理性化的知识,还不能进入"科学",成为科学思想。

科学思想一旦形成理论体系,并同社会需要、技术发展结合起来,同亿万人民改造世界的实践活动结合起来,就会变成巨大的物质力量。社会科学理论指导社会革命,自然科学理论引导科技革命的情况屡见不鲜。前者如,马克思主义理论对于社会主义革命的作用、邓小平理论对于我国改革开放和社会主义现代化建设的指引。后者如,牛顿力学对于蒸汽机器革命,量子力学和相对论对于原子能技术、航天技术的影响等。

人类认识世界改造世界的重要成果都凝聚在科学思想中。人类社会所取得的所有历史进步,所创造的一切人间奇迹,包括天翻地覆的变革,气壮山河的斗争,无不是在科学思想指导下进行的。也正因如此,思想被称为人的"灵魂",人因为有思想被称为"万物之灵",伟大的思想家被称为"伟人"和"巨人"。

(九)思想并不都是科学的,只有经过实践验证,正确地反映了客观事物及其发展规律的思想,才是正确的科学的思想,才可能在实践中获得成功。错误思想、反动思想、愚昧迷信思想,只能导致行动的失败,甚至会堕入泥坑。

宣传和发展科学思想的一个重要任务是,不仅要揭示其产生的客观实际和发展规律,而且要帮助和引导人们划清唯物论和唯心论、无神论和有神论、科学与迷信、文明与愚昧的界限,增强识别和抵制各种唯心主义、封建迷信及伪科学的能力。

科学思想的确立,为科学的世界观的确立奠定了基础。一个具有正确世界观的人,才是更加自觉、自在的人。帮助人们树立正确的世界观,是倡导科学思想的核心问题。

(十)科学思想,也可以理解为科学地思想——科学地思维。

科学思想来自现实和有关知识,但是,现实和知识并不就是思想,只有经过人脑的思维,即经过抽象

和概括,才能将现实和知识提升为理性认识,形成科学思想。

这样,思维方式科学化的形成,亦即科学方法的确立,对于形成科学思想,更好地发挥科学思想的作用,具有特别重要的意义。在这个意义上,科学思想也被理解为科学的思维,唯物的、发展的、辩证的思维,不仅符合形式逻辑规律,而且符合辩证逻辑规律。

科学方法的确立,思维方式科学化的形成,比具体的知识学习更重要

(十一)普及科学知识,形成科学思想,运用所学得的知识去认识和改造世界,都有一个方法论问题、思维方式科学化的问题。

科学方法一旦形成,就能指导人们更有成效地进行思维,更有成效地学习科学知识,运用科学知识,解决实际问题。如果只是单纯地进行知识和技术灌输,没有正确的思维方式帮助其归纳整理和指导应用,不可能造就具有开拓创新能力之才。因此,科学方法的确立,思维方式科学化的形成,比具体知识的学习更为重要。

(十二)科学方法是一个多层次的体系,最重要的是唯物辩证法。

科学方法,包括科学研究的一般方法,诸如归纳、演绎,分析、综合等;也包括一些具体方法。可以说,有多少学科门类,就有多少具体方法。因为客观世界是多层次的统一,科学知识是多层次的系统,认识和改造客观世界的科学方法也是一个多层次的体系。不懂得这些方法,就只能永远被关在科学的门外。但也应该清楚,最重要的科学方法,是马克思主义的唯物辩证法。

科学方法建立在对于客观世界及其发展规律正确认识的基础上,也就是说,科学方法的前提是科学理论,是对于客观规律的了解。比如庖丁“解牛”,运刀技巧的娴熟,完全建立在对于牛体结构肌肉纹理的“了如指掌”上。正是在这个意义上,列宁指出,辩证唯物主义世界观首先具有方法论的意义。马克思最伟大的功绩之一就是制定了科学的方法论。

(十三)马克思主义的唯物辩证法,是科学的世界观,又是科学的方法论。

唯物辩证法的基本要点是:世界是发展着的物质世界,既不是心造的、神造的,也不是静止的、孤立的。与主观唯心论、客观唯心论、机械唯物论都划清了界限,是人类认识史上的“空前大革命”。将辩证唯物主义的原理应用于社会历史领域,便有历史唯物主义的产生,构成完整的马克思主义世界观。

辩证唯物主义和历史唯物主义的基本要点是:世界是物质的,统一的,相互联系的,发展变化的,从低到高,从简到繁的过程;存在决定意识,意识又反作用于存在。物质世界,由其内在矛盾和对立面之间的斗争推动其发展;人类社会,发展动力是生产力和生产关系、经济基础和上层建筑的矛盾运动。社会发展的历史是人民群众实践活动的历史,人民群众是历史的创造者。

勾画马克思主义世界观、方法论的轮廓和脉络,主要是为提供一个指向,科学思维的指向,观察世界的指向。马克思主义世界观、方法论,科学严整、博大精深,又海纳百川、与时俱进。其精髓在于具体问题具体分析。马克思主义的方法论不替代其他具体的科学方法,但是所有科学方法的运用和发展无不与其有着内在联系,受其影响和制约,不断地丰富其内涵,磨砺其锋芒。我们的事业在改革开放中前进,在解决矛盾中前进,在世界政治多极化、经济全球化的激烈动荡中前进,错综复杂,我们必须拥有站在这一切之上的观察和思考问题的武器,以保持我们的清醒和主动。

科学精神是推动科学创新的动力,弘扬科学精神就要求真务实、开拓创新

(十四)弘扬科学精神,对于提高全民族科学文化素质具有根本性基础性意义。“基础性”是指,科学精神是推动科学创新的精神动力和基本素质;“根本性”是指,科学精神一旦形成,就会成为一个人、一个国家和民族的灵魂,激发人们热爱生活,追求真理,聪慧敏锐,公正无私,自信而不狂傲,严格而不教条,刚正不阿而又从容不迫,充满创新精神和创造活力。

(十五)科学家们对于什么是科学精神进行了探索和概括,基本内容包括:探索求真的理性精神、实验取证的求实精神、开拓创新的进取精神、竞争协作的包容精神、执着敬业的献身精神等。几个方面,形成一个共同的贯穿于科学之中的内在驱动力量——求

真务实,开拓创新。

江泽民同志指出,弘扬科学精神的基本要求,就是求真务实,开拓创新。“科学的本质是创新,科学精神的本质是创新精神”,“创新是一个民族的灵魂,是一个国家兴旺发达的不竭动力。”把科学创新与国家兴衰连在一起,也就把科学创新提高到一个前所未有的高度。

(十六)弘扬科学创新精神,基本的要求是,坚持解放思想,实事求是,勇于面对新情况新问题,反复研究,反复实践,不断前进;热爱科学,崇尚真理,重视科学决策,一切按规律办事;勤于学习,勤于思考,努力用科学理论、科学知识以及人类所创造的一切优秀文明成果武装头脑;勇攀高峰,甘于奉献,为祖国和人民贡献一切智慧和力量。

弘扬科学创新精神,关键是结合实际。科技工作者要重视“岗位创新”、“一线创新”。瞄准现代化建设的难点、国际竞争和现代科技的前沿,集中攻关,务求实效。

弘扬科学创新精神,需要在全社会形成爱科学、讲科学、学科学、用科学的社会风气,激发人们探索求新、创造发明的精神,树立实事求是、坚持真理、自觉抵制各种非科学、伪科学的正确态度。

弘扬科学创新精神,需要政府的支持,包括建立国家创新体系——各个层次各个方面的科学创新体系,也包括进一步贯彻落实“百花齐放、百家争鸣”的方针,促进科学文化的更大繁荣。

关键是领导干部要提高科学文化素质

(十七)领导干部是社会的先进分子,肩负着动员、组织人民群众提高素质建设家园的重任,必须在科学文化方面走在前面。

半个多世纪以来,特别是新时期党中央提出干部“四化”要求后,我们的干部队伍,科学文化素质大有提高。但是,同事业发展的要求相比,仍有较大差距。一些领导干部不重视科学文化知识的情况还很严重。有的没有知识,还鄙薄知识;有的知识甚少,还装腔作势;有的安于现状,不思进取;有的口头上重视科教兴国,行动上却不见落实;更有甚者,愚昧迷信,求签问卜,成为唯心主义的俘虏,在群众中造成极为恶劣的影响。这些,必须引起全党的高度警惕和高度重视。

我们的中心任务是经济建设,集中力量发展生产力,领导干部学习科学技术知识的任务显得越来越迫切。知识经济时代的到来,是以发达国家为先导的,我们国家仍在工业化的进程中。必须加倍努力,迎接挑战。

(十八)提高领导干部科学文化素质,要有目标,有日程,有具体方案,要同干部的考核、提拔和使用结合起来;提高人民群众的科学文化素质,也要有目标,有日程,有具体方案,将个人前途与事业发展结合起来,与国家命运结合起来。提高全民族科学文化素质,是一个庞大的系统工程,必须精心设计,精心组织,不可掉以轻心,更不可停留在一般的感慨上。

(十九)科学是严肃的,来不得半点虚假。竞争是严酷的,容不得半点侥幸。没有足够的科学文化力量,我们就无法在这个世界上站立起来。秦汉宋元时期,我国发明了印刷、造纸、罗盘和火药,当时的欧洲还处在黑暗的中世纪,在科学文化方面我们走在前面。后来,我们被远远抛在后面,鸦片战争爆发,西方列强用中国发明的罗盘从海上打来,用中国人发明的火药装备的洋枪洋炮任意屠杀中国人。我们的差距在哪里,我们的力量和前途在哪里? 每一个党员,每一个领导干部应该由此意识到我们肩头的责任。

(二十)科学知识、科学思想、科学方法、科学精神,是一个互相联系、互相作用的整体。知识是基础,思想是灵魂,方法是能力,精神是动力,精神、思想和方法又都贯穿在知识中,贯穿在学习运用知识、改造世界的实践活动中。我们要以更博大的胸怀和更宽广、深刻的眼光认识科学的本质和作用,不仅要在发展生产力的意义上讲科学,而且要在推动社会进步、人类文明的意义上讲科学;不仅要依靠科学技术的力量提高物质文明的发展水平,而是要依靠科学技术的力量提高社会主义精神文明的水平,展现与社会主义现代化进程相适应的社会精神风貌。

(二十一)当我们即将跨越新世纪的门坎的时候,我们不能不为我们民族曾经创造过灿烂的文明而骄傲,为半个多世纪以来中华民族的伟大复兴而自豪,也不能不为近代以来我们在科学文化上的落后而深深感到责任重大。“中国必须在世界高科技领域占有一席之地”。面对高科技发展的新世纪,面对在新世纪中叶建成社会主义现代化强国的宏伟目标,我们只有一条路，这就是坚决按照“三个代表”的要求，大力提高我们民族的科学文化素质，大力发展我们国家的科学技术，缩短差距，迎头赶上，把我们的国家建设得更加繁荣强盛。历史将证明，我们有这个信心，也有这个能力。

（原载《人民日报》2000年7月26日，转载时标题有所改动）

费曼谈科学的价值

李亚宁

美国物理学家费曼是20世纪最伟大的科学家之一。他生性好奇、兴趣广泛、多才多艺、特立独行，被誉为“科学的魔术师”。在“曼哈顿计划”期间，他以破解保险柜的密码自娱，来提醒管理人员注意安全。1965年他被授予诺贝尔奖，曾试图谢绝这项荣誉；他喜欢去酒吧享受生活的乐趣，却在那里得到启发找到了创立量子电动力学的方法；他以在桑巴鼓方面的造诣和绘画上的进步为荣，却为自己是名人而苦恼；他不愿意卷入政治，却在全国电视上现场做橡皮环试验揭露美国宇航局的管理混乱是“挑战者号”失事的主要原因；他不喜欢哲学和人文学科，却被称为“一个诚恳、深思、对科学的能力和局限性想得极深的人”。

科学的应用价值

原子弹在日本的长崎和广岛爆炸后，作为亲自参加过“曼哈顿计划”的科学家，费曼经历了痛苦的思想斗争。一方面，他钟爱他所从事的科学事业，但是当他看到科学也可以带来灾难并且可以危及到人类的命运时，他无法回避科学事业的价值问题。

科学是什么？费曼在一次演讲中说，人们谈起科学，有时指的是导致科学发现的具体方法；有时指的是源于科学发现的知识；有时是指有了某些科学发现后人们能做的一些新事情或实际上正在做的新事情，即技术。但是，只要浏览一下像《时代周刊》这样的大众刊物的科学栏目，人们将会发现一半内容是关于科学中的新发现，另一半内容是关于什么将会是近期的新发明以及它们对社会将会有什么用途。这样，在公众的心目中，科学在一定程度上是指它在技术上的应用，这也是科学最明显的价值。

由于科学的进步，使人类在技术创新上的能力显著增强，科学对社会的影响也越来越大。没有科学的发展，整个工业革命几乎是不可能的；现在，全世界生产出的粮食能够养活地球上如此众多的人口，控制各种疾病的能力增强使人类的寿命延长，在很大程度上是由于科学的发展和生产手段的进步。但是，科学发现和技术发明也同样可以用来制造杀人武器，甚至威胁着全人类的生存。“没有一本指导性的书籍能够告诉人们应该如何使用科学的这种力量，才能给人类社会造福或导致有损人类利益的结果。科学力量的产物或者有益或者有害，主要依赖于人类如何使用它。”“科学知识使人们有能力去行善，也可以去作恶，它本身没有附带着使用说明书。”它既是“一把能够开启天堂之门的钥匙，也同样能够打开地狱之门。”

当人们运用科学对社会做了积极的贡献时，功劳不仅要归功于科学本身，而且还要归功于指导人们去这样做的道德原则。

既然科学同时也具有给社会带来灾难的能力，它对我们还有价值吗？“难道我们应当扔掉这把钥匙，使我们不再有办法进入天堂吗？或者我们应当努力解决找到正确使用这把钥匙的最好方法这一难题？当然，这是一个十分严肃的问题，但是我认为，我们不应当否认这把能开启天堂之门钥匙的价值。”如果人类没有科学这把钥匙，即便是人们能够清楚地区分天堂和地狱，也还是束手无策。这样看来，尽管人类手中的科学这把钥匙是个危险的玩艺儿，但是，它具有开启天堂之门的能力本身就是一种价值。

面对二战后在美国开始的反科学运动，费曼认为，将科学的应用带来的社会后果，归结为科学本身“未免夸大其词”。他认为，科学在技术上的应用及其社会后果，主要是由于社会政治、经济等方面的因素造成的。他强调说，科学家所做的只是使人类具有做某些事情的能力，而这种能力的具体运用既可以有益于社会也可以有害于社会。“这不是科学应当解决或能够解决的问题,科学家在这方面懂的也并不多。”这个问题应当由人文社会科学的学者来研究。他举例说,将低处的水引到高山,无论是理论上还是技术上都是早已解决了的问题,但是,巴西山区的居民仍要用人力把水从山下运到山上,这不是科学家所能解决的问题。

科学的文化价值

科学的另一种价值是为人类提供智慧与思辨的享受。这种享受对公众来说是通过阅读、学习和思考获得的,对科学家则要从真正的研究工作中得到满足。科学上已经发现的理论和定律,是科学研究的收获,也是科学家得到的最高奖赏。科学家发现了这些定律与定理后激动不已,而公众也会从学习和理解的过程中得到满足,而这种喜悦的心情就是对他们所付出的辛勤劳动的最好报偿。从这个意义上来说,科学是一种伟大的冒险活动,是一种充满刺激和令人振奋的事业。它使人类的求知欲和好奇心得到满足,并且使人们进一步展开想像力的翅膀,去理解和欣赏大自然的美妙与神奇,改变着我们的世界图景。

古代诗人把宇宙想像成一只巨大的海龟驮着大象在海里游荡,而人类则生活在大象背上,这是一个多么富有诗意、生动、优美的宇宙观!当然,什么支撑着大海是他们所不关心的问题。现代科学是这样看待宇宙的:地球是一个旋转的球体,人类居住在它的各个侧面,我们就像在火上转动着的肉串一样随地球的自转而旋转,同时还要围着太阳旋转。这看起来不是更浪漫、更令人激动吗?什么力量支撑着我们没有被甩到太空中去呢?万有引力。它不仅对地球上的物体起作用,而且也使地球在最初形成的时候保持圆球状,并且使我们的地球维持在她自己的轨道上围绕着太阳公转。这种引力不仅存在于地球上和在太阳上,而且还存在于恒星之间,存在于星系与星系之间,把整个宇宙联系在一起,这是一幅多么美妙的世界图景!现代科学揭示出了自然界中有许多像这样令人激动的画面,“这些人们从前根本不可想像的东西,如今的科学知识使得我们可以这样想像了。”科学知识能够丰富人们的想像力,使人们能够为欣赏到大自然的美和奇妙而惊叹、为进一步揭开自然的奥秘而执着地探索本身就是一种价值。

但是,费曼指出,科学家在探索的道路上是孤独者。他们失败时的失望和成功后的喜悦很难得到人们的理解和分享。因为诗人、艺术家无法描述他们的那种“近似宗教的感受”;歌唱家唱不出科学发现带给科学家的神奇、美妙的感觉。我们的科学教育还远没有达到使人们能像感受诗歌那样,在科学知识中发现乐趣;我们的科学教育充满着功利的色彩,剥夺了人们从科学知识中获得乐趣的机会。他举例说,《蜡烛的化学史》一书收集了英国著名物理学家法拉第为儿童做的6篇圣诞演讲。他是在事物之间存在着普遍联系的信念指导下,通过观察蜡烛的每一方面的特征,来研究燃烧现象的物理性质和化学规律的。但是,编者(英文版)却在序言解释说,法拉第发现了电解定律,它可以广泛用于在工业上的金属电镀和阳极染色工艺等等。而法拉第对自己的发现评论道,“物质的原子以某种方式具有带电的能力或具有与带电能力相关的有些性质,原子所具有的最显著的性质也在于这种带电能力,它们之间存在着相互的化学亲和力。”他发现,决定着氧化铁分子结合在一起的根本原因是铁原子的正电性与氧原子的负电性,它们相互吸引并以确定的比例结合在一起。它标志着物理学和化学两大领域的结合和统一,说明两个明显不同的领域所研究的是同一事物的不同方面。但是,这项如此重要的科学成就,如此令人激动的重大科学发现,仅仅向读者推荐说它可以被用于电镀,“这是不可原谅的错误”。在各种大众传播媒介有关科学方面的报道中,“科学家认为这项发现对治疗癌症是十分重要的”之类的话随处可见。许多报道只注重某项发现有什么实际的用途,完全抛开了它们本身的价值,而实际上它们本身可能是一些充满着想像力、带给人们无限遐想的发现。因此,费曼认为,这种对科学实用价值的过分强调,不但扼杀孩子的想像力和创造力,而且还剥夺了人们学习科学知识的乐趣以及对发现大自然真理的执著追求。

科学的精神价值

科学第三个方面的价值来自它的研究方法,是一种永远保持开放的头脑和对任何事物采取一种批判的态度和怀疑的精神。探索大自然的规律是对人类理性能力的最严峻考验,在预言将会发生的事件方面为了避免犯错误,科学家必须排除种种假象,将自己的理论建立在严密逻辑的基础上。科学方法是建立在这样的原理基础上的:观察实验是判断一项科学发现是否被证实的标准,这是科学方法中最根本的原则。当然,它的适用范围也是有严格限制的。比如,“如果我做这件事,将会发生什么?”这类问题是可以通过观察实验来检验的,而类似“我应该做这件事吗”或“这件事有什么价值?”这样的问题,就不能采用这种原则。当然,一个命题不属于科学命题,并不意味着它无意义、不重要或错误,只是说它无法通过科学手段来解决。事实上,在许多情况下这类问题往往是最重要的。因为在做出任何决定和采取行动之前,总是涉及到“是否应该”这类问题。也许有人会说,“的确,你认识到什么事情将会发生,然后你决定是否要它发生。”但是,这不是科学家解决问题所采取的步骤,“当你可以断定什么事情将会发生时,你还必须做出决定是否愿意它发生。”

用实验作为评判标准的原则是以实验结果的可靠性和客观性为基础的。这就要求科学家在研究过程的各个环节上都必须保持严肃认真的态度,如实地记录实验结果,对它们进行严格的审查,并且确信没有对它们进行曲解。另一方面,科学家在构建理论或陈述时必须要具体。因为一个理论越具体越详细它就越有说服力,越容易直接面对出现的反常情况,也越能引起人们检验它的兴趣,并且检验它也越有价值。第三,在科学中不能求助于任何权威来确定哪一种理论观点比其他想法更优越。人们可以阅读权威人物的论著和听取他们的建议,但是必须分析他的观点是否具有合理性,检验他的想法是否正确。怀疑的权利和自由是历史上科学家与专制权威进行了长期斗争之后才逐渐赢得的,牢记和坚持这一点是“科学家对社会的责任”。

科学家总是与疑难和不确定性打交道。当他不知道一个问题的答案时,他就是不知道;当他有了大概的猜测时,他的答案是具有不确定性的;即使他对自己的答案胸有成竹时,他也会给质疑留有余地。对科学家来说,承认自己的无知,使自己的结论留有被质疑的余地,是科学发展所必须的。在科学知识体系中,只有具有不同可信度的知识,但没有哪个理论具有绝对的确定性。这种不确定性对科学发展是非常重要的,因为有了不确定性才有疑问,才会从新的角度寻找新的解决办法。科学发展的速度不仅仅是指你进行多少次观察实验,获得了多少实验数据,更重要的是提出了多少供人们检验的新思想、新观念。

费曼进一步说,“无论是在科学领域还是在其他领域,探索和怀疑的自由是非常重要的。它是人类与生俱来的一种追求,是人类为了获得怀疑和探索的权利、为了克服不确定性而进行的斗争。……作为一名科学家,我感到一种责任,我认识到承认我们无知的思想所具有的巨大价值,我认为正是由于这种观念使得科学和人类社会的进步成为可能,也认为我们今天的进步是思想自由所带来的成果。我有责任来呼吁自由探索的价值,教导人们不要惧怕疑难,而是作为人类社会发展的一种新的潜在的可能性来欢迎它。”

总之,费曼认为,科学应用所带来的社会后果并不是科学本身造成的,科学的文化价值应当给予更多关注,科学家群体中的自由探索和怀疑精神是科学对社会的最大贡献,也是人类面对和解决各种社会问题的有利武器。

科学精神内涵研究综述

中共浙江省委党校　苏开源

为了彰显科学精神,近年我国学术界的各路学者们,对科学精神内涵做了多视角研究阐述。现将主要研讨成果综述如下。

哲学视角中的科学精神　认为科学精神,就是彻底的唯物主义精神,也即实事求是精神。具体地说,科学精神主要是追求科学真理所必须的一种解放思想、实事求是的是理性态度和求实精神。“解放思想,客观唯实,追求真理”是科学精神的实质。

整合视角中的科学精神 认为科学精神是一种求真、至善、臻美的理性精神和人文精神的整合。它是自然科学与社会科学活动中价值标准和行为规范的总和,是人类科学发展过程中积淀下来的独特的意识、气质、品质和情操,是科学本质所要求的真善美统一的精神境界。持此视角的学者强调,在当代自然科学和社会科学相互融合的历史进程中,科学精神作为一种求索者的精神气韵,不只是自然科学的“专利”;而且,“纯粹的自然科学”要获得自身的健康发展即合乎人类目的的发展,还必须仰赖富有人文情愫的科学精神之关爱和滋养。

结构视角中的科学精神 认为科学精神是科学整体架构的核心和灵魂。科学的整体架构,主要由科学知识、科学思想、科学方法和科学精神构成。其中,科学知识和科学思想,是科学架构中的“硬件”;科学方法,尤其是科学精神,则是“软件”,是在科学实践活动中形成的一种唯实求真的崇高精神力量。它在科学的整个架构中,居于统帅和核心地位,是科学的灵魂。也有的学者将科学的整体架构分解为科学知识体系、科学研究活动、科学社会建制和科学精神四大结构板块,认为科学精神乃对应于前三大板块,且是位居其上的一种体现“哲学和文化意蕴”之板块。其主要表现有科学思想、科学方法和科学精神气质三个方面。科学思想主要不是具体的科学事实、定律和理论,而是科学的深层哲学和文化内涵,即科学知识体系的精华所在;科学方法主要有经验方法、理性方法和臻美方法;科学精神气质主要包括普遍性、共有性、无私利性、独创性和有条理的怀疑精神。

功用视角中的科学精神 认为科学精神是一种具有重大功用的“高强精神力量”或“第一精神力量”。具体地说,科学精神是一种执着追求真理和捍卫真理的伟大理性力量,是一种反对天国神权、迷信愚昧和歪理邪说的强大正义力量,是彻底的唯物论者的一种实事求是的崇高人格力量。科学精神作为一种崇高和强大的精神力量,是科学探索、科学创新和科学发展中的本源性、内禀性之推动力量。

价值视角中的科学精神 认为科学精神是在科学共同体中长期形成的共同价值观的体现。它是共同体成员坚持和实现科学观念一种勇气,透着一种敢于坚持真理,坚持正义的人格力量,体现着科学家的气质和气概。探索精神、实证精神、原理精神、创新精神、独立精神,是科学共同体的共同价值观的集中体现。有的学者还指出,科学精神作为科学共同体的共同价值取向,还包括客观的依据、理性的怀疑、多元的思考、平权的争论、实践的检验和相对的确定等价值理念。

人文视角中的科学精神 认为科学精神本身是一种人文精神。作为人文精神重要组成部分的科学精神,主要体现有三:1、作为一种认识活动,对真理和知识的追求并为之奋斗,是人类最崇高的理想之一,也是科学作为一种认识活动所体现的最根本的文化精神。2、科学作为一种智力活动,它能促使人类智力的发展,永远向着“更快、更高、更强”的方向迈进,是科学作为一种智力活动所体现的根本文化精神。3、科学作为一种社会活动,它所体现的为人类的自由和解放而奋斗的精神,也是一种根本的文化精神。

历史视角中的科学精神 认为科学精神是带有很强历史逻辑性的一种精神,是科学在其发展过程中形成的、打上了深刻历史烙印的一种历史精神。当人类尚处于蒙昧时代时,是无所谓科学精神的。在中世纪,科学精神之精华,则是与“神的万能精神”根本对立的一种“人的理性精神”。在自然科学相对独立发展的17～19世纪,尤其是整个19世纪,科学精神的本质内核就是理性和实证精神。在科学技术逐步上升为第一生产力的20世纪和知识经济悄然而至的21世纪,科学精神之精义除理性和实证精神外,还必须包括“既尊重知识和科学,又务必使科技发展、应用更合乎人类自身生存发展”这样一种“高度的理智精神”。因为考察本世纪的科学,人们一方面发现,由于20世纪科学自身“革命不断,新兴学科、横断学科和交叉学科层出不穷,科学的统一性、完美性几近消失”;另一方面又发现,由于科学与经济、军事之间的高度相互依赖性,使得科学技术在对社会历史进程的整体影响过程中,也伴生着难以预测的灾难性后果(如核武器、核电站事件、克隆技术等),所有这些,都有理由促使人类更理智地期待“超出单纯经济工具的和单纯争强制胜的,更富人文关怀和更趋完美统一的科学,出现在21世纪”。

科技美学——21世纪的显学

中国人民大学 潘天强

在中科院成立50周年的一次座谈会上,1998年诺贝尔生物学奖获得者,美国的费里德·穆拉德博士在回答中国青年学者的提问时说,通过遗传学、生物基因工程和克隆技术延缓人类的衰老,减少人类的疾病,甚至使人类自身变得更美丽更漂亮都已经不是幻想。

从远古人类在岩石上刻上第一幅野兽的图案开始,人类就显示出超越其它一切动物的创造性生产能力。"人却能按照美的规律来建造",这是马克思1844年得出的结论。无论是宏伟的金字塔还是绵延万里的长城,都是有力的证明。然而随着社会分工越来越细密,人类驾驶的两趟列车总是在各自的轨道上奔驰,一边是:"美的本质是什么?"这样一个深奥迷人的哲学命题,无数学者为其倾倒,无数专著都在垒砌自己的理论长城,人们在追寻美,美却钻进了学术的象牙塔;另一边,科技的日新月异带来了富足的生活,却并没有带来美的享受。托拉斯的油锯以极快的速度吞噬热带雨林,碧绿的江河里泛起褐色的泡沫,都市中塞满了令人窒息的高楼和汽车。美离人们越来越远,世界失去了宁静,变得嘈杂和无奈。这种两难的境地使美学家和科学家萌生出建立人文与科技相结合的新兴边缘学科——科技美学。

科技美学是研究科学技术中有关美的问题,确切地说就是研究劳动成果、劳动环境的审美改造和艺术改造的规律,是研究劳动的艺术化和艺术化劳动的科学。它以哲学美学为基础,以人为目的,以环境为中心,以科学技术为对象,是一门集人文科学和自然科学为一体的综合学科。它要求美学家懂得科学技术的基本规律,要求科学家有较高的美学和艺术修养。其实在古代美学与科技并没有分得那么清楚,亚里斯多德不仅是哲学家,还是物理学家、植物学家、医学家。达·芬奇不仅是画家,还是化学家、建筑学家。大诗人苏东坡在杭州成功修筑了海塘,郦道元到底是散文家还是地质学家很难判断。而如今学科的门类实在太多,科技美学所涉范围大到全球环境的治理,小到工艺品的设计,以及有关美的本质的研究,无所不包,因此它必定是众多门类学者共同努力才能取得成果的学科。

科技美学在前苏联和东欧国家被称为"技术美学",西方国家称之为"迪扎因理论"(DESIGN),这个词的意义非常广泛,除了原意为"设计"、"筹划"外,还有"机敏"、"不同寻常"等意。也有些国家称为"生产美学"、"劳动美学"、"工业美学",在我国则译为科技美学。

19世纪英国著名作家、艺术家、建筑师威廉·莫里斯和艺术理论家罗斯铿,被认为是科技美学的先驱。罗斯铿在1857年首先提出工业艺术的概念。而在此之前,艺术仅仅是诗歌和音乐的代名词。威廉·莫里斯响应罗斯铿的号召,组织工人按他和其他画家设计的图样制作壁纸、地毯、窗帘等产品,取得了极大的成功。20世纪,迪扎因理论在西方有较快的发展,许多国家成立了迪扎因学校,组织了迪扎因协会。在美国通过迪扎因理论的推动,使厨房成为住宅中最令人愉快的房间。美国人还提出以迪扎因赋予产品美的形式,促进销售,引起企业主和政府的广泛关注。1957年国际工业迪扎因组织理事会在日内瓦成立,从此科技美学作为一种新的成分进入生产和消费,对推动这些国家的经济健康发展起了巨大的作用。

科技美学遵循一条总的原则,即技术、效益、舒适和美。它把哲学美学对美的本质研究引入人们日常生活、生产和消费的诸多环节中。科技美学所涉范围非常之广,大体分为六类:环境优化理论、人体工程学、艺术设计、标准化、材料美学和理论与方法论。通过这些领域的研究,人们把高科技的技术与美学思维综合在一起,不仅使人的生活得到舒适和美感,而且能大幅度提高经济效益。

环境优化理论 以往人们以为一个城市的活力在于它的生产规模和商业规模，于是林立的高楼和工厂的无节制扩大严重地破坏了生活环境。而现在更多的人是从美学的观点去规划人居环境。比如我国的大连和中山两市花大力气美化城市环境，不仅提高了居民的生活质量，而且吸引了大量的外资流入。“环境就是效益”是人们从中总结的经验。香港政府决定引进美国迪斯尼乐园也是这一思路的典型。用这种无烟工业刺激旅游，将会保护香港的环境并加强它的国际大都市地位。而中国另一个曾有东方威尼斯之称的城市，由于决策失误，将一条公路横穿市中心，破坏了城市的整体景观，失去了申报世界文化遗产的资格，不能不说是个遗憾。

人体工程学 人体工程学以往主要是研究人与机器即劳动工具的关系，实际上它适用于人与一切工业产品和日用品的关系研究。它要求产品符合人体特征、心理生理和审美的需求，是衡量一个产品是否以人为本的重要依据。美国科学家曾经纠正了一种战斗机上的操纵杆的设计，找出了第二次世界大战时400多架同类型飞机坠毁的原因。前苏联科学家将机床工人的操作动作用慢镜头分解后加以改进，大大减低了工人的劳动强度，提高了生产效率。把手术室大夫的工作服由白色换成淡蓝色，可以缓解病人的紧张情绪。根据最优化原理确定楼层高度，既能降低建筑成本，又不会使居住者有压抑感。总之根据人种、性别、年龄、文化、职业的差异，对日用品、劳动工具、生产生活环境在结构、色彩、声音、嗅觉等方面加以优化和美化，人体工程学已经取得了很大的成果。

艺术设计 艺术设计是科技美学的核心，居室装饰、家具、服饰、美容美发、产品包装、广告、建筑造型、城市布局等一切涉及产品的结构与外观工作的都与艺术设计紧密相连。仅产品包装一项，由包装的美学含量和科技含量产生的经济效益往往会大大高于产品本身的价值。一个产品由粗加工到精加工的过程，实际就是一个艺术设计的过程，这一过程所产生的附加值可以说是无限的大。中国在这方面仅仅处于起步阶段，大批产品还处于由原始的粗放型向简单的科技型过渡阶段，具有高科技和个性化艺术设计的产品还处于少数。要想取得这一块极具潜力的高附加值，不仅要有高科技的手段，还要有更深层次的美学思维。

标准化 美在于个性化，在于异彩纷呈。乍一看似乎与标准化是相对立的，其实不然。英国诺贝尔物理学奖获得者乔治·汤姆逊认为，大自然中的生命就是以标准化的形式批量生产的——人、鸡、松树，而每一个标准件却各不相同。这一思想揭示了一个真理，即只有严格的标准化才能更充分地显示个性。比如用标准件制成的家具板材，可以拼装成各种样式的家具；用标准件制成的汽车，外观和色彩却可以千姿百态。有了服装和鞋帽的世界统一标准，各民族的服饰才能相互交流。

材料美学 材料是美的基础，如果把人类比作一个画家，那么材料就是他的画布和颜料。无论是建筑装饰材料还是衣服的面料，材料的色彩、质地、手感、强度都对产品的美起到至关重要的作用。玻璃工业的发展给我们带来了城市建筑中的大玻璃幕墙，贴面胶合板的出现才使我们的居室装饰得如此美丽。强化塑料带给我们家用电器各种美观的造型。合成人造纤维的发明，不仅使人类避免了衣不遮体的窘境，而且有了千姿百态的外包装。每一次材料的革命都使人类的生活朝着舒适和美的方向迈出了巨大的一步。

理论与方法 科技美学的综合性要求美学与医学、社会学与材料学、心理学与建筑学、艺术学与工程设计等等这些大相径庭的学科相互渗透和结合。如何把这些不同学术背景的专家汇成一股力量，这是科技美学最难也是最有挑战性的理论与方法的研究课题。不久前美国的一位生物学家把他在电子显微镜下看到的状态各异的病毒图案拍摄下来制成领带图案，意想不到地受到许多人欢迎。如何把这种偶然性变成每一位科学家的美学思维，这是科技美学面临的更深层的问题。对全社会进行美育教育和科学精神教育，培养从儿童到学者，从普通人到官员正确、高尚的审美观和科学意识，这就是21世纪科技美学成为显学的巨大动力。

（作者系北京科技美学协会秘书长）

第　五　篇

国际投资与财政金融文化

国际直接投资的趋势分析

国际贸易经济合作研究院　郝红梅

随着全球经济一体化步伐的加快,国际资本的跨国流动日趋活跃。国际投资,特别是外国直接投资,在不断自由化和全球化的经济中正在发挥着日趋重要的作用,成为世界经济中极其活跃的组成部分。外国投资对各国的经济、社会生活产生着广泛、深远的影响,对发展中国家的影响则尤其显著。联合国贸发会议最新的新闻公报表明,1999年全球外国直接投资继续保持向上的态势,其中吸收外资总量8 270亿美元,在上年6 600亿美元的基础上增长25%。

与此同时,由西方跨国公司一体化生产经营所推动的世界经济全球化为中国吸引外资创造了更多的机会,如何抓住我国加入WTO的机遇,使吸收外资工作有更大的发展将是“十五”期间我国吸收外资工作所面临的主要任务。

参与直接投资的规模已经成为衡量一国生产力发展水平和国际竞争力的重要标志

发达国家仍是跨国投资的主导力量,1998年外资流出增长46%,达5 950亿美元,外资流入4 600亿美元,增长68%。1999年,发达国家吸收外资总额达6 090亿美元,占全球的3/4。吸收外资和对外投资的主要国别有美国、英国、法国和德国(流入/流出)、荷兰(流入)、西班牙(流出)、瑞典(流入)。

美国

居高不下的失业率和80年代美国经济的萧条促使联邦政府十分重视吸引外资,特别是能够创造就业机会的外商投资,过去5年,在美外资企业雇佣美国人的数量基本保持在500万左右。

1988年至1998年10年间,美国一直保持全球第一号投资国的地位。英国、日本、荷兰、德国是对美投资的主要国家。美国吸收外资的主要行业集中在制造业、贸易和金融领域。80年代初,为更便利地进入美国市场,绕过将来可能出现的贸易保护主义,以日本为主的国家开始了对美国大规模的投资,因担心外国人过分控制美国经济,日本在美投资曾遭到美国舆论的强烈攻击。对美投资的第二次浪潮起始于1991年经济衰退结束后,一直持续至今。1998年,美国吸收外商直接投资1 934亿美元,比上年增长75%。跨国并购交易增多是90年代美国吸收外资的一个显著特征。1998年近90%的外商投资是以并购的方式进行的,而80年代,这一比例仅为60%。90年代美国的外商直接投资以欧洲和加拿大的公司为主。欧洲各国在美投资主要集中在医药和生化科技。日本的投资范围相对较广,包括汽车、信息及通讯等行业。

美国吸收外商直接投资的行业分布情况

(单位:亿美元)

	1993	1994	1995	1996	1997
石油	9	5	39	88	45
制造业	111	212	287	345	362
批发贸易	8	22	66	82	113
零售贸易	15	15	13	25	13
仓储	10	20	69	6	58
其他金融	46	53	40	44	51
保险	11	5	38	74	111
房地产	19	26	−6	5	7
服务业	42	72	15	38	71

数据来源:美国商业部

经济的持续增长为美国企业海外投资奠定了基

础,1998年,美国外资流出1 330亿美元。美国企业的海外投资主要集中在发达国家,占其对外投资总额的70%,就行业而言,美国的对外投资集中在制造业、金融、保险、石油等领域。美国对发展中国家的投资主要侧重于拉丁美洲。国内整体商业形势和利率走势将影响美国资本的输出和输入,中国在不久的将来加入WTO也将对美商产生极大的吸引力,刺激一部分投资,特别是出口导向型外商投资流入中国。

据IMO和OECD预测,近期内,影响美国经济增长的有利因素仍将继续保持,美国良好的宏观经济环境,雄厚的微观经济实力使其仍将成为未来国际投资的首选之地。

美国吸收外商直接投资的国别情况

(单位:亿美元)

	1993	1994	1995	1996	1997
加拿大	38	41	48	82	94
欧洲	168	319	397	517	600
其中:法国	12	14	27	60	87
德国	28	33	79	190	107
荷兰	21	15	-15	115	103
英国	82	173	163	110	86
拉美和加勒比	9	14	29	33	59
亚太	30	53	119	132	136
其中:澳大利亚	21	27	20	37	26
日本	27	36	82	102	94

数据来源:美国商业部

英国

英国是欧盟外国直接投资最大的接受国和投资国。1999年,英国取代美国成为全球最大的对外投资国。英国吸收的外商直接投资约占全球的1/10,欧盟的1/4直接投资在英国制造业起着举足轻重的作用。英国对外商的吸引力包括一系列的补贴政策;英国在欧盟的地位(使投资者可以完全进入欧盟统一市场);灵活的劳动力体制;透明但非繁文缛节的法律环境;适度的税收水平等。1998年,英国外资流入630亿美元,流出1 140亿美元。全球经济发展的总体趋势,如汽车工业的全球网络化,必将在很大程度上影响欧盟今后几年外国直接投资的流动情况。

日本

日本的对外投资以美国、亚洲为主,集中在制造业、金融、保险等领域。制造业投资主要投向技术比较成熟的行业,以占领市场为主要目的。由于国内经济的影响,日本跨国公司近年来对外投资的势头有所减弱,1999年日本对外投资230亿美元,比上年有所减少。据统计,日本制造业仅有四分之一的公司计划在1999~2001年期间扩大海外投资,所以最近几年,日本对外直接投资大幅增长的可能性很小。

同其他工业发达国家相比,日本吸收外资长期处于较低水平,与其世界第二的经济规模很不相称(日本占全世界经济总额的17%),主要是在日本设立企业的成本太高(地价、办公用房租金、雇员工资、原材料和运输费用等高昂;规章制度繁复等)。1998年,日本吸收的外商直接投资仅达到32亿美元。许多国家都希望拓展在日本的直接投资,由于经济一直难以走出困境,日本政府也希望通过引进外商直接投资增加经济的活力。为改变利用外资缓慢的局面,日本政府于1998~1999年度取消了对一些投资领域的限制,并开始允许外国并购行为。1999年,日本吸收外资近140亿美元,比上年增长约5倍。日本经济若能按计划步入新的增长轨道,日本的吸收外资也有望实现增长。

到目前为止,进入日本市场的外资企业构成以工业发达国家为主,约占70%。美国是日本最大的投资国,其次是荷兰、英国、德国、瑞士。日本吸收外资较多的行业是金融、保险、服务、机械、贸易等。近年来,日本吸收外商直接投资的情况如下:

日本吸收外国直接投资情况

(单位:亿日元)(1＄=￥119.6)

	1994/1995	1995/1996	1996/1997	1997/1998
美国	1 642	1 772	2 390	1 518
欧盟	1 586	1 274	2 202	3 078
总计(包括其他国家)	4 327	3 697	7 707	6 782

数据来源:日本大藏省

由此我们可以推断,今后几年,全球外国直接投资的总体格局不会有大的改变,发达国家在国际投资中的主体地位仍将得以保持。

90 年代全球 FDI 流动情况

(单位:亿美元)

	1990	1991	1992	1993	1994	1995	1996	1997	1998	1999
发达国家	1 710	1 150	1 180	1 380	1 410	2 080	2 120	2 760	4 680	6 090
发展中国家	340	430	520	760	1 000	1 070	1 380	1 720	1 730	1 980
中东欧	10	30	50	70	60	150	130	190	200	200
全球总额	2 060	1 600	1 750	2 200	2 470	3 300	3 630	4 680	6 600	8 270

资料来源:联合国贸发会议

发展中国家重视吸收外资

发展中国家普遍重视吸收外国投资,参与国际投资的势头也大大增强,在未来全球外国直接投资总量中所占的比重将会进一步增大,但同时由于区域性经济集团内部的合作不断加强,国际资本跨区域流动减少,发展中国家吸收外资的竞争将加剧。

80 年代流入发展中国家的外国直接投资同发达国家相比显得微不足道。进入 90 年代,大多数发展中国家都将借助外资发展本国经济作为其发展战略,国际直接投资日益成为许多发展中国家获取国际资本的主要方式。外国直接投资占发展中国家资本总流量的比例已由 1991 年的 28%增至 1998 年的 56%(世界投资报告)。发展中国家外国直接投资总量占全球的比重也呈增长趋势,1995 年为 32.3%,1996 年达到 37.7%,1997 年 37.2%,1998 年由于金融危机则减少为 25.8%。

发展中国家在利用外资的初期以资源开发、初级产品加工和替代进口为主,以后转向发展制造业,尤其是劳动密集型出口加工业,再逐渐转向发展资本和技术密集型产业及第三产业。这可以称之为发展中国家利用外资的“三部曲”。

1997～1998 年发展中国家吸收外资情况

(单位:亿美元)

	1997 年	1998 年
所有发展中国家	1 730	1 660
亚洲	960	850
拉美及加勒比	680	720
非洲	77	79

1995～1998 年发展中国家 FDI 占全球的比重

(%)

	1995	1996	1997	1998
所有发展中国家	32.3	37.7	37.2	25.8
亚洲	20.7	22.9	20.6	13.2
拉美及加勒比	10.0	12.9	14.7	11.1
非洲	1.3	1.6	1.6	1.2

资料来源:联合国贸发会议

近年来,发展中国家吸引外资呈现如下几个特点:

发展中国家吸收外资经历了从禁止到鼓励,从封闭到开放的过程 90 年代,大多数发展中国家加大了对外开放的力度,将外资纳入本国经济发展的轨道,制定与国际分工和世界经济发展趋势相适应的利用外资战略。许多发展中国家对外资持更加开放的态度,对国民经济的一些重要部门实行私有化,取消对国内产业的垄断,简化投资手续,完善吸收外商投资的法律法规等。这一系列的发展为外国直接投资的进入和发展起到了积极的促进作用。

创造特殊的投资环境,实行一系列优惠政策 如设立经济特区、出口加工区、科技园区等,给予外资企业优惠的税收政策等。

投资国、受资国和投资领域相对集中 发达国家对发展中国家的投资侧重点不同,美国以拉美为主,日本主要集中在亚洲;发展中国家间相互投资主要是亚洲新兴工业化国家对本地区邻近国家的投资,特别是劳动力成本较低的国家和地区;发展中国家的受资国主要集中在亚洲和拉美,非洲所吸引的外资占发展中国家外国直接投资总额的比例很小;发展中国家的

外资投资项目相对集中于制造业领域。

内部条件和外部环境的变化仍是决定今后几年发展中国家利用外资总体状况的主要因素,外部环境主要是整个世界经济,尤其是主要投资国的经济环境,内部条件则是发展中国家自身的投资环境。政治稳定,经济环境改善,保持经济政策的稳定性和连续性,确定有利于外国投资者进行预期的政策规则,私有化进程加快,反腐力度加大将成为发展中国家外国直接投资增加的主要推动因素。

亚洲发展中国家吸收外资开始回升

亚洲,特别的东亚和东南亚地区一直是国际直接投资的主要目标市场,新加坡、马来西亚、印尼、泰国等均为引人瞩目的外资吸收国。受金融危机的影响,近两年,一些东南亚国家吸收外资呈下滑趋势。1999年,这一局面有所扭转。大多数在1997～1998年经济危机中遭到打击的国家,经济发展的势头得到了加强,尤其是政府改革意愿较强的国家,如韩国。据UNCTAD的初步估计,1999年亚洲(包括西亚)吸收的外资总额达910亿美元,比上年增长1%。

亚洲各国的情况也不尽相同。中国是90年代亚洲吸收外资最多的发展中国家,1999年仍保持了这一领先地位;韩国的外商直接投资1999年增长了近55%,达85亿美元;新加坡增长了20%,达87亿美元;中国台湾24亿美元。遭受金融危机打击最严重的5个国家中,印尼、菲律宾和泰国的吸收外资呈现不同程度的下降,马来西亚上年基本持平,只有韩国一枝独秀。5个国家吸收外资总体增长1%,总量达180亿美元。

亚洲国家吸收外资的另一个显著特点是:跨国并购仍是上述受金融危机影响最严重的5个国家外资流入最大的驱动力,1998～1999年跨国控股并购在这些国家的年平均金额为120亿美元,1994～1996年平均仅为10亿美元。金融危机所导致的廉价资产和可获得性,产业和企业结构重组的紧迫性等为并购提供了有利的条件,这一点在韩国和泰国最为明显。

越南、某种程度上也包括中国等,吸收外商投资极大地依赖本地区其他国家,外资流入仍受金融危机的后续影响。

1999年西亚的外资流入在1997、1998年回升的基础上继续保持了增长趋势。

泰国1999年由于金融业大规模的资本调整接近尾声,外资流入减少15%,达58亿美元。尽管如此,1999年泰国的吸收外资水平仍超过了1997年的历史纪录。制造业仍是泰国吸收外资的主要领域。

目前各发展中国家在吸引外资方面都不同程度地加大了政策力度。在亚洲,印度新任政府承诺将大力改革计划经济的残余,取消外汇管制,开放保险业(允许外资占股26%),私营电视广播业(外资占股20%),完善专利商标保护法,努力使外国直接投资在未来10年内比过去10年增加3倍,达到100亿美元;韩国过去被外商认为是保护色彩最浓的国家之一,禁止或绝对禁止外资进入的领域多达200多个。金融危机后,韩国政府在吸收外资方面一系列“大手笔”尤其引人瞩目,目前韩国在全部1195个行业中,禁止外资进入的行业为47个,尚未开放的行业为4个,投资自由化率达到99.7%。由于过去长期的管制,印度和韩国在吸收外资方面存在相当的潜力,长期来看,将成为亚洲颇具吸引力和发展前途的目标投资国。

从长远看,亚洲地区吸收外资的综合区位因素仍较为理想,如基本经济决定因素、地区经济的复苏、各国广泛采取的经济开放和调整措施、中国加入WTO等均使本地区吸收外国直接投资的长期前景仍将看好。

亚洲地区1997～1998年吸收FDI情况

(单位:百万美元)

	1997年	1998年
西亚	4 638	4 579
中亚	3 032	3 023
南亚/东亚/东南亚	87 835	77 277
中国	44 236	45 460
新加坡	9 710	7 218
泰国	3 733	6 969
韩国	2 844	5 143
马来西亚	5 106	3 727
印度	3 351	2 258
越南	2 950	1 900
菲律宾	1 222	1 713
中国香港	6 000	1 600
巴基斯坦	714	497
亚洲总计	95 505	84 880

资料来源:联合国贸发会议

拉美吸收外资继续稳定增长

1999年,拉美和加勒比国家外资流入从1998年的730亿美元增加到970亿美元,比上年增长32%。拉美和加勒比地区首次取代亚洲成为1986年以来发展中国家吸收外资最多的地区。1999年,巴西吸收外国直接投资299.8亿美元,阿根廷250亿美元,智利90.08亿美元,厄瓜多尔、秘鲁外资流入也有所增长;哥伦比亚和委内瑞拉的吸收外资有所下降。

拉美的企业私有化工作是吸引外国直接投资的主要因素。阿根廷1999年企业并购额为258亿美元,位居拉美第一,巴西为135亿美元。

美国是拉美最大的投资国,其次是西班牙。

1997~1998年拉美吸收FDI情况

(单位:百万美元)

	1997年	1998年
巴西	18 745	28 718
墨西哥	12 831	10 238
阿根廷	8 094	5 697
智利	5 417	4 792
委内瑞拉	5 087	3 737
哥伦比亚	5 701	2 983
秘鲁	1 786	1 930
拉美和加勒比总计	68 255	71 652

数据来源:联合国贸发会议

90年代拉美推行的以调整经济结构为主的改革使拉美国家经济的总体实力不断增强,国际市场初级产品价格的上涨和美国经济的持续发展都为拉美国家吸引外资创造了有利条件。国际组织和金融界人士对拉美利用外资的前景也普遍看好。

非洲国家开始融入国际直接投资的潮流

非洲国家吸收外资的起点较低,但近年来,非洲国家吸收外资也保持低水平增长,1999年为110亿美元。南非是对外国直接投资最具吸引力的非洲国家,其次是埃及、摩洛哥、突尼斯、科特迪瓦和加纳。

由于地缘优势、历史上的宗属关系、北非国家与欧共体之间的贸易协定等因素,西欧是对非投资的主要地区。90年代前半期,法国和英国占西欧对非投资的80%以上,美国占发达国家对非投资的15%。90年代后期,亚洲的发展中国家成为对非投资的新生力量。

1994年以来,非洲宏观经济形势出现较为明显的好转(1995~1997年,非洲的经济增长率平均达到4%),多数非洲国家政局逐步走向稳定,开始着手对经济实行结构和政策调整,使国家的经济秩序逐步走向正规,经济结构趋向合理,市场经济得以初步发展。国际组织,如世行和IMF也在为全面解决非洲债务问题做积极的努力,非洲在国际上的重要性也逐步显现。为改善投资环境,一些非洲国家取消了对所有权的限制,降低了税率,撒哈拉以南非洲国家加大了私有化的进程,向外国投资者出售包括基础设施领域的企业。

近年来,更多的投资国把目光投向非洲,其中美国的努力最为明显。美国已开始调整对非政策,鼓励美国企业家去非洲投资,建立美国——撒哈拉以南非洲国家的自由贸易区。1996年,美国制定了以南部非洲为中心的5年经贸发展计划,1997年,美国宣布了推动对非贸易和促进投资的一系列具体措施,出台了《非洲经济增长和机会的伙伴关系》。

到非洲投资一是发达国家出于开拓国际市场的需要,二是因为非洲较高的投资收益率(据美国商业部统计,在非洲投资的美国公司平均收益率为33%,而在亚洲为14%,拉美12%)。全球许多大企业认为,未来数年,非洲将成为投资的良好场所。联合国贸发会议在一份报告中指出,非洲的实际商业环境要比表面情况好得多。日内瓦国际贸易中心对全球最大的63家跨国公司的调查表明,超过43%的被调查公司认为,在未来3~5年,非洲对国际直接投资的总体吸引力将迅速增加。非洲国家吸收外国直接投资可望有所增长。

尽管目前非洲国家吸收外资从低水平开始增长,但制约外资进入的一些因素仍十分突出:过于沉重的债务负担不仅影响了非洲国家在基础设施建设和人文资源领域的投资,而且令国际投资者也望而却步;非洲许多国家总体投资环境仍然很差,基础设施严重不足,医疗卫生条件简陋,政府办事效率低下,经济发展的隐患累累;市场容量也是一个很重要的因素,非洲国家的市场规模小,发展水平低。由此可以预见,非洲吸收外资的总量在今后相当时期内仍将保持较低水平的增长。

1999年中国吸收外商直接投资的情况

中国吸收外商投资的轨迹与改革开放的整体进程是一致的,也经历了起步(1979～1983年)、发展(1984～1991年)、高速发展(1992～1995)与调整阶段(1996年至今)。90年代起,外商直接投资成为中国利用外资的主要方式,一直保持较高水平。自1993年起,中国连续7年成为全球吸收外资最多的发展中国家,截至1999年12月底,全国累计批准设立外商投资企业341 538家,合同外资金额6 137.17亿美元,实际使用外资金额3 076.31亿美元,其中中外合资经营企业和中外合作经营企业仍是我国吸收外商直接投资的主要方式,设立企业数、合同外资金额和实际使用外资金额三项指标分别占全国累计吸收外资总量的72.09%、66.99%和68.37%。但从1992年起,外商在华设立独资企业的数目明显增多,1997年年度新批外资企业数首次超过中外合资企业数,这表明随着改革开放20年来我国外商投资环境的不断改善,我国利用外商投资的方式结构已发生了变化。

就外商投资国别/地区而言,亚洲10国/地区(香港、澳门、台湾省、日本、菲律宾、泰国、马来西亚、新加坡、印尼、韩国)仍为我国吸收外资的主要来源地区,截至1999年底,在我国累计吸收外资总量中,亚洲10国/地区累计投资设立企业数、合同外资金额和实际投入外资金额分别占82.38%、75.26%和76.79%,欧盟所占比重依次为3%、6.77%和7.01%,美国所占比重依次为8.40%、8.57%和8.34%。从统计数字可以看出,欧美跨国公司来华投资还有相当的潜力。如何加大欧美跨国公司来华投资的力度将成为今后几年我国吸收外资工作所面临的一项主要任务。

1999年,我国吸收外商直接投资区域分布结构不平衡的状况有所改善,中部地区在全国吸收外资总量所占比重有所上升,西部地区所占比重与1998年基本持平,东部地区则略有下降。截至1999年底,在全国累计吸收外商直接投资总量中,东部地区所占比重为82.13%、88.13%和87.84%;中部地区所占比重分别为12.86%、8%和8.94%;西部地区所占比重分别为5.01%、3.87%和3.22%。充分发挥各地优势,取得利用外资的综合效益是我们一直强调的宗旨,也符合我国21世纪区域经济协调发展的总体战略。全球经济一体化的加深迫使发达国家加快了产业升级和转移的步伐,由于东部优越的生产基础和条件,今后应注重在新兴产业领域利用外资率先发展,并利用外资进一步提高产业技术和产品的国际竞争力,以此带动全国产业结构的升级。随着国家西部大开发战略的实施,外资西进也日渐提上议事日程,2000年6月,国家颁布了《中西部地区优势产业目录》,其核心是扩大中西部地区的对外开放,鼓励外商到中西部地区投资。

1999年全国吸收外商直接投资一览表

(单位:亿美元)

	新批项目数		合同外资金额		实际使用外资金额	
	企业数	同比%	金额	同比%	金额	同比%
合资经营企业	7 050	-13.0	135.15	-21.8	158.27	-13.9
合作经营企业	1 656	-17.3	68.03	-41.6	82.34	-15.3
外资企业	8 201	-15.2	207.06	-4.8	155.45	-5.6
其他	8	-50.0	1.60	-88.5	6.76	-23.6
总计	16 918	-14.6	412.23	-20.9	403.19	-11.3

资料来源:外经贸部《外资统计》

近年来,外商投资行业分类也呈现变化趋势,农林牧渔业、制造业在吸收外资总量中的比重逐年增加。1999年全国实际使用外资金额中,第一产业所占比重为1.76%,第二产业为66.63%,第三产业为

31.36%。在制造业中，高新技术特别是电子及通讯设备制造业吸收外资增幅尤其显著，这与我国的产业结构由劳动密集型向资本、技术密集型过渡的特征相吻合。未来几年，第二产业仍将是我国承接外商投资的主体，但外商投资的产业结构在我国加入WTO后会发生变化。由于入关后的市场开放措施，服务贸易领域外商投资所占比重将会增加。

1999年外商直接投资产业结构

（单位：亿美元）

	新设立企业			合同外资			实际使用外资		
	企业数	比重%	同比%	企业数	比重%	同比%	企业数	比重%	同比%
总计	16 918	100	－14.55	421.23	100	－20.9	403.19	100	－11.31
第一产业	762	4.5	－11.01	14.72	3.57	22.2	7.10	1.76	13.85
第二产业	12 288	72.63	－10.87	272.89	66.20	－18.9	268.63	66.63	－8.20
第三产业	3 868	22.86	－24.69	124.62	30.23	－27.8	127.45	31.61	－18.17

资料来源：外经贸部《外资统计》

针对国际直接投资的发展趋势和目前影响我国吸收外资工作的主要因素，今后我们应加强以下几方面的工作：

注重提高国民经济运行的内在质量，提高外商在中国市场盈利的预期　吸收外资同我国国民经济发展是紧密相关的。中国经济发展的前景和潜在的大市场是跨国公司选择投资的最大区位优势，但人口优势并不等同于现实的市场规模，将人口优势转化为市场规模优势的充分条件是经济增长带来的居民收入的提高。近年来，我国经济的名义增长率虽然较高，但经济增长中知识进展（发达资本主义国家重要的经济增长因素）、劳动生产率提高和经济结构变化的幅度却很有限。中国的贫困人口、失业人口与日俱增，通货紧缩导致消费需求、市场销售不振，企业经济效益下降，生产经营的困难局面加剧，新的投资机会减少，影响了企业生产和投资的积极性。外商在华投资经营的状况比预期差，也直接影响了后续外商投资者的信心。

注重改善我国投资软环境中存在的问题　国际资本的流入要求东道国提供能与之形成最佳投入产出的配置结构组合，即要求东道国的经济体制、法律框架、管理体制与外商投资企业的内部经营机制和外部运作机制相吻合。近年来，政治体制改革滞后导致政府管理方式落后，由此导致政策不协调，管理混乱，这也是影响我国吸收外资工作的一个十分重要的制约因素。“入世”意味着今后我们必须按国际经济贸易规则办事，整个经济体制必须符合国际惯例，具体到吸收外资，根据世贸组织的有关规则，建立一整套符合国际经济贸易规则的投资管理机制，建立完善的外商投资法律体系是当务之急。

尽快培育吸引外资的新“卖点”　近年来，我们一直在强调加大吸引技术密集型、大型跨国公司的投资，但目前看，我们的外商投资项目缺乏新“卖点”。全球经济正在向服务业倾斜发展，大规模的跨国投资多集中在服务贸易领域，而我国的服务业在部门、行业、地域和经营范围等诸多领域还没有实质性开放，限制外国投资的进入。跨国公司对优惠政策、廉价劳动力选择的位次在日益降低，而我们的投资项目却仍集中在传统工业领域，由此导致我国吸收外商投资工作难以取得突破性进展，因此，在保证国家经济安全的前提下，重新规划和调整我国外商投资的领域和政策，在投资方式、投资领域等方面为跨国公司的进入提供可行的机会。

跨国并购已成为国际投资的主要形式，并仍将成为今后国际直接投资迅速增长的主要原因

跨国并购仍将是国际直接投资增长的主要驱动力。近年来，跨国并购成为发达国家进入外国市场的主要方式，其对发展中国家的重要性也日益增强。

1999 年全球跨国并购额 1.1 万亿美元。引发跨国并购行为不断加剧的原因有三点，一是商业性的，如生产能力过剩，一些行业的需求严重不足；二是战略性的，如分担高新技术领域的巨额投资成本和研发开支；三是政策因素，投资东道国广泛采取的取消限制、投资自由化政策。

跨国并购也主要集中在发达国家。1998 年，经合组织各成员国外国直接投资快速增长的主要原因正是美欧大企业之间大规模的跨国并购所引起的。亚洲的金融危机从另一个角度刺激了跨国并购。

科学技术的日新月异，国家、地区及全球领域贸易和投资的自由化，尤其是广大发展中国家政治体制改革力度加大，私有化进程加快，投资环境改善，各大跨国公司经营战略的调整（由产品多元化向地区多元化转变）等因素促使越来越多的企业将跨国并购视为其海外扩张和巩固国际市场地位的主要手段之一，今后几年跨国并购在数目和交易规模上将继续保持高速增长。未来几年，如何正确处理吸收外资与发展本国经济的关系，实施更加有效地吸收外资战略，更好地协调受资国与外商投资者的利益，将成为世界各国，尤其是发展中国家所面临的共同的课题。

从稳定波动与均衡发展到风险预期加大的竞争调整

——1999～2001 年国际金融综述

中国银行国际金融研究所　谭雅玲

1999 年国际金融的发展趋势与特点

1999 年国际金融领域的热点和焦点问题突出重大事件，集中表现为：巴西金融动荡、美国经济和股市持续强劲、欧元持续疲软、日元大幅升值、日本第一劝业银行和富士银行以及兴业三大银行最大重组、韩国大宇集团的危机与解体、亚洲金融危机的缓解、巴塞尔协议的新进展以及美国《金融现代化法案》的正式实施。其中美国经济、美国股市以及美国银行法的改革更为引人注目，并影响和主导着世界经济金融的发展，引导着国际金融领域改革全方位的发展。但 1999 年国际金融领域焦点和热点问题对国际金融市场冲击，已经明显减弱。1999 年国际金融的发展在世界经济预期利好的影响下，虽然市场汇率、利率以及资金、黄金交易呈现较大的波动和调整，但市场发展仍然平稳。而产业与行业的发展较为平稳，尤其是银行的购并趋势有所减缓，但金融法制机制日趋完善，行业机构规模地位呈向上趋势。

国际金融的发展是各国金融趋势的集中表现，一国自身的经济基础、经济实力和政策取向是重要的影响因素；同时金融格局的趋同化、无形化以及连动性，对全球金融市场的涨跌起到较大的干扰刺激作用。1999 年国际金融发展的主要特点突出表现于三个方面：

经济基本面与预期的差异导致资金流向、市场价格的调整与周期的变化——突出于对美国经济的持续繁荣的忧虑、日本经济持续不景气的转化以及西欧经济相对稳定的呈现，引导市场更为关注经济前景预期，对美国的忧虑与对日本的期望使得美元美股资产的淡化、日元日股资产的信心不足和欧元资产信心的上升，并导致日元和欧元的资产价格大幅上涨和回升，美元资产价格暂时受到抑制。焦点集中于下半年主要汇率的波幅加大，突出于美元兑日元汇率的大幅贬值,以及美元兑欧元汇率的进一步升值。

美国经济政策导向导致价格指数的技术性调整和主导性加大——突出于美国利率手段的运用,引起美股的变化。美国利率1999年6月、8月和11月3次出现上调,联邦基金利率由4.75%上调至5.50%,上调75个基本点;贴现率上调50个基本点。由于美联储每次都提早作出提高利率的预期,金融市场特别是股市已经进行了相对的调整,美股上升的速度得到抑制,下跌幅度明显。而这种政策或技术性的调整,使股市得到良好的盘整,并有利于经济的稳定增长,而且对全球经济和股市的支撑较大,也是1999年热点和焦点问题。美股强劲上扬的主要因素首先在于内部结构的有利支持,经济金融实际状况使美国股市仍然具有支撑力。可以肯定的是美国股市高涨得益于美国经济的稳定增长和宏观经济金融环境的健康稳定。

金融监管完善与重视上升使得金融风险动荡均衡节制,金融机构健全超强趋势强化——国际金融市场和行业的发展经营状况仍然是国际金融领域关注的重点,但由于国家和区域发展水平的差异,银行金融机构经营状况、资产质量以及监控水准仍然具有较大的差异。特别是经过亚洲金融危机和巴西金融动荡之后,国际银行业十分重视银行体制和机制的健全与完善,金融监管职能的强化与规范。因为,银行业应对和防范危机的能力和表现最为有效,亚洲金融危机中货币市场危机中生成的银行危机进一步恶化和加剧了金融危机的深度和广度,金融危机的缓解更为艰难;而巴西金融动荡中货币市场危机中得到银行健康运作的保障支持,金融动荡没有进一步演化为金融危机,而且金融动荡的缓解也较为迅速,健全的银行体系对稳定经济起到非常重要的作用。

1999年国际金融市场的主要表现在于汇市、股市、银行以及金融改革等方面的发展变化。

外汇市场——美元稳定下滑、欧元持续下跌、日元合理波动 1999年全球货币汇率基本保持较为稳定的发展趋势,主要汇率之间尽管出现较大的波动幅度,但汇市运作基本正常,对经济发展起到较为有利的支持作用,比较有利于各国和区域经济发展的实际需要。

欧元兑美元持续下滑 自1999年初欧元问世以来,其兑美元汇率呈一路下跌趋势,其间最大跌幅为15%,由年初启动的1:1.17跌至1:1.01。分析欧元持续下跌的原因主要是欧元区国家经济复苏的乏力和内部政策协调的艰难所致,同时外部环境的影响也直接牵制着欧元信心的下降,特别是科索沃危机严重影响了欧洲政治经济金融的稳定,促使投资者对欧元信心受挫,资金流向出现逆转,欧元投资受阻。为此,欧洲中央银行6月18日首次采取干预外汇市场的举措,使欧元兑美元汇率回升至1:1.04,暂时阻止了欧元持续下跌的局面。年底欧元进一步下跌,瞬间跌破1:1的水平。一国货币汇率走势的基本因素仍然是一国经济实际状况的具体体现。欧元变化的主要影响因素在于:美国经济增长的持续和欧洲经济复苏持续性的不确定、欧洲政治见解的分歧、政策的不协调以及结构性的制约,使经济发展受到制约和阻力则明显。从影响汇率的基本因素分析,欧元的支持力也较为微弱。货币汇率走向的长期趋势在于经常帐户的余额、通货膨胀的差异以及经济增长的差异——而目前欧洲经济增长的预期和信心受到较大的干扰。货币汇率走向的短期因素在于利率水平、中央银行干预以及预期因素等——而目前欧洲的利率水平和利率调控能力均不及美国所拥有的较强的优势,干预能力和预期更是难以相比。但欧元长期的发展前景形势看好,因为货币的统一是世界性的创举,也必将带动经济的增长与繁荣,滞后的效益将会逐渐经历时间的检验,欧元强劲的潜力空间将会加大。

美元兑日元汇率大幅波动中的政策导向 年初年终,美元兑日元汇率从1:113持续贬值为1:102左右。期间美元汇率强劲点为7月份兑124日元,上半年以美元升值为特色,下半年以日元升值为特色,阶段性十分明显。由于日本经济复苏需要疲软的日元而非坚挺的日元,因此,美日之间汇率走势中政府意志和政策驱动明显。日元汇率大幅上升的主要因素和影响在于:经济信心影响日元继续升值;美国货币政策的灵活性主导美元贬值;美国贸易逆差的巨大压力导致美元贬值。美元兑日元汇率的变化,会引起汇率周期的变化与调整,美元弱势的周期将会逐渐显现,日元强势的周期将会来临,但需要一段时间的磨合与调整,短期内不可能完全转变。

亚洲和拉美货币汇率平稳波动 其中亚洲货币

市场汇率回稳明显，主要国家的汇率逐渐恢复到危机初期的水平，十分有利于宏观经济环境的稳定与改善。拉美货币市场，巴西金融动荡成为全球年初关注的热点，并且是1998年年底已经预测的重要焦点。而1999年初货币市场和股票市场的大幅下跌引起货币汇率机制的转变，则促进了巴西金融改革进一步深化。通过金融波动的考验，巴西政府在国际社会的关注与支持下，实施了必要的金融举措，财政赤字状况有所改观，出现20亿美元的盈余以及外汇储备的增加，从而进一步提高了资金和经济信心，稳定的宏观金融环境有利于经济的复苏与发展。而拉美货币市场汇率由于巴西金融动荡逐渐缓解和稳定，基本保持稳定状态。

股票市场——美股领涨、投资旺盛、涨势各异 全球股市发展中，美股的领头羊作用十分明显，美股上涨，全球股市则普遍向上，而美股出现下跌，全球股市则疲软波动。加之资金效益的显著与迅速，股市投资较为旺盛，资金流动较为活跃，全球股市均呈现不同程度的涨幅。

美国股市　美股半年来表现最佳，从年初的9 100点上升至年底的11 000点左右，升幅达20%。伴随着美国经济发展的良好势头，1999年美国股市重新开始新一轮的高涨期。从1月8日突破9 600点之后连续上涨，3月16日瞬间价格指数首次突破10 000点，呈现4年半以来前所未有的强劲表现，3月29日道-琼斯指数跨越10 000点大关，创下其103年历史最辉煌的一页。美股强劲上扬的主要因素首先在于内部结构的有利支持，经济金融实际状况使美国股市仍然具有支撑力。可以肯定的是美国股市高涨得益于美国经济的稳定增长和宏观经济金融环境的健康稳定。而美股持续上涨的具体原因或称之为有利因素则在于以下四点：经济信心和市场预期的心理作用；消费旺盛和外资涌入的刺激作用；宏观经济环境的保障作用；信息技术的推动作用。1999年美股市值占全球总市值的比重已经由10年前的28%急速上升到53%，而从1995～1998年的4年间，美股的回报率高达24%，美股潜在的风险系数加大。因此，1999年美国政策的关注重点始终是资金的流入和流出，以及依据资金状况决定货币和财政政策的取向，但美国整体经济状况仍然处于较好的发展态势。美股之所以呈现10 000点的高涨势头，最为根本的是受益于美国“新经济”——在信息技术广泛应用中生产要素、产业结构、企业经营和周期规律的重大变化。具体而言，“新经济”是知识取代物质成为经济增长中的主要生产要素、信息技术广泛应用成为经济增长中的主导性产业，以及企业经营网络化与全球化成为经济增长中的重要力量。“新经济”的中心是知识与信息经济的结合，“新经济”的表现是资金的规模效益与快速流动，“新经济”的发展是不断创新与调整的推动，“新经济”的结果是生产率的提高、成本的降低、存货的减少、出口的扩大以及劳动力素质的上升，最终“新经济”是美股快速增长的强劲支柱。美国股市对美国经济和全球股市的作用和影响十分重要，被称为美国经济的晴雨表和全球股市的领头羊。

西欧股市　在美股的带动和影响下，西欧主要股市的表现也较为理想，资金的吸引力也较为强劲，股市发展呈上升趋势。其中法国股指接近年底的上涨势头强劲，达到5 500点的较高水准；德国和英国股市在经济利好因素增加的影响下，上涨势头也较强。欧洲经济发展处于缓慢复苏阶段，欧元的启动对欧洲经济信心和资金信心的促进十分明显，加之欧洲注册的互惠基金的总资产已经达到22 500亿美元，其中35%投资于股票基金，对股指上扬的刺激较大。欧洲互惠基金市场的最大规模是法国，其次是意大利，在世界的排位分别为第二和第三。尤为突出的是意大利互惠基金市场的快速成长，在近4年的发展中，市场的资产回报率以51%的复合年率增长，总值达到4 350亿美元，促使意大利的股市年增长率达到20%以上。

日本股市　日本由于经济政策和财政政策协调以及政府资金效益的作用，上半年股市的状况异常趋好，日经指数从年初的13 400余点上升至19 000点的较高水平，升幅高达42%，已经创下1997年10月日本经济衰退以后的最高水平。日本股市呈现明显涨势的原因在于日本经济已经停止下滑，经济出现平稳推进的迹象，其动力是公共投资和住宅投资的恢复，以及生产状况改善使得企业筹措资金方面的金融压力减缓。因而，股市的投资信心和心理因素得以改观，刺激投资气氛的上扬。

亚洲股市　1999年亚洲各国股市普遍处于较为稳定状态，尤其是第二季度以来上升势头日趋高涨。

其中韩国股市连续上涨，创下3年来的最高点，从年初的600余点上升至年底的998点左右，升幅为66%；新加坡股市也持续大幅上扬，海峡时报指数连创历史新高，年底在2 200点以上价位调整，与年初的1 464点水平相比升幅为50%；泰国股指从400点上升至540余点，升幅为35%；菲律宾股指基本稳定于2 000余点水平，接近危机爆发前的水平；马来西亚股指从580点上升至800余点，升幅为38%；印度尼西亚股指从420点上升至620余点，升幅更达47%；中国台湾股指从6 200点上升至7 800余点，升幅为26%；香港地区则呈现56%的涨幅，从10 233点上升至16 000点左右。亚洲股市较大范围和较强幅度的回升表明亚洲经济调整作用的逐步到位、金融改革重组措施的有利以及资金信心的强劲回升。

拉美股市　拉美股市状况也在逐步好转，以大国巴西为引导的股市呈现上升趋势，股指反弹强劲，加之美国股市的旺盛交易刺激拉美股市稳定上扬。

黄金市场——保值淡化、抛售加剧、价格上下波动　1999年黄金价格出现急剧变动和调整：1～9月中旬黄金价格持续疲软下降，从年初的287美元1盎司已经下跌至250美元左右；但9月下旬，由于欧洲15国央行就限量出售黄金储备问题达成协议，以及美国对黄金储备的态度，加之亚洲金融危机的缓解以及亚洲经济复苏曙光的出现，尤其是美元资产的波动，使得金价大幅上升，并达到340美元以上的水平；接近年底由于欧洲抛售黄金的举动，黄金价格再度下跌至270美元的较低水平。此外，市场利率呈现发达国家上调、新兴市场国家和地区下调的发展趋势，利率趋向均衡水平，有利于投资收益的均衡，投资组合将面临新的变化与调整。全球黄金市场呈疲软下降趋势，黄金价格从年初的287美元1盎司已经下跌至270美元左右，期间由于国际环境的影响和美元疲软的刺激，金价一度大幅上升至340美元的较高水平，但后来则进一步下跌。导致黄金价格持续下降和波动的原因在市场行为和政府观念两方面。

其一：随着金融全球化的迅速发展、高科技的广泛运用和普及以及金融衍生产品的日新月异，资金流动的加快和加大，促进资金效益显著，资金回报率较高，相对淡化了黄金的保值作用。同时国际经济环境的转变——发达国家普遍处于较高或平稳的经济增长状态，投资信心和前景强劲，军事政治事件对经济增长略有影响，但并未影响经济基本面和资金信心和效益，因而黄金作为政治避风港的作用已经日趋淡化。而黄金价格没有回报仅为保值的效益难以刺激价格的上涨。尤其是1999年国际市场美元和美股的持续高涨，以及美元的大幅疲软，进而挤压黄金价格下跌的波动和调整。

其二：1999年西方主要国家纷纷采取抛售黄金储备的举措，使得央行减低储备状况持续，金价受到央行沽金的桎梏。

利率市场——差异明显、作用显著　随着全球经济增长整个趋势的向上调整以及美国1998年利率调节作用明显表现，利率的杠杆手段更为重要。1999年上半年利率对各国宏观经济的调节作用十分明显，普遍处于向下调整趋势。欧洲中央银行1999年4月8日下调利率的举措，对于欧元区经济的复苏较为有利。虽然欧洲经济受到科索沃危机的影响，但由于利率下调的作用，使得欧洲经济复苏仍然处于良性状态。下半年接近年底欧洲中央银行为刺激欧洲经济复苏和拉动欧元汇率，欧洲中央银行下调利率50个基本点，1999年底欧元区国家的保持在5.00%的利率水准。欧洲国家中举动较大的是英国，1999年上半年4次调整了贷款利率，利率由5.25%下降至5.00%，是1998年9月以来连续第7次降息。新兴市场国家由于普遍受到金融危机的冲击，利率过高使得投机炒作严重影响经济发展，而利率的过高超越了实际经济状况和能力。因此，大多数国家的利率1999年上半年普遍处于下调阶段。而更为市场关注，并引起重视的是美联储1999年连续3次加息的举动，对美股的持续上涨也起到重要的保障和支持。基于美国经济继续保持稳定增长，但同时对经济增长过热以及股市增长过快的忧虑增大，美联储1999年6日30日、8月5日和11月16日采取了3次加息行动，前两次是提高联邦基金利率25个基本点，而最后一次是联邦基金和贴现率提高25个基本点。美联储加息是从美国经济、股市和美元汇率的走势以及政策取向分析，以及从国际环境判断综合而定，政策、环境和股市三个方面的因素较为突出，如美国预防性政策的支持、国内外环境的影响(非常明显的国际环境是欧洲中央银行加息举动创造了环境氛围，可以说从外部为美联储加息提供了潜在的空间)、股市调整有效的配合。美国的经济实力、市场份额、规模效益、政策效益、经济质量、经济发达程度以及经济增长速度决定了其经济的主导性和国际地位,四个主要市场处于全球之首对经济的拉动和促进作用十分明显,即商品市场的价格效益、成本效益和竞争效益;资本市场的资金信心、技术手段以及产品齐全;外汇市场的政策导向、储备工具以及信心支持;劳务市场流动性大、效率高以及优厚的回报都极大地支持经济稳定。

金融机构——购并减弱、实力上升、效益提高、监管加强 1999年全球银行业的发展状况仍然是欧美继续跃进、日本持续退后、亚洲改革艰难、拉美稳步发展以及非洲难以与世界协调。尤为突出的是各国银行购并规模效益的扩大、经营管理的合理和有效已经影响到国际竞争的地位问题,扩大市场的份额,加强抗风险的能力是国际银行业竞争的焦点与关键,银行购并正在改变着世界银行业的格局,引导着国际银行业的发展方向。

在1999年全球1 000家大银行的排名中,美国银行购并的效益对银行地位和实力上升的支持明显,其中资本实力的强势主要得益于1998年银行业几宗超级购并。入围1 000家的数目呈上升趋势,由上一年的153家上升到182家,首10家中占有4家。日本银行虽然实行了较大的改革和调整,金融改革方案促进了银行业的重整,但银行实力和地位的下降趋势引起关注,前面所述日本3家大银行合并的举动是应对国际银行挑战的需要,企图重振日本金融雄风。但日本银行的国际竞争力和银行实力均呈下降趋势,在1999年1 000家大银行的排名中,日本银行有116家入围,相比较低于上一年。西欧银行在1999年的排名中有355家入围1 000家之列,其中德国有87家、英国有31家、法国有16家。欧洲银行整体规模效益落后于美国,传统经营严重制约着银行的发展趋势。比较明显的是英国银行的退后和瑞士银行的跃进。发展中国家银行——亚洲银行业依然受到金融危机阴影的困扰,银行的改革与发展举步艰难,银行实力和地位仍然处于起步发展阶段。比较注目的是台湾有6家银行入选《欧洲货币》杂志排名的世界200家大银行;新加坡银行盈利劲升,各主要银行纯利大幅攀升,明显表现出整体银行状况的改善,基本摆脱区域金融危机的困扰;但泰国各主要银行严重亏损,银行呆坏帐负担沉重。

1999年国际金融发展趋势突出于美国在国际金融领域的主导和霸主地位,美元和美股的强劲上升支持了美国在金融市场的绝对优势;而西欧金融则仅次于美国之下,但与美国的差异十分明显,美欧之间争夺市场、争夺资金和争夺效益的竞争愈加激烈;新兴市场国家则处于较为被动和牵制状态,缺乏足够的实力、完善的体制和和谐的协作,金融地位和状况远远落后于发达国家,但随着经济复苏的逐渐强劲,新兴市场国家的国际金融影响力和竞争力将呈上升趋势,但整个发展中国家的不均衡将进一步扩大。

2000年国际金融的发展趋势与特点

2000年国际金融发展的主要特点在于国际金融风险的忧虑连续不断,焦点与热点问题始终困扰着市场的运行,但是各国以及全球驾驭风险的意识与能力明显保障了市场的稳定,信心与心理因素明显影响着调整与稳定。比较突出的表现在美国股市的波动下跌、欧元汇率的持续疲软以及亚洲金融危机的风险再现。虽然这些因素一直是全年金融市场波动的焦点,但并未产生明显的危机与冲击。因此,无论汇率、股价、金价、利率以及相关产品价格虽然都出现不同程度的跳跃与波动,但是2000年国际金融有惊无险,国际金融市场依然有序,且没有失控与严重失衡,人们忧虑的金融泡沫始终没有形成冲击与影响。虽然国际金融波动加大,而国际金融稳定却进一步表明了金融政策与技术的显著效益。

2000年国际金融发展的主要特点在于以下五个方面。

风险预期加大 2000年国际金融的风险预期始终是金融市场交易与运作的重要信心影响与心理支撑,比较突出的是美国经济软着陆中股价调整忧虑和美元汇率强劲中的资金流动倾向,特别是美国股市道-琼斯指数4月14日的暴跌和11月下旬纳指跌破3 000点,格外引起国际金融领域的关注与争论;此外,欧元的持续疲软,并创下历史新低引起金融市场较大的心理恐慌,欧元受到内部经济脆弱和外部投资弱化的影响，甚至产生欧元可能崩溃的论点，欧元疲软趋势一直未完全扭转；更为担忧的是亚洲金融市场股价与汇率的连连下跌，加之政治动荡和金融制约的影响，再现金融危机的风险困扰，加剧了市场的波动下滑。但是所有这些风险并没有出现，更没有形成对经济和金融的强烈冲击与牵制，世界经济增长趋势是近10年最好的，而国际金融波动中的稳定也是近年相当利好趋势，国际金融形势总体呈现有惊无险的状态。

美国主导作用加大 虽然美国对世界经济与国际金融的主导已经在亚洲金融危机中得到确认，而近几年进一步得到强化。但是2000年美国的主导性更为突出的体现在政策与技术的调控优势，尤其是国际石油价格的剧烈波动，实际上对美国经济金融也具有同样的压力与挑战。而美国正是利用油价的不利的外围环境，采取较为有利和有效的手段缓解内部经济金融泡沫的压力，使得美国经济化险为夷，从而进一步加大和提高了美国在国际金融领域的主导性。比较突出的表现为美国利率水平的成功有效调整，1999年6月至2000年5月的6次加息的政策性举措以及市场技术性操作，已经明显改变了美国宏观经济环境，缓解了股市价格过高过快的增长，并抑制了经济持续高速的增长，明显地使得美国第三季度的经济增长从第二季度的5.8%降低为2.4%，进一步加大美国经济可持续增长的空间。目前全球利率趋势受到美国的影响，虽然向上调整趋势较为明显，但也受到通货膨胀压力加重的向下调整的可能。主要发达国家的利率水平连续向上调整，既加大利率水平的不均衡，也严重制约了汇率走势。尤其是世界三大经济实体——美欧日虽然都已经采取了加息的举措，但所面临的背景与环境却截然不同。其中美国的优势十分明显，主动性和调控余地较为宽松，实际效果较为明显，宏观金融环境有所改善，对经济的保障则更为有利。欧洲虽然也呈现向上的趋势，但承受的内外部的不同压力与争论，迫于美国的挑战则更确切，无论调控的难度与效果均滞后于美国。日本中央银行虽然也采取了提高利率的举动，以增加人们对日本经济复苏以及政策改观的预期，但收效甚微，且更不能与美欧相比。此外，全球股市也受到美国股市调整的影响，美国下调引导全球股市不景气。美国股市传统股道－琼斯指数从年初的11 357.51点起步，逐渐下降年底12月5日的10 300点，跌幅为9.3%，纳斯达克指数从3 989点下跌为2 889点，跌幅为28%；德国股指从6 750.76点下降至6 512点，跌幅为2.6%；英国股指从6 665.9点变动为6 170点，跌幅为7.4%；法国股指从5 917.37点上升至5 928点，基本保持稳定；日本股指从18 934.34点大幅下降至14 800点，跌幅为21.8%；泰国股指从498.46点下跌至273点，跌幅为40%；韩国从1 059.04点下降至514点，跌幅为51.4%。据统计，全球股市下跌最大的是泰国，为40%，印度尼西亚和菲律宾也分别为30%以上，新加坡、印度、墨西哥、阿根廷和芬兰跌幅也近10%。

竞争不均衡加大 2000年国际金融领域不均衡的趋势有所扩大，主要表现在资金与价格竞争的愈加激烈，但美国始终处于主导信心和心理的主动地位。尤其在美元和欧元的竞争中，更为集中于美元的主动与欧元的被动，而被动与主动之间的汇率不均衡空间愈加扩大，不仅加大资金交易风险和资金流向的变化，而且将使全球金融不均衡的进一步加大，并成为世界经济稳定的潜在风险。此外，美国资本市场的规模、效益与吸引力的增强，使资金倾向于美国的趋势明显。随着欧元的再度疲软、黄金价格的持续疲软、石油价格有利于美元资产的倾斜以及利率水平的美国主导作用，进一步形成对美国金融的有利局面，而加大对于欧元区以及欧洲的压力。而资金竞争中的投机因素有所增加，尤其是石油价格的上涨中的投机作用明显，驱使油价因素影响欧元资金信心，加大欧元区经济矛盾与压力的上升，形成欧元资金与美元资金的不均衡风险。国际金融市场金价的疲软与石油价格的上涨都与美元具有密切的关系，并形成对美元的刺激与拉动。

协调与合作加大 由于经济全球化与信息技术的快速发展，使得各国政府面临新的结构与政策的调整，如何适应国际环境与国内调控是较为艰难的抉择。尤其是国际金融的规模与速度随着经济增长与质量的向上，愈加明显的成为调节经济的重要成分，而国际金融跨国与跨地域的趋势，促进国际协调与合作趋势进一步加强。特别是亚洲金融危机中连锁反应，国家与国家、地区与地区之间的协调愈加重要。而在外汇市场上，多年没有的联合干预再次出现；在贸易领域，金融作用的明显促进区域集团化步伐的加快,亚洲趋于自由化;在金融领域,欧洲货币统一的效益与影响;在国际关系上,首脑协商与部长级会议的增多,都表明国际合作意识与要求的上升与增强,尤其是20国集团论坛充分体现国际合作的新进展。

应对意识与能力加大 2000年格外引起金融市场关注与担忧的在于亚洲金融市场的剧烈波动,东南亚国家和地区的汇率与股市价格普遍下跌,连续的向下波动,导致人们对亚洲金融危机再现的忧虑。然而,无论从经济基础到金融实力,亚洲国家均有所增强,更为重要的是亚洲国家经过一定的经济结构调整和加强金融管理与监控,使得投机可以运作的空间愈加减小,政府以及市场的驾驭能力和水平大大提高,从信心和心理上稳定了金融环境。

2000年国际金融市场运行较为平稳,一方面得益于经济增长向上趋势,另一方面得益于各国政府与市场风险意识与调节能力的增强。预计未来国际金融发展趋势将会继续受到世界经济减速的影响,呈现较大的波动与调整,风险犹存、竞争加剧将是国际金融的基本特征,尤其是美国经济金融对世界经济和国际金融的主导与影响十分强烈,因此依据美国经济金融的前景以及世界经济相对稳定和利好因素的作用,展望未来国际金融市场的发展趋势,应是波动大于调整、风险大于机遇、挑战大于竞争。

2001年国际金融的发展特点

由于美国"9·11"事件的突发,世界经济前景面临急剧下挫与悲观的氛围,而金融信心与心理更受到明显的冲击,进而出现股市较大范围与较大幅度的下跌,汇率调整明显,金价上涨加剧,石油价格波动加大。国际金融的发展特点则集中体现在三个方面。

突出于经济环境变化对金融信心和心理的影响加大 主要表现在经济基本面中增长预期的连续下调,通货膨胀压力的逐渐上升以及贸易环境的进一步恶化,进而对金融交易信心和心理产生较为明显的打击与伤害;而美元强势信心的维持阻碍了政策效益的实施,并对依赖于美国的心理加大,但却对经济信心的稳定起到重要作用。尤其是9月11日震惊全球的国际恐怖分子袭击事件不言而喻会对疲弱的美国经济和相对稳定的美国金融形成较大的冲击和影响。但从目前事态和市场发展看,信心与心理的维持作用较为明显。为此,对于美国经济金融的评论与预测具有不同的观点,但信心于心理的作用依然是重要依托。

表现为利率政策效益对金融产品价格波动的调整加大 主要表现在美联储利率调控作用的明显弱化,进而导致主要金融商品价格以及相关指数的较大波动,价格取向有违于经济理论的现象十分明显。美联储今年已经实施了连续9次降息举措,在美国经济发展历史中是前所未有,利率水平下调幅度达到400个基本点,而实际意义与作用至今尚未显现。但是从国际经济和美国经济环境和发展前景预期,美联储降息一方面在于刺激拉动以及稳定美国经济的需要,另一方面在于带动与影响全球的跟进,以营造美国经济调整所需要的国际环境与国际政策协调的需求。尤其是美国遭袭击之后美联储降息明显带动西方主要国家和地区的降息举措,但也具有一定的负面心理影响与牵制。

影响是经济全球化对金融连锁反应的波及加大 主要体现在美国遭袭击之后美国股市的关闭下跌趋势直接影响和带动欧洲股市较大幅度的下跌,亚洲拉美股市的连锁性也十分明显,进而表明经济全球化中跨国投资的强化趋势不仅有利于经济发展与增长,而更具有金融传染与波及作用。尤其是美国经济实力、市场规模与机制效益影响的广泛性深,国际贸易中的依赖性强、国际金融中的主导性大,从而都加大美国冲击的扩大。从负面影响看,当前比较突出的是日本经济的衰退、亚洲贸易的急剧恶化导致经济悲观加重以及拉美市场金融动荡的加剧。而从积极角度看,则全球金融应对意识与能力的提高,是形成金融风险规避的重要保障,其中包括土耳其金融危机中,国际社会尤其是国际货币基金组织及时有效的国际援助,对抑制金融危机的扩散具有积极作用。

未来国际金融发展趋势与前景

展望全球未来金融发展趋势,经济增长的降低和经济环境的变化将会直接影响金融发展趋势与前景。

从经济依托角度看,全球经济增长预期已经降低为1%左右的水平,经济不景气状况再现将会直接冲击和打压金融信心;同时国际贸易环境也有所恶化,2001年的增长预期仅为2%的较低水平,对金融负面影响较大。

目前预期未来国际金融的前景与趋势较为艰难,主要是美国经济衰退与经济复苏的不确定性、世界经济较为悲观的经济氛围以及新兴市场国家较为动荡的金融环境等等,都使预测具有较大的不确定性。尤其是潜在可能的突发事件将是国际金融市场波动与动荡的最大诱因,潜在的风险预期难以预料。但是从目前形势与格局分析判断,国际金融发展前景依然具有较为明显的优势支持,主要体现在三个方面。

金融均衡性显现 比较突出的是未来美元与欧元资产可能的变化趋势。尤其是欧元明年正式流通的真实欧元的状况将会有利于欧元货币地位与形象的上升,从而对欧元汇率形成有利的局面,并将可能刺激欧元资产份额的增加。欧元规避金融风险的作用将会随着欧元的逐渐稳定利好,而成为国际金融市场重要的依托,美欧货币资产的均衡性将会有所显现。目前与美元相挂钩的货币汇率机制已经开始受到欧元前景的冲击,拉美和非洲一些国家和地区已经开始实行美元和欧元双向的汇率机制,而一些国家和地区的货币储备结构也已经开始考虑向欧元资产组合的调整方向。而这些状况从金融风险规避思考是积极和有益的,国际金融资产均衡性的调整对金融风险的作用将愈加明显。

金融协调性强化 “9·11”事件中国际金融合作与协调对金融风险规避的保障作用十分显著,无论汇市和股市都较为明显的表现出相对稳定的局面,投资信心和心理受到恐慌冲击的理性来源于国际金融联手举措的有利,其中既有各国央行注资效益的支持,也有各国金融政策灵活抉择的适时驾驭,突出于利率下降的影响。而目前国际金融合作意识与能力依然处于较为突出的位置,无论国际多边金融机构,或各国央行都较为关注金融市场交易变化和风险规避。比较明显的在于瑞郎避险作用强化中,瑞士央行连续较大幅度与速度下调利率的举措,不仅有效抑制瑞郎的升势、稳定了瑞士经济,同时也打压了投机因素的干扰,对外汇市场的相对稳定具有实质意义。因此,未来西方国家联手干预汇率阻止金融危机的举措和行动,都具有实质作用与影响。

金融主导性显著 突出于美国金融的影响力。目前尽管美国经济面临衰退的风险,但国际金融市场对美元资产的依存依然明显,美元汇率的稳定向上明显,一方面是美国货币政策取向的结果;另一方面也是美国金融主导性的体现。因为,目前美国金融市场规模全球第一,无论外汇市场、股票市场、债券市场、黄金市场等,美国依然拥有最大的数量统计交易;而美国金融市场还具有产品多样与风险监管完善的优势,投资资金的收益与风险规避是其它任何市场无法比拟和竞争的。而更为重要的是美国金融政策的影响力与带动性,集中表现在利率调整和股市价格的引导,美股“晴雨表和领头羊”的称谓足以表明美国金融效益主导性。

国际金融市场潜在的风险与压力

当前整体国际环境处于较大的不确定状态,而决定性因素是美国经济走向和军事举动,进而将可能对世界政治、经济、贸易、金融等趋势产生重大的影响,尤其是美国政府未来的战略取向、策略取向和政策取向都对全球经济具有重大影响,全球金融格局将会面临调整与挑战。国际金融市场的变化与调整中潜在的风险与压力将不可忽视,具体将表现在六个方面。

汇率风险加大 目前美国经济的走向依然不确定,美国政治经济利益权衡的艰难将会相对有利于金融稳定。因此,美元汇率将会随同美国战略与政策取向的明朗而有所调整,强势美元短期可能有所转变,一方面可以刺激拉动经济复苏,另一方面可以转移经济金融风险,并可加大国际环境调整的艰难,有利于美国国内经济调整与发展,但从中期看美元强势将会继续显现,美元汇率依托的经济基本面将会有所转变,对汇率的影响将逐渐较为有利,美元货币政策的取向将愈加引起关注,兑欧元的疲软和兑日元的相对稳定将可能出现。欧元汇率将会呈现较为稳定状态,短期向上空间与依托明显,但中期的波动在所难免,欧元全面流动后的经济、金融以及社会氛围,尤其是国际环境的变化都将直接影响欧元的稳定,长期看欧元潜力较大,与美元竞争优势逐渐增加。日元汇率自身将难有支撑与扶持，政策效益、经济前景、金融作用都无法使汇率自主性显现，受制于美元汇率和美国经济的趋势依然明显，疲软取向拉动经济策略愈加明显；其它国家和区域货币汇率将随同主要货币，尤其是美元汇率的波动而调整，加之经济环境的有所恶化，汇率下跌趋势可能较为严重，金融市场动荡在所难免。

而汇率风险则突出于美元恐慌性与贬值预期。从短期看，美元恐慌性较为突出，其中原因在于军事行动、经济表现与预期以及政策驾驭方面因素影响。而从中长期看，则主要是美元贬值的风险将会出现。因为，美元超值25～30%已经是不争事实，国际金融市场对美元贬值早有预期，但由于美国经济信心的需要，美国政府一直用强势美元政策维持美元超值状况。一旦美国经济复苏和强劲态势出现，美元回归价值的政策与技术运作将会明显加大，美元汇率将会出现调整。而从外围因素判断，欧元潜在的上升压力，也将是美元走软贬值的必然趋势。

股市前景不乐观 全球股市的不景气状况将可能由于美国遭受袭击事件之后的重建和恢复而出现新的发展，主要是企业因此产生机会发展和新的生产结构的调整，库存积压可能的好转将会有利于拉动生产效益和利润的回升，进而直接作用于股市价格的变动。美国经济基本面并没有完全恶化和经济实质性的衰退并没有显现，企业信心和心理以及结构将会出现新的契机与调整，股市将会具有依托稳定的保障。同时由于美股对美国经济信心的支持作用显著，加之特殊环境氛围的变化突然性，美国政府必将以美股稳定稳定美国经济和金融市场，支持国内消费与投资信心稳定。但是企业效益和收益是股市最为重要和直接的支撑，而美国企业状况且处于较为艰难时期，加之全球经济和效益的打压较为明显，如果美国经济进入衰退，未来美股道琼斯指数将可能继续下挫至7 000点，纳斯达克指数有可能跌破1 000点；而英国、德国和法国等西欧股市将会随之下降，跌幅将会低于美股；亚洲主要股市则可能出现较大的波动。

国际金价规避作用明显 美国遭受袭击事件已经明显引导国际金价大幅度上扬，黄金规避风险的作用较为明显，而且未来如果美国军事行动进一步持续加剧，以及国际政治军事格局的可能变化，都会扩大金价上升的空间。同时国际初级产品价格上扬的趋势，将会进一步恶化国际经济环境，全球通货膨胀已经上升的趋势将会进一步加大，进而金价潜在的上升更具有环境的需求与推进。

国际石油价格不容乐观 尤其是目前国际关系的焦点已经集中于中东等石油生产的主要区域，而美国遭受袭击事件之后油价的迅速上涨，进一步加大石油价格供需矛盾的恶化。油价作为经济环境变数的重要作用将会明显显现，潜在的上扬趋势将会加大。但目前较有争议的是油价下降较为明显，使国际石油价格前景更具较大的不确定性，依存于政治意识和军事行动的因素更为明显。

投机因素不可忽视 尤其是亚洲金融危机之后，国际投机基金处于调整中，亏损较为严重，而目前经济环境的不稳定，政策效益的弱化和市场价格的急剧跳动都将加大投机空间，加大金融风险预期。同时全球不景气和不确定性，也使各国应对与协调面临艰难时期，从而加大投机可能的炒作，且存有机会。而投机可炒作的空间则突出于汇率水平的较大变动与调整，美元与欧元和日元为主，同时英镑、瑞郎也具有较大的投机空间。

新兴市场金融危机有再现风险 由于主要发达国家经济的调整，甚至衰退，使得新兴市场国家和地区金融面临更大的风险，已经脆弱的经济底线更加剧金融恶化或危机的可能。主要风险则集中于亚洲和拉美主要国家和地区，尤其是拉美受到美国经济减速和金融波动的冲击更大，阿根廷的金融动荡尚未平息，其国家风险指数已经突破2 000点，达到2 150点的历史最高；而美国不确定因素和阿根廷动荡持续恶化的双向压力，已经使得巴西、墨西哥、智利等国家也面临投资减少和经济低迷，货币贬值不断出现和加重的趋势，进而将可能引发新一轮的金融动荡、甚至危机，金融脆弱性愈加突出。而亚洲主要国家更受到美国和日本双重经济的压力和冲击，经济增长预期的下降使金融风险表露明显，尤其是银行金融机构的风险系数逐渐上升，加之汇市与股市不稳定性进一步加深，金融危机再现的风险不可掉以轻心。

总之，国际金融的前景不尽乐观，潜在的风险压力与预期不可低估。当前世界经济实质与国际金融环境已经完全随着经济全球化的迅速发展而发生了深刻的变化，规模效益明显而突出，并且更加重了资金流动的数量与规模、机构的实力与效益以及市场的联动与影响联系的紧密性，金融风险系数与冲击将更为突出与严峻。

1999～2001 年美国金融状况及对全球的影响

中国银行国际金融研究所 谭雅玲

1999～2001 年，国际金融领域的热点和焦点问题，突出于美国经济、美国股市以及美国银行法的改革等以美国金融为主线的发展趋势与格局的变化。

美国金融对国际金融的主导性加大

美国的经济实力、市场份额、规模效益、政策效益、金融机制决定了其金融的主导性。1999 年经济增长为 3.8%，2000 年为 3～3.5%。未来美国经济和金融发展的有利因素在于 6 个效益的支持，具体为：

信息效益 信息技术对美国经济增长的贡献率约为 35～40%，高科技的收获期对美国经济增长的持续稳定起到重要支撑。

市场效益 全球化的收益与开放型经济的效益并存，4 个主要市场处于全球之首对经济的拉动和促进作用十分明显，即商品市场的价格效益、成本效益和竞争效益；资本市场的资金信心、技术手段以及产品齐全；外汇市场的政策导向、储备工具以及信心支持；劳务市场流动性大、效率高以及优厚的回报都极大地支持经济稳定。

企业效益 突出于美国企业在全球大企业中的份额。由于美国产业结构调整和新技术的引进，美国公司企业的竞争力较强，在全球 1 000 家大企业中有 494 家为美国企业所占据，企业排位呈上升趋势。

其中首 100 家大公司企业的排名中，美国占有 30 多家。尤其是美国企业在 1991 年至 1997 年的 7 年中，年均增长 17%，1990 年以来新增加企业 150 余家。而在全球最大的 15 家上市公司中，美国占有 13 家。垄断性大企业的经济实力和规模效益不断扩大，同时小企业也在进取中迅速发展，企业双向的发展趋势推动美国经济持续快速增长。

金融效益 金融机构购并的驱动以及金融法规的健全与完善使美国金融机构的全球份额和实力处于明显优势，尤其是《金融服务现代法案》的通过将会促进美国金融全方位的发展，金融全能化将推进经济的良性发展。

政策效益 体现于货币政策、财政政策、产业政策、利率政策以及股市运作的技术性政策的有效和适度，对宏观经济环境的改善与健康起到积极作用。

信心效益 美国经济 120 个月的持续增长使经济增长周期创下历史纪录，打破战后 106 个月的最长增长周期，而经济“软着陆”的政策技术手段的有效实施极大增强了经济信心，投资和消费将继续促进美国经济的稳定增长。

但是，美国经济中也有潜在的风险点和不利因素，主要表现于：

环境的影响 亚洲经济的好转、日欧经济不同程度的复苏以及全球经济利好趋势的增加；对美国经济持续繁荣的忧虑也逐渐加大，依照经济规律经济增长周期是有限的，外围环境的好转加大美国经济调整的难度和忧虑。

贸易赤字的影响 美国贸易逆差的加大增大了政府调控经济的难度，对经济形成潜在的压力。

储蓄率的影响 超低的储蓄率状况与美国经济的繁荣形成反差，也是美国经济持续繁荣的重要威

胁。

债务的影响　美国既是全球最大的投资国，也是全球最大的债务国，尤其是私人债务的日益加重增加了经济的风险，家庭负债总额已经相当于年可支配收入的98%，远高于80年代的80%。信用卡负债消费以及汽车消费、旅游消费和住房消费已经超出个人支付能力，如果家庭消费受到冲击，对美国经济的威胁也将加大。

美国金融受到冲击后的状况分析

美国9月11日遭受恐怖袭击引起全球的极大关注，并必然对世界经济和金融形成重大的影响，而对美国金融信心与心理更形成严重创击。目前美国社会氛围和环境的破坏产生的不稳定已经直接作用于美国及全球金融市场，而股市的关闭是对其金融安全和稳定具有重要意义的举措，而全球跟进的表现进一步体现了美国影响与主导的重要作用。因此，未来全球经济和金融发展趋势具有较大的不稳定与不确定性，政治军事因素的加大将使全球政治经济金融格局发生调整与变化。

从金融市场的角度看，美国遭受袭击事件则可能产生以下五个方面的影响。

汇率波动加大，欧元机会上升　此次事件已经导致全球股市大幅下挫，随之将会进一步影响汇率波动，美国经济前景以及国际环境的变化将可能使美元汇率出现较大的调整，相关指数的上涨将会压制美元强劲趋势，政治氛围、经济环境和政策取向将可能使美国货币政策趋向有所调整。

价格波动加大，战略性资源价格机会上升　目前国际石油价格和黄金价格的上涨十分明显，充分体现了心理恐慌加大的状况，规避资金风险作用刺激市场相关价格调整幅度加大，而不可预测的未来政治、军事因素将会进一步拉抬传统产品作用强化。

金融格局与竞争变化加大，货币体系风险上升　尤其是全球较大范围与美元相挂钩的汇率机制将面临考验，如果美元贬值加剧将会加大汇率机制的驾驭难度，并引起与美元相关的经济、贸易、金融的较大动荡，甚至危机。

资本流动调整加大，美欧竞争加剧　目前国际资本流动趋势中，美元资产优势依然明显，而此次严重的创伤将加大美国经济的调整难度，资金需求无疑进一步加大，但未来战略、战术与政策、策略的取向将会直接影响资金流动的变化，有利于美元的资本流动格局将随美国举动而可能发生转变，尤其是欧洲经济、货币稳定向上契机空间加大，而欧元真实货币——纸币的全面实施将会更有助于欧元地位与作用的体现，进而加大吸引国际资本的环境与政策优势。

投机因素风险加大，市场应对协调艰难　尤其是亚洲金融危机之后，国际投机基金处于调整中，亏损较为严重，而目前经济环境的不稳定，政策效益的弱化和市场价格的急剧跳动都将加大投机空间，加大金融风险预期。同时全球不景气和不确定性，也使各国应对与协调能力面临抉择与考验，并会使投机存有机会。

但从当时美国的金融举措看，美联储货币供应和储备金的增加以及闭市行为都显示了美国反应能力和机制、体制的有效和适度，十分有利于美国金融稳定和安全。而从美国经济发展的另一个角度看，疲弱的美国经济刺激作用加大，经济调整机会明显，如制造业、房地产业、建筑业将会加快复苏发展，企业库存积压状况将会有所缓解，消费需求将会加快上升，美股和美元汇率风险化解得到环境的有效配合，企业重组调整机会明显加大，尤其是高科技产业将会加快向新的领域跃进，新经济发展的机会加大。但是，美国经济状态与前景已经相对弱化的因素，对应对目前的重创也具有较大的不确定性，而应对对策抉择是最为关键重要的一步。此次事件无论如何对美国经济金融信心、心理打击沉重，而美国政府未来的战略取向、策略取向和政策取向都对全球经济具有重大影响，全球金融格局将会面临调整与挑战。

近期美国金融状况分析

2001年美国商务部将美国2000年以来的经济增长数据进行了修正，2000年1～4季度其经济增长率分别为2.3%、5.7%、1.3%和1.9%，全年增长率为4.1%，原来的数据为5%；2001年1～2季度分别为

1.3%和0.2%[①]。虽然从美国经济增长指标看,美国经济增长速度明显减慢,尤其是从5%的水平急剧下降为1%,减速过于急速使金融信心与心理的承受受到重创。尤为突出的在于利率保障到利率滞后的效益对金融影响较大。近年美国经济持续繁荣中最重要的驾驭应是美联储的利率调控作用与影响。尤其是1999年6月～2000年5月美联储成功地6次上调利率,对于美国经济持续的高涨起到重要的保障作用。但是近期伴随美联储降息也出现与前期截然不同的结果,连续大幅度的降息并没有实现对美国经济稳定的有利支持,经济衰退风险忧虑有所加大,利率调整的效益受到质疑,利率对美国经济所形成的不同效果反差明显加大。

从宏观经济理论的角度看,利率上调最为直接的打压是股市。但美联储1999～2000年连续6次加息的政策把握并没有直接冲击股市,反而刺激股市更加高涨,原因在于美联储利率的杠杆作用把握的适时适度,政策超前引导与实际实施结合巧妙,使市场超前消化加息的负面冲击,保持加息后稳定并略有上涨。加息举措的得力与适时对美国经济保驾十分重要,保障和支持,主要表现为政策、环境和技术三个方面。

美国预防性政策的支持 美国经济增长过热的忧虑一直是1999年国际市场关注的焦点,美国政府也十分注重市场的调控和政策的调整,美国政策取向明显是预防为主的策略,而这种策略已经显示出对美国经济“软着陆”的支持,经济增长周期达到历史的新纪录。当时美国无论经济基本指数,还是股市走向以及美元汇率的趋势都处于比较稳定阶段,美联储加息的潜在不利局面已经被市场提前吸收,美联储加息的政策支持性较强。

国内外环境的影响 在美联储加息举动的影响和带动下,欧洲央行的随从与跟进当时较为明显,欧洲中央银行加息举动为美国经济调节创造了国际环境氛围,可以说从外部为美联储加息提供了潜在的空间。欧洲经济、欧元以及欧洲资本市场是美国经济、美元和美国资本市场最大的挑战者和竞争者,加之欧洲经济复苏表现明显,股市上涨强劲都对美国经济形成外部压力,但欧洲经济复苏势头弱于美国,加息之后对于经济调整和市场影响是不言而喻的;但欧洲加息为美国加息提供了良好的外部环境,恰好迎合了美国的需要,加息的环境更为利好。其次,从美国国内状况看,当时就业压力有所缓解、经济指数继续上升等均表明美国经济继续处于良性循环之中;但美国经济和股市的重要支撑点——消费却受到抑制,消费者价格指数和核心物价指数明显上升引起美联储的重视,也导致股市资金信心的动摇。

股市调整有效的配合 美股过高的忧虑一直是国际金融市场的关注热点,也是美联储调整利率的重要参考。而2000年美股一直处于技术性的向下盘整,美股虽然是超值运行,但风险的有所化解使得上涨趋势再现。美股板块的调整十分有利于股市的成长,特别是医药行业的强强合并,推动高科技股和医药类股迅速上涨,使股市潜在的上升空间进一步增加。加息对股市的直接打击将会减弱,心理预期已经得到市场调整的默契,而2000年的三次加息并没有对股市产生过大的牵制,反而推动股市进一步攀升,表明美国股市资金信心依然稳固。

美联储连续加息的政策与技术运作,对美国经济持续繁荣与稳定起到重要的作用与影响,从而有利于美国经济信心和金融心理的进一步强劲。然而从2000年下半年开始美国经济出现明显的减速,宏观经济环境逐渐退化,尤其是美联储的政策驾驭的明显受到美国大选和美元强势的影响。美元强势政策是美国政策与策略驾驭必然选择,对美国经济信心和实质经济稳定具有重要作用与意义,但却严重伤及利率调控的效果与意义。尤其是利率向下调整中的正负作用较量对市场波动形成较大影响;一方面是降息有利于宏观环境的改善,有利于调节美国新旧经济磨合中风险的化解,突出在资金投向与结构上;另一方面降息将会不利于美元资产信心的稳定,不仅对国内金融形成伤害,更大的风险是美元对于国际金融市场的风险冲击和汇率股价的打压。而美联储突然逆转利率方向的举措,主要基于以下原因。

经济信心的牵制 经济信心主要是指宏观经济环境、经济政策效益与经济基本面。就美国而言,突出于三个方面:一是新旧经济交替的磨合加大经济

---

① 来源路透社经济金融网美国商务部发布数据

周期终止的忧虑;二是新经济虚拟成分与风险预期的加大,尤其是股市过于高涨的连续下调,导致信心与心理调整的不适应;三是经济政策连续的质疑加大,美国总统的更迭已经引起经济政策可能变化的忧虑,从而加大了投资者对经济政策与前景的担心,布什总统的政治意向与政策取向或多或少对经济信心有所影响,投资方向的不确定必然导致股市波动下调。

金融心理的干扰 金融心理主要是指金融政策取向、金融指标走势与金融投机作用。目前也表现在三个方面:一是市场惯性的驱动,由于经济政策的连续性受到影响,投资方向的不确定,资金流向的飘忽任市场主宰;二是企业效益的牵制,主要是一些新经济类企业收益与预期相差较远,加之欧元的持续疲软也打击美国企业在欧洲的获利,企业支撑力的减弱加大了股票下跌趋势;三是政策与技术的选择,美国经济与股市过热一直是国际金融领域的热点,美股过快过高增长趋势必然随经济的降温而作必要的调整,目前美国经济减速已经明显显现,美股下调也属正常政策把握与技术指导,但却加大了市场心理压力。

美国经济减速出现于2000年第三季度,至2001年底依然处于较大的波动与不确定状态,而美联储的政策驾驭由于受到美国大选的影响,货币政策的抉择受到政治意志的制约,利率调控时机滞后导致调控效果明显减弱,市场恐慌受到政策连续调整的心理冲击加大,进而导致消费者信心指数连连下跌,国内外经济信心受到较大冲击与伤害,股市跌幅明显加大。此时,美国政府以美国经济利益和国家利益的需要为主,以美元强势拉动和刺激经济信心和稳定经济形势,但却对利率调整形成冲击与阻力,利率调控不仅没有牵制美元汇率,反而加大美元向上趋势;而美元强势一方面确实有利于美国经济的调整与稳定,但同时也加大了美元潜在的风险压力。但美元强势政策是美国政策与策略驾驭的必然选择,对美国经济信心和实质经济稳定具有重要作用与意义。

利率政策的转变使宏观经济调控结构发生逆向反应,利率直接调节的两大市场——股市和汇市的表现出现有违于常规经济理念的结构差异,利率调控的时机不适宜使得经济结构出现磨合与调整的艰难。但美国金融的优势依然突出,主要表现在三个方面。

其一是规模优势 突出于完全开放型的经济模式对全球经济不仅具有引导性,更使全球经济对其具有依赖性,刺激美国经济影响力的扩大,在全球经济份额30%的重量,也加大经济风险的冲击效益,稳定美国经济也是全球经济的需要。

其二是机制优势 突出于经济金融政策透明度、灵活性和相对的有效性,促进金融市场金融投资产品的多样化,金融投资效益的获利性,成为资金避险的重要地域与市场。

其三是市场优势 突出于股票、外汇、商品和劳务等市场的一流规模与效益,全球占有率和覆盖率的显著,尤其是美元资产的主导性进一步促进美国金融市场吸引力。

面对美国经济的明显减速以及美股的不景气,美国政府以美元汇率强势拉动经济信心和全球主导愈加明显。因为,美国经济确实存在较大的不稳定风险,突出表现在调整风险上,其中包括克林顿与布什政府交替的经济政策调整,尤其是财政盈余积累与财政盈余削减政策的调整将可能引起的不同效果与差异;加息与降息的利率调整,尤其是美联储今年连续三次降息的举动并没有对美国经济信心和心理产生明显的作用,利率调控受到压抑;新旧经济之间协调与磨合的结构调整,新经济的忧虑和恐慌导致纳斯达克指数下降明显,并带动道-琼斯指数跌破万点。以上三重交错的调整性风险将会直接加大价格波动的风险,而美股与美元高估的风险将是巨大的潜在压力,美元明显的强势将预示贬值风险的加大。

美国"9·11"事件发生之后,国际金融市场最突出的现象为稳定与恐慌的双重影响并存。虽然国际金融市场走势在政策与技术上仍在可驾驭范围之内,恐慌心理压力一直困扰金融市场,并加大投机氛围与空间,但政策效益与国际协调明显支持金融信心基本稳定。从有利角度分析,则体现在三个方面。

美元主导性明显 这是"9·11"以来国际金融市场最为明显的表现。"9·11"事件发生至当年底,美元汇率基本稳定,其兑欧元与日元的价格水平,依然保持于0.90:1和1:120;略有变化与调整的仅是英镑与瑞士法郎兑美元汇率的上升和暂时规避风险作用较为明显,但市场稳定依然突出,并没有出现失控与慌乱局面,进而表明美元依然是国际金融领域重要的避险支撑。尤为明显的在于美国股市自"9·11"事件之后，上涨趋势十分显著，一改疲软下跌趋势。据统计，从9月21～11月26日，美股三大指数——道-琼斯、纳斯达克和标准普尔500分别呈现较大幅度的上扬，涨幅为21%、36%和20%[①]。此外，根据国际货币基金组织的最新统计，国际货币储备结构中美元的比重则大幅上升，尽管2000年下半年美国经济急剧减速，但2000年全球储备中美元占68.2%，欧元占12.7%，日元仅占5.3%，加之美国经济比重占世界经济总量的29%，美国股市、外汇市场交易规模与数量占居世界第一，如果美元出现较大的波动与调整，对世界经济的冲击和国际金融的影响将十分严重。尤其是目前普遍较为流行的与美元相挂钩的汇率机制和战略性资源——石油与黄金与美元挂钩的价格体系，以及连续多年的美元强势政策对美元资产吸引力的拉动，使得美元的微弱或较大变化都会直接牵制市场的波动与调整。美元资产的覆盖面和波动面将加大全球金融资产重组的美元恐慌、石油价格和黄金价格的跳动将加大金融价格指数的调整恐慌，投机因素上升的压力将加大交易的心理恐慌，经济下降的调整将加大预期的信心恐慌。因而，自美英军事打击行动实施以来，尚未对美元汇率形成较大的冲击，因为全球经济需要美元相对稳定的支持。

国际协调性明显 这是“9·11”以来国际金融领域最为重要的保障。经过亚洲金融危机的沉重打击之后，国际应对金融风险的意识与能力得到极大提升，进而使得随后的巴西、阿根廷金融动荡以及土耳其金融危机都得到相对及时有效的缓解。尤其是美国“9.11”事件之后，国际协作协调的有效性进一步体现在金融领域，而所有这些应对举措，如增加准备金、利率下调、干预汇率等等，都相对集中于对美元汇率有利的倾斜，进而使得美元汇率的相对稳定性受到的国际支持明显。尤其是国际金融合作意识与能力依然处于较为突出的位置，无论国际多边金融机构，或各国央行都较为关注金融市场交易变化和风险规避。比较明显的在于瑞郎避险作用强化中，瑞士央行连续较大幅度与速度下调利率的举措，不仅有效抑制瑞郎的升势、稳定了瑞士经济，同时也打压了投机因素的干扰，对外汇市场的相对稳定具有实质意义。西方国家联手干预汇率阻止金融危机的举措和行动，都具有实质作用与影响。

金融均衡性明显 这是“9·11”事件以来国际金融最为关注的焦点。尤其是伴随欧元纸币即将流通，欧元全面启动的日益临近以及美元资产风险压力的上升，欧元汇率水平的相对稳定向上趋势不仅形成对美元资产的挑战，同时也有利于金融均衡趋势，对风险化解规避较为有利，并将可能刺激欧元资产份额的增加。欧元规避金融风险的作用已经随着欧元的逐渐稳定利好，而成为国际金融市场又一重要的依托，美欧货币资产的均衡性已经有所显现。据国际清算银行每三年公布一次的调查表明，在全球的外汇交易中，欧元所占的比例已经达到38%，而全球利率期权交易中欧元所使用的比例也接近40%的水平[②]，同时利率市场中半数以上的交易是欧元进行。但当今与美元相挂钩的货币汇率机制已经逐渐受到欧元前景的冲击，拉美和非洲一些国家和地区已经开始实行美元和欧元双向的汇率机制，而一些国家和地区的货币储备结构也已经开始考虑向欧元资产组合的调整方向。此外，“9.11”事件以来，有统计显示，欧洲股市资金流入明显，美国股市资金流入有所减弱，资金规避风险略向欧洲倾斜。以2001年上半年计算，欧洲吸收资金达到1 260亿美元[③]，创历史新高，并成为国际资本流动另一重要区域。这些状况从金融风险规避思考是积极和有益的，国际金融资产均衡性的调整对金融风险的作用将愈加明显。

而从不利和消极影响分析，则突出于心理恐慌和信心压力。

全球金融恐慌明显 这是“9.11”以来国际金融市场的突出现象。目前全球的经济环境和国际金融效益已经完全不同于90年代初海湾战争的状况，更无法与更早的国际环境与背景相提并论。因此，在“9.11”事件之后至今，美国经济衰退的恐慌逐渐加重，第三季度经济指数呈现从-0.4%再度下调为

① 路透社经济金融网站

② 依据2000年国际清算银行统计报告，摘自路透社经济金融网站。

③ 中国银行香港《经济摘辑》

-1.1%,美国经济步入衰退成为事实,导致金融波动连锁性加大,全球的恐慌预期心理较为明显。其主要表现在全球股市的连锁性下跌,美国利率下调中全球的明显跟进、金价较大幅度的上涨以及与美元相挂钩货币汇率较大幅度的波动等等,均表露出国际金融恐慌所引起的脆弱性加大。而随着炭疽病的出现,美元短时的恐慌进一步上升,并伴有明显的投机因素,因而汇率略有波动,“9·11”恐怖袭击事件以后再度加大动荡。但全年看,国际金融实际状况并没有严重恶化,但金融恐慌却加大金融风险的预期,金融交易与调整基本处于观望和调整状态。

经济信心下挫明显 这是“9·11”以来影响国际金融最关键的因素。近期联合国经济与社会事务理事会再度将世界经济整体预期从3月份的2.4%下调为1.4%,世界银行和国际货币基金组织则更为悲观的将预期下调为1.1%和1.3%,进而表明世界经济恶化加重,而其中美国的影响是重要关键因素。美国经济复苏的预期已经推迟至明年下半年,2001年经济增长预期仅为1%左右。而美国全国经济研究局2001年11月26日指出,美国经济已于2001年3月步入衰退,结束了长达10年的经济增长期,而衰退的定义主要为多项经济指标连续多个月呈现大幅下降,具体体现在工业生产,就业、实际收入和批发及零售贸易等方面。美国经济步入衰退是经济周期的必然规律,但美国经济的实质基础和国际影响与作用依然稳固。持续10年的繁荣使美国经济发生了实质性的变化与跃进,不仅使经济内涵和国际地位产生显著的转变,而且经济政策的灵活性与透明度更具有引导与前瞻意义。美国经济的衰退对其自身而言需要调整与磨合,经济信心和消费投资心理都面临调整;而更重要的是对国际经济环境的影响将会加大,全球经济相对于依赖美国经济的趋势,将不利于世界经济的稳定,尤其是国际金融市场的调整。经济全球化发展中信心心理的重要性将会使汇率、股价和相关价格指数受到美国经济信心的冲击,进而出现较大的动荡与调整,金融压力与风险将有所加大。美国经济衰退已经成为事实,其今年的经济增长预期仅为1.1%;欧盟和欧元区的经济增长预期为1.5%;日本经济再度衰退已经定局,预期为-0.8%;东亚经济预期下降为2.9%;南亚经济增长预期为4.5%;拉美经济增长预期为0.9%[①]。世界主要经济体经济信心明显下挫,不仅使金融活动受到牵制,而且使投资、消费以及贸易也出现不同程度的萎缩,全球经济环境恶化加剧。

总之,经历了10年经济增长之后的美国经济面临新的结构性磨合与调整,但与80年代和90年代初的结构矛盾和调整具有极大的不同,无论经济基础、经济质量、经济内涵、市场规模、政策效益、政治取向和国际地位都已经发生了较大的转变。新经济推动和收获之后美国经济结构性的调整磨合可能将是美国未来经济增长的潜在动力;然而必须关注的是美国金融政策与结构的调整与变化,以及政府意念、政策理念、投资取向,政治意志以及国际关系等变化,美国金融能否持续主导地位将拭目以待。

1999～2001年亚洲金融形势综述

中国银行世界金融研究所 王中海

1999～2001年,亚洲地区的金融状况总体呈现相对稳定的态势,但金融运行质量不甚理想。其主要表现为:亚洲货币汇率普遍趋向于下跌、股市普遍下滑以及银行业质量继续下降。下面分别从金融运行的

① 摘自道-琼斯财经网国际货币基金组织世界经济展望报告

几个主要方面进行论述(本文不包括中国大陆金融内容)。

外汇市场

日元汇率

1999 年上半年,日元兑美元汇率由 113:1 持续下跌至 122:1 左右,而从第三季度开始美元兑日元汇率则一路上升,由 120～122:1 持续上扬至 100:1 左右的水平。在经历了 1999 年度先跌后涨之后,2000 年,日元对美元汇率相对来讲比较平稳,全年汇价波动基本在 103～110:1 之间小幅波动。但是从 2000 年 12 月开始,日元汇率突然出现快速下滑、贬值趋势非常明显,从 2000 年 12 月到 2001 年 11 月底的一年中,日元兑美元汇率已经由 110:1 下跌至 122:1 左右的水平,其间最低水平曾经接近 125:1。

宏观分析导致两年来日元汇率总体趋于下跌的主要原因,大致为以下两个方面:

经济因素的影响 货币汇率日常上涨与下跌的主要原因是这个国家经济基本面支持的强与弱。近两年,日本经济预期的不断下降和经济前景的不乐观已经严重影响日元资金信心,从而导致日本政府驾驭日元汇率的自主能力大大减弱。从自身状况看,主要原因在于 4 个方面:

信心心理的退化 从内部看,表现于政府信任度的弱化、政局不稳的干扰和政策驾驭能力的低下,尤其是现任政府可能辞职的舆论一直干扰和影响着日本经济信心的恢复;从外部看,表现于经济金融明显弱化于美欧,政策调整效果滞后于美欧,尤其是利率调整中的被动跟进,不仅表明经济金融状况的艰难,更进一步打击信心与心理的支撑,从而使得资金信心严重受挫,市场惯性心理驱使日元连连下跌。而更为严重的是日本政府官员表示可以容忍日元贬值以及可能有意引导日元贬值,不仅说明日本经济对汇率已经完全失去支持力,而且明显表明日本经济需要疲软的日元拉动和刺激经济复苏,这进一步伤害了日本经济与货币的信心心理。

经济状况的恶化 2000 年第三季度日本经济再度陷入衰退,不仅不利于日本政府的信誉,而且对经济调整与复苏产生更大的压力,加之国际环境变化中美国经济的明显减速,使日本出口减少,加大了日本经济复苏稳定的退化。而比较严重的是日本国内消费迟迟难以启动,始终处于低迷状态,2000 年家庭消费支出连续 7 个月的下降,零售业销售额的持续下降,物价指数的连续下降使经济紧缩阴影加重;而企业倒闭的加大,企业债务的加重,导致投资前景的暗淡与恶化,大型企业景气指数大幅下降至 2.0%,严重恶化状况导致股市价格指数连续下跌,资金信心明显大幅下滑;金融改革难以启动,银行不良债权积重难返,恶性循环严重打击金融信心,国际地位与作用逐渐退化;政策举措难以见效,效益水平技能难以调整改变现行体制与制度的制约,政府驾驭经济金融的能力受到置疑。

体制结构的僵化 日本官员对日元贬值言论的不确定性和争论,不难看出日本经济体制缺乏活力、动力和竞争力的弊端,尤其是面对美国经济的减速,日本出口受到明显冲击,政府只能依赖货币贬值拉动出口、刺激经济,而经济体制、企业机制则被搁置一边难以改革与调整。更为严重的是日本政府一向重视的长期大量发行国债举措,不仅没有明显的刺激经济效果,反而加大债务负担与规模,债务负担达到 650 多万亿日元,已经超出日本 GDP 的规模,投资和储蓄不均衡的趋势愈加严重。

政策效益的弱化 比较突出的是日本央行紧跟美联储的宏观调控政策,不仅严重伤害日本政策的作用与效率,更严重影响日本政府政策驾驭能力。尤其是财政政策与货币政策的搭配出现明显的裂痕,日本政府官员已经表示日本的财政状况接近崩溃,有必要进行大量的财政改革。财政政策的放纵已经导致政府调控空间的窄小,而目前的货币政策更是缺少灵活性与主动性,利率调控已经没有空间,且实际意义与作用更为弱化,利率杠杆作用名存实亡。虽然日本拥有雄厚的外汇储备,干预汇市具有资金支持,但是资金作用远滞后于政策效益。

政策效应的影响

日本政府政策的不确定性以及低效率是打击日元汇率的直接原因 首先,伴随日元贬值,日本政府一些官员表示赞同日元贬值,以拉动日本经济复苏的观点,严重打击了日元汇率的信心支撑和心理预期,并表明日本政府经济金融政策的无奈和无能,刺伤投

资者日元投资的心理,导致日元下跌加剧。因此,无论政府与市场已经将日元汇率预期进一步调整为1美元兑130日元,甚至140日元的水平,进一步加大市场惯性对日元的打压。其次,日本政策效益的低下,尤其是利率调控的效率与作用明显受到美国的引导与牵制,进一步伤害政策信誉和信心。作为世界第二大经济强国,日本资金和市场效益虽然具有重要影响,但是,相对于国内相关问题的积重难返,政局不稳加大政策效益的弱化,已经导致国际关系主导的退化,进而将加大市场风险预期与波动。

日元汇率缺乏依托的艰难抉择　日本新首相上台并不能从根本上使日本经济和日元汇率发生实质性的变化。原因在于日本经济的积重难返和金融的沉重负担,使得日元汇率既缺少经济基本面的支撑,更没有金融政策的协调与依托,金融调控空间的窄小和被动,即便是新人也难以短期扭转日本经济金融困境和日元汇率元气。从日本目前的经济状况看,经济前景依然渺茫,金融自主性明显不足,而政局的连续变更进一步加重了经济改革与政策连续性的不信任度。尽管新任首相对日本经济雄心勃勃,改革举措有效有力,但日本面临的实际负担与问题是一个严峻的现实,并非短期可以解决。当前日本金融地位的退化、金融实力的弱化以及金融影响的淡化已经明显制约了日元汇率的影响与地位。

亚洲国家货币汇率

1999～2001年期间,亚洲国家货币汇率总体呈现波动较大的特点,其间有涨有跌、参差不齐。截至2001年11月底,与1999年初相比,亚洲国家货币对美元汇率大致分为两种情况:一是基本持平,主要为韩元、马来西亚林吉特、港元和台币;二是下跌,其中菲律宾比索幅度约为34%、印尼盾约为32%、泰铢约为22%、新加坡元约为12%。导致亚洲国家货币近几年总体趋于下跌的主要原因是:

日元贬值的影响　1999年以来,由于1999年美国经济增长非常强劲,而日本经济却仍然在低谷中徘徊,因而奠定了美元汇率呈现强势、日元汇率呈现弱势的基本条件。而亚洲国家普遍实行与美元相联系的汇率制度,因此,美元的强势自然导致亚洲国家货币呈现弱势。

亚洲金融危机余波的影响　众所周知,1997年亚洲地区爆发了半个世纪以来全球规模最大的金融危机,其主要表象之一就是货币汇率的暴跌,从而给这些国家的经济与金融造成非常巨大的破坏。尽管危机已经过去几年,但是其余波仍然对亚洲国家的经济产生一定的不良影响,因而使亚洲国家的经济运行质量时好时坏、呈现波动较大的特点,且国家与国家之间的差异又比较大。经济运行的不稳定,会直接影响货币汇率的稳定以及投资者信心。

股票市场

1999～2001年期间,受世界经济运行不断放缓、经济信心不断下降以及重大突发事件的影响,全球股市总体呈现逐步下降的走势,从而也拖累了亚洲股市的下滑。

日本股市

日本股市1999～2001年的走势大体可以分为两个阶段:第一阶段,从1999年伊始至2000年4月中旬呈现缓慢盘升的走势,日经225种股票指数从1999年初的13 415.89元缓慢盘升至2000年4月12日的近两年最高点20 833.21元,升幅为55.3%,并创下40个月以来的最高收盘价位。第二阶段,从2000年4月中旬开始,日经指数逐级盘下,到2000年底报收于13 785.69元,基本上又跌回1999年初的水平;进入2001年,日经指数承接2000年的跌势继续下跌,至11月13日跌至10 030.56元,从而创下17年以来的最低水平。与1999年初的水平相比,日经指数累计下跌了22.7%。

导致日本股市在1999～2000年呈现先扬后抑的原因主要是:由于日本经济已经处于持续近10年的低迷状态,特别是1997年的亚洲金融危机的爆发更是如雪上加霜,从而使其经济已经处于最低谷,由此,也就加大了人们对于日本经济复苏的期盼。1999年第一季度,日本经济出现了5个季度以来的首次增长,第二季度继续保持增长态势,从而刺激了日本投资者对于日本经济向好的信心;加之亚洲周边国家和地区经济金融状况的好转,从而使日本经济走出低谷的预测逐步显现,进而带动了股市的扬升;但是由于广大的市场投资者对于日本经济普遍存在着谨慎乐观的态度,因此尽管日本股市虽随美国股市而上扬,但并没有出现像美国股市那样的蓬勃涨势。进入2000年以后,日本经济的的确确出现了复苏的曙光。第一季度,日本的国内生产总值上升2.4%(折合年率为10%),企业库存下降37.9%,个人消费增长1.8%,住宅支出增长6.6%,民间资本支出增长4.2%,政府资本支出增长0.8%。新世纪、新千年才刚刚开始,日本经济状况就出现了上述利好因素,这无疑在很大程度上加大了人们对于日本经济复苏的心理预期,从而激发起市场的人气,进而导致股市在第一季度继续稳步盘升。

但是进入2000年第二季度以后,由于受到美国股市、美国政府利率政策导向以及日本自身经济前景尚不十分明朗等多种因素的影响,因此导致日本股市在第二季度大幅下挫。自3月上旬开始,以高新科技产业为代表的美国纳斯达克指数开始持续下跌,到5月下旬,累计下跌幅度达35%以上,从而在很大程度上抑制了日本股市中科技类股票的上扬。特别是4月14日,美国股市发生大跌,道·琼斯指数当日下挫617.78点至10 305.77点,跌幅为5.66%;纳斯达克指数下跌355.49点至3 321.29点,跌幅为9.67%。美国股市是全球股市的风向标,其大幅下挫必然牵连日本股市跟随下挫。5月16日,美国联邦储备委员会宣布,将联邦基金利率(银行隔夜拆借利率)提高0.5～6.5%,为近10年来的最高水平,也是5年来首次一次性升息50个基本点。美联储大力度的升息举措,无疑对日本政府所实行的零利率政策构成一种强有力的挑战,从而在一定程度上抑制了投资者对于日本股市的投资转而投资于美元。4月份日本工业生产较3月份回落了0.4%,从而使得日本经济前景并不十分明朗,致使人们的疑虑心理有所加大,由此导致股市的大幅回落。

日本股市在2000年下半年持续下挫,其主要原因是受到突发事件的影响。7月12日,日本著名的百货公司——崇光百货公司因负债1.87万亿日元(约合174亿美元)向东京地方法院申请破产保护。这是日本历史上第二大破产案,同时也是非金融机构的最大破产案。受此影响,日经指数次日下挫305.23点,报收17 036.90点。崇光百货公司的破产,从表面看是一个商业企业的事情;但是,由于它是日本著名的百货公司,其破产倒闭在某种程度上反映出日本企业的经营状况。另外,国际货币基金组织在2000年9月11日发表的"国际金融市场报告"中披露,截至2000年3月底,日本17家大银行不良资产中尚未处理的损失为21.2万亿日元,相当于这17家银行自有资本的93.8%。这个消息的公布使人们本已存在的对于日本经济前景的忧虑进一步加重,从而导致股市在低迷中逐步盘跌。

到2000年底,日本股市已经跌回到1999年初的水平,但是进入2001年以后,日本股市非但没有出现人们所期待的反弹,反而继续下跌,归根结底是由于日本"泡沫经济"的后患十年挥之不去,从而导致日本经济仍然没有起色。

亚洲国家股市

1999～2001年,亚洲国家股市大致呈现先涨后跌的走势,即在1999年大幅攀升、而从2000年以后大幅下跌。具体表现为:在1999年前8个月中,受世界经济发展向好、美国经济持续强劲增长的支持,全球股市同时上扬。但是,名列涨幅榜前10名的股市均为新兴市场国家的股市;它们依次是:俄罗斯、土耳其、希腊、韩国、印度、新加坡、中国、巴西、印度尼西亚和巴基斯坦。从中可以看出,1999年亚洲国家股市整体表现强劲。

但进入2000年以后,亚洲国家的股市却呈现持续走低的发展态势。如果将2000年底与年初的情况相比,韩国下跌了51%、泰国下跌了46%、印度尼西亚下跌了41%、菲律宾下跌了30%、新加坡下跌了24%、马来西亚下跌了20%;中国香港特区和台湾省的股市也分别下跌了12%和46%。亚洲国家和地区股市普遍下跌的原因,主要是由于亚洲国家和地区一直仍未能彻底摆脱1997年亚洲金融危机的影响,尤其是巨额的银行呆坏账负担没有得到充分治理、产业结构还没有得到根本性的调整,从而导致经济复苏比较缓慢;加之亚洲经济的主导国家——日本的经济仍在底部徘徊,无法起到带动作用,从而也牵制了亚洲国家的经济复苏,进而无法构成对股市的强大支持。

2001年以来,亚洲国家股市总体发展依然呈现下跌的运行态势,只是由于每个国家具体的经济运行状况各不相同、因而导致走势略有区别而已,但总体趋势是跟随发达国家的走势而动。截至11月30日,韩国股市上涨23.7%,泰国股市上涨11%;而菲律宾和新加坡均下跌了22%、印度尼西亚和马来西亚分别小跌7.3%和4.2%;中国香港特别行政区和台湾省的股市则分别下跌了24%和10%。

导致今年亚洲国家股市总体走势继续趋弱的主要原因:一是世界经济不景气的影响。今年全球经济呈现不景气的发展态势,国际货币基金组织以及世界主要的发达国家多次下调今年的经济增长率预期,从而在一定程度上也影响了新兴市场国家经济的发展,毕竟世界经济的主导是发达国家,发展中国家的经济不具备担当世界经济领导者的实力,只能顺应世界经济发展的潮流。二是发达国家经济的影响。在当今的世界经济格局中,以美国为首的西方发达国家的经济发展模型已经由传统的工业经济逐步向信息经济方向转变;而广大的发展中国家还基本处于工业经济的水平,因而对发达国家仍具有较强的依赖性。例如亚洲国家,尽管其在90年代取得了令世界瞩目的发展成绩,但是其国民经济的支柱大多仍为出口加工型行业所构成,而这种经济模式的发展在很大程度上必须依赖于对发达国家的出口。在今年全球经济普遍放缓的形势下,发达国家、特别是美国均不同程度地降低了进口需求,从而对以出口为主的东南亚国家的经济发展形成了一定程度的制约,因为东南亚国家的主要出口对象就是美国、日本以及西欧。

利率市场

近3年,亚洲国家利率市场的突出变化当属日本利率政策的变化,即由实行零利率政策发展到解除零利率政策。

1999年2月中旬,日本中央银行宣布,将银行间隔夜拆放利率由0.25%下调至0.15%,并最终将其诱导致0.02~0.03%的水平;除去交易手续费,投资者的实际收益几乎为零,这就是“零利率”政策的由来。

日本政府实行零利率政策的根本原因,就是希望通过此举刺激日本经济的复苏。众所周知,自90年代初日本“泡沫经济”破灭后,日本经济在整个90年代一直处于低迷状态;其间,多届政府曾经多次出台振兴经济计划,累计投资高达百万亿日元之巨,经济运行中也的确出现过多次复苏的迹象,但最终都没有成功。1997年中,亚洲金融危机的爆发对于本已疲软的日本经济来讲无疑是雪上加霜。为了振兴国内经济,日本政府在1998年大力加强财政政策的力度,即通过大量发行中央政府和地方政府债券来筹集建设投资,从而导致日本国内的长期利率不断上升,同时还引发了日元汇率的上升。日元汇率与国内长期利率同时上升,无疑不利于国内经济的复苏;鉴于此,日本政府决定实行零利率政策,以刺激企业与个人投资,同时还希望达到刺激消费的目的,从而启动经济发展的两个重要引擎——投资与消费,进而带动国民经济从长期低迷中走出来。

事隔18个月,即2000年8月中旬,日本中央银行决定将银行间隔夜拆放利率恢复到0.25%,从而结束了“零利率”政策。

日本政府之所以在2000年结束零利率政策,其主要原因在于:

1999年日本经济出现复苏迹象 1999年是90年代世界经济发展最好的一年,其中美国经济运行非常强劲、经济增长率持续高涨、经济增长周期不断刷新,从而带动世界经济整体向好;作为世界经济体中重要的一员,日本经济也因此而受益。按照国际货币基金组织的统计结果,1999年日本的经济增长率为0.3%,而1998年为-2.5%。由此可以看出,与1998年相比,1999年日本的经济运行的确出现了很大好转,因而在很大程度上提振了人们的经济信心,同时也为政府解除零利率政策创造了条件。

实行零利率政策,不利于日本经济的长期发展与经济结构的调整 因为在利率水平极低的情况下,由于借贷成本很低,容易导致企业安于现状,缺乏进行技术改造、产品升级的动力,从而加大经济结构调整的难度与时间,进而对经济的长期发展产生不利的影响。

实行零利率政策,会导致金融市场交易的萎缩 因为在零利率的状态下、除去正常的交易费用,从而使得投资者的收益变得非常微薄,因而导致投资者、特别是机构投资者纷纷退出银行间拆借市场,而将资金存入银行。同时,实行零利率政策还可能加剧金融市场的道德风险。

零利率政策是一种在特定的经济环境下所实行的紧急应对措施 是一种与正常的金融理论与实践相抵触的做法,有违于正常的金融理念和运行规律,因而不宜提倡,当条件成熟的时候,就应当予以解除。

银行业

1999~2001 年,亚洲银行业运行基本平稳,没有出现大的动荡,但资产质量有所下降。作为全球具有权威性的银行评级机构,英国《银行家》杂志每年年中根据银行一级资本的多少对全球银行业进行座次排名,并公布排名位居前 1000 位的大银行名单。以 1999 年为例,亚洲银行业进入全球前 1000 家大银行的情况是:日本 116 家、亚洲其它国家 146 家;与 1998 年的排名情况相比,日本及亚洲其它国家分别减少了 2 家和 16 家。就目前亚洲各国的经济与金融实力而言,日本银行业依然在亚洲银行业中占有主导地位;1999~2001 年进入世界银行业前 10 名的日本银行一直保持在 3~4 家。但是同时,日本银行业的经营又是不尽人意的;以 1999 年的收益排名结果为例,最差的 10 家银行全部是日本银行。造成这种巨大反差情况的主要原因就是日本银行的资产质量长期得不到解决,因而严重拖累了整个银行业的经营与运作。为此,日本银行业几年来一直大力整合银行业。

1999 年 8 月 20 日,日本兴业银行、第一劝业银行和富士银行宣布合并,从而引起当时全球金融市场的巨大反响。90 年代以来,伴随经济全球化、金融一体化趋势的不断深化,国际银行业掀起了并购浪潮,并且以“强强联合”为并购特点。但是,此次日本三家银行的合并,在某种意义上并不完全是“强强联合”的结果,虽然它们都是日本著名的大银行,但合并的真正原因却不在于此。这三家银行之所以走到一起,主要原因是:由于多种复杂的原因,导致这三家银行的经营状况日益恶劣,若再继续下去则将步入困境甚至有破产的危险。例如,在 1999 年全球 1 000 家大银行收益排名榜中,富士银行、第一劝业银行和兴业银行分别以亏损 55.17 亿、54.36 亿和 21.28 亿美元而名列倒数第三、第四和第九位。由此,这三家银行得出一个共识:只有走联合发展的道路,通过优势互补,从而增强三家银行整体的实力与竞争能力,才能在激烈的市场竞争中生存下去。因此,这三家银行决定联合组成世界最大的金融财团——瑞穗金融集团。按照 2001 年 7 月的《银行家》排名,以一级资本计算,瑞穗金融集团以 505.02 亿美元位居全球银行业第二位;而以总资产排名,瑞穗金融集团则以 12 594.98 亿美元位居世界银行业第一位。当然,规模的扩大,并不等于竞争力一定提高,它还需要集团自身的不断磨合、改革与创新,从而才能真正实现综合竞争力的提高,否则,仅仅形式上的联合是不能确保银行业绩提高的。

亚洲金融合作

进入 90 年代以来,伴随世界经济全球化发展趋势的进一步深化,国际金融的运行与发展较前些年也发生了很大的变化,其也呈现全球化的特征;而金融全球化的表现之一就是区域性金融合作的进一步加强。对于亚洲国家来讲,区域性金融合作的突出代表就是清迈会议的召开。

亚洲金融合作的现状

与欧洲地区金融合作相比,亚洲国家的区域性金融合作一直较为落后,准确地讲,直到 1997 年下半年,亚洲国家才开始有进行金融合作的意向。

在 1997 年亚洲金融危机爆发后不久,日本首先提出了一个所谓的“亚洲货币基金”设想。其主要内容是:由日本、中国、韩国以及东盟 10 国共同出资建立一个 1 000 亿美元的基金,为遭受金融危机冲击的国家和地区提供援助。但是,由于该设想在功能上类似于国际货币基金组织的一大职责,从而在客观上起到了基金组织的作用与影响,因而遭到了以美国为首的一些国家的强烈反对,因此而搁浅。1998 年,日本以当时的大藏相宫泽喜一的名义再次提出建立“亚洲货币基金”的建议,其内容与 1997 年的提案类似,只是将原来的 1 000 亿美元的基金规模降低到 300 亿美元,但由于没有得到亚洲国家的积极响应而再次落空。1999 年 10 月,马来西亚总理马哈蒂尔在“东亚经济峰会”上也提出过类似建议。

相比较而言,2000 年 5 月在泰国清迈召开的亚洲开发银行第 33 届年会上所达成的金融合作协议更具有实际意义。在此次年会上,东盟 10 国以及中国、日本、韩国(即目前所流行的提法“10 + 3”组织)的财长通过了日本所提出的货币合作建议,并且达成《清迈协议》。该协议的主要内容是:建立一个货币危机的监督机构,并且由各国从其外汇储备中按比例拿出一定数量的资金,从而建立一个储备基金,其规模大约为300亿美元左右，主要用于对发生货币危机的有关国家进行援助。目前，亚洲地区的外汇储备大约有8000亿美元，对于建立一个数百亿美元的储备基金来讲，应该说是不困难的；建立一个经济与外汇方面的信息交换机制，从而加强对于短期资本流动的监控与管理；扩大“10+3”组织的货币互换范围，在东盟10国与中国、日本、韩国之间构建货币互换交换网。

亚洲金融合作的难点

尽管亚洲国家在金融合作方面已经开始由理论探讨、方案设计阶段上升到开展实际性的合作阶段；但是，亚洲地区的金融合作前景并不乐观，尤其是货币一体化进程的道路将非常漫长。其根本原因在于亚洲国家的国情缺乏共性，主要表现为：

国民经济发展状况差距甚大　从亚洲整个地区来看，能够对本地区在政治、经济、金融方面产生重大影响力的国家莫过于中国和日本。其主要表现为：中国是世界上最大的发展中国家、并且是联合国5个常任理事国之一，其在全球中的政治地位非常显赫；日本则是世界第二大经济强国，其在世界经济中的地位以及影响十分重要；中国的香港和日本的东京则都是亚洲乃至世界的重要的国际金融市场。因此，亚洲金融合作的主导者也非中日两国莫属；但是，就是这两个亚洲大国之间，在经济基础以及实力方面存在着很大的差距。以国民生产总值为例，目前日本大约是中国的5倍；如果以人均国民生产总值对比，日本则是中国的40倍，即使经济相对并不发达的东盟国家，其人均国民生产总值也是中国的2～5倍不等。通过欧盟货币一体化的经验可以看出，经济发展的趋同或接近，乃是实现货币一体化的起码条件。

亚洲国家和地区的政治体制、社会制度各不相同　从国家性质上看，亚洲既有社会主义国家、又有资本主义国家、还有介于两者之间的政治体制国家。从经济发展的程度上看，既有发达国家、又有发展中国家、还有新兴市场国家。反观欧盟国家则基本不存在像亚洲国家这样大的差异。政治体制以及社会制度的趋同或接近，乃是实现货币一体化的先决条件。

经济类型以及结构互不相同　综观亚洲国家，其经济发展模式呈现多元化状态，大致可以分为：日本是标准的工业制造型经济、东盟国家则多为出口加工型经济、中国则是多次产业并举型的经济。促成亚洲国家经济发展模式以及结果互不相同的原因主要有历史的渊源、资源的贫富、国土的地理位置等等因素，并且将继续影响着各国未来经济发展的方向。但是，实现经济结构以及发展模式的趋同或接近，乃是实现货币一体化的基本条件。

经济体制以及政策的差异　从亚洲整个地区看，既有实行完全的市场经济体制的国家（例如日本）、又有长期实行计划经济体制的国家（例如中国）、还有进行经济转轨不久的国家（例如东盟的一些国家）。经济体制的不同以及经济发展程度的不同，必然导致各个国家的金融开放程度的不同，由此导致各国所实行的经济、金融政策的不同。通过欧盟货币一体化的运作过程，我们可以发现，经济和金融政策的趋同或接近，乃是确保实现货币一体化的重要条件。

历史文化宗教民俗的差异　相对欧洲大陆国家而言，亚洲国家具有更古老、更丰富的历史、文化、宗教和民俗。历史与文化的悠久，虽然是一个民族的光荣与自豪；但是，它同时也在一定程度上阻碍着人们意识形态的更新与发展。众所周知，欧洲国家基本上都是高度民主的国家，同时又是公民意志影响很大的地区，加之德、法、英三国历史上曾经发生过多次长期战争，而今能够摈弃前嫌，共同连手进行货币合作，而货币合作的结果就是放弃各自的本位货币，其包容之胸怀可想而知。与欧洲国家相比，亚洲国家在历史的长河中也有过类似的情况；因此，如何评价历史、看待现在和展望未来，将是亚洲国家走向货币一体化的漫长过程中需要长期解决的问题。欧元的成功诞生告诉我们，仅仅有经济、贸易、金融等方面的相同基础并不等于可以实现货币的一体化，人文因素决不可以小视，其主要是人们的观念与理念。

亚洲金融合作的未来

当今世界，经济全球化已经发展成为一种不可阻挡的潮流，任何国家经济要发展、社会要进步，都不可能置身于这种潮流之外，否则将更加落后于世界；一个国家或地区，只有顺应时代的发展方向，积极融入世界经济大潮中，才能提高本国的国际竞争力以及整体的经济实力，才能更加有效地促进国民经济的长期健康发展。而目前，经济全球化的发展趋势乃是朝着经济区域化方向发展，由此必然会带来金融的区域化、一体化发展；因此，突出区域性的金融合作将是21

世纪前期国际金融发展的一个重要方向。

展望未来,亚洲国家将承接目前刚刚开始的金融合作的良好开端,继续加强、深化金融合作的广度与深度;但是,如上所述的金融合作难点将在很大程度上制约着亚洲金融合作的进程。从短期看,亚洲国家将会积极地将不久前所达成的《清迈协议》继续发展下去,从而建立并逐步完善金融危机预警与应对机制,为亚洲国家服务;进而达到抵御或削弱金融危机冲击的目的,维护亚洲国家的整体金融安全与各国的经济利益。而从长期看,亚洲国家若想实现类似于欧盟货币一体化那样的金融合作,道路将非常漫长,它需要亚洲国家长时期的不懈努力与真诚合作。

1999～2001 年欧洲金融形势综述

中国银行国际金融研究所 王中海

1999～2001 年,欧洲金融运行总体呈现相对平稳的态势,但金融运行质量不高;其主要表现为:金融市场呈现疲弱、金融商品价格(欧元、股票)呈现下跌、国际资本有外流的趋势。

外汇市场

1999 年 1 月 1 日,世界金融历史上第一种跨国界的统一货币——欧元正式启动;到 2001 年底,欧元已经 3 周岁了,3 年来的风风雨雨、一路蹒跚,使欧元经历了磨难与考验。欧元出台之后的汇率走势一直是国际金融市场的焦点和热点问题,备受市场关注。

综观欧元近 3 年来的运行,其汇率大致经历了三个阶段:

第一阶段:1999 年 1～3 月,欧元汇率以持续稳定向上为主,起步价格为 1.17 美元兑 1 欧元出台,随后持续向上,最高点为 1999 年 1 月 4 日的 1.1835 美元兑 1 欧元。

第二阶段:1999 年 3 月～2000 年 10 月,欧元汇率以持续下跌为主,最低水平为 10 月 26 日的 0.8301 美元兑 1 欧元。

第三阶段:2000 年 10 月至今,欧元汇率以稳定向上为主,期间略有向下跌势,汇率水平基本稳定在 0.90～0.95美元兑 1 欧元水平,其间也曾跌破 0.90 的心理底线,汇率水平再度跌至 0.84 美元,但货币信心与货币形象明显有所提高。

综合分析欧元汇率由强转弱、又由弱趋稳的原因,主要表现在以下三个方面:

欧元的国际冲击与艰难磨合

突出表现为欧元高起步后的持续弱化。自欧元出台之后,美欧之间实力较量与规模竞争愈加激烈,但美国始终是主导信心和心理的主动者,而欧洲处于被动和无奈的地位。尤其是欧元持续一年多的疲软状况,不仅来自欧洲内部自身因素的牵制,更有国际环境不利于欧洲状况的影响。尤其是欧元在国际环境背景相对有利的局面下问世,使得欧元高估受到环境的刺激作用明显。1998 年国际金融动荡的加剧,尤其是美国经济金融问题的表露促进和拉动欧元启动前预期上升,形成欧元高估趋势。而欧元启动之后,科索沃危机的冲击更使欧元雪上加霜。由于欧元作为世界上第一位区域货币的典范,启动之初面临内部艰难的协调与磨合,但国际环境却加大其运作与协调的难度,战略与技术上的打压愈加明显而突出,致使欧元难以抵挡与支撑。

货币汇率走势的基本支持因素在于长期经济指标与短期经济效益的影响,从长期看,主要体现在经常账户余额、通货膨胀率以及经济增长率方面;而从短期看,则主要表现在利率水平、中央银行干预能力以及货币预期方面。而欧元汇率的走势更多的是受到信心与心理的影响,其中信心体现于宏观经济影响,心理体现于金融市场作用,并受到诸多矛盾的牵制与制约,经济、金融、贸易以及货币关系等相关因素的连带密切,而且已经十分明显的表露于汇率水平的调整与波动上，相对立的因素制约明显。这一阶段欧元区主要矛盾集中于以下四点。

经济增长与通货膨胀压力的矛盾 伴随欧元的诞生，欧元区成立了一个统辖区内经济金融政策而独立于各国政府的机构——欧洲中央银行。作为大一统的欧洲中央银行，其重要职责之一就是将全区的通货膨胀率控制在合理范围内。经济要保持持续发展，就必须要有一定的增长速度相配合，否则就业就要出现问题；但是经济增长又容易引发通货膨胀。从经济理论上讲，较快的经济增长速度配之以较低的通货膨胀率是最佳的经济发展模式，但现实的经济生活中很难做到。尤其是由于历史的原因，欧洲国家普遍将通货膨胀视为经济发展中的大敌。作为欧洲中央银行，其宏观政策的把握经常是处于追求经济增长与控制通货膨胀的矛盾之中。

汇率信心与出口需求的矛盾 续前所述，作为大一统的欧洲中央银行，其首要职责就是要维护欧元汇率的稳定。欧元作为成功的区域货币典范，拉动汇率信心作用本应十分明显；加之欧元启动前夕，国际环境较为悲观的状况驱使欧元过高定价出台，使市场对欧元充满信心。然而，出台之后一系列事件的接连打击和影响，致使欧元一路蹒跚，货币信心逐渐弱化，汇率走势不尽人意。但是从另一个角度看，疲软的货币汇率却明显拉动欧元区的经济复苏，尤其对出口的作用较为显著。例如德国在欧元疲软中出口受益明显，2000年1～6月的出口上升17.4%，进而拉动第二季度经济增长1.1%，较上年同期增长3.3%。而欧洲中央银行在欧元汇率疲软中迟缓干预汇率的一个重要因素就是，疲软欧元对欧洲经济，突出在出口作用刺激和促进经济增长表现强劲。但是，这种不协调的状况，对货币信心的打击更为严峻，毕竟欧元是区域货币的先导，对国际货币体系的发展具有重要影响与带动，而波动不定的疲软趋势势必影响货币形象和信心；加之货币启动之初的磨合艰难与纸币尚未流动的状况，更是对欧元信心弱化的客观因素。货币信心的弱化与出口趋势的强劲，将使欧元汇率处于两难之间，成为制约汇率的干扰因素。

欧元意愿与美元竞争的矛盾 欧元问世应对于国际货币格局的挑战，尤其是对美元形成竞争，为此而出现的科索沃危机除政治军事因素外，货币竞争则更为突出。科索沃危机已经明显打击了欧元的信心，但是欧元强势或稳定货币的期望依然是欧洲中央银行和欧元区国家的愿望，而美国经济的过于强劲，以及美元应对欧元的竞争愈加激烈，使得欧元明显处于劣势，美元竞争的主动性空间加大，可调整优势优于欧元区。因此，欧元汇率的走势有违于欧元区的意愿，但却迎合了美国的经济利益和美元的需要，使得美元竞争格局更为有利。欧元与美元的竞争与摩擦是欧元汇率走强的重要心理障碍，是制约欧元汇率的信心因素。

政策取向与货币关系的矛盾 欧元区经济的复苏、疲软的货币走势、不干预的货币政策等虽然有利于欧元区经济金融的稳定，但却极大的挫伤了货币信心，使得欧洲中央银行的货币政策取向与美元货币的关系磨合处于更为艰难的矛盾之中。欧元与美元的竞争是欧元问世前后的热点，而美元的主动和欧元的被动已经是事实，如何通过政策与关系协调解决矛盾依旧是牵制欧元的重要环节。欧元与美元的协调将会促进国际金融的均衡发展，于货币交易、资本流动金融风险的分化较为有利。然而目前欧元的持续下跌波动则加剧了金融格局的不均衡，对货币市场和资本市场的稳定产生冲击，加大金融风险系数。政策取向和货币关系的不协调将是潜在国际金融风险的伏笔，而日趋流行的浮动汇率制加大了汇率变动对经济的冲击，并导致经济基本面对汇率的作用与反作用。

欧元的国际契机与结构调整

突出于美国经济的变化给予欧元区的机遇与空间。欧元汇率走势的较大变化与调整，除经济基本因素和金融市场惯性的影响以外，更为重要的是欧元区货币政策协调与实际作用的体现。尤其是进入2001年，由于美国超常规和力度的降息举措，使得欧元汇率潜在的支持与协调空间明显加大，力量对比相对均衡的局面使欧元加大了挑战美元的机遇。2001年美国联邦储备委员会连续10次降息的举动并没有促进美国经济的好转，反而使经济金融忧虑进一步加重，利率调控的效益明显弱化。而从欧洲经济状况和金融表现分析，欧洲央行利率政策的相对稳定，既是符合欧洲经济金融发展的实际需要，同时也显示出欧洲央行政策抉择的自主性。

欧元区经济预期较为稳定 尽管美国经济自2001年4月起停止增长，经济增长预期已经大幅向下

调整,但是欧元区的经济增长目前依然较为稳定向上,并且有超过美国的可能。经济信心对欧元汇率的支持愈加明显,资金效益已经在欧元汇率上扬中得以体现。

欧元区调整效益较为明显 比较突出的是失业状况的改善和通货膨胀压力的减缓。失业率水平的下降不仅是结构性改革的具体体现,更是生产成本与效率的有效成果;而通货膨胀的压力明显受石油价格回落的影响而进一步减轻。更为重要的是欧元区国家大多采取了减税政策,这些措施十分有助于各国内部需求的增长,从而促进经济的稳定增长。

受美国影响较为有限 比较突出的是贸易自主明显。欧元区和欧盟区内贸易占贸易总量的60%以上,美国经济减速的贸易冲击对欧洲较小。2000年欧元区和欧盟15国经济的强劲增长主要得益于活跃的对外贸易,欧元区的出口贸易增长为11.7%,欧盟15国为10%。此外,美国经济消费与股市状况与家庭参与股票投资较为密切,而欧元区国家则相对小的多,股市表现对社会以及消费冲击较小,而欧洲债券相对活跃与稳健则是欧洲资本市场的重要支撑。

欧洲央行运作较为成熟 比较突出的是2001年美联储连续降息后欧洲央行自主而稳健的表现,从信心和形象上提高影响力。虽然欧洲经济也面临诸多问题,降息也是顺应国际经济环境和自身状况的必要选择,但从时机与技巧把握上表现了欧洲央行运作的成熟,同时也表明欧洲央行与各国央行协调的有效。不同的经济状况、不同的改革步调、不同的环境背景,且一致的金融取向,需要协商、沟通与共识的默契,欧洲央行已经略有成效的体现,并给予欧元市场以信心心理的增强。

股票市场

欧洲股市近几年总体呈现先涨后跌的走势,即在1999年全都呈现上升态势,而在2000～2001年又呈现大幅调整的态势。几个主要国家的股市具体表现为:1999年,德国股指由年初的5 252.36点上涨到年底的6 958.14点,幅度为32.5%。法国股指由年初的4 147.50点上涨到年底的5 958.32点,幅度为43.7%。英国股指由年初的5 879.40点上涨到年底的6 930.20点,幅度为17.9%。2000～2001年,欧洲股市整体呈现大幅下跌的态势。其中,德国股指由2000年1月3日的6 750.76点下跌至2001年11月30日的4 989.91点,近两年来累计跌幅为26%。法国股指由2000年1月3日5 917.37点下跌至2001年11月30日的4 476.06点,近两年的累计跌幅为24%。英国股指则从2000年初的6 665.9点下跌到2001年11月30日的5 203.6点,近两年的累计跌幅为22%。

导致欧洲股市1999年大幅上升的原因主要有三点:

股市连动效应的影响 众所周知,美国股市历来是全球股市的风向标,其走势直接影响着全球股市的走向,特别是对欧洲和日本影响甚大。1999年美国股市的蓬勃发展,必然带动欧洲股市的强劲上扬。

经济信心的影响 1999年上半年,全球各地区的经济基本都呈现上调态势,而惟有西欧经济出现下调,这主要是受科索沃危机冲击所致,因而使得德、法、英3国的股市在上半年呈现相对平缓的态势。而进入下半年之后,西欧经济复苏的迹象明显显现,经济利好因素不断增加,从而极大地鼓舞了市场投资者的信心,进而带动股市从11月开始快速大幅攀升。

资金效应的影响 欧洲注册的互惠基金的总资产已经达到22 500亿美元,其中35%投资于股票基金,对股指上扬的刺激较大。欧洲互惠基金市场规模最大的是法国,其次是意大利,在世界的排位分别为第2和第3位。尤为突出的是意大利互惠基金市场的快速成长,在近4年的发展中,市场的资产回报率以51%的复合年率增长,总值已经达到4 350亿美元,促使意大利的股市年增长率达到20%以上。

导致欧洲股市2000～2001年大幅波动、总体趋跌的原因,主要也有三点:

欧元汇率的持续疲软 进入2000年以来,欧元汇率承接上年的跌势继续下跌。欧元对美元汇率从1月3日的1:1.0262开始,持续下跌9个月之久;至10月18日,欧元对美元汇率跌至问世以来的最低水平1:0.8368。2001年以来,欧元汇率从总体看继续呈现疲软态势。其中,欧元对美元汇率出现两落一起的明显变化,即由年初的1:0.94下跌到6月底的1:0.84;而后欧元汇率出现反弹,到9月底返回近1:0.92左右的水平;之后欧元汇率又逐步盘跌,到11月底维持在1:0.88的水平。汇率作为一种货币的价值体现,

其根本的依托是这个国家经济实力以及未来发展的预期。而作为国际投资者,投资于一个国家或地区的股市,不仅要考虑股市本身的收益与风险,同时还要考虑到汇率升降所带来的货币升值或贬值的风险。欧元汇率在2000～2001年持续走弱,严重挫伤了投资者对于持有欧元资产的信心,因而连带制约了对于欧洲股市的投资行为,从而导致欧洲股市的全面下挫。

国际原油价格的持续上涨　进入2000年以后,国际市场的原油价格继上年大幅上涨之后还继续持续上涨,到9月中旬,纽约市场原油价格飙升至每桶37美元,较1999年底又上涨了约50%,达到十年以来的最高水平。国际原油价格的持续大幅上涨,一方面加大了欧盟国家通货膨胀的压力,另一方面还加大了进口成本,从而对刚刚出现复苏迹象的欧洲经济蒙上了阴影。根据经合组织的估计,原油价格每上涨10美元,欧洲经济的增速就将减少0.2%;而同时,通货膨胀却增加0.6%。石油价格的上涨将直接影响欧盟委员会所预测的“2000年欧盟经济将强劲增长”,从而对股市的走强产生制约作用。

经济发展预期的下降　2001年以来,由于受美国以及全球经济发展不甚乐观的不利影响,欧洲经济、特别是欧元区经济的发展并不令人满意,主要表现为欧元区两大主导国——德法两国经济走势的不佳。例如,根据德国联邦银行公布的统计数字,2001年第一、二季度,德国的经济增长率仅为1%;2001年1～7月份,德国的失业率连续7个月增长。另外,根据欧洲统计局10月底公布的最新统计结果,欧元区2001年前3个季度的经济增长率分别为2.5%、1.7%、1.3%。2001年欧洲经济之所以一直处于不景气状态,其主要原因是受到通货膨胀压力的制约以及意外事件的干扰。按照欧洲中央银行的调控目标,欧元区国家的通货膨胀率水平应控制在2%以内;但是2001年以来,欧元区国家的通货膨胀水平基本都高于这个警戒线,其中德国的通货膨胀率最高达到3.5%。另外,美国“9·11”恐怖袭击事件对于欧洲经济的正常运行以及人们的心理都造成一定程度的不利影响。股市是经济发展的晴雨表,而且经常先于实际经济的运行表现出来。在通常情况下,如果市场预期一个国家或地区的经济将会平稳甚至快速发展,那么必将带动这个国家或地区的股市稳健运行甚至大幅攀升;因为如果经济发展前景看好,那么上市企业的经营业绩将会普遍趋好,从而可以确保投资者的投资收益。反之,如果市场预期一个国家或地区的经济发展将会出现停滞甚至倒退,那么必将制约这个国家或地区的股市健康运行甚至出现大幅下挫;因为如果经济发展前景趋坏,那么上市企业的经营业绩将会普遍受到影响,从而使投资者的投资收益难以保障。2001年以来欧洲股市之所以全面下跌,根本原因是投资者对于欧洲经济、特别是欧元区经济的发展信心不足。

银行业

1999年以来,欧洲银行业总体呈现比较稳定的局面、没有出现大规模动荡;但是,银行业所面临的经营环境却在悄悄地发生变化。

政府监管方式的改变　即政府对于银行业的行政干预进一步减少,逐步由直接干预转变为间接干预。政府对银行的监管由过去的对于价格、费用、产品结构等方面的监管逐步转变为对于银行风险的监控,从而为银行业务的拓展以及竞争的提高创造了更大的空间。

金融科技的进步　即以互联网络为代表的信息交流革命,不仅使更多的信息技术应用于金融领域;同时,它还不断改变着欧洲银行业的产品、交易以及服务,进而改变银行业的经营战略与经营理念。

银行的经营压力　由于上述两个原因,使银行客户对于银行所提供的金融商品以及服务提出了更高的要求,从而进一步加大了银行的经营压力。

银行业之间的竞争加剧　由于1999年初欧元成功启动,因此在欧元区内的金融市场消除了汇率风险,加之统一的商品市场早已形成,从而更加剧了银行业之间的竞争。

为此,欧洲银行业近几年加速了并购与重组的步伐。其中比较突出的是:1998年底,世界著名的德国德意志银行抢在欧元启动之前,以100亿美元的巨资跨国兼并了位居世界第51位的美国投资银行——信孚银行,从而使其成为在美国的最大的外资银行,并由此掀起了一轮欧洲银行业并购重组的新浪潮。1999年2月,法国兴业银行与巴黎巴银行通过换股方式合并为兴巴集团,从而成为法国第一、欧洲第三、世界第四大银行。1999年3月,法国巴黎国民银行曾动意收购兴业银行,瑞士银行宣布与英国渣打银行实行部分合并。最有趣的是:1999年3月21日,意大利市值最高的银行——联合信贷银行宣布,以换股方式(价值164亿美元)与意大利商业银行合并,从而成为欧洲第五大银行;而间隔仅数小时,意大利最大的银行集团——圣保罗意米银行又宣布,也以换股方式(价值97亿美元)与罗马银行合并。由此可以看出欧洲银行业竞争的激烈与发展趋势。

欧洲金融在欧元统一货币的效益下已经逐渐体现出整体规模和实力的作用,未来前景乐观较多,但也将面临巨大的挑战与风险,与美国金融的竞争将愈加激烈,并将逐渐与美国并驾齐驱主导国际金融的发展趋势与格局。

一些发展中国家外债及其构成

单位:百万美元

	1980年	1990年	1995年	1996年	1997年	1998年	1999年
中　国							
外债总额	15 828①	52 545	106 590	116 275	130 960	146 040	151 830
长期外债	9 410①	45 779	94 674	102 167	112 820	128 700	136 650
短期外债	6 418①	6 766	11 916	14 108	18 140	17 340	15 180
印　度							
外债总额	20 695	83 717	94 469	93 470	94 320	97 639	94 393
长期外债	18 447	72 550	87 046	85 431	88 609	93 022	90 324
私人非担保外债	336	1 488	6 618	7 382	9 208	8 409	7 944
政府及政府担保外债	18 111	71 062	80 428	78 049	79 402	84 613	82 380
短期外债	2 248	11 167	7 423	8 039	5 711	4 617	4 069
韩　国							
外债总额	29 480	34 968	85 810	115 803	136 984	139 097	129 784
长期外债	18 236	24 168	39 197	4 9221	72 128	94 062	88 916
私人非担保外债	2 303	5 400	17 074	23 798	38 276	36 106	31 685
政府及政府担保外债	15 933	18 768	22 123	25 423	33 852	57 956	57 231
短期外债	11 244	10 800	46 613	66 582	64 856	45 035	40 868
泰　国							
外债总额	8 297	28 165	100 093	107 777	109 731	104 943	96 335
长期外债	5 646	19 842	55 998	65 164	69 466	72 044	69 486
私人非担保外债	1 702	7 311	39 117	48 235	47 142	43 931	38 475
政府及政府担保外债	3 943	12 531	16 880	16 929	22 324	28 113	31 011
短期外债	2 651	8 323	44 095	42 613	40 265	32 899	26 849

续表

	1980年	1990年	1995年	1996年	1997年	1998年	1999年
越　南							
外债总额		23 270	25 427	26 257	21 780	22 502	23 260
长期外债		21 378	21 777	21 964	18 986	19 918	20 529
私人非担保外债	0	0	0	0	0	0	
政府及政府担保外债		21 378	21 777	21 964	18 986	19 918	20 529
短期外债		1 892	3 650	4 293	2 794	2 584	2 731
埃　及							
外债总额	19 131	32 949	33 266	31 300	29 850	31 965	30 404
长期外债	14 693	28 372	30 792	28 937	26 858	27 705	26 110
私人非担保外债	265	1 000	313	127	54	34	112
政府及政府担保外债	14 428	27 372	30 479	28 810	26 804	27 671	25 998
短期外债	4 438	4 577	2 474	2 363	2 992	4 260	4 294
南　非							
外债总额			25 358	26 050	25 221	24 711	24 158
长期外债			14 772	14 334	13 879	13 268	10 378
私人非担保外债			4 935	3 987	2 413	2 641	1 230
政府及政府担保外债			9 837	10 347	11 465	10 627	9 148
短期外债			10 586	11 716	11 342	11 443	13 780
阿根廷							
外债总额	27 157	62 232	98 802	111 419	128 411	141 549	147 880
长期外债	16 774	48 676	71 316	81 629	90 555	105 151	111 887
私人非担保外债	6 593	1 800	16 066	19 068	23 411	27 865	27 320
政府及政府担保外债	10 181	46 876	55 250	62 560	67 144	77 285	84 568
短期外债	10 383	13 556	27 486	29 790	37 856	36 398	35 993
波　兰							
外债总额		49 366	44 263	43 473	40 401	55 494	54 268
长期外债		39 263	42 085	40 810	36 589	49 303	48 325
私人非担保外债		0	1 012	1 602	2 412	14 167	15 174
政府及政府担保外债		39 263	41 073	39 208	34 177	35 136	33 151
短期外债		10 103	2 178	2 663	3 812	6 191	5 943
俄罗斯							
外债总额		59 340	121 722	126 621	127 665	177 710	173 940
长期外债		47 540	101 750	101 994	108 358	143 396	142 958
私人非担保外债		0	0	0	1 905	22 163	22 583
政府及政府担保外债		47 540	101 750	101 994	106 453	121 233	120 375
短期外债		11 800	19 972	24 627	19 307	34 314	30 982

第　六　篇

世界贸易与跨国营销文化

2000～2001年世界贸易概况

对外经济贸易大学 马国芝

世界贸易发展的特点

在知识经济时代和经济全球化的背景下，当今的国际贸易呈现出一些新的情况。

世界贸易的主要动因是智力资源而非自然资源 现在世界上不再像以往那样仅仅按照各国自然资源要素的多少和生产成本的不同进行国际分工、开展国际贸易，再获取相对优势的贸易利益，而是通过各国之间的智力资源、知识要素、人才素质和科技实力的竞争来进行国际贸易。这样，智力资源丰富、知识要素占有率高、人才素质良好和科技实力强的国家在国际贸易中获取的贸易利益就多。目前受益最大的当属美国。而广大发展中国家因其智力资源贫乏、知识要素占有率较低、人才素质较差和科技实力较弱，在国际贸易中获取的贸易利益自然就少。

世界贸易的新增长点是高新技术产品的交易而非传统商品交易 现在技术贸易和服务贸易在世界贸易中的地位不断提升，与货物贸易形成三足鼎立之势。世界贸易正向技术知识密集型方向发展，高技术含量、高附加值的双高产品，尤其是信息技术产品已成为当今世界贸易的新增长点。2001年11月9日第12届世界生产力大会在北京召开，中国国务院副总理温家宝先生出席了开幕式并发表了题为“共同促进世界生产力的新发展”的主题演讲，他指出：“……目前世界范围内以信息技术和生物技术为核心的高新技术突飞猛进，特别是计算机技术、通信技术和网络技术迅速发展，正广泛而深刻地改变人类的生产和生活方式，为世界生产力发展开辟了无比广阔的前景。”据统计，现在全球技术和服务贸易约占到世界贸易总量的1/4强。随着数字经济的兴起，信息技术革命正以惊人的速度在发展，从而影响着世界贸易的主要内容。

世界贸易的交易方式也一改往日的传统方式而趋于采用网络贸易方式 过去，世界贸易都是通过函电联系和当面洽谈，经过反复磋商，最后签订成交合同。而今世界贸易日趋采用互联网络方式，即通过计算机网络，如万维网、英特网等现代化电子方式开展“无纸”贸易。整个交易过程包括磋商、询盘、报盘、订价、签约和货款收付等都可在全球电信网上完成。如今网上交易规模日渐增大。据美国《商业周刊》前不久预计，2001年全球网上贸易总额达2 051亿美元；2002年可望达3 490亿美元，而1996年时网上交易额只有23亿美元。短短几年功夫网络贸易在全球迅速发展起来。

世界各国和国际组织纷纷制订各项政策和采取种种措施来维护并促进网络贸易继续向前发展。

2001年10月21日，亚太经合会议第九次领导人非正式会议审议批准了《数字APEC战略》文件，其中也提到了要加强通信和网络基础设施建设，以推动新技术在现代经营和社会服务中的应用以及营造竞争性的价值链服务市场，以支持高效的电子商务。由此可以断定，网络交易方式将成为21世纪国际贸易领域中更进一步加强和发展的现代交易方式。

自1995～2001年，全球已有30亿网页及2 000万个网址，传送的电子邮件已达3兆5亿则之多。在30亿网页中，30%是由公司企业所创写，其他70%则是由非营利机构及一般民众所创作。然而，在2001年内，有巨额美元从纽约科技股中消失，500家网络公司倒闭及50万科技人员失业。

尽管眼下在全球范围内互联网市场有些低迷，但人们对宽带互联网的前景仍充满信心。

跨国公司在国际贸易中的垄断地位进一步加强 随着知识经济更加迅猛发展和信息技术的

快速普及，世界各国企业开展跨国经营也就更加便捷、有效。跨国公司在国际贸易中已占到绝对比重。据美国《商业周刊》2000年在纳斯达克指数猛跌时的一次统计称，全球500家大型跨国公司的总产值已占到全球总产值的45%；全球5.3万家跨国公司内部和相互贸易额已占到世界贸易总额的60%以上。跨国公司在国际贸易中之所以占如此多的份额，主要是因为它们在国际技术创新和国际技术贸易中所占比重甚高，分别为70～80%和80～90%。

国际贸易利益分配两极化日趋严重 在国际贸易中，发达国家所占比重将近4/5，且全球技术贸易的85%也是在发达国家之间进行的，因此在国际贸易利益分配格局中，发达国家与发展中国家形成两极分化，即发达国家占有中心绝大部分，而发展中国家仅享受外围的很少部分。在知识经济全面发展的21世纪，这种现象还会进一步显现，发达国家越来越富，发展中国家越来越穷，欠发达国家和最不发达国家更是穷上加穷。

据联合国开发计划署发布的《2000年贫困报告》称，世界最富有者和最贫困者的收入差距已从60年代的30:1扩大到1997年的74:1。联合国贸发会议等国际机构公布的数字则进一步显示，占全球人口20%的发达国家拥有全球生产总值的86%和出口市场份额的82%，而占全球人口75%的发展中国家仅分别拥有14%和18%的份额。发达国家富有者人均收入已超过2万美元，而穷国贫困者的每日生活费竟不足2美元。1971年全球最不发达国家只有25个，现已增加到48个，它们的产值加起来还不足全球的1%。

当前国际经贸关系新走势

动态贸易自由化是世界贸易体制的主流

贸易自由化并不是一种静止的状态，而是一个逐步发展的过程，即世界各地区逐步地通过降低关税至零关税和减少非关税壁垒至消除非关税壁垒达到取消贸易壁垒，从而建立起一种真正广阔、自由的国际贸易环境。不过，要想在全球范围内实现完全自由贸易，不是短期内就能做到的事，而需要一个相当长期的过程。这是因为，世界各国经济发展一直处于不平衡状况，贸易保护主义依然存在，甚至有时愈演愈烈，相互对峙。例如发达国家往往利用反倾销、反补贴、技术标准、环境标准和知识产权等条款对发展中国家实施歧视性贸易政策；而发展中国家为实现工业化也需要对其国内市场和产业实施最大限度的保护。在世贸组织最新几轮谈判中，发达国家又将贸易与环境保护、贸易与劳工标准以及贸易与竞争政策等新贸易问题作为议事日程，并以抵制环境保护、绿色补贴和不公平竞争等为藉口对发展中国家实行贸易制裁。上述种种贸易保护行为均为国际贸易自由化设置了障碍。

然而贸易自由化是国际贸易发展的必然趋势。世界经济以及世界各地区、各国经济要想得到迅速增长，国际贸易利益要想得到更有效、更合理的分配，必须最终实现全球贸易自由化。据澳大利亚2001年10月发布的一份研究报告表明，在过去的30年中，国际收入不均已有所改善，其中坚持自由贸易的APEC成员国所获得的利益为整个世界的两倍，而尚未加入自由贸易的国家却遭受损失。当前世界上仅制造业领域就存在着众多贸易壁垒，其主要的负担又转向发展中国家。如果制造业贸易进一步自由化，它所带来利润的75%会流向发展中国家。因此，现在世界各国都在朝贸易自由化这个方向做出积极努力。

首先，2001年世界贸易组织规模已由1948年的29个成员发展到143个。各成员国通过每次多边贸易谈判（现已进行了9轮谈判）来促进世界贸易自由化。自1995年1月1日起，由关贸总协定转为正式成立世界贸易组织，标志着世界贸易自由化已进入了一个新阶段。乌拉圭回合谈判结束时达成《服务贸易总协定》，其宗旨就是实现世界服务贸易自由化。据此协定，发达国家成员就所有服务活动的2/3作出了承诺，其覆盖率超过了80%；经济转型国家成员就149种具体服务活动作了承诺，其覆盖率在50%以上；发展中国家平均就24种具体服务活动作了承诺，承诺多寡因地区、国家不同而不同，如香港地区、韩国、泰国和土耳其等承诺比例较高。全球在货物贸易自由化方面也较过去前进了一大步。二战后初期，关贸总协定成员的关税水平约在45%左右；至1999年底，世界组织所有成员的平均关税水平已降到6.5%。值得一提的是，乌拉圭回合以后，发达国家成员和一些发展中国家成员承诺取消某些产品的所有关税，例如信息技术产品达到了零关税。

此外,在非关税壁垒方面也采取了不少削减和约束措施,如许多国家对原先实施的多达2 700种非关税壁垒措施进行了大幅度削减并明确规定不得采取数量限制措施来保护国内市场。目前只有纺织品和服装贸易仍保留数量限制,但按世贸组织规定,该限制将于2005年1月1日被完全取消。而对诸如许可证制度、进口配额制、外汇管制、海关估价、复杂的海关手续、动植物检疫标准、进口商标的国内限制、反倾销税和反补贴税等非关税措施也都进行了规范性的限制。

不仅世界贸易组织在促进世界贸易自由化方面作出了努力,就连一些区域性组织也在减少贸易壁垒的承诺方面采取了实际步骤。例如,亚太经济合作组织早在1994年的茂物会议上就制定了发达国家成员不迟于2010年,发展中国家成员不迟于2020年在区域内实现贸易和投资自由化的目标。在1997年的温哥华会议上,该组织又提出了在环保产品、渔业产品、林业产品、医疗设备、电信、能源、玩具、珠宝和化工产品等9个部门提前实现贸易和投资自由化的目标。2001年10月21日,亚太经合组织领导人举行非正式会议。各成员领导人认为,贸易自由化仍然是该组织进程的核心内容,但有必要对茂物目标进行更新和拓展,即"反对一切形式的保护主义",贸易投资自由化应与经济技术合作相结合,应通过贸易往来和相互投资缩小各国之间的差距,达到共同繁荣。由此,亚太经合组织所有成员承诺"将在全球和地区范围内进一步努力,促进贸易投资自由化及便利化"。该组织成员并同意世贸组织"新一轮"谈判议程,应包括进一步的贸易自由化,加强世贸组织规则及有关实施问题等内容。这一议程还应体现所有成员,特别是发展中和最不发达成员的利益和关切,因应21世纪的挑战并支持可持续发展的目标。这将有利于保证贸易和投资的增长能够带来繁荣并且能够公平地被所有人分享。①同时,在这次领导人非正式会议上,亚太经合组织成员还重申,在本区域内对电子交易暂不征收关税的承诺。

此外,东盟成员国和中国于2001年11月6日就在10年内缔结自由贸易协定这一目标达成协议,即双方将在10年内建立一个自由贸易区。这是一个至关重要的举措。该自由贸易区一旦建成将覆盖20亿消费者,是世界上最大的自由贸易区。届时它不仅会大大增强亚洲地区经济的活力,同时对促进整个世界的发展和贸易投资自由化也将起到举足轻重的作用。

更值得一提的是,2001年12月11日,中国正式加入世界贸易组织。中国作为世界上最大的发展中国家,成为世贸组织正式成员,既有利于中国改革开放和经济发展,也是建立完整开放的国际贸易体系的需要。正如智利驻华使馆参赞所说:"中国加入世贸组织很重要,因为中国是世界上10大贸易国之一,很有必要全方位参与世贸组织的活动。"

贸易保护主义依然存在,对各国出口贸易构成威胁

近年来贸易保护主义并无减弱趋势,对各国经贸关系的进一步发展造成不利影响。根据英国R&M律师事务所首席经济师史蒂文森对世贸组织收集的案件所做的统计,2000年世界反倾销、反补贴和保障措施的运用总数为293起,其中反倾销案达251起,占总数的86%,而涉案国及地区的涉案数超过146起。2001年反倾销立案仅上半年就达134起,比上年同期有所增加;涉案数达84起多,比上年大大减少。

从立案国来看,1999年欧盟居世界第一位,立案66起,印度第二,为60起;美国第三,为46起。2000年,美国取代了欧盟成了第一大立案国,46起;阿根廷取代印度居第二位,36起;印度取代美国居第三位,35起;欧盟降为第四位,31起。2001年上半年,最大立案国仍是美国,39起;第二是加拿大,23起;第三是欧盟,13起。

涉案国家及地区,历年最多的均是中国,2000年33起,2001年22起。其次是韩国,2000年19起,2001年上半年10起。第三位是中国台湾,2000年14起;2001年上半年9起。

从行业结构来看,贱金属和化工行业是反倾销的主要行业。以2001年上半年为例,反倾销立案134起中就有65起集中在贱金属行业,如钢铁和铝制品等;其次是塑料行业和纺织业。在采取最终反倾销措施中也多半集中在贱金属和化工行业,如2001年上

① 2001年10月21日亚太经济合作组织《领导人宣言》

半年共有85项采取最终反倾销措施,其中贱金属占了31项,化工行业占了27项,纺织行业才有8项。

从国别及地区来看,2001年上半年遭受最终反倾销措施之害最严重的是韩国,达10项之多,占总数的11.8%;第二是中国,达9项,占10.6%。

2000年世界贸易增长势头强劲

商品贸易

2000年,在世界经济快速增长,国际市场需求旺盛的带动下,全球贸易活动态势良好,增长势头强劲。1999年下半年世界贸易已呈扩张之势,进入2000年后,国际贸易仍增势不减,且越来越强劲。据联合国统计月报2001年10月统计,2000年1～12月世界贸易总额达126 704.93亿美元,比上年同期增长13.08%;其中进口64 472.26亿美元,同比增长13.82%;出口62 232.67亿美元,同比增长12.31%。此增长势头为10年来最高水平。

世界各主要国家和地区增势均如此。美国进入2000年,在其经济持续增长,国内市场需求旺盛的影响下,全年对外贸易总额达20 387.65亿美元,比上年同期增长15.74%。其中进口12 576.40亿美元,同比增长18.71%;出口7 811.25亿美元,同比增长11.26%。日本随着亚洲经济的恢复和强劲增长以及美国经济的持续扩张,再加上本国进口需求增加和世界原油价格上涨,2000年全年贸易总额达8 586.20亿美元,比上年同期增长18%。其中进口3 794.50亿美元,同比增长22.40%;出口4 791.70亿美元,同比增长14.74%。欧盟在全球经济增长强劲,在欧元持续走软的情况下,欧元区国家出口产品的竞争力大大提高,因而带动整个欧盟的进出口贸易的增长,2000年全年对外贸易额达45 789.14亿美元,比上年同期增长6.43%。其中进口22 819.41亿美元,同比增长7.43%,出口22 969.73亿美元,同比增长5.45%。2000年整个西欧的贸易速度按量计算超过以往10年,商品进出口大约增长10%,是上一年的3倍。亚洲和经济转型国家大部分地区进出口贸易均呈增长态势,它们既是出口大国,也是进口大国,它们的贸易量增长率均超过15%,是1999年平均增长率的3倍。其中中国较为突出。在世界经济贸易强劲增长的大环境下,加上国内经济出现重要转机的有利形势,中国2000年全年进出口贸易总额达4 554.29亿美元,比上年同期增长26.18%。其中进口2 061.32亿美元,同比增长24.33%;出口2 492.97亿美元,同比增长27.75%。中国香港也较出色,2000年全年进出口贸易额达4 146.65亿美元,比上年同期增长17.33%。其中进口2 128.05亿美元,同比增长18.54%;出口2 018.60亿美元,同比增长16.09%。新加坡2000年全年对外贸易额达2 723.52亿美元,比上年同期增长20.65%。其中进口1 345.46亿美元,同比增长21.14%;出口1 378.06亿美元,同比增长20.16%。

发展中国家2000年贸易增长强劲,它们在世界产量和贸易中的比重在继续增大,这是石油价格上涨的结果,但更主要的原因还是它们的制造业产品出口的增加。制成品出口1999年增长17%,而2000年增长高达27%。

俄罗斯近几年经济也呈增长态势,自1999年停止下降而出现增长以来,2000年经济增长率为7.6%;预计2001年增长5.5%。其对外贸易2000年总额为1 369.54亿美元,比上年同期增长34.27%。其中进口338.84亿美元,同比增长12.25%;出口1 030.70亿美元,同比增长43.52亿美元,2000年外贸顺差高达691.86亿美元。

北美国家及地区2000年商品出口增长12.5%,是上年的两倍多;拉丁美洲国家2000年贸易急剧增长得益于巴西的经济复苏和墨西哥国内生产总值的强劲增长。这两国的实际贸易增长比拉美其他国家要高出3～4倍。北美自由贸易区的内部贸易比它们出口到其他地区的贸易增长要快些。然而该贸易区从其他地区的进口同其内部贸易增长差不多。南美共同市场和东盟国家的内部贸易比整个商品贸易增长要快些。

非洲商品出口值(按美元计)2000年也增加1/4强,在世界商品出口中占到2.3%。就连最不发达国家,从整体来看,在全球产量和贸易量的强劲增长带动下,其国内生产总值增长也超过全球平均水平,其商品出口值(按美元计)增长28%。当然,最不发达国家的出口业绩有很大差别,这主要是由于它们各自的产品结构不同所致。最不发达国家的石油输出增长率在60～120%之间;而7个最不发达国家的制成品出口增长率只有23%。大多数不发达国家,特别是内部发生冲突的国家,其燃料以外的初级产品出口均呈下降趋势。

签有地区贸易协定的贸易发展状况有些不尽人意。如欧盟和中欧自由贸易区区内贸易比区外贸易略微慢些。

2000年世界贸易从商品类别来看,燃料增长最快,为50%,增长金额为6.3亿美元;办公通讯设备增长20%,增长金额为9.4亿美元。而农产品出口增长最慢,仅2%,增长金额为5.6亿美元。信息技术部门则呈高增长,这对北美洲和亚洲特别有利,即有利于它们的经济增长。世界能源也呈增长势头,这一势头和油价的回升促进了石油输出国的经济增长。

商业性服务贸易

整个世界商品出口值2000年增长12.5%,是上年的3倍,达6.2万亿美元。而商业性服务贸易的出口增长为6%,达1.4万亿美元,其中运输服务增长最快。2000年全球商业性服务贸易进出口值28 700亿美元,比上年同期增长6%

从国别地区来看,商业性服务贸易在发达国家中以美国贸易量最大增长最快,2000年全美服务贸易进出口额达4 735亿美元,比上年增长11.5%;第二位是德国,贸易额为2 123亿美元,同比增长0.5%;第三位是日本,1 840亿美元,同比增长7%。

在发展中国家及地区中,第一位是中国香港,贸易额为683亿美元,同比增长8%。第二位是中国,贸易额660亿美元,同比增长15.5%;第三位是新加坡,贸易额479亿美元,同比增长13%;第四位是中国台湾,贸易额459亿美元,同比增长14%。

欧洲的俄罗斯联邦和波兰虽然贸易额分别只有270亿和169亿美元,但其同比增长较高,分别是18%和10%。

在拉丁美洲地区,墨西哥和巴西的服务贸易额也不算高,分别为304亿和247亿美元,而其同比增长却分别高达18%和24%。

2001年世界贸易增幅急剧下滑

世界经济衰退造成世界贸易下滑

2000年世界经济与全球贸易均处于强劲增长势头。然而进入2001年情况发生了急剧变化。首先,世界经济由高速增长转为持续减缓,其主要原因是美国、日本和欧盟等发达国家的经济同时减速。这三大发动机的状况同时恶化,是近10年来从未有过的情况。

国际货币基金组织2001年12月份发布的公报称,2001年全球经济增长率为2.4%,而2000年为4.7%。

从世界首位经济大国美国来看,其经济在“9·11”事件以前就已经濒临衰退的边缘,而“9·11”事件之后则是雪上加霜,陷入了全面的衰退。据国际货币基金组织预测,美国2001年经济增长率将从上半年的4.7%下降为1.1%。日本进入2001年,受美国经济减速的影响,其经济也陷入衰退,经济增长率为－1%。至于欧盟,据经合组织2001年11月发表的《经济展望》报告称,欧盟近来好转,距离经济减退很远,而实际上在受到世界经济低迷和“9·11”事件后信心不足的影响下,其经济增长率也下降到1.7%,这是欧盟自20世纪90年代初经济衰退以来的最低水平。经济与贸易一直相辅相成,互为依托,美、日、欧三大经济体同时倒退,无疑对世界贸易造成了致命打击。除此以外,一度成为全球贸易新增长点的信息技术产业2001年也出现萧条,尤其是美国在信息技术方面的投资下降,欧盟和日本也减少信息产业的进口,致使世界贸易速度持续放缓直到急剧下滑。据国际货币基金组织的最新预测,2001年全球贸易量仅增长1%,远低于上年的12.4%。

从世界贸易总额来看,据联合国统计月报2001年10月统计,2001年1～6月全球进出口总额63 131.70亿美元,比上年同期只增长3%。其中进口32 200.50亿美元,同比增长3%;出口30 931.20亿美元,同比增长2.9%。

从国别地区类别来看,经济发达国家2001年1～6月进出口贸易额42 467.80亿美元,比上年同期增长3.9%。经济转型国家俄罗斯2001年1～6月进出口额791.80亿美元,比上年同期增长24%。南非2001年1～6月进出口额284.24亿美元,比上年同期增长2.4%。非洲发展中国家,936.91亿美元,增长3%;北非,461.23亿美元,增长1.2%;亚洲发达国家,4 079.44亿美元,增长－6.3%;亚洲发展中国家,13 536.36亿美元,增长为0。

从区域经济组织来看,亚太经合组织成员2001年1～6月进出口贸易额28 819.92亿美元,比上年同期增长1.5%。欧盟15国,23 589.33亿美元,增长5.2%;北美自由贸易联盟,13 960.02亿美元,增长4%;经合组织成员,46 234.56亿美元,增长3.2%。

2001年商品结构和价格趋势对发展中国家不利

继2000年下半年世界商品价格指数下降后,2001年仍有下跌。据报道,截至2001年9月,国际商品市场价格与上年12月相比再降8.7%。就主要商品来看,以镍、棉花和茶叶等跌幅最大,超过30%;铜、锡、锌、咖啡和糖等跌过20%;铝、花生、桐油和篦麻油等下跌10%;此外,大豆、花生油和天然橡胶等也各有不同程度的下跌。另外一些主要工业制成品价格也呈跌势,如化工类商品下跌21.9%,其中聚苯乙烯猛跌52.3%;乙烯、甲醇、苯乙烯和聚氯乙烯均跌30%以上。钢材、钢筋、盘条、棉纱和布等也都有下跌。尤其是石油,原油平均价格跌为25.4美元/桶(2000年油价一般都在28～30美元/桶,最高时达到34美元/桶)。

上述价格下跌的商品多是发展中国家出口的初级产品和原料性产品。以石油输出国为例,它们的经济支柱主要是依赖石油出口,可是2001年石油价格大幅下跌,而世界市场对石油的需求又大大缩减,主要是美国、日本和欧盟——占世界石油进口总额70%的三大进口国因经济衰退而缩减对石油的进口,这就必然给石油输出国经济造成重大损失。据国际货币基金组织2001年10月统计,预计中东地区2001年的实际国内生产总值增幅为4.5%,其中沙特阿拉伯只有2.2%,科威特更低,仅0.8%,分别比2000年下降1个、2.3个和2.8个百分点。世界上其他发展中国家也因各类商品价格的低迷而遭受不同程度的损失。再以东南亚国家及地区为例,它们的出口贸易中信息技术产品的出口占了1/3,也是对日、美、欧三大经济体有很大的依赖性。2001年美国经济陷入衰退,缩减了对信息技术的投资,这对东南亚国家及地区是个严重的打击,它们的国内生产总值因此而下降,如中国台湾省2001年为-1%,新加坡为0.2%,马来西亚为0.5%(有关专家初步估计)。

经济不景气使发达国家也受损失,但它们的经济不会因此受太大的影响,因为它们可以凭借自己在世界市场上的垄断地位和竞争优势,通过不等价交换将其损失转嫁到发展中国家的头上。

世贸组织新一轮谈判难题不少

2001年11月9～13日,在卡塔尔首都多哈举行了世界贸易组织第四届部长级会议。这次会议除审议并通过中国及中国台湾省加入该组织外,重要议程是就全面启动新一轮谈判作出决议。由于发达国家与发展中国家的经济实力差距较大,各自对新一轮谈判议题都更多从自身利益考虑,因此很难达到协商一致。首先是农业问题。世贸组织成员普遍赞成进一步改革农业贸易体制。但发展中国家要求发达国家大幅降低农产品关税,放宽市场准入;对于发达国家的国内支持和出口补贴也应确定上限水平,而对发展中国家在国内支持和出口补贴方面,应享受更多的差别待遇。发达国家对发展中国家的要求不可能尽快给予满足,仍需经过较长期的谈判。其次是关于服务贸易问题。各成员参加谈判的态度都很积极,都认为实现服务方面的国际分工及其贸易自由化是经济全球化的一个重要内容。但实现服务贸易自由化的原则应是“逐步自由化”而非一步到位。发展中国家尤其赞同这项原则,而发达国家则希望加快服务业市场开放步伐。因此,两者之间存在着严重分歧。发展中国家的迫切要求是发达国家应更多地开放发展中国家拥有比较优势的劳动力及资源密集型服务业,如自然人流动和旅游项目等,而不是全面开放服务市场。

世贸组织中发展中国家成员已占到80%以上,发达国家成员想继续垄断多边贸易谈判的主动权,恐怕不那么容易了。作为世界上最大的发展中国家——中国现已正式加入世贸组织,这就更加壮大了发展中国家成员的力量。在今后的多边贸易谈判中,中国将同所有发展中国家站在一起,与发达国家进行有理、有利、有节的谈判,为争得发展中国家的最大利益而努力。

中国对外贸易

在世界经济普遍不景气的情况下,中国经济仍然保持高速增长,一枝独秀。据《中国经济景气月报》

2002 年 1 月统计，中国经济 2000 年增长率为 8.56%，2001 年增长 7.3%。虽然比上年增幅有所下降，但在世界上仍属高速增长，是全球经济平均增长率的 5 倍多。在经济快速增长的带动下，中国的对外贸易也取得了可喜的成绩。据中国海关统计，2001 年中国全年外贸进出口额达 5 097.70 亿美元，比上年同期增长 7.48%，略高于国民经济的增长。其中出口 2 661.60 亿美元，同比增长 6.8%；进口 2 436.10 亿美元，同比增长 8.2%。累计实现贸易顺差 225.50 亿美元。

中国的前 3 位贸易伙伴是日本、美国和欧盟，双边贸易额依次分别为 877.50 亿美元、804.80 亿美元和 766.30 亿美元，同比分别增长 5.5%、10.7% 和 11%。

从商品结构来看，2001 年中国机电产品出口量增幅较大，出口值达 1 187.90 亿美元，同比增长 12.8%，高出全国出口增速 6 个百分点，占总出口比重 44.6%，在出口产品中居绝对优势。具体产品有机械及设备和电气及电子产品。而传统大宗商品出口减少，如服装出口 365.60 亿美元，仅增长 1.5%；纺织纱线织物及制品出口 168.40 亿美元，仅增长 4.3%；鞋类出口 101 亿美元，仅增长 2.5%，等。

进口情况是工业制成品进口增长较快，初级产品进口有所下降。工业制成品进口 1 978.40 亿美元，增长 10.9%。其中机械设备进口增长 17.8%，电气及电子产品进口增长 10.1%，化学品及相关产品进口增长 6.3%、钢材进口增长 7.9%。而初级产品进口 457.70 亿美元，下降 2.1%(占进口总值的 18.8%)。其中原油进口 6 026 万吨，下降 14.2%。

外商对华投资方面，由于中国政治稳定、社会安定、投资环境安全，对世界各国投资商具有较大的吸引力。2001 年全球跨国投资出现大幅下降，而中国吸收外商投资却出现高速增长。据外经贸部外资司统计，2001 年 1～11 月全国新批准设立外商投资企业 22 915 家，合同外资金额 604 亿美元，实际使用外资金额 419 亿美元，分别比上年同期增长 16.32%、24.38% 和 15.61%。预计 2001 年全年吸收外资有望达到 450 亿美元，则比上年的 407 亿美元有较大增长。除此之外，其他各项对外经贸业务也都取得了新的进展。据统计，2001 年 1～11 月，全国对外工程承包和劳务合作完成营业额 95.9 亿美元，同比增长 7.9%；新签合同累计金额 133.5 亿美元，同比增长 7.3%。

中国的对外投资，截至 2001 年 9 月底，外经贸部批准在境外设立的中资企业共 6 513 家，协议投资金额 118 亿美元，其中中方投资 79 亿美元。

2001 年中国国民经济及其对外贸易能在逆境中奋力前行，应归功于党中央、国务院驾驭复杂局面的领导能力和宏观调控水平。自 1998 年以来，为了克服亚洲金融危机带来的消极影响，政府连续几年实施了扩张性积极的财政政策和货币政策，其成效颇为显著。2001 年，正是由于坚持了这一政策，投资和消费的增长部分抵消了外贸出口增幅下降的负面作用，保证了国民经济的稳步增长。除了立足于扩大内需外，还大力加速工农业各部门结构调整的步伐，注重提高经济增长质量，加快国民经济和社会信息化，加速科技进步和人才培养以及加强生态环境建设等等。

然而，中国的对外贸易也面临着严峻挑战。

“9·11”事件及美国对阿富汗采取的军事行动对中国外贸产生的影响不可低估 “9·11”事件后，中美之间的航空运输暂停，造成我国一些出口商品积压。另外，由于美国信息技术行业业绩大幅下滑，对中国电子行业出口的影响也很大。有关专家认为，“9·11”事件及美国对阿富汗的军事行动，对中国出口影响最大的是中国对外经济合作领域。对外承包工程和劳务合作是中国对外经济合作最大的两个项目，涉及从北非、中亚到东南亚广大地区。而在美国军事行动的主要目标地区，正是业务占中国全部对外经济合作项目较大份额的地区。此外，中国每年有 1/3 的原油依靠进口，其中 60% 来自中东地区。美对阿的军事行动造成油价上涨，加大了中国的进口成本，从而影响化工企业的盈利。

世界经济环境不确定因素增加，使得中国 2002 年外贸发展前景扑朔迷离 “9·11”事件后，世界经济陷入衰退的风险显著加大，其复苏不会很快到来，世界外汇和资本市场动荡加剧，从而加大了中国外贸进出口的风险。全球主要机构对 2002 年世界经济的预测均不乐观，认为美国、日本和欧盟的经济会继续下滑。作为中国的这三大贸易伙伴，它们占中国出口总额的 70%，其经济走势必将直接影响中国的出口。

中国已成为世界贸易组织的正式成员，而中国的外经贸体制尚不健全。诸如出口退税机制不完善、出口鼓励措施仍受约束、进口仍存在多头管理现象、真正符合 WTO 规则的进口调控措施尚缺,以及其他许多与外经贸有关的法律、法规空缺或不健全等问题,使中国难以适应入世后贸易环境的重大变化。

贸易保护主义加剧,对中国出口贸易构成威胁 中国自1979～1999年20年间遭受反倾销、反补贴和保障措施调查共466起。2000年又遭受33起,2001年上半年再遭22起,累计521起。2000年共有53个国家和地区遭受反倾销调查,中国是其中受指控最多的国家。在251起反倾销立案中,中国涉案33起,占立案总数的13%,比上年升了1个多百分点。2001年上半年,中国仍是受指控最多者,在134起立案中,中国涉案22起,占总数的16%,比2000年又多了3个百分点。好在欧盟没有对中国实行指控,否则中国受害会更加严重。中国虽已成为世贸组织正式一员,仍免不了要遭受反倾销、反补贴和保障措施调查的立案。

中国出口总体竞争力仍不强,出口商品科技含量仍较低,企业管理水平仍较差,政府行政效率有待改善 2000年智利圣地亚哥阿道弗·伊瓦涅斯大学根据美国哈佛大学和世界银行提出的标准,从34个评比因素考虑,列出了当年15个新兴国家(不包括工业化国家)技术竞争力排行榜。排列顺序是根据这些国家创造和经销技术的能力以及它们在国内吸收并推广国外的创新技术和产品的能力。其排名如下:芬兰、爱尔兰、荷兰、韩国、新西兰、匈牙利、捷克、西班牙、葡萄牙、希腊、马来西亚、智利、墨西哥、阿根廷和巴西。中国虽然近20多年国民经济持续高速增长,但在技术进步方面仍处落后状况。连上述许多小国家都不及,故排不上名次。国家技术水平不高,出口商品科技含量缺乏,出口竞争力必然不强。再加上政府、法律在维护公平竞争方面存在问题以及出口融资得不到相应的支持和金融、股票市场仍不规范、欠透明的操作等均会阻碍中国出口企业的进一步扩展。

1999年世界贸易状况

外经贸部国际贸易经济合作研究院 梁艳芬

总体贸易形势

在全球经济改善的情况下,世界贸易的发展也呈现出新的增长。1999年世界贸易增长率达到4.5%,贸易总额为6.95万亿美元。其中商品贸易额为5.61万亿美元,服务贸易额为1.34万亿美元,分别比1998年增长3.5%和1.5%。世界贸易增长速度继续超过世界商品产量和国内生产总值(GDP)的增长速度,但超出幅度要小于1990～1997年的水平。

货物贸易方面,部分数据表明,石油价格回升已带动世界燃料出口增长超过20%,其他明显增长的产品种类是办公及电信设备和汽车。服务贸易方面,继1998年停滞之后,1999年全球服务贸易出口额回升。主要服务业初步数据显示,所有服务业呈现的增长都是积极的。尽管燃料成本增加,运输、服务扩张低于1.5%的平均增长,但旅游和其他商业服务业增幅在2～3%。1999年服务贸易最活跃的地区是北美和亚洲。北美的服务贸易进口增长超过出口,因此,降低了服务贸易一直以来呈现的顺差。亚洲服务贸易增长幅度与1998年相近,还是在4～5%左右。但亚洲服务贸易回升速度比其货物贸易慢,特别是出口。与北美和亚洲相反,1999年西欧的服务贸易比1998年逊色。转型经济国家提供的数据显示服务贸易的进出口规模都是下降的。

亚洲国家和地区经济的恢复和美国内需强劲、经

济持续扩张是1999年全球贸易增速加快的主要动力:

受金融危机的影响,1998年东南亚国家进口曾减少30%,人们非常担心亚洲金融危机蔓延和一些国家经济衰退会继续影响全球贸易的发展。然而,东南亚国家在进行了有序的宏观经济政策调整和结构改革后,继续保持了市场的开放,经济逐渐转向复苏,而且经济恢复的速度超出人们的预期。受危机打击严重的进口部门已逐渐得到恢复,增长幅度惊人。1999年该地区实际进口以两位数的速度增长。当然,亚洲地区经济恢复程度也是不平衡的。韩国经济增长达到11%,而印尼只有零增长。

美国私人消费和投资的强势增长,不仅使北美地区受益,而且也推动了亚洲的回升,在某种程度上抵消了西欧国家(地区)经济萎缩的影响。美国经济出色表现和前所未有的经济扩张周期背后的主要是以信息技术为代表的新经济充满活力。新经济潜在的增长动力已吸引大量资本流入,产生了高技术企业发明和创造的异常繁荣。同时,高质量的投资不仅提高了生产力,而且刺激了经济的稳定发展。

信息技术产品规模扩大和汽车制造业全球产量增长进一步推动世界贸易的发展。信息技术产量方面,1999年个人电脑销售量上升22%,全年达到1.14亿台,全球半导体销售以美元计算上升18%,达到1 600亿美元。全球信息技术产品最有活力的是移动电话。全球范围蜂窝移动电话销量达到2.83亿部,超过1998年销量2/3。新登记的轿车产量增加5.5%,轿车产量的提高使1999年新车产量达到4 860万辆,尽管不同车型的贸易数据还不够完整,但无可置疑的是汽车生产的出口及办公电信设备扩大明显快于全球其他产业的平均水平。

国际金融市场相对稳定的发展继续为世界贸易的发展创造条件。1999年全球外国直接投资的流入增加了25%,达到8 000亿美元。美国吸收的净直接投资达到1 300亿美元。美国吸引大量直接资本的流入,弥补了经常项目逆差的扩大。全球直接投资增长的主要因素是跨国兼并和重组异常活跃。

石油价格上涨与非石油产品价格及制成品价格下跌互相抵消,1999年国际贸易货物价格轻微下跌。其中,大量矿产品、食品和饮料价格下跌15%,农产品和矿产品价格保持不变。与过去相比,工业化国家依赖石油生产的程度明显下降,因此,对1999年的消费物价而言,石油价格上扬的冲击是微不足道的。但对石油出口商出口收入增加是有目共睹的。1999年中东国家出口增长超过20%,正是油价上扬的功劳。

区域和国别贸易

1999年发展中国家商品贸易出口增长8.5%,比全球平均增幅高出两倍多。致使发展中国家商品贸易出口占全球贸易总量的27.5%,服务贸易出口占全球总量的23%。1999年最不发达国家,货物贸易出口增长幅度大大提高。孟加拉国、柬埔寨和海地工业制成品出口增长幅度高于世界贸易增长。而安哥拉、也门等石油输出国则得益于石油价格的暴涨,出口增加30%。但最不发达的非石油输出国则面临国际商品价格下跌的影响,贸易增长速度则低得多。1999年北美和亚洲商品进口增长是双位数,西欧和非洲处于停滞状态,转型经济国家和拉美(除墨西哥外)下降10%左右,是10年来最糟糕的一年。1999年不同地区出口增长的变化要比进口小。尽管区内贸易大幅度下降,在所有区域贸易中,拉美却创最高的扩张纪录。亚洲出口增长超过全球平均水平,主要原因是日本出口回升和发生金融危机的5个东盟国家取得双位数的出口增长。北美的出口扩张主要是区内贸易的表现较为活跃。1999年西欧经济萎缩造成了区内贸易下降。但欧元区内出口扩张快于1998年世界贸易的两倍,而1999年则低于世界贸易的增长幅度,转型经济国家和中东出口量均告萎缩。

美、加 投资和消费强劲使得货物贸易和服务贸易的进口扩张,名义和实际增长率都超过10%。1999年美国占世界货物贸易进口份额升至18%,是一直以来的最高份额。强大的国内需求增长也是美国实际货物出口滞后于全球贸易增长的原因之一。所有的国家都从美国的经济发展中与其建立了紧密的贸易关系,特别是加拿大,过去两年加拿大出口到美国的货物增长了18%。几乎是全球贸易平均增长的两倍,美国服务贸易进口增长10%,比出口快两倍。加拿大的服务贸易进口增长5.5%,但其服务贸易出口扩张仍保持50年来的低位。虽然自1997年以来,美国服务贸易进口增长速度超过了出口,但1999年美国服务贸易顺差仍达680亿美元。

拉美 1999年,拉美出现了10年来最糟糕的经济表现,区内产出停顿,商品进口量下降2%.1999年至少有8个拉美国家的经济增长比上年低。1999年,墨西哥和其他拉美国家在经济和贸易增长方面明显不同。1999年,墨西哥的货物进出口贸易增长幅度超过20%,而其他拉美国家出口下跌接近18%,进口下降15%。出口结构变化是另一特点。墨西哥制成品出口占85%,除墨西哥外拉美只占40%。制造业可享有非燃料商品更稳定的价格。另外墨西哥的出口方向是经济景气的北美市场(接近90%),而其它拉美国家出口到北美的不到30%,区内贸易占1/3,而它们的区内国家经济是停滞或下降的。对于服务贸易进口,可看到同样的差别,即墨西哥的进口上升15%,而其它拉美国家在过去两年中却下跌10%,在服务贸易出口方面,1999年墨西哥大幅下跌超过其它拉美国家,墨西哥服务贸易出口下降使得顺差减少,主要是因旅游和其它服务业收入下降。

西欧 1999年西欧的经济增长率下降到2%,主要原因是贸易增长下降。区内贸易占西欧贸易的2/3,消费增长下降不仅影响了出口,也影响了进口。尤其是货物贸易进出口贸易量大约增长3.5%,低于世界贸易4.5%的增长速度。由于欧元和其它欧洲货币兑换美元下跌,该地区以美元计算的进出口价格平均下降4%,致使1999年西欧以美元计算的贸易额处于停滞状态。在西欧国家中只有奥地利、法国和瑞士的进口呈现温和增长,而挪威和土耳其的进口是萎缩的;西班牙、葡萄牙和爱尔兰依然充当西欧国家贸易的活跃分子,进出口增长速度比整个欧盟的速度要快。

转型经济国家 虽然转型经济国家1999年的经济有了2%的增长,但仍是10年来的低水平。只有波兰在该地区的经济增长高于1998年。西欧和俄罗斯经济停滞以及进口的下降对东欧地区的贸易造成不良影响。商品和服务贸易额双双下跌,其中大多数国家是独联体成员国。中东欧国家商品贸易曾大幅下跌,但1999年开始呈现积极的迹象。匈牙利继续在中东欧国家贸易中处于领先位置,1999年进出口贸易增长9%,这主要得益于办公、电信设备和汽车贸易的发展。

非洲和中东 1999年该地区商品出口扩大主要是由于石油价格的回升。1999年非洲的商品出口上升8%,主要石油输出国出口增长1/3,但仍没能完全挽救1998年的颓势。南非和其它非石油出口的非洲国家的出口收入的增长不到2%。非洲国家的进口以美元计算已是连续第二年处于停滞状态,南非进口的大幅下降抵消了整个非洲发展中国家的增加。

亚洲 1999年亚洲贸易最出色的是受1997～1998年金融危机影响最深的5个东盟国家的贸易量取得了双位数的增长,出口强劲增长11.5%,但进口的恢复还没有从1998年的萎缩中全面复苏。该地区经济回升和家电工业的同期恢复对其贸易增长创造了条件。韩国和马来西亚办公及电信设备的出口占其1999年出口增长的8%以上。相对于停滞的经济,日本的商品贸易回升是强劲的。但是,进出口额仍没有达到其危机前的最高水平。继1997～1998年下降后,日本的服务贸易出口继续萎缩。对整个亚洲国家来说,服务贸易出口在1998年大幅下降后,1999年的回升也没有超过货物贸易的出口。1999年服务贸易进口回升步伐也比货物贸易慢。

综上所述,1999年世界贸易发展具有五大特点:一是美国继续保持其商品和服务贸易出口世界第一的地位,商品贸易出口占世界的18%,创历史最高水平;二是石油输出国的出口实现创纪录的增长水平,有16个国家的出口增幅在15%～50%;三是办公和电信设备出口上从全球电子行业复苏中受益,特别是韩国、马来西亚和菲律宾等东南亚国家。四是一大批南美和经济转型国家的进口额下降了两位数,出口额的下降则是由于区内贸易萎缩和非石油商品价格的下跌所致。五是西欧4大贸易国法国、德国、意大利和英国商品贸易出口出现小幅下降。

附表1 1997～1999年世界商品和服务贸易出口情况

	贸易值(10亿美元)	年增长(%)		
年份	1999	1997	1998	1999
货物贸易	5 460	3.5	−1.5	3.5
服务贸易	1 340	4.0	0.0	1.5

资料来源:WTO 2000年报

附表 2　世界部分国家和地区货物贸易量增长情况(%)

	出口量			进口量		
年份	1997	1998	1999	1997	1998	1999
世界	10.5	4.5	4.5			
北美	11.0	3.5	4.5	13.0	10.5	10.5
拉美	11.5	7.5	7.0	22.5	8.5	-2.0
墨西哥	19.5	11.0	13.5	28.0	15.5	15.0
其他拉美国家	6.5	5.5	2.0	20.0	4.5	-12.0
西欧	9.5	5.5	3.5	9.0	8.5	3.5
欧盟(15)	9.5	6.0	3.5	8.5	8.5	4.0
转型经济国家	10.5	5.0	-3.0	13.5	5.0	-10.0
亚洲	13.0	3.5	6.0	5.5	-8.5	9.0
日本	12.0	-1.5	2.0	1.5	-5.5	9.5
东盟 5 国	16.5	13.0	11.5	3.0	-22.5	17.5

资料来源:WTO2000 年报

附表 3　1997～1999 年世界部分国家和地区货物贸易额增长情况

(单位:10 亿美元)

	出口(f.o.b.)				进口(c.i.f.)			
	贸易值	年增长			贸易值	年增长		
年份	1999	1997	1998	1999	1999	1997	1998	1999
世界	5 460	3.5	-1.6	3.5	5 725	3.5	-0.8	4.0
北美	934	9.2	-0.7	4.0	1 281	10.3	4.4	11.5
拉美	292	10.2	-1.2	6.0	329	18.5	4.8	-4.0
墨西哥	137	15.0	6.4	16.5	148	22.6	13.9	13.5
其他拉美国家	156	7.2	-6.2	-2.0	181	16.4	0.1	-14.5
西欧	2 349	-0.6	3.4	-0.5	2 417	-0.3	5.9	0.5
欧盟 15 国	2 176	-0.5	3.8	-0.5	2 233	-0.5	6.3	1.0
区内贸易	799	1.8	-0.3	-1.5	851	-0.3	6.2	2.5
转型经济国家	212	4.1	-4.6	-1.5	211	6.5	-1.8	-13.0
中东欧	101	6.3	9.5	0.0	129	5.6	10.8	-2.0
俄联邦	74	-0.4	-15.9	0.0	41	6.7	-19.8	-30.5
非洲	113	1.9	-15.5	8.0	132	5.5	1.2	0.5
南非	27	6.2	-9.0	1.5	27	9.5	-9.3	-8.5
石油输出国	41	-0.1	-31.4	24.0	30	9.6	-0.8	5.5
中东	169	4.7	-22.4	22.0	152	8.1	-3.2	4.0
亚洲	1 390	5.4	-6.1	7.5	1 201	0.4	-17.8	10.5
日本	419	2.4	-7.8	8.0	311	-3.0	-17.2	11.0
中国	195	21.0	0.6	6.0	166	2.5	-1.5	18.0
东盟 5 国	371	5.1	-3.5	9.5	292	-3.1	-30.9	15.5

资料来源:WTO 2000 年报

附表 4 1997～1999 年世界部分国家和地区服务贸易增长情况

(单位:10 亿美元)

	出口				进口			
	贸易值	年增长			贸易值	年增长		
年份	1999	1997	1998	1999	1999	1997	1998	1999
世界	1 340	4	0	2	1 335	3	1	3
北美	284	8	2	5	219	10	6	9
美国	252	9	2	5	182	11	8	10
拉美	54	7	9	-2	60	13	4	-9
墨西哥	12	5	6	-3	14	19	7	9
其他拉美国家	42	8	10	-2	47	12	4	-13
西欧	630	2	6	0	600	0	7	1
欧盟 15 国	565	1	5	1	555	0	7	2
转型经济国家	47	0	2	-10	44	0	1	-8
亚洲	267	5	-15	4	337	2	-11	5
日本	60	3	-9	-3	114	-5	-9	3
香港	35	1	-10	3	22	5	-2	-2
中国	27	19	-2	--	32	34	-4	--
东盟 5 国	62	7	-23	3	73	5	-25	5

资料来源:2000 年 4 月 WTO 年报

国际商品市场综述

外经贸部国际贸易经济合作研究院 郭培兴

1999 年国际商品市场波诡云谲,继 1998 年需求剧减、价格出现大幅下滑后,1999 年价格止跌回升,市况渐趋好转。

1999 年国际商品市场需求增长,全年成交和贸易达 5.46 万亿美元,较上年增 3.5%;如按贸易量计,增长 4.5%。其中主要的十大卖主依次为美国、德国、日本、法国、英国、加拿大、意大利、荷兰、中国和比-卢,合计约占全球商品出口贸易总额的 60%(其中中国占 3.6%);主要的十大买主依次为美国、德国、英国、日本、法国、加拿大、意大利、荷兰,香港和比-卢,合计约占全球商品进口贸易总额的 58%(中国列居第 11 位,占 2.8%)。

1999 年在国际市场进行贸易和成交的商品,以机电产品为最多,约占世界商品出口总额的 40%;其次为化工品,除纺织品服装以外的其他消费性工业制品、食品和燃料等,合计约占世界商品出口总额的 1/3;此外,服装、纺织品和钢铁,合计约占 9%,农产品原料、有色金属和矿砂及其他矿产品等,也各占一定的比重。

1999 年国际商品市场价格,总的说来,呈先跌后升,上半年继在亚洲金融危机影响下价格不断下跌,下半年以来价格从低谷中走出并有所回调。截至年底,价格的总体水平已逐渐恢复并回升至较上年底略高的水平。据英国《经济学家》周刊编发的、综合反映国际市场初级产品价格变化的"世界商品价格指数"(按美元计算,不含石油),继 1998 年 12 月较 1997 年 5 月高点下降 30.7%后,1999 年 7 月较上年 12 月再降 5.4%,但至 12 月,较 7 月回升 6.4%,较上年同期也升 0.7%。

各类主要初级产品价格的变化迥有不同。原

料商品价格回升，且升幅较大，如按上述指数，截至1999年12月，较上年同期回升14.4%，其中有色金属类商品价格回升28%；但农产品原料类商品价格仍跌1.6%。食品、饮料类商品价格1999年下半年以来虽也有回升，但就全年看来，1999年12月较上年同期仍低11.1%。如分别就各主要商品来看，则以石油、镍和纸浆等价格上涨尤烈，1999年12月较上年同期分别上升159.2%、109.6%和53%；其次，铜、铝和锌等价格各升逾20%，茶叶、木材等价格各升逾10%，锡和天然橡胶等价格也分别都有不同程度的上升。

除初级产品外，1999年一些主要工业制成品价格也各有回涨或续涨。如同期，世界石油化工原料价格上涨78.3%，通用塑料价上涨36.2%，棉布价涨2.9%，钢材价涨1%（其中冷轧卷板价涨达16.9%）等。

1999年国际市场各类主要商品价格指数

（按美元计算，1990＝100）

商品类别	1998年12月	1999年				1999年12月较1998年12月±%
		3月	6月	9月	12月	
初级产品[1]	87.1	82.6	83.7	85.1	87.7	0.7
食品、饮料	101.7	92.8	89.6	87.3	90.4	-11.1
原料	74.5	73.8	78.6	83.2	85.2	14.4
农产品	90.3	91.1	96.7	88.5	88.9	-1.6
有色金属	64.9	63.3	67.7	80.0	83.1	28.0
石油	41.7	53.2	67.4	95.8	108.2	159.5
工业制成品[2]	97.0	96.0	94.0	93.0	93.0	-4.1
棉(坯)布	70.9	69.0	73.4	77.0	73.0	3.0
化工品	54.2	54.6	66.3	75.8	79.8	47.2
钢材	76.2	73.2	72.9	73.7	77.0	1.0
机电产品	127.6	127.4	126.3	135.2	138.3	8.4

注：①不含石油；②含表列各类工业制成品，但指数选项范围更广；为各该月所在的季度指数及比较。表列各类工业制成品价格各为有代表性的市场价格。

资料来源：据英国《经济学家》、《金属导报》等有关数字，并加以计算。

1999年下半年、特别是8月份以后，国际市场许多商品价格出现回升或续升，主要是由以下一些因素相互交织发展形成的：

首先，受世界经济、特别是亚洲经济强劲复苏的影响，市场需求有所增长。如据统计，由于经济增长，1999年世界镍的消费量较上年增长6.1%，铜和铝的消费也分别增长6.2%和3.9%。在亚洲经济迅速恢复下，1999年韩国自日本进口的热轧钢板以及汽车用冷轧卷板等较上年猛增约30倍，同期日本钢材的出口量较上年再增2%而达2 808万吨，欧洲经济的复苏，也使钢材需求迅速回增。由于需求增长，1999年11月末美国、加拿大和瑞典等世界五大生产国纸浆的总库存量较上年末再降24.7%。一些化工原料如乙烯、苯和甲苯等，在买家的旺盛需求下，价格也普见回升。

其次，由于亚洲经济前景见好，引起对市场发展前景的较高期望和由此而引发的套期保值的大量涌现，导致价格有所上升。这在有色金属市场表现尤为明显。如据报道，由于需求活跃，1999年伦敦五金交易所的总成交量升达6 159.8万手，较上年剧增16%，较1997年的历史最高纪录也还增7.5%。一些化工品市场需求增长的很大一部分也是由于对前景看好，“一些中间商有积极囤货迹象”。

第三，一些产品产量或供应有所减少。如旨在扭转油价颓势，拯救油市，1999年3月石油输出国组织部长会议决定，自4月1日起与挪威、墨西哥和俄罗斯等非欧佩克国家协调行动，削减原油日产量达210万桶。加拿大国际镍公司因劳资纠纷迟迟未得解决，加之俄罗斯又因严寒，港口提前封冻，镍的出口也严重受阻。印度、肯尼亚和孟加拉等国因天气严重不利，导致 1999 年世界茶叶产量较上年剧减 7.6%，其中肯尼亚产量更减 15.4%。锡因印尼政局动荡，天然橡胶因泰国、马来西亚出现多雨等恶劣天气，产量也分别受到严重影响。

第四，原(燃)料价格的回升，也在一定程度上加剧了一些制成品价格的上涨。此种情况尤以原油与许多石油化工产品价格的上涨最为明显。如 1999 年世界原油价格上涨了约 1.6 倍；同期，石脑油价格上涨 107%，乙烯价格上涨 107.8%，苯价格上涨 58.8%等。

1999 年也有一些商品价格仍有下跌，特别是如前所述，许多粮油食品和饮料类商品价格仍普见低落。如以 1999 年 12 月与上年同期比较，棕榈油和可可等价格分别降逾 40%，亚麻油和豆油等价格分别降逾 30%，大米、糖、咖啡和棉花等各降逾 20%，大豆、小麦、玉米和蓖麻油等各降逾 10%；此外，椰油、花生油、羊毛和铅等价格也分别都有程度不同的下跌。这些商品价格的下跌，主要是由于产量增长，供应过剩或严重过剩。1998/1999 年世界棕榈油的产量为 1 931 万吨，较上年度增长 13.5%，其中主要生产和出口国家马来西亚产量更增 14.7%。同期，世界糖产量连续第 6 年再创历史最高纪录，特别是最大生产国家巴西产量达 2 140 万吨，较上年度剧增 18.6%，1998/1999 年度美国大豆产量也将超过上年度再创新高，期末库存也创达自 1986/1987 年度、即 12 年来的最高水平。此外，可可、咖啡、亚麻油和玉米等预计也分别都有增产或大幅增产。一些产品如大米、棉花和铅等，则市场需求减少，竞争加剧，也是价格下跌的一个重要原因。特别是如大米，继上年价格大幅上升后，1999 年以来由于需求剧减，特别是主要进口国家印尼政府一度甚至并决定不再签订新的大米进口合同，加之市场竞争激烈，致使大米价格一度还曾降至其 5 年多来的最低价位。

表 2　1999 年国际市场主要商品价格动态[①]（一）

品名	单位	1998 年 12 月	1999 年				1999 年 12 月较上年同期涨(+)跌(−)幅度%
			3 月	6 月	9 月	12 月	
小麦	美元/公吨	99.38	98.72	93.67	99.51	86.66	−12.8
大米	美元/公吨	260.00	236.09	226.14	217.27	207.50	−20.2
玉米	美元/公吨	84.86	87.45	85.59	81.29	76.36	−10.0
大豆	美元/公吨	204.88	174.98	170.00	180.62	169.95	−17.0
豆油	美元/公吨	522.64	410.84	373.21	375.97	349.60	−33.1
花生仁	美元/公吨	855.00	820.00	875.00	800.00	850.00	−0.6
花生油	美元/公吨	860.71	776.09	755.45	797.73	805.00	−6.5
椰干	美元/公吨	476.05	450.43	515.20	462.05	465.55	−2.2
椰油	美元/公吨	767.14	701.96	824.55	739.43	707.39	−7.8
棕榈油	美元/公吨	659.52	497.02	389.36	386.02	341.93	−48.2
亚麻油	美元/公吨	682.62	610.00	530.00	530.00	453.64	−33.5
篦麻油	美元/公吨	1 275.00	913.48	982.05	1 195.45	1 109.72	−13.0
桐油	美元/公吨	1 860.00	1 400.00	1 394.00	1 340.00	1 150.00	−38.2
糖	英镑/公吨	118.87	94.65	97.47	104.66	97.63	−17.9
咖啡	美元/公吨	1 872.60	1 743.22	1 404.45	1 267.77	1 493.32	−20.3
可可	英镑/公吨	906.95	834.09	754.55	633.32	556.68	−38.6
茶叶	美分/公斤	186.75	216.25	200.20	226.33	229.00	22.6
木材	美元/千板英尺	301.86	332.63	383.63	330.35	337.66	11.9
棉花	美分/磅	70.42	–	–	56.63	52.65	−25.2
羊毛	澳分/公斤	537.60	514.33	548.57	498.75	501.67	−6.7
生丝	日元/公斤	3 391.00	2 995.04	3 542.73	3 002.05	3 380.59	−0.3

1999 年国际市场主要商品价格动态(二)

品名	单位	1999 年 12 月	1999 年				1999 年 12 月较上年同期涨(+)跌(-)幅度%
			3 月	6 月	9 月	12 月	
铜	美元/公吨	1 474.45	1 378.35	1 422.48	1 750.34	1 771.05	20.1
铅	美元/公吨	501.48	507.83	496.11	507.32	478.59	-4.6
锌	美元/公吨	961.35	1 029.59	1 000.48	1 193.75	1 185.23	23.3
锡	美元/公吨	5 262.00	5 360.22	5 265.91	5 342.50	5 719.32	8.7
铝	美元/公吨	1 249.98	1 181.96	1 315.64	1 492.86	1 559.73	24.8
镍	美元/公吨	3 870.25	5 014.78	5 198.18	7 031.36	8 113.86	109.6
黄金	美元/盎司	291.62	285.93	261.46	264.97	283.79	-2.7
天然橡胶	新分/公斤	106.28	104.82	104.41	96.46	110.86	4.3
石油	美元/桶	9.82	12.51	15.86	22.54	25.45	159.2
汽油	美元/桶	13.42	15.86	18.52	26.85	25.31	88.6
柴油	美元/桶	14.38	15.50	18.71	24.38	27.27	89.6
航空煤油	美元/桶	15.86	15.86	18.79	26.32	29.53	86.2
石脑油	美元/公吨	115.16	125.56	159.98	219.25	226.55	96.7
乙烯	美元/公吨	315.25	274.57	441.82	598.86	655.00	107.8
苯	美元/公吨	204.45	219.83	245.34	298.45	324.66	58.8
聚氯乙烯	美元/公吨	404.00	394.13	532.95	604.55	790.91	95.8
钢筋	美元/公吨	205.63	213.33	220.00	220.00	220.00	7.0
盘条	美元/公吨	222.50	215.00	217.50	217.50	230.00	3.4
厚钢板	美元/公吨	402.50	340.00	340.00	340.00	340.00	-15.5
冷轧卷板	美元/公吨	310.00	310.00	318.06	327.50	362.50	16.9
棉布	美分/码	58.00	56.40	60.00	63.00	59.67	2.9

注:①各商品的市场、规格及价格条件如下:

小麦、玉米、大豆、豆油、芝加哥粮谷交易所最近期货收盘价

大米　含碎 25%,曼谷离岸价。

花生仁　美国兰娜 40/50,手炼货,鹿特丹到岸价。

花生油　鹿特丹到岸价。

椰干　菲律宾/印尼产,英国/北欧到岸价。

椰油　菲律宾产,鹿特丹到岸价。

棕榈油　马来西亚/苏门答腊粗制,英国/鹿特丹到岸价。

亚麻油　不分产地,鹿特丹油罐交货。

篦麻油　巴西一级,散装,鹿特丹到岸价。

桐油　鹿特丹油罐交货价。

糖　原糖,4 号合同,英国到岸价。

咖啡　罗勃斯脱咖啡,伦敦交易所最近期货收盘价。

可可　伦敦交易所最近期货收盘价。

茶叶　肯尼亚市场,内罗毕拍卖价,高中级。

木材　芝加哥商业交易所最近期货收盘价。

棉花　美国孟菲斯 $1\frac{3}{32}$ 英寸,北欧到岸价。

羊毛　美利奴洗净毛,21 微米,澳大利亚羊毛局报价。

生丝　26/28 条分,横滨交易所最近期货收盘价。

铜、铅、锌、锡、铝、镍现货(其中铜、铝为现货 A 级),伦敦五金交易所上午市结算价(卖价)。

黄金　伦敦市场现货,收盘价。

天然橡胶　1号烟胶片,新加坡离岸价。

石油　英国北海布伦特原油,现货,离岸价。

汽油　新加坡市场离岸价,95号无铅。

柴油　东京市场成本加运费价,含硫0.2%。

航空煤油　新加坡市场离岸价。

石脑油　新加坡现货,离岸价。

乙烯、苯、聚氯乙烯,美国现货,离岸价。

钢筋、盘条、厚钢板、冷轧卷板,欧陆出口牌价,离岸价。

棉布　台湾粗疏布,欧洲成本加运费价。

资料来源:路透社每日商电;德国《油世界》;英国《金属导报》等。

2001年的世界黄金市场

北方交通大学经济管理学院　宋健坤　刘颖琦

本文对世界以及国内黄金市场的影响因素进行了相关的分析,并以1968年~2000年黄金市场的价格变化为依据,在相应的经济背景分析的基础上,利用马尔可夫预测方法对黄金市场的未来走势进行了预测。

进入20世纪90年代以来,国际黄金价格一直低迷不振,尽管偶尔也有短暂的小幅度反弹,但近10年来的平均价格始终在260美元到270美元之间苦苦挣扎,特别是在1997年和1999年,先后两次创下近20年来的历史最低纪录。

然而,进入21世纪后,由于美国经济放缓、美联储连续降息、日本经济持续走低、日本国内黄金需求增大、黄金利率市场和汇率波动以及央行售金等因素造成的供求变化,使黄金价格在2002年1月份以来持续上涨,市场人气渐渐回暖。

2001年8月,香港举行了亚洲黄金高峰会,透出了2005年全球黄金需求将达到6 000吨的"利好消息",对于金价,世界黄金协会保持了十分谨慎的态度。但是,部分美国专家却认为,经过将近20年的走低,全球金价已经从"谷底"向上攀爬,进入了起飞阶段。美国黄金公司的老板达纳·萨姆尔森认为,金价有能力突破80年代的黄金历史最高价。他说,未来金价将达到1 700美元/盎司的"天价"。如果美国经济不能尽快恢复增长,美国股市大幅下跌之时,就是黄金价格"起飞"之日。

黄金走出低谷,对于黄金投资商来说是件好事,但在这变幻的黄金价格战中,应该如何考虑对黄金的动态投资呢?

黄金价格的特点

黄金具有保值增值特点　在"9·11"袭击事件发生后,黄金市场骤然升温。在纽约金市,12日金价曾经冲到每盎司300美元的高位。反应灵敏的香港市民,最先开始"抢金"。9月12日,香港金价立即上涨了每两50港元。随后几乎在整个东南亚都发生了这样的连锁反应。来自世界黄金协会的消息说,全球金价在这次袭击事件后上升了8%。

有消息说,已经有一些国家的政府通过各种基金会,悄悄地在国际市场上收购黄金。确凿的资料显示,尽管美元是世界上最强劲的货币,但美国政府储备的黄金仍然是世界上最多的。到 2001 年 8 月底,美国储备的黄金达 8 135.3 公吨(每公吨等于 32 151 盎司),占其储备份额的 56%。而国际货币基金会、欧洲中央银行的储备全部为黄金,分别为 3 468.6 公吨和 777.6 公吨。

黄金作为一种商品,只能被动地接受国际市场价格 一般来说,商品的价格是由构成供求关系和市场关系的诸多因素决定的。在一定程度上,商品生产者可以根据市场的供需情况和自身情况,确定自己所生产商品的价格。而同样作为一种商品,黄金则与其它商品截然不同。任何一家黄金生产者都无法决定自己生产的黄金价格,而只能按照统一的市场价格决定是否出售或何时出售。

黄金作为一种商品,具有原材料或半成品的性质,除了纯度的区别以外,它的质量不会有任何差异 它不会因为品牌的不同,知名度的不同,产生丝毫的价格差别,比如,同样是一件衬衫,如果是皮尔卡丹生产的,它可以卖到上千元,而普通品牌或者是由普通服装厂生产的,则只能卖到几百元甚至几十元。我们知道,有时两者在质量上可能并没有什么区别。即使有质量差异,也不可能如此之大。

质量与价格的标准化特点 对于黄金来说,只要我们按照伦敦金银市场协会(LBMA)的标准生产,无论它是产自哪一家公司,无论它是什么品牌、什么商标,只要在同一地点,同一时间,以同一种方式出售,得到的都将是同一个价格。世界第一大产金公司南非安格罗黄金公司所生产的黄金,只要纯度一样,不会比世界上任何一个小公司生产的黄金多卖出一美元。同样,也不管你的黄金是产自南非地表以下 3 000米的深处,或者哈萨克斯坦的沙漠,还是青藏高原的河床,大家都只能接受伦敦黄金定价式的 5 人小组给出的交易价格,或者纽约商品交易所的电子交易结果。

影响黄金价格的主要因素

某种产品的市场价格下跌或者市场供应过剩达到一定程度,通常在几个月内这种产品的产量就会下降,从而使商品的价格和供求状况趋于平衡。而黄金价格连续下降或者持续一两年走低,比如近几年,黄金产量并不会在短期内减少。世界黄金协会的分析表明,这个过程一般需要 7～8 年。黄金经济专家们认为,从 80 年代中期到进入本世纪黄金产量的持续增长,是因为 80 年代金价高涨,大量的勘探投入导致了许多新资源的发现和开发的结果。

按照这种分析,到 2005 年全世界的黄金产量将仍然保持在现有水平。在 2005 年以后会逐步下降。

旧黄金的回收 旧黄金回收近年来一直稳定在 600 吨左右的水平,2000 年回收再利用的黄金为 611 吨,比 1999 年下降 5 吨。预计至少在今后 5 年内,这一供应渠道不会有太大的变化,将基本上维持在每年 600 吨的水平上。

中央银行的抛售 中央银行有计划的抛售黄金始于 90 年代初,比利时和荷兰是这一活动的领头人。当时驻东京的一位金融记者就形象地把央行描述为"新的黄金生产者"。而英国洛希尔银行的罗伯特·盖伊先生则早就建议把央行作为黄金市场"固定的供应者",而不应看作是偶然行为。

的确,近几年来,各国中央银行的抛售已经成为一个固定的黄金供应渠道。特别是 1999 年 5 月 7 日英国宣布将陆续抛售 415 吨黄金储备的计划,并于同年 7 月售出每一批 25 吨黄金以来,在近两年的时间内,先后有英国、荷兰、瑞士、奥地利、澳大利亚、马来西亚、智利和阿联酋等国家,在国际市场搜集了各自国家的黄金储备(至少 10 吨以上)。根据国际货币基金组织公布的统计数字,从 1999 年 7 月到 2001 年 1 月底,全世界中央银行的黄金储备共减少了 685.6 吨。其中,截至 2001 年 3 月底,英国已经售出 300.7 吨,瑞士售出 186.6 吨。英国的抛售行动开始后,国际金价在很短的时间内猛跌了 30 美元,并且从此一路走低,几次创下 20 年来的最低纪录。

因此,各国政府或中央银行对黄金储备的态度和政策,成了世界黄金领域的一个热门话题。因为它将直接影响国际黄金市场的供求平衡关系,进而影响黄金的市场价格。

根据世界清算银行的分析,至少在 2004 年"华盛顿协议"到期以前,在全世界各国央行 32 500 吨的黄金总储备中,有 28 411 吨是不会出售的,还有 1 830 吨不太可能出售;有 2 259 吨意向不明确。尽管后者只占全球黄金总储备的 7%,但其绝对数字并不是个小数,它基本上相当于目前全世界一年的黄金产量。

这2 259吨黄金储备所包括的国家主要有中国、俄罗斯、阿尔及利亚、利比亚、罗马尼亚、波兰、印尼、埃及、巴基斯坦等。因为这些国家所处的经济政治区域不同,各自的金融财政经济状况不同,社会制度、政策、文化不同,所以很难出现在短期内纷纷大量抛售各自黄金储备的情况。

所以,总的看来,央行的抛售在2005年以前应该保持现有水平,不大可能出现大幅度的增加。

套期预售 我们这里主要指黄金生产商的套期预售。1999年生产商的套期预售给黄金的现货市场提供了506吨的供应。而2000年这一数字却大幅度减少,只有10吨多一点。其原因主要来自三个方面。一是美元利率一再下调,而黄金借贷的利率却不见明显的下降,致使套期预售的利差(即升水)越来越小,所以套期保值的吸引力大大减弱。二是由于不少公司已经认识到了套期保值对现货价格的负面影响,正在改变公司的套期政策。比如世界第一大黄金冶炼厂南非的兰德冶炼厂、第一大黄金公司安格罗黄金公司以及美国的纽蒙特公司等,都先后决定停止或减少套期预售。三是在过去几年的套期预售高峰中,许多公司已经把自己今后3~5年,甚至10年后的产量做了套期,没有更多的产量可以做进一步的套期预售了。

投资商和投机商的“反向投资” 投资商和投机商(包括个人投资者)的活动是黄金市场中变化最大、最不可预测的因素之一。根据他们市场中的行为,他们既可以是供方,也可以是买方。1999年作为投资的黄金需求为170吨。或者说由于投资商和投机商的活动国际黄金市场的需求增加了170吨。可是在2000年,他们却摇身一变,站到了供应者方,竟抛出291吨。

美国经济放缓形成实金需求减弱的预期是年初金价低迷的主要原因 全球黄金供求状况及变化趋势依然是引导黄金价格走势的根本原因。进入2001年,美国公布的一系列经济数字,使市场对于美国经济放缓以及对全球经济走势的不乐观看法,加上市场的疲软,都使市场担心由此导致个人财富和预期收入会减少,从而影响对黄金饰品的消费需求,而首饰制造业是对黄金需求最大的行业,对黄金的需求有着举足轻重的影响。另一方面,市场预期经济放缓、制造业的不景气也会减少工业对黄金的需求,所以2001年初开始,金价在预期需求下降的阴影之下盘整下行。

美联储的连续降息引发了对黄金的保值性投资需求 美联储为促进经济增长而采取宽松的货币政策,在上半年先后6次降息2.75%,是多年来美国降息频率和幅度较大的一次,使市场越来越担心可能会引发通货膨胀,过去一向被视为传统的保值避险工具的黄金又受到基金的青睐,一度成为市场中的热点,非商业性空头的回补以及避险资金,投机性资金的入市,增加对黄金的需求,从而引发了黄金的新一轮回调涨势。

金价从2001年4月初255美元附近开始盘整回升,在5月18日,结合周末以及众多黄金交易员及产金商赴土耳其参加伦敦金银市场年会的淡市之机,突破274.50美元技术性阻力位后,基金持续的买盘在纽约后市将黄金价格一路几无阻挡地推高到285美元以上,而5月21日(周一)亚洲市场急冲299.50美元后又急落回286美元的大幅振荡的形式来消化上周末金价急涨这个事实,此后,因缺乏后续资金的入场及产金商保值售金的操作,在6月底回落至270美元附近盘整。

同样地,与黄金有关矿业股也在2001年初开始走出了为时一年多的下降通道,以美国费城股票交易所的黄金白银矿业指数为例,2001年已上涨了约12.3%,表现远远优于同期美国道-琼斯股票指数(仅微涨了1.1%)。黄金矿业类股票曾和黄金一样,近年来因其传统经济、旧经济的色彩而被市场冷落,市场因缺少投资和投机性兴趣而价格下跌,交易量萎缩。2000年与美国道-琼斯股票指数下跌6.2%相比,黄金矿业类股票又受到投资者和投机者的青睐。

汇率的波动依然是带动金价震荡的主要因素之一 黄金价格仍然明显地受汇率波动的影响,尤其在黄金本身缺乏热点和技术面消息引导的情况下更是主导了市场。黄金的美元价格的变动和美元兑其他主要货币的汇率变动共同影响黄金生产国或消费国当地货币表示黄金价格,从而影响黄金的供求。

黄金生产商受高价吸引便会进行保值销售远期

黄金产出，而高价甚至会吸引个人投资者出售其持有的黄金，增加了黄金的供给，例如黄金的澳元价格在2001年前几个月最大涨幅达19.3%，澳洲产金商的保值售金一直是市场关注的重点；个人投资方面，在2000年黄金负投资291吨中(新的黄金投资小于同期的黄金投资的减持)，个人投资者的金块和金币的黄金销售占了很大的比重，抵销了金块囤积的金币销售，使当年全球净投资自1977年以来首次为负数，由于欧元等货币对美元的疲软，欧洲的个人投资者受以本土货币表示的黄金高价的吸引，在售金中扮演了很重要的角色，另一方面黄金消费者对金价的畏高则减少了对黄金的需求，黄金的欧元价格高昂对于消费者而言黄金显得昂贵，在投资需求降低的同时，也抑制了这些地区对黄金的消费。

1968～2000 年黄金价格(月平均价格)

年份	1	2	3	4	5	6	7	8	9	10	11	12	平均	涨跌%
1968	35.20	35.20	35.20	37.90	40.70	41.10	39.50	39.20	40.20	39.20	39.80	41.10	38.69	
1969	42.30	42.60	43.20	43.30	43.46	41.44	41.76	41.09	40.89	40.44	37.40	35.17	41.09	6.19
1970	34.94	34.99	35.09	35.62	35.95	35.44	35.32	35.38	36.19	37.52	37.44	37.44	35.94	−12.52
1971	37.87	38.74	38.87	39.01	40.52	40.10	40.95	42.73	42.02	42.50	42.86	43.48	40.80	13.52
1972	45.75	48.26	48.33	49.03	54.62	62.09	65.67	67.03	65.47	64.86	62.91	63.91	58.16	42.54
1973	65.14	74.20	84.37	90.50	101.96	120.12	120.17	106.76	102.97	100.08	94.82	106.72	97.32	67.32
1974	129.19	150.23	168.42	172.24	163.27	154.10	142.98	154.64	151.77	158.78	181.66	183.85	159.26	63.65
1975	176.27	179.59	178.16	169.84	167.39	164.24	165.17	163.00	144.09	142.76	142.42	139.30	124.84	−22.47
1976	131.49	131.07	132.58	127.94	126.94	125.71	117.76	109.93	114.15	116.14	130.48	133.88	124.84	−22.47
1977	132.26	136.29	148.22	149.16	146.60	140.77	143.39	144.95	149.52	158.88	162.10	160.45	147.71	18.32
1978	173.17	178.15	183.66	175.27	176.30	183.75	188.72	206.30	212.07	227.39	206.07	207.83	193.22	30.81
1979	227.27	245.67	242.04	239.16	257.61	279.06	294.73	300.81	355.11	391.65	391.99	455.08	306.68	58.72
1980	675.30	665.32	533.58	517.41	513.82	600.71	644.28	627.14	673.62	661.14	623.46	549.92	612.56	99.74
1981	557.38	499.76	498.76	495.80	479.69	464.76	409.28	410.15	443.58	437.75	413.36	410.09	460.03	−24.90
1982	383.38	374.13	330.04	350.34	333.82	314.98	338.97	364.23	435.76	422.15	414.91	444.30	375.57	−18.34
1983	481.29	491.96	419.70	432.93	438.08	412.84	422.72	416.24	411.60	393.58	381.66	389.36	424.35	12.96
1984	370.90	386.33	394.33	381.36	377.40	377.67	347.45	347.70	341.09	340.17	341.19	320.14	360.48	−15.05
1985	302.74	299.10	304.17	324.74	316.64	316.83	317.38	329.33	324.25	325.93	325.22	320.81	317.26	−11.99
1986	345.38	338.89	345.71	340.44	342.58	342.57	348.54	376.60	417.73	432.51	398.81	391.23	367.66	15.89
1987	408.26	401.12	408.91	438.35	460.23	449.59	450.52	461.15	460.20	465.36	467.57	486.31	446.46	21.43
1988	476.58	442.07	443.61	451.55	451.01	451.33	437.63	431.31	412.79	406.78	420.17	418.49	436.94	−2.13
1989	404.01	387.78	390.15	384.06	371.00	367.60	375.04	365.37	361.75	366.88	394.26	409.39	381.44	−12.70
1990	410.11	416.83	393.07	374.27	369.19	352.33	362.53	394.73	388.41	380.74	381.73	278.51	383.51	0.54
1991	383.64	363.83	363.33	358.39	358.62	366.72	367.68	356.23	348.74	358.69	360.17	361.06	362.11	−5.58
1992	354.45	353.89	344.35	338.50	337.23	340.80	353.05	342.96	345.55	344.38	335.87	334.80	343.82	−5.05
1993	329.01	329.35	330.08	342.07	367.18	371.89	392.19	378.84	355.27	364.18	373.83	383.35	359.77	4.64
1994	386.88	381.91	384.13	377.27	381.26	385.64	385.49	380.35	391.58	389.77	384.39	379.29	384.00	6.73
1995	378.55	376.64	382.12	391.03	385.12	387.56	386.23	383.81	383.05	383.14	385.30	387.44	384.17	0.04
1996	400.27	404.79	396.25	392.83	391.86	385.27	383.47	387.46	383.14	381.07	377.85	369.00	387.77	0.94
1997	354.11	346.58	351.81	344.47	343.97	340.76	324.10	324.01	322.80	324.87	306.04	288.74	331.02	−14.63
1998	289.15	297.49	295.94	308.29	299.10	292.32	292.87	284.11	288.98	296.22	294.77	291.62	294.24	−11.11
1999	287.07	287.22	285.98	282.62	276.88	261.37	256.08	256.70	266.60	310.72	293.01	282.37	278.88	−5.22
2000	284.32	299.94	286.39	279.86	275.31	285.73	281.55	274.47	273.68	270.00	266.01	271.45	279.11	

资料来源：经贸委网站，2001 年。

结　论

经济学家们从来不愿意预测某种商品的价格，因为它涉及的因素太多，变数太多　特别是像黄金这种特殊商品。然而由于黄金开采同其它矿业一样具有投资周期长的特性，黄金生产商们必须把眼光放长远一些，必须立足于做“长线”生意。所以，黄金行业的人们总是想方设法对黄金价格的长期走势做出预测。根据本文的预测方法，对2003年金价的预测为250～193美元之间，平均价格为275.91美元(因篇幅有限，仅给出预测数据)。

综合以上分析，笔者认为，在近5年内国际黄金的平均价格不会低于240美元，即使偶尔可能会出现接近或低于这一底线的情况，但一般不会持续一两个月。预计全世界对黄金产量在今后3年内不会有明显的下降。5年以后可能会有所下降。届时金价有望反弹到300美元左右的水平。

黄金市场的国际化是其它任何商品市场所无法比拟的。应该指出的是，现在国际金价都以美元为基础。所以我们所做的分析，都是建立在美元至少要保持现有水平的基础之上的，如果美元出现贬值，黄金价格就有可能要上升。

另外，我们决不能忽略另外一个重要的情况，这就是三个产金大国南非、澳大利亚和俄罗斯的本国货币近年来一直在贬值。这无形中降低了这些国家黄金矿山的生产成本。其实，如果不是南非疲软的话，南非黄金公司的日子可能会很不好过。因为南非的黄金矿山大部分已经转入深部开采，成本本来就高。所以，在分析黄金生产成本的极限时，这又是一个变数。

现存于私人手中，作为个人投资的黄金也是一个应该考虑的因素。目前以金币、金条等形式藏于民间的黄金总量相当于各国央行黄金储备总量的两倍之多。这部分黄金的动向，主要取决于全球经济、政治形势的变化和人们对黄金信念的改变等因素。一旦这一部分黄金的稳定性发生动摇，可能会产生某种雪崩效应，绝不会像央行抛售那样容易得到控制。但总的来看，人们对黄金的传统认识不会在短期内发生根本性的改变。

展望黄金后市较年初预期乐观　对黄金后市的看法较年初乐观，由于5月份开始的一波上涨行情，使市场人气渐渐回暖，对金价筑底回调的期望也会在一定阶段对金价起支撑作用。汇率依然会影响以后金价的波动，虽然市场一直担忧美国经济放缓，通货膨胀隐忧等问题，但市场认为美国经济状况及经济秩序仍优于欧洲大陆等其他主要经济地区，所以美元对其他货币一直保持强势。如果年内美国和欧洲及其他地区经济基本面等的比较有所改变，美元对欧元等货币强势有可能反转的话，将会是金价上扬的一个重要动力。

对黄金投资和投机兴趣的增加是对黄金显著利好的因素。从经济环境看，尽管没有经济数据显示美国目前有通货膨胀的危险，且经济状况有所改观，但是由于企业的获利前景仍不明朗,如果国际资金审慎看待美国资产,必然会选择新的投资目标,黄金作为保值工具成为市场的宠儿也不是不可能。黄金传统的保值避险的作用,尽管过去10年来越来越"传统"了,一连串的历史事件,远至1991年的海湾战争到2001年头三个月的美国NASDAQ和其他股指的崩盘,黄金并没有显示出其传统的作用,但可能是过去10年中的危机都没有真正动摇全球金融体制和投资者对美元的信心。与此同时综观黄金市场,在经过2000年的沉寂和2001年的微调之后,在2002年已经活跃起来了,因此通过本文的预测和分析,可以得出一个比较乐观的结论,未来的黄金价格走势为底价逐步盘稳,走上上升通道。

中国对外贸易状况

外经贸部国际贸易经济合作研究院 韩秀申

近四年中国对外贸易的发展成果

1996~1999年,随着中国对外开放的水平不断提高,中国对外贸易为推动国内经济持续稳定的增长,实现国家宏观经济目标发挥了越来越重要的作用 1996~1999年,国民经济在成功地实现软着陆之后,稳定增长,年均增长率达到8.2%。1996~1999年对外贸易出口额累计为7 124.8亿美元,年均增长率达到6.2%。国民经济出口依存度为20%。对外贸易出口增长对国民经济增长的牵动作用约为1.2个百分点。1996~1999年,中国对外贸易进出口总额累计为15 933.1亿美元,对外贸易顺差累计为1 253亿美元,为人民币汇率保持稳定作出了贡献。若按中国外贸出口依存度计算,每年外贸出口解决的就业人数约为1亿多人。近几年,中国通胀率保持在较低的水平上。1996~1999年中国进口额累计为5 871.1亿美元,年均增长率达到6.1%,有力支持了生产企业的技术改造,提高生产率,同时满足了国内市场的原料和能源的需求,为维持较低的通胀率起了一定的作用。

出口产品结构进一步优化,出口增长方式逐步转变,对中国产业结构的调整起了积极的作用 中国的外汇储备大幅增加,国家的综合实力不断提高。近几年,由于国家实施了科技兴贸战略,加强对机电产品出口的支持,重点支持名牌产品的发展,支持高新技术的发展,中国出口产品结构进一步优化,出口产品的竞争力进一步提高。1996年制成品出口占出口的比重为85.5%,到1999年升至90%,初级产品出口从14.5%降至10%。1996年,机电产品出口超过纺织品服装出口,成为第一大类出口产品。1996~1999年机电产品出口增幅最大,远远高于出口增长的速度,机电产品出口对出口增长的贡献率达到60%,已成为中国外贸出口增长的重要支柱。1999年中国高新技术出口额比1998年增长23%,占出口总额的比重达13%,达247亿美元,从而带动了相关产业的发展,推动了技术进步,推动了产业结构的调整。1996~1999年是中国外汇储备增长最快的四年,从1 050.29亿美元增至1 546.75亿美元,增加了500多亿美元。出口产品结构的调整,推动了出口的快速增长。中国在世界出口大国的地位不断提高,1999年在世界出口贸易大国的排列已从1996年的第11位,升至第9位。

外贸体制改革进一步深化,国家对外贸的宏观调控能力进一步加强,中国经济进一步同世界经济接轨 1994年以外贸体制改革为中心的经济体制改革以来,外贸体制改革进入了深化阶段,1996~1999年是外贸体制改革加快、外贸经营权的下放速度进入改革开放以来最快的阶段。从加快赋予国有大中型生产企业、国有生产企业、科研院所、商业物资流通企业到赋予私营企业进出口经营权,外贸经营主体多元化的格局已形成。对经济特区已实行依法登记进出口经营权制。

以国有资产保值增值为目标的国有外贸企业改革取得很大的进展 国家推进了现代企业制度、综合商社试点和设立监事会、内部职工持股试点,加快了外经贸企业的经营机制的转换,实行了资产经营责任制。加大了企业的兼并力度,推动国有外经贸企业走规模经营的道路,参加了国务院现代企业制度的试点。1997 年通过资产重组,中技、中机、中仪和海经等四个部属总公司组建中国通用技术(集团)控股责任有限公司。经国务院批准,上海东方国际(集团)有限公司进行综合商社的试点。国有大型外贸公司在资产重组、资本经营方面迈出了可喜的一步,中技贸易股份有限公司等先后上市。

进一步完善了外贸管理体制和激励机制,完善了网络信息服务系统 推进并完善了出口商品配额招标制。调整了出口退税政策,为促进外贸发展提高了出口退税率。建立了外贸发展基金。扩大出口信贷和出口信用保险,支持机电产品出口。进一步改革了进口体制,对进口贸易减少许可证管理,主要采用关税进行宏观调控。1997 年 10 月 1 日,平均关税税率从 23%降低到 17%,降幅为 26%。加强了对商会工作的管理和指导。建立了外经贸全国信息服务系统 - 外经贸部 EDI 中心设置的中国国际电子商务网。这是全国唯一集信息、管理、服务为一体的功能完善外贸信息网络。

加强了法制建设,健全了法律机构,外贸立法工作成绩显著 外经贸部公布了关于《处罚低价出口行为的暂行规定》等规章制度,完善外贸管理制度,整顿了出口经营秩序。1997 年国务院颁布实施《中华人民共和国反倾销和反补贴条例》,为企业运用反倾销和反补贴的手段抵制国外进口产品低价销售对中国产业造成的损害提供法律依据。1997 年 12 月,外经贸部对全国第一起对外反倾销案件——新闻纸案件正式立案,1999 年 6 月外经贸部决定对原产于加拿大、韩国和美国的纸张征收反倾销税。1997～1999 年外经贸部会同国务院有关部门同美国进行了三轮知识产权磋商。1996～1999 年中国共与 100 多个国家签署了双边投资保护协定。

多双边关系发展良好 近四年来,中国积极推进 WTO 多双边谈判取得实质性的重大突破。经过艰苦谈判,中国同 30 多个要进行双边谈判的国家签订了协议,中美、中欧入世谈判取得了双赢的结果。中国积极参与亚太、亚欧等区域的经济贸易自由化的活动。中国参与 APEC 关于贸易投资自由化问题的磋商,并在自愿的基础上改进贸易投资自由化单边行动计划。

中国对外经济贸易的发展特点

进出口贸易受东南亚金融危机影响增势大减,1999 年下半年开始恢复增长,增长势头强劲,加工贸易出口占出口的比重不断扩大。一般贸易出口稳步增长,国际竞争力不断提高

1996 年外经贸企业深化改革,实行产经营责任制,转变出口增长方式,进出口增长放缓,增幅为 3%;1997 年改革产生的动力使进出口大幅增加,增幅达 20.9。受东南亚金融危机的影响,1998 年进出口增长乏力,出现零增长率。1999 年,国家为鼓励出口发展,提高出口退税率,实施了一系列优惠政策,1999 年 7 月开始出口转降为升,到 2000 年 6 月连续 12 个月大幅增长,主要是恢复性增长。2000 年进出口额达到 4 300亿美元,增幅为 35%。其中出口增幅为 40%,达到 2 290 亿美元,进口增幅为 30%,达到 1 920 亿美元。1996～1999 年中国进口增幅同出口相比处在较低的水平,进口增长乏力,甚至出现滑坡。1996 年进口增幅为 5.1%,1997 年 2.5%,1998 年降幅为1.5%。1999 年进口转降为升,增幅达到 18.2%。其主要原因是进口体制改革滞后;国内生产企业改革步履艰难,缺乏资金,进口设备进行技术改造;但近几年,国家采取积极的财政政策扩大内需,刺激国内市场的需求,另一方面,1999 年国际市场原料涨价也导致 1999 年进口增加。

表1 进出口总额增长率

(单位:亿美元)

年份	进出口	增长率(%)	出口	增长率(%)	进口	增长率(%)
1996年	2 899	3.2	1 510.6	1.5	1 388.4	5.1
1997年	3 251.1	12.1	1 827.9	20.9	1 423.7	2.5
1998年	3 239.2	−0.4	1 837.6	0.5	1 401.7	−1.5
1999年	3 609.0	11.3	1 949	6.1	1 658	18.2

表2 中国出口产品结构

(单位:亿美元)

年份	初级产品	占比重	增长率(%)	制成品	占比重	增长率(%)
1996年	254.4	14.5	18.3	1 291.4	85.5	1.5
1997年	286.2	13.1	20.1	1 587.7	86.9	22.9
1998年	206	11.2	−28	1 631.6	88.8	2
1999年	199.28	−3.2	10.2	1 750.03	89.8	7.3

表3 中国进口产品结构

(单位:亿美元)

年份	初级产品	占比重	增长率(%)	制成品	占比重	增长率(%)
1996年	254.39	18.3	4	1 133.98	81.7	5
1997年	286.19	20.1	12.5	1 137.4	79.9	0
1998年	229.5	16.3	−20.5	1 172.14	83.7	3
1999年	268.0	16.0	16.8	1388.7	84.0	18.4

表4 中国对十大贸易伙伴的进出口贸易

(单位:亿美元,%)

国别	1996年	增长率	1997年	增长率	1998年	增长率	1999年	增长率
日本	600.58	4.5	608.12	1.2	579	14.2	661.67	14.2
美国	428	4.9	489.92	14.3	549.36	12.1	614.25	12
中国香港	407.33	−8.6	507.7	24.6	454.11	−10.1	437.83	−3.6
韩国	199.92	17.7	240.45	20.3	212.64	−11	250.36	17.7
中国台湾	189.84	6.1	198.38	4.5	204.99	3.3	234.8	14.5
德国	131.69	−3.9	126.7	−3.7	143.47	13.2	161.14	12.1
法国	41.47	−76	55.7	34.3	60.27	8.1	67.05	11.2
澳大利亚	51.07	21.2	53.02	3.8	50.29	−5.2	63.11	25
俄罗斯	68.46	25.3	61.18	−10.6	54.8	−10.5	57.2	4
加拿大	41.06	−0.6	39.12	−6.6	43.64	11.5	47.66	9.2

1995年加工贸易首次超过一般贸易成为第一大贸易方式,外商投资企业成为中国进出口主要力量 1996年加工贸易进出口额达到1 466亿美元,占进出口总额的比重为55%,1999年加工贸易额达到1 844亿美元,占进出口总额的比重降至

51%。加工贸易出口增长势头放缓,1996 年增幅为 14%,达到 843 亿美元,1997 年为 18.1%,达到 996 亿美元,1998 年为 19.6%达到 1 191.14 亿美元。1999 年降幅为 7%,达到 1 109 亿美元。加工贸易进口稳定增长。1996 年进口增幅为 7%,达到 623 亿美元,1997 年为 12.7%,达到 702.1 亿美元,1998 年降幅为 1.5%,达到 691 亿美元。1999 年增幅为 6.4%,达到 735.85 亿美元。加工贸易增速放缓的主要原因是,近几年国家调整了对外商投资企业进口设备的减免税等优惠待遇,并且为了优化进出口产品结构调整,国家还对加工贸易实行分类管理。由于近几年国家利用外资方面取得了很大的成绩,三资企业在促进外贸进出口方面发挥的作用越来越大。1999 年外商投资企业进出口同 1998 年相比增幅为 10.69%,达到 1 745.11亿美元,占全国外贸进出口总额的比重为 48%,其中出口增幅为 9.47%,达到 886.28 亿美元,占全国出口的比重为 45.47%,进口增幅为 11.95%,达到 858 亿美元,占全国进口的比重为 51.81%。1996～1999 年三资企业进出口占全国进出口的比重增加了 1 个百分点为 48%,出口占全国出口的比重从 40.71% 增至 45.47%,进口占全国进口的比重从 54.45%降至51.81%。由于国家调整了对三资企业的进口减免税政策,1997～1999 年三资企业投资项下的设备进口连续三年下降,1997 年降幅为 27.91%,1998 年为 19.45%,1999 年为 23.57%,2000 年 1～7 月份,由于国内固定资产投资大幅增加转降为升,升幅达到 13.8%。

进出口商品结构进一步优化,机电产品成为出口的新增长点 机电产品出口稳步增长,出口产品的档次质量附加值和科技含量进一步增加,国际市场的竞争力进一步提高。由于国家实施了科教兴国的战略,中国的技术创新能力进一步提高,新产品和系列产品占出口的比重进一步增加。1998 年尽管受东南亚金融危机的影响,机电产品出口增幅仍然达到 14.9%,为 502.33 亿美元。1999 年机电产品出口占出口总额的比重从 1996 年的 23%上升至 30%。1996～1999 年机电产品出口年均增长率达到 13.6,比同期全国出口年均增长率高出 7 个百分点。1996～1997 年中国传统的出口产品:服装、纺织品、鞋靴、旅行用品出口均有较大幅度的增长,1998 年东南亚金融危机导致国际商品市场需求缩小,竞争更加激烈以及国际初级产品价格的疲软,使上述产品出口额大幅度下降,1999 年由于世界经济出现较大幅度的增长,世界商品市场容量扩大,传统产品出口出现恢复性增长,但仍未恢复到危机前的水平。由于国际初级产品市场价格疲软,我国进口体制改革加快步伐,进口关税大幅度下调,我国进口结构进一步转变,1999 年初级产品进口占进口总额的比重从 1996 年的 18.3%降至 16%,为 268 亿美元,而制成品进口占进口的比重从 1996 年的 81.7%升至 84%,达到 1 388.7 亿美元。2000 年由于国际市场石油价格大幅上升,国内钢材和棉花等原料价格的上升,国内固定资产投资预计增幅达到 12%。

1996～1999 年贸易伙伴结构也发生了变化 由于东南亚金融危机导致香港经济萧条,1997～1998 年对香港的进出口贸易连续两年下降。美国经济连续 8 年增长使中国对美国进出口贸易大幅增长,美国超过香港成为中国第二大贸易伙伴。1998 年由于东南亚金融危机,中国对亚洲的进出口降幅达到 10%,中国对日本和韩国的进出口也有较大幅度的下降。1999 年由于韩国经济较快的复苏,双边进出口贸易大幅增长。尽管东南亚金融危机,由于内地和台湾的双边需求很好,内地对台湾贸易一直稳步增长。由于受东南亚金融危机的影响和双边贸易结构的调整,1997～1998 年中国对俄罗斯的进出口贸易连续两年大幅下降,尽管 1999 年出现恢复性增长,但仍未回到危机前的水平。

进出口额的地区分布越来越不合理,趋于集中在东部地区 1996～1999 年东部地区进出口稳步增长,受东南亚金融危机的影响较小,1999 年东部地区占全国进出口的比重比 1998 年的 92.1%降至 88.6%。而中西部的一些地区则由于受到进出口商品结构调整和东南亚金融危机的影响,进出口贸易有较大幅度的下降,占全国进出口总额的比重连续几年缩小,但 1999 年由于国家对中西部推行的大开发政策,中西部地区的进出口有较大幅度回升,虽有些地区进出口仍未恢复到危机前的水平,但总体上,进出口有较大增长,占全国进出口的比重从 1998 年的 7.9%上升至 11.4%。

当前中国对外贸易存在的问题

宏观调控能力下降 随着外贸经营权的下放,外贸经营主体的多元结构已经形成,但有关的政策法规尚未完善。市场经营秩序混乱,无序竞争,肥水流入外人田。为了逃避国家的管理和为利益所驱动的走私、逃汇、骗汇行为也严重干扰了市场的经营秩序。贸易条件越来越恶化,许多出口产品价格一跌再跌,已到了无利可图的地步。

外贸发展整体水平低,出口增长的方式仍然是粗放型的、数量型的 出口的增长不是由于效益的提高,国际竞争力的提高,而是靠国家财政政策的倾斜。出口产品结构仍不合理,出口商品的整体档次低,工业制成品以劳动密集型为主,附加价值低,技术含量低。

外贸的发展不适应国际贸易环境的变化 随着经济全球化的加快和科技高速发展,各国的非关税壁垒都加强了,绿色壁垒、环境壁垒和技术标准都在不断增加变化和提高,中国许多产品因不适应,被迫退出有关市场。一些国家,包括发展中国家都在积极利用反倾销措施,保护国内经济,近几年中国出口产品在国外遭到反倾销的案例越来越多,1999年是最多的一年,拉美、亚洲和东欧的一些国家也开始对中国产品实施反倾销。中国的出口市场趋于集中,对主要的贸易伙伴的依赖性越来越强。中国对美国的出口增长速度快,贸易顺差越来越大,1999年达到了687亿美元,美国政府通过各种手段对中国施加压力,或采取制裁。

国有外贸企业的改革滞后 虽然经过多年的改革,国有外贸企业的现代企业制度乃建立,但企业的监督机制和激励机制仍不健全。管理机制和经营机制落后。管理费用高,成本高,竞争力低下。企业规模同国际大公司相比太小。企业的历史包袱沉重,冗员问题严重。

外贸进口体制改革滞后 进口管理体制仍很不适应市场经济的发展,不适应WTO的规则。进口体制改革同出口体制改革相比落后多了,进口体制改革的速度太慢,许多方面管得太严,保护的时间过长,实际上保护了落后。进口体制改革的滞后影响经济的发展,影响国有企业的改革,影响了出口的发展。

外贸的法制建设仍要加强 外贸体制改革速度加快,外贸经营环境发生变化,对外开放的速度加快,但相关的外贸的法制和法规仍未健全,外贸的宏观调控能力仍很弱。执法监督机构未健全。

国家对中西部发展的扶持政策力度不够 国家对外贸发展的优惠政策因中西部外贸进出口规模小,东部占外贸进出口总额的比重已为90%,主要是给东部了。过去几年,中西部外经贸的发展过于缓慢,发展水平远远低于东部,进出口产品结构不合理,抗风险能力低,竞争力差,缺乏发展后劲。利用外资的水平低规模小是中西部外经贸发展缓慢的原因之一。

对策与建议

根据党的十五大的战略部署,今后中国要建立起比较完善的社会主义市场经济体制,实现经济增长方式由粗放型向集约型的转变。本世纪前十年中国经济保持7%的年增长速度,到本世纪中叶全面实现现代化。根据这一规划,到2010年中国进出口总额要达到8 000亿美元。为实现这一发展目标,应从以下几方面着手,努力解决当前外贸发展存在的问题。

进一步深化外经贸体制的改革,加强政府宏观调控能力 根据WTO的规则,加快进出口管理体制的改革。加强外经贸法制建设,建立与国际规则接轨的外经贸法律制度,创造良好的外经贸经营环境。加快有关对外贸易、利用外资的法律和法规的制定、完善和修改。国家应运用财政手段、行政手段、法律和制度的手段加强对外经贸经营市场干预,加强执法的力度,建立良好的外经贸经营秩序。

进一步调整和优化出口商品结构,实现进出口发展目标的转变 从追求数量型增长转变为保持适度增长,优化进出口产品结构,提高经济效益,改善贸易条件和经营环境,提高国际竞争力,实现外贸增长与结构优化同步,进出口增长与经济效益增长同步。外经贸发展政策不仅向机电产品倾斜,还应向高科技产品、环保产品、绿色产品、科技含量高的产品倾斜,促进出口产品结构的优化。

深化外贸企业的改革,推动企业建立科学管理机制,开展规模经营 引导企业尽快建立现代企业制度，完善所有制结构，建立有效的监督机制、管理机制和激励机制。加快对国有外贸企业的股份制改造和对国有外贸企业的分类改革和改组，推动企业按市场经济的规律在自愿的基础上或通过行政手段进行兼并，开展规模经营，把市场外部竞争内部消化，降低成本，提高经济效益，实现资源的优化配置。进一步完善社会保障体系。不断提高企业的整体素质和竞争力。

加快中西部地区的对外开放，努力提高中西部利用外资的规模和水平，加快中西部的外经贸的发展 不断完善中西部的投资环境，加强基础设施建设、政策、法律和制度环境的建设，在加工贸易和出口发展方面对中西部实施更为优惠的政策。出口鼓励政策应向中西部地区的高科技产品、高附加值产品倾斜，进而推动中西部出口产品结构的优化，在提高经济效益的基础上，促进中西部对外贸易的发展。

欧盟外贸的特点、管理、政策和问题

外经贸部研究院欧洲部 宋 坚

战后世界经济政治格局的一个重要变化，是经过近半个世纪的努力，欧盟的一体化建设基本上取得了成功。随着1957年罗马条约的签定，1967年关税同盟的建立，1993年内部统一市场的形成以及1999年欧元启动，目前拥有15个成员国的欧盟已经形成世界上出口第一、进口第二的贸易集团。不论从管理、政策、内部贸易比重以及有关法律法规体系来看，它都带有集团贸易的特征。欧盟一体化、特别贸易一体化的成功，首先有利于成员国经济的发展，同时总体上对世界经济贸易的发展也是有利的。

欧盟外贸的特点

世界最大的出口贸易实体

据欧盟统计局公布的初步数字，1999年欧盟区内区外贸易总额首次突破4万亿欧元，达4.08万亿欧元(约折4.34万亿美元)，区外贸易首次突破1.5万亿欧元达1.53万亿欧元(约折1.63万亿美元)。区外贸易中，出口为0.67万亿欧元(约折0.87万亿美元)，进口为0.77万亿欧元(约折0.82万亿美元)，出口贸易约占世界出口总额的1/5，大于美国，占世界第一位。

表1 1999年头10个月欧、美、日贸易比较

(金额单位：亿欧元)

	出口额	占世界出口比重(%)	进口额	占世界进口(%)
欧盟	6 180	19.2①	6 277	18.1
美国	5 275	16.4	7 991	23.1
日本	3 174	9.9	2 322	6.7
世界合计	32 211	100.0	34 605	100.00

资料来源：《欧盟贸易统计》，2000年4月。

外贸增幅大于经济增幅

自90年代以来，欧盟外贸增幅大于经济增幅的情况日益明显。一方面外贸增幅加大，另方面经济回升乏力，外贸对经济增长的推动作用有所增强。

表2 1996～1999年欧盟区内、外贸易与经济增幅比较(%)

	1996年	1997年	1998年	1999年
欧盟区内贸易	4.9	8.8	8.1	3.8
欧盟区外贸易	8.0	15.4	3.6	6.0
欧盟经济	2.5	2.7	3.0	2.1

资料来源：《欧盟贸易统计》，2000年4月；德意志联邦银行有关统计。

① 计算公式为：(欧盟外贸－区内贸易)÷(世界贸易－区内贸易)

中国旅游标志之都：银武威

武威市市长梁国安

中国旅游标志——铜奔马

武南铁路枢纽

古浪水泥厂全景

罗什寺塔

市花：金银花
City Flower:Honeysuckle

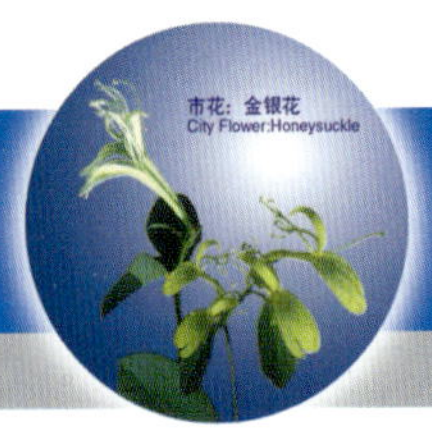

开放的钢都

CHINA

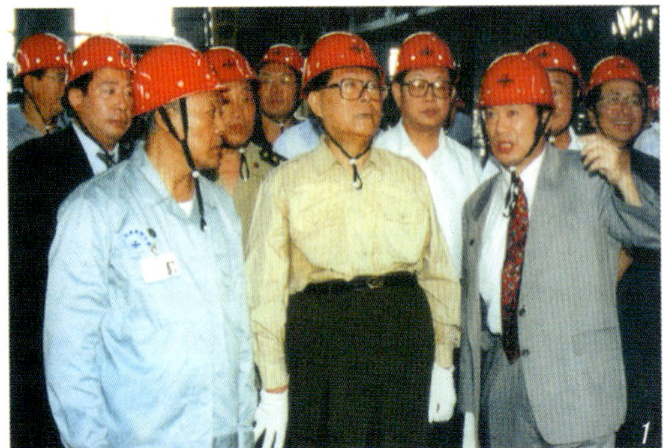

1

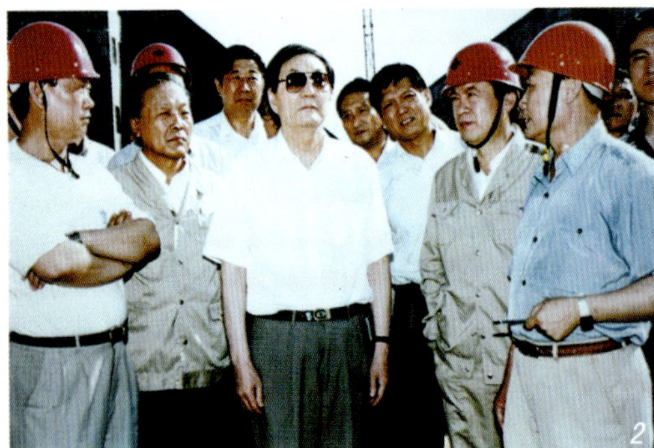

2

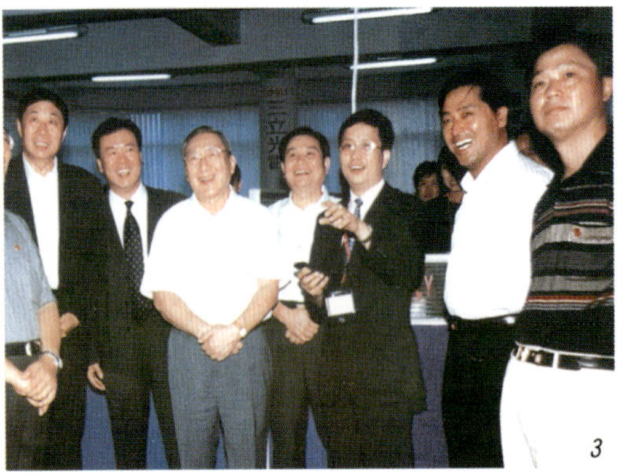

3

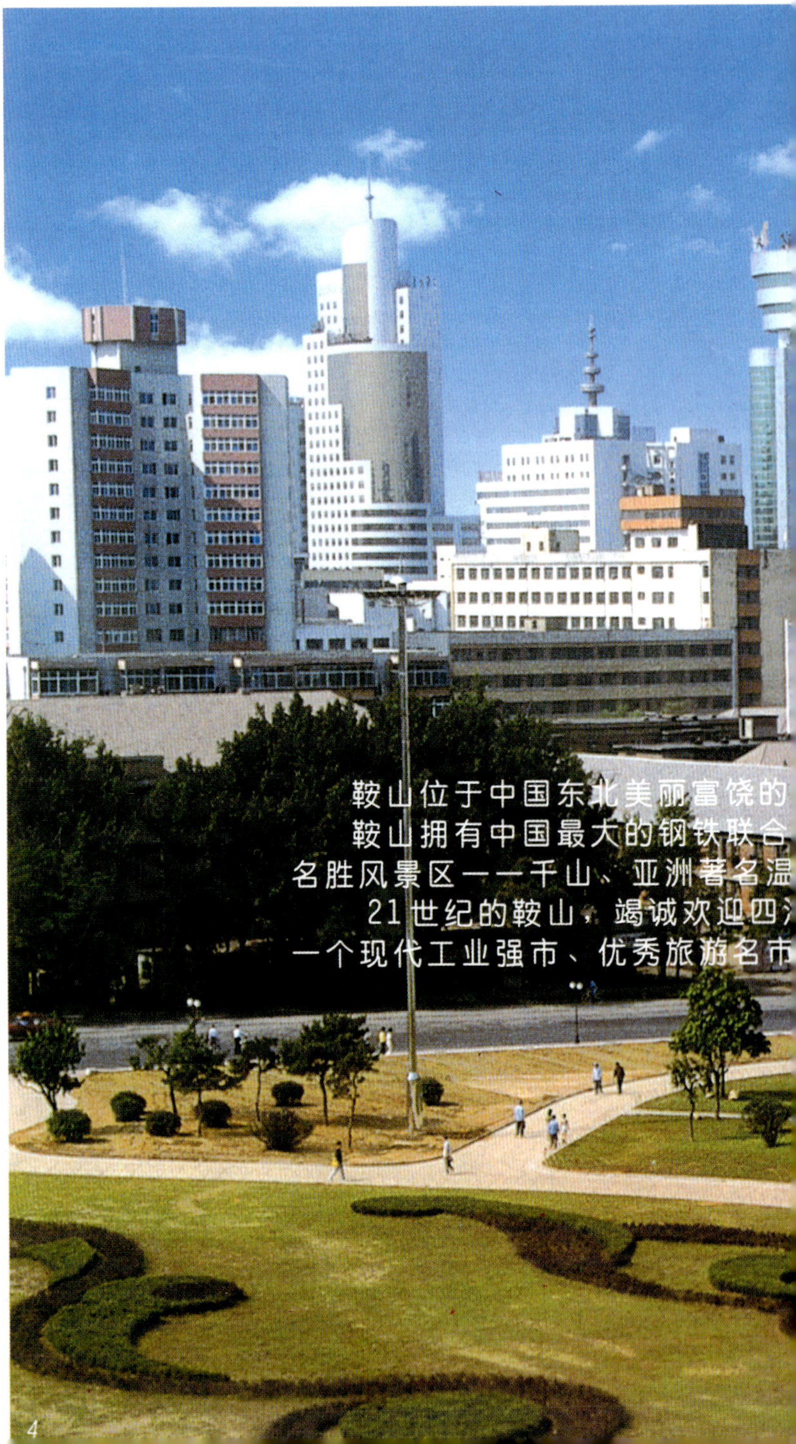

鞍山位于中国东北美丽富饶的
鞍山拥有中国最大的钢铁联合
名胜风景区——千山、亚洲著名温
21世纪的鞍山，竭诚欢迎四
一个现代工业强市、优秀旅游名市

4

1. 1999年8月14日江泽民主席视察鞍山

2. 1997年7月18日朱镕基总理视察鞍山钢铁集团公司齐大山采选扩建工程

3. 中共中央政治局常委、国务院副总理李岚清在省市领导的陪同下视察鞍山高新技术产业开发区

4. 人民公园

ONING

岛中部，风光旖旎的千山脚下，是辽宁中部城市群的要冲。
—鞍山钢铁集团公司、世界第一玉佛——玉佛苑、国家级
汤岗子温泉和中华宝玉之一——岫岩玉石。
来投资、旅游、观光和做客。我们满怀信心，不远的将来，
文化城市将展现在世人面前。

工业经济
快速增长

中共鞍山市委书记：

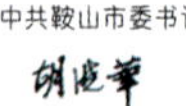

鞍山市市长：张杰辉

1. 中韩合资鞍山金象塑料制品有限公司
2. 华润集团鞍山瑞德啤酒生产线
3. 鞍钢 1780 轧机生产线
4. 鞍山一工红旗系列推土机
5. 鞍山合成集团有限公司纺织车间
6. 鞍钢——全转炉炼钢

1

2

3

4

5

6

CHINA.ANSHAN

高新技术产业初具规模

农村经济欣欣向荣

1. 2001海外学子创业周鞍山活动展

2. 华冶集团

3. 鞍山软件园

4. 味邦制药公司

5. 鞍山特产 --南果梨

6. 千山区花卉基地

7. 千山区绿色蔬菜基地

8. 台安县、千山区黄牛基地

城乡市场繁荣兴旺
旅游产业蓬勃发展

1. 海城南台箱包市场

2. 海城西柳包装市场

3. 鞍山四隆广场

4. 世界第一玉佛 -- 玉佛苑

5. 台安县张学良出生地纪念馆

6. 亚洲疗养圣地 -- 汤岗子温泉热矿泥疗

7. 国家级风景区 -- 千山

8. 2000年被国内专家推荐为第一侯选国石 -- 岫玉

城市建设日新月异

文化生活丰富多彩

1.市区道路

2.城市绿化

3.胜利广场

4.千山国际旅游节开幕式

5.东北民间艺术--高跷

6.居民生活小区

北京城建一

Beijing Chengjianyi

公司总经理史喜亭陪同中共北京市委常委、市总工会主席阳安江视察工地。

北京城建一公司与业主在工地联合举办万名外埠务工人员参加的"庆祝五一联欢会"。

北京城建一建设工程有限公司成立于198年，1999年底完成国有企业改制和新创公司分离成为多元股份的有限公司。是国家资质一级、信誉一等一级的国有建筑施工企业，主营工业与民用建筑，兼营市政工程、公路工程、桥梁工程，注册资金6000万元。公司现有中高级工程技术及各类管理人员1200多人。

公司已通过ISO9002质量体系认证、ISO1400环境管理体系认证和OHS18001职业安全卫生体系认证，2001年，文明施工现场管理达标率达10%。公司在施项目32项，房建开复工面积186万平方米，其中新开工程86万平方米，竣工60万平方米。有5项工程建筑面积在10万平方米以上。公司1996年至2000年，共完成产值44.47亿元，实现利润1.29亿元，年人均劳动生产率达到14.3万元。2001年，公司创产值10.52亿元，比上年增加5%。

1996年至2000年，公司在北京、山东、辽宁、安徽、河北等地承建了239项各类工程项目，建筑面积300多万平方米，先后建成了北京电视台制播中心、昌平自行车赛场、王府井世纪广场、天安门广场改造（西区）、宝鼎中心、安华发展大厦、高

北京城建一公司承担施工的山东栖莱高速路获省级优质工程奖。

建设工程有限公司

Construction Engineering Co.,Ltd

店电话局、总装备部749情报科研楼、青岛电力度中心电业大厦、藏学研究中心等公用建筑及京小区、甘家口危改等住宅工程，参加了望京中、玉泉山香山主路以及辽宁锦沈、锦阜、锦朝、沈高速路和山东省栖莱、疏港、安徽合徐高速路程建设。自1983年以来，公司以创名牌精品为理理念，累计创北京市优工程20项，其中“长杯”工程8项，结构“长城杯”6项；国优工程项，鲁班奖工程4项，全国用户满意工程8项，北市文明安全工地49个，4项技术创新获北京市科进步奖。

公司先后荣获全国优秀施工企业、全国最佳工企业、全国质量效益型先进施工企业、全国用满意企业、全国用户满意服务企业、全国施工企设备管理优秀单位、北京市重合同守信誉单位、京市用户满意企业、北京市经济技术创新竞赛进企业、北京市“安康杯”竞赛优胜企业、北京外来人口管理先进单位、首都精神文明建设先单位等荣誉称号。公司连续九年保持北京市“重同、守信誉单位”荣誉称号。

（文／礼永　图／启辉 光普 梁丽）

公司承担施工的北京大行基业大厦工程，建筑面积3.7万平方米，地下二层、地上20层，框架剪力墙结构。工程荣膺北京市优质工程“长城杯”奖。

公司承建的北京国际俱乐部康乐中心工程。该程是北京市首例执行国际“菲迪克”条款工程，工荣获2001年度北京市结构“长城杯”奖。

公司承建的北京安华发展大厦工程。该工程获国优奖（公司办公所在地）。

崛起的

国家级重点文物保护单位——曹操地下运兵道

致词

亳州是国家级历史文化名城。世纪之交，千年更替，国务院批准设立地级亳州市，给亳州的发展带来了千载难逢的机遇。经济全球化的推进和WTO的加入，为亳州带来无限商机，同时也带来巨大挑战。新的市委、市政府将紧紧依靠全市人民，抢抓机遇，迎接挑战。努力推进大改革，加快大开放，促进大开发，实现大发展，大手笔描绘大亳州。充分利用“酒乡、药都、名城”三大优势，发挥“名城、名人、名产”三大效应，打好“名城、名人、名产、药都”四张名牌；大力实施科技兴市、依法治市，改革推动、外向带动和“创牌”、“扶优”、“造舰”三大战略；依托大京九，加快药都建设。

今日亳州，位于欧亚大陆桥经济带与京九经济带交汇处，京九、徐阜铁路像两条巨龙飞架南北。良好的投资环境，优惠的投资政策，赢得了中外客商的青睐，生机勃勃的亳州大地已成为京九线上一片急剧升温的投资热土。热忱欢迎海内外各界朋友来亳州考察、旅游并投资合作，开创伟业。

亳州市人民政府市长 王肖萌

全国养牛“金三角”兴旺的牛市

茨淮新河利辛水利枢纽鸟瞰

国家级重点文物保护单位——花戏楼

地级亳州市成立以后，不断加大改革开放力度，依托“药都、酒乡、历史文化名城”三大优势，坚持“重农、强工、活商、富民、兴科教”的发展思路，促进了亳州市国民经济的长足发展。

亳州是全国闻名的药材之乡。拥有全国规模最大、设施最好、档次最高的中药材专业市场——中国中药材交易中心，该中心年营销额在100亿元以上。

亳州畜牧养殖业发达，是全国最大的黄牛产区。涡阳、蒙城、利辛三县为全国黄牛生产先进县的前三名，被誉为中国黄牛“金三角”。

亳州是久负盛名的酒乡。有1800多年酿造历史的古井贡酒，连续四届蝉联国家名酒金牌，被誉名为“酒中牡丹”。

亳州

古井亭

古井酒厂全貌

中国名酒——古井贡酒

全国最大的中药材交易中心

中国中药材交易中心

交易大厅

中国千万吨

京唐港位于中国河北省唐山市东南80公里处的唐山海港开发区境内，早在1919年，孙中山先生所著《建国方略》中就提出要在此地建设“与纽约等大”、“为世界贸易之通路”的“北方大港”。按总体布局规划，京唐港分为王滩和曹妃甸两个港区，自然条件均十分优越。王滩港区有长达6公里的宜建港海岸线，水深岸陡，陆域广阔，近期规划港口面积20平方公里，都是盐碱荒滩，不占良田，不用拆迁，工程地质条件良好，后方陆域有100多平方公里盐碱荒滩可供开发利用，具有发展外向型临港工业的地域优势。

曹妃甸港区位于京唐港以西30海里的滦南县海域曹妃甸岛。是渤海湾内唯一不需要开挖航道和港池，就具备建设25万吨级以上深水泊位的天然良址。具有成组开发建设大型矿石、原油和集装箱中转码头得天独厚的条件。后方陆域有150平方公里的滩涂，具备建成以钢铁、石化等大型临港工业为主的工业港经济地理资源优势。

京唐港腹地广阔，货源充足。除直接经济腹地唐山市外，间接腹地可覆盖华北、东北和西北等地区，是沟通东北及华北的商品集散地和运输要道，有充足的外运货源。

港口与腹地间形成了发达便捷的交通网络。滦港铁路与国铁京山、京秦干线相连。唐港、滦港、环渤海三条高标准公路与102、20国道贯通。唐港高速、津唐高速、京沈高速、唐山西外环高速在唐山境内交汇成“X+O”形的高速公路网，大大缩短了港口与北京等腹地的时空距离。

京唐港1989年8月正式动工，历经“八五”、“九五”建设，到目前已完成总投资近2亿元，形成一号、二号两大港池，散杂、件杂多用途、集装箱专用、煤炭专用、水泥专用、液化石油气专用等功能较全的1.5～3.5万吨级泊位12个。

大港：京唐港

京唐港1992年7月18日对国内通航，同年10月被国务院批准为国家一类口岸，1993年7月18日对国际通航。通航以来，港口运营生产发展迅速。货物吞吐量以年增100～150万吨的速度提高，2000年达到902万吨，在全国沿海主要港口中跃居第24位。2001年一举突破1000万吨大关，全年完成1102万吨，同比增长23%，实现了跨入国家千万吨大港行列的目标。运输货种有煤炭、原盐、钢材、矿石、粮食、陶瓷、纯碱、水产品等十几种。服务区域海向通达22个国家和地区及国内80多个港口，陆向辐射除唐山外，北京、张家口、承德以及山西大同、内蒙伊盟等地从这里上岸下水的货物越来越多。

京唐港处于环渤海经济区的中心地带，具有得天独厚的经济地理优势。“十五”期间，我们将紧紧抓住中国“入世”和“两环”开放开发等重要机遇，把京唐港融入唐山、河北、环渤海环京津，乃至全国经济发展大环境当中，重新审视自身的优势和差距，扬长避短，突出特色，形成核心竞争能力，走独具特色的内涵发展之路，为唐山生产布局向沿海推进提供强有力支撑。

图片说明：

①中共河北省委书记王旭东在唐山市领导陪同下，听取京唐港务局刘卫民局长的汇报。

② 2001年12月8日，京唐港务局在唐山市隆重举行吞吐量突破1000万吨暨通航九周年庆祝大会，自此京唐港步入国家千万吨大港行列，图为庆祝大会现场。

③ 系列庆祝活动之一。

④ 鲜花盛开、绿草如茵的港区。

⑤ 装卸作业现场。

⑥ 繁忙的港湾。

（图、文／京唐港务局办公室）

④

⑤

⑥

世界遗产地——规模宏大的皇家陵园：清东陵

●一个彰显其悠久历史及全球文化价值的见证。●具有被国际社会共同承认的特殊价值。●这些精心构筑的皇家陵寝体现了中国封建社会的最高丧葬制度，可以让人们更加深入地透视当时的社会习俗及生死观和道德观。

——联合国教科文组织（中国、蒙古、朝鲜）代表处文化项目官员：Edmond MOUKALA

规模宏大的皇家陵园：清东陵

清东陵位于北京迤东125公里的河北省遵化市马兰峪境内。整个陵区北靠层峦叠翠的昌瑞山，东依马兰峪蜿蜒起伏的鹰飞倒仰山，西傍蓟县高耸入云的黄花山，南抵天然屏障宛若倒扣金钟的金星山，更南为象山、烟墩两山对峙，形成一个天然的陵口。此格局为历代风水学家所推崇的“风水宝地”。

清东陵始建于顺治十八年（公元1661年），到光绪三十四年（公元1908年）慈禧的菩陀峪定东陵重修完工，历时247年。其间先后建起了5座皇帝陵（孝陵、景陵、裕陵、定陵、惠陵）、4座皇后陵(昭西陵、孝东陵、普祥峪定东陵、菩陀峪定东陵)、5座妃园寝和1座公主园寝。埋葬了清朝5位皇帝（顺治、康熙、乾隆、咸丰、同治）、15位皇后、136位妃嫔、3位皇子和2位公主，共161人。陵区外还建有大量陪葬墓。

在清代，清东陵总面积为2500平方公里，有单体建筑580余座，神道总长15000米，风水围墙20公里。现在，清东陵的保护面积为78平方公里。清东陵是我国现存规模最大、体系最完整、布局最得体的古代皇家陵园，具有丰富的文化内涵和深厚的民族底蕴，有着极高的文物价值，是驰名中外的旅游胜地。2000年11月30日，在联合国教科文组织世界遗产委员会第24次会议上，清东陵、明显陵、清西陵等明清皇家陵寝作为文化遗产被列入《世界遗产名录》，成为全人类共同拥有的文化遗产，2001年1月被评为AAAA级旅游区。

清东陵优美的环境，宏伟的建筑，珍贵的文物，完备的体制，无一不为我们认识清朝的历史提供了宝贵的实物佐证。

远眺清东陵

石牌坊及朝山金星山

正门——大红门

世界遗产地——规模宏大的皇家陵园：清东陵

远眺定东陵（慈安陵 慈禧陵）

孝陵

容妃（香妃）墓

孝陵石像生

慈禧陵殿内雕砖、扫金内壁及贴金和玺彩画

菩陀峪定东陵（慈禧陵）隆恩殿周围的石雕栏杆

慈禧陵大殿内金龙盘柱

慈禧皇太后棺椁

鸟瞰定陵

世界遗产地——规模宏大的皇家陵园：清东陵

图片说明：

①慈禧陵高浮雕加透雕的丹陛石，龙在下凤在上，形象地反映了当时慈禧的地位；②裕陵（乾隆皇帝陵）地宫；③孝陵大碑楼；④裕陵地宫内的石雕菩萨像；⑤菩陀峪定东陵陵寝门及明楼。

●配文／李万贵　摄影／徐广源

从上表看出,在1996年至1999年4年间,欧盟的区内贸易的平均增长率为6.4%,高于经济增长3.8个百分点,欧盟区外贸易平均增长率为8.3%,高于经济增长5.7个百分点。外贸增加对经济的推动作用是显而易见的。

区内贸易比重有所下降

在外贸一体化作用推动下,欧盟内部贸易呈急剧上升之势。从1958年欧洲经济共同体成立以来,欧盟成员国间贸易在外贸总额中的比重大约上升近30个百分点,达到1995年最高的占64%。但最近几年来内部贸易上升的势头已有所减弱和减少。

表3 1996~1999年欧盟区内、外贸易比较

(金额单位:亿欧元/埃居)

	1996年		1997年		1998年		1999年	
	金额	比重(%)	金额	比重(%)	金额	比重(%)	金额	比重(%)
外贸总额	32 990	100.0	36 678	100.0	39 031	100.0	40 830	100.0
区内贸易	20 912	63.4	22 741	62.0	24 593	63.0	25 528	62.5
区外贸易	12 078	36.6	13 937	38.0	14 438	37.0	15 302	37.5

资料来源:《欧盟贸易统计》,2000年4月。

以上看出,4年来欧盟区内贸易在外贸总额中比重徘徊在62%左右,离最高时的64%相差1~2个百分点。造成这个情况的原因是区外贸易的总体增幅大于区内贸易增幅。而区外贸易增幅有所加快,主要原因在于世界贸易和市场比较活跃;同时也在于欧盟各国致力于扩大出口所造成的。

区外贸易的进行集中在少数几个国家

欧盟15个成员国中,区外贸易最大的5个国家依次是德国、法国、英国、意大和荷兰。这5国占欧盟区外贸易的3/4,其余10国占区外贸易的1/4。

表4 1999年头10个月欧盟区外贸易的主要国家

(金额单位:亿欧元)

国别	出口额		进口额	
	金额	比重(%)	金额	比重(%)
德 国	1 760	28.5	1 524	24.3
法 国	938	15.2	798	12.7
英 国	863	14.0	1 161	18.5
意大利	749	12.1	646	10.3
荷 兰	341	5.5	681	10.9

资料来源:《欧盟贸易统计》,2000年4月。

欧盟区外贸易的相对集中,说明进出口贸易基本上仍是直接贸易,即出口以本国产品为主,进口以本国市场为主。过境贸易相对而言是微少的。今后随着一体化程度的加深和成员国增加,这种相对集中的情况还会有所发展。

外贸的主要伙伴是西方国家

以1999年为例,欧盟外贸中占第一位的是美国,为3 373.59亿欧元,其中欧盟对美出口1 803.97亿欧元,从美国进口1 569.62亿欧元,分别占第三国贸易的22.1%、23.8%和20.3%。外贸占第二位的是瑞士,1999年欧盟与瑞士的贸易额为1 134.08亿欧元,其中欧盟出口615.90亿欧元,进口518.58亿欧元,分别占欧盟对外贸易的7.4%、8.1%、和6.7%。占第三位的是日本,1999年欧日贸易为1 043.83亿欧元,其中欧盟出口345.11亿欧元,进口698.72亿欧元,占欧盟外贸额的6.8%、4.6%和9.1%,以上3国占欧盟第三国贸易额、出口额和进口额的36.3%、36.5%和36.1%,根据欧盟统计,1999年中国在欧盟出口中占第五位,进口中占第三位,分别占欧盟出、进口的2.5%和6.4%。

技术集约型产品出口不断扩大

在欧盟的区外出口贸易中,以机械、汽车等为中心的技术集约型产品出口不断扩大,比重不断增加。以1999年为例,这类高技术产品的出口达4 605亿欧元,占对第三国出口总额的约60.7%。

表 5 1999 年欧盟区外出口的主要商品

（金额单位：亿欧元）

商品	金额	比重(%)	商品	金额	比重(%)
动力机械	317.37	4.2	电子机械	566.26	7.5
机　床	402.22	5.3	汽　车	694.24	9.2
一般机械设备	453.64	6.0	其它运输工具	421.15	5.6
通讯设备	310.82	4.1	药　品	300.32	4.0

资料来源：《欧盟贸易统计》，2000 年 4 月。

以上 8 种商品出口额为 3 465.96 亿欧元，占对第三国出口总额的 45.7%。

工业制成品进口比重逐渐增加

由于欧盟国家劳动费用昂贵、生产成本费用增加以及生产和技术向国外转移，使欧盟的许多工业品的消费依赖于国外市场，工业制成品进口比重不断增加。

表 6 1995～1999 年欧盟区外大类进口商品结构变化(%)

（金额单位：亿欧元/埃居）

商品	1995 年		1997 年		1999 年	
	金额	比重(%)	金额	比重(%)	金额	比重(%)
食品及设备	401.55	7.4	444.20	6.6	444.65	5.8
饮料和烟草	30.73	0.6	41.15	0.6	49.33	0.6
原材料	375.81	6.9	402.50	6.0	374.34	4.9
能　源	647.55	11.9	851.98	12.7	774.31	10.0
油　脂	26.41	0.5	25.56	0.4	28.01	0.4
化工品	430.63	7.9	515.88	7.7	586.35	7.6
加工品	717.19	14.3	877.95	13.1	958.50	11.9
机械及车辆	1 733.6	31.8	2 299.55	34.2	3 015.58	39.1
其它制成品	871.35	20.0	1 090.01	16.2	1 264.04	16.4
合　计	5 452.5	100.0	6 725.68	100.0	7 719.82	100.0

资料来源：《欧盟贸易统计》，2000 年 4 月。

从上表看出，4 年来进口比重下降的大类商品有：食品及活畜、原材料、能源、油脂、化工品、其它制成品等；而比重增加的为汽车、机械设备等产品，4 年中这类商品进口增加了近 9 个百分点，由占进口总额的不到 1/3，增至近 2/5。在这类商品中进口增幅最大的是一般机械和飞机、船舶，分别增加 1.02 倍和 1.45 倍。

欧盟外贸的管理

进口管理

关税　欧盟关税税率主要分三大类，即协议税率、最惠国税率和自主税率。协议税率是欧盟与一些发展中和东欧国家签订协定所给予税收优惠，如洛美协定，欧洲协定等。最惠国税率是欧盟给予其它一些国家以普惠制待遇所确定的税率，一般平均税率为 3～4%，自主税率是欧盟单方面实施的税率，是三种税率中最高的一种。总体上看，对中国的进口商品实施的是最惠国税率。

配额　欧盟对一些轻工产品和纺织品进口实施配额管理。例如目前对中国的陶、瓷器和鞋类进口实施配额限制。对一些纺织品和丝麻产品也实施配额限制。在“多种纤维协定”项下，1979 年中国与欧盟签定第一个纺织品协定，确定每年度的进口配额幅度。目前中欧双方正在商定第 8 个纺织品贸易协定。

许可证　欧盟对一些农产品和一些特殊产品进口实施许可证制度。例如对粮食,谷物,包括畜类产品、面粉、酒精、土豆等进口,需办理许可证手续后,方可进口。

进口税　欧盟从1995年取消以往部分农产品进口征收差额税和有关杂税的做法,改为征收统一的进口税。这是在关税以外加征的税率。如对谷物、粮食的进口实行进口税统一管理。

数量限制　欧盟还对个别产品进口实施数量限制,例如对大米进口实行数量限制,超过限制则不予办理进口手续。

国别管理　欧盟将出口来源国定为市场经济国家和非市场经济国家,而实施差别待遇。欧盟确定的非市场经济国家包括中国、阿尔巴尼亚、越南、朝鲜、蒙古、俄罗斯及一些独联体国家(其中中国和俄罗斯已于1998年宣布不再列入非市场经济国家名单中)。

进口产品的技术和质量标准　在这方面欧盟颁布了一系列法规,主要涉及产品的安全和技术标准,商品包装和数量的规定以及认证制度,涉及产品的生产、加工、运输、贮藏等各个环节。

卫生标准　对肉类产品进口,欧盟制定了严格要求,包括检验制度规定等,有关屠宰工厂的卫生规定,并进行实地考察,对水产品、食品、药品等也制定了严格要求。

安全标准　欧盟对食品、农产品和工业品进口则实施安全标准,其中部分标准是强制性的,另部分是由生产者自愿的,例如1992年欧盟规定在工业产品上附加"CE"标识的要求,这些工业产品包括,简压力容器、建筑产品,电磁兼容器、机械、个人保护用品、非自动衡器、自助式医疗器械、燃气灶具、电视终端设备等。

环保标准　在环保方面欧盟制定了有关立法和标准,包括汽车排气,家用电器噪声等的标准。

出口管理

企业法管理　每一个从事出口业务企业必须依法登记、申报、缴纳除增值税以外的其它税收。

海关管理　企业出口要按规定履行有关报关手续。

对少数产品出口,根据有关规定实施出口限制主要是军品及高科技产品的出口,过去在巴黎统筹委员会规定的控制和监管下,欧盟对上述的出口实施出口货物清单、出口许可证管理及最终用户监督制度。所谓出口清单是指监管范围、包括武器、核设施、核燃料、高技术机床、阀门、电气设备、能量发生器、航海、航空、宇航器材及设备、电子仪器,精密仪器仪表等。1993年巴统宣布解散后,其管理办法变化不大。

外贸的政策和问题

奖出限入政策

出口退税政策。欧盟出口商品可以按规定免征增值税,已征增值税的商品,在出口后予以退还;

对某些农产品生产及出口给以补贴;

实行出口信贷优惠政策;

出口信贷担保制度,在规定范围内给企业出口损失以补偿;

提供出口信息资料;

建立半官方的有关出口商会、协会,协助企业出口。

共同外贸政策

进出口管理、监督和制定外贸政策的权限与成员国政府脱钩,由欧盟一级进行实施和掌握。成员国作为欧盟一部分参与、承办,执行的义务;

统一和修改普惠制规定。目前欧盟和世界上100多个国家建立普惠制关系。但优惠范围正在缩小,优惠程度在降低;

实行统一的反倾销和反补贴规定、裁定和政策。反倾销的起诉、调查、初裁、承诺、终裁等均由欧盟委员会有关机构掌握;

统一的海关报关和进出口制度。

国别地区政策

欧盟从自身利益出发,按政经体制、地理位置、历史渊源和与欧盟关系等将世界各国和地区划为5类,即欧洲自由贸易区国家、协定国家、地中海沿岸国家,其它世贸组织成员国和非世贸组织国家。欧盟对于前4类国家和地区限制较松,除特殊情况外,一般均给以关税优惠,没有数量限制,而对于第5类国家进口限制较严。

出口信贷政策

欧盟各国为促进扩大出口(一般为资本货物),常以提供信贷为手段来达到目的。出口信贷的利率比市场利率低,其差额由国家财政负担,这足以吸引资金短缺的外国进口商使用出口信贷购买贷款国的产品。

为确保各国能公平竞争,经合组织对出口信贷规定了一套指导原则,称为“君子协定”适用于使用不同货币的出口信贷。该协定的具体规定包括预付订金的比例,最低贷款利率,还款期限等。利率由经合组织每年根据市场利率水平情况调整一次,贷款期限最长为10年,特殊情况可以延长。

经合组织的“君子协定”进口国按人均国内生产总值水平分为三类:A类为富裕国家,人均国内生产总值高于4 000美元;B类为中等水平国家,人均国内生产总值在625至4 000美元之间;C类为发展中国家,人均国内生产总值625美元以下。

“君子协定”中规定的最低利率视贷款期限的长短和进口国人均水平而定。A类和B类国家贷款期不得超过8年半;C类国家一般不得超过10年。对付款方式的要求是必须支付合同金额的15%以上的定金。

存在问题

欧盟在主张自由贸易的同时加强了贸易的保护措施。欧盟的外贸在经济发展中具有举足轻重的作用,经济对外贸的依赖程度很高,一般在25%,个别国家超过30%。因此欧盟在加强内部贸易的同时,主张与各国的贸易往来,但是出于保护本地区市场和利益的考虑,欧盟近年来有加强贸易保护主义措施的倾向。

不断修改普惠制,减少优惠范围,缩小优惠幅度 欧盟将普惠制项下商品分类由3类改为4类,增加非常敏感商品一类,这一类商品的优惠幅度相当正常税率的85%。建立国家和商品的“毕业”机制,即欧盟单方面制定了一套标准,如果达到 这一套标准,可以国家“毕业”,也可以商品“毕业”,即取销对某一国和某一国的某一商品的优惠待遇。显然这是一种贸易保护主义措施。

继续加强反倾销力度 欧盟第一个反倾法规制定于1968年,后经过1979年、1984年、1988年、1996年和1998年五次修改,总的说有加严的趋势。目前欧盟的反倾销法规定,不论是自然人、法人,还是无法人地位的行业协会,均可以欧盟工业的名义进行投诉。此外还规定了复审条例,即最终反倾销税的要求,欧盟将据此进行复审,复审期间最终反倾销税5年到期前3个月,欧方可以提出继续征收反倾销税仍然有效。这是非常严格而又不公平的规定。中国彩电业在遭欧盟反倾销制裁后,实际已退出欧盟市场。在这种情况下,今年初欧盟仍决定对其进行复审,显然是一种歧视性的做法。

1999年美国对外贸易概况

外经贸部国际贸易经济合作研究院　王有莉

1999年美国全球对外贸易继续扩张。由于美国联邦储备委员会为防止经济过热而采取了抑制通货膨胀的利率政策,以及美国以高科技和互联网为特征的新经济蓬勃发展,美国经济依然呈现了强劲的增长势头,实际国内生产总值(GDP)增长为4.2%,通货膨胀率和失业率持续低水平,国内消费和投资需求旺盛。经济景气为美国对外贸易的发展创造了条件。

从外部环境看,受1997年开始的金融危机打击最重的亚太国家和地区已逐步走出经济衰退的阴霾,经济处于恢复期,美国对这些国家的出口扩大。美国与北美自由贸易区和欧盟等传统的贸易伙伴的贸易持续发展。

1999年进出口贸易情况和特点

根据美国商务部的统计,1999年美国商品和服务出口9 585亿美元,比1998年增长了2.6%,其中商品出口为6 830亿美元,比1998年增长了1.9%。经济持续强劲的增长带动了旺盛的消费和投资需求,1999年美国商品和服务进口为12 000亿美元,比1998年增长了12%。其中商品进口增加了12.3%,达到10 301亿美元。进口的增长主要是由购买汽车和汽车零部件以及消费品推动的。由于美国经济增长速度快于疲弱的贸易伙伴,进口货品增长远远大于出口增长,因此,美国1999年全球贸易赤字继续扩大,从1998年的1 643亿美元增加到2 731亿美元,约占GDP的2.9%。

商品进出口结构和地区

从美国主要的出口商品结构看,美国仍然是一个工业品的进口和出口大国。1999年制成品出口6 116亿美元,占出口总额的87.9%,比1998年增长了2.5%。其中主要是资本货物、汽车及其零部件的出口。此外,工业制成品中的高技术产品出口增长最为突出,增长了7.3%,从1992~1999年,美国高技术产品的出口增长达到86.7%,反映了美国高技术出口的强大优势。1999年进口增长较多的商品是资本货物,工业原材料,汽车及其零部件,以及消费产品,分别占进口总增长的29%,22%,17%,23%。

表1 1999年美国进出口商品统计

商品	出口		进口	
	金额(10亿美元)	百分比变化(%)	金额(10亿美元)	百分比变化(%)
食品、饲料和饮料	45.3	-2.3	43.6	5.7
工业原材料	147.0	-0.9	222.6	10.7
资本货物(汽车除外)	310.6	3.7	296.9	10.1
汽车及其零部件	74.7	2.1	179.5	20.4
消费品	80.6	1.7	239.6	10.7
其他	36.8	3.9	43.9	24.1
总额	695.8	2.0	1 024.6	12.4

资料来源:美国商务部,美国普查局。

表2 1999年美国对主要贸易国家和地区商品进出口统计

国家和地区	出口		进口	
	金额(10亿美元)	百分比变化(%)	金额(10亿美元)	百分比变化(%)
加拿大	166.2	6.1	198.3	14.5
欧盟	151.6	1.8	195.4	10.8
日本	57.5	-0.6	131.4	7.8
墨西哥	86.9	10.3	109.7	15.9
中国	13.1	-7.9	81.8	14.9
亚太地区(中国、日本除外)	103.1	8.2	147.2	9.3
拉美(墨西哥除外)	55.2	-12.9	58.4	16.1

资料来源:美国商务部

1999年美国对主要贸易伙伴加拿大、欧盟、日本、墨西哥和中国的出口互有增减,进口增长很快。自1994年北美自由贸易区(NAFTA)建立后,区域内贸易和投资壁垒的取消使美国同加拿大和墨西哥的贸易快速增长,1999年,美国约36%的商品出口到NAFTA国家。墨西哥和加拿大分别增长了10.3%和6.1%。与1998年对亚太国家出口减少了17.4%相比,1999年美国对亚太地区(日本和中国除外)的出口增加了8.2%。这主要是得益于亚洲经济危机国家经济的逐步恢复。此外,对欧盟出口也有1.8%的小幅增长。美国产品的竞争力提高,墨西哥经济持续恢复,亚太国家和地区经济条件的改善,高收入国家经济的继续好转以及通过双边和多边的贸易协定推动了各国贸易壁垒的削减等因素都促成了美国出口的增加。另一方面,1999年拉美地区(墨西哥、一些中美及加勒比国家除外)因金融动荡、非燃料商品价格疲软以及需求减少等因素的影响。经济出现严重衰退，这使美国对上述地区出口大幅度下降，降幅达到12.9%。此外，由于日本经济仍未摆脱不景气的阴影，对日本出口在1998年基础上继续减少了0.6个百分点。

1999年美国从主要贸易伙伴的进口保持了较高速的增长，平均增长了13%。从主要贸易国家和地区的进口占美国进口总额的份额分析，加拿大、欧盟、墨西哥、亚太国家和地区、中国、日本分别占19.3%、19%、10.9%、14.4%、8%和12.8%。1999年美国进口的增加可以说是美国国内经济保持强劲增长，国内消费和投资需求旺盛以及亚洲金融危机国家对美国出口加大等因素共同作用下的结果。

1999年服务贸易 美国在服务贸易上有强大的优势，尽管商品贸易连年赤字，但在服务贸易领域的盈余却很可观，并在一定程度上减轻了巨额的商品贸易赤字的压力。美国的服务贸易包括金融、电信、分销、医疗、教育、环境、旅游、建筑、法律、工程等广泛领域。这些工业为私营部门提供了8 600万个就业机会，创造了55 000亿美元的产值，相当于美国私营部门经济产值的75%。在许多领域，美国都有领先的优势，是世界上最大的服务贸易出口商和第二大服务贸易进口商(仅次于德国)。迄今，美国服务贸易已占世界服务贸易总额14 000亿美元的约15%，贸易顺差一年约850亿美元。从1992～1999年，美国服务贸易出口增长了56.9%。

1999年，美国服务贸易出口达到2 755亿美，比1998年增长了4.5%。在其主要的六种服务出口中，出口最大的两项是其他私营服务(商业、专业人员服务、教育和金融)与旅游服务，占了1999年美国服务贸易出口总额的63%，也是增长最快的领域，比1998年增长了7.1%。同期服务贸易进口为1 997亿美元，比1998年增长了10.3%，其中最大的两项同样是其他私营服务(电信、商业、专业人员服务和技术服务)与旅游服务，占进口总额的57%。1999年几乎所有的服务贸易进口都显示了强劲的增长势头，年增长率在8.2～13.5%之间。

表3 1999年美国服务贸易进出口情况

服务	出口		进口	
	金额(10亿美元)	百分比变化(%)	金额(10亿美元)	百分比变化(%)
旅游	73.7	3.4	60.7	8.3
客运费	21.0	5.2	21.4	8.2
其他交通运输	27.3	6.9	34.6	13.5
专利权使用费	37.4	1.6	12.4	9.8
其他私人服务	98.6	7.1	52.7	10.5
美国军事销售合同下的转让	16.6	-3.4	14.9	16.4
美国政府杂项服务	0.9	5.5	2.9	2.4
总额	275.5	4.5	199.7	10.3

资料来源：美国商务部

今后几年美国对外贸易发展的趋势

目前美国经济步入了历史上最长的增长周期，到1999年底已保持了105个月的快速增长纪录。尽管美国内经济存在一些令人担忧的隐患，如巨额的外贸赤字，股市价格的过度膨胀，高额的家庭负债率，劳动力供应紧张等。这些因素尚不会在短期内引发经济危机。美国经济2000年仍保持较高速的增长，但政府采取“软着陆”的政策会使经济增长速度适当放慢。据美国政府最近提出的报告预测，今后五年，美国经济增长将保持在2～2.4%之间。

考虑到今后全球经济的恢复增长，美国全球贸易扩张的势头不会减缓。世界其他国家和地区经济的快速增长有助于减轻美国内经济放慢的压力，也为美国的对外贸易扩张提供了宽松的外部环境。由于美国是世界上第一大进口国和出口国，分别约占世界进出口总值的18%和13%，美国经济和贸易状况对整个世界仍发挥着举足轻重的作用。

1999 年中美经贸合作与发展潜力

中美经贸发展总的态势是好的 1999 年中美经贸合作继续发展。据中国海关统计，中美双边贸易额达到 613.3 亿美元，中国对美国出口 419.5 亿美元，进口 194.8 亿美元。分别比 1998 年增长了 12.0%，10.5%和 15.4%。美国已取代日本成为中国最大的出口市场。据美国商务部统计，1999 年美国对中国的贸易额为 949.1 亿美元，进口为 817.9 亿美元，分别比 1998 年增长了 11.1%，14.9%。美国从中国进口的主要是消费品，如玩具、鞋类、服装、五金产品、家具和电子产品等，占了美国从中国进口总额的 70%。1999 年美国对中国出口 131.2 亿美元，比 1998 年减少了 7.9%，主要表现在商用飞机及其零部件、计算机、发电机、涡轮机等机械上。美国对中国出口主要是高附加值的资本货物和工业原材料，占了对中国出口的 85%。目前为美国的第 14 大出口市场。

与 1998 年 16.2%的出口增长率相比，1999 年，中国对美出口增长速度明显放慢，已降到接近一位数。其中皮革及箱包、纺织品、鞋类、玩具、家具等出口大大降低，主要是由于中国出口美国的产品多为劳动密集型产品和粗加工产品，在出口商品结构上与东亚国家和地区出口美国的商品类同，东亚和东南亚国家和地区货币贬值有助于其扩大对美出口，并在美国市场上与中国的竞争加剧所致。1999 年中国对美商品出口仅占美国全球商品进口总额的 8%左右。考虑到目前中国出口美国的技术产品包括机电产品、医药技术、电脑软件等增长较快，但占中国出口美国总额小的情况，今后应加速优化商品结构，提高出口商品质量和附加值。

受全国利用外资总体环境的影响，1999 年美国在华投资合同金额有所降低，实际投资仍有所增长，仍然高于全国利用外资的水平。1999 年，美国在华投资项目数为 2 028 个，合同外资 60.2 亿美元，比 1998 年下降 7.2%，实际利用外资 42.2 亿元，比 1998 年增长 8.1%。截至 1999 年底，美在华投项目累计达 28 628 个，合同外资 524 亿美元，实际利用外资 258 亿美元。美国已连续两年成为对中国实际投资最多的国家。美对华投资涉及了机械、冶金、石油、电子、通讯、化工、纺织、轻工、食品、农业、医药、房地产以及金融、保险、外贸、会计、货运代理等试点开放的行业。其中许多在华投资的美资企业经营状况良好并追加投资。

近年来，中国对美国的投资也呈增长之势。截止 1999 年底，经批准的中国在美国投资举办的海外企业共计 590 家，协议投资总额约 7.9 亿美元，中方投资总额约 5.6 亿美元，涉及的行业有工业、科技、承包、服装、农业、餐馆、食品、旅游、金融、保险、运输等。目前，中国对美投资占中国海外投资总额的 8%，是除香港地区外最大的投资对象。由于美国市场容量大，机会多，对美投资仍有很大的发展潜力。

1999 年中美 WTO 双边协议 1999 年中美双边贸易发展中最受人瞩目的是 11 月 15 日中美两国政府就中国加入世界贸易组织（WTO）达成双边协议，协议的签署为推动中国加入 WTO 起了积极的作用。中国承诺分阶段地削减关税和非关税壁垒，并逐步开放金融、电信、保险 等服务行业，美国承诺给予中国正常贸易关系地位（PNTR）。该协议是双方在平等互利、相互谅解和尊重主权的基础上取得的一个“双赢”的协议，有利于今后中美经贸关系的建康稳定发展。中美互为重要的贸易伙伴，由于中国加入 WTO 后，遵循 WTO 规则进行关税与非关税措施减让，对美国产品的进口将有较大增长，中美贸易不平衡状况将得到改善。从市场范围看，中国加入 WTO 后，美国在中国初级农产品和汽车产品的进口市场上的份额将增加。同时，美国是中国轻工业产品和电子产品出口的最大市场，其中纺织品和服装出口份额将获得较大的增加，而且在今后几年，美国仍将是中国技术和资本密集型产品，如信息技术产品、机械、电子和交通运输设备的主要供应者。此外，美国对中国的服务贸易出口预计也将较快增长。

美国对华贸易政策 美国的贸易政策的指导思想是建立在克林顿政府“出口增长”理论的基础上的，即在一个更加开放和自由的国际贸易体制下，扩大出口是带动经济增长的关键。近年来，美国政府一直奉行自由贸易与公平竞争并举的外贸策略。在全球范围内要求其贸易伙伴取消贸易壁垒和关税以对美国产品和生产商开放市场，继续推动 WTO 贸易规则谈判，制订出符合美国利益的新议题，包括取消农产品出口补贴，要求进口美国基因工程食品、取消对电子商务的管制和关税、进一步开放服务贸易领域、执行劳工和环境标准,促进高科技贸易谈判等。在国内频频动用贸易制裁法,尤其是加强执行反倾销和不公平贸易法等贸易保护措施,加强对国内产业的保护,保持其国际竞争力。

2000 年美国对外贸易概况

外经贸部国际贸易经济合作研究院 王有莉

2000 年美国经济有惊无险。由于美联储连续提高利率、石油价格高涨和股市下跌,对总需求产生了抑制影响。自 2000 年 6 月以来,美国经济增长明显放慢,但全年 GDP 仍保持了 4.2% 的增长率。从外部环境看,受 1997 年开始的金融危机打击最重的亚太与拉美国家和地区已逐步走出经济衰退的阴霾,经济处于恢复期,美国对这些国家的出口扩大。美国与北美自由贸易区和欧盟等传统的贸易伙伴的贸易持续发展。

美国全球贸易概况

根据美国商务部的统计,2000 年美国商品和服务出口为 10 657 亿美元,比 1999 年增长了 11.1%,其中商品出口为 7 722 亿美元,比 1999 年增长了 12.8%。经济持续增长带动了消费和投资需求,2000 年美国商品和服务进口为 14 414 亿美元,比 1999 年增长了 18.2%。其中商品进口增加了18.9%,达到12 244亿美元。进口的增长主要是由购买汽车和汽车零部件及消费品推动的。由于美国经济增长速度快于疲弱的贸易伙伴,进口货品增长远远大于出口增长,美国 2000 年全球贸易赤字继续扩大,从 1999 年的 2 618 亿美元增加到 3 757 亿美元,约占 GDP 的 4.1%,创历史最高纪录。

商品进出口结构和地区

从美国主要的进出口商品结构看,美国是一个工业品的进口和出口大国。2000 年制成品出口 6 116 亿美元,占出口总额的 87.9%,比 1999 年增长了 2.5%。其中主要是资本货物、工业原材料、消费品、汽车及其零部件的出口,分别占出口总增长的 46%, 22%,12% 和 10%。此外,工业制成品中的高技术产品出口增长最为突出,达到 2 272 亿美元,同比增长 13.4%,反映了美国高技术出口的强大优势。2000 年进口增长较多的商品是资本货物,工业原材料,汽车及其零部件,以及消费产品,分别占进口总增长的 28%,25%,16%,23%。

表 1 2000 年美国出口前 10 位的国家和地区

排位	国别/地区	金额(亿美元)
1	加拿大	1 789.41
2	墨西哥	1 113.49
3	日 本	649.24
4	英 国	415.70
5	德 国	294.48
6	韩 国	278.30
7	中国台湾	244.01
8	荷 兰	218.36
9	法 国	203.62
10	新加坡	178.06

资料来源:美国商务部

美国的主要贸易伙伴是加拿大、墨西哥、日本、中国、英国、德国、法国、韩国、台湾和新加坡。2000 年美国这些贸易伙伴占了美国当年商品进口的 68.88% 和出口的 66.72%。

2000 年美国对主要贸易伙伴加拿大、欧盟、日本、墨西哥和中国的出口均有增加,进口增长很快。自 1994 年北美自由贸易区(NAFTA)建立后,区域内贸易和投资壁垒的取消使美国同加拿大和墨西哥间的贸易快速增长,2000 年,美国 37.6% 的商品出口到 NAFTA 国家。墨西哥和加拿大分别增长了 28.5% 和 7.6%。2000 年美国对亚太地区(日本和中国除外)的出口增加了17.9%,这主要是得益于亚洲经济危机国家经济的逐步恢复。此外,对欧盟出口也有0.9%的小幅增长。美国产品的竞争力提高,墨西哥经济持续增长,亚太国家和地区经济条件的改善,高收入国家经济的继续好转以及通过双边和多边的贸易协定推动了各国贸易壁垒的削减等因素都促成了美国2000年出口的增加。另一方面,2000年拉美国家和地区经济出现转机,摆脱了金融动荡、非燃料商品价格疲软以及需求减少的困境,经济迅速复苏,增长率上升到4%左右。这使美国对上述地区出口大幅度增加,从-12.9%增长到7.4%。此外,日本经济也开始出现正增长,美对日本出口在1999年基础上增长了13.6个百分点。

表2 2000年美国进口前10位的国家和地区

排位	国别/地区	金额(亿美元)
1	加拿大	2 308.38
2	日本	1 464.79
3	墨西哥	1 359.26
4	中国	1 000.18
5	德国	585.13
6	英国	433.45
7	中国台湾	405.03
8	韩国	403.08
9	法国	298.00
10	马来西亚	255.68

资料来源:美国商务部

2000年美国从主要贸易伙伴的进口保持了较高速的增长,平均增长了17%。从主要贸易国家和地区的进口占美国进口总额的份额分析,加拿大、欧盟、墨西哥、亚太国家和地区、中国、日本分别占18.8%,18%,11.1%,14%,8.2%和12%。2000年美国进口的增加可以说是美国国内经济保持强劲增长,国内消费和投资需求旺盛以及亚洲、拉美国家经济复苏对美国出口加大等因素共同作用下的结果。

2000年服务贸易

美国在服务贸易上有强大的优势,尽管商品贸易连年赤字,但在服务贸易领域的盈余却很可观,并在一定程度上减轻了巨额的商品贸易赤字的压力。美国的服务贸易包括金融、电信、分销、医疗、教育、环境、旅游、建筑、法律、工程等广泛领域。这些工业为私营部门提供了8 600万个就业机会,创造了55 000亿美元的产值,相当于美国私营部门经济产值的75%。在许多领域,美国都有世界领先的优势,是世界上最大的服务贸易出口国和第二大服务贸易进口国(仅次于德国)。迄今,美国服务贸易已占世界服务贸易总额14 000亿美元的约15%,贸易顺差1年约760亿美元。从1992~2000年,美国服务贸易出口增长了65.9%。

2000年,美国服务贸易出口达到2 935亿美元,比1999年增长了7.6%。在其主要的6种服务出口中,出口最大的两项是其他私营服务(商业、专业人员服务、教育和金融)与旅游服务,占了2000年美国服务贸易出口总额的64.6%,也是增长最快的领域,比1999年增长了9.7%。同期服务贸易进口为2 170亿美元,比1999年增长了14.7%,其中进口最大的两项同样是其他私营服务(电信、商业、专业人员服务和技术服务)与旅游服务,占进口总额的54.9%。2000年进口显示了强劲增长势头的是其他私人服务、其他交通运输和技术转让,平均年增长率22.2%。

表3 2000年美国服务贸易进出口情况

服务	出口		进口	
	金额(10亿美元)	百分比变化(%)	金额(10亿美元)	百分比变化(%)
旅游	82.0	9.8	64.5	9.6
票房收支	20.7	4.9	24.2	13.5
其他交通运输	30.2	12.1	41.1	20.3
技术转让	38.0	4.4	16.1	27.7
其他私人服务	107.6	9.6	54.7	18.6
军用销售合同下的转让	14.0	-10.4	13.6	1.7
政府杂项服务	0.86	-11.7	2.9	0.2
总额	293.5	7.6	217.0	14.7

资料来源:美国商务部

今后几年美国对外贸易发展的趋势

美国经济步入了历史上最长的增长周期，自1991年3月以来连续9年多保持了增长势头，而且90年代中期以来增长势头加强，显示美国新经济的运行突破了传统的经济周期规律，新周期性衰退虽被大大推迟，但经济发展并非一帆风顺，波动还是不断发生。目前美国内经济存在一些令人担忧的隐患，如巨额的外贸赤字，股市价格的过度膨胀，高额的家庭负债率，劳动力供应紧张等。估计在政府采取“软着陆”的政策下，2001年美国经济增长速度会放慢，对外贸易可能会出现一定程度的下滑。

由于美国是世界上第一大进口国和出口国，分别约占世界进出口总值的18%和13%，美国经济和贸易状况对整个世界经济发挥着举足轻重的作用。

中美经贸合作与发展潜力

双边贸易

中美经贸发展总体上保持了不断发展的趋势。1979年中美双边贸易额仅24亿美元，到2000年中美双边贸易额增长到744.9亿美元，中美双边贸易总额平均年增长率按中方统计为17.7%，而据美方统计，则高达20.4%。到2000年，美国已成为中国第一大出口市场和第三大进口来源地。美国已是中国第二位的贸易伙伴，而中国也成为美国第11大出口市场，在美国的贸易伙伴中位居第四。中国对美出口占中国出口总额的比重按中方统计为20.9%，据美方统计则高达40.2%。美国对华出口占美国出口总额的比重相对较小，中美双方统计差别也不大，分别为2.9%和2.1%。美国对华服务贸易也在迅速发展，其保险公司、商业银行、商业、货代公司也已进入中国内地市场。

中美经贸合作的持续发展，促进了两国的经济发展和就业。美国仅对华直接出口就提供数十万个就业岗位，双边贸易至少为美国提供了上百万个工作岗位。大量从中国进口物美价廉的产品，美国消费者每年少付出上百亿美元。中国数百万工人从事对美出口加工，促进了沿海地区的经济发展。从美国进口的先进技术和设备，也促进了中国的现代化建设。美国一项预测显示，中国加入WTO后，吸纳外资将大幅度增长，其中相当部分将来自美国，中美贸易也将较快增长，仅美国农产品对华出口每年就可增长20亿美元。

2000年中美经贸合作继续发展。据中国海关统计，中美双边贸易额达到744.9亿美元，中国对美国出口521.0亿美元，进口222.1亿美元，分别比1999年增长了21.2%，24.5%和14.8%。美国已取代日本成为中国第一大出口市场。中国对美出口的主要商品是机电、音像设备及零附件、玩具、鞋类、家具等。据美国商务部统计，2000年美国对中国的贸易额为1 163.1亿美元，进口为1 000.6亿美元，出口为162.5亿美元。分别比1999年增长了22.5%，22.3%和23.9%。中国已超过日本成为美国最大的贸易逆差国。美国从中国进口的杂项制成品和机械运输设备分别为494.8亿美元和349.5亿美元，在对美商品出口总额中分别占49.5%和34.9%　。两项合计达844.2亿美元，占84.4%。此外，按原料分类的制成品对美出口也比较多，约占中国对美出口总额的10.3%。美国对中国出口主要是高附加值的资本货物和工业原材料，约占了对中国出口的85%。

双边投资

美国对华直接投资也迅速增长。90年代初，每年不到4亿美元，90年代后期每年约11亿美元。近3年，每年超过30亿美元。截至2000年底，美在华投资项目累计达31 237个，合同外资604亿美元，实际利用外资302亿美元。美国已连续3年成为对中国实际投资最多的国家。

2000年，美国对华投资设立企业2 609家，同比增长28.65%，合同外资金额80.01亿美元，同比增长32.99%，实际投入外资金额43.84亿美元，同比增长3.99%。在当年中国吸收外资总量(企业总数、合同外资总额和实际使用外资总额，下同)中的比重依次为11.67%、12.83%和10.77%，分别比1999年下降0.30、2.00和0.09个百分点。美对华投资涉及了机械、冶金、石油、电子、通讯、化工、纺织、轻工、食品、农业、医药、房地产以及金融、保险、外贸、会计、货运代理等试点开放的行业。其中许多在华投资的美资企业经营状况良好并追加投资。

近年来，中国在美国兴办的贸易型和非贸易型公司也呈增长趋势。截至2000年底，经批准的中国在美国投资举办的海外企业共计626家,协议投资总额约8.6亿美元,中方投资总额约6.2亿美元。涉及的行业有工业、科技、承包、服装、农业、餐馆、食品、旅游、金融、保险、运输等。目前,中国对美投资占中国海外投资总额的8%,是除香港地区外最大的投资对象。由于美国市场容量大,机会多,对美投资仍有很大的发展潜力。

中美WTO双边协议

中美两国政府于1999年11月15日就中国加入世界贸易组织(WTO)达成双边协议,协议的签署为推动中国加入WTO起了积极的作用。中国承诺分阶段地削减关税和非关税壁垒,并逐步开放金融、电信、保险等服务行业,美国承诺给予中国永久性正常贸易关系地位(PNTR)。该协议是双方在平等互利、相互谅解和尊重主权的基础上取得的一个"双赢"的协议,有利于今后中美经贸关系的健康稳定发展。中美互为重要的贸易伙伴,由于中国加入WTO后,遵循WTO规则进行关税与非关税措施减让,对美国产品的进口将有较大增长,中美贸易不平衡状况将得到改善。从市场范围看,中国加入WTO后,美国在中国初级农产品和汽车产品的进口市场上的份额将增加。同时,美国是中国轻工业产品和电子产品出口的最大市场,其中纺织品和服装出口份额将获得较大的增加,而且在今后几年里,美国仍将是中国技术和资本密集型产品,如信息技术产品、机械、电子和交通运输设备的主要供应者。此外,美国对中国的服务贸易出口预计也将较快增长。

美国对华贸易政策

美国的贸易政策的指导思想是建立在克林顿政府"出口增长"理论基础上的,即在一个更加开放和自由的国际贸易体制下,扩大出口是带动经济增长的关键。近年来,美国政府一直奉行自由贸易与公平竞争并举的外贸策略。在全球范围内要求其贸易伙伴取消贸易壁垒和关税以对美国产品和生产商开放市场,继续推动WTO贸易规则谈判,制订出符合美国利益的新议题,包括取消农产品出口补贴,要求进口美国基因工程食品、取消对电子商务的管制和关税、进一步开放服务贸易领域、执行劳工和环境标准,促进高科技贸易谈判等。在国内频频动用贸易制裁法,尤其是加强执行反倾销和不公平贸易法等贸易保护措施,加强对国内产业的保护,保持其国际竞争力。

在对华政策上,美国内已就中国融入国际社会符合美国的战略利益达成共识,因此,美国将继续奉行接触与遏制政策,在加强同中国的经济贸易联系与维护地区和平合作的同时不忘在人权、宗教自由和台湾问题上对中国发难。由于中美经贸发展是两国关系发展的重要促进因素和纽带,中国加入WTO有利于更多的美国农产品、汽车及其零部件进入中国市场,美国政府仍将把对华贸易政策列入对外政策发展的优先考虑的日程中。从中美今后的经贸发展看,中国加入WTO后,中美贸易摩擦仍会此起彼伏,美国更多地会在反倾销调查,纺织品方面就执行特殊商品保障条款问题上作文章,通过采取反进口激增措施,动用"301条款"的贸易制裁措施,加强对中国履行WTO承诺情况的监督,以及为抵销中国初级产品和劳动密集型产品进口对美国内产业的冲击采取一些新的补救措施等。

前景

美国前商务部长戴利(Daley)在谈到中美关系时说,"美国的国家安全是建立在经济安全基础上的,疏远世界上最大的经济大国和人口最多的中国是不可取的,两国应消除误解,拨正航向"。中美两国的经济发展水平、资源结构存在很大的差异,互补性很强,在世界经济融合的大潮中,发展中美贸易是符合两国人民根本利益的,也是两个大国在亚太及全球性组织中发挥作用,维护世界的和平、稳定和繁荣所共同承担的责任,更是两国关系改善中达成的政策共识。中美两国在解决国际社会普遍关心的跨国问题,加强经贸、文化、科技、环保等领域的合作与交流等方面存在广泛的共同利益,合作潜力巨大。随着中国加入WTO,国内西部大开发和新经济浪潮的加速,中国经济运行将进入一个崭新的阶段。根据中国政府发展规划,"十五"期间经济增长速度将保持在7%以上,中国将进一步加快改革开放,市场经济体制更加完善,投资环境更具吸引力。中美经贸合作还有很大的发展潜力和空间。

俄罗斯联邦的对外贸易

外经贸部国际贸易经济合作研究院 刘华芹

1999年俄罗斯对外贸易的状况

根据俄罗斯联邦海关的业务统计,1999年俄罗斯联邦的对外贸易额为1 020亿美元,比1998年下降了11.2%,其中出口为718亿美元,较1998年增长了0.7%,进口为302亿美元,比1998年下降了30.7%,贸易顺差为416亿美元,比1998年的277亿美元增加了139亿美元。

1999年俄罗斯的外贸额仍呈下降势头,这是由于进、出口商品价格下跌,俄进口量下降等多种因素共同作用所形成的。其中出口商品价格下跌9%,进口商品价格下跌了19%,而进口商品总量下降了13%。同时也应指出,1999年国际市场能源产品价格,特别是石油价格的上涨,极大缓解了俄外贸下降的趋势。

1999年俄罗斯主要出口商品的出口量及出口金额一览表

	出口量 单位:千吨	出口量比1998年(%)(+、-)	出口额 单位:百万美元
石油	124 644.4	-2	13 400.0
石油制品	50 073.6	-	4 628.1
汽油	1 890.2	-31.7	231.2
柴油	22 435.9	-8.4	2 618.5
重油	21 949.0	+2.7	1 342.6
天然气	1 889亿立方米	+5	10 849.8
电力	94.9亿千瓦	-	195.2
未加工木材	2 760.87万立方米	-	119.2
已加工木材	371.73万立方米	-	626.0
黑色金属	-	-	5 037.1
生铁	2 795.6	-	188.2
碳钢半成品	12 233.5	-	1 388.7
未加工铝	3 115.6	-	3 593.8
机器设备	-	-	7 240.3

资料来源:俄罗斯海关统计

1999年俄罗斯主要进口商品的进口量和进口额一览表

	进口量 单位:千吨	出口量与1998年相比	进口额 单位:百万美元
鲜、冻肉	978.6	-11.6	967.8
鲜、冻鸡肉	236.0	-72.2	153.9
鲜、冻鱼	298.2	-	107.9
牛奶和炼乳	183.7	-	122.9
黄油	38.0	-	61.7
小麦	4 547.1	410	320.3
大麦	495.8	200	30.6
玉米	704.9	750	101.3
葵花籽油	299.8	-	169.8
肉及罐头制品	27.0	-60.4	41.0
原糖	5 775.9	-	1 132.4
机器和设备	-	-	8 711.4

资料来源:俄罗斯海关统计

从1999年俄罗斯对外贸易的区域结构来看,欧盟各国占了34%,独联体各国占了22%,亚太国家占了17%,中东欧国家占了13%,欧洲国家是俄主要的贸易伙伴。

1999年俄罗斯主要贸易伙伴的排序及相应的贸易额为:德国(104亿美元);乌克兰(73亿美元);美国(71亿美元);白俄罗斯(70亿美元);意大利(48亿美元);中国(44亿美元);荷兰(42亿美元);英国(35亿美元);芬兰(33亿美元);波兰(32亿美元)。中国是俄第六大贸易伙伴,贸易地位较1998年有所下降。

1999年俄罗斯对外贸易的特点

外贸额仍持续下降 尽管1999年俄罗斯的经济已止跌回升,出现了明显的增长势头,但其对外贸易并未因此而出现转机。受1998年金融危机的滞后影响,居民的购买力仍在下降,工业生部门的投资依然短缺,由此造成了内需严重不足,而经济结构调整和经济发展还处在艰难的起步阶段,在这些因素的综合作用下,对外贸易延续了自1998年以来的下滑势头,出现了负增长(-11.2%),进口额下降的幅度更大,为30.7%。尽管出口额比1998年略有增长(0.7%)。但这种微弱的拉力无法弥补进口下降的巨大在差距,最终无法扭转外贸下滑的势头。

进出口贸易结构未发生实质性变化 1999年的进出口商品结构与以往几年相比,没有发生实质性变化,仍以资源性产品为主,高附加值的机电产品和高科技产品较少。其中燃料能源产品占了出口额43.8%,金属及其制品占了20.5%,二者之和达到了64.3%。机器和设备的出口占了10.6%,化工产品占了8.3%,贵金属、钻石及其制品占了6.4%,木材及纸浆的出口占了5.3%。

在进口商品结构中,机器设备和食品占居了主导地位。1999年机器设备的进口占了进口额的32.3%,食品及农产品原料进口占了28.4%,化工产品占了16.4%。由于农业歉收,粮食进口有较大幅度的增长。与1998年相比,1999年粮食进口的总量增长了4倍,其中小麦进口量增长了4.1倍,大麦进口量增长了2倍,玉米的进口量提高了7.5倍。进口粮食大部分来自美国、加拿大、哈萨克斯坦和乌克兰等国家。与此同时,与居民消费密切相关的食品和农产品原料的进口也增长了17%。

国际市场能源产品价格的上涨成为俄出口增长的巨大外在动力 1999年国际市场能源产品价格的大幅回升,为俄外贸出口的增长带来了福音。从实际出口量来年看,俄1999年石油的出口量比1998年下降了2%,汽油的出口量下降了31.7%,柴油的出口量下降了8.4%,只有重油的出口量增长了2.7%,由此可见,俄能源产品的出口量并无明显增长,甚至略有下降。但与此同时,上述商品的国际市场价格却大幅攀升,从而极大地带动了出口商品价格的上扬。1999年俄石油的出口价格比1998年提高了1.4倍,石油制品的价格提高了17.5%,柴油的价格上涨了21.2%,重油价格上涨了32.6%。由此可见,国际市场油价上涨这一外部因素是俄实现出口微弱增长的重要动力。

对外贸易在俄罗斯的国民经济中发挥重要作用 尽管1999的俄罗斯的对外贸易出现下滑,但其对俄国民经济的发展依然起着较强的拉动作用。从量上来看,俄出口额相当于国内生产总值的38%,进口额相当于国内生产总值的16%。

俄罗斯经济对外贸的依存度依然很高。俄国内工业生产的3/4矿物肥,1/2的石油,1/3的石油制品、天然气、原木和纸浆均用于出口,出口的增长极大地带动了这些工业部门生产的发展。尽管近2~3年来进口有所下降,但是俄部分国内市场对进口商品仍有较大的依赖性,如在肉食品市场上,进口商品占据了20%的市场份额;在葵花籽油、牛奶、奶制品、食用糖、蔬菜市场上,进口商品占了约10%的市场份额。

在俄罗斯一些重要商品生产中出口所占的比例(%)

	1997年	1998年	1999年
石油	41	47	46
石油制品	34	33	30
天然气	35	34	37
矿物肥	73	80	81
原木	23	26	32
纸浆	83	78	78

资料来源:《外国商情公报》2000年27期,俄文版。

对外经营活动所得的各种收入(各种费税、增值税、消费税)占了联邦预算收入的1/3。俄罗斯的贸易顺差构成了约20%的国内生产总值,从而改善了财政收支的平衡状况,维持了外汇市场的稳定。在资本持续外流并缺少外国资金援助的情况下,贸易顺差为偿还外债创造了有利条件。

2000年俄罗斯外贸发展的趋势及相应的政策

俄联邦政府指出,面对世界经济加速一体化的发展趋势,俄罗斯应逐步摆脱资源出口大国的地位,提高参与国际资本流动,跨国科学技术、信息及服务交流的程度,力争利用各种国际资源,促进国内产业结构的调整,以实现俄罗斯经济的长期稳定发展。为此，俄联邦政府为对外经济活动确定了以下目标：

提高俄罗斯经济的竞争力；

在国际市场上保持已有的出口地位（在原材料、成套设备、武器和军用技术方面），逐步扩大产成品及各种服务的出口；

为扩大俄罗斯商品的出口创造各种有利条件；

实施有效的关税政策，以保护民族工业的发展，创造公平竞争的经营环境；

创造良好的投资环境，将资本吸引到国内的经济发展中来，减少资本的外流，进一步加强对进出口经营活动的监督（包括外汇，海关监督、走私活动等等）。

为了实现上述目标，确定了下列任务：

第一，制订和实施俄罗斯统一的政策，力争使能源燃料产品的出口结构和出口量更趋合理，扶持产成品和服务的出口；

第二，为扩大俄罗斯商品的出口创造有利的内、外部环境，为企业的对外经营活动提供良好的政治、贸易和法律条件，取消各种出口限制，使企业能够平等地参与国际贸易；

第三，根据国际通行的惯例和规则，以俄联邦立法所规定的各种手段，保护俄罗斯的国内市场，促进国内生产的发展。同时采取一定的措施，整顿进口商品的渠道和方式，加强对外贸经营活动的监督；

第四，确定俄罗斯对外经济活的重点地区并实施相应的区域政策。

1999年的中俄经贸关系

中俄双边贸易

根据中国海关统计，1999年中俄贸易额为57.2亿美元，较1998年增长了4.4%。其中中方出口为14.98亿美元，比1998年下降了18.6%，中方进口为42.22亿美元，比1998年增长了16%。中方贸易逆差为27.24亿美元。

中方对俄出口货值超过1亿美元的商品有：水果蔬菜（1.24亿美元）、皮革制品（3.27亿美元）、纺织服装及原料（4.62亿美元）、鞋帽制品（1.84亿美元）。

中方自俄进口货值超过1亿美元的商品有：鱼及其制品（2.58亿美元）、矿物燃料等（3.28亿美元）、化肥（6.42亿美元）、有机化学品（1.82亿美元）、塑料及其制品（1.6亿美元）、林木制品（2.82亿美元）、木浆和纤维浆（2.10亿美元）、钢铁（7.81亿美元）、铝及其制品（4.11亿美元）、核反应堆锅炉（1.28亿美元）、航天器和航空器（3.98亿美元）。

1999年中俄双边贸易具有以下几个特点：

贸易额虽略有回升，但仍在低谷徘徊 双边贸易的微弱增长主要源于中方扩大进口，而中方对俄的出口不足15亿美元，是8年来的最低点，中方的贸易逆差占到了双边贸易额的47.6%。这一方面由于俄金融危机后，其外贸大幅下滑，特别是进口下降所造成的；另一方面由于中方出口商品结构几年一贯制没能向俄罗斯市场提供新的，符合市场需求的商品。

双边贸易结构单一 中方出口的商品大多为劳动密集型产品，自俄方进口的商品主要是原材料初级加工品，两国商品贸易的层次较低，高附加值商品少。特别是占俄罗斯出口额40%左右的石油、天然气等能源产品在中俄两国的贸易商品结构中未能得到体现。这说明中俄两国贸易的互补性还未得到充分发挥。

贸易方式不规范 在中俄双边贸易中，符合国际规范的信用证贸易、现汇贸易比例还较小，而包机包税等非规范化的贸易方式还占较大比重（特别是在中方出口中体现得更为明显）。目前俄联邦政府正在整顿国内经济秩序，这种非规范化的贸易方式将逐步被淘汰。随着两国银行间合作的进一步加强，正规化的贸易方式将占据主导地位。

中俄两国间的经济合作状况

相互投资 据中国驻俄罗斯使馆经商参处的统计，除连云港电站这种国家级大型投资项目外，截至1998年底，在俄登记注册的中资企业约为1300家，总投资规模为1亿美元左右。其中大部分为中小企业，分布在莫斯科、圣彼得堡等大城市及西伯利亚和远东地区，主要从事贸易、微电子、通讯、服装加工、家电组装、餐饮业、木材加工、农业种植等。俄罗斯在华的企业约有900家，实际投入约1.5亿美元，投资项目有900个，主要分布在黑龙江、吉林、辽宁、内蒙古、山东和天津等地，投资领域涉及汽车，农机组装、维修和零配件加工、化工、建材、食品加工、餐饮服务等领域。目前中俄双方在相互投资方面所存在的主要问题是，大型投资项目少，投资规模小，对双边贸易的带动作用不大。

区域合作　1999年中俄两国的边境贸易出现恢复性增长。在边、地贸中、边民互市、边境小额贸易、建筑承包、农业劳务、技术转让等多种经济合作形式均有发展,但商品贸易仍占据主导地位。中方出口以粮食、果菜、服装和日用百货为主,进口主要是化肥、钢材、木材、运输工具等传统产品。

中俄之间工程承包和劳务合作主要体现在三方面,即农业合作,林业采伐和建筑工程承包等。林业采伐是现阶段两国劳务合作的重点,1999年从俄进口木材占全国木材进口总量的30%左右,合作潜力较大。

目前中俄在大型项目上的技术合作已取得了一定进展。1999年2月双方政府签署了在俄组装生产家电的协议。此外,中俄双方还将在船舶制造、电站建设、机械制造、技术转让等领域加强合作。12月9～10日叶利钦总统访华时,双方商定进一步加强在油气田项目的合作,并扩大两国在高新技术、运输、民用航空技术和通讯领域的合作,采取具体措施推动双方在机械制造、电子、轻工、纺织、森林资源开发和利用、家用电器生产方面的合作。

随着两国经济形势的好转、投资环境的改善,两国合作的领域将逐步拓宽,合作的潜力也将得到更大的发挥。

从今后较长时期来看,调整商品贸易结构,增加高附加值商品的贸易,特别是加强双边的经济技术合作已成为扩大中俄贸易的重要途径。预计21世纪初,中俄企业间的经济技术合作会将中俄贸易带上一个新的台阶。

印度对外贸易综述

外经贸部国际贸易经济合作研究院　王泺

自1991年7月拉奥政府上台以来,印度就开始进行经济改革,逐步放宽外商投资和进出口贸易政策,降低关税,调整汇率。在一系列改革措施的带动下,印度经济已从1991年危机中摆脱出来,1991～1999年度国内生产总值(GDP)的增长率平均保持在6.8%左右(印度的一个财政年度是指当年的4月1日至次年的3月31日),农业丰收,处于贫困线以下的人口数量减少,工业生产增长,外商直接投资增加迅速。在对外贸易方面,由于印度政府实行改革的一个主要目标就是要把原有的内向型经济转为外向型,实现经济自由化及全球化,因此,印度政府把调整外贸政策放在经济改革的首要位置。1991年印度政府宣布货币卢比贬值和新贸易政策,随后又陆续公布1992～1997年度和1997～2002年度的5年出口政策。在这些政策措施的作用下,90年代印度的对外贸易发展很快,逐渐成为拉动经济增长的引擎。

1999年度印度对外贸易发展概况

由于受到东南亚金融危机的影响,印度轻工业产品的出口竞争力下降,再加上印度进行了核试验,遭到美国、日本等发达国家的经济制裁。1998年度印度的对外贸易增长受到一定的影响,出口额较上年同比减少1%。严峻的对外经济形势迫使印度政府调整政策,加快经济改革,加大开放力度,开展以发达国家为主的全方位对外经济关系。特别对既是主要实行经济制裁的国家,又是印度最大的经济合作伙伴的美国,印度采取低姿态,以推进两国间的经济合作。随着国际经济形势有所好转,1999年度印度的对外贸易又出现增长,进出口总额为836.9亿美元,比1998年度增长10.9%。其中出口额为375.37亿美元,同比增长11.5%;进口额为461.53亿美元,同比增长10.3%;贸易逆差扩大为86.16亿美元,同比增长5.1%。

印度的进出口商品结构与往年相比变化不大。出口商品主要是珠宝首饰、服装成衣、棉织制品、电脑软件、皮革制品、医药品、农副产品、机械设备及金属制品等。其中珠宝首饰是印度最大的赚取外汇的行业,1999年度的出口额达到51.64亿美元,与上年度同比增长22.06%,占印度出口总额的13.8%。印度电脑软件的出口继续保持快速增长势头,1999年度的出口额为40亿美元,与上年度同比增长57%,占印度出口总额的10.7%。进口商品主要是原油、金银制品、珍珠宝石、机械设备、电子制品、工程建设用资材、植物性食用油、化工产品及钢铁等。

印度的贸易伙伴主要集中在为其提供经济援助和进行投资的经合组织国家。近年来印度与它们的贸易额虽有所下降,但仍然占印度贸易总额的半数以上。印度的主要出口国家和地区是:美国、德国、英国、阿拉伯联合酋长国、香港、日本、比利时及意大利等;主要进口国家是;美国、瑞士、比利时、英国、日本、德国、沙特阿拉伯及阿拉伯联合酋长国等。

1999年度印度对外贸易的特点

对外贸易发展加快,进出口额增幅较大,但规模仍然偏小,进出口商品结构单一

在90年代经济改革政策的推动下,印度的对外贸易一度出现了蓬勃发展的势头,进出口额增长迅速。在经济改革初期的1991年度,印度的贸易总额仅为463.91亿美元,到1995年度增长到684.75亿美元,是1991年度的1.5倍。但后来由于国内外经济环境的变化,1996-1998年度印度对外贸易的增势趋缓,每年度的贸易额增长率都不到10%。1999年度印度不断调整外贸政策,进一步加大开放力度,再加上国际市场需求的恢复,贸易额重又实现两位数的增长。不过,虽然贸易额增速加快,但印度对外贸易的总体规模仍然较小。印度是世界上仅次于中国的人口大国,但其贸易总量占全世界的份额仅为0.6%左右。此外,印度的进出口商品结构比较单一。由于工业基础比较薄弱,工业技术水平相对较低,印度的出口商品主要以纺织品、农副产品以及与农业有关的加工工业产品为主。虽然作为世界贸易组织的成员国,世贸组织的有关规定为印度的上述产品出口创造了有利条件,但对印度而言,即使在纺织品和农副产品出口上有相对的价格优势,市场也扩大了,但所面临的市场竞争也更为激烈了。例如目前被印度政府寄予很大希望的农副产品出口,要发掘它的潜力和优势,也是很不容易的。因为,在今天日趋一体化的世界市场中,农副产品的优势已不再是过去的传统含义,而必须通过高投入高产出的现代化生产经营方式来取得。而目前印度的生产力在成本、劳动力质量、基础设施、经营效率等方面的水平普遍较低,不可能在短时间内得到根本改变。因此,即使具有生产和出口的巨大潜力或优势,要短期内实现农副产品大量出口,大量创汇的目标也是困难重重。

电脑软件,成为对外贸易发展的亮点

80年代以来,信息技术一直是印度经济的重要增长点。特别是电脑软件的发展更为迅速,1999年度印度电脑软件的产值达59亿美元,其中出口额为40亿美元,与上年度同比增加57%,占印度出口总额的10.7%,印度共有860多家软件公司从事出口业务。电脑软件业不仅在印度国内经济中是最有生气的支柱型产业,在全球的信息技术产业中,也占有一席之地。美国《财富》杂志公布的全球最大500家公司中,有185家采用了印度开发的电子商务、金融及办公室应用软件。据美国麦肯锡咨询公司与印度软件的服务公司协会共同进行的未来10年信息技术战略联合研究预测,印度的信息产业产值到2008年度将达到870亿美元,占印度GDP的7.5%。其中软件出口额将达到500亿美元,占印度出口总额的35%。今后,印度的电脑软件业不仅是促进其对外贸易发展的主力军,更是使其摆脱经济落后局面的重要力量。

印度政府新财政年度外贸工作的重点

按以往惯例,印度工业和贸易部长每年3月底均要向外界公布政府下一财政年度的进出口指导政策。2000年度印度外贸政策的中心是通过增加外贸出口来维持经济的持续增长,其内容大致为:按照中国模式建立经济特区;对珠宝首饰、生物技术、制药、皮革及制衣等特定行业将实行一系列优惠政策;取消714类商品的进口数量限制;对不受限制的商品实行最高限额进口税。

除了4个在建的经济特区外,印度政府决定在沿海地区再新建6个经济特区。其主要目的是吸引外部投资,促进出口。根据政府的计划,经济特区内的企业将不受政府有关出口法律规定的限制,并可享受

一定的优惠政策,如免税进口原材料和生产设备,但企业的产品只能出口,内销则需要照章纳税。与中国经济特区相比的不同之处在于,印度政府对特区内的企业和对待全国其它地区的企业一样,实行政府制定的严格的劳动法。印度政府将首先在泰米尔纳德邦和古雅尔邦各建一个经济特区,并计划将现有的加工区改造成经济特区。

印度政府采取的另一条措施是,生产出口产品的企业今后将可以以较低的税率进口生产设备。根据规定,今后出口企业进口生产设备时,执行5%的单一税率,同时在进口使用期不超过10年的二手设备时,将享受政府更加灵活优惠的政策。

根据今年初与美国达成的协议,印度政府承诺遵守加入世贸组织后的相关义务,从2000年4月1日起,取消对一些产品的进口数量限制。这些产品涉及714类商品。主要有耐用消费品、服装、鞋、瓷器、地毯和电器等。从2001年4月1日起取消对其它700类商品的进口数量限制,此外,印度政府目前尚在部分执行的进口许可证制度也将由开始覆盖的600类商品减少到16类。不过,为保护本国产品,印度政府将对上述产品征收最高为35%的关税,加上其它一些附加税,这些产品的税率平均将达到44%,虽然世贸组织的其它成员国对如此之高的税率倍加指责。但同以往相比,印度政府毕竟向贸易自由化迈进了一大步。

新年度的外贸政策还具体涉及到印度的珠宝首饰业。珠宝首饰业是印度出口创汇的主要行业,2000年度的计划出口额为70亿美元。印度政府为此将进一步采取措施改善行业状况,特别是在提高产品附加价值方面,例如允许设立钻石美元帐户等。根据规定,钻石出口商可以在银行拥有一个美元帐户存入出口收入所得,这些外汇可以用于进口未经琢磨的钻石。此外,在经济特区中,企业可以从事国外镶嵌和加工首饰的修理工作。同时政府对首饰加工企业进口生产所需的黄金和其它产品时,将采取更加宽松的法律政策,不再限制私人通过邮寄方式从国外购入钻石和首饰。

中国与印度的经贸关系现状

中印两国贸易关系发展迅速

印度是中国在南亚地区最重要的经贸伙伴。1999年是中印建交50周年纪念。在这50年中,中印经贸关系不断发展。1990~1999年中印双边贸易额增长了7.53倍,而同期中国的贸易总额仅增长了3.12倍,特别是1998年,中国对外贸易总额出现负增长的情况下,中印双边贸易仍保持了5%的增长。(见表1)

表1 1997~1999年中国与印度的贸易情况

(单位:千美元)

	总额	增长率	出口	增长率	进口	增长率
1997年	1 830 323	30.2%	933 063	36.0%	897 260	24.7%
1998年	1 922 300	5.0%	1 016 596	8.9%	905 704	0.9%
1999年	1 987 683	3.4%	1 161 890	14.3%	825 792	-8.8%

资料来源:1999年中国海关统计

1999年中印贸易额为19.88亿美元,比上年同期增长3.4%,其中中国对印度的出口额为11.62亿美元,比上年同期增长14.3%,中国自印度的进口额为8.26亿美元,比上年同期减少8.8%。中国对印度出口的商品主要是:化工产品、纺织品、机电产品及零部件、矿产品等;中国从印度进口的商品主要是:矿产品(以矿砂、矿渣为主)、原棉、纺织品、化工制品等。

中印两国在经济技术合作方面取得的成效显著

近年来,中国企业在印度的投资范围逐步扩大,目前已涉及到生铁、钢铁制品、小转炉、合成树脂、机械工具和海洋渔业等领域。其中较大的合资合作项目有:在印度奥里萨邦合资兴建的50万吨炼铁厂、中印合作开采果阿铁矿、在北方邦建立抗疟药工厂和在阿拉哈把德建立浮发平板玻璃厂等。印度在华的投资虽有限,但企业数有所增加。印度兰博克西有限公司先后在中国成立了6家合资企业并建立十多家企业办事处;沃克哈特和森制药公司与中国药材业同行拟建合资企业;此外,印度工业联合会在上海设立了办事机构,以促进印度企业对华投资。

中印经贸关系的特点

归纳中印经贸关系的特点,主要有以下几个方面。第一,双边贸易总额不断增加,但贸易规模较小。中印两国是世界上人口最多的国家,市场需求巨大。但1999年中印贸易额仅占中国对外贸易总额的0.6%,占中国与亚洲贸易额的0.97%。第二,中印双边贸易具有一定的互补性,但不是很突出.中国的工业发展水平自80年代以后明显超过印度,出口产品多样,竞争力较强,出口商品结构比较稳定。中国向印度出口的商品以工业制成品为主,如化工制品、机电产品等。而印度对中国主要出口原材料等初级产品,如矿产品、原棉等,种类单一,竞争力较弱,从贸易结构上看,双方虽具有一定的互补性,但总体而言,中印的比较优势都集中表现为资源优势的劳动力优势,因此在参与国际分工过程中所表现出来的进出口结构也有很多相似之处。例如在纺织品、钢铁、玻璃、食品等产业存在一定比例的重复贸易,这一相似性使中印双边贸易的发展空间受到限制,这也是中印贸易量不大的原因之一。第三,中印的地理优势使两国的国境贸易比较活跃。1991年,两国在中印边境中段开放了第一个边贸点——加拜。1992年开辟了第二个贸易点——贡吉。随后又相继在什普奇山口、西藏自治区的久巴、印度喜马偕尔邦的南加、西藏自治区的亚东附近开设边贸点。贸易口岸的开设不仅增加了双边贸易额,也加快了中国西南地区和印度东北部地区的经济发展。

进一步拓展中印经贸合作的意义重大

作为世界上最大的两个发展中国家,中印目前的经贸发展速度远远落后于两国国内经济增长的步伐。中国正在实施市场多元化战略,除传统的欧美、东亚市场,印度同非州、拉美一样都是不容忽视的新兴市场。从目前的发展状况来看,进一步拓展中印经贸关系有良好的基础,面临着难得的机遇。

首先,近年来两国经济增长迅速,对外贸易规模不断扩大,为双方进行贸易合作奠定了良好的物质基础。在中国经济高速发展、经济实力不断增强的同时,印度的经济增长速度也在加快。1992～1997年印度年均GNP增长率为6.8%以上,其增长速度始终居南亚国家榜首。虽然近两年由于国内外政治及经济因素的影响,增长速度有所下降,1998年GNP增长率为5.8%,但发展前景仍比较乐观。据亚洲发展银行预测,今后几年印度经济有可能保持7%左右的增长。与此同时,印度的市场容量也随着经济的增长而不断扩大,成为世界十大新兴市场之一。

其次,中印两国逐步加大开放程度,为拓展双方经贸关系创造了良好的环境。在中国不断深化改革开放的同时,印度也加大了开放力度。印度的经济改革始于1991年,主要措施是:调整产业结构;提高利率,紧缩信贷;调整外贸体制废除出口补贴,简化出口手续;削减关税,取消进出口许可证;放松金融管制,开放外汇交易市场;放宽外国投资限制政策以吸引外国直接投资和证券投资等。目前,印度正在进行"第二代改革",将进一步简化外国直接投资的相关法规,改革金融部门,鼓励外国公司进入保险市场。在扩大对外贸易方面,近年来印度不断推出新的进出口政策。例如1998宣布开始实施"1999～2002年印度的进出口政策",其中的开放项目已经超过了世贸组织的规定,227项商品从原来的进口特别许可改为普通许可,99项商品从原来的禁止进口改为普通开放进口,432项商品从禁止进口改为进口特别许可。这些政策的实施,对发展中印双边贸易是十分有利的。

另外,中印两国在不同的领域内各具优势,可以在努力扩大传统贸易的基础上,加强经济技术交流与合作,将中印经贸合作提高到新的水平。中国的工业特别是制造业的发展领先于印度,化工产品和机电产品印度很有市场。因此,中国应充分利用这一优势,大力开拓印度市场,促进中国工业制成品的对外出口。而印度在很多方面也具有比较优势。例如矿产资源丰富,而且质量高,价格低。中国可以适当增加矿产品的进口,这不仅能一定程度地弥补中国资源的不足,还可以减少中国对印度的贸易顺差,促进贸易平衡。此外,印度在原子能技术、农业技术、遗传工程、计算机特别是在软件开发方面比较先进,中国应与印度在这些方面加强交流与合作，并适量进口相关产品和技术，这不仅可以降低成本，而且有利于中国产业结构升级。

日本对外贸易概况

外经贸部国际贸易经济合作研究院 李光辉

二次大战后，日本为了实现“赶超”欧美的目标，明确的提出了“贸易立国”的战略，对外贸易取得了令世人瞩目的巨大成就。但不同的发展阶段各有其不同的特点，特别是进入90年代，日本发展对外贸易的国际国内环境发生了一系列的变化，受此影响日本对外贸易也出现了新的特点，对外贸易发展的总体态势也正在发生深刻的变化。

日本对外贸易的发展

90年代之前日本贸易的迅速发展

战后日本的经济增长速度在发达国家中是名列前茅的，而其对外贸易，特别是出口贸易的发展速度则更快。从1955年到1989年期间，日本国民生产总值(按固定价格计算)增加8.4倍，年均增长率为6.8%，而同期日本的出口和进口贸易量则分别增加33.8倍和18.9倍，年均增长率分别达11%和9.2%。从金额上来看，1955年日本的出口和进口分别为20.11亿美元和24.71亿美元，1989年增至2 751.75和2 108.47亿美元，分别增加135.8倍和84.3倍，大约相当于同期世界出口和进口贸易总额增长数的3～4倍(详见表1)。

日本对外贸易的急剧扩大使其在世界贸易中的比重迅速提高。1955年日本的出口和进口在世界出口和进口总额中分别占2.35%和2.6%，但1988年即升至9.8%和6.7%。从1974年起，日本的进出口贸易额在世界进出口贸易总额中的比重分别跃居第三位(美国和西德分居第一位和第二位)。若从工业制成品出口看，日本的地位提高得更快。详见表2。

表1 90年代之前日本对外贸易的发展

(单位:亿美元)

	出口			进口			贸易差额
	金额	增幅	比重	金额	增幅	比重	
1955	20	23.4	2.3	24.7	3.0	2.6	-4.6
1965	84.5	26.7	4.9	81.7	2.9	4.5	2.8
1975	557.5	0.4	6.7	578.6	-6.8	6.9	-21.1
1985	1 756.4	3.2	9.7	1 295.4	-5.1	6.9	460.9
1986	2 091.5	19.1	10.5	1 264.1	-2.4	6.1	827.4
1987	2 292.2	9.6	9.8	1 495.2	18.3	6.2	797.1
1988	2 649.2	15.6	9.8	1 873.5	25.3	6.7	775.6
1989	2 751.8	3.9		2 108.5	12.5		643.3

注:增幅是指与上年比的增减。比重是指在世界出口或进口贸易中所占的比重。

资料来源:日本通产省《通商白皮书》1990年版

表 2 90 年代前日本在世界工业制成品出口中的比重

(单位:%)

	1955	1960	1970	1980	1984
工业制成品合计	4.2	5.2	8.9	10.9	14.1
重化学工业	2.5	3.3	8.6	12.1	16.7
化学品	2.1	2.3	5.6	4.6	5.1
金属	4.2	3.6	10.5	13.5	14.9
机械	1.7	3.4	8.7	13.9	20.0
轻工业品	7.3	9.1	9.8	8.2	8.2
纤维	12.5	14.9	14.0	9.2	9.9
服装			7.2	1.2	1.7
其他			9.0	9.1	9.0

资料来源:日本丸茂则明的《脆而弱的强国》(中央经济社,1987 年)第 83 页

日本从 1983 年起超过美国居世界第二位,1984 年超过西德而跃居第一位。1988 年日本的制成品出口额达到 2 579 亿美元,约占世界制成品出口总额的 15%,其中如汽车、钢铁和家用电器等制成品已经处于遥遥领先的地位。

90 年代日本对外贸易的持续发展

进入 90 年代以后,日本经济步入长期的萧条阶段。1992~1997 年,日本经济年均增长为 1.5% 左右,1998 年更出现了负增长(-2.8%),1999 年度经济出现微增(0.3%)。但贸易却出现持续发展的态势(详见表 3)。

从表 3 来看,按美元计算 1990 年,进出口总额为 5 217 亿美元,1997 年进出口总额达到 7 633 亿美元,其中出口增至 4 228.81 亿美元,进口增至 3 404.1 亿美元。1998 年由于亚洲金融危机的原因使得日本的对外贸易减少,进出口总额为 6 656 亿美元,比 1997 年减少 1 000 亿美元。但到了 1999 年进出口总额迅速增长,高达 7 272 亿美元。其中出口、进口金额为 4 174亿美元和3 098亿美元,分别比上年增长 8.1%和 10.9%。2000 年上半年,日本的对外贸易迅速增长,进出口总额为 4 161 亿美元,其中出口为 2 348 亿美元,进口为 1 813 亿美元,分别比上年同期增长 20.7%和 26.1%,全年进出口总额约达到 8 000 亿美元,创历史最高水平。

表 3 90 年代日本对外贸易的变化

(单位:亿美元;10 亿日元;%)

	进出口总额		出口		进口	
	美元金额	日元金额	美元金额	日元金额	美元金额	日元金额
1990	5 217	75 312	2 869	41 457	2 348	33 855
1991	5 512	74 260	3 145	42 360	2 367	31 900
1992	5 726	72 539	3 396.5	43 012	2 330	29 527
1993	6 015.8	67 028	3 609	40 202	2 406.8	26 826
1994	6 703	68 602	3 956	40 498	2 747	28 104
1995	7 790	73 080	4 429	41 531	3 361	31 549
1996	7 631	82 724	4 124	44 731	3 507	37 993
1997	7 633	91 894	4 229	50 938	3 404	40 956
1998	6 656	87 299	3 863	50 645	2 793	36 654
1999	7 272	82 800	4 174	47 500	3 098	35 300
2000	7 271.8	82 816	4 174.4	47 548	3 097.45	35 268

资料来源:日本贸易振兴会《世界和日本的贸易》1999 年版、2000 年日本大藏省《贸易统计》。

如果按日元计算,从 1997 年开始日本对外贸易连续 2 年下降。1997 年日本对外贸易进出口额创历史最高纪录,金额为 91.9 兆日元,之后的 1998、1999 年进出口总额为 87.3 兆日元和 82.8 兆日元,分别下降了 4.9%和 5.2%。其中 1999 年的出口额为 47.5 兆日元,下降 6.1%,进口为 35.3 兆日元,下降 3.8%。但 2000 年日本对外贸易一转 1998、1999 年下降的态势,出现增长。

日本对外贸易的特点

(一)进出口商品均以机械类为主

表 4 日本商品出口构成的变化

(单位:亿美元;%)

	1996 年		1997 年		1998 年		1999 年		2000 年	
	金额	增减	金额	增减	金额	增减	金额	增减	金额	增减
出口总额	4 124	−6.9	4 229	2.5	3 863	−8.7	4 174	8.1	4 174	15.5
食品	19.8	−6/8	22.2	11.9	19.9	−10.3	21	5.7	21	0.22
纤维及制品	85.7	−4.2	83.3	−2.8	73	−12.3	79	8.3	85.1	7.7
化学制品	289	−4.1	300	3.8	271	−9.8	307	13.4	354	15.1
非金属矿物制品	55.4	0.9	52.2	−5.8	44	−15.2	47	6.2	56	19.1
金属及其制品	256	−10.9	269	5.1	244	−9.3	237	−2.7	265	11.6
一般机械	1 018	−4.6	1 006	−1.2	870	−13.5	891	2.4	1 032	15.9
电器机械	1 004	11.6	999	−0.4	896	−10.4	1 016	13.4	1 271	25.2
运输机械	843	−6.2	912	8.2	897	−1.6	947	5.5	1 009	6.5
精密仪器	193	−7.0	202	4.4	179	−11.2	211	18	258	22.2
其它	360	−1.4	382	6.1	367	−3.8	417	13.4	4 547	9.1

资料来源:日本贸易振兴会《世界与我国的贸易》97、98、99 年版,2000 年大藏省统计资料。

出口商品以机械类出口为主 在日本对外商品出口中,机械类商品占有重要的位置。1999 年按美元计算,机械类商品出口金额为 3 065 亿美元,占日本对外贸易出口的比重为 73.5%。其中一般机械出口所占比重为 21.3%,电器机械为 24.4%,运输机械为 22.7%,精密机械为 5.1%;按日元统计,1999 年机械类商品出口金额为 34.9 兆日元,同比减少了 6.3%,占日本对外贸易商品出口的比重从 1998 年的 73.6%微降到 73.4%。机械类产品的出口在 1996 年、1997 年连续两年增加之后,1998 年、1999 年出现两年连续下降。2000 年上半年又出现了较大幅度的增长。详见表 4。

1999 年食品的出口占日本对外贸易出口比重与 1998 年基本相同,保持在 0.5%左右;纤维产品的出口为 79 亿美元,同比增长 8.3%,所占比重为 1.9%,与 1998 年持平;非矿物制品出口所占比重仍为 1.1%,保持在 1998 年的水平;化学制品所占比重为 7.4%,比 1998 年增加 0.3 个百分点,与 1995 年相比增加 0.6 个百分点。2000 年食品、纤维产品均有所下降,而机械产品的出口所占比重高达74.29%。

进口以工业制成品为主 在 90 年代前期制成品所占日本对外贸易进口比重为 50%左右,但到了中后期增长十分迅速。1994 年金额为 1 516 亿美元,所占比重为 55.2%,1996 年所占比重猛增到 65%,以后虽然受亚洲金融危机的影响,但一直保持 60%以上的比重。1999 年,制成品进口总额为 1 933 亿美元,同比增长 11.5%,所占日本对外贸易出口的比重为 62.64%。在制成品进口中,1999 年,以机械类产品为最多,金额为 969 亿美元,占制成品比重的 50%;其次是化学制品,金额为 231 亿美元,占制成品比重的 12%。在非制成品中,按美元计算,1999 年最多的进口商品是矿物性燃料,金额为 499 亿美元,所占日本进口商品比重为 16.1%。其次是食品,金额为 441 亿美元,增长 7.1%。(详见表 5)

表 5　日本商品进口构成的变化

(单位:亿美元;%)

	1996 年		1997 年		1998 年		1999 年		2000 年	
	金额	增减	金额	增减	金额	增减	金额	增减	金额	增减
进口总额	3 506	4.3	3 404	-2.9	2 793	-17.9	3 097	10.9	3 811	23.0
食品	509	-0.3	464	-9.0	412	-11.1	442	7.1	463	4.75
原料燃料	305	-7.4	296	-3.0	218	-26.2	223	2.2	246	10.3
矿物燃料	607	13.8	626	3.1	429	-31.4	499	16.3	774	55
制成品	2 280	-	2 017	-11.5	1 732	-14.1	1 933	11.5	-	-
化学制品	234	-5.0	236	0.9	208	-12.0	231	11.3	266	14.9
机械类商品	966	13.7	954	-1.2	851	-10.7	969	13.8	1 203	24.1
纤维制品	257	4.9	225	-12.4	187	-16.7	208	10.9	246	18.2
非金属矿物制品	256	-3.1	51.8	-14.1	40	-23.1	44.5	11.5	49.7	11.8
金属及其制品	172	-13.8	179	4.4	142	-20.7	142	0.1	182	27.6
其它	395	3.1	371	-6.0	304	-18.1	338	11.1	382	13.2

资料来源:日本贸易振兴会《世界与我国的贸易》97、98、99 年版 2000 年大藏省统计资料

(二)亚洲地区为日本最大的贸易地区

进入 90 年代以来,日本对亚洲地区的贸易额不断增加,亚洲成为日本最大的贸易地区。1999 年,日本对外贸易出口为 4 174 亿美元。其中对亚洲出口为多,金额为 1 555 亿美元,占日本对外贸易出口的 37.3%,其次是北美,金额为 1 350 亿美元,所占比重为 32.3%(详见表 6)。在进口方面,亚洲仍然是日本最大的贸易地区,1999 年从亚洲进口额为 1 288 亿美元,占日本进口总额的 39.6%。其次是北美地区,进口总额为 749 亿美元,所占日本进口总额的比重为 24.2%。

表 6　1999 年日本地域别对外贸易状况

(单位:亿美元;%)

	出口			进口		
	出口额	增减	所占比重	进口额	增减	所占比重
世界	4 174	8.1	100.0	3 097	10.9	100.0
亚洲	1 555	16	37.3	1 228	18.5	39.6
大洋洲	105	8.6	2.5	155	-1.2	5.0
北美洲	1 350	8.7	32.3	749	0.6	24.2
中南美洲	195	-6.3	4.7	97	5.3	3.1
西欧	796	3.5	19.1	477	10.1	15.4
欧共体	743	4.4	17.8	426	9.6	13.8
中东欧、俄罗斯	20	-15.3	0.5	46	23	1.5
中东	97.8	-21	2.3	305	20	9.9

资料来源:日本大藏省《贸易统计》2000 年

中国与日本的经贸关系

中国与日本的贸易额不断增加 日本是中国的第一大贸易伙伴,中国是日本的第二大贸易伙伴。据日本《东洋经济》统计,中日进出口贸易额占日本对外贸易的比重不断上升,已经从1996年度的8.2%,上升到1999年度的9.7%。金额也从1996年度的67 821亿日元,增长到75 328亿日元。日本对中国出口额在日本出口总额中的比重也不断上升,1999年度所占比重已达5.6%,进口额1999年度已经占日本进口总额的13.8%(见表7)。

表7 中日贸易额占日本贸易总额的比重变化

	进出口总额	占日本进出口总额的比重	占日本出口总额的比重	占日本进口总额的比重
1996	67 821	8.2	5.3	11.6
1997	76 924	8.4	5.2	12.4
1998	74 650	8.6	5.2	13.2
1999	75 328	9.7	5.6	13.8
2000年	92 209	11.13	6.8	16.8

资料来源:日本《东洋经济统计月报》

注:按日本统计习惯,1996年度指1996年4月至1997年3月底,以下依此类推。

据中国海关统计,中日贸易额也在逐年增加,虽然在中国对外贸易进出口总额中所占比重有些波动,但总的看处于增长趋势。(详见表8)

从表8可以看出,中日贸易额处于波动增长的态势,1999年达到661.7亿美元,创历史最高值。在中国进出口贸易中所占的比重也在不断提高,虽然1997年因亚洲金融危机开始有所下降,1998年降至17.9%,但1999年又开始回升,所占比重上升为18.3%。据海关统计,2000年上半年,中日贸易额达到378.9亿美元,同比增长30.3%。其中中国对日出口187.9亿美元,增长34.3%;进口191.1亿美元,增长26.6%。

表8 中日贸易额占中国进口贸易总额比重的变化

(单位:亿美元%)

年份	进出口总额	所占比重
1990	166	14.4
1991	202.5	14.9
1992	253.6	15.3
1993	390.7	20
1994	479.1	20.2
1995	574.7	20.5
1996	600.7	20.7
1997	608.3	18.7
1998	579.9	17.9
1999	661.7	18.7
2000	831.6	17.6

资料来源:《中国海关统计》

日本是对中国投资最多的国家之一 日本是世界上的投资大国,也是对亚洲投资最大的国家,近年来,日本对中国的直接投资位居日本对外直接投资的前列,日本对华投资实际使用金额连续多年位居中国实际使用外资金额之首。

日本对亚洲国家的直接投资占日本对外直接投资的比重较大,其中对中国的直接投资始终处于前列(详见表9)。据外经贸部统计,2000年上半年日本对华直接投资数目为652个,同比增长42.8%。截止到2000年6月底,中国累计批准日本对华投资项目数19 421个,合同金额376亿美元,实际使用外资金额263.71亿美元。

表 9 日本对外直接投资情况

（单位：亿美元；%）

	1996		1997		1998		1999 上半年	
	金额	增减率	金额	增减率	金额	增减率	金额	增减率
世界	480	-5.3	539.7	12.4	407.5	-24.5	464.9	177.0
韩国	4.2	-6.6	4.42	6.4	3.03	-31.6	4.16	138.1
中国台湾	5.2	14.1	4.50	-13.7	2.24	-50.2	1.18	4.7
中国香港	14.9	32.1	6.95	-53.2	6.02	-13.4	5.16	323.4
新加坡	11.15	-3.2	18.24	63.5	6.36	-65.1	6.90	153.6
马来西亚	5.72	-0.2	7.91	38.4	5.14	-35.0	3.76	37.2
泰国	14.03	14.7	18.67	33.1	13.71	-26.6	5.98	-15.6
印度尼西亚	24.14	51.3	25.14	4.1	10.76	-57.2	6.22	-2.0
菲律宾	5.59	-22.1	5.24	-6.3	3.79	-27.7	4.57	235.2
中国	25.10	-43.9	19.87	-20.8	10.65	-46.4	3.01	-30.8

资料来源：中国外经贸部统计

据中国外经贸部统计，日本对华投资金额 1997 年最多，达到 63.26 亿美元，但由于亚洲金融危机和日本经济不景气的影响，1998 年日本对世界的直接投资下降了 24.5%，致使对中国的投资也出现了大幅度的下降。投资项目数所占的比重从 1995 年的 7.9% 下降到 1999 年的 6.8%，实际使用金额所占的比重也从 1995 年的 13.6%，下降到 1999 年的 7.6%（详见表 10）。随着日本经济的复苏，对外投资增加，对中国的投资还会大幅度的增长。

表 10 近年日本对华投资的变化

（单位：亿美元；%）

	中国实际利用外资金额	中国利用外资的项目数	日本对华投资的项目数	占中国利用外资项目的比重	日本对华投资实际投入金额	占中国利用外资金额的比重
1995	375.2	37 011	2 946	7.9	51.1	13.6
1996	417.3	24 556	1 764	7.2	60.97	14.6
1997	452.6	21 001	1 402	6.7	63.26	14.0
1998	455.8	19 846	1 198	6.0	34.44	7.5
1999	404	17 100	1 167	6.8	30.64	7.6
2000	403.9	22 532	1 602	7.1	36.5	9.0
累计			20 371		281.3	

资料来源：中国外经贸部统计

东南亚国家对外贸易概况

外经贸部国际贸易经济合作研究院 周 萍

东南亚国家贸易状况分析

东南亚各国实施“出口导向型”经济发展战略，大力吸引外资，发展加工贸易，但由于各国产业技术仍处在发展阶段，生产设备及制造过程所需的零部件及原材料仍需依赖进口，因此进口多以生产所需的零部件及原材料为主，如机器设备、电子零部件及半成品等。而出口商品，则以电子产品及零部件和自然资源如石油天然气为主。亚洲金融危机后，东南亚各国为摆脱危机，普遍采取了较为宽松的财政与货币政策，大力鼓励出口，加上货币贬值所带来的价格优势，使得亚洲国家在经历了连续三年的滑坡之后，出口形势终于摆脱颓势，并明显回升，同时进口相对萎缩，经常帐目出现顺差。其中，泰国 1999 年全年出口额为 569.6 亿美元，较 1998 年增长 7.7%，已经超过政府制定的 1999 年出口增长 4% 的目标。1999 年全年进口额为 480.2 亿美元，较 1998 年增长 18.2%，全年贸易盈余额达 89.4 亿美元。马来西亚 1999 年出口额为 3 211亿林吉特，进口额为 2 489 亿林吉特，贸易盈余达 722 亿林吉特，较 1998 年增长了 23.8%。菲律宾 1999 年出口额达 350.3 亿美元，较 1998 年同期增长 18.8%，进口额为 307.3 亿美元，较 1998 年增长 3.6%，贸易盈余 43 亿美元；印尼 1999 年 1～11 月份出口额亦达 437.9 亿美元，虽较 1998 年同期小幅衰退 2.6%，但衰退幅度已较 1998 年大为减缓。

泰国

主要进出口产品 泰国出口产品主要集中在劳动密集型产业。其中，电子及电子零部件组装增长最快，同时，纺织及成衣也是泰国相当重要的出口产品。近年来，随着政府倡导向高附加值产业发展，汽车零部件、变压器、发电机、马达及光学仪器等技术密集型产品已成为泰国新的出口增长点。另外，泰国自然资源丰富，一些初级产品如橡胶等亦在国际市场具有很强的竞争力。在 1999 年的出口中，呈优势增长的出口产品有：电器和电子产品，木薯油制品，水果及蔬菜罐头，珠宝和装饰品，汽车、器材及其零配件。进口方面，随着技术密集型产业的兴起，生产所需的机器设备、原材料等成为主要的进口商品。其中，机器设备及零部件进口需求最大，为泰国进口商品首位；其次为电子设备及零部件，进口需求亦逐年增加。

主要贸易往来国 美国、日本和新加坡为泰国最重要的三个贸易伙伴。美国是泰国最主要的出口市场，日本次之，新加坡为泰国第三大出口国。进口方面，日本为泰国第一大进口来源国，美国次之，新加坡居第三位。

马来西亚

主要进出口产品 在马来西亚“出口导向型”经济发展战略下，近年来进出口均呈现高度增长。进口多以供加工复出口的资本货物及中间产品为主，其比例约占制造业出口总值的 85%，这也是进口会随同出口增长的原因之一。近年来，马来西亚信息产业发展迅速，使得进出口产品中的电子类商品有增加之势。出口产品主要有：电子设备及零件、半导体、机器、棕油及化学产品等。1999 年度，电子及电器产品为最大宗出口产品，全年出口金额高达 1 853 亿林吉特，比 1998 年增长 21.9%，占 1999 年出口总额的 57.7%。进口方面，电子零部件、通讯设备、办公设备零部件、石油产品及航空产品为主要进口产品。1999 年马来西亚的主要进口产品仍以资本材、消费材及中间材为主。

主要贸易往来国 新加坡、美国及日本为马来西亚三大贸易伙伴。进出口均为马来西亚前三大市场。

但是马来西亚出口到日本的产品有下降趋势，而自韩国的进口有逐渐增长的趋势。

菲律宾

主要进出口产品 早期菲律宾出口以农产品为主，后纺织及电子等劳动密集型产业兴起。近年出口产品以电子及电器设备为主，其次为成衣、机器及运输设备等。1999年出口产品中，电子及电器产品仍为最大出口项，11月份出口值达15.9亿美元，占11月出口总额的51.7%；其次为电脑辅助设备，11月份出口金额为2.8亿美元，较1998年同期增长55.4%；另外，菲律宾的动植物油脂类产品在全球市场拥有2～4%的市场占有率。进口方面，随着电子业的兴盛，制造业所需的零部件及附件成为主要进口商品。其次为通讯设备、电子设备及生产所需的半成品。1999年菲律宾进口产品中，资本货物进口额为10.4亿美元，较1998年增长32.8%，占全部进口总额的39.1%。其余为初级原材料和中间产品的10.2亿美元、矿物油及润滑油的3.3亿美元。

主要贸易往来国 美国、日本、新加坡为菲律宾主要贸易伙伴。1998年前美国为菲律宾第一出口国及第二进口国，日本为菲律宾第一进口国及第二出口国，新加坡为其第三进出口国。1999年，菲律宾进口来源国名次有所变化，美国超过日本升至第一位，自美进口占菲律宾全年进口额的20.1%；日本位居第二，占全年进口额的19.0%，韩国超越新加坡成为第三大进口来源国，进口所占比例为7.9%，新加坡退居第四，进口量占菲律宾全年进口总额的6.5%。

印度尼西亚

主要进出口产品 印尼出口以丰富的自然资源为主，石油产品为最大出口项。农业方面，以虾为主要出口产品，咖啡次之。工业方面，胶合板为主要出口产品，其次为纺织及成衣，目前出口仅次于石油及胶合板。同时，棕油出口开始强劲增长，目前仅次于马来西亚为世界第二大棕油生产及出口国。另外，印尼还是国际市场上重要的铜输出国。1999年出口增长的产品有：原油出口增长8.5%，主要是受1999年4月OPEC成员国限产保价，而使国际市场油价改善所致。同时，化学材料、钢铁、机械和自动装置均有大幅增长。进口方面，由于印尼的出口高度依赖进口来提供零件及原材料，因此进口以工业用的原材料为主。另外，食物与饮料亦为主要进口产品，资本货物以机器进口为主，进口金额在逐年增加。

亚洲出口恢复增长的势头推动了东南亚地区的经济复苏进程。这说明虽然金融危机对东南亚各经济体造成了严重的伤害，使其经济增长速度大大减缓，但由于这场危机本质上是一场流动性危机而非清偿性危机，是由于债权人对市场的信心和预期突然改变而使得大量外资在短期内迅速撤离。因此东南亚地区制造业的基础并没有被破坏，在各经济体采取了一系列整改措施后，其产品的出口竞争力逐渐恢复，对外资的吸引力亦逐步增强。

中国与东南亚各国的经贸关系及前景展望

东南亚国家是中国主要的贸易伙伴，中国向东南亚地区的出口约占中国总出口的6.5%。从贸易结构上看，中国出口到东南亚的主要商品是机电产品、纺织品、服装等工业制成品。从东南亚进口的主要是石油制品和一些工业原料。1997年东南亚金融危机，使东南亚各国货币贬值，因此出口需求强烈，而进口需求不振，再加上中国政府采取了人民币不贬值的负责作法，使得中国对东南亚地区的出口大幅衰退，加剧了中国与东南亚各国的贸易不平衡。1998年中国对印尼、泰国、马来西亚出口分别比上年下降36.4%、23.5%、16.9%，而进口却比上年增加了2%。1999年随着东南亚经济逐渐回暖，中国对印尼、泰国、马来西亚出口开始出现增长，较1998年分别增长52.0%、23.6%、4.8%，对菲律宾出口虽仍衰退8.8%，但衰退速度比1997年的29.0%已大大减缓。

随着东南亚各国经济的逐步回暖，其产品的出口竞争力亦在不断恢复和提升。这必将对中国经济产生深远影响。有利的方面有：(1)东南亚各国需求会增加，使中国对东南亚出口不振局面得到改观。1999年以来，中国对受危机影响国家的出口开始恢复，1999年1～5月对印尼出口增长35.4%，泰国4.5%。(2)东南亚各国经济复苏可增大中国从这些国家引进外资。1999年1～5月，东南亚各国对中国的直接投资普遍呈上升趋势。其中菲律宾实际投资比去年同期增长了5%，合同外资增长了26.8%。不利的方面有：(1)不利于中国出口。随着东南亚各国经济的复苏，其货币贬值所带来的价格优势,将使其产品竞争力提高,这必将对中国一些劳动密集型产品在国际市场形成竞争压力。这些产品包括:电子、电器、办公用品、光学产品以及食品、钢铁、建材、纺织、服装、玩具、鞋类及旅行用品等。(2)不利中国引进外资。1999 年,在国际资本流入亚洲呈上升趋势的情况下,中国利用外商直接投资增幅却一直下降。其中,1999 年上半年流入菲律宾的外国资本比 1998 年同期增加了 65%。

表 1　中国对东南亚四国贸易统计,1995～1999 年

(单位:千美元)

	1995		1996		1997		1998		1999	
	出口	进口	出口	进口	出口	进口	出口	进口	出口	进口
泰国	1 751 741	1 610 768	1 254 954	1 890 291	1 500 302	2 014 455	1 148 066	2 412 801	1 435 699	2 780 484
马来西亚	1 280 994	2 065 094	1 370 651	2 243 483	1 919 930	2 495 378	1 596 348	2 667 975	1 673 624	3 605 776
菲律宾	1 030 146	275 767	1 014 944	372 363	1 339 113	327 072	1 501 164	511 947	1 379 384	907 538
印尼	1 438 146	2 052 018	1 428 017	2 280 417	1 840 610	2 673 581	1 171 217	2 456 701	1 778 928	3 050 902

资料来源:《中国海关统计》

表 2　1999 年中国向东南亚四国出口的主要商品

(单位:千美元)

	谷物	化学工业及相关工业产品	纺织原料及纺织制品	贱金属及制品	机电、音像设备及零件、附件
泰国	13 722	229 205	201 938	130 152	551 243
马来西亚	179 757	146 096	171 772	130 919	578 113
菲律宾	48 457	70 954	148 487	87 314	621 003
印尼	200 291	276 884	196 685	151 193	467 019

资料来源:《中国海关统计》

韩国对外贸易概况

外经贸部国际贸易经济合作研究院　周萍

韩国位于朝鲜半岛的南部,东南隔朝鲜海峡与日本相望,西面临黄海,西海岸同中国山东半岛的最短距离约 190 公里,北部以临时军事分界线为界,与朝鲜相邻。韩国国土面积 9.93 万平方公里,人口 4 640 万。首都汉城是全国唯一的特别市,人口 1 047 万,是韩国政治、经济、文化中心。

韩国对外贸易

随着技术水平的提高、海外市场逐步扩大以及在海外投资企业的原材料、设备的需求增加等因素影响下,韩国的产品出口不断增长。特别是 1995 年,韩国的进口、出口及进出口总额均比前年有 30% 以上的增长。从 1996 年起,作为其主力产品的半导体及相关产品的国际需求下降,使得出口增长变得缓慢。1998 年虽然对美国、中国、日本及香港等的出口分别减少,但由于国内经济危机,进口大幅减少,贸易收支由亏损变为盈余,1998 年贸易盈余达到 390 亿美元,是 1994～1997 年的贸易赤字以来首次取得的贸易盈余,成为韩国克服金融危机的基础。

韩国的主要经济指标

	1995 年	1996 年	1997 年	1998 年	1999 年
人口(百万人)	45.10	45.54	46.40		
汇率(韩元/美元)	771.27	804.45	951.29	1 401.44	1 188.82
国内生产总值(兆韩元)	352.0	389.8	421.0	449.5	
GDP(10 亿美元)	456.4	484.6	442.5	320.7	
人均 GDP(美元)	10 119	10 641	9 641	5 913	
实际 GDP 增长率(%)	8.9	6.7	5.0	−5.8	10.7
外汇储备(百万美元)	32 721	340 730	20 405	52 041	74 054

资料来源:韩国银行《主要经济指标》

韩国对外贸易状况

(单位:亿美元)

	1994 年	1995 年	1996 年	1997 年	1998 年	1999 年
出口额	960	1 251	1 297	1 362	1 323	1 442
进口额	1 023	1 351	1 503	1 446	933	1 197
进出口总额	1 983	2 602	2 800	2 808	2 256	2 639

资料来源:韩国银行《主要经济指标》

1999 年韩国经济逐步恢复,进出口增长较快。根据韩国产业资源部公布的资料,1999 年韩国出口总额为 1 442.31 亿美元,比 1998 年增长 9.0%,进口额 1 197.23 亿美元,同比增长 28.3%,贸易顺差 245 亿美元。主要机电产品出口情况:半导体 181.71 亿美元(同比增长 11.9%)、汽车 103.83 亿美元(同比增长 15.4%)、钢铁制品 65.51 亿美元(同比减少 14.2%)、家用电器 61.28 亿美元(同比增长 21.3%)、船舶 63.37 亿美元(同比减少 11.0%)。进口额中,资本货物进口达 454.28 亿美元,其中机械类产品进口为 61.59 亿美元(同比增长 22%)、电子电气类产品进口 19.38 亿美元,增幅达 6.9%。

韩国的对外贸易国别构成上,美国、日本和中国分别列其商品进口国家和出口国家金额的前三位。1997 年韩国商品的主要进出口国家中,这三个国家占其出口总额的 36.7%,进口总额的 47.1%。从下表中可以看出除美国外,韩国主要的出口国家都是在东亚,进口国家也以东亚的日本和中国为主。

1997 年韩国对外贸易国别构成

(单位:亿美元;%)

出口			进口		
国家	金额	占总额比重	国家	金额	占总额比重
美国	216	15.9	美国	301	20.8
日本	148	10.8	日本	279	19.3
中国	136	10.0	中国	101	7.0
中国香港	117	8.6	澳大利亚	59	4.1
新加坡	58	4.3	德国	58	4.0

资料来源:韩国银行《主要经济指标》

韩国吸引外国投资增加

外国对韩直接投资主要是日、美等国为生产出口产品而进行的投资。在东亚地区,新加坡、马来西亚和中国香港在韩国吸引外国投资总额中所占比率较大,1995 年为 17.6%,1996 年为 29.6%,1997 年为 12.2%,1998 年 1~6 月为 8.7%。随着韩国服务领域的市场开放,1994年外国对韩直接投资在金融、商业、旅游等非制造业的项目合同金额首次超过了制造业。

从1998年起,韩国进一步对外开放和吸引外资,努力争取直接投资,完全消除了本国企业中外国股权持有的比例上限,外国企业对韩国企业的购并完全自由化,外国人投资于韩国地方政府债券和短期货币市场商品完全自由化,完全放开了外汇交易等。这些都有利于吸引外国金融资本。在外国直接投资方面,制定了新的《外国人投资促进法》,成立了韩国投资服务中心,为外国投资者提供便捷的一揽子服务。地方政府在吸引外国直接投资方面获得了更大的自主权。减免税范围进一步扩大,对于高技术领域的外商直接投资,公司所得税免税7年,此后3年减税50%。地方政府可以给予外商更多优惠。1998年韩国吸引直接投资89亿美元,比上年增长27%,1999年吸引外国直接投资额155亿美元。在资本市场方面,1998年韩国开始放开共同投资基金,放宽条件鼓励企业进入股票市场,健全债券和期货市场,开放公司海外借款,建立了外汇期货市场和金融衍生商品市场。

韩国吸引外国投资状况

(单位:100万美元)

	1995年	1996年	1997年	1998年1~6月
日本	418.2	254.7	265.8	365.7
新加坡	65.4	46.6	45.4	180.9
马来西亚	217.5	672.5	722.1	22.4
中国香港	58.0	228.5	84.6	9.6
欧洲	475.1	1 058.3	2 409.4	725.2
美国	645.0	876.0	3 189.5	953.5
加拿大	1.7	1 137.0	183.4	61.3
合计	1 941.4	3 202.6	6 970.9	2 461.2

资料来源:韩国财政经济部

韩国对外投资

在80年代后期,由于国内劳动力及土地等生产成本的提高,韩国加大了对外的直接投资。从下表中可以看出,在韩国对外的投资中,亚洲地区所占比重较大,1995年为54%,1996年为38%,1997年为50%,1998年1~6月为36%。在亚洲地区中,又以东亚的中国、越南、印度尼西亚和泰国为主,1995年这四个国家占其对外投资总额的40%、1996年为31%、1997年为37%、1998年1~6月为19%。

韩国对外直接投资状况

(单位:100万美元)

	1995年	1996年	1997年	1998年1~6月
亚洲	1 649.6	1 620.4	1 492.5	458.1
中国	821.8	823.7	627.4	181.9
越南	177.9	97.4	109.2	21.2
印度尼西亚	200.4	153.6	177.4	13.1
泰国	21.7	241.0	186.2	29.2
印度	13.8	150.3	105.2	49.3
北美洲	546.1	1 582.9	564.6	320.8
美国	534.5	1 564.2	554.2	313.1
中南美洲	119.6	256.2	257.8	27.9
欧洲	645.0	658.3	436.2	377.8
中东	31.6	26.5	68.7	1.0
非洲	41.0	11.5	109.1	17.2
澳洲	35.2	64.9	82.1	58.6
合计	3 068.0	4 220.8	3 010.8	1 261.4

资料来源:韩国财政经济部

韩国与中国的经济合作

韩中两国在经济文化等方面都有很大的互补性。自1992年8月24日韩国与中国建立大使级外交关系以来,各方面关系发展迅速。两国高层领导人实现了互访,各种经贸、文化团体和个人的交流与日俱增。建交后,两国政府已签订贸易协定,相互鼓励和保护投资协定;关于设立经济、贸易、技术联合委员会协定;科学技术合作协定;邮电合作协定;商社仲裁协定;海运协定;环境合作协定等。

中韩贸易状况 随着中国对外开放政策的进行,1978年中韩两国开始了通过香港转口的间接贸易,1991年双方互设代表处,1992年签订贸易协定和投资保障协议并建交,使间接贸易很快转化成直接贸易形式。中韩建交前,很长一段时期两国贸易额一直在几亿或十几亿美元之间徘徊,最高年份的1991年也只有32.5亿美元。建交后每年都呈现出很高的增长率,1999年达250亿美元。7年时间增长了近5倍,平均每年增长25%。中国随之成为韩国的第三大贸易国,韩国也成为中国的第三大贸易国,双方彼此成为十分重要的经济合作伙伴。

两国经济合作发展快速 中韩建交以后,经济合作得以迅速发展。这种积极的经济合作也是促进两国商品贸易扩大的重要因素。韩国企业对华投资可以分为三个阶段,即1985年至1992年的起步阶段,1993年至1997年的迅速发展阶段和1998年之后的稳定增长阶段。据韩国财政经济部的统计,截至1999年3月末,中国企业在韩国投资已达357家,投资金额达4 770万美元。当然,这些投资中中小项目较多。

随着中国经济的发展和韩国经济的逐步恢复,今后中国企业对韩国的投资可望进一步增长。相互投资的增长将会进一步推动两国贸易的扩大。

中国对韩国出口主要商品金额

(单位:亿美元)

商品名称	1995年	1996年	1997年	1998年	1999年
总值	66.9	75.1	91.2	62.7	78.1
纺织原料及制品	16.0	16.2	18.6	13.6	17.7
机电、音像设备及配件	6.1	9.8	12.7	11.4	17.1
贱金属及其制品	14.1	12.4	16.9	7.3	9.2
矿产品	8.5	11.3	13.0	8.6	7.9
化工类产品	5.7	5.3	5.5	4.4	5.6
植物类产品	2.5	3.2	6.9	4.6	3.9
动物性产品	1.6	2.7	3.1	1.9	3.8

资料来源:各年中国海关统计

中国从韩国进口主要商品金额

(单位:亿美元)

商品名称	1995年	1996年	1997年	1998年	1999年
总值	102.9	124.8	149.3	150.0	172.3
机电、音像设备及配件	22.3	30.9	33.8	32.6	45.3
纺织原料及制品	24.3	30.2	32.3	26.4	26.0
塑料、橡胶及制品	15.2	17.4	23.2	26.4	24.1
贱金属及制品	10.5	12.5	15.3	19.5	23.3
化工类产品	9.7	9.2	10.9	12.7	16.5
矿产品	4.0	4.3	10.1	11.0	14.1

资料来源:各年中国海关统计

韩国企业对华直接投资

(单位:项、亿美元)

年份	投资项目数量	合同金额	使用金额
1985~1992	943	6.2	1.6
1993	1 748	13.5	3.8
1994	1 849	18.1	7.2
1995	1 974	29.6	10.4
1996	1 603	42.8	13.2
1997	1 753	21.8	21.4
1998	1 307	16.4	15.3
1999	1 547	14.8	12.7
合计	12 724	163.2	85.4

资料来源:1985~1998年对外贸易经济合作部资料,1999年《国际贸易》2000年第2期《主要地区的出口统计》。

跨国集团营销文化走势辨析

江西财经大学　熊　焰
温　州　大　学　胡振华

跨国集团是对外直接投资的行为主体,它通过跨国的资源配置和生产经营活动对国际市场产生影响,成为世界经济发展、经济全球化过程中的支柱力量。纵观跨国集团市场营销的历程,大体经历了以生产为导向的营销观念、以产品为导向的营销观念、以市场为导向的营销观念、社会营销观念以及网络营销观念等发展阶段;在营销战略上,发生了从"有形具体产品"到"无形企业整体形象"、从"名牌产品"到"名牌企业"、从"目标市场"到"目标社会公众"的重大变化。跨国集团营销观念的发展变化,实质上是由营销文化促成的,并且是营销文化的投射与体现。从经济文化一体化的视角看,跨国集团营销文化的走势,可以概括为:品牌营销文化、整合营销文化、网络营销文化。

品牌营销文化　品牌是一个整合的概念,它是消费者认知有关产品经验的总和。跨国集团进入目标市场国面临的是全新的文化环境,如何向具有不同文化的人和组织营销自己的产品?首要的是,必须取得消费者的了解和认同,当使用需求、产品品质与功能均已成为定量之时,就必须拉近产品与消费者在心理和文化上的距离。这就需要做大量的市场调研,根据不同的消费需求、需求偏好、消费心理,营造深受消费者喜爱的品牌形象。品牌建设需要明确品牌的核心价值,需要理清品牌的角色关系,需要重视品牌认同的设计,还需要重视营销过程的各个细节,从产品性能、品质、包装、价格到销售环境,从产品陈列、售点广告、卖场气氛到销售说辞、服务态度,从企业声望、媒介舆论、大众口碑到广告气质、设计风格,都要竭尽全力、小心翼翼地切近消费者的心理需要、精神气质和审美趣味。

整合营销文化　经济的核心竞争力不仅在于产品的成功,更多的是经营上的成功。跨国集团为了使品牌忠诚成为可能,需要建立和消费者之间的牢固关系。因为对于任何一种产品,消费者的需求启动是这一产品生命的原始驱动力。这就需要整合营销文化,以消费者为核心重组企业行为和市场行为,综合协调地使用各种形式的传播方式,以统一的目标和统一的传播形象,传递一致的产品信息,实现与消费者的双向沟通,建立产品品牌与消费者长期密切的关系。按照这一思路,跨国集团将广告、促销、公关、新闻、CI、包装乃至产品开发进行一元化重组,并不断提升其文化品位。整合营销传播的核心和出发点是消费者,跨国集团树品牌的一切工作都要围绕着消费者进行,必须借助信息社会的一切手段了解什么样的消费者在使用自己的产品,建立完整的消费者资料库,增进企业与消费者之间的信赖关系。

网络营销文化　网络营销是指借助于互联网络、电脑通讯技术和数字交互式媒体来实现营销目标的一种营销方式。网络营销给跨国集团带来了极大的发展契机,它扩大了企业跨国经营的空间,也降低了进入国际市场的门槛;减少了跨国经营的风险,使市场调研更为准确;提高了营销传播的便捷性、经济性和丰富性,更有利于宣传自己的产品;可以提供更好的客户服务,满足消费者的需求,确立企业的整体优势。同时,互联网络也是消费者时代中最具魅力的营销工具。跨国集团可以在自己的网站上,为消费者提供很深入的信息,有及时更新的新闻,有幽默故事、有竞赛和有趣的游戏,以吸引更多的访问者,同时传播企业的品牌;而聊天室则可以提供互相交换信息的场所。互联网作为一种全新信息沟通与产品销售渠道,它改变了企业所面对的用户和消费者、虚拟市场的空间以及竞争对手,企业将在一个全新的营销环境下生存。

跨国集团的营销文化走势,主要有以下几点:(1)

累积式。上述三种营销文化的产生,都有其经济、文化、科技背景,同时也是为了适应跨国集团发展过程中消费者提出的不同需求。一般说来,后一种营销文化是前种营销文化的延伸与扩大。后者对前者是累积关系,发展关系,而不是取代关系。(2)交互式。在跨国集团发展过程中出现的这三种营销文化,一旦出现,便不会消失。它们直接服务于企业的营销活动,与企业发展相始终。网络营销文化出现之后,可以用于扩大品牌营销文化、整合营销文化的范围,提高其层次,丰富其内容。同样,网络营销文化也可以借助品牌营销文化、整合营销文化彰昭自己的神威与魅力。(3)变通性。跨国集团的营销活动是在不同文化环境中进行的,如何变"文化障碍"为"文化沟通",需要对接与变通。美国著名饮料可口可乐在20世纪20年代首次进入中国市场时,被翻译为"可口可蜡",存在"文化障碍";后改译为"可口可乐",才算得上"文化沟通"。在跨国营销活动中,那种只顾经济因素不顾及文化因素的生搬硬套,是吃力不讨好的。(4)人文性。跨国营销活动既是一种经济活动,又是一种文化活动。营销活动的主体与受体都是人,即使作为客体的是物,是产品,它也包含着使用价值以及文化品位。尊重人的特别是消费者的主体地位,提升品牌营销、整合营销、网络营销的文化品位,是跨国集团在营销活动中尤其看重并孜孜以求的。所谓品牌,就是消费者对这一产品在技术、品质、服务、亲和力上的高度认同。整合营销,也就是以消费者为核心,调动各种传播方式,使他们获得关于本产品以及企业的集中、完整而鲜明的印象。网络营销如忽视制度创新失去人文性,势必无人光顾。

跨国集团的品牌营销文化、整合营销文化、网络营销文化是怎样运作的呢?我们将结合实例作些说明。

营造品牌文化　挺进世界市场

成功的跨国集团要以名牌产品为基点。日常生活中,人们渴了就马上想到"可口可乐",想拍照马上就想到"柯达"、"富士",想买空调马上就想到"海尔"、"春兰",想买轿车马上就想到"奔驰"、"劳斯莱斯"。品牌是无声的推销员,是给跨国集团带来财富的最可贵的无形资产。

1886年德国奔驰成为世界上第一个汽车品牌。从创业时候开始,两位创始人特里普·戴姆勒和卡尔·奔驰的理念就是将质量视为生命,在产品的构思、设计、研制、试验、生产和售后服务等方面,自始自终贯穿质量第一的原则。为此,他们建立了一整套经营理念和价值观念、产品策略、服务策略以及内外沟通传播策略。

他们创立的核心企业精神是"公平、尽责","公平"是指公平竞争、公平经营,坚持在产品质量、花色品种、技术水平、市场销售和售后服务等方面凭借自己的实力来力争上游;"尽责"是指要在汽车行业,尽到自己作为一个顶级品牌的责任。

他们的经营理念包括传统理念、快乐感理念、共同责任理念。奔驰汽车公司的经营趋向于采用传统和高效的规则,企业的经营者首先就是要确保核心理念为广大员工、合作伙伴和外界环境所承认。奔驰近年来把能满足消费者自身的快乐感作为经营理念的一部分,加大汽车外观优美、内部豪华、品牌人格化的投入,使人格化的汽车"牌格"异化为社会身份、地位、财富甚至职业的象征,并成为人们在社会环境中存在的第二身份特征。奔驰的共同责任理念是,将环保作为自身的任务不断改进生产技术、降低污染的可能性、减少废气排放的数量、采用可多次循环使用的材料生产,以最大程度地保护环境。奔驰汽车公司的价值观念包括传统价值、潮流价值、社会价值。他们坚持的传统价值是:"安全、优质、舒适、可靠"。在"安全"上,推出了安全气囊、碰撞褶皱区、乘员安全车厢和电子辅助安全设备等多项新技术,为汽车安全领域的发展作出极大贡献。奔驰产品车在"质量"上,不仅仅满足于符合行业内部和各国有关规定,还制定了一套更为苛刻的标准,确保产品质量万无一失。驾驶是一种乐趣,乘坐是一种享受。奔驰近年来强调一种能使人放松心情、消除紧张的"舒适"感觉:按照人体动力学设计可自动调整的座椅;充分利用的内部空间;隔音良好的车厢等。"可靠"的性能使奔驰汽车的使用寿命普遍比同类产品长。超凡的质量标准、完备的售后维修保养措施和专业技术队伍,成为其保持长期性能可靠的坚强后盾。他们重视潮流价值,着重强调个性特点。根据客户看重自我实现、个性体现的不同需求,将奔驰汽车细分为不同的产品线:标准型——车身颜色稳重大方,内饰与外观协调统一,采用标准配备,价格适中;豪华型——车身颜色品种繁多,内饰豪华典雅,囊括奔驰各种豪华配备,尽显车主身份地位;运动型——车身色泽鲜明抢眼,内饰与外观色彩反差明显,底盘降低并配有更强动力的发动机和各种动感配备。

企业的经营理念需要通过产品、服务和联络系统等形式具体体现出来。奔驰汽车公司在产品策略上,注重产品的明确定位和市场细分,因为它是保证奔驰品牌在市场上得以生存和发展的基础。奔驰与宝马同属一个档次的高档轿车,但奔驰汽车公司经过调研、分析,建立自己产品的独特市场定位:奔驰的购买者是那些年龄偏大、事业有所成就、社会地位较高、收入丰厚的成功人士,与宝马属于那些富有朝气、年轻有为、不受传统约束的新一代人士的市场定位有所区别。在服务策略上,奔驰拥有强大的售后服务网络,有定期的维护保养计划,有充足的零配件供应。产品售出后,奔驰仍然将其视为企业经营活动的一部分,时刻保持着与其主人的联系。奔驰汽车销售到哪里,售后服务网络就建立到哪里,以确保每一辆汽车都得到良好的照顾。近年,奔驰汽车公司在国内设有近2 000个维修点,在全世界设有近 4 000 家维修点。奔驰为出售后产品的维护和保养制定了一整套规范和措施。汽车出厂后即装运到客户所在地,由客户亲自验车,然后开至当地奔驰授权的维修中心进行交车前检测。维修人员按照规定程序进行调整,使其达到最佳的行驶状态,最后交车给客户,并提醒客户下次维修保养的时间,以确保车辆驾驶安全。奔驰每一家维修厂都有专门的零件部,并储存一定数量的常用零件。如遇特殊需要则可直接与德国原厂零配件部门联系,空运急需的零件品种。在传播策略上,奔驰重视对内理念传播和对外理念传播。企业内部从领导层到普通员工都必须将企业经营理念和价值观念作为自身行为的准则。奔驰设有专门的培训部门,帮助内部员工、合作伙伴和地区维修服务人员对企业经营理念及其最新发展动向有深入的了解。对外则通过销售和促销活动、外观形象设计、新闻报道传播、广告传播、公共关系传播,充分展示奔驰对社会的责任感、产品和创意的无穷魅力,提高其品牌的知名度与信誉度。奔驰品牌卓然屹立,百年不倒,首先得益于深厚的品牌文化底蕴。

如果说奔驰品牌营销一路走好的话,那万宝路却是改变品牌策略之后才起死回生。20 世纪 50 代,万宝路在美国是一个陈旧得几乎寿终正寝的品牌。1954 年,菲利普·莫里斯公司的决策者们经过对香烟市场趋势审慎分析之后,作出了改变万宝路品牌方针的决定:改淡烟为重口味香烟,改无滤嘴为有滤嘴,改老旧形象为现代化形象,改针对女性为针对男性,改广告以功能诉求为形象诉求。当时的重新上市是以产品变化为主,因为菲利普·莫里斯看准了过滤嘴香烟是未来的趋势,而且颇具现代形象。尽管那时候有90%的抽烟人都选择没有过滤嘴的香烟,为了迎合年轻男性,同时也为了消除一般认为过滤嘴香烟口味较温和的成见,因而特别加强烟草口味,并且将过滤嘴部分以深棕色纸包裹,象征香烟有浓烈的口味。在广告策略上,以选用男性化的模特儿扮演从事粗重工作的诉求,包括飞行员、远航渔民、牛仔和机械工程师,其中牛仔的角色最被男性目标消费群认同,但这个系列广告还是选用牛仔及其他男性化角色多年。到了1963 年,根据调查显示,万宝路香烟需要一个更明确的代表性人物,于是以牛仔为代表的万宝路男性由此诞生。当时的广告守则如下:

所选的牛仔必须是能够获得男性认同、女性青睐的典型;

这名牛仔必须具有说服力;

万宝路的世界必须永远是新奇的,而非一般平凡世界;

每一则广告必须单刀直入且具有震撼力;

广告的变化在于不同的牛仔、不同的抽烟时刻和新奇的乡间景象。

在 60 年代里,万宝路的销售业绩每年都有 10%的增长。到了 1975 年,万宝路已成为美国的领导品牌,并且不断进军国外市场。

他们坚持所有的广告素材都是由菲利普·莫里斯公司及其广告代理商在美国西部统一制作,即使因为各国国情不同而允许少量变化,但不能偏离原则精神,也就是产品定值始终如一。另外一项有关广告的一致性即是强调包装上的红色 V 型设计,如此才可强化消费者对产品的辨认。如果在限制香烟电视广告的国度里,则可采取其他变通的促销办法。后来,万宝路的大部分营销预算都花费在摩托车赛、热门音乐会及其他活动上,而万宝路的红色 V 字型便成为品牌的代言人,不用文字或名称就可以让人一眼认出万宝路。在许多国家里,万宝路已被广泛地与许多男性化运动联想在一起。

奔驰、万宝路的案例告诉我们:第一,品牌是跨国集团在营销沟通中向顾客传递的最主要的信息,也是所有信息的象征性代表,同时,也是消费者认知中有关产品经验的总和。它是跨国集团走向国际市场营销并赖以生存发展的基础,必须高度重视并倾全力于品牌建设。第二,品牌建设事实上是一种文化建设。品牌和人一样也会有各种不同的认同和"品格"。"牌格"是通过品牌的核心价值而形成的,需要经历一个相对持久的过程。必须将产品或服务作为一种文化和一个完整的品牌来创建和经营,而不是当作一件产品去生产。第三,必须高度重视广告对品牌的宣传作用。品牌的塑造与推广在借助广告宣传的同时,其优秀的广告创意对目标消费者的观念与生活方式产生巨大影响,进而对整个社会的思想观念与审美取向产生强烈的冲击。第四,跨国集团在全球的发展,推动着其品牌向国际化方向的转化。在这一过程中,一个异国品牌如何尽快本土化、价值核心被当地消费者所认可,依赖的已经不仅仅是价格、质量和服务等要素,还取决于企业品牌如何被本地接受,通过良好的社会形象,拉近品牌与当地消费者之间的距离。品牌的象征意义超越了产品本身,藉由企业倡导的文化和对人类无国籍差异的关怀,产品品牌以至企业品牌演变为被社会认可的一个符号、一种精神或一种情怀。

精心整合文化　契合消费目标

企业的产品是一个整体概念,它的核心基本利益,外延部分构成改变消费习性的重要因素。跨国集团要是认识不到这种包含多项企业战略在内的产品外延性,则难以占领和长驻市场,使消费者产生持久的对企业产品的忠诚度。

早在1985年,美国哈佛著名的管理学家麦克·波特就对产业的竞争环境做了精深研究,他指出任一产业中的厂商,要想在竞争中占据一席之地,首先是详细分析产业中各种竞争力的作用,其次可采用通用的三种竞争战略手段——低成本、差别化和集中一点树立竞争优势。但是,竞争优势的表现之处不是企业产品和服务单一的某个环节上,而是贯穿于企业产品生产投入和产出的全部过程中,从投入到产出的每个环节创造的价值增值,构成企业的利润,每种价值增值都是竞争优势的分解要素,这就是著名的波特"价值链"思想。它的可贵之处,在于突出了与产品整体概念相一致的价值的统一性。

海尔集团通过多年的摸索与实践,硬是找到了创造产品价值,展现价值链,整合营销文化,突出竞争优势的钥匙。海尔集团是在1984年引进德国利勃海尔电冰箱生产技术成立的青岛电冰箱总厂的基础上,发展起来的特大型企业。经过短短15年的时间,从一个亏空147万元的集体小厂迅速成长为拥有白色家电、黑色家电和米色家电的中国家电第一品牌,到1999年海尔产品包括58大门类9 200多个品种,企业销售收入以平均每年81.6%的速度高速、持续、稳定增长。1999年,集团工业销售收入实现215亿元。1997年8月,海尔被国家经贸委确定为六家首批技术创新试点企业之一,重点扶持冲击世界500强。他们以"先难后易"的战略,坚持打海尔品牌出口,现已在海外发展了62个经销商,36 000个经销点,产品批量出口到欧美、中东、东南亚等世界十大经济区域共90个国家和地区。1999年,海尔品牌出口创汇1.38亿美元。目前已在海外设厂5个,在建的有8个,向国际化大企业的目标迈进。在不断发展壮大的过程中,海尔集团是从企业理念整合、形象识别整合、经营模式整合、传播形象整合四个方面推进整合营销文化的。

企业理念整合　海尔集团在国内外营销过程中,将自身的经营理念整合成系列的企业理念,市场观念:"市场唯一不变的法则就是永远在变","只有淡季的思想,没有淡季的市场","卖信誉,不卖产品","否定自我,创造市场";质量观念:"高标准精细化零缺陷","优秀的产品是优秀的人干出来的";服务理念有:"带走用户的烦恼,烦恼到零;留下海尔的真诚,真诚到永远";售后服务理念有:"用户永远是对的";关于海尔发展方向:"创中国的世界名牌"。其核心理念是"用户满意"。

形象识别整合　海尔的前身是青岛电冰箱总厂,后来引进德国"利勃海尔"公司先进技术和设备生产出亚洲第一代"四星级"电冰箱,该产品定名为"琴岛——利勃海尔",产品标志设计了象征中德合作的儿童吉祥物。这些视觉识别标志及名称，构成了海尔集团产品的第一代识别标志。海尔走向国际市场后，产品的标志和名称与德方相似，并且与“青岛电冰箱总厂”的企业名称不统一，严重影响了国际市场的开拓。经过几次变更，1991年海尔人把企业名称简化为“青岛琴岛海尔集团公司”，产品品牌名称也同步简化为“琴岛海尔”牌，初步实现了企业品牌名称与产品品牌名称的统一。与此同时，他们开始有意识地建立自己的企业整体形象识别系统，推出了以“大海上冉冉升起的太阳”为企业理念的新标志，以“海尔蓝”为企业标准色等，这样便逐步形成了海尔集团第二代识别名称与标志。伴随着企业的迅猛发展，多角化、国际化经营作为企业发展重点战略的确定与进一步实施，上述标志和名称由于存在着不够凝练、整体感不强、技术特征不明显等弱点，表现出明显的不适应性，企业需要更为超前的企业整体形象的物质载体。1993年5月，经过深入调研和分析，决定对企业品牌识别系统作根本改造：(1)将企业名称简化为“海尔集团”；(2)将英文“Haier”作为企业品牌主识别文字标志；(3)将产品品牌商标标志与企业品牌简称和标志统一起来。经过再次整合，达到了如下目的：第一，企业品牌与产品品牌名称与标志统一起来了，达到了优化、简化的目标，便于人们对企业品牌的识别、记忆；第二，由于品牌设计上简洁、稳重、大方、信息更加凝练，也便于社会公众的认识、记忆；第三，建立了自己独立的企业品牌，终于摆脱了当初“引进”的阴影；第四，企业整体形象的物质载体更加明确。

经营模式整合 海尔集团在实施用户满意的战略中，推出系统的用户满意工程。其中最富有海尔特色的，一是日清日高管理模式(OEC)，二是推出“定制营销”新模式。

日清日高管理模式 海尔人从用户满意战略出发，高度重视产品及其质量，从理念上、制度上、全员意识上和生产全过程上采取措施，进行整合，创造性地总结提炼出日清日高管理模式OEC(日事日毕，日清日高)。所谓OEC模式，就是每天所有的事都有人管，做到控制不漏项；所有的人均有管理、控制内容，并依据工作标准对各自控制的事项，按规定的计划执行；每日把实施结果与计划指标对照、总结、纠偏，达到对事物发展过程日日、事事控制的目的，确保向预定的目标发展。日清系统是目标系统得以实现的支持系统，包括两个方面，一是“日事日结”，即对当天发生的各种问题在当天弄清原因，分清责任，及时处理，保证目标得以实现；二是“日清日高”，即对当天发现的工作中的薄弱环节，查明情况，提出改进措施，从而不断改善，不断提高。海尔还通过对服务状态的三个过程：售前服务、售中服务、售后服务，整合星级服务体系的结构。售前服务，真实地介绍产品的特性和功能，通过耐心的讲解和演示，为顾客答疑解惑，使客户心中有数，以便顾客在购买中进行比较和选择。售中服务，有条件的地方实行“无搬动服务”，向购买海尔产品的用户提供送货上门，安装到位，现场调试，月内访问等项服务。售后服务，通过微机先进手段与用户保持紧密联系，出现问题及时解决，以百分之百的热情弥补工作中可能存在的万分之一的失误。近年来，在原先良好服务基础上推出一条龙六位一体星级服务：电话咨询、上门设计、免费送货、免收材料费、24小时服务到位、用户跟踪回访，“你只需打个电话，其余的事我们来做”。继而又推出“红地毯”服务，即对因搬运与安装可能给现代家庭居室带来的不便全面承担责任。

定制营销模式 定制营销是企业面向消费者，按照客商的特殊要求定制产品的新型营销方式，它注重产品的设计创新与特殊化、个性化服务实现了市场的快速形成和裂变发展。海尔的“定制营销”是一种营销理念创新，认为顾客在现代营销中已上升为企业营销关系中的主要关系，处于核心位置。让顾客满意成为企业营销创新的最高目标，企业的一切经营活动必须紧紧围绕顾客进行。为此，海尔在国际经营中坚持本土化设计，把为中东地区客商定制的耐高温冰箱、为美国消费者定制的有“棱角”冰箱和为欧洲定制的“绿色冰箱”等“定制产品”及时送到顾客手中。在国内经营中，推出了“我的冰箱我设计”活动，100多万台“个性化”订单“飞”到了海尔人面前。海尔人对规模制造与柔性生产线进行整合，提供9 200种基本产品类型，这好比是9 200种“素材”，再加上提供的上千种“佐料”(基本功能模块)，消费者与商家可以自主选择。重庆一位吴先生写信给海尔，提出为其家有幼儿、年迈老人的家庭设计一种能超远距离控制的空调的要求，经过夜以继日的开发、设计、生产，仅用6个月时间，国内首创的大圆弧外形，具备国际一流水准的超级三段式蒸发器、全塑永不生锈室外机壳,具有人机对话智能的"小超人"变频空调就问世了。

传播形象整合 海尔集团有明确的营销传播思路,他们所开展的每次宣传促销活动已经不是针对某种具体产品而进行的,也不是以短期内提高某种具体产品的销售额和市场占有率为唯一目标,而是集中于一个共同的目标——在"海尔"的目标社会公众中传播、维护和完善"海尔"良好的企业形象。他们把企业品牌作为企业所有产品的总标志,然后根据不同的产品特征确定具体产品的类别名称和销售识别名称,形成三个层次的主体品牌策略构架。这样做既可以在促销宣传上利用"海尔"连贯、一致的企业品牌形象,大大降低信息传播成本,维护和完善企业品牌所代表的企业整体形象,为企业整合信息传播奠定了基础,又可以突显不同类别和不同规格产品的个性特征,并使二者相得益彰,强化了企业品牌的载体作用。海尔集团的电视广告在海尔集团总形象篇下,相继推出了"服务篇"、"技术篇"、"国际篇"等具体形象的宣传,从不同角度和层次诠释、丰富海尔集团总体形象"真诚到永远"、"海尔,中国造"的内涵。此外,海尔集团在不同层次的整体宣传推广上,始终从企业整体形象的角度把握宣传风格,形成一个统一整体个性。在传播媒体与方式上,海尔集团将广告、促销、公关、新闻、CI、包装、产品开发等进行整合,这样既发挥了各种传播方式的功能,形成形式的多样性,又有一致的产品信息,统一的目标和统一的传播形象,达到目的的集中性。

海尔集团整合营销文化的案例使我们认识到:(1)整合营销文化是跨国集团创造竞争新优势的最重要方法。当前,不仅先进国家的市场,而且发展中国家的一部分商品也逐渐趋向饱和及均衡状态。对于企业,产品本身差异化变得很困难;即使开发出新产品,由于技术的发达,仿制品会很快上市,产品的先占效果也很难实现;至于价格战略,就是降价也很难与低价的无商标产品竞争。整合提高效率,整合创造价值、整合营销文化势在必行。(2)整合营销文化是多序列的系统工程。它的关键是,综合协调地使用各种形式的传播方式,以统一的目标和统一的传播形象,传递一致的产品信息。"步调一致才能得胜利。"(3)整合营销文化的核心是"用户满意"。必须以消费者为核心重组企业行为和市场行为,通过整合营销文化,实现企业与消费者的双向沟通,建立产品品牌与消费者长期密切的关系。

编织网络文化 打造国际平台

跨国集团运用相互联接的全球信息网络把各个子公司创新性的营销经验和技能通过组织内的传递机制进行有效传递,从而成为整个企业共享的资源,同时利用现代信息网络资源开发营销活动,企业能将产品说明、顾客意见、广告、公共关系、顾客服务等各种营销活动整合在一起,进行一对一的双向互动沟通,真正达到营销组合所追求的综合效果。网络营销是营销战略在网络时代的一种新的升华,更本质地反映了具有时代特征的新营销理念和运作。

中国网络经济起步比较晚,到1996年网络营销才为中国企业所尝试。1997年,江苏无锡小天鹅利用互联网向国际上8家大型洗衣机生产企业发布合作生产洗碗机的信息,并通过网上洽谈,敲定阿里斯顿为合作伙伴,签订合同2 980万元;海尔集团1997年通过互联网将3 000台冷藏冷冻冰箱远销爱尔兰,至1999年5月12日,该公司累计通过互联网发布信息11 298次,接受并处理用户电子函件3 600多封,访问人数由上年同期平均每天2 300人次扩大到现在平均每天27 000人次,并有20%的出口业务通过互联网实现。短短几年内,网络经济效益已经非常明显。

利用企业网站可以发现客户的需求,了解竞争对手,发布新产品信息,抢占商业先机,并利用客户反馈来完善产品和服务。2000年6月21日,也就是美国宣布部分解除对朝鲜持续50年制裁的第三天,可口可乐公司将一车可口可乐安排在中朝边境的丹东,随时准备运往朝鲜民主主义人民共和国。六年前,也就是美国政府1994年正式宣布解除对越南持续30年的贸易禁令后24小时之内,可口可乐公司的产品就发往越南。抢占新的目标市场如此神速,离开互联网是难以想象的。再如中国太平洋航空公司使用网站来调查频繁的国际航线的乘客,并确定他们对于航线、目的地、机场和飞行的喜好。

利用企业网站可与新闻媒体和客户等沟通信息,

在市场上提高企业及产品形象。日本本田汽车公司使用网站提供有关其最新模型的详细信息,顾客不仅能下载有关最新的本田汽车的声像,而且通过点击鼠标定向的拖动就能从各个不同的视角领略汽车内外的造型。英国烈性黑啤允许顾客从它的网站上下载最新的电视商品,用作屏幕保护。这种与消费者接近的方式,能在顾客心目中建立企业品牌形象的亲和力,因为通过屏幕保护画面可以连续不断地提供广告信息。

利用企业网站可以代替或部分代替传统的广告、印刷品等,满足产品的图文介绍的需要,并可以直接进行网上订购交易,降低销售成本。美国戴尔公司自1992年以来,销售额平均每年增长54%。这种跨国经营的"超增长",得力于企业绕过中间批发商,运用网络商务,根据顾客需求,突出技术创新与定制产品,直接向消费者销售。同时,注重产品供应、技术创新、服务与信誉的整合效力,使消费者群体快速扩大,市场快速裂变与发展。戴尔公司运用因特网等现代营销方式与客户直接联系,确保在3~5天内将根据顾客个性化要求设计生产的产品交到顾客手中,其价格低于市场产品10%以上,并有一流的技术和服务保证。

利用互联网可以处理顾客的投诉、咨询和建议,降低与顾客沟通所需的成本,提高产品的服务水准。日本东芝公司的一个录像机用户,对售后服务不满意,当面投诉怕不解决问题,诉诸法律又怕没有效率,于是在互联网上开了一个"关于东芝公司售后服务"的个人网站,将他在东芝公司的遭遇详细地予以披露,很快就引起世界各地网民的注意,点击网站的人数达700万之多,形成了对东芝公司的巨大压力。尽管东芝公司也在网上作了"反击",但遭到失败,最后只得派一名副总裁乘飞机到用户家当面道歉。

网络营销是全程的营销渠道,同时又是一种全新的营销理念,具有很强的实践性,它的发展速度是前所未有的。跨国集团正在加大投入的力度,搞好网络营销的基础设施建设和新的游戏规则的建立。1999年11月,美国两大汽车品牌——通用和福特先后宣布将把它们庞大的采购利用电子商务的方案来解决。目前,世界所有的轿车品牌都在互联网上建立了自己的网站,实施网络产品与企业介绍,有些已经开始尝试进行电子商务交易活动。网络营销彻底实现了汽车品牌的国际化,全世界的购买者通过互联网可以随时随地向供应商下订单。福特现任总裁纳塞尔说,在2001年或2002年内,福特汽车公司的各个整车生产厂都可以在网上及时收到用户的特殊定单,并在10天以内使绝大部分汽车完成制造并发货。不久前,中国春兰集团决定斥资10亿元用于电子商务项目,打造世纪之网。他们用新技术改造传统产业,用传统产业推动网络经济。传统产业借助网络平台将有一个质的飞跃。通过在线交易,大大节约了采购成本。据集团总经理陶建幸估计,通过电子商务,预计给春兰集团节约采购成本10%以上。春兰集团每年100多亿元的采购量,除了一些非常专业的采购品种以外,其余全都可以通过电子商务来完成,而且可以实现全球采购战略。如果春兰集团年采购量的50%通过互联网操作,那么将涉及约70亿元的采购量,节约采购成本10个百分点就是7亿元。此外,春兰的产品销售也要搬到网上,这将大大降低交易成本和宣传成本。直接在网上销售,与供应商的批零差就没有了。原先这部分差额将直接落到春兰的口袋里。如此便捷的经营方式,如此丰厚的资本增殖,何不乐而为之?

网络营销不仅仅是一种技术手段的革命,而且包含了更深层的观念革命。网络的互动性使得顾客能够真正参与整个营销过程,而且其参与的主动性和选择的主动性都得到加强。这就决定了网络营销首先要求把顾客整合到整个营销过程中来,从他们的需求出发开始整个营销过程,最终实现的是消费者需求的满足和企业利益最佳化。同时,网络营销导致商品价格更加公正,对消费者更为便捷;企业降低了采购成本,提升了产品和服务的质量。正因为互联网代表着企业和消费者的共同利益,网络营销有着广阔的发展前景。目前,在网络中也存在着许多不确定的因素,例如信任危机问题、安全问题等。我们期待并且相信这些问题的解决,因为网络营销是未来网络经济中最具潜力、更有广泛适用性的发展方向。

需求随时间变化的库存模型

北京理工大学管理与经济学院 王永忠

本文研究了需求率随时间变化的库存模型,将以往研究的内容从确定性的需求率或者是线性的需求率推广到了更一般的模型,并将一般产品的研究推广到了变质性物品,对物流企业具有参考价值。

经典的EOQ模型研究是需求不随时间变化的库存模型。而目前大多数的文献集中地研究在线性需求上面[文献1,4,7]。在现实世界中,许多商品的需求是随着时间变化的(不一定是线性需求),如空调产品、冷饮产品等,因此有必要对这一类产品进行研究。

本文首先建立了非变质性产品的模型,而后建立了变质性产品的模型。

假设与参数说明

1. 假设说明

1)系统进货瞬间完成

2)不允许缺货

2. 参数说明

1)在时刻 x 的需求率为 D(x)

2)系统从 t_0 开始运行,t_i 为进货时刻,Q_i 为进货量

3)a 为订货费

4)b 为单位时间单位货物保管费用

5)在时刻 x 的变质率为 $R(x)$

模型的目标是为了求出 t_i 及对应的 Q_i 。

模型建立

在本部分中,首先要建立非变质性物品的库存模型,然后再建立变质性物品的库存模型。

1. 非变质性物品

在一个运行周期$[t_i, t_{i+1}]$里,库存从 Q_i 以 $D(x)$ 的速率减少至 0,而在 t_{i+1} 时刻,库存水平上升至 Q_{i+1}。

为了清楚地说明问题,从$[t_0, t_1]$开始求解。

由假设可知系统在 t_0 时刻运行,下一个目标是求取 t_1 和 Q_1 。

设在 $t_0 \leq x \leq t_1$ 的时间段中,在时刻 x 时,库存为 $I(x) \geq 0$ 。又因为 $I(x)$是以 $D(x)$的速率向外供货则有如下方程:

$I'(x) = -D(x)$且初始条件为:$I(t_1) = 0$

则可以知道:$I(x) = \int_{t_0}^{t_1} D(x)dx$

下面考察在这个周期中的费用:

订货费为 a,所以平均订货费用为 $\overline{A} = \dfrac{a}{t_1 - t_0}$,库存平均保管费用为

$\overline{B} = b\dfrac{\int_{t_0}^{t_1} D(x)dx}{t_1 - t_0}$,则总的费用为

$$F_1(t_1) = \overline{A} + \overline{B}$$

根据极值条件令 $F_1{'}(t_1) = 0$ 可以推出如下 t_1 隐函数:

$$F_1(t_1) = bD(t_1)(t_1 - t_0)$$

由此隐函数可以确定出 t_1,再根据假设1与2可以推出

$$Q_1 = \int_{t_0}^{t_1} D(x)dx$$

综合以上可以得知:

确定的时间序列与进货量的序列为:

$$\begin{cases} F_i(t_i) = bD(t_{i+1})(t_{i+1} - t_i) \\ Q_{i+1} = \int_{t_i}^{t_{i+1}} D(x)dx \end{cases}$$

即：$\begin{cases} t_i = F_i^{-1}[bD(t_{i+1})(t_{i+1}-t_i)] \\ Q_{i+1} = \int_{t_i}^{t_{i+1}} D(x)dx \end{cases}$

2. 变质性物品

已知变质率为 $R(x)$，在其它假设不变的情况下，先求取第一个时间段$[t_0,t_1]$可以得知在时刻 x，且 $t_0 \le x \le t_1$，在区间$[x,x+dx]$上，在时刻 x 与在 $x+dx$ 的库存量有以下的关系：

$$I(x+dx)=I(x)-R(x)I(x)dx-D(x)dx$$

则可以得到如下方程组：

$$\begin{cases} I'(x)=-R(x)I(x)-D(x)dx \\ I(t_1)=0 \end{cases}$$

由此，根据一阶微分方程的通解公式可以得到：
$I(x)=\int_x^{t_1} D(y)exp(\int_x^y R(z)dz)dx$

同理得到了 $Q_1=\int_{t_0}^{t_1} D(y)exp(\int_{t_0}^y R(z)dz)dx$
下面确定 t_1

在这个周期中，平均订货费为 $\overline{A}=\frac{a}{t_1-t_0}$，平均库存保管费用为

$$\overline{B}=b\int_{t_0}^{t_1} I(x)dx$$

$$=b\left[\frac{\int_{t_0}^{t_1} dy \int_{t_0}^{y} D(y)exp(\int_x^y R(z)dz)dx}{t_1-t_0}\right]$$

则总的费用为 $F_1(t_1)=\overline{A}+\overline{B}$

根据极值条件令 $F_1{}'(t_1)=0$ 可以推出如下 t_1 隐函数：

$F_1(t_1)=bD(t_1)\int_{t_0}^{t_1} exp(\int_y^{t_1} R(z)dz)dy$。当 t_1 确定下来以后，则 Q_1 也可以确定下来了。

由此可以得到进货的周期序列与进货量的序列：

$$\begin{cases} F_i(t_i)=bD(t_{i+1})\int_{t_i}^{t_{i1!}} exp(\int_y^{t_{i+1}} R(z)dz)dy \\ Q_{i+!}=\int_{t_i}^{t_{i+1}} D(x)dx \end{cases}$$

即：

$$\begin{cases} t_i=F_i^{-1}[bD(t_{i+1})\int_{t_i}^{t_{i1}} exp(\int_y^{t_{I+1}} R(z)dz)dy] \\ Q_{i+1}=\int_{t_i}^{t_{i+1}} D(x)dx \end{cases}$$

结论及未来的研究方向

本文建立了需求率随时间变化的库存模型。此模型具有通用性。本文是对目前需求率研究的一个有益补充。未来的研究方向是允许缺货的库存模型，系统进货有滞后的情况。

参考文献

[1]魏国华等，实用运筹学，复旦大学出版社[M]，1987，P348～358

[2] Lev. B. and H. J. Weiss, inventory model with cost changes, Opnl. Res. Soc.[J] 1990 38(1)

[3]顾炳华，存贮时间水平有限且费用参数可变的最佳生产—库存模型，运筹与管理[J]，1997.6

[4]陈学，需求率符合产品寿命周期的库存问题的最优控制，系统工程理论与实践[J]，1997.4

[5]叶宗裕，库存问题的进一步研究，浙江师大学报[J]，2001.2

[6]刘信斌等，生产与销售的周期库存模型，实用物流技术[J]，2001.1

[7]周永务，线性需求合并短缺的有限时间水平的生产—库存模型，系统工程理论与实践[J]，1995,5

[8]曲中宪等，库存为线性减函数的随机库存策略，吉林林学院学报[J]，1999,4

[9]陈学，需求率呈线性递增的库存问题的最优控制，现代管理[J]，1995,4

（作者系北京理工大学管理与经济学院博士生）

进出口贸易指数

单位:1990年=100

	1994年	1995年	1996年	1997年	1998年	1999年	2000年
出口数量指数							
世界	123	137	143	160	169	177	
发达国家	117	127	133	149	155	162	185
非洲	112	103	187				
北美洲	127	137	145	161	165	176	182
亚洲	104	108	109	119	117	120	133
欧洲	115	128	133	151	160	166	183
#欧盟	116	130	134	153	162	169	184
#欧洲自由贸易区	117	121	127	143	144	154	170
大洋洲	136	139	155	167	166	173	183
发展中国家	143	165	172	193	210	223	
非洲	99	124	121	130	153	145	
美洲	124	166	160	164	176	178	
亚洲	154	171	184	210	228	247	
中东部分	135	137	143	163	198	174	
其它	157	177	192	219	233	263	
出口单位价格指数							
世界	101	109	108	101	94	92	
发达国家	101	109	107	99	95	93	88
非洲	96	114	66				
北美洲	101	107	108	106	102	100	107
亚洲	132	143	132	123	115	121	128
欧洲	96	106	103	92	90	86	80
#欧盟	97	106	104	93	91	87	80
#欧洲自由贸易区	88	101	100	86	82	80	79
大洋洲	89	97	98	93	82	79	81
发展中国家	101	108	110	106	91	92	
非洲	87	83	93	87	67	73	
美洲	97	103	119	129	119	126	
亚洲	104	112	110	103	89	87	
中东部分	84	93	101	95	68	83	
其它	116	112	105	94	88		

资料来源:联合国《统计月报》2001年4月。

第 七 篇

世界社会消费与消费文化

提高居民消费的文化含量

尹世杰

文化是人类社会历史实践过程中所创造的物质财富和精神财富的总和。先进文化是一切历史文化的精华,是人类文明进步的结晶,体现社会前进的方向。人们的消费,不仅是一种经济关系,也应该是一种文化现象。在消费领域,有各种各样的文化,人们的消费,应该不断提高文化含量,体现先进文化的发展方向,才能提高消费质量。这里只着重谈谈如何提高居民消费的文化含量问题。

精神文化在消费中的作用

精神文化是人类文化的本质和核心,是高层次的文化,象马克思所说的:“向我们放射出人类崇高精神之光”①,能培养人们高尚的品德,高雅的情操,高层次的精神境界,提高人的整体素质,促进人的身心健康和全面发展。特别是人们的消费需要是由低层次向高层次不断发展的,生存需要得到满足后,要求满足享受和发展的需要,更要求精神文化渗透于享受消费、发展消费之中,不断丰富消费内容,提高消费质量。马克思说:“在社会主义的前提下,人的需要的丰富性,从而某种新的生产方式和新的生产对象具有何等的意义,人的本质力量的新的证明和人的本质的新的充实”②。消费中的文化含量提高了,特别是高层次的精神文化消费的比重提高了,正反映了“人的需要的丰富性”,正是“人的本质力量的新的证明和人的本质的新的充实”,这正体现社会主义生产目的。

还应该看到:文化是发展的摇篮。恩格斯早就说过:“……文化上的每一个进步,都是迈向自由的一步”③。而精神文化更是使人们“迈向自由”、促进发展的利刃。江泽民同志在十五大的报告中强调要“营造良好的文化环境”,消费中的文化含量提高了,特别是高层次的精神文化消费比重提高了,正为了建立健康文明的生活方式,“营造良好的文化环境”,培养优良的社会机体,移风易俗,提高全社会的文明程度,促进社会全面进步,从而体现两个文明建设协调发展的良好局面。

特别是当代,科学技术迅猛发展,并不断渗透于消费领域,信息消费、网络消费给人们的消费生活带来根本性的变革,带来了极大的方便,带来了信息文化、网络文化,但也带来很多新情况、新问题。高科技必须与高文化相结合,高科技的发展,更需要精神文化来引导,更需要提高精神消费力,提高消费中的文化含量。也正如江泽民同志在十五大的报告中所指出的:“面对科学技术迅猛发展和综合国力剧烈的竞争,面对世界范围各种思想文化相互激荡,面对小康社会人民群众日益增长的文化需求,全党必须从社会主义事业兴旺发达和民族振兴的高度充分认识文化建设的重要性和紧迫性”。从消费领域来说,提高消费中的文化含量,提高精神文化消费的比重,正是为了加强文化建设,正是为了用先进文化来引导居民消费,提高消费质量,促进人的全面发展,促进社会主义市场经济的健康发展。由此可见,这个问题具有重大的意义。

我国当前居民消费的主要问题

我国近年来,随着社会主义市场经济的发展,消

① 《马克思恩格斯全集》第42卷,人民出版社1979年版,第140页。

② 《马克思恩格斯全集》第42卷,人民出版社1979年版,第132页。

③ 《马克思恩格斯选集》第3卷,人民出版社1972年版,第154页。

费领域出现了很多良好的态势,但同时也出现一些不文明、不健康的东西,败坏了社会风气。我们虽然还没有出现某些西方国家早已出现的"文化矛盾",但很值得警惕。有的人重物质生活,忽视精神文化生活,吃喝第一,享乐至上,追求感官的快乐,物欲恶性膨胀,精神极度空虚;有的人精神文化生活内部结构极不合理,追求低级庸俗的精神生活,对智力性、发展性消费却没有兴趣;有的大搞封建迷信活动,看相算命,求神问卦,婚嫁丧葬,大肆挥霍;有的人甚至大搞"黄色消费"、"黑色消费",腐化堕落,不能自拔。这些虽然只是少数人的反文化、反文明的行为,但破坏社会机体,败坏社会文明。

从大多数人来说,近年来文化教育消费水平虽不断提高,但到现在为止,仍然偏低。1999年城镇居民平均每人消费性支出为4 615.91元,其中娱乐教育文化服务支出为567.05元①,仅占12.3%;农村居民平均每人全年生活消费支出为1 577.42元,其中文化教育娱乐用品及服务支出168.33元②,仅占10.6%。比之发达国家,差距很大。如英国1996～1997年,在消费结构中,仅休闲商品及休闲服务二项就占15.9%;美国1995年人均消费支出32 277美元,其中娱乐支出为1 612美元,就占5%③。

在当代,信息消费发展很快,已成为一种重要的文化载体。在发达国家,消费领域已体现信息化。我国这几年信息消费虽发展很快,但还刚刚起步,和发达国家比,差距还很大。如电脑,反映一种文化消费。但电脑进入普通居民家庭还很少。1999年城镇居民家庭每百户拥有的电脑还只5.91,农村居民家庭更是极少,这也从一个方面反映我们的文化消费水平偏低。

当前的问题还在于:随着信息消费、网络消费的发展,出现了一些新情况、新问题。信息消费、网络消费的兴起,使人们的消费发生根本性的变革,消费多样化和个性化将愈益显著,世界各国的优秀文化成为世界共享。但另一方面,也出现一些毒害人们的东西。有的人利用先进的网络技术传播文化垃圾。在互联网上,"黄潮"泛滥。据美国《时代》杂志报道:互联网上电子公告储存的图像,83%含有淫秽的内容。美国一所大学曾花了18个月的时间对色情交易渗透电脑的现状进行一次大规模调查:在环球信息网上的917 410条信息中,色情内容的占83.5%,令人触目惊心。它们主要包括性图片、性描写、色情小说等等,和一般媒体相比,更加恶劣和露骨④。有些网站,不仅搞色情宣传,而且提供"场所"。有人估计,全球有3万余家色情网站,从事色情宣传,有的直接参与卖淫活动。还有的利用电子网络进行欺诈甚至犯罪活动,使消费者权益遭受严重的损害。美国联邦委员会提供的资料表明:有关电子商务活动中受骗的投诉占消费者总投诉的比例,已从1997年的3%上升到1999年的25%。

在上面这种情况下,我们的消费生活也必然受到很大的冲击,受到很大的影响。前几年,就已经出现电脑"黄毒",开始毒害一些人,特别是青少年。互联网中"黄潮"泛滥的问题,正在影响一些人的消费生活。利用电子网络进行欺诈和犯罪活动,在我国也开始出现。所有这些,都值得我们深切注意和警惕。这就更说明了:高科技必须与高文化相结合,更说明提高消费中的文化含量、发扬社会主义精神文明的极端重要性。

我国居民文化消费滞后的原因

我国居民文化消费之所以滞后,有体制性方面的原因,也有实际消费力水平方面的原因。从体制方面来说:我国长期以来把文化教育作为福利性消费,采取"包"和"统"的办法,采取非市场化、非货币化的办法,加之政府投入又过低,文化设施、教育场所包括各级学校远远不能满足日益增长的文化教育的需要。以文化设施而言,联合国教科文组织规定图书馆与人口的比例为1:3 000,而我国平均44.65万人才拥有一个图书馆。其他文化设施也很落后,37.04万人才拥有一个文化馆,116.7万人才拥有一个艺术馆。政

① 《中国统计摘要》(2000年)第56页,中国统计出版社2000年版。
② 《中国统计摘要》(2000年)第90页,中国统计出版社2000年版。
③ 《国际统计年鉴》(1998)第529页,第526～527页,中国统计出版社1998年版。
④ 谈剑锋主编:《世纪挑战》第318页,兰天出版社1998年版。

府对文化事业投入偏低的问题,中央关于加强社会主义精神文明建设若干重要问题的决议中早就指出:"切实解决目前宣传文化事业投入总量偏少、比例偏低的问题……要采取有效措施增加投入。对政府兴办的图书馆、博物馆、科技馆、文化馆、革命历史纪念馆等公益性事业单位,应给予经费保证。"在其他文化设施方面,都存在投入不足的问题。

教育是发展文化的基础。但我国长期以来,把教育部门看成是"非生产领域",把教育消费单纯看成是一种福利,由政府包办,政府作的蛋糕可大可小,吃的人可吃可不吃。各级政府对教育事业的投入,一直偏低。例如,公共教育经费占国民生产总值的比重:美国1994年为5.4%,英国1995年为5.4%,法国1994年为5.6%,捷克1995年为5.3%,波兰1995年为5.2%,匈牙利1995年为5.3%,世界总计:1995年为5.2%,而我国1994年为2.2%,1995年为2.5%①。近年来,发达国家为了迎接知识经济的到来,纷纷增加教育经费,教育投入占国民生产总值的比重分别上升到7%、8%甚至9%②。但我国目前还没有超过2.5%,实在偏低,不利于教育事业的大发展,不利于提高全民的科学文化素质,也就不利于提高居民消费的文化含量。

从消费力水平来说,我们一直偏低。我们这里所说的消费力,是指消费者为了满足自己的物质文化需要对消费资料(包括劳务)进行消费的能力。亚当·斯密把消费力仅仅看作个人的购买力,他说:"我们常用一个人每年领受的金额,来表示这个人的收入。……这个金额,可以支配他的购买力……构成他的收入的,是这种购买力或消费力……"。③ 应该说,消费力包括购买力,因为没有购买力,人们就无法进行消费。但消费力的内涵,决不止于购买力。马克思说:"决不是禁欲,而是发展生产力,发展生产的能力,因而既是发展消费的能力,又是发展消费的资料。消费的能力是消费的条件,因而是消费的首要手段,而这种能力是一种个人才能的发展,一种生产力的发展。"④ 马克思在这里把消费力看成是"一种个人才能的发展",看成是"一种生产力的发展",这是对消费力的内涵的极好的概括。我一直认为:消费力不等于购买力,还应该包括消费者的知识、才能等。"消费者的消费能力,在很大程度上取决于消费者的素质的高低,特别是科学文化水平","消费者必须不断提高自己的素质,提高科学文化水平,增长消费知识,才能充分享受现代科学文化给消费生活带来的一些成果,才能提高自己的消费能力"⑤。可见,要分析居民消费力,既要分析居民的购买力,分析居民的收入水平,更要分析居民的科学文化素质,分析"个人才能的发展"。

从居民收入水平来看,我国改革开放以来,城乡居民收入水平不断提高,但总体水平仍然偏低。1999年,农村居民家庭人均纯收入为2 210.3元,城镇居民人均可支配收入为5 854元⑥,不仅比之发达国家望尘莫及(如美国居民1996年人均可支配收入为21 040美元),在发展中国家也是较低的。正因为收入水平低,必然导致消费力水平低,消费需求不旺,消费结构中发展性、享受性消费比重低,使消费中文化含量不高。

从居民的科学文化水平来看,近年来虽不断提高,但总体水平也是偏低。以1999年为例,文化程度人口占总人口比重:不识字或识字很少人口占12.4%,小学文化程度人口占35.7%,初中文化程度人口占31.9%,高中文化程度人口占9.9%,大专以上文化程度人口仅占2.9%⑦。比之发达国家,差距很大。如美国1994年25岁以上的人口中,文盲及文化程度不明确的只占0.6%,小学文化程度的占8.2%,中学文化程度的占44.6%,大学文化程度的占46.5%;日本早在1990年,在25岁以上的人口中,文盲及文化程度不明确的只占0.3%,小学文化程度的占33.6%,中学文化程度的占43.7%,大学文化程度的占20.7%;加拿大早在1991年,在25岁以上的人

① 《中国统计年鉴》(1999)第908页,中国统计出版社1999年出版。
② 《人民政协报》1998年7月6日。
③ 《国民财富的性质和原因的研究》上卷,第267页,商务印书馆1972年译本。
④ 《马克思恩格斯全集》第46卷下册第225页,人民出版社1980年版。
⑤ 尹世杰:"解放消费力,发展消费力",《消费经济》1992年第4期。
⑥ 《中国统计摘要》(2000年)第84页,中国统计出版社2000年出版。
⑦ 《中国统计摘要》(2000年)第33页,中国统计出版社2000年出版。

口中，文盲及文化程度不明确的只占1%，小学文化程度的占11.7%，初中文化程度的占34.3%，高中文化程度的占27.7%，大学文化程度的占21.4%①。正因为居民科学文化水平不高，不少人的消费力受到限制，难以享受当代高科技高文化的丰硕成果；有的人精神消费力水平不高，往往热衷于低层次的消费活动，也缺乏对文化垃圾的抵制能力。所有这些，都使消费中的文化含量不高，使文化消费滞后。

此外，还有思想认识的问题。传统的消费观念，束缚人们的思想，使一些人不敢扩大消费需求，不敢提高自己的消费层次和质量，加之对文化教育的作用认识不够，对发展性、享受性消费的作用认识不够，这也是文化消费滞后的重要思想根源。

如何提高居民消费的文化含量

提高居民消费的文化含量，正是要在消费领域用先进文化来引导各项消费活动，正反映了江泽民同志提出的"代表中国先进文化的前进方向"的要求。为了实现这一要求，必须强调以下几点：

第一，要端正价值导向 马克思早就把生产力分为物质生产力和精神生产力，在谈到货币的作用时指出："货币不但决不会使社会形式瓦解，反而是社会形式发展的条件和发展一切生产力即物质生产力和精神生产力的主动轮。"② 在谈到农奴制的解体和资本的原始形式时就指出："所有这些关系的解体，只在物质的（因而还有精神的）生产力发展到一定水平时才有可能"③。生产力和消费力是相对应的。前几年我在分析消费力时，也把消费力分成物质消费力和精神消费力，并特别强调精神消费力的作用。社会越发展，高科技越发展，越渗透于消费领域，越要强调精神消费力的作用，越要用先进的文化来引导人们的消费活动，端正价值导向。使人们真正认识到：人生的目的何在？人生的意义和价值何在？什么是真正的幸福，真正的享受？什么样的消费行为是合理的、有意义的、值得追求的；什么样的消费行为是不合理的、没有意义的、不值得追求的；什么样的消费行为是科学的、文明的、文化含量高的；什么样的消费行为是不科学、不文明、文化含量低的；什么样的消费行为是反科学、反文明、反文化的。江泽民同志在十五大的报告中指出："拓宽消费领域，引导合理消费。在改善物质生活的同时，充实精神生活，美化生活环境，提高生活质量"，"提倡健康文明的生活方式，不断提高群众精神文化生活的质量"。市场经济越发展，越要强调建立"健康文明的生活方式"，越要"提高群众精神文化生活的质量"，越要端正价值导向。正如著名未来学家约翰·奈比斯特在《大挑战》一书中所指出的："尽管很多人在这种新的电子世界欣喜异常；另一些人却在担忧传统的消失和价值体系的扭曲"，"现在亟需一种适合于信息社会的新的价值理论……现在我们需要的是与马克思的'劳动价值理论'相配称的'知识价值理论'"，并进一步提出需要建立一个重要平衡："高科技与深切的人类关怀之间的平衡"，提出："随着我们周围形形色色的高新技术的发展，我们必须找到并保持一种人性的平衡力量来理智地处理这个问题"。④我们的高科技和信息消费虽然还刚刚起步，但奈比斯特提出的这些问题，很值得我们深思。高科技必须与高文化相结合，我们既要发扬科技理性，又要发扬价值理性，"防止价值体系的扭曲"；既要提高消费中的科技含量，更要提高消费中的文化含量，体现先进文化的前进方向。这是我们一项重要的任务。

第二，要提高居民收入 我国居民收入水平偏低，根本原因在于我国长期以来，最终消费率偏低，而且不断下降。各个时期的最终消费率："六五"时期平均为66.1%，"七五"时期平均为63.4%，"八五"时期平均为58.7%，1998年为58.6%，1999年为59.7%⑤。最终消费率如此之低，在国际上是罕见的。总消费占国内生产总值的比重：1995年世界平均为77.9%，美国为83.8%，法国为79.5%，澳大利亚为

① 《中国统计年鉴》（1999）第907页，中国统计出版社1999年出版。

② 《马克思恩格斯全集》第46卷上册，第173页，人民出版社1979年出版。

③ 《马克思恩格斯全集》第46卷上册，第505页，人民出版社1979年出版。

④ 《大挑战》第145页、第51页、第173页，上海远东出版社1999年译本。

⑤ 《中国统计摘要》（2000年），中国统计出版社2000年版，第25页。

78.7%，加拿大为79.1%。1996年孟加拉国高达92.8%，缅甸高达89.1%，菲律宾高达85.6%，保加利亚高达83.3%，波兰高达82.4%[①]。据世界银行《1997年世界发展报告》的材料：1995年49个低收入国家只有一个国家最终消费率低于我国。由于我国最近十多年来，政府消费与居民消费的比重变化不大，这样，最终消费率偏低，居民消费率就必然偏低。居民消费率国际平均水平大约为60%左右，我国居民消费率1981年为53.1%，1987年为50.6%，1998年为47.3%[②]。如此之低，也是世界上罕见的。居民消费率低，必然使居民消费需求不旺，消费结构不合理，消费中文化含量低。

因此，根本问题是提高居民收入。这除了发展高科技、优化产业结构、从根本上提高生产力水平外，还必须改善分配结构，逐步提高城镇职工工资，提高收入水平、消费水平；特别要提高农村居民收入水平，切实减轻农民负担；加速调整农村产业结构，大搞农副产品加工增值，大搞农业产业化经营，大力发展小城镇，发展农村第三产业，增加农村劳动力就业。通过发展农村经济，不断增加农民收入。城乡居民收入提高了，消费需求必然扩大，消费水平和消费质量也就提高了。

第三，要扩大消费领域、特别是精神文化消费领域 我们现在，消费领域、特别是精神文化消费领域，还比较狭窄，还有广阔的领域可以开拓、发展，包括一些艺术享受性消费、知识性消费、高层次的娱乐健身型消费以及文艺观赏型消费等；还要在大力发展图书馆、科技馆、文化馆、艺术馆、博物馆等文化设施的基础上，开展多样化的精神文化活动。特别要加强对闲暇消费的引导。闲暇消费，是人们在闲暇时间进行的各种消费活动。闲暇时间，马克思称之为“自由时间”，是“使个人得到充分发展的时间”，“为个人发展充分的生产力，因而也为社会发展充分的生产力创造广阔余地”[③] 的时间。要合理利用闲暇时间，开展一些高层次的闲暇消费活动。最近，不少人利用假日、节日，开展旅游活动，形势喜人。旅游不仅是一种消费行为，也是一种文化活动。通过旅游，能扩大人的视野，开拓人的胸怀，发展人的智力、体力，特别是文化旅游、生态旅游，对提高人的素质作用很大。要提高旅游消费的文化品位和文化内涵，丰富闲暇消费内容。

当代信息消费、网络消费的发展，极大地扩大了消费领域，使人们的消费发生根本性变化，消费多样化和个性化将愈益显著。但信息文化、网络文化是一把双刃剑，也带来对文化的冲击，甚至出现一些反文化的东西，象我们前面谈到的网络“黄毒”、“黑客”以及各种欺诈甚至犯罪活动。这就必须用高文化引导高科技，提高信息消费、网络消费的文化含量，净化信息消费、网络消费市场，加强管理和监督，从速制定有关法规，如《网络法》、《信息市场法》、《信息安全法》等，建立我国信息安全的法规体系，使信息消费、网络消费规范化、法制化。既有利于提高消费质量，又有利于保护消费者权益。总之，对精神文化消费领域，包括信息消费、网络消费领域，要加强管理，加强“扫黄打非”和“打假”的力度，净化消费市场，促进文化市场的健康发展。

第四，要提高消费者的素质 在当代，生产领域智能化，消费领域也要求智能化，这就要求消费主体智能化。没有高素质的人，就不可能搞好信息消费、网络消费，就不可能享受现代科学文化的丰硕成果。马克思说：“因为要多方面享受，他就必须有享受能力，因此，他必须是具有高度文明的人。”[④] 这就必须加速发展文化教育事业，从根本上提高人的政治思想素质和科学文化素质，这是提高消费质量、促进消费文明，促进社会全面进步的根本条件。前几年我提出“文化教育是第一消费力”的论断[⑤]，正说明了文化教育对提高消费力，促进人的全面发展，促进社会经济的发展，促进社会文明和社会全面进步的作用。中央关于加强社会主义精神文明建设若干重要问题的

---

① 《国际统计年鉴》(1998年)，中国统计出版社1998年版，第107页。

② 尹世杰："我国当前扩大消费需求的几个问题"，《经济学动态》2000年第5期。

③ 《马克思恩格斯全集》第46卷下册，人民出版社1980年版，第225页、第221页。

④ 《马克思恩格斯全集》第46卷上册，人民出版社1979年版，第392页。

⑤ 尹世杰："文化教育是第一消费力"，《消费经济》1992年第5～6期。

决议强调,“提高全民族的思想道德素质和科学文化素质”,强调“加强思想道德建设,发展教育科学文化”,并把它作为精神文明建设的重要内容。这是我们今后一项重要的任务。

马克思在谈到必然王国向自由王国飞跃时指出:“在这个必然王国的彼岸,作为目的本身的人类能力的发展,真正的自由王国,就开始了。”① 加速发展文化教育事业,不断促进“人类能力的发展”,这是提高消费中文化含量的重要条件,也是逐步实现由必然王国向自由王国飞跃的基础工程。

世界的食物消费及重大食品事件综述

长沙铁道学院科研所　尹清非

食物消费是最基本的消费,在大多数国家是居民消费支出中最大的一部分。在人类迈向21世纪的今天,方便、营养、健康、安全,已成为当今世界食物消费的主旋律,也是今后世界食物消费的发展方向。

食品

(一)方便快捷

现代社会生活的节奏加快,妇女就业的人数增加,人们对休闲生活的质量要求不断提高。这一切都表明人们花在做饭菜上的时间越来越少,方便、快速已成为消费者选择食品的重要依据之一,成为近20年食品消费一个最重要的发展趋势。据统计,世界上的方便食品已超过1.2万种,在发达国家,方便食品已占国民膳食的2/3,这充分显示了人们食物消费方式的变化。

快餐食品　有专家分析,快餐将是21世纪最具生命力的饮食项目。自从80年代以来,快餐食品如雨后春笋般在世界许多大中城市出现。特别是美国的麦当劳、肯德基,几乎成了美国文化的象征而席卷全球,使快餐成为一种新的饮食文化,甚至成为一种新的时尚,为许多国家年轻人所追逐。据统计,麦当劳在全世界120个国家和地区拥有28 000多家餐馆,每天为4 300万人服务,麦当劳已成为当之无愧的世界第一快餐。

惜时如金的美国人特别不愿意将过多的时间花在一日三餐上,于是快餐食品成了人们日常生活的一个重要组成部分,快餐消费成了美国食物消费中增长最快的部分之一。据美国农业部公布的资料显示,从1982年到1997年,美国人快餐支出的年增长率达到6.8%。1997年,美国人花在快餐上的支出达到1 095亿美元,已接近用于餐馆消费的支出。如果考虑到快餐比在餐馆用餐要便宜得多,那么由此可以得知,美国人消费的快餐数量要远远多于餐馆用餐。为了节省吃饭的时间,许多美国人利用在购物、旅行、甚至工作的过程中,有时连座位都不用,就“顺便”解决了吃饭的问题。于是有人借此调侃道:美国人是在“奔跑”中吃完了饭。顺应消费者生活方式的这一重要变化,麦当劳也把方便作为其发展的一个主要战略,它提出的口号就是:“只要有人工作、购物、游玩、聚会的地方,就有麦当劳。我们增加了顾客的方便,顾客就给我们增加市场份额。”现在,在美国快餐已渗透到各个角落,从专门的快餐店到超市、商店、办公楼、飞机场,到处都可以看到快餐的影子。

美国人热衷于吃快餐,但美式快餐以高脂肪、高蛋白、高热量为特征,营养学家认为,这种快餐使美国成为“胖子大国”,据《美国临床营养学杂志》发表的一份调查显示,目前有55%的美国人超重或过于肥胖。

① 《资本论》第3卷,人民出版社1975年版,第927页。

甚至有一张画着热狗、汉堡包、薯条和雪糕的图片打上这样的说明:“我们害死的美国人跟烟草一样多”。于是,最近美国又推出了“蔬菜汉堡包”,果然热销。

讲究美食的法国人特别崇尚大餐,但现代生活的快节奏和外来文化特别是美国文化的影响,法国消费者的饮食消费方式也发生了改变,快餐为越来越多的法国人喜爱,使得快餐成为法国近年发展最快的行业之一。1999年法国的快餐消费比1995年增长29.3%,达到325.66亿法郎。作为美食大国的法国,快餐业却被美国抢先占领了市场。例如,1999年仅麦当劳就占据了法国快餐消费的31.6%。美式快餐在法国的迅速发展,引起了高傲的法国人的愤怒,他们以各种方式抵制美国快餐的入侵,甚至不惜采用暴力手段。例如,1999年8月,法国南部米洛镇的农民们冲进当地一家新开张的麦当劳餐厅,将店里的东西全部砸毁,并举行了上万人的游行示威。一年后,米洛镇及其附近地区再次爆发抵制麦当劳的大游行,随后,巴黎人也在街头倡议食用法国本土生产的绿色食品、法国奶酪、葡萄酒等食品,抵制“麦当劳”等美式快餐。为了夺回快餐市场,法国商家正在加强对法式快餐的经营。例如,在巴黎举办的首届三明治沙龙就推出了数百种新品种。这些新品种采用各式各样的面包,面包中所夹的鱼、肉、菜等更是花样繁多,适合各种不同消费者的口味,很受法国消费者的欢迎。

麦当劳、肯德基这样的快餐虽然快捷、方便,但由于是标准化生产,难以满足消费者个性化的需求。于是,一种集快餐店和超市于一体的快餐商场便应运而生。这种商场类似于一个自选商场,消费者可以根据自己的爱好,选择货架上各式各样已洗净切好的蔬菜、肉类、海产品等。然后拿到市场的加工操作台,让厨师按照消费者的要求加工。这种由消费者自己选择新鲜食物,并按自己的口味要求当面现炒现做的方式,既满足了不同消费者的不同需求,又十分方便省事,自然一经推出就大受消费者的欢迎,成为一种新的食物消费方式。

在外就餐 随着生活水平的提高,越来越多的人在外就餐,在外就餐已成为现代社会生活的新潮流。在发达国家,在外就餐已成为许多人选择的常规就餐方式之一,是许多人消费生活的重要组成部分,并形成一种新的生活方式。美国是这种新生活方式的代表,在美国人的一日三餐中,已有一半以上是在外就餐。1999年,平均每户在外就餐支出达2 116美元,比上年增加4.2%。①在外就餐在美国人食物消费中的比重也增加很快,1998年美国人在外就餐的支出达到3 544亿美元,在外就餐在食物消费中的比重达到47%。②

据专家分析,在外就餐的快速增长主要是由于生活水平的提高,消费生活的全球化使得人们追求异国风味的食品;旅游业的发展,生活节奏加快使得有相当一部分人变得“缺时间不缺金钱”。

冷冻食品 速冻食品是世界上发展最快的食品消费领域之一,其消费量每年以10%~30%的速度递增。现在,世界速冻食品消费量已超过6 000万吨,品种有3 500种左右。世界上消费速冻食品最多的是美国人,人均年消费量60公斤以上,品种近3 000种。美国生产的预制食品中,速冻食品占很大比重,从早餐、午餐、晚餐乃至各式快餐、点心、汤料、风味餐等,不下上千种。欧洲也是速冻食品消费较多的地区,年消费量超过1 000万吨,人均消费量近30公斤。欧洲消费冷冻食品最多的是丹麦人,每年人均速冻食品的消费量已接近美国。其次是英国人,年人均消费40多公斤;排在第三位的是瑞典。③在亚洲,日本是速冻食品的最大消费国,近几年一直保持较快的增长。在过去5年间,日本冷冻食品消费增加了20%以上,1999年该市场规模约5 700亿日元,尤其是加热即食的冷冻食品在日本更是好销。日本冷冻食品品种是世界上最多的,有3 000多种。最近除一般冷冻菜肴以外,米饭等主食冷冻食品销售也加入竞争,因而越发刺激日本消费者对冷冻食品的消费。随着冷冻食品进入日本家庭,大大减少了家庭主妇用于家务劳动的时间。据最近对日本家庭主妇进行的一次问卷调查显示,家庭主妇用于晚餐烹饪的时间低于一小时的

---

① (美)《消费支出调查》1999

② (美)《食物评论》(food review)1999年9月,第20页。

③ 学友:“速冻食品国际市场空间广阔 我国发展潜力待挖”,《中国食品报》2000年10月16日。

占65%,比1990年调查结果降低了20%以上。①

方便食品的消费增加,使许多消费者从繁琐的家务劳动中解放出来,闲暇消费的时间大大增加,这也使人们的消费领域大大扩展,生活质量大大提高。

(二)营养健康

人们的食物消费已从以前要求吃饱、吃好,发展到现在追求营养、健康,这已成为当今世界食物消费的又一新的趋势。美国人虽不象有些国家那样讲究美食,吃起来常常也很简单,但却比较注重营养,这也可以看出美国人务实的特点。但由于以前过度强调营养以及饮食结构不尽合理,消费了过多的高脂肪、高蛋白、高热量食品,使得美国许多人都体重超重,于是,"减肥"成了美国人食物消费中一个重要的问题。据美国营养学界1999年公布的研究报告指出,美国现有22%的人肥胖,为此而患糖尿病、心血管病、高血压、骨质疏松症的人增加了20%,使国家医疗保险费增加了10亿美元。这项研究引起了很多人的关注。为了指导美国人如何合理地饮食,美国农业部组织营养学家研究,提出了一个食物消费指南,供美国人选购食品时参考。将2000年新公布的食物消费指南和1995年的指南比较我们可以看到,新指南除了增加了食物安全的项目外,更加强调减少脂肪、饱和脂肪酸、胆固醇、糖、盐、以及酒的消费,而鼓励增加谷物、蔬菜、水果等的消费,强调保持合适的体重对健康的重要性。从美国的食品消费市场上我们可以更加清楚地看到这一趋势。1999年低脂肪、低胆固醇和低盐的健康食品增长幅度达到了20%,是美国整个食品工业增长速度的10倍。此类食品的主体消费者是那些年龄在50岁上下的人,他们担心身体过重而引发心血管等疾病,愿意花较多的钱买天然健康食品。②

为了降低脂肪和胆固醇的摄取量,素食成了消费者追求的一种新饮食时尚。1999年9月的一项盖洛普调查表明:有6%的美国成年人自视为素食者。而《素食时报》杂志早先委托进行的调查发现,有37%的美国人描述自己是素食者,他们还包括18岁以下的孩子。在这些人当中,至少24%的家中有一个孩子也是素食者。

随着生活水平的提高和饮食观念的改变,人们对食品要求营养丰富、味美可口的同时,还追求对人体具有某些独特的功效,如起到防病、抗病、强身、康复等功能,这就是功能食品。在美国,医疗费用十分昂贵,人们十分渴望有一个健康的身体,尽量少生病、不生病,以节约医疗费用,除了喜爱锻炼外,注重食物的营养防病治病功能,将成为健康生活的有力保证。这种食品既能食用,又有药物的功能。某种意义上说,药物是针对特定人群具有特定疗效的特殊食品,而功能食品则是所有人都可以食用并且对慢性病有一定疗效的药物。因此,有人提出,当崇尚健康的21世纪来临之际,高品质的天然食品、功能食品将是人类获得健康的最经济有效的途径。③

(三)有机食品

这里的"有机",不是化学上的有机概念,而是指在生产和加工过程中不使用任何农药、化肥、人工合成的添加剂等化学合成物质,也不采用基因工程和辐射技术的食品。

在20世纪,化肥、农药、除草剂等的发明,掀起了一场农业革命,使农产品产量成倍增长,但同时却产生了环境污染,农产品品质下降等问题,并严重危害了消费者的身体健康。于是,没有污染、有利健康、回归自然的有机食品便应运而生。在发达国家,有机食品越来越受到广大消费者的青睐,一项跨国民意测验表明,85%的工业化国家公民在选择食品时愿意选择有机食品。有机食品已成为食品消费发展最快的领域。

例如,欧盟各国虽然对食品和饮料的总消费量处于停滞状态,但是,有机食品的市场需求增长却十分明显。欧盟已成为是世界上最大的有机食品消费市场,有机食品的零售值约为20～30亿欧元。欧盟各国对有机食品的需求存在很大差异,总的来说南部需求少一些,而北部的需求则大得多。德国是当今世界上最大的有机食品消费国,占欧洲有机食品消费的一半以上。为了促进有机食品的消费,德国有各种有机

---

① 丽娜:"日本冷冻食品需求激增",《中国食品报》2000年2月17日。

② 唐永兴:"美国人跳动的饮食脉搏",《人民日报》2000年8月22日。

③ 张嶷:"功能食品是获得健康最经济途径",《中国食品报》2000年10月21日。

食品专卖店达5 000家以上,营销额占有机食品市场份额的35%,主要商品有水果、蔬菜和其他新鲜食品,如奶制品、肉类和新鲜配菜等。据德国中央市场与价格委员会的资料显示,1998年德国有机食品销售总额大约为20亿美元,占食品市场份额的2%。预计在未来的几年里,德国有机食品市场将以10%以上的速度增长。①

在美国市场上的有机食品有200多种。目前美国从事有机农业的农民有1.2万人,大多数是小规模的生产商,有机食品业的销售额为60亿美元,只占食品销售额的2%,但预计今后几年将以更快的速度增长。

据日本生态网络的调查,日本国内广大消费者的消费观念已产生了明显变化。人们对健康的关心程度已超过了以往任何时期。多达90%以上的日本人已意识到应该购买有机食品。目前使用化学肥料的食品市场正在缩小,有机食品市场占有份额正在逐步增加。日本食品市场的食品销售额约为3 330亿美元,其中标有"有机"字样的食品约占1%左右。但有机食品的销售增长很快,年增长率达10%以上。专家预测,在不久的将来,日本将超过德国成为世界上最大的有机食品消费国。

在加拿大,人们越来越关心他们所买的食品来自何方。顾客通常知道哪些农场种植的蔬菜和水果未使用农药和化肥,哪家农户饲养的猪、羊、牛未添加激素。高价格是制约有机食品消费的主要障碍之一。为了降低购买有机食品的费用,加拿大很多地方还成立了"天然食品合作社"。它们成批购买有机食品,再向附属的各"食品购买俱乐部"派送。采用这种方式购买食品大约可以节约25%的费用,有效地促进了有机食品的消费。

新加坡目前拥有6个农业科技园,占地面积达1 100公顷。在这6个农业科技园中,有56个绿色蔬菜农场,每年生产7 500吨有机绿色蔬菜。5年后,将生产有机绿色蔬菜两万吨。

据专家预测,有机食品将成为世界食品市场的宠儿。尽管有机食品在国际市场上的价格比传统的食品高出20%以上,但市场销售额将会不断上升。在今后10年内,全球有机食品市场销售额将从目前的100亿美元增加到1 000亿美元。仅在21世纪初,有机食品的销售量将占全球食品销售总量的10%。②

尽管有机食品在发达国家很受消费者的欢迎,但销售量仅占很小的份额,约1%左右。妨碍其发展的主要原因是,由于需求旺盛而供给却受到制约,引起价格太高,约比正常食品高50%以上。此外,超级市场与主流零售业尚未大规模介入以及难以鉴别,也是阻碍其发展的重要原因。例如,大约有36%的德国人不相信贴有有机标记的产品是真正的有机食品。

许多国家都对有机食品的生产采取强有力的扶持政策。例如,欧盟就把对有机种植的农场主进行补贴的政策作为其整个农业政策的一部分。德国政府对有机农业生产每公顷补贴200德国马克(约108.7美元),直接发放给农户。而在北欧国家和奥地利则不完全拨给。在瑞典,对有机食品价格高于传统食品价的差额由政府补贴。瑞典计划到2005年,将其农业耕地的20%转为有机农业耕地。这些措施大大激励了欧盟各国有机食品的供给。

虽然有机食品的生产要求很严格,禁止使用任何杀虫剂,但并不能保证有机食品就没有残留农药,因为我们周围的水、土壤、空气等等都受到一定程度的污染。

(四)食品安全

1996年英国爆发的疯牛病,在欧洲引起一场关于食品安全问题的空前大恐慌,前后折腾了近3年时间。到1999年,人们由疯牛病事件引起的恐慌还惊魂未定,又出现了一系列的食品安全事件,使世界再次为之震惊。由一件本来也许并不算很大的食品安全事件,却一次又一次引起消费者的极大恐慌,形成震惊世界的重大事件,这足以使我们看到如今的消费者已对食品的安全表现出了极大的关注,安全已成为食品生产和消费中的首要问题。

二恶英事件 1999年3月,比利时一些养鸡户突然发现肉鸡生长异常,蛋鸡产蛋减少,因而向保险公司提出补偿要求。保险公司提取样品请荷兰一家研究机构化验,结果发现鸡脂肪中二恶英含量超标

---

① 程兵:"有机食品在德国",《农民日报》2000年7月26日。

② 李超碧:"有机食品:世界食品市场新宠",《市场报》1999年10月28日。

140倍。

二恶英是一种剧毒物质,有很强的致癌性,1997年世界卫生组织将其列为一级致癌物。这种物质被人畜摄入后很难排出,可留存30年之久。其实,二恶英并不是一种什么新的东西,只是在一般情况下,二恶英含量很低,并未引起人们的注意而已。

经调查,比利时肉鸡和鸡蛋的二恶英含量严重超标,都是饲料添加剂惹的祸。在欧洲,许多饲料公司都在饲料中添加一种用各种动物的骨头、皮、脂肪和下水生产的粉料作为添加剂,这种动物粉料含有家禽和牲畜生长所必需的蛋白质,使用了这种饲料后,禽畜的生长速度大大加快。而比利时的维克斯特粉料厂在生产中有8吨粉料掺进了被二恶英严重污染的废机油,并于1999年1月18日和19日将这批污染的粉料卖给了9家比利时饲料生产厂和法国、荷兰和德国的几家饲料工厂。随后,这批被二恶英严重污染的饲料又被卖给了这4个国家数以千计的饲养场。

1999年5月底,比利时媒体披露了这一事件,顿时引起消费者的强烈不满和极大愤慨,舆论随之哗然。1999年6月1日,比利时的卫生部长和农业部长迫于压力,双双引咎辞职。比利时政府也迅速作出决定,禁止所有1月15日至6月1日生产的鸡肉和鸡蛋上市,禁止宰鸡场继续屠宰。后来经再次检验又发现,鸡脂肪中二恶英的含量竟超标1 500倍,牛肉和猪肉中也发现了二恶英。于是,比利时决定除鸡和鸡蛋外,以鸡肉和鸡蛋为原料的其他200多种产品也禁止上市,如蛋黄酱、含蛋面以及牛肉、猪肉及其衍生产品。这场对食品的恐惧也迅速波及到了其他洲的国家,于是,在欧洲引发了继疯牛病之后又一场食品大恐慌。

可乐事件 "二恶英事件"还未平息,欧洲又出了可乐事件。1999年6月中旬,比利时100多名小学生在喝了可口可乐后出现恶心、腹泻等症状。紧接着,法国也出现了类似的症状。先是两名法国消费者在饮用了从法比边境购买的可口可乐后出现肠胃不适,后来,又有近百名饮用了这种可口可乐的消费者感到不适。6月14日,比利时卫生部决定禁止销售所有由比利时生产的可口可乐、芬达、七喜等美国饮料,约1 700万瓶各种包装的饮料被回收。6月16日,法国政府发布一项政令,决定把今年1月以来法国生产的部分可口可乐公司饮料撤出市场,包括可口可乐、淡味可口可乐、芬达和雪碧等四种估计达5 000万罐的产品。为了保障消费者的安全,欧洲其他国家也纷纷采取行动,宣布禁止可口可乐销售。后经可口可乐公司调查,导致比利时100名小学生中毒的原因可能是安特未普省在包装可口可乐时充人的二氧化碳有问题,而法国生产的引起消费者肠胃不适的可口可乐易拉罐,则是因为在运输过程中受到一种杀真菌剂的污染所致。虽然这两起事件并未造成严重的事故,但却迫使可口可乐公司在欧洲进行了公司历史上规模最大的一次产品回收和销毁,并暂时关闭了在比利时和法国的两家瓶装厂。为此,该公司共耗资达两亿美元之巨。

转基因食品之争 转基因食品的安全性问题是1999年世界食物消费的一个热点话题。

所谓转基因,就是利用生物遗传学技术将一种生物的基因植入到另一种生物之中,使其获得它所不能够自然拥有的优良品质,如抗病虫害,抗杂草,抗干旱,耐严寒,高营养等等。利用这一技术,科学家可以创造抗旱的庄稼,种植在经常遭受旱灾的地区,也可以培养出抗虫害的作物,从而减少对化学杀虫剂的使用。

正因为转基因食品有如此的优越性,在短短几年内获得了十分迅速的发展。据报道,全世界转基因作物种植面积从1996年的200万公顷猛升到了1999年的4 000万公顷,其中美国、阿根廷和加拿大的转基因作物种植面积就占全世界的99%。①美国是世界上最大的转基因作物的生产国和出口国,已有50种转基因农作物实现商业化生产,有1/4的耕地种植转基因作物,其中转基因抗除草剂的大豆占大豆总面积的55%,抗虫棉占总耕种面积的50%,转基因玉米占30%。②

俗话说,一遭被蛇咬,十年怕井绳。几十年前,化肥、农药的发明曾经给农业生产带来了革命性的变

① 李建兴、周晓红:"转基因食品好吃吗",《人民日报》2000年4月3日。
② 陈国锋:"转基因农产品及其安全性",《吉林环境报》2000年8月6日。

化，但后来才发现，农药和化肥对人体和环境有很大的危害。现在，人们已纷纷抛弃经化学物品生产的食品，逐渐回归自然，转而追求不含化学物品的天然食品和有机食品。因此，深受大量使用农药、化肥之害的广大消费者对称之为农业生产的又一场革命的转基因食品心怀戒备，甚至有很大反感。他们担心，外源基因是否安全？基因结构是否稳定？基因转入后是否产生新的有害遗传性状或不利健康成分？是否会增加食物过敏？环境保护主义者认为，抗虫害的转基因物种并不一定有利于环境。如果在转基因的过程中，新的、抗虫害的功能体现在植物根、茎、叶的每一个细胞之中，那么它将比外部喷洒具有更大的毒性，给消费者以及昆虫、鸟类等野生动物带来更大的损害，造成新的生态失衡。目前的科学技术水平既不能证明转基因食品有害，但也不能证明它对人体无害，得出正确结论还有待进一步研究和观察。

据加拿大媒体报道，经过基因改造的鲑鱼因种种原因逃逸到大洋中去，与数量锐减的野生鲑鱼交配产出了变种鱼类，使得野生鲑鱼面临灭种危险。专家指出，任意对鲑鱼进行基因改造而不顾环境后果的行为，将会导致“基因失控”，造成更为严重的“基因污染”。

1998年秋，英国罗威特研究所一位名叫普兹泰的教授在实验中发现，老鼠在食用转基因土豆之后免疫系统受到破坏。这位教授由此推论，转基因食品也可能会对人类产生类似的破坏，他甚至到电视台向电视观众谈了他的看法。1999年2月初，20多名来自不同国家的科学家联名发表声明，支持普兹泰的见解。于是，引发了一场关于转基因食品的安全性的争论，也引起了消费者对转基因食品的恐慌，进而抵制转基因食品。据调查，在英国，有77%的人反对在英国种植转基因作物，查尔斯王子甚至在报纸或在电台发表讲话，反对转基因食品，表示决不打算让家人和朋友食用转基因食品，并认为人类应该用科学来了解自然的运动而不是改变自然本身，传统的有机耕作是迄今为止最好、最安全的耕作方法。法国人也对转基因作物心存疑虑，许多消费者认为，转基因食品对人体可能造成的危害是不可估量的。法国的绿色和平组织人员还在巴黎的大型超市里掀起大规模抵制转基因食品的运动，并在因特网上开列含有转基因成分的食品“黑名单”，不少食品店也拒绝出售含有转基因成分的食品。①在澳大利亚，有65%的人不愿意食用转基因食品，有93%的人支持强制性地给这种食品贴上标签。

2000年初，在美国哥伦比亚召开的转基因食品国际研讨会上，与会的130多个国家中有近一半对转基因食品投入商业使用持反对意见。不少国家已通过立法或其它形式对进口转基因食品进行严格管理。2000年1月12日，欧盟发表了一份长达60页的《食品安全白皮书》，要求有关方面保证食品生产和出售情况的透明度与安全性，对诸如转基因等有争议的食品贴标识，让消费者自由选择。②

鉴于转基因食品的安全性问题已成为广大消费者共同关注的热点问题，2000年国际消费者联盟为3.15国际消费者权益日确定了主题为“转基因食品——消费者有权知道”的活动，并向联合国食品委员会建议，转基因食物在销售时应有明显标识，让消费者明明白白知道食品是否含有转基因，由他们自己决定是否选择这类食品。

目前，科学界对转基因食品的安全问题尚无定论，在这种情况下，消费者更多的是选择比较安全的天然食品和有机食品。

饮料

（一）非酒精饮料

非酒精饮料是食品饮料类消费中增长最快的领域，这反映了社会消费习惯的变化，也和消费向健康化方向发展的趋势是一致的。总的来看，在非酒精饮料中，瓶装水和果汁的消费呈显著上升趋势，代表了未来饮料消费的发展方向，而碳酸饮料和咖啡则增长较慢，在有些国家甚至开始下降了。

瓶装水　美国和西欧是世界瓶装水的消费大国。1999年，美国瓶装水的消费量达到42.6亿加仑。在美国各种饮料的销售量中，它仅次于碳酸饮料和啤

① 果永毅：“转基因作物：是耶非耶？”《人民日报》1999年3月12日。

② 李明：“转基因食品也是双刃剑”，《市场报》2000年2月24日。

酒而居第3位。但其增长速度却居各种饮料之首，达到12.8%。人均瓶装水的消费量也从1998年的13.9加仑上升到1999年的15.5加仑。[①]瓶装水在西欧非酒精饮料消费中占据首位，约为整个非酒精饮料消费的45.8%。其中尤以意大利、法国、比利时和德国消费最多，这些国家人均年矿泉水消费量分别高达143升、117升、112升和100升。而以前，欧洲各国矿泉水消费量的前4名是法国、德国、西班牙和意大利，现在意大利已超过法国跃居第一。[②]

亚洲本来并无喝瓶装水的传统，但近年来瓶装水的消费却快速上升。1997年喝瓶装水的消费者就增加了26%，居全球之首，而同年欧洲和美洲分别增加4%和9.6%。其中以日本最为突出，1998年消费量达到87.4万吨，人均年消费量6.9升，是1990年的5倍多。在日本，除了普通瓶装水外，瓶装深海水已成为关心健康人们的新宠。有关人士认为，深海水比普通瓶装水含有更多的矿物质和促进身体保持水分的成分。虽然从深海中抽水的成本比来自其他水源更贵，但深海水供应量丰富，且没有被污染，因此，是一种很有发展潜力的饮用水。[③]

瓶装水特别是矿泉水的消费得以较快增长，一是由于矿泉水中含有有利健康的矿物质，符合消费者追求健康的心理。二是由于环境污染等原因，自来水的品质恶化，部分地区甚至发现自来水中含致癌物质。特别是在城市，许多人都对从水龙头流出的水产生了怀疑。三是由于消费者的观念改变，认为喝瓶装水更加符合现代生活，因而受到年轻人的喜爱。

碳酸饮料 说到碳酸饮料，自然首推可口可乐。它几乎遍布世界上每一个国家，占据了世界碳酸饮料市场的一半以上。它不仅是碳酸饮料的霸主，也是世界饮料业的头号巨人。

可口可乐之所以风靡全球，除了它的口感好，符合年轻人的口味外，更重要的是其中所包含的文化内涵，它已成为充满青春活力的美国文化的象征。正因为可口可乐代表着美国文化，在许多国家，人们都将喝可乐看成是时尚，而喝传统碳酸饮料则被认为是保守，特别是在年轻人中间，更是如此。

但在发达国家，碳酸饮料的消费增长正在减缓。1999年美国碳酸饮料消费增长了0.5%，远低于整个饮料业3%的增长率。特别是2000年6月哈佛大学医学院副教授格莱斯－威斯哈克在对波士顿高中的女学生调查之后发现，可乐中含有一种叫磷酸的物质很有可能使骨质变软，这将使喝碳酸饮料的女孩骨折的危险要比同龄女孩高3倍，而喝可乐的女孩骨折的危险更是要高5倍。虽然后来美国软饮料协会发表申明，指出碳酸饮料和骨折并无直接关系，但消费者已经注意到它和健康的关系。特别是大多数碳酸饮料含有咖啡因，它会增加中风的危险，还会导致血压升高，在健康第一的世界消费大背景下，消费者的兴趣开始转向其他饮料，即使是喝碳酸饮料，也选择含咖啡因较少的品种。由于消费者需求的改变，碳酸饮料的市场已经在逐渐萎缩。生产厂商似乎已经感到了消费者需求的变化，纷纷开始生产非碳酸饮料，如世界碳酸饮料的第二大巨头百事可乐公司就收购了以生产果汁饮料为主的美国都乐公司，大举进军果汁饮料市场。可口可乐公司也着手生产供儿童饮用的乳汁和果汁饮料，并准备和咖啡生产厂商合作生产瓶装咖啡饮料。

果蔬饮料 碳酸饮料深受年轻人的追求，而传统的果汁则更受老年人的喜爱。在果汁饮料中，排在第一位的是橘子汁。在美国，它占据了果汁饮料消费的38%，而在55岁以上的老人中，这一比例高达55%。由于果汁蔬菜饮料对健康更有利，近几年成为增长较快的一支新秀。1999年日本蔬菜系列饮料销量增长了10%左右，成为饮料领域中为数不多的有着较好市场的饮料品种。在欧洲，一种用奶和果汁为主混合而成的新型饮料颇受欢迎。在欧洲的青少年儿童中，“奶＋果汁”的混合饮料是最为重要的早餐组成部分，差不多一半以上的人以“奶＋果汁”开始一日的生活。这种饮料主要是让消费者早晨精力充沛，它含有30%的酸奶和35%的果汁（苹果汁和葡萄柚片），还添加了钙和右旋糖。德国的公司还推出了可以填饱肚子的饮料，这种饮料是一种水果加纤维的酸奶饮

① 《中国食品报》2000年9月4日

② “西欧的软饮料”，《欧洲市场研究》（英文版）2000年3月。

③ 施建平：亚洲水市场概况《中国食品报》2000年9月4日

料添加了低聚糖和燕麦麦麸形式的纤维。①

咖啡 很多国家都有喝咖啡的习惯,但由于受生长条件的限制,咖啡主要产于巴西、哥伦比亚、墨西哥、埃塞俄比亚等少数国家,因此,许多国家的咖啡消费主要依靠进口,咖啡就成为国际贸易中仅次于石油的第二大商品,约有100亿美元。据国际咖啡组织统计,1999~2000年度,世界咖啡消费量由1.01亿袋(1998~1999年度)增加到1999~2000年度的1.02亿袋,增加不到1%。②

法国人喜欢喝咖啡是有名的。法国人喝咖啡的数量仅次于水,在饮料中名列第二。1999年法国消费的咖啡有26万吨之多,平均每人消费6公斤,即一个法国人每天喝2.5杯咖啡。值得注意的是,法国年轻人似乎没有他们的上辈那么喜欢喝咖啡了,且在家喝的咖啡有所减少,而在公共场所消费的却有所增加,但总的来看,咖啡的消费量是趋于减少的。例如,1999年烘焙咖啡的消费量就比1998年减少了1.8%。③

(二)含酒精饮料

含酒精饮料主要有啤酒、葡萄酒和烈性酒三类。总的来看,由于对健康的关心、媒体的宣传以及政府税收的提高,含酒精饮料消费总的发展趋势是逐步下降的,且酒精含量也向低度方向发展。虽然含酒精饮料消费下降,但在世界各地的情况却大不一样。其基本状况是:在大多数国家,烈性酒的消费呈显著下降的态势,在多数发达国家,啤酒和葡萄酒的消费有所下降,但在发展中国家,啤酒和葡萄酒则呈上升态势。

含酒精饮料的下降趋势在发达国家尤为明显。例如,1998年西欧的含酒精饮料消费数量为462亿升,而1994年为469亿升,4年下降了1.6%。而这一地区的三大消费国英、法、德,英国和德国均比1994年下降了5.3%,只有法国下降较缓,只减少了0.2%。从消费支出来看,1998年西欧含酒精饮料的消费支出为2 288亿美元,比1994年的2 315亿美元减少了1.2%。④

但即使在同一地区,也有相反的情况。土耳其的含酒精饮料销售就有较大增加,从1994年的6.72亿升增加到1998年的9.03亿升,大增34.5%,据专家分析,这是由于年轻一代人追求“西方化”的生活方式以及旅游业的繁荣所致。此外,1998年爱尔兰的含酒精饮料也比1994年增长17.9%。据分析,这些国家含酒精饮料在近几年内还将持续上升。

啤酒 从全球的情况来看,1999年啤酒消费呈上升态势。其中亚洲增长较快,比1998年增长5%,而欧洲增加3.4%,北美增加1.8%。1999年,全球共消费啤酒约1.3242亿吨,比上一年约增加2.4%。至此,全球啤酒消费量已连续14年呈增加趋势。1999年啤酒消费量全球排名第一的是美国,中国位居第二,第二至第十名依次是德国、巴西、日本、英国、墨西哥、俄罗斯、西班牙、南非。而人均啤酒消费量最多的是捷克,捷克已连续7年位居世界榜首,人均啤酒消费量达到161.1升。位居第二的是爱尔兰,人均消费量为151升。第三名德国126.6升。⑤1998年西欧的啤酒消费量为164亿升,占含酒精饮料的61%,比1994年增长2.8%,在含酒精饮料中名列第一,但消费额却不及葡萄酒,因啤酒的价格比葡萄酒低得多。

德国虽是世界啤酒消费大国,但德国人的啤酒消费量已开始下降,而不含酒精饮料的消费量则不断上升。1999年,德国人购买含酒精饮料的支出为210亿马克,比1998年下降1.1%;而购买不含酒精饮料的支出则达到170亿马克,比1998年增长5.4%。如果按照消费量计算,不含酒精饮料的消费量是含酒精饮料的3倍。⑥

葡萄酒 法国是世界上最大的葡萄酒生产消费国。但是,据法国《费加罗报》发表的一项调查显示,1997年法国人均消费葡萄酒60升,而1960年是130升,不到40年法国人均葡萄酒消费已经减少了一

---

① “奶+果汁风靡欧洲”《中国食品工业》2000年11月9日
② 孟军:世界咖啡消费量减少价格下跌《中国食品报》2000年6月12日
③ 《欧洲消费品》(英文版)2000年5月 第45~47页
④ 含酒精饮料《欧洲市场研究》(英文版)2000年1月
⑤ 中国啤酒消费位居世界第二《人民日报》2000年12月23日
⑥ 德国食品饮料制造业从相对零散走向实力扩张《中国食品报》2001年1月3日

半。虽然法国人喝葡萄酒的数量减少了,但喝的葡萄酒的质量却提高了。30多年前,法国消费的葡萄酒主要是低档的佐餐葡萄酒,特产名酒仅占10%。而现在,特产名酒已占50%左右。值得注意的是,在葡萄酒消费量下降的同时,法国人啤酒和烈性酒的消费量却在上升,特别是年轻人和妇女饮用烈性酒的越来越多。与40年前相比,啤酒从人均每年35升增至现在的44升;烈性酒从2升增加到2.4升。[①]这和当今世界的消费潮流是背道而驰的。

与法国相反,德国的葡萄酒消费却在上升。德国现在已经成为世界上第四大葡萄酒消费国。1998年,德国人总共消费约19亿升葡萄酒,平均每人每年消费22.4升,而葡萄酒消费支出则增长了7.6%。据专家分析,德国人对葡萄酒消费的需求还将呈上升趋势。[②]

意大利也是世界葡萄酒生产和消费大国。1999年的葡萄酒产量为5 740万升,仅次于法国位居世界第二,而出口量则超过法国成为世界第一。1999年意大利的葡萄酒消费量达到3 500万升,人均消费约为每年60升,与法国不相上下。据意大利官方的统计资料显示,近几年意大利的葡萄酒消费比较平稳。从发展趋势来看,今后10年意大利葡萄酒消费将呈缓慢下降之势,每年约下降1%,但高档葡萄酒消费则会显著上升。这也反映了葡萄酒消费在发达国家数量减少,但质量提高的趋势。

烈性酒 烈性酒是饮料中下降最多的一个种类。在美国,酒类消费下降始于90年代,这种下降趋势一直持续到现在。在一次调查中,1万个被调查者均表示在过去10年里烈性酒消费明显下降。在饮食方面,俄国人素以喜欢喝烈性酒且多“酒鬼”著称于世,俄国的国酒伏特加也是世界烈性酒的知名品牌。但俄罗斯新总统普京下决心要改变俄国人的这一陋习,改变俄罗斯人在世界上的“酒鬼”形象。他从自己做起,带头不喝伏特加酒,同时也要求克里姆林宫的工作人员遵守这一不成文的规定,而且这些人也不准用烈性酒招待来访的客人。总统的这一行动得到俄罗斯人的称赞,俄罗斯百姓高兴地拍手称:“克里姆林宫忌酒好!”现在,特别爱好伏特加酒的俄罗斯人更多地饮用葡萄酒了。据俄罗斯海关统计,2000年1~2月份俄罗斯的葡萄酒进口比去年同期增加一倍多。俄罗斯官员说,“传统上我们与伏特加有缘,但现在俄罗斯正在改变,这意味着我们走上了正确的道路。”

在捷克,酒精含量高的烈性酒正在逐渐遭受冷落,而酒精含量低的啤酒和葡萄酒等低度酒则越来越受欢迎。1998年,捷克烈性酒消费量为800万升,比1997年减少12%,而葡萄酒的消费量却以平均每年4%的速度增长。捷克有关专业人士认为,上述变化和人们生活水平的提高及健康的生活方式密切相关。

但烈性酒消费下降也有例外情况。1999年英国的烈性酒消费量为2.3亿升,比1998年的1.98亿升上升15.8%,用于烈性酒的消费支出达到创记录的65亿英镑,比1998年增长16.8%。这和英国烈性酒消费下降的长期趋势是相反的。例如,从1989到1998年,英国烈性酒的消费量下降了21%。但为何1999年却突然如此大幅增长呢?据西欧食品分析专家解释,这是因为1999年底,为迎接新千年的来临而举行的各种庆祝和狂欢活动,引起了烈性酒的大幅度上升。[③]芬兰的烈性酒消费也上升了。据芬兰卫生部门1999年公布的报告,芬兰人1998年人均烈性酒和软性葡萄酒的消费量呈现上升趋势,而啤酒消费量却下降了。芬兰居民用于购买各种酒类的支出高达193亿芬兰马克,人均消费近3 800芬兰马克,占私人年消费支出的5.7%。[④]

---

① “法国人喝葡萄酒少了”,《中国食品报》2000年2月16日。

② 王东:德国葡萄酒消费又创新高《中国食品报》2000年10月31日

③ 英国的烈性酒《欧洲消费品》(英文版)2000年8月

④ 芬兰去年酒类消费量上升《中国食品报》1999年7月9日

世界信息消费综述

长沙铁道学院科研所　尹清非

近10年来，在许多国家居民消费支出中信息消费都是增长最快的部分，信息消费已在世界范围形成持续的消费热潮。它的迅速发展，导致了消费领域里的一场革命。这场革命给世界的消费带来了十分巨大和深刻的变化，正在从根本上改变人类的生活方式。

电脑

信息消费的革命是从个人电脑大规模进入家庭开始的。因此，个人电脑的消费状况是信息消费的一个重要指标，它基本上可以反映一个国家信息消费的水平。世界主要国家个人电脑拥有量的情况如表1所示。

世界范围的信息消费革命是在美国发源并由美国领导的，美国在个人电脑的消费方面自然是遥遥领先。例如，到1999年全世界共有个人电脑3.87亿台，而美国就有1.4亿台，占全世界的1/3还多。美国的电脑普及率也名列前茅，平均每百人拥有51台。这里值得一提的是，新加坡的个人电脑普及率在世界上最高，超过了美国。这不仅是因为新加坡的人均国民收入在世界上也是名列前茅，而且在于，新加坡目前正在积极推进国民经济信息化过程，花大力气努力将新加坡建设成世界上信息化程度最高的"智慧岛"，特别是新加坡的整体国民素质堪称世界第一。个人电脑这种高科技产品的消费水平，不仅仅反映了一国的富裕程度，更反映了一国的国民受教育水平以及由此产生的国民素质。因此，新加坡的人均国民收入在世界上排在5名以外，而个人电脑的普及率却高居全球之首，就毫不奇怪了。在发达国家中，北美、澳洲和北欧的发达国家个人电脑普及率普遍较高，西欧次之。但是，世界第二经济强国日本以及法国则略显落后。世界个人电脑消费的两极分化也是十分严重的。广大发展中国家的个人电脑消费水平很低，这从亚非两大洲的情况就可以看出。许多发展中国家个人电脑普及率还不到百分之一，和发达国家相比相差好几百倍。

表1　世界主要国家和地区个人电脑拥有量(1999年)

	个人电脑数量(万台)	每百人拥有量
美国	14 100	51.05
加拿大	1 100	36.08
澳大利亚	890	47.06
日本	3 630	28.69
法国	1 300	22.08
英国	1 800	30.64
德国	2 440	29.69
意大利	1 100	19.18
挪威	200	44.99
丹麦	220	41.4
芬兰	186	36.01
冰岛	10	35.9
卢森堡	17	39.61
荷兰	570	35.97
新加坡	170	52.72
韩国	850	18.29
中国	1 550	1.22
印度	330	0.33
亚洲	8 656	2.52
非洲	588	0.88
美洲	16 998	21.34
欧洲	11 446	14.63
大洋洲	1 020	42.71
世界	38 707	6.78

资料来源：国际电信联盟《因特网指标》(Internet Indicators)http://www.itu.org

从总体上看，全球个人电脑消费的增长仍然保持较快的速度。2000年上半年全球个人电脑的销售量达6,110万台,较去年同期增长18.3%,其中台式机占77.5%,笔记本占19.8%,服务器占2.7%。可见台式机仍然占据主导地位,这一趋势还将持续一段时间。美国和欧洲由于普及率已经较高,市场处于饱和状态,个人电脑消费的增长率开始下降。据国际数据公司的资料显示,2000年第二季度美国个人电脑销售仅增长7.2%,比去年同期大幅下降。美国个人电脑市场增长虽然放慢,但消费者更加注重电脑的个性化。因此,式样新颖、能满足不同消费者个性化需求的产品仍然有较好销路。发展中国家的销售量增长有加快的迹象,2000年第二季度增长了18%。其中亚洲增长最快,拉丁美洲也有较大增长。世界个人电脑销量增加的主要原因是电脑软硬件价格不断下降,世界经济开始回升,因特网用户迅速扩大以及电子商务的蓬勃发展。

世界软件大王比尔·盖茨曾经以独特的图形界面的windows将电脑操作从输入一个个烦琐的命令改变为只需要用鼠标轻轻一点就可以了,从而给电脑的应用带来革命性的变化,使电脑大规模进入寻常百姓家成为可能。可是,用鼠标或键盘操作仍嫌麻烦。人们希望电脑能听懂人的语言,这就是语言认知技术。通过这种语言认知系统,人们就可以通过说话向电脑发出各种操作命令,进行真正意义上的"人-机对话",而不必敲键盘、点鼠标。这种技术被认为是继windows之后电脑领域里的又一场革命。比尔·盖茨认为语言认知系统将代表电脑软件的发展方向,是电脑的未来。近几年来,电脑行业投入了数十亿资金研究语言认知系统。IBM公司是这一领域的领先者,它生产的听写软件系统能听懂正常语速的话语,而且还掌握了一定的句法和语法。这些软件系统在最佳状态下的准确率可达到95%。据专业期刊《语言科技》的编辑布莱恩·莱维斯估计,1999年,语言认知系统技术销售额达到5亿美元,到2001年,这个数字还得翻一番。

随着电脑越来越普及,由电脑病毒带来的安全问题引起了广大消费者的极大关注和恐慌。以前的电脑病毒主要通过软盘传播,其传播的速度和范围都较有限。随着因特网的发展,也给电脑病毒也带来了一个能以惊人的几何级数迅速在全球范围传播的渠道。据专家估计,现在的病毒有87%是通过因特网传播的。而家庭电脑用户由于安全意识不强,防范手段落后而成为最容易受伤害的群体。近两年,电脑安全问题层出不穷,甚至成愈演愈烈之势。例如,1999年的美丽莎病毒和CIH病毒,2000年的蠕虫病毒等,尤其是2000年5月爆发的"我爱你"病毒,更是迅速"风靡全球",使许多电脑消费者蒙受巨大损失。因此,加强电脑和因特网的安全防范和管理,保障消费者的电脑不受病毒的侵害,将是信息消费领域亟待解决的一个重大问题。

因特网

消费的信息革命虽然是从PC开始的,但近几年互联网的迅猛发展使PC的地位开始下降,这使得PC时代的巨人微软也受到了严峻的挑战。以经营处理电子商务和网络站点数据的数据库为主的Oracle公司总裁拉里·埃里森就认为,互联网将会导致微软的溃败,因为个人电脑已不再是主流。Oracle会在网络经济时代把微软推下去,自己才是新的软件业老大。在2000年,Oracle公司的股票一路狂升,公司总裁拉里·埃里森曾一度超过比尔·盖茨成为世界上最富的人就是对这个新的网络时代来临的最好注解。早在1996年,拉里·埃里森就预见到Internet将改变客户机/服务器计算模式,应用软件在用户台式机上运行的方法会受到排斥,客户机的主要功能是运行Web浏览器,用户通过它访问驻留在大型服务器上的信息和应用软件,并决定改造其数据库和应用软件以支持新的计算模式,目前,以服务器为中心的Internet计算模式已成为普遍接受的事实,数据库已经成为Internet电子商务的系统软件,就像Windows是PC领域的关键软件一样。

微软已经感到这个新的网络时代的挑战。比尔·盖茨提出,要将微软的重心从PC转向网络,实现从Microsoft.com向Microsoft.net的战略大转移。比尔·盖茨对称霸PC时代的微软能继续称雄网络时代充满了信心。微软的这种战略大转移实际上反映了消费市场的大转移,反映了消费者需求的大转移,这就是从电脑转向因特网。

实际上,这种从PC向因特网的转移已经开始。现在,因特网已经将整个世界连为一体,并深入到人类生活的各个方面,它正在使人们的信息获得渠道、交流方式、购物和娱乐等等发生着一场前所未有的革命。

表 2 世界主要国家和地区因特网使用情况(1999 年)

国家	上网人数(万人)	每万人上网人数	占世界比重
美国	11 000	3 982.36	42.29
加拿大	1 100	3 670.59	4.23
澳大利亚	600	3 172.72	2.31
日本	1 830	1 446.58	7.04
法国	566	961.18	2.18
英国	1 250	2 127.88	4.81
德国	1 590	1 934.83	6.11
意大利	500	871.95	1.92
挪威	200	4 499	0.77
丹麦	150	2 822.96	0.58
芬兰	166.7	3 227.44	0.64
冰岛	15	5 385.63	0.06
卢森堡	7.5	1 747.44	0.03
荷兰	300	1 893.1	1.15
新加坡	95	2 945.92	0.37
韩国	682.3	1 467.96	2.62
中国	890	70.25	3.42
印度	200	20.04	0.77
南非	182	456.14	0.70
毛里求斯	5.5	478.39	0.02
刚果(金)	0.05	0.10	0.00
索马里	0.02	0.21	0.00
亚洲	4 923.35	140.88	18.93
非洲	265.53	34.63	1.02
美洲	13 112.6	1 602.78	50.41
欧洲	7 025.5	880	27.01
大洋洲	673.55	2 244.71	2.59
世界	26 009.53	439.77	100

资料来源:根据国际电信联盟《因特网指标》(Internet Indicators http://www.itu.org

因特网的发展速度是十分惊人的。截至 2000 年 3 月,全球因特网用户数有 3.04 亿,而在 1999 年 3 月才只有 1.7 亿,短短一年时间增长了 78%。因特网上的信息量增长更快。据美国商务部 2 000 年 6 月新出版的关于数字经济的年度报告《数字经济 2000》中统计,到 2000 年 1 月因特网上的信息量已超过 10 亿页,而 1997 年 10 月才只有 100 万页,仅仅 3 年时间就增长了 1 000 倍,且还在以每天 300 万页的速度高速增长。[①]但因特网在全世界的发展很不平衡,因特网的用户大部分集中在美国、西欧和日本。根据世界电信联盟截至 1999 年底的数字,美国和加拿大占全世界因特网用户总人数的近 50%,欧洲占 29%,亚洲占 19%,而非洲地区只有 1%。但是这种状况止在改变。

① 美国商务部:《数字经济 2000》(英文版)第 7 页

根据美国商务部出版的《数字经济2000》一书中的数字,在1999年3月到2000年3月的一年内,美国和加拿大的因特网用户增加了41%,欧洲增加108%,而亚太地区增加155%,非洲增加136%。预计到2003年,美国用户将只占1/3,西欧的用户将占到将近30%,亚太地区将占27%,拉丁美洲将占5.3%。据美国因特网理事会预测,到2005年全球经常使用因特网的人数将突破10亿,其中7亿在北美之外。随着北美用户增长的减缓和世界其他地区用户增长的加速,由美国垄断因特网的时代即将结束。美国以外因特网用户的增长,将对因特网产生重大影响。一是因特网的内容和语言将变得更加多样化,这将使因特网成为真正意义上的全球化的网络。现在,英语为母语的用户大约只占有因特网全部使用者的一半。美国Internet委员会总裁Bill Myers说:"非英语网站数量的增多,以及亚洲、欧洲的网上用户数量的迅速增长,说明Internet已经从由美国主导的媒介转换为真正国际性的通信骨干网。"其次,一个真正全球化的网络将促进各种风格、品味和产品的融合,大大加快在整个世界范围内全球化市场的形成。网络的人口分布也在改变,更年轻和更老的人们也加入到网民的行列中来了。5~18岁的儿童和青少年上网的人正在飞速增长。年轻人上网的增加将有力地促进发展中国家的网络发展,因为这些国家的人口年龄结构比发达国家更加年轻化。

美国是因特网上的先驱者,网民数量仍保持强劲增长。到2000年11月,美国因特网用户普及率约为56%,比一年前上升了约15个百分点。同时,网民的结构正在发生显著变化。这表现在,其一,女性网民正日益成为网络消费的主体。据调查,在2000年新增的因特网用户中,有60%为女性。其二,低学历、低收入网民迅速增加。研究发现许多新增因特网用户年收入低于平均水平,因特网服务的主要对象也不再是那些受过高等教育的网虫,这表明因特网在美国已进入普通百姓家。调查还发现因特网已经成为家庭日常生活不可缺少的组成部分,有87%的被调查者他们每天至少上网一次。①

北欧国家消费者上网比例普遍较高,其中冰岛、挪威上网的比例甚至超过了美国。英国在西欧国家中处于领先地位,其上网人数增长速度也很快,特别是家庭用户增长最快。截至2000年6月,英国已有800万户家庭上网,约占全部家庭的32%,比法国、德国、意大利的比例都要高。法国因特网消费的发展也很快,截止到2000年3月底,法国因特网用户达到620万,比一年前几乎增长了一倍。同时,用户上网的时间也越来越长,平均月上网时间达20小时的用户已占全部因特网用户的35%。而在1999年,这一比例只有29%。调查表明,法国人对使用电脑和上网兴趣越来越浓,越来越感到这是生活必不可少的一部分。根据西班牙科学技术部的统计数据,在2000年西班牙的因特网用户数比1999年增长了近一倍,14岁以上的西班牙人有20%都在家里使用因特网。

亚洲的人口占世界人口一半以上,目前因特网用户占不到全球的20%,排在欧美之后。但亚洲将是今后几年因特网发展最快的地区,到2003年亚洲因特网用户可望达到2亿,从而超过欧美地区成为世界上因特网用户最多的地区。亚洲因特网普及率最高的国家是新加坡,其次是韩国和日本。但中国和印度将成为亚洲因特网的最大市场。截止到1999年底,日本15岁到69岁的因特网用户数为2 706万人,比1998年底的1 694万人增加了近1 000万人,因特网在家庭的普及率也从上一年的11%提高到19.1%。到2000年6月,香港的因特网用户上升至250万户,比一年前的不到130万户增加了差不多一倍。网民上网时间在过去一年也增加了近一倍。香港现有200个因特网供应商,使香港成为亚太地区数一数二的因特网社区。到1999年年底,韩国遍布全国的光缆绵延八万余公里,加入高速信息通信的家庭近六十万户,上网者达1 080万人。

非洲因特网用户比例非常低。除了南非、毛里求斯等个别国家外,许多非洲国家因特网普及率还不到千分之一,索马里、刚果(金)等国甚至连万分之一都不到。造成这种现象的主要原因是非洲是世界上最贫困的地区,接入因特网需要一台电脑,这对大部分非洲人来讲难以负担得起。此外,因特网上非洲土著语言的网站少得可怜,也是阻碍着非洲因特网发展的重要原因。

① 《研究表明美互联网消费群体正发生变化》中国宏观经济信息网2000年10月26日

因特网似乎从它诞生的那天起就显得有些先天不足，因为用户主要是通过普通电话线接入因特网，上网速度最快也只能达到56k。这种速度在因特网发展初期，上网人数不多且主要是用于数据传输的情况下，还勉强过得去。可是90年代中期以后，因特网进入高速发展时期，用户数量呈爆炸式增长，人们在因特网上除了传输数据外，还有声音、图象、甚至电影电视节目等多媒体形式。这时，几十k的传输速度就远远不够了。因此，各国都十分重视建设速度更快的宽带因特网。而骨干网一般采用光纤结构，传输速度比较快，因此，用户上网的速度主要受制于到达用户终端的接入网的速度。它是整个网络系统的瓶颈，一般离高速光纤网距离不长，被称为"最后一公里"问题。解决这个问题现在主要有3种方式：一是仍采用电话线，利用xDSL等技术在现有的电话双绞铜线对用户提供高速因特网接入等业务。DSL即digital subscriber line，中文含义是"数字用户线路"。在xDSL技术中最具代表性的当属ADSL技术，即不对称的数字用户线路技术，其下行速度可达到8M，上行速度也可达到640K～1M。其二是利用现有的有线电视网络，经改造后可以进行双向传输。这种有线电视传输在技术上称为光纤同轴电缆混合网(HFC－Hybrid Fiber Coaxial Network)，其上行速度可达10M，下行速度可达35M。其三就是无线宽带网络，这还有待于第三代手机的推广应用。当然，直接将光纤接入到用户端(即FTTH——fiber to the home)是最好的办法，也是因特网今后的发展方向，但由于成本太高，现在还很少采用。在这几种方式中，最受瞩目的就是有线电视网络。就目前情况看，由于有线电视网络通往用户的通道是同轴电缆，其通信带宽是现存的其他几种用户接入方式所不能比拟的。而且，它只需对现有的有线电视网络作一些改造，再在用户端安装一个有线调制解调器(cable modem)，就可以用于上网了，因而成本比较低，加上可升级性强、功能多等优点，被认为是目前较理想的一种宽带因特网接入方式。

由于宽带因特网的明显优势，近几年在世界许多国家发展很快。据估计，美国高速因特网的用户1999年为230万人，2000年增加到600万人，到2005年将达到4 200万人。在美国的宽带网中，基于有线电视网络的有线宽带因特网占据了主要地位。仅在2000年，美国的有线宽带因特网用户就增长了330万。据估计，到2003年，有线宽带因特网在美国家庭所占比例将由2000年的4%上升到16.9%。新加坡宽带网用户发展很快，2000年年初只有10万人，而到2000年9月就达25万人，9个月时间就增加了1.5倍。微软十分看好新加坡宽带市场的发展，决定利用新加坡作为它在亚洲宽带发展的起步点。截至到2000年6月底，日本有线宽带因特网用户为32万9千户家庭，而2000年3月底的用户为21万6千户家庭，短短3个月内就增加了约50%。可以预见，宽带化将成为今后几年因特网发展的主要方向。宽带网的快速发展和普及，将会大大扩展因特网的功能，极大地丰富因特网上的内容。利用高速的宽带网，人们不仅可以收看电视节目，还可以上因特网冲浪，打电话(包括可视电话)，进行视频点播，召开电视会议以及网上教学、远程医疗、交互式图像游戏等多项综合信息业务，这种多功能的宽带网是目前的窄带网所无法比拟的。在这种宽带条件下，将给消费者的家庭生活带来一系列的重大变化。正如美国一个宽带网用户所说的，过去利用电话线拨号上网速度慢，因此只有不得不用Internet时才上网。可有了Cable modem后，由于因特网随时都接入家庭的计算机上，下载速度非常快，需要什么信息随时很快就可方便得到。因此，家里的许多琐事都靠因特网了。比如查天气预报，看自己喜欢球队比赛积分，购买飞机、火车票，管理银行帐号，网上游戏，买书、买磁带、买音响以及和朋友通信等等很多事务都依靠因特网完成。宽带因特网为家庭带来了许多方便，在很大程度上改变了家庭生活方式。

通信

(一)固定电话

根据国际电信联盟的资料显示，到1999年，全世界固定电话主线共有9.06亿条，主线普及率为15.16%。其中，欧洲为3.08亿条，主线普及率38.48%，亚洲为2.97亿，主线普及率8.32%，美洲为2.71亿，主线普及率33.13%，大洋洲为1 213万，主线普及率40.29%，而非洲仅为1 861万，主线普及率2.45%。世界上固定电话最多的是美国，有1.84亿条主线，普及率为66.44%。固定电话普及率最高的是北欧国家，其中卢森堡72.44%，挪威71.2%，瑞士

69.87%,丹麦68.47%,冰岛67.74%。据国际电信联盟预测,到2010年,世界固定电话将达到15亿线,而亚太地区将成为今后发展最快的地区。

(二)移动电话

国际电信联盟确定的2000年世界电信日的主题是"移动通信",这个主题反映了当代信息消费的发展的方向和趋势。据统计,到2000年6月底,全球手机用户已超过了个人电脑5亿台的使用量,达到5.7亿部,平均每10人就有1部手机①。根据国际电信联盟预测,到2002年,世界移动电话用户将达到10亿,届时将超过固定电话用户的人数②。实际上,在许多国家和地区,移动电话已超过了固定电话用户的数量。例如,移动电话霸主诺基亚的故乡芬兰,每百人拥有固定电话55.18部,而每百人拥有移动电话却为65.12部。在亚洲就有我国香港、台湾,以及日本、韩国、新加坡等地的移动电话用户超过了固定电话。国际电信联盟预测,今后10年移动电话增长最快的地区是亚太地区。到2010年,亚太地区移动电话用户在全球移动电话用户中所占的比例,将从2000年的35%上升到50%以上。

根据国际电信联盟1999年底的数字,世界移动电话普及率最高的地区是北欧,其中芬兰有65.12%的人口拥有移动电话,名列第一。冰岛为61.93%,挪威为61.75%,分列第二、第三。而澳大利亚、日本和美国的手机密度分别是34.28%、44.94%和31.15%,在世界上也处于前列。

世界上使用移动电话最多的国家是美国,到1999年底美国拥有移动电话8 605万部,比上一年增加了1 680万,增幅为25%。日本位居第二,1999年底有5 685万用户,比上年增长945万,增幅20%,中国排在第三,1999年底有4 330万用户,比上年增长1 943万,增幅高达81%,远远超过了美国和日本的增长率。据估计,中国不久将会超过日本成为世界上移动电话第二大消费国。

德国的移动电话用户人数在2000年翻了一番,到2000年底达到4 800万,相当于半数以上的德国人拥有了移动电话。移动电话的销售额也增长40%。2000年,德国的移动通信服务销售额也第一次超过了固定电话服务销售额。预计2001年移动通信服务销售额在德国通信服务的总销售额中所占比例将会达到约60%,其中,绝大部分将为移动电话服务。法国电信机构发布公告说,2000年是法国移动电话大发展的一年,截至2000年底,法国手机用户达到了2 968.13万户,占全国人口的49.3%。手机拥有量比1999年增加了44%。

日本的移动通信发展十分迅速,到2000年8月,日本的移动电话用户已突破6 000万大关,普及率高达48%。新加坡移动电话市场发展势头十分迅猛,移动电话用户已突破200万,市场普及率高达64.1%,已接近世界手机普及率最高的国家芬兰。值得一提的是,新加坡移动电话之所以能取得令人瞩目的发展,是与新加坡政府在电信方面所做出的一系列改革分不开的。新加坡政府在2000年1月21日宣布于2000年4月提前全面开放电信市场。新加坡最大的电信公司——新电信因受政府保护而独家垄断市场的局面被打破,而在这种新的激烈竞争压力下,新加坡电信公司也宣布正式取消有关外资在新电信持股比例不能超过40%的规定。③

由上我们可以看到,近几年移动电话在许多国家都是以惊人的速度发展,成为世界消费领域中的一颗耀眼的新星,一个移动通信的新时代正在向我们走来。

(三)移动互联

普通的移动电话虽然具有很好的移动性,可以打破时空界限,"随时、随地"地实现通信,但它只有通话、收发短信息、收看股市行情等几种简单功能。普通的PC虽然可以上网,但不能随身携带且需要固定线路连接却是它致命的弱点。现在的消费者既需要随时随地可用的移动性,又离不开互联网。"剪掉互联网的'辫子',让人们摆脱那根该死的电话线",是广大消费者的迫切愿望。现在这种愿望正在逐步成为现实,这就是集上网和通信于一身具有移动互联功能的新型手机。

---

① 《人民日报海外版》2000年8月29日
② 《人民日报网络版》2000年5月18日
③ 《通信产业报》2000年12月6日

这种具有移动性的互联网的出现,预示着一个新的时代——“移动信息时代”即将到来。虽然今天互联网还如日中天,但是,以移动电话为代表的无线通讯产品才是未来的主宰,互联网时代在不久的将来将让位给无线互联时代。就象60年代电视改变了娱乐界,造就了“电视的一代”,80年代电脑改变了人们的工作,促成了“计算机一代”,90年代Internet改变了人们获取信息的方式,诞生了“网络时代”一样,无线信息时代将造就崭新的无线互联一代。联结这些青年人的工具就是无线通信产品,而这一代人的生长基础几乎就是搭建于空中电磁波之上的。

WAP:叫好不叫座的无线互联

WAP是英文wireless application protocol的缩写,即“无线应用协议”。这是在数字移动电话、因特网或其他个人数字助理机、计算机之间进行通讯的开放性全球标准,就像HTTP协议是一种标准,规定了WEB服务器与客户浏览器交互的方式一样。WAP手机和一般的手机主要的不同之处在于它内置有微型浏览器(MiniBrowser)、缓存(CACHE)和内存。就象电脑上网要用IE或Netscape等浏览器一样,WAP手机上网需要用微型浏览器。无线应用协议技术把因特网引进移动电话,将使手机也能象电脑那样实现网上冲浪、电子商务等功能,有着广泛的应用前景。但WAP手机推出以后,其发展不尽人意。即使在WAP手机普及率最高的瑞典,频繁使用移动电话上网服务的人也不多见。在欧洲,用WAP移动电话上网使用人数增长十分缓慢。移动电话服务业者已卖出数百万部WAP手机,有的甚至为吸引客户而免费赠送,但实际使用移动电话上网服务者仍然很少。大力推广WAP移动电话上网服务的D2公司称,用户每天使用这项服务的时间平均不到1分钟。WAP手机上网之所以陷于如此境地,主要是其上网速度太慢,网上的服务内容也不多,收费也较高,所以尽管被媒体炒得热火朝天,消费者自然还是不买帐。

i-mode:风靡日本的消费新潮

和wap手机的尴尬境地形成鲜明对照的是,i-mode手机在日本大放异彩。因特网和移动电话都是美国发明的,美国在这两方面都是世界消费新潮流的领导者。但是,这二者的结合——移动互联,却让日本抢占了先机,出尽了风头。这首先得归功于日本DoCoMo公司名为“i-mode”的无线互联服务。

i-mode是日本电话电报公司(NTT-Nippon Telephone and Telegraph)旗下的DoCoMo公司开发的一种无线互联技术,于1999年2月推出。它摒弃了目前第二代手机GSM和PHS中使用的CSD技术,采用基于PDCP的包交换技术,是目前全球最先进的无线Internet接入服务。i-mode的传输速度可以达到9.6kbps,虽然仍不够快,但也远超过目前wap手机的上网速度。和普通手机相比,i-mode手机增加了一个酷似笔记本电脑滚动鼠标的按钮,用户可以随时随地连接因特网,因此,i-mode手机更像专线上网,只要开机就一直保持在线上。其实,DoCoMo公司的名称“DoCoMo”其日文含义本身就是“无所不在”,足见其经营的宗旨就是要为消费者提供优质廉价长期在线的无线互联服务。i-mode面向普通消费者,价格低廉,一部i-mode手机仅售115美元。i-mode的使用费也较便宜,它不是按照连网时间,而是按照不同的信息收取不同的费用,这样就可以使消费者放心地一开机就挂在网上。相对于手机CSD方式上网的高额费用,i-mode的收费分为基本费、信息使用费和增值服务费用。基本费只要300日元(合25元人民币);信息服务费是每传送一个128字节的封包收取0.3日元(合2分人民币);增值服务如账户查询、餐厅指南等每次收取10~40日元,传送Email则按照字数每50字收取0.9~1.5日元。据专家估计,平均每个用户传输费用每月大约1 080~1 350日元,合十几美元。对于人均年收入高达3万多美元的日本人来讲,这个费用是非常低的了。i-mode采用与互联网兼容的HTML语言,设计成互联网模式而不是无线互联网模式,不需要专门的无线内容提供者,从而可以获得丰富的因特网信息资源。除了核心语音服务外,利用i-mode手机还可以阅读新闻和天气预报,收发电子邮件,查询火车时刻表和城市地图,预定机票和音乐会门票,查找饭店,查询银行余额和转帐,在线交易,在线游戏甚至下载手机铃音(DoCoMo推出MIDI电话时,准备了超过一千种铃音供消费者选择)等等多种用途。

由于i-mode的种种优越性,它一经推出,就立刻受到了日本广大消费者的追捧。i-mode手机是1999年2月推出的,一年以后,它就得到了500万用户,此后更是加速扩张,到2000年8月,也就是一年半以后,其用户就超过了 1 000 万。由于 i－mode 的卓越表现,具有互联网浏览和收发电子邮件功能的手机现已成为日本移动电话市场上最抢手的畅销品。i－mode 的用户中 20～30 岁年轻人占 70%,其中又以女性居多。i－mode 为这些追新求异的少男少女创造了一种"专有的"交流方式——彼此间不仅可以直接通话,而且可以随时随地互相传递"秘密信息"。在日本东京的街头,人们可以看到许多工薪族、追求时髦的中学生、家庭主妇几乎人手一部手机,他们不仅用它来打电话,还用它来玩游戏、收发电子邮件、传送照片、网上冲浪,甚至是观赏迪斯尼的卡通形象,或者听迪斯尼的音乐。20 年前,电子巨人索尼发明了 Walkman(随身听)并在日本引发了消费热潮。现在,i－mode在日本又成为最受年轻人追求的消费新时尚。i－mode的持续升温也给DoCoMo公司带来了巨大利益:DoCoMo公司的股价已升至 400 万日元;公司市值 3 400亿美元。DoCoMo公司已远远超过它的母公司日本电话电报公司 NTT,而一举成为全球最大的移动电信公司。

许多国家试图运用 wap 实现手机上网但效果不佳,i－mode在日本的巨大成功引起了世界各国的广泛注意。善于模仿的日本错失了第二代移动电话的世界浪潮,这次在第二代向第三代过渡的时期,终于有机会走在世界的前面,他们自然不会让机会白白溜走。现在,DoCoMo公司在欧亚美三大洲都建立了根据地,准备利用这一绝佳机会,大举向全球扩张。

GPRS:迈向移动信息时代的阶梯

目前使用的第二代移动通信系统(GSM)网络其设计主要是用于传输语音信息,用她传输数据就显得有些力不从心了,不仅速度非常慢而且很不方便,这极大地限制了 WAP 在第二代系统上的应用。于是 WAP手机无法使消费者享受到无线上网的乐趣, WAP 也成了无用武之地的英雄。要真正解决这些问题,必须有更先进的第三代手机,但第三代手机至今还只是在试验阶段,二、三年内难以推广,可见是远水解不了近渴。爱立信公司率先提出了 GPRS 解决方案,它被称为介于第二代和第三代之间的第 2.5 代手机(前面介绍的 i－mode 手机被 DoMoCo 公司自称是第 2.3～2.5 代)。所谓 GPRS 就是 General Packet Radio Service,即通用分组无线业务系统。它与现有的 GSM 语音系统最根本的区别是, GSM 是一种电路交换系统,而 GPRS 是一种分组交换系统,其基本过程是把数据先分成若干个小的数据包,通过不同的路由,以存储转发的接力方式传送到目的端,再还原成完整的数据。这一技术可以高效地利用无线频谱,从而将上网的速度提高几十倍甚至上百倍,达到 30～50k。因此,GPRS 可以看成是无线互联的一种"准高速公路"。GPRS 手机还具有定位系统,利用它可以自动确定手机用户所在位置并根据其位置实时提供所需的数据服务。

现在,GPRS 的应用已经开始。2000 年 6 月,摩托罗拉公司在英国推出了世界上第一个 GPRS 商用系统和第一部 GPRS 商用手机。2000 年 8 月 14 日,由摩托罗拉提供设备的深圳 GPRS 网络也已经开通,成为中国及亚洲第一个 GPRS 商用系统。

3G:移动信息时代的曙光

3 G ,即 the third generation,也就是第三代手机。第三代手机的名称繁多,国际电信联盟称之为"IMT－2000",欧洲的电信业巨头们则称其为 UMTS 移动通信系统,第三代手机可能应用的技术标准 WCDMA、CDMA－2000、TD－SCDMA 等也在一些场合被作为第三代手机的代称,而更笼统地称呼则为"3G"。第一代手机为模拟制式,第二代手机为 GSM、TDMA 等数字手机,而所谓第三代手机,就是指能够将传统的语音通信和多媒体通信相结合的新一代移动通信系统,它将真正使手机、电脑和因特网联为一体,使无线上网和无线宽带多媒体应用成为现实。这种手机传输速率高达 2Mbps,这时的移动互联才可算作是真正的高速公路。它可提供前两代所不能提供的各种宽带信息业务,如高速数据、图像、音乐等。届时人们不仅可以通过手机浏览网页,而且可以参加电视会议、观看电影节目以及其它一些信息服务。当然,这种具有多种功能的 3G 移动电话,已不是以往的"电话机"了,传输语音信息只是 3G 移动电话的功能之一。因此,有专家认为应该将这些设备称为移动通讯器或移动终端机,因为这种随身携带的移动通信设备将整合数据储存与运算功能,本身就是一台小型电脑。

这种新一代的移动通信设备可以与互联网完美结合,从而使消费者真正感受到一个无拘无束的移动信息新时代的到来。正如《时代》周刊所说的:"我们正处于一场重大的伴随着蒸汽机、汽车、电视和计算机而兴起的科技巨变的边缘。它(无线产品)展望了一个信息时代的最终的技术突破。”这也正是升阳公司首席科学家比尔·乔伊曾经预言的“真正的个人网络世界”。在这样一个世界里,移动通信产品将改变我们工作、购物、付款、约会甚至战争的方式,因为我们将永远并时刻处于“在线。”这时的移动电话将会变成“个人信息中心”和“随身办公室”,互联网则会更加平民化。人们在任何时候、任何地方都能够查看家中的一切情况。人们可以自由自在地在公共汽车上打电话购物或启动家中的自动化设备煮咖啡、准备晚餐;科研人员可在火车上查阅图书馆资料;游客可在海滨度假时继续监测股市的行情;专家、学者可随时随地参加网上论坛;医生可以在紧急情况下了解突发病人的医疗档案等等。将来每个人都会像今天戴手表、眼镜一样,随身携带一个无线互联上网终端,它的普及度将超过今天的电脑和手机,成为人们生活的必需品。

现在,世界各国都将目光转向这种新一代的移动通信设备。日本 NTT DoCoMo 在日本的通信展上展示了第3代移动通信的各种产品,旨在向人们显示第三代通信服务已经近在眼前。据 NTT DoCoMo 介绍,第三代通信服务将于 2001 年 5 月开通。三洋、松下、三菱等日本公司也推出了样式新颖、风格前卫的 3G 手机,这些手机一般具有大屏幕彩色显示,有的甚至有两个显示屏,可以一个上网、一个看电视。三洋展示的一款 3G 手机带一个手指甲盖大小的数码摄像头,可以将拍摄的影像即时传送给另一部手机。精工爱普生公司推出一种名为 Location - COM 的移动电话,使用这种电话的用户在迷路的时候只需输入一个地址,就可以在全球卫星定位系统和彩色液晶显示地图的帮助下,将用户带到正确的目的地。

欧洲的手机生产厂家也都推出了各自的 3G 产品。爱立信分别在瑞典、英国和德国建立了 3G 的试验站;西门子和日本电气公司正在为英国电信公司建立 3G 系统试验站;法国的阿尔卡特、芬兰的诺基亚等公司也纷纷推出自己的“样板工程”。芬兰、英国、荷兰和西班牙已经通过拍卖或其它方式向多家电信公司发放了 3G 频率的使用执照,其中有的国家 2001 年就可启用该系统。在德国,至少覆盖半数人口的 3G 基干发射网也可望在 2003 年投入使用。欧洲各家电信公司并不满足于在本地区推广 3G,而是把眼光放到了世界各个角落。不久前,德国电信公司宣布以 1 000多亿马克的天价收购美国一家中等规模的移动电话服务供应商声流公司。据分析,其目的就是在美国建立“桥头堡”,使德国的 3G 技术进军美国市场。在美国,已有国会议员提出希望国会和联邦通讯委员会加快脚步,让无线电话供应商可发展 3G 通讯服务。

值得注意的是,尽管第三代移动电话还没正式登场,第四代移动电话已在酝酿之中。据估计,第四代移动电话传输速率至少可达 100Mbps。第四代移动通信系统在业务上、功能上、频带上都与第三代系统不同,它是一种宽带接入和分布网络。第四代移动通信将在不同的固定和无线平台和跨越不同频带的网络运行中提供无线服务,可以在任何地方宽带接入互联网,包括卫星通信,能提供信息通信之外的定位定时、数据采集、远程控制等综合功能。同时,第四代移动通信系统将是多功能集成的宽带移动通信系统。这预示着互联网连接速度与图像传输质量将发生质的改变。据专家预测,这种以宽带接入因特网、具有多种综合功能的第四代移动通信系统,很可能到 2010 年就会出现相关的实验系统和手机模型。①

蓝牙:另一种“无线互联”

“蓝牙”(Blue Tooth)是一种新型无线频率芯片,用于个人区域网络的低成本、低功率无线接口,实时传输数字数据和语音信号。它是由移动通信公司与计算机公司联合开发的传输范围约为 10～100 米左右的短距离无线通信标准。具有传输速率高、安全性强、价格较低等优点,可以使便携式计算机、移动电话以及其他的移动设备相互进行无线通讯。只要在电子设备中加装了这块芯片,局部区域内的电子设备便被一根无形的电缆连接起来,相关数据实现自动交换。任意“蓝牙”设备一旦搜寻到另一个“蓝牙”设备,马上就可以相互“咬合”,无须用户进行任何设置。“蓝牙”的另一大优势是它应用了全球统一的频率设定,消除了“国界”的障碍,而在蜂窝式移动电话领域,这个障碍已经困扰用户多年。爱立信已推出了蓝牙

① 金岭:4G 十年磨一剑,天极网(Yesky),2000 年 12 月 22 日。

耳机,只需把这种轻巧的设备戴在耳边,不需要靠近通讯设备、手机、电脑等就可以自由通话。[①]有了这种蓝牙技术,就再也用不着为现在个人电脑后面连接主机、显示器、鼠标、键盘及各种外设的那一大堆纵横交错的信号线而头疼了。

(四)IP电话

这里的IP是英文Internet Protocol的缩写,即因特网协议的意思。因此,IP电话是指利用因特网实现远程通话的一种通信方式。用普通电话,一次只能传输一对语音信号,而且通话双方各需占用64k的带宽。但用IP电话,将语音信号压缩成数据包,通过因特网将数据包传送到目的地,再还原成声音。这种电话系统通过IP电话网关(Gateway)来实现普通电话网和Internet的互通,从而可实现PC到PC、PC到电话和电话到电话之间的呼叫。这不仅对带宽的要求较低,只需8k左右的带宽,而且可以同时传送多路电话,从而使通话的成本大大降低。IP电话代表了一种新的更先进的通信方式,虽然才出现短短的几年,但迅速为广大消费者接受,其发展势头十分惊人。美国联邦通信管理局主席威廉·肯纳德就说过,人们现在正处于创新的时代,一个IP电话革命的时代。

据国际数据公司(IDC)公布的报告显示,在IP电话推出的第一年即1995年,全球的IP电话用户数为50万,到1997年跃升为500万,而到1999年底则为1 600万。

在发达国家,由于电信业的自由竞争比较充分,普通电话的价格已经比较低了,因此,以低价格为主要竞争优势的IP电话并不那么有吸引力。在发展中国家,由于电信行业的竞争还十分有限,普通电话的价格比较高,因此,价格低廉的IP电话在发展中国家具有明显的价格优势而比在发达国家更受消费者的欢迎。

亚太地区是IP电话发展最快的地区之一。据IDC的一份研究报告指出,尽管亚太地区的IP电话市场仍然处于"刚起步阶段",但是,IP电话业务在该地区的发展势头将非常迅猛。2000年亚太地区(日本除外)IP电话市场的规模已达到2.13亿美元,而到2005年将猛增到69亿美元。这意味着在今后几年中,亚太地区IP电话市场的规模每年将翻一番。

电子商务

按照世界贸易组织的定义,电子商务就是通过电信网络进行的生产、经营、销售和流通活动。它主要分为B to B即企业对企业;B to C,企业对消费者;B to G,企业对政府等几种形式。消费领域的电子商务主要就是指B to C。

在发达国家,网上购物已日渐成为购买产品和服务中举足轻重的成分。在发展中国家,网上购物也发展很快。根据TNS互动2000年发表的一项包括美国、英国、日本、土耳其、印度和泰国等27个国家的电子商务研究表明,每10个互联网用户中有1人在一个月中进行网上购物。而且,全球15%的互联网用户认为他们考虑过网上购物但还未付诸行动。美国拥有的互联网用户占全美人口的比例最高,网上消费者的比例也最高。有27%的美国互联网用户在一个月中进行过网上购物。与之形成反差的是,在泰国和土耳其目前只有1%的互联网用户采用网上购物。在这些国家所有互联网用户中,14%的人计划在未来6个月进行网上购物;13%的人从网上获取信息直接作用于其从非网上销售途径购买产品或服务;29%的网上消费者购买了书,20%的网上消费者购买了产品。[②]

美国在零售电子商务(即B to C)方面发展非常快。美国商务部从1999年第4季度开始正式统计官方的电子商务数据,据该部的资料显示,1999年第4季度美国零售电子商务为51.98亿美元,占总零售额的0.63%。而到2000年第4季度就增加到86.86亿美元,占总零售额的1%。和1999年相比大增67.1%。从各季度的数字我们更可以看出美国零售电子商务正在加速增长。2000年第1季度只比上季度增长0.8%,而到了2000年第4季度,则比上季度增长35.9%。据美国企业联合会的资料显示,在网上购物的消费者主要是年轻人和高收入者。美国在网上购物的人中,25~34岁的占了55%,而年收入在5万美元以上的占了53%。值得注意的是,近几年少年(teenager)网上购物呈快速增长的趋势。这些孩子是伴随着新兴的网络长大的,上网购物在他们眼中是一件合乎逻辑的事。而有相当

① 袁朱比:3G将彻底改变人类的生活,《北京晨报》,2000年11月6日。

② 《全球电子商务潜力巨大》,中国宏观经济信息网,2000年9月27日。

一部分成年人却对上网购物有心理方面的障碍。虽然这些少年往往是靠父母给的零花钱在网上购物,数额并不多,但现在偶尔上网购物的青少年将成为将来经常上网买东西的成年人。汽车是美国最普及的耐用消费品之一。2000年初,福特、通用和戴姆勒-克莱斯勒三大汽车公司宣布联合建立一个电子商务市场。福特公司正筹划一个"消费者联络"网站,力争与通用汽车公司的"今日明星"网站并驾齐驱。这些网站主要用来沟通同消费者的联系,掌握顾客信息,提供符合消费者需要的汽车和相关服务。通过因特网,汽车公司可以直接接受消费者网上订货,然后根据消费者的订货单组装汽车,就像消费者在网上直接向戴尔电脑公司订购组装电脑一样。

表3 美国零售电子商务(BtoC)

	销售额(十亿美元)	占零售比重(%)	季度变化(%)
1999年第4季度	5.198	0.63	
2000年第1季度	5.24	0.7	0.8
2000年第2季度	5.526	0.68	5.5
2000年第3季度	6.393	0.79	15.7
2000年第4季度	8.686	1.01	35.9
2000年全年	25.8	0.8	67.1*

注:*和1999年第4季度相比

资料来源:美国商务部人口普查局 新闻报告 http://www.census.gov

西欧是消费者网上购物发展较快的地区。据Jupiter Research调查英、德、法、瑞典、丹麦、芬兰、挪威等欧洲七个网络市场发现,有越来越多消费者在网上购物。值得注意的是,在网上购物的人中间,网民的网龄和网上购物呈明显的正相关。网龄不及一年的网民有11%曾上网购物,其中1/3一年内上网消费的金额不超过100欧元(86美元)。相反地,网龄超过两年以上的网友曾上网购物的比例为41%,其中仅13%在2000年消费未超过100欧元。从网上购物的金额来看,瑞典消费者花费较多,平均每位网上消费者花费1 043欧元(892美元),而法国平均消费金额为520欧元(445美元)。从国家来看斯堪的纳维亚国家将占欧洲网上购买额的11%,而瑞士占5%,荷兰为4%。法国、意大利和西班牙各占在线总交易额的大约3%。①

1999年大约有900万德国人在网上购过物,占德国因特网用户的一半左右,网上购物营业额达到10亿马克。德国的零售业总额中只有0.5%是通过网上购物实现的。在德国的B2C电子商务市场上,销售增长速度最快的产品是书籍、激光唱片、录像带、电影院、戏院和音乐会的门票,服装、鞋子也销售不错。德国人对网上交易比较谨慎,这一方面是因为德国人性格中具有求稳妥的特点,另一方面也确实因为网上交易存在种种风险。例如,某些网上供货商骗取了顾客的订金后卷款逃之夭夭;有的顾客在交清了全部货款后,数月才能交货。让顾客疑虑重重的还有信用卡有关数据的保密问题以及其他个人数据是否被用于广告目的。

法国的电子商务发展迅猛,网上交易额成倍增加。据法国《费加罗报》公布的一项调查报道,1998年,法国的电子商务交易额尚不足5亿法郎,而到1999年则已超过10亿法郎。调查显示,在网上交易的客户中,50%是个人用户。按具体产品及服务类别统计,目前旅游业相关产品与服务的网上销售位居首位,占全部网上销售额的38%;其次是信息产品,占22%。服装、书籍、音像产品、食品饮料、化妆品和家用电器等也都已进入网上市场。目前,在法国通过网络购买产品或服务的个人用户约为70万,仅占全法国网民总数的十分之一,人均消费也处于较低水平,网上购物还有很大的发展潜力。

同美国和欧洲相比,亚洲的B to C电子商务销售额很少,但增长速度很快。日本的消费者网上购物最多,占据了亚太网上零售市场的半壁江山。韩国的电子商务活动相当活跃,仅次于日本名列亚洲第二。②韩国信息社会发展研究院在2000年8月底公布了一份研究报告显示,1999年韩国B to C电子商务市场总值为2 464亿韩元(相当于2.212亿美元),该报告认为2000年韩国电子商务市场B to C将会达到1.14万亿

① 《计算机世界日报》,2000年7月6日。

② 中国宏观经济信息网,2000年10月18日。

韩元,比1999年增长363%。该报告还显示,到2000年5月底,韩国电子商务用户已上升到215万,占13岁到49岁之间总人口的7.7%,比1999年11月份的91万在线购买人数增加了一倍多。

电子商务虽然才刚刚起步,在整个交易中所占份额还非常小,但是,它的发展势头却超乎人们的想象。随着越来越多的企业和消费者加入到电子市场,电子商务这种交易的新形式将得到进一步发展,并将成为一种主要的购买产品和服务的途径。美国商务部甚至认为,电子商务将是21世纪经济增长的引擎。有人根据电子商务的日益增长的重要性,将莎士比亚的名言"To be or not to be!"改为"B2B,B2C or Not-to-B!"意即商家在网络时代必须进行B2B或B2C电子商务,否则就没有生意(Business)可做了,足见电子商务在未来世界中的地位。

知识经济与消费文化

湖南师范大学消费经济研究所　陶伟军

消费的知识化是知识经济条件下消费文化发展的动因

自从20世纪70年代以来,科学技术的进步正日益成为世界经济、社会发展的决定性因素。这场悄然兴起的技术革命,引起了许多学者的关注:从美国社会学家丹尼尔·贝尔(Danniel·Bell)提出"后工业社会"的概念到托夫勒(A·Toffler)在《第三次浪潮》中描述的"超工业社会",叙述人类在农业文明、工业文明之后的第三次浪潮,直至美国经济学家和未来学家奈斯比特(J·Naisbitt)在《大趋势》一书中提出的"信息经济",这些都憧憬了新科技革命下出现的新的经济形态。1996年联合国研究机构提出了"知识经济"的说法,明确了这种新经济的性质。1996年国际经济合作组织(OECD)又明确定义了"以知识为基础的经济",即建立在知识和信息的生产、分配和使用(消费)之上的经济。在农业经济时代,土地是决定的要素;在工业经济时代,资本是决定的要素;在知识经济时代,知识、智力、无形资产起着决定作用。1996年7月美国国家技术委员会的报告中指出:"技术和知识的增加占生产率增长总要素的80%左右。""经合组织"成员国中,知识技术所创造的价值已占其国内生产总值50%以上。在这些发达国家的推动下,知识经济已成为当今世界经济的最新特点和发展趋势,被认为是21世纪的世界经济中占主导地位的经济形式。

(一)消费知识化的主要表现

随着世界经济向知识经济过渡,当代高科技不断发展并渗透到各个领域,使整个社会、经济发生了极大的变化。从消费领域来说,知识经济的发展,将使人们的消费生活发生根本性的变革。高科技的发展,特别是现代信息技术的发展,使人类的消费生活开始进入一个全新的领域,甚至可以超越时间和空间的限制。这种巨大的变化归根到底是由消费的知识化引起的。具体来说,包括了以下三个方面:

消费方式的知识化　知识经济时代,计算机技术、通信技术、激光技术、光电子技术、自动控制技术、光导技术和人工智能技术迅速发展,这些以高技术知识为特征的信息技术不仅已经和正在改变着信息服务业的服务手段,而且它也促进了人们消费方式的知识化,即了解消费对象实现数字化和网络化,作出消费抉择实现智能化和敏捷化。目前,一些知识化的消费方式逐步为消费者所熟知并正在得以推广和应用。例如,通过信息网络实现的按需教育,电子课堂和远程教育可为人们提供最好的教师、最好的教材和虚拟的实验环境。远程的医疗专家会议、个人电子保健跟踪和辅助咨询的电子化医疗服务为个人提供了最及时的保健服务,电子商务为人们提供了一种全新的购物方式。电子图书馆、电子报刊、电子博物馆和艺术画廊、网上的电子游戏和比赛、点播影视、交互式电视为人们提供了方便的休息和娱乐。这些知识化的消费方式可使人们的消费更有效益,更为科学合理。

消费客体的知识化 知识经济必然要求知识的不断创新,并使产品和服务的开发和生产知识化。这种知识化的过程是从生产经营活动的角度而言的,如果从消费活动的角度来说,实际上也就是消费客体的知识化、消费对象的知识化。它主要表现在两个方面:第一,知识或知识产品本身成为一种消费客体,而且是极重要的消费客体;第二,一般社会产品或服务中,知识含量丰富,知识价值在产品或服务的总价值中所占的比重较高。据测算,我国目前社会产品中知识含量约30%左右,美国已高达50~60%。在未来的经济社会里,利用知识和智力开发富有自然资源所创造的物质财富,将大大超过由传统技术用稀缺自然资源所创造的物质财富。例如在人们的食物中,基因农作物产品的组分大于传统农作物;在人们的能源中太阳能、受控热核聚变能的组分大于煤和石油;在人们的交流中,信息网络终端多媒体机的组分多于火车、汽车、飞机和电话,也就是说,人们的消费将以高技术产品和通过信息产生的新知识为主。

消费主体的知识化 消费方式和消费客体知识化在客观上要求消费主体也知识化。消费者要具有现代的科学文化知识和艺术修养,才能享受现代科学文化和艺术的丰硕成果,才能提高知识产品的效用。知识社会里,大多数人将受过高等教育,由于知识成为生产力、竞争力和经济成就的竞争因素,他们在社会经济生活中发挥越来越重要的作用,成为推动消费知识化的关键力量。这些人中逐步形成一个具有高学历、高职务、高收入的新兴消费群体,他们不仅是理性的经济人,而且是理性的知识人、信息人,更多的人将侧重于掌握知识和信息而不是金钱。这也是说明,消费活动的目标是促进消费主体的知识人,使消费者进一步提高知识水平,成为具有更高综合素质的人。从某种意义上来说,消费的知识化是指知识化的消费主体通过对知识化客体的消费而不断知识化的过程。

(二)消费知识化的主要特征

知识经济条件下,消费的知识化引起了一场新的消费革命,消费文化也是获得了前所未有的发展。“消费文化是消费领域中人们所创造的物质财富和精神财富的总和,是人们消费方面创造性的表现,是人们各种合理消费实践活动的升华和结晶。”①消费文化包括优美的自然环境、人文环境,人们精心创造的实物生活资料和精神文化产品,以及富有创造性的有利于人的身心健康的消费行为。在知识经济社会里,消费的知识化成为消费文化发展的主要动力,尤其是知识消费的共享性、参与性与增殖性驱动着消费文化更快发展。

知识消费的共享性 知识商品的使用价值具有两重性:知识既可以作为一种生产要素而间接消费,也可作为直接消费品;知识既具有非物质性,又需要一定的物质载体。知识的边际效应具有递增性:在一定的条件下知识是取之不尽,用之不竭的。知识商品使用时并无耗损,不会减少,这种消费的无耗损性带来了知识共享,即知识商品的消费在数量上可能存在着1=1+1+…的情况。所以随着消费的知识化,知识使用(消费)的公共品或准公共品部分大大增加,而且公共品或准公共品日渐世界化,例如,消费者花很少的费用,甚至不花费用就可以从因特网上获取知识。这不仅会加快消费文化的传播速度,而且会使消费文化突破某些地域的局限。

知识消费的参与性 在知识经济社会里,由于信息网络的发达,厂商及消费者之间的双向快捷的交流成为可能,消费者的需求信息让厂商迅速掌握,厂商就能按照定货信息生产适销的产品,减少存货积压。而且利用信息网络的数字经济领域,追加生产和销售的成本几乎等于零,这样就可以使厂商大幅度地降低生产成本,提高收益,同时又能为消费者提供极大的便利,使他们获得最大限度的满足。可见,消费的知识化使消费者与生产者之间的界限变得模糊,消费者可通过信息网络加入到生产者的生产活动过程中去,参与知识的创新与产品的设计与质量监督。消费者与生产者一起共同创新,会增加知识和物质财富,直接推动消费文化的发展。

知识消费的增殖性 知识经济时代,人们消

① 尹世杰:《加强对消费文化的研究》,《光明日报》1995年4月30日。

费的主要对象是知识产品，而知识产品的边际效用具有递增性，知识产品在使用过程中并不服从越用越少的规律，而是服从越用越多的规律，所以从总体上来说，随着消费知识化的提高，知识将不断增殖。另一方面，知识消费的过程中，消费者要将已有的知识投入其中作为消费的基础，把已有的知识与消费过程中获取的知识产品进行有机结合与相互撞击，即进行知识处理与知识再生。而且消费者拥有的知识越多，知识消费需求越明确；知识消费需求越明确，其拥有的知识又会越多。因此，知识消费的过程实质也是一个知识不断创新、升华和增殖的过程。知识的增殖与积累是整个社会财富的重要组成部分，是消费文化的主体内容。可见知识消费的增殖性特征能推动当代消费文化持续发展。

由上可知，消费的知识化及其共享性、参与性和增殖性的特征是知识经济条件下消费文化发展的重要驱动力。消费文化是整个社会的一个重要组成部分。消费文化不仅具有一般的文化功能，还具有重大的社会功能和经济功能。通过提高消费中的文化含量，特别是通过高层次的精神文化渗透于消费品和生活中，能培养人们高尚的品德、高雅的情操，提高人的整体素质，促进人的全面发展和社会文明进步。由于人的素质提高了，不仅通过消费需要的满足调动了积极性，而且开拓发展了人的智慧和能力，直接提高了生产力水平。尤其是在知识经济时代，人的地位和作用空前提高，知识和能力更显重要，充分发挥消费文化的经济和文化功能可进一步推动知识经济的发展。因此，当代消费文化的发展是知识经济条件下消费知识化的客观要求和必然结果，又是促进知识经济不断发展的重要条件。

知识经济条件下，消费文化的结构及其发展趋势

(一) 结构特征

文化作为一个由许多因素构成的综合整体，一般可分为三个重要层次：即文化的表现层（表层）、制度层（中层）和观念层（深层）。作为社会文化的一个亚种，消费文化也是由三个层次的结构组合而成的：其表层文化是林林总总、杂然纷然的种种消费品，这里既包括有形的物质产品，也包括无形的劳务产品，人们通过物质和劳务产品的丰富程度，可鉴别出不同时期不同国家的消费文化的发达程度和发展状况。其制度层文化是与消费有关的各种组织制度，包括官方正式机构的和民间社团组织的，它可以协调消费关系、规范消费行为、保护消费文化的发育状况；最后，其观念层文化是人们的消费指导思想、消费价值取向、消费审美情趣、消费目标追求和消费道德观念等，它是整个消费文化的核心内容之所在。在知识经济条件下，消费文化的这种内部结构发生了许多变化，呈现出一些新的特征，分述如下：

表现层消费文化 从物质文化来说：知识经济的到来将带动整个经济领域各个行业飞速发展，人类在创造物质文明上的劳动时间大大节约，社会财富迅速积累，从而使人们日常生活所需的物质财富得到必要的保障。高新技术产业成为支柱产业，是知识经济时代的重要标志，它主要包括如下八大产业，即信息科学技术产业、生命科学技术产业、新能源与可再生能源科学技术产业、有益于提高环境的科学技术产业、新材料科学技术产业、海洋科学技术产业、空间科学技术产业、软科学技术产业。仅信息产业的总产值在21世纪初就将达3.5万亿美元，其中相当大一部分在个人消费领域中实现。25年前，全世界只有5万台电脑，现在超过2万亿台以上。1998年全世界因特网的用户已达1亿，专家预测到2002年，全球有超过10亿人成为因特网用户，到2003年，仅美国企业间的电子商务将会上升到1.3万亿美元。[①] 可见，智力密集型、技术密集型产业的蓬勃发展将使商品更加丰富多彩，新的消费品层出不穷，知识信息从来没有象现在这样深入到每个人消费的每一环节，覆盖到每一个消费品种上。由此推论知识经济无疑将使人们的物质消费得到很大满足，物质文化将不断发展，物质文明将不断繁荣。

就精神文化而言：知识经济时代，精神文化产业必然迅速发展。目前在许多国家和地区，文化产业已成为支柱产业之一。日本娱乐业经营收入超过本国

① 《新兴的数字经济：美国商务部最近报告》，数字中国研究院编译，中国友谊出版社，1999年版。

汽车工业产值,美国的视听产品是仅次于航天航空的第二大出口产品。从大文化的范围看,旅游业已成为当今世界第一大产业,体育经济收入在美国超出了石油工业与证券交易所的收入。英美从事文化产业的人数远远超过了从事制造业的人数。美国的影视业每年从海外市场收入30亿美元,在1995年,仅一部好莱坞电影《真实的谎言》就从中国赚取了420万美元,1996年《未来水世界》又赚取了180万美元,其后的《泰坦尼克号》在中国更是创下了上亿元的票房收入。①随着精神文化产业的发展,消费品和劳务的科技含量、文化含量不断增加,文化产品日益丰富,人们的精神文化消费也更好地得到了满足。当代科技媒体和交通的发展,尤其是卫星技术的发展和国际互联网的开通,为全球性的精神文化消费提供了技术上的强有力的支持,使精神文化消费时尚的形成与传播快捷而普遍。再加上世界各国精神文化产品的生产经营方面所进行的多种形式的合作,精神文化产品已超过了时间和国界的障碍,被世界不同国家的人们所共同消费,这些都在一定程度上会繁荣人类的精神文化。而不断提高消费中的文化含量,提高精神文化消费的比重和质量,这就是提高社会文明程度、发展消费文化一个极其重要的方面。

制度层消费文化 为了促进消费文化的发展,需要通过建立和完善消费及与消费有关的组织制度,规范消费活动的内容与形式,这也是知识经济的要求。例如,知识产权的使用,在知识经济中应受到比传统经济的专利更加严格有效的保护。知识产权的保护,就是创新动力的保证,是发展消费文化的起码要求。所以,现在世界各国都在进一步完善知识产权制度。又如关于保护消费者权益的法规、法律组织机构以及法律意识、法律思想等,表达了市场经济的基本原则,基本得到了世界各国消费者的认同,在知识经济条件下某些消费者权益受损造成的危害可能比以往更深,这些问题也日益全球化,因而世界各国加强了消费者权益保护制度的协调,这无疑对保障消费者的各项权益,发展消费文化起到了积极作用。中国近年也面对知识经济的挑战,对一些有关消费制度进行了改革。例如近年中国有关部门成立了文化市场管理机构,出台了有关规章制度,这些组织机构的建立和有关规章的出台,目的在于规范文化消费,抑制负面文化消费,促进消费文化的健康发展。又如,随着我国教育制度和职称制度的改革,家庭用于教育消费和接受培训的费用也相应增加,这会增加我国文化消费比重,逐步顺应知识经济时代的需要。

观念层消费文化 由于知识经济将对人类生活的各个方面产生影响,消费者价值观也向更文明更进步的方向发展,积极进取,贴近大自然,终生追求知识等价值观被更多的人所接受。因此也使得消费者采取了不同以往的态度与期望,如环境保护将受到人们的重视,注重生态平衡,抑制不良消费将被公众所广泛接受,成为主流价值观。这种价值观的变化直接带动消费观的变化,消费观会随之由理性消费观转向理性消费、感性消费并重的观念转变。在“理性消费”时代,物质没有极大丰富、信息严重不对称,产品质量、功能、价格是选择产品考虑的三大因素,评判产品的标准是“好与坏”。进入知识经济时代,消费行为由“量的消费”发展到更注重“质的消费”,对服务的消费需求增加,对商品品质、服务水准要求日益增加,消费者更关注产品能否给自己的生活带来活力、充实、舒适和美感。在知识化消费者产生种种观念和行为变化的同时,技术进步将恰当地迎合这种变化的需要,为人们提供丰富的选择,包括更有效选择的工具。当然,观念层的消费文化一般处于一种相对稳定的状态,特别是传统的文化价值观念的影响还会长期存在,所以,在知识经济的冲击下,尽管观念层消费文化也会发展,但其变化是比较缓慢的。

(二)发展趋势

消费文化内部结构的这些变化是由前述消费知识化及其共享性、参与性和增殖性推动的。整体观之,今后世界消费文化的发展趋势是全球化。

首先,消费的全球化必然引起消费文化的全球化。在知识经济条件下,信息技术,特别是信息高速公路的发展,各国之间的商品和劳务的交流,人们之间的交往越来越便利。不仅物质消费品的消费可以全球化,精神文化消费也可以全球化;人们不仅可以

① 李金蓉:《全球化文化消费的双重效应及我们的对策》,《消费经济》1999年第3期。

享受本国科学技术和优秀文化的丰硕成果，也可以享受他国科学技术和优秀文化的丰硕成果。因而，消费的全球化不仅可以大大丰富各国的消费市场，而且会有效地推动消费文化的全球化。近年来，世界各国都积极发展国际贸易，加大了市场对外开放的力度。各国消费者通过对异域商品和劳务的消费，既满足了他们的好奇心、新鲜感，又使他们化解了对外来文化本能的防范心理，逐步接受外来消费观念、消费方式，从而增进了对外来消费文化的理解与宽容。中国加入世界贸易组织以后，也会加快与世界各国消费文化融合的步伐，并推动中国消费文化的更快发展。

随着知识经济浪潮的兴起，会逐渐出现一些全球普遍性的消费文化。例如，工业经济时代，环境污染日益严重，已威胁人的生存和发展。据世界卫生组织的报告，全世界每年死亡的 4 700 多万人中，有 75% 死因与环境和人们的生活方式相关。因而，80 年代以来，保护环境，改善生态，崇尚自然的“绿色消费”逐渐兴起。“绿色消费”是一种具有生态意识的高层次的理性消费方式，它体现了消费者科学的道德观、价值观和人生观，要求人的消费活动必须有利于环境保护，资源利用和人的整体素质的提高，这正体现了一种生态文化、生态文明。而知识经济的条件下，一些有益于环境的高新技术特别是信息技术，新能源和新材料等的应用会大大促进生态平衡，更好地满足人们的生态需要。所以，知识经济的兴起，将使世界各国进一步倡导可持续消费方式，促进生态文化在全球的传播和发展。

其次，消费文化的全球化并不意味着消费文化的单一化。因为在消费全球化的同时，人们的消费也呈现出个性化的特征。随着知识经济的发展，传统的以大规模生产为基础，差异很小的标准产品正转向个性化、短周期、信息丰富的产品。信息网络既使厂商对消费者需求反应敏捷、交货迅速、售后服务周到，向他们提供一个世界范围的市场，又使消费者有机会进行多样化、个性化的选择，更好地满足他们的特殊需求。知识化的消费方式一方面可使消费者根据自己的爱好个性进行消费，另一方面又可节省消费者的时间，增加闲暇时间，人们又能进行自己喜爱的闲暇消费，更能实现消费的个性化。所以消费者将更具有自己独特的消费意识、习惯和方式，尽管这种消费的个性化短期内对消费文化传统的形成作用并不显著，但它毕竟是形成消费文化多元化的一种微观基础。另外，从一个国家一个民族的消费文化来看，其观念层文化往往决定了它们消费文化最深刻的差别，这种差别在相当长的时间内是稳定存在的。而且，各国消费文化的交流与沟通，可以为参与国提供一种总体参照，反衬出自身的不足与缺陷，通过消费的带动，激发出本国消费文化的综合创造能力与自我完善能力，推动各国自己消费文化的发展。也就是说，“地方与全球的遇合促使全世界的人们重新认定，并且通常是强化他们的文化本体。”① 因此，消费文化的全球化只是表明各国消费文化相互渗透，取长补短的趋势，但这并不完全阻碍消费文化多元化的发展倾向。

值得注意的是，目前，发达资本主义国家不仅是世界市场上消费品的主要提供者，而且也是消费方式、消费观念的主要输出国，并作为消费时尚的策源地，引导世界消费文化的新潮流。而发展中国家更多地是作为发达国家产品的销售市场，常处于被动与附属的地位。例如，据调查，全球每周有 25 万小时的电视节目播出时数，而美国就占 9 万多小时，为最大的电视节目输出国，各国进口的电视节目中，75% 来自美国。类似情况不仅影响发展中国家的文化产业及其它消费品工业的发展，更重要的是会对这些国家的主流价值观造成冲击，最终对它们的消费文化发展产生影响。消费文化的全球化，不是单一化发展，更不是西方化。人类消费文化是多样性的，每个民族都有自己值得珍视的消费文化传统。人类消费文化发展的过程就是各种消费文明互相交流互相促进的过程。“我们可以展望于将来的不是文明的冲突而毋宁是文明的激荡。”②

警惕知识经济条件下的文化退步和反文化现象

知识经济时代到来，消费文化未必尽善尽美。事

① 约翰·奈斯比特:《大挑战》，远东出版社 1999 年版第 136、158、51、5 页。

② 约翰·奈斯比特:《大挑战》，远东出版社 1999 年版第 136、158、51、5 页。

实上，目前某些社会、文化方面的问题正日渐暴露出来。

(一)“知识匮乏”和文化退步

知识经济的发展并不必然导致“知识匮乏”和文化退步。但是，知识经济条件下，消费观念和消费方式的变化也会给文化发展造成不良影响。就消费观念而言，信息的易逝性和瞬间性可能刺激消费心理的膨胀。信息泛滥也易导致现代精神病——信息焦虑的产生。同时，西方国家在电脑环境下成长的“数字化的一代”人中，有的生活优裕，而价值观念却摇摆不定，淡化道德修养而奉行商品世界冷冰冰的操作伦理。在消费方式方面，由于过多依赖电脑，书本阅读、亲身实践和人际交往等方面的弱化，使得一些人获取知识的方式成了一种“快餐模式”。这些不良的消费观念和片面的消费方式可能引起某些人知识水平的下降。长期沉溺于电脑网络还会降低人的社会实践能力，甚至使消费者心理趋向内闭，与人交际反倒越来越困难。因此，知识水平的下降并非无谓的担心。有人认为，“当今社会，‘文化快餐’成为人们普遍接受的文化模式，这应视作文化退步的重要标志。”① 此外，现代电子技术将发达国家的文化传播到世界的任何一个角落，使得许多古老的风俗和文化传统被同化，一些民族文化的保存成了难题。而且，有人认为现在大众文化泛滥而高雅文化却有消褪之势。这些都反映了当今某些文化退步现象。

(二)网络黄毒，电脑犯罪与“文化矛盾”

随着高科技的发展，有些人利用高科技进行一些不文明甚至违法犯罪的活动。目前，网络黄毒有泛滥之势。据美国统计，互联网上约有50多万个黄色网站。西方一家调查机构的报告表明，在互联网上随便点击，平均每七次就有一次可能点到黄色网站。据雅虎网站统计，该网站检索频率最高的是SEX(性)，这被列入1999年吉尼斯世界纪录大全；在另一家著名的检索网站Altavista，检索频率最高的前10个词中，有6个是色情词汇。而在国内，黄色网站的增长很快，国内有关部门搜集的网址库中有5万多个黄色网站，其中以中文为主。② 黄色网站大体有两类：一是信息类，提供色情文字和黄色图片；二是讨论类，即一些色情讨论网站和非色情网站的色情讨论区。网络黄毒已开始毒害一些人，特别是已严重影响青少年健康成长。电脑犯罪有制造病毒，窃取电脑资料和盗窃电脑蕊片等。1995年全球电脑犯罪造成的损失达150亿美元，预计2000年这一数字将高达2 000亿美元以上。电脑网络中的犯罪涉及面广，从商业资料到国家机密，从金融数据到国家军事指挥系统等领域都有罪犯插足。由于各国电脑联网，这类高智能犯罪已超越了国界。近年来中国利用电脑网络进行的各类犯罪活动，以每年30%的速度递增，黑客攻击方法已超过电脑病毒的种类，总数达千余种。

西方国家的这类现象与它们早已出现的“社会病”、“文化矛盾”是一脉相承的。有些人物质生活丰裕了，产生了“享乐主义”、“消费主义”。有的人以追求个人生理和心理的享受，追求感官的快乐作为人生的价值所在。人欲横流，物欲横流，各种犯罪现象到处泛滥，造成资本主义社会严重的精神堕落和社会危机。美国著名经济学家丹尼尔·贝尔深刻揭露了这种“文化矛盾”；“已使文化日趋粗鄙无聊”，“这不仅突出体现了文化准则和社会结构准则的脱离，而且暴露出社会结构自身极其严重的矛盾”，“目的是要揭示围困着资产阶级社会的文化危机。”③ 西方还有不少学者疾呼：享乐主义以及拜金主义、极端个人主义，将毁灭社会的机体，毁灭一代人。

当前，中国消费领域也出现了一些不文明不健康的东西，如前所述，我国利用电脑网络犯罪活动已开始出现。近年来，在一些人的生活中，不仅出现高消费，而且出现了享乐主义和奢侈之风。有的人重物质消费，忽视智力性、发展性消费；有的人精神文化消费层次不高、格调不高，热衷于低层次的文化娱乐活动，有的热衷于封建迷信活动；还有少数人大搞“灰色消费”，“黄色消费”，大肆挥霍；有的甚至腐化堕落，不能自拔。这些虽只是少数人的行为，但败坏了社会风气，破坏了消费文化的健康发展，与知识经济是不相

① 陆满平：《信息产品的可持续消费行为》，《经济工作者学习资料》1999年第74期。

② 《中国青年报》2000年3月23日。

③ 丹尼尔·贝尔：《资本主义文化矛盾》，三联书店1989年译本第37页，73页，49页。

容的。

(三)“文化殖民主义”与文化贫富分化

前已述及,知识经济时代,由于各国物质文化和精神文化实力的巨大悬殊,包括消费文化在内的各种文化交流是极不对等的。特别是在目前信息资源垄断的条件下,技术和文化上的“殖民主义”扩张将可能成为一种现实的危险。发达国家借助于其掌握的信息工具进行文化和政治渗透,侵蚀别国民族文化价值。他们利用高效率的信息传播方式和语言优势,在全球进行无形的“圈地运动”,圈占信息空间,把尽可能多的国家和地区纳入其文明圈内,成为他们的文化附庸。据统计,目前信息高速公路上98%的信息为英语信息,估计2000年全世界说英语的人会超过20亿,现在世界上有好几千种语言,但到21世纪,有90%的语言将消失,语言种数将降到250～100种,英语占主导地位。应当指出的是,文化扩张一旦突破语言的防线,后果将不堪设想。随着“英语优越”这一文化氛围的悄然形成,必然对本国文化意识造成巨大的危害。同时,在美国为首的少数发达国家依靠对以信息技术为主的高新技术的垄断,试图确立知识经济条件下的国际社会经济文化的运行机制,建立文化霸权。如果放任这种文化扩张,国际上有可能出现“文化帝国”。

由于知识经济的发育程度不同,各国文化发展的速度也不一样,而且其差异越来越大。一些西方发达国家还凭借技术优势大肆掠夺他国信息资源与财富,甚至进行非法窃密活动。在知识经济社会里,对信息知识的占有不均,将成为文化上贫富分化的重要原因。美国就依靠信息技术优势从海外取得了大量财富。目前美国微软公司比尔·盖茨一个人的资产就相当于孟加拉国(共有1亿多人口)一年的GDP总值,尽管微软公司是知识经济下成功企业的典范,但其因排挤发展中国家的软件业而对这些国家民族文化的冲击和财富的外流也是不容忽视的。类似情况会导致文化上的富者和穷者。

可见,“文化殖民主义”会加剧文化上贫富两极的分化。这种现象最严重的后果是会使一些民族的文化得不到有效的继承和传播,最终走向消亡。就消费文化发展的大背景来说,这种后果出现是很可悲的。

总之,当今时代,消费文化的发展也并非尽如人意,产生了“消费主义”等一些非文化甚至反文化的现象,也出现了一些不利于发展中国家民族消费文化发展的氛围。知识经济时代的消费文化应该有利于人的全面发展,有利于经济发展和社会文明的进步。知识经济时代也应该成为各民族展示自己优秀消费文化的大舞台,而不应该只是某一种消费文化或几种文明的领地。

适应知识经济的要求
发展消费文化

经济文化一体化是当代社会发展的大趋势。经济的发展为文化的繁荣创造条件,文化的繁荣又引导并促进经济的发展。“消费是经济文化的重要结合点,是经济文化一体化的重要载体”。① 知识经济时代,科学技术的迅猛发展,物质财富不断涌流,这就为高科技、高文化的紧密结合创造了有利条件,但目前两者还存在一些不协调的因素。如前所述,有些人甚至利用高科技,进行反文化的消费行为,破坏了高科技与高文化的结合,败坏了知识经济的社会文化机体,影响了消费文化的健康发展。文化是发展的摇篮,知识经济的发展必需以高度的文化为导向。因此,我们要站在经济文化一体化的高度引导消费文化,采取有效措施发展消费文化。

第一,要端正价值导向,建设观念层消费文化 奈斯比特认为,“现在亟需一种适合于信息社会的新的价值理论,……与马克思的‘劳动价值’相配称的‘知识价值理论’”而且,面对新世纪的文化挑战,必须“在全球范围内重新思考‘传统’‘价值观念’和‘文化’的意义”。② 为了坚持正确的价值导向,要正确认识当代高科技发展给经济文化方面带来的巨大影响,引导人们用高层次的文化价值观来指导各种消费活动,使消费文化的发展符合党所代表的“先进文化

① 尹世杰:《消费文化与消费主义》,《人民日报》1996年8月24日。

② 约翰·奈斯比特:《大挑战》,远东出版社1999年版第136、158、51、5页。

的前进方向”。在消费文化全球化的趋势下，要建立和完善高尚的科学伦理，引导人们在消费生活中追求高层次的精神价值，坚决反对享乐主义、“消费主义”。要提倡文明、健康、科学的生活方式，培养优良的社会机体，创造良好的社会文化环境，从而逐步建立起有中国特色的社会主义消费文化。这既是知识经济发展的必要条件，也是从深层次上建设消费文化的客观要求。

第二，加速发展知识产业，促进物质文化、精神文化和生态文化的协调发展 目前，各种高科技产业发展很快，预计到2010年，全球高科技产业的产值将全面超过汽车、建筑、石油、钢铁、运输和纺织等传统产业，有的经济学家估计，改变世界经济的重大高科技产业化在2030年将全面实现。① 目前世界市场中知识产品市场约为3万亿美元，占世界产品和服务市场的30%。这个市场的80%为七国集团占有。中国只占世界商品出口市场的2%，而占高科技市场的份额只有0.1%。中国的文化产业也起步晚、水平较低，仅就国内影视市场而言，据推算，年票房总收入20亿元左右，但其中约10亿元被进口大片及一般进口影片占有。西文发达国家在知识产业占有优势的情况下仍在增加对高新技术产业投入，近年来经合组织成员国平均研究与开发经费占其GDP的3%，而中国仅为0.6%。因此，中国要进一步加大人力、物力和财力的投入，建立和完善国家知识创新体系，加速发展与居民消费关系最大的知识产业，如信息产业、生命科学技术产业(包括基因工程，医疗保健生命科技产业)等。从而更多地生产出社会所需要的知识产品和富含知识的产品，提高中国的物质文化和精神文化水平。同时，中国也要大力发展有益于环境的高新技术产业和软科学技术产业等，形成生态产业体系，促进生态文化与物质文化、精神文化的协调发展。

第三，优化消费结构，提高精神文化消费在消费结构中的比重 精神文化是人类文化的本质和核心，是文化的最高层次。精神文化消费，是人们消费的极重要的内容，是消费的最高层次。健康的精神文化消费，会象马克思所说的：能“放射出崇高的精神之光”，促进人的身心健康和全面发展，有利于从根本上提高消费文化的品位。所以，我们要引导广大消费者自觉提高精神文化消费的比重，特别是智力性、发展性消费的比重，加大消费中的文化含量和科学含量，提高消费层次和质量。同时，必须加强对精神文化消费领域的管理，提高精神文化消费品的质量。此外，政府公共部门图书占有量为0.254册，40万人才拥有一座图书馆，中国目前有数据库1 038个，仅占世界总量的1%。② 所以必须增加投入，加强文化基础设施装备，并提倡学科学、学文化，形成追求知识，尊重知识的社会风气，形成有利于消费文化发展的良好基础和氛围。

第四，加强国民教育，提高消费者的素质

在知识经济时代，经济、社会的发展主要依靠人的知识和才能，这就要从根本上提高人的素质。就消费的角度来看，正如马克思所说，一个人“要多方面享受，他必须具有享受的能力。因此，他必须是具有高度文明的人”。③ 提高消费者的素质，是提高消费质量、促进消费文明，促进社会全面进步的前提条件，也是发展知识经济的基础。美欧等国已消灭了文盲，一般文化程度较高，而中国现在文盲中15岁以上占17.82%。但我国对教育事业的投入一直偏低。公共教育经费占GNP的比重：美、法、德等国近年来一直在5%以上，其他很多国家大多在5%左右，中国却还只占2%左右，差距很大。“文化教育是第一消费力”，④ 我们必须增加教育投入，加强国民教育，以提高消费者消费能力，迎接知识经济时代的挑战。除了继续巩固现有的国民基础教育、社会职业教育、专业知识教育之外，要花大力气加强国民的消费教育，形成多层次、网络式的消费教育体系，不断提高人的科技含量、知识含量，直接而全面的提高消费者的素质，从而实现三个良性循环：人的发展与社会经济发展的良性循环，消费力的发展与生产力的发展之间的良性

---

① 唐之享：《知识经济的兴起与对策》，《消费经济》1998年第6期。
② 李敏：《21世纪我国信息产业的发展道路》，《情报学报》第17卷第5期。
③ 《马克思恩格斯全集》第46卷上册，人民出版社第392页。
④ 尹世杰：《文化教育是第一消费力》，《消费经济》1992年第56期。

循环,社会主义物质文明建设与社会主义精神文明建设之间的良性循环。这样,也就把知识经济条件下的消费文化纳入了良性发展的轨道。

第五,完善经济社会的运行机制,保护消费者权益 长期以来,中国的知识产业垄断性很强,一些知识、信息产品质量低下而价格却很高。例如,在美国月网费支出约占收入的1%,而我国则为1/3,是美国的33倍。从香港打电话到内地话费价格是从香港打电话到美国的近9倍。[①] 这直接剥夺了消费者剩余。而且一些污染的信息,格调不高的精神文化产品屡禁不止,这降低了消费者的消费效益,对消费者权益的损害更隐蔽更深刻。可见,政府应当改革知识产业的管理体制,从参与竞争向引导竞争转变,进一步完善消费者权益保护制度。要全面运用经济、行政、法律等各种手段,防止信息公害,禁止反动、淫秽、诱人犯罪的文化垃圾的出现。此外,尽管中国是一个拥有世界人口1/5的大国,因特网上中国的信息却基本上还是新闻,其他文化信息甚少。在整个因特网的信息输入和输出流量中,中国目前分别仅占0.01%和0.05%。[②]目前日本和法国正在网上努力营造其日语、法语文化圈。所以,中国也应制定相应措施,加紧建立一大批有吸引力的中文网站,开发使用方便的中文软件,建造起高质量的中文文化圈。这从全球范围来看,无疑有利于中国民族消费文化的发展和消费者权益的保护。当然,中国也要遵照国际惯例,加强与世界各国在经济文化交流与合作,逐步建立和完善中国市场经济和社会的各项运行机制,从而,促进中国制度层消费文化的发展。为知识经济条件下世界消费文化的共同繁荣做出贡献。

个人消费支出和人均个人消费支出增长率

	个人消费支出(百万美元,现价)			人均个人消费支出(美元,1995年价格)			人均个人消费支出年均增长率(%)	
	1980年	1990年	1999年	1980年	1990年	1999年	1981～1990年	1991～1999年
中　国[③]	103 442	174 249	475 926	91	175	338	7.2	7.7
日　本	623 284	1 721 698	2 328 143[①]	16 669	22 702	25 133[①]	3.2	1.4[②]
蒙　古			578[①]					
越　南		5 597	19 690		171	255		7.2
加拿大	141 521	323 850	366 938	9 392	11 014	12 311	2.1	1.5
美　国	1 760 300	3 842 000	5 836 800[①]	13 734	17 531	20 189[①]	2.9	1.9[②]
俄罗斯		282 978	211 044			1 396		1.7
澳大利亚	94 367	181 286	221 538[①]	9 586	11 161	13 397[①]	1.5	2.4[②]

注:①1998年数据。②1991～1998年均增长率。③中国为世界银行统计数据。

资料来源:世界银行《世界发展指标》2001年。

① 周兴维:《政府最该管好的事》,《经济学消息报》1999年3月5日。

② 《光明日报》2000年8月23日

第　八　篇

世界旅游经济文化

2000 年全球国际旅游业发展简况

南开大学图书馆经济管理学分馆　张伯山

全球发展总况

据世界旅游组织初步统计,由于世界经济增势强劲和为庆祝新千年来临而举办的各种重大活动的刺激,2000 年世界旅游大约增长了 7.4%,为近 10 年来最高的增长速度,几乎比 1999 年翻了一番。1992 年,世界旅游接待人次也曾有过如此快程度的增长,其主要原因是由于海湾战争在那一年结束,全球消闲旅游随之得以大幅度回升。

2000 年全球国际旅游人次总共增长了近 5 000 万,使得全球国际旅游接待总人次达到 6.98 亿,创造了新的纪录,其中法国全年接待的国际旅游者人次为 7 450 万,西班牙和美国全年接待的国际旅游者人次差不多也都是 5 000 万左右。国际旅游总收入在这一年也上升到了 4 760 亿美元,比上一年增长了 4.5%。据世界旅游界权威人士分析,在新世纪来临之际,世界旅游业的增长速度之所以比人们最乐观的预测还要快,主要原因之一是人们在 2000 年有比以往任何时候都多的理由到国外旅游,例如前去观看夏季奥林匹克运动会比赛或欧洲足球锦标赛,参观 2000 世界博览会,参加梵蒂冈狂欢节等等。

从不同地区看,全球各大旅游区在 2000 年接待的旅游者都有所增加,其中增长最快的仍然是东亚太地区,其接待的国际旅游者人次约净增 1 400 万,比 1999 年增长 14.5%。欧洲地区的接待人次约占全球国际旅游总人次的 58%,达到 4.03 亿人次,增长率为 6.2%,比 1999 年净增 2 500 万人次。大量欧洲旅游者在 2000 年涌向了中、东欧各旅游目的地,土耳其和塞浦路斯的旅游业大幅度回升,科索沃战争的结束也使得邻近的克罗地亚、斯洛文尼亚和匈牙利的旅游业明显恢复。坚挺的美元和相对疲软的欧元则把创纪录数量的美洲旅游者吸引到了欧洲,这对于欧盟内部和邻近的各旅游目的地的旅游业都有所补益,其中德国和瑞士获得了多年来的最大收益。这些都对 2000 年欧洲地区的国际旅游业的顺利发展起到了促进作用。尽管美元坚挺,2000 年美国接待的国际旅游者也增长了好几百万,增长率达到 8.7%,整个美洲地区的国际旅游接待也取得了难得的好成绩。由于人们在新千年之初大量到以色列及其邻近国家进行朝圣活动,中东地区旅游业在 2000 年头 9 个月曾经历了大踏步的增长,可惜在 9 月底该地区再次发生暴力事件,几乎阻止住了前往该地区的旅游者人流。尽管如此,中东地区全年的旅游接待人次仍然增长了 10%,其中埃及吸引的旅游者增长了近 15%。

全球各大旅游区发展概况

非洲地区　该地区的国际旅游业在 2000 年并未象其他地区那样迅猛增长,国际旅游接待人次只增长了 1.5%,这是至今该地区最慢的增长速度。虽然肯尼亚、赞比亚、毛里求斯、摩洛哥、突尼斯和阿尔及利亚等国都有强劲的增长,南非和津巴布韦这两个非洲最大的旅游目的国的国际旅游业却很不景气。

表 1　2000 年非洲地区国际旅游接待人次最多的国家

排名	国家	旅游接待人次(万)	增长率(%)
1	南非	610.80	1.4*
2	突尼斯	505.70	4.7
3	摩洛哥	410.00	7.4
4	肯尼亚	122.60	30.0*
5	阿尔及利亚	85.9	13.8
6	津巴布韦	84.00	-60.0*
7	毛里求斯	63.60	10.1
8	赞比亚	57.40	25.9

资料来源:根据世界旅游组织 2001 年 1 月 31 日因特网上公布数字整理。

美洲地区 中美洲地区继续经历最快速的增长,同时北美洲地区和加勒比地区也稳步增长,增长率分别为7%和7.1%。尽管美元坚挺,美国的国际旅游接待人次由于日本和英国等主要海外客源市场的持续增长和来自加拿大和墨西哥的消闲及商务旅游的恢复而上升了8.7%。

表2 2000年美洲地区国际旅游接待人次最多的国家

排名	国家	旅游接待人次(万)	增长率(%)
1	美国	5 269.00	8.7
2	加拿大	2 042.30	4.9
3	墨西哥	2 000.00	5.0
4	巴西	519.00	1.6
5	波多黎各	309.40	2.3*
6	阿根廷	298.80	3.1
7	多米尼加共和国	297.70	12.4
8	乌拉圭	196.80	-5.1
9	智利	171.90	6.0*
10	古巴	170.00	8.9

资料来源:根据世界旅游组织2001年1月31日因特网上公布数字整理。

表3 2000年东亚太地区国际旅游接待人次最多的国家

排名	国家	旅游接待人次(万)	增长率(%)
1	中国	3 123.60	15.5
2	中国香港	1 305.90	15.3
3	马来西亚	1 000.00	26.1
4	泰国	957.40	10.7
5	新加坡	700.30	11.9*
6	中国澳门	668.20	32.3
7	韩国	533.60	14.5*
8	印度尼西亚	501.20	6.0*
9	澳大利亚	488.20	9.5
10	日本	475.80	7.2*

资料来源:根据世界旅游组织2001年1月31日因特网上公布数字整理。

东亚太地区 由于中国及其香港和澳门两个特别行政区旅游业的大幅度增长而推动了该地区国际旅游业的增长。东南亚地区,特别是泰国、马来西亚、柬博寨和越南等国,正在成为世界上最受欢迎的旅游目的地,但其旅游设施也需要大量增加。澳大利亚的旅游业由于悉尼奥运会以及为此而开展的宣传活动而出现了猛增。

欧洲地区 由于2000年世界博览会将旅游者吸引到德国和梵蒂冈狂欢节将旅游者吸引到意大利,该地区的旅游业在2000年取得了令人瞩目的业绩。东欧国家的旅游业在科索沃战争之后得以恢复,土耳其的旅游业在因政局不稳和自然灾害造成的若干年滑坡之后也重整旗鼓。尽管气温凉爽,北欧国家仍然成为2000年的"热门"旅游目的地,尤其是爱尔兰(增长19%)、芬兰(增长10%)和爱沙尼亚(增长15.8%)。由于英镑币值坚挺,前往英国的旅游人数出现下跌。西班牙则由于修改了其统计数据收集方法而使自己的旅游接待总数增幅比上一年略有减少,如果按照过去的统计方法该国的旅游接待人次纪录可能会达到5 360万。

表4 2000年欧洲地区国际旅游接待人次最多的国家

排名	国家	旅游接待人次(万)	增长率(%)
1	法国	7 450.00	2.0
2	西班牙	4 850.00 (若使用以前的统计方法则应为5 360.00)	3.7
3	意大利	4 118.20	12.8
4	英国	2 490.00	-1.9
5	俄罗斯联邦	2 278.30	23.2*
6	德国	1 891.60	10.5
7	波兰	1 818.30	1.3*
8	奥地利	1 781.80	2.0
9	匈牙利	1 557.10	8.1
10	希腊	1 250.00	2.8
11	葡萄牙	1 200.00	3.2
12	瑞士	1 140.00	6.5
13	荷兰	1 020.00	3.2*
14	土耳其	962.30	39.6*
15	爱尔兰	672.00	5.0

资料来源:根据世界旅游组织2001年1月31日因特网上公布数字整理。

中东地区　由于旅游者在耶酥基督降生2000周年之际大批涌向与他的生活有关的各历史遗址而使该地区的旅游业获得了迄今为止最好的年景。当年头九个月,该地区的旅游接待人次增长了几乎20%。但由于第四季度再次发生暴力事件,使得这一年该地区的旅游接待增长率以10.2%告终,但这仍然是一个不俗的成绩。

表5　2000年中东地区国际旅游接待人次最多的国家

排名	国家	旅游接待人次(万)	增长率(%)
1	埃及	515.00	14.7
2	以色列	240.00	3.8
3	约旦	125.60	-7.5*
4	黎巴嫩	75.10	11.6*

资料来源:根据世界旅游组织2001年1月31日因特网上公布数字整理。

南亚地区　该地区的旅游业在2000年亦获成功,旅游接待人次增长了9%,几乎比世界平均增长率高2个百分点。虽然该地区没有举办世界性的重大活动,该地区各个异域风情浓厚的旅游目的地,尤其是伊朗和印度的各旅游目的地,仍然吸引了大批旅游者。但是,尼泊尔和斯里兰卡的旅游业各部门尽管有了长足发展,其国际旅游接待却因国内政局不稳而受到不利影响。

表6　2000年南亚地区国际旅游接待人次最多的国家

排名	国家	旅游接待人次(万)	增长率(%)
1	印度	262.40	5.7
2	伊朗	170.00	28.7
3	马尔代夫	46.50	8.1
4	尼泊尔	45.70	-7.1*
5	巴基斯坦	44.00	1.9
6	斯里兰卡	40.00	-8.3

资料来源:根据世界旅游组织2001年1月31日因特网上公布数字整理。

(注:各表中标有*的统计结果为世界旅游组织根据不完全年度报告而对全年数字进行的推算。其他统计结果是根据各国在2001年1月初提交给世界旅游组织的完整年度报告得出。西班牙、捷克共和国和匈牙利在2000年修改了其统计程序,故所提供的数据可能无法与世界旅游组织过去公布的资料相比较。)

全球国际旅游发展趋势分析

南开大学　张伯山　朱　霆

1999年世界旅游业继续平稳发展,虽然南斯拉夫科索沃危机、巴西等南美国家发生金融危机、土耳其连续发生强烈地震等等不利因素对全球旅游业造成不可忽视的影响,但总体上看有利于旅游业发展的因素似乎力量更强一些,特别是东亚太地区继续走出金融危机的阴影、欧美地区的经济状况继续好转或稳定运行,使得全球国际旅游比人们预先料想的要好得多。

全球国际旅游发展总况

据世界旅游组织2000年5月公布的结果,1999年共有6.63亿人次至少在国外度过了一夜,比上年增长了4.1%,明显高出年初该组织初步预计的6.57亿总人次和的3.2%增长率;国际旅游收入达到4 530亿美元,比1998年增长3%,与该组织年初的初步预计大致吻合。

上述统计结果表明,1999年全球旅游业发展状况良好,这种状况的出现,主要得益于亚太地区旅游业的振兴、中东和地中海地区的旅游业则出现了迅猛发展以及欧洲出国旅游人数较大幅度的增加。据分析,1999年全球国际旅游发展的总体特点是:中东地区发展速度高居榜首,亚太地区重新成为世界旅游增长的排头兵,南亚和非洲地区急起直追,欧洲和美洲地区平稳发展。东亚和太平洋地区经历连续两年的负增长后,1999 年再次成为世界旅游业发展的明星,1999 年该地区接待的过夜国际旅游者人次达到创纪录的 9 660万,比 1998 年增长10.5%,从而重新恢复到了金融危机以前所达到的增长速度,特别是韩国、泰国和马来西亚出国旅游的人数回升;而韩国、中国及香港特别行政区和中国台湾省等国家和地区接待的国际旅游者增幅达两位数字。中东地区和非洲地区 1999 年也倍受旅游者青睐,接待的过夜国际旅游者人数分别为 1 790 万人次和 2 730 万人次,比上年增长了 17.0%和9.2%。1999 年中美洲地区和南美洲地区的国际旅游接待表现也颇为不俗,分别增长了 23%和 10%。由于旅游者回避前往距离南斯拉夫科索沃冲突较近国家以及受政局不稳和地震因素影响的土耳其旅游,从而使得地中海周围其他国家 1999 年旅游接待一派兴旺,其中除了世界排名第一的法国国际旅游接待人次增长了 4.3%之外,前往西班牙的过夜国际旅游者人次增长 9.3%,希腊增长了10.1%,塞浦路斯增长了 9.5%,以色列则增长了17.1%。同处地中海沿岸而属于中东旅游区的埃及增长率高达39.7%,叙利亚增长了 9.4%,黎巴嫩则增长了12.2%,属于非洲旅游区的摩洛哥也猛增 21.6%。前往这些国家的国际旅游者主要来自南欧地区和北美地区。此外,如前所述,欧洲地区出境旅游者的增加也是 1999 年全球国际旅游顺利发展的一个重要因素,这一年该地区前往突尼斯和摩洛哥旅游的出境旅游者人数增加了 12%,前往西班牙旅游的欧洲各国出境旅游者人数增加了 4%,前往法国南方地区旅游的欧洲各国出境旅游者人数增加了 10%。然而,同"千年虫"问题没有对电脑产生多大影响一样,1999 年底全球并没有象人们预期的那样出现迎新千年旅游热的局面,为猎新千年之奇而出游的旅游者人数并不多,许多费用昂贵的节庆活动也未吸引多少游客。

表 1 1985～1999 年全球国际旅游接待人数(亿人次)

地区	1985	1990	1995	1997	1998	1999	增长率(%)	
							1997/98	1998/99
非　洲	0.097	0.150	0.202	0.232	0.250	0.273	7.8	9.3
美　洲	0.643	0.928	1.089	1.166	1.200	1.230	2.9	2.5
东亚太	0.311	0.546	0.814	0.883	0.874	0.966	−10.2	10.5
欧　洲	2.121	2.829	3.385	3.712	3.838	3.925	3.4	2.3
中　东	0.075	0.0900	0.124	0.143	0.153	0.179	7.0	17.0
南　亚	0.025	0.032	0.042	0.048	0.052	0.057	8.3	9.6
世界总计	3.27	4.57	5.65	6.18	6.37	6.63	3.1	4.1

资料来源:根据世界旅游组织 2000 年 5 月 11 日因特网上公布数字整理。

表 2 1999 年地中海沿岸国家国际旅游接待人数增长情况

接待国	1999 年接待人数(万人次)	比 1998 年增长(%)
法国	7 300	4.3
西班牙	5 180	9.3
希腊	1 200	10.1
塞浦路斯	240	9.5
以色列	220	17.1
埃及	440	39.7
叙利亚	130	9.4
黎巴嫩	63.7	12.2
摩洛哥	390	21.6

资料来源:根据世界旅游组织 2000 年 5 月 11 日因特网上公布数字整理。

从全球国际旅游者接待量看,过去名列前茅的国家在 1999 年没有发生变化,只是个别国家的名次略有升降。1999 年法国、西班牙、美国和意大利依然占据世界前 4 名的位置,接待人次分别为 7 300 万、5 180万、4 850 万和 3 610 万,年增长率分别为 4.3%、9.3%、4.5%和 3.4%,分别占全球市场总份额的 11.0%、7.8%、7.3%和5.4%。中国在 1999 年共接待入境旅游者 2 704.7 万,在世界上的排名超过了英国,排在第 5 位,比 1998 年增长 7.8%,占全球市场总额的 4.1%。进入前 10 名的发展中国家还有墨西哥和波兰,接待国际旅游者人数分别为 1 920 万和 1 790 万,各自比 1998 年下降了 3.0%和 4.8%,因此在世界上的排名分别从第7位和第8位后退到第8位和第10位,在全球市场总份额中所占比重也分别从3.1%和3.0%下降为2.9%和2.7%。1999年国际旅游接待人数排名进入第11~15位的发展中国家还有排在第13和第14位的捷克和匈牙利,但增长率和在全球市场总份额中所占比重均有所下降。1999年中国的旅游外汇收入达到140.99亿美元,比1998年增长11.9%,仍排世界第七位,是唯一进入前10名的发展中国家,在全球市场总份额中所占比重从2.8%上升到3.1%。国际旅游收入全球排名第1~6位的国家分别是美国、西班牙、法国、意大利、英国和德国,排在第8~10位的是奥地利、加拿大和俄罗斯。这10个国家中年增长率达到2位数的除了中国外还有俄罗斯(20%)和西班牙(10.8%),美国、法国、德国和加拿大也有不同程度的增长,英国、奥地利和意大利则分别出现了零增长或负增长。无论是国际旅游接待人数还是国际旅游收入,1999年进入世界排名前15位的全部是欧洲、美洲和东亚太地区国家,说明世界旅游业发展三足鼎立的局面还会维持下去。

另据世界旅游理事会(WTTC)通过旅游卫星帐户对全球、各大洲以及各国所作的初步统计,1999年,全球个人旅游消费总额将高达21 041亿美元,比1998年增长4.7%;旅游业总投资额为7 332亿美元,比1998年增长11.3%;旅游业就业总人数为6 780万人,比1998年增长3.1%。其中中国的个人旅游消费总额约为358.3亿美元,比1998年增长6.8%;旅游业总投资额335.4亿美元,比1998年增长8.5%;旅游业就业人数达1 393万人,比1998年增长2%。

据有关报道,2000年初世界旅游理事会(WTTC)所属世界旅游税收政策中心还公布1998年10月到1999年2月期间全球与旅游业相关的税收变化情况。判断其变化程度的基数期为1994年6月,共考察了全球52个城市,考察的内容包括旅游税、汽车租赁税、住宿税、餐饮税和机场税等。

表3 1998~1999年接待国际旅游者人数最多的前15位国家

1999年排名	国家	国际旅游接待人数(万)		1998/99年增长率(%)	占1999年全球市场总份额比重(%)
		1998年	1999年		
1	法国	7 000	7 300	4.3	11.0
2	西班牙	4 740	5 180	9.3	7.8
3	美国	4 640	4 850	4.5	7.3
4	意大利	3 490	3 610	3.4	5.4
5	中国	2 510	2 705	7.8	4.1
6	英国	2 570	2 570	0.0	3.9
7	加拿大	1 890	1 960	3.7	3.0
8	墨西哥	1 980	1 920	−3.0	2.9
9	俄罗斯	1 580	1 850	17.1	2.8
10	波兰	1 880	1 790	−4.8	2.7
11	奥地利	1 740	1 750	0.6	2.6
12	德国	1 650	1 710	3.6	2.6
13	捷克	1 630	1 600	−1.8	2.4
14	匈牙利	1 500	1 290	−14.0	1.9
15	希腊	1 090	1 200	10.1	1.8

资料来源:根据世界旅游组织2000年5月11日因特网上公布数字整理。

在被考察城市中,有43个城市增加了旅游税。其中1998年10月~1999年2月期间旅游税增加的城市有悉尼、檀香山、波士顿、雅加达、里约热内卢、日内瓦、多伦多、圣保罗、巴黎、苏黎士、慕尼黑、罗马、伦敦、斯德哥尔摩、特拉维夫、布鲁塞尔和雅典;旅游税减少的城市有墨西哥城、布拉格和台北市。若以一次为期5天4夜的国际旅游为标准，旅游税税收指数最高的城市分别是悉尼(630)、大阪(206)、东京(204)、孟买(189)、墨西哥城(165)，北京的旅游税指数为103，名列第16位。旅游税税收额最高的城市分别是德里(556.52美元)、布宜诺斯艾利斯(406.95美元)、伦敦(379.72美元)、哥本哈根(365.25美元)、孟买(350.58美元)，北京的旅游税税收额为189.33美元，名列第33位。旅游税税率最高的城市则分别是德国(27.14%)、布拉格(22.94%)、哥本哈根(21.81%)、布宜诺斯艾利斯(20.81%)、开罗(20.68%)，北京的旅游税税率为15.32%，名列第29位。

表4 1998～1999年国际旅游收入最多的前15名国家

1999年世界排名	国家	国际旅游收入(亿美元)		1998/99年增长率(%)	占1999年全球市场总份额(%)
		1998年	1999年		
1	美国	713	744	4.3	16.4
2	西班牙	297	329	10.8	7.3
3	法国	299	317	6.0	7.0
4	意大利	299	284	-5.0	6.3
5	英国	210	210	0.0	4.6
6	德国	164	168	2.4	3.7
7	中国	126	141	11.9	3.1
8	奥地利	112	111	-0.9	2.5
9	加拿大	94	100	6.4	2.2
10	俄罗斯	65	78	20.0	1.7
11	墨西哥	79	76	-3.8	1.7
12	澳大利亚	73	75	2.7	1.7
13	瑞士	78	74	-5.1	1.6
14	希腊	52	72	38.5	1.6
15	荷兰	68	71	4.4	1.6

资料来源：世界旅游组织2000年5月11日因特网上公布数字。

汽车租赁税通常包括增值税、销售税、超载税及其他税费。在被考察的城市中，有50个城市不同程度地征收汽车租赁税，只有北京和吉隆坡不征收此类税。据有关人士认为，汽车租赁总体上是一种奢侈消费，应该征收最高的增值税税率。1994年7月～1999年2月期间，这52个城市中有27个城市增加了汽车租赁税，仅有内罗毕减少租赁税；1998年10月～1999年2月，有8个城市增加了汽车租赁税。在这52个城市中，有36个城市征收的汽车租赁税至少占租赁总成本的10%。其中27个城市征收的汽车租赁税至少占租赁总成本的15%，13个城市征收的汽车租赁税至少占租赁总成本的20%，而德里征收的汽车租赁税占租赁总成本的比重则高达49.41%。与租赁总成本相比较，汽车租赁税收比率最高的城市分别是德里(49.41%)、布鲁塞尔(25.93%)、布拉格(25.76%)、维也纳(24.92%)和巴黎(23.92%)。若以5天租赁期为标准，征收汽车租赁税数额最多的城市分别是德里(247.05美元)、维也纳(178.39美元)、雅典(137.04美元)、斯德哥尔摩(125.41美元)、赫尔辛基(121.63美元)和伊斯坦布尔(115.25美元)。

1994年以来，这52个城市中有42个城市增加了住宿税，6个城市(雅典、赫尔辛基、香港、马尼拉、内罗毕和纽约)减征了住宿税。其中日内瓦和苏黎士在1998年10月～1999年2月期间增加了住宿税。若以住宿4夜为标准，住宿税占总房价比例最高的城市分别是哥本哈根(25%)、布拉格(23.7%)、布宜诺斯艾利斯(21%)、孟买(20%)和德里(20%)，北京的这一比例为15%。向游客征收住宿税额最多的城市分别是布宜诺斯艾利斯(272.16美元)德里(271.04美元)、孟买(264.15美元)和伦敦(224.45美元)，北京的这一税收额为143.55美元。游客在吉隆坡和新加坡每夜支付的住宿税则低于10美元。

在52个城市中，有21个增加了餐饮税，仅有雅典减少了这一税收。在1998年10月到1999年2月期间，日内瓦和苏黎士增加了餐饮税；仅有香港和悉尼减少了餐饮税。总体而言，除了征收更高税率的酒类消费外，对餐饮的征税一般低于对旅游业中其他消费的征税。对于餐馆的餐饮征税一般包括增殖税、销售税及特别旅游税。自1994年以来，餐饮税增幅最大的城市分别有内罗毕（增加500%）、马尼拉（增加194%）、大阪（增加167%）和东京（增加167%）。若以4天12餐为标准，哥本哈根和斯德哥尔摩餐饮税占餐饮消费总额的比例至少为20%，波士顿、台北、檀香山、新加坡、香港和悉尼等6个城市不到5%，北京则为13.04%，餐饮税额为34.91美元。

在这52个城市中，有46个城市增加了机场税，其中12个城市翻了一番，只有赫尔辛基减少机场税。这一税收对增加游客的旅行费用影响最大，征收的内容包括国际到达/离境税、国际旅客服务税、保险费及名目繁多的检查和移民税。在一次国际入出境中，机场税占总体旅行费用比例最大的城市分别是芝加哥（4.97%）、檀香山（4.59%）、蒙特利尔（4.52%）、开罗（4.36%）和洛山矶（4.21%），北京的这一比例为0.88%。征收机场税数额最多的城市则分别有芝加哥（68.75美元）、纽约（54.41美元）、开罗（53.53美元）、波士顿（49.84美元），北京的这一税额为10.87美元。

针对与旅游业相关的税收，世界旅游理事会提出了如下政策指南：各国负责制定税收的官员必须为各种旅游税及附加收费制定详尽方案，将该行业的税收水平同其他具有战略地位的经济部门的税收水平进行比较；必须让旅游私营部门积极参与影响产业发展的税收制定过程。政策制定者在考虑向旅游服务、产品或消费收取任何税费时，必须从产业内部寻找依据；必须避免征收直接削弱旅游业竞争力和生命力的税收；就此问题同旅游业实际部门进行磋商，有利于政策制定者在确保产业就业和产出的同时，获得所期望的税收收入；政策制定者必须把对应出口制造行业的同一税收标准，相应实施于旅游出口上。国际旅游业实质上是一个出口产业，入境旅游征税应等同于出口产品征税；同提升税率相比，应优先考虑旅游税基数的增长，如果征税对市场发展没有构成影响，产业的持续经济增长将创造不断增多的公众收入；旅游开发政策必须和财政政策保持一致，要对适用于包括旅游业在内的所有部门的税收手段进行总体权衡；旅游税收必须谨慎征收，征收困难的旅游税会给政府和产业带来更多成本；必须鼓励加强对旅游税作用的教育和研究，许多政策制定者不熟悉旅游业的范围和经济影响，必须不遗余力地使其知晓旅游税收的经济影响。这些意见对于各国制定旅游税收政策具有一定参考价值。

1999年，全球航空客运也有明显发展。国际民用航空组织公布的初步统计数字表明，1999年全球正常国际航班（不含包机）的航空客运量首次超过15亿人次，与1998年相比增长了6%。在航空客运迅速增长的同时，全球民航企业合并之风愈演愈烈，此外世界各国近年来还大力着手新建或扩建机场。

荷兰阿姆斯特丹，在5年前对斯希普霍尔机场进行改造之后，人们最近又决定修建一个年运送旅客6 000万人次的新机场，投资额约为107亿美元。在法国巴黎，世界排名第9位的戴高乐机场在1998年又建成了一个高速铁路终点站来送接旅客，它将使戴高乐机场每天可以起降飞机1万架次，使该机场目前年运送旅客3 900万人次的能力提高44%。

随着机场的不断扩建和新建，有许多华丽而令人惊叹的大型机场出现在亚洲，许多建筑师、工程师和运输专家在这些机场的建造中充分显示了自己的创造力。位于一个人工岛上的日本关西机场于6年前建成，其为旅客修建的服务设施包括高尔夫球场、卡拉OK歌厅和豪华饭店等。在香港，耗资200亿美元的赤蠟角机场于1998年开始启用，机场整个工程几乎相当于目前正在建设中的中国长江三峡工程。预计该机场在21世纪的前10年内每年可运送旅客8 700万人次，比现在最大的美国亚特兰大哈特菲尔德机场的客运量还要高20%。

大型机场建设热的动力之一，恐怕就是出于商业利益。据研究，旅客在大型机场换机时平均要停留50分钟到2小时30分。这段时间足以使一个在出差办理商务路途中的经理到机场的商店、餐厅甚至赌场至少花费100美元。在英国伦敦，世界排名第四的希思罗机场平均每7分钟就卖出一瓶威士忌，而英国10%的香水是在4个机场的商店售出的。在这些机场，甚至出售价值11.6万美元的钻石。英国航空港管理局平均每天用在机场维修和建设方面的费用要达160万美元，这一费用中有52%是来自对机场商业活动征收的税收。

然而，将购物中心与飞机场结合在一起并不总能获得成功。在华盛顿，一座以前总统里根的名字重新命名的机场在3年前耗资4.5亿美元进行了改造。但由于该机场采用了全新的工程设计和信息化的登机系统，使得旅客从地铁站台到登机只需7分钟，根本没有时间光顾机场内的商店。正因如此，该机场的所有的商业设施都生意萧条，尽管机场内商店的租金已经下降了35%，但其经营仍然面临着危机。

世界各大旅游区国际旅游发展概况

非洲地区在1999年共接待过夜国际旅游者2 733万人次，比1998年增长9.3%，比世界平均增长率高出5.2个百分点。其中接待国际旅游者人数增长最快的国家有摩洛哥(增长率为22%)、津巴布韦(增长率为17%)、赞比亚(增长率为26%)。突尼斯和南非等非洲重要旅游接待国的旅游业1999年也获得稳定的增长，国际旅游接待人数增长率分别为3%和3.2%。另外，尼日尔1999年共接待国际旅游者5.5万人次，比1998年净增2.5万人次，增长率为45.4%，国际旅游收入约为2 097万美元，比1998年净增548万美元，增长率为26.1%。

美洲地区在1999年共接待过夜国际旅游者1.23亿人次，比1998年净增300万人次，增长率为2.5%，虽然比世界平均增长率低1.6个百分点，但比欧洲略高0.2个百分点。美国、墨西哥和加拿大是美洲地区的三个旅游接待大国，1999年三国的国际旅游者人数有增有减。尽管美元坚挺，但欧洲特别是英国赴美国旅游的国际旅游者在1999年仍然有强劲增长，从而使美国旅游业一改以往的下滑局面，全年共接待国际旅游者4850万人次，比1998年净增210万人次，占1999年美洲地区总净增人次的2/3还多，增长率为4.5%；加拿大共接待国际旅游者1960万人次，比1998年净增70万人次，增长率为3.7%；墨西哥共接待国际旅游者1920万人次，比1998年净减60万人次，下降率为3%。

另据报道，美国的旅行社行业出现了旅行社数量下降而销售额上升的情况。1999年，美国的旅行社数量从1998年的4.55万家降到4.37万家，下降率为3.96%，但是每家旅行社的平均销售额却上升了4%，从前一年的3.1万美元增加到3.24万美元。此外，1999年美国旅行社的平均佣金收入减少了7%，这一行业的平均佣金率也从1998年的9.2%降到了1999年的8.2%，国际旅游业务的佣金下降幅度更大，从1998年度的14.2%降到12.7%。除了旅行社行业外，美国的饭店业多年来也一直经营良好。据美国权威机构统计分析，最近10年来美国的饭店业经营具有如下特点：(1)发展十分平稳，各档次或星级饭店发展协调一致；(2)各档次或星级饭店都实现了追求每间客房平均收入提高的目标；(3)各档次或星级饭店的客房出租率都一直维持在资源利用的最佳点上；(4)各档次或星级饭店的房价差十分合理。1999年，美国全国饭店业的平均出租率为63.6%，每日平均房价为80.35美元，每间客房平均收入为51.07美元。其中豪华饭店的平均出租率为72.2%，每日平均房价为144.44美元，每间客房平均收入为104.24美元；中高档饭店的平均出租率为70%，每日平均房价为95美元，每间客房平均收入为66.47美元；中档饭店的平均出租率为60.1%，每日平均房价为69.54美元，每间客房平均收入为41.49美元；经济等饭店的平均出租率为57.9%，每日平均房价为46.10美元，每间客房平均收入为26.70美元。

相比之下，中美洲国家的国际旅游者接待人数增长率要高得多，共接待国际旅游者370万人次，相当于中美洲人口总数的10%，其中哥斯达黎加共接待国际旅游者100万人次，比1998年增长了8.9%；危地马拉共接待国际旅游者82.3万人次，比1998年增长了29.4%，巴拿马则共接待国际旅游者52万人次。加勒比地区的国际旅游发展状况也不错，其中古巴共接待国际旅游者160万人次，比1998年增长了12.3%；多米尼加共和国共接待国际旅游者260万人次，比1998年增长了14.7%；但波多黎各却下降了10.4%。此外，南美一些国家的国际旅游接待人数在1999年也出现大幅度增长，其中巴西共接待国际旅游者539万人次，比1998年增长了11.8%，阿根廷的增长率则高达22.8%。只可惜中、南美洲地区这些国家的国际旅游者接待量基数一般都比较低，所以尽管增长速度较快，但绝对增长数量仍然不高。

在国际旅游收入上,1999年美国仍然名列世界第1位,总额达到744亿美元,比1998年净增21亿美元,增长率为4.3%,在1999年全球国际旅游总收入中所占比重高达16.4%。加拿大的国际旅游收入1999年为100亿美元,全球排名第9位,比1998年净增6亿美元,增长率为6.4%,在全球国际旅游总收入中所占比重为2.2%。同其国际旅游接待人数一样,墨西哥的国际旅游收入1999年也呈现下滑趋势,收入总额为76亿美元,全球排名第11位,比1998年减少3亿美元,下降率为3.8%,在全球国际旅游总收入中所占比重为1.7%。中美洲地区各国的国际旅游总收入同1998年相比增长了11%,其中哥斯达黎加的国际旅游收入达到9亿美元,创本国历史最高纪录;危地马拉、巴拿马和尼加拉瓜的国际旅游收入则分别达到5.4亿美元、5亿美元和1.13亿美元。同国际旅游接待人数相比,阿根廷1999年的国际旅游收入增长幅度并不大,收入额为56亿美元,全球排名第18位,比1998年增长了4.7%。相反,1999年巴西的国际旅游收入增长速度要大大高于其国际旅游接待人数的增长率,收入额为44亿美元,全球排名第23位,比1998年增长了20.8%。

表5 1999年部分美洲国家旅游接待人数增长情况

目的地	1999年接待人数(万人次)	比1998年增长(%)
美国	4 850	4.5
加拿大	1 960	3.7
巴西	539	11.8
多米尼加共和国	260	14.7
古巴	160	12.3
哥斯达黎加	100	8.9
危地马拉	82.3	29.4

资料来源:根据世界旅游组织2000年5月11日因特网上公布数字整理。

东亚太地区的国际旅游接待在经历两年负增长后,1999年又恢复生机。这一年该地区接待的过夜国际旅游者人数达9 660万人次,比1998年净增920万人次,增长率高达10.5%。1999年该地区国际旅游发展的最大特点是各主要旅游接待国和地区的国际旅游接待人数普遍都有增长,其中增长幅度最大的有马来西亚、越南、中国香港特别行政区、新加坡、泰国、韩国、新西兰、日本、中国及澳大利亚,详见表6。

表6 1999年东亚太地区主要旅游接待国国际旅游增长情况

目的地	1999年接待人数(万人次)	比1998年增长(%)
中国	2 705	7.8
中国香港	1 060	11.5
日本	440	8.1
韩国	460	9.6
马来西亚	790	42.9
新加坡	620	11.1
泰国	860	10.3
澳大利亚	440	7.0
新西兰	160	8.3
越南	180	17.2

资料来源:根据世界旅游组织2000年5月11日因特网上公布数字整理。

中国的国际旅游收入1999年继续取得好成绩,收入额为141亿美元,全球排名第7位,比1998年净增15亿美元,增长率为11.9%,在全球国际旅游总收入中所占比重为3.1%。澳大利亚的国际旅游收入在1999年也进入了全球前15名,收入额为75亿美元,全球排名第12位,比1998年净增2亿美元,增长率为2.7%,在全球国际旅游总收入中所占比重为1.7%。中国香港特区1999年的国际旅游收入为70亿美元,比1998年略有下降,下降率为0.6%。泰国的国际旅游收入约为67亿美元,比1998年增长了12.6%。韩国的国际旅游收入为56亿美元,比1998年下降了4.9%。新加坡的国际旅游收入为近44亿美元,比1998年增长了7.5%。

1999年欧洲地区旅游业发展总体来说比较平稳,共接待过夜国际旅游者3.925亿人次,比1998年净增870万人次,增长率达到2.3%。但具体到欧洲各地区,发展情况则参差不一,其中南欧地区国际旅游接待人数增长幅度最大,特别是西班牙和希腊,增长率分别达到9.3%和10.1%,意大利增长了3.4%,葡萄牙则在1998年借助举办里斯本世博会使得当年国际旅游接待人数增长11%的基础上,在1999年又增长了2.7%。西欧的荷兰和爱尔兰的国际旅游接待人数在1999年也分别增长了5.3%和7.4%,法国和德国的增长率分别为4.3%和3.6%,奥地利为0.6%。但英国的增长率为0,瑞士下降了0.9%,比利时下降了2.5%。南斯拉夫科索沃地区的冲突等种种因素使中欧及东欧一些重要旅游接待国的国际旅游接待人数1999年出现了负增长,其中匈牙利下降了14%,波兰下降4.8%,捷克下降1.8%。应该指出的是,俄罗斯1999年的国际旅游接待人数出现了惊人的发展,增长率高达17.1%。此外,1999年国际游客对该地区的爱沙尼亚、立陶宛、拉托维亚和格鲁吉亚等一些新兴旅游目的地也表现出很大兴趣,使得这些国家的国际旅游接待人数分别增长了15.2%、5.8%、5.8%和21.1%,北欧的冰岛也增长了13.4%。

1999年欧洲地区仍是国际旅游收入的大户,在全球排名前15位的国家中,有10个是欧洲国家。其中西班牙的国际旅游收入为329亿美元,全球排名第2位,比1998年净增32亿美元,增长率为10.8%,在全球国际旅游总收入中所占比重为7.3%。法国的国际旅游收入为317亿美元,全球排名第3位,比1998年净增18亿美元,增长率为6%,在全球国际旅游总收入中所占比重为7%。意大利的国际旅游收入为284亿美元,全球排名第4位,比1998年减少15亿美元,下降率为5.0%,在全球国际旅游总收入中所占比重为6.3%。英国的国际旅游收入与1998年持平,仍为210亿美元,全球排名第5位,在全球国际旅游总收入中所占比重为4.6%。德国的国际旅游收入为168亿美元,全球排名第6位,比1998年净增4亿美元,增长率为2.4%,在全球国际旅游总收入中所占比重为3.7%。奥地利的国际旅游收入在1999年为111亿美元,全球排名第8位,比1998年减少了1亿美元,下降率为0.9%,在全球国际旅游总收入中所占比重为2.5%。俄罗斯的国际旅游收入为78亿美元,全球排名第10位,比1998年净增13亿美元,增长率为20%,在全球国际旅游总收入中所占比重为1.7%。瑞士的国际旅游收入为74亿美元,全球排名第13位,比1998年减少4亿美元,下降率为5.1%,在全球国际旅游总收入中所占比重为1.6%。希腊的国际旅游收入为72亿美元,全球排名第14位,比1998年净增20亿美元,增长率高达38.5%,在欧洲发达国家近年的旅游业中是非常少见的,在全球国际旅游总收入中所占比重为1.6%。荷兰的国际旅游收入为71亿美元,全球排名第15位,比1998年净增3亿美元,增长率为4.4%,在全球国际旅游总收入中所占比重为1.6%。此外,1999年这一地区旅游收入较高的国家还有波兰、土耳其(世界旅游组织将其划入欧洲旅游区)和葡萄牙。波兰的国际旅游收入为61亿美元,比1998年下降了23.2%;土耳其的国际旅游收入为50亿美元,比1998年下降了36%,葡萄牙的国际旅游收入为49亿美元,比1998年增长了1.5%。

中东地区是世界六大旅游区中最小的地区,1999年虽然仅接待1 790万人次的过夜国际旅游者,但其增长率却是世界六大旅游区中最高的,达到17%。其中埃及过夜国际旅游者人数猛增近40%,大大超过1998年卢克索恐怖主义事件发生前水平,创历史新高。叙利亚在1999年下半年发起一场以“圣经”遗迹吸引国际游客的宣传运动,取得了很好效果,到1999年10月底,已有230万人次的国际旅游者来访,大大超过1998年全年接待209万人次国际旅游者的水平。该国1999年全年的国际旅游发展情况也不错,过夜国际旅游者人数增长了近10%。在国际旅游收入上,埃及也是1999年中东地区的佼佼者,收入额达38亿美元,全球排名第25位,比1998年增长了48.8%。

由于多数国家国际旅游业增长状况有所改善,南亚地区的国际旅游者接待人数1999年达到570万人次,比1998年增长9.6%。虽然孟加拉国的国际旅游接待人数1999年下降了2.3%,但印度增长了1.1%,巴基斯坦增长了1.6%,保持了较为平稳的发展势头。而伊朗、斯里兰卡和马尔代夫则分别取得了非常不俗的成就,其中伊朗的国际旅游接待人数1999年增长了16.5%,国际旅游收入也达到5亿美元,明显高于1998年;斯里兰卡的旅游业虽然仍然受到该国猛虎组织恐怖主义活动的严重干扰,未能达到接待50万人次国际旅游者的目标,但全年接待的国际旅游者仍达到43.6万人次,比1998年增长了16%;马尔代夫的国际旅游者接待人次也增长了10%。这些国家旅游业的顺利发展,促使南亚地区1999年的国际旅游业获得了相当不错的年景。

影响中国旅游可持续发展因素及对策分析

南开大学图书馆经济管理学分馆　张伯山

自1978年以来,中国的旅游业已经取得了举世瞩目的成就,在世界旅游发展中占据举足轻重的地位,为中国经济社会发展作出了重要贡献,并且有着巨大的进一步发展的潜力。与此同时,中国的旅游业的发展也不可否认存在着种种急需改进之处,如产品结构单一和老化;旅游项目建设重复,开发雷同;旅游企业经营采取短期行为;旅游市场竞争无序;旅游市场营销观念落后,缺乏主动开拓和积极竞争的精神,对游客的心理和需求特点及旅游行为方式缺乏深入研究,不能切实满足其需要,促销不力,缺乏自主灵活多变的促销方式;价格模式死板;服务质量、经营效益和管理体制等方面存在问题等等。上述问题对中国旅游业持续正常发展有着不同程度的影响,其中旅游生态环境和旅游资源保护问题的影响更为重要。

当前中国旅游业存在的主要问题

国外有学者(格林和亨特)曾将旅游活动对环境的潜在正面与负面影响总结为两大类11个方面,表1列举了这些影响及其主要表现。表中所列负面影响多年来在中国都有所存在,其主要表现有:

生态破坏　如景观区域内的土壤因游人踩踏而影响植物生长、游客任意攀折捕采造成珍稀动植物减少甚至毁灭,风景区的自然植被受到破坏、病虫害加剧,许多自然保护区内任意修建道路和旅游接待设施,改变甚至破坏了野生动植物的生存环境。

环境污染　如旅游企业及其他行业企业生产中排放"三废"造成的污染、日益增多的汽车废气污染和游客与当地居民产生的生活垃圾造成的污染及植被的大面积毁坏,使得大量湖、海、河、泉水体变黑发臭,白色垃圾遍布,有害藻类或赤潮大规模发生,水生动植物大批死亡,山地和城市景观区域垃圾成堆,气味难闻,酸雨频降,风景区和旅游城市的大气中有害颗粒悬浮物浓度超标。

自然景观破坏　如一些自然景观风化坍塌、毁坏,古树名木的毁坏,一些溶洞内原有自然环境被不当改变,钟乳石和石笋因过多游人呼出的二氧化碳超量而变色。

文物古迹的破坏　如文物的被盗与毁坏,古建名人旧居随意拆毁或火毁、蚁害,文物古迹保护与管理不力,缺乏维护,有的被居住或使用者毁坏。

旅游资源开发方式粗放盲目,破坏了大量宝贵的旅游资源　许多历史名城、风景名胜区与古迹遗址区开发不当,新建的建筑与设施同周围环境极不协调,破坏了原有景观风貌。一些重要的自然旅游资源为了修建旅游设施而被随意毁坏,各种珍稀动植物资源受到滥采乱伐和乱捕滥杀。

这些现象的出现,造成数量众多的旅游资源受到破坏,许多旅游点或景观已经不再适合进行旅游,继而使一些地方的旅游业形象大受影响,游客接待数量明显减少。针对上述问题,一些有识之士对于中国旅游业能否持续健康地发展下去表示深深担忧,甚至提出"无烟工业冒烟了!"、"21世纪中国看什么?"等警告,以图引起各有关方面的重视。

影响中国旅游业可持续发展的深层原因

面对这种局面,越来越多的有识之士开始认真思考中国旅游业今后的出路问题,并日益清醒地认识到可持续发展是中国旅游业的唯一选择。从总体上说,旅游可持续发展是一个系统工程,不能片面孤立地看待和处理。目前国内学术界在中国旅游业可持续发展研究上存在的问题之一是对于阻碍中国旅游可持续发展的各种问题的根源认识不清，许多文献中在指出中国旅游发展中存在的问题同时，往往笼统认为这些问题是随着旅游业发展而产生的，从而将问题产生的原因简单归咎于旅游业。实际上，旅游是一种极为复杂的经济和社会现象，影响其发展的因素也多种多样。在没有对问题的原因进行全面、准确地认识前提下便提出解决问题的办法或方案，是很难切中要害、发挥实效的。根据旅游系统论的观点，旅游系统是一个由多个层次子系统构成的开放系统，"'开放'意味着'从属于环境的影响'，同时又'影响着环境'"（转引自张伯山："国外旅游学研究简述"，《旅游调研》1992年第2期第35页）。还有作者认为，系统是由一系列互相作用的要素所组成，而开放系统的各组成要素及整个系统同时又与所处环境相互作用[尼尔·利珀(1993年)："旅游及相关概念的定义确定：旅游者、市场、行业和旅游活动系统"，收录于《范·诺斯特兰德·莱因霍尔德招待业与旅游业百科全书》(马穆德·卡恩等主编，纽约：范·诺斯特兰德·莱因霍尔德出版公司出版，第547页)]。所以，旅游的发展不仅受到各种内在因素的影响，还要受到各种各样的外来因素的影响。旅游资源和环境是旅游子系统之一，与旅游大系统内外的多种因素有着密切关系。正如有的作者所说，"旅游地域系统作为地理系统之一种，也是典型的开放系统。……旅游地域系统又作为一社会系统，它与环境间的这种边界是模糊性的。不过，旅游地域系统与周围环境总是充满着相互作用与相互联系……"（张亚林："旅游地域系统及其构成初探"，《地理学与国土研究》1989年5月第5卷第2期第43页）。因此，研究中国旅游可持续发展问题，不仅要注意旅游系统各要素之间的相互影响，还要准确抓住起根本作用的影响因素以及其他方面的影响因素。本文在前面的论述中列举的中国旅游资源与环境遭到破坏的表现，都是阻碍中国旅游可持续发展的问题。事实证明，这些阻碍中国旅游可持续发展的问题产生原因也是多方面的，主要表现在以下几个方面（表2是对这些原因进行的系统归纳和概括）：

表1　旅游活动对环境的潜在影响

<table>
<tr><td rowspan="5">对自然环境的影响</td><td>改变动植物种群结构</td><td>破坏动植物繁育习性；
因进行狩猎活动而捕杀动物；
为进行纪念品交易而捕杀动物
动物迁入或迁出；
因采伐森林或植物而破坏植被；
为适应旅游设施建设而清除或种植植物造成植被覆盖率或性质改变；
设立野生生物保护区或禁猎区。</td><td rowspan="6">对人造环境的影响</td><td>对城市环境的影响</td><td>土地不再用于初级产品生产；
水文特征改变。</td></tr>
<tr><td>造成污染</td><td>废弃物排放和油污泄漏造成水质污染；
汽车尾气排放造成空气污染；
旅游交通运输与活动造成噪音污染。</td><td>对视觉效果的影响</td><td>建筑物集中区域扩大；
建筑风格更新；
人及所属物品的影响。</td></tr>
<tr><td>造成地表侵蚀</td><td>土壤板结造成地表土壤流失和侵蚀加剧；
地层滑移或滑坡发生的危险增大；
发生雪崩的危险增大；破坏地质特征（如突岩、洞穴等）；
损害河岸。</td><td>对基础设施的影响</td><td>对基础设施（道路、铁路、停车场、供电网、通讯系统、废物处理设施和供水设施等）超负荷使用；
对新的基础设施建设的影响；
为使有关区域适用于旅游用途而进行环境管理（如修筑海堤、土地开垦等）。</td></tr>
<tr><td>破坏自然资源</td><td>地下和地表水资源耗竭；
为旅游活动提供能源的矿物燃料耗竭；
发生火灾的危险增大。</td><td>对城市外貌的影响</td><td>居住、商业和工业用地方式变化（如住宅改变为旅馆或供膳寄宿店）；
城市建筑结构（如道路、人行道等）变化；
为旅游者和为当地居民开发的城市区域出现明显反差。</td></tr>
<tr><td>影响视觉效果</td><td>各种设施（如建筑物、索道、停车场等）对景观造成影响；
垃圾问题对景观造成影响。</td><td>对古迹维修的影响</td><td>废弃建筑物的修复使用；
历史建筑与遗址的维护；
废弃建筑物修复改建为第二住宅。</td></tr>
<tr><td></td><td></td><td></td><td>竞争影响</td><td>某些旅游吸引物或旅游区可能会因其他旅游吸引物的开放或旅游者的习惯和偏好变化而衰败。</td></tr>
</table>

资料来源：格林与亨特(1992年)："旅游开发影响的评价"，收录于《旅游政策展望》（彼得·约翰逊与巴里·托马斯主编：伦敦：曼塞尔出版公司出版）一书第33～34页。

表 2　阻碍中国旅游可持续发展的问题产生原因分类

旅游业自身发展不合理的影响	其他人为因素的影响
旅游规划不当的影响； 旅游经营不当的影响； 旅游管理不当的影响。	其他产业发展带来的影响； 管理体制问题造成的后果； 社会和经济发展水平和人口素质方面的原因； 外来文化的影响。
旅游者因素的影响	自然因素的影响。
旅游者道德文明水平与价值观的影响； 旅游者人数与出游季节性的影响； 旅游者构成和流向分布的影响。	渐进影响； 突发影响。
综合性因素的影响	

资料来源：根据《中国旅游报》、《中国环境报》、《光明日报》、《天津日报》、《民主与法制》等报刊 1995 年 1 月至 2000 年 6 月发表的有关报道综合整理。

旅游业自身发展不合理的影响　毫无疑问，虽然旅游业自身发展中的问题不是影响旅游可持续发展的唯一因素，但却是最重要因素之一。这类问题主要表现在三个方面：

规划不当　科学规划设计，是旅游可持续发展的基础之一。目前中国在这方面存在的问题非常突出，主要表现有：许多旅游规划中根本没有考虑对于生态环境的影响和保护乃至旅游可持续发展问题，以至旅游开发过程中以及开发之后对于本地旅游资源造成极大甚至毁灭性或不可逆转性破坏；在旅游规划中虽然考虑了旅游环境和资源保护问题，但方法措施不够科学，未能起到预定目标和效果；在旅游规划中未能切实考虑自身旅游资源特点和各种优势以及可能的市场需求，而是盲目模仿、攀比、跟随，以为别人成功自己也会成功，不注意发挥本地的特色和优势，从而在构思创意之时就已决定注定要失败，最终造成旅游资源的浪费；一些旅游目的地不注意维护和保持自身资源特色，造成自然风景区城市化，风景名胜的风貌雷同，独特社会风情受到同化；有的旅游服务设施没有切实考虑"三废"处理问题；有的风景名胜区建筑布局不当，风格与当地的环境和景观极不协调；有的甚至不惜炸毁宝贵的自然景观来修建索道等设施，致使旅游资源大受贬损。

经营不当　一些旅游企业在经营中采取杀鸡取卵式的方法，只顾眼前局部利益，不顾长远和全局利益，短期行为严重，既损害了自己的企业形象，又破坏了旅游业赖以生存的生态环境和资源，损害了旅游业持久健康发展的基础。

管理不当　企业本身管理措施不得力，行业管理也跟不上，造成旅游企业、个体经营者和游客随意倾倒垃圾、排放污水、随意摆摊设点、胡乱拉客宰客而无人过问，使得旅游景区经营环境混乱，游客乘兴而来，败兴而归，很难争取回头客，旅游可持续发展也就无从谈起。

旅游者因素的影响　旅游者是旅游活动的主体，对于旅游可持续发展具有重要影响。但是旅游者对于旅游环境和资源的破坏不应简单归罪于旅游业的发展，因为旅游者无论如何也不应当被认为是旅游业的组成部分，他们在很大程度上是旅游业的不可控因素。旅游者对于旅游可持续发展的不利影响主要表现在：

一些旅游者，特别是国内一些旅游者观念错误、文明道德水平不高、价值观存在问题，因而在旅游中采取种种不当行为　如有的游客认为花钱买了门票，就有权在景区景点任意而为，因而随意破坏景观，攀折采摘景观植物，捕捉野生动物，随意毁坏、私拿旅游设施物品，随地吐痰、扔垃圾、随地大小便、乱刻乱画等等。从珠江到松花江，从三峡到九寨沟，从大连海滩到长城，几乎没有哪个旅游风景区没有游客随手丢弃的食品垃圾、废纸或任意涂写刻画的字迹，昭示着某些游客道德文明水平的低下。

旅游者人数日益增多，季节性集中出游对旅游目的地造成巨大压力　近年来随着中国人民生活水平日益提高，国内旅游市场需求日益增大，外出旅游的人数迅速增加。由于中国人口基数过大，造成国内旅游者人数数目庞大，而且大多是集中在特定节假日出游，使得国内各个景区景点严重超载。如此巨大的客流量仅仅在旅游活动过程中发生的踩踏磨损、呼出二氧化碳和身体污垢便足以对各种自然和人文景观及沙滩、水体造成极大的破坏。

旅游者构成和流向分布不均　由于中国国民生活水平仍处于刚刚开始改善的初步阶段，国内旅游也是近年来才开始起步，许多人属于初次外出旅游，属于大众型心理特点和农村人口的旅游者占据多数。这些人的旅游需求特点是首先前往著名的、旅游交通便利、旅游服务设施条件有保障的热点风景名胜区和

旅游城市旅游，造成流向集中，这就使得前一种情况更加严重，再加上这些旅游者中有许多文明素质和道德水平有待提高，对于旅游资源的影响和破坏往往是惊人的。

其他人为因素的影响 这方面主要是一些旅游业自身不可控制的因素，解决的难度也更为大一些。主要包括：

其他产业发展带来的影响 一些工业企业“三废”随意排放，没有环保或净化措施，造成水体、大气、植被和野生动植物资源破坏，国有或乡镇企业乃至私人在风景名胜区随意砍伐林木、猎捕动物、采摘植物、开荒耕种、开山凿石、开矿冶练、采煤淘金，造成许多旅游资源被破坏甚至毁灭，环境和生态破坏危及旅游业赖以生存的基础，无法顺利起步和持续发展。如云南大理自治州的大理石开采对苍山洱海的生态环境和旅游资源造成严重威胁；苏州枫桥镇的花岗岩采石场“炮声隆隆，烟雾腾腾”，使得古诗《枫桥夜泊》所描述的景致摇摇欲坠；长江三峡之一的西陵峡两岸疯狂的采石活动正严重破坏着那里的生态环境和美丽风光。

有些地方的经济发展规划不当，根本不考虑当地旅游资源的保护问题，在自然或人文风景名胜区或景点随意建筑厂房、进行房地产开发、建造广告标牌、修筑公路等等，造成原有旅游景观的价值下降甚至消失。杭州西湖周围由于逐渐高楼大厦林立，工商业化程度日益严重，原先那种城湖融合，自然和谐的景观风貌逐步消失，一些受此种景观吸引每年都要来西湖旅游的外国旅游者也随之绝迹。山西大同境内的109国道是晋煤外运的主要干线，距离云冈石窟的正面仅350米，在此通过的运煤汽车平均每天达到16 000车次，对石窟造成全天候直接污染，一尊尊大佛每天身披“黑外套”，前来游览的中外游客则要系紧衣扣，面戴口罩，头上套着塑料袋、报纸卷，在煤尘中观看洞内外的石刻。直到1997年，有关方面终于下决心斥资2亿元对109国道进行改道，并于当年11月28日举行云冈段改线工程奠基仪式。但因资金问题工程进展缓慢。几年前推出的河南洛阳龙门石窟附近“陇海线”铁路改道计划则长期未能落实。

管理体制问题造成的后果 长期以来，中国已有的各种管理体制虽然具有一定成效，但也存在种种弊端，特别是形成了严重的条块分割问题，造成许多旅游资源和设施并不属于旅游部门管辖而是分属于多个不同部门，形成了复杂的关系，造成了许多不应发生的问题，单靠旅游部门自已往往无法解决。

社会、经济发展水平和人的素质方面原因 许多旅游环境与资源问题的存在，是由于受到中国国情的制约。例如，由于中国的经济发展水平仍然有限，使得许多公共市政环保设施不完善或不足，管理措施跟不上。一些旅游者和旅游目的地居民素质不高，眼界狭窄，环境意识淡薄，到处随意丢弃垃圾制造污染，破坏旅游资源。如果整个社会实现经济发展，观念更新，认识提高，讲究文明，法制健全，执法严格，管理严密，措施有力，许多旅游环境和资源保护问题便会自然或易于解决。

外来文化的影响 旅游业的发展，能够促进旅游目的地经济、社会发展，促使东道社会居民开阔眼界，了解外部世界，接受新鲜事物。与此同时，旅游者也会将自己的文化、价值观和生活方式带入旅游目的地，对当地社会产生多方面影响。这种影响既有积极的一面，也有消极的一面。例如可能使东道社会价值观和生活方式改变，当地文化和民俗风情被同化、歧变甚至极度商品化，道德水准下降，犯罪现象增多等等。这类影响对于那些以独具特色的少数民族或地方社会风情民俗为基本旅游资源吸引国内外游客前来的旅游目的地将是致命的。失去了原有吸引力，这类旅游目的地的旅游便会不再有继续发展的基础。

自然因素的影响 这类因素也是旅游业自身不可控因素，对于旅游资源的影响也是很大的，如果不加注意，任其发展，也会使一些旅游资源自然毁坏甚至消亡，造成一些地区的旅游无法持续发展。这类影响可分为二种：

渐进影响 这类影响包括自然风化和气候及其他自然条件的变化。自然风化可使一些文物古迹和著名人文建筑等人文景观逐渐被腐蚀损坏，也可使一些自然景观逐步自行毁坏，如长江江岸的赤壁、三峡西陵峡的链子崖等作为著名旅游名胜景点的岩壁便因自然风化而面临坍塌，而著名的壶口瀑布则由于河水含沙量高和岩石稳定性差等原因不断被腐蚀萎缩，面临消失之虞。气候和其他自然条件（如地下水位）的变化会使一些特有的景观被破坏甚至消失，如某些特有的植物植被景观和泉水景观等的改变甚至消失。

风景名胜区的动植物景观会因病虫害逐渐遭受严重破坏甚至消亡,旅游区内的植被受到破坏甚至发生荒漠化,也会逐渐破坏旅游资源。北京香山黄栌树发生黄萎病对其红叶景观造成危害,浙江烂柯山的古树名木和珍贵树种及重庆双桂堂因白蚁危害而面临灭顶之灾,都是这方面的例子。

突发影响 这类影响主要由于突发重大自然灾害等引起,有些景观受到这类因素的影响后可以逐步复原,有的则可能永远消失。这类灾害包括台风、地震、洪水等。有的自然灾害还会影响旅游活动的正常顺利进行,反复发生也有可能影响旅游的可持续发展。1997年8月11号台风登陆使浙江台州、舟山、温州、宁波等地的旅游景观不同程度受损;1997年6~7月四川九寨沟三次爆发严重泥石流,对当地景观造成了灾害性影响,都是这种不利影响的实例。还有一些一般自然现象,如刮风、下雪等,也会使一些旅游资源遭受突然的破坏。1998年元月7日,一场大风使黄山迎客松侧枝折断,当年春节期间一场大雪又使杭州吴山风景区大量古树名木干折枝断,说明这方面问题也不容忽视。

综合性因素的影响 在许多旅游区,旅游资源的破坏和环境的污染,并非由于一种原因,而是多种因素共同作用的结果。如黄河断流现象近年来日益严重,一方面是由于气候干旱,另一方面是由于黄河沿岸工农业和居民生活用水急剧增多;洪水爆发、河岸坍塌和泥石流发生是由于人类破坏自然植被和自然降水突然增多造成;某些景观水体污染是由于工业企业、居民、旅游企业和旅游者排放污水、丢弃垃圾的行为共同造成的,如昆明的滇池、太湖和巢湖湖水的污染。还有一些旅游名胜所受影响是自然与游客行为共同作用的结果,如湖南岳阳楼整体向洞庭湖的后退滑坡,面临着成为水下残楼的危险,原因是由于楼基下土层受到湖水长期冲刷加上每年100万人次游客登楼眺远时的踩踏重压,造成了地基不稳。

从表面上看,造成上述问题的原因是多种多样、来源于各个方面,而且从造成不利影响的当事人角度讲,其行为虽然造成不利于中国旅游可持续发展的后果,但根据所遵循的传统的观念和理论,他们也都可以找到合理的理由。如追求经济快速发展、讲求可以预期的经济效益、追求尽可能大的消费效用等。然而,去掉这些表面合理的原因,可以发现造成这些问题,特别是一些人为造成的问题的深层原因,实际上可归纳为数量非常有限的几种:一是影响人们行为方式的观念意识方面的原因,二是指导人们行动的理论基础方面的原因,三是实现旅游可持续发展的具体的、可操作性方法与措施方面的问题。

解决中国旅游可持续发展面临问题的主要对策

旅游活动发展中存在的环境破坏问题在世界上许多地区都曾存在。针对这种状况,世界各国旅游界人士纷纷运用各种理论提出自己的见解。旅游业的发展对于人类和自然遗产具有相当大的依赖性,对于生态系统的稳定性和持续性具有明显影响,旅游需求对现代人类乃至未来人类的基本需求具有不可忽视的重要性,旅游开发和旅游活动过程本身涉及的方面和问题极为广泛复杂,当前旅游业迅速膨胀以至造成了严重的旅游环境危机,这一系列情况和问题,表明旅游资源的合理适度开发,旅游产品的积极开发与保护并使之得以永续利用,已经成为旅游业发展面临的重大课题。旅游业今后的发展,必须寻求正确的道路,这就是旅游可持续发展的道路。毋庸置疑,中国旅游业发展目前存在的种种问题同样具有这样的性质,从而决定了走可持续发展的道路,是其今后继续顺利发展的唯一抉择。没有这种可持续发展,就等于封闭了中国旅游业能够继续生存发展之路。那种“先污染,后治理”的旅游发展模式,不但阻碍着旅游业自身长远发展,而且最终也会危及本地整个社会乃至全人类的生存与发展。为了兼顾当代和后代的利益,遵循旅游可持续发展这样一种崭新的发展战略,是当前中国旅游业责无旁贷的责任。正如国内一些人士所指出的,“为了旅游产业更健康、持续地发展,为了积极参与国际旅游市场的激烈竞争,为了满足国际旅游者需求的多样化,尤其是对绿色和生态型旅游产品的需求,大而言之,更为了自然、社会的协调发展,中国旅游业迫切需要实施旅游可持续发展战略。”(转引自付蓉:“‘全国旅游业可持续发展研讨会’综述”,《旅游学刊》1998年第3期第9页。)另一方面,由旅游业自身性质所决定,其发展必须以社会安定、经济发展、人民生活水平提高、合理开发利用资源和保护资源等为条件。而这些条件恰与可持续发展要实现的目标相一致,因而旅游发展走可持续发展的道路就是顺理成章的。为此许多有识之士对这样的发展模式大力加以倡导,促使可持续发展理论日益受到旅游学术界和实业界的重视。

针对中国旅游可持续发展存在的种种问题,已经有人提出各种对策或建议采取相应措施,表3对这些对策和措施进行了归纳总结。这些对策与措施无疑是有益的,其中有的对策和措施的实施已经取得了一定成效。但总起来看这些对策与措施并未彻底解决问题,主要表现在:污染或环境破坏日趋严重,我污染你治理、这里治理那里污染的状况没有得到有效控制。湖北武汉的东湖在这方面是一个典型的例子。东湖是1982年国务院首批公布的国家风景名胜区之一,每年接待游客人数达到200多万。然而从五六十年代起,风景区内的工厂、学校、医院、机关和居民越来越多,排入湖内的污水每天多达十几万吨。到七八十年代,湖水受到的工业污染一天比一天严重,造成湖边众多的游泳场报废,大片湖水变绿变黑发臭。虽然其后工业性污染逐步得到治理,但生活性污染却年年加重,此外每年还有大片湖面被非法填埋造地。控制了填湖造地,湖上又出现一条几百公尺长的"东湖水上餐船一条街",成为东湖水域的又一个污染源。于是,武汉市虽然年年下大力气治理东湖,东湖的环境状况却一年比一年坏。东湖的污染和旅游资源的破坏,受到有关方面的高度重视,国家旅游局和国家环境保护局的主要领导曾先后前往视察,研究对策,设法抢救。1997年,武汉市牵头先后启动了综合治理东湖计划,投入14亿元左右人民币进行污水治理,其中首先动用了1 000多万元实施截污工程。正当人们指望东湖"水清有日"时,东湖水域的关桥湖水面于1998年5月初又发生了触目惊心的一幕:湖中养殖的鱼突然大量死亡,估计数量达到50万公斤,浮在水面的死鱼使部分湖面变成了银白色,很远就能闻到腥臭味。据环保部门分析,死鱼的原因是由于许多单位仍把湖面当成"天然垃圾池"或"废水排放坑",湖水中的有毒物质亚硝酸氮超过标准近5倍,导致湖鱼缺氧死亡,这说明已采取的治理措施效果微乎其微。这种旅游资源被严重破坏的情况在中国绝非仅有,2000年4月底,河北的白洋淀又重演了这样的场面:湖内的鱼同样又因湖水受到严重污染而大量死亡,结果原本预计会异常火爆的"五一节"旅游接待市场以"门可箩雀"告终!除了东湖和白洋淀之外,云南在抢救滇池,江苏在抢救太湖,甘肃在抢救月牙泉,山东济南在抢救名泉,北京在抢救四合院,不断见诸报端的新闻报道,着实令人震惊。直到2000年4月,在报刊上仍可见到这样的醒目标题:"炸山采石毁生态,三峡风光遭劫难"、"青藏高原环境恶化,珠峰污染日益严重"、"壶口瀑布加速萎缩,百年之后可能消失"……由此可见,要真正解决中国旅游可持续发展问题,必须从切实认识旅游的多重系统性质,采取全面、科学的综合性方法和途径,从根本上实施有效措施,而头疼医头,脚疼医脚、就事论事、简单化、形式主义的方法都是不能解决问题的。要做到这一点,目前主要应从转变观念、深化旅游可持续发展理论研究和加强可操作性衡量标准与控制管理方法研究等三个方面入手。

提高认识,转变观念 在从事旅游活动和促进旅游业发展过程中,所有相关人员应努力转变追求目标,端正对旅游系统和旅游业性质的认识,加深对旅游可持续发展理论的理解、从上到下真正认识和重视旅游可持续发展的意义,做到象重视旅游的经济作用与影响那样重视旅游的可持续发展。对于不同部门的人士,转变观念的侧重点应各有不同。对于政府旅游主管部门来说,主要应当转变发展观,明了单纯的经济数量方面的发展决不会是真正健康持久的发展,而应追求整个社会和整个旅游行业全面均衡和讲求质量的发展,因此必须自觉接受可持续发展这样一种全新的发展观;旅游企业部门主要应当转变经济效益观,应当认识到企业的收益除了有形的经济收入之外,还有社会、环境等方面的各种无形的收益,这种收益对于企业的长远发展也是不可缺少的;旅游者则主要应当转变旅游消费观,应当懂得自己旅游时对于旅游环境等资源的消费,如同客人对于饭店客房的租用,只是暂时拥有使用权,虽可尽情享用其美丽、舒适和便利等种种好处,但决无权利随意毁坏。

加强和深化理论研究,确保实践得到正确的理论指导 从中国旅游业的实际出发,加强和深化旅游可持续发展理论研究,使之系统化、完整化,以保证其对旅游实践的理论指导作用,是实现中国旅游可持续发展不可缺少的先决条件。旅游学术界在这方面首先应当走在前面,尤其应当在旅游概论、旅游地理学、旅游规划学、旅游管理学和旅游资源学等学科领域纳入旅游可持续发展理论方面的内容，使之成为旅游教育与培训的重要内容，以切实改变相关方面人员的观念，提高旅游从业人员切实考虑和追求实现旅游可持续发展及旅游者爱护自然、保护旅游资源与环境的自觉性。

加强切实可行的可操作性衡量标准与控制管理方法研究 应当说，中国旅游走可持续发展道路，已经得到相当多人士的认同，但要真正实现，仍然存在种种困难，其原因之一则是缺乏有效的可操作性措施与方法，使人们不知如何下手去实施既定旅游可持续发展目标。其中较为重要的是旅游资源价值的具体确定方法、旅游目的地的旅游承载力指标计算方法和旅游目的地游客流量管理控制方法，为此本文认为今后着力加强这几方面的研究是非常必要的。

表 3 保护旅游资源与环境，实现旅游可持续发展的主要对策与措施

对策措施	具体内容	对策措施	具体内容
加强宣传教育，转变观念	确立旅游可持续发展思想，提高环境意识，树立防重于治的观念。 发挥各种组织机构和传播媒介的作用，宣传讲解旅游可持续发展的意义，加强环境宣传教育，加大旅游教育的投入和改革力度，使“可持续发展思想”贯穿旅游教育全过程，使实现旅游可持续发展成为一种自觉行动，增强旅游从业人员、旅游者和旅游地居民的旅游可持续发展意识，提高游客保护环境的自觉性。	加强管理	设立专门的旅游资源保护和管理机构，加强科学管理和旅游环境建设和保护，提高环境质量，妥善保护历史文化遗迹和风景名胜，加强治理已受到破坏的环境。 对不同旅游资源进行区别对待：不可再生资源保护第一，可再生资源加速利用，易损资源控制客流量和保护性开发，垄断性资源实行垄断开发和价格。 为保护旅游资源开展公关工作。
健全法规，严格执法	依照法律来保护环境，提高环境立法水平，完善并健全旅游环境保护的法律规定，加强法制建设，与破坏资源、环境和不利于旅游可持续发展的现象斗争。 针对旅游规划设计、土地使用、资源的选择及保护、旅游建筑材料的选择、垃圾的处理和污染防治、保持景观原貌等采取有效的法律手段。 维护执法的严肃性和严格性，严格规章制度，加大立法和执法力度。	采取适当政府和民间行动	加大中央和地方政府宏观调控力度采取必要的行政手段，加强实施旅游资源保护措施。 动员各种人民团体、旅游职能部门、宣传媒介和全社会的力量广泛参与旅游资源保护行动。 促使旅游行业和企业自愿采取自我约束行为。
采取相应经济措施	征收旅游税、旅游风景区资源税、旅游发展附加税。 征收旅游业开发费和环境、资源使用费。 建立旅游发展基金。 建立和实施保证金与押金制度、排污收费制度、环境污染与破坏罚款和赔偿制度、有害环境的产品征收附加费与回收退费制度、环境保护物质奖励制度。 对环境与资源保护实行经济补贴、税收、信贷等各种经济优惠政策。 发行环境与资源保护债券和开办环境与资源保护保险业务。 对旅游业土地开发使用实行环境保护招标。	科学评估与审查	在旅游资源开发利用上注重资源效益价值评价，建立旅游可持续发展的评估指标体系、统计指标体系，确定评价和测算方法，建立严格、科学的旅游资源审查、评估和开发制度。 实施环境影响评估，建立旅游项目开发环境评价体系，提高旅游开发质量。
		确立具体衡量标准	重新确立旅游资源占用中权利义务和发展的权利义务。 研究环境容量，确定承载力，控制游客量，保证旅游资源得以永续利用。
		改进旅游产品开发与经营	开发符合可持续发展原则的绿色旅游产品和低消耗资源的旅游项目。 推行绿色经营，实行清洁生产，保护生态环境。
科学规划	科学地制订旅游可持续发展战略和总体规划，宏观决策和总体规划上行其当行、止其当止，应用美学观点，搞好旅游风景区的环境规划。	其他对策与措施	努力提高全社会物质文明水平，大力普及应用先进的科学技术。

资料来源：根据《超载、旅游污染及其控制》（楚义芳，《旅游经济》1991 年第 2 期第 20～23 页）、“略论旅游、环境、生态之矛盾和和谐”（陈仙波，《旅游经济》1994 年第 2 期第 51　53 页）、《论旅游环境保护的十大经济手段》（林越英，《北京第二外国语学院学报》1996 年第 6 期第 27～31 页）、《防治旅游污染》（胡文海，《中国旅游报》1996 年 4 月 28 日第 2 版）、《生态旅游与环境保护》（王尔康，《旅游学刊》1998 年第 2 期第 14～19 页）等报刊论文综合整理。

中国旅游企业人力资源管理状况综析

南开大学国际商学院 齐善鸿 王 威

人力资源是生产力诸要素中居于主体地位的、最活跃的资源。人才是企业发展的内驱力。只有拥有人才,才拥有发展的动力。从1978年至今的十几年中,中国旅游业获得了巨大的发展。至1999年,中国旅游者接待量达2 704.7万人,居世界第五位;旅游外汇收入达140.99亿美元,居世界第7位。作为劳动密集型企业,旅游业的发展与其人力资源管理状况密切相关。因此,对人力资源管理的研究对旅游企业的发展具有重要意义。总体而言,近些年来的中国旅游企业的人力资源管理工作取得了巨大的进步,但同时还存在一些不足有待进一步提高。

人力资源观念日益受到重视

人是一切社会活动的主体,是众多资源中最重要、最宝贵的资源,是一种通过投资可以获得高额回报的资源。同时,人又不是一种普通的资源,是具有主观能动性的特殊的资源。在市场竞争激烈的今天,竞争优势的取得在于企业拥有的资源,而人力资源是企业资源中的核心资源,对其他要素起着支配、制约的作用。因此,企业之间的竞争归根结底是人才的竞争。在激烈的市场竞争的压力下,有许多的旅游企业已经认识到人才对企业的重要意义,而人力资源管理理论研究的深入更为实践者提供了理论上的指导。企业中的人力资源管理摆脱了以往人事管理是次要的管理功能的看法,实施"以人为本"的管理,将人力资源管理作为企业战略中不可缺少的重要内容。目前许多企业提出的"员工第一","员工就是上帝"等口号,体现了对人力资源的高度尊重和重视。广州花园酒店提出"员工第一"的指导思想,为员工提供丰富的培训课程,周密的激励政策,将人力资源管理工作作为企业工作的重点。沈阳玫瑰大酒店在各级管理人员中灌输"员工第一"的思想,既强调员工要为顾客提供尽可能优质的服务,又坚决维护员工的合法权利和人格尊严,决不允许不文明的旅客侮辱员工。郑州物华大酒店自1993年开业以来,始终坚持实施人本管理,对人力资源管理工作高度重视,投入了大量人力、物力、财力进行人力资源的开发和管理,取得了良好的效果。该饭店多次被评为全国"优秀星级饭店"和"最佳星级饭店"等。在这些大中型企业中,基本都设立了专门的人力资源部门,负责企业的人力资源管理的具体工作。企业每年拨出一定经费进行员工的培训、提高员工福利待遇等人力资源管理工作。

但是,我们应当看到虽然中国人力资源管理观念有所提高,但与一个旅游大国应达到的标准还相差甚远。有相当多的企业没有充分认识到人才的重要性。仍有很多人认为,在当今劳动力市场总体状况供过于求的情况下,员工不过是廉价劳动力,炒了这个还会有那个,因此,对人力资源管理工作不重视,造成人才的流失。还有些企业仍将人力资源管理与传统的人事管理混为一谈,认为人力资源管理工作不过是搞搞培训、整理整理档案而已,忽视人力资源管理工作的重要作用。这些落后思想的存在,严重阻碍了旅游企业人力资源管理工作的开展,阻碍了旅游企业市场竞争能力的提高,因此,进一步深化人力资源管理工作对旅游企业的重要意义的认识乃当务之急,也是旅游研究的重要课题。在北京旅游学院旅游科学研究所和《旅游学刊》编辑部共同举办的旅游研究前沿课题审题研讨会上,21世纪旅游人才的开发战略已被列为前沿课题之一。

旅游从业人员的整体素质有所提高

近些年来,中国旅游从业人员的整体素质不断提高。一方面,各大专院校及科研机构将旅游业作为重要的经济产业列入科研范围,开设旅游专业的院校达845所。在校学生达20多万。一批经过专门培训的旅游专业人才进入旅游行业,一定程度上改善了长期以来中国缺乏训练有素的专业人员的状况。另一方面,国家推行的导游等级考试制度、旅游行业经理(负责人)持证上岗制度,以及在1999年试行的中国饭店职业英语标准培训与测试(CNTA—TELP)等,都推进了旅游职业教育的规范化,有助于提高旅游从业人员的总体素质。同时,中国旅游企业也逐渐意识到提高员工素质的重要性,从而加大了对员工培训的投入。1998年,旅游企业培训总量达557 589人次,比上年增长26.1%。从地区分布来看,北京、河北、辽宁、上海、江苏、福建、山东等地的培训量均在2万人次以上。比上一年增长了50%左右。从部门分布来看,由于饭店是劳动密集型的企业,从业人员多,因此饭店的培训相对较多。1998年培训达431 728人次。旅行社在1998年的培训达82 606人次。尤其是在一些大中型企业中,对人力资源的培训发展更为重视。如南方航空公司投入大量资金,培育人才。该公司对新乘务员进行3个月24门课程上岗培训,定期对老乘务员进行复训。该公司不仅重视专业知识、专业能力、外语的培训,而且通过军训,增强乘务员组织纪律性,通过思想教育和职业道德教育,增强乘务员对乘客的爱心。此外,该公司还选派乘务员出国培训,在外国民航公司担任乘务员,通过实际工作,学习外国民航提高服务质量的先进经验。

但是,中国旅游企业人员的整体素质与旅游业发展的需求还相差甚远。许多专家学者明确指出,旅游业从业人员的素质问题已经成为影响当前旅游业发展的最主要因素。目前企业中,员工以中专、职业技术学校学历的偏多,本科生以及研究生数量很少。许多员工缺乏良好的职业素养,难以为顾客提供优质的服务。同时,管理者的素质低下的问题更为严重,不少管理者并不懂管理,习惯自已说了算,严重影响了企业的发展。因此,中国旅游业从业人员的整体素质还有待进一步提高。

企业各项人力资源管理功能建立并得到了发展

传统的人事管理是以从事社会劳动的人和相关的事为对象进行的管理,运用的手段主要是组织、协调、控制、监督等。它忽视了人的主观能动性,是一种被动反应的静态管理方法。随着市场经济的发展,这种管理方法的弊端越来越突出,90年代以来,中国旅游企业对人的管理逐渐地向现代人力资源管理转变。从人事管理到人力资源管理绝不仅仅是简单的名词转换和形式上的“翻牌”,而是从思想、理论到方法的根本转变。现代人力资源管理是对人力资源的取得、开发、利用和保持等方面进行计划、组织、指挥和控制,使人力、物力保持最佳比例,以充分发挥人的潜能,提高工作效率,实现组织目标的管理活动。目前,中国旅游企业中的各项人力资源管理功能包括吸引人才,培训人才,以及激励员工积极性、留住人才等都基本上建立了起来,并得到了一定的发展。

吸引人才,为企业发展注入活力 在吸引人才方面,越来越多的旅游企业认识到吸引人才加盟企业是企业发展的不竭动力。因此,将对人才的吸引作为企业重要的工作来抓。随着用人机制的日益灵活,原有的户籍、档案等手段对人才流动的约束越来越小,便利了旅游企业对高素质人才的引进。1998年,国家旅游局规定了《全员持证上岗》,使旅游企业人才引进工作更加规范化。有些企业为了吸引人才,不惜提供高薪、出国、晋升以及舒适的工作环境等条件招徕人才。而过去的招聘中比较注重经验、学历的情况也正在发生变化,现在的企业更加注重引进人才的能力,发展潜力以及团结协作的精神。为了保证流进人才的质量,旅游企业招聘的程序日趋正规化,大多数企业都要经过面试、笔试等多道程序筛选人才。同时,在正式录用员工之前,一般要有一定时期的试用期,以增进企业和员工之间的了解。旅游企业招聘的渠道也越来越多样化,包括学校、社会等多种途径。广东胜利宾馆主要从复员军人中招聘保安人员,组织起了一支训练有素、本领过硬、见义勇为的保安员队伍。

但是,在有些中小企业中,还没有形成正规的人才引进渠道。有很多还是要不要人,要什么样的人,老板一个人说了算。有些旅游企业对于人才引进存在偏见,认为“年轻貌美”是招聘的必要条件,缩小了招聘的范围,将大批高素质的人才摒弃在招聘范围之外,与人才擦肩而过。在人才引进方面,许多企业仍然注重经验、学历，对于应聘者的能力、潜质等关注不足。许多企业缺乏科学、规范化的人才甄选系统，在挑选人才时凭主观判断，影响了人员甄选的效率和质量。在人才引进后，入职培训不足，造成新员工进人工作角色慢，工作质量缺乏保证等问题。

培育人才，使企业不断发展 企业的竞争归根到底是人才的竞争，而培训是企业提高人才质量，增强企业竞争力的根本途径。作为人力资源开发和管理的有机组成部分，员工培训在日益激烈的现代市场竞争中显得尤为必要和紧迫，它是实现企业成长和可持续发展，满足员工多样化的需求以及提高经营管理的规范化的重要手段。旅游企业作为服务型企业，其员工的工作技能、工作态度等会直接影响到服务质量，进而影响到顾客的满意度，最终影响到企业的效益，因此，对员工的培训工作显得尤为重要。目前，中国许多旅游企业已经认识到培训的重要性，将其作为企业人力资源管理中的重要内容。如中青旅股份有限公司于1997年底改制上市后，认识到唯有加强队伍建设，才能把严峻的挑战转化为良性发展的机遇。1998年他们制定了《中青旅股份有限公司三年(1999～2001年)培训规划》，明确规定了培训的目标、任务、原则、形式及组织实施等方面的内容。为保证培训经费，《规划》提出在今后3年内，每年提取净利润的1～3%用作培训专项经费，5年内达到5%。郑州物华大酒店自1993年开业以来，对于员工培训高度重视，每年拿出利润的3%用于培训。总体而言，目前中国旅游企业，尤其是大中型企业的培训已经开始走向正规化，培训的形式有在职培训，离职培训；培训的目的包括为新员工提供入职培训，上岗前培训，晋升培训等；培训内容包括企业概况、企业文化、岗位技能、外语水平等内容；培训的对象既包括普通员工，还包括中、高层管理人员；培训的形式也越来多样化，包括课堂讲授，专家讲座，录像教学，外出参观等多种形式。

但是，在培训中还存在着许多不足。首先，培训的意识在某些企业中还没有到位。由于目前的会计系统很难精确地计量出企业培训的投资收益，不少管理人员缺乏长远观念，认为培训工作只会增加成本费用，降低利润。培训不过是“奢侈的装饰品”。因此，虽然口头上强调培训重要，但却不愿对其进行实际投资。还有些企业由于在培训员工时忽略了企业的同步发展，管理人员认为员工流动率太高，担心员工接受培训后再跳槽，企业“人财两空”。因此，有些企业宁愿到其他企业挖人，也不愿意自己培养。在许多企业中尚没有真正建立起培训制度，培训中普遍存在着资金不足、设施设备落后，培训计划性、连续性较差等问题，同时培训的结果与其他管理制度相脱节的问题也有待进一步解决。

激励人才，保持企业动态稳定 企业组织作为一个社会系统，运动是其本质属性，是系统生命力的体现和标志。因此，一个正常的组织始终是处于运动状态中的。但是，作为处于社会大系统中的相对独立的子系统，企业又必须具有相对的稳定性，这样才能保证企业的相对独立性、完整性，保证企业各项功能的实现。企业的动态稳定体现在人力资源管理上，就是既要保证人员的相对稳定，同时又要避免组织僵化，在组织中要存在一定的人员流动，以保持组织的活力。

但是，目前中国旅游企业出现了人才流动的两个极端：一方面，基层员工流动过于频繁。据统计，上海大多数饭店的员工流动率一般超过了20%，有些甚至达到40%。另一方面，中高级管理人员流动却相当慢，特别是部门经理以上的人才流动还没有形成市场。人员流动过快，会降低企业服务质量，增加人力资源管理成本，使员工队伍人心涣散，凝聚力降低。流动过慢，会造成组织僵化，人员缺乏竞争意识，企业活力不足。为了保证企业的动态稳定，应当采取多种激励手段，旅游企业在这方面已取得了一定的经验。

建立合理的报酬激励机制 工作是人谋生的重要手段。只有自己的劳动与所得相一致时，企业对员工才有吸引力。因此，合理的报酬激励机制对于稳定员工、保持员工士气至关重要。目前，绝大多数企业都将绩效评估与薪资报酬紧密结合起来，对员工的工作给予合理回报。许多企业根据员工的工作时间、表现等，确定为工资分配等级。广州的白天鹅宾馆的工资分配层级达13个之多。原上海华亭宾馆外方管理人员(喜来登集团中国区总裁)认为，在中国饭店业，分配的层级还可以再大些。分配制度的层级化是稳定员工队伍非常重要的一项措施。有些企业还实行了员工股份化，将员工的利益与企业利益更紧密地结合起来，从而充分调动员工工作的积极性。

拓展员工发展空间　随着时代的进步,人们生活水平的提高,物质需求已经不再是员工唯一的、最重要的需求,员工更注重自身在企业中是否能获得更快的发展,因此拓展员工发展空间,为员工提供更好的发展渠道是稳定员工的重要手段。拓展员工发展空间的方法之一是在企业中推行员工发展的双轨制,即在层级的提升上,一面是管理层级的提升,一面是业务等级的提升。管理层级的提升采取公开竞争上岗制度,本着公平、公正原则,将人才配置到合适的岗位上。但是,一个组织中的管理岗位数量毕竟是相对较少的,而且随着企业发展,管理人员的比例还在减少。要将所有工作优秀的员工都提拔到管理岗位上,必然造成管理机构臃肿。而且有些员工有比较好的服务技巧,却未必有良好的管理才能。将这些员工提到管理岗位上,旅游企业中往往是少了一名优秀的对客服务人员,多了一名不合格的管理人员。如何解决这一矛盾呢?大力推行业务等级制度,鼓励员工岗位成才,同时在待遇上与各业务等级挂钩是解决这一问题的有效方法。广州东方宾馆就采取了这种业务等级考试的制度,拓宽了员工发展的途径,效果很好。拓宽人才发展空间的另一有效途径是输出管理,为原来企业中具备了提拔条件,但因位置有限而提拔不上来的员工创造发展机会。国内许多管理发展较为成熟的饭店都先后走上了这条道路,为人才的发展提供了更广阔的空间。

加强企业文化建设,凝聚人心　企业文化是企业在长期经营实践中逐步形成的文化观念。企业文化犹如企业的灵魂,是企业成员之间相互理解的产物,是企业制度、企业精神、企业道德规范和价值取向的总和。在市场竞争中,企业面对的不仅仅是资金、技术的竞争,而且更体现为文化的竞争。良好的企业文化氛围,让员工觉得环境轻松,心情舒畅,会对员工产生强烈的向心力。目前许多旅游企业都将企业文化建设作为重要的工作来做。有些饭店为员工举办生日聚会,集体婚礼,邀请员工家属参加聚会,在企业中培育起良好的关心员工,爱护企业的文化。如南方金陵饭店努力在饭店中建立"金陵饭店人情味浓"的企业文化,关心员工生活,尽力为员工办实事,大到不惜巨资,为员工购置住房,为员工宿舍安装空调,资助员工住宅内小学、幼儿园办学,小到发放杀虫剂、应急灯、垃圾袋、卫生纸等。员工生病或遇到困难,管理人员会登门看望,给以力所能及的帮助。浓厚的金陵文化是该宾馆员工队伍始终比较稳定的一个主要原因。

21世纪是知识经济的时代,历史上从来没有像今天这样尊重知识,重视人才。中国旅游企业的人力资源管理工作经过十几年的发展,已经取得了显著的进步,但仍然任重而道远,然而光辉的前景必将属于这一领域,属于为这一领域而不断努力着的人们。

略论旅游学的任务、特点及其研究范围

南开大学图书馆经济管理学分馆　张伯山

20世纪中期以来,人类世界进入了一个全新的发展时期,尤其是科学技术有了突飞猛进的发展。此外,当代科技还具有相互交叉渗透、高度综合的特点,原有的学科不断分化,新学科不断涌现,产生了大量有特定研究对象的分支学科、边缘学科、交叉学科和新兴综合性学科,就连一些人文科学和自然科学的界线也开始互相重叠渗透起来。旅游学更可以说是一种交叉性很强的新兴综合性学科,这一特征的出现,与当代旅游现象自身的特点有着密切关系。

旅游的发展与旅游学的出现

迄今为止,人们已对旅游提出了各种各样的定义,其中旅游科学专家国际联合会(AIEST)提出的定义(简称"艾斯特定义")为:"旅游是非定居者的旅行和暂时居留而引起的现象和关系的总合。这些人不会导致长期定居,并且不从事任何赚钱的活动"(转引自李天元、王连义所著《旅游学概论》第45页。天津南开大学出版社1991年3月出版);世界旅游组织提出并被联合国采用的定义是:旅游包括“人们为了消闲、公商务和其他目的而动身前往和停留于自己通常居住环境以外地点期间进行的延续时间不超过一年的各种活动”[世界旅游组织(无出版日期):“关于旅游统计的若干建议”(西班牙马德里:世界旅游组织出版),第2页;];美国一些学者提出的定义是:旅游是“旅游者、商业性供应者、东道国政府和东道社会在吸引和接待这些旅游者及其他游客过程中相互交往影响而引起的现象和关系的总和”[罗伯特·W·麦金托什与C·R·戈尔德纳(1986年):《旅游的原理、实践与哲学》(第5版)(纽约:约翰·威利父子出版公司出版),第4页]。中国则有人提出:“旅游是非定居者出于和平目的的旅行和逗留而引起的现象和关系的总合。这些人不会导致在旅游地定居和就业”(自李天元、王连义:《旅游学概论》第48页。天津南开大学出版社1991年3月出版)。从这些定义可以看出,旅游是一种综合性很强的社会现象。在当今时代,这一社会现象所涉及范围是极其广泛的,已经渗透到社会、经济、文化、自然、科技诸多领域。

旅游现象是随着人类社会的不断进步而发展起来的,但对于人类旅游活动产生的时间,目前学术界持有两种观点。一种观点认为,旅游活动自古有之。另一种观点则认为,旅游活动是商品经济、市场经济高度发展的产物,必须以近、现代社会的一些特有因素为前提才能出现、维持存在和发展,在此之前人们的出游只能称为旅行;旅游是从古代旅行活动中脱胎、分化、演变而来的,虽然在形式上旅行与旅游极其相似,但在实质上已经有着根本的区别。但是这两种观点基本上都同意旅游是在人类社会发展到一定水平时出现的,与旅行有着密不可分的渊源。

在旅游学术界,人们普遍认为19世纪中叶托马斯·库克的旅行社的产生是近代旅游业诞生的标志,人类社会从此进入了大众旅游时代。在两次世界大战中间相隔的时期,旅游活动有过一段平稳发展时期。第二次世界大战以后,人类旅游活动进入了现代阶段,其标志是喷气式客机的出现。自此以后,特别是在50~60年代以后,人类社会开始发生明显变化,其中较为突出的是科技飞速进步,社会政局总体上逐步稳定,世界经济总体上也逐渐走上稳步发展轨道,人们的经济收入和闲暇时间日益增多,受教育水平普遍提高,以及城市化进程加快,促使人们的求知欲、好奇心和调节放松身心紧张状况的愿望增大,并且越来越乐于通过旅游活动来达到这一目的。随着人们旅游需求的不断高涨,旅游业也脱颖而出,并稳步而迅速地发展,日益成为世界经济中的重要组成部分。到1992年,世界旅游理事会公布的数字表明,旅游业已经超过石油、汽车、军火等产业,成为世界第一大产业,比人们原先的预计提前了7~8年。

人们的旅游活动迄今已出现了多种类型,最传统的旅游活动有观光旅游、娱乐旅游、休闲度假旅游等,随着人们旅游需求的不断多样化和旅游市场竞争加剧,人们又不断推出各类新颖的旅游活动,如探险旅游、新婚旅游、民俗风情旅游、文化旅游等等,使旅游活动的范围日益扩大,一些早先不被归入旅游活动范畴的活动,也逐渐被视为旅游活动。例如因公商务差遣而外出旅行,如今被称为公商务旅游,并成为一个非常重要的旅游市场。将其它活动与旅游活动结合在一起的做法也日益普遍,使得旅游活动类型更加丰富多样,例如出现了与探亲访友相结合的探亲访友旅游、与教育学习相结合的修学旅游、与医疗保健相结合的保健旅游、与科研相结合的生态旅游和科考旅游等。

现代旅游活动的发展,在经济上、文化上、思想观念上也产生了重要而深远的影响,这种影响既有积极的、有益的,也有消极的、不利的,从而日益引起学术界的重视和关注,于是以旅游活动和现象为对象的学术研究也随之发展起来,在20世纪30年代前后,旅游学术研究曾以欧洲为中心兴旺一时。第二次世界大战以后,特别是从60年代开始,世界旅游学术研究进入了又一个繁荣时期。这时的旅游学术研究已不再仅以欧洲地区为中心,美洲、亚洲和大洋洲的学术界人士都在积极参与当代旅游研究活动,并且不断取得空前的研究新成果,旅游研究作为一门科学研究,开始日益受到各界人士的重视。

旅游学的主要任务及学科特点

近几十年来,人们一直试图为旅游学科提出明确定义,其中有的人从旅游行业的角度提出定义,有的则从旅游作为一种社会现象的角度提出定义,还有的则试图二者兼顾。其中贾法尔·贾法里从社会文化现象角度对旅游学科提出的定义是:“旅游学是研究离开其常住地的人、旅游服务机构设施与系统网络及人们常态生活环境和非常态生活环境以及这些因素之间的辩证关系的学科”[贾法尔·贾法里:(1987年):“旅游模型中的社会文化方面问题”,发表于《旅游管理》(英国)第8卷第2期第158页]。但是迄今为止人们对于旅游科学的性质在认识上还没有统一,对于是否已经形成了独立的“旅游学”以及旅游学的体系结构还有各不相同的看法。尽管如此,旅游科学的研究在人类旅游实践客观需要的推动下,仍以超乎想象的速度不断发展壮大。

就目前人类旅游活动客观需要而言,旅游学的主要任务应当包括两个方面

探索和掌握人类旅游活动发生、发展和变化的规律 了解其变化发展的过程,揭示旅游现象的本质,以促进旅游活动今后向着有利于人类社会进步的方向发展,避免或减轻旅游活动对人类社会造成的不利影响和各种不利因素对于旅游发展的不利影响,寻求能够保证旅游活动和旅游事业健康发展的道路。

揭示旅游现象和活动在人类社会和自然界引起的各种关系 包括供需双方的经济关系、主客双方的社会互动关系、人类旅游活动与自然生态环境的关系,研究各种相关因素对旅游活动的影响程度和方式,为人类旅游实践和旅游经济活动中产生、存在和提出的问题寻找原因并提出解决办法。

从目前旅游学研究的发展状况来看,旅游学本身具有如下特点

旅游学科本身具有新兴性 尽管早在1889年国外就有人发表专门论述旅游问题的文章,但随着第二次世界大战后旅游事业的大发展,旅游学才作为一门学科受到人们重视。60年代后,旅游学研究才逐渐在全世界范围进入繁荣时期,所以人们对于旅游现象和旅游活动进行系统全面的学术性研究,至今不过几十年时间。

旅游学研究内容具有丰富性 旅游现象是一种复杂的社会现象,涉及到人类社会生活的各个方面,这些方面便都成为旅游学要研究的对象,因此旅游学研究所涉及的内容,从政治、经济、文化、社会到环境,其多样化程度远远超过其他许多学科。

旅游学研究的理论、方法与角度具有多样性 旅游学研究对象广泛复杂,也就需要用多种不同理论与方法,从不同角度进行研究,而当代科技的发展,又不断为旅游学的研究提供新的理论武器与工具。迄今为止,从经济学、管理学、地理学、社会学、人类学、文化学、医学、哲学、美学、文学、符号学,乃至其他各类学科的各种各样理论与研究方法,都有人用来进行旅游问题研究。人们对旅游学的研究,也不断深化和扩展,从过去单纯从经济学角度和地理学角度,逐步发展到也从环境、社会文化、政治、娱乐等等多种角度展开旅游学术探讨,研究视野不断扩大,旅游学分支学科不断增多。近年来还有人用系统论方法,同时从多方位对旅游现象进行综合性研究。

旅游学研究具有动态性 旅游是一种复杂的社会现象,但并不是静止不变的。人们的旅游活动总是在不断发生变化,旅游经济活动也随之不断变化。由于影响旅游产品构成的因素复杂多样、人们旅游需求不断变化和旅游产品本身具有无形性和脆弱性的特点,使得旅游市场的变化速度也极快。为了满足人们新的旅游需求和适应旅游市场的新变化,旅游行业总要不断采取新的对策。旅游业作为我国一项新兴事业,随着其深入发展也不断向人们提出新的问题。这一切使得旅游学研究总是面临新的课题,旅游经济活动也迫切需要以最快速度获得信息,旅游知识的发展与陈旧速度也就更快。有时一本旅游著作刚刚付印,其中的内容就过时了;还有的时候,某一市场情报尚未传播开,市场本身就已经有了新的变化。此外,旅游行业经营和旅游研究中也不断有新的专业术语出现,如 recreology, soft tourism, sustainable tourism, eco - tourism, responsible tourism, alternative tourism, touristhood 等等,其中有的在最新最大的工具书中也难以查到,这种情况在其他许多学科中是不多见的。这就使得旅游学研究是一种动态性研究,要不断用新的研究成果来更新已有的旅游专业知识。

旅游学的主要研究领域

旅游学的研究范畴和角度,随着旅游活动的发展阶段和程度不同,先后有所不同侧重,最早的旅游学术研究是从经济角度进行的,以后一度又流行从地理学角度研究旅游问题。随着时间的推移,旅游研究的角度开始向着多元化方向发展,研究领域不断与其它学科互相交叉渗透。使得旅游科学成为一门综合性极强的学科。

从目前国内外旅游学术研究的客观实际现状看，当今世界旅游学术研究可大致划分为以下三种类型：(1)综合性旅游基础理论研究，包括从整体上对旅游现象进行的研究，如旅游学概论、旅游系统论，以及将旅游现象作为主要研究对象或重要组成部分的一些学科理论，如服务经济学、第三产业理论、娱乐学、闲暇研究等等；(2)理论性旅游学分支学科，主要包括运用特定的或其它学科的各种理论和方法对旅游现象某一个方面进行的研究，如旅游经济学、旅游管理学、旅游地理学、旅游心理学、旅游法学等等；(3)应用性旅游学分支学科，主要包括以解决旅游实践中的实际问题，特别是旅游业实际部门经营管理中的实际问题的研究，如旅游企业管理学、旅游市场营销学、旅游规划学、旅游医学、旅游工程学等等。当然，这种划分只是大致进行，因为后二者往往互相交叉重叠，很难截然分清。从不同的研究角度看，目前旅游学术研究可大致归纳为以下几个范畴，每个范畴又可以分为若干小的研究范畴：

旅游总论性问题　主要包括旅游学科体系结构问题、旅游现象的本质和旅游事业的性质问题、旅游活动发生、发展的规律问题、旅游系统理论以及与旅游研究关系密切的其它学科理论问题，如服务经济学、第三产业理论、娱乐学、闲暇研究等等。

旅游经济问题　主要包括旅游经济理论、旅游业的经济影响、发展模式和产业地位、旅游供需理论、旅游漏损问题、旅游增值效应、旅游经济运动周期问题、旅游产品及旅游地生命周期理论、旅游消费问题、世界或一国经济环境对旅游业发展的影响、旅游投资问题、旅游税收问题、旅游价格问题、旅游产品理论等等。

旅游经营管理问题　主要包括旅游业发展预测问题、旅游市场营销、旅游广告、旅游业公共关系、旅游财会、旅游产品开发及质量管理、旅游规划、旅游购物商品开发、旅行社管理、导游规程与艺术、旅游线路与项目开发、饭店管理、前台与客房服务、餐饮管理、旅游行业管理、旅游审计、旅游统计、旅游交通企业管理、旅游应用文写作、旅游业礼貌礼仪、旅游职业道德等等。

旅游社会文化和心理问题　主要包括旅游社会学、旅游人类学、旅游民俗学、旅游民族学、旅游文化学、旅游文学、旅游艺术、旅游经济文化、旅游企业文化、旅游心理学、旅游行为学、旅游社会语言学、旅游符号学等等以及导游业务和旅游接待活动所要了解的主客双方文化背景知识和有关旅游吸引物的知识，包括不同国家和民族的概况与风俗习惯、各类宗教知识、旅游景点的概况、特点和风物传说、旅游文物、旅游工艺品和有关历史地理知识等等。

旅游资源和旅游地理问题　旅游资源研究主要分为：自然旅游资源研究，包括山水风光、地质地貌、气候景观、珍稀野生植物和观赏植物、珍稀野生动物和观赏动物等等方面的研究；人文旅游资源研究，主要包括古今独特建筑、考古遗迹、古今名胜、各类博物馆科技馆和展览馆、城市雕塑、公园、园林和各类人造景观景点的研究；社会风情民俗旅游资源研究，主要包括少数民族的独特风情民俗、具有地方特色的社会风情民俗和各类民间节庆活动研究；环境资源研究等。旅游地理问题主要包括旅游资源的类型及其地理分布、旅游资源的分类和价值评估、旅游行业的地理分布、旅游客源的地理分布、旅游交通与旅游客流量的地理分布、旅游目的地的承载能力(容量)、旅游开发与规划等。

旅游的环境影响问题　主要包括旅游者活动和旅游企业经营活动对旅游目的地及旅游资源生态环境的影响、自然保护区的旅游开发建设问题、发展旅游与生态环境保护的关系问题、旅游业可持续发展问题、生态旅游、自然旅游、软旅游、绿色旅游、承担责任的旅游、选择性旅游等新型旅游对生态环境保护的作用问题等等。

旅游教育问题　主要包括旅游教育培训理论问题、各类旅游院校的旅游学科建设问题、旅游专业课程设置问题、各层次旅游教育的结构比例问题、旅游人才需求数量与结构同旅游教育发展的关系问题、旅游专业在职培训与成人旅游教育问题、旅游专业外语教学问题等等。

旅游工程技术问题　主要包括旅游服务设施和人造旅游吸引物建筑的规划设计、施工问题、古建筑的保护维修问题、旅游企业的设施设备安装、使用和维修保养问题、旅游交通工具和设施的工程技术问题、餐饮服务技术、住宿管理与服务技术问题、现代技术的普及对旅游业经营的影响问题、现代技术在旅游业中的应用问题(如计算机化管理与预订、现代声像与信息技术在旅游业务活动中的应用、国际互联网给旅游业带来的机遇和挑战)等等。

旅游政治、政策和法律问题 主要包括国家或地区旅游发展方针政策、旅游出入境的边防、海关、签证、外汇管制等限制性规定对旅游业的影响;国际关系、国家政局、恐怖主义活动、各类重大事件的方面情况对国际旅游的影响;国际国内旅游贸易和行业法规、各类交通法规、国家国内航空法规、航空管制、航空器犯罪、各类旅游经济法规、旅游消费者权益保护、国际间旅游条约协定等等。

旅游发展史研究 主要包括人类旅游活动发展的历史过程及其发展规律、旅游经济活动和旅游企业发展史、人类探险与游历史、古今著名旅行家和探险家事迹、古今名人的旅游活动等等。

旅游卫生医疗问题 主要包括旅游出入境卫生检疫、较大规模和范围传染性疾病流行对旅游活动的影响、医疗保健性旅游吸引物的开发与利用、保健旅游项目的开发经营、旅行卫生与旅游医学、旅游服务设施与企业的卫生管理与监督等等。

从上述情况以及国内外高等旅游院校或系科开设的旅游专业课程可以看出,为了对旅游现象进行系统或多角度研究,人们已经先后运用了地学、地质学、地理学、生态学、医学、工程学、经济学、管理学、市场营销学、商学、交通学、社会学、法学、社会语言学、符号学、文化学、人类学、民族学、民俗学、历史学、教育学、哲学、农学、娱乐学、规划学、生物学……等等多种学科知识和理论,并获得了丰富多采的研究成果,形成了许多有着特定研究对象和范畴的旅游分支学科。从目前已有文献来看,已被学术界明确以旅游学分支学科形式发表论著的旅游研究范畴有:旅游经济学、旅游市场营销学、旅游商品学、旅游公共关系学、旅游会计学、旅游管理学、旅游统计学、旅游审计学、旅游价格学、旅游社会学、旅游文化学、旅游文学、旅游人类学、旅游民族学、旅游民俗学、旅游心理学、旅游行为学、旅游社会语言学、旅游符号学、旅游规划学、旅游地学、旅游地质学、旅游地理学、旅游环境学、生态旅游学、旅游教育学、旅游培训学、旅游工程学、旅游法学、旅游政治学、旅游史学、旅游医学、旅游线路设计学等等。随着旅游科学的继续发展,今后很有可能还会出现新的旅游学分支学科。

作为一门相对独立和成熟的学科,必须具有自己特有的基本概念、研究方法和基础理论。旅游学目前虽然已经取得了相当可观的研究成果,但在基础理论研究上仍然是一个薄弱环节。今后应当加强这方面的研究,旅游学科才有可能尽快成熟起来和进一步顺利发展。

中国旅游饭店负债经营管理与发展研究

南开大学旅游学系 徐 虹

负债经营就是利用借入资金来进行经营。现代社会负债经营已是饭店普遍采取的融资经营方式。负债经营具有两重性:既有获取财务杠杆利益的可能性,又有带来某种财务危机的可能性,对此必须权衡利弊,进行卓有成效的管理。负债经营管理就是要针对饭店面临的不同形势,调整债务比例,提高资金使用效益,以实现趋利防险的良性负债经营循环目标。

中国旅游饭店负债经营现状

目前中国大多数旅游饭店处于过度负债经营的状态,债务形成上的控制不力、使用上的效益低下、偿还上的拖欠严重已经极大地影响了我国旅游饭店的正常发展。

债务资金形成阶段控制不力增大了偿债的压力 我国旅游饭店的发展基本上沿着两条渠道进行,一是一大批新建的旅游饭店,二是对原有国宾馆、招待所的改扩建。利用外资新建的涉外饭店大部分属于高星级饭店,投资额巨大,工程造价不断攀升,如南京金丝利国际大厦耗资6亿元,每间客房的平均造价超过10万美金。如此高额的投入形成了大量的债务资金。北京国际贸易中心(中国大酒店)总投资4.3亿美元,其固定资产融资近3亿美元,占60%以上;上海展览中心总投资1.75亿美元,银行固定资产贷款1.45亿美元,占83%;。从流动资金贷款来说,多数合资、合作饭店在开业时根本没有或只有极少量的自有流动资金,其余都需要贷款来解决。这些贷款不仅规模大,而且成本率较高。总之随着旅游饭店数量的不断增加,饭店建设的档次越来越高,投资额越来越大,负债资金的比重也越来越高,这一切都为今后旅游饭店债务资金的偿还造成了极大的压力。

对于内资饭店而言,面临的是另一种债务压力。由于历史的原因,这些饭店自1983年"拨改贷"以后一直处于自有资金补充不足、负债资金不断上升的困境之中,设备设施的老化已满足不了市场的需求,急需进行更新改造,而改造资金的来源主要是靠银行借贷,这无疑为已经负担沉重的国有饭店增加了新的负担。

债务资金使用阶段效益低下加大偿债的难度 我国旅游饭店的经营业绩不良在严重地制约着饭店偿债能力的提高,阻碍着饭店进一步的发展。随着国民经济的调整,饭店业在新一轮投资高潮之后利润率开始逐年下降,从1992～1997年营业收入利润率分别为4.12%、9.44%、9.82% 、6.5%、4.6%、4.0%,1998年更是降为负数,面对大量的债务如此低的利润率难以形成坚实的偿债基础,即使是利润率较高的1994年,9.82%的利润率面对着13～14%的银行贷款利率,无论如何是难以偿还的。在利润率整体下降的同时,利润也在日益的集中。1996年在4 418家饭店中有3 000家国有饭店,占饭店总数的66.4%,利润占24.2%,收入利润率为2.36%,仅相当于全行业平均水平的一半,这说明其中相当一部分饭店是亏损的。与此相对应,合资饭店约600家,占饭店总数的15.7%,利润则占81%,收入利润率为8.64%,相当于全行业的一倍。

利润不仅集中于合资饭店,而且集中于其中规模较大的饭店。全国拥有客房500间及其以上的饭店共有70多家,占全行业的1.8%,利润则占全行业的97.5%,利润率为18.86%。换句话说,这70多家饭店拿走了97.5%的利润,约31亿利润,剩下的2亿利润由4 300多家饭店分配。这说明利润的集中化程度相当高,同时也说明大多数饭店是在微利或亏损的状态下生存的,过度负债经营是其基本表现形式。

形成中国旅游饭店负债经营现状的原因

(一)外部因素

行政化产权 行政化产权的存在使得经济运行中存在着较为严重的政企不分、政银不分的现象,从而导致饭店与银行借贷行为的行政化趋向,融投资中的经济运行规律被破坏,负债经营的良性机制难以有效地建立起来。

行政化产权使旅游饭店投资者具有一种扩张的冲动,由于缺乏负债融资的约束机制和投资的风险机智,致使旅游饭店投资和融资过程中的盲目扩张行为不断膨胀。首先从债务人角度来看,中国旅游饭店中约有一半以上是国有饭店,它们分属于不同的部门和行业,其建设带有较重的政府行为的色彩,"长官项目"较多,一座座高楼大厦的挺立不仅是他们为官一任的业绩,而且还可以满足他们在权力、威望、安全、地位、薪金等方面的需求。如此多的饭店建成后,经济效益不佳、债务难以按期偿还,这些风险最终的承担者是国家,这也正是激发各地、各部门盲目争上星级旅游饭店的原因所在。

在中国合资饭店的高速发展同样与政府的行政干预密切相关,不少地方为改善投资环境、提高本地的档次急于引进外资建设高档饭店,而不考虑当地的实际客源构成状况,甚至以建合资饭店的多少作为考核业绩的重要内容。于是为达目的不惜为外方进行风险极大的贷款担保,承担了更大的负债风险。而外方饭店集团也正是看中了中国极大的发展潜力,急于在中国站稳脚跟,抢滩设点,双方的投资愿望一拍即合,于是短短的几年内一批外资饭店就拔地而起。

其次从债权人角度来看,行政化产权使银行的贷款约束软化,从而在客观上激发了饭店建设的盲目性,也形成了饭店不良资产的急剧膨胀。如果说饭店业前几年的高利润所带来的企业市场预期提高的浪潮还没有减弱的话,那么行政权利的过多干预无异于火上浇油,使这股热潮越烧越旺。

金融市场的不完善 中国的金融市场尚在建

立之中，还有许多不完善的地方：资本的证券化水平较低，使得这种集中社会资金用于生产经营的手段还不能充分发挥作用；信用票据化和金融产品的多样化不够，筹资者没有选择的机会，也就无市场可言；金融资产流动化不足，利率对市场资金供求变化的反映不灵敏，很难对饭店的负债形成有效的约束机制，不利于资金的自由流动和资源的有效配置。中国金融市场的不完善的现状阻碍了饭店负债经营外部环境的改善，使饭店对外融资的渠道比较狭窄、方式比较单一，主要是依靠向银行贷款，造成对银行的依存度过高，加大了饭店融资的成本与风险，缩小了饭店灵活调节融资结构的可能性，使适度负债经营的形成缺乏外部的环境基础。

复杂的人际关系网络 实践证明单纯从经济的面向去理解人类的经济行为是有局限性的，因为经济行为是镶嵌于社会行为之中的，所以从社会及其文化的角度去探讨人们的经济行为将有助于我们正确认识中国的经济现实。

行政化产权代表的是一种二元垂直关系，处于关系上方的是资源配置者，以行政权力来维护其资源配置者的地位，处于关系下方的是资源接受者或“请托者”，请托者与资源配置者关系的亲密程度很大程度上决定了资源配置是否向有利于请托者的方向倾斜，拥有与资源配置者密切关系的人就拥有了相应的社会资本，可以籍此达到自己的目的。也正因为如此，才形成了目前较为严重的关系贷款，银行内部的风险防范机制失去了控制，不良资产迅速膨胀，由此形成的风险与损失又在“行政化产权”的保护下暂时化解了，潜伏下来，最终将以经济增长速度的减慢和经济发展质量的下降来渲泄出来。

（二）内部因素

管理者素质较低 关于管理者的素质构成内容理论界有不同的观点，中国著名的管理学家陈炳富教授认为，管理者的素质主要由知识、能力、品德三方面构成，饭店管理者要具备高知识、强能力、好品德。这三者共同构成素质的基本内容，素质较高的管理者可以对自身行为实施有效的自控，从而弥补制度的不足，相反则会有意或无意地放大制度的缺陷，增大经济行为的风险性。

中国的各级经济活动的管理者长期在计划体制下从事管理工作或受计划体制的影响较深，所需掌握的知识从领域到深度都有较大缺欠，尤其是市场经济条件下所辖领域的专业知识、现代管理知识和竞争知识比较缺乏，受过专业知识教育的管理者比例还不高，不少的饭店管理者是从服务员干出来的，学历偏低的情况亟待解决。

受学识的影响，饭店管理者的能力尤其是适应市场竞争的能力普遍较低，在社会环境变化及外来文化的冲击下，管理者的品德修养也会发生变化，出现偏离原有轨道的现象。总之，管理者素质提高的速度慢于改革对管理者素质提高的需求，制约了饭店管理水平的提高，加大了制度缺陷造成的对管理者督约的不足。

管理制度落后 管理者素质缺陷影响了饭店负债经营管理水平的提高，而内部管理制度的落后又减弱了其对管理者行为的督约力度，使管理者低水平的管理行为进一步扩大，使负债经营管理水平难以提高，这是造成中国饭店负债经营现状的另一重要因素。

中国的饭店经过 20 年的实践，在健全管理制度方面取得一定成绩，但是无论从制度本身的规定还是对制度规定的执行都存在着较大的差距。现代饭店经营机制没有建立或真正的运行起来，难以对经理层的偏离目标轨道的行为产生有效的监督约束和激励作用；工作制度和责任制度也比较混乱，决策的程序不合理、管理的方法落后、责权利不统一等等都对饭店正常有序的运行产生了极为不利的影响，这一切制度上的混乱和落后必然反映在负债经营及其管理上，使负债经营在形成阶段、使用阶段、偿还阶段缺乏科学的决策程序、有效的产品与市场管理和明确的责任划分，导致形成盲目、使用低效、偿还乏力。

总之，形成中国饭店超负债经营现状的原因归纳起来就是内外部原因综合作用的结果，其中内因是主要的，外因通过内因起作用。管理者素质不高是形成这一现状的内部主观因素，外部客观因素是金融市场不发达，这是形成超负债经营的客观基础；“行政化产权”和管理制度的落后是从制度的角度探讨其原因，制度的缺陷导致对管理者的督约不力，管理者素质较低又扩张了制度的缺陷；复杂的人际关系网络是从社会文化角度探讨其原因，它的存在和利用不利又为激励不足和约束不力缺陷的存在提供了社会土壤并使这种缺陷进一步扩张。

旅游饭店发展战略的选择

旅游饭店的发展战略应从内外两方面考虑。从理论上说,饭店要发展,没有充足的资本是不行的,饭店的发展问题就是资本扩张问题。资本扩张分为内涵的扩张和外延的扩张,前者是通过提高资本的运行质量来实现资本规模的扩大;后者是通过股份制、融资、兼并、收购等实现资本规模的扩大。其中最为重要的是提高资本运行质量,它是一切资本运动的基础。从实践上说,中国旅游饭店随着规模的不断扩张、竞争的日益激烈,利润率出现不断下降的趋势,这里既有市场经济条件下利润不断平均化的合理的一面,也有饭店行为扭曲、产业结构失调的不合理的一面。这一现象从内部来说是饭店管理体制存在着弊端;从外部来说是饭店资产凝固化,不能流动造成的。体制问题需要进行饭店制度创新,以提高管理效益;资产凝固化需要进行资本重组,以提高存量资本的使用效率。

(一)饭店内涵的资本扩张与发展

制度创新与饭店发展 为更好地实施管理型战略,形成符合市场运行规则的负债经营机制,必须改变旅游饭店经营机制,由政府行政干预转变为饭店自主经营,由负盈不负亏转变为自负盈亏,由权责利不统一转变为权责利相对称,总之,必须对旅游饭店进行饭店制度创新,通过现代饭店制度的建立,运用其“三分开、两委托”的机制为更好地实现管理型战略创造制度环境。在这种制度下,饭店作为拥有法人所有权的独立经营者,有权利按照市场运行规则与外部发生各种联系,包括从外部筹措债务资金,并由此对自己的行为及相关的交易者承担相应的责任;在这种制度下,从所有者到最基层的管理者之间形成了层层的委托代理关系,明确了各自的权利、责任、义务,在各自权利范围内,有充分的自主权,在权利范围内承担应尽的义务和相应的责任,这种层级管理制度使激励与约束机制得以发挥作用,使饭店核心能力的发挥具有坚实的制度基础。

产品创新与饭店发展 在当今激烈的市场竞争中,新产品的竞争正在逐步成为经济竞争的焦点。新产品竞争的核心是产品上市的速度,新产品的开发只有第一,没有第二。成功的产品创新不仅发挥着饭店内部状况与市场环境之间实现平衡的作用,同时也发挥着促使饭店的结构功能发生适应性转换的推进功能。在饭店产品区别不大的情况下,有效的产品创新应重视以产品和服务的差别化取胜,致力于提出新的产品概念、建立新的服务水平和新的市场秩序。在这里优质的品牌就是一种创新,作为市场消费信心的体现,它不仅代表了饭店产品的质量和声誉,更代表了饭店企业被市场接受的程度和市场占有率的高低。产品的创新提高了饭店的竞争实力,是饭店增加利润的重要途径。它使饭店有更强的实力来增加资本积累,扩充自有资本的数量,从而为融资结构的合理化奠定了更为坚实的资本基础。

(二)饭店外延的资本扩张与发展

饭店外延的资本扩张与发展主要是通过股份制、融资、兼并、收购等方式实现的。这些资本扩张方式都是在饭店外部通过一定的交易完成的,它使饭店能够迅速地扩张资本规模。

外部融资与饭店发展 通过外部融资实现饭店资本的扩张既包括出资者的再出资和发展新的出资者,也包括对借入资本的利用。社会经济发展的实践证明,没有融资的积累是低效率的积累。要从体制上杜绝负债率再度攀升的可能,拓宽融资的渠道,变“一棵树上吊死”为“多棵树上摇钱”,就要大力培育和发展资本市场,增加直接融资的比重,为旅游饭店进一步发展和提高抗风险能力创造条件。

股份制是通过融资实现资本扩张的典型代表。有了资本的股份化后,一般的货币持有者就可以变为资本的所有者,就可以实现饭店积累的社会化,然而股份制的发展 必须以信用制度和金融市场的发展为重要前提。在中国旅游饭店中股份制改造刚刚起步,在大多数饭店目前还不能通过股份制来实现资本的扩张,而利用债务资本的比例又偏高的情况下,通过投资基金来促进旅游饭店的发展不失为一种可行的办法。通过投资基金将城乡居民的闲散资金集中起来,使之由消费领域转向生产领域,这不仅可以增强饭店补充自有资金的能力,而且可以实现资源的优化配置,约束饭店的投资行为。

兼并收购与饭店发展 随着旅游饭店大规模的迅速增长,市场竞争日益激烈,旅游饭店的出租率不断下降,与此同时旅游饭店资产的闲置率越来越高,这不仅对于投入大量资金的旅游饭店,而且对于整个社会来说都是一种极大的浪费。那些经营管理水平低、经济效益差的"散、小、弱、差"的饭店继续存留下去,不仅无助于饭店市场竞争秩序的建立,而且对那些在资金、人才、信息、管理上有剩余能力的饭店来说也丧失了进一步扩展的机会。为此需要在旅游饭店经济效益下滑的同时,鼓励那些经济效益好、市场信誉高的饭店利用兼并收购在更大范围内实现资本扩张,并在此基础上对存量资本和增量资本进行有效的重组,合理配置资源,调整产品结构,为在更大规模上或更广阔的范围内增强产品经营能力创造条件。

总之,旅游饭店必须建立弹性融资结构以实现对各项资金来源的动态管理,建立健全负债经营的风险机制,从内部来说,管理型战略的实施,必须伴随着转变饭店经营机制,通过分析饭店现状和行业前景,准确确立饭店核心能力,加强管理以巩固、强化这一核心能力,增强饭店产品的获利性,为饭店内部积累、补充自有资金创造条件;从外部来说,交易型战略的实施,必须伴随着大力发展资本市场,增加直接融资的比例,调整融资结构,同时借助于购并等行为大力发展网络化饭店集团,并注意通过对资本增量与资本存量的融资结构调整,积累并发展更为全面而强大的核心能力,为饭店增强负债经营能力创造条件。

国际旅游支出

单位:百万美元

	1980年	1990年	1995年	1996年	1997年	1998年	1999年
中国①		470	3 688	4 474	8 130	9 205	
印度	113	393	996	913	1 342	1 713	
日本	4 593	24 928	36 792	37 040	33 041	28 815	32 780
韩国	350	3 166	5 903	6 963	6 262	2 640	3 975
美国	10 385	37 349	44 916	48 048	52 051	56 105	60 092
法国	6 027	12 423	16 328	17 746	16 576	17 791	17 732
德国	20 599	33 771	52 093	51 017	46 317	46 939	48 158
澳大利亚	1 749	4 535	4 587	5 445	6 150	5 388	5 792

注:①世界银行统计数据。

资料来源:世界银行《世界发展指标》2001 年。

国际旅游收入

单位:百万美元

	1980 年	1990 年	1995 年	1996 年	1997 年	1998 年	1999 年
中国	617	2 218	8 733	10 200	12 074	12 602	14 098
印度	1 150	1 513	2 609	2 832	2 913	2 935	3 036
印度尼西亚	246	2 105	5 228	6 308	5 321	4 045	
日本	644	3 578	3 226	4 078	4 326	3 742	3 428
韩国	369	3 559	5 587	5 430	5 116	6 865	6 802
巴基斯坦	154	156	114	146	117	98	76
菲律宾	320	1 306	2 454	2 701	2 831	2 413	2 534
泰国	867	4 326	7 664	8 664	7 048	5 934	6 695
越南		85	86	87	88	86	
埃及	808	1 100	2 684	3 204	3 727	2 564	3 903
加拿大	2 284	6 339	7 882	8 616	8 828	9 396	10 025
墨西哥	5 393	5 467	6 179	6 934	7 593	7 493	7 223
美国	10 058	43 007	63 395	69 751	73 301	71 250	74 448
法国	8 235	20 184	27 527	28 357	28 009	29 931	31 699
德国	6 566	14 288	17 867	17 445	16 488	16 429	16 828
意大利	8 213	16 458	28 729	30 017	29 714	29 866	28 357
罗马尼亚	324	106	590	529	526	260	254
英国	6 932	13 762	18 554	19 173	20 039	20 978	20 972
澳大利亚	967	4 088	7 857	9 113	9 057	7 335	7 525
新西兰	211	1 030	2 318	2 432	2 093	1 726	2 083

资料来源:世界银行《世界发展指标》2001 年。

第　九　篇

世界经济文化活动

世界经济活动

2000 年 1～12 月

全球股市暴跌 纽约股市 1月4日全面大跌,纳斯达克指数受灾最重,创下有史以来日交易下跌点数最大纪录。以技术股为主的纳斯达克指数猛降229.46点。降幅5.5%,最后以3 901.69点作收。道-琼斯30种股票平均价格指数下跌359.58点,以10 997.93点报收,降幅3.1%。标准普尔500指数下降55.80点,跌幅3.8%,以1 399.42点收市。

墨西哥城 拉美国家主要股市两天来普遍下跌,其中受挫最严重的是巴西圣保罗股市,1月4日收盘时股指跌至15 851点,暴跌6.4%,两天累计跌幅达7.3%。

东京 1月5日东京证券交易市场开盘后股市一路下跌,上午收盘时日经平均股价比昨天收盘价下跌771.79日元。这是东京股市时隔一年两个月以来股价下跌超过700日元。东京股市5日下午以18 542.55日元收盘,比4日下跌460.31日元。

汉城 1月5日韩国汉城股市综合指数以986.31点收盘,比上个交易日暴跌72.73点,创有史以来跌幅最大纪录。

新加坡 1月5日新加坡股市遭重创,《海峡时报》指数狂泻139.12点,以2 391.03点收市,创1998年8月启用新的《海峡时报》指数以来最大日跌幅。

伦敦 西欧各大股市1月4日纷纷大幅下跌。伦敦《金融时报》100种股票价格指数比上一交易日即1999年最后一个交易日急剧下降264.3点,终盘报收于6 665.9点,跌幅高达3.8%。

法兰克福 1月4日DAX30股票指数也下跌了164点,报收于6 587点。法国巴黎股市CAC40种股票指数大跌247.7点,跌幅达4.19%,收盘价为5 669.66点。

东亚经济回升迅速出人意料 法国《论坛报》1月5日文章:东亚的经济回升比预料的要快。

刚刚公布的亚洲1999年的完整的经济增长指数证实了以下一点:受到两年多前金融危机打击的亚洲地区经济复苏的速度比专家们原来估计的要快。大部分亚洲国家的政府在财政上都作出了努力,再加上美国强劲的经济增长的带动,使得几个月之前还处于衰退状态的亚洲经济已经摆脱了困境。

附:6个亚洲国家和地区的经济增长率比较

	1998年	1999年
新加坡	1.5%	5.6%
越南	4.4%	4.8%
韩国	-5.8%	10.2%
泰国	-9.4%	4%
中国	7.8%	7.1%
中国香港	-5.1%	1.8%
除日本以外的整个亚洲	2.2%	5.7%

美国在线和时代华纳牵手 世界上最大的互联网服务提供商——美国在线公司和世界最大的传媒集团之一的美国时代华纳公司1月10日宣布,两公司将以换股的方式进行合并,这将是有史以来全球最大的一宗商业交易。合并后的公司名为美国在线-时代华纳公司,其市值将高达3 500亿美元,年收益额为300亿美元,它将成为目前世界上最大的传媒和网络公司,对互联网和传媒业的发展将产生巨大影响。

据悉,美国在线的执行总裁史蒂夫·凯斯将出任新公司主席,时代华纳的总裁兼主席杰拉尔德·莱文担任执行总裁。新组成的公司包括了时代华纳和美国在线名下原有的所有分公司。美国在线将拥有新公司55%的股份,时代华纳将拥有其余45%的股份。根据双方董事会一致认可的最终协议,美国在线和时代华纳的股票将以固定的兑换比率兑换成美国在线-时代华纳公司的股票,时代华纳在线的股东将以

1:1.5的比率兑换股票,美国在线的股东将以1:1的比率兑换股票。

两家公司的这项合并意味着传统媒体和新兴媒体的结合,使新公司拥有了美国在线2千万网络用户和时代华纳的1 300万有线电视用户。新公司将成为全球范围利用电脑多媒体平台和网络通讯手段提供交互式信息娱乐内容的媒体巨人。

附:美国在线-时代华纳 新组成的美国在线-时代华纳公司包括了时代华纳和美国在线名下的所有分公司。它们是:原来时代华纳名下的时代杂志(Time)、有线新闻网(CNN)、华纳兄弟影业公司(Warner Bros.)、人物(People)杂志、HBO电影台、体育画报(Sprots Illustrated)、卡通电视(Cartoon Network)、华纳音乐集团(Warner Music Group)、财富杂志(Fortune)、娱乐周刊(Entertainment Weekly);而原属于美国在线的有美国在线网站(AOL)、CompuServe、网景公司(Netscape)、ICQ即时(ICQ instant messaging)、数字城市(Digital City)及美国在线Moviefone。

世界500强、中国500强差距对比 1月10日,"世界500强与中国大型企业发展研讨会"在北京举行。在研讨会上,国务院发展研究中心副主任、中国企业评价协会常务副理事长鲁志强以"世界500强:中国工业500强的差距与对策"为题,将中国工业500强与世界500强分别从规模、效率、创新能力及国际竞争力等几个方面的量与质进行了客观的分析。

规模 1998年中国工业500强总资产和销售收入的平均值分别仅相当于当年世界500强平均规模的0.88%和1.74%,其间的差距是非常明显的。

效率 1998年中国工业500强的平均资产利润率、人均利润和人均收入分别相当于当年世界500强的24.62%、12.31%和9.51%,总体效率偏低。

创新能力 在当代经济中,创新能力在企业生存和发展中的作用越来越重要。世界500强一般都非常重视企业创新,在研究与开发方面的投入占销售收入一般均在5~10%之间,而中国工业企业普遍存在技术设备落后,技术开发能力低,研究与开发的投入占销售收入的1.38%以下,并且有逐年下降的趋势。相比之下创新能力明显不足。

国际竞争力 纵观世界500强,除极少数不可贸易部门的企业外,一般企业的国际经济依存度都很高,国际竞争力都很强。这些企业一般都是跨国公司:世界性投资、世界性生产和世界性销售。相比之下,中国工业500强的竞争力只能是国家级的,还谈不上"国际级"、"世界级"的竞争力,其规模和比例都相当小。

在找出客观差距的基础上,鲁志强从几个方面分析了原因:一是整体经济发展水平落后,从资本、市场、技术等各个方面限制了企业的发展,这是中国工业500强同世界500强差距悬殊的最根本的原因;二是中国的产权改革目前尚处于探索过程中,没有形成稳定、明晰和高效的产权机制,抑制了企业的发展;三是条块分割体制的影响依然根深蒂固,成为包括中国工业500强在内的广大企业进一步发展的严重障碍;四是贸易政策的过度保护使企业产生了惰性,缺乏同世界级大企业进行竞争的动力,同时由于转嫁效应,削弱了中国优势部门的企业的国际竞争力。

盖茨卸职去开发 1月13日,微软创始人比尔·盖茨正式辞去公司首席执行官职务,任命微软第二号人物史蒂夫·巴尔默接替该职。盖茨将继续担任公司董事会董事长,并给自己加封了一个"首席软件设计师"的新头衔,他说:"史蒂夫·巴尔默的迁升将使我能够把我所有时间投入到我所热爱的工作上,这就是设计宏伟的软件,为未来进行战略策划,以及培养一个能帮助史蒂夫管理好公司的核心小组,并与他们密切合作。"

比盖茨小一岁的巴尔默,当年和盖茨共同创建了微软公司,对微软的市场开拓和营销做出了很大的贡献。微软公司声称,此次任命,只是实施公司在一年半之前就已作出的决定,不应出乎人们的预料。然而外界认为,微软此次高层调整,主要是为了应付面临的挑战。

还有评论认为,盖茨辞职,尽管有想集中精力搞软件设计战略规划的考虑,也表明微软面对压力,要拿出当年闯天下的干劲,站在21世纪的高度,搞出一个使微软可长期立于不败之地的软件。

此外,微软最近官司缠身,也被认为是盖茨卸下总裁职务的一个原因。在美国联邦政府和19个州共同状告微软有垄断行为的情况下,美国司法部倾向于把微软公司一分为三。盖茨把巴尔默推上总裁的位置,从而可以让在行政事务方面有特长的老友,更好地应付这些官司。就连克林顿总统也说:"巴尔默显然是个能力很强的人,而盖茨则是一个技术方面的天才。”

世界经济论坛第30届年会 第30届世界经济论坛年会于1月27日在瑞士达沃斯开幕。本次会议的主题是“新开端,新思路”。来自全球的3 200名与会者中,既有美国总统克林顿等近30位政府首脑,也有如微软、美国在线—时代华纳、ABB、索尼等国际知名企业的上千位企业领导人,还有多位国际组织、科技、新闻及非政府组织的代表。面对新千年人类面临的众多挑战,与会者在6天的320场大小讨论会中提出思路,寻求共识。

本届会议的开幕式也不同以往。在简短的论坛主席和东道国主席致辞之后,并没有国际政要做主旨报告,而由来自5个不同国家的人士对人类在21世纪所面临的10大挑战进行评论,提出问题。专家们指出,世界进入新千年,人类未来却喜忧参半。喜的是世界经济好转的前景令人鼓舞,忧的是人类面临众多挑战:经济全球化的负面影响;人类文明概念的演变;不同价值观的分歧;对民主观的不同理解;传统伦理观念的变化;地球气侯的变迁;金融动荡;国际体制的无力;转基因技术对环境的影响等等。

论坛别开生面地请在场全体代表投票对上述挑战选择3项主题。结果显示,最令人忧虑的挑战分别为气候变迁、伦理变化和国际体制无力。对企业盈利的最大影响依次为气候变迁、金融危机和国际体制无力;对政府部门的最大挑战依次是国际体制无力、气候变迁和对民主概念的分歧。在后来几天的会议中,与会者就此发表各自的见解。

世界经济论坛主席在致辞中说,人类进入新的千年,确实有喜有忧。面对人类共同的新日程,大家应该认真思考,互相理解,互相沟通。但人类的实践活动与价值取向确实还有相当的距离,有待各国共同努力,求同存异,以对话的形式探讨构筑国际政治、经济新秩序,改善人类生存的环境。

美联储再提利率 2月2日,美国联邦储备委员会决定将联邦基金利率提高0.25个百分点,从原来的5.5%升高到5.75%,同时也以同样幅度提高贴现率,从5%提高到5.25%。这是美联储继去年3次加息后今年首次上调联邦基金利率。美国舆论称,这是以格林斯潘为首的美国联邦储备委员会又在给“超速行驶的美国经济列车”“轻踩刹车”。

此间分析家认为,美联储此次提高利率主要有三个原因。其一,继续对美国经济“冷处理”,使“火热”的经济实现“软着陆”。其二,美联储对通货膨胀仍不放心,提前采取措施为的是防患于未然。其三,美联储继续坚持其一贯的“小步”紧缩政策,以求达到使经济降温的同时,又可保持适度增长。

这次提高利率早在经济专家们的预料之中,因此并未对美国金融市场迅速产生重大影响。

联合国第10届贸发会议通过《曼谷宣言》和《行动计划》两个文件 2月19日,联合国第10届贸发会议在曼谷的诗丽吉会议中心闭幕,会议通过了《曼谷宣言》和《行动计划》两个重要文件。

《曼谷宣言》指出,整个国际社会必须负起责任,通过在贸易、投资竞争、金融以及稳定货币方面加强合作,建立起有利的全球环境,使全球化更为有效和公平。

《曼谷宣言》认为,必须以团结互助精神和强烈的道义感作为国家政策和国际政策的指南。这不仅仅是先决条件,而且也是在真正伙伴关系基础上建设一个繁荣、和平和安全世界的先决条件。

《曼谷宣言》强调要建立一个公平、平等、基于规则的多边贸易体系,该体系运作的原则是不歧视和透明,为所有国家尤其是发展中国家提供益处。

含有71项内容的《行动计划》首先评估了全球化对经济社会发展所产生的影响,提出了国际社会为确保发展中国家成功与世界经济相结合必须采取的措施和行动,并确认了联合国贸发会议今后4年内在促进国际投资、技术转让、区域一体化和多边贸易体系等方面要做的工作。

会议连日就经贸全球化、南南贸易、可持续发展、世界金融体制和东南亚金融经济形势等进行了深入探讨,并在范围广泛的问题上取得了一致。

此届大会于2月12日下午3时在曼谷国家会议中心隆重开幕。泰国总理川·立派在会上致开幕词,联合国秘书长安南发表了重要讲话,来自180多个国家的代表和一些国际组织出席了开幕式。

安南秘书长在对当前全球贸易和发展状况进行回顾后,向大会提出了7项建议,主要内容为:(1)如何保证能使更多的国家利用出口促进经济复苏,使贸易为穷国服务。(2)保障所有发展中国家从私人投资的增长中受益。(3)保障新技术能得到更广泛的应用,使发展中国家从技术进步中获利。(4)帮助发展中国家的中小企业产品进入国际市场。

以外经贸部副部长周可仁为团长的中国代表团出席了开幕式。

1999年中国国内生产总值突破8万亿元,经济增长7.1%,实现预期目标 2月28日,国家统计局局长刘洪宣布,初步测算,1999年中国国内生产总值突破8万亿元,达到82 054亿元,按可比价格计算,比1998年增长7.1%,达到了预期的增长目标。

刘洪介绍,1999年中国经济运行的突出特点有:

经济运行质量进一步改善。1999年,在改革和调整的推动下,国有企业三年脱困出现了转折性变化,企业经济效益扭转了上年大幅度下滑的局面,明显趋于好转。全年工业企业产品销售率为97.16%,比上年提高0.56%个百分点;年底工业产成品库存增幅4.6%,低于生产增长水平;全年规模以上工业企业(国有工业和年产品销售收入500万元以上的非国有工业企业)盈亏相抵后实现利润比上年增长52%,其中国有及国有控股工业企业盈亏相抵实现利润967亿元,比上年增长77.7%,是近5年来的最好水平;规模以上工业亏损企业亏损额下降15.2%,一部分地区和行业的国有大中型企业实现了整体扭亏为盈。

固定资产投资总体上继续保持增长态势。全年全社会固定资产投资29 876亿元,比上年增长5.2%,其中国有及其他经济类型投资21 719亿元,增长6.1%。

外贸出口转降为升,全年出口总额达到1 949亿美元,比上年增长6.1%;进口总额1 658亿美元,增长18.2%,贸易顺差291亿美元,年末国家外汇储备1 547亿美元,比上年末增长97亿美元。

市场销售稳中趋活,全年社会消费品零售总额达31 135亿元,比上年增长6.8%,其中第4季度增长8%。

刘洪指出,1999年,中国国民经济和社会发展的总体形势是好的,存在的主要问题是,社会有效需求不足,经济结构不合理的矛盾仍很突出,农民收入增长减缓,社会就业压力增大。

德两大银行合并 3月7日,德国第一大商业银行德意志银行和第三大商业银行德累斯顿银行决定合并,合并后的银行名称为德意志银行。

两家银行的监事会当天在特别会议上讨论了合并方案,具体细节将于8日由两家银行的董事会公布。

德意志银行和德累斯顿银行合并后的总资产达2.5万亿马克(1美元约合2马克),职员为14万人,在全世界设有分行3 800家,稳稳坐上世界银行业的头号交椅,两家银行的总裁对合并后的银行暂时实行共同领导。

德意志银行现在是德国最大的商业银行,在欧洲所有银行中股票价值最高。它在去年兼并了美国第8大银行——信孚银行之后,实际上已经超过了当时世界最大的瑞士联合银行和美国花旗集团,成为世界金融机构之最。德累斯顿银行是德国第三大商业银行,实力也不可小视。

中国进出口总额已上升为世界第9位 中国对外贸易经济合作部部长石广生在3月13日中外记者招待会上说:1999年,中国进出口贸易总额为3 606亿美元,比上年增长11.3%。其中,出口额为1 949亿美元,增长6.1%;进口额为1 657亿美元,增长18.2%。贸易顺差291亿美元。据世界贸易组织最新统计,1999年中国进出口总额在世界排名第9位,其中出口居第9位,进口居第11位。2000年1、2月份,中国进出口总额为602.6亿美元,比1999年同期增长47.2%。

美国两大报业集团联姻 美国两大报业集团,时报—镜报公司和论坛报业公司3月13日晚宣布将实行合并。

合并后的新公司将保留论坛公司的名称,总部设在芝加哥,公司总裁由原论坛公司总裁担任。新公司将成为继甘尼特公司和奈特—里德公司之后的美国第三大报业集团,拥有11种报纸,总发行量将达到360万份。

合并后的论坛公司将集报纸、电视、因特网为一体,其影响力将覆盖全美,特别是集中在美国人口最多的加利福尼亚、佛罗里达、纽约等州。分析家认为,美国企业合并的浪潮正在冲击着媒体信息业。

日本3家银行宣布合并成为世界第三大

银行 在两家德国银行宣布合并计划后仅一周，日本3家银行也在3月14日宣布将于2001年合并，这三家银行是东海银行、旭日银行、三和银行，合并后其总资产将达1万亿美元，排名世界第三。这3家日本银行共有员工37 435人，国内有1 005个分行，海外有56个分行。

日本在1990年有33家较大的银行，随着合并浪潮的有增无减，日本的银行数目将减少到11个。

附： 世界10大银行(按资产排名)

单位：亿美元

1 日本兴业银行/第一劝业银行/富士银行	13 180
2 德意志银行	12 280
3 日本东海银行/旭日银行/三和银行	10 000
4 日本住友银行/樱花银行	9 250
5 巴黎国民银行/法国荷兰银行	7 210
6 瑞士 UBS 联合银行	7 180
7 美国花旗银行集团	6 990
8 日本东京/三菱银行	6 520
9 美国美洲银行	6 460
10 英国香港汇丰银行控股公司	5 600

国务院西部开发办公室成立，当年重点抓好4件大事 3月16日，国务院西部开发领导小组办公室正式成立并开始工作。国家计委主任兼西部开发办主任曾培炎说，目前，西部开发正在迈出实质性步伐，根据中央总体部署，西部开发办当年将重点抓好4件大事。

这4件大事包括：年底基本完成西部开发的总体规划；研究制定促进西部开发的政策措施，重点研究大力发展科技教育、吸引人才的政策；加快基础设施建设，在西部新开工建设10大工程，加快5个基础条件好、对西部开发有先导作用的基础设施大项目的前期工作，安排310亿元投资用于78个在建大中型项目；继续实施天然林保护工程，抓好退耕还林还草试点。

欧洲3家股票交易所合并成为欧洲第2大金融中心 分别设在阿姆斯特丹、布鲁塞尔和巴黎的3家股票交易所3月20日宣布合并，从而成为继伦敦之后的欧洲第2大金融中心。新成立的股票交易所名为“EURONEXT”，将于9月正式开始营业。巴黎股票交易所主席让·弗朗索瓦·西奥多将出任该交易所一个3人管理委员会的主席，任期为4年。

据报道，在新交易所上市的公司将达1 300多家，包括法国电信公司、尤尼莱佛公司、荷兰银行、飞利浦公司以及阿尔卡特空间公司等著名企业。上市公司的股票资产总额达到2.33万亿欧元(约合2.33万亿美元)。根据合并协议，合并后的巴黎交易所将主要负责蓝筹股的交易，阿姆斯特丹交易所负责期权的买卖，而布鲁塞尔交易所则负责中小企业股票的交易。

欧洲8大股票交易所——阿姆斯特丹、布鲁塞尔、法兰克福、伦敦、米兰、巴黎和苏黎世——1999年5月曾签订一项协议，计划在今年年底组成统一的欧洲股票交易所。由于技术方面的原因，合并谈判一直未取得进展。

霍斯特·克勒任国际货币基金组织新总裁 国际货币基金组织执行董事会于3月23日一致同意，由霍斯特接替2000年2月份辞职的国际货币基金组织前任总裁康德苏，担任新一届总裁。57岁的克勒曾任德国负责国际金融和货币关系的财政部国务秘书，目前是欧洲复兴开发银行行长。

法国政府决定大幅减税 法国总理若斯潘日前在电视台宣布，由于法国经济自1999年下半年以来全面好转，并出现了快速和持续增长的势头，2000年的税收和财政收入将比预定收入高出500亿法郎，因此政府决定降低税收，并从2000年开始实施。

据官方的统计预测，法国经济从1999年第4季度以来以年4%的速度增长，与此同时还创造了42万个就业机会，失业率连续3年下降。此次减税的税种包括住房税、个人所得税和增值税。

欧盟开特别首脑会议 欧盟特别首脑会议3月24日在葡萄牙首都里斯本闭幕。本次首脑会议提出以加速经济发展促进就业。争取在2010年把欧洲的就业率从目前的61%增加到70%的目标。舆论认为，欧盟经济好转是缓解失业的最佳时机。

中国发展高层论坛在京举行 中国经济发展潜力如何？面对经济全球化和科技创新的浪潮，尤其是在加入世贸组织后中国应如何应对国际竞争的压力等备受世人关注的问题，在3月27日举办的“中国发展高层论坛”国际研讨会上，成为中外企业界、学术界和政府官员高层对话的中心议题。

国务院副总理温家宝上午出席了在人民大会堂举行的研讨会开幕式并致词,他说,尽管世界经济和政治格局中还存在着许多不确定和不稳定因素,综观世界大势,我们仍然有集中精力发展经济的外部环境。经济全球化的加速推进,新的科技革命迅猛发展,以及世界范围内的经济结构调整,为我们提供了新的发展机遇。在经济发展的新时期,要保持国民经济快速健康发展,必须对经济结构进行战略性调整。要用现代技术改造传统产业,促进产业结构的优化升级。要加快发展高新技术产业,努力实现国民经济信息化,积极发展第三产业,发挥中国人力资源的优势。实施小城镇和西部大开发战略,促进城乡和地区经济的协调发展,大规模地开展国土整治和生态环境,实现经济和社会的可持续发展,不仅为中国经济增长提供强大动力,而且为中外经济贸易的发展提供广阔的市场空间。

来自国内外的80多位国际著名企业的董事长和首席执行官、国际组织负责人、国际知名学者以及中国政府的十余位部长出席了这个为期两天的研讨会。在27日的大会上,国务院发展研究中心陈清泰副主任、外经贸部石广生部长和中国证监会主席周小川分别作了“国有企业改革的形势与途径”、“加入世贸组织与改革开放政策”、“资本市场的开放与宏观经济管理”专题发言。

这次研讨会是由国务院发展研究中心和深圳发展银行共同发起主办的。据悉,“中国发展高层论坛”今后将每年举办一次。

联合国提出21世纪消除贫困 改善教育保护环境工作报告 联合国秘书长安南4月3日上午向联大提交了一份关于联合国21世纪工作计划的报告,以供今年9月的联合国千年首脑会议审议。该报告呼吁会员国进一步消除贫困和不平等现象,改善教育水平,维护和平,防治艾滋病和保护环境。

报告提出了联合国在21世纪的部分工作目标:力争在2015年使世界极端贫困和缺乏安全饮用水的人口减少一半;确保所有适龄儿童完成小学教育;在10年内将15岁至20岁的艾滋病人数比例减少25%;在2020年前使1亿城市贫民的居住条件得到改善。报告还要求工业发达国家为贫穷国家开放市场,2001年3月前取消相关产品的进口关税和配额,取消那些致力于消除贫困的严重负债国的官方债务,并希望各国将环保列入持续发展规划中。

报告还提出在发展中国家设立1万个网站来提供医疗和技术信息服务等。

非洲—欧洲首脑会议落幕 为期两天的首届非洲—欧洲首脑会议4月5日晚在开罗落下帷幕。会议通过了《开罗宣言》和《行动计划》。与会的非、欧国家领导人强调,要进一步加强双方在政治、经济和社会各个领域内的全面合作,建立面向21世纪的战略伙伴关系。

会议期间,来自52个非洲国家和15个欧盟成员国的元首、政府首脑或代表就如何加强双方的经济合作及一体化、加快非洲与世界经济接轨、减免非洲国家债务、增加投资、技术转让、消除贫困、防治疾病以及加强民主、通过和平手段解决争端等问题进行了广泛的磋商。

《开罗宣言》强调,双方恪守联合国宪章关于维护国家主权与独立、领土完整和不干涉别国内政的原则,主张通过和平手段解决争端。宣言呼吁债权国采取必要措施减免非洲国家的债务,因为目前高达3 500亿美元的外债严重阻碍了非洲国家的经济发展和人民生活水平的提高。

与会领导人商定,今后非欧首脑会议每3年举行一次,非洲和欧盟国家轮流主办。下届会议将在希腊举行。

欧盟失业率呈下降趋势 据欧盟统计局4月6日公布的数字显示,欧盟15国失业率呈下降趋势。欧盟15国失业率1999年2月为9.5%,2000年2月为8.8%,失业总人数为1 500万。欧元区11国失业率1999年2月为10.3%,2000年2月为9.5%,总失业率为1 240万。其中2000年2月的失业率:卢森堡2.2%,荷兰2.7%,奥地利3.5%,葡萄牙4.2%,丹麦4.9%,西班牙15.2%。

全球企业购并首季创新高 新华社4月10日报道,2000年首季全球企业购并再掀新高。涉及金额11 400亿美元,其中美国为5 780亿美元,同比增长64%;欧洲3 414.2亿美元,同比增长45%。全球最大购并案为美国在线公司购并时代华纳公司,金额为1 640亿美元。其次为英国史克－比彻姆公司购并葛兰素-威康公司，金额为463亿英镑。亚洲最大购并案为香港盈科数码动力集团，金额为359亿美元。

欧盟推出《新经济政策》 伴随全球信息产业的蓬勃发展，欧盟的"新经济"政策初见端倪。4月11日在里斯本举行的欧盟成员国部长级会议论讨了推动信息产业，促进就业的中长期发展规划，决心赶上甚至超过美国，将欧盟建成"世界上最具竞争力、最具活力的经济"。会议还决定，由6月的欧盟首脑会议通过一项"电子化欧洲"的行动计划。看来利用技术、资金优势，抓住目前有利的经济增长时机，以信息产业推动中小企业的创建和解决失业难题，是欧盟"新经济"政策的核心。

首届南方首脑会议通过最后声明和行动纲领 在古巴首都哈瓦那举行的南方首脑会议4月14日晚在通过最后声明和行动纲领两个文件之后宣布闭幕。

古巴国务委员会主席卡斯特罗在闭幕式上讲话时指出，与会各国领导人在改革不合理的现行国际金融体制和不平等贸易制度等问题上达成了共识。77国集团主席、尼日利亚总统奥巴桑乔说，与会领导人就加强南南合作进行了充分协商，并取得了一致意见。

会议通过的最后声明指出，在世界经济全球化过程中，发展中国家不能与发达国家平等地享有经济全球化的好处，甚至被排除在这一进程之外，使国际经济关系中的不平衡加剧，发展中国家与发达国家之间的不平等进一步扩大，不发达国家的经济社会条件更加恶化，世界贫困人口增加。

声明指出，世界从没有像现在这样相互依存。南方国家存在贫困，北方国家的安全和繁荣也会丧失。声明呼吁在合作、互利和相互依存基础上推动南北对话。

声明强调加强南方国家间的团结与合作，迎接世界经济全球化的挑战，为建立新的公正合理的国际政治经济秩序和一个和平与繁荣的世界而努力。

声明认为，和平与发展是紧密相连的，当前发展中国家的最大任务是战胜不发达，根除饥饿、文盲、疾病和贫困。

会议通过的行动纲领提出了为实现最后声明制定的目标应采取的措施，包括加强联合国在经济全球化和国际合作中的作用；保护和促进世界文化多样性；有效利用南方机制；推动知识和技术在发展中国家的普及和发展；大力开发人力资源潜力，解决人才外流问题；促进南方国家间的贸易和投资；加强南方国家间的货币和金融合作等。

此次会议于4月10日开幕。来自拉美、亚洲和非洲等地区110个国家的元首、政府首脑和代表以及80多个国际组织的代表参加，由77国集团发起召开。中国国务院副总理李岚清应邀出席并就如何应对经济全球化给经济发展中国家带来的挑战等问题发表了讲话。

全球企业并购八成得不偿失 德国PWC企业咨询公司4月12日发表的一份研究材料指出，在过去5年里，全球共有4万多起企业并购，并购总值超过5万亿美元，其中80%企业并购后不能收回并购成本，偏离预期目标，30%被并购企业不得不再度变卖转手。

据分析，大多数企业并购失败主要并不在于并购决策失误，而是在于并购后措施不当。一是未把企业增值作为消化并购的核心任务，存量资源得不到有效利用；二是过渡期长，不能迅速建立新的责任明晰的企业结构，难以实现企业文化有机融合；三是并购后忽视企业上下内外沟通，造成员工劳动生产率下降，业务骨干"跳槽"，合作企业离心倾向加重，客户减少，市场萎缩。

拉美企业并购交易额创新纪录 2000年第一季度，已宣布的拉美企业合并与收购的交易总额创造了新纪录。

据美国的汤姆森金融证券数据公司的统计，与1999年同期相比，涉及拉美企业的交易总额增长了234%，达到362.99亿美元。

达到这一数字主要是因为西班牙电话公司宣布以227.72亿美元的价格收购巴西、阿根廷和秘鲁的5家公司。

在该季度，巴西不仅在企业并购交易的数量方面，而且在交易额方面都高于其他国家。在世界范围内，巴西位居第7。该国78项交易的总额为198.4亿美元，几乎是1999年全年购买巴西企业的总额的一半。巴西最重要的一项交易是1月份西班牙电话公司以102.13亿美元收购了圣保罗电信公司。

阿根廷居世界第12位、拉美第2位,44项交易总金额为96亿美元。

秘鲁位居拉美地区的第三位(世界第21位),7项交易的总额达35.39亿美元。

全球股市大幅下挫 受4月14日美国股市暴跌的影响,全球股票投资者周一纷纷加入恐慌性抛售的行列,除个别国家外,全球股市均大幅下挫。

日本东京股市17日上午开盘后立即大幅下跌,最终以19 008.64点收盘,比上一个交易日下跌了1 426.64点。

香港股市开盘后,恒生指数在两分钟内即跌至14 818.66点,下跌1 324点,跌幅达8.2%,这是自2000年1月25日以来首次跌破15 000点。4月18日的收盘指数为14 762.37点,全天跌幅达8.55%。

韩国股市开盘后4分钟内跌幅达11.3%,致使交易一度停牌。在股市出现大幅波动后,韩国官员呼吁投资者保持冷静,不要加入恐慌性抛售的行列。全天跌幅为11.63%。

新加坡股市海峡时报指数则狂泄190.37点,以1 999.39点收市,比收盘时的2 189.76点下跌8.69%,创下了自1998年采用新的海峡时报指数以来日跌幅最大的纪录。

与亚洲股市相比,澳大利亚和欧洲股市相对温和。但科技股的下落仍然带动悉尼All Ordinaries指数下跌5.68%。德国和英国股市4月17日上午跌幅分别为2.58%和3.56%。

证券分析家认为,全球股市的全面下挫,与经济基本面关系不大,是跟随美国股市的“膝跳反应”,集中表现为投资者的心态从“贪婪”转为“恐惧”。

而令人惊奇的是,以色列、巴基斯坦两国股市在全球一片恐慌中非但没有下跌反而略有上升,两国股指涨幅分别为1.25%和0.44%。

2000年世界竞争力排名,中国名列全球第31位 设在瑞士洛桑的国际管理发展学院4月19日发布《世界竞争力年鉴》,这项一年一度的调查结果显示,美国和新加坡仍是世界上竞争力最强的两个国家,分居第一、第二;欧洲国家芬兰、荷兰、瑞士、卢森堡、爱尔兰、德国、瑞典和冰岛则依次占据了第3~第10名的位置,形成仅次于美、新的牢固方阵。

中国在本年度的竞争排名中名列第31位,中国香港则从上年的第7降到第14位。《年鉴》认为,亚洲“大体上已经重新走上正轨”。韩国也已回升,从去年的第38位跃升至第28位,马来西亚和泰国走向复苏后,经济发展都较有起色,过去的领先者日本居第17位。

大约3 263位经理填写了2000年的调查表,其对各国和地区的评分标准从劳工成本、研发投资到教育和社会价值观都有。

国际管理发展研究院根据对全球3 000多名商界主管2000年的年度调查,对47个主要国家和地区的竞争力进行排名如下(括号内为1999年排名):美国(1)、新加坡(2)、芬兰(3)、荷兰(5)、瑞士(6)、卢森堡(4)、爱尔兰(11)、德国(9)、瑞典(14)、冰岛(17)、加拿大(10)、丹麦(8)、澳大利亚(12)、中国香港(7)、英国(15)、挪威(13)、日本(16)、奥地利(19)、法国(21)、比利时(22)、新西兰(20)、中国台湾(18)、以色列(24)、西班牙(23)、马来西亚(27)、智利(25)、匈牙利(26)、韩国(38)、葡萄牙(28)、意大利(30)、中国(29)、希腊(31)、泰国(34)、巴西(35)、斯洛文尼亚(40)、墨西哥(36)、捷克(41)、南非(42)、菲律宾(32)、波兰(44)、阿根廷(33)、土耳其(37)、印度(39)、哥伦比亚(43)、印尼(46)、委内瑞拉(45)、俄罗斯(47)。

联合国通过打击跨国犯罪《维也纳宣言》 在经济全球化的同时,人们也焦虑地注意到它的“双刃剑效应”——犯罪活动越来越多地具有全球性质。4月15日,第10届联合国预防犯罪和罪犯待遇大会的高级别会议通过了将提交联合国千年大会审议的《关于犯罪与司法:迎接21世纪挑战的维也纳宣言》,强调为迎接新世纪的挑战,联合国各成员国应加强刑事司法系统方面的国际合作,打击跨国犯罪。

4月10~17日在维也纳召开的联合国预防犯罪和罪犯待遇大会要求各会员国“关注带有全球性质的严重犯罪对各个社会带来的冲击”。此次大会主题为“犯罪与司法:迎接21世纪的挑战”。

大会就“促进法治和加强刑事司法系统”、“开展国际合作打击跨国犯罪”、“有效地预防犯罪”和“犯罪者与受害者”等议题进行了广泛而深入的探讨。

联合国预防犯罪和罪犯待遇大会每5年举行一次。来自世界各国政府、联合国有关机构、国际和欧洲刑警组织以及一些非政府组织的代表、专家和有关人员共2 000多人出席了本届大会。在大会高级别会议上,中国代表团团长、司法部长高昌礼发言表示,中国政府愿意与各国和有关国际组织加强合作,为有效地打击和预防跨国组织犯罪作出自己的贡献。

2000中国企业高峰会在京举行 由世界经济论坛和中国企业联合会共同举办的2000中国企业高峰会4月16日在北京开幕。

国家主席江泽民和全国人大常委会委员长李鹏分别为大会题辞。

江泽民的题辞是:"预祝世界经济论坛2000中国企业高峰会圆满成功"。

李鹏的题辞是:"祝世界经济论坛与中国企联的合作取得丰硕成果"。

本次高峰会的主题是:"中国日益显著的全球角色:影响力、机遇与挑战",共有600多家中外企业的代表参加,是历年规模最大的一次。

国家经贸委副主任李荣融在开幕式上说,随着经济全球化趋势的发展和中国加入世界贸易组织的临近,中国将在更大的范围、更宽的领域和更高的层次上融入世界经济。在迈入新世纪的道路上,展现在中国企业和各国企业面前的,既有无限商机,也有严峻挑战。

中国银行行长刘明康、中国远洋运输(集团)总公司总裁魏家福、香港盈科拓展集团主席兼行政总裁李泽楷及海尔集团公司总裁张瑞敏等发表了演讲。

在为期3天的会议上,中外企业家就30多个议题展开讨论,主要涉及全球化与世界贸易组织对中国经济、企业及西部大开发的影响,信息产业如何改变中国,如何运用信息技术改善企业的运作,资本市场在变化中的形式和作用等问题。此外,中国企业的国际合作与海外拓展,兼并收购与国企改革,电子商务以及互联网,保险和养老市场,医药与科技,环保与可持续发展等热点和难点问题也同样受到与会者的关注。

总部设在日内瓦的世界经济论坛是以研讨世界经济、政治等领域存在的问题,促进国际经济合作与交流为宗旨的非官方国际组织,它的核心成员包括全球1 000多家大公司和企业。从1981年开始,中国企业联合会与世界经济论坛共同举办一年一度的企业高级领导人国际讨论会,即现在的"中国企业高峰会"。

欧元汇率再探新低 纽约外汇市场4月25日欧元对美元的收盘价由上一个交易日的1:0.9398下降到1:0.9208,创下了欧元问世以来的最低收盘价位。经济分析家认为,美元对欧元的强势主要是由于美国经济仍在高速增长。此外,投资者的信心减弱也加剧了资金外流。

亚洲又成全球增长最快地区 亚洲开发银行4月26日发表的《2000年亚洲发展展望》报告说,亚洲在金融危机中遭受挫折后,已重新成为全球经济增长最快的地区,今年的经济增长率可望达到6.2%。

报告说,1999年,亚洲经济开始迅速复苏,这个地区的发展中国家的国内生产总值平均增长了6.2%,比上一年高出3.9个百分点。

报告说,1999年亚洲经济迅速复苏的原因,一是国际电子产品市场需求扩大促进了亚洲的出口;二是亚洲国家去年实行的财政扩张政策和经济结构调整取得了成效;三是金融业和企业改革减少了银行呆帐;四是大量证券资金再度进入亚洲。

报告同时也指出,亚洲国家的复苏状况是不平衡的。在受金融危机冲击最严重的国家中,韩国经济复苏最快,增长率高达10.7%。而马来西亚、菲律宾、泰国、印尼等国家的增长率只在0.2%至5.4%之间。中国经济保持了稳步发展的势头,增长了7.1%。南亚经济增长了5.5%。

中俄法英美发表联合声明承诺继续履行《不扩散核武器条约》义务 据新华社联合国5月1日电,法国驻联合国裁军大使5月1日下午代表中国、法国、俄罗斯、英国与美国5个核大国向正在纽约联合国总部举行的《不扩散核武器条约》2000年审议大会提交一份联合声明说,5国将继续履行该条约规定的所有义务,并努力通过谈判实现最终全面销毁核武器的战略目标。

这份作为审议大会正式文件发表的声明宣布,上述5国的核武器不针对任何国家。声明说,印度和巴基斯坦先后在1998年5月进行核试验已引起国际社会的深切关注。尽管这两个国家已经进行了核试验,但根据《不扩散核武器条约》的有关规定,印度和巴基斯坦目前并不拥有核武器国家的地位。

声明对俄罗斯国家杜马(议会下院)在4月先后

批准《第二阶段削减战略武器条约》和《全面禁止核试验条约》表示欢迎,并重申将"维护与加强"苏联和美国于1972年签署的《反弹道导弹条约》,因为该条约"是维护战略稳定的基石以及进一步削减战略武器的基础"。声明同时还表示,希望俄美两国尽快完成《第三阶段削减战略武器条约》的谈判。

声明说,5国对于1995年5月举行的联合国《不扩散核武器条约》审议和延长会议作出无限期延长该条约的决定表示欢迎,并对1995年以来在东南亚和非洲分别建立的两个新的无核区表示欢迎。声明说,建立这两个新的无核区是对加强地区与国际和平安全的重要贡献。

声明说,5国将继续加强《不扩散核武器条约》的审议进程,并坚持核不扩散与核裁军的有关原则与目标。声明强调普遍遵守《不扩散核武器条约》的重要性,并呼吁目前尚未签署该条约的国家早日加入这一条约。

声明表示,5国已经并将继续各自进行努力,为在全球有系统地和渐进地削减核武器作出贡献。5国将继续加强合作,并促进彼此间的信任,以进一步增强国际和平与安全。

《不扩散核武器条约》于1970年3月生效,迄今已有187个国家加入了该条约。条约规定每5年召开一次审议大会。

中国与欧盟就中国加入世界贸易组织达成双边协议 经过友好磋商,中国与欧盟5月19日下午在北京就中国加入世界贸易组织达成双边协议。外经贸部部长石广生和欧盟委员会贸易委员帕斯卡尔·拉米分别代表中欧双方签署了协议。

中欧双边协议的签署,标志着中国加入世界贸易组织的进程又向前迈出了一步,并将有力地促进中欧双边经贸关系的发展。

1999年缉查毒品4 256吨 据新华社消息:世界海关组织5月29日宣布,1999年各成员国海关缉获的毒品大幅增加。全年共缉获毒品4256吨,其中由海关缉获的毒品占1/3,其余毒品为警方等执法机构所获。在海洛因、可卡因和大麻3种主要毒品中,亚洲是海洛因的重要产地,年产量约占全世界的94%,而可卡因则完全产自南美洲,1999年国际刑警组织处理的250万条情报中有半数涉及毒品走私。

人类将走向生物经济时代 美国《时代》周刊5月22日一期发表署名斯坦·戴维斯克里斯托弗·万耶的文章,题目为:什么将取代技术经济?文章指出,几十年后,随着信息经济时代的结束,人们将迎来生物经济时代。DNA分子双螺旋结构的发现,标志着生物经济已正式开始,而到21世纪中期,生物应用技术将渗透到人们生活的各个角落。文章说,就象别的事物一样,所有的经济形式都有始有终,因此我们可以看到目前的新经济将在几十年之后结束,接着人们将迎来下一个经济时代:生物经济时代。

2000年世界博览会开幕 举世注目的2000年世界博览会6月1日在德国汉诺隆重开幕,共有172个国家和国际组织正式参加本届为期5个月规模宏大的世界博览会。本届博览会是德国首次举办的世界博览会,也是世纪之交展现世界各民族风采的一次盛会。世博会占地160公顷,共有43个国家建有各具特色的独立展览馆。另有26个综合展馆,其中包括12个集中体现世博主体"人—自然—技术"的主题公园,本届博览会为期5个月(6月1日~10月31日),历时153天,预计参观者将达到4 000万人。

德国联邦总统约翰内斯劳和总理施罗德出席了5月31日晚上举行的博览会开幕仪式。施罗德总理高度评价这届世博会的重要意义。

中国馆位于这次世博会的东区,占地3 600平方米,分上下两层。

"21世纪论坛"2000年会议 由全国政协主办的"21世纪论坛"2000年会议6月14日上午在政协常委会会议厅拉开帷幕。来自世界20多个国家的著名政治家、重要国际组织领导人、知名专家学者、著名跨国公司的代表以及中国的专家学者、企业家、官员等500多人,出席了开幕式。会议名誉主席李瑞环主持开幕式,组委会主席叶选平致开幕词、国务院总理朱镕基应邀出席开幕式并发表讲话。

与会代表就"经济全球化——亚洲与中国"这一主题进行了研讨。会议共提交了68篇演讲稿和论文,1份录像发言。会议期间,与会人员围绕经济全球化这一世人关注的主题,平等自由、客观、务实地进行了研讨和交流,增进了相互了解和合作,加深了彼此之间的友谊。这些充分地展示了与会者的博学与睿智,也体现了这种高层次学术性"论坛"的广泛性、多样性和包容性。会议于6月16日闭幕。

第24届特别联大在日内瓦召开 为期一周的联合国大会社会发展特别会议6月26日在日内瓦万国宫隆重开幕。这次会议是1995年哥本哈根联合国社会发展世界首脑会议的继续，旨在进一步落实哥本哈根会议的目标，进一步推动社会发展。

联合国秘书长安南在会议开幕式上发言时说，富国在消除世界贫穷方面负有不可推卸的责任，它们必须向穷国开放更多的市场，更快更多地减少债务，提供更多更集中的发展援助。他同时指出，自身资源贫乏的贫穷国家向富国寻求帮助是很自然的事情。

出席会议的有来自联合国188个成员、观察员和非政府组织的约2 000名代表，其中包括30多位国家元首和政府首脑，中国国务院副总理温家宝出席大会，并于7月4日在大会上发言。

欧洲10大企业排名 据德国《商报》报道，欧洲居前10位的大企业分别为：

国别	企业名称	年营业额 亿欧元
德国	戴姆勒-克莱斯勒汽车公司	1 499.85
英国	英国石油公司	832.26
法国	安威-国卫保险公司	821.75
德国	大众汽车公司	751.66
德国	联盟保险公司	702.77
德国	西门子公司	685.82
荷兰	皇家石油公司	597.32
德国	德意志银行	553.08
意大利	1F1汽车公司	542.08
德国	费巴集团	489.63

美《商业周刊》评出全球1 000家大企业排名 根据最新一期《商业周刊》所刊登的全球1 000家大企业名单，以2000年5月31日收盘的股价计算，通用电气公司2000年的总市值较一年前增加了55%。在让位给软件业巨子微软公司一年之后，2000年以总市值5 202亿美元重登全球最大企业宝座。

1999年登顶的全球最大软件制造商微软则因被美国政府控告违反反托拉斯法而股价大跌，总市值跌为3 228亿美元，较一年前减少22%，在全球1 000家大企业排名中降为第4，落在通用电气、全球最大的半导体制造商英特尔与全球最大的网络设备制造商思科之后。

英特尔2000年的总市值较一年前增加131%，以4 167亿美元跃居全球第2大企业。思科的总市值在同一期间内也增加109%，以3 950亿美元排名全球第3。英特尔与思科1999年的世界排名分别为第8与第9。

2000年全球1 000家大企业中，仍以美国公司最多，有484家。在亚洲国家和地区中，除日本之外，中国香港有15家最多，新加坡有7家居次。香港排名最前面的企业是和记黄埔，以总市值492.4亿美元居全球第109位。新加坡的最大企业是新加坡电信，以总市值209.5亿美元居全球第252位。

世界城市大会 为期3天的世界城市大会7月4日在柏林开幕。此次会议的主题是“21世纪的城市”。2 500名来自世界各地的与会代表就如何在不破坏环境的前提下保证城市持续发展问题进行讨论。联合国秘书长安南出席开幕式。

第36届非统组织首脑会议签署《非洲联盟章程草案》 参加第36届非统组织首脑会议的各国元首和政府代表团经过讨论磋商于7月12日签署了《非洲联盟章程草案》，将于2001年3月再次在利比亚苏尔特召开特别首脑会议之际，宣告正式成立非洲联盟。会议主席、多哥总统埃亚德马在闭幕式上讲话称，这一联盟表达了非洲人民“实现统一的强烈愿望”。利比亚领导人卡扎非在即兴讲话中高兴地说：“今天是一个伟大的日子，一个时代的开始。”

美国5家烟草公司被判赔款1 450亿美元 美国首例吸烟者集体控告烟草公司的官司7月14日由佛罗里达州一个陪审团作出裁定：作为被告的5大烟草公司应付给原告1 450亿美元的赔偿。这个数目几乎等于这些公司全部资产的总和，是美国历史上最高数额罚金。

5家公司的名称和被判赔偿金额分别为：菲利普·莫里斯烟草公司（万宝路是该厂主要产品）739.6亿美元；雷诺兹烟草公司（生产骆驼牌香烟）362.8亿美元；布朗-威廉巨公司（生产肯特牌香烟）175.9亿美元；洛里拉德烟草公司162.5亿美元；利格特烟草公司赔7.9亿美元。

原告方律师称，千百万消费者被烟草公司“欺骗达50年之久”，而被告方律师则当即表示要上诉。估计这些烟草公司的上诉过程要持续两年左右。

冲绳8国首脑会议 为期3天的冲绳8国首脑会议7月23日上午,在冲绳讨论通过了一项联合公报后闭幕。

在3天的会议中,8国领导人讨论了世界经济形势、在新世纪缩小信息通讯技术发展差距、减免重债穷国债务、防止地区冲突、朝鲜半岛局势、打击高科技和金融领域犯罪、转基因食品安全、防治传染病等问题,并就其中的主要问题发表了联合声明。对于发展中国家最关心的减免穷国债务问题,虽然声明提出了“力争在2000年年底使符合享受减债标准的重债穷国数目达到20个”,但并未提出发展中国家所希望的措施。

日本央行10年来第1次提高利率 日本中央银行无视政府官员的压力,8月11日宣布10年来第1次提高利率。银行官员说,在马拉松式的会议结束前,9名董事会成员就把指导利率从实际上的零提高到0.25%举行投票。在明确赞成提高利率的总裁速水优的带领下,董事会否决了政府代表提出的推迟表决一个月的决定。据悉这是“依据改善出现的金融缓和程度作出的小调整,将有助于长期的持续增长。”但此举却引起日本国内各方争议。

联合国贸发组织评定的世界10大跨国公司

公司	国别	类别
西格雷姆	加拿大	饮料
ABB	瑞典-瑞士	电力设备
汤姆森	加拿大	出版,印刷
雀巢	瑞士	农业食品
联合利华	荷兰-英国	农业食品
索尔维	比利时	化学
伊莱克斯	瑞典	家电
飞利浦	荷兰	电器
拜耳	德国	化学-医药
罗氏	瑞士	医药

千年议长大会 在纽约联合国总部举行的千年议长大会8月29日~9月1日举行。大会通过的宣言承诺,各国议会将致力于密切同联合国的工作关系,推动以联合国为核心的国际合作。

在来自142个国家的156名议会领导人围绕世界面临的挑战及对策进行了3天的大会发言后,各国议会联盟主席纳杰马·赫普图拉女士宣布大会闭幕。与会者在宣言中承诺,全力支持联合国在国际合作中继续发挥坚强有效的基石作用。

宣言指出,各国议会将在新的千年共同追求《联合国宪章》所确定的目标,致力于对付国际社会面临的主要挑战。宣言强调,各主权国家权利平等,各国人民有自决权和自由、民主地选择其政治制度的权利。

与会的各国议会领导人承诺,在有效的国际监督下进行全面彻底裁军,特别是进行核裁军和销毁包括生化武器在内的大规模杀伤性武器;同时,继续打击恐怖主义、贩毒和有组织犯罪。他们认为,有必要保障以人民为中心的经济和社会的可持续发展,在国内外创造条件,消除贫困和减少失业。

宣言认为,经济全球化促进了经济发展和人类进步,但发达国家和发展中国家未能平等地共享其利,应采取措施切实确保各方公平受益;发展中国家的发展权应得到充分尊重,世贸组织须确保贸易自由和公正,抓住新千年的有利时机,切实削减最贫穷国家的债务,并避免债务向其它发展中国家转移。

中国全国人大常委会委员长李鹏率团出席大会,在大会发言中阐述了中国对重大国际和地区问题的立场。

此次大会是由各国议长联盟为配合联合国千年首脑会议而召开的,是联盟成立111年以来举行的规模最大、级别最高的一次议会界国际盛会。

欧洲央行再度提高利率 欧洲中央银行8月31日决定将其主导利率提高0.25个百分点,即由原来的4.25%提高到4.5%。

此外,欧洲央行的“隔夜贷款利率”和“隔夜存款利率”也分别提至5.5%和3.5%。

自1999年11月份以来,欧洲央行已6次提高利率。此间多数经济专家认为,欧洲央行此次加息是迫于欧元区通货膨胀的压力和抑制欧元汇率持续下滑的需要,它不会对正在加速的德国及欧盟经济发展产生不利影响。但也有一些经济家分析指出,欧洲央行此次加息的幅度偏小,恐难真正起到抑制通货膨胀和稳定欧元汇率的作用。

世界10佳名牌商标座次排定 《科技日报》9月3日报道,美国纽约商标咨询公司从世界15个不同行业的350多家名牌商标中评选出世界10佳名牌商标。麦当劳快餐饮食业商标名列第一。

依次为,第1名麦当劳(快餐)、第2名可口可乐(饮料)、第3名迪斯尼(娱乐)、第4名柯达(照相)、第5名索尼(电器)、第6名吉列(卫生用品)、第7名奔驰(汽车)、第8名李维斯(服装)、第9名微软(电脑)、第10名万宝路(卷烟)。

联合国千年首脑会议 全球聚焦的联合国千年首脑会议9月6日至8日在纽约联合国总部隆重开幕,150多位国家元首和政府首脑参加了这次自联合国成立以来规模最大的重要会议。出席会议的中国国家主席江泽民在第一天的全会上发表了重要讲话。

大会由千年首脑会议的两位主席纳米比亚总统努乔马和芬兰总统哈洛宁共同主持。联合国秘书长安南在开幕致辞中说,本次大会是"一个前所未有的事件,一个前所未有的机遇,因而我们承担着前所未有的责任"。他呼吁国际社会为加强联合国在新世纪的作用和实现人类的持久和平与发展做出努力。

江泽民主席在讲话中阐述了中国关于促进人类和平与发展的崇高事业,关于国际关系民主化、加强联合国的作用、维护《联合国宪章》的宗旨和原则的立场,并呼吁在经济全球化进程中应实现各国共同发展和繁荣。

在3天会议期间,来自180多个国家的代表,其中包括150多位国家元首或政府首脑,就世界面临的新挑战及其对策进行了广泛深入的讨论。除在大会上发言外,与会各国领导人还分别参加了4场按地区划分的圆桌会议。会议期间还举行了安理会首脑会议和安理会五常任理事国首脑会议。中国国家主席江泽民出席了这些会议,并就维护《联合国宪章》的宗旨和原则等一系列问题阐述了中国的立场。

会议闭幕时发表的宣言长达9页,宣言承诺加强联合国的作用,努力实现全人类谋求和平、合作与发展的普遍愿望。宣言共分8个部分,包括价值和原则,和平、安全与裁军,发展与消除贫穷,保护共同环境,人权、民主和善政,保护易受伤害者,满足非洲的特殊需要和加强联合国的作用。其中加强联合国的作用是核心内容。

2000中国友好城市国际大会 中国人民对外友好协会和中国国际友好城市联合会共同举办的"2000中国友好城市国际大会",9月26日上午举行。国家副主席胡锦涛等中国领导人出席开幕式。

国家主席江泽民为友城大会题词"开展友好城市活动,扩大国际合作领域。"

国务院总理朱镕基给大会发了贺信。联合国秘书长安南也为大会发来了贺电。他认为中国人民对外友好协会的这一令人钦佩的倡议非常符合联合国宪章,符合宪章所倡导的世界人民宽容与合作的精神。

9月26日李瑞环主席会见与会代表并发表讲话,大会进行了3天,通过了《新世纪地方政府和平友好合作宣言》。

第6届世界大城市首脑会议 第6届世界大城市首脑会议9月28～29日在北京举行。朱镕基宣布会议开幕并讲话。联合国秘书长安南代表、联合国系统驻华协调代表、联合国开发计划署驻华代表莱特娜女士宣读了安南秘书长的贺词。会议主席、北京市市长刘淇在开幕式上致辞。中共中央政治局委员、北京市委书记、第6届世界大城市首脑会议组委会名誉主席贾庆林,来自世界33个国家和地区的市长、副市长出席了会议。

莫斯科、雅典、伊斯坦布尔、巴黎、汉城等21个城市市长相继发言。25个城市市长、8个特邀城市代表和联合国环境规划署、人居中心等5个国际组织代表团团长出席会议。

世界大城市首脑会议于1985年首次在东京举行,迄今已举办了5届。

在为期两天的会期中,30多座世界名城的领导者围绕经济全球化和信息技术对城市的影响、城市未来面临的挑战、城市建设与管理如何适应新世纪的要求等重大问题进行了探讨。他们认为,21世纪是"城市的世纪",城市化的进程不可逆转。越来越多的城市居民生活方式在信息化的世界中正经历着深刻的改变。在经济全球化不断加快、城市功能日益国际化的今天,城市与城市之间变得更加相互依赖,需要在更高的层次和更宽的领域中加强交流与合作。他们指出,社会制度与文化背景的不同不应成为城市间友好交往的障碍。与会会员城市通过并签署了《北京宣言》,承诺在全球化和"数字地球"时代更加紧密地合作,谋求共同发展,将创造优美、舒适、便捷、公平、安全的生存环境作为经济发展的先决条件,提高全社会节约资源、保护环境的意识，为人类的后代创造更好的生活条件。

与会者还决定2003年在西班牙马德里举行第7届世界大城市首脑会议。

2000年全球外国直接投资超1万亿美元 “联合国贸发会议”10月初发表了《2000年世界投资报告》，报告认为跨国公司的外国直接投资2000年将超过1万亿美元。报告说，1999年全球外国直接投资流出增加16%，达到8 000亿美元。英国的直接外资流出总额1 990亿美元，是最大的对外投资国。

美国吸收外资2 760亿美元，是最大的直接外资收受国。1999年流入拉美的直接外资急剧上升，超过900亿美元；流入亚洲直接外资增加到1 060亿美元；但流入中、东欧和非洲的直接外资仍然不多，分别为210亿和90亿美元。

报告还说，跨国界兼并和收购是外国直接投资迅速增长的原因。在过去20年里，兼并和收购以42%的年增长率增加，1999年成交额约为2.3万亿美元，共2.4万项交易。已完成的跨界兼并和收购的数额从1987年的1 000亿美元增加到1999年的7 200亿美元，涉及到约6 000项交易。但是特大交易(即超过10亿美元的交易)占了跨界并购总额的60%以上。

欧洲央行再次提高利率 欧洲中央银行10月5日出人意料地决定将欧元区主导利率提高0.25个百分点，即由原来的4.5%提高到4.75%。

中共十五届五中全会通过“十五”计划的建议 10月9～11日中国共产党第十五届中央委员会第五次全体会议在北京举行。会议通过了《中共中央关于制定国民经济和社会发展第十个五年计划的建议》。会议号召，全党动员起来，紧密团结在以江泽民为核心的党中央周围，高举邓小平理论伟大旗帜，坚持党的基本路线，振奋精神，开拓进取，扎实工作，团结带领全国各族人民，为实现“十五”目标，为建设富强民主文明的社会主义现代化国家和早日完成祖国统一大业而努力奋斗。

“中非合作论坛”在北京举行 参加“中非合作论坛——北京2000年部长级会议”的非洲各国嘉宾10月12日再度相聚在人民大会堂，出席这次盛会的闭幕式。中国国务院总理朱镕基、阿尔及利亚总统布特弗利卡和非洲统一组织秘书长书萨利姆出席了闭幕式。

朱镕基在闭幕式上发表了题为《加强团结合作实现共同发展》的讲话。

非统秘书长萨利姆也在闭幕式上讲话。他说，本次论坛反映的深厚友谊、真挚承诺与坚定决心，都集中体现了传统的中非团结。中非双方的团结和友谊鼓舞着中国和非洲人民共同经受住了一系列严峻挑战。萨利姆说，会议的成功很大程度上是因为中非关系是建立在相互尊重、相互理解、互惠互利的基础上的。中国和非洲已经建立起合作机制，双方应当将会议达成的共识转化为实际行动。他表示相信，在大家的共同努力下，中非双方的共同利益都将得以保障，中非的共同目标将得以实现，中国和非洲在国际社会的声音会更加响亮。

中非双方来宾共600多人到会。

会议通过了《中非合作论坛北京宣言》和《中非经济和社会发展合作纲领》。

亚洲预防犯罪基金会国际大会 10月11～15日亚洲预防犯罪基金会第8届国际大会在北京举行，江泽民主席致信祝贺，李鹏委员长出席开幕式并发表讲话。最高人民检察院检察长韩杼滨致词。这次大会的主题是“犯罪预防和刑事司法——迎接21世纪的挑战”。在4天的会期中，与会代表围绕刑事司法和犯罪预防这一主题，重点对联合国第10届预防犯罪和罪犯待遇大会确定的区域战略，因特网犯罪及其他高科技犯罪，检察官在当代社会中的作用，刑事司法在减轻极度贫困中的作用，行刑与犯罪预防等内容，进行深入研讨。

联合国秘书长的代表也在开幕式上致辞。来自日本等69个国家和地区的法官、检察官、警官、律师、法学专家以及联合国等3个国际组织共750余名代表参加会议。

亚洲预防犯罪基金会成立于1982年，是一个为联合国所承认的一级非政府组织，也是迄今为止亚洲地区刑事司法领域唯一的洲际非政府组织。该会的宗旨是，通过援助项目和开展相关活动，促进亚太地区各个国家和地区实现“无犯罪的繁荣”。2000年1月，亚洲预防犯罪基金会由联合国的专业顾问组织晋升为联合国总顾问组织，直接向联合国经社理事会报告工作。亚洲预防犯罪基金会第8届国际大会是该基金会成为联合国总顾问组织之后的首届会议。

第3次世界渔业大会 从农业部获悉，由农业部中国水产学会主办的第3次世界渔业大会于10月31日～11月3日在北京国际会议中心召开。

这次大会是中国渔业界首次承办的世界性大会。主题是"21世纪持续渔业"，目的是加强世界各国水产科学家和管理学家的联系和协作，为持续渔业发展、优化食物结构出谋划策，促进国际渔业合作。

世界渔业大会是由美洲水产学会、亚洲水产学会、澳大利亚鱼类生物学会和世界水产养殖学会等国际组发起的，是世界渔业科技工作者的论坛，每4年召开一次。

亚欧会议 为期两天的第三届亚欧会议10月21日在汉城闭幕。韩国总统金大中在闭幕式上说，会议获得了圆满成功。

作为会议的具体成果，第三届亚欧会议通过了《2000年亚欧合作框架》、《朝鲜半岛和平汉城宣言》和《第三届亚欧会议主席声明》等3个重要文件。

来自亚洲10国、欧洲15国的国家元首和政府首脑或他们的代表以及欧盟委员会主席出席了会议。法国总统希拉克同时也以欧洲理事会主席的身份出席会议。陪同领导人与会的还有各成员国外长和其他部长以及欧洲委员会一名委员。此次会议由东道国韩国总统金大中主持。

中国国务院总理朱镕基出席会议并发表了题为《发展新世纪的亚欧伙伴关系》的讲话，就进一步扩大和加强亚欧在经贸、科技等领域的合作提出了具体建议。会议期间，朱镕基总理还同亚欧国家领导人进行了广泛接触和交流，就亚欧在政治、经贸、文化、科技等领域的交流与合作深入交换了意见和看法。

2000·中国西部论坛 举世瞩目的"2000·中国西部论坛"10月20～22日晚在成都国际会展中心举行。江泽民主席为大会题名："中国西部论坛"。

"2000·中国西部论坛"是由国务院开发办公室、对外经济贸易合作部、国务院新闻办公室、中共四川省委、四川省人民政府主办，中共成都市委、成都市人民政府承办的，以西部开发为主题，层次高、规模大、影响广、权威性强的国际性会议。论坛研究以西部大开发为主题的中国经济，以协作与交流为主旨，务虚与务实相结合，推进西部大开发。"2000·中国西部论坛"以"西部开发——政府与市场"为主题，围绕政府与市场两个方面共15个分议题展开了深入研讨。

在两天时间的研讨和交流中，中国政府官员阐释了西部大开发的政策和措施，进一步表达了中国政府加快西部发展的决心；中外企业家之间的交流和对话，加深了对中国政府这一决心的理解和对西部市场的把握；中外学者对西部开发发表了许多独到的、给人以启迪的见解。通过这次论坛，增进了国外与中国西部、中国东部与西部之间的相互了解，架起了一座友谊合作的桥梁，达到了交流信息、集中智慧、整合力量、促进合作的目的。

亚太经合组织第8次领导人非正式会议

亚太经合组织第8次领导人非正式会议11月16日在文莱举行。中国国家主席江泽民和该组织其他19个成员领导人或代表出席了会议。

会场设在距文莱首都15公里的杰鲁东公园马球俱乐部。与会领导人或代表在金碧辉煌的俱乐部大厅里合影留念。接着，第8次领导人非正式会议开幕。博尔基亚致简短开幕词。

江泽民以2001年会议东道主的身份第一个发表讲话。他在讲话中就世界和亚太地区经济形势、经济全球化、"新经济"、亚太经合组织的作用、人力资源开发等问题发表了看法和主张。

与会的其他一些成员领导人也在会上发表了讲话。会议上午集中讨论了经济全球化和石油价格等问题。

作为地区性经济论坛和磋商机构，经过11年的发展，亚太经合组织已成为本地区最重要的经济合作组织。中国与亚太经合组织其他成员的贸易额1999年达到了2 793亿美元，占中国进出口总额的77%。

亚太经合组织有21个成员，包括澳大利亚、文莱、加拿大、智利、中国、中国香港、日本、韩国、印度尼西亚、马来西亚、墨西哥、新西兰、巴布亚新几内亚、秘鲁、菲律宾、俄罗斯、新加坡、中国台北、泰国、美国和越南。巴布亚新几内亚没有参加今年的会议。

会议于当日下午圆满结束。会议通过的《领导人宣言》强调，通过自由开放的贸易和投资以及广泛的合作，共同应对新世纪的挑战，以谋求在全球经济中的共同发展，给人民带来更多的益处。

会议还通过了一个《新经济行动议程》。议程对亚太经合组织在推动“新经济”发展方面采取的措施给予了肯定。这些措施包括电子商务、无纸交易以及与电子商务相关的人力资源建设等。

领导人强调,应该通过完善市场结构和机制,促进新老企业在新的经济环境下发展壮大;营造适合基础设施投资和技术发展的政策环境;加强人才培养和培训,为创新人才和企业家的成长营造良好的社会环境。

欧美贸易战烽烟再起 11月17日,欧盟委员会再次向世界贸易组织仲裁委员会对美国提起诉讼,控告美国总统克林顿前一天签署的关于美国外销公司新税法与原税法无大改变,仍违反世贸组织的有关规定,为此,欧盟每年将向美输欧商品增收40.43亿美元的惩罚性关税。这是欧美两大贸易集团有史以来最大的一场贸易战。

朱镕基出席第4次东亚领导人会晤 11月下旬,国务院总理朱镕基出席第4次东盟—中日韩(10+3)和中国—东盟领导人(10+1)会晤。

本次会晤是在多极化和全球化进一步发展,东亚经济迅速恢复,区域合作呈现良好势头的背景下举行的。与会领导人就东亚合作前景,以及如何在10+3和10+1框架内加强合作进行了深入探讨,取得广泛共识。整个会晤是积极、务实和友好的,取得了圆满成功。

这是世纪之交中国领导人对周边地区进行的又一次重要的多边外交活动。朱总理在会晤中全面阐述了中方对东亚合作前景及发展方向的看法,并从促进本地区和平与发展的愿望出发,就如何加强10+3和10+1框架内的互利合作提出了一系列富有建设性的积极建议。在湄公河流域开发问题上,朱总理明确阐述了中方积极参与的态度,宣布中方将出资帮助老挝和缅甸疏通河道,以便按期实现中国、老挝、缅甸、泰国4国通航。中方还愿同亚行、泰国等一道承建纵贯中南半岛的昆明至曼谷公路。中方支持东盟酝酿的泛亚铁路计划,愿意参与工程的建设。在人力资源的开发方面,中国决定为中国—东盟基金进一步增资500万美元,以深化这方面的交流。关于金融、科技、农业等领域,朱总理也提出一系列旨在加强合作的具体建议。鉴于中国与东盟经贸关系不断扩大,朱总理提议在中国—东盟经贸联委会框架下设立经济合作专家组,就进一步增强中国与东盟的经贸联系等问题进行深入探讨。朱总理的上述建议,充分体现中国政府致力于与东盟发展睦邻友好关系的既定政策,显示出中方推进东亚区域合作的真诚愿望和实际步骤,受到了与会国家的一致好评。

朱总理在新加坡还出席了中日韩三国领导人第二次非正式早餐会,就加强三国及三国与东盟的合作达成许多具体协议。同时,朱总理在与会期间还同东盟多国领导人举行了双边会晤,就加强中国同这些国家的双边关系进行了探讨,取得积极成果。

世界贸易额创新高 世界贸易组织11月30日发表的《2000年国际贸易报告》指出,2000年全球贸易额可望比1999年增长10%以上,创90年代世界贸易增速最高纪录。

报告说,2000年上半年全球贸易额增长14%,亚洲地区进出口贸易额增长近1/4,中国进出口贸易额增长1/3以上。美国进出口分别增长21%和14%,西欧进出口分别增长6%和4%,拉丁美洲进出口额也再次上升。亚洲经济的复苏和北美经济的强劲增长,大大推动了世界贸易的高速增长。从贸易商品结构来看,燃料、办公设备、通讯器材、汽车和化工产品等增速最快。

欧洲经济创10年来最佳纪录 “联合国欧洲经济委员会”12月4日发表的研究报告称,2000年欧洲经济创90年代以来最好纪录。

西欧国民生产总值今年增长3.4%,东欧国家国民生产总值增长6%。报告说,今年西欧经济增长速度比去年快1.4个百分点,达3.4%,法、德、意、英四国的增长率分别为3.3%、3%、2.9%和3%。这一成绩首先应归功于西欧各国的经济结构调整、失业减少、低通胀率和内需对经济的拉动;其次,美国经济强劲,欧元汇率较低,增加了西欧的商品出口,拉动了经济增长;第三,世界经济形势好转,尤其是东亚经济快速增长,为西欧增加出口和对外投资提供了市场。

东欧国家90年代经历了从经济负增长到复苏,进而快速增长的过程。2000年东欧对西欧国家的出口急剧增长。初级产品价格的上升和世界需求量的增加,以及东欧国家经济体制改革取得进展,都有助于东欧国家经济增长。

中国外贸进出口额双超2 000亿美元 据

海关总署最新统计,2000年前11个月,中国外贸进出口总额达4 309亿美元,增长33%,提前1个月完成“九五”期间国家制定的外贸进出口总额超过4 000亿美元的目标,同时进口、出口双超2 000亿美元。其中,出口2 272亿美元,进口2 037亿美元,分别增长30.1%和37.4%。前11个月中国累计实现贸易顺差235亿美元。预计全年外贸进出口总额将达4 750亿美元,比1999年净增额将超过1 000亿美元。

1～11月,中国对世界各主要地区的出口均实现较快增长。传统的劳动密集型产品的出口增速放慢,资本和技术密集型产品的出口继续保持较快增长。大宗出口商品中,服装、纺织面料、鞋类等传统的劳动密集型产品的出口增速大都低于平均出口增速;而机电产品和钢材等资本和技术密集型产品的出口增速则大大高于平均出口增速,其中机电产品在全部出口商品中的比重已达42.1%。

《光明日报》等全国36家媒体共同评选出2000年10大国际新闻 由光明日报、香港大公报、澳门日报、珠海特区报发起,全国36家新闻媒体共同举办的2000年10大国际新闻评选16、17日在珠海举行。与会者进行了热烈认真的讨论,最终以投票的形式确定结果。

这10大国际新闻是(以时间先后为序):(1)国际原油价格动荡,世界经济又添隐忧;(2)纳指大幅下跌,网络经济受挫;(3)朝韩首脑首次会晤,半岛和平初现曙光;(4)人类基因草图绘就,推动生命科学发展;(5)“库尔斯克”沉没海底,事故原因扑朔迷离;(6)各国首脑千年聚会,中国倡议五常聚首;(7)巴以爆发流血冲突,和平进程严重倒退;(8)科什图尼察当选总统,南联盟政权平稳过渡;(9)首批居民进驻国际空间站,开创和平利用太空新时代;(10)美国大选一波三折,选举制度受到质疑。

15家新闻单位联合评出2000年中国10大经济新闻 由新华社经济参考报主办,首都15家新闻单位的总编辑、副总编辑联合评选的2000年中国10大经济新闻,12月27日在京揭晓。

当选的10大经济新闻是:(1)10月11日日,中国共产党第十五届五中全会通过了《中共中央关于制定国民经济和社会发展第十个五年计划的建议》,宣布中国“九五”计划胜利完成,中国人民生活总体上达到小康水平。(2)中国国民经济扭转了近两年减速增长的趋势,出现重要转机,预计全年经济增长8%左右。(3)国有大中型企业改革与脱困3年目标基本实现。(4)中共中央、国务院决定从2000年开始在安徽全省和由其他省、自治区、直辖市选择少数县(市)进行农村税费改革试点。(5)11月8日厦门特大走私案首批25起案件一审公开宣判。(6)12月18日,中国第1条国道主干线京沪高速公路全线贯通。(7)3月31日,国务院发布了《个人存款账户实名制规定》。(8)根据国际市场油价变动,中国2000年先后9次对成品油价格进行调整。(9)2000年6月9日,包括康佳、TCL在内的国内9大彩电骨干企业领导人聚集深圳,宣布建立彩电价格联盟,对彩电实行最低限价销售。对此国家有关部门依据《价格法》明令禁止。(10)按国务院部署,第4季度开始加大联合打假力度,整顿市场秩序。

中国经济规模跃上万亿美元新台阶 国家统计局局长朱之鑫12月30宣布,经初步预计,2000年国内生产总值超过8.9万亿元,按可比价格计算,比上年增长8%,增速比上年加快0.9个百分点。“九五”期间,中国GDP年均增长8.3%,高于8%的预期目标。按现行汇率计算,2000年中国经济规模跃上1万亿美元新台阶。

2000年工业生产表现不俗。前11个月,规模以上工业完成增加值21 327亿元,比上年同期增长11.5%,增速加快2.5个百分点。结构调整格外值得圈点:前11个月,更新改造投资同比增长17.2%;电子通信产品制造业成为制造业第一大行业,增长速度比整个工业快20多个百分点;煤炭、冶金、制糖三个行业淘汰了大批落后生产能力。种种努力使众人关注的国有企业2000年创下了90年代盈利水平新高:前11个月,国有及国有控股企业实现利润2 083亿元,同比增长1.4倍。

受种植面积调减和严重旱灾影响,预计今年粮食产量比上年约减产9%,而棉花、油料比上年增长13%以上。

固定资产投资今年很活跃。除集体、个人外,全国前11个月完成固定资产投资18 191亿元,同比增长11.7%,增速加快4.9个百分点。西部地区投资增长17.9%,高于中、东部地区,成为投资热土。

平淡的消费市场2000年也有精彩表现。前11个月,消费品零售总额30 473亿元,同比增长9.8%,增速提高3.1个百分点。旅游、教育、电子信息产品等逐步形成新消费热点。同时物价止降转稳。前11个月,全国居民消费价格总水平同比上涨0.2%,扭转了前两年价格持续走低的局面。

除投资、消费外,拉动经济增长的"第3驾马车"——外贸2000年也很"卖力"。前11个月,进出口总额4 309亿美元,同比增长33.4%。前11个月,外商直接投资合同额486亿美元,同比增长36.3%。

经济持续快速增长,使2000年城镇居民人均可支配收入可望比上年增长7%,农村居民人均纯收入增长2%。

2001年1~12月

美联储突然降息 美国联邦储备委员会1月3日下午突然宣布将美国的联邦基金利率和贴现率分别降低0.5和0.25个百分点,分别降至6%和5.75%,并表示准备随时将贴现率再降低0.25个百分点。美联储采取非常行动的时机和原因引起了人们的普遍注意。

美联储上一次突然降息是1998年10月15日。当时,亚洲金融危机和美国部分资本公司濒临倒闭,引起美国股市剧烈动荡,美国经济持续增长的势头面临危险。当年9~11月美联储连续3次降息,为美国经济保持增长势头创造了条件。据此,经济分析人士认为,美联储此举是在美经济增长面临危险时采取的断然措施。

首先,美国经济减速过猛是美联储这次降息的主要原因。由于美联储从1999年6月到2000年5月6次紧缩银根,加上石油和天然气等能源价格大幅上涨削弱了消费者的购买力和企业的盈利水平。美国经济从去年下半年起急剧降温。美联储12月19日举行的例行决策会议认为,美国经济面临的主要威胁已不是通货膨胀压力可能上升,而是经济进一步疲软。因此,分析家们普遍预计美联储会在1月底的决策会议上下调利率。

纽约股市强劲上升 美国联邦储备委员会1月3日突然宣布降低利率,在这一利好消息的推动下,道-琼斯30种工业股票平均价格指数攀升299.60点,以10 945.75点报收,升幅为2.8%。以技术股为主的纳斯达克综合指数上升324.83点,以2 616.69点收市,升幅高达14.2%,创造了该指数日升幅历史最高纪录。

2001年达沃斯世界经济论坛主题:保持全球经济增长　填补社会差距鸿沟 1月25~30日在达沃斯举行第31届世界经济论坛年会,主要讨论如何保持全球经济增长和纠正社会不公两大议题。

由于美国经济增速放慢,人们普遍担心它对全球经济的负面影响。因此,本届论坛着重探讨了美国经济如何软着陆,以保持全球经济持续增长;以及如何解决经济全球化加大南北差距等社会不平等问题,尤其是在教育、卫生和使用新技术等方面。为此,本届论坛除大会发言外,还举办了350场中、小型会议,以充分讨论全球化前景、新经济的未来、生物技术及其伦理标准、消除贫富差距和社会不公的途径等人们普遍关心的问题。

全球化主要由工业化国家主导,南方国家的利益和要求常常被忽视。为改变这种状况,达沃斯论坛应当把跨国公司的社会责任作为中心议题来讨论。今后应鼓励"包容性的全球化",而不是把南方国家排除在外。

本届年会有2 300多人与会,贵宾有联合国秘书长安南,巴勒斯坦领导人阿拉法特,瑞士联邦主席,日本首相,墨西哥、委内瑞拉、波兰等国的总统。

中国粮食种植面积稳定在16.5亿亩 1月31日农业部传出消息,在大力推进农业结构调整的同时,2001年中国将稳定粮食种植面积。

根据农业部门汇总,2000年全国粮食种植面积大约为16.07亿亩,比上年减少9 000万亩。这是新中国成立以来粮食播种面积最少的一年。各地今年继续调减粮食播种面积的趋势仍很明显。调查显示,各省、自治区、直辖市初步安排今年粮食面积又比上年减少4 000万亩左右。

农业部有关负责人说,从多年实践经验看,根据对现阶段中国粮食综合生产能力的分析,要实现产需总量的大体平衡,近期内全国粮食种植面积需要稳定在16.5亿亩左右。

据介绍,农业部确定今后5年内将突出抓好粮食安全工作。今后一个时期,将把主产区建成商品粮基地,稳住全国粮食生产的大头。

博鳌亚洲论坛亮相海南 海南省琼海市有个博鳌镇,这个名不见经传的小镇将要一夜成名——2月26日,博鳌亚洲论坛成立大会在此召开。有亚洲和澳大利亚20多个国家的政要或前政要、知名专家学者及部分驻华使节云集博鳌。中国国家主席江泽民出席会议。

博鳌亚洲论坛——由亚洲国家建立的一个亚洲人自己的论坛——是一个非官方、非盈利、定期、定址、开放型的国际会议组织,旨在为亚洲各国政府、工商业领袖和专家学者等提供一个共商亚洲地区经济发展、人口和环境等问题的高层次对话场所,推进亚洲各国间的相互理解和相互合作,增强亚洲在世界上的份量。

参加博鳌亚洲论坛成立大会的国家有:巴基斯坦、菲律宾、韩国、日本、印度尼西亚、澳大利亚、伊朗、中国等26个国家。他们分别来自东亚、南亚、东南亚和澳大利亚。如此多的亚洲国家在一起讨论亚洲问题,在亚洲历史上是少有的。

此次会议包含三个议程:一是博鳌亚洲论坛专家学者会议;二是博鳌亚洲论坛筹委会会议;三是博鳌亚洲论坛成立大会。2月27日下午,各国政要发表演讲,通过会议文件并举行新闻发布会。

作为历史上第一个定址在中国的国际会议组织,博鳌亚洲论坛的创立是一个历史性、国际性事件。从此,亚洲国家将拥有一个属于自己的对话场所,拥有一个专门讨论亚洲经济和社会发展问题的论坛组织。鉴于亚洲各国在经济与社会发展方面的差异性、多样性和文化的多元性,博鳌亚洲论坛的创立是一项里程碑式的成就,对亚洲而言是个巨大的突破,必将促进亚洲的融合,有助于建设一个繁荣稳定与和谐的新亚洲。

亚太经合组织2001年第1次高官会 亚太经合组织第13届部长级会议第1次高官会2月12日在北京举行,会议由中国外交部副部长,亚太经合组织高官会主席王光亚主持,来自该组织21个成员经济体的高官参加了会议。

这是中国继任亚太经合组织2001年会议东道主之后召开的首次高官会议,目的是为10月将在上海举行的亚太经合组织第9次领导人非正式会议做准备。

王光亚在开幕致辞中回顾了亚太经合组织在贸易投资自由化、经济技术合作等方面所取得的成果,并强调在新世纪,各成员应加强合作,共同推动加强和健全多边贸易体制,加强经济技术合作,为亚太地区经济的可持续发展创造有利的宏观环境,应对全球化与新经济带来的挑战。

本次高官会为亚太经合组织全年的工作作出规划。同时,会议还就亚太地区经济形势、全球化与新经济等一些各方关心的问题进行讨论,并探讨该组织在保持贸易投资自由化进程的同时,如何推动经济技术合作,开展能力建设和人力资源开发方面的区域合作。

亚太经合组织是亚太地区最高级别的经济合作论坛。自1989年成立以来,该组织在推动亚太地区贸易投资自由化和经济技术合作,促进地区经济发展和共同繁荣等方面起到积极的作用。

2001年亚太经合组织会议的主题为:新世纪,新挑战:合作、参与,促进共同繁荣。在这一主题下确定了三项主要工作:第一,加强能力建设,开拓未来发展机遇,使各成员从全球化和信息通讯技术的发展中受益;第二,促进贸易与投资,推动建立更加合理的多边贸易体制;第三,为亚太地区经济的可持续发展创造有利的宏观环境。

中国在国际货币基金组织份额升至第8位 2001年2月5日,国际货币基金组织理事会投票通过了关于中国特别增资的决议,将中国在基金组织的份额由原来的46.872亿特别提款权(约合61亿美元),提高到63.692亿特别提款权(约合83亿美元),从而使中国在基金组织的份额位次由原来的第11位提高到了第8位。这是中国与基金组织关系史上的一件大事,标志着中国国际经济地位的进一步提高。

位居前7位的分别是美国、日本、德国、英国、法国、意大利、沙特阿拉伯。

有关人士认为,中国在基金组织特别增资成功,是改革开放以来中国综合国力大为提高的必然结果。随着中国国际地位的上升,中国必将在国际经济、金融领域发挥更加积极的作用。

《世界经济论坛》公布各国环境质量比较 2月中旬,《世界经济论坛》发布各国环境质量比较排名:

国别	排名	打分(满分为100)
芬兰	1	80
澳大利亚	7	65
美国	11	63
德国	15	62
英国	16	61
日本	22	60.5
俄罗斯	33	59
南非	45	56
新加坡	65	53
墨西哥	73	52
印度	93	51
海地	122	22

资料来源:据2月14日《光明日报》

全球经济成长率降至3.4% 2月19日在纽约召开的7大工业国(G7)财政部长和中央银行行长会议上,国际货币基金组织(IMF)发表报告称,他们已将2001年的世界经济成长率从原先公布的4.2%调降为3.4%。

美国经济趋缓及其对世界的影响是本届G7会议的重要议题。IMF向与会代表报告说,他们也已将对美国国内生产总值的预测从2000年10月的3.2%下调到目前的1.7%,是美国自1991年经济成长的最低数字。此前,美国联邦储备委员会上周公布的预期成长率是2.5%。尽管IMF下调有关预测数字,但7国财政官员在会后发表联合声明称,他们承认美国和世界经济成长率正在减缓,但强调支撑经济成长的基础仍很健全。美国经济走软之势将会相当缓和,而且只是短期现象。

2000年中国GDP突破1万亿美元 国家统计局局长朱之鑫2月28日在国务院新闻办举行的中外记者招待会上说,初步统计,2000年中国国内生产总值达89 404亿元,按现行汇率计算,国内生产总值突破1万亿美元;按可比价格计算,比上年增长8%,增速比上年加快0.9个百分点。

国家统计局当天发布的统计公报显示,2000年中国经济运行出现了许多新特点。

最显著的是,经济效益明显改善,运行质量进一步提高。全年工业企业经济效益综合指数为117.8,比上年提高16.1点,是1992年以来的最高值。

与此同时,结构调整稳步推进。全年全社会固定资产投资比上年增长9.3%,其中,国有及其他经济类型和集体经济投资分别增长9.2%,城乡居民个人投资增长9.5%。

国内市场稳中趋活,市场物价止降转稳。全年居民消费价格总水平比上年上涨0.4%,改变了1998年以来连续两年下降的局面。

对外贸易跃上一个新台阶。全年进出口总额4 743亿美元。比年初增长31.5%。进出口相抵,顺差241亿美元。年末国家外汇储备1 656亿美元,比年初增加109亿美元。

同时,城乡居民的生活质量进一步提高。去年城镇居民人均可支配收入6 280元,比上年实际增加6.4%。在每百户城镇居民家庭中,移动电话和家用电脑的拥有量分别比上年猛增了173%和64%,达到19.5部和9.7台。由于粮食减产等因素影响,去年农民人均纯收入2 253元,比上年实际增长2.1%。

"九五"期间中国经济年均增长8.3% 国家统计局局长朱之鑫2月28日在国务院新闻办举行的中外记者招待会上介绍"九五"计划实施情况时说,"九五"期间中国GDP从1995年的5.8万亿元,增长到8.9万亿元,按可比价格计算,平均每年增长8.3%,大大高于同期世界年均增长3.8%的水平。

朱之鑫介绍,"九五"期间是国家财力增长最多的一个时期,整个财政收入累计达到了5万亿元,比"八五"期间累计增长了1.3倍。"七五"期间中国财政每年平均增收186亿元,"八五"期间中国财政每年平均增收656亿元,"九五"期间平均每年增收1 450亿元,其中2000年增收近2 000亿元。与此同时,中国农产品实现了从短缺到总量供求平衡、丰年有余的转变,5

年来中国每年粮食产量总体上稳定在1万亿斤左右的水平上。

欧盟经济增长稳定 国际舆论普遍认为,欧盟有望在近期内接替美国成为推动世界经济发展的重要因素。

欧盟主要国家经济目前均表现出良好的发展态势,增长势头不断加强。

2000年是英国经济第7个增长年,增长率可达3.5%。出口比上年增长6.8%,外贸逆差减少了近90亿美元,预计2001年英国有可能扭转外贸逆差的局面。为了保持经济发展的势头,近年来英国政府进一步调整经济政策,降低利率,放宽信贷。2000年英国工业投资增加了约5%,私人消费增长了2.8%,预计2001年相应指标将超过6%和3%。英国经济的平稳增长在一定程度上启动了西欧经济的全面回升。

法国经济2000年以来增长势头日强,2000年增长3.6%,预计2001年仍将高于3%。法国经济增速的主要原因是内需旺盛。2000年法国内需年增幅达3.4%,2001年将达4%左右。同时,法国的就业形势得到改善,失业率从1999年的11.3%降到2000年的9%左右,2001年将继续下降。近年来,法国经济增长有85%到90%是靠新科技实现的。法国的经济增长速度高于大多数其他欧洲国家。

德国继续保持良好的经济发展势头,2000年经济增长率达2.8%,2001年可保持2.6%;失业率2001年将降至8.8%;通货膨胀率2000年为1.7%左右,2001年将继续保持这一水平。由于产业结构调整明显加快,德国劳动生产率大幅度提高,其产品在国际市场逐步恢复了竞争力,2000年出口突破1万亿马克的大关。

2000年意大利经济增长率超过了2%,2001年虽不会有大的起色,但预计能保持在1.8~2%之间。欧盟其他国家2000年也保持了宏观经济平稳发展、国内生产总值和工业生产稳步增长的趋势。

中国第九届人大四次会议通过“十五”计划纲要 第九届全国人民代表大会第四次会议在圆满完成各项议程后,3月15日下午在人民大会堂闭幕。

会议号召,全国各族人民紧密团结在以江泽民同志为核心的党中央周围,高举邓小平理论的伟大旗帜,坚持党的基本路线,以“三个代表”重要思想为指导,万众一心,开拓进取,扎实工作,为实现第10个五年计划,为把中国建设成为富强民主文明的社会主义现代化国家而努力奋斗。

本次会议的11天会期中,代表们对国民经济和社会发展第10个五年计划纲要以及朱镕基总理关于纲要的报告进行了认真审议,出席全国政协九届四次会议的委员们也对纲要和关于纲要的报告进行了讨论。根据人大代表审议和政协委员讨论时提出的意见和建议,国务院对纲要和关于纲要的报告进行了修改。朱镕基总理向大会主席团分别提交了关于国民经济和社会发展第10个五年计划纲要草案修改情况的报告、关于国民经济和社会发展第10个五年计划纲要的报告修改情况说明。

3月15日下午的闭幕大会经过表决,首先通过了关于国民经济和社会发展第10个五年计划纲要及关于纲要报告的决议。决议指出,纲要和报告对“九五”时期的工作总结是实事求是的,提出的今后五年经济和社会发展的奋斗目标、指导方针和主要任务,符合全国各族人民的根本利益,反映了时代发展和建设现代化事业的要求,经过努力是能够实现的。会议决定批准这个纲要和报告。

会议还表决通过了关于修改中外合资经营企业法的决定。

联合国人权会议 联合国人权委员会第57届会议3月19日在日内瓦开幕。本届会议为期6周,讨论21项与人权有关的议题。

联合国人权会议是联合国人权委员会召开的全体会议,每年3、4月份在日内瓦举行。联合国人权委员会于1946年2月成立,是联合国系统审议人权问题的最主要机构之一。联合国人权会议主要审议经济、社会和文化权利、公民和政治权利、妇女权利、种族主义、国别人权等议题。

在人权会的众多议题中,“世界各国侵犯人权和基本自由”的国别人权议题,一直是人权委员会内大多数发展中国家和某些利用人权干涉别国内政的西方国家之间斗争的焦点。根据人权会议议事规则,针对某国的提案一旦在国别议题下被通过,人权委员会每年要对该国的人权状况进行复核、讨论和审议,还要派观察员和考察团到该国访问、考察。自1992年以来,人权会在国别议题下审议了67个国家,这些国家几乎全部是发展中国家。根据去年56届人权会通过的国别人权决议案,2001年人权会上将有20个发展中国家的人权状况受到审议。

近年来,美国等一些西方国家无视中国在促进和保护人权方面取得的巨大成就,先后9次在联合国人权会议上搞反华提案,均因遭到人权委员会多数成员国的反对而告失败。

联合国人权委员会成员国由联合国经社理事会按区域分配原则选举产生,任期3年。该委员会初建时只有18个成员国,1992年增至53个。1981年,中国当选为该委员会成员国,并连选连任至今。

美国《家电》杂志纵论全球家电格局 刚刚出版的2001年第2期美国《家电》(Appliance Manufacturer)杂志对全球前10位家电制造商进行了排名,中国海尔集团名列第9位,排在第一位的是美国惠而浦公司。在这10个家电制造商中,有3家美国公司、两家欧洲公司、4家日本公司,中国公司只有海尔一家,海尔排在日本日立公司之前。

美国《家电》杂志文章分析认为,"世界家电市场竞争依然激烈,还没有一家制造商能占到全世界10%的市场份额,但大多数领头羊都在多国生产并提供全系列的家电产品,结果显示,这些大公司西门子、丽都、GE、海尔、松下、惠而浦等占据了主要的家电份额。"

海尔集团2000年实现全球营业额406亿元,出口创汇2.8亿美元,在海外建成10个工厂,并搭建了全球设计中心、制造中心和营销中心的本土化框架,海尔产品在欧洲、美国、中东等地已经成为本土化的名牌。在前不久刚刚结束的科隆博览会上,海尔独家推出的太空系列网络家电走在了所有参展家电企业的前列,被誉为引导了世界家电消费潮流,刷新了欧洲名牌榜。欧洲权威财经大报意大利《24小时太阳报》评价海尔是"亚洲巨人"并惊呼:"海尔白色家电挑战意大利"。

世界家电10强名次

1	WHIRLPOOL(US)	惠尔浦(美国)
2	ELECTROLUX(SWEDEN)	丽都(瑞典)
3	GE APPLIANCE(US)	GE家电(美国)
4	MATSUSHITA(JAPAN)	松下(日本)
5	BOSCH-SIEMENS (GERMANY)	博世-西门子(德国)
6	MAYTAG(US)	美泰克(美国)
7	SHARP(JAPA)	夏普(日本)
8	TOSHIBA(JAPAN)	东芝(日本)
9	HAIER(CHINA)	海尔(中国)
10	HITACHI(JAPAN)	日立(日本)

国务院讨论并通过人口与计划生育法草案等 3月28日,国务院第36次常务会议讨论并原则通过了《中华人民共和国人口与计划生育法(草案)》,审议并原则通过了《集成电路布图设计保护条例(草案)》。

会议认为,我国人口与计划生育工作取得了举世瞩目的成就,成功地摸索出一条具有中国特色综合控制人口数量、提高人口素质的道路,但稳定低生育水平的任务仍然重大而艰巨,计划生育工作中也还存在着一些问题和困难。为了稳定低生育水平,进一步做好计划生育工作,迫切需要在总结地方立法和实际情况的基础上,根据当前实际情况制定人口与计划生育法。

会议认为,集成电路技术是信息产业的核心和国民经济信息化的基础。为了完善我国知识产权保护制度,加强对布图设计专有权的保护,鼓励集成电路技术的创新,需要制定《集成电路布图设计保护条例》。

欧盟肉类出口遭重创 目前在英国、法国和荷兰发现的动物口蹄疫,使欧盟各国的肉类出口受到重创。据欧盟4月2日公布的最新统计数字,目前欧盟94%的牛肉和73%的猪肉出口被冻结,或遭到禁运。

3月26日,欧盟肉类的大买家俄罗斯(占欧盟牛肉出口的42%)宣布,禁止从欧洲国家包括东欧和波罗的海国家进口活家畜和肉类、奶制品及所有动物肉类制品。欧盟牛肉出口的第二大客户埃及也宣布,禁止欧洲的肉制品进入该国。

1999年,欧盟农产品出口总额为700亿欧元。目前还难以统计动物流行病给欧盟带来的直接经济损失。

世界最大的金融集团在德诞生 世界保险业巨子德国安联集团4月初宣布与德国第三大银行

德累斯顿银行合并。此举使安联集团的总资产达到1万亿欧元,成为世界最大的金融集团。

合并后,新集团将重点发展保险、资产管理和银行三大核心任务。安联保险公司已有110年的历史,是一个以从事人寿和财产保险业务为主的大型保险公司,业务遍及世界50多个国家。近年来,它一直在努力涉足金融业。此前,它已收购了两家美国资产管理公司。

美联储降息牵动股市神经——纽约暴涨,欧洲大升 4月18日,在美国联邦储备委员会突然宣布将联邦基金利率从5.0%降低到4.5%的刺激下,纽约股市和欧洲股市立即全线飘红。这是美联储今年以来第4次将利率大幅调降0.5个百分点,显示了其刺激经济发展和避免经济衰退的决心,投资者的信心也因此而备受鼓舞。

18日,纽约股市暴涨,各主要股指均涨至一个多月来的最高点。道-琼斯30种工业股票平均价格指数猛涨399.10点,升幅达3.9%,以10 615.83点收市,为3月12日以来的最高点。以技术股为主的纳斯达克综合指数重回2 000点大关以上,飙升156.22点,升幅高达8.1%,以2 079.44点报收,为3月9日以来的最高水平。

在这一消息刺激下,欧洲股市也狂升至两个月以来最高点。伦敦《金融时报》100种股票平均价格指数受科技、电信以及传媒类股票飚升的鼓舞,终盘时上升129.1点,升幅为2.24%,以5 890.2点收盘,达近6周来的最高点。

美洲国家首脑会议 为期3天的第三届美洲国家首脑会议4月22日在加拿大的魁北克市闭幕。34个美洲国家领导人(其中包括21位总统和13位总理、9 000多名代表)在会议通过的《魁北克宣言》中承诺于2005年建立全球最大的美洲自由贸易区。会议在结束时宣布,第四届美洲国家首脑会议将于2005年在阿根廷举行。

各国领导人在宣言中承诺,在2005年底之前启动美洲自由贸易区。但宣言掩盖了南北双方在建立自由贸易区的目的和要求上存在的分歧,没有反映各国在自由贸易区的具体实施细节,如取消政府补贴和促进市场竞争等问题上存在的诸多矛盾。

宣言内容还包括安全、反毒、司法、环保、劳工、人权、信息技术、美洲国家土著人、多元文化等诸多问题。

江主席与卢卡申科总统签署《中白联合声明》 国家主席江泽民4月23日下午在人民大会堂与白俄罗斯总统卢卡申科举行了会谈。

江泽民主席欢迎卢卡申科总统再次访华,高度评价卢卡申科总统为中白两国关系发展所作出的特殊贡献。江泽民说,建交9年以来,中白两国关系始终平稳健康发展,双方领导人保持密切接触。两国在经贸、科技、教育、文化和体育等领域的交流与合作不断扩大。从1992年至今,双边贸易额逐年递增。去年双边贸易突破1亿美元。我们对双边关系的未来充满信心。

会谈后,两国元首出席了签字仪式。江泽民主席和卢卡申科总统签署了《中白联合声明》。两国有关部门负责人签署了《中白政府关于保护知识产权的协定》、《中国人民银行与白俄罗斯国民银行合作协议》、《中白司法部合作协议》等文件。

美国落选联合国人权委员会 联合国经济及社会理事会(经社理事会)3日举行会议,对该理事会下属各机构的成员国进行改选。美国在联合国人权委员会的改选中落选。

据接近此次会议的外交人士透露,共有54个经社理事会成员国参加投票,美国仅得了29票,在其所在小组中名列最后。此间舆论认为,美国此次落选表明,许多经社理事会成员国对美国在国际上将自己的人权标准强加于人的做法不满。

联合国人权委员会根据联合国经社理事会的决议于1946年2月成立,是联合国系统审议人权问题的主要机构之一。该委员会成员国由经社理事会按地区分配原则选举产生,目前有53个成员国,任期为3年。中国是该委员会成员国。

2001《财富》全球论坛 为期3天的"2001《财富》全球论坛"在取得丰硕成果后,5月10日在香港落下帷幕。

由美国在线时代华纳集团所属的《财富》杂志主办的本次论坛,吸引了中外代表共700多人参加,其中有200多家外国大企业和150多家香港企业的董事长、总裁、首席执行官,还有来自中国内地60多家企业的负责人及20多位来自中国有关部委和省、自治区、直辖市的负责人。

中国国家主席江泽民专程赴港出席论坛开幕晚宴并发表重要演讲，对亚洲的经济活力、中国的发展前景、坚定不移贯彻“一国两制”方针及推进人类和平与发展的崇高事业作了精辟的阐述，受到与会人士和香港各界的普遍赞誉。江泽民主席还先后会见了美国在线时代华纳集团董事会成员、世界知名企业家和香港工商界代表、泰国总理他信和美国前总统克林顿等。

本次论坛围绕“亚洲新一代”这个主题，共举行了25个商业会议。与会代表就“亚洲优势何在”、“企业管治在亚洲”、“新科技如何影响商业及未来变化”、“中国加入世界贸易组织后的科技发展”、“中国加入世贸后的营商环境”、“中国新貌：西部崛起”、“新一代领袖展望未来”等课题，进行了广泛探讨，取得了积极的成果。

泰国总理他信在论坛酒会上发表重点演讲，美国前总统克林顿在闭幕午餐会上发表主题演讲。国际著名的微软公司、戴尔电脑公司、雅虎互联网、东芝公司等负责人也在论坛上发表演讲。中国国家发展计划委员会主任曾培炎、中国人民银行行长戴相龙等也在论坛上发表演讲。此外，香港特区行政长官董建华、特区政府新任政务司司长曾荫树、新任财政司司长梁锦松等也分别发表演讲。

香港特别行政区通过承办这次规模盛大的《财富》论坛年会，不仅向全球工商界展示了良好的营商环境，也向全世界展示了“一国两制”这项伟大事业的巨大成功。

第31届国际管理论坛在瑞士举行 驰名欧洲的圣加仑“国际管理论坛”第31届年会，上午在此间的圣加仑大学开幕，来自61个国家和地区的政界、企业界领导人和知名人士，以及教授和大学生代表、新闻界人士近千人欢聚一堂，共同探讨新世纪世界经济的走向及企业管理经验。

今年西方经济增速减缓，但东亚和中国经济看好，因此本届年会开辟多项专题研讨会，除探索全球经济挑战和预防欧、亚冲突外，还将着重讨论亚洲在全球中的作用，日益繁荣的中国金融市场和中国的合资公司等。

来自清华、北大、复旦等10所中国高校的29名中国大学生应邀参加了本届年会，他们将在会上学习国际经济和管理知识，亲身体验把书本与实践、个人与社会联系起来的有益尝试。

联合国第三届最不发达国家会议 为期一周的联合国第三届最不发达国家会议5月20日在布鲁塞尔闭幕。会议通过了一项政治宣言和《2001～2010年支援最不发达国家行动纲领》。

宣言重申了国际社会致力于改善最不发达国家人民生活水平的承诺，并表示国际社会决心在未来10年中加强合作，争取在帮助最不发达国家及其人民消除贫困、实现和平与发展的全球目标方面取得进展。

宣言承认，1990年召开的第二届最不发达国家会议所确定的目标尚未实现，最不发达国家作为一个整体仍然处在世界经济的边缘，各国负债严重，国内和外来投资水平低，官方发展援助呈下降趋势，经济发展停滞不前。

会议通过的《2001～2010年支援最不发达国家行动纲领》呼吁发达国家采取切实措施向最不发达国家提供更多的发展援助并减免其债务；在贸易方面，《行动纲领》敦促发达国家努力使最不发达国家的所有出口商品不受各国关税和配额的限制，但是《行动纲领》没有为实现这一目标确定具体时间。《行动纲领》还呼吁建立专项基金，帮助最不发达国家改善食品安全、吸引外资以及与艾滋病等疾病作斗争。

出席会议的中国代表团团长、对外贸易经济合作部副部长孙广相在闭幕式上发言指出，本届大会通过的《行动纲领》对最不发达国家摆脱困境、早日走上可持续发展的道路具有重要意义。中国作为发展中国家愿在“南南合作”范围内，一如既往地向最不发达国家提供力所能及的援助，为他们走出贫困、走向繁荣尽自己最大的努力。

目前世界上49个最不发达国家中，34个在非洲，9个在亚洲，其余6个为太平洋和加勒比海岛国。共有人口6.5亿，占全球人口的10%，享有的财富却不足1%。这些国家的居民人均日生活费不足1美元，平均寿命不足51岁，3/4的妇女临产时得不到医疗护理，1/10的婴儿在周岁前死亡，半数以上的居民为文盲，没有清洁的饮用水。更令人担心的是，随着全球化步伐的加快，这些国家的情况越来越糟。目前，这些贫穷国家的产值只占全球经济收入的0.6%，债务则高达 1 500 亿美元。

会议再一次提醒人们:世界经济的全球化,不能以贫富差距拉大为代价。要让贫穷国家摆脱贫困,必须建立一个更加公平合理的世界经济新秩序。对广大发展中国家来说,最要紧的是依靠自身的力量发展经济,不能依赖富国掏钱援助。49 个最不发达国家的政府代表以及来自其他 144 个国家和地区的代表出席了本届会议。

第二届亚太地区城市信息化高级论坛
三天的第二届亚太地区城市信息化高级论坛 5 月 24 日在沪开幕,来自亚太地区 58 个城市的 800 位代表聚会上海国际会议中心,围绕消除数字鸿沟的主题,就城市信息化基础设施、电子政府、电子商务、电子社会、电子风险和城市信息化区域合作等专题展开广泛讨论,并洽谈签署有关合作协议。

开幕式上宣读了联合国秘书长安南、中国国务院副总理吴邦国的贺词。安南在贺词中说,本次论坛将帮助亚太乃至世界其他地区的城市,使信息通信技术为所有人民服务。

本届论坛由联合国经济与社会事务部、联合国开发计划署和上海市政府、中国信息产业部、中国科学院共同举办,联合国工业发展组织、新加坡通信与信息技术部、美国亚洲协会参与协办。论坛议程包括:市长圆桌会议、主题论文宣讲、分组讨率、对经验和最佳实践的总结。其目的在于为政府官员、IT 行业领袖、专业人士和非政府机构提供一个展示城市信息化解决方案和最佳实践的平台,协助本地区的市政府建立城市信息化基础设施;为政府与非政府机构之间发展伙伴关系、为各国之间发展政府和大量政府机构间的伙伴关系提供动力和发展空间。

“上海合作组织”成员国元首会议 “上海合作组织”成员国元首会议 6 月 15 日在上海隆重举行。中国国家主席江泽民、俄罗斯总统普京、哈萨克斯坦总统纳扎尔巴耶夫、吉尔吉斯斯坦总统阿卡耶夫、塔吉克斯坦总统拉赫莫诺夫、乌兹别克斯坦总统卡里莫夫出席会议并发表讲话。他们在讲话中回顾并高度评价了“上海五国”元首会晤机制五年来的丰硕成果,对“上海合作组织”的未来合作,共同打击恐怖主义、极端主义和分裂主义“三股势力”达成了广泛共识。国家主席江泽民主持了元首会议。

上午 9 时许,江泽民主席宣布“上海合作组织”成员国元首会议开幕。他说:“今天,公元 2001 年 6 月 15 日,将载入史册。我们在这里隆重聚会,将宣告欧亚大陆一个新的区域性多边合作组织——上海合作组织的诞生。这是我们六国在深化合作的道路上迈出的历史性步伐。”

江泽民说,五年前,从这里开始的“上海五国”进程,翻开了中国、俄罗斯、哈萨克斯坦、吉尔寺斯斯坦和塔吉克斯坦五国关系史上崭新的一页。今天,“上海合作组织”的成立,必将为中国、俄罗斯、哈萨克斯坦、吉尔吉斯斯坦、塔吉克斯坦和乌兹别克斯坦六国在新世纪的长期睦邻友好合作,奠定更加坚实的基础。

江泽民主席在元首会议上发表了题为《深化团结协作共创美好世纪》的讲话。

普京总统说,“上海合作组织”的成立在发展“上海五国”精神原则基础上,继承了过去五年的积极经验,而且向前迈出了实质性的一步,开辟了未来在多领域开展多边合作的前景。他再次强调要各方协作打击“三股势力”和贩毒等犯罪活动,希望针对当前中亚形势的要求积极开展工作,因为中亚地区局势对安全、稳定的影响并不仅仅局限在该地区。他深信开展经贸合作对“上海合作组织”未来发展将起到重要作用,并对将于秋天召开的“上海合作组织”首次政府首脑会晤寄予了很高期望,希望届时能通过一个长期经贸合作纲要和加强其他领域合作的文件。他还对把文化、减灾等新领域纳入“上海合作组织”合作领域给予积极评价。

纳扎尔巴夫总统、阿卡耶夫总统、拉赫莫诺夫总统、卡里莫夫总统均发表了重要讲话。六国元首会后共同签署了《“上海合作组织”成立宣言》和《打击恐怖主义、分裂主义和极端主义上海公约》。

亚太经合组织贸易部长会议 2001 年亚太经合组织贸易部长会议 6 月 6 日上午在上海国际会议中心开幕。江泽民主席为会议召开发来贺信。他在贺信中代表中国政府和人民,并以他个人的名义,对会议的召开表示热烈的祝贺。

这次贸易部长会议是今年亚太经合组织在中国举办的系列会议中的第一个部长级会议。

中国对外贸易经济合作部部长石广生担任本次

会议的主席。来自亚太经合组织全部21个成员负责经贸事务的部长、副部长、经济体代表,以及一些国际和地区组织的代表共400多人出席会议。

中国对外贸易经济合作部部长石广生担任本次会议的主席。来自亚太经合组织全部21个成员负责经贸事务的部长、副部长、经济体代表,以及一些国际和地区组织的代表共400多人出席会议。

为期两天的2001年亚太经合组织(APEC)贸易部长会议6月7日下午在上海国际会议中心闭幕。本次会议主席、中国外经贸部部长石广生在会后的新闻发布会上称,各成员部长在会议中就各项议题达成多点重要共识,会议进行得非常成功。

在过去的两天里,APEC各成员的部长们根据今年APEC"新世纪、新挑战、参与、合作、促进共同繁荣"这一主题,就亚太地区面临的重大经济和贸易问题进行了认真坦诚的讨论。特别是就启动WTO新一轮多边贸易谈判,贸易与投资自由化、便利化,经济技术合作,新经济与电子商务等问题广泛交换了意见,取得了一系列积极的成果。

商业特许经营国际研讨会 政府部门负责人、专家学者和外国投资者数十人参加了《光明日报》在北京钓鱼台国宾馆召开的商业特许经营国际研讨会。与会者围绕中国商业特许经营发展现状和前景进行了深入探讨。他们在发言中指出,作为一种现代企业经销模式,商业特许经营是未来商业企业的主要发展方向。目前在中国商业流运市场发展特许经营有利于商业分销领域的结构调整;有利于规范市场秩序;有利于优秀商业企业迅速扩大规模,实现品牌战略;有利于合理利用分散的民间资本和增加就业,并将可能成为国民经济的新增长点。随着我国社会主义市场经济的发展,我国商业领域发展特许经营的条件日趋成熟,正在形成一批本土化的特许品牌,适于发展特许经营的行业也不断增加。商业特许经营在中国正在进入快速发展阶段。

发言者认为,商业特许经营是指特许者把自己所拥有的商标(服务商标)、商号、专利产品和专利技术以及经营模式等企业智力资源以特许经营合同形式授予同盟者,让其在授权者的经营模式下规范操作,从事某种特殊许可的经营活动,并且定期向特许者支付相应费用的商业模式。它是国际流行的商业模式之一。在中国进一步发展商业特许经营,必须重视体制创新

管理创新和企业信用制度建设,加大商业领域的对外开放力度,鼓励新的引进和利用外资的业态模式,大力整顿国内市场秩序,在税收、外汇、知识产权等方面给予相应的政策支持。同时还应健全相关法律法规,为商业特许经营提供充足的立法和司法保障。唯其如此,才能充分利用商业特许经营的业态优势,促进中国商业流通领域的进一步发展,更好地迎接加入WTO的挑战。

(郭钟义 编撰)

教育科技文化活动

2000年1～12月

世界战胜"千年虫"平稳进入2000年 《科技日报》1月4日报道,在1999年走向2000年的时候,全球共同关注的电脑"千年虫"没有普遍发作。根据来自各国的报告,世界上绝大多数国家的电脑系统平安进入2000年,只有日本等少数国家出现少量电脑"千年虫"发作的迹象。当人们终于为战胜由自己不经意制造的"魔鬼"而可以松一口气时,一些有识之士指出,"千年虫"给我们留下的教训是十分深刻的,在新千年、新世纪人类应更理性地思考科学发展方向,防止"千年虫"这种小失误造成大麻烦。

"千年虫"问题是人类自己不经意制造出来的。具体地说,就是早期的计算机用两位数字表达年代造成的巨大麻烦。几十年前的工程师和科学家这样做,除了考虑人们的习惯外,还因为想使

早期功能并不怎么强的计算机节省存储空间，提高它的运行速度。不过，他们做梦也没有想到，他们给全世界埋下了一颗"千年炸弹"，如不是及时采取措施，新千年的钟声一敲响，全世界很多计算机系统就会陷入一片混乱。

中国食品专家王晴获小行星命名 国际星座局颁予荣誉，将蛇夫星座中一颗小行星的名字，以中国国内贸易部前科技司司长"王晴"来命名。据悉，王晴是已故大陆国家主席刘少奇的女儿。原名刘平平。

据报道指出，在中国国内贸易部科技司工作的王晴日前收到国际星座局寄来的一份证书和星座手册，手册的星座图上，蛇夫星座一颗编号为RA17H37M17S-D5"39"的行星，从1999年11月25日开始，清晰地注上了王晴的名字。

王晴于1980年赴美国留学，之后考入美国哥伦比亚大学攻读食品科学，为了专心学业，刘平平在美国改名王晴。5年后，王晴以优异成绩取得营养教育硕士学位。返国两年后，她再赴美国，以极优异成绩通过博士论文和答辩，获得中国第一个食品教育学博士学位。

1994年，刘平平调任中国内贸部担任科技司副司长，其后升任司长。为赞扬王晴在科学上的贡献，国际星座局以她的名字为行星命名。

中国1999年国家科技奖励获奖结果揭晓 1999年度国家科学技术奖励获奖项目1月20日揭晓。引人注目的是，国家自然科学奖和技术发明奖的一等奖都分别空缺，而"FBC-1歼击轰炸机"和"某新型导弹驱逐舰"则喜获国家科技进步奖特等奖。

国家级4大科学技术奖分别是国家自然科学奖、国家技术发明奖、国家科技进步奖和中华人民共和国国际科技合作奖。

"重质量丰中子新核素的合成、鉴别和研究"等57个项目被授予国家自然科学奖，其中二等奖10项，三等奖31项，四等奖16项。"高临界电流密度钇钡铜氧超导体材质备技术"等69个项目被授予国家技术发明奖，其中二等奖13项，三等奖38项，四等奖18项。"FBC-1歼击轰炸机"等476个项目被授予国家科技进步奖。获得1999年国际科技合作奖的4人是：巴西人卡马戈、意大利人乌姆博托·科伦博、日本人石本正一、美国科学家瑞塔·阿·科威尔。

据悉，1999年的奖励重点是自主创新、拥有自主知识产权、解决国民经济建设的热点与难点的关键技术和符合可持续发展的战略项目，以及在实现科技成果转化推广中取得巨大经济、社会和生态效益的优秀科技成果。

从行业分布情况看，获奖项目有1/5强分布在工业战线，15%分布在科学研究和综合技术服务业，13%分布在农林牧副渔以及水利业。获奖项目仅1997年和1998年两年间就累计新增产值2 525亿元，新增利税173亿元。

哈勃望远镜"病假"结束 清晰照出"壮烈死亡"星 美国宇航局24日公布了修复后的哈勃太空望远镜发回的第一批照片，照片上清晰记录了一些遥远星系和一颗正在"壮烈死亡"的恒星。

由于用于定位的陀螺仪严重损坏，哈勃望远镜于1999年11月中旬休起了"病假"。12月，美国发现号航天飞机升空对其进行了维修。为了检测哈勃望远镜维修后的性能，天文学家将它指向了两个有趣而且非常"上镜"的天文目标：一个是"爱斯基摩星云"，另一个是巨大的星系群"Abell 2218"。

"爱斯基摩星云"是1787年被发现的，该星云从地面上看有点像一张由毛皮头巾包裹的脸，并因此而得名。该星云位于双子座方向，离地球约5 000光年。据认为，该星云的中央是一颗正在死亡的恒星，向外喷发着大量高密度物质。该星云的照片是哈勃望远镜于1月10日拍摄的。专家说，"在哈勃望远拍到的的所有星云照片中，这一张是最精美的"。从照片中可以看到，在"头巾"的周围，有一圈彗星状的物质从星云中央逃逸出来。

科学家设计出"基因开关"与"基因钟" 美国两个研究小组最近分别在英国《自然》杂志上撰文说，他们新设计出了简单的"基因开关"和"基因钟"，能分别以开关及定时的方式控制基因活性。两项成果给生物工程操作提供了新的工具，并有望在疾病治疗等领域找到用途。

两小组设计出的"基因开关"和"基因钟"都是在大肠杆菌体内建造成功。其中，波士顿大学加德纳及其同事制造出的"基因开关"，是科学家们首次成功找到控制基因在“开”、“关”两个稳定状态间转换的办法。该“开关”由一对互不相容的基因构成，两基因各自产生的阻遏蛋白，能分别将另一个基因“关闭”。也就是说，当基因中有一个被激活时，另一基因则失去活性。

加德纳等在研究中发现，采用短暂的化学或温度信号刺激，即可使“基因开关”在“开”或“关”状态间跳转。他们还发现，由此获得的基因“开”、“关”状态最长能分别稳定保持20个小时以上，并能遗传给细菌后代。这样的生物传感器在糖尿病等的治疗上将有用武之地。譬如说，借助此类生物传感器，可在血糖升至特定数值时，自动促使人体合成胰岛素。

另外，美国普林斯顿大学科学家也在《自然》上介绍说，他们在大肠杆菌体内利用装配出的一个简单网络，成功地使大肠杆菌具备了“记时”功能。该“基因钟”由3个基因构成。这3个基因之间以一种循环的方式工作，每个基因能按次序抑制下一个基因的活动。研究人员将其中一基因与绿色荧光蛋白质结合后，最终获得了按一定周期、有规律闪动的绿色荧光信号。该“基因钟”的寿命长过大肠杆菌细胞的分裂周期，在遗传给其下一代后仍能继续“滴答”走动。

中国科技竞争力排名急剧起伏 瑞士洛桑国际管理开发研究院每年一期的《国际竞争力报告》显示，在参与排名的47个国家和地区中，1999年度中国的科技竞争力排名从上一年度的第13位大幅下降至25位。这一结果引发了公众的广泛关注。科技部中国科技发展研究中心杨起全、吕力之两位研究员说，排名下降与指标调整有关。两位专家认为，洛桑报告的指标数量和内涵各年度之间常有变动，1999年度该报告中中国科技竞争力排名大幅下降，与新增的6项指标中国排名靠后有很大关系。新增指标中，除“合格信息技术人员可获得程度”属专家调查数据外，其余5项都是统计结果。“1950年以来人均获诺贝尔奖人数”、“人均企业研究与开发经费”、“人均研究与开发人数”、“人均企业研究与开发人数”4项指标，中国分列第41、39、33和31位。

两位专家指出，排名不等于实力，不管科技竞争力排名有多大的波动，中国的科技实力还是比较稳定的，排名应该在世界前10位之内。而且只要仔细研究洛桑报告中的核心科技指标就会发现，中国的科技竞争力基本上处于平稳发展状态。

杨起全和吕力之认为，尽管可以为科技竞争力排名下降找出各种理由，也可以不理会这一排名，但我们不能不重视各项基本指标排名中所反映出来的问题。

转基因水稻从实验室走向田野 新华社2月11日报道：广受世人关注的转基因水稻研究正从实验室走向田野，记者最近从中国水稻研究所获悉，转基因水稻已进入大田释放阶段，现正申请商品化生产。

1996年，中国水稻研究所以黄大年研究员为首的课题组，在世界上首次研究出了抗除草剂转基因杂交稻，为解决长期以来困扰杂交稻制种纯度问题提供了新方法。这项成果名列由中国500位两院院士评选出的“1997年中国10大科技进展”榜首。之后，课题组又成功配制出抗除草剂转基因直播水稻，可省工省时除尽稻田杂草。

1999年3月，中国水稻所与浙江钱江生物化学股份有限公司联合组建了浙江金穗农业基因工程有限公司，正式拉开了将转基因水稻推向产业化的序幕。

目前，黄大年等人已选育出一批优良的转基因水稻组合和新品系，经农业部基因产品安全委员会的安全审定和批准，这些新品种已开始在浙江的富阳、临安、丽水等地进行继续实验室研究和中间试验后的大田释放和试种示范，并正在向有关部门申请商品化生产。

全球黑客破坏活动日益猖獗 近年来，全球黑客袭击事件频频发生，其行为从炫耀技能逐步向利用网络技术进行经济和政治犯罪演变，形式也由个人行为向有组织方向发展，对国际经济秩序、社会稳定、国家安全构成严重威胁。

2000年2月上旬，黑客袭击美国8家大型网站，造成的经济损失估计在12亿美元以上。1988年，一名黑客在网上传播“蠕虫”程序，感染了6 000多个电脑系统，占当时互联网的1/10。1989年，5名西德黑客侵入美国政府和大学电脑网络。1992年，一黑客组织侵入美国电话电报公司、美国银行和TRW公司及国家安全局计算机系统。1994年，格里菲斯空军基地和美国国家航空和宇宙航行局的电脑网络遭2名黑客攻击。1995年,俄罗斯黑客侵入纽约花旗银行,非法转移资金370万美元。1998年,美国五角大楼网站遭到黑客大规模攻击,众多数据资料被窃取。1999年,黑客攻陷美国参议院、白宫和美国陆军网络以及数十个政府网络。

中国影片走向世界 经过12天的激烈角逐,第50届柏林国际电影节于21日闭幕。由著名导演张艺谋执导的中国影片《我的父亲母亲》获得"银熊大奖"(评委会特别奖)。美国影片《木兰花》获本届电影节的最高奖"金熊奖";美国导演米洛斯·福尔曼因执导《月亮上的男人》而获最佳导演奖;在德国电影《丽塔传奇》有出色表演的比贝亚纳·贝格劳和纳佳·乌尔获最佳女演员奖;美国影片《捍卫正义》的男主角丹策尔·华盛顿获最佳男演员奖;德美合拍影片《百万大饭店》获本届的"银熊奖"。

柏林电影节分参赛片、电影汇展、新人新片、电影回顾和儿童片等几个部分,共有约90个国家和地区的近300部影片参加。其中有来自欧美和亚洲的21部影片参加了"金熊奖"的角逐。电影节上映的影片代表了目前世界电影业的水平和趋势。

英国克隆出转基因猪 英国生化公司PPL公司昨天宣布,该公司成功克隆了猪。并称这是继1996年克隆羊多莉出世之后在基因研究领域内取得的又一次重大突破,为向人类提供大量可供移植的器官扫清了障碍。

据透露,这批克隆成功的小母猪共有5头,于3月5日在位于美国弗吉尼亚州布莱克斯堡的PPL公司美国基地出世。克隆猪使用的技术与克隆多莉羊的技术相同,都是将含有遗传物质的体细胞的细胞移植到去除了细胞核的卵细胞中,然后促使这一新细胞分裂繁殖发育成胚胎,最后植入母猪子宫中使其怀孕生产。

克隆猪的成功宣告可供人体移植的器官短缺的时代即将结束。据悉,世界各地的科学家一直在努力培养改变基因的猪,使这些猪的器官和细胞能够被用于人体移植而不被人体排异。猪的器官由于生理结构和形状大小与人体器官比较类似,一直被一些科学家认为是替代人体器官进行移植的首选。但是迄今为止,猪器官移植都面临排异反应,因为猪的细胞中有一种特殊的基因。科学家希望通过克隆技术剔除这种基因,从而扫除猪器官移植的障碍。科学家还希望通过克隆技术培养出细胞中可以分泌胰岛素的猪,这样糖尿病人就可以通过移植这些猪的细胞来治疗糖尿病。

有分析家认为,在4年内,猪的脏器应用于人体移植将进入临床阶段。但也有人担心,移植猪的脏器可能使人体受到潜伏在猪基因里的未知病毒的侵袭。

第2届全球知识大会在吉隆坡开幕 以"建设知识社会"为主题的第2届全球知识大会3月7日在吉隆坡开幕。来自全球125个国家和地区及国际机构和非政府组织的1 200多名代表在为期4天的会议里,将重点讨论3大问题:如何确保全世界人民获得信息和通讯技术;确定协助个人和社群改善生活的策略;以及如何使新技术成为更有效、透明和参与式的管理工具。

本届大会由全球知识伙伴机构和马来西亚政府共同主办。大会期间,除举办有关展览外,青年论坛、妇女论坛和传媒论坛将分别举行会议,讨论信息技术带来的机遇和挑战,为本届大会提供制定策略的意见。

第1届全球知识大会是1997年6月在加拿大多伦多举行。

耀眼铱星终告陨落　美国铱星公司倒闭 曾被美国科技界在1998年评为电子技术大奖的"独一无二的新型卫星电话系统——铱星系统",在美国东部时间3月17日午夜起被关闭。用66颗低地轨道通信卫星编织起来的世纪末科技神话宣告破灭。

1991年,摩托罗拉公司正式决定建立由77颗低地轨道卫星组成的移动通信网络,并且以在元素周期表上排第77位的金属"铱"来命名该系统,后来卫星的数量减到了66颗,但铱星公司的名称继续沿用。铱星系统用户可以不依赖地面网而直接通信,使移动电话用户能够从地球上任何地方给其他任何地方打电话,而不必担心各地蜂窝电话系统互不兼容,是真正的"全球通"。1997年6月,铱星公司股票正式上市,受到投资者的大肆追捧,股票价格从发行时的每股20美元飙升至1999年5月份的70美元。1998年

11月,铱星公司正式投入商业运营。

占有美国铱星公司18%股份和负责铱星系统运行的摩托罗拉公司,3月6日向全球用户寄发了一份紧急通知称,除非在3月15日之前有人向铱星通信系统注入资金,否则铱星通信服务将被停止。

原来,美国铱星公司在耗资50亿美元组成铱星系统的同时,也背负了40多亿美元的债务,无力面对后来居上的"大哥大"通讯公司的竞争。

第72届奥斯卡金像奖揭晓 第72届奥斯卡金像奖颁奖仪式26日在美国洛杉矶举行。影片《美国丽人》获得最佳影片、最佳导演、最佳男主角、最佳原创剧本、最佳摄影等5项大奖。

由萨姆·门德斯执导的《美国丽人》是一部描写美国中产阶级家庭问题的影片。

《美国丽人》一片的男主角凯文·斯佩西获得本届奥斯卡最佳男主角奖,这是他第2次获得这一奖项。获最佳女主角奖的是主演《男孩不哭》的希拉里·斯旺克。

迈克尔·凯恩由于在《苹果酒屋的规则》一片中有精彩表演而夺走了最佳男配角奖。安杰利娜·若利因为在影片《移魂女郎》中表现不凡获最佳女配角奖。

西班牙故事片《关于我的母亲》获得最佳外语片奖。

人类基因计划测序接近尾声,中国承担3 000万个碱基对测序完成 4月17日举行的"人类基因组计划"最新进展报告会上,举世瞩目的人类基因计划测序工作接近尾声,中国承担其中的1%即3号染色体上3 000万个碱基对测序任务基本完成。

人类基因组计划是指合成有功能的人体各类细胞中蛋白质及多肽链和RNA所必须的全部DNA顺序和结构,包括人类23对染色体上全部的DNA所携带的遗传信息的总和,即30亿个碱基对的序列,估计含8~10万基因。人类基因组计划由美国政府1990年10月正式启动,此后德国、日本、英国、法国、中国等6个国家的科学家先后正式加入了这一计划。

据国家人类基因组北方研究中心姚志建教授介绍,尽管中国承担的1%测序任务基本完成,但整个草图的拿出得在2000年夏季,精图的完成将在2003年。中国科学院生物物理研究所陈润生教授说,人类基因组计划测序工作的完成是令人振奋的,但离真正破密人类基因仍有一段距离,可它又使我们看到了生命科学的曙光,它不但在研究新药上贡献巨大,随着研究的深入还将使治疗医学及预防医学出现根本转变,人类健康将走向新的高度。

生命科学和临床医学国际会议开幕 2000年生命科学和临床医学国际学术会议4月19日在北京开幕。本次会议由中国工程院主办并邀请中国科协等12个学术团体协办。

全国人大常委会副委员长吴阶平在讲话中说,这次大会邀请了世界各地的同行,目的是要在基础科学和临床医学之间架起一座桥梁,将对推动我国医药卫生事业、促进国内外学术交流和提高基础研究成果与临床应用的结合起到巨大的影响和作用。卫生部部长张文康在致词中说,生命科学是研究生命现象的本质、规律及其与环境的关系,解决与人类密切相关的诸多重大问题的学科。近一个世纪以来,生命科学飞速发展,它必将对整个科学以及经济、社会的发展产生重大影响。医学是生命科学的重要组成部分,是生命科学以及许多其他学科的重要交汇和应用领域。

本次会议分7个专题展开,分别是:心脑血管、恶性肿瘤、传染病、肾病与糖尿病、创伤与烧伤、传统医学现代化、环境、毒理与健康。来自美国哈佛大学、德国慕尼黑大学和美国国立卫生研究院等著名机构的国际知名学者80人、我国部分两院院士以及29个省市自治区的1 200多名专家和医务工作者将就上述7个专题进行学术交流。会议还特邀诺贝尔奖获得者盖蒂席克等专家作学术报告。

国际传统医药大会 国际传统医药大会4月22日在北京开幕。中共中央政治局常委、国务院副总理李岚清向大会致信,他希望通过这次大会的召开,进一步促进各国传统医药的交流与合作,促进传统医药在世界范围内蓬勃发展,让传统医药在新的世纪为人类健康做出更大的贡献。

李岚清在信中指出,在人类历史发展的长河中,世界各国形成了自己的传统医药,并不断交流、融合发展,成为人类文化的宝贵遗产,为人类的文明进步和世界各民族的繁衍昌盛做出了不可磨灭的贡献。中国政府历来既重视现代医药又重视传统医药的发展,中国的传统医药和现代医药相互学习、相互补充,在人民的健康保健事业中发挥着重要作用。参加这次大会的有来自世界40多个国家和地区的2 000多位代表,这表明随着新世纪的到来和人类健康观念的转变,传统医药在社会不断进步、科学技术不断发展的今天重新受到重视。

国际传统医药大会由国家医药管理局和世界卫生组织联合举办,本次大会的主题是“21世纪传统医药的发展和应用”。来自泰国、英国、意大利、新加坡等43个国家和地区的2 500多名卫生官员及专家代表出席了这次大会。在为期3天的会议期间,他们将就传统医药的开发、管理、发展、应用等问题进行交流,还将参观《国际传统医药展览及展示会》。

中国空间科技10大新闻事件评出 为纪念中国第1颗人造地球卫星成功发射30周年,4月23日中国航天集团公司组织20多位航天科技方面的两院院士,从20世纪后30年中国空间事业的发展历程中评选出了10件最具历史意义的航天新闻大事。

这10件大事是:1970年4月24日,中国第1颗人造地球卫星发射成功;1975年11月26日,中国返回式卫星发射成功;1984年4月8日中国同步静止轨道通信卫星发射成功;1985年10月25日,中国宣布进入国际商业卫星发射市场;1988年9月7日,太阳同步轨道气象卫星发射成功;1992年8月14日,长二捆大推力运载火箭成功发射;1997年5月12日,大容量通信卫星研制发射成功;1997年8月20日,高轨道大推力运载火箭研制发射成功;1999年10月14日,中国和巴西合作研制并发射资源卫星;1999年11月20日,“神州”号宇宙飞船首飞成功。

参与评选的两院院士是:王大珩、陈芳允、任新民、孙家栋、杨家墀、王希季、黄纬禄等。全国政协副主席、中国工程院院长宋健任评选委员会主任,并在评审会上发言。

世界教育论坛闭幕 为期3天的世界教育论坛4月28日在达喀尔闭幕。与会者对过去10年全球在普及基础教育、扫盲、改善师资条件、提高教学质量等方面所取得的成就以及存在的问题和障碍进行了全面评估,并一致通过了《2000～2015年世界教育行动框架》。

框架文件重申了1990年在泰国宗滴恩发表的《世界全民教育宣言》的观点,即每个儿童、青年和成年人都有权接受教育,他们的基本学习需求应当得到满足。

文件指出,调查表明,许多青年和成年人仍没有机会学习文化和掌握就业及参加社会生活所需的技能和知识。普及全民教育的工作如果不能迅速取得进展,各国及国际社会消除贫困的目标就无法实现,国与国之间的不平等就将进一步加剧。

为实现全民教育,框架文件分别从幼儿启蒙教育、消灭性别歧视、提高教学质量、加强教育投入、消除战争后遗症以及预防艾滋病等方面提出了明确的奋斗目标。文件要求与会各国最迟在2002年制订出全民教育国家行动文件,并且从根本上解决一直困扰各国教育经费不足的问题,以便在2015年前实现普及全民教育的目标。文件还呼吁国际社会通过提供援助或优惠贷款以及减少债务等方法帮助那些有志振兴教育的国家解决资金匮乏问题。

本次世界教育论坛由联合国教科文组织、联合国儿童基金会、联合国开发计划署和世界银行等机构联合主办的。中国和其它150多个成员国及50多个非政府组织的大约1 000位代表出席了会议。

第3届“中国北京高新技术产业国际周” 5月8日开幕的第3届“中国北京高新技术产业国际周”5月12日下午闭幕。国际周组委会副主席、科技部副部长徐冠华主持了闭幕式。教育部部长陈至立致词并宣布第3届国际周闭幕。

第3届高新技术产业国际周举办了5天,共接待中外来宾20余万人次,来自国内外450多家跨国公司、高新技术企业、科技园区、科研院所参加本次活动。国际周期间一批中外著名的企业争相在展会亮相,国内知名的科技骨干企业也充分展示了其在高新技术领域的前沿成果。国际周集中展示了一批在国内外处于领先地位的网络、生物医药、环保等最新科技产品和成果,其中全球定位系统、地理信息系统和遥感技术首次聚集国际周。

这次国际周经贸洽谈会以较大的成交量展示了高新技术领域国际合作与交流广阔的市场前景。据不完全统计,本届国际周签署国内外合资合作、技术贸易、产品贸易合同、协议、意向总计60.23亿美元,其中北京市占58%,中央与外埠占42%。

国际周期间,还组织了55场论坛演讲,大多数场次爆满，其中3场高新技术产业论坛900人会场座无虚席，共有来自国内外各个领域的知名专家、学者、企业家、金融家190余人到会演讲。

这次"国际周"得到党和国家领导的高度重视和支持。贾庆林、经叔平、石广生、刘淇和国务院部委的有关负责人也出席了闭幕式。

"爱虫"病毒袭击世界网络 一种被称为"爱虫"的新型计算机病毒5月4日席卷亚洲、欧洲和美国等国家和地区。全世界有4 500多万台计算机遭袭击。因"爱虫"病毒造成的经济损失将超过100亿美元。

以色列创嗅觉传播新技术 以色列魏茨曼研究所的两名科学家在嗅觉传播技术方面取得新成就。这项技术将给方兴未艾的电子商务带来新的便利。人们将在上网、看电视、电影、玩电脑游戏时接收到相应的嗅觉信号，顾客在网上购物时将能同时闻到商品的气味，使他们有身临其境的感觉，从而刺激消费欲。

中国专利损失严重 5月11日，《光明日报》报道，由于中国人知识产权观念淡薄，中国大量的科研成果由于没有申请专利，这笔财富白白地流失了。中国目前每年有3万多项国家级重大科技成果，其中有2万多项未申请专利。十几年里，中国将11万余项发明无偿地"奉献"给了外国，数字之大令人触目惊心。与此同时，外国专利在中国跑马占地的情况十分严重，尤其是信息技术领域，外国人在中国的发明专利占了90%。在中国，国外的专利覆盖正在形成，形势相当严峻。

中日文化观光交流大会在京举行 5月20日下午，国家主席江泽民、副主席胡锦涛及国务院副总理钱其琛出席了由中日友好协会、国家旅游局和日本运输省、日本文化观光交流2000组委会共同举办的中日文化观光大会。外交部长唐家璇以及有关部委，团体负责人、各界代表，和以日本运输大臣二阶俊博为特别顾问、日中友好协会会长平山郁夫为团长的日中文化观光交流使节团5 000多人出席在人民大会堂举行的大会。

参加大会的日方代表有日本政治、经济、文化、教育等各界知名人士、地方政府首脑和日本全国47个部道府县各方代表。日本驻华大使公野作大郎也出席了大会。

钱其琛和平山郁夫分别在大会上致词。

会前，江泽民主席还会见了代表团主要成员并作了重要讲话。中日双方还表演了富有浓郁民族色彩的文艺节目。

交流大会后，日本朋友分赴中国20多个省份参观访问。

5 000多人组成的文化观光交流使团访华，必将在日本国内引起强烈反响，对中日友好关系的发展会予以积极的推动，将成为新时期两国民间友好交流的典范。

日本科学家发现新的幻数 新华社6月2日讯，日本理化研究所近日宣布，该所科学家谷烟勇夫等通过实验表明，在"丰中子原子核"里，中子数为16的原子核处于稳定状态，从而发现了新的幻数。据时事社报道，日本物理学家小田可念对这一科研成果给予高度评价，认为这一发现将成为解释宇宙最初怎样形成，质量重的原子核又怎样形成的线索。

《院士科普书系》在京首发 100多位中国两院院士参与撰写的大型科普出版工程——《院士科普书系》6月4日在京举行首发。江泽民总书记为这套书撰写《提高全民族的科学素质》的序言。

《院士科普书系》是中国科学院和中国工程院在1998年两院院士大会期间发起组织的一项跨世纪的科普出版工程。157位院士与出版社签约撰写156本科普书。经过整整两年的努力，第一辑和第二辑各25本已由清华大学出版社和暨南大学出版社出版发行。

《院士科普书系》由路甬祥院士任编委会主任，周光召、朱光亚、宋健院士为名誉主任。路甬祥在首发式上指出《院士科普书系》不同于一般科普作品。它定位于普及当代科技前沿知识与解答21世纪中国经济、社会发展的科技难题，是一套具有科学性、知识性、前瞻性、实用性的高级科普著作。这套书将采取滚动出版的模式，长期进行下去。

中国两院院士大会 6月5~9日，中国科学院第10次院士大会、中国工程院第5次院士大会在京隆重举行。江泽民主席、李岚清副总理分别发表了重要讲话。

这次大会是两院迎接新世纪的一次盛会。大会修订了《中国科学院院士章程》、《中国工程院院士章程》,讨论了《中国科学院院士增选工作实施细则》,选举产生了两院新的学部领导机构,决定在中国工程院设立工程管理学部。会上,中国科学院、中国工程院分别投票选举产生了7名和6名外籍院士,并向1999年新增选的168名院士颁发院士证书。目前,中国科学院和中国工程院分别有625名、544名院士和36名、18名外籍院士。大会期间,两院举办了以“百年科技回顾与展望”为主题的学术活动和“工程科技前沿”大型学术报告会,数十位院士面向公众就前沿科技、工程等问题作了精彩的报告。今天的大会还向19名专家颁发了陈嘉庚奖和中国工程科技奖。

1999年中国10大考古新发现 6月9日《光明日报》报道,由中国国家文物局专家组、中国社会科学院考古研究所、北京大学、中国文物研究所、中国历史博物馆、故宫博物院等单位的10余位考古专家组成的评委会,从1999年经批准的全国400余项考古发掘项目中,经评议、投票,评选产生出1999年度“10大考古新发现”。这10项考古发掘上迄新石器时代,下至明清,内容涉及城址、墓地、酒坊等多种遗迹,是1999年全国考古工作成果的集中体现。“10大考古新发现”对于揭示中华文明发展进程、研究中国古代历史文化等方面都具有重要价值。这10个项目为:江苏江阴高城墩新石器时代遗址;吉林通化万发拨子遗址;云南羊甫头墓地;安徽淮北隋唐大运河考古;辽宁桓仁五女山山城;山西太原市晋源区隋代虞弘墓;河北元中都;河南焦作府城商代早期遗址;湖南虎溪山一号汉墓;四川成都水井街酒坊遗址。

国际文化论坛呼吁维护文化多样性 重点探讨经济全球化对文化领域影响的首届国际文化论坛6月17日在巴黎闭幕。与会代表在会上通过了《文化性和文化多样性权利宪章》,呼吁有关国际组织及各国政府采取措施,维护世界文化的多样性。

50多个国家的数百名政府代表和文化、教育、艺术及企业界人士在3天的会议上各抒己见,对“经济全球化能否创造新的文化价值”、“新技术对文化产业、知识产权和出版业会带来何种影响”等问题发表了看法。许多与会者指出,资本的自由流动和日益增长的国际贸易有利于各国之间的交流,但这种交流往往局限于单向流动,因而增强了文化的单一性趋势,损害了文化的多样性。以欧洲电影市场为例,20年前,大多数欧洲国家除本国电影外,还上映来自许多不同国家的影片;如今,欧洲各国上映的外国电影几乎都是美国片。

非洲和拉美地区的一些代表对经济全球化带来这一负面影响深感忧虑,担心少数民族及其文化、宗教、语言、艺术等会在全球化浪潮中被吞没。他们要求有关国际组织及各国政府采取措施,加强管理,使各民族的文化和宗教信仰得到尊重和保护。

本届论坛的秘书长、法国凡尔赛宫博物馆馆长阿斯蒂埃认为,文化活动即使含有经济成分,也决不是商品,不能简单地被列为消费品。他认为,在经济全球化的大潮中,特别要防止一切从经济出发、从市场出发的倾向。

本届国际文化论坛是由法国总统希拉克倡议举办的,并计划今后继续举办下去。

第1届国际生物伦理大会在西班牙召开 第1届国际生物伦理大会6月20~24日在西班牙西北部城市希洪举行,来自37个国家的450名科学家在会议结束时签署了《希洪生物伦理声明》。

声明指出,不久将公布的人体基因图谱是“全人类的财产”,不应享有专利,而应让它为各国的发展和自然保护作出贡献。

声明呼吁“谨慎”使用生物技术,反对克隆人体,赞成在治疗中使用细胞,但不能破坏胚胎。声明同时还呼吁各国在转基因食品的生产方面提供更多的信息、安全和质量保证。

该声明最后将提交世界各国政府审议,以最终为正确使用生物技术立法。

中国成功发射“风云2号”卫星 北京时间2000年6月25日晚上7时50分,中国在西昌卫星发射中心用“长征3号”运载火箭,成功地将“风云2号”卫星送入太空,这是中国发射的第2颗地球同步轨道气象卫星。有关专家指出,与1997年的第1颗“风云2号”卫星相比,这颗卫星在技术性能、可靠性、稳定性等方面均有新的改进和提高。它表明中国已成为世界上继美国、前苏联之后,能独立研制、生产、发射这种轨道气象卫星和“风云1号”太阳同步轨道气象卫星的第3个国家。

人类基因组草图公布天下 6月26日是人

类历史上值得纪念的一天。参与人类基因组计划的美国、日本、英国、法国、德国和中国6国的科学家，今天向全世界公布了人类基因组的工作草图。人类基因组遗传密码的基本破译，昭示着人类对自身的了解迈入了一个新的阶段。美国克林顿总统在评价这一历经10年时间完成的科学成果的深远意义时说："人们将世世代代记住这一天。"他感谢美国、英国、德国、日本、中国和法国的上千名科学家为取得将这一开辟新纪元的成果所作出的贡献。

人类基因组约含6万到10万个基因，由约30亿个碱基对组成，分布在细胞核的23对染色体中。为破译这本蕴藏着生命奥秘、决定人的生老病死的"天书"，1990年，被誉为生命"登月计划"的国际人类基因组计划启动，由美、日、德、法、英和中国的科学家共同参与。

1999年9月，中国获准加入这一研究计划，负责测定人类基因组全部序列的1%，也就是3号染色体上的3 000万个碱基对，中国因此成为参与这一研究计划的惟一发展中国家。

破译人类遗传密码不仅被认为是达尔文时代以来生物学领域最重大的事件，同时也被认为是人类历史上最重要的科研工程。按照设想，碱基对测序完毕之后，科学家将分析碱基对如何组成基因以及各种基因有什么功用等。弄清全部基因的位置、结构和功能，"人类基因组工程"破译出的人类遗传密码基本数据将无偿供全世界研究者使用。据悉，人类基因组的完成图将于2001年6月完成所有测序分析工作，将为人类征服多种疑难病症铺平道路。

中国第1颗微型卫星上天 6月28日，由俄罗斯的运载火箭"宇宙－3M"将中国的第1颗微型卫星——航天清华1号送入太空。

该卫星只有50公斤，却能在科学试验、资源普查、灾害预报、测绘勘查、环境和农业的监测等领域发挥独特的作用。航天清华1号的升空，标志着中国已进入微型卫星研制的新领域。

中丹科学家将联手破译家猪遗传密码 中科院遗传所人类基因组中心暨北京华大基因研究中心和丹麦6家科研单位(皇家农牧大学、奥尔佛斯大学、丹麦农业研究所、南丹麦大学、诺亚诺德公司等)合作的"中丹家猪基因组计划"7月3日正式启动，这表明中丹科学家将联手破译家猪遗传密码。

专家称，之所以选择水稻和家猪作为基因组计划首先启动项目，是因为水稻和家猪对中国太重要了，这二者在中国国民经济中均占有重要地位。中国是世界上养猪最多的国家，猪肉是中国人摄取蛋白质的第一来源，而丹麦是世界上人均养猪最多的国家，人均猪肉消费量居世界第一位，可见这项研究对中丹均意义重大。

开展这项研究的主要作用，一是可以培养优良品种的家猪，提高瘦肉比率，改善肉质与营养成分，加快家猪生长速度和高效繁殖率；二是从医学和生物技术来看，家猪将是人体器官移植和用作疾病模型的最佳选择之一。

联合国全球信息技术会议 联合国经济与社会理事会7月5～7日在纽约联合国总部举行本年度的高层会议，讨论全球信息技术发展问题。2000年会议的主题是如何缩短发达国家与发展中国家在信息技术发展方面的差距。联合国经济与社会理事会主席、印度尼西亚常驻联合国代表明斯顿5日发表开幕词说，消除发达国家与发展中国家在信息技术方面的差距是联合国和国际社会所面临的一大挑战。

中国科技竞争力世界排名下滑 《文汇报》7月13日报道，不久前瑞士洛桑国际管理开发研究院发表了2000年度《国际竞争力报告》，中国科技竞争力排名继1999年下降12位后，在本年度报告中列第28位。中国的国际竞争力总体排名第31位。

与1999年科技要素构成指标的大幅变动不同，2000年度报告的26项指标构成没有变动，此次排序与上年有很强的可比性，"企业间技术合作"和"企业与大学间技术转移"两项指标排名大幅下降。

2000年的洛桑报告中，对中国科技竞争力排名下降影响最大的两项指标是"企业间技术合作"和"企业与大学间技术转移"。前者排名第35位，比上年下降10位；后者排名第30位，下降7位。而这两项指标正是近年来衡量国家技术创新成效的关键指标，它从一个侧面反映一个国家的创新机制是否完善(详见附表)。

中国国际竞争力及8项要素名次(1994～2000年度)

	国际竞争力	国内经济	国际化程度	政府管理	金融	基础设施	管理	科学技术	国民素质
1994	34	3	41	14	39	43	45	23	38
1995	31	2	34	12	38	43	41	27	37
1996	26	2	23	9	37	40	30	28	35
1997	27	14	29	6	40	40	34	20	31
1998	24	5	20	5	42	40	30	13	24
1999	29	6	18	16	36	42	36	25	27
2000	31	17	35	16	41	42	38	28	29

中国科学家培育出世界第1支试管藕 据新华社7月14日报道,武汉市蔬菜研究所水生蔬菜研究室,在世界上首次培育出试管藕。有关专家评价,这是藕细胞工程的一大突破,将为藕的快速繁殖、实现产业化生产提供前所未有的机遇。

风云2号发出警报:"太阳风暴"袭击地球 7月14日,中国科学院空间中心空间环境研究室提供的消息,根据中国"风云2号"卫星太阳X射线探测器的实时监测结果,7月14日北京时间18时20分左右,太阳爆发了风暴。这次风暴的强度比2000年6月7日的太阳风暴大许多倍。这起强太阳风暴已于16日零时左右开始袭击地球并持续了20多个小时。风暴对卫星安全、通信、导航定位等构成了影响。但由于有地球磁场很强的屏蔽保护作用,这次太阳风暴未影响地面,因此对人类健康未造成影响。

中国基因剔除技术获重大进展 《光明日报》7月18日报道,第四军医大学生物化学与分子生物学教研室韩骅教授经过4年多的艰苦努力,成功地运用基因剔除技术在国际上首次建立了与中枢神经系统发育有关的3种基因剔除小鼠模型,并迅速而全面地进行了基因剔除小鼠的表型分析,为人类进一步探索中枢神经系统发育调控的分子机理研究开辟了新的途径。专家们认为这项技术不仅有助于人类寻找中枢神经系统疾病的治疗方法,而且进一步揭开了人类疾病的秘密,征服多种疑难病症以及延年益寿提供了可能。

中国成功绘制出世界首张鲤鱼遗传连锁图谱 7月17日《光明日报》报道。中国研究人员日前成功地绘制出世界第一张鲤鱼遗传连锁图谱,从而为今后在DNA分子层面上培育具有某些特定优良品质的鲤鱼品种,创造了必要的技术条件。鉴定此项成果的农业部的有关专家认为,此项研究在国际同类研究中处于领先水平,鲤鱼遗传连锁图谱的绘制和从DNA分子层面上研究获得的抗害性分析结果,在世界上尚属首次。

中国获国际物理奥赛总分第一 第31届国际物理学奥林匹克竞赛于7月8～16日在英国莱斯特举行。共有64个国家和地区的代表队的近300名选手参加了比赛。本届竞赛共设金牌15枚,银牌42枚。中国共派出5名选手参赛,全部获得金牌,并荣获团体总分第一。

中国"神威"高性能计算机应用系统正式运行 北京高性能计算机应用中心揭幕仪式7月25日在中国气象局举行。标志着中国高性能计算机的研制与应用迈上了一个新的台阶。江泽民总书记亲笔为该计算机系统题名"神威"。该计算机系统的峰值运算速度为每秒3 840亿次,使中国成为继美国、日本之后,具备了研制高性能计算机的能力。在当今世界已投人运行的前500名高性能计算机中排名第48位,主要技术指标和性能达到国际领先水平,是中国在巨型计算机研制和应用领域取得的重大科研成果,对提高中国科研水平和加速国家经济建设将起到积极的推动作用。

中科院邀请诺贝尔奖得主纵谈科技发展 应中国科学院邀请,诺贝尔奖得主杨振宁、丁肇中、马库斯、米歇尔和菲尔兹奖(被誉数学界的诺贝尔奖)得主丘成桐,8月4日来到中科院,出席知识创新工程试点工作国际咨询座谈会,为中科院未来发展出谋划策。中科院院长路甬祥等负责人与会听取意见。

江泽民主席会见6位诺贝尔奖获得者并发表重要讲话 中国国家主席江泽民8月5日在北戴河会见6位国际著名科学家,这6位科学家是美国纽约州立大学石溪分校杨振宁教授、美国哥伦比亚大学李政道教授、美国麻省理工学院丁肇中教授、美国加州理工学院马库斯教授和德国马普学会生物物理研究所米歇尔教授等5位诺贝尔奖获得者以及菲尔兹奖获得者、美国哈佛大学丘成桐教授，他们都是中科院外藉院士。6位著名专家应江泽民主席的要求，围绕当今和未来世界科技发展、知识创新和中国科技发展，年轻科技人才培养等问题畅所欲言。江泽民主席认真听取了科学家们的发言并发表了重要讲话。

中国人类干细胞研究获重大突破 中国中西医结合学会烧伤专业委员会8月8日在京举行新闻发布会，公布徐荣祥教授等利用原位培植干细胞再生新皮肤技术治疗大面积深度烧伤获得成功的研究成果。权威人士认为，这是人类干细胞研究的重大突破。

美国《科学》杂志1999年12月将人类干细胞研究评为当今世界10大科学成就之首，人类基因组测序和克隆技术位列第二。

据介绍，这一研究成果在皮肤美容更新、消化道黏膜修复及其他器官复制研究中均有重大应用前景。

鱼角膜移植人眼获成功 经过1个月的观察治疗，一位左眼仅余微弱光感的单疱病毒性角膜溃疡患者徐某自7月5日接受湟鱼角膜移植手术后，目前视力已恢复到0.2，并能阅读报纸。为这位角膜溃疡患者带来福音的是武警深圳医院眼科中心主任王元贵。

鱼角膜移植入人眼治疗角膜溃疡，是王元贵12年前在青海工作时就取得成功的一项科研成果。几年来，他先后用湟鱼角膜治疗各类角膜溃疡患者40例。王元贵介绍，湟鱼的角膜与人眼角膜同样具有5层结构，且生长在高原地区具有耐氧性，经过特殊处理后，作为板层的替代品在治疗角膜溃疡上有独特的科学价值。

美天文学家新发现9颗行星 8月7日，来自世界87个国家的2 000位著名天文学家聚首英国曼彻斯特参加国际天文学年会。长达11天的会议在头一天就向世界发布了一条惊人的消息——世界天文学家在浩瀚的宇宙又发现了9颗围绕恒星运行的行星。这意味着目前人类已经知道的行星总数已达50枚。在这新发现的9颗行星中，最引人注目的是一颗围绕波江座恒星飞行的行星。这9颗小行星，是不久前，美国德克萨斯州天文台的科克兰博士领导的研究小组在观测浩瀚的宇宙天际时，突然发现的。

北大合成出“静态薄膜”，存储能力有望提高100倍 北大纳米科技中心博士生导师薛增泉教授8月17日向记者介绍说，最近在实验室合成的面积较大分子有序排列的静态薄膜为该中心高密度信息存储研究走向产业化铺平了道路。

纳米是微观世界的一种度量单位，相当于1/10亿米，而纳米技术是80年代初迅速发展起来的前沿学科，是最有发展前途的未来科技之一。中国在纳米科学基础研究很具竞争力，尤其在碳纳米管的合成以及高密度信息存储上，中国科学家的成果为世界瞩目。1999年下半年，北大纳米科技中心在重视基础研究的同时开始转型加大应用研究的力度，在2000年7月份拿出了重要成果。

“面积较大分子有序排列的静态薄膜”是目前在实验室得到的最好信息存储材料，这种材料如果经过产品开发制成存储工具，将在现有基础上提高存储能力100倍。

第16届世界计算机大会 第16届世界计算机大会8月21～24日在北京国际会议中心举行，中国国家主席江泽民出席大会开幕式并发表讲话。被誉为国际信息技术领域奥林匹克大会的世界计算机大会的召开正值世纪之交，千年更替，因此格外令人瞩目。

本次大会的主题是：“2000年后的信息科学与技术”。这次大会收到2 500篇论文，反映了当今国际信息技术的最新进展，代表了当今信息科技的最高水平。国务院有关部委、北京市有关领导和来自世界70多个国家和地区的2 000多人出席了大会开幕式。

在大会开幕式后举行的特邀报告会上，信息产业部负责人及国内外IT业的权威人士先后做了专题演讲。在为期4天的会议期间，与会代表就通信技术、芯片设计自动化技术、信息处理技术、智能信号技术、信息安全技术、企业管理中的信息技术等8个领域的167个专题进行了广泛深入的交流和探讨。

同时，大会还成功地举办了青年论坛，先驱者论坛和一个大型新技术、新产品展览会。

大会主席保列斯列夫在闭幕式上说，本次大会取得了巨大成功。他指出，过去20年里，没有任何一届世界计算机大会拥有这么多的代表。本届大会的一个突出特点是代表的年轻化，这是本次大会如此成功的一个重要原因。

宗教领袖世界和平千年大会 由各国宗教领袖参加的世界和平千年大会8月28日在纽约联合国总部隆重召开。中国宗教领袖代表团团长、中国天主教爱国会主席傅铁山主教在29日的大会主旨发言中呼吁各国宗教界应高举和平旗帜，维护宗教的纯洁性，提倡宗教宽容与和解，创造和睦共处的环境。

包括中国5大宗教7位领袖在内的1 000多名各国宗教界人士出席了这次人类历史上宗教界首领在联合国的第一次聚会，他们将围绕世界和平展开对话，努力为解决冲突、促进发展作出贡献。

这次宗教领袖世界和平千年大会的主题是："号召对话，发挥宗教领袖在转化冲突中的作用，朝向宽恕与和解，结束贫穷的肆虐和环境恶化"。

联合国秘书长安南在向大会的致词中说，宗教信仰千差万别，但是他们的共同之处都在于倡导慈悲为怀、宽容和解、与人为善。这些价值观念同样已根植于《联合国宪章》，根植于我们对世界和平的不懈追求。

傅铁山代表出席本次大会的中国佛教、道教、伊斯兰教、天主教和基督教领袖们，向大会提出如下两项主张：一、高举和平旗帜，维护宗教的纯洁性；二、提倡宗教宽容与和解，创造和睦共处的环境。

会议于8月31日闭幕。会议通过了题为《对全球和平的承诺》宣言。大会还决定成立一个指导委员会，探讨与联合国的未来合作问题。

第27届奥运会 世纪之交、千年更迭之际举行的一次世界体坛盛会——第27届奥运会10月1日晚在悉尼圆满地落下帷幕，熊熊燃烧了17天的奥运圣火被一架F-111喷气飞机"掠"到了茫茫苍穹之中。

于9月15日开幕的本届奥运会，在过去的16天里，来自全球200个代表团的11 000多名运动员，参加了本届奥运会28个大项、300个小项的角逐。中国体育代表团在悉尼奥运会上共夺得28枚金牌、16枚银牌和15枚铜牌，在金牌榜和奖牌榜上均排在第3位。中国首次进入奥运会金牌榜前3名，取得了历史性的突破。中国运动员共有3人12次创8项世界纪录，6人11次创11项奥运会纪录，成绩比前4届奥运会有了大幅度的提高，创下了参加历届奥运会金牌数和奖牌数的最高纪录。

本届奥运会的竞争格局发生了新的变化。美国代表团以39金、25银、33铜的成绩，依然处于领先地位。俄罗斯仍显示出雄厚的整体实力，获32金、28银、28铜，继续处在第一集团。

1972年以来一直居奥运会金牌榜前3名的德国此次成绩下降明显，以14金、17银、26铜的成绩排名第5位。东道主澳大利亚以16金25银17铜排在第4位，进步显著。

悉尼奥运会组委会主席奈特和国际奥委会主席萨马兰奇在闭幕式上致辞。萨马兰奇称本届奥运会"是有史以来最好的一届奥运会"。他向奈特颁发了奥林匹克金质奖章，向悉尼人民颁发奥林匹克奖杯后，介绍了国际奥委会新当选的8名运动员委员。这是萨马兰奇最后一次主持奥运会。在担任国际奥委会主席20年后，这位西班牙老人将在2001年7月卸任。

悉尼市市长萨托尔把奥运五环旗交给下届奥运会东道主、希腊雅典市市长阿弗拉莫波洛斯。这个奥林匹克运动的发祥地在2004年，将把奥运会迎回故乡。

第12届国际信息学奥林匹克竞赛 第12届国际信息学奥林匹克竞赛9月24日在北京国际会议中心开幕。中共中央总书记、国家主席江泽民专门给竞赛发来贺信，祝竞赛活动取得圆满成功。

作为5项国际奥林匹克学科竞赛之一，信息学奥林匹克竞赛是由联合国教科文组织于1988年发起创建、由来自世界各地20岁以下的中学生参加的计算机科学领域的一项赛事，目的是在青少年中普及计算机科学，为来自世界各地的年轻人提供一个交流机会，并通过比赛和访问学习主办国优秀的文化，加深对主办国的了解。竞赛每年在不同国家举办。

国际信息学奥林匹克竞赛虽然历史不长，但是发展迅速，参赛队已由1988年的13个发展到今天的71个。中国从第一届起就组队参加，并取得好成绩。

这次竞赛由教育部、中国科协、国家自然科学基金委和北京市人民政府共同主办，中国计算机学会承办。这是国际信息学奥林匹克竞赛创办12年来首次在中国举行,也是第一次在亚太地区举办。来自70个国家和地区的71个代表队的200多名选手参赛。竞赛于9月29日结束。

中国数据通信上网用户突破1 000万 9月29日,中国电信数据通信局宣布,经过6年的发展,中国数据通信业务从无到有,初步建成了国家信息网络基础,截至2000年8月,中国数据通信用户上网总数已突破1 000万,这标志着中国电信数据通信攀上了新的高峰。

据介绍,中国电信数据通信用户由1994年仅有的200户,发展到1997年达到100万户,两年后的今天超过1 000万户,以每半年翻一番的速度呈爆炸式增长。这意味着,中国1999年初发起的政府上网、企业上网、家庭上网三大工程已取得明显的成果。目前已有60%的政府部门在网上建立自己的站点,20多万家企业通过网络发布信息或进行交易,上千万的个人、家庭享受网络服务。

世界著名中学校长论坛 为庆祝40周年校庆,北京大学附属中学10月4日在北大国际交流中心举办了为期两天的"世界著名中学校长论坛——21世纪中学教育国际研讨会"。来自美国、日本等国家和地区的中学校长、国内许多著名中学的校长以及教育界的专家、学者参加了此次论坛。与会者认为,21世纪的中学教育要培养具有合作意识和创新精神的人才,并探讨了如何培养适应21世纪发展的创新型人才等问题。此次论坛得到教育部、北京市教委、北京大学的关注与支持。

20项20世纪最伟大工程技术成就 《光明日报》10月9日报道,在2000年国际工程科技大会召开前夕,美国工程院秘书长致函中国工程院院长宋健,详细介绍了最近由美国工程院历时半年,与30多家美国职业工程协会一起评出的20世纪对人类社会生活影响最大的工程技术成就20项。

(1)电力 电气化对城乡人民生产和生活的各方面产生了根本性影响。如果没有电力,20世纪的科技、经济成就是不可能取得的。

(2)汽车 发明于19世纪,而大批量工业生产是20世纪。小轿车、运货卡车成为全世界中、近程主要运输工具,成为社会生产和生活须臾不能离开的工具。

(3)飞机 发明于1903年,开始用于军事,20世纪下半叶成为远程主要运输手段,大大拉近了城市、国家和洲际间距离。

(4)自来水 为人们提供干净和充足的饮用水,大大减少了疾病的传染,显著提高了人们的生活质量和平均寿命。

(5)电子技术 从真空管到半导体、集成电路,成为当代各行各业智能工作的基石。

(6)无线电和电视 虽然马可尼于1895年即表演了无线电的功能,但用于广播是1901年。现在世界上看不到电视的是少数人。

(7)农业机械化 20世纪世界人口从16亿增加到60亿,如果农业没有实现机械化,很难养活这么多的人口。从事农业的人口比例急剧下降,使更多的人从事其他重要工作。

(8)计算机 当第一台电子管计算机建造出来以后,当时估计全世界需求量不过是几台,低估了它的能力和应用范围。

(9)电话 使家庭成员、公司之间在世界任何地方和任何时间保持瞬时联系,使地球变小,工作节奏加快。

(10)空调制冷技术 成为人们的健康、运输、食品保鲜的不可缺少的设施。人们可以在地球上最冷和最热的地方工作和生活。

(11)高速公路 数万公里的多车道无红绿灯的公路使工程技术追求效率的梦想得以实现。

(12)航天技术 空间飞行是20世纪工程技术最伟大的成就之一。

(13)因特网 它的社会功能和灿烂前景到21世纪才能完全显示出来。

(14)成像技术 它对医疗、诊断、天气预报、超声探测、地质勘探的作用有目共睹。

(15)家用电器 极大地减轻了家庭作业的辛劳强度,节省了大量时间。

(16)保健设施 人工假肢、心脏起搏器、人工瓣膜、隐形眼镜给亿万人延长了生命,提高了生活质量。

(17)石油化工 石化产品充满了社会生活的每一角落。现代运输业、能源、化工、人造纤维、农业肥料都以石油化工为基础。

(18)激光和光纤 激光现在是复印机、勘测技术、条码识别、光盘的关键。激光与光纤结合使通讯线路的速度和容量急剧增长。

(19)核技术　核能技术的社会影响虽然有争论，如核威慑，但核技术用于发电、医学诊断和治疗是无可争议的。核聚变是地球上未来取之不尽的清洁能源。

(20)高性能材料　20世纪早期就制成了人造树脂。塑料今天已无处不在。20世纪下半叶，人造聚合物、复合材料、陶瓷材料已得到最广泛的应用。

国际经合组织报告说：经济增长作用越来越依赖科学和创新　国际经合组织10月6日发表"2000年经济、科技、工业展望"报告，就科学和创新对该组织成员国经济的重要作用作了分析，介绍了这些国家政府面对科学、创新对经济的重要影响而作出的政策调整。报告认为，近10年来，该组织成员国经济增长的很大部分要归功于创新，特别是由于各国公共机构对信息技术的规范管理和人量投资，使服务业得到突飞猛进的发展。

创新的实现，是各国政府采取众多促进科学、工业联合新措施的结果，因为创新的复杂性和风险性使合作成为一种必要条件。另外，知识的产生、传播、使用和教育水平的提高对经济增长的作用也在不断加大，如：因特网及其在各个经济领域的应用使信息技术得到迅速发展。经济增长使公共财政增加、私人投资活跃，因此研发经费不断增加。

近年来，科技、创新政策已成为各国政府最关注的事务之一。据统计，科研投入逐年增长，1999年美国的科研投入为2 500亿美元，占国际经合组织总科研投入的48%；其次为日本(18%)、德国(8%)和法国(5.5%)；如果按投资强度排列(即科研投入占国民经济生产总值的比例)，依次为韩国、美国、芬兰、日本和瑞典。

报告还指出，技术创新的速度决定了经济增长的速度，高水平、反应迅速的科研开发能力是快速创新的基础，专利增多是创新能力的一种表现，尤其在信息、生物技术领域内；科学界和工业界的合作对创新至关重要，因为在生物、新材料和信息技术这3大以科学为基础的生产领域，技术进步的速度越来越快。报告还特别指出，信息网络如今已成为创新的重要因素；研究界、企业间的国际技术联合(特别是生物、信息技术领域)日益增多，使专利成果涌现较快。为此，国际经合组织各成员国政府均采取财政支持措施，促进各研究集团间的合作。

瑞美三科学家获诺贝尔生理学或医学奖

瑞典卡罗林斯医学院10月9日宣布，把2000年诺贝尔生理学或医学奖授予瑞典阿尔维德·卡尔森、美国保罗·格林加德以及美国埃里克·坎德尔，以表彰他们发现了慢突触传递这样一种"神经细胞间的信号传导形式"。奖金约100万美元。

附：诺贝尔奖小资料

当瑞典发明家阿尔弗雷德·诺贝尔于19世纪末把他的财产赠给一个基金会创立诺贝尔奖，并要求将不分国籍地奖励世界上为人类做出了最大贡献的人时，瑞典国王奥斯卡二世曾称这样的遗嘱"没有爱国心"。可当时很少会有人想到这个奖项如今却给瑞典人带来了莫大的荣耀。这也包括当时对此遗嘱提出异议的诺贝尔的家人，以及甚至试图使之变得无效的诺贝尔的两个侄子。诺贝尔最终还是如愿以偿，大约3 150万克朗(相当于今天的1亿美元)被拨给了这个于1900年成立的基金会。今天，在精心照管下，这个基金会的财产几乎达到了40亿克朗，比两年前增长了25%。2000年，每项诺贝尔奖将获得创纪录的900万克朗，即接近100万美元。

俄美科学家分获诺贝尔物理学奖　瑞典皇家科学院10月10日在斯德哥尔摩宣布，将2000年的诺贝尔物理学奖授予俄罗斯科学家泽罗斯·阿尔费罗夫、美国科学家赫伯特·克勒默和杰克·基尔比，因为他们发明的高速晶体管、激光二极管和集成电路(芯片)为现代信息技术奠定了基础。

评委会认为，现代信息技术的迅猛发展在很大程度上是受惠于他们三人的研究和发明。信息技术要实用，必须解决两个重要的问题：一是快速，即短时间内传递大量信息；二是设备小型化，以便摆放和携带。3位获奖者的研究和发明使这两个问题迎刃而解。

泽罗斯·阿尔费罗夫和赫伯特·克勒默二人在1963年分别独立提出了异层结构学说，发明和开发了被称为半导体异层结构的快速光微电子元件，这种元件和以其为基础的相关技术今天已被广泛运用。他们两人共同获得2000年诺贝尔物理学奖的一半奖金。

美国得克萨斯仪器公司的基尔比是世界上第一个做成集成电路并申请专利的人。集成电路的开发使电子计算机技术有了真正的发展，也使电子通讯技术突飞猛进。他获得了另一半奖金。

这三位获奖者均已年过七旬。

美日三科家获诺贝尔化学奖 瑞典皇家科学院10月10日在斯德哥尔摩宣布,因其对传导聚合物的发现和开发,将2000年的诺贝尔化学奖授予美国加利福尼亚大学的阿兰·J·黑格、美国宾夕法尼亚大学的阿兰·G·马克迪尔米德和日本筑波大学的白川英树,评委会宣布说,人们一般认为塑料不导电,因此塑料被用做普通电缆的绝缘层。但这一位科学家革命性地发现,经过一定处理,塑料可以作为导体。

这三位获奖人发现,塑料是分子不断重复其结构的长链聚合体,为了导电,聚合体的碳原子之间必须变成由一个或两个键构成。通过氧化或还原可以加入或去掉电子,这些新的电子能够在分子间移动,因此导电。

三位获奖者在70年代末发现了这一现象,之后将传导聚合物带入了研究领域。它对化学和物理学都有着极其重要的意义。在其研究领域产生了重要的实际应用效果,被运用或工业开发于摄影胶片、电脑显示器的防电磁辐射屏、遮挡太阳光玻璃窗等。此外,半传导聚合物近来也被应用于电子管、太阳能电池、移动电话机、微型电视屏幕等上面。

评委会认为,传导聚合物的研究也和分子电子学的快速发展密切相关。未来人类可以生产由单个分子组成的导体和其它电子元件,那将会极大地提高电子计算机的速度、减小其体积。今天装在电脑包里的计算机届时可以缩小得能装在一只手表里。

超过90万美元的奖金将由这三位年逾60的科学家分享。

美两科学家获诺贝尔经济学奖 瑞典皇家科学院10月11日在斯德哥尔摩宣布,将2000年的诺贝尔经济学奖授予美国芝加哥大学的詹姆斯·赫克曼和加利福尼亚大学伯克利分校的丹尼尔·麦克法登,因为他们发展的微观计量经济学理论和诸多方法被广泛应用。

微观计量经济学是介于经济学和统计学之间的边缘学科,它研究微观数据,如:个人、家庭、企业等大型群体的经济信息。随着获得大量微观数据成为可能和计算机计算能力的提高,经济学家对很多新问题可以做经济性的研究,例如:决定个人是否想要工作的因素是什么?经济因素如何影响人们对教育、职业和居住地的选择?等等。

但是,在采集微观数据时如何抽样是一个重要问题。例如:采集工资或就业数据时,因为个人性格志趣的差异,有人想工作,有人要读书,不考虑这些因素,采集到的数据就可能导致研究结论失真。现年56岁的赫克曼教授发展的统计方法为处理上述问题找到了适当的途径,在评估社会项目、失业时间长短对重新就业的影响等方面都很有用处。

微观数据常常反映的只是经济主体各自的离散性选择。比如:有关个人职业和居住地的数据只是反映了人们有限选择中的一种。在麦克法登之前这方面的研究还是经验性的,缺乏经济学理论基础。现年63岁的麦克法登发展了一套全新的离散性选择理论,由此衍生出的统计方法改造了经验主义的研究方法,很快被应用到诸如运输业的经济模式、交通系统变化评估和老年人住房建设等经济研究与活动中。

2000年国际工程科技大会 新中国成立以来中国工程科技界规模最大、级别最高的国际会议——2000年国际工程科技大会10月11日上午在北京人民大会堂隆重开幕。国家主席江泽民在开幕式上致辞时说,工程科技架起了科学发现与产业发展之间的桥梁,是产业革命、经济发展和社会进步的强大杠杆,可以预料,21世纪必将是科学技术特别是工程科学技术进一步高速发展的世纪。江泽民说,工程科学技术在推动人类文明的进步中一直起着发动机的作用。科学技术是第一生产力,工程科技是第一生产力的一个重要因素。

这次大会是在世纪之交,中国工程科技界和国际工程科技界的一次盛会,来自世界30多个国家和地区的2 000多名工程科技界的代表欢聚一堂,共同回顾百年来工程科学技术的成就,探讨新世纪发展工程科技、造福人类社会的大计。

全国政协副主席、中国工程院院长、本次大会的执行主席宋健主持了开幕式。开幕式上,6位演讲人作了大会主题报告,其中世界知识产权组织总干事依德利斯博士作了题为《数字时代的知识产权保护》的演讲,诺贝尔奖获得者丁肇中教授作了《探求自然界的基本构造》的演讲,美国国家工程院院长沃尔夫教授作了《21世纪计算与信息技术面临的挑战》的演讲,剑桥大学校长布鲁斯爵士作了《合作研究——解决科研经费的有效途径》的演讲，德国弗朗霍夫研究学会主席瓦耐克博士作了《架起科学与经济之间的桥梁》的演讲，上海市市长、中国工程院院士徐匡迪作了《工程科技与城市经济》的演讲。

大会分8个分会，分别对信息、生物芯片、新材料、环境、先进制造及运载技术、能源、土木工程及农业8项领域的工程科技发展问题进行了深入研讨。

中国异基因干细胞移植技术获重大突破 《光明日报》10月15日报道，中国首例成人4个位点不全相合异基因外周血干细胞移植治疗晚期白血病，日前在中国人民解放军第88医院获得成功。有关专家的鉴定认为，这标志着中国在异基因干细胞HLA(人类白细胞抗原)不相合移植领域取得了重大突破。

接受移植手术治疗的患者刘勤军，今年30岁，身患慢性粒细胞白血病已两年，一直进行化疗，效果欠佳，1999年上半年病情明显加重，发展到了晚期，生命垂危。只有异基因干细胞移植术才有可能治愈他，如此高难度、高风险的异基因移植外周血干细胞移植在国内尚无先例。

8月13日对患者完成预处理后，将其胞兄的外周血干细胞经过体外加工处理，然后移植给患者。16天后病人成功地闯过了排斥反应难关，造血功能开始重建。移植后30天、60天分别经山东省血液中心和军事医学科学院等权威机构认证，证明其胞兄4个位点不合的外周血干细胞已种植成活。此后，患者造血功能恢复到正常值，无重度移植物抗宿主病及其它移植相关并发症发生。

中国超级再生稻研究和生产获突破 福建省尤溪县引进杂交稻新组合“D702优多系1号”进行的再生稻高产栽培，11月初通过专家验收，其产量超过国家超级杂交水稻验收指标。专家鉴定认为，这一新组合品种“米质优，具有再生高产潜力”。

超级杂交稻是农业部提出的中国超高产水稻计划中的主要内容，其指标是：到2000年中稻的两个百亩片，连续2年亩产达到700公斤，到2005年亩产达到800公斤。

“D702优多系1号”经农业部稻米及制品质量监督检验中心测定，其糙米率、精米率、粒米、长宽比、透明度、碱消值、蛋白质含量7项指标均达优质米一级标准。

21世纪社会科学与人文科学的展望国际研讨会 由中国社科院11月2日在京举办的“21世纪社会科学与人文科学的展望”国际学术研讨会上，中共中央政治局委员、中国社会科学院院长李铁映作了题为《携手合作，共创人类美好未来》的主题报告。

历时两天的研讨会，邀请了国际科学院联盟主席卡维内斯、国际社会科学理事会主席帕利克、欧洲国家科学与人文科学院联合会主席德伦斯、美国社会科学研究理事会主席卡尔霍恩等国际人文社会科学组织的负责人，以及日本、美国、英国、法国、波兰等国家的学者20多人和国内专家学者30多人参加研讨会。会议就20世纪人文社会科学的发展现状与21世纪人文社会科学的发展趋势、科学技术的发展对人类生存的影响，以及自然科学与人文社会科学的相互融合发展等国内外人文社科界关心的重大课题，进行广泛的研讨。

中外专家就邪教问题达成共识 针对邪教活动国际化以及邪教利用某些国家法律疏漏的缺陷进行跨国传播与犯罪的情况，中外邪教问题专家在此间呼吁：单凭一个国家的力量无法从根本上遏制邪教蔓延的趋势，加强国际合作势在必行。

为期两天的邪教问题国际研讨会11月10日闭幕。来自法国、美国、加拿大、俄罗斯、乌干达、日本、韩国以及中国香港、澳门特别行政区和内地的60多位专家、学者提出，有关国家在信息共享，交流治理经验等方面要加强沟通，行动上互相配合，以利于预防和抵制邪教活动。

专家学者们围绕“邪教与社会”、“邪教概论”、“各国邪教”、“邪教的历史传统与现状”、“邪教的危害”、“治理对策”等主题，各抒己见，畅所欲言，从多角度、多层面对邪教问题进行了广泛而深入的研讨，提出了一些富有创见的观点和富有启示性的看法。

首届“2000中国教育国际论坛” 由中国教育国际交流协会举办的首届“2000中国教育国际论坛”10月14日在京举行。此次论坛的主题为“21世纪信息技术的发展对教育的挑战”。目的是在中国教育界和全社会唤起对信息技术发展的广泛重视，以进一步推动中国教育的信息化进程。来自教育部、全国部分省、市、自治区的教育行政部门、教育研究机构、信息产业企业和清华大学、北京大学、四川大学、南京师范大学、英国米德塞斯大学、加拿大渥太华大学、美国明尼苏达大学工学院等专家学者,以及香港、澳门教育机构的专家、学者,分别从各个不同的角度就此论题进行了发言。中国工程院院士、教育部副部长韦钰博士作了题为"以跨越式的发展迎接挑战"的发言。

中国教育国际交流协会是教育部直属的、从事教育民间国际交流与合作活动的全国性组织。从1981年成立以来,它组织了形式多样的教育国际交流活动,其中包括主办了100多次国际性、区域性的多边和双边教育研讨会,为中国教育界学习、借鉴国外有益的经验,促进中外教育工作者之间的了解和友谊发挥了十分积极的作用。从2000年开始又创办了一个高层次、高水平的"中国教育国际论坛",以后将每年定期举办一次,邀请国内外知名专家,高层教育人士,就中国及世界其他国家的教育改革和发展中遇到的热点、难点问题进行探讨。

2000年中国普通高校录取本专科生220万人 11月17日,在广州召开的2000年全国普通高校招生工作总结会宣布,2000年全国普通高校共录取本专科学生220万人。高考改革在网上录取方面取得了新进展,完成了在全国范围实现参加网上录取的省市数、高校数和录取学生数均超过50%的"三过半"的目标。

中国科技经费投入快速增长 国家统计局、科学技术部和财政部11月20日联合发布的统计公报显示,1999年全国科技经费投入出现快速增长势头,经费支出占国内生产总值的比重首次超过0.8%。

公报显示,1999年全国共筹集科技活动经费1 460.6亿元,比上年增加170.9亿元,增长12.5%。1999年国家财政科技拨款543.9亿元,比上年增加105.3亿元,实际增长26.8%。1999年科技活动经费支出1 284.9亿元,比上年增加156.5亿元,增长13%。科技经费支出额排前5位的地区为北京、上海、江苏、广东和山东。

1999年全国研究与试验发展经费支出678.9亿元,比上年增加127.8亿元,增长17.7%,占GDP比重为0.83%,为历年来最高水平,人均经费支出为8.3万元,比上年增加1万元。R&D经费支出额排前5位的地区为北京、广东、上海、江苏和四川。

中国又有4个项目列入世界遗产 第24届世界遗产委员会会议11月30日在澳大利亚东北部城市凯恩斯作出决定,将中国的4个项目列为新的世界遗产。

中国的这4处新的世界遗产项目是洛阳龙门石窟;青城山和都江堰;明清皇家陵寝:明显陵(湖北钟祥市)、清东陵(河北遵化市)、清西陵(河北易县);安徽古村落:西递、宏村。

中国基因论文数世界增长最快 12月7日,《光明日报》报道,和中国在人类基因组计划中承担了1%的测序任务相似,近年来,中国基因研究发展迅猛,在国际核心科技期刊上发表的基因研究论文数也达到世界总数的近1%。这表明中国已在基因研究方面占据一席之地。

研究结果表明,中国基因研究和发达国家差距仍然较大,但是近年来中国基因论文数增长最快。1994年到1999年间,美国科学情报所编制的大型综合类检索系统《SCI》共收录有关基因的论文9万多篇,中国被收录的论文数为830篇,占总数的0.9%。

从基因论文的年平均增长率看,1999年和1994年相比,世界基因论文数的年均增长率为4.9%,中国年均增长率最高,达33.2%。

会爬树的恐龙化石首次被发现 《光明日报》12月9日报道,于辽西地区发现的两项最新研究为鸟类飞行起源问题的解决提供了重要信息,进一步拉近了鸟类和恐龙的距离。

由中科院古脊椎动物与古人类研究所的徐星、周忠和、汪筱林发现并命名为"小盗龙"的兽脚类恐龙化石,被确认为是世界上已知个体最小的成年恐龙,全长不过40厘米。"小盗龙"保存了约70%的部位,包括头部、后肢、腰带、尾巴等。在研究了该标本的后足结构后,他们发现"小盗龙"不仅与其他兽脚类恐龙一样善于奔跑,而且还具有爬树的本领,可能具有树栖的特性。这一发现对于长期以来争论不休的鸟类飞行起源问题的解决提供了重要信息,为"鸟类飞行树栖起源说"提供了重要证据。他们的研究成果发表在12月7日出版的权威刊物《自然》上。

几乎同时,该研究所的张福成、周忠和又发表了另一项研究成果——有关羽毛演化的新证据。他们研究发现了世界上迄今最原始的反鸟,并提出了新的羽毛演化模式，对流行的羽毛演化理论提出挑战。这种被命名为原羽鸟的化石具有一种前所未知的羽毛类型，为羽毛的早期演化提供了非常重要的证据，它是包括始祖鸟在内的所有鸟类标本中唯一一件具有爬行动物鳞片和真正的鸟类羽毛中间特征的标本。研究表明，原羽鸟是迄今为止发现的最早具有前乌喙突的鸟类，首次为鸟类所特有的三骨孔结构提供了化石证据，证明了原羽鸟已经具有了强大的主动飞行能力的结构基础。

辽西热河生物群研究作为古脊椎动物与古人类研究所的重点科研项目，目前已发现和命名了30多个脊椎动物新物种，为世界古生物研究填补了多项空白。

中国成功制备出“纳米电缆” 据新华社北京12月10日报道，到2010年晶体管的尺寸将只有几十个纳米，那么这种超高密度集成线路的元件之间用什么连接呢？这是世界科学界共同面临的一道难题。

国家重点基础研究规划纳米领域首席科学家张立德研究员率领的研究小组，成功合成出只有头发丝1/50万细的纳米级同轴电缆，为解决这一难题提供了有效途径。

作为一种尺度单位，一纳米为1/10亿米。同轴纳米电缆的内芯是直径有10纳米左右的碳化物，外层包有氧化硅绝缘体。

“同轴纳米电缆，实际上是由位于其内芯的纳米丝和外包覆层这两种不同物质组成，但难也就难在纳米丝如何不偏不倚地‘长’在外包覆层中间。”

据悉，研究人员此前已成功合成出多种同轴纳米电缆，其内芯有导体、半导体和超导体，性能各异，成为世界上能制备同轴纳米电缆的少数几个研究小组之一。

同轴纳米电缆除可用于高密度集成元件的连接外，还可作为微型工具和微型机器人的部件；其硬度和金刚石差不多，可制成钻头，是制造纳米器件的极佳工具。肉眼看不见的纳米电缆将改变我们未来生活的许多方面。

人类首次完整破译一种植物基因组 由美英等多国科学家组成的研究小组在12月14日出版的英国《自然》杂志上正式宣布，他们已经绘出了包含约1.3亿个碱基对、2.5万个基因的拟南芥基因的完整图谱，这是人类首次全部破译出一种植物的基因序列。

拟南芥植物基因组的构成比较简单，仅包含5条染色体。其中第2号和第4号染色体已经在1999年绘制完毕。此次公布的是第1号、第3号和第5号染色体的测序结果以及对整个基因组的进一步分析。

这一成果除对植物学具有重大意义外，对农业科学、进化生物学和分子药物学等领域的发展都有重要影响。芝加哥大学基因和细胞生物学助理教授达芙妮·普鲁斯在接受记者采访时说：“这项重要成果意味着全世界第一家研究植物基因组的实验室，在未来的进展会变得更迅速、简单和彻底。”

完成对拟南芥基因测序将使科学家能够研究控制基本植物功能的基因，对于改进小麦、玉米和大豆等农作物非常重要。基因序列中的信息将帮助科学家通过繁育或转基因来提高农作物的产量或质量，这些改进包括延长农作物的保质期、降低脂肪含量、提高蛋白质含量或使其更加可口等。

这一成果还将帮助科学家破译人类基因组工作草图。了解拟南芥中各个基因的具体位置和功能，将有助于科学家精确地指出相似的人类基因。威尔逊说：“更好地了解基因在细胞中所起的作用，将帮助我们了解如何诊断和治疗人类疾病。”

拟南芥植株小，染色体数量仅是玉米基因组的1/20。另外，该植物生长较快，适宜用作研究其它植物的模型。基于此，科学家于1996年决定以拟南芥为突破口，绘制它的完整基因图谱。

日无人驾驶潜艇创下潜最深纪录 12月12日，日本一艘名为“浦岛”的无人驾驶潜艇在下潜1 573米后被拖出水面，创下无人驾驶潜艇下潜的最深纪录。

榆次城隍庙被列入世界濒危遗产 山西省国家级文物保护单位——晋中市榆次区城隍庙被列入“世界濒危遗产保护项目100处”。12月11日，世界文化遗址基金会派专人赴北京，将5万美元的保护金发给山西省代表。

榆次城隍庙位于晋中市榆次区东大街，属元明清建筑。此庙为一进三院式，其中保存最完好、最有代表性的为元代建设、明代重修的玄鉴楼。高18米、明暗三层结构的玄鉴楼，以其中设平座的重叠式构造，背后设双乐楼（戏台）的匠心及明代琉璃保存完好的特色,在我国古代建筑史上享有盛誉。但由于年久失修,已到了岌岌可危的地步。

据了解,此次由世界文化遗址基金会颁发的5万美元保护金,将主要用于玄鉴楼的维修。

中国国际科技论文排序　据新华社12月16日报道,中国国际科技论文按地区、学科、高校、研究机构等分别进行排序,又是谁分列第一呢?中国科技信息研究所的详细分析揭开了这个谜底。

从地区看,论文数最多的前5位分别是北京、上海、江苏、陕西、湖北;从学科看,论文数最多的分别是化学、物理、电子通讯与自动控制、材料、动力与电气、数学。

《科学引文索引》中,论文数居前5位的高校分别是北京大学、清华大学、南京大学、中国科技大学、浙江大学。论文数居前5位的研究机构分别是中科院物理所、中科院化学所、中科院长春应用化学所、中科院上海硅酸盐所、中科院金属所。

北京协和医院则以36篇论文数位居医疗机构第一名。上海第二医科大学瑞金医院、北京大学第一医院、解放军总医院、第四军医大学西京医院紧随其后。

个人排名上,一些不为人熟悉的科学家浮出水面:数学类是四川师范大学的丁协平,物理类是中国科技大学的范洪义,化学类是北京大学的许家喜,天文类是南京大学的李向东,地学类是中科院地质所的范德廉,生物学类是清华大学的陈应华,医学类是华东医院的马永兴等。

中国科技论文距"世界先进"仍较远　新华社12月17日报道,中国科技论文虽然总数跻身世界8强,但是与世界科技先进国家的差距仍然很大。

论文数量与先进国家相比相差较大。1999年,中国被《科学引文索引》收录的论文数与排在前3位的国家相比,仅仅是日本的1/3,英国的1/4和美国的1/13。

论文质量有待提高,论文影响力不足。1993到1997年间,中国论文的平均被引用次数为1.86,而国际平均被引用次数为2.24。

中国科技期刊的影响力较小。科学界通常用"影响因子"来表示影响力的大小。1999年中国被《科学引文索引》收录的期刊为56种,影响因子最大的为0.839,而《科学引文索引》收录期刊的最大影响因子为47.564。

清华建成中国首座高温气冷堆　由清华大学核能技术设计研究院研究设计并负责建造的国家八六三计划重点项目10兆瓦高温气冷实验堆宣布建成并于12月21日达到临界。

高温气冷堆是一种安全性、经济性好的先进反应堆,在任何情况下都不会发生前苏联切尔诺贝利核电站那种对公众和环境造成危害的严重事故。这种反应堆发电效率高达40～47%,可以产生摄氏950度的高温工艺热,还可以进行煤的气化和热化、稠油热采、制氢,并可用于冶金和石油化工等部门,在中国未来的能源系统中有广阔的应用前景。

10兆瓦高温气冷堆于1995年动工兴建。在项目实施过程中,取得了球形燃料原件、全数字化控制与保护系统、脉冲气流单列化燃料原件装卸系统等一批具有世界先进水平的技术创新成果。

中国核工业建设集团公司承担了土建施工和设备安装,上海等地的一批企业承担了关键设备的加工和制造,使中国成为世界上为数很少的几个能够设计制造高温气冷堆关键设备的国家之一。

美《科学》杂志评出2000年10大基础科研成就　12月22日出版的新一期美国《科学》周刊发表了该杂志评出的2000年10大基础科研成就。科学家完成了人类基因组草图的全部测序工作被列为头条成就;生命有可能始于RNA(遗传物质核糖核酸),而非DNA(遗传物质脱氧核糖核酸)这个未引起人们注意的发现被列为第二。这10大成就是:

(1)科学家合作完成了人类基因组工作草图的绘制工作,基本上测定了人类基因组的全部碱基序列。中国科学家承担了其中1%的测序任务。这一成就标志着人类在解读自身"生命之书"的路上迈出了重要一步。在基因测序方面的成就还有果蝇基因组和拟南芥菜基因组图谱的绘制成功。

(2)生命有可能始于RNA(遗传物质核糖核酸),而非DNA(遗传物质脱氧核糖核酸)。这一发现没有引起人们的注意,但是,关于"地球上的生命有可能起源于RNA"的发现有重要意义。

(3)在格鲁吉亚共和国德曼尼西出土了170万年前的原始人头盖骨化石,这些头盖骨可能是第一批走出非洲的人类远祖的遗骨,从而为人类起源于非洲提供了新的佐证。

(4)塑料电子学取得进展。发现导电塑料的3位科学家获得了2000年的诺贝尔化学奖,导电塑料已成为许多使用有机分子的新技术成果的基础。2000年科学家设计出了可制成计算机芯片的柔韧塑料;还研制成功有机分子经电流激活后发光的有机激光。

(5)克隆和脑干细胞研究取得进展。科学家成功克隆出了最难克隆的动物之一:猪;还克隆出了白肢野牛,这对于医学和挽救濒危动物具有重要意义。在脑干细胞研究领域,科学家在老鼠和人类移植受体中发现人体某些组织的成年细胞能够转化成其他组织的细胞。

(6)科学家通过火星照片推论火星表面早期可能遍布湖泊,现在还可能有流动的水。

(7)多国科学家通过观测和研究证实宇宙是平坦的。

(8)科学家在激素受体的多种作用方面取得新发现,加深了对胆固醇的代谢、脂肪酸的产生以及糖尿病和癌症发生过程的理解。

(9)美国"近地小行星约会"探测器于2月14日进入"爱神"小行星轨道。科学家希望增加对小行星的了解,并找到对付可能威胁地球安全的小行星的方法。

(10)量子物理取得重大发现。研究人员观察到电流可以同时沿两个方向绕着一个超导导线环流动,科学家还提出量子计算机工作时可以不被"纠缠"的量子性质的观点。

2001年1~12月

世界和中国2000年10大科技进展 由科学时报、中国科学院学部联合办公室、中国工程院学部工作部联合主办,鲁北集团协办,中国工程院院长宋健、中科院院长路甬祥等485名两院院士参加投票评选的2000年中国10大科技进展和世界10大科技进展新闻1月4日在京揭晓(评选结果按得票多少排序):

2000年中国10大科技进展

(1)中国超级杂交稻研究取得重大成果 袁隆平院士主持的"超级杂交稻选育研究",由江苏省农科院和国家杂交水稻工程研究中心合作选育的超级杂交稻先锋组合"两优培九",获得大面积推广,经专家验收,实收亩产超过700公斤,这一成果对保障21世纪中国粮食安全具有重要意义。

(2)中国在世界上率先破译对虾病毒遗传密码 国家海洋局三所和上海基康生物技术公司等单位的科学家成功测定了虾病"祸首"——白斑杆状病毒基因组的全部序列,从而在世界上率先破译了虾病病毒遗传密码。

(3)中科院金属所在世界上首次观察到纳米金属材料室温下的超塑延展性 年轻科学家卢柯领导的科研小组利用新的制备工艺,合成出大量高密度、高纯度的纳米铜,在室温下可变形达50多倍而没有出现裂纹。国际权威科学家认为,这项工作是本领域的一次突破。

(4)上海有机化学所率先合成高活性抗癌物质,使中国在人工合成抗癌物质领域走在世界前沿

(5)中国高性能计算机开发应用取得重大突破 由国家并行计算机工程技术中心牵头研制成功的"神威Ⅰ",峰值运算速度为每秒3 840亿浮点结果,在世界已投入商业运行的前500台高性能计算机中排名第48位,中国成为继美国、日本之后第三个具备研制高性能计算机能力的国家。

(6)中国首次发现新的物质波干涉现象 当分子和分子碰撞时,也会像光波一样发生干涉现象,中科院大连化学物理所的科学家在实验中首次观察到这种现象,这不仅使国外科学家10多年前的理论预测得到证实,而且进一步丰富了量子理论。

(7)中国网通宽带高速互联网开通 中国网通公司网络总传输带宽高达4万兆,已建成8 490公里。这项工程创造了3项中国之最:技术最新、带宽最宽、容量最大,总体水平处于国际电信网络领先地位。

(8)中国在世界上首次完成生物制氢中试研究 哈尔滨建筑大学科技人员利用细菌从污水中分解收

集氢气,实验表明,在一个容积为50立方米的容器中,含糖或植物纤维的废水发酵后,每天能产生280立方米左右的氢气,纯度达99%以上,完全具备了工业化生产的条件。

(9)中国在世界上首创电磁式生物芯片　清华大学程京博士等研制成功了具有自主知识产权的电磁式生物芯片,其中可单点选通的电磁阵列技术、电旋转检测技术等均为世界首创。

(10)国防科技大学研制成功中国第1台类人型机器人　该机器人身高1.4米,体重20公斤,具备一定的语言功能,行走频率每秒2步,在机械结构、控制系统结构、协调运动规划和控制方法等技术方面取得了一系列突破。

2000年世界10大科技进展

(1)参与人类基因组计划的美、日、法、德、英、中6国于6月26日宣布人类基因组"工作框架图"绘制完成。

(2)美研制出最先进的量子计算机和生物计算机,是计算机领域取得的新突破。

(3)美开发出12.3万亿次超级计算机,首次突破每秒10万亿次大关。

(4)国际空间站迎来第一批长住宇航员。

(5)科学家发现τ子中微子存在的直接证据,至此,粒子物理学标准模型中的12种基本粒子已全部被直接探测到。

(6)科学家发现存活了2.5亿年的细菌。

(7)法国实施基因疗法首获成功。

(8)科学家发现两种能阻止艾滋病毒遗传物质与人体白细胞遗传物质相结合的物质,从而使艾滋病研究取得重要进展。

(9)美科学家研制出分子开关,使分子计算机研究又向前迈进一步。

(10)日本电气公司和香港科技大学的科学家分别制造出直径0.4纳米的碳纳米管。

世界2000年科学大事记　《光明日报》2001年1月5日刊发2000年世界科学大事记:

1月13日,首次克隆灵长类动物。美国研究者克隆了猕猴,以帮助复制用于人类医学研究的特定哺乳动物。

1月14日,首例双手移植手术在巴黎进行。接受者是一位33岁的房屋油漆工,他是在3年前一次烟花爆竹事故中失去双手的。

4月27日,基因疗法首次成功。法国的医生们为几个婴儿修补了基因缺陷。

6月22日,美国航空航天局宣布找到火星上有水的证据,这对火星上的生命研究意义深远。

6月26日,了解生命结构的蓝图——人类基因图谱首次揭秘。

8月22日,美国的海洋学家报告称,北极的冰山在夏季大量融化。某些人认为这是全球变暖的新证据。

8月26日,医学道德规范谴责Adam Nash的出生,他是一个为挽救6岁的患血液疾病的姐姐而创造的试管婴儿。

10月30日,对于男性染色体的研究取得突破性进展,支持了"现代人在15万年前发源于非洲,以后逐渐扩散到全世界"的理论。

11月2日,国际空间站迎来第一批宇航员。

11月8日,就快要找到物理学上热门的次原子粒子(希格斯介子)时,欧洲关闭了巨大的原子对撞机。

11月25日,执行关于全球气候的京都议定书的会议宣告破产。

11月29日,法国医生首次把胎儿细胞移入亨廷顿氏舞蹈病患者体内,以治疗这种顽固的大脑疾病。

12月1日,世界艾滋病日。根据联合国的数据,已经有3 600万人携带HIV病毒或患有艾滋病,比1999年至少增加500万。

12月3日,报道有望在2050年前弥补臭氧空洞,但全球变暖可能导致时间拖后30年。

12月13日,对一种植物的基因结构首次完全解密,这有助于创造新的作物和树木。

12月17日,美国科学家们发现木星的最大一颗卫星(Ganymede)上有水。

12月29日,又一个世界生物多样性日,又有多种动物上了濒临灭绝的"红皮书":世界保护自然资源联盟在为期4年的对濒危野生动物调查的首次新闻发布中警告说,动物绝迹的危机正在加剧,包括灵长类在内的许多种群的动物数量在急剧下降。有1.1万多种动物面临着在不久的将来绝迹的危险,其中包括24%的哺乳动物,12%的鸟类、20%的两栖动物和30%的鱼类。

中国科学家将光盘容量扩大百万倍 1月8日,中科院物理所的科学家在超高密度存储技术理论研究和实验中取得新突破,将现有光盘信息容量提高100万倍,居世界领先水平。

中科院物理所真空物理实验室副主任高鸿钧研究员领导的研究小组,研制出世界上存储密度最高的有机材料,将信息存储点的直径减小到0.6纳米(注:一纳米是1厘米的1/100万),并可进行信息点的擦除。高鸿钧说:“纳米直径的存储意味着信息存储的密度可达每平方厘米10的14次方比特(注:比特为信息存储基本单位),其信息容量非常惊人,相当于100万张用传统技术和工艺生产的光盘的存储量。一张这样的新式光盘虽然只有方糖大小,但足以存储美国国会图书馆中的所有信息。”

据专家介绍,在21世纪,信息存储、传输和处理将是提高社会整体发展水平最重要的保障条件之一,也是世界各国高技术竞争的焦点之一。目前,各发达国家都已投入大量人力、财力开展超高密度、超快速数据存储技术的研究。1996年,这个研究小组得到了点径为1.3纳米的信息点阵,点与点之间的间距为1.5纳米左右,当时点径的国际最高水平也仅为10纳米。自那以后,这个小组就始终站在国际最前沿,成为“世界之最”。即使是目前国际最好水平,信息存储点的直径也仅有6纳米,和中国相比,落后了一个数量级。

他们的论文不久前在这一领域最权威的学术刊物美国《物理评论快报》上发表后,引起国际科技界的关注。

中美科学家在中国发现最古老的大洋地壳残片 据新华社北京1月15日报道,北京大学地质系副教授李江海博士与美国科学家联合在中国发现形成于27亿年前、世界上最古老的完整大洋地壳残片,引起国际地球科学界的关注和强烈反响。

2000年12月26日美国出版的《科学》杂志发表科学评论,称“中国人的发现推动了板块构造”。国际学术界认为,这是中美科学家在20世纪末获得的又一项重要发现。

据介绍,年代久于10亿年的大洋地壳残片在世界范围内保存非常有限。目前得到公认的最古老洋壳记录仅发现于加拿大(20亿年)、芬兰(20亿年)和美国(17亿年)等。与上述实例相比,此次发现的华北大洋地壳残片,具有层序完整、规模巨大(长度达10公里以上)、时代最古老等特点,它显示了典型大洋地壳从顶到底的完整地壳层序。

华北古大洋的存在,对于生命的起源、地球内部热流的变化、地球早期构造演化历史、板块构造最早出现的时间及其运动形式等学科领域的认识都具有重要意义。

“神舟二号”无人飞船准确返回地面 在人们焦急的等待中,“神舟二号”无人飞船环绕地球108圈、在太空飞行近7天后,顺利完成预定空间科学和技术试验任务,于北京时间1月16日晚7时22分在内蒙古中部准确返回,成功着陆,这标志着中国载人航天工程第2次飞行试验取得圆满成功。

“神舟二号”无人飞船是于本月10日凌晨在酒泉载人航天发射场由长征二号F运载火箭发射升空的。

据介绍,飞船在轨飞行期间,各种试验仪器设备性能稳定,工作正常,取得了大量宝贵的飞行试验数据和科学资料,圆满完成了预定试验任务。飞船返回舱将在近日运回北京,由科技人员对飞船本身及装载试验项目进行技术分析和科学研究。飞船轨道舱继续在轨运行并进行有关的空间科学和应用试验。

有关专家称,“神舟二号”无人飞船的成功发射和返回,表明中国载人航天工程技术日臻成熟,为最终实现载人飞行奠定了坚实基础。同时,利用飞船有效载荷开展的一系列空间科学试验,是中国首次在自己研制并发射的飞船上进行多学科、大规模和前沿性的空间科学与应用研究,标志着中国空间科学研究和空间资源的开发进入了新的发展阶段。

2000年中国基础研究10大新闻 《光明日报》1月17日报道,为了激励广大科技工作者的科学热情和奉献精神,促进全社会对基础研究工作的关心和支持,科技部连续3年组织了中国基础研究10大新闻的评选活动。2000年的评选结果于今日公布。

2000年10大基础研究新闻是:(1)纳米研究取得最新成果;(2)中国科学家首次提出生物大灭绝新证,古鸟类研究取得新进展;(3)夏商周断代研究取得重要成果;(4)中国科学家参与的人类遗传解剖草图绘制完成;(5)人类起源研究再添新证,百色旧石器挑战“莫氏线”理论;(6)中国科学家培育出杀灭肿瘤的细胞;(7)中国科学家获得人类下丘脑－垂体－肾上腺轴对机体神经内分泌重要系统的基因表达谱;(8)发现人脑学习记忆有新区域;(9)中国东部南北样带研究取得重大进展;(10)中国地壳运动观测网络通过验收并正式启用。

中国首张微生物基因组完成图绘出 2月13日,中科院基因组中心、北京华大基因研究中心科学家近日将泉生热袍菌全基因组完成图绘制完成,从而获得国内首张微生物基因组完成图,这是中国科学家参与人类基因组计划并取得进展同时,在基因组学研究中取得的又一项新成果。

据中科院基因组中心张猛博士介绍,泉生热袍菌是从中国南部的温泉中分离出来的极端嗜热的革兰式阴性厌氧杆菌。该细菌全基因组约有269万碱基,目前发现2 808个基因,其中1 481个为功能已知的基因,另外1 327个基因的功能尚不清楚。该细菌以糖代谢途径为碳源及主要能量来源。

专家指出,破译泉生热袍菌这一微生物的意义在于,这个微生物介于古细菌和真细菌之间,在研究生物进化方面有着重要意义。另外,通过绘制它的完成图,可以分离到一些基因,这些基因产物是耐热的酶,在工业上有重要的应用价值。

投入少、收效快的微生物基因组研究,是当今世界基因组研究中的前沿领域。科学家从这一基因组研究中得知,大约30个基因只能在嗜热的真细菌或古细菌中找到。泉生嗜热菌与另外一种细菌——需氧芽孢杆菌的同源性最高为59.8%。

第20届世界大学生冬运会 2月17日,第20届世界大学生冬季运动会完成了为期10天共9个冰雪项目的激烈比赛,于当天落下帷幕。年轻的中国运动员不畏强手,奋力拼搏,共获得3银5铜的好成绩。

第20届世界大学季冬季运动会于2月7～17日在波兰南部与斯洛伐克交界的山城扎科帕内及其附近的5个城镇举行。

中共中央国务院举行国家科学技术奖励大会 2月19日,中共中央国务院在京隆重举行国家科学技术奖励大会,中共中央总书记、国家主席、中央军委主席江泽民出席大会并为获奖代表颁奖。中共中央常委、国务院总理朱镕基代表党中央国务院在大会上讲话,中共中央政治局常委、国务院副总理李岚清宣读《国务院关于2000年度国家科学技术奖励的决定》。会议由中共中央常委国家副主席胡锦涛主持。党和国家领导人、中央国家机关和军队负责人、国家科技教育领导小组、国家科学技术奖励委员会成员、首都科技界代表3 000余人出席了奖励大会。

附:国务院关于2000年度国家科学技术奖励的决定 为全面贯彻党的十五大关于“要建立一整套有利于人才培养和使用的激励机制”的精神,推动科教兴国战略的实施,奖励为发展我国科学技术事业,促进我国国民经济和社会进步做出突出贡献的科学技术人员,根据《国家科学技术奖励条例》的规定,国家科学技术奖励委员会严格评审和科技部审核,经国务院批准,报请国家主席江泽民签署,授予吴文俊、袁隆平2000年度国家最高科学技术奖;经国务院批准,同时授予“统一描述平衡与非平衡体系的格林函数理论研究”等15项成果国家自然科学奖二等奖,授予“B121型无铬一氧化碳高温变换催化剂”等23项成果国家技术发明奖二等奖,授予“复杂地质艰险山区修建大能力南昆铁路干线成套技术”等22项成果国家科学技术进步奖一等奖,授予“北方土壤供钾能力及钾肥高效施用技术研究”等228项成果国家科学技术进步二等奖,授予美国科学家潘诺夫斯基和印度科学家库西中华人民共和国国际科学技术合作奖。

全国科技工作者要向全体获奖者学习,刻苦钻研、勤奋工作、勇于创新,加强基础研究和应用研究,发展高技术,促进科技成果产业化,全面提高我国科技创新能力和科学技术水平,为推动我国经济结构调整和现代化建设不断提供强大的技术支持。

中国合成出高质量新超导体 《光明日报》2月22日报道,中国科学院物理研究所近日成功合成高质量二硼化镁新超导体。专家称,它的发现可能促成找到新的超导体。

二硼化镁新超导体是2001年1月由日本科学家宣布发现的新超导体,它引起了世界超导界的极大关注。这是继铜氧化物超导体和碳60之后,又一具有较高超导转变温度的超导材料。它达到甚至超过经典电声耦合理论(1957年由巴丁、库玻和雪瑞弗提出的解释常规超导体的理论,称为BCS理论,认为超导转变临界温度在30K～40K之间)预言的极限。

这一发现迅速在国际上引起强烈反响,各国不少实验室迅速对这种超导体开展跟踪研究。中科院超导国家重点实验室用常压和高压的方式合成出了高质量的单相样品并开展了相关物理性质的研究。合成出来的样品结构衍射谱非常纯净,超导转变温度为40K,电阻转变宽度低于1K,Meissner抗磁达到100%。尤其是高压合成的样品,非常精密,经抛光后可见类似于金属表面的光泽。从20K测到的磁滞回线上分析样品的体临界电流密度(非颗粒内临界电流密度)在一个特斯拉的磁场下达到100 000A/平方厘米,处于国际前沿水平。

"转基因抗旱耐盐碱水稻"通过鉴定 "转基因抗旱耐盐碱水稻"研究2月下旬通过专家鉴定。

该项目是河北大学留美博士朱宝成教授等人联合攻关的重点课题。他们首先构建成功了一种被称为脯氨酸合成酶的基因,将这种基因导入水稻悬浮细胞,从而得到转基因水稻植株。这种基因在一种启动子的作用下,不断积累脯氨酸合成酶,水稻依靠这种脯氨酸含量的增加提高抗旱耐盐碱力。目前专家已经得到第4代转基因植株种子。

实验表明,在干旱和盐碱胁迫的条件下,多数转基因水稻能够正常结实。有关专家认为,这种抗旱耐盐碱转基因水稻的研究居国际领先水平,特别是在中国水资源形势极为严峻的情况下,这种水稻与常规育种相结合后会具有极为广阔的应用前景。

阿富汗——文明在战火中惨遭荼毒,世界最高巨佛灰飞烟灭 阿富汗地处亚洲中部,领土为65万平方公里,人口约2 000万。自古以来,世界不同的宗教和文化便经此传播交汇,众多文化古迹得以在阿富汗落地生根。这些从旧石器时代至近现代的文明产物,不仅极大丰富了阿富汗文明的内涵,而且成为阿富汗乃至世界弥足珍贵的文化瑰宝。

不幸的是,这些古老文明的结晶,到了现代社会,却要遭受无辜的荼毒。2月26日,阿富汗塔利班最高领导人奥马尔签署一项法令,要求拆毁境内所有非伊斯兰雕像。此举立即在国际社会招来一片抗议声。联合国秘书长科菲·安南发出呼吁,要求塔利班收回成命,保护阿富汗的文化遗产免遭破坏。美、法、德、泰、日、斯里兰卡、俄罗斯和伊朗等国敦促塔利班不要一意孤行;与塔利班关系密切的巴基斯坦也向其发出劝告。但国际社会的努力,最终未能制止悲剧的发生。

3月1日,在"恶习与美德部"的督导下,塔利班开始在喀布尔、贾拉拉巴德、赫拉特、坎大哈、加兹尼和巴米扬等地实施拆毁文物的行动。塔利班新闻与文化部长贾马尔称,阿富汗境内所有的雕像将被拆毁,塔利班将运用一切可能的手段完成这一目标。3月2日,拆毁行动推进至中部的巴米扬省。这里坐落着世界罕见的两座大型佛雕,为公元5世纪的文物。其中一座高达53米,是世界现存最高的佛雕。塔利班向佛雕发射了火箭及坦克炮,1 500余年的文化瑰宝立时灰飞烟灭。

哀叹之余,人们不由念及在20余载战火的摧残中,阿富汗文明陷入了怎样的境地。首都喀布尔是一座有着3 000多年历史的古城,但现在该城的70%已成一片废墟。1967年,阿富汗政府曾在喀布尔建造了一个动物园,这里成为人们观赏稀有鸟兽的天堂。1974年,动物园又增设了水族馆,在浩瀚的荒漠之中创造了一个奇妙的水底世界。但历年的战乱之后,这里除了断壁残垣,已毫无生气。建于1919年的喀布尔博物馆,曾经以丰富的收藏享誉世界。但在纷繁的内战中,博物馆已是千疮百孔,70%的藏品不知所踪。

"和平号"空间站坠毁于太平洋 举世瞩目的"和平号"空间站将于3月20日左右坠毁于太平洋海域。至此,这个在太空度过整整15个年头的"人造天宫",在创造了一系列人间奇迹后,终于穿过大气层,像一颗流星划过夜空,陨落了。然而,人类航天史永远不会忘记它,不会忘记它为人类航天事业和人类认识外层空间所作出的杰出贡献。

第二次世界大战后,苏美两国在太空展开了一场史无前例的竞赛。

"和平号"空间站就是在这场竞争中诞生的。说来"和平号"已经是第3代空间站了。

"和平号"作为第3代空间站,在各方面都超过了前两代空间站。"和平号"空间站是1986年2月20日发射升空的,它由工作舱、过渡舱和服务舱组成,共有6个对接口,其中两个主要对接口位于轴线的两端,用来与载人和货运的飞船对接。与"和平号"连接的舱体有"量子"1号、"量子"2号、"晶体"舱、"光谱"舱和"自然"舱。"和平号"重123吨,工作容积达400立方米,空间站上装备着由27个国家生产的11.5吨重的科研仪器设备。"和平号"发射升空以来,人们一直称它为"人造天宫"。"和平号"设计寿命5年,目前已经飞行整整15个年头。

"和平号"空间站与此前的两代空间站相比具有更加丰富的功能和更为优越的生活和工作环境。"和平号"的能源系统比第2代空间站大一倍多,其工作舱比前两代空间站宽敞,舱内温度可以调节到28摄氏度,舱内备有单间,供宇航员睡觉或单独活动,舱内有显示屏幕,向宇航员提供各种信息。

15年来,总共有28个考察组、100多名宇航员在"和平号"空间站上工作过。除苏联和俄罗斯宇航员外,还有美国、英国、法国、德国、日本、奥地利、叙利亚、阿富汗和保加利亚等国的宇航员参与空间站的工作。宇航员在"和平号"空间站上进行了天文物理观测、微重力科学与应用实验、大气层研究、陆地、海洋和大气的地球环境研究,并在天文物理和太阳系研究等600多个科研项目方面做了大量工作,取得了许多极其重要的研究成果。苏联和俄罗斯宇航员不断创造在太空逗留时间的新纪录。1987年2月6日～12月9日,宇航员罗曼年科连续在太空飞行了306个昼夜。此后季托夫和马纳罗夫两人在太空生活了整整一年。1994～1995年,宇航员波利亚科夫创造了在太空连续生活438天的飞行纪录。

"和平号"的诞生标志着苏联航天事业的水平和一个超级大国的经济和军事实力。

地质里程碑"金钉子"定址中国 3月26日全球二叠系——三叠系界线层型剖面和点位,这颗国际地学界俗称的"金钉子",被定址在中国浙江长兴煤山剖面。国际地质科学联合会秘书处3月下旬发布的消息认为,中国学者在三叠系这一领域的研究处于国际领先地位。

二叠系——三叠系界线既是两系之间的界线,又是古生界和中生界之间的分界,因在这一界线上发生了海洋生物灭绝事件而备受世人关注。深入研究、发掘这一时期的地球信息,对于调整今天人与自然之间的关系和实现可持续发展具有重大现实意义。

100多年来,二叠系——三叠系界线一直以菊石化石作为分界标准,但由于菊石化石分布局限,难以进行全球对比,所以这一界线到底在何处,国际地学界一直没有定论。早在1978年,中国地质大学就成立了由杨遵仪院士领导的界线工作组。杨遵仪院士和殷鸿福院士主持了两期二叠系——三叠系界线对比的"国际地质对比规划"项目,先后有25个国家的200多人参加研究。1986年,殷鸿福院士提出以牙形石取代菊石化石为二叠系——三叠系界线标准化石,逐步得到国际学者的赞同。此后,中国地质学家携手努力,并与国际同行合作,对浙江长兴煤山剖面进行了岩石地层、生物地层、地质年代等多学科、高分辨率的研究工作,取得丰硕成果。目前,研究人员系统清理了煤山剖面大量地质研究成果,建立的煤山剖面标准地层序列已为国内外绝大多数学者接受和采用。

附:什么叫"金钉子"

国际地质科学联合会下属国际地层委员会的中心工作,就是确定已建各个地层系、统、阶之间的界线层型剖面和点位,把它作为全球定位标准,又称"金钉子"。这个标准的确立是所在国地层研究水平的最高科学荣誉。

美发射"奥德赛"火星探测器 美国东部时间4月7日上午11时02分,美国宇航局的"奥德赛"火星探测器在佛罗里达州的肯尼迪航天中心顺利升空。

此次发射使用的是"德尔塔"火箭。"奥德赛"火星探测器将在飞行6个月后,于2001年10月到达距地球4.6亿公里的火星,进入火星轨道,进行为期两年半的火星地理探测。其主要任务是进一步探测火星上是否有水,以确定那里是否存在生命。

美国国家宇航局用于这次探测的经费是2.97亿美元。探测器上携带了一具俄罗斯制造的高能中子探测器,可以详细探测火星地表,以确定地表下两米以内是 否有含水区域,并测出火星表面的化学成分和矿物质,并绘制出这些区域的地图。

1999年9月,由于美国宇航局的有关科学家把英制和公制两种长度单位弄混了,"火星气候探测器"在进入火星大气层时被烧毁,也可能是坠落在火星上了。同年12月,"火星极地登陆者"探测器在火星表面着陆后与地球失去了联系,原因可能是发动机过早关闭。接连两次失败险些使火星考察计划半途夭折。今天发射成功后,宇航局参与火星探测计划的科学家们虽然喜形于色,但仍不敢太高兴。他们知道,只有在两年半以后,"奥德赛"完成全部探测项目,他们才能真正微笑。

美研制出世界上速度最快的飞机 美国宇航局将在5月中旬试飞世界上飞得最快的飞机。这种飞机的设计最高时速达到每小时1.15万公里。

美国宇航局18日在位于加利福尼亚州的爱德华兹空军基地展示了这种代号为X-43A的新型飞机。其机长为4米,形如冲浪板,无人驾驶。美国宇航局说,这种飞机的设计时速是音速的7～10倍,音速为每小时1 224公里。

中国举行"世界知识产权日"宣传活动 4月26日是第一个"世界知识产权日"。首都北京和全国一些大城市举行多种形式的宣传咨询活动,进一步推动全社会尊重保护知识产权,营造鼓励知识创新的环境。

中共中央政治局委员、国务院副总理温家宝今天就第一个"世界知识产权日"发表了题为"尊重知识崇尚科学保护知识产权"的书面讲话。

中国鸟类起源研究喜获新进展 据《光明日报》5月6日报道,从中国地质科学院科技创新成果发布会上获悉:日前中国科学家发现了世界上第一块全身披覆羽毛的奔龙化石。此项发现在研究恐龙-鸟类关系、羽毛的起源和演化等方面具有重大的科学价值。

2000年冬季,中国地质科学院研究员季强博士在中国辽西凌源大王杖子地区,发现了一只全身长有羽毛的奔龙化石。这块新发现的恐龙化石保存非常完美,由季强博士和美国生物学家 Mark Norell 博士等科学家组成的研究小组,对化石进行了专门研究。此化石属于生活于距今约1.3亿年前的小型兽脚类恐龙——奔龙,是比较先进的两足行走的食肉性恐龙,具有与鸟类非常相似的骨骼。这只奔龙的头部和尾部均发育有纤维状绒羽,身体的其他部分覆盖了相似于原始羽毛的皮肤衍生物,背部发育了具有像现代鸟类羽毛的羽枝样分叉结构。

季强博士介绍说,由于奔龙比鸟类原始,新发现的化石表明,在小型的、无飞行能力的恐龙中,羽毛的发育最初是为了保温。另外,此前发现的长有羽毛样结构的化石大多保存不佳或不完整,因此目前国际上仍有人对长羽毛恐龙的可信度提出质疑,对"鸟类是从恐龙演化来的"理论持批评态度。这块化石的发现彻底明确了对这类已灭绝动物的认识,它表明进步的兽脚类恐龙要比原始爬行动物更接近鸟类。据介绍,国际权威学术刊物《自然》杂志也在4月27日宣布这一新发现。

南方震旦纪后存在动物群 据《光明日报》5月6日报道,江西最近发现大量原始水母化石。有关专家证实,该震旦系原始水母化石为江南首次发现,表明中国南方5.9亿～7亿年前存在动物群。

这些化石是江西地勘局赣西北地质大队在永修县柘林湖南侧进行区域地质调查时首次发现的。化石被保存在硅质岩和硅质页岩层面上,呈放射花瓣状,遍平,有五角星状和六角星状,类似古海星,最大直径为28厘米,多为10厘米左右。保存形态上不仅有凹进的印痕,也有突出的实体,且与虫管遗迹化石共生。这次发现原始水母化石数量之多、个体之大、保存之完整,属世界罕见。专家们认为,该地区的原始水母化石与澳大利亚"埃迪卡拉动物群"是同阶段不同地点的变种,这一发现在生物演化史方面有重大意义,不仅证实了中国南方震旦纪后动物群的存在,而且充实了世界前寒武纪晚期软躯动物群的内容。

第4届中国北京高新技术产业国际周暨中国北京国际科技博览会开幕 第4届中国北京高新技术产业国际周暨中国北京国际科技博览会5月10日下午在北京人民大会堂开幕。国务院副总理李岚清在开幕式上作了题为"全面实施科技发展战略,大力推进国际交流合作"的主题报告,强调中国将加大实施科教兴国战略的力度,推动国民经济持续快速健康发展;广泛深入地开展科学技术的国际交流与合作,促进资源和信息共享,实现共同发展。

科技部部长徐冠华主持开幕式,国际周组委会主席、北京市市长刘淇致开幕词,中国科学院院长路甬祥作了题为"科技创新与产业化"的专题演讲。

据了解,第4届中国北京高新技术产业国际周暨中国北京国际科技博览会由科技部、外经贸部、教育部、信息产业部、中国贸促会和北京市政府共同主办,与前3届相比,本届国际周规模扩大,科技含量提高、技术交易空间更广。来自50多个国家和地区的70多个国外政府、企业代表团近2 000人参加本届活动,其中有政界人士、科学家、跨国公司总裁、金融家、城市市长、大学校长、国外驻华使节等。全国31个省、自治区、直辖市和部分计划单列市派代表团参加国际周活动。

5月15日,第4届中国北京高新技术产业国际周暨中国北京国际科技博览会在京落下帷幕。

本届"国际周"共签订投资、合作协议823项,协议总金额达79.22亿美元,占总成交额的93.6%;外资项目62.85亿美元,占投资总额的84.73%;高科技项目总投资额40.74亿美元,占总投资额的54.92%;北京的项目147个,外省市的676个,总投资额31.93亿美元,外省市项目总投资额所占比例由2000年的34.42%上升到43.05%。

"艺术与科学国际作品展"在北京举办 庆祝清华大学建校90周年"艺术与科学国际作品展"5月31日在北京中国美术馆开幕。中共中央总书记、国家主席江泽民6月4日下午来到中国美术馆,参观了艺术与科学国际作品展。中共中央政治局常委、全国政协主席李瑞环出席开幕式并参观展览。

清华大学举办的这次国际作品展,汇聚了中国、日本、美国、英国、芬兰、澳大利亚等9个国家和地区32所高等院校的700余件艺术作品,旨在交流艺术与科学领域的学术成果,拓展高等教育培养高层次复合型人才的思维空间。

这次展览中的许多作品出自国际上著名的艺术家、科学家之手或是由艺术家与科学家联袂创作的。多年来致力于核物理研究以及对艺术和科学相结合探索的诺贝尔奖获得者、著名科学家李政道,此次把电子对撞时的情景通过其创意的大型雕塑作品《物之道》表现出来,而著名艺术家吴冠中根据科学发现的蛋白质结构创意了大型雕塑《生之欲》。这两件作品体现了物质与生命的美与力量。

中国研制成全新计算模式PC机 《光明日报》6月1日报道,一种不用升级、不装软件、不怕病毒、不要维护且价格只有高档微机的1/3的全新计算模式PC机,今天在清华大学通过了由教育部主持的专家鉴定。计算机专家们对这一被命名为索普卡电脑小宝-I的新成果给予了很高评价:这一成果是PC机的一次革命。它的几项主要新技术,已经领先国内外的计算机厂商。

目前,该系统已经在清华大学附中建立了实验网。运行实验表明系统工作稳定、正常、网络服务质量优于传统PC服务器方式。

中国日益融入世界科技大潮 6月21日,中国科协"六大"召开第一次团长会议。中国科协有关负责人介绍了中国科协"六大"的筹备情况及议程和日程安排。

据介绍,改革开放20多年来,中国科协积极贯彻以经济建设为中心的方针,围绕科教兴国战略和经济建设的任务,全方位地开展工作,取得了积极成果。目前,中国科协及其所属全国性学会共参加了240多个国际组织,已有550多名中国科学家在国际科技组织的领导和专业机构中担任过重要职务,仅2000年一年,经中国科协的报审,就有61个国际会议在中国举行,有1.2万多名外国科技工作者参会,这说明中国科技正日益融入世界科技发展的大潮中。

中国科协第6次全国代表大会 新世纪中国科技工作者的首次盛会——中国科学技术协会第6次全国代表人大会6月23~25日在京举行,江泽民等党和国家领导人出席开幕式,江泽民发表重要讲话。江泽民主席在讲话中指出,我们必须敏锐地把握当今科学技术发展的大势,充分估计未来科学技术发展对人类社会的巨大意义,增强紧迫感和忧患意识,瞄准世界科技的先进水平,紧密结合我国发展的实际要求,奋起直追,锐意进取,努力开创我国科技事业蓬勃发展的新局面。要使科技进步和创新始终成为建设有中国特色社会主义事业的强大动力,成为中华民族屹立于世界先进民族之林的坚实基础。

中国科协第6次全国代表大会,是进入新世纪全国科技工作者的首次盛会,是团结和动员中国广大科技工作者为推进社会主义现代化建设而继续奋斗的一次重要会议。今天的人民大会堂内群星荟萃。来自包括香港、澳门和台湾在内的全国各地以及海外地区的1 000余名代表、特邀代表,为中国改革开放和现代化建设开创新业绩共谋大计。他们中有德高望重的老一辈科学家,有近些年来脱颖而出的青年英才,也有辛勤耕耘在科技、科普第一线的科技工作者和科技团体工作者。

为期4天的大会,审议通过了《中国科协第5次全国代表大会工作报告》,通过了修改后的《中国科学技术协会章程》,选举了新的领导机构。周光召再次当选为全委会主席,同时选举了王选、韦钰、左铁镛、白春礼、旭日干、杨福家、张玉台、张启发、陆延昌、赵忠贤、胡启恒、钱易、徐善衍、栾恩杰、韩启德、曾庆存等16位副主席和45位常务委员。

国际纳米材料高层论坛与技术应用研讨会 国家主席江泽民7月3日上午在人民大会堂会见了“2001国际纳米材料高层论坛与技术应用研讨会”的部分与会代表。

江泽民指出，中国纳米材料的研究已经具有了很好的基础，国家给予了高度重视和支持，在我国刚刚制定的“十五”规划中，把新材料和纳米科技的进展作为科技进步和创新的重要任务。发展纳米材料与技术应用对发展我国高科技和国民经济建设具有战略性意义。

部分代表在发言中表示相信，此次会议将进一步推进纳米材料发展及技术应用，并促进在这一领域内的国际合作。

本次研讨会于7月2～5日在北京举行，这是纳米材料科技及应用技术领域一次盛大的国际会议。来自海内外的500多人参加本次会议，包括纳米材料技术专家、政府官员、国家高新技术开发区领导及企业和投资机构的代表。一些国家制定政府纳米发展计划的专家也应邀出席本次研讨会。

北京赢得2008年奥运会主办权 7月13日，在莫斯科举行的国际奥委会第112次会议上，北京在第2轮投票中以56票获得2008年夏季奥运会的主办权。在这一轮投票中，多伦多获得22票，巴黎得到18票，伊斯坦布尔获得9票。

当北京申奥成功的消息传来，聚集在中华世纪坛的各界群众爆发出排山倒海的欢呼。40万北京群众自发来到天安门广场，欢庆申奥成功。党和国家领导人江泽民、李鹏、朱镕基、李瑞环、胡锦涛、尉健行当晚在中华世纪坛和天安门广场，与各界群众共庆这一喜悦的时刻。

总书记的出现，使现场的气氛愈加热烈，欣喜不已的群众用掌声和纵情的欢呼欢迎总书记的到来。人们高喊“北京成功啦！”“中国胜利啦！”“祖国万岁！”在各族青年和天真活泼的儿童簇拥下，江泽民一边与群众亲切握手，一边用宏亮的声音向大家问候，共庆北京申奥成功。

江泽民同志向全场群众发表讲话，他说，我代表党中央、国务院，对北京申奥成功表示热烈的祝贺！向全国人民为北京申奥所作的贡献表示感谢，向国际奥委会和各国朋友对北京申奥的支持表示感谢！全国人民将与首都人民一起奋发努力，扎实工作，把2008年奥运会办成功。江泽民欢迎世界各国朋友2008年光临北京，参加奥运会。

附1：奥运两轮投票结果 第一轮：北京44票，多伦多20票，巴黎15票，伊斯坦布尔17票，大阪6票。

第二轮：北京56票，多伦多22票，巴黎18票，伊斯坦布尔9票。

附2：各国成功申办奥运会一览

申办国家	申办城市	申办次数	举办时间和次数
中　国	北京	2	2008年，1届
美　国	洛杉矶	4	1932年，1948年，共2届
	亚特兰大	1	1996年，1届
	圣路易	1	1904年，1届
英　国	伦敦	3	1908年，1948年，共2届
法　国	巴黎	4	1900年，1924年，共2届
澳大利亚	墨尔本	1	1956年，1届
德　国	柏林	3	1936年，1届
西班牙	巴塞罗那	4	1992年，1届
日　本	东京	3	1964年，1届
韩　国	汉城	1	1998年，1届
墨西哥	墨西哥城	1	1968年，1届
瑞　典	斯德哥尔摩	3	1912年，1届
芬　兰	赫尔辛基	3	1952年，1届
希　腊	雅典	5	1986年，2004年，共2届
前苏联	莫斯科	2	1980年，1届
比利时	安特卫普	1	1920年，1届
澳大利亚	悉尼	1	2000年，1届
加拿大	蒙特利尔	5	1976年，1届
意大利	罗马	5	1960年，1届

国务院公布第5批全国重点文物保护单位 由文化部和国家文物局提出的金中都水关遗址、明景泰陵、潭柘寺、嘉兴南湖中共“一大”会址等518处第5批全国重点文物保护单位，已经国务院批准公布，于7月16日正式发布。至此，中国全国重点文物保护单位已达1 268处。

此次公布的全国重点文物保护单位中，有古遗址144处，古墓葬50处，古建筑248处，石窟寺及石刻31处，近现代重要史迹及代表性建筑40处，其他5处。此外，还有23处文物保护单位合并到前4批已经公布的全国重点文物保护单位中。上述单位是国家文物局根据《中华人民共和国文物保护法》第7条的规定，在专家评审的基础上，从各省、自治区、直辖市推荐的1 120处不可移动文物当中选择出来的，均具有重大历史、艺术和科学价值。

中国大陆科学钻探工程开钻 中国大陆科学钻探工程8月4日在江苏省东海县毛北镇开钻，这是中国实施的首项重大地质科学工程。中国大陆科学钻探工程是一项集科学与技术于一体的综合性工程，也是多学科、多领域的系统集成。

大陆科学钻探工程被誉为“深入地球内部的望远镜”。从今天开始，竞标获得施工权的中国石化集团中原石油勘探局，将向地球深处钻进5 000米，形成中国第一口科学深钻井。

工程从2000年开始组织实施，将用5年时间完成。此后，将在此地建立长期观测实验基地。

据了解，目前世界上已有13个国家完成科学钻探井近100口。这些科学钻探井对人类研究特定地质构造和地质问题发挥了重要作用。中国大陆科学钻探工程是“九五”国家重大科学工程项目，1998年被国际大陆科学钻探组织批准为国际大陆科学钻探项目。工程投资1.5亿元，由国土资源部组织实施。

德国科学家意外发现一种强力炸药 新华社8月4日报道，德国慕尼黑技术大学的一个研究小组通过一次偶然的试验室爆炸事故，发现了一种强力炸药。

这种新的爆炸材料是一种特殊的硅物质。慕尼黑大学的物理试验室主任克瓦莱夫称，它“可能是迄今人类所发现的威力最强大的化学爆炸物质”，其爆炸力相当于TNT炸药的7倍。

德国科学家经研究发现，多孔硅表面是一层只有一个原子直径厚度的氢。正是这个隔绝层使多孔硅接触不到氧气，从而保持了多孔硅的稳定。然而，一旦硅与氧之间的这个氢隔绝层被破坏，氧就会进入，并如同野火一样在多孔硅中引起连锁反应。这个反应速度只有一微秒，比TNT炸药的燃烧反应速度更快也更猛烈，因而就形成了威力更强大的爆炸。

中国国家图书馆世界第三

部分国家图书馆名称	馆藏图书量(万册)
美国国会图书馆(华盛顿)	2 600
俄罗斯图书馆(莫斯科)	1 760
中国国家图书馆(北京)	1 590
俄罗斯图书馆(圣彼得堡)	1 362
英国图书馆(伦敦)	1 300
哈佛图书馆(马萨诸塞)	1 100
法国国家图书馆(巴黎)	1 100
莱比锡图书馆(莱比锡)	900
日本国会图书馆(东京)	727
法兰克福图书馆(法兰克福)	700

中国“世界遗产”数世界第三 龙门石窟、明清皇家陵寝、大昭寺(扩展项目)、苏州园林(扩展项目)8月15日在京获联合国教科文组织世界遗产中心颁发的“世界遗产证书”。

世界遗产证书是由联合国教科文组织世界遗产中心根据世界遗产委员会的决议制作并发送的。今天获得证书的4个项目是2000年11月底至12月初在澳大利亚凯恩斯第24届世界遗产委员会上通过列入《世界遗产名录》的，这使得中国拥有“世界遗产”数达27处(组)，仅次于西班牙(36处)和意大利(34处)，位居第三。

中国自1985年参加《保护世界文化与自然遗产公约》以来，已拥有的文化遗产20处、自然遗产3处、文化与自然双重遗产4处。

2000年全国10大考古新发现颁奖 由中国考古学会、《中国文物报》和《光明日报》共同发起的“2000年全国10大考古新发现”颁奖仪式8月25日在济南举行。

经过全国著名考古学家的评议，福建三明万寿岩旧石器时代遗址、江苏连云港藤花落龙山时代城址、河南省新密市古城寨城址、广东博罗县横岭山先秦墓地、湖北潜江龙湾宫殿遗址、四川成都古蜀国大型船棺独木棺墓葬遗址、山东章丘洛庄汉墓陪葬坑和祭祀坑、江苏南京钟山六朝坛类建筑遗址、浙江杭州南宋临安府治遗址、河南宝丰清凉寺汝官窑遗址10项考古成果被评选为2000年全国10大考古新发现。

“全国10大考古新发现”评选活动于1990年首次举行，至今已是第11届。

人类基因组计划中国部分“完成图”提前两年绘就 由中科院基因组信息学中心、国家人类基因组南方中心、北方中心的科学家所共同承担的国际人类基因组计划中国部分“完成图”提前两年绘就，并于8月26日通过了科技部和中科院联合组织的专家验收。

人类基因组“完成图”，即完全覆盖人的基因组，准确率超过99.99%的全DNA序列图，是人类基因组计划最艰巨、最重要的任务。所有数据已经递交到国际基因组数据库中，可被全球科学家和研究者直接免费享用。

据介绍，下一阶段，中国科学家将继续参与国际合作，列出完整的人类基因及其产物的清单；对调控区域进行大规模的研究和分析；分离全部的人类单核苷酸多态性；分析中国人疾病相关基因及其多样性；测定对中国有特殊意义的其他生物的基因组，如水稻、家猪等。专家称，下一阶段工作将对中国生命科学研究和生物产业发展具有重大意义。

中国人类胚胎干细胞克隆研究取得重大成就 8月31日上午，由西北农林科技大学窦忠英教授率领的科研攻关小组第6次从人胚胎干细胞分化诱导得到心脏跳动样细胞团，这是中国科学家在人类胚胎干细胞克隆领域在国内取得的唯一此类细胞团，标志着中国干细胞研究已跻身于世界先进水平。

据介绍，从8月25日开始，西北农林科技大学科研人员对源于人胎儿原始生殖细胞的胚胎干细胞进行体外分化培养，28日即见到心脏跳动样细胞团，每分钟跳动90次，而此前他们已经探索过5次并都获得成功。

美国科学家为白血病患者带来好消息：干细胞成功变成血细胞 美国威斯康星大学进行的实验第一次成功地将胚胎干细胞转化为可以生成血细胞的“前体细胞”。这是科学家考夫曼及其同事在9月4日出版的美国《全国科学院学报》月刊上发表的研究报告透露了这一令人振奋的消息。干细胞是在胚胎组织中的“万能细胞”，它可以转化成人体220种细胞和生物组织中的任何一种。考夫曼说，他们从胚胎干细胞培养出的“前体细胞”，在一定条件下可以转化成红血球、白血球等细胞或血小板。

这个研究结果对于治疗白血病等血液疾病带来了很好的前景。因为，目前治疗白血病主要依靠外人自愿捐献骨髓，但是志愿者为数甚少，而且也很难找到合适的志愿者。使用胚胎干细胞培养血细胞，将为病人提供足够的血液资源库，而不再需要志愿者献血。

第三届“柏林亚太周”举行 9月17日，在德国首都柏林市中心的宪兵广场，来自中国的内蒙古合唱团以一曲无伴奏合唱“美丽的草原我的家”揭开了第三届“柏林亚太周”的序幕。

中共中央政治局委员、书记处书记丁关根代表中国政府在开幕式上致辞。

德国总理施罗德也在开幕式上致辞。

“柏林亚太周”于1997年由柏林市政府发起举办，每两年一次，是欧洲规模最大的亚太地区综合性文化展示活动。本届亚太周共有来自亚洲和太平洋地区的16个国家参加，中国是2001年“柏林亚太周”的主宾国。各国艺术家及经济界人士在为期两周的亚太周期间举行约230场活动，通过戏曲、音乐、舞蹈、摄影、绘画、雕刻、电影、国际论坛及经济研讨会等方式展示自己的民族文化，并进行文化、经济及科技交流。中国作为本届亚太周主宾国所举办的“中国文化节”活动是本届亚太周的重头戏，它通过多种艺术形式，多角度、全方位地向德国人民展示中华民族灿烂的历史与现代文化，使其欣赏到原汁原味的中华民族艺术。

世界部分国家拥有个人电脑的比例

（单位：台/100人）

美国	65	芬兰	38
瑞典	63	英国	36
瑞士	51	德国	34
挪威	51	日本	32
丹麦	48	法国	29
荷兰	42		

白春礼获国际化学工业协会国际奖章 国际化学工业协会10月4日在伦敦举行颁奖仪式，将该协会2001年度“国际奖章”颁发给中国著名科学家、中国科学院副院长白春礼院士，以表彰他在纳米科学领域的贡献和对国际科学技术交流所发挥的作用。

成立于1881年的国际化学工业协会(SCI)总部设于英国伦敦，是一家有悠久历史的知名国际学术组织，在70多个国家拥有7 000多名会员。该协会颁发一系列具有崇高声望的奖项，获奖者中既有包括诺贝尔奖得主在内的知名学者,也有跨国大企业的负责人。白春礼院士是继中国化学家侯德榜因发明工业制碱法于 1943 年获该协会的“荣誉会员奖”之后第 2 位获奖的中国科学家,也是第一位获“国际奖章”的亚洲科学家。

国际化学工业协会秘书长理查德·德尼尔说,该协会之所以决定将这一重要荣誉授予白春礼院士,是因为他在中国科学技术产业化方面起到了杰出的领导作用,将该协会的宗旨“科学与产业结合”应用于实践;他还推动并领导建立了许多国际科学交流关系。

王忠诚院士获世界神经外科最高奖 10 月 9 日举行的北京天坛医院建院 45 周年庆祝大会上传来喜讯:该院名誉院长王忠诚院士被世界神经外科联合会授予“最高荣誉奖章”,成为中国获得这一世界神经外科最高奖项的第一人。

王忠诚院士是新中国成立后培养的第一代国内外著名神经外科专家,是中国神经外科事业的创始人之一。在半个世纪的医学生涯中,为建立发展中国神经外科事业,在临床诊断、手术、科研、教学和培养人才诸方面做出了突出贡献,在脑干及脊髓内肿瘤、显微神经外科、脑血管畸形、脑动脉瘤及神经影像学、神经流行病学等方面都有独到之处和重大贡献。

在王忠诚院士带领下,以神经外科为重点的北京天坛医院目前已发展为世界三大神经外科研究中心之一和亚洲最大的神经外科临床、科研、教学基地,解决了多项神经外科世界难题,为全国培训神经外科医生 3 000 余人,占全国神经外科医生总数的一半,1978 年以来获国际、国内科研奖励 275 项。

鉴于王忠诚院士在国际神经外科界做出的杰出贡献,9 月 16 日在澳大利亚悉尼召开的第 12 届世界神经外科会议上,世界神经外科联合会授予他 21 世纪第一枚世界神经外科“最高荣誉奖章”。

世界神经外科“最高荣誉奖章”是 1977 年在巴西圣保罗国际神经外科联合会会议上设立的,自 1981 年以来每 4 年颁发一次,用以奖励在国际神经外科界有杰出贡献的神经外科医生。

美德 3 位科学家分享诺贝尔物理学奖 瑞典皇家科学院 10 月 9 日在斯德哥尔摩宣布,将 2001 年诺贝尔物理学奖联合授予美国科学家埃里克·康奈尔、卡尔·维曼和德国科学家沃尔夫冈·克特勒,以表彰他们根据玻色—爱因斯坦理论发现了一种新的物质状态——“碱金属原子稀薄气体的玻色—爱因斯坦凝聚(BEC)”。

瑞典皇家科学院发表的新闻公报说,长期以来,让物质处于可控制的状态一直是研究人员面临的一个挑战。1924 年,印度物理学家玻色曾对光粒子进行了这方面的理论研究,并把重要的研究结果告诉了爱因斯坦。爱因斯坦又把玻色的理论推广到了对特定原子的研究领域。爱因斯坦预言,如果将这类原子气体冷却到非常低的温度,那么所有原子会突然以可能的最低能态凝聚,其过程就像在气体中形成液滴。

新闻公报说,70 年后,也就是到了 1995 年,科内尔和维曼终于通过实践证实了玻色—爱因斯坦理论,在比绝对零度(零下 273.16 摄氏度)高出 2/1 000 万度的超低温度下,使约 2 000 个铷原子形成了“玻色—爱因斯坦凝聚”。同时,克特勒也独立地用钠原子进行了同样成功的实验,而且他所获得的凝聚态还包括了更多的原子。

瑞典皇家科学院认为,分享今年诺贝尔物理学奖的 3 名科学家的成功发现,犹如是找到了让原子“齐声歌唱”的途径,这种控制物质的新途径必将给精密测量和纳米技术等领域带来“革命性的”变化。

国际反贪污大会在布拉格举行 第 10 届国际反贪污大会于 10 月 7 日晚在布拉格开幕,大会的主题是“共同打击贪污腐败——制订战略、评估成果、改革反腐倡廉机制”。

会议期间,来自世界各地的近 1 300 多名专家学者通过参加 100 余场研讨会和报告会,评估以往反贪污计划的实施成果,探索新的斗争方式,制订更有效的战略方针。本届大会为期 5 天,由透明度国际(廉政与反腐败国际)捷克分部和捷克政府联合举办。

中国监察部高级监察专员刘丽英率领的中国代表团出席了本届大会。

国际反贪污大会是国际性非官方专业研讨论坛,始创于 1983 年,每两年举行一次,其宗旨是推动各国及各地区的反贪污工作,预防和惩治贪污犯罪,维护社会稳定和促进经济发展。

2001 年诺贝尔生理学奖、化学奖各有得主 瑞典卡罗林斯卡医学院 10 月 8 日宣布,2001 年诺贝尔生理学或医学奖授予 3 位献身于癌症研究的专家——美国的利兰·哈特韦尔与英国科学家蒂莫西·亨特和保罗·纳斯，以表彰他们发现了细胞周期的关键分子调节机制，这对人类攻克癌症顽疾具有重大的意义。

中国科学院上海生命科学院教授吴家瑞说，今年诺贝尔生理学或医学奖获得者的研究成果，从理论上来说"加深了对生命基本过程的理解"，是"对生命认识的扩展"；从实践上来说，"对癌症治疗有重大意义"。吴教授说，细胞是生命的基本单元，所谓细胞周期也就是细胞的分裂增殖。如果把细胞周期比作一种运动，那么这种运动需要一个"引擎"来推动，今年获奖的3位科学家的贡献就在于发现了这个"引擎"。

美国密苏里州圣路易斯84岁的科学家威廉·诺尔斯和日本名古屋大学63岁的化学教授野依良治夺得了2001年诺贝尔化学奖的一半奖金，另一半奖金则属于60岁的美国科学家加利福尼亚州斯克里普斯研究所的巴里·夏普莱斯。他们研究的是"手性催化氧化反应"，一个绝大多数普通人都闻所未闻的名字。瑞典皇家科学院的颁奖书说："这些获奖者开辟了一个全新的研究领域，现在有可能把分子与具有新特性的材料合成。"他们的基本研究正在用于若干医药产品的工业合成，例如抗生素、消炎药和心脏病药。

2001年诺贝尔文学奖授予比迪亚达尔·奈保尔（英） 瑞典文学院11日将诺贝尔文学奖的桂冠戴在了英籍移民作家比迪亚达尔·奈保尔的头上。瑞典文学院在表彰令上说：奈保尔将现存文学流派融入自己独有的风格，冲淡了小说与纪实作品的区别，反映了被征服地区的被遗忘的历史。奈保尔还被认为是英语散文的大师。

奈保尔和拉什迪、石黑一雄并称"英国文坛移民三雄"。但三人中，数他的移民背景最为复杂。论血统，他是不折不扣的印度婆罗门的后裔；论出生地，他于1932年8月17日出生于中美洲加勒比海国家特立尼达和多巴哥，是7个孩子中的老二；论国籍，他17岁（1950年）便负笈远洋，入读牛津大学，并于1953年获得文学学士学位，从此定居英国。

奈保尔从大学时代开始写作，迄今已创作各类作品20多部，所获大小文学奖项难以计数。半个世纪以来，他的作品的主题始终如一：移民、殖民主义与民族主义对发展中国家的冲击、宗教的消极面。他的笔端充斥着"徘徊于社会之外的孤独个体"的爱恨哀乐，充斥着强烈的飘泊感、异化感、孤独感以及对人性的悲观描述，向世人生动描述了巨变中的文化冲突和受压抑的历史现实。

《公民道德建设实施纲要》公布 《公民道德建设实施纲要》指出，社会主义道德建设是发展先进文化的重要内容，必须在加强社会主义法制建设、依法治国的同时，切实加强社会主义道德建设、以德治国，通过公民道德建设的不断深化和拓展，逐步形成与发展社会主义市场经济相适应的社会主义道德体系。

《纲要》近9 000字，共分8个部分。

10月24日，中共中央发出通知，要求贯彻执行《公民道德建设实施纲要》。

中国科学家发现人脑记忆新大陆 这是一块沉睡已久的"大陆"，比指甲盖略大，深藏脑中，不为人知……经过10多年的研究和实验，中国科学家不久前在人的大脑中发现了一个和学习、记忆功能有关的新区域，并得到国际科学界的承认。

作为中国近年取得的一项重大原始性创新成果和全球脑科学领域最引人注目的一项重大发现，专家认为，人脑"新大陆"的发现，提供了研究某些学习记忆障碍疾病发病机理的新途径，并将促进老年性痴呆、帕金森氏病等疾病的研究。

由第一军医大学神经科学研究所舒斯云教授发现的这一新区域"边缘区"，被国际权威专家称为"舒氏区"，"边缘区"理论也被权威学者列入专著，并被国际神经科学界广为引用。

舒斯云教授成为世界上发现纹状体边缘区的第1人。"边缘区的细胞像珍珠一样在脑内闪闪发光。"国际权威专家格雷比尔教授幽默地说。

科学家发现固体内存在"流动的液体" 五彩斑斓的雨花石以其神奇的天然纹理令无数人着迷，但真正让天津大学材料学院的高后秀教授痴迷的并不是它那美丽的外表，而是它所呈现的奇特的科学现象——在电子显微镜下，雨花石的某些微区存在沿三维方向的振荡运动，类似于流动的液体，时而消失，时而出现，有时还产生旋转。

经过10年潜心研究，高后秀教授在国际上首次发现上述奇异的物理现象。在10月25日召开的"固体类流态的机理及其应用研究”专家鉴定会上，中国科学院院士肖纪美、陈颙等与会专家指出：这种类似于液体流动的振荡现象——“类流态”，是一种尚未被人们认知的、在固体中存在的天然非线性振荡现象；这一发现，使人们对物质世界的认识更深了一步；这一发现对地震灾害短期预报方法，具有不可估量的经济价值与社会意义。

中国完成三种病原微生物全基因组测序

中国科学家在国际上率先独立完成钩端螺旋体、表皮葡萄球菌、黄单胞菌三种重要人类和植物病原体的全基因组精细测序，这一成果是人类信息学研究的一次重大突破，也标志着中国独立从事大规模基因组测序和生物信息学研究水平有了一个重要跨越。

国家人类基因组南方研究中心10月29日在三周年庆典上宣布，这三种病原微生物全基因组序列信息向国际公共数据库“释放”，让全球科学家共享这些中国原创成果，并倡导“基因组科学成果应造福人类”这一重大科学伦理原则。

澳大利亚成功试飞高超音速火箭 澳大利亚空军10月30日在其南部伍默拉军事基地成功发射了一枚装有超音速冲压喷射装置、可以进行高超音速飞行的火箭——“猎户”。该火箭以7.6倍音速的速度飞行了10分钟后成功坠落。

此次试验是由澳大利亚皇家空军设在阿德莱德的飞机研制与开发中心进行的。在试验中，装裁着超音速冲压喷射发动机的“猎户”火箭被发射到300多公里的高空，然后高超音速发动机点火，使其飞行速度达到了音速的7.6倍。这枚火箭保持该速度在高空飞行了10分钟后按计划坠毁。

超音速冲压喷射发动机是目前功率最为强大的吸入型发动机，只需飞行器携带氢燃料，在飞行中可吸入大气中的氧以支持燃烧。这种发动机所提供的动力将使飞机或火箭的飞行速度达到音速的7倍至10倍。

据悉，如果大型客机能使用这种发动机，其飞行速度将比“协和”高出3倍，从伦敦到悉尼只需两个小时。

中国第二例皮细胞克隆牛“双双”降生

11月6日中午12时08分，继中国首例皮肤细胞克隆牛“康康”之后，又一头以同样方法克隆的牛“双双”在山东省莱阳农学院诞生。

“双双”的母亲与“康康”的母亲是同时被移植成功克隆胚胎的，昨天是她们共同的预产期，“康康”的降生比预产期提前一天，而“双双”的降生已过预产期。为防止发生意外，山东省莱阳农学院的科研人员决定实施剖腹产手术。据介绍，手术从上午11时15分开始，到12时08分，“双双”被取出。两分钟后，“双双”睁开眼睛，半小时后，“双双”站起来。这两头克隆牛的降生，标志着中国体细胞克隆牛技术已达国际先进水平。

国际农业科技大会在北京召开 由中国政府主办的国际农业科学技术大会11月7日在京开幕。中共中央政治局委员、国务院副总理、大会主席温家宝出席开幕式并讲了话。科技部长徐冠华主持开幕式。

诺贝尔奖获得者诺曼·鲍尔格、国家科技最高奖获得者袁隆平、中科院遗传所基因组信息学中心主任杨焕明等人先后作大会报告。

大会的协办单位有：联合国开发计划署、联合国教科文组织、联合国粮农组织和世界银行等国际组织。大会的主题是“推进农业科技创新，促进农业可持续发展”。大会包括：政府论坛、持续高效农业、农业生物技术、农产品加工、农业信息化、农业资源与环境、农业企业论坛等7个议题。

为配合大会的召开，农业部会同有关部门在北京举办了“2001中国国际农业博览会”以展示国内外农、牧、渔、农垦、农机、乡镇企业等各行各业的最新成果，同时举办科技与经贸洽谈会。在陕西杨凌还召开了“中国第8届杨凌农业高新科技成果博览会”。

来自50多个国家和地区的1 700多名中外科学家、企业家和政府官员参加大会。其中包括美国、加拿大等10个国家的11名农业部长、科技部长，以及联合国开发计划署、联合国教科文组织、联合国粮农组织和世界银行的官员。

经过三天的研究讨论取得了广泛共识：新的农业革命正在形成，必将促进世界农业产生巨大变化；加强国际农业科技合作是世界各国农业发展的共同需求；发展可持续农业，保障食品安全，促进经济发展，是各国发展农业的共同目标。

第四届北京国际音乐节举行 文化部和北

京市政府主办的第四届北京国际音乐节11月8日晚在保利剧场落下帷幕。

历时25天的第四届北京国际音乐节，以大师名团荟萃、曲目丰富多彩、北京特色鲜明吸引了首都广大音乐爱好者。俄罗斯圣彼得堡爱乐乐团、法国图卢兹国家交响乐团、新加坡交响乐团等15个国家的著名乐团的1 200多名艺术家，在音乐节期间演出了歌剧和不同形式、内容的音乐会共29场。波兰华沙国家大剧院300多名演员演出的威尔弟成名作大型歌剧《纳布科》，以强大的阵容和出人意外的道具，令观众赞叹不已。捷克爱乐乐团演奏的斯美塔纳交响乐名作《我的祖国》，由于著名指挥大师阿什肯纳齐执棒，观众好评如潮。中国爱乐乐团为祝贺北京申奥成功演奏的奥运会主题音乐，以其娴熟的技巧和优美动人的旋律，令听众如痴如醉。

纳米技术使计算机获得重大突破 美国11月份出版的《科学》杂志报道了至少3项在纳米计算机技术上的重大突破，其中之一是美国贝尔实验室的科学家制出了又一个分子组成的晶体管，另两个突破是荷兰德尔夫特工业大学和美国哈佛大学的科学家分别用纳米碳管制成了能进行逻辑运算的纳米芯片，这些突破使得人们在最终研制纳米计算机的道路上前进了一大步。

美国贝尔实验室的物理学家索恩和两名华裔化学家包泽男及孟洪（译音）将由硫、碳和氢制成的溶液浇在以黄金为材料的电极上，从而造出大小只有10亿分之一米的晶体管，这是目前最小的单晶硅晶体管的1/100。如果将1 000万个这样的分子晶体管组成芯片，该芯片只有1个针头大小。在计算机发展历史上，到目前为止所谓的莫尔定律一直保持有效，即每18个月后，一个芯片上的晶体管数目翻一番。如果贝尔实验室的新的分子晶体管能够投入实际使用，莫尔定律就必定要被推翻。但是索恩认为，将这样的分子晶体管投入使用还有待时日，不过他也认为，主要障碍已被清除。

此外，荷兰德尔夫特工业大学的德可尔领导的研究小组，将直径为1纳米的碳管压制在硅盘上，并用黄金蒸气覆盖，制成了纳米存储器，而存储器是计算机处理器的核心部分。美国哈佛大学的利伯尔等人则用类似的方法，使用纳米碳管溶液制成了直径为10～30纳米的导线，由这样的微细导线制成了能够进行"与"、"或"及"非"等逻辑运算的芯片，这是科学家第一次制成纳米逻辑线路。因此，专家认为，这些突破是"研制纳米计算机道路上重大的进步"。

中科院研制出能杀死邮件炭疽菌的新型设备 邮件中携带炭疽菌的恐怖正侵袭着全世界。中国科学家及时研究推出了一种新型电子束设备，能全部、干净地杀死邮件中的炭疽菌，这让世人为之轻松地长吁了一口气。11月15日，中国原子能科学研究院与北京市公安局签下生产这一设备的合同，同时记者获悉，原子能院向美国有关方面提供4台此种设备正在加紧生产。

美国"9·11"事件后，恐怖分子利用邮件、邮包等手段携带炭疽菌危害社会和人类生命安全，造成了严重的后果，损害了通邮系统的正常运转。

一台这种新型的电子加速器，在一天内能完成1～2万封信件的消毒灭菌工作。该设备不会对人体有任何伤害，经过处理的信件也不会产生放射性核反应。

以科学家研制出DNA计算机 11月22日出版的《自然》杂志报道，以色列魏茨曼研究所的科学家已成功地研制出纳米级DNA计算机。这是首台可编程的自动操作生物计算机。一滴水可容纳1万亿个此类计算机，运算速度达到每秒10亿次，精确度高达99.8%。

普通计算机的微型化已接近极限，纳米级DNA计算机将成为其有力的竞争对手，应用前景广阔。研究人员表示，DNA计算机耗能极小，可作为监视装置植入人体细胞，当检测到潜在的病变时自动合成有针对性的药物予以治疗。此外，DNA计算机还能以并行方式筛选DNA资料库，大大提高检索效率。不过，也有科学家表示，现在判断这种DNA计算机是否具有实用价值为时尚早。

早期生命科学研究发现寒武大爆发绝灭的古虫动物门 英国当地时间11月22日出版的《自然》杂志发表了西北大学早期生命科学研究所所长舒德干教授等人与英国皇家学会会员、剑桥大学康威·莫里斯教授合作完成的早期动物演化研究领域又一突破性成果——《中国澄江化石库发现新的后口动物门》，并将这一奇特的绝灭类群命名为"古虫动物门”。这是舒德干等人近年来第6次在《自然》杂志上公布他们“寒武纪生命大爆发”研究的系列性科学发现。《自然》杂志以其最高研究论文规模“Article”形式发表,还在同期对这一成果发表了肯定性专题评述文章。

动物按门、纲、目、科、属、种分为6大级,发现新的属、种并不稀奇,发现新的纲就非常难得了,而舒德干教授等这次发现了新门,这在世界早期生命研究领域尚属首次,在生物进化论上有着非凡的意义,被有关学者誉为早期生命研究领域革命性的发现,对整个生命起源科学的研究具有划时代的意义。

跟后口动物中其它3个门类一样,古虫动物门的起源仍是一个谜。但是,舒德干教授告诉记者,澄江化石库和加拿大布尔吉斯页岩中都有一种叫斑幅虫的动物,其躯体构造与古虫动物门极为相似,只是尚未发育出明显的鳃裂构造。今后对这类动物的深入研究,很有可能为这一难题的破解带来一缕曙光。

国防科大“孵”出机器蛇 一种能蜿蜒运动的机器蛇,在国防科技大学5名研究生历时半年的“孵化”下,11月26日呱呱落地。它的问世,标志着中国机器人研究又取得一项创新成果。

这条长1.2米,直径0.06米,重1.8公斤的机器蛇,能在地上或草丛中自主蜿蜒运动,可前进、后退、拐弯和加速,其最大运动速度可达每分钟20米。头部是机器蛇的控制中心,安装有视频监视器,在其运动过程中可将前方景象实时传输到后方的电脑中,科研人员则可根据实时传输的图像观察运动前方的情景,向机器蛇发出各种遥控指令。这条机器蛇披上“蛇皮”外衣后,还能像蛇一样在水中游泳,摆动的身躯在水面激起层层涟漪,煞是好看。

据专家介绍,机器蛇具有广泛的应用前景,如在辐射、粉尘、有毒及战场环境下,执行侦察任务;在地震、塌方及火灾后的废墟中寻找伤员;在狭小和危险条件下探测和疏通管道;它还可以为人们在实验室里研究数学、力学、控制理论和人工智能等提供实验平台。国防科技大学继1990年、2000年成功研制中国第一台两足步行机器人、第一台类人型机器人之后,该校张代兵等5名硕士研究生这次又成功研制出中国第一条机器蛇,实现了中国机器人技术的新突破。

早期哺乳动物研究获重要突破,哺乳动物的早期历史向前推进4 500万年 从中科院古脊椎动物与古人类研究所获悉,科学家日前在中国云南禄丰发现生活在距今1.95亿年前的巨颅兽化石,这项发现使这类哺乳动物的历史向前推进了4 500万年,达到了株罗纪早期,从而改写了哺乳动物的早期历史。

专家介绍,最早的哺乳型动物出现在大约2.2亿年前,它在中生代这个“恐龙时代”的进化过程占据了哺乳动物历史的2/3以上。但由于这一时期哺乳动物化石少,因而对哺乳动物这段历史了解不多。在化石记录中寻找这些哺乳动物早期进化的证据,激励科学家努力拼搏。

中科院古脊椎动物与古人类研究所研究员王元青博士与该所客座研究员、纽约美国自然历史博物馆孟津等人,根据中国辽宁西部发现的1.3亿年前的哺乳动物爬兽和戈壁兽化石,将依附于下颌骨内侧的浅沟处的骨片鉴定为骨化麦氏软骨,从而首次提供了解决化石哺乳动物下颌内侧浅沟与麦氏软骨关系问题的直接证据,同时也有力地支持了哺乳动物中耳是一次起源的观点。

俄“天顶-2”一箭携5星 12月11日,俄罗斯航空航天局和俄航天兵在拜科努尔发射场成功地用一枚“天顶-2”号火箭发射了5颗卫星。这5颗卫生都已进入距地球1 018公里的太阳同步轨道。

俄地面飞行控制中心新闻处专家伦金介绍,“天顶-2”号上运载俄罗斯的3颗卫星“气象-3M”号、“罗盘”号和“反射镜”号以及1颗摩洛哥卫星和1颗巴基斯坦卫星。

俄“罗盘”号和“反射镜”号卫星均为实验卫星,其使命分别为尝试对地震进行预报和校正用于航天观测的地面光学成像系统。此外,摩洛哥卫星将测试自己的三轴定向仪,观测地球植被覆盖状况,为移动物体定位。巴基斯坦卫星将对太空目标进行遥测。

云冈石窟列入《世界文化遗产名录》 在芬兰赫尔辛基召开的联合国教科文组织世界遗产委员会第25届会议暨主席团特别会议,于12月14日凌晨审议通过中国的大同云冈石窟列入《世界文化遗产名录》,拉萨罗布林卡列入世界文化遗产布达拉宫历史建筑群的扩展项目。这是新世纪中国第一个列入世界遗产名录的项目。

云冈石窟位于山西省大同市西郊武周山北崖，依山开凿，东西绵延1 000米，现存主要洞窟45个，大小窟龛252个，石雕造像5.1万余身，始凿于北魏和平年间。这处宏伟的艺术工程基本上都是北魏的遗物，距今已有1 500多年的历史，是中国规模最大的古代石窟群之一。

位于拉萨西郊的罗布林卡，是历代达赖喇嘛的夏宫，这座秀美的园林始建于18世纪中叶十世达赖喇嘛时期，也是历代达赖喇嘛处理政务和举行宗教活动之地。整个园林占地46公顷，有370多间不同规模的房间，素有“园中之园”的美称。

至此，中国已拥有的世界遗产已达28处，位于西班牙、意大利之后，仍居世界第三位。

中国高速公路通车里程世界第二 2001年中国高速公路新增通车里程3 000多公里，从而使中国高速公路通车里程达到1.9万公里，创下位居世界第二的新纪录。

自1988年开始建设高速公路以来，至1998年底，全国高速公路通车总里程达到6 258公里，跃居世界第八；1999年年底，突破1万公里，位居世界第四；2000年年底，达到1.6万公里，居世界第三。

生物新技术治污令臭河见鱼虾 《科技日报》12月18日报道，上海浦东中槽滨过去是有名的臭水滨，现在成了周围居民休闲、钓鱼的好地方。知情人告诉记者，这条采用WT－FG生物法、花三个多月即治理成功的河流，经过一年工程运行，2001年已被上海市评为优秀样板河。

运用此法成功治理了被污染河流的工程经验表明，治理后的河流已完全消除黑臭现象，主要指标达地表水4～5类的标准；河床中的有机污染得到有效去除；每天流入河流的污水也得到有效处理；2～3个月内河流的生态平衡开始逐步恢复，河中溶解氧达到3～5mg/L，清澈的河水中可以看见鱼虾游动的身影。

美国会通过教育法案 美国国会参议院12月18日以87票对10票通过了布什政府提出的教育法案，要求各州采取措施提高中小学教学质量，控制因学校教学水平差异及家庭贫富差距造成的受教育不平等状况。

教育改革和减税计划是布什入主白宫第一年的两件大事。教育法案在国会迅速通过，被视为布什政府的一次“胜利”。该法案核准联邦政府2002年财政年度拨款265亿美元用于初等中等教育，比上一财政年度增加80亿美元。据称，这是美国自1965年《初等和中等教育法》以来规模最大的一次教育立法。

根据教育法案要求，从2005～2006学年开始，美国各州3年级～8年级学生每年都要参加全州统一的阅读和数学水平测试，以验证学校教育质量。如果学校连续两年不合格，他们将获得更多联邦资金以提高教学质量，第三年仍不合格，该校低收入家庭的学生可以使用联邦资金支付家教费用或到其他公立学校学习的交通费，这在美国教育史上还是第一次。

该法案还规定：中小学校应致力于提高所有学生的阅读和数学水平，缩小穷富学生、白人与少数族裔学生之间的差距；各州教育部门将对教师进行考核，如果教师在所教科目考试中不合格，学校必须通知学生家庭；允许将联邦“教师质量基金”用于培训和增加师资。

20世纪中国重大工程技术成就揭晓 由中国工程院倡议主办，中国科协下属24个学会、协会，8个行业协会及国务院14个部委局、大型企事业等46个单位参与，93位中国工程院院士和2位中科院院士参加推荐和评选，历时一年的“20世纪中国重大工程技术成就”评选，12月20日在京揭晓。“两弹一星”等25项工程技术成就榜上有名。

这25项入选项目是：(1)两弹一星；(2)汉字信息处理与印刷革命；(3)石油；(4)农作物增产技术；(5)传染病防治；(6)电气化；(7)大江大河治理和开发；(8)铁路；(9)船舶；(10)钢铁；(11)计划生育；(12)电信工程；(13)地质勘探与资源开发；(14)畜禽水产养殖技术；(15)广播与电视；(16)计算机；(17)公路；(18)机械化；(19)航空；(20)无机化工；(21)外科诊疗；(22)稀有金属和先进材料的开发应用；(23)城市化；(24)轻工与纺织；(25)采煤工程。

生命来自陨石又有新证据 美国科学家在两块陨石中又发现了遗传物质DNA的主要成分——糖类化合物分子，“生命来自外层空间”的理论又有了新的证据。

美国国家航空航天局艾姆斯研究中心乔治·库珀教授在12月20日出版的最新一期《自然》杂志上公布了他领导的研究小组的发现。该小组最近从在澳大利亚和美国发现的富碳陨石中发现了多羟基化合物(多元醇)。

据库珀介绍,现代生化科学的发展让人们知道,蛋白质是生命构成的主要成分,而氨基酸是组成蛋白质的主要碳化物。20世纪60年代在南极发现的两块保存完好的陨石里发现了氨基酸,并且两块陨石所含的十几种氨基酸中的6种已被证明是由非生物过程形成的,这就意味着它们来自外层空间。

现在"我们又找到了多元醇,尽管这并不能证明是陨石为地球带来了生命的火种,但起码说明在地球形成的早期,这些生命建筑材料已经在这颗星球上了。"

2001年全球文化有喜有忧 回顾2001年的全球文化娱乐业,依然是有喜有忧,特别值得一提的是,华人逐渐走上了世界文化娱乐业的大舞台,《卧虎藏龙》的成功让华人导演第一次抱回了奥斯卡的小金人;三大男高音在紫禁城的演出则再次拉近了中国和世界的距离,43岁的流行音乐天王迈克尔·杰克逊决定重返歌坛,众多明星前来捧场,却难再现当年风采;世界小姐大赛爆出冷门,来自尼日利亚的黑人姑娘勇夺桂冠;哈利·波特创造电影票房神话,全球掀起了小巫师热潮;另一方面,"9·11"恐怖袭击事件不但影响了美国经济,也使得好莱坞差点儿陷入了休克。而塔利班在阿富汗的统治时期,对阿富汗文化古迹,特别是巴米扬大佛的摧毁更是让人痛心疾首。甲壳虫乐队成员乔治·哈里森的去世,也让全世界甲壳虫的歌迷们伤心不已。

"红色代码"电脑病毒爆发 "红色代码"电脑病毒2001年7月19日在美国首次爆发,爆发后9个小时就有25万台系统"中招",此外这种病毒还进攻了若干个美国政府网站,白宫官方网站当日即遭到了病毒入侵。据美国加州一家独立研究机构估计,全球各地用于恢复服务器运行的直接技术费用高达7.4亿美元,服务器瘫痪所造成的间接损失为4.5亿美元。

全球电信业2001年收入1.4万亿美元 在过去的2001年里,尽管经济低迷使IT市场受到较严重的打击,但电信业可谓是一枝独秀,不但能够幸免于此次打击,某些部门还出现了增长之势。

Gartner分析家指出,虽然全球经济出现了衰退,但电信服务整体市场将继续保持增长的势头,尽管部分业务在2004年之前仍然比较低迷,在无线领域,尽管2001年是手机销售量唯一出现下滑的一年,但在未来一段时间内,仍然被一致认为是移动领域里最具增长前景的产品。

Gartner表示,总体而言,2001年电信市场的总收入达到1.4万亿美元,与2000年相比增长了8%;2002年的全球总收入有望达到1.5万亿美元。Gartner集团副总裁兼电信和网络部门主管Dean Eyers说:"尽管电信设备和基础设施收入在最近几个月受到了打击,但对于全球整个电信市场收入的影响微乎其微。"据预计,2001年电信设备和基础设施收入将达到3 647亿美元,与2000年的3 810亿相比,下降了4%。而电信服务市场2001年的收入有望达到1万亿美元,与2000年相比增加了13个百分点。

《科技日报》推出2001年世界10大科技新闻 《科技日报》12月26日评选出2001年世界10大科技新闻(以媒体报道的时间先后排序)。

(1)日本青山学院大学教授秋田纯等人发现二硼化镁可在零下234摄氏度成为超导体,高于此前金属间化合物最高的超导转变温度。美国贝尔实验室的科学家将三氯甲烷和三溴甲烷掺入碳60分子,使碳60分子的超导临界温度由零下221摄氏度提高到零下156摄氏度。

((2))科学家在纳米技术领域又获得多项重大成果,其中包括纳米导线、以碳纳米管和纳米导线为基础的逻辑电路以及只使用一个"分子晶体管"的计算电路。科学家认为,分子水平电路的出现为开发极微小但运算速度极快的分子计算机铺平了道路。

(3)2月12日,参与人类基因组计划的美、日、德、中、法、英等6国科学家,发表题为《人类基因组的初步测定和分析》的论文,首次全面介绍人类基因组工作框架图的基本信息。经过初步测定和分析,科学家认为人类基因组共有32亿个碱基对,包含大约3~4万个基因。

(4)莫斯科时间3月23日9时0分12秒,俄罗斯和平号轨道站顺利坠入南太平洋预定海域。它是人类历史上迄今体积最大、设施最完善、空间飞行时间最长的空间站。

(5)4月10日,荷兰议会一院以46票赞成、28票反对和1票弃权的结果通过“安乐死法案”，使荷兰成为世界上第一个把安乐死合法化的国家。此前，2000年11月28日，荷兰议会二院以压倒多数通过了这项法案。

(6)对RNA是生命起源的说法，科学界一直存在争论。2001年5月，德国科学家发表一项研究成果认为，RNA能够让基因保持“沉默”，甚至会促使基因毁灭。就是说，RNA可以使本应按照DNA的蓝图建造的生物体，在某些地方不执行DNA的指令。这一发现说明，RNA不仅是遗传物质的信使，还有科学家没有料到的许多功能。

(7)由加拿大、英国和美国科学家组成的研究小组，在加拿大萨德伯里中微子观测台进行的实验发现，中微子从太阳到地球的旅途中发生了变化，大量的电子中微子转化成μ子中微子和τ子中微子。至此，科学家揭开了困扰物理学界的所谓“中微子失踪”之谜。

(8)国际气候变化委员会首次正式表明，人类活动确实是造成全球变暖的一个主要原因。国际气候变化专家调查组的报告以充分的事实证明，在过去的50年中全球变暖是由二氧化碳等温室气体造成的，而主要原因是人类的自身活动。

(9)7月20日，俄罗斯成功地发射了“宇宙1号”航天器。“宇宙1号”是一颗低轨道卫星，是世界上首次使用太阳帆作为航天飞行动力装置的航天器，因此又称太阳帆飞船。

(10)中英科学家发现了一种5.3亿年前的“新”的动物门类——古虫动物门。科学家认为，这是对早寒武纪生命大爆发全貌认识上的一次重大突破，这一发现有可能给长期困惑学术界的脊椎动物起源难题的破解带来一缕曙光。

本次评选工作得到了多家科研机构、大学和新闻机构的大力支持，部分中国科学院院士、中国工程院院士、重点科研机构的专家以及首都的资深科技记者参与了本次评选工作，在此一并表示诚挚的谢意。

2001年全球电脑病毒损失129亿美元 根据美国电脑经济公司最新公布的一份报告显示，2001年，全球电脑病毒所导致的经济损失为129亿美元。

虽然损失巨大，但较之于2000年则减少了41亿美元，是近年来首次出现下降局面。其中，“红色代码”病毒导致企业和个人损失达26.2亿美元；Sircam病毒和尼姆达病毒则分别造成11.5亿美元和6.35亿美元的损失。

20世纪的10大科学骗局 12月30日《科技日报》报道，一般来说科学本是最讲求真实性的，但近些年来所谓轰动一时的科学“成果”中，却颇多假冒伪劣产品。

(1)百慕大“死亡三角” 在众多科学骗局中，“百慕大”传说是影响最大且流传最广的一例，但它的起因只是第二次世界大战中几个美国飞行员的传说而已，由于百慕大地处太平洋中心，为了吸引更多的旅游者，百慕大政府不仅没有尝试去澄清这个显然不存在的“死亡三角”，反而大肆渲染，甚至绘声绘色地将其印入旅行手册中。直到1980年，美、澳科学考察队联合发表声明，声明中称：“百慕大没有任何超越自然的地方。”

(2)尼斯湖“怪兽” 尼斯湖“怪兽”的起因比“百慕大”还要离奇。几十年前，一张不甚清晰的尼斯湖“怪兽”照片震动了整个科学界，而拍这张照片的盖斯是当地的旅游接待人员。10年前，他承认所谓的尼斯湖“怪兽”，是他用洗衣机排水管、泡沫塑料及塑料桶拼接而成的，他的这个“工艺品”在短短几年内，为尼斯湖地区创造了10亿英镑的旅游收入。

(3)诺亚方舟的“发现” 1984年，英国考古人员宣布在埃及“发现”了《圣经》中记载过的“诺亚方舟”，并配发了多张图片。但事实上，按《圣经》记载，诺亚方舟为世界上每一个物种都留了一个位置，据此算来，这样大的船，至今人类都无法造出来。更重要的是，《圣经》中记载的诺亚方舟，从没有到过或试图接近过埃及。

(4)有“人造心脏”的木乃伊 1991年，一些“科学家”宣称，他们在金字塔发现了一个拥有“人造心脏”的木乃伊，而且这个心脏至今仍在跳动，据称它是“黑水晶”制成的。但事实是，目前金字塔的所有木乃伊都已搬进了博物馆，没有人能在1991年在金字塔内部看到木乃伊。

(5)常温下的“超导体” 1989年12月，印度科学家宣称他们“制造”出了常温下的超导体，这种合金居然在37℃中仍然电阻为零，而直到今天，最先进的超导体合金也需在－100℃左右。有趣的是，不久之后，斯里兰卡“科学家”亦宣称他们制造出了常温下的超导体。于是，两个科学本不发达的国家一夜之间成了“科技大国”。

(6)牛皮西红柿 20世纪80年代中期，英国一家实验室宣布他们成功地将牛的基因移植到西红柿的基因上，结果他们“得到”了一个果皮似牛皮、果肉似西红柿的成品。这一发现轰动世界。不久，人们才发现，这个牛皮西红柿的消息是在“愚人节”那天发布的。

(7)“星球大战”计划 美国总统里根宣布的这个“计划”煞有介事地宣称，美国将在太空设立3道激光“防线”，以抵御可能遭受的核攻击。一些不明就里的美国科学家纷纷指出其不可操作性，但前苏联却信以为真，先后投资数千亿美元，以求也搞一套“星球大战”体系，结果是人财两空。数年后，美国政府宣布，“星球大战”计划是为了欺骗前苏联政府白花钱的一个诡计，美国从没有为这个设想投资过一分钱。

(8)改写热力学定律 同样是20世纪80年代中期，一名侨居英国的斯里兰卡学生宣称，他发现热力学定律是错误的，因为在冰箱中，热水冻结速度快于冷水。与牛皮西红柿一样，这位学生也是4月1日公布他的“发现”的。

(9)活捉“外星人” “发现”“外星人”在美国平均一天有200起，其中活捉“外星人”报告平均一天便有10起以上。可笑的是，美国一位心理学家经研究得出了这样的结论：凡宣称见过外星人的人，都不可能真的见过外星人。

(10)次声武器 1984年，法国几名科学家宣布，他们“发明”了次声武器，只要一开动它，它便会发出“次声”，杀死方圆10公里以内的人。他们称他们曾不小心开动过它，这几名“科学家”却没有因为这次“不小心”而丧失性命。

美《科学》杂志评出2001年10大科技突破 美国《科学》杂志12月20日公布了该杂志评出的2001年世界10大科技突破。这10大突破如下：

(1)纳米技术领域获得多项重大成果 继在2000年开发出一批纳米级装置后，科学家今后再进一步将这些纳米装置连接成为可以工作的电路，这包括纳米导线、以纳米碳管和纳米导线为基础的逻辑电路、以及只使用一个分子晶体管的可计算电路。分子水平计算技术的飞跃有可能为未来极微小但极快速的分子计算机的诞生铺平道路。

(2)科学家发现RNA(核糖核酸)多才多艺 它不仅是遗传物质的信使，还能执行科学家没有预测的其他工作。例如，科学家去年发现一些RNA小片段能够使植物基因处于关闭状态，今年又在老鼠和人身上发现了类似的“RNA干扰”现象。细胞生物学家还发现信使RNA是如何拼接在一起的，而信使RNA是DNA信息和蛋白质信息之间的生化连接。

(3)太阳中微子的失踪之谜被揭示 30年前，科学家计算出了从太阳流失的电子中微子的数量，但实际探测到的中微子的数量小于计算值。今年，加拿大萨德伯里中微子观测站的科学家证实了早先一些实验得出的假设：中微子事实上没有失踪，只是在离开太阳后转化成了缪子和陶子，由此躲过了科学家的探测。

(4)“人类基因组计划”和美国塞莱拉公司同时公布进一步完善后的人类基因组图，提前完成人类基因组测序计划 另外，还有60多种生物的基因组在2001年被测定。

(5)两项超导发现将超导温度推向更高水平，科学家在实现室温零电阻电流的道路上又迈进一步 日本科学家发现二硼化镁在零下234摄氏度成为超导材料，超过了此前金属化合物创下的超导温度。二硼化镁的优点是成本低廉，加工容易。美国科学家将氯仿和溴仿掺入碳60分子，使碳60分子的超导临界温度从零下221摄氏度上升到了零下156摄氏度。

(6)科学家在发育中的神经系统里发现了分子信号如何诱导和压制神经轴突的生长 这将有助于科学家找到修复受损成年神经的方法。

(7)一种新的抗癌药物、特效“智能炸弹”出现，专门对付致癌的明确生化缺陷 今年，美国食品和药物管理局批准了“格里维克”的上市，该药能抑制与某种白血病有关的缺陷酶。

(8)玻色－爱因斯坦理论取得进展 今年的诺贝尔物理学奖授予了发现“碱金属原子稀薄气体的玻色－爱因斯坦凝聚态”的三位学者。凝聚态研究今年继续前进：两个法国研究小组首次制造出氦原子的玻色－爱因斯坦凝聚态，锂、钾的凝聚态也在今年获得。

(9)国际气候变化专家调查组首次正式表明，过

去50年中的全球变暖现象很可能是由大气中的温室气体聚集造成的,人类而非自然是全球变暖的原因

(10)确定二氧化碳沉降　美国是世界上最大的温室气体制造国,但其二氧化碳等温室气体出现了沉降现象,即大气中的二氧化碳大幅减少。美国研究员在沉降程度问题上曾有分歧,但美国两个意见相左的科研小组今年修改了他们的预测,就沉降程度达成一致:二氧化碳沉降吸收了美国当前温室气体排放量的约1/3,但沉降在今后百年中将可能放慢。

美国联公司发布全球10大电脑病毒报告

美国国际电脑联合公司12月28日发布了2001年10大电脑病毒报告。报告称,今年90%以上的电脑病毒均是通过电子邮件传播的,全球因此造成的经济损失已超过100亿美元。

报告按病毒发作频率高低列出了10大病毒,分别是:

1. Win32. Badtrans. B;
2. Win32. Sircam. 137216;
3. Win32. Magistr;
4. Win32. Badtrans. 13312;
5. Win32. Magistr. B;
6. Win32. Hybris. B;
7. Win95. MTX;
8. Win32. Nimda. A;
9. VBS. VBSWG. Generic;
10. Win32. Goner. A。

2001年中国10大教育新闻　《光明日报》12月30日报道,2001年全国10大教育新闻评选揭晓。10大教育新闻是(按时间顺序排列):

(1)中国宣布基本普及9年义务教育和基本扫除青壮年文盲　1月1日,中华人民共和国主席江泽民在全国政协新年茶话会上的讲话中向全世界庄严宣布:中国如期实现了基本普及9年义务教育和基本扫除青壮年文盲的战略目标。截止到2000年底,全国通过现阶段“两基”验收标准的县级行政区划单位总数已达2 541个,地区人口覆盖率达到85%以上。

(2)中国开始实施教师资格制度　1月4日,中国正式启动全国实施教师资格制度工作,首次面向社会开展教师资格认定。

(3)高考报考条件放宽　4月3日,教育部对报名参加2001年普通高校招生全国统一考试的考生条件进一步放宽,取消“未婚,年龄一般不超过25周岁”的限制;应届中等职业学校毕业生不再只限报高等职业学校,可在毕业当年报考普通高校。

(4)江泽民4月29日在清华大学庆祝建校90周年大会上发表重要讲话　他指出,大学应该成为科教兴国的强大生力军。要继续提高高等教育的质量,加快高等教育事业的发展,努力在全国建设若干所具有世界先进水平的一流大学。

(5)国务院6月12日召开改革开放以来第1次全国基础教育工作会议　会前,国务院做出了《关于基础教育改革与发展的决定》。

(6)8月22～24日,9个人口大国全民教育部长级会议在京召开　这是中国自1971年恢复了联合国教科文组织合法席位以来近30年间首次在教育领域与之合作并承办的部长级会议。

(7)8月22日,中国成功举办世界大学生运动会　中国代表团获金牌和奖牌总数第一。

(8)中国中小学新课程标准颁布　9月1日,《基础教育课程改革纲要(试行)》实施,这标志着中国基础教育课程改革取得了突破性的进展。

(9)国家加大对西部教育支持力度　2001年国家从规划、政策和经费等多方面加大对西部地区教育事业的支持力度:教育部新批准设置了11所西部地区本、专科院校;中央分别拨专款13.55亿元和36.7亿元支持西部教育。

(10)国家将建立奖学金制度,开展社会助学活动　12月28日,国家科技教育领导小组第10次会议决定,建立面向高等学校家庭经济困难、品学兼优学生的奖学金制度;设立教育发展基金,接受国内外各界对教育的捐赠和赞助。

(郭钟义　编撰)

人口、资源与环境保护活动

2000 年 1～12 月

飓风暴雨毁坏法国森林 一向风调雨顺、风和日丽的法国，12 月 26 日、27 日发生了自 1824 年有天气记录历史以来从未有过的特大暴风雨，刮倒了 1 000万平方米的森林木材（相当于法国 3 年木材产量的总和），毁掉了法国 10 年林业种植的成绩。法国国家林业局 1 月 4 日说，上周肆虐法国的两场暴风雨毁坏了 3 亿棵树。

国家林业局的技术负责人雅克·特鲁维利耶说："这是一场史无前例的灾难。"

在凡尔赛宫周围，1 万棵树被连根拔起，其中包括两株 200 年树龄的雪松，这使路易十四时期的园艺师勒·诺特雷创造出的园林景色面目全非。据有关专业人士估计，这次风暴对法国森林的损坏，需要 80～100 年以后才能完全恢复。由此，引起了法国社会及媒体对其林业种植及商业化政策的反思。

这次风暴也给法国带来了制定有利于生物多样性的种植政策的大好时机。专家们认为，森林的发展应遵循土壤和气候的特点，让树种自然再生和杂交。

中国城市居民生活水平有所提高 新华社 1 月 18 日报道，北京美兰德信息公司等 14 家调查机构在全国 14 个城市进行的一项调查显示，八成以上城市居民 1999 年生活水平比上年有所提高或基本持平。城市人均月收入 821 元，城市人均年收入 9 850 元。不同月均收入者所占比例：250 元以下 0.6%；251 元至 500 元 10.4%；501 元至 750 元 46.3%；751 元至 1 000 元 16.2%；1 001 元至 1 500 元 14.2%；1 500元以上 7.3%。同上年相比，44.7%差不多；15.5%生活水平下降；39.9% 生活水平提高。

1999 年中国城市数量及城市化水平 截至 1999 年底中国城市数量为 666 个，其中特大城市（人口百万以上）32 个，大城市（人口 50 万至 100 万）43 个，中等城市（人口 20 万至 50 万）192 个，小城市（人口 20 万以下）400 多个。中国城市化水平将大幅度提高，到 2010 年全国城市人口达 6.3 亿，城市化水平提高到 45%。

日本添加剂安全受关注 日本厚生省 1 月 13 日宣布，将对大约 800 种食品添加剂进行安全性大检查。

关于这些食品添加剂问题，日本 1999 年有一本名为《买不得！》的书问世，销售量多达数百万册，成为畅销书。这一现象表明消费者对这些物质的安全性感到担心。因此，厚生省决定在 2000 年 3 月之前组织专家对这些食品添加剂进行大检查。

据报道，日本现在使用的食品添加剂有许多种类，其中包括着色剂、保存剂、甜料和防氧化剂，总数在 800 种以上，使用频度较高的有 80 种。对于这些添加剂，厚生省检查的项目将包括食品添加剂平均允许摄取量以及幼儿和老年人等不同年龄层的允许摄取量等。对不符合安全规定的食品添加剂，厚生省将禁止使用。

中国灌区每年缺水 300 亿立方米 据水利部副部长张春园介绍，近 10 年来，中国每年受旱面积达 3 亿亩以上，农业抗御自然灾害的能力低，现在全国有近 2/3 的耕地没有灌溉设施，还有 6 000 多万亩易涝耕地、3 000 多万亩盐碱地和近 1 亿亩必须尽快改造的低产田。

更为严重的是，水资源短缺问题已从北方蔓延到南方许多地区，成为农业发展的主要制约因素，仅灌区每年缺水就达 300 亿立方米。少生产粮食数百亿公斤。

此外，农田水利设施老化失修问题严重，全国 248 个大型灌区和 100 多座大型排灌泵站，有 1/3 老化失修，大型灌区的实际灌溉面积少于设计灌溉面积5 000 多万亩；农村水利科技含量低，全国节水灌溉面积不到有效灌溉面积的1/3,全国农业灌溉用水的利用率只有40%左右。

全国牧区近一半的生产、生活用水问题没有解决,1/3可利用草场是无水草场或供水不足草场,牧区饲草基地和天然草场灌溉面积仅占可利用草原面积的0.35%,由于缺水,草场荒漠化面积已达73万平方公里,生态环境不断恶化,牧区水利建设长期严重滞后。

张春园强调说,对这些问题如不及时解决,不仅会制约农村发展,而且在中国加入世界贸易组织后,会影响到整个国民经济和社会发展。

中国城市日缺水1 600万立方米 水资源短缺已经成为制约中国经济建设和城市发展重要因素,众多专家在接受记者采访时呼吁,城市建设和发展必须坚持开源与节流并举,把保护水资源放在突出的位置。

中国是一个水资源短缺的国家,资料显示,在目前中国600多个城市中有400多个缺水,比80年代增加了100多个城市。在缺水的400多个城市中,有100多个严重缺水。全国城市日缺水量达1 600万立方米,影响了4 000万城市人口的正常生活。以北京市为例,人均水资源量不足400立方米,是世界人均水资源量的1/30,在世界120个国家的大都市中居100位之后。

专家建议:一是切实做好开发利用水资源和保护水源的规划,优先保证居民生活用水,统筹兼顾工业用水和其他建设用水。二是依据本地区水资源状况合理确定城市发展规模。三是根据水资源状况合理确定和调整产业结构。四是加快污水处理设施建设,重视污水资源的再生利用。五是加强地下水资源的保护,超采的地区要严格控制开采,并有计划地回灌。

第3届中美环境与发展讨论会 1月11日,中美两国政府在夏威夷召开了第3届环境与发展讨论会,来自双方能源、环境、科技、经济、外贸、海洋和气象等部门的110多位高级官员参加了会议,中国科技部部长朱丽兰和美国总统科技顾问莱恩共同主持了开幕式并代表两国政府发表了讲话,中国驻美大使李肇星亦与会致词,美国副总统戈尔发来贺信。

法国发生李氏杆菌污染食品事件 法国卫生部、农业部和商业部1月7日联合发表公报证实,法国近日发生李氏杆菌严重污染食品事件,目前已经发现9人中毒,其中2人死亡,1人仍处于昏迷状态。

李氏杆菌是一种对人体极为有害的细菌,在土壤、水和未加工食品中都有可能存在,它对孕妇、新生儿、老人和体弱多病者的影响最大,一些人在食用受李氏杆菌严重污染的食品后会出现发烧、头痛等症状,严重的会出现休克和死亡。法国专家介绍,通常李氏杆菌病的潜伏期最长为8个星期。

环境与健康决定未来发展 1月15日路透社报道,世界观察研究所最近发表的一份有关人类健康与环境问题的报告说,世界经济的前途取决于各国能否解决污染、人口增长和营养不良等根本问题。

这份题为《世界状况》的年度报告说,如果政府不采取行动,“我们面对的未来是,环境的继续恶化几乎肯定会导致经济衰退”。

这份报告的作者、世界观察研究所所长莱斯特·布朗在接受记者采访时说:“最终结果是,全球经济的增长将使生态系统不堪重负。”

今天发表的这份报告说:“随着新世纪的开始,我们全球文明面临的压倒一切的挑战是稳定气候和稳定人口。”他说,如果做不到这一点,“地球上就没有一个我们能够挽救的生态系统。”

报告敦促各国政府制订战略,以人道方式控制人口的增长,例如普遍提供计划生育服务。

关于营养不良问题,报告说,“世界上营养过剩和体重超标的人口数目第一次赶上营养不良和体重过轻的人口数目各为12亿左右”。

与饥饿不同的是,饮食过量是最近困扰着工业化国家的一个问题,那里的收入允许人们购买高热量的食品,人们的活动较少。布朗说:“我们的生活缺少活动。”

报告警告说,高热量、高脂肪的饮食容易引起肥胖症,有引发心脏病、中风、糖尿病和癌症的危险。报告说:“这4种疾病在工业化世界的所有死亡原因当中占一半以上。”

据一项估计,从医疗费用、生产率降低和照顾残疾人开支的角度说,肥胖症每年使美国支出1 180亿美元。世界观察研究所说:“全世界正在陷入一场营养危机,它使人类发展受到严重的损失而这种损失基本没有被人认识到。”

中国野生动物保护协会倡议:不食野生动物树立饮食新观念 1月20日中国野生动物保护协会秘书长王福兴介绍说,在国家林业局保护和支持下,中国野生动物保护协会从1999年9月到1999年12月中旬,统一组织了278名专家,在全国范围内对经营野生动物及其产品比较集中的餐馆、副食商场和集贸市场,以科学方式开展了食用野生动物状况调查,旨在摸清情况,研究对策,为出台相应的法律、法规提供详实依据,力求杜绝滥吃野生动物现象。

这一调查结果显示,有大量的餐厅、副食商场、摊位非法经营野生动物。抽查中共发现非法经营的野生动物种类53种,其中属国家重点保护野生动物14种;这53种野生动物,除梅花鹿、鸵鸟等7种可能来源于人工养殖外,其他46种野生动物均来源于野外。

调查结果显示,经常吃野生动物的人只占极少数,为2.7%;错误地认为吃野生动物能增加营养或滋补作用的人,占吃野生动物人总数的45.8%;不了解自己所吃的野生动物现在生存环境和状况的占55.1%;认为吃没有经过卫生检疫的野生动物不安全的占76.7%;有81.5%的人知道滥吃野生动物会对生态环境造成破坏;有81.2%的人知道国家法律坚决制止吃野生动物;有71.1%的人认为,吃野生动物是一种不文明的消费。

在中国野生动物保护协会举行的食用野生动物状况新闻发布会上,几位著名野生动物保护专家一致强调,野生动物与人类共患的主要疾病有狂犬病、炭疽等15种烈性传染病,另外还有100多种不易治疗的疾病;此外,野生动物体内的内源性毒性物质可对人体内的各种生理功能造成危害,严重的可以致人死命。专家们建议,无论从自身健康还是从保护野生动物资源的角度,都不要食用野生动物!

今天,中国野生动物保护协会发出“不食野生动物,树立饮食新观念”倡议书。

全球有8亿人在挨饿 2月10日,“争取人人都有面包”组织在华盛顿发表一份研究报告指出,全世界有8亿多人在挨饿,美国是“唯一一个有较多饥民的工业化国家”。

这个由2 000多个教会组成的机构在其《消灭饥饿计划》中指出,“美国人只要每天拿出几个美分,就可使该国的饥饿现象减少一半”。

该机构主席戴维·贝克曼说:“尽管我们很想把我们的社会看作是慷慨大方的,但这个世界最富有的国家的反饥饿斗争中所作出的努力却比其它任何一个发达国家都少。”

报告指出,在最近50年中,全球有将近4亿人死于食品匮乏和卫生条件恶劣。这个数字是在20世纪发生的所有战争中死亡人数的3倍。

报告还说,“30年前,患营养不良症的人数为9.5亿人,在发展中国家,每3个人中就有1人营养不良。不过,这种营养不良状况已有明显好转。现在,每5个人中患营养不良症的还不到1人。在发展中国家,约有7.91亿人在挨饿。”

“争取人人都有面包”组织还说,每年只要拿出约60亿美元,就能使饥饿问题得到真正的改观。据该组织统计,美国现在约有3 100万人有可能会沦为饥民。

蒂萨河被严重污染 2月15日,南斯拉夫塞尔维亚共和国环境保护部部长布拉日奇在新闻发布会上指出,塞尔维亚政府已经致函南斯拉夫联盟外交部、环境保护部和其他有关机构,要求由于因高浓度氰化物对南境内蒂萨河造成严重污染、导致鱼类及其他动植物大量死亡一事,正式对这一事件的直接责任者——在罗马尼亚巴亚马雷城市附近从事金矿开采业务的“阿乌莱奥”企业向国际法庭提出起诉,要求罗马尼亚政府和由澳大利亚和罗马尼亚合资经营的“阿乌莱奥”企业对所造成的全部损失进行赔偿。

1月30日,由于该企业采掘金、银矿用工业储水区大坝崩溃,导致约10万立方米含高浓度剧毒氰化物的工业用污水经拉奥什河、索梅什河流入与匈牙利和南斯拉夫共同拥有的蒂萨河,导致自污水进入至多瑙河入河口的整个600公里长的蒂萨河基本成为一条“死河”,大量鱼群和河内所生长的植物死亡,包括岸边生长的各种飞禽和野兽均大量死亡。匈牙利方面表示,已经清理各种死鱼83吨。被污染河水2月11日自匈牙利进入南斯拉夫境内,届时所测量的每立升水中最高氰化物含量2毫克,超出每立升水中低于0.1毫克允许值的20倍。截至2月14日,仅在南境内蒂萨河的一段流域中已经打捞起死鱼15吨。

布拉日奇指出,这是自切尔诺贝利核电站泄漏事件后欧洲最大的环境污染事件,它不仅对匈牙利和南斯拉夫人民,而且将对整个欧洲产生巨大恶劣影响。

2月13日下午，被污染河水开始进入欧洲最大河流多瑙河，届时南水利局所测得的数据为每立升水中氰化物含量1.31毫克，到15日为止，被污染约10公里长的大部分河水已经流出南斯拉夫，南境内多瑙河中所测得的氰化物含量为每立升水中0.2毫克，略高于正常允许值。

多瑙河流域遭到严重有毒物质污染 据南报刊2月16日消息，尽管多瑙河水化验结果表明已经正常，但河中仍然发现有死鱼存在，有可能死鱼是由蒂萨河水带来的。同时，在蒂萨河两岸已开始发现死亡的飞禽走兽，仅在塞达一地，就找到28只野鸡、31只野鸭、36只野鸽、2只獐子及11只野兔等其他一些动物尸体。

联合国粮农组织指出33国粮食极度匮乏 联合国粮农组织2月16日说，33个国家存在粮食极度匮乏问题。它警告说，4年来将不得不首次动用全球谷物储备。

粮农组织在罗马公布的一份报告说："由于频繁的自然灾害以及越来越多的人为灾害，全世界有许多国家存在粮食危机。"根据粮农组织的报告，包括发展中国家的2亿儿童在内，全球约7.9亿人食不果腹。

粮农组织估计1999年世界谷物产量达到18.72亿吨，略低于1998年的产量。但该组织还说，这一产量低于1999～2000年的预期需求，因此，"4年来不得不首次动用全球谷物储备。"

在面临粮食匮乏的国家中，13个地处非洲，其中包括埃塞俄比亚。那里大约800万人情况危急，其中约40万人是埃厄战争的难民。其他地区如亚洲的朝鲜和前苏联一些中亚共和国面临长期食品短缺，而古巴和另外4个拉美国家也处于类似的困境。

除洪水或干旱这样的自然原因外，经济停滞不前和内乱也被列为食品匮乏的主要原因。

世界乡村地区贫困人口剧增 2月16日，联合国国际农业发展基金告诫道，如果国际社会再不采取紧急行动，那么世界乡村地区的贫困人口在今后15年中有可能翻一番，增至20亿。

在有161个国家的代表参加的国际农业发展基金管理大会年会开幕式上，该机构负责人强调非洲、亚洲和拉丁美洲最贫困地区的穷人在急剧增加。

根据联合国提供的材料，约有30亿人(约占世界人口的一半)每天的生活开支还不到2个美元，其中约13亿人被认为是赤贫者，他们每天的收入相当于1个美元。

世界3/4的最贫困者都生活在乡村地区，那里缺乏促进其发展的基础设施和资金。

报告还指出，穷人的分布情况是极不均匀的。在东南亚穷人占该地区人口的43%；在非洲撒哈拉地区，穷人占39%；在拉美和加勒比地区，穷人占9%；在中东、北非、欧洲和中亚，穷人占这些地区人口的4%。

国际农业发展基金资助全世界最贫困地区的乡村发展计划。该机构认为，对于上述这种令人震惊的情况，国际社会必须采取紧急行动。

旨在消灭世界农民中的饥饿和贫困现象的全球战略将是国际农业发展基金第23届管理大会(该基金的最高权力机构)的主要议题。

在这次大会上，国际农业发展基金将提交其1999年的贷款计划。这项贷款计划的总金额为4.46亿美元，其中的37%将用于资助非洲地区的农业发展计划；31%用于资助亚洲和太平洋地区的农业发展计划；17%用于拉美和加勒比地区；其余的15%用于中东和北非的农业发展计划。

从1978年到1999年，国际农业发展基金为在世界115个国家实施的农业发展计划总共提供了65亿美元贷款，约2.5亿人从中受益。

黄河"水账"基本算清 新华社2月19日报道，经过100多名专家近一年的努力，黄河"水账"基本算清。这为治理黄河水患，使其为中华民族造福提供了决策依据。

黄河养育了中华文明，但历史上水灾多发，近年又频频断流。黄河的水账特别是水量、洪水标准和水资源供需平衡等事关治黄战略的问题备受关注。1998年底以来，水利部及黄河水利委员会组织专家展开"黄河的重大问题及其对策"研究，吸取多年治黄规划和科研成果，采用最新水文等资料，拿出了一份黄河"水账"的最新答案。

搞清了水量　黄河水多年平均年径流量580亿立方米，相当于全国河川径流量的2%，但是加上有限的地下水，承担全国15%的耕地、12%的人口、50多座大中城市供水任务，并向流域外远距离调水。

计算出下游千年和百年一遇洪水　小浪底建成前黄河花园口断面千年一遇洪水洪峰流量为4.23万立方米每秒，百年一遇洪水为2.92万立方米每秒。小浪底建成与三门峡、陆浑、故县水库联合运用，可将近花园口断面千年一遇洪水削减至2.26万立方米每秒，百年一遇洪水削减至1.57万立方米每秒。这是黄河下游防洪设计的依据。

得出黄河水资源供需平衡及缺水预测的数据　本流域及相关地区国民经济各部门取用水量约500亿立方米，实际耗水量约400亿立方米，耗用河川径流量约300亿立方米。流域外的河南、山东用水量约100亿立方米。农业用水是大头，约占92%，工业生产用水约占8%。

黄河流域缺水的预测是：正常来水年份，2010年黄河流域缺水40亿立方米，2030年缺水110亿立方米，2050年缺水160亿立方米左右，枯水年份还要增多。这主要考虑到：开展节水灌溉，农业用水可以不增加，甚至略有减少；西部开发会使黄河流域工业有较大发展，工业缺水将比较严重；下游河道汛期输沙、非汛期生态基流、中游水土保持等生态环境用水不可缺少。

在算清“水账”基础上，专家展开科学研究，听取各方意见，提出了新的治黄河对策和建议，有关方面正对此进行审查。

全球人口一项新纪录：胖瘦各12亿　美国世界观察研究所3月4日发表的一份报告说，全球体重超重和不足的人口在历史上首次持平，均达到12亿。报告认为，全世界超重人口在最近几十年中增长迅速。按照国际标准计算美国55%的成年人超重，23%的成年人身体肥胖。体重不足的人口则主要分布在发展中国家。

全球冰层冰川融化加快　总部设在华盛顿的“全球观测研究所”3月初发表的一份报告指出，近30～40年间，全球冰层和冰川大量融化，而在上一世纪的90年代，这一过程明显加快。

该报告举出的现象令人触目惊心。在北极极顶，冰层面积在1978～1996年期间缩小了6%，每年缩小3.4万平方公里，相当于荷兰国土面积。在30年间，冰层厚度凑巧减小40%。从原来的3.1米变成1.8米。在具有全球91%冰面的南极，已经有五大冰块从陆地分离流入海洋，其中有3个已崩溃。另外2个也将遭同样命运。在南极半岛西部的冰层，从1973～1993年，减小了20%。覆盖南极陆地的冰层也在消失。只是目前对于其消失速度尚无定论。一般说来，在南极的情况要比北极好。在格陵兰岛的东部和南部边缘，从1993年起，冰层每年减少1米。在中亚的天山山脉，冰川体积40年间减小了22%。而在秘鲁的安第斯山的冰川，每年的缩水速度从原来的3米增大到现在的30米。科学家估计，到2005年全球冰川将减小20%。

冰层和冰川的消融，为世界环境和生态带来许多不利的影响。首先，由于冰层和冰川具有调节温度作用，它的消失会导致全球变暖；由于海平面随之上升，又使良田变沧海，水灾也越来越严重。冰川的消失，又使饮用水减少，造成水荒。此外，诸如北极熊等动物的存活也受到严重威胁。

飓风使澳大利亚沙漠变绿洲　受“斯蒂夫”飓风影响，2月以来澳大利亚中部和北部地区连降暴雨。令人欣喜的是，原来的大片沙漠如今呈现出一派绿洲景象。

在雨水的滋润下，原本干旱的中部和北部地区绿意融融，遍地野花含苞待放，沙漠蛙也从洞穴里钻了出来，到处欢蹦乱跳。就连长期干涸的世界最大盐田艾尔湖也蓄满了水。

艾尔湖盐田位于阿德莱德市北部500公里的沙漠地带，海拔低于海平面15米，面积约1.3万平方公里。目前，艾尔湖储蓄的雨水已达盆地容积的60%，为近20多年来所罕见。艾尔湖附近的野生植物疯狂生长、鸟类和鱼类也大量繁殖。当地农场主欣喜若狂，因为沙漠绿洲化使牛群有了更充足的饲料。

中国中央人口资源环境工作座谈会　3月12日，中国召开中央人口资源环境工作座谈会。当天上午在人民大会堂举行的这次座谈会上，中共中央总书记、国家主席江泽民主持座谈会并发表重要讲话。他强调，切实做好计划生育，资源管理和环境保护的工作，对于实现我国跨世纪发展的宏伟目标具有全局性的重大意义。在改革开放和社会主义现代化建设的过程中，我们必须始终把经济发展与人口资源环境工作紧密结合起来，统筹安排，协调推进。

他说，根据我国经济和社会发展的远景目标，到

2010年,全国人口要控制在14亿以内;基本改变环境恶化的状况,使城乡环境有比较明确的改善。对加强国土资源的保护和合理开发利用也确定了具体目标。这是摆在全党同志和全国人民面前的一项艰巨而重要的任务。

座谈会上,国家计生委主任张维庆、国家环保局局长解振华、国土资源部部长田凤山分别汇报了有关情况。甘肃省委书记孙英、广东省省长卢瑞华、北京市市长刘淇、山东省省长李春亭先后发了言。各省、自治区,直辖市党委和政府的主要负责人,中央国家机关有关部门和军队,武警部队负责人出席了座谈会。

全球妇女向贫穷和暴力威胁宣战 由世界3 500个妇女组织共同发起和组织的"全球妇女大进军"活动在日内瓦拉开序幕

历时约8个月的"全球妇女人进军"活动8月8日在日内瓦开始后,将陆续在世界各地举行多种后续行动,最后于10月17日"世界消除贫困日"在纽约联合国总部前举行大规模示威,向安南秘书长递交有1 000万世界各地妇女签名的请愿书,要求联合国制定旨的铲除妇女贫困和暴力威胁的行动计划。请愿书中将呼吁联合国和各国政府:实行男女同工同酬,保证妇女最低工资待遇,取消妇女夜班和假日工作安排,确保老年妇女退休金的发放,实行妇女产假16周,给妇女以选举权,为反对性别歧视立法,取消对第三世界国家的外债等。

目前全球有10多亿贫困人口,其中绝大部分是妇女。据国际劳工组织的统计,妇女承担了全世界劳动总工时的2/3,远远超过男性,然而她们获得的劳动报酬只占10%。在绝大多数国家里,妇女还没有争得同工同酬的权利,并更易遭受失业威胁。

从政治层面看,一些国家的妇女尚未享受与男人同等的政治权利。从社会角度看,妇女权益仍然受到严重威胁。虐待妇女、性骚扰、拐卖妇女等现象仍普遍存在。

中国国务院发布《中华人民共和国水污染防治法实施细则》 国务院总理朱镕基3月2日发布中华人民共和国国务院第284号令,《中华人民共和国水污染防治法实施细则》自发布之日起施行。这个细则包括六章:总则、水污染防治的监督和管理、防止地表水污染、防止地下水污染、法律责任、附则。

第2届世界水资源大会承诺加强合作努力解决水危机 来自165个国家的代表3月22日承诺,在2015年以前将无法得到洁净水和没有适当卫生条件的人数减少一半。

出席第2届世界水资源论坛的各国代表发表宣言说,他们认识到,获取洁净水是人类的一个基本需求。这种说法与将水称为基本人权的提议草稿相比,言辞缓和了一些。

出席论坛的专家说,有10亿人无法得到洁净水,30亿人没有适当的卫生条件。

宣言签字国承诺,要推进在使用边界水资源方面和平合作,并努力建立起既能反映全部成本又考虑到穷人的需要的用水收费制度。代表们还一致表示,支持联合国制定一套方法来衡量在实现上述目标方面取得的进展。

长达4页的宣言说:"我们要进一步推进合作,以便将商定的原则变为行动,这一切基于政府,公民以及其他得益共享者之间的合作及其产生的效应。"

此届会议始于3月17日。在荷兰海牙召开。本届会议主席荷兰王储威廉·亚历山大向会议发出倡议。他希望各国政府将扭转水资源危机的设想变为行动,使21世纪的全球环境有新的改观。

联合国呼吁珍惜和保护水资源 在3月22日世界水日即将到来之际,联合国举行一系列活动,警示世界水资源危机,呼吁全球珍惜和保护清洁水资源。今年世界水日的主题是"21世纪的水",意在要求人们立即采取节水和开发水资源行动,以保障21世纪人类用水。

联合国秘书长安南日前发表讲话说:"目前世界范围内的水储量正在下降,地下水源面临枯竭,河流湖泊水域在缩减,农用化学品严重污染水质,加上世界人口不断增加等原因,各国特别是发展中国家水资源紧缺问题越来越严重。发展中国家疾病死亡事件中80%与缺水和水资源污染有关。"他呼吁,国际社会必须肩负起挑战水资源短缺的义务和责任,提高人类节水意识,普及循环用水知识,利用人类智慧缔造节约用水和展开"蓝色革命"的新世纪文化。

联合国环境开发署(环发署)发表报告指出,在20世纪,人类过度的大规模活动对水资源构成威胁。地球上半数湿地被毁灭,半数河流遭到污染。1950～1995年亚洲地区用水量增加了300%,发达国家的农业灌溉水量减少50%,工业污染进一步降低可用水的数量;另一方面,一些地区的水资源开发引起了河流泛滥,造成水资源严重浪费。目前,世界上仍有10亿人得不到洁净饮用水的正常供应,每年有包括儿童在内的数百万人死于与水有关的疾病。该报告要求,世界各国立即采取行动,推行节约用水和土地政策,开发利用节水和节地的工业设备,大力研究水土保持与生态环境问题,通过法律来加强水资源管理,提高公众节水意识,加强国际间节水技术合作。

1992年联合国大会宣布,将每年的3月22日定为“世界水日”,以唤起人类节约和开发水资源的意识。

部分国家利用风能情况 据土耳其《国民报》报道,世界部分国家到1999年9月底,利用风能总装机容量(兆瓦)情况如下:德国3 817;丹麦1 606;西班牙1 180;荷兰405;英国350;意大利227;瑞典197;希腊79;爱尔兰73;葡萄牙60。

内蒙古新能源开发利用项目荣获“2000年全球能源奖” 在内蒙古新开发的小型风力发电机,加上太阳能电池240KW的推广,内蒙古草原上14万多牧户基本生活用电得到解决。

4月中旬,旨在利用可再生新能源解决内蒙古广大牧区和边远分散牧户用电的“内蒙古新能源开发利用”项目,荣获“2000全球能源奖”一等奖。这是中国乃至亚洲唯一获此殊荣的项目。该奖项是从全世界160多个国家和地区的900多个参评项目中经专家评审委员会评审产生的,被业界公认为当代能源研究与应用领域的最高荣誉。

新能源开发利用一直是内蒙古自治区党委和政府下大力气抓的一个项目,由内蒙古科技厅新能源办公室主持,内蒙古大学、内蒙古工业大学和一些科研院所参与。采取了科研、示范、生产、推广紧密结合的“一条龙”体系。据透露,内蒙古在风力发电、风力提水、太阳能光电、光热利用等方面安排了100多项科技攻关和示范项目,大多数已经转化为生产力。内蒙古组织研制的小型风力发电机、风力提水机、太阳能电池等已系列化,形成了以小型风力发电机为主的新能源产业。据统计,全区还推广太阳能房12.5万平方米,太阳能畜舍660万平方米。

1999年世界人口平均年龄26岁 据德国联邦人口研究所调查,1999年世界人口平均年龄为26岁,世界平均寿命为65岁。平均年龄最高的国家为意大利40岁、日本40岁、德国39.7岁。平均寿命最高的国家为:日本80岁、冰岛79岁、加拿大79岁。平均年龄最低的国家和地区为:加沙地带14.4岁、乌干达15岁、尼日利亚15.8岁。平均寿命最低的国家为塞拉利昂,为37岁。

世界生态受到威胁 据4月21日联合国开发计划署消息,20世纪,世界生态环境日趋恶化。世界土壤退化在过去50年里已影响了全球2/3的耕地,50%的湿地消失,20%的淡水鱼濒临灭绝,70%的主要海鱼被过度捕捞或处于捕捞极限。伐木使森林减少50%,9%的树种面临灭绝,30%的原始森林变成农业用地,热带森林每年消失1万平方公里。

中国自然保护区总数已达155处 新华社4月21日报道,国务院办公厅近日发出通知,公布了新建的18处国家级自然保护区。

这18处国家级自然保护区分布在内蒙古、黑龙江、福建、江西等14个省、自治区、直辖市,包括白音敖包国家级自然保护区、赛罕乌拉国家级自然保护区、三江源国家级自然保护区、宝清七星河国家级自然保护区、厦门珍稀海洋物种国家级自然保护区、井冈山国家级自然保护区、五峰后河国家级自然保护区、永州都庞岭国家级自然保护区、大瑶山国家级自然保护区、北仑河口国家级自然保护区、金沸山国家级自然保护区、长江合江——雷波段珍稀鱼类国家级自然保护区、西双版纳纳版河流域国家级自然保护区、无量山国家级自然保护区、羌塘国家级自然保护区、循化孟达国家级自然保护区、灵武白芨滩国家级自然保护区、西天山国家级自然保护区。新建的18处国家自然保护区在中国生物多样性保护等方面具有稀有性、代表性和典型性,在保护水土、调节气候、保持生态平衡等方面将发挥重要作用。中国政府十分重视自然保护区的建设工作,截至目前,全国已建国家级自然保护区155处。

中国频繁发生重大渔业污染事故 来自农业部的消息说,近一段时期以来,河北、安徽、四川、福建等地相继发生重大渔业污染事故,严重损害渔业资源,给当地渔业的生产带来困难,引起较大社会反响。

目前，这几起污染事故的渔业损失量及原因已基本查清，事故赔偿与处理正在进行之中。

2000年2月，河北保定市安新县境内白洋淀水域发生大面积鱼类死亡，受污染水域面积共计46 187万亩，直接经济损失达到2 385万元。据调查，确定为保定化纤厂、保定钞票纸厂及污水处理厂等排放大量未经处理的有毒有害工业污水进入淀区，引起水中鱼类中毒和缺氧所致。

2月12日，安徽亳州因惠济河上游排放大量污水，在亳州涡河形成约25公里的污染带，鱼虾大量死亡，受污染养殖面积2 285亩，经济损失1 992万元。

2月25日～3月30日，四川乐山市境内大渡河、岷江近220公里江段发现大量鱼类死亡，种类有鲤鱼、鲫鱼以及国家二级重点保护野生动物胭脂鱼、娃娃鱼等。鱼类死亡达487吨，直接经济损失960万元。初步断定为上游化工厂违法排污，造成鱼类感染黄磷急性中毒死亡所致。

1月27日～3月23日，福建三明市沙溪河段至闽江干流的樟湖江段149公里的河道连续出现严重死鱼事件，死亡的鱼虾贝类31种，多为经济鱼类，其中70%是正在产卵期的鲤鱼，损失额6 085万元。鱼类死亡是有机磷等有毒污染物严重污染水质所造成。

此外，在辽宁大连蛇岛海域、广西崇左县驮卢镇驮卢河下游、广西青秀山下邕江河都有重大渔业污染事故发生。

为加强渔业资源及其生态环境保护，农业部近日发出紧急通知，要求严肃查处渔业污染事故，切实保障渔业生产者的合法权益。

中国环保最高奖“地球奖”在京颁发 在第30个世界地球日来临之时，国家环保总局局长解振华在京对30位获得2000年4月22日“地球奖”的各界人士发奖，“地球奖”是由中国环境新闻工作者协会和香港“地球之友”共同设立的，旨在奖励新闻、教育和社会各界对环保做出突出贡献的人士，为中国环保领域的最高奖，到2000年已举办了4届。这次获奖者中，有中国环境工程和核环境工程科学家，有中科院院士、中国西部资源研究中心首席科学家；有经历生死考验、深入西部危险环境采访的记者，有放弃北京优越生活、工作条件到云南终日与滇金丝猴相伴的环保志愿者，有为环保教育做出贡献的学校教师，有投巨资改善自然环境的农民企业家等等。

北美5大湖水位降至35年来最低点 美国海洋和大气层管理局日前发布消息说，北美5大湖湖区水位降至自1965年以来最低点。受此影响，5大湖地区的船运业面临困境。

以休伦湖和密歇根湖为例，其水位在过去两年下降了88厘米，下降幅度是140年来最大的。目前这两湖的水位比正常水平低45厘米。五大湖地区的港口如明尼苏达州的德卢斯、俄亥俄州的托莱多，由于船主担心货轮在港口或河道搁浅，运输铁、煤或石灰的货轮如今不能满载行驶。

据5大湖地区船运协会统计，由于水位降低，货船每次运输量要损失8 000～9 000吨，该协会1999年的运输量比1998年下降了6.5%。

专家指出，5大湖水位下降除了受“拉尼娜”现象影响外，还与该地区经历了长期暖冬和冬季降水量减少有关。

5大湖包括密歇根湖、安大略湖、苏必利尔湖、休伦湖和伊利湖。美国8个州和加拿大安大略省位于5大湖地区。

中国2000年春频繁发生沙尘暴 2000年4月25日，古都北京风沙再起，这是北京当年春季的第8次沙尘暴天气了。据气象部门专家称，沙尘暴来得这么早，次数这么频繁，危害这么大是新中国历史上未曾有过的。风沙威逼北京城，这已是不争的事实。这几次风沙的时间依次为3月3日、8日、18日、22日～23日、27日，4月3日、6日、4月25日。这些沙尘暴主要来自内蒙古阿拉善地区，最大风力达8级，面积遍及西北、华北、华中和华南、华东的部分地区，有的地区广告牌被刮倒，汽车被砸，造成3人死亡，多人受伤。一时间人们谈“风”变色。沙尘暴再次向中国人民敲响警钟，沙尘暴是土地荒漠化的表现，防沙治沙保护环境已成为当务之急。

中国人大通过修订后的《大气污染防治法》 九届全国人大常务委员会第十五次会议4月29日通过了修订后的大气污染防治法。国家主席江泽民签署第32号主席令予以公布，将自2000年9月1日起施行。新修订的大气污染防治法适应新形势，增加了有关条款，还加大了监管力度和法律责任。

**中共中央、国务院5月8日公开发表“关

于加强人口与计划生育工作，稳定生育水平的决定”　决定说，人口问题是社会主义初级阶段长期面临的重大问题，是制约中国经济和社会发展的关键因素。计划生育是中国必须长期坚持的基本国策。在实现了人口再生产类型的转变之后，人口计划生育工作的主要任务将转向稳定低生育水平，提高人口出生素质。决定对今后10年人口与计划生育工作的目标和方针均作了明确的部署。到2010年末全国人口总数控制在14亿以内，年均人口出生率不超过15‰，出生人口素质明显提高；出生婴儿性别趋向正常；育龄群众享有基本的生殖保健服务，普遍开展避孕节育措施的“知情选择”；初步形成新的婚育观和生育文化；逐步建立调控有力，管理有效，政策法规完备的计划生育保障体系和工作机制。

印度人口突破10亿　据报道，印度人口5月11日已突破10亿。这天在印度首都新德里一家国营医院里，举行了一个特殊的欢庆会，会议的主角是当天12时32分出生的女婴阿斯塔。因为她是印度的第10亿个公民。据有关资料显示，印度目前每分钟增加30人，每月增加130万人，每年增加1 570万人，相当于整个澳洲，或者4个新加坡。到2040年，印度将超过中国成为全球人口最多的国家，并在2050年实现20亿。为遏制人口的快速膨胀，印度政府决定将2000年5月11日作为一个里程碑，把它叫作“庆祝的时刻，思考的时刻”。

全球40%农业用地严重退化　据新华社报道，联合国国际粮食政策研究所5月14日公布的一项最新报告指出，全球大约40%的农业用地出现严重退化，这是卫星观测分析得出的结论。分析表明，中美洲有将近75%的耕地，出现严重退化；非洲的退化土地达20%，以草原和牧场为主；亚洲的退化部分占11%，国际粮食研究所指出，农业用地退化对发展中国家的经济和社会影响远远大于对发达工业国家的影响，因为发展中国家的人口增长率较高，粮食需求压力也更大。在今后20年中，全球人口预计将增加15亿，主要集中在较贫穷的发展中国家。

近20年来全球10大公害事件

事件	时间	地点	危害	原因
维索化学污染	1976年	意大利	多人中毒，居民搬迁，几年后婴儿畸形多	农药厂爆炸，二恶英污染
阿摩柯卡的斯油轮泄油	1978年	法国	藻类、湖间带动物、海鸟灭绝、工农业生产、旅游业损失大	油轮触礁，22万吨原油入海
三口里岛核电站泄漏	1979年	美国	周围50英里200万人口极度不安，直接损失10多亿美元	核电站反应堆严重失水
威尔士饮用水污染	1985年	英国	200万居民饮水污染，44%的人中毒	化工公司将酚排入迪河
墨西哥气体爆炸	1984年	墨西哥	4 200人伤，400人亡，300栋房毁，10万人被疏散	石油公司一个油库爆炸
博帕尔农药泄漏	1986年	印度	1 408人亡，2万人严重中毒，15万人接受治疗，20万人逃离	45吨异氰酸甲酯泄漏
切尔诺贝利核电站泄漏	1986年	前苏联	31人亡，203人伤，13万人疏散，直接损失30亿美元	4号反应堆机房爆炸
莱茵河污染	1986年	瑞士	事故段生物绝迹，100英里鱼类死亡，300英里不能饮用	化学公司仓库起火，30吨S.P.Hg剧毒物入河
莫农格希拉河污染	1988年	美国	沿岸100万居民生活受严重影响	石油公司油罐爆炸，350万吨加仑原油入河
埃克森·瓦尔迪兹油轮漏油	1989年	美国	海域严重污染	漏油26.2万桶

（原载《北京晚报》2000年6月3日）

2000年世界环境日主题：2000年环保千年，行动起来 2000年6月5日为世界环境日，其主题为“2000环保千年，行动起来”。这一天联合国秘书长安南以及世界许多国家的领导人均走上电视屏幕，就环境保护发表讲话，中国朱镕基总理6月4日在中央电视台发表了关于环境问题的讲话。

切尔诺贝利核电站将永久性关闭 6月6日，乌克兰总统库奇马在克林顿到访之际宣布，切尔诺贝利核电站将于2000年12月15日永久性关闭。

刚刚结束了莫斯科之行的美国总统克林顿6月6日又飞抵基辅，开始对乌克兰的访问。在克林顿对乌克兰进行6个小时的短暂访问中，切尔诺贝利核电站关闭问题是他与乌总统库奇马会谈的重要议题之一。

1986年4月26日，位于乌克兰的切尔诺贝利核电站发生重大核泄露事故，致使乌克兰、白俄罗斯的部分地区以及俄罗斯两个州的大部分地区遭受严重核污染。此前，乌克兰已多次承诺将关闭切尔诺贝利核电站，但前提是必须要获得国际上相应的经援以补偿因关闭电站而造成的损失。克林顿承诺美国将向乌克兰提供7 800万美元以帮助乌关闭这座电站。

联合国粮农组织发表公报：世界农村地区两性平等工作取得进展 6月8日《光明日报》报道：在联合国妇女问题特别联大召开之际，联合国粮农组织6月5日在罗马发表了一份关于世界农村妇女问题的报告。报告称，自1995年第4届世界妇女大会至今的5年里，世界农村地区的两性平等工作取得了显著成绩，在多数国家特别是落后国家，农村地区妇女的生活方式和活动正在发生变化，其社会、经济和法律地位正向积极的方向发展。但全球妇女生存状况有待进一步改善。其在各种统计总数中所占比例如下：

妇女文盲占世界文盲总数的67%，感染艾兹病占50%，难民占50%包括儿童，遭家庭暴力袭击35%，劳动力33%(除非洲和西亚)。国家元首和政府首脑中女性有8位，只有16个国家的国会议员中女性占25%。因分娩而死亡的妇女：非洲1/16、亚洲1/65、欧洲1/1 400。

联大主席发表文告呼吁全球防治荒漠化 第54届联大主席、纳米比亚外长古里拉布6月15日就“世界防治荒漠化及干旱日”发表文告说，荒漠化问题是全球性重大环境与发展问题，这一问题必须通过世界各国的共同努力加以解决。

古里拉布说，由于气候变化与人类活动的影响，地球荒漠化现象非常严重。目前，有110多个国家的近12亿人受到荒漠化的影响。他呼吁尚未签署《联合国防治荒漠化公约》的26个国家尽快签署并批准这一公约，已经签署并批准这一公约的国家应当制定切实可行的措施，使这一公约早日得到有效实施。他说，世界各国政府及民间力量的参与和有效合作是防治荒漠化及干旱的关键所在。

地球荒漠化是指包括气候异变和人类活动在内的种种因素造成的干旱地区的土地退化，它对人类的生存构成严重威胁。1994年12月，第49届联大正式通过决议，决定从1995年起将每年的6月17日定为“世界防治荒漠化及干旱日”，以进一步提高世界各国人民对防治荒漠化重要性的认识，并唤起人们对搞好防治荒漠化的责任感与紧迫感。1996年12月，《联合国防治荒漠化公约》正式生效，为世界各国和各地区制定防治荒漠化纲要提供了依据。

中国遭遇干旱和蝗灾 7月2日国家防汛抗旱总指挥部指出，截至6月29日，全国作物受旱面积1.59亿亩，白地缺墒3 130万亩，水田缺水700万亩，因旱有1 070万人，820万头大牲畜发生临时性饮水困难。旱情主要分布在华北，东北地区。部分旱区城市供水形势仍然紧张，天津市城市供水主要水源潘家口水库水位已降到死水位以下，于桥水库可用水量仅1.3亿立方米。各地每天投入抗旱劳力4 000万人以上。国家已投入抗旱资金10亿多元。每天用于拉、运水的机动车辆达50多万辆，解决了500多万人的临时饮水困难。

截至7月3日，中国蝗虫发生面积达5 500万亩，其中河南、河北、山东、天津、新疆发生了高密度飞蝗，密度高达1 000～5 000头/平方米。新疆、山西、河北等地的农牧区发生严重土蝗，密度高达5 000～10 000头/平方米。其中东亚飞蝗发生面积1 500万亩，亚洲飞蝗发生面积50万亩，土蝗发生面积4 000万亩，以新疆最为严重。截至6月19日全国已防治飞蝗400万亩，土蝗1 000万亩。

世界最佳居住地排名 6月29日公布的《联合国2000年人类发展报告》表明，在总排名中，加拿大连续第7年荣登世界上最佳居住地排行榜的榜首。挪威位居第二，紧随其后的是美国、澳大利亚、冰岛、瑞典、比利时、荷兰、日本和英国。

报告还列出了10个向其人民提供服务最少、最不发达的国家。它们的顺序为：饱受战乱之苦的塞拉利昂、尼日尔、布基纳法索、埃塞俄比亚、布隆迪、几内亚比绍、莫桑比克、乍得、中非共和国和马里。

联合国开发计划署2000年公布的这份研究报告是根据收入、医疗保健、寿命和教育程度对174个国家进行排名的。

第13届国际艾滋病大会开幕 全世界已有1 880万人死于艾滋病 7月9日，为期6天的第13届国际艾滋病大会在南非海滨城市德班开幕，来自世界各国的1.1万名代表出席会议。

另据联合国艾滋病联合规划署的最新报告说，自1981年美国发现首例艾滋病例以来，全世界已有1 880万人死于艾滋病，其中380万是儿童。

据统计，1999年，全世界新增艾滋病病毒感染者已达3 430万人，其中130万为15岁以下儿童。

另据法国媒体强调说，19年来艾滋病已经使1 320万儿童成为无依无靠的孤儿，其中95%生活在非洲。

2000年世界人口日的主题 7月11日是“世界人口日”，联合国人口基金确定2000年世界人口日的主题是“拯救妇女生命”。这天北京召开纪念大会，国家计划生育委员会主任张维庆在大会上讲话。1999年中国总人口为12.59亿(不含港、澳、台)其中妇女有6亿多。

菲律宾垃圾山崩塌酿惨剧 菲律宾首都马尼拉市郊奎松城的怕亚塔娇垃圾场，7月10日早晨7点30分突然发出一阵低沉的吼声，在四周居民还没有明白发生了什么事情的时候，15米多高的垃圾场便雪崩般地轰然倒塌，转瞬之间将周围100多间木制贫民棚屋淹没。据菲律宾官方统计数字，至当地时间12日晚上7时，造成的死亡人数已达124人，另有100多人下落不明。

日1.4万人受感染牛奶中毒 日本最大的乳制品公司“雪印乳业”7月11日深夜紧急宣布，从12日起，除已受停业处分的大阪工厂外，其所属的另外20座牛奶加工厂暂时停业接受卫生机构的检查。

“雪印乳业”大阪工厂生产的低脂牛奶因黄葡萄菌感染引起大范围食物中毒，截止到7月11日，因饮用“雪印乳业”牛奶而出现中毒症状的已达14 126人。中国宣布暂停雪印乳品进口。

全球环境基金等资助中国最大湿地保护项目启动 由全球环境基金会、联合国开发计划署和澳大利亚发展援助署共同资助的“中国湿地生物多样性保护与可持续利用”项目7月20日全面启动，这不但是在中国最大的湿地保护项目，也是联合国开发计划署在这一领域中的最大项目。

这一项目涉及5个省，包括黑龙江省三江平原湿地，江苏省盐城沿海湿地，湖南省洞庭湖湿地和四川、甘肃两省的若尔盖沼泽湿地。这些湿地代表着中国重要的湿地类型，拥有丰富的湿地生物多样性条件，具有全球意义。项目期为5年，项目资金总额3 457万美元，除联合国开发计划署、全球环境基金会和澳大利亚政府无偿援助的资金外，中国政府配套2 029万美元。

湿地是指水、陆两种界面交互延伸的一定区域，包括湖泊、沼泽、海岸滩涂等，具有重要的蓄水防洪、调节气候、降解污染等功能，有“大自然之肾”的美誉。中国湿地面积占亚洲第1位，世界第4位，全国现有湿地面积6 300万公顷以上。

国际刑警组织第5届国际海洛因大会 7月18日，由中国公安部承办的国际刑警组织第5届海洛因大会在北京举行，来自世界60多个国家和国际组织的200多名代表聚集北京，共商加强合作打击国际海洛因犯罪活动的良策，中国国家禁毒委员会主任，公安部长贾春旺在开幕会上讲话，国际刑警组织秘书长雷家·肯德尔出席大会并致词。

世界森林面积缩小速度呈下降趋势 联合国粮食与农业组织8月8日发表的一份报告称，世界范围内的破坏森林现象虽然仍很严重，但近10年来全球森林面积缩小速度已明显呈下降趋势。

联合国粮农组织的这份报告是根据对300多份全球森林卫星图片的分析而完成的，在这300多份全球森林选点抽查卫星图片中，一半以上的图片表明森林面积缩小速度趋缓，约有20%的部分显示森林覆盖率有所上升。最后的分析结果认为，全球热带森林在整个90年代内的面积缩小速度比80年代时下降了至少

10%。据联合国粮农组织1995年统计,全球森林的55%位于发展中国家,这部分森林的砍伐速度是最快的,从1980年~1990年间,在砍伐森林情况最严重的发展中国家,年均约有1 550万公顷的森林被砍伐。

世界粮农组织对世界粮食前景表示乐观 世界粮农组织8月18日说,尽管人口增长带来了压力,但粮食前景仍感到乐观。它已发现,发展中国家营养不良人数大幅减少,从9.6亿减少到1996年的7.9亿。全球粮食产量的增长比世界人口的增长要快,遭受饥饿的人数应该保持下降趋势。专家们认为我们有足够的资源和专业知识促进粮食生产以养活下个世纪迅速增长的人口。但是也可以肯定,将有约5亿人口受到饥饿的威胁,数百万人将因饥饿而死。

与气候变化,自然灾害或瘟疫相比,战争、政治和经济问题将是粮食出现不均的主要原因。

中国三江源自然保护区成立 8月19日上午11时05分,在长江上游海拔3 700米的通天河畔,中共青海省委书记白恩培、国家林业局副局长周生贤揭开了由国家主席江泽民题写的“三江源自然保护区”纪念碑上的红绸,标志着中国面积最大,海拔最高的自然保护区正式成立。全国人大副委员长布赫书写了碑文。

三江源地区位于青海省南部。西南部与西藏自治区接壤,东部与四川省毗邻,北部与青海省格尔木市、都兰县相接。三江源保护区的总面积为31.6万平方公里,占青海省土地总面积的43.88%。

三江源自然保护区是长江、黄河、澜沧江的发源地,被誉为“中华水塔”。三江源自然保护区有4个显著特点:一是中国面积最大的自然保护区,保护区面积31.6万平方公里。二是中国海拔最高的天然湿地,平均海拔4 000米左右,据科学家初步计算,长江总水量的25%、黄河总水量的49%和澜沧江总水量的15%都来自三江源地区。三是世界高海拔地区生物多样性最集中的地区,分布珍稀野生动物70余种。四是三江流域生态系统最敏感的地区,这一地区生态破坏将对三江流域内各省区经济、社会可持续发展带来不良影响。

保护区初步规划25个核心区,总面积为11.19万平方公里。占三江源自然保护区面积的35.41%。保护区范围包括17个县、市,总人口为55.72万,居民以藏族为主。

建立三江源自然保护区是积极响应江泽民总书记“再造一个山川秀美的西北地区”的伟大号召和贯彻落实党中央和国务院提出的西部大开发战略的一个重大举措。

世界难民10年增长700万 联合国难民署在8月中旬的一份报告中指出,世界各种难民人数近10年增长了700多万,2000年初世界每269个居民中就有1名难民。10年前的1990年世界难民为1 500万,2000年1月1日为2 226万。2000年1月1日各大洲难民分布为:亚洲731万,欧洲729万,非洲625万,北美洲124万,拉丁美洲9万,大洋洲8万。

新《大气污染防治法》施行 经九届全国人大常委会第十五次会议修订通过的《中华人民共和国大气污染防治法》自9月1日起正式生效施行。

修改后的《大气污染防治法》根据中国大气污染的现状,在以下六个领域做出了一系列新的重要规定:划定大气污染防治重点城市,并要求限期达标;控制燃煤污染,在污染严重的城区禁止使用高污染的燃料,推广清洁能源;对机动车制造、使用、维修、燃油质量监督检查作出规定;对消耗臭氧层物质的生产、进口实行配额管理,逐步减少直至停止其生产、使用;加强建筑施工管理,防止扬尘污染;鼓励和支持环保产业推广大气污染治理新技术。

为了有效推动大气污染防治,修改后的新法还就以下五个方面的法律制度和执法手段作出了新的重要改革:禁止超标排放,并规定超标排污违法,应受法律处罚;建立了大气污染物总量控制和排污许可证制度;改革超标收费制度,实行按排污总量收费;改革限期治理制度,将其由管理措施变为法律责任;强化法律责任,加大制裁力度。

此外,由全国人大环资委和国家环保总局共同主办的新修订的《大气污染防治法》实施座谈会暨“凯迪杯”《大气污染防治法》知识竞赛颁奖仪式,也于9月1日在人民大会堂举行。

中国林业固定资产投资大幅增加 2000年上半年以来,中国林业固定资产投资大幅度增加,建设资金到位情况良好。

2000年上半年,中国林业固定资产投资完成36.07亿元,其中国家投资18.45亿元,分别比上年同期增长45.25%和111.42%。固定资产投资中基本建设投资32.84亿元,更新改造投资3.23亿元,分别比去年同期增长44.48%和53.57%。

在林业固定资产投资中,林业重点工程建设的国家投资和实际完成投资均较上年同期有较大幅度的增长。全部林业重点工程实际完成投资32.21亿元,其中国家投资17.86亿元,占实际完成投资的55.45%,国家投资所占比重比上年上半年增加19.2个百分点,实际完成投资和国家投资分别比上年同期增长55.38%和137.69%。

上半年实际到位各类林业建设资金44.7亿元,实际到位资金比1999年同期增长37.44%。但林业建设资金过分依赖于国债资金,上半年实际到位资金中,国债分别占到国家预算内基建资金和国家预算内资金的83.60%和81.92%。

中国发布国家保护陆生野生动物名录 国家林业局于9月初发布了《国家保护的有益的或者有重要经济、科学研究价值的陆生野生动物名录》,共有1 591种野生动物上《名录》被保护。

中国野生动物种类资源十分丰富,仅脊椎动物就有4 400多种。1988年,中国制定了《野生动物保护法》,随后又确定了《国家重点保护野生动物名录》。随着野生动物保护事业的发展,除国家和地方重点保护的野生动物之外,还有许多野生动物也逐渐需要得到更加有力的保护。

据悉,以前公布的《国家重点保护野生动物名录》中的335种野生动物与此次公布的《名录》中的野生保护动物并不冲突。

中科院表明咸水滴灌是绿化沙漠的有效途径 《光明日报》9月14日报道:中科院寒区旱区环境与工程研究所会同塔里木油田专家在“九五”期间主持开展的“沙漠油田基地环境观测与防沙绿化先导试验”,“沙漠公路生物防沙示范”,“沙漠油田基地沙害防治与绿化建设技术研究”等课题目前收到了明显成效,经过多年反复试验研究证明,咸水滴灌技术是绿化沙漠的有效途径。

灌溉技术是解决沙漠绿化问题的关键。中科院寒区旱区环境与工程研究所专家很早就认识到利用沙漠特有的咸水进行灌溉可种活植物,防风治沙,绿化沙漠。在塔克拉玛干沙漠腹地生物防沙和绿地建设科学研究中,中科院成立了25人的课题组,其中有15人常年工作在第一线。他们利用地下咸水灌溉技术,在沙漠腹地引种51种固沙造林植物;通过育苗技术试验,总结出一整套咸水灌溉条件下沙漠腹地育苗的技术。在实施国家“九五”重要课题“沙漠公路生物防沙示范”、“沙漠油田基地防沙绿化技术”以及在沙漠公路沿线和油田基地营造防护林过程中又发现,畦灌、沟灌和滴灌3种沙漠灌溉技术中,咸水滴灌技术最具优势,对建设人工植被,防止沙漠基本设施设备受到风沙的侵袭,保证油田的安全正常生产和改善油田环境起到积极的促进作用。

联合国《世界能源评估》报告指出全球能源体系面临挑战 根据9月下旬公布的一份新的研究报告,目前的全球能源体系不够可靠,价格不够低,不足以支持广泛的经济增长。

这份题为《世界能源评估》的长达440页的报告指出,全世界有1/3的人口因缺乏获得商品能源的机会而影响了生产率,可能还有1/3的人因为不可靠的能源供应而经受着经济困难和不稳定。

在全世界60亿人口中,至少有20亿几乎完全依赖传统的能源,包括固体燃料和木柴。由于得不到电,全球1/3的人口不能享受现代能源方式所带来的前所未有的舒适、机动性和高生产率。

由联合国开发计划署、联合国经济和社会事务部及世界能源委员会联合撰写的这份报告断定,除非各国政府采取新的政策鼓励以更加清洁和有效的方式输送能源,否则没有什么希望建成一个繁荣、公平和在环境方面可持续的世界。

然而,从1970~1990年,有约8亿人在农村电气化计划中得到了电。约5亿人通过采用较好的烹饪方式和其他农村能源计划而明显改善了生活,尤其是在中国。

尽管二三十年来为改善农村人口的能源设施作出了巨大努力,但未得到能源供应的人口的绝对数字仍然大致相同——约20亿。

该研究报告说,数亿人——主要是妇女和儿童——每天要花好几个小时、往往到很远的地方辛苦地捡拾木柴和挑水以满足家庭需要。由于这些事情需要时间和精力,妇女和儿童往往错过了接受教育和从事其他生产活动的机会。

这些问题可以通过改变政府政策和私营部门的计划来解决。报告说，由于能源系统是资本密集型的，使用期很长，所以现在就需要采取新的做法，否则世界将因目前的投资决定而陷入不可持续的能源生产和使用模式。

全球有3.4亿人患忧郁症 10月10日，国际劳工组织为纪念“世界精神健康日”，发表了全球劳动者精神性疾病的调查报告。该报告指出，全球患忧郁症的约有3.4亿人，每年有80万精神疾病患者死于自杀。

报告说，工业化国家的劳动者中约有1/10的人患有忧郁症、焦虑、紧张、冷漠等精神性疾病。精神病患者增多对劳动市场带来不小的影响，它造成缺勤、生产率下降、工伤事故、缺乏工作热情及主动性、同事关系紧张等问题。美国有400万人患有严重的忧郁症，为此每年损失近2亿个工作日，每年用于治疗忧郁症的费用为300亿～440亿美元。欧盟每年要花费生产总值的3～4%用于治疗精神疾病，德国有7%的劳动者因精神性疾病而提前退休，3/10的英国工薪阶层患有不同程度的精神性疾病，致使英国每年损失8 000万个工作日。劳动者因精神疾病丧失劳动能力的时间要比其他疾病长2.5倍。

报告说，造成近几年精神性疾病增多的原因主要是：由于新技术的应用、工业结构的调整，人们对产品数量、质量提出了新的要求。致使劳动节奏加快，劳动者过度劳累。另外，失业的威胁、分配不公而导致的心理不平衡等也是不可忽视的因素。

全球七成农用地退化，八成森林遭砍伐 全球70%的农业用地已退化，50%的湿地已经丧失，80%的森林正遭受砍伐，1/3的人们面临缺水，每年300万～500万人死于水引起的疾病，10～15%的物种将在今后30年内灭绝……11月初，在北京发布的《2000～2001世界资源报告》告诉我们，人与生态环境组成的生命之网正在遭受严重的破坏。

《2000～2001世界资源报告》是由世界资源研究所与联合国开发署、环境署、世界银行组织175位各国科学家共同完成的，主题为“人与生态系统：正在磨损的生命之网”。该报告对全球范围的沿海地带、森林、草原、淡水和农田5种生态系统进行了分析考查，并以它们向人类提供的产品和服务的能力为基础，对各项生态系统的健康水平予以评价。这包括生产粮食的能力，提供纯净和充分水的能力，储藏碳的能力，维持生物多样性和提供娱乐及旅游的能力。报告指出，世界生态系统正在不断退化，而人口快速增长和消费的不断增加是造成这种后果的两个最主要原因。

报告建议政府和人们必须把生态系统的持续性视为人类生活的基础，保障把全球生态系统的生命力作为21世纪重要的优先发展领域。

用微生物技术处理污水首获成功 11月27日下午，浙江省新昌制药厂污水处理2期工程的出水池内，成群的金红色鲤鱼在欢快游弋。厂环保科长任建军指挥工人用网兜兜起了一条条欢蹦乱跳的鲤鱼时兴奋地说：“这些鱼7月开始放养，已养了3个月呢！”

在工业废水中养鱼，这在中国恐怕是第1家。这一污水处理工程本月通过浙江省环保局组织的验收。专家们一致认为，该工程“可作为医药行业废水处理的样板工程”。

新昌制药厂是一家发展势头极佳的科技型企业。为了与国际接轨，为了把企业建成“21世纪绿色企业”，该厂在环保上狠下本钱：1994年建成浙江省首家达到国家排放标准的污水处理一期工程；1996年建成全省医药行业处理效果最好的废气处理工程；1998年建成全省医药行业首家抗生素废渣综合利用工程。据悉，到1999年，该厂在环保上的固定资产投入已达2 100万元。在二期污水处理工程招标中，该厂选中了国内3家单位联合设计的“利用高科技专利微生物技术处理废水”工艺方案。据悉，用微生物技术处理污水，这在中国医药企业是第一家。

中国西部退耕还林还草试点示范面积超1 000万亩 11月29日，从国家林业局获悉，截至目前，四川、陕西、甘肃等3个省共完成退耕还林还草面积572.2万亩，宜林荒山荒地造林种草99.7万亩，加上西部地区其他县区的515万亩退耕还林还草试点示范面积，中国西部地区实际上退耕还林还草试点示范面积已经超过了1 000万亩。

中德发表环境保护联合声明 12月13日，为期两天的中德2000年环境合作大会闭幕。闭幕式上，中德双方就资源保护与资源利用效率、污染防治与环境管理、城市发展与环境保护等3个大会讨论议题作了总结性发言，并发表了《中华人民共和国政府和德意志联邦共和国政府环境保护联合声明—行动议程》。

《声明》高度评价了中德环境与发展领域的合作所取得的进展，并充分肯定了两国在全球环境事务中发挥的重要作用；确定了两国近期开展合作的重要领域，对运用经济手段、环境经济政策和法律法规保护环境给予高度重视，并展望了两国未来合作的优先领域和合作方式。根据《声明》确定的原则，中德两国政府将在平等互利的基础上，加强新能源和可再生能源的开发与利用；保护生物多样性和生物安全，建设和保护生态环境；建立环境友好型城市交通体系；加强城市环境基础设施建设和环境管理，降低水污染、大气污染和固体废弃物污染等领域达成合作和伙伴关系。此外，德方许诺，自现在起将为中国的中小型环保企业提供总额为10亿马克长期低息贷款。

会议期间共举行了45场技术报告会，有800余人参加了环境保护技术与商贸洽谈会，近1/3的企业达成合作意向。中国国家环保总局与德国大众汽车公司就机动车排放控制合作计划签署了谅解备忘录。

在会议期间，江泽民主席会见了德国副总理兼外长菲舍尔先生，朱镕基总理会见了德国代表团。温家宝副总理在会议开幕式上代表中国政府发表了重要讲话。

国务院印发《全国生态环境保护纲要》 国务院发出通知，印发国家环保总局会同有关部门制订的《全国生态环境保护纲要》，要求各地区、各有关部门结合实际认真贯彻执行，并根据《全国生态环境保护纲要》制订本地区、本部门的生态环境保护规划，积极采取措施，加大生态环境保护工作力度，扭转生态环境恶化趋势，为实现祖国秀美山川的宏伟目标而努力奋斗。12月22日中国各大报全文刊载了这个纲要。

世界儿童状况堪忧 “联合国”儿童基金会12月12日发表《2000年世界儿童状况》报告指出，1999年全球新生婴儿1.27亿人，死亡1 100万人。由于孕妇营养不良，致使1.77亿儿童发育不良。全世界有20%以上的学龄儿童不能上学。

报告分析1998年5岁以下儿童的死因是：产前产后条件差占20%，呼吸道感染占18%，腹泻病占17%，未接种疫苗而染病占15%，疟疾病占7%，其它死因占23%。报告指出，世界儿童正遭受贫困、战乱和艾滋病三大威胁。地区冲突和内战，使2 000万儿童流离失所，每年死于艾滋病的超过200万人，全球15岁以下孤儿有1 000万人以上。

目前全球15岁以下儿童有18亿人，占世界人口的30%。他们的健康状况如何与未来世界密切相关。

研究表明，0～3岁正是幼儿身体和智力发育的关键时期，他们如能健康成长，将为未来社会提供优秀人才。为此，报告呼吁国际社会对全球4.85亿3岁以下幼童多加关注，建议各国政府、社会团体同联合国有关机构共同制定拯救幼儿的紧急计划，以便2001年9月举行的关于保护儿童特别联大上作出相关决定。

中国政府发表《中国21世纪人口与发展》白皮书 国务院新闻办公室发表《中国21世纪人口与发展》白皮书指出，中国在过去近30年时间里，努力控制人口增长，提高人口素质，在解决人口与发展问题方面取得了举世瞩目的成就。但是，中国政府清醒地认识到，其人口与发展的矛盾依然尖锐，仍然面临着诸多困难和挑战。

白皮书说，中国成功地探索了一条具有本国特色的综合治理人口问题的道路，逐步形成了适应市场经济要求的人口调控体系和计划生育工作管理体制，人口与发展取得了举世瞩目的成就，公民的生存权、发展权和经济、社会文化权利显著改善。

这些成就包括：人口出生率、自然增长率分别由1970年的33.43‰和25.83‰下降到1999年的15.23‰和8.77‰，总和生育率进入世界低生育水平国家行列；实行计划生育以来，全国累计少出生3亿多人，为国家和社会节约了大量的抚养成本，缓解了人口过多对资源和环境的压力。国民生产总值提前实现了比1980年翻两番的战略目标，人民生活总体上达到了小康水平。到1999年底，中国农村尚未解决温饱的贫困人口已经从70年代末的2.5亿以上减少到3 400万，占农村人口的比例从33%下降为3%左右，农村贫困人口的温饱问题基本解决。到2000年底，全国基本实现普及9年义务教育和基本扫除青壮年文盲的目标。1999年，人口平均预期寿命提高到71岁，达到中等发达国家水平。

白皮书提出，中国面临的挑战和困难十分艰巨：

人口数量将在较长时期内继续增长，预计未来十几年每年平均净增1 000万人以上，给经济、社会、资源、环境和可持续发展带来巨大压力；人口总体素质较低的状况在短时期内难以根本改观；劳动年龄人口大量增加，就业压力居高不下；在经济尚不发达情况下进入老龄社会，给建立完备的社会保障体系增加了难度；地区间经济和社会发展不平衡现象将长期存在，消除贫困的任务依然艰巨；流动人口增加、农村人口进入城镇以及人口在不同地域间的重新分布，对传统的经济社会管理体制及相关人口政策产生重大影响。

为解决这些问题，白皮书系统地提出了中国在今后5年、10年和50年3个阶段的人口与发展目标：到2005年，全国人口总数（不含香港、澳门特别行政区和台湾省）控制在13.3亿以内；2010年，全国人口总数控制在14亿以内，人民生活更加宽裕，全国人口受教育年限达到发展中国家先进水平，初步建立覆盖全社会的社会保障制度；到21世纪中叶，全国人口总量在达到峰值（接近16亿）后缓慢下降，人口素质和健康水平全面提高，人口城市化水平大幅度提高，人均收入达到中等发达国家水平，基本实现人口与经济、社会、资源、环境协调发展和国家现代化。

近半数世界人口缺乏洁净水 《光明日报》12月14日报道，“世界卫生组织”和“联合国儿童基金会”日前就世界饮用水危机发表联合调查报告指出，全球近一半人喝不到洁净水，这给人类健康，尤其是儿童的健康与生存带来严重威胁。为战胜这一难题，“供水和净水专家国际组织”制定了一个长期行动计划——《展望21世纪》，力争用25年时间实现“人人享有洁净饮水”的目标。

该调查报告说，经过10年的努力，全球获得洁净饮用水的人口从1990年的41亿人增至2000年的49亿人；然而，从世界范围看，饮水和净水方面存在的问题仍然严重。截至2000年初，全球还有24亿人的饮用水未能得到经常性净化消毒；11亿人口不能使用现代化的饮水系统。生活在发展中国家的48亿人缺乏饮用净水的现象十分严重。非洲、亚洲和拉丁美洲缺乏洁净水的比例分别达30%、17%和4%。因缺乏洁净水造成的腹泻病例每年多达40亿起，造成大约220万人死亡，其中大部分是5岁以下的儿童。

报告还说，水资源的浪费使世界饮用水危机雪上加霜。发展中国家的城市废水大都未处理循环利用，亚洲处理废水的比例为35%，拉美为14%，而非洲只有百分之几；即使在工业化国家，对废水的处理再利用也不十分理想。

面对全球洁净饮水的严重形势，总部设在日内瓦的“供水和净水专家国际组织”，于11月24～29日在巴西的福斯杜伊瓜苏市举行第5届国际研讨会。会议的主题是“人人享有洁净饮水”，会上通过旨在克服世界饮水危机的长期行动计划——《展望21世纪》。该计划的目标是：到2015年将全球缺乏洁净饮水的人口减少一半，到2025年确保全球人人享有洁净饮用水。为实现这一目标，在今后25年内每年约需90亿美元的费用。《展望21世纪》行动计划已得到2000年3月在海牙召开的第2届世界水资源部长级会议的支持，英国、荷兰、瑞士等国政府和有关国际组织表示将积极赞助上述行动计划的实施。

中国世行贷款植树300多万公顷 12月下旬国家林业局世行中心公布，自1985年中国政府与世界银行签署“林业发展项目信贷协定”以来，中国林业总贷款额达8亿多美元，增加森林面积300多万公顷，成就显著。

据国家林业局世行中心主任宋士硅介绍，中国于80年代初提出到2000年建设1亿亩集约经营人工林的总体规划，并于1987年得到了国务院和国家计委的批准。为了加速这1亿亩集约经营人工林的建设，中国政府于1988年向世行正式提出了“国家造林项目”，由此拉开了利用世行贷款营建大型人工速生丰产林的帷幕。

目前，该项目所营造的138.5万公顷集约经营人工林，按照目前的长势推算，到主伐时可超预期目标。项目可陆续产生木材2.11亿立方米，薪材1 696万吨，以及一部分林副产品，其总产值可达1 000亿元以上，总利润739.6亿元，资金利润278.9%。

2001 年 1～12 月

中国森林生物多样性价值 7 万亿 《光明日报》报道,1月4日国家林业局首次对森林生物多样性进行量化核算后得出的结论表明,中国森林生物多样性价值高达7万多亿元。

这一结论首次从价值量的角度对中国的森林生物多样性进行了量化,从而填补了这一领域的一项空白,有利于运用经济手段对森林多样性进行保护。

这一结论是根据影响森林生物多样性的因素,把中国森林生物多样性划分为东北、西北、黄土高原、华北、南方、西南高山、热带和青藏高原等8个区。通过计算与比较研究,分别选取直接收益资本化法和间接成本效益分析法两种方法,对中国森林生物多样性进行核算。

中国森林生态模式达几十种 1月5日《光明日报》从中国林科院获悉,经过10余年的建设,中国森林生态体系建设取得阶段性成果。目前,该体系已在中国大江大河的流域、主要山脉及铁路公路沿线的近20个省(区、市)建立了几十个试验点,研究成功的几十种生态环境建设模式正在生产中大规模推广。

据悉,中国森林生态网络体系建设是针对中国森林资源现状与分布特点,面向整个国土生态环境保护与建设,以增加森林总量,提高森林质量,营建一个分布均匀、结构合理、功能完备、效益兼顾的森林生态环境。建设中国森林生态网络工程体系是适合国情,促进人与自然、森林与环境、环境与经济社会协调发展的必然选择。

印度发生世纪大地震 印度地震部门宣布,1月26日当地时间8时46分古吉拉特邦发生了里氏6.9级地震。

普杰和安加尔等7个城镇是受灾最严重的地区,位于震中的普杰镇“像是被轰炸过一样”,成了一片废墟,而遭受地震袭击的一些海边村庄,则完全从地球上消失了。据印度宣布有1.55万多人死亡,伤者达数万。据印度工商联合会估计,地震造成的直接经济损失达2 500亿卢比(约54.3亿美元),这还不包括由于工厂停工所造成的每天50亿卢比(约108万美元)的损失。这是1976年中国唐山大地震以来世界最惨烈的地震灾难。

附:1990年以来造成死亡人数在1 500人以上的最严重的地震

1990年7月菲律宾2 600人死亡,1991年2月巴基斯坦、阿富汗1 500人死亡,1992年12月印度尼西亚弗洛勒斯2 000人死亡,1993年9月印度7 601人死亡,1995年1月日本神户6 424人死亡,1995年5月俄罗斯萨哈林岛1 841人死亡,1997年5月伊朗1 613人死亡,6月4 000人死亡,1999年8月土耳其20 000人死亡,1999年9月台湾2 500人死亡,2001年1月萨尔瓦多2 700人死亡或失踪。

中国珍稀野生动植物濒危状况进一步缓解 据新华社北京2月1日报道,在过去的一年里,中国加大野生动植物保护力度,大熊猫、华南虎等珍稀物种数量趋于稳定,濒危状况进一步缓解。

国家林业局有关负责人说,目前,大熊猫野生种群生存环境继续得到改善,种群数量保持在1 000多只。全国人工圈养大熊猫已达110只。朱　种群数量超过248只,濒危状况进一步缓解。野生大象的数量也增加到270只。另外,东北、华北和华南地区不断出现东北虎和华南虎活动记录和痕迹。麋鹿的种群数量达到1 300多只,扬子鳄的人工饲养接近1万条。据介绍,“九五”期间,国家林业局建立了华南虎、金丝猴、丹顶鹤等14个野生动植物救护繁育中心和400多处珍稀植物物种种源基地。

中国已建各类自然保护区 1 276 处 据新华社北京2月1日报道,来自国家林业局的消息说,截至2000年底,中国共建立各种类型自然保护区1 276处,总面积占国土面积的12.44%,已跻身世界前列。

据介绍,目前,经国务院批准的国家级自然保护区有155处。全国还建立各类自然保护小区5万多个,总面积135万公顷。三江源自然保护区是中国最大的自然保护区,总面积3 180万公顷,占国土面积的

3.31%。长白山、卧龙、鼎湖山、神农架等19处自然保护区加入“国际生物圈保护区网”；扎龙、向海、东洞庭湖、鄱阳湖、鸟岛、东寨港和米埔7处自然保护区列入“国际重要湿地名录”；张家界、九寨沟和黄龙3处自然保护区被列为世界自然遗产地。

中国荒漠化治理研究入列世界先进 2月13日，国家林业局公布，中国在荒漠化治理研究中取得新突破，从而在这一领域跨入了世界先进行列。

据了解，国家重点科技攻关项目“荒漠化治理技术研究与示范”项目，是为在不同气候类型条件下的荒漠化防治工程起到示范和辐射作用。在国家林业局、中国科学院的组织下，中国林科院、中国科学院、北京林业大学等单位的250多名科研人员进行了5年的攻关，取得了多方面的成果，共取得了新产品10项，新技术、新工艺58项，新材料51种。在生产上推广应用的成果已达25项，有7项达到了产业化水平，获得了综合经济效益1.7亿多元。这个国家级重点科技攻关项目，分别在不同类型区建成了各具特色的试验示范基地10个和示范点51个。在多达18.8万亩的荒漠化土地上，试验区粮食产量提高了20%以上，牧草产量提高了50%以上，农牧民收入提高了30%以上。

国务院批准塔里木河流域综合治理方案 为了实施党中央关于西部大开发战略，朱镕基总理2月28日主持国务院总理办公会议，听取水利部和新疆维吾尔自治区关于塔里木河流域水资源开发管理和生态系统建设的汇报，批准了塔里木河流域综合治理方案。会议认为，加快塔里木河流域治理对于实现新疆经济和社会可持续发展，恢复南疆绿色走廊的生机，造福各族人民，具有十分重要的意义，功在当代，利在千秋，是西部大开发的又一重点工程。

塔里木河是中国最大的内陆河，流域覆盖新疆南部地区，面积102万平方公里，人口825.7万人，分别占新疆自治区的61%和47%，是中国重要的棉花生产基地、石油化工基地。但流域内干旱少雨，生态环境极其脆弱。长期以来，由于气候变化和对水土资源的不合理开发利用，导致河道断流、湖泊干涸、林木死亡、土地沙化，下游塔克拉玛干沙漠和库姆塔格沙漠逐步合拢，生态系统加剧恶化，严重制约了流域经济社会的可持续发展，并威胁到中国西北地区生态系统。

据汇报，塔里木河的综合治理方案以生态系统建设为根本，以水资源的合理配置为核心，加强流域水资源的统一管理和调度，实行严格的用水监督管理；压缩平原水库，减少蒸发；兴建山区控制性水库，提高流域水资源合理配置的调控能力；在源流区以农业节水为重点，新增各级防渗渠道，完成田间配套工程面积；在干流区以河道整治为重点，修筑干流两岸输水堤防，兴建护岸和控导工程，疏浚干流河道；积极稳妥地进行流域经济结构调整，实施退耕还林还草，完成荒漠林封育、草地改良。

中国自然保护区占国土面积逾12% 国家林业局3月21日公布，目前中国已建立各种类型的自然保护区1 276处，总面积达1.23亿公顷，占全国国土面积的12.44%，跻身世界前列。

迄今，全国已有长白山、卧龙、神农架、西双版纳等19处自然保护区加入“世界生物圈保护区网络”；扎龙、向海、东洞庭湖、鄱阳湖、鸟岛、东寨港和米埔等7处自然保护区被列入“国际重要湿地名录”；张家界、九寨沟和黄龙等三处自然保护区被列为世界自然遗产地。

中国第5次人口普查主要数据公布：中国总人口12.95亿 3月28日中国国家统计局公布2000年第5次全国人口普查主要数据公报。公报说：根据国务院的决定，中国于2000年11月1日进行了第5次全国人口普查的登记工作。主要数据的快速汇总工作已经结束，其主要数据如下：

全国总人口为129 533万人。其中大陆31个省、自治区、直辖市（不包括福建省的金门、马祖等岛屿）和现役军人的人口共126 583万人。香港特别行政区人口为678万人。澳门特别行政区人口为44万人。台湾省和福建金门、马祖等岛屿人口为2 228万人。

中国大陆31个省、自治区、直辖市和现役军人的人口，同第4次人口普查1990年7月1日0时的113 368万人相比，10年零4个月共增加了13 215万人，增长11.66%。年均每年增加1 279万人。年平均增长率为1.07%。

俄罗斯人口递减速度惊人 2001年2月15日，俄罗斯政府公布的一份报告指出，俄罗斯的人口逐年下降趋势仍不会出现逆转。2000年俄罗斯人口下降了 0.5 个百分点，减少了 76.8 万人。另据有关部门的估计，在今后 3 年内俄罗斯的人口还将减少 280 万人。预计在 15 年内将减少 2 200 万人。俄罗斯现有人口 1.45 亿，而 1989 年为 1.47 亿。2000 年新生儿为 121.58 万名，而同期去世的则有 214 万人，人口负增长还在逐年上升。根据莫斯科大学的有关统计，从 1992 年起至今，仅 8 年多时间，俄罗斯的人口就“自然减员”580 万。相当于整个彼得堡的人口。俄总统普京在发表全国讲话时呼吁政府采取紧急措施，他说：“俄罗斯将从超级大国降为第三世界国家……我们正面临着严重威胁，成为一个日渐衰落的国家”。

世界人口分布极不平衡 据《光明日报》3 月 30 日报道，在过去的一个世纪里，世界人口达到了 60 亿，百年间增长了近 3 倍。这种增长势头在本世纪内还将持续相当长的时期。预计，按照目前年增长 1.3%的速度，每年约增加7 700万人口，到 2050 年，即 50 年后，全球人口可能增加到 93 亿，最低 79 亿，最高 107 亿，比目前约增长 52%，其中 90%集中在发展中国家。

世界人口不仅增长快，而且分布极不平衡，构成差异也很大。世界 60 亿人口主要集中在 35 个人口大国(占国家总数的 15%)总人口近 49 亿，占世界总人口的 80%。人口最多的 10 大国的总人口为 36 亿，占世界总人口的 60%。而其中的 6 个亚洲国家的人口多达 30 亿，占世界总人口的一半。至于排居第一和第二位的中国和印度两大国的人口达到 22.9 亿，占了世界人口的 38%。

世界 10 大人口国是：中国 12.95 亿，印度 10.14 亿，美国 2.78 亿，印度尼西亚 2.12 亿，巴西 1.7 亿，巴基斯坦 1.56 亿，俄罗斯 1.47 亿，孟加拉国 1.29 亿，日本 1.27 亿，尼日利亚 1.12 亿。10 大国之间也存在诸多不平衡，在经济方面，美国和日本是世界上经济实力最强的国家，而尼日利亚和南亚几国，则属于不发达国家。人均收入，美国和日本已超过 3 万美元，而尼日利亚不足 300 美元。人口性别比例差异也较大，中国、印度、印尼、巴基斯坦、孟加拉国，都是男性人口多于女性，而美国、俄罗斯、日本则又是女性人口多于男性，尤其是俄罗斯。男女差距越来越大，目前女性人口占了 53%，而男性只占 47%，男女性别比为 100∶112，性别人口严重失调。

与之相比，世界上人口最少的 10 个国家的人口则少得可怜，总共才 31 万，其中最多的 6.8 万人，最少的仅 1 000 人。这 10 个国家是：梵蒂冈、图瓦卢、瑙鲁、帕劳、圣马力诺、列支敦士登、摩纳哥、圣基茨和尼维斯、马绍尔群岛、安提瓜和巴布达。

5 年(2001～2005 年)内将有 1 550 万人死于艾滋病 联合国发表 2000 年度世界人口预测报告指出，今后 5 年内全球预计将有 1 550 万人死于艾滋病，受艾滋病严重影响的国家增加到 45 个。

自从艾滋病在 20 世纪 80 年代开始传播以来，全球已有 2 180 万人死于艾滋病，其中 75%发生在撒哈拉以南的非洲地区。

2000 年全球共有 3 610 万人携带艾滋病毒，530 万人为当年得病，300 万人死亡，为历年来最高数字。

特大沙尘暴袭击新疆 4 月 7 日 15 时许，新疆吐鲁番地区发生特大沙尘暴，312 国道 4 023 公里～4 026 公里处最大风力达 12 级，致使行驶在该路段的 100 余辆汽车、361 名乘客被困。大部分汽车玻璃被打碎，许多车辆被刮翻，道路堵塞。气温骤然降至零下 20 多度。灾情发生后，自治区领导和驻军高度重视，自治区党委书记王乐泉指示要不惜一切代价，全力救出被困人员。4 月 8 日 6 时 30 分，361 名被困群众全部安全脱险。

世界卫生日纪念座谈会 4 月 7 日是新世纪第一个世界卫生日。2001 年卫生日的主题是精神卫生，口号是“消除偏见，勇于关爱”。为响应世界卫生组织的号召，动员全社会关注精神卫生工作，卫生部会同有关部门当天在人民大会堂召开世界卫生日纪念座谈会。

会上宣读了国家主席江泽民于 2001 年 3 月 8 日给世界卫生组织总干事布伦特兰博士的复函。江泽民主席在信中表示了中国政府对精神障碍患者重返社会创造适宜的环境。

国务院副总理李岚清致信祝贺“世界卫生日纪念座谈会”的召开。

卫生部部长张文康在讲话中介绍了中国精神卫生工作的现状、存在的问题及今后工作的重点。他呼吁全社会为精神障碍患者提供一个关爱、宽容、宽松的社会支持环境，帮助他们重返社会大家庭。

2001年世界地球日主题:地质遗产保护 2001年世界地球日的宣传主题确定为:地质遗产保护。在4月22日地球日当天,国土资源系统在全国开展这一主题的大型宣传活动,以唤起全民的地质遗迹资源保护意识。

地质遗产是指在地球演化的漫长地质历史时期由于内外动力的地质作用,形成发展并遗留下来的不可再生的矿产资源和地质遗迹,是生态环境的重要组成部分。中国地域辽阔,复杂的地质作用和多样性的气候条件形成了宝贵的地质遗产,包括各种矿产资源和种类繁多的地质遗迹。

国土资源部发出通知,要求各地围绕地球日主题大力宣传、普及保护地质遗产的科普知识,宣传保护矿产资源、地质地貌景观和古生物化石、生物进化知识和有关的政策及法规,使广大群众认识地球演化进程和人类进化史,强化资源意识,形成崇尚科学、崇尚自然的良好风气。

中国沿海海平面3年达历史新高 中国沿海海平面1998、1999年和2000年分别比常年平均海平面高出55、60和51毫米,这是历史上最高的3个数字。3月30日国家海洋局首次发布《中国海平面公报》。

国际上通常将1975～1986年的平均海平面称为常年平均海平面。《公报》指出,近50年来中国沿海海平面平均以每年1.0～3.0毫米的速率上升,尤其是近3年来上升速率有所加快,南部沿海海平面升幅高于北部沿海,海南和广东的海平面升幅最大。预计到2003年,中国沿海海平面总体上仍将保持上升趋势。

据介绍,海平面的升降主要与气候变化、天体运动和太阳黑子活动等有关。1998和1999年度长江流域发生的特大洪水,是造成这一时期黄海、东海海平面显著升高的主要原因。而2000年中国北方的特大干旱,则引起了北方沿海海平面(特别是渤海海平面)的降低。

海平面上升直接影响沿海地区人民生命财产安全和社会经济的发展,加剧了风暴潮灾害,增大了洪涝威胁,减弱了港口功能,并且引发了海水入侵、土壤盐渍化和海岸侵蚀等问题,导致了沿海湿地的损失和动物的迁徙,使按原设计标准建设的沿海城市市政排污工程的排污能力降低,对环境和人类活动构成直接威胁,严重影响了沿海经济的发展。中国的辽东湾、莱州湾和海州湾等岸段就因为海平面的升高而加重了其沿海低洼地区的土地盐渍化和洪涝灾害。

沿海海平面上升已引起了中国各级政府的密切关注。

东亚及太平洋地区儿童发展问题部长级磋商会议 第5次东亚及太平洋地区儿童发展问题部长级磋商会议5月14日在北京开幕。来自本地区21个国家和地区的代表团、有关联合国机构、主要捐助国以及部分非政府组织的代表约260人出席了本次会议。国务院副总理李岚清出席了会议开幕式并代表中国政府发表了主旨讲话。

李岚清表示,中国政府愿意加强同本地区各国以及世界其他国家和国际组织的合作,共同促进儿童事业的健康发展。国务委员吴仪在会议的开幕式上致欢迎辞。

在5月14日举行的会议第一次全体大会上,经各国代表团团长提议,兼任国务院妇女儿童工作委员会主任的吴仪还当选本届东亚及太平洋地区儿童发展问题部长级磋商会议主席。

本次会议进行了3天,讨论并通过了指导东亚及太平洋地区未来10年儿童发展战略的《北京宣言》。

亚太经合组织人力资源能力建设高峰会议 5月15日上午,2001年亚太经合组织人力资源能力建设高峰会议在北京人民大会堂开幕。中国国家主席江泽民和文莱达鲁萨兰国苏丹博尔基亚出席开幕式并发表讲话。

会议于5月16日闭幕,经过交流磋商,《亚太经合组织人力资源能力建设北京倡议》当天形成。它强调加强APEC各成员之间的合作以及政府、企业、教育学术界“三方”合作;呼吁发达成员从财力、物力和技术方面支持发展中成员;强调培养高层次人才,推广应用信息技术和网络知识等,必将对亚太地区人力资源能力建设产生积极深远的影响。

会议的成功体现在使大家了解了亚太经合组织各成员在人力资源开发、人力资源能力建设方面的做法和经验、主张和建议。特别是会议提出的关于加强APEC人力资源能力建设的思路框架、基本主张,得到了许多代表的赞同。此次为期2天的亚太经合组织首次举办有领导人出席的专门讨论人力资源能力建设问题的高级别会议。会议是江泽民和文莱苏丹共同倡议举行的,得到2000年在文莱举行的亚太经合组织第8次领导人非正式会议的批准,并受到各成员的热烈欢迎和广泛响应。

此次会议的主题是"新经济、新战略:合作创新,开发能力,共促繁荣"。

21个亚太经合组织成员派出的由官员或企业家和教育学术界专家组成的代表团在会议上就"新挑战:从传统经济向新经济的转变"、"战略选择:努力使全体人民受益"、"创新合作:更优的政策途径"等议题展开了广泛讨论。

中国中央扶贫开发工作会议 为期两天的中央扶贫开发工作会议5月25日下午在京闭幕。中共中央总书记、国家主席、中央军委主席江泽民出席会议并作重要讲话。他指出,国家"八七"扶贫攻坚计划已基本完成,党中央、国务院确定的在上个世纪末基本解决农村贫困人口温饱问题的战略目标已基本实现。在这样短的时间内,这么多的贫困人口解决了温饱问题,这是世界历史上前所未有的,是一个了不起的成就。这充分说明,只要我们坚持解放思想、实事求是的思想路线,坚持贯彻党的基本路线和方针政策,坚持全心全意为人民服务的宗旨,坚持发挥社会主义制度的优越性,紧紧依靠全国各族人民的共同努力,就能够不断地创造出新的人间奇迹。

在会议结束时,朱镕基总理就贯彻落实江泽民总书记讲话和这次会议精神作了讲话。他说,各地方、各部门一定要认真学习、深刻领会江泽民同志讲话精神,从政治和战略的高度,充分认识进一步做好扶贫开发工作的重大意义,把它作为实现"十五"计划、全面建设小康社会的重要而紧迫的任务。

世界无烟日:"被动吸烟危害健康" 为了迎接5月31日"世界无烟日",世界卫生组织驻欧盟代表处5月30日举行新闻发布会,宣布2001年"世界无烟日"的主题是"被动吸烟危害健康"。

世界卫生组织驻欧盟代表处负责人克雷赛尔教授指出,"吸烟不只是一种个人习惯,而已经成为一种疾病。主动和被动吸烟造成的死亡人数,早已远远超过两次世界大战和流行病的死亡人数。各国政府对烟草业的税收,同烟草造成的危害无法相比。尤其是怀孕妇女吸烟对婴儿造成的是终生的损害。"

世界卫生组织此次活动的发起者还提出了一些宣传口号:"他们吸烟,我们走"、"让孩子在无烟的环境中出生和成长"、"我们需要没有烟的空气"等,希望帮助人们进一步认识到吸烟的危害。

大连成为环境"全球500佳"城市 6月1日,联合国环境规划署向全世界发布"全球500佳"名单,大连市榜上有名,成为中国第一个被联合国环境规划署授予环境"全球500佳"的城市。

大连是我国老重工业城市。近10年来,大连市围绕环境保护与建设,做了大量艰苦细致的工作,他们对产业结构和工业布局进行了大规模调整,105家污染企业关闭或搬出市中心,环境质量达到近20年最好水平。近5年,城市环境建设投资达100多亿元,完成环境基础建设和重点污染治理项目300多项。

由联合国环境规划署开展的环境"全球500佳"评选活动,每年从世界各国评选出100个对保护环境有特殊贡献的个人或集体。大连市是今年世界各国唯一获此殊荣的城市。

国际组织支持中国防治荒漠化 国家林业局局长周生贤6月6日指出,经过中国政府长期的艰苦努力,中国的荒漠化防治工作取得了令人瞩目的成就。

他说,目前,中国荒漠化土地占国土总面积的27.3%,是世界上受荒漠化危害最严重的国家之一,每年因荒漠化造成的直接经济损失高达540亿元。"三北"防护林工程和全国防沙治沙工程的实施,使数千万公顷的农田和草场得到保护、恢复和改造;荒漠化严重的"三北"地区林木覆盖率已由70年代末的5.05%提高到现在的近10%;重点治理区的生态环境和经济状况明显改善,农牧民生活水平显著提高。

由国家林业局和宁夏回族自治区人民政府、《联合国防治荒漠化公约》秘书处、公约全球机制、联合国开发计划署和亚洲开发银行联合主办的"支持中国履行《联合国防治荒漠化公约》建立伙伴关系暨筹资国际会议"6月6日在此间举行。来自16个国际组织、10个国家驻华使馆和双边援助机构的50多位代表参加了会议。

国际组织和各国官员、专家考察宁夏防治

荒漠化成果 6月8～9日，参加"中国履行《联合国防治荒漠化公约》建立伙伴关系暨筹资国际会议"的各国官员、专家自北京专程到宁夏参观、考察。

宁夏是中国荒漠化问题最突出、生态系统最脆弱的地区之一。经过50多年的不懈努力，宁夏现已从总体上遏制了土地荒漠化进一步发展的态势，部分地区实现了人进沙退，沙坡头的治沙成果还被评为"全球环境保护500佳"。

《联合国荒漠化公约》执行秘书兼助理秘书长迪亚洛，执行主席雷顿等官员对此给予很高评价并希望今后加强合作。

自治区副主席陈进玉强调，宁夏的荒漠化问题仍很突出，治理的形势和任务相当严峻，今后将不断加大治理力度。他希望与世界各国和国际组织开展形式多样的合作。

热带风暴两次登陆美国 热带风暴"阿利森"是2001年6月上旬登陆美国南部得克萨斯州的。6月17日该风暴再次袭击了美国东部的宾夕法尼亚州，导致4人丧生，使这一风暴在美国肆虐造成死亡的人数达到43人。另外，"阿利森"还给得克萨斯州休斯敦地区造成了20亿美元的财产损失。

联合国抗艾滋病特别大会 6月25～27日，联合国在纽约总部召开抗艾滋病特别大会。这是联合国有史以来第一次举行公共卫生方面的高级会议，其口号是："全球危机，全球动员"。

自20年前世界上发现首例艾滋病患者以来，这个人类社会最危险的疾病已迅速蔓延到世界各地，每个国家都无法逃脱，艾滋病已成为不分性别、年龄和社会地位的世界性流行病，构成全球性危机。

据"世界卫生组织"的统计材料，最近20年全球已有5 600万人遭艾滋病毒感染，有2 000万艾滋病患者死亡，其中至少有430万儿童。目前全世界有艾滋病人3 610万，其中撒哈拉以南的非洲地区和南亚、东南亚情况最为严重，分别有艾滋病患者2 530万人和580万人。最近几年刚刚发现艾滋病的俄罗斯、东欧、中国和越南等地病情急剧上升。2000年一年全球新增艾滋病人530万，有300万人死亡。

据估计，要在全球抑制艾滋病的蔓延，每年需要70～100亿美元。目前联合国筹集到的捐款只有5.8亿美元，相差甚远。联合国作为全球最重要的国际组织，决心负起筹资和国际协调责任来。

这次联合国抗艾滋病特别大会发表一个共同声明，要求各国政府制定综合治理艾滋病的计划，各企业、非政府机构要在人力和物力上协助政府，要求社会各界人士献出爱心来关怀和帮助艾滋病患者。

这次特别大会提出的近期奋斗目标是：到2005年，将严重地区的15～24岁的艾滋病患者人数减少1/4；到2010年将母婴传染的比例减少一半；各国要最大限度地向患者提供药品，抚养感染艾滋病的孤儿。联合国秘书长安南表示，抗艾滋病已成为他个人优先奋斗的目标，他号召国际社会动员起来，向艾滋病全面开战！

中国批准新建16处国家级自然保护区 7月2日国务院办公厅发布通知，批准新建16处国家级自然保护区。

新建国家级自然保护区有：内蒙古自治区大黑山国家级自然保护区、乌拉特梭梭林—蒙古野驴国家级自然保护区、鄂尔多斯遗鸥国家级自然保护区，辽宁省成山头海滨地貌国家级自然保护区，浙江省古田山国家级自然保护区，福建省虎伯寮国家级自然保护区，江西省桃红岭梅花鹿国家级自然保护区，河南省董寨国家级自然保护区，湖北省青龙山恐龙蛋化石群国家级自然保护区，湖南省小溪国家级自然保护区，重庆市缙云山国家级自然保护区，四川省亚丁国家级自然保护区，贵州省雷公山国家级自然保护区，云南省金平分水岭国家级自然保护区、大围山国家级自然保护区，新疆维吾尔自治区甘家湖梭梭林国家级自然保护区。

抗癌中药康莱特注射液获准在美临床试验 据国家中医药管理局透露，抗癌中药康莱特注射液获得美国FDA审评批准，7月初作为处方药在美国新药临床试验医院开始为期4个月的人体临床试验，首批接受试验的患者均得到了满意结果，认为这是一种安全有效的特色抗癌新药。这标志着中国拥有自主知识产权的传统中药制剂走向国际迈出了实质性一步，中国新药创制打入国际市场将实现零的突破。

康莱特注射液的活性化合物、制备工艺及制剂配方均已获得中国、美国、日本、欧共体、俄罗斯等国家和地区的专利证书。作为国家中医药管理局和科技部"七五"、"八五"、"九五"重点攻关课题，先后获部级一等奖和国家科技进步二等奖、国家科学科技发明三等奖(中药领域最高奖)。

2001年“世界人口日”主题:人口发展与环境　新世纪第一个“世界人口日”大型纪念活动7月11日上午在北京展览馆举行,数千名各界群众参加了纪念活动。

2001年“世界人口日”的主题是“人口、发展与环境”。现在,世界人口每年仍以7 800万的速度递增,其中95%的新增人口源于发展中国家。人口问题日益制约社会、经济的发展,给资源、环境造成巨大压力。

“首届中国计划生育/生殖健康新技术、新产品博览会”也于今天开幕。这是中国第一次向社会全面展示计划生育/生殖健康领域的成果,让世人了解计划生育/生殖健康产业。

博览会布展面积为1万余平方米,国内外参展单位共290多家,展位486个,展出内容主要有:人口与计划生育事业成就,计划生育/生殖健康新技术、新产品、医疗器械,计划生育、生殖健康、优生优育优教宣传精品,生殖健康/性科普知识。博览会期间还将开展学术研讨、专家讲座、成果发布、贸易洽淡、信息咨询等系列活动。

亚欧森林保护与可持续发展国际研讨会举行　“亚欧森林保护与可持续发展”国际研讨会,在美丽的森林之城——贵阳举行。国务院总理朱镕基向会议专门发来贺信。来自亚欧22国及欧盟的代表和国内的专家、学者、政府官员,在为期3天时间里以“携手共建绿色新世纪”为主题,就各国森林保护与可持续发展状况和相互间的科技合作,进行了广泛而深入的交流、探讨。

由国家科技部、国家林业局、贵州省政府和芬兰贸易工业部共同举办的这个国际研讨会、缘起于朱镕基总理2000年在汉城召开的亚欧领导人会议上提出的森林保护与可持续发展科技合作倡议。朱镕基总理在贺信中指出,这次研讨会“必将对促进这一领域的多边合作和加强资源保护、改善生态环境、实现可持续发展产生积极的推动作用。”

河南发现562个昆虫新种　8月5日《光明日报》报道,由84位昆虫学家组成的河南省昆虫考察队经过6年的考察,发现了世界上从未描述过的昆虫新种562个。

从1996年开始组织的这次考察活动有国家林业局、中国科学院、中国林学院和17个省市的84位昆虫学家以及来自日本、丹麦、斯洛文尼亚的3位学者参与。

6年来,考察队总行程2.1万公里,采集标本20万号,发现昆虫新种562个,建立新属7个,发现中国新纪录种117个,河南新纪录科118个,河南新纪录属1 072个,河南新纪录种2 073个。

世界著名博物馆、名胜古迹门票价格一览

国家	地名	门票价格(美元)
英国	伦敦·温莎城堡	15.6
意大利	古罗马斗兽场	4.5
埃及	开罗·金字塔	0.5
德国	德意志博物馆	5.5
波兰	华沙·王宫博物馆	3.5
俄罗斯	克里姆林宫	1.2
法国	卢浮宫	4.5
巴基斯坦	塔克西拉的博物馆	0.15
奥地利	美泉宫	12

部分国家名胜古迹·博物馆的门票价格

国家(博物馆·名胜古迹)	平均票价(美元)	占月工资收入
比利时	3.7	1/300
捷克	2	0.05%
巴基斯坦	0.15	1/500
德国	3	0.4%
波兰	2	0.6%
俄罗斯	0.5	0.75%
日本	2.5	1‰
意大利	1~5	10%
英国	11.4	0.5%
以色列	2.5	1/600
菲律宾	1~3	1.7%
法国	6	0.4%

海水淡化技术取得突破　一项新的海水淡化技术在中国诞生。该项技术8月6日通过了由水利部组织的部级鉴定。专家们认为,该项技术“其节能效果优于目前国际上最先进的压力交换式能量回收

装置”具有投资省、运行成本低、占地面积小等优点，成果总体达到国际先进水平。

该项被称为“人造水柱（深井）差压反渗透海水淡化技术”的技术原理是：在靠近海边的陆地上，人工挖一定深度的深井，向深井中灌满预处理的海水，使其形成550～600米的水柱，将反渗透膜装置安装在水柱下部，让水柱高压势能作用在反渗透膜上，将海水淡化。淡化后产生的30%的淡水由电泵抽出，其余浓液可以从连通管排出，这样可节省70%左右的电能，从而大大降低海水淡化成本。另外，在冬季低温时，海水进入深井后，吸收地热，温度升高，可以增加淡水产量。

据介绍，该技术是由上海五洋环境科学技术有限公司技术人员，在中国水利投资公司、国内有关大专院校和科研单位著名专家的支持帮助下研制成功的，中试设备已经在上海南翔地区安装运行，一次成功并达到预设计指标。

9个人口大国全民教育部长级会议 联合国教科文组织第4次9个人口大国（中国、孟加拉国、巴西、埃及、印度、印度尼西亚、墨西哥、尼日利亚、巴基斯坦）全民教育部长级会议于8月21～23日在北京召开。这是中国自1971年恢复在教科文组织合法席位以来的30年间，首次在教育领域与之合作并承办的部长级会议。此次会议的主题是，利用远距离教育和新的信息与传播技术，促进全民教育发展。有关人士认为，在中国召开这个会议，有利于向世界宣传中国在普及全民教育方面取得的巨大成就，扩大中国国际影响，学习和借鉴其他国家的经验。

附：人口最多的12个国家

中国：12.65
印度：10.13
美国：2.78
印尼：2.12
巴西：1.70亿
巴基斯坦：1.56
俄罗斯：1.46
孟加拉：1.29
日本：1.26
尼日利亚：1.11
墨西哥：0.98
德国：0.82

“21世纪论坛——绿色与环保”会议开幕

探讨人类共同关心的生态建设与环境保护领域中重大现实问题，旨在协助政府制定更加有效的环境政策的“21世纪论坛——绿色与环保”2001年会议，9月4日～6日，在全国政协会议中心举行。这次会议由全国政协、国家环保总局和国家林业局共同举办，来自有关国际组织和世界各地的500多名中外知名人士和环保专家、学者出席。

全国政协副主席、本次论坛会议组委会主席宋健在开幕辞中说，这次会议的主题——绿色与环境保护，是当代各国特别是中国人民热切关注的问题。

为期3天的论坛会议，就森林的环境效应、森林资源与社会生产力、森林可持续经营及其认证体系、能源与环境、可持续发展城市、环境保护与市场等专题进行了研讨，与会者还参观了北京的生态建设项目和环境保护项目。

美国研究发现北半球更绿了 新华社9月8日报道：美国研究人员通过卫星数据分析发现，地球北半球的大多数地方，尤其是欧洲和亚洲正变得越来越绿。

在由美国波士顿大学和美国宇航局戈达德航天中心共同开展的这项研究中，科研人员分析了从1981～1999年欧洲、加拿大、美国和亚洲气象卫星数据，结果发现，北半球在过去20年中绿色植被覆盖密度有显著的上升。但科学家说这一现象并不表明地球环境有所改善，因为这有可能是由全球变暖引起的。

该项研究负责人、波士顿大学地理系副教授迈内尼说，他们发现北纬40度，即纽约、马德里和北京所处纬度的植物自1981年以来越来越茂密了，但植被面积并没有扩大，只是现有植被变得更加密集。从中欧到西伯利亚，60%以上的植物生长区在过去20年中变得更加繁茂。

此外，欧亚地区的生长期延长了18天；但在东部地区平均气温下降的北美，植被增长程度并不明显。

美国弗吉尼亚大学环境科学教授曼恩认为，这一研究提供了人类活动导致气候变化的新证据，十分重要。该研究内容已刊登在9月中旬出版的《地球物理研究及大气杂志》上。

美国人平均寿命有所增长 美国全国疾病防治中心10月10日公布的一份报告显示，美国人目前的平均寿命已达到76.7岁,其中美国男性的平均寿命为74.1岁,女性则为79.5岁。

报告是根据2000年全美有关死亡的医学统计作出的,报告指出,导致美国人平均寿命增加的原因是自然死亡的人数增多,人为死亡人数减少,从总体上看死亡率有所下降。目前美国人的平均寿命已达到历年来的最高水平。

报告称,心脏病和癌症依然是目前导致美国人死亡的最大“杀手”。另外,2000年因患老年性痴呆、高血压、肺炎、肾病和血液感染死亡的人数较以往有所增加。

报告还指出,同年死于谋杀、自杀、事故、中风、糖尿病、艾滋病以及呼吸道和肝病的人数大为减少。另外,婴儿死亡率也降至历史最低点,为6.9‰。

新世纪中国人口问题不容乐观 记者10月19日从首届中国人口论坛获悉,中国人口发展正在步入“后人口转变时期”,新世纪中国人口问题不容乐观:人口平均受教育程度停留在小学水平、男女数量差异高达5 000万、北京大部分劳动力不适应新兴产业要求。

在持续几年低增长后,中国人口发展正进入“后人口转变时期”,主要特征是低死亡率、低生育率、低自然增长率。与此相对应、中国人口问题出现了新的挑战。

挑战之一:人口绝对数量继续增加。专家估计,按照中国现有人口增长趋势,人口零增长最早也要在本世纪中叶才能实现;挑战之二:人口素质亟待提高。北京市人口所侯亚非提出,中国人口平均受教育程度仍然停留在小学水平;25岁以上受过高等教育的人口比例仅占1/50,远低于发达国家1/4的平均水平;脑力劳动者只占从业人口1/10;中高层人力资本供不应求;挑战之三:人口老龄化日趋严重。中国60岁以上老人已经超过10%,与之相应的赡养问题、劳动力人口老化,抚养比升高都将成为必须解决的问题。

联合国通过《国际粮食和农业植物遗传资源约定》 联合国粮食及农业组织大会第31届会议11月3日在罗马通过了《国际粮食和农业植物遗传资源约定》,这项约定是联合国在保护生物物种方面的又一重要文件,也是联合国粮农组织在消除世界饥饿问题方面的又一举措。

为了开发国际植物遗传资源的经济和社会价值,联合国粮农组织早在1983年就发起了一项“粮食和农业植物遗传资源国际行动计划”,至今已有113个国家参与了此项行动计划。此次通过的《国际粮食和农业植物遗传资源约定》正是在这一行动计划的基础上制定的,这项新的《约定》也是联合国1992年通过的《生物多样性公约》的一个重要补充性文件。

联合国气候会议成功,《京都议定书》“获救” 欧盟11月10日对当天早晨在摩洛哥马拉喀什闭幕的联合国《气候变化框架公约》第7次缔约方会议获得成功表示欢迎,认为这挽救了先前达成的关于气候变化的《京都议定书》。

签署《京都议定书》的国家经过相当大的努力,终于在马拉喀什达成使得该协议能得以生效所必备的一些细节、规章和规则。据悉,尽管在本次会议宣布结束的最后一刻,加拿大、俄罗斯、澳大利亚和日本等国仍然坚持对《京都议定书》执行机制提出异议,但广大发展中国家(77国集团加中国)和欧盟经过磋商,决定以尽快落实《京都议定书》的大局为重,同意对4国做出非原则性妥协。

欧盟轮值主席国比利时负责能源和可持续发展的国务秘书奥利维耶·德勒兹代表欧盟讲话时说:“《京都议定书》获救了。”

专家认为到2001年年底,中国艾滋病病毒感染者可能突破百万 到2001年底,中国艾滋病病毒感染者可能超过100万。有证据表明,艾滋病病毒已经开始在一般人群中传播。“联合国艾滋病规划署执行主任皮澳特博士说,他认为如果迅速采取行动加以预防,在未来10年内,中国可以避免1 000万人感染艾滋病病毒。

皮澳特先生是13日晚参加了在京举行的“第一届中国艾滋病性病防治大会”开幕式后发表这一观点的。

艾滋病如今已成为世界关注的热点。全球每天有8 000人因艾滋病而死亡,同时又有1.5万新的艾滋病病毒感染者。联合国秘书长安南特别提到,目前联合国正在应对两个新的挑战:恐怖主义和艾滋病。据专家测算,到2010年,如不采取行动预防,中国艾滋病感染人数可近1 000万人。皮澳特先生认为,如果耻辱和歧视问题得不到解决,艾滋病也就得不到解决。

世行研究报告指出：中国环境污染加剧趋势整体得到控制 国家环保总局和世界银行11月16日联合举行世界银行最新中国环境问题研究报告《中国：空气、土地和水—新千年的环境优先领域》中文版首发式。研究报告指出，过去一年间中国环境保护取得显著成绩，环境污染加剧的趋势从整体上开始得到控制，部分城市和地区环境质量有所改善。

研究报告指出，从90年代以来，中国的环境保护呈现出几方面特点，一是将环境保护逐步融入经济发展中，许多重要的发展计划都有环境保护的指标要求，环境保护成为经济结构战略性调整的组成部分。二是环境保护的投入明显增加，污染防治能力增强。

报告同时指出，在新的世纪里，中国环境保护将面临更加复杂的挑战。中国土地退化仍在加剧，天然林继续减少，生物多样性资源面临压力等。报告围绕体制机构、控制手段和投资三个方面提出了迎接上述挑战的一些具体措施。

世界卫生组织发表《2001年艾滋病状况》报告 在12月1日"世界艾滋病日"前夕，"联合国艾滋病计划署"和"世界卫生组织"于11月28日上午在日内瓦万国宫发表了《2001年艾滋病状况》报告，指出这个威胁人类生存的疾病在全球仍呈上升趋势，必须予以高度重视，加紧防治。

报告说，自世界发现首例艾滋病患者至今20年来，全球有6 000万人感染此病。艾滋病已成为世界上人类第四大死因，撒哈拉以南非洲地区人民的第一死因。2001年，全球死于艾滋病的人数达300万。报告估计，至今年底，全球艾滋病患者达4 000万人，其中撒哈拉以南非洲有2810万人，南亚和东南亚610万人，拉美140万人，东亚和太平洋地区100万人，东欧和中亚100万人，北美94万人，西欧56万人，北非和中东地区44万人，加勒比海42万人，澳新地区1.5万人。全球艾滋病患者中有1/3是15～24岁的青少年。2001年，全球新增艾滋病人500万，其中撒哈拉以南非洲、南亚和东南亚、东亚和太平洋地区，以及东欧和中亚增加较多。

报告呼吁，世界各国应尽快行动起来与艾滋病作斗争。2001年6月联合国召开的关于艾滋病问题的特别联大，为全球防治艾滋病工作确定了国际和国内的责任范围以及防治工作的具体目标；到2010年，将世界艾滋病患者人数减少25%；在病情严重的国家，到2005年要将15～24青少年患者人数减少25%；到2005年婴儿的艾滋病感染率减少20%，到2010年减少50%。为实现这些目标，各国要制定中、长期防治计划，增加经费；国际机构要紧密合作，积极筹款救助重灾区的不发达国家。

中国天然林保护工程取得重要进展 11月29日 国家林业局公布，中国天然林保护工程实施三年来取得重要进展，国家累计投入到位资金已达200.7亿元，新增森林面积9 500万亩，分流安置林业职工50.2万人。

据悉，自天然林保护工程启动以来一直进展快速，长江上游、黄河上中游地区13个(区、市)已全面停止天然林的商品性采伐；东北、内蒙古等重点国有林区木材产量按计划业已调减到位，工程区发生了明显转变。3年来，工程区内新增森林面积9 500万亩，年森林资源净生长量达到2.77亿立方米，森林管护人员由1998年的5.5万人增加到现在的14.7万人。超限额采伐现象基本上得到了遏制。

中国食物与营养发展纲要发布 12月5日 经国务院同意，国务院办公厅印发了《中国食物与营养发展纲要(2001～2010)》，要求各地区、各部门结合实际情况认真贯彻执行。为此，农业部12月16日会同科技部、国家计委、国家经贸委、教育部、财政部等单位联合举行新闻发布会。

纲要指出，今后10年，将是中国居民食物结构迅速变化和营养水平不断提高的重要时期。加快食物发展，改善食物结构，提高全民营养水平，增进人民健康，是国民整体素质提高的迫切需要，也是中国社会主义现代化建设的重大任务。

纲要指出，食物与营养发展面临新的形势；一是居民生活水平的不断提高，对食物多样化、优质化需求明显增加；对食物安全卫生要求不断提高。二是居民食物消费正处于由小康向更加富裕转型的时期，急需加强对居民食物与营养的指导工作，促进居民形成良好的饮食习惯。否则，既会造成资源浪费，也可能会影响一代甚至几代人身体素质的提高。三是世界经济和现代科技的发展，使国际食物与营养产业呈加速发展趋势，必须加快中国食物与营养工作，以跟上世界发展步伐。

《纲要》提出,今后10年,针对中国食物与营养发展现状和存在的问题,要优先发展奶类产业、大豆产业和食品加工业3个重点食物领域,努力解决好农村和西部两个重点地区以及少年儿童、妇幼、老年3个重点人群的食物与营养发展问题。

据了解,《纲要》的实施由农业部牵头协调,国务院各有关部门积极配合,进一步发挥国家食物与营养咨询委员会的重要作用。

全球人为和自然灾害造成损失1 150亿,丧生3.3万人 12月20日,瑞士再保险公司在苏黎世公布的一份报告令全球震惊——2001年世界发生的人为和自然灾害共造成了1 150亿美元的损失,并导致3.3万人丧生。这个数字是20世纪90年代年均损失的3倍多。最严重的人为灾难首推发生在美国的"9·11"事件,该事件造成了190亿美元的经济损失,如果加上民事责任和人寿保险,损失则高达770亿美元。

在自然灾害方面,造成超过10亿美元损失的有袭击美国的热带风暴"阿利森"和印度古吉拉特邦大地震等。在人员损失上,2001年最大的杀手是印度古吉拉特邦的地震,共吞噬了15 500条生命,其次是"9·11"事件,共有3 200多人死亡。

在有全球气温记录的142年间,2001年是第二个最热年 世界气象组织12月22日发布的一份报告表明,近十几年间全球气候显著变暖,2001年是自有全球气温记录以来的第二个最热年份。

据此间媒体报道,世界气象组织的报告介绍说,即将结束的2001年的平均气温在有全球气温记录的142年间排名第二,比1961~1990年全球气温的平均值高出0.42摄氏度。历史记录中,仅1998年的平均气温比今年气温还要高出0.16摄氏度。统计数据表明,近100年间全球气温共升高0.6摄氏度,但这并非是一个持续缓慢的过程,而是近年才日趋明显。在历史10个最热年份中,在1990~2001年这12年间就占了9年。该组织预计说,2002年将很可能比今年还要热。此前国际气候变化专家调查组的调查已经表明,过去50年中的全球变暖现象很可能是由大气中的温室气体聚集造成的,是人类自身活动而非自然造成全球变暖。

中国每年有数百万人发生药物不良反应

对假劣药品的危害,人们容易关注。但是若药品质量合格,正确使用下出现的药物不良反应却往往被忽视。为此,在12月21日上午召开的"宣传《药品管理法》暨药品不良反应论坛"上,与会者发表了"关注药品不良反应宣言",旨在倡导珍惜生命,科学用药、注重药品不良反应监测,提高全民安全用药意识。

药物不良反应是合格药品在正常用法用量情况下出现的与用药目的无关的有害反应。既不是医疗事故,也不是药品质量问题,而是限于药品开发研制阶段的种种局限性。对那些发生率高,潜伏期长的药品不良反应,必须在药品上市后才能逐渐被认识。据悉,在中国,每年约有500~1 000万住院病人发生药物不良反应,其中严重的可达25~50万人,在许多发达国家,从上世纪60年代开展药物不良反应监测,中国从1998年开始建立药品监测试点,1998年正式加入世界卫生组织国际药品监测合作计划。

人祸重创全球保险业 2001年,最走背运的恐怕就算是保险业了,瑞士再保险公司12月20日公布的报告中说,2001年全球的投保财产损失为320亿美元,其中230亿美元系人祸所致。20世纪90年代以来,每年都是以天灾所占的投保财产损失为主,但2001年的人祸却占了保险损失的70%以上。2001年的确可以称得上是多事之秋。

据业内人士估计,"9·11"事件全部经济损失则可能在900亿美元左右,这还不包括此次恐怖袭击事件对股市和全球经济的间接影响。至此,"9·11"事件已成为迄今保险业付出的数额最大的赔偿。

除"9·11"事件之外,2001年美国还遭受了两次热带风暴"阿利森"的袭击,投保财产损失分别为25亿和19亿美元。法国图卢兹化工厂爆炸也使保险业损失了近6亿美元。而袭击日本和中国台湾省的"纳莉"台风同样使保险业付出了近5亿美元的赔偿金。天灾人祸令保险业叫苦不迭。

在"世界最大50家石油公司"中,中国石油排名第9 12月24日美国《石油情报周刊》公布了2000年世界最大50家石油公司名单,中国石油天然气股份有限公司的综合排名由1999年的第11位跃升至第9位。在公开上市的石油公司中,中国石油天然气公司排在第5位,仅次于埃克森莫比尔公司,英荷壳牌集团、BP 公司和道达尔菲纳埃尔夫公司。

《石油情报周刊》是美国能源情报集团编辑出版的一份报道和分析世界石油工业动态的刊物，该刊公布的世界最大 50 家石油公司排名是在调查分析世界上 100 多家石油公司的基础上，根据石油储量天然气储量、石油产量、天然气产量、石油炼制能力和油品销售量 6 项指标综合测算出来的，具有较强的权威性，因而深受世界石油界的瞩目。2001 年已经是第 15 次公布这一排名。

气温骤降至－45.9℃，欧洲遭百年难遇严寒 新华社 12 月 25 日电，从被霜雪覆盖屋顶的圣彼得堡到已完全封流的日内瓦湖，从寒风呼啸的德国到白雪皑皑的匈牙利，整个欧洲大陆昨天在百年难遇的严寒中迎来了圣诞夜。

整个周末，德国许多地区夜间的最低气温降到了创纪录的零下 45 摄氏度，一些地区雪花纷飞，地面上积起了厚厚的冰雪，交通一片混乱，许多驾驶者被堵在高速公路中，被迫在车里过夜。贝希特斯加登的巴伐利亚山区遭遇了自 1870 年以来最严寒的气候，夜间气温降至零下 45.9 摄氏度。

俄罗斯圣彼得堡周末的气温下降到零下 23 摄氏度，两人在严寒引发的事故中丧生，另有 130 多人因冻伤或摔跤引起的骨折被送往医院。他们大多是无家可归者或因喝醉酒在大街上过夜的人。

在法国，寒冷的气候使两名无家可归者冻死。在西南部的波尔多市，一些人家的暖气出了毛病，至少 1 人死于煤气中毒，另有 16 人被送往医院。

与其大部分邻国一样，东南欧国家马其顿也遭遇了多年未遇的严寒，南部城镇比托拉周末的气温剧降至零下 25 摄氏度，两人被冻死。至此，上周该国至少有 5 人死于严寒。

（郭钟义 编撰）

消费和旅游文化活动

2000 年 1～12 月

1999 年中国旅游业 10 大新闻 《中国旅游报》第 2551 期刊发该报编辑部评出的 1999 年中国旅游业 10 大新闻：

(1)中国旅游业初步开创出全面大发展的新局面 全年接待入境旅游者 7 279 万人次，比上年增长 14.7%；旅游外汇收入 141 亿美元，增长 11.9%，提前一年半实现“九五”计划指标；国内旅游收入 2 831 亿元人民币，比上年增长 18.4%；旅游总收入突破 4 002 亿元人民币，比上年增长 16.4%。

(2)中国成功举办’99 生态环境游 宣传保护生态环境，普及生态旅游常识，提高环境意识，倡导文明旅游，让人们走向自然、认识自然、保护自然。

(3)’99 中国昆明世界园艺博览会隆重举行 69 个国家、26 个国际组织参与了这次以“人与自然——迈向 21 世纪”为主题的世界园艺盛会。历时 184 天，世博园共接待参观者 940 多万人次，取得了显著的社会效益和经济效益。

(4)在国务院颁布新的《全国年节及纪念日放假办法》的背景下国庆假期的延长，促动了新一轮的国内旅游热潮 与此同时，针对国庆期间旅游接待工作中暴露出的问题，国家旅游局发出通知，要求各地认真做好节假日旅游高峰期的各项旅游服务和管理工作。

(5)国务院发布《导游人员管理条例》 这是中国旅游行业继《旅行社管理条例》之后的第二部国家行政法规，对中国旅游法制建设和导游人员管理制度建设都具有重大意义。

(6)国家旅游局和对外贸易经济合作部联合发布《中外合资旅行社试点暂行办法》 中国第一家合资旅行社在广州成立。《旅游区(点)质量等级的划分与评定》国家标准出台。中国旅游行业加强了对旅游区(点)的质量管理。

(7)澳大利亚、新西兰成为新的中国公民自费出境游目的地 至此，经国务院批准的中国公民自费出境游国家已增至 10 个。

(8)旅游行业精神文明建设向纵深发展　国家旅游局、共青团中央联合命名表彰首批52个旅游景区全国青年文明号;中央文明办、建设部、国家旅游局共推出10家全国第二批文明风景旅游区示范点。

(9)中国旅游业界稳定欧美客源市场见成效　以美国为首的北约悍然用导弹袭击中国驻南联盟大使馆,美英政府对本国公民旅华发出警告令。国家旅游局及中国旅游业界及时采取应对措施,努力稳定欧美客源市场,保证了中国旅游业的迅速恢复和持续发展。

(10)金融业与旅游业联手启动旅游消费　国民的旅游消费观念正在悄然发生变化。

全球主要旅游城市税收大排行　世界旅游理事会(WTTC)所属世界旅游税收政策中心公布最新一期《世界旅游理事会税收晴雨表》,以1994年6月为基数期,1999年2月为考察期。1994年以来,共考察52个城市。

被考察城市中有43个城市增加了旅游税,仅有6个城市减少旅游税。1998年10月～1999年2月期间,旅游税增加的城市有:悉尼、檀香山、波士顿、雅加达、里约热内卢、日内瓦、多伦多、圣保罗、巴黎、苏伊士、慕尼黑、罗马、伦敦、斯德哥尔摩、特拉维夫、布鲁塞尔和雅典;减少的城市是:墨西哥城、布拉格和台北市。

假定一次标准的WTTC旅行(即为期5天4夜的国际旅行),税收指数最高的城市有:悉尼(630)、大阪(206)、东京(204)、孟买(189)、墨西哥城(165);北京为103,列第16位。税收额最多的城市有:德里(556.52美元)、布宜诺斯艾利斯(406.95美元)、伦敦(379.72美元)、哥本哈根(365.25美元)、孟买(350.58美元);北京为189.33美元,列第33位。税率最高的城市有:德里(27.14%)、布拉格(22.94%)、哥本哈根(21.81%)、布宜诺斯艾利斯(20.81%)、开罗(20.68%);北京为15.32%,列第29位。

旅游业在美国经济地位举足轻重　美国旅游协会(TIA)所属基金会3月初发表一份调查报告,就旅游业在国民经济中提供就业情况进行了阐述。

美国旅游业是美国经济生活中最大的出口行业,在提供就业方面为第二大雇主,在产值上为第三大零售部门。

(1)旅游业在1998年直接创造了750万个就业机会,其中100万个工作是由国际入境旅游带来的。此外,另有940万个工作得到旅游业非直接的支持,影响到的总就业量达1 690万个。

(2)在过去10年里,旅游直接创造的就业量增长了27.7%,几乎比美国其他非农业部门提供就业量高出1.5倍。

(3)预计1996～2006年期间,旅游业主要部门的就业量将增长21%。此数据同其他经济部门相比相当有影响力:煤矿就业量同期将下降22.8%;制造业就业量同期将下降1.9%。

(4)如果没有旅游业的支持,美国1998年的失业率将会是10%,而不是实际上的4.5%。

(5)在美国28个州和哥伦比亚特区,旅游业作为雇主均排在前三名的位置。惟一超过旅游就业量的只有医疗保健服务业。

(6)过去10年中,旅游业小时工资的增长速度除金融、保险和房地产业外,超过所有其他行业。

(7)旅游服务部门的小时收入已超过全部私人行业,并开始影响到建筑和生产等较低收入的部门。过去10年,旅游服务业小时工资平均增长了36.9%,而其他私人行业只增长了32.2%。

(8)旅游业的交通部门,特别是航空公司在美国经济中是薪水高的雇主。

(9)高薪职位在旅游业之多超出一般想象。旅游企业行政官员的薪水相当可观,许多经营部门也提供高薪。比如,酒店的总经理一般来讲年薪都在3.8～11.5万美元之间。

(10)在旅游业4个主要部门里设有73.8万个行政职位。到2006年,旅游业行政职位预计增长到95.4万个,增长速度超过总体经济领域增长率(29.3%比14.8%)。其中,餐饮部门高级行政职务有望增长32.3%;航空部门高级行政职务可能增长31.3%;酒店、汽车旅馆等住宿业高级行政职务估计会增长19.1%。

(11)旅游业许多部门为适应和符合变化中的多元经济和劳动力市场的要求提供了灵活的就业机会。

(12)美国民众的旅游活动对经济的影响巨大。1998年,美国人在国内旅游花费达4 240亿美元,从而引发了5 653亿美元的间接支出。国际入境游客在美开支为710亿美元,间接消费支出948亿美元。

(13)1998年国内国际旅游总产值为1.1万多亿美元,占国民生产总值的13.6%。1992年为8 117亿美元,占当时国民生产总值的13.4%。

(14)1998年旅游直接开支给地方州及联邦政府创造了771亿美元的税款。这一数字比3年前高出了149亿美元。

(15)1998年的直接就业人数为758万,而1995年时为662万人,1992年为602万人。6年间增长25.9%。

中国国务院转发国家旅游局等九部门《关于进一步发展假日旅游的若干意见》 国务院办公厅6月25日转发国家旅游局、国家计委、国家经贸委、公安部、建设部、铁道部、交通部、民航总局、国家统计局《关于进一步发展假日旅游的若干意见》。

据了解,1999年国务院增加法定休假日,加上调整两个双休日,在国内形成了春节、"五一"、"十一"、三个假日旅游"黄金周",推动了旅游业以及铁道、交通、民航、餐饮、商业等相关行业的发展,有力地拉动了内需,提高了人民群众物质文化生活水平。但由于准备不够和供给不足等方面的原因,假日旅游也暴露出旅游业、交通运输业、商业、城市管理和社会服务体系存在的一些问题。

为促进"黄金周"假日旅游健康发展,《意见》提出,各级政府和国务院各部门要按照"因势利导、主动适应、加强协调、整体提高"的方针,积极采取有效措施解决存在的问题,加大协调工作力度,全面提高管理水平和服务水平,适应假日旅游新形势的需要。

《意见》要求提前公布"黄金周"放假日期;运输部门调足运力;抓好景区扩容疏导;服务企业明码标价;及时处理旅游投诉;引导发展家庭旅馆;建立旅游信息统计制度和预报系统;建立全国假日旅游部级协调会议制度等。

全球旅游道德准则面世 《中国旅游报》2000年6月26日报道,经过长时间的酝酿,世界旅游组织WTO日前通过了全球旅游道德准则(The Global Code of Ethics for Tourism)。它对旅游目的地、政府、旅游批发商、开发商、旅行代理、旅游业服务人员及旅游者本身都作了有关规定。这将是首个全球性旅游业准则。具体内容包括如下10项条款:

(1)旅游促进不同民族和社会的相互了解和尊敬。

(2)旅游是个人和集体成就的桥梁。

(3)旅游是持续性发展因素。

(4)旅游享受人类文化遗产并同时为其作出贡献。

(5)旅游可使东道国受益。

(6)旅游企业在促进旅游开发中肩负责任和义务。

(7)人人有旅游的权利。

(8)旅游活动享有自由。

(9)旅游业从业人员享有权利。

(10)广泛执行世界旅游道德准则。

2001年1～12月

2000年国际旅游10大热点 2001年1月1日出版的《中国旅游报》刊发了《2000年国际旅游10大热点》:

(1)新年伊始,世界旅游组织发表报告指出亚洲经济的复苏推动了世界旅游业的发展,在经历了两年的下滑后,东亚太平洋地区旅游1999年实现10.5%的增长,全世界国际旅游人数比上年增长4.1%,旅游收入增长3.0%。

(2)1月20日香港国际机场举行客运大楼西北客运廊开幕典礼,这标志着香港国际机场客运大楼建造工程全部竣工,并成为全球最大型的机场客运大楼。新机场每年接待的旅客可由原来的3 500万人次增至4 500万人次。

(3)联合国通过"旅游卫星帐户"体系,使旅游业成为世界经济领域首先拥有由联合国通过的国际标准的行业,卫星帐户体系能够真实反映旅游业对国民经济总产值、就业、投资和平衡国家收支等的贡献程度。

(4)全球13家航空公司合资建立世界最大航空交易网站,标志着旅游电子商务迅速发展,1999年全球约有 17 万家旅游企业在网上服务,顾客超过8 500 万人次,销售额突破 270 亿美元,占全球电子商务总额的 20%。

(5)全美最大的美国联合航空公司以 116 亿美元收购了美国航空公司,其中 46 亿美元为现金交易,两公司合并后成为世界第六大航空公司,每天提供航班 6 500 个。

(6)2000 年悉尼奥运会为澳大利亚的旅游业带来巨大机遇,在未来 12 年期间,澳大利亚因为举办奥运会可以获得约 65 亿澳元的经济利益。体育与旅游的密切的关系越来越引起各国的关注。

(7)世界各国庆祝"9·27"世界旅游日,2000 年的口号是"技术与自然——开启 21 世纪的两大挑战"。同一天 600 多名世界旅游界高层人士参加了在 2000 年汉诺威世博会举行的世界旅游峰会。

(8)美国皇家加勒比海国际游船公司投资建造的,迄今世界最大的游船"海上旅游者号"投入运营,这条海上巨轮全长 311 米,总吨位 14.2 万吨,可乘载 8 000 多名乘客。游船设施齐全,有餐厅、剧院、花样滑冰馆、9 洞高尔夫球教练场等娱乐休闲设施。

(9)日美两大旅行社结盟组成合资旅游公司,业内人士认为此举将在世界旅游界引发大型旅行商之间的国际性重组行动。

(10)亚洲太平洋岛屿地区可持续旅游业国际会议在中国海南岛三亚市举行,亚太地区 33 个国家、地区和国际组织的 100 名代表和环境官员参加并通过《海南宣言》。

2000 年世界旅游垒筑新高 1 月 30 日,总部设在西班牙首都马德里的世界旅游组织发布了 2000 年世界旅游公报。据初步统计,2000 年全球旅游人数共达 6.98 亿人次,比 1999 年增加了将近5 000 万人次,预计全球旅游收入将达到 4 760 亿美元,比上一年增长 4.5%。

该组织的新闻公报说,2000 年世界旅游以 7.4% 的速度增长,创造了近 10 年来的最高纪录,这主要得益于世界经济强劲增长和一系列重大国际活动。悉尼奥运会、比利时和荷兰的欧洲杯足球赛、2000 汉诺威世博会等,都为旅游业的兴旺提供了机遇。2000 年世界各地的旅游业均有所增长。其中增长最多的是东亚和太平洋地区,增幅为 14.5%。其中中国和中国香港尤为突出,分别接待了 3 123.6 万和 130.9 万外国游客,增幅达 15.5% 和 15.3%。中国仍保持世界第 5 旅游大国的地位,香港跃居世界第 14 位。

法国仍是世界旅游者首选之地,2000 年共接待游客 7 450 万人次,比 1999 年增长了 2%。美国位居第二,西班牙排名第三。

世界旅游组织认为,欧洲仍然是世界旅游的黄金地区,全年共接待游客 4.033 亿人次。美元的坚挺和欧元的走低吸引了为数众多的美国人到欧洲来旅游。然而美元的飞涨并没有使到美国旅游的人数减少,2000 年到美国旅游的人数比上一年增长了 8.7%。

2000 年世界主要地区游客人数统计表

地 区	游客人数(单位百万)		增长(%)	
	1999	2000	1999/1998	2000/1999
全球	649.9	698.3	+3.8	+7.4
非洲	26.5	26.9	+6.1	+1.5
美洲	122.3	130.2	+2.3	+6.5
东亚与太平洋地区	97.6	111.7	+10.8	+14.5
欧洲	379.8	403.3	+1.7	+6.2
中东	18.1	20.0	+18.1	+10.2
南亚	5.8	6.3	+10.7	+9.0

资料来源:《中国旅游报》

2000 年 15 大旅游目的地旅游接待统计表

(WTO 初步统计数据)

排名	国家	接待人数(单位百万)		增长(%)
2000		1999	2000	2000/1990
1	法国	73.0	74.5	+2.0
2	美国	48.5	52.7	+8.7
3	西班牙	46.8	48.5	+2.7
4	意大利	36.5	41.2	+12.8
5	中国	27.0	31.2	+15.5
6	英国	25.4	24.9	-1.9
7	俄罗斯	18.5	22.8	+23.2
8	加拿大	19.5	20.4	+4.9
9	墨西哥	19.0	20.0	+5.0
10	德国	17.1	18.9	+10.5
11	波兰	18.0	18.2	+1.3
12	奥地利	17.5	17.8	+2.0
13	匈牙利	14.4	15.6	+8.1
14	香港	11.3	13.1	+15.3
15	希腊	12.2	12.5	+2.8

资料来源:《中国旅游报》

中国农民消费结构明显改善,恩格尔系数下降6.1个百分点 据农业部有关负责人2月初介绍,“九五”前4年中国农民人均纯收入年均实际增长5.4%。农村居民恩格尔系数由1995年的58.6%下降到1999年的52.5%,农民消费结构明显改善。

食品支出占消费支出的比重被称为恩格尔系数,是联合国粮农组织提出的判定生活发展阶段的一般标准。恩格尔系数达到60%以上为贫困,50%至60%为温饱,40%至50%为小康,40%以下为富裕。

据介绍,目前中国已实现了主要农产品由长期短缺到总量平衡、丰年有余的历史性转变。中国主要农产品产量持续增长,粮食除去年减产幅度较大外,其他年份基本稳定在1万亿公斤左右,人均粮食占有量连续达到或超过400公斤,多数农产品出现了阶段性、结构性、区域性供大于求。农村产业结构和就业结构发生积极变化。非农产业占农村经济的比重不断提高,1999年乡镇企业增加值占农村社会增加值的比重已达64%,比1995年提高9.2个百分点。到1999年底,农村从事二、三产业的人员已达1.75亿,比1995年增加1100多万。初步建立起有中国特色的农村市场经济体制。

世界体育与旅游大会 世界体育与旅游大会于2月22~23日在西班牙巴塞罗那会议中心举行。本次大会由世界旅游组织(WTO)和国际奥林匹克委员会(IOC)联合主办,巴塞罗那市政府和西班牙奥委会等单位协办。

WTO在发布的公报中指出,2000年举办的悉尼奥运会是展示旅游业最成功的一次活动,奥运会的成功举办使本次大会备受世界体育与旅游界关注。本次大会进一步探讨了体育与旅游的紧密关系以及它们对社会经济、人类和平与理解的作用。大会使与会者了解到体育与旅游最新的进展以及这一领域的最新研究成果。有750名代表参加大会,他们分别来自奥委会、各国旅游部门、国际体育联盟、新闻媒体以及旅游与体育促销方面的专家。中国国家旅游局驻马德里办事处派代表参加会议。

WTO秘书长弗朗加利、IOC主席萨马兰奇以及西班牙有关部门的官员在大会开幕式上发言。弗朗加利就体育比赛对旅游方面的影响发表了新的研究结果。此外,在两天的会议期间,大会还围绕其他几项议题进行了讨论:体育与旅游设施的开发、体育爱好者的流动、作为休闲旅游一部分的可参与性旅游以及体育与旅游的联合促销。同时,在巴塞罗那会议中心还设置了展览以展示体育与旅游最新的发展动态和研究成果。

亚太地区消费者信心指数呈两极化 3月1日《光明日报》报道,万事达卡国际组织的最新一次消费者信心指数调查表明,亚太地区消费者信心和情绪有很大不同。在对地区经济衰退的预测中,中国和新西兰消费者持乐观态度,而中国台湾地区消费信心指数为历史最低。

在这次调查中,中国的指数为78.6创历史新高,成为最近6次调查中,指数连续增长的唯一市场;日本和韩国的指数大幅下降,并有可能滑到经济危机时期的水平;新西兰的消费者对2001年上半年的前景持乐观态度;台湾的指数仅为21.7;在整个亚太地区,新加坡的指数最高,达84.2。

万事达卡国际组织每半年对亚太地区13个市场的消费者进行一次信心指数调查,内容涉及就业、经济、固定收入、股票市场和生活质量等经济指标。

文化在满足需求中日益繁荣 伴随着经济的快速发展,中国的文化建设在满足群众需求中日益繁荣,人民群众的文化消费不断增长。调查表明,中国城镇居民人均文化消费20世纪90年代末为400元左右,比80年代初增长了近10倍。以北京为例,城市居民家庭1999年人均用于精神文化类的消费支出已达1141.82元,占消费性总支出的15.2%,人均文化娱乐消费支出的份额为1.5%。

文化产业的兴起,与国家建立社会主义市场经济体制和大力推进第三产业发展密不可分。

中国文化产业在20世纪90年代开始进入快速发展时期。1990~1998年全国文化系统文化产业的增加值由12.1亿元增加到83.7亿元,增长了6倍;文化产业机构由6.8万个增加到9.2万个,增长了35%;从业人员由49.5万人增加到72.1万人,增长了46%。与此同进,社会所办的文化产业发展更加迅猛。到1998年,社会所办的文化产业的机构总数已经是文化系统的2.7倍,从业人员为1.5倍,所创增加值为1.5倍。

由于中国人均收入水平的不断提高和闲暇时间

的增加，人们精神文化方面的消费需求大幅度提高，文化消费市场潜力巨大。据初步测算，去年中国的实际文化消费总量大约为800亿元，而文化的潜在消费能力或需求约为3 000亿元，到2005年，文化的潜在消费能力或需求将达到近5 500亿元。如此庞大的文化消费需求，为中国文化产业的发展提供了巨大的市场发展空间。

中国国务院发出“关于进一步加快旅游业发展”的通知 2001年4月1日，中国国务院发出国发[2001]9号文件：《国务院关于进一步加快旅游业发展的通知》。

通知说：改革开放以来，中国旅游业取得了很大成就，在促进对外开放，推动国民经济增长，增加就业和消除贫困，提高人民生活质量等方面发挥了重要作用。目前已形成了比较完整的产业体系，建立了一支具有一定专业水平的从业队伍，积累了比较丰富的经营管理经验，为旅游业进一步发展奠定了良好的基础。中国旅游资源丰富，市场广阔，潜力巨大。随着国民经济的持续快速健康发展、人民生活水平的日益提高和中国对外开放的不断扩大，旅游业发展大有可为。同时，也必须清醒地看到，中国的旅游基础设施还比较落后，旅游资源开发和保护的总体水平较低，市场秩序较差，服务质量有待提高。为了进一步加快旅游业的发展，把中国建设成为世界旅游强国，《通知》从四个方面提出了明确要求：加快旅游业发展的指导思想；加快旅游发展的工作重点；加快旅游业发展的政策措施；加强领导，强化管理，整顿秩序。

中国旅游业主要指标全面增长，外国旅游者首次突破千万人次大关 6月18日，中国国家旅游局发布2000年中国旅游业统计公报。公报说，2000年是全国各地培育和发展旅游业这个国民经济新增长点取得重大进展和显著成绩的一年。东、中、西部旅游业全面推进，发展环境进一步优化，产业地位进一步提高。全年旅游业总收入达4 519亿元人民币，比上年增长12.9%，入境旅游、国内旅游、出境旅游全面发展。

2000年，中国入境旅游业主要指标全面增长，外国旅游者首次突破千万人次大关。

入境旅游人数达8 344.39万人次，比上年增长14.6%，其中：外国人1 016.04万人次，比上年增长20.5%；港澳同胞7 009.93万人次，比上年增长13.7%；台湾同胞310.86万人次，比上年增长20.3%。

入境过夜旅游人数达3 122.88万人次，比上年增长15.5%，继续居世界第5位。在入境过夜旅游者中，外国人809.97万人次，比上年增长20.5%；港澳同胞2 033.97万人次，比上年增长13.2%；台湾同胞271.40万人次，比上年增长20.2%。

国际旅游(外汇)收入达162.24亿美元，比上年增长15.1%，继续居世界第7位，相当于当年中国外贸出口创汇的6.5%。

江泽民主席给一位美国游客复信 8月1日江泽民主席给美国游客迈克·奥谢伊先生复信，复信说：

你带家人和学生到中国旅游，并得到一个“美妙的经历”，我为此感到高兴。我们旅游部门的工作需要不断改进，欢迎你继续提出意见和建议。复信说，中国有句俗话，叫“百闻不如一见”。你在中国的经历充分说明中国人民对美国人民怀着友好的感情，他们希望中美两国友好相处，对发展两国人民的友谊有利，对世界的和平与发展也有益。民间友好往来是国与国之间发展良好关系的重要基础。希望你和其他美国朋友多到中国来看看。

2001年4月，这位美国教师带着家人和学生共11人到中国旅游。回国后给中国国家主席写了一封情真意切的信，讲述了他们“在中国的非常美妙的经历”。

江主席的复信和迈克·奥谢伊先生的原信全文刊发于2001年8月17日出版的《中国旅游报》一版显著位置。

2000年世界旅游业硕果累累，中国接待人数居第五、旅游收入居第七 《中国旅游报》8月17日转发新华社消息，总部设在西班牙首都马德里的世界旅游组织最近发表报告说，2000年世界旅游业硕果累累，旅游总人数比前一年增长7.3%。

报告说，全球旅游人数增长的主要原因是世界经济持续增长，世界各国迎接新千年的到来举办了各类庆祝活动，从而拉动了旅游经济的强劲增长。

报告说，2000年进入法国的游客人数高居世界首位，达7 550万人次，占全球游客总数的10.8%。其次是美国，西班牙居第三位。中国在意大利之后居第五位，到中国旅游人数为3 129万人次，比前一年增长了15.5%，占全球游客总数的4.5%。中国香港居第15位，游客达1 310万人次，比前一年增长15.3%，占全球游客总数的1.9%。

报告还显示，2000年世界旅游总收入为4 786亿美元，其中最多的是美国，达852亿美元，占全球旅游总收入的17.8%，西班牙居第二位，法国居第三位。中国在意大利、英国和德国之后居第七位，旅游收入为162亿美元，比前一年增长15.1%，占全球旅游总收入的3.4%。中国香港居第13位，旅游收入为79亿美元，比前一年增长9.7%。

世界旅游组织第14届大会在汉城和大阪举行，2003年大会将在北京举行 世界旅游组织大会9月23～27日先后在汉城和大阪举行。这次大会的主题是："和平、可持续发展，科技，争取21世纪成为旅游世纪"。大会探讨了世界旅游的目前状况及发展远景，通过了"全球旅游道德准则"的计划执行方案，宣布了世界旅游组织现在和将来的活动纲要，制定了2002年和2003年"世界旅游日"的主题，并选举产生了WTO今后4年的行政委员会半数成员和秘书长。会议闭幕时发表了《大阪宣言》。来自世界各地旅游政府官员和旅游业内代表及专家共1 000多人出席大会。中国国家旅游局局长何光暐率团出席了两地的会议，并在会上发言，介绍中国近年来旅游业的成就和远景规划。

世界旅游组织是由139个国家和地区参加的世界惟一的旅游方面的国际组织。它成立于1975年，总部设在西班牙首都马德里，宗旨是振兴旅游、协调环境与旅游开发和促进旅游技术合作。世界旅游组织大会每两年举办一次。14届大会投票决定2003年的15届大会在中国北京举行。

中国2001年"十一"黄金周接待之最 据新华社报道：中国假日办10月15日公布最新统计"十一"黄金周旅游接待之最：

日接待量最高的景区(点)：南京中山陵(11万人次，10月3日)

累计接待量最高的景区(点)：南京中山陵(48.5万人次)

累计接待量同比增长最大的景区(点)：山西五台山(167.37%)

累计门票收入最高的景区(点)：深圳世界之窗(1 408.75万元)

日门票收入最高的景区(点)：北京故宫(300万元，10月2日)

平均客房出租率最高的城市：杭州(97%，10月4日)

民航发送旅客最多的一天：10月6日(30.3万人次)

铁路发送旅客最多的一天：10月1日(367.88万人次)

公路发送旅客最多的城市：成都(330.84万人次)

推出活动项目最多的城市：上海(108项)

接待包机、专列最多的城市：张家界(包机70架，专列10次)

中国宣布加入APEC商务旅行卡计划 中国各大公司的高级管理人员从10月18日起只需持一张信用卡大小的商务旅行卡，就可以在亚太经合组织(APEC)12个经济体自由通行，免除了签证等一系列手续。

这项方便得益于中国刚刚宣布加入的APEC商务旅行卡计划。中国是在10月18日闭幕的APEC部长级会议上宣布参与这一计划的。

APEC商务旅行卡计划由澳大利亚倡导，1999年开始实行。这个计划简化了得到批准的商务人员在参与此项计划的APEC经济体中的旅行手续。持卡人在参加此计划的经济体之间进行短期商务访问时使用，其有效期为3年。

澳大利亚贸易部长马克·韦尔说，中国这个决定为在12个APEC经济体中的快速商务旅行开辟了道路。"可以使澳大利亚更多地介入中国市场，并为在APEC区域中开展更多的跨边境贸易打开道路。

美国"9·11"被袭事件波及世界旅游业 据《中国旅游报》10月8日～11月5日数次报道。美国"9·11"被袭事件严重影响世界旅游业。9月18日世界旅游组织发布了一份报告初步分析了这次事件对世界第一大产业的世界旅游业的影响，认为2001年游客增长比例的降幅可保持在低于最初预测的1.5个百分点左右。而2000年世界旅游业增长率则为7.4%。

国际劳工组织10月下旬发表的报告指出，受全球经济放缓影响，特别是美国“9·11”事件以后，全球旅游业发展受阻，旅馆和旅游业有近900万员工面临失业，其中美国有110万，欧盟国家有120万。

美国　据美国市场咨询公司调查，至10月8日，仍有大约一半的公务旅行者说，他们将减少海外公务旅行，大约60%的度假者也表示了同样的意愿。航空业受到恐怖袭击打击后一蹶不振，客流量锐减。从9月11日至10月8日为止，美国几大航空公司和波音公司已经宣布裁员10万人。为补偿航空业的损失，美国国会投票表决为受恐怖事件严重打击的航空业提供150亿美元财政援助的议案。

欧洲　欧洲旅游巨人雅高集团10月初宣布，它将把2002年的饭店投资削减20～35%。该集团同时宣布，估计其饭店和旅行社部门的营业额在目前至年底这段时间会减少20%。而2001年第一季度雅高的纯利润则达到2.24亿欧元，比2000年同期增加了2 800万欧元；它的营业利润是9.6亿欧元，同比增长了1亿欧元。

希腊　据希腊首都雅典饭店协会透露，在“9·11”事件发生后一周，该协会成员饭店开房率就从平均75%下降到60%。首先被削减的是公务会议和各种活动。

日本　据日本旅行协会透露，在“9·11”事件后，日本旅游公司的损失在9月份达到了500亿日元(4.25亿美元)。大约有一半准备去海外旅游的日本人放弃了行程。在袭击发生10天后，日本各旅行社的损失就达到100亿日元。该协会表示，这次事件，给它的成员旅行社造成的损失，可能将超过海湾战争。那一年旅游开支削减了8%，额度达1 580亿日元，而那一年出游数目仅比前一年下降了3%。

中国　与上述各地相比，外电纷纷评论中国已成为吸引全球游客的“安全岛”。世界旅游组织代表迈克·沙罗克思说：“国际紧张局势对中国旅游业没有造成任何影响”。据统计，中国87个主要旅游景区(点)仅在10月第一周就接待986万人次，门票收入就达2.7亿元，约合3 200万美元。据世界旅游组织统计，中国在3～10月份的八个月里接待了2 100万海外旅游者，比2000年同期增长11.4%。

2001年中国国际旅游交易会　亚洲最大的旅游交易盛会——由国家旅游局、云南省人民政府和中国民航局共同主办的2001年中国旅游交易会，11月8～11日在昆明国际贸易中心举行。本届交易会为期4天，共设展台1 256个，比上届交易会增长了4%，其中国内展台966个。海外参展商来自38个国家和地区，来自近40个国家和地区的1 200余名海外买家也应邀到会。本届交易会各参展单位共接待来访者349.84万人次，会见买家22.75万人次，发放资料2 300万份，达成成交意向5 157个团、258.4万多人次。参展商多、参展面积大，展览水平高成为本届交易会特点。本届交易会还评选出39个“最佳组织奖”与“优秀组织奖”，6个“最佳展台奖”，25个“优秀展台奖”和一个“特殊贡献奖”。

据悉，从2001年开始，中国国际旅游交易会将由两年举办一次改为每年举办一次，下届交易会将于2002年11月14～17日在上海新国际博览中心举办。

WTO成立危机委员会帮助各国恢复旅游业　10月中旬，在英国首都伦敦举行的世界旅游交易会结束前，WTO危机委员会召开了一次会议，由21个国家的旅游部长和15个私营企业和旅游协会的领导以及欧盟的代表参加。会议决定专门成立一个危机委员会以帮助各国恢复旅游业。

据世界旅游组织分析，由于美国遭受恐怖袭击和阿富汗战争，加上早在“9·11”前就已显示衰退迹象的世界经济，全球的旅游预订与2000年同期比下降了12～15%，其中影响最大的国家是依赖远途航空旅行和以美国为主要客源的国家以及穆斯林国家。

WTO秘书长弗朗西斯科·弗朗加利说，“9·11”以前世界旅游业在2001年增长目标为3～4%，而现在WTO估计2001年的游客增长只有1%。

中国旅游业快速发展　《光明日报》11月28日报道，中国旅游业总收入在连续5年平均增幅为12.7%的前提下，2001年又创佳绩，头10个月仅旅游外汇收入就比上年同期增长9.28%。权威人士认为，中国旅游业保持了快速发展势头。

经过20年的快速发展，中国旅游业已初步形成了“大旅游、大产业、大发展”的格局，在企业制度、经营管理水平和旅游客源市场培育等方面，取得了长足的进步。2000年，中国旅游业总收入已达4519亿元相当于当年国内生产总值的5.05%。当年接待入境旅游者8 344万人次，是1978年的46倍；国际旅游外汇收入162亿美元，是1978年的62倍，在世界排名中已分别由1978年的第41位跃升为世界第5位和第7位。2001年头10个月，中国入境旅游总人数达7 224.74万人次，与上年同期相比增长5.66%；国际旅游外汇收入为148.19亿美元，同比增长9.28%。美国9.11事件对全球旅游业造成巨大影响，世界各国旅游业呈普遍下滑之势，但中国旅游业总体上仍然保持了上升态势。10月份，除个别客源市场下降外，大部分地区依然保持稳定增长，入境旅游总人数与上年同期相比增长4.58%。中国成为世界上最安全的旅游目的地之一。

2001年“五一”和“十一”黄金周期间，全国分别接待旅游者7 377万人次和6 397万人次，旅游收入分别达到288亿元和250亿元。

2001年6月，国务院又批准开放德国、埃及、马尔他等为中国公民自费旅游目的地，至此，中国政府已批准20个国家和地区作为中国公民自费出境旅游目的地。2001年头10个月中国公民因私出境比上年同期增长26%。中国已成为亚洲快速增长的新兴客源出口国。

2001年前11个月旅游收汇超过2000年全年 国家旅游局12月18日发布了中国2001年前11个月旅游接待和收入情况，2001年1～11月累计，全国旅游外汇收入为162.66亿美元，比2000年同期增长8.84%，已超过2000年全年162.24亿美元的外汇收入数。

2001年中国旅游10大新闻 12月31日出版的《中国旅游报》公布了该报编辑部评出的2001年中国旅游10大新闻：

(1)5月19日，国家主席江泽民登黄山视察并赋诗；8月1日，江主席给一位美国游客复信，全行业掀起学习、贯彻、落实复信精神热潮。

(2)1月8～9日，全国旅游发展工作会议召开；4月，国务院下发《通知》，中国旅游业进一步加快发展步伐。

(3)“9·11”恐怖事件后，中国旅游业仍保持增长势头，截至11月底，中国旅游创汇已超过2000年全年水平。

(4)12月11日，中国正式加入世贸组织，中国旅游业积极应对入世后行业全面对外开放的新形势。

(5)9月29日，中国取得2003年世界旅游组织大会主办权。

(6)4月，中国打响全国旅游市场秩序整顿规范工作的攻坚线，国家旅游局处理一批严重违规旅行社。

(7)春节、“五一”、“十一”三个旅游黄金周，推动假日旅游健康发展，中国黄金周旅游工作实现安全、秩序、效益三统一目标。

(8)9月28日，100名导游被授予首批“全国文明导游员”称号。

(9)4月，北京市旅游行业协会饭店分会与中国音乐著作权协会签订《音乐著作权使用许可协议》，中国旅游行业迈出了知识产权保护坚实一步。

(10)2月，四川推出“10大旅游景区经营权出让”新举措，在全国引起强烈反响。

（郭钟义　编撰）

全球环境基金第二届成员国大会在京召开

据《人民日报》报道，全球环境基金第二届成员国大会2002年10月17日上午在北京国际会议中心开幕。中国国家主席江泽民出席开幕式，并发表了题为《采取积极行动　共创美好家园》的重要讲话。

开幕式由中国财政部部长项怀诚主持。来自全球环境基金各成员国的政府代表、主要国际环保组织及金融机构、非政府组织和中外有关各界人士共1 300多人出席了开幕式。

江泽民在讲话中说，推进可持续发展，要求我们努力实现经济增长、环境保护和社会全面进步的协调。他指出，发展经济、消除贫困，是实现可持续发展的基本前提。合理利用资源、保护环境，是实现可持续发展的必然要求。只有走以最有效利用资源和保护环境为基础的循环经济之路，可持续发展才能得到实现。实现社会全面进步、提高人民的生活水平和质量，是可持续发展的最终目标。

他指出，我们应顺应时代潮流，营造有利于可持续发展的国际政治经济环境，推动世界可持续发展事业沿着正确的方向前进。他表示，人类共同拥有一个地球，实现可持续发展是世界各国共同的责任。必须坚持发达国家、发展中国家承担共同但有区别的责任。可持续发展的全球行动应充分尊重各国主权和发展的自主性。环境问题事关人类的共同利益，国际环境规则的制定应由各国平等协商，体现各国的意愿和利益，特别是要充分考虑发展中国家的困难，尊重发展中国家的实际需要，与发展中国家建立真诚的合作伙伴关系。发展中国家面临着消除贫困和保护环境的双重任务，没有良好的支持性的国际经济环境，它们很难推进可持续发展。要改革国际金融、投资和贸易体系，向发展中国家转移资金和技术，保障发展中国家在经济全球化的条件下能够获得平等发展的权利，推进发展中国家的能力建设。

首届中国科学家论坛在北京召开

据《科技日报》报道：由科技日报社主办，发现杂志社承办的首届中国科学家论坛2002年8月30日在北京人民大会堂隆重开幕。全国人大副委员长周光召为大会书面致辞，全国政协副主席朱光亚、科技部部长徐冠华、中科院院长路甬祥、中国工程院院长徐匡迪、中国科协副主席张玉台、国防科工委副主任栾恩杰、科技日报社社长尚勇、国家外国专家局原局长马俊如等有关领导及数十位两院院士、知名科学家和900余位科技界、企业界代表出席了会议。

本届论坛的宗旨是：以“三个代表”重要思想为指导，在21世纪日新月异的科技进步和我国加入WTO的新形势下，探讨如何充分发挥科技作为第一生产力的重大作用，如何尽快提高全民族科学文化素质，为我国经济和社会发展提供强大的科学技术和人才支撑，使我国在激烈的国际竞争中抢占科技制高点，确保我国现代化建设的顺利进行。

本届论坛以“21世纪科技与中国现代化”为主题，分主题报告、科学家论坛、战略管理论坛和科技实业家论坛4个分论坛。在为期3天的会议中，来自科技界的战略专家和知名学者就以下相关议题展开了讨论：中国21世纪科技发展战略；加速提高我国科技创新能力的思考；工程技术与中国现代化；中国现代化现状与前景；科学与人文的融合；纳米技术与产业革命；生命科学与生物技术；科研院所转制与产业化；创新文化与中国现代化；科技进步与管理现代化；区域科技进步与中国现代化；科技进步与西部农业现代化；可持续发展与中国现代化等。

国家科技部、国防科工委、中国科学院、中国工程院、中国科学技术协会、国家自然科学基金会对本届论坛给予了具体指导。清华大学、北京大学、复旦大学、南开大学、南京大学、中国科技大学、浙江大学、北京航空航天大学、上海交通大学、华东理工大学、北京师范大学成为本次活动的支持单位。

第 十 篇

中国经济文化专题介绍

中华人民共和国 2000 年国民经济和社会发展统计公报

中华人民共和国国家统计局

2001 年 2 月 28 日

2000 年,在党中央、国务院的正确领导下,各地区、各部门认真贯彻落实扩大大内需、实施积极的财政政策和稳健的货币政策等一系列方针政策,努力加强社会主义精神文明建设,在全国各族人民的共同努力下,取得了国民经济和社会发展的新成就,实现了发展和改革的各项预期目标,全面完成了"九五"计划的主要任务。

综合

经济增长加快,综合实力增强。初步统计,全年国内生产总值为 89 404 亿元,按可比价格计算,比上年增长 8.0%,增速加快 0.9 个百分点。其中第一产业增长 2.4%,第二产业增长 9.6%,第三产业增长 7.8%。按现行汇率计算,国内生产总值突破 1 万亿美元。

市场物价止降转稳。全年居民消费价格总水平比上年上涨 0.4%,改变了 1998 年以来连续两年下降的局面。分项目看,服务项目上涨 14.1%,居住上涨 4.8%,食品中除水产品、蔬菜价格上涨外,其他继续下降。另外,受国际石油价格上涨的影响,工业品出厂价格上涨 2.8%,能源、原材料、动力购进价格上涨 5.1%。

劳动就业工作进一步加强。年末全国从业人员 71 150 万人,比上年末增加 564 万人。其中城镇从业人员 21 274 万人,增加 260 万人。再就业工程取得新进展。2000 年末国有企业下岗职工为 657 万人,比上年末增加 4.7 万人。全年通过多种途径使 361 万人实现了再就业。年末城镇登记失业率为 3.1%。

国际收支形势良好,外汇储备继续增加。利用外资规模较为稳定,全年实际利用外商直接投资 407 亿美元,比上年增加 4 亿美元。外贸顺差有所缩小,全年进出口顺差 241 亿美元,比上年减少 51 亿美元。国家外汇储备继续增加,年末国家外汇储备 1 656 亿美元,比年初增加 109 亿美元。人民币汇率保持稳定,年末 1 美元兑 8.2781 元人民币,人民币比上年末升值 12 个基本点。

经济效益明显改善,运行质量进一步提高。税收在连续几年较高增长的基础上继续保持较快增长,全年完成税收总额 12 660 亿元,比上年增收2 348亿元,增长 22.8%,工业企业利润大幅度增长,全年规模以上工业企业实现利润 4 262 亿元,达到 90 年代以来的最高水平,比上年增长 86.2%,特别是国有及国有控股企业利润增长更快,实现利润 2 392 亿元,增加 1.4 倍。国有及国有控股亏损企业亏损额比上年下降 26.7%。全年工业企业经济效益综合指数为 117.8,比上年提高 16.1 点,是 1992 年以来的最高值。

国民经济和社会发展中存在的主要问题是:经济回升的基础尚不稳固,社会需求持续增长机制还没有完全形成,结构性矛盾比较突出;农民收入增长缓慢;就业压力增大,部分群众生活比较困难;企业技术创新能力及适应市场能力还不高,部分企业经营困难,国有企业转换经营机制任务仍相当艰巨;重大安全事故频繁发生,制售假冒伪劣商品等问题尚未得到根本解决,社会经济秩序有待进一步整治。

农业

农业生产结构调整力度加大。针对"九五"前四年粮食生产连年丰收、总量供求基本平衡、丰年有余的现状，各地区根据市场需求对农作物种植结构进行了较大力度的调整。经济作物种植面积扩大，占农作物总播种面积的比重首次上升到30%以上。

粮食产量较大幅度减产，品种结构进一步优化。受严重旱灾和种植面积调减的影响，全年粮食产量46 251万吨，比上年减产9%。其中夏粮产量10 750万吨，减产9.3%；早稻产量3 747万吨，减产8.5%；秋粮产量31 754万吨，减产9%。

主要经济作物中，棉花、油料增产，糖料减产。由于国内纺织业生产明显好转，棉花需求增加，市场棉花价格回升，农民种棉积极性提高，棉花种植面积比上年增加30万公顷，增长8.1%；全年产量435万吨，比上年增长13.6%。油料产量2 950万吨，比上年增长13.4%。糖料种植面积减少，全年产量7 450万吨，比上年下降10.6%。

蔬菜生产在结构调整中增长较快。全年种植面积达1 470万公顷，比上年增长10.1%。蔬菜生产的品种结构进一步优化，名优、新特、精细品种增加。

畜牧业生产稳步发展。由于饲料价格较大幅度下降，而生猪价格自1999年下半年回升后，相对保持平稳，波动较小，农民养猪效益提高，生猪生产稳定发展。牛、羊和家禽生产继续保持快速发展。全年肉类总产量达6 270万吨，比上年增长5.4%。

渔业生产平稳发展，全年水产品产量达到4 290万吨，比上年增长4.1%。

林业在国家启动天然林资源保护工程和加大中西部地区退耕还林(草)力度的情况下呈现较快的发展势头。全年完成造林面积516万公顷，其中退耕还林71万公顷，分别比上年增长5.3%和9.2%。

农田水利建设进一步加强，全年新增有效灌溉面积80多万公顷。

工业和建筑业

工业生产呈现快速增长。全年全部工业增加值39 570亿元，比上年增长9.9%。其中，国有及国有控股工业企业及年产品销售收入500万元以上的非国有工业企业(以下简称规模以上工业企业)增加值23 685亿元，增长11.4%。在规模以上工业企业中，国有及国有控股企业增加值14 032亿元，增长10.1%，是1994年以来增长最快的一年；集体企业3 301亿元，增长7.4%；股份制企业4 954亿元，增长14.5%；外商及港澳台投资企业5 333亿元，增长14.6%。分轻重工业看，全年轻工业增加值9 506亿元，增长9.5%；重工业增加值14 179亿元，增长13%。产销衔接状况继续改善，全年规模以上工业企业产品销售率97.71%，比上年提高0.46个百分点。

工业结构调整取得积极进展。技术含量高、附加值大的高新技术产品快速发展，工业新产品生产比上年增长26.3%，电子及通信设备制造业已成为工业经济的第一支柱。装备工业生产能力有所提高。新建城市轨道交通项目约70%的装备在国内采购，环保设施陆续采用国产装备，金属切削机床比上年增长34.3%，电动工具增长37.1%，冶炼设备增长9.2%，化工设备增长4.4%，大气污染防治设备增长6.2%。煤炭行业关井压产成果进一步显现，价格出现稳中有升的趋势，煤炭行业全年大幅度减亏。冶金行业总量控制取得积极进展，全年钢产量低速增长，价格回升，行业利润显著提高。连续四年亏损的制糖行业通过优化种植区域结构，调整和压缩落后制糖生产能力，共关闭糖厂150家，淘汰生产能力273万吨，实现了扭亏为盈。纺织行业经过前三年的调整，在上年整体扭亏的基础上，2000年实现盈利大幅度增加。

国有企业改革与脱困三年目标基本实现。大多数国有大中型企业初步建立了现代企业制度，特别是一批大型企业和企业集团按照国际惯例进行了兼并重组，在国际资本市场上成功上市。通过改组、联合、兼并等多种形式，促进了国有小企业经营机制的转换和经营状况的改善。全国31个省(自治区、直辖市)国有工业都实现了整体扭亏或盈利增加，国家重点监测的14个主要行业。到2000年底已有12个行业实现了整体扭亏或继续增盈。1997年底亏损的6 599户国有大中型工业企业到2000年底已减少了70%以上。

建筑业生产稳定增长，企业经济效益进一步好转。全社会建筑业完成增加值5 918亿元，比上年增长6.2%。全国四级及四级以上建筑业企业实现利润166亿元，增长7.0%；税金总额358亿元，增长5.4%。施工工程个数为680 716个，其中投标承包工程311 924个，占全部施工工程个数的45.8%；施工面积155 175万平方米，比上年增加7 913万平方米；房屋竣工面积73 835万平方米，减少89.8万平方米。亏损企业个数9 553个,比上年减少134个,亏损面为19.2%,比上年减少了1.3个百分点。

国土资源调查及地质勘查新发现大中型矿产地249处,有38种矿产新增探明(预测)储量。其中,石油7.62亿吨,天然气4 931亿立方米,原煤14.59亿吨。全国地质环境监测站31个,成功预报地质灾害83起。

固定资产投资

固定资产投资保持了较快增长。在国家继续实行积极的财政政策和其他扩大内需政策的推动下,固定资产投资扭转了上年增速回落较多的局面,呈现较快增长的态势。全年全社会完成固定资产投资32 619亿元,比上年增长9.3%。按经济类型划分,国有及其他经济类型投资23 284亿元,增长9.2%;集体经济投资4 739亿元,增长9.2%;城乡居民个人投资4 596亿元,增长9.5%。按投资管理渠道划分,基本建设投资13 215亿元,比上年增长6.1%;更新改造投资5 077亿元,增长13.2%;房地产开发投资4 902亿元,增长19.5%;其他投资9 425亿元,增长7%。

投资结构有所调整。基础产业、基础设施投资中的农林牧渔水利业投资893亿元,比上年增长8.0%;交通运输邮电通信业投资5 392亿元,增长7.2%;工业投资增速加快,全年完成投资7 699亿元,增长9.3%;信息技术、生物技术和新材料等领域安排了6项高技术产业化重大专项工程,总投资达到131亿元。

在国家实施西部大开发战略政策的积极推动下,西部地区投资增速加快。全年东部和中部地区投资分别为14 015亿元和5 432亿元,比上年增长8.3%和13.8%;西部地区投资3 943亿元,增长14.4%,分别高于东部和中部6.1和0.6个百分点。

财政贴息等优惠政策促进了企业更新改造投资增长加快和结构优化。全年更新改造投资占全社会投资的比重由上年的15.0%提高到15.6%。更新改造投资中,用于节约能源、原材料等的投资比重由4.4%上升到4.9%,用于提高产品质量的投资比重由5.8%上升到7.0%。

全国基本建设投资新增主要生产能力:原煤开采1 595万吨,天然原油开采1 961万吨,天然气开采33亿立方米;大中型发电机组容量1 884万千瓦,11万伏及以上变电设备能力6 931万千伏安;新建铁路主线正线交付运营里程153公里,增建铁路复线交付运营里程662公里,新建公路32 115公里,其中高速公路4 562公里,新扩建万吨级港口码头年吞吐量2 946万吨;新增局用交换机容量2 566万门,新增光缆线路长度30万公里,新增数字蜂窝移动电话交换机容量5 099万户。

教育和科学技术

2000年教育事业在改革调整中加快发展。高等教育快速发展,管理体制改革取得突破性进展。全国普通高等学校1 041所,本专科招生221万人,在校生556万人;成人高等学校772所,本专科招生156万人,在校生354万人。全国研究生培养单位738个,招生12.9万人,在校生30.1万人。高中阶段教育规模进一步扩大。全国普通高中1.46万所,招生473万人,在校生1 201万人。各类中等职业技术教育学校招生425万人,在校生1 295万人。基本普及九年义务教育和基本扫除青壮年文盲的目标初步实现。普及九年义务教育人口覆盖率达到85%,青壮年文盲率下降到5%以下。全国初中学校招生2 296万人,在校生6 256万人,初中毛入学率达88.6%。普通小学招生1 946万人,在校生13 013万人,小学学龄儿童入学率达99.1%。普通初中和小学辍学率分别为3.21%和0.55%。特殊教育学校招生5.3万人,在校生37.8万人。幼儿园在园幼儿2 244万人。全国成人技术培训学校培训学员9 642万人次。全国共扫除文盲258万人。

科技队伍稳步发展。2000年末国有企事业单位共有各类专业技术人员2 926万人,比上年末增长0.75%。从事科技活动人员281万人,其中科学家和工程师156万人。

技术创新工作取得新进展。2000年国家组织了280项重点技术创新项目和1 329项重点新产品试产,完成了101项重大技术装备的研制及鉴定验收。企业、高校、研究机构之间的合作进一步加强,全年参加产学研合作的单位40万个(次),参加人数460万人,达成合作项目14万项。

科学研究和技术开发取得新的成果。全年共取得省部级以上重大科技成果 30 260 项。其中:基础理论成果 2 420 项,应用技术成果 26 020 项,软科学成果 820 项,获国家奖励的成果近 300 项。全年受理国内外专利申请 170 690 件,授权专利 105 344 件,分别比上年增长 27.2% 和 5.2%。技术市场更加活跃。全国共签订技术合同 26.5 万项,技术合同成交金额 630 亿元,比上年增长 20%。

空间技术取得新成果。全年 6 次成功发射卫星。

质量、标准化、计量建设和天气预报等项服务进一步加强。全国共有产品质量检验机构 5 500 个,其中国家检测中心 230 个。国家监督抽查了 8 142 家企业 235 类 9 705 种产品。全国有质量认证机构 59 个,其中产品认证机构 23 个,已完成对全国 13 194 个企业的产品认证。全国共有法定计量技术机构 4 505 个,全年强制检定计量器具 4 069 万台件。制定、修订国家标准 1 087 项,其中强制性国家标准 196 项,新制定国家标准 605 项。全国共有城乡天气预报警报服务网发射站点 951 个,卫星云图接收站点 315 个。全国共有地震台站 1 234 个,遥测台网 27 个。全国共有 927 个海洋观测、监测站点,共获得 2 070 万组海洋数据。测绘部门公开出版地图 1 150 种,图书 364 种。

交通、邮电和旅游

交通客货运输需求平稳增长,邮电通信业持续快速发展。全年交通运输和邮电通信业完成增加值 4 919亿元,比上年增长 9.4%。

全年各种运输方式完成货物运输周转量 43 359 亿吨公里,比上年增长 7.1%。其中:铁路 13 624 亿吨公里,增长 6.1%;公路 5 973 亿吨公里,增长 4.4%;水运 23 061 亿吨公里,增长 8.5%;民航 48.5 亿吨公里,增长 14.6%。

完成旅客运输周转量 12 188 亿人公里,比上年增长 7.9%。其中:铁路 4 488 亿人公里,增长 8.5%;公路 6 600 亿人公里,增长 6.5%;水运 104 亿人公里,下降 3.1%;民航 996 亿人公里,增长 16.2%。

沿海主要港口完成货物吞吐量 12.8 亿吨,比上年增长 21.7%。其中外贸货物吞吐量达 5.2 亿吨,比上年增长 33.9%。

邮电通信业务完成邮电业务总量 4 725 亿元,比上年增长 41.9%。年末局用交换机总容量已达到 1.79亿门。移动电话户数达到 8 526 万户,比上年增加 4 197 万户。全国电话普及率达到 20.1 部/百人,其中城市电话普及率达到 39 部/百人。互联网用户达到 900 万户(不含科技和教育网)。

国内旅游保持较快增长,春节、“五一”和“十一”三个长假期的拉动作用突出。全年全国出游 74 445 万人次,比上年增长 3.5%;国内旅游收入 3 176 亿元,增长 12.1%。

国际旅游稳步发展。全年海外入境游客人数 8 344万人次,比上年增长 14.6%。其中:外国游客 1 016万人次,增长 20.5%;港、澳、台胞 7 321 万人次,增长 13.9%。国际旅游外汇收入 162 亿美元,增长 15.1%。全年出境人数 1 047 万人次,比上年增长 13.4%。其中因私出境人数 563 万人次,增长 32%。

国内贸易

随着国民经济增长的加快和国家扩大内需政策的拉动,消费者信心进一步增强,国内市场商品销售稳定增长。全年社会消费品零售总额 34 153 亿元,比上年增长 9.7%,考虑价格因素,实际增长 11.4%。其中:城市消费品零售额 21 110 亿元,县及县以下消费品零售额 13 043 亿元,分别增长10.6% 和 8.3%。分行业看,批发零售贸易业增长 12.1%,餐饮业增长 17.3%,其他行业下降 0.3%。

生产资料市场交易继续趋向活跃,全国限额以上批发零售贸易企业生产资料销售总额 15 808 亿元,比上年增长 23.7%。

限额以上批发零售贸易企业经济效益状况有所改观。1～11 月份实现商品销售收入净额 23 982 亿元,比上年同期增长 17.3%,其中批发业增长18.5%,零售业增长 11.6%;实现利润总额 248 亿元,比上年同期增加 1.2 倍,其中批发业增长 1.3 倍,零售业增长 25.6%。但由于企业销售成本上升,毛利率仅 7.93%,比上年下降 0.4 个百分点,企业主营业务利润仅增长 14.2%。

对外经济

由于国内经济快速增长以及鼓励出口等一系列政策的推动,对外贸易持续高速增长。全年进出口总额达4 743亿美元,比上年增长31.5%。其中:出口总额2 492亿美元,增长27.8%;进口总额2 251亿美元,增长35.8%。进出口相抵,顺差241亿美元。在出口中,国有企业出口1 165亿美元,增长18.2%,外商投资企业出口1 194亿美元,增长34.8%;一般贸易出口1 052亿美元,增长32.9%,进料加工贸易出口965亿美元,增长28.5%;机电产品出口1 053亿美元,增长36.9%,高新技术产品出口370亿美元,增长50%。在进口中,资源型产品快速增长,机电产品和高新技术产品进口增长也明显加快,分别增长32.6%和39.7%。

利用外资形势好转。全年新批外商投资项目22 347个,比上年增长32.1%;合同投资额624亿美元,增长51.3%;实际利用外商直接投资额407亿美元,增长1.0%。

对外承包工程、劳务合作和设计咨询业务继续保持增长势头。全年对外签约149亿美元,比上年增长15%;完成营业额113亿美元,增长1.0%;带动出口9亿美元,增长35%。

金融、证券和保险业

货币供应量适度增长,货币流动性有所增强。中央银行继续实行稳健的货币政策,综合运用多种货币政策工具,适当增加货币供应量。年末广义货币供应量(M2)余额为13.5万亿元,比上年末增长12.3%;狭义货币供应量(M1)余额为5.3万亿元,增长16%;流通中现金(M0)余额为1.47万亿元,增长8.9%。存贷款稳定增加。全部金融机构各项存款余额12.38万亿元,增长13.8%,增幅比上年末略有提高。其中,企业存款余额4.4万亿元,增长18.6%;城乡居民储蓄存款余额6.43万亿元,增长7.9%。全部金融机构各项贷款余额9.94万亿元,按可比口径计算,增长13.4%。其中,中长期贷款增加3 793亿元,比上年多增加303亿元。金融监管工作进一步加强,中小金融机构风险化解取得初步成效。

证券市场在规范中发展。全年在上海、深圳证券交易所发行A股(包括增发)154只,配股162只,共筹资1 499亿元,比上年增加625亿元;发行B股、H股和红筹股共18只,筹资208亿美元;发行A股可转换债券28.5亿元。全年通过发行、配售股票共筹集资金3 249亿元。年末境内上市公司(A、B股)数量由上年末的949家增加到1 088家,市价总值达到48 091亿元,比上年末增长82%。全年共发行内债4 657亿元,比上年增加642亿元。

保险事业不断发展壮大。全年保费收入1 596亿元(含外资机构),比上年增长14.5%。其中,财产险保费收入598亿元,寿险保费收入851亿元,健康险和意外伤害险保费收入146亿元。支付各类赔款及给付527亿元,其中财产险和短期人身险赔款351亿元,寿险给付176亿元。

文化、卫生和体育

文化事业较快发展。年末全国共有艺术表演团体2 622个,文化馆2 911个,公共图书馆2 769年,博物馆1 373年。中、短波广播发射台和转播台732座,广播综合人口覆盖率92.1%,一千瓦以上电视发射台和转播台1 313座,电视综合人口覆盖率93.4%。全国有线电视用户7 920万户,全年出版全国性和省级报纸203亿份,各类杂志28.5亿册,图书63.5亿册(张)。年末全国共有档案馆3 816个,已开放各类档案4 430万卷(件)。

卫生事业不断进步。年末全国共有卫生机构(含诊所)32.5万个,床位318万张,其中医院、卫生院221万张。卫生技术人员449万人,其中医生208万人,护师、护士127万人。全国共有卫生防疫、防治机构5 441个,卫生技术人员21.1万人。妇幼保健机构(不包括妇幼保健院)2 598个,卫生技术人员7.5万人。农村乡(镇)共有卫生院4.9万个,床位73.5万张,卫生技术人员103万人。农村有医疗点的村数占总村数的89.8%,乡村医生和卫生员132万人。

体育事业蓬勃发展,全民健身活动进一步开展。在第二十七届奥运会上,我国运动员取得了重大突破,夺得28枚金牌、16枚银牌和15枚铜牌,列居第三位。全年在国内外的各项比赛中,我国运动健儿共获得了110个世界冠军;14人2队30次创22项世界纪录;19人37次创22项亚洲纪录;49人11队73次创60项全国纪录。

环境保护

环境保护意识增强,环保事业加快发展。年末全国环境保护系统共有12.8万人,各级环境监测站2 204个,环境监测人员4万人。自然保护工作取得了新的成就,生态示范区建设试点单位总数已达213个;全国自然保护区达到1 227个,其中国家级自然保护区达到155个,自然保护区总面积9 821万公顷,占国土总面的9.9%。环境法制建设取得新进展,执法力度进一步加大。到年末,已制定各类环境保护标准438项。年内设立的建设项目环境影响评价制度执行率达91.5%,当年投产的建设项目同时建设防治污染设施的占98%。全年完成环境污染限期治理项目38 101个,总投资208亿元。全国537个城市建成了2 718个烟尘控制区,面积达1.8万平方公里;476个城市中建成了2 288个环境噪声达标区,面积达1.3万平方公里。

环境污染加剧的趋势得到初步控制。全国主要污染物排放总量继续减少,12项主要污染物2000年排放总量比1995年下降了10%~15%。截至2000年10月底,全国23.8万家有污染的工业企业中,90%以上实现了达标排放。46个环境保护重点城市中,33个城市地面水环境质量和22个城市空气环境质量实现了按功能区达标,其中有18个城市的空气和地面水环境均实现按功能区达标,其他城市已接近达标。

重点环境保护项目取得积极进展。"三河三湖"(淮河、辽河、海河、太湖、滇池、巢湖)流域5 188家重点污染企业中,95%实现了污染物达标排放;流域内建成了55座城市污水处理厂,111座正在建设,已建和在建的城市污水处理厂占计划建设总数的67%。"两控区"(酸雨控制区和二氧化硫控制区)大气污染防治取得初步成效。"两控区"内175个城市中,空气二氧化硫浓度达到二级标准的已达102个。截至2000年11月底,"两控区"内排放二氧化硫的4 678家重点污染企业,已有3 944家实现达标排放,达标率为84.3%。

人民生活

城乡居民生活水平继续提高,总体上达到小康水平。随着经济增长加快,国家提高国有企业下岗职工基本生活保障、失业保险和城镇居民最低生活保障"三条保障线"水平和适当增加行政、事业单位人员的工资等政策措施的逐步落实,城镇居民收入水平明显提高。全年全国城镇居民人均可支配收入6 280元,比上年实际增长6.4%。由于粮食减产,多数农产品价格仍在低位运行,农民收入增长持续减缓。全年农民人均纯收入2 253元,比上年实际增长2.1%。其中,农民人均现金纯收入1 640元,实际增长4%。居民住房条件继续改善。全年城镇竣工住宅面积5.1亿平方米,农村竣工住宅面积8.5亿平方米。国家"八七"扶贫攻坚计划基本完成。

社会保障事业进一步巩固提高。年末全国参加失业保险职工人数为10 408万人,月平均领取失业保险金人数为137万人;有10 367万职工和3 173万离退休人员参加了基本养老保险;有4 332万职工参加了基本医疗保险。

社会福利事业继续发展。年末全国各类社会福利院床位达112万张,收养84.3万人。城镇建立起各种社区服务设施20.1万处,其中社区服务中心8 101个。全国城镇已全部建立了最低生活保障制度。共有701万城乡居民得到最低生活保障救济。全年销售社会福利彩票68.9亿元,筹集社会福利资金14.3亿元,接收社会捐赠32.7亿元。

注:①本公报为初步统计数。

②香港和澳门特别行政区统计数据未包括在本公报中,分别由香港和澳门特别行政区政府发布。

③各项统计数据均未包括台湾省。

④国内生产总值、各产业增加值绝对数按现价计算,增长速度按可比价计算。

⑤基本建设新增生产能力中天然原油开采、天然气开采、局用交换机容量、新增光缆线路长度及数字蜂窝移动电话交换机容量含更新改造增加的能力。

⑥人口数据待第五次全国人口普查公报正式公布。

附表1　2000年工农业主要产品产量

产品名称	计量单位	绝对数	比上年增长%
一、农产品产量			
粮食	亿吨	4.63	-9.0
油料	万吨	2 950	13.4
花生	万吨	1 450	14.7
油菜籽	万吨	1 140	12.5
棉花	万吨	435	13.6
黄红麻	万吨	13	-20.7
甘蔗	万吨	6 640	-11.1
甜菜	万吨	810	-6.2
烤烟	万吨	222	1.4
茶叶	万吨	68	持平
水果	万吨	6 120	-1.9
肉类	万吨	6 270	5.4
水产品	万吨	4 290	4.1
二、工业产品产量			
纱	万吨	657	16.0
布	亿米	277	10.9
化纤	万吨	694	15.7
糖	万吨	700	-18.7
卷烟	万箱	3 397	1.7
彩色电视机	万部	3 936	-7.7
家用电冰箱	万台	1 279	5.7
能源生产总量	亿吨标准煤	10.8	-1.8
原煤	亿吨	9.98	-4.5
原油	亿吨	1.63	1.9
发电量	亿千瓦小时	13 556	9.4
钢	万吨	12 850	3.4
钢材	万吨	13 146	11.2
十种有色金属	万吨	775	14.0
水泥	亿吨	5.97	4.2
木材	万立方米	4 500	-10.9
硫酸	万吨	2 427	3.0
纯碱	万吨	834	8.9
乙烯	万吨	470	8.0
化肥(折100%)	万吨	3 186	-2.0
化学农药(折100%)	万吨	60.7	-2.9
发电设备	万千瓦	1 249	-8.8
汽车	万辆	207	12.9
轿车	万辆	60.7	6.3
拖拉机	万台	4.1	-37.3
集成电路	亿块	58.8	41.7
程控交换机	万线	7 136	51.0
移动通信设备(不含移动电话)	万部(信道)	1 505	107.1
微型电子计算机	万部	672	66.0

附表 2 居民消费价格变动情况

类别	指数(上年=100)	
	1999 年	2000 年
居民消费价格总指数	98.6	100.4
一、分城乡		
城市	98.7	100.8
36 个大中城市	99.2	101.3
农村	98.5	99.9
二、分类别		
食品	95.8	97.4
粮食	96.9	88.6
肉禽及其制品	90.7	98.5
蛋品	90.9	84.5
水产品	93.3	101.7
鲜菜	100.7	105.5
衣着	97.3	99.1
家庭设备及用品	97.7	97.7
医疗保健用品	100.9	100.3
交通和通讯工具	94.5	93.8
娱乐教育文化用品	96.8	97.4
居住	101.7	104.8
服务项目	110.6	114.1

原载 2001 年 3 月 1 日《人民日报》。

中华人民共和国 2001 年国民经济和社会发展统计公报

中华人民共和国国家统计局

2002 年 2 月 28 日

2001 年,全国各族人民在党中央、国务院的正确领导下,认真贯彻“三个代表”重要思想,努力克服复杂多变的国际政治经济环境的不利影响,坚持扩大内需的方针,继续实施积极的财政政策和稳健的货币政策,加快经济结构调整,积极稳妥地推进各项改革,不断扩大对外开放,大力整顿和规范市场经济秩序,经济运行总体质量和效益不断改善,国民经济继续保持持续健康发展,教育、科技和各项社会事业全面进步,城乡人民生活水平继续提高,实现了“十五”计划和现代化建设第三步战略部署的良好开局。

综合

国民经济持续较快增长。初步统计,全年国内生产总值为 95 933 亿元,按可比价格计算,比上年增长 7.3%。其中第一产业增加值 14 610 亿元,增长 2.8%;第二产业增加值 49 069 亿元,增长 8.7%;第三产业增加值 32 254 亿元,增长 7.4%。

市场价格保持稳定。全年居民消费价格总水平比上年上涨 0.7%。其中,城市上涨 0.7%,农村上涨

0.8%;食品价格持平(其中,粮食下降0.7%,肉禽及制品、鲜菜分别上涨1.6%和1.4%,蛋上涨6.0%),烟酒、衣着价格分别下降0.3%和1.9%,家庭设备、交通通信价格分别下降2.3%和1.0%,娱乐教育文化价格上涨6.6%,居住价格上涨1.2%。工业品出厂价格下降1.3%;原材料、燃料、动力购进价格下降0.2%;固定资产投资价格上涨0.4%。

就业规模继续扩大。年末全国就业人员73 025万人,比上年末增加940万人。其中城镇就业人员23 940万人,增加789万人。年末国有企业下岗职工为515万人,比上年末减少142万人。全年通过多种途径使227万人实现了再就业。年末城镇登记失业率为3.6%。

国际收支状况良好。全年对外贸易顺差225亿美元,比上年减少16亿美元。实际使用外商直接投资468亿美元,比上年增长14.9%。年末国家外汇储备达到2 122亿美元,比上年末增加466亿美元。人民币汇率保持稳定,年末汇率1美元兑8.2766元人民币,人民币比上年末升值15个基本点。

经济结构调整取得了新进展,经济运行总体质量和效益不断改善。农业以市场需求为导向,大力推进品种、品质和布局的优化,主要农作物逐步向优势产区集中。高新技术产业保持较快增长,传统工业技术改造力度加大,一些行业淘汰落后和压缩过剩生产能力取得新的成效。西部地区投资力度有所加大。全年全部国有及年产品销售收入500万元以上的非国有工业经济效益综合指数为122.1,比上年提高3.4点;实现利润4 657亿元,增长8.1%。

国民经济和社会发展中存在的主要问题是:经济结构性矛盾和经济体制深层次问题依然比较突出;就业压力增大,农民收入增长仍比较缓慢,部分群众生活还比较困难;企业自主创新能力和市场适应能力不强,部分企业生产经营还相当困难;重大安全事故时有发生,地方保护主义造成的国内市场分割局面尚未完全改变,市场经济秩序仍比较混乱。

农业

种植业结构继续调整。全年粮食播种面积比上年减少,棉花面积扩大76万公顷,糖料面积扩大约17万公顷,蔬菜面积扩大约115万公顷,油料面积减少约70万公顷,优质专用小麦面积扩大130多万公顷,优质稻种面积的比重达50%以上,优质油菜籽面积扩大较多。

粮食有所减产。受调减播种面积和严重干旱的影响,全年粮食产量45 262万吨,比上年减产2.1%。其中夏粮产量10 188万吨,减产4.6%;早稻产量3 396万吨,减产9.5%;秋粮产量31 678万吨,减产0.3%。

棉花、糖料增产,油料减产。全年棉花产量532万吨,比上年增长20.4%;糖料产量8 790万吨,增长15.1%;油料产量2 872万吨,减少2.8%。蔬菜生产在精细品种增加的基础上继续保持较快增长。

畜牧业、渔业生产稳步发展。全年肉类总产量达6 340万吨,比上年增长3.5%;全年水产品产量达4 375万吨,增长2.3%。

林业水利建设取得新进展。全年完成造林面积530万公顷,比上年增长3.8%。其中退耕还林工程完成退耕还林40万公顷。长江干堤断面达标已占设计的80%,黄河下游大堤加高累计完成544公里。全年新增有效灌溉面积100多万公顷,新增节水灌溉面积130多万公顷,综合治理水土流失面积500多万公顷。

工业和建筑业

工业生产增长较快。全年全部工业增加值42 607亿元,比上年增长8.9%。全部国有及年产品销售收入500万元以上的非国有工业企业增加值26 950亿元,增长9.9%。其中,国有及国有控股企业增加值15 198亿元,增长8.1%;集体企业3 141亿元,增长7.2%;股份制企业8 086亿元,增长10.4%;外商及港澳台投资企业6 622亿元,增长11.9%。重工业增加值16 301亿元,增长11.1%;轻工业增加值10 649亿元,增长8.6%。全年工业企业产品销售率为97.7%,比上年略有提高。

高新技术产品产量保持较快增长,一些行业淘汰落后和压缩过剩生产能力取得新的进展。全年工业新产品产值比上年增长15.7%。微波通信设备、光通信设备、移动电话机、电子计算机等电子及通信设备产品产量增长28.9%~87.5%;轿车、数控机床等技术含量和附加值高的产品也保持了快速增长。原煤产量增长10.9%，原油增长1.3%，发电量增长9.0%；钢材增长19.8%，十种有色金属增长10.5%。全年关闭各类小煤矿10 944处，关停小钢厂12户，淘汰落后小水泥生产能力1 520万吨、小玻璃生产能力263万重量箱，关停小火电机组230万千瓦。

建筑业生产增长较快。全年全社会建筑业完成增加值6 462亿元，比上年增长7.4%。全国四级及四级以上建筑企业实现利润226亿元，增长17.6%；税金总额441亿元，增长13.9%。施工工程个数83万个，其中投标承包工程35万个，占全部施工工程个数的42.2%；施工面积178 758万平方米，比上年增加18 616万平方米；房屋竣工面积82 542万平方米，增加1 828万平方米。

国有企业改革继续深化。现代企业制度建设加快，股份制企业的规范工作取得新的进展，着重培养了一批市场竞争力较强、拥有自主知识产权和一定国际竞争优势的大公司和企业集团。小型企业改制工作取得明显成效，一批资源枯竭的矿山和严重资不抵债、扭亏无望的企业，通过关闭破产退出市场。国有工业企业效益仍然保持较高水平，全年实现利润总额2 330亿元。煤炭行业扭转了多年整体亏损的局面，冶金、汽车等行业实现利润快速增长。

固定资产投资

固定资产投资较快增长。全年全社会固定资产投资36 898亿元，比上年增长12.1%。其中，国有及其他经济类型投资26 401亿元，增长12.8%；城乡集体经济投资5 189亿元，增长8.1%；城乡居民个人投资5 308亿元，增长12.7%。基本建设投资14 567亿元，增长8.5%；更新改造投资5 889亿元，增长15.3%；房地产开发投资6 245亿元，增长25.3%；其他投资10 197亿元，增长8.5%。

投资结构继续改善。全年第一产业投资888亿元，与上年基本持平；第二产业投资8 633亿元，增长7.8%，其中，原材料工业投资增长17.0%，机械电子工业投资增长21.7%，轻纺工业投资增长23.9%；第三产业投资18 306亿元，增长17.6%，其中，运输邮电通信业投资增长13.7%，房地产公用服务咨询业投资增长24.1%。农村电网改造、公路国道主干线、重大水利工程等在建重点基础设施工程的建设继续加快。

西部地区投资保持较快增长。全年东部地区投资15 883亿元，比上年增长13.3%；中部地区投资6 316亿元，增长16.3%；西部地区投资4 704亿元，增长19.3%，明显高于东、中部地区投资增长。青藏铁路、西电东送等一批重大建设工程相继开工。

全国基本建设投资新增主要生产能力有：原煤开采1 081万吨，天然原油开采1 898万吨，天然气开采21亿立方米；大中型发电机组容量1 498万千瓦，11万伏及以上变电设备5 347万千伏安；新建铁路主线正线交付运营里程1 210公里，增建铁路复线交付运营里程1 443公里，新建公路29 278公里，其中高速公路3 017公里，新扩建万吨级港口泊位年吞吐能力5 790万吨；新增局用交换机容量3 100万门，新增光缆线路长度25万公里，新增数字蜂窝移动电话交换机容量8 000万户。

国内贸易

消费品市场销售稳定增长。全年社会消费品零售总额37 595亿元，比上年增长10.1%。其中，城市消费品零售额23 543亿元，增长11.5%；县及县以下消费品零售额14 052亿元，增长7.7%。批发零售贸易业零售额25 511亿元，增长10.7%；餐饮业零售额4 369亿元，增长16.4%；其他行业零售额7 716亿元，增长4.9%。

生产资料市场销售平稳增长。全国限额以上批发零售贸易业生产资料销售总额16 449亿元，比上年增长4.0%。

限额以上批发零售贸易企业销售保持增长，但经济效益下降。1～11月份实现商品销售收入净额24 601亿元，比上年同期增长4.5%，其中批发业增长3.0%，零售业增长12.0%；毛利率7.8%，其中批发业6.7%，零售业12.8%；费用率8.0%，其中批发业6.7%，零售业14.0%；实现利润总额245亿元，比上年同期下降9.1%，其中批发业下降12.0%，零售业增长11.6%。

对外经济

进出口保持增长。全年进出口总额达5 098亿美元,比上年增长7.5%。其中出口总额2 662亿美元,增长6.8%;进口总额2 436亿美元,增长8.2%。在出口额中,一般贸易出口1 119亿美元,增长6.4%;加工贸易出口1 475亿美元,增长7.1%。机电产品和高新技术产品出口增长较快,其中机电产品出口1 188亿美元,增长12.8%,占出口总额的比重为44.6%,比上年提高2.3个百分点;高新技术产品出口465亿美元,增长25.4%,占出口总额的比重为17.5%,提高2.6个百分点。

全年对美国出口543亿美元,比上年增长4.2%;对香港地区出口465亿美元,增长4.6%;对日本出口450亿美元,增长7.9%;对欧盟出口409亿美元,增长7.1%;对东盟出口184亿美元,增长6.0%;对韩国出口125亿美元,增长10.9%;对俄罗斯出口27亿美元,增长21.4%;对拉丁美洲出口82亿美元,增长14.6%;对非洲出口60亿美元,增长19.1%。

外商直接投资增长较快。全年批准设立外商投资企业26 139个,比上年增长16.0%;合同外资金额692亿美元,增长10.4%;实际使用外商直接投资468亿美元,增长14.9%。

国外经济合作业务继续保持增长。全年完成营业额121亿美元,比上年增长7.2%;新签合同额165亿美元,增长10.1%。

交通、邮电和旅游

交通运输和邮电通信业保持稳定增长,全年完成增加值5 222亿元,比上年增长6.5%。

全年各种运输方式完成货物运输周转量46 304亿吨公里,比上年增长4.8%。其中,铁路14 575亿吨公里,增长6.7%;公路6 180亿吨公里,增长0.8%;水运24 860亿吨公里,增长4.7%;民航44亿吨公里,增长3.8%。全年各种运输方式完成旅客运输周转量13 000亿人公里,比上年增长6.0%。其中,铁路4 767亿人公里,增长5.2%;公路7 047亿人公里,增长5.8%;水运95亿人公里,下降5.6%;民航1 091亿人公里,增长12.5%。全国港口完成货物吞吐量24亿吨,比上年增长8.8%,其中外贸货物吞吐量达6亿吨,增长13.6%。

邮电通信业全年完成邮电业务总量4 370亿元,比上年增长24.0%。年末局用交换机总容量为2亿门;固定电话用户达到17 900万户,其中城市电话用户11 100万户,乡村电话用户6 800万户;移动电话用户达到14 480万户,已成为全球移动电话用户规模最大的国家;电话普及率为26部/百人;年末互联网用户超过3 000万户。

国内国际旅游持续发展。全年国内出游78 366万人次,比上年增长5.3%;国内旅游收入3 522亿元,增长10.9%。全年境外入境人数8 901万人次,比上年增长6.7%。其中外国人1 123万人次,增长10.5%;香港、澳门和台湾同胞7 778万人次,增长6.2%。在入境旅游者中,过夜人数3 316万人次,增长6.2%。国际旅游外汇收入178亿美元,增长9.7%。全年大陆出境人数1 213万人次,比上年增长15.9%,其中因私出境人数695万人次,增长23.4%。

金融、证券和保险

货币供应量适度增长。年末广义货币供应量(M2)余额为158 302亿元,比上年末增长14.4%;狭义货币供应量(M1)余额为59 872亿元,增长12.7%;流通中现金(M0)余额为15 689亿元,增长7.1%。

金融机构存贷款稳定增加。全部金融机构各项存款余额143 617亿元,增长16.0%。其中,企业存款余额51 547亿元,增长16.9%;城乡居民储蓄存款余额73 762亿元,增长14.7%。全部金融机构各项贷款余额112 314亿元,按可比口径计算,增长11.6%。其中,短期贷款余额67 327亿元,增长7.7%;中长期贷款余额34 273亿元,增长15.2%。贷款结构继续改善。全国农村信用社贷款余额11 971亿元,增加1 395亿元。消费贷款余额6 990亿元,增加2 755亿元,其中个人住房贷款余额5 598亿元,增加2 282亿元。与国债资金相配套的基础建设贷款得到及时安排。

证券市场继续发展。全年在上海、深圳证券交易所发行A股(包括增发)84只,配股126只,共筹资1 098亿元,比上年减少401亿元;发行B股、H股共9只,筹资70亿元,减少507亿元;全年通过发行、配售股票共筹集资金1 168亿元,减少935亿元。年末境内上市公司(A、B股)数量由上年末的1 088家增加到1 160家,市价总值43 522亿元,比上年末下降9.5%。全年国家共发行内债4 884亿元,比上年增加

227亿元。

保险事业快速发展。全年内外资保险机构保费收入2 109亿元,比上年增长32.2%。其中财产险保费收入685亿元,寿险保费收入1 288亿元,健康险和意外伤害险保费收入136亿元。支付各类赔款及给付598亿元,其中财产险和短期人身险赔款395亿元,寿险给付203亿元。

教育和科学技术

各级各类教育全面发展。全国普通高等学校招生268万人,比上年增招48万人,在校生719万人;成人高等学校招生196万人,在校生456万人。全国研究生培养单位招生17万人,增招4万人,在学研究生39万人。全国普通高中招生558万人,在校生1 405万人。各类中等职业技术教育学校招生398万人,在校生1 164万人。全国初中学校招生2 288万人,在校生6 514万人。普通小学招生1 944万人,在校生12 543万人。特殊教育学校招生6万人,在校生39万人。幼儿园在园幼儿2 022万人。全国成人技术培训学校培训学员9 270万人次。

科技研究开发及产业化取得较大进展。年末国有企事业单位共有各类专业技术人员2 887万人。从事研究与发展活动人员93万人年,其中科学家和工程师70万人年。全年全国研究与发展(R&D)经费支出960亿元,比上年增长7.1%。其中基础研究经费47亿元。全年国家组织了647项重点技术创新项目和1 329项国家级重点新产品试产计划项目,完成了80项重大技术装备的研制及鉴定验收。新安排高技术产业化重大专项和示范工程220多项。全年共取得省部级以上科技成果28 376项,其中基础理论成果1 854项,应用技术成果24 966项,软科学成果1 556项。全年受理国内外专利申请203 582件,授权专利114 252件,分别比上年增长19.3%和8.5%。全国共签订技术合同24万项,技术合同成交金额800亿元,比上年增长23.0%。

综合技术服务进一步完善提高。全国共有产品质量检验机构5 500个,其中国家检测中心233个。国家监督抽查8 166家企业211类9 858种产品和商品。全国现有质量认证机构79个,其中产品认证机构29个,已完成对近2万个企业的产品认证。全国共有法定计量技术机构4 939个,全年强制检定计量器具3 234万台件。制定、修订国家标准1 045项,其中新制定497项。全国共有城乡天气预报警报服务网发射站点841个,卫星云图接收站点319个。全国共有地震台站1 245个,地震遥测台网28个。全国共有917个海洋观测、监测站点。测绘部门公开出版地图1 187种,图书327种。

国土资源调查及地质勘查新发现大中型矿产地176处,有42种矿产新增查明资源储量。其中石油7亿吨,天然气4 302亿立方米,原煤16亿吨。全国地质环境监测站31个,成功预报地质灾害195起。

文化、卫生和体育

文化艺术、广播影视、新闻出版等各项事业较快发展。年末全国共有艺术表演团体2 621个,文化馆2 899个,公共图书馆2 689个,博物馆1 394个。广播电台311座,中、短波广播发射台和转播台770座,广播综合人口覆盖率92.9%。电视台358座,电视综合人口覆盖率94.1%。全国有线电视用户8 803万户。生产故事影片88部,科教、纪录、美术片66部。出版全国性和省级报纸216亿份,各类杂志29亿册,图书63亿册(张)。年末全国共有档案馆3 885个,已开放各类档案4 817万卷(件)。

卫生事业稳步发展。年末全国共有卫生机构33万个,其中医院、卫生院7万个;病床床位319万张,其中医院、卫生院297万张;卫生技术人员449万人,其中医生209万人,护师、护士128万人。全国共有卫生防疫、防治机构6 025个,卫生技术人员22万人;妇幼保健所、站2 539个,卫生技术人员8万人。农村乡(镇)共有卫生院5万个,床位74万张,卫生技术人员102万人。农村有医疗点的村数占总村数的89.7%,乡村医生和卫生员128万人。

体育事业蓬勃发展。全年在国内外的各项比赛中,我国运动健儿共获得了89个世界冠军;8人2队12次创10项世界纪录;15人3队20次创15项亚洲纪录。第九届全国运动会获得圆满成功。全民健身活动进一步开展。顺利完成在全国31个省、自治区、直辖市进行的国民体质监测工作。全年在通过销售中国体育彩票筹集的资金中,有26亿元用于奥运争光计划和全民健身计划。

环境保护

监测的340个城市中,有117个城市空气质量达到二级标准,占监测城市数的比重为34.4%,比上年回落1.2个百分点;有114个城市达到三级标准,比重为33.5%,提高3.6个百分点;有109个城市未达到三级标准,比重为32.1%,回落2.3个百分点。颗粒物仍是我国城市空气中的主要污染物。在47个环境保护重点城市中,部分城市的二氧化硫污染程度有所加重,超标城市比重有所提高。对道路噪声监测的273个城市中噪声污染严重的占9.5%,对区域环境噪声监测的210个城市中50.5%的区域环境噪声优于城市居住区声环境质量标准。全国建成了3 314个烟尘控制区,面积达2万平方公里;建成了3 121个环境噪声达标区,面积超过1万平方公里。

重要水系的污染形势依然严峻。七大流域干流地表水水质有51.7%的断面满足国家地表水Ⅲ类水质标准要求,比上年回落6个百分点;26.1%的断面为Ⅳ类水质,上升4.5个百分点;12.8%的断面为Ⅴ类水质,与上年持平;超过Ⅴ类水质标准断面的比例为9.4%,上升1.5个百分点。近岸海域海水水质基本稳定。357个近岸海水水质监测点中,达到国家一类海水水质标准的监测点比重为12.2%,二类为27.8%,三类为18.6%,四类为12.5%,劣四类为28.9%。

生态环境保护力度加大。全国已批准国家级生态示范区82个,生态示范区建设试点地区和单位215个;全国自然保护区达到1 551个,其中国家级自然保护区171个;自然保护区面积14 472万公顷,占国土总面积的14.4%。

人口、人民生活和社会保障

人口自然增长率继续下降。年末全国总人口为127 627万人。其中,城镇人口48 064万人,占37.7%;乡村人口79 563万人,占62.3%。全国男性人口为65 672万人,女性为61 955万人。0~14岁人口比重为22.5%,15~64岁人口比重为70.4%,65岁及以上老年人口比重为7.1%,老年人口达到9 062万人。全年全国出生人口1 702万人,出生率为13.38‰;死亡人口818万人,死亡率为6.43‰;全年净增人口884万人,自然增长率为6.95‰。

城乡居民生活水平进一步提高。全年全国城镇居民人均可支配收入6 860元,比上年实际增长8.5%。农村居民人均纯收入2 366元,实际增长4.2%。其中农村居民人均现金纯收入1 748元,实际增长5.7%。居民住房条件继续改善。全年城镇竣工住宅面积5.4亿平方米,农村竣工住宅面积7.4亿平方米。城乡居民家庭恩格尔系数分别为37.9%和47.8%,均比上年降低1.3个百分点。

社会保障进一步加强。年末全国参加失业保险职工人数为10 355万人,领取失业保险金人数为312万人;有10 630万职工和3 346万离退休人员参加了基本养老保险;有7 629万职工和退休人员参加了基本医疗保险。"两个确保"继续得到落实。90%以上国有企业下岗职工的基本生活得到保障,绝大多数企业离退休人员按时足额领到基本养老金,社会化发放率达到97.8%。全国城镇最低收入标准以下的居民中有1 123万人得到最低生活保障救济。

社会福利事业继续发展。年末全国各类可提供食宿的收养性社会福利单位床位116万张,收养各类人员83万人。城镇建立各种社区服务设施21万个,其中综合性社区服务中心9 924个。全年通过销售社会福利彩票筹集社会福利资金41亿元,接收社会捐赠款超过7亿元。

注:1. 本公报为初步统计数。

2. 香港和澳门特别行政区统计数据未包括在本公报中,分别由香港和澳门特别行政区政府发布。

3. 各项统计数据均未包括台湾省。

4. 国内生产总值、各产业增加值绝对数按现价计算,增长速度按可比价计算。

5. 基本建设新增生产能力中天然原油开采、天然气开采、局用交换机容量、新增光缆线路长度及数字蜂窝移动电话交换机容量含更新改造增加的能力。

6. 邮电业务总量完成额按2000年不变价格计算。

7. 恩格尔系数是指居民家庭食品消费支出占家庭消费支出的比重。

附表1　2001年工农业主要产品产量

产品名称	计量单位	绝对数	比上年增长%
一、农产品产量			
粮食	万吨	45 262	-2.1
油料	万吨	2 872	-2.8
花生	万吨	1 447	0.2
油菜籽	万吨	1 132	-0.5
棉花	万吨	532	20.4
黄红麻	万吨	11	-12.7
甘蔗	万吨	7 700	12.8
甜菜	万吨	1 090	35.0
烤烟	万吨	204	-8.8
茶叶	万吨	69	1.0
水果	万吨	6 536	5.0
肉类总产量	万吨	6 340	3.5
水产品产量	万吨	4 375	2.3
二、工业产品产量			
纱	万吨	700	6.4
布	亿米	291	4.8
化纤	万吨	828	19.3
糖	万吨	619	-11.5
卷烟	万箱	3 402	0.2
彩色电视机	万部	3 967	0.8
家用电冰箱	万台	1 349	5.5
房间空调器	万台	2 313	28.7
能源生产总量	亿吨标准煤	11.7	8.4
原煤	亿吨	11.1	10.9
原油	亿吨	1.65	1.3
发电量	亿千瓦小时	14 780	9.0
钢	万吨	15 266	18.8
钢材	万吨	15 745	19.8
十种有色金属	万吨	856	10.5
水泥	亿吨	6.4	7.2
木材	万立方米	5 100	13.3
硫酸	万吨	2 740	12.9
纯碱	万吨	906	8.6
乙烯	万吨	481	2.3
化肥(折100%)	万吨	3 397	6.6
发电设备	万千瓦	1 339	7.2
汽车	万辆	233	12.8
轿车	万辆	70.4	16.0
拖拉机	万台	3.8	-7.8
集成电路	亿块	63.6	8.2
程控交换机	万线	7 223	1.2
传真机	万部	318	19.8
微型电子计算机	万部	758	12.7
移动通信设备	万部(信道)	2 474	64.4
光通信设备	万部	4.79	28.9

附表 2　2001 年居民消费价格指数(以上年为 100)

项目名称	全国	城市	农村
居民消费价格指数	100.7	100.7	100.8
食品	100.0	100.1	99.8
粮食	99.3	99.2	99.7
肉禽及其制品	101.6	101.7	101.4
蛋	106.0	106.3	105.3
水产品	97.1	96.9	97.8
鲜菜	101.4	101.4	100.9
在外用餐	100.2	100.4	99.6
烟酒及用品	99.7	99.7	99.6
衣着	98.1	97.8	98.9
家庭设备用品及服务	97.7	97.5	98.4
医疗保健及个人用品	100.0	99.3	101.1
交通和通信	99.0	99.1	98.7
娱乐教育文化用品及服务	106.6	106.7	106.4
居住	101.2	101.7	100.3

科学技术在中国社会的新作用

徐冠华

刚刚过去的 20 世纪,是不断产生科学技术奇迹的世纪,也是科学理性充分发展的世纪。相对论、量子论为现代科技革命奠定了基础。粒子物理学使人类对物质世界的认识延伸到夸克层次。信息论、控制论、系统论、混沌学等自组织理论和非线性科学的发展,使人类对自然的认识不断走向复杂与综合。信息、生物、新材料等技术领域的长足进展,极大地拓展了人类利用、改造和控制自然的能力。直到今天,我们仍然能够强烈地感受到,几乎所有的前沿科学领域都在酝酿着一系列重大的突破与创新,信息爆炸、知识爆炸的高潮远未穷尽。尽管人类在享受科学技术和现代文明成果恩惠的同时,还要面临资源耗竭、生态失衡、科学伦理、知识鸿沟等众多难题的困扰,但我们仍旧充满信心展望科学技术发展的前景。

中华文明源远流长。历史上,以中华文明为代表的东方文明曾经在全世界占有极其重要的位置。中国古代的许多重大发现和发明,不仅影响了人类文明进程,也深刻地改变了世界面貌。只是到了 15 世纪以后,中国的封建王朝实行“闭关锁国”政策,关闭了中国与世界交往的大门,与世界科技革命和工业革命失之交臂,导致中国的积贫积弱。

新中国的建立,掀开了历史的新篇章。特别是近 20 多年以来,在邓小平“科学技术是第一生产力”思想的引导下,中国政府对科技事业发展给予了最充分的支持。在“尊重知识、尊重人才”的良好环境下,中国的科学家们用智慧和勤劳创造了许多优秀成果,缩短了与世界先进水平的差距,为经济发展和社会进步提供了强大支撑。越来越多的人们已接受这样的观点:

中国经济要取得持续、高速的增长,必须依靠科学技术的迅速发展和深刻影响。

一个充满活力的国家经济,一定是科技和经济力量不断涌向新兴产业的经济。与世界上诸多国家一样,直接仰赖于科技进步和创新的高新技术产业,已经成为今天中国经济发展中最富有活力的增长点。近年来,中国高新技术产业工业总产值年增长率超过25%。在智力资源密集的上海、北京和深圳等城市,高科技园区对工业增长的贡献度已超过60%。

科技进步对中国传统产业结构调整与优化的结果,同样令人欣喜和振奋。比如,在农业领域,以袁隆平教授为代表的中国科学家,在杂交水稻研究领域取得了领先世界的成果,杂交水稻在中国的推广种植面积已达到5 000万亩,累计增产稻谷35亿公斤以上,为我国粮食安全做出了卓越贡献;电脑农业专家系统的推广应用,促进了中国农业信息化和现代化进程,并且有可能以此改变延续数千年的传统小农生产和经营方式。在制造领域,现代集成制造系统技术的开发和推广,显著提高了装备制造业的新产品开发能力和市场竞争力,走出了一条以信息化带动工业化的道路。

作为一个发展中的大国,中国在依靠科学技术解决贫困地区人民温饱问题中,做出了卓有成效的努力。早在1986年,中国科技界就创造性地开展了针对农村贫困人口的科技扶贫行动,包括普及科技知识,推广先进实用技术,开展技术试验示范和对农民的技术培训。在中国科技界全力扶助的大别山、井冈山和陕北地区,贫困人口比例已从15年前的48%下降到目前的2.5%。今天,即使在中国最边远的乡村,人们都能感受到科学技术所带来的恩泽。

受惠于医疗、健康等领域的科技进步,中国的人口素质和人民生活水平得到了前所未有的提高。2000年,中国人口自然增长率控制到9.7‰;人口再生产实现了从高出生、低死亡、高增长,到低出生、低死亡、低增长的历史性转变;人均寿命达到中等发达国家水平;消费支出结构发生了巨大变化,恩格尔系数降低到50%以下;人口文盲率大幅下降,接受高等教育的人口显著增加。

自工业革命以来,人口、资源与环境之间的深刻矛盾,始终笼罩着人类赖以繁衍生息的家园。在寻求科学技术发展的进程中,中国始终关注和高度重视促进人与自然的和谐共存。作为这一理念和决心的重要标志,中国是世界上第一个发布有关可持续发展的《21世纪议程》的国家。参与《生物多样性保护行动计划》以及在环境立法方面所取得的成就,也表明了中国政府在协调人与自然关系问题上的不懈努力。过去5年里,中国在通过科技进步推进煤炭清洁高效利用,利用信息技术提高国土资源综合治理,利用清洁能源降低汽车排污、净化大气环境等方面,都取得了显著成效。在新能源、可再生能源技术开发方面的进展以及质子膜燃料电池、甲醇重整制氢等关键技术的突破,为中国未来环保汽车提供了新型动力能源。特别是针对中国一次性能源结构特点以及日益增长的汽车消费趋势,我们期望在洁净煤技术、电动汽车技术领域的更新成就,为中国社会可持续发展提供坚实可靠的技术保障。

科技与文化的融合,科学精神与科学理性的交汇,是科学技术在当代社会发展中的突出表征。一个缺乏科学文化底蕴的民族,必然是一个没有生气、没有希望的民族。国与国之间的竞争,已经越来越多地表现为是否拥有以及多大程度上拥有科学技术和文化的深厚力量。中国社会正处于剧烈的转型时期,我们注重在继承中华文明优秀遗产的基础上,接受科学理性的引导,秉承科学的真义,促进科学精神与人文精神的融合,忠实地守卫科学的边界。科学发展的历史,注定是同迷信和愚昧斗争的历史。弘扬科学精神,繁荣科学文化,在全社会形成爱科学、讲科学、学科学、用科学的社会风气,激励人们坚持真理、探索创新,自觉抵制各种伪科学的侵蚀,对于中华民族的复兴具有十分重要的意义。

人类已经跨入新的纪元,这将是一个充满机遇和挑战的世纪。尽管中国接触现代科学技术的历史还不很长,整体水平与世界发达国家相比也还有较大差距,但是,几百年来的科技发展历史,也正是落后国家追赶先进乃至后来居上的历史。世界科技、经济中心的不断转移,充分印证了这一颠扑不灭的真理。在科技发展日新月异的今天,中国完全有可能利用"后发优势"寻求科学技术和社会生产力的跨越式发展。在中国政府面向未来5年的经济与社会发展计划中,科技进步与改革开放被史无前例地确立为主要的动力因素,这是对于中国乃至人类社会发展观的贡献。中国将由此迎来一个崭新的春天。

新世纪的中国高等教育

教育部高等教育司

科教兴国，优先发展教育

世纪之交，我国正处在建立社会主义市场经济体制和实现现代化建设战略目标的关键时期。面对科学技术突飞猛进，国力竞争日趋激烈的时代背景，我国政府庄严承诺：实施科教兴国战略是本届政府的最大任务。优先发展教育，提高国民素质，是实施科教兴国战略，乃至整个现代化事业的百年大计。1999年6月，党中央、国务院召开了改革开放以来的第三次全国教育工作会议，颁布《中共中央、国务院关于深化教育改革全面推进素质教育的决定》，这是指导21世纪初叶中国教育改革和发展的纲领性文件。中国根据自己的国情，把基本普及九年义务教育和基本扫除青壮年文盲，作为全国推进素质教育的基础，列为教育工作的重中之重，确保2000年“两基”目标的实现和达标后的巩固与提高。同时，通过大力发展高等职业教育等多种形式积极发展高等教育，到2010年，我国同龄人口的大学毛入学率要达到15%左右。此外，我国正积极进行现代远程教育网络的建设规划，为社会成员提供终身学习的机会和现代远程教育服务。由此可以看到，我国的教育事业已经进入历史上最好的发展时期。

中国高等教育的发展，遵循规模、结构、质量、效益四者协调发展的方针，规模有了较大发展，结构逐步优化，人才培养质量和办学效益明显提高，初步形成了适应国民经济建设和社会发展需要的多种层次、多种类型、学科门类基本齐全的社会主义高等教育体系，为我国现代化建设培养了大批高级专门人才，对我国经济的持续发展、综合国力的不断增强发挥了巨大作用。1999年，全国有高等学校1 942所，其中，普通高等学校1 071所，成人高等学校871所。全国普通高等教育本专科招生数和在校生数分别为159.68万和413.42万人，成人高等教育本专科招生数和在校生数分别为115.77万和305.49万人。高等学校和科研机构招收研究生9.22万人，其中博士学位招生1.99万人，硕士学位招生7.18万人，在学研究生总数达到23.35万人。从1996年到1999年，高等教育的本专科生人数由567.68万增加到718.91万人，研究生在学人数由16.23万人增加到23.36万人，分别增加了26%和44%；普通高校的生师比由10.36:1增加到13.4:1，校均规模由2 927人增加到3 815人(其中本科院校由3 857人增加到5 275人)。1999年，大学毛入学率达到10.5%。高等教育自学考试、各种类型的高等非学历教育和继续教育也有了长足的发展。

更加开放的中国高等教育已经走向世界。1998年，北京大学迎来了百年校庆，江泽民主席亲自参加庆祝大会并作出建设世界一流大学的庄重承诺。世界上包括哈佛大学、牛津大学、东京大学等30多个世界著名的大学校长都来参加庆祝活动，并发表了很重要的演讲。1999年11月，由哈佛大学牵头的“中美大学校长论坛”在美国举行，内地有北京大学、清华大学等7所大学参加，共同研讨面向新世纪的高等教育问题。这些，充分说明我国高等教育的国际地位日益提高。教育部正在实施的《面向21世纪教育振兴行动计划》，将进一步加大对高等教育的投入，其中把建设世界一流大学作为重要任务。我们有理由相信，中国高等教育一定能够为世界高等教育的发展作出应有的贡献。

改革高等教育体制，调整高校布局结构，适应我国经济和社会的发展需要

中国经济体制改革的目标是逐步建立和完善社

会主义市场经济体制。从1992年开始，教育部总揽高等教育的全局，确定了体制改革是关键，教学改革是核心，教育思想和教育观念的改革是先导的工作思路，并将体制改革划分为办学体制、管理体制、投资体制、招生与毕业生就业体制和学校内部管理体制改革等五个方面。经过几年的努力，初步打破了条块分割，重复办学，单科类大学过多的旧格局，逐步建立和完善国家统筹规划、宏观管理、学校面向社会依法自主办学的新体制。特别是在管理体制改革中，按照"共建、调整、合作、合并"的方针，高等教育管理体制取得了突破性进展和决定性成就。1996年以来，已有406所高校合并为171所，组建了一些文、理、工、农、医等各大学科门类比较齐全、规模较大的高等学校；全国实行各种共建形式的高校共有数百所，改变了单一隶属关系，促进了条块有机结合。有452所高校进行了管理体制调整，其中中央部门所属高校实行了"中央与地方共建，以地方管理为主"的达360所。管理体制改革的步伐逐步加快，经过1998年、1999年两次调整国务院部门(单位)所属学校管理体制和布局结构后，2000年2月，根据《国务院关于进一步调整国务院部门(单位)所属学校管理体制和布局结构的决定》，除教育部以及外交部、国防科工委、国家民委、公安部、安全部、海关总署、民航总局、侨办、中科院、地震局等部门和单位继续管理其所属学校外，国务院其它部门和单位原则上不再直接管理学校。这次国务院部门(单位)所属学校管理体制和布局调整涉及到49个部门(单位)、31个省市自治区的778所学校，其中普通高校161所、成人高校97所、中等专业学校271所、技工学校249所。

高等教育的体制改革，对优化教育结构布局、提高办学质量和效益发挥了积极的作用，为中国高等教育在新世纪取得更辉煌的成就奠定了更加坚实的基础。

改革教学内容和课程体系，拓宽专业口径，大力提高人才培养质量

近年来，在世界经济和科学技术发展的宏观背景下，教育部把主动适应社会主义现代化建设需要作为教学改革的根本目标，从跨世纪的高度来认识和部署高等教育教学改革工作，在经济建设和社会发展的大系统中推进教学改革，取得了重要进展。

推进教学改革，首先从拓宽专业口径入手，改变过去过于强调"专业对口"的观念，使大学的专业设置更加科学和规范。1998年教育部颁布了新的高等学校本科专业目录，专业种数由1993年504种调减到249种，研究生招生目录从654种减少至381种，这样，人才培养的专业口径得到拓宽，专业内涵也更加丰富，毕业生将更加适应社会的需要

从1994年开始，原国家教委制定并实施了"面向21世纪教学内容和课程体系改革计划"。这项改革计划，设立了近1 000个改革项目，包含人文、社会科学、理科、工科、农科、医科等各科类主要专业教学计划和主要课程的改革，全国有1万名教授参加了这项改革。到2000年3月，已投入经费2 000多万元。"计划"取得了实质性进展和突破性成果，形成了近60个新的人才培养模式，并以《国家教学改革报告》(白皮书)的形式发表，编写出版了近600本"面向21世纪课程教材"，在全国高校产生强烈的反响，《新概念物理学》等一批教材已走出国门。再过2年左右时间，力争出版1 000本高水平的教材。至此，具有中国特色的教学内容和课程体系将初步建立。

1995年，教育部明确提出了以加强大学生文化素质教育为切入点，推动高等学校加强素质教育的工作思路，即通过对大学生加强文学、历史、哲学、艺术等人文社会科学和自然科学方面的教育，探索提高大学生人文素质和科学素质的途径，进而深入进行教育思想观念、人才培养模式的改革。1995年9月，确定了52所重点大学为试点高校。1998年，成立了"教育部高等学校文化素质教育指导委员会"，批准了32个"国家大学生文化素质教育基地"，在此基础上，教育部又进一步提出了"提高大学的文化品位，提高大学教师的文化素质，提高大学生的文化素质"的工作目标，以此为标志，加强大学生文化素质教育工作实现了由点到面的转变。更重要的收获，是通过这项工作的开展，引发了以"强化质量意识，加强素质教育"为主要内容的全国高校教育思想和观念的大讨论，推动了高等学校加强素质教育工作的深入开展。

深化教学管理改革，建立具有中国特色的教学工作评估制度和教育质量宏观监控体系，是近年来高等

教育教学改革另一个重要方面。为推动高等学校进一步明确办学指导思想、改变办学条件、加强教学基本建设、深化教学改革、提高管理水平、逐步建立和完善自我质量监控机制，原国家教委从1994年开始对办学历史较短、基础比较薄弱的高等学校进行本科教学工作合格评价；1999年正式启动了对办学历史较长、基础较好的学校进行本科优秀教学工作评价。截至到2000年4月，已分期分批地对161所高校进行了本科教学工作合格评价，一次通过率为77.64%；有80所高校申请参加教学工作优秀学校评价，已评高校13所；开始进行随机性水平评价的试点工作。教学评价工作的开展，在教育管理部门和高等学校产生了强烈的反响，对科学地规范大学的教育活动起到了积极的促进作用。

建立教学改革成果奖励制度。1994年3月14日，李鹏总理签发的《教学成果奖励条例》（中华人民共和国国务院令第151号），标志我国已建立起国家级的教学成果奖励体系。1997年，由原国家教委具体组织实施的国家级教学成果奖评选，评出国家级奖422项。

努力建设高水平中青年骨干教师队伍

中青年学科带头人和骨干教师队伍建设一直是近年来各级教育行政部门和高等学校教师队伍建设工作的重中之重。教育部通过建立中青年教学和科研奖励基金、设立教学和科研项目、建设人才培养基地等多种形式，摒弃论资排辈的做法，提供公平竞争的条件，鼓励中青年杰出人才脱颖而出。各高校也为中青年教师的成长创造了良好的生活环境和人际环境。经过近十年的努力，全国高校中青年骨干教师队伍建设取得了可喜的成绩。教师队伍的结构不断优化。1999年与1989年相比，全国高校45岁以下的教授和副教授所占比例分别由0.60%和4.36%上升到22.05%和57.51%，教师队伍建设中一度存在的知识断层和学术断层的问题在高校得到不同程度的解决。同时教师队伍的活力不断增强，不仅在培养人才，而且在科研事业中，中青年教师越来越发挥着重要作用。

改革普通高等学校招生考试制度，建立适应素质教育的人才选拔机制

普通高校招生考试工作自1977年恢复以来，为高校科学、合理、有效地选拔人才，为考生提供相对公正、公平、公开的竞争方式创造了良好的条件，发挥了积极的作用。但是，招生考试制度“大一统”的模式，已经难以适应全面推进素质教育的需要。众所周知，中国的高考是世界上最大规模的升学考试，2000年全国报名参加高考的人数就达388万人。因此，改革高考制度，涉及到每个考生及家长的切身利益，自然成为社会关注的焦点，改革要求之高，难度之大是可想而知的。

高考制度改革是一项系统工程，教育部采取了稳中求进，稳中求改的工作步骤，坚持有助于高等学校选拔人才，有助于中学实施素质教育，有助于扩大高等学校办学自主权的指导思想，由点到面，逐步展开。改革的主要内容包括四个方面：第一，高考科目设置改革，推行“3+X”科目设置方案。“3”是指语文、数学、外语，“X”是由大学选择的项目，可以是“3”以外的任何一门或两门，也可以是综合测试。第二，阅卷和录取方式改革，重点是实施计算机网上阅卷和网上录取，使高考更公平更公正更合理。第三，高考内容改革，这是高考改革的重点和难点，改革着眼点是更加注重对考生能力和素质的考查。第四，高考形式改革，积极探索一年两次高考的改革。经过1999年和2000两年的高考改革试点，新一轮高考改革进展顺利，逐步得到了社会的认可与欢迎。

实施“新世纪高等教育教学改革工程”，开展更大范围、更深层次的教学改革实践

近年来，高等教育对经济发展、社会进步和技术创新的重大作用，已经得到社会各界的高度认可。《中华人民共和国高等教育法》的颁布实施，使高等教育步入依法治教的轨道。2000年伊始，教育部正式启动“新世纪高等教育教学改革工程”。实施“新世纪教改工程”目的是，深化高等教育教学改革，以增强质量

意识,加强素质教育,深化教学改革,着力教学建设为主线,以开展更大范围、更深层次的教学改革实践为重点,对高等教育人才培养模式、教学内容、课程体系、教学方法等,进行综合的改革研究与实践,推动教学改革向纵深发展。"新世纪教改工程"主要包括六个方面内容:高等教育人才培养战略规划研究;高等学校本科教育教学改革与实践;高职高专教育教学改革与实践;现代远程教育资源建设;高校中青年骨干教师培训;高校基础教学实验室改造与建设。

第一批本科教改项目经过近半年征集选题、公布项目指南、接受高校申报、组织专家评审等程序,批准了670个立项项目,有265个高校或单位承担了有关项目研究任务,经费总投入达2 530万元。

贯彻改革开放方针,不断加强和扩大国际交流与合作

他山之石,可以攻玉。高等教育要面向世界,学习人类一切优秀的文化成果,学习国外先进的教育思想和教育体制、教育模式。1978年实行改革开放以来,高等教育对外交流与合作日益活跃,取得了丰硕成果。20多年来,中国与154个国家和地区建立了教育交流和合作关系,向100多个国家和地区派遣了近30万名留学人员,接受来自世界160个国家和地区的各类留学生达21万多人,派往国外任教的教师、专家1 800多人,聘请外国专家和教师4万多人。近年来,通过改革留学人员的派遣与管理工作,对出国留学人员实行"支持留学,鼓励回国,来去自由"的政策,鼓励广大留学人员学成回国,以多种形式为祖国服务。通过对外开放,广泛地吸取了国外的有益经验,促进了我国高等教育的改革与发展,增进了我国与世界各国的相互了解和友谊。

承前启后,继往开来,走向新世纪

世纪之交,中国正处中兴之路。中国的高等教育应该说是在20世纪产生、发展、完善起来的。在21世纪建设什么样的高等教育,已经历史地摆到了我们面前。进入新世纪,中国高等教育任重道远。

强化国际意识,建设高等教育强国 在21世纪,我国高等教育要更加面向世界,立于世界之林,成为世界高等教育强国。对于一个拥有12亿人口、具有优秀文明传统的泱泱大国来说,不是要不要、应不应该的问题,而是必须成为教育的强国,特别是高等教育的强国。为此,我们要尽快建设若干所世界一流大学,建设一批在国际上有重要影响的著名学府;要培养一批在国际科学技术教育舞台上具有竞争能力,在世界科学技术教育发展前沿工作的科学家、教育家、企业家,培养一批能在各类国际组织、国际舞台上充分发挥作用的政治家、社会活动家。

强化素质意识,全面提高教育质量 在本世纪的最后几年,中国高等教育逐渐引入了"素质"的概念和"素质教育"的观念。我们已经明确了大学生应具有的"素质"的内涵:思想道德素质、文化素质、业务素质、身体心理素质,并且认为思想道德素质是根本,文化素质是基础,业务素质是本领,身体心理素质是本钱。在人才培养的模式上,从传授知识、培养能力到传授知识、培养能力、提高素质,这是教育思想的又一跨越。提高人才培养质量,必须全面体现在提高人才的素质;只有提高了人才的素质,才能说是提高了人才培养的质量。这要成为21世纪新的质量观、人才观。

强化改革意识,走出中国自己的教育发展之路 综观世界科学技术和经济、社会的发展,21世纪将是一个更加注重改革的世纪。只有改革才能进步,才能创新,缺乏改革意识是很难在21世纪有所作为的。所谓改革,这是要改掉那些与时代不相适应的东西,同时,也要保留和发扬我国近一个世纪以来高等教育发展进程中形成的好思想、好经验,要学习和借鉴世界上成熟的、符合我国实际的好思想、好经验,在这个基础上进行创新。办出中国特色,走出中国自己的发展道路,是21世纪我国高等教育改革的重要任务。

更新知识观　强化素质教育

李　兰

有人认为“素质教育要求教育从重知识向重能力转移”,这种观点本身就是不正确的。事实上,知识传授在素质教育中是不可缺少的,何况能力也不能脱离知识孤立发展。推行素质教育要具备正确的知识观和正确的学习观,否则便不能使“素质教育”真正落实。

知识与素质的关系

什么是知识?我国80年代以前出版的权威性《教育学》、《教育心理学》以及《中国大百科全书》,都把知识定义为“客观事物的属性与联系的反映,是客观世界在人脑中的主观印象”。也就是人们在社会实践过程中积累起来的经验总结。知识的分类:一是根据知识的层次将它分为感性知识与理性知识;二是根据知识来源将它分为直接知识与间接知识;三是根据知识的形式将它分为范畴、原理与规律;四是按科学领域来分,自然科学、社会科学与思维科学,等等。

以上对知识的定义及分类,都是建立在客体化的知识性质分析基础上的。强调知识来源于外部世界,强调对事物本身属性的认识。但是这种知识观忽略了认识过程中的主观性和动态性,是一种静止的客体化的知识观。作为前人和他人活动经验的总结和概括,这种间接经验未与学生身心的结构发生联系,并未融合和内化到学生的身心结构中,不能使学生形成某种素质或使已有的素质获得发展。这样的间接经验(知识)对于个体来说永远是外在的东西。而我国大多数教材就是以这种知识观来编写的,它强调教材的基本结构和逻辑结构,忽略知识在学生大脑中的组织结构,造成教材脱离学生身心发展的规律,“知识”学到了,“素质”却不能发展。

现代认知心理学把知识定义为:个体通过与其环境相互作用后获得信息及组织。国际经济合作发展组织《以知识为基础的经济》报告中认为,知识应回答4个问题:“知道是什么”、“知道为什么”、“知道怎么做”、“知道谁在做”。并将知识分为两大类,一类为陈述性的知识,另一类为程序性(操作性)知识。前者指一个人有意识的提取线索,因而能直接陈述的知识;后者指一个人无意识的提取线索,因而其存在只能借助某种活动形式间接推测出来的知识。前类知识是客观性的事实的知识,主要回答世界“是什么”与“为什么”问题;后者是指在特定条件下可以使用的一系列操作步骤,主要回答:“怎么做”与“谁在做”问题。陈述性的知识和程序性的知识,可称之为广义的知识。程序性知识分为两大类,即用于处理外部事物的程序性知识,和用于调控人们知识的学习、记忆和思维等认知过程的程序性知识——策略性知识或“认知策略”。这样,广义知识类型的关系就可以表示如下:

知识(广义的)
- 陈述性知识(狭义)
- 程序性(操作性)知识
  - 用于处理外部事物的程序知识
  - 用于处理内部事物的程序知识

广义知识还包括我们平时所说的技能及策略(方法)。知识学习过程就是知识的主客体性的统一过程,只有学习知识与发展能力并重,素质教学才是可能的。

知识在人的发展中的作用

知识的传授通过教学如何使人发展呢?

知识直接作为实现教学目的的材料,促使人的发展　人要适应社会,要了解生活的环境,掌握生活的工具和手段,以避免活动的盲目性。人的活动需要知识的借鉴决定了知识的目的性作用。由知识的目的性的作用,决定了基本知识和经验的地位。但是人类所积累知识中的大部分是概括化和抽象化知识。这种知识会因时间、环境以及人类认识的发展而变化。为此,教育除了教给学生基本的知识以外,还要重视教给学生具体、能操作的知识,并进而教给学生获取、创造知识的方法、技能,培养学生的创造能力。

知识作为实现人的发展的工具,促使人发展 在这里,"知识"不是目的,而是手段,我们或者并不需要它指导生活,但作为"训练智慧"的手段却是必须的。知识在学生身心素质发展上的工具作用主要表现在两个方面:

知识可以为学生的身心素质发展提供必要的条件,成为学生身心发展的基础 例如,知识在任何解决问题的实践活动中,无论是生产活动或研究活动,知识成为解决问题的"参照系"发挥作用。根据"专家系统"的研究表明,一个领域内关于解决问题的专家必须具有5~20万个知识组块,没有这些专门知识,专家就不能解决该科学领域的问题。一个领域内的专家再聪明,如果不具备另一个领域的专门知识,就不能解决另一个领域的技术问题。大量的实验也证明不可忽视知识在解决问题中的重要作用。同样,学生的道德品行素质、审美素质等,也要以知识为基础。

知识教学本身的直接经验可以完成部分素质发展目标 知识教学本身也是一种实践活动,学生在教学条件下的学习为自身某些方面的素质发展提供直接经验和锻炼的机会。比如在教学活动中,学生通过主动地与教师和同学交往,可以促进自身的交往能力等素质发展。直接经验使学生获得"自我",形成主体性。知识的学习中如果学生真正成了学习的主体,那么其智力、刻苦学习的精神与意志、学习兴趣、态度等心理素质也能获得有效的发展。

知识学习与解决问题

知识传授和学习一定要落实到"问题解决"上。有时即使头脑中具备了解决某个问题所需要的全部知识,也不一定能保证问题得到解决。如,有的学生对数学基本概念、定理、公式记得很熟悉,做单一类型的数学题还可以,遇到多种类型的综合题就难以解决。这说明,头脑里有知识,但不知如何运用知识解决问题。头脑有知识,如果只是无条件地堆积的话,堆积知识越多,越不利于问题的解决。那么学生怎样掌握知识才利于提高解决问题的能力,促进身心素质发展呢?这就是认知心理关于知识的"表征"问题。

所谓表征是指知识或信息以什么样的形式储存于大脑之中。存储过程即表征过程。存储完成,即形成表象,或结构。知识的表征,只有做到条件化、结构化、自动化、策略化,才能有效地用来创造性解决问题。

第一,条件化 学生学到的知识有时会不知道在什么情况下使用,因此学到的知识就变成了"僵化"的知识,僵化的知识没有迁移性或迁移性很低。为了避免知识的"僵化",有必要使学生将所学知识与知识应用的"触发"条件结合起来,形成条件化知识,即在头脑中储存起大量"如果……那么……"的产生式。条件化充分表现了知识的动态性。

第二,结构化 研究认为,"专家"头脑中有5~20万个知识组块,如果每个知识组块都有一个"触发条件",那么解决问题时,同样难以在数以万计的触发条件中找到与眼前问题相同的条件,从而难以提出解决问题的所需知识。因此大量的各类知识要在人脑中形成一定的结构网络。当知识以层次网络方式表征时,要加强上层知识点与下层知识点之间的联结,要能够顺利地进行从具体到抽象和从抽象到具体的能力的传递。实验研究表明,"专家"和新手之间的知识表征差异,主要是前者在头脑中知识按层次排列,后者则采取水平排列,且零散和孤立。因此解决问题时,"专家"更注意问题结构,"新手"却更注意问题表面细节。

第三,自动化 人们的记忆内容的量的限制,使许多问题得不到很好地解决。如果一个知识的各个方面经过联系而紧密地结合在一起,并达到自动化的熟练程度,那么,这个知识就可以在头脑中表征为一个具有组块的知识网络。在运用时只需占据较少的工作记忆空间,从而使更多的空间空余出来用以考虑问题的其他方面。"专家"的知识表征组块大,解决问题的方式更为灵活,就是因为"专家"的工作有更多空间。我们日常生活中,对那些思维敏捷的人通俗地称为"脑壳空"就是这个道理。怎样使条件化、结构化的知识达到熟练的自动化程度呢?唯一的办法就是"精炼",就是精心设计练习情景变式。

第四,策略化 是指头脑中要储存关于如何学习和思维的策略性知识,并且在"执行控制"过程中,运用策略知识去监控自己学习和思维信息加工过程(执行过程)。在学习和思考时,头脑中的注意力要在高层次的策略性知识与低层次的描述性知识及程序性知识之间不断来回转换,不仅要意识到自己的加工材料,而且要意识到自己的加工过程和加工方法,不断反省自己的策略是否恰当。

知识在头脑中的表征,就是知识的学习过程,也就是我们解决问题的过程。我们的素质教育必须使知识学习与问题解决并重。

综上所述,我们可以得到如下结论:

教学过程应该是素质教育的基本的体现过程。在教学中,我们应该更新"知识观",以不同的角度去审视知识与能力的关系。必须使"知识"学习与"能力"发展统一起来,这个统一点就在于全面的"知识观"。同时,还必须把"知识的学习"与"问题的解决"结合起来,这个结合点就在于"表征观"。只有二者并重,才能真正落实素质教育。

中国重返国际货币基金组织21年回顾与展望

中国人民银行行长　戴相龙

1980年4月17日和5月15日,基金组织和世界银行的执行董事会先后恢复了中华人民共和国在基金组织和世界银行的合法席位;2001年2月5日,我国成功地增资基金组织,位次上升到第8位;我国在基金组织逐渐成为净债权国。基金组织为80年代我国中央银行体制改革,以及90年代以来相继实施的财税体制改革、外汇管理体制改革、人民币经常项目可兑换等重大改革措施提供了有益的咨询;我国代表指出,多种储备货币并存以及由此而引起的主要货币汇率的波动是导致国际金融危机的制度性原因。呼吁基金组织继续扩大特别提款权的发行,发达国家要协调各自的宏观经济政策,并在这个过程中注意维护国际金融市场的稳定。

2001年2月5日,国际货币基金组织(以下简称基金组织)理事会通过决议,将中国在该组织的份额从46.872亿特别提款权增加到63.692亿,使中国在基金组织的份额从第11位上升到第8位。这是我国与基金组织关系史上的一件大事,标志着我国国际经济地位的进一步提高。

恢复中国的合法席位

早在1940年到1941年间,为防止战后各国国际收支出现重大失衡,避免各国竞相贬值货币或采取以邻为壑的贸易政策,国际社会开始酝酿建立国际货币基金组织。1944年7月1日到22日,在美国新罕布什尔州的布雷顿森林镇,45个国家的代表召开了具有历史意义的联合国货币与金融会议,通过了《国际货币基金组织协定》和《国际复兴开发银行(以下简称世界银行)协定》。1945年12月27日,29个国家的代表在华盛顿举行仪式,正式签署了上述两个协议,布雷顿森林体系宣告成立。当时,由于份额可列第三位的苏联政府决定不出席会议,中国在基金组织的份额(相当于股本金)排位居于美、英之后,名列第三。布雷顿森林体系有三个主要内容:一是确立可以按固定价格(每盎司35美元)兑换黄金的美元为国际货币;二是所有成员国实行可调整的固定汇率制,即成员国货币与美元保持固定汇率,但在国际收支失衡时可以在得到基金组织批准后调整;三是成员国可以向基金组织借款并进行政策调整以纠正国际收支的一般性失衡,或调整汇率以纠正国际收支的根本性失衡。

新中国成立以后，1950年，政务院总理兼外交部长周恩来致电基金组织，严正声明中华人民共和国是代表中国的唯一合法政府，要求恢复中国在基金组织的合法席位。然而，由于国际政治环境的制约，中国在基金组织的代表权问题长期得不到解决。1972年10月，联合国大会通过决议，恢复中华人民共和国的合法席位，为我国恢复在联合国下属各专门机构的席位创造了条件。1978年，党的十一届三中全会关于改革开放的决议为我国加入国际金融组织创造了有利的内部环境。1979年1月，中、美建交，加入国际金融组织的外部条件最终趋于成熟。

1980年3月，基金组织派团来华与我方谈判。1980年4月17日和5月15日，基金组织和世界银行的执行董事会先后通过了由中华人民共和国政府代表中国的决议，恢复了中华人民共和国在基金组织和世界银行的合法席位。由于占据中国在基金组织合法席位的国民党当局的经济实力不足，无力在1959年到1980年基金组织的几次普遍增资中增加份额，使中国在基金组织的份额从创建初期的第3位下降到第16位。1980年9月，基金组织通过决议，将中国份额从5.5亿特别提款权增加到12亿特别提款权。11月中国份额又随基金组织的普遍增资而进一步增加到18亿特别提款权，在基金组织内的排名上升到第8位。在此基础上，中国在基金组织获得了单独选区的地位，从而有权选举自己的执行董事。中国在世界银行的股本和执行董事席位问题也同样获得了解决。

中国与基金组织的合作

中国与基金组织的合作，是双向的、平等互利的合作，是富有成效的合作。

恢复我国在基金组织合法席位后不久，我国先后于1981年和1986年从基金组织借入7.59亿特别提款权(约合8.8亿美元)和5.98亿特别提款权(约合7.3亿美元)的贷款，用于弥补国际收支逆差，支持经济结构调整和经济体制改革。到90年代初，上述两笔贷款已全部提前归还。此后，随着经济实力的不断增强和宏观经济管理水平的提高，我国没有再向基金组织提出新的借款要求，我国在基金组织已逐渐成为净债权国。

基金组织是我国与外界进行政策对话的一个重要窗口。1980年后，基金组织的历任总裁、副总裁多次访华，与我国政府领导人和主要经济部门负责人就重大问题交换意见。基金组织与世界银行每年一度的年会和春季会议，是我国政府向世界阐述本国政策立场并了解世界经济与金融形势的重要讲坛。根据基金组织章程第四条款的规定，我国与基金组织每年进行政策磋商，这使我国宏观经济决策更加稳健和科学，同时，基金组织也加深了对我国的了解。基金组织每年出版的《世界经济展望》和《国际资本市场》，对中国经济的分析和预测从总体来讲是较为客观的，亦为国际经济和金融界了解中国以及国际投资者向中国投资提供了一个有益的指南。基金组织向我国提供了一系列技术援助，为80年代的中央银行体制改革，以及90年代以来相继实施的财税体制改革、外汇管理体制改革、人民币经常项目可兑换等重大改革措施提供了有益的咨询。在基金组织的援助下，我国建立了符合国际标准的货币银行统计体系和国际收支统计体系，改进了国民帐户统计，建立了外债监测体系。基金组织的技术援助还为改善我国货币政策与财政政策的制订与操作、修改和完善银行法规及会计与审计制度、加强金融监管以及发展金融市场工具等方面作出了贡献。基金组织为我国政府机构的有关人员提供了大量的培训。每年在我国举办的培训班涉及货币政策、财税政策、银行监管、外汇市场管理、国际收支管理和宏观经济统计等不同领域。参加培训的学员累计已达数千人次。一些早期学员已经成为我国财政、金融领域的高级官员。我国每年还向基金组织在华盛顿、维也纳和新加坡的学院派出数十名人员，在宏观经济和金融的各个领域进行研讨和进修。基金组织还通过奖学金计划资助中国学生赴发达国家学习。

中国同样也对基金组织的发展作出了积极的贡献。中国改革开放23年以来所取得的巨大成功向基金组织展示了一种新的发展模式，大大地丰富了基金组织的理论与实践。

中国是低收入的发展中国家，根据基金组织的章程，中国有资格借用1986年以后建立的结构调整贷款以及1987年建立的扩大的结构调整贷款。但是为了使有限的资金用于最困难的发展中国家，中国和印度一起表示暂不参与使用这类贷款。

1994年，中国向基金组织提供了1亿特别提款权的贷款,用于支持重债穷国的债务调整,同时还向该贷款的贴息帐户捐款1 200万特别提款权。1999 年,中国又向基金组织捐助1 313万特别提款权,继续支持重债穷国减债计划。

1997 年 7 月亚洲金融危机爆发以后,中国政府积极参与了基金组织向泰国提供的一揽子援助,向泰国政府贷款 10 亿美元。在印尼金融危机爆发后,中国向基金组织承诺向印尼政府提供 3 亿美元的二线资金支持。更为重要的是,中国领导人在危机爆发后多次公开承诺,保持了人民币汇率的稳定,为维护亚太地区经济形势的稳定作出了重要贡献。

80 年代中期以后,由于国际收支状况的改善和外汇储备的增加,我国一直积极履行对基金组织的义务。将我国在基金组织份额的一部分向其资金使用计划提供短期资金融通。在亚洲金融危机期间,我国用于该计划的份额余额超过 20 亿美元。中国为基金组织的健康发展和维护发展中国家的利益发挥了积极的影响。基金组织现有 183 个成员国,发达国家与发展中国家之间存在利益上的矛盾和冲突。中国自身属于发展中国家,我们的一贯立场是,支持发展中国家的合理要求和正确主张。对于发达国家有益的建议,我们也都表示了欢迎和支持的态度;对于有损于发展中国家利益的主张,我们则进行了批评。

中国改革开放的成就举世公认,中国对国际社会的贡献有目共睹。但是,80 年代以来,由于沙特特别增资和独联体国家加入基金组织等因素的影响,我国在基金组织的份额到 2000 年底时为 46.872 亿特别提款权,占基金组织实际份额的比例降为 2.21%,位次从恢复席位后初期的第 8 位退居第 11 位。这种状况与我国经济实力极不相称。经过几年的努力,基金组织理事会于2001 年 2 月 5 日投票,在无人反对和弃权的情况下通过决议,将中国份额增至 63.692 亿特别提款权,占总份额的 3%,升至第 8 位。

为改革国际货币体系而努力

亚洲金融危机爆发以后,我国积极地参加有关国际货币体制改革的讨论。在基金组织的年会和其它重要会议上,中国理事和中国政府的其他高级官员系统地阐述了我国对于国际金融体系改革的看法。我们既肯定基金组织在危机救援活动中所起的核心作用,也对基金组织有时忽视危机国家的具体情况提出批评,并呼吁增加发展中国家在基金组织中的代表性和发言权,反对由少数发达国家垄断国际金融事务的做法。我国代表指出,多种储备货币并存以及由此而引起的主要货币汇率的波动是导致国际金融危机的制度性原因。为此呼吁基金组织继续扩大特别提款权的发行,发达国家要协调各自的宏观经济政策,并在这个过程中注意维护国际金融市场的稳定。我们主张发达国家不但要推动对自己有利的商品和要素的自由流动,而且要支持对发展中国家有利的商品和要素的自由流动。我们主张发达国家对于自身的金融稳定承担更大的责任,加强对高杠杆投资基金和离岸金融中心的监管,而不是仅仅强调发展中国家在金融监管方面的责任。在汇率制度的选择问题上,一些国家主张一国只能在固定汇率和完全自由浮动两者之间择一而行,我们则认为没有一种汇率制度是万能的,各国应根据自己的实际情况选择合适的汇率制度。针对一些发达国家在危机后大力推动增加透明度的做法,我国强调缺乏透明度不是导致危机的主要原因,推动增加透明度要尊重发展中国家的意愿和实际承受能力,要遵循自愿和渐进的原则。中国的上述主张和立场得到了很多基金组织成员国和国外一些著名经济学家的响应,对基金组织的一系列政策和决议产生了影响。

同时,我们正在对国际上各种透明度的标准和准则进行认真的研究,对其中的合理成分和风险因素加以鉴别,从而制订符合自身情况的透明度标准。此外,我国代表积极参加了由发达国家和主要新兴市场国家组织的“金融稳定论坛”的活动,特别是参加了制订标准小组的活动。中国在基金组织 21 年的实践,在使世界了解自己的同时,也使自己更深地了解了世界。特别重要的是,我们认识到国际金融环境对一个国家的经济安全和长远发展的极端重要性。亚洲金融危机对于所有亚洲国家都是一个深刻的教训。因此,开展亚洲区域内的货币与金融合作就成为有关国家在危机后的一个自然选择。欧洲货币合作的成功经验表明,区域性的货币合作可以为国际货币体系改革朝着正确的方向前进创造有利条件。亚洲货币合作是对以基金组织为中心的国际货币体系的重要补充,将在促进本地区经济合作与发展的基础上,最终为全球货币稳定作出自己的贡献。

建设有中国特色的社会主义生育文化

国家计生委副主任　杨魁孚

党的十五大报告第一次把建设有中国特色社会主义的文化,作为我国社会主义初级阶段基本纲领的一项内容提出,其意义十分重要和深远。社会主义文化具有丰富的内容和鲜明的时代特征,它是凝聚和激励全国各族人民的重要力量。我们一定要把加强社会主义文化建设当作一件大事来抓。在计划生育领域要结合计划生育实践,建设有中国特色的社会主义人口生育文化。

人口文化这一新概念是我国在落实计划生育基本国策过程中,于1992年提出来的。但人口文化现象和观念自有人类社会以来就存在。人口文化乃是一种历史现象,它随着人类社会的产生而产生、发展而发展。作为人口文化重要分支之一及核心内容的人口生育文化,主要是指人类在婚育繁衍方面形成的观念、风俗、习惯、制度和道德等。在我国社会主义制度下,它是社会主义文化不可分割的组成部分。

妇女在人口繁衍中的作用和人口繁衍状况的历史变化

恩格斯在他的《家庭、私有制和国家的起源》著作中指出:"根据唯物主义观点,历史中的决定性因素,归根结底是直接生活的生产和再生产。但是,生产本身又有两种。一方面是生活资料即食物、衣服、住房以及为此所必须的工具的生产;另一方面是人类自身的生产,即种的繁衍。"从人类社会存在和发展的历史来看,人类社会要延续下去,必须通过人口的不断繁衍和更新。由于生理的原因,妇女在人口繁衍中具有特殊的作用和贡献,她们承担着孕育、生育和养育子女的重担。

中华民族遵循着人类社会由低级向高级发展的客观规律,经历了原始公有制社会、奴隶制社会、封建制社会、半封建半殖民地社会,最后经过划时代的革命洗礼,进入了社会主义社会。

在原始社会初期,生产力极其低下,人类曾有过漫长的杂居阶段,男女之间是一种杂乱的群婚制,性关系十分杂乱。妇女在极不卫生的条件下频繁生育,人口出生率很高,死亡率也很高,自然增长率很低。随着原始社会的发展,人类从群婚制杂乱性交状况转变到血缘婚制和血缘家庭。又经过漫长的发展过程,人们开始认识到血缘婚配对生育后代的不良后果,从而形成了排斥同胞兄弟姐妹之间通婚的观念,逐步形成了禁止血缘婚配的习俗和制度。这是原始社会生育文化的一大进步。在原始社会,人们为了生存和野兽搏斗,非常想增殖人口,于是就崇拜生殖,崇拜生殖器。

伴随着原始社会公有制经济的瓦解,财产私有制的确立,出现了严格意义上的家庭,并最终形成了女嫁男、从夫居的婚姻家庭形式。在我国西周时代,建立了比较完整的奴隶制社会婚姻制度,并明确了婚姻的实质就在于宗族的延续。从宗族的功利出发,娶妻就是为了有后(生男孩),纳妾是为了多子,还肯定了男女在婚姻地位上的不平等。在周代已确立了比较完备的家庭制度,由男子充任家长,在家庭中处于最高地位。宗族家长制度的确立使妇女地位明显下降。家庭产业都由父子相继,世代相承,只传其男,不传其女。这时重男轻女、男尊女卑已表现得非常分明,在夫妻之间也形成了统治与被统治的关系,丈夫可以随意抛弃妻子。正如恩格斯所指出的:"丈夫在家中也掌握了权柄,而妻子则被贬低,被奴役,变成丈夫淫欲的奴隶,变成生孩子的简单工具了。"(《马克思恩格斯选集》第4卷第52页)

我国周代重视人口繁庶,鼓励生育,禁止同姓婚配。到了春秋战国时期,各国为了征战称雄,补充兵源,增加剥削收入,大力主张增殖人口,采取了鼓励生育的政策。并运用法令制裁晚婚者,奖励多生者。当时的政治家和思想家大部分都主张增加人口。孔子、墨子、管仲、商鞅等主张鼓励增加人口。孔子认为人越多越好,他说:“地有余而人不足,君子耻之“,他还认为要尽孝道就必须繁衍子孙,世代相传,永不绝后。这种思想被后来的儒家学派进一步发展了,对于我国人口生育文化和人口大量繁衍产生了很大很深的影响。墨子也认为“人不足而地有余”,提倡早婚,主张男子20岁娶妻,女子15岁出嫁。管仲推行富国强兵政策,提出了一系列增加人口的具体措施。

另一方面,以韩非为代表提出了主张控制人口的观点。韩非生在人多地少、粮食缺乏的韩国,他看到了财物不足与人口增多的矛盾,这种朴素唯物主义人口思想是可贵的。

我国进入封建社会,其经济基础基本上是一家一户的小农个体经济,一般家庭都希望多生育子女,多生男孩。历代封建统治阶级为了增加被剥削的劳动力和增加租税,大都采取鼓励多生育的措施。例如汉高祖刘邦制定和采取许多措施鼓励增殖人口,奖励生育,提倡早婚。唐太宗曾下诏鼓励男婚女嫁,提出男20岁、女15岁就要结婚,并以户口增减来考核地方官史。到了清朝,面临人口大增而粮食紧张的状况,康熙、乾隆皇帝对人口太多问题有所忧虑,许多思想家和政治家也正视人口过快增长的事实,不再希望人口众多。如洪亮吉(清朝嘉庆年代)认为人口过多财富就会不足,生活就必然下降,大量人口无地可耕就会导致社会不安定。清末,潘士铎认为,人多而“地不足养”,“人多则穷”,因此,他主张晚婚,提出“严禁男子25岁以内、女子20岁以内娶嫁”,反对多生孩子,主张“可留一子,多不过二子”,“生三子倍其赋”,还指出“广施不生育之方药”,这些主张虽有一定进步作用,但他站在地主阶级立场上,鼓吹男尊女卑,歧视妇女,认为多杀妇女才能减少人口,提倡男当和尚,女当尼姑,他甚至还主张多杀起义农民,这显然是反动的。

在长期的封建统治过程中,封建统治阶级继承了奴隶制社会的婚姻家庭制度,并加以发展,确定夫为妻纲作为封建婚姻家庭生活中的最高准则,妇女受到“三从四德”封建道德规范的约束,在封建社会实行包办强迫婚姻制度,把生育儿子作为结婚的目的。如果妇女不能生育男孩,便构成了“休妻”的条件,就要被赶出家门,唐、宋、元、明、清历代法律对此都有规定和解释。由于这种法律上的支持,使几千年来形成的“重男轻女”、“传宗接代”的生育观念更加根深蒂固,一直支配着人们的婚育行为,使无数妇女深受其害。

19世纪中叶的太平天国农民起义、19世纪末的资产阶级维新派、20世纪初的辛亥革命,都曾为妇女解放、男女平等提出一些主张和进行过一些斗争。但都没有使妇女摆脱受歧视、被奴役的命运。在半封建半殖民地的旧中国,广大妇女深受政权、神权、族权、夫权四条绳索的束缚,挣扎在社会最底层。“重男轻女”、“传宗接代”、“多子多福”的生育观使妇女成为家庭生育的工具,严重地剥夺了她们的自由,损害了她们的健康。

在私有制下,尤其在封建社会,由于一家一户的自然经济对劳动力的需求,多子多福便成为普遍的社会意识。另一方面,在相当漫长的历史时期,人们生育子女一直处于盲目的状态,因为科技水平的限制缺少避孕手段和措施,人们还无法真正做生育的主人。

1949年,在中国共产党的领导下推翻了压在中国人民头上的三座大山,建立了新中国,消灭了剥削压迫制度,使人民群众特别是妇女获得了历史性的解放。1950年,我国正式颁布了婚姻法,明确规定:废除包办强迫、男尊女卑的封建婚姻制度,实行男女婚姻自由,一夫一妻,男女平等。广大妇女成为国家的主人,其社会地位和家庭地位大大提高了。但由于旧生育观念还未能很快改变,再加上我们过去在人口问题上的失误,在50年代和60年代,绝大多数妇女仍未摆脱多子女的负担和苦恼,50年代我国妇女总和生育率为5.8左右,60年代为5.7左右。从70年代起,特别是党的十一届三中全会以后,国家积极推行计划生育,才使广大妇女能够有计划地安排生育,走上了晚婚晚育、计划生育的金光大道,这是人类生育史上具有划时代意义的巨大变革和进步。

积极建设新型的
社会主义生育文化

新中国的成立,标志着我国跨入了新纪元,步入了建设社会主义物质文明和精神文明的光辉历程。作为观念形态的传统生育文化,也是由物质经济状况决定的，但是，它具有相对独立性和长期潜在性，并非随着旧经济基础的消失而在短时间内就消失。我国在旧社会所形成的"生育子女命注定"、"重男轻女"、"传宗接代"、"多子多福"、"不孝有三，无后为大"等旧观念将长期存在，潜移默化地影响着人们的生育意愿和生育行为。

(一)我国在全社会实行计划生育是人类生育史上的巨大变革和进步

中华人民共和国成立后，中国社会制度发生了根本变革，特别是社会主义制度的确立，使全国人民进入崭新的时代。在中国共产党的正确领导下，中国面貌发生了巨大变化，随着国民经济的恢复和发展，社会稳定，国泰民安，群众生活水平不断提高，医疗卫生条件明显改善，我国人口再生产很快由旧中国的高出生、高死亡、低增长的状态转变为高出生、低死亡、高增长的状态。在第一个五年计划期间，就出现了第一次人口生育高峰。

我国从 50 年代中期就提倡节制生育。但是，这一思想还没来得及制定相应的人口政策和付诸实施，就遭到了错误的批判。人口生育又处于自发状态。60 年代初，我国人口增长进入了第二次生育高峰，面对这一现实，中央作出了关于认真提倡计划生育的指示，提出了适当控制人口自然增长率，使生育问题由毫无计划的状态逐步走向有计划状态的要求。但当时的人口控制还处于一般号召，收效不明显。1966 年开始的 10 年动乱年代，又使人口生育陷入无政府状态，人口急剧膨胀，带来了严重后果。70 年代以来，我国开始在全国推行计划生育。1972 年，国务院正式提出了实行计划生育，使人口增长与国民经济相适应的要求，从 1973 年起，国家正式把人口计划列入国民经济计划，计划生育工作有了新的进展，晚婚晚育，少生优生的新观念逐步扩大，在群众中涌现出一大批响应计划生育号召的带头人。

党的十一届三中全会以后，随着全党全国工作重点转移到社会主义现代化建设上来，我们党总结了建国以来在人口问题上的经验教训，把解决人口问题，提高到战略的高度。1980 年 9 月，中共中央发出了《关于控制我国人口问题致全体共产党员、共青团员的公开信》，并从我国国情出发，制定计划生育政策。1982 年，我国明确提出了控制人口数量，提高人口素质的政策，在党的十二大上，把实行计划生育定为我国的一项基本国策。

我国在以公有制为主体的社会主义制度的基础上，从全国人民的根本利益和长远利益出发，针对我国人口基数大、增长快已成为影响经济社会发展和人民生活水平提高的一种不利因素的实际情况，在全社会实行计划生育，把国家、集体、个人三者的利益统一起来，并在宪法中规定："国家提倡和推行计划生育"，在婚姻法中规定"夫妻双方都有实行计划生育的义务"。这就开创了人类生育史上崭新的时代，标志着人民群众已经开始成为自觉生育的主人。这就告诉人们，在我国延续4 000多年的仅把生育行为看成一家一户私事的旧观念将被兼顾国家、集体、个人三者利益而实行计划生育的社会主义新观念所取代。这是社会主义精神文明的一种体现，具有划时代的意义。因此也为发展社会主义人口生育文化，开创了广阔的道路和美好的前景。

(二)积极树立"男女平等"、"生男生女都一样"的新风尚

从人口繁衍来说，妇女生育行为会受到政治、经济、文化、教育、道德、宗教、习俗等多种因素的影响。

所谓妇女解放就是在消灭阶级压迫的基础上，消除妇女与男子在社会地位和作用方面的不平等。新中国成立后，社会主义制度为妇女彻底解放奠定了基础，妇女的社会地位确实提高了，在社会实践中，妇女开始发挥半边天作用，并涌现出一大批女性优秀人才，广大妇女对社会主义建设作出了巨大贡献。但是，我们也应当看到，妇女权利的实现还受着我国历史、经济、文化等条件的制约。虽然我们在这方面取得了长足的进步，但仍存在着许多不尽人意的地方。由于传统的旧生育观念还未完全改变，沉重的生儿育女的负担使许多妇女还不能得到彻底解放。如果对生育不加以控制，实际上就等于剥夺了妇女参加社会工作和发挥作用的权利。

由于受封建思想和宗族势力的影响，在现实生活中，在婚姻、家庭领域还存在事实上的男女不平等。一些人头脑中"只有儿子才能传宗接代，才能顶门立户"的思想还相当严重，"重男轻女"、"传宗接代"的旧观念仍是实行计划生育的最大障碍。这种深层的文化心理至今还在影响人们的生育行为，成为多胎生

育、计划外生育以及出生婴儿性别比升高的根本原因之一。因此可以说,实行计划生育是婚姻、家庭、生育领域里破旧立新、移风易俗的一场思想革命,是一项广泛的群众性思想教育活动。我们必须深入持久地开展宣传教育,引导群众逐步破除千百年来形成的"传宗接代"、"重男轻女"的旧观念。在新形势下发展社会主义人口生育文化,就必须抓住这个重点、难点,抓住这个核心问题。

一是要大力宣传"男孩女孩都是后代"、"女儿也是传后人"、"生男生女都一样"的观点 正面宣传女到男家,或男到女家,应具有同等的社会地位,女儿、女婿也能养老尽孝、顶门立户,倡导男到女家落户光荣的新婚俗,通过多种形式广泛深入的宣传教育,在全社会树立男女平等和生男生女都一样的新思想、新风尚。同时要逐步消除家族势力和家族观念的影响,还涉及到探讨姓氏改革的问题。近几年来开展的"女儿也是传后人"的大讨论、"生男生女都一样"广播征文、老人在女儿家安度晚年、上门女婿有奖征文等活动,以及呼唤男女平等的电影、电视、文艺节目,对建设新型的生育文化都产生了深远的影响。

二是要制定和实施有利于实现男女平等的政策和措施,创造生男生女都一样的社会环境 恩格斯曾指出:"只要妇女仍然被排斥于社会的生产劳动之外,而只限于从事家庭和私人劳动,那么,妇女解放,妇女同男子的平等,现在和将来都是不可能的,妇女的解放,只有在妇女大量地、社会规模地参加生产,而家务劳动只占她们极少功夫的时候,才有可能。"(《马克思恩格斯全集》第21卷,第185～186页)妇女就业和参加生产劳动是妇女获得解放的根本途径。所谓妇女解放,归根到底是解放妇女的劳动力和创造力,使妇女能和男子一起,同样得到全面自由地发展。只有妇女就业和参加生产劳动,并发挥其优势和特长,才能改变男高女低的职业层次,缩小在经济收入方面的差距,从而树立妇女的经济地位和社会地位。这样才能使妇女成为生育的主人,掌握计划生育的主动权和决策权。计划生育工作特别有利于提高妇女地位,为妇女劳动创业提供了机遇,拓宽了领域。各地实施少生快富文明工程有一个共同的特点,就是把广大妇女发动起来,落实致富项目,劳动收入大大增加了,首先提高了经济地位,随之社会地位和家庭地位也就会提高。

我国第一部宪法就规定了妇女在政治的、经济的、文化教育的、家庭的和社会生活的各方面,均享有与男子平等的权利。我们国家还采取一系列措施,为广大妇女参加生产、参政议政、接受教育、实现婚姻自由等创造良好的社会条件。当然我们也要看到,由于我国还处在社会主义初级阶段,加上几千年封建思想的影响,在现实生活中还存在着男女不平等的现象。诸如有些地方和单位排斥妇女就业,农村男孩到成年划给宅基地,女孩则不划给,在招生上男女分数线不同,女毕业生安排工作难,女干部退休年龄与男性不同,分房以男方为主,等等。这些都直接影响人们的心态和对人口生育的态度。在今天改革的年代,更不可拘泥于陈规旧习,对于不合理的事要敢于破旧立新,注意使有关经济政策、社会政策及各项措施,有利于体现男女平等,通过经济利益调节和政策导向,改变陈腐的旧观念,营造有利于形成现代婚育观念的环境和氛围。

三是把人们的婚育行为逐步纳入科学指导的轨道 在全面开展计划生育宣传教育,强化社会舆论的过程中,以育龄人群为主要教育对象,有计划地、有针对性地进行人口理论和生殖生理、晚婚晚育、优生优育、避孕节育、生殖健康等有关科学知识教育。旨在用比较通俗和系统的科学知识武装群众的头脑,了解婚育科学的道理,摆脱愚昧无知、听天由命的状态,逐步树立科学文明的婚育观念,把婚育行为引向科学指导的轨道。这种广泛的群众性的科普教育,乃是一种宣传科学、破除迷信的教育活动,它适应了改革开放的新形势,适应了人们的心理和求知需要,因而深受广大群众的欢迎,并有利于引导群众逐步养成讲科学、信科学的良好习惯。这对于培育社会主义生育文化具有深远的意义。

(三)树立依法实行计划生育的法制观念

从社会形态宏观来说,只有在社会主义制度下,才可能防止人口再生产的无政府状态,才可能在全社会实行计划生育。我们党和国家根据社会主义现代化建设的需要,在全国积极推行计划生育,并从我国国情出发制定了人口生育政策,作为全民生育行为的准则。随着计划生育工作的深入发展,在稳定现行计划生育政策的基础上,各地依据我国宪法,按照立法程序把计划生育政策具体化、条文化、定型化,制定计划生育法规,从而使计划生育有法可依,纳入法制规道。

我国制定计划生育政策的必要性和重要性　从我国国情出发,制定和执行控制人口增长的计划生育政策,是我国相当长时期计划生育工作的突出特征。在我国实行计划生育不是轻而易举的事情,光靠宣传教育是不够的。在相当长的时期还要靠计划生育政策的约束力去实现人口控制目标。

我国现行的计划生育政策,是经过长期的探索逐步完善起来的,它来自于我国人口过多的现实和人口增长的实践,又为控制人口增长的实践服务。可以说,我国的计划生育政策是马克思主义人口理论基本原理与我国国情相结合的产物。党的十一届三中全会以后,我国制定计划生育政策的指导思想进一步明确,总的原则是,使人口发展与经济社会发展相适应,与资源利用、环境保护相协调,这是我国在制定计划生育政策指导思想上的一个飞跃。它表明,计划生育已提到总体战略的高度,与国家的总体利益、长远利益联系起来了。计划生育政策是我国上层建筑范畴的概念,它在社会主义公有制为主体的经济基础上产生,反过来又积极地、能动地促进社会主义经济的发展。在这一点上,恰恰体现了我国社会主义制度的优越性。

实践证明,这个政策符合全国人民的根本利益,经过多年的工作已经得到广大人民群众的理解和支持。尽管现行政策同有些人的生育意愿存在一些差距,同眼前利益存在一定的矛盾,但它是从中华民族长远利益和子孙后代着想的,是维护中华民族生存发展大计的,是从根本上保护中华民族人权的。面对我国人口多,耕地少,底子薄,人均资源相对不足的事实,必须作出这种正确的、明智的决策,这是强国富民的必由之路。我们应当理直气壮地、坚定不移地沿着具有中国特色的计划生育道路前进。

我国计划生育的成就表明,实行计划生育政策对降低人口出生率的调节作用是巨大的,它是实现人口控制目标的重要保证。我国实行计划生育政策是成功的。

把婚育行为和解决人口问题纳入依法治理的轨道　人作为社会成员,他的一切社会行为都要受其所处的社会制度的制约。人们的生育行为是一种社会行为,要受到国家法律的规范。我国实行计划生育是在国家组织领导下进行的,这就更需要制定有关法规,作为规范人们婚育行为的准则。

1978 年第五届全国人民代表大会第一次会议修改通过的《中华人民共和国宪法》,第 53 条规定了"国家提倡和推行计划生育",为计划生育确立了法律基础。1982 年通过的《宪法》明文规定:

第二十五条　国家推行计划生育,使人口的增长同经济和社会发展计划相适应。

第四十九条　婚姻、家庭、母亲和儿童受国家的保护。夫妻双方有实行计划生育的义务。

第八十九条　国务院行使下列职权:

……

(七)领导和管理教育、科学、文化、卫生、体育和计划生育工作。

把计划生育列入宪法,使这项前无古人的伟大事业有了法律保障,也为制定计划生育单行法规和地方性法规提供了法律依据。我国的《婚姻法》、《妇女权保障法》等法律及有关法规和地方计划生育法规,对规范人们的婚育行为都作了一些具体规定,从而可以建立起依法管理计划生育的新秩序,把全社会的婚育行为纳入法制轨道。这样也就使发展社会主义生育文化得到了法律的支持。我们要善于利用多条渠道、采用多种形式,广泛深入地开展计划生育普法教育,使广大干部和群众做到学法、知法、懂法、守法,不断增强婚育法制观念和依法实行计划生育的主人翁责任感和义务感。

随着时代的进步,人类的繁衍从愚昧走向文明,人口生育文化也不断发展和繁荣。毫无疑问,控制生育、讲究优生是社会进步和文明的产物。在我国,应当把生育领域作为建设社会主义建设文明的一个阵地,认真落实江泽民同志关于"发展人口文化事业,促进社会文明进步"的指示,用具有中国特色的社会主义人口生育文化,荡涤旧社会留下的陈规陋习,陶冶人们的美好的心灵。当今的中国正是发展人口生育文化的黄金时期。我们要抓住机遇,辛勤耕耘,让中国社会主义生育文化开放出瑰丽的花朵。

附:中国控制人口增长取得效益的分析

计划生育具有多方面的效益,这是不以人们的意志为转移的客观存在。这些效益对于推动社会主义经济文化建设具有巨大意义,也是人口生育文化的一个重要方面。

(一)控制人口数量的效益

计划生育因素和非计划生育因素(经济、社会发展因素)都可以使出生人口数量减少。我国自1971年以来,既实行了计划生育,经济、社会也得到了比较大的发展,因而出生人口同时受到计划生育因素和非计划生育因素的共同作用而减少,我国实际妇女平均生育孩子数从1971年的5.44个降至1998年的1.84个,我国人口到1998年控制在12.48亿。

如果我国不实行计划生育,单纯依靠经济、社会发展,那么今天全国的总人口就不是12亿多,而是15亿多;我国每年新增人口就不是1 000多万,而是3 000多万;我国农村剩余劳动力就不是2亿,而是3亿以上。但值得庆幸的是,在党的领导下,我国长期以来坚定不移地推行了计划生育,人口过快过多增长的势头得到了有效的控制,使得这些严重的后果没有成为现实。

(二)计划生育的经济效益

计划生育对节省家庭和社会少年儿童抚养费的作用 据1998年调查计算,我国每个少年儿童0~16岁的抚养费,农村至少为4.1万元,城市至少为11万元,城乡平均至少为5.8万元。我国的少年儿童抚养费以家庭抚养为主,约占86%;以社会抚养为辅,约占14%。

据对少年儿童家庭抚养费的回推计算,自1971~1998年因计划生育少生3.38亿人,为全国广大城乡家庭节省了6.4万亿元抚养费,为国家节省了1万亿元抚养费,两者合计共为全社会节省7.4万亿元少年儿童抚养费,这几乎等于1997年我国全年的国内生产总值(7.5万亿元)。

计划生育对宏观经济的积极作用 *从人均国内生产总值和居民消费水平这两项重要经济指标来看* 自1979至1998年在实行计划生育的条件下,人均国内生产总值从417.7元增至6 490.1元,居民消费水平从227.0元增至3 094.0元。特别应当指出的是,如果我们不实行计划生育,我国的人均国内生产总值约在600美元左右,20世纪末我国经济发展的战略目标就要落空。正是由于我们坚持实行了计划生育,经济得到了快速发展,才使1998年我国的人均国内生产总值达到780美元,从而为确保实现邓小平同志为我国经济发展设计的到20世纪末人均国民生产总值翻两番,达到800美元的战略目标做出了重要的贡献。

从积累率这一重要经济指标来看 自1979年至1997年在实行计划生育的条件下,其实际平均值为37.14%;反之,如不实行计划生育,则同期平均值要降至27.91%,下降9.23个百分点。这表明实行计划生育对我国提高积累水平,解决资金短缺也具有不可忽视的重要作用。

(三)计划生育的社会、资源和环境效益

计划生育的社会效益

有利于提高教育水平 1997年各级学校在校学生数占全国人口的比重提高了3.33个百分点,每万人口大、中学生数分别增加5人和109人,人均教育投资扩大了34元,这充分表明了实行计划生育的积极作用。

有利于提高健康水平 我国实行计划生育,减少出生人口,必然促使广大育龄妇女实行晚婚晚育、少生优生,有利于降低孕产妇死亡率、婴幼儿死亡率和出生缺陷儿发生率。上海市自1985至1997年围产儿死亡率从14.73‰降至9.20‰,婴儿死亡率从13.78‰降至6.47‰,孕产妇死亡率从每10万人29.38例降至23.10例。从总体上看,上海市近年母婴健康状况是有明显改善的。

有利于妇女地位的提高 随着计划生育的开展,越来越多的女青年自觉晚婚晚育,越来越多的母亲只有一两个孩子,这使她们有更多的机会提高自身的素质,有更大的可能广泛参与经济活动和社会活动,更好地实现人生价值,为社会和家庭做出更大的贡献,从而使广大妇女进一步提高了经济地位、政治地位和家庭地位。

有利于提高家庭生活质量 由于实行计划生育

使家庭抚养子女数量大幅度下降,而且促进了中国家庭向现代小型化家庭转变。凡是实行计划生育的家庭生活质量都有所提高,走上了少生快富、文明幸福的金光大道。

计划生育的资源和环境效益

土地 我们看到,即使在实行计划生育的条件下,由于过去人口增长的惯性作用,自 1978 至 1997 年我国人均耕地面积还是从1.55亩减少到 1.15 亩。如果,在 1970 年以后我们仍不实行计划生育,任凭人口继续迅速增长,那么到 1997 年时我国的人均耕地面积就还到不了 1.15 亩,而只有 0.93 亩,我国土地资源的形势则要比现在更加严峻得多。

粮食 在人多地少的情况下,由于粮食生产能力的提高和人口增长速度的放慢,人均粮食产量从 1970 年的 293.24 公斤,提高到 1997 年的 401.7 公斤,基本实现了粮食自给,适应了人民生活和工农业生产发展的需要。相反,如果我们不实行计划生育,人口快速增长的势头得不到扭转,则我国人均粮食产量到 1997 年时只能有 297.88 公斤,就会面临严重的粮食短缺问题,直接威胁到经济的发展和社会的稳定。

森林 我国的森林尤其是天然森林由于过度开发,毁林开荒,其面积大幅度下降,到 1997 年时全国森林面积只有 13 370 万公顷,人均森林面积只有0.11 公顷,如果不实行计划生育还会在这个低水平上下滑至 0.09 公顷,形势就会更趋严重。

水资源 我国的水资源总量虽然较为丰富,但人均水平很低。1997 年全国人均水资源占有量只有2 275立方米,属于国际上确认的每人每年拥有水资源在5 000 立方米以下的贫水、半贫水国。但就是这样的低水平还是在我国实行计划生育,努力控制人口增长的条件下才达到的。如果我们不实行计划生育,人口数量继续盲目扩大,那么到 1997 年全国人均水资源占有量将只有1 836立方米,比现在的实际占有量还要再减少 400 多立方米,我国水资源短缺的矛盾就会更加突出。

矿产资源 我国虽然是世界上矿产品种类比较齐全、矿产储量居世界前列的国家,但人均矿产资源却不到世界平均水平的一半。例如,煤、铁、磷、钾、盐,1997 年的人均保有储量分别只有 810.9 吨、37.5 吨、12.3 吨、0.4 吨、329.6 吨。这样的人均水平还是由于 70 年代后人口增长得到控制的结果,如果我们不实行计划生育,则 1997 年时这五种矿产的人均保有储量就会分别降至 654.6 吨、30.3 吨、9.9 吨、0.3 吨、260.7 吨,那将使我们与平均水平的差距更加拉大。

环境效益 自 70 年代以来,我国实行计划生育,降低人口增长速度,在农村和城市减少 3 亿多人口的出生,这就意味着从根本上消除了如此庞大的人口群体如果一旦出生,他们作为消费者和生产者将不可避免地向环境排放大量污染物,从而反映出计划生育的积极的环境效益。 (国家计生委副主任 杨魁孚)

21 世纪初中国农业发展面临的机遇与挑战

中国农业专家咨询团主任委员
中国农学会名誉会长 卢良恕
中科院院士

当前中国农业发展进入新阶段

当前,中国农业已进入新的发展阶段,农产品数量问题已基本解决,调整结构,提高农业效益,增加农民收入和改善生态环境已成为新阶段农业和农村经济发展的重要任务。党的十五届五中全会指出,“要巩固和加强农业的基础地位,确保国家粮食安全,积极调整农业结构,实现农民收入持续增长”。今后的 5～10 年,是中国社会经济发展承先启后打基础的关建时期，我国的经济结构能否顺利调整，国民经济能否发展得更快一些、更好一些，在很大程度上取决于农业基础是否稳固。只有加强农业基础，确保农产品供给，才能顺利推进工业化和城镇化；只有加强农业基础，依靠科技进步，开拓农村市场，才能支撑国民经济的快速增长；只有加强农业基础，农业发展，农民富裕，农村稳定，才能保持整个社会的长期稳定与可持续发展。

农业与农村经济发展新阶段的突出特点

一是农业和农村经济与世界经济的关联度日益增强；二是农业和农村经济与国民经济的互相推动、共同发展的关系越来紧密；三是农业发展的制约因素由过去主要是资源约束变为资源、需求和环境约束；四是农业和农村经济的专业化程度提高、一体化经营步伐加快，混合经济趋势显现；五是科技进步成为农业和农村经济发展的主要推动力量；六是金融对农业和农村经济发展的制约增强；七是农业发展已由单纯追求产量，向产量和质量、效益并重，积极推进农业产业化经营，大力发展高商品率、高附加值、高创汇率的产业和产品的新阶段转变；八是农民收入的增加，已由主要靠农产品产量的增加和价格的提高，向根据市场调整结构和发展多种经营转变。

21世纪初农业发展的指导思想和战略目标

指导思想　中国是地少人多的大国，必须坚持独立自主，坚定不移地把发展农业放在国民经济的首位；必须坚持有中国特色的食物与营养结构；坚持以人为本，以实现小康（部分富裕）生活为中心；坚持依靠科学技术发展农业；坚持发展是硬道理，加快提高农业综合生产力，重视经济、社会和生态效益的有机结合；坚持竞争意识，加强现代管理，面向两个市场和两种资源，逐步把农业和农民推向市场竞争的轨道。

战略目标　党的十五届五中全会指出，“今后五到十年，是我国经济和社会发的重要时期，是进行经济结构战略性调整的重要时期，也是完善社会市场经济体制和扩大对外开放的重要时期”。就农业而言，到2030年左右，中国农业整体上要逐步形成以公有制为主体，以家庭承包经营为基础，并加快产业化进程，以（当代科技、先进装备与高素质农民合成的）现代农业生产力为主力，以农产品市场体系、支农工业体系、农业社会化服务体系、国家对农业的支持和保护体系为支撑的，能够适应人口峰值期全国人口小康生活（部分中等富裕）需求的，能够应对国际国内农产品市场激烈竞争局面的，向着可持续发展和现代化方向大步迈进的社会主义现代化农业。

21世纪初农业面临的新机遇与新挑战

总体来看，进入新世纪后，中国农业将面临如下机遇：国民经济的持续、健康发展为农业发展创造了日益宽松的环境，农业即将进入与工业平等发展的新阶段；农产品市场需求日益旺盛，给农业发展带来广阔的发展前景；加入WTO后，将有利于农业在更广阔的范围内引进国外的资金和先进技术，有利于利用国内外的生产要素，提高农业现代化装备水平和管理水平，有利于加速改造国内的传统农业，实现向现代农业的转变，全面提高农产品质量和农业的经济效益；新的农业科技革命将为农业发展提供强大的技术支撑。

与此同时，也应看到，世纪之交中国农业面临许多新问题和新挑战，主要表现在：国际政治、经济环境日趋复杂，经济全球化进程加快，尤其是加入WTO后，中国农业将面临国外优质、廉价农产品的冲击，农业生产和农民收入将会受到一定影响：耕地和水资源日趋紧缺，承受的压力越来越大；农业生态环境压力加大；农业经济区域发展不平衡，地区差距越来越大；农业生产成本不断上升，边际效益下降，农民增收压力加大；农村剩余劳动力继续增加，就业压力加大，对采用新科技，提高劳动生产率和实现农业现代化产生不利影响。

当前农业与农村经济工作的重点与对策

从“九五”情况看，农业和农村经济持续发展，农村经济社会面貌发生了显著变化。一是实现了主要农产品由长期短缺到总量平衡、丰年有余的历史性转变。农产品供求关系的重大变化，是改革开放以来特别是“九五”期间我国农业发展的突出成就，也是农业进入新阶段的主要标志。二是农村产业结构和就业结构发生积极变化，非农产业占农村经济的比重不断提高；三是农业运行机制和经营方式创新取得积极进展。农业市场化改革进一步深入，市场配置资源的基础性作用明显增强，初步建立起有中国特色的农村市场经济体制。四是农民基本解决了温饱,生活总体上达到了小康水平。进入“十五”后,农业和农村经济工作要以增加农民收入为中心,以推进农业和农村经济结构战略性调整为主线,以改革开放和科技进步为动力,以确保国家粮食和食物安全为前提,进一步巩固和加强农业基础地位,保持农业和农村经济持续、稳定、健康发展。而农民增收和粮食与食物安全则是“十五”期间两件关系国民经济发展和社会稳定全局的大事。

调整农村与农业产业结构

今后5~10年,是中国经济和社会发展的重要时期,是进行经济结构战略性调整的重要时期,也是完善社会主义市场经济体制和扩大对外开放的重要时期。一定要深刻认识这次结构调整的重大意义,面向农业现代化,面向整个国民经济调整和世界范围的农业科技革命。把结构调整作为今年和今后一个时期农业和农村经济工作的主攻方向。

(一)改革开放以来中国农业和农村经济结构的主要变化

建国以来,特别是改革开放以来,农业发展取得了令世人瞩目的成就,农业和农村经济结构也发生了显著的变化,主要体现在以下方面:

表1　改革开放以来粮食增长速度的变化

(单位%)

年份	1978	1984	1995	1996	1997
增速	8.1	12.3	10.9	9.4	5.3

表2　改革开放以来农村产业结构变化及其与全国产业结构的比较

(单位%)

	农村产业结构			全国产业结构	
年　份	1978	1985	1997	1978	1997
第一产业	68.6	57.1	24.4	28.1	18.7
第二产业	26.1	35.7	62.9	48.2	49.2
第三产业	5.3	7.2	12.7	23.7	32.1

表3　改革开放以来农林牧渔业总产值结构变化

(单位%)

年份	1978	1985	1997
农业	80.0	69.2	56.0
林业	3.4	5.2	3.4
牧业	15.0	22.1	31.5
渔业	1.6	3.5	9.1

表4　种植业与畜牧业内部各业结构比(1999年)

种植业			畜牧业		
粮食作物	经济作物	饲料作物	猪	牛羊	禽
45%	25%	30%	67%	13%	20%

表5　改革开放以来农民年人均纯收入变化

(单位:人/元)

年份	1978	1985	1997	1999
纯收入	134	398	2 090	2 160

表6　改革开放以来林业产值、猪牛羊肉、奶类及水产产量与1978年相比的增加量

林业产值(1997)	猪牛羊肉(1996)	奶类(1996)	水产品(1997)
增加1.9倍	增加4.6倍	增加6.1倍	增加6.7倍

表7　中国大陆与日、美、台湾地区食品工业产值与农业产值之比(1999年)

中国大陆	台湾地区	日本	美国
43%	170%	220%	270%

(二)中国农业和农村经济结构调整的方向

从21世纪开始,中国将进入全面建设小康社会的新阶段。随着人口的增加和消费水平的不断提高,将对农产品的品种和质量提出新的、更高的要求。为此,必须大力调整农业和农村经济结构,为农民增收开辟新的来源,使农业和农村经济在新的台阶上继续保持旺盛的发展活力。

按照党的十五届五中全会的要求,21世纪中国农业和农村经济结构调整的方向是:

——要面向市场，依靠科技，不断向生产的广度和深度进军。

——以优化品种、提高质量、增加效益为中心，大力调整农产品结构。

——加快发展畜牧、水产业，提高农产品加工水平和效益。

——合理调整农业生产的区域布局，发挥各地农业的比较优势。

——深化农产品流通市场改革，发展农产品销售、储运、保鲜等产业，大力发展食品工业，实现农产品多次增值。

——引导乡镇企业推进结构调整、技术进步和体制创新，实现健康发展，加快农业富余劳动力转移。

——大力推进农业产业化，促进以科技和信息服务为重点的农业社会化服务体系建设。

——支持农业科技创新和技术推广，使先进适用技术进入广大农户。

——加快建立农产品市场信息、食品安全和质量标准体系，引导农民按市场需求生产优质农产品。

（三）农业进行战略性结构调整的新内涵

农业结构是农业各生产部门以及部门内各生产项目间的构成比例和组合，是农业资源的转换器。市场决定结构，结构决定功能，功能决定效益。不同层次的社会需求将形成不同的产品和服务需求结构。随着收入增长，需求的重心也会从低层次逐渐转向更高层次；同时由于需求具有引导生产的作用，需求结构的变动将导致农业产业结构发生变动，农业产业结构的变动，将导致农业和农村产业结的逐步合理化、多样化和高级化。

合理化是指农业产业间具有较强的相互转化能力和互补协调关系，例如种植业、养殖业和加工业的结合与互补，生产、加工和销售的结合与互补等，合理的农业产业结构有利于农业的科技进步，也有利于农村经济稳定增长。

高级化是指农业产业通过主导增长部门的更替与演进，发生一系列的质变，导致农村产业的高附加值化、高技术化、高集约化和高加工化。

结构转换是有序的过程

随着农村经济增长，农业知识技术传播和应用的速度加快，农业产业不断出现分化和综合，新市场不断拓展，农业产业结构发生相应转换，这种转换是有序的；农业由传统单一的种养业向现代农业的产前供应、产中服务和产后加工、销售相结合的一体化产业发展；由自给自足的产品化产业向以市场为导向的商品化产业发展；由劳动密集型产业向资本、技术密集型产业再向知识密集型产业发展；由手工畜力、分散经营为特征的传统产业向专业化、规模化、集约化和现代化的产业发展，等等。

结构调整是不断向农业的广度和深度进军的过程

所谓广度，就是在不放松粮食生产的前提下，积极发展多种经营，使农林牧渔全面发展，发展乡镇企业，发展农村第三产业，实施发展小城镇的大战略。所谓深度，就是大力发展优质高产高效农业，发展农产品加工转化、延长农业产业链，不断增值增收。

结构调整是实施科教兴农的过程

从根本上决定农业结构合理化、高级化的原动力在于农业的科技创新。结构调整的效果如何，关键要看能否提高农产品的科技含量，能否使农业劳动对象、生产手段、生产组织都会发生质的变化，从而培育出应用高新技术的农业新兴产业部门，导致区域农业产业结构不断调整升级和优化。

结构调整是农业从粗放经营向集约经营转变的过程

通过调整结构，增加农业的资本、技术投入、必将大大提高单位面积产量和收益，提高农业资源利用效率、劳动生产率和投入产出率。

结构调整是农村经济新体制建立和完善的过程

搞好农业结构调整，需要实现各种生产要素的优化配置，这就必须充分发挥市场机制的作用，在坚持家庭承包经营的基础上，加快产业化过程，不断完善农产品市场体系，农业社会化服务体系和国家对农业的支持保护体系，进行经济体制的改革和创新。

（四）农业进行战略性结构调整的新途径

农产品就其用途而言，可分为三大类：第一类是人类直接需求的生活必需品，如粮食、油料（油脂）、蔬菜、果品和肉、蛋、奶等。第二类是间接需求的生活必需品,如饲料粮、饲草、作物秸秆等,它们可以转化为肉、蛋、奶、水产品等生活必需品;第三类是用做工业原料的必需品,如棉花、麻类、烟叶等原有的工业原料作物,以及原来是粮食作物,现在已转化为工业原料作物的玉米、高粱、薯类等。通过深层次加工增值,满足人们对日用品、工业品和增加收入的需求。

满足直接需求,在农业结构调整中要以多品种、高质量、高效益为主

目前中国居民生活正由吃饱向吃好阶段发展,正向吃得精、吃得科学的方向发展。总的来看,居民摄取的食物中,热量有余,优质蛋白质和脂肪年缺口仍然很大。

一是要增种高蛋白、高脂肪的大豆、油料作物,积极引进、筛选和推广高产优质品种,发展特种专用品种。

二是要积极增产动物性食物。在目前的食物消费中,蛋白质含量低而耗粮高的猪肉占动物食物的67%左右,而蛋白质含量高耗粮少的禽蛋、奶、鱼类和草食性动物所占比重过低。调整动物性食物的生产结构和消费结构,提高食用动物对植物能量、物质的平均转化,是有效地提高居民营养水平的关键。例如,在稳定生猪生产的同时,重点发展饲料转化较高的畜禽品种,把畜禽商品实物量的增长建立在发展优质高效低耗的畜禽品种基础上。积极发展家禽生产,扩大高产、优质品种的比重;大力发展牛、羊、兔、鹅等节粮型食草畜禽和水产品等,为社会提供优质农副产品。

三是全面发展非粮食物。例如一些地区的荒山海涂、丘陵地带有的不适宜种植粮食作物,但十分适宜发展非粮食物。许多地方在长期的发展过程中,利用当地特有的自然条件优势,形成了不少特色产品。比如"一村一品"、"一乡一品"的区域农业特色经济已遍布各地,通过系列开发已逐步形成当地独具特色的产业。因地制宜地发展豆类、蔬菜、瓜果、竹笋、食用菌以及木本粮油等非粮食物,不仅能大幅度增加食物供给总量,并对提高人民营养水平,改善食物结构有着重要的作用。

满足间接需求,应由二元结构向三元结构调整农业结构

改革开放以来,畜牧业有了长足发展,肉、蛋、奶产量成十几倍、几十倍增长,成为农民致富的主要经济来源之一。但是,至今没有形成独立的饲料种植业,仍然沿袭粮食作物—经济作物的二元种植结构,以致粮饲不分、以粮代饲、以秸秆代饲草的现象普遍存在,其结果是浪费了粮食,增加了成本,降低了饲料报酬,降低了经济效益。为此,农业结构必须由传统的二元结构向粮—经作—饲料作物三元结构进行调整。大力发展高赖氨酸玉米,高蛋白青贮玉米以及高蛋白、高产的紫花苜蓿、"冬牧70"黑麦草等优质饲草,并将其纳入播种面积之中。在草原地区,完善草地围栏、划区轮牧,大力发展培植割草地和人工草地,尽快实现草地牲畜冬春以圈养舍饲为主的饲养方式,增加设施畜牧业比重,更重要的是要大力发展食品工业。国际先进经验证明,没有食品加工,就没有农产品的商品化和市场化,也就没有经济的繁荣。经济发达国家,食品工业产值一般达到农业产值的2~3倍,而中国食品工业产值只占农业产值的40%左右,只相当于经济发达国家的1/4~1/6。因此要大力加快发展食品工业,提高食品工业总产值的比重,使食品工业发展成为国民经济的重要支柱产业。

满足工业加工需求,要向区域化、专业化调整工业原料作物结构和布局

为工业加工品生产农产品原料的农作物称为工业原料作物。狭义的、传统的概念,它包括棉花、油料、麻类、烟叶、糖料、药材等经济作物;广义的、现代的概念,除上述经济作物外,还应包括主要是淀粉、酒精、医药、饲料等工业加工原料的甘薯、高粱、玉米等粮食作物。结构调整的原则是生产要同原料来源和产品的加工消费地区相结合,农业布局同工业相结合,以利于农业的专业化和商品化。工业原料作物要向适宜种植区合理集中,向高效区相对集中,实行区域化布局、专业化生产,向农业产业化发展。对于甜菜、烤烟、高粱、甘薯等小宗工业原料作物,应在优势地区集中发展,使在全局是劣势的作物,在局部变成种植、加工优势,提高经济效益。对于大宗经济作物,如棉花,应根据市场需求调整种植比重,根据区位优势调整布局,集中种植。对于粮、饲、加兼用型的工业原料作物——玉米,应根据规划,在集中产区建设饲料加工厂或工业品加工厂,反过来促进玉米的集中种植和生产的发展，形成产、加、销相结合的玉米产业化。特别是食品工业，要加快由传统农产品加工型态向现代工业制造型态的转变，成为农业工业化进程中的一大新兴支柱产业。

经济话题与协调理念

艾 丰

21世纪是协调时代

20世纪，可以说是个对抗发展到顶峰的一个世纪。对抗的强度与手段都登峰造极，几乎可以把"小小环球"毁灭几次。现在进入21世纪，人类是否还要继续对抗下去甚至愈演愈烈？是否应该更聪明一点，从对抗走向协调？这很值得思考。从总体上看，我认为，21世纪应该是个协调的世纪。香港回归，就是用非对抗性的办法，通过协调，最终和平解决的。

在新世纪，观念创新至关重要，其中最主要的方向应该是协调。

现代中国经济有三大话题：一是加入WTO；二是西部大开发；三是加快城镇化。这都是最高层次的大战略，而协调是一种重要的思维方式。

全球化与民族经济的协调

1996年，学术界曾发生过一场是否还有民族经济的争论。有人认为，在全球化迅速发展的今天，民族经济将不复存在。对此，我当时主持《经济日报》对此展开过讨论，提出了一个观点，后来被人称为"经济民族主义"，即在可预见的时间里，全球化不会消灭民族经济，甚至在某些方面还会强化民族经济的主体。比如国务委员吴仪、外经贸部部长石广生与巴尔舍夫斯基谈判了很多年，彼此显然都不是代表个人，而是代表各自国家的民族经济的。

东南亚发生金融危机，中国受影响不算最严重，美国有些人还从中大有获益。这都说明民族经济有其独立的利益，全球化并非已使世界经济完全变成了一个主体。我给出的定义是"民族经济就是民族资本"，这是就特定意义而言，因为世界上没有"没有资本的市场经济"，没有"没有归属的资本"。市场经济就得有资本，而民族经济就是民族资本存在和运行的组合。

海尔在美国投资办厂，只要它盈利，就必然有利于中国，哪怕其资本放在美国。做好了，最受益的还是中国。所以，从资本的角度看民族经济，还是可以看得很清楚的。当然，这不是搞关门主义，不是反对对外开放，而是说要有协调的观念、协调的思维，既要对外开放，又要发展民族经济，或者说既不要搞狭隘的民族主义，又不要在开放中消失自己，这才是正确之路。

入世后要认真考虑两件事：一是使我们的规矩与人家的规矩统一起来。以前是我们制定政策，让人家进来；加入WTO后，我们得按人家的规矩行事，这中间的变化非常大，所以要先解决规矩衔接问题。这个规矩包括法律、体制等。二是要考虑振兴民族经济，其中首先应确立正确的战略对策，使国民经济得以顺利发展。研究加入WTO后的对策问题，不是为了把人家战胜，而是为了双赢。

城乡发展的协调

我们发展经济，在相当长的阶段内，忽视了城乡经济的分布及其衔接。中国在当前乃至今后相当长的时期内，所有经济问题的总根子可能还是工农和城乡的二元结构。打个比方，中国经济实际上像是"瘸子经济"，农村人口很多，产业效率低，这条腿又细又长；城市人口相对较少，工业及其它产业效率比较高，这条腿又短又粗。而这个瘸子又是急脾气，本来走路就困难，但还要跑，说要"赶超发达国家"，跑不了多远就累得喘气。所以，快速发展一年半载，往往就要调整好几年。这个问题不解决，经济就不可能持续、稳定、快速、健康地发展。

目前，我国一方面市场上商品不畅销，另一方面银行又有7万亿存款，这种现象看起来很怪，其实究其原因无非就是农村购买力不足，农民手里没钱。农民的生活方式也决定着消费方式、消费结构。比如洗衣机，在农村原本就没有上下水设备，所以不适用。而大力推进农村城镇化，就可以提高农民收入，逐步改变农民的消费方式，提高农村的购买力。

在这个问题上，也必须是一种协调的观念、协调的思维，因为农村的问题可能在城镇，城镇的问题可能在农村，两方面要协调解决。毛泽东曾说过："农村是个广阔的天地，在那里是可以大有作为的。"但是，在城市吃闲饭，是否到了农村就能有所作为？所以，应该加上另一句话，即："城市更是一个广阔的天地，在那里更是可以大有作为的。"这对当前的中国更为重要，否则我们的经济再往前走，就会相当困难。

东西部发展的协调

现在讲西部大开发，核心应该是资本。资本不讲慈善，只讲效率。围绕着资本，大体有三个问题，即资本的流入、资本的流动和特色产业的形成。

现在许多人只注意资本的流入，而不在意资本的流动。例如前几年开发海南岛时，好多资金进去了，但没有流动起来，钱都变成了房地产，固化在那里，造成的后遗症要相当长时间才能解决。现在搞西部大开发，不能是过去那个思维，而应是大跨度组合的思维，要造就与国内外市场密切联系的特色产业，推动中西一体化。宁夏有一家企业，将总部设在深圳，其经营思路是在宁夏生产产品，然后从深圳出口到美国。这是一个大跨度的组合，先是东西组合，然后又中外组合，使得窗口和内陆资源的优势都充分发挥出来了。东部不提升，西部很难开发，东部必须把自己的产业水平提升，然后腾出一些产业空间和市场空间给西部，这才有真正的西部大开发，不然就可能是新一轮的重复建设，后果更为严重。这就是协调的观念、协调的思维，不是只着眼于自己的局部，而是着眼于更广泛的协调。机会是彼此创造的，我的发展为你创造机会，你的发展也为我创造机会，这样东中西才会共同发展、协调发展。

竞争与合作的协调

人们通常都说"商场就是战场"，其实这句话不完全对。因为你把别人搞倒，未必就能自己发财。市场竞争的核心是争夺消费者，谁争夺到消费者，谁就获胜。只琢磨别人，不很好地研究怎么改进、怎么提高产品质量和服务，这恐怕不行。海尔之所以发展比较好，其中很重要的一个原因是不那么热衷于一般对手间的竞争特别是价格竞争，而把主要精力都放到市场的拓展上。市场竞争很激烈，但多赢和双赢是主流，你死我活只是局部现象。大家合作起来赚新的生产力的钱，不是你赚我的钱、我赚你的钱，而是共同把"蛋糕"做大，使大家一起获利。

强者与适者的协调

在企业发展方向上，长期以来有一个误区，即盲目求"强"，而对"适"注意得相当不够，致使许多企业没有做大就死了。不久前，在哈尔滨看了老虎园，我对那只园中之虎怀有很复杂的情感：一方面觉得很威风，是兽中之王，另一方面又觉得十分可怜，人不喂它就会饿死。而与之相比，那些人人喊打的老鼠，人们天天要消灭它，却照样活得好好的。这很值得我们思考。从理论上看，达尔文的进化论演化到市场，可以得出物竞天择、优胜劣汰、适者生存的结论。谁能够适应老天给你造的条件，谁就能活下来。只有"适"，才能"强"。

企业不仅要研究做"强"，还要研究"适"。北京的雪花冰箱，是冰箱企业中最早生产158立升单开门的。后来，当把规模做到最大时，其产品却过时了，消费者不买它的产品了。规模做大了，表面上看是"强"了，但是适应力越来越差。由此我想到，一个企业要做大，同样还要有一个宏观要领，中国企业下一步要很好地解决这个问题，在追求做大的同时，要造就大中小各类企业协调发展的"生态环境"。大企业要和若干中小企业结成联盟，形成各种联系，使之互相依存、协调发展。

资本与劳动的协调

资本是双重的，资本也为劳动实现价值创造条件。在社会主义市场经济条件下，对于资本的性质，我认为要更多地看到统一的一面。小平同志说"发展是硬道理"，那么，怎样才能发展呢？发展等于资本加劳动，只有资本不能发展，只有劳动也不能发展。中国劳动力很多，没有资本不行。中国最大的希望是发展，但是在发展中最短缺的则是资本。劳动和资本是生产的两大要素，但是这两大要素的特性不一样。劳动最重要的特性是如果不实现，就无法积累，比如今天不干活，明天也只能卖一天的力气，不可能把今天的力气转移到明天，而且不管干活不干活，今天都得吃饭，劳动力的成本还要付。

所谓现代企业制度，就是所有者、经营者、劳动者一体化，以产权关系为基本纽带，在企业内部各就各位。所有者拥有资本，经营者管理资本，劳动者依托资本创造价值，都是按资本定位。工人大多喜欢按劳分配，只要干活或干得好，就给钱或多给钱。如果按劳分配不兑现，天天空戴一个"主人"的帽子，他肯定不好好干活，因为劳动者吃的是按劳分配，而不是资产增值。

曾有一位私人企业的老板这样问我："我们企业的工人没有主人的感觉怎么办?"这个问题挺有意思，于是，我反问道：为什么非得让人家有主人的感觉呢？首先，企业是你的，钱挣多了也是你的，工人拿的是工资，人家不可能有主人的感觉。其次，让他们当主人有什么好？这是国有企业的通病，人人都认为自己是主人，老把厂长当仆人，仆人管主人怎么管得了？你的优势恰恰在于人家认为你是主人，对实在不行的员工，可以行使开除权。但问题是你应该努力创造对社会的贡献，保证工人在你这里劳动也能够对社会有所贡献。当然，你把产权分散化、搞员工入股也可以，而我则是不那么主张入股的。持股未见得是一个好的或最好的激励方式。美国大公司中，CEO 有多少股份？比重很小。我认为，企业内部更重要的是资本与劳动的协调。

有形与无形的协调

无形资产的重要性已经越来越被大家所重视，知识经济也越来越为大家所关注。不是把知识用于经济就叫知识经济，也不是科学技术是第一生产力就是知识经济。前者是有人类以来就存在的，后者至少也在产业革命后就存在了。知识经济有五个特点：一是知识成为资本，比如专利可以入股，成为主导资本，在某些领域甚至成为主体资本。二是信息成为资源，成为主导性资源，甚至可以成为主体性资源。信息资源的最大特点是在使用过程中不会被消耗，而且没有排它性。三是互联网已成为经济活动乃至社会活动的一个重要载体。四是知识的生产和再生产成为核心问题。知识是资本，其核心是生产。知识最重要的特点就是生产和再生产的价值相差悬殊，生产很难，再生产很容易。五是出现了许多新的现象、新的规律，传统的价值规律面临挑战。知识产品的价值与物质产品的价值不同，知识产品的社会必要劳动很难界定。

企业家的劳动是什么？我认为，企业家或者企业经营管理者，其管理知识及其操作能力就是一种资本，是知识资本，是以劳动形式投入的知识资本，而且在企业内部它处于主导性地位，是灵魂性的资本。国家花 10 个亿建一个工厂，交给一个糟糕的企业领导人，结果变成了 1 000 万，为什么？这是货币资本与一个糟糕的知识资本的结合。而假定国家投资 1 000 万，交给一个好的企业领导来管理，他经营 10 年后变成了 10 个亿，这就是货币资本与一个好的管理体制结合起来、与一个好的灵魂结合起来了。无论对于国企还是私企，所有者与经理的关系问题终究是企业的核心问题。经营者处于所有者和劳动者之间，他是以劳动方式投入的一个投资者。如果我们不从资本角度看这个问题，国有企业改革的要害问题就难以抓得很准。

公与私的协调

这是属于思想理论的问题。我们长期以来绝对崇尚"公"，同时绝对排斥"私"，而对"私"又始终没有一个严格的定义，是私有制、私心、个人主义，还是损人利己，非常模糊，只是笼统地认为不好。在过去，经济形态包括经济体制都搞绝对的公私对立，企业用"公"消灭任何"私"，包括农民的鸡，那是私有制，统统都要斩尽杀绝。同时，又一概认定"公"很伟大，但往往缺乏代表，缺乏可操作性。而在实际生活中，"私"则往往有合格的代表者，做起事来通常也很有操作性。搞公私对立，必然两败俱伤，国有企业虚盈实亏就是最典型的两败俱伤。所以，最好的体制是公司化体制，使公与私的利益相一致。马克思说共产主义好，是因为在共产主义社会每个人的个性都能够得到自由发展，那个"公"可以使每个"私"发展得更好。所以，我们的观念和思维一定要转变。

我一直在思考一个问题：为什么资本主义变成社会主义必须通过暴力革命，而社会主义变成资本主义却可能舒舒服服地和平演变？后来到西伯利亚考察，看到当地人该上街的上街、该游泳的游泳，活得都挺自在，回来后也就想明白了。前苏联为什么会变？因为原来那个公有制和个人没有血肉联系。如同企业换了厂长,我们还是挣钱吃饭,并没有切身感觉到有什么血肉联系,那我为什么要用血肉保卫它呢?而资产阶级为什么不能和平过渡?因为如果取消私有制,每个资本家就会成为穷光蛋,个人的损失太大,所以一定要拼死斗争到底。在那个制度下,公与私是血肉相连的。如果我们造就的社会主义制度,公与私也是血肉相连的,那么要搞什么"和平演变"就非常困难了。

冒尖与平庸的协调

传统的中国文化里一直遗留下来一个劣根性,就是恨富人、恨能人,认为有钱就是罪。所以,富人要是倒霉了,大家都拍手,会说那小子耀武扬威,早该下台了。这样的文化非常要不得,严重阻碍了我国现代经济的发展。一旦富人怕露富,好容易积累起来的资金就会都换成银元,埋到地底下去。现在不同了,一些有钱人不埋在地下了,而是换成美元放到外国银行去了。小平同志拨乱反正,就是抓住了这个问题,给富裕、发财正名。对于创新者,我们应该给予特殊待遇,因为创新有一个最大的特点,特别是在知识经济时代,不仅可以使大家学会一些东西,而且可以使大家的学习能力大大提高。所以,我认为按贡献与回报比,比尔·盖茨得到的钱并不见得是充分的,他发明的软件使世界亿万人都受益匪浅。我们在这方面的观念与思维都相差很远,所以一定要使优秀人才、顶尖人才冒出来,这对我们中华民族实现伟大复兴举足轻重。

中国经济:怎样看待1.1万亿

宋养琰

2001年中国国民经济稳步增长,运行质量显著提高,全国国内生产总值已突破9万亿元大关,达到9.58万亿元,按现行汇率折算超过1.1万亿美元,成为世界上第六个经济总产量超过1万亿美元的大国。这一数字比上年增长7.3%。

这1.1万亿能说明些什么问题呢?

第一,这1.1万亿是对我国综合国力快速增长和市场经济改革的肯定 20多年来的市场取向改革取得了重大成果:长期被计划经济禁锢的"经济势能"不断释放;资源配置以市场为导向成效显著;宏观经济调节由直接转为间接,由主观调节转为科学决策,使我国GDP总量多年来一直呈现出稳定快速增长的势头。现在,我国在12天时间内创造的国内生产总值就相当于1952年全年的总和,是1980年的6倍。从绝对数量看处于世界第六位,接近第五位,可能在近期晋升为第五位。如果按照购买力平价计算,即按国际标准计算,我国的GDP已达到近26 000亿美元。事实证明,过去20多年,中国经济成为世界经济发展最快的经济。如果同1980年比,在人口净增3亿的情况下,人均GDP翻了两番。经济高速增长加强了社会稳定,人民安居乐业,社会欣欣向荣。但要指出,在强调经济运行质量与效益的时代,"速度"和"规模"仍是中国经济不能回避的问题。对当前中国经济来说,保持一定数量的规模和较快的发展速度是至关重要的。在这之后,我们才能去考虑结构问题、改革问题。

第二,这还是健康的、较高质量的1.1万亿 这主要是因为,我们较好地处理了改革、发展和稳定的关系,没有一味追求经济绝对数量的增长,它是在1996年进行了经济的"软着陆"以后,1997年加快了经济结构调整和国有企业改革的步伐后出现的。在这1.1万亿中,第一、二、三产业的比例相对协调,经济结构得到优化,资源配置较为合理,重复建设和泡沫经济的比重较小,科学技术的贡献比例加大。煤炭、冶金、建材和电力等行业中,大幅度淘汰了一些落后的生产能力,而高新技术产业保持较快发展。其中,微波通讯和光纤通信设备、程控交换机、移动电话机、电子计算机等电子产品产量均增长较快,少则

20%,多则1.3倍。就在2001年,在国家监控的14个行业中,有13个实现全行业盈利。我们知道,GNP是由消费、投资和出口三大块组成。以出口为例,我国工业制成品出口占绝大部分,其中劳动密集型产品出口比例稳中有降,资金、技术密集型的产品比例上升。这些都表明了这1.1万亿是较为健康的"1.1万亿",虽可能有点水分,但不大。

第三,在1.1万亿的基础上,我国的财力日益增大,更能长袖善舞 2001年,税收收入的增长突破2 000亿人民币,增值税、消费税增长900亿人民币,是1994年以来从未有过的。全国财政收入达到1.4万亿人民币以上,增长了2成多。

第四,这1.1万亿是大陆人民生活水平提高的强大支柱 据有关统计,2001年,我国大陆城镇居民人均可支配收入比上年增长8.2%,加快1.8个百分点。农村居民人均纯收入增长4%,比上年加快了1.9个百分点。人民生活水平从总体上说,已经达到小康水平,也就是说进入"温饱有余,富裕不足"的状态。这一年居民消费十分活跃,汽车、住房、信息、旅游、教育等五大热点逐步显现出来。尤其是住房和汽车的热销,让越来越多的人圆了自己的轿车梦和安居梦。2001年汽车销售量超过200万辆。部分大城市已经提前跨入"世界中等收入水平"地区的行列。2000年上海人均GDP已达到34 560元,按现行汇率计算相当于4 180美元,这标志着上海已跨入世界中等收入地区行列,展现了东亚国际一流大都市的魅力。北京近年来一直保持着全国领先的经济增长率,2001年,实现国内生产总值2 817.6亿元,按可比价格计算,增长11%,人均国内生产总值首次超过3 000美元,达到3 060美元。在经济持续、快速、稳定增长的同时,高新技术产业一直保持20%以上的增长速度,其增加值占到全市工业增加值的28%,对工业增长的贡献率连续四年保持60%左右。中关村科技园区已成为北京高新技术产业发展最集中、最具发展潜力的区域。金融保险、邮电通讯、房地产、旅游等一些新兴现代服务业,有效地促进了第三产业的增速回升,使北京市第三产业在国内生产总值的比重达到58.3%。

第五,在形势大好的情况下,中国成了国际资本的"避风港"和逐利的最佳场所 据统计,2001年,中国实际利用外资总额达到了一个新的水平,为594亿美元,其中外商直接投资470亿美元,外资项目的规模和技术含量均有所提高。目前,全世界最大的500家跨国公司已有近400家投资中国,建成2 000多个项目。美国排名前500名的大公司有一半以上到中国投资。世界上最主要的行业如电脑、电子产品、电信设备、制药厂、石油化工和发电设备制造厂,已将他们的生产网络扩展到中国。目前,全球一些知名的汽车生产厂家,如通用、福特、丰田、大众、奥迪、奔驰等都到中国安家落户。这一切都表明,中国具有强大的吸引力。

第六,2001年,我国的农业虽然受灾较重,粮食播种面积有计划地收缩,但粮食产量仍达到了45 000多万吨。

总之,这1.1万亿表明我国国民经济各方面有了一定程度的增强,情况喜人。但是,必须看到,我们还存在不少问题。

首先,我们离发达国家和新兴工业化国家还有很大差距 国内生产总值突破1.1万亿美元,我们为之自豪,但是也要看到美国1998年的国内生产总值就是87 599亿美元,比我们现今高近9倍。而且最关键的是,衡量经济发展水平是以人均量为指标的。我国的人均GDP是849美元,远未达到1 000美元,刚刚进入世界中等偏下收入国家的行列,排在了100多位之后,实话实说,我们还是一个比较贫寒的国家。这849美元与人均2万多美元的美国相比,甚至与人均近9 000美元的邻国韩国相比,都有很大差距。再看构成,1999年第一产业、第二产业占国内生产总值的比重分别为17.7%和49.3%,第三产业只占33%,而发达国家第三产业的比重已达60～70%,这说明我国经济的现代化程度还不够高。我们也要看到,经济的盘子越大,今后增长的难度也越大。国内生产总值突破1万亿美元,只能把它看作实现第三步战略目标打下的物质基础,无疑也是我国现代化建设的新起点。

其次,1.1万亿内蕴涵的经济增长效益问题值得思考 有很多学者指出,我国的经济是"宏观好,微观差"。而我始终认为,一个国家(地区)的经济繁荣是以强势企业为基础的。企业的竞争力没有提高,企业没有实现超常规发展,国家就难以实现长远发展。在国内,国有企业改革成为我国经济进一步腾飞的瓶颈。耗用2/3最为稀缺的资本、资源的国有企业,只创造GNP的1/3。而耗用1/3资本、资源的民营企业,却能创造GNP的2/3,这表明,在国企和民企之间资源的使用效率是很不平衡的。当然,也应看到,与此同时,近年来我国的民营企业也发生了规模庞大的"滑铁卢",很多靠投机、靠钻政策空子甚至靠违法而暴富的民营企业纷纷落马。据报道,民企的平均寿命只有3.9年,这个现象很值得忧虑。

第三,社会不公平现象有所加剧 在长期强调效率的情况下,我国社会不公平问题开始突出。2000年7月,国家统计局对北京、上海、天津、重庆、浙江、广东、云南等十个省市进行高收入群体调查,调查结果表明,高收入的全国平均值目前已高达6~7万元。2001年4月,一家报纸公布了对家庭收入进行的一次调查的分析结果,1%的居民很富有,年收入超过12万元;5%的居民比较富裕,年收入达到5~10万元;71%的居民年收入不足5万元,但已达到小康水平。据我们了解,在北京、上海和一些沿海大城市,有些个人及其家庭收入远远超过这个数字。例如,某一跳水运动员年收入高达700万元,而另外一些明星的收入也都在百万元以上。一个富有阶层在中国的崛起引起了国际上的广泛关注。法国《费加罗报》呼吁:"在中国历史上人们第一次看到出现了一个中产阶级。"应当看到,在我国13亿人口中,目前还有2 000多万人口温饱问题还未解决。更多人口刚刚解决温饱,远未达到小康。在国际上,大都运用基尼系数来衡量贫富差距。在正常情况下,基尼系数大多近于0.3。有人统计,目前中国基尼系数达到0.46强,还有一些研究机构计算的结果认为已高达0.59。这表明目前在我国,贫富分化严重、农村购买力不足已经成为我国经济发展的严重制约因素。

第四,这1.1万亿是与近年来大幅度的扩张性财政、货币政策联系在一起的 这一方面体现了我国宏观经济的良好调控能力,另一方面也反映了一定的经济隐患。从长期看,扩张性的经济政策往往以牺牲未来的经济增长速度为代价,如今年国债的发行成为今年或明年经济扩张性因素,未来国家买回国债又会成为那时经济的紧缩性因素。

第五,从这1.1万亿来源上看,还可充分反映地区之间贡献的差异 中国在几千年的历史上,地区之间发展是不平衡的。"上有天堂,下有苏杭"、"春风不度玉门关",都是说地区发展的差距。几十年来,地区政策几经变化,总的来说,各地区都有较大程度的发展,但不能否认,地区之间发展差距还是很大的。例如,东部和西部,沿海和内地等。

总的来说,衡量经济发展,不仅要看总量,还要看人均;不仅要看数量,更要看质量。我们对于1.1万亿不能盲目乐观。我们一定要保持清醒的头脑,同时也有理由坚信:只要深化改革,我国经济必将迈上新的台阶。

(作者为中国社会科学院研究员)

对西部大开发几个问题的认识

蔡文强

以江泽民总书记为代表的第三代中央领导集体,在我国进入全面建设小康社会的新阶段,站在新世纪的高度,考虑到中国发展的未来及时地向全国人民发出了西部大开发的号召。这是实现小平同志提出的"两个大局"战略构想的重要举措,对于维护和巩固社会主义制度,缩小东西部差距,增强民族团结,保障国家安全,实施走出去战略,拉动国内需求,融入世界经济一体化等方面都具有十分重要的意义。它必将激励广大西部地区各族人民加快改革开放和发展的步伐,进而进一步推动中、东部地区乃至全国的发展。

但是,在西部大开发中也还存在一些问题必须引起高度重视。

继续加大对西部大开发的宣传力度，提升对西部大开发重大意义的认识，使西部大开发真正成为中华民族生存和发展的大事，成为中华民族的共识，成为国家发展的一个基本国策和基本战略

西部大开发的认识问题是否真正解决了呢？我们认为是中央解决了，而各部门还未完全解决；西部认识基本到位了，而中、东部认识还未完全到位；党的部分高级干部认识到位了，而广大干部群众认识还未到位。西部大开发是否热起来了呢？我们认为是党中央热起来了，而部门没有；西部热起来了，中、东部没有；部分热起来了，整体没有。西部大开发并没有像当年支边下乡那样的热潮，并没有像当年南下潮到广东、深圳那样的场面，西部大开发虽然开局良好，但主要是靠中央政策和投资推动的。中央的号召并未带动人潮的流动，投资驱动并未带来市场的驱动。这些问题的存在应该引起我们的高度重视，并认真分析其原因，采取果断的措施加以解决，否则不仅会影响到西部的发展，而且会影响全国的发展。我们认为西部大开发是中华民族100多年来魂萦梦绕的心事。从孙中山的《建国大纲》到毛主席《论十大关系》，到邓小平提出的“两个大局”的战略构想，到江总书记提出的西部大开发战略的实施，100年的梦想，今天才得以实施。因此，西部大开发不仅仅是西部的事情，更是中华民族的大事，是中国人民的大事。我们认为：西部长期以来不是中央政府关注的重点地区，西部地区总是与贫困、落后、愚昧、野蛮、战乱、饥饿、瘟疫、荒芜等联系在一起，至今西部许多地方仍然处在自然经济时代、小农经济时代，处在逐草水而居、刀耕火种的时代。落后的生产方式与现代生产方式，封建、愚昧的文化思想与现代文明思想，落后的生产力与现代生产力交织在一起，长期以来西部地区没有与中华民族一道同步享受社会历史进步的文明成果。我们认为：西部地区各族人民长期以来为推进中国的社会历史进程和改革开放步伐，为维护民族团结、巩固国家安全等方面作出了在政治上、经济上、资源上、文化上、生活上、精神上等各方面的巨大贡献和牺牲。因此，西部大开发不仅是西部的大事，而是事关中华民族生存和发展的大事；西部大开发不仅是西部的共识，而应该成为中华民族的共识；西部大开发不仅是西部的动力，而且应该成为全国人民的动力；西部大开发不是恩惠和善施，而应是国家的一个基本国策。因此，进一步深刻认识西部大开发的意义，加大对西部大开发的宣传力度，为西部大开发奠定一个良好的思想基础、理论基础和社会基础具有十分重要的意义。只有解决好这些认识问题，西部大开发才能从局部走向全局，才能从被动走向主动，才能从形式走向本质，西部大开发的春天才能真正到来。

正确认识西部的现状和正确认识当前的形势是西部大开发开创新局面的关键

制定西部大开发正确的方针、政策、思路、战略等都必须在深刻认识西部的现状基础之上，都必须在深刻认识当前所处形势的基础之上。西部的现状主要方面是什么呢？

从西部地区所处历史阶段来看 少数西部大城市实现了或正在实现工业化阶段，多数中小城市正在形成城市化阶段，而广大农村和牧区、林区仍然处在落后自然经济阶段，这就决定着西部大开发面临着三个不同阶段的建设(即：向现代化、工业化阶段，向城市化阶段，向现代商品市场经济阶段)交织在一起的艰巨任务。

从西部地区在国家中所占地位来看 我国地势是北高南低、西高东低。西部地区处于从北偏东、从西偏南半弧高隆地区，具有陆边接壤优势，不具沿海优势。西部是祖国的防护栏，是国家的战略资源库，是祖国生态的保护器。这就注定了西部要为维护国家安全、储备国家战略资源、保护生态环境而限制或放弃一些传统产业发展的路子，牺牲自己的短期利益。这就注定了西部发展要走具有自己独特产业的路子。

从西部地区所处地理环境来看 西部地大物博，但山地、河流、高原、荒漠、沙地等不可生存和不可利用的面积太大；自然环境恶劣，各种自然疫害频繁，这就注定了西部要下大力气治山、治水、治河、治沙、治土、治草各种治理活动，增强抵御自然灾害的能力，努力改变自然环境带来的不利因素。

从西部地区民族和人口素质来看 各少数民族聚居地，人口整体素质低下，剩余劳动力多，文盲半文盲多，贫困村、贫困县多，贫困线以下的人多，弱势群体多，文化具有多样性。注定了西部在发展经济中承担着扫盲、扶贫、增收和治愚、治穷、社会保障的巨大

压力。

从西部地区其他方面来看　现代意识少,传统意识多;现代工业少,传统产业多;国有经济多,非国有经济少;财政收入少,支出压力大;科技、教育投入少;市场化、城市化、产业化发育程度低下等。

西部地区的现状与中、东部地区的现状差距太大,与全面进入小康社会建设阶段差距太大,与加入WTO及融入世界经济的差距就更大。西部地区的发展既不能以牺牲国家战略储备资源和环境为代价来换取发展,又不能以牺牲中、东部的发展速度来发展,那么,西部的出路在哪里呢?

立足于自力更生,立足于国家主导辅之于中、东部支持,认真总结东部发展的经验,找准资源与市场的切入点,开展思路创新、政策创新、体制创新、机制创新、方法创新是西部大开发的必然途径

必须进一步解放思想　以解放思想促创新,以解放思想促改革,以解放思想促发展。西部地区贫穷落后面貌不解决,必将拖全国发展的后腿,必将影响党的领导地位和执政地位,必将产生地区间的矛盾、民族性矛盾乃至国际性矛盾。不仅是经济发展问题和国家安全问题,而且也是政治问题和社会问题。解放思想必须首先从中央机关、国家机关解放思想,没有中央机关和国家机关思想的解放,西部地区要想从思路上、政策上、体制上、机制上创新是不可能的,因为西部大开发在一定时期内必然要以政府主导为主。其次西部地区的各级党委、政府以及广大干部群众要大力解放思想。在解放思想中统一认识,转变观念,增强信心,凝聚力量,在解放思想中大胆开拓创新,走出一条适合西部发展的新路子。

必须对西部大开发进行科学的、系统的立法工作　西部大开发是以政府为主导的大开发,必须以立法为基础。立法既是西部大开发的手段,又是西部大开发的一个基本途径。西部大开发的立法包括两个部分:一是《基本法》(或叫综合法),它要规定西部大开发的范围、对象、性质、目的、职能、机构、权利、义务、指导思想、战略选择等方面。二是《专项法》,它包括西部大开发起着基础作用和主要作用的专项问题进行立法。比如说《西部立法法》、《资源开发利用法》、《土地法》、《移民法》等。

在立法的基础上中央应设立机构权威、设置合理、职能科学、运转高效的西部大开发的领导机构、办事机构、科研机构和监督咨询机构　西部大开发是全国性的、长期的、艰巨的、复杂的、庞大的系统性的工程,必须从领导上、组织上、机构上、权力上进行保障。

必须正确确立西部大开发的战略指导思想 正确的发展战略思想是推进西部发展,正确制定方针政策的基础。我们认为在西部大开发战略中有五个战略指导思想必须确立:1.以国家为主导的长期发展战略的指导思想;2.坚持可持续发展战略的指导思想;3.坚持实施东西部协调发展和共同富裕的战略指导思想;4.建立追赶型、跨越式和滚动发展的战略指导思想;5.建立以西部资源优势为特色,以高新技术介入提高产业结构水平,以计划和市场相结合的创新机制为载体,培养内生经济增长为主的战略指导思想。

继续加大对西部的投资力度　西部地区要把中央对西部基础设施的投资与生态环境保护和建设结合起来,与利用政策优势和资源优势、市场优势和产业结构调整结合起来,与调动外资和民间非国有资金结合起来。西部地区要把中央对西部高新技术产业投资,如信息技术、生物技术、医药技术、纳米技术、动植物种养殖技术、遗传工程、基因工程等与改造和提升传统产业,开辟和带动新兴产业,建立优势和特色产业结合起来。让中央的有限投资带来最大的效果。

必须利用创新机制把西部各种优势转化为经济优势　西部的优势主要在于;陆边接壤优势、矿产资源优势、植被及动植物生态优势、旅游资源优势、文化多样性优势、水能资源优势、相对人力廉价优势。要把这些潜在优势转变为现实优势,把自然优势转变为经济优势,把内化优势转变为外化优势,就必须依靠机制创新。今天中国所处的环境和条件与80年代、90年代不一样,原有的思路、机制和方法已被时代所淘汰或限制,因此,必须用创新的机制来转化西部的优势,促进西部地区加快发展。

西部地区要积极主动行动起来,切实改善投资环境,特别是改善投资的软环境　环境是源动力,环境是导向器,环境是聚宝盆。西部地区要转变传统观念,加大科技、教育投入,加强人才培养力度,加快中小城市建设步伐,加强民主法制建设,培育市场机制,为西部大开发创造良好的投资环境。

(作者系中央党校学员)

向西开放建新滇经济走廊

赵令彬

号称"东方多瑙河"的澜沧江—湄公河已在2001年初通航,形成了重要的国际水上大道,目前国际形势的发展更有利于云南的开放,中国宜把握时机加快开放步伐,兴建昆明南下直达马来西亚及新加坡的铁路,更要以此为骨干在沿线建设新滇经济走廊。这将覆盖较先进的城市如新加坡、吉隆坡、曼谷、昆明等大城市及广大周边地区。

西面沿边开放是中国加快大西部开发的重要一环,其中西北的新疆及西南的云南对外开放前景尤佳。目前国际形势的发展更有利于云南的开放,中国宜把握时机加快开放步伐。

2000年11月在新加坡举行的"10+3"会议,通过了湄公河流域开发和建设泛亚铁路等计划,为加强云南与东盟各国的经贸联系开辟了新天地,尤其有利于水电航运及铁路建设等方面的合作(见作者《大公报》去年12月11日及13日文)。首先取得成果的是号称"东方多瑙河"的澜沧江—湄公河已在2001年初通航,形成了重要的国际水上大道,可促进滇南与缅甸、老挝及泰国等毗邻地区的经济发展。

但为达致更快速更远距的运输,还需兴建昆明南下直达马来西亚及新加坡的铁路。更要以此为骨干在沿线建设新滇经济走廊。这将覆盖较先进的城市如新加坡、吉隆坡、曼谷及昆明等,拥有较具规模及水平的制造、服务及科技等产业,但同时也包括一些较偏远和落后的地区。走廊上有丰富的自然资源(如农、林、矿及能源)、旅游景点和人力、人才供给,有利进行多元化的综合性开发,潜力很大。此外,除了走廊所经的泰、缅、老、马、新等国外,还可辐射到邻近的东南亚及南亚国家如印尼、越南及印度等,受影响的领域辽阔。走廊的建设可以所在各国的投入为核心,并积极吸引外来投资参与,包括各国华侨及台湾、香港资本,成为中华经济圈又一个活动平台。

建设走廊的条件已日趋成熟。除东盟地区的合作机制渐渐完备外,还有一些有利的因素

新加坡正计划加强与中国联系,并希望藉此带来新的发展出路　建设新滇经济走廊需要两国进行多层次、多形式的合作,故新加坡的积极参与将可更快取得成果。事实上走廊的开发可为新加坡带来重大利益。主要是可藉此扩大新加坡的腹地,有利维持其航运、金融等服务中心角色和推动新一轮的经济转型。一些专家如波特教授等已建议新加坡加强高增值服务业发展,以避免过分集中高科技制造业。

新加坡与马来西亚的关系改善,有助于开展更广泛的合作　目前新加坡资政李光耀与马来西亚总理马哈蒂尔达成多项谅解协议,消除了一些30年来影响两国关系的问题。这个新发展有助实现地区性大规模合作。

东盟各国积极寻找新发展道路　在亚洲金融风暴及世界经济不景气接连冲击下,一些国家正探索在出口带动增长模式以外的新出路,包括加强区内合作以减少对美、日经济的依赖。同时,本来较为封闭的缅甸、老挝等亦转向较为开放以求加快发展。这些新思路均有利跨国合作及推动走廊的建设。

走廊的建设对地区发展实有重大的战略意义。目前中国大量吸引外资而逐步成为世界工厂的趋势已引起邻国关注。建设新滇走廊可促使各方在加强合作中找出互利的分工模式,从而推动东南亚经济转型。此外走廊还可促进资源在东盟与中国间双向交流。

走廊的建设对中国大西南的发展与开放自然大有裨益。首先是有助吸引更多的东盟

投资、旅客及贸易。走廊地区与中国经贸关系分量较重的是新、马、泰三国

(1)1979～2000年三国在中国的累积实际直接投资达212亿美元，占总量6%(其中新加坡占近5%)，高于韩国(3%)，而距台湾省、欧盟(7%强)不远。2001年上半年三国投入亦达11亿美元。

(2)2000年中国对三国出口达106亿美元，占总出口约4%；而进口达149亿，占总进口约7%，逆差43亿。三国虽占中国外贸比重不大，但双方货物互补性颇高：中国进口以农林及工业原料为主，出口则以轻工产品为主，而机电产品是双方互有进出的大项。

(3)2000年三国访华旅客超过100万，约占中国外籍旅客10%。但比重与1995年时的20%相较已大为降低。

其他的缅、老两国对华关系也日形密切，但贸易额比上述三国少得多，2000年分别为6亿及4 000万美元。发展前景却不俗，中国的日用品以至农机等均颇受欢迎，老挝政府更鼓励进口中国货。同时，两国的农林矿等原料产品亦是中国所需。

随新滇走廊的开发，交通渠道及合作项目增加，东盟对华投资、旅游及贸易等自会上升。但走廊对中国开放的意义还远不止此，它还可助中国“走出去”，实现开放的双向流动

企业循走廊到邻国投资和开拓业务 据日本报道2001年头7个月中国对东盟投资激增。在泰国的投资金额已为2000年全年的30多倍，成为第四大外资来源。对马来西亚投资更进占首位，对越南、老挝等的投资亦大幅上升。目前中国在泰国直接投资已有200多项目，金额超过1亿美元，在缅甸有3 000多万，在老挝也有近1亿，主要是农、林及制造业等项目。随走廊的开发进一步扩展投资的空间很大，中国企业在中低档轻工、机电及摩托车等产品和基建工程都有一定优势。投资开发农林产品回销中国市场亦有可为。

公民外游 中国政府正逐步开放居民外游，缅甸、老挝等国均已列为允可的目的地。开放除方便观光外还有利中国企业(尤其是中小企业或私人)到走廊各国投资经商。

劳务承包 走廊各国在发展中进行的基建及其他工程，提供了大量劳务承包机会。例如在老挝，10年来中国承包项目累计达5亿美元；更为瞩目的是近期在泰国夺得移动网及光纤骨干网的建设工程。

新加坡与云南位处走廊两端，加强合作可令首尾呼应，故应率先落实一批合作项目以作示范。两地可以在制造、服务及科技等多个产业进行合作。制造业，特别是信息产业方面可藉分工来加强开发中国市场及建立出口生产基地。在科技产业方面新加坡正大力发展生物技术以改变过分集中于信息产业的情况，而云南也计划利用其丰富的自然生物、生态资源来开展生科及绿色产业，故双方合作空间很多。在服务业方面则可发挥新加坡的金融中心功能，提供项目融资及其他服务。更重要的是利用新加坡的航运及贸易中心功能，开拓云南与东盟、南亚等地区的经贸活动。新加坡转口贸易发达，2000年达590亿美元，占其外贸总额近22%。其中来往中国大陆、香港、台湾的转口超过100亿，占转口贸易总额18%。一些中国企业已在此设点营商。同时，在跨国企业带动下，新加坡已成为该地区重要的机电产品转口中心，故也可为中国正在兴起的电子信息产业服务。目前机电产品已占新加坡转口量70%多。

总之，中国应把握时机，尽早把新滇铁路计划落实，从而带动其他项目上马，中国可先自行兴建滇境的下关至景洪路段，并争取景洪至泰北的境外路段早日开工。同时各国还要尽早建立高效的通关机制以减少阻滞，使运输畅顺。

自云南推动向南开放时，也不可忘记向西开放，即加强与缅甸中心地区的联系，并由此走向南亚及印度洋。目前滇缅边境贸易日盛，中国已在瑞丽河边的姐告设立边贸特区，缅甸亦同样在对岸的木姐设立特区，成为缅甸交易量最高的内陆口岸。同时，印度最近对开展印缅经贸关系十分积极，除同缅甸投资及提供信贷以利出口印度的机车、机电设备外，还着意推动边贸发展。两国正准备开通两个边境口岸，其中德穆—曼尼普尔已开始运作。中印两国争夺缅甸市场行将加剧，但也可通过缅甸开展中印交往，带来新的商机。笔者从所接触的印度官员得知印度颇为注视云南的发展情况，并有意建立中印之间的陆路交通联系。中国对此宜积极反应。首先要加快下关—瑞丽铁路的准备工作。由瑞丽经缅甸到印度边境最近点不足400公里，连通后形成的南亚陆桥意义重大。全球两个人口最多和进步迅速的发展中国家的联系加强后所能产生的影响将非常深远。现时印度内部有一些反华声音,认为中国是个威胁,也害怕价廉物美的中国货品大批涌入。故此更有必要通过加强交往来增进双方政府及民间的相互了解。

总之,按目前形势看既有利也有必要加快云南的沿边开放。由此不但可推动中国西南与东盟、南亚等地的经济发展,对巩固中国与南邻的友好关系及安定边疆也至为重要。

走出“城乡分治,一国两策”的困境

中国社会科学院　陆学艺

几年来,我国经济出现了市场疲软,经济增长速度下降,物价连续下跌,通货紧缩。虽然已经采取了积极的财政政策,降低存款利息,增发职工工资,提高城镇居民收入,以求扩大内需,启动经济,但效果总不显著,原因当然是多方面的。但1997年以来占总人口70%的农村居民的购买力在逐年下降,农村市场不仅没有开拓,反而在逐年萎缩,使城市和工业的发展失去了基础,这是当今经济发展遇到问题的主要症结所在。可以说,我们现在患的是城乡综合症,单就城市论城市,就工业论工业,而且有些措施还损及农村的发展,问题就更难解决。

目前在中国经济社会生活中有两个非良性循环在困扰着我们:一是工农业主要商品普遍过剩,使企业投资积极性下降,不再上新的项目,加上银行惜贷、国内总投资减少;企业不景气,开工率不足,一部分企业不得不裁减职工甚至关厂停业,使大量职工下岗,最终导致居民购买力下降,消费减少,出现了生产与消费之间的非良性循环。二是城市经济不景气,使当地政府排斥外地民工进城,好安排本地下岗者再就业;同时农业增产不增收,乡镇企业滑坡,外出农民工回流,税负加重,使农村经济陷入困境,农民没有钱购买生产资料和生活用品,购买力下降,农村市场萎缩,农民无钱进城购物消费,又使城市经济不景气更加严重,出现了城乡关系的非良性循环。

当然这两个非良性循环是互相联系的,归纳为一个,就是在经济发展新阶段,出现了农业和工业的生产能力大量过剩,而城乡的投资需求和居民消费需求不足,形成了非良性循环。这里要强调的是,我国因为长期实行“城乡分治,一国两策”,使农村的剩余劳动力特别多,农村的资金特别短缺,城乡的差别特别大,现阶段三个农民的消费只抵得上一个市民!

50年代以后,我国逐步建立了一套城乡分割的二元体制。这一体制的理论基础是所有制的不同:城市以全民所有制为主,农村以集体所有制为主。这一体制的运行,在诸多方面是两套政策:对城市、对市民是一套政策,对农村、对农民是另一套政策。几十年来逐渐固定化,加上有户籍、身份制做划分标准,就形成了“城乡分治,一国两策”的格局。

在经济层面,在所有制及流通、交换、分配、就业、税赋等方面,对城市居民和农民的政策都是不同的。甚至许多公用产品的价格和供应方式都不同,如同样是用电,对城市居民是一种价格、一种供应方式,对农民却是另一种价格、另一种供应方式。在就业方面,改革前政府对城市劳动力完全包下来统一分配和安排工作,而对农村劳动力则认为有地种就是自然就业,政府就不做安排;政府的劳动部门,只管城市劳动力的就业,而没有管理和安排农村劳动力就业的职能。

在社会层面,在教育、医疗、劳动保护、社会保障、养老、福利等方面,对城市居民和农民的政策更不同。如教育,同是实行九年制义务教育,城市中小学的教育设施由政府拨款建设,而农村的中小学,则要乡村筹集资金来建设,所以教育集资成为农民长期以来的一大负担。有一阶段,考大中专学校城市居民子弟和农民子弟的录取分数线都不同,城市居民子弟的录取分数线低,农民子弟的录取分数线高。现在在校的大学生中,城镇居民的子女约占70%,农民子弟约占30%。这同全国总人口中,农民占70%、城市居民占

30%的格局正好倒置。

"城乡分治,一国两策"是在当时权力高度集中的计划经济体制下逐步形成的,当时要集中力量进行国家工业化建设,是不得已而为之,适应当时的短缺经济,前提是牺牲了农民的利益,把农民限制在农村,后果是压抑打击了农民的积极性,使农业生产长期徘徊,"八亿农民搞饭吃,饭还不够吃",使短缺经济更加短缺,越短缺就越加强"城乡分治、一国两策"的体制,形成恶性循环。

改革开放以后,农村率先改革实行家庭承包责任制,解散人民公社,把土地的使用权和经营权还给农民,使农民得到了自主和实惠,调动了农民生产的积极性,农业连年丰收,粮食等主要农产品已经由长期短缺转变为丰年有余,解决了农产品的供给问题。乡镇企业的发展,改变了农村的经济结构,农民生活有了极大改善。

但是近几年,农产品销售不畅,市场疲软,价格下跌,乡镇企业滑坡。虽然1996年以来,农业连年丰收,但农民收入下降,农村市场难以启动。自1996年冬季以后,粮、棉等农产品就出现卖难,价格下降。到1999年夏季以后,不仅是粮棉,几乎所有的主要农产品都出现了销售困难,市场疲软,由短缺变为过剩,由卖方市场变为买方市场,农民的收入成了问题。农民的年人均纯收入中的粮食收入部分在1999年要比1996年下降300多元。1996年农民人均从棉花得到的收入为68.07元,1999年只有36.68元。当今中国农民的收入结构中,农业收入还是主要来源,1996年,农民人均纯收入中来自农牧业的收入占55%。而在农牧业的收入中,粮棉收入又占绝对多数,特别在中西部地区,粮棉的收入更是主要的收入,在相当多地区,要占农民人均纯收入的60%以上。这三年,粮食棉花的价格下降30%~40%,农民的实际收入下降很多。

1996~1999这几年,乡镇企业也不景气。国内市场竞争压力加大,又受到亚洲金融风暴的冲击,使乡镇企业发展相当困难,并出现了吸纳劳力能力减弱,发展速度回落,效益下降,约40%的乡镇企业处于停产半停产状态。乡镇企业困难,使整个农村经济发展受到阻碍,农民的经营性收入和工资性收入大量减少。

在城里国家机构改革、国有企业改革的同时,城市里大量辞退外地民工,有些城市还制定了不少限制外地民工就业的规定。农民在城里打工越来越困难,许多已在城里工作多年的农民也不得不又返回农村。据有关部门测算,民工最多的年份为1995年,达8 000多万人,近几年逐年减少,1999年估算只有约6 000万人。以平均每个农民工一年在城里净赚2 000元计,农村就要减少600多亿元的现金收入。

从这几个方面看,农民特别是以农业收入为主的中西部地区的农民,这三年实际收入不是增加,而是逐年减少。改革以来,这样的状况还是第一次。政府从1997年就提出要开拓农村市场,两年过去了,农村市场并没有扩大。据各部门多方调查,最重要的原因就是农民没有钱,而不是农民不需要这些商品。

农村发展遇到障碍,是农村第二步改革没有能进一步冲破计划经济体制、城乡二元社会结构束缚的结果。90年代以来,城乡差别扩大,农村问题日益严重。本来农村率先改革,实行家庭承包责任制,解散了人民公社,促进了生产力大发展。农产品大量增产的同时,大量农业剩余劳动力涌现出来。迫于城乡分隔户口制度的限制,农民创办了乡镇企业,"离土不离乡"。但中国的农民数量太大,农村实在容纳不了大量剩余劳动力。到80年代后期,就有大量的农民工进城打工,城市也需要他们。到90年代中期达到高峰,但因户籍制度的限制,他们的职业改变了,农民身份未改。所以,这许多民工有的已在城里工作了十多年,还是农民户口。众多的农民工像候鸟一样,春来冬去,形成了所谓"民工潮"。实质的问题在于,计划经济体制下形成的城乡二元社会结构格局及其户籍制度,至今没有改革。于是出现了这样的怪现象:20年来,我国进行了大规模的工业化建设,经济突飞猛进,要换了别的国家,在工业化高速发展阶段,必然是农民大量进城,农民身份的人大量减少,我国则不然,1978年我国有农业人口7.9014亿人,而到了1998年,农业人口反而增为8.6868亿人,20年增加7854万人。据国家统计局的数字显示,1994年的城市化率是28.6%,1998年的城市化率为30.4%,4年才增加了1.8%!就工业产值在国民总产值中的比例来说,我国已是工业化国家,而从农业人口——劳动力的比重看,却还是农民为主体的社会。以至于出现了城市化严重滞后于工业化、社会结构与经济结构不协调的城乡失衡局面,这是目前产生很多经济社会问题的重要原因。

80年代中期以来，乡(镇)村两级党政机构日益庞大，干部队伍恶性膨胀，权力越来越大，但又没有财政支撑，官多扰民，这是农民负担越减越重，农村社会冲突频发的主要原因。人民公社时期，政社合一，一个公社党委和管委会只有20多个干部，大一点的有30多人。每个大队干部只四五个人。实行家庭承包制后，解散人民公社，成立乡(镇)政府，大队改为村委会，干部的名称改了，人数并未变。农村实行大包干以后，在大约五六年的时间里，乡村两级干部(特别是村干部)原来组织集体生产经营的职能没有了，一时无所适从，村干部也多数回家种承包田去了。“土地包到户，还要什么村干部”是这一阶段的写照。上面县(市)的干部下乡，很难找到村干部，农村出现了所谓瘫痪、半瘫痪的问题。但恰恰是这段时间，农民负担是最轻的，农民负担并没有成为农村的社会问题。

到了80年代中期以后，再次强调在农村要加强领导，强调要做好农业生产的社会化服务，特别是在1985年取消统购实行合同定购之后，市场粮价猛涨，定购价低于市场价很多，政府通过乡村干部动员农民完成定购任务。农村基层组织、乡村两级干部，又在新的形势下逐步加强，逐步增多。这一段时间，县(市)以上的领导，注意力都主要集中到发展工业化，发展城市经济，解决城市问题。对农村实行承包责任制之后，农村基层政权应该怎么建设，机构需怎样配置，人员编制多大规模，编制外可以容纳多少名额，等等，都没有明确的安排和规定。在这样的状况下，就在十多年间，农村乡(镇)村两级干部队伍迅速膨胀起来，机构越来越大，达到了空前的规模。这几年乡(镇)级干部大量增加，党委书记、乡(镇)长外，又增加了若干副书记、副乡(镇)长，增设人大主席(还有人大办公室)。现在一个乡(镇)仅副乡级以上干部就有十来个。在一些经济比较发达的乡(镇)，因为乡镇企业赚了钱，有了财力支撑，机构越设越多，例如设置了经济委员会、工业办公室，还把原来乡政府里的八个助理，逐个升格为七所八站，如财政助理升为财政所，公安助理升为派出所，水利助理升为水管站，文教助理升为文教办公室，计划生育助理升为计生办，还新增了土地管理所、交通管理站、电力管理所，等等。由于任用农民身份的干部和工作人员没有编制限制，乡(镇)主要负责人可以任意安排和调用，所以这些年，乡(镇)政府里的各种办公室人员，办事人员以及司机、服务员、炊事员也大量增加。现在一个乡(镇)政府，少则数十个，多则百余人，甚至有二三百人的，超过正式编制几倍乃至十多倍，比50年代一个县政府的机构还大。在村级组织，行政村里有党支部、村委会，除几个主要负责人外，还设有第一副村长，工业副村长，牧业副村长……还有人数不等的支委、村委、民兵连长，团支部书记、妇联主任、治保主任、调解主任，此外，还有计划生育员、电工、水管员等等，一个村里，总不下十数人。而凡是有个头衔的，都要拿补贴，都比农民有权，都要比农民生活好。乡(镇)村两级有这么多官，有这么多管事的人，有这么多人拿钱，国家又没有对这些人的财政开支，只能从农民那里用各种名目收取，农民负担又怎么能减轻呢？

90年代以后，各地陆续建起乡(镇)级财政，普遍建立财政所。乡(镇)财政所统管乡(镇)干部、中小学教员、卫生院医务人员，以及大群不在编人员的工资、医疗、旅差、福利以及日常经费等的开支。这类财政支出是刚性的，但财政收入却无固定来源和固定数量。特别是1994年财税改革之后，实行分税制，较稳定和较好的税收都由地(市)级以上收去了，所以，这些年地(市)以上的财政状况一般都较好。但是以下多数不行，因为好的财源、税源，到县(市)以下就所剩无几，县(市)再留下一些，到乡(镇)一级则多数财政困难，几乎就没有什么税源和稳定的收入。在这样的条件下，乡(镇)长们要维持政府运转的功能，日常开支，一是举债度日，向各方面、各渠道去借钱，有的是借银行、信用社的，有的是挪用的，有的则是借的高利贷；二是用各种方式向农民和乡镇企业摊派，乱收费、乱罚款、乱集资就这样逼出来了。

在计划经济体制下形成的城乡二元结构、户籍制度，保留的时间太长了，几乎很少改革。由此带来两个问题，一是阻碍了社会流动，使城市化严重滞后于工业化，经济结构和社会结构不协调；二是阻碍了社会主义市场经济体制的孕育和成长。20年来的实践表明，把8亿多农民限制在农村，农民富不起来，农村也现代化不了。农业容纳不了5亿多劳动力，也不需要这么多劳动力，按我国现有的农业生产水平，有1.5亿劳动力就可以保证农产品的生产和供给，满足国民经济发展和全社会的需求。办乡镇企业是成功的，转移了1亿多劳动力。但完全靠“离土不离乡”不行，长期搞亦工亦农并不好，不利于专业化，不利于工人队伍的素质的提高。乡镇企业主要是二、三产业,发展到一定阶段要向小城镇乃至城市集中。

打开镇门、城门,放心大胆又有步骤地让农民进来,这是经济发展到今天的必然要求,现在的农村不仅是农产品全面过剩,主要是农业劳动力大量过剩,在农村范围里调整经济结构,产品结构,怎么调整也不行。要跳出农村、农业的领域,进行战略性的社会结构调整,让相当多的农民转变为居民,转变为二、三产业的职工,改变目前我国"工业化国家 + 农民社会"的现状。

80 年代后期,特别是 1992 年以后,在经济大发展的潮流下,为适应城市经济发展的需要,同时农村的剩余劳力要求寻找出路,有大批农民工涌进城里来打工(特别是搞建筑)、拾荒(捡破烂)、经商(主要是摆地摊、卖蔬菜),他们干的是最重最累最危险的活,而工资和劳保福利是很低的,为输入地创造了大量的财富,为当地的繁荣做出了很大贡献。但因为户籍制度的限制,在城里打了十多年的民工,工作再努力,表现再好,也还是民工。他们得不到输入地政府认同,打工多年,也融入不了当地的社会,付出了极高的代价。有些用民工单位,对他们进行超经济的剥夺,待遇非常苛刻。就许多城市说,只要有什么风吹草动,首先裁减的是外地民工。这几年经济调整,全国的民工已降到 5 000 万人以下。这样大的民工队伍,因为是这种用工方式,招之即来,挥之即去,培养不出训练有素的、有技术、有纪律的工人队伍来,产生不出相应的干部和管理人员来,而且由于民工过着候鸟式的生活,无序、无规则、无组织的流动,难免产生种种的社会问题,给交通运输、公安、民政卫生等部门造成很大的压力,付出了极高的社会成本。

从民工潮的涌动这个侧面,也说明户籍制度非改不可。

现在,农村发展到了一个新阶段,需要深化改革,进一步把农民从计划经济体制的束缚中解放出来,改革城乡二元社会结构,大力推进城镇化,特别是中小城镇建设,形成城乡一体的社会主义市场经济体制,促进二、三产业发展,使更多的农业剩余劳力到城镇就业,使农民更加富裕起来。

有学者提出,现在的农业问题,在农业以外;现在的农村问题,在农村以外。要解决目前的农村农业问题,必须跳出农村农业的圈子;同样,研究城市、工业发展,不能就城市论城市,就工业论工业,而要考虑农村、农业的发展和问题。

我们已经到了必须考虑如何走出"城乡分治、一国两策"的格局的时候了。

附:户籍隔离四十三年祭

天赋人权面前,我们渴望平等和自由。

因此,还在 1954 年,新中国第一部《宪法》就在全国亿万人民"向着法西斯蒂开火,让一切不民主的制度死亡"的和声里,再次强调中国公民有居住和迁徙自由的权利。

但是,中国公民的这种权利被 1975 年修正后的《宪法》彻底取消了。甚至,还在 1958 年《中华人民共和国户口登记条例》正式颁布实施时,"农民"就被法律从"职业"当中剥离出来,变成了一种世袭的"身份"。非但不能自由迁徙,甚至在祖国的其他地方,农民如果因私离开常住地并在外居住超过三个月的,要向户口登记机关申请延长时间或者办理延长手续,既无理由延长时间又无迁移条件的,将遭到收容和遣送。

改革开放后,在《户口登记条例》基础上派生出来的全国各地《城市流动人口暂行管理规定》,对"外来人口"的管理更加变本加厉。不但加强了对外来人口流动的控制,而且还试图通过"暂住证"制度进一步剥夺外来人口"人生而平等"的权利。因为"暂住证"是流动人口在城市临时居住的合法证明,未取得"暂住证"的,任何单位和个人不得向其出租房屋或者提供就业、生产经营场所;劳动行政管理部门不予核发外来人员"就业证";工商行政管理部门不予办理营业执照。

更可怕的是,作为外来人口即使你办理了"暂住证"和"就业证",你也因为没有流入城市的户口而找不到工作;即使你好不容易找到一个"工作",也因为没有该市户口而低人一等;应该享受的各种福利待遇也被"户口"——剥夺。

然而,我们需要平等和自由。

在新世纪的曙光里,户籍不应该也不能成为平等和自由的枷锁。尤其是在中国加入 WTO 的今天,如果一个人在他自己祖国的某个城市只能"暂住",作为匆匆过客,他不可能高唱"可爱的祖国";如果用"暂住"的方式阻止人口流动,不可能促进全国各地的经济发展;如果用户籍隔离城市和乡村,只能加深工人和农民彼此之间的隔膜;如果我们抱残守缺,不能全面审视和修订我们的制度,我们事业必将为制度所葬送!

更关键的是现行的户籍制度违背了"人生而平等"的原则。将出生地作为人生的一个限制,使各地区的人缺少了平等分配国家资源、平等交流的机会。其次,现行户籍制度越来越不利于中国社会现代化的发展。在中国,现代化常被简单地理解为技术、生产力的现代化。其实,现代化更是一个精神变化、社会关系变革的过程,是从身份制度到契约制度的革命。第三,现行户籍制度是一种与计划经济相配合的"管人"的模式,几十年的实践证明,这是一种非常低效率的模式,它严重妨碍了生产力的发展和社会的进步。

值得高兴的是,户籍坚冰开始松动。继 2001 年 3 月国务院批转公安部《关于推进小城镇户籍管理制度改革的意见》,对办理小城镇常住户口的人员,不再实行计划指标管理,今年 3 月,浙江湖州市在全国率先打开户籍"变法"大门;4 月,广西以身份证制度代替户籍管理制度,逐步取消农村人口到城镇落户"农转非"计划指标的限制;5 月,上海改"户籍制"为"居住地制";7 月,宁波彻底拆除城乡户口门槛;8 月,石家庄公布户口全面放开准入标准,在直系亲属投靠、外来投资、大中专毕业生分配、外来务工人群户籍管理方面实现重大突破,并首开全国省会城市户籍制度改革先河。

随着公民居住和迁徙自由的逐步回归,说明"天赋人权"之光正在战胜长达 43 年的户籍隔离。而且,随着城市户口功能的不断被弱化,"外来人口"也必将获得越来越多的平等发展机会。因此,为在共和国的大厦能够呼吸自由和平等的空气,欢呼平等的就业权、选举权、教育权从天上降落人间,从城市降落乡村,特作此祭,以告别长达 43 年的户籍隔离幽灵。

蒋伏利/文(原载《北京法制报》)

2001 年的中国铁路工程建设

中国铁路工程总公司总经理 秦家铭

中国铁路工程总公司的前身是成立于 1950 年 3 月的铁道部工程总局和设计总局(后几经变更为铁道部基本建设总局)。主要担负着全国铁路基本建设的领导、组织、指挥、协调和管理职能。1989 年 7 月 1 日,经国务院批准,铁道部撤消基本建设总局,正式组建中国铁路工程总公司(在此之前的一段时期,铁道部基本建设总局与中国铁路工程总公司是一套机构、两块牌子),成为铁道部直属的自主经营、独立核算、自负盈亏、具有独立法人资格的特大型国有企业。1998 年 7 月 28 日,为落实中央"政企分开"原则,总公司与铁道部实行结构性分离,2000 年 9 月 28 日,中国铁路工程总公司与铁道部正式"脱钩",整体移交中央管理。中国铁路工程总公司是集勘测设计、施工安装、工业制造、科研咨询、工程监理和外经外贸于一体的多功能、特大型工程建设公司。具有国家建设部批准的工程施工总承包一级企业和外经贸部批准的对外承包工程资质,并拥有外经贸部颁发的国外承包工程劳务合作经营许可证和中华人民共和国进出口企业资格证书。2000 年 9 月顺利通过 ISO9001 质量认证,同时获得英国皇家 UKAS 证书。

中国铁路工程总公司除直接从事生产经营外,作为国家授权经营国有资产的混合型国有控股公司,现下辖中铁一局、二局、三局、四局、五局、大桥局、隧道局、建厂局、电气化工程局，中铁西南、西北科学研究院，中铁大桥、隧道、电气化、通信信号、建厂勘测设计院，武汉工程机械设计研究院，山海关、宝鸡、成都、沈阳桥梁厂，宝鸡、武汉工程机械厂，咸阳基建干部管理学院和其他经济技术公司。全公司现有员工 25 万余人，其中工程技术人员 6 万人，高级技术人员 5 000 余人（教授级高级工程师 198 人），中国工程院院士 3 人，全国勘测设计大师 3 人，国家有突出贡献的中青年科技、管理专家 5 人，享受政府特殊津贴的 287 人，部级有突出贡献的中青年专家 48 人。在半个世纪的历程中，先后参加了成渝、京九等百余条铁路建设，为共和国的版图增添铁路干线 4 万多公里，占全国铁路总长的 2/3 以上，建成电气化铁路 1 万多公里，大型桥梁1 800多公里，隧道 1 800 多公里。同时还完成了数千项公路（高速公路）、机场、码头、水电、地下铁道、高层建筑、大型厂房、电力、通信、信号等国内大型工程的设计与施工。特别是改革开放以后，总公司积极参与国际竞争，先后在坦桑尼亚、赞比亚、尼泊尔、伊拉克、泰国、新加坡、日本、香港、澳门等 20 多个国家和地区承揽各类大型工程 200 余项。总公司成立以来，全系统共获得中国建筑工程鲁班奖 31 项，国家优质工程奖 21 项，省部级优质工程 270 项，国家级优秀工程勘测设计奖 39 项，国家级优秀工程设计奖 33 项，国家级科技进步和发明创造奖 35 项（其中特等奖 3 项），国家级工程设计计算机优秀软件奖 26 项，全国优秀标准设计奖 41 项，省部级科技进步和发明奖 283 项。

2001 年，对于中国铁路工程总公司来说是极不平凡的一年。在这一年里，全公司广大干部职工解放思想、抓住机遇、锐意进取，各项工作取得了新的进步。

企业产值继续攀高　全年完成企业总产值 380.26 亿元，为年度计划的 103.73%，同比增长 7.63%。其中建筑业总产值 320.39 亿元，同比增长 6.02%。在企业总产值中，工程局完成 342.5 亿元，设计院和研究院完成 2.74 亿元，工厂完成 15.1 亿元，机关本部及直属单位完成 19.92 亿元，分别为总产值的 90.07%、0.72%、3.97%、5.24%。

新签合同额创历史最好水平　全年新签订合同额 450.04 亿元，为年度计划的 108.31%，同比增长 0.61%。其中工程局（集团公司）签订合同额 404.79亿元，占合同额的 89.95%；工厂签订合同额 17.93 亿元，占 3.98%；设计和研究院签订合同额 3.47亿元，占 0.77%；总公司本部及直属单位 22.68 亿元，占 5.30%。新签合同总额中，外经合同额29.69 亿元（包括境外项目和境内外资项目），占新签合同额的6.60%。公路工程签订合同额 118.32 亿元，同比增长 24.10%。

海外经营积极向前推进　2001 年 1 月份，总公司与铁通公司正式成立联营体，作为总承包商承担马来西亚南部铁路工程的建设任务。5 月份，总公司中标阿联酋棕榈 2 岛工程，实际中标价 2 亿美元。目前已完成水文地质的探测工作，其它工作正在积极地向前推进。由总公司负责组织实施的泰国北部登猜至青莱 246 公里铁路项目，已进入商务运作。另外，还中标了蒙古公路工程 3 000 万美元、新加坡厂房工程 2 000 万美元和马来西亚医院工程 800 万美元。

企业改革继续深化　一是建立现代企业制度迈出新步伐。二是进一步完善了法人治理结构，初步建立了新的企业运行机制。三是通过资产重组，优化了组织结构。四是机关本部的改革力度进一步加大。在总公司机关干部中开展首次职员级别认定，实行了五级职员制和竞聘上岗工作，重新签订劳动合同。通过双向选择，竞聘上岗，逐步建立了干部能上能下，择优用人的新机制。

重点工程建设进展顺利　内昆线总公司管段 2001 年 8 月 18 日全线铺通，2002 年 5 月 12 日通车正式运营。秦沈线 10 月份轨道工程全面展开，累计完成正线铺轨 34.531 公里，西安南京线下工程也已基本完成，渝怀线线下工程全面展开，青藏线试验段工程全面展开，武广电化 2001 年 9 月 10 日全段开通。哈大电化 2001 年 11 月 30 日全线开通，朔黄线一期电化 2001 年 12 月 18 日全线开通。

企业管理进一步加强　一是加强了国有资本管理。总公司相继制定和出台了《总公司国有资本监管暂行办法》、《总公司国有资本经营重大事项管理暂行规定》等多部法规，进一步完善了总公司以产权为纽带、适应母子公司体制的国有资本监管框架体系，加强了对国有资本投入、营运、收益的全过程监管。二是狠抓了资质就位工作。根据最新资质就位方案统计，全公司共有 79 家企业（含总公司、局、处三级）

申请建筑业企业资质。资质就位工作,切实推动了企业结构调整和资产重组。从目前各局资质就位方案统计来看,申请特级9家,申请总承包一级35家。总承包二级3家,专业一级31家,专业二级1家。申请资质总数368项,资质就位面占总承包系列42%,占专业承包系列的55%。三是狠抓了质量认证改版工作。根据总公司ISO9000标准的资质换版计划,组织总公司及部分单位进行ISO9000标准培训,为体系文件换版、贯标打下了基础。目前,全公司系统已有110家局、处级单位取得113认证证书。

安全质量迈上新台阶　全公司共发生责任因工死亡事故12起,死亡19人,千人死亡率0.07‰,比年度控制指标0.15‰下降50%,创总公司安全生产历史最好水平。"安全标准工地"建设取得新成果,2001年度在各局推荐申报的基础上,经总公司抽查验收,对中铁一局新运处北京城铁项目部等38个总公司"安全标准工地"予以了表彰奖励。已完工程1 759件,合格率100%,优良率95.5%。大桥局等施工的芜湖长江大桥、建厂局施工的福建省高等法院审判综合大楼、隧道局等施工的北京地铁3项工程获中国建筑工程鲁班奖。目前,全公司已获"鲁班奖"34项,是建筑行业获鲁班奖最多的单位之一。本年度申报的中国土木工程大奖,广深高速电气化工程、北京地铁天安门东站、西站及其区间隧道工程,经初评入围。申报铁道部优质工程奖30余项,复查初评工作已经基本完成。上报总公司优质工程50项,经评审通过47项。

科技进步成效显著　围绕秦沈客运专线铺轨工程、青藏铁路高原冻土施工技术、渝怀铁路不良地质桥隧施工、城市轨道交通及地铁建设等方面,积极组织科技攻关。全系统新开科研项目416项,科技投入5 755.36万元,完成科技成果89项,获部级工法27项,国家级工法8项,有13项成果获得国家专利。围绕冻土区路基填料、压实工艺、桥梁低温、早强、耐久混凝土、负温早强耐久混凝土、先张梁的制造、隧道低温喷砼和模筑工艺、通风保温等施工技术进行了广泛研究,收集并积累了大量的宝贵经验。在城市轨道交通领域积极开展科技攻关,结合重庆轻轨进行了跨座式单轨道岔、地铁道岔的开发,并跻身于上海高速磁悬浮建设领域,攻关首批功能件11月已通过甲方组织的专家评审验收。结合深圳、南京地铁施工,重点对盾构施工技术进行了科技攻关,初步掌握了盾构法施工工艺,并对盾构机的国产化制造进行了前期调研,对关键技术进行了分析研究,为下步生产制造盾构机打下了基础。针对桥梁、大跨、深基础、新型结构等研制了KTY3000A型工程钻机和MZ32移动模架造桥机,这两项设备2001年底通过部级鉴定。

经济效益继续提高　2001年全公司实现利润4亿余元,同比增长20%左右,创历史最好水平。工业系统与上年大体持平。在效率、效益增长的同时,职工收入也有新的增长。预计2001年末总公司职工工资总额将达300 309万元,职工年平均工资12 013元,分别比2000年增长2%和3%。

谱写中国铁路现代化建设新篇章

中国铁路工程总公司党委书记　石大华

新形势、新机遇、新挑战

经济全球化趋势增强给我们带来新的机遇和挑战　进入21世纪,经济全球化趋势不断增强,科技革命迅猛发展,知识经济时代已经来临,产业结构调整步伐加快,国际竞争更加激烈,我国已经加入WTO,我们必须敏锐地把握国内外发展趋势,大力开拓发展空间,既要站稳和扩大国内市场,又要在更广的范围和更深的程度上参与国际经济合作与竞争,充分发挥后发优势,实现跨越式发展。

国民经济持续快速增长,特别是加快基础

设施建设，给我们带来了新的机遇和挑战 “十五”期间，国家继续把基础设施建设特别是水利、交通、能源作为一项十分突出的任务，国家铁路和中央与地方合资铁路建设规模为新线6 000公里，既有复线3 000公里、电气化5 000公里；地方铁路建设规模为1 000公里左右。作为国有重要骨干企业，作为基础设施建设特别是铁路建设的主力军，一定要抓往机遇，加大参与市场竞争的力度，加快规模扩张，在为国家经济建设做出应有贡献的同时，加快发展自己。

深化国有企业改革给我们带来了新的机遇和挑战 “十五”期间，国家将进一步深化国有大中型企业改革，基本完成产权清晰、权责明确、政企分开、管理科学的现代企业制度建设。我们必须进一步增强紧迫感和危机感，紧密结合总公司实际，勇于探索，大胆实践，努力在股权多元、控股经营、结构调整、转换机制等方面取得重大突破，在深化企业改革上迈出新的步伐。

社会生活的深刻变化给我们带来了新的机遇和挑战 随着对外开放的不断扩大，不仅会大量涌入先进技术、产品和信息，还会渗透西方腐朽思想和价值观念；随着市场经济的深入发展，经济成分和利益主体、社会生活方式、社会组织形式、就业岗位和就业形式的多样化日益明显，不可避免地对干部职工生活方式、交往方式、思维方式产生深刻的影响，呈现出价值取向的多元化。因此，要深刻领会和贯彻江泽民总书记提出的四个“如何认识”，进一步加强党的建设，改进思想政治工作，切实维护企业稳定。

实施“二、三、四、五”战略 全面开创改革发展的新局面

面对新的形势，中国铁路工程总公司“十五”期间的指导思想是：坚持以邓小平理论和江泽民总书记“三个代表”重要思想为指导，认真贯彻落实党的路线方针政策和中央企业工委的工作部署，牢牢把握改革发展稳定大局，以市场开发为龙头，以加快发展为主题，以结构调整为重点，以制度创新为动力，以科技进步为依托，以政治优势为保证，振奋精神，开拓进取，扎实工作，全面开创总公司改革发展的新局面。

为了实现上述指导思想，今后五年总公司的企业发展战略是：分两步走，深化“三大格局”，推进四大战略，实现五项目标，即“二、三、四、五”战略。

分两步走 第一步，用2～3年的时间把总公司基本建成资本化、多元化、国际化和跨地区、跨行业、跨所有制、跨国经营的特大型企业集团；第二步，再用2～3年的时间即2005年，力争把总公司建成全国建筑行业龙头企业，进入国际承包商50强；力争到2010年跻身世界500强。

深化“三大格局” 坚持和完善以发挥集团优势、强化市场开发为主题的“大经营”格局，以提高科技实力、增强发展后劲为主题的“大科技”格局，以提供精神动力、准确把关定向为主题的“大政工”格局，以“三大格局”统揽全公司的各项工作，促进两个文明建设协调发展。

推进四大战略 *规模扩张战略* 抓住国家加大基础设施特别是铁路建设的极好机遇，充分发挥集团优势，积极参与市场竞争，努力扩大经营规模；实施“走出去”战略，发挥比较优势，全方位、多层次、宽领域地开拓国际市场。尽快成为国内外知名的大企业集团。

科技创新战略 落实企业在科技进步中的主体地位，形成以企业为中心的技术创新体系；进一步推进科技进步和创新，提高持续发展能力。

人才开发战略 加快建立有利于优秀人才脱颖而出、人尽其才的有效机制，形成尊重知识、尊重人才、鼓励创业的良好氛围。建设一支结构合理、专业配套、数量充足、具有较高素质的人才队伍。

资本经营战略 进一步拓宽企业的发展思路，实施多元化经营。要加大产权并购和资本扩张的力度，大胆参与资本市场的开发。

实现五大目标 *生产经营持续快速发展* 新签合同额2 500亿元，比“九五”增长80%；完成企业总产值2 000亿元，比“九五”增长50%；实现利税80亿元；比“九五”增长60%。

深化改革取得突破性进展 围绕建立现代企业制度，基本完成全公司资产、组织、产品、队伍结构调整；总公司取得国家授权，以国有资产出资人代表身份经营全公司的国有资产，完成控股公司组建，建立企业集团，并以资本为纽带与各受控企业结成母子公司管理体制；各成员企业改制为多元投资主体的有限

责任公司或股份有限公司；组建4～5家上市公司，进一步提高全公司的市场竞争能力。

管理水平明显提高　坚持以成本管理为中心，全面推行项目责任成本，加强成本核算和成本控制，强化管理的基础工作，努力追求利润最大化。认真贯彻“规范管理、强基达标”的总体要求，努力实现安全生产长期稳定、工程质量有序可控的目标，力争创鲁班奖和国优工程奖25项以上。

综合实力显著增强　确保国有资产保值增值。全公司总资产力争达到500亿元，人均劳动生产率达到20万元以上，职工人均收入年增长8%以上。企业科技开发能力、市场竞争能力和抗御风险能力明显增强。

精神文明建设迈上新台阶　加强思想道德建设，形成共同理想和精神支柱；大力开展群众性的精神文明创建活动，建设“四有”职工队伍，提高企业文明程度；培育和弘扬具有时代特色的企业精神和经营理念，企业的凝聚力和向心力显著增强，全公司的市场整体形象明显提高；大力加强企业文化建设，努力形成弘扬先进和昂扬向上的进取氛围，培养选树在全社会有影响、有较高知名度的先进典型。

坚持六项原则　做好工会工作

中国铁路工程总公司工会主席　姚桂清

江泽民总书记“七一”重要讲话为新时期工运事业和工会工作指明了前进的方向，提出了新的更高的要求。认真贯彻“三个代表”重要思想，完成工会组织所肩负的历史使命，必须确立新的思想观念和工作思路，必须在实际工作中认真遵循和始终坚持六项基本原则：

必须坚持党的领导　工会是党领导的工人阶级的群众组织，是党联系职工群众的桥梁和纽带，坚持党对工会的领导，是工会工作蓬勃发展的根本保证。工会组织从成立的那一天起，就与党的命运紧密地联系在一起。工会组织只有为实现党的方针目标而奋斗，架好党与群众相联系的桥梁，系好党和群众相联系的纽带，才能有所作为，发挥作用。

必须坚持“依靠”方针　坚持全心全意依靠工人阶级的根本指导方针，说到底是由我们党和国家的性质及工人阶级地位、作用所决定的。我们党从诞生那一天起，就与工人阶级血肉相联、命运与共，党离不开工人阶级，工人阶级也离不开党。邓小平同志在改革开放之初就精辟地揭示了党的依靠方针的深刻内涵：依靠工人阶级心须成为党的指导思想；全心全意依靠工人阶级的实质就是职工群众当家作主；坚持实行民主管理制度是保证工人阶级主人翁地位的基本实现形式；职工代表大会是贯彻依靠方针在企业中的具体体现；充分发挥工会组织作用是全心全意依靠工人阶级的必要条件；贯彻依靠方针就必须从政治上、文化上、生活和物质福利上去关怀职工群众。

必须履行维护职责　工会是社会经济矛盾的产物，工会从成立的那一天起，就是代表和维护职工群众利益的。如果工会不维护职工的利益，那么工会组织就没有存在的必要。发展社会主义市场经济以来，劳动关系由主要是职工与国家的关系变为主要是职工与企业的关系；在建立现代企业制度中，以职工持股会作为投资一方的企业职工还同时具备了劳动者和投资者的双重身份。同时，由于劳动关系市场化、契约化程度提高，职工权益的风险性加大，不同利益主体之间的矛盾更加突出，侵害职工合法权益的现象时有发生。在实际工作中，各级工会组织要坚持既维护企业和职工的总体利益，又更好地代表和维护职工群众的具体利益；既维护职工群众的经济利益，又维护职工群众的政治权益和精神文化利益；既维护职工合法权益，又引导帮助职工群众不断提高思想道德和科学技术素质。

必须紧密围绕企业大局 推动改革、加快发展、维护稳定是企业工作的大局，是党政工团开展各项工作的共同目标，也是广大职工群众根本利益之所在。在市场竞争日趋激烈的新形势下，广大职工群众对企业的认同感、归属感、荣誉感普遍提高，由衷地希望企业兴旺发达。各级工会组织应当明确，在国有和国有控股企业中，不论是党组织、企业行政，还是工会，都是代表职工群众利益的，都是为职工群众利益服务的。

必须坚持依法治会 社会主义市场经济是法制经济，党和国家已建立起较为完善的依法治国的基本方略。在我国，工会组织有着很高的法律地位，工会组织应当利用这种优势，将自己的全部工作逐步纳入民主化、法制化轨道。工会组织要从充分发挥自己的职能和作用出发，坚持依法治会，注意依法维权，使工会各项工作有法可依，有章可循。在实际工作中，要认真贯彻《公司法》、《劳动法》、《工会法》等法律法规，依法参与企业涉及职工合法权益的各种规章制度的制定；依法维护广大职工的劳动权利、经济利益、民主权利和精神文化利益，维护女职工的特殊利益；依法强化劳动法律监督，着重抓好与职工利益密切相关的法律法规的贯彻实施；依法建立健全工会组织，依法收缴工会经费，保证工会工作正常开展。

必须坚持创新 创新是时代发展的需要，是民族进步的灵魂，也是工会事业不断前进的推动力。只有创新，才能不断增强工会工作的生机和活力，才能有效地提高工会的凝聚力、吸引力和工会工作的针对性。当前，党和国家要求从理论、体制、科技、制度和工作上创新。联系工会工作，我们要认清创新的意义，确定创新的重点，探索创新的方法，提高工会干部创新的素质和能力。工会工作应当在创新中求完善，在创新中求突破，在创新中求发展。工会干部要以新的观念、新的思想和新的举措，把工会工作做得更有生气，更有实效，在铁路改革发展中发挥更大的作用。

世纪之交的中国电力工业

国家电力公司副总经理 陆延昌
国家电力公司战略研究与规划部主任 姜绍俊

中国电力工业的发展和电力市场的发育

新中国成立以来中国电力工业的发展 自新中国成立以来的半个世纪中，中国政府一直把电力工业作为国民经济的先行工业，经过大规模的经济建设，已经形成一套比较完整并具有相当规模的电力工业体系。新中国的电力工业几乎是在旧中国空白的基础上发展起来的。1949 年，全国发电装机容量只有 1 850MW，发电量只有 43 亿 KWH，位居世界第 25 位和 21 位，人均用电量只有 9KWH。经过近 30 年的建设，到 1978 年全国发电装机容量达到 57 120MW，发电量达到 2 566 亿 KWH，分别比 1949 年增长了 29.9 倍和 58.7 倍，年均增长 12.8%和 15.1%。

改革开放以来，电力工业以集资办电为突破口，充分调动各方面办电的积极性，以 1979 年云南鲁布革水电站利用世界银行贷款为标志，电力工业打开了利用外资办电的大门，逐步形成了多种形式利用外资的格局，一方面弥补了中国电力建设资金的不足和发电设备的缺口，另一方面提高了电力工业的技术含量，使电力工业不断跨上新的台阶。1987 年中国发电装机容量突破 1 亿 KW，此后，电力工业就驶入了持续快速发展的快车道，1990 年以来每年新投产大中型发电机组都超过 1 万 MW；至 1995 年 3 月全国发电装机容量又跨上 2 亿 KW 的台阶；1996 年中国的发电装机容量和发电量跃世界第2位;2000年3月中国发电装机容量再次跨上3亿KW的台阶,进入了世界电力生产和消费大国的行列。从此长期严重缺电的局面得到了基本缓解,国民经济和社会发展对电力的需求得到基本满足。

随着中国电力建设规模的不断扩大,电力结构也在不断调整。从1956年4月国产第一台6MW火电机组投产发电以来,国产发电设备不断加入电力工业行列,发电设备品种不断增加,发电机组容量不断扩大。现在,300MW及以上机组已经成为运行中的主力机组,单机容量为600MW和800MW的发电机组已经相继并网发电;单机50MW及以下的纯凝汽式小火电机组已得到有效控制和关停。进入90年代,浙江秦山核电站和广东大亚湾核电站相继建成投入商业化运行,改变了长期以来中国无核电的局面。1994年12月14日开工建设举世瞩目的长江三峡工程,成为当今世界最大的电站。

随着电源建设的发展,中国电网从发展城市孤立电网开始,逐步形成地区电网,再发展成省内电网,进而发展为大区电网。目前,中国已经形成了东北、华北、华中、华东、川渝、南方四省500KV跨省市主干电网和山东的500KV电网以及西北的结构紧密的330KV电网,其中华东电网和南方四省联营电网发电装机容量超过4万MW。1989年中国建成了第一条跨大区远距离±500KV直流输电线路——葛沪线,开始了大区电网之间的联网。随着三峡工程正式开工和与之配套的三峡输变电工程的逐步建成投产,将形成中国坚强的中部电网,成为全国联网的核心。1998年国家把城乡电网建设和改造作为加强基础设施建设的重要内容,计划用三年左右的时间共投入3 000亿元,建设和改造全国2 400多个县农村电网和280个地级以上城市电网,以改善城乡供电,开拓电力市场。

现在,中国已经掌握了先进的300MW、600MW亚凝界和超临界火电机组、550MW混流式水电机组、1 000MW级核电机组和500KV交直流输变电工程的设计、施工、调试和运行技术,并形成了一定的生产规模和能力;掌握了180米级的各类大坝的筑坝技术,大型抽水蓄能电站的设计、施工技术,有能力建设像二滩、三峡水电站那样的巨型水电工程;引进和开发了先进的大型水、火电厂分散控制系统,各大电网的通信、调度自动化系统不断完善,自行开发的CC-2000EMS、DMS系统已进入实用化阶段,电网运行和调度开始走上了自动化、现代化的管理。

电力供需形势的变化 中国从70年代初开始缺电,持续了20多年,许多地区出现"开三停四"的局面。由于电力供应严重短缺,制约了国民经济的快速发展,也给人民群众的生活带来了极大的不便。这种局面的出现是由多种原因造成的,从根本上看有两条,一是长期的计划经济体制所造成的社会资源配置不合理,资金不能自由地流向电力建设领域,从而造成电力建设资金的长期短缺,制约了电力工业的发展;二是改革开放以来,国家百废待兴,资源短缺特别是资金严重短缺,使需要密集资金投入的电力等基础设施的建设由国家一方承担难以承受,因此,电力短缺是必然出现的,也是发展中国家在经济开始起飞阶段所必然面对的现实问题。电力是这样,交通、通信等其它基础实施也是如此。

电力工业通过实行多家办电、利用外资办电等多种手段,经过几个五年时期的不懈努力,使电力短缺的局面在"九五"期间实现了根本性的改观,局部地区出现了电力供大于求的现象,实现了广大电力职工长期为之奋斗、全国人民梦寐以求的战略目标,并且为充满生机和活力的中国在21世纪的大发展奠定了物质基础。从这个意义上讲,"九五"时期在中国电力工业发展历史上是具有特殊意义的一段时期。

电力体制改革和法制环境 在加快电力工业发展的同时,中国的法制环境也在不断完善。以《电力法》为龙头,以《电力设施保护条例》、《电网调度管理条例》、《电力供应与使用条例》以及正在审批的《电价管理办法》和《农业和农村用电管理办法》以及国家经贸委将要制定的《发电市场运营和监管条例(暂定名)》为骨架,以相关电力配套规章和地方性电力法规为补充的电力法规体系框架已经初步形成,保证了电力生产、建设和经营的正常进行。当然,随着改革的深化,在修改《电力法》时必须修改与形势发展和深化改革要求不相适应的内容,应补充电力市场运营和监管基本法律制度,进一步明确电力管理部门和电力企业的权力义务,以及电力公开、公平、公正调度的有关规定,以形成良好的依法管电、依法办电、依法用电的法制和市场秩序。

1998年3月九届全国人大会议通过决议撤销电

力部，完成了政企分开的改革，政府职能移交国家经贸委，行业职能移交中国电力企业联合会，国家电力公司按照商业化的要求开始实体化运作。随着省级政府机构改革的逐步深化，省级电力工业管理局也将逐步撤销，省级电力公司将逐步公司化运营，政企分开将于本期基本实现，几个电力集团公司将全部改组为国家电力公司的分公司。电力工业市场化改革也在积极探索和试点中。经国务院批准，全国"厂网分开、竞价上网"的试点正在上海、浙江、山东、辽宁、吉林和黑龙江进行，支撑竞价上网的各种技术支持系统也在开发建设中。

当前中国电力工业存在的问题 虽然从总体上看电力工业的发展形势比较好，但是我们也清醒地认识到电力工业发展中存在一些亟待解决的问题：

电力供应水平和电气化程度仍很低，电力发展任重道远 到1999年中国人均占有发电装机只有0.24KW，人均发电量只有979KWH，不到世界平均水平的一半，为发达国家的1/6～1/10；全国至今仍有6 000万人左右没有用上电。1998年电能在终端能源消费中的比例为9.4%，远低于世界平均水平的17%；电煤消费占煤炭产量的比重为42.1%，也比发达国家70～80%低得多；电力消费能源在一次能源中的比重1999年为34.8%。

省间市场封闭，最大范围的资源优化配置受到局限 一些地方从本地区短期利益出发，把"省为实体"与资源优化配置对立起来，搞市场壁垒，限制竞争，限制甚至拒绝区外价廉的电力，造成了电力市场的割据，严重阻碍了电网的经济调度和运行，既不利于资源的优化配置，也增加了用户的电价负担，违背了电力事业公用性的原则。

电力工业内部结构性矛盾突出 一是电网建设长期滞后于电源建设，电网结构薄弱，特别是城乡电网老化，电能损耗大，农村电价高，出现了"有电用不上"和"有电用不起"的现象。二是电源结构不合理。水电装机比重不断下降，而且调节性能差的径流式电站比例过大；煤电比重过大，参数过低，效率不高；小火电机组发展失控，使环境污染得不到有效控制，供电煤耗降低缓慢。三是在电网负荷率持续下降、峰谷差越来越大的条件下，电网调峰的技术和经济性差的矛盾日益突出。

科学合理的电价机制尚未形成 电价管理比较混乱，电价结构不合理，输配电价所占比例过小，用户不合理负担沉重，特别是农村地区和孤立小电网，用户支付的电价水平已经超过实际承受能力。峰价和丰枯比价太低甚至没有实行，不利于电网调峰。电价监管体系不健全，未纳入法制化管理。

科技对电力工业发展贡献较低，技术经济水平仍然偏低，电力环保问题日益突出 火电600MW机组比重极小，清洁煤技术发电、核电技术、大型超临界机组、高压直流技术等都掌握甚少。供电煤耗比先进国家高80g/KWH左右；线损比先进国家高2～3个百分点，电能生产、传输和使用过程中的浪费现象严重。二氧化硫尚未得到有效控制，脱硫技术产业化和国产化进展比较缓慢，环保问题突出，已成为制约电力健康发展的重要因素。

电力企业管理水平仍然不高 冗员沉重，市场经济条件下的企业家队伍尚未形成，电力工业整体素质和效率不高，效益偏低。

上述问题的存在，既有发展中客观条件制约的因素，也有受投资体制、管理体制等主观认识制约的因素。随着电力结构调整力度的加大和改革的不断深化，这些问题将会逐步得到解决。

21世纪初期中国电力工业发展的重点领域及布局

按照建立现代企业制度的要求和市场化改革的方向，21世纪初期中国电力工业着力于体制建设和机制转变，真正形成"政府宏观管理、行业协会自律服务、自主经营"的新型体制框架。分"四步走"完成电力工业管理体制改革。理顺农村电网管理体制，建立适应市场经济要求和农村实际的新型管理体制；加强农电企业管理，提高人员素质和服务质量。因此，未来中国电力工业发展的重点领域及布局有以下几个方面：

调整电力结构 调整电力结构，促进产业升级是21世纪初期电力工业的首要任务。

调整电网与电源比例 针对电网建设投入不足，从而造成电网与电源发展长期失调的现象，必须加大电网建设的投资力度，"十五"期间电网建设的投资将

占全部电力建设投资的40%,逐步扭转电网建设滞后于电源建设的局面,力争达到电网与电源协调发展的目标。

调整东西部的电源布局　为贯彻实施国家西部大开发战略,实现“西电东送”,必须在规划上调整东西部电源建设的布局。“十五”期间及未来相当长的时期内,必须加快西部地区电力的发展速度,同时,对于东部地区,特别是华北、华东、山东、广东等省区的电源建设要严格控制,要严格控制常规燃煤电厂的建设,为“西电东送”让出市场份额。

调整电源中水火核电的比例　大量发展火电给环境带来了很大压力,也使得中国发电能源的结构失调。因此,必须通过加大水电开发的力度,逐步提高水电装机在整个发电装机中的比重,另一方面,还要通过适当发展核电、因地制宜发展新能源发电等措施,使得中国发电能源的结构趋于合理。

采用多种能源　除了常规燃煤火电、水电、核电以外,要通过引进清洁能源(如天然气)、发展新能源发电等措施,促进中国发电能源来源多样化。“十五”期间,要抓住机遇启动进口LNG项目;新能源发展的重点是风电、太阳能、地热能和海洋能风电要继续搞好试点。

加大“以大代小”和技术改造的力度　“十五”期间,在关停小火电机组的基础上,根据条件和需要,安排“以大代小”项目的建设。对200MW级和300MW级火电机组进行更新改造,降低煤耗,提高机组等效可用系数和调峰能力。200MW和300MW级火电机组平均供电煤耗分别降低10g/KWH和10~15g/KWH,主要火电机组的调峰能力达到50%,合理延长机组寿命。自动化达到集控水平,基本满足厂网分开,竞价上网的要求。实现水电站无病、险坝;使大中型水电机组平均等效可用系数保持稳定;对部分水电机组进行扩机增容改造,提高出力和效率,提高水电站自动控制水平。

加强电网调峰能力　要加强需求管理,运用价格杠杆调节需求,适度提高负荷率,减小峰谷差。加大对现有机组改造的力度,以增加调峰能力;新上机组,必须要求具有良好的调峰性能,同时根据需要,适当安排调峰机组的建设。运用多种手段加强电网的调峰能力。

重点发展电网,加快城乡电网建设与改造

调整电网与电源的发展比例,加大对电网建设的投入,逐步扭转电网建设滞后于电源建设的局面,力争达到电网与电源协调发展。

电网发展实行统一规划、统一建设、统一管理和统一调度,重点加强、改造和完善输电网及受端网络,远近结合,优化结构,逐步实现分层分区。积极创造条件,推动跨大区联网。

“十五”期间,重点是加强、改造及完善各省主干网架、大区主干网架和受端网架,为大区电网间的互联奠定良好的基础。到2003年,以三峡电站建设为契机,首先形成中国的中部电网;到2010年中国电网基本形成北、中、南三个跨区互联电网。北部电网由华北、东北、西北及山东电网组成,其中西北电网在330KV电压之上出现750KV电压等级的输电线;中部电网由华中、华东、川渝和福建电网组成;南部电网由广东、广西、贵州、云南、香港、澳门及海南电网组成。随着电网的不断扩大和主网架的加强,电网之间相互靠拢和出现多点互联,预计2010~2015年期间基本形成全国统一的联合电网。

积极发展水电　适应国家的“西部大开发”战略,电力工业要积极开发西部的水电资源,实现“西电东送”。

水电是清洁能源,集一次能源与二次能源于一体,具防洪、排灌、航运等综合效益,社会效益十分显著,应加大开发力度。重点开发黄河上游、长江中上游及其干支流、红水河、澜沧江中下游和乌江等流域,实行流域梯级滚动开发。争取“十五”末使中国电源结构中水电比重达到25%,2015年左右力争提高到30%,2015年以后,争取继续加快水电开发的进程,进一步提高水电的开发程度。通过加快开发水电,积极推进国家“西部大开发”战略,支持中西部地区和少数民族地区加快电力的发展。在调峰能力弱、系统峰谷差大的电网,要在对各种调峰手段进行充分技术经济论证和电网调峰规划的基础上,选择经济效益好的优良站址,适当建设抽水蓄能电站。

优化发展火电　优化和调整火电机组结构、技术结构、品种结构和地区结构,通过优化火电结构促使火电技术的产业升级和更新。大力推行设计改革,控制和降低工程造价。

适当发展核电　以国产化为前提,“十五”期间重点开工建设山东核电国产化驱动项目,争取实现自主设计、自主制造、自主建设和自主运营。同时视国产化进程在广东开工建设 1 000MW 级的核电站。

因地制宜发展新能源发电 “十五”期间重点在新疆、内蒙、东北和东南沿海等风力资源丰富地区开发较大规模的风力发电场,并加快国产化进程。太阳能、地热能和海洋能发电要继续搞好试点,在西藏一些边远无电县开发光电池发电,解决无电县供电问题,在东南沿海建设潮汐能示范电站的基础上,加大科技投入,推进商业化。

高度重视环境保护 加大环境保护投资力度,特别是加大对二氧化硫污染控制的力度。一是对新建、改建特别是在“两控区”范围内的燃煤电厂或燃煤含硫量大于 1% 的火电厂,必须安装脱硫设施;二是位于“两控区”范围内已建燃煤含硫量大于 1% 的火电厂,在 2000 年前采取减排二氧化硫的措施,在 2010 年前分期分批建成脱硫设施或采取其它具有相应效果的减排二氧化硫的措施;三是除以热定电的热电厂外,不在城区及近郊区新建燃煤电厂。

新技术的开发运用 中国电力系统发展面临的大容量、远距离输电和大电网互联问题,环境保护制约问题,以前在电力建设中节约占地等问题,将是 21 世纪前 10 年到 20 年内要解决的主要问题。面对当今世界和中国电力系统发展的巨大挑战,必须研究开发面向 21 世纪的先进电力系统技术。主要是四个方面的技术:

一是大容量交/直流输电技术。应当积极研究 500KV 同塔双回、串联电容补偿技术和大容量高压直流输电的研究。直流输电以其输电容量大、稳定性好、控制调节灵活等优点受到电力部门的欢迎,在中国将有进一步应用的前景。在直流输电发展过程中,应当重视轻型直流输电的研究与应用。

二是灵活交流输电(FACTS)技术。FACTS 是电力电子技术在电力系统中应用的重要方面。作为在交流输电系统中引入的可控制的一次设备,FACTS 装置的应用可实现对交流输电功率潮流的灵活控制,大幅度提高电力系统的稳定水平。特别是可以实现电力系统动态过程中相量角度的控制,为未来电力系统动态和稳定性控制的新策略提供了必要手段。

三是大电网互联的运行控制技术。大电网互联及跨国联网的发展趋势,使世界各国对大电网互联运行的控制问题格外关注。大电网互联的运行控制技术应加强互联电力系统低频振荡控制的研究、全球卫星定位系统(GPS)在电网安全监视和稳定控制中应用和防止大面积停电的控制与恢复策略的研究。

四是电力系统分析和仿真技术。主要开发研究电力系统分析技术、分析软件技术以及电力系统数学仿真与物理模拟。中国在电力系统分析技术方面所开发的软件基本上能满足国内电力系统分析的需要。面对迅速发展的电力系统技术和国际上大型软件的开发,必须继续加强研究和开发工作,巩固和发展具有自主版权的软件产品,为中国的电力系统发展服务,同时应积极创造条件,走上国际。

五是在建设输变电工程中要确立少占地、少用人、少维护的要求,积极开发应用紧凑型、智能型的输变电装置,合理地利用 GIS、PASS 等技术和装备。

竞争环境下的中国邮政发展战略

国家邮政局政策研究室主任 吴 健

刚刚过去的 2001 年对中国邮政而言是不平凡的一年,中国邮政胜利地完成了国家邮政局 1999 年成立之初提出的“三年扭亏”的战略目标,实现了近 20 年来的首次收支平衡。分营三年,邮政业务收入增长了 68%,达到 471 亿元人民币(约 60 亿美元);人均劳动生产率提高了 80%;与此同时,邮政业务支出得到了有效的控制,业务支出的年增长幅度低于同期业务收入增长幅度 20 个百分点;人员结构得到了调整,中国邮政三年减员6万人,约占全部从业人员的10%;三年累计减少亏损180亿元;企业负债率有所下降;新增固定资产230亿;企业的财务状况实现了历史性的转折。

世界邮政发展趋势和国际邮政竞争特点

各国邮政将跳出传统业务的框架,进军新的业务领域,实行业务结构的战略性调整 未来的竞争将主要发生在非传统邮政业务上,传统邮政业务将会下降,发展互联网最早的美国函件业务包括广告函件业务,从2001年起已开始较大幅度地下降,有报告分析说2003年将比2001年下降20%。在包件领域,那些配合电子商务的邮购包裹上升很快,但这些业务相当大的份额是被私营公司占据。各主要国家的邮政都逐渐认识到邮政业务结构的战略性调整已成为最重要的问题,很明显,仅依靠传统邮件发展邮政已没有前途,许多国家的邮政都把未来发展的重点转向物流和快件,在这方面,欧洲国家的邮政做得比较成功。

资本运营和体制改革已成为邮政发展的重要趋势 许多国家邮政通过兼并、收购现有的外部物流公司迅速进入新的业务领域,特别是现代物流领域。同时,传统的邮政经营模式对发展物流和快件,表现出很大的不适应,竞争力明显不足,需要进行公司制改造,以公司机制经营。邮政改革应与业务结构调整同步进行,相辅相成。

信息化成为邮政持续发展的主要动力,也是巩固和发展邮政核心能力、核心业务的主要手段 通过信息化改造传统邮政业务;通过信息化开拓邮政新的业务和服务;通过信息化提高邮政的管理水平和工作效率。

邮政专营权的逐步缩小是个发展趋势,对此要有思想准备 但是各国有不同的政治文化背景,专营权问题也不是纯粹的经济问题,调整要考虑各国国情,逐步推进。

世界范围内邮政经营格局发生变化 私营企业在邮政业中崛起已是不争事实,邮政企业"与狼共舞"的局面无可回避。和私营企业相比,国有邮政企业受政府约束,缺少必要的商业自主权是一个较为严重的问题,与私营公司的竞争受到严峻的考验。

国内邮政业务和国际邮政业务都将面临激烈的竞争 各国邮政面临的竞争对手不仅有国外私营公司,还有国内私营公司,以及国外邮政公司。

联合发展和组成战略联盟已成为时尚 其中包括各国邮政之间的合作,各国邮政与私营公司的合作,兼并、收购和股权转换,以实现资源的优化配置,实现业务的快速扩张。

中国邮政近年来已经采取或正要采取的主要应对措施

迅速提高经济总量和运行质量,增强参与竞争的实力 中国邮政三年来注意保持一个较高的收入增长速度,年均增长达22%,同时,坚决执行"三年扭亏"的战略目标,花大力气提高经济运行质量,2001年实现了收支平衡。目前,中国邮政又制定了未来两年的战略目标,即实现"良性循环"。我们所说的良性循环,就是要实现邮政企业的自我生存、自我积累、自我发展。依靠改革和创新,使中国邮政有持续增长的业务收入,有稳步提高的经济效益,有稳定可靠的资金来源,有先进科学的运行机制,有不断增强的核心竞争力,有高素质的人才队伍,有满足社会多元化需求的服务功能,形成邮政生产力与生产关系、经济效益与社会效益相互促进、同步发展的局面。

实行业务结构的战略性调整 首先国家邮政局在战略定位上将物流业务作为未来中国邮政的支柱型业务重点发展。我们希望通过五年左右时间,使邮政物流业务收入占全部业务的比重能达到10%以上。考虑到中国的国情和邮政自己的情况,主要是依托现有邮政资源,将其重新组合,同时注意利用社会的其它资源,如运输、仓储等,构建一个有别于传统邮件处理模式的物流配送网络,结合中国的国情,在近期内将发展物流业务的重点放在第三方物流、城市居民日用品的配送和农村的生产资料的配送。

其次,要大力发展为社会服务的代理性业务。中国邮政目前近7万个邮政网点,由于承担普遍服务的责任,相当部分的网点收不抵支,这对中国邮政而言是个沉重的负担,但是利用这些网点发展代售、代理、代维、代办业务,新增成本很小,能充分发挥邮政网络的规模经济效益。中国邮政通过三年的努力,这类业务的收入已从1998年分营时的3亿元增长到2001年的近20亿元。

业务结构调整的另一个重点,是发展电子信息类业务。要充分利用邮政现有资源,依托邮政同时从事物流、资金流、信息流的优势,面向市场,依靠技术,积极参与电子商务;要利用电子化手段,扩展和延伸传统邮政业务的受理方式,有选择、有步骤地尝试开办新型电子邮政业务。

中国邮政业务结构调整的方向,是建立邮递类业务、邮政金融类业务、邮政物流类业务和集邮类业务“四业并举”的格局。

推进中国邮政的信息化,促进邮政产业优化升级 企业竞争的实力,根本上讲是其核心能力和核心业务的实力,而打造这种实力,重要途径是提高技术含量。中国邮政近年来一直注意贯彻“科技兴邮”战略,推进邮政信息化进程。未来几年,要继续拓宽邮政综合计算机网络覆盖范围,加快邮政信息基础设施建设。同时,重点抓好信息网络应用,在邮政生产和管理各领域广泛应用信息技术、网络技术,初步建成邮政信息的电子化采集、处理、交换、存储等应用体系,实现邮政各个生产和管理环节的信息资源的综合利用,提高管理科学化水平。利用邮政综合计算机网大力开发电子信息业务,逐步进军电子商务领域。到2005年,邮政综合计算机网覆盖邮区中心局生产场地比例达到95%;综合计算机网覆盖电子化网点比例达到70%,“185”综合客户服务的城市覆盖率达到95%。

营造良好的发展环境 首先是法律环境的建设。中国《邮政法》颁布于1986年,其中相当多的条款是按照当时国家垄断经营邮政、电信补贴邮政的条件制定的,历史发展到今天,面对中国入关、邮政参与市场竞争的要求,已严重地不适应。中国邮政一直在努力推动《邮政法》的修改工作,希望为今后保障邮政普遍服务、推动邮政商业化运营、规范平等竞争的外部环境等方面提供有效的法律保障。

其次是理顺与政府管理部门的关系。近二年来,按照中国政府将邮政作为国民经济中一个独立运行部门的要求,中国邮政目前已拥有较大的商业运作自主权,基本上能做到自主投资、贷款,自主决定进行商业合作。

再次是加强建立与大客户的合作关系。邮政要存在、要发展,就必须融入市场经济,为经济发展服务,因此,要把为企业服务,为大客户服务放在重要位置。

加快改革步伐,建立适应市场竞争的良好运营机制 实行政企分开的改革,稳步实施公司制改造是中国邮政的发展方向。总体设想是:将现行体制中的法制、行业管理、邮票发行、体制标准、资费政策和国际邮政事务等政府职能剥离出来;对邮政企业实行战略改组与改制,实行公司制改造,政企分开后的邮政企业,要着力建立以“产权清晰、权责明确、政企分开、管理科学”为特征的现代企业制度;要建立健全规范的法人治理结构;要继续推行专业化经营;要研究中国邮政局部上市的可行性。

积极推行资本经营。按照市场经济要求,建立以市场为导向、以用户为中心、以效益为目标的经营机制,逐步实现由业务经营向业务经营和资本经营并举格局的转变。通过资本经营,盘活邮政闲置资产,实现资产优化,实现资产保值增值,实现企业经营规模的良性扩张。

积极推进对外合作,进军国际市场 要在平等互利基础上,进一步扩大与世界各国邮政的交流与合作,加强与一些国家在邮政领域里的双边关系。要跟踪国际邮政改革、管理、经营、技术、业务发展的趋势,汲取成功经验。要认真履行万国邮联行政理事会主席国和经营理事会理事国的责任和义务,提高参与国际邮政事务的能力和水平。特别是要针对我国加入世贸组织后的新情况和新特点,探讨与外国邮政和跨国公司建立合作伙伴关系的可行途径,主动参与国际市场竞争,拓展业务市场范围,使中国邮政在日益激烈的国际市场竞争中占有一席之地,具有一定的影响力和竞争力。

首都改革开放和现代化建设步入新阶段

中共北京市委书记　贾庆林
北　京　市　市　长　刘　淇

一

2000年,是首都各项事业加快发展、各条战线捷报频传的一年。在党中央、国务院的正确领导下,全市人民坚持以邓小平理论和党的十五大精神为指导,认真贯彻江泽民总书记"三个代表"重要思想,坚决落实中央重大决策和对北京工作的一系列指示精神,坚持大力发展首都经济的正确方向,团结奋斗,开拓进取,物质文明和精神文明建设取得了丰硕成果,胜利完成了国民经济和社会发展第九个五年计划,为建设现代化国际大都市奠定了坚实的基础。

国民经济持续快速健康发展,综合经济实力迈上一个新台阶　认真贯彻执行中央扩大内需的方针,实施积极的财政政策,遵循经济发展规律,发挥首都优势,调整和优化经济结构,深化各项改革,进一步扩大对外开放,有力地推动了经济发展。全市实现国内生产总值2 460.5亿元,按可比价格计算,增长11%,比年初计划高出2个百分点,成为"九五"以来经济增长最快的一年。其中,一产增长4%,二产增长11.4%,三产增长11.1%。三次产业比重分别为3.7%、38%和58.3%。

经济运行的质量和效益明显提高。地方财政收入保持高位增长,全年共完成342.4亿元,增长22.7%。金融运行良好,年末地区金融机构存款余额9 705亿元,比年初增加1 434.7亿元;贷款余额5 944.6亿元,比年初增加1 116.1亿元;证券市场取得长足发展,一年内共筹集资金480.3亿元。企业效益明显好转,全市规模以上工业经济效益综合指数117.9%,同比提高12.2个百分点;实现利润110.8亿元,增长65.5%。

投资、消费、出口三大需求全面回升,有力地拉动了经济增长　政府投资力度加大,带动了社会投资的逐步增长。全市全社会固定资产投资达到1 297.4亿元,增长10.8%,其中地方投资完成979.5亿元,增长17.8%,超计划5.8个百分点。城市基础设施的瓶颈制约明显缓解,全年完成投资351.9亿元,比上年增长16.3%,占全市固定资产投资的比重为29.5%,比上年上升1.3个百分点。

努力扩大消费,保持了消费需求的持续增长。全年实现社会消费品零售额1 443.3亿元,增长9.9%,扣除价格因素实际增长11.1%。假日消费成为市场新亮点。住房消费日趋兴旺,全市商品房屋销售面积969.9万平方米,增长75.8%,其中个人购买775.2万平方米,增长1.6倍。

大力开拓国际市场,积极调整出口产品结构和市场结构,外贸出口增势强劲。全年地方企业实现出口46.3亿美元,增长41.8%。下大力量改善投资环境,实施了一系列扩大利用外资的政策和措施,利用外资后劲增强。全年批准外商投资企业1 149家,增长77.6%;合同外资额43.4亿美元,增长1.4倍,实际利用外资30.1亿美元。到去年底,全市累计实际利用外资达到211.6亿美元。外商直接投资项目的科技含量有所提高,单项投资规模扩大,并加快向服务业领域拓展。

高新技术产业迅猛发展,结构调整对经济增长的带动作用增强　认真贯彻执行国务院对建设中关村科技园区的批复,制定并经市人大常委会审议通过了《中关村科技园区条例》,园区建设全面推进,核心区建设进程加快,成为全市高新技术产业发展最集中、最活跃的区域。全年新认定高新技术企业2 261家,比上年增长1倍,累计已达到8 224家;全区高新技术企业完成增加值326亿元,比上年增长44.2%;上缴税费61.7亿元,增长51.2%;出口创汇19.4亿美元,增长1倍。高新技术产业的强劲发展势头,有力地带动了全市工业的高速增长。全市高新技术产业完成工业增加值213.5亿元,增长29%,占全市工业增加值的比重达到28.9%,比上年提高3.5个百分点,高新技术产业对工业增长的贡献率达到60%,以高新技术产业为主导的新型工业结构正在逐步形成。

农业结构调整取得突破,现代农业迅猛发展,促进了农业生产效率的显著提高。种养业比例由上年的51.7:48.3调整为49.4:50.6;种植业内部由粮经二元结构进一步向粮经饲三元结构转变。全年粮食产量为144.2万吨,主要农副产品产量实现较大幅度提高,肉类、蔬菜、牛奶产量均比上年增长10%以上。涌现出了以"锦绣大地"为代表的一批闻名全国的现代农业示范基地。乡镇企业二次创业全面推进,资产重组不断深化,农村经济发展取得新的突破。

工业结构调整取得重大进展。进一步压缩了过剩的生产能力,加大了污染扰民企业的搬迁治理力度,积极采用高新技术改造传统产业,全市工业发展开始进入新的阶段。全市共实现工业增加值737亿元,按可比价格计算,增长13.2%,超过"九五"期间年均增长速度,其中,国有及国有控股工业快速发展,全年实现增加值512.8亿元,增长17.2%,占全市工业的比重达到74.3 %。

第三产业对经济增长的贡献率进一步提高,实现增加值1 434.7亿元,占国内生产总值的比重为58 .3%,比上年提高1个百分点。其中,邮电通信业持续高速增长,实现增加值123.4亿元,比上年增长21%;金融保险业稳健有序发展,实现增加值378.2亿元,增长16.9%;房地产保持了良好的发展态势,实现增加值80.4亿元,增长14.6%。

城市建设日新月异,现代化大都市面貌初步显现 围绕建设现代化国际大都市的目标,坚持"以人为本"和可持续发展战略,进一步加强城市的规划、建设和管理。进行了50项重大工程建设,其中12项竣工投入使用。以环路建设和市区路网改造为重点,城市道路建设得到加强。四环路建成通车60.8公里;三里河东路南延、月坛南街改造工程基本竣工;京开高速公路、城市快速轨道交通等工程相继开工建设。陕甘宁天然气进京市内管网、高碑店热电厂供热管网等工程进展顺利。酒仙桥污水处理厂、亮马河污水截流管线等工程基本完工,基础设施供给能力进一步提高。

全年完成城市道路改扩建64.4公里,新建、改扩建郊区公路122公里,其中高速公路66公里;新增日供水能力30万立方米、新增供热采暖面积508.3万平方米;新增燃气用户28万户,天然气年使用量突破10亿立方米;新增城市日污水处理能力59.5万立方米;新增公众网固定电话交换机容量69万门,总量达到630万门,新增电话用户62万户,总数达到439万户。

环境保护与生态建设成效显著。北京绿化隔离地区的建设,提出了"十年任务三年完"的新目标,大胆探索和实行了调整种植结构、发展绿色产业等新思路、新机制和新方式,使农民成为绿化和建设的主体并长期收益,大大调动了各方面的积极性,使绿化隔离地区建设实现重大突破。超额完成了年初3.5万亩的预期目标,实现绿化面积4.4万亩,相当于过去三年的工作量。与原有绿地相衔接,初步形成了面积在5 000亩以上的十大绿色板块,其规模和标准在首都绿化史上都是空前的,成为北京新的亮点。山区水土保持和水源保护能力进一步增强。怀柔、昌平、大兴等8个国家生态环境建设重点县综合治理工程顺利实现,全年共治理水土流失面积300平方公里,治理率达到60%。防沙治沙步伐加快,造林规模继续扩大,全市林木覆盖率达到43%。大气污染加重的趋势得到遏制,主要空气污染指标呈现下降趋势,空气质量三级和好于三级天数占全年总天数的93.7%,比上年提高18.7个百分点。二级及好于二级天数逐步提高,1998年仅为27.4%,1999年提高到31.5%,2000年达到48.4%,比上年提高16.9个百分点。加大城市环境综合整治力度,拆除违法建设440.9万平方米,环境治理和生态建设取得阶段性成果。

国有企业改革和脱困目标基本实现,社会主义市场经济体制基本确立 以国有大中型企业改革为中心,全面推进各项改革。按照三年两个目标的要求,全市58户国有大中型工业骨干企业有49户按照《公司法》完成了企业的改制任务,建立起了比较规范的企业运行机制,改制企业面占到了84.5%,超过了75%的改制目标。列入全市静态考核目标的114户国有大中型亏损企业中,已有92户扭亏脱困或通过破产兼并销号,扭亏面达到80.7%。列入全市静态考核目标的400户国有及国有控股大中型工业企业经济效益回升,全年经济效益综合指数为115.98%;实现利润51.7亿元,比上年增长38.4%;亏损企业明显减少,年末亏损企业亏损面为14.5%。全年共完成破产项目136项。债转股工作取得较大进展,已有11个项目、17户企业完成签约,协议转股金额168.4亿元。

社会保障制度改革稳步推进。养老保险、大病医疗保险、失业保险统筹基金收缴率均达到95%以上。企业劳动者工伤保险顺利实施。确保了国有企业下岗职工基本生活费和离退休人员基本养老金按时足额发放。进一步调整了城镇居民最低生活保障相关待遇标准。实现了养老保险基金的全额缴拨和基本养老金的社会化发放。

投融资体制改革继续深化。研究出台了经营性基础设施项目投资回报补偿政策,为民间资本投资基础设施创造了良好的条件;完善了重大基础设施项目前期工作程序;在互联网上建立了"北京投资平台",向全社会公开项目招投标信息,融资渠道拓宽,直接融资的比重增加。价格机制对经济增长和结构优化的调控作用增强。在社会商品零售环节,市场调节价格比重已达到93.3%,比1995年提高了8.2个百分点。价格改革进一步深化,全年调价项目10项,总金额近30亿元,促进了相关产业的发展和价格总水平的回升,居民消费价格指数为103.5%。市对区县分税制财政管理体制改革获得成功,充分调动了区县的积极性,为城乡经济发展增添了新的活力。

市级政府机构改革顺利完成,行政审批制度改革取得突破。市政府工作部门减少到45个,机关行政编制精简50%,人员结构得到优化。结合机构改革,进行了以减少审批项目、简化审批程序、缩短审批时限为主要内容的行政审批制度改革。精简了41.7%的行政审批与核准事项,并按照中央领导同志"一要做到便民,二要做到公正"的要求,在审批制度、审批程序上墙,方便群众办事,提高办事效率、行政水平和建立健全监督制约机制上下功夫。城市管理体制改革继续深化,进一步健全了街道管理委员会制度,推进了居委会改革,已有1 800多名"民选街聘"的社区事业干部担负起居委会的管理工作。

科技创新步伐加快,各项社会事业全面发展 首都科技资源整合取得明显进展,与中央部委、国防科工委在京科研院所、中科院、北大、清华等单位密切合作并取得重要成果。"首都二四八重大创新工程"全面启动,科研院所转制顺利推进,已有61个科研院所转制为科技型企业,4个科研院所进入企业,一个科研院所转为中介机构。出台了多项鼓励创新的政策,技术创新与科技成果产业化步伐加快,科技进步对经济增长的贡献率提高到52.5%。

教育布局调整取得新的进展。招生考试和学校后勤社会化等各项改革积极推进。教育信息化步伐加快。全面推进素质教育,努力满足广大群众对各类教育的需求,招生规模不断扩大。普通高中招生6.6万人;普通高校本专科招生9.9万人,比上年增长26.9%;成人高校招生10.4万人,比上年增长17.8%。

文化事业繁荣活跃。一批文化事业重点工程进展顺利,首都图书馆、中华世纪坛工程已经竣工。广播电视事业有新的发展,全年铺设有线电视光缆197公里,新增光缆用户20万户。文物保护工作力度加大,全年开工修缮20项,已完成6项。新闻出版工作取得较大成绩,文艺创作更加活跃。

社区卫生服务工作实现新的突破。农村卫生三项建设工作全面完成。北京市第五次人口普查各项工作进展顺利。计划生育工作更加深入,年末户籍人口为1 107.5万人,人口自然增长率控制在1‰以内。

体育事业取得突出成绩。我市共有24人入围悉尼奥运会,获得奖牌6枚。群众性体育运动蓬勃开展,利用体育彩票收益金创办了24个青少年俱乐部,在部分街道、乡镇建设全民健身工程94个,总面积达10万平方米。申奥工作进展顺利,"以申奥促发展,以发展助申奥"取得积极成效。

城乡居民收入大幅度增加,人民生活水平进一步提高 坚持以提高人民生活水平为根本出发点和落脚点,千方百计扩大就业,努力改善人民群众生活。全市就业形势保持稳定,第三产业成为吸纳就业的重要领域,产业人员所占比重达到53%。再就业工作取得明显成效。失业人员就业率达到72.6%,城镇登记失业率0.75%；下岗职工再就业率达到69.7%。居民收入增长加快，城镇居民人均可支配收入10 349.7元，实际增长8.9%；农民人均纯收入4 687元，实际增长7.3%。居民的教育、文化消费大幅度增加，旅游、健身活动日益普及，家用电脑、轿车等高档消费品逐步进入家庭，城乡居民的总体生活水平已经开始从小康向富裕迈进。

狠抓了危旧房改造工作。大胆改革以往的危改模式，努力做到危改与房改的结合，与经济适用房建设的结合，与市政工程建设的结合，与保护历史文化名城的结合，与产业和人口的合理布局的结合，以及市区两级政府的结合，使政府、企业、居民个人都参与危旧房改造，居民享受房改利益。全年完成危旧房改造投资76.9亿元，比上年增长51%；危旧房改造开复工面积达到806万平方米，其中住宅463万平方米，比上年增长14%；竣工214万平方米，其中住宅119万平方米，竣工危改小区5片；共拆除危旧房屋63万平方米，动迁居民2.5万户，分别是上年的3倍和2.6倍。

社会主义精神文明建设取得新的进步，民主法制建设进一步加强 围绕“建首善、创一流”，加大精神文明建设工作力度。在广大干部群众中深入宣传党的基本理论、基本路线、基本方针，大力开展爱国主义、集体主义、社会主义教育，广泛进行“致富思源、富而思进”教育活动，搞好形式多样的申奥宣传教育，进一步激发了干部群众的爱国热情和进取精神。牢牢把握正确的舆论导向，为改革和建设营造了良好氛围。以“千万市民齐参与，争做文明北京人”为主题，推进群众性精神文明建设。创建文明村镇、文明行业、文明社区活动不断延伸扩展。社区服务蓬勃兴起，老龄工作得到加强。广泛开展“双拥”活动，国防教育、征兵工作和国防后备力量建设不断取得新进展。

加强社会主义民主法制建设。全市各级政府认真执行人民代表大会及其常委会决议并自觉接受监督，坚持和完善共产党领导的多党合作和政治协商制度。推行政务公开、村务公开、厂务公开，扩大基层民主。坚持把首都稳定工作放在首位，加强社会治安综合治理，适时和集中开展专项斗争，有效打击和防范了“法轮功”的多次反弹，妥善处置了群众性事件，认真搞好人民内部矛盾的排查调处，确保了首都社会政治的安定团结。

2000年全市经济社会发展所取得的成绩，为“九五”画上了圆满的句号，使“九五”计划成为完成最好的五年计划之一。“九五”末期，社会发展水平总指数和信息化水平总指数均居全国首位。

——“九五”时期，全市经济年均递增10%，国内生产总值累计超过10 000亿元，比“八五”时期增加1.2倍，人均国内生产总值达到2 700美元，增长72.3%。地方财政收入累计达到1 182亿元，按可比口径净增709.3亿元，增加1.5倍。

——累计完成全社会固定资产投资5 461.7亿元，其中基础投资完成1 382.1亿元，分别增长1.3倍和1.8倍。实现社会消费品零售额5 927亿元，增长1.1倍。

——实际利用外资累计136.7亿美元，增加1.4倍。地方外贸出口152.7亿美元，增长71.9%；其中，高新技术产品和机电产品出口比重超过50%。接待海外入境旅游人数累计1 203.3万人次，增长30.9%。

——城市污水处理率达到40%，城市垃圾无害化处理率达到81.5%，提高20.6个和60个百分点。部分城市水系实现了“水清、流畅、岸绿、通航”。全市林木覆盖率达到43%，城市绿化覆盖率达到36.5%。共拆除违法建设1 130万平方米，市容市貌明显改观。

——城镇居民人均可支配收入年均实际增长7.1%，净增4 481.3元；农民人均纯收入年均实际增长6.2%，净增1 479元。城镇居民人均住房使用面积达到16.2平方米，增加2.9平方米，人民生活水平进一步改善。

二

在邓小平理论和江泽民总书记“三个代表”重要思想指导下，伴随首都各项事业不断进步，我们对北京建设和发展客观规律的认识不断深化。

第一，必须始终坚持“发展是硬道理”的思想 要牢牢扭住经济建设这个中心，把握大局，紧抓机遇，善于学习和运用各种调控手段驾驭经济，保持经济持续快速健康发展。只有这样才能解决前进中的各种问题，不断为先进生产力发展开辟道路，使首都率先基本实现现代化。

第二，必须始终坚持把提高人民生活水

平作为我们一切工作的出发点和落脚点　只有始终把人民生活问题放在优先地位，在经济发展、社会进步、城市建设和管理等各个方面充分体现“以人为本”的原则，使人民群众真正获得改革与发展带来的实惠，我们的工作方向才能明确，首都现代化事业才能有坚实的基础和可靠的保证。

第三，必须始终坚持从北京的实际出发，解放思想，实事求是，不断创新　“九五”期间，“首都经济”发展战略的确立，中关村科技园区的起飞，绿化隔离地区建设的突破，都是不断创新的结果。只有坚持创新，我们的各项工作才能够适应新世纪的要求，不断取得新的进步和新的飞跃，实现争创一流的目标。

第四，必须始终坚持把转变政府职能和完善管理机制作为改革的重要环节　不断提高各级政府的管理效能和水平，不断为经济增长、企业发展和人民群众安居乐业创造良好的社会环境。几年来，政府机构改革和行政审批制度改革，在加快职能转变的同时提高了办事效率；投资环境的不断改善，增强了北京对国内外人才和资金的吸引力；城市管理重心逐步下移，促进了城市管理新机制的形成。事实证明，深化政府自身改革，努力营造更好的环境，才能激发出经济和社会发展的旺盛活力。

三

跨入新的世纪，根据中共十五大确定的“新三步走”战略部署，中共北京市委提出了首都迈向新世纪的“新三步走”战略：第一个十年打好基础，到2010年，率先在全国基本实现社会主义现代化，构建起现代化国际大都市的基本框架；第二个十年巩固提高，到2020年，使北京的现代化程度大大提高，基本建成现代化国际大都市；再用30年争创一流，到21世纪中叶建国100周年时，完全实现社会主义现代化，使北京成为当代世界一流水平的现代化国际大都市。

实现首都在21世纪的“新三步走”战略，关键在于“十五”。今后五年，我们将坚持以邓小平理论和党的基本路线为指导，认真贯彻江泽民同志“三个代表”的重要思想和中央一系列重要部署，以发展为主题，以结构调整为主线，以改革开放和科技进步为动力，以提高人民生活水平为根本出发点，推动首都经济持续快速健康发展，促进社会稳定和全面进步，为率先在全国基本实现社会主义现代化奠定坚实的基础。我们将坚持大力发展首都经济的正确方向，抓住机遇，加快发展，力争全市国内生产总值年均增长9%左右，到2005年达到3 700亿元，为到2010年国内生产总值比2000年翻一番、人均国内生产总值达到6 000美元打好基础。未来五年经济社会发展的主要任务和措施是：

第一，以结构调整为主线，全面增强首都经济整体竞争力　按照首都经济的发展方向，大力发展以高新技术产业为核心的科技型经济，以完善城市功能为标志的服务型经济，以丰富文化资源为依托的文化型经济，以参与国际竞争为目标的开放型经济，形成符合首都功能要求，体现资源比较优势的经济结构，形成在开放的市场竞争中具有灵活应变能力和动态自我调整能力的调整机制。以建设中关村科技园区为龙头，大力发展高新技术产业，改造提升传统产业，使高新技术产业增加值占国内生产总值的比重达到12%左右，工业新产品产值率达到30%以上。加快发展现代服务业，第三产业增加值占国内生产总值的比重达到60%。加速发展现代农业，推进农业现代化。调整优化产业布局，逐步形成由中心城区第三产业密集区、环城高新技术产业带、平原现代农业区、现代加工工业区组成的产业空间布局体系。积极推进国有经济结构战略性调整，大力发展中小企业和非公有经济，加强非公有制经济与国有经济的融合。建设国际水平的信息网络基础设施，加快信息技术应用，加速首都经济和社会信息化，显著增强首都经济的整体竞争力和发展活力，实现国民经济持续快速健康发展。

第二，深化改革扩大开放，加快科技教育进步，为首都经济和社会发展提供强大动力　继续推进国有企业改革与发展，进一步完善三级国有资产管理和营运体系，全面改进和加强企业管理。放开搞活国有中小型企业。建立和完善统一、竞争、有序的市场体系，重点培育和发展要素市场。进一步转变政府职能，推进事业单位改革，深化投融资体制、住房、价格、粮食流通、外贸等重点领域的专项改革。提高对外开放水平，拓展开放型经济。积极适应世贸组织规则要求，抓紧落实过渡期的各项调整和准备工作，切实提高国际竞争能力。积极探索利用外资的多种方式，引导外资投向全市的重点领域、重点行业和重点地区。进一步扩大对外贸易，坚持科技兴贸和以质取胜，大幅度提高软件、专利技术、精密机电高新技术产品以及服务贸易的出口比重，积极开拓新兴市场。加快"走出去"的步伐，广泛开展与世界各国的交流与合作，办好高新技术产业国际周等有重大影响的大型国际活动，显著提高北京的国际地位。进一步扩大对内开放。积极参与西部大开发，加强和拓展对口支援工作。大力推进科技进步和创新，以全面实施并完成"首都二四八重大创新工程"为突破口，初步建成首都区域创新体系，从总体上提高科技持续创新能力，建设全国知识经济发展基地。充分发挥教育的先导性、全局性、基础性作用，加快教育改革和发展。进一步办好各级各类教育，高等教育毛入学率达到50%，进入高等教育普及化阶段，推进首都教育现代化。坚持把培养、吸引和用好人才作为一项重大战略任务来抓。加快培养现代化建设急需的专业人才和复合型人才，深化人事制度改革，建立健全人才激励、吸引、选拔和使用的新型机制，为优秀人才脱颖而出创造条件。

第三，加强城市建设和管理，构建现代化国际大都市的基本框架 完善城市布局，加快相对落后的南部地区的建设步伐，建成城市绿化隔离带，搞好卫星城和郊区中心镇建设，加强重点功能区的开发。坚持城市基础设施优先发展，重点加强城市交通、能源等基础设施建设。迅速推进市区路网加密工程，加快建设北京城市快速轨道交通工程、地铁5号线、地铁八通线等一批轨道交通项目，力争新建轨道交通线路100公里以上。建成公路一环和公路二环等高速公路。加快停车场建设，基本缓解城区停车难问题，新建和改扩建一批公交和客货运枢纽。以建设清洁节能城市为目标，完成第二条陕京长输管线、北京一内蒙古超高压输电线路、高碑店热电厂供热管网等一批工程，逐步建立起市场化的优质能源供应体系。突出管理思想、管理体制、管理手段和管理方式的创新，建立和完善"两级政府、三级管理"的城市管理体制，继续推进城市管理重心向区、街下移，不断提高城市管理现代化水平。加强生态建设和环境治理，促进可持续发展。以防治市区大气污染为重点，控制水体污染和固体废弃物污染，到"十五"末期，使全市大气、水体及城镇地区声学环境达到国家环境质量标准，固体废弃物无害化、资源化、减量化水平显著提高，市区空气质量达到二级的天数占全年的70%以上，加快构筑山区、平原、绿化隔离地区三道绿色生态屏障，搞好重点区域的生态建设和保护，逐步实现生态环境系统的良性循环。广泛开展植树造林，切实加强林木管护，到"十五"末期，使全市林木覆盖率达到48%，城市绿化覆盖率达到40%。

第四，以提高人民生活水平为根本出发点，加快从小康到富裕的步伐 把扩大就业作为"十五"期间经济社会发展的重要内容，新增城镇就业岗位100万个以上，城镇登记失业率控制在2%左右。千方百计增加城乡居民收入，着力改善低收入者的生活。扣除物价因素，城镇居民和农民人均可支配收入年均增长6%以上。继续以山区水利富民工程推动开发式扶贫，增加扶贫投入，以道路、通信、有线广播电视为重点，加快边远山区的基础设施建设，从根本上改善山区农民基本的生产和生活条件，进一步完善社会保障体系。基本建立起独立于企事业单位之外、资金来源多元化、保障制度规范化、管理服务社会化的社会保障体系。加快危旧房改造，切实改善居民的居住条件。以旧城区和关厢地区为重点，五年改造危房300万平方米。到2005年，基本完成城区现有危旧房改造，竣工住宅4 000万平方米以上，使城镇居民人均住房使用面积达到18平方米，为居民创造良好的居住条件和生活环境，使人民群众生活得更加方便和幸福。

第五，全面推进社会主义精神文明和民主法制建设，确保首都政治稳定和社会安定 以"建首善、创一流"为目标，以先进文化为方向，以大力发展文化产业为重点，以群众性文明创建活动为载体，使首都的文化建设和精神文明建设始终走在全国前列。大力推进社会主义民主建设，全面推进依法治市，继续开展同"法轮功"邪教组织的斗争，加强社会治安综合治理，妥善处理好各类人民内部矛盾，为改革和发展创造良好的环境和条件。

北京市西城区 2001 年经济社会发展综述

中共北京市西城区委书记　王长连
北京市西城区区长　吕锡文

西城区从实施“大力发展五业，重点建设五街”的总体战略出发，于 2001 年提出了重点加快“六个功能街区”① 建设的奋斗目标。到 2010 年，西城区将建设成为设施完善、服务一流的中央办公区；资本活跃、市场繁荣的金融商业区；教育先进、资源丰富的文化旅游区；社会安定、环境优美的居民生活区。

2001 年是实施“十五”计划的第一年，全区上下按照区委八届七次全会确定的各项任务，以“新北京、新奥运、新西城”为主题，紧紧抓住申奥成功的历史机遇，积极推进经济和社会事业的全面发展，各项工作取得新成绩，实现了“十五”计划的良好开局。

区域经济保持快速发展，经济环境进一步改善　紧紧围绕调整经济结构、促进区域经济发展这一主线，采取积极有效的措施，切实解决经济发展中出现的重点难点问题，全区经济持续、快速、健康发展。国内生产总值完成 279 亿元，按可比口径增长 11.2%；社会消费品零售额完成 147 亿元，同比增长 9%；财政收入完成 27.64 亿元，同比增长 20.25%。

经济环境进一步改善。先后出台了《关于促进文化旅游业发展的暂行办法》等六项政策措施，落实《关于促进税源发展和鼓励吸引资金的试行办法》，奖励为发展区域经济做出突出贡献的 138 家企业法人代表。深入开展整顿和规范市场经济秩序、清理行政审批事项和减负、治乱工作，推行政务公开，实行“网上审批”试点，政府管理经济工作的规范性、实效性进一步提高。成功地举办了现代服务业国际经济合作洽谈会，在房地产业、文化旅游业和科技信息咨询业等重点领域取得合作成果，签约 82 项，总额 160 亿元。建立西城区招商网站，引资渠道进一步拓展，全年实际利用外资 1.5 亿美元。

国有资产营运监管体系日益健全，工作机制和监管办法逐步完善。对华远、华融公司实行国有资产授权经营，在部分国有企业开展国有资本经营预算等三项试点。区属 80% 的国有企业和 85% 的集体企业采取不同形式深化改革，改制企业的产权关系基本理顺。

积极稳妥地推进社会保障制度改革试点工作。基本完成大病统筹向基本医疗保险的转轨工作，为 74% 的参统人员建立了补充医疗保险。各街道成立了社会保障事务所，社会保险基金收缴率保持在 99% 以上。企业退休人员社会化管理服务试点取得初步经验。成立了全市首家公共职业介绍服务中心，积极开展“再就业援助行动”，下岗职工、失业人员再就业率分别达到 91% 和 74.7%，登记失业率 0.76%，好于全市平均水平。

城市建设步伐加快，城市形象发生新变化

以启动拆迁为突破口，尝试新的融资方式和工作推进方式，加快了危旧房改造、功能街区和基础设施等各项重点工程建设速度。全社会固定资产投资完成 108 亿元，按可比口径增长 15.8%，城市建设开复工面积 785 万平方米，竣工 140 万平方米。

按照以房改带危改、以基础设施建设带危改、以功能街区建设带危改的思路，各部门通力合作，开创了全区危改工作的新局面。全年动迁居民 1.6 万户，相当于“九五”期间拆迁总量的 70%。德外、桃园二期等 7 个小区实现新开工。基础设施建设步伐大大加快，实施德外大街等 16 条道路改造，西外大街等 8 条道路竣工通车，完成了西直门到南闹流域的雨污分流工程，城市功能进一步完善，为地区发展奠定了基础。

加大资金投入和执法力度，各街道、各部门齐抓

① 详见附件 1:《六个功能街区建设》。

共管,城市环境明显改善。拆除违法建设12.4万平方米,完成768万平方米建筑物外立面的清洗粉刷任务。集中整治了11个小区,有6个达到市优以上水平。率先完成市政府下达大气污染整治第五、第六阶段任务,改造锅炉152台,整治裸露地面31.1万平方米。新增绿地8.9万平方米。对重点大街、景区的33座公厕进行改造,环卫设施水平有所提高,道路机扫率达到83.9%。在加强日常管理的基础上完成了迎接国际奥委会考察和大运会等专项整治工作。创建国家卫生区工作正式启动。积极推进城市管理体制改革,管理方式不断创新,完成环卫作业队伍由事业向企业转化的任务,在厂桥街道等进行环卫作业任务市场化运作试点。

落实“科教兴国”战略,各项社会事业蓬勃发展 经国家科技部等有关部门批准,西外大街以北和德外大街以西地区列入中关村科技园区中心区。成立德胜科技苑管委会,制定了苑区产业规划,进一步明确了发展思路。可持续发展实验区的示范项目与城市建设、城市管理、社区建设结合日益紧密,实验领域不断拓展,中水处理等一批新的示范项目得到推广应用。以政府信息化为重点的“数字西城”建设工作有序进行,教育信息化系统、劳动和社会保障信息系统、社区服务网络信息系统等工程建设取得阶段性成果。

继续加大对教育的投入力度,深化教育管理体制改革,九年制义务教育和高中阶段教育在全市保持较高水平。

稳步推进医药卫生体制改革,落实医疗机构分类管理、药品集中招标采购等改革措施。成立了西城区疾病预防控制中心、卫生监督所和药品监督分局。结合城市建设推进医院改造,复兴医院病房楼开工建设,区老年医院一期改造工程基本完成。全区10个社区卫生服务中心及46个社区卫生服务站,覆盖了97%以上的居委会。全民健身活动广泛开展,成功举办第三届全民健身体育节活动。

精神文明建设成果显著,社区建设有了新的进展 以庆祝建党80周年为契机,广泛深入开展党的理论、党的光辉历程、共产主义理想信念等学习宣传教育活动,在全区形成了热爱党、热爱祖国、热爱社会主义和团结奋进、开拓创新的良好风尚。紧紧围绕实施“十五”计划,开展系列宣传教育活动,为西城区经济建设和各项事业顺利发展营造了良好舆论氛围。积极开展《公民道德建设实施纲要》学习教育活动,市民思想道德素质进一步提高。

社区服务设施建设有新的发展,社区服务水平进一步提高。9个街道实行对外“一门式”办公,具备1 000平方米的社区服务中心的街道已有8个,30张以上床位的敬老院有4个,93%社区居委会办公用房达到90平方米以上,43个社区居委会实现“星光计划”硬件指标要求。社区服务向着社会化、市场化、网络化方向发展,市民大课堂、社区健身园、红黄蓝网络社区、社区服务呼叫系统等服务项目受到社区居民的普遍欢迎。

民主法制建设扎实推进,维护稳定工作取得新成效 大力支持区人大、区政协依法履行职权。制定了关于贯彻《中共北京市委关于加强人大工作的决定》的实施意见。区人大强化监督职能,积极开展代表评议工作,加强制度建设,各街道成立了人大代表工作委员会,为代表履行职责创造了良好条件。区政协围绕全区中心工作,加大调研力度,积极建言献策,促进了全区经济社会发展。统战工作进一步加强,调动了社会各界积极性,有力支持了西城区的改革和建设。

深入开展“严打”整治斗争,加大宣传和打击力度,破获一批重大刑事案件。加强了对治安重点地区、地下空间的集中整治,街头犯罪活动得到有效遏制。科技创安工作继续推进,社会治安状况日益改善,群众的安全感进一步增强。2001年,我区被评为全国社会治安综合治理先进集体。普法工作成绩显著,荣获全国“三五”普法先进区称号。

党的建设进一步加强,干部作风状况明显好转 党的思想理论建设取得明显成效。以邓小平理论为指导,认真学习贯彻江总书记“三个代表”重要思想、“七一”重要讲话、十五届六中全会和党的路线、方针、政策。巩固和扩大“三讲”教育成果,企业“三讲”教育取得明显成效。全区党员、干部进一步增强了政治意识、大局意识、发展意识和联系实际解决问题的能力。

2002年展望 2002年是我国加入世贸组织、北京实施《奥运行动规划》的起步年,也是西城区全面实施奥运行动计划的第一年。在新的形势面前,我们必须切实增强紧迫感,抓住机遇,迎接挑战,在激烈的竞争中赢得新的发展。

2002 年经济发展的主要预期目标是:国内生产总值实现 310 亿元,同比增长 11%左右;社会消费品零售额实现 162 亿元,同比增长 10%左右;财政收入完成 30.97 亿元,同比增长 12.03%;居民人均可支配收入实际增长 6%左右。

附 1:六个功能街区建设

北京市西城区在实施"大力发展五业,重点建设五街"战略规划的基础上,为了集中资源优势,促进城市体系的完善和空间布局的优化,在"十五"计划中又提出了加快建设六个功能街区的思路,即加快建设西单现代商业区、北京金融街、西直门外旅游商务区、德胜科技园区、什刹海风景区和阜成门至景山文化旅游街。这六个街区,是西城区经济功能、社会功能和城市功能综合体现比较强、资源优势集中的地区。开发建设好这些街区,对全区经济长远发展和实现城市现代化具有重要的战略作用。

建设西单现代商业区是西城区快速发展商业服务业的重要举措 早在 1992 年区委区政府就制定了"繁荣西单,发展西城"的战略,充分发挥区域优势,把西单商业区建设成集购物、餐饮和文化娱乐等多种业态为一体、交通立体化的现代商业中心区。新的西单商业区南北延伸到 1 300 米,东西拓宽到 600 米,占地面积达到 80 公顷。目前,正在建设和完善地上、地下公共交通系统和地上、地下停车场,完成南北大街和东西两侧拓宽改造工程、实现道路铺装和照明系统的升级换代,增加绿地数量等工程在加紧进行。西西工程和西单东南地区的开发建设潜力巨大,正在招商引资谋求合作项目。

北京金融街功能定位是要建成北京,乃至全国的一个大型金融管理中心 目前,来金融街安家落户的国家级金融机构和银行、非银行金融机构骨干企业已达 300 余家,作为全国金融管理中心的雏形已基本形成。金融街组织美国、日本、加拿大、德国 4 家世界著名设计公司设计金融街中心区建设方案,经过认真筛选,确定了美国 SOM 公司设计方案,并已签约开始建设中心区 116 米高的标志性建筑。目前,金融业总资产超过 13 万亿元,营业收入接近 6 000 亿元,利润总额接近 400 亿元。今后将加快完善区域配套服务功能设施的建设,加快项目建设和吸引外资金融机构进入,以宽带数据传输网络建设为亮点,提高市政基础设施的技术含量和现代化水平。

西直门外地区旅游资源丰富,科普基础较好,商业、住宅设施配套 城市轻轨铁路西直门站的建成和西外大街快速路改造的完成,将使西外地区建成集交通、旅游、商业、科技等功能为一体的商务文化旅游区、科普活动区和多种交通设施构成的现代化大型交通枢纽区。

德胜门外地区集中了大量的科研院所,并具备一定的商业规模,具有发展科技信息咨询业的良好基础 特别是 2001 年 6 月,德外大街以西和西直门外人街以北约 3 平方公里的地区,经北京市政府和国务院有关部门批准,被划入中关村科技园区政策区,西城区把此地区定名为"中关村科技园区德胜科技园"。随着德外大街的建成通车和德胜科技园的建设发展,德外地区将建成科技先进、商业兴旺的科技商务区。

阜景文化旅游和什刹海历史文化旅游风景区是西城区文化文物资源集中的街区,独具文化旅游特色 加快这一街一区的发展对于西城区产业结构调整具有十分重要的意义。阜景文化旅游街是北京市沿街文物最丰富、文物品位最高的地段。对这条街的市政管线、道路、街景、照明及各景点的整治性修建将加快进行,形成特色鲜明的历史文化景观。什刹海地区历史文化底蕴深厚,旅游开发潜力巨大。西城区按照"统一规划,合理开发,严格保护,可持续发展"的原则,对文物景点进行整治、恢复和改造,发展"水上游、胡同游"等旅游项目,展示"三海"周边地区的传统民风民俗风貌,把这一地区建成以文化文物古迹为基础,以湖光水色为基调,以民俗文化为特色的文化旅游区。 (黎 顺 刘 伐)

附 2:德胜科技园五大效应

2001 年 6 月 12 日,国家科技部将西城区的德外大街西侧约 1.5 平方公里、西直门外大街以北地区约 1.4 平方公里(共 2.9 平方公里)划入中关村科技园区政策区,该地区被列为中关村科技园区德胜科技园政策区。2002 年 3 月 4 日,国家税务总局批准该地区享受与中关村科技园区相同的税收优惠政策。2002 年 4 月,中关村科技园区领导小组办公室批复将上述地区冠名为"中关村科技园区德胜科技园"。

该园位于北京市西城区北部区域,是唯一设在首都中心城区的高科技园区。虽然,从建设的角度看,德胜科技园滞后中关村科技园区 10 余年,但据介绍,该园所处的独特区位和良好环境,使其具备五大效应,孕育着强劲的后发潜力,前程锦绣。

重要门户效应 德胜科技园分为东西两块区域。东区位于德胜门外以西,在城市二、三环路之间,交通十分便利。特别是新拓宽的德胜门外大街,为贯穿北京市北部二、三、四、五环道路的唯一交通干道,是连结中关村科技园区与首都中心区的重要枢纽;西区位于西直门外大街以北,邻近的西直门集铁路、地下铁道、城市轻轨、公共交通于一体,与国内、国际交通连接的北京最大交通枢纽之一,交通更为方便。由此,德胜科技园成为中关村科技园通往城市中心区的南大门,发挥着极其重要的城市功能作用。

科技含量效应 德胜科技园地处城市黄金地段,根据规划,将来主要发展从事生物基因工程、信息通讯、新材料等高新技术的研发经营产业,要建设成高附加值的高科技产业"精品园"。科技含量高的效应使其潜力无限、商机无限。

双重政策效应 为了扶持创业者的发展,实行政策优惠是促进企业快速发展的重要条件。德胜科技园作为中关村科技园区的政策区,不仅充分享受中关村发展高新技术产业给予的优惠政策,而且,还享受西城区作为国家级可持续发展实验区,支持高新技术产业发展的各项优惠政策。西城区出台了《关于落实中关村科技园区政策,促进德胜科技园高新技术产业发展的若干规定》,从更多方面给予政策优惠。双重优惠政策效应必将激发园区发展的潜力。

优质服务效应 西城区十分重视为企业创业提供优质服务。为方便企业入驻科技园,西城区经济服务大厅在原有"一站式"办公的基础上,推出为高新技术企业免费代办咨询服务的项目,建立了"一人受理,全程代办"服务体系,方便企业的注册登记、高新技术企业认定入驻等。政府职能部门还增加了网上审批项目,制定实施了许多项热情服务的具体措施,建立健全服务机制。

优良环境效应 德胜科技园地处一个基本建成区,这里已经驻有中国科学院植物所、古生物所、古人类所、情报所,还有矿冶研究院、建筑科学研究院等国家级、市级科研院所 10 余个,以科研、设计、生产开发型为主的在职科技人员近万名。仅有色金属研究院和北京机械工业自动化研究所就拥有近 20 个国家级行业研究中心、检测中心、标准化技术委员会等单位。这一地区还有北京展览馆、北京海洋馆、北京天文馆、中国古脊椎动物馆、中国科技馆、北京国际科技会展中心、北京动物园、人定湖公园、双秀公园、北滨河公园,紧邻首都体育馆、国家图书馆等。西城区政府已投资 8 亿元,用于道路拓宽和拆迁工程,将在园区周边加快建设配套的商业、学校、休闲娱乐等设施及住宅区。2003 年底前,启动国家药监局大厦、国家节能环保大厦、上市公司大厦、科技创业大厦和联合国机械工程中心大楼等一批建设项目。2005 年底前,形成国际、国内、上市公司与民营企业不同层次,以生物医药、节能环保、通讯、电子、新材料等为主的新技术领域创新基地。德胜科技园地处通讯快捷、交通发达、教育先进、文化繁荣的西城区,将受益多多。它紧邻北京金融街这一国家级金融管理中心,使金融与高科技融合具有得天独厚的优势。

五大效应焕发的无穷潜力,将促进德胜科技园快速发展,后来者居上。

(柯雨 刘季)

什刹海——北京西城区文化旅游胜地的保护与开发

什刹海曾是元、明、清三朝古都中轴线的定位依托，在北京城市发展史上占据重要地位，并经历了元代到明、清和近、现代积淀丰厚的北京水域文化区的历史进程。它不仅具有质朴迷人的自然风光，而且具有内涵丰富的历史文化，宋庆龄故居、郭沫若故居、恭王府花园、广化寺、火神庙、钟鼓楼和银锭桥等景观宛如一颗颗明珠，将什刹海点缀得秀美灿烂。1992 年北京市政府将其定为历史文化风景区，并不断投巨资加以保护、恢复和开发，如今的什刹海已成为北京市西城区环境优美，文化丰厚的自然和人文旅游胜地。

旅游业现状与前景规划 在旅游业蓬勃发展的今天，什刹海以其独特的历史风貌成为京城旅游新的亮点，吸引着来自国内外的数以万计的游客。近 8 年来先后开展了胡同游、水上游等项目，将隶属于不同等级的景点一一串联起来，发挥整体效益，占领客源市场，仅 2001 年旅游业就创收 8 700 万元人民币。为了更科学有效的保护与利用现有资源，什刹海风景区管理处和清华大学建筑学院合作，先后制定了《环湖景观设计》、《金丝套保护区发展规划》和《烟袋斜街保护区发展规划》，为今后什刹海地区的发展明确了方向。为了适应国际旅游市场的要求，什刹海三海投资管理中心、首都旅游集团和胡同游公司在 2001 年 7 月联合成立了什刹海旅游发展股份有限公司，利用资金优势包装现有旅游项目，推出精品，满足国内外游客需求。

基础设施改造 2001 年，全部接通了烟袋斜街污水管线、自来水管线及煤气管线，同时拆除违章面积 600 多平方米，整修门脸 80 多家，并完成路面铺装工程，推进了传统商业街的恢复。投入 1 200 多万元将前海西街原来的 5 米路面扩宽为 12～14 米，使景区内道路的承载能力进一步提高。

2003 年前，计划在前海西街与南官房交接处建一停车场，建设规模为 7 305 平方米，分为上下两层，拥有 140 个停车泊位，以有效地缓解前海地区停车紧张问题。

绿化工作 什刹海的园林绿化系统采取点、线、面相结合，古典与现代相结合的原则，于 2001 年投资 206 万元用于景区内绿化工作，现已营造出以后门桥和湖心岛为主体的前海区域绿化新景观，初步展现出北京内城旅游休闲中心区的形象。

环保工作 近两年每年投资 160 万元，用于环湖生态环境设施的维护与改造。以“分流截污，疏浚清淤，减污增容”为目标，采用环保船和人工打捞等多种方式控制水草生长，消灭生活污水直排口，限制水面上的运营船只，减少污染源，加强水资源优化调控，净化水体，实现什刹海范围生态系统良性循环。

保护与恢复 根据现代旅游业的要求，需要保护与恢复的项目尚有许多。

烟袋斜街 始建于清代后期，在历史上素有“小琉璃厂”之称。街内以经营旱烟袋、水烟袋等烟具、古玩、书画、裱画、文具及风味小吃为主，其铺面建筑风格朴素，曾是北京小有名气的文化商业街。依据《烟袋斜街保护区发展规划》，在保护的基础上，通过改善市政设施，整治胡同、院落环境等，逐步改变居民的生活环境。在烟袋斜街区域内，以院落为单位采取不同的策略进行小规模、渐进式的有机更新；在区域环境改善的基础上，改变斜街经营内容现状，振兴老字号，将之发展成为具有传统特色的旅游文化步行街，打造京城知名街区品牌。

金丝套区域 这里的胡同及四合院基本保存了原有格局和建筑特点，而且路面整洁，成为胡同游的主要观光区。依据《金丝套保护区发展规划》，正在加强对胡同和四合院的保护，推进危改工作的实施，改善市政基础设施，规划电信、电力管线入地，引入天然气等现代能源结构，开发金丝套为民居保护游览区。

荷花市场 位于什刹海前海的荷花市场有着悠

远的历史根基，此次拟建的荷花市场仿古建筑一条街位于前海西岸、什刹海体校东侧，该建筑有多种商业建筑形式，建成后将作为以经营酒吧、餐饮、古玩等项目的文化步行商业街，以满足游人观赏、休闲、购物的需求。

恭王府　位于前海西街，曾为清代乾隆年间大学士和珅和咸丰年间恭亲王奕䜣的住宅，是目前保存最完好的典型清代王爷府邸。该府分为府邸和花园两部分，共5.7万平方米，花园作为景点已对游人开放。府邸原被音乐学院占用，2002年开始腾退府邸部分，其整体将展现于世人。

火神庙　始建于唐代贞观年间的火神庙，是拜祭火神的道教庙宇，香火鼎盛时曾受到皇家的供奉。作为什刹海规划发展中重点恢复项目之一，计划2003年完成腾退工作，道教文化将再现京城。

宣传工作　近两年，在区政府的大力支持下，什刹海管理处投入20余万元先后制作了《什刹海旅游手册》、《什刹海明信片》、《什刹海投资指南》和《什刹海画册》，并参加历届西城区经济合作洽谈会。通过大力宣传，管理处签约4亿多元人民币，为景区的发展奠定了坚实的资金基础。

管理工作　旅游业作为现代经济中的新兴独立产业，它向旅游者提供的同样是产品和服务。与大工业一样，也有它的产品质量测定标准，这就是国际标准化组织发布的ISO90004——《服务质量体系要素——服务指南》。按照此标准的基本要求，2001年制定了《什刹海地区旅游管理条例》，加快了什刹海旅游全行业服务质量标准化的推行工作，争取尽快与国际旅游标准接轨，提高什刹海旅游业的总体服务水平。

（西城区什刹海风景区管理处）

迈向现代化的北京市朝阳区

朝阳区，旭日东升、阳光首照之地。1958年确立行政区划，面积470.6平方公里；截至2001年底，常住人口229万，流动人口60多万，是北京市面积最大、人口最多的城区。

产业结构逐步升级，经济发展持续、稳定

朝阳区坚持以发展为主题，以结构调整为主线，以改革开放和科技进步为动力，促进区域经济快速发展　2001年，朝阳区实现区域国内生产总值451亿元，占全市约1/6，同比增长10%；区级地方财政收入45.9亿元，占全市约1/10，同比增长22.3%；全区财力达到33.4亿元，同口径增长24.3%；社会消费品零售总额243亿元，同比增长9.3%；区域税收189.1亿元，占全国税收的1.2%；同比增长22.9%；城镇居民人均可支配收入11 681元，同比增长11.2%；农民人均可支配收入6 998元，同比增长12%。

朝阳区积极发展现代农业，第一产业不断优化调整　观赏农业、出口创汇农业和休闲农业等发展迅速，农业的市场竞争力大幅度提高。2001年，全区农村经济总收入200亿元，同比增长11%；利润总额完成18亿元，税金达5亿元。农民新村建设全面推进，南磨房乡紫南家园新村一期、常营回民新村、太阳宫新村等逐次建成，农村城市化进程步入快速发展的轨道。

随着改革全面推进、结构进一步优化，朝阳既有电子、纺织、化工、机械、汽车等门类齐全的工业生产优势，又具有新兴的高新技术产业、服务业发展优势　特别是现代服务业，包括现代交通、现代金融、旅游、会展、房地产等，逐步成为经济增长的主力军。2001年的统计显示，三次产业比重在区域国内生产总值中的比例为0.6:35.9:63.5。第三产业增加值同比增长10.4%，对经济增长的贡献率达65.9%。三次产业之间协调发展，发展势头强劲，区域经济综合实力不断增强。

朝阳区十分重视加快发展高新技术产业，依托北

昂首前进中的香港理工大学

理大校长潘宗光教授(左)欢迎特别行政区行政长官董建华先生以大学校监的身份到访理大

香港特区政府曾荫权博士(现任政务司司长)与其他主礼嘉宾主持理大企业发展院成立仪式

理大校董会主席胡应湘爵士(左)答谢香港著名企业家李嘉诚博士(中)慷慨捐赠一亿元港币，支持理大的未来发展

全国人大常委成思危副委员长、潘宗光校长及其他主礼嘉宾与2000年紫荆花杯杰出企业家得奖者在人民大会堂合影

香港理工大学位于九龙尖沙咀东部，占地约九万三千五百平方米

香港城市

City University Of

香港城市大学是一所年轻而又朝气蓬勃的学府，由中华人民共和国香港特别行政区政府的大学教育资助委员会直接拨款设立。自1984年建校以来，大学发展迅速，校誉蒸蒸日上。目前学生总数约为16000，其中全日制学生约占11400人，其余则为部分时间制的学生。学校教学内容涵盖广泛，共设有逾百个课程。全校拥有超过900名全职教员，热心投入教学、学术研究、咨询顾问等各种学术活动之中。

优质教育

在城市大学里，教学与研究并重，我们努力朝向亚太地区一流学府的目标迈进，并且积极培育能够灵活变通、面对不同挑战的学生。我们竭尽所能支援校内师生，以提高教研与学习的素质，务求学生既是通才，又有专门的学职，培养学生能精于分析、善于沟通，并能灵活地解决问题，以便适合现代社会及工作岗位的要求。学校以英文作为教学语言，并且采用学分制，让学生在选修学科时能更具弹性，藉以实现全面的全人教育。

本校研究实力雄厚，已成为本地区学术研究的一股强大的力量。本校目前拥有一个校级的研究所、六个校级的研究中心及四个应用策略发展中心，还有数以十计的学院及学系级的研究中心；此外，在珠江三角洲设立了三所应用研究中心。这些研究中心，致力发展大学具有潜力的卓越研究领域，开发创意及推动应用研究，同

大学

Hong Kong

时加强与校外机构合作，与此同时，亦为600余名修读哲学硕士和哲学博士课程的研究生提供优秀的培训环境。

城市大学积极开拓大学与本地社区和国际社会的联系，除致力与本地及区内的工商界建立紧密关系外，大学也大力推动学生和学者交流计划，共创多元文化的校园环境，增加学生接触不同文化的机会，从而丰富他们的学习生活。迄今，城大已与世界各地共三十余所著名大学签订了学术交流及交换学生的协议。

课程架构

城大提供的课程种类繁多，包括学士学位、硕士及博士等研究生学位、副学士学位，以及在职培训及短期进修课程等。这些课程，分别由本校的商学院、科学及工程学院、人文及社会科学学院、创意媒体学院、法律学院和高级专业学院提供。学士学位和研究院的课程，概由学院统筹；至于高级专业学院、创意媒体学院和法律学院，则加设副学士学位课程。

另外，大学亦设有研究院，统筹研究院课程的运作和发展，同时也为修读研究院各项课程的学生，营造一个良好的学习环境。

专业进修学院的主要目的是贯彻城大作为终身教育中心的角色，透过持续教育课程以及自资营运的证书课程，为各界人士提供深造机会。

除此之外，为了培养学生汇通中外文化的能力，本校还设有两个独立的教学单位：英语中心和中国文化中心。前者着重提高学生的英语程度及西方文化涵养，后者则旨在加强他们对本国文化的认识，使学生在日趋全球一体化的国际世界中扮演更为积极的角色。

地址 香港 九龙 达之路
网址 www.cityu.edu.hk
校长 张信刚（教授）

香港树仁学院

爱国爱港敦仁博物以天下为已任

图片说明：

① 2001年12月9日，本校正兴建的文康大楼由香港特区首长董建华先生主持奠基典礼。

② 1998年北大、树仁合办的法律课程举行毕业典礼，由北大原校长陈佳洱院士及树仁校长钟期荣博士主持典礼。

③ 正在施工中的29层文康大楼可望于2004年完成。

④ 2000年11月评审局来校评审通过颁授学位资格，其后与树仁校领导合影。

百年樹人

为樹人学院卅周年題
錢其琛
二〇〇一年九月二日

樹德立仁

樹仁學院三十周年校慶
香港特别行政區行政長官
董建華

李岚清副总理接见钟期荣校长

督麦理浩爵士颁授 OBE 勋衔予胡鸿烈校监

讨论会上，师生都积极发言，表达意见。

香港浸会大学学位于香港九龙的市中心九龙塘区，拥有三个校园，是该区的重要标志。

① 浸会大学赛马会中医药学院大楼于2002年3月启用，邀请国家卫生部副部长兼国家中医药管理局局长佘靖教授（左三）和香港特别行政区卫生福利局局长杨永强医生（右三）主持开幕礼。

② 浸会大学深圳研究院于2002年3月揭幕，乃浸大在深圳成立的科研和持续教育单位，致力为国内学员提供终身学习机会，以及发展两地区的学术培训和合作。

③ 浸会大学学生赢得2001年的全国大学生课外学术科技作品竞赛“挑战杯”中的“港澳优胜杯”。该项比赛被誉为中国大学生的“奥林匹克”竞赛。

山西师范大学

①校党委书记、硕士生导师秦良玉教授

②校长、博士生导师侯晋川教授

③中外专家参观独具特色的戏曲文物博物馆

④日本关东大学访问团在山西师大参观、访问进行学术交流

⑤山西师大首届“创新杯”学生科技作品大赛表彰大会

⑥由500名人学生组成的“五环旗”和“2008”造型图案，表明了山西师大学子盼奥运的精彩壮观场面

黑龙江省重点综

——佳木

①

④

佳木斯大学是1996年11月经原国家教委批准，由佳木斯医学院、佳木斯工学院、佳木斯师范专科学校和原佳木斯大学合并组成的，经过四年多的努力，目前已发展成为省属高校中规模较大、学科较多、综合实力较强，融研究生教育、普通高等教育、高等职业技术教育和成人教育于一体的省属重点综合性大学。

学校设有五个学区和一个高科技园区，下设理学院、人文学院、经济管理学院、外国语学院等十八个学院和一个小学教育师范部。学科设置涵盖文学、理学、工学、医学、经济、教育、法学、历史、管理等九大门类。学校现有教职工4783人（其中附属医院1728人），有正高职353人，副高职913人，建校以来，已培养和输送了36万多名毕业生，为国家经济建设和社会发展做出了重要贡献。

⑥

⑨

②

合性大学

斯大学

③

⑤

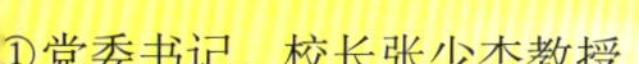

①党委书记、校长张少杰教授
②大学教学办公主楼
③校学位评定委员会主任、党委书记、校长张少杰教授在为毕业研究生颁发证书
④日益活跃的国际间的校际交流
⑤多学科的研究生教学
⑥别具一格的外语教学
⑦科研成果鉴定在顺利进行
⑧实验室建设日臻完善
⑨大学生邓小平理论研究会正在组织竞赛活动
⑩一年一度的大学生毕业供需见面会

⑦

⑧

⑩

特区师范教育在这里腾飞
—深圳大学师范学院发展简介

在美丽的深圳湾，在美丽的深圳大学校园，座落着一所年轻、美丽、朝气、活力的学院—深圳大学师范学院。

自1995年经广东省人民政府批准，国家教委同意，撤销原深圳师范专科学校组建深圳大学师范学院以来，在深圳市委、市政府和深圳大学的领导下，在有关单位的支持和深圳大学各兄弟学院的帮助下，学院迅速发展。如今，在学科建设上，师范学院已开办了中文、英语、教育、学前教育、数学、物理、化学、生物、美术、音乐、表演、舞蹈、多媒体技术、社会文化等本科专业和"中国古代文学"硕士点，在校生1200多人。在师资队伍建设上，全院有在编教职工214人，其中教授19人，副教授60人，博士和博士后23人，教工平均年龄不到39岁，是深圳大学在校生人数最多、师资力量最雄厚、教工平均年龄最小的学院之一，焕发着年轻活跃、思变追新的特色。学院的教育实习基地建设、教学设施建设、对外培训和合作办学及科研工作、校园文化建设均取得了较大成就。

展望未来，在"和谐奋发"的学院精神的带动下，依靠深圳大学这一综合性大学的优势，实行大学统一领导、校院资源共享、学科优势互补、业务高度自主的管理体制，遵循高等教育和师范教育的规律，特区师范教育就一定能够实现腾飞。

照片说明

①深圳大学师范学院积极落实校党委"教育援藏"思想，于2000年开始每年在藏招收藏族新生10人，免费委托培养。图为校、院领导参加师范学院欢迎2001级藏族新生座谈会。

②师院学生在全天候开放的计算机室上网学习。

③师范学院师生在第四届推广普通话宣传周活动中，向市民宣传散发推普资料和书籍。

④ 绿色环抱中的深圳大学师范学院综合楼。

国家级重点中专——云南省财经学校

校长：李保春（经济硕士、高级讲师）

中共中央政治局常委、国务院副总理李岚清在云南省党政主要领导的陪同下视察本校

云南省财经学校创建于1934年11月6日，有着光荣的传统和历史。学校依山傍水，环境优美，绿树成荫，与昆明世博园遥遥相对。在近70年的发展历程中，学校坚持社会主义办学方向，确立了“立一等志向，塑一等品格，求一等学识，创一等事业”的育才目标；形成了“团结、勤奋、求是、创新”的良好校风；炼就了“严谨、务实、敬业、奉献”的文明教风；培养了“虚心、好学、善思、勤勉”的扎实学风；树立了“平等、礼貌、准确、高效”的行政后勤工作作风，造就了一支素质优良的教师队伍，先后为国家输送了3万多名财经专业人才，大部分已成为所在单位的业务骨干，有的走上了重要领导岗位，为云南的经济建设与发展做出了重要贡献，被誉为云南省培育财经管理干部人才的摇篮。至2000年，学校已三次蝉联国家级重点中专，并在云南省国家级重点中专学校中名列第一位。

学校现设有财务会计、财政与会计、会计电算化、会计与文秘、审计电算化、涉外会计、统计与会计、投资经济管理、资产管理等9个专业，注重对学生的基本技能训练和能力素质培养。在新的世纪，学校的发展目标和要求：规模适当，确保质量；工作上A等，学校创一流。发展方向是开展多形式、多层次的职业技术教育，创建有特色的职业技术名校。学校将坚持以“育人为中心”，逐步构建“以人为本、育人为本”为核心的素质教育体系的总体改革发展思路，为云南省乃至中国社会经济发展培育更多的合格人才。

标准田径运动场

环境优雅、文化氛围浓郁的花园式校园

具有独特专业的——

北京立华职业高中

张立民　立华职业高中校长，哲学高级讲师

罗哲文　国家文物局古建筑专家组组长，中国文物学会会长，中国长城学会副会长，国际古迹遗址理事会（ICOMOS）中国委员会副主席

北京立华职业高中始办于1987年，是一所艺术教育培训学校，在海淀教委的指导下于2000年1月，经海淀区政府批准为颁发国家承认学历证书的职业高中，学校在国家文物局古建筑专家组长罗哲文教授（学校艺术古顾问），中国古建彩绘专家、北京古建彩画艺术研究会会长马瑞田教授（学校名誉校长）的鼎立支持下，创办了计算机古建艺术彩绘专业，该专业将民族传统艺术与现代电脑美术设计手段相结合，成为具有独特专业的特色学校。

在立华职高毕业后可以免试升入北京教育学院计算机应用专业、网络技术应用与服务专业、文秘专业、装饰艺术等相应专业学习。

为落实14年教育的新模式，由北京市教育委员会、北京市劳动和社会保障局、北京市人事局和北京市教育考试院共同研究确定30余所高等教育高职专业助学院校，北京教育学院为其中之一，学校为该院预科班，形成5年一贯制的大专。

马瑞田　原北京古代建筑博物馆副馆长，高级工程师，北京古代建筑彩画艺术研究会会长，北京立华职高名誉校长，中国（国际）对外文化交流促进会顾问，马来西亚中华公会文物保护高级顾问，新加坡东艺建筑设计工程总公司总工、教授

海昏秀域，地杰人灵

2001年6月2日，江泽民总书记在县长王忠生（右一）等领导的陪同下视察永修县移民建镇工作。

昌北

京九

九江外

公路四通八达

永修县立新乡南岸新村

县长致辞

永修，古艾7地，秦隶九江郡。汉高祖六年（前201年）置海昏县，为建置之始。南朝宋元嘉二年（425年）改称建昌县。民国三年（1914年）改称永修，取其“泮临修水，永蒙其利”之意，自古就有“海昏秀域，地杰人灵”之誉，县境地处江西北部，鄱阳湖西岸，距南昌36公里、九江80公里。在美丽富饶的2035平方公里的土地上，生活着勤劳智慧、富有开拓精神的34.5万永修人民。永修县资源丰富，物产富饶。有秀丽的湖岛风光，绝世的候鸟王国，著名的佛教文化，雄奇的山岳胜景。区位独特，基础扎实。水陆交通便利，京九铁路、昌九高速公路纵贯南北，北京到珠海的105、兰州到九龙的316国道穿境而过。修、潦两河内通省内五大水系，外连长江中下游各港口。程控电话、图文传真遍布城乡。县距九江机场60公里、昌北机场20公里。电力充足，境内柘林发电厂装机容量42万千瓦。县城日供水能力达4万吨。目前，正在进行大规模的城乡水、电、路等基础设施新建、改造工作。历史敲响了二十一世纪的钟声，我们满怀激情地跨入了一个令人向往、催人奋进、充满希望的新时代。回眸“九五”，在市委、市政府的正确领导下，35万永修人民团结一心，积极进取，克服了制约经济和社会发展的诸多困难，尤其是举全县之力恢复和发展了1998特大洪灾之后陷入低谷的县域经济，在振兴经济和发展各项事业上取得了显著的成绩和新的突破。展望千年，新的世纪、新的时代、新的形势、新的经济已走进我们的生活空间。百年伟业，只争朝夕。新世纪来临之际，我们审时度势，博采群智，规划好了“十五”征程的蓝图。我们将以更昂扬的斗志，更饱满的精神状态，更坚定的决心，更科学的策略，更强硬的举措，更充足的干劲，彻底解放思想，大胆改革创新，扬长优势，伸长短腿，突破难点，猛攻重点，创立独具特色的闪光点，抢占市场竞争的制高点，促进永修经济和社会事业实现跨越式发展。我们坚信，新的世纪一定会更加美好！

永修县人民政府县长 王忠生

本版由永修县交通局、建设局、县人民政府办公室供稿

房地产业的一枝奇葩

湖南省株洲市协力房地产开发有限公司

成立于1995年的湖南省株洲市协力房地产开发有限公司（注册资本金为5000万元），始终坚持“立足株洲、服务市民、树立形象、壮大实力，为株洲城市建设发展做出贡献”的经营思想，勇于创新，不断探索，走出一条民营企业的发展道路。

在董事长汤永乔先生带领下，株洲协力大胆改革经营分配体制，丰富和完善人力资源开发和培育制度，营造良好的工作氛围，有效地树立了公司形象，吸引了一批拥有高级职称的管理人才、中级技术人员和大学学历的高素质员工，为公司的集团化经营奠定了基础。株洲协力在强化质量管理，树立品牌形象，抓好经营工作的同时，不忘记公司的社会责任，主动为地方政府、企业排难解忧，为株洲市的稳定做出了自己的贡献。长期以来，公司积极响应政府号召，热心社会公益事业。据统计，公司向灾区和株洲市公益事业捐赠财物折合人民币100余万元；由汤永乔先生担任理事长的“青云奖教助学协会”和株洲协力长期资助的贫困学子达100余人，以全额资助株洲高考文科状元袁燕就读南开大学及学成后赴美国留学路费、杂费为代表的济困扶贫善举，其影响遍及三湘，广受各界赞扬。

目前株洲协力下设控股公司有：株洲市嘉信建筑工程有限公司、株洲协力园林实业有限公司、宏达物业管理公司、协力蛇类养殖开发有限公司。2000年6月还投资参股了马来西亚中资企业——华隆农业发展（马）有限公司，株洲协力正向集约化、多元化经营模式发展。

图片说明：①株洲房交会上，株洲市市长肖雅如（右一）、人大主任刘迪凯（中）在董事长汤永乔（左一）陪同下参观公司展位；②公司领导班子研究来年发展大计；③公司与中央党校经济研究中心在中央党校合办的“中国经济热点问题暨《新发展经济学》研讨会”会场；④公司发起并组织的“株洲市青云奖教助学协会”颁奖大会现场；●底图为协力公司开发的株洲新世界大厦，高21层，建筑面积2.1万平方米.

北京重庆饭店

BEIJING CHONGQING HOTEL

饭店位于北三环东路与中国国际展览中心咫尺之遥，距首都机场、北京火车站、西客站仅30分钟，交通十分便利。饭店拥有近200套客房（套房、标准间、单人间）房间内设有直拨电话、卫星闭路电视、中央空调、吹风机、保险箱等；设施齐全的会议室、多功能厅、商务中心、美容美发、商品部、健身、保健足浴、棋牌、台球、歌舞厅、KTV包间、票务代办等可为您提供周到的服务；饭店餐饮主营川菜，10间不同风格的餐厅可同时容纳400人就餐。正宗的川菜、地道的重庆火锅及山城特色小吃可使您尽情领略"食在四川，味在重庆"的麻辣鲜香。饭店的各项服务是商务客人及旅游者理想的下榻之地。

We are in eastern of Beijing,among embassies, hotels, restaurants,office buildings,Beijing International Exhibition centre and shopping mall.

饭店外景

标准间 standard

谕筵厅 Yuyan Restaurant

辽宁省北方电影院线股份有限公司

银都大厦

辽宁省电影公司总经理，辽宁北方电影院线股份有限公司副董事长、总经理孙成珂

丹东文化宫

京市、尤其是中关村的研发优势，把朝阳区充裕的发展空间建成高新技术转化基地和产业化基地，以建设中的电子城高科技园区和中关村科学城北苑区的发展，全面优化调整第二产业，提升传统的服装、食品、家具、印刷等产业，完善结构、扩大规模。近年来，通过高新技术引进，培育了一批大型电子骨干企业，形成了以通信、计算机（软件）显示器、彩管、数字视听、新型元器件等为主的高新技术产业群。区内电子信息企业达 200 多家，信息产业产值达 450 亿元，占中关村科技园区的一半。

基础设施逐步完善，城市功能健全、齐备

朝阳区内，公路 1 000 多公里，干线道路密度是北京市平均密度的 2 倍多，30 多座造型各异的立交桥，将二、三、四、五环路的大小道路连成一体，并与京昌、京通、京顺、京沈、京张、京津塘高速公路连通，京包、京承、京广、京秦铁路穿越朝阳，地铁环线和复八线，首都国际机场，构成了现代化的立体交通体系。以申办和承办奥运为动力，朝阳区市政基础设施建设力度不断加大加快。先后建成了东大桥城市广场和郡王府绿化广场；完成了五环路一期工程、京顺路和北苑路改造，新建、改扩建道路 69 条。区域内水、电、气、热等基础设施渐成网络。

围绕商务朝阳的建设，朝阳区加大了环境整治和基础设施建设，主题公园、朝阳路、朝阳北路、金台路、国贸桥、光华路和郎家园等市政工程彻底改善了区域交通状况。为了提高通讯设施和城市交通、管理现代化水平，“数字 CBD”工程也正在加紧规划和实施，一批城市景观和地铁建设等专项规划逐步形成。信息化是城市现代化和综合实力的重要标志，“数字朝阳”初步形成了覆盖城区的宽带骨干网。北京电信主干光缆、北京电信的 PSTN 网络、有线电视网光缆干线、宽带综合信息网、教育网和公安专网快速延伸。在网络基础设施建设的同时，电子政务、教育信息化及社区信息化有效推进。政府信息化实现了各单位的网络连接，形成了以政府中心机房为数据交换中心的高速宽带局域网，初步具备了政务信息化的网络基础。现代教育技术信息网络和社区信息化建设发展势头迅猛。

绿化美化逐步达标，人居环境整洁、靓丽

朝阳区把规划作为城市建设发展的龙头，十分强调规划的前瞻性、科学性和指导性，高标准地编制了《朝阳区土地利用总体规划》，调整并完善了绿化隔离地区的乡域规划，初步完成了东坝边缘集团控制性详细规划、温榆河地区总体规划和温榆河绿色生态走廊规划。初步实现了规划带动绿化，绿化带动环境，环境促进发展的良性循环。

朝阳区高标准实施“进京第一印象工程”和“五河十路”绿色通道，集中整治、绿化了机场高速路、四环路、长安街延长线、京沈、京张、京津塘高速路 奥林匹克公园坐落在朝阳区北部的洼里、大屯地区，占地面积 12.15 平方公里，公园的整体建设和精品绿化进展顺利。温榆河绿色生态走廊总面积约 47 平方公里，按照“水清岸绿、环境优美”的建设标准和“以水为魂、以绿为体、以人为本”的规划原则，目前已完成绿化 3 800 亩。绿化建设过程中，突出了景观价值与生态功能，充分体现了朝阳特色。绿化隔离地区建设进展迅速，2000 年，完成绿化隔离地区 1.8 万亩绿化，2001 年实现绿化 2 万亩。先后形成了 2 个超万亩绿色板块，创出了洼里将军林、将府花园、古塔公园等 5 项绿化精品工程，建成了三间房千亩杜仲林、来广营足球训练中心等一批绿色产业项目，总计完成绿化面积近 40 平方公里，连续两年在全市率先超额完成任务，被评为北京市绿化隔离地区建设先进区。

朝阳区全面提升城市的整体功能，大力营造整洁优美的城市环境，现代化大都市形象初见端倪 开展城市环境综合整治，拆除违法建筑，撤销占路市场，加速实现垃圾无害化处理，实行门前“三包”制度，保持城市清洁卫生。启动了“现代城市风采工程”，投资建设示范街、精品小区及街头公园、文体广场和城市绿地，基本形成了一街一景区、一村一公园的城市景观，截至 2001 年，现代化城市风采工程新增精品街 37 条，提升了现代化大都市品位。开展了“创绿色社区，建绿色朝阳”活动，倡导绿色生活方式，加强居民区、庭院、单位绿化，推广垂直绿化，实施屋

顶美化。继续完善提高朝阳公园、红领巾公园、日坛公园、北土城公园、团结湖公园、古塔公园、南磨房主题公园。2000年、2001年,先后被评为"国家绿化先进集体"。"十五"期间,朝阳区绿化覆盖面积将达到40%,从而具有国际水准的绿色生态环境。

投资环境逐步优化,招商引资优质、高效

朝阳区是北京对外交往的窗口,聚集了除俄罗斯、卢森堡之外的所有外国使馆,云集了北京60%以上的外国商社和97家旅游定点饭店,3 000多家外国公司以及167家国际新闻机构,世界500强进驻北京的158家企业中有2/3落户朝阳。秀水街服装市场、三里屯酒吧一条街、潘家园旧货市场等知名品牌,更是国际交流和交易的丰硕成果。

北京商务中心区 北京商务中心区在朝阳区内,西起东大桥路、东至西大望路、南起通惠河、北至朝阳路之间,面积约3.99平方公里。区域内总体可利用土地约300万平方米,商务设施总建筑面积可达1 000万平方米。商务中心区管委会以全方位开放的姿态,面向国内、外广泛招商引资,核心区占地30公顷的土地储备和土地一级开发顺利启动,北京财富中心、国贸三期、新城国际、中央电视台、北京电视台、北京电视中心、银泰国际大厦、建外SOHO、紫云大厦等一批项目依次筹备、动工。可以预见,多功能、全方位、网络化的北京商务中心区,将以最完备的设施,最全面最便捷的服务,最优美最整洁的环境,塑造出全球瞩目的商务中心区形象。

朝阳国际商务节 朝阳国际商务节注重强调企业与政府间的沟通和了解,倡导现代商务理念。在金秋季节,来自国内外的投资家、招商者、经济团体和商务中介组织云集朝阳,在"商务与文化、交流与合作"的主题下,寻找全方位、多层次、宽领域的合作契机。

招商投资服务中心 为应对我国加入WTO的新挑战,朝阳区全面清理了不符合入世要求的政策性文件,转变政府职能,营造良好的投融资环境。2000年5月,成立朝阳区招商投资服务中心,服务大厅进驻政府17家职能部门和6家中介服务机构,为投资者提供"一站式"服务。仅2001年,新批三资企业227家,同比增长20.7%,实际利用外资6.2亿美元。外贸出口总额9 300万美元,同比增长22.2%,居北京市领先地位。

实施"总部"战略 依托北京商务中心区、奥林匹克公园、高科技园区三大平台,朝阳区整合优势资源,继续扩大外商直接投资规模,实施"总部"战略,吸引世界500强、跨国公司、大型企业集团进驻朝阳,设立地区中心或业务中心、营销中心、研发中心、结算中心等。基础设施、环境保护、场馆建设、商业服务、文化教育等基础性工程,无疑会吸引国际资金、技术、人才和管理资源汇集朝阳,快捷、畅通的招商引资渠道正在逐步建立,科学规范、高效有序的招商引资工作向纵深发展。

城市管理逐步规范,文教体育逐步繁荣,文明城区逐步成熟

朝阳区按照"统一领导、各司其职、规范管理、强化基层"的城市管理格局,加快形成依法管理、市场化运作、群众参与和科技创新相结合的长效管理机制。严格落实"门前三包"责任制,继续推行环境整治"千分考核"办法,不断提升城市管理水平。朝阳区重视探索新时期社区建设运行机制,形成了较为合理的社区概念和健全的社区组织体系,转变街道办事处职能,初步建立了"政府依法行政、社区依法自治"的城市基层管理体制和工作运行机制。

朝阳区科技教育发达,拥有53所高等院校,各类初、中等学校310所。酒仙桥电子城作为北京中关村"一区五园"的重要组成部分,具有政策优势和产业基础优势,成为北京市高新技术产业化的重要基地。朝阳区坚持"科教兴区"战略,加快发展高新技术产业,广泛运用高新技术改造提升传统产业。朝阳区充分发挥区域文化资源优势,加大改革力度,树立大文化观念,全面推进文化、卫生、体育事业发展,形成了秀水街服装市场、三里屯酒吧一条街、潘家园旧货市场、喜力节拍音乐节等国际知名文化品牌。推广全民健身运动,建成200个社区室外健身场所,全民健身乐园遍布全区。

朝阳区成立了包括驻区中央、市属单位在内的朝

阳区精神文明建设委员会，将创建文明区活动纳入朝阳区的重要议事日程，每年投入精神文明建设专项资金 1 500 万元，建立健全“五大工作机制”和“十大运行网络”，层层动员，广泛发动，在全区掀起了创建文明区的热潮，文明行业、文明社区、文明乡村、文明校园等文明创建活动成效显著。

按照北京市总体规划和北京市第九次党代会的部署，到 2008 年，朝阳区将全部实现城市化，北京商务中心区、奥林匹克公园将与电子城高科技园区成为新世纪新北京新朝阳发展的三大支柱。展望新世纪，在区委、区政府的领导下，朝阳区将努力实践“三个代表”的重要思想，不断加快农村城市化、城市现代化和区域国际化进程，基本实现“商务中心区、高新技术转化区、文化教育发达区、富裕文明新城区”的建设目标。一个经济实力雄厚、城市功能完善、生态环境优良、管理水平一流、文化健康繁荣、社会风气良好的新北京现代化城区将展现在世人面前。

（北京市朝阳区委区政府研究室）

建设三大体系　办好绿色奥运

——北京生态环境建设战略目标

首都绿化委员会办公室　宋希友

北京是中国的首都、国内外交往的窗口、国家的象征，绿化美化建设意义重大。新中国成立以来，在党中央、国务院的高度重视和关怀下，北京市委、市政府和首都绿化委员会带领全市人民团结奋进，在京城内外展开了一系列绿化美化建设。在城市中心区，绿化美化水平提升；在京郊，治沙、治滩、治荒山，使北京的绿色一天天增多，环境一天天变美。经过不懈地努力奋斗，首都北京的生态环境面貌发生了巨大变化。到目前，首都北京的林木覆盖率已由新中国成立初期的 1.3% 增长到 44%，人均拥有绿地由接近于无增长到 39 平方米。一个迈向国际化大都市的新北京正逐渐展现在人们面前。

北京生态建设飞速发展，铸就了北京的辉煌。

2001 年 7 月 13 日，北京申办 2008 年奥运会主办权获得成功，证实了北京的生态环境建设得到了世人的认可。在北京“申奥成功”的振奋之余，北京人民想到的是要进一步提升首都北京的绿化美化建设水平，以优美的生态环境迎接 2008 年，办好“绿色奥运”。事实上，勤劳智慧的北京人民在“申奥”之前，就已经瞄准了首都生态建设远景目标。

北京占地面积 1.68 万平方公里，62% 是山区。其间分布有山川、河流、公路、铁路、沙荒、河滩等等。宜林地 12.6 万余公顷，林地面积近 80 万公顷。

北京人民在北京市委、市政府和首都绿化委员会领导下，高举邓小平伟大旗帜，以十五大精神为指导，努力实践“三个代表”。根据北京的地理地貌特点，结合“北京远景目标规划”，认真规划，明确了首都北京未来的生态建设方向——“以人为本，服务首都”。确立了北京的生态建设战略——建设林业三大体系，构筑三道绿色生态屏障，加大绿化美化速度，提升绿化美化水平，实现跨越式发展，创建一流生态城市。

北京的生态战略规划，从宏观上为北京描绘了生态建设的宏伟蓝图。

“建设林业三大体系”是指：高标准的绿色生态体系；高效益的绿色产业体系；高水平的森林资源安全保障体系。每一个体系又包括了数个建设项目。目前，北京的生态建设战略正在全面实施阶段。

建设高标准的绿色生态体系

高标准的绿色生态体系即指“构筑三道绿色生态屏障”，包括“城市绿化隔离地区绿色生态屏障、平原绿色生态屏障、山区绿色生态屏障”。北京“构筑三道绿色生态屏障”的构想，是根据首都北京的地理地貌特点规划而来的。北京的地貌是由城区、城区外围的平原和横亘在平原外围的东北西三面“U”字型的山区构成的。在城区与平原交融地带，北京市规划并建设了环城一周、宽达数公里的森林绿化带，使市中心与平原地区相隔开来，被称之为“城市绿化隔离地区”。

通过在“城市绿化隔离地区”、“平原地区”和“山区”实施一系列的绿化美化重点工程，种树、种花、种草，立体配置。使山绿了，水清了，村镇城乡变美了，形成了环绕城市中心区的“三道绿色生态屏障。”

近年来，北京为了构筑这“三道生态屏障”，投入了大量的人力、物力和财力。投入之大、建设速度之快、效果之显著，达到了空前的水平。

目前，在规划面积为125平方公里的城市绿化隔离地区，经过拆迁、整治、绿化，建立森林绿地106平方公里，初步形成了森林环绕北京城的恢弘气势。在绿化隔离地区，旧村改造、新村建设及产业结构调整同步进行。农民弃耕、上楼、搞绿化，从事绿色产业生产。一批森林公园、文化体育公园、观光采摘园等休闲娱乐和服务场所相继涌现。展现了“绿化达标、环境优美、秩序良好、经济繁荣、农民致富”的景象。

在平原地区，以“五河十路”绿色通道工程为主，辅以平原系列绿化工程，展开了平原绿色生态屏障建设战役。

“五河十路”绿色通道工程建设目标，是在北京通往外埠的八条公路(京开、京石、京张、京密、京沈、京津塘、六环路、顺平路)、二条铁路(京九、大秦线)和市域内的五条主要河流(永定河、潮白河、大沙河、温榆河、北运河)两侧实施绿化建设。规划绿化总面积2.3万公顷，总长度1000余公里。路、河两侧各建成200米宽的绿化带。其中30至50米建成永久绿化带；50米之外，发展经济林、速生丰产林、林木种苗和花卉等绿色产业。绿化、经济同步推进，将形成15条绿色风景线。县、镇、村级公路、河道及村、镇绿化美化建设同步跟进，共同构筑平原绿色生态屏障。

山区绿色生态屏障建设在京郊7个山区县展开，在原有的基础上，进一步加紧山区绿化重点工程建设，继续实施水源涵养林工程、水土保持林工程、爆破整地造林工程、防沙治沙工程、封山育林工程、飞播造林工程、卫星城、中心镇建设工程等。2002年，在国家林业局的指导下开始实施退耕还林工程；结合北京具体情况展开了中幼林抚育工程，实现造林绿化的“造管并重”。北京山区的林木覆盖目前已达到了60%。多年的荒山披上了绿装。

三道绿色生态屏障的建设完善，是一个长期的工程，但北京人民以“只争朝夕”的昂扬斗志将各项绿化工程全面提速，绿化美化水平全面提升。2002年，“彩叶工程”的上马、“五多四好”(多林种、多树种、多层次、多色彩、多植物、好种、好管、好看、好活)绿化标准的出台、“绿化质量管理年”的开展，均表明首都北京的绿化美化建设已经步入了注重质量和水平提升的发展阶段。

市委、市政府决定：到2007年实现林木覆盖率50%，人均拥有绿地50平方米；基本建成生态城市，实现“环境幽美、空气清新、生态良好”的人居环境。

建设高效益的绿色产业体系

结合首都生态建设要求，北京确立了今后重点发展的五大绿色产业，即果品业、花卉业、林木种苗业、速生丰产林业和森林休憩旅游业。

北京在未来生态环境建设中，将逐步扩大绿色产业的发展规模和力度，绿色产业将在北京地区，特别是在京郊山区农业种植结构调整中发挥重要作用。绿色产业不仅本身具有绿化美化的作用，同时能够成为京郊农民致富的途径，如在“城市绿化隔离带”、“绿色通道”、及“退耕还林”等许多绿化重点工程中建设起来的绿色产业带，既绿化了环境，又发挥了调整种植结构的作用。随着绿化美化建设规模、力度的加大，部分农耕生产将逐步退出种植业，取而代之的是绿色产业。以耕作农作物为主的传统农业将发生历史性的转变，这是首都北京建设生态城市的需要。绿色产业的兴起将带来北京种植业结构的革命。

目前，北京的果业发展情况良好。新品种的上市、新科技的应用将促进果品生产技术进步和果品品质的提高。种苗业出现了以北方国家级林木种苗基地为龙头的六大林木种苗基地，加上民营企业的积极投入，林木种苗业势头正劲。森林休闲旅游业是个新兴产业。北京除了原有的森林景区不断发展外，随着绿化美化工程的深入发展，绿色文化、体育、科普园等娱乐、休闲设施也相继出现，给市民提供了更多更好的休憩场所。花卉业则是美化人们生活的重要产业，目前方兴未艾。速生丰产林是新时期发展起来的一项产业。政府在林木采伐政策等方面给予相应支持，在帮助林农致富和种植结构调整中起到重要作用。

建设高水平的森林资源安全保障体系

高水平的森林资源安全保障体系，是巩固首都绿化美化成果的重要保障，包括有现代化的森林防火体系、严格的林政资源管理体系和环保性林木病虫害防治体系，及野生动植物资源及湿地保护体系等。

随着首都生态环境建设的深入发展，林木一天天增多，管护范围和难度日益加大。作为北京林业“三大体系”之一的“森林资源安全保障体系”建设工作，越来越成为首都生态环境建设的重要组成部分。人们的生态意识、森林资源保护、管理意识不断提高，哪里出现了树木管护方面的违规现象，都会得到举报。这说明加强森林资源安全保障体系建设顺乎民意，合乎现代林业发展的需要。在北京市委、市政府和首都绿化委员会的重视下，在国家林业局、北京市有关部门的支持下，首都的森林安全保障体系逐渐完善，并迅速向正规化、科学化、现代化迈进。

在护林防火方面，建立了森林防火电视监控指挥系统、专业森林消防队伍、专用森林防火瞭望塔、配备了森林防火通讯指挥车，应用了卫星 GPS 定位技术、航空遥感技术、飞机灭火技术等，大大提高了林火预报、预警、通讯指挥和森林防火扑救反应能力。部分地区实现了卫星电话通讯，做到了通讯无盲区。

林木病虫害防治，是保障首都林木安全的重要组成部分。林木病虫害，被称为无烟火灾，不防不行；大量使用含有副作用的药物防治也不行。所以我们一方面加强预报、预测系统建设，一方面加紧生防技术的研究，逐年加大生物防治林木病虫害力度，减少负面效应。多年来没有发生过大的林木病虫害。

林政资源管理等方面逐步实现正规化、规范化。《森林法》、《防沙治沙法》等法律法规得到了全面的贯彻落实，依法治林走上正轨。林政管理、防止乱砍滥伐等力度不断加大，并成立了专门的林政稽查大队。

近年来，随着全球对野生动植物资源和湿地保护呼声的提高，北京也加强了此方面的工作力度，并将其纳入森林资源安全保障体系建设的重要组成部分。专门设立有“北京野生动物保护自然保护区管理站”、“北京市野生动物救护中心”、“国家濒危物种进出口管理办公室北京办事处”等相关管理部门，对部分野生动植物资源及湿地资源进行了调查分类，为进一步做好保护工作做了必要准备。

北京申办 2008 年第 29 届奥运会主办权获得成功，为北京生态环境建设带来了新的发展机遇和生机。启动了“绿色奥运——2008 生态环境建设行动计划”，全市人民绿化美化热情高涨，生态建设出现了前所未有的推进速度，标志着北京的生态环境建设已经进入了一个新的历史发展阶段。

“天蓝、地绿、水清”不是梦。

北京市人口与计划生育工作新进展

北京市计划生育委员会党组书记　邓行舟
北京市计划生育委员会主任　肖燕军

2001 年全市的人口与计划生育工作坚持以实现计划生育工作思路和工作方法的“两个转变”为主线，按照“认清形势，把握大局，明确方向，突出重点，改革创新，稳步推进”的工作方针，加大依法行政工作力度，深化宣传教育，广泛开展以技术服务为重点的计划生育优质服务工作，加快计划生育综合改革步伐，全面完成了人口自然增长率控制在 1.3‰以内的工作目标，人口与计划生育工作取得了新进展。

加强对人口与计划生育工作的领导，推动综合治理人口问题格局的进一步形成　2001 年市委、市政府进一步加强了对人口与计划生育工作的领导，市长连续 12 年与区县长签订了年度计划生育目标管理责任书。各有关部门积极配合计划生育部门开展工作，市计委与市计生委联合制定下发了《北京市“十五”时期人口与计划生育发展规划》；市农委与市计生委联合申请 2 000 万元财务贴息贷款，用于扶持计划生育贫困户脱贫致富。财政、公安、民政、卫生、劳动和社会保障等部门在开展计划生育宣传教育、扶贫开发、加强流动人口管理、为育龄群众提供生殖保健服务等方面发挥了重要作用,使党政负责、部门配合、群众参与、优势互补、齐抓共管的人口与计划生育综合治理机制得到进一步加强。

四个城区率先实现"两个转变",推动全市计划生育工作新发展　近年来,全市各级计划生育部门围绕市委、市政府确定的城区2000年、近郊区2002年、远郊区县2005年基本实现计划生育工作思路和工作方法"两个转变"的工作目标,开展了大量卓有成效的工作。其中,四个城区在2001年年初率先通过了市人口与计划生育领导小组的检查评估,基本实现了"两个转变"。

计划生育依法行政得到有效加强　按照《北京市计划生育依法行政工作实施方案》的要求,全市进一步加强了依法行政工作,完善了行政执法责任制,绝大多数区县制订了较为细致的行政执法责任制和配套管理制度,并在实际工作中抓好落实。各级计划生育部门将计划生育法规、工作制度、办事程序、监督电话等公布于众,坚持依法行政,严格执法,文明执法,加强了执法监督。

计划生育宣传教育工作进一步深化　1998年以来我市全面开展了婚育新风进万家活动,对促进科学、文明、进步婚育观念的树立和新型社会主义生育文化的形成起到了积极的作用。2001年市计生委举办了北京市婚育新风进万家活动成果展。

计划生育优质服务工作取得新进展　以社区为载体开展计划生育优质服务工作是实现计划生育工作思路和工作方法"两个转变"的重要途径。2001年,市政府将社区计划生育优质服务工作纳入折子工程,加强了督促检查。市计生委组织成立了北京市计划生育技术专家委员会,负责全市计划生育技术服务的指导、推广和监督工作。目前,全市90%以上的社区卫生(计划生育)服务站开展了计划生育、优生优育、生殖保健咨询与服务,受到群众的普遍欢迎,为首都经济社会发展创造了良好的人口环境。

为实现北京邮政良性循环目标而奋斗

北京市邮政管理局局长　冯新生

2001年是中国邮政"三年扭亏"的决战之年。在这既充满希望又面临巨大挑战的一年里,全局干部职工认真实施"三步走"战略,全年实现收支差额4.37亿元,完成国家局调整计划的100.26%,比上年增长8.05%,是全国邮政各省市局上交收支差最多的局,为国家邮政局实现"三年扭亏"的目标做出了贡献;实现业务收入32.43亿元,比上年增长7.1%;全员劳动生产率完成15.6万元,比上年增长14.71%,高于业务收入增长7.61个百分点。

实施"三步走"战略,企业经营被动局面得到扭转

2001年年初,我局经营形势十分严峻,1~2月,业务收入完成进度在全国邮政倒数第一,收入绝对值排名落到了第五。为了扭转这种被动局面,我局新的领导班子提出并实施了"三步走"的经营战略:自2001年3月开始,北京邮政生产经营情况有了好转,4月份业务收入比上年同期增加1 751万元,实现了"三步走"第一阶段的目标;6月份业务收入超过了2.8亿元的月平均进度,达到了"三步走"第二阶段的要求;到8月份业务收入增幅达到2.94%,实现了扭负为正;至10月份业务收入增幅为10.5%,增长率首次达到两位数。年末,北京邮政业务收入实绩在全国邮政排名由年初的第5名上升到第3名,业务收入增幅由年初的-24.82%上升到7.1%,与全国邮政平均增长水平的差距逐步缩小。"三步走"经营战略全部实现。

**全力推进"三进工程",积极抢占社区、校

园、商厦市场 针对北京社区服务系列化、教育产业化、城市建设国际化的发展特征以及社区、校园、商厦对邮政服务的需求特点，我们采取自办、联办、委代办相结合的形式，全力推进“三进工程”，全年进驻社区、校园、商厦的网点达到263个，形成了整体推进的态势，一个全方位、多层次的社区、校园、商厦邮政服务网络已经初步形成。

大力开发新业务，努力拓展新市场 2001年，先后开发了钢铁长城、故宫等独立邮资图案专题邮资明信片和潭柘寺、科技馆等门票明信片业务。推出了“个人自助明信片制作”业务，在第21届大学生运动会上受到了热烈欢迎。开通了24小时现金对现金的电子汇兑业务，为传统的邮政汇兑业务注入了新的活力。开办了国内快递包裹和混合邮件业务，缩短了邮件传递时限。开发了高校录取通知书速递服务业务，共受理171所高校录取通知书55 523件。

加大联合发展的力度，不断开拓新的经营领域 2001年，我们加大了与社会各界联合发展的力度，与联通和移动公司开展了全面合作，在8个支局开办了中国联通邮政合作营业厅，在顺义邮政局开办了中国联通顺义营业部，开办了代收移动电话费、代售“如意通”卡等多项电信业务，仅10月11日开办的代收移动电话费业务至年末已达14.44万笔，代收金额3 300.7万元。

通过了“首都文明行业”初评，企业形象进一步提高 “创建文明行业”是我局近年来锲而不舍追求的目标。2001年我局的“创建”工作进入了最后冲刺阶段，自10月份开始，北京市文明行业考评组对我局“创建文明行业”工作进行了为期两个多月的全面考评。考评组认为北京邮政“创建”工作取得了突出成绩，整体服务水平有了大幅度提高，群众普遍满意。据北京市统计局城市调查队与首都文明行业考评组所发调查问卷合并统计，社会对北京邮政服务总满意率为98.1%。考评组一致同意北京邮政为首都文明行业。

“创建”工作经受住了重大活动的考验 2001年，圆满地完成了“两会”、庆祝申奥成功、建党80周年纪念、大运会等邮政服务工作。特别是在大运会上，不仅赢得了各国贵宾和运动员的交口称赞，而且得到了北京市刘淇市长、国际奥委会主席罗格先生、国际大体联主席乔治·基里安先生的充分肯定。

着力解决企业运行中存在的突出问题，北京邮政得到健康发展

进行了车辆整顿工作 针对我局多年来存在的车辆管理较为混乱的问题，我们加大了车辆管理的力度。修订并重申了我局《邮政车辆使用管理办法》，明确规定邮政绿车禁止在宿舍区、旅游景点等非因公停放，禁止作为上下班的交通工具，同时制定了严格的考核办法，进行了7次较大规模的检查，对查出的违反车辆管理规定的人员均进行了严肃处理。通过采取以上措施，我局车辆管理较为混乱的问题得到了解决，违规绿车满街跑、乱停放，开绿车上下班的情况基本杜绝。

开展了四项“清理”工作 2001年，我们在全局广泛、深入开展了清理用户欠费、集邮品库存、低值易耗品库存和银行帐户的工作。通过清理，全局用户欠费比年初下降了16.3%；集邮品库存下降了7.7%。

理顺了管理体制方面存在的一些问题 根据企业经营发展的需要，我们对一些急需调整的经营管理体制进行了调整，成立了“北京邮政信息技术局”、“北京邮政大客户服务中心”、“北京市邮政管理局财务中心”等。制定了管局机关机构调整方案，得到了国家邮政局的批准。按照“规模分等、效益分级”的原则，制定并出台了我局邮电局、所分等分级管理办法。

强化了节支工作 在人力资源的节约上，调整了我局职工内部退养政策，2001年全局896人内部退养，促进了企业减员增效。在财力的节约上，我局较大的采购项目全部实行了招标，节约资金1 400多万元。在生产运行费用的节约上，在保证邮件时限的前提下，采取将原发航空邮件改发火车等措施，仅2001年试运行期间就节约航空和铁路运费500万元左右。

认真做好影响企业长远发展的工作北京邮政的基础进一步巩固

积极争取国家邮政局和北京市政府的政

策支持，为企业发展创造良好的政策环境　2001年，我们积极争取国家局和北京市政府对北京邮政的帮助和支持，得到国家局政策补贴资金和贴息贷款1亿元，还争取到国家局对我局国际、速递邮件处理中心工程等项目建设投资计划1.1亿元，项目审批及下达投资是近几年最多的。同时，我们得到北京市政府报刊亭建设补贴1 000万元。在邮政基础设施建设政策方面也取得了重大突破，北京市规委、建委等四部门联合发文，将北京市小区邮政局、所和信报箱建设列入了强制实施标准，为彻底解决楼房通邮问题打下了坚实的基础。

加快综合网、"绿卡"网的建设，为企业发展创造良好的科技环境　开通了51条综合广域网专线，在网上运行业务的支局、所达到260个，开发了全市报刊集中订销网络系统，完成了电子汇兑260个网点建设工作，提高了全局网络通信能力。在"绿卡"网建设上，完成了"绿卡"工程主机系统切换及北京邮政"银联卡"改造工程系统切换，新安装13台ATM，对181台ATM进行了硬件和软件改造。

加快北京邮政通信实物网的建设，为企业的发展增强后劲　完成了国际、速递邮件处理中心土建工程；新机场航空邮件转运站工程正在办理征地手续；邮袋厂扩建工程已正式通过国家局验收。新建邮政局、所10处，新建邮政报刊亭500个。完成了中心局进口邮件包件分拣机的设备安装工作，购置了221辆邮政生产用车，10辆运钞车，投资近千万元，组建了同城物流网络。

加强人才培养，为企业发展提供人才支持　建立健全激励机制，在全局范围内推行以贡献大小为主要依据的"特殊岗位津贴"，实现了收入分配向"三高"人员倾斜，改善人才成长的外部环境。搞活局内人才市场，在部分管理岗位实行公开招聘。

大力推进劳动力市场"三化"建设

湖北省劳动就业管理局

湖北省是我国近代工业的发源地和老工业基地之一，国有经济比重大，结构调整任务重，就业形势严峻。1998年以来，我们在省劳动和社会保障厅的领导下，着力做好下岗职工基本生活保障工作的同时，狠抓劳动力市场"三化"建设，加强就业服务，使全省市场功能基本完善，市场秩序日趋规范，市场机制在劳动力资源配置中的基础性作用得到加强，为保持我省就业局势的稳定，促进经济和社会发展发挥了重要作用。目前，全省职业介绍机构已发展到792家，其中县以上政府劳动保障部门开办的公共职业介绍机构121家，直接从事职业中介服务的工作人员达到3 300余人。劳动力市场的"三化"建设，有力地促进了再就业工程的开展。1998年以来，全省县以上公共职业介绍机构共办理求职登记307.07万人次；用人单位招聘登记245.73万人次；介绍安置就业188.07万人次，其中下岗失业人员118.54万人次；组织农村剩余劳动力实现开发就业410万人，城乡异地流动就业达204万人。江泽民总书记和尉健行、吴邦国等中央领导先后视察了我省劳动力市场，并给予高度评价。

加强领导，明确职责，将劳动力市场建设作为促进再就业的重要途径来抓

政府重视，强力推进　各级党委、政府把培育和发展劳动力市场、建立市场导向的就业机制作为发展市场经济体系的一个重要组成部分，列入重要议事日程。省政府多次召开省长办公会，专题研究劳动力市场建设问题，制定发展规划和相关政策，落实专项经费。各地党委、政府按照全省统一规划，普遍将劳动力市场建设列入当地经济和社会发展计划。武汉、黄石、

襄樊、孝感、荆州、恩施等地劳动力市场成为政府为民办实事的“民心”工程，党政主要领导亲自抓督办、抓进度、抓资金落实。宜昌市委、市政府主要领导出面解决市场建设用地，并专门请专家修改城市规划，责成有关部门减免各种费用500万元，建成全省一流规模、一流设施、一流功能、一流服务的劳动力市场。

目标管理，狠抓落实 1998年以来，我省把劳动力市场“三化”建设纳入了年度目标管理，省政府与各市、州政府及省劳动保障、计划、财政、城建、工商等部门分别签定了目标责任书，定任务、定时限，一级抓一级，层层抓落实。同时，加强检查，严格考核，把目标任务完成情况与评先、晋级挂钩，奖惩兑现，做到政策落实、资金落实、组织落实、宣传到位。密切配合，形成合力。我省把劳动力市场建设作为一项社会公益事业来抓，要求举全社会之力，各部门密切配合、齐抓共管。各部门各负其责，恪尽职守。各级计划部门将劳动力市场建设纳入国民经济发展计划；财政部门将劳动力市场建设经费列入财政预算，并优先予以落实；城管部门把劳动力市场建设纳入整个城市建设的总体规划之中，拿出城市中最佳地段；税务部门对公共职业介绍机构建设和运作给予优惠政策；工商、物价、公安部门积极参与劳动力市场的管理和清理整顿工作，主动维护市场运作秩序；电信部门优先为劳动力市场信息网提供服务，并降低有关费用；报纸、广播、电视等新闻媒体纷纷开辟专栏，免费刊登劳动力供求信息；工会、妇联、共青团成立了为下岗职工、妇女、青年提供就业和再就业服务的组织机构，并在劳动力市场设置窗口，提供专项服务。

加大投入，构建网络，不断提高劳动力市场科学化、规范化、现代化水平

为建好劳动力市场，充分发挥劳动力市场作用，主要采取了以下措施。

统筹规划，精心组织，做到网络互通 经过广泛调查研究和充分论证，我们提请省政府印发了《湖北省1999～2003年劳动力市场建设规划》，明确提出用5年左右的时间，基本建立功能齐全、流程规范、方法灵活、运作高效的劳动力市场服务体系；形成法制健全、运行规范、竞争有序、调控有力的劳动力市场管理机制；建成上下贯通、内外相连、条块结合、灵敏高效的劳动力市场信息网络和规模适度、设施完善、布局合理的劳动力市场服务网络。通过几年努力，目前，以省劳动力市场信息监测中心为枢纽，以城市网建设为重点，省、市、县三级联通的信息网络初步建成，已有57个县以上地方公共职业介绍机构基本建成局域网，大中城市初步建成市、区、县联通的广域网。全省劳动力市场职业介绍、就业培训、失业保险服务工作已基本实现计算机管理。

健全机构，夯实基础，构建服务网络 我们在加强中心城市及县级劳动力市场建设的同时，逐步将服务网络向乡镇、街道、社区延伸。省劳动保障厅联合省直9个部门联合下发了关于加强社区劳动保障工作的通知，要求各街道、乡镇都要建立、健全劳动保障服务所，各社区都建立劳动保障服务站，配备2～4名专兼职工作人员。并就组织机构的建立、工作经费的筹措、工作时间的安排进行了具体部署。目前全省街道、乡镇、居委会建立劳动保障服务机构1 906个，专职工作人员2 846人，为下岗失业、离退休人员提供综合系列服务发挥了重要作用。为扩大市场服务范围，我们还把劳动力市场网络向沿海发达地区拓展，先后在北京、天津、上海、广东、福建、浙江、海南等省市设立了19个劳务工作机构，并在美国、新加坡等地建立了劳务工作站。各驻外机构充分发挥前沿阵地作用，广泛收集用工信息，并加强与省内职业介绍机构和技工学校、就业训练中心联系合作，积极开展有组织的劳务输出。

加大投入，加快建设，尽快形成规模 我省各级政府普遍将劳动力市场建设经费纳入财政预算，加大对市场“三化”建设的投入。1998年以来，全省安排了约5亿元资金用于劳动力市场建设，其中，省政府安排了近3 000万元。武汉市政府安排3 900万元专项资金，并争取世界银行贷款8 000万元用于新建市场；宜昌市投入1 400多万元，黄石、襄樊等大中城市投入都在500万元以上。全省劳动力市场总面积已达6万多平方米，市级劳动力市场一般在1 500平方米左右，县级普遍达到200平方米，服务设施基本完善，服务手段逐步现代化，服务质量不断提高。

健全法制，完善制度，规范市场行为 为了加强劳动力市场的管理，做到规范运作，省人大颁布了《湖北省劳动力市场管理条例》，省政府制定了相关规定，使劳动力市场管理运作迈入法制化轨道。目前，已建立了空岗报告制度、用人申报登记制度、求职登记制度、招聘录用备案制度、职业介绍许可制度、招聘广告审批制度、流动就业证卡合一制度、就业准入制度等等。全省基本实现管理体制、业务流程、公共职业介绍机构标志、市场信息网管理系统、职业分类代码、费用来源“六统一”。做到政策规定、服务内容、办理结果“三公开”。各公共职业介绍机构实行持证上岗，挂牌服务，设立监督咨询岗，公布举报电话，接受社会和群众监督。为了达到统一规范，确保各项管理制度的落实，维护劳动力供求双方的合法权益，我省加大劳动监察工作力度，并定期对各地执行情况进行检查，特别是每年春节前后及学生暑假期间，集中力量对中介机构进行清理整顿，取缔非法职业介绍机构326家，净化市场环境，规范市场程序，维护了劳动力供求双方的合法权益。

抓好试点，以点带面，提高整体水平 湖北省在推进劳动力市场“三化”建设中，注意运用以点带面，点面结合，整体推进的方法。在抓好劳动保障部确定的武汉、黄石、襄樊、宜昌、孝感5个国家级劳动力市场“三化”建设试点工作的同时，又确定荆州市、恩施州、随州市、大冶市为省级试点城市。各市、州还结合当地实际情况，在本辖区内确定12个县(市)为市级试点，形成了国家、省、市三级试点工作在全省同步组织实施的良好局面。2001年我们在各地自评、市级检查申报的基础上，分两批对104个县(区)以上地方劳动力市场“三化”建设情况进行了检查评估，经报省劳动保障厅批准，认定92个地方基本达标，对合格的按照市州20万元、直管市15万元、县10万元、区8万元的标准给予经费扶持；对未达标的，限期整改，督促落实。

强化服务，讲究信用，充分发挥劳动力市场龙头带动辐射作用

拓展领域，由单一职业介绍转向提供综合系列服务 为了更好地为劳动力供求双方提供优质服务，我们不断拓展服务领域，完善服务功能，提高服务质量。特别是通过实行“一条龙”、“一站式”全方位服务，树立了公共职业介绍机构的良好形象。对劳动者求职和用人单位招聘需要办理的各项具体事务集中在劳动力市场一处办理、一次办完，这种便捷服务方式受到普遍好评。各公共职业介绍机构不仅全面开展了各项就业服务工作，还开始为各类劳动者提供劳动保障事务代理，包括代管档案、保险接续、政策咨询、职业指导、职业介绍和培训等，做到有求必应，全程服务。目前，全省已为近33万人提供了劳动保障事务代理服务。

精心组织，由分散服务转向提供重点服务 我局通过统一组织宣传月、宣传周、举办专场送岗位招聘洽谈会、社区就业招聘洽谈会、下岗失业人员再就业劳务集市等大型活动，达到既方便求职用工者，又扩大社会影响的目的。连续3年，全省县以上公共职业介绍机构统一行动，成功举办了“庆五一、促就业”大型招聘洽谈活动，提供就业岗位40.7万个，交流成功30.1万人，其中下岗失业人员12.39万人。省、市、县“四大家”领导都亲临指导。由于创意新、岗位实、服务优，达到了规模大、影响广、成交率高的效果，同时也检阅了全省劳动力市场“三化”建设成果，进一步赢得了各级党委政府的重视和部门支持。

强化宗旨，由坐堂服务转向提供上门服务 我们充分利用劳动力市场信息资源，主动上门将岗位信息送到最急需的下岗失业人员。2001年9月底，我们在全省范围内开展了“庆十一、献爱心、送岗位”活动，各公共职业介绍机构带着用工信息走进企业，深入特困就业人员家庭，把岗位送到下岗失业人员家门口。我们组织驻外劳务机构的同志带着4 300多个就业岗位，由劳动保障厅领导带队到江汉油田和荆襄化工集团公司送岗位，并深入到特困职工家中看望慰问，宣传政策，推荐工作岗位，深受广大职工的欢迎。在认真分析年龄偏大、技能偏低的再就业弱势群体就业状况和就业愿望后，我省普遍开展再就业援助行动。2001年，全省各地通过多途径筹措资金，为特困下岗失业职工开发公益性就业岗位1.4万个，实行兜底安置2.3万人。仅武汉市政府就拿出640万元，用

2 000个保洁、保绿、保安等公益性岗位安置特困下岗职工。同时,各级就业机构拿出专项资金建立再就业基地,大批量安置特困下岗失业职工。省直单位率先垂范,建立了8个再就业基地,安置特困下岗失业职工3 000多人。郧县政府拿出100万元,并无偿划拨100亩土地给劳动就业机构建立再就业基地,目前这个鄂西北最大的蔬菜批发市场一期工程已经投入使用,共安置400多名特困下岗职工再就业。

维护权益,由临时性服务转向提供全程跟踪服务 2001年以来,面临着全省下岗职工出中心和改制分流人员进入市场,各级劳动保障部门进一步扩大服务范围,把职工安置与保险接续同步实施,先后为20多万参保人员提供社会保险接续、代理服务,与此同时注重依法维护外出打工者合法权益。近几年仅我局驻省外19个劳务机构接待来信来访达16.9万人,调解劳动纠纷4 236起,涉及1.1万人;处理工伤事故264起,1 507人;为打工者挽回经济损失2 120万元,真正做到了来信有回音,来访有接待,处理有结果,被誉为打工者的"娘家人"。

湖北省劳动力市场"三化"建设虽然取得了一定的成效,但从总体上看,仍处在培育发展过程中。我们从实践中也感到,要建立市场导向的就业机制,发挥劳动力市场的龙头、带动、辐射作用,还需要进一步完善政策法规体系,加强市场机制建设和载体建设,加快建立统一的劳动力市场信息网络,健全和完善劳动力市场服务体系。

数字城市——信息社会城市发展的未来方向

世界大都市协会2000年广州年会暨国际研讨会札记

十月金秋,美丽的羊城迎来了一个世界性的盛会——世界大都市协会董事年会暨国际研讨会,世界大都市协会(World Association Of The Major Metropolises,简称Metropolis)成立于1985年,是近十几年随着多边城市间交往的兴起而发展起来的国际性民间交往组织。协会以会员制的方式组织世界各主要城市和有关的机构进行联谊、交流与合作,致力于解决城市问题和促进城市的可持续发展,并代表各会员城市开展与有关国际机构和团体的对话与合作。目前协会总部设在法国巴黎,共有64个城市会员。广州市是在击败其它五个城市后才获得主办权的,今次有幸成为国内第一个主办年会的城市,不但为塑造广州大都市的形象,使广州进一步走向世界提供了绝好的机会,而且也为推动国内城市信息化的发展,探讨信息社会的城市建设迈出了重要的一步。

盛况空前　精采纷呈

本次会议为期共四天,由广州市人民政府和世界大都市协会共同举办,是广州市本年内举办的规格最高、规模最大的国际性会议。共有来自37个国家46个城市的134位代表参加本次盛会,包括16位市(州)长、副市长。在这些来客中,有许多"重量级"人物。包括世界大都市协会会长胡安·克罗斯、秘书长米歇尔·司卡尔伯奇,国家建设部、外交部、信息产业部的领导,以及包括世界银行企业首席执行官纳吉·汉纳博士、全球排名第六位的咨询机构毕马威副总裁约翰·米勒先生、美国信息战略研究中心主任拉塞尔·派普先生、德国卡塞尔大学德特列夫·易普森教授、中国工程院副院长朱高峰院士等在内的27名国际知名专家、学者、IT企业代表和政府官员。大会在国内也备受注目。沈阳、杭州、福州、太原、武汉等城市也纷纷由市长或副市长带队参加了会议。

本次会议主要内容包括世界大都会协会2000年董事年会、大都市协会特别大会、董事执行委员会及区域秘书处会议以及三个专业委员会工作会议。三个专业委员会的内容分别为环境加强与保护水资源、信息社会与城市、城市指标研究,引起了国内外专家的强烈兴趣。另外,广州市政府还与世界大都市协会共同举办了“新的千年:信息社会与城市发展”国际研讨会、广州市重点项目招商及项目签约会、广州市重点项目推介会、广州市项目洽谈会、广州市出口加工区新政策法规发布会等等。这些会议与正在广州举行的美食节、厨师节、茶艺节一道,演绎了广州的激情十月。

于10月3日开幕的以“信息社会与城市发展”为主题的研讨会可以说是本次盛会的真正亮点和高潮,来自于世界各地的专家人士汇聚一堂,畅所欲言,就“信息社会与城市发展”引发了一场发人深省的脑力激荡。在会上,美国的世界银行首席执行官、国际IT界权威威纳吉·汉纳博士和毕马威的副总裁约翰·米勒分别作了“智能城市”与“迈向信息时代的政府”的特别演讲。广州市市长林树森作的题为“迈向信息社会的广州”的主体报告,引起了与会国内外专家的深厚兴趣和热烈的掌声。由于要求发言的代表很多,大会不得不将发言报告又分为四个专题,分设在四个分会场举行,每位发言代表的时间也被规定在15分钟。尽管如此,代表们还是非常重视和认真,反复斟酌自己的发言,将最精采和最精华的部分呈现给大会。四个专题同样非常引人注目,分别为“信息社会的城市功能”,“信息社会的城市的可持续发展”,“信息社会国际城市间的合作与发展”和“信息社会的城市管理”,虽然时间有限,但报告中的一些热点问题仍引起了与会者的一致共鸣,提出的一些新颖而又深刻的观点更是让人深深难忘。

精采对话实录

广州市市长林树森:广州要现代化不要近代化 广州要的不是近代化,而是现代化,因此在信息和网络化社会方面,必须弄清楚将来10年、20年会达到什么水平,这需要很多专家的智慧。林树森说,现在一般给现代化定了很多的指标,认为完成这些指标,达到发达国家某个时期的水平就实现了现代化。而以他个人的理解,对于类似于广州这样发展中国家的发展中城市来说,总跟在别人后面,那永远只能是近代化而不是现代化。因此,他觉得应该看得更远点,看到未来社会发展的某个阶段。之所以选择了信息化这样一个突破口,是因为信息化是新兴的、代表未来发展潮流的方面。而广州作为目前在很多方面都落后于世界先进水平的发展中城市,有可能在新领域发挥出后发优势。那么广州能否同先进国家一样进入网络化社会?这一问题现在必须思考。

中国工程院副院长朱高峰院士:研究在信息化进程中如何发挥城市功能,是非常有益的尝试 实际上中国很多城市都面临如何在信息化方面缩小与世界先进水平的差距问题,在这个新的领域里,对中国来说是一个机会。而现在广州带头研究在信息化过程中如何发挥城市功能,是非常有益的尝试,对全国都有指导作用。

柏林城市发展部部长彼得·斯特里德:大都市不能千篇一律 如果在城市规划中只考虑经济效益,那么城市将会变得与美国洛杉矶等城市一样,没有自己的特色。柏林在1984年制定了有关土地使用的法律,把全市土地的用途进行了基本规划。这个规定的制定考虑非常长远,所以整个城市的规划比较合理。而且将污染较严重的一些工业企业搬离市区,把原址改造成居民住宅区,对一些老式住宅区进行修复,使整个城市更加协调。柏林市政公用设施的资金是由建筑公司支付的,他们可以先向银行贷款,然后从居民出的水费、电费、暖气费里收回。今后要考虑的是怎样吸引居民在市区居住、消费,增强中心城市的吸引力,使它成为居民固定消费的场所。

华沙副市长 Mr. Jacek Zdrojewski:城市建设要体现特色 在中国的城市,经过的每条道路常常都是相似的。要塑造城市的个性,就要保护城市的特色,它们是历史的一部分,应当把它们留给后人,让人们记住历史。在华沙,不允许在受到保护的、有特色的地方投资建高楼。广州也应该尽早制定措施保护城市中有特色的地方。二沙岛是个美丽的地方,建筑应更有特色一些,能让人记住它并且吸引人再次去那里。

世界银行企业首席执行官:广州应建立智能化城市 广州市目前正处在经济飞速发展的阶段,应该在结合本身特色的基础上,充分借鉴世界上别的城市的经验教训,加强信息技术建设,建立智能化城市。随着信息通讯技术革命的进行,一种新的竞争经济正在出现,城市已经成为经济繁荣的推动者,因此,城市管理者在城市规划时要对信息与传播技术、信息全球化和地方化作出反应。目前,全世界人口的50%居住在城市中,随着发展中国家经济的进一步发展,世界2/3的人口都将在城市中居住。越来越多的城市人口在对自然资源、就业等方面造成越来越大的巨大压力,因此,各国政府都应该利用信息技术革命的机遇发展自己的经济。

毕马威公司副总裁约翰·米勒:广州市政府在IT方面的解决方案很好 广州市政府在IT方面的解决方案很好。在信息时代到来之际,政府面临着各种各样的挑战,市民也改变了对政府服务的期望,不再对功能单调的政府感兴趣,这就要求政府将互联网等新的信息技术引入到日常的工作中,让更多的市民参与、了解政府的工作,并最终提高人民的生活质量。

美国优利公司亚太区政府部总经理约翰·肯德尔:"电子政府"不应是'迪斯尼乐园'型的,而应是'老鼠夹子'型的 当前不少城市的政府都在搞电子政府,但真正成功的并不多,它们要么是简单地以为电子政府就是在"政府"前加上"电子"两个字,要么就大多数属于"迪斯尼乐园型"的,既大又少,包罗万象,到头来什么也做不成,好的电子政府应是"老鼠夹子"型的——要看准目标,还要加强"夹"的力度,要能夹住老鼠才行。

西班牙巴塞罗那市信息研究所特雷莎女士:信息与科技的发展切莫忘记以人为本、服务大众。

数字广州御风前行

作为东道主的广州市政府,借本次年会的东风向世界充分地展示了这个日新月异、飞速发展的城市的风貌。亮出了构建"数字广州"的基础和决心,亮出了广州这张可持续发展的"城市名片"。

在会上林树森市长作了《迈向信息社会的广州》的主体报告,详细介绍了广州近年来在城市信息化建设方面所做的工作和取得的成绩,向与会者构画出了"数字广州"的美好蓝图和构想。广州市天河区区长陈小钢介绍了广州市典型示范工程——天河区'电子政府'的建设进程。同时市政府和与会专家就广州市现存的一些老问题如"拉链路"问题、交通堵塞问题等进行了探讨并征求了意见。专家们提出的用"城市规划数字化工程"来彻底解决"拉链路"问题,用"智能化交通管理"解决交通堵塞问题,用"数字民主"解决决策的群众基础问题,用流动IC卡来解决出租屋和流动人口管理等建议都为市政府提供了很有价值、很有建设性的参考。

此外,广州市还特为年会准备了一系列的活动,如广州市重点项目招商会,重点推介广东"光谷"、天河软件园、广州市留学人员创业园等26个招商项目,项目涉及电子信息、数字城区、光电工程、科技园区、商业旅游、汽车、环保工程、新机场设施建设和物流中心以及医疗服务等领域,同时还签订了一批技术含量高、投资额大、广州鼓励发展的高新技术项目和服务贸易项目。

在短短的几天时间中,广州市向国际成功地递出了城市名片,不仅赢得了友谊,而且也为此带来了无限商机,为共献共策建设未来的广州,和全面化地推动"国际化区域性信息中心"的进程创造了有利的条件。

加速开放发展的钢都——鞍山

鞍山市统计局

历史沿革 清代，今鞍山境域分别隶属于辽阳、海城、锦州等地。鞍山市于1937年12月建市。建国初，鞍山城区境域隶属于东北人民政府，1953年3月12日起为中央直辖市。1954年8月22日，中央人民政府决定，鞍山市城区境域隶属于辽宁省。现下辖三个县市(海城市、台安县、岫岩满族自治县)以及四个区(铁东、铁西、立山、千山)，全市土地面积9 252平方公里，总人口344.2万人，其中市区人口145.5万人。

优越的地理位置，便利的交通条件 鞍山市位于辽宁省的中南部，地理位置十分优越。北与古城辽阳相连，东与煤铁之都本溪毗邻，西与新兴石油城市盘锦和煤电城市阜新为邻，南与港口城市营口接壤。这里的交通非常便利，哈大电气化铁路、秦沈铁路、长大高速公路、京沈高速公路纵贯南北，鞍山至北京的直达列车以及鞍山至北京、广东佛山的空中航线方便了人们的出行。

富饶的自然资源 鞍山矿产资源举世闻名，特别是铁矿和菱镁矿是全国储量分布最集中的地带。市区东部和南部16公里内，铁矿储量占全国的1/4，鞍山东南和南部的菱镁矿储量占世界的1/4，居全国之首，滑石储量亦居全国之冠。素有“玉石之乡”美誉的岫岩县，玉石已探明储量约213万吨，年开采2 500吨左右，是国内目前最大的玉石产地。岫玉质地细腻、纯净，颜色艳丽多彩，经国内专家多次评定，是国石的第一候选石。鞍山地热水资源比较丰富，埋藏浅，含有大量有利于人体健康的微量元素，开发利用的历史也比较悠久。据史料记载，从唐朝就已使用。此外，还有锰、萤石、石棉等数十种有色金属、贵重金属和非金属矿藏。境内气候适宜，土质肥沃，有辽河、浑河、太子河等大小河流35条，水资源总量35.71亿立方米，具有适宜于农作物生长、林果蚕发展和淡水养殖等良好的自然环境。西部辽河平原是我省重要的商品粮生产基地。著名的南果梨鲜美可口，回味无穷，是鞍山独享盛誉的特产。

丰富的旅游资源 鞍山是一个风光秀美、绚丽多姿的中国优秀旅游城市，是融自然风光、宗教文化、温泉康复、冶铁历史和满族风情为一体的旅游胜地。全国重点风景名胜区之一的千山，素有“东北明珠”之称。这里峰峦叠嶂，千姿百态，古迹遍布，峰峰披绿，远看犹如浮在水面的千朵莲花，近看庵、观、寺、院、楼、阁、亭、台掩映其间，构成了寺庙、山石、园林浑然一体的独特风景，许多美丽动人的神话传说，更增添了迷人的色彩。著名的汤岗子温泉位于鞍山市南15公里，是我国四大康复中心之一。亚洲独一无二的天然热矿泥，还有至今保存完好的末代皇帝溥仪“龙宫”和著名爱国将领张作霖的“龙泉别墅”。玉佛苑是国家首批四A级旅游景区，殿内的玉佛采用上个世纪60年代发现的高7.95米、宽6.88米、厚4.1米，重达260.76吨的“玉石王”整块雕刻而成，正面为释迦牟尼，背面为观世音菩萨，被誉为“世界第一玉佛”。

奋进的历程 伴随着共和国前进的脚步，钢都鞍山历经风霜雪雨。经过三年社会主义改造和第一个五年计划的恢复和建设，鞍山经济取得了较快的发展。1957年全市实现工业总产值37.4亿元，是1949年的24.4倍；农业生产力也得到较大提高，1949年粮食总产量只有27.5万吨，1956年则达到53.6万吨。在全国支援和鞍钢人的努力拼搏之下鞍钢生产形势十分喜人，1952年达到年产铁82.6万吨，占当年全国铁产量的42.8%；年产钢78.9万吨，占当年全国钢产量的58.4%；年产钢材47万吨，占当年全国钢材产量的41.6%。1960年3月，中共鞍山市委以鞍钢的“双革”(技术革命和技术革新)活动为主要内容，给中共中央写了《关于工业战线上大搞技术革命和技术革新运动的报告》。3月22日,毛泽东主席为这个报告写了长达600字的批示,称赞鞍钢这些管理做法为“鞍钢宪法”。从60年代到70年代初期,“鞍钢宪法”一度成为我国企业管理的重要模式。是改革开放使鞍山市迎来了经济发展的新时期。从1978年以来的20多年间,钢都鞍山这个老工业基地重新焕发了青春活力。

国民经济综合实力不断增强,2001年国内生产总值迈上600亿元新台阶 鞍山是我国著名的钢铁工业城市和综合实力“五十强”城市,素有“钢都”之称。新中国成立之后,全国第一炉铁水、第一炉钢水、第一根无缝管、第一根重轨就出自鞍山。2001年全市实现国内生产总值645亿元,是1978年的8.9倍,年均增长10.0%。第一产业实现增加值49亿元,是1978年的4.5倍,年均增长6.7%;第二产业实现增加值360亿元,是1978年的7.5倍,年均增长9.2%;第三产业实现增加值236亿元,是1978年的22.3倍,年均增长14.5%。全社会固定资产投资额132.1亿元,是1978年的46.5倍。实现地方财政收入28.6亿元,比1978年增长57.5%。

建立了比较完整的工业生产体系,制造业基础雄厚 建国后,鞍山市广大干部群众迅即投入到恢复鞍钢生产的紧张工作中来,他们发扬艰苦奋斗、自力更生的拼搏精神,收集遗失的零部件,修复被毁坏的机器设备,终于使鞍钢炼铁厂在1949年6月炼出了第一炉铁水。从那时起,经过多年的发展壮大,到2001年,全市工业总产值已经达到1 100.4亿元(1990年不变价),是1978年的11.2倍。如今,全市已形成了以冶金工业为主,机械、建材、石化、纺织、电子、轻工、医药为基础的工业体系。鞍钢是全国特大型钢铁联合企业,下辖采矿、焦化、炼铁、炼钢、轧钢以及运输、机械制造、发电等众多厂矿。目前鞍钢已具有年产钢900万吨、生铁935万吨、钢材950万吨的综合生产能力,可生产700多个品种2.5万多个规格的钢材产品,适用于冶金、石油、化工、煤炭、电子、航空、航天、轻工、国防等行业。随着鞍钢的阔步前进,市地方冶金工业也快速发展,涌现出鞍山新钢实业集团有限公司、鞍山第一轧钢厂、鞍山宝得轧钢有限公司、鞍山钢丝厂、鞍山冷弯型钢厂和鞍山虹光磁钢厂等一批骨干企业,主要生产各种普通钢材、H型钢、冷弯型钢、预应力钢绞线、高频焊管等产品。机械工业是鞍山市的支柱产业之一,主要产品有工程机械、输变电线路、铁塔、除尘设备、振动筛、工业锅炉、大型客车、高压钢瓶等。鞍山矿山机械股份有限公司生产的矿用振动筛在国内享有“筛子王”盛誉,鞍山自控仪表有限公司始终保持全国仪表行业的先进地位。

轻纺工业成为新的增长点 主导产品有自行车、日用陶瓷、化纤、布匹、服装、饮料、啤酒等。鞍山自行车总公司生产的系列自行车行销国内外,鞍山合成股份有限公司开发生产的超细旦涤纶长丝,达到国内先进水平,瑞德啤酒、千山湖啤酒深受消费者的喜爱。

国有企业改革与脱困取得阶段性成果 几年来,全市广大干部群众认真贯彻执行中央、省各项国企改革与脱困的方针政策,抓住国家扩大内需、实施西部大开发以及刺激出口的有利时机,使全市大多数国有企业逐步走出了困境。2001年,全市国有及国有控股工业产值192.7亿元,利润5.8亿元,实现利税27.2亿元。2001年,市地方114户国有及国有控股企业完成改制96户,8户建立起现代企业制度基本框架。撤销工业管理局,组建了机电、轻纺、冶化建三个国有资产经营公司。

民营经济显示活力 鞍山的民营品牌日益为人们所熟知,如聚龙电子、海诺建筑机械、利迪化工、银海锅炉、西洋耐火、宝得轧钢、辽河饲料、龙兴生命水等等。前不久,海城市西洋耐火材料有限公司董事长周福仁当选2001年中国农村新闻人物,并以1.25亿美元的财富荣登美国福布斯发布的“中国大陆富人榜”第41位。宝得轧钢董事长张永全成为2001年辽宁省个人所得税纳税最多的个人。

几十年的工业建设使鞍山市成为全国重要的工业城市,产品行销国内外,为国家创造了巨额财富。同时,也为国家培养了众多优秀的经济管理、行政管理人才,他(她)们被选送到全国各地,为当地经济建设贡献了自己的聪明才智。

传统农业向现代农业转变 改革开放以来,农村生产力得到了解放,农村经济出现了前所未有的好形势,如今的鞍山农村已经今非昔比。2001年,鞍山市农林牧渔业总产值达到66.1亿元(1990年不变价),是1978年的5.8倍。农业生产条件得到极大改善。2001年全市农机总动力86万千瓦,是1978年的2.1倍;全市机播面积13.0万公顷,是1978年的1.7倍。粮食生产连续多年获得大丰收,2001年,粮食产量达117.3万吨,是1978年的22.3倍。林牧渔业高速发展,丰富了城乡居民的菜篮子。

农业产业化步伐加快,现代化农业雏形显现　近几年是鞍山市农业产业化发展较快的时期,各地按照"龙头企业上规模、商品基地上档次、经营体系上水平、科技上含量、产品上名牌、生产和加工上外向型"的"六上"方针,上下协调一致共同努力,农业产业化经营水平逐年提高。以优质米、饲料、果蔬、畜产品加工为主的龙头企业规模逐年扩大,数量增多,已达200多个。以市场建设和各种协会为重点的流通体系和服务体系逐步完善,新建和扩建了12个大型农产品综合批发市场和专业市场,各类中介机构、农民协会等服务组织达600多个。农产品向优质高效转变。形成了优质米、温室蔬菜、蛋鸡、肉鸡、肉牛、生猪、南果梨、优质苹果、食用菌等十大主导产品,以及花卉、经济动物、珍稀水产品、山野菜、板栗等五个新兴产业。部分镇区已经出现现代化农业雏形。建成台安县的桑林和西佛、海城市的兴海和王家、千山区的宁远以及鞍钢实业等六处现代农业园区。

集约型农业增长方式逐步形成　通过实施科教兴农、城乡一体、外向牵动战略,促进农业由粗放经营逐步向集约经营转变。鞍山市采取了科技下乡、以城带乡、引进外资、引进人才、加强科技队伍建设、改进技术服务等一系列措施,促进科学技术向现实生产力转变。全市粮、菜、果等主要品种良种更新率达到70%以上,推广了玉米大垅双行、水稻抛秧、种子包衣等数十项农业实用新技术,创造了以稻菜轮作为主的复合农业,以果粮间作、渔稻结合为主的立体农业,以温室和地膜为主的精细农业,以资源合理开发和持续利用为标志的生态农业等先进的农业生产模式。

农村非农行业迅速发展　海城西柳的服装、南台的箱包、腾鳌的饲料,以及东部山区的镁砂、滑石、岫岩的玉器,这些已经闻名远近。2000年农村非农经济总收入已高达873.7亿元,占农村经济总收入的91.4%。非农经济的飞速发展成为广大农民增加收入的重要渠道,并且为农村剩余劳动力提供了大量的就业机会。2000年农村非农行业劳动力达26.1万人,占农村从业人员总数的41.4%。

城市建设日新月异　多年来,鞍山市城市规模逐步扩大,建成区面积由解放初的28平方公里,发展到目前的132.3平方公里。城市面貌今非昔比,人民群众居住环境得到很大改善。在城市建设总体规划指导下,基本完成了城市总体布局,形成了西北部的工业发展新区,东部的东山风景区、汪家峪国家级高新技术产业区,市中心的金融、商业区,以及深沟寺、湖南等居住区。

市政公用基础设施不断完善　多年来,除了建成许多大型商业大厦以及高级宾馆之外,还建成新火车站、客运大楼、广播电视中心、金融大厦和"地下街"、"钻石城"两座地下商城等大型公用建筑,这些建筑的拔地而起,美化了城市,营造了现代都市的氛围,为人民群众日常生活提供了诸多便利。按照"内部成网,外部成环"的规划加强城市道路建设,先后拓宽改造了胜利路、园林路、千山路、人民路和连接长大高速公路的西支线等8条主干道,新建了西北环路、西南环路和矿工路,建成五一路立交桥、解放路立交桥、四方台立交桥、东山隧道复线、自由街隧道等8座大型桥梁、隧道,改造了城市4个出口。鞍山市历届政府都把解决城市用水作为城市建设的大事来抓,先后建成海城、西郊、铁西、首山四大水源地。1995年又投资建成"引汤入鞍"工程,1997年建成"引兰入汤"工程。

城市管理和美誉度明显提高　2001年伊始,经营城市理念开始体现在鞍山城市建设和管理工作中,城市这一资产开始得到很好地开发经营,城市建设和管理工作呈现出新气象。目前,来到鞍山的客人都有一个共同的感受,天更蓝了、山更绿了、道路更宽了、绿地更多了、城市更美了。各项城市基础设施建设重点工程进展顺利。年内,城市道路轴线绿化、亮化工程,体育馆、游泳馆工程,胜利、站前广场工程已经完工;利用世行贷款总投资达11.7亿元的建国路交通走廊工程主体工程已经交付使用。初步建成了以五一路立交桥为轴心的"十"字型城市交通主骨架。

城市环境、居民居住条件不断得到改善　环境治理取得巨大成效。建国初期,由于忽视环境治理工作,市区常年笼罩在烟尘之中,河流也受到污染。1978年以来,鞍山市加大了环境治理力度,先后完成了鞍钢化工总厂南区生物脱酚、鞍钢平炉改转炉、鞍山市第二污水处理厂等一大批环保项目,使得鞍山市重现蓝天碧水。居民居住条件得到很好地改善。建国以后相当长的一段时间里,在“重积累,轻消费”的政策指导下,对职工住宅的欠帐较多。1978年以后,按照统一规划、统一征地、统一开发、统一配套、统一管理的原则大规模新建、改造住宅小区,使得人均居住面积由1978年的3.1平方米大幅度提高到2000年的9.2平方米。现在,往日低矮陈旧的住宅区已经由高楼林立、形态各异、配套齐全、绿地茵茵的新式住宅区所取代。

第三产业蓬勃发展 经过几十年的发展壮大,鞍山市形成了邮电、广播电视、商业、贸易、金融保险、证券、房地产和旅游等门类齐全的第三产业群体。多年来,市区新(扩)建了一百公司、北方商厦、联营公司、民族大厦、人民商场、繁荣商场、新亚大厦和银座集团等大商业中心;建成了鞍山大厦、环球大酒店、五环大酒店、蓝天大厦、天河大厦、五星级的国际大酒店、万科大厦和国泰大厦等一批大型三产设施,改变了鞍山三产设施落后的状况。目前第三产业增加值占鞍山市国内生产总值的比重已经达到36.6%,第三产业对鞍山市国民经济的稳步发展已经具有举足轻重的作用。第三产业的快速发展为提高人民群众的生活质量提供了物资保障。

旅游产业快速增长,消费品市场繁荣稳定。丰富的旅游资源,积极的开发促销,令鞍山旅游经济快速增长。2001年接待国内旅游者603万人次,比上年增长9%;接待海外旅游者3.7万人次,增长23%;实现旅游综合收入37.3亿元,增长7%。随着经济的发展,全市城乡各类市场体系不断完善,拥有黄金饰品、服装、箱包、建材、农副产品、日用品等亿元市场13个。2001年全市实现社会消费品零售额139.2亿元,增长10.9%。其中私营、个体等非公有制经济实现零售额119.9亿元,比上年增长11.2%,占全市的86%以上。

对外开放不断取得新成绩,经济软环境建设卓有成效 经过多年的开放,鞍山已经形成了全方位、宽领域、多层次的对外开放格局。“九五”时期累计出口商品供货总值达280亿元,是“八五”时期的近两倍;累计实际利用外资额达64 541.7万美元,是“八五”时期的2.1倍。到2000年底,全市三资企业达517户。2001年,鞍山市将建设开放型地区经济作为一项战略目标予以提出,并对“开放”赋予了新的内涵。就是坚持域外即外和对内对外并重的开放观念,面向国际、国内及地区内一切市场主体,建立起没有地域和制度壁垒,生产要素在域内和域外之间、国有经济和非国有经济之间自由流动、合理配置的开放式经济形态和发展模式。新思维为招商引资工作带来了巨大活力。一年来,鞍山市经贸代表团足迹遍布大江南北及欧、亚、美洲,往来频繁、规模空前。全年争取国内到位资金36.7亿元,比上年增长25.3%;新签合同利用外资3.9亿美元,增长18.8%;实际利用外商直接投资1.4亿美元,增长59.5%。与香港中旅集团、海尔集团、清华大学、北京大学等知名企业、高校签订了长期合作协议。

卓有成效的软环境建设,是建设开放型地区经济的保证。经过多年的探索,2001年鞍山软环境建设取得突破性进展。2001年6月18日,在全省率先成立了鞍山市公共行政服务中心。“中心”是市委、市政府为改善投资环境、转变职能、适应我国加入WTO的需要、方便社会各界而设立的将市级政府部门及相关中省直单位的审批事项及办理各种证照业务统一集中办理的专门机构。与此同时,全市共压缩市级审批事项66%,审批、核准、审核事项合计减少50%。目前,已经有39个部门在“中心”设立了83个窗口,日办理事项500件以上。到2001年末,全市七个县(市)区也都陆续成立了“中心”。此项改革受到投资者和社会各界的普遍欢迎。

科技事业不断取得新成就,高新技术产业发展迅速 “科学技术是第一生产力”,多年来全市上下坚持以科学技术为先导,十分重视技术引进和技术开发工作。目前,鞍山市拥有国家、省、市科研院所69家,民营科技开发机构788家,各类专业技术人才14万多人。1998年鞍山市被国家科技部评为全国科教兴市先进市。1999年,市委、市政府出台了《关于扶持高新技术产业发展的若干规定》、《关于实施科教兴市战略加速人才资源开发的若干意见》。建立了高新技术开发风险资金,突破所有制限制,调动方方面面的积极性和创造性,营造有利于技术创新的社会环境。高新技术产业发展迅速,国家级高新区的发展呈现喜人景象。2001年,全市培育高新技术项目58项,其中一大批项目实现了产业化。高新区相继建成了海外学子创业园、软件园和高新技术交流中心，新增进区项目176个，引来了托普软件等一批高新技术企业。2001年实现技工贸总收入103亿元，比上年增长1.4倍。

各项社会事业全面发展 2000年，全市拥有普通高等学校2所，在校生数13 906人；拥有高中教师2 005人、在校生数30 876人。文化事业日益丰富人民的生活。2000年，文化事业机构155个、从业人员1 179人，公共图书馆9个、总藏量168.4万册，广播电台4座，电视台2座、电视人口覆盖率96%。医疗水平不断提高，2000年全市拥有147所医院、卫生院，卫生技术人员1.8万人，床位1.9万张。新闻出版、体育等社会事业也有了较快发展。

城乡居民生活水平明显提高 伴随着经济的发展，鞍山市城乡居民生活水平明显提高。2001年城市居民家庭年人均可支配收入6 482元，是1978年的23.2倍。城市居民恩格尔系数降为37.6%。家用电器日益普及，电脑、移动电话成为人们的新宠。2000年每百户城市居民家庭拥有7台家用电脑、25.5部移动电话。2001年农民人均纯收入达3 606元，是1978年的26.9倍。吃的讲营养、穿的讲名牌，住房要求环境优美、宽敞明亮，这些已经成为老百姓当今追求的时尚。鞍山市城乡居民生活总体上已经进入小康，有些地区已提前进入富裕阶段。

举办大型经济文化活动，推动经济发展 “一节一会”是鞍山市每年举办的重大经济文化活动。“一节”即“中国鞍山·千山国际旅游节”。充分利用国家推出“黄金周”的大好契机，2000年4～5月，鞍山市举办了首届旅游节。其规模之大、成果之显著都是空前的。2001年4～5月，鞍山市举办了第二届旅游节，共接待国内外游客90.4万人次，比首届增长5.5%，旅游综合收入达9.1亿元，比首届增长24%。“一会”即中国鞍山国际经贸洽谈会，该洽谈会迄今为止已经成功举办了十几届，2001年洽谈会共签订涉外合同51项，合同总金额2.7亿美元。“一节一会”作为鞍山市的重大经济文化活动，在弘扬旅游文化、发展涉外经济的同时，城市的知名度和凝聚力得到大幅提升，广大市民的文明程度和对政府工作的认知度得到明显提高。

世纪之初的构想 步入新世纪，伴随我国加入世界贸易组织这一新形势，国际、国内竞争将日趋激烈。鞍山，作为国内外知名的老工业基地，面对机遇和挑战，如何发挥雄厚的工业基础和人材、科技优势，实现经济跨越式发展，是摆在全市人民面前的一项重大课题。对此，市委、市政府审时度势、把握全局，以世界眼光和战略思维，确立了加快发展开放型地区经济的新的发展思路，着力推进经济结构的战略性调整。一方面坚定地走以高新技术嫁接和改造传统产业的路子，另一方面以抓产品、上项目、壮企业为中心，加大招商引资工作的力度。通过广泛征询社会各界人士、国内知名专家学者的意见，勾勒出“十五”期间鞍山市经济和社会跨越式发展的宏伟蓝图。“十五”期间，鞍山市经济和社会发展的构想是：全力实施对外开放、科教兴市、城乡一体化和可持续发展战略，继续强化第一产业，提升优化第二产业，快速发展第三产业，进一步加强精神文明和民主法制建设，努力把鞍山建设成为繁荣、文明、富庶的现代工业强市、优秀旅游名市和先进文化城市。“十五”期末，全市人均经济总量接近世界中等收入国家平均水平。主要预期发展目标是：到2005年，国内生产总值达到1 000亿元，年均增长10%；人均国内生产总值达到2.8万元以上；固定资产投资累计完成800亿元，年均增长10%；地方财政收入达到34.7亿元，年均增长8%。到2005年，三大产业增加值比例为7:53:40；个体私营经济等非公有制经济增加值占国内生产总值比重达到50%以上；高新技术产业产值占工业总产值比重达到25%以上；外贸出口依存度达到10%以上；实际利用外资占全社会固定资产投资比重达到10%以上。到2005年，城市居民人均可支配收入超过8 000元，农民人均纯收入超过5 000元。到2005年，全市人口控制在353.2万人左右；城市化人口比重达到56%；城镇登记失业率控制在5%以内。到2005年，全市耕地保有量为24.55万公顷；城市大气环境质量达到国家二级标准；城市生活垃圾无害化处理率达到98%以上。

孔孟之乡济宁的文化底蕴及其现实意义

“华夏文化纽带工程”组委会 李 靖
中共山东省济宁市委 贾万志

在中国文化版图和世界文化格局中,孔孟之乡济宁是一颗璀璨夺目的明珠。她既因养育了孔子、孟子这样的世界文化巨人而享誉天下,又因历史悠久、文化繁盛而成为中华文化的缩影。

济宁市地处鲁西南,面积1.1万多平方公里,东依泰沂山脉,西接中原平地,古泗河流贯全境,是中华文明的重要发祥地之一。这一区域是上古东夷族群聚居的地区,曾是我国传统文化最稠密和最领先的地区,历史上有过三次大的文化辉煌期:第一次是7 000年前至5 000年前的伏羲氏、女娲氏、炎帝、黄帝、少昊帝一脉相承的东夷文化高峰,龙、凤图腾的肇始是其灿烂的文化标志。第二次是西周至春秋战国时期的邾娄文化和鲁国文化,并由此造就了主导中国文化2 000多年的孔子、孟子及其儒家学说。第三次是明清两朝的大运河文化,形成了济宁市包容性颇强的多元文化基调。

7000年的历史,使济宁地区积淀了层层叠叠的文化“矿藏”,掀开哪一层都是一篇波澜壮阔的文章。概括起来讲,这里“雅”文化与“俗”文化并存,上层文化与下层文化并存,“武”文化与“文”文化并存,山文化与水文化并存,儒、释、道并存,浑然一体,蔚为壮观。在新的历史时期,研究这一地区的文化资源,对于丰富中华文化宝库,增强中华民族文化的凝聚力,强化华夏文明的感召和纽带作用,形成时代精神与民族特色相结合的与社会主义先进文化相一致的伦理道德体系,推进“以德治国”,都具有重要的意义。

孕育和滋养孔孟儒家思想的重要文化土壤

孔孟儒家思想能在济宁地区产生并发展成一个影响深远的思想体系,有其深刻的历史文化根源。这与济宁地区是中华民族文化的一个重要发祥地有着内在、必然的联系。简言之,中华上古文化经夏、商、周三代至鲁国(今济宁市曲阜)之思想文化传统对孔孟影响巨大。为了揭示孔孟儒家思想之所以会在济宁地区孕育发展的文化渊源,我们有必要追溯当时济宁地区的历史文化沿革,它既是济宁深厚文化底蕴的体现,又在一定程度上反映了儒家思想深远的历史文化基础。

中华龙图腾的原始写照 济宁现有羲皇庙、伏羲庙、景灵宫(黄帝出生地)、少昊陵、周公庙以及北辛文化遗址、大汶口文化遗址、龙山文化遗址等孔子之前的文化遗迹多处。上溯至七八千年前,上古东夷部落正活跃在今济宁市的泗河流域。泗河流域是我国上古文化积淀最深厚的地区之一。东夷族群最富盛名的是风姓一族,其首领据传是伏羲、女娲氏。史料记载“伏羲女娲蛇身人首”。济宁地区嘉祥县武氏祠汉代画像石,西壁首图就是伏羲女娲造像:蛇身人首盘结而立。蛇为小龙,是中华龙图腾的最早形态。《史记·补三皇本纪》载“庖羲有龙瑞,以龙纪官,号曰龙师”。这是风姓族群龙图腾系列的原始写照。伏羲之后,在济宁地区活动过的人文始祖是炎帝和黄帝。

黄帝是第一个统一中国的人文始祖。“炎黄大战”后,黄帝为巩固统一局面,先是安抚炎帝部族上层,提倡炎黄通婚;其次是对不服从的蚩尤部族采取大迁徙政策。黄帝时代的民族迁移政策对中国后世文化和各民族的形成产生了深远的影响。为了纪念黄帝这位人文始祖,宋代在今曲阜城东曾修建了规模宏大的景灵宫。元代忽必烈人主中原后,对黄帝十分尊崇,下令重修景灵宫准祀轩辕黄帝。碑文记曰:“宋既有国，推本世系，遂祖轩辕……"当时景灵宫广1 320楹，有玉像供于中殿，行太庙之仪，朝太牢之礼。由此可见黄帝的深刻影响。

夏商周三代及鲁国文化的繁盛 济宁泗水县城之北现有"尧王墓"，是尧在这一地区活动过的重要实证。尧之后，舜也在这一带活动过。《史记》载："舜耕历山，渔雷泽，陶河滨，做石器于寿丘。""历山"、"雷泽"均在济宁泗水，现仍有"历山村"、"雷泽村"。"寿丘"则在曲阜与泗水之间。禹的活动据《史记》记载在江、河、淮、济之间，说明济宁也是禹的一个重要活动地。中华上古文化经尧舜禹传至商周，最终汇聚到东鲁。鲁国在西周初年本是周公之长子伯禽的封国，也是殷遗民的主要聚居地。当伯禽就国之际，便将大批的典章文物带往鲁国，故有"周礼尽在鲁"之称。尤其是鉴于周公的勋劳，当其去世之后，周王室允准鲁国破格使用天子之礼乐，这为周礼在邹鲁之地的扎根打下了坚实的基础。正是在这样浓厚的文化氛围中才孕育产生了孔孟儒家文化。换言之，到了春秋时代，由于周王室的影响力日趋缩小，西周初年所建立的礼乐制度几乎荡然无存，而鲁国由于特殊的历史背景与原因，遂在周王室衰微之后得以保存较为完整的西周典章制度和文物。在这种文化氛围中，孔子目睹列国交争，愈加感到西周以道德为本位、以天子为核心的典章制度及礼乐文物给人以肃穆庄重的感染力，从而发出了"吾从周"的赞叹。似乎可以说，正是孔子面对现实而生发的思周情怀，才使他有条件据鲁而创立儒家学派。

博大精深的孔孟儒家文化 孔子生于济宁市曲阜，他集夏、商、周三代德治文化之大成，创立了儒学。孟轲生于济宁市邹城，他继承发扬并丰富了儒学，被后人推崇为"阳刚之儒"。汉代以后，儒家学说深深地渗透到中国人的政治、经济、军事、教育、文化、艺术等各个领域，成为我国传统文化中最深刻、最完整、最普及、感染力最强、凝聚力最大的思想体系。

今天，儒学以独具东方特色的内蕴，被世界各国学者重视、研究、开掘，孔子也被列为世界十大文化巨人之首。联合国总部大厅里就写着孔子名言："己所不欲，勿施于人。"20世纪末工业文明的弊端日益突出，孔子的"大道归仁"、"仁者爱人"的深刻而富有亲情的学说，成为西方学者寻求博爱回归的重要依托。1988年一些诺贝尔奖金获得者集会巴黎，共同对孔子学说给予了高度评价和殷切希望："人类要在21世纪生存下去，必须要从2 500年前的孔夫子那里去寻找智慧。"这使孔孟之乡济宁在世界文化格局中显得更加不同凡响了。

济宁文化的多元性和兼容性

作为孔孟之乡的济宁，其文化传统的主干无疑是儒学；但济宁文化同时又体现出多元性和兼容性，呈现出丰富多彩的风姿，集中体现出中华文化海纳百川的博大胸怀和其"厚德载物"的精髓。

一个令人深思的文化现象 史传千年的梁山伯与祝英台的爱情故事，其历史原型人物实际是山东济宁人。济宁市峄山有一巨石，上书"梁祝读书洞"五个大字，落款时间是明万历十七年。这是游人窥视济宁"梁祝文化"的契入点。梁祝故事在济宁久有传说，为人所确信。1995年济宁城区东南微山县北端老泗河边，梁祝合葬墓碑出土，确证了一个世传之谜：梁山伯、祝英台确是济宁人。据专家考证，梁祝原是春秋时期任国人。梁山伯居吴桥村，祝英台居九曲村，马郎住西庄。据出土碑记推断，梁山伯当生于公元前698年，祝英台当生于公元前696年，二人由乡举而去邾国峄山读书，在学习生活中萌发爱情。但由于礼法约束，英台父母将女儿许婚马郎。山伯在绝望中忧思致死，英台又以死殉情。英台丧葬之际，"乡党士夫，谓其令节，从葬山伯之墓"。这是一个令人深思的文化现象。梁祝与孔子所处时代仅差100多年，后者在为修身、齐家、治国、平天下而殚思竭虑忧心忡忡，而前者却在纯净的情感中寻求爱的自由和永恒。一个用全部生命呼唤礼教，另一对却为挣脱礼教的束缚付出了生命的代价。更具有文化内涵色彩的是，梁祝故里的家族后裔，一直被封建礼教笼罩着，始终将二人的品节视为讳谈。他们无力封缄舆论，只以沉默抗守。这是两种具有强烈反差的文化质地，并行于不同的两个阶层之中，折射出济宁地区强烈的文化多面性特色。

价值连城的汉碑汉画石文化 济宁是我国汉碑、汉画像石等汉代文物遗存最丰富的地区。中国目前保存下来的汉碑有50余块，而济宁一地就藏有

24块,所以人称“天下汉碑济宁半”,其中西汉石碑最珍贵,济宁独占5块,这在全国可谓最富有的“囤积”。曲阜《北陛石刻石》,刻于西汉景帝前元三年(公元前154年),是研究我国书法艺术演变的重要资料。《元凤二年刻石》是西汉时期隶书定型的例证,为西汉石刻代表作。《鲁峻碑》、《范氏碑》是东汉文学家蔡邕手书,字体如虎踞龙跃,遒劲典雅,被书法家珍重。《景君碑》、《郑固碑》、《武荣碑》等是我国著名的东汉石碑。嘉祥县武氏祠汉画像石刻于东汉末年,其价值不仅在于历史久远,更在于其内容的丰富和艺术的高超。如它把伏羲、女娲以及黄帝、祝融、颛顼、帝喾、帝尧、帝舜等先祖人物排列在一起,就是了不起的贡献。在世界美术史上,一个武氏祠可以称得上一座古代历史博物馆。

融和汉藏文化的文成公主 据专家考证,济宁曾是文成公主生活过的地方。公元622年,李渊的堂侄李道宗受封为任城王(济宁在唐时称任城),并在济宁(任城)居住20多年,死后葬于济宁(任城)城南。文成公主早年曾随李道宗在济宁(任城)生活过较长一段时间,致使孔孟之乡济宁与雪域高原结下了不解之缘。

文成公主进藏与吐蕃王松赞干布的婚姻佳话,开创了汉藏团结友好、共同繁荣的大好局面。当年吐蕃是西藏地区的强大部落,早就仰慕大唐文明,愿通过与唐室联姻来加强双方的团结与交流。贞观十四年(公元640年)十月,“吐蕃遣使献金五千两及珍玩数百,以请婚,上许以文成公主妻之”。贞观十五年(公元641年)春,文成公主在李道宗的护送下取道青海前往西藏。松赞干布亲率大军到扎陵海迎接,并向道宗行了子婿大礼。《资治通鉴·唐纪十二》记载了这一重大历史事件:李道宗“持节送文成公主于吐蕃,赞普大喜,见道宗,尽子婿礼。”文成公主远嫁吐蕃,对藏汉两族人民的团结和睦产生了积极深远的影响。济宁大地因养育过文成公主,至今对西藏高原怀有一种特殊的感情。

忠义刚烈的水浒文化 济宁为“刚柔相济”之地。文人不弱,而武人亦强。距济宁不足百里、依傍于中华母亲河——黄河的水泊梁山,代表的是济宁另一层面的文化,这就是水浒文化。《水浒》出,使梁山超越了地理上的限制,而以忠义英雄的品格享誉全世界。直到今天,世界各地相继出现《水浒》研究社团馆会,与此相应的“水浒文化”已然确立,它的载体除了那本《水浒传》之外,就是济宁的梁山。这是中国唯一以农民起义为标志的纪念地。

济宁俗称“东文西武”,“西武”就是指梁山。这并不仅仅因为梁山曾经有过叱咤风云的农民起义,还因为这里至今仍保留着习武强身、以武会友的传统。作为中华武术四大发祥地之一,梁山向来与武当、少林、峨眉齐名。民间武术风行,至今梁山县民间武术场、点有190多处,具有一定规模的武术馆校20余所,他们为国家输送了不少武术冠军和武打演员,梁山遂成为培养中华武术人才的重要基地。

融南汇北的大运河文化 京杭大运河开通后,济宁以水兴市,从此进入南北文化汇聚济宁的鼎盛时期,使济宁文化具有了融南汇北的特色。清雍正二年济宁升直隶州,在济宁设“河督军门署”,掌管黄河、运河、永定河事宜,官秩二品。于是朝廷命官纷至沓来,南商北贾来往不断,济宁遂成“水陆要冲,舟车云集”之地。因运河之故,济宁成为回民的集居区,产生了回汉文化结合的清真东大寺;因运河之故,江南文化在济宁驻足,济宁城市建筑明显带有江南特色,被称为“江北小苏州”;因运河之故,塞外大漠的皮毛业等在济宁有了很大的发展;因运河之故,佛教在济宁扎根,佛教文化兴盛一时,著名的有宝相寺、崇觉寺;因运河之故,道教来济宁传教,形成儒、释、道并存的局面。济宁文化的包容与博大,由此可见一斑。

华采无边的才子文化 济宁不仅出了孔子孟子,出了梁祝,而且有四位文史巨匠在济宁生活活动,这就是左丘明、李白、杜甫和孔尚任。这使济宁的文化更加显得光彩照人。

左丘明,春秋末年鲁国人,杰出史学家,《春秋左氏传》是其一生的杰作。《左传》开我国编年史书体例的先河,对后世史学、文学的发展产生了巨大的影响。李白曾于开元二十四年(公元736年)36岁时,偕同夫人许氏及女儿平阳,由湖北安陆绕道太原“寓家东鲁”,一住就是20年,济宁成了李白的第二故乡。李白在东鲁饮酒赋诗,会朋聚友,不少名篇出自此时,如《行路难》、《梁甫吟》等。杜甫之父杜闲曾在兖州做官,他因投奔父亲曾两次来到济宁。天宝五年,李白、杜甫在济宁相会,二人泛舟泗河又策马曲阜同访隐居的范十，醉酒吟诗十余天后又相约同游兖州。这是李杜友谊的高潮期。李白、杜甫在济宁的活动为济宁文化凭添了几分风骚气象。孔尚任是孔子六十四代孙，祖居曲阜城南小湖上村，他一生最杰出的成就是写出了一部惊天地泣鬼神的《桃花扇》。《桃花扇》上演后，立即轰动京师。《桃花扇》是中国戏剧史上划时代的巨作，史称"南洪(《长生殿》的作者洪升)北孔"。

流艺无声的匠圣文化 济宁是中国匠圣鲁班的家乡。鲁班，曲阜人，姓公输，名班，民间俗称"鲁班"。他大约生于鲁昭公时代，卒于鲁悼公时代。西周鲁国是个文化先进的地方，不仅养育了文圣孔子，而且也养育了匠圣鲁班。鲁班是个发明家，他的发明几乎渗透到社会生活的各个方面。由于鲁班的杰出贡献，历代工匠均推崇鲁班为祖师，许多事迹祖孙相传而成神话。后人为纪念鲁班，在他的家乡——曲阜犁铧店立了一座工艺精湛的"鲁班坊"。几千年来，鲁班以一个平民匠圣的形象影响了一代又一代人。

以微山湖为根据地的铁道游击队 在孔孟之乡济宁，不仅优秀传统文化底蕴非常丰厚，而且也有鲜明时代特色的革命文化，突出代表是广为流传的铁道游击队。在抗日战争时期，素有忠义爱国传统的济宁地区人民依托微山湖与日寇展开了殊死的斗争，书写了可歌可泣的爱国篇章。由于受儒家文化影响至深，济宁人民对爱国志士一直非常推崇。目前在微山湖东岸仍存有纪念民族女英雄花木兰的"木兰词"；在微山岛商代贤人"微子墓"旁有"铁道游击队纪念碑"；在微山湖之西的济宁市金乡县，有英雄王杰纪念碑，英雄王杰是济宁金乡人；在微山湖之北的济宁市汶上县，是现代好军嫂韩素云的家乡；在微山湖之东的济宁市泗水县以及与泗水县相连的沂蒙山区，是著名的沂蒙山革命老区。这种优秀传统文化与现代革命文化的有机统一，使孔孟之乡济宁具有了更加迷人的文化魅力。

开掘和研究济宁文化底蕴的现实意义

为"以德治国"提供宝贵的精神遗产 江泽民同志在今年召开的全国宣传部长会议上明确地提出了"以德治国"的重要思想，并阐述了在治理国家中必须坚持"法治"和"德治"的重要意义。他指出："要坚持不懈地加强社会主义道德建设，以德治国。对一个国家的治理来说，法治与德治，从来都是相辅相成、相互促进的。二者缺一不可，也不可偏废。法治属于政治建设、属于政治文明，德治属于思想建设、属于精神文明。二者范畴不同，但其地位和功能都是非常重要的。我们应始终注意把法制建设与道德建设紧密结合起来，把依法治国与以德治国紧密结合起来。"法律和道德作为上层建筑的组成部分，都是维护、规范人们思想和行为的重要手段，它们相互联系、相互补充。法治以其权威性和强制手段规范社会成员的行为，德治以其说服力和劝导力提高社会成员的思想认识和道德觉悟。道德规范和法律规范应该相互结合，统一发挥作用。以马克思主义为指导，坚持"批判继承，弃糟取精，综合创新，古为今用"的指导思想，吸收并弘扬中国古代优良道德传统，有利于使社会主义道德具有民族的特色和丰富多彩的内涵，从而形成与社会主义先进文化相一致的伦理思想、价值观念和道德规范。

为中华民族的"团结合力"发挥精神感召力 中华民族历经数千年的漫长岁月，由多民族融合而成一个牢不可破的共同体，显示出中华民族强大的凝聚力，这与民族文化的纽带作用是分不开的。其实，纵观历史，一部民族团结、统一史也是文化认同史：春秋战国、魏晋南北朝，这些分裂朝代走向统一的过程就是国内同一种族、语言的民族对同一文化(汉文化)的认同过程；元朝、清朝的统一则是国内不同民族对同一文化的认同。从历史的角度看，没有文化的民族很容易被同化掉，相反，民族文化根深蒂固，民族的凝聚力就会日渐增强。中华民族自古繁衍生息在共同的区域，有着共同奋斗经历和共同的风俗习惯，对传统文化有强烈的认同感。中华民族儿女共同创造的5 000年灿烂文化，始终是维系全体中国人的精神纽带，也是实现和平统一的一个重要基础。然而，20世纪90年代中后期，台湾岛内出现了文化台湾化的叫嚣，强调所谓的"文化本土化"，否认华夏文化的纽带作用。无独有偶，在海外，也有少数人妄图割裂华夏文化的整体性，扭曲甚至诬蔑华夏文化的内涵。为此，中国社会科学院于1998年批准实施"华夏文化纽带工程"。作为一项承载着宣传与弘扬中华文化的

"纽带"性质和作用的全国性的学术文化工程,其发起后得到了全社会的关注与支持。随着"华夏文化纽带工程"一系列活动的陆续开展,中华文化的博大精深将逐一展现。可以预料,在21世纪的头10年,海内外华人中会形成一个巨大的中华文化热。这无疑是促进民族团结、推动国家统一的巨大力量。

积极推进建设中华优秀传统文化基地

有关方面的专家学者专门在济宁进行了深入的调查研究,总体认为孔孟之乡济宁基本具备了建设中华优秀传统文化基地的条件,在强化补充后就能发挥更为重要的作用。一是认为济宁市具有文化的源头性,在此基础上,需要进一步补充建设能够体现源头作用的主要文化标志物。济宁作为孔子和孟子的诞生地和中华民族文化的重要发祥地,已有孔府、孔庙、孔林和孟府、孟庙、孟林以及伏羲陵、少昊陵、黄帝诞生地景灵宫、周公庙、孟母林、纲鉴碑、武氏祠等一批成规模、重量级的文化景观,目前需要补充建设的是能集中体现中华文化精髓又可供瞻仰的主要文化标志物。二是具有中华文化的神圣性,优秀传统文化氛围日趋浓厚。儒家文化至今为止在海内外尤其在华人中仍有着极其重要的影响力,不少旅游者到济宁来都有一种朝圣心理。改革开放以来,"左"的不良影响得到了根本性的消除,儒家文化中优秀的精髓正在得到很好地弘扬,在济宁周围正在形成浓厚的作为中华优秀传统文化基地的良好的文化氛围。三是具有文化的综合性,稍加梳理整合就能系统配套,形成较为完整的体系。专家认为,在济宁,"文"文化和"武"文化是统一展示的:孔孟故里和水泊梁山并存于济宁地区,诗书礼乐和习武健身的传统并行不悖;"抽象"文化和"形象"文化是统一展示的;济宁既是孔孟诞生地和主要活动地,也是诗仙李白、诗圣杜甫的重要活动地,并保存着"太白楼"等重要的历史性建筑文物;"思辩"文化和"技能"文化是统一展示的:济宁既出了"文圣"孔孟,也出了"匠圣"鲁班;"上层"文化和"世俗"文化是统一展示的:这里既有儒学文化这一被士大夫阶层称道并接受的文化,也是梁祝故事原型人物的所在地,梁祝故事最早就起源于这里。同时,济宁展现的中华文化还有许多独特性,如被誉为"汉代百科全书"的汉代石画、石碑,被称为东方金字塔的少昊陵,以及体现回汉两大民族团结和睦的清真寺等。这些至为宝贵的文化胜迹,只要引起足够重视并在总体上加以系统整合,就能够在更高层次上系统综合地加以宣传展示,并能更有效地使观光者从中充分领略中华文化的博大精深。在新世纪,为了实现中华民族的伟大复兴,重点开掘、整理、弘扬济宁地区丰厚的优秀传统文化特别是孔孟儒家文化资源,大力建设中华优秀传统文化基地,在世界范围内突现中华优秀传统文化的独特优势,已成为我们所有华夏儿女共同关心的课题,我们愿与海内外同胞一起为实现这一宏伟目标而奋斗不息。

唐山市经济社会持续发展

唐山市市长　张　和

2001年,唐山市人民高举邓小平理论伟大旗帜,深入学习实践江泽民总书记"三个代表"重要思想,坚持以发展为主题,以结构调整为主线,以改革开放和科技进步为动力,以提高人民生活水平为根本出发点,与时俱进,开拓创新,埋头苦干,有力促进国民经济持续快速健康发展和社会全面进步,实现了"十五"计划的良好开局。全市国民生产总值突破千亿元大关,达到1 006亿元,比上年增长10.1%,其中第一、二、三产业增加值完成179.4亿元、514.3亿元、312.7亿元,分别增长3.2%、11.8%和11.3%。人均国民生产总值14 387元,增长9.5%,居河北省第一位。全市全部财政收入完成58.2亿元,增长20.8%,其中市级财政收入达到35.8亿元,增长7.1%。城镇居民年人均可支配收入达到7 333元,增长7.8%;农民人均纯收入达到3 513元,增长3%,全市城乡居民储蓄存款余额562亿元,比年初增加57亿元。实现社会消费品零售总额251.4亿元,增长9.2%,居民消费价格指数为100.1%。

经济结构调整 坚持把结构调整作为经济工作的主线,立足扩大内需,以市场为导向,以提高效益为中心,依靠科技进步和创新,继续深入组织开展了第3个经济结构调整年活动,经济运行质量和效益稳步提高,农业农村经济全面发展,在遭受严重干旱和风雹灾害的情况下,坚持节水求发展,调整促增收,粮食总产273万吨,肉、蛋、奶、鱼、果、菜产量稳步增长,农业整体效益提高。瘦肉型猪、乳业、果菜等农业龙型经济健康发展,全市农业产业化经营率达到48%。乡镇企业营业收入和利润分别增长14%和13%。工业经济效益稳步提高。全市人统工业增加值、利税分别增长12.2%和11.4%,经济效益综合指数达到112%。30项重点结构调整项目中,已有冀东水泥干粉生产线,唐陶高新特陶等8个项目完工投产;唐钢超薄热带等13个项目在建。水泥环保设备机电一体化、卫生陶瓷厂技术创新示范、钢材打捆机器人、墙地砖节能降耗等一批技术创新项目见到实效。高新技术企业发展到188家,技工贸总收入达到110亿元,增长22%。按照国家产业政策,压缩淘汰了一批落后生产能力。服务业发展步伐加快。商贸流通、餐饮服务、交通运输、金融保险等传统服务业活力增强,社会消费品零售总额增长9.2%。旅游、房地产、信息、社区服务等新兴行业快速发展。清东陵作为文化遗产被列入《世界遗产名录》,全市旅游收入比上年增长17%,房地产业增加值增长9.4%。

抓住国家扩大内需、继续实施积极财政政策的机遇,以项目为载体,加大投资力度,优化投资结构,促进结构调整和经济发展。全年全社会固定资产投资完成220亿元,增长5%。35项重点项目建设进展顺利,高压电瓷厂50万伏棒型绝缘子生产线、国家粮食储备库等10个项目完工,荷花坑市场改扩建等19个在建和新开工项目达到预期进度。西郊电厂二期、1.5万吨氯偏树脂等项目已获国家计委批准。曹妃甸矿石码头、唐钢130万吨冷轧薄板、甲基丙烯酸甲酯等一批大项目的前期工作取得了重要进展。大力培育和发展县城特色经济。全市每个县(市)区都依据自身基础和条件,培育发展各具特色的优势主导产业,进一步优化了县城经济结构,促进地区经济协调快速发展。

在推进经济结构调整中,坚持走可持续发展道路,切实强化人口、环境和资源管理,努力提高可持续发展能力。全年完成了53家重点工业污染源治理,生态环境质量持续改善。人口保持低生育水平,计划生育率达到98.8%,人口自然增长率为3.9‰。坚持开发与保护并重的原则,土地、矿产、海洋等自然资源得到有效保护和合理开发利用,资源利用率进一步提高。

对外开放与交流 抓住入世机遇,适时调整工作思路和对策,迎接挑战,趋利避害,对外开放水平进一步提高。狠抓"一港四路一场"(京唐港,京沈高速唐山段、唐津高速、唐港高速、西外环高速,机场搬迁)为重点的基础设施建设,取得了重大突破。京唐港运营突破1 000万吨,跨入国家大港行列;西外环高速公路竣工通车,环城高速公路网全面建成,现代化交通格局初具规模;军用机场迁建工程顺利展开,投资环境显著改观,为唐山新世纪的发展创造了新的比较优势。2001年,全市累计签订利用外资项目129项,合同利用外资4亿美元,实际利用外资1.5亿美元。三友与美国通用化学合资年产12万吨氯化钙、台湾晔联3万吨PVC管件等15个总投资超千万美元的合作项目中已有10个开工建设,新投产三资企业15家。对外贸易保持增长,全年完成进出口总额5.3亿美元,增长8%。成功举办了第4届唐山中国陶瓷博览会,活跃了对外开放工作全局。抢抓奥运商机,积极参与西部大开发,以京津为重点的对内经济技术合作不断扩大。首钢在迁安扩建200万吨氧化球团、冀东水泥集团与海螺公司合资生产塑料型材、半钢集团租赁汉中钢铁厂等一批项目合作成功。全年引进国内资金13.5亿元。

国有企业改革 坚持把国有企业改革作为经济体制改革的中心环节,以市属国有企业为重点的各项改革步伐加快,国有企业活力进一步增强。建立现代企业制度工作稳步推进,全市159户大中型企业完成公司制改造,其中134户基本建立现代企业制度框架。唐钢、开滦、冀东、三友等工业龙型经济规模进一步扩大,发展水平明显提高。中小企业活力普遍增强。市属国有企业产权制度改革取得突破，工业企业改制面达到90%，流通企业达到61.7%，通过改制实现国有资本退出11.4亿元，吸引民营资本投入2.3亿元、外资3 144万美元；市属国有及国有控股企业由上年的240户减少到154户。个体私营经济发展领域拓宽，规模扩大。注册资本500万元以上个体私营大户发展到269户，全年个体私营经济增加值增长30%。各项配套改革继续深化。市县乡机构改革已顺利完成，行政审批制度改革取得阶段性成果。独立于企事业单位之外的社会保障体系已具雏形，养老、失业金基本实现社会化发放；医疗保险制度改革运行良好；劳动力、人才、产权交易等要素市场作用增强；整顿和规范市场经济秩序初见成效。

科技进步与创新 全市科技进步对经济增长的贡献率达到50%，比上年提高2个百分点。共取得科技成果80项；鉴定高新技术项目25项，其中6项达到国际先进水平。市级以上科技成果转化率达到71%，技术创新体系进一步完善。全市80%的大中型企业建立了技术创新机构，中科院唐山人才智力服务工作站、企业博士后工作站、归国留学人员工作站和归国留学人员创业园区以及中小企业技术创新服务中心、高新技术创业服务中心，生产力促进中心的辐射带动功能增强。民营科技型企业发展到850家，正在成为推进全市科技进步和创新的生力军。继续实施“人才工程”，引进人才特别是高层次成效明显，全年引进研究生131名。教育事业健康发展。在巩固提高“普九”成果的基础上，素质教育全面展开，高中阶段教育普及程度进一步提高，高考成绩继续保持全省领先。高等教育又有新发展，继唐山师专升格为唐山师范学院之后，玉师、滦师、唐师等3所中等师范学校分别改建为唐山师范学院分校和小学教育部，唐山职业技术学院和唐山工业职业技术学院先后成立，唐山大学专升本已顺利考察评估。目前，全市拥有华北煤炭医学院、河北理工学院、唐山师范学院、唐山大学等4所高等院校和一批高等职业学校，为加快培养和引进人才、推进科技进步和创新提供了有力保障。

城市建设与管理 全市城镇化水平达到40%。突出现代意识、国际意识、精品意识和城市历史文化特色，坚持高标准、高水平，城市规划体系进一步完善。城市基础设施建设力度加大，全年完成基础设施投资20.8亿元。一批新型住宅小区和高层建筑相继落成。城市应急供水工程、供热改扩建工程、燃气管网改造等一批市政公用设施投入使用，新增日供水能力8万吨、供热面积140万平方米、煤气用户14 000户，全市污水集中处理率达到65%，生活垃圾无害化处理率达到100%，城市功能不断增强。加快城市信息化步伐，建设数字唐山。全年完成信息化建设投资6.5亿元，宽带城域实验网一、二期工程投入使用，互联网用户发展到11.4万户，城市光纤覆盖率达到95%；全市固定电话容量、移动电话交换机总容量达174万门、105万门。深化城市改革，强化城市综合管理，城市经营管理水平进一步提高。在强化综合整治的同时，对重点街区进行了装饰改造，建成一批绿地和风景林带，市容市貌发生了新的变化。特别是坚持把土地作为城市最大的国有资产来经营，积极推行土地收购储备制度，城市投融资体制改革不断深入。全市90%的县(市)建立土地收购储备制度，2001年土地拍卖收益2.68亿元。加大县(市)城建设和旧城改造力度，县、(市)城和小城镇路、水、电、讯等基础设施管理进一步完善，全市城镇建设完成投资26亿元，增长6%。

提高人民生活水平 在发展经济的基础上，努力增加城乡居民特别是低收入者的收入。通过大力发展劳动密集型产业、中小企业和各类服务及多种所有制经济，努力创造和增加就业岗位，不断完善劳动力市场和就业服务体系，下岗职工再就业收到实效。共安置国有企业下岗职工3.2万人，城镇职工登记失业率控制在3.3%以内。城乡居民最低生活保障制度全面落实，全市城镇共有24 199人被纳入低保范围，发放保障金1 367万元。市政府为群众办的20件实事全部完成，人民群众生产生活中的一些实际问题得到解决。新型社区建设步伐加快，服务功能增强，物业管理小区发展到50个。住房、汽车、教育助学等消费信贷业务全面启动。科技馆、市民健身路径等一批文体设施投入使用。城市建成区绿化覆盖率达到38%，人均公共绿地面积7.1平方米，城市人均住房使用面积15.8平方米，每万人拥有公交车辆13.3标台，市民居住条件和生活环境进一步改善。新增通油路村60个，村通油路率达到87%。50个人畜饮水困难村的水源问题得到解决。

崛起的亳州

安徽省亳州市市长　王首萌

亳州地处安徽省西北边陲、黄淮平原腹地，为新设立的地级市，西部、北部与河南省接壤，东部、南部与本省的淮北、宿州、蚌埠、淮南、阜阳等地市毗邻，辖涡阳、蒙城、利辛、谯城三县一区，总面积8 374平方公里，耕地面积749万亩，人口525万，是一个典型的平原农业市。

亳州地理位置优越，区位优势明显，素有“中州锁钥，江淮门户”之称，为“江北胜地，南北腰膂”，自古就是淮西一大都会。今日亳州，位于欧亚大陆桥经济带与京九经济带交汇处，随着西部大开发的展开，亳州承东启西，联南结北的桥头堡作用更加突出。京九、徐阜铁路像两条巨龙飞架南北。105、311国道和307等6条省道纵横全境。内河航运河直达沪杭；亳州北临欧亚大陆桥，南瞰阜阳机场。四通八达的铁路、公路、水路和便利的空港，构成纵横交错立体的交通网。亳州市政功能齐全，程控电话、移动电话、IC电话、微波通讯等各项通讯设施的开通，使亳州与世界联系更加紧密。亳州市区道路宽敞，环境优雅，市貌整洁，连续多年荣获全省卫生文明城市检查验收第1名，1995年、1998年两度被评为全国卫生城市。

亳州是国家级历史文化名城。3 700年前，商汤建都于亳；三国时为曹魏的陪都；元末小明王韩林儿称帝于此。故有“三朝古都”之美誉。目前亳州拥有花戏楼、亳州古地道、曹氏家族墓群、尉迟寺遗址4处，国家级重点文物保护单位及省市重点文物保护单位200余处。城内明清风格依旧的36条老街、72条古巷，使亳州古貌风韵犹存。现已开辟的三国旅游热线，成为中外游客观光旅游的胜地，构成省内“南有黄山，北有亳州”的旅游格局，亳州也因之成为国家级历史文化名城和国家首批优秀旅游城市。

亳州市沃野千里，物产丰饶。气候温暖湿润，光照充足，光、热、水资源配置较好，是传统的平原农业区，农林牧副渔业发达。农产品资源丰富，土特产久负盛名，形成鲜明的产业特色。改革开放以来，尤其是地级亳州市成立以后，不断加大改革开放力度，依托“药都、酒乡、历史文化名城”三大优势，坚持“重农、强工、活商、富民、兴科教”的发展思路，促进了亳州市国民经济的长足发展。

亳州市为国家级商品粮生产基地。在发展传统农业的同时，大力调整产业结构，发展“两高一优”农业，粮油棉生产稳步提高。2000年全市粮食作物播种面积1 000万亩，粮食总产279万吨，油料(油菜、花生)总产20万吨。亳州又是全国著名的优质棉生产基地，全市棉花播种面积62.4万亩，总产量达4.9万吨。亳州还是全国优质农副特产品生产基地，盛产烟叶、苔干、桐木、蚕茧。2000年全市农业实现总产值117.7亿元。

亳州是全国闻名的药材之乡。不仅种植药材历史悠久，而且质优量大。仅《中国药典》中以“亳”字冠名的地产药材就有亳芍、亳菊、亳桑皮、亳花粉等四种之多。目前，全市中药材常年种植258个品种，近100万亩；从事种植、加工、销售的人员达100万人。四海药材汇集于此，八方客商来此交易，亳州已成为全国最大的中药材集散中心，拥有全国规模最大、设施最好、档次最高的中药材专业市场——中国中药材交易中心，该中心年营销额在100亿元以上。1995年江泽民总书记为亳州欣然命笔：“华佗故里，药材之乡”，更加提高了药都亳州的知名度和影响力。

亳州蔬菜质量优，品种全，远近闻名。近年来，亳州市以调整农业结构，增加农民收入为核心，大力发展蔬菜生产。2000年全市蔬菜种植面积达到118万亩，主产以苔干、桔梗、辣椒、大蒜、西瓜和时鲜蔬菜为大宗的各类瓜菜。被称为“贡菜”的涡阳苔干，行销国内外。涡阳也因之成为“中国苔干之乡”。投资4 000

万元、占地8万平方米的皖北蔬菜批发市场，辐射苏鲁豫皖四省。2000年交易量达6.1亿公斤，交易额4亿元，被省政府确定为“全省农业产业化龙头企业50强”，被农业部命名为“全国定点鲜活农产品中心批发市场”。

亳州畜牧养殖业发达，是全国最大的黄牛产区。涡阳、蒙城、利辛三县为全国黄牛生产先进县的前3名，被誉为中国黄牛“金三角”。以黄牛、生猪、山羊、鱼类为主的养殖业成为亳州市农村经济的支柱产业。2000年畜牧业实现总产值38.2亿元，全市各类食品加工企业达百余家，以亳州蛋厂、玉美食品有限公司、五洲食业有限公司、宏发食品有限公司、正益食品有限公司为龙头的食品加工体系已经形成，产品行销东南亚、独联体等国家和地区。

亳州是久负盛名的酒乡。有1 800多年酿造历史的古井贡酒，连续四届蝉联国家名酒金牌，被誉名为“酒中牡丹”。“古井贡”的品牌价值达35.45亿元，为中国最有价值品牌之一。“双轮池”、“庄子酒家”亦在全国享有盛誉。全市规模不等的酒厂达百余家。亳州已成为与川酒、贵酒并驾齐驱的全国三大白酒生产基地之一。

亳州轻工业较为发达，工业门类比较齐全，产业特色比较突出，基本上形成了以食品、化工、医药、机械、纺织等行业为主体，以具有一定经济实力和经济规模，在省内外或同行业中占有一定地位的企业为骨干的工业体系。2000年全市规模以上工业完成产值47.8亿元，完成工业增加值17.02亿元，完成工业销售产值44.46亿元，完成利税总额65.5亿元。拥有国有及年销售收入500万元以上的非国有企业161家。古井股份集团公司、涡阳化工集团公司、双轮集团公司、安驰集团公司等大中型企业的年销售收入均超亿元。其中，古井集团总资产已达28.6亿多元，拥有30多个直接投资或控股的子公司，其核心企业古井贡酒股份有限公司，属国家大型一档企业。2000年，古井集团完成现价产值12.8亿元，实现营业收入13.6亿，实现利润2.4亿元。

亳州是对外开放城市。多年来，一直致力于软硬环境建设，是名副其实的“内陆经济特区”。地级亳州市成立后，我们本着“三个有利于”的原则，大胆借鉴特区及各地的优惠政策，制订了《亳州市进一步鼓励外商投资、加快利用外资的若干规定》，凡在亳州市投资高新技术产业、出口创汇企业、城市基础设施、中医药研究开发、农林牧业开发者，除按照方便、快捷、高效原则提供全面的承诺服务，依法维护投资者的合法权益，维护其正常的生产经营秩序外，还将在城市基础设施配套费、土地租金和工商管理费等方面，实行更加优惠的政策。良好的投资环境，赢得了中外客商的青睐，生机勃勃的亳州大地已成为京九线上一片急剧升温的投资热土。海内外客商纷至沓来，络绎不绝。“九五”期间，全市共批建、注册三资企业136家，内联企业261家，注册资金1.37亿美元，合计投入人民币18.5亿元。古井贡酒股份有限公司的股票在深圳成功发行，累计融资4.2亿元人民币。亳州市与日本高知县中村市结为友好城市。

任重道远好起步，再上层楼绘新景。世纪之交，千年更替，国务院批准设立地级亳州市，给亳州的发展带来了千载难逢的机遇。经济全球化的推进和WTO的加入，为亳州市带来无限商机，同时也带来巨大挑战。新的市委、市政府将紧紧依靠全市人民，抢抓机遇，迎接挑战。努力推进大改革，加快大开放，促进大开发，实现大发展，大手笔描绘大亳州。充分利用“酒乡、药都、名城”三大优势，发挥“名城、名人、名产”三大效应，打好“名城、名人、名产、药都”4张名牌；大力实施科技兴市、依法治市，改革推动、外向带动和“创牌”、“扶优”、“造舰”三大战略；依托大京九，加快药都建设。巩固加强一产、改造提升二产、加快发展三产，尽快把亳州建成中国药材第一市、中国黄牛金三角、中国名酒大基地、中国优秀旅游城和经济繁荣、科教发达、环境优美、高度文明的大京九线上现代化的明星城市。

（亳州市人民政府办公厅供稿）

中国旅游标志之都——银武威

甘肃省武威市市长　梁国安

武威，古称凉州，地处甘肃省河西走廊东端，历史上曾是古丝绸之路的要冲。公元前121年，因汉武帝派骠骑大将霍去病远征河西，击败匈奴，为彰其“武功军威”而得名。现辖凉州区、民勤县、古浪县和天祝藏族自治县，有116个乡镇，1 129个村，总面积3.3万平方公里，耕地面积391万亩，总人口192.36万人，聚居着汉、藏、回、蒙、满等26个民族。2001年5月9日，经国务院批准武威撤地设市。

武威，是国务院公布的全国历史文化名城之一，是中国旅游标志铜奔马的故乡，历史悠久，源远流长。境内有新石器时代的马家窑文化遗址多处，说明早在5 000多年前武威一带已有人类活动。西汉武帝时辟河西四郡，武威郡成为河西走廊政治、经济、文化、军事、宗教之要地。东汉、三国、西晋时为凉州治所。东晋十六国时，前凉、后凉、南凉、北凉国和隋末的大凉政权先后在此建都，创造了史不绝书的“五凉文化”。唐时曾为凉州节度使治所，一度成为中国西北仅次于长安的通都大邑，“凉州七里十万家”、“人烟扑地桑柘稠”，其盛况可见一斑。公元1247年，蒙古国西凉王阔端与西藏佛教领袖萨迦班智达在这里举行了具有伟大历史意义的“凉州会谈”，使西藏正式纳入中华民族的版图。明清以来，经济持续发展，文化传承不辍，享有“银武威”之美誉。

悠久的历史，孕育了灿烂的文化。武威是中西经济文化交流的驿站，名胜古迹众多，文化遗存丰富。现已普查清楚的文物保护单位543处，被列为县市以上的文物保护点305处，馆藏文物4万多件（册），其中被中外学者称为“活字典”的西夏碑、开创一代石窟先河的天梯山石窟、西藏归属中原的见证者白塔寺遗址、因出土“铜奔马”而闻名于世的雷台观、被称为“陇右学宫之冠”的文庙被确定为国家级重点保护文物，还有海藏寺、罗什寺塔、大云寺等几十处省级文物保护单位。同时，高山草原、冰川雪景、天祝“三峡风光”、昌灵山景色、景电二期工程、濒危野生动物繁育中心、沙漠水库和沙生植物园等景观为开展访古、游历、考察、探险等多层次旅游活动奠定了基础。

武威，物华天宝，人文荟萃。西汉大臣金日磾，南朝著名文学家、大诗人阴铿，唐朝名臣段秀实，著名诗人李益，凉州割据时的大凉王李轨，清代知名诗人、书画家张美如，史学家张澍，两江总督牛鉴等均出自武威。著名诗人岑参、元稹、高适、王维，王翰等文人墨客都曾在这里留下过他们的足迹，并写下了许多脍炙人口的诗篇，或赞颂古凉州商旅往来的繁荣盛况，或描绘武威昔日连年征战的凄惨景象，或反映古域大漠、戈壁的绮丽风光，一些名作佳句成为妇孺皆知的千古绝唱。

建国以来，武威面貌发生了很大的变化，特别是改革开放以来，武威的发展更是日新月异，成为欧亚大陆桥上一颗璀璨的明珠。农村经济兴旺发达，已成为全省最主要的商品粮油基地和肉类瓜菜基地，也是我国优质葡萄的最佳适种区之一；现代工业从无到有，基本形成了独具地方特色和竞争优势的食品、酿造、建材、医药、化工、纺织等为主体的工业体系；交通、通讯等基础设施建设发展迅速；商业发达，旅游业兴旺；教育、科技、卫生事业蒸蒸日上，人民生活水平显著提高，正在向小康迈进。到2001年底，全市国内生产总值达到70.52亿元，与改革开放前的1978年相比，年均递增9.3%，工农业总产值达到65.82亿元，年均递增10.2%，社会消费品零售总额达到17.95亿元，年均递增10.6%；财政收入达到4亿元，年均递增12%；农民人均纯收入达到1 974元，年均递增13.6%。

2001年10月1日，地级武威市挂牌成立，武威历史揭开了新的一页。新的武威市委、市政府确定了实施科教兴市，开放活市，工业富市三大战略，突出以节水为主的生态环境、基础设施建设和经济结构调整三个重点,主攻以葡萄酒为主的酿造业,以玉米淀粉精深加工为主的轻化业,以铜奔马为标志的旅游业三大产业,把武威建成绿色食品、优质农副产品生产加工基地,丝绸之路商贸旅游重镇,功能齐全、辐射带动力强的区域经济中心城市的发展思路。目前,全市各级党政组织、广大干部和各族各界人民,正在以更加高昂的斗志,更加坚定的信心,更加奋发有为的精神,推动全市经济和社会各项事业快速、持续、健康发展,为建设一个经济繁荣,社会文明,山川秀美,人民富裕的新武威而努力奋斗。

景德镇市开展政府采购工作的举措

张纯　叶伟

政府采购是一项重要的改革措施,是市场经济条件下实现财政资金由货币向实物管理的有效途径,对于节俭财政资金,防止腐败方面的功效日益显著,具有重要的现实意义。因此,景德镇市在这方面的经验及所提出的问题值得重视。

景德镇市政府采购管理处于 2000 年 10 月正式组建成立。市政府采购管理处的成立,使市直行政、事业单位公务用车、计算机设备等大宗物品由单位分散购买变为集中采购,克服了财政资金分散使用,逐步实现了财政资金由货币形态向实物形态的延伸管理。景德镇市政府采购管理处成立一年来,各项工作基本上已走上正轨,集中采购提高了财政资金使用效益,杜绝了暗箱操作,在财政节支,展现阳光交易,堵住腐败源头等方面显示了巨大的优越性。现将其主要工作介绍如下:

健全采购工作制度　市场经济首先是法制经济,政府采购制度的推行必须有赖于法规的完善。为了使政府采购工作顺利开展,市政府采购管理处在《景德镇市政府采购试行办法》的基础上,制订了各项规章制度:《景德镇市政府采购财务管理制度》、《景德镇市政府采购管理处岗位职责与规章制度》、《景德镇市政府采购操作流程》、《景德镇市政府采购实施细则》等等。并且还将就采购资金的拨付、政府采购计划的审批、采购物品的验收以及供应商市场准入、中介机构代理资格等作出明确规定,确保采购机关、供应商、中介机构以及政府采购管理部门的行为准则符合要求。

规范采购工作程序　一是严把审批关。根据规定,凡是市级行政事业单位采购已纳入政府采购目录的物品,都必须填报《景德镇市政府采购申报表》,采购科经办人员审核并核对采购物品的数量、型号、技术参数、资金来源等内容,月底终了后归类汇总,经领导同意后,采购科具体组织实施采购。二是严把供应商资格审查关。按照招投标文件规定对参加竞标的供应商资格进行严格审核,审核的内容有:法人营业执照、银行资信证明、经销产品证明文件、企业经营情况、服务承诺、售后技术服务支持等,进行全面审核。三是严把招标过程公开关。每次招投标,都邀请纪检监察、公证、用户代表对政府采购招投标开标、唱标、评标全过程进行严格监督,当场检验和开启投标书,当众唱读标书报价,评标结束后,当场宣读中标单位和中标金额。四是严把评标的公正关。每次评标均有 5 或 7 人以上评委组成,评委有邀请的教授、技术专家,他们都是电脑从专家库中随机产生,整个过程均在纪检监察、公证人员的监督下进行。

加大采购监督力度　2001 年 8 月 15 日,市政府采购管理处配合市政府下发了景府字[2001]43 号《关于严格执行政府采购制度的通知》文件,要求市政府各部门和单位积极支持和理解政府采购工作,切实加强本部门、本单位政府采购工作的领导和管理,确保政府采购目录执行的顺利畅通。从 2001 年起,市财政局、市监察局、市审计局每年将组织一次政府采购目录执行情况检查,凡纳入政府集中采购范围的项目,任何部门和单位不得以任何理由逃避或拒绝政府采购。对不执行政府采购制度,擅自进行违规采购的部门和单位,财务不得报帐,财政不予支付资金。市财政局、市监察局、市审计局还有权没收物品、冻结资金,并处以10%~20%的罚款,情节严重的还将给有关责任人员纪律处分。

政府采购是"阳光下的交易",也是市场经济下实现财政资金由货币向实物管理的最有效途径,其节俭财政资金,防止腐败违纪等方面的功效日益显露。景德镇市政府采购管理处将适应形势,致力于做好以下工作:

规范政府采购方式 对于纳入年度政府采购目录,单项或批量采购金额达到规定限额标准以上的采购项目,原则上都采取公开招标或邀请招标方式向社会购买。对暂没纳入政府采购目录的物品、工程和服务、劳务项目,市政府采购管理处也要协助有关单位、部门严格按照适用的政府采购方式组织采购,努力使第一次采购行为真正体现公平、公正、公开的原则。

建立采购信息网络 市政府采购管理处要加强与省、市内外政府采购部门的协作与联系,广泛征集供应商,了解并分析各地商品、劳务的品种结构和价格行情,积累采购信息,并通过"江西政府采购信息网络"拓宽采购渠道,尽早建立景德镇市政府采购网站,充分利用电脑网络开展网上采购。

执行政府采购预算 实行部门预算后,各单位都将把年度采购资金预算上报市财政局,采购资金是单位公务费的重要组成部分,市财政局核实后,下达采购预算。市政府采购管理处将根据财政部门核定的采购预算有计划地组织采购。采购资金也将采取国库直拨方式,国库根据市政府采购管理处采购手续、原始单证、拨款申请、预算安排,直接将采购资金拨到供应商账上,采购资金将不再从单位帐上划拨。执行好年度采购预算将是市政府采购管理处今后最重要的内容。

塘沽——渤海湾畔的明珠

中共塘沽区委书记　刘长喜

塘沽是我国的一座历史名城,是天津市所辖的港口城区,濒临渤海之滨,素称"京津海上门户"。全区总面积859平方公里,常住人口45万,下辖10个街、3个镇。天津港、天津经济技术开发区、天津港保税区以及塘沽海洋高新技术开发区坐落于此。改革开放以来,塘沽充分利用优越的区位、资源和政策优势,不断加快开发建设步伐,实现了经济建设和社会事业跨越式发展,成为充满生机与活力的现代经济区域和国内外瞩目的开放性城市。

经济持续快速发展,物质技术基础日益雄厚 塘沽的经济发展有着悠久的历史,制盐、海洋化工、造船、海运等产业在全国曾占有重要地位,对天津在历史上成为我国北方经济中心起到了重要作用。随着改革开放的深化和市场经济的发展,地区经济布局日趋合理,产业结构不断优化,传统优势产业稳步发展,电子通信、生物医药、食品工程等高新技术产业和新兴产业从无到有,快速增长,构筑了现代工业基地的雏形。塘沽区大力发展以商贸、旅游、服务业为重点的第三产业和以名、特、优产品为重点的渔农业,形成了初具规模的优势产业和支柱经济,促进了区域经济的协调发展。2000年塘沽地区国内生产总值达到402亿元,比1995年增长1.52倍,年均递增20.35%,占全市的比重达到24.5%;财政总收入达到74.23亿元,比1995年增长3.44倍,年均递增28%,占全市的比重达到30.3%。城市居民年人均可支配收入9 553元,渔农民年人均纯收入4 897元,成为我国北方发展最快的地区和天津市最大的经济增长点。

政策、体制优势明显，开放型经济形成规模 自从1986年邓小平同志莅临天津经济技术开发区，亲笔题词"开发区大有希望"以来，塘沽地区的对外开放不断扩大，初步形成了全方位、多层次、宽领域的开放格局。塘沽是天津市乃至全国对外开放政策最优惠、机制最灵活、服务最优良的地区之一。在这个区域内有7 000余家外商投资企业、数百家外省市办事机构和众多的中央及市属大中型企业。2000年塘沽地区直接利用外资协议额14.05亿美元，约占全市比重的55%；外贸出口额33.08亿美元，约占全市比重的40%。天津港作为我国北方最大的综合性国际贸易大港，年货物吞吐量达到9 566万吨，成为拉动天津经济发展的龙头。天津经济技术开发区、天津港保税区以及塘沽海洋高新技术开发区，充分发挥各自的功能优势，不断加大招商引资力度，加快与国际经济接轨，成为天津市对外开放的窗口和中外客商的投资热土。

地理位置得天独厚，投资环境日臻完善 塘沽区位于京津城市带和环渤海湾城市带的交汇点上，依托三北，面向东北亚，是我国北方联系世界的桥梁和纽带。天津港与世界上170多个国家和地区的300多个港口有贸易往来，是我国亚欧大陆桥最近的起点。京津塘高速公路直达港口，山广高速公路、京山铁路穿区而过，京津国际机场临区而建，随着亚洲最大的独塔斜拉式海河大桥、全国建设规模居第二位的滨海互交式立交桥的即将建成和连接天津塘沽轻轨铁路项目的正式启动，基本形成了现代化陆、海、空立体交通体系。水、电、气、热、通信等公用设施配套齐全，城市载体功能和综合服务功能不断增强。各项社会事业蓬勃发展，精神文明建设取得丰硕成果。近年来，塘沽区先后被评为全国特殊教育先进区、全国先进文化区、全国"万里边疆文化长廊建设先进区"、全国"版画艺术之乡"、全国群众体育运动先进区，连续四次评为"全国双拥模范城"，连续两年评为天津市创建文明城市先进区，这些都为区域经济发展提供了有力的支持和保障，并为今后更大的发展创造了良好的环境。

可利用资源富集，发展空间十分广阔 塘沽区蕴藏着丰富的海洋石油、天然气、海盐、地热等自然资源。这里有我国第一个海上油气田——渤海油田，探明石油储量10多亿吨，天然气300多亿立方米；有号称"百里盐滩"的长芦盐场，盐田面积400多万公亩，产量占全国近1/4；产于渤海的对虾、梭子蟹、大银鱼享誉国内外，"北塘海鲜"独具特色；地热采暖利用量居世界第二，仅次于冰岛；土地资源丰富，有可供开发的120平方公里土地和130平方公里滩涂。塘沽背倚京、津两大直辖市，该区域是我国重要的科技、教育和文化中心，拥有100多所高等院校，1 000多家科研机构，100多万科技人才，其雄厚的科技、人才资源构成了塘沽发展的后发优势。

滨海新区建设步伐加快，为塘沽提供了历史性机遇 1994年，天津市委、市政府提出了建设滨海新区的宏伟目标和战略构想，经过6年的开发建设，滨海新区迅速崛起，经济实力日益增强，投资环境明显改善，为全市经济社会发展做出了重要贡献。天津市委提出，要把滨海新区建设成为国际化程度高、技术含量高、聚焦效益高的现代化工业基地，具有自由港功能、与国际接轨的先行区，现代化国际港口大都市的标志区。塘沽是滨海新区的重要组成部分，是"一港两区"的重要载体，伴随着滨海新区建设和天津工业东移战略的实施，塘沽必将以崭新的面貌迈入21世纪。

从新世纪开始，塘沽进入了加快实现现代化的重要时期。面对新世纪的机遇和挑战，塘沽将按照天津市委、市政府的要求，努力把塘沽建成经济高速发展，基础设施配套，生态环境优良，社会文明进步，对外高度开放的现代化港口城市标志区、滨海新区综合服务功能区、外向型经济和新兴产业聚集区，为滨海新区建设和天津的发展做出更大的贡献。

"十五"期间，塘沽区经济和社会发展的主要目标是：国民经济保持持续快速健康发展，国内生产总值年均增长16%以上；各项改革取得新的突破，在全市率先建立起比较完善的社会主义市场经济体制；产业结构从根本上实现优化升级，初步形成以现代服务业和高新技术产业为主导的产业格局；对外开放提高到新的层次和水平，开放型经济得到快速发展；投资环境进一步改善，建立起较为完善的城市综合服务体系；城乡居民收入增幅高于"九五"水平，生活质量明显改善；精神文明建设和民主法制建设得到加强，市民素质和城市文明程度进一步提高。为实施上述目标,要在事关发展战略全局的重要方面取得突破性进展。

实施"一个中心、南北拓展、三线开发"的发展战略,突出抓好六大经济功能区的建设 "一个中心",即以解放路商业街改造建设为重点,建设繁华的中心商业区。"南北拓展",即以海河和津塘路塘沽段为中轴线,北翼重点搞好海洋高新技术开发区建设;南翼重点建设海滨旅游度假区,参与临港工业区和南疆散货物流中心开发建设。"三线开发",即加快沿路、沿河、沿海的三线开发,逐步形成多功能的产业带。按照区域经济发展的总体布局,整体推进,重点建设,力争在"十五"期间使塘沽海洋高新技术开发区、解放路中心商业区、津塘路集散贸易区、新洋市场特色商业区、海滨旅游度假区、农业高新技术示范区等6个主要经济功能区提高档次,形成规模,成为全区重要的经济增长点。

加快结构调整,重点发展服务业 按照"一产调精、二产调高、三产调大"的思路,加快产业产品结构调整,努力形成现代服务业、高科技工业和沿海都市型渔农业相互渗透、相互促进的发展格局。

全方位扩大开放,大力发展开放型经济 抓住我国加入世贸组织的机遇,充分发挥区位、政策、资源的综合优势,进一步改善投资环境,以招商引资为核心,大力发展对外贸易,努力扩大对外经济技术交流与合作,不断提高城市整体开放度,使塘沽成为天津和腹地省市与世界经济连接的桥梁和纽带。

搞好城市环境建设,增强城市综合服务功能 按照现代化港口城市标志区的要求,把城市规划好、设计好、建设好、管理好。

加强精神文明建设,提高市民素质和城市文明程度(略)

郑州高新区形象、功能、效益全面发展

郑州高新区管委会党委书记、主任 吕鸿安

郑州高新技术产业开发区始建于1988年10月31日,1991年3月被国务院批准为国家高新技术产业开发区,1993年被国家科委评为全国10家先进高新技术产业开发区之一。1996年2月,郑州高新区被中央编办、国务院特区办、国家科委确定为10个高新区行政管理体制和机构改革试点单位之一。1998年8月,郑州高新技术产业开发区管理委员会被国家科技部评为1997～1998年度火炬计划管理先进单位。1999年,被河南省科委批准为河南省技术创新试点区域。郑州高新区总体规划面积18.6平方公里,现已开发6.5平方公里,5.5平方公里内已布满项目,截至2000年底,共批准成立企业1 008家。郑州高新区按照"一区多园"的发展思路,致力于发展计算机信息产业、机电一体化、新材料、生物医药工程等产业,努力把高新区建设成为创新基地和高新技术辐射源;高新技术产业基地和新的经济增长点;出口创汇基地和对外开放的窗口。

郑州高新区取得的成就,受到了党和国家领导人的高度评价。1996年6月5日,中共中央总书记、国家主席江泽民亲临郑州高新区视察,挥笔题词:"办好高新技术产业开发区,为振兴中原作出贡献"。近20位党和国家领导人亲临郑州高新区视察。国家科技部高度评价郑州高新区产业形象和建设形象同时并举,形象、功能、效益全面发展,是我国中西部地区有特色、有代表性的高新区。

高新区建设事业"五大突破"

2000年是郑州高新技术产业开发区取得历史跨越的一年,高新区各项建设事业取得了重大突破:一是在高新技术产业开发区特征上,取得重大突破。多年来,为塑造高新区特征,郑州高新区创业者进行了不懈的努力,也取得了一定成效,突出表现在河南省经认定的高新技术企业总量的1/4集中在郑州高新区。但是因为一直远离科研院所和大专院校,缺乏智力资源密集的特征。2000年,解放军信息工程大学、郑州大学新校址确定在高新区,信工大已于12月16日奠基。这两所大学由原来的6所大学合并而成,代表全省科研尖端力量的两所大学聚集高新区,形成了“郑州大学城”西部区。它们进入标志着高新区对智力资源、人才资源、高科技产业资源的聚集。加之省科学院创业中心的建立,省生命科学研究院、博士后工作站的设立以及其他科研机构的入驻,为科研成果与经济的结合奠定了基础,开拓了高新区发展高新技术产业所需的智力资源。二是高新区经济总量取得重大突破。2000年,技工贸总收入超百亿,达到110亿元,超额10%完成“九五”计划目标。跨入全国技工贸收入上百亿的高新区行列。三是财税收入和本级财力取得重大突破。郑州高新区的财税收入从1997年突破亿元开始,到1999年连续3年都在1亿多元,2000年终于跨越2亿元的高度,达到2.417亿元,2001年将达3亿元,其意义不可低估。四是高新区一年出让土地1 000余亩,土地出让金一年超1亿元,在拓展发展空间、积累发展后劲上取得重大突破。它不仅拓展了发展空间,而且将迎来火红的建设时期,对高新区积累发展后劲,在三五年内经济总量达到一个新的制高点,具有非常重要的意义。五是高新区在聚集上市企业,提高资本运营水平上取得重大突破。郑州高新区按照新的战略定位和发展方向,经过各方面的不懈努力,已有5家上市公司总部、16家上市公司支分机构集中区内,并且与光大证券公司签署了全面战略合作协议,省高科技创业投资股份有限公司注册和入驻高新区,为今后较长时期的快速发展奠定了坚实基础。

2000年主要经济指标完成情况良好

2000年高新区在项目用地紧张、资金紧张、优惠政策不断弱化等困难的情况下,积极调整发展思路,开展创新创业,较好地完成了全年目标。技工贸总收入突破百亿大关,达到110亿元,同比增长19%;新批准成立企业185家,同比增长37%;实现协议投资39亿元,同比增长90%;新建成投产企业20家,同比增长11.1%;实现税收2.417亿元,同比增长29.97%;本级财政收入1亿元,同比增长15.53%;实现出口创汇2 122万美元,同比增长13.7%;实现实际利用外资2 017万美元,同比增长2.48%;完成土地出让1 053.8亩,完成计划目标的105%;土地出让金收入10 641.2万元(含清欠地款),完成计划目标的101%。

高新区发展战略思路

在实践中,逐步确立了“1+6”发展思路。“1”为“定向”,即把高新区建设成为河南省高科技高智力密集区。河南省科技发展在全国还较落后,科研成果孵化转化率较低,且高等院校、科研单位布局分散,没有形成技术、人才的聚集和辐射效应。郑州高新区作为省会国家级高新区,理应成为省市技术创新、科技活动及高新技术产业化的重要基地。为此,把高新区建设成为河南省高科技高智力密集区对高新区经济长远发展意义重大。“6”,是指要在6个方面进行突破。即在“兴智”、“强孵”、“建园”、“搭台”、“上市”、“扩区”等6个方面进行强力推进。

规模宏大的皇家陵园——清东陵

清东陵文物管理处　李万贵　徐广源

清朝是中国最后一个封建王朝,自公元1644年入关,到公元1911年灭亡,经268年,历10帝,除末帝溥仪未建陵外,其余9帝皆建了陵寝。这些皇帝陵及其皇后陵和妃园寝分别建在了今河北省的遵化市和易县境内。因遵化位于北京以东,故称清东陵,易县位于北京以西,故称清西陵。清入关以前的清太祖努尔哈赤的福陵、清太宗皇太极的昭陵以及埋葬肇、兴、景、显4位远祖的永陵,因皆建在关外盛京附近,所以这三陵称盛京三陵,也称关外三陵、清初三陵。

清东陵概况

清东陵是清王朝三大陵区中规模最大、葬人最多、最具特色的一座。

清东陵位于今河北省遵化市马兰峪镇以西的昌瑞山南麓。从顺治18年开始到光绪34年(公元1908年),历时247年。在这近两个半世纪期间,清东陵先后建起了5座皇帝陵(孝陵、景陵、裕陵、定陵、惠陵)、4座皇后陵(照西陵、孝东陵、普祥峪定东陵、菩陀峪定东陵)、5座妃园寝和1座公主园寝。埋葬了清朝5位皇帝(顺治、康熙、乾隆、咸丰、同治)、15位皇后、136位妃嫔、3位皇子和2位公主,共161人。在清代,清东陵总面积为2 500平方公里,有单体建筑580座,神道总长15 000米,风水围墙近20公里。在陵区外围还建有大量陪葬墓。在陵区西侧建有端慧皇太子园寝、6座王爷园寝、1座贝勒园寝,在陵区东面有4座保姆园寝、1座守陵官员墓,还有为顺治帝殉死的傅达礼墓。在陵区南面,有苏麻喇姑园寝、大学士傅恒墓等。

清朝灭亡以后,虽然清东陵历尽磨难,饱经沧桑,但仍保持了原来的完整性和真实性,经过近半个世纪的维修和保护,基本上恢复了历史的原貌。现在清东陵的保护面积为78平方公里。清东陵是我国现存规模最大、体系最完整、布局最得体的古代皇家陵园,具有丰富的文化内涵和深厚的民族底蕴,具有极高的文物价值,是驰名中外的旅游胜地。2000年11月30日在联合国教科文组织世界遗产委员会第24次会议上,清东陵等"明清皇家陵寝"作为文化遗产被列入《世界遗产名录》。2001年1月11日被评为AAAA级旅游区。

清东陵的价值

世界文化遗产有6条标准。能够跻身世界文化遗产之列,起码要具备其中的一条。第24届世界遗产委员会认为明显陵、清东陵和清西陵,作为明清皇家陵寝,符合6条标准中的5条标准,因而全票通过,将3处皇家陵寝一起列入《世界遗产名录》。同时还给予了高度的评价。会议认为:"由散布于按照风水理论精选出的自然环境中的一组组奇特、壮丽的建筑所构成的和谐整体,使明清皇家陵寝成为人类天才的杰作。""这几组皇家陵墓群与自然融为一体,形成一种独特的文化景观,是左右了世界这一方土地500余年文化与建筑传统的杰出例证。""明清皇家陵寝是中国封建社会盛行的思想信仰、世界观和风水地理理论的光辉体现。它既是著名角色们离开人世后入主的宫殿,又是展现中国历史不同阶段重大事件的大舞台。"

联合国教科文组织驻华代表处文化项目官员木卡拉先生在2001年5月28日庆祝世界遗产地清东陵揭牌仪式上讲话时,称清东陵是"一个彰显其悠久历史及全球文化价值的见证","具有被国际社会共同承认的特殊价值。""这些精心构筑的皇家陵寝体现了中国封建社会的最高丧葬制度,可以让人们更加深入地透视当时的社会习俗及生死观和道德观。"

以上这些对清东陵的评价,可以说是对清东陵价值的高度概括和总结。具体剖析清东陵的价值,主要有以下几个方面:

(一)清东陵是在中国独创的风水理论指导下,把陵寝建筑的人文美与山川形胜的自然美有机结合的天才杰作

长达两千多年的中国陵寝史发展到明清时期,更刻意追求陵寝所在地的风水。明清皇家陵寝特别是明十三陵、清东陵和清西陵这些规模庞大的陵墓群,都是风水理论指导下的成功之作。英国著名科学家李约瑟评价说:"皇陵在中国建筑形制上是一个重大的成就,……它整个图案的内容也许就是整个建筑部分与风景艺术相结合的最伟大的例子。"而清东陵则堪为明清皇家陵寝中的典范。

按照风水理论的标准,要求皇家兆域要前有照山,后有祖山(俗称靠山),两山之间还要有案山。左有青龙砂(左辅),右有白虎砂(右弼),要群山围护,众水浃流,中央地带平坦,前方有天然水口。清东陵的山川形势完全符合这一要求。

昌瑞山为燕山余脉,东西走向。主峰突起,两侧山峰逐次低下,宛如一道天然屏风。13座陵寝在昌瑞山南麓各依山势而建,昌瑞山成为清东陵诸陵的靠山。金星山状如覆钟,如执笏朝揖,端峙陵园前方,为清东陵之照山。位于昌瑞山和金星山之间的影壁山,端正圆巧,低矮平缓,如玉案前横,是天然的案山。陵

区东面的雁飞岭，千岩错落，文笔插天，其山峰势尽西朝，为清东陵的左辅，即青龙砂；陵区西面的黄花山、钻天峰，层峦飞翠，叠嶂腾辉，其山峰势皆东向，是清东陵的右弼，即白虎砂。高大雄峻的万福山、象山、天台山横亘陵区之南，其山峰又皆北向。陵区东面有马兰河、魏进河。陵区西面有西大河、淋河。这4条大河从北向南，蜿蜒流淌。陵园之内众多小河左盘右旋，最后由南面的天然水口——兴隆口流出。这万山环拱，众水泆流的山川之势，极大地强化了皇家陵园的神圣、庄严、肃穆的气氛，显示了皇陵的神秘、气派和博大精深。

当年清东陵的设计大师们运用我国造园艺术中的借景、衬景手法，把陵区东、西、北三面的远山“借”来，作为清东陵的远衬之景，以昌瑞山为背景，以陵前的砂山、林木为前景，甚至把蓝天白云也纳入景观之中。站在金星山上向北眺望，如一幅绚丽多彩的轴画展现在我们面前。只见锦屏般的昌瑞山下，殿阁峥嵘，河道弯弯，松柏滴翠，玉桥卧波，上有蓝天白云相衬，远有群山围拢，陵寝建筑的人文之美与山川形胜之自然美水乳交融，和谐统一达到了完美境界。

(二)清东陵蕴涵着丰富的历史信息，是清王朝兴衰的见证，是研究清史的珍贵的实物资料

清东陵161位墓主人中，有许多对清代历史有过重大影响的叱咤风云的历史人物，如抚育过顺治、康熙两代幼主，为大清社稷的巩固和强盛做出过重要贡献的、被史家誉为清初杰出女政治家的孝庄文皇后；有建立大一统基业的入关第一帝清世祖福临；有我国历史上在位最久、功绩卓著的康熙大帝；有掌实权时间最长、寿数最高、武功十全的乾隆皇帝；有两次垂帘听政、统治中国近半个世纪的无冕之皇慈禧皇太后；有为国家统一、民族团结作出了贡献的容妃(香妃)。清东陵主要墓主人的从政历程涵盖了大半部清史，历史信息极为丰富。

清东陵247年的营建史几乎与清王朝相始终。皇陵工程是当时国家的头号重点工程，动用国家的正帑，由王公重臣监工，选用全国的精工美料，采用等级最高的建筑形式，使用当时最先进的施工设备、建筑技术、建筑工艺，因此皇陵建筑代表了当时国家的最高水平。陵寝建成后，国家派出精锐的八旗兵和绿营兵保卫陵寝，派驻众多的国家要员管理皇陵。陵寝祭祀是当时国家的重要典礼。从皇陵的选址、营建、管理、防护、维修、祭祀中，可以透视到当时国家的政治、经济、军事、文化、宗教的基本情况，能反映出清王朝的兴衰。因此，清东陵是研究清代历史的不可多得的珍贵实物资料。

(三)清东陵是中国传统文化的不朽载体，具有极为丰富的文化内涵

陵寝是历史的遗迹和见证，是文化的载体。清东陵虽然是清代的陵寝，实际上是我国几千年陵寝文化的结晶，具有中华民族厚重的文化积淀。主要涵有以下几方面文化：

儒家文化 营建规模庞大的陵寝，每年举行多次隆重的祭祀，供放神牌、安放棺椁按昭穆次序，由嗣帝立功德碑等等，体现了儒家孝先天下、慎终追远、敬祖尊亲、居中而尊、盖棺论定等儒家思想。

佛教文化 在清东陵，反映佛教文化的地方比比皆是。主要集中在以下几个部位：裕陵地宫内满布佛教题材的石雕图案，其中主要有四大天王、八大菩萨、五方佛、二十四佛、五欲供、狮子、宝塔、火焰宝珠、20 464个藏字和647个梵字的佛经、咒语；神道碑亭、隆恩门、隆恩殿、陵寝门中门、方城等建筑的基座，石像生的底座以及石祭台、明楼碑座等都是须弥座。在石祭台、明楼碑座、大望柱底座上大都雕有佛教题材的图案，如八宝、莲花等。在一些陵的大殿东暖阁内辟为佛楼，供奉各式佛像、八宝等。帝、后忌辰时，喇嘛在西配殿念《药师经》，在陵园旁建设规模宏大的喇嘛庙——隆福寺。这些都是陵寝中佛教文化的内容。

道教文化 清朝统治者对各种宗教采取兼容并存的政策，认为儒、释、道同源。在清东陵也含有道教的文化反映。如在五供的石祭台上刻有“暗八仙”图案。在一些建筑的砖雕柱窗上刻有八仙的形象。在一些建筑的脊檩上画有八卦太极图案。

萨满教文化 萨满教是一种古老的、崇拜多种神灵及祖先的宗教，满族皆信奉之。在一些陵的石雕上刻有蜥蜴、蛇、蛤蟆等神灵之虫兽，这些都是萨满教的遗存。

民俗文化 主要的是利用谐音，形成一句吉祥

词语，从而表达人们企盼国泰民安、生活幸福、祝福吉祥之意。如石像生中的象驮宝瓶，寓意太平有象。蝙蝠、寿字、卍、绶带结合在一起，寓意福寿万代。类似这样的吉祥图案在清东陵的石雕、砖雕、彩画中多有出现。在清东陵内务府营房、八旗兵营房内建文昌帝君庙、关帝庙，在陵园边缘建火神庙、树神庙、虫王庙等，都是民俗文化的内容。

另外，帝后妃的丧葬典礼，每年的大量祭祀中都蕴涵着丧葬文化、祭祀文化。清东陵的各种雕刻、彩画、建筑形式、布局中也都蕴涵着许多文化。可以说，清东陵是多种文化的载体，内涵十分丰富。

（四）清东陵是中国陵寝史上最后一个辉煌时期的杰出代表

中国两千多年的陵寝史上有三个辉煌时期。第一个是秦汉时期，以秦始皇陵和汉武帝的茂陵为这一时期的代表。堆筑高大的覆斗式的封土为这一时期的特色。第二个辉煌时期是唐代。以李世民的昭陵和李治、武则天的乾陵为代表，因山为陵，在山腰开凿墓室，展现了大唐盛世的风采。第三个时期也是最后一个时期，就是明清时期。明朝开国皇帝太祖朱元璋对中国两千多年的陵寝制度做了重大改革，主要有三点：一是将封土的覆斗式改为圆形或长圆式，称宝顶。二是取消寝宫即下宫，取消宫人留侍陵寝的制度，扩大祭殿规模。三是每座陵寝由封土居中，院落平面呈方形改为宝顶居后，前后分多重院落，平面呈长方形。清沿明制，而且又有发展创新，从而形成了清陵特点。清代陵寝更加注重陵园与周围山川形胜有机结合的整体效果，注意按墓主人辈份的布局排列。清陵形成了帝后妃陵寝配套序列，既注重整个陵园宏观上的主从尊卑统绪关系，又做到每一朝代帝后妃陵的独立体系中的主从位置。清代陵寝的祭祀更加完善、合理。清东陵在建筑的人文美与自然美的有机结合上，在陵寝的总体布局上，在内葬人的数量、知名度上，不仅在清陵中独领风骚，而且在明清两代皇陵中也首屈一指，堪为这一时期皇家陵寝中的杰出代表。

（五）清东陵是研究清代建筑、清代建筑史的实物基地

清东陵建筑形式是等级最高、最标准的形式。使用的是当时最先进的建筑技术和工艺。清东陵的数百座建筑中，有单檐的，有重檐的。有庑殿顶、歇山顶、硬山顶、悬山顶、卷棚顶、攒尖顶。从结构材料上分，有砖木结构、砖石结构、石结构。清东陵有各式桥百余座，有大小宝顶 142 个，有功德碑、神道碑、朱砂碑 24 统，有神道 30 华里，建筑之多、形式之全、类别之齐，在目前已属罕见。从营建年代上看，康、雍、乾、嘉、道、咸、同、光、宣 9 个朝代的建筑一应俱全，没有中间断代情况，保持了清朝两个半世纪中的完整脉络，能反映出各个时期的特点、发展的过程和规律。在我国现存的清代建筑群中，建筑数量如此之大、分布之广、种类之全、跨越时空之长且不间断，实不多见。因此说，清东陵是研究清代建筑、清代建筑史的极为难得的实物基地。

（六）清东陵具有极高的旅游价值

清东陵地域辽阔、陵寝众多，既拥有皇宫中的殿堂楼阁，还拥有园林苑囿的山河、林木、亭桥，还拥有皇宫和园囿所不备的地下宫殿、石像生、宝顶、明楼，可以说清东陵集皇家陵墓、宫殿、园囿于一体，融风水学、建筑学、美学于一炉的杰作。这些构成了清东陵得天独厚、取之不尽、用之不竭的旅游资源优势。清东陵作为首批全国重点文物保护单位，几十年来，在各级政府的关怀和帮助下，清东陵得到了有效的保护。特别是为了申报世界文化遗产，经过 3 年多大规模地治理环境风貌，清东陵基本上恢复了历史原貌。清东陵雄伟壮丽的人文景观和优美秀丽的自然风光，以无穷的魅力深深地吸引了来自海内外广大游人，成为他们陶冶情趣、赏心悦目、度假休闲的旅游胜地。近几年来，清东陵文物管理处依托自身优势，又推出了皇陵祭祀大典、二郎庙等新的项目和旅游景点。与此同时，不断改善餐饮、住宿、娱乐、购物等服务设施，清东陵的游人呈逐年上升势头。随着申报世界遗产的成功和 AAAA 级旅游区的评定，知名度大幅度提高，清东陵具有的旅游价值必将发挥出巨大的作用，取得理想的社会效益和经济效益。

清东陵现已开放 10 座陵寝。清东陵现在正在加紧规划和建设，把文保和旅游事业推向新阶段，再现清代皇陵的昔日辉煌。

鄱阳湖畔的明珠——永修县

独特的县情

永修县境地处江西北部，鄱阳湖西岸，距南昌36公里、九江80公里。在美丽富饶的2 035平方公里的土地上，生活着勤劳智慧、富有开拓精神的34.5万永修人民。

资源丰富，物产富饶 有宜农耕地61万亩，宜林山地79万亩，宜渔水面67万亩，宜牧草地22万亩。除粮、棉、油等大宗农产品外，全县的农业已基本形成了水产、水禽、毛竹、野生蔬菜等四大产业和八大基地：(1)以吴城、立新等乡镇为龙头的水面养殖基地；(2)以滨湖乡镇为主导、辐射全县的300万只鹅鸭养殖基地；(3)以吴城、三溪桥等乡镇为重点的万头牛羊养殖基地；(4)按照避洪农业要求建立的万亩饲料草场基地，种植黑麦草、苏丹草；(5)以云山、江上为主的万斤干货的食用菌生产基地；(6)以红壤开发项目区为主的黄栀子、车前草、落心花等5 000亩药材生产基地；(7)以香椿、雷竹为主导，以藜蒿、马齿苋、地菜、苦菜、罗汉菜为补充的万亩野生森林蔬菜基地；(8)以燕坊为主的草莓生产基地。已发展工业企业294家，其中有亚洲最大的土坝工程柘林水库及柘林水电厂，有亚洲最大的有机硅生产基地星火化工厂和江西省最大的水晶生产基地江西晶体厂，形成了化工、建材、造纸、制革、食品、雕刻、纺织、机电等20多个行业，1 000余种新产品的工业经济。多种产品被评为省优、部优，远销20多个国家和地区。2000年全县国内生产总值达到13.41亿元，比1995年增长48.8%，年均递增8.3%；财政总收入超亿元，比1995年增长44.8%，年均递增7.7%。

山川秀丽，风光旖旎 有秀丽的湖岛风光，绝世的侯鸟王国，著名的佛教文化，雄奇的山岳胜景。主要有三大景区：西北有千岛落珠，碧波万顷的省级风景区柘林湖。东有珍禽麇集、名扬中外的国家级鄱阳湖侯鸟自然保护区，每年来此栖息的各类侯鸟和水禽达100余万只，集中了世界上95%以上的白鹤，被誉为“白鹤王国”。西南有省级风景区云居山，奇秀天成，盛夏酷暑，气温仅22℃。山巅真如禅寺，高僧辈出，声振佛坛。

宽松的环境

区位独特，基础扎实 水陆交通便利，京九铁路、昌九高速公路纵贯南北，北京到珠海的105、兰州到九龙的316国道穿境而过。修、潦两河内通省内五大水系，外连长江中下游各港口。程控电话、图文传真遍布城乡。县城距九江机场60公里、昌北机场20公里。电力充足，境内柘林发电厂装机容量42万千瓦。县城日供水能力达4万吨。

环境优越，政策优惠 制订了《永修县招商引资优惠暂行办法》和外来投资企业税外收费项目及优惠规定，成立了“三个中心”，即“驻县企业保护中心”、“个体私营经济保护中心”、“三资企业投诉中心”。对前来永修投资的外来客商实行“三优先”、“三优惠”、“一奖励”的优惠政策，即优先安排用地，年限、方式按外商所需确定；优先办理项目审批手续，主动服务限期办理；优先确保外商所需的水、电、运输及通信设施和用工。土地使用费给予优惠：在县城内投资的企业，允许按最低补偿价予以征用，投资后五年内免交土地使用费，第六年开始按土地使用费标准减收30%。税收给予优惠：生产性企业从正式投产之日起，第一年至第三年按国家规定缴纳所得税，由县财政部门列支全额返还，第四年至第十年按国家规定缴纳所得税，由财政部门列支返还50%，生产性项目年新增纳税额超过100万元以上，其新增纳税总额中地方所得部分，在三年内由县财政部门列支返还50%。城建等其他费用优惠或减免。纳税奖励：对年纳税15万元以上的生产性企业，奖励当年纳税总额的1%；30

万元以上的奖励2%;50万元以上的奖励4%;100万元以上的奖励6%。

1999年到现在,是永修县招商引资工作发展最好的时期,共引进内外资项目150个,签约资金5.6亿元人民币,到位2.8亿元,已开工项目74项,其中外资项目5项。特别是2000年,全年签约项目54个,其中外资4项,内联50项,签约资金3.32亿元,实际到位外引内联资金2.174亿元。

(江西省永修县人民政府办公室供稿)

在困境中崛起的富锦市中医院

黑龙江省富锦市中医院座落在市区东平路南段,是集医疗、教学、预防保健、急诊急救为一体,以中医为主,中西医结合的综合性中医医院。现有职工281人,其中卫生技术人员237人,具有高中级职称77人。医院占地面积1.8万平方米,房舍7 743平方米,开放病床180张,年门诊量5万人次以上,收住院760余人。1996年被评为二级乙等中医院。

富锦市中医院创建于1956年,是由三家私人中医诊所合并而成。60~70年代,富锦市中医院初具规模,开设了中医内科、西医外科等十几个科室,成为富锦市卫生事业的一支重要力量。进入80年代,医院自筹资金并得到政府拨款,另建新址住院大楼,科室设置趋于完善,并建立健全了岗位责任制。中医院基本告别了小规模、低水平、传统为主的医疗模式,开始向工作程序化、操作规范化、管理科学化、服务优质化迈进。为了提高专业技术人员的业务水平,医院先后送出一大批中青年专科医师到大医院进修深造,为中医院的发展增强了后劲,这一时期也是中医院最辉煌的时期。

受多种因素的影响,从90年代中期开始,中医院开始滑坡,各项工作停滞不前,经济效益明显下降。在这种情况下,原市二院副院长李道泉同志受命于危难之时,接任了中医院院长。上任后在查找问题的过程中,李院长意识到,中医院要想生存就必须改革,只有改革,医院才能发展,否则就会被淘汰。他和领导班子以非凡的胆量和勇气提出并实施了:走股份制、企业化管理的道路,把职工利益与医院利益结合起来,让职工真正建立起主人翁意识的重大举措,为医院打翻身仗奠定了基础。

建立现代化综合性中医院是新一届领导班子的目标,要实现目标,首先要解决现代化设备问题。在政府财力困难的情况下,只有靠自己。李院长多方奔走筹集资金,采取吸收社会资助、合资等多种方式,在很短的时间里购进荷兰菲利浦全身CT机、全自动生化分析仪、血球计数仪、胃肠彩色超声诊断仪、超声降血脂仪、心脑血管诊断治疗仪、红外线乳腺诊断治疗仪、心电工作站、麻醉综合监护仪、大型显微手术镜、妇产科多功能治疗仪、骨折康复治疗仪、眼科用裂隙灯,独家建立了与北京医科大学联网的远程会议工作站,总金额达400多万元人民币。500毫安电视跟踪系统的X光机、东芝彩色超声仪也即将到位,先进医疗设备的引进大大改善了医疗诊断技术水平。1 588平方米的仿古式门诊大楼,3 990平方米的住宅大楼拔地而起,与原有的牌楼式大门构成了一组美丽的仿古建筑群,院内环境优雅,不仅为病人提供了良好的休养环境,而且为富锦市区增添了亮丽的美景。

科技兴院是李道泉院长为首的领导班子实施的又一举措。在医院经费十分紧张的情况下,2001年选派青年专业技术人员17人到哈医大、佳市中心医院进修深造,并先后与佳木斯中心医院、中医院建立联合体,聘请他们的专家定期来院出诊讲学,提高医疗技术水平。

文明建院、从严治院是新一届领导班子制定的长期方针。李道泉院长上任后即提出每个职工都要参与"讲自我、讲爱心、讲贡献"的三讲活动,树立全心全意为病人服务的思想;并开展丰富多彩的文化活动,增强凝聚力和向心力,坚定了职工的信念。在文明建院的同时,从严治院。通过明查暗访,公开处理了一批私收费、私卖药、收红包,迟到早退、酒后上岗等有不正之风行为的人;建立了职工纪律监察科,建立健全了各项规章制度，发现违规、违纪问题及时处理。通过文明建院、从严治院，出现了人人思团结，个个讲进取，奋发向上，努力工作的新局面。门诊及住院病人稳步上升，经济状况日见好转。

李院长带领班子成员和全院职工奋斗了一年，中医院发生了翻天覆地的变化，走上了正规化、科学化轨道，被上级主管部门及社会各界所认可。中医院被市医保局定为“城镇职工医疗保险定点医院”、“人民保险公司定点医院”、“人寿保险公司定点医院”、“太平洋保险公司定点医院”、“富锦市消费者协会2001年会员购物优惠单位”、“黑龙江省中医药学校教学实习医院”、“富锦市中医药技术指导中心”。

院长李道泉表示，今后的中医院将面临更大的考验，但有一点始终不变，那就是把社会效益放在第一位，坚持“患者至上，文明行医，优质服务”的办院方针。要加强医务人员的职业道德教育，强化医德医风建设，完善自我约束机制，树立一切为了病人、一切方便病人、一切服务于病人的思想和奉献精神；加强科技兴院、专科兴院、文明办院；加大从严治院的力度，注重抓规范化、科学化、标准化管理；主动适应改革的形势，结合院情进行人事制度改革：中层干部任用制度的改革，技术人员专业资格聘任制度及劳动工资制度的改革。以改革为动力，以管理促效益，以二甲为标准，以综合目标管理责任制为手段，促进医院持续、快速、健康、稳定地发展。以精湛的医疗技术，优质的服务态度，良好的医德医风，饱满的工作热情，为富锦市乃至三江地区的人民健康做出贡献。

探索防治肿瘤的新路

——董草原的医药理念与实践介绍

化州市中医肿瘤防治所位于广东省化州市丽岗镇的尖岗岭生态旅游公园，山清水秀，环境宜人。所长董草原初中辍学，发奋读书，潜心钻研中医理论。他对癌症进行了30多年调查研究，写出了30多篇医学论文和两部专著：《易经与癌症》、《生命与疾病》。

董草原根据八卦易经黄帝内经等古传统生命学的理论，结合现代生命学的研究认识，总结出阴阳生命学的理论：即生命力由阴之冷力和阳之热力构成。这两种不同性质的力对生命的产生存在和发展变化，都起着缺一不可的决定作用。这两种力中，阳之热力作用，是生命产生存在和发展变化的主要作用力。生命力和物质是生命产生存在和发展变化缺一不可的决定因素。他将这一理论作为指导思想对癌症进行了深入的研究探索。在临床试验中发现并证实，人体内的正常细胞之所以会质变成癌细胞，是因为人体内的整体或局部的阴阳生命力，特别是阳力亢进增大的结果，即中医的热。亢进增大的阳力消失了，癌细胞也就消失了。

董草原认为，癌是在正常生命的阴阳力和物质的基础上产生的非自然性生命，在自然条件下是无法生存的。癌生存发展所需的热力和营养物质与正常生命不同，癌所需的营养是高营养，所需的热力是人体内亢进的热。所以，他根据上述理论临床上总结出四大治则：(1)治癌先治热；(2)癌症不能攻也不能补宜解宜泻；(3)三分治七分养；(4)一剂药同时治整体。治疗方法：(1)药物治。临床上以中医阴阳五行原理为指导，根据现代科学的检查结果确定癌的部位及性质。再看患者的体质，根据寒热虚实，集中针对癌细胞、癌肿块产生存在的必须条件，用纯中草药治疗。(2)食物治。患者不准吃动物类等高营养食品，不准注射白蛋白，要吃素，因为动物类等高营养食品会产生大量热能，而且高营养是癌细胞生存发展的必需营养。如果吃动物类等高营养物质，既为癌细胞增添了生命力，又为癌细胞增加了营养物质，癌细胞发展就会特别快。(3)环境治。让病人离开原来生活的自然环境、家庭环境，进入新的宜人的自然环境中，使患者身心安宁愉快，达到精神治疗的目的。即三治齐下。

地区形象建设中的科学文化精神

周浩然

早在1995年,有的专家学者就指出,形象建设是人的主体意识的新觉醒,这一论断是从人类文明发展的高度来认识形象建设的现实意义。我认为,形象建设的主要内容包括:高度的责任感,强烈的超前意识,蓬勃向上的文化精神和制度体系的建设。其核心是人的现代化建设,其基础是科技教育。邓小平讲国家的形象,曾讲过要树立一个开放的、和平的形象。对地区来讲,首先是树立深化改革,扩大开放的形象,树立坚持可持续发展、科教兴市或科教兴区的形象;更要树立一个积极推动社会主义民主与法制建设的、高效率的廉洁的政府形象。《河北省形象建设的理论与实践研究》提纲中把改变城市面貌,提高政府办事效率和公民文化素质作为问题的要点,这是比较准确地抓住了河北形象建设的现实问题和地方形象建设中的实质性问题。当前我们正在跨入新世纪辉煌历程,我们还面临加入世贸组织所带来的冲击、挑战和新的机遇,在这个时候讨论地区形象建设具有重要的现实意义,同时也应该增加一些新的时代内容。

顺着这个思路我想谈一下对地区形象建设中有关问题的认识。

关于地区形象建设中的文化动力

形象建设仍然是一种文明的新觉醒,是思想认识领域中一种深刻的革命,因此,先进的文化发展方向和文化动力就是形象建设中的核心内容。

这里的文化是指广义的文化,包括着两个方面的基本含义:其一,科学技术是第一物质力,第一经济力;其二,科学技术又是第一精神力、文化力。正是这两个方面的有机统一,使工业经济中仅是生产力基本要素的科技上升为第一生产力,成为历史发展的火车头。科学与技术有着密切联系,但不是一回事,科学是技术的基础,但作为认识世界,改造世界的精神态度、方法来说,科学的本质是一种强大的精神力量,是属于文化的范畴,是现代文化的基础。

科学作为人类文化具有革命性的力量。科学家们知道绝对真理无法达到而只能逼近,而逼近就意味着放弃旧概念,接受新概念。科学中没有教条,只有方法,虽然方法也不是完善的,但却是可以改进的。科学中没有完全的必然,也没有完全的怀疑。科学家感受到的错误逐渐减少,但他知道永远不会减少到零,因此他总是要更加虚心才能前进。具备这种精神的人准备接受那些最令人震惊的结论和最革命的事实。

探索求真的理论精神、实验取证的求实精神、开拓创新的进取精神、双赢共享的协作精神、坚韧执着的敬业精神,都是科学精神的基本内容。科学文化所内禀的理性、创新、规范、求真、献身、公平等观念,不仅为科学技术提供了思想理论基础,而且是促进社会经济文化发展的强大动力。因此,在研究地区形象建设中的文化因素时,要特别突出科学思想、科学文化的地位与作用,重视渐进的、富有建设性的文化心理的培育,促进各地区、各民族文化的交融。

科学精神是人类文明的共同财富,是世界文化的共同基础,如果有了科学文化精神作为坚实的基础,以市场经济作为重要的依据,我们就能始终保持理性的认识,抵制伪科学,沿着科学文化的方向前进。

西方学者亨廷顿的“文明冲突论”,以及我国某些学者所说的“21世纪是东方文化的世纪”的观点,实际上都离开了人类文明和世界文化发展的准则和基本趋向。所以,我们搞形象建设,应该坚持“求真务实,开拓创新”的科学精神,这一点,对于适应加入世贸以后的形势发展,扩大对外对内交流,扫除一些思想上的文化障碍,创造良好的投资环境具有重要的现实意义。

过去谈文化很容易把文化理解为传统文化与现

代意识的要素组合。其实,二者是不能够机械组合的,只能在现实生活、现实的经济文化环境中融合、汇入现代科学文化思想的内涵。以直接或间接的形式融入现代化进程中的传统文化与传统美德是市场经济发展中的文化力的重要组成部分,但关键在于融合。例如,北京传统的胡同文化、机关大院文化,以及随着市场经济发展崛起的外来投资者、求职者的外来文化。研究这些文化因素的融合与发展,建设有利于这种文化融合的文化设施和文化网络,具有重要的现实意义。现在,地方保护主义与区域文化歧视已成为市场经济发展的障碍,随着加入世贸,我们要大力引进世界科学文化的先进成果,要扫除不少妨碍这种交流与引进的文化障碍。但是,目前我国不少地区,特别是某些大城市,经济上的地方保护主义依然存在,文化歧视也十分严重。外地人进入大城市投资创业或打工,不但受到很多限制,要承担当地人必须承担的义务,还要受到种种文化上的歧视。比如,外来投资者、打工仔的子女不能进入重点学校,要进入就要交几万的费用,就是一般学校,也要交一万元以上的借读费。一些重点学校,也利用教育产业化的时机,肆无忌惮地宰人。据我了解北京的一些中学的情况,2000年初中一年级招生700多人,平均收费4～5万,有高达8万的(不包括生活费),还有喊价十几万的,而且这些学校的负责人和部分干部,态度极端恶劣,已把育人者的儒者风范抛得干干净净。上次我路过玉泉路,有所学校正在招生,顺手买一份招生资料,50元一份,薄薄的几页纸,成本不过几元钱,价格却超过了精装本的经典文献。宰人不择手段,奸商气十足,叫人能不气愤吗?这些行为,严重地破坏了地区与城市形象,甚至国家和民族的形象。这种文化歧视,教育霸权本质上是封建主义的东西,与市场经济条件中的资源配置和人才流动格格不入。这一问题,与我国现存的户籍制度有密切的关系。因而改革户籍制度已成为社会经济文化发展的需要和必然趋势。否则,文化融合就只能是一个愿望和一种奢谈,地区形象建设便没了精髓和文化动力之源。

可持续发展与地区形象建设的渐进性

应该指出,可持续发展是地区形象的重要内容,是地区形象建设的基本文化内涵,因为这一命题涉及到人类文明发展的方向。

有的学者认为:可持续发展是人类文明的新觉醒,是一种新的文明观。这种文明观的思想立足于经济、社会、生态、文化的有机统一,寻求人与自然的和谐发展,坚持科技理性与人文理性并存,实现社会伦理与环境伦理的统一;顺应和平发展的时代主流,寻求对话、合作的方式,协调各国、各民族、各集团和组织之间的关系。可持续发展的核心问题是经济与文化的有机统一,是生态文明、物质文明与精神文明的协调发展。可持续发展观的确立,是20世纪人类文明发展的重大成果。可持续发展观或文明观要求人类以最高的智力水准与相应的责任感规范自己的行为,因而,文化是可持续发展的灵魂,制度文化是可持续发展的核心问题。要实现可持续发展,首先必须坚持科学与民主推动社会文化的发展,弘扬实现可持续发展的人文理性精神,制定生态经济文化发展战略。

可持续发展是人们发展观、价值观的根本转变,也是对人类文明发展业已形成的基本共识。这就决定了我们在地区形象建设中的渐进性原则。一是要倡导一种坚韧的、富有建设性的文化心态和高度的责任感;二是对形象建设要坚持不懈;三是形象建设是一个历史的进程,它既需要现实的努力,又是历史的积累,它存在一个在现实条件下逐渐推进的过程。之所以强调这点,是避免把形象建设定性太高,忽略了阶段性和现实可行性。

谈到富有建设性的文化心态,我想谈一下题外话,这就是我们受破坏性的文化影响太深了,动辄讲究突变,讲究轰动效应、表面文章,有些破坏性的文化心态甚至被当作优秀文化加以颂扬。比如《水浒传》,农民在那种黑暗的社会中不得不奋起抗争,以野蛮对抗野蛮,缺乏新的文化理性的建设,即使胜利了,在物质文明、精神文化受到毁灭性打击后,也只能仿制一个与旧模式相似的新的封建王朝。《水浒传》宣扬的农民战争可歌可泣的战斗精神是具有历史文化价值的,但由于历史局限沉淀下来的某些文化心理因素,则要防止其负面影响,特别是与劫富济贫有着实质性联系的“劫富心理”、“平均主义心理”或通过暴力而不是创造性工作,达到脱贫致富的心理。随着科技进步和人文精神的弘扬,这种悲剧再也不能重演了。但这种沉淀下来的文化心态必须廓清,否则,对我们现代的文明建设是极端不利的。我们在对传统文化上,不能过分地宣传破坏性文化心态的合理性,况且,这种破坏性文化特质里还很容易掺杂和滋长一种投机心理。再如《三国演义》,我读《三国演义》,常常同时读《三国志》,因为两者兼读,可以防止受《三国演义》中一些不利的文化因素影响,能比较客观地看待历史。比如,历代评论家都把“失荆州”归罪于关羽的骄傲和违背了诸葛亮“东和东吴,北拒曹操”的八字方针,但结合《三国志》关于对诸葛亮将略非其所长的评语,再想想荆州地跨两湖,在战略地位上远远重于巴蜀,为什么谋臣猛将都要集中到成都——汉中去,而不充实荆州的防备和攻击力量,不派赵云等将领谋士辅佐关羽,这里有关于战略定位的问题(重割据而轻进取)和政治家个人权力的考虑。如:是否是怕关羽拥兵过重,将难以驾驭。联想到《三国志》上介绍的,诸葛亮对马超、刘封、魏延等有些难以驾驭的将领的处置,不能说这种推断毫无理由。另外《三国演义》中政治家个人的迷信太重,某些斗争手段近于庸俗,如三气周瑜,有些近乎市井游戏。电视剧《三国演义》,比起《三国志》来,在这方面表现得更为浮滑。站在这种水平上搞政治,治国安天下,焉能成就大气候?现在听说不少人把《三国演义》当成企业家的教科书,我认为这是一种误导。企业发展需要科学、民主、法制,需科技创新与人文理性,需要坚持双赢共享的竞争原则,这是最本质的东西。即使是策略,《三国演义》中也有很多不足取的地方,决不能把玩弄小巧的把戏摆到现代商业竞争中来。提到上面这些想法的原因,是因为,我认为形象建设一是不要搞轰动效应,不要功利观念太强,二是不要搞小摆设,要强调文化与智力的作用,提高智力的档次,提倡高品位的文化和高档次的智力。

现在知识经济已显端倪,有的学者认为,知识经济亦可称作智力经济,因为后者偏重对知识的运用与创新、人的潜能和开发,人文精神的复兴和人的素质提高,从而达到一种文化的自觉,实现人、自然、社会的和谐发展,这就是高档次的智力。高档次的智力带来社会与经济文化的繁荣,低档次的智力把社会引入黑暗愚昧和紊乱。比如,中国人常说的“窝里斗”、社会上流传的某些形同骗局的“点子大王”就是一种低档次的智力。有些以历史题材为内容的电视片,其文化品位和智力档次都是很低的。特别关于康熙、乾隆的戏,均是一些微服私访、体恤下民的陈腐的政治游戏,与科学、民主的世界文化潮流形成一种强烈的反差。再如前段时期,有关所谓《超限战》的论述,说中国可以采用不按军事伦理常规的办法,甚至恐怖主义的办法来破坏军事霸权,这实际上只是一种危言耸听的煽情,是极不负责的鼓噪,是对和平与发展和交流缺乏最基本的认识。这种说法看似聪明,实际祸国殃民。这就是一种假聪明,低档次的智力。就形象建设本身来说,是要排斥这种低档次智力的。面对着经济、文化全球化发展趋势,我们更应该有长远的目光,高品位的文化追求。

地区形象建设中的制度创新

世界银行在评价一个国家与地区的财富时,已把组织、体制、文化内聚力作为重要的指标,这无疑是正确的。文化一般有三个层次,观念层面,制度层面,行为规范层面。制度层面最为重要。我们常说落后就要挨打,从实质上来说是体制的落后要挨打。甲午海战时,中国的北洋海军拥有的舰船吨位和先进程度,排在世界第四,亚洲第一,比日本海军强,结果在海战中败得一蹋糊涂。从根本上说来非败在实力,而败在制度,败在体制。甲午海战以后,以引进先进技术为特征的洋务运动促进了以变法制度为特征的戊戌变法,可惜这一变法被以慈禧太后为代表的势力所腰斩,直接影响了我国20世纪的历史进程。就目前来说我们某些经济上的问题,也须要以深化改革来解决,需要通过制度创新来解决。没有制度创新,形象建设的内在动力就无法调动起来。没有制度创新,伟大历史工程也无法进行,从实力、活力、发展三方面来看,实力是增长的基础和体现,活力是最核心的东西,活力来源于改革,来源于创新,没有改革,没有创新,就无法消除形象建设中的思想障碍、文化障碍和体制障碍。于光远教授上次在关于河北形象建设的谈话中,谈到温州地区搞了许多坟地。这确实是温州一道非常刺眼的风景线,是一个不好的形象标志。这里有很深的文化原因。在宗法经济的条件下,财富积累到一定程度,就产生腐化或僵化,导致修坟墓、讨小妾、吃喝嫖赌。为什么不能富而思进?这就是由于生产力水平的限制和缺乏一种资本文化的意识和社会机制。这里要澄清的是,资本文化不等于资本主义。我们通常所说的资本主义是指一种社会制度，而资本文化则是把财富作为一种资本，通过运营，达到财富的增值，促进社会物质财富和精神财富的发展。资金不等于资本，资本是一种社会关系，一种文化。离开了一定的社会机制和具体运作资本的社会群体，货币很难转化为资本的。缺乏富有创造性的资本文明意识，自然容易产生“富而思惰”、“富而思淫”。从这种角度看，我们要坚决地遏制某些黑色收入、灰色收入和黄色收入，不仅是道德的原因、文化的原因、或政治的原因，还在于这种收入本身所获取的货币、财富很难转化为现实的资本，很难转化为一种推动社会经济文化发展的文明动力。为了搞活经济，为了经济的持续发展，我们应当提倡“自强不息，厚德载物”，倡导一种“富而思进”的精神，要做资本文化的启蒙，要强化投资意识，并要通过体制的创新来保护公民财产的神圣不可侵犯和投资者的权益，鼓励社会投资，开拓融资的道路。顺便提一下，要重视最基本的人文素质教育和基础理论建设，不要用政治思想教育来取代这一基础工程。要成为优秀人物、先进人物，首先得做一个合格的人，一个热爱人类、热爱社会、热爱生活的人。有了这样广泛而牢固的人文社会基础，精英道德才有依托。因此要重视公民基本道德的培育。

地区形象建设中的以人为本问题

我非常赞同李洙泗教授上次在深圳龙岗关于以人为本塑造地区新形象的讲话，赞同他关于地区形象归宿是一种文化创建的提法。在中国古人那里，“形”与“学”这两个概念具有相同的含义。“形”是指事物的实在形体，而“学”则是对事物的重要感受。形象的建设，本身是通过主体与客体的统一来决定的，是由公众的感受所决定的。因此，人既是形象的创造者，也是形象的感受者、评价者。在形象建设中，以人为本自然是顺理成章的，不过我比较倾向于地区形象建设中的“人本论”这种说法。人是社会发展的主体，这是不争的事实。过去常说：“让人说话，天不会塌下来”。问题出在这个“让”字，本来就是不可剥夺的权利，成为一种“恩赐”和需要“宽容”的东西，这是一种本末颠倒，带有一种浓厚的权力本位的封建色彩。我们经常讲的尊重知识、尊重人才，韩愈谈的“先有伯乐而后千里马”也是谈的识别人才，尊重人才问题。这已成为千古美谈。然而这美谈中却有深沉的悲哀。人才需要特别的尊重吗？尊重人才这个提法有两点需要考虑：人才得不到尊重，正如千里马遇不见伯乐，也就完蛋了；人才不等于圣人，一但成天被“尊重”，养尊处优，同样也会江郎才尽。有的省把院士视为副省级待遇，尊重倒是很尊重，但本身需要这样吗？“鱼儿离不开水”，让人才离开科研环境，去从事一些自己不擅长的活动，比如让陈景润议政，让一些演员当政协委员，是否不如一些具有政治文化素质的人才进人大、进政协好？在国外，很少见有演员当议员，偶尔也有演员或科学家当议员的，都不是因为他们戏演得好或有科学发明，而是因为他们有较高的政治文化素质，适合当议员。我认为，其实人才是不需要特别尊重的，关键是要造成一种平等竞争的社会环境，扫除阻碍人才发展、参与竞争的各种障碍，使人才得到公正合理的待遇。这正如在千里草原上群马奔腾，不需要伯乐，谁都可以识别出千里马。河北省在地区形象建设的运筹与实践中提到“群众参与、民主评价”。罗治英教授所说的“着眼人本存乎公众”，直截了当，非常痛快。“尊重人才”比起不尊重人才，当然是一个很大的历史进步，但根本的出路是社会主义民主与法制的建设，构建有利平等竞争的社会环境。

关于形象建设中的指标量化问题

地区形象建设理论之所以具有创新价值，其中很重要的是把有形或无形的东西都通过形象来评价，从而达到一种形式与内容、表象与实质的统一。评估综合国力有一套完整的指标，评价文化国力也可以建立一定的指标，以防止对文化作用的夸大和文化建设中的虚化，评价地区形象建设也应建立相应的基本指标，在经济增长、环境改善、城市建设、科教投入、社会文明发展程度上确立相应的指标，这种指标的确立需要反复探讨。但如果没有相应的指标，形象建设容易流于重表面、轻实质，我们要使一些无形的东西能够通过有形的，可以测定的指标加以评价，使形象建设具有严格的科学依据，罗治英教授曾经在这方面做过大量的工作，应该坚持下去。河北省的形象建设非常务实和扎实，如果对一些基本指标有了量化分析评价的标准，可以把工作做得更细。

（本文系作者在全国地区形象建设研讨会上的发言）

水木清华　世纪芬芳

清华大学校长　王大中

在新世纪的第一个春天，清华大学迎来了90华诞。

90载风雨沧桑，90年灿烂辉煌。清华大学自诞生之日起，就与祖同呼吸，共命运，为民族的独立和解放，为祖国的振兴和发展作出了自己应有的贡献。

清华大学的前身是清华学堂，始建于1911年，是清政府用美国“退还”的部分“庚子赔款”建立的一所留美预备学校。1928年正式定名为国立清华大学。1929年清华建立研究院，聘请著名学者梁启超、王国维、陈寅恪、赵元任等为导师。文、理、法、工兼有的学科结构逐步形成。从30年代起，在梅贻琦校长的主持下，清华大学广延名师，严谨治学，至抗战前夕，已是国内一流的高等学府。

1937年抗日战争爆发后，清华举校南迁长沙，后往昆明，与北大、南开联合成立西南联大，是当时国内规模最大的高等学校。在战时极其困难的条件下，艰苦办学，仍为国家培养了众多栋梁之才。诺贝尔奖获得者杨振宁、李政道就是当时清华研究院物理学部毕业的研究生。1946年，清华终又迁回北平原址复校。

1948年12月清华园解放。当时的清华大学是一所设有理、工、文、法、农5个学院，共有26个学系，23个研究所的综合性大学。1952年，全国高等院校进行大规模院系调整。清华大学的文、理、法、农等学科均被调出。蒋南翔校长与广大教职工一起，不断加强学科建设，引导学生又红又专，成功地将清华建设成为一所高水平的多科性工业大学。为新中国大规模工业建设和高等教育的发展作出了重要贡献。清华大学以“红色工程师的摇篮”成为青年人向往的地方。

“文革”之后，清华大学经过拨乱反正、恢复整顿，逐步建立了正常的教学秩序。在党的基本路线指引下，按照邓小平同志“面向现代化、面向世界、面向未来”的指示，清华大学进一步明确了“一个根本（学校的根本任务是培养人），两个中心（学校既是教育中心，又是科学研究中心），三方面结合（教学、科研、社会主义建设实践相结合）”的办学方针，以“着重提高，在提高中发展”为指导思想，进入了一个蓬勃发展的新时期。今日清华已成为我国高层次人才培养的重要园地和科学研究、技术开发的重要基地。

精心育人才，桃李满天下

在90年的历史中，清华逐步形成了“自强不息，厚德载物”的博大精神、“行胜于言”的刚毅校风和“严谨、勤奋、求实、创新”的优良学风。在教育、科研等各个方面为祖国为人民作出了许多贡献，特别是遍布各地的10余万名清华校友，他们在国家的各个建设岗位上乃至国际上都得到认可和赞誉，这是清华对祖国和人民作出的应有回报和贡献。

这些知名的校友中，包括：气象学家竺可桢，化学和化学工程家侯德榜，现代桥梁工程奠基人茅以升，教育家和物理学家叶企孙，具有“南杨北梁”之称的建筑学家杨廷宝和梁思成，天文学家张钰哲，理论物理学家周培源等；经济学家、教育家马寅初，哲学家、逻辑学家金岳霖，经济学家陈岱孙，社会学家、教育家潘光旦，哲学家贺麟，诗人闻一多，语言学家王力、季羡林等也均出自清华。著名散文家朱自清，大哲学家冯友兰等许多知名学者也都曾在清华工作多年，为清华的发展，为祖国的教育事业作出了重要贡献。

1999年9月，国家表彰的“两弹一星”功勋23位，其中清华校友有14位。据统计，在中国科学院院士中，清华校友近30%；在中国工程院院士中，清华校友近20%。还有许多校友担负着国家各级党政部门的领导和管理工作。

清华90年的历史，是千千万万的清华人用青春、热血和才华绘成的一幅爱国奉献的壮丽长卷。可以说，清华的声誉是许许多多知名或不知名的校友实干出来的，清华的精深、博大与厚重是校友们以爱国奉献敬业自强的无悔人生叠加出来的。

向着综合性、研究型、开放式的世界一流大学目标前进

多年来，清华大学一直把建设具有中国特色的世界一流大学作为自己的奋斗目标，1993年学校明确提出到2011年，即建校100周年之际将实现这一目标。

在不断奋进的过程中，我们努力将世界一流大学发展的普遍规律与清华大学的历史传统和特色相结合，提出了“综合性、研究型、开放式”的办学模式。

几年来，通过国家“211工程”和“面向21世纪教育行动振兴计划”的支持，学校各个方面都取得了积极进展。

深化教育教学改革，人才培养质量稳步提高

培养人才是学校的根本任务　我们按照“本科教育是基础，研究生教育要上水平，继续教育要增强活力”的总体思路，多次开展全校性教育工作讨论会。以转变教育观念为前提，调整专业学科结构，优化人才培养模式，改革教学体系和内容，完善教学管理体制，努力构建具有研究型大学特色的人才培养体系。面向21世纪，培养高素质、高层次、多样化、创造性人才。

优化本科生培养模式，提高学生综合素质　在全校工科院系实施了本科—研究生统筹培养方案，同时本科学制由5年调整为4年，提高了人才培养的层次与效益。多年来，本科生一直保持着优秀的生源质量，2000年在校本科生达12 625人。

加速研究生教育发展，适当扩大研究生规模，着重提高培养质量　从1999年起，清华大学每年入学的研究生人数超过了本科生人数。目前，在校研究生总数达1万人，与本科生的比例接近于0.8:1。研究型大学的人才培养格局正在形成。

发展现代远程教育，增强继续教育活力　1995年，清华大学率先在国内发展现代远程教育，目前已建成计算机互联网、卫星数字广播网和有线电视网三网结合的现代远程教育平台。此外，我们还开通了“清华网络学堂”，开展校内网络教学。

积极调整学科结构，综合性学科布局初步形成

学科建设是创建一流大学的核心。从80年代中期开始，清华大学开始了综合性学科的调整。“九五”期间，我校本着“发展工科优势，加速理科、人文社会学科和经济管理学科的发展，力争在生命科学和医学方面有所突破”的指导思想，调整学科布局，加强重点学科建设。目前，清华大学已初步完成综合性学科布局调整。全校共有11个学院、44个系，具有博士学位授予权的一级学科24个、二级学科107个，具有硕士学位授予权的二级学科139个。清华大学已成为一所拥有理、工、文、法、经济、管理、艺术及医学等学科的综合性大学。

基础研究与科技攻关并重，科研水平和科技成果转化能力提高

按照“面向经济建设、攀登科技高峰、促进成果转化”的指导思想，近年来，我校在科学研究和成果转化方面取得了很大进展。

科研综合实力有较大增长　“九五”期间我校科研经费持续增长，年增长率达到21.7%，2000年达到7.3亿元。

加强基础研究，努力提高原始创新能力　先后成立了高等研究中心、原子分子测控研究中心、非线性科学研究中心、生物芯片研究中心、人类基因研究所等一批进行基础学科前沿研究的研究机构，并且取得了一批高水平的研究成果。

一批高新技术的重大科研项目取得突破　“九五”期间，围绕信息、生物、新材料、能源、航天、先进制造、环境等高新技术领域，学校确定了一批科研重点项目，取得了一批重要成果。

作为国家“863”计划重大攻关项目的高温气冷堆已于2000年12月建成并实现临界，使我国在先进核动力堆设计、研制方面达到国际水平。固定式、车载式、组合移动式集装箱检查系统已分别在天津、上海、北京和厦门等海关投入使用，钴60集装箱检查系统获得了2000年国家发明二等奖。在柔性输变电技术、生物自组装材料、新型有机发光材料及显示器件微机械惯性导航、洁净煤燃烧等高新技术的研究和技术开发方面也取得了一系列重要成果。

清华大学累计获得国家科技三大奖项、累计申请

专利和授权专利数，均居全国高校之首；设立在清华大学的国家重点实验室约占全国总数的 1/10；SCI 收录的论文数由 1993 年的全国高校第五名上升到 1999 年的第二名，EI 和 ISTP 收录的论文数多年保持全国高校第一。

加强师资队伍建设，青年教师队伍茁壮成长

师资队伍是建设世界一流大学的关键。我校按照“一流、竞争、流动”的指导思想，深化人事制度改革，加强师资队伍建设。

近年来学校在师资队伍的培养、引进和管理方面加大了改革和建设的力度。先后出台“百名人才计划”、“学术新人奖”、“青年教师教学优秀奖”.“青年骨干派出计划”、“青年骨干支持计划”等措施，实施“非升即走”、“岗位聘任和津贴”等人事制度改革政策，努力创造条件使清华逐渐成为对国内外优秀人才具有吸引力的地方。

目前，全校中国科学院院士和中国工程院院士共 45 人。45 岁以下教师占教师总数的 60%。其中具有博士学位的占青年教师的 48%。他们之中有 52 人获国家杰出青年基金，30 人获跨世纪人才奖励基金，34 人为“长江学者计划”特聘教授(含 4 位讲座教授)，50 人入选“清华大学百人计划”，64 人获清华大学“学术新人奖”。最近，清华大学设立了“讲席教授”基金，聘请国际知名学者到校任教。

1999 年学校按照“改革机制、优化结构、按岗聘任、减员增效”的指导思想，成功地实施了“岗位聘任”制度，完成了力度较大的人事制度改革，改善了骨干教师的待遇，提高了教职工的积极性。

坚持开放式办学道路，学校的社会声望日益提高

开放式的办学理念是当今世界经济、社会和科技发展趋势的客观需要。这些年来，清华大学坚持开放式办学，对内加强与企业、地区、省市、高校以及研究院所的广泛合作；对外积极开展国际交流与科技合作。

1995 年成立的“清华大学与企业合作委员会”与 140 多家国内外大型企业建立了密切联系；学校同北京、河北、广东、山东、江苏等 15 个省、直辖市、自治区建立了合作关系。

以同方和紫光为骨干的清华大学企业集团近年来在产值和利税方面都保持着较高的增长速度，校办高新技术产业在推进科技成果产业化方面发挥了重要作用。

清华大学科技园区一期工程 12 万平方米已经建成，入驻企业 100 多家，它的创业孵化器先后有 40 家企业进入，目前有 33 家创业公司在园。标志着清华在与社会的密切联系中日益显示出新知识孕育生长孵化器、高新技术辐射源和社会经济发展推动力的作用。

清华大学在加强国际及海外交流方面也取得了较大发展。到 2000 年底，我校已与 25 个国家和地区的 126 所大学签订了合作交流协议。与海外著名大学和企业的科技合作不断加强，我校与海外公司、机构联合建立的实验室和培训中心有 59 个。

注重公共服务设施和基础设施建设，育人条件与环境明显改善

通过“211 工程”“九五”计划和“教育振兴计划”的实施，学校加大了在公共服务设施和基础设施方面的投入，使学校的育人条件和环境有了明显的改善。

适应信息化发展的需要，学校建成了全校范围的高速多媒体计算机网络，主干网传输能力为 130GBPS，光纤已通达 140 多栋楼，入网计算机达 2.4 万多台。开发了网络化的综合信息管理系统，包括综合教务系统、现代网络教学系统、科研信息系统、人事管理系统、办公自动化系统以及信息安全运行系统等。

电子化图书馆建设取得重要进展。在电子化图书馆的资源建设、信息化水平以及管理服务方面处于国内领先水平。据美国数据公司统计结果，我校 2000 年通过网络访问 SCI 数据库达到每月 3 万次，访问 EI 数据库每月达到 10 万次，与美国哈佛、MIT 等著名大学相当。

近几年，由于对校园建设的投入加大，校园面貌发生可喜变化。环境优美，设施完备的现代化校园为广大师生的学习、科研和工作创造了良好条件。目前，学校占地面积已达 356 公顷，总建筑面积 168 万平方米，绿化覆盖率达 55%。

作为建设世界一流大学的重要组成部分之一，学校实施了以绿色教育、绿色科技和绿色校园为主要内容的“绿色大学”计划。该计划得到国家环保总局的

支持并列为国家示范项目。在第一阶段实施过程中，环境保护和可持续发展的观念日益深入人心，清华园变得更加美丽。

继往开来，为实现建设目标不懈努力

新世纪，新使命，呼唤新思路，新举措。今后的5～10年，对清华来说尤为重要。一方面要努力缩小与世界著名大学在人才培养、学术水平、师资队伍建设等方面的差距；另一方面，要积极适应全球化背景下，高等教育的综合化、国际化、信息化、以及大学教育、科技、经济一体化的发展趋势。

这对清华来说，既是机遇，又是挑战。为抓住机遇，迎接挑战，我校将以加强学科建设为依托，促进科研与教学相结合；以课程结构调整、教学内容更新和教学方式的改革为重点，构建具有研究型大学先进水平和特色的新型教学体系；以优秀拔尖人才的引进和加强校内年青骨干教师的培养相结合为原则，提高师资队伍的素质和学术水平；以完善学分制、建立和健全各种学习激励机制为主线，形成有利于学生全面素质提高和个性发展的现代化教学运行和管理体制；以加强研究生特别是博士生的开创性工作为基点，提高研究生培养质量。

总之，我们正一步一个脚印地构筑起综合性、研究型、开放式的世界一流大学人才培养的新格局。

新世纪的美好前景使我们充满信心。我们将以90周年校庆作为新的起点，为了中华民族的伟大复兴，努力承担起科教兴国、提高全民族素质的重任。为早日实现建设世界一流大学的目标而努力奋进！

为创建世界一流名校而奋斗

北京大学校长　许智宏

历史概述

北京大学创建于1898年，初名京师大学堂，是我国第一所国立综合性大学，也是当时中国的最高教育行政机关。辛亥革命后，于1912年改为现名。1917年，蔡元培先生出任北大校长，他“循思想自由原则、取兼容并包主义”，对北大进行了卓有成效的改革，促进了思想解放和学术繁荣，北大从此日新月异。陈独秀、李大钊、毛泽东以及鲁迅、胡适等一批杰出人才都曾在北大任教或任职。卢沟桥事变后，北大与清华、南开南迁长沙，共同组成长沙临时大学。1938年初，临时大学迁往昆明，改称国立西南联合大学。抗战胜利后，北大返回故园，于1946年10月正式复学。当时设有文、理、法、医、农、工6个学院和1个文科研究所，学生总数为3 400多人。新中国成立后，全国高校于1952年进行院系调整，北大成为一所以文理基础教学和研究为主的综合性大学。同年，北大校址从北京市内的沙滩原址迁移到位于西北郊的原燕京大学校址，即“燕园”。北大自创建以来，为国家培养了大批人才。据不完全统计，北大校友和教师有400多位两院院士，中科院数理学部2/3的院士来自北大。1955年，北大成立了中国第一个核学专业，并于50年代后期相继成立了技术物理系和无线电电子学系，为国防科技战线培养了一批骨干，在“两弹一星”的研制中发挥了重要的作用。60年代，北大参与了由中国科学院组织的研制人工合成牛胰岛素工作，这一工作的成功对生命科学研究具有重大的理论意义和实践意义。70年代，中国第一台每秒运算百万次的电子计算机第一块1 024位随机动态存储器和第一台汉字激光照排系统相继在北大诞生。而中国人文社科界的著名学者相当多也出自北大，其中几位大师级学者在中国学术和教育发展史上产生了深远的影响。

改革开放以来，北大进入了一个前所未有的大发展、大建设的新时期，并成为国家“211工程”重点建设的大学之一。1998年5月4日，北大百年校庆之际，国家主席江泽民题词:“发扬北京大学爱国进步民主科学的优良传统为振兴中华做出更大贡献”,并在庆祝北大建校100周年大会上发表讲话,发出了“为了实现现代化,我国要有若干所具有世界先进水平的一流大学”的号召。北大适时启动“创建世界一流大学计划”(也称“985计划”),北大的历史从此翻开了新的一页。

2000年4月3日,原北京大学与原北京医科大学合并为新的北京大学。原北京医科大学的前身是国立北京医学专门学校,创建于1912年10月26日。20世纪三四十年代,学校一度名为北平大学医学院,并于1946年7月并入北京大学。1952年在全国高校院系调整中,北京大学医学院脱离北京大学,独立为北京医学院。1985年更名为北京医科大学,1996年成为国家首批“211工程”重点支持的医科大学。两校合并进一步拓宽了北京大学的学科结构,为促进医学与人文社会科学及理科的结合,为改革医学教育奠定了基础。

一个世纪以来,作为新文化运动的中心和“五四”运动的策源地,作为中国最早传播马克思主义和民主科学思想的阵地,作为中国共产党最早的活动基地,北大为民族的振兴和解放、国家的建设和发展、社会的文明和进步做出了不可替代的贡献,在中国走向现代化的进程中起到了重要的先锋作用。爱国、进步、民主、科学的传统精神和勤奋、严谨、求实、创新的学风在这里生生不息、代代相传。

建设与发展

近年来,在“211工程”和“985工程”的支持下,北京大学进入高速发展阶段,在学科建设、教学科研、人才队伍建设、科技开发、国内外交流合作以及基础设施建设等方面都取得了显著的成绩。

制订完善《创建世界一流大学规划》

创建世界一流大学,这是北京大学在相当长一段时期内发展的战略目标,也是全体北大人梦寐以求的共同理想。《创建世界一流大学规划》正是这一理想的具体行动方案,也是全体北大人面向21世纪的宣言书。《创建世界一流大学规划》正式启动于1999年初。《规划》提出了两步走的战略设想,明确了远景目标和近期主要任务——从1999年到2005年,加快体制改革和结构调整,全面提高办学效益,积极推进教学改革,实施创新教学计划,创建一批高水平的人才培养基地、知识创新基地和产学研结合基地,取得若干标志性成果,形成适应新世纪需要的高素质的师资队伍,着力改善办学条件和教职工待遇,为下一步发展提高奠定坚实的基础;从2006年到2015年,按照世界一流大学标准,全面推进各项事业。两校合并后,学校根据合并后的新形势和国家经济社会发展的需求的变化,对《规划》又进一步加以修订。《规划》内容包括学科规划、事业规划、校园规划三部分。

学科建设取得重大进展

目前,北大已经是一所包括自然科学、医学、人文科学、社会科学、管理科学和新型工程科学等多种学科的综合性、研究型大学。在新近教育部对全国高校重点学科的评审中,北大有81个学科被评为全国重点学科,居全国高校之首。此外,教育部、国家基金委批准北大建立了13.5个国家基础科学研究与教学人才培养基地(数学、力学、物理学(含核物理)、大气科学、化学、生物学、地质学、地理学、中国语言文学、历史学、哲学、经济学、文化素质教育);教育部批准北大建立了10个人文社科重点研究基地(外国哲学、邓小平理论、中国社会与发展、中国考古学、政治发展与政府管理、汉语语言学、教育经济、中国古代史、东方文学、中国古文献)。以上充分显示了北大坚实的基础学科优势。

北大根据社会发展需要及建设世界一流大学的总体目标,积极推进学科的整合,在稳步发展基础学科的同时,着重建设了一批国家社会急需的应用性学科,增设了中文信息处理、新闻学、影视编导、教育技术学、电影学等一些新的本科或研究生专业,成立了新闻传播学院、物理学院、地球与空间科学学院、政府管理学院以及生物医学跨学科研究中心、脑科学与认知科学研究中心、计算生物学研究中心、大规模科学工程计算中心、卫生政策与管理研究中心、言语与听觉研究中心等一系列跨学科研究中心。在文、理、医均衡发展的同时,北大的工科异军突起,与北京航空航天大学合办了北京大学工程研究中心,成立了北大建筑学研究中心,新增环境工程、控制理论与控制工程、信息与通信工程等硕士、博士专业,部分院系专业可以授予工科学位。

教育改革成果显著

“九五”期间，北大大力推进教育教学改革。贯彻“加强基础、淡化专业、因材施教、分流培养”的方针，大力推进面向21世纪教学内容和课程体系的改革，加强重要基础课建设，精选了327门主干基础课；在全校本科生中开设通选课，将单科化的专才教育转变为整体化的通识教育；加强学生综合文化素质教育，陆续开设了社会经济、文化艺术、自然科学前沿、时事政策四大系列讲座，并成立了素质教育委员会，为丰富学校的良好文化学术环境，全面提高学生素质发挥了积极作用。此外，鼓励本科学生参加科研实践，不断完善文理科试验班，把国防教育、军事训练和假期社会实践作为教学计划的重要环节。2001年，在一年级本科中开始实行“元培计划”实验班试点，试行通识基础教育和宽口径专业教育相结合的本科教学计划，使北大本科教学改革向前推进了一大步。

在医学教育方面，北大启动了符合我国实际情况的医学长学制教育模式，对促进教学内容与教学方法的改革，推动医学教育质量的提高起到了积极的作用。

北大积极推进研究生教育的改革与发展，在招生工作中采取了免试推荐、单独考试、招收业绩特长博士生和在优秀应届本科毕业生中直接招收硕博连读研究生等方式与方法吸引优秀生源，提高了生源质量。

教学成果和教材建设也是硕果累累。1999年，北大教师编写的7项教材获教育部科技进步奖，占获奖总数的25%；2001年，北大44项教材获北京市高等教育精品教材建设立项；同年，北大有53项教学成果获北京市教学成果奖，其中一等奖31项，二等奖22项；并荣获全国特等奖1项，一等奖5项，二等奖18项。

科研水平不断提高

“211工程”和“985工程”实施以来，北大承担国家科技重大任务的能力大大增强。2000年承担的国家重点以上科研项目为248项，比1996年增加了64%，其中国家重大项目（包括国家重大基础研究项目（即“973”项目）、攀登项目、重大基金项目）增加到120项，比1996年增加了69%。我校已有11名教授出任“973”项目首席科学家。被SCI收录的科技论文数也大幅增长，2000年和2001年公布的1999年和2000年SCI收录论文数北大均名列全国高校之首。

“九五”期间理科共获部委级以上科研成果奖159项。在42项国家级奖中，国家自然科学奖7项，其中，二等奖1项，三等奖6项。国家科技进步奖共17项，其中，特等奖1项，一等奖1项，二等奖9项。北大理科和医科承担国家重点以上课题达239项。其中国家攻关项目4项，“973”项目40项，自然科学基金重大项目26项，国防科技36项。2001年，北大王选院士荣获国家最高科技奖，并又有4项成果荣获国家自然科学奖二等奖（2001年仍无一等奖，全国仅评出18项二等奖）。在微处理器研制、原子量测定、纳米科技、珍稀动物保护和研究、空间信息系统关键技术等领域一些具有国际先进水平的科研成果开始显现。

“九五”期间，北大文科教师积极承担国家哲学社会科学基金项目、教育部社会科学研究项目、北京市哲学社会科学基金项目等各类项目共346项，其中重大项目为16项。据不完全统计，“九五”前四年中文科教师共出版学术著作1 475部，发表学术论文4 462篇。五年中共获得各类奖励147项，其中国家级奖61项，省市部委级奖86项，在全国高校中名列前茅。在教育部实施的人文社会科学“跨世纪优秀人才培养计划”中，北大有25名优秀中青年学术骨干入选。在中国石窟寺考古领域处于国际领先水平。

队伍结构日趋合理

北大大力实施高层次人才培养和引进工程，在教师队伍建设方面取得了显著的成绩。具有博士学位的教师达1 375人，预计到2006年，教师队伍将主要由博士组成。北大在院士人数、长江学者特聘教授人数、国家杰出青年基金获得者、国家有突出贡献的中青年专家、国家人事部“百千万人才工程”入选者、“跨世纪人才”以及北京市“百人工程”入选者等重要指标上，都居全国高校首位，显示了人才队伍的强大实力和巨大潜力。

校办产业和科技开发快速增长

北大校办产业一直处于全国高校领先地位，以方正集团、青鸟集团、未名集团、资源集团四大支柱为代表的校办企业产值连年增长，从1996年的44.3亿元，到2001年增至150亿。方正集团的中文电子出版系统在国内外市场的占有率达85%以上；方正指纹识别产品的国内市场占有率也已达到30%；未名集团的基因工程药物α－1b干扰素占国内市场60%以上，“血脂康”已获准进入美国和新加坡市场，北大科技园区已从北京扩展到深圳、厦门和山东等地。1996年以来，北大的科技成果转化加速增长。1996年转让科技成果合同为28项，合同总额为735.9万，2001年签订转让合同112项，合同总额达到3.25亿元。2001年，北京大学还启动了北大科技园建设项目。

与深圳市和香港科技大学合作建立的深港产学研基地在社会上已产生了良好的影响，2001年又建立了深圳医学中心，挂牌成立了北大深圳医院、深圳研究生院，进一步推动了产学研的结合和发展。

国际交流与合作开创了新局面

到2001年底，北大已和47个国家的219所大学签订了校际合作协议，接待外宾人数成倍增长，2001年达16 000人次，仅国家元首和政府首脑级的宾客就接待了6人。国际学术交流空前活跃，2001年共举办45次国际学术研讨会，短期出国参加学术交流、合作研究及访问考察的人数也大幅度增加，2001年达2 551人次。与美国Yale大学合作建立了北大—Yale植物分子生物学和农业生物工程联合实验室。北大与国际知名高科技企业的合作也有了长足的发展，与IBM、Bell实验室及Motorola、Intel等分别设立了联合实验室，与Canon等建立了联合企业。

基础设施与公共服务体系建设取得了重大进展

百年校庆以来，北大新建成了亚洲高校面积最大的图书馆，图书馆藏书551万册，作为全国高校图书文献保障体系(CALIS)的中心，建设了国际先进水平的系统，并正在顺利实施数字图书馆计划。国内高校中设施最先进的百周年纪念讲堂，功能齐全、布局合理的理科楼群，以及建筑面积达9 400平方米的餐饮中心等已成为学校一批新的标志建筑。新建、改建了一批教工住宅和办公用房，学生宿舍、运动场、供电、供暖等也得到明显改善，逐渐满足了教学、科研、生活需求。采用先进技术更新扩建的高速校园网，延伸到学校各处，联网计算机已达2万多台，为教学、科研提供了方便。

2001年北大拥有教职工15 639人，各类在校学生39 533名(其中全日制本科生和研究生24 530名)，有教授1 230人，博士生导师987人，中国科学院、中国工程院院士共46人，“长江学者奖励计划”特聘教授和讲座教授52人。学校现设19个学院，另有12个系，98个研究所，126个研究中心；有12个国家重点实验室，3个国家重点学科专业实验室，10个教育部重点实验室，8个卫生部重点实验室，2个国家工程研究中心，1个国防重点实验室；有6所附属医院和10所教学医院。全校有174个博士点，198个硕士点，92个本科专业，以及覆盖155个专业的30个博士后流动站。北大拥有的教授、博士生导师、中科院院士、国家重点学科和国家重点实验室的数量均居全国高校之首。

未来展望

2000年，北大根据创建世界一流大学的规划，重新梳理了今后的发展思路，即：“一个目标、两个工程、三大功能、四项基本工作”。

一个目标，即创建世界一流大学，这不仅是北大的大事，更是国家和民族的大事，是北大人必须始终坚持而不可动摇的战略选择。两个工程，即“211工程”和“985工程”，这两大工程是北京大学20世纪90年代发展建设的牵引力，将继续推动北京大学在21世纪初叶实现更高的飞跃。三大功能，即人才培养、科学研究、社会服务。这三大功能是现代大学的基本功能，其水平和效益如何，是体现北京大学价值以及国家和社会衡量我校工作的主要指标。四项基本工作，即推进学科建设、加强队伍建设、增强办学实力、加强和改善党建和思想政治工作，这些构成了学校工作的基本内容。学科建设和教学科研是学校的中心工作。在资源配置、政策导向上，要优先考虑学科建设和教学科研工作，为培养人才服务，全面推进素质教育。在建成一批具有国际先进水平的基础学科的同时，巩固和加强应用学科，大力发展交叉学科和边缘学科，努力为社会主义现代化建设服务。队伍建设是关键。创建世界一流大学，关键在人。要以人为本，进一步树立“尊重知识，尊重人才”、“以人为本”、“德才兼备”的观念，坚持“压缩总量、改善结构、加强管理、减员增效、优才优用、优劳优得”的方针，通过人事改革和制度建设，切实抓好学术和管理两支队伍。处理好外部引进人才与校内培养人才的关系，加大对拔尖人才的引进、培养和支持力度。增强办学实力是创一流的基础,包括筹措办学资金、加强基础设施和运行保障两大方面的工作。党建和思想政治工作则是统领各项工作的最重要的保证。这个发展思路是北大在多年的探索中形成的,今后将继续指引北大的改革与发展。

目前,北大“211工程”“九五”期间建设项目已经圆满完成,“985工程”进展顺利。学校将充分依托和发挥基础学科的优势,加强文、理、医各学科的交叉整合,积极推进研究成果向现实生产力的转化,重点发展生命科学、信息科学、纳米科学及地球和环境科学等学科,直接为综合国力的增强做出贡献;北大文科将把改革开放、现代化进程中的重大理论与实践作为主攻方向,为两个文明建设、党和国家的重大决策服务,探索中国特色社会主义政治、经济、文化发展规律;同时,倡导精品意识,向学界浮躁之风宣战,以师德建设推动教师队伍建设,深入推进素质教育,努力培养高素质创造性人才。北京大学正处于发展建设的关键时期,国家和人民对北大的未来寄予了殷切的期望,北大全体师生员工将以创建世界一流大学为目标,全力以赴、团结奋斗,争取为教育振兴、祖国繁荣创造新的辉煌。

WTO与中国外语院校的改革和发展

北京外国语大学党委书记、校长　陈乃芳

当前,我国各行各业正处在积极应对加入WTO影响的大调整、大变革之中,教育界作为人才培养的基础知识产业自然也不能等闲视之。加入WTO对外语院校来讲机遇大于挑战,但是我们仍然能够切身感受到涉及人才培养目标、学科建设、合作办学等方方面面的冲击,如何切实抓住加入WTO这一难得的历史机遇,有效应对和化解严峻的挑战,是外语院校当前面临的头等重要的课题。本文试图就北京外国语大学如何应对这些挑战提出一些前瞻性、探索性的对策。

思想观念问题　解放思想、更新观念是我国对外开放事业的先导,加入WTO必然会带来新一轮的思想解放,可以说这也是我国所面临的最大的一次对外开放。在思想观念上,WTO规则要求我们必须按市场规则组织领导经济活动,一切都必须遵循市场经济规律。这将对人们长期存在的计划经济和小农经济的思想残余带来冲击,加速人们法制、公平、效率观念的树立。加入WTO使我们不能把眼光再囿于一地、一国的圈子来看问题,而要用国际化意识去思考生存和发展。在思维方式上,WTO所体现的开放、创新的精神将对改变人们封闭保守的思维方式产生积极影响,促进人们思维方式的转变。在经营理念上,WTO的合作双赢、互利互惠、共同发展的理念,将对破除我们一些人头脑中的对抗、狭隘、片面的落后经营理念产生积极影响,开阔我们的发展视野。

在我们即将面对与国外教育机构同台竞争的时候,外语院校只有在专业设置、招生规模、投资渠道、师资聘任等方面建立起更加灵活、有效的机制,只有使市场在外语教育资源的配置方面起到基础性的作用,教学发展才能良性运行。

定位问题　加入WTO的过程,是按照新的游戏规则重新洗牌,资源重新优化配置,各行各业重新寻找自己位置的过程。在全球化的外语教育的食物链中,必须要做到知己知彼,找准位置,这可以说是生存的前提。所谓知己,就是要透彻了解我的优势是什么,我做哪一块别人做不了,而我可以做得更好,甚至最好。这涉及到外语院校的定位问题,我认为一定要以特色立足,以特色求发展,面对加入WTO带来的机遇和挑战,应尽快重新审视和制定外语院校中长期发展战略,尽快增强自己的竞争能力,这是一个资源重组、机制优化的全局性问题,决不是对枝节问题的修修补补所能奏效的。所谓知彼,就是要了解市场,加入WTO以后社会最急需、最短缺的外语人才是什么，需求多少，要有预测。只有在知己、知彼之间找到最佳的结合点，才有生命力。

北京外国语大学作为中国建校最早、开设语种最多、与国外高校建立校际交流关系最多的外国语大学，在定位上正努力突出三个特色：即中国外国语言文化和国际问题教学、研究的重要基地，中国高级外语专门人才、特别是高级翻译人才和复合型外语人才的重要培养基地，中国最大的外语类书籍、音像和电子产品的出版基地。这是北外建校60年来形成的办学传统和优势，也是继续努力的方向。

人才培养模式 加入WTO，教育要逐步走向国际化，因此，外语院校总的培养目标应该是：培养适应经济全球化、信息全球化，有国际意识、国际交流能力和国际竞争力的外语人才或具有良好外语基础的其它专业人才。这种新型人才必须具备创新、合作的精神和能力；具备包容不同文化、习俗的胸怀和品质；具有较高的外语水平、精通WTO规则和国际经济法律，善于参与国际事务等；具备扎实的基本功、宽广的知识面、一定的专业知识、较强的能力和较好的素质。与之相适应，我们的教育观念、方法、机制、体制也要进一步优化。

北京外国语大学在培养模式上将主要立足培养4类人才：(1)高级学术研究(外国语言文化研究)人才，这是北外外国语言文化学科的生命之源，也是其它新学科生存和发展的基础；(2)复合型应用外语人才，这是社会最急需，需求量也最大的人才群体，是外语院校新的学科增长点，应该大力发展；(3)高级翻译(同声传译，含口、笔译)人才。在这方面北外有先天的优势。学校的高级翻译学院(原联合国译员训练部)是继莫斯科、内罗毕之后世界上第三个(也是仅有的三个)联合国译员训练部。现在在联合国总部及其分支机构工作的来自祖国大陆的高级译员(包括笔译和同声传译)全部是北外的毕业生。在国内为中央领导及各部委领导担任重要翻译的绝大多数也是学校的毕业生。今后学校将继续大力培养高级翻译人才，以满足中国加入WTO后全国各行业对高级翻译人才之急需；(4)非通用语种人才。目前加入WTO的国家有143个，因此培养除英语以外的其他语种人才将直接关系到中国入世后与这些国家经济、政治、文化的交流与合作。北外作为全国开设语种最多的外国语大学，在这方面责无旁贷。

学科建设要在继续建设好原有的外国语言文学、国际经济与贸易、外交学、管理学、对外汉语教学的基础上，重点建设好新闻、法律、工商管理、电子商务、金融等新专业，以培养更多的外语基本功扎实、又懂专业的复合型人才。在课程体系建设上，要进一步调查研究不同培养模式的不同课程体系设置，使之更科学、合理，确保培养目标的实现。在专业教学中，要积极引进国外原版教材，力争用外语讲授大多数的专业课，同时要针对加入WTO对我国经贸和法律涉外人才的急需，力争在全校所有专业开设一定量的商务英语、法律英语通开课，使所有专业的毕业生培养口径更宽，在激烈的竞争中具有更强的适应性和竞争力。

思想道德素质 加入WTO，伴随着经济交往的频繁，不同文化、不同文明的交往、对抗与碰撞也不可避免，因此，对于主要从事对外交流工作的外语专业学生来讲，加强外语院校学生的思想道德修养，做好思想政治工作有其特殊的重要性。必须在创新和实效两方面下功夫，增强自律意识，注重培养学生的政策水平和组织纪律性，注重训练学生批判地吸收世界文化精髓和弘扬中国优秀文化传统的能力。只有这样，才能使学生有强烈的爱国主义思想和坚定的社会主义信念，时刻保持清晰的头脑，不致于迷失方向。

师资队伍建设 培养目标能否高质量的实现关键在教师。北京外国语大学曾经拥有过王佐良、许国璋、周钰良等学贯中西的外语教育和学术研究的大师。至今开设的32种外国语中绝大多数语种都有国内大师级的人物在执教，如前不久获得联合国教科文组织颁发的沙迦阿拉伯文化奖的纳忠教授等等。在外国语言文化教学和研究领域，拥有一流的师资，这也是北外60年来的传统和优势。在我们新开设的国际经贸、外交学、法律、新闻等领域，近年来虽然也引进了一些学术骨干来建设新学科，但总的来讲，数量还远远不够，与学校的定位、与学校的人才培养目标还远远不相适应。因此需要继续下大力气，引进有关学科的重量级人物，高起点地开办、建设新学科；同时，要利用我们与国外160多所高校的合作交流关系，积极选派年轻外语教师出国读专业、派专业教师出国学外语，争取在WTO的过渡期内，能基本完成新建学科师资队伍结构的调整。另外，要积极引进外国专家，特别是新学科建设所急需专家的数量，使外国专家在人才培养中的作用较以前得到更大的加强。还将本着“不为所有，但为所用”的原则，继续聘请国内一流大学的有关骨干教师来校讲授专业课，学习一流大学的办学经验，搞好新学科建设。

投入问题　加入WTO给我们提供了更多的引进外资办学的机会，WTO有关“合作、双赢”的原则也给我们以启发，要去借助外力，共同发展。在教育部和江苏省的支持下，学校已与徐州市金山桥教育集团共同创建了北京外国语大学淮海分校，准备先从中小学外语师资培训做起，逐步扩大到学历教育，以满足整个淮海经济区对外语人才的急需。金山桥教育集团的硬件，学校选派和招聘教师任教，课程设置等，严格按学校的要求进行。在科技界有科技成果的转化，在教育界，如果教育模式的“配方”也可以转化，只要严把质量关，严格控制学生的“进口”（入校）和“出口”（毕业），也应该鼓励探索。

社会服务　加入WTO，对全体国民的外语素质教育是一个考验，提高全民外语水平也是当务之急，在这个意义上说，外语院校担当普及全民外语的义务责无旁贷。现在的问题：一是由于社会外语培训的市场很大，所以现在除外语院校以外的其它大学的外语专业，乃至很多社会机构目前都在纷纷涉足这个领域，可以预期加入WTO以后，更多的国外教育机构也必定要进军外语培训市场。二是从目前全民外语培训需求来看，可以说是五花八门，有外企高级雇员的高级专业外语培训，也有社会大众从ABC学起。在这种情况下，外语院校如何找准自己的市场份额，是非常重要的。从外语院校来讲，应该充分发挥师资优势和整体优势，更多地承担高级水平的外语培训，或有组织、有一定规模的单位外语培训。在人事部的支持下，2002年学校在国内首次推出翻译资格证书考试制度，引起很大反响，这是从自身实际出发，以特色和优势服务社会的一种新形式。

2001年8月至11月，在教育部领导的直接主持下，学校还成功地参与举办了国内第一期部长级外语培训班，为省部级干部的外语水平提高做出一定的贡献，这是中央交办的任务，教学效果受到李岚清同志和有关专家的充分肯定。第二期已于2002年3月正式开班，全部教学任务均由学校负责。

另外，外语院校的外语培训也应逐步从非学历培训跳出，更多地开展学历培训。对于初级外语培训，由于培训人员需求量多，教师、场地有限，不宜做太大的扩展。但在外语培训的教材、音像制品的研究开发方面，北外可以做出更大的贡献。北京市政府2001年5月份决定由北外牵头开展北京市民外语培训工程，目前已推出系列教材，开播了市民广播英语节目，推动了这项工作的开展。学校开发的中小学一条龙系列英语教材目前已被全国20多个省市选用。

远程教育　加入WTO，远程教育会有更大的发展，这是现代信息社会为高等教育提供的一个跨越时空的优势，也使继续教育、终身教育成为可能。从理论上讲，远程教育可以满足一切有硬件条件的人的学习需求，因此，发展潜力非常大，北外已开设了英语专科和专升本学历教育，报名人数逾万人，现在注册的学生已经达到4 000余人。2002年秋天，还将开通网上研究生教育，今后将根据社会需求，开通其他语种的网上课程。但目前首要的不是无限制地扩大规模，而是严把质量关。真正做到既对国家负责、对学员负责，又对学校的声誉负责。

对外交流与合作　没有对外交流与合作，就没有外语院校的生存与发展。在过去的60年里，北外已先后与世界上46个国家和地区的160余所高校和研究机构建立了交流合作关系，加入WTO以后，这种合作只能加强，也一定会加强，这是我们开展教师进修、学生留学、吸引外资、引进外国专家的有效途径。同时我们还将进一步扩大留学生规模，在为留学生开设汉语及其它专业课的基础上，要力争用留学生的母语开设中国文化、中国国情等课程，加深外国人对中国的了解，传播中华文化和文明，同时，还要积极培养输出对外汉语教学人才，让世界更多的地方能够听到中国的声音，以加强中外文化的交流和增强中外人民的友谊。

与国外一流大学探索中外合作办学的新模式，这也是对外交流与合作的一个重要方面。2001年北外已与英国两所大学合作开办了本科教育，以充分利用外国师资、教材以及先进的经验，为我国培养各类人才服务，也为我们提供了一个借鉴、吸引、利用和优化配置教育资源的机会，使外语院校自身得到更快的发展。

外语院校学科结构调整及相关对策研究

贾德忠

外语高等教育是我国高等教育的重要组成部分。外语院校,顾名思义,就是以外国语言文学学科为主要学科,以外语教学和科研为主要任务,以外语专门人才为主要培养目标的高等学校的统称。近年来,随着社会对高素质、复合型外语人才以及掌握扎实外语基本功的涉外专业人才需求的持续增长,外语院校学科建设的结构性矛盾也日趋突出。坚持以结构调整为主线,通过对学科结构的战略性调整促进我国外语高等教育事业的可持续发展,是"十五"期间外语院校面临的首要任务。

外语院校学科结构调整的战略意义

改革开放以来,社会对外语人才培养规格的要求经历了一个逐步转变的过程。这个过程可以概括为"三个转变",即从单纯外语专门人才到外语综合素质高、最好掌握一门专业知识的复合型涉外专业人才的转变,从最初的全民学俄语、到学习英语和多语种,再到对英语人才需求空前增长的转变,从对外语初级人才的一定需求到对高级外语人才需求在数量和质量上大幅提升的转变。特别是随着我国大学公共外语教学水平的提高,传统的单科性质的外语院校的发展面临一定的挑战。1998 年教育部转发的《关于外语专业面向 21 世纪本科教育改革若干意见》明确指出,21 世纪外语人才的培养规格是:"扎实的基本功,宽广的知识面,一定的专业知识,较强的能力和较好的素质"。外语人才培养规格的变化,对外语院校的学科建设提出全新要求。因此,加快学科结构调整,培养复合型外语人才和涉外专业人才,在外语院校的改革和长期发展中战略意义重大。

我国外语院校学科结构现状及其存在的问题

学科结构是高等教育结构的关键和核心。对于外语院校来讲,学科结构包括语言学科和非语言学科结构以及学士、硕士、博士学位授予权之间的学位层次结构。其中语言学科又包括通用语学科和非通用语学科结构。

语言学科与非语言学科结构 语言学科是我国外语院校的传统学科。从新中国成立到改革开放初期,我国多数外语院校只设有语言学科,没有非语言学科。外语院校主要是为国家培养掌握扎实的听说读写译等语言基本功的外语专门人才。因此语言学科成为外语院校的特色学科和优势学科。外语院校非语言应用学科的设置则可上溯到改革开放初期。当时为了适应我国对外开放特别是国际经贸往来的需要,我国外语院校在外语专业加大了专业倾向课程的比重,并且在专业倾向课程日趋成熟和系统化的基础上陆续设立了若干非语言应用学科新专业。但是目前在 14 所外语院校中,非语言专业的开设数量还相当有限,外语院校的整体学科结构现状与社会对应用型外语人才数量和质量的需求还很不相称。

通用语学科与非通用语学科结构 目前我国高校共开设 37 种外语学科,其中英语等 7 种语言通称通用语学科,其他 30 种语言,由于社会需求相对较少,通称非通用语学科。对于通用语学科特别是英语学科来讲,改革开放以来虽然得到迅速发展,但相对于巨大的社会需求特别是加入 WTO 以后对外经贸往来的进一步发展,我国外语教育仍然存在很大的供给不足,现有普通外语高等教育资源缺乏的局面尚未得到根本改观。我国非通用语专业主要集中在外语类院校。这些专业为我国的外交和经贸事业做出了巨大贡献。但是近年来非通用语学科分散、重复设置以及与通用语学科结构失衡的现象也日趋突出。同时,由于社会需求量少,招生规模小,培养成本高,许多非通用语学科在经费投入上遇到诸多困难。

学位层次结构 学位授予权之间的学位层次结构,实际上是培养毕业生的规格问题。从我国外语教育资源来看,目前全面开设英语本科专业的高校已有近300所,但拥有博士和硕士学位授予权的只是其中的一小部分。外语院校集中了我国外语高等教育领域的综合优势,但是目前在校学生主体仍然是本科生,研究生所占比例普遍偏低,在一定程度上造成了优势资源的浪费和闲置。从社会需求来看,随着对外经贸往来的进一步扩大,社会对外语人才的需求正在经历结构性的调整,即在总量持续增长的基础上,加大了对高级外语人才需求的比例,而我国外语院校现有的学生层次结构已经不适应这一人才需求形势。

外语院校学科结构调整必须处理好"三个关系"

稳步发展语言学科与大力发展非语言应用学科的关系 稳步发展语言学科是相对于大力发展非语言应用学科而言的。目前我国外语教育资源与外语人才需求之间的巨大的供求矛盾将会在相当长的时期内存在。在仅靠外语院校培养外语人才已远远不能满足社会需求的情况下,外语院校必须找准自己在外语教育市场的位置和份额,发挥语言基本功扎实的传统优势,要在课程体系创新上花大力气,办好特色教育,要以人才培养质量取胜,而不是靠规模取胜。

非语言应用学科是外语院校改革和发展的新的增长点。外语院校要大力培养具有扎实外语基本功的复合型人才,特别是精通WTO规则和国际经济法律、善于参与国际事务、具有较强竞争力的新型外语人才。目前很多外语院校已开设了非语言学科。以北京外国语大学为例,目前已开设32个语言专业,8个非语言专业,具有文学、经济学、法学、管理学等学位授予权,初步完成了从单科型大学向多科型外国语大学的转变。但是从外语院校整体来看,仍然存在学科结构矛盾这一"瓶颈"问题,外语院校只有逐步建立起一定数量的非语言应用学科,才能最终创造一个有利于复合型人才培养的学科环境。

稳步发展非通用语学科与大力发展通用语学科的关系 稳步发展非通用语学科是指根据国家需求控制规模、适度发展非通用语学科。由于非通用语专业学生社会需求量少,国家多年来一直采取宏观调控政策,以免盲目布点,乱铺摊子,这一政策对非通用语专业的办学质量和学生的供需平衡起到较好的保障作用。因此非通用语学科必须考虑用人市场的需求,加强人才需求预测,既要满足国家外交、经贸和改革开放日益扩大的需要,又要避免人才培养的浪费,保持与通用语学科结构的动态平衡。

大力发展通用语学科特别是英语学科,是经济全球化时代的需要。对于我国外语教育资源的主要集聚地——外语院校来讲,人力发展通用语学科已不仅仅限于具体培养一定数量的外语专门人才,相对于有限的教学设施和校园场地而言,外语院校更应充分发挥自身外语资源综合优势,在外语教学法的研究、推广和外语出版物等方面为社会提供全方位服务。当前还要适应国家西部大开发的战略需要,加强与西部地区的外语教育交流与合作,通过远程教育、师资培训和在西部地区开办分校等方式,优化配置我国外语高等教育资源,为西部地区的经济建设和社会发展创造优越的对外开放环境。

稳步发展本科生教育与大力发展研究生教育的关系 稳步发展本科生教育与大力发展通用语学科并不矛盾。前者是就外语院校的本科生规模而言的,而后者则是指针对社会对通用语人才特别是英语人才的需求,外语院校应提供全方位、多层次英语教育服务而言的。外语院校长期作为单科型院校,在办学规模上很难与非外语专业相比。与其在本科生层次上与其他院校争取市场份额,不如在保持现有本科生规模的基础上,充分发挥自身综合外语资源优势,在高层次人才培养上下功夫。当然,大力培养高级外语人才并不是忽视本科生的培养质量。如果本科生质量出现滑坡,将直接动摇外语院校发展的根基。

研究生教育是我国高等教育发展层次和水平的重要标志。对于外语院校来讲,发展研究生教育首先应该处理好学术型人才和应用型人才培养的关系。要树立“精品”意识，把培养学术型人才作为弘扬学校传统学术优势、巩固外语院校办学特色来抓紧抓好。应用型人才主要指在国际法、国际新闻、国际经贸等领域从事涉外前沿工作的实务型人才，应用型人才具有巨大的市场需求潜力，也是外语院校扩大办学规模的主要增长点。因此外语院校特别是非语言应用学科发展成熟的外语院校，应加大非语言学科研究生招生规模，满足社会对熟练掌握外语的涉外专业人才持续增长的需求。其次，外语院校还应广开思路，通过研究生课程进修、访问学者等方式，积极拓宽新的高层次外语教育服务领域，满足知识经济和经济全球化时代对高级涉外专门人才的需要。

（作者系北京外国语大学校长办公室副主任）

浙江大学

浙江大学是国家教育部直属的全国重点大学，前身“求是书院”成立于1897年，为中国人自己创办最早的高等学府之一。20世纪50年代初期在全国高等院校调整时，曾被分为多所单科性学校，其中在杭的4所学校，即浙江大学、杭州大学、浙江农业大学、浙江医科大学于1998年9月重新合并，组建为今日的浙江大学。经过100多年的建设与发展，学校已成为一所基础坚实、实力雄厚、特色鲜明，居于国内一流水平，在国际上有较大影响的研究型、综合型大学，是首批进入国家“211工程”和“985计划”建设的若干所重点大学之一。现任校长是中国工程院院士、人工智能专家潘云鹤教授。

学校位于中国历史文化名城、世界著名的风景游览胜地——浙江省杭州市。杭州北依苏沪，东接甬港，南联闽粤，是中国东南沿海长江三角洲地区的重要中心城市。学校设玉泉、西溪、华家池、湖滨、之江5个校区和新校区，占地面积5.33平方公里，分布于杭州市区不同方位。校园依山傍水，环境幽雅，花木繁茂，碧草如茵，景色宜人，与西湖美景交相辉映，相得益彰，是读书治学的理想园地。

浙江大学在长期的办学过程中，以严谨的“求是”学风培养了大批优秀人才，以执着的科学创新精神创造出了丰硕成果，蜚声海内外，曾被英国著名学者李约瑟誉为“东方剑桥”。竺可桢、马寅初、卢嘉锡、苏步青、钱三强、王淦昌、贝时璋、陈建功、钱令希、谈家桢、谷超豪、郑晓沧、梁守槃、夏承焘、姜亮夫、李政道、吴健雄、路甬祥等著名学者都曾在校工作或学习。浙江大学校友中当选为中国科学院院士、中国工程院院士的有138人，其中在浙大就学者就有76人。

浙江大学的学科涵盖哲学、经济学、法学、教育学、文学、历史学、理学、工学、农学、医学、管理学等十一大门类。设有本科专业110个，硕士学位学科225个〔另有临床医学、工商管理(MBA)、建筑学、法学、工程硕士、农业推广、公共管理(MPA)7个专业硕士学位授权点〕，博士学位学科138个（另有临床医学一级学科专业博士学位授权点1个），具有一级学科博士、硕士学位授予点28个；并在30个一级学科建立了博士后流动站。学校现有国家重点学科24个，国家重点(专业)实验室11个，国家工程研究中心2个，国家工程技术研究中心3个，国家人文社科重点研究基地2个，国家级教学人才培养基地8个，国家级基础课程教学基地3个以及国家级大学生文化教育基地1个。

学校师资力量雄厚，现有教职工近9 000人，其中中国科学院院士10人，中国工程院院士7人；教授及其他正高职人员1 000余人，副教授及其他副高职人员2 400余人。全校有全日制在校学生4万余人，其中硕士研究生8 000余人，博士研究生3 200余人，本专科生近3万人，外国留学生1 100余人。有函授、夜大、成人脱产、远程教育班学生近3.8万人。

学校综合办学条件优良，基本设施齐备。校舍总建筑面积172余万平方米。拥有计算中心、分析测试中心、现代教育技术中心等先进的教学科研机构。科学馆(楼)、体育馆(场)、活动中心、游泳池等各类公共服务设施齐全，为全校师生员工的学习、生活、开展中外学术和文化交流活动提供了完备的条件。各校区图书馆总建筑面积5.5余万平方米，总藏书量574余万册,是全国规模最大、藏书量最多、分布面最广、学科覆盖最全的综合性大学图书馆之一。学校还拥有6家设备先进、水平一流的省级附属医院以及2家出版社。总长达100公里的高速计算机骨干网络以及特设的公交线路将各校区和附属医院联为一体。

“国有成均,在浙之滨”。如今,有着百年辉煌历史的浙江大学,肩负着新的历史使命。作为中国高等教育管理体制改革的试点之一,她将通过改革与发展,努力建设成为以“综合型、研究型、创新型”为办学特色,具有世界先进水平的一流大学,为科教兴国战略的实施和民族振兴、国家富强做出应有的贡献。

立足香港,关心祖国,放眼世界的香港城市大学

香港城市大学校长 张信刚

香港城市大学创立于1984年,在这18年间,发展飞快,大大超乎创校时的预期,学生人数由创校时的1 067名增至16 000多名,所开办的修课式课程亦由9个增至120个。修读哲学硕士及哲学博士学位的研究生约有640名。以上的课程由人文及社会科学学院、科学及工程学院、商学院、法律学院、创意媒体学院、研究院、高级专业学院及专业进修学院等分别举办,广受学生欢迎。

融入世界脉动

在同一时期,香港、中国内地及世界其它地区都经历了重大的变化。首先谈谈香港,香港已由英国殖民地转变为中国的特别行政区,并由百年前的渔港、四五十年前的转口港、二三十年前的工商业及制造业中心,演变成为一个现代化大都会、国际金融及贸易中心。香港在多个领域,在本区域或世界上都处于领先地位。它的外汇、股票、银行等业务都是世界知名的,有关的专业服务亦不断发展,包括法律、会计、工程等等。香港的货柜码头的吞吐量居世界榜首,2001年处理近1 800万个标准货柜,机场的国际货运量亦是全世界最高,近210万吨一年。香港也是旅客的游览度假热门之选,2001年便有超过1 370万旅客访港,他们来自四面八方,包括美洲、欧洲、东南亚及中国内地。其中内地游客数目增长最为强劲,超过17%。

再看看中国,内地自80年代改革开放以来,取得了惊人的成就,2001年更见证了上海成功举行亚太经济合作会议(APEC),北京取得2008年的奥运会主办权及中国成功加入世界贸易组织(WTO)。此外,正当世界各地区皆处于经济不景气的时期,中国的经济增长率仍达至7.3%,再次说明了中国正在走向康庄富强,并已在国际舞台上扮演举足轻重的角色。

再放远一点,整个世界在过去20年的变化也是前所未有的。高新科技以爆炸性的速度出现和更替,信息科技、互联网及万维网的兴起,更把全球的距离大大缩小,真正的地球村逐渐形成。其它先进的技术,如生物技术、新材料、自动化及机械人研究,以至太空及航空工程等方面的新突破,均将对人类未来的生活产生重大影响。全球经济一体化已是不可逆转的趋势。

机遇与挑战

香港、中国内地及世界在各方面的变化和发展对香港是重大的挑战,同时也给了香港重大的机遇。

香港城市大学在90年代中期,已预见部分的趋势,并开始作出相应的准备和部署。

我们认为在各种挑战中,影响最深远的莫过于年青一代的教育。由于香港与迅速扩展中的内地经济合作,同时又要全面参与世界经济运作,我们对就业

队伍在学识和技能上的要求亦将十分严格。须知经济实况不断迅速转变,科技日新月异,发展的速度惊人,而知识的总量每两年便增加一倍。那么,我们应如何发展我们最大的资产——即我们年青一代,使他们有能力面对新时代的挑战,同时面对香港特有的挑战呢?21世纪的香港城市大学将会是什么样子呢?

简言之,我们的学校是名副其实的城市大学,优质大学教育的中心。我们将培养大量训练有素、思想缜密、善于沟通、勇于承担、敬业乐业的专业人才。在校内,学生将有更多机会与外地学生同砚共席,亲身体验不同的文化,开拓视野,成为胸襟宽广,兼容并包的人才。城大更会聘请知名学者来校,使学生可亲炙名师之教。此外,本校并鼓励所有学生更全面地增强中英文口语和书写的表达能力和传意技巧。他们应该对中国历史文化有深刻的认识,对千百年来中国社会发展所依循和我们今天所代表的种种价值观有亲切的体验。城市大学的毕业生,应该是既以中国文化自豪、又熟悉他国文化的年轻人,他们无论是讨论《红楼梦》、《水浒传》,或是阅读狄更斯、雨果的作品,都应付裕如。

另一方面,城市大学也深深确认,在21世纪,香港极需转化为充分利用先进科技于产品及服务的知识型社会,大力发展高新科技已是刻不容缓的事实。

曙光策略发展计划

基于以上的考虑,城市大学制定了1997~2002年的策略发展计划,这策略叫作AURORA(曙光计划),共有6个部分,AURORA便是这6个部分的英文名称的字头组合字。其中第一个字母“A”代表营造良好校园环境和学术氛围,第二个字母“U”代表改革本科生的课程体制;第三个字母“R”代表加强研究工作;第四个字母“O”代表积极拓展对外联系;第五个字母“R”代表建立奖励制度;而最后一个字母“A”则代表增强工作上的问责要求。曙光计划是经过城大行政管理人员、教职员和学生认真讨论后拟订出来的,故能得到全校上下的通力合作,促使城市大学在以上6个范畴,都取得骄人的成果,而外界对城市大学的评价,在香港、内地以至世界各地也都有大幅度的提升。据《亚洲新闻》的调查表明,仅仅一年,城市大学在亚太地区顶尖学府的排名就从1999年的50名跃升为2000年的27名。这种跨越,标明了上升的方向,也显示出城大的发展方兴未艾。

实施曙光计划取得的部分成果:

1997年,成功为全校引入学分制,使课程更灵活,令学生的知识面更广阔。为使学生在就读城大期间提高英语能力,使他们更善于与世界各角落的人沟通,又设立英语中心,负责策划、统筹及管理英语提升课程及其它改善英语能力的创新举措。

1998年,城大设立了全港独有的创意媒体学院,培训新一代媒体科技人才,以数码多媒体科技及数码内容创作用于出版、娱乐、教育及广告业务上。

1998年还规定每名本科生必须修读一年(6学分)的中国文化课。这个科目成功地结合了网上教学及传统教学方式,学生大约一半时间是网上修习,另外有导修、讲座、实地考察、展览示范和自修参考资料等,可说是本地大学教授中国文化课程的创举。这门课程每学期有3 000名学生修习,因为使用网上教学的手段,中国文化中心的人力资源,比传统科目节省一半有余。另外,1999年,商学院在全球首次应用了互动电视及宽频互联网技术教学。目前,全校科目有约25%部分使用网上教材及网上互动教学手段。

城大注重的全人教育在过去数年亦取得佳绩,学生们不但学有所成,更在德、智、体、群、美、事业、情绪等各方面得到均衡和充实的发展。值得注意的是,城大的体育队曾两次在香港大专杯的比赛中,获全场总冠军,这正好展现了城大活力的一面。

鼓励对外交流

城大强调对外交流对教职员及学生的重要性,过去这些年来,我们与超过90所内地及世界各地的著名大学签订了学术交流协议,包括学人互访、合作研究、合办课程等。通过这些安排,城大的学者与世界各地的学者联系更为密切,互相合作,争取协同效应,进一步实现我们拓展知识领域、造福人类社会的高尚使命。

此外,我们亦与超过30所大学设有交换生安排,仅以2001年计,便有50位城大学生参与该项计划到美国、欧洲、澳洲及内地进修。另一方面,亦有48位外国学生到本校作交换生。城大的学生发展处亦组织多项在香港以外举行的活动,2001年度,便有504

位学生参与暑期实习、旅行奖学金计划、交流参观、大专界体育比赛及商业考察活动等，部分在内地城市举行，其余则分布于美国、欧洲、英国、新加坡、泰国、台湾、日本等地。学生们通过这些活动，既开阔了视野、认识了各地文化，也丰富了个人体验、增强了沟通能力。

为了加强香港在汇聚中西文化方面所担当的角色，本校于2001年创立了东南亚研究中心和跨文化研究中心，以促进区内和不同文化之间的相互了解。最近国际事态的发展，如美国的9·11事件、随后在阿富汗爆发的战争、印度与巴基斯坦的冲突和印尼与菲律宾国内的紧张局势等，都有力地说明这两个中心的重要性。

世界一流学者云集

城大教学人员的数目虽一直维持在900名左右，但现在我们已有61名讲座教授，是1996年数目的两倍，目前有13位中国以及来自欧、美、澳各国的国家院士在城大任教，这些人才，加快了城大在学术研究方面的发展，也人人强化了多个学科的本科生和深造生课程。城大有不少学术成果已达世界水平，它在几个领域的成就已是领先全香港甚至整个亚洲。

城大的电子工程学、材料科学、环境生物学、语言科学和数学等学科，在大学教育资助委员会研究评审委员会3年一度的评审中，被评为最佳科目，肯定了本校在这些学术领域中所取得的卓越成就。从1991/1992年度～2001/2002年度期间，城大共获得香港研究资助局拨款港币4.56亿元作研究用途。在过去数年，城大共有40多项与科技有关的发明申请专利。与此同时，本校在应用研究中也表现出色，赢得政府辖下的“创新科技基金”大量的拨款。此外，本校还鼓励教职员拓展知识产权，成立他们自己的公司，城大成功培育了一家科技公司——千里眼控股有限公司，该公司于2001年5月公开上市，开创本地大学的先河。我们目前尚有多个研发项目正在培育中。

为进一步发展研究，城市大学将研究延伸至内地，在深圳虚拟大学园及珠海南方软件园设立3所应用研究中心，既能充分利用内地人才资源及设施优势，亦希望有关项目日后能在内地市场中发挥其强大的商品化潜力。长远来说，在内地成立研究中心，一方面可加强城大与内地的联系，吸纳内地研究专才；另一方面，珠江三角洲的工业发展迅速，城大的研究也将有助香港工业在内地的发展。

扩大影响，完成使命

在曙光策略将要完成之际，城市大学正在努力部署下一个五年计划，预计未来5年，城大会着重提升教学和研究方面的质量；此外，亦会把注意力集中于课程的改善、学生个性和志向的培养，令学生毕业后能带动这个社会的进步，对人类做出贡献。

香港城市大学的办学宗旨，旨在促进香港和周边地区的发展。在“一国两制”之下，位居于21世纪最具发展潜力的亚太中枢位置的香港，确实具有独特而重要的地位。地理上，它位处珠江口，因此珠江三角洲整个珠江流域，以至华南各省都是它的腹地。香港同时又面向南中国海，是通往逐渐繁荣的东南亚各国的北方门户。从文化角度来看，当今世界上两个主要语言，中文与英文，同时都是香港的法定语文，也是香港每一个学生都同时要学习的语文。这些地理上和文化上的优势，为香港以至香港城市大学的未来发展，提供了强大的支持。

我们的校训是“敬业乐群”，我们的目标是向香港、向祖国内地、向世界其它地方源源不断输送优秀人才。城大的学生在校内可以接受全面而系统的专业教育，领受极富魅力的文化熏陶，培养与人沟通的本领和处世能力，他们将会是文理兼通，学贯中西，胸襟开阔，乐于奉献的社会栋梁。香港城市大学志向远大而又脚踏实地，必将会逐渐扩大其在亚太地区的国际影响，实现拓展知识领域、培养优秀人才的使命。

昂首前进中的香港理工大学

香港理工大学(简称理大),是一所充满活力同时又拥有骄人历史及卓越成绩的大学。它的前身是成立于1937年的香港第一所专业工业学校——香港官立高级工业学校。其后不断扩展规模,先后改名为香港工业专门学院、香港理工学院及至香港理工大学。2002年是香港理工大学的65周年校庆。

以应用为本为办学宗旨

香港理工大学的抱负,是要成为一所提供“首选课程”,培育“首选毕业生”的“首选大学”。理大积极通过以下途径,发展以专业为基础的卓越学术水平:(1)提供以应用为本的课程,让毕业生能学以致用。(2)进行切合工商界及社会需要的应用研究。(3)提供理想的学习环境,让学生全面发展学术以及个人的才能。(4)与工商界及专业团体发展密切的伙伴关系。(5)为在职人士提供进修课程,以利终身学习。

理大共有教职员约3 000人,其中教员约占1 100人。教学人员一般均持有高等学位或博士学位。除教学外,他们亦需参与研究工作、课程发展、专业顾问及其它专业服务等,在多方面从事学术及科研活动,以其专业知识贡献社会。并且,香港理工大学的教职员来自世界各地,有利于建立一个国际化的学术环境,让学生开阔视野。

在办学方面,理大学术课程素以课程多元化及专业化著称。基于大学与工商界的紧密联系,其举办的高质课程种类繁多,别树一帜。不同课程颁发的学术资格包括:博士学位、硕士学位、深造文凭、学士学位及其它专业进修文凭及证书。现有26个学术部门及3个学术中心,隶属6个学院,为应用科学及纺织学院、商管及信息系统学院、设计及语文学院、建设及地政学院、工程学院及医疗及社会科学院。为配合香港工商业的发展,理大除了提供广泛的工程及管理课程外,并提供香港大学中独有的学科,如设计学、纺织及制衣学、地理信息学、眼科视光学、放射学、康复治疗学等。其它有特色的学科包括酒店及旅游管理学、房地产管理学、物流管理学等,以配合香港加快21世纪全球化经济的发展。

卓越的学术研究与科研成果

香港理工大学的主要目标之一,是提供有关顾问、专业训练及应用研究的服务,为社会的发展做出贡献。理大认为学术研究、教育、服务社会同等重要。

为在香港及国际上建立显赫的学术地位,理大特别挑选了具有深厚潜力的学术范围,作为策略性学术发展领域,并将之发展成亚洲乃至国际水平的“卓越学术领域”。策略性学术发展领域旗下的研究中心包括:(1)手性科技开放实验室。(2)多媒体讯号处理研究中心。(3)高密度都市先进建筑科技研究中心。(4)智能材料研究中心。(5)中西荟萃之康复科学中心。(6)服装产品开发及市场推广中心。(7)近视研究中心。(8)以产品开发为本,培训创造力之学习工厂。学术研究工作为教职员提供了一个富有启发性的环境;促进了新知识的积累,有助于提高各范畴的教学素质。理大秉承优良传统,坚持办学宗旨,以培养满足社会需求的专业人才为己任,鼓励教职员尽己所长,适应各专业界别的需要。教职员在应用研究方面表现出色,成绩卓著。

理大致力于提高大学研究成果的水平,提供高层次的顾问服务,并进一步把研究成果、具创意和高增值的技术和产品产业化。2000年,理大在特区政府环保署及运输署大力支持下,成功开发了以改善空气质素的柴油微粒过滤器,并与企业合作投产推向市场。现在已有超过18 000部柴油车辆装配了由理大研制的过滤器,减少了香港空气受到车辆排放的微粒污染,从而改善了环境。合作企业也于2001年12月顺利于香港创业板上市,继续发展环保事业。另一项令理大引以为傲的是开发太空持嵌钳和岩芯取样器。由理大工业及系统工程学系和工业中心的工程师共同研究开发,把牙科医生使用的工具发展成为太空仪器,它是第一,也是唯一一项由本地人才设计和制造的太空仪器项目。俄罗斯太空总署于1995年便订购了四套太空持嵌钳,供和平号太空站上的航天员进行精密焊接工作。其后,研究人员继续开发该套仪器的其它用途,终于制成了岩芯取样器。理大已获欧洲太空总署邀请,参与2003年的"火星快车"计划,为登陆船设计和制造岩芯取样器,以揭开火星上是否有生物存在之谜。这项计划不仅为理工大学及香港带来荣誉,也为所有的炎黄子孙争得了荣誉。

此外,理大积极为香港各类型工商机构提供顾问服务,顾问工作种类多样化,涵盖校内所有学系、中心的学术范畴,以及约1 000名教职员专才。顾问工作不仅为教职员提供专业发展的机会,而且为教学提供了良好的教材,对整体社会亦有所裨益。

支持工商企业,促进经济发展

工商企业的发展及其竞争力是香港经济发展的重要动力。为了更清晰地把理大的专业管理、科技成果与人才介绍给工商企业,理大于1999年成立了企业发展院,锐意使理大成为工商界的策略伙伴。该院不但提供由经管人才发展以至中游科技开发的支持服务,还与工商企业及其它高教院校开展伙伴合作活动。

企业发展院联合各院系的专业及科研力量,为企业提供科技及产品开发,科技及管理咨询服务以及企业经管人才发展等支持。企业发展院下设有创新科技研究所、理大科技及顾问有限公司、创新产品快速开发所、企业经管人才发展中心、电讯盈科——企业智库中心、中国商业中心、专业及商业英语中心、境外中心拓展处等多个单位,为企业提供综合的全面服务:(1)产品设计及光机电一体化科技。(2)建筑及环保科技。(3)生化、保健及新材料科技。(4)信息、电讯及多媒体科技。(5)企业策略与管理咨询。

为支持在职人士终身学习,理大的专业进修学院负责统筹及推广本校的持续教育课程,以配合香港社会各界的需要。学院为在职人士提供多项课程,包括:为帮助学员应付公开的专业考试而设的短期课程、与多个专业团体合办证书课程、与海外著名院校合办的学位及深造课程,及专为个别机构或公司而设的培训课程。学院还举办遥距课程,方便学员完成学业。2000年6月,理大开创先河,创办了香港首家虚拟大学——"香港网上学府"。这所网上大学由理大和电讯盈科合办,为在职人士提供先进科技的网上学习环境。

加强与内地及国际合作

香港回归祖国后,理大与内地及国际高校就应用科研与人才培训方面进行了合作。

在发展应用科研方面,理大于1995年成立了"国际应用科技开发协作网"。协作网由香港理工大学与19所中国内地、英国、美国等多所著名学府联手创立。协作网的目的是运用各成员的应用科研成果及专业知识为工商业提供科技资源,将具有市场潜力的新科技项目产业化。由于理大的强项包括产品设计、快速原型及光机电一体化,并与工商界关系密切,可以为科研成果产业化提供一条龙服务。

由香港理工大学参与成立的两所联合实验室获中科院专家的高度评价。理大于1997年与中国科技大学合建的"火灾安全与技术联合研究中心",在中科院专家对10所联合实验室的评估结果中,名列第二位。理大与中科院成都有机化学研究所及台湾中兴大学共同成立的"不对称合成联合开放实验室"名列第四位。

在人才培训方面,香港理工大学和浙江大学在1998年于杭州共同成立了"国际企业培训中心",为企业培训精英,向在职的管理及专业人员提供兼具国际化实质及本地实用性的培训课程。此外,理工大学亦已在杭州、北京、深圳及珠海成立了境外培训中心,为内地管理人员提供更广泛、更全面的企业人才培训服务。

此外,理大在1997年主办首届"紫荆花杯杰出企业家成就奖"获得成功后,在2000年再度主办这一活动,表扬内地杰出民营企业家的成就和事迹,并推动香港与内地企业合作,面向国际市场。

2002年已至,香港理工大学继往开来,将以更优异的成绩使这所昔日名校熠熠生辉。

自强不息的树仁学院

香港树仁学院校长 钟期荣

坚持理想，宁拒经援

以宁拒经援而坚持办学理想之树仁学院创办于1971年，当时香港大专学位严重不足，适龄学子能进入大专攻读者，平均百人中不足二人，众多青年被迫失学，情况堪忧。钟期荣、胡鸿烈二博士基于同情，欲加援手，以纾其困境，乃自资创立树仁学院，以“敦仁博物”之校训推行仁者教育，冀培养一批仁人君子，树立仁风美德，为弘扬中华文化而致力。

由于宗旨正确，办学严谨，深获好评，发展迅速，乃向教育司署申请依香港专上学院条例注册，经评审通过，于1976年1月获港府认可为香港第二所正式注册之专上学院。所颁文凭亦经港府铨叙定明，可任职政府各部门的相当职位及薪点，以利毕业生可投身政府公职。

港英政府于1978年发表“高中及专上教育发展白皮书”，建议三所认可的专上学院：浸会、树仁、岭南改行“二二一”制(即2年预科、2年专科和1年学术性教育)，由港府给予经济资助。浸会、岭南均欣然接受改制，唯树仁为教育理想，宁拒经援，坚不改制，从此遂被拒于港英资助范围，独立开创其艰苦奋斗历程，成为香港独一无二实行4年大学制之高等院校。

学院于宝马山经6年余开山劈石施工，于1983年完成地基工程。创校人不惜自斥巨资，日夜加工，使矗立于宝马山头楼高12层的新型校舍终于1985年完成启用，并于1986年1月24日由已故港督尤德爵士主持新校舍启用礼。

交流合作，与日俱新

树仁学院一向注重国际学术合作，以促进中西文化交流，及不断提高本校之学术水准。早于1979年，与美国路易士安纳州东北大学合作，在港首创工商管理硕士学位课程(MBA)。1981年，又与美国阿拉巴马大学合作，开设社会工作硕士课程(MSW)，以利本校毕业同学继续深造。自迁入新校舍后，更取得重大进展。自1985年开始，首创第一个和中国人民大学签订合作协议，共同培养研究生。1986年和北京大学签订合作协议，经国务院国家教育委员会批准与北大合办法律专业文凭及本科学位教育，使香港人士得以有机会利用公余修读中国法律，如圆满完成，可获北大颁授国家教委承认授予境外人士之第一个学位，是为中港高等学府首创合作课程之先河，备受社会瞩目与热烈欢迎。

与此同时，学院亦与英国格莱摩根大学、列斯特大学、史特灵大学及澳洲渥伦岗大学合作，开设了6种学士学位课程，即法律、会计、经济、英语为第二外语、商业学、货币银行财务，为香港有志海外升学的学子，提供了多种途径与方便。自1991年起，因应需要，学院先后与北京大学、中国人民大学、中国社会科学院研究生院开办了民法、国际法、中国古代文学、新闻学、社会学等兼读硕士学位课程多达9种，使树仁学院成为香港拥有合作课程最多之高等学府。

十余年来，学院与国内名大学之学术交流合作不断发展，已取得卓越成就，深获国内重视。国家教育委员会曾数次赠送5 000多册有实用价值之书籍图刊等予树仁学院，并先后由主任刘忠德先生、何东昌先生、韦钰教授、朱开轩先生等来校访问，或亲自主持赠书礼，使全校师生倍感鼓舞，士气大振。

树仁本着自强不息的精神，自筹巨资，经5年劈石开山艰苦施工，于现校舍侧另建成20层高之图书馆综合大楼，于1995年11月举行正式启用礼。该大楼内有5层为图书馆，2层为研究中心，6层为接待海内外访问学者的宾馆，另有新型国际会议中心及研讨室。图书馆除不断增置中、英文书籍期刊外，并不断增设唯读光碟(CD－ROM)，电子资料库，包括中国法律检索系统，中国宏观经济分析资料库，180余种视听资料，国际网络，香港及海外大学图书馆书目资料

(CITYLINK)等,使之不断与日俱新。

1996年11月,树仁欣然举行跨越1/4世纪之隆重银禧校庆,举行一系列庆祝活动,并宣布成立"当代中国研究中心",以利推进学术研究及主办国际学术会议。曾与中国社会科学院、北大、清华、人民大学、浙大等举行过多次会议,有不少海内外教授参与,不断提高学院的学术地位。

功绩卓著,再谱新章

1997年香港回归祖国,刷新了历史,一向高举弘扬中华文化大旗的树仁学院,回顾过去26年来不屈不挠英勇奋斗的史迹,无疑为香港平稳过渡回归祖国做出了重大的贡献。故于同年8月25日,李岚清副总理特别在中南海单独接见胡校监、钟校长和胡怀中副校长,肯定树仁学院为香港的繁荣和发展培育了大批专业人才,为香港的顺利回归做出了积极的贡献,表示在国内将一如既往对学院全力支持。

学院除学术合作显具成效外,所颁荣誉文凭亦早获英美澳中等国大学承认,毕业生可直接升读研究院硕士、博士课程,学成回港任教或留国外服务者,亦不可胜数。此外,亦获律师公会、会计师公会等专业团体承认等同学位,予以豁免其专业考试大部分考卷,使毕业生能取得专业资格,在香港执业者甚众,故得以所学所用,服务社会。

树仁学院在未有任何政府财政资助下,自力更生,默默耕耘,已培养爱国爱港毕业生27届约1.7万余名(含合作课程硕士生),为香港平稳回归祖国做出应有之贡献。他们在香港各行各业卓有成就,如任职香港单位首长、公司董事长、总裁等,崭露头角,获社会公认,广被接纳及好评。所学所用,皆能本着校训"敦仁博物"的精神,将传统文化中的美德带往世界各处,此亦是树仁办学管理严格和要求不懈,积数十年来所形成的独特风格及校风,并非偶然。亦足证学院为香港培育出不少人才,并将此"仁者"的精神推广和发扬,再创辉煌。

2000年11月20～24日,香港学术评审局(HK-CAA)邀请海内外及本地专家学者组成之二组评审团来校评审,结果圆满。香港特区教育统筹局于2001年5月16日发布新闻稿宣布:行政长官会同行政会议批准向立法会提交修订专上学院条例草案,让"专上学院条例"下唯一注册的树仁学院,在获得行政长官会同行政会议批准可以颁授学位,即可于2001年9月起开办4个学位课程:中国语言文学(荣誉)文学士;新闻与传播(荣誉)文学士;社会工作(荣誉)学士及会计学(荣誉)商学士。树仁学院还开设了荣誉文凭课程。文学院:历史学系,英国语言文学系;商学院:工商管理学系,经济学系;社会科学院:社会学系,辅导及心理学系。

树仁学院是以弘扬中华文化为职志的唯一私人创办经营而获当地政府认可的高等学府,一如其名所示:树立仁风美德,向被尊为爱国学校。正因为她敢在港英殖民统治下,坚持其办学理想与目标,宁弃经援,在由私人苦苦支撑下,力求日新又新,不断求进步,向前迈进。学院经历了30年的风雨磨练艰辛历程,于2001年12月举行树仁30周年校庆盛大庆祝会,并由香港特区政府行政长官为学院文康大楼奠基。树仁学院始终以"君子自强不息"的精神坚持兴学的理想,不屈不挠,奠立了良好的基础和信誉。展望前程,正是一片光明,必将为香港教育史再谱新章。

香港浸会大学——全人教育的摇篮

通识与专业并重

香港浸会大学于1956年创立,是一所以基督教精神为本的文理高等学府,致力推动"全人教育",重视人文学科,培育学生在学术知识、专业学习和人格修养的平衡发展,藉以扩展视野,促进跨系学习,鼓励独立思考。

目前浸大设有7个学院:文学院、工商管理学院、中医药学院、传理学院、理学院、社会科学院和持续教育学院,共24个学系,20所学术研究中心,开办24个荣誉学士课程和14项修课式和研究式高等学位课程。教学人员400多名,本科生约4 000人,研究生约1 100名,外来的交流生约80名。以提供持续进修和副学士课程为主的持续教育学院,每年学生人次约有6万人。

浸会大学以提供优质课程见称,包括多项全港首创的独特课程,这些课程既配合社会的需要,也反映了浸大领导的创见和远见,例如中国研究、欧洲研究、传理学、中医及生物医学双学位、中药学、理论物理、应用数学等。浸大对教学及学术研究亦同样重视,重点发展的卓越领域包括环境保护、跨文化传播、中医药、文学、历史、宗教哲学等。在课程设计方面,注重跨学系的比较研究,使学生对文化、社会、历史、思想等都有认识的机会,例如中国研究课程,就让学生对中国经济、社会、历史和地理各方面都有深入的了解。

浸会大学学生在全人教育的培育下,无论在学术和课外活动多方面都屡创佳绩,包括勇夺第七届全国大学生挑战杯港澳优胜杯、代表香港高等院校参加全国大学辩论比赛,赢得全球华文青年文学奖、在奥地利举行的奥林匹克合唱比赛取得铜奖、主办吹奏牧童笛筹款活动创下健力士世界纪录,以及获得宽频网络系统专利权等等。

面对21世纪的新挑战,浸大本着"笃信力行"的创校精神,克服困难,为实现全人教育的理想继续努力。

国内外交流频繁

香港回归祖国,浸大既承担国家和民族的责任,也保持香港特别行政区的特色,致力开阔学生的国际视野,培养"两文三语"皆通的人才。浸大亦紧跟国际趋势,提供现代化高素质教育,目的是使浸大的毕业生,不但能对社会有贡献,更能具备面向世界、成为国际就业市场上具有竞争力的人才。

浸会大学在1993年成立了"林思齐东西学术交流研究所",成员包括来自中国内地、澳洲、美加和欧洲等地共28所高等学府。通过与这些大学建立伙伴关系,浸大的学术活动已伸展到世界各地。

浸会大学一向重视与内地学府和科研机构的交流合作。1988年,浸大与清华大学联手在清华校园建立了"伟伦学术交流中心"。伟伦中心自成立至今,一直推动北京和香港的学术协作和人才培育。伟伦中心不单对京港两地的学术交流贡献良多,更开创了香港高校与内地高校合作举办培训课程的先河。

1998年9月,浸大自然资源与环境管理研究所与中国科学院南京土壤研究所共同成立"土壤与环境联合开放研究实验室",藉此推动双方在自然资源、环境保护与可持续发展领域上的科研合作;该所亦于1999年2月与中山大学生命科学学院达成协议,共同建立"珠江三角洲生态环境联合开放实验室",开展对区内自然资源、废物管理及可持续发展的合作研究。2002年1月,浸大数学系与北京大学成立"北京大学与香港浸会大学现代应用数学研究所",结合两校的资源,共同培训人才,提高应用数学的科研水平,及推广应用数学在工业及高科技行业的使用。浸大于2002年3月在深圳成立了"深圳研究院",下设"持续教育部"和"研究生部",分别提供优良的持续教育课程和培养研究生。

在培养学生的范畴,浸大参与培育内地研究生,例如数学、电算机学、工商管理学等。本科生方面,自1999年开始录取来自内地的学生,首批学生于2002年毕业,他们都成绩优异,大部分在外地和香港的著名大学升学,例如普林斯顿大学、洛杉矶加州大学、圣地亚哥加州大学和麦迪逊威斯康辛大学等。此外,在香港政府的资助下,浸大于2002年与内地多所高校签署了互派本科生的合作计划,进一步扩大学生交流的范畴,让浸大学生到内地高校学习,加深对祖国的认识和了解。

重点发展拓新域

中医药教育和研究是浸大的一个重点发展项目。浸大拥有全香港最庞大的中医药教研队伍,尽力发挥香港作为国内和国际间的桥梁作用,为中医药现代化和国际化做出贡献,例如与美国俄亥俄大学医学院、内地7所中医药大学与中国中医研究院组成全球首个"中美中医药教育及科研合作组织",加强中医药在学术交流、教育和科研的跨国合作。

浸会大学另一个重要的发展方向,就是将本身的研究实力与工商业挂钩,以进行一些高科技或需庞大投资才可进行的研究项目,更能有效及广泛地把研究成果引进市场，贡献社会。浸大的理学院、工商管理学院和中医药学院现已开始这方面的工作，并先后成立了多个研究中心，包括工商管理学院的工商管理研究中心，理学院的自然资源与环境管理研究所、表层分析及研究中心、非线性研究中心、科技顾问服务部及化学分析中心、先进仪器实验室等，以进行可应用于工商业的研究项目。通过各中心的研究工作，浸大希望能把研究成果与社会连结起来，使科技新知识能够协助本地的工商业增加竞争力。

早于70年代，浸大已注意到成人教育的重要性，因而设立持续教育学院，为有志进修的人士提供学习机会。20多年来，已有超过70万名学员接受专业训练，并于学成后回馈社会。鉴于持续进修已成为现代社会的趋势，浸大的持续教育学院于1985年开始与外国大学开办海外大学学位课程，开创香港同类型课程的先河。2002年，持续教育学院还通过浸大的深圳研究院，在国内开办持续教育课程，服务国内同胞。

面对未来，香港浸会大学将继续秉承全人教育的理念，在新纪元中肩负提供优质教育的使命。在本地的层面，浸大是一所教学与研究同样出色，能为社会培育优秀人才的大学；在地区的层面，浸大将在现有基础上继续求进，发展具有潜质的卓越学术领域；在世界的层面，浸大将努力使其建设成为国际公认的优秀综合大学。

（香港浸会大学网址：**www.hkbu.edu.hk**）

香港中国新闻学院的风雨历程

香港中国新闻学院是在祖国遭受沉重的苦难中诞生的；是祖国呼唤着她的儿女投身抗日、民主、进步的英勇斗争中诞生的；是于1939年4月24日在香港呱呱坠地的中国新闻教育史上的一个新生婴儿。

香港中国新闻学院由中国青年记者学会香港分会主办，主要任务是为祖国培育适应抗战需求的新闻从业人员。学院没有自己的校舍，没有办学的资金，也没有专职的教师，而且还遭受到港英当局的政治压力，处境极其困难，然而学院却得到一批全国以至国际上的知名人士和专家学者的支持。

创办之初，由曾任中国驻日本大使的许世英和著名的教育家陶行知担任学院的正副董事长，并由郭步陶、金仲华担任正副院长。抗战结束之后，由叶启芳、刘思慕先后担任院长。历届主持教务主任的是谭思文、梁若尘和高天等，函授班主任是杨奇。执教老师都是资深的进步新闻记者和学者，如范长江、恽逸群、乔冠华、邵宗汉、郑森禹、徐铸成、李纯青、张问强、张明养、罗吟圃、许君远、楼适夷、王纪元、卢豫冬、千家驹、叶君健（马耳）、林焕平、梁式文、黄药眠、张铁生、萨空了、羊枣、陆诒、赵元浩、俞鲤庭（沙溪）、邓楚白、廖沫沙、陈此生、沈志远、胡仲持等。当时在香港设备完善、主张团结抗日的《星岛日报》、《大公报》、《立报》、《珠江日报》和《华商报》等为学院提供了实习场地。学院课程设置各届稍有不同，主要包括：新闻学概论、中国报业发展史、中国现代史、政治学、世界政治地理、报馆经营法、新闻编辑法、经济新闻、军事新闻、国内新闻、社会新闻、国际新闻、评论写作、新闻文艺、广告学、电讯翻译、资料管理、印刷常识等等。

香港中国新闻学院1939年4月创办，到1941年12月太平洋战争爆发前夕，办了三届，抗战胜利后于1946年5月复办，到1949年4月，先后共办了五届。同时，于1946年9月和1948年10月开办了函授班和函授学院。共培育出学员440多人输送到各条战线，为挽救国家的危亡、民族的解放和祖国建设做出了贡献。

香港中国新闻学院的学生都是具有高中以上文化水平并经严格的入学考试的青年人，由于课室场地限制，每届只录取六七十人。他们满腔热血，积极参与抗日救亡工作。1941年12月25日香港沦陷，就在日本法西斯进攻香港前夕，老师和同学们还举办过一次特别的时事讲座，当时同学们痛心地把书籍、学习笔记、研究资料全部投进熊熊火焰中。香港中国新闻学院成立了“中新战地服务团”抗日战地记者组，记者的主要任务是深入战区实地采访，宣传抗日救国，为学院自办的中新通讯社供稿。中新社是与学院同时存在的。

在香港中国新闻学院老师的教导和培育下，一批批仁人志士、热血青年奔赴祖国最需要的地方。有的同学投笔从戎为国捐躯，令人悲悼敬仰。抗日战争和解放战争时期，在华南战场，英勇就义的烈士就有15人。第一届同学吴颖瑞(学诚)，1937年加入中国共产党，1942年从缅甸华侨战工队撤回内地，先后在昆明、福建等地从事革命活动，1947年在厦门《中央日报》副刊编辑岗位上被国民党当局特务抓去秘密屠杀。不少毕业同学离开学院，立即前赴华南游击战场的东江纵队和粤中纵队办油印报，不少人还深入内地办报，甚至远赴海外从事华文报纸工作。许多同学坚持以新闻事业作为自己的终身职业。第二届同学杨奇，从在抗日游击区办报开始，在香港办《正报》，解放后是广州《南方日报》、《羊城晚报》创办人之一，以后还担任香港《大公报》社长，直至离休。此外，还有不少同学在军政界、文学艺术、金融贸易、外交事务等方面均有建树和贡献。第一届同学薛君度是美国马利兰大学教授、美国黄兴基金会董事长、国际问题专家，他同时也是美中关系全国委员会委员，为促进中美友好关系，做了许多有益的工作，受到祖国历届主要领导人的热情接见。第一届同学胡汉辉从1974年起，为了促进香港成为国际金融中心之一，游踪遍及五大洲，向各国银行家和政要宣传游说，经过十多年的努力，终于使美好的愿望得到实现，赢得了“香港金王”的美誉。第二届同学香港美术研究协会永远会长赵世光，心系祖国教育事业，关爱贫困山区失学儿童，先后为祖国内地许多贫困地区捐款，支持希望工程。

尽管香港中国新闻学院已于1949年4月停办，但它为中国新闻事业的发展做出的卓越贡献，在中国新闻事业史和新闻教育史上都留下了光辉的一页。

(香港中国新闻学院校友会会员曾省三撰稿)

山西师范大学

山西师范大学是山西省省属5所老校之一。其前身是原晋南师范专科学校，创建于1958年，1963年改建为山西师范学院，1984年更名为山西师范大学。1999年山西省人民政府决定，将“山西师范大学体育学院”(独立设置)和“山西省职业师范专科学校”并入山西师范大学。

山西师范大学现有3个校区，18个学院，34个研究院所和27个实验室，硕士学位授权点15个。全校共有教职工2 100余人，其中专任教师1 000余人(教授139人，副教授420人，讲师292人)。具有博士学位者88人，具有硕士学位者201人，全日制本专科学生1.2万余人，研究生300余人，成人教育学员1.6万余人，另有协作培养博士研究生6人。校园面积1 000余亩，图书馆藏书125万册，其中线装古籍11万册，缮本书1万余册。

山西师范大学拥有一批年富力强、教学经验丰富、学术水平较高的教师队伍。以校长、博士生导师侯晋川教授为代表的一批中青年学者已在各自学科领域担当重任，成果突出，获得多项政府科技奖，在国内外学术界享有一定声誉。侯晋川教授对近年来新兴起的算子代数上线性保持问题的研究，解决了长期未果的矩阵代数上的正线性影射的刻画问题。他的研究成果被同行专家认为是这一领域具有高度创造性的优秀的国际水平成果，在国际上形成一定影响，在国内同类研究中处于领先地位。

1985年以来，山西师大分别同美国、日本、英国、加拿大、菲律宾等国家12所大学和研究机构建立了校际联系，并与3所大学签定了正式协议，结为姊妹学校。学校附属的实验中学同日本国秋田县协和町中学建立了友好关系。

多年来，山西师范大学以自己不懈的努力，取得了长足发展。2001年由网大和中青报联合发布的中国大学排行榜上，山西师范大学在全国228所非重点师范院校综合指标排行居16位，向着全国地方高等师范院校的先进行列迅速迈进。

高素质的师资队伍已成雏型 山西师范大

学拥有雄厚的师资力量，不少教师在相关学科颇有建树，还有一些闻名全国的教授学者和中青年专家。建校以来，学校始终把建设一支高素质的教师队伍放在重要的位置。近年来，学校继续不断地采取各种措施，努力塑造高素质的师资队伍。形成了一批年富力强、基础扎实、教学经验丰富、学术水平较高的师资力量，一支数量适当，质量过硬、结构合理、学历层次较高的高素质队伍，在山西师范大学已成雏型。在这支队伍中，还拥有一批国家级专家、五一奖章获得者、全国劳动模范、国务院政府津贴获得者、山西省有突出贡献专家、山西省学科带头人、校学科带头人。为学校教学、科研和支持发展奠定了良好的基础。

教育教学改革成效显著 人才质量是学校的生命，提高教学质量是学校永恒的主题。为了培养新型人才，山西师范大学在增强学生学习自觉性的基础上，按照“厚基础、宽口径、重应用、强素质”的人才培养模式，实施扎实有效的教育教学改革。

通过一系列教育教学改革，学校教学质量和学生的综合素质不断提高，受到用人单位好评，在学校举办的首届毕业生供需洽谈会上，90%以上的学生被用人单位选中。同时学生考研积极性也在不断高涨，在2001年的考研中，录取率达到了16.1%。

科研环境不断优化 作为高等院校，不仅要做到知识的传承，更要做到知识的创新。为了不断推进科研工作迈向新的台阶，鼓励和扶植广大教师多出成果，山西师范大学一直在改善科研条件、优化科研环境方面进行不懈地努力。

通过不断优化科研环境和改善条件，大大地调动了广大教师的科研积极性，近5年来学校承担新增国家级项目22项，省级项目149项，完成应用开发项目6项，获得省级以上科研奖励29项，在国内外有一定影响的学术刊物发表论文3 078篇，论著234部，被**SCI**或**EI**收录102篇，鉴定成果7项，获得专利4项。

数学研究向国际先进行列迈进 山西师范大学应用数学研究所从1979年起，陆续在应用泛涵、概率统计、生态数学、代数中的计算理论、小波分析、群论等研究方向上取得了一系列颇有影响的成果。1995年“应用数学”专业被列为山西省重点建设学科；1999年，以该学科为龙头的应用数学研究已成为山西省唯一被列入“数学领域科技论文影响力核心区域”的数学研究机构；同年，该学科被山西省科委确定为“山西省基础性研究重点学科”。多年来，该所在国内外具有重要影响的杂志上发表论文400余篇，出版编、译著40余部，有近100篇论文被世界著名科技论文检索系统**SCI**和**EI**摘评。其论文检索和收录数量在山西省名列第一。该所共承担国家级科研项目10余项，省部级项目30余项。

独具特色的戏曲文物研究 山西师范大学的一批专家教授，以拯救民族文化为己任，充分利用本省地上地下戏曲文物遗存较为丰富的条件，形成集教学、科研、文物展馆和大型学术辑刊四位一体的学科机制，使戏曲文物研究成为海内外学术界为之瞩目的风格特色，1990年获得硕士学位授予权，1996年成为省级重点学科，目前该所已经成为亚洲著名的戏曲文物学研究中心和戏剧戏曲学研究基地之一。

对戏曲文物的研究，不仅发掘了大量的民族文化瑰宝，而且获得更广泛的社会效益。黄竹三教授主编、大家通力合作完成的《宋金元戏曲文物图论》，是我国第一部运用考古手段来研究中国戏曲发展的专著。黄竹三、冯俊杰教授主编的大型曲籍《六十种曲评注》，共25册，1 240万字，填补了明代戏曲学研究的一大空白。近年来，他们共主持国家项目4个，发表论文400多篇，完成出版戏曲文物研究专著8部，编辑、校注并出版了山西籍的元杂剧作家作品集。1998年被山西省委、省政府授予“模范集体”称号。

材料化学研究不断突破 山西师范大学材料物理与化学研究所，近几年来在原子簇材料、纳米材料、功能薄膜材料、生物无机材料等研究方向亦开展了卓有成效的研究。

在原子簇化学研究方面，首次合成了$(\mathbf{AlN})_n^-$和$(\mathrm{AlN})_n^+$原子簇合物，并从理论上发现了该类原子簇的幻数规律：$n=2、4、6、8\cdots\cdots$，创立了$(AB)n$二元原子簇的结构规则，开创了原子簇研究的新领域；首次提出共边三中心键发生共轭效应的观点。建立了推测二元原子簇结构的(xyz)键数参数模型，成功地用于各类原子簇结构的预测；编写出我国第一个原子簇三维结构绘图软件。

纳米材料研究方面，与德国Erlangen－Nurnberg大学合作，开展了对富勒碳、富勒硅、富勒锗和富勒锡的研究，提出了球形纳米团簇的$2(N+1)^2$芳香性规律；在 Ge_n、Si_n 和 Ge_nSi_n 纳米团簇的研究上发现了粒子凝聚规律，在过渡金属纳米材料的研究上，对 Fe、Co、Re 和 MoS 系列纳米团簇进行了深入的研究；研究了碳纳米管的结构、导电性机理与手性矢量坐标 (n, m) 的关系，探讨了螺旋碳纳米管在掺杂后的半导体和费米能级性质。

在功能薄膜材料的研究中，采用自行设计的直流磁控溅射系统成功地制备出了物理气相沉积方法难以制备的(1 000)面择优取向 AIN 薄膜；首次系统研究了靶基距的变化对 AIN 薄膜择优取向的影响；首次建立了晶面择优取向程度与溅射气压、靶基距、靶功率等实验参数之间的函数关系，并成功地用于实验结果的预测，对 AIN 压电薄膜研究成果的在表面波和体波等微电子器件方面的产业化具有重要的指导意义，设计了一系列 Sm－Co 多层交换耦合膜的结构，并对磁性层与磁性层、磁性层与非磁性层间耦合作用进行了分析和计算，并获得了最佳耦合的理论结果；实现 SmCo 系列多层交换耦合膜的垂直磁记录，为下一步实现硬盘盘片磁记录介质层的超高密度记录奠定了良好的基础。

现代物理研究成果丰硕 山西师范大学现代物理研究所成立于 1999 年，现有两个硕士点：理论物理，粒子物理与原子核物理。其中粒子物理与原子核物理学科为省级重点学科。该研究所所长刘福虎，1989 年和 1993 年在中国原子能科学研究院先后获理学硕士和博士学位。并先后在中国科学院高能物理研究所和加拿大麦吉尔大学做博士后，在俄罗斯联合原子核研究所做理论研究工作。研究领域涉及高能与超高能核——核碰撞中的多重产生和多重碎裂等方面。在实验上，利用核乳胶方法系统研究过高能碰撞中粒子和核碎片的产生过程；在理论上，发展了“三火球”模型，提出了“热化柱”模型，解释了从 GeV 能区到 TeV 能区核－核碰撞中大量的实验数据。刘福虎教授还在国际核心刊物上发表论文 30 余篇，其中 14 篇发表在中国高等科学技术中心(CCASI)指定的世界顶尖级刊物上，在国内一级刊物上发表论文 30 余篇，总计被 SCI 收录论文 30 余篇。“九五”期间，被 SCI 收录的论文数名列全省第一、全国前茅。先后被评为省高校优秀中青年骨干教师、省精神文明建设模范青年知识分子、省青年学科带头人、省优秀回国留学人员、省模范教师和 2001 年全国师德先进个人。现代物理研究所的其他科研人员也分别在许多方面进行攻关。

校办刊物在创新中不断扩大影响 山西师范大学戏曲文物研究所主办的大型学术辑刊《中华戏曲》被确定为全国戏曲学会会刊，成为国内知名度很高的戏曲研究的核心刊物，向 20 多个国家和地区发行。

山西师范大学语文报社是国内创办较早，影响较大的语文辅导类报刊社，出版的系列报刊有《语文报·高中版》、《语文报·初中版》、《语文报·小学版》、《语文报·低幼版》、《语文报·海外版》、《中国小学语文教学论坛》、《语文教学通讯》、《语文世界》，其中《语文报》、《小学语文报》多次被评为全国优秀报刊，《语文教学通讯》被评为全国中文核心期刊、山西省一级期刊，各报刊发行量近 500 万份，在全国同类报刊中名列前茅。

《山西师大学报》辟有社会科学版、自然科学版和教育科学版。其中社会科学版连续 7 年被确定为山西省一级期刊，2001 年在全国首届文科学报综合评比中名列“百强”第 12 名。

（山西师范大学校长办公室供稿）

在改革中崛起的佳木斯大学

佳木斯大学党委书记、校长　张少杰

佳木斯大学是 1996 年 11 月经原国家教委批准，由佳木斯医学院、佳木斯工学院、佳木斯师范专科学校和原佳木斯大学合并组成的，经过 4 年多的努力，目前已发展成为省属高校中规模较大、学科较多、综合实力较强，融研究生教育、普通高等教育、高等职业技术教育和成人教育于一体的省属重点综合性大学。

学校地处美丽富饶的三江平原腹地,坐落在风光旖旎的松花江畔。校园占地面积100万平方米,建筑面积53万平方米。校园内花木葱茏、绿草如茵、景色宜人,是读书治学的理想园地。目前学校设有5个学区和1个高科技园区,下设理学院、人文学院、经济管理学院、外国语学院、艺术学院、体育学院、材料工程学院、机械工程学院、信息电子技术学院、基础医学院、化学与药学院、晶博国际学院、成人教育学院、临床医学院(附属第一医院)、口腔医学院(附属第二医院)、康复医学院(附属第三医院)、职业技术学院、警官职业学院等18个学院和1个小学教育师范部。此外,卫生部康复人才培训中心和黑龙江省全科医学培训中心也座落在校内。学校有30个系部、70个专业,其中本科专业38个,专科专业32个,学科设置涵盖文学、理学、工学、医学、经济、教育、法学、历史、管理等9人门类。日前有17个硕上学科授予点,6个省级重点专业,10个校级重点专业,4个省级重点学科,12门省级重点课程,50门校级重点课程,5个校级重点实验室。

学校现有教职工4 783人(其中附属医院1 728人),有正高职353人,副高职913人,建校以来,已培养和输送了36万多名毕业生,为国家经济建设和社会发展做出了重要贡献。现有全日制在校研究生256人,普通本专科生17 000多人,成人教育学生5 000多人。

学校招生数量和招生范围逐年扩大,2001年招生5 430人,招生数量名列全省高校前列,生源来自上海、河南、湖南、广西、辽宁等20多个省、市、自治区。

佳木斯大学始终坚持以教学为核心,以育人为根本,注重综合素质教育,突出创新人才的培养。学校采取"主辅修制"、"双学位制"、"双专业制"、"导师制"等措施,增强学生全面适应社会的竞争能力。1998年被黑龙江省教育厅确定为军训试点院校和培养高水平运动员基点校。学校的校园文化生活丰富多彩,每年都举办校园文化艺术节,有各类讲座,文艺汇演,球类、棋类、演讲、辩论等比赛,增进了学生的身心健康,陶冶了学生的思想情操。由于毕业生素质高、能力强,受到社会各界的一致好评。

学校师资力量雄厚,教学设施设备齐全,教学仪器设备总值3 620万元。图书馆建筑面积20 466平方米,设有3个分馆和1个直属阅览室,藏书72万册,并建立了现代化的图书馆内部局域网络。编辑出版《佳木斯大学社会科学学报》、《佳木斯大学自然科学学报》、《黑龙江医药科学》3个学报在国内外公开发行。学校设有4个省级研究所,25个校级研究所(室)。近年来每年出版学术专著100多部,发表论文1 200多篇,并承担了"九五"国家重点攻关课题1项,共获得130多项国家、省、市科技进步奖和120多项优秀成果奖。

学校与10多个国家和地区的近20所高校建立了友好校际关系、科研关系与学术交流关系,现有美、日、俄等国专家在校任教,接收了美国、日本、韩国和俄罗斯等国留学生。

校党委高度重视并不断加强党建和思想政治工作,1999年全大学跨入省级文明单位行列,学校党委被省委命名为全省先进基层党组织。

目前,全校师生正在发扬团结、拼搏、求实、创新的精神,锐意改革,开拓进取,确定了新世纪的发展目标,为把佳木斯大学办成为地方经济建设和富民强省服务的国内一流的综合性大学而努力奋斗!

三峡大学

三峡大学于2000年6月29日在中国长江三峡工程所在地、世界水电之都、中国旅游名城——宜昌市挂牌成立。它是经国家教育部批准,由原武汉水利电力大学(宜昌)和湖北三峡学院合并而成的一所综合性大学。

湖北省属高校中学科门类最为齐全的一所综合性大学 学校设有土木水电学院、机械与材料学院、电气信息学院、经济与管理学院、医学院、文学院、艺术学院、政法学院、理学院、化学与生命科学学院、外国语学院、国际文化交流学院、护理学院、体育系、师范教育部、现代教育技术中心、成人教育学院、附属医院等18个教学单位,另设有宜昌分校、高等职业技术学院等办学实体;有10个硕士点,19个立项建设的博士和硕士点,有41个本科专业,涵盖理、工、农、医、文、管、经、法、教9大学科门类。

湖北省会以外的省属高校中规模最大的一所综合性大学 学校现有全日制本专科生、研究生、留学生16 000余人;有教职工2 200余人;专任教师1 000余名;正副教授460余名;具有博士学位和硕士学位的教师310余人;享受国务院政府津贴和获国家、省部级奖有突出贡献的中青年科技专家20余人;省部级跨世纪学科带头人和学术骨干24人;校级学科带头人及学术骨干94人;硕士生和博士生导师110人。

科研及科技开发实力雄厚、成果丰硕、特色鲜明 学校建有水工结构工程、岩土工程研究中心、水电站仿真实验室等9个省部级重点学科、重点实验室;有国家乙级建筑设计院和土木工程、电器工程、移民与环境工程、三峡文化、三峡药物开发研究等40多个科研院所;出版《三峡大学学报》、《实用医学进展》等10余种校、院期刊。学校秉持水电特色,发挥区位优势,积极服务电力行业和地方经济,走"产学研"相结合的道路,学校近年承担和完成的国家攻关课题、国家自然科学基金课题、国家电力公司重大课题、霍英东基金项目及省部级科研项目100余项,创造了一批国际领先、国内一流的科技成果,特别是在三峡工程、清江流域开发工程建设中贡献突出。

人才培养质量逐年增高 学校坚持以培养合格人才为中心,高度重视学生的基础理论、创新意识、实践能力的培养,人才质量受到社会各界的普遍肯定。2001年本科毕业生考取研究生的比例超过12%,创历史新高;英语四级通过率稳步上升;本科毕业生的一次就业率在94%以上,居省属高校前列;毕业生普遍得到用人单位好评。并且,三峡大学学生在湖北省乃至全国举办的各类学科竞赛中也取得了可喜的成绩。如:在2001年全国电子设计大赛中,荣获全国一等奖1项、湖北省一、二等奖各1项;在全省数学建模大赛中荣获二等奖3项;在大学生英语演讲比赛中荣获全省高校二等奖;在湖北省第3届"挑战杯"大学生课外学术科技作品竞赛中,有8项作品获奖;在全国高校男子键球比赛中获团体第四名;在全省大学生第5届体育舞蹈锦标赛中获A组第二名。

国际学术交流日益广泛 学校先后与法国、德国、荷兰、美国、加拿大、日本、韩国、澳大利亚、英国等国家的50多所高校建立了教学、科研和互派留学生等合作关系。目前,学校与法国克莱盟大学联合开发的"动力触探仪"、与德国柏林应用科技大学合作进行的水利开发、与法国里尔科技大学合作进行的"岩石——水——热耦合研究"、与荷兰春提大学合作进行的"水库优化调度研究"、与英国南岸大学联合培养本科生等,都已取得可喜进展。

区位优势得天独厚,校园环境和办学条件不断改善 学校位于长江三峡门户的湖北省宜昌市,这里有举世闻名的长江三峡水电工程、葛洲坝水电枢纽工程以及湖北省最大的清江隔河岩水电站。地方水电、旅游建设如火如荼;文人文化和民俗文化历史悠久;中医药资源和特有的生态环境资源丰富;为开展教学、科研,发展特色学科专业,提供了"近水楼台先得月"之便利。学校现占地1 275亩,新征土地1 000亩,建筑面积近70万平方米,图书馆藏书130万册,教学仪器设备总值近8 000万元。拥有设施一流的大学生体育馆、大学生活动中心、学术交流中心、与中国教育科研网及国际互联网连通的校园网络中心、大学生公寓、标准化食堂、附属医院等。目前,学校按照集中一地办学的校园建设新规划,正在分期建设具有现代化水平的图书馆(4万平方米)、现代教育技术中心(2万平方米)、行政楼(8 000平方米)、学生公寓(5.6万平方米);艺术楼、化生与医学教学实验楼、教工住宅楼、运动场、游泳馆、水电博物馆等教学设施。"十五"期间,完成学科布局的调整及校园中心区的转移,形成以东苑路为中心景观的校园风貌。

展望未来,三峡大学学科结构更优化,办学特色更突出,前景更辉煌 目前,三峡大学正乘高校改革之东风,以创建"全国一流省属综合性大学"为目标,以"立足宜昌、融入三峡、服务湖北、面向全国、走向世界"为宗旨,加强重点学科建设,突出办学特色,发展研究生教育,着力提高教学、科研水平和办学实力。计划至2010年,在校本科生、研究生和留学生规模达24 500人,再建一批省部级和国家级重点学科、重点实验室以及博士、硕士点。主校区扩大到2 500亩土地，把三峡大学建设成充满时代气息、富有水电和三峡文化特色、建筑设施一流、育人环境典雅的新大学城。

（三峡大学校长办公室皮海峰、郭穗供稿）

暨南大学

创办于上一个世纪初叶的暨南大学是中国最早建立的高校之一，也是国家创办的第一所华侨学校，素称华侨最高学府。经过几代暨南人的辛勤耕耘、艰苦创业，今日之暨南业已发展成为一所规模宏大、学科齐全、实力雄厚、享誉中外的综合性大学。

暨南大学的前身是清朝光绪三十二年(1906年)创办于南京的暨南学堂。其宗旨是“宏教泽而系侨情”。“暨南”二字出自《尚书·禹贡》：“东渐于海，西被于流沙，朔南暨，声教讫于四海”。意思是把中华民族的道德、文化远播于五洲四海。1923年，暨南学校迁上海真如。1927年更名为国立暨南大学，成为当时成立较早的少有的国立大学之一。1949年9月，学校合并于复旦、交通等大学。1958年，暨南大学在广州重建。

自改革开放以来，学校进入了一个新的发展时期。学校坚定不移地贯彻“面向海外、面向港澳”的办学方针，深入开展教育改革，不断扩大对外开放。暨南大学是1952年全国院系调整之后，全国第一家在综合性大学内设立医学院和全面实行学院制的学校。1983年，在全国率先对全校本科实行学分制和主修、辅修制，双学位制。1984年暨南大学由教育部划归国务院侨务办公室领导，并开始实行校长负责制。1996年6月，学校通过国家“211工程”部门预审，成为全国面向21世纪重点建设的学校之一。

学校根据自身的实力和特点，以“211工程”重点建设项目为龙头，确定了文艺学与汉语文学、产业经济与工商管理、生物技术与生物医学工程、计算机信息与通信技术、生殖科学与计划生育、中外关系史与华侨华人、汉语言文字学与海外华文教育7个学科为国家“211工程”重点建设的学科项目，并全面启动建设。学校设有文学院、外国语学院、新闻与传播学院、理工学院、信息科学技术学院、生命科学技术学院、经济学院、法学院、管理学院、医学院、药学院、华文学院、中旅学院、珠海学院、国际学院、教育学院等16个学院(其中国际学院采用全英教材、全英教学)，36个系，36个研究机构和62个实验室，39个本科专业，有博士学位授予权的学科14个(其中有博士学位授予权的一级学科1个)，有硕士学位授予权的学科66个，博士后科研流动站2个。暨南大学是经国务院学位委员会批准的招收和培养工商管理硕士(*MBA*)的试点学校和全国试办高水平运动队的学校之一，是国务院侨办华文教育基地，国家人文社会科学重点研究基地(华侨华人)和国家文科基础学科中国语言文学人才培养和科学研究基地。

学校有教育部重点实验室1个，广东省教育厅重点实验室2个。1995年12月，暨南大学校园网及国际互联网建成开通。图书馆藏书164.3万册，内设有华侨华人信息资料文献中心。有科学馆、体育馆各1座。医学院在广州、深圳、珠海、清远设有5家附属医院，均为三级甲等医院，另有1家直属医院，共有3 500张病床，5 555名职工。

学校积极开展对外学术和教育交流，已与美国、英国、德国、法国、日本、泰国、新加坡、马来西亚、印度尼西亚、越南、柬埔寨等国家和地区的高校和机构建立交流合作关系。学校在香港、澳门分别设立办事处，在香港设立教育基金会。

暨南大学是中国最早设有董事会的高校，全国人大常委会副委员长廖承志、荣毅仁曾先后兼任董事长。现由原国家副主席荣毅仁任名誉董事长、全国政协副主席钱伟长任董事长。董事会团结广大海外侨胞、港澳同胞从多方面支持学校的建设和发展。这对改善学校的办学条件，提高学校的教学、科研、管理水平起了重要的作用。

暨南大学一向重视任用人才。许多著名专家学者曾在暨南任职任教，如李瑞清，马寅初，夏丏(*mian*)

尊、陈钟凡、周谷城、严济慈、周建人、楚图南、许德珩、叶公超、梁实秋、曹聚仁、潘序伦、郑振铎、胡愈之、沈端先(夏衍)、洪深、刘士木、李长傅、温雄飞、黄宾虹、潘天寿、王统照、李健吾、许杰、刘大杰、钱钟书、许国璋、陈序经等,可谓名师云集,阵容鼎盛。其中有1位后来担任国家政务院副总理,6位担任全国人大常委会副委员长。学校加强师资队伍建设,引进优秀人才,优化教师队伍的知识、专业、年龄结构。现全校共有教职工3 476人,其中高级职称977人,中级职称893人,有博士学位的197人,博士后19人,硕士483人。现有专任教师1 003人中,教授148人,副教授438人,讲师256人;中国工程院院士1人,博士生导师48人。学校办学规模扩大,有各层次学生23 809人,全日制学生占13 789人,其中有博士、硕士研究生2 529人,本科生10 537人。暨南大学是全国高校中华侨、华人、港澳台学生最集中、人数最多的学校,人数达4 893人,华侨华人学生来自33个国家。

改革开放以来,暨南大学致力为海外、港澳台地区培养人才,从1978年至今,已培养华侨、华人和港澳台湾毕业生1万余人,其中华侨华人学生来自世界五大洲78个国家,学生中有2位任过国务院副总理,有1位任过外国的议长和副总理,校友中有8位成为中国科学院和中国工程院院士,堪称桃李遍天下。现共设有56个校友会。江泽民主席为暨南大学题词:“爱国爱校,团结奋进”,使全体师生员工和广大暨南校友深受教育和鼓舞。

21世纪是中华民族实现伟大复兴的世纪,肩负着为海外华侨华人和港澳台地区培养人才光荣使命的暨南大学更加任重道远。在新世纪,学校提出新的奋斗目标:实施“侨校+名校”战略,建设一流大学。全体师生员工和广大海内外校友将以95周年校庆为新起点,继往开来,团结奋进,为母校21世纪的腾飞,为振兴中华,统一祖国做出新贡献。

(暨南大学校长办公室供稿)

深圳大学师范学院

深圳大学师范学院副院长 傅腾霄

深圳大学师范学院的前身是原深圳师范专科学校。1995年,经广东省人民政府批准,国家教委同意,决定撤销原深圳师范专科学校,组建深圳大学师范学院,隶属深圳大学;并确定了本科面向全国、专科面向全省、毕业生面向全市中小学的招生就业政策。

经过六年的发展,如今的深圳大学师范学院在学科建设上,已开办了中文、英语、教育、学前教育、数学、物理、化学、生物、美术、音乐、表演、舞蹈、多媒体技术、社会文化等本科专业和“中国古代文学”硕士点,在校生1 200多人。在师资队伍建设上,全院有在编教职工214人,其中教授19人、副教授60人,博士和博士后23人,教工平均年龄39岁,是深圳大学在校生人数最多、师资力量最雄厚、教工平均年龄最小的学院之一。

在教育实习基地的建设上,学院已经拥有了两个附属学校作为师范教育实习的永久基地,并相继在深圳市的九所中小学校、幼儿园以及贵州省的三都民族师范学校挂牌成立了10个基地。

在对外培训和合作办学上,学院已经成为了深圳市的继续教育培训基地之一,并开办了雅士班。与英国女王大学合作开办的“出国留学基础课程班”已经开办了四期,前三期共输送了128名学生到国外留学深造,学生签证率为100%,第四期课程班现有在校学员80人。

在设施建设上,国际学术报告厅、艺术村、多媒体教室、微格教室、理化实验室、语音室、电子钢琴室等相继建成并交付使用,教师办公电脑化、学生宿舍网络化等也已实现。

至2001年,学院已有四届本科和六届专科毕业生近1 100人走上了教学岗位,并有十多名学生考上了研究生,其中仅2001年就有5名学生分别考上了北京大学、复旦大学、中国科学院、西北工业大学等名牌高校。

为提高教学质量,学院自建院以来即积极酝酿教学改革,大力引进优秀人才,努力探索在综合性大学办好师范教育的新模式,推广师范生主副修制度,努力开辟选修课阵地,使学生能够真正根据自己的兴趣爱好,跨院系、跨学科、跨专业选修。为改善课堂教学效果,增加了素质教育课程的选修课,推行研讨式教学,确立主讲教师制和答疑课制。为培养优秀师范毕业生,学院实行普通话、计算机、外语、演讲、书法五项全能教育,推行毕业生推荐就业与自谋职业相结合的办法。凡是五项全能未能达标的同学,不能推荐到教师岗位就业,打破了师范生“不担心学业,按计划就业”的等靠心理。

“高校里没有只科研而不上课的老师,也没有只上课而不科研的老师”,这是深圳大学副校长兼师范学院院长章必功教授的一贯观点。章必功教授是全国优秀教师、国务院特殊津贴获得者、教育部中文学科教学指导委员会委员、教育部文科基地专家评审组成员、北京大学先秦两汉文学博士点三人指导小组成员。他不但带头坚持在教学第一线,而且还坚持在科研第一线。在院领导班子的亲力亲为和积极推动下,科研成果的数量和质量得到了提高。1999 年,师范学院在编教师人均发表论文 2.2 篇,出版著作和教材 23 部,有 15 个国家级和省部级科研项目立项。

学院提倡尊重学生的公民权利,师生平等,自由对话,个性生动,独立思考,充分发挥学生在教学中的主体意识。鼓励学生积极投身于丰富多彩、健康活泼的校园文化建设中去完善个性。

展望未来,学院非常乐观地相信,在“和谐奋发”的学院精神的带动下,依靠深圳大学这一综合性大学的优势,一定能够实现“对内,成为深圳大学的一所优秀学院;对外,成为深圳教育系统十分满意的学院”的办学目标。

云南省财经学校

云南省财经学校创建于 1934 年 11 月 6 日,前身是云南省立鼎新初级商业职业学校,1942 年易名为省立昆华高级商业职业学校,1959 年定名云南省财经学校。

学校位于昆明市北市区龙泉路 408 号,依山傍水,环境优美,绿树成荫,与昆明世博园遥遥相对。一条公共道路将校园划分为南北两院,南院叫“勤奋院”,为普通中专教学区;北院叫“兴隆院”,为成人学历教育、干部培训和教职工生活区。学校占地 249 亩,建筑面积 7 万多平方米,藏书 22 万册,拥有教学用微机 300 多台,建有 140 台设备的两个多媒体教室和具备教学管理和信息交流的校园网,并配有电子阅览设备 24 套,有标准的田径运动场和室内综合体育馆,教学用模拟实习室 11 个,教学、生活设施配套齐全。

学校面向云南省招收初高中毕业生,学制分别为三年、二年。在校全日制普通中专学生 2 000 多人,现有教职工 176 人,教师 102 人,其中,高级讲师 32 人、讲师 50 人,具有“双师”证的教师 14 人。学校设有财务会计、财政与会计、会计电算化、会计与文秘、审计电算化、涉外会计、统计与会计、投资经济管理、资产管理等 9 个专业。学校注重学生的基本技能训练和能力素质培养,明确提出了“记一本好账、写一笔好字、练一手好算盘、作一篇好文章、健一身好体魄、讲一口标准普通话”的“六个一”要求。

新中国建立以来,学校曾在较短时间内隶属于云南省商业厅管理和领导,1963 年云南省会计学校与云南省财经学校合并,定名云南省财经学校,之后的近 40 年时间里,学校一直由省财政厅主管。在省财政厅和省教育厅的领导下,学校坚持社会主义办学方向,确立了“立一等志向,塑一等品格,求一等学识,创一等事业”的育才目标;造就了一支素质优良的教师队伍,为国家输送了 3 万多名财经专业人才,而且绝大部分已成为所在单位的业务骨干,有的走上了重要领导岗位,为云南的经济建设与发展做出了贡献,被誉为云南省财经管理干部人才的摇篮。学校分别于 1980 年 11 月、1994 年 8 月和 2000 年 5 月三次蝉联国家级重点中专,并在云南省国家级重点中专学校中名列第一。1995 年 11 月,中共中央政治局常委、国务院副总理李岚清在云南省委、省政府主要领导陪同下视察学校,肯定了学校的教育工作。

学校在突出中专办学特色的同时,实行多渠道、多形式办学,举办了各类长短期培训班。在云南省财政厅的大力支持和帮助下,先后与中国人民大学、中央财经大学、上海财经大学联合建立了干部专科、本科函授站。1988年被省财政厅确定为云南省财政干部培训中心和农财农税干部培训中心。1995年11月被财政部确定为全国财政系统财政干部定点培训基地,1998年7月被云南省人事厅确定为云南省公务员培训基地。经云南省教委批准,学校自1994年起为在校生开办了大专自考点,2000年12月学校与上海财经大学协定,联合举办中专大专直通班,2001年8月上海财经大学成人教育学院云南分院在该校正式挂牌。1996年学校被昆明市人民政府命名为“市级文明单位”和“花园式单位”,2001年6月通过了省级文明单位验收。是国家财政部表彰的全国教育工作先进单位和云南省人民政府表彰的全省财政系统先进单位。1999年1月被云南省教委命名为省级文明学校。1999年5月学校300名学生参加’99昆明世界园艺博览会开幕式大型文艺表演,受到省市领导的表彰。

迎着新世纪的曙光,学校的总体改革发展思路是:以“育人为中心”,逐步构建“以人为本、育人为本”为核心的素质教育体系;不断提高教学质量,创新办学形式;做好毕业生就业指导工作,提高就业率;强化内部管理,建立一支高素质的师资队伍。

学校发展的目标和要求:规模适当,确保质量;工作上A等,学校创一流。

学校发展的方向:开展多形式、多层次的职业技术教育,创建有特色的职业技术名校。

让中国古建彩绘艺术永放异彩

——北京市立华职业高中创办古建彩绘专业

创办于1987年的北京市立华职业高中,是一所艺术教育培训学校。该校以培养专业技术人才为办学宗旨,以解决现在与将来专业人才匮乏问题为已任,开设了计算机古建艺术彩绘专业,将民族传统艺术与现代电脑美术设计手段相结合,使之成为具有独特专业的特色学校。立华职业高中是北京市20余所高等教育高职专业助学院校之一,为北京市教育学院大专预科班。师生们坚信,在北京市政府及社会各界的支持下,立华职业高中将以完善的办学设施,高水平的教学质量,为国家培养优秀的专业技术人才队伍,为弘扬民族文化做出贡献。

继往开来,任重道远。立华职业高中承担的是一项艰巨的任务。为了说明这一工作的重要性,应该回顾一下古建筑彩绘的历史和继承与发展古建彩绘艺术的深远意义及所面临的现实问题。

中国古建彩绘艺术历史悠久

中国的古建筑油漆彩绘历史悠久,名扬世界。早在两千年前就有雕刻、油漆彩画装饰了。

隋唐时期,在高档建筑的结构上开始展施大面积的油漆彩绘工程,在色调上多以朱白二色作底色,以青绿丹黄饰图案,以紫黑二色为界线,以达到丰富多彩、绚丽壮观的图案。发展到宋代时期,据宋《营造法式》中所记载,建筑彩画根据不同建筑,定为五彩遍装、碾玉装、青绿叠晕棱间装、解绿装、丹粉刷饰及杂间装等6种不同做法,使建筑彩绘不同风格,富于变化,各有千秋。

到明清阶段,是古建彩绘发展的顶峰时期,逐步走向规范化、科学化。从无章法到有章法,并采取规范性与灵活性相结合的原则,使彩画图案无论在任何不同的构件上,都能做到尽善尽美。

明代时期的古建彩绘,综合起来分为两大类。一是云龙彩画,为当时至高无上的品牌,以云龙及旋花纹图案为主要题材,列为当朝宫殿或与皇帝相关的庙寺建筑彩画。二是旋子彩画,以各种不同形式的旋花纹、如意纹、栀花纹等图案为主要题材,通过各部的规划线,组合形成完整图案。此种彩画,根据不同的建筑等级,划分为四种不同的等级做法。一是金线大点金,二是墨线大点金,三是墨线小点金,四是雅伍墨彩画,为无金彩画。明代建筑彩画,根据不同建筑等级,明确了6种不同做法,同时创造了梁枋"三廷"规划线,为古建彩绘做出一大功绩。

清代古建彩绘,在元明两代的基础上进行了大突破、大改革、大发展,尤其在乾隆时期,创造了和玺彩画及苏式彩画。清代建筑彩画综合起来共分为三大类。一是和玺彩画,以龙凤云纹为题材,沥粉贴金,呈现了雄伟壮观、金碧辉煌的气势。二是旋子彩画,整个图案以旋花纹、卷草纹、龙锦纹为题材,为一般寺庙祠堂建筑彩画。三是苏式彩画,以人物故事、风景山水、花鸟鱼虫、飞禽走兽等为画面的主要题材,为一般大宅院及休闲场所建筑的园林亭廊楼阁彩画。清代建筑彩画的三大类,视不同建筑的档次,分为20多种做法。不但名目繁多,施用范围也相应扩大,画面丰富多彩,既体现了皇家建筑的雄伟庄重、金碧辉煌,又体现了园林及宅院建筑的清淡素雅与舒适美感。

继承和发展中国古建彩绘艺术

为弘扬中华民族优秀文化,保护闻名中外的中国古建筑,新建一些古建式园林建筑,促进旅游业,需要继承和发展古建彩绘艺术。

油漆彩画工程,在古建筑结构上起到重要的三大作用:一是标志作用,二是装饰作用,三是保护作用,因此延用至今。

早在1987年,我国的八达岭长城、故宫、陕西的秦始皇陵(含兵马俑)、山东泰山名胜区、甘肃的敦煌石窟、北京的猿人遗址6项文化遗产被定为世界文化遗产。此外,国家级重点保护项目,全国计近百处,仅在北京地区就占18处之多。北京市级文物保护单位多达246处。再加之改革开放以来,为发展旅游事业,适应国内外游客观光的需要,增建了不少水泥构建的仿古建筑,都需要传统油漆彩画。"无佛不成庙,无画不成古"。所以说,古建油漆彩画行业,在传统建筑上是不可缺少的特种工艺行业;更是今后保护古文化及适应现代仿古建筑发展需要的急待继承和发展的珍贵艺术。

但摆在面前的一个现实问题是工程量大、专业人员少、技术力量极为薄弱,更严重的是后继无人。1952年,北京大修天安门、雍和宫及东四清真寺等古建筑,当时北京集中了上百人,其中大部分为解放前的老艺人,这些人逐渐退休与病故,健在的不过几个七旬以上的老人了。新中国成立50周年大庆,修缮天安门、端门等油画工程,因专业人员紧缺,从北京古建公司、房一公司、北京大龙集团、崇文古建公司、故宫彩画队等单位召集技工,仍满足不了工程需要,又从山西省调来几十人支援,才如期完成任务。

鉴于目前古建人才奇缺,严重断档的状况,为有计划、有效地培养出国家急需的专业技术人才,需要得到政府的扶持和社会的大力支持,使开办培训专业人才的学校有足够的资金,有广泛的生源(如办中专、大专班及专业人员短期培训班,定向培养等),有雄厚的实力。

"十五"开局凯歌高奏

中国运载火箭技术研究院院长　吴燕生

中国运载火箭技术研究院隶属于中国航天科技集团公司,下属12个研究所、4家企业及中国远望集团公司等3个实业公司,在美国、德国、俄罗斯、香港、澳门和新加坡等国家和地区分布有经营网点,并控股火箭股份1家上市公司。

经过近45年的发展,研究院已经成为中国最大的运载火箭及载人航天飞行器研究、设计、生产基地,使中国的运载火箭技术跻身世界先进行列。改革开放以来,研究院开始进军国民经济主战场,积极参与国际竞争。国际贸易、高科技产品开发和资本经营等已经成为研究院新的经济增长点。

研究院坚持以人为本原则,始终把人力资源开发放在战略高度。在取得长征火箭进入国际市场等辉煌成就的同时，造就出十余位两院院士，二十几位型号总设计师，数十位国家级和省部级专家，以及一大批国家级、省部级跨世纪学术和技术带头人；培养出副部级以上领导干部数十名，局级以上领导干部几百名；近600人享受政府特殊津贴。

2001年是“十五”规划的开局年，研究院广大干部职工发扬“永不停步、永攀高峰、永保成功、永创一流”的精神，转变观念，团结拼搏，赢得了新世纪的开门红——全面实现了2001年的工作目标。

科研生产成绩显著，飞行试验、发射任务实现五年五连冠 2001年是研究院科研生产任务空前繁重的一年。全院广大干部职工团结一心，顽强拼搏，取得了运载火箭等型号研制和预先研究等任务全面完成的骄人业绩，型号飞行试验、发射任务实现了五年五连冠。

技术创新体系初步形成，预先研究成绩突出 将技术创新提到研究院未来生存与发展的战略高度来认识，在全院上下唱响了“技术创新是立院之本、富院之策、兴院之路”的主旋律。研究院建院以来首次技术创新大会，全面总结了“九五”以来技术创新的主要成果和经验，明确了研究院“十五”期间技术创新的奋斗目标和主要措施，颁发了《创新管理办法》和《技术创新基金项目管理办法》，理顺并完善了技术创新组织体系，进一步充实了预先研究队伍，技术创新体系已初步形成。

2001年，研究院获国家科技进步二等奖1项，获国防科工委科学技术一等奖1项、二等奖8项、三等奖14项。江泽民总书记、李鹏委员长、朱镕基总理等党和国家领导人对研究院预先研究工作所取得的成绩给予高度评价。

市场开发成效显著，新签合同额再创新高

研究院自筹资金开发的新型号获用户立项，神箭一号、50吨级氢氧发动机获国家立项；三项国家重点工程关键技术预先研究攻关项目和技术改造项目已经立项。62项攻关课题分别在有关部门立项招标中中标，被列入国防科工委民用航天“十五”预研计划。

2001年共签订运载火箭等型号研制生产合同额创历史新高，运载火箭国内市场开发卓有成效，长征二号丙等火箭发射近10颗卫星。

资本运作日趋规范，投资收益显著提高

资本经营理念和融资手段趋于成熟，成功实现火箭股份配股，募集资金3亿多元，改善了现金流量状况，优化了上市公司资本结构，对资产置换后的遗留问题提出了解决办法。制订了院“十五”资本运营规划，明确了“十五”期间资本经营目标和任务。逐步规范了院本级资本经营工作，制订了《资产经营管理办法》和《经营性项目投资管理办法》；通过商业计划书对外招商引资，溢价吸收股东资本，成功创建了航天新概念软件有限公司；积极拓展资本运作的渠道和途径，首次以无形资产入股稀土电机项目。

在以经济效益为中心的同时，研究院加大改革力度，实现了院民品总公司、三产总公司分别与总体部、总装厂的民品、三产的联合重组；大力推进专业厂所的联合，促进了院本级实体化进程和军民品分离分立改革；并且按照《公司法》要求，建立投资主体多元化，法人治理结构规范化的母子公司体制。

研究院加强管理创新，使管理水平不断提高。大力加强党的建设和干部队伍建设，并以此推动职工队伍的建设。院党政一班人始终要求“两手抓，两手都要硬”，把思想政治工作、精神文明建设和企业文化建设作为确保科研生产、飞行试验各项中心任务完成的基础，取得了两个文明建设的双丰收，院党委在建党80周年之际，被授予“全国先进基层党组织”荣誉称号。

与时俱进，再创辉煌 2002年是研究院改革与发展形势严峻的一年，是市场竞争更加激烈的一年，是以国家重点工程为代表的科研生产任务全面攻坚的一年。为此，研究院将“成功、创新、效益、作风”作为全年工作的中心，规范管理，确保安全、质量，重在创新，促进民品三产工作的进一步发展；加强调控，落实规章，进一步提升综合管理水平。

为确保各项任务的圆满完成，研究院在全院范围内广泛、深入地开展“危机意识、大局意识、创新意识、责任意识”教育，进一步增强全院干部职工的事业心、责任感和时代紧迫感。在以研究院为主研制的长征二号*F*运载火箭第三次成功地将“神舟”试验飞船精确地送入预定轨道、江泽民总书记在发射基地亲笔为研究院研制的长征系列运载火箭题词“神箭”的巨大荣誉面前，院领导班子没有被成功和荣誉所陶醉，而是保持着清醒的头脑，告诫自己和广大干部职工要“从严从细从零开始，再接再厉再创辉煌”，把党和人民巨大的鼓舞和亲切的关怀作为不断拼搏奋进的动力。

研究院把创新工作作为全院的灵魂工程来抓，通过加大创新投入，在提升研究院自主创新能力和核心竞争力上狠下功夫。为此将进一步转变思想作风和工作作风，加强责任制的落实，从严管理，把各项工作做深、做细、做实；按照中央领导同意“一丝不苟、分秒不差”，“要搞就要搞成，要搞就要搞好”以及“严上加严、细上加细、慎之又慎”的指示精神，抓质量、保安全、促进度，确保各项发射任务和型号批生产任务的圆满完成。

“天行健，君子以自强不息。”中国运载火箭技术研究院有着45年的辉煌历程，面对重于泰山的任务，定会以高度的政治责任感、历史使命感和时代紧迫感，弘扬伟大的“两弹一星”精神和航天传统精神，与时俱进，再创辉煌，以优异的成绩谱写中国航天和研究院新的华章，迎接建院45周年，向党的十六大献礼。

胜利油田物探研究院

胜利物探研究院是胜利油田有限公司下属的一家集地震资料处理、解释和计算机技术服务于一体的科研生产单位，是中国石化股份有限公司六个重点科研院所之一；是美国西方地球物理公司授权的亚太地区唯一的 *OMEGA* 软件培训中心。

物探研究院现有 24 个专职的生产科研科室，职工 1 138 人，其中，教授 4 人，博士 22 人，硕士 111 人，高级工程师 165 人，工程师 298 人，省部级以上专家 8 人，局级专家和学术带头人 19 人，专业技术人员比例高达 80% 以上。

物探研究院设备先进、技术力量雄厚，固定资产达 2.6 亿人民币。拥有 60 个节点的 *IBM SP/10* 个节点的 *SGI ORIGIN* 2000 等并行机和高性能工作站以及微机并行机群等现代化设备千余台(套)，配备有 *OMEGA*、*GEODEPTH*、*GRISYS*、*JASON*、*VIP*、*GEOFRAME*、*ECLIPSE*、*LANDMARK*、*LCT* 等地震和非地震联合处理解释系统以及自行研制的波动方程深度偏移、盆地模拟、精细油藏描述等多套软件系统。

物探研究院在地震和重磁电等地球物理资料处理与解释、油藏描述、资源评价、勘探数据库、计算机应用、网络信息、电子等技术的研究开发与应用等方面均具有领先优势。每年可同时处理三维地震资料 5 000平方千米，二维 20 000 千米，叠前深度偏移 500 平方千米，提供井位 260 口以上，承担局级以上科研课题 50 余项，承揽数据库及网络工程十余项。物探研究院凭借其雄厚的技术实力，为国内外客户提供了大量地震资料处理、解释及计算机技术等服务，例如：青海油田、中原油田、海洋公司、伊朗、苏丹、*CHEVRON* 和 *SCS* 公司等，赢得用户赞誉。

“十五”期间，物探研究院将大力发扬“团结、求实、开拓、奉献”的企业精神，加强技术创新和管理创新，把物探研究院建设成为以地震资料处理与解释、油田数据管理和应用、大规模并行动态数值模拟和油藏描述为主体、以石油高科技软件产业和开放式计算机软件平台为技术支撑的适应国内外石油市场需要，国内一流水平的石油物探和计算技术研究与服务中心。

世界知名的国家竞争力研究机构

一、世界经济论坛(*World Economic Forum, WEF*):世界经济论坛是一个由工商界领导人、政治家和学者组织成的国际组织,总部设在瑞士的日内瓦,该组织每年召开一次年会。自1980年起,世界经济论坛每年都发表研究结果《全球竞争力报告(*Global Competitiveness Report*)》,其评估国家竞争力的因素有8大类,32个中分类、155个指标。

二、国际管理发展学院(*International Institute for Management Development, IMD*):它是一所知名的管理学方面的研究机构,位于瑞士洛桑。1989~1995年期间该学院与*WEF*合作研究并发布《全球竞争力报告》。1996年两机构终止合作后,国际管理学院自行研究并发表《世界竞争力年报(*World Competitiveness Yearbook*)》。其评估国家竞争力的因素仍有8大类,有40个中分类、244个指标,其中有72项为问卷调查结果。

三、商业环境风险评比公司(*Business Environment Risk Intelligence, BERI*):它是美国一家定期以世界主要国家的国际竞争力进行评估的机构。每年3月出版《劳动力素质评估标准(*Labor Force Evaluation Measurce, LFEM*)》;每年3月、7月、11月出版《世界各国投资环境风险评估报告》。

四、韩国产业研究院(*Korea Institute for Industrial Economics & Trade, KIET*):该机构1994年发表《韩国国家竞争力评估与强化战略》的研究报告,评估竞争力的因素包括4大部分,共计50个指标。

五、韩国大宇经济研究所:1996年用8个方面为评估项目,公布了《总体性国家竞争力现况》报告。

六、荷兰经济部:它是政府部门研究国际竞争力机构,每年均对主要竞争对手及贸易伙伴进行竞争力比较分析,使用的评比标准有6个项目。

此外,瑞士联合银行(*Union Bank of Switzerland, UBS*)也评估一些国家和地区的竞争力。其评估竞争力的项目包括储蓄率、资本输入、政府开支、实际汇率指数、通胀指数、出口增长指数、研究与开发支出指数等。

中国发展战略学研究会横向联合发展部简介

中国发展战略学研究会是致力于发展战略研究与运用的全国性科研学术机构,其横向联合发展部是该学术机构的一个重要职能部门和经济全球化中"横联"新理念战略研究与推广的专业学术机构。经济全球化将是21世纪人类文明历史新开端的必然趋势,而以理性为特征的平等双赢合作战略即"横向联合发展"将是经济全球化中国际、国内合作战略的新理念、新模式。横向联合发展部既致力于这一新战略模式的研究,又充分为社会各界提供实际战略运用的咨询、培训和具体合作项目的开发、研究和规划等业务。

该机构建立十年来,从事过广泛的学科研究和社会活动。先后提倡经济文化新学科并编辑出版现代经济文化丛书、参与编辑出版《世界经济文化年鉴》等大型文献著作,以及先后为政府部门和区域、行业、企业、事业部门发展战略的咨询、研究、规划、决策及多种形式培养管理、决策、发展战略研究与应用型人才服务。

地址:北京市三里河路52号
邮编:100864
电话:010-68597072

地址:北京市复兴路83号66信箱
邮编:100856
电话:010-66706792

第 十 一 篇

智力资源开发与中外企业(公司)经营管理

民营科技企业应争做先进生产力的代表

宋 健

20世纪已经过去,我们迎来新世纪、新千年的第一个春天。过去100年,是中国人民浴血牺牲、艰苦奋斗,赢得了民族解放和人民革命胜利的100年。20世纪之末,香港、澳门回归,改革开放取得了伟大的成功,人民生活改善,综合国力增强,中国开始复兴,国际地位提高,全国人民拥护,世界瞩目。20世纪最后20年的改革开放,给我们的祖国带来了巨大变化,中国人民创造了许多新事物。民营科技异军突起,是中国科技工作者的重大创举,为现代经济的建立和发展,为工农业科技水平的提高做出了重要贡献。

20世纪80年代出现的民营科技,从无到有,从小到大,现在经济规模已经超过1万亿,职工500万人,年交税560亿,出口160多亿美元,成为社会主义现代化建设中一支很有战斗力的方面军、发展高新技术产业的生力军、经济发展的新增长点,为传统产业的改造升级和结构调整,为科技体制和经济体制改革做出了示范和创造了新鲜经验。

民营的机制灵活,自主经营,自负盈亏,在市场竞争中生存和发展,为创建社会化、多元化、大众化的生动活泼的社会主义市场经济开辟了道路并成为其重要组成部分。

民营科技型企业以新技术、高技术为起点,把国内外技术成果迅速转化为产品,转化为生产力,为国内外市场提供众多新产品,对丰富国内市场,打破外国大公司的垄断,都做出了贡献。不少企业紧密跟踪世界科技产业水平,迅速发展壮大,成为发展中国高技术产业的尖兵。

马克思主义讲生产,总是讲两条,一条是生产力,一条是生产关系。民营科技企业之所以表现出强大的生命力,主要是在于这两条。大部分民营科技企业完全面向市场需求,开发科技含量高的产品,采用先进的自动化生产设备,聘用高素质人才,合理配置资源,达到了较高效率和较高效益的目标,从而成为先进生产力的代表。我们讲的民营指的是运行机制,而不是指所有制。民营企业包括了各种所有制,国有民营的,合资的、合作的,股份制的,集体所有的,私有的都有。民营机制调动了各类职工的积极性,建立了适应生产力发展的新型生产关系,使企业充满了活力。可以说,民营科技企业在发展先进生产力和建立新型经营机制两个方面都有所创新,取得了可贵的新经验和可喜的新成就。国际经验和改革开放20年的实践已经证明,民营科技型企业能否发展壮大,将对中国高技术产业的发展从而对中国现代化建设的进程有重大影响。

当然,并不是所有的民营科技企业在这两个方面都已经做得很好。民营科技的建立和发展是一个过程,它才仅有10年到20年的历史,很多是近几年才建立的。完善、发展和升级都需要时间,现在存在的问题是,许多规模偏小,管理比较粗放,还没有形成规范的、科学的管理制度,高水平的人才缺乏,技术创新后劲不足,企业发展的外部环境还需要改善等。

党的十五次代表大会和五中全会制定了我国发展经济一系列新的方针、政策和措施,实践证明是完全正确的。这为新世纪民营科技企业的大发展奠定了理论基础和良好的政策环境。江泽民主席最近提出的"三个代表"的重要思想,不仅对党和政权的建设有重要意义,对于民营科技事业的健康发展,也有重大的指导意义。民营科技企业都应该努力奋斗,争做先进生产力合格的代表,成为科技是第一生产力的实践者和体现者。建立先进的企业文化、科学民主的管理制度,在职工中凝聚成爱企业、爱祖国、爱人民、爱社会主义的浓厚风尚,关心社会公益事业,参与救灾扶贫等都是先进文化的重要组成部分。创造较高的劳动生产率,多交税,增强国力,大量创造新的就业机会,放手吸收大中专毕业生就业,帮助农村剩余劳动力转移,都是当前人民的迫切利益所在。总之,以经济建设为中心,大力发展科技型企业,提高全社会劳动生产率,增强国力,提高人民生活水平,这是当代全国人民的最高利益所在,是历史赋予我们的光荣任务。我衷心希望中国的民营科技企业家们努力学习和贯彻"三个代表"的思想,联系发展高新技术产业的实践,推进民营科技事业在新世纪有更大更健康的发展。只要我们高举马克思主义、毛泽东思想、邓小平理论的旗帜,紧密地团结在以江泽民同志为核心的党中央周围,在未来10年到20年内,中国民营科技企业一定能迅速发展壮大,成为完成工业化和实现现代化的战略主力军,为振兴中国经济、创造21世纪的辉煌作出更大的贡献。

(本文系作者在"中国民营科技企业新世纪高峰论坛暨中国民营科技实业家协会年会"上的讲话。)

中国民营企业的发展及其文化建设

林振淦

民营企业发展进入历史新时期

现阶段中国大陆的民营企业主要包括私营企业和民营科技企业。

根据国家工商局的统计,到2000年底,全国私营企业达176.18万户,注册资本13 307.69亿元,投资者人数395.35万人,雇工2 011.15万人。

2000年是私营企业发展较快的一年,企业数量、注册资本、投资者人数和雇工人数分别比上年同期增长16.76%、29.36%、21.5%、18.36%。

私营企业经营规模继续扩大,经济实力明显增强。到2000年底,全国私营企业户均雇工11.38人,企业雇工人数在100人以上的有4.08万户,其中500人以上的2 343户,1 000人以上的259户;户均注册资本达75.54万元,注册资本在100万元以上的27.33万户,其中500万元以上的4.15万户,1 000万元以上的有219户。私营企业集团3 579户,是上年同期的2.12倍。

私营企业带来显著的经济效益。2000年私营企业共创产值10 739.78亿元,实现销售总额或营业收入9 884.06亿元,社会消费品零售额5 813.48亿元,出口创汇折合人民币740.93亿元。分别比上年增长了39.73%、38.25%、38.7%和105.92%。私营企业的产值相当于当年国内生产总值的12%,私营企业的社会消费品零售额占社会消费品零售额的17%,2000年底私营企业从业人员达2 406.5万人,全年共安置国有企业下岗职工106.99万人,其中有20.93万下岗职工作为投资人创办了私营企业。

根据全国工商联的数据,1992年全国已有民营科技企业2.5万多家,技工贸总收入为297亿元,利润33亿元,税金12亿元;到了2000年,民营科技企业已发展到15万家左右,据对8.61万多家抽样调查统计结果是:企业长期员工559.1万人,技工贸总收入1.47万亿元,资产总额近2万亿元,全年实现净利润1 006亿元,上缴税金780亿元。2000年和1992年相比,企业数量增加了3.4倍,技工贸总收入增长了49倍,实现利润增长了30.5倍,上缴税金增长了65倍。

1992年以来民营科技企业的产业化速度日益加快,一大批有规模经营的公司应运而生。截至2000年底,总收入超过1亿元以上的民营科技企业有2 214家,占企业总数的2.57%,其中超过10亿元的有187家,超过20亿元的有76家。全国53个国家级高新技术产业开发区80%以上是民营科技企业,有的高达90%以上。民营科技企业对经济发展和科技的开发与应用发挥了极为重要的作用。

在改革和"下海"的大潮中,一批又一批的科技人员从研究院所和其他国有企事业单位走出来,丢掉"铁饭碗",不吃"大锅饭",按"四自"(自筹资金,自愿组合、自主经营、自负盈亏)原则,创办和经营民办民营企业。经过多年的发展,一些以公有制 为主的民营科技的所有权关系发生了重要的变化。其方向是削弱公股,发展个股。例如,四通集团公司当时是以四季青的乡镇企业创办的,联想集团公司原是由中国科学院计算机研究所的一些科技人员采取承包、租赁的形式创办的,按照“民营”的运作机制发展起来。随着企业规模的扩大和效益的提高,在产权、利益分配和所有权与经营权的两权分离等问题上,潜在矛盾日益暴露出来。经过几年研究和探讨,四通采取“搁置历史,着眼未来,冻结存量,明析增量”的办法,成立职工持股会,公司骨干和全体职工以持股形式买下四通公司的产权,最后成为上市的社会化的公众公司。联想集团采取“切块分割”的办法,“以明析的增量,稀释存量”,将65%的产权留给中国科学院计算机所,35%的产权再切成三块,创业初的核心领导成员、骨干分子和后来的骨干职工各分得35%、20%、45%。民营科技企业中含盖多种所有制,据2000年统计,国有、集体所有制的企业分别占总量的7.3%和15.94%,个体、私营、合伙、股份制、中外合资、港澳台投资企业占总数的76.76%。

1982年五届人大五次会议通过的国家宪法,认定城乡劳动者个体经济是社会主义公有制 的补充,1988年七届人大一次会议通过的宪法修正案认定私营经济也是社会主义公有制经济的补充。1997年9月中共十五次代表大会上,江泽民总书记指出非公有制经济是社会主义市场经济的重要组成部分;1999年3月宪法修正案明确了个体经营、私营经济等非公有制经济是社会主义市场经济的重要组成部分。中共十五大和1999年宪法修正案使全国各地领导的思想有更大的解放,成为促进非公有制经济加速发展的重要因素。

2000年4月中共中央统战部部长王兆国在中国光彩事业促进会二届一次理事会上强调。非公有制经济人士是一个正在发展中的有着自身特点的社会群体。这个群体特别是其中的私营企业主既不同于原来的民族工商业者,也不同于资本主义社会的资本家,他们是在党的富民政策鼓励下成长起来的有中国特色社会主义的建设者,是推进改革开放和现代化建设的重要力量。

2001年7月1日在隆重庆祝中国共产党成立80周年的大会上,江泽民总书记的讲话中指出,改革开放以来,我国的社会阶层构成发生了新的变化,出现了民营科技企业的创业人员和技术人员、受聘于外资企业的管理技术人员、个体户、私营企业主、中介组织的从业人员、自由职业人员等社会阶层。在党的路线、方针、政策指引下,这些新的社会阶层中的广大人员,通过诚实劳动和工作,通过合法经营,为发展社会主义社会的生产力和其它事业作出了贡献。他们与工人、农民、知识分子干部和解放军指战员团结在一起,他们也是有中国特色社会主义事业的“建设者”。民营科技企业创业人员和技术人员、个体户、私营企业主等非公有制经济所有者与经营者的社会身份和地位的肯定,必然极大地激发民营企业发展的积极性。

随着国有企业改革的逐步深入,国有大中型企业股份制改造、国有中小型企业改组改制,为民营企业的发展提供了广阔的空间。一些民营企业采取入股、合资、买断等经营方式,适时加速了企业的自身发展,扩大了企业的生产经营规模,提高企业的市场竞争力。中国西部大开发,也为民营企业发展提供了机遇。2000年中国加入国际贸易组织在即,信息化产业革命、高新技术的涌现,鼓舞和带动了外向型、科技型民营企业的发展;大批留学归国人员、国内高素质的人才自主创业,为民营企业注入了新的活力。2001年中国加入WTO,加速了与世界经济的接轨过程,中国政府入世承诺将促进对内开放,势将增进民营企业的市场准入和其他与国有经济平等的国民待遇,并为民营企业走向世界市场开拓平坦的道路,从而极大地促进中国民营企业的进一步发展。

“光彩事业”及其文化内蕴

早在中国改革开放初期,那时非公有制经济刚刚恢复,旧的意识形态的影响根深蒂固,个体工商业者的社会地位低下,他们从事的个体劳动在社会上曾被视为“不光彩”的。1993年8月30日,当时的中国共产党总书记胡耀邦接见全国发展集体经济和个体经济安置城镇青年就业先进代表表彰大会的与会代表时强调:一切有益于国家和人民的劳动都是光荣豪迈的事业;凡是辛勤劳动,为国家为人民做了贡献的劳动者,都是光彩的。1990年召开北京亚运会时,全国个体劳动者捐建的体育馆就因此被命名为“光彩体育馆”。

1994年4月,全国工商联主席经叔平、党组书记蒋民宽在全国工商联七届二次常委会议筹备会议上提出,要把组织非公有制经济代表人士参与《国家八七扶贫攻坚计划》的实施,作为本次常委会的一个重要议题。常委会期间,经叔平主席委托全国工商联副主席希望集团总裁刘永好召集9名全国工商联常委、民营企业家专题研究如何落实国家的"八七"扶贫攻坚计划,在常委会闭幕会上,北京民营企业家周晋峰代表10名民营企业家宣读了他们向全国的非公有制经济企业家们发出的《让我们投身到扶贫的光彩事业中来》的倡议书,号召先富起来的民营企业界人士以互惠互利、自觉自愿为原则,以帮助"老、少、边、穷"地区开发资源、兴办企业、培育人才为主要内容,为缩小地区差距,实现共同富裕,动一份真情、献一份爱心,做一份贡献。

当年7月,全国工商联向各省、自治区、直辖市、计划单列市工商联发出《关于成立全国工商联扶贫光彩事业工作委员会的通知》,8月中共中央统战部向各级统战部发出《关于大力推动光彩事业的意见》。9月30日全国政协李瑞环主席接见出席全国工商联召开的中国优秀民营企业家经验交流会的全体代表并发展讲话,称赞以扶贫为主题的光彩事业的倡议是个很好的倡议,表示完全支持;中共中央统战部部长王兆国在交流会上的讲话中指出,光彩事业是非公有制经济人士响应党中央、国务院的号召,落实国家"八七"扶贫攻坚计划的具体行动,是一项惠及当前、泽被后世的宏伟事业。1995年2月,全国工商联光彩事业工作委员会在北京召开第一次会议,会议要求各省级工商联原则上都要建立光彩事业工作委员会。当年10月,中国光彩事业促进会在民政部办理社会团体登记手续,总顾问王光英、陈俊生,会长王兆国,秘书长胡德平,执行会长刘永好。光彩促进会组织动员民营企业到贫困地区兴办项目,减低交易成本,争取当地政府支持,协调投资方与受援方的利益关系,提高民营企业家参与光彩事业的文化道德理念,不断推进光彩事业的发展。

1994年6月,贵州神奇制药有限公司董事长张芝庭代表神奇制药有限公司与荔波县瑶山、瑶麓经济开发公司签订了3个扶贫项目合同,共投资70万元;7月,四川希望集团总裁刘永好在四川彭州市宣布,投资1 500万元在凉山彝族自治州兴办科技扶贫工厂,要在七年内扶助20万贫困农牧民解决温饱问题。民营企业家们以实际行动拉开了光彩扶贫的序幕。1995年底,香港嘉浩集团董事局主席许智明,在新疆及内蒙古地区投资数亿元实施光彩工程,海外华人企业家也开始涉足光彩扶贫事业。至2001年7月底,据不完全统计,参与光彩事业项目的民营企业家已达8 846人,全国实施光彩事业项目5 744个,到位资金229.18亿元,培训人员10.95万人,安排就业104.88万人,捐赠办学及其它公益事业44.13亿元,帮助259 .09多万人摆脱了贫困。光彩事业的扶贫领域不断扩展,已经从初期主要是参与农村贫困地区的扶贫开发,发展到参与国有企业改革、改组、改造和下岗职工再就业工程,参加农业产业化、环境保护和国土绿色项目,参加教育产业项目和兴教办学、培训人才,光彩教育产业已形成雏形。光彩事业从开发模式成为发展模式。光彩事业为完成国家"八七"扶贫攻坚计划,促进经济发展和社会进步,帮助群众脱贫致富,为共同富裕发挥了重要作用,做出了积极的贡献。

光彩事业的基本特征是义利兼顾,经济行为与伦理道德行为的统一,其宗旨是义利兼容。义者,讲求信义,积极奉献;致富思源,回报社会;扶贫济困,致力于共同富裕。利者,光彩扶贫不是那种单纯捐赠式的慈善行为,而是个人投资的开发性扶贫;非公有制经济人士通过企业投资经营行为,把自己的资金、信息、市场、管理、技术等优势与贫困地区丰富的自然资源、劳动力资源结合起来,形成优势互补、利益共享、长期稳定的经济合作关系,达到企业盈利、经济发展。作为一种投资行为,光彩事业必须按市场经济规律办事,能够承担风险,有明显的经济效益,使投资与合作双方都得到实惠。

光彩事业义利兼顾,义利兼容,义中含利,利中含义。这种义利统一的关系,不仅表现于光彩投资事业的出发点和归宿;而且贯穿于光彩扶贫活动的具体环节中。例如,希望集团互惠式扶贫中奉行10:1的经营理念,即造利于农民,自己得到1分利,要让农民得到10分利。刘永好说:中国之大,农民之多,1分利看起来小,但合起来就很大;互惠式扶贫繁荣了当地经济,我们也以义利兼顾的经营方式,优质的产品和服务,树立了良好形象,使企业获得发展。

1995年10月,李瑞环在接见全国光彩事业工作会议与会代表的讲话中指出:光彩事业是通过民间渠道、利用民间形式实施的扶贫行为,是惠及当代、功在千秋的事业。它既是一种经济行为,又是一种充满感情的道德行为。是经济行为就要按社会主义市场经济的规律办事,是道德行为就要有对国家的热爱,对人民的回报,对人民的奉献。光彩事业体现物质文明建设和社会主义精神文明建设的统一。2001 年 11 月王兆国在中国光彩事业促进会第二届理事会二次大会上的讲话中说,光彩事业实实在在地帮助一部分贫困群众走上了致富之路,而且在求利润、讲效益的同时,积极倡导讲信用、守信誉,体现了义利兼顾、互惠互利的价值观,使非公有制 经济人士和贫困群众结成了共谋发展、共享成果的利益共同体。光彩事业是社会主义义利观的具体实践。

光彩事业促进会副会长、秘书长胡德平阐述,光彩事业的宗旨是义利兼容,它既有经济学上的意义,又有伦理学上的意义。义利兼容的文化理念,可溯源于中国传统文化中的义利观。光彩事业对中国古代一位先哲——墨子的经济思想与伦理思想进行了深入的挖掘,从“兼相爱、交相利”的命题到义利兼容的理念,总结出当今社会的义利观。通过对墨子的研究,使我们中国的民营企业家和两千多年前的先哲有了思想的沟通;义利之辩作为光彩事业理念的最早源头是再适合不过了。从事经济活动的中国民营企业家,他们的任务,不但是搞好本企业的经营,而且要有经世济民的思想和抱负。这是中国企业家所独有的思想营养和文化积淀。这正体现了经济学和伦理学的结合,体现了中国传统优秀的文化和社会主义市场经济发展的结合。

中国传统文化源远流长,极为丰富,讲求义气,“滴水之恩涌泉相报”,扶贫济困,都是中国文化的优秀传统,这些传统也都在光彩事业中得到继承和发扬。中国民营企业是在中国改革开放的过程中发展起来的,没有党和国家的富民政策,民营企业家和民营企业哪会有今天。他们致富思源怎能不以极大的热情回报社会,听从邓小平指引的方向以先富帮助后富。刘永好说,我们非公有制经济是踏着改革开放的鼓点成长起来的;非公有制经济是改革开放的最大受益者,所以我们不能忘记贫困地区的父老乡亲,先富帮后富实现共同富裕是我们义不容辞的责任。王兆国说:扶贫济困、乐善好施,是中华民族的传统美德。两千多年前墨子就指出“有力者疾以助人,有财者勉以分人,有道者劝以教人”。在浩如烟海的古代经典中也有许多类似的思想。这些思想或多或少带有理想主义的色彩,但在一定程度上反映了中华民族的优秀道德准则。先富起来的一部分非公有制经济人士,在企业发展壮大的同时,自觉回报社会,奉献一片爱心,兴办公益事业,慷慨解囊赈济,捐助兴教助学,以自己的实际行动,为中华民族传统美德赋予了新的内涵,使之在新时代得到了弘扬光大。“天下兴亡,匹夫有责”。个人的前途命运与国家的兴旺发达密切相关,国家的繁荣富强同样需要每个社会成员的积极参与,光彩事业显示了广大非公有制经济人士具有较强的主人翁意识和高度的社会责任感。

共同富裕是中国自古以来先哲先知追求的伟大理想,更是社会主义的本质要求。让一部分人先富起来,达到共同富裕,这是邓小平倡导的有中国特色社会主义的精义。光彩事业是促进实现共同富裕的有益实践,也是对共同富裕理想的自觉追求。早在古代,我们的祖先就提出了“天下大同”的理想,希望普天之下的人们都过上共同富裕的生活。几千年来,无数仁人志士寻找实现“大同”的道路。在中国共产党的领导下,中华民族实现了民族的独立和解放,建立了社会主义制度,为实现共同富裕提供了制度保障和现实途径。共同富裕不是平均富裕,也不是同步富裕。邓小平同志提出了允许一部分地区、一部分人先富起来,先富帮后富,进而实现共同富裕的思想。先富帮后富是社会主义制度优越性的体现,也是走向共同富裕的必由之路。光彩事业是实现共同富裕这一社会主义本质的必然要求,为实现中华民族的共同富裕做出了实实在在的贡献。广大非公有制经济人士作为党的富民政策的成功实践者,作为先富起来的一部分人,“饱而知人之饥,暖而知人之寒”,从而积极倡导并投身于光彩事业。

中国共产党总书记、国家主席江泽民于 1996 年为光彩事业题词:发扬中华民族传统美德,促进共同富裕。这一题词在 2000 年 4 月中国光彩事业促进会二届一次理事会召开之际在报界发表。

光彩事业符合当今世界和平与发展的主题。联合国 1995 年哥本哈根社会发展大会,把消除贫困、扩大就业、促进社会融合作为国际社会共同追求的重要目标。光彩事业的影响由国内走向国际。1999 年 3 月至 2000 年 4 月,联合国有关部门派出专家小组实地考察了光彩项目实施情况,认为光彩事业动员私营企业家参与投身开发性扶贫活动,配合政府扶贫战略,促进欠发达地区的经济发展和社会进步,完全符合哥本哈根宗旨,是富有创造性的实践活动。光彩事业不单纯是扶贫问题,也涉及到环保、妇女、人权、民族等国际社会普遍关心的问题。光彩事业被联合国有关组织作为一种新型的扶贫开发模式向国际社会推广。2000年6月,胡德平走上日内瓦第24届特别联大特设全体委员会第三次会议的讲台,发表了题为“光彩事业的文化理念”演讲。2000年底,中国光彩事业促进会正式取得了联合国经社理事会非政府组织特别咨商地位。光彩事业及其文化内含,在世界范围日益发挥作用,引起共鸣。

民营企业的信誉建设

中国经济正在从计划经济向市场经济加速转轨。市场经济的正常运行,需要辅以法制和道德的维系。在商业道德中,守信和信誉极为重要。在经济转轨时期发生的商业欺诈和信用问题,严重影响了经济生活的正常运转,阻碍了社会主义市场经济体制的建立和完善。这种状况,对于身处市场经济体制的民营企业和民营企业家,显然更深有体会。

1999年7月,一批民营企业界人士在人民大会堂向首都新闻界发表了一份《信誉宣言》。这份文件是由33位担任全国人民代表、全国政协委员、全国工商联常委的非公有制企业家签名发起的,指出信用是对商业契约的有效履行,信誉是评判诚实品德蹬重要标准,信义是承担社会道义的集中体现。守信用、讲信誉、重信义是中华民族的传统美德,是经济生活、社会活动应遵循的准则,也是始终伴随广大非公有制经济人士建功立业的道德准则和行为准则。并认为,构建完善的守信用、讲信誉、重信义的商业道德体系对于引导非公有制经济健康发展具有深远意义,必须从民族腾飞、振兴中华的高度来充分认识构建这一体系的紧迫性。宣言表示,这些民营企业家们要在市场经济活动的各个环节中,从自己做起,做到爱国敬业、照章纳税、关心职工、生活俭朴;重质量、树品牌、守合同、重服务、讲法制、讲贡献、讲道德。并倡议全国广大非公有制经济人士行动起来,为营造良好的经济秩序和社会环境做出应有贡献。

经济领域的信用问题也引起国家和社会各界的关注。伪劣产品屡禁不绝,“三角债”盛行。经济学家们认为,中国的市场经济建设正在遭遇一个空前尴尬的局面,那就是信用危机。这对任何一位企业家来说,都是一种痛苦,因为每个人都为企业的发展付出了高昂的成本。2000年底,中共中央经济工作会议部署下年经济工作时,明确要求各类经济主体都要守法经营,规范契约关系,执法部门切实加强管理,大力规范市场秩序。

民营企业家们不断为信誉工程树立自己的形象。2001年2月,民营企业家史玉柱悄然复出,并偿还了“巨人集团”在数年前因投资失败而企业倒闭以来积欠的巨额欠款,引发了人们对信用的极大关注。5月,参加全国工商联八届八次常委会的周晋峰等民营企业家在南昌发出倡仪:把9月19日作为中华全国工商联企业会员诚信日。

融资困难一直困绕着中小企业。中小企业在市场竞争中往往处于劣势,在不确定因素的作用下中小企业的经营状况很容易恶化,经营状况恶化的企业很容易发生信用危机。中小企业的信用评价体系在中国尚未建立,无法评价与预期企业的经营状况,就无法评价和预期企业的信用。中小企业的信用问题还与其自身治理机制有关,一般说来,小企业的透明度较差,社会难以监督,尤其是家族式私营企业。由于评价资信的成本很高,中小企业资信很难得到有效保证,所以也给企业自身发展造成很多障碍,融资困难是很典型的一例。

2000年2月全国工商联主席、中国民生银行董事长经叔平一行在杭州考察中小企业融资情况,私营企业及个体工商户的贷款仅占7%左右。浙江金义集团董事长陈金义等民营企业家在向调研组汇报融资难时,并没有把主要责任推到金融部门,而是在自身上找差距,他们一致认为作为企业首先要解决好自身的问题和项目的问题。经叔平主席甚是感动,他说,浙江私营企业家能有如此高尚的情操,很让人高兴。同时指出,在市场经济中“信誉”非常重要,全国的非公有制经济代表人士都应该确立我们的信誉,要重新构建属于我们民营企业的信誉工程。并认为,在民生银行杭州分行前不久为10家企业和百位名人进行大额授信的举措中,足以证明个人的信誉和企业的信誉可以转化为资金的事实。

温州市是中国率先发展非公有制经济的一个著

名的地区。在非公有制经济蓬勃发展的过程中,伪劣产品一度泛滥。十几年前,温州皮鞋比较畅销。不久,众多的人一哄而上,大家都来做皮鞋。一时之间温州皮鞋质量下降,出现早晨穿晚上坏的"晨昏鞋",七天就坏的"一星期鞋",并成为温州皮鞋的代名词,这使得早在明朝时期就成为贡品的温州鞋臭名远扬。1987年,温州的5 000多双皮鞋,被杭州有关部门视为劣质商品当众烧毁,给温州的鞋业界抹上了大耻辱。许多人增添了对温州经济的困惑。历史终于翻过了一页。在政府的指导下,温州的民营经济自己直面现实,坚决与假货作斗争,坚持质量第一,重新树立了自己的品牌。温州政府进一步提出建设"信用温州"。2001年12月,由全国工商联主办的"信用经济与温州民企发展研讨会"在北京人民大会堂举行。这个研讨会由温州工商联协办,温州吉尔达鞋业公司发起并承办。吉尔达坚持和发扬"方正、厚道、公平、诚信"的理念,认识到信用是企业可持续发展的一个根基,抓企业信用首先从重视产品质量开始,并通过产品信用管理使企业的信用价值和品牌价格得到更大的发展,使企业和品牌得到社会的广泛认可。吉尔达从开始的前店后厂,发展成为拥有4.5万平方米厂房、2 500多名职工、日产皮鞋1.5万双、产品一半外销的内外贸企业。专家们认为,营造良好的信用环境,应该很好地保护产权,发展民间自律的行业协会,并建立国家信用体制,建立失信惩罚机制,形成信用质量体系。有学者认为温州要建立"信用温州",其动力来自民营经济,民营经济已经有能力带动一个文化的发展,相信在今后若干年内,信用文化会有比较快的发展。

守信用、讲信誉、重信义是市场经济的伦理道德要求,也是中华民族的优良文化传统。孔子曰:无信不立。中国古代和近代的商家也讲信义,重诚信,许多商人把《三国演义》中的信义双全的关羽奉为神明,作为他们交友结商的精神纽带。海外华商把中华文化传统带到全世界,华人的文化背景对其贸易与工业的决策方式,维持人际关系以及文化习惯上的选择,都有重要影响。履信守义是华商的一个优良传统,几乎每一个成功华商都把它视为生命线,"信用一失,买卖无门"。华商之间做生意往往一个电话即可成交,有时只凭一句话就可以做成一笔很大的买卖,当然这是建立在互相守信的基础之上的。这种人际间的信用使华商的经营赢得很高的效率。西方商人靠契约、靠合同做生意。华商与西方商人的经营特点各有千秋,应该互学互补,趋利避弊。海外华商文化是中国传统文化、当代西方文化及华侨华人所在地文化的巧妙结合。改革开放以来,大量在海外华资引进中国,也带回他们丰富的管理经验和经营文化理念,这对于中国企业包括私营企业的文化建设,也有重要的意义。

民营企业文化建设掀起热潮

民营企业随着规模的扩大,职工人数的增多,产品的升级,随着市场竞争的日趋激烈,越来越需加强企业管理和企业文化建设。

民营企业在发展中面临外部环境和自身条件的双重挑战。随着国有企业、集体企业机制转变和市场秩序的规范,民营企业的机制优势趋于减弱,而市场竞争更加严峻;民营企业要走向世界,要面对世界多极化、经济全球化和风云变幻的国际环境的挑战,民营企业更面临提高企业家素质、吸纳经营管理和高新技术的人才、更新经营管理制度的自身挑战。许多民营企业家都意识到,在企业规模小的时候,做一个小老板文盲都可以,但企业规模扩大了,企业家的个人素质和企业的整体综合素质决定着企业的生死存亡。面对经历20年改革开放,民营企业普遍处于二次创业的状况,许多民营企业在确立企业经营理念、塑造企业精神、完善企业管理制度、加强企业组织建设、树立良好的社会形象、增强企业产品的社会功能意识等方面,取得了一定成就,创造出许多丰富多彩的企业文化。

中国经济蓬勃发展,并面临加入国际贸易组织之后进一步融入世界经济的大好形势。非公有制经济在中国国民经济中占居重要的地位。民营经济的顺利、健康的发展,对于新世纪的中国经济发展显然是十分重要的。民营经济与整个中国经济的发展也应该更加协调,更加融合在一起。

2000年2月,江泽民总书记在广东考查时指出,当前很有必要在广大干部群众特别是在发展较快地区的干部群众中开展"致富思源,富而思进"的教育活动。3月,全国工商联向其各级组织和广大会员发出深入开展致富思源、富而思进的通知,以此活动为契机,引导非公有制经济人士树立大局意识,促进非公有制经济的健康发展,为实现国家的经济工作任务和国家的长远目标而努力。一个“双思”活动在全国民营企业中迅速开展起来。5月,中共中央统战部、全国工商联联合召开非公有制经济代表人士座谈会,对开展“双思”活动提出进一步的要求。显然,这个活动已经成为民营企业思想文化建设和鼓励与推动民营企业向前发展的重要步骤。

2000年3月,江泽民总书记参加全国政协九届四次会议的民建工商联联组会议,在发言中提出了“三个结合”的思想,指出要引导非公有制经济人士把自身企业发展与国家的发展结合起来,把个人富裕与全体人民的共同富裕结合起来,把遵循市场法则与发扬社会主义道德结合起来。应当说,这是中国党和政府在中国社会经济发展的新阶段,在复杂的国际国内形势下,对工商联以及对非公有制经济人士这个群体提出的新要求,是今后一个时期工商联工作的指针和非公经济发展的方向。也势必极大地促进民营企业和民营企业文化的发展。

江泽民总书记提出“三个代表”的重要思想。指出中国共产党必须始终代表中国先进生产力的发展要求,代表中国先进文化的发展方向,代表中国最广大人民的根本利益。2000年9月为了认真贯彻关于“三个代表”的讲话精神,进一步搞好“致富思源,富而思进”活动,适应民营企业文化发展的新形势,全国工商联发出通知,要求各省、自治区、直辖市工商联积极推动民营企业文化建设,并在全国范围内开展民营企业文化建设经验交流活动。通知指出,民营企业的企业文化建设,是企业建立现代企业制度的内在要求,是企业综合素质的反映。10月,全国工商联民营企业文化建设经验交流会首次在武汉召开会议,接着在12月、2001年4月、5月和7月,相继召开了全国工商联民营企业文化建设经验交流会的成都会议、温州会议、长春会议和西安会议。同一时期,重庆、浙江、江苏等地的民营企业经验交流活动也热闹地开展起来。经验交流会由各地的企业家们自己组织,自己主持,自己演讲。讲的是民营企业家在创业和经营过程中所经历的酸甜苦辣和成功的喜悦。他们在企业文化建设中的经验相互补充,相得益彰。

民营企业文化中的核心价值观,企业精神和经营理念,注重于求实创新和发展,适应于中国民营企业正处于发展的阶段。重庆力帆轰达实业集团有限公司创业于1992年,7年后摩托车发动机生产量达到110万台,超过日本本田公司跃居世界第一,年销售收入逾27亿元。力帆的企业精神就是创新,提出“力帆有三宝,出口、创新、信誉好”;“获利路有三,垄断我无权,投机我没胆,创新求发展”;“大浪淘沙,是沙自流,是金自存”;“不苦不累不是力帆人,不乐不富谁做力帆人”。这些口号,激励创新和竞争精神。武汉红桃K集团提出的企业精神的口号是:“只有逗号,没有句号”。四川新希望集团认为,中国民营企业发展的历程太短,还要经历很多的考验;为了克服经营中的短期化倾向,确保企业的长远发展,提出了铸造“百年新希望”的经营理念,并以此为目标营造企业文化。

许多民营企业的管理和企业文化注重以人为本,知人善用,善待员工,打造利益共同体。

全国工商联副主席梁金泉多次纵论民营企业的文化建设。他认为,民营企业文化与其他企业文化相比较所具有的特点就是民营企业经营者的理念、本人的人格力量,也就是他的综合素质具有相当大的影响和作用。当然,民营企业文化变为企业的行为规范也离不开群众路线和制度的约束。

中国民营企业的文化建设,其拥有的特点和其内涵的意义,远远超过了民营企业的自身发展。中国民营企业家在为强国富民、振兴中华贡献力量,承负做有中国特色社会主义建设者的社会责任。有关人士在阐述中国民营文化建设时指出,中国的民营企业家一定要认清自己的社会责任,搞好自己的社会形象,把企业办好以增加社会的财富,强国富民,把职工队伍带好,带动其他社会成员为整个社会进步做出贡献。

中国民营经济的六大模式

许 强　沙 洲

希望模式

希望立足传统经济

新希望集团董事长刘永好在首届中国民交会上语出惊人:"如果只讲新经济,不搞传统经济,我们吃什么?穿什么?没有传统经济就没有新希望。"因此可以看出他的传统经济情结。

1982年,刘永好四兄弟为改革的美好前景所感召,先后辞去各自的公职,卖掉手表、自行车等家产,筹集1 000元人民币,到他们曾经下乡当知青的新津县顺江乡农村创业。通过10余年的艰苦奋斗,为希望事业发展奠定了坚实的基础。

1995年,集团的家族管理呈现出与现代企业不相适应的苗头来,4月,四兄弟分家。作为原希望老总的刘永好卸去法人代表之责,由刘永行出任董事长,但刘永好依然是风云人物,他当选为全国政协委员,被推举为全国工商联副主席,参加'98世界华商论坛等,而刘氏其他三兄弟则远不及刘永好名气大。

1997年,刘永好创建新希望集团,并怀着"科技兴农"的抱负,以农业起家,走发展传统经济之路,多年来始终立足广大农村,咬定饲料主业不动摇,拥有遍布华南、华中、西南、西北等地的饲料企业50家,饲料生产能力可达350万吨。在全国各地建有1.2万个销售网点。通过延长产业链,新希望农业产业向饲料业的上下游延伸至种植业、养殖业、食品加工业。"农业产业化,带来新希望"(姜春云题辞)。新希望在中国饲料市场宏观需求不旺的情况下,仍保持了销售增长50%的良好势头,在传统经济领域散发出巨大魅力。

希望模式不拒绝资本运营

刘永好认为传统经济是以科技为支点的,可以学习新经济,可以迈向金融领域,可以面向资本市场。

作为中国一家著名的"农字号"企业集团,1998年四川新希望农业股份公司在深交所成功上市。这一举措在融资上走出民营企业单纯依靠自我积累谋求发展的局限,面向资本市场开始了部分资产社会化的尝试,更重要的是在管理机制上摆脱了纯粹家族管理模式,向现代企业制度迈出了关键的一步。

新希望集团主要依靠自有资金滚动获得了发展,即使在今天,新希望集团资产负债率仍在10%以下。但是对于金融资本与产业资本的有机结合,新希望有自己的认识和见解。1996年1月12日,由民营企业家主要投资的中国民生银行在北京正式开业。刘永好作为主要发起人和投资者出任副董事长。民生银行成立3年来,贷款额度的60%以上贷给了非公有制企业,有力地缓解了其资金紧张的矛盾,促进了非公有经济的发展。金融投资业务,已成为新希望另一个新的事业平台。

兴亚模式

兴亚将知识转化为财富

兴亚集团的崛起,验证了一个新道理:知识等于财富。

随着企业经营机制的转换,企业的股份制改造已迫在眉睫,兴亚集团董事长赵磊敏锐地觉察到"知识产品的浪费是最大的浪费,抓住机遇,借助知识优势,应该及早办一家证券事务所"。1992年4月19日,由赵磊带领十几名青年教师创办的福建省第一家证券事务所——宏达证券事务所成立了。为此《中国青年报》在显著位置给予了报道,在全国引起极大反响。

宏达证券事务所的成立,使兴亚集团完成了从最初的散兵游勇式的尝试下海到初步组织形态化的过渡。

在此后一年多的时间里,宏达证券事务所帮助厦汽、国泰、龙舟、九州、建发、联发等大中型企业进行了股份制改造,并把触角伸向外省和深圳经济特区,把知识转化为财富。

1994年后,兴亚集团进驻漯河并首先与漯河市饮食服务所属的白兰宾馆联合成立了"兴亚白兰宾馆",投资2 000万元,对其进行了全面的"包装"。然后又陆续创办了厦门兴亚商务发展有限公司、漯河银鹰典当行、漯河银鹰贸易有限公司、漯河红登楼火锅城连锁有限公司。

赵磊充分发挥知识的优势,加大无形资产的开发和利用。他斥资收购了具有巨大无形资产的红登楼火锅城产权,并与中央电视台合资,利用"大风车"栏目的知名度设计并打出了以淘气猫为主体形象的儿童娱乐项目,同时公司还汇集了一大批博士、硕士、专家、学者等人才精英,拥有了巨大的无形资产。

兴亚模式:知识摄取财富

作为一个地地道道的文化人,赵磊认为,必须克服自身那种喜欢单打独斗的人格缺陷,运用专业知识自己创办上市公司,走一条研究股份制、宣传股份制、策划企业搞股份制、自己办企业发行股票上市的独特道路,把理论和实践真正结合起来。

党的"十五大"以后,兴亚集团进一步加快了企业兼并改制和资本扩张步伐,对原漯河市人民商场股份有限公司进行收购并对其实行资产重组,重新组建了兴亚实业股份有限公司,成立了北京淘气猫儿童文化发展公司,参股地方商业银行,使企业形成了以金融、贸易、宾馆餐饮、儿童文化娱乐为主导产业的跨行业、跨地区经营,经济实体达30余家的大型企业集团。在此基础上,根据集团整体发展思路,对现有企业进行重组,组成了起先导作用的发展事业部、起核心作用的金融事业部和起基础作用的实业股份有限公司,完成了以信息为先导、以金融为核心、以实业为基础的发展格局,奠定了成为上市公司的物质基础和体制条件。

审视兴亚模式即知识型经济模式,人们不难发现,知识不仅是一种生产力,而且能贯穿整个产业发展过程,成为摄取财富的生命力量。

正泰模式

正泰模式:"温州模式"的扬弃

2000年5月10日下午,江泽民总书记在浙江省委书记张德江陪同下,视察了正泰集团公司,并对正泰集团科技兴业、管理创新的经验给予了充分肯定,"正泰现象"进一步被理论界、新闻界总结为"新温州模式"。

"温州模式"区别于苏南模式的特征就是以家庭经营为基础,以市场为导向,以小城镇为依托,以能人为骨干,属个体、私营经济模式。正泰集团源于这种模式,又超越了这种模式。

1984年7月,正泰集团前身"乐清县求精开关厂"成立。

1991年9月7日,南存辉与美商黄李益签订合作协议。根据该协议,经浙江省人民政府批准,11月22日正式成立了中美合资温州正泰电器有限公司。

1995年11月10日,经国家工商行政管理局核准,"温州正泰集团"名称变更为"正泰集团"、"温州正泰集团公司"名称变更为"正泰集团公司",渐渐摆脱了家族式管理格局。

1996年6月7日,中华人民共和国对外贸易经济合作部批准正泰集团公司经营进出口业务。

1997年7月21日,浙江正泰电器股份有限公司经浙江省人民政府批准成立,成为正泰集团第一家规范的股份制企业。

1998年2月7日,正泰集团温州电器制造有限公司工业园奠基典礼在温州经济开发区举行。工业园征地59.51亩,总建筑面积53 735平方米,总投资1.5亿元。

1998年3月5日,正泰集团公司被浙江省人民政府授予四星级企业。

1998年3月,经温州市人民政府批准,正泰集团公司成为首家控股(集团)公司试点企业。至此,新温州模式形成。

什么是"新温州模式"

正泰集团发展核心就是科技兴业,管理创新。近年来,他们研制开发了具有自主知识产权的智能化、小型化、模块化、可通讯现场总线的新产品100多项。

其中省级新产品40多项、国家级重点新产品6项、国家专利20多项。正泰集团每年将销售收入的5%作为新产品研究开发经费,制定了激励科技进步的16条政策。一批优秀科技人员受到重奖,被吸纳为股东。在正泰,科技人员成为“百万富翁”已不是梦想。

正泰推行“母子公司制”管理模式。集团的管理分成了三个层面:上层,即集团公司,为投资中心;中层,按小行业组建的专业公司,为利润中心;基层,实际上是各专业公司下属的生产单位,为成本中心。

这种模式既使下属企业获得了充分的经营自主权,又使集团公司能够集中精力考虑产业的升级和资本的增值。

从股份合作制的产权结构和家族式管理起步,发展为股份制的大型企业集团,正泰正给21世纪中国推出“新温州模式”,它实施的“统分结合,纵横推进”的市场营销战略也正为“新温州模式”注入着崭新的血液营养。

盛达模式

盛达之路夯实基础

被云南省有关部门评为云南私企第一强的云南盛达集团,1999年开创了民企投资建设大型交通基础设施的先河,引起了新闻界和理论界的普遍关注。按惯例城市交通基础是由政府投资建设供社会使用,但作为一家私营企业为何敢介入政府投资呢?

其实,盛达集团创业者们为政府排忧解难不是一天两天的事了。早在1995年云南盛达贸易有限公司成立,就开发建设了云南盛达汽车配件城,由于经济环境好,选项准确,建设快速,实现了当年立项、当年建成、当年收回投资的好成绩,每年有经营收入600～700万元,为云南盛达公司今后的发展奠定了坚实的基础。

1997年,盛达成功兼并了困难企业昆明市钢窗厂,并建立了被兼并企业职工生活福利保证金制度,取得了民营企业兼并国有中小型困难企业成功的经验,得到了省委领导同志的赞赏。

1998年,由于市场饱和,生产过剩,投资环境十分严峻,已经奠定了发展基础和具备了发展条件的盛达集团,经过大量的市场调查和分析研究,根据昆明城市交通设施分散落后,不适应汽车客运事业发展的实际,提出建设一座大型汽车客运站的设想,由此导演了一场“新政府经济模式”的排练。

盛达模式的核心在于打破一种格局

盛达老板孟德宽有个思路:办企业为的是追求最大利润回报和社会效益。作为中国直达南亚的桥头堡,昆明缺少大型客、货中转的交通枢纽怎么行?既然政府投资有困难,由私企投资建设也是符合经济规律的。因此,孟德宽向云南省政府提交了昆明汽车客运南站项目策划书。

项目一经提出就受到了云南省和昆明市领导的高度重视,常务副省长牛绍尧同志曾为此项目召开现场办公会,协调解决本项目中的一些具体问题。省市政府的支持更激发了企业的热情,孟德宽决心拿出1亿元以上的资金,建设一座大型现代化的汽车客运站,同时把汽车站和商业市场建在一起,使其相互促进相互带动。截稿时3万平方米的车站大楼和商业广场主体已完成,进入装修阶段。孟德宽告诉笔者,经论证,工程运营4年,可以收回全部投资。由于政府部门属于权力部门,它与市场的矛盾较为统一,现在要打破这较为集中统一的矛盾,还必须在市场上下工夫。首先盛达在修建客运南站的同时,先在南站对面的区域进行有政府出现管理的试运行。两年后,工程完工,政府部门只作协调,确定路线,而经营和管理全由盛达负责。相信交通客运、货运市场由政府统管的矛盾在实践中会一一得到解决。

四通模式

四通要向全球化演变

“评述中国改革和发展的巨大成就,民营经济特别是以中关村企业为代表的民营科技企业在过去20年的突出发展,当重彩书写。”这是四通集团董事长段永基在首届中国民交会上的开场白。四通集团可以说是中国新经济企业的代表,其模式始终贯穿着市场化、全球化。

段永基认为中国经济融入全球化的过程,是从中关村开始的,四通集团贯穿了向全球化演变的三个阶段。

第一阶段,80年代,以计划外的国际贸易为主要特征。走出深墙大院自主创业的科技人员,因陋就简干起“电子倒爷”的买卖,沟通了中国大众与外部的世界,全球化由此发端,但这是初级的,十分有限的,带原始色彩的全球化。

第二阶段,90年代,以合资兴建产业平台为重点。四通90年代初提出了“与巨人行”的战略,他们先后与日本、美国、欧洲的一系列跨国大企业合作,创建了数十个大规模的产业基地,以此为平台。

第三阶段,自世纪之交开始,以全面地与国际接轨为目标。此阶段关于全球化的考虑,重心更多地转向了自身,即不仅看卖的是土造还是洋货,也不仅看卖到哪个市场,资源是否从国际上来,而且要看企业如何建立自己的科学的、规范的、符合国际标准的治理机构,要看如何建立企业自身的核心竞争力,如何形成企业自己的比较优势,如何实施自己的人才战略,如何建成自己的激励体系。总之,着眼于企业的深层资结构和机制,充分地与国际对接。

四通模式的基点是经理人回购

新经济的特征之一是强调协同,鼓励合作,新的全球化格局推崇参与者之间的双赢、多赢。四通从1984年5月借款两万元起家,原属集体企业,所有制形式形成了四通发展障碍,一是财产共享,二是人员流动却无法确定“内部人”,三是“不患贫而患不均”。1998年5月15日,四通不得不“脱胎换骨”,注册成立了“职工持股会”,注册资金5 100万元,全部由职工出资,持股会投资51%,四通集团投资49%,共组四通投资公司。由于产权完全清晰的持股会占控股地位,这不仅调动了职工的积极性,而且意味着所有者在企业内部到位,并完善了法人治理结构。当时被理论界、新闻界誉为“典范的新经济企业经理人四通模式”。可见经理人回购现象实实在在成了四通模式的基点。

宝成模式

宝成模式形成宝成效益

环境保护是目前全球普遍关心的重大课题,是利在当代,功在千秋的伟业。但中国民营企业中的部分民企却是以破坏环境来积累个人财富的,甚至有一种思潮认为先富足再环保,环保和财富是矛盾体。在首届民交会上天津宝成集团公司总裁柴宝成提供的宝成模式解决了这些问题,并以事实说明,环保和财富是相辅相成的。

16年前,宝成集团还是一个名不见经传的小厂,只有几百元资金,十几名职工,进行粗放型的生产。在海河污染日渐严重的情况下,柴宝成把产业战略定位在环保经济上,并选择了科技含量高、集约化程度高、附加值高的环保产品作为集团新的经济增长点。随后由国家计委批准的脱硫除尘高技术产业化示范工程,开始在宝成集团顺利实施,以期为大型发电厂配套,此技术已被列为国家高科技重大项目。同时研制出直燃式溴化锂中央空调;并与天津日报合资生产报纸堆积机,这是当今国内惟一生产这种机器的厂家,其产品性能优于美、日同类产品,科技含量很高;还与芬兰合作生产全自动模块型锅炉,是当今世界上最先进的燃烧技术;与日本合作生产垃圾处理设备。这些新项目极大地拉动了宝成集团的经济增长速度。1999年,销售收入达到3.5亿元;2000年,销售收入达5亿元,利税也大幅度增长。

宝成模式的核心为科技创新

绿色经济不同于其他经济,必须以前瞻性的意识和超前的科技成果为支点。柴宝成认为:不管是旧经济、新经济、绿色经济,必须增加科研力度,科技永远是第一生产力。

据统计,中国现在运行使用的各种锅炉,每年向大气排放烟气和粉尘总量为3 378万吨,二氧化硫2 346万吨,已成为世界污染大国。中国早在70年代就已经开始实施锅炉技术改造,一些厂矿企业在锅炉的排烟出口底部安装消烟除尘装置,但因技术手段的落后,思想观念的滞后,没有出现“质”的突破。

90年代初,宝成集团与芬兰雷拉公司研制生产出环保产品模块燃气锅炉,不仅节约了能源,也解决了废气排放的污染问题。90年代后期,宝成集团又与天津大学合作研制了“九五”攻关项目脱硫除尘设备,并独立开发了直燃型溴化锂中央空调等,均达到国家净化技术指标。在绿色经济调整前后,宝成集团的利润增长了百倍。有了经济基础,宝成集团成立了3个研究所,高中级专业技术人员达150多人,研制水平达到国际一流。

(原载《企业文化》杂志)

重视对名牌问题的研究

胡　平

我在前几年谈到都市文化建设的时候,曾力倡“三名主义”:名人、名店、名牌商品。“名牌”是一个令人兴奋的字眼,但同时它又令中国人生出许多尴尬:花大把外汇引进了一流的原材料、一流的生产线,却往往在给外国的厂商们赶制紧俏的“名牌”,而贴着自己商标的那一堆产品,声价却一落千丈,甚至很少有人问津。商品的质量相同,就因为名牌与否导致了截然不同的市场效应和利润回馈。

名牌是现代消费者追逐的热点,更是无数厂家孜孜以求的梦想。然而名牌不是凭空捏造出来的,名牌的生成、发展及其对市场的作用,有其自身特定的规律。要创造名牌,摆脱尴尬,必先弄清楚这些规律。国内有许多名牌,或者靠某个政府部门颁个什么奖,或者靠巨额广告费来自吹自擂,沽名钓誉,终究昙花一现。究其实质,就是没闹清楚什么是名牌。

中国学者对名牌问题的研究应该说已有多年,但是,能把这个题目说透的著作、文章还很少见。王成荣先生主编且主笔的《中国名牌论》,在说透名牌问题上算是一个成功的尝试。这本书作为国家资助的社会科学重点著作,除了它的系统、全面、洋洋大观外,在理论的开拓和观点的论述上,确实有不少可圈可点的精彩之笔。王成荣先生把名牌问题放到我国改革开放和发展市场经济的大背景中进行研究,注重国内外名牌理论和实践的比较,提出了一系列重要观点和对策建议。其精要之处在于对名牌基础理论(名牌价值论、名牌文化论、名牌管理论)和名牌生成机制、发展规律的创新研究。

我很赞同作者的观点:凡是商品都是满足人们需要的,它折射着劳动者强烈的人本精神。人们的需求是多层次的,同一类商品中,能够更高层次地满足需求,或者在同一层次上更好地满足需求的便是名牌。凡是商品都是价值和使用价值的对立统一体。商品里凝聚着人类最一般意义的劳动,同时也结晶着个性化的具体劳动,除了含有目的性的具体劳动方式外,还有主动性鲜明的劳动者的社会责任感、创新意识和审美情趣等。这些都决定着商品的级差利益,级差利益高者便是名牌。由此可知:

名牌商品的使用价值较同类商品高,它取决于具体劳动方式,一定的劳动条件下,管理水平越高,创造的级差利益越高　具体的劳动方式,从劳动对象、劳动工具到劳动者素质、劳动方法,既折射着历史的文化积淀,也反映了现实人的文化需求,积累着文化财富。因此,名牌价值论、名牌文化论、名牌管理论是一个问题不同角度的产物,统一于创造使用价值的具体劳动。

名牌附加值的关键在于注重人才和科技的支撑,在于改善和提高管理水平　“海尔”这个中国品牌之所以能在国际叫响,关键在于一流的人才以及由人才而形成的强大的科技创新体系,它在美国、日本、法国等地建立了10个信息站、6个设计中心,并与中国科学院、复旦大学、美国C-MOLD公司成立了若干个产品科研机构和博士后工作站,人才荟萃、科技创新,再加上一流的管理理念(如“斜坡球体”理论),是“海尔”成为名牌的坚实基础。“海尔”如此,其它名牌也是一个道理。

中国企业的名牌之路还很漫长。作者从中国国情出发,从经济结构调整、发展规模经济,振兴民族经济等大处着眼,提出了实施中国名牌的的梯级发展战略以及中国名牌走向世界的若干对策,观点新颖而又颇具可操作性,读者看后自有体会。当前,创造名牌的问题最突出的有两个:一是名牌生成问题,由于名牌的高级差利益,许多企业忽视了名牌生成的规律性,不注重科技投入、人才培养和管理创新,舍本逐末,一味在广告、包装上做文章,既误导了消费者,也伤了企业自身的元气;二是名牌保护问题,一个名牌刚刚有点名气,不知从哪个角落也冒出一批一批的假冒货色,结果名牌一个个夭折。还有许多企业盗取名牌的专利,侵权跟进,以不道德的恶性竞争侵犯名牌所有者的权益,结果名牌失去了差异竞争的优势。因此,要创立名牌,首先要以法律的形式构建名牌的保护体系,名牌受到切实的保护,才能生根、壮大。

“名牌”是个说不完的话题。随着中国名牌事业的逐步开拓,还会有许许多多的新问题向我们的理论、我们的学者挑战。愿有更多的研究名牌问题的力作问世。

企业 R&D 投入与名牌竞争力

北京财贸管理干部学院 王成荣

现代名牌是人类智慧和科学技术的结晶。一个国家的名牌产品是否能够跻身于世界市场,取决于R&D(科研与开发)的投入。在市场经济条件下,依靠政府在R&D的一定投入,对于名牌事业的发展具有重大意义,但是,企业是创名牌的主体,以企业为主进行科研活动和新产品开发,才是最直接和最有效的。各国名牌企业的实践经验很好地证明了这一点。

R&D 投入决定着名牌的生命周期 日本一位知名企业家认为,R&D 占总销售额 5%以上,企业才有竞争力,2%仅能够维持原状,不足 1%则企业难以生存。这是就企业竞争力而言的。那么支撑一个名牌,虽因科技含量各有不同,但对 R&D 的要求也绝不能低于这一比例,有些名牌历经百年甚至几百年长盛不衰,是巨大的科技投入支撑着的。诞生于 1802 年的“杜邦”,其实验站拥有 30 幢大楼,集中了 5 000 多名化学家和工程师,其中 3 500 人具有博士学位,每年耗资十几亿美元,从基础研究与新产品的开发看,其研究与开发费用占总销售额的 3%以上,因而保证了这个具有近 200 年历史的化学王国旺盛的生命力。开创于 1900 年的“通用”,其繁荣与兴旺完全依赖于它在世界上享有盛誉的“研究开发中心”,这个中心的经费占整个公司投资的 1.5 倍,占销售收入的 9%。具有 115 年历史、驰名世界的“奔驰”,之所以质冠同侪,傲视全球,也与它 8 500 人的庞大研究队伍、每年高达 14 亿马克的科研经费分不开。

R&D 投入决定名牌的质量 质量是名牌的根基,名牌卓越的品质,从根本上讲是靠科技支撑的。且不说高科技名牌,仅就一般大众化的名牌,对科技的依赖性就非常明显。很多名牌企业为了保证或提高质量,都进行大量的科技投入。“吉列”剃须刀,产品虽小,但细微之处见真功夫。在上世纪 80 年代,吉列公司投资 2 亿美元,用 10 年时间开发新一代感应式剃须刀。它采用计算机技术,利用激光焊接新工艺以及利用新兴材料等高科技,小小剃须刀,竟获得 23 项世界专利,被誉为“面颊上的革命”。美国权威的《财星》杂志将其评为“最有创造性的产品”。1990 年它又靠新科技推出 SENSOR 刮胡刀,在美国市场上夺得 65%的占有率。1992 年吉列公司又将其每年巨额的开发费用增加 3 倍,以促进产品开发与质量的提高。1994 年吉列公司的销售达到 52 亿美元,创利 5.1 亿美元。公司总裁艾尔弗雷德·蔡恩说,有一条原则他深信不疑:对“增长的推动力——研究与发展、工厂与设备以及广告——增加开支,其速度至少要同收入的增长一样快”。

高质量、高品位、高营养是“雀巢”追求的目标,也是它自身的特色,为保持这一特色,雀巢在科研上不遗余力。1991 年,它的研究与开发经费达到 6.27 亿瑞士法郎,仅在瑞士洛桑设立的基础应用性研究中心,年经费即达到 1.3 亿瑞士法郎。这里设备先进,仪器齐全,集中了来自世界 30 多个国家近 600 名高科技人才。不仅如此,它为了使雀巢产品适用于世界各地不同的消费特点,增强科研的针对性,在美国、英国、法国、德国、意大利、瑞典、马来西亚、新加坡等 11 个国家建立了 22 个技术开发中心。正是这种高科技的投入,才使“味道好极了”一语流行世界,创造了年销售额 388.5 亿美元(1993 年)的骄人成绩。

20世纪60年代仅靠1 000美元起家的"耐克",到1992年资产已经达到35亿美元,其成功秘诀之一也是高科技投入。对于像鞋子这样普通的物品,耐克却赋予它极高的科技含量。耐克公司每年要拿出数百万美元研究开发产品,起用近100名研究人员专门从生物力学、实验生理学、工程技术、工业设计学、化学等不同角度进行研究,因而使它的产品质量超群。耐克在美国跑鞋市场三分天下有其一,在中国、日本、西欧及很多国家市场上也占有较大市场份额,并且被许多国家体育队指定为专用产品。

科技投入决定名牌的生殖力 名牌,既有单一产品名牌,也有复合产品名牌。从实践看,单一产品名牌是极少数,大多数均为复合产品名牌。一般地讲,复合名牌也是由单一产品名牌起家的,即当一种产品做深做大,取得市场优势并获得较高商誉后,一般都会进行品牌延伸,推进单一名牌向复合名牌发展。随着科技革命和知识经济的发展,新技术不断涌现,产品的寿命周期不断缩短。40年前产品的寿命周期平均是8年,20年前为5年,10年前为3年,到目前有些产品仅有一年甚至半年的生命力。目前,发达国家一年创新产品产量要占全部产品产量的40%以上,因此名牌企业也只有边生产、边试制、边研究、边构想,不断推陈出新,才能保持自己的市场地位。那么,从单一产品名牌到复合产品名牌的跨越,也就是新产品的不断开发,靠什么呢?关键取决于科技开发能力,取决于科技投入。科技含量较大的名牌和高科技名牌,产品的创新对科技投入和科技开发能力的依赖尤其明显。

部分世界名牌R&D占销售额的比例

公司名称	爱立信	贝尔	西门子	IBM	摩托罗拉	东芝	索尼	三星	松下	日立
所属国家	瑞典	美国	德国	美国	美国	日本	日本	韩国	日本	日本
比例(%)	22	20	11	10	9	9	11	10	13.8	10

从上述资料不难看出,这些名牌巨匠为了使自己的产品不断创新,永远走在时代潮头,并在竞争中取胜,在科研上都表现得极为大方。

当然,我国企业的经济实力还很薄弱,在投入总量上无法与世界名牌大公司相比,但我们要看到科技革命给我们带来的后发优势。我国企业只要善用优越的国际科技大环境和我国政府提供的优惠政策,加强研究、开发、引进、创新,迎头赶上,就可以少走一些弯路,甚至少走一些发达国家已走过的路,在较短时间内提高我国名牌的竞争力,实现我国名牌走向世界的目标。海尔集团等企业在这方面已经树立了旗帜。

企业文化时论

周浩然

所谓时论,皆因事因时而论,这组短评随笔式的文章,曾先后在《科技日报》或《工人日报》等媒体上发表过。现集中刊发,供参考。

重视"软件文化"建设

《软件报国:东大阿尔派上市三周年回顾》一文的作者指出:中国人是适合搞软件的,也具有领导才能,为什么相当一部分中国的软件企业还处于作坊式生产经营模式?由此而引出的结论是:中国软件产业的发展,需要形成适合中国国情的软件文化。

软件文化,是软件科研、生产、销售、消费中的各种文化因素的总和。软件文化是科技文化和企业文化的结合,主要是指以软件企业为载体的,为群体所认同的,并指导其行为的价值取向、思维模式、行为准则及经营理念等。东大阿尔派从一个只有3万元启动资产的研究室,通过10年的时间,发展成一个具有6亿元资产的大型软件企业,其成功之处,使我们充分认识到了软件文化的作用和力量。

在东大阿尔派,个人与社会共同发展的基本理念,使公司吸引并维系了优秀的软件群体;实事求是的科学态度,使公司制定了“与微软定位不同”的符合中国国情的技术策略;服务至上的理念,奠定了公司发展的基础;合作发展的思想,开拓了公司广阔的前景。透过东大阿尔派的业绩,我们看到了那个激励他们前进的燃烧着的梦想——软件报国的理念和创造热情,看到了他们那种冷静分析、大胆进取的思维方式和建业精神。这是科技文化的闪光点,是企业最宝贵的精神财富。

随着科技的进步,经济、文化、科技的协调发展已成为历史的潮流。文化在经济与科技活动中的作用日愈强烈地表现出来。在以经济和科技为基础和人的全面发展为中心的前提下,精神文化的力量仍然是巨大的。高新科技的发展,对我们传统的文化结构和思维模式提出了挑战。“宁为鸡头,不为凤尾”,零乱分散的作坊式生产以及仓促上阵、草率从事、急于趋利的价值取向和经营理念,显然不利于我国软件产业的发展。高新技术产业的发展需要现代意识和科技文化观念的引导。我国软件产业的发展,需要充分发挥现代科技文化和企业文化的整合和推动作用,培养有利于软件产业的社会经济文化环境。总之,软件产业的发展呼唤着软件文化的建设,如何建设适合我国国情的软件文化,是一个值得去认真探讨的课题。

科学文化的力量

——天士力集团企业文化建设的随想

读了《天士力集团推进企业文化建设纪实》一文,感触很深。我认为,天士力企业文化建设的成功经验,可以概括为以下几点:一是植根于经济文化一体化发展的基础;二是充分展示了科学文化的力量;三是确定了面对经济全球化的文化定位。

几年来,在我国的学术界和企业界已初步形成这样一种共识:在市场经济发展中,必须发挥文化力的先导作用,构建起与社会主义市场经济相适应的价值体系、制度体系和行为体系,使经济的发展植根于经济文化一体化发展的深厚基础之上。这是关于我国现代文化研究的一重大突破和拓展,也为现代企业文化建设提供了重要的理论依据。“商品是文化的载体,文化是商品的信使”,阎希军总裁这两句话,用形象而通俗的语言揭示了现代经济文化的思想内涵,是企业一刻也不能忘记的行为准则。人们通过商品认识企业。商品中的科技含量和文化附加值对商品的价值和市场占有率至关重要,但最终检验的标准是价值规律和经济效益。郑和下西洋,扩大了明朝的影响,也扩大了中华文化的影响,但这种以显示明朝“天威”为目的的出使却几乎耗尽了明朝的财力,使国家财政濒临崩溃,国力严重衰竭,这与后来西方重商主义的兴起和航海业发展的目的和结果形成鲜明对照。这是吃了经济与文化相对立的亏,当然也是妄自尊大的封建专制体制的通病所致。改革开放以来,我们一些名噪一时的企业也吃了这个亏。有的企业还提出“没有做不到的,只有想不到的”,实际上是鼓吹一种脱离物质文明,脱离经济现实的文化理论,是扭曲了的政治文化。这给了我们不少企业家以深刻的警示。因而,天士力集团关于商品价值中的经济文化统一观很有见地,很有价值。

爱因斯坦说过:科学的发现归根结底是一种高尚的文化成就。诺贝尔也说过:科学是人类进步的伟大动力,而推动科学发展的是文化的升华。杨振宁曾经谈到:人类进步的基础是科学,科学的更高层次是哲学,哲学的更高层次是宗教。对于他的后一句话,唯物主义者是不赞同的,但从他整个讲话的精神实质来说,他所谈的实际是神圣的、崇高的不息追求,蕴涵着壮丽的美和无以伦比的力量。在他看来,科学技术是始终要通过崇高的信仰和文化的力量去推动的。这说明科学理性和人文精神是人类文明坚不可摧的基石和动力,也是企业文化建设的基本准则。

天士力集团在这方面是成功的。它的经验引发我们的思考是:

一、科学文化,特别是科学文化内在的科学精神,是人类共同的财富,也是人类行为的基本准则和达成共识的思想基础。从根本上说来,科学文化是超越意识形态和国界的。因此,我们在发挥中医药宝藏的时候,必须利用人类科学文化的先进成果,使用现代科学的表述方式,使之为世界文明进步产生积极的影响。

二、科学的思想往往需要技术的语言来表述。天士力在技术方面的三创新,即工艺创新,剂型创新,质量成分可控创新,使中药的质量、药剂、安全性等与国际标准接轨,这是与世界科学文化潮流和科学技术对接的表现。这一点表现了科学文化在企业文化建设中的地位,显示了科学文化力量,同时也显示了技术创新在企业经济文化建设中的作用。

三、确立经济全球化条件下的企业文化定位。无论人们怎样看待全球化问题,但一个不可否认的事实是,经济全球化是人类文明历史发展的一个不可避免的过程,已经成为不可逆转的趋势,我们必须以积极的心态去迎接经济全球化的挑战,既不可畏之如虎,亦不可视之为仇,在全球化中坚持平等、合作、共享、双赢的原则,最终达到利益互补的效应。更应该利用经济全球化的冲击力来推动我们的改革,正如有的学者和企业家所说,通过开放倒推改革,激发民族经济文化的活力。天士力通过美国权威机构的检验和认证,得到了复方丹参滴丸走向欧美各国的通行证,这一事实说明,我们的商品进入发达国家,虽然存在障碍,但绝不是不可穿越的封建壁垒,这是西方国家市场经济体系和社会结构所决定的。只要严格按现代高标准的要求去做,我们完全可以应对经济全球化的挑战,并捕捉到更多的机遇。天士力的发展思想是从传统走向现代,从中国走向世界。在这里,我想加一句,当我们真正走向世界的时候,我们反过来将会更加了解中国,更加珍惜中华民族的文化成果。

四、"纪实"中谈到,天士力已基本上形成了独具特色的价值体系、制度体系和行为体系,并对机制创新做了介绍。我想谈的是,体制创新是目前我国企业文化建设中的关键环节,不改变阻碍先进生产力发展的生产关系和实际阻碍我国经济文化发展的体制障碍、思想障碍,我国的企业文化建设将陷入十分窘迫的境界。这个问题,除了企业自身的努力,还有个营造有利于创新与发展的社会大环境问题。十分期待有关天士力这方面情况更加详实的报道,也预祝天士力取得更大的成功。

重视企业的伦理规范

当前,世界经济正在走向全球化,我国经济正处在改革开放、经济体制转换和实现经济增长方式"两个转变"的时期,我们虽已取得巨大的进步,但社会主义市场经济体制尚未完善,经济活动不够有序,有的甚至道德失范,给我们的经济建设带来了严重的影响,因而企业道德伦理问题已成为社会普遍关注的热点。

有关专家学者认为,企业道德伦理主要是指在市场经济竞争中,企业应该遵守市场经济的普遍道德原则,公开和公平地进行竞争。企业道德伦理主要包括:一是指企业内部管理方面的道德标准,处理人际关系的行为准则;二是指企业对外经营和公共关系中的道德伦理规范;三是指企业家本人的道德伦理准则。原中纪委书记、中国企业文化研究会名誉理事长韩天石曾把企业道德概括为:义利统一的社会主义义利观;信誉高于一切及为社会提供真善美新的产品与服务。这是很有见地的。实际上,企业的主要目标虽然是经济效益的增长,但企业的持续发展和长远的经济效益已经愈来愈离不开企业道德伦理的支撑和文化力量的推动。因此,我们在打击假冒伪劣产品、整顿市场经济秩序的同时,必须高度重视企业道德建设。就企业家来说,更应该把科技创新和道德伦理规范视为关系企业兴衰存亡的决定性因素,大力提倡富有创造性和建设性的奋斗精神。

前些年,有的人不厌其烦地提出把《三国演义》作为企业经营的"经典"。对这个问题,我早有一些想法。无疑,《三国演义》是一部优秀的古典文学作品,但如果作为现代企业“经典”,其中值得思考的问题也不少。最为明显的是,对诸葛亮的神化,某些军事、政治斗争中的市井化和庸俗化倾向,特别是在与东吴的交往与斗争及对蜀国一些重要将领的处置方式和手段上,已经失去了一个军事家、政治家的基本准则和风范。这种描写,不但没有拔高诸葛亮,反而贬损了他作为政治家的人格形象,使人们误认为,军事、政治斗争只问目的,不择手段,只有利害关系,而无道德可言,无准则可循。这种描述,比起陈寿在《三国志》中,不怕获罪于当时的晋王朝,而直言诸葛亮的功德和不足之处,相去甚远,优劣自见。我之所以提到这些,目的是想提醒一下,作为现代企业家来说,决不能只重权谋,轻视道德,重眼前利益而忽视企业经营的基本准则和长远利益。某些人曾经逞一时之快,放言高论:“只有想不到,没有做不到”,并鼓吹“靠点子创造奇迹”(实则形同行骗),到头来终被自己的招数所误,就是一种反面的例证。

苏轼在《荀卿论》一文中强调:做学问应平易正直,深思熟虑,切忌高谈异论,以免引起人们的误解和恶意的引伸。曾巩在《〈战国策〉目录序》中也批评了策士们专事取悦君主的权宜之计和崇尚暴力与欺诈的行为。虽然他们在这里所强调的是思想家、政治家的基本行为准则和政治文化中的价值取向,但对企业家仍然具有重要的参考价值。

成功始于守信

在企业道德建设中,讲信用是最基本的要求。作家王四四在一篇文章中写道:深圳有一个农村妇女,没有多少文化,起初给人家当保姆,后来摆小摊,卖一个胶卷只赚一毛钱。生意越做越大,投资房地产业,还是一个胶卷只赚一毛,批发量大得惊人。外地人的钱包丢在她那里,她花很多长途电话费找到失主。这个农村妇女的行为听起来像学雷锋,可赚的钱很多。她所认准的人生哲学,也就是幼儿园老师讲解的那些简单东西。然而正是这最简单的东西极有价值,体现了深刻的人生哲理和经济文化一体化发展的基本规律。2000 年 2 月,美国出版的《百万富翁的智慧》一书,对 1 300 名百万富翁作了调查,在谈到成功的原因时,他们的回答异常简单:“成功的秘诀在于诚实!”

前几年有不少红极一时的所谓企业明星,好运不长,纷纷落马。究其原因,均在于决策时带有极强的赌博性,缺乏坚韧的、富有建设性的创业精神。在其狂热地追逐辉煌的时候,往往把最简单的真理忘得一干二净。类似的情况在经济建设中也出现过。现在来看:亩产 10 万斤小麦,谁信?但确实曾使人们激情鼓荡,忘乎其所,留下了深刻的历史教训。我们民族的文化基因中有一点值得深刻反思的,这就是容易走极端。要么保守固执得可怕;要么轻信浮躁得令人瞪目。说是无知,似乎不像,这两种人中也不乏聪明人,有的甚至很有才华。但共同点是,忘掉了 1+1 等于几的简单的原理,忘掉了做人做事的最基本准则。我赞成这样一种说法:高僧只说家常话,真理常常简单而朴素。真理虽然有时很简单,但却铁面无私。违背了它,会遭到无情的嘲弄与严厉的惩罚。鉴于目前社会上普遍存在着一种信誉危机,因此有必要强调:成功始于守信,道德教育应该从最基本的东西做起。

中国有句名言:“自强不息,厚德载物”。这是成功者必须遵循的准则。前者指通过自己的努力,依靠知识和科技的力量,不断地进取与创新;后者指以诚信为本,依靠道德和伦理的约束,增强驾驭财富的文化能力,造福于人类和社会,并使自己从中获得极大的乐趣和丰厚的回报。这里讲的不是追求理想化的伟大人格,而是强调一种与市场经济相适应的具有普适性的最简单的伦理规范。

目前,生存环境问题已引起人类的普遍重视。这里所指的环境,不仅指人类生态的自然环境,还包括人文环境。在很大程度上,解决环境问题的根本出路在于科技进步。但科学技术的持续发展则需要人文精神的支撑,需要呼唤科技理性与人文理性的共存,需要环境净化与心灵净化同步发展。当前,科学技术迅猛发展,新兴产业不断兴起,在这具有重大现实意义的开创性活动中,我们有必要强调道德建设中最基本的东西,我们必须时刻警惕自己不要忘了最简单的真理。

知识经济与文化追求

不管人们对知识经济的认知程度如何，但这种新的经济形态正在来临。这是一个高科技、高智慧、高文化的时代。在这个时代里，知识成为生产要素中的最重要组成部分；人的潜能的开发和文化价值的追求占有愈来愈重要的地位；企业的竞争，不仅表现为经济技术的竞争，更多的表现在文化力的较量和富有个性的文化魅力的竞争；组织、体制、文化内聚力成为衡量国家与地区及企业财富的重要标志。同时，这种新的经济形态的兴起本身是一场无声的革命，必然对社会生产、流通、组织结构及人们的生活方式以及思维方式产生深刻的影响。这包括：自然科学及人文科学协调统一成为现代文化的重要特征；知识成为资本从根本上刷新社会的价值观念；人们独立思考、创新思维能力大大增强；协作与共享成为人类公认的社会伦理；一大批以文化追求为最高目标的知识型企业家纷纷涌现；人的素质的普遍提高。因此，可以概要地说，知识经济的兴起与发展取决于科技革命对人类文明的影响，而在这种影响下形成的社会经济形态正在超越单纯经济与技术的范畴，使人们面临着一场伟大的思想解放和文化进步。

但社会的发展需要人的推动，需要人们的创造性实践为其开辟和铺平道路。据我所知，赵磊就是这样的一位开拓者。早些日子，我曾经读过赵磊的《知本宣言》一书。这本由中国经济出版社出版的近20万字的著作犹如行云流水、立意高远、意趣横生，真实地记载了一个知识分子艰难的商海历程和执着的文化追求，以及一个文化型企业的战略规划和发展过程。很多事迹感人至深，很多观点精辟独到，具有理论上的创新价值。更重要的是，当他强调“文化竞争是最高层次的竞争，文化经营是最高层次的经营”，“无形资产是虚，有形资产是实，虚是天，实是地。知识分子由虚到实是脚踏实地，再由实到虚是顶天立地”的时候，当他明确地提出“中国的文化复兴意味着中国以一种新社会机制创造出巨大的物质与精神财富，并使物质和精神财富的总量居于世界前列”的时候，这已经显然不同于历史上脱离社会经济生活现实的书生意气之谈，而是新思想、新文化的体现，是新经济时代开拓者的强音，使我们看到了新型企业家独特的人生目标、自主的人格特征和富有建设性的坚毅的人生态度。如果再读一读《赵磊和他的兴亚新知识模式》，会进一步了解赵磊对知识经济本质性特征的深刻理解和他所倡导的企业在文化追求方面的现实意义。

无论是我国经济的发展，还是民族文化的伟大复兴，都需要坚实有力的支点。在很大程度上，应该寄希望于知识型企业家群体的崛起。这个群体将在先进生产力和先进文化的发展中发挥重大的作用。正因为如此，赵磊在实践和理论上的探索以及兴亚新知识经济模式将日愈显示其特有的价值。

创造性的重建

冯久玲女士在《亚洲的新路》一书中谈到，经过金融风暴的洗礼，亚洲将迈向一条新路，经历一场深刻的文化价值观念的“革命”，这场革命绝不是暴力与破坏，而是渐进的创造性重建。在这场革命中，亚洲人将把自己传统中最好的价值和世界上其他最优秀的价值融合起来，跟上时代的步伐，塑造新的心境，并具有面对骤变的勇气。我认为，这种新的价值观念的主要内涵应该是：科学的精神与坚强的自信。

科学精神是科学家同时也是企业家的价值观念的体现。在当今时代，科学不仅是生产力，而且是当代人类社会最有影响的精神力量。科学的求实求真精神、开拓创新精神、竞争协作精神历来是科技进步与企业发展的精神动力。恩格斯指出：“一个民族要站上科学的高峰，就一刻也不能没有理论思维。”吕渭川的资源理论观念强调企业发展的竞争力取决于利用和优化配置资源的能力。这种认识，为金坦工程的构想和启动提供了理性思维的基础。华药集团的振兴再次说明了民族工业的发展需要一大批思想型企业家，需要科学的理性精神的指导。

坚强的自信，使勇于进取者成就神奇的事业；建立在忧患意识与科学精神上的自信,是人生最大的资本。面对着全球经济一体化的冲击和我国生物技术落后的状况,吕渭川没有畏惧,没有退却,没有追慕“闭门锁国,以求自存”的历史梦幻,而是振臂而起,果断决策,努力参与国际竞争,引进世界一流先进技术,充分利用国内外资本、技术以及人力资源,开发有自主知识产权的高新技术和名牌产品。此情此景,不禁令人拍案叫绝,感慨万千。人们常说,人需要精神,企业家更需要精神。因此,金坦工程的成功和华药集团的发展,应该说首先是民族自信心的崛起和企业文化价值观念的创造性重建。

卡特彼勒的启示

美国卡特彼勒有限公司 1998 年营业收入达 210 亿美元,利润 15 亿美元,在 1998 年《幸福》杂志全球 500 家中按收入排列 198 位(1999 年排名 172 位),利润排名 87 位,同时被《幸福》杂志评为全球最受赞赏的 25 家公司之一。读了上面这篇文章,笔者认为,卡特彼勒公司的经验至少有以下两点值得借鉴:

其一是技术开发的方向和战略问题。信息化正在席卷全球,从工业经济到信息经济,从工业社会到信息社会,在这个动态的演进过程中,信息化逐步上升为推动世界经济和社会发展的关键因素。但是,我们也应该清醒地看到,农业、制造业仍是社会经济和人类文明发展的基石,在我们满怀激情谈论信息化时代和大力发展高新技术的同时,更应该高度重视把信息技术及其它高新技术运用到农业、制造业的实践中,促进农业技术、工业技术的革新和发展,加速农业和工业的现代化进程。鉴于此,笔者认为,卡特彼勒公司通过采用最新信息技术、激光技术和其它高新技术,不断开发新产品,促进制造业发展的经验值得重视。

其二是营销服务的观念与措施。“用户是真正的专家”,“卡特彼勒只有全身心融入他们的世界”,“只有向他们提供解决问题的产品和服务才能赢得事业的成功”。卡特彼勒所创立的分销系统是近 200 家独立分销商组成的,他们的网络遍布世界各地,并承诺 48 小时内可以为全世界任何一件卡特彼勒产品提供更换零件的服务。卡特彼勒这种经营理念和具体措施增强了该公司的竞争力,是值得借鉴的成功经验。重视产品服务是市场营销观念进化的结果。有的学者认为,21 世纪的经济是服务型经济,对此尚值得探讨,但至少服务的好坏可以使产品升值或贬值,在很大程度上决定着企业的生存与发展已成共识。当今世界科技进步和激烈的市场竞争猛烈地冲击着人们的某些传统观念和传统生活方式,但另一方面,却把人们历代以来追慕的“服务思想”等观念,通过竞争的方式,从深层次的领域显现出来,成为个人、企业、政府机关及一切社会团体都必须尊奉的准则。这显然是一种文明的进步和经济文化一体化发展的必然结果。因此,卡特彼勒公司向服务要竞争优势的经验也应该是一切走向成功的企业必须具备的条件。

高尚的文化成就

爱因斯坦说过,科学是高尚的文化成就。其涵义不仅包括科学是条理化的知识,即经过思维加工抽象的概念、定律、公式、学说等理性成果,还包括科学工作者应该具有普遍性、社团性、不谋私利和创造性等科学的精神气质。

李登海之所以引人瞩目,不仅在于他在玉米种业技术革命上取得的突出成就和开创性地推动了民营种业科技企业的发展,还在于他在追求真理的道路上愈挫愈奋的坚定信念和富有建设性的奋斗精神,在于他那经久不息、澎湃激越的创造热情。他所追求的是闪耀着科学光芒的高尚的文化成就。

面对经济全球化的冲击,我们需要依靠科学的力量,重振昂扬奋进的民族精神,我们需要通过提高全民族的素质,努力增强文化国力。这是一个重大的历史性课题。在这种情况下,李登海在科研与创业方面的实践经验,就更值得关注。

科学的光辉

“谁持彩练当空舞?”毛泽东以革命家的伟大气魄和诗人的丰富想象力,于戎马倥偬之中,欣然命笔,写下了雄浑的诗篇。也许,这是某种巧合,但绝不是历史的偶然。几十年后,一个名叫“长虹”,担负着振兴民族工业重负的现代企业,在郁郁苍苍的巴山蜀水崛起。

长虹,一个动人的名词,一道亮丽的景观,一个令人鼓舞的意念。这是山川灵秀、日月精华所绘制的瑰丽图像,这是科学思想与人文精神相统一的企业理念。长虹集团以风驰电掣般的气势横空挥动彩练,给人以希望,给人以启示,给人以力量的感染。因此而使人联想到:一个有五千年文明,一个有12亿人口,一个并不满足这种古老文明而积极向上、改革创新的民族不会衰亡。衰微破败,再也不属于伟大的炎黄子孙!因为,衰亡的前提是:或国势太弱,国风颓唐,或虽国势强盛,但闭门自守。前者如春秋时代陈蔡之淫逸,五代南唐之奢糜;后者如康乾盛世之愚顽。观其原因,如概言之,还是唐代文学家柳宗元说得好“敌之所亡,吾之所亡也”,“药石去矣,吾亡无日”。柳宗元的意思非常明显:缺乏忧患意识,失去竞争对手,意味着自己的衰亡。

当今之世,市场经济和全球经济一体化发展的基本特征是,欲操胜券,惟有创新。观我长虹,面对世界500强,不畏强手,蹈扬意气,不断创新,推出概念新颖的新产品系列,使消费者为之欣愉,使有识者为之振奋。我的一个朋友对我说:“大无畏的进取精神加上求实创新的科学理念,这就是长虹。”我赞成他的话,慨然而答之:“君言是也。长虹美,这种美是科学的光辉,是持续创新能力的体现!”

壮哉,长虹!壮哉,中国人的长虹!

美伦文化的魅力

美伦有一个很好的名字,美伦具有独特的企业精神,美伦的企业文化作为一种文化现象或文化形态具有她独特的风采和深邃的内涵。

“美伦美奂”或“美轮美奂”语出《礼记·檀弓下》,诗经及其他著名的文学作品也多有描述,本意形容高大华美。美伦,乃从“人”之义也,这突出了现代经济文化以“人”为中心的含义,具有强烈的时代感。“美伦”者,重在突出精神,显现为人类服务的宗旨,是一种思想,一种不息追求的精神力量与伦理规范,这包括顺应生命科学发展潮流和建立在可持续发展观(这包括人与自然和谐的人天观、体现人类自我意识觉醒的新人生价值观)基础上的一种伟大的企业精神的崛起。这就是以人文之火,照亮经济发展的征途,拨开因价值紊乱而造成的种种迷雾,使美伦这个响亮的名号,成为企业发展坚实的思想基础和不竭动力源泉。“美奂”,焕哉,意在指光明、光彩。引而言之,企业不但要有自己的企业理念,还要通过自己的行为,塑造出美的形象,焕发出夺人的光彩。事实上,美伦公司通过自己服务,通过对社会文化事业的投入,已初露风采。

“永远不埋怨”“永远找差距”“永远有机会”,这朴素的语言,蕴涵着深邃的哲理。

我们即将跨入21世纪。在即将过去的20世纪里,人类科技、经济、文化取得了突飞猛进的发展。但我们也冷静地看到,人类的文明曾进入两个误区,一是与自然的对抗,自以为人类靠自己的力量可以无休止地掠夺自然,而使人类生活的共同环境面临危险的边缘。二是当人类不能公正地对待自然的时候,也不能公正地对待人类自己,人际之间的对抗和斗争发展到空前的程度。在这个世纪的后20年里,人类才逐渐形成一种新的共识:人类应该携起手来,共同保护生命之舟——地球,人类有着共同的忧患意识,共同的崇高使命,与此同步的是人们之间的对抗,冲突应让位于理解与协作。“双赢”与“共享”将成为未来伦理原则的主流,无论个人、企业,还是国家与民族,这一原则都将成为共同信守的准则,成为其实际利益的保障。我们正处在人类按新的文明准则开创未来的时代,我们正处在人们的思想、意识发生深刻变化和社会转型的痛苦的时期,尽管人类未来是非常美好的,但无论社会、经济、文化、政治诸多领域不尽人意者居多,这就须要人们重铸一种精神,这种精神的内核是“建设意识”,即富有开创性、建设性的社会文化心态。这是社会稳定发展的精神支柱,是私欲横流、价值迷失中的擎天柱。“永不埋怨”是一种极高的境界,是一种积极的超脱,只有这样,企业才能走一种坚韧不拔的建设之路,才能在交织着失败与成功的痛苦磨炼中去开拓出生存与发展之路。“永远找差距”,是辩证的思想,是实事求是的精神,是能动地认识世界的准则和知识经济时代的强音,这包括企业的思想更新、技术更新、产品更新、服务更新,正因为如此,才永远有机会,才能把能动的认识世界(包括认识自己)转化为创造性地改造世界。日本的思想家(也是一位成功的企业家)池田大作有几句名言:“人生是困难的反复、人生是战斗的连结”“无悔的人生是胜利的人生”“只有苦难才能磨亮我们胸中的珍珠。”某种意义上说,企业是人生的拓展,是实现企业与人生价值的舞台,因此,也可以说,企业是困难的反复和战斗的连接。并以此赠给刘文伟先生和与之忧难与共,艰苦奋斗的全体同仁。

顺便提一下,中国的经济改革呼唤着企业群体的兴起。企业家不仅仅指董事长和总经理,它是指与企业休戚与共的决策者、管理者人士。同时,企业家也是一种文化。所谓“家”者,是珍爱和献身一种事业的杰出人物。作家,以讴歌真理、鞭策黑暗为快;军事家,以实施军事构想,演出雄伟壮烈的史剧为快;企业家以企业的发展为快。他们在充满激情,忘我奋斗的时候,是很少顾及个人安危与利益得失的。所以“家”者是一种富有激情和创造意识的高尚之士,在企业家的眼中,企业的经济效益是他实现人生价值的体现,这正如一个围棋手每一粒棋子在他的心中都是他精妙精局的构成部分。从本质上来说,他们追求的是一种文化。以此原则来理解中国企业家的59岁现象,我们会发现,其中的相当部分人,恐怕不仅仅是追求个人利益的占有,而是当他就要离开自己曾经梦系魂牵的舞台时,会严重地产生出一种失落,使之邃然降落在市俗和灰色的土地上,这种由于体制及其他原因涉生的人生交替,是极容易催人堕落的。写到这里,突然想到,为确保美伦的顺利发展,要培育一种稳定的不断发展的企业家群体,美伦应该在允许的条件下,逐步明晰产权,其中将企业在发展增值的部分资产,量化个人的股份,也并不是不可以的。因为,这些增值部分,既包括有形资产(如国家投资)的效力,也包括人力资本(管理者、经营者、劳动者,这在美伦是极重要的)的效力。具体办法,当应根据情况而行。

以上是这一次在美伦参观与座谈的感想,涉及其他一些技术上的、发展方面的具体建议,待以后进一步探讨。

美　伦　铭

——《美伦二次创业书》序

山不在高,有仙则名;水不在深,有龙则灵;企业不在大小,关键在于正确的经营理念和顶天立地的企业精神。

永远不埋怨,永远找差距,永远有机会,是美伦人的精神;一粒一剂,不得一失;一言一行,务实守信,是美伦人的理念;勤忍诚和,是美伦人的品质;弘扬生命科学,服务人类健康,是美伦人不息的追求。美伦精神是科学思想与人文精神的统一;美伦文化是义利统一的现实观念和至善至美人生价值观的协调,这些宝贵的精神财富,使美伦能够在困境中崛起,在风云开阖的市场经济中拼搏,在21世纪即将来临的时候,敲响二次创业的鼓角。

二次创业,是产品技术的开发,是核心能力的发挥,是美伦精神的弘扬。经济的全球化发展、中国的改革开放,给中小型企业提出了挑战和机遇;美伦的生存与发展,给美伦的每一个员工提供实现人生价值的机会。横舟沧海,面对浩浩寰宇,滔滔激浪,美伦之舟驶向何处?二次创业,关系美伦未来的发展,关系企业的荣辱兴衰。希望美伦全体同仁居安思危、励精图治、集思广益、勇于创新、齐心协力推进二次创业的进程,以蓬勃朝气迎接新世纪的太阳。

未来属于美伦!

青鸟赞

青鸟,作为友好使者的借称,在我国历史上留下了很多美妙的传说,从汉代东方朔的寓言,到李商隐脍炙人口的诗句,都叫人魂牵梦萦。在比利时作家梅德林的童话剧里,以青鸟象征幸福,暗喻幸福须从与他人友好交往与互助中获得。看来,无论在国内外,青鸟都曾与人们的信息传递与合作交流紧密地联系在一起。

当前,信息技术的迅速发展,猛烈地冲击着社会经济文化生活的各个层面。作为信息文化象征的青鸟一词,已发生了深刻的变化。人们常说,信息革命不仅是一场科技战、商业战,更是一场文化战,是看不见硝烟的争夺21世纪经济社会持续发展的综合战。我国的信息产业,面临日益激烈的国际国内市场的竞争,任重而道远。需要一大批实力雄厚的创新型企业。按照美国经济学家熊彼得的说法,创新是指企业家对生产要素的新结合,即引入新产品或提供产品新质量;采用新的生产方式;开辟新的市场;实行新的企业组织形式与管理方式等。北大青鸟相继开发出多种拥有自主版权的优秀软件产品,建立并实施了质量保证体系和客户服务体系。在金融电子化、商业自动化、网络信息安全、智能卡应用、智能楼宇控制等领域完成了多项系统集成业务,取得了引人瞩目的业绩,并在软件产品和集成项目质量管理上做出了成功的探索。因此,北大青鸟之所以成为国内首批获得信息产业部授予的"计算机信息系统集成一级资质认证"的企业之一,从根本上来说,这是创新精神的胜利,是科学文化力量的体现。

实事求是的理性态度和求实精神,以及这种精神所具有的独创性、共享性、无私性是现代信息文化的基本特征,也是人类现代文明的共同准则。我们从北大青鸟发展中,可以看到高度的民族责任感、优秀的传统文化和现代科学相结合的闪光点。我们认为,在有利于创新的社会环境下,科学理念与传统文化的结合,能够激发出推动民族工业与科技发展的创造性力量。我们祝愿北大青鸟,作为一个民族软件的优秀企业,满怀传统信息文化的深情挚爱,依靠科学进步的强大力量,排云直上,翱翔万里。

环保企业家赞

环保产业是朝阳产业。然而要托起这轮朝阳,却需要太行山般坚毅的意志和大海般宽广的襟怀,需要一大批优秀的环保企业家和无数为环保事业无私奉献的人们。全国环保产品博览会金奖的获得者——段凤英的奋斗史和洁世公司的发展历程,展示了我国环保产业起步的艰辛和广阔的前景。

我认识段凤英,是在山西发展计划委员会张奎主任主持召开的"企业改革发展新模式——虚拟联合体"理论与实践研讨会上。她在会上作了一个简短的发言。她语言朴实,神态文静端庄,显示出饱经忧患的睿智沉稳和献身事业者的谦虚坦诚。后来,才逐渐了解到她那为开拓事业、矢志不移的奋斗历程。为了汽车尾气净化器核心技术的攻关与创新,她经过上万次试验;为了净化祖国的蓝天,她从黄浦江畔来到山西武乡。她经受了失败的痛苦,她经历了生活的煎熬。她以难以置信的努力和自己人格的力量,得到了亲人的理解、乡亲们的支持。终于,段凤英的科研成果和洁世公司脱颖而出,卓然屹立在黄浦之滨,在太行山麓,在广袤的中华大地。

我赞成《托起朝阳产业的人们》一文作者的观点:高科技不仅需要资金、物质上的多投入,而且需要精神上的无私奉献。可持续发展是人类文明的新觉醒,是人类思想文化领域里的一场深刻革命。环保事业是可持续发展的重要组成部分,环保企业家需要较高的科学文化素质,需要为人类服务的责任感和奉献精神。为了祖国的蓝天,为了人类的繁衍,为了子孙后代依然美好的家园,他们经历了艰难的历程,他们还可能继续经受严峻的考验,但在他们身上,表现了自然科学与人文精神的统一,展示了中华民族伟大的"和合精神"和对人类文明高度的责任感。

闪光的东西不一定是金子,但金子的闪光却展示了质地的精良。"全国环保产品博览会金奖",永远闪耀着世纪文明之光。段凤英和所有获奖环保企业家、科技工作者获得的不仅是熠熠生辉的奖牌,更是人类和民族沉甸甸的希望;我们所看到的,是他们在艰难困苦的创业历程中磨亮的心灵的闪光。

重视消费观念的引导

消费文化的重要内核是现代经济文化发展中,人们消费行为的指导思想与行为准则,价值取向以及消费方式。随着科学技术的迅猛发展,经济文化一体化已成为社会发展的重要趋势,消费中的文化含量不断增加,消费活动价值导向的作用更为重要。令人欣慰的是自改革开放以来,我国的经济建设取得了很大的成就,人们在精神方面也获得了前所未有的解放。但是,在一定程度上,由于经济发展与文化建设的失衡,黄色消费一度猖獗,灰色消费也有增无减。这不但表现了价值的迷失、道德的堕落,也严重地阻碍了社会经济持续健康的发展。

一些时候,有人认为不健康的消费可以促进地方经济的繁荣。实际上,这是一个认识的误区。黄色消费、灰色消费虽然可能在短暂的时期里给局部经济带来一些灯红酒绿的"繁荣"景象,但其严重危害的是:一、影响了社会文明的建设,导致社会价值观念的紊乱和人的科学文化水平的下降;二、阻碍社会经济长期稳定地发展。这是由于资金在黄色消费、灰色消费中大量的裂变、消耗,影响资本的积累,使有限的资金难以投入社会资本的运营。封建社会,"君子之泽,五世而斩",在以家庭为基础的财产积累到一定程度后,作为继承前辈财产的后人,即财产所有者出现普遍的腐化,致使已经积累的财产耗散殆尽。其产生的原因是由于封闭的社会不能促使财富不断投入发展,并促使其增值。在市场经济条件下,如果资金不能有效地转化为资本,则社会生产将受到严重的制约。三、在市场经济条件下,一方面是资金向资本的转化,以推动经济的发展,另一方面也需要高度重视教育、科技、文化消费。在知识经济社会里,知识贫乏是一切贫困之源。无论个人、家庭、单位,还是国家,只有高度重视教育、科技、文化的投入,扩大和提高科教、文化消费,才有利于提高国民的整体素质,促进经济与社会的可持续发展。那些是通过灰色消费、黄色消费而获取得利润、拥有资金的主体,由于其自身价值取向、思想、道德的局限,在普遍程度上是不可能把资金投入科技文化消费中去的,这样既影响整个社会消费质量,也使相当一部分资金游移于市场经济健康发展的轨迹之处。

美国经济学家丹尼尔·贝尔曾经分析出了西方社会所面临的"文化矛盾",这主要是指现代西方国家,由于物质生活水平的提高,追求享受,追求感官快乐成为很多人的价值取向。众所周知,资本主义初期新教提倡的节俭精神和道德规范,曾经加速了资本的积累,促进了资本主义市场经济的发展。现在西方经济学家关于"文化矛盾"的分析,不仅是出于对西方精神文化状况的担忧,同时也包含着对西方未来经济发展的深层次忧虑。因为,支配消费者行为的生活方式和消费价值观念,直接关系到社会与经济文化的发展状况。

我国处于社会主义市场经济发展的初期,同时也是发展中国家,从总体说来并不富裕。这就需要对消费行为加以引导,要反对灰色消费、黄色消费,提供健康的消费观念,促使资金有效地向社会资本转化,同时提高科技、文化消费在消费结构中的比重,重视智力型、发展型消费。这是社会主义精神文明建设的需要,也是保证市场经济健康发展和实施科教兴国战略的需要。

浅谈弘扬中国企业精神

民族精神与民族传统文化是一个国家和民族的宝贵财富。发达国家在现代化的建设过程中,无不重视弘扬自己的民族精神。在这些国家的现代化进程中,不断融汇了科学与教育的新质内涵,吸收了世界各国文明的成果,促进了民族意识与现代化观念的统一,从而使其民族凝聚力和创造力空前发挥。中华民族精神中的"天下为公","先天下之忧而忧,后天下之乐而乐","全心全意为人民服务"等精神,一旦以直接或间接的形式融入现代化建设的进程,与现代科学文化知识相结合,就会产生出推动社会发展的强大的精神力量。而在市场经济条件下人们头脑中逐渐形成的独立意识、平等意识、竞争意识、协作意识、民主意识、开放意识和法制观念等思想文化意识,必然为民族精神注入蓬勃的生机和新的精神力量,推动国民经济持续健康地发展,有利于中华民族振兴的伟大目标的实现。

中国企业精神是中国民族精神的重要组成部分。随着现代化的发展,企业的定性发生着重要的变化。西方管理学家赫曼·梅纳德指出,企业将是未来社会的中坚力量和经济基础,一个社会的发展将以企业为核心。企业具有政治、经济、文化的多功能作用。从世界相当一部分国家或地区的社会经济文化发展中,我们可以看到企业文化、企业精神对民族精神的积极影响和推动作用。目前我国企业,包括乡镇企业已约有2.5亿职工,加上流动的0.6亿临时工,共约3.1亿人。他们的知识、智慧、品德、风貌和企业文化建设有着密切的联系,同时又对他们的家庭及社会发生广泛的影响,因此,重视企业精神文化建设,是关系国家与社会的大事。

不少学者认为,未来的竞争力,不仅存在于经济技术之中,而更多地在于强大的文化力量和富有个性的文化魅力之中。目前我国已有相当一部分企业在其实现自己的发展战略和开拓市场的实践中,富有成效地进行了企业文化建设,特别是在企业精神的铸造上,追求个性、特色和文化品位,追求时代精神和民族风格,形成了独具魅力的企业精神。这种企业精神立足于我国市场经济的现实,扎根于经济文化的协调发展,是企业实践与企业文化理论的结合;它继承了我国优秀的传统文化,融汇了现代科学文化的成果 ,是现代意识和传统文化,科学思想与人文精神的统一;它弘扬了中华民族优秀文化,又吸收了世界文明的成果,是华夏文明与世界文明的融合。这种企业精神在我国的经济建设和企业改革中发挥着很大的作用,对于增强企业的凝聚力,激发职工的工作热情,提高广大员工对社会转型时期阵痛的承受力、适应力和创造力具有重要的意义。

需要指出的是,建设企业文化、弘扬企业精神,必须高度重视科学文化的作用,增强体制创新的紧迫感。因此,有必要对以下问题加以阐述:

弘扬中国企业精神,需要培育企业的科技创新能力。科技水平和经济实力是企业精神赖以存在的物质基础。近几十年来,世界各国在高新技术的研究攻关、高新技术产品与高新技术产业的发展方面,均投入了巨资,竞争十分激烈。在全球范围内正在勾画出一幅波澜壮阔的高新技术战略、高新技术产业竞相发展的历史图象,在这种情况下,科技进步成为企业生存与发展的基本要素。一个企业如果缺乏产品开发的持续创新能力,其企业精神也会逐渐迟暮和凋零。企业只有在创造和发展自己物质财富的实践中,才能不断发展起自己的精神财富。我们强调企业精神的重要性,务必不能忽略在企业文化建设领域里,物质力与精神力,经济力与文化力的协调统一的辨证关系。

同时,弘扬中国企业精神,必须高度重视科学文化的发展。科学研究和社会实践所揭示和证明的客观真理是人类必须遵循的共同准则。科学是人类文化最具革命性的力量和人类现代文化的核心内容,科学文化所蕴含的科学精神是世界各民族在长期的实践中共同创造的精神财富,既是生产力发展的主动力,又是民族文明水平和社会进步的重要标志,因而也是推动企业改革发展的强大精神力量。因此,我们在强调继承传统优秀文化的同时,只有面向世界,崇尚科学精神,发展科学文化,中国的企业精神才能真正激扬起蓬勃的创造性力量。

更为重要的是,弘扬中国企业精神需要各种社会条件,需要制度的保障,需要营造有利于科技人才和现代企业家群体发育成长的社会文化环境。甲午海战时期,中国北洋舰队的吨位超过日本海军,号称世界第三位,但由于社会制度的腐朽和思想观念的落后,临战即溃,惨不忍睹。近百年来,中国的民族工业在相当长的一段时期,步履维艰、发展缓慢,很大原因在于当时的制度环境和文化氛围不能适应现代工业和科技的发展。改革开放以来,我国社会主义市场经济的发展为科技进步和社会发展开拓了广阔的前景,但某种程度上,体制改革的滞后和某些传统的价值观念仍然制约着社会经济和科技发展。因此,加大改革开放的力度,加快体制创新的步伐,是唤起人们的自信心和创造热情,推动企业精神文化健康发展的重要因素。

值得提倡的创业精神

读完关于广东华夏公司开发TBS系统的介绍文章后,我的感觉是:拥有由刘文治、张冀等这样素质良好的企业家组成的领导班子,是华夏公司成功的保证,事实求是,不懈追求,坚持激情与理性并重的创业精神,是华夏公司取得成功的重要经验。

大家知道,创新是企业活力之源,但创新的第一步始于强烈的愿望。在所有的要素中,愿望是创造性开发的重要因素。"无论如何也要实现愿望",这是一切创造性活动的基石。总之,人心中得有一把火,得有几分灵气、一股激情。从这点来说,科学家往往具有诗人气质,即投身科学,陶然忘我的精神境界。正因为如此,他们的脑海里才能迸发出智慧的火花、创意的闪电。作为企业家,同样需要保持对自己事业的一往情深,需要有那股既燃烧自己又感动别人的激情。如果失去了激情,创造力必然枯萎,其企业的前景也将暗淡。但是科学的激情不同于艺术的浪漫,科学以事实为据,经得起验证。实事求是,探索和捍卫科学真理,是人类激情最本质的特征。不然,让科学成为宗教和权力的婢女,让社会上五花八门的歪里邪说浮夸虚假搅得昏天黑地,则人类文明将遭到巨大的破坏。

因其如此,华夏公司董事长刘文治和他的同仁们的创业精神和奋斗经历,更显得难能可贵。其一,他们心中有那么一股经久不息的激情,一种对人类美好未来的憧憬和致力环境保护的坚定意志;其二,他们的事业以科学知识的积累和经验为依据。他们敢于拼搏,却决不草率、轻狂,从TBS高效生态菌肥的获得成功到"垃圾资源化生态无剩余物处理系统"的开发;从在吉林经营民营科技企业到广东创办华夏公司,实际上是一个具有内在联系的、渐进的过程,是发展的必然趋势。其三,他们全身心投入于科技与企业发展,不事炒作,不旁骛名利,不追求爆发效应,并在持之以恒的忘我奋斗中不断纯化自己的感情,激发创造的灵感,始终保持着良好的精神境界。这是华夏公司的成功之处,是一种值得提倡的企业精神或企业家精神。

初读《挑战极限——通用电气奇迹解密》

初读《挑战极限——通用电气奇迹解密》令人振奋。本书的成功之处,不仅在于它从12个方面展示了通用电气的"革命轨道",使人得到启示。作者以敏锐的目光,热情的笔触,揭示了通用电气那种积极向上的不懈追求。我们从中感悟到的不仅仅是智慧,更是一种责任感,一种理性的自信和澎湃的创造激情以及人格力量。这正如贾春峰教授在《企业力》一书中所提到的"一个企业家在事业上的成功,既取决于智力因素,也取决于非智力因素,或者说,是取决于两种因素的共同作用与协调发展。"

下面谈谈我感触最深的几个问题:

第一,革新——企业走向成功的保证 该书《文化变革》描述极为精彩,令人叫绝。无疑,韦尔奇是一个成功的企业家,在经济上和文化上都做出了卓越的贡献。但当初他面临的是什么局面?是通用电器对官僚主义俗套的重视和企业骨干精神的被扼杀,是需要一往无前的勇气与毅力对该公司庞大的官僚主义体系提出的挑战,并要冲破那些依附于臃肿的官僚主义体系的利益群体所铺设的重重障碍。

这种陈腐的官僚主义体系是韦尔奇深恶痛绝的,后来在他的离别赠言中,仍然斩钉截铁地提到"痛恨官僚主义——不要害怕用痛恨字眼——日日夜夜痛恨它"。正是对扼杀生机的官僚主义的痛恨,给了韦尔奇强大的力量,也正是这一种革新精神推动下的一场深刻的革命,使GE具有大公司的规模和小公司的灵魂,从而通用电气恢复了蓬勃的生机。

按照系统论的观点,与外部环境紧密联系的系统叫开放系统。一个系统通过开放,与环境发生作用不断进行物质、能量、信息的变换,从环境中获得发展动力,使系统形成具有不断进化的功能和自组织结构。一个封闭的系统必然走向混沌、无序、衰败和死亡。联系到我国的现状,在以往渐进方式的转型道路中,一般采取"先易后难"的转型战略，诸多措施因为没有触动或少触动既得利益者的利益，而较易实施，但正因为从根本触及原有的利益关系的力度不够，因此，继续解决深层的体制创新问题，将是我国社会经济发展的关键。改革的最终目的难以全面达到，而其间又会产生新的阻碍进一步改革的既得利益集团，从而强化旧的"体制内核"。因此，全面突破仍然存在的旧体制的"内核"，已成为建设有利于社会经济发展的创新环境的关键环节。这种情况下，企业的改革与创新面临着相当大的困难与压力，我们需要有比韦尔奇更多的勇气、毅力和耐力去推动企业革新的进程和营造企业革新所需要的大环境。这一点从该书第 11 页"程嘉树与柳传志的争论"一节中已有具体的反映。但无论是在西方还是在东方，革新都是企业生存与发展的保证，这是一条放之四海而皆准的真理。为此，中国企业家或许将付出更加沉重的代价。中国加入 WTO，无疑会引起极大的冲击和震撼，然而正是这种外来能量与信息的输入，推动着我国社会结构的调整和价值观念的转换，为企业的革新与创新提供了新的机遇。我们应该有清醒的认识。

第二，道德与伦理是一种无与伦比的力量

与韦尔奇的革新思想紧密相联的是他的文化追求。他"希望创造一种全新的企业文化：一种鼓励工人以速度、简单化和自信工作设等级界限的文化，一种非正式和开放的文化，一种希望每个人都能共享思想与相互学习的地方。"随着科学技术的发展，经济活动中文化力的功能和作用日益强烈地表现出来，经济文化的协调已成为历史性的潮流。《挑战极限》深刻地揭示韦尔奇的革命来自于他深厚而坚定的经济伦理观念，来自于他对"坦率、平等、自由沟通的渴望和对官僚主义的憎恨"，来自于他始终不渝地把"诚信"作为企业生死攸关的最重要的信条。关于这个问题，应该引起我国社会各界的高度重视。

我国正处在市场经济所需要的社会资本高速成长期，但是我们决定这种社会资本发育所需的道德观与伦理观。"政府部门失信，企业失信，个人失信"等现象猛烈地冲击着诚信、合作、规范社会资本的根基，权术与策略成了企业在不规范的市场经济条件下生存的保证，重权谋、轻准则、忽视伦理，加剧了市场的紊乱和文化的浮躁。在这种情况下，我们就更加应该强调企业最基本的价值观和伦理观，坚持最简单而朴素的真理，推动文明的飞跃。

第三，如何面对文化的冲突与文明的落差，或曰发展阶段的落差 在本书第 17 页上，刊出了南方航空公司负责人颜志卿的一段话"技术是没有国界的。"我认为不仅仅如此，不但技术没有国界，任何先进技术所蕴含的科学文化内涵也没有国界。科学文化是人类的共同财富，科学文化批判与创新、理性与规范，公平与宽容，求真与献身，效率与协作等基本特征和内涵，是人类先进文化的重要组成部分。《挑战极限》一书《跨越文化障碍》一章，对新飞公司与通用电气合作中的文化观念差异的冲突作了生动的描绘。它给我们的启示是：一、我们不能因个性而否认共性，过分强调民族性保证而否认人类文化共性，而力求去找到一种文化沟通的方式；二、不要把文明的落差与文化的冲突混淆起来。文化的冲突是指不同的文化背景和文化传统造成的价值观念和行为规范、习惯等方面的差异和矛盾，这主要是一个如何沟通的问题，而文明的落差是指不同的发展阶段造成的较大差异。如一个处于农耕文明的社会和工业文明的社会之间的差异，企业也存在这种发展阶段上的落差，因而，摆在后进方面的问题是如何通过学习与进步去缩小差距。在人类历史上，由于发展不平衡，在一定的时期，必然有一些企业一些地区和国家处于较优越的地位，一些国家和地区处于相对落后的地位，作为前者，不能有引领潮流、目空一切的情绪，作为后者也不能盲目对抗，妄自尊大，特别要警惕把技术水平、管理水平的落差和文化的冲突搅在一起，激起盲目的民族主义情绪。在当前，为了中华民族的复兴，我们需要重铸一种精神。这种精神的核心是建设意识，是开放型的富有创造力的建设文化心态。面对实际存在的"落差"，我们应该努力学习，减少落差，为自己争取平等互利的地位，达到双赢的目的。新飞公司与通用电气的合作，对于完善新飞公司的生产、管理制度，推动企业整体素质的提高，起到重要的作用。新飞公司在合作与沟通方面表现出了惊人的耐力和卓识远见，值得称道。同时也为我们在学习世界先进科技文化、管理文化，为我国企业在加入 WTO 后面临的挑战与机遇提供了成功的经验。

时代呼唤激情。《挑战极限》这本书关于通用电气的解读,提供给我们的不仅是一个企业的成功经验,而是一幅波澜壮阔的现代企业发展的画卷,是坚定的自信以及富有活力的和创新能力的企业精神,是宝贵的精神文化的财富。我相信,它必将激发出我国企业昂扬奋进的民族精神,去振兴我国的民族工业与科技和去推动我国社会经济文化的全面发展。

世界新经济发展与企业管理创新

美国《商业周刊》1998年8月31日刊发了一组关于世界新经济的署名文章,总标题为《21世纪经济》。这组文章分别从各个不同的侧面分析介绍了世界新经济的现状、特点及发展大趋势。文章刊发至今,虽已过去数年,世界经济也有了重大变化,但其重要论述仍有重要参考价值。为了便于读者研究,本年鉴在转编中除对部分标题作了变动外,其余文字全部保留。

技术进步:未来繁荣的发动机

经济正像活的有机体,总是在不断演变以应付所面临的挑战和机遇。变化可能是剧烈的。

仅仅在10年前,日本经济还是成功的样板,而美国却得同低增长和陷入困境的银行体系做斗争。

但今天的统计数字表明情况大不相同了。几乎用任何标准衡量,90年代都可说是美国出人意料繁荣的10年。本刊和其他媒体称之为“新经济”。这些统计数字给人留下了深刻的印象;自1990年以来,实际收益增加了70%,通货膨胀率在2%以下,失业率为4.5%,实际工资也在不断增长,即便是对收入最低的员工而言也是如此。

将来的情况如何呢?两个月来,本刊的一批记者和编辑对经济的各方面——从技术、政治到高等教育等——做了考察。

我们的结论是:90年代的经济繁荣并非偶然。尽管亚洲陷入经济危机,但所有的经济要素都预示着新的革新高潮即将到来,其势头可与历史上的任何一次相匹敌。在未来的大约10年里,迄今为止主要是由信息技术推动的“新经济”,可能最后成为仅仅是范围广泛得多的技术、商业和金融创造力蓬勃发展过程的初始阶段。

我们管它叫“21世纪经济”——一种由技术进步推动的经济,可以在未来的岁月里以年均3%的速度持续增长。革新的渠道比过去数十年都得到更充分的利用。随着因特网的诞生,信息革命的范围在不断扩大,速度不是逐渐放慢,而是不断加快。生物工程技术也即将产生重大的经济影响。在全国各地的实验室里,科学家们正在徽技术领域内全力以赴探索,希望创造出能改造整个工业的新装置。

此外,美国经济似乎正在经历一次大规模的更新。企业、金融服务机构和大学。都在进行自我改造。甚至连政治家和决策者们也开始努力了解新的技术和经济现实。

当然,从“新经济”通往“21世纪经济”的道路可能并不会一帆风顺。每一次的革新浪潮都会出现一些经济和社会毛病,如衰退、股市暴跌和大范围的失业。这一次也不例外。但这是一个国家从充满生机的变革中获得好处所必须付出的代价。

(原文序言)

新经济与新的移民大军

20世纪开始时,移民劳动力和革新使美国成为一个强大的制造业国家。今天,外国出生的工程师挤满了硅谷的走廊,支持了美国信息技术的发展。在21世纪即将来临之际,另一股移民浪潮将再一次帮助美国使经济改观。

在今后10年,除非政府的政策改变,否则预料每年有将近100万移民抵达美国。不管合法的移民还是非法的移民,大多将继续来自拉丁美洲和东南亚,但是每个国家都将有人来。新来者将缝制饭店的床被,开办自己的商店,从事开创性的医学研究。

他们都将在提供保持经济健康发展所需要的工人方面发挥重要的作用。在生育高峰期和国内出生率停滞时,只有外国出生的工人将使劳动力储备保持增长.实际上,到2006年,移民将占美国全部新工人的一半,在今后30年,他们的比例将上升到60%。

换言之,经济的发展将依靠外国出生的工人源源不断地流入。赫德森研究所的资深研究员卡罗尔·达米科说,劳动力供应有限"将影响增长。如果你快进10年,这将成为一个实际问题"。据劳工部说,即使按照目前的移民速度,可以工作的人数从1996至2006年一年将只增加0.8%——为上一个10年的增长率的一半。

为了提高生产率和促进增长,移民必须提供创造性、开拓精神或仅仅主动行动,这些是美国以别的方式找不到的。兰德公司的经济学家詹姆斯·史密斯说:"如果你所做的一切是引入同我们已经在这里的人完全一样的人,那将没有经济上的好处。只会有更多的人。

同样重要的是,移民带来的教育和技能在今后10年能完全适合就业的需要。据国会图书馆的下属机构国会研究处的琳达·莱文说,到2005年为止创造的就业岗位的60%,将需要高中毕业的教育程度。她又说,但是,低技能的工作岗位将占全部就业人数的大约一半。

把这种就业市场同预期的移民劳动力比较一下。在最近抵达的移民中,只有63%的人完成高中学业。毫不奇怪,虽然移民只占今天劳动力的12%,但是他们占餐馆服务员的半数。据全国科学基金会说,在科学和工程领域持有哲学博士学位的美国居民中有23%是外国出生的。波特兰州立大学的人口学家巴里·埃德蒙斯通说,因此,全部男物理教师的1/3是移民,全部女医生的1/4是移民。

确实,外国出生的工人表现出被同化和取得成功的卓越能力。当然,一些技能较低的工人一辈子将留在经济阶梯的底层。然而,另一些人将很快爬上去。根据全国科学基金会的马克·雷盖茨和城市研究所的哈丽雅特·杜莱普最近进行的一次调查,受过良好教育的移民在他们抵达后10年内做类似的工作所挣的钱从当地出生的美国人所挣的钱的不到一半上升到将近90%。

当然,这将提高移民的生活水平,使外国出生的工人和他们的家人进入美国的中上阶层。更重要的是,这将有助于推动革新和开拓精神,这是21世纪经济的主要推动力,而带来的增长将继续吸引更多移民。

(霍华德·格利克曼)

美国经济处于新发明浪潮初期

我们处在技术迅猛发展的起始阶段,它的经济成果将继续到下世纪。

在我们社会,"成熟"是变老的一种委婉的说法。提供咨询的人把成熟的市场说成没有多少潜力的市场。经济学家讲的成熟的经济再也不能像年轻而有生气的经济那样维持高速增长。确实,在70年代和80年代经济增长放慢时,许多经济学家在讲到美国时用的就是成熟这个词。

发明创造无所不在 他们错了。今天美国经济没有任何衰老的表现。实际情况是,创造发明不断,创业热情高涨,经济扩张已经7年,而过去一年的增长率仍然达到点3.5%,生产率以1.9%的速度有力上升,尽管第二季度稍稍下降。

越来越多的迹象表明美国经济处于浩浩荡荡的新发明浪潮的初期。带头的是信息革命,它渗透到经济的各个部门。例如,在过去一年,高技术使通货膨胀率下降半个百分点,使增长提高近一个百分点。

但是今后的成果还要多得多。从因特网到生物技术和现在接近商业化的尖端技术,美国处于发明创造高涨的时期,这个时期可能持续到下个世纪很长一段时间。西北大学研究发明创造的经济历史学家乔尔·莱基尔指出:"发明创造在过去任何时期都没有像90年代这样渗透到我们生活的各个方面"国立桑迪亚实验室首席经济学家阿诺德·贝克说:"我们至少在三四个领域获得了真正革命性的知识。全球经济将发生根本性的变化。

技术进步具有不确定性 从历史上看,重大发明的时期生活水平大大提高。上次从19世纪90年代的铁路开始,持续到20世纪50年代和60年代电视的出现和乘喷气机旅行。在这个时期生产率的提高使人均实际收入增长了3倍。

大量的发明创造以及由此引起的增长速度的加快可能使解决21世纪一些令人烦恼的社会和环境问题变得容易得多。例如,3%的年增长率解决生育高峰时出生的人的退休金还有余,因为到2030年经济将比现在大25%。如果经济增长加快,耗资巨大的解决全球变暖的办法,如减少碳的释放,将比较容易负担。

从长远的观点看,21世纪经济的成功取决于技术进步能否继续推动经济增长,就像90年代到目前为止所做的那样。这与70年代和80年代大不一样。据劳工统计局统计,在那些经济呆滞的年代,技术对增长几乎没有任何推动作用。当时计算机革命还没有开始,早些时候的创新,如乘喷气机旅行,已经不是什么新鲜事。

当然,21世纪经济的出现不会消除经济衰退、金融危机或者其他影响市场经济的弊病。情况恰恰相反。激烈的技术变革期往往是变化不定的,因为公司和工人要努力调整以适应新技术。的确,美国历史上一些最深的衰退是在生产率迅速提高的时期出现的,如20世纪头50年。正如亚洲危机表明的,全球经济使一些国家受到它们过去没有受到的危险。

70年代和80年代的情况使人们更加缺乏对技术的信心。生产率提高的速度放慢在很大程度上是由于一些发明没有得到最初期望的结果。核能被认为是战后的大突破,是便宜而无限的动力。如果所谓的原子时代像人们期望的那样发展,70年代油价上涨造成的破坏要小得多。实际上,公用事业是70年代生产率提高减慢的最大因素之一。

与此同时,在1961年被肯尼迪总统列为美国优先科学项目的太空计划在60年代吸收了全国25%的民用科研经费。这项计划达到把人送上月球的目标,但它带来的经济好处不足以证明投入巨资是正确的,尽管通信卫星的重要性的提高可能改变这一点。

成功的可能性很大 走入市场的新技术对经济的其他部分具有同样普遍而剧烈的作用。现在开始起飞的生物技术将对医疗、农业以及化工和石油产品等非耐用品的产值产生巨大影响,这些产品在经济中占了15%。虽然今天生物技术产品的价格很高,但是技术发明的历史表明,它们的价格将随着产量的迅速提高而很快下降。特别是在医疗保健业,医药公司将受到很大压力,要它们发现减少开支的治疗办法。

眼前有许多可能改变各种行业经营状况的发明。微电子机械系统将使人们能把小小的传感器、发动机和泵置于微处理系统,从而可能对运输、食品加工和家用电器产生巨大影响。科学家正在研究如何用一个个原子组成新物质,使整个制造部门发生变化。南加利福尼亚大学信息科学院的彼得·威尔说,激动人心的是"从根本上改变物质和创造物质的潜力"。

当然,现在难以估计哪些发明成功,哪些不成功。在实验室或者设计板上看上去很好的技术可能由于没有预见到的复杂性而失败,如核能。

但是历史告诉我们成功的可能很大。在过去10个年代中有8个是大量发明创造的时代。归根结底,70年代和80年代的慢速增长将来看上去很像是例外,而不是普遍规律。在21世纪即将来临时,美国经济并没有成熟。

(万克尔·曼德尔)

劳动者从发明创造中得到了实惠

现在从发明创造中得到好处的不再仅仅是美国的精英。工资普遍上涨,而这并不令人意外。

"我在美国期间,没有什么比条件平等给我的印象更深刻了"。摘自(美国的民主)的这句开场白,有力地证明了平等的思想在整个美国历史占有多么重要的位置。尽管美国人在金钱、种族、权利和受教育程度方面存在非常现实的差距,但是,从平等和吸收聪明才智来看,美国历来超过其他任何国家。

收入差距可能缩小 然而,1/4 世纪以前,经济上的差距开始明显拉大,工人的平均工资增长赶不上通货膨胀,3/4 处于底层的美国人生活水平停滞不前。起初,人们普遍认为造成这些问题的原因包括:制止通货膨胀的努力(它束缚了经济增长)以及工会的作用降低和 80 年代供应学派的减税政策,特别是给有钱人减税。

但是,90 年代经济进入扩张期后差距仍在拉大,左翼和右翼越来越多的经济学家和知识分子把它归咎于我们时代的两支最强大的经济力量:全球竞争和惊人的技术变化。高技术机器改变了工作场所,接管了许多日常的低技术工作,让雇员干比较复杂、技术要求较高的工作。增加收入的主要是受过良好教育的精英、处理抽象概念的专家或在海外做生意的人。在 1979 年,给大学男毕业生的平均补偿金比中学男毕业生高出 42%。近 20 年后,有大学文凭的美国人的收入比受教育较少的人高 89%。难怪越来越多的人担心美国正在演变为由两个阶层组成的社会:享受大部分经济好处的技术富豪和其他所有为生计而艰苦努力的人。

但是 21 世纪经济很可能避免这种暗淡的前景。实际上,大批创造发明带来的好处已经开始使所有工人的收入增加。据经济政策研究所的统计,从 1996 年到 1998 年上半年,工人中等水平的实际工资以 2.6%的速度增长,改变了从 1989 年到 1996 年每年下跌 0 8%的局面。工资最低的工人增长的幅度最大。由于经济继续扩张以及失业率处于 30 年来的最低水平,少数民族、妇女、老年人等任何愿意为一天的工资而工作的人,公司都要。另外,发明创造有希望带来的经济迅速增长将使失业率在去掉商业周期不可避免的影响后非常的低。奥斯汀得克萨斯大学的经济学家詹姆斯·加尔布雷思说:"我见到的一切都表明,随着失业率的降低,差距在缩小。

劳动者技能不断提高 经济效率的提高意味着就业方面会产生严重的不安全感。教育程度低的工人将处于更加不利的境地,这一点现在已经看得很清楚了。但人们未能充分认识到的是,今天的技术精、工资高的工人可能变成一种昂贵的过时现象,因为明天的技术进步将带来降低成本、改善规模经济的新机会。在一个先进电脑比比皆是——而且这些电脑全部由因特网联在一起——的世界上,今天这种充满生机的服务和信息部门很容易整个部门整个部门地受到破坏。到下个世纪,律师、会计师和经纪人很可能遭到 20 世纪 80 年代的文秘、银行出纳和主机操作员那样的命运。

目前这种经济上的不平等与技术上的突破相联系的现象远不是绝无仅有的。每当重大发明被采纳时,增加收入的通常都是那些受教育程度比较高的员工,国为他们能很快掌握新的技巧和技术。但是,历史表明,随着更多的人逐渐学会这些技术、随着其他发明的出现使新技术更容易被采用,新技术带来的好处将为越来越多的人分享。

一项调查表明,过去 25 年中,对熟练工作的需求的增加有 30% 到 50% 是由电脑造成的。但是,在高技术公司不断创造不需要专门知识来操作的新产品的同时,美国劳动大军的才干不断增加。美国工人阶级和中产阶级的多数人——特别是年轻一代——远不是被抛在后面,而是正在学习使他们以后能有大作为的各种知识。

促进平等的力量 在一个领域内,技术已经变成了促进平等的强大力量;妇女受到的待遇比以往任何时候都好。例如,当男人和妇女用电脑等高技术设备工作的时候,那他们就要比在汽车装配线上吃力地工作时更容易进行平等竞争。不仅如此,现在获得准学士、学士和硕士学位的多数是妇女。在50年代末期,女性的平均工资只相当于男性平均工资的大约60%,1997年已经超过75%了。在根据受教育程度和职业差别作过调整之后,这个差距还会更小。

不过,显而易见,在受革新驱动的经济中,结构调整、重新设计和规模缩减——你可以从中任选一个流行字眼——将是21世纪管理手段的一个永久的组成部分。每有新的巨变发生,员工们都得学习新的技能。伯克利加州大学的经济学家布雷德福德·德朗说:"以前只有蓝领工人才会遇到的风险现在开始把触角伸向领带阶层了"。

尽管存在这种不安全感,多数美国人仍将分享今天的技术进步带来的繁荣。巨大的经济增长将提高所有美国家庭的收入。

(克里斯托弗·法雷尔、安·帕尔默和肖恩纳·布劳德)

未来公司的样板

西斯科系统公司是一个良好的样板。它非常了解市场,并能对市场的需求迅速作出反应它还知道如何利用高技术。

近几年来,世界上许多大公司出现了过去不可想像的衰落,这已经是司空见惯的事了。管理人员在战略上犯的大错和疏忽使诸如美国电话电报公司、伊士曼柯达公司、日产公司、丽都公司和通用汽车公司这样大型、非常有实力的公司的境况一天不如一天。

然而,还有一个不那么看得见但却更加可怕的危险:无法适应技术变化的速度和随之产生的动荡。在进行了大量的高技术方面的投资之后,管理人员开始进行将信息技术转变成21世纪所需要的一种强有力的竞争工具的那种组织上的调整。

技术改变管理方式 几乎没有哪家公司比西斯科系统公司更懂得管理新技术的深远意义。总部设在加利福尼亚州圣何塞的这家公司在因特网联网方面是全球的带头人,年收入高达80多亿美元。它还受到了华尔街的青睐,市场资本接近1 000亿美元。

西斯科系统公司很可能为管理新模式提供一张最佳的线路图。部分是因为它提供了建立将企业与其客户和供应商连接起来的强有力的网络手段,因此它使自己一直处在利用技术来改变管理方式的最前列。

不仅仅是在于这家公司创造性地利用技术的做法赢得了人们的赞许,而且还在于该公司的思想方式和风气,同公司以外人员合作来获得知识财富的愿望、对客户近乎宗教式的专注和进步的人力资源政策。一家咨询公司伙伴研究公司的董事长詹姆斯·穆尔说:"西斯科系统公司是一家道道地地的样板公司。他们已经掌握了如何从公司之外寻求人才、产品和动力的方法。"

这家公司是来自斯坦福大学的一批电脑专家于1984年创建的。这些年轻人的领导人是一名从小就擅长变危难公司为成功公司的约翰·钱伯斯。这位说话和气的西弗吉尼亚人曾经在国际商用机器公司和王安实验室工作过,因而亲眼目睹了自以为是和不愿改革的态度是如何给公司带来痛苦和导致落伍的。

网络无所不在 网络结构对21世纪的管理将产生巨大影响。通用汽车公司的萨腾分公司和德尔电脑公司已经表明;通过同只在需要时即交货的合作伙伴连接起来的做法,可以取消库存。然而,根据钱伯斯在西斯科系统公司建立起来的新模式,网络几乎对一切都是至关重要的。

网络把西斯科系统公司同现有客户、未来客户、合作伙伴、供应商和雇员紧密地联在一起。今年,西斯科系统公司将通过因特网销售价值50多亿美元的商品。去年,其销售额占了网上电子产品销售总额的2/3。

网络还是西斯科系统公司招聘人员的主要工具,其收到的求职申请书中的一半来自于网上。当公司雇员希望了解有关公司情况、保健福利或需要查看开支情况时,网络是最好的去处。结果是,西斯科系统公司的雇员每天数千次地上网寻找各种多达170万页的信息。

技术对这个商业样板提供了种种帮助，但它并未完全取代人与人之间的合作。钱伯斯坚持说：如果你带有个人情感时，网络就会发挥更好的效果。”钱伯斯比其它大多数人更加努力地鼓励员工同公司所有领导人进行公开的直接的交流。

客户决定战略　在西斯科系统公司中，战略方向不是由思想狭隘的一批高级经理确定的，而是由公司的主要客户确定的。这是一种由外及里的做法，而不是由里及外的做法。客户就是战略。钱伯斯说：“没有什么事情比跟客户说：‘这就是你所需要知道的’更加狂妄自大了。大多数时候，你未必是对的。”

更确切地说，西斯科系统公司把其主要客户视为制定公司战略的伙伴。比如在波音公司和福特汽车公司通知钱伯斯说西斯科系统公司不大可能满足他们未来的网络需求之后，钱伯斯亲自外出进行了他的第一次购并行动，以解决这一问题。由于做成了这笔交易，即1993年购并了一家本地网络的中转公司克雷森多通信公司，西斯科系统公司遂成为眼下年收入高达28亿美元的这个行业的一部分。

西斯科系统公司购并行动并非只是为了加速发展或增加市场份额，它通常是通过购并来网罗人才和获得新一代产品。钱伯斯说：“大多数人已经忘记了这一点，即在高技术的购并行动中，你真正购买到的只是人才。这就是为什么许多人失败的原因。我们付出了代价，我们给每一名雇员支付50万到200万美元的薪金，我们不是在购买现有的市场份额，而是在购买未来。”

（约翰·伯恩）

经济全球化的机遇与风险

从1997年7月泰国铢贬值以来，亚洲迅速增长的开放经济受到一系列货币、股市和银行危机的打击。太平洋沿岸的国家无一幸免，即使日本也一样，它的全球工业实力可能因为政府不愿抛弃失败的政策而削弱。由于“亚洲机车”倒退，从拉丁美洲到东欧的所有新兴国家的开放经济都受到沉重的打击。

全球化具有双重性　这些冲击不会使全球化停止，而是明显地证明它的双重性。只要不爆发战争或者一个国家不相继采取关闭市场的内向政策，在21世纪多数国家很可能继续追求全球化，尽管全球化存在弊端。商品、劳工和资本的全球交叉流动将达到前所未有的水平。为什么？因为它的好处太大了，不能放过。历史表明，能进入较大的市场会刺激企业发明创造，而竞争又促进企业提高质量和降低成本。减少对贸易的限制也促进人员和思想的国际流动，推动发明创造。

标准—蒲耳氏公司的研究机构DRI预测，如果目前的趋势继续下去，到2005年全世界的商品和劳务出口将达到11.4万亿美元，占世界国内生产总值的28%，差不多是今年估计的6.5万亿美元（占世界国内生产总值的24.3%）的两倍。20年代前世界贸易在国内生产总值中仅占9.3%。

亚洲经济的成功之处以及今天持续的麻烦，初步显示全球化可能如何发展。尽管亚洲出现麻烦，但发展中国家的生活水平比20年前高了，经过一段非常艰苦的时期以后，估计增长率会反弹。

即使亚洲处于衰退之中，今后数年国际投资仍然很可能增长。国家之间互相有这种需要，它们不能消除这种依赖性。

如何减少全球化的风险　然而，即使贸易增长，金融危机仍然很可能爆发。这是因为全球的投资者天生紧张不安。可能在一时冲动之下做出反应。减少全球化的金融危险需要做些什么呢？首先，发展中国家应该毫不犹豫地更加充分地加入金融市场。这听起来像是从油锅跳进烈火之中，但实际上不是这样。

其次，在今后一些年，当出现麻烦时，应该迫使银行及其他放贷者和投资者承担一些损失。最近金融危机中的一个大问题是模糊不清的“败德行为”（私人放贷者因为错误地认为最后会有国际放贷者帮助摆脱难关而放出巨额贷款）。一个解决办法是让私营部门发挥更大的作用，从而减少败德行为。

面对全球化采取封闭隔绝的做法在政治上可能有一些吸引力,但是幸运的是,它没有占上风。即使在今天,亚洲国家也在逐渐开放金融部门和对银行进行改革。这是重要的,但还不够。世界银行的经济学家沃尔夫冈·赖因克说,今天,从公司内部贸易到电子商务的一切都在向独立民族国家的主权提出挑战。最终私营部门和非政府机构不得不承担一些政府职能,与政府一起确定国际上可以接受的行为准则。

(卡伦·彭纳)

革新是经济增长之本

过去几年美国经济状况是无可挑剔的。增长强劲,通胀下降、失业率低、股市攀升。这些因素使今天的美国经济处于至少30年来的最佳状态。

目前尚存的最大问题是:如何使美国经济持续快速增长,在进入21世纪之后的很长时间内仍能保持3%或更高的增长率?多数经济学家认为,使经济在更长时间内保持增长的最佳办法,是通过削减预算赤字或改变税收制度以抑制消费来增加国民储蓄。鼓励储蓄的好处是容易理解的:增加储蓄就意味着降低利率,增加新设备和新厂房投资。这样,最终会提高经济的生产能力。

但是,仅仅侧重于以增加储蓄来保持经济高速发展的政策,在提高增长率方面带来的效果是很小的。

在21世纪的经济中,能给我们带来我们所需要的那种快速增长的是革新,而不是节俭和预算盈余。各种证据都表明,支持革新的政策会带来很高的收益。从历史上说,在研究与开发方面的投资至少能为社会带来30%的收益,而新设备之类有形资本只能带来8%到10%的收益。今天,美国的私营和公营部门每年用于研究与开发的开支约为2000亿美元,确实不能算少。但是,鉴于研究与开发的收益率与其他投资相比是如此之高,美国应当大大增加这方面的开支。根据斯坦福大学的查尔斯·琼斯和联邦储备委员会的约翰·威廉姆斯1997年发表的一份报告,美国在研究与开发方面花的钱应当“比现在的实际开支高3倍以上”。

是储蓄还是革新 对美国人而言,侧重于革新的经济政策与旨在鼓励储蓄的政策大不相同。从理论上说,像美国这样富的国家似乎两者都能做到。但实际上,它们要求采取几乎截然相反的政策。

同样重要的是,储蓄和革新要求人们具有截然不同的心态。促使人们增加储蓄办法是鼓励人们勤检节约,即向人们灌输为未来着想的意识。相反,革新则更有可能来自一种甘冒风险的意愿和对未来的机遇感到乐观的态度。

目前,为了保持经济增长,华盛顿的决策者们必须制定一项以鼓励革新为优先目标的经济政策。这在一定程度上意味着更多地注重在因特网的管理、为高技术人员发放签证以及加密政策等方面,联邦的政策对高技术工业可能产生哪些有害的影响。

更困难的是寻求一条好的途径来把更多的资金注入基础研究和培养理工科研究生的工作。要做到这一点是不容易的,许多经济学家和政界人士对于把更多纳税人的钱用于鼓励革新是有顾忌的。的确,尽管取得了把人送上月球这样了不起的技术成就,但在今天,空间的唯一重要的经济用途只是卫星通信和卫星图像。从经济的角度看,相对于自60年代初期以来花在研究与开发上的2 000多亿美元而言,这点收益是微不足道的。

冒险的事业 即便在高技术领域也是如此。尽管信息技术公司发展迅速、利润很高,但它们大都把研究与开发的重点放在短期项目上,诸如研制新一代芯片和软件等等。有关软件的可靠性和生产能力等长期问题并没有得到足够的注意。

自1991年以来,私营和公营部门在基础研究方面的开支在国内生产总值中所占的比例大大下降了。这种趋势必须扭转,当务之急是增加基础研究经费。而在为基础研究提供经费方面,政府所起的作用是很重要的。晶体管和集成电路的早期研究工作就是由国防部资助的,因特网最初也是由政府出钱建起来的。此外,还有不少别的例子。

不仅如此,政府资助的基础研究会促进私营部门的投资,从而能加倍地发挥作用。

眼下,政府在研究与开发方面的投资还不够多样化。除了防务和空间研究之外,联邦的研究与开发经费中约有一半是用在与保健有关的研究上。虽然以此为重点的做法促进了生物技术革命,但许多重要领域没有得到足够的经费。

加强基础研究只是需要做的事情的一部分。必须得到加强的另一个领域是提供受过训练的科学工作者和工程技术人员。迹象表明,我们的教育制度没有跟上经济发展的日益增长的需要,这在一个革新的时代是令人惊讶的。

开放的体系 保持一个健全的私营部门是至关重要的。事实上,美国的当务之急之一是维持它现有的开放的金融体系。这个体系可以迅速地向实行革新的部门转移资金。风险资本、股票公开上市和垃圾证券使新的创意能够相对容易地获得资金,而落在后面的公司会以被接管或股权被买断的方式受到惩罚。与此形成对照的是,日本的金融体系则会通过它的银行与公司之间紧密的关系网向公司提供低息贷款,这就必然导致严重的僵化和死板。

同样,坚定地实行自由贸易和相对开放的移民政策也是支持革新的政策的一个重要组成部分,具有技能的移民为美国高技术的迅猛发展提供了动力。

(万克尔·曼德尔)

网络为商务敞开大门

电子商务是“一股绝对不可阻挡的力量”。不出10年,它在国内生产总值中所占的比例就可能达到6%。

尽管因特网自1991年开展商务活动至今尚不到10年,但它已把电子商务大力发展成一种举足轻重的经济力量。专门从事市场研究的福里斯特研究公司估计到2002年时,仅美国公司通过因特网开展商务活动的总营业额将达到3 270亿美元,相当于美国国内生产总值的2.3%。福里斯特研究公司总经理乔治·科洛尼认为,到2005年,网络商务活动的总营业额在国内生产总值中所占的比例可能增到6%。

举足轻重的力量 分析家们认为,电子商务将在计算机、软件、目录、能源和图书等行业占有巨大的份额:20%至60%,甚至更高。其结果是,电子商务似乎肯定将为21世纪的经济发展提供动力。

已经出现了即将取得难以置信的高效率的迹象。位于多伦多的加拿大帝国商业银行将从1999年初以更大的优惠开始在各部门收集订单,并把这些订单利用阿里巴技术公司开发的因特网采购程序以电子邮件的方式寄给供应商。这家银行预计将使每年13亿美元的采购费用节省近1亿美元。

不只是大公司能得益于这种节约。既然网络甚至可以让小制造商也能同外部供应商和分包商亲密地交流,大公司就可期望把诸如库存管理和客户服务等业务分包出去,从而脱出身来集中力量干好自己的优势项目,如产品设计和销售等。

一个早期信号是:饮食服务行业已有大约1000家公司把设在加利福尼亚的洛阿尔托的Instill公司作为虚拟订货处。该公司总经理麦克·蒂林预计,Instill公司今年将获得10亿美元的订单,而去年只有1.8亿美元。一些著名的公司也开始利用万维网重新确立自己的地位。

新的商业模式 即将到来的因特网电子商务浪潮在对中型企业威胁的同时,也为新建立的公司提供了发展良机。安德森咨询公司负责全球电子商务程序设计的史蒂夫·约翰逊警告说:“竞争毕竟时刻存在。”电子商务新浪潮不但能节约资金,而且能创造新的电子市场,从而快速推出商业模式。

很难找到比网上书店Amazon图书公司更灵活的转轨措施了。尽管这家图书公司在业务扩展阶段仍然赔钱,但是分析家们说,它成功地打破了图书经销规则。尽管只有300万册图书(其中17.5万册提供给巴恩斯—诺布尔公司的超级书店),但是Amazon图书公司上个季度库存图书价值只有1 700万美元,相当于巴恩斯—诺布尔公司销售额的2%。由于买书人通常以信用卡付款,出版商要在图书售出 46 天以后才能收到书款,这种精明的未承付转帐支票与有形书店的经济管理正好相反。

其结果是 Amazon 图书公司每位雇员销售额达到了 24 万美元,而巴恩斯一诺布尔图书公司每位雇员的销售额只有 10 万美元。旧金山赫默一温布拉德风险合伙公司的风险投资家安·温布拉德说:“Amazon 图书公司改变的不是技术,而是经营模式。”确实,网络的独特经济形式可能足以使许多新建公司控制本行业的大片市场。温布拉德合伙人威廉·格利把这些公司称为漩涡式公司:一旦某个网址通过提供有用的产品信息吸引到大量买主,卖主们就蜂拥而上,他们的产品就会以一种快速循环的方式吸引更多的顾客,从而使对手们望尘莫及。转瞬之间,一个强大的公司就出现了。

交易成本近乎为零 正是这样的机遇促进抵押经纪商克里斯蒂安·拉森 3 年间在帕洛阿尔托开办了电子信贷公司,其目的是使家庭购买者绕过抵押代理商。拉森说,抵押代理商付出的劳动很少,但是他们却使每笔抵押业务的成本增加 1 500 美元。拉森上个月承办价值 7 000 万美元的贷款、他的电子信贷业务的月增长率为 25%。他说:“我们取消了买主和抵押资本市场之间的所有中间环节。因特网加快了这种环节合并的步伐。

随着网络使交易成本降到近乎为零,专家们说,没有任何理由不对差不多所有产品实行公开招标。几年之后,在网上搜索特定产品最优价格的自动程序甚至可能引发如火如荼的价格战。EDventure 控股公司董事长埃丝特·戴森说:“人们将看到越来越多的实时报价。”

甚至可能出现实时销售和产品设计。例如,Amaz-on图书公司利用软件收集顾客在购物爱好和购物历史方面的信息,随时为顾客购买图书提供建议。Amaz-on图书公司总经理杰弗里·贝索斯说:“我们打算像小镇里的书商那样,了解读者的各种兴趣。”Amaz-on图书公司的主要图书供应商、从事图书发行的英格拉姆图书公司甚至正在开发按订单印刷图书的技术,这种技术有可能降低图书出版的成本。

鉴于电子商务的发展速度很快,没有人真正知道它的影响究竟会有多么深远。 (罗伯特·霍夫)

硅谷长盛不衰

杰夫·特蒙德本来很乐意在 3Com 公司度过余生。他花了八年半时间把这家计算机网络公司建成本行业的巨头,他本人也晋升为掌握公司股份命运的总经理。但是去年夏天,特蒙德感受到来自硅谷的吸引力并且跳了槽,出任 Ep-igram 公司的总经理。这家设在加州森尼韦尔的新公司即将把一项使智能住宅中的个人计算机家用电器和设备连在一起的技术公开,特蒙德希望这项技术成为每户居民必备的技术。

全速运转 在提出了历史上最令人称奇的想法并制造出产品以后,硅谷的创造机器仍然在全速运转。硅谷作为世界上高技术之都的地位日益提高。1997 年有 3 575 家新企业在硅谷成立,风险投资家们为新建公司投入了 37 亿美元。比上一年增加 60%以上。据设在旧金山的第一风险公司统计,1998 年可望成为又一个最好的年份;风险投资家们今年第一季度已经向硅谷投入了 18.7 亿美元,比去年同期略有增加。纽约大学的米歇尔·莫斯教授说:“硅谷是技术创新方面最重要的中心。金钱能引出创新思想,金钱能引来金钱。”

有充分迹象表明,硅谷在今后一段时间将继续诞生新的创造思想和新的公司。原因是什么?因为该地区仍然拥有培育了英特尔公司、苹果计算机公司和西斯科系统公司的要素。其关键是在一条长 50 英里的走廊地带集中了 7 000 多家技术公司。这个环境使新建公司能够利用众多精明能干、经验丰富的工程师、程序编制人员、管理人员以及从法律、技术到营销等各种基础设施,可以在一夜之间使某位企业家的思想变成公司。加上无可匹敌的吸引风险投资、从大公司获得资金支持的能力以及鼓励冒险和宽容失败的风气,使硅谷成为有利于技术发展的场所。

创意、投资、人才 硅谷正在全速向 21 世纪迈进。过去,技术创新的重点是生产功能更强大的硬件和软件。如今,吸引投资的热点是对整个行业产生影响的领域:电子商务、数字式家用电子设备和通信设备。施乐公司帕洛阿尔托研究中心负责人约翰·西利·布朗说:“现在的重点是经济本身的结构调整”。

硅谷在这场调整中表现不凡。以发展速度极快的电子商务为例,诸如 E－Loan 和 Autoweb. com 等数以百计的新建公司都在想方设法通过因特网使买主和卖主直接建立联系,减少中间商和加快产品循环。

这方面的尝试并非都能取得成功,但是仅仅从新建公司的数目就足以看出硅谷创造性过程的实质。在迄今尚无人知道最佳经营方式的电子商务领域,硅谷的优势在于它能为人们提出新奇的、使机会得以自我证明的主意。

但是,仅有新奇的设想和资金并不足以保障技术创新。硅谷的优势还在于它能吸引到既适应需要又愿意冒险的人才。例如,Epigram 公司管理班子中的 5 个人总共具有在 3Com 公司、太阳微系统公司、罗克韦尔公司、BBN 通信公司、西斯科系统公司工作 110 年的经验。该公司的支持者说,这样的管理班子将有助于该公司在家用网络市场上获得相当大的份额。

微软公司、英特尔公司和西斯科系统公司等特大型公司的不断发展,无疑是对硅谷创新构成的一个危险。在其它行业,此类巨头公司的出现通常标志行业的成熟和技术创新的减慢。硅谷不是这种情况。相反,这些巨头公司一直是推动创新活动进一步发展的资金来源。几年来,它们向硅谷注入大量资金,投资或购并 200 多家公司。仅英特尔公司就购买了 125 家新建公司的股份;微软公司则向 50 多家公司投入了资金。

购并带来活力 与巨头公司建立联系,将使新建公司获得巨大的资源和销售渠道。对于大公司来说,把研究与开发资金投到公司以外的地方是鼓励创新的一个方式,也提高了它们抓住下一个机遇的可能性。例如,英特尔公司的投资对象包括从事各种业务的公司——从改进芯片设计和生产到建立因特网团体。西斯科公司负责投资证券组合的经理米凯兰杰洛·沃尔皮说:“它就相当于我们自己的贝尔实验室。我们可以把赌注押在 10 项技术上,而不是押在某项技术上。”

越来越多的公司投资者已迈出下一步,即购买拥有发展前途的新建技术公司。这种购买常常能推动新技术的发展。以加利福尼亚当时正在为通过电视浏览万维网开发数字机顶盒的网络电视网络公司为例:1997 年 8 月,微软公司出资 4.25 亿美元买下了这家公司并迅速投入大量研究与开发经费;此外,微软公司还为它带来了强大的营销力量。网络电视机顶盒的销量从购买时的 5 万只猛增到如今的 40 万只。新建的从事电子商务活动的 EC 公司总经理安迪·邓肯说:“他们在微软公司的保护下获得了极好的发展机会,并为实现自己的梦想提供了更大的可能性。

但是,为新建企业提供资金的不仅仅是大公司:硅谷许许多多腰缠万贯的企业家将继续成为创新活动不断发展的基本因素。企业家们甚至在富甲天下之后,也很少有人改行去干别的事业,他们往往回过头来从事高技术开发:建立新公司或投资其他充满前景的公司。

魅力依旧 有什么力量能阻滞硅谷新的速度吗?尽管硅谷充满活力,但是它并不能免遭更大经济力量的打击。亚洲经济危机已引起人们的警觉:英特尔公司、太阳微系统公司、应用材料公司已经开始裁减雇员。1997 年,硅谷公司出售原始股的公司也大大减少了。第一风险投资公司说,硅谷去年公开出售原始股的公司只有 34 家,而 1996 年则达到了创纪录的 74 家。1998 年上半年只有 15 家公司。

硅谷发展的另一个障碍是它的地理限制。硅谷已经拥挤不堪:1997 年,商品房空置率降到了 10 年来的最低水平;自 1994 年以来,这个地区非常拥挤的主干道发生的堵车现象增加了一倍。硅谷的住房价格居美国各地之首,从而使它更难招聘到顶尖人才。

但是技术领域的神经中枢仍然牢牢地植根于硅谷。继续使硅谷保持优势的正是新生人才力量的源源不断的供应。尽管该地区呈周期性下降趋势,但是它显示出了追赶最新技术浪潮的巨大能力。

这正是硅谷的魅力。经验丰富的经理和刚毕业的工商管理硕士生每天都在全力以赴,尝试创立下一个雅虎公司或太阳微系统公司。只要他们这么奋斗下去,这片充满开拓梦想、突破性技术和暴发户的土地就会保持它的创新热情。 (安迪·莱因哈特)

制造业正在进行一场革命

在加利福尼亚州纽瓦克，专门生产惠普喷墨打印机的生产线的效率是惊人的。为了应付来自全国各地客户的电子订单，几分钟之前才用卡车运来的零部件就上了110英尺长的装配线。装配线另一头源源不断出来的成品打印机，紧接着就装上另一辆卡车，运往各地。整个装配工作是高效率的，几乎无懈可击。

超级承包公司 你也许会认为这家工厂属于惠普公司。错了，它属于索莱克特龙公司，是一家承包制造公司。更有甚者，正当索莱克特龙公司位于加州米尔皮塔斯的一家工厂在生产惠普打印机的同时，它的另外24条生产线正在为一些以名牌电子产品闻名遐迩的大公司装配从BP机到电视解码器等多种电子产品。

在进入21世纪之际，索莱克特龙公司是有希望在制造业领域爆发一场革命的一种新兴的超级承包公司之一。它们在全世界拥有几十家工厂和供应网。它们的经营范围日趋扩大，设法生产客户的全部系列产品，提供全套服务，从策划库房管理到交货到售后服务等。它们通常极为灵活的经营方式带来了惊人的效益，资产收益高达20%。

几十年来一直存在着一种所谓的“业务外包”活动并不能解释这种现象。客户与供应商之间的传统的合同关系已经被同像索莱克特龙公司这样的公司达成的安排所取代了。这种安排代表着一种企业的延伸——产品开发商与组件开发、销售、零售和制造业方面的专家之间的一种合作伙伴关系。

由此而产生的那种公司的组织非常严密。由于它采用的战略，供应渠道和开发新产品与这种新产品到达消费者手中所花费的时间和成本大大减少了。

更具竞争力 这种经营方式对发明创新产生的影响是巨大的。由于摆脱了产品的制造和其它非核心功能，工业巨头们便可以将投资集中于最能发挥效率的地方，即投资于研究和营销这两个方面。此外，由于这项战略减少了对资本和内部运作的技巧的必要性，因而人们在启动阶段将新技术带入市场时面临的壁垒要低得多。

1996年，埃及出生的工程师扎基和沙洛姆·拉基卜研究出一种可用于有线电视系统中的新技术。但由于他们缺乏生产能力和设施。因此找到了索莱克特龙公司。4个月之后，这种新产品便开始运到美国和其它国家的用户手中。这两名工程师说，就生产能力而言，“我们堪同摩托罗拉在世界各地的分公司相媲美。

这种新的生产模式非但没有损害美国工业，反倒成了推动美国高技术经济的一股突如其来的力量。因为独立承包商能够更好地满足尽快交货的要求。所以美国作为一个生产基地实际上已经变得更有竞争力了，即使在大宗货物装配时也是如此。弗莱克斯特罗尼克斯国际公司(美国)——一家大型承包制造公司——的总经理迈克尔·马克斯说，由于亚洲的低工资被较高的运输费用所抵消，因此“它们同美国公司之间的成本差异已不复存在”。

虚拟一体化 在许多行业，纵向一体化已经让位于虚拟一体化。通用汽车公司8月3日做出了一项决定，让本来可以让其下属的德尔菲汽车系统公司生产的价值310亿美元的汽车组件外包给其它公司生产，从中可窥见汽车工业转向“按标准组件”生产的一斑。在这种生产环境中，其它公司供应预制的由几十个配件装成的大部件，只到最后一分钟才进行装配。一些专家认为，美国三大汽车制造厂最终也将出售它们的汽车发动机厂和汽车装配厂。

随着虚拟一体化的发展，未来学家设想将出现这样一个时代，即产品开发商、制造商和经销商将通过数据网络紧密地联系在一起，以致库存就没有必要存在了。各公司将根据零售商每天的需要而生产商品。如同德尔电脑公司和西斯科系统公司目前在电脑和网络设备方面所做的那样，有朝一日甚至连汽车也将根据客户的特殊需要在几天之内装配出来。夕阳工业将不复存在，而制造业将有助于促进人们去创新。

(彼得·恩加迪奥)

金融服务业掀起革新潮

金融工程师不穿实验室白大褂。他们不用老鼠做实验。也不研究气相色谱法。他们的原料——金钱——并不像生物学家和物理学家所研究的对象那样令人兴奋。但是,金融工程师们的革新将对经济增长起同样的促进作用。

事实上,也许会起更大的作用。因为要是没有金融学,其他一切科学只不过是一大堆纯粹的概念。新思想要是得到资助——通过提供风险资本、出售股票、提供贷款和买下全部专利权的办法来资助——的话,就会开始有助于改善人们的生活。顺利运转的金融体系会为获得好主意而大量投资。同样重要的是,它会削减对陈旧的思想和守旧的公司的资助,好让金融系统的资金可以更有效地用于别的地方。(日本没有这样一个过程,这一点有助于说明为什么日本仍然是旧式经济的一个部分。)

硕果累累 25年来的金融革命可以与那场使我们获得微芯片的革命相比。请看以下的变化:抵押贷款的利率降低了,因为金融家们已找到办法来对这种贷款进行重新包装,以便可以转售。利润现在基本可以预测,因为公司对风险采取防范措施。职工股票购买权使工人的利益与股东的利益一致起来,首次公开上市的股票既卖得快,又卖得容易。人们现在有更多的投资选择。

这仅仅是开始。新的金融业会掌握好金钱,正如电子计算机掌握好数据、生物技术已开始掌握脱氧核糖核酸一样。由于有新的理论工具、金融工程师们能够将任何原始投资分成各个组成部分,然后从中合成某种比较容易出售的东西:不仅仅有抵押证券,还有离拆单售债券本息票和互惠信贷等等。

不断革新 在21世纪的经济中,金融业的革新将随着竞争的加剧而增多。部分由于取消管制和全球化,竞争会更加激烈,利润率会更低。随着产品(例如住宅抵押贷款,变得商品化,金融服务公司将被迫变得更有创造力。麻省理工学院斯隆管理学院高级讲师亨利·伯辛·韦尔说,不久后,"金融服务业将与任何其他软件业几乎无法分别,金融服务业将不断地革新并采取先发制人的手段搞垮其他金融企业"。

金融技术靠信息技术而不断发展。韦尔说,成功的秘密将是有一个强有力的软件平台,它将降低一般服务的成本,同时使得有可能创造出其他方式不同的高利润的服务。韦尔说:"干得好的一些公司可以脱颖而出,变得越来越强大。"

规模效应 在新的金融界里,规模大小是至关重要的。大公司享有规模经济和名牌的好处,它们可以安全一些,因为它们的赌注分散在较多的地区和市场的较多部分。1998年上半年美国银行合并的资产总额要大于前3年银行合并的资产总额。合并浪潮现在也席卷各行各业。旅行者集团公司和花旗银行公司打算以700亿美元实行的合并会使商业性银行业务、对个人的银行业务和投资银行业务合为一体。也会使股票经纪业和保险业合为一体,随着大公司变得越来越大,要求合并的压力会加大。Z资本同仁公司(纽约一家新成立的将对金融公司投资的公司)的史蒂文·格卢克斯坦预言,8年内,金融服务业将由5家到10家全球公司控制,每一家都将提供各种各样的服务。格卢克斯坦预言,此外,还将有5家或6家大的咨询公司或经纪人公司,例如芝加哥的奥恩公司,它是世界上最大的保险经纪人公司之一。

另一端将以非常便宜的价格做某种生意或生意做得非常出色的专业证券商。格卢克斯坦预言,夹在这两端之间的公司将逐渐消亡。

专业证券商以提供较便宜的或质量较好的服务将控制住金融超级市场。大公司懂得,如果对顾客的买卖不公平,顾客就不会光顾。大通曼哈顿公司副董事长约瑟夫·施蓬霍尔茨说:"我们决不可能冒破坏长期关系的风险来尽量获得短期的交易好处。"

网络的力量 因特网将成为推动变革的另一种力量。派珀·贾弗雷公司(它是明尼阿波利斯的一家经纪人公司)计算,10家最大网上贸易公司的每一笔交易的平均手续费大大下跌,从1996年初的52.89

美元下跌到1998年初的15.77美元。平均手续费 会进一步下跌。随着成本下降,价格也会下降。据证券数据公司说,普通股的包销利差从1990年的6.47%下降到1997年的6.08%。

最大的输家将包括场内商人和专业证券商。他们像约翰·亨利一样。约翰·亨利因为在工作中企图超过汽钻而死亡。由于有往返于各大洋之间的计算机网络,现在有可能在电脑空间的某一个时刻,使全世界都关注某一种股票、债券、货币或金融衍生物。在这方面,超级计算机能够以光速和极其微小的利差适应买方和卖方的需要。

(彼得·科伊)

全球十大高技术热点

数学家诺伯特·维纳40年前这样写道:“发明创造给人类带来好处;不仅是已经取得的发明创造有助于人类的生存,我们还希望未来的种种发明创造能使人类受益。”

随着21世纪到来,发明创造在全球经济中发挥的作用从未像今天这样重要。世界上的任何地方都可以蚀刻硅芯片,创新的步伐日益加快。正如以下这组图片显示,任何人都不可能垄断发明创造。

(1)马萨诸塞州哈德利 *先进技术公司的克隆体* 克隆技术能够培育出生产药品的山羊、器官可供人体移植的基因改性猪等,还可用于探索癌症等疾病的治疗方法。

(2)加利福尼亚州圣拉斐尔 *IIM公司动画制作室* 人的动作通过反射标记和摄像机记录下来,取得的数据可使计算机模拟的动作十分逼真。

(3)班加罗尔 印度高技术之都印度航空发展局工程师设计的软件可以减少用复合材料制造战斗机机翼的成本和时间。如今,印度空间研究组织的科学家操纵的卫星发回的分辨率最高的地球数据图像已投放市场。用于制造飞机的软件和卫星图片已向国外出售。

(4)台北 *新竹科学园* 管理人员在共进午餐。台湾数十家高技术公司的总部设在新竹。台湾的高技术行业得到了减免税收、补贴研究经费等形式的优惠,从而促进了经济的发展。

(5)东京和日进 *显微机械* 多家机构正在研究把电子、机械和光学特性、磁性材料集成在新一代微型机械上。这种薄薄的操纵器是奥林波斯基础研究所正在研制的一种探测导管。日本电装研究实验室研制的“微型轿车”的体积只有火柴头那么大。

(6)慕尼黑 *软件制造商Inovit公司* 在德国,像Inovit这样的新公司纷纷成立,这类公司开发的计算机软件能把需要保存的医学图像加以数字化处理。为数不多的软件工程师和管理人员已成为今日“巴伐利亚硅谷”的缩影。

(7)布拉格 *有机化学与生物化学研究所的艾滋病研究* 由于资金匮乏,该研究所的科学家至今仍使用陈旧的实验设备。然而,在比利时卢万大学科学家们的帮助下,他们成功地研制出两种治疗艾滋病的新药。

(8)剑桥 *高技术摇篮* 英国受人尊敬的知识殿堂正在培育新一代科学家和投资人。剑桥显示器技术有限公司一位技术员在检验该公司发明的发光聚合物,这种聚合物最终可能取代平板显示器使用的液晶。

(9)赫尔辛基 *移动电话* 诺基亚公司总部设在芬兰首都赫尔辛基。性能多样、造型美观的诺基亚数字式移动电话早已风靡世界。

(10)特拉维夫 *Compugen公司刚刚起步* 该公司采用数字算法和先进的数字模型分析DNA序列,加速药品的研制。由于拥有军事技术方面专家和技术水平很高的外来移民,总价值达100亿美元的以色列高技术行业已在密码编制和微处理器设计方面取得了突出的成绩。

(作者不详)

企业道德是竞争力的源泉

企业道德规范可以维护企业名誉、吸引顾客和一流人才,是企业竞争力的源泉。因此,对企业来说,从道德规范的制定到实施都很重要。为了表明自己也有道德,各跨国公司从没有像现在这样承受着如此巨大的压力。

制裁严厉 针对企业不良行为的制裁措施变得越来越严厉了。这一点,只要看看5月份美国对瑞士罗奇公司5亿美元这一创纪录的罚款(因为它参加了一个为了升抬各种维生素价格而组成的国际联盟)就知道了。就在那几天,德国的巴斯夫公司也被罚了2.25亿美元。

还是在5月份,美国惠而浦公司一家生产家用电器的前分公司被亚拉巴马州一法院罚款5.8亿美元。该公司被指控在出售两种卫星天线系统时欺骗了用户。惠而浦公司不服判决,提起了上诉。

但是,道德问题决不仅仅服从法律。由于通信联络的高速度,以及因特网带来的透明度,使有关压力组织能够迅速地动员舆论。

各国政府和一些国际组织正在寻求各种措施,以打击腐败和侵犯人权的行为。

大势所趋 荷兰ING财团负责人亚历山大·卡恩认为,遵守道德规范已经从一种美德变成必需。他说:"没有道德观念,我们就是在与灾难打交道;有了道德观念,我们就可以在国际市场立足。"

这一趋势是明显的。在美国,职业道德主管人协会指出,在《财富》杂志的企业排行榜上名列前茅的500家企业都有道德行为规范。该协会1991年成立时有12个成员,现在已经达到了570个。最近加入该协会的有美国在线销售公司及纽约商品交易所。还有一些国外企业也加入了该组织,像本田、索尼、西门子及史克必成公司等。

在英国,500家最主要的企业中,目前,60%以上有道德行为规范,而10年之前,这一比例仅为18%。

英国帝国化学工业公司职员肯尼思·拉什顿认为:"许多国际性大公司已经把它(道德行为规范)当作了主要目标。"其目的之一是维护企业名誉,但也是为了吸引顾客和第一流的人才。"对我来讲,(道德行为规范)就是企业竞争力的源泉。"然而,企业道德的倡导者们认为依然还有很多事情要做。道德行为咨询委员会执行主席约翰·杜蒙德说:"我曾研究过80多家企业的道德表现,它们各不相同。有些企业在这方面非常重视,而对一些企业来说,企业道德则是一个全新的概念。"一些商店对其如何经营并没有明文规定,但它们自认为这些并没有写下来的规定已经发挥了很大的作用。但是后来迫于媒体及道德组织的压力,还是把道德行为规范写了出来,挂在了店面显眼的地方。

严格遵守 对那些已经有了道德行为规范的企业,面临的问题是如何保证其职员遵守这些规范。在英国,在已经制定了道德行为规范的大公司中,只有不到一半的企业能够让它们的职工懂得其意义并予以遵守。

英国沃里克大学商学院企业行为教研室的克里斯·马斯登说:"人们说的总是比做的多。关键的问题是:规定了这些企业的中等经理人员的责任的合同,是否要写明他们要遵守道德行为规范的规定?假如不是这样,那么将没有人把道德规范放在眼里了。"

尽管人们一致认为道德规范应该同企业的实际情况结合起来以保证它的实施,但并没有就如何做到这一点达成共识。是靠法律的力量,靠企业职员、公共关系,还是企业老板呢?

在过去的3年中,在英国,对企业道德的监督从领导层或雇员组织联合会转移到法律机构。韦伯利认为:"这是退而求其次的选择,一旦(遵守企业道德)成为强制性的,那对企业道德的监督也就变成了命令。但道德本来不应该是这样,这是一个错误的信号。"

在欧洲,总的来说,企业道德被认为是企业社会责任观念的一部分。这种社会责任观念含义广泛,包括企业职员、顾客、供应商、社会团体及股东等的责任。

例如,英国电信有限公司就是在一个企业信誉部的监督下协调风险控制、供货系统管理、起草环境和社会报告以及同员工的关系的。那些主张弘扬道德原则的企业,会使一些想看看它们是否言行一致的人感兴趣。但是,衡量和调查道德品行并不是件容易事。

道德的两重性本身就存在这样的问题:一种看起来是"正确"的行为,可能会带来意想不到的"不正确"的后果。

美国会议委员会(一个由企业资助的研究团体)的罗纳德·贝伦比姆指出:"反对腐败不能手软。当然,对回扣之类的事不能只从它的名称上看。搞清楚到底是一件普通但贵重的礼物,还是收取的回扣,这在不同的地方有着不同的概念。"

(原载阿根廷《号角报》,本年鉴资料室提供并编辑)

世界企业战略学理论研讨成果

英国《金融时报》1999年9~10月份,先后发表了一批关于企业战略问题的研讨文章,这些论著全面地介绍了当前世界企业战略学理论的研讨成果,涉及到企业战略学的各个领域,其中包括企业战略学的10大学派;企业战略的定位与实施;工商战略的主题;新时代的企业战略思路;企业扩大市场和创造价值的主要途径五个方面。

企业战略学的十大学派

企业战略学在目前有10个根深蒂固的概念支配着企业的战略思想,这些概念的范围从早期的设计和计划学派到较近期的知识、文化和环境学派。

设计学派　最初的观点认为战略的形成就是在内在的实力和弱点与外部的危险和机遇之间找到最佳平衡点。高层管理人员制定明确而简单的战略,以便于大家执行。在有关战略进程的观点中,这是占支配地位的观点,而且这种情况至少持续到70年代。有人可能会说,鉴于它对教学和实践的固有的影响,这种观点至今仍占支配地位。

计划学派　计划学派是同设计学派平行发展的。就出版物的数量而言,计划学派在70年代中期占主导地位。它至今仍是一支重要的势力,尽管在80年代它的影响日见式微。计划学派反映了设计学派的大多数假设,但有一个相当重要的例外:战略进程不仅是触动理智的,而且是正式的,它可以分解成明确步骤,可用核查清单划定界限并得到技术手段的支持(特别是就目标、预算、计划和营运计划而言)。这意味着计划人员实际上取代了高级管理人员成为战略进程中的主要角色。

定位学派　第三个学派被普遍称作定位学派。它的战略形成观点在80年代占支配地位。哈佛大学教授迈克尔·波特在80年代对推动这一派学说的发展起了特别重要的作用。在这一学派看来,战略不过是通过对工业形势的正规化的分析选择出具有普遍意义的立场。于是,计划人员便成为分析家。事实证明,这对咨询人员和学术界人士来说特别有利可图。它们可以挖掘确凿的数据资料并把他们的"科学真理"推销给各家公司和杂志。

创业学派　与此同时,在其它方面,也有对战略的形成有着完全不同看法的流派出现,尽管它们的声势很小。同设计学派一样,创业学派以首席执行官为其战略进程的中心。但同设计学派不同,与计划学派相反,它把神秘的直觉视为其战略进程的根基。

认知学派　在学术领域,人们对战略的起源很感兴趣。如果战略在人们的头脑中是作为框架、模式,或是地图的形式发展的,那又该如何理解人们的思维呢?人们对战略制定过程中的认知偏见,对认知作为信息处理的过程进行了大量研究,特别是在80年代。这种研究一直持续到今天。与此同时,这一学派的一个新的分支则对战略进程持有一种比较主观的、解释性的或是建设性的观点:认知是作为创造性的解释用来构筑战略的,而不仅仅是或多或少以主观的方式描绘现实。

知识学派 在所有非限定的学派中,只有知识学派成了名副其实的潮流,并向无所不在的规定学派提出挑战。其历史可追溯到早期对"渐进主义"的研究和"冒险","应急战略"之类的概念。根据这种学派的观点,战略都是应急的,在一个组织中到处都可以发现战略家,所谓战略的制定和战略的实施是交织在一起的。

动力学派 动力学派是个力量微薄但相当不同的学派。它从两个意义上集中研究植根于动力的战略制定过程。微观动力学说认为一个组织内的战略的制定过程在本质上是政治性的,这一过程涉及内部各个角色间的讨价还价、说服工作、甚至是对抗。宏观动力学说则把组织看作是个实体,这个实体利用对他人、对联盟和合资企业合伙人以及对其它网络关系的控制通过谈判达成符合自己利益的"集体"战略。

文化学派 把动力学派推到镜子前,你看到的倒影就是文化学派。如果说动力学派的战略形成过程以私利和分裂为特征,那么文化学派的重点则是共同的利益和一体化战略的形成,并把它作为植根于文化的社会进程。在日本管理模式的影响充分显示出来之后,在人们清楚地看到,独特的、难以模仿的文化因素可以带来战略上的优势之后,文化在美国便成为一个重要问题。

环境学派 严格地说,环境学派也许谈不上什么战略管理。然而,由于环境学派使人认识到环境的要求,它值得引起人们的注意。这里我们要提及所谓的"应变理论"——它考虑的是在某些特殊的环境条件下,各个组织应有什么样的对策——和"人口生态学"——这方面的作品声称,人们在战略选择上面临很大的限制。

结构学派 这是一种比较广泛和比较综合性的理论和实践。这一学派的一个比较纯学理和非限定性的分派视组织为结构——具有凝聚力的有着不同特性和行为举止的群体,认为它的作用就是以某种方式把其它学派的主张融合在一起。如果组织可以处在不同的状态,那么变革就一定会是相当引人注目的转变——从一种状态飞跃到另一种状态。于是,一种比较限定性的、注重实践的转变理论便作为事物的另一面、作为另一个分派出现了。上述两种非常不同的理论和实践是互为补充的,因此它们属于同一个学派。

企业战略的定位与实施

理查德·惠廷顿认为,战略"实施"问题牵涉到如何制订战略以及如何正确实施。在一个充满竞争和不断变化的环境中,战略的正确实施要比精明的战略定位更可能成为持久价值的来源。

逐步变化的战略角度

计划 从60年代正式的战略一开始出现,"计划"方法集中在帮助管理人员为公司发展方向做决策的工具和技巧上。主要的决策辅助手段包括麦肯锡公司和波士顿咨询集团等咨询公司创造的有价证券组合矩阵和哈佛大学教授迈克尔·波特的行业结构分析。

政策 从70年代开始,"政策"研究人员研究出一种更宏观的着重点,比较实施不同战略的公司得到的回报。用于比较的政策包括各种各样的多样化、国际化和创新政策。

过程 80年代的挑战导致大公司第一次考虑改革问题。"过程"问题——公司如何最终认识到改革的必要性以及公司如何掌握好改革过程——变得日益突出。

实施 今天的战略"实施"方法吸收了过程学派中许多见解,可是又回到了决策人这一级。它注重的是战略家如何"制订战略"。私有化、放宽管制和不断创新正在迫使许多公司考虑目前战略实施的效率,并且学习新的实施方法。

学会制订战略

战略地位永远都是不稳定的,始终有可能被竞争对手仿造产品,或者遭到创新产品的破坏。但是注重制订正确战略的公司永远有条件抓住机遇,拿出应对竞争对手的办法来。战略制订得"怎么样"要比战略"位置"更重要。

战略制订包含着灵感和汗水。灵感需要获得点子、瞄准机会和了解新局面。成功在这里意味着高度的构思技巧。汗水则流在每年的预算和计划、走道里的会议、正式文件的出台、捣鼓数字和情况介绍中。

这种细致而艰巨的工作要求有操作技巧。

构思技巧和操作技巧是从不同的地方学来的。构思技巧来自外部:来自高度发达的智力能力,其中包括想像和重新想像一个公司及其行业的全套技巧和框架;来自不同的公司和行业的丰富经验,它们提供了可以应用于新情况的各种实践的、可移植的模式。这些技巧有助于战略家们知道要做些什么。

制订战略的操作技巧主要来自从内部获得的专门知识:来自对内部(公司内和股东中)战略制订程序的精通,因此熟悉此道的战略家绝不会出错;来自对公司的权术和文化的了解,因此精于此道的战略家绝不会得罪任何人。这些操作技巧包括知道怎么做和知道谁是谁。

知道做什么的构思技巧可以从 MBA 培训课程或者从担任战略顾问的经验中获得。但是,知道怎么做和知道谁是谁的操作技巧一般需要丰富的组织经验。掌握这些技巧可能的确需要在公司内进行"战略实习",很可能要延续很多年。

企业战略的主题

工商战略的现代主题是一系列的分析方法 工商战略建立在理性的幻觉和实行控制的可能性基础上。它涉及公司内部能力与其外部环境的配合。战略的方法和战略的核心问题来源于这一定义。这些方法要求分析公司及其在其中经营的产业和市场的特点。这些问题照顾到两个方面:能力和环境之间成功结合的起源和特征是什么?公司为什么成功?公司及其管理者怎样才能使这种结合更为有效?

我认为,人们传统上对远大眼力的注重是他们自以为掌握控制权这种幻觉的产物。工商战略的现代主题是一系列的分析方法,旨在更好地了解从而是影响公司在其实际的和潜在的市场上的地位。

租金与能力 直到 1980 年,由于迈克尔·波特的《竞争战略》一书的出版,经济学家们才试图重新占领战略研究领域。尽管波特的著作有种优点,但它没有在战略的核心问题上提供启迪。这个问题就是:不同的公司面临相同的环境,其业绩为什么不一样?

大约就在波特开始就战略问题著书立说的同时,《战略管理学报》问世。当前占主导地位的战略问题观点——建立在资源基础上的理论——主要是在这个期刊上阐述的。它的经济学基础建立在李嘉图确定经济租金的方法和彭罗斯及理查森所论述的把公司看作能力的集合观点之上。

经济租金就是公司所赚得的超出其在自已营业中所动用的资金成本的部分。公司的目标是增加其经济租金,而不是其利润。一家公司若使其利润而不是使其经济租金增加,譬如通过所得低于资金成本的投资或收购,它就破坏了自己的价值。

竞争优势是竞争性市场上的公司赚取经济租金的唯一手段。

公司保持这种竞争优势的机会是由其能力决定的。一家公司的能力是多种多样的。就战略的用途而言,重要的差别存在于特殊能力和可复制能力之间。特殊能力是公司的这样一些特征:竞争对手无法对其加以复制,或者复制起来难度很大,即使这种能力所带来的收益令竞争对手垂涎三尺。

这种区分对战略来说的重要性在于,只有独有能力能够成为可持续的竞争优势的基础。可仿效的能力的集合能够而且将会被他人建立,因而它们在一个竞争性市场上是不能创造经济租金的。

使能力适应市场 因此,战略家必须首先着眼于内部,必须确认本组织的独有能力,并寻求用一系列可仿效能力或补充性资产将其包围起来,以使公司能够在市场上推销自己的独有能力。

种种特色,比如公司的规模、战略设想、市场份额和市场地位,一般都被视为竞争优势的源泉。但是,具有自己的竞争优势的其他公司最终都能够对其加以仿效。对这些特色,显然应当把它们看作竞争优势的结果,而不是其根源。

然后,战略分析就要着眼于外部了,以确认公司的能力在哪些市场上能够产生竞争优势。这里的重点仍然是独有能力,因为只有它们才能成为经济租金的来源。

由于独有能力处于竞争优势的核心,所以每个公司都问,它怎样才能创造独有能力。真正无法仿效的东西有三个主要来源:限制进入率的市场结构;公司的历史(其性质决定其的仿效需要花费很长时间);关系的默契、其"可模仿性捉摸不定的"习惯和行为。

因此,公司在开始时最好考虑自己现有的,而不是自己所希望拥有的独特能力。其地位已经确立的成功公司若不享有一些独特能力,通常就不会享有这种地位。在公司和市场结构的发展方面,很容易高估有意识地进行设计的效应。

能力与环境的渐进 对渐进过程的最新研究结果强调,要产生这一结果,对故意性的要求是多么少。成功的公司之所以成功,并不一定是因为任何人在组织设计或战略配合方面的远见卓识。是市场,而不是高瞻远瞩的经理,选择了能力与环境的最有效配合。独有能力是自然而然形成的,而不是设计出来的。

这一观点得到了工商业客观历史的支持。一家公司所采取的道路主要是由它自己的过去所决定的。

因此,凭空地用一张白纸来制订公司战略,这是荒谬的和不起作用的。对这一点必须加以强调。

把握新时代的战略思路

正在出现的竞争场景 90 年代目睹了竞争环境中巨大的和造成间断的变化。现在有一种不断加速的全球趋势,就是要放松管制和实现私有化。一个个庞大的和重要的产业,比如电信、电力、自来水、保健和金融,其中的管制正在不断放宽。形形色色的国家,譬如印度、俄罗斯、巴西和中国,都处于对其公共部门实行私有化的不同阶段。技术上的趋同,比如在化工和电子工业公司之间、电脑、通信、零件供应和家电行业之间,以及在食品和制药、化妆品和制药工业之间,打乱了传统的产业结构。不论是在美国摄影业大公司伊士曼—柯达、全球电子工业集团索尼、国际商用机器公司、英荷消费品巨人联合利华公司、美国化妆品集团雷夫隆,还是福特公司,管理者们都必须适应技术趋同和数字化对本行业所带来的变迁。

此外,万维网和因特网的普及所带来的影响还刚刚开始为人们所感知。对生态的敏感和像绿色运动这样的非政府组织的出现,为竞争场景锦上添花。这种间断是否正在改变着产业结构——消费者、竞争者、合作者和投资者之间关系——的性质本身?它们是否正在挑战老牌公司已经确立的竞争地位,使得新型竞争者和新的竞争基础得以出现(例如巴尼斯和诺布勒公司,以及亚马孙公司,两者都是建立在因特网基础上的图书零售商)?

新竞争环境中的战略 战略家们必须首先采取一种新的思维方式。传统的战略规划过程注重资源配置——哪些工厂、什么地点、什么产品,有时还有什么行业等。其工商模式也是不说自明的。而如今的沧桑巨变则对这种工商模式提出挑战。

在今后几十年里,4 项变迁将影响工商模式和战略家们的工作:

可供公司施展才华的战略空间将扩大 带来变迁的各种力量——放松管制,像印度、中国和巴西这样的商机无限和发展中大国的出现等——提供了一个新的竞争场所。与此同时,数字化力量、因特网的脱颖而出和技术的趋同为战略家们提供了数不清的新机遇。

工商活动将是全球性的 地方性和全球性工商活动之间的差别将越来越小。所有的工商企业都将必须适应本地环境,但也都将受到全球竞争者的影响及其标准的制约。

速度将是一个至关重要的因素 由于竞争性变迁的性质,所以反应速度将是战略的一个至关重要的因素。起码,这种对反应速度的要求将对每年一次的计划周期提出挑战。速度因素也影响到公司如何尽快地学习新的技术并将其与旧有技术相结合。由于所有传统公司都面临着破旧立新的沧桑巨变,所以迅速学习和行动的能力日益成为竞争优势的一个主要来源。

创新是竞争优势的新来源 创新一直都是竞争优势的一个来源。然而,创新这一概念同产品和工艺的创新相联系。创新的焦点越来越多地必须转向工商模式的创新。例如,一个其定价建立在拍卖基础上的市场(例如航空公司、饭店等)若处于一个生产能力过剩的行业中,则它如何改变工商模式?如果顾客成为产品或服务的共同开发者,则你将如何考虑可供公司利用的资源?我们是否应当扩展资源的可获性概念?大众定做,更为重要的还有产品和服务的个人化,对整个后勤链的影响如何?

企业扩大市场和创造价值的五条途径

经过多年的改革、调整和精简机构,很多企业现在将重点放在发展上。这里介绍五条可行的发展途径:通过扩大市场份额和加强市场渗透发展主体业务;在不同的地区发展同样业务;发展对主体业务有利的纵向合并;开拓其它相关业务;在不相关的业务领域进行尝试。

联合大企业 联合大企业喜欢在多种互不相关的领域开展业务的原因是,它们认为这样做能够减少风险。但因为存在高效率的资本市场,股东分散风险的能力要远远超过联合大企业的想象。股东应该持有多种股票以减少风险,而企业的发展重点则应放在主体业务上。

最近的大趋势是摈弃联合大企业模式,发展更有经营重点的企业。美国伊士曼柯达公司和西屋公司等大企业已经改变战略方向;国际电话电报公司等一些联合大企业正在解体,而像惠普这样一些高科技企业都在纷纷放弃非主体业务。

虽然越来越多的美国和欧洲企业正在放弃联合大企业的模式,但在全球还有很多国家,例如日本、韩国、印度、泰国和巴西,唱主角的仍然是联合大企业。这些国家的共同特点是:资本市场效率低下、政治影响力大和缺乏管理人才。随着这些特点的改变——它们正在改变——这些国家的联合大企业的作用也将减小。

纵向合并 事实表明纵向结合的现象正在减少,而其反面,即企业外购的现象却在增加。外购可以使企业将重点放在加强其竞争优势的主体业务上,企业也因此增加了灵活性,并消除了纵向结合中常见的组织问题。

但有意思的是,生产企业同销售商的纵向结合则为很多企业提供了发展机会,使它们的竞争优势得到加强。因为这种纵向结合使生产企业同客户的联系更加紧密。

增效作用 企业的竞争优势在于发展主体业务和注重增效作用。这是一个非常有效的发展战略。美国迪斯尼公司因成功地使其多种商业活动——其中包括主题公园、电影、卡通形象、注册商品、软件和有线电视——发挥了增效作用而使公司赢利迅速增长。现在的问题是,增效作用虽然是个非常诱人的理论,但实际运用要比理论难得多。需要强调的是,为成功地获得增效作用,企业的不同部门需要沟通的协作。

全球化 这显然是大多数企业都很重视的一个发展战略。甚至一些传统行业,例如公用事业,电信业和零售业都在走向全球。美国的“沃尔—马特”和法国的“家乐福”零售百货公司都是运用全球化战略的典范企业。

在全球化发展的大趋势中,越来越多的企业将发展重点放在新兴市场上。

为了使全球化战略取得成功,企业应该努力适应当地的需求,因为太多的标准化可能使当地消费者、代理人,甚至政府疏远同它们的关系。例如,美国“麦当劳”快餐公司在法国就提供啤酒、在马来西亚提供碎肉夹饼,而在菲律宾则提供意大利式细面条。

市场渗透 很多企业发现最佳的发展途径就是扩大主体业务。为了实现迅速发展,企业必须获得更多市场份额。实现这一目的的最好办法之一是开创新的经营模式。同纯粹的技术创新相比,经营模式的创新使企业得到的新竞争优势能够保持更长的时间。

经营业务相同或相似的企业进行合并也是实现企业迅速发展的途径。

沃尔—马特百货公司是通过竞争挤垮中小百货店,将它们收到自己旗下才迅速发展起来的。目前美国的制药、汽车、银行和军工等行业也正在经历合并浪潮。行业合并使市场渗透成为唯一明智的发展方向。

(本年鉴资料室选编)

一种保管费用可变情况下的库存管理模型

北京理工大学管理与经济学院 王永忠

本文对保管费与库房数目有关而与库房存货量无关的情况的确定性模型进行了研究,并给出了不允许缺货和允许缺货的两种通用的模型。对企业的实际操作具有一定的指导意义。

库存问题是寻求最佳的订货或生产批量,使得库存费用最小。EOQ模型是库存研究的基础理论,对库存问题的深入研究具有深入的指导意义。由于实践之中,问题是千变万化的,对于有些问题直接运用EOQ模型是难以求解的。必须针对实际情况建立模型来求解。

在实践之中,经常有如下的问题,保管费用只与动用的库房数目有关而与库房内的货物数量无关。在此种情况下,EOQ模型是无法直接运用的。本文就这个问题做一深入地研究。下面的内容分成两个部分,一是不允许缺货的模型研究,二是允许缺货的模型研究。

(一)模型建立

假设条件

不失一般性,我们假设企业有两个仓库,容量分别为 H_1, H_2 。如果仓库内存有货物,则单位时间内的保管费用分别为 B_1, B_2 。

a 为订购一批货物所需的订货费

c 为单位时间内单位货物的缺货费

e 为单位货物的购置费

Q 为每次订货量

u 为单位时间内对库存货物的需求量

则保管费是一分段函数,见下面:

$$B=\begin{cases}B_1, & 0<Q\le H_1\\ B_2, & H_1<Q\le H_1+H_2\end{cases}$$

不允许缺货的模型

在不允许缺货的情况下,每次定货量相同,需求量均匀,拖后时间固定,当在库存量下降到零时,立即补充。

则在一计划期 t 内,平均库存量为批量 Q 的一半,即为$\frac{Q}{2}$,则总的库存费用函数 ƒ 可以写成以下形式:

$$f=B+eu+\frac{au}{Q}$$

由于 B 是一个分段函数则问题可以分成两个子问题(为了区分,ƒ 的下标设为 1 和 2,分别表示两个子问题,同理 Q 与 ƒ 的下标相对应):

f_1 与 f_2

$$min\ f_1=\frac{Q_1}{u}B_1+eu+\frac{au}{Q_1}$$

st

$Q_1=ut$

$Q_1\ge 0$

$Q1\le H_1$

$$min\ f_2=\frac{Q_2-H_1}{u}(B_2+B_1)+\frac{H_1}{u}B_1+eu+\frac{au}{Q_2}$$

st

$Q_2=ut$

$Q_2>H_1$

$Q_2\le H_2$

1. 对两个问题分别求解

令$\frac{\partial f_1}{\partial Q_1}=0$ 即推出:

$$\frac{B_1}{u}-\frac{au}{Q_1^2}=0 \quad 又 \quad \frac{\partial^2 f_1}{\partial^2 Q_1}=\frac{2au}{Q_1{}^3}\geq 0$$

∴有极小值

所以第一个子问题的结果为:

$$\begin{cases} Q_1=u\sqrt{\dfrac{a}{B_1}} \\ t_1=\sqrt{\dfrac{a}{B_1}} \end{cases}$$

再令$\frac{\partial f_2}{\partial Q_2}=0$即推出:

$$\frac{B_2+B_1}{u}-\frac{au}{Q_2^2}=0 \text{ 又 } \frac{\partial^2 f_2}{\partial^2 Q_2}=\frac{2au}{Q_2{}^3}\geq 0$$

∴有极小值

所以第二个子问题的结果为:

$$\begin{cases} Q_2=u\sqrt{\dfrac{a}{B_2+B_1}} \\ t_2=\sqrt{\dfrac{a}{B_2+B_1}} \end{cases}$$

2. 解的这两个子问题只有一个是有效的解

即它们中有一个满足约束条件,$Q_1\leq H_1$ 或者是 $Q_2>H_1$,$Q_2\leq H_1+H_2$ 成立。

从而可以将这个问题推广到 n 个仓库,即:

$$\begin{cases} Q_i=u\sqrt{\dfrac{a}{\sum\limits_{n=1}^{i}B_n}} \\ t_i=\sqrt{\dfrac{a}{\sum\limits_{n=1}^{i}B_n}} \\ \sum\limits_{n=1}^{i}H_{n-1}<Q_i\leq\sum\limits_{n=1}^{i}H_n \quad 当\ i=1\ 时,H_0=0 \end{cases}$$

允许缺货的模型

设Q_n 为每个周期的最大缺货量

Q_s 为每个周期内的存贮量

则每批订货量为 Q

$$Q=Q_s+Q_n$$

周期为 t,在这一个计划周期内,分成两个阶段,$[0,t_s]$和$[t_s\ ,t]$。第一个时间段为库存量不为零,第二个阶段为缺货时间段。

不失一般性,仍设有两仓库,则费用函数为:

$$f=B+\frac{c(Q-Q_s)^2}{2u}+eu+\frac{au}{Q}$$

又因为是分段函数的原因:

可以分成以下两个子问题来研究

1. 对两个问题分别求解

$$min\ f_1=\frac{Q_s}{u}B_1+\frac{c(Q_1-Q_s)^2}{2u}+eu+\frac{au}{Q_1}$$

st

$Q_1=ut$

$Q_1\geq 0$

$Q_1\leq H_1$

$Q_s=ut_s$

$$min\ f_2=\frac{Q_s-H_1}{u}(B_2+B_1)+\frac{H_1}{u}B_1+\frac{c(Q_2-Q_s)^2}{2u}+eu+\frac{au}{Q_2}$$

st

$Q_2=ut$

$Q_2>H_1$

$Q_2\leq H_1+H_2$

$Q_s=ut_s$

对第一个子问题求解:

$$令 \begin{cases} \dfrac{\partial f_1}{\partial Q_1}=\dfrac{c(Q_1-Q_s)}{u}-\dfrac{au}{Q_1^2}=0 \\ \dfrac{\partial f_1}{\partial Q_1}=\dfrac{B_1}{u}-\dfrac{c(Q_1-Q_s)}{u}=0 \end{cases}$$

从而可知：
$$\begin{cases} Q_1=\dfrac{\sqrt{au}}{\sqrt{B_1}} \\ Q_s=\dfrac{-B_1+\dfrac{\sqrt{acu}}{\sqrt{B_1}}}{c} \\ Q_s\leq H_1 \end{cases}$$

对第二个子问题求解：

$$令\begin{cases} \dfrac{\partial f_2}{\partial Q_2}=\dfrac{c(Q_2-Q_s)}{u}-\dfrac{au}{Q_2^2}=0 \\ \dfrac{\partial f_1}{\partial Q_1}=\dfrac{B_2+B_1}{u}-\dfrac{c(Q_1-Q_s)}{u}=0 \end{cases}$$

从而可知：
$$\begin{cases} Q_2=\dfrac{\sqrt{au}}{\sqrt{B_2+B_1}} \\ Q_s=\dfrac{-(B_2+B_1)+\dfrac{\sqrt{acu}}{\sqrt{B_2+B_1}}}{c} \\ H_1< Q_s\leq H_1+H_2 \end{cases}$$

2. 对两个子问题验证有效性

即对这两个子问题求解，在两个问题中将有一个是有效解。

3. 推广

可以将这个问题推广到 n 个仓库，即(见右上)：

$$\begin{cases} Q_i=\dfrac{\sqrt{au}}{\sqrt{\sum\limits_{n=1}^{i}B_n}} \\ Q_s=\dfrac{-(\sum\limits_{n=1}^{i}B_n)+\dfrac{\sqrt{acu}}{\sqrt{\sum\limits_{n=1}^{i}B_n}}}{c} \\ t_i=Q_i/u \\ t_s=Q_s/u \\ \sum\limits_{n=1}^{i-1}H_n\leq Q_s\leq \sum\limits_{n=1}^{i}H_n \\ B_0=0 \end{cases}$$

(二)一个实际的例子

一企业对于某产品的需求量是每年 10 万吨，每吨的购置费为 2 500 元，每次订货费用为 90 元，库房大小相同，都是 100 吨容量，如果库房内有货物则要产生保管费，每日为 120 元。求不允许缺货的最佳订货点与订货次数。

解：应用上述公式

$$\begin{cases} Q_i=u\sqrt{\dfrac{a}{\sum\limits_{n=1}^{i}B_n}} \\ t_i=\sqrt{\dfrac{a}{\sum\limits_{n=1}^{i}B_n}} \\ \sum\limits_{n=1}^{i}H_{n-1}< Q_i\leq \sum\limits_{n=1}^{i}H_n \quad 当\ i=1\ 时, H_0=0 \end{cases}$$

仓库数目(个)	1	2	3	4	……	12	13
容量(吨)	100	200	300	400	……	1 200	1 300
订货量(吨)	4 532.98	3 205.3	2 617.12	2 266.49	……	1 308.56	1 257.22
是否有效解	否	否	否	否	……	否	是

所以订货量为 1 257.22 吨。每年订货次数为 22 次。

本文研究的模型，能够较好地解决库存保管费只与库房数目有关的情况。本课题需要进一步研究的问题是库房数目较多且每个库房的保管费用不同的情况下，如何对仓库进行组合，以达到选取的库房数目最小。

参考文献

[1]魏国华、傅家良、周仲良[M]，实用运筹学，1987，P351～P360

[2]于俭，双库存水平条件下的 EOQ 模型，系统工程理论与实践[J]，1995，7，P63～67

[3]叶宗裕，库存问题的进一步研究，浙江师大学报(自然科学版)[J]，2001，2，P34～37

(作者系北京理工大学管理与经济学院博士生)

从灵魂深处流出的创造力永无止境

——美国通用电气的启示

张哲诚

在当今社会,几乎所有的企业都非常急切的想找到真正的法宝,找到所谓的“可操作性”的竞争策略,因为竞争太激烈了,企业的生命太脆弱了,所以也难怪企业都紧紧地盯着眼前的利益,盯着眼前的目标,盯着眼前的事情,到底应该怎样解决,从而表现出空前强烈的学习热情,这一点的确非常可贵,但是往往却因此忽略了一个至关重要的问题,就是所有的问题都是依附在人的身上,而人才是有价值观,有思想、理想、情趣、生命力和好恶之分的,所以只有把放在方法、事情和种种解决方案上的目光,收回来,回到本质上来,关注到人的身上。

我想说的是如果你不对你的企业的价值观、企业的人进行深入的思考,而只是一味向外攀延,向外找寻的话,那我相信你永远也找不到,即使你精通全球所有的管理模式和方法,所以要向内寻求,有人不是说真正颠覆企业的力量,并不是来自外部的竞争,而是来自你的组织自身吗?我认为这有一定的道理,其实一切的事情都不会有问题,除非你的人出了问题。

GE作为全球最受推崇的企业,自然引来全球关注的目光,他的一举一动都引人注目,所以他们极其重视的价值观、企业的文化,自然许多人也都会知道,但是我清楚的记得,我在第一次采访GE中国总经理王建民的时候,他就给我讲过,GE的文化在根本上是对内的,而不是对外的,不是用来宣传的,而是用来执行,一切的文化都是为了对内的改善。否则也不会强调对员工进行360度的评估,实际上这已经是公司的一项重要工程,因为前后上下左右公司内外经常有近20人要对一个人进行的评估,看你是不是言行一致,是否坦白,其实这是一个很浩大的工程,断然不会为了宣传而劳师动众。

所以不必太迷信所谓的“可操作性”的方法,太迷信案例。对于一个不是根植于本企业的方法,所有都不会是可操作性的。太重视安全并不见得有效,因为案例太多,而每个企业都是独一无二的,GE恰恰是并没有去照搬哈佛,GE前任的首席教育长官,GE的专家科尔先生说过,实际上,GE的许多企业行为与哈佛商学院的案例是背道而驰的,但是却非常成功。这一点应该引起我们的深思。

所以一切到最后都去到了人的身上,很多人都会说,未来的竞争是人才的竞争,对,这绝对没有错,但是我们目前所见到的人才竞争的格局又是怎样的呢?是在拼命地抢夺人才,竞争报酬,比赛谁的激励机制更灵活、更丰富,所谓人才的竞争显然已经演化到抢人竞争和留人的竞争,而且在国内已经有愈演愈烈之势。但是GE人的收入据说并不算高,可能在外企中只能算是中等,但却是人心所向,公司能够招揽到全球最优秀的人才。而这正是GE启示我们的,真正的人才竞争到最后应该是用人的竞争,启迪人和激发人的创造力的竞争。这是没有边界的,没有止境的,而抢人和留人都有局限,因为你的抢人的成本不可能无限高,激励方式总归有限,你说管理人员工作两年可以持股,那我可以说进来就有股权。但是当人心思归的时候,怎么留都是留不住的。

而GE显然看到了人的另一面的价值需求,就是对成长的渴望,对梦想的追求,对看到自己在超越自我而带来的巨大喜悦。所以当你在为公司工作的时候,创造价值的时候,公司也在为他的员工在工作,那么作为企业的代表,企业的领导人就一定要清楚,你的企业、机构是怎样为你的员工工作的,公司为员工创造的价值,是否仅仅是体现在他的荷包,而GE新任CEO伊梅尔特说,除了钱包之外,公司还在为员工的头脑和心灵在工作,在兑现生命价值的回报,也就是说在为个人创造有形收入的同时,还在为员工创造更加重要的无形资产,这在GE看来是尤其重要的。

所以说,如果当一个公司完全没有意识到这一点,或者对此毫无作为的时候,就只好和其他公司去拼去竞争，谁对员工荷包的贡献大了。如果这样，不管你现在有多少优秀的人才，那么你人才的危机永远存在，因为未来是难以预料的，如果建构不出企业坚固的价值观和信念的话，一旦发生意外，很可能你再强大的人才团队都会分崩离析，在顷刻间人去楼空，我以为这一点应该引起企业特别注意。

当然很多企业也在说他们的工作环境、企业氛围、企业文化，员工可以工作得很开心等等提供给员工的心灵层面的抚慰，先不说这里面有多少水分，有多少是假象，即使真的如此，也是远远不够的，因为我们清楚地看到，在相当多的大公司，大机构里，人们正襟危坐，严谨而机械地处理着各种事务，工作俨然变成了一种换取报酬的方式而已，人的准确定位是工作机器或是协助社会机器运转的零件。这样一种工作状态，与情感无关，与梦想无关。

根本的问题是，企业从来没有关注到员工的价值观、梦想、情感甚至灵魂，似乎你走进公司的大门，这些东西就与你无关了。其实，它们恰恰是人类心灵深处的创造力之源，找到并且挖掘出来，让人类内在力量喷涌而出。通过对 GE 的采访和领悟，我相信这是韦尔奇先生在追求公司业绩之外最最梦寐以求的，也正是他在自传中讲到的企业的“人性因素”。韦在 20 年来始终坚持和求证的事情，就是把公司变成他梦想中的那样：有一群最优秀的把追求完美当做目标的人，他们在充分被尊重的环境里致力于实现自己的极限挑战是多么愉快的事情。”

我想没有真正关注和思考到人的企业，无非两种情况，一种是根本没有看到“人性因素”的价值，其次就是看到而不敢去面对现实，改变人类机械工作的状态，因为要改变人类的行为，这的确太难了。但是令人啼笑皆非的是，并没有真正关注到人，关注到员工精神、理想和情感的企业，竟然也都能制定出企业文化或者企业价值观，难道说离开了人，价值观和文化还能依附在一个空洞的企业名号上吗？那么只有一种解释，为了宣传和包装。

所以我们看到，当人们不断问到伊梅尔特，当他遇到像 9.11 这样的事件的时候，他特别强调的是 GE 有一群非常好的人，非常优秀的人才，有一群有价值观的人，能够帮助他做出决定，能够去下一个判断，才能度过难关。也就是说即使是这样大的事情，大家还是能够形成共识。说白了，无非就是企业坚固的价值观的根基起到了巨大的作用。而人们往往又会忽视这一隐性价值，而只是停留于去追问你到底是怎么做的，你做了哪些事，其实真正从吸取经验，寻求借鉴的角度来关注 GE 行为的话，我想怎么做可能已经并不重要，或者说不是最重要的。而要知道这一群人之所以能够这样做的思想和精神根基。

我讲这些，如果在座的是企业家的话，很可能会认为太虚了，太不实在，但是基于我对 GE 的感悟，我不得不说出我最真实的想法，这也是我这本书最想告诉人们的东西。当韦尔奇 20 年前走马上任的时候，当他第一次代表 GE 向公众发表演说的时候，当他第一次向公众传达这种“软性价值观”的时候，华尔街的分析家们都两眼茫然，不知他要说什么东西，他说在今天看来，感觉多么像是陈词滥调，但他一讲就是 20 年。我不知道这篇讲话拿到中国来，人们如果不知道是他讲的，会不会也认为是陈词滥调呢？其实这是一个企业最最重要的东西，也就是企业最终都无法回避的问题；你的企业有没有灵魂？你企业的灵魂是什么？

那么我们到底要向 GE 借鉴什么呢？中国远洋集团总裁魏家福认为，应该有更多的国营企业来研究 GE，并用它的方法论来解决企业深层次的问题，但是如果真的让企业去面对的话，许多国企可能会认为体制不同，环境不同，老总的职责和任务也不尽相同，无法下手，而许多民营企业会认为相去太远，太不可比，所以也无法借鉴。

因为 GE 给人印象最深刻的，可能除了社会赋予他的荣耀和光环之外，是他的超级规模和涉猎十几个行业的超级多元化的公司。那么我们知道 GE 的规模扩张主要来自资本运营，购并增长，而对于许多国内企业，不要说国际购并所遭遇的文化冲突，即使在国内进行购并，也乏有成功案例；而多元化经营更是曾经一度成为企业经营失败的代名词。

如果我们仅仅盯在 GE 的规模或是多元经营上的话，又恰恰忽略了 GE 更为独特的价值，当讲到规模能够给公司带来高度的稳定和平衡，能够保证公司收益的时候，韦尔奇总会特别强调说讨厌规模，他只会为公司具有的高度灵活性、反应灵敏这种小公司的灵魂而庆幸。讲到多元化的时候，GE 却强调说，对于 GE 的每个行业来讲，都是非常专业化的，公司是由一个一个的小公司组成的，新 CEO 伊甚至说，公司就是由散布在全球各地的很多小的业务机会组成的。

这无非都说明了重点不在人们所直观感受到的方面,而是在背后,我认为这的确是发人深省的,为什么至今人们还在喋喋不休地争论国内企业应不应该搞多元化?其实我认为这个问题是根本不存在的,意思是这不是一个真问题,而是假问题,许多的争论都毫无意义,为什么这样说呢?很明显,认为可以搞的,可以举一大堆多元化成功的例子来说明,认为不可以搞的,又举出一大堆失败的例子。有的居中,说多元化没错,盲目多元化就不对了。

如果你深入去领会GE公司的内涵,你会发现,其实根本没有应不应该,盲目与否之说,关键是你的企业能否驾驭。那么什么时候才能驾驭呢?能否有统一的价值观的纽带串连到每个分支机构,每个子系统,让他们彼此各自保持各自的专业,又在文化和价值观上成为一体,GE对于企业扩张,向全球延伸业务,进行企业购并等等一切推动业绩增长的途径来讲,有一条最重要的信念作为前提:价值观永不妥协。因为GE深信,这是企业保证多元化、国际化、企业购并成功与否的最重要的根基。

当然,价值观有很多种表达方式,就如同人的信仰,本书也不是要告诉你,GE因为这样的价值观而获得了今日的成就,所以你可以照搬GE价值观的表达方式。而是说确立企业价值观的重要性,以及它不是企业领导者的一相情愿,而是想尽一切办法让它深入到企业的每一个角落,这往往是要经历巨大的折磨,误解、打击、怀疑,甚至要经历漫长孤独的忍耐,才能去真正落实,才能深入人心的东西,到今天GE所建构的企业价值观,虽然是无形的,但却成了企业坚固的发展根基,成为企业坚不可摧的生命防线。韦尔奇说:**“从人类灵魂深处流出的创造力永无止境,你所要做的就是挖掘这口智慧之井。”**

所以要想从GE公司寻求借鉴的话,就要找到其最核心的价值,所以就一定要透过表象,透过GE表面的荣耀,而深入到他的心脏去体验和感受。很多企业感觉,相去甚远,无从借鉴,而我想说的是,无论你是与GE规模相当的公司,还是一家与其相差十万八千里的小公司,甚至真的是一个由三、五个人组成的小店铺、小作坊。只要你是由一群人所建构的这样一个组织,只要你的这一群人还都是有思想、有情感、有梦想的人,只要作为你想让这个无论有多小的组织发挥出最大的灵活性,最大的效能,那么你都能从GE的身上找到深刻的启迪。

GE走到今日,他的一个巨大的启示意义在于,他是通过推动人的成长,推动人的思想、理念的建构去实现公司的成长和发展的,他更关心的是他的员工正在以什么样的精神状态进行利润追逐,维系企业持久生命力的核能还存不存在。而更多的公司是在进行利润追逐游戏的同时,顺带使人得到提升。这二者有着本质的区别。

那么用一句话来总结,就是你必须找到一条启迪你的组织中人的灵魂的途径,然后将他变成你的组织的灵魂,让它扎实地建构在每一个人的内心,最后成就你企业生命的根基,最后你会发现,由人的启蒙到组织的启蒙的路径是存在的,只要你愿意去实证,永不放弃。

索尼公司:面向网络时代的“企业改革”

大胆的组织改革　索尼公司预见到网络时代的到来,在日本率先进行了企业改革。从1999年4月开始,索尼公司进行大规模的组织改革,希望通过加强公司内部的模拟公司制来增强公司主体的创收能力,提高索尼集团的“企业价值”。

索尼把这次组织改革称为“企业改革”。总经理出井伸之指出:此次企业改革的主要内容是加强和重组电子企业,使索尼集团的3家子公司变成全资子公司,并加强集团的经营。”关于此次企业改革的目的,出井强调说:“我们把提高索尼集团的企业价值作为经营的根本,把自主性和自律性作为企业的重要组成部分,通过具有强大向心力的总公司建立起‘统一和分散型’的经营模式。在这一模式下,集团内部的经营资源能够相互作用并创造出新的价值。”

电子产业是索尼公司的老本行和核心产业,“加强和重组电子产业”的具体措施包括:组织和重组电子产业;致力于网络事业;继续采取措施改善收益。

"使索尼集团3家子公司变成全资子公司"的目的是,改善总公司创收能力下降的状况。

"加强集团经营"的内容包括:使经营(决定方针和进行监督)和执行进一步分开;增强作为投资者的总公司的机能;建立新的评价业绩的尺度。通过以上3项措施,使索尼公司和索尼集团的企业成为对股东更有价值的企业。大贺董事长和出井总经理都提出"要创造企业的价值"。所谓"以创造价值为目标的经营",简言之就是一种以"高股价政策"为目标的经营策略。索尼公司历来实行高股价政策,因此,通过企业大改革来创造企业的价值,实际上是维持高股价政策的一种手段。

为了适应经营环境的变化,索尼公司一直在频繁地进行组织改革,甚至可以说是朝令夕改。

1994年,索尼公司通过实行模拟公司制,力求实现能够迅速适应经营环境变化的速度经营。1996年,为了提高集团总公司的机能,又进行了第二次改革。1997年,为了加强集团的经营,索尼改革了董事会,实行执行董事制。

结果,每当宣布对组织进行改革时,索尼的股价就会上涨,1997年突破了1万日元,8月份时曾高达1.26万日元。但是在这次改革措施宣布前,索尼的股价曾跌破9 000日元。

其原因在于,由于实行了模拟公司制,希望加强的核心产业电子产业的成本上升,利润率急剧下滑,公司需要采取措施维持利润率。

在这次组织改革中,索尼公司于4月1日把内部原来的模拟公司重新组建成3个机构。在核心的电子事业机构中,设有生产电视机、录像机、音响的"家庭网络公司",经营电话、计算机的"个人信息技术网络公司","索尼电脑娱乐公司"以及与集团整体相关的"核心技术和网络公司"、"广播网与职业系统公司"。

电子企业将在2002年度末为恢复创收能力而削减大约10%的人员。

在经营模式先进的美国,全球化企业很早就以"分权经营"的形式推进索尼公司所说的"分散经营"。可以说,索尼公司是在向美国学习。

出井说,在建立"统一和分散型"经营模式的过程中,"我谋求实现统一"。他主张自由发挥领导作用。但是,如果依赖个人的领导,将很难实现真正的集团统一。

为了实现像美国企业那样的统一,必须重新树立曾经渗透到企业方方面面的"索尼精神"——"有所创新,有所不同",可以说这是贯彻组织大改革宗旨的捷径。

改革的三大特点　1999年8月,由于索尼公司的事业领域越来越广,致使该公司鲜明的企业形象变得模糊不清,实行第一项改革的目的是使这种不清晰的企业形象鲜明起来。因此宣布要把电子业作为经营的核心。总之,这是索尼公司再次发表的电子制造业宣言。

应该认为,第二项改革中所说的废除子公司上市、使之真正成为全资子公司的想法在日本是一种新的动向。若按日本的经营常识,让有希望的子公司分离独立,然后公开发行其股份并加以扶植才是正道。然而,这样做的结果是,子公司所赚的利润外流,对母公司投资的回报变少。

如果实现重视资本回报的经营,日本式的子公司独立论就会变得难以实行。

不管怎样,索尼公司的全资子公司化方案,将能成为重新认识日本式经营模式产生的"含混不清关系"的子公司问题的开端。

在采取时价方式的会计标准和重视合并决算的潮流中,第三项主要改革——加强集团经营是任何大企业都不能逃避的经营课题。

在本田技研公司的合并决算中,一多半利润是由美国的当地法人所占有。正因为如此,有人甚至说,本田技研公司是美国本田公司的子公司。与集团企业间的有机联动,才是今后国际化的标准经营。

索尼公司这次进行的经营改革,是与现实和将来相适应的实践,但另一个不可忽视的问题是,这项改革要求公司职员实行意识和精神方面的变革。

小档案

企业	日本索尼公司
排名	1998年第31位 (1997年第30位)
销售收入(百万美元)	53 156.7
利润(百万美元)	1 400.4
总资产(百万美元)	53 182.9
股东权益(百万美元)	15 397.2
雇员人数(人)	177 000

(资料来源:1999年8月2日美国《财富》杂志500强排行榜)

辉煌镌刻历史 发展缔造未来

大庆油田有限责任公司董事长、总经理 苏树林

2000年是大庆油田有限责任公司成立的第一年,也是公司生产经营取得突出成绩、企业改革不断深化、发展水平日益提高的一年。这一年,公司生产原油5 300万吨,天然气23亿立方米,实现总收入925.27亿元,利税总额778.15亿元,投资资本回报率达35.33%。全公司9万名员工用不懈的努力在大庆油田的辉煌历史上又书写了崭新的一笔。

抓住主要矛盾,转变思想观念,确立全新的可持续发展战略

大庆油田开发建设40多年来,创造了巨大的物质财富,为确保国民经济持续稳定发展做出了重要贡献。但是,近年来,随着开采程度的不断扩大,储采失衡日益严重,综合含水越来越高,稳产难度越来越大。资源接替和可持续发展问题成为企业面临的最大矛盾和问题。为此,公司从确保国家石油战略安全、确保企业长远发展的角度出发,确立了"高水平、高效益,可持续发展"的战略方针,明确了"谋求资源采掘型企业可持续发展"和"在新形势下继承发扬大庆精神、铁人精神"两条工作主线,并围绕这一方针和两条主线,全面实施可持续发展战略,使油田工作发生了一系列重大转变。

实现了指导思想由以产量为中心向以经济效益为中心、谋求可持续发展的转变 针对油田一系列新的矛盾和问题,从企业客观实际出发,尊重油田自然规律,坚持效益第一原则,对油田开发实施了重大调整,指导思想从以原油生产为中心转到以经济效益为中心上来,从以持续高产稳产为目标逐步转到以可持续发展为目标上来,为实现油田经济的持续稳定发展赢得了主动,创造了条件。

实现了管理体制由传统模式向现代企业制度的转变 按照国际油公司模式进行规范的内部重组与改造,推行现代科学管理方法,建立起决策管理、生产经营、技术支持、激励约束等一整套全新的管理体制和运行机制,在建立现代企业制度上迈出了坚实的步伐。

实现了运作方式由计划向市场的转变 摆脱了计划经济条件下形成的传统思想和习惯作法,开始适应市场、进入市场,利用国内外两种资源发展自己,在市场经济中搏击、成长。企业的各项经济活动更加符合市场法则,更加注重和体现经济效益。

实现了油田开发驱替方式由单一水驱向水驱、聚驱并存的转变 针对油田高含水后期开发急需,通过加快聚合物驱工业化推广进度,对油田开发驱替方式进行了重大调整,使原来的单一水驱转变为水驱和聚驱并存的新格局,为进一步提高油田采收率、延长油田经济开采寿命提供了有力保证。

实现了人力资源由重配置向重开发的转变 站在事关企业可持续发展的战略高度,实现了对人力资源认识上的飞跃,把人力资源作为企业可持续发展的不竭资源,通过重视人力资源开发,更好地利用自然、资本、信息、技术、管理等其它资源,开辟了企业可持续发展的新天地。

发展主营业务,开拓外部市场,构筑可持续发展立体格局

按照"高水平、高效益、可持续发展"的战略方针,抓住关键,把握重点,于内大力发展主营业务,对地下开发、地面管理进行精雕细刻;于外积极开拓国内国际市场,不断拓展生存发展空间,构筑了立体化的发展格局。

增大技术含量,高水平勘探开发 在勘探方面,立足于增加后备储量,依靠勘探理论、技术和方法的不断创新,实施战略勘探,开拓新领域,向新探区

要储量；实施精细勘探，坚持"大网换小网"，把老探区工作做深做细；实施综合勘探，在找油找气的同时，兼顾其它矿产资源，努力实现油气为主的多资源综合勘探新突破。2000年探明石油地质储量6 559万吨，天然气地质储量57.6亿立方米；2001年探明石油地质储量6 600万吨，天然气地质储量26亿立方米。在开发方面，立足于提高采收率，发展先进的开发技术。抓住提高注水驱油的采收率、加快三次采油技术研究、提高外围油田开发水平"三个关键点"，集中解决制约油田开发的"瓶颈"技术，努力形成油田开发主体配套技术系列。在深层及复杂地区地震勘探、欠平衡钻井、三次加密调整技术等重点攻关课题上，取得了一大批创新成果；水驱开发技术、聚合物驱油技术、三元复合驱技术居世界领先水平。

强化管理运营，企业经营高效益 把管理视角逐步从生产管理转到经营管理上来，不断强化经营意识，确保企业高效运作。在资金管理方面，通过强化资金的预算管理，维护了预算执行的严肃性；通过加大货款回收力度，保证了油田生产经营活动的正常进行；通过资金集中管理，增强了抵御资金风险的能力；通过优化方案设计，加强成本精细管理，增强了对各项可控费用的控制；通过大力压缩非生产性投资，切实保证了企业可持续发展的需要。在资产管理方面，以盘活存量、控制总量、提高质量为重点，加强闲置资产的调剂利用，2000年盘活存量资产2.2亿元。在物资管理方面，充分发挥集中采购和招标采购的优势，进一步降低了物资采购成本，2000年全年共减少物资消耗1.2亿元，节约采购资金0.7亿元。

发挥自身优势，大力开拓外部市场 着眼于利用国内外两个市场、两种资源，依靠自身技术优势和商誉优势，立足国内，发展海外，加快市场开发步伐。2000年，公司成立了市场开发部，并完成了外经外贸权的申办工作，成为国家外经贸部批准的外经贸企业。在此基础上，集中优势力量，靠一流的技术、一流的装备、一流的价格、一流的服务，在开发国内市场的同时，积极开拓国外技术服务市场。2000年，在国内14个油田占有了一定的市场份额，创收4 900万元；国外市场开发实现了"零"的突破。2001年，在国内市场对外技术服务产值8 578万元，同比增长1.83倍；在国外市场开发上，与俄罗斯、马来西亚、埃及、伊朗等国家签订5份技术服务合同并开始执行。此外，公司还先后接待了国外28个团体、147人次的访问、增进了解，增加了对外合作机会。到2001年底，已经与18个国家和地区的石油公司开展了交流合作，提高了在国外技术服务市场的竞争能力。

深化企业改革，完善内部机制，为可持续发展提供素质保证

为了加快同国际接轨的步伐，确保企业在市场竞争中立于不败之地，坚持对企业进行持续重组与改造，在管理体制和运行机制上大胆创新，初步建立了符合公司制要求及市场经济需要的现代企业雏形。

建立法人治理结构，进行公司制改造 按照《公司法》和《公司章程》，对企业管理体制进行了规范的公司制改造，设立了董事会、监事会和经理层，制定了《董事会议事规则》、《监事会议事规则》、《总经理办公会议事规则》等5项制度，保证了公司生产经营的规范运作；本着"精简高效、理顺职能、方便协调、满足生产"的原则，全面推进厂、矿两级机关机构改革，使厂级机关内设机构减少了50.78%，管理人员减少了25.22%，矿级单位减少了12.1%；按照同国际接轨的要求，围绕决策管理、生产经营、技术支持、激励约束等4个方面，组织制定了财务、计划、人事、审计等54项管理办法和管理制度，并针对企业存在的薄弱环节和突出问题，开展了第104次岗位责任制检查活动，围绕加强管理、堵塞漏洞、规范行为，重点修订完善了安全生产、债权债务和生产环境治理等规章制度；针对技术服务单位业务交叉、力量分散的问题，对公司所属16个二级单位的测井、试井、试油、修井、井下作业队伍实施专业化重组，进一步优化资源配置，形成人才、技术和装备上的整体优势，增强了技术服务单位在外部市场的竞争能力。

按照油公司模式，推进改革试点工作 为了建立与油公司体制相适应的管理模式，按照"增井增产不增人"的原则，分别选择一个外围油田和一个老区油田进行试点，积极探索建立作业区模式。与传统的采油矿相比，作业区模式机构小，领导职数少，后

线人员精;不设物资管箩库,不购置大型设备,不建非生产性设施,投资成本大幅度降低,经济效益显著提高。试点单位运作一年来,吨油操作成本已由2000年的432.5元下降到396.8元,下降了8.3%。同比条件下,管理费用由2000年的680万元下降到260万元,下降了62.8%。同时,积极探索外围小油田开发模式,在保证公司勘探权、开采权、销售权的前提下,通过融资方式吸收社会资金,以产量分成或组建有限责任公司的经营方式,实施多元投资的合资合作开发。与周边地方政府成功地合作开发了榆树林、头台、龙虎泡等油田。合资合作开发外围小油田的模式,不仅提高了外围油田的开发动用程度,而且促进和带动了地方经济的发展。

深化三项制度改革,优化队伍和组织结构

围绕"干部能上能下、员工能进能出、薪酬能升能降"的改革目标,不断深化人事、劳动和工资制度改革。积极推行干部公示制、民主推荐制、交流轮岗制、业绩考核制,逐步建立了与现代企业制度相适应的干部选拔任用和监督考核机制。2001年,对公司所属二级单位领导班子副职调整引入竞争机制,实行差额竞聘。全公司21个二级单位,共有148人报名参加84个岗位的竞争,差额比例达到了76.2%,其中有44人在差额竞聘中退出了领导班子,使各单位领导班子的年龄、专业和文化结构得到了优化;进一步完善劳动用工制度,实行上岗、试岗、待岗"三岗"动态管理,通过有偿解除劳动合同等减员增效措施,强化员工总量控制,严把入口,扩大出口,逐步精干队伍。2000年,公司内部退养1 462人,有偿解除劳动关系10 428人,优化了队伍结构。同时,进行了薪酬分配方式探索,在一些二级单位实行了定员工资、浮动工资、计件工资、单井计酬工资等分配办法,较好地发挥了工资的激励作用。

抢占人才高地,创新科技管理,为可持续发展提供智力支持

公司在组建之初就大力实施人才战略,提出了新的人才理念和基本的人才观,即"发展的企业为人才的发展提供广阔的平台,发展的人才为企业的发展创造无限的空间"。基本人才观由选才观、育才观、用才观、留才观4部分组成。概括起来就是:选才"三并重"、育才"四个三"、用才"五讲"、留才"三靠"。

选才"三并重" 即选才标准德才并重——重学历不唯学历、重才更重德;选才范围内外并重——人才来源多元化;选才方法"相马与赛马"并重——公平竞争,择优录用。

育才"四个三" 即育才战略"三个面向"——面向市场、面向世界、面向未来;育才原则"三个结合"——当前与长远相结合、理论与实践相结合、育才与育德相结合;育才途径"三个举措"——因材施教、生涯设计、自学成才;育才胆识"三个不怕"——不怕跑、不怕闲、不怕赔。

用才"五讲" 即讲政治——任用一名干部就是树立一面旗帜;讲胸怀——不怕用外人、不怕外人用;讲时效——用当其时;讲优化——老、中、青三结合;讲艺术——用活人才、活用人才、爱才护才。

留才"三靠" 即靠政策——满足人的最基本层次的需要;靠真情——满足人的中间层次的需要;靠事业——满足人的最高层次的需要,创造"拴心留人"的环境。

新的人才理念和人才观的确立,不仅使一大批企业内部人才脱颖而出,而且吸引了许多外部人才来油田建功立业。近两年,共吸收550名高校毕业生和25名国内外硕士、博士研究生来公司工作。

与此同时,立足于充分发挥科技人才在企业发展中的作用,把创新科技管理作为推进技术创新的重要方面,进行了积极的探索和实践。

坚持抓核心技术,强化宏观管理 从科研工作的源头抓起,在科研项目上实行分级管理,从严控制公司级项目数量,避免低效益、低水平的重复开发,以期利用有限的资金和力量,集中解决好"牵一发而动全身"的关键性技术难题。三次采油技术作为油田开发的储备技术,1984年正式立项研究,并配套形成技术系列,1996年开始工业化应用,目前年产规模已达到906万吨,约占油田年产油量的1/6,打破了原来单一依靠注水驱油的开采方式,形成了水驱与聚驱并存的新格局,成为大庆油田可持续发展不可替代的技术措施。

深化科技体制改革,实施企业化经营 在科研系统普遍实行科研项目招标制、项目经理负责

制、职称评聘分开制、成果效益提成制和外揽项目承包制的“五制”管理模式，做到责、权、利相统一，使科技管理工作逐步走上了规范化、制度化和科学化的轨道；对科研单位进行体制改革，取消费用包干，实行自主经营、自负盈亏，把科研单位直接成本核算扩大为完全成本核算，进一步调动了科研单位的积极性和创造性，形成了以科研人员为中心的运营机制。

推进科研生产一体化，加快科研成果转化

强化科研机构的工作职能，建立以生产单位为主体的科技成果转化体系，制定出台一系列促进成果转化的配套管理办法，初步形成了科技创新体系的基本框架；成立由科研系统和生产单位技术人员组成的联合攻关项目组，打破原有单位和专业的技术界限，实施多学科、多专业、多部门联合作战，充分发挥各自优势，取长补短，形成合力，对重大项目进行联合攻关，加快了科研进展和成果转化的步伐；进行科研生产一体化整合，使科研与生产结合得更加紧密，保证了科研工作的实效性，大大缩短了先进技术的推广周期。

制定配套政策，形成导向激励 公司制定了首席专家制、科研人员重奖制、成果效益提成制等一系列配套制度，进一步加大科技成果奖励力度，允许多种要素参与个人的收益分配，按照贡献大小确定适当比例，合理拉开奖励档次。2000 年，海拉尔勘探项目取得重大突破，公司给予项目组 30 万元重奖；2001 年又拿出 500 万元，用于三元复合驱技术攻关奖励。同时，设立“优秀青年人才专项奖励基金”，实施“技术精英安居工程”，优先安排有突出贡献的科研人员外出疗养和培训深造，调动和保护了科技人员的积极性、创造性，营造了多出成果、快出成果的良好氛围。

“十五”期间总体发展思路

“十五”期间大庆油田总体发展思路可高度概括为：大力发展主营业务，积极开拓外部市场，努力提高经济效益，实现企业持续发展。围绕这一思路，将重点采取以下措施：

加大勘探开发力度，增加资源利用程度；发展天然气产业，培育新的经济增长点；加速市场开发，拓展生存发展空间；继续推进体制创新，加快同国际接轨步伐；全面落实公司人才观，强化人力资源优势；加强党建思想政治工作，充分发挥服务保证作用。

辉煌镌刻历史，发展缔造未来。大庆油田有限责任公司将以优良的资产、雄厚的实力、良好的商誉和崭新的形象，投身世界市场经济大潮，继续撑起中国陆上石油工业的“半壁江山”，为国民经济发展做出更大贡献。

构建特色石油文化，为企业可持续发展提供强力支撑

大庆油田有限责任公司党委书记 孙淑光

千年之交注册成立的大庆油田有限责任公司，正处在由长期计划经济体制向市场经济体制过渡时期，企业管理体制、运行机制和员工的思想观念都在发生深刻变化。面对全球经济一体化大潮和中国加入WTO的严峻挑战，公司认真贯彻落实江泽民总书记“三个代表”的重要思想，适应新形势、新体制、新任务的需要，致力于企业文化的创新和发展，广泛借鉴吸收中外优秀文化成果，积极构建具有鲜明特色的石油文化，不断提升企业竞争能力，为公司可持续发展提供强力支撑。

构筑核心理念，引领企业发展

企业核心理念是企业价值取向的集中体现，决定着企业的发展思路和发展方向 大庆油田有限责任公司重组改制以来，结合由高度计划经

济体制下的国有企业到参与国际石油市场竞争的国有上市公司的转变,结合油田经过长期高速开发后地下形势和稳产条件发生的变化,解放思想、实事求是,全面客观地审视自己,着眼未来发展,提炼形成了新的核心理念,即"高水平、高效益,可持续发展"。也就是通过发展应用高水平的科学技术,使大庆油田的采收率达到同一时期世界同类油田的领先水平,不仅追求油田近期效益的最大化,更追求整个高含水后期总体效益的最大化,把实现企业可持续发展作为最终目标。

这一理念的形成,是基于对大庆油田发展形势的客观判断和把握 大庆油田经过40多年高速高效开发后,如何继承和发展老一辈石油人开创的事业,使大庆油田在21世纪继续保持稳定发展,是大庆油田有限责任公司和9万名员工所面临的重要课题。为此,公司领导班子经过广泛征求意见,认真分析面临的机遇和挑战,围绕"高水平、高效益,可持续发展"这一核心理念,对企业发展战略进行了重大调整,把工作重心从以原油生产为中心,转移到以经济效益为中心;油田开发从以确保油田稳产为目标,转移到以实现企业可持续发展为目标;企业管理按照国际油公司的管理模式,构建国际化经营格局,建立起决策管理、技术支持、激励约束等一整套全新的管理体制和运行机制。

这一核心理念,也使公司上下对如何为国家、为社会做出高水平的贡献有了新的理解 大庆油田历来把多产油视为对国家最大的贡献。但是,在计划经济向市场经济过渡、国内油价与国际接轨的新形势下,产量与贡献的关系也在发生变化,产量的多少不再完全代表贡献的大小。鉴于这种变化,公司从国家的长远利益出发,以确保油田可持续发展作为继续为国家做出高水平贡献的落脚点,对贡献观做出了新的诠释,即为国家生产原油是贡献,为国家储备资源也是贡献;多产油是贡献,多创利润多交税费也是贡献;保国家急需是贡献,保油田可持续发展也是贡献。

由此,公司根据自身实际和国内外油田发展的自然规律,适时对原油产量计划进行了历史性调整。1999年产量比1998年下调了120万吨,上缴利税与1998年持平;2000年产量比1999年下调了150万吨,上缴利税则比1999年增加了532亿元;2001年比2000年的原油生产任务下调了150万吨,油田经济运行继续呈现良好势头。

围绕这一核心理念,对人才在企业发展中所起作用的认识更加深刻 围绕核心理念,公司还相应形成和发展了企业的经营理念、人才理念、生存理念、技术创新理念等。公司把人才作为企业的第一资源,提出了"发展的企业为人才的发展提供广阔的平台,发展的人才为企业的发展创造无限的空间"的人才理念,并建立了一套人才资源开发的有效机制。依靠知识、依靠人才的新观念已经深入人心,成为全体员工的共识。董事长、总经理苏树林求贤若渴,先后到北京大学、清华大学等4所首都高校和哈尔滨工业大学、大庆石油学院等院校作"人才观"专题报告,在高校师生中引起强烈反响,吸引了许多高校毕业生和高层次人才来油田创业。

系统开放的人才理念,有效地促进了公司人才开发与管理工作的创新,使更多的人力资源转化为人才资源。截至2001年底,公司共选派6批71人到美国、加拿大、俄罗斯等国家留学,组织学习深造或技术培训3 000多人次,有600多名技术人员考取国内外高校博士、硕士研究生。

弘扬企业精神,强化群体意识

大庆油田在艰苦创业年代培育形成了以"爱国、创业、求实、奉献"为核心的大庆精神和以"有条件要上、没有条件创造条件也要上"等优良传统作风为核心的铁人精神。大庆精神、铁人精神作为独具石油特色的企业精神,无论在大庆会战时期还是在二次创业的新形势下,都发挥着不可替代的作用。公司坚持在全体员工中大力弘扬这种企业精神,在继承中创新,在创新中发展,不断增强时代感,赋予新内涵,使其继续成为企业持续发展的精神动力。

选树新时期铁人群体,树立大庆精神、铁人精神新的时代典范 大庆油田的艰苦创业历程造就了一个英雄群体,靠先进典型的精神风貌鼓舞人、引导人,是油田的光荣传统。一次创业时期,涌现出了以王进喜为代表的"五面红旗"等一大批先进人物和英雄集体,同时产生了闻名中外的铁人精神。二次创业初期，涌现出了以王启民为代表的“六大标兵”等一大批先进人物和英雄集体，并形成了具有鲜明时代特征的新铁人精神。新、老铁人精神成为激励广大员工奋勇向前的力量源泉。公司成立以来，坚持继承优良传统，选树先进典型，发挥典型示范作用，涌现出“功勋员工”、“功勋集体”等一大批企业英模，形成了一个新时期铁人群体，他们集中展现了新时期大庆人的精神风貌，成为油田广大员工学习的榜样。

在“四个一样”基础上创新了“四个不一样”，赋予大庆精神、铁人精神新的时代内涵 “四个一样”(对待工作黑天和白天一个样，坏天气和好天气一个样，领导不在场和领导在场一个样，没人检查和有人检查一个样)作为大庆油田的优良传统，体现了自觉从严、高度负责的精神，是大庆精神、铁人精神的具体体现，一直为油田广大员工所积极实践。在新时期企业转换机制过程中，公司在继承“四个一样”的基础上，又创新形成了“四个不一样”，即素质高低使用不一样、管理好坏待遇不一样、技能强弱岗位不一样、贡献大小薪酬不一样。“四个不一样”具有鲜明的时代特征，适应公司改革发展的新形势，形成了“岗位能进能出、干部能上能下、薪酬能高能低”的新的管理机制，在带给员工压力的同时，也给员工无限动力，促进员工努力学习，勤奋工作，赋予大庆精神、铁人精神以新的时代内涵，为员工队伍增添了新的活力。

开展富有成效的思想教育活动，让大庆精神、铁人精神代代相传 公司坚持通过一系列思想教育手段强化大庆精神、铁人精神教育。大庆油田铁人纪念馆是全国爱国主义教育示范基地，人们在这里回顾石油会战时期的艰苦岁月，接受大庆精神、铁人精神的熏陶。公司每年都举行铁人王进喜逝世周年纪念活动，并结合不同形势，突出不同主题，使大庆精神、铁人精神在新形势下不断发扬光大。公司还结合新形势、新任务的需要，编撰了《中十六联现象启示录》、《大庆精神铸辉煌》等大庆精神、铁人精神教育教材，制作了电视专题片《捍魂》。2001年，公司结合庆祝建党80周年纪念活动，将功勋员工、功勋集体等企业英模的事迹编撰成《新时期大庆人》一书，同时制作了英模事迹专题片光盘，供员工学习，收到了良好的教育效果。

实施品牌战略，塑造企业形象

大庆油田是一个知名品牌，它传达的不仅是一个地名，更是一种文化和商誉，为此，公司大力实施品牌战略。

实施“新形象工程”，树立员工新形象 塑造员工形象是实施品牌战略的重要内容。2000年，公司一成立，就按照“适应新形势、建立新体制、树立新形象、谋求新发展”的总体要求，全面实施了“新形象工程”。在具体实施中，抓住企业领导这个龙头，加强廉洁勤政教育，努力塑“政治坚定、思想敏锐，开拓创新、团结务实，廉洁勤政、作风民主”的新的领导形象。在此基础上，在全体员工中普及文明礼仪，规范员工行为，完善约束机制，培养过硬作风。从发展完善岗位责任制出发，制定了新的岗位规范，从而使全体员工逐步树立起与国际化大公司相适应的精神风貌和行为举止。“爱岗敬业、团结协作、‘三老四严’、崇尚一流”成为员工新的形象标准。

规范视觉识别系统，树立企业新形象 公司成立后，为了塑造个性化的企业形象，展示个性鲜明、蓬勃向上的良好风貌，征集制作了别具特色的企业标识，编制了《CI手册》，在公司内外广泛宣传，使其在全体员工和社会公众中得到广泛认同。在对照大庆传统和国际质量标准，规范员工日常行为和工作行为的同时，按照“美化、绿化、净化、亮化”的原则，规范厂容厂貌和办公环境，建设花园式矿区。尤其是加大了科研单位环境改造力度，为科研人员营造了现代化的工作环境。有条件的单位，为生产一线配备了“三室”，即培训室、阅览室、文体活动室，使一线员工活动有场所、健身有器材、学习有资料。通过这些有效方式，使公司树立了“有辉煌发展历程和深厚精神积淀的民族工业企业；有核心竞争优势和广阔发展空间的现代工业企业”的新形象。

培育学习型企业和知识型员工，提升员工和企业整体素质 适应知识经济的需求，公司把培育学习型企业作为提升员工和企业整体素质、增强核心竞争能力的根本手段，采取了一系列切实可行的具体措施。

开设了学习交流的读书班 大庆油田有限责任

公司读书班是由一些好学上进的青年组成的业余学习、交流的阵地,由公司董事长、总经理苏树林亲自发起并担任班长。读书班利用业余时间学习交流,围绕事关企业发展的重大问题开展研讨。现在,这个读书班已经成为倡导学习的业余学校、交流提高的现代沙龙、决策参考的虚拟参谋、识人育人的虚拟擂台。

建立了远程学习的大课堂　公司设立了一个可以容纳500人的中心课堂,通过光缆将中心课堂的音像传输到24个分课堂,聘请国内外研究、咨询机构和重点院校的专家、教授、知名学者,对公司各级管理干部和技术干部进行企业战略管理、现代营销策略及法律、商务等知识的培训,形成了知识共享与互动的学习模式。

建成了资源共享的企业网　大庆油田有限责任公司企业网实现上网计算机2万多台,使工作变得更加轻松便捷。办公自动化系统逐步取代了传统办公模式,企业内部各种文件实现了网络传输;每天进出油田的电子邮件万余个,油田内部邮件数万个;出差人员通过企业网实现了异地办公。而且,这一企业网已成为员工学习外语、计算机,接受工商管理等新知识,提高自身技能的重要工具。

大庆油田为祖国加油

大庆油田有限责任公司党委宣传部部长　李憧章

大庆油田有限责任公司地处黑龙江省大庆市,是中国石油天然气股份有限公司的全资子公司,2000年1月经重组改制正式注册成立,同年4月随中国石油在境外整体上市,注册资本475亿元,固定资产原值1 027亿元,净值568亿元,共有员工90 436人,由勘探开发、科研设计、技术服务、产品销售等21家下属企业组成,是一个以油气勘探开发为主、由国家控股的特大型资源采掘企业。

大庆油田有限责任公司开发的大庆油田,位于黑龙江省西部、松嫩平原北部,由萨尔图、杏树岗、喇嘛庙、朝阳沟等40多个规模不等的油气田组成,南北长138千米,东西宽73千米,含油面积4 416平方千米,是中国目前最大的油田,也是世界上为数不多的特大型砂岩油田之一。

大庆油田有限责任公司勘探范围包括黑龙江省全境、内蒙古自治区呼伦贝尔盟、吉林省的延吉盆地,新疆维吾尔自治区塔里木盆地和青海省柴达木盆地各一部分,工作范围超过75万平方千米,沉积岩面积超过35万平方千米,区内有大于500平方千米的盆地28个。

大庆油田在共和国十年庆典的礼炮声中诞生,在祖国的发展中壮大,开发建设42年来,连续26年保持年产原油5 000万吨以上高产稳产,创造了世界同类油田开发史上的奇迹。截至2000年底,累计生产原油16.24亿吨,占全国陆上石油同期总产量的47%;出口原油3.52亿吨,创汇495亿美元;上缴各种资金并承担原油价差7 417亿元,是国家总投资的69倍;累计探明石油地质储量56.21亿吨,位居世界第16位;共取得科研成果5 925项,其中90项获国家级奖励,462项获省部级奖励,205项获国家专利。"大庆油田长期高产稳产注水开发技术"和"大庆油田高含水后期稳油控水系统工程"获国家科技进步特等奖,"聚合物驱油技术"获国家科技进步一等奖。

经过40多年的高速高效开发,大庆油田的地下情况、稳产条件发生了很大变化,企业重组改制也给大庆油田有限责任公司的管理体制、经营范围带来了深刻变革。特别是面对经济全球化和加入WTO的严峻挑战,更要求企业在经营战略上做出重大抉择。按照江泽民总书记2000年视察大庆时做出的"一定要解决好可持续发展问题"的重要指示,大庆油田有限责任公司从确保国家石油战略的安全和企业长远发展的角度出发,全面实施了"高水平、高效益、可持续发展"的战略。

围绕这一战略,油田勘探从以往单一的油气资源勘探转向以油气为主的多种资源综合勘探;油田开发从以原油产量为中心的"持续高产稳产"调整到以经济效益为中心的“高水平、高效益”开发；企业管理按照现代企业制度的要求，逐步建立起与市场经济相适应的决策管理、生产经营、技术支持、激励约束等一整套全新的管理体制和运行机制，树立了崭新的企业形象，具备了进军国际市场成为国际一流石油公司的雄厚实力。

大庆油田有限责任公司拥有与油田勘探开发相配套的科研体系和较强的科研力量。有各类实验室、科研中心44个，其中国家级和省部级实验室、科研中心4个。有中国工程院院士1人，中国工程设计大师1人，国家及省部级有突出贡献专家12人，享受政府特殊津贴19人。

油田勘探研究经过数十年的发展完善，丰富了陆相生油理论，创造了向斜区找油理论，逐步形成了低渗透薄互层油气藏勘探、岩性油气藏识别评价、深层致密气藏勘探、火山岩等特殊油气藏识别评价技术。建立了盆地、圈闭、油气藏三个综合评价技术原则，并建立了相应的软件系统与平台。

油田开发技术坚持自行开发与引进并举，形成了独具特色的储层精细定量描述技术、地质储量及可采储量评价技术、数值模拟技术、油田井发调整方案设计技术等，聚驱采油技术水平、应用规模和整体效益均处于世界领先地位。随着聚驱向三元复合驱、多元泡沫驱技术的发展，这套完善后的技术将成为开拓国际相同或相似油田开发市场的重要敲门砖。

大庆油田有限责任公司立足21世纪能源需求，把天然气作为一个支柱产业进行规划、经营和发展，努力培育新的经济增长点。具有年加工湿气20亿立方米，生产轻烃80万吨的生产能力，是全国最大的溶解气处理加工基地。随着俄罗斯天然气资源的引进和开发，将为大庆油田有限责任公司天然气产业的发展增添新的亮点。

大庆油田有限责任公司年外输原油能力5 000多万吨，有总储量127万立方米的5座大型原油库，总储量11.7万立方米的2座成品油库，41座加油站和132公里大口径输油管道，有各种储运设备120多台套。同时，以劳务形式管理着183公里的庆哈输油管线。

大庆油田有限责任公司于2000年8月通过了ISO9001国际质量体系认证，并确立了“勘探开发高水平，输出产品高质量”的质量目标和“坚持科技领先，追求卓越质量，满足用户期望”的品质理念。同时，作为中国石油天然气集团公司HSE管理体系的试点单位，大庆油田有限责任公司认真建立和实施HSE管理体系，不断提高全员健康、安全、环保意识和水平。仅2000年，在环境保护和治理方面投入的资金就达2亿多元。

大庆油田有限责任公司具备优良的油田勘察设计、技术咨询和工程承包能力。采油工艺技术、装备水平及服务能力在国内享有很高的声誉。录井技术也已形成了以油气层发现、保护和解释评价等钻井工程服务为核心的录井资料采集、处理、解释评价技术系列。具备雄厚的生产测井能力，能够提供测试技术、测试仪器及配套产品研制、解释软件的开发、试验及仪器标定等服务。在钻井与井下技术服务方面，拥有钻调整井、开发井、取芯井、丛式定向井、小井眼井等多种中深井技术，能够完成解卡打捞、整形加固、套管内侧钻等多项大修作业。其中，侧钻、深层取换套、燃爆整形加固技术居国内领先水平。

建设具有国际竞争力的企业集团

中国石油天然气集团公司总经理　马富才

进入21世纪以来，经济全球化继续向纵深推进，社会信息化程度日益提高，使国际竞争和企业发展的环境正经历着一场巨大的变化。我国已经加入世贸组织，国内企业将与实力雄厚的世界跨国公司同台竞技，如果没有自己的大公司和企业集团，在国际竞争中必然陷于被动。我国企业在今后的国际市场竞争中成败与否，关键取决于如何加快培育具有国际竞争力的大企业和提高企业的核心能力。党中央、国务院及时提出实施大公司、大集团战略,这对于我国集中力量在国民经济的关键领域和重点行业发展一批具有国际竞争力的大公司和企业集团,从而占领经济制高点,具有重大的战略意义。

石油产业作为国民经济命脉之一,在国民经济战略性结构调整中,属于国有经济要占支配地位、保持一定控制力的行业。尤其在中国经济发展迅速、油气需求日益加大的情况下,在石油行业建设主业突出、核心能力强的具有国际竞争力的企业集团,既是为我国社会主义现代化建设提供能源保障、确保国家经济安全的战略需要,也是参与国际竞争,增强国家综合经济实力的迫切需要。近年来,中国石油集团在党中央、国务院领导下和国家有关部门的大力支持下,坚持改革创新,经受各种考验,整体实力逐步增强,在国际石油业已具备一定的竞争实力。根据国际权威机构公布的世界 50 家最大石油公司综合排名,中国石油集团已经从 1997 年的第 16 位上升到 2000 年的第 9 位,首次进入世界石油大公司十强。

近几年的发展,使我们增强了建设具有国际竞争力的企业集团的信心,并且进一步明确了今后发展的战略定位:"十五"期间,中国石油集团公司的主要经济指标要保持在世界大石油公司前列,并逐步发展成为主业突出、核心能力强的大型跨国企业集团。回顾企业的发展之路,密切关注企业生存发展的内外部环境,我们深深地感到,在我国传统国有企业的基础上建设具有国际竞争力的企业集团,是一项长期而艰巨的任务。当前,应当围绕企业国际竞争力的提升,突出重点,真抓实干,着力解决好以下几个方面的问题。

搞好战略重组,为企业集中精力发展主营业务创造基本条件,奠定参与国际竞争的基础

一个企业要具有国际竞争力,首先要主业突出,具备世界级规模实力。1998 年 3 月国务院机构改革时决定重组中国石油工业,成立上下游一体化的两大石油公司,不再具有行政职能,还企业以本来面目,企业运作由按照行政指令办事逐步转向按市场经济规律办事,从而诞生了中国石油天然气集团公司,企业的产业链趋于合理,综合规模实力也上了一个台阶。但我们与国际上最大的埃克森石油公司相比,总资产、销售收入、净利润分别是它的 2/3、1/3 和 1/50,而职工人数却是其 15 倍,人均利润相差甚远。

为缩小与国际大公司的差距,提高企业的规模经济实力,结合我国的实际,我们从解决企业的法人治理结构,进行公司制改造入手,解决长期以来国有企业"大而全"、"小而全"所带来的机构重叠、产品类同、冗员多、债务高、社会负担重的共性矛盾,本着突出和提高企业主营业务能力,对资产、业务、人员进行结构性战略重组。为此,中国石油集团在 1999 年进行大规模的、脱胎换骨的大重组,将勘探开发、炼油化工、管道运输和销售等主营业务及相关优良资产分离出来,成立股份公司,进入股份公司的总资产达 4 030 亿元,占集团公司总资产的 2/3,人员 48 万,占 1/3。新组建的中国石油天然气股份公司由中国石油集团控股,建立法人治理机构,按公司法规范运作,并于 2000 年在海外成功上市。对存续企业继续进行主辅分离和结构调整,并逐步推向市场。重组后的中国石油集团核心竞争力得到明显提高,具备了参与国际竞争的基本条件。

加强科学管理,提高企业盈利能力,是企业实现可持续发展的重要前提

企业健康发展的基础是科学高效的管理,如果管理不到位,企业难以持续发展,难以适应复杂多变的市场环境。大企业集团尤其要重点抓好两方面的管理:一是战略管理和决策管理。中国石油集团近年在国际油价大起大落的情况下一直保持稳健发展,建立了相对完善的战略和决策管理体系是一个重要原因。二是资金管理。中国石油集团近 3 年来不断强化资金管理,应用现代化手段把资金、债务、会计核算高度集中管理,活化闲置资金;内部货款结算封闭运行,加速资金周转;同时严格大额资金审批,强化资金运作的监督控制,使资金使用效率大幅度提高,财务费用 3 年来降低近 100 亿元,除了国家降低贷款利率的因素外,企业财务管理水平的提高是一个重要原因。

中国石油集团不断向"油公司"模式发展,建立规范的公司治理结构,不断压缩管理层次,推行扁平化管理;同时在销售环节重组业务流程,发展连锁经营和物流配送体系;注重利用现代技术手段提高管理效

率和降低成本，电子商务已经在物资采购领域展开，2002年将在采供销系统全面应用，届时可进一步降低生产成本和流通费用。通过强化管理，有效地增强了企业抵御外部风险的能力。2001年国际油价下跌，中国石油集团总利润仍然高达530亿元，这是我们实施低成本战略、有效控制各项成本费用、化解油价风险等一系列应对措施的结果。

存续企业走出困境，实现稳定发展不仅是国有企业改革成功的标志也是改制企业提高整体竞争力的一个重要环节

国有企业通过分离优良资产上市，健全法人治理结构，制定符合企业实际的发展战略，形成一个优秀的管理班了领导上市公司，实现新的发展，应该说是一条成功的道路。然而存续企业却承担了较重的历史负担，生存与发展面临新的考验。中国石油集团重组改制后留给存续企业106万人员，而资产结构不合理、产业结构不合理、社会负担重等矛盾更加突出，如果找不到生存、发展之路，势必面临绝境，也会危及股份公司的稳定发展。存续企业如何走出困境，成了我们最大的难题。我们认为，如果存续企业搞不好，从搞好国有企业改革的角度来说，这个企业的改革只能算是失败了。中国石油集团提出用两三年的时间完成存续企业平稳过渡，用改革的办法解决存续企业的生存与发展问题。一是实施持续重组，再次进行主辅分离、社会服务分离，重新整合，进行专业化重组。如2001年以产权为纽带组建的工程设计公司，当年经营收入和利润就实现了翻番。生活服务逐步推行社会化服务、企业化经营，部分社会职能移交政府。二是实施大规模减员分流，近3年累计减员36万人，其中存续企业就减员30万人，有效地解决了冗员问题。三是进行产权多元化改革试点，对48个国有中小生产经营单位实施整体带资分流改制，分离总资产45亿元、职工1.1万余人。四是推动企业面向市场谋生存、求发展，到国内外市场扩大生存空间，2001年到境外施工的钻井队已达56个。五是以人事制度为重点，配套推进三项制度改革。六是在此基础上，逐步推进公司化改造，建立法人治理结构，条件成熟后可以上市。通过这一系列措施，存续企业在平稳过渡期间，已看到生存和发展的希望，亏损额逐年下降，由1999年亏损128亿元减少到2001年的50亿元，2002年有望降至30亿元以下。

“走出去”拓展海外业务，积极稳妥地实施国际化经营，是成为跨国集团的必由之路

要成长为大型跨国企业集团，仅仅占领本土市场是不够的。石油资源分布不均，国际大石油公司均在全球范围内寻找最有利的区域开展油气业务。中国石油集团把“走出去”作为一项重大战略举措，大力开拓国际市场，积极发展海外业务。到2001年年底，已在海外投资18个项目，2001年生产原油1 623万吨、天然气9.26亿立方米，其中中国石油集团获权益产量的原油831万吨、天然气5.7亿立方米，实现销售收入9.1亿美元，利润1亿美元。海外施工作业的队伍已达171个；技术服务、工程承包和物资装备出口新签合同金额达14.85亿美元，完成合同额8.1亿美元。

培育有中国特色的企业文化，为企业参与国际竞争注入精神动力，是提升我国企业国际竞争力的重要方面

对我国的企业而言，提升国际竞争力，并不仅仅是体制和机制上与国际接轨，还要依靠中国传统文化的深厚底蕴，培育有中国特色的企业文化，激活企业内部巨大的潜力，这是中国企业参与国际竞争的独特优势。

新中国的石油工业能够白手起家，从年产十几万吨的“贫油国”发展为年产1亿多吨的石油大国，“爱国、创业、求实、奉献”的大庆精神发挥了重要作用。以“铁人”王进喜、“新时期铁人”王启民为代表的石油英模，形成的“我为祖国献石油”的石油人价值观、“三老四严”的管理理念等，是企业发展的无形资产，它们与时代精神相结合，在社会主义市场经济的环境中仍然能够为企业持续发展提供强大的动力。

应当看到，国际大公司之间竞争除了物质、技术上的较量，也有企业文化理念、职工精神面貌和思想

观念的竞争。我国企业到国际市场的海洋中游泳,更需要我们的职工发扬拼搏奋斗的精神;我国石油企业要卓有成效地开拓国际市场,唯有调动职工发扬艰苦奋斗、攻坚啃硬的精神,才能在国际市场上打开局面,站稳脚跟。中国石油集团海外项目的成功,充分说明了我们员工的精神境界与综合素质,是企业不断增强国际竞争力的重要智力支撑。

建设具有国际竞争力的大企业集团,既要立足于中国的国情,更要借鉴国际上的成功经验,关键是奋发努力,自强不息,积极主动地参与国际竞争,在竞争中发展壮大。中国石油集团要发展成为具有国际竞争力的企业集团,还要付出艰苦的努力。我们要以邓小平理论为指导,在解放思想中统一思想,在实际工作中实践"三个代表"重要思想,加快建设具有国际竞争力的大企业集团的步伐,力争在国内外石油天然气资源开发、炼化结构调整、企业持续重组、深化改革等方面取得更大的突破,努力把中国石油天然气集团公司建成具有国际竞争力的大型企业集团。

创"中船重工"知名品牌

——中国船舶重工集团公司建设纪实

中船重工集团公司办公厅主任　张光兴

1999年7月1日,中国船舶工业管理体制进行了重大改革,原中国船舶工业总公司(CSSC)一分为二,分别成立中国船舶重工集团公司(CSIC)和中国船舶工业集团公司(CSSC),中国船舶工业掀开了崭新的一页。

中国船舶重工集团公司概况

中国船舶重工集团公司(以下简称中船重工)是由原中国舶舶工业总公司直属造修船厂、船舶配套厂、科研设计院所共96个单位组建而成的特大型国有企业,是国家授权投资的机构和资产经营主体,由中央直接管理。

中船重工是目前中国最大的军民用船舶、海洋工程及船用设备的设计、制造和销售集团,拥有47个工业企业,29个科研院所,15个控股、参股公司,成员遍布全国20多个省市,员工16万人。其中包括国内外著名的大连造船厂、大连造船新厂、渤海造船厂、山海关船厂、武昌造船厂、大连船用柴油机厂和中国舰船研究院、中国船舶科学研究中心以及中国船舶工业贸易公司、香港华联船舶有限公司、中国船舶工业物资总公司、中国国际海洋石油工程公司等。

中船重工拥有我国目前最大的造修船基地,可承建和坞修30万吨超大型船舶在内的各种民用船舶、海洋工程和水面、水下战斗舰艇以及各种军辅船舶,船舶产品出口到世界五大洲50多个国家和地区。

中船重工集中了我国舰船研究、设计的骨干力量,29家科研院所,360多个专业,3万多名技术人员,6个国家级重点实验室,150多个大型实验室,3个国家级企业技术中心,具有较强的自主创新和产品开发能力。

中船重工拥有国内最强的船舶配套能力,38家船用配套设备厂,从国外引进几十种专利制造技术,形成了各种系列的军用、民用舰船主机、辅机和仪表、武备等设备的综合配套能力。

中船重工拥有较强的大型成套设备开发制造能力,自主开发生产的数百种非船舶产品,服务于航天、水电、冶金、石化、烟草、铁道、煤炭、轻工以及市政建设等20多个行业和领域,并出口到世界各地。

中船重工的经营方针是:立足市场,军品优先,船舶为主,多业并举,科技创新,效益为本。

主要经营范围包括:经营集团公司和成员单位的全部国有资产;开展境内外投融资业务;承担以舰船为主的军品科研生产;承担国内外民用船舶、设备和非船产品的设计、生产和修理;开展各种形式的经济、技术合作,对外工程承包、劳务输出、境外带料加工、工程建设、建筑安装,以及国家授权、委托和法律允许的其它业务。

中船重工现已形成十大主营产品：船舶、海洋工程、柴油机、蓄电池、大型钢结构、港口机械、增压器、烟草机械、煤气表、自动化物流系统。

新中国成立以来，中船重工所属企事业单位，曾为我国建造了第一代核潜艇，研制建造了目前国内最大的水面舰艇、常规潜艇和水中兵器；建造了改革开放以来我国第一艘27 000吨出口船舶——"长城号"，开创了中国船舶工业进入国际市场的新纪元；正在承建30万吨超大型出口油轮和5618TEU大型集装箱船，为国民经济建设和国防建设做出了重要贡献。

中国船舶重工集团公司 2000年生产经营业绩

2000年是中船重工真正起步之年。集团公司认真贯彻国有企业改革发展的方针政策，大力开拓国际、国内市场，深化改革，积极创新，在生产经营、扭亏脱困等各方面取得了显著成绩。

工业生产 2000年中船重工完成工业总产值118亿元(1990年不变价，下同)，比上年增长9%。其中，造船产值68亿元，比上年增长10.7%；修船产值8.2亿元，比上年增长9.6%；非船舶产品产值42亿元，比上年增长6.3%。完成工业增加值31亿元，比上年增长7%。全年实现销售收入93亿元，比上年减少11.4%；实现利润－815万元，比上年减亏3.8亿元。

2000年中船重工工业生产有以下几个特点：

工业生产总量保持了稳定增长 "九五"期间，集团公司系统实现工业总产值523亿元，年均增长约7%。从2000年工业生产的各项主要指标来看，工业总产值的增长保持了这一增长态势，同时，企业大幅减亏。销售收入减少的主要原因是，由于部分船东不接船，导致有些船舶没有实现销售。

修船生产止跌回升 2000年上半年遏止住修船生产下滑的局面，下半年转入持续增长，全年累计修理船舶478艘、889万吨，其中外轮修理完成179艘、658万吨，出口创汇4 566万美元。

新船型、高技术船品种增多；产品质量稳定。

经营工作 2000年，全球新船成交量达到创纪录的7 000万吨；同时，近几年国家拉动内需政策的效果开始显现，中船重工承接合同呈大幅增长。全年承接合同金额257亿元，创历史最高水平，其中造船承接207亿元，修船承接12.3亿元，非船承接38亿元。出口合同累计承接4亿美元，其中船舶3亿美元，修船0.6亿美元，非船舶产品0.4亿美元。全年承接船舶订单98艘、144万吨，合同金额3亿美元和160亿元人民币，吨位比上年减少31.5%，金额比上年增长139%。截至2000年底，中船重工手持合同金额288亿元，其中船舶订单341万吨、268亿元。

基本建设和技术改造 2000年中船重工下达固定资产投资计划16亿元，其中基本建设投资12亿元，技术改造4亿元。全年实际完成投资9.1亿元，其中基本建设7.3亿元，技术改造1.8亿元。

中船重工集团公司 新世纪发展目标

到2005年，完成企业公司制改革，完善集团公司母子公司体制；通过结构调整和战略性重组，初步形成结构科学、布局合理、应变力强的产业格局，形成保障有力的军工科研生产体系；建立起比较完善的集团公司科技创新体系和良好的运行机制。造船能力达到280万吨，造船产量达到240万吨，营业收入达到300亿元，年利润达到4亿元以上，集团公司市场竞争力进一步增强。

到2010年，建立起现代化的海军装备科研生产体系。造修船能力在"十五"基础上有大幅增长，形成2～3个在国际上具有竞争力的大型造修船基地；形成一批具有影响力的名牌产品；建设一批高科技企业，成为具有较强竞争力、实力雄厚的国际性大型企业集团。

面向新世纪，中船重工集团公司16万员工充满信心。我们将认真贯彻落实党中央、国务院的一系列重大决策，奋发图强，锐意进取，把中船重工集团公司建设成具有较强竞争力、实力雄厚的国际性大型企业集团，为中国船舶工业的发展和国防现代化建设做出新的贡献。

创新应变,真抓实干,开创公司发展与改革新局面

中国电子进出口总公司总裁 钱本源

2001年,是中国电子进出口总公司取得丰硕成果的一年。

中国电子进出口总公司——中国电子行业最大的进出口企业,是以电子技术及产品的进出口为主兼营其它的综合型外贸企业。公司成立于1980年4月15日,目前拥有境内外56个全资和绝对控股子公司,5个驻外办事处,200多个独资、合资、内联、参股企业。2001年年底资产达81.28亿元,实现销售收入88.28亿元。

我公司成立以来,坚持为我国电子工业和国民经济发展服务;坚持改革,坚持贸工结合、贸技结合、进出结合;坚持以进出口业务为主,开展多种经营、全面发展;坚持两个文明一起抓,加强经营管理,业务不断发展,规模不断扩大。从1980年至2001年,我公司进出口总额达262亿美元,其中进口126亿美元,出口136亿美元,为我国电子工业的技术改造和生产能力、产品质量、经济效益的提高,为我国电子产品走向世界做出了重要贡献。1992年以来,我公司进出口总额在全国500家最大进出口企业中名列前茅,出口连年过10亿美元,同世界上140多个国家和地区建立了贸易关系。出口商品达600多种。1987年以来,我公司多次被评为经贸行业的先进单位,机电产品出口先进单位,首都文明单位,中央国家机关文明单位标兵,中国对外经贸行业先进单位,中国对外经贸行业质量效益型企业。1999年、2000年进出口总额在全国500家最大进出口企业中分别名列第七位和第十位,2001年,荣获了中国企业联合会、中国企业家协会联合颁发的中国企业新纪录证牌。

积极开拓,推进改革,各项工作成效显著

对主要市场的出口有增有减,多元化市场战略见成效,出口市场进一步扩大

客观评价行业市场情况是企业发展战略的关键所在。受美国经济走入低谷影响,我公司对北美以及亚洲的出口有所下滑。由于贯彻多元化的出口市场战略,出口总额虽有所下降,但出口市场在扩大,达158个,比上年增加9个。公司对北美、亚洲、非洲的出口有所下降,但在欧洲、拉丁美洲和大洋洲的出口却有增长,其中,对欧洲出口增长7.3%,对拉美出口增长8.1%,对大洋洲出口增长29.3%。

我公司下属子公司,认真贯彻总公司的出口战略,采取了一系列步骤,开拓市场。珠海公司为了打破过分依赖亚洲市场的局面,十分重视远洋市场的开拓,并在非洲取得了突破性的进展。除对南非、摩洛哥的出口有较大增长外,还新开发了阿尔及利亚、毛里求斯、吉布提、尼日尔、埃塞俄比亚等市场。对欧洲出口突破1 000万美元,比上年增长14%。并新开发了马尔他、南斯拉夫、罗马尼亚等市场。对美国出口虽有下降,但开发了乌拉圭、厄瓜多尔等新市场,对该地区出口比上年增长27%,达597万美元。

常州公司通过开发新市场,出口市场比上年增加了6个。江西公司远洋市场出口额的比重上升到80%以上。山东公司已摆脱了对东南亚市场的依赖,远洋市场比重超过50%。无锡公司对欧洲出口比上年增长82.6%,对中东市场出口亦增长124.8%。对美国市场也增长70.8%。

主要产品出口波幅较大,新品开发带动出口增长

新技术、新产品的开发,是企业发展战略的重要组成部分。受世界经济以及IT行业不景气的影响,我公司系统机电类产品出口8.1795亿美元,占出口总额的87.2%。消费类产品,如:计算机、电视机、收录机、电风扇、灯具和服装等产品的出口出现一定幅

度的下降;而通讯类产品、机械、组合音响、影碟机、钟表等产品出口在增长,增幅分别为110.9%、28.5%、27.2%、158.1%和14.5%。

为适应市场的变化和满足客户的需要,我公司系统各单位都把开发出口新品作为扩大出口的重要措施。

彩虹公司努力开发新客户和新市场,不断扩大出口产品的种类和份额。在开发14英寸、21英寸彩电整机和低玻粉、硫化锌生粉、荧光粉等十多种出口新品的基础上,又开发了支架玻杆粉出口。14英寸、21英寸彩电整机在彩电出口逆势中,对印尼出口10.2万台,比上年增长7%。

福建公司把传统出口产品做新。收音机、收录机等小整机是该公司的传统出口产品。但由于市场变化,小整机出口在低水平上徘徊。为了焕发小整机出口的生机,他们以市场为导向,以新品开发促市场,与工厂合作开发了七种新款小整机,并通过在境内外参展,上网发布信息,推入国际市场,效果较好,产品销往20多个国家和地区,出口额达300万美元,比上年增长144.6%。

北京公司加大IT产品的开发力度,积极参加了对古巴出口计算机设备的竞标工作并中标,出口244万美元。

新源公司与总公司业务六部及驻外机构联合,在数码录音机开发成功的基础上,继续加大开发力度,使有关产品从两款一小时以内的数码录音机,扩展到四款最长8小时,具有USB高速与计算机连接的多规格数码录音机。产品从单纯的数码语音存储扩展到数码影像存储和数字存储。并出口数码录音机成品11 854支,录音机主控版5 600块,电子目镜214 945个,共165.5万美元。

吉林公司在为彩晶公司做好进口的同时,采用以进带出的策略,向日本批量返销10.4英寸彩色液晶显示屏26 748块,出口额690万美元。

陕西公司结合本地实际,除扩大电子产品出口外,还把目标定位在陕西省四大支柱产业之一的果业上,出口8 000多万吨,金额525万美元,比上年增长150%,出口果汁为外贸企业第一,行业第八。

经营方式不断创新,新型业务在发展

创新是企业持续发展的动力。在外贸经营全面放开的形势下,传统的进出口业务面临激烈的竞争,发展空间受到严重制约。实行经营方式的创新,开拓新的业务领域,是我公司进一步发展的重要途径。在总公司的倡导下,经过各方面的共同努力,新型业务的发展已出现好的势头。

——招标工作开始起步。经努力,总公司业务18部完成招标项目9个,约合750万美元。争取到招标委托书并正在开展的项目7个,委托金额共4 600万美元。

——系统工程项目的对外开拓有了初步进展。为促进业务结构的调整,发展高技术及系统工程项目出口,探索出口新路,总公司成立了系统工程部。经过一年多的艰苦努力,共参与了国内外投标项目26项,其中国外项目9项,已中标并开始执行的项目达2 300万美元。

——与国外大公司合作的路子已经迈开。为使我国产品直接进入外国公司的销售领域,经过艰苦的摸索,总公司本部出口的接线板等产品,已不需经过"宜家"子公司,而成为"宜家"的直接供应商,为其它产品进入"宜家"销售网络打下了基础。

经过考察与谈判,我公司全资子公司中国电子进出口东方贸易公司,作为芬兰TIKKURILA公司涂料在中国销售的独家代理,为公司真正自营进口迈出了关键的一步。目前,以芬琳商标在国内注册专营涂料业务的中电芬琳装饰材料有限公司已正式开业。东方公司还与小天鹅公司签订了代理协议,向俄罗斯出口小天鹅洗衣机并建立生产线,客户是俄罗斯最大的洗衣机厂,份额占俄罗斯市场的20%。

改革逐步深化,并已取得初步成效

我公司控股的深圳中电投资股份有限公司,自2000年年底把上市申报材料正式上报中国证监会以来,完成了2000年年终审计及由于更换会计事务所而进行的重新审计,完成了内部职工股的转让,对中国证监会第一、第二、第三次反馈意见中提到的问题进行了解答,并整理上报中国证监会。同时,以申请股票上市为契机,促进公司规范化管理,为上市后的公司运作做好准备。

我公司的一些下属子公司的改革、改制工作正在总公司的指导下深入进行。中国电子国际展览广告公司改造成有限责任公司的工作已经完成,已运作近一年有余,情况良好,2001年取得了净资产收益20%

以上的好成绩。宁波公司整体改制的前期工作已经完成。总公司批复了常州、河北、陕西、珠海等公司的改制方案。对一些子公司的改制方案正在研讨中。对一些经营很差、资不抵债的子公司实施了清盘和经济性裁员。

在取得丰硕成果的基础上，制定了新的发展战略

面对中国加入世贸组织新形势，以及我公司发展的实际，公司正在研究制定新的发展战略。2002年工作的指导思想是：以邓小平理论和“三个代表”重要思想为指导，坚持与时俱进、创新应变，制定发展战略，加快改革进度，强化企业管理，提高经济效益。

2002年的主要经济指标是：进口、出口双超10亿美元，实现销售收入60亿元。

公司的发展目标是：以国际贸易为龙头，以实业为基础，以科技为先导，以金融为依托，以国际、国内两个市场为目标，实行流通、生产、科研、金融、服务相结合。把公司发展成为综合化、实业化、国际化、国内一流、国际一流的集团公司。

中国电子进出口总公司通过艰苦奋斗，实力正在迅速增长，创新能力正在不断增强，公司的发展前景日愈广阔。

跨入新世纪的中国航空技术进出口总公司

中国航空技术进出口总公司总经理　杨春澍

中国航空技术进出口总公司(简称中航技公司)成立于1979年，是集技、工、贸于一体的综合性跨国集团公司。由中航第一集团公司和中航第二集团公司各持股50%。公司以进出口贸易为主业，主要经营航空产品、非航空机电产品、技术、劳务、设备、材料的进出口业务。同时，还涉足工业、房地产、工程承包、金融、租赁、商贸、酒店、服务等多种行业。目前，公司资产规模已达到209亿元人民币。

中航技公司在国内有10个地区子公司，7个专业公司，在30个国家和地区设有57个子公司和代表处，与世界上100多个国家和地区建立了贸易及合作关系。1995年5月，经国家外汇管理局批准，中航技公司获准对外融资权。1996年6月，中航技公司作为工贸企业的唯一代表，进入全国300家重点国有企业行列。

中航技公司成立20多年来，作为中国航空工业走向世界的主渠道和主窗口，以实力雄厚的中国航空工业为后盾，在航空和非航空机电产品进出口、航空零部件转包生产、国际合作和技术引进以及大型成套设备进出口等方面取得了长足发展。截至2002年6月底，累计进出口总额189亿美元，在全国进出口额最大的500家企业中始终位居前20名。

航空产品出口市场不断扩大　截至到目前，中航技公司共向世界近30个国家出口歼7系列、强5系列、K8教练机、运8、运12以及直升机等多种飞机千余架，出口发动机2 000多台，建立生产线、修理线数十条，出口导弹近千枚。2001年中航技公司进出口总额近20亿美元，创历史最好水平。

航空零部件转包生产方兴未艾　1979年以来，中国航空制造企业通过中航技公司先后同美国、加拿大、英国、德国、法国、意大利、瑞典等国家的几十家公司签订了转包生产合同。产品包括大型客机机头、机身尾段、垂直尾翼、水平尾翼、机翼外盒、各种舱门及多种发动机、机载设备等零部件，已累计成交13亿美元，交付6亿美元。

技术引进和技术出口取得多项成果　中航技公司20多年来承担了大量的先进技术引进工作。从1980年接受法国海豚直升机技术转让开始，逐步从单纯的技术引进发展到联合研制生产，并逐步发展技术出口，开展多方面国际合作，如中美合作生产的MD－80、MD－90系列飞机，中巴合作开发的K－8

教练机、FC－1轻型战斗机，中法新三国四方合作开发的EC120直升机等。

非航空产品出口发展较快 中航技公司从1980年开始，在大力开拓航空产品出口市场的同时，在沿海建立了多家分支机构，外引内联，工贸结合，形成一批机电产品出口基地，有力促进了非航空机电产品出口。同时，充分利用航空产品出口效应，积极带动和扩展民用大宗机电产品出口。近几年来，已先后向中东地区、南美、非洲等国家和地区出口了工程机械、大量车辆、船舶等。目前，非航空机电产品出口已占到中航技公司出口总量的60%左右，与航空产品、转包生产出口形成三足鼎立之势。

初步形成集团化、国际化竞争优势 自1980年开始，中航技陆续在广州、深圳、厦门、珠海、上海、福建、大连、哈尔滨、杭州等沿海地区和北京设立了10个地区子公司，7个专业子公司，57个海外子公司及代表处，从业人员近2万。北京凯迪克大酒店、星期五餐厅，上海园林宾馆，珠海凯迪克酒店，还有坐落于北京、上海、福州、厦门、深圳、珠海等地造型各异的写字楼，形成中航技公司主要物业框架。资本经营和资本运作也成为中航技公司最大限度达到国有资产保值增值的重要举措。中航技公司与香港长江实业合作，成功收购香港上市公司，并进行资产重组，更名为中国航空技术国际控股有限公司，目前项目运作良好；中航技深圳中航实业也已成功在香港上市。2002年经国家有关部门批准，成功发行了10亿元航空企业债券，不仅极大增强了生存和发展能力，而且探索出一条融通资金、保持可持续发展的新路子。

培育具有特色的企业文化，造就一批高素质的人才队伍 中航技公司注重建设先进的企业文化，坚持以人为本，着力培养造就一批懂经贸、会管理、善开拓的国际化人才队伍，并逐步形成了内涵丰富、具有时代特色的企业文化氛围，这已成为中航技公司全体员工跨入新世纪、拼搏求发展的强大精神动力。

中国航空工业第一集团公司 2001年发展概况

中国航空工业第一集团公司办公厅主任　郑晓沙

2001年是“十五”的开局之年，中国航空工业第一集团公司广大员工在上级有关部门的领导下，按照集团公司党组的部署，在“三讲”活动的有力推动下，战胜困难，创新实干，各项工作都取得了新成绩，集团公司第二次工作会议提出的主要目标基本实现，迎来了集团公司“十五”开门红。

经济形势明显好转 在2000年经济形势好转的基础上，2001年实现了扭亏为盈，主要经济指标有较大幅度增长。工业企业实现销售收入比上年增长19%；在消化大量潜亏之后，实现利润5 600多万元；科研院所超额完成了集团公司下达的收益指标。在销售收入大幅度增长的情况下，应收账款下降2.4%，货币资金增长11%，存货只增加1.8%，经济运行质量明显提高。

航空科研生产取得重大进展 2001年是高新工程的攻坚之年，经过努力取得丰硕成果，一批重点型号航空武器装备研制生产取得重要进展，交付飞机、发动机、导弹分别比上年增长132%、100%和77%。民用飞机科研生产取得一定进展。新支线飞机完成可行性研究报告，预发展工作全面推进。先锋用户初步落实，与航空公司达成100架购机意向协议。新舟60改进改型工作全面展开，市场营销和售后服务工作逐步改进。

科研生产保障条件建设力度加大 集团成立以来围绕高新工程共组织条件建设170个项目，其中2001年新增立项42项。集团公司成立以来民品共批复35个项目,其中2001年立项11项。这些项目的全面完成,将为航空武器装备研制生产和民品科研生产能力上台阶,集团结构与能力调整和经济持续发展,奠定坚实基础。

民品有所增长,外贸出口大幅度增加 工业企业实现民品销售收入74亿元,同比增长2.7%。空调压缩机、纺织机械产量翻了一番。中航技和集团企事业单位实现外贸进出口总额23.4亿美元,同比增长41%,其中出口9.8亿美元,同比增长13%。航空零部件转包生产快速发展,交付额首次突破1亿美元大关,同比增长36%。签订了40架歼七PG和6架歼教七出口合同,这是近年来集团公司最大的军贸出口合同。

技术创新得到加强 完成了集团公司技术中心组建工作,着手设立集团技术创新基金。开展了"九五"预研验收和"十五"预研论证,一批重点课题取得重大成果。信息化建设取得进展,集团CIMS工程进展较好,完成"金航"二期工程建设,企事业单位基本接入"金航网"。

调整改革取得突破 积极推进结构调整试点,014中心与202厂、609所与511厂、620所与628所的整合实现挂牌运转,634所完成企业化转制。着手进行西北制冷产业的整合。结合新支线项目,开始对西安、上海民机研发能力进行调整。金航数码公司当年组建并盈利,燃机成套公司筹建进展良好。按中央要求,接收空军4户修理企业。

企业改制、脱困力度加大。7户债转股企业改组为有限责任公司,打破了军工国有独资格局;5户企业破产终结;重组设立5户股份公司,其中贵航汽车零部件股份有限公司已上市;部分企业进行了资产重组和改制。

管理水平有所提高 制定并贯彻了建立现代企业制度和加强管理的一系列规定、办法。对全部工业企业开展经营责任考核,实施年薪制,少数科研院所进行了模拟年薪制试点。企业经营管理巡视组对17户企业进行了巡视调研。质量体系建设有新进展,开展了质量文化建设。全面实施"一流环境行动计划",有7个单位达标。加强资产和财务管理,提出建立财务管理五大体系的"十五"目标,并积极落实,成功地开展了银企合作。

党的建设和精神文明建设明显加强 高标准、高质量地完成集团公司党组和企事业单位"三讲"学习教育活动,卓有成效地组织了整改。加强了各级党组织建设和思想政治工作。颁发《集团文化建设纲要》,集团形象识别系统开始贯彻。考核调整39个单位的领导班子,启用了一批优秀年轻干部,基本完成了企事业单位领导干部的新老交替。不断推进党风廉政建设和反腐败工作。成功地开展了庆祝航空工业创建50周年和建党80周年系列活动。表彰了一批先进典型。

铸造印制企业新的辉煌

中国印钞造币总公司副总经理 陈耀明

中国印钞造币总公司是直属中国人民银行总行领导的法定货币生产企业集团,下辖18家大中型企业和1个国家级技术中心,从事印钞、造币、钞票纸、银行信用卡的研制生产、印钞造币专用机械和银行机具制造、高纯度金银精炼和印制增值税专用发票、有价证券、银行专用票据、高级防伪证书等安全印务方面的生产经营活动。有员工近3万人,年销售收入60多亿。

特殊行业、特有产品、特色文化

缘于行业的特殊性,产品的独特、安全和精制是总公司孜孜追求和保持的价值。在几代印制职工的辛勤努力下,设计印制了五套人民币、众多题材的纪念币和金银纪念币、大量的有价证券和高级防伪证书、智能卡等等，每种产品都具有独一无二的特性，其特性体现在防伪技术和精良的印制质量上。通过实施“精品工程”，产品质量的一致性、稳定性日渐进步。第五套人民币得到社会的广泛赞誉；千年纪念币是世界上最大最重的金币，乃世纪精品杰作；世纪纪念钞是中国第一张塑料钞票；“中国十二生肖系列纪念币”、“中国熊猫系列普通金币”获得“中国工艺美术品百花奖”。

质量和安全是印制行业的生命线。总公司做到将每一个管理环节和所有产品都纳入企业的标准和制度中，实施“四严”管理：严格制度、严格管理、严格考核、严格奖惩。

特殊的行业、特殊的管理孕育了印制企业的特色文化。“忠诚印制，追求第一”的企业理念鼓舞着印制人，“团结、求实、开拓、奋进”的企业精神激励着印制人，“优质安全保发行，科学管理增效益”的企业宗旨引导着印制人，“安全第一，数准至上，质量是生命”的经营理念深深地扎根在印制人心中。

专业齐全、配套完整、实力雄厚

历经半个世纪的不懈努力，中国印钞造币(集团)总公司已发展成为集多种专业于一体的大型企业集团，具有科研开发、设计制版、生产制造等全方位服务的功能。

总公司下辖上海造币厂、沈阳造币厂、南京造币厂，是我国普通纪念币(精制)、金银纪念币制造和工业金银材加工制造生产基地。已建成具有国际先进水平的镍包钢硬币、铜合金硬币、铜包钢硬币、铝合金硬币和金银纪念币生产线，满足了国家货币发行的需要。总公司在保定、昆山分别设有钞票纸厂，拥有3万余吨的高级防伪纸的生产能力；并拥有6家印钞厂，分布在北京、上海、西安、成都、石家庄、南昌。此外，总公司还拥有在贵金属提炼业享有盛誉、在伦敦市场免检的长城金银精炼厂，位于中关村高科技园区国家级技术中心，从事信用卡生产的中钞信用卡厂等等，其生产规模和专业门类雄居世界同行业之首。

齐备的专业设置，使总公司得以以雄厚的整体实力参与国际国内市场的竞争，赢得了海内外客户的信赖和赞誉。其产品和服务已遍及美国、欧洲、日本、菲律宾、泰国、印度尼西亚、香港、澳门、伊拉克、朝鲜诸多国家和地区，产品种类涵盖了钞票纸、油墨、白银、钞票、硬币等不同领域。自1995年开始，承担了中国银行“澳门元”的设计和印制工作。2001年，为香港印钞有限公司提供制版。

科技为先、人才为魂，志在长远

总公司立足于企业可持续发展，围绕提高核心竞争力，瞄准国际同行业先进水平，通过充实科研机构，加大科技投入力度，激活科技管理机制，大大提高了科技创新水平和科技成果转化能力。“九五”期间，有77项科技成果通过部级鉴定，获得国家科技进步奖1项；获金融科技进步奖36项，其中一等奖5项，二等奖10项，三等奖21项；有13项达到世界先进水平；有30项科技成果在第五套人民币、庆祝建国50周年纪念钞、迎接新世纪纪念钞等新品中得到应用。开发出了无混色隔色码、SD凹印、新型成型水印、银联卡全息防伪标识等新技术。

从“六五”以来，总公司投入巨资进行大规模的技术引进和改造。先后从美国、德国、意大利、法国、日本、加拿大等国引进了先进的专用设备和造机关键设备，引进了具有国际先进水平的印刷机械、计算机辅助设计系统、在线质量检测等设备。自主研制了多种印钞专用设备，大大地提高了印钞造币的设计和制造的装备水平。

总公司非常重视对人才的引进、培养和使用。经常选派技术专家、高级管理人才出国培训和交流；注重对青年人才的培养和使用；实行带薪学习制度。经过各种形式的培训和锻炼，造就了一支德才兼备、具有战略眼光、富有开拓能力的企业领导人员队伍，一支专业精深、富有创新能力的技术开发队伍，一支技术精湛、经验丰富的技师和高级技工队伍。

面向新世纪，未来的中国印钞造币总公司将是技术现代化、管理科学化、经营国际化的一流企业集团。铸造印制企业新的辉煌，赢得新世纪的光荣与梦想。

与时俱进,大胆创新,为实现公司跨越发展而奋斗

铁科工程有限责任公司董事长 王 巍

铁科工程有限责任公司是由中铁三局集团有限公司、铁道部第一勘测设计院、铁道部科学研究院、铁道部第三工程局第一工程处职工持股协会和兰州铁一院工程经济咨询公司共同出资组建的,以建筑工程施工为主,同时兼有勘测设计、科学研究、工程监理、技术咨询等功能的国家一级施工企业。

公司具有辉煌的历史。在施工方面,先后参加过30条国家铁路新(复)线,287项国家和地方重点工程及12项国外项目的建设,其中有15项获国家和省(部)级优质工程奖。在设计方面,共计完成铁道部建设项目及其配套工程和国家、地方重点工程项目的勘测设计200多项,并有54项获国家和省(部)级优秀工程项目勘察、优秀工程设计、优秀软件及科学进步奖。在科研方面,主要负责了全路重大课题的科技攻关,科学试验,作业标准编制;研制了轨道检查车、高速铁路桥盆式支座、减震型无碴轨道和各类提速、高速道岔等产品;共取得国家和省(部)级科研成果百余项。

2001年是公司全面实施"二次创业"的重要一年,也是公司提高效益,强化管理,推动两个文明建设共同进步,各项工作全面推进,施工生产取得大发展,经营工作获得大突破的一年,全面超额完成了年度各项经济目标。

坚定不移地贯彻大经营战略 经营效果历史最好

2001年,公司充分发挥自身优势,努力拓宽经营渠道,全面出击,重点追踪,经营工作始终保持着良好的发展态势。截至12月底,承揽工程任务7.81亿元,为公司年度经营目标的195.36%。其中:自揽工程任务3.6084亿元,为集团公司下达计划的100.23%。具体做法是:

领导高度重视,始终把经营工作放在首要位置 在经营工作中,公司主要领导亲自挂帅出征,追踪工程信息,开展经营公关。如:中标的重庆轻轨项目、武汉绕城公路项目、山东威海项目、青藏铁路项目等,董事长、总经理及主抓经营工作的领导等都亲自上阵,临场指挥,保证了经营决策的及时性、权威性,收到了事半功倍的效果。由于领导在经营工作中以身作则,冲锋在前,影响和带动了公司员工的经营积极性,形成了人人为经营出力,个个为经营献策的好局面。

以现场保市场,加大区域经营力度,实现滚动发展 公司依托渝怀铁路工程,承揽到了重庆轻轨工程,依托山西长邯、侯运工程,承揽到了长治辛安引水工程,依托吉林绕城公路工程,承揽了吉林蛟河公路工程。实现了干一项工程,树一块丰碑,交一方朋友,占一方市场的总体经营构想,做到了区域经营的良性循环。

联合经营,互利合作,提升企业竞争能力 公司选择一些有实力的企业共同开发市场,进行联合经营。如:与总公司合作,成功承揽了武汉绕城公路工程,与四川广大集团合作,中标了重庆轻轨工程等等。通过合作,丰富了公司的业绩,锻炼了队伍,创出了品牌,赢得了效益,为公司开辟和站稳新的经营市场奠定了基础。

树立新观念,探索新途径,坚定不移地开展多元化经营 进入新世纪,铁路招投标体制改革不断深化,公司面临的经营形势更加严峻。为此,在2001年经营工作中,始终坚持路内路外工程并举,铁路、公路、市政、水利全面出击,隧道、桥梁、路基工程处处开花的经营战略,全年共计承揽任务11项,其中

铁路3项,市政3项,公路5项,基本摆脱了单一依靠铁路工程产品的市场风险,为公司全面均衡健康发展创造了条件。

不断加强经营队伍建设 把一些责任心强、懂经营的同志充实到经营工作岗位上,经营队伍整体素质明显提高。截至12月底,共计编制标书59项,中标11项,中标率18.64%;编制资格预审文件75个,通过60个,通过率80%,为保证经营工作的顺利进行做出了贡献。

科学组织,合理安排 施工生产稳步推进

2001年,公司施工生产面临的形势是:生产管理跨度大,重点工程多,工期紧,“新”、“难”、“险”工程比重较大,竣工交付项目多。为此,公司上下紧紧围绕施工生产目标,以“安全保工期,优质创信誉,管理求效益,全面争第一”为指导思想,坚持“快速、有序、安全、优质”的施工原则,精心组织,科学管理,全年共完成施工产值3.55亿元,占年度目标3.5亿元的101.43%,超额完成了计划目标。

重庆轻轨项目“新” 重庆轻轨项目是公司打入西南地区城市市政工程建设的“窗口”工程。技术含量高,施工难度大,特别是大跨度、高精度的PC梁等施工难题在公司建设史上前所未遇。为了干好这一工程,公司组成了强有力的领导机构和技术攻关小组,并聘请了铁科院桥梁专家兼任总工程师。同时,集团公司领导也非常重视,多次深入现场开展调研,鉴于该项目所具有的特点,集团公司已将重庆轻轨工程列为科技攻关项目。目前,重庆轻轨工程施工方案已定,施工生产正在紧张有序地进行。该项目的建设,必将为公司乃至集团公司开创并积累新的工法,填补诸多施工技术空白。

青藏铁路项目“难” 青藏铁路是世界上海拔最高的铁路,公司承建的一期工程八标段CK1208+500—CK1231+100段,平均海拔4 650m,位于长江源头沱沱河畔,穿越可可西里无人区,全段为冻土施工,高寒缺氧,空气稀薄,生产生活条件极其恶劣,公司施工能力面临严峻考验,参战员工面临前所未有的极限挑战。公司青藏员工发扬敢打必胜精神,挑战自我,战胜自我,快速行动,分秒必争,以科技引路,突破传统的施工方法,于2001年11月10日在青藏铁路格拉段三个试验段工程中率先完工,并顺利通过铁道部青藏总指、青藏总指监理部、局指挥部的检查验收,其中路基工程被评为青藏铁路全线样板工程,整体工程质量受到各级领导的肯定和赞誉,为2002年全线开工打下了良好的基础。

渝怀铁路项目“险” 渝怀铁路黄家湾隧道长3 162m,地质条件复杂,施工环境恶劣,是一条集断层、涌水、瓦斯、破碎围岩于一体的并对施工人员安全构成极大威胁的长大隧道。御临河大桥,是公司铁路桥施工历史上难度较大的一座深水桥,御临河雨季水深15米,枯水期水深5米,水流湍急,施工条件险恶异常。针对上述情况,渝怀经理部加强安全管理,强化员工安全生产意识,制定科学合理、切实可行的安全施工方案,配备技术先进、稳定可靠的安全防护设施,确保安全生产。目前,黄家湾隧道双口掘进月月超百米,累计成峒1 200米。御临河大桥水中墩采取筑岛围堰施工方法,主体工程已完成过半,未发生任何安全事故,受到上级领导的肯定和称赞。

真抓实干,固本强基, 内部管理有效加强

随着市场竞争的不断加剧,强化内部管理,提高工作效率日趋重要。公司狠抓管理不放松,向管理要效率、挖潜力,取得了良好效果。

工程项目管理进一步加强 继续大力推行公司《工程项目承包办法》,加强项目承包监督、检查力度,维护承包办法的严肃性,激发了承包方的积极性,促进了广大员工创造性地开展工作,工程项目管理水平进一步提高。

财务管理卓有成效 财务工作紧紧围绕经济效益中心,以资金管理为重点,层层抓好成本控制,全面加强成本核算,全方位多角度开展堵漏、挖潜、增效工作,取得了良好成绩。一是严把资金运作关,确保公司生产经营资金到位,杜绝不合理开支,提高资金使用效益;二是严把经济效益核算关,坚持效益管理全过程控制;三是严把资金清欠关,把债权清理工作放在财务管理的重要位置,回收欠款501万元。

质量体系持续有效 贯彻 ISO9002 质量体系标准,从资源配置、质量策划、过程控制、回访服务,严格执行"程序"规定,提高公司管理水平,质量管理工作迈上了新台阶。

2002 年,是我国加入 WTO 后全面应对经济全球化严峻挑战的第一年,也是铁科公司为实现"二次创业"目标,谋求跨越发展的关键一年。公司确定了"注册北京,谋求公司位置理想化;组建联盟,推动经营开发多元化;大胆创新,适应市场竞争国际化;抓住机遇,实现资本积累最大化"的近期发展战略目标。公司将恪守"以诚取信、以信谋合、以合示质、以质求胜"的经营理念,继续保持优势,发挥专长,为客户和社会提供更加优质的服务。员工们深信,铁科工程有限责任公司必将拥有美好的未来。

开创线桥历史新纪元

韩志强

中铁三局线桥工程处,是国家铁路施工资质一级企业,省级先进企业,国家二级企业,2000 年 11 月通过了 ISO9002 标准质量体系认证、ISO9002 国际标准质量体系认证。现有职工 1 529 人,有各类专业技术职称的技术人员 325 人,其中高级工程师 10 人,中级职称 108 人,初级职称 207 人。职工队伍技术等级:初级 84 人,中级 884 人,高级 138 人。拥有固定资产原值 3 151 万元,净值 2 553 万元,注册资金 2 487 万元,各类施工机械设备 175 台,动力装备率 9.50 千瓦/人,技术装备率 7.26 万元/人。

线桥处是一个具有很强施工能力的企业。它所拥有的职工队伍,是一支以新线铁路铺轨架桥为主的专业施工队伍,具有 3 条铁路线同时铺架的施工能力,年产值达 4 亿元以上。在激烈的建筑市场竞争中,能独立承建铁路综合性工程及工业民用建筑、公路、机场、港口、市政等大中型建设项目,全员劳动生产率达到 35 万元以上。曾先后参加过宝成、兰青、长林、邯长、新荷、京秦、哈尔滨枢纽、商阜、济南北环、集通、北京枢纽、侯月、神朔、京九、新长、邯济等 20 多条国家重点铁路建设以及国际援建工程。40 多年来累计铺轨 4 801.8 公里,架梁 9 323.5 孔。创造 6 项全国铺架纪录,即单机日铺轨 6.1 公里、日架 16 米梁 11 孔、日架 24 米梁 10 孔、日架 32 米梁 8 孔、日铺隧道轨枕板 1.75 公里、日生产轨节 4.2 公里。目前,在建工程 14 项,其中转年工程 9 项,即秦沈线铺轨、西南线铺架、株六复线铺架、阳阳线铺架、朔黄线铺架、荷日复线架梁、荷日复线下部、新长线下部、三灵公路架梁;新开工项目 5 项,即洛湛线邵永段铺架、洛湛线益娄段铺架、长荆线架梁、南京九铺架、北京轻轨。

线桥处是一个具有光荣传统,曾创造过辉煌成绩的企业。其前身是抗美援朝工程总队一大队,1951 年 2 月赴朝,在朝鲜战场上,参加过著名的临津江、清川江大桥抢修,先后荣立过一、二、三等功。1953 年 11 月回国后,参加宝成铁路建设。1955 年 5 月 1 日宝成铁路铺轨,组建为铺轨大队,后改为铺架段、线桥工程总队、线桥工程处。历经 40 多年的南征北战,经受 40 多年血与火的考验,线桥人为共和国的大动脉做出了卓越贡献,同时也在共和国铁路建设史上写进了辉煌的一笔。多年来,共荣获省部级和国家级优质工程奖 11 项。如:亚洲第一、世界第二的邯长铁路浊漳河斜腿刚构桥,获部优甲级、国家银质奖;京秦铁路获部优质工程甲级奖章;新荷铁路工程获部优质工程一等奖章;大秦铁路工程获部大秦铁路建设办公室颁发的创优样板工程奖牌;侯月线盘西河左、右线特大桥荣获部 1998 年度优质工程一等奖;西南线李湾大桥获西南总指"优质样板工程"奖。线桥处 1984 年被铁道部评为社会主义精神文明建设先进单位和全国铁路安全先进单位,连续 9 年荣获廊坊市"文明单位标兵"称号。

2001 年,全处上下坚持贯彻"面向市场,调整战略，集团协作，层级经营，拓展领域，滚动发展”的指导思想，不断更新经营观念，调整经营战略，完善经营策略，激活经营机制，把握各种机遇，紧盯路内路外两个市场，使经营工作取得了丰硕的成果。全年跟踪信息12项，中标6项，总价值37 593万元，其中自揽工程4项，价值12 118万元，为集团公司下达计划8 000万元的151.5%；配合集团公司承揽工程2项，价值约25 475万元。至2001年10月25日，完成施工产值2.47亿元，占年度计划的103%，从而提前67天完成产值目标。全年完成施工产值3.7亿元，占年度计划2.4亿元的154.2%；完成铺轨222.8公里，铁路架梁421孔，公路架梁177片，铺设道岔78组，谱写了“十五”开局之年的新篇章。各施工线点按照处的统一部署，科学组织，合理运作，抓重点关键，保节点工期；抓收尾配套，保竣工投产；抓全面开工，保产值目标，确保了各项工程的全面突破。

线桥处是一个具有进取精神并始终保持旺盛生命力的企业。线桥人并不满足历史上曾拥有过的光荣与辉煌，而是立足于激烈的市场竞争现实上，放眼于企业生存与发展的未来，提出了“以一流的管理赢得顾客的信任，以优质的产品满足顾客的需求”的质量方针，并将“建一流企业，创出自己的优质品牌；赢得社会信誉，展示我们的服务风采”当作企业生存与发展的座右铭，不断拓展自己的生存空间，不断完善自己的管理机制，并不断鞭策自己、警省自己。在市场经济大潮中，保持一个凝聚力，班子团结，廉洁奉公，充满活力；发挥一个战斗力，充分发挥职工群众在企业改革和发展中的生力军作用；展示一个生命力，职工队伍整体素质好，机械设备完善，具有很强的竞争力。线桥处为自己定下的质量目标是：工程质量合格率100%，工程质量优良率：铁路工程90%，公路工程80%，市政房建30%，争创省部级、国家级优质工程。

目前，线桥处正以稳健的步伐，扎实的工作和良好的心态，向着建立现代企业制度迈进。

（作者系中铁三局线桥工程处处长）

在改革与创新中发展辽宁电影事业

为了积极应对中国加入WTO后的形势与挑战，建立适应社会主义市场经济的运行机制、管理机制和创新机制，构筑新的文化理念和价值观念，辽宁省电影公司解放思想、振奋精神、开拓创新、与时俱进，不断深化全省电影行业改革，努力发展全省电影事业，取得了两个效益的双丰收，在全国同行业中居领先地位，开创了电影工作新局面。

深化改革，不断推动理论创新、机制创新和管理创新 自90年代末以来，公司对全省电影发行行业实施发行体制和经营机制的一系列改革，完成了以资本为纽带的具有实质性、规模性的重组。公司在全国电影市场大幅度滑坡、萎缩的严峻形势下，保持了市场稳定、人心稳定，发行收入在全国同行业中名列前茅。

电影事业发展的重点在放映，发展的基础在市场。加入WTO后，要求我国电影发行放映行业必须同国际惯例接轨，而发行放映机制改革的核心和重点是推行院线制，其经营管理模式类似目前的“连锁店”。为了深入贯彻落实广电总局126号文件和全国深圳会议精神，公司再上新台阶，向“院线制”大步迈进，2001年4月19日，组建了我国电影业第一家院线制公司——辽宁北方电影院线股份有限公司。新的股份公司通过对辽宁、吉林、黑龙江三省放映实体进行资源整合，组成了“北方院线”，经营运作东北三省电影市场。通过一年来的经营运作，促进了电影发行放映行业的规模化、规范化，促进了原有的发行与放映紧密化、一体化，改变了按行政区域发行的计划经济时期的传统模式，建立了有利于优秀国产影片发行放映、占领市场的有效机制，形成了多方共赢的良好局面。2001年电影票房收入比2000年同期上升12.1%，全年发行收入比2000年同期上升11.1%。

拓展电影相关领域，向制片业发展 如何在发展电影主业的同时,不等不靠,拓展相关文化产业,将自身实力做大做强,是公司领导班子着重考虑的大问题。在抓好电影发行主业的前提下,公司适时调整经营理念和经营思路,拓展电影相关领域,向电影业价值链的上游——制片业挺进,扩大产业增值,提高竞争力。公司在电影创作上勇于探索,积极实践,与北京电影制片厂、长春电影制片厂、内蒙古电影制片厂等合作,先后拍摄了《人鬼之战》、《等你回来》、《再见,我们的1948》等6部故事影片,并取得了显著的社会效益和可观的经济效益。其中影片《再见,我们的1948》荣获2000年度国家电影"华表奖"提名奖。

为了探索新时期农村电影工作的新途径,在省委、省政府及文化行政主管部门的大力支持下,公司组建了农村电影放映大篷车,为农村广大群众巡回放映35毫米中外影片和科教影片,2001年放映科教片633场。解决了农民群众长期"在室外看、站着看、看16毫米小电影"的老大难问题;改善了农民群众的观映环境和观映方式,引导农民树立正确的文化消费观念;丰富了农村文化生活,为辽宁省社会主义精神文明建设做出了贡献。

加快文化产业发展的力度 公司在搞好电影业的同时,积极经营运作其它文化产业,投资兴建了建筑面积达两万平方米的银都大厦。经过5年的经营,总结归纳出一套规范化、科学化、程序化的物业管理经营模式,并实施信息软件操作系统,全面提升银都大厦的竞争优势和品牌理念,该大厦每年出租写字间收入达500多万元,是公司又一个举足轻重的经济增长点。

加入WTO后,大批国际资本将涌入电影放映业,城市影院更新改造和建立多种新形式影院的力度将随之升温,新一轮城市影院的激烈竞争即将到来。居安思危,未雨绸缪,公司积极抓住这个机遇,果断决策建立和发展自己的影院。2001年上半年投资500万元改造影院,使拥有11个电影厅的星辰梦幻影都成为沈城太原街繁华经济商业中心的一大亮点,成为辽宁省首家银幕数最多的电影院群体。2001年下半年公司又投资350万元,与沈阳银泰百货公司合作,在沈阳市皇姑区兴建了拥有4个豪华电影厅的银泰影城,使之成为东北三省同行业中在繁华商业区首家建立的现代影城,实现了影企与商企"联姻"的完美组合。目前,公司已经拥有15块银幕,设备设施亦与国外先进影院相媲美。

凭借独树一帜的经营管理模式——"电影超市",激活了电影市场,形成公司新的经济增长点。公司已发展成为集电影制作、发行、放映于一体,形成写字楼物业管理、广告、音像、影视器材、中西餐厅、文化娱乐等多元化经营,跨行业、跨区域的大型文化产业公司。

公司将进一步解放思想,转变观念,坚持以发展为主题,以改革为动力,不断调整和完善企业经营结构,建立具有法人治理结构的股份公司制企业。公司将不断增强企业核心竞争力和影响力,以资本为纽带,实行资产重组和资本运营,按照现代企业制度经营运作电影企业,并努力扩大电影市场份额。同时,不断拓展相关文化产业,保持公司持续、稳定、健康发展,不断开拓电影工作的新局面。

创新企业文化,提升港口综合竞争力

京唐港位于中国渤海湾北岸,河北省唐山市。京唐港1989年8月正式动工兴建。十多年来,围绕带动腹地经济发展,加快唐山生产力布局向沿海推进,促进唐山"以港兴市"和"外向带动"战略的实施,以建设我国北方区域性物流中心和河北经贸航运中心为目标,港口建设日新月异,功能不断完善,综合通过能力日益提高。至2001年底,已正式迈入国家千万吨大港行列,成为我国北方地区重要的进出口贸易港口。

京唐港的快速发展是多种因素共同促进的结果,坚持不懈地加强企业文化建设就是一个重要的因素,为企业发展注入了新的生机和活力。京唐港务局的管理者认为，企业中存在文化，文化中蕴涵着力量。现代企业竞争的重点，已经从产品的竞争上升为文化力的竞争。培育有特色的企业文化和加强文化力建设，是企业生存发展的关键。因此，他们坚持两个文明一起抓，把企业文化建设与解决企业改革和发展的实际问题结合起来，与建设社会主义精神文明结合起来，有效提升了港口的综合竞争力。

将企业文化建设寓于企业管理的全过程，提高企业管理的文化内涵

优秀的企业靠优秀的管理来造就，而优秀的管理必须依靠有特色的管理方式和技巧才能实现。因此，如何发挥员工创造性、积极性、主动性，如何发挥员工的主人翁作用，塑造共同的理想、信念和价值观，努力创造尊重人、理解人、关心人、成就人的优良人文环境，是企业文化建设的重要内容。

京唐港坚持“以人为本”的管理思想，把先进的文化观念融汇于企业的经营管理之中，突出人的地位和作用，增大文化管理含量。把企业文化创新为 种制度文化，用优秀企业文化指导制度的建立，变成企业员工自觉的行为规范，真正达到了管理创新。在企业内部建立起了良好的环境机制，形成了民主管理、团结协作的团队精神。一是注重对职工进行企业文化建设的宣传教育，在企业内部通过各种宣传教育形式和舆论工具大力宣传企业的价值观念，职工行为和道德准则，营造浓厚的舆论环境和氛围，使广大员工对企业文化有正确的认识和深刻的理解。二是注重典型启迪。为使员工体验到无形的企业文化，他们每年都要开展大范围的评先创优活动，同时组织职工爱岗敬业演讲报告团，深入各基层单位广泛宣传方方面面的典型人物和事例启迪广大员工，使他们确信企业文化的存在不是空泛的。三是注重感情投资，建立公平和信任。让员工在各项管理中体会到企业管理的公平性，从而更加信任每一项管理措施对大家都是一视同仁的。当职工遇到困难时，企业伸出援助之手。富有中国传统文化特色的管理使职工深深地体会到企业大家庭的温暖，从而更加安心本职工作，以港为家，争做贡献。

塑造企业形象，增强活力和竞争力

塑造良好的企业形象，有助于提高企业的知名度和美誉度，增强企业的活力和竞争力。京唐港管理层提出，要面向市场，就要首先改变思想观念、企业面貌和行为准则。在这一精神的指导下，京唐港以企业的总体形象设计为总纲，以全面质量管理为核心，以服务形象管理为基础，以员工形象管理为龙头，通过强化企业的内在素质和规范企业的外在表现，大力加强企业形象建设，对内增强职工的凝聚力、自豪感和责任心，对外展现综合服务水准、融合国际潮流和京唐港文化特点的企业精神及崇高的事业追求，全面提升企业的社会形象和市场形象，最终达到了提高企业竞争能力的目的。

一方面确定了以企业中英文名称、独具特色港口标志为代表的视觉识别系统，通过初步推广，京唐港以崭新的形象出现在社会公众面前，获得良好的社会认知，同时，在全局职工中培养起企业认同感。另一方面确立科学的行为识别体系，对内规范全体员工的行为，提高效率，对外展示京唐港作为大港的行为风采。他们在以往的基础上，通过补充和完善，对多年来形成的各类规章制度进行了科学论证和逻辑组织，编写出京唐港《制度汇编》。该汇编从可操作性到系统性等方面一改过去的相互交叉、落实难度大、措辞不够严谨等弊病，真正形成了一套较为完善的行为规范体系。《制度汇编》的实施，使全体员工感到“有法可依”，也做到了“违法必究”，更加明确的岗位职责，大大提高了工作效率。同时按照美的规律营造优美环境，使企业的性质与外观形象和谐统一，使企业和环境之美形成一种巨大的魅力吸引企业员工、社会公众和顾客。1998 年以来，京唐港投入资金近 1 000 万元改善港区环境，实施绿化、美化、亮化工程，建设高标准园林式港口。目前，全港已是绿树掩映、百花竞开。

创新服务机制，以充满文化内涵的服务抢占市场先机

消费者的需要大致分为三个阶段：第一阶段是“量的满足”，第二阶段是“质的满足”，第三阶段则是

“情感的满足”。在新的形势下,企业必须从各方面为客户提供完美周到的服务,最大限度地满足客户的需要。

京唐港是一个新建的港口,从运营初期就面临着非常激烈的市场竞争。为了在十分严峻的市场竞争中站住脚跟,京唐港在不断完善港口硬件设施条件的同时,下大力气改善服务,提高服务的质量和水平,靠胜人一筹的优质服务赢得客户的信任和支持。

京唐港服务文化的本质和基本实现方式,就在于亲情和责任。他们提出“客户满意是京唐港人的最高服务标准”的服务宗旨,以客户满意作为服务文化的最终目标。同时提出“让客户的利益在京唐港实现”的服务口号,使每一位到京唐港的客户都获得物超所值的服务。针对客户需求从物质转向精神的发展趋势,由研究消费需求的美学性、知识性、心理性等文化因素入手,努力探索有效的经营管理途径,使客户的需求得到充分的满足,从而将客户满意提高到一个更高的水平。1999年,京唐港在全国港口行业率先推出货物运输全程“一条龙”服务方式。对到京唐港运输的货物从生产地出厂、集港运输一直到装船、费用结算、到对方港卸货全程负责,减少客户的工作负担,为客户创造出超值的服务,深受客户的欢迎。当年在全国海运市场受亚洲金融危机影响非常不景气的条件下,京唐港却一枝独秀,运量非但没有下滑,而且继续保持了25%以上的增长速度,同期增幅排名全国第一位。

京唐港大力倡导亲情服务文化,将客户百分之百的满意视为京唐港人应尽的责任,将服务信誉视为京唐港的生命。每年京唐港都要召开大范围的货主座谈会、恳谈会、联谊会,沟通感情、密切关系。同时,对来京唐港办事或联系业务的客户,都视为京唐港的朋友,无论业务谈成与否,不分大小客户,都一视同仁,给予热情接待。对客户遇到的困难,京唐港总是像自家的事情一样,周到热情地给予帮助。京唐港推出优质服务15项公开承诺,对主要货种的装卸质量和效率提出明确规定,杜绝吃拿卡要,野蛮装卸,并实行24小时作业。为方便客户监督,京唐港指定专门机构负责办理客户投诉,向全社会公布了监督和举报电话。对客户提出的问题,24小时内给予满意的答复。通过实施顾客满意战略,完善了服务质量保证体系,使京唐港的服务水平始终保持在领先的地位。

21世纪的经济赛局归根结蒂是文化力的较量,京唐港从企业文化建设入手,形成了一种以海洋文明特征为背景的、独特的海港文化力量,有效地促进了港口综合竞争力的提升以及港口的发展。随着企业文化建设的深入和完善,京唐港必将成为连通世界经济文化的桥梁,必将成为展示中国经济社会建设成果的重要窗口之一。

(京唐港务局办公室　安祥光、刘树叁)

中国加入WTO对京唐港的影响及应对措施

京唐港务局局长　刘卫民

中国加入WTO,标志着中国向世界的更大开放,京唐港作为河北省最大的地方港口和唐山市对外开放的龙头,理当大有作为,发挥更加突出的作用。因此,学习和了解世贸组织的有关知识和规则,正确分析我们的优势和劣势,抓住机遇,迎接挑战,采取措施,发展自己,对于京唐港来说是十分重要和迫切的任务。

中国加入WTO以后,京唐港的功能将得到更充分的表达并且向全方位增值服务的方向发展,成为商品流、资金流、技术流、信息流与人才流汇聚的中心。中国港口包括京唐港已经处于国际经济贸易一体化和对外开放的最前沿。同时,京唐港也获得了良好的发展机遇。首先,中国加入WTO将使京唐港外贸货物吞吐量有较大的增长;第二、有利于推动京唐港实施码头结构和功能的调整;第三、有利于改善京唐港港口环境,提高京唐港整体形象;第四、有利于吸纳港口建设资金,加快京唐港的发展;第五、有利于京唐港引进先进经营理念,提高管理水平。

密切港城关系,建设唐山港口城市 港口的发展需求,归根到底是在依托城市的外向型经济的发展状态和实际需要所产生的,所在城市的国际贸易、国际金融、国际管理服务、国际旅游等业务的发展和扩张,将会在人流、物流、信息流的流量和流速方面对港口提出不断扩大的需求。港口的发展要依托城市的条件,城市的繁荣要依托港口的发展,这一规律已被港城发展的历史所证实。京唐港与唐山市所要达到的目标是一致的,共同的利益趋动将使港口与城市的关系更加密切。仅仅孤立地考虑港口的发展或者城市的发展,就达不到"港以城兴,城以港荣",就不能互相促进、共同发展。京唐港要把更好地为城市经济和对外贸易发展服务作为自己的市场定位,当好唐山对外开放以及外向型经济发展的龙头。

坚持高起点和跳跃式的发展思路,加快京唐港的发展速度 京唐港之所以发展较快,一个重要的经验就是选择了高起点和跳跃式的发展思路。如果在决策当初,仅仅考虑唐山市一时一地的需要,以5 000吨泊位起步,那么很可能已经被世界航运船舶大型化、港口深水化的发展趋势所淘汰。按照高起点和跳跃式的发展思路,京唐港的发展战略:

要以运营生产为中心,积极扩大港口运量 1999年,在一号港池超负荷的运转情况下,京唐港已实现吞吐量651万吨,此后继续改善港口设施,完善港口功能,同时加快二号港池建设速度,到2001年全港吞吐量已突破1 000万吨,进入国家沿海大港的行列。

加快曹妃甸港区的前期准备工作,争取尽早开工建设。并与周边港口形成以大型深水港为核心枢纽的组合港 曹妃甸自然水深负25~30米,经专家实地考察的研究部门的科学论证,确认该港区是整个渤海湾中唯一不需开挖航道和港池,就可建设20万吨级以上深水泊位的优良港址。当前为适应国际经济贸易发展的需要,世界范围的港口都在急剧扩张,影响港口发展的最重要问题不是规模问题,而是能否接卸最新一代船舶和有无能力应付未来增长以及是否具有战略性的地理位置等。从这一发展趋势来说,建设曹妃甸港区正当其时:一是20万吨级以上泊位可以满足我国发展国际经济贸易的需要;二是它的地理位置又处于京津唐这一我国北方经济中心区域之中,是环渤海其它港口所不能替代的。加上我国北方特别是京津唐这一集装箱货源富集地区由于没有大型深水泊位,每年至少有100TEU需要国外中转,每个标箱的中转费用平均150美金。可见,加快建设曹妃甸港区还有着巨大的经济效益和社会效益,要采取各种优惠政策和有力措施来吸引钢铁、石化等大企业特别是北京、天津来共同开发曹妃甸港区,进而使京唐港与周边港口形成合理分工、有机协调、突出曹妃甸港区核心枢纽的组合港。

按照省政府把京唐港建成河北经贸航运中心的要求,把京唐港建设成为集国际贸易、仓储加工、临港工业、商贸旅游为一体的综合性、多功能、现代化国际港口 为实现上述战略目标,在战术上要以港口设施整体装备现代化为起点,做到软件、硬件同步建设;要以港口功能实现大流通、大服务为起点,做到单一功能向现代物流功能和综合服务功能的转变;要以港口结构向现代化港口发展的大趋势为起点,实现从散装、低速、粗放型向集装箱化、高效化、集约型的转变。

深化改革、调整机制,加快建立现代企业制度 要建立现代企业制度,就要全面落实"产权清晰,权责明确、政企分开、管理科学"的要求。京唐港的当务之急是要解决政企分开的问题,将港口的政、企职能分离,重新构建国家与企业在产权关系上的责任和权力,使政府与企业能够各司其职、各负其责。一是组建港务管理局,专职港务行政;二是成立港埠股份有限责任公司,建立新的港口经营机制,增强京唐港在国内外市场中的竞争能力。

更新经营观念,强化科学管理,努力开拓和创造市场 在全球经济一体化的浪潮中,改变旧的经营理念,树立以满足顾客要求为主体、以高质量的运输服务为顾客创造价值的企业经营理念,是港口企业的必由之路。只有迅速改变传统的"生产经营"理念,确立以"服务为核心"的企业发展战略,特别是用知识经济的内涵去扩充"运输服务"的领域,用技术创新去提高"服务质量",才是港口企业实现战略发展的有效途径。

目前,港口发展的趋势是直接腹地明显减少,间接和交叉的腹地明显增加,要在有限的腹地范围内占有较大份额的货源,一定要努力开拓和创造市场。为此,一是要增强市场观念,掌握市场信息;二是要树企业形象,创品牌效应;三是要拓展新的市场,培育新的增长点。

随着全球经济一体化的发展,资源的利用、市场的竞争将没有国别,我们要利用京唐港的区位优势,积极参与国际竞争,探索出口转运、多式联运、仓储加工、灌包分装、批零销售等服务方式。在全球经济一体化的趋势下,联合是一个新的战略,通过联合使双方优势互补,实现资源的优化配置,在规模经营中共同收益。京唐港在过去的发展中,在全国首创了跨省市联合建港的经验,并取得了巨大的成功,在今后的市场竞争中,必然也要从联合建港发展为联合用港,不仅把京唐港做大,更要做强。比如港港联合、港航联合、港企联合、港铁联合、港路联合,京唐港在这些方面已有所尝试,取得了一定经验,今后还要进一步扩展联合的领域和方式。

重视人才开发,提高员工素质 京唐港要加快发展,除了转换企业经营机制,建立现代企业制度外,必须十分重视人才开发,培养高素质的企业员工。

要培养一批敢于挑战市场和善于经营的高素质的企业家 在一个企业里,企业家不是指总经理一个人,而是指能够拥有一个积极推进企业改革和发展的精英群体。要按干部四化的要求,通过公开选拔、竞争上岗的方式聘用优秀人才充实各级领导岗位,一方面让其在实践中积极探索,另一方面又通过各种培训途径丰富其知识结构,使其具备企业家的基本素质。

努力培养一大批管理干部、业务骨干、科技专家 使他们成为具有现代思维、创新精神、敬业精神的复合型专业人才,成为能够为客户解决各种实际问题的人,能够为客户提供其所期望得到的一揽子服务的人,这些人才的主要特点是专业化和在岗工作人员的“不可替代性”,可以充分保障港口运行机制的高效和优质。

要着力于提高全体员工的素质,这是企业成功的先决条件 我们要加强对职工教育的投入,紧密结合京唐港的实际,形成企业文化,塑造企业典型,树立企业精神,努力提高全体员工的思想素质。同时要强化职业道德教育和职业技能培训,努力提高员工的技术业务素质。重视人、培养人、提高人、武装人,以人为本,这是推动企业永远前进的根本动力。

建筑文化:指导企业发展的先进文化观

北京城建一建设工程有限公司总经理 史喜亭

随着社会主义市场经济的逐步深入,新世纪建筑企业的竞争将更加残酷和激烈,同时全球经济文化一体化发展浪潮还将带来国外建筑企业对国内建筑市场的冲击。企业要想在竞争中掌握主动,不断扩大市场占有率,应逐步更新和完善经营理念,把日常生产经营管理等各项工作上升到理性的高度,用发展的眼光去分析,适应已经到来的制度创新、管理创新、科技进步和人力资源开发为基础的“文化力”的较量。

建设现代建筑文化具有重要意义

真正意义上的中国现代建筑事业都是随着改革开放的进程而发展和进步的,建筑业的发展同时也要受社会大环境的影响和制约,从计划经济到市场经济的转型,无疑需要对市场机制、社会道德观念、行为规范等进行重组和完善,其发展观需要从多层次、多角度予以重新确立。建筑业经历了从小到大、从粗放管理到集约管理、从传统工艺技术到新技术新工艺施工现代化的重大转变,极大地增强了发展能力和综合竞争力。但是,其发展思想、道德文化观念、行为规范、管理制度、运行机制等也必须经受社会主义市场经济体制的检阅。应该深刻地认识到,建筑业的价值观念和思维方式必须立足于有中国特色的社会主义市场经济的大环境,随着经济文化一体化发展、科学技术的日益进步以及有序的市场竞争机制的确立,不断改变计划经济体制不相适应的思维模式、发展思想和工作方式。这,就需要对现代建筑文化进行研究,就需要把建设建筑文化提上工作日程。

建筑文化不仅仅是指现代建筑企业管理、建筑活动的表象,而是通过对深层因素的把握和运用、调节和完善来发挥其独特的功效,力求树立一种建筑领域正确的发展思维模式、崇高的价值观念以及有利于公平有序竞争的方法和观念,来更为有效地指导企业或整个业界的发展。建设现代建筑文化对塑造建筑企业的形象,提高管理水平和增强综合竞争力具有积极的意义。从表象上来说,建筑活动仅仅是一种经济行为,从深层次来说,它确是一种文化行为。从我国建筑业的实践活动来看,一定的文化传统、价值观、道德观在很大程度上影响着经营管理者的思维方式和行为方式,并支配着企业的管理运行机制,乃至影响到整个建筑市场公平竞争机制的形成。市场竞争的内核是文化,载体是人。企业经营管理者和从业人员作为建筑活动的主体,其思维模式、发展战略思想、行为方式、价值观等都是建筑文化最具体、最生动的外观。从文化的角度去研究和发展建筑业,不仅会给建筑业带来生机和活力,也为社会公众认识、评价建筑业提供新的视角和方法。

建筑文化的基本内容

建筑文化可以定义为:贯穿于建筑活动中始终具有一定稳态的思维方式、行为方式、价值观等文化现象的总和。建筑文化同商业文化、金融文化等一样,有着属于自己的独立的属性。建筑文化对建筑活动中的某些现象进行理性化的概括,人作为建筑活动的主体,也是建筑文化研究的主要现象。应该说现代建筑文化理念来源于建筑活动的实践,当然,必将回到建筑活动实际中去指导和规范建筑活动,推动建筑活动的健康发展。

现代建筑文化可以分为以下几个方面的内容:

建筑管理文化 主要是指建筑管理活动中的一切文化现象。不同性质的建筑企业会表现出不同的管理文化,能直接体现企业管理制度的科学性以及管理人员的基本素质等。在新的世纪,科学和创新可以说是建筑管理文化的重要内容。例如:北京城建一公司推行的“末位淘汰”制度,就是在众多管理制度上的一种创新,如果管理人员在各种评测总排名中名次靠后,就有可能淘汰出管理队伍。“末位淘汰”制就集中反映出公司管理制度的科学性与合理性,同时形成了管理队伍爱岗、敬业,不断寻求上进的良好作风。

生产经营文化 指建筑企业生产经营活动中的所有文化现象。它包括生产经营活动中所有人员的行为规范、科学求实精神、社会道德意识、社会责任感等内容,由于建筑企业生产的是一种特殊的“商品”,要求要有严密的组织纪律、职责分明的岗位制度、科学求实的工作作风以及艰苦奋斗的团队精神,这些都是直接体现于生产经营文化中。1988年,北京城建一公司借鉴鲁布革项目管理经验,以改革施工管理体制为突破口,推行项目法施工,10多年来,形成了一套较为完善和成熟的生产项目管理方法,使企业受益无穷,也成为与同行业文化交流的主要内容之一。由此也可以看出,创新也是生产经营是否先进,是否符合时代要求的重要标志。

建筑市场文化 建筑市场有别于其他行业市场,所谓建筑市场文化主要是指建设投资主体与建筑行业共同构成领域的运行机制、竞争秩序等文化现象的总和,包括建设投资主体、建筑业从业人员及其它相关人员在特定社会环境下的价值观、道德观、行为方式、行为准则等影响、制约建筑市场运行机制和公平竞争秩序等方面的内容。良性的市场文化有助于净化市场竞争环境,减少或杜绝影响公平竞争的不良影响和不法行为,以建立健康有序的市场运行机制。

建筑商品文化 建筑作为一种特殊商品,同样具有商品的属性。建筑商品文化是建筑形象、使用功能、科技含量以及完善的服务机制等的集中体现。良好的商品文化意识和形象具有增强业主消费信心的功能,从某种意义上说,等于社会为企业颁发的一个“信用证”,使特殊商品的消费者对企业的建筑商品和服务有较强的信誉认同和质量认同,也有利于建筑市场的拓展。

建筑环境文化 建筑企业不仅应当承担以合格产品满足建设单位或居者的需求责任,作为整个社会的一个群体,还必须按照社会道德要求承担应尽义务,建筑单位必须做到施工场地与自然环境及社会的和谐。如:建筑垃圾的管理与倾倒、噪声控制、场地环境保护等问题。建设部较早时候发出的创建"文明工地"的号召,就是对建筑单位责任与义务的要求,这不仅可以规范建筑行为,对现代建筑文化建设也有极大的促进作用。北京城建一公司在建筑环境文化的建设上有许多成功经验,除了场地的规范管理外,注意了施工场地与周边环境的融合,并特别进行了统一的场地形象设计。在北京城建一公司的每一个场地,公众都可以看到统一的亮丽色彩、醒目的标识、整洁的环境,不仅体现出良好的环境文化意识,而且对树立企业形象也有较大的促进作用。

现代建筑文化内容极为广泛,贯穿于建筑活动始终,但是,任何文化都是通过人类的实践活动创造并通过人类体现出来的,现代建筑文化也不例外。现代建筑文化既强调人的思维模式,又强调人的活动(行为)方式、准则,还强调人的价值观念、道德观念等以及与建筑市场文化、建筑管理文化、建筑生产经营文化、建筑商品文化的相互关系等。

人的思维模式(人的主观因素)在对实践活动的作用中占据非常突出的地位,改革开放及市场经济体制的建立,必然引起社会的巨大变化,并对人的心理产生冲击,影响到人的思维和行为。人的思维模式主要着眼于人的思维活动的思路,人的思维方式对人的活动有重要影响,思维方式不同,人的行为方式会有所不同,其认识和行为的结果也会有所不同。随着中国改革开放格局的形成和发展,大部分建筑企业及相关部门都取得了较大的发展。但是,在此期间,这些单位或部门及其业主和从业人员,都会经受市场经济大潮的洗礼,尤其是在市场经济初期,人们对市场经济概念模糊,甚至未完全从计划经济的框架中解脱出来,各方面的不适应、不理解必然导致思维模式的混乱。有的积极顺应改革开放的历史潮流,更新观念、转变意识,大力调整企业的运行机制,确立新的发展目标,制定新的发展战略,使整个企业获得了很大的发展;有的企业及业主思想保守、改革开放意识淡漠,既不愿舍去计划经济体制带来的既得利益,又想得到市场经济的好处;既不愿对原有体制进行改革,又不愿制定适合新体制的发展战略,裹足不前,使整个企业陷入无生机、无活力、无发展的尴尬境地;有的企业虽然从计划经济体制的束缚中挣脱出来,但是对市场经济体制缺乏真正的了解或不愿遵从市场经济的普遍规律和基本特征,视道德、社会责任、法制、信义等于不顾,为所欲为,使企业逐渐步入歧途。这不但于企业发展不利,更严重的是危害人民利益,扰乱建筑市场正常的竞争秩序。

价值观念形成的基础是人的需求和利益,其实质是人们的需求和利益的内化,价值观念对人的行为具有重要的支配作用。不同的价值观念支撑不同的价值目标,并使人的行为具有相应比较明确的方向、倾向和重点,使人的行为方式具有一定的指向性。价值观念所含的价值标准、价值规范、价值尺度具有权衡利弊得失善恶美丑的作用,由此影响人的态度;价值观念对人自身的观念、行为和社会实践有重要调节作用。不同的价值观念会导致不同的行为方向、倾向、行为态度、行为方式。在社会主义市场经济建设初期,建筑业部分业主思维模式出现偏差,导致价值观念的紊乱,见利忘义,惟利是图,舍弃了一个建筑企业除最大限度获取利润以外的社会责任及义务,不但造成不良影响,甚至出现一些社会问题。在现实生活中,有很多鲜活的事例,人都受思维模式的支配,采取非正当手段或不按程序参与竞争。如:在投标过程中采取诸多有违公平竞争原则和社会道德及法制的不正当手段获取项目等,这不但扰乱了建筑市场的竞争机制,还助长了腐败行为,并为建筑活动埋下了人为的隐患;受价值观念的支配,在建筑活动中出现的不按图施工、偷工减料、偷梁换柱、以次充好等行为,虽然有可能满足了部分人的利益需求,但严重侵害了建设单位的利益。同时,该建筑投入使用后会出现不可预料的问题,近些年来,频繁见诸于报端和其它媒体的某地建筑物出现问题、某些建筑物倒塌等事件,大都与上述情况有相当关系。被朱镕基总理称为"豆腐渣工程"的就是最典型的代表。这也正是加强建筑文化建设的最好的注解。

随着社会主义市场经济的进一步发展,人们的思维模式、价值观念、道德意识等会进一步趋同,建筑市场一定会确立起健康有序的竞争机制,现代建筑文化也会得到完美的体现。

建筑文化的发展趋势

方卫平

在人类文明史中，除服装文化、饮食文化、茶文化、酒文化、农耕文化等外，建筑文化是一支重要的文化体系，它与人类的生存发展、进化息息相关。建筑文化记载了人类文明史的进程。

建筑价值与建筑文化问题

建筑的重要性在于建筑价值，建筑价值在于建筑的文化性、文化含量。

一幢建筑，一座城市、城镇、村庄有没有历史价值，历史生命力，关键要看它的文化艺术含量。如文化艺术在建筑上含量高，那么这个建筑作品及作者的历史价值就高，历史生命力千古流芳，因此先哲黑格尔对建筑的定论是："建筑是石头的史书"。雨果说："建筑是凝固的音乐。"可以说建筑是艺术，建筑是人类文化的纪念碑。国家建设部常务副部长为《建筑文化》一书题词为："建筑是人类文明的纪念碑。"由此可见，人们对建筑的认识与理解，建筑的研究价值、欣赏价值、使用价值主要体现在建筑的文化艺术价值上，因此规划者、施工者精心雕凿的建筑主旨乃在于建筑的文化艺术价值，这是人类创新文明的重要活动之一。

中国建筑文化目前存在的问题：

中国建筑的现状主要是模仿现代主义建筑，具有"简洁、实用、经济"的特点，而缺少美观、文化、艺术价值。现代建筑主要呈现出"正方形"、"长方形"、"盒子式"、"兵营式"造型。现代建筑的缺陷在于建筑造型单调、色彩单调、文化艺术含量低、无甚历史文化价值。这种现代主义建筑风格难以经得起历史的推敲与检验。要想改变中国的建筑造型与面貌，很值得我们当代建筑师、规划师、设计师们去努力探索。

建筑风格

风格是显示个性特色，使形式与内容结合的艺术现象或创作表现。

风格问题，实际上就是文化问题。它呈现出民族风格、地方风格、古典风格、现代风格、国际风格。建筑风格是特定时代、特定民族、特定地区的文化在建筑形式上的反映，它体现时代的风貌，记录了时代文明发展进程，形成该时代的建筑风格。

建筑造型、建筑风格总是体现、隐含象征着人类的某种哲学、思想、愿望在里面。

中西建筑风格文化象征思想

	中国	日本	伊斯兰	欧洲大陆	英国
手法	文人的	神僧的	穆斯林的	骑士的	绅士的
风格	浓缩自然	净化自然	抽象自然	改造自然	纯粹自然
意境	写意式	枯山水	天堂园	几何式	自然式
艺术观	浪漫主义	具体象征	抽象象征	古典主义	自然主义
哲学观	天人合一的生态思想	四大皆空	神秘主义	理性主义	经验主义

如哥特式教堂——鼓励个性发展，提倡出类拔萃的风格。中国园林有水、有山、小桥流水、假山和古树古亭，旨趣文化在"宁静致远"道易文化其中，西方水景以喷泉瀑布为主题运动不息，体现"生命在于运动，

运动就是一切”的观点。中国建筑以曲线为美,体现曲线精神,含蓄境界。西方建筑以平直为实,广场、门院围廊,平坦透明,一览无遗,人文坦胸露背以花海浪漫为美。

中国当代建筑风格也设计出了一些具有文化价值的建筑,有中国古典主义民族形式风格的建筑,如50年代的北京三里河“四部一会”办公建筑,友谊宾馆、重庆西南军政大礼堂、南京农院、沈阳东北工学院等。

中国民族风格建筑有(亦称新风格):如1959年迎国庆10周年兴建的十大工程建筑人民大会堂、革命历史博物馆、北京火车站、民族文化宫、农业展览馆、中国美术馆等,其平面多为中国传统文化的中轴、对称、构图谨严的布局,建筑造型力求庄重,建筑色彩突破古典传统限制,多采用米黄色为基调的外装修。它体现的是政治、经济文化结构,背景原则是依据“古为今用,洋为中用”的思想。另外还有优秀的建筑风格:如山东曲阜阙里宾舍、北京图书馆、拉萨饭店、新疆友谊宾馆、新疆人大办公楼、西安三唐工程、西安博物馆等,充分体现了民族风格与现代技术相结合的优秀设计,大大丰富了中国建筑文化。

中国现代民居风格建筑有:江南的粉壁素瓦,轻盈典型,如苏州园林、徽派建筑;西北生土平顶,敦厚凝重;北方的四合院溶儒家文化一院;安徽的砖石木三雕楼,将艺术刻进历史;福建赣南的围楼、圆楼,是古典防御与农耕文化的经典杰作;四川彝族的板房、傣族的干阑式竹楼等,它和中国的服饰文化、饮食文化一样,千姿多彩,美不胜收。在吸收民居风格丰富营养的基础上,中国建筑界又创作了一批具有地域民族特色的新建筑,有代表性的有:福建的武夷山庄、四川的九寨沟宾馆、北京的香山饭店、敦煌民航楼、西双版纳民航楼,造型独特,风格多元,民族地方特色浓郁。南京十里秦淮河街和苏州临街民居更加别具一格。中国民居建筑风格和宾馆建筑风格的古为今用、古今结合的创新风格,给中国建筑文化指明了探索方向。

建筑趋势

建筑作为一门艺术,它承载着记录着人类文明进化的符号,提倡“黄金分割律”比例设计,提倡性格设计,提倡风格设计。反对机械、呆板、绝对的现代主义风格,如前所述的“正方形”、“长方形”、“兵营式”、“仓库式”、“灰暗式”的沉闷建筑。

两千多年前,古罗马建筑家维特鲁威说:建筑有三个要素,即“适用、坚固、美观”。美观就是艺术性,艺术才能产生美感。两千多年来,这三个要素一直是房屋建筑必须遵循的原则,各国历代建筑师根据这一原则,从本国、本地区、本民族的地方风格出发,设计并丰富其建筑艺术。

建筑文化发展趋势:

一是提倡建筑风格多元化、民族化(主张提倡有色彩的有个性的坡屋顶式建筑)、区域化、个性化,印证了越是民族的越是世界的审美逻辑。

二是提倡建筑要有文化性 建筑要有文化含量、文化品位,从人类初期的简单御寒暑、避风雨的生存和实用功能上升到实用与艺术并存的境界,并创造出一种建筑文化、建筑文明。使人类从低级阶段的野蛮洞穴建筑进入现代社会具有文化艺术价值的文明建筑。

三是提倡建筑色彩 色彩具有强烈的情绪意义,冷色让人安宁肃静,暖色使人热情、活泼、兴奋。如绿、蓝、白使人有凉爽之感,红、橙、黄令人燥热。从重量感上来看:亮色轻淡,暗色沉重。从距离感上来看:暖色深色迫进,冷色浅色虚远,还有软硬感、时间感等。建筑师可以利用色彩语言赋予建筑以更美丽的空间与立面形象。

四是提倡建筑科技性 建筑除“实用、坚固、美观”功能外,还有一个未来性、前瞻性命题。通过提高建筑的科技含量,使之达到建筑前瞻性的目的。

智能建筑,即将建筑、装备、服务和经营4要素各自优化,相互联系,全面综合并达到最佳组合,获得高效率、高功能与高舒适性的建筑物。它必须具备三大系统:一是设备管理自动性系统,二是通讯自动化系统,三是办公自动化系统。此外还有防火防盗报警自动化系统、安全保卫自动化系统。智能建筑产生于上世纪末,1984年在美国哈特福德市诞生,随后在世界各地蓬勃发展,前景看好。它具备节能、效率高、效益高的特点。

五是提倡生态建筑 生态建筑是未来建筑一个发展方向。生态建筑吸取中国佛教、易经文化中的精华,吸取佛教哲学“善”的宇宙观,用“取自自然、顺其自然”的建筑学观体系营建建筑园境、意境，使中国传统建筑文化中“壶中天地”生态美哲学得以延续。生态建筑也是国民经济、环保建设可持续发展的一个重要组成部分。

世界建筑业正面临一场新的革命，这一革命以有益生态、有益健康(防污染)、节省能源、方便工作和生活为宗旨，对建筑业的设计、材料、结构等方面提出了新思路。生态建筑一般采用古今法、粘土砖法、综合设计法、屋顶、墙板、地面绿化法，都市森林法，沼气池生态循环法来设计生态建筑，使建筑生态平衡衔接好建筑与生命圈的平衡，为人类与社会经济可持续发展作出协调并进的贡献。

综上所述，建筑文化是建筑的灵魂，赋予建筑以灵魂，则这个建筑就具有很强的生命力和久远的历史文化价值，这就是我们子子孙孙的建筑师们、设计师们、决策者们的一道历史性的命题。

房地产业的一枝奇葩

——记湖南株洲协力房地产公司

株洲市协力房地产开发有限公司，是1995年成立的一家民营房产开发企业。他们经营的指导思想是：“立足株洲，服务市民，树立形象，壮大实力，为株洲城市建设发展做出贡献。”围绕这一经营思想，公司在董事长汤永乔先生带领下勇于创新，不断探索，走出一条民营企业的发展路子。

开拓创新，把公司做大、做出形象 近三年中，该公司在经营分配体制上，在人才选用制度上，在企业上规模，提升企业形象上，作出了一系列改革，取得了相当好的效果。公司采用“经营者有其股”的办法，激励员工的工作积极性，自觉为公司发展做贡献；舍得花高薪和企业感情投入，吸引了高、中级管理人才，确保了公司的发展需要。通过几年的艰辛努力，公司就完全走过了原始资本积累过程，并向集约、多元化经营模式迈进。公司现阶段有下设控股公司4个，净资产已达7 000余万元，拥有高级职称管理人才4人，中级技术人员25人，还有一批大学毕业生和素质较高的员工，可以说公司已向集团化经营道路迈出了关键的一步，其业绩位于株洲市同行业前茅，是“株洲市房地产开发十强企业”、“湖南省承诺销售放心房地产开发企业”，连年被评为株洲市“先进房地产开发企业”，并被中国企业家协会吸收为会员单位。

过好工程质量关，开发业务源源不断 质量是企业的生命。公司所承建的项目，大多数都被株洲市或省有关部门给予质量上的肯定，受到社会各界好评。协力公司目前已开发了新世界大厦、华联商业广场、醴陵银鹏花园等，近30万平方米的项目。2001年开发的“国税新村”，占地22亩，建筑面积2.5万平方米。株洲市建委及建工部门高度评价该工程“质量至上，管理严格，施工规范，责任制度落实”，是全市的样板典范工程。

为政府排难，改造旧城成效显著 株洲市城南旧城改造，对贯通株洲南大门，促进株洲市与株洲县二级经济发展有着十分重大的意义。但此工程任务艰巨，工程量大，招标困难。该公司毅然请缨，历尽千辛，花了近4年时间，投资1个多亿，先后拆除576户居民旧房和搬迁2家经营性公司，并妥善安排了全部拆迁户，顺利地贯通建设南路与1815线省道，在平整旧房的土地上建起了6万平方米宏伟壮观的华联商业广场，容纳数千人在此经商生活；办起了株洲市规模最大的电脑专业市场，真正开启了株洲市的南大门。公司在电脑大市场的开发过程中，如果按与市政府签订的协议条款算帐的话，市政府在整个开发过程中，还要偿还公司的利息等开支近2 000万元。但在决算中，公司硬是一笔钩销，为政府卸了一个大包袱。

替政府解忧，为困难企业和下岗人员找出路 株洲市抽绣厂是个困难企业，职工经常发不出工资。工厂决定将一块闲置的地皮出卖，筹措资金，以求得企业生存与发展。对这块不大的地皮，协力公司可买可不买,但想到该厂目前的状况,公司董事会决定购买。按当时地价,最大限度只值80万元。为真心实意帮助该厂,公司断然决定给该厂195万元,超出该厂订价115万元。在很大程度上缓解了这个厂的困难。

与此同时,协力公司先后提供就业岗位600多个,长期为社会安排了近1 000个就业人员,为株洲市的稳定做出了自己的努力。

热心关爱慈善公益事业 据统计,协力公司累计捐赠给灾区和株洲公益事业钱物100余万元。由公司董事长汤永乔先生担任理事长的"青云奖教助学基金会"和协力公司长期资助的贫困学子达100余人。

株洲市协力房地产开发有限公司坚持合法经营,尽力为国多缴税赋。据统计,公司近三年上缴各种税、费、金近1 000万元。

北京容源投资管理有限公司

中铁三局集团有限公司副总经理
北京容源投资管理有限公司总经理 易政清

中铁三局集团是一个具有优良传统的中央直属国有特大型建筑企业,享有较高的社会信誉,自身技术力量和经济实力雄厚。但随着市场经济的发展和我国加入WTO,企业原有的经营理念和管理模式将受到严峻的考验。如何抓住机遇迎接挑战?北京容源投资管理公司在集团公司调整产业结构,发展多元化经营的决策下成立了。

北京容源投资管理公司成立后,将按照集团公司董事会的授权和公司章程赋予的管理权限履行管理职责。其主要任务是:研究和策划对外投资的发展方向;收集和研究投资融资信息;调查论证对外投资融资项目,提出可行性调查报告并组织实施;管理对外直接投资的控股子公司、参股公司和其他项目;负责对外项目的资产置换、商业借贷、向金融机构贷款、破产清算等等。

北京容源投资管理公司的成立是集团公司发展史上一个具有开创意义的里程碑,它的成立标志着集团公司构建起新的投资经营模式和管理模式,在做好资本高效运营和优化配置的同时,为企业生产经营增加了一个新的经济增长点;它将使集团公司有效地规避市场风险,拓宽企业生存空间;有效地增强集团公司的投资融资能力,逐步走上资本经营道路;它能够为集团公司搭建银企合作、强强合作的战略平台,为大规模进入金融证券市场铺平道路。投资管理公司成立后,通过有效运作将使集团公司与金融、证券及其主管部门建立起良好的合作关系,为企业今后的上市运作奠定基础;同时为生产经营开拓更为广阔的市场领域,为集团公司培养出一批金融证券、工程咨询和资本运作等方面的人才奠定基础。

创业伊始,万事开头难,在市场经济的大潮中,投资管理公司将面对更多的风雨考验。公司将恪守"以人为本,创新求实"的管理理念,在各级领导和社会各界的大力支持和真诚帮助下,发扬团队精神,协作进取,努力造就一支能征善战的工作团队,不断提升管理水平和社会信誉,逐步增强企业竞争力和经济实力。

附表：

表 1　按国家、企业规模和 NACE 排列的制造业中新型和改进型产品的总收益率(%)

分类	比利时	丹麦	德国	希腊	法国	爱尔兰	意大利	荷兰①	奥地利	葡萄牙	芬兰	瑞典	英国	挪威	全部
全部	14	21	45	27	21	32	27	25	31	14	25	31	23	20	32
企业规模															
小型	11	18	30	9	8	21	15	15	29	4	6	11	14	8	15
中型	12	18	31	16	14	26	20	20	20	9	13	22	21	16	21
大型	16	22	48	37	25	43	38	28	37	20	28	34	25	26	38
NACE②															
食品、饮料和烟草，纺织与皮革	13	7	27	15	8	12	17	20	23	6	11	16	16	14	17
木材，纸浆和印刷	7	13	16	13	12	20	16	15	26	12	10	16	18	6	15
焦碳与化工，橡胶和其他非金属	14	16	37	26	20	25	35	29	25	6	19	19	19	24	27
基本和结构金属	10	18	15	17	13	26	15	14	28	6	19	19	22	23	16
机械与设备，电工与光学仪器	29	42	50	42	36	69	34	40	47	29	54	51	44	37	45
运输设备，未另列明的设备和回收	11	44	68	46	28	22	37	28	38	43	27	39	19	21	51

注：①在荷兰，中型企业的雇员数为 50～199 人，超过 200 名雇员为大型企业。

②NACE 为欧共体内经济活动的通用工业分类。

资料来源：欧洲统计局 1997/1998 年共同体创新调查。

表 2　按国家、企业规模和 NACE 排列的制造业与服务业中创新企业①占全部企业的百分比(1996 年)

分类	比利时	丹麦	德国	希腊	法国	爱尔兰	意大利	卢森堡	荷兰①	奥地利	葡萄牙	芬兰	瑞典	英国	挪威	全部
制造业																
全部	34	71	69	29	43	73	48	42	62	67	26	36	54	59	48	51
企业规模																
小型	33	64	63	21	34	68	44	21	54	59	22	26	43	54	39	44
中型	34	76	70	43	48	78	57	52	71	73	30	40	61	59	56	58
大型	51	91	85	76	75	85	73	85	84	88	52	77	79	81	77	79
NACE																
食品、饮料和烟草，纺织与皮革	27	65	66	20	38	62	38	14	56	62	20	30	40	57	47	41
木材，纸浆和印刷	21	70	59	21	32	68	45	43	53	62	23	30	45	51	36	45
焦碳与化工，橡胶和其他非金属	39	72	69	40	55	79	48	50	73	50	45	49	58	62	60	56
基本和结构金属	39	58	59	25	31	69	54	44	53	68	19	31	41	56	48	48
机械与设备，电工与光学仪器	47	83	81	50	62	88	59	61	78	83	49	44	74	70	64	68
运输设备，未另列明的设备和回收	30	69	70	30	43	77	51	0	58	82	17	28	58	52	47	51
电、煤气和水的供应	60	49	38	37	24	:	36	:	58	22	36	19	23	65	24	36
服务业																
全部	13	30	46	:	31	58	:	48	36	55	28	24	32	40	22	40
企业规模																
小型	11	24	41	:	25	60	:	45	32	54	28	22	29	40	20	36
中型	21	45	60	:	33	49	:	55	45	58	27	30	48	37	26	48
大型	55	71	83	:	73	87	:	83	71	74	52	43	45	55	50	73
NACE③																
批发贸易	10	27	39	:	:	52	:	37	36	58	26	15	29	33	18	34
运输与电信	9	16	26	:	12	38	:	57	22	54	29	22	20	36	7	25
金融中介	13	48	69	:	45	67	:	43	40	55	43	28	56	49	44	54
计算机与相关活动，工程服务	42	57	63	:	46	75	:	83	58	41	38	44	50	56	42	59

注：①创新企业指已在市场上推出新型或改进型产品/工艺的企业。；②在荷兰，中型企业的雇员数为 50～199 人，超过 200 名雇员为大型企业；③NACE 为欧共体内经济活动的通用工业分类。

资料来源：欧洲统计局 1997/1998 年共同体创新调查。

表 3 按技术部门[2]、企业规模划分的新型产品收益占总收益的比例(1996 年)

	制造业	高	中高	中低	低
欧洲经济区	6	14	7	6	4
欧盟 15 国	6	14	7	6	4
按企业规模					
小型	5	7	8	4	3
中型	5	8	7	5	3
大型	7	14	7	7	5
按国家					
比利时	3	8	2	2	2
丹麦	5	8	9	5	3
德国	4	7	4	3	4
西班牙	9	11	15	10	4
法国	8	15	9	9	3
爱尔兰	8	12	7	16	3
意大利	13	19	20	11	8
卢森堡[1]	:	:	:	:	:
荷兰	7	13	6	11	4
奥地利	6	10	6	4	6
葡萄牙	7	3	27	1	1
芬兰	7	39	5	5	2
瑞典	7	16	7	3	2
英国	7	16	5	6	4
挪威	4	13	6	5	2

注:①卢森堡不包括在内。

②高技术包括:航空,计算机,办公机械,电子通信,制药;中高技术包括:科学仪器,机动车辆,电工机械,化工,其他运输设备,非电工机械;中低技术包括:橡胶和塑料产品,造船,其他制造业,有色金属,非金属矿物产品,结构金属产品,炼油,黑色金属;低技术包括:造纸,纺织与服装,食品,饮料和烟草,木材和家具,回收。

表 4 按技术部门划分的企业内改进型产品收益占总收益的比例(1996 年)

	制造业	高	中高	中低	低
欧洲经济区	20	17	30	14	11
欧盟 15 国	20	17	30	14	11
按企业规模					
小型	9	12	13	9	6
中型	13	16	19	13	9
大型	24	18	33	16	13
按国家					
比利时	8	17	10	7	6
丹麦	14	46	20	11	7
德国	28	11	40	12	13
西班牙	17	16	22	21	10
法国	12	18	15	12	5
爱尔兰	15	23	13	23	8
意大利	19	19	22	24	13
卢森堡[2]	:	:	:	:	:
荷兰	18	24	25	15	14
奥地利	19	32	19	20	14
葡萄牙	6	14	10	1	5
芬兰	15	36	24	12	7
瑞典	17	24	19	13	11
英国	16	15	21	14	12
挪威	10	22	19	6	6

注:①卢森堡不包括在内。

资料来源:欧盟,欧洲创新统计,2001 年。

表 5 按技术部门、企业规模划分的企业内不变产品收益占总收益的比例(1996 年)

	制造业	高	中高	中低	低
欧洲经济区	68	64	54	77	83
欧盟 15 国	68	64	54	77	82
按企业规模					
小型	85	78	77	85	89
中型	79	66	69	80	85
大型	62	63	50	74	80
按国家					
比利时	86	72	84	90	88
丹麦	79	44	68	78	90
德国	55	70	40	76	75
西班牙	73	64	60	74	86
法国	79	66	73	82	90
爱尔兰	68	33	72	70	87
意大利	73	65	67	70	82
卢森堡[2]	:	:	:	:	:
荷兰	75	57	67	79	80
奥地利	68	37	65	72	76
葡萄牙	85	78	62	96	93
芬兰	76	27	66	82	90
瑞典	69	58	62	81	90
英国	76	66	73	79	83
挪威	80	55	69	79	89

注:①卢森堡不包括在内。

资料来源:欧盟,欧洲创新统计,2001 年。

表 6 按技术部门划分的创新企业数(%)(1996 年)

	制造业	高	中高	中低	低
欧洲经济区	51	71	67	49	43
欧盟 15 国	51	71	67	49	43
按企业规模					
小型	44	61	59	42	37
中型	58	74	73	56	48
大型	79	85	87	78	71
按国家					
比利时	34	49	46	36	28
丹麦	69	83	80	62	64
德国	71	91	84	59	66
西班牙	29	70	51	28	20
法国	43	60	62	37	36
爱尔兰	73	90	84	73	65
意大利	48	59	59	49	41
卢森堡[1]	42	0	56	46	26
荷兰	62	73	79	57	55
奥地利	67	76	81	61	66
葡萄牙	26	51	49	28	21
芬兰	36	56	45	35	29
瑞典	54	78	70	47	44
英国	59	78	70	54	52
挪威	48	69	66	45	43

注:①卢森堡不包括在内。

资料来源:欧盟,欧洲创新统计,2001 年。

表 7　按技术部门划分的新型创新企业数(%)(1996 年)

	制造业	高	中高	中低	低
欧洲经济区	21	35	33	19	14
欧盟 15 国	21	35	33	19	14
按企业规模					
小型	16	26	28	15	11
中型	23	38	34	22	15
大型	42	47	53	42	30
按国家					
比利时	14	21	22	15	10
丹麦	27	59	25	27	26
德国	24	29	37	19	16
西班牙	11	36	23	9	6
法国	20	30	34	18	12
爱尔兰	27	49	30	24	21
意大利	26	42	39	26	19
卢森堡[2]	21	0	38	15	15
荷兰	28	36	44	24	20
奥地利	24	37	36	24	19
葡萄牙	7	10	16	10	4
芬兰	18	29	25	15	12
瑞典	25	46	33	27	13
英国	19	34	28	16	12
挪威	14	34	26	12	10

注:①卢森堡不包括在内。

资料来源:欧盟,欧洲创新统计,2001 年。

表 8　按技术部门、企业规模划分的创新开支占总收益的比例(1996 年)

	制造业	高	中高	中低	低
欧洲经济区	3.7	10.1	4.4	2.2	1.8
欧盟 15 国	3.7	10.1	4.4	2.2	1.8
按企业规模					
小型	2.5	7.6	3.2	2.2	2.0
中型	2.3	5.6	3.3	2.3	1.4
大型	4.2	10.7	4.6	2.1	2.0
按国家					
比利时	2.1	7.9	1.8	2.5	1.2
丹麦	4.8	19.3	5.3	5.9	2.3
德国	4.1	13.4	4.5	2.3	1.9
西班牙	1.8	5.8	2.2	1.4	1.1
法国	3.9	11.5	5.2	1.8	1.0
爱尔兰	3.3	4.9	5.2	3.5	1.4
意大利	2.6	7.7	3.0	2.2	1.7
卢森堡[2]	:	:	:	:	:
荷兰	3.8	22.1	4.6	1.8	1.6
奥地利	3.5	9.8	4.1	3.2	1.9
葡萄牙	1.7	1.5	2.4	1.0	1.8
芬兰	4.3	12.9	4.0	1.1	4.0
瑞典	7.0	12.1	8.7	2.3	2.8
英国	3.2	5.4	3.1	2.3	2.6
挪威	2.7	14.7	3.9	1.8	1.7

注:①卢森堡不包括在内。

资料来源:欧盟,欧洲创新统计,2001 年。

表 9　按技术部门、企业规模划分的企业内新产品收益占总收益的比例(1996 年)

	制造业	高	中高	中低	低
欧洲经济区	12	19	16	9	6
欧盟 15 国	12	19	16	9	7
按企业规模					
小型	6	10	10	6	5
中型	8	18	12	7	6
大型	14	19	17	10	7
按国家					
比利时	6	11	6	3	6
丹麦	7	10	12	11	3
德国	17	19	20	12	12
西班牙	10	20	18	5	4
法国	9	16	12	6	5
爱尔兰	17	44	15	7	5
意大利	8	16	11	6	5
卢森堡②	:	:	:	:	:
荷兰	7	19	8	6	6
奥地利	13	31	16	8	10
葡萄牙	9	8	28	3	2
芬兰	9	37	10	6	3
瑞典	14	18	19	6	6
英国	8	19	6	7	5
挪威	10	23	12	15	5

注:①卢森堡不包括在内。

资料来源:欧盟,欧洲创新统计,2001 年。

《管理学家》杂志简介

管理科学是促经济发展与社会进步的重要因素,发展管理科学是振兴中华民族的重要途径。管理既有科学的规律可循,又有艺术的运用之妙,探索管理的客观规律是管理学的职责。同时,管理也是一种文化,是人类社会进步永恒的话题。管理观念与方法的创新是一场思想文化领域里深刻的革命。

社会经济和文化的发展已经使管理的重要性日益凸现,特别是我国加入WTO后,加强管理科学研究,提高管理者的水平和素质已成为当务之急。

时代呼唤管理学家,呼唤管理科学的长足发展。总结和介绍中外管理学家的优秀实务与研究成果,加强管理学的学科研究,发掘现代管理科学的方法论和价值观,是本刊的主要任务。同时倡导良好务实的学风、推动管理科学研究和务实性实践也是本刊探索的一个重要的课题。

《管理学家》作为综合性刊物,视管理科学研究和推动务实性实践为己任,努力塑造有别于现有同类刊物的独特风格,倡导清新活泼的文风,紧扣时代脉搏,使《管理学家》成为管理科学研究和务实性实践互动的平台。

《管理学家》摒弃报人办报的传统观念,荟萃国内外管理科学研究和务实性实践卓有成效并知名的学者、经济学家、管理学家、决策和战略学家、企业文化研究专家和教授及中国有关部(委、局)领导、高级研究人员,组成强大的顾问、编委、决策咨询委员会班子,共同参与,繁荣管理科学研究和交流,推动务实性实践的进步。

《管理学家》弘扬管理科学的人文精神,聚焦时代热点,关注管理科学研究和务实性实践中的难点,推动管理科学研究和务实性实践的创新和进步。

《管理学家》杂志着重刊登和推介观点新颖、论述谨严、具有开创性和建设性观点的文章,使管理科学的研究成果和经验得以传播和保留,使先进的现代管理理论、方法得以广泛交流。

管理学是一门实践性很强的科学,区域与城市化管理、企业管理及行政与行业管理是《管理学家》关注的重点。

第 十 二 篇

世界经济文化统计资料

细 目

(一)综合、经济

表1 部分国家人口概况

	总人口(年中)(百万人)			人口密度	人口年平均增长率(%)		城市人口比重(%)		劳动力占总人口%
	1990	1995	1999	人/平方公里 1999	1980~1990	1990~1999	1980	1997	1999
中国	1 155.30	1 220.52	1 266.84	134	1.5	1.1	20	32	60.0
美国	249.95	263.04	273.13	30	0.9	1.0	74	77	50.9
日本	123.48	125.47	126.51	336	0.6	0.3	76	78	53.7
德国	79.36	81.66	82.09	235	0.1	0.4	83	87	50.0
法国	56.73	58.14	59.10	107	0.5	0.5	73	75	45.7
英国	57.56	58.61	58.74	245	0.2	0.3	89	89	50.8
意大利	57.66	57.30	57.34	196	0.1	0.2	47	55	49.2
加拿大	27.70	29.35	30.49	3	1.2	1.1	76	77	55.6
俄罗斯联邦	147.91	148.14	147.20	9	0.6	−0.1	70	77	53.2
孟加拉国	109.47	119.90	126.95	981	2.4	1.6	11	19	51.7
印度	835.13	921.99	986.61	336	2.1	1.8	23	27	44.0
印度尼西亚	179.48	194.75	209.26	114	1.8	1.7	22	37	47.8
伊朗	54.50	59.19	62.75	39	3.3	1.6	50	60	31.7
以色列	4.66	5.64	6.10	296	1.8	3.0	89	91	49.2
韩国	42.87	45.09	46.86	475	1.2	1.0	57	83	51.3
马来西亚	18.10	20.67	22.71	69	2.8	2.5	42	55	39.6
菲律宾	61.48	70.27	74.75	258	2.6	2.3	37	56	41.7
巴基斯坦	112.40	130.25	134.51	175			28	35	37.1
沙特阿拉伯	14.87	18.25	19.90	10	2.7	2.5	66	84	32.7
新加坡	3.02	3.47	3.89	5 283	1.7	1.9	100	100	62.5
泰国	55.84	59.40	61.81	121	1.7	1.2	17	21	60.0
土耳其	56.10	60.61	64.39	84	2.3	1.5	44	72	48.1
阿尔及利亚	25.02	28.06	30.77	13	2.1	0.3	43	57	32.7
比利时	9.97	10.14	10.15	312	0.1	0.3	95	97	39.2
保加利亚	8.99	8.41	8.21	74	−0.2	−0.7	61	69	48.8
捷克共和国	10.36	10.33	10.28	133	0.1	−0.1	64	66	58.3
丹麦	5.14	5.20	5.32	125	0.0	0.4	84	85	56.6
爱沙尼亚	1.57	1.48	1.41	34	0.6	−0.9	70	74	71.4
芬兰	4.99	5.11	5.17	17	0.4	0.4	60	64	57.7
希腊	10.16	10.45	10.63	82	0.5	0.4	58	60	47.6
匈牙利	10.36	10.23	10.07	109	−0.3	−0.3	57	66	49.5
爱尔兰	3.50	3.60	3.75	54	0.3	0.7	55	58	54.1
拉脱维亚	2.67	2.51	2.43	39	0.5	−1.0	68	73	41.7
立陶宛	3.72	3.71	3.66	57	0.9	−0.1	61	73	54.1

续表 1

	总人口(年中)(百万人)			人口密度	人口年平均增长率(%)		城市人口比重(%)		劳动力占总人口%
	1990	1995	1999	人/平方公里 1999	1980~1990	1990~1999	1980	1997	1999
荷兰	14.95	15.46	15.81	466	0.6	0.6	88	89	44.3
挪威	4.24	4.36	4.46	15	0.4	0.5	71	74	44.4
波兰	38.12	38.59	38.65	127	0.7	0.2	58	64	51.7
葡萄牙	9.90	9.92	9.96	109	0.1	0.1	29	37	50.0
罗马尼亚	23.21	22.68	22.46	97	0.4	−0.4	49	57	48.9
斯洛伐克共和国	5.30	5.36	5.40	112	0.6	0.2	52	60	55.6
西班牙	38.85	39.21	39.42	79	0.4	0.2	73	77	43.1
瑞典	8.56	8.83	8.86	22	0.3	0.4	83	83	56.2
瑞士	6.71	7.04	7.13	180	0.6	0.7	57	62	56.3
乌克兰	50.0	49.9		86	0.4	−0.4	62	71	50.1
澳大利亚	17.06	18.07	18.97	2	1.5	1.2	86	85	52.6
新西兰	3.36	3.66	3.81	14	1.0	1.2	83	86	52.6
喀麦隆	11.47	13.28	14.69	32	2.8	2.7	31	46	40.8
科特迪瓦	11.72	14.23	14.53	46	3.5	2.6	35	45	40.8
埃及	51.91	57.51	67.23	63	2.5	1.9	44	45	38.5
加蓬	0.94	1.08	1.39	…	…	…	34	52	…
加纳	15.13	17.65	19.68	83	3.3	2.7	31	37	47.6
几内亚	5.76	7.15	7.36	29	2.5	2.6	19	31	41.7
肯尼亚	24.03	30.52	29.55	52	3.5	2.7	16	30	50.0
摩洛哥	24.18	26.39	28.24	63	2.2	1.8	41	53	39.0
尼日利亚	87.03	98.95	108.95	136	3.0	2.8	27	41	40.4
南非	34.01	39.48	43.05	34	2.4	2.0	48	50	40.4
坦桑尼亚	24.57	28.28	32.79	37	1.7	1.2	15	26	51.7
突尼斯	8.15	8.96	9.46	61	2.4	1.6	52	63	42.1
赞比亚	8.07	9.11	10.41	13	3.0	2.7	40	44	40.4
津巴布韦	9.37	11.53	13.08	31	3.3	2.2	22	33	42.0
墨西哥	83.23	90.49	97.37	51	2.1	1.8	66	74	41.1
阿根廷	32.53	34.77	36.58	13	1.5	1.3	83	89	41.0
巴西	144.72	155.82	163.95	20	2.0	1.4	66	80	47.0
智利	13.10	14.20	15.02	20	1.6	1.5	81	84	60.0
秘鲁	21.57	23.53	25.23	20	2.2	1.7	65	72	35.7
委内瑞拉	19.50	21.84	23.71	27	2.6	2.2	79	86	38.0
阿尔巴尼亚	3.26	3.61	3.11	123	2.1	0.3	34	38	58.8
奥地利	7.73	8.05	8.18	98	0.2	0.5	65	64	49.4

注:劳动力占总人口百分比是根据世界银行发展报告数据计算的。

资料来源:①国家统局《中国统计年鉴》2000 年。②联合国《统计月报》2000 年 8 月。③世界银行《世界发展报告》2000/2001 年。

表2　部分国家经济(年平均)增长情况

（单位：%）

	GDP总值		农业增加值		工业增加值		服务业增加值		商品和服务出口值		国内投资总额
	1980~1990	1990~1999	1980~1990	1990~1999	1980~1999	1990~1999	1980~1990	1990~1999	1980~1990	1990~1999	1990~1999
中国	10.1	10.7	5.9	4.3	11.1	14.4	13.5	9.2	19.3	13.0	12.8
香港特区	6.9	3.9	…	…	…	…	…	…	14.4	8.4	6.3
美国	3.0	3.4	…	2.5	…	4.9	…	2.1	4.7	9.3	7.0
日本	4.0	1.4	1.3	-1.3	4.2	1.1	3.9	2.3	4.5	5.1	1.1
德国	2.2①	1.5	1.7①	0.5	1.2①	…	2.9①	1.8	…	4.1	0.5
法国	2.3	1.7	2.0	0.5	1.1	0.6	3.0	1.7	3.7	4.9	-1.6
英国	3.2	2.2	…	…	…	…	…	…	3.9	6.0	1.8
意大利	2.4	1.2	0.1	1.1	2.0	0.9	2.8	1.2	4.1	7.2	-1.0
加拿大	3.3	2.3	1.2	1.1	3.1	2.2	3.6	1.9	6.3	8.8	2.6
俄罗斯联邦	…	-6.1	…	-6.3	…	-9.8	…	-1.8	…	2.3	-13.3
孟加拉国	4.3	4.8	2.7	2.3	4.9	3.9	5.2	6.3	7.7	13.2	7.0
印度	5.8	6.1	3.1	3.8	7.0	6.7	6.9	7.7	5.9	11.3	7.4
印度尼西亚	6.1	4.7	3.4	2.6	6.9	7.8	7.0	5.4	2.9	9.2	5.1
伊朗	1.7	3.4	4.5	3.8	3.3	3.7	-1.0	5.8	6.9	0.2	1.4
以色列	3.5	5.1	…	…	…	…	…	…	5.5	9.1	5.5
约旦	2.5	4.8	6.8	-4.6	1.7	6.2	2.0	5.5	5.9	7.4	3.4
韩国	9.4	5.7	2.8	2.1	12.0	6.2	8.9	5.8	12.0	15.6	1.6
科威特	1.3	…	14.7	…	1.0	…	2.1	…	-2.3	…	…
马来西亚	5.3	6.3	3.8	1.1	7.2	9.4	4.2	7.6	10.9	11.0	6.2
巴基斯坦	6.3	4.0	4.3	4.3	7.3	4.9	6.8	4.6	8.4	2.7	2.1
菲律宾	1.0	3.2	1.0	1.5	-0.9	3.4	2.8	3.9	3.5	9.6	4.1
沙特阿拉伯	0.0	1.6	13.4	0.7	-2.3	1.5	1.3	2.0	…	…	…
新加坡	6.7	8.0	-6.2	0.4	5.3	7.9	7.6	8.0	…	…	8.5
泰国	7.6	4.7	3.9	2.7	9.8	6.7	7.3	5.5	14.1	9.4	-2.9
土耳其	5.4	4.1	1.3	1.6	7.8	4.8	4.4	4.3	…	11.9	4.6
阿尔及利亚	1.5	2.3	1.9	6.2	2.1	-4.6	-0.4	5.0	…	13.6	22.4
博茨瓦纳	10.3	4.3	3.3	0.3	10.2	2.8	11.7	6.3	10.6	2.5	-1.3
喀麦隆	3.4	1.3	2.2	5.3	5.9	-2.0	2.1	0.1	5.9	2.7	0.0
科特迪瓦	0.7	3.7	0.3	1.8	4.4	5.9	-0.3	3.9	1.9	4.7	17.6
埃及	5.4	4.4	2.7	3.1	5.2	4.7	6.6	4.3	5.2	3.1	6.7
几内亚	…	4.2	…	4.5	…	4.5	…	3.2	…	4.7	2.4
肯尼亚	4.2	2.2	3.3	1.4	3.9	1.9	4.9	3.3	4.4	0.4	4.9
摩洛哥	4.2	2.3	6.7	0.0	3.0	3.1	4.2	2.5	5.7	3.0	1.5

续表 1

	GDP 总值		农业增加值		工业增加值		服务业增加值		商品和服务出口值		国内投资总额
	1980~1990	1990~1999	1980~1990	1990~1999	1980~1999	1990~1999	1980~1990	1990~1999	1980~1990	1990~1999	1990~1999
尼日利亚	1.6	2.4	3.3	2.9	−1.1	1.7	3.7	3.1	−0.3	2.5	5.8
南非	1.0	1.9	2.9	1.0	0.7	0.9	2.4	2.4	1.9	5.3	3.0
坦桑尼亚[②]	…	3.1	…	3.6	…	2.6	…	2.5	…	9.5	−1.7
突尼斯	3.3	4.6	2.8	2.1	3.1	4.5	3.5	5.3	5.6	5.1	3.4
乌干达	2.9	7.2	2.1	3.7	5.0	12.7	2.8	8.1	1.8	16.3	9.9
赞比亚	1.0	1.0	3.6	−4.4	0.8	−4.3	−1.5	10.6	−3.4	1.8	11.3
津巴布韦	3.6	2.4	3.1	4.3	3.2	−1.2	3.1	3.6	4.3	11.0	−0.7
阿根廷	−0.7	4.9	0.7	3.1	−1.3	4.8	0.0	4.8	3.8	8.7	9.1
巴西	2.7	2.9	2.8	3.0	2.0	3.2	3.3	2.7	7.5	4.9	3.1
智利	4.2	7.2	5.9	1.3	3.5	6.3	2.9	7.5	6.9	9.7	11.4
哥伦比亚	3.6	3.3	2.9	−2.6	5.0	2.3	3.1	6.3	7.5	5.2	7.5
墨西哥	1.1	2.7	0.8	1.3	1.1	3.6	1.4	2.4	7.0	14.3	3.9
秘鲁	−0.3	5.4	2.7	5.8	−0.9	6.7	−0.7	4.0	−1.6	9.0	9.0
乌拉圭	0.4	3.7	0.0	4.3	−0.2	1.7	0.8	4.5	4.3	7.0	8.9
委内瑞拉	1.1	1.7	3.0	0.7	1.6	2.6	0.5	0.8	2.8	5.6	2.9
奥地利	2.2	2.0	1.1	−0.7	1.9	1.3	2.5	2.2	4.9	4.5	2.9
比利时	1.9	1.7	2.0	1.7	2.2	1.1	1.9	1.4	4.3	4.2	0.3
保加利亚	3.4	−2.7	−2.1	0.3	5.2	−4.4	4.5	−2.3	−3.5	0.3	−0.9
捷克共和国	1.7	0.9	…	2.6	…	−0.1	…	1.1	…	9.0	6.3
丹麦	2.3	2.8	3.1	1.7	2.9	1.9	2.3	1.5	4.3	3.8	4.8
芬兰	3.3	2.5	−0.2	0.2	3.3	2.1	3.7	0.1	2.2	9.6	−3.2
希腊	1.8	1.9	−0.1	2.0	1.3	−0.5	2.7	1.8	7.2	3.3	1.3
匈牙利	1.3	1.0	1.7	−3.2	0.2	2.4	2.1	0.6	3.6	8.2	8.4
爱尔兰	3.2	7.9	…	…	…	…	…	…	9.0	13.3	4.8
荷兰	2.3	2.7	3.4	3.7	1.6	1.2	2.6	2.3	4.5	4.8	1.5
挪威	2.8	3.7	−0.2	4.1	3.3	5.5	2.7	3.2	5.2	6.1	5.1
波兰	2.2	4.7	−0.4	0.0	0.3	6.3	2.8	3.8	6.6	10.8	11.9
葡萄牙	3.1	2.5	…	−0.4	…	0.7	…	2.2	8.7	5.6	3.5
罗马尼亚	0.5	−1.2	…	−0.5	…	−1.6	…	−1.0	…	6.1	−11.8
西班牙	3.0	2.2	…	−2.5	…	…	…	…	5.7	10.9	−0.5
瑞典	2.3	1.5	1.5	…	2.8	…	2.2	…	4.3	8.3	−2.2
瑞士	2.0	0.5	…	…	…	…	…	…	3.5	2.2	−0.4
澳大利亚	3.4	3.8	3.3	1.1	2.9	2.5	3.8	4.4	6.9	7.9	6.1
新西兰	1.7	2.9	3.8	2.6	1.1	3.5	1.8	3.4	4.0	5.4	8.1
乌克兰	…	−10.8	…	−5.8	…	−15.5	…	−3.1	…	−3.6	−24.8

续表 2

国家或地区	GDP 总值 2000 年比 1999 年增长%	国家或地区	GDP 总值 2000 年比 1999 年增长%	国家或地区	GDP 总值 2000 年比 1999 年增长%
中国	8.0	泰国	4.4	乌拉圭	-1.3
香港特区	10.5	土耳其	7.5	委内瑞拉	3.2
美国	5.0	阿尔及利亚	–	奥地利	3.3
日本	0.5	博茨瓦纳	7.7	比利时	4.0
德国	3.1	喀麦隆	–	保加利亚	–
法国	3.3	科特迪瓦	–	捷克共和国	2.9
英国	3.1	埃及	6.4	丹麦	2.9
意大利	2.9	几内亚	–	芬兰	5.9
加拿大	4.4	肯尼亚	–	希腊	4.1
俄罗斯联邦	–	摩洛哥	0.9	匈牙利	–
孟加拉国	5.5	尼日利亚	–	爱尔兰	–
印度	–	南非	3.1	荷兰	3.8
印度尼西亚	4.8	坦桑尼亚	–	挪威	2.7
伊朗	–	赞比亚	–	波兰	4.1
以色列	5.7	津巴布韦	–	葡萄牙	3.3
约旦	–	突尼斯	5.0	罗马尼亚	1.6
韩国	8.8	乌干达	–	西班牙	4.9
科威特	–	阿根廷	–	瑞典	4.6
马来西亚	8.5	巴西	–	瑞士	3.4
巴基斯坦	5.6	智利	5.4	澳大利亚	3.8
菲律宾	4.0	哥伦比亚	2.8	新西兰	2.0
沙特阿拉伯	4.5	墨西哥	6.9	乌克兰	–
新加坡	9.9	秘鲁	3.1		

资料来源:国际货币基金组织《国际金融统计年鉴》2001 年,世界银行《世界发展报告》2000/2001 年,联合国《统计月报》2000 年 8 月。

注:①1990 年前为前联邦德国;②未包括桑给巴尔部分。

表3　部分国家国内生产总值(当年价格)

(单位:百万美元)

	1990	1995	1997	1998	1999
中国	354 644	697 647	825 020	960 924	991 203
美国	5 554 100	6 952 020	7 745 705	8210600	8 708 870
日本	2 970 043	5 108 540	4 201 636	3 783 140	4 395 083
德国	1 719 510	2 415 764	2 100 110	2 142 018	2 081 202
法国	1 195 438	1 536 089	1 396 540	1 432 902	1 410 262
英国	975 512	1 105 822	1 271 710	1 357 429	1 373 612
意大利	1 093 947	1 086 932	1 145 370	1 171 044	1 149 958
加拿大	572 673	568 928	603 085	598 847	612 049
俄罗斯联邦	104 670	344 711	440 562	446 982	128 892
印度	122 737	324 082	359 812	383 429	459 765
印度尼西亚	114 426	198 079	214 593	96 265	140 964
以色列	52 490	91 965	91 965	100 031	99 068
韩国	252 622	455 476	442 543	297 900	40 6940
科威特	18 428	26 650	…	30 373	29 572
马来西亚	42 775	85 311	97 523	71 302	74 634
菲律宾	44 331	74 180	85 125	65 096	75 350
沙特阿拉伯	104 670	125 501	125 266	125 840	128 892
新加坡	36 638	83 695	96 319	85 425	84 945
泰国	85 345	167 056	157 263	153 909	123 887
土耳其	150 721	164 789	181 464	189 878	188 374
阿联酋	…	39 107	45 147	…	…
埃及	43 130	47 349	75 482	78 097	92 413
南非	111 997	136 035	129 094	116 730	131 127
阿根廷	141 352	281 060	322 730	344 360	281 942
巴西	464 989	688 085	786 466	778 292	760 345
智利	30 307	67 297	74 292	78 025	71 092
墨西哥	262 710	250 038	334 766	393 224	474 951
委内瑞拉	48 593	75 016	67 316	105 756	103 918
奥地利	159 499	233 427	206 239	212 069	208 949
比利时	196 134	269 081	264 400	247 076	245 706
丹麦	133 361	172 220	161 107	174 272	174 363
芬兰	134 806	125 432	116 170	125 673	126 130
希腊	82 914	90 550	119 111	120 304	123 934
匈牙利	33 056	43 712	44 845	45 725	48 355
爱尔兰	45 527	60 780	72 073	80 880	84 861
卢森堡	…	…	…	…	19 285①
荷兰	283 672	395 900	360 472	382 487	384 766
挪威	115 453	145 954	153 403	145 896	145 449
波兰	61 197	117 663	135 659	148 863	154 146
葡萄牙	69 132	102 337	97 357	106 650	107 716
罗马尼亚	38 229	35 533	35 204	34 843	33 750
西班牙	491 938	558 617	531 419	551 923	562 245
瑞典	229 756	228 679	227 751	224 953	226 388
瑞士	228 415	300 508	293 400	264 352	260 299
澳大利亚	297 204	348 782	391 045	364 247	389 691

资料来源:世界银行《世界发展报告》1997年,1998/1999年,1999/2000年,2000/2001年。

表 4 部分国家国民生产总值(本币)

(单位:10 亿本币)

	1980 年	1990 年	1995 年	1997 年	1998 年	1999 年
中 国	452	1 860	5 749	7 314	7 697	8 058
香港特区	142	583	1 098	1 334	1 291	1 260
澳门特区		27	55	56	52	49
印 度	1 447	5 602	11 685	15 024	17 476	19 250
印度尼西亚	46 903	201 251	441 148	609 340	935 718	1 040 545
伊 朗	6 676	36 760	177 897	275 289	326 141	414 468
以色列	…	103	261	341	374	409
日 本	240 098	432 972	487 212	516 137	505 714	500 626
韩 国	36 933	178 628	376 316	450 853	437 871	478 251
马来西亚	52	114	212	267	269	279
缅 甸	38	152	603	1 109	1 560	
巴基斯坦	253	894	1 913	2 470	2 725	2 947
菲律宾	243	1 071	1 959	2 523	2 794	3 138
新加坡	24	68	122	149	149	155
泰 国	657	2 156	4 117	4 605	4 471	4 559
土耳其	5 303	397 127	7 854 886	29 393 262	53 518 333	78 103 972
越 南			218 704	313 623	361 468	399 942
埃 及	15	94	204	260	284	306
尼日利亚	48	234	1 821	2 758	2 567	2 902
南 非	60	278	538	669	724	784
加拿大	303	644	767	837	859	914
墨西哥	4	715	1 752	3 073	3 722	4 498
美 国	2 773	5 749	7 332	8 246	8 737	9 163
阿根廷	…	66	254	287	291	275
巴 西	…	…	636	850	877	933
委内瑞拉	299	2 211	13 342	42 167	51 411	61 083
白俄罗斯		…	119	351	662	2 891
法 国	2 898	6 595	7 711	8 226	8 570	8 865
德 国			3 504	3 649	3 754	3 840
意大利	387 466	1 300 440	1 756 930	1 965 810	2 044 330	2 111 290
荷 兰	359	544	674	748	785	821
波 兰		53	303	469	549	612
罗马尼亚	603	861	71 645	247 442	364 338	515 986
俄罗斯		…	1 514	2 422	2 581	4 253
西班牙	15 935	52 210	72 660	81 135	86 208	91 912
乌克兰		…	54	92	101	124
英 国		551	715	814	862	896
澳大利亚	143	378	489	548	580	608
新西兰		68	86	91	91	95

资料来源:世界银行《世界发展指标》2001 年。

表5 部分国家人均国民生产总值

（单位：美元）

	1990	1995	1997	1998	1999
中国	370	620	860	750	780
美国	21 790	26 980	28 740	29 340	30 600
日本	25 430	39 640	37 850	32 380	32 230
德国	22 320①	27 510	28 260	25 850	25 350
法国	19 490	24 990	26 050	24 940	23 480②
英国	16 100	18 700	20 710	21 400	22 640
意大利	168 30	19 020	20 120	20 250	19 710
加拿大	20 470	19 380	19 290	20 020	19 320
俄罗斯联邦	…	2 240	2 740	2 300	2 270
印度	350	340	390	430	450
印度尼西亚	570	980	1 110	680	580
以色列	10 920	15 920	15 810	15 940	…
韩国	5 400	9 700	10 500	7 970	8 490
科威特	…	17 390	22 110	…	…
马来西亚	2 320	3 890	4 680	3 600	3 400
菲律宾	730	1 050	1 220	1 050	1 020
沙特阿拉伯	7 050	7 040	6 790	…	…
新加坡	11 160	26 730	32 940	30 063	29 610
泰国	1 420	2 740	2 800	2 200	1 960
土耳其	1 630	2 780	3 130	3 160	2 900
阿联酋	19 860	17 400	17 360	18 220	
埃及	600	790	1 180	1 290	1 400
南非	2 530	3 160	3 400	2 880	3 160
阿根廷	2 370	8 083	8 570	8 970	7 600
巴西	2 680	3 640	4 720	4 570	4 420
智利	1 940	4 160	5 020	4 810	4 740
墨西哥	2 490	3 320	3 680	3 970	4 400
委内瑞拉	2 560	3 020	3 450	3 500	3 670
奥地利	19 060	26 890	27 980	26 850	25 970
比利时	15 540	24 710	26 420	25 380	24 510
丹麦	22 080	29 890	32 500	33 260	32 030
芬兰	26 040	20 580	24 080	24 110	23 780
希腊	5 990	8 210	12 010	11 650	11 770
冰岛	21 400	24 950	27 580	28 010	29 280
匈牙利	2 780	4 120	4 430	4 510	4 650
爱尔兰	9 550	14 710	18 280	18 340	19 160
卢森堡	28 730	41 210	45 330	43 570	44 640
荷兰	17 320	24 000	25 820	24 760	24 320
挪威	23 120	31 250	36 090	3 4330	32 880
波兰	1 690	2 790	3 590	3 900	3 960
葡萄牙	4 900	9 740	10 450	10 690	10 600
罗马尼亚	1 640	1 480	1 420	1 390	1 520
西班牙	11 020	13 580	14 510	14 080	14 000
瑞典	23 660	23 750	26 220	25 620	25 040
瑞士	32 680	40 630	44 320	40 080	38 350
澳大利亚	17 000	18 720	20 540	20 300	20 050

注：①前联邦德国。②包括海外属地(法属圭亚那、瓜德罗普、马提尼克、留尼注)。

资料来源：世界银行《世界发展报告》1992、1997年、1998/1999年、1999/2000年、2000/2001年。

表6 部分国家人均国民生产总值增长率

(单位:%)

	1993年	1994年	1995年	1996年	1997年	1998年	1999年
世　界	**-0.02**	**1.39**	**1.24**	**2.13**	**2.03**	**0.42**	**0.98**
中　国[①]	11.81	11.33	7.82	8.66	7.40	6.75	6.12
香港特区	5.90	3.42	1.96	-0.04	2.68	-5.72	1.58
澳门特区	3.29	2.31	1.98	-2.36	-2.19	-6.43	-4.65
印　度	3.08	5.50	6.00	5.39	2.83	4.86	4.88
印度尼西亚	6.04	6.94	6.08	6.18	2.42	-17.83	0.35
伊　朗	0.35	-1.14	1.10	3.97	1.86	0.34	1.04
以色列	3.21	4.31	3.93	1.82	0.23	0.75	0.18
日　本	0.08	0.20	1.09	5.05	1.51	-2.58	-0.26
韩　国	4.54	7.24	7.51	5.41	3.79	-8.40	10.03
马来西亚	7.36	6.37	6.69	6.91	4.51	-7.43	1.29
巴基斯坦	-0.86	0.93	2.99	0.50	-1.75	0.31	1.58
菲律宾	-0.28	2.78	2.42	4.85	3.03	-1.76	1.58
新加坡	8.46	10.04	5.40	3.98	7.60	-2.00	4.81
泰　国	7.59	8.56	8.30	4.76	-2.54	-11.40	4.14
土耳其	6.80	-7.85	6.74	5.28	6.58	2.28	-7.86
越　南	5.98	6.82	7.59	7.40	-0.06	4.29	3.43
埃　及	0.20	1.39	3.83	3.64	4.03	3.82	3.77
尼日利亚	-0.09	-0.22	1.42	-1.03	0.79	-1.72	0.46
南　非	-0.66	1.31	0.79	1.81	0.62	-1.24	-0.37
加拿大	1.39	3.54	1.99	0.53	3.56	2.38	3.90
墨西哥	-0.09	2.28	-9.24	4.02	6.31	3.51	2.57
美　国	1.43	2.62	1.39	2.22	2.95	2.92	2.35
阿根廷	5.17	4.31	-4.56	3.89	6.57	2.25	-4.73
巴　西	-0.17	4.50	3.03	1.83	1.94	-1.34	-4.05
委内瑞拉	-1.95	-5.29	3.32	-2.34	4.09	-1.07	-8.85
白俄罗斯	-5.35	-12.89	-10.32	3.30	11.44	11.52	7.54
法　国	-1.01	1.43	1.19	1.26	1.88	2.91	2.67
德　国	-1.81	1.06	1.45	0.51	1.23	1.84	1.22
意大利	-1.12	2.05	3.03	1.10	2.05	1.18	1.68
荷　兰	0.39	2.93	1.54	1.95	4.50	2.38	2.57
波　兰	3.98	-2.52	10.20	11.58	6.49	7.52	3.43
罗马尼亚	1.46	4.13	6.97	4.04	-6.48	-5.13	-2.81
俄罗斯	-8.36	-12.54	-4.36	-3.46	0.72	-6.49	0.63
西班牙	-1.00	1.05	3.58	1.81	3.51	3.74	3.26
乌克兰	-16.14	-21.28	-12.39	-9.00	-2.20	-1.95	-0.61
英　国	1.75	5.39	1.86	2.63	3.68	2.44	0.99
澳大利亚	3.08	2.57	3.23	2.59	3.95	3.58	3.22
新西兰	4.22	3.34	1.25	-1.12	2.20	-1.62	3.97

注:①世界银行统计数据。

资料来源:世界银行《世界发展指标》2001年。

表 7　部分国家国内生产总值中的产业结构

（单位：%）

	国内生产总值(百万美元)		农业		工业		制造业		服务业	
	1990	1999	1990	1999	1990	1999	1990	1999	1990	1999
中国	354 644	991 203	27	17	42	50	33	24	31	33
香港特区	74 784	158 611	0	0	25	15	18	6	74	85
美国	5 554 100	8 708 870	2	2	28	26	19	18	70	72
日本	2 970 043	4 395 083	3	2	41	37	28	24	56	61
德国	1 719 510	2 051 202	1	1	…	…	29	24	34	36
法国	1 195 438	1 410 262	3	2	29	26	21	19	67	72
英国	975 512	1 373 612	2	…	35	…	23	…	63	…
意大利	1 093 947	1 149 958	3	3	33	31	22	20	63	67
加拿大	572 673	612 049	3	…	33	…	18	…	64	…
俄罗斯联邦	579 068	375 345	17	7	48	34	…	…	35	58
印度	322 737	459 765	31	28	27	25	17	16	42	46
印度尼西亚	114 426	140 964	19	20	39	45	21	25	41	35
以色列	52 490	99 068	…	…	…	…	…	…	…	…
韩国	25 2622	406 940	9	5	43	44	29	32	48	51
马来西亚	42 775	74 634	19	14	40	44	26	35	41	43
巴基斯坦	40 010	59 880	26	26	25	25	17	17	49	49
菲律宾	44 331	75 350	22	17	34	31	25	21	44	52
沙特阿拉伯	104 670	128 892	6	7	50	48	8	10	43	45
新加坡	36 638	84 945	0	0	35	36	27	26	65	64
泰国	85 345	123 887	12	13	37	40	27	32	50	49
越南	60 472	28 567	37	26	23	33	19	…	40	42
土耳其	150 721	188 374	18	18	30	26	20	16	52	56
埃及	43 130	92 413	19	17	29	33	24	27	52	50
南非	111 997	131 127	5	4	40	32	24	19	55	64
阿根廷	141 352	281 942	8	6	36	32	27	22	56	61
巴西	464 989	760 345	8	9	39	29	25	23	53	62
智利	30 307	71 092	8	8	39	33	19	16	53	59
墨西哥	262 710	474 951	7	5	26	27	19	21	67	68
秘鲁	32 820	57 318	7	8	38	39	27	24	55	54
委内瑞拉	48 593	103 918	5	5	50	24	20	12	44	71
奥地利	159 499	208 949	3	…	32	…	23	…	65	…
比利时	196 134	245 706	2	1	30	28	21	18	68	71
丹麦	133 361	174 363	4	…	27	…	18	…	69	…
芬兰	134 826	126 130	6	…	35	…	23	…	58	…
希腊	82 914	123 934	11	…	22	…	13	…	67	…
匈牙利	33 056	48 355	15	6	39	34	23	25	46	60
荷兰	283 672	384 266	4	…	29	…	19	…	67	…
挪威	115 453	145 449	3	2	31	32	12	11	66	66
波兰	61 197	154 146	8	4	48	33	…	20	44	63
葡萄牙	69 132	107 716	6	…	37	…	27	…	57	…
西班牙	491 938	562 245	5	…	35	…	23	…	60	…
瑞士	12 309	19 380	…	…	…	…	…	…	…	…
瑞典	229 756	226 388	3	…	34	…	22	…	63	…
澳大利亚	297 204	389 641	3	…	29	…	15	…	67	…

资料来源：世界银行《世界发展报告》2000/2001 年。

表8 部分国家政府及私人消费、国内投资、储蓄占国内生产总值比重

（%）

	政府消费			私人消费			国内投资总额			国内储蓄总额		
	1990	1995	1999	1990	1995	1999	1990	1995	1999	1990	1995	1999
中国	8	12	8	49	46	50	39	40	40	43	42	42
美国	18	16	15	67	68	68	16	16	19	15	15	17
日本	9	10	10	57	60	60	33	29	29	34	31	30
德国	18①	20	19	54①	58	58	22①	21	21	28①	23	23
法国	18	20	19	60	60	60	22	18	17	22	20	21
英国	20	21	20	63	64	64	19	16	16	17	15	15
意大利	17	16	21	62	62	60	21	18	32	21	22	19
加拿大	20	19	20	59	60	59	21	19	20	21	21	21
俄罗斯联邦	…	16	14	…	58	57	…	25	14	…	26	29
印度	12	10	11	68	68	69	23	25	24	20	22	20
印度尼西亚	9	8	6	54	56	70	36	38	14	37	36	24
韩国	…	10	10	63	54	56	37	37	27	37	36	34
马来西亚	13	12	8	54	51	46	34	41	32	33	37	45
新加坡	11	9	10	45	40	39	39	33	33	45	…	52
泰国	10	10	11	57	54	57	37	43	21	34	36	32
埃及	10	13	9	80	81	77	23	17	23	10	6	14
南非	19	21	19	56	61	63	19	18	16	25	18	18
阿根廷	5	…	11	79	82	73	9	22	18	16	21	16
巴西	16	17	16	61	62	64	22	22	21	23	21	20
智利	10	9	9	67	62	68	20	27	24	23	29	23
墨西哥	10	11	7	70	71	70	20	15	24	19	19	23
委内瑞拉	9	6	6	62	73	77	9	16	15	29	21	17
比利时	14	15	14	62	62	63	21	18	18	24	24	22
丹麦	25	25	25	52	54	51	17	16	21	23	21	24
芬兰	21	21	21	53	54	53	27	16	17	26	24	26
希腊	21	19	15	71	74	73	19	19	20	8	7	12
匈牙利	11	11	15	62	68	57	23	23	30	27	21	31
荷兰	15	14	14	59	57	59	21	22	20	26	29	27
挪威	21	21	20	50	50	48	21	23	25	29	29	32
波兰	7	18	9	54	63	74	31	17	28	39	19	18
西班牙	15	16	16	62	62	62	26	21	21	22	22	22
瑞典	27	26	26	52	55	53	21	14	14	21	19	21
瑞士	13	14	14	57	59	61	29	23	20	30	27	25
澳大利亚	18	17	17	61	60	62	21	23	22	21	22	21

注：①前联邦德国。

资料来源：世界银行《世界发展报告》1992年、1997年、2000/2001年。

表9 部分国家进口贸易总额

(单位:10亿美元)

	1990	1995	1997	1998	1999
中国	53.3	129.1	142.2	140.3	165.8
香港特区	82.5	192.8	208.6	184.5	179.5
台湾地区	54.8	103.7	113.9	104.9	110.9
澳门特区	1.5	2.0	2.1	1.9	…
美国	517.0	770.9	899.0	944.4	1 059.4
日本	235.4	335.9	338.8	280.5	311.3
德国	346.2	464.3	445.6	471.4	472.2
法国	234.4	281.4	271.4	290.2	289.9①
英国	224.4	265.3	306.6	314.0	318.0
意大利	182.0	206.0	210.3	218.4	216.6
加拿大	123.2	168.0	200.9	206.1	220.2
俄罗斯联邦	…	60.9	73.7	60.5	40.4
印度	23.6	34.7	41.4	42.9	44.9
印度尼西亚	21.8	40.6	41.7	27.3	24.0
以色列	16.8	29.6	30.8	29.3	33.2
韩国	69.8	135.1	144.6	93.3	119.8
马来西亚	29.3	77.7	79.0	58.3	65.0
菲律宾	12.1	24.9	36.0	36.3	31.2
沙特阿拉伯	24.1	28.1	28.6	30.0	…
新加坡	60.8	124.5	132.4	104.7	111.1
泰国	33.0	70.8	62.9	43.0	41.5
土耳其	22.3	35.7	48.6	45.9	40.7
埃及	16.8	11.8	13.2	16.2	16.0
摩洛哥	6.9	10.0	9.5	10.3	9.9
尼日利亚	5.6	7.9②	10.3	10.0	…
南非	18.4	30.5	33.0	29.2	26.7
突尼斯	5.5	7.9	7.9	8.3	8.5
墨西哥	43.5	75.9	114.8	130.9	148.7
阿根廷	4.1	20.1	30.5	31.4	25.5
巴西	22.5	53.8	65.0	…	…
智利	7.7	15.9	19.7	18.8	15.1
秘鲁	3.5	9.2	10.3	…	…
委内瑞拉	7.3	12.7	14.6	15.8	14.8
奥地利	49.1	66.4	64.8	68.2	68.8①
比利时	120.3③	159.7	157.3	162.2	160.8①
丹麦	32.4	45.1	44.0	45.4	44.0
芬兰	27.0	28.1	29.8	32.3	30.7
希腊	19.8	22.9	23.6	23.2	…
匈牙利	8.7	15.0	20.7	25.6	27.9
爱尔兰	20.7	33.1	39.2	44.6	46.0
荷兰	126.5	176.9	178.1	187.7	187.5①
卢森堡	7.6	9.7	9.4	7.4	10.9
挪威	27.2	33.0	35.7	36.2	34.0
波兰	8.4②	29.0	42.3	46.5	45.9
葡萄牙	25.3	33.3	35.1	38.5	38.5①
罗马尼亚	9.8	10.3	11.3	11.8	10.4
西班牙	87.6	113.3	122.7	133.1	144.4①
瑞典	54.3	64.7	65.7	68.2	68.5
瑞士	69.7②	77.0	71.1	73.9	75.4
乌克兰	…	16.1	17.1	14.7	11.8
澳大利亚	42.0	61.3	65.9	64.6	69.1

注:①1999年以欧元计算,与前不可比。②1995年起与以前年份不可比。③包括卢森堡。

资料来源:国际货币基金组织《国际金融统计年鉴》2000年,2001年。

表10 部分国家出口贸易总额

（单位:10亿美元）

	1990	1995	1997	1998	1999
中国	62.1	148.8	183.4	195.2	
香港特区	82.2	173.8	188.1	174.0	173.9
台湾地区	67.1	111.6	121.1	110.5	121.5
澳门特区	1.7	2.0	2.1	2.1	…
美国	393.6	584.7	688.7	682.1	702.1
日本	273.9	443.1	420.9	387.9	419.4
德国	410.1	523.8	512.4	543.4	541.1
法国	216.6	284.9	290.2	306.1	300.2①
英国	185.3	242.0	281.1	271.8	268.2
意大利	170.3	234.0	240.4	245.7	230.2
加拿大	127.6	165.4	214.4	214.3	238.4
俄罗斯联邦	…	81.1	88.3	74.9	74.7
印度	18.0	30.6	35.0	33.4	36.3
印度尼西亚	25.6	45.4	53.4	48.8	48.7
以色列	11.6	19.0	22.5	23.0	25.8
韩国	65.0	125.1	136.2	132.3	144.7
马来西亚	29.5	73.9	78.7	73.3	84.5
菲律宾	7.9	15.3	22.5	27.0	32.2
沙特阿拉伯	44.4	50.0	62.4	39.8	…
新加坡	52.7	118.3	125.0	109.9	114.7
泰国	23.1	56.4	57.4	54.5	58.4
土耳其	13.0	21.6	26.3	27.0	26.6
埃及	5.0	3.5	3.9	3.1	3.6
摩洛哥	4.3	6.9	7.0	7.2	7.4
尼日利亚	13.6	11.7②	15.2	9.7	…
南非	25.6	27.9	31.0	26.4	26.7
突尼斯	3.5	4.7	5.6	5.8	5.9
墨西哥	40.7	79.5	110.4	117.5	136.7
阿根廷	12.4	21.0	26.4	26.4	23.3
巴西	31.4	46.5	53.0	51.1	48.0
智利	8.4	16.0	16.7	14.8	15.6
秘鲁	3.2	5.6	6.8	5.7	6.1
委内瑞拉	17.5	18.5	21.6	17.2	19.9
奥地利	41.1	57.6	58.6	62.7	63.4①
比利时	118.3②	175.8	171.9	177.7	176.2①
丹麦	35.11	49.8	47.7	47.5	48.3
芬兰	26.6	39.6	39.3	43.0	40.7
希腊	8.1	11.0	8.6	…	…
匈牙利	9.6	12.4	18.6	23.0	24.0
爱尔兰	23.7	44.6	53.5	64.6	70.3
荷兰	131.8	196.3	194.9	201.4	200.3
卢森堡	6.3	7.8	7.0	7.9	7.9
挪威	34.0	42.0	48.5	39.6	44.9
波兰	13.6②	22.9	25.8	27.2	27.4
葡萄牙	16.4	23.2	24.0	24.8	23.9①
罗马尼亚	5.8	7.9	8.4	8.3	8.5
西班牙	55.5	91.0	104.4	109.3	110.0①
瑞典	57.5	79.8	82.9	84.8	84.8
瑞士	63.8②	78.0	72.5	75.4	76.1
乌克兰	…	13.3	14.2	12.6	11.6
澳大利亚	39.8	53.1	62.9	55.9	56.1

资料来源：国际货币基金组织《国际金融统计年鉴》2000年，2001年。

表11　2000年部分国家进口贸易总额

（单位:10亿美元）

	2000年进口贸易额		2000年进口贸易额		2000年进口贸易额
中国	206.1	菲律宾	33.8	比利时	173.4①
香港特区	212.8	沙特阿拉伯	–	丹麦	40.7
台湾地区	–	新加坡	134.5	芬兰	32.6①
澳门特区	2.3	泰国	61.9	希腊	–
美国	1 257.6	土耳其	53.5	匈牙利	32.0
日本	379.5	埃及	14.0	爱尔兰	50.5
德国	497.8①	摩洛哥	11.5	荷兰	197.3①
法国	301.0①	尼日利亚	–	卢森堡	10.3①
英国	334.3	南非	29.7	挪威	32.7
意大利	236.6	突尼斯	8.6	波兰	48.9
加拿大	244.8	墨西哥	–	葡萄牙	38.2①
俄罗斯联邦	49.1	阿根廷	25.1	罗马尼亚	13.1
印度	51.6	巴西	58.5	西班牙	152.9①
印度尼西亚	33.5	智利	18.1	瑞典	72.6
以色列	37.7	秘鲁	8.8	瑞士	76.1
韩国	160.5	委内瑞拉	16.2	乌克兰	–
马来西亚	82.2	奥地利	69.0①	澳大利亚	71.5

注:①10亿欧元。

资料来源:IMF2001年鉴。

表12　2000年部分国家出口贸易总额

（单位:10亿美元）

	2000年出口贸易额		2000年出口贸易额		2000年出口贸易额
中国	249.3	菲律宾	39.8	比利时	186.2①
香港特区	201.9	沙特阿拉伯	–	丹麦	49.5
台湾地区	–	新加坡	137.9	芬兰	44.5①
澳门特区	2.5	泰国	69.1	希腊	–
美国	781.1	土耳其	26.6	匈牙利	28.0
日本	479.2	埃及	4.7	爱尔兰	76.9
德国	549.6①	摩洛哥	–	荷兰	208.8①
法国	295.0①	尼日利亚	–	卢森堡	7.9①
英国	281.4	南非	30.0	挪威	57.5
意大利	238.3	突尼斯	5.9	波兰	31.7
加拿大	276.6	墨西哥	–	葡萄牙	23.3①
俄罗斯联邦	104.8	阿根廷	26.3	罗马尼亚	10.4
印度	42.1	巴西	55.1	西班牙	113.3①
印度尼西亚	62.1	智利	18.1	瑞典	86.9
以色列	31.3	秘鲁	7.0	瑞士	74.9
韩国	172.3	委内瑞拉	31.8	乌克兰	–
马来西亚	98.1	奥地利	64.1①	澳大利亚	63.9

注:①10亿欧元。

资料来源:IMF2001年鉴。

表13 部分国家货物及劳务进、出口贸易总额占国内生产总值比重

（单位：%）

	1990	1995	1996	1997	1998	1999
中国	2.8	2.1	3.8	3.8	3.8	2.9
美国	9.6	11.1	11.2	11.7	11.0	10.7
日本	10.7	9.4	9.9	11.1	11.1	10.3
德国	…	24.5	25.3	27.8	28.9	29.2
法国	21.3	22.5	23.0	25.5	26.1	26.1
英国	24.1	28.4	29.2	28.5	26.6	25.7
意大利	18.5	24.7	23.7	24.2	24.3	23.2
加拿大	25.2	36.7	38.5	39.5	41.4	43.2
澳大利亚	16.2	19.0	19.3	20.5	19.8	18.7
巴西	8.2	7.0	7.0	7.5	7.6	10.6
印度	7.6	11.1	10.6	10.9	11.2	…
韩国	29.1	30.2	29.5	34.7	49.4	42.1
荷兰	54.2	52.6	53.6	54.7	55.2	60.6

表14 部分国家国际收支经常项目收支差额及占国内生产总值比重

	10亿美元				占GDP%			
	1990	1995	1997	1998	1990	1995	1997	1998
国际收支经常项目收支差额								
美国	−91.9	−129.1	−155.2	−233.4	−1.6	−1.8	−1.9	−2.7
日本	43.9	111.4	94.1	121.6	1.5	2.2	2.2	3.2
德国	…	−23.6	−4.0	−9.0	…	−1.0	−0.2	−0.4
法国	−9.8	10.9	39.4	38.7	−0.8	0.7	2.8	2.7
英国	−33.5	−5.8	7.3	−11.0	−3.4	−0.5	0.6	−0.8
意大利	−17.2	25.1	33.7	27.3	−1.6	2.3	3.0	2.3
加拿大	−19.8	−5.5	−9.3	−12.4	−3.4	−1.0	−1.5	−2.1
西班牙	−18.0	1.1	2.5	−1.0	−3.7	0.2	0.5	−0.2
荷兰	9.2	24.6	22.2	21.1	3.2	6.2	6.1	5.6
瑞典	−6.5	5.0	6.6	4.8	−2.8	2.1	2.5	2.9
澳大利亚	−16.0	−19.6	−12.8	−18.0	−5.4	−5.6	−3.1	−5.0

资料来源：世界银行《世界经济展望》1999年5月。

表15 部分国家中央政府财政收入占国内生产总值比重

	1990	1995	1997	1998	1999
中国	15.8	10.67	11.56	12.65	13.95
美国	18.11	18.47	19.51	19.88	21.97
德国	…	31.36	31.82	31.56	…
法国	40.37	40.88	42.53	…	…
英国	36.64	35.81	36.00	37.46	36.84
意大利	30.78	29.25	31.57	28.72	32.13①
印度	13.62	12.69	12.37	12.11①	…
印度尼西亚	18.76	17.70	18.14	16.85	19.02
以色列	46.53	42.28	44.72	44.95	44.44
韩国	17.95	19.10	20.29	21.49	21.79
马来西亚	24.79	22.90	23.32	19.94	19.61
新加坡	28.62	33.86	40.61	43.11	34.69
南非	25.06	22.89	23.84	24.72	25.43
墨西哥	15.34	15.17	14.46	12.71	…
荷兰	32.16	32.01	28.06	28.07	…
西班牙	20.35	20.17	21.36	21.20	19.74
瑞典	44.24②	27.17	35.79	37.37	36.77
澳大利亚	25.00	23.29	24.63	…	…

注：①预计数。②与以后年份因口径不同不可比。

资料来源：国际货币基金组织《国际金融统计年鉴》2000年资料计算。

表16 部分国家外汇储备总额④(年末数)

(单位:10亿美元)

	1990	1995	1997	1998	1999	2000
中国	29.6②	75.4	142.8	149.2	157.7	168.3
美国	72.3	74.8	58.9	70.7	60.5	56.6
日本	78.5	183.3	219.6	215.5	286.9	354.9
德国	67.9	85.0	77.6	74.0	61.0①	56.9①
法国	36.8	26.8	30.9	44.3	39.7①	37.0①
英国	35.9	42.0	32.3	32.2	35.9	43.9①
意大利	62.9	34.9	55.7	29.9	22.4①	25.6①
加拿大	17.8	15.0	17.8	23.3	28.1	31.9
俄罗斯联邦	…	14.4	12.9	7.8	8.5	24.3
印度	1.5	17.9	24.7	27.3	32.7	37.9
印度尼西亚	7.5	13.7	16.6	22.7	26.4	22.5
以色列	6.3	8.1	20.3	22.7	22.6	23.3
韩国	14.8	32.7	20.4	52.0	74.0	96.1
马来西亚	9.8	23.8	20.8	25.6	30.6	29.5
菲律宾	0.9	6.4	7.3	9.2	13.2	13.1
沙特阿拉伯	11.7	8.6	14.9②	14.2	17.0	19.6
新加坡	27.2	68.7	71.3	74.9	76.8	80.1
泰国	13.3	36.0	26.2	28.8	34.1	32.0
土耳其	6.1	12.4	18.7	19.5	23.3	22.5
埃及	2.7	16.2	18.7	18.1	14.5	13.1
尼日利亚	3.9	1.4	…	…	…	–
南非	1.0	2.8	4.8	4.4	6.4	6.1
墨西哥	9.9	16.8	28.8	31.8	31.8	35.5
阿根廷	4.6	14.3	22.3	24.8	26.3	25.1
巴西	7.4	49.7	50.8	42.6	34.8	32.5
智利	6.1	14.1	17.3	15.7	14.4	14.7
秘鲁	1.0	8.2	11.0	9.6	8.7	8.4
委内瑞拉	8.3	6.3	14.4	11.9	12.3	13.1
奥地利	9.4	18.7	19.7	22.4	15.1①	14.3①
比利时	12.1	16.2	16.2	18.3	10.9①	10.0①
保加利亚	…	1.2	2.2	2.8	3.1	3.3
捷克共和国	…	13.8	9.7	12.5	12.8	13.0
丹麦	10.6	11.0	19.1	15.3	22.3	15.1
芬兰	9.6	10.0	8.4	9.7	8.2①	8.5①
希腊	3.4	14.8	12.6	17.5	18.1	13.4
匈牙利	1.1	12.0	8.4	9.3	11.0	11.2
荷兰	17.5	33.7	24.9	21.4	10.1①	9.6①
挪威	15.3	22.5	23.4	18.6	20.4	20.2
波兰	4.5	14.8	20.5	27.3	26.4	25.7
葡萄牙	14.5	15.9	15.7	15.8	8.8①	8.9①
罗马尼亚	0.5	1.6	3.8	2.9	2.7	3.9
西班牙	51.2	34.5	68.4	55.3	33.1①	31.0
瑞典	18.0	24.1	10.8	14.1	15.0	14.9
瑞士	29.2	36.4	39.0	41.1	36.3	32.3
澳大利亚	16.3	11.9	16.8	14.6	21.2	18.1
新西兰	4.1	4.4	4.5	4.2	4.5	3.3

注:①10亿欧元。②1990年与以后年份口径有变化不可比。③1997年起与目前年份口径有变化不可比。④包括外汇、特别提款权、在储备基金中的地位。

资料来源:国际货币基金组织《国际金融统计年鉴》2000年,2001年。

表 17 部分国家消费物价指数(比上一年)

(单位:%)

	1990	1995	1997	1998	1999
中国	3.1	16.9	2.8	-0.8	-1.4
美国	5.4	2.8	2.3	1.6	2.2
日本	3.1	-0.1①	1.7	0.6	-0.3
德国	2.7	1.7①	1.9	0.9	0.6
法国	3.4	1.8	1.2	1.7	0.5
英国	9.5	3.4	3.1	3.4	1.6
意大利	6.5	5.2①	2.0	2.0	1.7
加拿大	4.8	2.2②	1.6	1.0	1.7
俄罗斯联邦	…	197.5	14.7	27.7	85.7
印度	9.0	10.2	7.2	13.2	4.7
印度尼西亚	7.8	9.4①	6.7③	57.6	20.5
以色列	17.2	10.0①	9.0	5.4	5.2
韩国	8.6	4.5①	4.4	7.5	0.8
马来西亚	2.6	5.3①	2.7	5.3	2.7
菲律宾	13.2	8.0	5.9	9.7	6.7
沙特阿拉伯	2.1	4.9	…	-0.6	-1.4
新加坡	3.5	1.7	2.0	-0.3③	…
泰国	6.0	5.8	5.6	8.1	0.3
土耳其	60.3	88.1①	85.7	84.6	64.9
埃及	16.8	15.7③	4.6	4.2	3.1
尼日利亚	7.4	72.8	8.2	10.3	6.6
南非	14.4	8.6	8.6	6.9	5.2
墨西哥	26.7	35.0①	20.6	15.9	16.6
阿根廷	2 314.0	3.4	0.5	0.9	-1.2
巴西	2 947.7	66.0	6.9	3.2	4.9
智利	26.0	8.2	6.1	5.1	3.3
秘鲁	…	11.1	8.6	7.2	3.5
委内瑞拉	40.7	59.9	50.0	35.8	23.6④
奥地利	3.3	2.3	1.3	0.9	0.6
比利时	3.5	1.5①	1.6	1.0	1.1
保加利亚	23.8	62.1①	1 061.6	18.7	2.6
捷克共和国	…	9.1	8.4	10.7	2.1
丹麦	2.0	2.1	2.2	1.8	2.5
芬兰	6.1	1.0①	1.2	1.4	1.2
希腊	20.4	8.9①	5.5	4.8	2.6
匈牙利	29.0	28.3①	18.3	14.4	10.3
荷兰	2.5	1.9	2.2	2.0	2.2
挪威	4.1	2.5	2.6	2.3	2.3
波兰	555.4	26.8①	15.9	11.7	7.3
葡萄牙	13.4	4.1①	2.2	2.8②	2.3
罗马尼亚	…	32.2	154.8	59.1	45.8
西班牙	6.7	4.7	2.0	1.8	2.3
瑞典	10.5	2.5	0.5	-0.1	0.5
瑞士	5.4	1.8①	0.5	0.1	0.8
澳大利亚	7.3	4.6	0.3	0.9	1.5
新西兰	1.5	3.7	1.2	1.3	-0.1

注:①1995 年起,与以前年份不可比。②1997 年起,口径有变化,与以前年份不可比。③1997 年起口径有变化与以前年份不可比。④口径有变化,与以前年份不可比。

资料来源:国际货币基金组织《国际金融统计年鉴》2000 年。

表 18 OECD成员国提供的官方发展援助占国内生产总值比重

	1980	1990	1995	1996	1997	1998[①]	1998 年实际数(百万美元)[①]
美国	0.27	0.21	0.10	0.12	0.09	0.10	8 130
加拿大	0.43	0.44	0.38	0.32	0.34	0.29	1 684
日本	0.32	0.31	0.28	0.20	…	…	10 683
韩国	…	…	…	0.03	…	…	…
奥地利	0.23	0.25	0.33	0.24	0.26	0.24	506
比利时	0.50	0.46	0.38	0.34	0.31	0.35	878
捷克	…	…	0.06[②]	…	…	…	…
丹麦	0.74	0.94	0.96	1.04	0.97	0.99	1 704
芬兰	0.22	0.65	0.32	0.34	0.33	0.32	396
法国	0.44	0.60	0.55	0.48	0.45	0.41	5 899
德国	0.44	0.42	0.31	0.33	0.28	0.26	5 589
爱尔兰	0.16	0.16	0.29	0.29	0.31	0.31	205
意大利	0.15	0.31	0.15	0.20	0.11	0.20	2 356
卢森堡	0.11	0.21	0.36	0.44	0.55	0.61	106
荷兰	0.97	0.92	0.81	0.81	0.81	0.80	3 049
挪威	0.87	1.17	0.87	0.85	0.86	0.91	1 321
葡萄牙	0.02	0.24	0.25	0.21	0.25	…	250
西班牙	0.08	0.20	0.24	0.22	0.24	0.25	1 383
瑞典	0.78	0.91	0.77	0.84	0.79	0.71	1 551
瑞士	0.24	0.32	0.34	0.34	034	0.33	888
英国	0.35	0.27	0.29	0.27	0.26	0.27	3 835
澳大利亚	0.48	0.34	0.36	0.28	0.28	0.28	998
新西兰	0.33	0.23	0.23	0.21	0.26	0.27	130

注:①预计数。②1994 年。

资料来源:OECD 发展援助委员会《环境资料》1999 年。

以上各表资料来源:1. 世界银行《世界发展报告》、《世界发展指标》、《世界经济展望》。

2. 国际货币基金组织《国际金融统计年鉴》。

3. 中国国家统计局《中国统计年鉴》。

4.OECD 发展委员会《环境资料》。

(二)资源

表19 部分国家能源生产构成

(单位:%)

	年份	总生产量(百万吨标准煤)	固体燃料	液体燃料	气体燃料	电力
中国	1990	1 106.4	74.1	19.3	2.0	4.6
	1995	1 290.3	75.3	16.6	1.9	6.2
	1996	1 326.2	75.2	17.0	2.0	5.8
美国	1990	2 308.9	33.4	26.3	28.6	11.6
	1995	2 468.9	35.9	22.7	29.0	12.4
	1996	2 494.3	36.6	21.6	29.2	12.5
日本	1990	99.9	7.3	0.8	2.9	89.1
	1995	132.8	3.9	0.8	2.3	93.0
	1996	137.4	3.9	0.7	2.3	93.1
德国	1992	228.6	61.7	2.1	9.3	26.9
	1995	199.9	56.4	2.1	11.4	30.2
	1996	197.9	53.4	2.1	12.6	31.9
法国①	1990	142.3	7.8	3.4	1.9	86.9
	1995	165.7	4.4	2.5	2.6	90.3
	1996	171.2	4.2	2.1	2.2	91.4
英国	1990	300.8	26.4	43.6	21.6	8.4
	1995	364.7	12.5	51.3	26.8	9.3
	1996	382.4	11.3	48.7	30.6	9.4
意大利	1990	37.6	1.1	17.8	59.2	22.0
	1995	42.9	0.2	17.5	60.4	21.9
	1996	44.3	0.2	17.6	58.6	23.5
加拿大	1990	386.6	13.7	33.6	36.3	16.4
	1995	496.0	11.4	31.3	42.2	15.1
	1996	489.5	11.8	29.6	43.2	15.5
俄罗斯	1995	1 462.7	13.2	29.8	53.0	4.0
	1996	1 430.2	13.1	30.1	52.8	4.0
印度	1990	245.4	70.2	19.9	5.4	4.5
	1995	311.5	73.0	15.3	7.9	3.8
	1996	340.4	71.7	14.6	10.2	3.5
韩国	1990	31.5	35.2	–	–	64.8
	1995	29.3	12.6	–	–	87.4
	1996	31.3	10.2	–	–	89.7
阿根廷	1990	69.4	0.3	53.5	39.0	7.1
	1995	95.9	0.3	55.1	37.7	6.8
	1996	101.4	0.3	58.3	34.7	6.6
巴西	1990	80.4	3.6	57.3	6.3	32.6
	1995	93.6	3.5	55.1	7.1	34.4
	1996	102.0	3.0	56.9	7.3	32.9
澳大利亚	1990	211.3	67.6	18.7	12.8	0.9
	1995	259.2	74.3	12.5	12.4	0.8
	1996	267.6	73.2	11.0	15.1	0.7

注:①包括摩纳哥。②包括圣马力诺。

资料来源:联合国《能源年鉴》1994年,1996年。国家统计局《中国统计年鉴》2000年。

表 20 部分国家能源消费构成

(单位:%)

	年份	总消费量(百万吨标准煤)	固体燃料	液体燃料	气体燃料	电力	人均消费量(公斤)
中国	1990	987.0	76.2	16.6	2.1	5.1	…
	1995	1 311.8	74.6	17.5	1.8	6.1	…
	1996	1 389.5	74.7	18.0	1.8	5.5	…
美国	1990	2 686.9	24.9	39.2	25.9	10.0	10 751
	1995	3 032.0	26.6	35.7	27.4	10.3	11 351
	1996	3 095.21	27.3	35.6	26.8	10.3	11 487
日本	1990	564.2	20.3	51.7	12.2	15.8	4 567
	1995	638.4	19.6	48.2	12.9	19.3	5 105
	1996	655.2	19.6	47.3	13.6	19.5	5 227
德国	1992	382.6	28.2	36.9	20.0	14.9	6 241
	1995	461.0	28.4	35.7	22.7	13.2	5 649
	1996	478.1	27.2	35.5	24.3	13.1	5 836
法国①	1990	294.6	9.8	37.5	13.0	40.1	5 193
	1995	308.1	7.3	31.8	15.3	45.8	5 300
	1996	326.6	7.2	31.9	15.9	45.3	5 597
英国	1990	307.4	29.5	37.6	24.3	26.8	5 335
	1995	310.3	21.9	34.5	31.9	35.9	5 323
	1996	328.0	19.5	33.3	35.7	37.9	5 620
意大利②	1990	223.7	8.6	57.6	28.1	5.6	3 922
	1995	235.6	7.5	56.5	30.1	5.9	4 115
	1996	230.3	7.0	54.7	31.7	6.5	4 024
加拿大	1990	291.9	11.5	37.0	29.7	21.8	10 503
	1995	322.1	10.7	34.6	32.7	21.9	10 956
	1996	326.5	10.7	34.5	33.2	21.8	11 001
俄罗斯	1995	959.4	20.1	18.1	55.9	56.5	6 462
	1996	896.2	20.2	19.0	56.7	54.8	6 050
印度	1990	269.2	66.6	24.3	4.9	4.2	316
	1995	359.2	66.0	23.8	6.8	3.4	387
	1996	400.1	63.7	24.5	8.7	3.1	424
韩国	1990	119.1	30.1	49.5	3.6	17.2	2 779
	1995	186.5	23.2	55.9	7.1	13.7	3 185
	1996	201.5	23.4	54.1	8.5	13.9	4 446
阿根廷	1990	61.3	2.0	40.9	48.9	8.2	1 882
	1995	76.8	1.7	38.4	50.9	8.9	2 208
	1996	73.8	1.5	37.7	51.2	9.6	2 097
巴西	1990	117.0	11.4	59.1	4.4	25.0	788
	1995	145.4	11.5	58.9	4.5	25.1	915
	1996	154.3	10.9	59.6	4.8	24.7	958
澳大利亚	1990	127.1	42.7	37.4	18.4	1.4	7 529
	1995	139.4	47.6	35.3	15.6	1.4	7 802
	1996	151.2	47.3	33.9	17.4	1.3	8 371

注:①包括摩纳哥。②包括圣马力诺。

资料来源:联合国《能源年鉴》1994、1996 年。国家统计局《中国统计年鉴》2000 年。

表21 部分国家商业能源使用情况(按石油当量计算)

	总使用量(千吨)		人均使用量(公斤)		1990～1997年人均使用量	每公斤石油当量能源使用创造的GDP(美元)		能源净进口量占能源使用量的%	
	1990	1997	1990	1997	年平均增减%	1990	1997	1990	1997
中国	866 666	1 113 050	763	907	2.9	1.8	3.3	-3	1
香港特区	10 455	14 121	1 833	2 172	2.2	8.7	10.6	100	100
美国	1 925 680	2 162 190	7 720	8 076	0.8	2.9	3.6	14	22
日本	438 797	514 898	3 552	4 084	2.2	5.4	6.0	83	79
德国	355 732	347 272	4 478	4231	-0.6	4.3	5.2	48	60
法国	227 600	24 7534	4 012	4 224	0.5	4.3	5.0	51	48
英国	213 090	227 977	3 702	3 863	0.7	4.4	5.3	2	-18
意大利	153 316	163 315	2 703	2 839	0.5	6.3	7.3	84	82
加拿大	209 712	237 983	7 546	7 930	1.0	2.6	3.0	-31	-52
俄罗斯联邦	906 433	591 982	6 112	4 019	-6.2	1.6	1.7	-40	-57
印度	259 846	461 032	424	479	1.9	3.3	4.2	7	12
印度尼西亚	98 846	138 779	555	693	3.1	3.4	4.5	-69	-60
伊朗	72 342	108 289	1 330	1 777	3.7	2.9	3.0	-151	-108
韩国	91 402	176 351	2 132	3 834	8.9	4.0	3.9	76	86
沙特阿拉伯	63 275	98 449	4 004	4 906	1.7	2.5	2.1	-483	-395
泰国	43 706	79 963	786	1 319	8.5	4.9	4.7	39	42
土耳其	52 498	71 273	935	1 142	2.9	5.0	5.7	51	61
尼日利亚	70 905	88 652	737	753	0.2	1.0	1.1	-112	-115
南非	91 229	107 220	2 592	2 636	0.3	3.1	3.3	-26	-33
阿根廷	43 313	61 710	1 332	1 730	3.7	5.6	6.9	-9	-30
巴西	136 131	172 030	920	1 051	2.0	5.8	6.5	27	30
墨西哥	124 187	141 520	1 492	1 501	-0.3	4.2	5.1	-57	-58
委内瑞拉	40 851	57 530	2 095	2 526	1.3	2.4	2.4	-221	-255
比利时	48 426	57 125	4 858	5 611	1.7	3.8	4.1	74	77
荷兰	66 593	74 910	4 454	4 800	1.1	3.8	4.6	10	13
波兰	100 114	105155	2 626	2 721	0.8	2.1	2.7	1	4
西班牙	90 552	107 328	2 332	2 729	2.0	5.3	5.9	62	71
乌克兰	252 631	150 059	4 868	2 960	-75	1.3	1.1	46	46
澳大利亚	87 155	101 626	5 107	5 484	1.3	3.2	4.0	-80	-96

资料来源:世界银行《世界发展报告》2000/2001年。

表22 部分国家土地资源

	1997年永久性作物用地占土地面积%	水浇地占农田%(1995~1997年平均)	人均可耕地面积(公顷),(1995~1997年平均)	可耕地面积增减情况(千公顷)			森林占土地面积%
				1990年	1998年	1990~1998年增、减量	(1995年)
中国	1.2①	37.7	0.10	…	130 039.2	…	…
美国	0.2	12.0	0.67	187 776	179 000	−8 776	23.2
日本	1.0	62.8	0.03	5 243	4 949	−294	66.8
德国	0.7	3.9	0.14	12 414	12 060	−354	30.8
法国	2.1	8.5	0.31	17 999	18 310	+311	27.3
英国	0.2	1.7	0.10	6 657	6 425	−232	9.9
意大利	9.0	24.9	0.14	11 972	10 974	−998	22.1
加拿大	0.0	1.6	1.53	45 950	45 700	−250	26.5
俄罗斯联邦	0.1	4.0	0.86	…	…	…	45.2
印度	2.7	32.4	0.17	169 438	169 500	+62	21.9
印度尼西亚	7.2	15.5	0.09	31 973	30 987	−986	60.6
韩国	2.0	60.6	0.04	2 109	1 924	−185	77.2
马来西亚	17.6	4.5	0.09	1 700	1 820	+120	47.1
泰国	6.6	0.3	0.49	20 603	20 375	−228	22.8
阿尔及利亚	4.6	48.4	0.18	7 635	8 159	+524	0.8
埃及	0.5	99.9	0.05	2 648	3 300	+625	…
南非	0.8	7.9	0.38	14 300	15 750	+1 450	7.0
阿根廷	0.8	6.3	0.71	27 200	27 200	0	12.4
秘鲁	0.4	42.0	0.15	3 920	4 140	+220	52.8
巴西	1.4	4.8	0.33	56 600	65 300	+8 700	65.2
荷兰	1.0	61.0	0.06	909	935	+26	9.9
波兰	1.2	0.7	0.37	14 733	14 321	−412	28.7
西班牙	9.7	18.1	0.38	20 172	19 059	−1 113	16.8
澳大利亚	0.0	5.1	2.75	53 218	57 856	+4 538	5.3

注:①包括台湾。②系1996年普查的耕地面积。

资料来源:世界银行《世界发展报告》2000/2001年。联合国粮农组织《生产年鉴》1999年。国际开发署《人文发展报告》1998年。

表23 部分国家电力资源

	总发电量(10亿度)		煤(%)		油(%)		水力(%)		天然气(%)		核能(%)	
	1980	1997	1980	1997	1980	1997	1980	1997	1980	1997	1980	1997
中国	300.6	1 163.4	57.0	74.2	24.2	7.2	18.6	16.8	0.2	0.6	–	1.2
美国	2 427.3	3 670.6	51.2	53.8	10.8	2.9	11.5	9.0	15.3	13.8	11.0	18.2
日本	572.5	1 029.5	9.6	19.1	46.2	18.2	15.4	8.7	14.2	20.5	14.4	30.1
德国	466.3	548.0	62.9	53.4	5.7	1.3	4.1	3.2	14.2	9.2	11.9	31.1
法国	256.9	498.9	27.2	5.2	18.9	1.5	26.9	12.5	2.7	1.0	23.8	79.3
英国	284.1	343.9	73.2	34.8	11.7	2.3	1.4	1.2	0.7	31.3	13.0	28.5
意大利	183.5	246.5	9.9	10.0	57.0	46.0	24.7	16.9	5.0	24.9	1.2	–
加拿大	373.3	575.0	16.0	17.4	3.7	2.4	67.3	61.1	2.5	4.1	10.2	14.4
俄罗斯联邦	…	833.1	…	16.8	…	5.3	…	18.8	…	45.3	…	13.1
印度	119.3	463.4	49.9	73.1	7.7	2.6	39.0	16.1	0.8	6.0	2.5	2.2
韩国	37.2	244.0	6.1	37.4	78.7	16.8	5.3	1.2	…	13.0	9.3	31.6
埃及	18.9	57.7	…	…	27.7	35.2	51.8	20.8	20.5	44.0	…	…
尼日利亚	7.1	15.0	0.4	…	45.1	26.1	39.0	36.7	15.5	37.2	…	…
阿根廷	39.7	71.9	2.5	1.0	31.9	3.6	38.1	39.1	21.0	44.9	5.9	11.0
巴西	139.4	307.3	2.0	1.8	3.8	3.2	92.5	90.8	…	0.4	…	0.8
智利	11.8	34.0	14.9	33.8	19.1	7.7	62.5	55.7	1.2	2.1	…	…
墨西哥	67.0	175.0	0	10.0	57.9	54.3	25.2	15.1	15.5	11.5	…	6.0
委内瑞拉	36.9	74.9	…	…	14.5	2.7	39.6	76.3	45.9	21.0	…	…
比利时	53.1	78.1	29.4	20.9	34.7	1.8	0.5	0.4	11.2	14.6	23.6	60.7
匈牙利	23.9	35.4	53.5	29.8	12.6	15.3	0.5	0.6	33.5	14.8	…	39.5
荷兰	64.8	86.7	13.7	30.0	38.4	4.2	…	0.1	39.8	58.3	6.5	2.8
波兰	120.9	140.9	94.7	96.7	2.9	1.4	1.9	1.4	0.1	0.2	…	…
瑞典	96.3	149.4	0.2	1.9	10.4	2.1	61.1	46.2	…	0.5	27.5	46.8
澳大利亚	95.2	182.6	73.3	80.1	5.4	1.3	13.6	9.2	7.6	9.0	…	…

表24 部分国家淡水资源及利用情况(1998年)

	淡水资源	淡水使用量				
	人均立方米	10亿立方米	占资源总量%	农业用量占%	工业用量占%	生活用水占%
中国	2 285	525.5	16.4	77	18	5
美国①	9 168	447.7	18.1	27	65	8
日本	3 402	91.4	21.3	64	17	19
德国①	2 169	46.3	26.0	0	86	14
法国①	3 246	40.6	21.3	12	73	15
英国	2 489	9.3	6.4	3	77	20
意大利①	2 909	57.5	34.3	45	37	18
加拿大①	92 142	45.1	1.6	9	80	11
俄罗斯联邦①	30 619	77.1	1.7	20	62	19
印度①	1 947	500.0	26.2	92	3	5
韩国	1 501	23.7	34.0	63	11	26
泰国①	6 698	33.1	8.1	91	4	5
埃及①	949	55.1	94.5	86	8	6
尼日利亚①	2 381	4.0	1.4	54	15	31
南非	1 208	13.3	26.6	72	11	17
阿根廷①	27 865	28.6	2.8	75	9	16
巴西①	42 459	54.9	0.5	61	18	21
智利	32 007	21.4	3.6	84	11	5
荷兰	5 797	7.8	8.6	34	61	5
挪威①	88 673	2.0	0.5	8	72	20
西班牙①	2 847	35.5	31.7	62	26	12
澳大利亚	18 772	15.1	4.3	33	2	65

注:①人均水资源及使用量中均包括从其他国家流入的河流。

以上各表资料来源:1. 世界银行《世界发展报告》、《世界发展指标》。

2. 联合国粮农组织《生产年鉴》。

3. 联合国《能源年鉴》。

4. 国际开发署《人文发展报告》。

(三)环保

表 25 部分国家排污支出占国内生产总值比重

(单位:%)

	1985	1990	1995	1996	1997
日本	0.9	0.9	0.8	…	…
韩国	…	…	0.8	0.8	1.0
加拿大	0.5	0.7	0.6	…	…
美国	0.5	0.6	0.7①	…	…
墨西哥	0.4	0.3	0.3	0.3	0.2
奥地利	1.0	1.1	1.0①	…	…
比利时	…	…	0.4	0.5	0.5
捷克共和国	…	…	0.8	0.8	…
丹麦	0.7	0.6	0.6	0.6	…
芬兰	…	…	0.5	0.6	0.6
法国	0.6	0.7	1.0	1.0	…
德国	…	…	…	0.8	…
西德部分	0.7	0.8	0.8	…	…
希腊	…	0.5	0.5	…	…
匈牙利	…	…	…	0.4	0.3
冰岛	0.3	0.3	0.3	0.3	…
意大利	…	0.6②	…	…	…
荷兰	1.0	0.9	1.3	…	…
波兰	…	0.2	0.3	0.6	0.6
葡萄牙	…	0.7	0.6①	…	…
西班牙	…	0.6	0.5③	…	…
瑞典	…	0.8④	…	…	…
瑞士	0.7	1.0⑤	…	…	…
英国	0.7	0.4	…	…	…
澳大利亚	…	…	0.5	0.5	…

注:①1994 年。②1989 年。③1993 年。④1991 年。⑤1992 年。

表 26　部分国家环保科学研究与开发支出(1991 年价格计算)

（百万美元）

	1980	1990	1995	1997	1998
加拿大②	35.1	58.2	108.7	96.6①③	92.4①③
墨西哥	…	12.5	6.1	12.9	14.0
美国②	385.5	409.7	497.0	497.2	553.7①
日本	…	48.4	71.0	86.7	93.4
奥地利②	2.4	14.0	24.4	19.9	21.6①
比利时	23.0	9.3	17.1	26.8	21.8
捷克共和国	…	…	…	…	26.9
丹麦	7.0	25.7	30.2	22.9③	30.5③
芬兰	2.9	9.9	20.9③	23.5③	23.3
法国	99.6	96.2	238.4	238.6	255.7①
德国	221.0	439.7	471.9	468.9①	…
希腊	2.9	6.2	11.0①	…	…
冰岛	…	…	1.7	2.5	2.0
爱尔兰	0.7	1.4	2.7	3.3①	…
意大利	29.6	159.3	143.3	133.6	…
荷兰	…	87.0	88.3	97.6	100.1①
挪威	13.1	21.1	20.9	22.4	24.6①
葡萄牙	…	11.5	23.5	30.5	35.2
西班牙	5.1	112.2	69.5	62.1	86.5
瑞典	24.1	57.3	41.9③	…	11.5③
瑞士	…	19.0	…	…	…
英国	65.7	118.0	186.6	181.8	…
澳大利亚②	41.2	47.0	…	…	…
新西兰	…	6.8	8.8	2.5	…

注:①预计数。②仅联邦政府。③与以前年份不可比。
资料来源:国际开发署《人文发展报告》1998 年。

表 27　部分国家环保科学研究支出占总预算拨款百分比

（单位:%）

	1980	1990	1995	1997	1998
加拿大②	1.6	1.9	4.5	4.4①③	4.0①③
墨西哥	…	1.4	0.6	0.8	1.0
美国②⑤	0.8	0.6	0.8	0.8	0.9①
日本④	…	0.5	0.6	0.6	0.6
奥地利②	0.5	1.9	2.5	2.1	2.2①
比利时	2.8	0.9	1.5	2.2	1.7①
捷克共和国	…	…	…	…	5.4
丹麦	2.1	3.8	4.4	2.9③	3.7③
芬兰	0.8	1.4	2.5③	2.3③	2.3
法国	1.1	0.7	1.9	2.0	2.2
德国	2.0	3.5	3.6	3.7①	…
希腊	2.6	2.8	3.6①	…	…
冰岛	…	…	3.4	4.6	2.9
爱尔兰	0.6	1.2	1.3	1.6①	…
意大利	1.0	2.2	2.4	2.5	…
荷兰	…	3.4	3.9	3.8	4.0①
挪威	3.0	3.2	2.8	2.9	3.0①
葡萄牙	…	3.2	4.6	4.9	5.1
西班牙	0.6	4.3	2.6	2.2	2.6
瑞典	1.7	3.2	2.3③	…	0.8③
瑞士	…	1.8	…	…	…
英国	0.7	1.4	2.3	2.3	…
澳大利亚②	2.9	2.9	…	…	…
新西兰	…	2.6	3.3	0.8	…

注:①预计数。②仅联邦政府。③与以前年份不可比。④不包括社会科学预算。⑤不包括支付给高等教育的科研拨款。

资料来源:国际开发署《人文发展报告》1998 年。

表 28 部分国家有机水污染物排放量

	排放量 千克/日		1997 年有机水污染物排放中主要工业部门所占%							
	1980	1997	冶金	造纸	化工	食品、饮料	建材	纺织	木材	其他
中国	3 377 105	7 396 000	20.6	11.9	14.2	28.9	0.4	14.1	1.0	8.9
美国	2 742 993	2 584 818	8.8	32.8	10.1	27.3	0.2	7.3	2.7	10.9
日本	1 456 016	1 468 545	8.6	21.9	8.9	38.9	0.2	6.8	1.9	12.8
德国	…	811 315	12.7	16.8	15.5	30.6	0.3	4.8	2.2	17.2
法国	729 776	585 382	11.6	21.2	10.8	37.7	0.2	6.1	1.8	10.9
英国	964 510	642 362	7.4	26.3	10.6	35.0	0.1	6.9	2.0	10.4
意大利	442 712	359 578	12.1	16.0	11.8	28.7	0.3	16.1	2.5	12.6
加拿大	330 241	295 525	9.6	29.8	9.1	34.0	0.1	5.8	3.9	7.6
俄罗斯联邦	…	1 615 346	18.2	6.8	9.2	44.7	0.4	8.0	2.6	10.0
印度	1 422 564	1 664 150	15.5	7.5	8.2	51.5	0.2	11.6	0.3	5.2
韩国	281 900	340 035	11.8	17.5	11.7	26.3	0.3	16.6	1.6	14.3
埃及	169 146	216 060	12.4	5.3	9.5	50.1	0.3	18.2	0.6	3.7
尼日利亚	72 082	57 224	12.1	9.3	10.4	57.0	0.2	7.3	2.2	1.6
南非	237 599	241 756	11.6	16.4	9.7	41.8	0.2	10.8	3.3	6.2
阿根廷	244 711	186 844	6.3	12.6	8.1	59.4	0.2	7.4	1.5	4.6
巴西	866 790	690 876	19.0	12.6	9.3	41.6	0.2	10.9	1.6	4.8
墨西哥	130 993	142 921	9.9	9.4	13.2	54.5	0.2	6.6	0.4	5.8
匈牙利	201 888	139 453	10.7	10.2	8.3	50.3	0.2	11.6	1.8	6.9
荷兰	165 416	126 892	7.6	26.0	11.7	42.7	0.2	2.4	1.2	8.2
波兰	580 869	385 331	15.5	4.9	6.7	48.7	0.3	13.4	2.0	8.5
西班牙	376 253	335 240	7.3	17.7	8.8	46.3	0.3	8.6	3.4	7.6
瑞典	130 439	91 981	10.9	37.0	7.6	27.8	0.1	1.6	3.3	11.7
澳大利亚	204 333	173 269	12.4	22.8	6.7	43.5	0.2	5.3	2.8	6.3

表29 部分国家能源效率与 CO_2 排放量

	单位能源使用产生的GDP美元(1995年)/千克油当量		二氧化碳排放量							
			总量(百万吨)			人均(吨/人)			千克/GDP的美元价值(1995年美元价)	
	1980	1996	1980	1990	1996	1980	1990	1996	1980	1996
中国	0.3	0.7	1 476.8	2 401.7	3 363.5	1.5	2.1	2.8	8.9	4.4
美国	2.7	3.4	4 575.4	4 824.0	5 301.0	20.1	19.3	20.0	0.9	0.7
日本	9.3	10.5	920.4	1 070.7	1 167.7	7.9	8.7	9.3	0.3	0.2
德国	…	7.0	…	889.2	861.2	…	11.1	10.5	…	0.9
法国	6.1	6.1	482.7	353.2	361.8	9.0	6.2	6.2	0.4	0.2
英国	4.0	4.8	583.8	563.3	557.0	10.4	9.8	9.5	0.7	0.5
意大利	6.0	6.8	371.9	398.9	403.2	6.6	7.0	7.0	0.5	0.4
加拿大	2.1	2.5	420.9	409.6	409.4	17.1	14.7	13.7	1.0	0.7
俄罗斯联邦	0.5	0.5	…	1 954.4	1 579.5	…	13.1	10.7	…	4.7
印度	0.6	0.8	347.3	675.3	997.4	0.5	0.8	1.1	2.4	2.8
印度尼西亚	1.3	1.6	94.6	165.2	245.1	0.6	0.9	1.2	1.3	1.1
伊朗	1.4	1.1	116.1	212.4	266.7	3.0	3.9	4.4	2.1	2.9
韩国	3.1	3.0	125.2	241.2	408.1	3.3	5.6	9.0	0.9	0.8
马来西亚	2.9	2.3	28.0	55.3	119.1	2.0	3.0	5.6	0.9	1.3
沙特阿拉伯	3.0	1.4	130.7	177.1	267.8	14.0	11.2	13.8	1.2	2.1
泰国	2.3	2.2	40.0	95.7	205.4	0.9	1.7	3.4	0.8	1.2
土耳其	2.8	2.8	76.3	143.8	178.3	1.7	2.6	2.8	0.9	1.0
埃及	1.8	1.6	45.2	75.4	97.9	1.1	1.4	1.7	1.5	1.6
南非	1.7	1.4	211.3	291.1	292.7	7.7	8.3	7.3	1.9	2.1
阿根廷	5.7	5.0	107.5	109.7	129.9	3.8	3.4	3.7	0.5	0.4
巴西	4.7	4.4	183.4	202.6	273.4	1.5	1.4	1.7	0.4	0.4
比利时	4.6	4.9	127.2	97.4	106.0	12.9	9.8	10.4	0.6	0.4
荷兰	4.4	5.4	152.6	138.9	155.2	10.8	9.3	10.0	0.5	0.4
波兰	0.9	1.2	456.2	347.6	356.8	12.8	9.1	9.2	4.2	2.8
罗马尼亚	0.6	0.7	191.8	155.1	119.3	8.6	6.7	5.3	5.3	3.5
西班牙	5.7	5.6	200.0	211.7	232.5	5.3	5.5	5.9	0.5	0.4
乌克兰	…	0.5	…	631.1	397.3	…	12.1	7.8	…	5.1
澳大利亚	3.3	3.7	202.8	266.0	306.6	13.8	15.6	16.7	0.9	0.8

资料来源:世界银行《世界发展指标》1999年。

表 30　部分国家濒危物种与保护区

	国家保护区		哺乳动物		鸟类		高等植物[①]	
	千平方公里（1996 年）	占土地总面积 %（1996 年）	物种（1996 年）	濒危物种（1996 年）	物种（1996 年）	濒危物种（1996 年）	物种（1997 年）	濒危物种（1997 年）
中国	598.1	6.4	394	75	1 100	90	32 200	312
美国	1 226.7	13.4	428	35	650	50	19 473	4 669
日本	25.5	6.8	132	29	250	33	5 565	707
德国	94.2	27.0	76	8	239	5	2 682	14
法国	58.8	10.7	93	13	269	7	4 630	195
英国	50.6	20.9	50	4	230	2	1 623	18
意大利	21.5	7.3	90	10	234	7	5 599	311
加拿大	921.0	10.0	193	7	426	5	3 270	278
俄罗斯	516.7	3.1	269	31	628	38	…	214
印度	142.9	4.8	316	75	923	73	16 000	1 236
印度尼西亚	192.3	10.6	436	128	1 519	104	29 375	264
韩国	6.8	6.9	49	6	112	19	2 898	66
马来西亚	14.8	4.5	286	42	501	34	15 500	490
泰国	70.7	13.8	265	34	616	45	11 625	385
埃及	7.9	0.8	98	15	153	11	2 076	82
肯尼亚	35.0	6.1	359	43	844	24	6 506	240
尼日利亚	30.2	3.3	274	26	681	9	4 715	37
坦桑尼亚	138.2	15.6	316	33	822	30	10 008	436
南非	65.8	6.4	247	33	596	16	23 420	2 215
阿根廷	46.6	1.7	320	27	897	41	9372	247
巴西	355.5	4.2	394	71	1 492	102	56 215	1 358
智利	141.3	18.9	91	16	296	18	5 284	329
哥伦比亚	93.6	9.0	359	35	1 695	64	51 220	712
古巴	19.1	17.4	31	9	137	13	6 522	888
墨西哥	71.0	3.7	450	64	769	36	26 071	1 593
秘鲁	34.6	2.7	344	46	1 538	64	18 245	906
委内瑞拉	319.8	36.3	305	24	1 181	22	21 073	426
芬兰	18.2	6.0	60	4	248	4	1 102	6
匈牙利	6.3	6.8	72	8	205	10	2 214	30
挪威	93.7	30.5	54	4	243	3	1 715	12
波兰	29.1	9.6	84	10	227	6	2 450	27
西班牙	42.2	8.4	82	19	278	10	5 050	985
瑞典	36.2	8.8	60	5	249	4	1 750	13
瑞士	7.1	18.0	75	6	193	4	3 030	30
澳大利亚	563.9	7.3	252	58	649	45	15 638	2 245
新西兰	63.3	23.6	10	3	150	44	2 382	211

注：①只包括开花植物。

资料来源：世界银行《世界发展指标》1999 年。

以上各表资料来源：世界银行《世界发展报告》、《世界发展指标》。

(四)教育、科学、文化

表 31 部分国家人文发展指数(1999 年)

	出生时的预期寿命(岁)	成人识字率(%)	初等、中等和高等教育综合入学率(%)	人均实际国内生产总值(购买力平价法国际元)	预期寿命指数	教育指数	GDP指数	人文发展指数	人文发展指数与人均国内生产总值位次之差[①]
世界	**66.7**	**78.8**[②]	**65**	**6 980**	**0.70**	**0.74**	**0.71**	**0.716**	
挪威	78.4	99.0[②]	97	28 433	0.89	0.98	0.94	0.939	2
瑞典	79.6	99.0[②]	101	22 636	0.91	0.99	0.90	0.936	13
加拿大	78.7	99.0[②]	97	26 251	0.89	0.98	0.93	0.936	3
澳大利亚	78.8	99.0[②]	116	24 574	0.90	0.99	0.92	0.936	10
比利时	78.2	99.0[②]	109	25 443	0.89	0.99	0.92	0.935	4
美国	76.8	99.0[②]	95	31 872	0.86	0.98	0.96	0.934	-4
荷兰	78.0	99.0[②]	102	24 215	0.88	0.99	0.92	0.931	5
日本	80.8	99.0[②]	82	24 898	0.93	0.93	0.92	0.928	2
芬兰	77.4	99.0[②]	103	23 096	0.87	0.99	0.91	0.925	5
瑞士	78.8	99.0[②]	84	27 171	0.90	0.94	0.94	0.924	-6
法国	78.4	99.0[②]	94	22 897	0.89	0.97	0.91	0.924	3
英国	77.5	99.0[②]	106	22 093	0.87	0.99	0.90	0.923	5
德国	77.6	99.0[②]	94	23 742	0.88	0.97	0.91	0.921	-3
丹麦	76.1	99.0[②]	97	25 869	0.85	0.98	0.93	0.921	-7
奥地利	77.9	99.0[②]	90	25 089	0.88	0.96	0.92	0.921	-6
爱尔兰	76.4	99.0[②]	91	25 918	0.86	0.96	0.93	0.916	-11
新西兰	77.4	99.0[②]	99	19 104	0.87	0.99	0.88	0.913	3
意大利	78.4	98.4	84	22 172	0.89	0.94	0.90	0.909	-2
西班牙	78.3	97.6	95	18 079	0.89	0.97	0.87	0.908	6
以色列	78.6	95.8	83	18 440	0.89	0.91	0.87	0.893	3
希腊	78.1	97.1	81	15 414	0.89	0.92	0.84	0.881	10
中国香港	79.4	93.3	63	22 090	0.91	0.83	0.90	0.880	-4
新加坡	77.4	92.1	75	20 767	0.87	0.87	0.89	0.876	-5
韩国	74.7	97.6	90	15 712	0.83	0.95	0.84	0.875	5
葡萄牙	75.5	91.9	96	16 064	0.84	0.93	0.85	0.874	2
捷克共和国	74.7	99.0[②]	70	13 018	0.83	0.89	0.81	0.844	6
阿根廷	73.2	96.7	83	12 277	0.80	0.92	0.80	0.842	6
斯洛伐克	73.1	99.0[②]	76	10 591	0.80	0.91	0.78	0.831	8
匈牙利	71.1	99.3	81	11 430	0.77	0.93	0.79	0.829	-5
波兰	73.1	99.7	84	8 450	0.80	0.94	0.74	0.828	11
智利	75.2	95.6	78	8 652	0.84	0.90	0.74	0.825	9
科威特	76.0	81.9	59	17 289	0.85	0.74	0.86	0.818	-14
爱沙尼亚	70.3	98.0	86	8 355	0.76	0.94	0.74	0.812	6
立陶宛	71.8	99.5	80	6 656	0.78	0.93	0.70	0.803	13
墨西哥	72.4	91.1	71	8 297	0.79	0.84	0.74	0.790	0
白俄罗斯	68.5	99.5	77	6 876	0.73	0.92	0.71	0.782	5
俄罗斯	66.1	99.5	78	7 473	0.69	0.92	0.72	0.775	0
马来西亚	72.2	87.0	66	8 209	0.79	0.80	0.74	0.774	-4
罗马尼亚	69.8	98.0	69	6 041	0.75	0.88	0.68	0.772	6

续表 1

	出生时的预期寿命（岁）	成人识字率（%）	初等、中等和高等教育综合入学率（%）	人均实际国内生产总值（购买力平价法国际元）	预期寿命指数	教育指数	GDP指数	人文发展指数	人文发展指数与人均国内生产总值位次之差①
保加利亚	70.8	98.3	72	5 071	0.76	0.90	0.66	0.772	16
委内瑞拉	72.7	92.3	65	5 495	0.79	0.83	0.67	0.765	10
泰　国	69.9	95.3	60	6 132	0.75	0.84	0.69	0.757	-3
沙特阿拉伯	71.3	76.1	61	10 815	0.77	0.71	0.78	0.754	-26
巴　西	67.5	84.9	80	7 037	0.71	0.83	0.71	0.750	-12
菲律宾	69.0	95.1	82	3 805	0.73	0.91	0.61	0.749	21
秘　鲁	68.5	89.6	80	4 622	0.72	0.86	0.64	0.743	8
乌克兰	68.1	99.6	77	3 458	0.72	0.92	0.59	0.742	22
哈萨克斯坦	64.4	99.0	77	4 951	0.66	0.92	0.65	0.742	1
土耳其	69.5	84.6	62	6 380	0.74	0.77	0.69	0.735	-21
斯里兰卡	71.9	91.4	70	3 279	0.78	0.84	0.58	0.735	19
土库曼斯坦	65.9	98.0	81	3 347	0.68	0.92	0.59	0.730	16
阿尔巴尼亚	73.0	84.0	71	3 189	0.80	0.80	0.58	0.725	16
中　国①	70.2	83.5	73	3 617	0.75	0.80	0.60	0.718	7
伊　朗	68.5	75.7	73	5 531	0.73	0.75	0.67	0.714	-21
突尼斯	69.9	69.9	74	5 957	0.75	0.71	0.68	0.714	-23
南　非	53.9	84.9	93	8 908	0.48	0.87	0.75	0.702	-49
叙利亚	70.9	73.6	63	4 454	0.76	0.70	0.63	0.700	-14
乌兹别克斯坦	68.7	88.5	76	2 251	0.73	0.84	0.52	0.698	15
阿尔及利亚	69.3	66.6	72	5 063	0.74	0.69	0.66	0.693	-26
越　南	67.8	93.1	67	1 860	0.71	0.84	0.49	0.682	19
印度尼西亚	65.8	86.3	65	2 857	0.68	0.79	0.56	0.677	3
埃　及	66.9	54.6	76	3 420	0.70	0.62	0.59	0.635	-8
加　蓬	52.6	63.0	86	6 024	0.46	0.71	0.68	0.617	-44
摩洛哥	67.2	48.0	52	3 419	0.70	0.49	0.59	0.596	-14
博茨瓦纳	41.9	76.4	70	6 872	0.28	0.74	0.71	0.577	-55
印　度	62.9	56.5	56	2 248	0.63	0.56	0.52	0.571	0
蒙　古	62.5	62.3	58	1 711	0.62	0.61	0.47	0.569	7
缅　甸	56.0	84.4	55	1 027	0.52	0.75	0.39	0.551	22
柬埔寨	56.4	68.2	62	1 361	0.52	0.66	0.44	0.541	13
肯尼亚	51.3	81.5	51	1 022	0.44	0.71	0.39	0.514	18
巴基斯坦	59.6	45.0	40	1 834	0.58	0.43	0.49	0.498	-5
尼泊尔	58.1	40.4	60	1 237	0.55	0.47	0.42	0.480	7
老　挝	53.1	47.3	58	1 471	0.47	0.51	0.45	0.476	-2
孟加拉国	58.9	40.8	37	1 483	0.57	0.39	0.45	0.470	-4
尼日利亚	51.5	62.6	45	853	0.44	0.57	0.36	0.455	11
坦桑尼亚	51.1	74.7	32	501	0.44	0.61	0.27	0.436	21
赞比亚	41.0	77.2	49	756	0.27	0.68	0.34	0.427	9
塞内加尔	52.9	36.4	36	1 419	0.47	0.36	0.44	0.423	-13
几内亚	47.1	35.0	28	1 934	0.37	0.33	0.49	0.397	-32
埃塞俄比亚	44.1	37.4	27	628	0.32	0.34	0.31	0.321	0

注：正值表示人文发展指数排序比实际人均国内生产总值（购买力平价方法计算，单位：国际元）排名位次靠前，负值则表示相反。

①中国为联合国开发计划署统计数字。②1998 年数字。

资料来源：联合国开发计划署《人文发展报告》2001 年。

表 32 部分国家各级学校学生入学率

（单位：%）

国家	年份	小学	中学	大学	国家	年份	小学	中学	大学
中国	1990	98	49	3	以色列	1990	95	85	34
	1997	99	70	6		1995	98	88	41
美国	1990	102	93	75	韩国	1990	105	90	39
	1995	102	97	81		1996	94	102	60
日本	1990	100	97	30	马来西亚	1990	94	56	7
	1994	103	100	41		1997	101	64	…
德国	1990	101	98	34	菲律宾	1990	111	73	28
	1996	104	104	47		1996	116	77	…
法国	1990	108	99	40	沙特阿拉伯	1990	73	44	12
	1996	105	111	51		1996	76	61	16
英国	1990	104	85	30	新加坡	1990	104	68	19
	1996	116	129	52		1996	94	74	39
意大利	1990	103	83	32	泰国	1990	99	30	…
	1996	101	95	47		1996	87	56	22
加拿大	1990	103	101	95	土耳其	1990	99	47	13
	1995	102	105	88		1996	107	58	21
俄罗斯联邦	1990	109	93	52	埃及	1990	94	76	16
	1994	107	…	43		1997	101	78	…
澳大利亚	1990	108	82	35	南非	1990	122	74	13
	1997	101	153	80		1995	133	95	19
印度	1990	97	44	6	墨西哥	1990	114	53	15
	1996	100	97	4		1996	114	64	16
印度尼西亚	1990	115	44	9	阿根廷	1990	106	56	22
	1996	113	56	11		1996	113	77	…
巴西	1990	106	38	11	爱尔兰	1990	103	101	29
	1997	125	62	…		1996	104	118	41
智利	1991	101	72	21	卢森堡	1990	91	75	…
	1996	101	75	30		1996	99	88	10
秘鲁	1990	118	67	30	荷兰	1990	102	120	40
	1997	123	72	26		1996	108	132	47
委内瑞拉	1990	96	35	29	挪威	1990	100	103	42
	1996	91	40	…		1996	100	118	62
奥地利	1990	102	104	35	波兰	1990	98	81	22
	1996	100	103	48		1995	96	98	25
比利时	1990	101	103	40	葡萄牙	1990	123	67	23
	1995	103	146	56		1995	128	111	39
保加利亚	1990	98	75	31	罗马尼亚	1990	91	92	10
	1996	99	77	41		1996	103	78	23
捷克共和国	1990	96	91	16	西班牙	1990	109	104	37
	1995	104	99	22		1996	108	123	56
丹麦	1990	98	109	36	瑞典	1990	100	90	32
	1995	101	121	48		1996	107	140	50
芬兰	1990	99	116	49	瑞士	1990	…	…	26
	1996		118	74		1995	…	…	33
希腊	1990	98	93	36	乌克兰	1990	89	93	47
	1996	93	95	47		1995	…	…	42
匈牙利	1990	95	79	14	新西兰	1990	106	89	40
	1995	103	98	24		1997	101	113	63

资料来源：联合国教科文组织《统计年鉴》1999 年。

表 33　部分国家小学生人数

（单位：万人）

国家	年份	人数	国家	年份	人数	国家	年份	人数
中国	1990	12 241.4	俄罗斯	1990/91	759.6	沙特阿拉伯	1990/91	187.7
	1995	13 195.2		1993/94	773.8		1995/96	224.8
	1999	13 548.0		1994/95	784.9		1996/97	225.6
美国	1990/91	2 243.9	澳大利亚	1990	158.3	新加坡	1990	25.8
	1994/95	2 382.4		1996	184.8		1995	26.2
	1995/96	2 401.6		1997	185.6		1996	27.0
日本	1990/91	937.3	印度	1990/91	9 911.8	泰国	1990/91	695.6
	1996/97	810.6		1995/96	10 973.4		1996/97	591.0
	1997/98	785.6		1996/97	11 039.0		1997/98	592.8
德国	1990/91	343.1	印度尼西亚	1990/91	2 975.4	土耳其	1990/91	686.2
	1995/96	380.5		1996/97	2 944.8		1994/95	646.7
	1996/97	385.9		1997/98	2 923.6		1996/97	638.9
法国	1990/91	414.9	以色列③	1990/91	72.5	阿尔及利亚	1990/91	418.9
	1995/96	406.5		1994/95	61.9		1995/96	461.8
	1996/97	400.5		1995/96	63.2		1996/97	467.5
英国	1990/91	453.3	韩国	1990/91	486.9	埃及	1990/91	696.4
	1995/96	528.4		1996/97	381.1		1996/97	824.3
	1996/97	532.8		1997/98	379.4		1997/98	749.9
意大利	1990/91	305.6	马来西亚	1990	245.6	摩洛哥	1990/91	248.4
	1995/96	281.6		1996	285.7		1995/96	310.2
	1996/97	281.0		1997	284.1		1996/97	316.1
加拿大	1990/91	237.6	巴基斯坦	1990/91	1 145.1	南非	1990	695.2
	1994/95	241.3		1992/93	1 412.0		1994	797.2
	1995/96	244.8		1993/94	1 553.2		1995	815.9
突尼斯	1990/91	140.6	比利时	1990/91	71.9	挪威	1990/91	30.9
	1996/97	145.9①		1994/95	73.9		1995/96	32.1
	1997/98	144.0		1995/96	74.3		1996/97	33.1
墨西哥	1990/91	1 440.2	捷克共和国	1990/91	54.6	波兰	1990/91	518.9
	1995/96	1 462.3		1994/95	53.9		1994/95	512.4
	1996/97	1 465.1		1995/96	54.2		1995/96	502.1
阿根廷	1990	496.5	丹麦	1990/91	34.0	葡萄牙	1990/91	102.0
	1996	525.0		1994/95	32.9		1994/95	89.7
	1997	515.3		1995/96	33.7		1995/96	86.7
巴西	1990	2 894.4	芬兰	1990/91	39.1	罗马尼亚	1990/91	125.3
	1997	3 422.9		1995/96	38.4		1995/96	139.2①
	1998	3 583.8		1996/97	38.1		1996/97	140.5①
智利	1990	199.1	希腊	1990/91	81.3	西班牙	1990/91	282.0
	1995	215.0		1995/96	67.5		1997/98	261.0
	1996	224.2		1996/97	65.2		1998/99	256.7
秘鲁	1990	385.5	匈牙利	1990/91	113.1	瑞典	1990/91	57.8
	1997	416.3		1994/95	50.8②		1995/96	66.6
	1998	418.5		1995/96	50.7②		1996/97	69.1
委内瑞拉	1990/91	405.3	爱尔兰	1990/91	40.9	瑞士	1990/91	40.4
	1995/96	412.0		1995/96	36.8		1994/95	46.2
	1996/97	426.2		1996/97	35.9		1995/96	47.8
奥地利	1990/91	37.0	荷兰	1990/91	108.2	乌克兰	1990/91	399.1
	1995/96	38.2		1995/96	120.8		1992/93	268.3
	1996/97	38.1		1996/97	123.1		1993/94	265.9

注：①与年份不可比。②不包括特种教育。③仅东部地区。

资料来源：联合国《教科文统计年鉴》1999 年。国家统计局《中国统计年鉴》1996、2000 年。

表 34 部分国家中学生人数

（单位:万人）

国家	年份	类别	人数
中国	1999	普通教育	6 771.3
	1999	职业教育	533.9
	1999	师范	90.5
	1999	中等技术教育	425.0
美国	1990/91	普通中学	1 927.0
	1994/95	普通中学	2 112.3
	1995/96	普通中学	2 147.4
日本	1990/91	总计	1 102.6
		普通中学	952.9
		职业教育	149.7
	1994/95	总计	987.9
		普通中学	844.3
		职业教育	143.6
德国	1990/91	总计	739.8
		普通中学	510.2
		职业教育	229.6
	1996/97	总计	838.2
		普通中学	606.2
		职业教育	232.0
法国	1990/91	总计	552.2
		普通中学	427.6
		职业教育	124.5
	1996/97	总计	598.0
		普通中学	433.3
		职业教育	164.6
印度	1990/91	普通中学	5 418.0
	1996/97	总计	6 887.2
		普通中学	6 810.2
		职业教育	77.1
以色列	1990/91	总计	30.9
		普通中学	19.4
		职业教育	11.5
	1995/96	总计	54.2
		普通中学	41.9
		职业教育	12.3
新加坡	1990	总计①	22.1
		普通中学①	19.1
		职业教育	2.9
	1996	普通中学	20.8
		职业教育	0.8
泰国	1990/91	总计	223.0
		普通中学	186.4
		职业教育	36.6
	1997/98	总计	409.7
		普通中学	335.8
		职业教育	73.9
韩国	1990/91	总计	456.0
		普通中学	373.5
		职业教育	82.4
	1996/97	总计	466.2
		普通中学	371.3
		职业教育	95.0
英国	1990/91	总计	433.6
		普通中学	385.5
		职业教育	48.0
	1996/97	总计	654.9
		普通中学	411.3
		职业教育	243.5
意大利	1990/91	总计	511.8
		普通中学	299.5
		师范	18.5
		职业教育	193.8
加拿大	1990/91	普通中学	229.2
	1995/96	普通中学	250.5
俄罗斯	1990/91	总计	1 395.6
		普通中学	1 236.3
		师范	34.1
		职业教育	125.2
	1993/94	总计	1 373.2
		普通中学	1 242.4
		师范	30.1
		职业教育	100.7
澳大利亚	1990	普通教育	127.8
	1997	总计	236.8
		普通中学	131.6
		职业教育	105.2
埃及	1990/91	总计	550.7
		普通中学	443.5
		师范	4.6
		职业教育	102.6
	1996/97	总计	672.7
		普通中学	480.5
		师范	0.9
		职业教育	191.2
南非	1990	总计	274.2
		普通中学	270.1
		职业教育	4.1
	1995	普通中学	374.9
墨西哥	1990/91	总计	670.4
		普通中学	591.1
		职业教育	79.2
	1996/97	总计	791.4
		普通中学	703.2
		职业教育	88.3
阿根廷	1990	普通中学	216.0
	1996	职业教育	259.4
巴西	1990	总计	349.9
	1998	总计	696.8

续表 1

国家	年份	类别	人数
智利	1990	总计	72.0
		普通中学	46.4
		职业教育	25.5
	1996	总计	73.9
		普通中学	41.6
		职业教育	32.3
秘鲁	1990	普通中学	169.8
	1997	普通中学	197.0
委内瑞拉	1990/91	总计	28.1
		普通中学	23.2
		职业教育	5.0
	1996/97	普通中学	37.8
奥地利	1990/91	总计	74.6
		普通中学	42.7
		师范	1.0
		职业教育	309
	1996/97	总计	79.3
		普通中学	48.1
		师范	1.2
		职业教育	30.1
比利时	1990/91	总计	76.9
	1995/96	总计	105.9
		普通中学	49.0
		职业教育	56.9
匈牙利	1990/91	总计	51.4
		普通中学	12.3
		师范	0.5
		职业教育	38.6
	1995/96	总计	111.2
		普通中学	70.3
		师范	0.3
		职业教育	40.6
荷兰	1990/91	总计	140.2
		普通中学	68.4
		职业教育	71.8
	1996/97	总计	141.6
		普通中学	83.2
		职业教育	58.4
挪威	1990/91	总计	36.7
		普通中学	24.8
		师范	0.1
		职业教育	11.8
	1996/97	总计	36.8
		普通中学	24.3
		职业教育	12.5
波兰	1990/91	总计	188.8
		普通中学	44.5
		师范	2.6
		职业教育	141.7
捷克共和国	1990/91	总计	126.8
		普通中学	75.7
		师范、职业	51.1
	1995/96	总计	119.1
		普通中学	64.3
		师范教育	0.3
		职业教育	54.4
丹麦	1990/91	总计	46.5
		普通中学	31.7
		职业教育	14.8
	1995/96	总计	43.9
		普通中学	31.7
		职业教育	12.2
芬兰	1990/91	总计	42.7
		普通中学	30.6
		职业教育	12.1
	1996/97	总计	47.0
		普通中学	32.9
		职业教育	14.1
希腊	1990/91	总计	85.1
		普通中学	71.6
		职业教育	13.5
	1996/97	总计	81.8
		普通中学	68.2
		职业教育	13.5
波兰(续)	1995/96	总计	253.9
		普通中学	79.3
		师范	0.004
		职业教育	174.6
葡萄牙	1995/96	总计	94.7
		普通中学	82.1
		职业教育	12.6
西班牙	1990/91	总计	475.5
		普通中学	365.4
		职业教育	110.2
	1996/97	总计	385.2
		普通中学	294.6
		职业教育	90.6
瑞典	1990/91	总计	58.8
		普通中学	37.7
		职业教育	21.1
	1996/97	总计	82.9
		普通中学	57.2
		职业教育	25.7
瑞士	1990/91	总计	56.7
		普通中学	33.8
		师范	0.8
		职业教育	22.1
	1995/96	总计	56.0
	1995/96	普通中学	37.8
		师范	0.9
		职业教育	17.2

注:①全日制。

资料来源:联合国《教科文组织统计年鉴》1999 年。国家统计局《中国统计年鉴》2000 年。

表 35 部分国家大学生人数

(单位:万人)

国家	年份	全部高校	其中:大学
中国	1990	206.3	…
	1999	413.4	…
美国	1990/91	1 371.0	852.9
	1995/96	1 426.2	…
日本	1985/86	234.7	193.3
	1994/95	391.8	…
德国	1990/91	204.9	179.9
	1996/97	213.2	183.8
法国	1990/91	169.9	119.1
	1996/97	206.2	…
英国	1990/91	125.8	42.9
	1995/96	182.1	…
意大利	1990/91	145.2	144.2
	1996/97	189.3	102.2
加拿大	1990/91	191.7	84.1
	1995/96	176.3	…
俄罗斯联邦②	1990/91	510	…
	1994/95	445.8	258.8
澳大利亚①	1990	48.5	48.5
	1997	104.2	…
印度	1990/91	495.1	442.5
	1996/97	606.0	…
以色列	1990/91	13.5	7.1
	1995/96	19.9	10.2
智利	1991	26.2	19.6
	1997	38.1	32.6
秘鲁	1990	67.8	44.3
	1997	65.8	35.3
委内瑞拉	1991/92	55.1	…
奥地利	1990/91	20.6	19.1
	1996/97	24.1	…
比利时	1990/91	27.6	11.2
	1995/96	35.8	
捷克共和国⑤	1990/91	11.8	…
	1996/97	20.7	…
丹麦	1990/91	14.3	12.0
	1995/96	17.4	…
芬兰	1990/91	16.6	11.3
	1996/97	22.6	…
匈牙利	1990/91	10.2	6.7
	1995/96	19.5	…
爱尔兰	1990/91	9.0	4.8
	1996/97	13.5	…
荷兰	1990/91	47.9	19.0
	1996/97	46.9	…
韩国	1990/91	169.1	114.3
	1996/97	254.2	156.0
马来西亚	1990/91	12.1	5.7
	1995/96	21.1	…
菲律宾	1990/91	170.9	155.0
	1995/96	202.2	201.8
沙特阿拉伯	1990/91	15.4	…
	1996/97	27.4	24.1
新加坡	1990	5.6	2.4
	1996	9.2	3.8
泰国	1985/86	102.7	15.0
	1997/98	152.2	…
土耳其	1990/91	74.9	41.7
	1996/97	143.4	73.8
埃及③	1990/91	62.8	52.0
	1995/96	…	85.0
南非④	1990	43.9	…
	1994	61.8	…
墨西哥	1990/91	131.1	125.2
	1996/97	161.2	…
阿根廷	1991	100.8	66.3
	1994	106.9	74.1
巴西	1990	154.0	154.0
波兰	1990/91	54.5	43.7
	1995/96	72.0	
葡萄牙	1990/91	18.6	12.8
	1995/96	32.0	…
罗马尼亚	1990/91	19.3	19.3
	1996/97	41.2	35.4
西班牙	1990/91	122.2	112.9
	1996/97	168.4	…
瑞典	1990/91	19.3	…
	1996/97	27.5	…
瑞士	1990/91	13.7	8.6
	1995/96	14.8	…
乌克兰	1990/91	165.2	89.5
	1995/96	154.1	92.3
新西兰	1990	11.2	6.6
	1997	17.0	…
挪威	1990/91	14.3	6.3
	1996/97	18.5	…

注:①不包括职业教育及培训机构的学生。②包括远程教育的大学生。③不包括爱滋哈尔大学及私立高等院校的学生。④不包括。⑤仅全日制学生。

资料来源:联合国教科文组织《统计年鉴》1999 年。

表36　部分国家教育经费支出

国家	年份	占 GNP%	占政府支出%	国家	年份	占 GNP%	占政府支出%
中国	1990	2.3	12.8	以色列	1990	6.5	11.3
	1996	2.3	…		1994	7.6	…
美国	1990	5.2	12.3	韩国	1990	3.5	…
	1994	5.4	14.4		1995	3.7	17.5
日本	1992	3.6	10.4	马来西亚	1990	5.5	18.3
	1994	3.6	9.9		1996	5.2	15.4
德国	1993	4.8	9.5	菲律宾	1990	2.9	10.1
	1996	4.8	9.6		1997	3.4	15.7
法国	1990	5.4	…	沙特阿拉伯	1990	6.0	17.8
	1996	6.0	10.9		1997	7.5	22.8
英国	1990	4.9	…	新加坡	1990	3.0	18.2
	1995	5.3	11.6		1995	3.0	23.4
意大利	1993	5.2	9.0	泰国	1990	3.6	20.0
	1996	4.9	9.1		1995	4.1	20.1
加拿大	1990	6.8	14.2	土耳其③	1990	2.1	…
	1996	6.9	12.9		1994	3.4	14.7
俄罗斯联邦	1990	3.5	…	埃及	1990	3.8	…
	1995	3.5	…		1995	4.8	14.9
澳大利亚	1990	5.3	14.8	南非	1990	6.5	…
	1995	5.5	13.5		1996	8.0	23.9
印度	1990	3.9	12.2	墨西哥	1990	3.7	12.8
	1995	3.3	11.6		1995	4.9	23.0
印度尼西亚①	1991	1.1	5.2	阿根廷	1991	3.4	…
	1996	1.4	7.9②		1996	3.5	12.6
巴西	1989	4.5	…	爱尔兰	1990	5.6	10.2
	1995	5.1	…		1995	6.0	13.5
智利	1991	2.7	10.0	卢森堡①	1990	2.6	10.4
	1997	3.6	15.5		1995	4.1	15.1
秘鲁	1990	2.3	…	荷兰	1990	6.0	…
	1996	2.9	19.2		1996	5.1	9.8
委内瑞拉	1990	3.1	12.0	挪威	1990	7.3	14.6
	1994	5.2	22.4		1996	7.4	15.8
奥地利	1990	5.4	7.6	波兰	1990	4.2	…
	1996	5.4	10.4		1995	5.3	11.7
比利时①④	1990	5.0	…	葡萄牙①	1990	4.2	…
	1996	3.1	6.0		1995	5.3	11.7
保加利亚	1990	5.6	…	罗马尼亚	1990	2.8	7.3
	1996	3.2	7.0		1996	3.6	10.5
捷克共和国	1992	4.7	…	西班牙	1990	4.4	9.4
	1995	5.4	13.6		1996	5.0	11.0
丹麦	1990	7.1	11.8	瑞典	1990	7.7	13.8
	1995	7.7	13.1		1996	8.3	12.2
芬兰	1990	5.7	11.9	瑞士	1990	4.9	18.7
	1996	7.5	12.2		1996	5.4	15.4
希腊	1990	2.5	…	乌克兰	1990	5.0	19.7
	1995	7.9	8.2		1995	7.3	…
匈牙利	1990	6.1	7.8	新西兰	1990	6.5	…
	1996	4.6	…		1996	7.3	…

注:①仅教育部的支出。②为中央政府支出。③不包括大学教育经费。④仅弗莱芒社区。

资料来源:联合国教科文组织《统计年鉴》1999年。

表 37　部分国家科技人员数

国家	年份	研究人员(人)	技术人员(人)	辅助人员(人)	每百万居民中	
					研究人员(人)	技术人员(人)
中国	1996	559 000	228 000⑤	…	454	…
美国③	1980	658 700	…	…	2 859	…
	1993	962 700	…	…	3 676	…
日本①⑦	1990	666 393	104 190	92 799	5 395	844
	1996	617 365	…	…	4 909	…
德国⑦	1991	241 869	…	…	3 029	…
	1995	231 128	…	…	2 831	…
法国⑦	1990	123 961	169 070⑤	…	2 186	2 981
	1996	154 839	…	…	2 659	…
英国	1990	133 000	…	…	2 311	…
	1993	140 000	…	…	2 413	1 017
意大利	1990	77 876	42 304	24 737	1 368	742
	1994⑦	75 536	45 701	22 400	1 322	789
加拿大①	1990	63 930	27 890	21 730	2 301	1 004
	1995②	80 510	…	…	2 719	…
俄罗斯联邦	1994	621 790	130 452	511 896	4 192	880
	1997	532 469	89 003	431 541	3 587	600
澳大利亚	1990	41 837	15 922	10 037	2 478	943
	1996	60 890	…	…	3 357	…
印度⑥	1990	128 036	96 737	98 204	151	114
	1994	136 503	98 769	101 317	149	108
以色列	1984	20 100	4 300	2 400	4 828	1 033
韩国	1990④	70 503	42 841	12 168	1 645	1 000
	1996	99 433	…	…	2 193	…
泰国	1989	4 738	1 763	1 699	87	33
	1996	6 038	2 303	1 868	103	39
埃及	1991	26 415	19 607	56 274	459	341
南非	1993	37 192	11 343	11 929	1 031	315
阿根廷	1988	11 088	6 241	5 526	351	198
	1995	22 927	5 092	4 491	660	147
巴西	1995	26 754	9 327	…	168	59
智利④	1988	4 630	1 024	1 602	366	233
委内瑞拉	1992	4 258	650	425	209	32
匈牙利	1990	17 550	11 711	7 123	1 694	1 130
	1997⑦	11 154	…	…	1 099	…
荷兰	1990	40 260	27 910⑤	…	2 693	1 869
	1996	34 482⑦	…	…	2 219	…
波兰	1985	57 000	54 000	70 000	1 533	1 452
	1995⑦	49 781	19 553	13 512	1 307	…
西班牙	1990	37 534	11 735	15 313	955	299
	1996	51 633	…	…	1 305	…

注:①不包括产业部门的人文、社会科学工作者。②包括相当全日制的科技人员。③不包括法律、人文学科、教育方面的科技人员。④包括非全日制的科技人员。⑤包括辅助人员。⑥不包括高等教育部门的辅助人员。⑦仅全日制的。⑧不包括人文、社会科学工作者。

资料来源:联合国教科文组织《统计年鉴》1999 年。

表38 部分国家研究与开发总支出及基金来源

	年份	货币名称	研究与开发总支出	基金来源(%)					
			万本币	企业	政府	高教部门	私人非盈利单位	国外机构	尚未分配部分
美国	1980	美元	6 381	47.6	46.5	3.5	…	…	2.4
	1986	美元	12 290	48.4	45.0	3.2	…	…	3.5
	1995	美元	17 100	59.4	35.5	5.1	…	…	…
日本	1980	日元	524 624.8	72.0	27.9	…	…	0.1	…
	1985	日元	88 902.9	78.9	21.0	…	…	0.1	…
	1991	日元	1 377 152.4	81.7	18.2	…	…	0.1	…
德国	1993	德国马克	7 672.1	61.4	36.7	0.3	…	1.6	…
法国	1990	法国法郎	15 714.6	43.5	48.3	0.7	…	7.5	…
	1994	法国法郎	17 556.3	48.7	41.6	1.4	…	8.3	…
英国	1990	英镑	1 213.7	49.4	35.8	3.3	…	11.5	…
	1993	英镑	1 328.9	51.9	32.7	3.7	…	11.7	…
意大利	1990	里拉	1 700 122	43.7	51.5	…	…	4.8	…
	1994	里拉	1 738 886	43.7	50.2	…	…	6.1	…
加拿大	1990	加元	962.1	41.9	35.8	12.6	…	9.8	…
	1996	加元	1 256.4	50.7	30.1	8.4	…	10.8	…
俄罗斯联邦	1997	卢布	2 444 969	15.5	59.6	0.1	…	7.4	17.4
澳大利亚	1994	澳大利亚元	732.1	45.7	48.1	4.2	…	2.0	…
印度	1990	卢比	4 186.4	12.6	87.4	…	…	…	…
	1994	卢比	7 506.4	24.0	75.0	1.0	…	…	…
以色列	1990	新谢克尔	232.3	38.0	37.6	16.9	…	7.5	…
	1995	新谢克尔	584.2	35.7	40.7	10.2	7.9	6.5	…
韩国	1990	韩圆	334 986	80.6	15.2	…	…	4.2	…
	1994	韩圆	789 474	84.0	15.9	…	…	…	…
马来西亚	1996	林吉特	54.9	8.3	13.5	…	…	1.6	76.6
新加坡	1995	新元	136.7	62.5	34.1	2.4	…	3.7	…
泰国	1987	铢	266.4	9.7	68.5	7.2	…	14.5	…
	1996	铢	552.8	…	61.1	6.8	8.7	5.0	18.4
南非	1993	兰特	259.4	54.4	42.7	1.8	…	1.0	…
阿根廷	1995	比索	102.9	11.3	84.7	0.6	…	3.4	…
巴西	1996	雷亚尔	590.5	40.0	57.2	2.8	…	…	…
智利	1997	比索	20 751	15.2	70.7	…	7.6	6.5	…
委内瑞拉	1992	玻利瓦尔	1 962.2	…	100.0	…	…	…	…
捷克共和国	1995	克朗	1 398.3	63.1	32.3	1.3	…	3.3	…
芬兰	1995	芬兰马克	1 291.5	57.7	37.4	0.4	…	4.5	…
匈牙利	1991	福林	2 673.1	56.0	40.0	2.1	…	1.8	…
	1995	福林	4 376.7	36.3	49.3	4.0	…	4.6	5.9
爱尔兰	1993	爱尔兰镑	40.0	63.4	27.8	0.9	…	7.8	…
荷兰	1990	荷兰盾	1 045.0	51.2	45.0	1.7	…	2.1	…
	1994	荷兰盾	1 248.6	44.7	43.9	2.6	…	8.8	…
挪威	1989	克朗	1 153.3	45.6	50.8	1.3	…	2.3	…
	1995	克朗	1 590.8	49.9	43.5	1.6	…	4.9	…
波兰	1995	兹罗提	211.3	31.8	64.4	2.1	…	1.7	…
葡萄牙	1990	埃斯库多	5 203.2	27.0	58.1	10.2	…	4.6	…
	1995	埃斯库多	9 212.1	18.9	65.2	3.9	…	11.9	…
罗马尼亚	1995	列依	51 442	23.1	63.4	10.4	…	3.2	…
西班牙	1990	比塞塔	42 350	47.7	45.3	0.2	…	6.8	…
	1994	比塞塔	54 815	40.3	52.4	1.0	…	6.4	…
乌克兰	1997	格里夫尼亚	111.3	…	41.9	…	…	24.6	33.5

资料来源：联合国教科文组织《统计年鉴》1999年。

表 39 部分国家研究与开发总支出(百万现价 ppp①美元)

	1993	1994	1995	1996	1997	1998	1999
澳大利亚	…	5 579.3	…	6 749.1	…	…	…
奥地利	2 280.2	2 524.4[c]	2 693.2[c]	2 831.8[c]	2 949.9[c]	3 129.3[c,p]	3 248.6[c,p]
比利时[p]	3 130.7	3 257.2[a]	3 476.2	…	…	…	…
加拿大	9 210.3	10 117.6	11 051.4	11 059.1	11 711.2	12 325.9[p]	12 744.1[p]
捷克共和国	296.8[t]	1 248.4[t]	1 293.3[a]	1 390.7	1 569.8	1682.2	…
丹麦	1 785.6	…	2 203.1	2 360.4[c]	2 534.0	2 617.6[c]	2 792.3[c]
芬兰	1 753.2	1 941.6	2 203.6	2 529.1[c]	2 858.6	3 255.2	3664.8[c,p]
法国	26 441.6	26 520.1	27 722.6	27 783.8	27 060.8	27 880.4[p]	…
德国	36 458.8	37 310.0[c]	39 451.5[c]	39 902.3[c]	41 751.5[c]	43 261.4[c]	…
希腊	546.0	…	626.2	…	698.3	…	…
匈牙利	802.9[t]	758.8[a]	680.4	618.7	721.4	708.9	…
冰岛	66.3	71.9	91.7	…	120.4	141.1[c]	137.3[c]
爱尔兰[c]	609.6	751.0	879.7	950.2	1 080.0[p]	…	…
意大利	11 481.9	11 343.0	11 522.8	12 100.8	11 913.4	12 566.0[p]	13 241.3[p]
日本	74 506.2[l]	75 116.2[l]	84 783.3[l]	85 469.6[a]	89 632.5	92 499.4	…
韩国	10 411.1	12 774.7	15 345.7	17 287.5	19 000.0	16 951.3[p]	…
墨西哥	1 304.1[c]	1 828.4	1 923.1	2 066.0	2 441.8	…	…
荷兰	5 468.1	5 889.6[a]	6 528.9	6 837.8	7 378.0	…	…
新西兰	546.2	…	606.2	…	752.1	…	…
挪威	1 597.2	…	1 739.6[a]	…	1 951.8	…	2 144.8[p]
波兰	…	1 721.0	1 875.6	2 023.5	2 010.3	2 159.9	…
葡萄牙	…	…	774.5	…	946.3	…	…
西班牙	4 764.1	4 530.2[c]	4 838.6	5 182.9[c]	5 297.7	6 111.0[c]	6 486.3[c]
瑞典	4 985.7[a,m]	…	6 095.4[a,m]	…	6 845.4	…	…
瑞士	…	…	4 867.6	…	…	…	
土耳其	1 465.1	1 156.7	1 321.3	1 699.0	1 996.9		…
英国	21 257.8	21 742.7	21 672.5	22 467.8	22 682.2	23 557.5	…
美国[j]	65 868.0	169 270.0	183 694.0	196 995.0	212 246.0	226 653.0[p]	247 227.0[p]
OECD 总计[bj]	390 816.2	401 795.1	440 475.8[a]	466 644.7	493 063.3[p]	518 320.8[p]	…
北美[j]	176 382.4	181 216.0	196 668.6	210 120.0	226 399.0	241 823.0[b,p]	262 954.1[b,p]
欧盟	121 679.7[b]	124 521.5[b]	130 687.4	134 605.4[b]	137 704.3[b]	144 411.8[b,p]	…
北欧国家	10 187.8[a]	…	12 333.5[a]	…	14 206.3	…	…

注:①ppp 为购买力平价。a)突变数据与上一年可获得的数据相连。b)秘书处估计数或根据国家来源的预测。c)国家估计数,或秘书处为满足经合组织规范对预测所做的必要调整。j)不包括多数或全部资本开支。l)高估或依据高估数据。m)低估或依据低估数据。p)临时数据。t)无法与经合组织的推荐准确对应。

资料来源:经合组织,经济分析与统计司(主要科技指标数据库),2000 年 5 月。

表40　按国家排列的创新指标概要

指　　标	欧盟	比利时	丹麦	德国	希腊	西班牙	法国	爱尔兰	意大利	荷兰	奥地利	葡萄牙	芬兰	瑞典	英国	美国	日本
科技毕业生份额	37	*26*	32	**48**	38	32	31	39	32	30	33	28	**58**	**47**	37		
大学程度劳动力百分比	13	11	15	13	12	13	*10*	11	*8*	**23**	*6*	*7*	12	13	13	**26**	
高技术制造业的就业百分比	7.7	7.2	6.8	**11.0**	*2.4*	*5.5*	7.0	7.4	7.5	*4.8*	6.5	*3.5*	7.2	8.6	7.8		
高技术服务业的就业百分比	3.0	3.5	**4.2**	2.6	*1.5*	*1.9*	**3.6**	2.4	2.6	3.3	2.5	*1.4*	**4.6**	**4.4**	**3.7**		
政府研发开支占GDP比例	0.70	*0.42*	0.72	0.82	*0.22*	*0.36*	**0.90**	*0.32*	*0.53*	0.83	0.72	*0.44*	**0.90**	**0.97**	0.58	0.78	0.59
企业研发开支占GDP比例	1.20	1.31	1.26	**1.53**	*0.13*	*0.49*	1.38	1.03	*0.55*	1.11	*0.83*	*0.14*	**2.06**	**2.77**	1.21	**2.04**	**2.18**
高技术专利/人口	1.49	12.5	**19.3**	**23.9**	*0.3*	*1.7*	16.3	*0.9*	4.2	**26.8**	*9.1*	*0.0*	**69.6**	**41.7**	15.0	**19.7**	*9.4*
中小企业内部创新百分比	44.0	*29.4*	**59.0**	**58.7**			36.0	**62.2**	44.4	51.0	**59.1**	*21.8*	*27.4*	44.8	35.8		
中小企业合作创新百分比	11.2	*8.9*	**37.4**	**14.7**		*4.6*	12.0	**23.2**	*4.7*	**14.6**	12.9	*4.5*	**19.9**	**27.5**	**15.7**		
创新开支占销售总额百分比	*3.7*	*2.1*	**4.8**	4.1		*1.8*	3.9	3.3	*2.6*	3.8	3.5	*1.7*	4.3	**7.0**	3.2		
风险投资占GDP的百分比	0.06	**0.16**	*0.02*	0.06	*0.01*	*0.02*	0.07	**0.08**	*0.02*	**0.11**	**0.01**	**0.01**	**0.05**	**0.15**	**0.10**		
新的市场资本化占GDP百分比	*3.4*	*0.1*		3.7	**17.5**		**4.7**	0.4	*1.1*	*0.3*	*0.5*	*0.2*	*2.3*	**31.2**	*1.5*	**57.3**	
市场全新产品销售所占百分比	6.5	*2.6*	*5.1*	*3.8*		**9.5**	**7.9**	**8.4**	**13.5**	6.6	5.6	7.2	7.3	6.9	6.7		
每百人互联网用户	14.9	13.7	**28.2**	**19.4**	*7.1*	*7.2*	*9.7*	*11.8*	*8.7*	**19.0**	*10.5*	*7.0*	**32.3**	**41.4**	**21.0**	**39.8**	14.5
信息通信技术市场占GDP百分比	5.0	5.1	5.5	4.5	*4.4*	3.9	5.0	5.7	4.1	5.9	4.3	4.9	5.3	**6.5**	**6.4**	**7.6**	4.4
高技术份额百分比变化(1992～1996)			**9**	*−19*	*−36*	**4**	*−15*	*−12*		−7			**150**	**86**	*−9*	**1**	*−7*

注：高于或低于欧盟平均值20%的数字分别用粗体或斜体表示。

资料来源：译自欧盟《知识经济中的创新》2000年9月。

表 41 创新开支占制造业和服务业总收益的百分比(%),(1996 年)

	比利时	丹麦	德国	西班牙	法国③	爱尔兰	意大利	荷兰	奥地利	葡萄牙	芬兰	瑞典	英国	欧盟15国①	挪威	欧洲经济区①
制造业部门	**2.1**	**4.8**	**4.1**	**1.8**	**3.9**	**3.3**	**2.6**	**3.8**	**3.5**	**1.7**	**4.3**	**7.0**	**3.2**	**3.7**	**2.7**	**3.7**
按企业规模																
小型	2.1	10.4	3.3	1.0	1.4	2.8	2.4	3.0	4.4	1.8	1.6	2.6	3.3	2.5	2.2	2.5
中型	1.4	3.5	2.4	1.6	2.2	3.2	2.2	1.8	3.1	1.9	1.6	2.7	2.9	2.3	2.8	2.3
大型	2.3	4.5	4.4	2.2	4.9	3.7	3.1	4.6	3.5	1.6	5.1	8.2	3.2	4.2	2.8	4.2
按经济活动																
食品、饮料和烟草	0.7	1.9	2.1	0.9	0.9	1.1	1.9	1.2	1.3	1.0	1.0	1.2	2.2	1.6	1.2	1.6
纺织与皮革	0.6	3.0	1.7	1.0	1.2	3.2	1.3	1.1	2.2	2.1	1.1	1.0	3.2	1.6	1.7	1.6
木材、纸浆和印刷	3.8	3.0	1.7	1.4	0.9	2.2	1.9	3.2	2.3	–	–	3.7	3.6	2.5	2.5	2.5
焦碳和化工	2.5	9.3	7.4	1.8	3.4	5.3	2.5	4.7	6.3	0.5	3.0	7.3	2.8	4.0	5.6	4.0
橡胶和其他非金属	2.6	8.1	2.5	1.5	2.9	2.9	2.4	3.4	4.2	2.0	1.8	2.4	3.1	2.7	1.9	2.7
基本和结构金属	2.8	2.4	2.2	1.4	1.6	4.6	2.1	1.7	2.8	0.5	1.3	1.8	2.5	2.1	2.4	2.1
机械和设备	1.9	6.0	3.9	2.0	3.7	3.8	2.6	3.3	4.0	1.6	3.0	5.3	4.2	3.7	2.2	3.7
电工和光学仪器	7.1	13.2	7.6	3.8	11.7	5.0	5.4	–	7.1	–	10.6	16.1	7.3	8.2	6.8	8.2
运输设备	1.1	6.7	4.0	2.9	6.7	5.8	4.7	–	4.1	3.2	–	10.5	1.7	4.3	2.7	4.3
未另列明的设备和回收	1.4	6.1	2.2	1.7	1.9	3.9	2.4	2.4	2.4	2.0	1.0	4.8	2.4	2.3	1.8	2.3
服务业②	**1.2**	**4.7**	**3.0**	**1.2**	**2.1**	**–**	**–**	**1.6**	**3.0**	**1.1**	**2.4**	**3.8**	**4.0**	**2.8**	**3.5**	**2.8**
按企业规模																
小型	0.9	2.6	3.1	0.8	6.0	–	2.4	2.8	2.1	3.6	1.1	6.9	2.9	2.2	2.9	
中型	2.7	1.5	2.5	–	1.0	1.2	–	2.4	3.9	1.6	3.0	6.1	2.7	2.4	1.2	2.3
大型	1.1	6.3	3.0	–	1.5	2.9	–	1.3	2.7	0.7	1.8	5.0	3.7	2.8	5.4	2.9
按经济活动																
运输与电信	0.7	5.5	1.7	–	0.9	2.7	–	1.2	2.1	1.0	1.7	1.9	3.4	1.8	2.8	1.8
计算机与相关活动及工程服务	2.2	3.9	5.1	–	2.0	1.7	–	1.9	4.9	2.0	4.4	8.1	5.3	4.4	5.9	4.4

注:①卢森堡不包括在内。

②在服务业部门中,西班牙和意大利不包括在内。

③批发部门不包括在内。

资料来源:欧盟,欧洲创新统计,2001 年。

表 42 部分国家政府娱乐、文化和宗教开支(及占总开支%)*

(单位:百万美元)

	中央政府			地方政府		
	1997	1998	1999	1997	1998	1999
澳大利亚	875.82(0.96)	841.72(0.97)	–	1 543.12(2.7)	1 909.82(3.3)	
阿根廷	169.8(0.38)	132.0(0.29)	–	203.9(0.65)	233.0(0.69)	…
玻利维亚	6.57(0.38)	9.59(0.52)	6.39(0.34)	10.39(2.14)	5.84(1.13)	4.17(0.91)
保加利亚	35.06(1.09)	61.90(1.44)	78.97(1.90)	16.52(2.95)	33.21(3.32)	34.36(3.57)
加拿大	1 955.90(1.50)	…	…	1 087.41(0.81)	…	…
克罗地亚	82.34(0.95)	132.20(1.20)	116.24(1.22)	155.64(13.23)	193.50(13.85)	181.88(16.17)
中国	281.4(0.39)	352.66(0.40)	…	2 183.57(2.43)	2 528.99(2.46)	…
捷克共和国	164.58(0.96)	193.67(0.91)	215.26(1.16)	289.15(6.65)	357.67(6.76)	318.37(6.62)
丹麦	1 146.71(1.84)	1 277.31(1.88)	1 201.49(2.01)	1 554.61(3.03)	1 664.16(2.91)	1 496.35(2.92)
埃及	1 867.85(8.07)	…	…	…	…	…
芬兰	460.27(1.14)	470.37(1.04)	…			
法国①	3 320.46(0.58)	3 141.74(0.55)	3 477.23(0.61)	9 478.76(7.71)	9 970.04(8.05)	9 227.38(7.68)
德国②	1 052.43(0.14)	1 192.88(0.14)	1 848.98(0.11)	6 295.20(2.09)	6 920.13(2.06)	6 354.52(2.01)
希腊	516.61(1.40)	491.91(1.25)	…	…	…	…
匈牙利	308.11(1.71)	362.96(1.79)	…	254.55(4.59)	…	247.11(4.27)
冰岛	63.62(3.00)	100.88(4.10)	…	105.80(12.68)	122.92(12.35)	…
印度尼西亚③	466.88(2.01)	372.83(1.72)	476.08(1.56)	45.68(1.54)	53.35(1.60)	65.40(1.82)
伊朗	1 299.69(3.27)	1 423.24(3.11)	1 724.03(2.81)	…	…	…
爱尔兰	170.22(0.68)	…	…	161.64(1.93)	…	…
以色列	444.29(0.95)	385.96(0.88)	472.43(0.99)	…	…	…
日本①	806.71(0.10)	881.76(0.11)	1 421.55(0.14)	…	…	…
约旦	49.79(2.10)	46.54(1.76)	38.64(1.52)	…	…	…
哈萨克斯坦	87.19(1.98)	77.41(2.04)	23.65(1.07)	58.80(3.10)	63.05(3.41)	…
肯尼亚④	30.31(1.05)	38.76(1.64)	54.85(1.97)	1.21(1.24)	1.13(1.26)	0.66(1.23)
科威特	377.18(3.00)	490.78(3.79)	404.36(3.13)	…	…	…
黎巴嫩	44.53(0.70)	43.77(0.79)	39.14(0.66)	…	…	…
蒙古	6.90(3.18)	7.60(3.40)	6.54(3.11)	4.58(4.16)	4.79(4.07)	4.17(4.18)
荷兰	570.10(3.42)	…	…	2 706.72(5.83)	…	…
新西兰	169.86(0.93)	160.18(0.92)	172.32(0.98)	…	…	…
挪威	642.32(1.21)	648.68(1.20)	…	1 211,64(4.55)	1 223.68(4.41)	…
巴拿马	22.4(0.96)	22.8(0.87)	…	…	…	…
菲律宾	85.73(0.73)	136.25(1.04)	132.76(0.91)	…	…	…
波兰	566.23(1.09)	623.29(1.05)	314.10(0.60)	620.24(4.61)	773.97(4.94)	915.31(3.96)
俄罗斯⑤	631.47(0.74)	236.16(0.33)	192.28(0.45)	1 457.27(2.82)	1 352.59(3.17)	888.71(3.43)
斯洛伐克共和国	156.06(1.95)	149.73(1.88)	112.74(1.57)	56.87(7.84)	58.95(8.48)	46.89(8.33)
西班牙	932.10(0.53)	…	…	3 202.37(10.02)	…	…
瑞典	690.62(0.71)	694.70(0.71)	672.14(0.73)	…	…	…
瑞士	293.41(0.41)	337.81(0.43)	…	1 353.67(5.14)	1 511.08(5.31)	…
泰国⑤	404.57(1.32)	325.42(1.28)	266.67(0.87)	52.33(2.77)	51.45(2.46)	75.48(2.46)
突尼斯	144.31(2.48)	178.02(2.74)	181.88(2.90)	…	…	…
土耳其	54.23(1.29)	61.72(1.16)	61.08(1.12)	…	…	…
阿拉伯联合酋长国	74.34(1.51)	80.87(1.55)	78.97(1.45)	…	…	…
英国	2 144.98(0.42)	2 437.03(047)	1 498.40(0.29)	4 347.84(3.06)	4 519.73(3.05)	…
美国	5 260.00(0.31)	9 230.00(0.53)	9 640.00(0.54)	3 760.00(0.44)	4 360.00(0.49)	…
乌拉圭	27.79(0.45)	22.28(0.33)	45.03(0.69)	…	…	…
也门共和国	39.41(1.80)	49.45(2.26)	55.04(2.82)	…	…	…
赞比亚	5.30(0.57)	5.18(0.69)	3.99(0.56)	…	…	…

注:①为 1991,1992,1993 年数据。②为 1994,1995,1996 年数据。③印度尼西亚地方政府开支为 1991,1992,1993 年数据。④肯尼亚中央政府数据为 1994,1995,1996 年;地方政府数据为 1991,1992,1993 年。⑤用 1995 年数据替代 1997 年数据。

*此表系根据国际货币基金组织公布的各国政府财政开支总额、按功能划分的项目开支及当年汇率计算获得。

表43 世界部分国家文化贸易状况

国家或领土	文化贸易[①]						文化出口占文化贸易总额的%	
	百万美元	百万美元	美元(人均)	美元(人均)	占GNP的%	占GNP的%		
	1980	1997	1980	1987	1980	1997	1980	1997
撒南非洲								
喀麦隆	18	–	2	–	0.3	–	4.4	–
埃塞俄比亚	6	–	–	–	0.1	–	1.6	–
肯尼亚	42	143	3	5	0.6	1.5	5.3	7.8
马达加斯加	12	28	1	2	0.4	0.7	0.9	2.5
毛里求斯	11	92	11	84	1.0	2.1	1.9	6.6
塞内加尔	20	–	4	–	0.7	–	25	–
坦桑尼亚	–	5	–	–	–	0.1	–	13
多哥	3	–	1	–	0.3	–	3.0	–
津巴布韦	–	183	–	16	–	2.6	–	11
阿拉伯国家								
阿尔及利亚	80	308	4	10	0.2	0.7	0.3	0.6
埃及	39	674	1	10	0.2	0.9	3.1	4.5
科威特	–	364	–	212	–	–	–	4.6
摩洛哥	47	328	2	12	0.3	0.9	0.6	3
阿曼	25	340	22	142	0.8	–	8.3	25
突尼斯	44	303	7	33	0.5	1.6	14	17
中南亚								
孟加拉国	14	–	–	–	0.1	–	0.7	–
印度	18	2 558	–	3	–	0.6	42	30
巴基斯坦	18	618	–	4	–	1.0	3.4	59
斯里兰卡	20	–	1	–	0.5	–	1.5	–
东亚								
中国	–	30 461	–	24	–	3.3	–	64
香港特区	2 167	33 535	430	5 005	8.3	21.2	57	8.8
日本	13 404	70 261	115	556	1.2	1.7	92	53
韩国	1 263	23 342	33	506	1.4	6.3	76	63
东南亚和大洋洲								
澳大利亚	1 042	10 442	72	564	0.9	2.7	12	14
印度尼西亚	139	4 668	1	23	0.2	3.4	5.9	71
马来西亚	–	29 007	21	1 355	1.3	36.4	24	72
缅甸	–	254	–	57	–	–	–	–
新西兰	180	2 036	58	536	0.9	3.6	9.6	13
菲律宾	79	5 741	2	79	0.2	7.3	18	45
新加坡	1 968	72 322	815	20 633	17.9	76.0	62	63
泰国	80	15 925	2	264	0.3	11.8	14	66

续表 1

国家或领土	文化贸易①						文化出口占文化贸易总额的%	
	百万美元	百万美元	美元(人均)	美元(人均)	占GNP的%	占GNP的%		
	1980	1997	1980	1987	1980	1997	1980	1997
拉丁美洲和加勒比								
阿根廷	649	2 910	23	81	1.2	0.9	12	9.4
玻利维亚	20	148	4	19	0.7	1.9	0.5	1.7
巴西	422	6 185	4	37	0.2	0.8	45	24
智利	218	1 796	20	121	0.9	2.5	3.3	14
哥伦比亚	126	1 380	5	34	0.4	1.3	32	15
哥斯达黎加	28	264	12	70	0.6	2.7	20	6.8
厄瓜多尔	36	289	5	24	0.4	1.6	2.5	0.8
萨尔瓦多	13	183	3	31	0.4	1.6	19	3.7
危地马拉	29	266	4	25	0.4	1.5	13	3.5
海地	–	–	–	–	–	–	–	–
洪都拉斯	15	128	4	21	0.7	2.8	0.6	3.6
牙买加	10	131	5	52	0.4	3.0	23	0.7
墨西哥	567	22 774	8	238	0.3	6.0	16	66
尼加拉瓜	6	80	2	17	0.3	–	1.6	21
巴拿马	34	239	17	85	1	2.8	0.6	1.8
巴拉圭	6	296	2	57	0.1	3.2	0.2	1.1
秘鲁	62	839	4	34	0.4	1.4	6.3	1.8
特立尼达和多巴哥	29	115	27	88	0.6	2.0	2.4	7.9
乌拉圭	28	285	10	86	0.3	1.4	14	11
委内瑞拉	483	922	32	40	0.8	1.1	1.3	3.6
北美洲								
加拿大	2 452	32 498	100	1 062	1	5.3	26	51
美国	11 290	177 474	49	648	0.4	2.2	42	41
欧洲								
阿尔巴尼亚	–	19	–	4	–	0.7	–	1.1
奥地利	1 203	9 579	159	1 182	1.6	4.4	38	55
白俄罗斯	–	–	–	–	–	–	–	–
比利时	3 246	19 447	330	1 925	2.6	7.5	60	50
保加利亚	–	217	–	37	–	2.1	–	25
克罗地亚	–	691	–	154	–	3.3	–	19
捷克共和国	–	2 976	–	289	–	5.7	–	30
丹麦	648	–	126	–	1	–	25	–
爱沙尼亚	–	691	–	494	–	14.1	–	40
芬兰	554	10 472	116	2 014	1.1	8.4	42	74
法国	5 117	45 786	95	780	0.8	3.1	37	44
德国	–	68 352	–	833	–	3.2	–	44
希腊	128	1 642	13	155	0.3	1.3	11	11
匈牙利	–	5 517	–	546	–	12.1	–	55
爱尔兰	335	25 680	99	6 940	2	38.0	28	65
以色列	180	4 839	46	807	0.9	5.1	49	54
意大利	2 939	24 321	52	424	0.7	2.1	43	43
拉脱维亚	–	196	–	82	–	3.3	–	16
立陶宛	–	410	–	111	–	4.6	–	29

续表 2

国家或领土	文化贸易①						文化出口占文化贸易总额的%	
	百万美元	百万美元	美元(人均)	美元(人均)	占GNP的%	占GNP的%		
	1980	1997	1980	1987	1980	1997	1980	1997
荷兰	3 438	51 296	243	3 267	2	13.2	43	49
挪威	471	12 534	115	2 849	0.9	8.2	11	74
波兰	–	3 630	–	94	–	2.4	–	–
葡萄牙	249	3 372	25	341	1.1	3.2	54	35
罗马尼亚	–	570	–	25	–	1.8	–	6.9
俄联邦	–	3 214	–	22	–	1.0	–	42
斯洛伐克	–	1 021	–	189	–	5.1	–	30
斯洛文尼亚	–	824	–	412	–	4.2	–	46
西班牙	1 323	14 912	35	377	0.7	2.7	38	35
瑞典	1 213	16 324	146	1 834	1.0	7.2	28	57
瑞士	2 045	12 000	324	1 644	1.9	4.2	35	33
土耳其	19	2 614	–	41	–	1.3	13	22
乌克兰	–	–	–	–	–	–	–	–
英国	6 392	77 906	113	1 329	1.4	6.2	45	48
南斯拉夫	–	268	–	25	–	–	–	7.9

地区	文化贸易①						文化出口占文化贸易总额的%	
	百万美元	百万美元	美元(人均)	美元(人均)	占GNP的%	占GNP的%		
	1980	1997	1980	1987	1980	1997	1980	1997
世界	T	T						
发展中国家	–	–	–	–	–	–	–	–
工业化国家	57 850	714 030	77	608	0.8	3.1	53	46
发展中国家不含印度/中国 工业化国家不含美国/俄罗斯	46 560	533 343	91	709	1.1	3.7	56	48
撒南非洲	–	–	–	–	–	–	–	–
阿拉伯国家	–	–	–	–	–	–	–	–
中南亚	–	–	–	–	–	–	–	–
东亚	16 834	157 599	105	110	1.5	2.8	86	47
东南亚/大洋洲	3 488	140 395	14	331	2.4	14.6	40	60
拉美/加勒比	2 781	39 230	8.5	84	0.5	2.1	16	44
北美	13 742	209 972	54	690	0.4	2.4	39	43
欧洲	–	421 320	–	585	–	4.4	–	48

注:①图书和小册子;报纸、新闻纸和期刊;打字机和文字与数据处理器;音乐相关产品;电影与摄像;收音机、电视机与录像机;可视艺术与古玩;以及体育用品的出口加进口。

资料来源:译自联合国教科文组织《2000年世界文化报告》。

表44　按类型划分的世界部分国家文化贸易分布

国家或领土	图书和小册子（%）1997	报纸新闻纸和期刊（%）1997	打字机文字和数据处理器（%）1997	音乐相关用品（%）1997	电影和摄像（%）1997	收音机电视机和录像机（%）1997	可视艺术与古玩（%）1997	体育用品 1997
撒南非洲								
肯尼亚	10.4	12.3	36.6	2.3	22.5	12.7	0.1	3.1
马达加斯加	14.1	6.9	23.2	8.4	6.7	35.9	0.2	4.6
毛里求斯	11.7	7.9	34.4	7.0	8.8	24.7	0.1	5.4
苏丹	–	–	–	–	–	–	–	–
坦桑尼亚	12.4	12.7	27.3	4.4	7.1	30.8	0.4	4.9
津巴布韦	9.9	4.1	46.3	7.8	8.0	21.6	0.2	2.1
阿拉伯国家								
阿尔及利亚	3.9	3.2	36.3	3.9	9.8	40.1	0.1	2.7
埃及	3.0	2.9	30.8	2.4	10.9	46.4	–	3.6
科威特	2.9	5.8	17.2	7.9	9.0	50.7	0.1	6.4
摩洛哥	8.1	8.9	40.9	9.5	10.0	19.8	0.1	2.7
阿曼	–	–	–	–	–	–	–	–
沙特阿拉伯	3.5	1.7	46.5	7.4	4.9	30.4	0.2	5.4
突尼斯	7.4	6.4	37.2	6.0	9.3	30.2	0.1	3.4
中南亚								
印度	4.3	17.1	38.1	13.2	11.9	14.5	–	0.9
巴基斯坦	4.3	19.1	26.1	4.0	13.2	31.4	0.7	1.2
东亚								
中国	0.5	2.5	39.6	2.7	7.5	44.6	0.2	2.4
香港特区	0.9	0.8	38.4	3.1	8.7	40.5	0.5	7.1
日本	1.0	1.9	56.6	5.9	5.4	19.6	1.8	7.8
韩国	1.0	0.5	41.6	9.2	16.9	24.8	0.7	5.3
东南亚和大洋洲								
澳大利亚	4.9	3.6	52.6	8.0	7.3	17.4	1.2	5.0
印度尼西亚	2.2	3.7	23.2	3.5	13.5	52.5	0.2	1.2
马来西亚	1.0	2.1	59.2	3.9	3.7	28.4	0.1	1.6
缅甸	1.6	1.2	27.7	3.1	10.5	54.6	0.1	1.2
新西兰	6.7	4.3	42.4	10.6	8.1	20.7	0.7	6.5
菲律宾	1.5	0.8	46.3	2.1	4.3	43.8	0.1	1.1
新加坡	0.8	0.4	63.2	8.3	4.0	21.9	0.2	1.2
泰国	0.9	1.6	59.0	10.4	4.9	21.9	–	1.3

续表 1

国家或领土	图书和小册子(%) 1997	报纸新闻纸和期刊(%) 1997	打字机文字和数据处理器(%) 1997	音乐相关用品(%) 1997	电影和摄像(%) 1997	收音机电视机和录像机(%) 1997	可视艺术与古玩(%) 1997	体育用品(%) 1997
拉美和加勒比								
阿根廷	4.1	4.5	41.2	10.0	8.2	28.8	0.1	3.1
玻利维亚	8.8	8.3	18.6	5.3	4.2	54.1	0.1	0.6
巴西	5.5	8.4	33.8	4.2	8.2	37.1	0.2	2.6
智利	3.7	1.7	40.2	7.9	7.3	34.7	0.2	4.3
哥伦比亚	6.3	6.7	44.2	10.4	10.1	19.9	0.2	2.2
哥斯达黎加	8.3	10.6	37.9	10.8	8.1	20.7	0.4	3.1
厄瓜多尔	12.8	9.2	33.2	7.5	8.6	24.1	0.1	4.5
萨尔瓦多	9.0	7.5	43.7	5.3	6.9	24.4	0.1	3.1
危地马拉	6.9	10.3	36.3	7.2	8.5	27.8	0.1	2.9
海地	–	–	–	–	–	–	–	–
洪都拉斯	5.3	8.8	38.6	5.3	8.3	28.3	0.2	5.2
牙买加	17.1	5.9	40.5	3.8	7.2	22.6	0.1	2.8
墨西哥	3.5	1.7	34.6	7.7	7.7	40.7	0.2	3.9
尼加拉瓜	16.7	5.9	40.7	5.8	8.3	20.3	0.1	2.2
巴拿马	6.3	7.5	37.5	8.0	7.4	28.1	0.3	4.9
巴拉圭	4.7	3.5	28.2	8.0	8.2	40.2	0.1	7.1
秘鲁	4.7	5.2	36.7	7.1	7.9	34.4	–	4.0
特立尼达和多巴哥	13.9	8.5	43.7	5.9	6.7	18.5	–	2.8
乌拉圭	0.2	2.6	36.9	5.3	7.4	42.4	0.1	5.1
委内瑞拉	5.6	9.2	40.9	8.8	7.2	25.9	0.2	2.2
北美洲								
加拿大	7.2	4.7	64.1	10.1	6.2	0.2	0.6	7.0
美国	1.6	4.0	70.6	4.3	6.0	2.4	3.6	7.5
欧洲								
阿尔巴尼亚	2.3	11.4	24.1	2.6	3.6	53.2	0.1	2.7
奥地利	9.7	8.1	32.9	11.8	8.3	19.1	1.0	9.1
白俄罗斯	–	–	–	–	–	–	–	–
比利时	4.8	4.3	42.6	8.6	9.7	24.2	0.8	5.0
波斯尼亚和黑塞哥维那	–	–	–	–	–	–	–	–
保加利亚	2.0	5.9	48.8	3.7	4.8	29.1	–	5.7
捷克共和国	3.4	2.7	41.5	7.7	5.2	26.5	8.4	4.6
丹麦	–	–	–	–	–	–	–	–
爱沙尼亚	1.8	10.4	40.9	2.9	3.2	38.1	–	2.7
芬兰	1.9	1.7	55.9	7.2	5.5	24.0	0.1	3.7
法国	2.6	3.0	53.5	7.9	7.7	19.9	0.6	4.8
德国	1.6	3.1	56.7	7.1	7.0	18.0	1.3	5.2
希腊	4.5	6.3	31.4	9.6	10.3	27.8	1.8	8.3
匈牙利	1.3	2.5	50.9	6.1	2.4	34.8	0.5	1.5
爱尔兰	1.4	1.6	80.7	7.2	1.2	6.6	0.1	1.2
以色列	1.9	4.6	52.4	9.2	5.9	22.9	1.0	2.1
意大利	1.5	3.2	50.6	8.8	8.0	22.5	0.4	5.0
拉脱维亚	3.2	6.1	52.8	5.5	6.8	20.9	–	4.7
立陶宛	3.7	4.1	34.2	5.8	9.5	39.1	0.1	3.5

续表 2

国家或领土	图书和小册子(%) 1997	报纸新闻纸和期刊(%) 1997	打字机文字和数据处理器(%) 1997	音乐相关用品(%) 1997	电影和摄像(%) 1997	收音机电视机和录像机(%) 1997	可视艺术与古玩(%) 1997	体育用品(%) 1997
马其顿(前南斯拉夫共和国)	–	–	–	–	–	–	–	–
摩尔多瓦共和国	–	–	–	–	–	–	–	–
荷兰	0.9	1.4	72.4	4.9	4.1	12.1	0.2	4.0
挪威	3.9	2.6	52.3	9.7	5.2	20.1	1.1	5.1
波兰	5.3	3.5	48.2	5.1	5.9	28.6	0.2	3.2
葡萄牙	4.0	6.0	38.1	8.2	7.8	31.5	0.2	4.2
罗马尼亚	4.0	4.2	36.2	3.1	5.8	45.1	–	1.6
俄罗斯联邦	8.9	12.6	23.4	6.8	11.8	33.5	0.2	2.8
斯洛伐克	4.5	4.6	47.3	7.7	4.4	28.2	0.1	3.2
斯洛文尼亚	2.7	5.7	47.1	8.8	7.2	22.5	0.1	5.9
西班牙	2.1	4.3	41.7	7.6	7.6	29.8	1.0	5.7
瑞典	2.5	1.3	45.1	6.3	5.7	34.6	0.2	3.7
瑞士	5.6	4.8	45.1	10.6	5.8	12.9	10.8	4.4
土耳其	1.9	9.1	42.7	7.2	10.3	26.4	0.3	2.1
乌克兰	–	–	–	–	–	–	–	–
英国	2.8	3.2	57.2	6.5	6.2	15.8	4.4	3.9
南斯拉夫	–	–	–	–	–	–	–	–

地区	图书和小册子(%) 1997	报纸新闻纸和期刊(%) 1997	打字机文字和数据处理器(%) 1997	音乐相关用品(%) 1997	电影和摄像(%) 1997	收音机电视机和录像机(%) 1997	可视艺术与古玩(%) 1997	体育用品(%) 1997
世界	–	–	–	–	–	–	–	–
发展中国家	–	–	–	–	–	–	–	–
工业化国家	2.4	3.3	60.3	6.5	6.1	13.8	1.8	5.8
发展中国家不含印度/中国	–	–	–	–	–	–	–	–
工业化国家不含美国/俄罗斯	2.6	3.0	56.3	7.4	6.1	18.2	1.2	5.2
撒南非洲	–	–	–	–	–	–	–	–
阿拉伯国家	–	–	–	–	–	–	–	–
中南亚	–	–	–	–	–	–	–	–
东亚	0.9	1.6	47.1	5.2	8.2	29.7	1.1	6.2
东南亚/大洋洲	1.3	1.3	58.7	7.2	4.7	24.9	0.2	1.7
拉美/加勒比	4.3	3.7	35.8	7.4	7.9	37.1	0.2	3.6
北美	2.5	4.1	69.6	5.2	6.0	2.1	3.1	7.4
欧洲	2.5	3.1	55.5	7.4	6.3	19.7	1.1	4.4

资料来源:译自联合国教科文组织《2000 年世界文化报告》。

表45 部分国家各种信息传播工具拥有量(1997年)

(单位:台/千人)

	收音机[①]	电视机	移动电话	传真机	个人计算机	因特网主机[②]
中国	195	270	10	1.6	6.0	0.16
美国	2 115	847	206	78.4	406.7	975.94
日本	957	708	304	126.8	202.4	107.05
德国	946	570	99	68.1	255.5	140.58
法国	943	606	99	47.8	174.4	73.33
英国	1 445	641	151	33.8	242.4	0.01
意大利	874	483	204	31.3	113.0	55.69
加拿大	1 078	708	139	33.0	270.6	335.96
俄罗斯联邦	344	390	3	0.7	32.0	8.88
中国香港特区	695	412	343	53.2	230.8	108.02
印度	105	69	1	0.1	2.1	0.11
以色列	530	321	283	24.9	186.1	146.78
韩国	1 037	341	150	8.9	150.7	37.66
马来西亚	432	166	113	6.9	46.1	18.38
新加坡	739	354	273	32.2	99.5	187.98
埃及	316	127	0	0.5	7.3	0.33
南非	316	125	37	3.5	41.6	34.02
阿根廷	677	289	56	2.0	39.2	15.92
巴西	435	316	28	3.1	26.3	9.88
比利时	792	510	95	18.6	235.2	150.65
捷克共和国	826	447	51	10.0	82.5	63.84
丹麦	1 146	568	273	47.9	360.2	358.85
芬兰	1 385	534	417	38.5	310.7	996.13
匈牙利	697	436	69	11.8	49.0	73.14
挪威	920	579	381	50.0	360.8	705.28
荷兰	963	541	110	38.2	280.3	327.85
波兰	518	413	22	1.4	36.2	25.55
瑞典	907	531	358	50.9	350.3	429.86
瑞士	969	536	147	29.2	394.9	289.32
澳大利亚	1 385	638	264	48.6	362.2	400.17

注:①1996年数。②1998年7月数。

资料来源:世界银行《世界发展指标》1999年。

表46 2000年亚洲IT化指标比较

	固定电话(部/100人)		移动电话(部/100人)		计算机(台/100人)		互联网服务器(用户/总人口)		互联网用户(户/总人口)	
1	中国香港特区	57.6	中国香港特区	54.9	新加坡	52.7	新加坡	4.6	新加坡	29.5
2	日本	55.8	中国台湾	52.1	中国香港特区	29.1	中国台湾	2.7	中国香港特区	25.2
3	中国台湾	54.5	韩国	50.4	日本	28.7	日本	2.1	中国台湾	20.5
4	新加坡	48.2	新加坡	47.5	韩国	18.3	中国香港特区	1.7	韩国	14.7
5	韩国	43.8	日本	44.9	中国台湾	18.1	韩国	0.6	日本	14.5
6	马来西亚	20.3	马来西亚	10.1	马来西亚	6.9	马来西亚	0.27	马来西亚	6.9
7	中国	8.6	中国	3.4	泰国	2.3	泰国	0.07	泰国	1.3
8	泰国	8.6	泰国	3.3	菲律宾	1.7	菲律宾	0.02	中国	0.7
9	菲律宾	3.9	菲律宾	2.4	中国	1.2	印度尼西亚	0.01	菲律宾	0.7
10	印度尼西亚	2.9	印度尼西亚	1.1	印度尼西亚	0.9	中国	0.01	印度尼西亚	0.2

资料来源:日本经济研究中心《关于亚洲、日本的竞争力报告》2001年。

表 47 部分国家日报发行量

	发行种数			总发行份数(千份)			每千人平均份数		
	1990	1995	1996	1990	1995	1996	1990	1995	1996
中国[1]	–	–	–	48 000	–	–	42	–	–
美国	1 611	1 533	1 520	62 328	58 193	56 990	245	218	212
日本	125	121	122	72 524	72 047	72 706	587	574	578
德国	356	389	375	24 174	25 600	25 500	305	313	311
法国	79	80		11 792	12 200	12 700	208	210	218
英国	103	100	99	22 350	20 101	19 332	386	345	331
意大利	76	76	78	6 000	5 722	5 960	105	100	104
加拿大	108	107	107	5 800	4 881	4 718	209	165	158
俄罗斯联邦	328	292	285	–	17 919	15 517	–	121	105
以色列	30	34	34	1 200	1 500	1 650	258	269	288
韩国	39	62	60	1 2000	17 714	17 700	280	398	394
泰国	34	35	30	4 500	2 700	3 800	81	46	64
埃及	14	15	17	2 400	2 373	2 400	43	38	38
南非	22	17	17	1 340	1 300	1 288	39	35	34
阿根廷	159	190	181	4 000	4 300	4 320	123	124	123
巴西	360	352	380	8 300	6 551	6 472	55	41	40
智利	45	56	52	1 350	1 400	1 410	103	99	98
比利时	33	31	30	2 000	1 628	1 625	201	161	161
匈牙利	34	41	40	2 460	2 022	1 895	237	198	186
荷兰	45	39	38	4 500	4 752	4 753	301	307	306
波兰	67	63	55	4 889	4 846	4 351	128	126	113
西班牙	126	86	87	3 450	4 046	3 931	88	102	99
瑞典	107	95	94	4 499	4 096	3 933	526	465	445
瑞士	94	98	88	3063	2754	2383	448	386	331
澳大利亚	62	69	65	5 150	5 340	5 370	305	298	296

注:①中国 1998 年日报及其他报纸种类共为 1 035,总发行份数(千份)为 128 760。

资料来源:联合国教科文组织《统计年鉴》1999 年。

表48 部分国家新闻纸消费量

	总消费量(吨)			人均消费量(公斤/千人)		
	1990	1996	1997	1990	1996	1997
中国	717 000	1 679 900	1 690 300	621	1 363	1 359
美国	13 003 700	11 594 000	12 079 000	48 035	43 030	44 445
日本	3 788 400	3 746 800	3 791 500	30 666	29 791	30 082
德国	2 050 100	2 098 000	2 143 000	25 831	25 614	26 116
法国	788 100	757 000	671 000	13 895	12 996	11 476
英国	1 858 600	2 312 000	2 406 000	32 289	39 568	41 097
意大利	597 000	535 000	610 000	10 469	9 326	10 631
加拿大	346 700	414 000	318 000	12 475	13 825	10 509
俄罗斯联邦	–	378 000	393 000	–	2 556	2 662
印度	395 000	891 400	872 300	464	938	903
以色列	79 000	128 398	132 998	16 953	22 439	22 696
韩国	522 000	1 327 300	1 326 900	12 177	29 271	29 015
泰国	194 900	316 900	286 100	3 506	5 356	4 789
埃及	58 200	88 000	100 000	1 033	1 386	1 545
南非	279 489	316100	270100	8217	8291	6966
阿根廷	168 000	230 400	304 200	5 165	6 542	8 528
巴西	348 900	641 000	722 500	2 358	3 968	4 414
智利	5 6000	94 800	60 000	4 275	6 574	4 103
芬兰	227 100	306 000	298 000	45 544	59 695	57 963
荷兰	493 300	494 500	471 300	32 993	31 819	30 184
波兰	17 600	59 000	61 000	462	1 526	1 577
西班牙	410 000	474 000	491 200	10 432	11 972	12 400
瑞典	503 800	363 000	254 000	58 863	41 102	28 681
瑞士	310 000	269 000	285 000	45 361	37 370	39 308
澳大利亚	658 700	724 700	670 700	39 004	39 947	36 585

资料来源:联合国教科文组织《统计年鉴》1999年。

表 49 部分国家各类图书馆及藏书与检索材料

国家	年份	类别	个数	藏书(千册)	缩微复制品(件)	视、听文件(千件)	其他图书材料(件)
中国	1999			395 390⑤	–	–	–
		公共	–	264 080			
日本	1990	国家	1	5 528	–	–	–
	1993	公共	2 172	195 390	–	–	–
	1991	高等院校	514	–	–	–	–
德国	1997	国家	9③	30 366	5 617 018①	803①	13 912①
	1997	公共	6 313	149 205	–	–	–
	1997	高等院校	227	119 776	–	–	–
法国	1997	国家	1	12 509	1 400 000①	1 511①	–
	1997	公共	1 620	89 766	–	–	–
	1997	高等院校	71	23 497	2 355 000②	–	–
英国	1997	国家	3	25 333	7 200 000②	1 300②	4 300②
	1997	公共	169	131 680	77 009 000②	7 484②	227②
	1997	高等院校	218	92 348	–	–	–
意大利	1997	国家	2	12 804	–	–	–
	1997	公共	84	41 474	–	–	–
	1997	高等院校	14	5 920	–	–	–
加拿大	1995	国家	1	6 387	5 769 774	180	3 057
	1995	公共	1 045	70 077	3 042 677④	2 924④	11 789④
韩国	1995	国家	1	2 576	200 961	74	374
	1996	公共	304	13 020	65 944①	239①	–
	1994	高等院校	340	35 758	–	–	–
泰国	1992	国家	1	1 528	15 000	31	136
	1996	高等院校	73	6 274	189 154	3 211	195
比利时	1997	国家	1	5 000	1 000	–	25
	1997	公共	860	30 531	6 200	2 418	17
	1997	高等院校	16	1 8 301	311 000	11	21
丹麦	1997	国家	1	4 675	372 236	5.56	146
	1997	公共	250	31 433	–	2 596	–
	1997	高等院校	20	8 896	116 466	827	77
匈牙利	1997	国家	1	2 771	264 499	97	–
	1997	公共	2 883	43 377	40 766①	1 285①	536
	1997	高等院校	34	10 015	–	–	–
荷兰	1997	国家	1	2 505	–	–	–
	1997	公共	579	41 489	–	–	–
	1997	高等院校	469	25 068	1 844 000	–	–
挪威	1997	国家	2	2 832	126 208	369	42
	1997	公共	435	20 508	–	10 107	–
	1997	高等院校	103	10 725	480 471	115	35
波兰	1997	国家	1	2758	177 039	43	23
	1997	公共	9 230	135 867	10 383	2 597	80
	1997	高等院校	273	33 526	1 669 599	163	284
俄罗斯	1995	国家	2	72 814	–	381	440
	1995	公共	50 032	983 356	–	–	7 699
	1996	高等院校	520	328 345	–	–	–
西班牙	1997	国家	1	3 803	117 072①	302①	30①
	1997	公共	3 380	32 750	305 736②	992②	70②
	1997	高等院校	588	16 877	1 284 689②	612②	102②

注:①1995 年。②1996 年。③包括中央特种图书馆。④1990 年。⑤系全国各类图书馆总藏书量,其中省、县级公共图书馆藏书量为 264 080 万册。

资料来源:联合国教科文组织《统计年鉴》1999 年,国家统计局《中国统计年鉴》2000 年。

表 50 部分国家高技术出口、版税和许可证费、申请的专利文件(1997 年)

	1997 年高技术出口		版税和许可证费(百万美元)				1996 年申请的专利文件数	
	总金额(百万美元)	占制成品出口 %	收入		付出		居民	非居民
			1990	1997	1990	1997		
中国	33 344	21	0	55	0	543	11 698	41 016
香港特区	7 392	29	–	–	–	–	41	2 059
美国	197 657	44	16 635	33 676	3 136	9 411	111 883	111 536
日本	152 431	38	2 866	7 303	6 051	9 620	340 861	60 390
德国	112 243	26	1 987	3 168	3 797	4 694	56 757	98 338
法国	68 655	31	1 295	2 046	1 629	2 476	17 090	81 418
英国	95 755	41	3 055	6 901	3 575	6 332	25 269	104 084
意大利	32 747	15	1 040	490	1 959	1 004	8 860	71 992
加拿大	33 068	25	–	–	–	–	3 316	45 938
俄罗斯联邦	3 809	19	–	176	–	11	18 138	28 149
印度	2 654	11	1	12	72	150	1 660	6 632
以色列	6 870	33	63	187	73	183	1 363	12 172
韩国	44 433	39	37	252	1 364	2 413	68 446	45 548
马来西亚	39 490	67	0	0	0	0	–	–
菲律宾	6 249	56	1	18	38	158	163	2 634
新加坡	7 585	71	–	–	–	–	215	38 403
泰国	17 758	43	0	44	170	804	203	4 355
埃及	112	7	0	54	0	365	504	706
南非	–	–	54	73	130	258	–	–
阿根廷	1 355	15	4	6	409	240	–	–
巴西	5 175	18	12	32	54	529	2 655	29 451
墨西哥	29 692	33	73	130	380	501	389	30 305
奥地利	11 975	24	91	185	287	691	2 506	75 985
比利时	29 221	23	682	650	1 328	1 098	1 356	59 099
丹麦	8 174	27	0	–	0	–	2 452	72 151
芬兰	8 797	26	50	93	317	504	3 262	61 556
匈牙利	5 745	39	49	100	36	192	832	24 147
荷兰	57 082	44	1 086	2 085	1 751	2 455	4 884	61 958
挪威	2 703	24	133	85	148	336	1 550	25 628
西班牙	13 452	17	90	211	1 022	1 565	2 689	81 294
瑞典	21 969	34	563	0	0	0	–	39 061
瑞士	19 746	28	–	1 000	743	957	7 077	76 364
澳大利亚	6 415	39	162	295	826	1 074	9 196	34 125

资料来源:世界银行《世界发展指标》1999 年。

表51 部分国家卫生保健概况(1990～1997年平均)

	卫生保健支出占GDP%			人均保健支出(美元)	医生数	病床数
	总计	公共部门	私人		每千人	
中国	3.8	2.1	1.8	19	1.6	2.4
香港特区	5.0	2.3	2.8	1 134	1.3	–
美国	14.1	6.6	7.5	4 093	2.5	4.1
日本	7.3	5.7	1.7	2 442	1.8	16.2
德国	10.4	8.1	2.4	2 677	3.4	9.7
法国	9.8	7.7	2.1	2 349	2.8	8.9
英国	6.7	5.7	1.0	1 454	1.5	4.7
意大利	7.6	5.2	2.3	1 551	1.7	6.4
加拿大	9.2	6.3	2.9	1 829	2.2	5.1
俄罗斯联邦	5.8	4.1	0.6	117	4.1	11.7
印度	5.6	0.7	4.4	18	0.4	0.8
印度尼西亚	1.8	0.7	1.2	17	0.2	0.7
以色列	4.1	0.3	0.3	551	3.8	6.0
韩国	4.0	2.3	1.7	397	1.2	4.4
马来西亚	2.9	1.4	1.5	140	0.4	2.0
巴基斯坦	3.5	0.8	2.7	13	0.5	0.7
菲律宾	2.4	1.3	1.0	17	0.1	1.1
新加坡	3.3	1.5	1.9	943	1.4	3.6
泰国	3.9	2.0	1.9	96	0.2	1.7
越南	5.2	1.1	4.1	9	0.4	3.8
土耳其	3.8	2.7	1.1	113	1.1	2.5
阿尔及利亚	4.6	3.3	1.3	85	0.8	2.1
埃及	3.7	1.7	2.1	38	1.8	2.1
肯尼亚	2.6	1.9	1.0	8	0.1	1.6
摩洛哥	3.6	1.6	2.4	49	0.4	1.1
南非	7.9	3.6	4.3	258	0.6	–
突尼斯	5.9	3.0	2.8	99	0.3	1.8

续表 1

	卫生保健支出占 GDP%			人均保健支出（美元）	医生数	病床数
	总计	公共部门	私人		每千人	
阿根廷	9.7	4.3	5.4	799	2.7	4.6
玻利维亚	6.5	3.8	2.7	54	0.4	1.4
巴西	6.8	1.9	4.9	351	1.4	3.0
智利	7.9	2.3	3.7	295	1.1	3.2
哥伦比亚	7.4	2.9	4.4	140	0.9	1.3
墨西哥	4.7	2.8	1.9	200	1.3	1.2
秘鲁	3.7	2.2	1.5	80	1.0	1.4
委内瑞拉	7.5	1.0	4.5	213	1.6	2.6
奥地利	7.9	5.7	2.2	2 012	3.5	9.3
比利时	7.6	6.7	0.9	1 816	3.8	7.6
白俄罗斯	6.4	5.2	1.1	134	4.2	1.3
捷克共和国	7.0	6.4	0.6	360	3.0	6.7
丹麦	7.8	5.1	2.7	2 388	2.9	4.9
芬兰	7.4	5.7	1.7	1 666	2.8	9.3
希腊	7.1	5.3	1.8	803	3.9	5.0
匈牙利	6.5	4.5	2.0	291	3.4	9.0
爱尔兰	6.7	5.1	1.7	1 337	2.1	5.0
荷兰	8.5	6.2	2.4	1 978	2.5	11.3
挪威	7.5	6.2	1.3	2 622	3.1	13.3
波兰	5.2	4.8	0.4	182	2.3	6.2
葡萄牙	8.2	4.9	3.3	805	3.0	4.1
罗马尼亚						
西班牙	7.4	5.8	1.6	1 003	41	4.0
瑞典	8.6	7.2	1.4	2 222	3.1	6.3
瑞士	10.2	7.1	3.1	3 603	3.2	20.8
澳大利亚	8.5	5.8	2.7	1 798	2.2	8.9
新西兰	7.6	5.9	1.7	1 348	2.1	7.3

资料来源：世界银行《世界发展指标》1999 年。

北京西城

中共中央总书记江泽民和中共中央政治局委员、北京市委书记贾庆林等在西城区委书记王长连(右一)等陪同下视察西城区市政建设工作

茂盛的绿荫环抱着瑰丽的红墙碧瓦，古老的白塔、典雅的四合院与错落有致的现代化建筑交相辉映；风格各异的小舟在清澈的什刹海中荡漾，各式新潮的汽车在平坦、整洁的西外大街、辟才路、黄城根大街、三里河东路、太平桥大街上穿梭……在西城31.66平方公里的土地上，一幅古代文明与现代化建设自然交融的秀丽画卷正展示在人们面前。

跨入21世纪，西城区以争起点、提速度、抢半拍的精神，全面推进各项重点工程建设。2001年全区基本建设开复工面积完成280万平方米，竣工80万平方米；新增市政规范道路12.3公里，翻修、改建道路27条，维修小街巷127条，辖区面貌焕然一新。同时，全区大力开展以可持续发展为主题的文明社区创建活动，43个社区居委会达到了建立"三室一场一校"（老年活动室、社区卫生室、日托敬老室和社区健身场、老年学校）的硬件指标要求，使驻区中央、市属机关和部队、企事业单位及市民的工作、生活环境进一步得到改善。

西单文化广场

面对北京申奥成功的历史机遇，面对我国加入WTO的发展契机，西城区委区政府重新审视区国民经济和社会发展第十个五年计划，并确立了加快建设六个功能街区——西单现代商业中心区、北京金融街、西直门外旅游商务区、德胜科技园、阜成门至景山文化旅游街和什刹海历史文化旅游风景区的目标。六个功能街区是西城区经济功能、社会功能和城市功能综合体现的地区，随着六个功能街区目标的逐步实现，西城明天更美好。

北京西城

中共北京市西城区委书记　王长连

北京市电信公司和西城区人民政府合作开发建设"数字西城"项目协议书签字仪式

西单辟才胡同新貌

城市建设 City Construction

车水马龙的西二环路

中共北京市西城区委副书记、区长　吕锡文

北京金融街一角

2001年北京西城经济合作洽谈会签约仪式

北京金融街

西城

建设

秀丽的北海公园

Beijing

胡同游

西直门立交桥

中关村科技园区德胜科技园建设规划模型

Xicheng

景山夕照

西直门外大街新貌

北京
西城

德外大街新貌

西城区
什刹海风景区管理处

什刹海曾是元、明、清三朝古都中轴线的定位依托，在北京城市发展史上占据重要地位，并经历了元代到明、清、近、现代积淀丰厚的北京水域文化区的历史进程。它不仅具有质朴迷人的自然风景，而且具有内涵丰富的历史文化。1992年北京市政府将其定为历史文化风景区。在2000年批准的北京25片历史文化保护区中，什刹海地区的面积最大。

底图：什杀海夜景

广化寺

胡同游

今天，什刹海历经时代的变迁，仍旧保存着十分难得的自然景观和人文胜迹，交相辉映的历史风貌，宋庆龄故居、郭沫若故居、恭王府花园、广化寺、火神庙、钟鼓楼和银锭桥等景观宛如一颗颗明珠，将什刹海点缀得秀美灿烂。

西洋门

银锭晚霞

什刹海碑

水上游

迈向现代化的

朝阳区委书记刘晓晨（左一）、区长李士祥（右一）陪同北京市委书记贾庆林（左二）、北京市市长刘淇（右二）视察朝阳。

朝阳秋日

街心公园

朝阳人民健身一瞥

优美的社区环境

北京市朝阳区

北京市朝阳区坚持两个文明一起抓“两手抓，两手都要硬”的方针，抓住北京承办2008年奥运会、北京商务中心区建设、绿化隔离地区建设、高新技术转化区建设的机遇，把争创文明区、建设新朝阳作为学习实践“三个代表”重要思想的有力举措，作为为北京率先基本实现现代化，建设“首善之区”作出更大贡献的工作统领，作为加快朝阳区农村城市化、城市现代化、区域国际化进程，基本建成国际商务中心区、高新技术转化区、文化教育发达区、富裕文明新城区的战略选择，着力营造文明高尚的育人环境、持续发展的经济环境、整洁优美的城市环境、健康繁荣的文化环境、规范有序的法制环境和全民参与的共建环境六大环境。以创建文明区为龙头，全区经济社会事业不断取得新进步，改革开放进程加快，区域经济实力明显增强，城市功能明显完善，人居环境明显优化，文化创新体系逐步建立，市民文明素质逐步提高，社会道德风尚明显进步，社会治安秩序明显好转。2002年3月26日，朝阳区被北京市命名为首都文明区。朝阳区229万人民将乘势而上，团结奋进，开拓创新，争创全国文明区，实现两个文明的更大发展，创造新的辉煌。

使馆区

北京商务中心区 (CBD)街景

居民小区普法宣传栏

绿色北京

北京是我国政治、文化、国际交往的中心，人口1300万。面积1.68万平方公里，山区占62%，平原占38%，绿化美化意义重大。首都人民在北京市委、市政府和首都绿化委员会的领导下，认真贯彻落实党中央、国务院关于首都生态环境建设的重要指示，制定了首都生态环境建设战略目标，即“建设三大体系（高标准的绿色生态体系，高效益的绿色产业体系、高水平的森林安全保障体系），构筑三道（城市绿化隔离地区、平原、山区）绿色生态屏障，实现跨越式发展，创建一流生态城市。”为了实现这一目标，北京启动了一系列绿化美化重点工程，加快了绿化美化速度，提升了绿化美化水平，以大工程带动大发展。到目前，首都北京已实现林木覆盖率44%，人均拥有绿地39平方米。

北京申办2008年奥运会获得成功，极大地激发了首都人民的绿化美化热情，首都人民决心到2007年实现林木覆盖率50%，人均拥有绿地50平方米的“双50”目标，将北京基本建成生态城市，以优美的环境迎接八方来客。

图片摄影：韩广

首都绿化委员会办公室主任
北京市林业局局长 宋希友

长安街彩带不断线

——“五河十路”绿色通道工程世人瞩目

森林资源安
保障体系建
逐步实现现
化，正规化
科学化。图
飞机灭火

河渠两岸披绿装

拆墙透绿环境美

速生丰产树成行

绿满长城秀山川

古树名木重保护

城市隔离地区绿化取得重大突破

果品产业朝着无公害标准化发展，优新品种不断涌现。

花卉产业方兴未艾

义务植树绿荒山

风沙治理见成效

绿色环抱北京城

北京市邮

邮政储蓄计算机中心

由德国西门子公司引进的扁平件邮件分拣系统

邮政物流车队

邮政网上购物

北京邮政枢纽

政管理局

由意大利 CML 公司引进的平刷大件分拣系统

冯新生局长

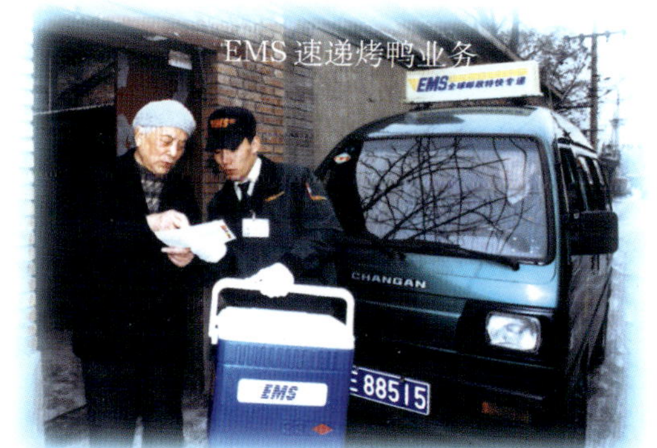

EMS 速递烤鸭业务

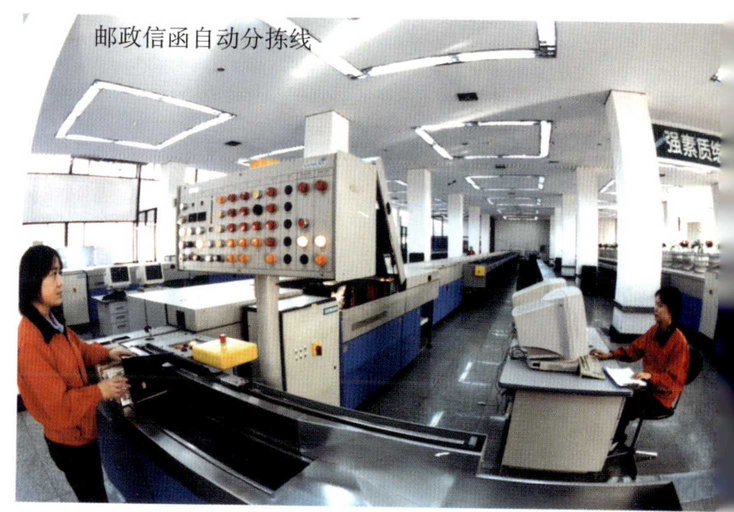

邮政信函自动分拣线

↓ 北京邮政推出的“邮政自助收寄机”

1999年5月28日，中共中央总书记、国家主席、中央军委主席江泽民及中央有关领导视察武汉劳动力市场，与武汉市10位再就业明星和下岗职工亲切座谈。图为江总书记在劳务交流大厅察看下岗职工求职情况。

湖北省劳动和社会保障厅

中共中央政治局委员、国务院副总理吴邦国1999年以来先后视察武汉劳动力市场、宜昌劳动力市场、武汉市江汉区劳动力市场。图为吴邦国副总理2002年4月19日在劳动保障部部长张左已、湖北省委书记俞正声陪同下视察江汉区劳动力市场。

2001年6月19日，省长张国光(左)视察省劳动和社会保障厅，并听取厅长蒋大国(右)工作汇报。

2000年7月3日，全国劳动力市场"三化"建设观
交流会在湖北武汉召开，副省长周坚卫(中)到会致

2001年6月，全国农村劳动力转移培训专题研讨会在武汉召开。

HU BEI SHENG LAO DONG TING

全省劳动力市场注重与企业加强联系，图为2001年9月省劳动保障厅厅长蒋大国到江汉油田给下岗职工送岗位。

就业大厦是湖北省劳动就业管理局办公所在地，位于湖北的政治、经济、文化中心——武昌水果湖，集办公、餐饮、旅客住宿服务于一体。

胜利油田物探研究院

江泽民总书记视察研究院

胜利物探研究院网络大楼

亚非六国大使参观研究院机房

中国石化集团公司胜利物探研究院党委书记徐观学，院长曲寿利携全体[illegible]工向各界朋友致意。

研究院解释人员在研究油田勘探形势

拥有60个节点的IBM SP巨型计算机系统